Prof. Dr. Mehmet KANAR

KANAR FARSÇA - TÜRKÇE SÖZLÜK

Dilin yaşayan bir varlık olduğu; kimi kelimelerin, kelime gruplarının, ifade şekillerinin eskidiği, zaman zaman unutulmaya yüz tuttuğu, anlam kaymalarına uğradığı, yabancı dillerden kelime alışverişinde bulunduğu göz önünde bulundurulduğunda, sözlüklerin de sık sık güncellenerek günün ihtiyaçlarına cevap verecek hale getirilmesi, kaynak taraması yapılarak yeni madde ve ara madde tespitlerinin yapılması, hatta aynı ortak kültürü paylaşan ülkelerde karşılaştırmalı sözlüklerin hazırlanması söz konusu olur.

Türk dili de üç kıtaya yayılan hayli geniş bir kültür coğrafyasında varlığını sürdürürken, Farsça ve Arapça ile haşır neşir olmuş, bu dillerden kelime alıp kelime vermiş, aldığı kelimelerin anlamlarını ya aynen kabul etmiş ya da birtakım değişikliklere uğratmış, bazen de bu dillerin kelime yapımı kurallarından yararlanarak ihtiyaç duyduğu kavramları karşılamak için yeni kelimeler türetmiş, türettiği bu kelimeleri Fars veya Arap edebiyatlarında rastlanmayan kelime grupları halinde kullanmıştır.

Bu sözlük çalışması yapılırken şu hususlara dikkat edilmiştir:

Sözlüğün hem klasik hem modern Farsçaya hitap etmesi öngörülmüştür. Manzum ve mensur olmak üzere klasik ve modern dönem İran edebiyatına ait bazı metinler taranmış, sözlük maddeleri ve ara maddeleri bu yolla tespit edilmiştir. Kavramların daha iyi anlaşılabilmesi için Farsça cümle örneklerinin hem Türkçe harflerle okunuşu ve tercümesi, hem de Farsça metni verilmiştir.

Daha çok klasik dönem Türk edebiyatı ağırlıklı olmak üzere, yapılan metin taraması sırasında çıkarılan ortak kelimeler, tamlamalar, kelime grupları da ana veya ara madde halinde, varsa Türkçe örnek cümleleriyle birlikte alfabetik sırada verilmiştir. Kimi maddelerde hem Fars edebiyatından hem Türk edebiyatından örnekler görülecektir. Böylece sözlük kullanıcısı bir kelimenin iki dilde, iki edebiyatta nasıl kullanıldığı, nasıl algılandığı konusunda bir dereceye kadar fikir sahibi olacaktır. Daha çok bir prototip özelliği taşıyan bu sözlük çalışması, örnek cümlelerle zenginleştirildikçe daha yararlı hale gelecektir.

Mükemmel sözlük, her yönüyle tamamlanmış sözlük olamayacağına göre, kelime hazinesi ve içerik yönüyle öncekilerden daha zengin ve kapsamlı sözlüklerin telif edilmesi gerekmektedir. Ekip çalışmasının yapılamadığı durumlarda, ferdi gayretlerle ortaya çıkan sözlüklerin eksikten ve hatadan arınmış olması söz konusu olamaz. Görülen hataların ve eksiklerin hatırlatılması, tespit edilen yeni maddelerin, kaynaklarını gösteren örnek cümlelerle birlikte gönderilmesi, bu satırların yazarını memnun edecektir.

Prof. Dr. Mehmet KANAR
profkanar@gmail.com

KANAR
FARSÇA - TÜRKÇE
SÖZLÜK

Prof. Dr. Mehmet Kanar

say
İstanbul

Say Yayınları

Kanar Farsça - Türkçe Sözlük
Prof. Dr. Mehmet Kanar

ISBN 978-975-468-755-2

Baskı: Engin Ofset
Litros Yolu, 2. Matbaacılar Sitesi 1NA33
Topkapı-İstanbul
Tel.: (0212) 612 05 53

1. baskı: Say Yayınları, İstanbul, 2008

12 11 10 09 08 05 04 03 02 01

© **Say Yayınları**
Ankara Cad. 54 / 12 • TR-34410 Sirkeci-İstanbul
Telefon: 0 212 - 512 21 58 • Faks: 0 212 - 512 50 80
e-posta: sayyayinlari@ttmail.com
web: www.sayyayincilik.com

Genel Dağıtım: **Say Dağıtım Ltd. Şti.**
Ankara Cad. 54 / 4 • TR-34410 Sirkeci-İstanbul
Telefon: 0 212 - 528 17 54 • Faks: 0 212 - 512 50 80
e-posta: dagitim@saykitap.com
online satış: www.**saykitap**.com

Bu Çalışmayı

Bilime ve Türk Tarihine Katkılarından Dolayı

Sevgili Hocam Prof. Dr. Erdoğan Merçil'e

İthaf Ediyorum.

Mehmet Kanar

KISALTMALAR, İŞARETLER

A.	Arapça.
argo	argo söz, kabaca.
ask.	askerlik terimi.
bot.	botanik terimi.
coğ.	coğrafya terimi.
ed.	edebiyat terimi.
F.	Farsça.
fel.	felsefe.
fiz.	fizik terimi.
Fr.	Fransızca.
geo.	geometri.
gr.	dilbilgisi terimi.
hlk.	halk tabiri.
huk.	hukuk terimi.
Hz.	Hazreti.
İbr.	İbranca.
İta.	İtalyanca.
Jap.	Japonca.
kim.	kimya terimi.
kin.	kinaye yollu.
Lat.	Latince.
mat.	matematik terimi.
mec.	mecazi anlamda.
müz.	müzik terimi.
Peh.	Pehlev dili, Pehlevice.
Sans.	Sanskrit dili, Sanskritçe.
sp.	spor. terimi.
Sür.	Süryanca.
T.	Türkçe.
tas.	tasavvuf terimi.
tıb.	tıp terimi.
Yun.	Yunanca.
zool.	zooloji.
?	ara maddeye dikkat ediniz.
*	ara madde başı.
>	-den… -e dönüşmüştür.
<	-den gelmiştir.
+	önceki kısma şu kısım eklenmiştir.
~	ana madde tekrarı.
( )	**1.**ana maddenin dil grubu. **2.**örnek cümlelerin kaynağı. **3.**terim.
[ ]	maddenin formüle edilmiş etimolojik yapısı.
/	dize sonu.
1.	maddenin Türkçedeki birinci karşılığı.
2.	maddenin Türkçedeki ikinci karşılığı.
-i	Farsça tamlama.

آ

آ a, â: **1.**Fars alfabesinin ilk harfi. **2.**Ebced harflerinin ilki. Sayısal değeri "bir". **3.**nida sesi: ey, hey. **4.**Aka (aga) sözcüğünün kısaltılmış şekli. **5.**vâsıta elifi, kelimelerin ortasında bulunan elif. keşâkeş kelimesinin ortasında bulunan elif türü. **6.**dua elifi. Geniş zamanın üçüncü tekil şahıs şekiminde son harften önce yer alan elif. dehâd (versin), bâd (olsun) dualarındaki elif. **7.**atıf vavı yerine kullanılan elif. "tek u pû" kelimesindeki vavın "tekâpû" şekline dönüştüğü hallerde karşımıza çıkan elif. **8.**doldurma elifi, mısra sonlarında bulunan ve herhangi bir anlam taşımayan elif. **9.**cevap elifi. Karşılıklı konuşmalarda sadece "goft" (dedi) fiilinin sonunda yer alan elif. goftâ (dedi). **10.**yüceltme elifi. Yüce insanlara hitap edilirken kelimenin sonuna koyulan elif "bozorgmerd+â] (ey yüce insan". **11.**mânâ ismi yapmakta kullanılan elif. rûşen>rûşen+â (aydınlık). **12.**sevinç, üzüntü, şaşkınlık hallerini ifade etmek için kelimelerin sonuna gelen elif. hoş+â (ne mutlu), aceb+â (ne ilginç), dirîg+â (eyvah eyvah). **13.** fiil kökünden sıfat yapan elif. dîden>bîn+â (çok iyi gören). **14.**tenvin yerine kullanılan elif. ebeden>ebedâ (asla, hiçbir zaman). **15.** âmeden (gelmek) fiilinin geniş zaman kökü.

آئس â'is: **(A.)** ümitsiz, kederli, meyus.

آئين âîn: bk. آيين.

آئين نامه âînnâme: bk. آيين نامه.

آئينه âîne: ayna.

آب âb: **1.**su. **2.**deniz. **3.**göz yaşı. **4.**ırmak, nehir. **5.**ter. **6.**tükürük. **7.**özsuyu, salgı. **8.**meni. **9.**sidik. **10.**letafet. **11.**parlaklık. **12.**yüzsuyu, onur, şeref. **13.**tarz, tür. **14.**(tas.) ilahî feyiz. **15.**göl. **16.**Ceyhun. **17.**Seyhun. **18.**sümük. **19.**haşlama suyu. **20.**cıva. **21.**hela, tuvalet. **22.**revnak. **23.**cilâ. **24.**elmasın kalite derecesi. **25.**şarap. ‖ * ~ âteş şoden آب آتش شدن sükûnet yerini kargaşaya bırakmak, kıyamet kopmak. ‖ * ~ bâ gırbâl bîhten آب با غربال بيختن abesle iştigal etmek, havanda su dövmek. ‖ * ~ be ~ şoden آب به آب شدن tebdilihava etmek. ‖ * ~ be cûy bâz âmeden آب به جوى باز آمدن talih tekrar yüzüne gelmek. ‖ * ~ be cûy-i kesî revân bûden آب به جوى كسى روان بودن keyfi yerinde olmak. ‖ * ~ be dehân-i kesî âmeden آب به دهان كسى آمدن **1.**ağzı sulanmak. **2.**heveslenmek. ‖ * ~ be dehân-i kesî âverden آب به دهان كسى آوردن **1.**ağzını sulandırmak. **2.**heveslendirmek. ‖ * ~ be gırbâl peymûden آب به غربال پيمودن havanda su dövmek. ‖ * ~ be gilû cesten آب به گلو جستن genzine su kaçmak. ‖ * ~ be hâven kûften آب به هاون كوفتن havanda su dövmek. ‖ * ~ be kesî nedâden آب به كسى ندادن zırnık koklatmamak. ‖ * ~ be rîsmân besten آب به ريسمان بستن abesle iştigal etmek. ‖ * ~ be rûy-i âteş zeden آب به روى آتش زدن yatıştırmak, sâkinleştirmek, teskin etmek. ‖ * ~ be rûy-i kâr âverden آب به روى كار آوردن ıslah etmek, düzeltmek. ‖ * ~ be sûrâh-i mûrçe rîhte şoden آب به سوراخ مورچه ريخته

شدن kıyamet kopmak, ortalık ana baba günü olmak. ‖ * ~ be zîr hişten آب به زیر هشتن 1.aldatmak, hile yapmak. 2.altına işemek. ‖ * ~ ber âsmân endâhten آب بر آسمان انداختن küplere binmek, kudurmak. ‖ * ~ ber âteş-i kesî rîhten آب بر آتش کسی ریختن birini sakinleştirmek, birinin öfke ateşini söndürmek. ‖ * ~ ber âteş-i kesî zeden آب بر آتش کسی زدن birini sâkinleştirmek. ‖ * ~ der ciger dâşten آب در جگر داشتن sarhoş olmak, içkili olmak. ‖ * ~ der ciger nedâşten آب در جگر نداشتن çulsuz olmak, sıfırı tüketmek, top atmak, iflas etmiş olmak. ‖ * ~ der cûy âmeden آب در جوی آمدن şans yüzüne gülmek, şansı dönmek. ‖ * ~ der cûy dâşten آب در جوی داشتن şans ve ikbal sahibi olmak. ‖ * ~ der çeşm nedâşten آب در چشم نداشتن arsız olmak, yüzsüz olmak, utanmaz olmak, yüzüne tükürene Yarabbi şükür' demek. ‖ * ~ der çîzî kerden آب در چیزی کردن bir işe hile karıştırmak. ‖ * ~ der dehân-i kesî âmeden آب در دهان کسی آمدن iştahı kabarmak, ağzı sulanmak. ‖ * ~ der dehân-i kesî hoşk şoden آب در دهان کسی خشک شدن hayretler içinde kalmak, kanı donmak. ‖ * ~ der dehen endâhten آب در دهن انداختن ağzının suyunu akıtmak. ‖ * ~ der dil tekân nehorden آب در دل تکان نخوردن ağır kanlı olmak, ağır hareketli olmak. ‖ * ~ der gırbâl kerden آب در غربال کردن abesle iştigal etmek, havanda su dövmek. ‖ * ~ der gilû şikesten آب در گلو شکستن 1.genzine su kaçmak. 2.çıkar umduğu şeyden zarar görmek. ‖ * ~ der gûş-i kesî kerden آب در گوش کسی کردن kakalamak, kazıklamak, yutturmak. ‖ * ~ der hâven kûften آب در هاون کوفتن havanda su dövmek. ‖ * ~ der hâven sâyîden آب در هاون ساییدن havanda su dövmek. ‖ * ~ der hâven sûden آب در هاون سودن havanda su dövmek. ‖ * ~ der kafes kerden آب در قفس کردن abesle iştigal etmek, havanda su dövmek. ‖ * ~ der şeker dâşten آب در شکر داشتن düşkün olmak, zayıf olmak, günden güne erimek. ‖ * ~ der şîr dâşten آب در شیر داشتن ikiyüzlü olmak. ‖ * ~ der zîr-i kâh آب در زیر کاه hile. ‖ * ~ ender dehân âverden آب اندر دهان آوردن 1.ağzı sulanmak. 2.heveslendirmek, iştahını kabartmak. ‖ * ~ ez ~ neconbîden آب از آب نجنبیدن ortalık sütliman olmak, durum sâkin olmak, yaprak kımıldamamak. ‖ * ~ ez ~ tekân nehorden آب از آب تکان نخوردن ortalık sütliman olmak, durum sakin olmak, yaprak kıpırdamamak. ‖ * ~ ez bote tîre bûden آب از بته تیره بودن su baştan bulanık olmak, iş baştan bozuk olmak, balık baştan kokmak. ‖ * ~ ez ciğer bahşîden آب از جگر بخشیدن bağışlamak, candan vermek. ‖ * ~ ez çek u çâne-i kesî serâzîr şoden آب از چک و چانهء کسی سرازیر شدن ağzının suyu akmak. ‖ * ~ ez dehân-i kesî reften آب از دهان کسی رفتن can atmak, çok istemek. ‖ * ~ ez dehân-i kesî serâzîr şoden آب از دهان کسی سرازیر شدن can atmak, çok istemek. ‖ * ~ ez deryâ bahşîden آب از دریا بخشیدن çok ve değersiz olan bir şeyden bağışta bulunmak. ‖ * ~ ez dest-i kesî çekîden آب از دست کسی چکیدن çok cimri olmak. ‖ * ~ ez kesî goşâden آب از کسی گشادن birinden hayır gelmek, hayrı dokunmak. ‖ * ~ ez ser tîre bûden آب از سر تیره بودن su baştan bulanık olmak, balık baştan kokmak, iş baştan bozuk olmak. ‖ * ~ ez serçeşme gilâlûd bûden آب از سرچشمه گل آلود بودن su baştan bulanık olmak, balık baştan kokmak, iş baştan bozuk olmak. ‖ * ~ ez ser-i kesî şoden آب از سر کسی شدن derdi bini aşmak, başı dertten kurtulmamak. ‖ * ~ ez târuk-i kesî berter gozâşten آب از تارک کسی برتر گذاشتن 1.birinin işi tamamlanmak. 2.eceli gelmek. 3.umudu umutsuzluğa dönüşmek, hayal kırıklığına uğramak. 4.talihsizliği dayanılmaz olmak. ‖ * ~ hâ ez âsyâ oftâden آب ها از آسیا افتادن ortalık yatışmak, ortalık sütliman olmak, ses kesilmek. ‖ * ~ hâ-yi sâhilî آب های ساحلی (coğ.) karasuları. ‖ * ~ -i âb آب آب 1.(tas.) Tanrı'nın zatı. 2.(tas.) Tanrı'nın merhameti. ‖ * ~ -i âbistenî آب آبستنی 1.meni. 2.bitkilerin gelişmesine sebep olan su. ‖ * ~ -i adâlet آب عدالت (tas.) dürüstlükten gelen feyiz ve bereket. ‖ * ~ -i ahmer آب احمر şarap. ‖ * ~ -i alî آب علی (coğ.) İran'da Demâvend'de bir köy. ‖ * ~ -i âlû آب آلو erik suyu. ‖ * ~ -i âmû آب آمو (coğ.) Amuderya. ‖ * ~ -i âşâmî آب آشامی içme suyu. ‖ * ~ -i âşâmîdenî آب آشامیدنی içme suyu. ‖ * ~ -i âteşefrûz آب آتش افروز 1.ateş yakan su. 2.şarap. ‖ * ~ -i âteşpâre آب آتش پاره şarap. ‖ * ~ -i âteşzây آب آتش زای şarap. ‖ * ~ -i âteşzede آب آتش زده şarap. ‖ * ~ -i âteşsûz آب آتش سوز şarap. ‖ * ~ -i âteşmizâc آب آتش مزاج şarap. ‖ * ~ -i âteşnâk آب آتشناک şarap. ‖ * ~ -i âteşnumâ آب آتشنما şarap. ‖ * ~ -i âteşîn آب آتشین şarap. ‖ * ~ -i âzerâsâ آب آذرآسا şarap. ‖ * ~ -i âzersâ آب آذرسا şarap. ‖ * ~ -i bâdereng آب باده رنگ 1.şarap renginde su. 2.kanlı göz yaşı. ‖ * ~ -i bakam آب بقم kan. ‖ * ~ -i bârân آب باران 1.yağmur suyu. 2.yağmur. ‖ * ~ -i bârîk آب باریک 1.az gelir. 2.az su. ‖ * ~ -i bekâ آب بقا hayat suyu, bengisu, ölümsüzlük suyu. ‖ * ~ -i berende آب برنده tatlı su. ‖ * ~ -i beste آب بسته 1.buz. 2.cam. 3.billur, kristal. 4.şebnem, kırağı. 5.dolu. ‖ * ~ -i bîlecâm horden آب بی لجام خوردن 1.başına buyruk olmak. 2.kimsesiz yetişmek. ‖ * ~ -i bînî آب بینی sümük. ‖ * ~ -i bînî râ bâlâ keşîden آب بینی را بالا کشیدن burnunu çekmek. ‖ * ~ i bun آب بن (bot.) hindistan cevizi ağacının kökünde bulunan zamkımsı madde. ‖ * ~ -i cârî آب جاری (coğ.) akarsu. ‖ * ~ -i câvîd آب جاوید hayat suyu, bengisu, ölümsüzlük suyu. ‖ * ~ -i cevânî آب جوانی hayat suyu, bengisu. ‖ * ~ -i ciger آب جگر (mec.) kan. ‖ * ~ -i cigerhûn آب جگرخون kanlı göz yaşı. ‖ * ~ -i cûş آب جوش 1.kaynar su. 2.maden suyu. 3.sıcak kaynak suyu. ‖ * ~ -i çeşm آب چشم göz yaşı. ‖ * ~ -i çeşm rîhten آب چشم ریختن ağlamak, göz yaşı dökmek. ‖ * ~ -i çeşm giriften آب چشم گرفتن ağlatmak. ‖ * ~ -i çekîde آب چکیده damıtık su. ‖ * ~ -i dâğ آب داغ 1.kant. 2.sıcak su. ‖ * ~ -i dehân آب دهان 1.tükürük. 2.salya. ‖ * ~ -i dehân râ kurt dâden آب دهان را قورت دادن yutkunmak. ‖ * ~ -i dehân-i kesî âb endâhten آب دهان کسی آب انداختن ağzı sulanmak, iştahı kabarmak. ‖ * ~ -i dehen آب دهن 1.tükürük. 2.salya. ‖ * ~ -i dehen pes dâden آب دهن پس دادن konuşurken ağzından salya akmak. ‖ * ~ -i dehen râ kurt dâden آب دهن را قورت دادن yutkunmak. ‖ * ~ -i dendân آب دندان 1.tükürük. 2.tükürülmüş şey. 3.diş parlaklığı, diş güzelliği. ‖ * ~ -i dermânî آب درمانی şifalı su. ‖ * ~ -i deryâ be gil peymûden آب دریا به گل پیمودن güneşi balçıkla sıvamaya kalkmak. ‖ * ~ -i dîde آب دیده 1.göz yaşı. 2.alçakgönüllü bakış. ‖ * ~ -i dîde-i câm آب دیدهٔ جام şarap. ‖ * ~ -i dîzî râ ziyâde kerden آب دیزی را زیاده کردن (şaka yollu) yemeğe bir şeyler katmak. ‖ * ~ -i engûr آب انگور 1.üzüm suyu. 2.şarap. ‖ * ~ -i ergavânî آب

ارغوانی 1.şarap. 2.mazlumun göz yaşı. ‖ * ~ -i eyyâm آب ایام 1.güneş ışığı. 2.ay ışığı. ‖ * ~ -i ferâvân آب فراوان bol su. ‖ * ~ -i fesurde آب فسرده 1.buz. 2.cam. 3.kılıç. 4.hançer. ‖ * ~ -i germ آب گرم 1.sıcak su. 2.sıcak kaynak suyu. 3.ılıca, kaplıca. 4.göz yaşı. 5.şarap. ‖ * ~ î germ kerden bâ kesî آبی گرم کردن با کسی (hlk.) mercimeği fırına vermek, zina yapmak. ‖ * ~ -i gilâlûd آب گل آلود bulanık su. ‖ * ~ -i girdende آب گردنده gökyüzü. ‖ * ~ -i goşâde آب گشاده kalitesiz şarap. ‖ * ~ -i gûgerdî آب گوگردی kükürtlü maden suyu. ‖ * ~ -i gul آب گل gül suyu. ‖ * ~ -i guşt آب گوشت et suyu. ‖ * ~ -i hak آب حق (tas.) Tanrı'nın inayeti, Tanrı'nın rahmeti. ‖ * ~ -i hasret آب حسرت 1.hasret suyu. 2.göz yaşı. ‖ * ~ -i hâtir آب خاطر güzel muhayyile, kuvvetli hayal gücü. ‖ * ~ -i hazân آب خزان güz yağmuru. ‖ * ~ -i herâbât آب خرابات (mec.) şarap. ‖ * ~ -i herâm آب حرام şarap. ‖ * ~ -i heyât آب حیات 1.hayat suyu, bengisu, ölümsüzlük suyu. 2.bir tür helva. 3.sevgilinin ağzı. 4.maşuğun konuşması. 5.(tas.) evliya sözleri. ‖ * ~ -i heyvân آب حیوان hayat suyu, bengisu, ölümsüzlük suyu. ‖ * ~ -i hızr آب خضر 1.hayat suyu, bengisu, ölümsüzlük suyu. 2.(tas.) ledünnî ilim. 3.(tas.) peygamberlerin ve velîlerin gerçek bilgisi. ‖ * ~ -i hofte آب خفته 1.durgun su. 2.kırağı, çiy. 3.dolu. 4.buz. 5.kristal. 6.cam. 7.kınında duran kılıç. ‖ * ~ -i hordenî آب خوردنی içme suyu. ‖ * ~ -i horşîd آب خورشید 1.hayat suyu, bengisu, ölümsüzlük suyu. 2.güneş ışığı. ‖ * ~ -i hoşk آب خشک 1.kristal, billur. 2.buz. 3.cam. 4.şişe. ‖ * ~ -i hovzkeş آب حوض کش havuz suyu çeken. ‖ * ~ -i hulvân آب حلوان (coğ.) İran'da bir ırmak. ‖ * ~ -i istâde آب استاده durgun su. ‖ * ~ -i işret آب عشرت şarap. ‖ * ~ -i javel آب ژاول (kim.) javel suyu. ‖ * ~ -i kand آب قند 1.şeker şerbeti. 2.(bot.) İran'da yetişen hoş kokulu ve tatlı bir tür kavun. ‖ * ~ -i kâr آب کار refah. ‖ * ~ -i kasîl آب قصیل (tıb.) eskiden verem tedavisinde kullanılan ezilmiş arpa suyu. ‖ * ~ -i kebûd آب کبود (coğ.) Çin Denizi. ‖ * ~ -i kesî bâ kesî be yek cûy nereften آب کسی با کسی به یک جوی نرفتن biriyle yıldızı barışmamak. ‖ * ~ -i kesî râ rîhten آب کسی را ریختن birini rezil etmek, ipliğini pazara çıkarmak, şerefini beş paralık etmek. ‖ * ~ -i kevser آب کوثر 1.hayat suyu, bengisu, ölümsüzlük suyu. 2.Cennette akan bir su. ‖ * ~ -i kibrîtî آب کبریتی kükürtlü maden suyu. ‖ * ~ -i la'lî آب لعلی 1.lâl renkli su. 2.şarap. 3.göz yaşı. ‖ * ~ -i latîf آب لطیف 1.tatlı içme suyu. 2.şarap. ‖ * ~ -i leb آب لب dudak suyu. ‖ * ~ -i lûlekeşî آب لوله کشی musluk suyu. ‖ * ~ -i lutf آب لطف lütufkârlık. ‖ * ~ -i ma'denî آب معدنی maden suyu. ‖ * ~ -i maksûddih آب مقصود ده hayat suyu, bengisu, ölümsüzlük suyu. ‖ * ~ -i mâst آب ماست yoğurt sulanmak. ‖ * ~ -i meryem آب مریم 1.Meryem suyu, Meryem çeşmesi. 2.Meryem dürüstlüğü, Meryem iffeti. 3.şıra. 4.şarap. ‖ * ~ -i meşrûb آب مشروب içme suyu. ‖ * ~ -i meygûn آب میگون 1.şarap. 2.göz yaşı. 3.şarap renkli su. ‖ * ~ -i morgân آب مرغان 1.(coğ.) Şiraz civarında bir çay ve gezinti yeri. Recep ayında Salı günleri halk buraya mesireye gelir. 2.kuş suyu. 3.efsanevî çeşme. Suyu nereye götürülürse, bu sudan sığırcıklar çıkar ve oradaki çekirgeleri yer. ‖ * ~ -i morvârîd آب مروارید (tıb.) katarakt. ‖ * ~ -i mukattar آب مقطر damıtık su. ‖ * ~ -i muncemid آب منجمد 1.buz.

2.kristal. **3.**şişe. **4.**kılıç. **5.**hançer. ‖ * ~ -i museffâ آب مصفا saf su. ‖ * ~ -i nâb آب ناب **1.**tatlı içme suyu. **2.**şarap. ‖ * ~ -i nâfi' آب نافع şarap. ‖ * ~ -i nâr آب نار kırmızı şarap. ‖ * ~ -i nârdân آب ناردان **1.**kırmızı şarap. **2.**yabanî nar suyu. **3.**göz yaşı. **4.**kan. ‖ * ~ -i nebât آب نبات akide şekeri. ‖ * ~ î nehorden آبی نخوردن beklememek. ‖ * ~ -i neşât آب نشاط **1.**(mec.) meni. **2.**meniden önce gelen su. **3.**şarap. ‖ * ~ -i oksijene آب اکسیژنه (kim.) oksijen, eau oxygenee. ‖ * ~ -i pâkî be dest-i kesî rîhten آب پاکی به دست کسی ریختن birine etmediği kalmamak, birini çok üzmek, birini ümitsiz bırakmak. ‖ * ~ -i pâkî rûy-i dest-i kesî rîhten آب پاکی روی دست کسی ریختن birine etmediği kalmamak, birini çok üzmek, birini ümitsiz bırakmak. ‖ * ~ -i peyker آب پیکر **1.**yıldız. **2.**gökyüzünün parlaklığı. ‖ * ~ -i pohte آب پخته **1.**kaynamış su. **2.**et suyu. **3.**pelte. ‖ * ~ -i poşt آب پشت **1.**meni. **2.**omurilik. ‖ * ~ -i râkid آب راکد durgun su birikintisi. ‖ * ~ -i rengîn آب رنگین **1.**renkli su. **2.**boyalı su. **3.**göz yaşı. **4.**şarap. ‖ * ~ -i revân آب روان **1.**(coğ.) akarsu. **2.**(mec.) yaşam. ‖ * ~ -i rez آب رز **1.**üzüm suyu. **2.**şarap. **3.**su verme. ‖ * ~ -i rezân آب رزان **1.**üzüm suyu. **2.**şarap. ‖ * ~ -i rû آب رو **1.**ter. **2.**yüzsuyu, itibar, onur. ‖ * ~ -i rûgan آب روغن pilavın üstüne dökülen erimiş yağ. ‖ * ~ -i ruh آب رخ **1.**ter. **2.**yüzsuyu, itibar. ‖ * ~ -i ruh-i kesî râ borden آب رخ کسی را بردن birini rezil etmek, ipliğini pazara çıkarmak, şerefini beş paralık etmek. ‖ * ~ -i ruh-i kesî râ rîhten آب رخ کسی را ریختن birini rezil etmek, ipliğini pazara çıkarmak, şerefini beş paralık etmek. ‖ * ~ -i rûşen آب روشن **1.**yüzsuyu, onur, şeref. **2.**parlak su. ‖ * ~ -i rûy آب روی **1.**ter. **2.**yüzsuyu, itibar, onur. ‖ * ~ -i rûy-i kesî râ borden آب روی کسی را بردن birini rezil etmek, ipliğini pazara çıkarmak, şerefini beş paralık etmek. ‖ * ~ -i san'atî آب صنعتی sanayi suyu. ‖ * ~ -i sebuk آب سبک kolay hazmedilir. ‖ * ~ -i sebz آب سبز (tıb.) göz tansiyonundan ileri gelen bir hastalık. ‖ * ~ -i sefâ آب صفا **1.**(tas.) dindarlık. **2.**safâ suyu, huzur veren su. ‖ * ~ -i sefîd آب سفید **1.**(tıb.) katarakt. **2.**göz yaşı. ‖ * ~ -i sehâb آب سحاب yağmur suyu. ‖ * ~ -i sikender آب سکندر hayat suyu, bengisu, ölümsüzlük suyu. ‖ * ~ -i siyâh آب سیاه **1.**koyu renkli su. **2.**kırmızı şarap. **3.**(tıb.) glokom. **4.**fırtına. **5.**Nuh tufanı. **6.**âfet. **7.**ölüm. **8.**mürekkep. ‖ * ~ -i sorh آب سرخ **1.**kızıl su. **2.**şarap. ‖ * ~ -i sukûn آب سکون (coğ.) İran'da bir göl ve bu göle dökülen ırmak. ‖ * ~ -i şakâyik آب شقایق **1.**şarap. **2.**göz yaşı. ‖ * ~ -i şengerfî آب شنگرفی **1.**kırmızı şarap. **2.**kanlı göz yaşı. ‖ * ~ -i şifâbahşâ آب شفابخشا şifalı su. ‖ * ~ -i şîr آب شیر musluk suyu. ‖ * ~ -i şor آب شر **1.**acı su. **2.**göz yaşı. ‖ * ~ -i şoş آب شش (zool.) solungaç. ‖ * ~ -i şûr آب شور **1.**acı su. **2.**tuzlu su. **3.**göz yaşı. ‖ * ~ -i tal' آب طلع hurma rakısı, hurma çiçeğinden yapılan içki. ‖ * ~ -i tarab آب طرب şarap. ‖ * ~ -i telâ آب طلا altın suyu, altın yaldız. ‖ * ~ -i telh آب تلخ **1.**acı su. **2.**şarap. **3.**aşığın göz yaşı. **4.**içki. ‖ * ~ -i tîğ آب تیغ kılıca verilen su. ‖ * ~ -i tovbe ber ser rîhten آب توبه بر سر ریختن tövbe etmek, pişman olmak. ‖ * ~ -i tovbe ber ser-i kesî rîhten آب توبه بر سر کسی ریختن tövbe ettirmek. ‖ * ~ -i turbet آب تربت ölmekte olan insana içirilen su, zemzem suyu. ‖ * ~ -i yâkût آب یاقوت kırmızı şarap. ‖ * ~ -i zer آب زر 1.altın suyu. 2.beyaz şarap. ‖ * ~ -i zerd آب زرد 1.sarı su. 2.göz yaşı. ‖ * ~ -i zindegânî آب زندگانی 1.hayat suyu, bengisu, ölümsüzlük suyu. 2.(coğ.) Tahran'ın kuzeyinde bir mahalle. ‖ * ~ -i zindegî آب زندگی hayat suyu, bengisu, ölümsüzlük suyu. ‖ * ~ -i zirâetî آب زراعتی sulama suyu. ‖ * ~ -i zirişk آب زرشک diken üzümü şerbeti. ‖ * ~ -i zuhre آب زهره 1.şarap. 2.tan ağartısı. ‖ * ~ -i zulâl آب زلال 1.berrak su. 2.kristal. 3.cam. ‖ * ~ -işan be yek cûy nemîreved آبشان به یک جوی نمی رود yıldızları barışık değil, anlaşamazlar, geçinemezler. ‖ * ~ râ ~ keşîden آب را آب کشیدن sağlığına dikkat etmek. ‖ * ~ râ gilâlûd kerden آب را گل آلود کردن suyu bulandırmak. ‖ * ~ râ tîre kerden آب را تیره کردن pişmiş aşa su katmak. ‖ * ~ u âbrûy آب و آبروی onur, şeref, haysiyet. ‖ * ~ u alef آب و علف nimet. ‖ * ~ u âteş آب و آتش hazır yemek. ‖ * ~ u cârû آب و جارو sulayıp süpürme. ‖ * ~ u cârû kerden آب و جارو کردن sulayıp süpürmek. ‖ * ~ u dâne آب و دانه 1.su ve kuş yemi. 2.tayin edilmiş rızık. ‖ * ~ u endâze آب و اندازه bir binadaki parçaların birbiriyle uyumu. ‖ * ~ u gil آب و گل 1.memleket, vatan. 2.yeryüzü. 3.insan bedeni. 4.bina, yapı. 5.yaratılış. 6.toprak. ‖ * ~ u gil der câyî dâşten آب و گل در جایی داشتن bir yerde mülkü olmak. ‖ * ~ u hâk آب و خاک memleket. ‖ * ~ u hevâ آب و هوا iklim. ‖ * ~ u hevâ-yi serd آب و هوای سرد (coğ.) soğuk iklim. ‖ * ~ u hevâ-yi mu'tedil آب و هوای معتدل (coğ.) ılıman iklim. ‖ * ~ u tâb آب و تاب şenlik, hoşluk. ‖ * ~ u reng آب و رنگ 1.renk. 2.tuval. 3.beniz, yüz rengi. 4.taravet. 5.sulu boya. ‖ * ~ u zâd آب و زاد su ve azık. ‖ * ~ u zemîn آب و زمین akar. ‖ * ~ uftâden (dehân-i kesî) آب افتادن دهان کسی 1.ağzı sulanmak. Çok istekli olmak, can atmak. ‖ * ~ zîr-i pûst-i kesî oftâden آب زیر پوست کسی افتادن 1.biti kanlanmak. 2.semirmek, kilo almak, şişmanlamak. ‖ * ez ~ der âmeden از آب در آمدن 1.(hlk.) olmak, meydana gelmek. 2.yetişmek. 3.çıkmak. ‖ * ez ~ kere giriften از آب کره گرفتن sineğin yağını çıkarmak, her vesileyle çıkar elde etmek. ‖ * ez ~ u gil der âmeden از آب و گل در آمدن 1.yetişmek. 2.büluğ çağına gelmek, reşit olmak. ‖ * ez ~ u gil der âverden از آب و گل در آوردن büyütmek, bu günlere getirmek, yetiştirmek. ‖ * bâ ~ u tâb با آب و تاب ballandıra ballandıra. ‖ * ber ~ nigâşten بر آب نگاشتن havanda su dövmek, boşuna kürek çekmek. ‖ * be ~ zeden به آب زدن suya atmak. ‖ * çun ~ furû hânden چون آب فرو خواندن su gibi okumak. ‖ * hakk-i ~ u gil dâşten حق آب و گل داشتن 1.(hlk.) yerleşme hakkı olmak. 2.bir şeyden veya birinden daha önce yararlanmış olmak. ‖ * hod râ be ~ u âteş zeden خود را به آب و آتش زدن 1.kendini ateşe atmak, kendini tehlikeye atmak. 2.amacına ulaşmak için her yolu denemek. ‖ * kembûd-i ~ کمبود آب su sıkıntısı. ‖ * misl-i ~ bûden مثل آب بودن sırılsıklam olmak.

آب âb: Yahudi ve Süryanî takviminde ay yılına göre beşinci ve on birinci ay, Ağustos ayı.

آب آب âb âb: 1.Tanrı'nın zâtı. 2.Tanrı'nın rahmeti.

آباء âbâ': (A.) 1.babalar. 2.atalar, cedler. 3.keşişler.

آباب âbâb: (A.) otlaklar, meralar.

آباجی : (T.) abaci: kızkardeş, bacı, hemşire.

آباد âbâd: 1.bayındır, mamur, kalkınmış. 2.şen. 3.ekili. 4.dolu. 5.sağlıklı. 6.düzenli. 7.müreffeh. 8.aferin. 9.bayındırlık, mamurluk.

آباد âbâd: (A.) ebedler.

آبادان âbâdân: **1.**bayındır, mamur. **2.**ekili. **3.**sağlıklı. **4.**müreffeh. **5.**(coğ.) İran'ın güneyinde bir kent.

آبادان شدن âbâdân şoden: **1.**bayındır olmak. **2.**kalkınmak.

آبادان کردن âbâdân kerden: **1.**mamur etmek. **2.**kalkındırmak. **3.**ekmek. **4.**sağlıklı kılmak, güçlü kılmak. **5.**güvence altına almak.

آبادانی âbâdânî: **1.**bayındırlık, mamurluk. **2.**tarım. **3.**mamur yer. **4.**köy. **5.**refah. **6.**huzur, asayiş. **7.**sağlamlık. **8.**Abadanlı.

آبادانیدن âbâdânîden: **1.**mamur etmek. **2.**kalkındırmak. **3.**övmek.

آبادانی کن âbâdânîkon: mamurlaştıran.

آباد بودن âbâd bûden: **1.**bayındır olmak. **2.**ekili olmak. **3.**dolu olmak. **4.**sağlıklı olmak. **5.**müreffeh olmak.

آبادبوم âbâdbûm [âbâd+bûm] mamure, mamur yer, kalkınmış yer.

آباد داشتن âbâd dâşten: mamurlaştırmak.

آباد شدن âbâd şoden: bayındırlaşmak, gelişmek, kalkınmak.

آبادشهر [âbâd+şehr] mamur şehir.

آباد کردن âbâd kerden: **1.**mamur etmek, bayındırlaştırmak. **2.**kalkındırmak. **3.**tarım yapmak. **4.**doldurmak. **5.**yapmak, inşa etmek.**6.**asayişi sağlamak. **7.**şâd etmek.

آباده âbâde: [âbâd+e] (coğ.) Isfahan ile Şiraz arasında bir kent. ‖ * ~ -i kevîrî آبادهء کویری (coğ.) vaha.

آبادی âbâdî: **1.**köy. **2.**bayındırlık, imar.**3.**mamur yer, mamure. **4.**bolluk. **5.**Hindistan'da Devletâbâd kenti ürünü olan ipek yazı kâğıdı.

آبار âbâr: hesap defteri.

آبار âbâr: su kuyuları.

آبارگیر âbârgîr: [âbâr+giriften>gîr] muhasebeci.

آبازه âbâze: (T.) **1.**Abaza. **2.**Osmanlıda kimi Türk paşalarına verilen ad.

آباژور abajur: (Fr.) abajur.

آباژورساز abajursâz: (Fr.-F.) [abajur+ sâhten>sâz] abajur imalatçısı.

آباژورسازی abajursâzî: [abajur+ sâhten>sâz+î] **1.**abajurcu. **2.**abajur imalatı.

آب آسیا âbâsiyâ: [âb+âsiyâ] su değirmeni.

آب آشنا âbâşnâ: [âb+âşnâ] yüzme bilen, yüzücü.

آباط âbât: (A.) koltuk altları.

آبافت âbâft: **1.**bir tür kalın kumaş. **2.**bir tür değerli giysi.

آب آلو âb-i âlû: **1.**erik suyu. **2.**içinde kuru erik sılatılan su.

آب آمیز âbâmîz: [âb+âmîhten>âmîz] sulu, sulandırılmış.

آب آورد âbâverd: [âb+âverden>âverd] su tarafından taşınmış, alüvyon.

آب آوردن âb âverden, âb âvorden: su getirmek.

آب آهن âb-i âhen: içinde demir minerali bulunan su.

آب آورده âbâverde: [âb+âverden> âverd+e] (coğ.) alüvyon.

آب افکندن âb efkenden: idrar yapmak, işemek.

آبال âbâl: (A.) develer.

آبان âbân: **1.**İran takviminin sekizinci ayı (22 Ekim- 21 Kasım) **2.**her şemsî ayın onuncu günü. **3.**su tanrısı.

آب انبار âbenbâr: [âb+enbâşten> enbâr] sarnıç.

آب انداختن âb endâhten: idrar yapmak, işemek.

آب انداز âbendâz: [âb+endâhten> endâz] **1.**şırınga, enjeksiyon aleti. **2.**iki konak arasında bulunan develere mahsus dinlenme yeri.

آب اندام âbendâm: [âb+endâm] boylu boslu.

آب اندیش âbendîş: [âb+endîş] su arayan, su peşinde olan.

آبانگان âbângân: eski İran'da her yıl Âban ayının onuncu günü kutlanılan bir bayram.

آبانگاه âbângâh: İran takviminde Ferverdin ayının onuncu günü.

آبانی âbânî: sarımtırak dal desenli bir tür ince kumaş.

آب باز âbbâz: [âb+bâhten>bâz] **1.**yüzücü. **2.**su sporcusu. **3.**dalgıç. **4.**(zool.)deniz memelisi.

آب بازان âbbâzân: [< âb+bâhten> bâz+ân] (zool.) balina ve kaşalot gibi deniz memelileri.

آب بازی âbbâzî: [âb+bâhten>bâz+î] **1.**yüzücülük. **2.**dalgıçlık. **3.**su sporu.

آب بازی کردن âbbâzî kerden: **1.**yüzmek. **2.**dalmak.

آب بان âbbân: [âb+bân] su dağıtımını kontrol eden, su başı.

آب بر زدن âb ber zeden: su serpmek, su saçmak.

آب بر کشیدن âb ber keşîden: su çekmek.

آب بند âbbend: [âb+besten>bend] **1.**suyu kesen. **2.**lehimci. **3.**kanal kapağı. **4.**buz tutan.

آب بندی âbbendî: [âb+besten> bend+î] **1.**su kanalını kapama. **2.**su koyma. **3.**sıkıca kapama.

آب بها âbbehâ: [âb+behâ] su parası.

آب پا âbpâ: [âb+pâîden>pâ] su dağıtımını sağlayan su başı.

آب پارچ âbpârç: [âb+pârç] süzgü.

آب پاش âbpâş: [âb+pâşîden>pâş] süzgü, süzgeç, bahçe süzgeci.

آب پاشان âbpâşân: [âb+pâşîden>pâş+ân] eski İran'da Safevîler dönemine kadar kutlanıla gelen bir bayram.

آب پاشی âbpâşî: [âb+pâşîden>pâş+î] **1.**sulama. **2.**sulanma.

آب پاشیدن âb pâşîden: sulamak.

آب پاشی شدن âbpâşî şoden: sulanmak.

آب پاشی کردن âbpâşî kerden: sulamak.

آب بستن âb besten: çarçur etmek.

آب پز âbpez: [âb+pohten>pez] **1.**haşlama. **2.**haşlanmış.

آبتاب âbtâb: [âb+tâbîden>tâb] parlak, parıltılı.

آبتابه âbtâbe: [âb+tâb+e] **1.**bahçe süzgeci, bahçe kovası. **2.**güneş şeklindeki mücevher.

آبتاخت âbtâht: [âb+tâhten>tâht] **1.**su basıncı, su gücü. **2.**sidik, idrar.

آب تاختن âb tâhten:idrar yapmak, işemek.

آب تتماج âbtotmâc: [<âb-i totmâc] **1.**totmac aşının suyu. **2.**kelepir.

آب تراز âbterâz: su terazisi.

آب تره âbtere: [âb+tere] (bot.) ırmak ve su kenarlarında yetişen, 10-60 cm. boyunda bir tür bitki, nasturtium officinale.

آب تنی âbtenî: [âb+ten+î] **1.**suda yıkanma. **2.**suya dalma, suya girme.

آب تنی کردن âbtenî kerden: **1.**yıkanmak, suda yıkanmak. **2.**suya girmek.

آبجامه âbcâme: [âb+câme<câme-i âb] **1.**sürahi, su şişesi. **2.**su kabı.

آب جای âbcây: [âb+cây<cây-i âb] **1.**su sarnıcı. **2.**pınar.

آب جر âbcer: [âb+cer] (coğ.) cezir olayı.

آب جگر âb-i ciger: kan.

آبجو âbcû: [âb+cov<âb-i cov] bira.

آبجوساز âbcûsâz: [âb+cov+sâhten> sâz] bira imalatçısı.

آبجوسازی âbcûsâzî: [âb+cov+sâhten> sâz+î] biracılık, bira yapımı.

آبجوفروش âbcûfurûş: [âbcû+furûhten> furûş] biracı, birahaneci.

آبجوفروشی âbcûfurûşî: [âbcû+ furûhten> furûş+î] **1.**birahane. **2.**biracılık.

آبجی âbcî: [<ağa+bacı]: (T.) **1.**bacı, kızkardeş. **2.**abla.

آب چرا âbçerâ: [âb+çerîden>çer+â] **1.**ikindi kahvaltısı. **2.**yartıcı hayvan yemi.

آب چشی âbçeşî: [âb+çeşîden>çeş+î] altı aylık çocuğa verilen ilk yemek.

آبچین âbçîn: [âb+çîden>çîn] **1.**kurutma kâğıdı. **2.**gasilden sonra cenazenin kurulandığı bez.

آبخانه âbhâne: [âb+hâne<hâne-i âb] tuvalet, hela.

آبخست âbhest: [âb+hest] **1.**(coğ.) ada. **2.**çürük ve ezik meyva. **3.**kötü niyetli.

آب خشک کن âbhoşkkun: [âb+hoşk+ kerden>kun] kurutma kâğıdı.

آبخو âbhû: [âb+hû] (coğ.) ada.

آبخوار âbhâr: [âb+horden>hor>hâr] su içen.

آبخور âbhor: [âb+horden>hor] **1.**su içilecek yer. **2.**su bardağı. **3.**nasip, kısmet.

آب خورد âbhord: (F.) [âb+horden>hord] **1.**su içen. **2.**nasip, rızık. **3.**azık. **4.**su kabı. **5.**su bulunan bölge.

آب خوردن âb horden: **1.**su içmek. **2.**kaynaklanmak, ileri gelmek. ‖ * der yek ~ در یک آب خوردن çok kısa bir zamanda, kaşla göz arasında. ‖ * misl-i ~ مثل آب خوردن çok basit, çok kolay.

آب خورده âbhorde: [âb+horden> hord+e] su içmiş.

آبخورش âbhoriş: [âb+horden>hor+iş] nasip, kısmet. ‖ * ~ -i kesî ez câyî kende şoden آبخورش کسی از جایی کنده شدن kısmeti kesilmek, yerini yurdunu terk etmek.

آبخور کردن âbhor kerden: durmak, yerleşmek.

آبخوره âbhore: [âb+horden>hor+e] **1.**su bardağı. **2.**su birikintisi. **3.**ırmak.

آبخوری âbhorî: [âb+horden>hor+î] **1.**su bardağı. **2.**su bulunan yer. **3.**bıyık kılı. **4.**su içerken atların ağzına takılan âlet.

آبخیز âbhîz: [âb+hâsten>hîz] **1.**(coğ.) med olayı. **2.**büyük dalga. **3.**sulak. **4.**fırtına. **5.**bahar mevsiminde suların çoğalması. **6.**(coğ.) taşkın.

آبخیزداری âbhîzdârî: [âb+hâsten>hîz+ dâşten>dâr+î] önleme bendi ve kanalet yapımı.

آبخیزگاه âbhîzgâh: [âbhîz+gâh] sulak arazi.

آبدات âbidât: (A.) anıtlar, abideler.

آب دادن âb dâden: **1.**sulamak. **2.**(argo) boşalmak, meni getirmek. **3.**su vermek. ‖ * ~ be zehr آب دادن به زهر kılıç, bıçak gibi âletle su verilmesi. ‖ * ~ -i çeşm آب دادن چشم göz sulanması.

آب داده âbdâde: [âb+dâden>dâd+e] **1.**su verilmiş metal. **2.**sulanmış. **3.**sulamış.

آبدار âbdâr: [âb+dâşten>dâr] **1.**sulu. **2.**parlak. **3.**tumturaklı. **4.**saki. **5.**su verilmiş metal. **6.**akıcı ve fasih. **7.**zehir zemberek, keskin. **8.**iğneleyici. **9.**meşrubat satan kantinci. **10.**(bot.) hurma lifini andıran bir bitki. **11.**esaslı, adamakıllı.

آبدارباشی âbdârbâşî: (F.-T.) [âbdâr+başı] baş saki.

آبدارخانه âbdârhâne: [âbdâr+hâne] **1.**kantin. **2.**çay ocağı. **3.**eskiden evlerde çay, kahve yapılan oda, meşrubat odası. **4.**sulama âletlerinin koyulduğu yer.

آبدارک âbdârek: [âb+dâşten>dâr+ek] (zool.) kuyruksallayan kuşu.

آبدارو âbdârû: [âb+dâr+u] (kim.) zift.

آب داشتن âb dâşten: **1.**suyu olmak. **2.**değeri olmak.

آبدان âbdân: [âb+dân] **1.**su deposu. **2.**sarnıç, derin su toplama çukuru. **3.**kadeh. **4.**su bardağı. **5.**(tıb.) sidik torbası, mesane.

آبدانک âbdânek: [âb+dân+ek] kesecik.

آب در آوردن âb der âverden: suyu çıkmak.

آب دزد âbdozd: [âb+dozd] **1.**su yolu. **2.**bulut.

آب دزدک âbdozdek: [âb+dozd+ek] **1.**şırınga. **2.**küçük tulumba. **3.**cırcır böceği.

آبدست âbdest: [âb+dest] **1.**abdest. **2.**sanatta ustalık. **3.**zahit. **4.**eli kıvrak. **5.**bir tür kısa cübbe.

آبدستان âbdestân: [<âb+dest+dân] ıbrık.

آبدست جای âbdestcây: [âb+dest+cây] tuvalet, hela.

آبدست خانه âbdesthâne: [âb+dest+hâne] tuvalet, hela.

آبدست دان âbdestdân: [âb+dest+dân] ıbrık.

آبدستی âbdestî: [âb+dest+î] **1.**maharet, ustalık. **2.**çeviklik, kıvraklık.

آبدندان âbdendân: [âb+dendân] **1.**aptal, salak. **2.**kumar zorbası, kumarda zor kullanarak para kazanan. **3.**parlak dişli. **4.**(bot.) bir tür çekirdeksiz nar. **5.**genel olarak ağaçlar ve bitkiler için kullanılan bir terim. **6.**yağ, un ve şekerden yapılan bir tür tatlı.

آب دندان âb-i dendân: diş parlaklığı.

آبدنگ âbdeng: [âb+deng] suyla çalışan ve pirinç dövmek için kullanılan bir âlet, harmandöver makinesi.

آب دوات کن âbdevâtkon: hokka kaşığı.

آبدوغ âbdûg: [âb+dûg] ayran. ‖ * bahye be ~ zeden بخیه به آبدوغ زدن boşuna uğraşmak, havanda su dövmek.

آبدوغ خیار âbdûghiyâr: [âbdûg+ hiyâr] cacık.

آبدوغی âbdûgî: **1.**sulu kireç. **2.**sulu kireç gibi, sulu kireç kıvamında.

آبدوی âbidevî: (A.) anıtsal.

آبده âbide: (A.) anıt.

آبده âbide: yırtıcı hayvan.

آب ده âbdih: [âb+dâden>dih] **1.**su veren. **2.**kehrizlere bağlı ana kuyu.

آبدهان âbdehân: [âb+dehân] ağzı gevşek, ağzında bakla ıslanmayan, sır tutamayan.

آبدهانی âbdehânî: [âb+dehân+î] ağzı gevşeklik, sır tutamama.

آب دیده âbdîde: [âb+dîden>dîd+e] **1.**ıslak, ıslanmış, su çekmiş. **2.**nemli, rutubetli.

آبدیز âbdîz: (coğ.) İran'da Dezful kentinden geçen bir ırmak.

آبراش âbrâş: **1.**alacalı at. **2.**alaca. **3.**sam lekesi taşıyan insan. **4.**bozuk desenli halı. **5.**görgüsüz.

آبرانه âbrâne: [âb+rânden>rân+e] su mühendisi.

آبراه âbrâh: [âb+râh<râh-i âb] **1.**(coğ.) su yolu. **2.**su kanalı, kanalet.

آبراه سازی âbrâhsâzî: [âbrâh+sâhten> sâz+î] kanalizasyon döşenmesi.

آبراهه âbrâhe: [âb+râh+e] **1.**(coğ.) su yolu. **2.**(coğ.) sel yatağı. **3.**su verme.

آبرفت âbruft: [âb+ruften>ruft] (coğ.) alüvyon.

آب رفتن âb reften: **1.**su akmak. **2.**yıkandıktan sonra kumaş çekmek. **3.**meni akmak. **4.**onursuz kalmak, itibarını yitirmek. **5.**düşkünleşmek.

آبرنگ âbreng: [âb+reng] suluboya.

آبرو âbrû: [âb+rû<âb-i rû] **1.**ter. **2.**itibar, saygınlık, onur, yüzsuyu. ‖ * ~ -yi kesî be bâd reften آبروی کسی بباد رفتن rezil olmak, şerefi beş paralık olmak, itibarını yitirmek.

آب رو âbrev: [âb+reften>rev] su yolu.

آبرو خواه âbrûhâh: [âbrû+hâsten>hâh] onuruna düşkün.

آبروخواهی âbrûhâhî: [âbrû+hâsten> hâh+î] onura düşkünlük.

آبرود âbrûd: [âb+rûd] **1.**sümbül. **2.**nilüfer.

آبرودار âbrûdâr: [âbrû+dâşten>dâr] şerefli, yüz ağartan.

آبروریزی âbrûrîzî: [âbrû+rîhten> rîz+î] skandal, rezalet, kepazelik.

آبروغن âbrovgen: [âb+rovgen] **1.**İran pilavının üstüne dökülen yağlı kaynar su. **2.**tirit.

آبروفت âbrûft: [âb+rûften>rûft] alüvyon.

آبرومند âbrûmend: [âbrû+mend] **1.**onurlu. **2.**kaliteli. **3.**saygın, saygıdeğer. **4.**gösterişli.

آبرومندی âbrûmendî: [âbrû+mend+î] şeref, itibar, saygınlık.

آبرون âbrûn (bot.) kadife çiçeği.

آبروی âbrûy: [âb+rûy<âb-i rûy] **1.**ter. **2.**şeref, onur, itibar, saygınlık.

آبرو یافتن âbrû yâften: onurlanmak, itibar kazanmak.

آبروی پنجه âbrûypence: [âbrûy+ pence] itibar, onur.

آب ریختگی âbrîhtegî: [âb+rîhten> rîht+ e+g+î] rezalet, kepazelik, skandal.

آب ریختن âb rîhten: su dökmek, (kabaca) işemek.

آبریز âbrîz: [âb+rîhten>rîz] **1.**tuvalet, hela. **2.**ıbrık. **3.**fosseptik çukuru. **4.**(coğ.) mâile, aklan. **5.**havruz, ördek.

آب ریزان âbrîzân: [âb+rîhten>rîz+ ân] eskiden İran'da Tîrmah (Haziran-Temmuz) ayında birbirlerine su atarak kutladıkları bir bayram.

آبریزگان âbrîzegân: [âb+rîhten>rîz+ gân] eskiden İran'da Tîrmah (Haziran-Temmuz) ayında birbirlerine su atarak kutladıkları bir bayram.

آبریزه âbrîze: [âb+rîhten>rîz+e] **1.**(tıb.) sürekli göz yaşarmasına yol açan bir hastalık. **2.**tuvalet, hela.

آب زدن âb zeden: **1.**su atmak. **2.**su çarpmak. **3.**sulandırmak. **4.**ateşi söndürmek. **5.**yatıştırmak. **6.**ıslatmak.

آب زرفت âbzoroft: [âb+zoroft] içi çürük meyva.

آبزن âbzen: [âb +zeden>zen] **1.**küçük havuz. **2.**küvet. **3.**leğen. **4.**jakuzi.

آبزه âbzih: [âb+zihîden>zih] **1.**sızan su. **2.**su sızıntısı. **3.**göz yaşı.

آبزی âbzî: [âb+zîsten>zî] (bot., zool.) suda ve su kenarında yaşayan canlılar.

آب زیپو âbzîpo: açık renkli ince nesne.

آب زیر کاه âb zîr-i kâh: [âb+zîr-i+kâh] **1.**sinsi, saman altından su yürüten. **2.**gizli iyilik ve güzellik.

آب ساب کردن âbsâb kerden: üstüne bir başka tuğla koymak için alttaki tuğlayı ıslatmak.

آبسال âbsâl: [âb+sâl] **1.**bahçe. **2.**ağaçlık.

آبسالان âbsâlân: [âb+sâl+ân] **1.**bahar mevsimi. **2.**bahçe. **3.**ağaçlık.

آب سپهر âbsipihr: [âb+sipihr<sipihr-i âb] su küre, hidrosfer.

آبست âbest: **1.**tarıma hazır arazi. **2.**kabuk. **3.**hamile. **4.**rahim.

آبستا âbestâ: Avesta.

آبستان âbistân: **1.** gizli. **2.**gebe.

آبستن âbisten: **1.**gebe, hamile. **2.**gizli.

آبستن بودن âbisten bûden: gebe olmak. ‖ * ~ ez kesî آبستن بودن از کسی birinden rüşvet almak.

آبستن شدن âbisten şoden: **1.**gebe kalmak, hamile kalmak. **2.**ağaç tomurcuklanmak. **3.**gizlice rüşvet almak.

آبستن کردن âbisten kerden: hamile bırakmak, gebe bırakmak.

آبستن کننده âbisten konende: hamile bırakan, dölleyen.

آبستنگاه âbistengâh: [âbisten+gâh] **1.**(tıb.) rahim. **2.**dünya.

آبستن گردانیدن âbisten gerdâniden: hamile bırakmak, gebe bırakmak.

آبستن گشتن âbisten geşten: **1.**hamile kalmak. **2.**tomurcuklanmak.

آبستنی âbistenî: [âbisten+î] (tıb.) gebelik, hamilelik.

آبسته âbeste: ekilebilir arazi, tarıma hazır arazi.

آبسته âbiste: **1.**(tıb.) gebe, hamile. **2.**(tıb.) rahim.

آبسر âbser: paça suyu çorbası.

آبسرد âbserd: paça suyu çorbası.

آب سردی âbserdî: idrar kalıntısı.

آب سفت کردن âb seft kerden: boşuna uğraşmak, havanda su dövmek.

آب سوار âbsevâr: [âb+sevâr] **1.**su kabarcığı. **2.**suda yüzebilen.

آبسه abse: (Fr.) apse, iltihap.

آب سیر âbseyr: (F.-A.) [âb+seyr] **1.**hızlı giden at. **2.**su gibi akan.

آبش âbiş: içki.

آبشار âbşâr: [âb+şârîden>şâr] **1.**(coğ.) çağlayan, şelale. **2.**(sp.) smaç, voleybol, tenis ve pingpong oyunlarında hücum hareketi. ‖ * ~

-i bozorg آبشار بزرگ (coğ.) çavlan.

آبشارزن âbşârzen: [âbşâr+zeden>zen] (sp.) smaçör.

آبشارکوب âbşârkûb: [âbşâr+kûbîden> kûb] smaçörlük.

آبشخوار âbişhâr: [âbiş+horden>hor>hâr] **1.**su içilecek yer. **2.**su kabı. **3.**konak, yer. **4.**nasip, kısmet. **5.**yazgı, alın yazısı. **6.**kaynak.

آبشخور âbişhor: [âbiş+horden>hor] **1.**su içilecek yer. **2.**su kabı. **3.**konak, yer. **4.**nasip, kısmet. **5.**yazgı, alın yazısı. **6.**kaynak.

آبشخورد âbişhord: [âbiş+horden>hord] **1.**su içilecek yer. **2.**su kabı. **3.**konak, yer. **4.**nasip, kısmet. **5.**yazgı, alın yazısı. **6.**kaynak.

آب شدن âb şoden: **1.**erimek. **2.**sıvılaşmak. **3.**utanmak, utanç duymak. ‖ * ez hicâlet ~ از خجالت آب شدن utançtan yüzü kızarmak, utançtan yerin dibine girmek. ‖ * ez şerm ~ از شرم آب شدن utançtan yüzü kızarmak, utançtan yerin dibine girmek. ‖ * çîzî berâyi kesî ~ چیزی برای کسی آب شدن bir şey biri için sorun haline gelmek. ‖ * kand der dil-i kesî ~ قند در دل کسی آب شدن yüreği yağ bağlamak, sevinçten dört köşe olmak.

آب شش âbşoş: solungaç.

آب شناس âbşinâs: [âb+şinâhten>şinâs] **1.**su bulma uzmanı. **2.**hidrolog. **3.**kılavuz kaptan. **4.**yol yordam bilen. **5.**gerçekleri gören.

آبشنگ âbşeng: **1.**küçük havuz. **2.**leğen. **3.**küvet.

آب شویه âbşûye: [âb+şosten>şûy+e] rezervuar, sifon.

آبشیب âbşîb: [âb+şîb] eğimli su yolu.

آب صفت âbsifat: (F.-A.) [âb+sifat] **1.**çok yararlı. **2.**alçakgönüllü.

آب صفت بودن âbsifat bûden: **1.**kazanç sağlamak. **2.**alçakgönüllü olmak.

آب طراز âbterâz: su terazisi.

آب طراز کردن âbterâz kerden: satıh düzeltmek.

آب طلا âbtelâ: (F.-A.) [<âb-i telâ] altın suyu, altın yaldız.

آب طلاکار âbtelâkâr: (F.-A.) [âb+telâ+ kâr] yaldızcı.

آب طلاکاری âbtelâkârî: (F.-A.) [âb+telâ+ kâr+î] yaldızcılık, altın yaldız işi.

آبطلایی âbtelâyî: (F.-A.) [âb+telâ+y+î] yaldızlı, altın suyuna batmış.

آبغوره âbgûre: [<âb-i gûre] koruk suyu.

آبغوره پلو âbgûrepolov: [âbgûre+ polov] koruk sulu pilav.

آبغوره چلاندن âbgûre çelânden: **1.**koruk suyu çıkarmak. **2.**ağlamak.

آبغوره گرفتن âbgûre giriften: **1.**koruk suyu çıkarmak. **2.**ağlamak.

آب فرو باریدن âb furû bârîden: ağız sulanmak.

آبفشان âbfeşân: [âb+feşânden>feşân] **1.**(coğ.) gayzer. **2.**(coğ.) gayzer bölgesi.

آبک âbek: (kim.) cıva.

آبکار âbkâr: [âb+kâr] **1.**saka. **2.**saki. **3.**ayyaş. **4.**hakkâk. **5.**çeliğe su veren. **6.**kanal açan. **7.**tarla sulayan. **8.**soyu Eşkânîler hanedanından gelen Ermenistan liderlerinden biri.

آب کار âb-i kâr: **1.**itibar. **2.**meni.

آبکاری âbkârî: [âb+kâr+î] **1.**sakalık. **2.**sakilik. **3.**ayyaşlık. **4.**hakkâklik. **5.**çeliğe su verme. **6.**kanal açma. **7.**tarla sulama.

آبکامه âbkâme: **1.**sütlü ekmek. **2.**sindirim, hazım. **3.**hamurdan yapılan bir yiyecek.

آبکانه âbkâne: (tıb.) düşük cenin.

آبکانه کردن âbkâne kerden: (tıb.) düşük yapmak.

آب کردن âb kerden: **1.**eritmek. **2.**sıvılaştırmak. **3.**su koymak. **4.**kalitesiz bir malı hile ile satmak, (hlk.) kakalamak. ‖ * dohter ~ دختر آب کردن kız evermek, kız baş göz etmek. ‖ * dil-i kesî râ ~ دل کسی را

آب کردن birini gözü yolda bırakmak.

آب کرده âbkerde: [âb+kerden>kerd+e] (kim.) eriyik.

آب کره âbkore: (F.-A.) [âb+kore] (coğ.) su küre, hidrosfer.

آبکش âbkeş: [âb+keşîden>keş] **1.**saka. **2.**kurutma kâğıdı. **3.**süzgü. **4.**(bot.) bitkilerde su yolu. **5.**susatan yiyecek. **6.**ayyaş, şarap düşkünü.

آبکشی âbkeşî: [âb+keşîden>keş+î] sakalık.

آب کشیدن âb keşîden: **1.**su çekmek, su taşımak. **2.**yara su toplamak. **3.**durulamak. **4.**paklamak, dinî temizlik yapmak.

آب کشیده âbkeşîde: [âb+keşîden> keşîd+e] **1.**yıkanık. **2.**iyi. **3.**güzel. **4.**olgun.

آبکشی کردن âbkeşî kerden: **1.**sakalık yapmak. **2.**banyo yapmak. **3.**çamaşır yıkamak.

آبکشین âbkeşîn: kelepçe.

آبکم âbkem (zool.) bir tür yılan.

آبکند âbkend: [âb+kenden>kend] **1.**(coğ.) su ile aşınmış arazi. **2.**çukur. **3.**su çukuru.

آب کوپیل âbkûpîl: [âb+kûpîl] (zool.) kılkuyruk denilen siyah deniz ördeği.

آبکور âbkûr: [âb+kûr] **1.**(coğ.) çorak arazi. **2.**nankör, hakbilmez. **3.**lağım çukuru, kanalizasyon. **4.**Diyarbakır'da bir nahiye.

آبکوهه âbkûhe: [âb+kûh+e] (coğ.) dalga, büyük dalga.

آبکی âbekî: [âb+ek+î] **1.**sıvı. **2.**sulu, sulanmış. **3.**açık.

آبکی شدن âbekî şoden: sulanmak.

آبکی کردن âbekî kerden: sulandırmak.

آبگار âbgâr: soyu Eşkânîler hanedanından gelen bir Ermenistan lideri.

آبگاه âbgâh: [âb+gâh] **1.**havuz. **2.**su bulunan yer. **3.**mesane, sidik torbası.

آبگذر âbgozer: [âb+gozeşten>gozer] (coğ.) su yolu.

آبگرد پرتقال âbgerd-i portukâl: oralet.

آبگرد âbgird: [<âb-i girdende] girdap.

آبگردان âbgerdân: [âb+gerdânden> gerdân] maşraba, kupa.

آبگردانی âbgerdânî: [âb+gerdânden> gerdân+î] havanın ve suyun değiştirilmesi.

آب گردش âbgerdiş: [âb+geşten>gerd+iş] hızlı yürüyen.

آب گردیدن âb gerdîden: sıvılaşmak.

آب گرفتن âb giriften: **1.**meyva suyu çıkarmak, özsuyu almak. **2.**ileri gelmek, kaynaklanmak. **3.**su basmak.

آب گرم کن âbgermkun: [âb+germ+ kerden>kun] su ısıtıcısı. ‖ * ~ -i berkî آب گرم کن برقی elektrikli su ısıtıcısı.

آبگز âbgez: [âb+gez] çürük meyva.

آبگز شدن âbgez şoden: meyva çürümek.

آبگوشت âbgûşt: [âb+gûşt] İran'a özgü, nohutlu ve fasulyeli bir et yemeği.

آبگوشت خوری âbgûşthorî: âbguşt kâsesi.

آبگون âbgûn: [âb+gûn] **1.**mavi. **2.**yeşil. **3.**sulu. **4.**parlak. **5.**(bot.) nilüfer. **6.**nişasta.

آبگون صدف âbgûnsadef: (F.-A.) [âbgûn+ sadef] **1.**gökyüzü. **2.**güneş. **3.**ay.

آبگون قفس âbgûnkafes: (F.-A.) [âbgûn+ kafes<kafes-i âbgûn] mavi gökyüzü.

آبگونه âbgûne: [âb+gûn+e] sıvı.

آبگه âbgeh: [âb+geh] **1.**havuz. **2.**su bulunan yer. **3.**mesane, sidik torbası.

آبگیر âbgîr: [âb+giriften>gîr] **1.**(coğ.) havza. **2.**su birikintisi. **3.**deniz. **4.**su kabı. **5.**hamamda su taşımakla görevli kişi. **6.**lehimci. **7.**su kapasitesi.

آبگیرناک âbgîrnâk: [âb+giriften>gîr+ nâk] su birikintili yer.

آبگیری âbgîrî: [âb+giriften>gîr+î] **1.**su alma, su doldurma. **2.**lehimleme.

آبگیری کردن âbgîrî kerden: **1.**su çekmek. **2.**su doldurmak. **3.**lehim yapmak.

آبگین âbgîn: [âb+gîn] **1.**sulu. **2.**ayna.

آبگینه âbgîne: **1.**ayna. **2.**kristal, billur. **3.**şişe. **4.**cam. **5.**cam kap. **6.**kılıç. **7.**gökyüzü. **8.**kadeh. **9.**göz yaşı. **10.**şarap. **11.**elmas.

آبگینه خانه âbgînehâne: [âbgîne+hâne] ayna atölyesi. ‖ * seng-i mencenîk der ~ endâhten سنک منجنیق در آبگینه انداختن bile bile lades demek, büyük zararla sonuçlanacak bir iş yapmak.

آبگینه فروش âbgînefurûş: [âbgîne+ furûhten>furûş] aynacı, ayna sıtıcıs

آبگینه گر âbgîneger: [âbgîne+ger] camcı.

آبگینه گری âbgînegerî: [âbgîne+ger+î] **1.**aynacılık. **2.**ayna atölyesi.

آبل âbil: **1.**(coğ.) Ürdün'de bir yer adı. **2.**(coğ.) Şam yakınlarında bir köy. **3.**(coğ.) Humus'ta bir köy. **4.**sığır çobanı.

آبلستان âbulistân: [âbul+istân] (coğ.) Elbistan.

آب لمبو âblembû: [âb+lembû] **1.**ezik meyva. **2.**yumuşatılmış meyva.

آب لمبو شدن âblembû şoden (meyva) ezilmek.

آب لمبو کردن âblenbû kerden: meyva suyu çıkarmak.

آب لنبو âblenbû: [âb+lembû] **1.**ezik meyva. **2.**yumuşatılmış meyva.

آب لنبو شدن âblenbû şoden (meyva) ezilmek.

آب لنبو کردن âblembû kerden: meyva suyu çıkarmak.

آب لنبه âblenbe: **1.**ezik meyva. **2.**yumuşatılmış meyva.

آب لنبه شدن âblenbe şoden (meyva) ezilmek.

آب لنبه کردن âblenbe kerden: meyva suyu çıkarmak.

آبلوج âblûc: beyaz kesme şeker, nöbet şekeri.

آبله âble, âbile: **1.**(tıb.) çiçek hastalığı. **2.**su toplaması. **3.**uçuk. **4.**meme ucu. **5.**su toplamış. ‖ * ~ ez hem gusisten آبله از هم گسستن **1.**(tıb.) çiçek çıkarmak. **2.**(tıb.) su toplamak. ‖ * ~ -i çeşm آبلهٔ چشم (tıb.) arpacık. ‖ * ~ -i efreng آبلهٔ افرنگ (tıb.) frengi, sifilis. ‖ * ~ -i gâvî آبلهٔ گاوی inek memesinde çıkan kabarcık. ‖ * ~ -i pistân آبلهٔ پستان meme ucu. ‖ * ~ -i ruh-i felek آبلهٔ رخ فلک yıldızlar. ‖ * ~ -i rûz آبلهٔ روز güneş.

آبله ای âbileî: [âbile+î] çopur, çiçek bozuğu.

آبله ای کردن âbileî kerden: çopurlaştırmak.

آبله بر آمدن âbile ber âmeden: (tıb.) çiçek olmak.

آبله دار âbiledâr: [âbile+dâşten>dâr] (tıb.) çiçek hastası.

آبله در آوردن âbile der âverden: (tıb.) çiçek çıkarmak.

آبله رو(ی) âbilerû(y): [âbile+rûy] çopur yüzlü, çiçek bozuğu.

آبله شدن âbile şoden: **1.**(tıb.) çiçek çıkarmak. **2.**yorgun olmak. **3.**yaralı olmak. **4.**delik deşik olmak.

آبله کوب âbilekûb: [âbile+kûften>kûb] (tıb.) çiçek aşısı yapan.

آبله کوبی âbilekûbî: [âbile+kûften>kûb+î] **1.**çiçek aşısı yapma. **2.**çiçek aşısı olma.

آبله کوبی شدن âbilekûbî şoden: (tıb.) çiçek aşısı olmak.

آبله کوبی کردن âbilekûbî kerden: (tıb.) çiçek aşısı yapmak.

آبله گون âbilegûn: [âbile+gûn] (tıb.) çiçek bozuğu, çopur.

آبله گون شدن âbilegûn şoden: çopurlaşmak.

آبله گون کردن âbilegûn kerden: çopurlaştırmak.

آبله مرغان âbilemorgân: [âbile+morg+ ân] (tıb.) suçiçeği.

آبله ناک âbilenâk: [âbile+nâk] çiçek bozuğu.

آبله نشان âbilenişân: [âbile+nişân] çiçek bozuğu.

آبله نشان شدن âbilenişân şoden: çopurlaşmak, pütür pütür olmak.

آبله نشان کردن âbilenişân kerden: çopurlaştırmak, pütür pütür etmek.

آبلیسه âblîse: ekinci.

آب لیمو âblîmû: [âb+lîmû] 1.limon suyu. 2.limonata.

آب مالی âbmâlî: [âb+mâlîden>mâl+î] 1.durulama. 2.durulanma.

آب مالی شدن âbmâlî şoden: durulanmak.

آب مالی کردن âbmâlî kerden: durulamak.

آبناک âbnâk; [âb+nâk] 1.sulu. 2.ıslak, nemli.

آبنامه âbnâme: [âb+nâme<nâme-i âb] su için yazılan şiir, su şiiri.

آب نما âbnemâ, âbnumâ: [âb+numûden> nemâ] 1.iskândil âleti, su ölçer. 2.kehriz suyunun çıktığı yer.

آبنوس âbnûs (bot.) abanoz.

آبنوسی âbnûsî: [âbnûs+î] 1.abanozdan yapılmış. 2.abanoz rengi, siyah.

آبنوسی شاخ âbnûsîşâh: [âbnûs+î+şâh] 1.(müz.) şah ney. 2.(müz.) zurna.

آبنوسیه âbnûsiyye: (F.-A.) abanozgiller.

آب نوشیدن âb nûşîden: su içmek.

آبو âbû: [âb+û] 1.(bot.) nilüfer. 2.dayı.

آب و آبروی âb u âbrûy: onur.

آبورز âbverz: [âb+verzîden>verz] 1.yüzücü. 2.dalgıç. 3.yüzgeç. 4.gemici.

آبورزی âbverzî: [âb+verzîden>verz+î] 1.yüzücülük. 2.dalgıçlık.

آبوند âbvend: [âb+vend] su kabı.

آبونمان abonman: (Fr.) 1.abonman, abone. 2.abonelik. ‖ * vech-i ~ وجه آبونمان abonelik ücreti.

آبونه abune: (Fr.) abone.

آبه âbe: [âb+e] (tıb.) doğum esnasında yavru ile beraber çıkan madde.

آبهی âbhî: (coğ.) Ceyhun, Amuderya.

آبی âbî: [âb+î] 1.mavi. 2.sulu. 3.su ile ilgili. 4.suda yaşayan. 5.(bot.) bir tür üzüm. 6.(bot.) ayva. 7.dayı. 8.sucu. ‖ * zirâ'et-i ~ زراعت آبی sulu tarım.

آبی âbî: (A.) 1.kaçınan, çekinen, uzak duran. 2.tiksinen.

آبیار âbyâr: [âb+yâr] 1.su dağıtımcısı, su başı. 2.sulayıcı. 3.bereket veren.

آبیاری âbyârî: [âb+yâr+î] 1.sulama. 2.su dağıtımı. 3.subaşılık. 4.yardım. 5.İran'da kurulan bir sulama teşkilatının adı.

آبیاری شدن âbyârî şoden: sulanmak.

آبیاری کردن âbyârî kerden: sulamak.

آبید âbîd: kıvılcım.

آبی رنگ âbîreng: [âbî+reng] mavi.

آبیک âbiyek (coğ.) İran'ın Kazvin kentinde bir mahalle.

آپادانا âpadana (coğ.) antik Persepolis (Taht-i Cemşîd) kentinin kabul salonu.

آپارات aparat (Rus.) 1.takım, âlet. 2.makine. 3.fotoğraf makinesi. 4.film makinesi. 5.oto lastiği tamir âleti.

آپارتاید apartayd: (İng.) ırk ayırımı (Güney Afrika'da).

آپارتمان apartuman: (Fr.) daire, apartman dairesi.

آپارتی apartî: hayasız, hokkabaz, üçkâğıtçı.

آپاردی apardî: hayasız, hokkabaz, üçkâğıtçı.

آپاندیس apandis: (Fr.) apandis.

آپاندیسیت apandisit: (Fr.) (tıb.) apandisit, apandis iltihabı.

آپریس apriyes: Mısır firavunlarından biri.

آپیس apis: eski Mısırlıların kutsal saydıkları öküz.

آت ât: (A.) Arapça çoğul eki.

آتابای atabay: (T.) İran'daki Türkmen boylarından biri.

آتابک atabek: (T.) atabey.

آتاتورک ataturk: (T.) Gazi Mustafa Kemal Atatürk.

آتاشه attaşe: ataşe.

آتبین atbîn: Şahnâme'de Feridun'un babası.

آتربان atorbân: (Peh.) Zerdüştlükte kutsal ateşin muhafızı.

آتروپین atropin: (Fr.) tıpta kullanılan zehirli bir madde.

آتریاد atriyad (Rus.) bir bölük asker.

آتسز atsız: (Moğ.-T.) Hârezmşah hükümdarı.

آتش âteş: **1.**ateş. **2.**yalım. **3.**kor. **4.**öfke. **5.**Cehennem. **6.**(kim.) kırmızı kükürt. **7.**çeviklik. **8.**zarar verme. **9.**bela, musibet. **10.**yakıcı aşk. **11.**aşık. ‖ * ~ -i âbperver آتش آب پرور kılıç. ‖ * ~ i âh آتش آه ateş gibi yakıcı olan iç geçirmeler, sıcak âhlar. ‖ * ~ -i âh-i sehergâh آتش آه سحرگاه âşığın seher vakitleri çektiği yakıcı âh. ‖ * ~ -i âhenîn آتش آهنین demirden ateş. ‖ * ~ -i aşk آتش عشق aşk ateşi. ‖ * ~ -i beste آتش بسته kırmızı som altın. ‖ * ~ -i behâr آتش بهار **1.**lale. **2.**kırmızı gül. **3.**baharın canlılığı. ‖ * ~ -i behrâm آتش بهرام Sâsânîler döneminde birçok yerde bulunan ateşkedelerin genel adı. ‖ * ~ -i behrâmniyâyiş آتش بهرام نیایش Avesta'daki ibadetlerden biri. ‖ * ~ -i bîbâd آتش بی باد **1.**şarap. **2.**işkence. ‖ * ~ -i bîdûd آتش بی دود **1.**güneş. **2.**öfke. **3.**şarap. ‖ * ~ -i bîzebâne آتش بی زبانه **1.**yalazsız ateş. **2.**kırmızı akik. **3.**şarap. ‖ * ~ -i câm-i zîbekî آتش جام زیبقی kristal veya gümüş kadehten içilen kırmızı şarap. ‖ * ~ -i cânsûz آتش جانسوز can yakan ateş. ‖ * ~ -i dâg-i hirmân آتش داغ حرمان mahrumluğun dağlayıcı ateşi. ‖ * ~ -i fesurde آتش فسرده **1.**altın. **2.**sönmüş ateş. ‖ * ~ -i gam آتش غم üzüntü ateşi. ‖ * ~ -i gayret آتش غیرت kıskançlık ateşi. ‖ * ~ -i gazab آتش غضب öfke ateşi. ‖ * ~ -i hecr آتش هجر ayrılık ateşi. ‖ * ~ -i heft micmer آتش هفت مجمر **1.**yedi buhurdan ateşi. **2.**yedi gezegen. ‖ * ~ -i hicrân آتش هجران ayrılık acısı, ayrılığın verdiği ızdırap, ayrılık ateşi. ‖ * ~ -i hindî آتش هندی **1.**Hint ateşi. **2.**Hint kılıcı. ‖ * ~ -i hirmân آتش حرمان mahrumluk acısı, mahrumluk ateşi. ‖ * ~ -i hişm آتش خشم öfke ateşi. ‖ * ~ -i ihtilâl آتش اختلال ihtilal ateşi. ‖ * ~ -i mahrûmî آتش محرومی mahrumluk ateşi. ‖ * ~ -i mucessem آتش مجسم kesici metal silahlar. ‖ * ~ -i mûsî آتش موسی güneş. ‖ * ~ -i nemrûd آتش نمرود İbrahim Halil'i yakmak için Nemrut'un yaktığı ateş. ‖ * ~ -i nihufte آتش نهفته gizli ateş. ‖ * ~ -i pârsî آتش پارسی **1.**uçuk, karakabarcık yarası. **2.**cemre. **3.**ateşperest ateşi, ateşkede ateşi, sönmeyen ateş. ‖ * ~ -i porâb آتش پر آب **1.**şarap, kırmızı şarap. **2.**kanlı gözyaşı. **3.**kırmızı şarap dolu kadeh. ‖ * ~ -i ruhsâr-i gul آتش رخسار گل gülün yanağındaki ateş. ‖ * ~ -i rûy آتش روی sevgilinin yüzündeki ateş, savgilinin pembe yanağı. ‖ * ~ -i rûz آتش روز güneş. ‖ * ~ -i rûmî آتش رومی eskiden savaşlarda kullanılan yangın çıkarma aracı. ‖ * ~ -i seng آتش سنگ **1.**yakut. **2.**lâl taşı. ‖ * ~ -i sevdâ آتش سودا sevda ateşi, aşk ateşi. ‖ * ~ -i sîmâbsân آتش سیمابسان **1.**güneş. **2.**cıva gibi ateş. ‖ * ~ -i subh آتش صبح güneş. ‖ * ~ -i sûzân آتش سوزان yakıcı ateş. ‖ * ~ -i sûzân-i firkat آتش سوزان فرقت ayrılığın yakıcı ateşi. ‖ * ~ -i sûz-i firâk آتش سوز فراق ayrılığın yakıcı ateşi. ‖ * ~ -i şu'le-i şemşîr-i cihântâb آتش شعلهٔ شمشیر جهانتاب dünyayı aydınlatan kılıcının parıltısının ateşi. ‖ * ~ -i tâk آتش تاک şarap. ‖ * ~ -i ter آتش تر **1.**kırmızı şarap. **2.** gözyaşı. **3.**hastalık. **4.**savaş. ‖ * ~ -i tevbesûz آتش توبه سوز şarap. ‖ * ~ -i tîz آتش تیز harlı ateş. ‖ * ~ -i tugyân آتش طغیان isyan ateşi. ‖ * ~ -i tûr آتش طور Tûr dağında yanan ve Hz. Musa'nın gördüğü ateş. ‖ * ~ -i zer آتش زر altın. ‖ * be ~ keşîden به آتش کشیدن kundaklamak, ateşe vermek, yakmak. ‖ * be ~ u hûn keşîden به آتش و خون کشیدن kasıp kavurmak. ‖ * be zîr-i regbâr-i ~ giriften به زیر رگبار آتش گرفتن taramak, yaylım ateşi açmak. ‖ * gul-i ~ گل آتش köz.

آتش افروختن âteş efrûhten: **1.**ateş yakmak. **2.**fitne çıkarmak.

آتش افروز âteşefrûz: [âteş+efrûhten> efrûz] **1.**ateş yakan. **2.**kışkırtıcı, bölücü. **3.**yanıcı madde.

آتش افروزنه âteşefrûzene: [âteş+ efrûhten>efrûz+ene] **1.**ateş yakan. **2.**kışkırtıcı, bölücü. **3.**yanıcı madde.

آتش افروزه âteşefrûze: [âteş+efrûz+e] **1.**ateş yakan. **2.**kışkırtıcı, bölücü. **3.**yanıcı madde. **4.**havaî fişek gösterisi.

آتش افکندن âteş efkenden: ateş düşürmek, ateş salmak.

آتش انداختن âteş endâhten: ateş düşürmek, ateş salmak.

آتش انداز âteşendâz: [âteş+endâhten> endâz] **1.**ateşçi. **2.**(ask.) eskiden düşman tarafına ateş fırlatan asker.

آتش اندر فگندن âteş ender figenden: ateşe vermek, ateşlemek, yakmak.

آتش انگیز âteşengîz: [âteş+engîhten> engîz] **1.**ateşçi. **2.**sert mizaçlı.

آتش انگیزی âteşengîzî: [âteş+engîhten> engîz+î] **1.**ateşçilik. **2.**mizaç sertliği.

آتش باد âteşbâd: [âteş+bâd] sıcak rüzgâr.

آتش بار âteşbâr: [âteş+bârîden>bâr] **1.**(ask.) topçu taburu. **2.**(ask.) top tüfek. **3.**çakmak. **4.**ateş döken, ateş yağdıran.

آتش باره âteşbâre: [âteş+bârîden>bâr+e] sıcak rüzgâr.

آتش باز âteşbâz: [âteş+bâhten>bâz] **1.**ateşle oynayan. **2.**ateş oyunu.

آتش بازی âteşbâzî: [âteş+bâhten>bâz+î] donanma merasimi (havai fişek vs. ile).

آتشبان âteşbân: [âteş+bân] **1.**ateşkede muhafızı. **2.**şeytan.

آتش برافروختن âteş berefrûhten: ateş yakmak.

آتش برگ âteşberg: çakmak.

آتش بس âteşbes: [âteş+bes] (ask.) ateşkes.

آتش بس کردن âteşbes kerden: (ask.) ateş kesmek, ateşkes antlaşması yapmak.

آتش بند âteşbend: [âteş+besten>bend] ateşi söndürecek derecede güçlü nefes.

آتش پا âteşpâ: [âteş+pâ] çevik, atik, ayağına çabuk.

آتش پاره âteşpâre: [âteş+pâre] **1.**ateş parçası. **2.**kor. **3.**şirret. **4.**(zool.) ateş böceği.

آتش پاش âteşpâş: [âteş+pâşîden>pâş] ateş saçan, kıvılcım saçan.

آتش پرست âteşperest: [âteş+perestîden> perest] ateşe tapan, mecûsî.

آتش پرستی âteşperestî: [âteş+perestîden> perest+î] ateşe tapma, mecûsîlik.

آتش پرور âteşperver: [âteş+perverden> perver] su verilmiş kılıç.

آتش پیکر âteşpeyker: [âteş+peyker] **1.**güneş. **2.**şeytanlar, cinler.

آتش تاب âteştâb: [âteş+tâften>tâb] **1.**ateş yakan. **2.**kızgın, sıcak.

آتش چرخان âteşçerhân: [âteş+ çerhânden> çerhân] içine ateş ve kömür koyularak havada döndürülen tel kap.

آتش خاموش کن âteşhâmûşkon: [âteş+ hâmûş+kerden>kon] yangın söndürücü.

آتش خانه âteşhâne: [âteş+hâne] **1.**(ask.) ateşli silahlar. **2.**(ask.) namlu. **3.**ateşkede. **4.**ateş ocağı (buharlı araçlarda). **5.**pota.

آتشخوار âteşhâr: [âteş+horden>hor>hâr] **1.**ateş yiyen. **2.**haramzade. **3.**(zool.) semender. **4.**(zool.) deve kuşu. **5.**rüşvetçi. **6.**yalım kusan.

آتش خواره âteşhâre: [âteş+horden>hor+ hâr+e] **1.**ateş yiyen. **2.**haramzade. **3.**(zool.)

semender. 4.(zool.) deve kuşu. 5.rüşvetçi. 6.yalım kusan.

آتشدان âteşdân: [âteş+dân] 1.ateş kabı. 2.ateşkedelerde kutsal ateşin yandığı kap.

آتش در زدن âteş der zeden: tutuşturmak, yakmak.

آتش در گرفتن âteş der giriften: ateş sarmak, ateş almak, tutuşmak.

آتش رنگ âteşreng: [âteş+reng] kırmızı.

آتش روشن کردن âteş rûşen kerden: 1.ateş yakmak. 2.fitne çıkarmak.

آتش زا âteşzâ: [âteş+zâden>zâ] ateşli.

آتش زاد âteşzâd: [âteş+zâden>zâd] 1.ateşte doğmuş. 2.yakıcı. 3.ateşli.

آتشزار âteşzâr: [âteş+zâr] ateşlik, ateşi çok olan yer.

آتش زبان âteşzebân: [âteş+zebân] 1.sert konuşan, ağır konuşan, kırıcı sözlü. 2.etkili şiir söyleyen.

آتش زبانه âteşzebâne: [âteş+zebân+e] sert konuşan, acı konuşan.

آتش زدن âteş zeden: 1.ateş açmak, ateş etmek. 2.ateş yakmak. 3.ateşe vermek, tutuşturmak, yakmak.

آتش زده âteşzede: [âteş+zeden> zed+e] ateşe vevrilmiş, yakılmış.

آتشزن âteşzen: [âteş+zeden>zen] yakan, ateşe veren, tutuşturan.

آتش زنه âteşzene: [âteş+zeden> zen+e] 1.kav. 2.tutuşturucu. 3.çakmak.

آتش ساختن âteş sâhten: ateş yakmak.

آتش سخن âteşsuhan: [âteş+suhan] sert konuşan, acı konuşan, kırıcı sözlü.

آتش سرخ کن âteşsorhkon: [âteş+sorh+ kerden>kon] içine ateş ve kömür koyularak havada döndürülen tel kap.

آتش سوز âteşsûz: [âteş+sûhten>sûz] yangın.

آتش سوزان âteşsûzân: [âteş+sûhten>sûz+ ân] yangın.

آتش سوزی âteşsûzî: [âteş+sûhten>sûz+î] 1.yangın. 2.yakma.

آتش شدن âteş şoden: 1.ısınmak, ateş gibi olmak. 2.fitne ve kargaşa çıkmak.

آتشفام âteşfâm: [âteş+fâm] ateş rengi, kırmızı.

آتش فرازه âteşferâze: havaî fişek gösterisi.

آتش فروز âteşfurûz: [âteş+furûhten> furûz] ateş yakan.

آتشفشان âteşfeşân: [âteş+feşânden>feşân] 1.(coğ.) yanardağ, volkan. 2.ateş saçan. ‖ * ~ -i hâmûş آتشفشان خاموش (coğ.) sönmüş yanardağ.

آتشفشانی âteşfeşânî: [âteş+feşânden> feşân+î] 1.ateş saçma, volkanik. 2.(coğ.) indifa.

آتش قرار âteşkarâr: (F.-A.) [âteş+karâr] cehennemlik.

آتشک âteşek: [âteş+ek] 1.(tıb.) frengi. 2.(zool.) ateş böceği.

آتشکار âteşkâr: [âteş+kâr] 1.ateşçi, külhan. 2.acımasız. 3.aceleci.

آتشکده âteşkede: [âteş+kede] 1.zerdüştî tapınağı. 2.Lutfali Beg âzer'in tezkiresi.

آتش کردن âteş kerden: 1.ateş açmak, ateşlemek. 2.yakmak. 3.ateş yakmak.

آتشکش âteşkeş: [âteş+keşîden>keş] ateş küreği.

آتشگاه âteşgâh: [âteş+gâh] 1.ateşkede. 2.içinde kutsal ateşin yandığı kap.

آتش گردان âteşgerdân: [âteş+gerdânden> gerdân] içine ateş ve kömür koyularak havada döndürülen tel kap.

آتش گرفتن âteş giriften: 1.tutuşmak, ateş almak, alevlenmek. 2.öfkelenmek, kanı tepesine çıkmak.

آتش گشودن âteş guşûden: ateş açmak.

آتشگون âteşgûn: [âteş+gûn] ateş rengi.

آتش گیر âteşgîr: [âteş+giriften> gîr] ekmek fırını ateşçisi.

آتش گیرانه âteşgîrâne: ateşçi, ateş yakan.

آتشگیره âteşgîre: [âteş+giriften>gîr+e] **1.**tutuşturucu. **2.**çakmak.

آتش مزاج âteşmizâc: (A.-F.) [âteş+mizâc] huysuz, sert mizaçlı.

آتش مشرب âteşmeşreb: (F.-A.) [âteş+meşreb] sert huylu, öfkeli, birden alev alan.

آتشناک âteşnâk: [âteş+nâk] ateşli, yakıcı. ‖ * âb-i ~ آب آتشناک ateşli su. ‖ * zehr-i ~ زهر آتشناک ateş gibi yakıcı zehir.

آتشناک کردن âteşnâk kerden: ateşlendirmek, ateşi harlandırmak.

آتش نثار âteşnisâr: (F.-A.) [âteş+nisâr] **1.**ateş saçan. **2.**kızgın, öfkeli.

آتش نشان âteşnişân: [âteş+nişânden> nişân] **1.**itfaiye memuru. **2.**yangın söndürücü. **3.**yangın söndürme cihazı.

آتش نشاندن âteş nişânden: **1.**ateş söndürmek. **2.**yangın söndürmek. **3.**öfkeyi yatıştırmak. **4.**kargaşa ve fitneyi bastırmak.

آتش نشانی âteşnişânî: [âteş+nişânden> nişân+î] **1.**itfaiye. **2.**yangın söndürme. ‖ * maşîn-i ~ ماشین آتش نشانی yangın söndürme aracı, itfaiye aracı.

آتش نما âteşnumâ: [âteş+numûden> numâ] ateş gösteren.

آتش نهاد âteşnihâd: [âteş+nihâden>nihâd] ateş gibi, ateş yaratılışlı.

آتش وار âteşvâr: [âteş+vâr] **1.**ateş gibi. **2.**çabuk parlayıp sönen.

آتشه âteşe: [âteş+e] **1.**yıldırım. **2.**şimşek.

آتشی âteşî: [âteş+î] **1.**ateşe ait, ateş ile ilgili. **2.**ateş gibi. **3.**ateşli. **4.**ateş rengi. **5.**(bot.) bir tür çiçek.

آتشیان âteşiyân: [âteş+î+y+ân] **1.**zebaniler.**2.**cehennemlikler.

آتشیزه âteşîze (zool.) ateş böceği.

آتشی شدن âteşî şoden: öfkelenmek, sinirlenmek, küplere binmek.

آتشین âteşîn: [âteş+în] **1.**ateşli. **2.**öfkeli. **3.**hararetli. **4.**ateş rengi. **5.**sert.

آتشین پنچه âteşînpençe: [âteşîn+pençe <pençe-i âteşîn] eli kıvrak.

آتشین خو âteşînhû: [âteş+în+hû] sert mizaçlı, öfkeli.

آتشین دم âteşîndem: [âteşîn+dem] etkili konuşan.

آتشین صدف âteşînsadef: (F.-A.) [âteşîn+ sadef<sadef-i âteşîn] **1.**ateş renkli sedef. **2.**güneş.

آتشین لباس âteşînlibâs: (F.-A.) [âteşîn+ libâs<libâs-i âteşîn] **1.**kırmızı giysi. **2.**kırmızı giysili.

آتشین مار âteşînmâr: [âteşîn+mâr< mâr-i âteşîn] **1.**havai fişek. **2.**ateşli yılan. **3.**ateş alevi, alev topu.

آتل âtil: (coğ.) Volga nehri.

آتلاندید atlandid: (coğ.) Atlantis adası.

آتلیه atolye: (Fr.) atölye.

آتمسفر atmosfer: (Fr.) atmosfer, hava küre.

آتن aten: (coğ.) Atina.

آت و آشغال ât u âşgâl: öte beri, ıvır zıvır.

آتوراناهیت atoranahit: (coğ.) İran'ın İstahr kentinde bir ateşkede.

آتورپات atorpat: İskender zamanındaki Azerbaycan valisi.

آتورپاتکان atorpatkan: İskender zamanındaki Azerbaycan valisi.

آتورپات مهرسپندان atorpatmehrespendân: Birinci Şâpûr zamanındaki baş mûbed.

آتوسا atosa: Hahamenişîler zamanındaki birkaç şehzadenin adı.

آتی âtî: (A.) **1.**gelecek. **2.**gelecek zaman. ‖ * ~ -i karîb آتی قریب yakın gelecek. ‖ * ber vech-i ~ بروجه آتی aşağıda görüleceği gibi, aşağıda olduğu gibi. ‖ * der ~ در آتی ileride, gelecekte, aşağıda.

آتیا âtiyen: (A.) **1.**ileride. **2.**aşağıda. **3.**gelecekte.

آتی الذکر âtiyuzzikr: (A.) aşağıda görüleceği gibi, aşağıda zikredilecek olan.

آتیه âtiye: (A.) **1.**gelecek. **2.**gelecek zaman. ‖ * der ~ در آتیه gelecekte, ileride, aşağıda.

آتية البيان âtiyetulbeyân: (A.) aşağıda açıklanacak olan.

آتية الترجمه âtîyuttercume: (A.) biyografisi aşağıda verilecek olan.

آثار âsâr: (A.) **1.**eserler. **1.**izler. **2.**işaretler. **3.**yapıtlar, eserler. **4.**anıtlar. **5.**gelenekler.**6.**antik eserler. ‖ * ~ -i atîka آثار عتيقه eski eserler, antik eserler. ‖ * ~ -i matbû'a آثار مطبوعه basılı eserler.

آثام âsâm: günahlar.

آثم âsim: (A.) günahkâr, suçlu.

آج âc (bot.) ılgın ağacı.

آجار âcâr: (A.) **1.**ecirler, ödüller. **2.**kiralar.

آجاك âcâk: toprak.

آجال âcâl: (A.) eceller.

آجام âcâm: (A.) ağaçlık.

آجان âcân: polis.

آجانتا acanta (Hint.) (coğ.) Hindistan'da bir köy.

آجدن âciden (iğne, neşter, falçata vs.) batırmak, saplamak.

آجر âcir: (A.) kiraya veren.

آجر âcur: **1.**tuğla. **2.**kiremit. **3.**kerpiç.

آجری âcurî: [âcur+î] **1.**kiremit rengi. **2.**tuğlalı, tuğladan yapılmış. **3.**tuğlacı. **4.**kaliteli mal.

آجل âcil: (A.) **1.**ertelenmiş. **2.**gelecekte. **3.**zamanlı, süreli. **4.**ahiret.

آجل âcel, âcul: **1.**nefes. **2.**geğirme.

آجلا âcilen: (A.) zamanı gelince.

آجمر âcmer: (coğ.) Kuzey Hindistan'da Hindûların ve Müslümanların kutsal saydıkları bir şehir.

آجن âcin: (A.) kokuşmuş su.

آجودان âcudân: **1.**subay. **2.**şah tarafından görevlendirilmiş subay. **3.**polis memuru. **4.**(ask.) kıdemli başçavuş. **5.**(ask.) astsubay. **6.**ajan.

آجودان باشی âcudânbâşi: (F.-T.) [âcudân+ başı] Kaçar hükümdarı Fethali Şah döneminde yaşayan İranlı diplomat.

آجی چای aciçay: (T.) [acı+çay] (coğ.) İran'da bir akarsu, Telherûd.

آجیدن âcîden: (iğne, neşter, falçata vs.) batırmak, saplamak.

آجیش âcîş: üşüme.

آجیل âcîl: kuruyemiş, çerez.

آجیل خوری âcîlhorî: [âcîl+horden>hor+î] çerez kabı.

آجیل فروش âcîlfurûş: [âcîl+furûhten> furûş] kuruyemiş satan.

آجیل فروشی âcîlfurûşî: [âcîl+furûhten> furûş+î] kuruyemişçi.

آجیلی âcîlî: [âcîl+î] kuruyemişçi.

آجین âcîn: bulanmış.

آچ âç (bot.) akça ağaç.

آچار âçâr: (T.) **1.**anahtar. **2.**tornavida. **3.**biz. **4.**matkap. **5.**zımba. **6.**kazı kalemi. **7.**çelik pul. **8.**ayar damgası. ‖ * ~ -i doser آچار دو سر somun anahtarı. ‖ * ~ -i feranse آچار فرانسه ingiliz anahtarı. ‖ * ~ -i mudrec آچار مدرج tork anahtarı. ‖ * ~ -i pîçguştî آچار پیچ گوشتی tornavida.

آچار âçâr: turşu çeşitleri.

آحاد âhâd: (A.) **1.**birler. **2.**birler basamağı, birler hanesi. ‖ * ~ -i udebâ آحاد ادبا bütün edipler. ‖ * ~ -i nâs آحاد ناس herkes, bütün halk.

آخ âh: ah!, of!, vay!

آخال âhâl: çerçöp.

آختن âhten: **1.**kınından kılıç çekmek. **2.**yükseltmek. **3.**musikî aletini akord edip çalmak.

آخته âhte: **1.**çekilmiş. **2.**yükseltilmiş.

آخته âhte: ifdiş edilmiş.

آخته بیگ âhtebeyg: (T.) **1.**görevi dört ayaklı hayvanların yumurtalıklarını almak olan kişi, iğdişçi. **2.**mirahur.

آخته بیگی âhtebeygî: (T.-F.) [âhte+ beyg+î] **1.**iğdişçilik. **2.**mirahurluk.

آخته چی âhteçi: (T.) **1.**görevi dört ayaklı hayvanların yumurtalıklarını almak olan kişi, iğdişçi. **2.**mirahur.

آخذ âhiz: alan, alıcı.

آخر âher: (A.) 1.başka, diğeri, öbür, öteki. 2.fakat, ama, peki ama. 3.peki. 4.ertesi.

آخر âhir: (A.) 1.son, sonuncu, sonuncusu.2.ertesi. 3.sonra.4.nasıl olsa, eninde sonunda.5.peki, daha. ‖ * ~ çi آخر چه ne olacak yani? ‖ * ~ -i kâr آخر کار sonunda, nihayet. ‖ * be ~ âmeden به آخر آمدن sona ermek, bitmek. ‖ * der ~ در آخر sonunda, nihayet. ‖ * tâ ~ تا آخر sonuna kadar.

آخر âhur (Peh.) 1.ahır. 2.küçük havuz. ‖ * ~ -i çerb آخر چرب 1.bol nimet. 2.nimet bolluğu, refah. ‖ * ~ -i sengîn آخر سنگین 1.samansız, otsuz ahır. 2.yarar sağlanamayan yer.

آخر آمدن âhir âmeden: bitmek, sona ermek.

آخرالامر âhirulemr: sonunda, nihayet. ‖ * be ~ resîden به آخرالامر رسیدن sona ermek.

آخربین âhirbîn: (A.-F.) [âhir+dîden>bîn] ileri görüşlü, ileriyi gören.

آخربینی âhirbînî: [âhir+dîden>bîn+î] ileri görüşlülük.

آخرت âhiret: (A.) öteki dünya, ahiret. ‖ * be ~ peyvesten به آخرت پیوستن ölmek.

آخرچرب âhurçerb: bolluk içinde yaşayan, müreffeh.

آخردست âherdest: (A.-F.) [âher+dest] 1.son kez, son defa. 2.kumarda son el. 3.bir işin sonu. 4.oda girişi.

آخرزمان âhirzemân: (A.) [âhir+zemân] kıyamete bağlanan son zaman. ‖ * mehdî-i ~ مهدی ء اخرزمان tekrar dünyaya geri döneceğine inanılan on ikinci şiî imamı Mehdi. ‖ * peygamber-i ~ پغمبر آخرزمان Hz. Muhammed.

آخرسالار âhursâlâr: [âhur+sâlâr] mirahur, imrahor, ahır sorumlusu.

آخرش âhireş: (A.-F.) [âhir+eş] sonunda, nihayet.

آخر شدن âhir şoden: sona ermek, son bulmak, bitmek, sonlanmak, sonu gelmek.

آخرک âhurek: köprücük kemiği.

آخرگاه âhurgâh: [âhur+gâh] ahır.

آخرگه âhurgeh: [âhur+geh] ahır.

آخره âhure: 1.köprücük kemiği. 2.sicim. 3.halat.

آخری âhirî: (A.-F.) [âhir+î] sonuncu, sonuncusu.

آخریان ahriyân: 1.ticarî mal. 2.ev eşyası.

آخرین âherîn: (A.) diğerleri, başkaları.

آخرین âhirîn: (A.) geride kalanlar.

آخرین âhirîn: (A.-F.)[âhir+în] son, sonuncu. ‖ * be unvân-i ~ بعنوان آخرین son olarak, son kez. ‖ * der ~ lahza در آخرین لحظه son anda.

آخرینان (A.-F.) [âhir+în+ân+] daha sonra gelen, daha sonra yaşayanlar, muahhar olanlar.

آخرین بار âhirînbâr: (A.-F.) [âhir+în+bâr] son kez, son olarak.

آخسمه ahsome: boza.

آخش ahş: ah, of, aman vay.

آخش âhiş: ah, of, aman vay.

آخشمه ahşeme: boza.

آخشیج ahşîc: 1.unsur, eleman. 2.zıt, karşıt. 3.dört unsurdan biri.

آخشیگ ahşîg: 1.unsur, eleman. 2.zıt, karşıt. 3.dört unsurdan biri.

آخمسه ahmese: boza.

آخمشه ahmeşe: boza.

آخ و اوخ âh u ûh: uh!, vah!

آخور âhûr: ahır.

آخورک âhûrek: 1.küçük ahır. 2.köprücük kemiği.

آخوره âhûre: köprücük kemiği.

آخوند âhund: 1.molla, imam, din adamı. 2.bilgin. 3.okuryazar.

آخوندبازی âhûndbâzî: [âhund+ bâhten> bâz+î] hîle-i şer'iyye, şer'î hilelere tevessül etme.

آخوندبازی در آوردن âhundbâzî der âverden: hîle-i şer'iyye yapmak, şer'î hilelere tevessül etmek.

آخوندزاده âhundzâde: [âhund+zâden> zâd+e] 1.molla çocuğu. 2.Azerbaycanlı tiyatro yazarı.
آخوندک âhundek: [âhund+ek] (zool.) peygamber devesi.
آخه ahe: ama.
آخیه ahye: ahır kazığı.
آداب âdâb: (A.) 1.edepler. 2.yol yordam, yöntem, usûl. 3.töreler. ‖ * ~ -i muâşeret آداب معاشرت görgü kuralları. ‖ * ~ u erkân آداب و ارکان yol yordam, yol iz.
آداب دان âdâbdân: (A.-F.) [âdâb+ dânisten>dân] yol iz bilen, usûl erkân bilen.
آداش âdâş: (T.) adaş.
آداک âdâk: (coğ.) ada.
آدامس adams: sakız.
آدامس جویدن adams covîden: sakız çiğnemek.
آدر âder: (A.) kasığı çıkık.
آدر âder: 1.ateş. 2.neşter.
آدرخش âdrehş: şimşek.
آدرس adres: (Fr.) adres.
آدرفش âderefş: sancak.
آدرم âdrem: 1.eyer altı keçesi, teğelti. 2.iki keçeli eyer. 3.keçeye dikilen sancak. 4.kesici ve delici silah.
آدرمه âdreme: 1.eyer altı keçesi, teğelti. 2.iki keçeli eyer. 3.keçeye dikilen sancak. 4.kesici ve delici silah.
آدرنگ âdereng: 1.üzüntü, keder. 2.felaket, musibet.
آدم âdem: (A.) 1.Âdem. 2.insan. 3.adam. ‖ * ~ -i âbî آدم آبی suda yaşadığına inanılan insan. ‖ * ~ -i berfî آدم برفی 1.kardan adam. 2.Himalaya tepelerinde yaşadığı tasavvur edilen insan.
آدم پیرا âdempîrâ: (A.-F.) [âdem+ pîrâsten>pîrâ] bilgili insan, kültürlü insan.
آدمخوار âdemhâr: (A.-F.) [âdem+ horden>hor>hâr] yamyam.
آدم ربا âdemrubâ: (A.-F.) [âdem+ rubûden+rubâ] 1.insan taciri. 2.korsan.
آدم ربایی âdemrubâyî: (A.-F.) [âdem+ rubûden>rubây+î] 1.insan ticareti. 2.korsanlık.
آدم شدن âdem şoden: adam olmak.
آدم شناس âdemşinâs: (A.-F.) [âdem+ şinâhten>şinâs] insan sarrafı.
آدمک âdemek: (A.-F.) [âdem+ek] 1.adamcık, insancık, küçük adam. 2.kukla. 3.küçük insan heykeli. ‖ * ~ -i berfî آدمک برفی kardanadam.
آدم کردن âdem kerden: adam etmek.
آدم کش âdemkoş: (A.-F.) [âdem+ koşten> koş] katil.
آدم کشی âdemkoşî: (A.-F.) [âdem+ koşten>koş+î] cinayet, adam öldürme.
آدم نما âdemnumâ: (A.-F.) [âdem+ numûden>numâ] insan kılığında, insan görünümlü.
آدم وار âdemvâr: (A.-F.) [âdem+vâr] 1.adam gibi. 2.insanımsı.
آدمی âdemî: (A.-F.) [âdem+î] 1.insanlık. 2.insanlar, insanoğlu. 3.adamlık.
آدمیان âdemiyân: (A.-F.) [âdem+ î+y+ân] 1.insanlar.2.insanoğlu.
آدمیانه âdemiyâne: (A.-F.) [âdem+i+y+ âne] insanca, adamca.
آدمی بچه âdemîbeçe: (A.-F.) [âdem+î+ beççe] insanoğlu.
آدمیت âdemiyyet: (A.) insanlık.
آدمیخوار âdemîhâr: (A.-F.) [âdem+î+ horden>hor>hâr] yamyam.
آدمیرال admiral: (A.>İng.) [<emîrulmâ] (ask.) amiral.
آدمیزاد âdemîzâd: (A.-F.) [âdem+î+ zâden>zâd] insanoğlu, beşer, insan.
آدمیزاده âdemîzâde: (A.-F.) [âdemî+zâden> zâd+e] insanoğlu, beşer, insan.
آدمی سیرت âdemîsîret: (A.-F.) [âdem+î+ sîret] iyi huylu, insan huylu.
آدمی شناس âdemîşinâs: (A.-F.) [âdemî+ şinâhten>şinâs] insan sarrafı.
آدمی کش âdemîkoş: (A.-F.) [âdemî+ koşten>koş] katil.
آدن âden: masdar son eki.

آدنيس adonis (bot.) avcıotu çiçeği.
آده âde: kuşların konması için yatay olarak monte edilmiş sırık.
آديش âdiş: ateş.
آدينده âdiyende: gökkuşağı.
آدينه âdîne: Cuma.
آذار âzâr (Sür.) Süryanî takviminin altıncı ayı.
آذارافيون âzârafyûn (zool.) mürekkep balığı.
آذر âzer: **1.**ateş. **2.**İran takviminin dokuzuncu ayı. (21 Kasım-22 Aralık) **3.**her şemsî ayın dokuzuncu günü. **4.**bir Tanrı adı.
آذرآبادگان âzerâbâdegân: **1.**Azerbaycan'ın eski adı. **2.**ateşkede.
آذرافروز âzerefrûz: **1.**ateş körüğü. **2.**ateş harlatıcı.
آذرافزا âzerefzâ: [âzer+efzûden>efzâ] ateş körüğü.
آذربايجان âzerbaycan: (coğ.) Azerbaycan.
آذربايجانى âzerbâycânî: [âzerbâycân+î] Azerbaycanlı.
آذربايگان âzerbâygân: Azerbaycan.
آذربايگانى âzerbâygânî: [âzerbâygân+î] Azerbaycanlı.
آذربو âzerbû: bir tür şakayık.
آذربويه âzerbûye: bir tür şakayık.
آذرپرست âzerperest: [âzer+perestîden> perest] ateşperest, ateşe tapan.
آذرجشن âzerceşn: [âzer+ceşn] Âzer ayının dokuzuncu günü ateşkedeler ziyaret edilerek kutlanılan ateşperest bayramı.
آذرخش âzerehş: **1.**yıldırım. **2.**şimşek.
آذرروز âzerrûz: [âzer+rûz] her şemsî ayın dokuzuncu günü.
آذرسنج âzersenc: [âzer+sencîden>senc] pirometre, yüksek ısı ölçer.
آذرشب âzerşeb: **1.**semender. **2.**yanmaz taş.
آذرشست âzerşost: **1.**semender. **2.**yanmaz taş.
آذرشين âzerşîn: **1.**semender. **2.**yanmaz taş.
آذرفروز âzerfurûz: ateş körüğü.
آذرفزا âzerfezâ: ateş körüğü.
آذركده âzerkede: [âzer+kede] ateşkede.
آذركيش âzerkîş: [âzer+kîş] ateşperest, ateşe tapan.
آذرگون âzergûn: [âzer+gûn] **1.**ateş renkli. **2.**ateş gibi. **3.**semender. **4.** (bot.) kuş otu. **5.** (bot.) kadife çiçeği.
آذرم âzrem: **1.**eyer altı keçesi, teğelti. **2.**iki keçeli eyer. **3.**keçeye dikilen sancak. **4.**kesici ve delici silah.
آذرنگ âzereng: **1.**aydınlık. **2.**ateş rengi.
آذرى âzerî: [âzer+î] **1.**ateş rengi. **2.**ateşli.
آذرين âzerîn: **1.**ateşe mensup. **2.**papatya.
آذريون âzeryûn: **1.**ateş rengi. **2.**(bot.) bir tür şakayık.
آذوقه âzûka: azık.
آذين âzîn: **1.**süs, ziynet. **2.**yasa. **3.**kural.
آذين بستن âzîn besten: bayram günleri çarşıyı ve dükkânları süsleyip donatmak.
آذين بند âzînbend: [âzîn+besten>bend] şehir donatan.
آذين بندى âzînbendî: [âzîn+besten> bend+î] şehir donatma.
آذين زدن âzîn zeden: bayram günleri çarşıyı ve dükkânları süsleyip donatmak.
آذين نهادن âzîn nihâden: bayram günleri çarşıyı ve dükkânları süsleyip donatmak.
آر ar: (Fr.) ar, 100 m^2.
آر âr: isim türetmeye yarayan son ek.
آرا ârâ: [ârâsten>ârâ] **1.**süsleyen, bezeyen. **2.**süsleme, bezeme.
آراء ârâ: (A.) **1.**reyler, oylar. **2.**düşünceler. ‖ * ~ -yi umûmiyye آراى عموميه kamuoyu. ‖ * ittifâk-i ~ اتفاق آرا · oy birliği.
آرائيدن ârâîden: süslemek.
آراب ârâb: (A.) **1.**akıllar, zekâlar. **2.**dilekler, hacetler. **3.**hileler, oyunlar.

آرابسک arabesk: (Fr.) 1.arap tezyinatı, arabesk. 2.(müz.) arabesk, müzikte arap motifi.

آراد ârâd: 1.İran güneş takvimine göre her ayın yirmi beşinci günü. 2.eski İranlılar tarafından o günkü işler için görevlendirilen meleğin adı.

آرازش ârâziş: 1.iyilikte bulunma. 2.sadaka verme.

آراستگی ârâstegî: [ârâsten>ârâst+e+g+î] süslülük.

آراستن ârâsten: 1.süslemek, donatmak. 2.düzene sokmak. 3.hazırlamak. 4.niyet etmek. 5.(ask.) ordu donatmak. 6.(müz.) aynı makama getirmek. 7.zenginleştirmek. 8.görevlendirmek. 9.mamur etmek, bayındırlaştırmak. 10.mutlu etmek. ‖ * hod râ ~ خود را آراستن makyaj yapmak, süslenmek.

آراسته ârâste: [ârâsten>ârâst+e] 1.süslenmiş. 2.düzenli. 3.hazır. 4.güzel, yakışıklı. 5.donanmış, mücehhez.

آراسته سخن ârâstesohen: güzel konuşan.

آراسته شدن ârâste şoden: süslenmek.

آراسته کردن ârâste kerden: süslemek.

آرام ârâm: [ârâmîden>ârâm] 1.yavaş. 2.yavaşça. 3.dinlenme. 4.susma. 5.emniyet. 6.yatak. 7.huzurlu, huzur. 8.sâkin. 9.sâkince. ‖ * ~ -i cân آرام جان 1.sevgili. 2.gönül rahatı. ‖ * ~ -i dil آرام دل 1.gönül rahatı. 2.sevgili. 3.huzur duyulan yer. ‖ * ~ -i dil-i figâr آرام دل فگار· yaralı gönlün huzuru. ‖ * ~ -i hâtir آرام خاطر 1.makam. 2.sevgili. 3.gönül huzuru. ‖ * ~ u hâb آرام و خواب dinlenme ve uyuma.

آرامانیدن ârâmânîden: 1.yerleştirmek, iskân etmek. 2.güvence vermek. 3.sâkinleştirmek.

آرام بخش ârâmbahş: [ârâm+bahşîden>bahş] 1.sakinleştirici, yatıştırıcı. 2.huzur veren.

آرام بخشی ârâmbahşî: 1.dinlendirme, sâkinleştirme. 2.huzur verme.

آرام بخشیدن ârâm bahşîden: 1.sâkinleştirmek, yatıştırmak. 2.huzur vermek.

آرام جای ârâmcây: dinlenme yeri.

آرام جو ârâmcû: [ârâm+costen>cû] huzur arayan, dinlenmek isteyen.

آرام جویانه ârâmcûyâne: [ârâm+costen> cûy+âne] huzur isteyerek.

آرام جویی ârâmcûyî: [ârâm+costen> cûy+î] huzur arama, dinlenmek isteme.

آرام دادن ârâm dâden: 1.teselli etmek. 2.güvence ve huzuru sağlamak. 3.yerleştirmek.

آرام ده ârâm: yatıştırıcı, müsekkin.

آرام ربا ârâmrubâ: [ârâm+rubûden>rubâ] huzur kaçıran, huzur bozan.

آرام ساختن ârâm sâhten: 1.söndürmek, dindirmek. 2.sâkinleştirmek. 3.iskân etmek, yerleştirmek.

آرام ساز ârâmsâz: [ârâm+sâhten>sâz] oturan, yerleşen.

آرام سوز ârâmsûz: [ârâm+sûhten>sûz] huzur kaçıran, huzur bozan.

آرامش ârâmiş: [ârâmîden>ârâm+iş] 1.rahat, huzur. 2.dinginlik. 3.dinlenme. 4.barış. 5.hafif uyku, pinekleme. ‖ * be ~ resîden به آرامش رسیدن huzura kavuşmak.

آرامش بخشیدن ârâmiş bahşîden: 1.yatıştırmak. 2.huzur vermek.

آرام شدن ârâm şoden: 1.dinlenmek. 2.(ayaklanma) dinmek. 3.(ağlama) kesilmek. 4.(ağrı) dinmek. 5.huzur bulmak. 6.sâkinleşmek. 7.dinmek.

آرام کردن ârâm kerden: 1.kesmek. 2.yatıştırmak, sakinleştirmek. 3.dindirmek.

آرام گار ârâmgâr: [ârâm+gâr] rahat yaşayan.

آرامگاه ârâmgâh: [ârâmîden>ârâm+gâh] 1.dinlenme yeri. 2.ev. 3.konak. 4.mezar, türbe. 5.vatan. 6.yatak odası. ‖ * ~ -i ebedî آرامگاه ابدی mezar, ebedî istirahatgâh.

آرام گرفتن ârâm giriften: **1.**dinlenmek. **2.**yatışmak, sâkinleşmek. **3.**teselli bulmak. **4.**yerleşmek, mesken tutmak. **5.**geçmek. **6.**dinmek. **7.**(bir yerde) bulunmak, kalmak.

آرامگزین ârâmguzîn: [ârâmîden> ârâm+ guzîden>guzîn] **1.**dinlenen, istirahat eden. **2.**oturan, ikamet eden, yerleşik.

آرامگه ârâmgeh: [ârâmîden>ârâm+ geh] **1.**dinlenme yeri. **2.**ev. **3.**konak. **4.**mezar, türbe. **5.**vatan. || * ~ -i ebedî آرامگه ابدی mezar, ebedî istirahatgâh.

آرامنده ârâmende: **1.**istirahat eden, dinlenen. **2.**huzurlu, güvence içinde olan.

آرامی ârâmî: [ârâmîden+ârâm+î] **1.**yavaşlık, ağırlık. **2.**huzur. **3.**sâkinlik. || * be ~ به آرامی yavaş yavaş, usul usul.

آرامی ârâmî: Âramca.

آرام یافتن ârâm yâften: **1.**dinlenmek. **2.**mezarında yatmak.

آرامی باشندگان ârâmîbâşendegân: [ârâmî+ bûden>bâş+ende+g+ân] **1.**sâkinler. **2.**mezarda yatanlar.

آرامیدن ârâmîden: **1.**dinlenmek. **2.**yerleşmek. **3.**uyumak. **4.**(kaynama) durmak. **5.**sabretmek. **6.**(kargaşa) dinmek.

آرامیده ârâmîde: [ârâmîden>ârâmîd+e] **1.**dinlenen, istirahat eden. **2.**yerleşik. **3.**uyumuş. **4.**dinmiş.

آران ârân: dirsek.

آرای ârây (ârâsten>ârây] süsleyen, donatan.

آرایش ârâyiş: [ârâsten>ârây+iş] **1.**süs. **2.**süsleme. **3.**makyaj. **4.**tören. || * ~ -i çihre آرایش چهره makyaj. || * ~ -i sûret آرایش صورت makyaj.

آرایشگاه ârâyişgâh: [ârâsten>ârây+iş+ gâh] berber, kuvaför.

آرایشگر ârâyişger: [ârâsten>ârây+iş+ ger] **1.**kuvaför. **2.**dekoratör.

آرایشی ârâyişî: [ârâsten>ârây+iş+î] bezeme ile ilgili, dekoratif.

آراینده ârâyende: [ârâsten>ârây+ende] **1.**süsleyen, bezeyen, donatan. **2.**dekoratör.

آرایه ârâye: [ârâsten>ârây+e] süs, dekor.

آرایه گر ârâyeger: [ârâsten>ârây+e+ger] süslemeci, dekoratör.

آرایی ârâyî: [ârâsten>ârây+î] süsleme, dekorasyon.

آراییدن ârâyîden: süslemek.

آرب âreb: (A.) çok açıkgöz.

آرت âret: dirsek.

آرتزین artizyen: (Fr.) artezyen.

آرتیست artist: (Fr.) aktör, artist.

آرج ârec: dirsek.

آرخالق arhaluk: (T.) arkalık, bir tür ceket.

آرد ârd: (Peh.) un.

آرد âred: her şemsî ayın yirmi beşinci günü.

آردآله ârdâle: bulamaç.

آردبیز ardbîz: [ârd+bîhten>bîz] elek, un eleği.

آردتوله ardtûle: bulamaç.

آرددوله arddûle: bulamaç.

آرد کردن ard kerden: öğütmek.

آردل ardel (Rus.) mübaşir.

آردل باشی ardelbâşî (Rus.-T.) baş mübaşir.

آردم ardem: bir tür şakayık.

آردن ârden: **1.**süzgü. **2.**kevgir.

آردن ârden: getirmek.

آرده ârde: susam unu.

آردهاله ârdhâle: [ârd+hâle] bulamaç.

آردی ârdî: [ârd+î] **1.**unlu, unlu mamul. **2.**(bot.) bir tür şeftali.

آردین ârdin: deneme, tecrübe.

آردین ârdîn: [ârd+în] unlu.

آردینه ârdîne: [ârd+îne] **1.**un çorbası. **2.**unlu, un ile ilgili.

آرز âriz: (A.) (bot.) ardıç ağacı. || * ~ -i lubnân آرز لبنان (bot.) Lübnan servisi.

آرزم ârezm: savaş.

آرزم کردن ârezm kerden: savaşmak.

آرزو ârzû, ârizû: **1.**arzu, istek, dilek. **2.**ümit. **3.**şevk. **4.**şöhret. **5.**sevgili. **6.**aranan, istenilen. **7.**hırs. **8.**istibdat. **9.**kadın istetme. ‖ * ~ -yi hâm آرزوی خام ham heves, gerçekleşmeyecek dilek. ‖ * ~ -yi dîdâr kerden آرزوی دیدار کردن göresi gelmek. ‖ * ~ -yi kesî ber âverde şoden ارزوی کسی بر آورده شدن birinin dileği yerine getirilmek, birinin dileği yerine gelmek. ‖ * ~ -yi kesî râ ber âverde sâhten آرزوی کسی را بر آورده ساختن birinin dileğini yerine getirmek.

آرزو انگیز ârzûengîz: [ârzû+engîhten> engîz] iştah açıcı.

آرزوانه ârzuvâne: [ârzû+v+âne] **1.**arzu edilen. **2.**aşerilen. **3.**hamile yemeği.

آرزو بردن ârzû borden: arzu etmek, istemek.

آرزوخواه ârzûhâh: [ârzû+hâsten>hâh] **1.**arzu edilen, istekli. **2.**isterik, şevketli.

آرزو برانگیختن ârzû ber engîhten: arzu uyandırmak, isteklendirmek.

آرزو داشتن ârzû dâşten: arzu etmek, istemek, dilemek.

آرزوسنج ârzûsenc: [ârzû+sencîden> senc] arzulu, istekli.

آرزو کردن ârzû kerden: istemek, arzu etmek.

آرزو کشیدن ârzû keşîden: arzu etmek, istemek, dilemek.

آرزوگاه ârzûgâh: [ârzû+gâh] arzu edilen yer, özlenen yer.

آرزومند ârzûmend: [ârzû+mend] **1.**istekli, özlemli. **2.**hırslı. **3.**muradına kavuşmak isteyen.

آرزومندانه ârzûmendâne: isteyerek, arzulu olarak.

آرزومند شدن ârzûmend şoden: istek duymak.

آرزومند کردن ârzûmend kerden: isteklendirmek, teşvik etmek.

آرزومندی ârzûmendî: [ârzû+mend+î] **1.**şevk. **2.**özlem, hasret. **3.**kin.

آرزوناک ârzûnâk: [ârzû+nâk] istekli, hevesli.

آرزه arze: samanlı harç.

آرزه گر arzeger: [arze+ger] sıvacı.

آرستن âresten: cesaret etmek, cür'et etmek.

آرستن âresten: süslemek, bezemek, donatmak.

آرسته âreste: [âresten>ârest+e] süslü, bezeli, donatılmış.

آرش âriş: **1.**anlam, mânâ. **2.**kavram, mefhum. **3.**İran mitolojisinde bir pehlivan.

آرشه arşe: (Fr.) keman yayı.

آرشی ârişî: [âriş+î] **1.**pehlivan Âriş'e ait. **2.**çok uzağa giden ok. **3.**manevî.

آرشیدوک arşiduk: (Fr.) arşidük.

آرشین ârşin: arşın.

آرشیو arşiv: (Fr.) arşiv.

آرغ ârug: geğirti.

آرغده ârugde: [ârugden>ârugd+e] **1.**hırslı. **2.**öfkeli.

آرکائیک arkaik: (Fr.) arkaik.

آرکسترا arkestra: (Fr.) orkestra.

آرکستراچی arkestraçi (Fr.-T.) orkestra elemanı.

آرگون argon: (Fr.) (kim.) argon gazı.

آرم arm: (Fr.) arma.

آرمان arman: **1.**ülkü, ideal. **2.**ümit. **3.**keder.

آرمان خوردن ârmân horden: hasret çekmek, özlem duymak.

آرمان شهر ârmânşehr: [ârmân+şehr] düşülke, ütopya.

آرمان گرا ârmângerâ: [ârmân+ gerâyîden> gerâ] ülkücü, idealist.

آرمان گرایی ârmângerâyî: [ârmân+ gerâyîden>gerây+î] ülkücülük, idealistlik.

آرمنده âremende: dinlenen, istirahat eden.

آرمیچر armiçır (İng.) marş motoru.

آرمیدگی âremîdegî: istirahat.

آرمیدن âremîden: **1.**dinlenmek, istirahat etmek. **2.**mezarında yatmak.

آرمیده âremîde: [âremîden>âremîd+e] dinlenmiş, rahat.

آرن aron: (Fr.-Lat.) (bot.) yılan yastığı.

آرن âren: dirsek.

آرنج ârenc: **1.**dirsek. **2.**tarz, yöntem, yol, gidiş.

آرنده ârende: [âverden>âr+ende] getiren.

آرنگ âreng: **1.**dirsek. **2.**renk. **3.**tarz. **4.**hile. **5.**eziyet. **6.**galiba, görünüşe göre. **7.**vali, hakim.

آرواره ârvâre: **1.**(tıb.) çene kemiği. **2.**avurt. ‖ * ~ -i zeberîn آروارهء زبرين (tıb.) üst çene. ‖ * ~ -i zîrîn آروارهء زيرين (tıb.) alt çene.

آروبند ârûbend: kırık çıkıkçı, sınıkçı.

آروغ ârûg: geğirme.

آروغ زدن ârûg zeden: geğirmek.

آروغ كردن ârûg kerden: geğirmek.

آروق ârûk: geğirme.

آروق زدن ârûk zeden: geğirmek.

آروق كردن ârûk kerden: geğirmek.

آرون ârûn: iyi huy.

آروين ârvin: deney, deneme.

آره âre: evet.

آرى ârî: **1.**evet. **2.**öyle mi? **3.**öyle!, ha vallahi!

آرى ârî: Ârî ırka mensup.

آريا âryâ: Ariyen, Arya, Hint-Avrupaî ırk.

آريا arya: (Fr.) (müz.) arya, solo şarkı.

آرياگرايى âryâgerâyî: [âryâ+ gerâyîden> gerây+î] Aryacılık.

آريستوكرات aristokrat: (Fr.) aristokrat.

آريستوكراسى aristokrasi: (Fr.) aristokrasi.

آريغ ârîg: **1.**nefret, kin. **2.**kıskançlık, haset. **3.**gücenme, kırılma.

آز âz: **1.**hırs. **2.**heves. **3.**gam. **4.**ihtiyaç.

آزاد âzâd: (Peh.) **1.**özgür, serbest. **2.**bağımsız. **3.**ferah. **4.**soylu. **5.**kusursuz. **5.**uzak.

آزاد آمدن âzâd âmeden: âzât olmak, kurtulmak.

آزاد اعلام شدن âzâd i'lâm şoden: serbest bırakılmak.

آزادانه âzâdâne: [âzâd+âne] özgürce, serbestçe.

آزاددارو âzâddârû: bir tür yaban şalgamı.

آزاددرخت âzâddiraht: [âzâd+diraht] (bot.) sakız ağacı.

آزادراه âzâdrâh: [âzâd+râh] ana yol.

آزادرخت âzâraht (bot.) sakız ağacı.

آزاد ساختن âzâd sâhten: **1.**kurtarmak. **2.**serbest bırakmak.

آزادسازى âzâdsâzî: [âzâd+sâhten> sâz+î] **1.**özgürleştirme. **2.**serbest bırakma. **3.**serbest bırakılma. **4.**kurtarma.

آزاد شدن âzâd şoden: **1.**kurtulmak, özgür olmak, serbest olmak. **2.**serbest bırakılmak, salıverilmek.

آزاد كردن âzâd kerden: **1.**serbest bırakmak. **2.**azad etmek.

آزاد گذاشتن âzâd gozâşten: serbest bırakmak.

آزاد گذاشته شدن âzâd gozâşte şoden: serbest bırakılmak.

آزادگى âzâdegî: [âzâd+e+g+î] özgürlük, serbestlik.

آزادماهى âzâdmâhî: Hazar Denizinde yaşayan kırmızı etli bir balık.

آزادمرد âzâdmerd: [âzâd+merd] **1.**özgür. **2.**asil, soylu.

آزاد ميوه âzâdmîve: [âzâd+mîve] badem şekeri.

آزادنامه âzâdnâme: [âzâd+nâme] özgürlük belgesi.

آزادوار âzâdvâr: [âzâd+vâr] **1.**özgürce, özgürler gibi. **2.**eski İran musikîsinde bir makam.

آزادوار چنگى âzâdvâr-i çengî: (müz.) İran musikîsinde bir makam.

آزاده âzâde: [âzâd+e] **1.**özgür. **2.**soylu, asil. **3.**helalzade. **4.**mütevazi. **5.**huzurlu.

آزاده اطوار âzâde'etvâr: (F.-A.) [âzâde+ etvâr] serbest tavırlı.

آزاده حيات âzâdeheyât: (F.-A.) [âzâde+ hayât] hayat bağlarından kurtulmuş.

آزاده خاطر âzâdehâtir: (F.-A.) [âzâde+ hâtır] gönlünü bir şeye bağlamamış, özgür, başı dinç.

آزاده خو âzâdehû: [âzâde+hû] **1.**özgür tabiatlı. **2.**soylu.

آزاده درخت âzâdediraht: [âzâde+diraht] sakız ağacı.

آزاده دل âzâdedil: [âzâde+dil] gönlünü kimseye vermemiş, özgür.

آزاده سر âzâdeser: [âzâde+ser] özgür, başı dinç, sorumluluk taşımayan. ‖ * rind-i ~ رند آزاده سر hiçbir şeyin bağında olmayan ve sadece gününü en iyi şekilde yaşamayı amaçlayan kişi.

آزاده سرو âzâdeserv: [âzâde+serv] (bot.) bir tür servi, serv-i âzâd.

آزاده مرد âzâdemerd: [âzâde+merd] 1.yiğit. 2.İranlı.

آزاده مردم âzâdemerdum: [âzâde+merdum] yiğit.

آزاده مردی âzâdemerdî: [âzâde+merd+î] yiğitlik.

آزاده وار âzâdevâr: [âzâde+vâr] özgürce.

آزادی âzâdî: [âzâd+î] 1.özgürlük. 2.kurtuluş. 3.mutluluk. 4.huzur. 5.hamd, şükür. 6.ayrılık. 7.hakbilirlik. ‖ * ~ -i beyân آزادیء بیان konuşma özgürlüğü, ifade özgürlüğü. ‖ * ~ -i rekâbet آزادیء رقابت rekabet özgürlüğü, rekabet serbestîsi, liberalizm. ‖ * ~ -i mubâdele آزادیء مبادله mübadele özgürlüğü, mübadele serbestîsi.

آزادی خواه âzâdîhâh: [âzâd+î+hâsten> hâh] özgürlükçü, özgürlük yanlısı, hürriyetperver.

آزادی خواهی âzâdîhâhî: [âzâd+î+hâsten> hâh+î] özgürlükçülük, hürriyetperverlik.

آزادی دادن âzâdî dâden: serbestlik vermek.

آزادی طلب âzâdîtaleb: (F.-A.) [âzâdî+ talebîden>taleb] özgürlükçü, özgürlük isteyen.

آزادی طلبی âzâdîtalebî: (F.-A.) [âzâd+î+ taleb+î] özgürlükçülük, özgürlük isteme.

آزادی کردن âzâdî kerden: 1.sevinmek. 2.hamdetmek.

آزار âzâr: [âzurden>âzâr] 1.işkence, azap. 2.sıkıntı. 3.kin, düşmanlık. 4.kırgınlık. 5.keder. 6.sadme. 7.felaket. 8.hastalık. 9.incitme. ‖ * ~ -i dil آزار دل gönül kırıklığı.

آزارتلخه âzârtelhe: [âzâr+telh+e] (tıb.) sarılık hastalığı.

آزار جستن âzâr costen: incitmek.

آزارجو âzârcû: [âzâr+costen>cû] insan inciten, incitici.

آزار دادن âzâr dâden: 1.incitmek. 2.eziyet etmek. 3.rahatsız etmek.

آزاردن âzârden: 1.incitmek. 2.eziyet etmek. 3.rahatsız etmek.

آزارده âzârde: incinmiş.

آزار دیدن âzâr dîden: 1.zarar görmek. 2.incinmek.

آزار دیده âzârdîde: [âzâr + dîden > dîd + e] azarlanmış, üzülmüş, kalbi kırılmış.

آزار رسان âzârresân: [âzâr+resânden> resân] inciten, üzen, kalp kıran.

آزار رسانیدن âzâr resânîden: incitmek, üzmek, eziyet etmek, zarar vermek.

آزار رسیده âzârresîde: [âzâr+resîden> resîd+e] incinmiş, üzülmüş, kalbi kırılmış.

آزارش âzâriş: [âzurden>âzâr+iş] 1.incinme, kırılma. 2.incitme, kalbini kırma. ‖ * ~ -i lâkaydî آزارش لاقیدی umursamazca rahatsız etme.

آزار فرمودن âzâr fermûden: incitmek, üzmek, azarlamak.

آزار کردن âzâr kerden: 1.üzmek, incitmek. 2.zorlamak.

آزار گرفتن âzâr giriften: azarlanmak.

آزارمند âzârmend: [âzâr+mend] 1.hasta. 2.azarlanmış, incitilmiş, kalbi kırılmış.

آزارمندی âzârmendî: [âzâr+mend+î] azarlanmışlık, incinmişlik.

آزارنده âzârende: [âzârîden>âzâr+ende] üzen, kalp kıran, azarlayan, inciten.

آزاری âzârî: [âzâr+î] 1.azarlama, kalp kırma, incitme. 2.azarlanma, kalbi kırılma, incitilme.

آزاریدن âzârîden: 1.incitmek, üzmek. 2.incitilmek, üzülmek.

آزال âzâl: (A.) ezeller.

آزبست âzbest: (İng.) (kim.) asbest.

آزپیشه âzpîşe: [âz+pîşe] hırslı.

آزت azot: (Fr.) azot.

آزجو âzcû: [âz+costen>cû] hırslı.

آزجوی âzcûy: [âz+costen>cûy] hırslı.

آزخ âzeh: siğil.

آزدن âzden: saplamak, batırmak.

آزرد âzerd: renk.

آزردگی âzurdegî: [âzurden>âzurd+e+g+î] **1.**incinme. **2.**üzüntü. **3.**öfke.

آزردن âzurden, âzerden: **1.**üzmek, eziyet etmek, incitmek. **2.**incinmek. **3.**öfkelendirmek. **4.**yaralamak. **5.**rahatsız etmek. **6.**sızlatmak.

آزردنی âzurdenî: incitmeye değer.

آزرده âzurde: [âzurden>âzurd+e] incinmiş, gücenmiş, kırgın, gücenik.

آزرده جان âzurdecân: [âzurde+cân] gönlü yaralı, kırgın, gücenik.

آزرده خاطر âzurdehâtir: (F.-A.) [âzurde+ hâtir] gönlü yaralı, kırgın, gücenik.

آزرده دل âzurdedil: [âzurde+dil] gönlü yaralı, kırgın, gücenik.

آزرده شدن âzurde şoden: **1.**kırılmak, güocenmek, incinmek. **2.**yaralanmak. **3.**rahatsız olmak.

آزرده کردن âzurde kerden: **1.**incitmek, darıltmak. **2.**yaralamak. **3.**rahatsız etmek. **4.**koymak.

آزرم âzerm: **1.**vicdan, insaf. **2.**ar. **3.**utanma. **4.**şefkat, sevgi. **5.**saygı. **6.**hatır. **7.**endişe. **8.**takat. **9.**keder. **10.**sağlık. **11.**zarar, ziyan. **12.**açık. **13.**taraftarlık. **14.**fazilet.

آزرم جو âzermcû: [âzerm+costen>cû] **1.**utangaç, iffetli. **2.** takva sahibi. **3.**âdil.

آزرم جوی âzermcûy: [âzerm+costen>cûy] **1.**utangaç, iffetli. **2.** takva sahibi. **3.**âdil.

آزرم داشتن âzerm dâşten: hürmetkâr olmak, hürmet etmek, saygılı olmak.

آزرمگن âzermgen: [âzerm+gen] **1.**utangaç. **2.**terbiyeli, edebli.

آزرمگین âzermgîn: [âzerm+gîn] **1.**utangaç. **2.**terbiyeli, edebli.

آزرمگینی âzermgînî: [âzerm+gîn+î] **1.**utangaçlık. **2.**terbiyeli olma.

آزرمناک âzermnâk: [âzerm+nâk] **1.**utangaç. **2.**terbiyeli, edebli.

آزرمناکی âzermnâkî: [âzerm+nâk+î] **1.**utangaçlık. **2.**terbiyeli olma.

آزرمی âzermî: [âzerm+î] **1.**utangaçlık. **2.**terbiyeli olma.

آزغ âzug: kesilmiş ağaç dalı.

آزفنداک âzfendâk: gökkuşağı.

آزگار âzgâr: boyunca, süresince, tam.

آزما âzmâ: deneyen, sınayan, tecrübe eden.

آزمای âzmây: [âzmûden>âzmây] deneyen, sınayan, tecrübe eden.

آزمایش âzmâyiş: [âzmûden>âzmây+iş] **1.**deney. **2.**sınama, deneme, tecrübe. **3.**tahlil. || * ~ -i hûn آزمایش خون kan tahlili.

آزمایش کردن âzmâyiş kerden: denemek, sınamak, deneme yapmak, tecrübe etmek.

آزمایشگاه âzmâyişgâh: [âzmûden> âzmây+iş+gâh] laboratuvar.

آزمایشگاهی âzmâyişgâhî: tahlilî, laboratuvar ile ilgili.

آزمایشگر âzmâyişger: [âzmûden> âzmây+iş+ger] deney yapan, laborant.

آزمایشی âzmâyişî: [âzmûden>âzmây+iş+î] **1.**deneysel. **2.**stajiyer kadrosunda.

آزماینده âzmâyende: [âzmûden> âzmây+ ende] deneyen, sınayan, tecrübe eden.

آزماییدن âzmâyîden: denemek, sınamak, tecrübe etmek.

آزمند âzmend: [âz+mend] haris, hırslı, ihtiraslı.

آزمندی âzmendî: [âz+mend+î] ihtiras, hırs.

آزمودگی âzmûdegî: [âzmûden>âzmûd+ e+g+î] deneyim, tecrübe.

آزمودن âzmûden: **1.**denemek, sınamak. **2.**kullanmak. **3.**tartmak. **4.**tahammül etmek. **5.**kullanmak. **6.**meşk ettirmek.

آزموده âzmûde: [âzmûden>âzmûd+e] **1.**deneyimli, tecrübeli. **2.**denenmiş, sınanmış. **3.**tartılmış. **4.**alışkın.

آزموده کار âzmûdekâr: [âzmûden> âzmûd+e+kâr] deneyimli, tecrübeli.

آزمون âzmûn: **1.**deneme, deney. **2.**deney sonucu. **3.**sınav, sınama. **4.**test. ‖ * ~ -i senciş̂î آزمون سنجشی deneme sınavı.

آزمونه âzmûne: [âzmûn+e] test.

آزناک âznâk: [âz+nâk] hırslı, ihtiraslı.

آزور âzver: [âz+ver] hırslı, ihtiraslı.

آزور âzûr: hırslı, ihtiraslı.

آزوری âzverî: [âz+ver+î] **1.**hırs, ihtiras. **2.**dilek.

آزوغ âzûg: ağaçlardan kesilmiş dal.

آزوقه âzûka: azık.

آزیدن âzîden: saplamak, batırmak.

آزیر âzîr: incitme, üzme.

آزیر âzîr: (tıb) alerji.

آزیرزا âzîrzâ: [âzîr+zâden>zâ] (tıb.) alerji yapan.

آزینه âzîne: değirmen taşı.

آژان ajan: (Fr.) **1.**ajan. **2.**polis.

آژانس ajans: (Fr.) **1.**ajans. **2.**temsilcilik, acenta. ‖ * ~ -i musâferetî آژانس مسافرتی seyahat acentesi.

آژخ âjeh: siğil.

آژدان ajdân: polis.

آژدن âjden: saplamak, batırmak.

آژفنداک ajfendâk: gökkuşağı.

آژگن âjgen: hazeranlı kapı.

آژن âjen: Farsça son ek. -li, -li, bulanmış anlamlarını verir.

آژند âjend: **1.**duvar harcı. **2.**tortu, çökelti. **3.**gül suyu.

آژندن âjenden: harç koymak.

آژنده âjende: harç koyan, duvarcı.

آژندیدن âjendîden: harç koymak.

آژنگ ajeng: **1.**kırışıklık. **2.**küçük dalga.

آژنگ گرفتن âjeng giriften: kırışmak.

آژنگ ناک âjengnâk: [âjeng+nâk] kırışık.

آژنگ ناکی âjengnâkî: [âjeng+nâk+î] **1.**kırışıklık. **2.**kabızlık.

آژوغ âjûg: kesilmiş ağaç dalı.

آژیانه âjiyâne: zemin döşemesi.

آژیدن âjîden: saplamak, batırmak.

آژیر âjîr: **1.**güçlü. **2.**güç, kuvvet. **3.**ses. **4.**alarm.

آژیرنده âjîrende: uyarıcı, ikaz eden.

آژیریدن âjîrîden: **1.**alarm vermek. **2.**haberdar etmek.

آژینه âjîne: değirmen taşı.

آس âs (Avestaca) değirmen taşı. ‖ * ~ -i âb آس آب su değirmeni. ‖ * ~ -i bâd آس باد yel değirmeni.

آس âs (bot.) mersin ağacı.

آس as: (Fr.) iskambilde birli. ‖ * çehâr şâheş be çehâr ~ horden چهار شاهش به چهار آس خوردن çetin cevize çatmak, kendinden daha güçlü biriyle karşılaşmak.

آسا âsâ: **1.**süs, ziynet. **2.**heybet. **3.**tarz. **4.**(gr.) türetilen kelimeye "gibi" anlamını kazandıran son ek.

آسا âsâ: esneme.

آسا âsâ: dinlendiren, huzur veren.

آسائیدن âsâîden: dinlenmek.

آسان âsân: **1.**kolay. **2.**müreffeh. ‖ * çi ~ چه آسان ne de kolay.

آسان آسان âsân âsân: kolaylıkla, kolay kolay, kolayca.

آسان ساختن âsân sâhten: kolaylaştırmak.

آسانسور âsânsor: (Fr.) asansör.

آسان شدن âsân şoden: kolaylaşmak, kolay olmak.

آسان کردن âsân kerden: kolaylaştırmak.

آسان گذار âsângozâr: **1.**ısrarlı. **2.**dünyayı umursamayan. **3.**hoşgörülü.

آسان گذاری âsângozârî: müsamaha, hoşgörü.

آسان گوار âsânguvâr: kolay hazmedilen, hazmı kolay.

آسان گواری âsânguvârî: kolay hazmedilme.

آسان گیر âsângîr: laubali, umursamaz.

آسان گیری âsângîrî: laubalilik, umursamazlık.

آسانی âsânî: [âsân+î] **1.**kolaylık. **2.**refah. **3.**uyku. **4.**tembellik. **5.**huzur. ‖ * be ~ به آسانی

kolaylıkla, rahatça. ‖ * be ~ muyesser şoden به آسانی میسر شدن kolay olmak, kolay gerçekleşmek.

آسان یاب âsânyâb: kolay ulaşılır.

آسای âsây: [âsûden>âsây] dinlendiren, dinlenen.

آسایش âsâyiş: [âsûden>âsây+iş] **1.**huzur. **2.**rahatlık. **3.**güvenlik. ‖ * ~ -i bâl آسایش بال gönül huzuru. ‖ * ~ ber kemâl آسایش بر کمال huzur ve güvenlik yerinde. ‖ * ~ -i dâhilî آسایش داخلی iç huzur, iç güvenlik. ‖ * ~ -i umûmî آسایش عمومی genel huzur.

آسایش پرور âsâyişperver: [âsâyiş+ perverden> perver] huzur yanlısı, rahatlık taraftarı.

آسایش پرورانه âsâyişperverâne: [âsâyiş+ perverden> perver+âne] huzur istercesine, huzur yanlısı olarak.

آسایش جستن âsâyiş costen: dinlenmek, istirahat etmek.

آسایش جو âsâyişcû: [âsâyiş+costen>cû] huzur arayan, huzur isteyen.

آسایش جوی âsâyişcûy: [âsâyiş+costen> cûy] huzur arayan, huzur isteyen.

آسایش جویانه âsâyişcûyâne: [âsâyiş+ costen>cûy+ âne] huzur arayarak, huzur ararcasına.

آسایش جویی âsâyişcûyî: [âsâyiş+costen> cûy+âne] huzur arama.

آسایش خواه âsâyişhâh: [âsâyiş+hâsten> hâh] huzur arayan, huzur isteyen.

آسایش خواهی âsâyişhâhî: [âsâyiş+hâsten> hâh+î] huzur arama, huzur isteme.

آسایش دادن âsâyiş dâden: rahatlatmak.

آسایش داشتن âsâyiş dâşten: huzurlu olmak, huzuru olmak.

آسایش کردن âsâyiş kerden: istirahat etmek.

آسایشگاه âsâyişgâh: [âsûden>âsây+ iş+ gâh] **1.**(tıb.) sanatoryum. **2.**dinlenme yeri.

آسیش گرفتن âsâyiş giriften: istirahat etmek, dinlenmek.

آسایشگه âsâyişgeh: [âsâyiş+geh] **1.**(tıb.) sanatoryum. **2.**dinlenme yeri.

آساینده âsâyende: [âsûden>âsây+ ende] dinlenen, istirahat eden, huzur bulan.

آساییدن âsâyîden: dinlenmek.

آس باد âsbâd: [âs+bâd< âs-i bâdî] yel değirmeni.

آس باز âsbâz: (Fr.-F.) [âs+bâhten> bâz] iskambil oynayan, kağıt oynayan.

آس بازی âsbâzî: (Fr.-F.) [âs+ bâhten>bâz+î] iskambil oynamak, iskambil oyunu.

آسبان âsbân: [âs+bân] değirmenci.

آس بویه âsbûye (bot.) yaban kekiği.

آسپرین aspirin: (Fr.) (tıb.) aspirin.

آستات asetat: (Fr.) (kim.) asetat.

آستان âstân: **1.**eşik. **2.**huzur, kat. **3.**müneccimlere göre insan hayatındaki uğursuz anlar. ‖ * ~ -i cânân آستان جانان sevgilinin evinin eşiği. ‖ * ~ -i meykede آستان میکده meyhanenin eşiği. ‖ * ~ -i muallâ آستان معلا **1.** yüksek eşik. **2.**Mevlânâ Dergâhı.

آستان âstân: sırt üstü yatan.

آستان بوس âstânbûs: [âstân+bûsîden>bûs] **1.**eşik öpme. **2.**eşik öpme.

آستان بوسی âstânbûsî: [âstân+bûsîden> bûs+î] eşik öpme.

آستانه âstâne: [âstân+e] **1.**eşik. **2.**huzur, kat. **3.**padişah sarayı. ‖ * ~ -i devlet آستانهء دولت başkent, devlet eşiği. ‖ * ~ -i Mevlânâ آستانهء مولانا Mevlâna Celâleddin'in Konya'daki dergâhı. ‖ * der ~ -i çîzî karâr giriften در آستانهء چیزی قرار گرفتن bir şeyin eşiğinde olmak, bir şeyin eşiğine gelmek.

آستانی âstânî: alçakgönüllülük.

آستر âster (Peh.) **1.**astar. **2.**(kim.) bir zemine sürülen ilk boya, astar. ‖ * ~ -i reng آستر رنگ boya astarı.

آستر âster: daha ötede.

آستری âsterî: [âster+î] sof, değersiz kumaş.

آستن âsten: eşik.

آستن âseton: (Fr.) (kim.) aseton.

آستیگماتیسم astigmatism: (Fr.) (tıb.) astigmatlık.

آستیلن asetilen: (Fr.) (kim.) asetilen.

آستیم âstîm: eşik.

آستیم âstîm: kap kacak ağzı.

آستیم âstîm: (tıb.) cerahat.

آستین âstîn: **1.**yen, elbise kolu. **2.**etek. **3.**yol. ‖ * ~ ber gunâh-i kesî keşîden آستین بر گناه کسی کشیدن birini affetmek. ‖ * ~ hâ râ bâlâ zeden آستین ها را بالا زدن kolları sıvamak. ‖ * ~ hâ râ ver mâlîden آستین ها را ورمالیدن paçaları sıvamak. ‖ * ~ -i kesî râ giriften آستین کسی را گرفتن **1.**rica etmek, eteğine yapışmak. **2.**yakasına yapışmak. ‖ * ~ -i melâl ber kesî efşânden آستین ملال بر کسی افشاندن birinden yaka silkmek. ‖ * cân der ~ dâşten جان در آستین داشتن canını vermeye hazır olmak. ‖ * der ~ kerden در آستین کردن yararlanmak.

آستین افشاندن âstîn efşânden: **1.**bir köşeye çekilmek, dünyadan vazgeçmek.

آستین بالا زدن âstîn bâlâ zeden: işe soyunmak, işe sıvanmak, kolları sıvamak.

آستین بر چیدن âstîn berçîden: bir işte kararlı olmak, bir işi bitirmeye azmetmek.

آستین بر زدن âstîn ber zeden: bir işte kararlı olmak, bir işi bitirmeye azmetmek.

آستین بر فشاندن âstîn ber feşânden: bir işte kararlı olmak, bir işi bitirmeye azmetmek.

آستین بر نوشتن âstîn berneveşten: bir işte kararlı olmak, bir işi bitirmeye azmetmek.

آستین پوش âstînpûş: [âstîn+pûşîden>pûş] **1.**alçakgönüllü. **2.**itaatli.

آستین فشان [âstîn+feşânden>feşân] yaka silken.

آستین فشاندن âstîn feşânden: yaka silkmek.

آستین کوتاه âstînkûtâh: [âstîn+kûtâh] kısa kollu (gömlek).

آستین گرفتن âstîn giriften: **1.**dizde saz çalmak. **2.**istekte bulunmak.

آستینه âstîne: [âstîn+e] (tıb.) erkeklik bezi, haya, yumurta.

آسدست âsdest: [âs+dest] el değirmeni.

آسطرنومیا astronomiya (Yun.) astronomi.

آسغده âsegde: hazır.

آسغده âsugde: az yanmış odun.

آسفالت asfalt: (Fr.) (kim.) asfalt.

آسفالت ریختن asfalt rîhten: asfaltlamak, asfalt dökmek.

آسفالت ریزی asfaltrîzî (Fr.-F.) [asfalt+rîhten>rîz+î] **1.**asfaltlama, asfalt dökme. **2.**asfaltlanma, asfalt dökülme.

آسفالت ریزی شدن asfaltrîzî şoden: asfaltlanmak, asfalt dökülmek.

آسفالت ریزی کردن asfaltrîzî kerden: asfaltlamak, asfalt dökmek.

آسگون âsgûn: [âs+gûn] değirmenimsi. ‖ * bahr-i ~ بحر آسگون gökyüzü.

آسم asm: (Fr.-Yun.) (tıb.) astım, nefes darlığı. ‖ * ~ -i muzmin آسم مزمن (tıb.) müzmin astım, kronik astım.

آسمان âsmân, âsumân: (Peh.) **1.**gök, gökyüzü. **2.**gökteki tabakaların her biri. **3.**tavan. **4.**yukarı. **5.**değirmen. **6.**bir Tanrı. **7.**her şemsî ayın yirmi yedinci günü. ‖ * ~ -i berîn آسمان برین arş, gökyüzünün dokuzuncu katı. ‖ * ~ u rîsmân آسمان و ریسمان çok cid-dî ve gayrî ciddi. ‖ * ~ u zemîn آسمان و زمین yer gök. ‖ * ber ~ şoden بر آسمان شدن ölmek. ‖ * ber ~ -i illiyyîn borden بر آسمان علیین بردن göklere çıkarmak. ‖ * dest ber ~ berdâşten دست بر آسمان بر داشتن dua için iki elini kaldırmak. ‖ * ez zemîn tâ ~ از زمین تا آسمان yerden göğe kadar. ‖ * muşk-i ~ pâre şoden مشک آسمان

پاره شدن gök delinmek, bardaktan boşanırcasına yağmur yağmak.

آسمانی آهن âsmânîâhen: [âsmân+î+âhen] yıldırım.

آسمان پایه âsmânpâye: yüksek dereceli, yüksek rütbeli.

آسمان تخت âsmântaht: [âsmân+taht] tahtı gökyüzünde olan, gökyüzünü kendine taht edinen.

آسمانخانه âsmânhâne: [âsmân+hâne< hâne-i âsmân] tavan.

آسمان خراش âsmânherâş: [âsmân+herâşîden>herâş] gökdelen.

آسمان درخش âsmândırahş: [âsmân+dırahşîden> dırahş] şimşek.

آسمان دره âsmândere: samanyolu.

آسمان رفعت • âsmânrif'at: (F.-A.) [âsmân+ rif'at] gökyüzü kadar yüce.

آسمان رند âsmânrend: [âsmân+rend] müneccim.

آسمانروز âsmânrûz: [âsmân+rûz] **1.**ayın yirmi yedinci günü. **2.**göklerle ilgilenen melek.

آسمان سا âsmânsâ: **1.**çok yüksek. **2.**gökdelen.

آسمان سان âsmânsân: [âsmân+sân] gökyüzü gibi.

آسمان سای âsmânsây: [âsmân+sâyîden> sây] **1.**çok yüksek. **2.**gökdelen.

آسمان سنج âsmânsenc: [âsmân+sencîden>senc] saat.

آسمان سنگ âsmânseng: [âsmân+seng] göktaşı, meteor.

آسمان غرش âsmângorriş: [âsmân+gorriş] gök gürültüsü.

آسمان غرغره âsmângorgore: [âsmân+gorgore] gök gürültüsü.

آسمان غرنبه âsmângoronbe: [âsmân+goronbe] gök gürültüsü.

آسمان غره âsmângorre: [âsmân+gorre] 2ök gürültüsü.

آسمان فرسا âsmânfersâ: [âsmân+fersûden> fersâ] çok yüksek.

آسمان فرسای âsmânfersây: [âsmân+fersûden> fersây] çok yüksek.

آسمانگر âsmânger: [âsmân+ger] Tanrı, Allah.

آسمانگون âsmângûn: [âsmân+gûn] gök rengi, lacivert, gök mavisi.

آسمانگونه âsmângûne: [âsmân+gûn+e] **1.**lacivert. **2.**gökyüzü gibi.

آسمانگونی âsmângûnî: [âsmân+gûn+î] lacivert.

آسمانه âsmâne: [âsmân+e] **1.**gök. **2.**tavan.

آسمانی âsmânî: [âsmân+î] **1.**gök ile ilgili. **2.**ilahî, tanrısal. **3.**açık mavi. **4.**bir tür ateş oyunu.**5.**melek. ‖ * kitâb-i ~ كتاب آسمانی semavî kitap.

آسموغ âsmûg: şirret, şerir.

آس و پاس âs u pâs: **1.**kimsesiz. **2.**müflis, iflas etmiş. **3.**külhanbeyi. **4.**cimri.

آسودگی âsûdegî: [âsûden>âsûd+e+g+î] **1.**rahatlık. **2.**istirahat. **3.**huzur.

آسودن âsûden: **1.**dinlenmek. **2.**uyumak. **3.**huzur bulmak. **4.**duraklamak.

آسوده âsûde: [âsûden>âsûd+e] **1.**rahat. **2.**huzurlu. **3.**dingin. **4.**sevinçli. **5.**uzak. **6.**medfun, defnedilmiş.

آسوده حال âsûdehâl: (F.-A.) [âsûde+hâl] rahat, huzurlu.

آسوده حالی âsûdehâlî: (F.-A.) [âsûde+hâl+î] rahatlık, huzur.

آسوده خاطر âsûdehâtir: (F.-A.) [âsûde+ hâtir] rahat, huzurlu, gönlü ferah.

آسوده خاطر شدن âsûdehâtir şoden: rahatlamak, huzur bulmak.

آسوده خاطر کردن âsûdehâtir kerden: rahatlatmak, huzur vermek.

آسوده خاطری âsûdehâtirî: (F.-A.) [âsûde+ hâtir+î] huzur, gönül huzuru.

آسوده دل âsûdedil: [âsûde+dil] huzurlu, gönlü rahat.

آسوده دلی âsûdedilî: [âsûde+dil+î] gönül huzuru.

آسوده شدن âsûde şoden: **1.**rahatlamak. **2.**kurtulmak.

آسوده کار âsûdekâr: [âsûde+kâr] işsiz.

آسوده کاری âsûdekârî: [âsûde+kâr+î] işsizlik.

آسوده کردن âsûde kerden: 1.dinlendirmek, rahatlatmak, rahata kavuşturmak. 2.kurtarmak.

آسوده گردیده âsûde gerdîden: rahatlamak.

آسوری âsûrî: [âsûr+î] Asurlu.

آسوندار âsûndâr (bot.) demirağacı, yaprakları tıpta kullanılan ve İran'ın kuzey bölgelerinde yetişen bir ağaç.

آسه âse: sararma, sarılık.

آسه âse: 1.tarım. 2.tarıma hazır arazi.

آسه âse (bot.) filzehre.

آسوشیتدپرس assoşeytidpres (İng.) AP, Associated Prees ajansı.

آسوندار âsûndâr (bot.) demir ağacı.

آسه âse: 1.sarılık. 2.tarım. 3.tarıma hazır arazi. 4.mihver.

آسیا âsyâ: değirmen.

آسیا asyâ: Asya. ‖ * ~ -yi sugrâ آسیای صغرا Küçük Asya, Anadolu.

آسیا آژن âsyâ'âjen: değirmen taşı.

آسیائی المنشا asyâiyulmenşe': (A.) Asya kökenli.

آسیاب âsiyâb: (Peh.) 1.su değirmeni. 2.değirmen. ‖ * ~ -i âlem آسیاب عالم Dünya. ‖ * ~ -i devlet آسیاب دولت devlet dairesi.

آسیابان âsiyâbân: [âsiyâ+bân] değirmenci.

آسیابانی âsiyâbânî: [âsiyâ+bân+î] değirmencilik.

آسیاچرخ âsiyaçerh: [âsiya+çerh] yel değirmeni.

آسیاخانه âsiyâhâne: [âsiyâ+hâne] değirmen, değirmen yeri.

آسیازنه âsiyâzene: [âsiyâ+zeden>zen+e] değirmen taşı.

آسیاسنگ âsiyâseng: [âsiyâ+seng] değirmen taşı.

آسیاکده âsiyâkede: [âsiyâ+kede] değirmen, değirmen yeri.

آسیا کردن âsiyâ kerden: öğütmek.

آسیانه âsiyâne: değirmen taşı.

آسیاو âsiyâv: [<âsiyâb] değirmen.

آسیاه âsiyâh: değirmen.

آسیایی âsiyâyî: [âsiyâ+y+î] Asyalı.

آسیایی âsiyâyî: değirmene ait, değirmen ile ilgili.

آسیایی کردن âsiyâyî kerden: 1.öğütmek. 2.değirmen taşı gibi çevirmek.

آسیب âsîb: 1.felaket. 2.zarar. 3.hasar. 4.ezik. 5.meşakkat. 6.incitme. 7.esiş.

آسیب پذیر âsîbpezîr: [âsîb+pezîruften>pezîr] felaketelere maruz, felaketlere açık.

آسیب پذیری âsîbpezîrî: [âsîb+pezîruften> pezîr+î] zarar görme, felakete açık olma.

آسیب دیدن âsîb dîden: zarar görmek, felakete uğramak.

آسیب دیده âsîbdîde: [âsîb+dîden>dîd+e] felaketzede.

آسیب رسانیدن âsîb resânîden: 1.zarar vermek. 2.felaket getirmek.

آسیب رسیدن âsîb resîden: zarar gelmek.

آسیب زدن âsîb zeden: 1.sadme indirmek. 2.zarar vermek.

آسیب و شیب âsîb u şîb: ıztırap.

آسیبی âsîbî: 1.felaketzede. 2.cin çarpmış.

آسیب یافتن âsîb yâften: 1.felakete uğramak.2.zarar görmek.

آسیل âsîl: kumaş boyamada kullanılan koyun midesi muhteviyatı.

آسیمه âsîme: 1.perişan, muzdarip. 2.şaşkın. 3.dehşete kapılmış.

آسیمه سار âsîmesâr: 1.perişan, muzdarip. 2.şaşkın. 3.dehşete kapılmış.

آسیمه سر âsîmeser: [âsîme+ser] afallamış, sersem, şaşkın.

آسیمه شدن âsîme şoden: afallamak, şaşırmak, sersemleşmek.

آسیمه کردن âsîme kerden: afallatmak, şaşırtmak, sersemletmek.

آسینه âsîne: şaşkın, afallamış.

آسیون âsîven: şaşkın, afallamış.

آش âş: 1.aş. 2.çorba. 3.âhar. ‖ * tûy-i ~ enguşt zeden توی آش انگشت زدن pişmiş aşa su katmak.

آش آب âşâb: [âş+âb] pilav suyu.

آشام âşâm: [âşâmîden>âşâm] içen, içici.
آشامنده âşâmende: [âşâmîden>âşâm+ende] içen, içici.
آشامیدن âşâmîden: içmek.
آشامیدنی âşâmîdenî: [âşâmîden+î] **1.**içecek. **2.**içilebilir.
آشانه âşâne: yuva.
آش پختن âş pohten: aş yapmak. ‖ * ~ berâyi kesî آش پختن برای کسی **1.**birinin ardından entrika çevirmek. **2.**birini kışkırtmak.
آشپز âşpez: [âş+pohten>pez] aşçı.
آشپزباشی âşpezbâşî: (F.-T.) [âşpez+bâşî] aşçıbaşı.
آشپزخانه âşpezhâne: [âşpez+hâne] mutfak.
آشپزی âşpezî: [âş+pohten>pez+î] aşçılık.
آشتالنگ âştâleng: aşık kemiği.
آشتی âştî: (Peh.) **1.**barış, sulh. **2.**uyuşma, uzlaşma. ‖ * ez der-i ~ der âmeden از در آشتی در آمدن barış yapmak. ‖ * kâr-i kesî be ~ keşîden کار کسی به آشتی کشیدن barışmak.
آشتی آفرین âştîâferîn: [âştî+âferîden>âferîn] uzlaştırıcı.
آشتی پذیر âştîpezîr: [âştî+pezîruften>pezîr] barışçıl, uzlaşmacı.
آشتی پذیری âştîpezîrî: barışçıllık, barış yanlılığı, uzlaşmacılık.
آشتی جستن âştî costen: barış istemek.
آشتی خواره âştîhâre: [âştî+horden>hor> hâr+e] küsüşen iki kişinin barışmasından sonra yenilen yemek.
آشتی خواستن âştî hâsten: barış istemek.
آشتی دادن âştî dâden: barıştırmak.
آشتی کردن âştî kerden: barışmak, barış yapmak.
آشتی کنان âştîkonân: [âştî+kerden>kon+ân] **1.**barışarak. **2.**barış meclisi.
آشخال âşhâl: çöp.
آش خانه âşhâne: [âş+hâne] mutfak.
آشخوری âşhorî: [âş+horden>hor+î] **1.**çorba kâsesi. **2.**çorba kepçesi.

آشغال âşgâl: çöp, çerçöp.
آشدار âşdâr: emayeli.
آشردن âşurden: karıştırmak, alt üst etmek.
آشرمه âşurme: eyer keçesi.
آشرمه دوختن âşurme dûhten: eyer keçesi dikmek.
آشرمه دوز âşurmedûz: eyerci, eyer keçesi diken.
آشرمه دوزی âşurmedûzî: **1.**eyer keçeciliği. **2.**eyerci dükkânı.
آشغالدان âşgâldân: [âşgâl+dân] çöp kutusu, çöp sepeti, çöp kabı.
آشفتگی âşuftegî: [âşuften>âşuft+e+g+î] **1.**kızgınlık, öfke. **2.**perişanlık. **3.**aşk. **4.**karışıklık.
آشفتن âşuften: **1.**perişan olmak. **2.**dağılmak. **3.**karışmak. **4.**kızmak, öfkelenmek, hiddetten köpürmek. **5.**heyecanlanmak.
آشفته âşufte: [âşuften>âşuft+e] **1.**karışık, karman çorman, dağınık.**2.**perişan.
آشفته بازار âşuftebâzâr: [âşufte+bâzâr] karmaşa, kargaşa.
آشفته بخت âşuftebaht: [âşufte+baht] bedbaht.
آشفته حال âşuftehâl: (F.-A.) [âşufte+hâl] **1.**perişan. **2.**miskin. **3.**(tas.) meczup.
آشفته حالی âşuftehâlî: (F.-A.) [âşufte+hâl+î] **1.**perişanlık. **2.**meczupluk.
آشفته خاطر âşuftehâtir: (F.-A.) [âşufte+ hâtir] gönlü perişan.
آشفته خاطری âşuftehâtirî: (F.-A.) [âşufte+ hâtir+î] perişanlık.
آشفته خوی âşuftehûy: [âşufte+hûy] sert mizaçlı.
آشفته خویی âşuftehûyî: [âşufte+hûy+î] sert mizaçlılık, asabîlik.
آشفته دل âşuftedil: [âşufte+dil] gönlü perişan.
آشفته دلی âşuftedilî: [âşufte+dil+î] gönül perişanlığı.
آشفته دماغ âşuftedimâg: (F.-A.) [âşufte+ dimâg] **1.**perişan. **2.**kederli. **3.**deli.

آشفته دماغی âşuftedimâgî: [âşufte+ dimâg+î] **1.**perişanlık. **2.**keder. **3.**delilik.

آشفته رای âşufterây: (F.-A.) [âşufte+ rây] kararsız, aklı karışık.

آشفته رایی âşufterâyî: (F.-A.) [âşufte+ rây+î] kararsızlık, akıl karışıklığı.

آشفته رنگ âşuftereng: [âşufte+reng] kötü görünen.

آشفته رنگی âşufterengî: [âşufte+reng+î] kötü görünme.

آشفته روز âşufterûz: [âşufte+rûz] bedbaht.

آشفته روزگار âşufterûzgâr: [âşufte+ rûzgâr] perperişan, hayatı sönmüş.

آشفته روزگاری âşufterûzgârî: [âşufte+ rûzgâr+î] perişanlık, hayat kararması.

آشفته روزی âşufterûzî: [âşufte+rûz+î] perişanlık, talihsizlik.

آشفته ساختن âşufte sâhten: karıştırmak, dağıtmak, alt üst etmek, parişan etmek.

آشفته سامان âşuftesâmân: [âşufte+ sâmân] **1.**yoksul. **2.**meczup.

آشفته سامانی âşuftesâmânî: [âşufte+ sâmân+î] **1.**yoksulluk. **2.**meczupluk.

آشفته شدن âşufte şoden: **1.**karışmak. **2.**perişan olmak. ‖ * ~ -i ahter ber kesî آشفته شدن اختر بر کسی uğursuzluk gelmek. ‖ * ~ -i kâr آشفته شدن کار işin karışması. ‖ * ~ -i mûy-i ser آشفته شدن موی سر saçın dağılması.

آشفته عقل âşufte'akl: (F.-A.) [âşufte+ akl] aklı karışık.

آشفته عقلی âşufte'aklî: (F.-A.) [âşufte+ akl+î] akıl karışıklığı.

آشفته کام âşuftekâm: [âşufte+kâm] arzuları paramparça olmuş.

آشفته کردن âşufte kerden: dağıtmak.

آشفته گردیدن âşufte gerdîden: **1.**karışmak. **2.**perişan olmak.

آشفته گفتن âşufte goften: **1.**saçmalamak. **2.**üstü örtülü konuşmak.

آشفته مغز âşuftemagz: [âşufte+magz] aklı karışık.

آشفته مغزی âşuftemagzî: [âşufte+magz+î] akıl karışıklığı.

آشفته مو âşuftemû: [âşufte+mû] dağınık saçlı.

آشفته موی âşuftemûy: [âşufte+mûy] saç dağınıklığı, dağınık saçlılık.

آشفته هوش âşuftehûş: [âşufte+hûş] aklı karışık.

آشفته هوشی âşuftehûşî: [âşufte+ hûş+î] akıl karışıklığı.

آشکار âşkâr, âşikâr: **1.**açık, apaçık. **2.**açıkça. **3.**görünüş. **4.**dışa vuran duygular.

آشکارا âşkârâ: [âşkâr+â] açıkça, açık olarak.

آشکارا شدن âşkârâ şoden: **1.**ortaya çıkmak, görünmek. **2.**ifşa edilmek.

آشکارا کردن âşkârâ kerden: **1.**ifşa etmek. **2.**açıklamak. **3.**ibraz etmek. **4.**ortaya çıkarmak.

آشکارا کن âşikârâkun: [âşkâr+â+kerden> kun] ortaya çıkaran. ‖ * ~ -i peydâ vu nihân آشکاراکن پیدا و نهان açık ve gizli olan her şeyi ortaya çıkaran.

آشکارا گردیدن ortaya çıkmak, görünmek.

آشکار ساختن âşkâr sâhten: **1.**ortaya çıkarmak. **2.**belli etmek. **3.**göstermek.

آشکار شدن âşkâr şoden: **1.**görünmek, ortaya çıkmak. **2.**belli olmak.

آشکار کردن âşkâr kerden: **1.**ortaya çıkarmak. **2.**belli etmek. **3.**göstermek.

آشکار گردیدن âşkâr gerdîden: **1.**görünmek, ortaya çıkmak. **2.**belli olmak.

آشکار گشتن **1.**görünmek, ortaya çıkmak.**2.**belli olmak.

آشکاره âşkâre: [âşkâr+e] **1.**açık, alenî. **2.**açıkça, alenen, uluorta.

آشکاره ساختن âşkâre sâhten: **1.**ortaya çıkarmak. **2.**ifşa etmek.

آشکاره شدن âşkâre şoden: ortaya çıkmak.

آشکاره کردن âşkâre kerden: **1.**ortaya çıkarmak. **2.**ifşa etmek.

آشكارى âşkârî: [âşkâr+î] 1.açıklık, alenîlik. 2.kesinlik, kuşku götürmeme.

آش كردن âş kerden: sepicilik yapmak.

آشكوب âşkûb: 1.kat. 2.tavan. 3.yer katmanı.

آشكوبه âşkûbe: 1.kat. 2.tavan. 3.yer katmanı.

آشكوخ âşkûh: sendeleme.

آشكوخيدن âşkûhîden: sendelemek.

آشگر âşger: [âş+ger] sepici, debbağ.

آشمال âşmâl: dalkavuk.

آشمالى âşmâlî: dalkavukluk.

آشموغ âşmûg: şirret, şerir.

آشميدن âşemîden: içmek.

آشنا âşnâ, âşinâ: 1.tanıdık. 2.tanış, yakın. 3.sevgili. 4.vâkıf, bilen. ‖ * ~ -yi kadîm آشناى قديم eski dost. ‖ * ~ -yi serâir آشناى سرائر sırları bilen. ‖ * ~ -yi suhen آشناى سخن sözden anlar, söz bilir.

آشنا âşnâ: yüzücülük.

آشنائى âşnâ'î: [âşnâ+î] 1.aşinalık. 2.tanışıklık. 3.dostluk, arkadaşlık.

آشنائى پيدا كردن âşnâî peydâ kerden: tanışmak.

آشنائى دادن âşnâ'î dâden: 1.kendini tanıtmak. 2.tanıştırmak.

آشنائى يافتن âşnâ'î yâften: tanışmak.

آشناروى âşnârûy: [âşnâ+rûy] hoşsohbet.

آشنا ساختن âşnâ sâhten: aşina etmek, tanıştırmak.

آشنا شدن âşnâ şoden: tanışmak, aşina olmak.

آشنا كردن âşnâ kerden: 1.tanıştırmak. 2.kesici bir aleti bir şeye yaklaştırmak.

آشناگر âşnâger: [âşnâ+ger] yüzücü.

آشنا گرفتن âşnâ giriften: dost edinmek.

آشناگرى âşnâgerî: [âşnâ+ger+î] yüzücülük.

آشناو âşnâv: aşina, dost.

آشناور âşnâver: [âşnâ+ver] yüzücü.

آشناورى âşnâverî: yüzücülük.

آشناه âşnâh: aşina, dost.

آشوب âşûb: [âşuften>âşûb] 1.kargaşa, karışıklık, fitne. 2.izdiham. 3.ayaklanma. ‖ * ~ bûden-i dil آشوب بودن دل 1.iç bulantısı. 2.kusma. ‖ * ~ -i cân آشوب جان gönülde fırtınalar estiren. ‖ * ~ -i çeşm آشوب چشم sevgilinin gözünün aşığı perişan etmesi. ‖ * ~ -i devrân آشوب دوران zamanın kargaşa çıkaranı. ‖ * ~ -i gavgâ آشوب غوغا kavga kargaşası. ‖ * ~ -i restâhîz ü kıyâmet آشوب رستاخيز و قيامت diriliş ve kıyamet kargaşası. ‖ * ~ -i resthîz-i kıyâmet آشوب رستخيز قيامت diriliş ve kıyamet kargaşası.

آشوب انگيز âşûbengîz: [âşûb+engîhten> engîz] kışkırtıcı.

آشوب انگيزى âşûbengîzî: [âşûb+ engîhten> engîz+î] kışkırtıcılık.

آشوب خوابانيدن âşûb hâbânîden: isyan bastırmak.

آشوبش âşûbiş: [âşuften>âşûb+iş] niza, çekişme, karışıklık.

آشوب طلب âşûbtaleb: (F.-A.) [âşûb+ talebîden>taleb] bölücü, bozguncu, kışkırtıcı.

آشوب طلبى âşûbtalebî: bölücülük, bozgunculuk, kışkırtıcılık.

آشوبگاه âşûbgâh: [âşûb+gâh] kargaşa yeri.

آشوبگر âşûbger: [âşûb+ger] kışkırtıcı, bozguncu.

آشوبگرى âşûbgerî: kışkırtıcılık, bozgunculuk.

آشوب گستر âşûbgoster: [âşûb+gosterden> goster] kışkırtıcı,bozguncu, bölücü.

آشوب گسترى âşûbgosterî: kışkırtıcılık, bözgunculuk, bölücülük.

آشوبناك âşûbnâk: [âşûb+nâk] karışık.

آشوبناكى âşûbnâkî: karışıklık, fitne.

آشوبگه âşûbgeh: [âşûb+geh] kargaşa yeri.

آشوبندگى âşûbendegî: [âşuften>âşûb+ ende+ g+î] kışkırtıcılık.

آشوبنده âşûbende: [âşuften>âşûb+ende] karıştırıcı, fitneci, provakatör.

آشور âşûr: karıştırıcı, karıştırma aleti.

آشور âşûr: rast makamında bir perde.

آشوردن âşûrden: **1.**karıştırmak. **2.**yoğurmak. **3.**uykusu sıçramak.

آشورنده âşûrende: karıştırıcı.

آشوره âşûre: karıştırıcı.

آشوری âşûrî: Aşurlu.

آشوریدن âşûrîden: **1.**karıştırmak. **2.**yoğurmak. **3.**uykusu sıçramak.

آشوغ âşug: meçhul, bilinmeyen.

آشوفتن âşûften: **1.**kızmak. **2.**kızdırmak. **3.**heyecanlandırmak. **4.**alt üst etmek. **5.**(göz) kızarmak.

آشوفته âşufte: **1.**kızgın. **2.**heyecanlı. **3.**kızarık.

آش و لاش شدن âş u lâş şoden: **1.**karışıp kirlenmek. **2.**(yara) kötülemek. **3.**bozulup dağılmak.

آش و لاش کردن âş u lâş kerden: **1.**kirletmek. **2.**yarayı kötü duruma getirmek. **3.**bozup dağıtmak. ‖ * hemdîger râ ~ همدیگر را آش و لاش کردن dalaşmak.

آشیان âşiyân: **1.**yuva. **2.**kuş yuvası. **3.**ev, konut. **4.**kat. ‖ * ~ -i harâb آشیان خراب yıkık yuva, harabeye dönmüş yuva. ‖ * ~ -i morg-i dil آشیان مرغ دل gönül kuşunun yuvası, gönül. ‖ * ~ -i zâg آشیان زاغ karga yuvası.

آشیان ساز âşiyânsâz: [âşiyân+sâhten>sâz] yuva yapan.

آشیان کردن âşiyân kerden: yuva yapmak.

آشیانگاه âşiyângâh: [âşiyân+gâh] yuva, yurt.

آشیانه âşiyâne: (Peh.) **1.**yuva. **2.**kuş yuvası. **3.**ev. **4.**kat. **5.**hangar, uçak hangarı. ‖ * ~ -i zîrzemînî آشیانهء زیرزمینی yer altı barınağı.

آشیانه ساختن âşiyâne sâhten: yuva kurmak, yuva yapmak.

آشیانه کردن âşiyâne kerden: yuva kurmak.

آشیانه گرفتن âşiyâne giriften: yuva edinmek.

آشیانه نهادن âşiyâne nihâden: yuva yapmak.

آصال âsâl: (A.) **1.**asiller, soylular. **2.**dar ikindi.

آصف **1.**vezir. **2.**Hz. Süleyman'ın veziri. ‖ * ~ -i ahd آصف عهد devrin Âsaf'ı, devrin Âsaf'ı andıran veziri.

آصفانه âsafâne: (A.-F.) [âsaf+âne] vezirce, vezire yakışacak şekilde.

آصف بخت âsafbaht: (A.-F.) [âsaf+baht] Asaf gibi talihli.

آصف تدبیر âsaftedbîr: (A.) Hz. Süleyman'ın veziri Âsaf gibi tedbirli olan.

آصفی âsafî: (A.) vezir ile ilgili, vezire ait.

آغا aga: (T.) **1.**ağa. **2.**hanımefendi. **3.**kadın. **4.**hadım.

اغاجی agaci: (T.) **1.**hadım ağası. **2.**hacip.

آغار âgâr: uğur.

آغار âgâr: nem, rutubet, ıslaklık.

آغارگی âgârdegî: nem çekme.

آغاردن âgârden: ıslatmak.

آغاری âgârî: bir tür ipekli giysi.

آغاریدن âgârîden: **1.**ıslatmak. **2.**karıştırmak. **3.**yoğurmak. **4.**nemlenmek.

آغاریده âgârîde: **1.**nem çekmiş, nemli. **2.**ıslak.

آغاریقون âgârîkun (bot.) çayır mantarı.

آغاز âgâz: [âgâzîden>âgâz] **1.**başlangıç, baş.**2.**başlama. ‖ * der ~ در آغاز ilkin, başlangıçta. ‖ * der ~ -i emr در آغاز امر ilkin, önceleri.

آغاز شدن âgâz şoden: **1.**başlamak. **2.**başlanmak.

آغاز کردن âgâz kerden: başlamak.

آغاز کردن âgâz kerden: başlamak.

آغازگاه âgâzgâh. [âgâz+gâh] **1.**başlama yeri, başlama noktası. **2.**başlama zamanı.

آغازگر âgâzger: [âgâz+ger] **1.**başlayan. **2.**(sp.) start hakemi.

آغاز گردیدن âgâz gerdîden: başlamak.

آغاز گرفتن âgâz giriften: başlamak.

آغاز گشتن başlamak.

آغازنده âgâzende: başlayan.

آغاز نهادن âgâz nihâden: başlamak.

آغازه âgâze: [âgâz+e] **1.**kunduracı aleti. **2.**ayakkabı kemeri. **3.**melodiye giriş. **4.**başlangıç.

آغازی âgâzî : [âgâz+î] **1.**başlangıca ait. **2.**(zool.) tek hücreli canlı.

آغازیدن âgâzîden: başlamak.

آغال âgâl: arı kovanı.

آغال âgâl: uğur.

آغال âgâl: [âgâlîden>âgâl] **1.**kışkırtıcı, tahrikçi. **2.**uğursuz.

آغال پشه âgâlpeşşe: [âgâl+peşşe] (bot.) karaağaç.

آغالش âgâliş: [âgâlîden>âgâl+iş] kışkırtma, tahrik.

آغالشگر âgâlişger: [âgâliş+ger] kışkırtıcı, tahrikçi, provakatör.

آغالشگری âgâlişgerî: [âgâliş+ger+î] kışkırtıcılık, tahrik, provakasyon.

آغالیدن âgâlîden: **1.**kışkırtmak, tahrik etmek. **2.**fitne ve savaş çıkartmak.

اغبا agbâ: (A.) **1.**çok küt. **2.**çok koyu.

اغبر agber: (A.) en tozlu.

اغبس agbes: (A.) külrengi.

اغبیا agbiyâ (A. dangalaklar, kalınkafalılar.

آغر âger (coğ.) kuru nehir ve sel yatağı.

آغر âgarr: (A.) **1.**kendini beğenmiş. **2.**beyaz. **3.**akıtmalı. **4.**soylu. **5.**aşırı sıcak.

اغرا agirrâ: (A.) **1.**deneyimsizler. **2.**safdiller.

آغر الایام âgarruleyyâm: (A.) en sıcak gün.

آغردن âgerden: **1.**ıslatmak. **2.**nem çekmek. **3.**içmek.

آغرق agruk: (T.) yük, eşya.

آغروق agrûk: (T.) yük, eşya.

آغز âguz: (T.) ağız, ilk süt.

آغستن âgesten: basarak doldurmak, tıkmak, tıkıştırmak.

آغسته âgeste: tıkıştırılmış.

آغش âguş: kucak.

آغشتگی âgeştegî: [âgeşten>âgeşt+e+g+î] karışıklık, bulaşıklık, bulanıklık.

آغشتن âgeşten: bulanmak, bulaşmak.

آغشته âgeşte: [âgeşten>âgeşt+e] bulanık, bulanmış.

آغشته شدن âgeşte şoden: bulanmak. ‖ * be gil u şol ~ به گل و شل آغشته شدن çamura bulanmak, çamur içinde kalmak.

آغشته کردن âgeşte kerden: bulamak.

آغل âgel, âgul: **1.**ağıl. **2.**ahır. **3.**kümes.

آغوز âgûz: (T.) **1.**ağız, ilk süt. **2.**(bot.) kereviz.

آغندن âgenden: doldurmak, yığmak, biriktirmek.

آغنده âgonde: **1.**eğirilmiş pamuk. **2.**retila örümceği.

آغوز âgûz: (T.) ağız, ilk süt.

آغوز âgûz: kucak.

آغوش âgûş: **1.**kucak.**2.**bağır. **3.**sarılma, kucaklama. ‖ * ~ be ~ [âgûş+be+âgûş] آغوش به آغوش kucak kucağa. ‖ * be ~ keşîden به آغوش کشیدن kucaklamak, kucağına almak, sarılmak. ‖ * be ~ giriften به آغوش گرفتن kucaklamak, sarılmak. ‖ * der ~ keşîden در آغوش کشیدن kucaklamak, kucağına almak, sarılmak. ‖ * der ~ giriften در آغوش گرفتن kucaklamak, sarılmak. ‖ * der ~ -i yekdîger در آغوش یکدیگر kucak kucağa. ‖ * hemdîger râ der ~ giriften همدیگر را در آغوش گرفتن kucaklaşmak. ‖ * hem râ be ~ keşîden هم را به آغوش کشیدن kucaklaşmak.

آغوش âguş: (T.) Türkçe özel isim.

آغوش گشودن âgûş guşûden: kucak açmak.

آغوشیدن âgûşîden: kucaklamak, sarılmak.

آغول âgûl: **1.**ağıl. **2.**nefretle göz ucundan bakma.

آغیل âgîl: **1.**ağıl. **2.**nefretle göz ucundan bakma.

آفات âfât: (A.) afetler, belalar.

آفاق âfâk: (A.) ufuklar.

آفاقی âfâkî: (A.) **1.**yüzeysel. **2.**(tas.) dünyayı görme.

آفت âfet: (A.) âfet, bela, felaket. ‖ * ~ -i âb آفت آب **1.**su kızı. **2.**deniz kızı. ‖ * ~ -i cân آفت جان cana âfet getiren, güzel sevgili. ‖ * ~ -i devrân آفت دوران çağa felaket getiren güzel. ‖ * ~ -i dîv آفت دیو (tıb.) sara hastalığı. ‖ * ~ -i zemâne آفت زمانه zamanın eşi bulunmaz güzeli.

آفتاب âftâb (Peh.) güneş. ‖ * ~ be ser-i kesî zeden آفتاب به سر کسی زدن başına güneş geçmek. ‖ * ~ be gurûbgâh resîden آفتاب به غروبگاه رسیدن gün kavuşmak. ‖ * ~ be gil endûden آفتاب به گل اندودن hasıraltı etmek, güneşi balçıkla sıvamak. ‖ * ~ -i âlemârâ آفتاب عالم آرا dünyayı süsleyen güneş. ‖ * ~ -i âlemârâ-yi cemâl آفتاب عالم آرای جمال yüz güzelliğin dünyayı süsleyen güneşi, son derece güzel yüz. ‖ * ~ -i bâmdâd آفتاب بامداد sabah güneşi. ‖ * ~ be ~ آفتاب به آفتاب her gün. ‖ * ~ -i bîzevâl آفتاب بی زوال batmayan güneş. ‖ * ~ -i encumentâb آفتاب انجمن تاب topluluğu aydınlatan güneş yüzlü güzel. ‖ * ~ -i hâver آفتبا خاور doğudan doğan güneş. ‖ * ~ -i Kureyş آفتاب قریش Hz. Muhammed. ‖ * ~ -i Kureyşî آفتاب قریشی Hz. Muhammed. ‖ * ~ -i leb-i bâm آفتاب لب بام bir ayağı çukurda, ömrünün sonlarına gelmiş olan. ‖ * ~ -i magribî آفتاب مغربی kılıç. ‖ * ~ -i rahşân آفتاب رخشان parlak güneş. ‖ * ~ -i ser-i dîvâr آفتاب سر دیوار **1.**bir ayağı çukurda. **2.**ömrün son anları. ‖ * ~ -i servkad آفتاب سرو قد servi boylu güzel yüzlü sevgili. ‖ * ~ -i şitâ آفتاب شتا kış güneşi. ‖ * ~ -i tal'at آفتاب طلعت güneşe benzeyen parlak yüz. ‖ * ~ -i zerd آفتاب زرد gurûb, günün son dakikaları. ‖ * ~ -i zuhrecebîn آفتاب زهره جبین Zühre gibi beyaz alınlı, yüzü güneş gibi parlak güzel. ‖ * ber ~ endâhten بر آفتاب انداختن gün ışığına çıkarmak. ‖ * misl-i pence-i ~ مثل پنجهٔ آفتاب ay parçası gibi, çok güzel.

آفتاب آفتاب âftâb âftâb: günün ilk saatleri.

آفتاب آسا âfitâbâsâ: (F.) [âftâb+âsâ] güneş gibi.

آفتاب پرست âftâbperest: [âftâb+ perestîden> perest] **1.**ateşe tapan, mecûsî. **2.**kâfir. **3.**(zool.) bukalemun. **4.**(bot.) siğil otu. **5.**(bot.) ayçiçeği, günebakan.

آفتاب پرستی âftâbperestî: güneşe tapma.

آفتاب جمال âfitâbcemâl: (F.-A.) [<âftâb+ cemâl] güzel yüzlü, parlak yüzlü, yüzü güneş gibi parlayan, sevgili, maşuk.

آفتاب خوردن âftâb horden: **1.**güneşlenmek. **2.**güneşten bozulmak. **3.**sıkıntı çekmek. **4.**güneş vurmak.

آفتاب دادن âftâb dâden: güneşlendirmek.

آفتاب در آمدن âftâb der âmeden: gün ışımak.

آفتاب دمیدن âftâb demîden: güneş doğmak, gün atmak.

آفتاب رو âftâbrû: [âftâb+rû] **1.**güzel yüzlü. **2.**güneşe bakan.

آفتاب زدگی âftâbzedegî: [âftâb+zeden> zed+e+g+î] güneş çarpması.

آفتاب زدن âftâb zeden: güneş doğmak.

آفتاب زده âfitâbzede: güneş çarpmış kişi.

آفتاب زرد âfitâbzerd: **1.**gün batımı. **2.**eceli gelmiş.

آفتاب زردی âfitâbzerdî: gün batımı.

آفتاب غروب کردن âftâb gurûb kerden: gün batmak.

آفتاب کردن âftâb kerden: güneşe sermek.

آفتاب گردان âftâbgerdân: [âftâb+ gerdânden>gerdân] **1.**(bot.) ayçiçeği. **2.**(zool.) bukalemun. **3.**güneşlik, şemsiye. **4.**kasket siperi, terek.

آفتاب گردش âfitâbgerdiş: [âfitâb+gerdiş] **1.**ayçiçeği. **2.**bukalemun.

آفتاب گردک âftâbgerdek: [âftâb+geşten> gerd+ek] **1.**(zool.) bukalemun. **2.**(bot.) ayçiçeği.

آفتاب گرفتن âftâb giriften: **1.**güneş almak. **2.**güneş tutulmak.

آفتابگین âfitâbgin: [âfitâb+gin] güneşli.

آفتاب گیر âftâbgîr: **1.**güneş alan, güneş gören. **2.**güneş alan yer. **3.**şemsiyelik, gölgelik.

آفتاب گین âfitâbgîn: [âfitâb+gîn] güneşli, aydınlık, günlük güneşlik.

آفتاب لقا âftâblikâ: (F.-A.) [âftâb+likâ] güzel yüzü.

آفتاب مهتاب âftâbmehtâb: [âftâb+mehtâb] **1.**(sp.) güreşte bir oyun. **2.**bir çocuk oyunu. **3.**maytap.

آفتاب مهتاب بازی کردن âftâbmehtâb bâzî kerden: güneş mehtap oyunu oynamak (çocuk oyunu).

آفتابناک âftâbnâk: [âftâb+nâk] güneşlik, günlük güneşlik.

آفتاب نشستن âftâb nişesten: gün batmak.

آفتابه âftâbe: [âftâb+e] ibrik.

آفتابه بر داشتن âftâbe berdâşten: tuvalete çıkmak.

آفتابه چی âftâbeçi: (F.-T.) [âftâbe+çi] ıbrıkçı, saray ıbrıkçısı.

آفتابه خانه âftâbehâne. [âftâbe+hâne] tuvalet, hela.

آفتابه دار âftâbedâr: [âftâbe+dâşten>dâr] ıbrıkçı, saray ıbrıkçısı.

آفتابه داری âftâbedârî: **1.**ıbrıkçılık. **2.**ıbrıklık, ıbrık koyulan yer.

آفتابه دزد âftâbedozd: [âftâbe+dozd] kleptoman, değersiz şeyler çalan hırsız.

آفتابه گرفتن âftâbe giriften: tuvalete çıkmak.

آفتابه لگن âftâbelegen: [âftâbe+legen] ibrik ve leğen.

آفتابی âftâbî: [âftâb+î] **1.**güneşe ait. **2.**güneşte olgunlaşmış. **3.**güneşte kurumuş. **4.**açık, güneşlik. **5.**al kırmızı. **6.**ifşa olmuş.

آفتابی شدن âftâbî şoden: **1.**güneşe dönmek. **2.**ortaya çıkmak.**3.**(münzevi) evden çıkmak. **4.**gözükmek.

آفتابی کردن âftâbî kerden: ifşa etmek, açığa vurmak.

آفت انگیز âfetengîz: (A.-F.) [âfet+ engîhten>engîz] korkunç, âfet getiren.

آفت رسان âfetresân: (A.-F.) [âfet+ resânden> resân] afet getiren, felaket getiren.

آفت رسیده âfetresîde: (A.-F.) saralı.

آفت زده âfetzede: (A.-F.) [âfet+ zeden>zed+e] felaketzede, âfete uğramış.

آفتگه âfetgeh: (A.-F.) [âfet+geh] âfet yeri.

آفتناک âfetnâk: (A.-F.) [âfet+nâk] âfetli, âfet yağdıran.

آفت نمون âfetnumûn: (A.-F.) [âfet+ numûden> numûn] âfet gösteren.

آفتومات aftomat: otomatik elektrik anahtarı, elektrik düğmesi.

آفدم afdom: (Peh.) sonuncu, son.

آفرازه afrâze: alev, yalaz, şule.

آفرنگ afreng: haşmet, azamet.

آفروزه afrûze: **1.**çıra. **2.**fitil.

آفروشه afrûşe: **1.**beyaz helva. **2.**bulgur.

آفرید âferîd: yaratılmış.

آفریدگار âferîdgâr: [âferîden>âferîd+gâr] yaratan, yaratıcı, Tanrı.

آفریدن âferîden: (Peh.) yaratmak.

آفریده âferîde: [âferîden>âferîd+e] yaratılmış, yaratık, mahluk.

آفریقا afrika: (coğ.) Afrika.

آفریقایی afrikâyî: [afrika+y+î] Afrikalı.

آفرین âferîn: [âferîden>âferîn] **1.**bravo, aferin. **2.**övgü. **3.**teşekkür. **4.**tebrik. **5.**güzellik. **6.**baş sağlığı. **7.**saadet. **8.**(müz.) klasik İran musikîsinde bir makam.

آفرین âferîn: [âferîden>âferîn] yaratan.

آفرین باد âferînbâd: (F.) [âferîn+ bûden> bâd] yaşasın, bravo, çok yaşa.

آفرین بخشا âferinbahşâ: (F.) [âferîn+ bahşîden> bahş+ â]·takdir etmek, aferin demek.

آفرین خانه âferînhâne: [âferîn+hâne] namaz kılınan yer.

آفرین خوان âferînhân: [aferîn+hânden> hân] övücü, övgüde bulunan, takdir eden.

آفرین خواندن âferîn hânden: övmek.

آفرین زدن âferîn zeden: alkışlamak, tebrik etmek.

آفرینش âferîniş: [âferîden>âferîn+iş] **1.**yaratılış. **2.**tüm varlıklar.

آفرینگان âferîngân: [âferîden>âferîn+ gân] bazı Zerdüştî ibadetleri.

آفریننده âferînende: [âferîden>âferîn+ ende] **1.**yaratan, Tanrı. **2.**yaratıcı.

آفسانه âfsâne: efsane.

آفست afset (İng.) ofset. ‖ * çâp-i ~ چاپ آفست ofset baskı.

آفشن âfşen (bot.) kekik.

آفگانه âfgâne: (tıb.) düşük cenin.

آفگانه کردن âfgâne kerden: (tıb.) düşük yapmak.

آفل âfil: (A.) batan, gurûb eden.

آفند âfend: [âfendîden>âfend] **1.**düşmanlık. **2.**savaş.

آفنداک âfendâk: gök kuşağı.

آفندیدن âfendîden: **1.**düşmanlık beslemek. **2.**savaşmak.

آق âk: (T.) ak, beyaz.

آقا aka: (T.) **1.**ağabey. **2.**amca. **3.**emir. **4.**başkan. **5.**öğretmen. **6.**bey, beyefendi. **7.**beyim.

آقازادگی akazâdegî: (T.-F.) asilzadelik.

آقازاده akazâde: (T.-F.) [aka+zâden> zâd+e] **1.**asilzade. **2.**müçtehit çocuğu. **3.**mahdumunuz.

آقاسی akasi: (T.) **1.**önder, lider. **2.**saray ağası.

آقا کوچولو aka kuçulu: (T.-F.) küçük bey.

آقایی akayî: (T.-F.) [aka+y+î] büyüklük.

آق پر akper: (T.-F.) [ak+per] (bot.) bir tür acı çay.

آقچه akçe: (T.) **1.**akçe, sikke. **2.**su birimi.

آق داداش ak dadaş: (T.) ağabey.

آق سرای akserây: (T.-F.) [ak+serây] (coğ.) Aksaray.

آق سقل ak sakkal: (T.) ak sakal, yaşlı.

آق سنقر ak sunkur: (T.) **1.**(bot.) şahine benzeyen bir tür alıcı kuş. **2.**gün. **3.**güneş. **4.**bazı Türk emirlerinin adı.

آقشام akşâm: (T.) akşam.

آقطی aktî (bot.) hanımeligillerden bir çiçek, sambucus nigra.

آق کرنگ akkoreng: (T.-F.) [ak+koreng] kavak.

آقوز akûz: ceviz.

آقوزبوله âkûzbûle: ceviz.

آقوش akuş: yırtıcı hayvan.

آک âk (bot.) Hindistan'da, Malezya'da ve Güney İran'da yetişen, kök suyu kusturucu özellik taşıyan bir ağaç.

آک âk: son ek. Fiil köklerinin sonuna gelerek liyakat bildiren kelimeler türetir. horden<hor+âk (yiyecek), sûhten>sûz+âk (yangı, bel soğukluğu). İsim sonuna gelerek yeni kelimeler türetmeye yarar. meg+âk> megâk (çukur, mezar).

آک âk: **1.**kötü. **2.**felaket.

آکادمی akademi: (Fr.) akademi.

آکادمیسین akademisyen: (Fr.) akademisyen.

آکادمیک akademik: (Fr.) akademik.

آکاژو akaju (bot.) mahun ağacı.

آکاسیا akasyâ (bot.) akasya.

آکاهولی akahûlî (bot.) bel soğukluğuna iyi geldiğine inanılan ve Hindistan'da yetişen bir bitki.

آکب akob: ağız çevresi.

آکپ akop: ağız çevresi.

آکتور aktor: (Fr.) aktör.

آکج âkec: demir kanca.

آکج âkec (bot.) muşmula.

آکده âkede: yığılmış, birikmiş.

آکروبات akrobat: (Fr.) akrobat.

آکروباسی akrobasi: (Fr.) akrobasi.

آکستن âkosten: **1.**asmak. **2.**bağlamak, sağlamlaştırmak.

آککرا akekra (bot.) nezle otu.

آکل âkil: (A.) yiyen.

آکل الاسماک âkilulesmâk: (A.) balıkçıl.

آکل البشر âkilulbeşer: (A.) yamyam.

آکل الجراد âkilulcerrâd: (A.) çekirge yiyen.

آکل الحبوبات âkilulhubûbât: (A.) tahıl yiyen, tanecil.

آکل الحشایش âkilulhaşâyiş: (A.) otçul, otobur.

آکل الحشرات âkilulhaşerât: (A.) böcekçil, böcekyiyen.

آکل السمک âkilussemek: (A.) balık yiyen.

آکل الکل âkilulkull: (A.) her şeyi yiyen.

آکل اللحم âkilullahm: (A.) etobur.

آکل اللحوم âkilulluhûm: (A.) etobur, etçil.

آکل النبات âkilunnebât: (A.) otobur.

آکل النمل âkilunnemel: (A.) karıncayiyen.

آکلاد akolad: (Fr.) kaş işareti.

آکله âkile: (A.) yenirce yarası.

آکلة الاکباد âkiletulekbâd: (A.) **1.**ciğer yiyen. **2.**Ebû Süfyân'ın insan ciğeri yediği için bu adı alan karısı Hind.

آکله âkile: (A.) **1.**yiyen. **2.**(tıb.) cüzam.

آکله âkole (bot.) en iyi cins pirinç.

آکنج âkinc: **1.**kanca, çengel. **2.**bumbar dolması.

آکندگی âkendegî: [âkenden>âkend+e+g+î] **1.**birikme. **2.**mide şişkinliği. **3.**izdiham. **4.**şişmanlık.

آکندن âkenden: (Peh.) **1.**doldurmak. **2.**yığmak. **3.**biriktirmek. ‖ * pehlû ~ پهلو آکندن semirmek, şişmanlamak. ‖ * rîş be filfil ~ ریش به فلفل آکندن üzüntü, öfke veya ağrının dineceği yere artması, depreşmek. ‖ * yâl ~ یال آکندن büyümek.

آکنده âkende: [âkenden>âkend+e] **1.**yığılı. **2.**dolu. **3.**gizli. **4.**desenli, işlemeli, işlenmiş. **5.**etli. **6.**ahır.

آکنده پهلو âkendepehlû: [âkende+pehlû] şişman, tombul, etli.

آکنده شدن âkende şoden: **1.**dolmak. **2.**yığılmak. **3.**birikmek.

آکنده کردن âkende kerden: **1.**doldurmak. **2.**yığmak. **3.**biriktirmek.

آکنده گوش âkendegûş: [âkende+gûş] **1.**sağır. **2.**öğüt dinlemez.

آکنده گوشت âkendeguşt: [âkende+guşt] şişman.

آکنده یال âkendeyâl: [âkende+yâl] şişman, tombul.

آکنش âkeniş: doldurma.

آکنشگر âkenişger: kumaş ile astar arasına pamuk vs. dolduran kişi.

آکنه âkene: dolgu malzemesi (terzilikte).

آکنیدن âkenîden: doldurmak, tıkmak.

آکو âkû: baykuş.

آکوج âkûc: demir kanca.

آکوردئون akordeon: (Fr.) (müz.) akordeon.

آکوردئون زن akordeonzen: (Fr.-F.) [akordeon+zeden>zen] (müz.) akordeoncu, akordeon çalan.

آکوستیک akustik: (Fr.) akustik.

آکوله âkûle: kaliteli pirinç.

آکومولاتور akumulator: (Fr.) akümülatör.

آگار آگار agar agar: Çin tutkalı.

آگاه âgâh: **1.**haberdar. **2.**bilen. **3.**vâkıf. **4.**uyanık.

آگاهاندن âgâhânden: haberdar etmek.

آگاهانه âgâhâne: [âgâh+âne] bilerek.

آگاهانیدن âgâhânîden: haberdar etmek.

آگاه بودن âgâh bûden: haberdar olmak.

آگاه داشتن âgâh dâşten: haberdar olmak.

آگاه دل âgâhdil: [âgâh+dil] halden anlar.

آگاه ساختن âgâh sâhten: haberdar etmek.

آگاه شدن âgâh şoden: **1.**haberdar olmak. **2.**bilgi sahibi olmak.

آگاه کردن âgâh kerden: haber vermek, haberdar etmek, bilgi vermek.

آگاه گردیدن âgâh gerdîden: haberdar olmak.

آگاه گشتن âgâh geşten: haberdar olmak.

آگاهی âgâhî: [âgâh+î] **1.**haber, bilgi. **2.**bilim. **3.**emniyet idaresi, istihbarat idaresi. **4.**ilan. **5.**bilinç. ‖ * ~ -i tabakâtî آگاهیء طبقاتی sınıf bilinci. ‖ * be ~ resânîden به آگاهی رسانیدن duyurmak. ‖ * be ~ resîden به آگاهی رسیدن duyurulmak.

آگاهی خواستن âgâhî hâsten: **1.**bilgi istemek. **2.**haber almak.

آگاهی دادن âgâhî dâden: haber vermek, bildirmek, haberdar etmek.

آگاهیدن âgâhîden: bilgilendirmek, bilgi vermek, haberdar etmek.

آگاهی یافتن âgâhî yâften: haberdar olmak, haber almak, bilgilenmek.

آگراندیسمان agrandisman: (Fr.) resim büyütme, ağrandisman.

آگرمان agreman: (Fr.) izin, onam.

آگس âgus: taşçı kalemi.

آگنه âgene: bitki köklerindeki ve sapındaki kıvrım.

آگور âgûr: kerpiç, tuğla.

آگون âgûn: **1.**başaşağı, tepetakla, ters. **2.**uğursuz, şom.

آگه âgeh: **1.**haberdar. **2.**bilen. **3.**vâkıf. **4.**uyanık.

آگه شدن âgeh şoden: haberdar olmak, vâkıf olmak, bilgilenmek.

آگه کردن âgeh kerden: haberdar etmek, bilgilendirmek.

آگه گشتن âgeh geşten: haberdar olmak, vâkıf olmak.

آگهی âgehî: [âgeh+î] **1.**haber, bilgi. **2.**ün. **3.**rivayet. **4.**ilan. **5.**casusluk. **6.**bilinç. ‖ * ~ -i islâhî آگهیء اصلاحی düzeltme, düzeltme ilanı. ‖ * ez ~ reften از آگهی رفتن bayılmak. ‖ * ez ~ şoden از آگهی شدن bayılmak, kendinden geçmek.

آگهی آوردن âgehî âverden: haber getirmek.

آگهی دادن âgehî dâden: haber vermek.

آگهی شدن âgehî şoden: ilan edilmek.

آگهی یافتن âgehî yâften: haberdar olmak.

آگیشیدن âgîşîden: **1.**asmak. **2.**kıvırmak.

آگیم âgîm: elek.

آل al: (T.) **1.**al. **2.**(hlk.) al basması. **3.**(hlk.) cin.

آل âl: (A.) **1.**aile. **2.**evlat, çocuklar. **3.**soy, sülale. **4.**hanedan. ‖ * ~ -i abâ آل ابا Hz.Muhammed, Fâtıma, Ali, Hasan ve Hüseyin. ‖ * ~ -i abbâs آل عباس Abbâsîler. ‖ * ~ -i buveyh آل بویه Büveyhoğulları. ‖ * ~ -i muhammed آل محمد Hz. Muhammed'in ailesi. ‖ * ~ -i Osmân آل عثمان Osmanlılar, Osmanoğulları. ‖ * ~ -i sâmân آل سامان Sâmânoğulları, Sâmânîler. ‖ * ~ -i sâsân آل ساسان Sâsânîler. ‖ * ~ -i selcûk آل سلجوق Selçuklular.

آل âl: (T.) serap.

آلا ala: (T.) ala.

آلاء âlâ': (A.) nimetler, iyilikler.

آلاپلنگی alapelengî (T.-F.) [ala+peleng+î] benek benek.

آلات âlât: (A.) âletler, araçlar. ‖ * ~ -i basariyye آلات بصریه optik aletler. ‖ * ~ -i câriha آلات جارحه yaralayıcı âletler. ‖ * ~ -i cinsiyye آلات جنسیه üreme organları. ‖ * ~ -i kâti'e آلات قاطعه kesici âletler. ‖ * ~ -i nâriyye آلات ناریه ateşli silahlar. ‖ * ~ -i te'dîbiyye آلات تأدیبیه cezalandırma araçları. ‖ * ~ -i tenâsul آلات تناسل üreme organları. ‖ * ~ -i tenâsuliyye آلات تناسلیه cinsel organlar.

آلاجق alacik: (T.) **1.**çardak, kameriye. **2.**Tatar çadırı şeklindeki kulübe.

آلاچیق alaçik: (T.) **1.**çardak, kameriye. **2.**Tatar çadırı şeklindeki kulübe.

آلاخون والاخون âlâhûn vâlâhûn: derbeder.

آلاخون والاخون شدن âlâhûn vâlâhûn şoden: derbeder olmak, evsiz yurtsuz kalmak.

آلاس âlâs: **1.**kömür. **2.**parmak. **3.**(bot.) ağaç sakızı, reçine.

آلاطاغ alatag: (T.) (coğ.) Aladağ.

آلاف âlâf: (A.) binler.

آلاکلنگ âlâkoleng: tahterevalli.

آلاله âlâle (bot.) düğün çiçeği, şakayık.

آلاگارسون alagarson: (Fr.) kadınlarda kısa kesilmiş saç şekli, alagarson.

آلام âlâm: (A.) elemler. ‖ * ~ -i iftirâk آلام افتراق ayrılık acıları. ‖ * ~ u askâm آلام و اسقام elemler ve hastalıklar.

آلامد alamod: (Fr.) günün modasına uygun.

آلاو alav: (T.) **1.**alev. **2.**alevli.

آلایش âlâyiş: [âlûden>âlây+iş] **1.**bulaşıklık, bulaşma. **2.**pislik. **3.**kötü alışkanlık, bağımlılık (afyon gibi.) ‖ * ~ -i dunyâ آلایش دنیا dünyanın süsü, dünyanın gösterişi.

آلاییدن âlâyîden: bulaşmak.

آلبالو âlbâlû (bot.) vişne.

آلبوم album: (Fr.) albüm.

آلبومین albumin: (Fr.) albümin, yumurta akı.

آلبومینوری albuminori: (Fr.) (tıb.) sidikte albümin bulunması.

آلت âlet: (A.) **1.**alet. **2.**sebep. **3.**organ. **4.**eyer. **5.**cinsel organ. **6.**piyon. **7.**vasıta, aracı. ‖ * ~ -i musavvat آلت مصوت mikrofon. ‖ * ~ -i nekkâle آلت نقاله iletki. ‖ * ~ -i recûliyyet آلت رجولیت erkeklik organı. ‖ * ~ -i tahlîs آلت تخلیص kurtarma aracı. ‖ * ~ -i tenâsulî آلت تناسلی cinsel organ, üreme organı. ‖ * ~ -i zenânegî آلت زنانگی kadınlık organı.

آلت قرار دادن âlet karâr dâden: alet etmek.

آل تمغا altemgâ: (T.) al damga, Moğol padişahlarının mührü.

آلتون altun: (T.) **1.**altın. **2.**Türkçe bayan adı. ‖ * ~ temga آلتون تمغا **1.**altın damga. **2.**altın yaldız ile yazılmış ferman.

آلتی âletî: (A.) aletle dokunup işlenmiş, işlemeli.

آلر âler: kalça.

آلرژی alerji: (Fr.) (tıb.) alerji.

آلرژی زا alerjizâ (Fr.-F.) [alerji+zâden> zâ] (tıb.) alerji yapan.

آلش âliş (bot.) gürgen.

آلفا alfa (Yun.) **1.**Yunan alfabesinin ilk harfi. **2.**(mat.) alfa.

آلفا alfa: (Fr.) (bot.) hasır sazı.

آلفتگان âluftegân: [âlufte+g+ân] **1.**bulaşmışlar. **2.**iffetsizler. **3.**fahişeler.

آلفتن âluften: **1.**karışmak. **2.**karıştırmak. **3.**perişan olmak.

آلفته âlufte: [âluften>âluft+e] **1.**karışık. **2.**perişan. **3.**bulaşık, bulaşmış. **4.**iffetsiz. **5.**fahişe.

آلک âlek (bot.) kediotu.

آلکالوئید alkaloid: (Fr.) (kim.) alkoloit.

آلگرو alegro: (Fr.) (müz.) allegro.

آلگونه âlgûne: (T.-F.) [al+gûne] allık.

آلمان alman: **1.**Alman. **2.**Almanya.

آلمان دوست almandûst: [alman+dûst] Almansever.

آلمان دوستی almandûstî: [alman+dûst+î] Almanseverlik.

آلمانی almânî: [alman+î] Almanca.

آلنگ âleng: **1.**hendek. **2.**siper.

آلو âlû (bot.) erik. ‖ * ~ buhârâ'î آلو بخارائی (bot.) üryânî erik.

آلو alo: alo.

آلوئس alois: (Fr.) (bot.) sarısabır.

آلوبالو âlûbâlû (bot.) vişne.

آلودگی âlûdegî: [âlûden>âlûd+e+g+î] **1.**kirlilik. **2.**bulaşıklık, bulanmışlık. **3.**kötü alışkanlık. **4.**suç. **5.**borç. ‖ * ~ -i hevâ آلودگیء هوا hava kirliliği. ‖ * ~ -i muhît-i zîst آلودگیء محیط زیست çevre kirliliği.

آلودن âlûden: **1.**bulaşmak. **2.**bulaştırmak. **3.**kirlenmek. **4.**kirletmek. **5.**ahlâk yönünden bozulmak.

آلوده âlûde: [âlûden>âlûd+e] **1.**kirli. **2.**bulaşık, bulanmış.

آلوده خون âlûdehûn: [âlûde+hûn] kanı bozuk.

آلوده دامان âlûdedâmân: [âlûde+dâmân] iffetsiz, eteği kirli, günahkâr.

آلوده دامانی âlûdedâmânî: [âlûde+ dâmân+î] iffetsizlik.

آلوده دامن (F.) [âlûde+dâmen] آلوده دامن iffetsiz.

آلوده دامنی âlûdedâmenî: [âlûde+dâmen+î] iffetsizlik.

آلوده ساختن âlûde sâhten: kirletmek.

آلوده سازی âlûdesâzî: [âlûde+sâhten> sâz+î] kirletme, pisletme, bulaştırma.

آلوده شدن âlûde şoden: bulanmak, kirlenmek.

آلوده کردن âlûde kerden: **1.**bulamak, bulaştırmak. **2.**kirletmek.

آلوکوهی âlûkûhî: [âlû+kûh+î] (bot.) alıç.

آلومینیوم aluminyum: (Fr.) (kim.) alüminyum.

آلونک âlûnek: **1.**kulübe. **2.**gecekondu. **3.**tek göz dam.

آلونک نشین âlûneknişîn: [âlûnek+nişesten> nişîn] **1.**kulübede yaşayan. **2.**gecekonducu.

آله âle: hint sümbülü.

آله âluh (Peh.) (zool.) kartal.

آله کلو âlekolu (zool.) kınkanatlı.

آلهه âlehe: (A.) **1.**ilahlar, tanrılar. **2.**efendiler. **3.**patronlar.

آلهه پرست âleheperest: (A.-F.) [âlehe+perestîden>perest] çok tanrıya inanan.

آلی âlî: (A.) uzvî, organik. ‖ * şîmî-i ~ شیمی ء آلی uzvî kimya, organik kimya.

آلیاژ alyaj: (Fr.) (kim.) alaşım, halita.

آلیداد alidad: alidat.

آلیز âlîz: [âlîzîden>âlîz] **1.**çifte, tekme. **2.**sıçrama.

آلیزیدن âlîzîden: çifte atmak, çiftelemek.

آلیگاتور aligator (İng.-Fr.) (zool.) Amerika timsahı.

آماتور amator: (Fr.) amatör.

آماج âmâc: (T.) **1.**amaç, hedef, gaye. **2.** beş yüz adımlık bir uzunluk ölçüsü.

آمادگاه âmâdgâh: [âmâd+gâh] **1.**ordu deposu. **2.**hazır kuvvet karargâhı.

آمادگی âmâdegî: [âmâden>âmâd+e+g+î] **1.**hazırlık. **2.**hazırlıklı olma. **3.**(sp.) form.

آمادگی داشتن âmâdegî dâşten: **1.**hazırlıklı olmak. **2.**(sp.) formunda olmak.

آماده âmâde: [âmâden>âmâd+e] **1.**hazır. **2.**hazır ol.

آماده باش âmâde bâş: **1.**(ask.) hazır ol. **2.**alarm. ‖ * be hâl-i ~ der âmeden به حال آماده باش در آمدن (ask.) teyakkuz durumuna geçmek.

آماده بودن âmâde bûden: hazır olmak.

آماده ساختن âmâde sâhten: hazırlamak. ‖ * hod râ ~ خود را آماده ساختن hazırlanmak.

آماده سازی âmâdesâzî: [âmâde+sâhten> sâz+ î] hazırlama, düzenleme.

آماده شدن âmâde şoden: hazırlanmak.

آماده کردن âmâde kerden: hazırlamak. ‖ * hod râ ~ خود را آماده کردن hazırlanmak.

آمار âmâr (Peh.) [âmârîden>âmâr] **1.**sayım. **2.**istatistik. ‖ * idâre-i ~ اداره ء آمار istatistik dairesi.

آمارشناس âmârşinâs: [âmâr+şinâhten> şinâs] istatistikçi, istatistik uzmanı.

آمارشناسی âmârşinâsî: [âmâr+şinâhten> şinâs+î] istatistik bilimi.

آمارگر âmârger: [âmâr+ger] istatistikçi, sayım görevlisi.

آمار گرفتن âmâr giriften: istatistik yapmak, sayım yapmak.

آمارگیری âmârgîrî: [âmâr+giriften>gîr+î] sayım, istatistik. ‖ * ~ -i numûneî آمارگیری ء نمونه ای sondaj.

آماریدن âmârîden: **1.**saymak. **2.**istatistik yapmak. **3.**önemsemek.

آماریلیس amarilis< (bot.) nergis zambağı.

آماس âmâs: [âmâsîden>âmâs] şiş, şişmiş.

آماسیده âmâsîde: [âmâsîden>âmâsîd+e] şiş, şişmiş.

آمال âmâl: (A.) emeller.

آماه âmâh: [âmâhîden>âmâh] şiş, şişmiş.

آماهانیدن âmâhânîden: şişirmek.

آماهیدن âmâhîden: şişmek.

آمبولانس ambulans: (Fr.) ambulans.

آمپر amper: (Fr.) (fiz.) amper.

آمپرسنج ampersenc: (Fr.-F.) [amper+ sencîden+senc] (fiz.) ampermetre.

آمپرمتر ampermetr: (Fr.) (fiz.) ampermetre.

آمپول ampul: (Fr.) (tıb.) iğne, ampul.

آمپول تزریق کردن ampul tezrîk kerden: (tıb.) iğne yapmak.

آمد âmed: [âmeden>âmed] **1.**geliş. **2.**geri dönüş. **3.**uğur. ‖ * ~ u neyâmed dâşten-i çîzî آمد و نیامد داشتن چیزی sonu iyi veya kötü olabilen bir olay vukubulmak.

آمد داشتن âmed dâşten: kutlu olmak.

آمد شد âmedşod: [âmeden>âmed+ şoden> şod] **1.**gidiş geliş. **2.**tekrar.

آمد شدن âmed şoden: gelip gitme, geliş gidiş.

آمدن âmeden (Peh.) **1.**gelmek.**2.**varmak, ulaşmak. **3.**olmak. **4.**gizlenmek. **5.**isabet etmek. **6.**sığmak. **7.**yakışmak, uymak. **8.**görünmek. **9.**gibi gelmek. **10.**göstermek. **11.**duygulanmak. **12.**doğmak. **13.**herhangi bir fiili edilgen hale dönüştürmekte kullanılır. ‖ * be hodeş ~ به خودش آمدن toparlanmak, kendine gelmek. ‖ * be zîr ~ به زیر آمدن aşağı inmek. ‖ * be sutûh ~ به ستوه آمدن canına yetmek, canı burnuna gelmek, dayanamamak. ‖ * sîne be sîne ~ سینه به سینه آمدن hapahap gelmek, burun buruna gelmek.

آمدنی âmedenî: [âmeden+î] **1.**gelecek olan. **2.**gelmeye değer.

آمد نیامد داشتن âmed neyâmed dâşten: uğur ve uğursuzluk ihtimali olmak.

آمد و رفت âmedureft: [âmeden>âmed+u+ reften>reft] **1.**gidiş geliş. **2.**trafik.

آمد و شد âmed u şod: [âmeden>âmed+u+ şoden>şod] gidiş geliş.

آمده âmede: [âmeden>âmed+e] **1.**gelmiş. **2.**olan. **3.**doğal.

آمده گوی âmedegûy: [âmeden>âmed+e+ goften>gûy] latifeci, şakacı.

آمر âmir: (A.) emir veren, emredici, emreden.

آمرانه âmirâne: (A.-F.) [âmir+âne] emredercesine, emir verir gibi, âmirce.

آمرزش âmurziş (Peh.) [âmurzîden> âmurz+iş] Tanrı'nın bağışlaması, yarlıgama.

آمرزشکار âmurzişkâr: [âmurzîden> âmurz+ iş+kâr] bağışlayan, yarlıgayan.

آمرزگار âmurzgâr: [âmurzîden>âmurz+ gâr] **1.**yarlıgayıcı, bağışlayıcı. **2.**Tanrı.

آمرزیدن âmurzîden: bağışlamak, yarlıgamak.

آمرزیده âmurzîde: [âmurzîden> âmurzîd+e] **1.**bağışlanmış, yarlıganmış. **2.**merhum, rahmetli.

آمرزیده شدن âmurzîde şoden: bağışlanmak, yarlıganmak.

آمرغ âmurg: **1.**miktar. **2.**yarar, kâr. **3.**az.

آمریک amrik: (coğ.) Amerika.

آمریکا amrika: (coğ.) Amerika.

آمریکایی amrikâyî: [amrikâ+y+î] Amerikalı.

آمرین âmirîn: (A.) âmirler, emredenler.

آمفیبول amfibol: (Fr.) amfibol.

آمفی تآتر amfiteatr: (Fr.) **1.**amfiteatr. **2.**büyük amfi.

آمله âmule (bot.) dericilikte ve boyacılıkta kullanılan bir tür ağaç meyvesi, phyllanthus emjaca.

آمن âmin: (A.) korkusuz, emniyette, güvencede.

آمنیوس amniyos: (Fr.) (tıb.) meşîme, rahimde cenini çevreleyen zar.

آموت âmût: atmaca, şahin gibi yırtıcı kuşların yuvası.

آموختن âmûhten: (Peh.) **1.**öğrenmek.**2.**öğretmek.

آموخته âmûhte: [âmûhten>âmûht+e] **1.**öğrenmiş. **2.**alışmış. **3.**terbiyeli.

آموخته شدن âmûhte şoden: alışmak.

آموخته کردن âmûhte kerden: alıştırmak.

آمود âmûd: [âmûden>âmûd] **1.**karışık. **2.**dizili.

آمودن âmûden: **1.**karıştırmak. **2.**dizmek, takmak. **3.**süslemek. **4.**hazırlamak.

آموزانه âmûzâne: [âmûhten>âmûz+âne] ders ücreti.

آموزانیدن âmûzânîden: öğretmek.

آموزش âmûziş: [âmûhten>âmûz+iş] öğretim.

آموزش دادن âmûziş dâden: öğretmek.

آموزش داده شدن âmûziş dâde şoden: öğretilmek.

آموزشگاه âmûzişgâh: [âmûhten>âmûz+ iş+ gâh] **1.**okul. **2.**dersane. ‖ * ~ -i âzâd آموزشگاه آزاد özel dersane.

آموزگار âmûzgâr: [âmûhten>âmûz+gâr] **1.**öğretmen. **2.**ilkokul öğretmeni. **3.**rehber, yol gösteren. **4.**öğrenci.

آموزگاری âmûzgârî: [âmûzgâr+î] **1.**öğretmenlik. **2.**ilkokul öğretmenliği.

آموزنده âmûzende: [âmûhten>âmûz+ ende] **1.**öğretmen. **2.**öğretici, belletici. **3.**öğrenci.

آمولن amolen: (Yun.) nişasta.

آمون âmûn: dolu, lebaleb.

آمونیاک amonyak: (Fr.) (kim.) amonyak.

آمونیوم amonyum: (Fr.) (kim.) amonyum.

آمه âme: mürekkep hokkası.

آمیب amib: (Fr.) (zool.) amip.

آمیختگی âmîhtegî: [âmîhten>âmîht+ e+g+î] karışıklık.

آمیختگی گرفتن âmîhtegî giriften: dostluk kurmak, kaynaşmak.

آمیختن âmîhten: **1.**karışmak. **2.**karıştırmak. **3.**gidip gelmek. **4.**kadınlarla yatıp kalkmak. **5.**dostluk kurmak, kaynaşmak. ‖ * ~ behem آمیختن به هم birbirine karışmak.

آمیخته âmîhte: [âmîhten>âmîht+e] karışık.

آمیخته شدن âmîhte şoden: birbirine karışmak.

آمیرال amiral: (Fr.) (ask.) amiral.

آمیز âmîz : [âmîhten>âmîz] **1.**karışmış. **2.** (gr.) ‘karışık, karışmış’ anlamlarında yeni sözcükler türetmeye yarayan fiil kökü.

آمیزش âmîziş: [âmîhten>âmîz+iş] **1.**dostluk, samimiyet. **2.**cinsel ilişki, cimâ. 3,karışma. **4.**kaynaşma.

آمیزش داشتن âmîziş dâşten: haşır neşir olmak, ilişkisi bulunmak.

آمیزه مو âmîzemû: [âmîhten>âmîz+ e+mû] kırçıl saçlı.

آمیغ âmîg: **1.**karıştırma. **2.**dostluk. **3.**biriyle yaşama.

آمین âmîn (İbr.-A.) amin.

آن ân: (Peh.) (gr.) ‘o’ anlamına gelen işaret zamiri ve işaret sıfatı. ‖ * ber (ser-i) ~ bûden بر (سر) آن بودن kanısında olmak, kanaatini taşımak.

آن ân: **1.**güzellik. **2.**çekicilik, cazibe, hava.

آن ân: (A.) an, zaman, lahza. ‖ * ~ be ~ آن به آن gitgide, anbean. ‖ * ~ -i mustakbel آن مستقبل gelecek an. ‖ * ~ -i vâhid آن واحد bir an. ‖ * der heman ~ در همان آن hemen, o anda. ‖ * der yek ~ در یک آن bir anda.

آن ân-i: (gr.) mülkiyet zamiri.

آناتومی anatomi: (Fr.) anatomi.

آنارشیسم anarşism: (Fr.) anarşizm.

آنالیز analiz: (Fr.) analiz. ‖ * ~ -i sistem آنالیز سیستم sistem analizi.

آنان ânân: [ân+ân] (gr.) ‘onlar’ anlamına gelen işaret zamiri.

آناناس ananas: (Fr.) (bot.) ananas.

آنت ân(e)t: **1.**sana. **2.**senin. **3.**bravo.

آنتراکت antrakt: (Fr.) ara, antrakt.

آنتریگ antrîg: **1.**entrika. **2.**tahrik etme.

آنتن anten: (Fr.) anten.

آنتی پیرین antipirin: (Fr.) (kim.) antipirin.

آنتیک antik: (Fr.) **1.**antik. **2.**değerli. **3.**çok çirkin.

آنتیک خر antikhar: (Fr.-F.) [antik+ harîden> har] antikacı, antika eşya alan.

آنتیک فروش antikfurûş: (Fr.-F.) [antik+ furûhten>furûş] antikacı, antika eşya satan.

آنجا ancâ: [ân+câ] **1.**orası, orada. **2.**oraya.

آنجا که ancâki: [ân+câ+ki] –diği yer, -diği yerde.

آنجا و اینجا ancâ vu incâ: yer yer.

آنجایی که ancâyîki: [ân+cây+î+ki] –diği yer, -diği yerde.

آن جهان ân cihân: [an+cihân] (mec.) ahiret, öteki dünya.

آن جهانی ân cihânî: [ân+cihân+î] ahiret ile ilgili, öteki dünyaya ait.

آنچ anç: [ân+ç < çi] o şey ki.

آنچ که ançki : [< an+ç< çi+ki] o şey ki.

آنچنان ânçonan, ançenan: [ân+çonân] öyle.

آنچنان که ançonanki, ançenanki; [ân+ onân+ki] -diği gibi, -cek şekilde, öyle ... ki.

آنچنانی ançonânî: [ân+çonân+î] öylesine, öyle bir.

آنچه ançi: [ân+çi] o şey ki, ... şey.

آنچه که ançiki: [ân+çi+ki] o şey ki, ... şey.

آن دگر andiger: [ân+diger< dîger] öteki, diğeri, öbürü.

آن دم که an dem ki: o zaman ki, -dığı zaman.

آندون andûn: **1.**orası, öte yan. **2.**öyle. **3.**o zaman.

آن دیگر andîger: [ân+dîger] öteki, diğeri, öbür, öbürü.

آن روز anrûz: [ân+rûz] **1.**o gün. **2.**o vakit, o zaman.

آن زمان anzemân: (F.-A.) [ân+zemân] **1.**o zaman.**2.**o zamanki.

آنژین anjin: (Fr.) anjin.

آن سرای anserây: [ân+serây] **1.**(mec.) ahiret, öbür dünya. **2.**obür ev.

آن سو ansû: [ân+sû] o taraf, o yan, öte, öte geçe.

آنسه ânise: (A.) güzel kadın.

آنطور antovr: (F.-A.) [ân+tavr] öyle.

آنطور که antovrki: (F.-A.) [an+tavr+ki] 1,-diği gibi. **2.**-miş gibi. **3.**-cek şekilde.

آنقدر ankadr: (F.-A.) [ân+kadr] o kadar, o denli, bu denli.

آنقدر که ankadrki: (F.-A.) [an+kadr+ki] o kadar ... ki, -cek kadar, -diği ölçüde, -diği kadar.

آنک ank: [an+k<ki] o ki.

آن کجا ankocâ: [ân+kocâ] **1.**o yer. **2.**o şey. **3.**o kimse.

آن کس ankes: [ân+kes] o kimse, o kişi, o şahıs.

آنکس که [ân+kes+ki] o kimse ki, … kimse.

آنکو ankû: [ân+kû< ki+û] o kimse.

آنکه anki: [ân+ki] **1.**o kimse ki. **2.**o şey ki.

آنگاه angâh: [ân+gâh] **1.**o zaman. **2.**sonra, ondan sonra. **3.**bunun üzerine. **4.**bununla beraber. **5.**üstelik, bundan başka.

آنگلوفیل anglofil (İng.) İngiliz yanlısı.

آنگونه angûne: [ân+gûn+e] öyle.

آنگه angeh: [ân+geh] **1.**o zaman, o vakit. **2.**sonra, ondan sonra. **3.**bunun üzerine. **4.**bununla beraber. **5.**üstelik, bundan başka.

آنگه که angehki: [ân+geh+ki] –diği zaman.

آنگهی angehî: [ân+geh+î] **1.**o zaman. **2.**sonra, ondan sonra. **3.**bunun üzerine. **4.**bununla beraber. **5.**üstelik, bundan başka.

آن موقع anmovki: (F.-A.) [ân+mevki'] o zaman, o zamanlar, o vakit.

آن نفس an nefes: (F.-A.) [ân+nefes] o zaman.

آنوریسم anevrism: (Fr.) (tıb.) anevrizma, kalp genişlemesi.

آنه âne: kıratın on altıda biri.

آنها anhâ: [ân+hâ] onlar.

آنهم anhem: [ân+hem] o da.

آن همچه که anhemçiki: [ân+hem+çi+ki] ama ne!

آنهمه anheme: [ân+heme] hepsi, onca, o kadar.

آنی ânî: (A.-F.) [ân+î] ani. 2.geçici, muvakkat. 3.günü kurtaran.

آنیلین anilin: (Fr.) (kim.) anilin.

آنین anin: küçük küp, turfan.

آوا âvâ: 1.ses. 2.(müz.) ses. 3.ün. 4.görüş. || * ~ -yı serd آوای سرد çirkin söz, yakışık almayan söz.

آواخ âvâh: 1.yumuşak ses. 2.nasip, kısmet.

آوار âvâr: 1.göçük. 2.gurbette. 3.yıkık, harap, virane. 4.incitme. 5.yağma. 6.toz toprak.

آوار شدن âvâr şoden: 1.derbeder olmak. 2.gurbete düşmek. 3.perişan olmak.

آواره کردار âvârekirdâr: [âvâre+kirdâr] derbeder gibi hareket eden.

آوار کردن âvâr kerden: 1.derbeder etmek. 2.harap etmek. 3.yağmalamak.

آواره گرد âvâregerd: [âvâre+geşten>gerd] aylak, boş gezenin boş kalfası.

آوارگی âvâregî: [âvvâre+g+î] 1.aylaklık, işsiz güçsüzlük. 2.serserilik.

آواره âvâre: 1.avare, derbeder. 2.gurbette. 3.zulüm. 4.başıboş.

آواره روش âvârereviş: [âvâre+reften>rev+iş] aylak, boş gezenin boş kalfası.

آواره سر âvâreser: [âvâre+ser] aylak, başıboş.

آواره شدن âvâre şoden: ortada kalmak, el aralığında kalmak. 2.kaybolmak. 3.vatanından ve evinden uzakta kalmak. 4.derbeder olmak.

آواره کردن âvâre kerden: 1.uzaklaştırmak, ihraç etmek. 2.derbeder etmek.

آواری âvârî: [âvâr+î] 1.avarelik. 2.döküntü taşlar.

آواز âvâz (Peh.) 1.ses. 2.(müz.) şarkı. 3.(müz.) makam. || * ~ -ı destecem'î آواز دسته جمعی (müz.) koro. || * ~ -i dohol şenîden ez dûr hoşest آواز دهل شنیدن از دور خوش است davulun sesi uzaktan hoş gelir.

آواز خواندن âvâz hânden: şarkı söylemek, şarkı okumak.

آواز دادن âvâz dâden: 1.seslenmek. 2.ses vermek.

آواز دهنده âvâz dihende: [âvâz+dâden> dih+ende] 1.ses veren. 2.hâtif.

آوازه âvâze: [âvâz+e] 1.ses. 2.(müz.) şarkı. 3.(müz.) makam. 4.haber. 5.ün, şöhret. || * ~ -i şohret آوازهٔ شهرت şöhret yankısı.

آوازه خوان âvâzehân: [âvâze+hânden> hân] şarkıcı, solist.

آوازه خوانی âvâzehânî: [âvâze+hânden> hân+î] 1.şarkıcılık. 2.şarkı söyleme.

آوازه شدن âvâze şoden: 1.meşhur olmak. 2.ibret sebebi olmak, ders-i ibret olmak.

آوا کردن âvâ kerden: 1.çağırmak. 2.davet etmek.

آوام âvâm: 1.renk. 2.borç.

آوانس avans: (Fr.) avans.

آوت avt (İng.) (sp.) aut.

آوخ âveh: 1.ne yazık!, ah!, eyvah! 2.nasip, kısmet.

آورت avurt: (Fr.) (tıb.) aort.

آورد âverd: [âverdîden>âverd] 1.savaşa hazırlık. 2.savaş. 3.savaş meydanı.

آوردجو âverdcû: [âverd+costen>cû] savaşçı, muharip.

آوردخواه âverdhâh: [âverd+hâsten>hân] savaşçı.

آوردگاه âverdgâh: [âverd+gâh] savaş alanı.

آوردن âverden, âvorden (Peh.) 1.getirmek. 2.nakletmek, kullanmak. 3.çıkarmak. 4.rivayet etmek. 5.ortaya çıkarmak. 6.doğurmak. 7.sebep olmak. 8.bitirmek, yeşertmek. || * be cûş ~ به جوش آوردن kaynatmak. || * be rûy-i nod neyâverden بروی خود نیاوردن belli etmemek.

آوردیدن âverdîden: savaşmak.

آورنجن âverencen: 1.bilezik. 2.kelepçe. 3.halhal.

آورند âvrend: hile, fend.

آوره âvreh: [âv<âb+reh] su yolu.

آوری âverî: hiç şüphesiz, mutlaka.

آوریل avril: (Fr.) nisan.

آوند âvend: 1.kap. 2.testi. 3.delil, kanıt.

آونگ âveng: 1.(bot.) asma. 2.asma kütüğü. 3.hevenk. [Türkçe'de kullanılan hevenk kelimesi bu kelimeden bozularak alınmıştır.] 4.sarkaç. 5.muallak. ‖ * ~ -i elektirîkî اونگ الکتریکی (fiz.) elektrik sarkacı.

آونگان âvengân: asılı, muallak.

آونگ کردن âveng kerden: asmak.

آوه âveh: 1.eyvah!, yazık! 2.ah!, oh! 3.kumaş kenarı dikişi.

آویختگی âvîhtegî: [âvîhten>âvîht+e+g+î] 1.asılı olma hali, muallaklık. 2.darağacına asılı olma.

آویختن âvîhten: 1.asmak, sallandırmak. 2.darağacına çekmek. 3.aşağı atmak. 4.karşı durmak, başa çıkmak. 5.savaşmak, pençeleşmek. ‖ * ~ der kesî آویختن در کسی sataşmak, kavga etmek.

آویخته شدن âvîhte şoden: 1.sallanmak, asılı kalmak. 2.sarkmak.

آویز âvîz: [âvîhten>âvîz] 1.savaş. 2.kristal avize taşı.

آویزان âvîzân: [âvîhten>âvîz+ân] 1.asılı. 2.sarkık. 3.meşgul.

آویزان شدن âvîzân şoden: sarkmak.

آویزان کردن âvîzân kerden: 1.asmak. 2.sarkıtmak. 3.sallandırmak.

آویزش âvîziş: [âvîhten>âvîz+iş 1.asılma. 2.alaka. 3.savaş.

آویزگن âvîzgen: [âvîhten>âvîz+gen] girişken, tuttuğunu koparan.

آویزه âvîze: [âvîhten>âvîz+e] 1.küpe. 2.avize. ‖ * gofteî râ ~ -i gûş kerden گفته ای را آویزهء گوش کردن 1.kulağa küpe etmek, bir şeyden hisse çıkarmak. 2.birini unutmamak.

آویژه âvîje: 1.has, halis. 2.sevgili.

آویژگان âvîjgân: yakınlar, akrabalar.

آویشن âvîşen: 1.(bot.) kekik. 2.bayan adı. ‖ * ~ -i kûhî آویشن کوهی (bot.) yaban kekiği.

آه âh: 1.ah!, vah! 2.rüzgâr. 3.soğuk rüzgâr. ‖ * ~ ez dil ber âvurden آه از دل بر آوردن 1.ah çekmek. 2.iç geçirmek. ‖ * ~ -i âteşîn آه آتشین âşığın çektiği ateş gibi yakıcı âh. ‖ * ~ -i cângodâz آه جانگداز can eriten, yürek yakan âh. ‖ * ~ -i cigerkâh آه جگرکاه yürek tüketen âh. ‖ * ~ der bisât nedâşten آه در بساط نداشتن meteliğe kurşun sıkmak, züğürt olmak, çulsuz olmak. ‖ * ~ -i derûn آه درون yürekten yükselen âh. ‖ * ~ -i nîmşeb آه نیمشب gece yarısı çekilen ahlar. ‖ * ~ -i seher آه سحر seher vakti çekilen âh. ‖ * ~ -i sehergâh آه سحرگاه seher vakti çekilen âh. ‖ * ~ -i serd آه سرد iç geçirme, soğuk ah. ‖ * ~ -i subhgâh آه صبحگاه sabah vakti çekilen âh. ‖ * ~ -i şebgîr آه شبگیر gece boyunca çekilen âh. ‖ * ~ u efgân آه و افغان âh çekip feryat etme. ‖ * ~ u enîn آه و انین ah çekip inleme. ‖ * ~ u hasretâ آه و حسرتا ah ah, ne kadar özledim. ‖ * ~ u feryâd آه و فریاد eyvahlar olsun. ‖ * ~ u figân آه و فغان âh çekip feryat etme. ‖ * ~ u nâle آه و ناله ah çekip inleme. ‖ * ~ u zâr آه و زار âh çekip inleme. ‖ * ~ u vâh آه و واه hayıflanarak âh çekme. ‖ * ~ u vâveylâ آه و واویلا hayıflanarak âh çekme.

آهار âhâr: 1.kola. 2.nişasta. 3.(bot.) zinya çiçeği.

آهاردار âhârdâr: [âhâr+dâşten>dâr] kolalı, aharlı.

آهار زدن âhâr zeden: kolalamak, aharlamak.

آهار کردن âhâr kerden: kolalamak, aharlamak.

آهان âhân: hımm.

آه بر کشیدن âh ber keşîden: iç geçirmek.

آهختن âhihten: **1.**çekmek. **2.**kınından kılıç çekmek. **3.**duvarı örerek yükseltmek. **4.**elbise çıkarmak. **5.**kulak kesilmek. **6.**tahrik etmek. **7.**bırakmak.

آهرمن âhrimen: dev.

آهستگی âhestegî: [âheste+g+î] **1.**yavaşlık, ağırlık. **2.**yumuşaklık. **3.**ağırbaşlılık. || * be ~ به آهستگی ağır ağır, yavaş yavaş, usul usul.

آهسته âheste: **1.**yavaş, ağır, usul. **2.**yavaşça, usulcu, usul usul. **3.**sessiz edasız. **4.**ağırbaşlı.

آهسته رو âhesterev: [âheste+reften> rev] yavaş yavaş giden, acele etmeyen.

آهسته روان âhesterevân: [âheste+ reften> rev+ân] yavaş yavaş giderek, usul usul.

آهسته سیر âhesteseyr: (F.-A.) [âheste+ seyr] yavaş yavaş seyir hali.

آهک âhek: kireç. || * ~ -i koşte آهک کشته yanmış kireç, sönmüş kireç. || * ~ -i siyâh آهک سیاه neme karşı dayanıklı bir tür çimento. || * ~ -i tefte آهک تفته sönmemiş kireç. || * ~ -i zinde آهک زنده yanmamış kireç.

آهک پز âhekpez: [âhek+pohten>pez] kireççi.

آه کردن âh kerden: ah etmek, hayıflanmak.

آه کشیدن âh keşîden: ah çekmek.

آهکی âhekî: [âhek+î] kireçli.

آهمند âhumend: **1.**günahkâr. **2.**asi. **3.**yalancı.

آهن âhen: **1.**demir. **2.**zincir. **3.**katı. **4.**kılıç. || * ~ -i cuft آهن جفت saban demiri. || * ~ -i çekkuşhor آهن چکش خور yumuşak demir, çekice gelen demir. || * ~ i efsurde kûften آهن افسرده کوفتن havanda su dövmek. || * ~ -i gâv آهن گاو saban demiri. || * ~ -i pûlâd آهن پولاد çelik. || * ~ -i serd kûften آهن سرد کوفتن havanda su dövmek, boşuna uğrşmak. || * misl-i dîv ez ~ gurîhten مثل دیو از آهن گریختن bir şeyden uzak durmak, bir şeyden çok korkmak.

آهن آشیان âhenâşiyân< [âhen+âşiyân] yüksük, dikiş yüksüğü.

آهن بر âhenbor: [âhen>borîden>bor] demir testeresi.

آهن بره âhenbore: [âhen+borîden>bor+e] demir testeresi.

آهنبه âhenbe: dokuma tezgâhlarının iki tarafına yerleştirilen demir çubuk.

آهن پوش âhenpûş: [âhen+pûşîden>pûş] zırhlı.

آهن تن âhenten: [âhen+ten] demir vücutlu, sağlam yapılı.

آهن جامه âhencâme: [âhen+câme<câme-i âhen] demirden yapılmış sandık çemberi.

آهن جان âhencân: [âhen+cân] **1.**taş yürekli. **2.**çok sabırlı. **3.**dayanıklı.

آهنجیدن âhencîden: **1.**çıkarmak. **2.**çekmek. **3.**cezbetmek. **4.**kazımak.

آهن خای âhenhây: [âhen+hâyîden>hây] **1.**demir çiğneyen. **2.**azgın, dik kafalı.

آهن داغ âhendâg: [âhen+dâg] demirle damgalama.

آهن دست âhendest: [âhen+dest] eli çok güçlü, kerpeten elli.

آهن دستانه âhendestâne: [âhen+dest+âne] çelik bilekli, güçlü bilekli.

آهن دل âhendil: [âhen+dil] **1.**katı yürekli, taş yürekli, acımasız. **2.**cesur.

آهن ربا âhenrubâ: [âhen+rubûden>rubâ] mıknatıs. || * ~ -yi dâimî آهن ربای دائمی manyeto. || * ~ -yi elektirîkî آهن ربای الکتریکی elektromıknatis. || * ~ -yi tabî'î آهن ربای طبیعی doğal mıknatıs.

آهن رگ âhenreg: [âhen+reg] sağlam yapılı.

آهن سا âhensâ: [âhen+sâyîden>sâ] törpü, eğe.

آهن ساز âhensâz: [âhen+sâhten>sâz] **1.**soğuk demirci. **2.**maşa, soba, faraş ve mangal yapan sobacı.

آهن سای âhensây: [âhen+sâyîden>sây] törpü, eğe.

آهن کش âhenkeş: [âhen+keşîden>keş] miknatıs.

آهن کوب âhenkûb: [âhen+kûften>kûb] **1.**soğuk demirci. **2.**sac döşeyen.

آهنگ âheng (Peh.) **1.**niyet. **2.**kötü niyet. **3.**kasıt. **4.**ses tonu, ahenk. **5.**(müz.) makam. **6.**tarz, eda. **7.**(müz.) ritm, tempo. **8.**(müz.) beste. **9.**uyum. ‖ * ~ -i cûşâcûş آهنگ جوشاجوش coşku dolu ahenk. ‖ * ~ -i esvât آهنگ اصوات ses uyumu. ‖ * ~ -i savâ'it آهنگ صوائت ses uyumu. ‖ * ~ -i taklîdî آهنگ تقلیدی yansılama.

آهنگدار âhengdâr: [âheng+dâşten>dâr] uyumlu, ahenkli.

آهن گداز âhengodâz: [âhen+godâhten> godâz] **1.**demir eriten. **2.**demirci. **3.**çok şiddetli.

آهنگر âhenger: [âhen+ger] demirci.

آهنگر خانه âhengerhâne: [âhen+ger+hâne] demirci dükkânı, soğukdemirci.

آهنگری âhengerî: [âhen+ger+î] **1.**demircilik, soğuk demircilik. **2.**demirci dükkânı.

آهنگ ساختن âheng sâhten (müz.) bestelemek, beste yapmak.

آهنگساز âhengsâz: [âheng+sâhten>sâz] (müz.) bestekâr, besteci.

آهنگسازی âhengsâzî: [âhen+sâhten> sâz+î] (müz.) bestekârlık, bestecilik.

آهنگ کردن âheng kerden: niyet etmek.

آهنگ گزار âhengguzâr: [<âheng+guzârden> guzâr] uyumlu, ahenkli.

آهنگیدن âhengîden: **1.**niyet etmek. **2.**kasdetmek. **3.**kuyudan su çekmek.

آهنه âhene: [âhen+e] demir halka.

آهنی âhenî: [âhen+î] demirden, demir.

آهنین âhenîn: [âhen+în] demirden, demir. ‖ * irâde-i ~ ارادهٔ آهنین çelik iradeli.

آهنین پنجه âhenînpence: [âhenîn+pence] çelik bilekli, çok kuvvetli.

آهنین پیکان âhenînpeykân: [âhenîn+peykân] demir temren.

آهنین پیکر âhenînpeyker: [âhen+în+peyker] demir gövdeli.

آهنین جگر âhenînciger: [âhen+în+ciger] **1.**dayanıklı. **2.**yürekli, cesur.

آهنین دل âhenîndil: [âhenîn+dil] **1.**cesur. **2.**acımasız, taş yürekli.

آهنین رگ âhenînreg: [âhenîn+reg] dayanıklı, sağlam yapılı.

آهنینه âhenîne: [âhen+îne] **1.**demirden yapılmış, demir. **2.**demir aletler.

آهو âhû (Peh.) **1.**(zool.) ahu, ceylan, ceren. **2.**kusur, noksan, ayıp. **3.**hastalık. **4.**kötü, çirkin. ‖ * ~ -yi çîn آهوی چین **1.**güneş. **2.**göbeğinden misk elde edilen Çin ceylanı. ‖ * ~ -yi felek آهوی فلک güneş. ‖ * ~ -yi harem آهوی حرم **1.**ele geçirilmesi imkânsız güzel. **2.**Kâbe civarında yaşayan ve avlanması yasak olan ceylan. ‖ * ~ -yi hâverî آهوی خاوری güneş. ‖ * ~ -yi mâde آهوی ماده dişi ceylan. ‖ * ~ -yi misk آهوی مسک göbeğinden misk elde edilen ceylan. ‖ * ~ -yi muşkîn آهوی مشکین misk ceylanı. ‖ * ~ -yi ner آهوی نر erkek ceylan. ‖ * ~ -yi sîmîn آهوی سیمین **1.**beyaz tenli saki. **2.**beyaz tenli sevgili. ‖ * ~ yi tâtâr آهوی تاتار Tatar ceylanı, en iyi misk veren ceylan. ‖ * ~ -yi zerîn آهوی زرین **1.**güneş. **2.**yaldızlı sürahi.

آهوانه âhuvâne: [âhû+v+âne] ceylan gibi.

آهو بچه âhûbeççe: [âhû+beççe] (zool.) **1.**ceylan yavrusu. **2.**ürkek güzel.

آهوبره âhûberre: [âhû+berre] (zool.) yavru ceylan.

آهوپا âhûpâ: [âhû+pâ] ceylan gibi hızlı kaçan, çevik.

آهو پرواز âhûpervâz: [âhû+pervâz] ceylan gibi hızlı koşan, hızlı koşan.

آهودل âhûdil: [âhû+dil] ürkek.

آهوروش âhûreviş [âhû+ reften>rev+iş] ceylan gibi yürüyen.

آهوری âhûrî (bot.) hardal.

آه و زار âhuzâr [âh u zâr] âh çekip inleme.

آهو گذشت âhûgozeşt: [âhû+ gozeşten> gozeşt] ceylan geçti gitti; fırsat kaçtı.

آهو گردان âhûgerdân: [âhû+gerdânden> gerdân] padişahların ve emirlerin avlanması için ceylanları kıra doğru süren saray görevlisi.

آهوماده âhûmâde: [âhû+mâde<âhû-yi mâde] dişi ceylan.

آهومند âhûmend: [âhû+mend] **1.**hasta. **2.**kusurlu.

آهون âhûn: **1.**lağım. **2.**delik.

آهون بر âhûnbor: [âhûn+borîden>bor] lağımcı.

آهونگاه âhûnigâh: [âhû+nigâh] ahu gözlü, ahu bakışlı.

آه و واه âhuvâh: [âh+u+vâh] feryat, sızlanma, hayıflanma.

آه و واویلا âhuvâveylâ [âh + u+ vâveylâ] feryat, âh çekme, figan etme.

آهی âhî: [âh+î] âh çeken, âh eden

آهیختن âhîhten: (Peh.) yukarı çekmek. **2.**çekmek. **3.**sağlamlaştırmak. **4.**kaldırmak.

آهیخته âhîhte: [âhîhten>âhîht+e] **1.**kınından çekilmiş. **2.**saldırılmış. **3.**abstract.

آی ây: **1.**ey!, hey! **2.**vah!, vay!, ne yazık!

آی ây-i : [< âgâ-yi] bey.

آیا âyâ: acaba.

آیات âyât: (A.) **1.**âyetler. **2.**alâmetler, işaretler. **3.**mucizeler. **4.**kanıtlar. **5.**ibretler. ‖ * ~ -i beyyinât آیات بینات apaçık âyetler. ‖ * ~ -i kerîme آیات کریمه Kur'ân ayetleri. ‖ * ~ -i muhkemât آیات محکمات anlamı apaçık âyetler. ‖ *~ -i muteşâbihât آیات متشبهات yoruma açık âyetler.

آیت âyet: (A.) **1.**âyet. **2.**alâmet, işaret. **3.**mucize. **4.**kanıt. **5.**ibret. ‖ * ~ -i beyyine آیت بینه açık âyet. ‖ * ~-i kerîme آیت کریمه Kur'ân-i Kerîm âyeti.

آیة الکرسی âyetulkursî: (A.) Kur'ân'da Bakara sûresinin ikinci âyeti.

آیت بر کنار âyetberkenâr: (A.-F.) [âyet+ ber+kenâr] kenarı ayetli.

آیزنه âyezne: (T.) enişte.

آیس âyis: (A.) umutsuz.

آیسه âyise: (A.) âdet görmeyen kadın.

آیش âyiş: [âmeden>ây+iş] **1.**geliş. **2.**toprağı nadasa bırakma. **3.**nadasa bırakılmış toprak.

آیشتنه âyiştene: **1.**casus. **2.**dalkavuk.

آیشته âyişte: **1.**casus. **2.**dalkavuk.

آیش دادن âyiş dâden: nadasa bırakmak.

آیشنه âyişne: **1.**casus. **2.**dalkavuk.

آیفت âyeft: dilek.

آیم سایم âyem sâyem: zaman zaman, ara sıra, nadiren.

آیندگان âyendegân: [âmeden>ây+ende+ g+ân] **1.**gelenler. **2.**gelecek kuşak.

آینده âyende: [âmeden>ây+ende] **1.**gelen. **2.**gelecek, müstakbel. ‖ * ~ vu revende آینده و رونده gelen giden.

آینده نما âyendenumâ: [âyende+ numûden> numâ] geleni gösteren, kapıya geleni gösteren ayna, sokak kapısını gösterecek şekilde birinci kata yerleştirilmiş ayna.

آینه âyine: ayna. ‖ * ~ -i câm آینهء جام kadehin ayna gibi görünen camı. ‖ * ~ -i kadî آینهء قدی boy aynası. ‖ * ~ -i kadnumâ آینهء قدنما boy aynası.

آینه رنگ âyinereng: [âyine+reng] felek.

آینه ساختن âyine sâhten: ayna

yapmak, ayna imal etmek.

آینه کار âyinekâr: [âyine+kâr] **1.**aynacı, ayna imalatçısı. **2.**ayna işlemeli.

آینه کاری âyinekârî: [âyine+kâr+î] **1.**aynacılık, ayna imalatçılığı. **2.**ayna işlemeli.

آیین âyîn: (Peh.) **1.**töre, âdet. **2.**tarz. **3.**yasa. **4.**tören, merasim. **5.**din. **6.**şeriat. **7.**görkem. **8.**ölçü. **9.**sayı. **10.**ayin. ‖ * ~ -i cem آیین جمع **1.**Alevî ayini. **2.**tari-kat mensuplarının toplanması. ‖ * ~ -i dâdresî آیین دادرسی hukuk yasası. ‖ * ~ -i keyferî آیین کیفری ceza yasası. ‖ * ~ -i kudemâ آیین قدما eskilerin yöntemi, gelenek. ‖ * ~ -i mahsûs آیین مخصوص özel ayin. ‖ * ~ -i medenî آیین مدنی medeni kanun. ‖ * ~ -i mevlevî آیین مولوی Mevlevî âyini. ‖ * ~ -i şerîf آیین شریف semâ sırasında okunan mevlevî ilahisi. ‖ * ~ u erkân آیین و ارکان yol yordam, usüller. ‖ * ber ~ -i بر آیین gibi. ‖ * be ~ -i به آیین her zaman olduğu gibi.

آیین پرست âyînperest: [âyîn+perestîden> perest] **1.**bir dine inanmış olan. **2.**hizmetçi, hizmetkâr.

آیین پرست gelenekçiâyînperest: [âyîn+ perestîden>perest] .

آیین پرستی âyînperestî: [âyîn+ perestîden> perest+î] **1.**gelenekçilik. **2.**alçakgönüllülükle edilen hizmet.

آیین خوان âyînhân: [âyîn+hânden>hân] âyin okuyan mevlevi.

آیین نامه âyînnâme: [âyîn+nâme] (Peh.) yasa. **2.**tüzük.

آیینه âyîne: ayna. ‖ * ~ -i âlemnumâ آیینهٔ عالم نما dünyayı gösteren ayna, evreni gösteren ayna. ‖ * ~ -i câdûsâz آیینهٔ جادوساز sihirli ayna. ‖ * ~ -i cihânnumâ آیینهٔ جهان نما dünyayı gösteren ayna. ‖ * ~ -i erjeng آیینهٔ ارژنگ ressam Erjeng'in aynası. ‖ * ~ -i hâverî آیینهٔ خاوری güneş. ‖ * ~ -i hodnumâ آیینهٔ خودنما boy aynası. ‖ * ~ -i iskender آیینهٔ اسکندر İskender'in aynası, İskenderiye'de monte edilen ve uzaklardaki gemileri gösteren ayna. ‖ * ~ -i musaffâ آیینهٔ مصفا saf ve pürüssüz ayna. ‖ * ~ -i ruhsâr آیینهٔ رخسار sevgilinin parlak yanağı. ‖ * ~ -i şeşcihet آیینهٔ شش جهت **1.**altı yönü gösteren ayna. **2.**Hz.Muhammed'in gönlü. **3.**velilerin gönlü. ‖ * ~ -i şeşder آیینهٔ شش در dünya, evren. ‖ * ~ -i zamîr آیینهٔ ضمیر gönül aynası, kalp.

آیینه âyîne: **1.**töre. **2.**yol, yöntem.

آیینه افروز âyîneefrûz: [âyîne+efrûhten> efrûz] ayna parlatan, ayna cilası.

آیینه دار âyînedâr: [âyîne+dâşten>dâr] **1.**geline ayna tutan görevli, aynacı kadın. **2.**berber. **3.**tellak.

آیینه دان âyînedân: [âyîne+dân] ayna kabı, ayna mahfazası.

آیینه رو âyînerû: [âyîne+rû] parlak yüzlü.

آیینه زدای âyînezidây: [âyîne+zidûden> zidây] ayna parlatan, ayna cilası.

آیینه ساز âyînesâz: [âyîne+sâhten> sâz] aynacı.

آیینه فروز âyînefurûz: [âyîne+ ferûhten> ferûz] ayna parlatan, ayna cilası.

آیینه گر âyîneger: [âyîne+ger] aynacı.

آیینه وش âyîneveş: [âyîne+veş] ayna gibi.

آیینی âyînî: [âyîn+î] âyin ile ilgili.

ا

ا elif: **1.**Farsça alfabenin ilk harfi. **2.**Ebced alfabesine göre sayısal değeri "bir". **3.**nidâ elifi. ey, hey. **4.**cevap elifi. "goft" fiilinin sonuna gelir.

ائتكال i'tikâl: (A.) **1.**kemire kemire yeme. **2.**yaranın vücûdu çürütmesi. **3.**aşındırma, denizin karayı aşındırması, erozyon. ‖ * ~ -i bahrî ائتكال بحرى dalga aşındırması. ‖ * ~ -i sevâhil ائتكال سواحل kıyı erozyonu.

ائتكالات i'tikâlât: (A.) **1.**yemeler. **2.**aşındırmalar, erozyonlar.

ائتلاف i'tilâf: (A.) **1.**uzlaşma. **2.**alışma.

ائتلافات i'tilâfât: (A.) **1.**uzlaşmalar. **2.**alışmalar.

ائتلاف جو i'tilâfcû (A.-F.) [i'tilâf+ costen>cû] · birleştirici, uzlaşma yanlısı, uzlaşı arayan.

ائتلاف جويانه i'tilâfcûyâne (A.-F.) [i'tilâf+ costen> cûy+ âne] birleştirici, uzlaştırıcı, uzlaşma arayıcı.

ائتلافكار i'tilâfkâr (A.-F.) [i'tilâf+kâr] · uzlaşmacı, uzlaşıcı, birleştirici.

ائتمان i'timân: (A.) güven duyma.

ائلام i'lâm: (A.) üzme, elem verme.

ائمه eimme: (A.) **1.**imamlar. **2.**liderler, önderler. ‖ * ~ -i cemâ'et ائمهء جماعت imamlar. ‖ * ~ -i erba'a ائمهء اربعه dört mezhep imamı. ‖ * ~ -i ethâr ائمهء اطهار şiî imamları. ‖ * ~ -i isnâ'aşer ائمهء اثنا عشر şiîlikte oniki imam.

ائمة الاسما eimmetulesmâ': (A.) tasavvufta yedi isim: Hay, âlim, mürîd, kâdir, semî', basîr, mütekellim.

أب eb: (A.) **1.**baba. **2.**peder (Hıristiyanlıkta). ‖ * ~ u cedd اب و جد baba ve ata.

أب ebb: (A.) **1.**otlak. **2.**ot.

ابا ebâ: (Peh.) **1.**birlikte. **2.**ile.

ابا ebâ: (Peh.) aş.

ابا ebâ: (A.) baba, babacığım.

اباء ibâ': (A.) **1.**kaçınma, uzak durma. **2.**gururlanma. **3.**itaatsizlik. **4.**iğrenme, tiksinme.

ابا آوردن ibâ âverden: kaçınmak, uzak durmak.

اباءت ebâet: (A.) **1.**sazlık. **2.**saz, kamış.

اباءت ibâet: (A.) başka şeye yükleme.

اباب ubâb: (A.) sel suyu.

ابابه ibâbe: (A.) yol.

ابابيل ebâbîl: (A.) **1.**(zool.) kırlangıç, ebabil kuşu. **2.**keçisağan kuşu. **3.**sürüler.

اباتت ibâtet: (A.) gece yatırma, konaklatma.

اباته ibâte: (A.) gece yatırma. ‖ * ~ ve iâşe اباته و اعاشه gece yatırma ve yemek yedirme.

اباثه ibâse: (A.) inceleme, üstünde durma.

اباحت ibâhet: (A.) mübah kılma, cayiz görme.

اباحت داشتن ibâhet dâşten: mübah görmek.

اباحت ظاهر كردن ibâhet zâhir kerden: mübah görmek.

اباحت ورزيدن ibâhet verzîden: mübah görmek, cayiz saymak.

اباحتى ibâhetî: (A.-F.) mülhitlik.

اباحه ibâhe: (A.) mübah görme, helal sayma.

اباحى ibâhî: (A.) mübah gören, helal sayan.

اباحيون ibâhiyyûn: (A.) haramları helal sayanlar.

اباحيه ibâhiyye: (A.) bâtınîlerden haramları helal sayan zümre.

اباخه ibâhe: (A.) ateşi söndürme.

ابا داشتن ibâ dâşten: kaçınmak, uzak durmak.

ابادت ibâdet: (A.) öldürme, helâk etme.

اباده ibâde: (A.) öldürme, helâk etme.

ابادید ebâdîd: (A.) dağınık.

ابار ebbâr: (A.) iğneci.

ابار ibâr: (A.) **1.**ibreler, iğneler, göstergeler. **2.**erimiş kurşun.

ابار ibâr: (A.) **1.**tarım ıslahı. **2.**köpeğe ekmekle iğne yutturma.

ابارت ibâret: (A.) **1.**tarım ıslahı. **2.**köpeğe ekmekle iğne yutturma.

ابارق ebârik: (A.) **1.**çamurlu yer. **2.**alaca atlar.

اباره ibâre: (A.) **1.**helâk etme. **2.**tarlayı ıslah etme.

اباريق ebârîk: (A.) ibrikler.

اباريقون ebârikun (bot.) kocayemiş ağacı.

اباز ebbâz: (A.) **1.**ürküp kaçma. **2.**karaca.

ابازير ebâzîr: (A.) baharat.

اباش obâş: (A.) ayak takımı.

اباشه obâşe: (A.) ayak takımı.

اباض ibâz: (A.) diz mafsalı arkasındaki atardamar.

اباضيه ibâdiyye: (A.) bir Hariciye fırkası.

اباط ibât: (A.) **1.**bohça. **2.**paket.

اباطل ebâtil: (A.) yanlar, böğürler.

اباطيح ebâtîh: (A.) kumlu dereler.

اباطيل ebâtîl: (A.) **1.**asılsız ve boş sözler, saçmalıklar, zırvalar. **2.**hurafeler.

اباعد ebâid: (A.) **1.**en uzak yerler. **2.**uzak akraba.

ابا عن جد eben an ceddin: (A.) kuşaktan kuşağa, nesilden nesile.

اباق ibâk: (A.) kölenin kaçması.

اباقه abaka: (T.) amca.

ابا كردن ibâ kerden: kaçınmak, uzak durmak.

ابال ebbâl: (A.) deve çobanı.

ابالس ebâlis: (A.) iblisler.

ابالسه ebâlise: (A.) iblisler.

اباله ebbâle: (A.) **1.**bir yük odun. **2.**topluluk, cemaat.

اباله ibâle: (A.) **1.**hayvanları koruma. **2.**kuyu bileziği.

ابام ebâm: borç.

ابان ebân: Âbân ayı.

ابان ibbân: (A.) sezon, vakit, uygun zaman.

ابان الفاكهه ibbânulfâkiha: (A.) meyva mevsimi, meyva zamanı.

ابانت ibânet: (A.) **1.**ortaya çıkma. **2.**ortaya çıkarma.

ابانس ibânos: abanoz.

ابانه ibâne: (A.) **1.**ortaya çıkma. **2.**ortaya çıkarma.

اباوت ibâvet: (A.) babalık etme.

ابا ورزيدن ibâ verzîden: kaçınmak, uzak durmak.

ابتئار ibtiâr: (A.) kuyu açma, kuyu kazma.

ابتات ibtât: (A.) kesme.

ابتتاء ibtitâ': (A.) kesilme.

ابتتار ibtitâr: (A.) uyma.

ابتث ebtes: (A.) alfabetik sıra.

ابتحاث ibtihâs: (A.) araştırma, sorup soruşturma.

ابتحاج ibtihâc: (A.) bolluk.

ابتداء ibtidâ': (A.) **1.**başlama. **2.**başlangıç. **3.**ilkin, öncelikle. **4.** başlangıçta, önceleri. ‖ * der ~ در ابتدا başlangıçta.

ابتداءً ibtidâen: (A.) başlangıçta, başlarken, ilkin.

ابتدائى ibtidâî: (A.) **1.**ilk derecede, ilk aşamada. **2.**ilkel. **3.**işlenmemiş, ham. **4.**ilkokul. **5.**ilköğretim. ‖ * medrese-i ~ مدرسهء ابتدائى ilkokul, ilköğretim okulu.

ابتدائيات ibtidâiyyât: (A.) **1.**öncelikle öğretilen bilgiler. **2.**ilk öğrenim kitapları.

ابتدائيه ibtidâiyye: (A.) **1.**ilk derecede, ilk aşamada. **2.**ilkel. **3.**işlenmemiş, ham. ‖ * mevâdd-i ~ مواد ابتدائيه hammaddeler. ‖ * tedrîsât-i ~ تدريسات ابتدائيه ilköğretim.

ابتداد ibtidâd: (A.) iki kişinin birer uçtan tutması.

ابتدار ibtidâr: (A.) girişme, teşebbüs etme, süratle el atma.

ابتدا شدگان ibtidâşodegân (A.-F.) [ibtidâ+ şoden> şod+e +g+ân] stajiyerler.

ابتداع ibtidâ': (A.) yenilik getirme, yepyeni bir şey ortaya koyma.

ابتدا کردن ibtidâ kerden: **1.**başlamak. **2.**koyulmak.

ابتداه ibtidâh: (A.) üstünde fazla düşünmeden.

ابتدی ibtedî: (A.) başlama, başlangıç.

ابتذال ibtizâl: (A.) **1.**ayak altına düşme, bayağılaşma. **2.**hor kullanma. **3.**çok kullanma. **4.**müptezel sözler etme.

ابتر ebter: (A.) **1.**kesik kuyruklu hayvan. **2.**hayırsız. **3.**zürriyetsiz. **4.**yararsız. **5.**güdük, sonuçsuz, ardı kesik. ‖ * ester-i ~ استر ابتر kuyruksuz katır. ‖ * emr-i ~ امر ابتر yararsız iş. ‖ * şahs-i ~ شخص ابتر çocuğu olmayan kişi, zürriyetsiz kişi.

ابتراء ibtirâ': (A.) ağaç yontma.

ابتراد ibtirâd: (A.) **1.**soğuk duş alma. **2.**soğuk su içme.

ابتری ebterî: (A.-F.) **1.**kesik kuyrukluluk. **2.**eksiklik.

ابتزار ibtizâr: (A.) gasp, zorla alma.

ابتسار ibtisâr: (A.) başlama, girişme.

ابتسام ibtisâm: (A.) gülümseme. ‖ * ~ -i cebrî ابتسام جبری zoraki gülümseme.

ابتسامات ibtisâmât: (A.) gülümsemeler.

ابتسام کردن ibtisâm kerden: gülümsemek.

ابتشاک ibtişâk: (A.) **1.**yalan söyleme. **2.**onuruna dokunma, gücüne gitme.

ابتصار ibtisâr: (A.) dikkatle bakma.

ابتضاض ibtizâz: (A.) ister istemez hakarete katlanma.

ابتضاع ibtizâ': (A.) ortada olma.

ابتعاث ibtiâs: (A.) gönderme.

ابتغاء ibtigâ': (A.) **1.**istek. **2.**amaç. ‖ * ~ -yi te'vîl ابتغای تأویل tevil amacı.

ابتغاءً ibtigâen: (A.) **1.**isteğiyle. **2.**amacıyla. ‖ * ~ li merzâtillâh ابتغاءً لمرضاة الله Allah rızası için.

ابتقاع ibtikâ': (A.) renk değişmesi.

ابتکاء ibtikâ': (A.) ağlama.

ابتکار ibtikâr: (A.) **1.**icat, yeni bir şey getirme. **2.**ilk adım. **3.**başlama. **4.**sabah erken kalkma.

ابتلاء ibtilâ': (A.) **1.**derde düşme. **2.**musibet. **3.**deneme. **4.**tutku. ‖ * ~ -i şedîd ابتلاء شدید şiddetli düşkünlük.

ابتلاج ibtilâc: (A.) ortaya çıkma, görünme.

ابتلاز ibtilâz: (A.) alma.

ابتلاع ibtilâ': (A.) **1.**yutma. **2.**yutkunma.

ابتلال ibtilâl: (A.) **1.**ıslanma. **2.**iyileşme.

ابتناء ibtinâ': (A.) üzerine kurma, yapma, dayandırma, bina etme.

ابتناءً ibtinâen: (A.) dayanarak.

ابتهاء ibtihâ: (A.) alışma, ünsiyet elde etme.

ابتهاج ibtihâc: (A.) **1.**sevinç. **2.**sevinme.

ابتهار ibtihâr: (A.) ikiye parçalanma, ikiye ayrılma.

ابتهال ibtihâl: (A.) **1.**dua etme. **2.**inleme. **3.**yalvarma, yakarma.

ابتیار ibtiyâr: (A.) **1.**kavga etme, dalaşma. **2.**seçerek kabul etme. **3.**güçsüz kalma.

ابتیاز ibtiyâz: (A.) yığma.

ابتیاض ibtiyâz: (A.) ağarma, beyazlaşma.

ابتیاع ibtiyâ': (A.) satın alma.

ابتیاع کردن ibtiyâ' kerden: satın almak.

ابث ebes: (A.) çok süt içme nedeniyle gazlanma.

ابثرار ibsi'râr: (A.) at yarışında koşuşma.

ابثاث ibsâs: (A.) **1.**dağıtma. **2.**sırrı ifşa etme.

ابثیرار ibsîrâr: (A.) at yarışında koşuşma.

ابج ebecc: (A.) patlak gözlü, pürtlek gözlü.

ابجال ibcâl: (A.) yüceltme, ululama.

ابجام ibcâm: (A.) huzurunu kaçırma.

ابجد ebced: (A.) Arap harflerinin ayrı bir sıralanışının adı. Bu sıralanışta her harfin rakamsal bir değeri vardır. ‖ * ~ tecrîd nevişten ابجد تجرید نوشتن (tas.) bütün dilekleri ve nefis isteklerini reddederek Tanrı'ya yaklaşmaya çalışmak. ‖ * ~ -i zer ابجد زر güneş ışınları. ‖ * ~ u hevvez ابجد و هوز alfabetik sıra.

ابجدخوان ebcedhân: (A.-F.) [ebced+ hânden>hân] **1.**yeni okuma yazma öğrenen. **2.**okuryazar. **3.**cahil. **4.**acemi, deneyimsiz.

ابجدهوزخوان ebcedhevvezhân: (A.-F.) [ebced+hevvez+hânden] okuryazar.

ابجر ebcer: (A.) şiş göbekli.

ابجل ebcel: (A.) iri yapılı, iriyarı.

ابحا ibhâ: (A.) kesilme.

ابحاث ebhâs: (A.) bahisler, konular. ‖ * ~ -i amîka ابحاث عمیقه derin meseleler.

ابحاح ibhâh: (A.) kısık ses çıkarma.

ابحار ebhâr (A) denizler. ‖ * ~ -i muhîte ابحار محیطه okyanuslar.

ابحار ibhâr: (A.) deniz seyahati yapma.

ابحر ebhur: (A.) denizler.

ابخازی ebhâzî: Abhazyalı.

ابخاق ibhâk: (A.) gözünü oyma.

ابخر ebhar: (A.) kötü nefesli, ağzı kötü kokan.

ابخره ebhire: (A.) **1.**buharlar, buğular. **2.**dumanlar.

ابخل ebhal: (A.) en cimri, pintinin pintisi.

ابد ebed: (A.) **1.**sonsuz gelecek. **2.**ebediyen, sonsuza dek. **3.**öbür dünya, ahiret.

ابداء ibdâ': (A.) var etme, icad, yeni bir şey getirme, yaratma.

ابداً ebeden: (A.) hiç, asla, hiç de.

ابداد ibdâd: (A.) **1.**uzatma. **2.**uzaklaştırma. **3.**uzatılma.

ابداع ibdâ' : (A.) **1.**icat etme. **2.**yaratma, var etme. **3.**yepyeni bir şiir söyleme.

ابداعات ibdâ'ât: (A.) yenilikler.

ابداعکار ibdâ'kâr (A.-F.) [ibdâ' +kâr] yaratıcı, yenilik getirici.

ابداعی ibdâ'î: (A.) orijinal.

ابداعیه ibdâiyye: (A.) yaratılış doktrini, kreasyonizm.

ابدال ebdâl: (A.) **1.**meczup ve gezginci derviş, abdal. **2.**Allah adamı. **3.**aptal, alık.

ابدال ibdâl: (A.) **1.**bedel koyma. **2.**harf değiştirme.

ابد الآباد ebedulâbâd: (A.) daimî, ebedî, ebediyyen.

ابد الدهر ebeduddehr: (A.) daimî, ebedî, ebediyyen.

ابد الله ebbedallâh: (A.) Allah daim etsin.

ابدالله مجده ebbedallâhu mecduhu: (A.) Allah şerefini ve ululuğunu sürekli kılsın.

ابدالی ebdâlî (A.-F.) [ebdâl+î] **1.**dervişlik, abdallık. **2.**aptallık, alıklık.

ابدالی کردن ebdâlî kerden: dervişlik etmek.

ابدان ebdân: (A.) bedenler, vücutlar. ‖ * ilm-i ~ علم ابدان **1.**anatomi. **2.**beden eğitimi, jimnastik.

ابدان ebdân: **1.**boy, kabile. **2.**layık, yaraşır.

ابدان ibdân: (A.) **1.**cariye. **2.**kısrak.

ابدخانه ebedhâne (A.-F.) [ebed+hâne] mezar.

ابدع ebda': (A.) en ilginç, en olağanüstü.

ابد پیوند ebedpeyvend: (A.-F.) [ebed+ peyvend] ebedî, sonsuz, daimî.

ابدقرار ebedkarâr: (A.) [ebed+karâr] ebedî olarak sürecek.

ابدگاه ebedgâh (A.-F.) [ebed+gâh] **1.**ebedî kalınacak yer. **2.**mezar.

ابدموسوم ebedmevsûm: (A.) [ebed+ mevsûm] ebedî, sonsuz.

ابدنام ebednâm (A.-F.) [ebed+nâm] adı sonsuza dek yaşayacak olan.

ابدی ebedî: (A.) **1.**sonsuz, daimî. **2.**sonsuza dek. **3.**ölümsüz. **4.**Tanrı'nın isimlerinden biri.

ابدیاً ebediyyen: (A.) sonsuza dek, asla, hiçbir zaman.

ابديات ebediyyât: (A.) **1.**ebedîlikler. **2.**akıllar ve nefisler.

ابدیالاشتهار ebediyyuliştihâr: (A.) şöhreti ebedî olan.

ابدیالدوام ebediyyuddevâm: (A.) sonsuza dek sürecek olan.

ابدیت ebediyyet: (A.) ebedîlik, kalıcılık, sonsuzluk.

ابدیت گزین ebediyyetguzîn (A.-F.) [ebediyyet+ guzîden>guzîn] sonsuzluğu seçen, ebedî.

ابدیه ebediyye: (A.) sonsuz.

ابذاء ibzâ': (A.) kötü konuşma.

ابذال ibzâl: (A.) bolca harcama, savurganlık.

ابر eberr: (A.) en hayırlı, en şerefli.

ابر ebr: (Peh.) bulut. ‖ * ~ -i bârân ابر باران yağmur bulutu. ‖ * ~ -i nîsân ابر نیسان nisan bulutu, bol yağmur getiren bulut. ‖ * ~ -i siyâh ابر سیاه kara bulut.

ابر eber: üzerinde, -de, -da.

ابر iber: (A.) göstergeler, ibreler, iğneler.

ابر آلود ebrâlûd: [ebr+âlûden>âlûd] bulutlu.

ابر آلوده ebrâlûde: [ebr+âlûden> âlûd+e] bulutlu.

ابراء ibrâ': (A.) bıktırma. **2.**iyileştirme. **3.**paklama, ibrâ etme. **4.**paklanma, aklanma.

ابراج ebrâc: (A.) burçlar.

ابراد ibrâd: (A.) **1.**soğutma. **2.**güçsüzleştirme.

ابرار ebrâr: (A.) iyi insanlar, hayır sahipleri, Tanrı'nın makbul kulları. ‖ * ~ -i ummet ابرار امت ümmetin hayır sahipleri, ümmetin iyi insanları. ‖ * şeş ~ شش ابرار altı iyi insan: Ebûbekir, Ömer, Osman, Ali, Hasan, Hüseyin.

ابرار ibrâr: (A.) yeminin doğruluğunun onaylanması.

ابراز ibrâz: (A.) ortaya koyma. **2.**açıklama. **3.**som altın alma. **4.**yolculuğa çıkma. ‖ * ~ -i alâka kerden ابراز علاقه کردن ilgi göstermek. ‖ * ~ -i fazl u huner ابراز فضل و هنر bilgi ve becerisini gösterme.

ابراز کردن ibrâz kerden: ibraz etmek, göstermek, ortaya koymak.

ابر استحسان ebristihsân (F.-A.) [ebr+ istihsân] bulut gibi bağışlayıcı.

ابرام ibrâm: (A.) **1.**ısrar, üsteleme. **2.**bir işi sağlama alma. **3.**tomurcuklanıp çiçeklenme.

ابرامات ibrâmât: (A.) **1.**zorlamalar. **2.**üstelemeler.

ابرانامه ibrânâme (A.-F.) [ibrâ+nâme] aklanma belgesi, alacağının kalmadığını gösteren belge.

ابراهیم ibrâhîm (İbranice>A.) [ab+raham = halkın babası] **1.**halkın babası. **2.**İbrahim Peygamber, Halil İbrahim, İbrâhîm-i Âzer. ‖ * ~ -i Âzer ابراهیم آذر Halil İbrahim.

ابراهیمیه ibrâhîmiyye: (A.) bir tür aş.

ابر بخشش ebrbahşiş: [ebr+bahşîden> bahş+ iş] eli açık, cömert, bonkör.

ابرپوش ebrpûş: [ebr+pûşîden>pûş] bulutla kaplı.

ابر پوشان ebrpûşân: [ebr+pûşânden> pûşân] bulutlu, bulutlarla kaplı.

ابرج ebrec: (A.) gözünün akı çok olan güzel gözlü insan.

ابرج ebruc: (A.) burçlar.

ابرجن ebrecen: bilezik.

ابرد ebred: (A.) **1.**en soğuk. **2.**dolu yağdıran bulut. ‖ * kelâm-i ~ کلام ابرد soğuk söz.

ابرش ebreş: **1.**abraş, alacalı renk, alacalı deri. **2.**alacalı at, abraş.

ابرشم ebrişem: ipek.

ابرشمی ebrişemî: ipekli.

ابرص ebras: (A.) abraş, hastalık dolayısıyla derisi alacalanmış olan.

ابر طوروش ebr-i tûrveş: güçlü ve iri at.

ابرق ebrak: (A.) **1.**çamurlu yer. **2.**alacalı. **3.**parıltılı, cafcaflı.

ابرک ebrek (Ebr+ek] küçük bulut.

ابرکار ebrkâr: [ebr+kâr] kararsız, şaşkın.

ابرکاکیا eberkâkiyâ: örümcek ağı.

ابركش ebrkeş: [ebr+keşîden>keş] bulut üreten.

ابر گردش ebrgerdiş: [ebr+gerdiş] bütün bulutu kaplayarak çakan şimşek.

ابرگیر ebrgîr: [ebr+giriften>gîr] bulut üreten.

ابرمادران ebermâderân: şekerden veya baldan yapılan bir tür helva.

ابرناک ebrnâk: [ebr+nâk] bulutlu.

ابرنج ebrenc: Kâbil pirinci.

ابرنجن ebrencen: bilezik.

ابرنجین ebrencîn: bilezik.

ابرنشاق ibrinşâk: (A.) bahar açma, ağacın çiçek açması.

ابرو ebrû: (Peh.) **1.**kaş. **2.**kağıt üzerindeki hafif hâre. **3.**üzerine desen işlenmiş hâreli cilt ve süsleme kağıdı. ‖ * ~ -yi kesî girih şoden ابروی کسی گره شدن kaşı çatılmak, suratı asılmak. ‖ * ~ -yi sanem ابروی صنم **1.**sevgilinin kaşı. **2.**kankurutan otu. ‖ * ber ~ çîn der âverden بر ابرو چین در آوردن kaş çatmak, surat asmak. ‖ * hatt-i ~ خط ابرو kaş işareti. ‖ * ham be ~ neyâverden خم به ابرو نیاوردن dişini sıkmak, zorluğa katlanmak. ‖ * girih ber ~ efkenden گره بر ابرو افکندن kaş çatmak, surat asmak, yüzünü buruşturmak.

ابروان ebruvân: [ebrû+ân] mihrabı andıran kaşlar.

ابرو انداختن ebrû endâhten: kaş göz işareti yapmak.

ابرو بالا انداختن ebrû bâlâ endâhten: muhalefet etmek, kabul etmemek, olmazlanmak.

ابرو بالا کشیدن ebrû bâlâ keşîden: kaş çatmak.

ابرو تابیدن (بر) ebrû tâbîden (ber): kaş çatmak.

ابرو جنباندن ebrû conbânden: kaş göz işareti yapmak.

ابرو خم کردن ebrû ham kerden: dişini sıkmak, pahalılığa ve zorluğa dayanmak.

ابرو بهم پیوسته ebrû behem peyveste: çatık kaşlı.

ابرو زدن ebrû zeden: kaş göz işareti yapmak.

ابروش ebrveş: [ebr+veş] bulut gibi, bulutumsu.

ابروفراخ ebrûferâh: [ebrû+ferâh] **1.**geniş kaşlı. **2.**güleç, güleryüzlü, şen.

ابروفراخی ebrûferâhî: [ebrû+ferâh+î] **1.**geniş kaşlılık. **2.**güleçlik, güleryüzlü-lük, şenlik.

ابرو کج کردن ebrû kec kerden: kaş çatmak.

ابروکمان ebrûkemân: [ebrû+kemân] keman kaşlı, kaşları yay gibi olan.

ابروکن ebrûken: [ebrû+kenden>ken] cımbız.

ابروگشاده ebrûguşâde: [ebrû+guşâde] güleryüzlü.

ابرومیغ ebrumîg: [ebr+u+mîg] bulut, fırtına bulutu.

ابرو نمودن ebrû numûden: kaş göz işareti yapmak.

ابروی ebrûy: kaşlar.

ابرویه ibreviyye: (A.) sardunyagiller.

ابره ebre: ütü yeri, kat yeri.

ابره ibre: (A.) **1.**iğne. **2.**iğne biçimli yaprak. ‖ * ~ -i heyyât ابرهء خیاط dikiş iğnesi. ‖ * ~ -i miknatîsî ابرهء مقناطیسی pusula iğnesi. ‖ * ~ -i miknatîsiyye ابرهء مقناطیسیه pusula iğnesi, manyetik ibre.

ابره ubre: ceylan yavrusu.

ابرهه ebrehe: **1.**kırlangıç. **2.**Ashâb-ı Fîl olayının lideri.

ابری ebrî: [ebr+î] **1.**bulutlu. **2.**sünger. ‖ * kevkeb-i ~ کوکب ابری nebülöz.

ابری ibrî: (A.) **1.**iğneli. **2.**iğne yapraklı bitkiler. **3.**iğneci.

ابریج ibrîc: (A.) yayık.

ابریز ibrîz: (Yun.) som altın.

ابریزی ibrîzî: (A.) som altın.

ابری شدن ebrî şoden: bulutlanmak.

ابریشم ebrîşem: (Peh.) ipek, ibrişim, ipek tel. ‖ * ~ -i tarab ابریشم طرب **1.**saz teli. **2.**telli saz. ‖ * eger ~ der âteş hem dâşte bâşem اگر ابریشم در آتش هم داشته باشم iki elim kanda olsa da. ‖ * kirm-i ~ کرم ابریشم (zool.) ipek böceği.

ابریشم بها ebrîşembehâ: [ebrîşem+behâ] çalgıcı parası.

ابریشم پوش ebrîşempûş: [ebrîşem+ pûşîden>pûş] ipekli giyinen.

ابریشم تاب ebrîşemtâb: [ebrîşem+ tâbîden> tâb] ipek eğiren, ipek büken, ipekçi.

ابریشم زدن ebrîşem zeden: telli saz çalmak.

ابریشم زن ebrîşemzen: [ebrîşem+zeden> zen] telli saz çalan.

ابریشم فروش ebrîşemfurûş: [ebrîşem+ furûhten>furûş] ipekçi, ipek satıcısı.

ابریشم فروشی ebrîşemfurûşî: **1.**ipekçi dükkânı. **2.**ipekçilik.

ابریشم کش ebrîşemkeş: [ebrîşem+ keşîden> keş] ipek işçisi, kozadan ipek teli çıkaran.

ابریشم کشی ebrîşemkeşî: kozacılık, ipek işçiliği. ‖ * çerh-i ~ چرخ ابریشم کشی koza çarkı.

ابریشمی ebrîşemî: [ebrîşem+î] **1.**ipek, ipekten. **2.**ipekçi. **3.**prezervatif. ‖ * destmâl-i ~ دستمال ابریشمی ipek mendil.

ابریشمین ebrîşemîn: [ebrîşem+în] ipekli.

ابریق ibrîk: (A.) **1.**ibrik. **2.**güğüm. **3.**testi. **4.**iki batmanlık ağırlık ölçüsü. **5.**(müz.) udun sap kısmı. **6.**parlak kılıç. **7.**parlak yay. **8.**güzel yüzlü kadın.

ابریقدار ibrîkdâr (A.-F.) [ibrîk+dâşten> dâr] **1.**ibrikle su döken. **2.**saray ibrikçisi.

ابرین ibrîn: (A.) güzel yüzlü.

ابریه ibriyye: (A.) **1.**iğneli. **2.**iğne yapraklı bitkiler. **3.**iğneci. **4.**sardunyagiller.

ابز ebz: (A.) **1.**ânî ölüm. **2.**ürkme. **3.**kaçma.

ابزاء ibzâ': (A.) sıkıntıya düşürme, güç durumda bırakma.

ابزار ebzâr: (Peh.) [<evbzâr] **1.**gereç, alet, edevat. **2.**baharat. ‖ * ~ hâ-yi destî ابزارهای دستی el aletleri. ‖ * ~ -i optikal ابزار اپتیکال optik araçlar. ‖ * dîg-i ~ دیگ ابزار yemek tenceresi.

ابزار ibzâr: (A.) gösterme.

ابزار آلات ebzârâlât: [ebzâr+âlât] el aletleri, el gereçleri, avadanlık.

ابزاردان ebzârdân: [ebzâr+dân] takım kutusu.

ابزارمند ebzârmend: [ebzâr+mend] usta.

ابزن ebzun: (A.) küvet.

ابزیم ibzîm: (A.) madenî kemer tokası.

ابزین ibzîn: (A.) madenî kemer tokası.

ابژکتیف objektif: (Fr.) objektif.

ابسال ibsâl: (A.) **1.**bir şeyi haram etme, yasaklama. **2.**rehin bırakma. **3.**sipariş etme.

ابسان ibsân: (A.) **1.**yüz güzelliği. **2.**huy güzelliği.

ابستا abesta: Avesta.

ابستراکت abstrakt: (İng.) özet.

ابسط ebset: (A.) **1.**en yaygını, en geniş. **2.**en sade.

ابسم ebsem: (A.) sus.

ابشار ibşâr: (A.) müjdeleme, müjde verme.

ابشارات ibşârât: (A.) müjdelemeler.

ابشاش ibşâş: (A.) çiçeklerin birbirine dolaşması.

ابشتن ebişten: hamile.

ابصار ebsâr: (A.) **1.**gözler. **2.**görüşler.

ابصار ibsâr: (A.) görme, dikkatle bakma.

ابصر ebsar: (A.) en iyi gören, en keskin gözlü.

ابصاری ibsârî: (A.) dikkatli bakış ile ilgili, görsel.

ابضاض ibzâz: (A.) kısma, gerekenden az verme.

ابضاع ibzâ': (A.) **1.**kârı kendisinde kalmak koşuluyla sermaye verme. **2.**kandırma. **3.**güzel konuşma.

ابط ibt: (A.) koltuk, koltuk altı.

ابطاء ibtâ': (A.) **1.**ağır davranma. **2.**geciktirme. **3.**gecikme.

ابطار ibtâr: (A.) **1.**şaşma. **2.**kapasite dışı eşya yükleme.

ابطاش ibtâş: (A.) sımsıkı tutma, kavrama.

ابطال ebtâl: (A.) cesurlar, yiğitler, dövüşçüler. ‖ * ricâl-i ~ رجال ابطال yiğit takımı.

ابطال ibtâl: (A.) **1.**iptal etme, hükümsüz kılma. **2.**yalan söyleme, saçmalama, zırvalama. ‖ * ~ -i hiss ابطال حس uyuşturma.

ابطاله ibtâle: (A.) boşuna, hükümsüz, bâtıl.

ابطاليات ibtâliyyât: (A.) boş sözler.

ابطح ebtah: (A.) kumlu dere.

ابطل ebtal: (A.) en anlamsız, en saçma, en bâtıl.

ابطنه ebtine: (A.) çukur, kuytu.

ابطيه ibtiyye: (A.) koltuk ile ilgili, koltuk altı ile ilgili. ‖ * hufre-i ~ حفره‌ء ابطيه koltuk altı çukuru.

ابظاظ ibzâz: (A.) semirme, toplama.

ابعاث ib'âs: (A.) gönderme.

ابعاد eb'âd: (A.) **1.**boyutlar. **2.**uzaklıklar. ‖ * ~ be hod giriften ابعاد به خود گرفتن boyut kazanmak. ‖ * ~ -i selâse ابعاد ثلاثه üç boyut. ‖ * be ~ -i به ابعاد boyutunda, eb'adında.

ابعاد ib'âd: (A.) **1.**uzaklaştırma. **2.**kovma. **3.**uzaklaştırılma. **4.**kovulma.

ابعاض eb'âz: (A.) kimileri, bazıları.

ابعد eb'ad: (A.) **1.**en uzak. **2.**yabancı. **3.**hain. **4.**yarar. ‖ * ~ -i ihtimâlât ابعد احتمالات en uzak olasılık.

ابغاض ibgâz: (A.) hınçlanma, hoşlanmama.

ابغض ebgaz: (A.) en çok hınç duyulan.

ابقا ibkâ: (A.) **1.**sürekli kılma. **2.**yerinde bırakma, olduğu gibi bırakma, bırakma. **3.**sınıfta bırakma. **4.**bırakılma. **5.**acıma, şefkat gösterme, bağışlama. ‖ * ~ -i mâkân alâ mâkân ابقاء ماكان على ماكان her şeyi yüz üstü bırakma, her şeyi olduğu gibi bırakma. ‖ * ~ -yi nâm ابقای نام adını ölümsüzleştirme, ad bırakma.

ابقاءً ibkâen: (A.) **1.**sürekli olarak. **2.**yerinde bırakarak, eski halinde bırakarak.

ابقر ebkar: (A.) çorak.

ابقى ebkâ: (A.) ölümsüz kılsın. ‖ * ~ llâhu zâtehuşşerîfi bissaltanatilkâhire ilâ inkırâziddeverân ابقى الله ذاته الشريف بسلطنة القاهره الى انقراض الدوران Allah onun şerefli zâtını, önünde durulmaz bir büyüklükle kıyamete kadar ölümsüz kılsın.

ابكا ibkâ: (A.) ağlatma.

ابكار ebkâr: (A.) **1.**bakireler, kızoğlan kızlar. **2.**ilk kez kullanılan mazmunlar. **3.**bâkir olan şeyler. ‖ * ~ -i efkâr ابكار افكار yepyeni fikirler. ‖ * ~ -i ma'ânî ابكار معانى yepyeni manalar, hiç düşünülmemiş manalar.

ابكار ibkâr: (A.) **1.**sabah erkenden kaldırmak. **2.**sabahlamak.

ابكاره ebkâre: **1.**tarım. **2.**tarım alanı.

ابكم ebkem: (A.) dilsiz, ağzı var dili yok. ‖ * ~ u lâl ابكم و لال dilsiz, suskun.

ابكمى ebkemî (A.-F.) [ebkem+î] dilsizlik.

ابكميت ebkemiyyet: (A.) dilsizlik.

ابل ebel: (A.) **1.**yağmur bulutu. **2.**develer.

ابل ibl: (A.) dişi deve.

ابل ebul: (A.) **1.**babası. **2.**erkek.

ابلاغ iblâg: (A.) **1.**ulaştırma. **2.**vardırma, yetiştirme. **3.**gönderme. **4.**ulaştırılma. **5.**yetiştirilme. **6.**gönderilme. **7.**bildirme.

ابلاغات iblâgât: (A.) bildirmeler, tebliğ etmeler.

ابلاغيه iblâgiyye: (A.) genelge.

ابلان iblân: (A.) iki dişi deve.

ابلد ebled: (A.) kalın kafalı.

ابلغ eblag: (A.) en beliğ, en düzgün.

ابلق eblak: (A.) **1.**alaca, ablak. **2.**(mec.) zaman. **3.**rengarenk. **4.**alabacak at.

ابلق چشم eblakçeşm: (A.-F.) [eblak+ çeşm] siyah beyaz gözlü.

ابلق سوار eblaksevâr (A.-F.) [<eblak+ sevâr] **1.**alacabacak ata binen. **2.**savaşçı.

ابلگ ebeleg: kıvılcım.

ابلم eblem: (A.) kalın dudaklı.

ابلمه ebleme: (A.) sıcak topraklarda yetişen bakla cinsinden bir bitki.

ابلوج eblûc: beyaz şeker.

ابلوچ eblûç: **1.**pudra şekeri. **2.**nebat şekeri.

ابلوک eblûk: iki yüzlü, şarlatan.

ابله ebleh: (A.) aptal, budala, ebleh, bön.

ابلهانه eblehâne: (A.-F.) [ebleh+âne] aptalca, eblehçe, budalaca, akılsızca.

ابله فریب · eblehfirîb (A.-F.) [ebleh+ firîften>firîb] aptal aldatan.

ابله فریبانه · eblehfirîbâne (A.-F.) [ebleh+ firîften> firîb+ âne] aptal aldatırcasına.

ابله گونه eblehgûne: (A.-F.) [ebleh+gûne] safdil.

ابله وش eblehveş: (A.-F.) [ebleh+veş] aptalca, aptal gibi.

ابلهی eblehî: (A.-F.) [ebleh+î] aptallık, eblehlik, akılsızlık.

ابلهیت eblehiyyet: (A.) aptallık, bönlük.

ابلی ebulî (Halk) teklifsiz konuşmalarda "arkadaş, ağam, dostum, kardeş" vs.

ابلی iblî: (A.) deveci.

ابلیس iblîs: (Yun.-A.) [<diabolos] **1.**şeytan, iblis. **2.**düzenbaz, hilekâr.

ابلیس اللعین iblîsulla'în: (A.) lanet olası şeytan.

ابلیسانه iblîsâne: (A.-F.) [iblîs+âne] **1.**iblisçe, şeytanca. **2.**kurnazca, düzenbazca.

ابلیم iblîm: (A.) **1.**bal. **2.**amber.

ابن ibn: (A.) oğul. ‖ * ~ -i alkame ابن علقمه İslâm tarihinde ilk denizseferine çıkan müfrezenin komutanlığını üstlenen sahâbi, Alkame b. Mucezzi. ‖ * ~ -i sebîl ابن سبیل yolcu. ‖ * ~ -i vakt ابن وقت zamana göre hareket eden, zamanın adamı. ‖ * ~ -i zengî ابن زنگی Şirazlı Sa'dî.

ابناء ebnâ': (A.) oğullar. ‖ * ~ -i beşer ابناء بشر insanoğulları. ‖ * ~ -i ins u cin ابناء انس و جن insanlar ve periler. ‖ * ~ -i sebîl ابناء سبیل yolculukta olanlar, yolcular. ‖ * ~ -yi âdem ابنای آدم insanoğulları, Âdem oğulları. ‖ * ~ -yi avâm ابنای عوام sıradan insanlar. ‖ * ~ -yi dehr ابنای دهر zamane insanları. ‖ * ~ -yi zemân ابنای زمان insanlar.

ابناخون ebnâhûn: kale, hisar.

ابن الحرم ibnulharem: (A.) gayrimeşrû çocuk.

ابن الخطاب ibnulhattâb: (A.) Hz. Ömer.

ابن الزمان ibnuzzemân: (A.) zamâne çocuğu.

ابن السبیل ibnussebîl: (A.) yolcu.

ابن الله ibnullâh: (A.) Allah'ın oğlu.

ابن الوقت ibnulvakt: (A.) zamana göre hareket eden, zamanın adamı.

ابنه obne: (A.) **1.**düğüm. **2.**sağlam düşünceli. **3.**düşmanlık. **4.**olağan dışı hastalık. **5.**(argo) ibne. **6.**homoseksüellik. **7.**(tıb.) bir tür makat hastalığı.

ابنه زده obnezede: (A.-F.) [obne+zeden> sed+e] **1.**(argo) ibne, homoseksüel erkek. **2.**rezil, nefret edilen kişi.

ابنیه ebniye: (A.) **1.**yapılar, binalar. **2.**temeller. **3.**kurallar. ‖ * ~ -yi hâssa ابنیهء خاصه padişaha ait binalar.

ابنیه ibniyye: (A.) ölenin kız torunu.

ابو ebû: (A.) baba.

ابواب ebvâb: (A.) **1.**kapılar. **2.**konular. **3.**bilim dalları. **4.**bâblar, bölümler.

ابو اسحاقی ebû ishâkî: (A.) bir tür şeffaf fîruze.

ابوالانف ebulenf: (A.) **1.**kibirli. **2.**büyük burunlu.

ابوالبشر ebulbeşer: (A.) Âdem, insanlığın babası.

ابو التاريخ ebuttârîh: (A.) tarihin babası, Herodot.

ابوالخير ebulhayr: (A.) **1.**iyiliğin babası. **2.**Ordu'ya bağlı bir yerleşim yeri.

ابوالذهب ebuzzeheb: (A.) zengin, para babası.

ابوالربيع eburrebî': (A.) çavuşkuşu, hüthüt, ibibik.

ابوالعبر ebuliber: (A.) utanmaz, terbiyesiz, edepsiz.

ابوالفتح ebulfeth: (A.) **1.**fetih babası. **2.**Fatih Sultan Mehmet.

ابوالفتوح والمغازى ebulfutûh velmagâzî: (A.) ·fetihlerin ve gazaların babası, Fatih Sultan Mehmet.

ابوالمورخين ebulmuverrihîn: (A.) tarihçilerin babası, Herodot.

ابوالنوم ebunnevm: (A.) **1.**uyku babası. **2.**haşhaş.

ابو الوقت ebulvakt: (A.) **1.**zamanın babası. **2.**renkten renge giren, fırıldak.

ابوالهول ebulhevl: (A.) **1.**korku babası. **2.**sfenks.

ابوت ubuvvet: (A.) babalık.

ابوتاً ubuvveten: (A.) babalık yönü ile, babalık bakımından.

ابو جهل ebû cehl: (A.) Ebû Cehil, Hz. Muhammed'in amcası.

ابوحميد ebûhamîd: (A.) ayı.

ابوحوميد ebûhûmîd: (A.) ayı.

ابود ubûd: (A.) ebedler, sonsuzluklar.

ابو دغل ebû degâl: (A.) direği çok uzun Arap gemisi.

ابو ظبى ebûzabî: (A.) (coğ.) Abu Dabi.

ابو عطا ebû etâ: (A.) (müz.) İran mûsikisinde bir makam.

ابوق ebûk: (A.) kaçan.

ابوقلمون ebûkalemûn: **1.**(zool.) bukalemun. **2.**(mec.) her gün başka bir renge giren insan, fırıldak. **3.**(mec.) dünya. **4.**janjanlı Anadolu ipeği.

ابول ebûl: (müz.) İran mûsikisinde bir makam.

ابوى ebevî: (A.) **1.**babalık. **2.** (halk) baba.

ابوين ebeveyn: (A.) ana baba, ebeveyn. ‖ * hukûk-i ~ حقوق ابوين anababa hakları.

ابه obbe: (T.) oba.

ابهاج ibhâc: (A.) sevindirme.

ابهال ibhâl: (A.) kendi haline bırakma.

ابهام ibhâm: (A.) **1.**kapalı konuşma. **2.**belirsizlik, ipham. **3.**işten uzaklaştırma. **4.**baş parmak. **5.**karmakarışık. ‖ * ~ -i lafzî ابهام لفظى ikizlilik. ‖ * ~ -i ma'nevî ابهام معنوى ikizanlam.

ابهامات ibhâmât: (A.) belirsizlikler.

ابهت ubbehet, ubhet: (A.) **1.**büyüklük, yücelik. **2.**mutluluk. **3.**kibirlenme.

ابهر ebher: (A.) **1.**en parlak. **2.**atardamar.

ابهريه ebheriyye: (A.) Ebherîlik tarikatı, 12. yüzyılda Ebû Reşîd Kutbüddîn Eb Bekr b. Ahmed b. Muhammed el-Ebherî tarafından kurulan tarikat.

ابهل ebhel: (A.) bir tür dağ servisi.

ابهم ebhem: (A.) dangalak, iki laf etmeyi beceremeyen.

ابهيرار ibhîrâr: (A.) gece yarısı olma.

ابى ebî: (gr.) –sız, -sızın.

ابى ebî: (A.-F.) [eb+î] babalık. ‖ * uht-i ~ اخت ابى hâlâ.

أبى ebî: (A.) baba.

ابيات ebyât: (A.) **1.**beyitler. **2.**evler.

ابيارى ebyârî: **1.**bir tür ipek. **2.**(zool.) bir tür güvercin. **3.**(zool.) bir tür kırlangıç.

ابيان ebyân: (A.) **1.**eli açık. **2.**yemekten iğrenen.

ابيب ebîb: eski Mısır takviminde bir ay, epifi, Nisan.

ابيز ebîz: kıvılcım.

ابيشم ebîşem: ipek.

ابى شمار ebîşumâr: sayısız.

ابيض ebyez: (A.) **1.**en beyaz. **2.** (mec.) kılıç. **3.**çiğ et. **4.**gençlik. ‖ * mevt-i ~ موت ابيض âni ölüm.

ابيضاض ibyizâz: ağarma, beyazlaşma.

ابیو ebîv: mavi.

ابیون obyûn: afyon.

اپار ipâr: yabanî kekik.

اپارتمان apartumân: (Fr.) apartman dairesi.

اپاره epâre: geniş ve düz.

اپتیکال optikal: (Fr.) optik.

اپرا opera: (Fr.) opera.

اپراتور operatur: (Fr.) operatör. ‖ * ~ -i kampiyotr اپراتور کامپیوتر bilgisayar operatörü.

اپراتوری operaturî: (Fr.-F.) [operatur+î] operatörlük.

اپرت operet: (Fr.) (müz.) operet.

اپرناک epornâk: (Peh.>F.) genç, delikanlı.

اپرنداخ eprendâh: geniş ve düz.

اپرون apron: (Fr.) apron.

اپرویز epervîz: fatih, muzaffer.

اپسان epsân: bileyi taşı.

اپسم epsem: (T.) sessiz, suskun, sâkin.

اپشک epşek: çiy, kırağı.

اپگانه epgâne: cenin.

اپورتونیست oportunist: (Fr.) oportunist.

اپیدمیولوژیست epidemiyolojist: (Fr.) epidemiyolojist.

اپیرنداخ epirendâh: geniş ve düz.

اپیشه epîşe: meslek.

اپیکوریه epiküriyye (Yunanca-A.) Epikürcülük.

اپیون epyun: afyon.

ات ât: (A.) çoğul eki.

اتآم it'âm: (A.) ikiz doğurma.

اتا ata: (T.) baba, ata.

اتاب itâb: (A.) yakasız ve kolsuz bayan mintanı.

اتابک atabek: (T.) **1.**büyükbaba. **2.**lala. **3.**başvezir. **4.**babalık. ‖ * ~ -i a'zam اتابک اعظم **1.**başvezir. **2.**padişah.

اتابکی atabekî: (T.-F.) [atabek+î] atabeylik.

اتابیگ atabeyg: (T.) atabek, atabey.

اتابیگی atabeygî: (T.-F.) [atabeyg+î] atabeylik.

اتاحه itâhe: (A.) hazırlayıp bildirme.

اتاد itâd: (A.) süt sağılırken ineğin ayağına bağlanan ip.

اتار itâr: (A.) **1.**peşini bırakmama. **2.**dikkat ve öfkeyle bakış.

اتاره itâre: (A.) **1.**peşini bırakmama. **2.**dikkat ve öfkeyle bakış.

اتاوه itâve: (A.) rüşvet verme.

اتاشه ataşe: (Fr.) ataşe. ‖ * ~ -i nizâmî اتاشهء نظامی askerî ataşe. ‖ * ~ -i ticâretî اتاشهء تجارتی ticarî ataşe.

اتاغ otâg: (T.) otağ, büyük çadır, padişah çadırı. ‖ * ~ -i humâyûn اتاغ همایون padişah çadırı.

اتاغگر otâgger (T.-F.) [otâg+ger] çadırcı.

اتاغگران otâggerân (T.-F.) [otâg+ger+ân] çadırcılar.

اتاغه otâge: sorguç.

اتاق otâk: (T.) **1.**oda. **2.**ev. **3.**otağ, büyük çadır, padişah çadırı. **4.**karöseri. ‖ * ~ -i amel اتاق عمل ameliyathane. ‖ * ~ -i bâzergânî اتاق بازرگانی ticaret odası. ‖ * ~ -i humâyûn اتاق همایون padişah otağı. ‖ * ~ -i intizâr اتاق انتظار bekleme odası. ‖ * ~ -i neşîmen اتاق نشیمن oturma odası. ‖ * ~ -i nigehbân اتاق نگهبان nöbetçi kulübesi. ‖ * ~ -i tahrîr اتاق تحریر çalışma odası.

اتاقک otâkek: (T.-F.) [otâk+ek] **1.**kabin. **2.**kamera. **3.**pilot kabini. ‖ * ~ -i nigehbânî اتاقک نگبانی nöbetçi kulübesi. ‖ * ~ -i telefon اتاقک تلفن telefon kulübesi.

اتاق گرفتن otâk giriften: oda tutmak.

اتالیق atalik: (T.) **1.**babalık. **2.**lala. **3.**koruyucu, hâmi.

اتالیق میرزا atalikmirzâ: (T.-F.) [atalik+ mirzâ] Safevîler döneminde bir makam.

اتاماژور atamajor: (Fr.) genelkurmay.

اتان etân: **1.**dişi eşek. **2.**yosunlu kaya.

اتاوه etâve: (A.) **1.**gelen. **2.**misafir.

اتاوه itâve: (A.) haraç.

اتئیسم ateism: (Fr.) ateizm.

اتباع etbâ': (A.) **1.**tâbiler, uyanlar. **2.**uyruklular. **3.**hizmetçiler, uşaklar.

‖ * ~ -i hârice اتباع خارجه yabancı uyruklular. ‖ * ~ u hadem اتباع و خدم bağlılar ve hizmetkârlar. ‖ * ~ vu e'vân اتباع و اعوان hizmetçiler ve uşaklar.

اتباع itbâ': (A.) **1.**kendine tabi etme. **2.**bir kelimenin ardından ona benzer ve anlamsız bir kelimenin tekrarlanması.

اتباع ittibâ': (A.) izinden gitme, uyma, peşinden gitme, tabi olma.

اتباعاً ittibâ'en: (A.) uyarak, peşinden giderek, tabi olarak.

اتبال itbâl: (A.) **1.**kaygılandırma. **2.**kaygılandırılma.

اتپسی otopsi: (Fr.) otopsi.

اتجار itticâr: (A.) ilaç kullanma.

اتجاه itticâh: (A.) bir yana dönme.

اتحاد ittihâd: (A.) **1.**birlik, birleşme. **2.**birlik antlaşması, birlik sözleşmesi. ‖ * ~ -i ârâ' اتحاد آراء oy birliği. ‖ * ~ -i İslâm اتحاد اسلام İslâm birliği, panislâmizm. ‖ * ~ -i umûmî اتحاد عمومی genel birlik. ‖ * be ~ -i ârâ' به اتحاد آراء oy birliğiyle.

اتحاد كردن ittihâd kerden: birleştirmek.

اتحاديه ittihâdiye: (A.) **1.**sendika. **2.**birlik. **3.**encümen. ‖ * ~ -i kârgerî اتحاديهء كارگری işçi sendikası.

اتحاف ithâf: (A.) **1.**hediye etme. **2.**hediye edilme. **3.**manen sunuş.

اتحافاً ithâfen: (A.) ithaf edilerek, manen sunularak.

اتحاف كردن ithâf kerden: **1.**ithaf etmek. **2.**hediye göndermek.

اتحاف نامه ithâfnâme (A.-F.) [ithâf+ nâme] ithaf yazısı.

اتحافيه ithâfiyye: (A.) ithaf yazısı.

اتخاذ ittihâz: (A.) **1.**alma, edinme. **2.**alınma, edinilme. **3.**kabul etme. **4.**öğrenme. **5.**tasarlama, planlama. **6.**kullanma. ‖ * ~ -i mukarrerât اتخاذ مقررات karar alma, karar alınması.

اتخاذ كردن ittihâz kerden: almak.

اتدان itdân: (A.) **1.**ıslatma. **2.**ıslatılma.

اتر eter: (Fr.) (kim.) eter.

اتراب etrâb: (A.) **1.**yaşıtlar. **2.**bekâr kızlar.

اتراب itrâb: (A.) toprak dökme, toprak saçma.

اتراح etrâh: (A.) kaygılar. ‖ * ~ -i kalb اتراح قلب iç sıkıntıları.

اتراز itrâz: (A.) **1.**kurutma. **2.**kurutulma.

اتراس etrâs: (A.) kalkanlar.

اتراع itrâ': (A.) doldurma.

اتراع ittirâ': (A.) solma.

اتراف etrâf: (A.) **1.**zarif şeyler. **2.**güzel yemekler.

اتراق oturak: (T.) mola, yolculuk sırasında verilen mola.

اتراق كردن oturak kerden: mola vermek, konaklamak.

اتراک etrâk: (A.) Türkler.

اتراک itrâk: (A.) terketme, bırakma.

اتربه etribe: (A.) topraklar.

اترج utruc: (A.) (bot.) turunç, ağaç kavunu.

اترجه utrucce: (A.) ağaç kavunu.

اترجی utrucî: **1.**limon rengi. **2.**bir tür yakut.

اترع etra': (A.) dere.

اتريش otriş: (coğ.) Avusturya.

اتريشی otrişî: (coğ.) Avusturyalı.

اتساخ ittisâh: (A.) **1.**kirlenme. **2.**paslanma.

اتساع ittisâ': (A.) **1.**genişleme. **2.**genleşme. **3.**genişlik. **4.**servet. **5.**bolluk. **6.**kaplam.

اتساع پيدا كردن ittisâ' peydâ kerden: **1.**genişlemek. **2.**genleşmek.

اتساع دادن ittisâ' dâden: genişletmek.

اتساع داشتن ittisâ' dâşten: kapasitesi olmak.

اتساعی ittisâ'î: (A.) genişlikle ilgili, bollukla ilgili.

اتساع يافتن ittisâ' yâften: **1.**genişlemek. **2.**zenginleşmek.

اتساعيت ittisâ'iyyet: (A.) kapsamlılık.

اتساق ittisâk: (A.) düzene girme, sıralanma.

اتشاج ittişâc: (A.) akrabalık.

اتشه atteşe: ataşe.

اتصاف ittisâf: (A.) 1.nitelenme, vasıflanma. 2.övülme. 3.hakkını alma.

اتصاف ittisâf: (A.) 1.nitelenme, vasıflanma. 2.tavır takınma.

اتصال ittisâl: (A.) 1.birleşme, kavuşma. 2.bitişik. 3.yakınlık. 4.birbirine dokunma. ‖ * ukde-i ~ عقدهء تصال birleşme düğümü.

اتصالاً ittisâlen: (A.) sürekli, devamlı.

اتصالات ittisâlât: (A.) istihkamları birbirine bağlayan yollar.

اتصال داشتن ittisâl dâşten: bağlanmak, birleşmek.

اتصالى ittisâlî: (A.) 1.birleşik. 2.elektrik kontağı.

اتصال يافتن ittisâl yâften: birleşmek.

اتصام ittisâm: (A.) 1.dağlama, işaret vurma. 2.süsleme.

اتضاح ittizâh: (A.) açığa çıkma, ortaya çıkma, açıklık kazanma.

اتضاع ittizâ': (A.) 1.alçakgönüllülük. 2.devenin başını yere yaklaştırma.

اتطان ittitân: (A.) vatan tutma, yurt tutma.

اتعاد itti'âd: (A.) randevu verme.

اتعاس itti'âs: (A.) öldürme.

اتعاظ ittiâz: (A.) öğüt dinleme.

اتفاق ittifâk: (A.) 1.birleşme. 2.anlaşma. 3.refah. 4.olay. 5.takdir. 6.tesadüfen. ‖ * ~ -i ârâ' به اتفاق آراء oy birliği ile. ‖ * ~ râ اتفاق را tesadüfen. ‖ * be ~ به اتفاق birlikte. ‖ * ber haseb-i ~ بر حسب اتفاق tesadüfen. ‖ * be tovr-i ~ بطور اتفاق tesadüfen.

اتفاقاً ittifâken: (A.) tesadüfen, rastgele.

اتفاقات ittifâkât: (A.) 1.sözleşmeler, uzlaşmalar. 2.tesadüfler.

اتفاق افتادن ittifâk oftâden: olmak, meydana gelmek, gerçekleşmek.

اتفاق پذير ittifâkpezîr (A.-F.) [ittifâk+ pezîruften> pezîr] 1.olabilir, gerçekleşebilir. 2.ittifakı kabul eden.

اتفاق دادن ittifâk dâden: muvafakat etmek.

اتفاق داشتن ittifâk dâşten: birleşmek, hemfikir olmak, görüş birliğinde olmak.

اتفاق رخ دادن ititfâk ruh dâden: olmak, meydana gelmek, yüz göstermek.

اتفاق روى دادن ittifâk rûy dâden: olmak, meydana gelmek, yüz göstermek, vukû bulmak.

اتفاق كردن ittifâk kerden: görüş birliğine varmak.

اتفاقى ittifâkî: (A.) 1.ansızın, beklenmedik, berdenbire. 2.sözleşmeyle ilgili, birleşmeyle ilgili. 3.tesadüfî.

اتفاقيات ittifâkiyyât: (A.) tesadüfî şeyler.

اتفاقيه ittifâkiyye: (A.) 1.sözleşmeyle ilgili, birleşmeyle ilgili. 2.tesadüfî. 3.vesilecilik.

اتفال itfâl: (A.) kötü beden kokusu.

اتقاء ittikâ': (A.) 1.sakınma. 2.günahtan uzak durma.

اتقار ittikâr: (A.) vakar sahibi olma.

اتقان itkân: (A.) 1.sağlamlaştırma. 2.sağlama alma. 3.inanma, emin olma.

اتقان ittikân: (A.) kesin olarak bilme.

اتقى etkâ: (A.) günahtan en çok çekinen, en çok takva sahibi.

اتقياء etkiyâ': (A.) günahtan sakınanlar, takva sahipleri.

اتكاء itkâ': (A.) dayanma, dayanak kullanma.

اتكاء ittikâ': (A.) 1.dayanma, yaslanma. 2.güvenme. ‖ * merkez-i ~ مركز اتكا dayanma noktası. ‖ * nokta-i ~ نقطهء اتكا dayanma noktası.

اتكا كردن ittikâ kerden: 1.dayanmak, yaslanmak. 2.güvenmek.

اتكال ittikâl: (A.) 1.tevekkül etme, Tanrı'ya güvenme, her şeyi Tanrı'ya bırakma. 2.teslim olma. ‖ * ~ be hodâ اتكال به خدا Allah'a tevekkül etme, Allah'a bırakma.

اتلاء itlâ': (A.) başkasına bırakma.

اتلاد etlâd: (A.) evde doğmuş cariyeler.

اتلاد itlâd: (A.) eski mal sahibi etme.

اتلاف itlâf: (A.) **1.**telef etme, öldürme. **2.**boşuna harcama. **3.**yok etme. ‖ * ~ -i vakt اتلاف وقت vakit öldürme. ‖ * ~ -i vakt kerden اتلاف وقت کردن vakit öldürmek.

اتلاف کردن itlâf kerden: **1.**telef etmek. **2.**israf etmek.

اتلال etlâl: (A.) tepeler.

اتلال itlâl: (A.) **1.**hayvanı yedekte çekme. **2.**damlatma.

اتلیغ atlig: (T.) **1.**cesur binici. **2.**ünlü kişi.

اتم etemm: (A.) mükemmel, en iyi. ‖ * be nahv-i ~ بنحو اتم mükemmel olarak, tam olarak. ‖ * be vech-i ~ بوجه اتم mükemmel olarak, tam olarak.

اتم atom: (Fr.) atom.

اتمام itmâm: (A.) **1.**tamamlama, bitirme. **2.**bitme. **3.**doğumun yaklaşması. ‖ * ~ -i maslahat اتمام مصلحت işin bitirilmesi. ‖ * ~ -i huccet اتمام حجت ültimatom. ‖ * be ~ resânden, resânîden به اتمام رساندن ، رسانیدن bitirmek, tamamlamak. ‖ * be ~ resîden به اتمام رسیدن bitmek, tamamlanmak.

اتمام کردن itmâm kerden: bitirmek, tamamlamak.

اتمسفر atmosfer: atmosfer.

اتمی atomî: (Fr.-F.) [atom+î] atom ile ilgili. ‖ * bomb-i ~ بمب اتمی atom bombası. ‖ * nîrûgâh-i ~ نیروگاه اتمی atom santrali, nükleer santral. ‖ * nîrû-yi ~ نیروی اتمی nükleer güç, atom gücü. ‖ * zîrderyâî-yi ~ زیردریائی اتمی nükleer denizaltı.

اتنان itnân: (A.) hastalık nedeniyle çocuğun gelişmemesi.

اتو utu (Rus.) [<utiuk] ütü. ‖ * ~ -yi berkî اتوی برقی elektrikli ütü. ‖ * ~ -yi (şelvâr-i) kesî herbuze karç kerden اتوی (شلوار) کسی خربزه قارچ کردن (pantolonu) jilet gibi ütülü olmak.

اتوبوس otobus: (Fr.) otobüs. ‖ * ~ -i berkî اتوبوس برقی troleybüs. ‖ * ~ -i do tabaka اتوبوس دو طبقه iki katlı otobüs. ‖ * ~ -i musâfirberî اتوبوس مسافربری yolcu otobüsü.

اتوبوس رانی otobusrânî: (Fr.-F.) [otobus+ rânden>rân+î] **1.**otobüsçülük. **2.**otobüs işletmesi.

اتوبوس گرفتن otobus giriften: otobüse binmek.

اتوبیوگرافی otobiografi: (Fr.) otobiyografi.

اتو زدن utu zeden: ütü yapmak, ütülemek.

اتوشویی otoşûyî: (Fr.-F.) [oto+şosten> şûy+î] **1.**oto yıkama. **2.**oto kuaförü, oto yıkamacı.

اتوکار otokar: (Fr.) otobüs.

اتو کردن utu kerden: ütü yapmak, ütülemek.

اتوکش utukeş (Rus.-F.) [utu+keşîden> keş] ütücü, kuru temizlemeci.

اتوکشی utukeşî: ütücülük.

اتو کشیدن utu keşîden: ütü yapmak, ütülemek, ütü çekmek.

اتوم atom: atom.

اتوماتیک utumatik: (Fr.) otomatik.

اتومبیل otomobil: (Fr.) otomobil. ‖ * ~ -i kirâyeî اتومبیل کرایه ای kiralık otomobil. ‖ * ~ -i musâbaka اتومبیل مسابقه yarış arabası. ‖ * ~ -i sevârî اتومبیل سواری binek otomobil.

اتومبیل رانی otomobilrânî: (Fr.-F.) otomobil işletmesi.

اتومبیل رو otomobilrov: (Fr.-F.) [otomobil+ reften>rev] motorlu taşıt yolu.

اتومبیل سازی otomobilsâzî: (Fr.-F.) [otomobil+sâhten>sâz+î] oto imalatı. ‖ * kârhâne-i ~ کارخانهء اتومبیل سازی otomobil fabrikası.

اتوموبیل otomobil: (Fr.) otomobil.

اتون atun, ettun: **1.**külhan. **2.**demir ateşlik. **3.**tandır.

اتهاب ittihâb: (A.) hibe kabul etme.

اتهام ithâm: (A.) suçlama, töhmette bulunma.

اتهام ittihâm. (A.) suçlama, kötüleme, itham,

اتهام كردن ittihâm kerden: suçlamak, itham etmek.

اتهامات ithâmât: (A.) suçlamalar.

اتهامكار ithâmkâr (A.-F.) [ithâm+kâr] suçlayıcı, itham edici.

اتهام نامه ithâmnâme (A.-F.) [ithâm+nâme] savcının iddianamesi.

اتهام وارد آوردن ittihâm vârid âverden: suçlamada bulunmak, suçlamak.

اتهامى ithâmî: (A.) itham ile ilgili, suçlama ile ilgili.

اتيان ityân: (A.) **1.**gelme. **2.**olma. **3.**getirme. **4.**yok etme. **5.**belanın veya düşmanın yaklaşması. ‖ * ~ bemesel اتيان بمثل bir şeyi örnek getirme.

اتيكت etiket: (Fr.) **1.**etiket. **2.**saygı kuralları, âdâb.

اتيلن etilen: (Fr.) (kim.) etilen.

اتيوپى etyopi: (coğ.) Etyopya.

اثاث esâs: (A.) **1.**ev eşyası. **2.**mobilya. **3.**mal. ‖ * ~ -i beyt اثاث بيت ev eşyası.

اثاث isâs: (A.) kıvır kıvır saç.

اثاثه esâse: (A.) **1.**ev eşyası. **2.**eşya.

اثاثيه esâsiyye: (A.) **1.**ev eşyası. **2.**eşya.

اثار isâr: (A.) süt torbası.

اثاره isâre: (A.) **1.**intikam alma. **2.**kışkırtma. **3.**toz kaldırma.

اثافى esâfî: ocak.

اثأب es'ab: misvak ağacı.

اثام isâm: (A.) ceza.

اثاوه isâve: (A.) gammazlık.

اثبات esbât: (A.) güvenilir insanlar.

اثبات isbât: (A.) **1.**kanıtlama, ispat. **2.**var etme. **3.**tanık. ‖ * ~ -i vucûd اثبات وجود hazır olma, bulunma, varlık gösterme.

اثباتا isbâten: (A.) kanıtlayarak.

اثبات كردن isbât kerden: kanıtlamak, ispat etmek.

اثباتى isbâtî: (A.) ispata dayalı, ispat ile ilgili.

اثباتيه isbâtiyye: (A.) pozitivizm, olguculuk.

اثخان ishân: (A.) **1.**ısıtma, kızdırma. **2.**ısıtılma, kızdırılma.

اثر eser: (A.) **1.**işaret. **2.**iz. **3.**hadis. **4.**sahabe sözü. **5.**tesir. **6.**eser, yapıt. **7.**özellik. **8.**ayak izi. **9.**basılı olan veya olmayan kitap. ‖ * ~ becâ guzâşten اثر بجا گذاشتن etkilemek, etki altında bırakmak. ‖ * ~ -i enguşt اثر انگشت parmak izi. ‖ * ~ -i tesâduf اثر تصادف tesadüfen. ‖ * ber ~ -i بر اثر sonucunda, neticesinde, dolayısıyla. ‖ * ber ~ -i kesî bûden بر اثر كسى بودن birin peşinden gitmek, birinin izinde olmak.

اثر isr: (A.) **1.**iz. **2.**gidiş, yol.

اثر usur: (A.) yara izi.

اثرات eserât: (A.) izler.

اثرب esrib: (A.) Medine.

اثر بجا گذاشتن eser becâ gozâşten: tesir etmek.

اثربخش eserbahş: (A.-F.) [eser+ bahşîden> bahş] etkileyen, tesir eden.

اثر بستن eser besten: iz bulmak.

اثرپذير eserpezîr: (A.-F.) [eser+ pezîruften> pezîr] etkilenebilir, etkilenir, etkilenen.

اثر پذيرفتن eser pezîruften: etkilenmek.

اثرپذيرى eserpezîrî: (A.-F.) [eser+ pezîruften>pezîr+î] etkilenme.

اثردار eserdâr: (A.-F.) [eser+dâşten>dâr] etkili, etkileyici.

اثر داشتن eser dâşten: etkili olmak, etkisi olmak.

اثرطراز eserterâz: (A.-F.) [eser+terâz] **1.**tarih yazarı. **2.**yazar.

اثر كردن (در) eser kerden: **1.**etkilemek. **2.**tesir etmek, işlemek. **3.**kabul olmak.

اثر گذاشتن eser gozâşten: etki etmek, tesir etmek.

اثر گرفتن eser giriften: etkilenmek.

اثرم esrem: (A.) kırık dişli, dökük dişli.

اثر ماندن eser mânden: eser kalmak, iz kalmak.

اثره esre: (A.) sonuç.

اثره usre: (A.) **1.**söz nakli. **2.**atalardan gelen şan.

اثری eserî: (A.) **1.**sonuç. **2.**güzel eşyayı kendine saklayan.

اثعبی es'abî: (A.) güzel ve beyaz göz.

اثعار is'âr: (A.) diş çıkarma.

اثفیه usfiyye: (A.) sacayak.

اثقاب iskâb: (A.) ateş yakma.

اثقال eskâl: (A.) **1.**yükler. **2.**ağırlıklar. **3.**kıymetli eşyalar.

اثقال iskâl: (A.) **1.**ağır yükletme. **2.**ağır yükletilme.

اثقل eskal: (A.) **1.**en ağır. **2.**en kaba, en çirkin.

اثل esl: (A.) karaılgın ağacı.

اثلاث eslâs: (A.) üçtebirler.

اثلاث islâs: (A.) **1.**üçe bölme. **2.**üçleme.

اثلاج islâc: (A.) **1.**karlanma. **2.**kar yağdırma.

اثلال eslâl: (A.) karaılgın ağaçları.

اثلب esleb: (A.) **1.**ben. **2.**çerçöp.

اثلق eslak: (A.) beş parmak otu.

اثلم eslem: (A.) **1.**kanyon. **2.**gedik, yarık. **3.**oluklu kılıç.

اثله esele: (A.) (bot.) karaılgın ağacı.

اثم ism: **1.**günah. **2.**şarap. **3.**kabahat. **4.**kumar.

اثمار esmâr: (A.) meyveler. ‖ * ~ -i bunyehîz اثمار بنیه خیز vücuda yararlı meyvalar.

اثمار ismâr: (A.) meyve verme.

اثمام ismâm: (A.) **1.**tamamlama. **2.**sona erdirme, bitirme.

اثمان esmân: (A.) değerler, fiyatlar.

اثمد esmed, ismid: (A.) sürme taşı, antimon.

اثنا esnâ: (A.) esna, sıra, ara, iken, sırasında. ‖ * ~ -yi اثنای iken, sırasında, zamanı. ‖ * der in ~ در این اثنا bu sırada, bu esnada, bu aralık. ‖ * der ~ î ki در اثنائی که esnasında, sırasında, -diği sırada. ‖ * der hemin ~ در همین اثنا tam bu sırada.

اثنا isnâ: (A.) **1.**değerini arttırma. **2.**bir yerde uzun süre bulunma.

اثناء isnâ': (A.) **1.**şükretme. **2.**övme.

اثنا عشر isnâ'aşer: (A.) **1.**on iki. **2.**(tıb.) on iki parmak bağırsağı. ‖ * verem-i ~ ورم اثنا عشر (tıb.) on iki parmak bağırsağı yarası ve şişmesi.

اثنا عشری isnâ'aşerî: (A.) şiî, on iki imama inanan.

اثنا عشریه isnâ'aşeriyye: şiîlik, on iki imama inanma, isnâaşerîlik.

اثنان isnân: (A.) **1.**iki. **2.**iki kişi. **3.**pazartesi.

اثنتا عشره isnetâ'aşere: (A.) on iki.

اثنتین isneteyn: (A.) iki.

اثنوی isnevî: (A.) **1.**pazartesiye ait. **2.**pazartesileri oruç tutan.

اثنی isnâ: (A.) iki.

اثنی عشر isnâ'aşer: (A.) oniki. ‖ * em'â-i ~ امعاء اثنی عشر oniki parmak bağırsağı.

اثنی عشریه isnâ 'aşeriye: (A.) Şiîlik.

اثنین isneyn: (A.) **1.**iki. **2.**pazartesi.

اثنینیت isneyniyyet: (A.) ikilik, dualite.

اثنیه esniye: (A.) övgüler. ‖ * ~ -i seniyye اثنیهء سنیه padişaha övgüler.

اثنیه خوان esniyehân (A.-F.) [esniye+hânden>hân] övgüde bulunan, dualar eden.

اثواب esbvâb: (A.) giysiler.

اثوابی esvâbî: (A.) padişahın giyim işleriyle ilgilenen görevli.

اثوم esûm: (A.) çok günahkar.

اثیر esîr (Rumca>A.) **1.**atmosfer, hava, gökyüzü. **2.**yüce, yüksek. **3.**evreni dolduran, gözle görülmez, akışkan cisim.

اثیره esîre: (A.) sonuç.

اثیری esîrî: (A.) **1.**atmosferik. **2.**hafif ve her tarafa yayılan.

اثیل esîl: (A.) otoriter.

اثیم esîm: (A.) **1.**günahkâr. **2.**yalancı. **3.**Sâsânî padişahı Yezdigerd'in lakabı.

اج ac: kabak.

اجابت icâbet: (A.) **1.**cevap verme. **2.**kabul etme. **3.**uygun görme, muvafakat etme. **4.**(tıb.) dışkı çıkarma. ‖ * ummet-i ~ امت اجابت Müslümanlar.

اجابت شدن icâbet şoden: kabul edilmek, yerine getirilmek.

اجابت فرمودن icâbet fermûden: kabul etmek.

اجابت کردن icâbet kerden: 1.kabul etmek. 2.icabet etmek. 3.(tıb.) dışkı çıkarmak.

اجابتگاه icâbetgâh (A.-F.) [icâbet+gâh] kabul yeri.

اجابت لرزان icâbetlerzân (A.-F.) [icâbet+ lerzîden> lerz+ân] kabul titreyişi.

اجابةً icâbeten: (A.) uyarak.

اجاج ucâc: (A.) acı su, tuzlu su.

اجاح icâh: (A.) örtü, perde.

اجاد icâd: (A.) kapı ve pencere üstü kemeri.

اجادت icâdet: (A.) 1.iyi yapma, hakkıyla yerine getirme. 2.iyi yapılma.

اجاده icâde: (A.) 1.iyi yapma, hakkıyla yerine getirme. 2.iyi yapılma.

اجار iccâr: (A.) çatı, dam.

اجارات icârât: (A.) kiralar, kira gelirleri.

اجارتين icâreteyn: (A.) bir şeyden yararlanma karşılığı olarak kısmen peşin ve kısmen belirli zamanlarda ödenmesi şart koşulmuş kira bedeli.

اجاره icâre: (A.) 1.kiraya verme. 2.kira. 3.kıralama. 4.bırakma. ‖ * ~ -i mesken اجارهء مسكن konut kirası.

اجاره ای icâreî: (A.-F.) [icâre+î] kiralık. ‖ * hâne-i ~ خانهء اجاره ای kiralık ev. ‖ * hâne-i ~ -i mobleman خانهء اجاره ایء مبله مان kiralık dayalı döşeli ev, kiralık möbleli ev.

اجاره بندى icârebendî: (A.-F.) [icâre+ besten>bend+î] kira tespiti.

اجاره بها icârebehâ: (A.-F.) [icâre+behâ] kira bedeli.

اجاره دادن icâre dâden: kiraya vermek.

اجاره دار icâredâr: (A.-F.) [icâre+dâşten> dâr] 1.emlakçı. 2.kiralık mülk sahibi. 3.kiracı.

اجاره دارى icâredârî: (A.-F.) icâre+ dâşten> dâr+î] 1.emlakçılık. 2.kiracılık.

اجاره ده icâredih: (A.-F.) [icâre+dâden> dih] kiraya veren.

اجاره كردن icâre kerden: kiralamak.

اجاره نامچه icârenâmçe: (A.-F.) [icâre+ nâm+çe] kira sözleşmesi.

اجاره نامه icârenâme: (A.-F.) [icâre+ nâme] kira kontratı, kira sözleşmesi.

اجاره نشين icârenişîn: (A.-F.) [icâre+ nişesten>nişîn] kiracı, kirada oturan.

اجاره نشينى icârenişînî: (A.-F.) [icâre+ nişesten>nişîn+î] kiracılık, kirada oturma.

اجاره يى icâreyî: (A.-F.) [icâre+y+î] kiralık.

اجارى icârî: (A.) kiralık.

اجازت icâzet: (A.) 1.izin. 2.diploma.

اجازت نامه icâzetnâme (A.-F.) [icâzet+ nâme] diploma.

اجازت دادن icâzet dâden: izin vermek.

اجازه داشتن icâze dâşten: izinli olmak, izin almak.

اجازه فرمودن icâze fermûden: izin vermek.

اجازه icâze: (A.) 1.izin. 2.ruhsat. 3.izin verme. 4.ödül verme, ödüllendirme. 5.diploma.

اجازه خواستن icâze hâsten: izin istemek.

اجازه خواه icâzehâh: (A.-F.) [icâze+ hâsten> hâh] izin isteyen.

اجازه دادن icâze dâden: 1.izin vermek. 2.icâze vermek diploma vermek.

اجازه داشتن icâze dâşten: izinli olmak.

اجازه فرمودن icâze fermûden: izin vermek.

اجازه كردن icâze kerden: uygun görmek.

اجازه گرفتن icâze giriften: izin almak.

اجازه نامه icâzenâme: (A.-F.) [icâze+ nâme] ruhsatname, izin belgesi.

اجازه يافتن icâze yâften: izin almak.

اجاص iccâs: (A.) erik.

اجاعه icâ'a: (A.) aç bırakma.

اجاغ ocâg: (T.) **1.**ocak. **2.**fırın. **3.**tandır.

اجاق ocâk: (T.) **1.**ocak. **2.**hanedan. **3.**sülâle. **4.**keramet sahibi. **5.**tuvalet taşı. **6.**ateş. ‖ * ~ eş kûr est اجاقش کور است (halk) çocuğu olmaz, doğuramaz, kısırdır. ‖ * ~ -i alkolî اجاق الکلی ispirto ocağı. ‖ * ~ -i berkî اجاق برقی elektrik ocağı. ‖ * ~ -i elektirîkî اجاق الکتریکی elektrik ocağı. ‖ * ~ -i gâz اجاق گاز gaz ocağı. ‖ * ~ -i kesî hâmûş şoden اجاق کسی خاموش شدن (halk) evlatsız kalmak, ocağı sönmek. ‖ * ~ -i kesî râ hâmûş kerden اجاق کسی را خاموش کردن ocağını söndürmek. ‖ * ~ -i mikroviye اجاق میکروویه mikrodalga fırın.

اجاق زاده ocâkzâde: (T.-F.) [ocâk+zâden> zâd+e] **1.**soylu, asil. **2.**asker çocuğu.

اجاق کور ocâkkûr: (T.-F.) [ocâk+kûr] kısır kadın.

اجاله icâle: (A.) **1.**dolaştırma, gezdirme. **2.**dolaştırılma, gezdirilme. ‖ * ~ -i kalem اجالهء قلم kalem oynatma.

اجام icâm: (A.) **1.**ağaçlıklar. **2.**sazlıklar. **3.**çalılıklar. **4.**arslan yatakları.

اجامر ecâmir: (A.) ayak takımı. ‖ * ~ u evbâş اجامر و اوباش ayak takımı.

اجامره ecâmire: (A.) insan toplulukları.

اجانب ecânib: (A.) yabancılar.

اجانه iccâne: (A.) **1.**tekne. **2.**leğen.

اجاهل ecâhil: (A.) zırcahiller.

اجبار icbâr: (A.) zorlama, zora koşma, mecbur etme. ‖ * ~ -i nefs اجبار نفس kendini zorlama. ‖ * ez rûy-i ~ از روی اجبار zorlayarak.

اجبارا icbâren: (A.) zorunlu olarak, ister istemez, mecburen.

اجباری icbârî: (A.) **1.**zorunlu, mecburi. **2.**zoraki.

اجباری شدن icbârî şoden: zorunlu olmak.

اجباری کردن icbârî kerden: zorunlu kılmak.

اجبه ecbe: (A.) geniş alınlı.

اجتباء ictibâ': (A.) **1.**seçme. **2.**toplama. **3.**vergi toplama.

اجتبائیت ictibâ'iyyet: (A.) seçkinlik.

اجتباذ ictibâz: (A.) kendine çekme.

اجتثاث ictisâs: (A.) kökünden sökme, söküp koparma.

اجتذاب ictizâb: (A.) **1.**cezbetme, çekme. **2.**çalma. **3.**sündürme, çekip uzatma.

اجتذال ictizâl: (A.) sevinme.

اجتراء ictirâ': (A.) cür'et bulma, cesaret etme.

اجتراح ictirâh: (A.) el emeğiyle geçinme.

اجترار ictirâr: (A.) **1.**geviş getirme. **2.**gevme. **3.**gevilme.

اجتراع ictirâ': (A.) bir yudumda içme, bir defada içme.

اجترام ictirâm: (A.) **1.**suç işleme. **2.**günaha girme.

اجتزاز ictizâz: (A.) **1.**ot biçme, çim biçme. **2.**yün kırkma.

اجتزاع ictizâ': (A.) ağaç kesme.

اجتسار ictisâr: (A.) cesaretlenme, cür'et etme.

اجتساس ictisâs: (A.) araştırma, arama.

اجتفاء ictifâ': (A.) kökünden koparma.

اجتلاب ictilâb: çekme, sürükleme.

اجتمار ictimâr: (A.) tütsülenme.

اجتماع ictimâ': (A.) **1.**toplantı. **2.**toplanma. **3.**toplum. **4.**yığılma. **5.**kavuşum. **6.**toplum. ‖ * ~ -i neyyireyn اجتماع نیرین güneş ile ayın bir doğru üzerine gelmeleri. ‖ * ~ -i umûmî اجتماع عمومی genel kurul.

اجتماعات ictimâ'ât: (A.) toplantılar. ‖ * tâlâr-i ~ تالار اجتماعات toplantı salonu.

اجتماع کردن ictimâ' kerden: toplanmak, bir araya gelmek.

اجتماعی ictimâî: (A.) **1.**toplumsal, sosyal. **2.**sosyalist. ‖ * emniyyet-i ~ امنیت اجتماعی sosyal güvence. ‖ * endâzegîrî-i ~ اندازه گیری ء اجتماعی sosyometri, toplumölçüm. ‖ * kânûn-i ~ قانون اجتماعی sosyal kanun. ‖ * mevki'iyyet-i ~ موقعیت اجتماعی sosyal konum.

اجتماعیات ictimâiyyât: (A.) toplumbilim, sosyoloji.

اجتماعیت ictimâiyyet: (A.) sosyallik.

اجتماعیون ictimâiyyûn: (A.) sosyalistler.

اجتماعیه ictimâiyye: (A.) sosyal.

اجتناء ictinâ': (A.) devşirme, derme.

اجتناب ictinâb: (A.) kaçınma, uzak durma.

اجتناب پذیر ictinâbpezîr: (A.-F.) [ictinâb+ pezîruften>pezîr] kaçınılabilir.

اجتناب داشتن ictinâb dâşten: kaçınmak.

اجتناب کردن ictinâb kerden: kaçınmak, uzak durmak.

اجتناب گرفتن ictinâb giriften: kaçınmak, uzak durmak.

اجتناب ناپذیر ictinâbnâpezîr: (A.-F.) [ictinâb+nâ+pezîruften>pezîr] kaçınılmaz.

اجتناب ورزیدن ictinâb verzîden: kaçınmak, uzak durmak.

اجتناح ictinâh: (A.) **1.**eğilme. **2.**secde ederken eller yerdeyken dirseklerini iyice yana açma.

اجتواء ictivâ': (A.) iğrenme, tiksinme.

اجتوار ictivâr: (A.) komşu olma, komşuluk.

اجتهاد ictihâd: (A.) **1.**gücü yettiğince çalışma. **2.**belirli bir hukuksal sorun karşısında hukukçuların görüşü veya belirli bir uyuşmazlık üzerine mahkemelerce verilen kararlar. **3.**yetkili fıkıh bilginlerinin Kur'ân ve hadise dayanarak ortaya koydukları şer'î düstur. **4.**görüş.

اجتهادات ictihâdât: (A.) **1.**içtihatlar, hukuksal sorun karşısında hukukçuların görüşleri veya mahkemeler tarafından verilen kararlar. **2.**yetkili fıkıhçıların Kur'ân ve hadise dayanarak ortaya koydukları şer'î düsturlar.

اجتهاد کردن ictihâd kerden: içtihatta bulunmak.

اجتهادی ictihâdî: (A.) içtihat ile ilgili.

اجتهادیه ictihâdiyye: (A.) içtihat ile ilgili.

اجتهار ictihâr: (A.) **1.**ortada olma, aşikâr olma. **2.**askeri çoğaltma.

اجتیاز ictiyâz: (A.) geçip gitme.

اجتیال ictiyâl: (A.) dolaşma.

اجثاء icsâ': (A.) dize getirme, çöktürme.

اجحاف ichâf: (A.) **1.**aşırı fiyatla satma. **2.**zulmetme. **3.**zarar verme. **4.**yaklaşma. **5.**cinsel ilişki kurma. **6.**eksiltme.

اجداث ecdâs: (A.) mezarlar. ‖ * ~ -i ecdâd اجداث اجداد ataların mezarları, ecdat mezarları.

اجداد ecdâd: (A.) atalar, evdat.

اجدادی ecdâdî: (A.) atalarla ilgili, atalara ait.

اجداف icdâf: (A.) bağırıp çağırma.

اجدان icdân: (A.) sonradan görme, sonradan zengin olan.

اجدر ecder: (A.) en yaraşır, en layık.

اجدع ecda': (A.) kesik burunlu, kümük.

اجذال eczâl: (A.) tomruklar.

اجذال iczâl: (A.) sevindirme.

اجذام iczâm: (A.) kesme.

اجذم eczem: (A.) **1.**cüzzamlı. **2.**eli kesik.

اجر ecr: (A.) **1.**ecir. **2.**ödül, mükâfat. **3.**mehir. **4.**sevap. ‖ * ~ -i cezîl اجر جزیل bol sevap. ‖ * ~ -i misl اجر مثل benzerlerine bakılarak değer tayini.

اجرا icrâ: (A.) **1.**akıtma. **2.**akıtılma. **3.**uygulama, yürütme, yerine getirme. **4.**uygulanma, yürütülme, yerine getirilme. **5.**musikî parçasını çalıp söyleme. **6.**bir mahkeme kararını veya idarî kararı yerine getirme. **7.**devlet yönetiminde hükümetin temsil ettiği yürütme gücü. ‖ * be ~ guzâşten به اجرا گذاشتن icraya vermek. ‖ * be movki'-i ~ guzâşten/guzârden به موقع اجرا گذاشتن/ گذاردن **1.**icra etmek. **2.**dediğini uygulamak. ‖ * be muvrid-i ~ guzâşten به مورد اجرا گذاشتن yürürlüğe sokmak. ‖ * der mahall-i ~ karâr dâden در محل اجرا قرار دادن uygulamak, uygulamaya koymak. ‖ * der mahall-i ~ karâr giriften در محل اجرا قرار گرفتن uygulanmak, uygulamaya koyulmak.

اجرا آت icrâ'ât: (A.) uygulamalar, yapılanlar.

اجرائى icrâî: (A.) icra ile ilgili, yürütme ile ilgili.

اجرائيات icrâiyyât: (A.) yürütme ile ilgili işler.

اجرائيه icrâiye: (A.) yürütme ile ilgili. ‖ * kudret-i ~ قدرت اجرائيه yürütme gücü. ‖ * komite-i ~ كميتهء اجرائيه yürütme komitesi.

اجرائيه صادر كردن icrâiye sâdir kerden: icraya vermek.

اجراپذير icrâpezîr: (A.-F.) [icrâ+ pezîruften>pezîr] yürütülebilir, icra edilebilir.

اجراس ecrâs: (A.) **1.**çanlar. **2.**çıngıraklar.

اجرا كردن icrâ kerden: yürütmek, icra etmek, uygulamak.

اجرام ecrâm: (A.) **1.**cisimler, cansız varlıklar. **2.**gök cisimleri. **3.**maddeler. ‖ * ~ -i âliyât اجرام عاليات gök cisimleri. ‖ * ~ basît اجرام بسيط gök cisimleri. ‖ * ~ -i felekî اجرام فلكى gök cisimleri. ‖ * ~ -i semâvî اجرام سماوى gök cisimleri. ‖ * ~ -i semâviyye اجرام سماويه gök cisimleri. ‖ * ~ -i ulvî اجرام علوى gök cisimleri.

اجرام icrâm: (A.) suç işleme, cürüm işleme.

اجرام ناپيدا ecrâmnâpeydâ (A.-F.) [ecrâm+ nâ+ peydâ] yıldızsız.

اجرايى icrâyî: (A.) yürütme ile ilgili, icraî.

اجرب ecreb: (A.) uyuz.

اجربه ecribe: (A.) deri çantalar, dağarcıklar.

اجرت ucret: (A.) **1.**ücret. **2.**kira. **3.**hizmet bedeli. ‖ * bilâ ~ بلا اجرت ücretsiz olarak.

اجرت المثل ucretulmesel: (A.) değer fiyatı.

اجرت المسمى ucretulmusemmâ: (A.) tespit edilmiş ücret, adı koyulmuş ücret.

اجرد ecred: (A.) **1.**tüysüz. **2.**genç, tüyleri çıkmamış. **3.**bitki örtüsüz toprak.

اجره خوار icrehâr: (A.-F.) [icre+horden <hor>hâr] ücretli, maaşlı.

اجرى icrî: (A.) maaş, aylık, ücret.

اجرى خوار ecrîhâr: (A.-F.) [ecrî+horden> hâr] ücretli, maaş alan.

اجرى خور ecrîhor: (A.-F.) [ecrî+horden> hor] ücretli, maaş alan görevli.

اجرى دادن ecrî dâden: maaş vermek, aylık vermek.

اجرى داشتن ecrî dâşten: görevli olmak.

اجرى ده ecrîdih: (A.-F.) [ecrî+dâden> dih] maaş veren, aylık veren.

اجزاء ecsâ': (A.) **1.**parçalar, cüzler. **2.**ilaç yapımında kullanılan maddeler. **3.**ciltlenmemiş evrak. **4.**ciltlenmemiş kitap, kitap parçası. ‖ * ~ -yi nâriye اجزاى ناريه yanıcı maddeler.

اجزاء الشعر eczâ'uşşi'r: (A.) şiirin cüzleri, aruz veznindeki sekiz ölçü parçası.

اجزاخانه eczâhâne (A.-F.) [eczâ+hâne] **1.**eczane. **2.**ilaç dolabı.

اجزم eczem: (A.) burnu kesik.

اجساد ecsâd: (A.) **1.**cesetler. **2.**bedenler, gövdeler.

اجسام ecsâm: (A.) **1.**cisimler. **2.**gövdeler. ‖ * ~ -i câmid اجسام جامد cansız cisimler, katı cisimler. ‖ * ~ -i felekiyye اجسام فلكيه · gök cisimleri. ‖ * ~ -i seb'a اجسام سبعه yedi cisim: altın, gümüş, bakır, kalay, kurşun, demir, harçini. ‖ * ~ -i semâviyye اجسام سماويه gök cisimleri.

اجسم ecsem: (A.) çok iri gövdeli, iri yarı, azman.

اجشاش icşâş: (A.) ufaltma.

اجعاف ic'âf: (A.) · devirme, yıkma.

اجغار ecgâr: (A.) Hârezm ateşperestlerinin dördüncü aylarının on altıncı gecesi. Eskiden o gece ateş yakılarak çevresinde şarap içilirdi.

اجفار icfâr: (A.) alışkanlığı terketme.

اجفان ecfân: (A.) 1.göz kapakları. 2.kirpikler. 3.asma çubukları. ‖ * ihtilâc-i ~ اختلاج اجفان göz kapağı seğrimesi.

اجفن ecfun: (A.) 1.göz kapakları. 2.kirpikler. 3.asma çubukları.

اجفيل icfîl: (A.) 1.korkak, ödlek. 2.yaşlı kadın.

اجل ecel: (A.) 1.ecel. 2.zaman. 3.borç ödeme süresinin sonu. ‖ * ~ eş bergeşte اجلش برگشته (halk) eceli yetmiş, eceli gelmiş. ‖ * ~ tâhten âverden اجل تاختن آوردن ecel gelmek. ‖ * ~ -i kazâ اجل قضا kaza ile gelen ecel. ‖ * ~ -i ma'lûm اجل معلوم 1.belirlenmiş vakit. 2.doğal ecel. ‖ * ~ -i mev'ûd اجل موعود doğal ecel. ‖ * ~ -i musemmâ اجل مسمى doğal ecel. ‖ * ~ -i muallak اجل معلق âni ölüm. ‖ * ~ -i nâgehân اجل ناگهان ânî ecel. ‖ * ~ -i tabî'î اجل طبيعى doğal ölüm. ‖ * misl-i ~ -i muallak ser resîden مثل اجل معلق سر رسيدن ecel gibi yetişmek.

اجل ecell: (A.) en ulu, en büyük, en üstün. ‖ * ~ -i mahlûkât اجل مخلوقات yaratılmışların en üstünü.

اجل ecl: (A.) sebep, neden.

اجل icl: (A.) boyun tutulması.

اجلا eclâ: (A.) en parlak, en belirgin.

اجلاء ecellâ': (A.) en büyükler.

اجلاء iclâ': (A.) 1.cilalama, parlatma. 2.uzaklaştırma. ‖ * ~ -i vatan اجلاء وطن vatanından uzaklaştırma.

اجلاد eclâd: (A.) deriler, hayvan derileri.

اجلاس iclâs: (A.) 1.oturum. 2.oturtma. 3.oturtulma. 4.tahta geçirme. 5.tahta geçirilme.

اجلاس داشتن iclâs dâşten: oturum teşkil etmek.

اجلاس كردن iclâs kerden: oturum teşkil etmek, bir araya gelip iş görüşmek.

اجلاسى iclâsî: (A.) oturum ile ilgili.

اجلاسيه iclâsiye: (A.) 1.oturum. 2.toplantı. ‖ * dovre-i ~ دورهء اجلاسيه oturum dönemi.

اجلاف eclâf: (A.) 1.kof şeyler. 2.boş kimseler. 3.zalimler. 4.ayaktakımları, reziller.

اجلال iclâl: (A.) 1.ululama, yüceltme. 2.büyüklük, yücelik. 3.bayan adı.

اجلالا iclâlen: (A.) ululayarak, yücelterek.

اجلالى iclâlî: (A.) ululama ile ilgili.

اجل برگشته ecelbergeşte: (A.-F.) [ecel+ bergeşten>bergeşt+e] canına susamış, eceli yetmiş.

اجلح eclah: (A.) 1.kel, dazlak. 2.mahfe.

اجل رسيده ecelresîde: (A.-F.) [ecel+ resîden>resîd+e] eceli gelmiş, eceli yetmiş.

اجلع ecla': (A.) miskin.

اجلف eclef: (A.) en rezil, en edepsiz.

اجل گشته ecelgeşte: (A.-F.) [ecel+geşte] eceli gelmiş, eceli yetmiş.

اجل گيا ecelgiyâ: bıldırcın otu.

اجله ecille: (A.) büyük insanlar, yüce insanlar.

اجلى eclâ: (A.) daha parlak, daha açık.

اجم ecem: (A.) koruluk.

اجم ecemm: (A.) 1.etli kemik. 2.mızraksız insan. 3.boynuzu olmayan koç.

اجم ecim: (A.) 1.usanma, bıkkınlık. 2.su kirlenmesi. 3.istenmeyen duruma düşürme.

اجم ucem: (A.) sık ağaçlık.

اجمات ecmât: (A.) ağaçlıklar, ormanlar.

اجماد icmâd: (A.) 1.dondurma. 2.dondurulma.

اجماع icmâ': (A.) 1.bir araya getirme, toplama. 2. toplanma. 3. din ile ilgili konularda görüş birliği sağlanması. ‖ * ~ -i ummet اجماع

امت fıkıhçıların din ile ilgili bir konuda görüş birliğine varmaları.
اجماعاً icmâ'en: (A.) fıkıhçıların görüş birliğine varmaları ile.
اجماعى icmâ'î: (A.) fıkıhçıların görüş birliğine varmaları ile ilgili.
اجمال ecmâl: (A.) develer.
اجمال icmâl: (A.) **1.**özet. **2.**özetleme. **3.**kısa söz. **4.**genel toplam. ‖ * be ~ berguzâr kerden به اجمال برگذار كردن üstü kapalı konuşmak, belli belirsiz şeyler söylemek. ‖ * be tovr-i ~ بطور اجمال kısaca, özetle. ‖ * ber vech-i ~ بروجه اجمال kısaca, özetle. ‖ * der bûte-i ~ guzâşten در بوته‌ء اجمال گذاشتن bir işi yarım bırakarak sonuca ulaşamamak. **2.**bir şey hakkında ayrıntılı açıklama yapmamak.
اجمالاً icmâlen: (A.) kısaca, özetle, özetleyerek.
اجمالى icmâlî: (A.) **1.**ayrıntısız, kısa, özet halinde, derli toplu. **2.**kısaca. ‖ * nazar-i ~ kerden نظر اجمالى كردن genel bakış yapmak, toplu bakış yapmak.
اجماليه icmâliyye: (A.) ayrıntısız, kısa, özet halinde, derli toplu.
اجمام icmâm: (A.) **1.**atı dinlendirme. **2.**biriktirme.
اجمع ecma': (A.) en çok biriken.
اجمعين ecma'în: (A.) tümü.
اجمل ecmel: (A.) **1.**en güzel. **2.**erkek adı. **3.**bayan adı.
اجمود ecmûd: kereviz.
اجمه ecme: (A.) ağaçlık, orman.
اجناب ecnâb: (A.) yanlar, canipler, böğürler.
اجناد ecnâd: (A.) askerler.
اجناس ecnâs: (A.) **1.**mallar. **2.**eşyalar. **3.**cinsler. **4.**soylar. ‖ * ~ -i luks اجناس لوكس lüks tüketim malları.
اجناف icnâf: (A.) doğruluktan sapma.
اجنان icnân: (A.) **1.**örtme. **2.**delirtme, çıldırtma.
اجنب ecneb: (A.) **1.**yabancı. **2.**sert başlı at.
اجنبى ecnebî: (A.) **1.**yabancı. **2.**itaatsiz.

اجنبى پرست ecnebîperest: (A.-F.) [ecnebî+ perestîden>perest] vatan haini.
اجنبى پرستى ecnebîperestî: vatan hainliği.
اجنبيت ecnebiyyet: (A.) yabancılık.
اجنبيه ecnebiyye: (A.) yabancı.
اجنحه ecniha: (A.) kanatlar.
اجنف ecnef: (A.) **1.**beli eğik. **2.**doğrudan sapan.
اجنه ecinne: (A.) cinler.
اجنه icne: (A.) şakak kemiği.
اجنى ecinnî: (A.) bir cin.
اجنيس icnîs: (A.) tembel.
اجواد ecvâd: (A.) cömertlikler.
اجواف ecvâf: (A.) **1.**içler. **2.**karın. **3.**boşluklar, oyuklar.
اجوبه ecvibe: (A.) cevaplar, yanıtlar. ‖ * ~ -i muskite اجوبه‌ء مسكته susturucu cevaplar.
اجوج ecûc: (A.) parlayan, ışık veren.
اجود ecved: (A.) **1.**en bağışlayıcı, en cömert. **2.**en iyi.
اجودالناس ecvedunnâs: (A.) **1.**insanların en iyisi. **2.**Hz. Muhammed.
اجور ucûr: (A.) **1.**ücretler. **2.**sevaplar, ecirler. ‖ * ~ -i cezîle اجور جزيله bol sevap.
اجورات ucûrât: (A.) ücretler.
اجوف ecvef: (A.) **1.**kof, içi boş. **2.**anlamsız, saçma sapan. **3.**beyinsiz, cahil. **4.**Arapça gramerde ikinci harfi vav ve yâ olan üçlü fiiller.
اجوم ucûm: (A.) kale.
اجون ucûn: (A.) suyun tadının kaçması.
اجهاء ichâ': (A.) ayaz.
اجهاد ichâd: (A.) çok üzme, sıkıntıya düşürme.
اجهار ichâr: (A.) **1.**gösterme, ortaya çıkarma. **2.**ses yükseltme. **3.**yüksek sesle okuma.
اجهر echer: (A.) **1.**güzel kadın. **2.**gözleri gündüz iyi görmeyen.
اجهر echere: pıtırak dikeni.
اجهزه echize: (A.) cihazlar.

اجهل echel: (A.) 1.zırcahil, çok cahil. 2.aksi. ‖ * ~ -i cuhelâ اجل جهلا zırcahil.

اجهل من قره گوز echelu min karagöz (A.-T.) zırcahil, Karagöz'den de cahil.

اجى icî: 1.hükümdar nâibi. 2.atmaca.

اجياد ecyâd: (A.) uzun boyunlar.

اجياف ecyâf: (A.) leşler.

اجيال ecyâl: (A.) 1.kuşaklar, nesiller. 2.uluslar.

اجيد ecyed: (A.) en uzun boyunlu.

اجير ecîr: (A.) ücretli, gündelikçi.

اجير شدن ecîr şoden: ücretle tutulmak.

اجير كردن ecîr kerden: ücretli tutmak.

اجيل ecîl: (A.) 1.geciktiren, tecil eden. 2.geciktirilmiş, tecil edilmiş.

اچه eçe: (T.) ağabey, büyük kardeş.

اچى eçi: (T.) ağabey, büyük kardeş.

احاثه ihâse: (A.) kazarak toprakta bir şey arama.

احاجى ehâcî: (A.) bilmeceler, bulmacalar.

احاديث ehâdîs: (A.) 1.hadisler, Hz. Muhammed'in sözleri. 2.sözler. 3.haberler. 4.rivayetler. 5.masallar. ‖ * ~ -i kudsiyye احاديث قدسيه kudsî hadisler, Hz. Muhammed'e ilhamen söyletilen hadisler. ‖ * ~ -i merfû'a احاديث مرفوعه Hz. Muhammed'in ağzından duyulan hadisler. ‖ * ~ -i mursele احاديث مرسله Hz. Muhammed'in ağzından duyulan hadisler. ‖ * ~ -i nebeviyye احاديث نبويه Hz. Muhammed'in sözleri. ‖ * ~ -i sahîha احاديث صحيحه Hz. Muhammed'e aidiyetinde kuşku götürmeyen hadisler.

احاسن ehâsin: (A.) en güzeller.

احاشه ihâşe: (A.) avı tuzağa doğru sürme.

احاطت ihâtet: (A.) 1.sarma, kuşatma. 2.kavrama.

احاطوى ihâtavî: (A.) kapsayacak şekilde, içine alacak şekilde.

احاطه ihâte: (A.) 1.çevreleme, sarma, kuşatma. 2.kavrama gücü. 3.kavrama. ‖ * ~ -i nazar احاطهء نظر geniş görüşlülük, gengörü.

احاطه شدن ihâte şoden: 1.sarılmak, kuşatılmak. 2.kavranmak.

احاطه كردن ihâte kerden: 1.çevrelemek, sarmak, kuşatmak. 2.bir şeyi iyice anlamak.

احاقه ihâka: (A.) 1.kuşatma. 2.üzerine atma, üzerine yükleme.

احالت ihâlet: (A.) 1.bırakma, havale etme, bir işi uygun olana verme. 2.artırma veya eksiltme yoluyla yapılan sözleşme.

احاله ihâle: (A.) 1.bırakma, havale etme, bir işi uygun olana verme. 2.artırma veya eksiltme yoluyla yapılan sözleşme.

احالةً ihâleten: (A.) ihale yoluyla.

احاله كردن ihâle kerden: 1.ihale etmek. 2.havale etmek.

احاليل ehâlîl: (A.) penis delikleri.

احانت ihânet: (A.) yok etme, mahvetme.

احانه ihâne: (A.) yok etme, mahvetme.

احب ehabb: (A.) en sevilen, en sevgili.

احباء ehibbâ: (A.) 1.dostlar, yakınlar. 2.sevgililer.

احباب ehbâb: (A.) dostlar, ahbap.

احباب ihbâb: (A.) birini sevme.

احبار ehbâr: (A.) Yahudilerin büyük din adamları, mûsevî âlimleri.

احباس ihbâs: (A.) kutsal bir amaç uğruna malını ve hayvanını vakfetme.

احباص ihbâs: (A.) hakkını yok etme.

احباط ihbât: (A.) 1.iptal etme. 2.karşılığını verme, bedelini ödeme.

احباق ihbâk: (A.) boyun eğme, söz dinleme.

احبوشه uhbûşe: (A.) kabileler topluluğu.

احتباس ihtibâs: (A.) 1.tutulma. 2.haps edilme, hapis kalma. ‖ * ~ -i bevl احتباس بول sidik zoru. ‖ * ~ -i hayz احتباس حيض regl olamama.

احتباك ihtibâk: (A.) kumaş dokuma.

احتبال ihtibâl: (A.) ağ ile avlanma.

احتثاث ihtisât: (A.) rağbet etme.

احتجاب ihticâb: (A.) 1.örtünme. 2.perde arkasına girme. 3.doğumun gecikmesi. 4.perde. 5.gizlenme, saklanma.

احتجاب ihticâb: (A.) kanıt getirme, hüccet getirme.

احتجابات ihticâbât: (A.) kanıt getirmeler.

احتجابات ihticâbât: 1.örtünmeler. 2.gizlenmeler. 3.perdeler.

احتجاج ihticâc: (A.) kanıt gösterme, tanık gösterme. ‖ * ~ be delîl احتجاج به دليل şairin sözünü söyledikten sonra kanıt sıralaması.

احتجاجا ihticâcen: (A.) kanıt göstererek.

احتجاجات ihticâcât: (A.) kanıt göstermeler, tanık göstermeler.

احتجاج كردن ihticâc kerden: kanıt getirmek.

احتجام ihticâm: (A.) kan aldırma, hacamat yaptırma.

احتجان ihticân: (A.) çitle çevirme, duvarla çevirme.

احتداد ihtidâd: (A.) 1.keskinleşme. 2.köpürme, kızma. 3.kan dolaşımının hızlanması. 4.hastalığın depreşmesi.

احتذاء ihtizâ': (A.) örneğe göre iş yapma.

احتذار ihtizâr: (A.) 1.sakınma, uzak durma. 2.korkma.

احتراب ihtirâb: (A.) dövüşme, harp etme.

احتراز ihtirâz: (A.) 1.sakınma, kaçınma. 2.perhiz.

احترازا ihtirâzen: (A.) 1.kaçınarak, çekinerek, uzak durarak. 2.korkarak.

احترازات ihtirâzât: 1.sakınmalar, kaçınmalar. 2.perhizler.

احتراز كردن ihtirâz kerden: sakınmak, kaçınmak.

احترازى ihtirâzî: (A.) kaçınma ile ilgili, sakınma ile ilgili.

احتراس ihtirâs: (A.) korunma, kaçınma.

احتراص ihtirâs: (A.) hırslanma, aşırı istek.

احتراصات ihtirâsât: (A.) ihtiraslar, aşırı istekler.

احتراق ihtirâk: (A.) 1.yanma. 2.tutuşma. 3.bir gezegenin güneşe yaklaşması. ‖ * ~ -i kevâkib احتراق كواكب Jüpetir, Satürn, Merih, Venüs ve Merkür gezegenlerinin güneşle bir burçta toplanması.

احتراقات ihtirâkât: 1.yanmalar, tutuşmalar. 2.gezegenlerin güneşe yaklaşmaları.

احتراق پذير ihtirâkpezîr: (A.-F.) [ihtirâk+ pezîruften>pezîr] 1.yanıcı. 2.yanabilir.

احتراق ناپذير ihtirâknâpezîr: (A.-F.) [ihtirâk+nâ+pezîruften>pezîr] yanmaz.

احترام ihtirâm: (A.) 1.saygınlık. 2.saygı. 3.saygı gösterme. ‖ * edâ-yi ~ kerden اداى احترام كردن saygı duruşunda bulunmak. ‖ * der ~ kûtâhî kerden در احترام كوتاهى كردن saygıda kusur etmek.

احترام آميز ihtirâmâmîz: (A.-F.) [ihtirâm+ âmîhten>âmîz] saygılı.

احتراما ihtirâmen: (A.) saygı ile,saygı göstererek, hürmet ederek.

احترامات ihtirâmât: (A.) saygılar. ‖ * ~ -i fâika احترامات فائقه en derin saygılar.

احترام انگيز ihtirâmengîz: (A.-F.) [ihtirâm+ engîhten>engîz] saygın.

احترام داشتن ihtirâm dâşten: 1.saygı duymak. 2.saygıdeğer bulmak.

احترامكار ihtirâmkâr (A.-F.) [ihtirâm+ kâr] saygılı, hürmetli.

احترامكارى ihtirâmkârî (A.-F.) [ihtirâm+ kâr+î] saygı ile ilgili, saygılı.

احترام كردن ihtirâm kerden: saygı göstermek, hürmet etmek.

احترام گذاشتن ihtirâm gozâşten: 1.saygı göstermek. 2.saygı duymak.

احترام نگه داشتن ihtirâm nigehdâşten: saymak, saygı duymak.

احتریز ihterîz: (A.) sakınma, uzak durma.

احتزام ihtizâm: (A.) **1.**kuşak sarma. **2.**kemer takma.

احتساب ihtisâb: (A.) **1.**sayma, hesaplama. **2.**hesap sorma. **3.**sorumluluk. **4.**belediye dairesi. **5.**belediye vergisi. ‖ * ~ ber kesî احتساب بر کسی birini kötü şey yapmaktan alıkoyma, birinin kötü bir şey yapmasını yasaklama. ‖ * bâ ~ -i با احتساب dahil. ‖ * bâ ~ -i hezîne-i post با احتساب هزینهء پست posta masrafı dahil. ‖ * idâre-i ~ ادارهء احتساب Kaçarlar ve Pehlevîler dönemlerinde caddeleri temizleme idaresi.

احتسابات ihtisâbât: (A.) Kaçarlar ve Pehlevîler dönemlerinde caddeleri temizleme idaresi.

احتسابیه ihtisâbiyye: (A.) Osmanlı Devleti'nde belediye, narh, tartı ve ölçü işleriyle ilgili şeyler.

احتساس ihtisâs: (A.) **1.**hissetme. **2.**hislenme, duygulanma.

احتساسات ihtisâsât: (A.) [ihtisâs+ât] duygulanmalar, hislenmeler, duygular.

احتساسی ihtisâsî: (A.) duyum ile ilgili.

احتساسیه ihtisâsiyye: (A.) duyumculuk.

احتشاد ihtişâd: (A.) toplanma, birikme, yığılma.

احتشار ihtişâr: (A.) **1.**toplanma, bir araya gelme. **2.**büyük başlı olma.

احتشاش ihtişâş: (A.) kuru ot ve saman biriktirme.

احتشام ihtişâm: (A.) **1.**görkem. **2.**görkemli olma. ‖ * ~ ez kesî احتشام از کسی birinden utanma. ‖ * ser-i ~ dâşten bâ kesî سر احتشام داشتن با کسی böbürlenmek.

احتشام پرور ihtişâmperver (A.-F.) [ihtişâm+ perverden> perver] ihtişâm düşkünü.

احتشام نمون ihtişâmnumûn (A.-F.) [ihtişâm+ numûden> numûn] ihtişâmlı, görkemli.

احتشام یافتن ihtişâm yâften: görkem bulmak, görkem kazanmak.

احتصاد ihtisâd: (A.) **1.**hasat etme, biçme. **2.**hasat edilme, biçilme. ‖ * ~ -i mezrûât احتصار مزروعات ekinlerin biçilmesi.

احتصان ihtisân: (A.) **1.**sağlamlaşma. **2.**sağlamlık.

احتضاء ihtizâ': (A.) ateşi harlandırma.

احتضار ihtizâr: (A.) **1.**hazır olma. **2.**can çekişme.

احتضاض ihtizâz: (A.) alçalma.

احتضان ihtizân: (A.) **1.**çocuk besleme. **2.**birini işinden etme, işinden alıkoyma.

احتطاب ihtitâb: (A.) **1.**odun toplama. **2.**odun kesme. ‖ * hakk-i ~ حق احتطاب orman köylüsünün odun kesme hakkı.

احتظاظ ihtizâz: (A.) hazzetme.

احتفاء ihtifâ': (A.) çıplak ayakla dolaşma.

احتفاد ihtifâd: (A.) hızla yapma.

احتفار ihtifâr: (A.) **1.**kazma. **2.**kazılma.

احتفاظ ihtifâz: (A.) **1.**koruma. **2.**öfkelenme. **3.**darılma.

احتفاف ihtifâf: (A.) **1.**yüz kıllarını alma. **2.**kuşatma.

احتفال ihtifâl: (A.) **1.**süslenme. **2.**toplanma. **3.**anma töreni.

احتفالات ihtifâlât: (A.) anma törenleri.

احتقار ihtikâr: (A.) **1.**hor görme. **2.**hor görülmeye katlanma. ‖ * ~ -i nefs احتقار نفس aşağılık duygusu, kendini hor görme.

احتقان ihtikân: (A.) **1.**kan toplanması, kan birikmesi. **2.**şırınga ile bağırsaktan su alma. ‖ * ~ -i dem احتقان دم kan toplanması, kan hücumu.

احتکاء ihtikâ': (A.) **1.**sağlamlık. **2.**heyecan.

احتکار ihtikâr: (A.) vurgunculuk, spekülasyon, kıtlık ve pahalılık dönemlerinde yüksek fiyata satmak için mal stoku yapmak.

احتکاراً ihtikâren: (A.) vurgunculuk yaparak, vurgun yaparak.

احتکار کردن ihtikâr kerden: spekülasyon yapmak, ihtikârda bulunmak.

احتکاری ihtikârî: (A.) 1.ihtikârcı, vurguncu, spekülatör. 2.ihtikârla ilgili, spekülasyonist.

احتکاک ihtikâk: (A.) 1.sürünme. 2.sürtünme. 3.kaşınma. ‖ * ~ -i himâr احتکاک حمار eşeğin sürtünerek kaşınması.

احتلاق ihtilâk: (A.) 1.tıraş etme. 2.tıraş olma.

احتلام ihtilâm: (A.) 1.düşazma, ihtilam, uykuda inzal olması.

احتماء ihtimâ: (A.) 1.sakınma, kaçınma. 2.(tıb.) perhiz. 3.sığınma, himayesine girme.

احتمال ihtimâl: (A.) 1.ihtimal, olasılık. 2.yüklenme. 3.belki. ‖ * ~ -i kavî reften احتمال قوی رفتن kuvvetle muhtemel olmak. ‖ * bâ ~ -i ziyâd با احتمال زیاد büyük bir ihtimalle, kuvvetle muhtemel. ‖ * be ~ -i akreb به احتمال اقرب büyük olasılıkla. ‖ * be ~ -i karîb be yakîn به احتمال قریب به یقین büyük bir olasılıkla. ‖ * be ~ -i kavî به احتمال قوی büyük bir ihtimalle, büyük bir olasılıkla. ‖ * be ~ -i makrûn be hakîkat به احتمال مقرون به حقیقت büyük bir ihtimalle, büyük bir olasılıkla. ‖ * be akvâ ~ به اقوی احتمال büyük ihtimalle, büyük olasılıkla. ‖ * be ~ -i nezdîk be yakîn به احتمال نزدیک به یقین büyük bir ihtimalle, büyük bir olasılıkla.

احتمالات ihtimâlât: (A.) ihtimaller, olasılıklar. ‖ * ~ -i ba'îde احتمالات بعیده uzak olasılıklar. ‖ * ~ -i karîbe احتمالات قریبه yakın olasılıklar. ‖ * hesâb-i ~ حساب احتمالات (mat.) olasılıklar hesabı.

احتمالاً ihtimâlen: (A.) bir ihtimalle, muhtemelen, olasılıklar.

احتمال دادن ihtimâl dâden: 1.ihtimal vermek. 2.tasavvur etmek.

احتمال داشتن ihtimâl dâşten: mümkün olmak.

احتمال کردن ihtimâl kerden: tahammül etmek.

احتمال کننده ihtimâl konende: sabırlı.

احتمالی ihtimâlî: (A.) muhtemel, olası.

احتمالیه ihtimâliyye: (A.) olasıcılık.

احتمام ihtimâm: (A.) üzüntüden uyuyamama.

احتناج ihtinâc: (A.) yönelme, meyletme, dönme.

احتوا ihtivâ: (A.) ihtiva etme, içerme.

احتوا کردن ihtivâ kerden: içermek, ihtiva etmek.

احتیاج ihtiyâc: (A.) 1.ihtiyaç. 2.fakirlik, muhtaçlık.

احتیاجات ihtiyâcât: (A.) ihtiyaçlar, gereksinimler.

احتیاج افتادن ihtiyâc oftâden: ihtiyacı olmak.

احتیاج پیدا کردن ihtiyâc peydâ kerden: ihtiyaç duymak.

احتیاج دادن ihtiyâc dâden: muhtaç etmek.

احتیاج داشتن ihtiyâc dâşten: ihtiyacı olmak, gereksinim duymak.

احتیاط ihtiyât: (A.) 1.ihtiyat, ileriyi düşünme. 2.dinî hükümlere göre davranma. 3.yedek.

احتیاطاً ihtiyâten: (A.) ihtiyatlı davranarak, geleceği düşünerek.

احتیاطکار ihtiyâtkâr (A.-F.) [ihtiyât+kâr] ihtiyatlı, ileriyi düşünerek.

احتیاطکارانه ihtiyâtkârâne (A.-F.) [ihtiyât+ kâr+âne] ihtiyatla, ihtiyatlı davranarak.

احتیاطکاری ihtiyâtkârî (A.-F.) [ihtiyât+ kâr+î] ihtiyatlılık, ileriyi düşünme.

احتیاط کردن ihtiyât kerden: ihtiyatlı davranmak, tedbir almak.

احتیاطی ihtiyâtî: (A.) geleceği düşünerek, ihtiyatlı davranarak.

احتیاطیه ihtiyâtiyye: (A.) ihtiyat ile ilgili.

احتیال ihtiyâl: (A.) 1.havale yapma. 2.havale kabul etme. 3.hile yapma, oyun etme. ‖ * pormekr u ~ پر مکر و احتیال çok hileci.

احتيالات ihtiyâlât: (A.) hileler, oyunlar, düzenler, dolaplar, dümenler.

احثاث ihsâs: (A.) kandırma.

احج ehacc: (A.) en sert, en katı.

احجاج ihcâc: (A.) hac için bedel gönderme.

احجار ehcâr: (A.) taşlar. ‖ * ~ -i âlî احجار آلى organik taşlar. ‖ * ~ -i âzerîn تحجار آذرين yanardağ taşları. ‖ * ~ -i kerîme احجار كريمه mücevherler. ‖ * ~ -i nefîse احجار نفيسه değerli taşlar. ‖ * ~ -i semîn احجار ثمين değerli taşlar.

احجاف ihcâf: (A.) eksiklik.

احجام ehcâm: (A.) hacimler.

احجام ihcâm: (A.) **1.**cayma, vazgeçme. **2.**engellenme.

احجوه uhcuvve: (A.) bulmaca, bilmece.

احجيه uhciyye: (A.) bulmaca, bilmece.

احد ehad: (A.) **1.**bir. **2.**birinci. **3.**Allahın adlarından biri, Ahad. **4.**erkek ismi.

احداث ihdâs: (A.) **1.**yeni bir şey getirme, ihdas. **2.**kurulma.

احداث شدن ihdâs şoden: kurulmak, ihdas edilmek.

احداث كردن ihdâs kerden: ihdas etmek, yeni bir şey getirmek, kurmak.

احداث گرديدن ihdâs gerdîden: kurulmak, ihdas edilmek.

احداد ihdâd: (A.) keskinleştirme.

احداق ehdâk: (A.) göz yuvarları.

احد الآحاد ehadulâhâd: (A.) benzersiz, biricik.

احد الاحدين ehadulahadeyn: (A.) biricik, eşsiz, benzersiz.

احدب ahdeb: (A.) **1.**kambur. **2.**(fiz.) dışbükey.

احدوثه uhdûse: (A.) **1.**masal. **2.**hadis. **3.**yeni iş. **4.**uydurma haberler.

احدهما ehaduhumâ: (A.) ikisinden biri.

احدى ahadî: (A.) **1.**kimse, hiçkimse. **2.**bire ait.

احدى ihdâ: (A.) bir.

احديت ehadiyyet: (A.) **1.**birlik. **2.**Tanrı'nın birliği. ‖ * ~ -i rabbâniyye احديت ربانيه Tanrı'nın birliği.

احديت العين ehadiyyetul'ayn: (A.) görünüş birliği.

احدى عشر ihdâ aşer: (A.) on bir.

احذاء ihzâ': (A.) **1.**ayakkabı giydirme. **2.**ganimetten pay verme.

احراء ihrâ': (A.) **1.**eksiltme. **2.**eksiltilme.

احراب ihrâb: (A.) savaşı kızıştırma.

احرار ehrâr: (A.) **1.**özgürler, hürler. **2.**İranlılar.

احرارانه ahrârâne: (A.) [ahrâr+âne] özgürce.

احراز ihrâz: (A.) **1.**hazırlama. **2.**toplama. **3.**yer verme. **4.**ele geçirme. **5.**erişme. **6.** sahipsiz bir taşınır mal üzerinde mülkiyet hakkı kazanmak amacıyla zilyetlik kurma. ‖ * ~ -i galebe احراز غلبه üstünlük elde etme. ‖ * ~ -i makâm احراز مقام makam ele geçerme, makama gelme.

احراق ihrâk: (A.) **1.**yakma. **2.**eziyet etme. **3.**yangın. ‖ * ~ binnâr احراق بالنار ateşte yakma, ateşle yakma. ‖ * ~ -i lâşe احراق لاشه ceset yakma.

احراقاً ihrâkan: (A.) yakarak.

احرام ehrâm: (A.) **1.**haramlar. **2.**haremler.

احرام ihrâm: (A.) **1.**ihram, örtü. **2.**hacca gitme.

احرام بستن ihrâm besten: niyet etmek.

احرام بند ihrâmbend: (A.-F.) [ihrâm+besten>bend] ihrama giren, ihrama bürünen.

احرام گرفتن ihrâm giriften: ihrama girmek.

احرامى ihrâmî: (A.) **1.**örtü. **2.**seccade, küçük yaygı.

احرى ehrâ: (A.) daha lâyık, öncelikli.

احريض ihrîz: (A.) bitkin, dermansız.

احزاب ehzâb: (A.) **1.**gruplar, bölükler, kümeler. **2.**hizipler. **3.**partiler. **4.**Kurân'ın 33.sûresi, Ahzâb sûresi.

|| * gazve-i ~ غزوهء احزاب Hendek gazvesi.

احزان ehzân: (A.) hüzünler, kederler. || * kulbe-i ~ کلبهء احزان hüzünler kulübesi. Hz. Yusuf'un babası Yakub'un oğlunun ayrılığına dayanamadığından, başkalarını rahatsız etmemek için yerleşim yerinden az ötede yaptırdığı ağlama çadırı.

احزان ihzân: (A.) hüzünlendirme.

احزقه ahzekâ: (A.) göbekli bodur insan.

احزل ahzel: (A.) beli kırık.

احزم ahzem: (A.) **1.**tedbirli. **2.**geniş göğüslü. **3.**yüksek yer.

احزن ahzen: (A.) en çok üzüntülü, çok hüzünlü.

احساس ehsâs: (A.) duygular. || * ~ -i rakîka احساس رقیقه ince duygular.

احساس ihsâs: (A.) **1.**hissetme. **2.**duyu. **3.**his, duygu. || * ~ -i basarî احساس بصری görme duyusu. || * ~ -i diltengî kerden احساس دلتنگی کردن sıkılmak, canı sıkılmak. || * ~ -i lâmise احساس لامسه dokunma duyusu. || * ~ -i peşîmânî kerden احساس پشیمانی کردن pişmanlık duymak. || * ~ -i sem'î احساس سمعی işitme duyusu. || * ~ -i serdî yu germî احساس سردی و گرمی dokunma duyusu. || * ~ -i şâmme احساس شامه tatma duyusu. || * ~ -i tenhâyî kerden احساس تنهایی کردن yalnızlık çekmek. || * ~ -i zevkî احساس ذوقی tatma duyusu.

احساسات ihsâsât: (A.) hisler, duygular. || * ~ -i samîmiyye احساسات صمیمیه içten gelen duygular.

احساساتی ihsâsâtî: (A.) duygusal, hassas, içli, romantik.

احساس ایجاد کردن ihsâs îcâd kerden: duygu uyandırmak.

احساس پیدا کردن ihsâs peydâ kerden: duyguya kapılmak, hisse kapılmak.

احساس داشتن ihsâs dâşten: duymak, hissetmek.

احساس شدن ihsâs şoden: hissedilmek.

احساس کردن ihsâs kerden: hissetmek, duymak.

احساس گردیدن ihsâs gerdîden: hissedilmek.

احساسی ihsâsî: (A.) duyumsal.

احساسیه ihsâsiyye: (A.) duyumsal.

احسان ihsân: (A.) **1.**iyilik. **2.**bağışlama, bağışta bulunma. **3.**iyi söz söyleme. || * ~ alelihsân احسان علی الاحسان iyilik iyilik üstüne, bağış bağış üstüne. || * ~ -i îd احسان عید bayram bahşişi. || * el-~ u bittemâm الاحسان بالتمام iyilik yapıldı mı tam yapılmalı.

احساناً ihsânen: (A.) bağışlayarak, ihsan ederek.

احسانات ihsânât: (A.) **1.**bağışlar. **2.**iyilikler.

احسان دیدگان ihsândîdegân (A.-F.) [ihsân+ dîden> dîd+e+ g+ân] iyilik görenler, minnettarlar.

احسان دیده ihsândîde (A.-F.) [ihsân+ dîden>dîd+e] iyilik görmüş, minnettar.

احسان کردن ihsân kerden: bağışlamak, ihsan etmek.

احسان نامه ihsânnâme (A.-F.) [ihsân+nâme] beğeni ve iltifatlı mektup.

احسان یافتن ihsân yâften: iyilik görmek.

احسن ahsen: (A.) **1.**aferin. **2.**daha iyi; daha güzel. || * ~ -i takvîm احسن تقویم endâmın en güzeli. || * ~ -i hasâil احسن خصائل huyların en güzeli. || * be nahv-i ~ بنحو احسن en iyi şekilde.

احسن السکر مکرره ahsenussukkeri mukerreruhu: (A.) şekerin en iyisi tekrar tekrar pişirilenidir.

احسن القصص ahsenulkasas: (A.) hikayelerin en güzeli.

احسنت ahsent: (A.) aferin, bravo! || * hezâr ~ هزار احسن binlerce aferin.

احسنت ahsente: (A.) aferin sana. || * ~ şâbâş احسنت شاباش bravo, çok yaşa.

احسنت کردن ahsent kerden: takdir etmek, aferin demek.

احشاء ehşâ: (A.) iç organlar. ‖ * ~ vu em'â احشا و امعا iç organlar, bağırsaklar.

احشاد ihşâd: (A.) 1.birikme. 2.biriktirme.

احشام ehşâm: (A.) 1.hizmetçi ve uşaklar. 2.sürü.

احشام ihşâm: (A.) 1.kızdırma. 2.utandırma.

احصاء ihsâ: (A.) 1.saymak, korumak. 2.sayım. ‖ * nâkâbil-i ~ ناقابل احصا sayılamaz.

احصائی ihsâ'î: (A.) sayım ile ilgili, istatistik.

احصائیه ihsâiye: (A.) 1.sayım. 2.istatistik. ‖ * idâre-i ~ ادارهٔ احصائیه istatistik dairesi. ‖ * vesâ'ik -i ~ وثائق احصائیه istatistik belgeler.

احصاد ihsâd: (A.) 1.biçme, hasat etme. 2.biçtirme, hasat ettirme.

احصار ihsâr: (A.) kuşatma.

احصاص ihsâs: (A.) hisse verme. ‖ * ~ -i ganâ'im احصاص غنائم ganimet paylaştırma.

احصان ihsân: (A.) 1.sağlamlaştırma. 2.kocaya varma, evlenme.

احضار ihzâr: (A.) 1.hazırlama. 2.çağırma, huzura çağırma, huzura getirme. 3.mahkemeye çağırılma, duruşmaya gelmeyen sanık veya tanığın zabıta kuvvetiyle zorla getirilmesi. 4.hazırlanma.

احضاراً ihzâren: (A.) 1.hazırlayarak. 2.huzura getirerek. 3.mahkemeye çağırarak.

احضارات ihzârât: (A.) hazırlıklar.

احضار فرمودن ihzâr fermûden: 1.çağırmak. 2.hazırlamak. 3.hazırlatmak.

احضار كردن ihzâr kerden: 1.çağırmak. 2.hazırlamak. 3.hazırlatmak.

احضارنامه ihzârnâme: (A.-F.) [ihzâr+ nâme] çağrı mektubu.

احضاری ihzârî: (A.) hazırlayıcı, hazırlık ile ilgili. ‖ * sınf-i ~ صنف احضاری hazırlık sınıfı.

احضاریه ihzâriye: (A.) 1.davetiye. 2.mahkemeye çağırı yazısı.

احظاء ihzâ': (A.) 1.semirme. 2.semirtme.

احظاظ ihzâz: (A.) şanslılık, açık talihlilik.

احفاد ehfâd: (A.) 1.torunlar. 2.dostlar. 3.hizmetçiler.

احق ehakk: (A.) en haklı, en lâyık olan.

احقاب ihkâb: (A.) ardı arkası kesilme.

احقاد ihkâd: (A.) hınçlandırma, kin ve garaz uyandırma.

احقار ihkâr: (A.) rezil etme, hakaret etme, aşağılama.

احقاف ehkâf: (A.) kum yığınları, kum tepeleri, kumullar.

احقاق ihkâk: (A.) 1.hak kazanma, hakkı elde etme. 2.hak üzere olma. ‖ * ~ -i hak احقاق حق 1.hakkını alma. 2.haklının hakkını verme.

احقر ehkar: (A.) en hakir, en küçük. ‖ * ~ -i enâm احقر انام 1.bendeniz. 2.en küçük yaratık.

احقوق uhkûk: (A.) hendek.

احكام ehkâm: (A.) 1.hükümler. 2.emirler. 3.fetvalar. 4.töreler. ‖ * ~ -i âmire احکام آمره emredici hükümler. ‖ * ~ -i adliyye احکام عدلیه yargı hükümleri. ‖ * ~ -i nâhiye احکام ناهیه yasaklayıcı hükümler. ‖ * ~ -i şahsiyye احکام شخصیه kişisel durum. ‖ * ~ -i şer'iyye احکام شرعیه şer'î hükümler. ‖ * ilm-i ~ -i nucûm علم احکام نجوم astroloji.

احكام ihkâm: (A.) sağlamlaştırma.

احكام نويس ehkâmnuvîs: (A.-F.) [ehkâm+ nuvişten>nuvîs] hakim kararlarını yazan, devlet kâtibi.

احكامى ehkâmî: (A.) 1.ahkâmî, hükümle ilgili. 2.astrolog.

احكم ahkem: (A.) en çok hükmeden.

احكم الحاكمين ahkemulhâkimîn: (A.) hükmedenler arasında en güçlüsü, Tanrı.

احلاء ihlâ': (A.) tatlandırma.

احلاس ihlâs: (A.) 1.kazık atma, müşteriyi aldatma. 2.iflas etme.

احلاف ihlâf: (A.) yemin verme, yemin ettirme.

احلال ihlâl: (A.) **1.**helal etme. **2.**haram aylardan çıkma. **3.**yerleştirme.

احلام ehlâm: (A.) **1.**rüyalar. **2.**karışık rüyalar. **3.**yumuşaklıklar.

احلى ehlâ: (A.) en tatlı.

احليل ihlîl: (A.) **1.**penis sidik kanalı. **2.**meme süt kanalı.

احماء ahmâ: (A.) kayınbiraderler.

احما ahmâ: (A.) en gayretli, en hamiyetli.

احماء ihmâ': (A.) ateşte kızdırma.

احماد ihmâd: (A.) **1.**beğenilme. **2.**övgüye değer iş yapma.

احماد كردن ihmâd kerden: beğenmek.

احمال ahmâl: (A.) **1.**yükler. **2.**eşya. || * ~ u eskâl احمال و اثقال ağırlıklar, eşya.

احمال ihmâl: (A.) **1.**yükletme. **2.**yükletilme.

احمد ehmed: (A.) **1.**en beğenilmiş, en övülmüş. **2.**Erkek ismi: Ahmet. || * ~ -i muhtâr احمد مختار en çok övülmüş ve seçilmiş olan Hz. Muhammed. || * ~ -i mursel احمد مرسل elçi olarak gönderilen Muhammed, İslâm peygamberi Muhammed. || * el'avdu ~ العود احمد geri dönmek en iyisi, en övülmeye değeridir.

احمدا ehmedâ: (ed.) vezinsiz, kafiyesiz kötü şiir.

احمد الله على ما انعم ahmedullâhe alâ mâ en'am: (A.) Verdiği nimetlerden dolayı Tanrı'ya hamd ederim.

احمدك ahmedek: (A.-F.) [ahmed+ek] iç kale.

احمديه ahmediyye: (A.) bir kumaş cinsi, ipekli kadife.

احمر ehmer: (A.) kırmızı, kızıl. || * ~ -i safrâ احمر صفرا öd sarısı. || * bahr-i ~ بحر احمر Kızıldeniz. || * deryâ-yi ~ دریای احمر Kızıldeniz. || * kibrît-i ~ کبریت احمر kırmızı yakut. || * mevt-i ~ موت احمر zor ölüm.

احمرار ihmirâr: (A.) **1.**kızarma. **2.**kızıl hastalığı. **3.**kızıllık. || * ~ -i cildî احمرار جلدى ürtiker. || * ~ -i revâh احمرار رواح akşam kızıllığı.

احمران ahmerân: (A.) iki kızıl: et-şarap, altın-safran.

احمز ahmez: (A.) **1.**dayanıklı. **2.**denizağzı: (deniz canlısı).

احمس ahmes: (A.) **1.**yiğit. **2.**sert, katı.

احمق ehmek: (A.) **1.**ahmak, budala. **2.**cahil.

احمقانه ehmekâne: (A.-F.) [ehmek+ âne] ahmakça, aptalca, budalaca.

احمق خواندن ehmek hânden: birini cahil ve ahmak bilmek, ahmaklıkla nitelemek.

احمق شدن ehmek şoden: **1.**cahil olmak. **2.**akılsız olmak.

احمق شمردن ehmek şomorden: ahmak bulmak.

احمق كده ehmekkede: (A.-F.) [ehmek+ kede] aptalı çok olan yer, ahmakistan.

احمق گردانيدن ehmek gerdânîden: uyutmak, habersiz bırakmak, kandırmak.

احمقى ahmakî: (A.-F.) [ahmak+î] salaklık, budalalık, sersemlik, ahmaklık.

احمقيت ahmakiyyet: (A.) salaklık, budalalık, sersemlik, ahmaklık.

احميرار ihmîrâr: (A.) **1.**kızarma. **2.**kızıl hastalığı.

احن ihan: (A.) öfkeler.

احناء ihnâ': (A.) acıma, merhamet.

احناج ihnâc: (A.) **1.**yatırma, yana eğme. **2.**yatırılma, yana eğilme.

احناق ihnâk: (A.) kinlendirme.

احنت ihnet: (A.) hınç, kin.

احوال ehvâl: (A.) **1.**haller, durumlar. **2.**serüven. || * ~ -i âdiye احوال عاديه olağan durumlar, olağan haller. || * ~ -i fevkalâde احوال فوق العاده olağanüstü haller. || * ~ -i gayr-i munâsibe احوال غير مناسبه uygun olmayan durumlar. || * ~ -i hâzire احوال حاضره şimdiki durum. || * ~ -i mu'tâde احوال معتاده alışılagelmiş haller, günlük olaylar. || * ~ -i mumâsile احوال مماثله benzer durumlar. || * ~ -i sıhhiyye احوال صحيه sağlık durumu. || * ~ u şerâ'it احوال و

شرائط durumlar, haller ve şartlar. ‖ * ez ~ -i kesî cûyâ şoden از احوال کسی جویا شدن halini sormak, durumunu sormak. ‖ * der heme ~ در همه احوال her türlü durumda.

احوالات ehvâlât: (A.) haller, durumlar.

احوال پرسان ehvâlporsân: (A.-F.) [ehvâl+ porsîden>pors+ân] hal hatır sorma.

احوال پرسی ehvâlporsî: (A.-F.) [ehvâl+ porsîden>pors+î] 1.hal hatır sorma.

احوال پرسیدن ehvâl porsîden: hal hatır sormak.

احوال پرسی کردن ehvâlporsî kerden: hal hatır sormak.

احوال گرفتن ehvâl giriften: hal hatır sormak, birinin arkasını arayıp sormak, arayan soran olmak.

احور ahver: (A.) kara gözlü.

احوط ehvet: (A.) 1.en ihtiyatlı. 2.en iyi, en kuvvetli.

احول ehvel: (A.) 1.şaşı. 2.en hilekâr.

احیا ahyâ: (A.) diriler.

احیا ihyâ: (A.) 1.ihya. 2.yaşatma. 3.yeniden diriltme. 4.tarım yapılamaz araziyi ıslah etme. 5.geceyi ibadetle geçirme. 6.uyandırma, canlılık kazandırma. ‖ * ~ -i emvât احیاء اموات ölüleri diriltme. ‖ * ~ -i leyâl احیاء لیال geceleri ibadet ederek geçirme. ‖ * ~ -i leyâlî احیاء لیالی geceleri ibadet ederek geçirme. ‖ * ~ -i leyl احیاء لیل geceyi ibadet ederek geçirme. ‖ * ~ -i memât احیاء ممات ölüleri diriltme. ‖ * ~ -i mevât احیاء موات işlenmemiş toprağı işleme. ‖ * şebhâ-yi ~ شب های احیا Ramazan ayının 19., 21. ve 23. geceleri.

احیا بودن ihyâ bûden: 1.canlı olmak. 2.şiddetli sıkıntıdan kurtulmak.

احیا شدن ihyâ şoden: 1.dirilmek. 2.sıkıntıdan kurtulmak.

احیا کردن ihyâ kerden: 1.yaşatmak, can vermek, diriltmek. 2.mamur etmek, ihya etmek. 3.büyük sıkıntıdan kurtarmak. 4.(kim.) oksitlemek.

احیاکرده ihyâkerde (A.-F.) [ihyâ+kerden> kerd+e] 1.ihya etmiş. 2.ihya edilmiş. 3.yaptırılmış.

احیان ehyân: (A.) zamanlar. ‖ * der ~ -i در احیان zaman zaman.

احیانا ehyânen: 1.arasıra, zaman zaman. 2.hiç, asla.

اخ eh: 1.ah! 2.kaka. ‖ * ~ est اخ است (çocuk diliyle) kaka. ‖ * ~ kun اخ کن (çocuk diliyle) çıkar ağzından.

اخ eh: (A.) 1.erkek kardeş. 2.kardeş. 3.dost. 4.gibi.

اخ oh: oh, of.

اخ اخ eh he: of of, aman aman, vah vah.

اخاذ ehhâz: (A.) 1.rüşvetçi. 2.haraççı. 3.dolandırıcı.

اخاذه ihâze: (A.) 1.tımar. 2.kalkan sapı.

اخاذی ehhâzî: (A.-F.) [ehhâz+î] 1.rüşvetçilik. 2.dolandırıcılık.

اخاذی کردن ehhâzî kerden: rüşvet yemek.

اخافه ihâfe: (A.) 1.korkutma. 2.yıldırma.

اخاکه ihâke: (A.) etkileme.

اخباء ihbâ': (A.) 1.gizleme, örtme. 2.üstüne basarak ateşi söndürme.

اخبار ehbâr: (A.) 1.haberler.2.öyküler. 3.Hz.Muhammed'den nakledilen hadisler ve rivayetler.

اخبار ihbâr: (A.) bildirme, haber verme, ihbâr.

اخبارا ihbâren: (A.) haber vererek, bildirerek.

اخبارات ihbârât: (A.) bildirmeler, haber vermeler.

اخبار کردن ihbâr kerden: bildirmek, haber vermek.

اخبارنامه ihbârnâme (A.-F.) [ihbâr+ nâme] haber kağıdı, bildirme kağıdı.

اخبار نویس ehbârnuvîs, ehbârnevîs: (A.-F.) [ehbâr+ nevişten>nevîs] muhabir.

اخبارنویسی ehbârnevîsî: (A.-F.) [ehbâr+ nevişten>nevîs+î] muhabirlik.

اخبارى ehbârî: (A.) 1.habersel. 2.tarihçi. 3.hadislerin dış yüzüne itibar eden şiî fıkıhçısı.

اخبارى ihbârî: (A.) 1.haber ile ilgili. 2.basit zaman.

اخباريات ihbâriyyât: (A.) haber cümleleri.

اخباريه ihbâriyye: (A.) 1.haber ile ilgili. 2.basit zaman. 3.haber pusulası. 4.haber verme ücreti.

اخت uht: (A.) 1.kızkardeş, hemşire. 2.gibi. ‖ * ~ li'eb اخت لأب baba bir kardeş. ‖ * ~ li'umm اخت لأم ana bir kardeş.

اختاپوت ehtâput: (Fr.) (zool.) ahtapot.

اختاجى ehtaci: (T.) mirahur, ahır görevlisi.

اختاجى خانه ehtacihâne: (T.-F.) [ehtaci+ hâne] seyis odası, seyis evi.

اختاچى ehtaçi: (T.) mirahur, ahır görevlisi.

اخت آمدن uht âmeden: bir şeyle uyumlu olmak.

اختبار ihtibâr: (A.) 1.yoklama, sınama. 2.adlî tıp görüşü.

اختبار كردن ihtibâr kerden: 1.deney yapmak.

اختبارى ihtibârî: (A.) 1.tecrübî. 2.ampirik.

اختباريه ihtibâriyye: (A.) 1.yoklayıcı, sınayıcı. 2.empirizm.

اخت بودن uht bûden: 1.bir şeyle uyumlu olmak, uyum sağlamak. 2.dayanıklı olmak.

اختتال ihtitâl: (A.) kulak misafiri olma.

اختتام ihtitâm: (A.) 1.son verme, bitirme. 2.son.

اختتام دادن ihtitâm dâden: son vermek, son noktayı koymak.

اختتان ihtitân: (A.) sünnet ettirme.

اختدار ihtidâr: (A.) 1.gizleme, örtü arkasına alma. 2.gizlenme.

اختداع ihtidâ': (A.) 1.düzenbazlık, hilekârlık. 2.oyun etme.

اختر ahter: (Peh.) yıldız. ‖ * ~ -i baht اختر بخت 1.baht yıldızı. 2.şans yıldızı. 3.vaktiyle İstanbul'da yayınlanan Farsça gazete. ‖ * ~ -i bed اختر بد kötü talih. ‖ * ~ -i dunbâledâr اختر دنباله دار kuyruklu yıldız. ‖ * ~ -i meymûn اختر ميمون kutlu yıldız. ‖ * ~ -i tâli' اختر طالع baht yıldızı.

اختراع ihtirâ: (A.) 1.buluş, icat. 2.uydurma. ‖ * sebt-i ~ ثبت اختراع patent. ‖ * sebt-i ~ râ deryâft kerden ثبت اختراع را دريافت كردن patent almak.

اختراعات ihtirâ'ât: (A.) buluşlar, icatlar. ‖ * idâre-i sebt-i ~ ve iktişâfât اداره ثبت اختراعات و اكتشافات patent dairesi.

اختراعكارانه ihtirâ'kârâne (A.-F.) [ihtirâ'+ kâr+âne] mucitçe, buluşçu gibi.

اختراع شدن ihtirâ şoden: bulunmak, icat edilmek.

اختراع كردن ihtirâ kerden: 1.bulmak, icat etmek, buluş yapmak. 2.uydurmak, yalan uydurmak.

اختراعى ihtirâ'î: (A.) buluş ile ilgili.

اختراعيات ihtirâ'iyyât: (A.) buluşlar.

اخترافروز ahterefrûz: [ahter+efrûhten> efrûz] mutlu eden, sevindiren.

اختر افكندن ahter efkenden: 1.fal tutmak. 2.yıldız falına bakmak.

اختربين ahterbîn: [ahter+dîden>bîn] yıldızbilimci, astrolog, müneccim.

اختر پى افكندن ahter pey efkenden: fal tutmak, fal saymak, yormak.

اختر دوز ahterdûz: [ahter+dûhten>dûz] çok uzağa giden ok.

اختر سپاه ahtersipâh: [ahter+sipâh] büyük ordusu olan padişah.

اخترسوختگى ahtersûhtegî: [ahter+sûhten> sûht+e+g+î] talihsizlik.

اخترسوخته ahtersûhte: [ahter+ sûhten>sûht+e] 1.talihsiz. 2.felek vurgunu, perişan halli.

اخترسوز ahtersûz: [ahter+sûhten>sûz] yıldızları yakan, yıldızları yok eden.

اخترسوز شدن ahtersûz şoden: yıldızları yakmak, yıldızları yok etmek.

اخترشمار ahterşomâr: [ahter+şomorden> şomâr] **1.**yıldızları sayan, geceleri uyuyamayan. **2.**müneccim.

اخترشماران سالار ahterşumârânsâlâr: Sâsânîler döneminde yıldız saymakla görevli kişilerin başı.

اخترشماری ahterşumârî: [ahter+şumurden> şumâr+î] **1.**yıldız sayan. **2.**geceleri uyuyamayan.

اخترشمر ahterşumer: [ahter+şumurden> şumer] müneccim, astrolog.

اختر شمردن ahter şomorden: uykusuz kalmak, yıldızları saymak.

اخترشناخت ahterşinâht: [ahter+şinâhten> şinâht] astroloji.

اختر شناس ahterşinâs: [ahter+şinâhten> şinâs] **1.**yıldızbilimci. **2.**astrolog, müneccim.

اختر شناسی ahterşinâsî: [ahter+şinâhten> şinâs+î] yıldız bilimi.

اخترضمیر ahterzamîr: (F.-A.) [ahter+zamîr] gönlü aydın, temiz yürekli.

اخترفشان ahterfeşân: [ahter+feşânden> feşân] yıldız saçan.

اختر کردن ahter kerden: fal tutmak, fala bakmak, yıldız falına bakmak.

اختر گذشتن ahter gozeşten: talihsizlik yıldızı sönmek.

اخترگر ahterger: [ahter+ger] müneccim, yıldız falcısı.

اخترگرای ahtergerây: [ahter+gerây] müneccim, yıldız falcısı.

اختر گرفتن ahter giriften: yıldızları gözlemlemek.

اختر گو ahtergû: [ahter+goften>gû] **1.**astrolog. **2.**kahin. **3.**falcı.

اخترگوی ahtergûy: [ahter+goften>gûy] **1.**astrolog. **2.**kahin. **3.**falcı.

اخترگوی شدن ahtergûy şoden: kehanette bulunmak.

اخترگویی ahtergûyî: [ahter+goften> gûy+î] yıldız falı.

اخترگویی کردن ahtergûyî kerden: yıldız falına bakmak.

اخترمار ahtermâr: [ahter+mâr<şumâr] yıldız falcısı, astrolog.

اخترمه ahterme: (T.) savaşta ölenin atına ve tüm eşyasına sahip olma.

اختری ahterî: [ahter+î] müneccim, falcı.

اختریار ahteryâr: [ahter+yâr] şanslı, talihli.

اختشاع ihtişâ': (A.) alçakgönüllülük.

اخت شدن oht şoden: kaynaşmak.

اختصار ihtisâr: (A.) **1.**kısaltma. **2.**özetleme. **3.**sadeleştirme. **4.**namazda sûre sonundan bir iki âyet okuma. ‖ * be ~ به اختصار kısaca, özetle.

اختصاراً ihtisâren: (A.) **1.**kısaltarak. **2.**özetleyerek. **3.**sadeleştirerek.

اختصار کردن ihtisâr kerden: **1.**yetinmek, kanaat etmek. **2.**kısaltmak, özetlemek.

اختصاری ihtisârî: (A.) **1.**kısaltma ile ilgili. **2.**kısaltma. ‖ * alâmet-i ~ علامت اختصاری kısaltma işareti.

اختصاص ihtisâs: (A.) **1.**tahsis etme, özel kılma. **2.**özellik. **3.**uzmanlaşma. **4.**uzmanlık.

اختصاص دادن ihtisâs dâden: **1.**tahsis etmek, ayırmak, bir şeyi birine birine bırakmak. **2.**hasretmek.

اختصاص داده شدن ihtisâs dâde şoden: ayrılmak, hasredilmek.

اختصاص داشتن ihtisâs dâşten: mahsus olmak, hasredilmiş olmak.

اختصاصی ihtisâsî: (A.) **1.**mahsus, özel. **2.**uzmanlık ile ilgili, ihtisas ile ilgili.

اختصاص یافتن ihtisâs yâften: **1.**tahsis edilmek. **2.**mal olmak.

اختصاصیون ihtisâsiyyûn: (A.) uzmanlar, mütehassıslar.

اختصاصیه ihtisâsiyye: (A.) uzmanlık ile ilgili, ihtisas ile ilgili.

اختصام ihtisâm: (A.) düşmanlık gütme.

اختصامات ihtisâmât: (A.) düşmanlıklar.

اختضاب ihtizâb: (A.) **1.**boyanma. **2.**kınalama, kına ile boyama.

اختضاع ihtizâ': (A.) alçakgönüllülük.

اختطاب ihtitâb: (A.) nikahına almak üzere evlilik teklifinde bulunma.

اختطاط ihtitât: (A.) sınırlandırma, hat çekme.

اختطاف ihtitâf: (A.) **1.**çalma, aşırma, kapıp kaçma. **2.**gözü dalması. **3.**göz kamaşması.

اخ تف ahtef: [ah+tef] **1.**balgam. **2.**(şaka yollu) şapka ve göğüste bulunan devlet nişanı.

اختفاء ihtifâ: (A.) **1.**gizlenme. **2.**örtülme. ‖ * der ~ در اختفا **1.**gizli, illegal. **2.**gizlice.

اختفاگاه ihtifâgâh (A.-F.) [ihtifâ+gâh] sığınak, barınak.

اخ تفو eh tufû: **1.**tükürük. **2.**tiksinti ve nefret ifadesi.

اختلاء ihtilâ': (A.) taze ot biçme.

اختلاب ihtilâb: (A.) **1.**aldatma. **2.**aldatılma.

اختلاج ihtilâc: (A.) **1.**çekip çıkarma. **2.**(tıb.) spazm, kasılma. **3.**çarpıntı. **4.**çırpınma. **5.**seğrime. **6.**havale nöbeti gelme. ‖ * ~ -i ayn اختلاج عين göz seğrimesi.

اختلاجات ihtilâcât: (A.) **1.**çarpıntılar. **2.**çırpınmalar. **3.**seğrimeler. **4.**et büzüşmeleri. **5.**havale nöbetleri.

اختلاج نامه ihtilâcnâme (A.-F.) [ihtilâc+ nâme <nâme-i ihtilâc] yüz kasılmaları ve seğrimeleri hakkında yazılmış fal kitabı.

اختلاس ihtilâs: (A.) **1.**devletin veya bir kuruluşun parasını zimmete geçirme. **2.**çalma. ‖ * ~ -i vakt اختلاس وقت başka iş güç arasında zaman bulma.

اختلاسات ihtilâsât: (A.) **1.**kapmalar. **2.**hile ile zimmete geçirmeler, hileli hareketlerle zimmet suçu işlemeler.

اختلاسكار ihtilâskâr (A.-F.) [ihtilâs+kâr] çalıp çırpan, yasadışı yolla zimmetine para geçiren.

اختلاسكارانه ihtilâskârâne (A.-F.) [ihtilâs+ kâr+âne] çalıp çırparak, yasadışı yolla zimmetine para geçirerek.

اختلاط ihtilât: (A.) **1.**karışma. **2.**görüşme. ‖ * ~ -i edviye اختلاط ادويه (kim.) ilaçları karıştırma. ‖ * ~ -i akl اختلاط عقل akıl karışması.

اختلاط افتادن ihtilât oftâden: karışmak.

اختلاط پذير ihtilâtpezîr: (A.-F.) [ihtilât+ pezîroften> pezîr] karıştırılabilir.

اختلاط دادن ihtilât dâden: karıştırmak.

اختلاط كردن ihtilât kerden: **1.**konuşmak, muaşeret etmek, hoşbeş etmek, iki lakırdı etmek. **2.**karışmak.

اختلاطگاه ihtilâtgâh (A.-F.) [ihtilât+gâh] **1.**karışım yeri. **2.**görüşme yeri.

اختلاع ihtilâ': (A.) kadının nikahı bozdurması.

اختلاف ihtilâf: (A.) **1.**ihtilaf, anlaşmazlık, uyuşmazlık. **2.**(tıb.) ishal. **3.**saat farkı. **4.**aykırılık. ‖ * ~ -i menâzir اختلاف مناظر · paralaks.

اختلافات ihtilâfât: (A.) **1.**uyuşmazlıklar, görüş ayrılıkları. **2.**aykırılıklar. **3.**zaman farkları. **4.**mahkemeler arası uyuşmazlıklar.

اختلاف افتادن ihtilâf oftâden: ihtilaf çıkmak, anlaşmazlık çıkmak.

اختلاف برخاستن ihtilâf berhâsten: ihtilaf çıkmak, anlaşmazlık çıkmak.

اختلافدار ihtilâfdâr (A.-F.) [ihtilâf+ dâşten>dâr] ihtilaflı.

اختلاف داشتن (با) ihtilâf dâşten: **1.**fark bulunmak, farkı olmak. **2.**biriyle geçinememek. **3.**(zaman) farkı olmak.

اختلاف شروع شدن ihtilâf şurû şoden: anlaşmazlık çıkmak.

اختلاف فرما ihtilâfermâ (A.-F.) [ihtilâf+ fermûden> fermâ] ihtilaflı, aykırılık dolu.

اختلاق ihtilâk: (A.) yalan uydurma.

اختلاقاً ihtilâken: (A.) uydurarak.

اختلاقيات ihtilâkiyyât: (A.) uydurmalar.

اختلال ihtilâl: (A.) **1.**karışıklık. **2.**bozukluk. **3.**işlerin bozulması.

4.bir toplumun siyasal iktidarında ve sosyal yapısında yapılan köklü değişiklik. Siyasal iktidarı ve anayasal düzeni zorla değiştirmek için halk tarafından girişilen hareket. ‖ * ~ -i dimâg اختلال دماغ beyin bozukluğu. ‖ * ~ -i hevâss اختلال حواس aklî denge bozukluğu. ‖ * ~ -i nizâm اختلال نظام düzen bozukluğu. ‖ * ~ -i umûr اختلال امور işlerin bozukluğu.

اختلالات ihtilâlât: (A.) 1.bozukluklar. 2.ihtilaller.

اختلال پرور ihtilâlperver (A.-F.) [ihtilâl+ perverden> perver] ihtilalci.

اختلال پیدا کردن ihtilâl peydâ kerden: bozukluk çıkarmak, bozulmak.

اختلالکار ihtilâlkâr (A.-F.) [ihtilâl+kâr] ihtilalci.

اختلالکارانه ihtilâlkârâne (A.-F.) [ihtilâl+ kâr+âne] ihtilal ağırlıklı, ihtilalci.

اختلال نامه ihtilâlnâme (A.-F.) [ihtilâl+ nâme] ihtilali anlatan eser, bozukluğu anlatan eser.

اختمار ihtimâr: (A.) mayalanma. ‖ * ~ -i ku'ûlî اختمار کنولی alkol mayalanması.

اختمام ihtimâm: (A.) 1.süpürme. 2.süpürülme.

اختناق ihtinâk: (A.) 1.boğulma. 2.tıkanma. 3.boğma. ‖ * ~ -i rahm اختناق رحم isteri.

اختنان ihtinân: (A.) sünnet olma.

اخت و جور آمدن uht u cûr âmeden: uyum sağlamak, uyuşmak, örtüşmek.

اخته ahte: (T.) iğdiş etme, hadım etme.

اخته بیگ ahtebeyg: (T.) ahtacı, hayvanları iğdiş etmekle sorumlu kişi.

اخته چی ahteçi: (T.) ahtacı, iğdiş edici.

اخته خانه ahtehâne: (T.-F.) [ahte+hâne] tavla.

اخته شدن ahte şoden: iğdiş edilmek, hadım edilmek, (yumurtaları) burulmak.

اخته کردن ahte kerden: 1.iğdiş etmek, hadım etmek, (yumurtalarını) burmak. 2.eti bir süre kar veya buza yatırmak.

اختیار ihtiyâr: (A.) 1.seçme şansı, seçme hakkı, seçenek.2.inisiyatif. 3.güç. ‖ * ~ ez kesî siteden اختیار از کسی ستدن birini bir işten uzak tutmak, inisiyatifini elinden almak. ‖ * be ~ به اختیار kendi isteğiyle. ‖ * be ~ -i hod derâverden به اختیار خود در آوردن kontrol altına almak. ‖ * der ~ bûden در اختیار بودن kontrolde olmak, inisiyatifte olmak. ‖ * der ~ dâşten در اختیار داشتن elde bulunmak, elinde bulundurmak. ‖ * der ~ -i kesî guzâşten در اختیار کسی گذاشتن birine bırakmak, birine teslim etmek. ‖ * taht-i ~ -i kesî karâr giriften تحت اختیار کسی قرار گرفتن kontrolünde bulunmak. ‖ * vesîle der ~ dâşten وسیله در اختیار داشتن imkânı bulunmak.

اختیار آمدن ihtiyâr âmeden: seçilmek.

اختیار دادن ihtiyâr dâden: seçme hakkı vermek.

اختیار دارید ihtiyâr dârîd: estağfirullah, rica ederim; aman efendim (ne kelime).

اختیار داشتن ihtiyâr dâşten: yetkili olmak.

اختیار کردن ihtiyâr kerden: 1.seçmek. 2.beğenmek. 3.tercih etmek. 4.almak. 5.yapmak.

اختیاری ihtiyârî: (A.) isteğe bağlı, ihtiyarî.

اختیاریات ihtiyâriyyât: (A.) isteğe bağlı olan şeyler.

اختیاریه ihtiyâriyye: (A.) isteğe bağlı, zorunlu olmayan. ‖ * hey'et-i ~ هیئت اختیاریه ihtiyar heyeti, ihtiyar meclisi, köy tüzel kişiliğinin karar ve denetim organı.

اختيال ihtiyâl: (A.) 1.kibirlenme, böbürlenme, şişinme. 2.sanma, zannetme. 3.salınma.

اختيان ihtiyân: (A.) hainlik.

اختين uhteyn: (A.) iki kız kardeş. ‖ * cem'-i ~ جمع اختين karısı öldükten sonra karısının kız kardeşi ile evlenme.

اخثاء ihsâ': (A.) tezek yakma.

اخجال ihcâl: (A.) 1.utandırma. 2.utandırılma.

اخچه ahçe: (T.) akçe, altın ve gümüş para.

اخدار ihdâr: (A.) 1.uyuşturma. 2.ferace giydirme.

اخداع ihdâ': (A.) aldatma, oyuna getirme.

اخدود uhdûd: (A.) hendek.

اخذ ahz: (A.) 1.alma. 2.esir alma. 3.öğrenme. ‖ * ~ -i re'y اخذ رأى görüş alma. ‖ * ~ -i sâr اخذ ثار intikam alma, öc alma. ‖ * ~ -i tasmîm اخذ تصميم karar alma. ‖ * ~ -i temâs şoden اخذ تماس شدن temas kurulmak. ‖ * ~ u girift اخذ و گرفت yakalama. ‖ * ~ u i'tâ اخذ و اعطا alışveriş. ‖ * ~ u kabz اخذ و قبض alıp sahip çıkma. ‖ * ~ u siyâset اخذ و سياست yakalayıp öldürme.

اخذ كردن ahz kerden: 1.almak. 2.anlamak. 3.öğrenmek.

اخذ و عطا ahz u etâ: (A.) alışveriş.

اخر eher: (F.-A.) [her>eher] şeddeli eşşek.

اخرا uhrâ: (A.) 1.son. 2.başka.

اخرا uhrâ: (Yun.) 1.aşıboyası. 2.toprak rengi.

اخراب ihrâb: (A.) 1.tahrip etme, yıkma. 2.tahrip edilme, yıkılma.

اخراج ihrâc: (A.) 1.çıkarma. 2.masraf, harcama. ‖ * ~ -i beled اخراج بلد sürgün. ‖ * ~ -i dem اخراج دم hacamat, kan çekme.

اخراجات ihrâcât: (A.) 1.masraflar. 2.ihracat, dışsatım. 3.çıkarmalar.

اخراج ساختن ihrâc sâhten: 1.çıkarmak. 2.reddetmek.

اخراج شدن ihrâc şoden: 1.çıkarılmak. 2.görevden alınmak. 3.sürülmek.

اخراج كردن ihrâc kerden: 1.görevden almak, işten el çektirmek. 2.işten çıkarmak, kovmak.

اخراجى ihrâcî: (A.-F.) [ihrâc+î] çıkarılmış, kovulmuş, sürgün.

اخرس ahres: (A.) dilsiz.

اخرم ahrem: (A.) kümük, burnu yarık.

اخروشيدن uhrûşîden: coşmak, taşmak, kaynamak.

اخروى uhrevî: (A.) uhrevî, âhiretle ilgili. ‖ * ecr-i ~ اجر اخروى âhirette verilecek ödül.

اخرويات uhreviyyât: (A.) ahiret hayatı ile ilgili meseleler.

اخروى شدن uhrevî şoden: uhrevîleşmek.

اخرويه uhreviyye: (A.) ahiret ile ilgili, ahiret hayatına ait.

اخرى uhrâ: (A.) 1.diğer. 2.ikinci. 3.ahiret. ‖ * be ibâret-i ~ به عبارت اخرى diğer bir deyişle. ‖ * merreten ba'de ~ مرةً بعد اخرى birçok defa, defalarca, tekrar tekrar. ‖ * zâde fittunbûri nagmeten ~ زاد فى الطنبور نغمةً اخرى. 1.tanbura bir ezgi daha katıldı. 2.al sana yeni bir fikir.

اخره uhre: (A.) 1.son. 2.göz ucu. 3.eyerin arkasındaki sivri uç.

اخس ehes(s) : 1.en cimri. 2.en düşkün, en aşağılık. ‖ * dunyâ-yi ~ دنياى اخس en aşağılık dünya.

اخشاب ehşâb: (A.) 1.tahtalar. 2.güzel kokulu tahtalar.

اخشم ahşem: (A.) burnu koku almayan.

اخص ehass: (A.) 1. en has, en özel. 2.başlıca. ‖ * be tovr-i ~ به طور اخص özellikle, bilhassa.

اخصاء ihsâ: (A.) 1.iğdiş etme. 2.uzmanlaşma.

اخصائيون ihsâiyyûn: (A.) uzmanlar.

اخصاب ihsâb: (A.) ucuzlama.

اخصار ihsâr: (A.) kısaltma.

اخضال ihzâl: (A.) 1.ıslatma. 2.ıslatılma.

اخضر ahzer: (A.) **1.**yeşil. **2.**mavi. ‖ * çerh-i ~ چرخ اخضر gökyüzü, gökkubbe. ‖ * deryâ-yi ~ دریای اخضر gökyüzü. ‖ * gunbed-i ~ گنبد اخضر (mavi) gökyüzü.

اخضرار ihzirâr: (A.) yeşerme.

اخطاء ihtâ: (A.) **1.**hata ettirme. yanıltma. **2.**hata ettirilme, yanıltılma.

اخطار ihtâr: (A.) tehlikeye düşürme.

اخطار ihtâr: (A.) **1.**hatırlatma, bildirme. **2.**uyarı, dikkat çekme. **3.**ilan.

اخطار ehtâr: (A.) **1.**belalar. **2.**güçlükler.

اخطارات ihtârât: (A.) **1.**hatırlatmalar. **2.**uyarılar, dikkat çekmeler. ‖ * ~ -i lâzime اخطارات لازمه gerekli uyarmalar. ‖ * ~ -i mukerrere اخطارات مکرره tekrar tekrar yapılan hatırlatmalar.

اخطار کردن ihtâr kerden: **1.**ihtar etmek, uyarmak. **2.**bir konuyu hatırlatmak.

اخطارنامه ihtârnâme: (A.-F.) [ihtâr+ nâme] **1.**uyarı yazısı, ihtar yazısı. **2.**protesto. **3.**resmî ihbar yazısı.

اخطاریه ihtâriye: (A.) ihtarname, ihtar mektubu.

اخطباء ihtibâ': (A.) **1.**gizleme. **2.**gizlenme.

اخف ehaff: (A.) en hafif.

اخفاء ihfâ: (A.) **1.**gizleme, örtme. **2.**gizlenme.

اخفاف ihfâf: (A.) **1.**hafifletme. **2.**aşağılama, küçümseme, hafife alma, hor görme.

اخفاق ihfâk: (A.) **1.**aradığını bulamadan dönmek, eli boş dönmek. **2.**savaşa gidip ganimetsiz dönmek.

اخفاک ehfâk: sarmaşık.

اخفش ahfeş: (A.) **1.**yarasa. **2.**küçük gözlü.

اخفیق ihfîk: (A.) deprem yarıkları.

اخفیق الارض ihfîkularz: (A.) yer yarıkları.

اخکوک ahkûk (bot.) çağla, ham meyve.

اخگر ahger: **1.**kor, ateş parçası. **2.**kıvılcım. ‖ * ~ -i koşte اخگر کشته kömür. ‖ * ~ -i tefte اخگر تفته közlü ateş.

اخگر پراکندن ahger perâkenden: kıvılcımlanmak.

اخگرستان ahgeristan: **1.**mangal. **2.**ateş konulan kap.

اخلاء ihlâ: (A.) **1.**boşaltma. **2.**boşalma.

اخلاص ihlâs: (A.) **1.**temiz sevgi. **2.**içten gelen dostluk. ‖ * kelime-i ~ کلمهء اخلاص kelime-i ihlâs: kelime-i ihlas, lâilâheillallah.

اخلاص پرور ihlâsperver (A.-F.) [ihlâs+ perverden> perver] ihlas sahbi, temiz yürekli.

اخلاص پروری ihlâsperverî (A.-F.) [ihlâs+ perverden> perver+î] temiz kalplilik, içtenlik.

اخلاص پرورانه ihlâsperverâne (A.-F.) [ihlâs+ perverden> perver+âne] temiz yüreklilikle.

اخلاصکار ihlâskâr (A.-F.) [ihlâs+kâr] samimî, temiz kalpli.

اخلاص کیش ihlâskîş: (A.-F.) [ihlâs+kîş] ihlas sahibi.

اخلاصمند ihlâsmend (A.-F.) [ihlâs+ mend] ihlas sahibi, temiz yürekli.

اخلاصمندانه ihlâsmendâne (A.-F.) [ihlâs+mend+âne] temiz yüreklilikle.

اخلاصمندی ihlâsmendî (A.-F.) [ihlâs+ mend+î] temiz yüreklilik.

اخلاصیه ihlâsiye: (A.) kulhuvallahi dirhemi.

اخلاط ehlât: (A.) (tıb.) hıltlar. Eskiden safra, kan, balgam ve sevdaya verilen ad. ‖ * ~ ı fâside اخلاط فاسده bozuk salgılar. ‖ * ~ -i mahmûde اخلاط محموده iyi çalışan salgılar.

اخلاف ehlâf: (A.) halefler, sonra gelenler.

اخلاق ehlâk: (A.) ahlâk, huylar. ‖ * ~ -i âliye اخلاق عالیه yüksek ahlak. ‖ * ~ -i hamîde اخلاق حمیده

övülesi huylar. ‖ * ~ -i hasene اخلاق حسنه güzel huylar, iyi huy. ‖ * ~ -i zemîme اخلاق ذميمه kötü huylar. ‖ * ~ -i umûmiyye اخلاق عموميه genel ahlak.

اخلاقا ahlâken: (A.) ahlakça.

اخلاق گرا ehlâkgerâ: (A.-F.) [ehlâk+ gerâyîden> gerâ] moralist, ahlâkçı.

اخلاق گرايى ehlâkgerâyî: (A.-F.) [ehlâk+ gerâyîden>gerây+î] moralizm.

اخلاقى ehlâkî: (A.) **1.**ahlâksal, ahlâkî. **2.**ahlâkçı, ahlâk bilgini. **3.**ahlâklı.

اخلاقيات ahlâkiyyât: (A.) ahlak bilgisi.

اخلاقيت ahlâkiyyet: (A.) **1.**ahlaklılık. **2.**törellik.

اخلاقيون ahlâkiyyûn: (A.) ahlakçılar, ahlak yazarları.

اخلاقيين ahlâkiyyîn: (A.) ahlakçılar.

اخلال ahlâl: (A.) yakın dostlar, can dostları.

اخلال ihlâl: (A.) **1.**bozma, ihlal etme. **2.**karıştırma.

اخلال كردن ihlâl kerden: **1.**ihlal etmek, bozmak. **2.**karıştırmak.

اخلال گر ihlâlger: (A.-F.) [ihlâl+ger] bozguncu.

اخلال گرى ihlâlgerî: (A.-F.) [ihlâl+ger+î] bozgunculuk.

اخلامور ehlâmûr: (Yun.>F.) **1.**(bot.) ıhlamur. **2.**ıhlamur ağacı. **3.**ıhlamur çayı.

اخلص ahlas: (A.) en içten, en samimi.

اخلص العباد ahlasul'ibâd: (A.) kulların en samimi olanı.

اخلط ahlat: (A.) en karışık.

اخلف ahlef: (A.) solak.

اخلياء ahliyâ: (A.) boş şeyler.

اخم ehm: surat asma, kaş çatma. ‖ * ~ hâ râ derhem kerden اخم ها را درهم كردن surat asmak, surat ekşitmek. ‖ * ~ hâ râ derhem keşîden اخم هار ار درهم كشيدن surat asmak, surat ekşitmek.

اخم آلود ehmâlûd: [ehm+âlûden>âlûd] asık surat.

اخماد ihmâd: (A.) alevi söndürme.

اخم كردن ehm kerden: surat asmak, yüz buruşturmak, surat ekşitmek, kaş çatmak, somurtmak.

اخمو ehmû: [ehm+û] suratsız, asık suratlı, öfkeli.

اخم و تخم ehm u tehm: suratsızlık, asık suratlılık, surat asmar.

اخم و تخم كردن ehm u tehm kerden: surat asmak, surat ekşitmek, yüz ekşitmek.

اخمه رو ehmerû: [ehm+e+rû] asık suratlı.

اخمه كردن ohme kerden: surat asmak, surat ekşitmek, yüz ekşitmek.

اخن ehann: (A.) genizden konuşan.

اخناق ihnâk: (A.) **1.**boğma. **2.**boğulma.

اخوات ehevât: (A.) **1.**kızkardeşler, kardeşler. **2.**can dostları. **3.**tarikat arkadaşları. **4.**gibileri.

اخوال ehvâl: (A.) dayılar.

اخوان ehevân: (A.) erkek kardeşler.

اخوان ihvân: (A.) **1.**kardeşler. **2.**can dostlar. **3.**tarikat yoldaşları. ‖ * ~ -i bâsefâ اخوان باصفا yüreği temiz dostlar. ‖ * ~ -i islâm اخوان اسلام Müslüman kardeşler.

اخوان الصفا ihvânussafâ: (A.) Basra'da ortak düşünceli kimi filozof ve bilim adamlarının meydana getirdikleri fikir hareketi.

اخوانيات ihvâniyyât: (A.) yakınlara yazılan mektuplar.

اخوت ihvet: (A.) kardeşler.

اخوت uhuvvet: (A.) **1.**kardeşlik. **2.**dostluk. ‖ * ~ -i dînî اخوت دينى din kardeşliği. ‖ * ~ -i efkâr اخوت افكار düşünce kardeşliği.

اخ و تف eh u tuf: balgam.

اخ و تف كردن eh u tuf kerden: tükürmek.

اخوتكار uhuvvetkâr (A.-F.) [uhuvvet+ kâr] kardeş gibi davranan.

اخوتكارانه uhuvvetkârâne (A.-F.) [uhuvvet+ kâr+ âne] kardeş gibi davranarak.

اخوتمندانه uhuvvetmendâne (A.-F.) [uhuvvet+ mend+ âne] kardeş gibi, kardeşçesine.

اخوه ihve: (A.) can dostlar. ‖ * ~ -i muteferrikîn اخوه متفرقين erkek kardeşler.

اخوى ahavî: (A.) erkek kardeş.

اخى ahî: (A.) **1.**kardeşim. **2.**Ahî.

اخيار ehyâr: (A.) **1.**hayır sahipleri. **2.**(tas.) seçkin kimseler.

اخير ahîr: (A.) **1.**son. **2.**sonuncu. **3.**dip. **4.**geri. **5.**ölüm.

اخيراً ahîren: (A.) **1.**son zamanlarda, geçenlerde, bu yakınlarda. **2.**son olarak. **3.**sonunda. **4.**hepsinden sonra. **5.**ondan sonra.

اخيش ahîş: vah vah!

اخيه ehye: eyer askısı.

اخيه ahiyye: (A.) cömertler.

ادا edâ: (A.) **1.**naz, işve. **2.**işaret. **3.**taklit. **4.**kapris. **5.**çalım, kurum, caka. ‖ * ~ -yi kesî râ tehemmul kerden اداى كسى را تحمل كردن birinin kaprisini çekmek, birinin nazını çekmek.

اداء edâ: (A.) **1.**yerine getirme. **2.**ödeme. **3.**ödenme. **4.**üslup, tarz, tavır. ‖ * ~ -yi deyn اداى دين borç ödeme. ‖ * ~ -yi i'tizâr اداى اعتذار özür dileme. ‖ * ~ -yi salât اداى صلات namaz kılma, vakit namazı kılma. ‖ * ~ -yi serâirnevâz اداى سرائرنواز sırları okşayan bir tavır.

اداپتور adaptor: (Fr.) adaptör.

اداپذير edâpezîr: (A.-F.) [edâ+ pezîroften> pezîr] ödenebilir.

ادات edât: (A.) **1.**(gr.) edat, kendi başına bir anlam ifade etmeyen, cümle içinde fiili des-tekleyen kelime veya harfler. **2.**alet, el aleti. ‖ * ~ -i teşbîh ادات تشبيه benzetme edatı. ‖ * ~ -i haber ادات خبر haber edatı, koşaç.

اداد idâd: (A.) **1.**kuvvet. **2.**üstünlük.

ادا در آوردن edâ der âvorden: taklit yapmak, yüz hareketleriyle maskaralık yapmak ve alay etmek.

ادارات idârât: (A.) daireler. ‖ * ~ -i dovletî ادارات دولتى devlet daireleri.

ادارت idâret: (A.) **1.**döndürme. **2.**idare, müdürlük.

اداره idâre: (A.) **1.**döndürme. **2.**çekip çevirme. **3.**yönetme. **4.**kullanma. **5.**harcama. **6.**yetme, yeterli olma. **7.**yöneticiler. **8.**iş yapılan yer. **9.**devlet dairesi. **10.** az ışıklı lamba. ‖ * ~ -i akdâh ادارهء اقداح içki dolu kadehleri dolaştırma. ‖ * ~ -i cumhûriyye ادارهء جمهوريه cumhuriyet rejimi. ‖ * ~ -i kelâm ادارهء كلام sözü en uygun şekilde söyleme. ‖ * ~ -i kull ادارهء كل genel müdürlük. ‖ * ~ -i maslahat ادارهء مصلحت **1.**işleri çekip çevirme. **2.**öyle veya böyle bir işi yapma. ‖ * ~ -i merkeziyye ادارهء مركزيه merkezî yönetim. ‖ * ~ -i meşrûta ادارهء مشروطه meşrutiyet yönetimi. ‖ * ~ -i mustebidde ادارهء مستبده baskıcı yönetim, istibdat idaresi. ‖ * ~ -i mutlaka ادارهء مطلقه mutlakiyet yönetimi, monarşi. ‖ * ~ -i orfiyye ادارهء عرفيه · sıkıyönetim. ‖ * ~ -i umûr ادارهء امور işlerin çekip çevrilmesi, işlerin görülmesi.

ادارةً idâreten: (A.) idare ederek.

اداره اى idâreî: (A.) memur, devlet memuru.

اداره بازى idârebâzî: (A.-F.) [idâre+ bâhten>bâz+î] formalite.

اداره خانه idârehâne (A.-F.) [idâre+hâne] **1.**büro, yönetim bürosu. **2.**daire.

اداره كردن idâre kerden: **1.**idare etmek. **2.**temin etmek. **3.**geçindirmek.

اداره كننده idâre konende: [idâre+kerden> kon+ende] yönetici.

اداره نشين idârenişîn: (A.-F.) [idâre+ nişesten>nişîn] bürokrat, devlet memuru.

اداره نشينى idârenişînî: (A.-F.) [idâre+ nişesten> nişîn+î] bürokratlık, devlet memurluğu.

ادارى idârî: (A.) idarî, resmî, idare ile ilgili, yönetim ile ilgili. ‖ * umûr-i ~ امور ادارى idarî işler, resmî işler.

ادا شدن edâ şoden: **1.**icra edilmek, eda edilmek, yerine getirilmek. **2.**ödenmek.

ادا كردن edâ kerden: **1.**eda etmek, yerine getirmek.**2.**ödemek.

اداله idâle: (A.) dolaşıma çıkarma.

ادام idâm: (A.) katık. ‖ * nân u ~ نان و ادام katık ekmek.

ادام الله edâmallâhu: (A.) Allah devam ettirsin, Allah devamlı kılsın. ‖ * ~ iclâluhu ادام الله اجلاله Allah ululuğunu daim etsin.

ادامت idâmet: (A.) sürdürme, devam ettirme.

ادامه idâme: (A.) sürdürme, devam ettirme. ‖ * ~ -i mevcûdiyyet ادامهء موجوديت varlığını sürdürme.

ادامه پيدا كردن idâme peydâ kerden: devam etmek.

ادامه دادن idâme dâden: **1.**devam etmek. **2.**sürdürmek.

ادامه داشتن idâme dâşten: **1.**devam etmek. **2.**sürmek. **3.**uzanmak.

ادامه يافتن idâme yâften: devam etmek, sürmek.

ادانه idâne: (A.) borç verme.

ادانةً idâneten: (A.) ödünç olarak.

ادانى edânî: (A.) **1.**yakınlar. **2.**avam. **3.**en alçaklar, en soysuzlar, en aşağılıklar.

ادا و اطوار edâ vu etvâr: (A.-F.) **1.**taklit. **2.**maskaralık yapma.

اداوه idâve: (A.) deriden yapılmış matara.

ادايى edâyî: çok nazlı.

ادب edeb: (A.) **1.**terbiye, nezaket, zariflik. **2.**saygı. **3.**bilgi. **4.**hüner. **5.**uyarma. **6.**utanma. **7.**edebiyat bilgisi. ‖ * ~ -i kelâm ادب كلام **1.**bayağı kelime ve ifadelerin bulunmadığı zarif söz. **2.**söz zarifliği.

ادب آموز edebâmûz: (A.-F.) [edeb+ âmûhten> âmûz] **1.**edip. **2.**üstad, öğretmen. **3.**öğrenci.

ادب آوازه edebâvâze: (A.-F.) [edeb+ âvâze] **1.**ünlü. **2.**kültürlü.

ادباء udebâ: (A.) edipler, yazarlar. ‖ * mahşer-i ~ محشر ادباء edipler kalabalığı.

ادبار idbâr: (A.) **1.**talihsizlik. **2.**geri çekilme. **3.**düşkünlük. **4.**işlerin ters gitmesi. ‖ * ikbâl u ~ اقبال و ادبار şanslılık ve talihsizlik. ‖ * rûz-i ~ روز ادبار talihsizlik günü, zor günler.

ادبارگر idbârger: (A.-F.) [idbâr+ger] talihsiz.

ادبارى idbârî: (A.-F.) [idbâr+î] **1.**talihsizlik. **2.**pislik.

ادباق idbâk: (A.) **1.**yapıştırma. **2.**yapıştırılma.

ادب پرور edebperver: (A.-F.) [edeb+ perverden>perver] edebe ve edep sahiplerine bağlılığı olan.

ادب خانه edebhâne: (A.-F.) [edeb+hâne] **1.**ilkokul. **2.**tuvalet, hela.

ادب دادن edeb dâden: terbiye etmek.

ادبستان edebistân: (A.-F.) [edeb+istân] okul.

ادب سنج edebsenc: (A.-F.) [edeb+ sencîden>senc] **1.**öğretmen. **2.**öğrenci.

ادب شدن edeb şoden: **1.**terbiye edilmek. **2.**uyarılmak.

ادب طراز edebterâz: (A.-F.) [edeb+terâz] öğretmen, üstad.

ادب كردن edeb kerden: **1.**eğitmek, terbiye etmek. **2.**cezalandırmak.

ادبى edebî: (A.) **1.**edebî, edebiyatla ilgili. **2.**terbiye ile ilgili.

ادبيات edebiyât: (A.) **1.**yazıya dökülmüş bütün eserlerin incelendiği bilim. **2.**manzur ve mensur güzel sözler.

ادبيه edebiyye: (A.) **1.**edebiyatla ilgili. **2.**terbiye ilgili.

ادبيون edebiyyûn: (A.) edebiyatçılar.

ادثار iddisâr: (A.) çokça mal mülk sahibi olma.

ادثر edser: (A.) gafil.

ادجان idcân: (A.) **1.**havadaki pusluluk. **2.**gökyüzünün kapalı olması.

ادجیجان idcîcân: (A.) **1.**havadaki pusluluk. **2.**gökyüzünün kapalı olması.

ادخار iddihâr: (A.) **1.**depolama, biriktirme. **2.**stoklama, stokçuluk.

ادخارات iddihârât: (A.) yığmalar, stoklamalar, biriktirmeler, depolamalar.

ادخال iddihâl: (A.) girme.

ادخال idhâl: (A.) **1.**sokma, içeri sokma. **2.**ithal, yurt dışından mal getirme.

ادخالات idhâlât: (A.) **1.**yurt dışından mal getirmeler, ithalat. **2.**ithal malları.

ادخان iddihân: (A.) tütme, duman çıkarma.

ادخان idhân: (A.) tütme, duman çıkarma.

ادخل زدن edhel zeden: tahmin etmek.

ادخنه edhine: (A.) dumanlar. ‖ * ~ -i mutekâsife ادخنهء متکاثفه · yoğunlaşan dumanlar.

ادر eder: (A.) kasığı yarık.

ادراع iddirâ': (A.) kazıklama, hile yaparak aldatma.

ادراع idrâ': (A.) **1.**bildirme. **2.**bildirilme.

ادراج idrâc: (A.) **1.**derc ettirme, içine aldırma, yer verdirme. **2.**derc edilme, içine alınma, yer verilme.

ادرار idrâr: (A.) **1.**gelir, aylık. **2.**sidik, idrar, işemik. **3.**bağış. **4.**emeklilik maaşı. ‖ * âzmâyiş-i ~ آزمایش ادرار (tıb.) idrar tahlili. ‖ * ~ -i tond dâşten ادرار تند داشتن sıkışmak.

ادرارات idrârât: (A.) **1.**sidikler. **2.**gelirler.

ادرار کردن idrâr kerden: idrar yapmak, işemek.

ادرارنامه idrârnâme: (A.-F.) [idrâr+ nâme] bağış mektubu.

ادراک idrâk: (A.) **1.**idrak, anlama, kavrama. **2.**kavuşma. **3.**olgunlaşma. **4.**yetişme, erişme. **5.**algı. ‖ * ~ -i dakîk ادراک دقیق tam algı.

ادراکات idrâkât: (A.) **1.**kavramalar, akıl erdirmeler. **2.**yetişmeler, erişmeler. **3.**olgunlaşmalar, olgunluklar. **4.**algılar.

ادراک پذیر idrâkpezîr: (A.-F.) [idrâk+ pezîroften> pezîr] anlaşılabilir.

ادراک کردن idrâk kerden: **1.**idrak etmek. **2.**yaşamak, görmek.

ادراک ناپذیر idrâknâpezîr: (A.-F.) [idrâk+ çnâ+ pezîroften>pezîr] anlaşılmaz.

ادراکیه idrâkiyye: (A.) kavramcılık.

ادرد edred: (A.) dişsiz.

ادرع edra': (A.) **1.**başı kara, vücudu beyaz olan hayvan. **2.**hecin devesi.

ادرفن ederfen: tuzlubalgam hastalığı.

ادرک edrek: taze zencefil.

ادرم edrem: (A.) **1.**dökük dişli. **2.**dümdüz.

ادرم edrem: eyer altı keçesi, teğelti.

ادرمگ edreng: bela, musibet.

ادره udre: (A.) kasık yarığı.

ادره قیله odrekile: (tıb.) husyede su toplanması.

ادریسی idrisî: [idrîs+î] (bot.) ortanca çiçeği.

ادریسیه idrîsiyye: (A.) İdrisîlik tarikatı.

ادسق edsak: (A.) büyük ağızlı.

ادسم edsem: (A.) en yağlı.

ادعاء iddiâ: (A.) **1.**bir davada tarafların karşılıklı olarak ileri sürdükleri düşünceler ve savlar. **2.**inat. **3.**düşüncesinde diretme.

ادعائی iddiâî: (A.) iddia ile ilgili, iddiaya dayanan.

ادعائیات iddiâiyyât: (A.) iddiaya dayalı sözler.

ادعا داشتن iddiâ dâşten: iddiada bulunmak, iddiası olmak, iddia etmek.

ادعا عنوان کردن iddiâ unvân kerden: iddia etmek, iddiada bulunmak.

ادعاکار iddiâkâr: (A.-F.) [iddiâ+kâr] iddia dolu.

ادعا کردن iddiâ kerden: **1.**iddia etmek. **2.**istemek.

ادعانامه iddiânâme: (A.-F.) [iddiâ+nâme] iddianame, hazırlık soruşturması sonucunda kamu davası açmak üzere savcının mahkemeye verdiği yazı.

ادعج ed'ac: (A.) 1.kara ve iri gözlü. 2.kapkara, simsiyah.

ادعج العين ed'aculayneyn: (A.) kara gözlü.

ادعيه ed'iye: (A.) dualar. ‖ * ~ -yi hayriyye ادعيهٔ خيريه hayırlı dualar. ‖ * ~ -yi me'sûre ادعيهٔ مأثوره etkili dualar, hadislerde geçen dualar.

ادعيه خوان ed'iyehân (A.-F.) ed'iye+ hânden>hân] dua okuyan.

ادغام idgâm: (A.) 1.kaynaştırma, birini öbürüne katma. 2.iki harfi birbirine katarak okuma, birbirinin benzeri iki harfi tek harf yazarak şeddeli okuma.

ادفاء iddifâ': (A.) ısınma. ‖ * ~ -i mâ' ادفاء ماء suyun ısınması.

ادفاء idfâ': (A.) ısıttırma.

ادفان edfân: (A.) defineler.

ادفان idfân: (A.) gömme, defnetme.

ادفر edfer: (A.) iğrenç, kötü kokulu.

ادفع الشر بالتى هى احسن idfa'uşşerre bi'lletî hiye ahsen: (A.) kötülüğü en güzel şekilde defedin.

ادفق edfak: (A.) beli bükük, iki büklüm insan.

ادفى edfâ: (A.) beli bükük, iki büklüm insan.

ادق edakk: (A.) 1.en dakik, en hassas. 2.en ince. 3.en önemli. ‖ * ~ -i umûr ادق امور işlerin en önemlisi.

ادق الانف adakkul'enf: (A.) pek ince burunlu.

اد كل ذى حق حقه eddi kulle zîhakkın hakkah: (A.) Her hak sahibine hakkını verir.

ادكلنى odokoloni: (Fr.) kolonya.

ادكن edken: (A.) 1.koyu renkli. 2.toprak rengi.

ادلال idlâl: (A.) nazlanma.

ادلم edlem: (A.) karayağız.

ادله edelle: (A.) 1.kılavuzlar. 2.deliller, kanıtlar. ‖ * ~ -i asliyye ادلهٔ اصليه 1.asıl deliller, birinci derecedeki deliller. 2.fıkhın dayandığı dört ana unsur: Kitap, sünnet, icmâ-ı ümmet, kıyâs-ı fukahâ. ‖ * ~ -i erba'a ادلهٔ اربعه döt temel unsura (Kur'ân, sünnet, icmâ-i ümmet ve kıyâs-ı fukehâ) dayanan deliller. ‖ * ~ -i kaviyye ادلهٔ قويه sağlam deliller.

ادم edm: (A.) iki şeyi birleştirme.

ادماء idmâ': (A.) kan alma.

ادماج idmâc: (A.) tıkma, sıkıştırma.

ادمان idmân: (A.) 1.alıştırma yapma. 2.jimnastik. ‖ * ~ -i beden ادمان بدن jimnastik.

ادمع edmu': (A.) gözyaşları.

ادمغه edmiga: (A.) beyinler.

ادمن edmen: saf misk.

ادمه edimme: (A.) derinin ikinci katı. ‖ * ~ -i dâhilî ادمهٔ داخلى içderi.

ادنا ednâ: (A.) 1.en aşağı. 2.en alçak, en bayağılık, en âdi. 3.en az. 4.düşük dereceli, düşük rütbeli. 5.en küçük, en hafif.

ادناس ednâs: (A.) 1.kirler, pislikler. 2.çapkınlar.

ادنى ednâ: (A.) 1.en alçak. 2.daha yakın. 3.değersiz.

ادواء edvâ': (A.) hastalıklar, dertler.

ادوات edevât: (A.) 1.araçlar, avadanlıklar, aletler. 2.işler. 3.(gr.) edatlar. ‖ * ~ -i itfâ'iyye ادوات اطفائيه yangın söndürme gereçleri. ‖ * ~ -i lâhika ادوات لاحقه takılar.

ادوار edvâr: (A.) 1.devirler, çağlar. 2.Doğu mûsikîsinden bahseden teknik eserler. ‖ * ~ -i ibtidâiyye ادوار ابتدائيه ilk devirler, ilk çağlar. ‖ * ~ -i sâbike ادوار سابقه eski çağlar, eski devirler. ‖ * ~ -i sâlife ادوار سالفه geçmiş devirler. ‖ * ~ -i selâse ادوار ثلاثه üç dönem, üç çağ, çocukluk, olgunluk, yaşlılık. ‖ * ilm-i ~ علم ادوار mûsikî ilmi.

ادوارگذار edvârguzâr (A.-F.) [edvâr+ guzârden> guzâr] devir geçiren.

ادوارى edvârî: (A.) nöbetsel.

ادوش edveş: (A.) gözü dumanlı.

ادويه edviye: (A.) 1.ilaçlar. 2.baharat. ‖ * ~ -i muessire ادويهٔ مؤثره

etkili ilaçlar. ‖ * ~ -i mufrede ادویهء مفرده · basit ilaçlar.

ادویه شناس edviyeşinâs: (A.-F.) [edviye+ şinâhten> şinâs] 1.baharatçı. 2.botanist.

ادویه کوب edviyekûb: (A.-F.) [edviye+ kûbîden>kûb] havanda döverek ilaç hazırlayan kimse.

ادهاش idhâş: (A.) dehşete düşürme, dehşet salma.

ادهان edhân: (A.) yağlar, sürmelik yağlar.

ادهان iddihân: (A.) güzel kokulu yağ sürünme.

ادهم edhem: (A.) 1.kara donlu yağız at. 2.erkek adı. 3.İbrahim Edhem. 4.yeni izler.

ادهمی edhemî: (A.) 1.Edhem ile ilgili. 2.Edhemîlik tarikatına mensup olan.

ادهمیه edhemiyye: (A.) Edhemîlik tarikati.

ادی edî: (A.) 1.küçük kap. 2.ufak tefek yapılı baş belası insan.

ادیار edyâr: (A.) 1.manastırlar. 2.kiliseler.

ادیاک edyâk: (A.) horozlar.

ادیال edyâl: battaniye.

ادیان edeyân: (A.) çok koşan.

ادیان edyân: (A.) dinler.

ادیب edîb: (A.) 1.terbiyeli, edepli, nazik. 2.edebiyatçı, edip. 3.erkek adı.

ادیبانه edîbâne: (A.-F.) [edîb+âne] edipçe, edibâne.

ادیب رفته edîbrefte: (A.-F.) [edîb+reften> reft+e] mürekkep yalamış.

ادیبه edîbe: (A.) terbiyeli, edepli, nazik. 2.bayan edebiyatçı. 3.bayan adı.

ادیبی edîbî: (A.-F) [edîb+î] ediplik.

ادیبی کردن edîbî kerden: edep öğretmek.

ادیم edîm: (A.) 1.tabaklanmış deri. 2.yüzey, satıh. 3.(zool.) bir at cinsi. ‖ * ~ -i arz ادیم ارض yeryüzü. ‖ * ~ -i zemîn ادیم زمین yeryüzü.

ادیم گر edîmger: (A.-F.) [edîm+ger] derici.

اذا ezâ: (A.) eziyet, eza, üzme, eziyet, incitme. ‖ * ~ -yi derûn اذای درون kalp kırılması, gönül incinmesi.

اذا izâ: (A.) -ince, -diğinde. ‖ * ~ melektehâ fe'scah اذا ملکته فاسجح ona mâlik olursan sert davranma.

اذابه izâbe: (A.) 1.eritme. 2.yağmalama. 3.kendi işini iyi yapma.

اذاحه izâhe: (A.) çevresini dolaşma.

اذاره izâre: (A.) kuruntuya düşürme.

اذاعت izâ'et: (A.) açıklama, açığa vurma.

اذاعه izâ'e: (A.) 1.ortaya çıkarma. 2.dağıtma, yayma. ‖ * ~ -i esrâr اذاعهء اسرار sırları açığa vurma, sırları ifşa etme.

اذاقت izâket: (A.) 1.tattırma. 2.deneme.

اذاقه izâke: (A.) 1.tattırma. 2.tattırılma. 3.zevk verdirme. 4.zevk verdirilme.

اذالت izâlet: (A.) zelil düşürme.

اذاله izâle: (A.) 1.uzun etekli giysi. 2.halsiz bırakma. 3.yaşmağını açma.

اذان ezân: (A.) 1.ezan. 2.haber verme, bildirme. ‖ * ~ -i muhammedî اذان محمدی ezan, Hz. Muhammed'in adının geçtiği ezan.

اذان گفتن ezân goften: ezan okumak.

اذان گو ezângû: (A.-F.) [ezân+goften> gû] müezzin.

اذان گویی ezângûyî: (A.-F.) [ezân+ goften> gûy+î] müezzinlik.

اذانی ezânî: (A.) ezan ile ilgili.

اذانی uzânî: (A.) iri kulaklı, kepçekulak.

اذحاج izhâc: (A.) oturma.

اذراء ezrâ': (A.) beyaz kulaklı siyah at.

اذراء izrâ': (A.) 1.çok övme, göklere çıkarma. 2.altın arama. 3.korkutma.

اذراع izrâ': (A.) arşınlama, arşın ile ölçme.

اذربی ezrebî: (A.) Azerbaycan.

اذعان iz'ân: (A.) **1.**anlayış, kavrayış. **2.**söz dinleme. **3.**terbiye. **4.**itiraf.

اذعان كردن iz'ân kerden: **1.**itiraf etmek. **2.**itaat etmek. **3.**farkına varmak.

اذفر ezfer: (A.) hoş kokulu.

اذكار ezkâr: (A.) **1.**zikirler. **2.**anmalar. ‖ * ~ -i cemîle اذكار جميله iyilikle anmalar.

اذكار izkâr: (A.) **1.**anımsatma, zikretme, dile getirme, hatırlatma. **2.**anımsanma.

اذكى ezkâ: (A.) en zeki.

اذكيا ezkiyâ: (A.) **1.**zekiler. **2.**temiz kimseler.

اذل ezell: (A.) en zelil, en düşkün, en aşağılık. ‖ * ~ -i nâs اذل ناس insanların en aşağılık olanı.

اذلال izlâl: (A.) **1.**horlama, küçük görme, aşağılama, alçaltma, zillete düşürme. **2.**horluk, aşağılık.

اذلعى ezla'î: (A.) iri ve uzun.

اذله ezille: (A.) **1.**zeliller. **2.**yufka yürekliler.

اذمار ezmâr: (A.) yiğitler.

اذمام izmâm: (A.) **1.**kötüleme. **2.**söz alma.

اذن izn: (A.) **1.**izin. **2.**günaha girme. **3.**işten uzaklaştırma.

اذن uzn: (A.) kulak. ‖ * ~ -i dâhilî اذن داخلى içkulak. ‖ * ~ -i hâricî اذن خارجى dış kulak. ‖ * ~ -i mutevessit اذن متوسط ortakulak. ‖ * ~ -i vustâ اذن وسطى ortakulak.

اذناب eznâb: (A.) **1.**kuyruklar. **2.**köleler. **3.**geriden gelenler. **4.**suçlar, kabahatler.

اذناب iznâb: (A.) günaha girme.

اذن البحر uznulbahr: (A.) denizkulağı.

اذن الحمار uznulhimâr: (A.) eşek kulağı bitkisi.

اذن دادن izn dâden: izin vermek.

اذن داشتن izn dâşten: izinli olmak.

اذن گرفتن izn giriften: izin almak.

اذواق ezvâk: (A.) zevkler.

اذوذ ezûz: (A.) çok keskin.

اذهاب ezhâb: (A.) **1.**altınlar. **2.**yumurta sarıları.

اذهاب izhâb: (A.) **1.**götürme. **2.**akıtma. **3.**giydirme. **4.**giydirilme. **5.**altın kaplatma. **6.**altın kaplatılma.

اذهان ezhân: (A.) zihinler.

اذهل ezhel: (A.) en dalgın, en unutkan.

اذى ezâ: (A.) eziyet, işkence, eza.

اذيال ezyâl: (A.) **1.**etekler. **2.**zeyiller, ekler. **3.**kuyruklar.

اذيت eziyyet: (A.) eziyet, üzme, incitme.

اذيت دادن eziyyet dâden: **1.**eziyet etmek. **2.**rahatsız etmek, canını yakmak.

اذيت رساندن eziyyet resânden: eziyet etmek.

اذيت كردن eziyyet kerden: eziyet etmek.

اذيت كشيدن eziyyet keşîden: eziyet çekmek.

اذين uzeyn: (A.) kulakçık. ‖ * ~ -i kalb اذين قلب kalp kulakçığı, atriyum.

ار er: **1.**eğer. **2.**-dığı zaman.

ارائك erâik: (A.) tahtlar.

ارائه irâe: (A.) **1.**gösterme.**2.**gösterim. ‖ * ~ -i tarîk ارائهء طريق yol gösterme.

ارائه كردن irâe kerden: **1.**göstermek. **2.**(piyes) temsil etmek.

ارابت erâbet: (A.) akıllılık.

ارابه errâbe, erâbe: araba. ‖ * ~ -i furûd ارابهء فرود iniş takımı.

ارابه irâbe: (A.) kuşkulandırma.

ارابه چى errâbeçi: (T.) arabacı.

ارابه ران errâberân: (T.-F.) [errâbe+rânden>rân] arabacı.

اراتوريو oratoryo: (Fr.) (müz.) oratoryo.

اراج errâc: (A.) fesat çıkaran, bozguncu, ara bozucu.

اراجيح erâcîh: (A.) salıncaklar.

اراجيز erâcîz: (A.) urcûzeler, kasideler.

اراجيف erâcîf: (A.) **1.**yalan haberler, düzmeceler. **2.**boş sözler, saçmalıklar. ‖ * ~ ve ekâzîb اراجيف و اكاذيب · düzmeceler ve yalanlar.

اراحه irâhe: (A.) **1.**dinlenme. **2.**asayiş verme, rahat ettirme.

ارادات irâdât: (A.) **1.**iradeler. **2.**dilemeler, istekler. **3.**emirler, buyruklar.

ارادت irâdet: (A.) **1.**isteme. **2.**istek. **3.**kaza, kader. **4.**(tas.) müridin mürşide, sâlikin pîre yönelmesi, teslimiyet.

ارادت داشتن irâdet dâşten: ihlas ve dostluk beslemek.

ارادتمند irâdetmend: (A.-F.) [irâdet+mend] **1.**seven. **2.**iradet getiren.

اراده irâde: (A.) **1.**isteme, dileme, irade. **2.**emir, buyruk. **3.**padişah fermanı. **4.**irade gücü. ‖ * ~ -i âhenîn ارادهٔ آهنین çelikten irade. ‖ * ~ -i cuz'iyye ارادهٔ جزئیه insan iradesi. ‖ * ~ -i ilâhiyye ارادهٔ الهیه Tanrı'nın iradesi. ‖ * ~ -i kulliyye ارادهٔ کلیه Tanrı'nın iradesi. ‖ * ~ -i lemyezelî ارادهٔ لم یزلی Tanrı iradesi. ‖ * ~ -i seniyye ارادهٔ سنیه padişahın buyruğu. ‖ * ~ -i zâtiyye ارادهٔ ذاتیه kişisel istek. ‖ * bedûni ~ بدون اراده gayri ihtiyârî, elinde olmadan.

اراده errâde: (A.) **1.**araba. **2.**uçağın alt kısmı. **3.**tekerlek.

اراده داشتن irâde dâşten: iradeli olmak.

اراده کردن irâde kerden: **1.**azmetmek. **2.**karar vermek. **3.**kasdetmek.

ارادی irâdî: (A.) irade ile ilgili, isteğe bağlı.

اراذل erâzil: (A.) reziller, ayaktakımları. ‖ * ~ -i nâs اراذل ناس insanların en aşağılıkları.

ارأس er'es: (A.) koca kafalı.

اراضه irâze: (A.) **1.**kandırma. **2.**kandırılma.

اراضی erâzî: (A.) **1.**arazi. **2.**ekilebilir toprak.

اراغه irâge: (A.) isteme, rağbet etme.

اراغید erâgîd: (A.) ırgatlar, kaba işlerde çalıştırılan işçiler.

اراقت irâket: (A.) **1.**idrar yapma. **2.**sıvıyı dökme.

اراقه irâka: (A.) dökme. ‖ * ~ -i dem ارافهٔ دم kan dökme.

اراک erâk (bot.) misvak ağacı.

اراکین erâkîn: (A.) erkânlar. ‖ * ~ -i dovlet اراکین دولت devlet büyükleri, devlet erkânı.

ارامل erâmil: (A.) **1.**dullar, dul kadınlar. **2.**fakirler. **3.**kimsesizler. ‖ * eytâm ve ~ ایتام و ارامل yetimler ve dullar.

ارامله erâmile: (A.) dullar, dul kadınlar.

ارامنه erâmine: (A.) Ermeniler.

اران irân: (A.) **1.**tabut. **2.**neşelilik.

ارانب erânib: (A.) tavşanlar.

ارانگوتان orangutan: (Fr.) (zool.) orangotan.

ارانیب erânîb: (A.) burun uçları.

اراوند erâvend: **1.**arzu, istek. **2.**şeref, şan.

ارایس erâyis: (A.) çiftçiler.

ارئومیسین areomeysin: (İng.) (hek.) bir antibiyotik ilaç.

ارب ereb: (A.) amaç.

ارب irb: (A.) **1.**akıl. **2.**akıllılık.

ارباء irbâ': (A.) nemalandırma, çoğaltma.

ارباب erbâb: (A.) **1.**sahip. **2.**başkan, reis, lider. **3.**patron. **4.**ehil, usta. **5.**paşa. **6.**ağa. **7.**bey. **8.**işveren. ‖ * ~ -i câh ارباب جاه mevki düşkünleri. ‖ * ~ -i cehl ارباب جهل cahiller. ‖ * ~ -i denâet ارباب دنائت alçaklar. ‖ * ~ -i dih ارباب ده köy ağası. ‖ * ~ -i dil ارباب دل gönül adamları, halden anlayanlar. ‖ * ~ -i dil u dâniş ارباب دل و دانش gönül ve bilgi sahipleri. ‖ * ~ -i emânet ارباب امانت emanet nedir bilenler, güvenilir kişiler. ‖ * ~ -i eyâdî ارباب ایادی himaye olunacak kimseler. ‖ * ~ -i fazîlet ارباب فضیلت erdem sahipleri, faziletli kişiler. ‖ * ~ -i garaz ارباب غرض kötü niyetliler. ‖ * ~ -i hâcât ارباب حاجات ihtiyaç sahipleri. ‖ * ~ -i hâcet ارباب حاجت ihtiyaç sahipleri, hâcet sahileri, muhtaçlar. ‖ * ~ -i harâbât ارباب خرابات

meyhane müdavimleri. ‖ * ~ -i hâsirîn ارباب خاسرين hüsrana uğrayanlar. ‖ * ~ -i himmet ارباب همت himmet sahipleri. ‖ * ~ -i hiref · ارباب حرف esnaf. ‖ * ~ -i honer ارباب هنر hüner sahipleri, sanatçılar. ‖ * ~ -i huzûr ارباب حضور huzur sahipleri. ‖ * ~ -i ihtisas ارباب اختصاص uzmanlar. ‖ * ~ -i ihtizâ' ارباب اختضاع alçakgönüllüler. ‖ * ~ -i ikdâm ارباب اقدام girişim sahipleri. ‖ * ~ -i iktidâr ارباب اقتدار 1.iktidarda bulunanlar. 2.güç sahipleri. ‖ * ~ -i iktidâr ve reviyyet ارباب اقتدار و رويت güçlü, sözü dinlenir kişiler. ‖ * ~ -i iktidâr ve tefekkür ارباب اقتدار و تفكر iktidar ve düşünce sahipleri. ‖ * ~ -i istihkâk ارباب استحقاق hak sahipleri. ‖ * ~ -i ittikâ ارباب اتقا takva sahipleri. ‖ * ~ -i kalem ارباب قلم yazarlar, kalem sahipleri. ‖ * ~ -i mesâlih ارباب مصالح iş sahipleri, işi gücü olanlar. ‖ * ~ -i mutâla'a ارباب مطالعه okuyucular. ‖ * ~ -i nâmûs ارباب ناموس namuslu kişiler. ‖ * ~ -i nazar ارباب نظر görüş sahipleri. ‖ * ~ -i nucûm ارباب نجوم astrologlar, müneccimler. ‖ * ~ -i rafz ·ارباب رفض· Râfızîler. ‖ * ~ -i reviyyet ارباب رويت düşünceliler. ‖ * ~ -i sabâhat u zerâfet ·ارباب صباحت و ظرافت· güzel ve zarif insanlar. ‖ * ~ -i safâ ارباب صفا safa sahipleri. ‖ * ~ -i servet ارباب ثروت zenginler, varlıklılar. ‖ * ~ -i şekâvet ارباب شقاوت eşkiya. ‖ * ~ -i tab' ارباب طبع 1.şairler. 2.iyi huylu kişiler. ‖ * ~ -i tahkîk ارباب تحقيق muhakkıklar, gerçekleri gören kişiler. ‖ * ~ -i tahkîk u yakîn ارباب تحقيق و يقين gerçekleri gören kesin bilgi sahipleri. ‖ * ~ -i teşrîfât ارباب تشريفات protokol görevlileri, bürokratlar. ‖ * ~ -i ukûl ارباب عقول akıl sahipleri. ‖ * ~ -i ulûm ارباب علوم bilimadamları. ‖ * ~ -i zâhir ارباب ظاهر sadece dış görünüşe bakanlar. ‖ * ~ -i vefâ · ارباب وفا · vefalılar. ‖ * ~ -i vukûf · ارباب وقوف vukuf sahibi olanlar, bilgililer, işten anlayanlar. ‖ * ~ -i yakîn ارباب يقين bilgili ve ileri görüşlü kişiler. ‖ * ~ -i zekâ ارباب ذكا zekiler, zeka sahipleri. ‖ * ~ -i zevk ارباب ذوق zevk sahipleri.

ارباب irbâb: (A.) sürekli bir yerde kalma.

ارباب زاده erbâbzâde: (A.-F.) [erbâb+ zâden>zâd+e] **1.**ağaoğlu. **2.**efendi çocuğu.

ارباح erbâh: (A.) **1.**faizler. **2.**kazançlar.

ارباح irbâh: (A.) **1.**tefecilik yapma, faizle para verme. **2.**kazanç sağlama.

ارباش irbâş: (A.) yapraklanma.

اربطه erbite: (A.) kervansaraylar.

اربع erbe': (A.) dört.

اربعاء erbaâ': (A.) çarşamba.

اربعون erbaûn: (A.) kırk.

اربعه erba'a: (A.) dört. ‖ * ahlât-i ~ اخلاط اربعه dört hılt: kan, balgam, safra, sevda. ‖ * anâsir-i ~ عناصر اربعه dört unsur: ateş, hava, su, toprak. ‖ * cihât-i ~ جهات اربعه dört yön: doğu, batı, kuzey, güney. ‖ * etrâf-i ~ · اطراف اربعه · dört taraf: sağ, sol, ön, arka. ‖ * fusûl-i ~ فصول اربعه dört mevsim: ilkbahar, yaz, sonbahar, kış.

اربعه عشر erba'a aşere: (A.) on dört.

اربعين erbaîn: (A.) **1.**kırk. **2.**çile, kırk günlük ibadet süresi. **3.**birinin ölümünden sonra geçen kırkıncı gün. **4.**Safer ayının yirmisi. **5.**karakış, şiddetli kışın sürdüğü kırk gü [9 Aralık-17 Ocak] ‖ * ~ -i âşûrâ اربعين عاشورا Hz. Muhammed'in torunu Hüseyin'in Kerbelâ'da şehit edilmesinin kırkıncı günü, Safer ayının yirmisi. ‖ * hadîs-i ~ حديث اربعين kırk hadis.

اربو erbû: armut.

اربودار erbûdâr: [erbû+dâşten>dâr] 1.armutlu. 2.armut ağacı.

اربه irbe: (A.) 1.akıllılık. 2.hile.

اربه urbe: (A.) 1.düğüm. 2.kıvrım, büklüm. 3.hile.

اربيان erbiyân: su çekirgesi.

اربيان irbiyân: (A.) kabuklu deniz hayvanları.

ارت erett: (A.) kekeme.

ارتاء irtâ': (A.) zoraki gülüş.

ارتاب irtâb: (A.) 1.dikme. 2.dikilme.

ارتاج irtâc: (A.) 1.ağız açtırmama. 2.kapıyı kapama. 3.sürekli yağış. 4.kıtlığın yayılması.

ارتاع irtâ': (A.) 1.otlatma. 2.otlatılma.

ارتاغ ortag: (T.) ortak.

ارتاق ortak: (T.) 1.ortak. 2.tacir.

ارتام irtâm: (A.) unutmamak için parmağına iplik bağlama.

ارتباب irtibâb: (A.) 1.erginleşene kadar çocuk yetiştirme. 2.kokulu ürünler yapma.

ارتباس irtibâs: (A.) 1.girift olma. 2.güç durumda kalma.

ارتباط irtibât: (A.) 1.irtibat, ilişki, bağlantı. 2.bağlılık. 3.bağlama. 4.ifade düzgünlüğü. ‖ * ~ -i dûrbord ارتباط دوربرد telekomünikasyon. ‖ * merkez-i ~ مركز ارتباط bağlantı merkezi.

ارتباطات irtibâtât: (A.) ilişkiler, bağlantılar, münasebetler.

ارتباطات برقرار كردن irtibât ber karâr kerden: ilişki kurmak, bağlantı kurmak.

ارتباط پيدا كردن irtibât peydâ kerden: ilişki kurmak, bağlantı kurmak.

ارتباط داشتن irtibât dâşten: 1.ilgisi olmak, ilgili olmak. 2.bağlı olmak. 3.irtibat halinde olmak.

ارتباطى irtibâtî: (A.-F.) [irtibât+î] aktarmalı.

ارتباع irtibâ': (A.) baharda piknik yapma.

ارتباق irtibâk: (A.) 1.karışık bir işe girme. 2.ağa düşme. 3.kazaya uğrama.

ارتباک irtibâk: (A.) 1.karışma. 2.çamura batma. 3.işler ters gitmek. 4.dolambaçlı konuşma.

ارتبال irtibâl: (A.) malı çoğaltma.

ارتباه irtibâh: (A.) yükselme, yükseliş.

ارتثاد irtisâd: (A.) istif etme.

ارتجاء irticâ: (A.) ümit etme.

ارتجاج irticâc: (A.) 1.titreme. 2.[deniz] dalgalanma, kabarma, çalkantı. 3.ızdırap. 4.tutulma, dil tutukluğu. ‖ * ~ -i azalî ارتجاج عضلى kas sarsılması. ‖ * ~ -i deryâ ارتجاج دريا deniz çalkantısı. ‖ * ~ -i ecrâm ارتجاج اجرام yıldızların ışıldaması. ‖ * ~ -i elektrikî ارتجاج الكتريكى elektrik titreşimleri.

ارتجاز irticâz: (A.) 1.kısaltma. 2.aruzun recez bahrinde şiir söyleme.

ارتجاس irticâs: (A.) gürleme, gürüldeme.

ارتجاع irticâ: (A.) 1.geriye dönme. 2.eskiyi arzulama. 3.gericilik.

ارتجاعكار irticâ'kâr (A.-F.) [irticâ'+kâr] gerici.

ارتجاعكارى irticâ'kârî (A.-F.) [irticâ'+kâr+î] gericilik.

ارتجاعى irticâî: (A.) 1.irtica hali. 2.irtica ile ilgili, geriye dönüş ile ilgili, irticaî. 3.gerici.

ارتجاعيه irticâ'iyye: (A.) 1.geriye dönüş ile ilgili. 2.eskiye özlem duyma ile ilgili. 3.gericilikle ilgili.

ارتجاف irticâf: (A.) 1.çalkalama. 2.çalkanma. 3.sarsma. 4.sarsılma. 5.çekim etkisiyle yörüngeden çıkma.

ارتجال irticâl: (A.) doğaçlama, düşünmeden ve içinden geldiği gibi söyleme.

ارتجالاً irticâlen: (A.) doğaçlama yoluyla, düşünmeden ve içinden geldiği gibi söyleyerek.

ارتجالى irticâlî: (A.) doğaçlama ile ilgili, irticâl ile ilgili.

ارتجاليات irticâliyyât: (A.) doğaçlama ile söylenen sözler, düşünmeden ve içinden geldiği gibi söylenen sözler.

ارتجام irticâm: (A.) üstüste katlanma, üstüste yığılma.

ارتجک irtecek: şimşek.

ارتحاض irtihâz: (A.) rezil olma.

ارتحال irtihâl: (A.) **1.**göç etme. **2.**(mec.) ölüm, göç, irtihal. **3.**yer değiştirme. ‖ * ~ -i elîm ارتحال اليم elem verici ölüm.

ارتخاش irtihâş: (A.) huzursuzlanma, tedirgin olma.

ارتخاص irtihâs: (A.) **1.**ucuz sayma. **2.**ucuz sayılma.

ارتداء irtidâ': (A.) bürünme, örtünme.

ارتداد irtidâd: (A.) **1.**dinden dönme. **2.**İslâmdan dönme, dinden dönme, İslâm dininden çıkarak bir başka dine geçme.

ارتداع irtidâ': (A.) yasaktan uzak durma.

ارتداف irtidâf: (A.) peyinden gitme.

ارتزاء irtizâ': (A.) **1.**eksilme. **2.**zarar görme.

ارتزاق irtizâk: (A.) **1.**rızıklanma, geçim. **2.**rızık isteme.

ارتزاق کردن irtizâk kerden: **1.**nasibini almak. **2.**rızıklanmak.

ارتساس irtisâs: (A.) ortaya çıkma, şâyi olma.

ارتسام irtisâm: (A.) **1.**resimlenme, şekillenme, yazılma. **2.**hüküm yürütme. **3.**izdüşüm.

ارتش ertiş: (ask.) ordu.

ارتسامات irtisâmât: (A.) **1.**izdüşümler. **2.**resmedilmeler.

ارتسامی irtisâmî: (A.) izdüşüm ile ilgili, izdüşümsel.

ارتسامیه irtisâmiyye: (A.) izdüşüm ile ilgili, izdüşümsel.

ارتشاء irtişâ: (A.) rüşvet alma, rüşvet yeme, rüşvetçilik. ‖ * bâb-i ~ باب ارتشاء rüşvet kapısı. ‖ * erbâb-i ~ ارباب ارتشاء rüşvetçiler, rüşvet yiyenler.

ارتشاح irtişâh: (A.) sızma, sızıntı.

ارتشاف irtişâf: (A.) **1.**emerek içme. **2.**vücutta toplanan suyun dışarı sızması.

ارتشبد ertişbud: [ertiş+bud] (ask.) orgeneral.

ارتشتار ertiştâr: [ertiş+târ] (ask.) savaşçı, sipahi.

ارتشتاران ertiştârân: [ertiş+târ+ân] (ask.) genelkurmay.

ارتصاد irtisâd: (A.) **1.**gözleme. **2.**gözü yolda olma.

ارتصاع irtisâ': (A.) **1.**sık dişli olma. **2.**ezerek un haline getirme.

ارتضاء irtizâ: (A.) **1.**beğenme. **2.**seçme. **3.**razı olma, rıza gösterme.

ارتضاح irtizâh: (A.) **1.**özür dileme. **2.**bahşiş alma.

ارتضاع irtizâ': (A.) süt emme.

ارتعاء irti'â': (A.) otlama.

ارتعاب irtiâb: (A.) korkma.

ارتعاج irti'âc: (A.) titreme.

ارتعاد irtiâd: (A.) **1.**zangır zangır titreme. **2.**huzursuz olma.

ارتعاس irti'âs: (A.) titreme.

ارتعاش irtiâş: (A.) **1.**titreşim, vibrasyon. **2.**titreme.

ارتعاص irti'âs: (A.) silkinme.

ارتعاف irti'âf: (A.) ilerleme.

ارتغاب irtigâb: (A.) rağbet ettirme, istek uyandırma.

ارتفاد irtifâd: (A.) kazanma, elde etme.

ارتفاص irtifâs: (A.) fiyat yükselişi.

ارتفاع irtifâ: (A.) **1.**yükseklik. **2.**(coğ.) rakım. **3.**yükselme. **4.**kalkma. **5.**hasat. **6.**giderilme, ortadan kalkma. ‖ * ~ -i bahrî · ارتفاع بحری denizden yükseklik. ‖ * ~ -i hakîkî · ارتفاع حقیقی **1.**gerçek yükseklik. **2.**bir yıldızın gözlemciye göre yüksekliği. ‖ * ~ -i rûz ارتفاع روز güneşin yükselmesi.

ارتفاعاً irtifâ'en: (A.) yükseklik bakımından.

ارتفاعات irtifâ'ât: (A.) **1.**yükseklikler. **2.**yükselmeler. **3.**ortadan kalkmalar. **4.**ilerlemeler. ‖ * ~ -i mutevâfike ارتفاعات متوافقه karşılıklı yükseklikler.

ارتفاع داشتن irtifâ dâşten: yüksekliğinde olmak.

ارتفاع سنج irtifâsenc: (A.-F.) [irtifâ+ sencîden>senc] altimetre.

ارتفاع گرفتن irtifâ giriften: yükseklik ölçmek.

ارتفاع یاب irtifâyâb: (A.-F.) [irtifâ+ yâften>yâb] teodolit, açısal yükseklik ölçen alet.

ارتفاع یافتن irtifâ yâften: yükselmek, yükseklik kazanmak.

ارتفاق irtifâk: (A.) **1.**refakat etme. **2.**arkadaşlık etme. **3.**komşuluk. **4.**dirsekle dayanma.

ارتقاء irtikâ: (A.) **1.**yükselme, yükseliş. **2.**mevki bakımından yükselme. ‖ * kânûn-i neşv-i ~ قانون نشو ارتقا tekamül kanunu, Darwin nazariyesi.

ارتقاب irtikâb: (A.) gözleme.

ارتقاش irtikâş: (A.) savaşta askerler birbirine karışmak.

ارتقاص irtikâs: (A.) **1.**salınım. **2.**salınma.

ارتقاصات irtikâsât: (A.) salınımlar. ‖ * ~ -i kamer ارتقاصات قمر ay salınımı.

ارتقا یافتن irtikâ yâften: **1.**yükselmek. **2.**gelişim gösterme.

ارتکاب irtikâb: (A.) **1.**suç işleme. **2.**günah işleme. **3.**yasadışı bir işe girişme. **4.**bir şeye başlama. **5.**bir şeye binme. **6.**rüşvet yeme, rüşvet alma.

ارتکابات irtikâbât: (A.) **1.**rüşvet almalar, rüşvet yemeler. **2.**suç işlemeler.

ارتکاز irtikâz: (A.) **1.**dikilme, yere saplanma. **2.**bağlanma. **3.**hamilenin karnındaki çocuğun hareket etmesi.

ارتکاس irtikâs: (A.) başaşağı gelme.

ارتکاک irtikâk: (A.) tutulma, gerektiği yerde atak davranmama.

ارتکام irtikâm: (A.) birikme, yığılma.

ارتل ertel: (A.) kekeme, peltek.

ارتماء irtimâ': (A.) atışma.

ارتماز irtimâz: (A.) acıyla kıvranma.

ارتماس irtimâs: (A.) suya dalma, dalgıçlık.

ارتماض irtimâz: (A.) **1.**yerinden hoplatma. **2.**koruma.

ارتنگ erteng: İran mitolojisine göre ressam Mani'nin yaptığı resim koleksiyonu.

ارتواء irtivâ': (A.) **1.**mafsal ve organ kalınlaşması. **2.**içerek doyma.

ارتواح irtivâh: (A.) nöbetleşe çalışma.

ارتودوکس ortodoks: (Fr.) **1.**ortodoks. **2.**ortodoks mezhebi. **3.**sağlam iman sahibi.

ارتهان irtihân: (A.) **1.**rehin alma. **2.**rehin alınma.

ارتیاب irtiyâb: (A.) **1.**kuşkulanma, şüpheye düşme. **2.**birini töhmet altında bırakma.

ارتیاح irtiyâh: (A.) **1.**rahatlama. **2.**rüzgâr sayesinde ferahlık duyma.

ارتیاد irtiyâd: (A.) istekte bulunma.

ارتیاش irtiyâş: (A.) **1.**birinin halinin iyileşmesi. **2.**iyi durum.

ارتیاض irtiyâz: (A.) **1.**riyazet etme. **2.**öğrenme.

ارتیاع irtiyâ': (A.) korkma.

ارث irs: (A.) **1.**miras alma. **2.**miras bırakma. **3.**miras. **4.**miras hakkı. **5.**soyaçekim. ‖ * be ~ به ارث miras yoluyla. ‖ * ~ i peder-i hod râ ez kesî hâsten ارث پدر خود را از کسی خواستن haksız ve yersiz olarak bir şey beklemek. ‖ * be ~ borden به ارث بردن mirasa konmak.

ارثاً irsen: (A.) **1.**miras yoluyla, miras olarak. **2.**soyaçekimle ilgili olarak, kalıtımsal olarak.

ارثاث irsâs: (A.) **1.**yıpratma, eskitme. **2.**yıpratılma, eskitilme. ‖ * ~ -i libâs ارثاث لباس **1.**giysi eskitme. **2.**giysi eskitilme.

ارث بر irsber: (A.-F.) [irs+borden>ber] varis.

ارث بردن (از) irs borden: varis olmak, miras sahibi olmak, mirasa konmak.

ارث رسیدن irs resîden: miras kalmak.

ارثماطیقی arismatîkî: (A.) aritmetik.

ارثی irsî: (A.) **1.**mirasla ilgili. **2.**kalıtımsal, kalıtsal, soyaçekimle ilgili olarak.

ارثیت irsiyyet: (A.) kalıtımsallık, irsîlik.

ارثيه irsiyye: (A.) **1.**mirasla ilgili. **2.**kalıtımsal. ‖ * emrâz-i ~ امراض ارثيه kalıtımsal hastalıklar, irsî hastalıklar.

ارج erec: (A.) hoş koku.

ارج erc: (Peh.) **1.**değer. **2.**fiyat, kıymet. **3.**mertebe, makam. **4.**gergedan.

ارجاء ercâ: (A.) **1.**kıyılar, köşeler. **2.**yönler.

ارجاء ircâ: (A.) **1.**işi geciktirme, irca. **2.**ümitlendirme.

ارجاع ircâ: (A.) **1.**eski haline getirme. **2.**geri döndürme, geri götürme. ‖ * ~ -i inân ارجاع عنان dizginleri başka yöne çekme. ‖ * ~ -i kelâm ارجاع كلام lafı dolaştırıp getirme. ‖ * ~ -i nazar ارجاع نظر geriye bakma, eskiye göz atma.

ارجاع كردن ircâ kerden: **1.**müracaat etmek. **2.**yönlendirmek, vermek.

ارجاف ircâf: (A.) asılsız haber yayma.

ارجال ercâl: (A.) ayaklar.

ارجال ircâl: (A.) yayan yürütme.

ارجالون ercâlûn: ak sarmaşık.

ارجان ercân: **1.**(bot.) merakeş zeytini.

ارجح erceh: (A.) tercihli, en üstün, en iyi, en güzel.

ارجحيت ercahiyyet: (A.) en çok tercih edilme.

ارجعى irce'î: (A.) dönün. ‖ * nidâ'-i sa'âdetedâ-i ~ نداء سعادت اداء ارجعى mutluluk veren 'dönün' seslenişi.

ارج گذاشتن erc gozâşten: değer vermek.

ارجل ercel: (A.) **1.**büyük ayaklı adam. **2.**kuvvetli adam. **3.**bir ayağı beyaz at. **4.**ahmak. **5.**daha güçlü.

ارجل ercul: (A.) ayaklar. ‖ * ~ -i kâzib ارجل كاذب **1.**yalancı ayaklar. **2.**saygıdeğer, itibarlı. **3.**makam sahibi. **4.**zengin. **5.**ağırbaşlı. **6.**mesut. **7.**cömert. **8.**asil. **9.**akıllı. **10.**erkek adı, Ercüment.

ارجمندانه ercmendâne: [erc+mend+âne] saygınca.

ارجمندى بخشيدن ercmendî bahşîden: makam ve mevki vermek.

ارجمندى ercmendî: [erc+mend+î] saygınlık.

ارجن ercen: acıbâdem ağacı.

ارجنگ erceng (bot.) cehrigillerden bir tür salkımlı ağaç.

ارجنگ erceng: İran mitolojisine göre Mani'nin yaptığı resim koleksiyonu.

ارجوان ercuvân (A.<F.) **1.**erguvan. **2.**kızıl. **3.**kırmızı kadife.

ارجوانى ercevânî: [ercevân+î] **1.**erguvan rengi. **2.**bir tür yakut.

ارجوحه urcûha: (A.) salıncak.

ارجوزه urcûze: (A.) (ed.) mısraları birbiriyle kafiyeli, kısa vezinli kısa şiir.

ارجوزه خواندن urcûze hânden: **1.**savaşta şiir okumak. **2.**kendi kendine övünmek, şişinmek, böbürlenmek.

ارجوفه urcûfe: (A.) yalan, martaval, yalan dolan.

ارجى ercâ: (A.) en çok istenilen.

ارجيل ercîl: (A.) hindistan cevizi.

ارجيه erciye: (A.) ertelenen.

ارچه erçi: [er<eger+çi] her ne kadar, ise de.

ارحا erhâ: (A.) el değirmenleri.

ارحاب irhâb: (A.) bollaşma, genişleme.

ارحام erhâm: (A.) **1.**rahimler, döl yatakları. **2.**akrabalar.

ارحام irhâm: (A.) şefkat gösterme.

ارحم erham: (A.) en merhametli.

ارحم الراحمين erhamerrâhimîn: (A.) merhametlilerin en merhametlisi, Yüce Tanrı.

ارخاء irhâ': (A.) **1.**gevşetme. **2.**sarkıtma, bırakma. **3.**gevşetilme. **4.**sarkıtılma, bırakılma. ‖ * ~ -i imâme ارخاء امامه **1.**sarığı gevşetme. **2.**kaygısız olma. ‖ * ~ -i inân ارخاء عنان **1.**dizginleri bırakma. **2.**bir işi oluruna bırakma. ‖ * ~ -i inân-i semend-i hâme ارخاء عنان سمند خامه kalem atının dizginlerini bırakma, aklına geleni yazma. ‖ * ~ -i lisân ارخاء لسان ağzına geleni söyleme.

ارخاص irhâs: (A.) ucuzlatma, fiyat düşürme.

ارخالق arhalık, arhaluk: (T.) **1.**astarı pamuktan yapılmış bir çeşit pardesü. **2.**bir tür ince kumaş. **3.**kadın ceketi.

ارخش orahş: güneş.

ارخشیدن arahşîden: **1.**korkmak. **2.**korkudan tüyleri diken diken olmak.

ارخص erhas: (A.) en ucuz.

ارد erd: **1.**öfke, kahır. **2.**un.

ارد urd: gibi, eş, benzer. ‖ * ~ -i bihişt ارد بهشت cennet gibi.

ارداء irdâ: (A.) **1.**düşürme. **2.**helak etme, yok etme.

ارداف irdâf: (A.) **1.**izleme, peşinden gitme. **2.**yanına alma, yanına katma. **3.**sıra halinde yürütme.

اردافاً irdâfen: (A.) sıra ile yürüterek.

اردام irdâm: (A.) **1.**sürekli olma. **2.**boyun eğdirme. **3.**toprak doldurma.

اردانه erdâne: yabanî şebboy.

اردب erdeb: (A.) [<erdîb] dokuz kilelik bir ağırlık birimi.

اردب erdeb: savaş.

اردبیل erdebil: (coğ.) İran'da Azerbaycan'da Erdebil kenti.

اردبیلی erdebîlî: [Erdebil+î] Erdebilli.

اردبیلیه erdebîliyye: (A.) Erdebîlilik, Safiyyüddin Erdebîlî'nin kurduğu bir tarikat.

اردشیر erdşîr: [erd+şîr<şîr-i erd] **1.**kükreyen arslan. **2.**erkek adı. **3.**eski İran tarihinde kimi hükümdarların adları. ‖ * ~ -i ceng اردشیر جنگ savaş arslanı, atılgan savaşçı.

اردشیران erdşîrân: koca yarpuzu.

اردشیردار erdşîrdâr: koca yarpuzu.

اردک ordek: (T.) (zool.) ördek.

اردک ماهی ordekmâhî: (T.-F.) [ordek+mâhî] (zool.) turnabalığı.

اردم erdem: (A.) usta gemici.

اردنگ ordeng: tekme.

اردنگ زدن ordeng zeden: tekmelemek, tekme atmak.

اردنگ کردن ordeng kerden: tekme atmak.

اردن urdun: (coğ.) Ürdün.

اردنی urdunî: (A.) Ürdünlü.

اردو ordu: (T.) **1.**ordu. **2.**ordugah. **3.**urduca, urdu dili. **4.**(sp.) kamp.

اردوان erdevân: Eski İran hükümdarı.

اردوبازار urdubâzâr: (T.-F.) [urdu+bâzâr]**1.**seyyar ordu pazarı. **2.**kalabalık, düzensiz ve gürültülü yer.

اردوبیگ ordubeyg: (T.) ordu komutanı.

اردو زدن ordu zeden: **1.**karargâh kurmak. **2.**ordu kurmak.

اردوکشی ordukeşî: (T.-F.) [ordu+keşîden>keş+î] **1.**asker çekme. **2.**ordu intikali.

اردوگاه ordugâh: (T.-F.) [ordu+gâh] 1(ask.) ordugah, ordu kurulan yer, ordu konak yeri. **2.**garnizon. **3.**kamp.

اردونشینی ordunişînî: (T.-F.) [ordu+nişesten>nişîn+î] (sp.) kamp kurma.

اردونشینی کردن ordunişînî kerden (Sp.) kamp kurmak.

ارده erde: tahin.

ارده erde: en kötü.

ارده erdeh: (A.) çürük.

اردیبهشت ordîbehişt: **1.**Ordibehişt, İran takviminin ikinci ayı , 21 Nisan-21 Mayıș. **2.**her İran ayının üçüncü günü. **3.**cennet gibi.

اردیه erdiye: (A.) örtüler, sırt örtüleri. ‖ * ~ -i nisvân اردیهء نسوان kadın başörtüleri.

ارذال erzâl: (A.) reziller, alçaklar.

ارذل erzel: (A.) en alçak, en aşağılık, en rezil. ‖ * ~ -i nâs ارذل ناس insanların en alçağı.

ارز erez: (A.) acıbadem ağacı.

ارز erz: (Peh.) **1.**değer, kıymet. **2.**döviz. **3.**rütbe, makam. **4.**hürmet. **5.**fayda. **6.**arzu.

ارز erez: (A.) (bot.) **1.**süleyman ağacı. **2.**nar ağacı. **3.**servi.

ارز oroz: (A.) pirinç.

ارزاق erzâk: (A.) **1.**yiyecekler, erzak, azıklar. **2.**asker tayını.

ارزان erzan: **1.**ucuz, ehven. **2.**lâyık, değer. **3.**düşkün.

ارزانش erzâniş: iyilikler, hayırlar.

ارزان شدن erzan şoden: ucuzlamak.

ارزان قیمت erzankıymet: (F.-A.) [erzân+ kıymet] ucuz.

ارزان کردن erzan kerden: ucuzlatmak.

ارزانی erzânî: **1.**ucuzluk. **2.**lâyık. **3.**derviş, yoksul. **4.**salih. **5.**kolaylık. **6.**bolluk. **7.**izin. **8.**bağışlama.

ارزانی بودن erzânî bûden: lâyık görülmek.

ارزانی دادن erzânî dâden: bağışlamak.

ارزانی داشتن erzânî dâşten: **1.** bağışlamak. **2.**affetmek. **3.**lâyık görmek. **4.**vermek.

ارزانیدن erzânîden: ucuza almak.

ارزانی شدن erzânî şoden: lâyık olmak.

ارزانی فرمودن erzânî fermûden: bağışlamak.

ارز تبدیل کردن erz tebdîl kerden: döviz bozdurmak.

ارزروم erzerûm: (coğ.) Erzurum.

ارزش erziş: **1.**değer. **2.**fiyat. **3.**lâyık olma. **4.**senede yazılmış olan para. ‖ * ~ -i izâfî ارزش اضافی artık değer, fiyat katımı, fiyat artımı. ‖ * be ~ -i به ارزش değerinde, kıymetinde.

ارزش داشتن erziş dâşten: **1.**değeri olmak. **2.**lâyık olmak.

ارزشکاهی erzişkâhî: [erziş+kâsten> kâh+î] devalüasyon, değer düşümü, değer düşürümü.

ارزش گذاری erzişgozârî: [erziş+ gozâşten>gozâr+î] **1.**fiyat tespiti. **2.**değerlendirme.

ارزش گذاری شدن erzişgozârî şoden: **1.**fiyat tespiti yapılmak. **2.**değerlendirilmek.

ارزش گذاری کردن erzişgozârî kerden: **1.**fiyat tespiti yapmak. **2.**değerlendirmek.

ارزش گذاشتن erziş gozâşten: değer vermek.

ارزمند erzmend: [erz+mend] **1.**değerli. **2.**lâyık. **3.**aziz.

ارزن erzen: (Peh.) (bot.) darı, kuş yemi.

ارزنجان erzencân: (coğ.) Erzincan.

ارزنده erzende: [erzîden>erz+ende] **1.**değerli, kıymetli. **2.**lâyık. **3.**önemli.

ارزن زار erzenzâr: [erzen+dâr] darı tarlası.

ارزنین erzenîn: [erzen+în] **1.**darıdan. **2.**darı ekmeği.

ارزه erze: (A.) çam ağacı.

ارزه گر erzeger: [erze+ger] sıvacı.

ارزیاب erzyâb: [erz+yâften>yâb] değer biçen memur, eksper, muhammin.

ارزیابی erzyâbî: [erz+yâften>yâb+î] değer biçme, eksperlik.

ارزیابی کردن erzyâbî kerden: **1.**değer biçmek. **2.**değerlendirmek.

ارزیافت erzyâft: [erz+yâften>yâft] biçilmiş değer.

ارزیدن erzîden: **1.**değmek, lâyık olmak.**2.**kıymeti olmak, fiyatı biçilmek.

ارزیده erzîde: [erzîden>erzîd+e] değer biçilmiş, fiyatı belirlenmiş.

ارزیز erzîz: (kim.) kalay.

ارزیز irzîz: (A.) **1.**dolu tanesi. **2.**titreme, titreşim. **3.**dik ses.

ارزیزگر erzîzger: [erzîz+ger] kalaycı.

ارژن erjen (bot.) acıbadem ağacı.

ارژنگ erjeng: İran mitolojisine göre ressam Mani'nin resim koleksiyonu.

ارس eres: (A.) çiftçilik.

ارس ers: (Peh.) göz yaşı.

ارس ors (bot.) dağ selvisi.

ارس oros: Rus.

ارساء irsâ': (A.) **1.**demir atma. **2.**pekiştirme, sağlamlaştırma.

ارساخ irsâh: (A.) sağlamlaştırma.

ارسال irsâl: (A.) **1.**gönderme. **2.**haber gönderme. **3.**birini haberci yapma. **4.**bırakma, salıverme. **5.**elçi gönderme. ‖ * ~ -i mesel ارسال مثل ifade arasında atasözü kullanma.

ارسالات irsâlât: (A.) **1.**göndermeler. **2.**gönderilenler.

ارسال داشتن irsâl dâşten: göndermek, yollamak.
ارسال شدن irsâl şoden: gönderilmek.
ارسال کردن irsâl kerden: göndermek, yollamak.
ارسال نمودن irsâl numûden: göndermek, yollamak.
ارسالی irsâlî: (A.) gönderilen.
ارسالیه irsâliyye: (A.) **1.**gönderme ile ilgili. **2.**alındı makbuzu.
ارسح ersah: (A.) **1.**kurt. **2.**cılız adam.
ارسلان erselan: (T.) **1.**arslan. **2.**cesur. **3.**erkek ismi: Arslan, Aslan.
ارسلان لی erselanli: (T.) bir Türk sikkesi.
ارسن ersen: kurultay, kongre.
ارسنال ersenal: (Fr.) **1.**süel fabrika. **2.**süel donatım ambarı.
ارسنیک arsenik: (Fr.) (kim.) arsenik.
ارسی orosî: **1.**Rus. **2.**bir tür ayakkabı. **3.**pencere. **4.**bir tür kapı.
ارسی دوز orosîdûz: [orrosî+dûhten>dûz] ayakkabıcı.
ارش ereş, eriş: arşın, dirsekten parmak ucuna kadarki mesafeyi içine alan uzunluk birimi.
ارش erş: (A.) **1.**kan pahası, kesilen veya çalışamaz haline getirilen organ karşılığında biçilen diyet. **2.**defolu maldaki indirim payı.
ارشاء irşâ: (A.) rüşvet verme.
ارشاد irşâd: (A.) **1.**doğru yolu gösterme, rehberlik. **2.**mürşidin dervişe Tanrı yolunu göstermesi.
ارشادات irşâdât: (A.) doğru yolu göstermeler, irşâd etmeler.
ارشاد کردن irşâd kerden: irşad etmek, doğru yolu göstermek, mürşitlik etmek, rehberlik etmek.
ارشاد گرفتن irşâd giriften: doğru yolu istemek, irşad istemek.
ارشاف irşâf: (A.) yudum yudum içme.
ارشاق irşâk: (A.) dik dik bakış.
ارشح erşah: (A.) cin fikirli.
ارشد erşed: (A.) **1.**en olgun. **2.**en yüce. **3.**yüksek rütbeli. **4.**yaşlı. **5.**tecrübeli. ‖ * ~ -i evlâd ارشد اولاد çocukların en yetişkini.
ارشدیت erşediyyet: (A.) **1.**reşit olma. **2.**(ask.) daha yüksek rütbeli olma hali.
ارشک ereşk: (Peh.) kıskançlık, haset.
ارشم erşem: (A.) **1.**dövmeli. **2.**karnı acıkan.
ارصاء irsâ': (A.) yerinde kalma, yerinden ayrılmama.
ارصاد ersâd: (A.) gözlemler, rasatlar.
ارصاد irsâd: (A.) **1.**bir şeye hazır olma. **2.**pusuya yatma. **3.**gözlem yapma. **4.**kollama. **5.**hazırlama. **6.**yola gözcü koyma. **7.**beytülmala ait bir mülkün gelirinin başka bir tarafa tahsis edilmesi.
ارصاع irsâ': (A.) modullama, dürtme.
ارصان irsân: (A.) sağlamlaştırma.
ارصوصه ersûsa: (A.) kavuk.
ارض arz: (A.) **1.**yeryüzü, dünya. **2.**ülke, memleket. **3.**topraklar. ‖ * ~ -i gayr-i meskûn ارض غیر مسکون meskûn olmayan bölge, yaşanmayan bölge. ‖ * ~ -i ken'ân ارض کنعان Filistin. ‖ * ~ -i meskûn ارض مسکون yaşanabilir yer, iskân edilmiş yer, yerleşim yeri. ‖ * ~ -i mev'ûd ارض موعود **1.**vaat edilmiş topraklar. **2.**Filistin. ‖ * ~ -i mukaddes ارض مقدس **1.**kutsal topraklar. **2.**Filistin. ‖ * ~ u semâ ارض و سما yeryüzü ve gökyüzü. ‖ * kurre-i ~ کرهء ارض yerküre.
ارضاء irzâ: (A.) razı etme, hoşnut etme, gönlünü alma. ‖ * ~ -i tarafeyn ارضاء طرفین iki tarafın da razı edilmesi, iki tarafın uzlaştırılması.
ارضاع irzâ: (A.) **1.**emzirme. **2.**emzirilme. ‖ * ~ -i etfâl ارضاء اطفال çocukların emzirilmesi. ‖ * ~ -i sınâ'î ارضاع صناعی emzikle süt verme.
ارضاع شدن irzâ şoden: emzirilmek.
ارضاع کردن irzâ kerden: emzirmek, süt vermek, süt anneliği etmek.
ارضاع نمودن irzâ numûden: emzirmek, süt vermek, süt anneliği etmek.

ارضا کردن irzâ kerden: hoşnut etmek, razı etmek, ikna etmek.

ارضروم erzurum (A.-F.) [<arz-i rûm] Erzurum.

ارضه araza: (A.) **1.**demir pası. **2.**(zool.) ağaç kurdu.

ارضه erza: (A.) ağaç kurdu.

ارضه irze: (A.) çayırlık alan.

ارضی arzî: (A.) **1.**toprakla ilgili, yerel. **2.**dünyalı.

ارضیات arziyyât: (A.) yerbilim, jeoloji.

ارضین سبع arazîn-i seb': (A.-F.) eski inanışa göre gökyüzünün yedi tabakası.

ارضیون arziyyûn: (A.) dünyalılar, insanlar.

ارطی ertâ: (A.) yaprağından deri boyası yapılan bir ağaç.

ارعاء irâ: (A.) **1.**deve otlatma. **2.**birinin sözüne kulak verme. **3.**bağışlama, affetme. **4.**utanma.

ارطاط irtât: (A.) yerinden kıpırdamama.

ارعاء ir'â: (A.) otlatma, yayma.

ارعاب ir'âb: (A.) korkutma.

ارعاس ir'âs: (A.) titretme.

ارعاش ir'âş: (A.) titretme.

ارعاص ir'âs: (A.) çekiştirme, çekiştirerek sarsma, silkeleme.

ارعن er'an: (A.) **1.**çılgın, deli. **2.**ahmak. **3.**şaşkın.

ارغ org: **1.**(bot.) içi acılaşmış badem, ceviz gibi kuruyemiş. **2.**küf.

ارغا ergâ: **1.**dere. **2.**ark, su yolu.

ارغاب ergâb: ırmak.

ارغاب irgâb: (A.) **1.**rağbet ettirme, istek uyandırma. **2.**rağbet ettirilme.

ارغاف irgâf: (A.) **1.**hızlı hızlı yürüme. **2.**hırslı bakış.

ارغام ergâm: (A.) **1.**yere çalma. **2.**burnunu sürtme. **3.**zelil olma.

ارغام irgâm: (A.) burnunu sürtme, ezme.

ارغان irgân: (A.) **1.**tamahlandırma. **2.**kolaylaştırma.

ارغاو ergâv: **1.**dere. **2.**ark, su yolu.

ارغد ergad: (A.) varlık içinde yaşama.

ارغ زدن org zeden: küflenmek.

ارغشتک arguştek: bir kız oyunu.

ارغند ergend: (Peh.) öfkeli.

ارغنده ergende: [<ergîden>erg+ende] **1.**öfkeli, kızgın. **2.**ayyaş.

ارغنده گردیدن ergende gerdîden: öfkelenmek.

ارغنون erganun: (müz.) org, erganun.

ارغوان ergevan: erguvan, mor.

ارغوان خد ergavânhad (F.-A.) [ergavân+ hadd] erguvan yanaklı.

ارغوان وش ergavânveş: [ergavân+veş] erguvan gibi.

ارغوانی ergevânî: [ergevân+î] **1.**erguvanlı. **2.**erguvan rengi, mora çalan kırmızı.

ارغوانی کردن ergavânî kerden: al al etmek.

ارغون argûn: (T.) Argun.

ارغون ergûn: [<ergîden>erg+ân] öfkeli.

ارغیده ergîde: [ergîden>ergîd+e] öfkeli, kızgın.

ارغیده نگاه ergîdenigâh: [ergîde+nigâh] öfkeli bakış, kızgın bakış.

ارفاح irfâh: (A.) refaha kavuşturma, rahata kavuşturma.

ارفاد · irfâd: (A.) yardımda bulunma.

ارفاق irfâk: (A.) **1.**yardım etme. **2.**müsamaha.

ارفال irfâl: (A.) **1.**eteğini sarkıtma. **2.**elini kolunu sallaya sallaya yürüme.

ارفتات · irfitât: (A.) ufalama.

ارفش ·erfeş: (A.) **1.**nefsine düşkün. **2.**iri ve uzun kulaklı.

ارفع erfe: (A.) **1.**en yüksek. **2.**en kıymetli. **3.**en şerefli. ‖ * ~ -i derecât ارفع درجات derecelerin en yükseği.

ارفق erfak: (A.) **1.**en yumuşak. **2.**en iyi yoldaş.

ارق erakk: (A.) en ince, en şeffaf.

ارق erk: (A.) uykusuzluk, uyuyamama hastalığı.

ارقاء irkâ': (A.) gözyaşını durdurma.

ارقاب irkâb: (A.) yasal varislerden başkasına da miras bırakma.

ارقاد irkâd: (A.) 1.uyutma. 2.uyutulma.

ارقاص irkâs: (A.) 1.raks ettirme, oynatma. 2.raks ettirilme, oynatılma.

ارقاق irkâk: (A.) köle satın alma.

ارقال irkâl: (A.) hızlı hızlı yürüme.

ارقام erkâm: (A.) 1.rakamlar, sayılar. 2.yazılar. 3.resimler. ‖ * ~ -i arabiyye ارقام عربيه Arap rakamları. ‖ * ~ -i aşere ارقام عشره sıfırdan dokuza kadar rakamlar. ‖ * ~ -i cumel ارقام جمل 1.ebced sistemini oluşturan ve sayısal değeri olan harfler. 2.ebced sistemi, ebced hesabı. ‖ * ~ -i dâlle ارقام داله birden dokuza kadar rakamlar. ‖ * ~ -i hindî ارقام هندى Farsçada kullanılan rakamlar. ‖ * ~ -i setiniyye ارقام ستينيه zîclerde kullanılan rakamlar.

ارقان erkân (bot.) 1.kına ağacı. 2.kına.

ارقان irkân: (A.) 1.kına yakma. 2.safran, kızılağaç. 3.kardeşkanı bitkisi. 4.sarılık hastalığı. 5.gün çalığı, ekinleri sarartan bir hastalık.

ارقب erkab: (A.) kalın boyunlu.

ارقش arkaş: (A.) siyah ve beyaz benekli.

ارقم arkam: (A.) (zool.) siyah beyaz yılan.

ارقى erkâ: (A.) en yüksek.

اركاء irkâ': (A.) 1.iftira. 2.geciktirme.

اركاب irkâb: (A.) 1.bindirme. 2.bindirilme.

اركاباً irkâben: (A.) 1.bindirerek. 2.bindirilerek.

اركاح erkâh: (A.) sığınaklar. ‖ * ~ -i rehâbîn اركاح رهابين kilisede papazların oturduğu bölmeler.

اركاح irkâh: (A.) 1.güvenme. 2.güvendirme, sığındırma.

اركاك erkâk: (A.) çisilti, ahmak ıslatan yağmuru.

اركان erkân: (A.) 1.asıllar, esaslar. 2.direkler, sütunlar. 3.reisler, liderler, önderler. 4.yol yöntem, usül. 5.mîrlivâ, ferîk, birinci ferîk ve müşîr rütbelerinin bulunduğu rütbe grubunun genel adı, miralaydan daha üst rütbelerin genel adı. ‖ * ~ -i devlet اركان دولت devletin ileri gelenleri, üst düzey devlet görevlileri. ‖ * ~ -i harb اركان حرب 1.(ask.) genelkurmay, erkânıharp. 2.kurmay. ‖ * ~ -i hukûmet اركان حكومت hükümet erkânı, Bakanlar ve milletvekilleri topluluğu. ‖ * ~ -i salât اركان صلات namazın esasları.

اركانى erkânî: (A.) 1.dünya ehli. 2.ham ervah, olgunlaşmamış kimse.

اركستر orkester: (Fr.) (müz.) orkestra. ‖ * ~ -i senfonik اركستر سنفنيک (müz.) senfoni orkestrası.

اركه erke: (A.) misvak ağacı.

ارگ erg: (Peh.) 1.bakanlıklar. 2.iç kale.

ارگ org: (Fr.) (müz.) org.

ارگان organ: (Fr.) organ, uzuv.

ارگانوم organum: (Lat.) (müz.) org.

ارگانيسم organism: (Fr.) organizma.

ارگبد ergbed: (Peh.) [erg+bed] kale komutanı.

ارم irem: (A.) efsaneye göre Şam'da veya Yemen'de hükümdar Şeddâd tarafından cennete benzetilerek yaptırılan bahçe. ‖ * ~ -i zâtul'imâd ارم ذات العماد direkli İrem bağı, hükümdar Şeddâd'ın İrem bağları.

ارماء ermâ': (A.) güzel ve cilveli sevgili.

ارما irmâ: (A.) atma, fırlatma.

ارماث ermâs: (A.) sallar.

ارماح ermâh: (A.) 1.darbeler. 2.mızraklar. 3.süngüler.

ارمام ermâm: (A.) çürümüş kemikler.

ارمان erman: 1.arzu, emel. 2.sıkıntı. 3.pişmanlık.

ارمان irmân: eğreti.

ارمان خوار ermânhâr: [ermân+horden> hor>hâr] pişmanlık duyan, pişman olan.

ارمد ermed: (A.) **1.**kül rengi, toprak rengi. **2.**gözü ağrıyan.

ارمدا ermedâ: (A.) ateş külü.

ارمغان ermeğan: (T.) armağan, hediye.

ارمغانى ermeğ>ânî: (T.-F.) [ermeğân+î] hediyelik, hediyelik eşya.

ارمک ormek: (T.) **1.**pamuklu kumaş. **2.**yün şapka. **3.**kül rengi pamuklu giysi.

ارمگان irmegân: **1.**eğitici, terbiye edici, eğitmen, mürebbi. **2.**saadet. **3.**uğur.

ارمل ermel: (A.) **1.**dul erkek. **2.**bekâr erkek. **3.**muhtaç.

ارمله ermele: (A.) dul kadın.

ارمنستان ermenistan: [ermen+istân] (coğ.) Ermenistan.

ارمنى ermenî: [ermen+î] Ermeni.

ارمنيان ermeniyân: [ermenî+y+ân] Ermeniler.

ارمود ermûd (bot.) armut.

ارموله urmûle: (A.) delikanlı.

ارمون ermûn: gündelikçi ücreti.

ارموى urmevî: Urmiyeli.

ارميده ermîde: durgun, sakin.

ارمين ermîn: İran mitolojisinde Keykubâd'ın dördüncü oğlu.

ارميه ermiye: (A.) **1.**kasırga bulutları, fırtına bulutları. **2.**Tırhala sancağına bağlı bir kasaba.

ارنب erneb: (A.) **1.**(zool.) tavşan. **2.**bir yıldız kümesi. ‖ * ~ -i bahrî ارنب بحرى (zool.) mürekkep balığı. ‖ * ~ -i rûmî ارنب رومى (zool.) domuz yavrusu.

ارنبانى erenbânî: (A.) koyu renkli şal.

ارنبه ernebe: (A.) burun ucu.

ارنبيه ernebiyye: (A.) tavşangiller.

ارندان erendân: hâşâ.

ارنواز ernevâz: İran mitolojisinde Cemşîd'in kızkardeşi.

ارنه erne: yoksa, aksi halde.

ارنى erinî: (A.) kendini bana göster.

ارنى ترنک ornitorenk: (Fr.) (zool.) ornitorenk.

ارواء irvâ': (A.) suya kandırma. ‖ * iskâ ve ~ اسقاء و ارواء sulama ve suya kandırma.

ارواح ervâh: (A.) ruhlar. ‖ * ~ -i latîfe ارواح لطيفه · **1.**latif ruhlar. **2.**melekler. ‖ * be ~ -i pederem به ارواح پدرم [yemin] babamın ruhu için! ‖ * âlem-i ~ عالم ارواح ahiret, öteki dünya, ruhlar alemi.

ارواحيه ervâhiyye: (A.) ruhçuluk, canlıcılık, animizm.

ارواق ervâk: (A.) **1.**perdeler. **2.**çadırlar. **3.**revaklar.

اروام ervâm: (A.) **1.**Romalılar. **2.**Rûmîler, Arap toprakları dışında yaşayan uluslar.

اروانه ervâne: yabani şebboy. **2.**arvana, dişi deve.

اروب erveb: (A.) yoğurt.

اروپ orup: (coğ.) Avrupa.

اروپا orupa: (coğ.) Avrupa.

اروپايى orupâyî (orupâî): (İng.-F.) [orupâ+y+î] **1.**Avrupalı. **2.**avrupâî.

اروپايى گرى orupâyîgerî: [orupâ+y+î+ger+î] avrupalılaşma.

اروپايى مآب orupâyîmeâb: (İng.-A.-F.) [orupâ+y+î+meâb] Avrupa hayranı, Batı taklitçisi.

اروتيسم erotism: (İng.) erotizm.

اروس erûs: **1.**kumaş. **2.**mal, meta.

اروس urûs: Rus.

اروسل erosol: (İng.) aerosol.

اروع erva': (A.) **1.**yakışıklı genç. **2.**gözüpek.

اروق erûk: (T.) **1.**aile. **2.**sülâle.

اروک erûk: (T.) (bot.) erik.

اروم erûm: (A.) köksap.

ارومچک orumçek: (T.) (zool.) örümcek.

ارومه orûme: (A.) **1.**ağaç kökü. **2.**asıl, temel. **3.**nesil. **4.**Âd kavminin mezarları.

ارومى urûmî: Urmiyeli.

اروميه urûmiye: (coğ.) Urmiye.

اروناں ervenân: (A.) **1.**kalın ses. **2.**sıkıcı gün.

اروند ervend (Peh.>F.) **1.**deney, sınama. **2.**onur. **3.**görkem. **4.**hile. **5.**sihir, büyü. **6.**Dicle.

اروه urve: (Fr.) (zool.) kahverengi kör yılan.

اروند ervend: (Peh.) **1.**görkem. **2.**arzu. **3.**hile. **4.**sihir, büyü. **5.**(coğ.) Dicle.

اروين ervîn: deney, sınama.

اره erre, ere: testere, bıçkı.

ارها irhâ: (A.) yumuşak davranma.

ارهاب irhâb: (A.) **1.**korkutma. **2.**kaçırma.

ارهاص irhâs: (A.) **1.**bir peygamber gönderilmeden önce beliren olağan dışı durum. **2.**sağlam. **3.**hayır işleri.

ارهاف irhâf: (A.) bileme.

ارهاق irhâk: (A.) **1.**ezme, sıkma. **2.**eziyet etme.

ارهان irhân: (A.) rehin konulma.

اره چاق كن erreçâkkon: [erre+çâk+kerden> kon] testere bileyicisi.

اره خانه errehâne: [erre+hâne] marangoz atölyesi, bıçkıevi.

اره زبان errezeban: [erre+zebân]**1.**uzun dilli. **2.**iftiracı.

اره كش errekeş: [erre+keşîden>keş] biçici, bıçkıcı, hizarcı.

اره كشى errekeşî: [erre+keşîden>keş+î] biçicilik.

اره ماهى erremâhî: [erre+mâhî] (zool.) testere balığı.

ارياف eryâf: (A.) verimli topraklar.

ارياح eryâh: (A.) rüzgârlar.

اريب erîb: (A.) **1.**akıllı. **2.**bilgin.

اريب urîb: **1.**eğri. **2.**eğrilik.

اريبه erîbe: (A.) aklı başında, akıllı.

اريج erîc: (A.) hoş koku.

اريحيت eryehiyyet: (A.) **1.**iyi huy. **2.**sevinç. **3.**bağış.

ارير erîr: (A.) **1.**mızıkçılık. **2.**kazanmanın verdiği şımarıklık. **3.**bağırma, haykırma.

اريس erîs: (A.) çiftçi.

اريس erîs: **1.**akıllı. **2.**zeki.

اريستو aristo: Aristo.

اريستكرات aristokrat: (Fr.) aristokrat.

اريستوكراسى aristokrasi: (Fr.) aristokrasi.

اريسى erîsî: (A.) çiftçi.

اريش erîş: zeki, akıllı, zeyrek.

اريكه erîke: (A.) **1.**taht. **2.**sedir. ‖ * ~ -i devlet اريكهء دولت devlet tahtı.

اريكه آرا erîkeârâ (A.-F.) [erîke+ ârâsten>ârâ] **1.**taht süsleyen. **2.**padişah.

اريكه پيرا erîkepîrâ (A.-F.) [erîke+ pîrâsten>pîrâ] **1.**tahtı donatan, tahtı süsleyen. **2.**padişah.

اريكه نشين erîkenişîn (A.-F.) [erîke+ nişesten>nişîn] **1.**tahtta oturan. **2.**padişah.

اريگاتور erigator: (Fr.) **1.**sulama aleti. **2.**bahçe sulama tulumbası.

از ez: (gr.) -den, -dan. **2.**itibaren, -den beri. **3.**hakkında, ilişkin. **4.**-den dolayı. **5.**ile. **6.**ile, sayesinde. **7.**indinde, katında, bakımından, açısından, -ce, -e göre. **8.**ait. **9.**içinde, arasında. **10.** -ir...-mez. ‖ * ~ ân-i از آن ait, -in. ‖ * ~ ân cumle از آن جمله bu cümleden olarak. ‖ * ~ ank ازانک çünkü, -den dolayı. ‖ * ~ an rû از آن رو o yüzden, -diği için. ‖ * ~ in از این bundan. ‖ * ~ in gûne از این گونه böyle, böylesi. ‖ * ~ berây-i از براى için, uğruna. ‖ * ~ behr-i از بهر için, uğruna. ‖ * ~ behr-i çi از بهر چه niçin. ‖ * ~ behr-i hodâ از بهر خدا Allah aşkına. ‖ * ~ pây tâ be fark از پاى تا به فرق tepeden tırnağa kadar. ‖ * ~ cumle-i از جملهء -den biri. ‖ * ~ pey-i از پى ardından, izinden. ‖ * ~ pey-i çîst از پى چيست niçin vardır, neden dolayıdır? ‖ * ~ dil u cân از دل و جان can ü gönülden, yürekten, içten gelen. ‖ * ~ kadîm از قديم eskiden beri, öteden beri. ‖ * ~ kazâ از قضا rastlantı eseri, tesadüfen. ‖ * ~ kocâ از كجا nereden. ‖ * ~ nev از نو yeniden, sil baştan. ‖ * ~ ser-i از سر **1.**başından. **2.**ile, -den dolayı. ‖ * ~ ser-i nev از سر نو sil baştan, yeni baştan.

از آن جمله ezâncumle (F.-A.) [ez+ân+cumle] bu cümleden olarak, bunlar arasında.

از آن ez ân: ondan.

از آن. ez ân-i: -nin, -nın.

از آن به بعد ez ân be bad: (F.-A.) [ez+ân+ be+bad] ondan sonra.

از آنجائی که ez ancâî ki: [ez+âncâ+î+ki] -den dolayı, -diğinden.

از آنجا که ez ancâ ki: [ez+âncâ+ki] -dığı için, -diğinden, -den dolayı.

از آن جمله ez ân comle: (F.-A.) [ez+ân+ comle] bu cümleden olarak.

از آن جهت ez an cihet: (F.-A.) [ez+ân+ cihet] o yüzden, o nedenle.

از آن جهت که ez an cihet ki: (F.-A.) -mek için, -diği için.

از آن جهتی که ez an cihetî ki: [ez+ân+cihet+î+ki] -dığı gibi, -dığı şekilde.

از آنچه ez an çi: [ez+ân+çi] **1.**o sebeple. **2.**o şeyden.

از آن رو ez an rû: [ez+ân+rû] o yüzden, o nedenle.

از آن رو که ez an rû ki: [ez+ân+rû+ki] -den dolayı, -dığı için.

از آن که ez an ki: [ez+ân+ki] -den dolayı.

ازاء izâ: (A.) **1.**karşılık. **2.**karşı karşıya. **3.**sıra. ‖ * der ~ -i در ازاء **1.**karşılığında. **2.**yerine. ‖ * be ~ -yi به ازای karşılığında.

ازاحت izâhet: (A.) **1.**uzaklaştırma. **2.**ortadan kaldırma. **3.**uzaklaşma.

ازاحه izâhe: (A.) ayırma.

ازاده izâde: (A.) ailevî yardımda bulunma.

ازار izâr: suyun dibi.

ازار izâr: **1.**don. **2.**pantolon. **3.**mendil. **4.**peştemal.

ازار بستن izâr besten: **1.**pantolon giymek. **2.**süslenmek.

ازاربند izârbend: **1.**don bağı. **2.**para kesesi.

ازاره izâre: (A.) ziyaret ettirme.

از اصل ez asl: (F.-A.) [ez+asl] aslında, aslen.

ازالت izâlet: **1.**yok etme. **2.**uzaklaştırma, sürme.

ازاله izâle: (A.) **1.**giderme. **2.**giderilme. **3.**yok etme. **4.**yok edilme. ‖ * ~ -i şuyû' ازالهء شیوع müşterek mülkiyet ilişkisinin sona erdirilmesi. ‖ * ~ -i bikr ازالهء بکر kızlığı bozma, bekaret bozma. ‖ * ~ -i teaffun ازالهء تعفن · koku giderici. ‖ * ~ -i ufûnet · ازالهء عفونت koku giderici.

ازاله شدن izâle şoden: yok olmak, ortadan kalkmak.

ازاله کردن izâle kerden: **1.**yok etmek, ortadan kaldırmak. **2.**sürmek, kovmak.

از اول ez evvel: (F.-A.) [ez+evvel] **1.**eskiden beri. **2.**başından beri.

ازایرا ezîrâ: (Peh.) zira, çünkü, bunun için, bu sebeple.

از ایراک ezîrâk: (Peh.) çünkü, zira.

از این بابت ez in bâbet: (F.-A.) [ez+in+bâbet] bundan dolayı, bu konuda, bu hususta.

از این بابت که ezin bâbet ki: (F.-A.) [ez+ in+bâbet] -dığı için, -den dolayı.

از این به بعد ez in be bad: (F.-A.) [ez+in+ be+ba'd] bundan sonra, bundan böyle.

از این پس ez in pes: bundan sonra.

از اینجا ez incâ: [ez+in+câ] **1.**buradan. **2.**bu sebeple.

از این جانب ezincânib (F.-A.) [ez+in+cânib] ben, bendeniz, bendenizden.

از این جهت ez in cihet: (F.-A.) [ez+in+cihet] bu sebeple.

از این حیث که ezin hays ki: (F.-A.) [ez+ in+hays+ki] -dığı için, -den dolayı.

از این رو ez in rû: [ez+in+rû] bu yüzden, bu sebeple, bu nedenle.

از این سان ez insan: [ez+in+sân] böylesine, bu kabilden.

از این سوی ez in sû(y) : [ez+in+sûy] bu taraftan.

از این قبل ez in kıbel: (F.-A.) [ez+in+kıbel] bu yüzden.

از این قبیل ez in kabîl: (F.-A.) [ez+in+ kabîl] bu denli, bu kabilden.

از این قرار ez in karâr: (F.-A.) [ez+in karâr] **1.** bu kabilden, böylesine. **2.**bu şekilde, şöyle.

از اینکه ez inki: [ez+in+ki] için, -diği için, -diğinden, -den dolayı, -mekten.

از این گذشته ez in gozeşte: [ez+in+ gozeşten> gozeşt+e] üstelik, bunun yanısıra, bundan başka.

از این گونه ez in gûne: [ez+in+gûne] bu denli, bu kabilden.

از اینها گذشته ez inhâ gozeşte: [ez+in+ hâ+gozeşten>gozeşt+e] bunlar bir yana.

از این همه ez in heme: [ez+in+heme] bunca, bu kadar.

ازب ezebb: (A.) kalın kaşlı ve uzun saçlı.

از بابت ez bâbet-i: (F.-A.) [ez+bâbet+-i] bakımından, -den yana.

ازباد ezbâd: (A.) **1.**köpükler. **2.**paslar. **3.**çeyrekler.

ازباد izbâd: (A.) **1.**köpüklenme. **2.**çiçeklenme, çiçek açma.

ازبار izbâr: (A.) **1.**yazma. **2.**yazarak bildirme.

از ... به بعد ez be ba'd: (F.-A.) [ez+be+ ba'd] -den sonra, -den bu yana, -den beri.

از بر ez ber: [ez+ber] ezber, akılda tutma, ezbere.

از برای ez berâyi: [ez+berây+i] için.

از بر بودن ezber bûden: ezbere bilmek.

از بر خواندن ezber hânden: ezbere bilmek.

از بر داشتن ez ber dâşten: ezberde tutmak.

از بر دانستن ez ber dânisten: ezbere bilmek.

از بر شدن ez ber şoden: ezbere bilmek.

از بر کردن ez ber kerden: ezberlemek, ezber etmek.

ازبرم ezberm: ezbere.

از بس ez bes: o kadar çok, o denli, o kadar.

از بس که ez bes ki: [ez+bes+ki] o kadar.

ازبک ozbek: **1.**Özbek. **2.**(hlk.) bir küfür: çirkin, kılıksız!

ازبکستان ozbekistân: [ozbek+istân] (coğ.) Özbekistan.

از بن دندان ez bon-i dendan: [ez+bon+-i+ dendân] hay hay, seve seve, isteyerek, içtenlikle.

از بنه ez bone: [ez+bon+e] aslen, aslında.

از ... به این طرف ez...be in taraf: (F.-A.) [ez+be+in+taraf] -den bu yana, -den beri.

از بهر ez behr-i: [ez+behr+ -i] **1.**için. **2.**uğruna.

از بهر چرا ez behr-i çerâ: [ez+behr+ -i+çerâ] neden, niye, niçin.

از بهر خدا را ezbehr-i hodâ râ: [ez+behr+ -i+ hodâ+râ] Allah aşkına, Allah rızası için.

از بهر خدای ez behr-i hodây: [ez+behr+-i+ hodây] Allah aşkına.

از پس ezpes: [ez+pes] **1.**sonradan. **2.**ondan sonra. ‖ * ~ -i kesî ber âmeden از پس کسی بر آمدن biriyle mücadele etmeye gücü yetmek, biriyle başa çıkmak.

از پی ez pey-i: [ez+pey+ -i] **1.**ardından, peşinden. **2.**için.

ازت azot: (Fr.) (kim.) azot, nitrojen.

از ... تا ez...tâ: ile...arasında.

ازتات azotat: (Fr.) (kim.) azotat.

ازج ezecc: (A.) kalem kaşlı, kaşları uzun ve birbirine yakın olan.

ازجاء izcâ': (A.) başından uzaklaştırma, defetme.

ازج الحاجبين ezecculhâcibeyn: (A.) gür ve uzun kaşlı.

از جانب ez cânib-i: **1.**hakkında. **2.**tarafından. **3.** -den yana.

از جان گذشتگی ez cân gozeştegî: [ez+ cân+ gozeşten>gozeşt+e+g+î] özveri, fedakârlık.

از جان گذشته ez cân gozeşte: [ez+cân+ gozeşten>gozeşt+e] fedakâr, özverili.

از جمله ez comle: (F.-A.) [ez+comle] **1.**bütün. **2.**bu cümleden olarak.

از چندی به این طرف ez çendî be in taraf: (F.-A.) [ez+çend+î+be+in+taraf]**1.**bir süreden beri.

از چه ez çi: [ez+çi] niçin.

از چه قبل ez çi kıbel: (F.-A.) [ez+çi+ kıbel] niçin, neden.

از چه قرار ez çi karâr: [F.-A.) [ez+çi+ kıbel] nasıl, ne.

از چه ممر ez çi memer: (F.-A.) [ez+çi+ memer] hangi yolla, ne yolla.

از خود ez hod: [ez+hod] yanından.

از خود بیگانگی ezhodbîgânegî: [ez+hod+ bîgâne+g+î] bunama, kendine yabancılaşma.

از خود بیگانه ezhodbîgâne: [ez+hod+ bîgâne] bunak, bunamış, kendine yabancılaşmış.

ازخود دزدی ezhoddozdî: [ez+hod+ dozd+î] kendinden aşırma, selfplagiarism.

از خود راضی ez hod râzî: (F.-A.) kendini beğenmiş, kasıntı.

ازدجار izdicâr: (A.) öğüt dinleme.

ازدحام izdihâm: (A.) aşırı kalabalık, izdiham.

ازدحام کردن izdihâm kerden: izdiham yaratmak, çokuşmak.

از در ez der-i: lâyık, yaraşır. ‖ * ~ -i çîzî kerden از در چیزی کردن lâyık görmek.

ازدراء izdirâ': (A.) aşağılama, hor görme, küçümseme.

ازدراد izdirâd: (A.) yutma.

ازدراع izdirâ': (A.) tarım yapma, ekin ekme.

ازدرام izdirâm: (A.) büyük lokma yutma.

از در بودن ez der bûden: lâyık olmak.

از درون ezderûn: [ez+derûn] gönülden.

از دل ezdil: [ez+dil] yürekten, gönülden, candan. ‖ * ~ u cân از دل و جان yürekten, içten gelen duygularla, can ü gönülden.

ازدو ozdo: **1.**zamk. **2.**küspe.

ازدواج izdivâc: (A.) **1.**evlilik, izdivaç. **2.**evlenme. ‖ * be ~ -i hîş derâverden به ازدواج خویش در آوردن evlenmek. ‖ * be ~ derâverden به ازدواج در آوردن evermek, evlendirmek.

ازدواج کردن izdivâc kerden: evlenmek.

ازدیاد izdiyâd: (A.) artma. ‖ * ~ -i cem'iyyet ازدیاد جمعیت nüfus artışı. ‖ * ~ -i nufûs ازدیاد نفوس nüfus artışı.

از دیگر سو ez dîger sû: [ez+dîger+sû] öte yandan, diğer taraftan.

ازرار ezrâr: (A.) **1.**düğmeler. **2.**tomurcuklar.

از راه ez râh-i: [ez+râh+ -i] üzerinden, yoluyla.

ازرع ezra': (A.) en düzgün konuşan.

ازرق ezrak: (A.) **1.**mavi, gök mavisi. **2.**mor. **3.**gökyüzü. **4.**(mec.) dünya. **5.**duru su. ‖ * çerh-i ~ چرخ ازرق gökyüzü. ‖ * gul-i ~ گل ازرق (bot.) nilüfer. ‖ * hırka-i ~ خرقهء ازرق (tas.) sûfî giysisi.

ازرق پوش ezrakpûş: (A.-F.) [ezrak+ pûşîden>pûş] (mec.) (tas.) sûfî, mavi cübbeli.

ازرق فام ezrakfâm: (A.-F.) [ezrak+fâm] lacivert renkli.

ازرق لباس ezraklibâs: (A.) [ezrak+libâs] mavi cübbeli, mavi giysili.

از روی ez rûy-i: [ez+rûy+ -i] **1.**bakarak. **2.**ile. **3.**-den, üstünden.

از روی اجبار ez rûy-i icbâr: (F.-A.) [ez+ rûy+ -i+icbâr] zoraki.

از روی هم ez rûy-i hem: [ez+rûy+ -i+hem] birbirine bakarak, birbirinden.

از زمین تا آسمان ez zemîn tâ âsmân: [ez+ zemîn+tâ+ âsmân] yerden göğe kadar.

از زور ez zûr-i: [ez+zûr+î] -den dolayı, -den.

از ساز رفتهء ez sâz refte-i: [ez+sâz+ reften>reft+e+ -i] yapısı, işi.

از سر ez ser: [ez+ser] baştan, yeniden.

از سر تا پا ez ser tâ pâ: [ez+ser+tâ+pâ] baştanbaşa, başından sonuna kadar, tepeden tırnağa, baştan ayağa.

از سر نو ez ser-i nov: [ez+ser+ -i+nov] yeniden, tekrar.

از سوی دیگر ez sûy-i dîger: [ez+sûy+ -i+ dîger] öte yandan.

ازش ezeş: [ez+eş] ondan.

ازعاج i'zâc: (A.) rahatsız etme.

ازعر ez'er: (A.) zalim, acımasız.

ازعکی ez'akî: (A.) 1.kötü insan. 2.bodur ve şirret insan.

ازفاف izfâf: (A.) 1.gelin gönderme. 2.gelin gönderilme.

ازفله · ezfile: (A.) kalabalık, topluluk.

ازفلی · ezfelî: (A.) kalabalık, topluluk.

از قبل ez kıbel-i: (F.-A.) [ez+kıbel+-i] 1.tarafından. 2.yüzünden.

از قبیل ez kabîl-i: (F.-A.) [ez+kabîl+ -i] gibi, kabilinden.

از قدیم ezkadîm (F.-A.) [ez+kadîm] eskidenberi, ötedenberi.

از قرار معلوم ez karâr-i malûm: (F.-A.) [ez+târâr+ -i+malûm] bilindiği gibi.

از قراری که ez karârî ki: (F.-A.) [ez+karâr+ î+ki] -dığı kadarıyla, -dığına göre, -e göre.

از قضا ez kazâ: (F.-A.) [ez+kazâ] tesadüfen, ezkaza.

ازقه ezikka: (A.) sokaklar.

ازکات ezkât: kötü niyetli, kötü düşünceli.

ازکام izkâm: (A.) 1.nezleye yakalatma. 2.nezle olma.

از کجا ez kocâ: [ez+kocâ] nereden. 2.ne malum? 3.nasıl, nereden?

از کسی گذشته ez kesî gozeşte: [ez+kes+î+ gozeşten>gozeşt>e] -den başka, yanı sıra.

از کن فکان ez kon fekân: (F.-A.) [ez+kon + fekân] derhal.

ازکی ezkâ: (A.) en temiz, en duru.

ازکیاء ezkiyâ: (A.) 1.temiz kişiler. 2.erdemliler.

ازگهان ezgehân: aylak.

ازگیل ezgîl (bot.) muşmula.

ازل ezel: (A.) 1.ezel, başlangıcı olmayan. 2.cılız. ‖ * ~ be ~ ازل به ازل ezelden beri. ‖ * ez ~ از ازل ezelden beri. ‖ * esrâr-i ~ اسرار ازل ezelm sırları. ‖ * der ~ در ازل ezelde, ezel vaktinde. ‖ * ender ~ اندر ازل ezelde, ezel vaktinde. ‖ * tâ ~ تا ازل ezelden beri.

ازلاق izlâk: (A.) 1.kaydırma, sürçtürme. 2.kaydırılma, sürçtürülme. ‖ * ~ -i akdâm ازلاق اقدام ayakların sürçmesi.

ازلال izlâl: (A.) 1.birini günaha sokma. 2.yoldan çıkarma. 3.ayak kaydırma, sürçtürme.

ازلام ezlâm: (A.) kumar okları.

از لحاظ ez lehâz-i: [ez+lehâz+ -i] yönünden, bakımından, sebebiyle, açısından, -çe, -ça.

ازلغ ezlag: (A.) cinsel organ.

ازلغی ezlagî: (A.) cinsel organ.

ازلق ezlak: (A.) 1.keskin. 2.sataşan.

ازلی ezelî: (A.) 1.ezelî, başı sonu olmayan. 2.Tanrının sıfatlarından biri. ‖ * ilm-i ~ علم ازلی ezelî ilim, Tanrı'nın ilmi.

ازلیت ezeliyyet: (A.) öncesizlik, başlangıcı olmama.

ازلیه ezeliyye: (A.) ezel ile ilgili, öncesi olmayan. ‖ * kudret-i ~ قدرت ازلی ezelî güç, Tanrı'nın gücü.

ازم ezem: [ez+em] benden.

از ما بهتران ez mâ bihteran: [ez+mâ+ bih+ter+ân] periler, cinler, iyi saatte olsunlar.

ازمان ezmân: (A.) zamanlar. ‖ * ~ -i âlâm ازمان آلام elem zamanları. ‖ * ~ -i erba'a ازمان اربعه dört mevsim.

ازمایش ezmâyiş: [<âzmâyiş] bir ok türü.

از مدت ها پیش ez moddethâ pîş: (F.-A.) [ez+moddet+ hâ+pîş] uzun zamandır, epeydir, hanidir.

از مدتی به این طرف ez moddetî be in taraf: (F.-A.) [ez+moddet+î+be+in+taraf] bir süredir, bir süreden beri.

از مردم گريزان ez merdom gorîzân: [ez+ merdom+ gorîhten> gorîz+ân] münzevi.

ازمنه ezmine: (A.) zamanlar. ‖ * ~ -i cedîde ازمنهء جديده son zamanlar, yeni devirler, yeni çağ. ‖ * ~ -i ibtidâiyye ازمنهء ابتدائيه eski çağlar. ‖ * ~ -i kablettârihiyye ازمنهء قبل التاريخيه tarih öncesi zamanlar. ‖ * ~ -i kadîme ازمنهء قديمه eski zamanlar. ‖ * ~ -i kadîme-i heyât ازمنهء قديمهء حيات paleozoik. ‖ * ~ -i mâziye ازمنهء ماضيه geçmişte kalan zamanlar. ‖ * ~ -i mechûle ازمنهء مجهوله bilinmeyen zamanlar. ‖ * ~ -i mustakbele ازمنهء مستقبله gelecek zamanlar. ‖ * ~ -i mutekaddime ازمنهء متقدمه eski çağlar. eski çağlar. ‖ * ~ -i sâlife ازمنهء سالفه geçmiş zamanlar.

ازمه ezimme: (A.) 1.dizginler. 2.yönetim, idare. ‖ * ~ -i umûr ازمهء امور işlerin yönetimi.

ازمهرار izmihrâr: (A.) 1.parıldama, ışıldama. 2.somurtma. 3.kış şiddetli geçme.

ازميل izmîl: (A.) 1.çekiç. 2.keskin demir. 3.deri bıçağı.

ازن ozon: (Fr.) (kim.) ozon.

از ناگاه ez nâgâh: [ez+nâgâh] ansızın, birdenbire.

ازناور eznâver: 1.kabile büyüğü. 2.cesur, pehlivan.

از نخست ez nohost: [ez+nohost] başından beri.

از نظر ez nazar-i: (F.-A.) [ez+nazar+ -i] yönünden, bakımından, açısından.

ازنكميد iznikmîd: (coğ.) İzmit.

ازنگو uzengû: (T.) mahmuz.

از نو ez nov: yeniden, yine, tekrar, sil baştan.

ازنه ezine: [<âzîne] Ezine.

ازو ezû: [ez+û] ondan.

ازواج ezvâc: (A.) eşler, evli çiftler. ‖ * ~ -i tâhirât ازواج طاهرات 1.temiz eşler. 2.Hz. Muhammed'in eşleri.

ازوج ezûc: (A.) 1.dikbaşlı at. 2.terbiyesiz insan.

از و چز كردن izzuçiz kerden: yalvarıp yakarmak.

ازور ezver: (A.) boynu eğri.

ازورى ezverî: (A.) karaçalı ağacı.

از وقتى ez vaktî: (F.-A.) [ez+vakt+î+ki] -den beri.

از وقتى كه ez vaktî ki: (F.-A.) [ez+vakt+ î+ki] -den beri, -den bu yana, -di...-leli.

ازوم ezûm: (A.) ısırgan, ısırıcı.

ازهار ezhâr: (A.) çiçekler.

ازهاف izhâf: (A.) 1.şaşırtma. 2.hainlik etme. 3.yalan söyleme.

ازهاق izhâk: (A.) yok etme, helak etme.

ازهد ezhed: (A.) en dında, en zahid.

ازهر ezher: (A.) 1.parlak. 2.çok aydın.

ازهراللون ezherullevn: (A.) parlak yüzlü.

ازهرالوجه ezherulvech: (A.) parlak yüzlü, nurlu yüzlü.

ازهران ezherân: (A.) güneş ve Ay.

از هر باب ez her bâb: dereden tepeden.

از هر جهت ez her cihet: (F.-A.) [ez+her+ cihet] her yönden, her yönüyle, her bakımdan.

از هر حيث ez her hays: (F.-A.) [ez+her+ hays] her yönüyle, her bakımdan.

از هر سو ez her sû: her yandan.

از هر لحاظ ezherlehâz: (F.-A.) [ez+her+ lehâz] her bakımdan, her yönüyle.

ازهرين ezhereyn: (A.) güneş ve Ay.

ازهريه ezheriyye: (A.) Ezherîlik, Halvetîliğin bir kolu.

ازهم ez hem: [ez+hem] 1.birbirinden. 2.açmak.

از هم اكنون ez hem eknun: [ez+hem+ eknûn] daha şimdiden.

از همان اول ez heman evvel: (F.-A.) [ez+ hemân+evvel] başından beri, ta baştan.

از همان پا ez heman pâ: [ez+heman+pâ] bir koşuda.

از هم باز کردن ezhem bâz kerden: ayırmak.

از هم باز ماندن ez hem bâz mânden: aralık kalmak, açık kalmak.

از هم پاشیدن ez hem pâşîden: 1.dağılmak. 2.çözülmek. 3.gevşemek.

از هم پاشیده شدن ez hem pâşîde şoden: 1.dağılmak. 2.çözülmek.

از هم پیشی جستن ez hem pîşî cesten: yarışmak.

از هم جدا کردن ez hem codâ kerden: 1.fark koymak. 2.ayırmak.

از هم گذشتن ez hem gozeşten: 1.karşılıklı gevşemek. 2.ayrılmak. 3.ölmek.

از همه روی ezhemerûy: [ez+heme+rûy] her bakımdan.

از همین اکنون ez hemin eknun: [ez+ hemin+ eknûn] daha şimdiden.

از همین حالا ez hemin hâlâ: (F.-A.) [ez+ hemin+hâlâ] şimdiden tezi yok.

ازیان izyân: (A.) donatılma, süslenme.

ازیب ezîb: (A.) 1.kıble rüzgârı. 2.soysuz, aşağılık.

ازیخ ezyah: [ez+yah] 1.buzdan, buzdan yapılmış. 2.buz gibi soğuk.

ازید ezyed: (A.) en çok.

ازیر ezîr: (A.) çığlık, bağırma, haykırma.

ازیز ezîz: (A.) 1.soğuma. 2.kaynama. 3.kaynama sesi. 4.gök gürültüsü.

ازیشان ezîşan: [ez+îşân] onlardan.

اژخ ejeh: siğil, sivilce.

اژدر ejder: 1.ejderha, efsanevî yılan. 2.(ask.) torpil, torpido. 3.Hz. Musa'nın asâsı.

اژدرافکن ejder efken: [ejder+efkenden> efken] (ask.) torpido gemisi.

اژدر سر ejderser: [ejder+ser] ejderha başlı.

اژدرنما ejdernumâ: [ejder+numûden> numâ] yılan görünümlü.

اژدرها ejderhâ: 1.ejderha. 2.büyük yılan.

اژدف ejdef: alıç.

اژدها ejdehâ: 1.büyük yılan. 2.ejderha. 3. siyah uzun saç.

اژدها خو ejdehâhû: [ejdehâ+hû] kötü huylu.

اژدهاصفت ejdehâsifat (F.-A.) [ejdehâ+ sifat] ejderha sıfatlı.

اژدهافش ejdehâfeş: [ejdehâ+feş] ejderha yapılı.

اژگان ejgân: tembel.

اژگهان ejgehân: tembel.

اژنگ ejeng: alın ve yüzdeki kırışıklık.

اژهان ejhân: tembel.

اژیر ejîr: zeki, akıllı, bilgili.

اس uss: (A.) 1.üs. 2.esas, asıl, temel. ‖ * ~ -i bahrî اس بحری deniz üssü. ‖ * ~ -i bahriyye اس بحریه deniz üssü.

اسئله es'ile: (A.) sorular.

اسآر es'âr: (A.) yemek artığı.

اسا esâ: (A.) merhem.

اسائت isâ'et: (A.) kötülük etme. ‖ * ~ -i edeb اسائت ادب cezalandırma, tedîb etme.

اسائه isâe: (A.) 1.kötülük. 2.kötülük etme. 3.edepsizlik etme.

اسابیع esâbî: (A.) 1.haftalar. 2.yediler.

اساتید esâtîd: (A.) 1.üstadlar, hocalar. 2.profesörler.

اساتیذ esâtîz: (A.) 1.üstadlar. 2.ustalar. 3.hocalar. 4.profesörler.

اساتیذه esâtîze: (A.) 1.üstadlar. 2.ustalar. 3.hocalar. 4.profesörler.

اسار isâr: (A.) 1.tutsaklık. 2.sargı, bağ.

اسارت esâret: (A.) 1.tutsaklık, esirlik. 2.kölelik, kulluk. ‖ * be ~ borden به اسارت بردن esir etmek. ‖ * be ~ derâmeden به اسارت در آمدن esir olmak, esir düşmek. ‖ * be ~ derâverden به اسارت در آوردن esir etmek, esir almak. ‖ * be ~ oftâden به اسرات افتادن esir olmak, esir düşmek. ‖ * be kayd-i ~ derâverden به قید اسارت در آوردن esir almak. ‖ * taht-i ~ تحت اسارت tutsaklık altında.

اسارت زده esâretzede (A.-F.) [esâret+ zeden>zed+e] esirlik vurgunu, esirlik çekmiş.

اسارى esârâ: (A.) esirler.

اسارى usârâ: (A.) esirler.

اسارير esârîr: (A.) **1.**yüz ve el çizgileri, alın çizgileri. **2.**yüz güzelliği.

اساس esâs: (A.) **1.**asıl. **2.**temel. **3.**kök. **4.**doğruluk. || * ~ -i çîzî râ teşkîl dâden اساس چيزى را تشكيل دادن bir şeyin temelini oluşturmak. || * bedûni ~ بدون اساس asılsız, dayanaksız. || * ber ~ -i بر اساس dayanarak, istinaden.

اساساً esâsen: (A.) aslında, esasen, zaten.

اساسات esâsât: (A.) **1.**asıllar. **2.**prensipler.

اساس افكندن esâs efkenden: temel atmak.

اساس نامه esâsnâme: (A.-F.) [esâs+nâme] tüzük, nizamname.

اسasه esâse: (A.) göz ucu ile bakış.

اساسه isâse: (A.) **1.**göz ucuyla bakış. **2.**zenginlik. **3.**cemiyet.

اساسى esâsî: (A.) esaslı, temelli, adamakıllı, sağlam, esas, köklü. || * kânûn-i ~ قانون اساسى anayasa.

اساسيه esâsiyye: (A.) esaslı, temelli. || * teşkîlât-i ~ تشكيلات اساسيه anayasa.

اساطير esâtîr: (A.) **1.**mitoloji. **2.**masallar. || * ~ -i îrâniyye اساطير ايرانيه İran mitolojisi. || * ~ -i yûnâniyye اساطير يونانيه Yunan mitolojisi.

اساطير الاول esâtîrulevvel: (A.) ilk devirlere ilişkin efsaneler.

اساطيرى esâtîrî: (A.) mitolojik, efsanevî.

اساطين esâtîn: (A.) **1.**direkler. **2.**silindirler.

اساعره eşâire: (A.) Eş'arîler.

اساغه isâge: (A.) kolayca yutulma.

اسافل esâfil: (A.) **1.**sefiller, aşağılıklar. **2.**düşkünler. || * ~ -i nâs اسافل ناس ayak takımı. || * ~ -i şark اسافل شرق paryalar.

اسافل زادگان esâfilzâdegân (A-F.) [A.-T.) [esâfil+ zâde+g+ân] ayak takımının çocukları.

اساقف · esâkıf: (A.) piskoposlar.

اساقفه esâkife: (A.) piskoposlar.

اساقه esâka: (A.) üzengi kayışı.

اساكف esâkif: (A.) **1.**eskiciler. **2.**kunduracılar.

اس الاساس ussulesâs: (A.) asıl, temel.

اس الحركات ussulharekât: (A.) harekât üssü.

اس الحركه ussulhareke: (A.) hareket üssü.

اساله isâle: (A.) akıtma. || * ~ -i dumû' اساله دموع göyaşı dökme, ağlama.

اساليب esâlîb: (A.) üsluplar.

اسامه esâme: (A.) Osmanlıda ulûfe defteri, Yeniçeri ulûfe defterine isim kaydı, kütük.

اسامى esâmî: (A.) isimler, adlar.

اسانس esans: (Fr.) esans. || * ~ i vanil اسانس وانيل vanilya esansı.

اسانيد esânîd: (A.) isnatlar, dayatmalar.

اساود esâvid: (A.) siyahlıklar, karalıklar.

اساور esâvir: (A.) bilezikler.

اساوره esâvire: (A.) bilezikler.

اساهيج esâhîc: (A.) yürüyüş tarzları.

اسب esb: (Peh.) **1.**at. **2.**satranç taşlarından biri. **3.**(zool.) su aygırı. || * ~ -i âbî اسب آبى (zool.) su aygırı. || * ~ -i assârî اسب عصارى dolap beygiri. || * ~ -i bâdreftâr اسب بادرفتار rüzgâr gibi koşan at. || * ~ -i buhâr اسب بخار beygir gücü. || * ~ -i buhârî اسب بخارى beygirlik, beygir gücünde. || * ~ -i duruşkeî اسب درشكه اى arabaya koşulan at. || * ~ -i heng اسب خنگ kır at. || * ~ -i nîrû اسب نيرو beygir gücü. || * ~ -i sabâreftâr اسب صبارفتار yel gibi koşan at. || * ~ -i tâzî اسب تازى arap atı. || * ~ -i tîzpâ اسب تيزپا hızlı koşan at.

اسباب esbâb: (A.) **1.**sebepler, nedenler. **2.**eşya. **3.**mallar. **4.**şartlar. || * ~ -i dest-i hod kerden اسباب

دست خود کردن âlet etmek, piyon olarak kullanmak, emellerine alet etmek. ‖ * ~ -i dilgaşşe şoden اسباب دل غشه شدن yürek üzüntüsü olmak. ‖ * ~ -i mucbire اسباب مجبره zorlayıcı sebepler. ‖ * ~ -i mûcibe اسباب موجبه gerekçe, gerekçeler. ‖ * ~ -i muhaffife اسباب مخففه hafifletici sebepler. ‖ * ~ -i mu'idde اسباب معده hazırlayan sebepler. ‖ * ~ -i zarûriyye اسباب ضروریه zorunlu sebepler.

اسباب بازی esbâbbâzî: (A.-F.) [esbâb+bâzî] oyuncak.

اسباب بازی فروشی esbâbbâzîfurûşî: (A.-F.) [esbâb+bâzî+furûhten>furûş+î] oyuncakçı.

اسباب بر ساختن esbâb ber sâhten: sebepleri hazırlamak.

اسباب چینی esbâbçînî: (A.-F.) [esbâb+çîden> çîn+î] entrika, dolap.

اسباب چینی کردن esbâbçînî kerden: 1.entrika çevirmek. 2.fesat çıkarmak. 3.suikast hazırlığı yapmak.

اسباب کشی esbâbkeşî: (A.-F.) [esbâb+keşîden>keş+î] taşınma.

اسباب کشیدن esbâb keşîden: taşınmak.

اسباب کشی کردن esbâbkeşî kerden: taşınmak, ev taşımak.

اسبات esbât: (A.) 1.cumartesiler. 2.rahatlar, huzurlar.

اسباح isbâh: (A.) 1.yüzdürme. 2.yüzdürülme.

اسباط esbât: (A.) 1.torunlar, çocuklar. 2.düz saçlar.

اسب افگن esbefgen: [esb+efgenden> efgen] savaşçı, düşmanın atını düşüren.

اسبال isbâl: (A.) 1.akıtma. 2.sağanak yağmur. 2.yollama. 3.yollanılma.

اسبان esbân: (A.) tül, peçe.

اسبان esbân: [esb+ân] atlar.

اسباناخ isbânâh (bot.) ıspanak.

اسب انگیز esbengîz: [esb+engîhten> engîz] mahmuz.

اسب پرورش دادن esb perveriş dâden: at yetiştirmek.

اسب تاختن esb tâhten: at koşturmak.

اسب تاز esbtâz: [esb+tâhten>tâz] 1.at koşturan. 2.hipodrom, at meydanı. 3.şemsî ayın 18. günü.

اسب دوانی esbdevânî: [esb+devânden> devân+î] at yarışı.

اسب ران esbrân: [esb+rânden>rân] at koşturan.

اسب ریز esbrîz: [esb+rîz] 1.savaş meydanı. 2.at koşusu, at yarışı.

اسب ریس esbrîs: [esb+rîs] 1.savaş meydanı. 2.at koşusu, at yarışı.

اسب سوار esbsevâr: [esb+sevâr] 1.binici, atlı, at binen. 2.jokey.

اسب سواری esbsevârî: [esb+sevâr+î]1.binicilik. 2.jokeylik.

اسب سواری کردن esbsevârî kerden:1.ata binmek. 2.at koşturmak.

اسبغول esbgûl: [esb+gûl<gûl-i esb] 1.at kulağı. 2.karnıyarık (tohum).

اسبق esbak: (A.) 1.daha önceki, sabık. 2.en önde giden. ‖ * sadr-i ~ صدر اسبق eski sadrazam.

اسبل esbel: (A.) uzun bıyıklı.

اسبوبه usbûbe: (A.) küfür.

اسبوع usbû: (A.) 1.hafta. 2.yedi defa.

اسبوعی usbû'î: (A.) haftalık.

اسبوعیه usbû'iyye: (A.) haftalık. ‖ * cerîde-i ~ جریدهء اسبوعیه haftalık gazete.

اسبیداج isbîdâc: (A.) üstübeç.

اسبیل esbîl: at hırsızı.

اسپ esp: 1.at. 2.satranç taşlarından biri.

اسپاسم ispasm: (İng.) spazm.

اسپاگتی ispagetti: (İng.) spagetti.

اسپاه ispâh: 1.asker. 2.ordu.

اسپر isper: kalkan.

اسپرانتو ispiranto: esperanto dili.

اسپرز isporz: dalak.

اسپرغم ispergam: fesleğen, reyhan.

اسپرک isperek (bot.) rezeda çiçeği.

اسپرلوس isperlos: 1.saray. 2.konak.

اسپرماهی ispermâhî (zool.) kedi balığı.

اسپرهم isperhem: fesleğen, reyhan.

اسپری ispiriy: (İng.) sprey.

اسپ ریس esprîs: [es;+rîs] hipodrom.

اسپری شدن isperî şoden: sona ermek, tamamlanmak, geçmek.

اسپکترسکوپ ispektroskop: (Fr.) spektroskop.

اسپناج ispenâc (bot.) ıspanak.

اسپناخ ispenâh: ıspanak.

اسپند ispend (bot.) üzerlik.

اسپندان ispendan: hardal.

اسپه ispeh: **1.**asker. **2.**ordu.

اسپهبد ispehbud: [ispeh+bud] (ask.) **1.**komutan, ordu komutanı. **2.**hükümdar. **3.**korgeneral.

اسپهان ispehan: (müz.) bir musikî makamı, Isfahan makamı.

اسپید ispîd: beyaz.

اسپیدکار ispîdkâr: [ispîd+kâr] kalaycı.

اسپیده ispîde: [ispîd+e] **1.**yumurta akı. **2.**beyaz leke. **3.**tan ağartısı. **4.**pudra.

اسپیر ispîr: **1.**uşak. **2.**at uşağı.

است est: **1.**(gr.) esten fiilinin üçüncü tekil şahısta aldığı şekil: -dir, vardır. **2.**kemik. **3.**çekirdek.

استئثام isti'sâm: (A.) günahtan arınma.

استئیاس isti'yâs: (A.) umutsuzluğa düşme.

استا ustâ: **1.**usta. **2.**maharetli.

استا istâ: [istâden>ist+â] statik.

استاخ istâh: sürgün, filiz.

استاخ ustâh: **1.**cesur, pervasız. **2.**edepsiz, küstah.

استاخانه üstâhâne: [ustâh+âne] küstahça, edepsizce.

استاد ustâd: **1.**usta. **2.**öğretmen, hoca. **3.** Tanrı. **4.**üstad. **5.**profesör. **6.**rehber. **7.**ağa. **8.**(hlk.) berber. **9.**maharetli. **10.**mason locası başkanı. ‖ * ~ -i ezel استاد ازل Tanrı. ‖ * ~ ~ -i mumtâz استاد ممتاز ordinaryüs profesör.

استادانه ustâdâne: [ustâd+âne] **1.**ustaca. **2.**üstatça, üstat gibi.

استاد شدن ustâd şoden: **1.**ustalaşmak. **2.**usta olmak. **3.**profesör olmak.

استادکار ustâdkâr: **1.**usta. **2.**ustabaşı. **3.**teknisyen.

استادن istâden: **1.**durmak. **2.**dikilmek.

استادی ustâdî: [ustâd+î] **1.**ustalık. **2.**üstatlık. **3.**hocalık. **4.**maharet. **5.**profesörlük. **6.**zekilik.

استادیار ustâdyâr: [ustâd+yâr] asistan.

استادیاری ustâdyârî: [ustâd+yâr+î] asistanlık. ‖ * be ~ berguzîde şoden به استادیاری برگزیده شدن asistan olmak.

استادیوم istadyum: (İng.) stadyum.

استاذ ustâz (F.>A.) **1.**usta. **2.**üstat. **3.**profesör.

استاذ الاساتذه ustâzul'esâtize: (A.) hocalar hocası, üstatların üstadı.

استاذیت ustâziyyet: (A.) **1.**ustalık. **2.**üstatlık.

استار estâr: (A.) **1.**örtüler. **2.**perdeler.

استار istâr: dört.

استارت istart: (İng.) **1.**start, çıkış. **2.**marş (otomobil)

استارتر istarter: (İng.) motor marşı.

استارت زدن istart zeden:.marşa basmak.

استاره istâre: **1.**yıldız. **2.**(müz.) setar. **3.**cibinlik.

استاره istâre: (A.) **1.**perde. **2.**zar.

استاژ istaj: (Fr.) staj.

استافیل istafil: (Yun.) (bot.) üzüm.

استاک istâk: sürgün, filiz.

استام ustâm: **1.**altın veya gümüş eyer takımı. **2.**güvenilir.

استامبول istambul: İstanbul.

استامبولی istambulî: [istambul+î] **1.**İstanbullu. **2.**İstanbul malı. **3.**İstanbul Türkçesi, Türkiye Türkçesi. **4.**domatesli pilav.

استامپ istamp: (Fr.) stampa.

استان estân: dinlenme yeri, istirahat yeri.

استان ostan: eyalet.

استانبول istanbul (Yun.>T.) Türkiye'nin kültür ve ticaret merkezi, Osmanlı Devleti'nin son başkenti.

استاندار ostandar: [ostân+dâşten>dâr] eyalet başkanı.

استاندارد istandard: (Fr.) standart.

استانداردیزه istandardize: (Fr.) standartlaştırma.

استاندارديزه شدن istandardize şoden: standartlaştırılmak.

استاندارديزه كردن istandardize kerden: standartlaştırılmak.

استانه estâne: **1.**yatakhane. **2.**yatak odası.

استباحات istibâhât: (A.) **1.**mübah görmeler, mübah saymalar. **2.**kan dökülmesine engel olmalar.

استباحه istibâhe: (A.) **1.**mübah görme, mübah sayma. **2.**kan dökülmesine izin verme.

استبار istibâr: (A.) yoklama, kontrol etme.

استباق istibâk: (A.) yarış etme.

استبانه istibâne: (A.) **1.**zuhur, ortaya çıkma, açıklık kazanma. **2.**tanıma, bilme.

استبثاث istibsâs: (A.) haberin doğruluğunu araştırma.

استبحاث istibhâs: (A.) araştırma, soruşturma.

استبحار istibhâr: (A.) **1.**enginlik. **2.**engin bilgin sahibi olma.

استبداء istibdâ': (A.) **1.**idrar yaptıktan sonra son damlaları da akıtıp temizlenme. **2.**evlenilen dul kadının hamile olmadığı anlaşılana kadar cinsel ilişkiden uzak durma.

استبداد istibdâd: (A.) **1.**baskı rejimi, despotluk. **2.**baskı.

استبدادكار istibdâdkâr (A.-F.) [istibdâd+ kâr] baskıcı.

استبدادكارانه istibdâdkârâne (A.-F.) [istibdâd+kâr+ âne] baskı yaparak, müstebitçe.

استبداع istibdâ': (A.) yepyeni bir şey olarak değerlendirme, görülmemiş bir şey olarak ele alma.

استبدال istibdâl: (A.) **1.**değiştirme. **2.**değiştirilme. **3.**bedel isteme. **4.**asker terhis edip yeni asker alma. **5.**mülk karşılığında bir vakfı mübadele etme.

استبراء istibrâ: (A.) **1.**arınma. **2.**idrar yaptıktan sonra son damlaları da akıtıp temizlenme. **3.**arınma isteme.

استبراز istibrâz: (A.) ortaya çıkarma.

استبرق istebrak: (A.) **1.**ipek. **2.**sırmalı kadife.

استبشار istibşâr: (A.) müjde alma, iyi haber alma.

استبصار istibsâr: (A.) **1.**görmek isteme. **2.**ileri görüşlü olma, basiret sahibi olma.

استبطاء istibtâ': (A.) ağır davranma.

استبطان istibtân: (A.) iç yüzünü anlama.

استبعاد istib'âd: (A.) uzak görme, uzak bulma, ihtimal vermeme.

استبقاء istibkâ: (A.) **1.**yerinde bırakma. **2.**bir şeyin geri kalanını isteme, devamını isteme.

استبكاء istibkâ': (A.) ağlatma.

استبناء istibnâ: (A.) bina etme, yapma.

استبوار istibvâr: (A.) hiddetlenme, hırslanma.

استبهاج istibhâc: (A.) sevinme.

استبهام istibhâm: (A.) **1.**belirsizlik. **2.**ses çıkarmama.

استپ istep: (Fr.) step.

استتابه istitâbe: (A.) **1.**tövbe isteme. **2.**tövbe ettirme.

استتار istitâr: (A.) **1.**örtünme, gizlenme. **2.**(ask.) kamuflaj.

استتار كردن istitâr kerden: kamufle etmek , gizlemek.

استتاره istitâre: (A.) **1.**örtünme. **2.**gizlenme.

استتال istitâl: (A.) **1.**peşpeşe dökülme. **2.**gözyaşı dökme, ağlama.

استتمام istitmâm: (A.) sona erdirme, tamamlama.

استتيک estetik: (Fr.) estetik.

استثابه istisâbe: (A.) sevap kazanmak isteme.

استثاره istisâre: (A.) **1.**toz kaldırma, tozutma. **2.**fesat çıkarma.

استثقال istiskâl: (A.) **1.**ağır sayma. **2.**değerli tutma. **3.**soğuk davranma, yüz vermeme, kötü davranma, hoş karşılamama. **4.**birinin varlığından hoşlanmama.

استثمار istismâr: (A.) **1.**sömürü. **2.**sonuç isteme. **3.**meyve toplama.

استثناء istisnâ: (A.) **1.**istisna, dışında. **2.**ayırma, çıkarma. ‖ * be ~ -yi به استثنای dışında, istisna olarak, -den başka.

استثناءً istisnâen: (A.) istisna olarak.

استثناءات istisnâ'ât: (A.) **1.**ayırmalar, ayrı tutmalar. **2.**istisnalar. ‖ * ~ be kenâr استثناءات به کنار istisnalar dışında.

استثنائی istisnâî: (A.) istisnaî, müstesna.

استثنائیت istisnâiyyet: (A.) ayrıcalık.

استجابت isticâbet: (A.) **1.**Tanrı tarafından duanın kabul edilmesi. **2.**kabul etme. **3.**cevap verme.

استجابت کردن isticâbet kerden: **1.**kabul etmek. **2.**cevap vermek.

استجابه isticâbe: (A.) Tanrı tarafından duanın kabul edilmesi.

استجاده isticâde: (A.) ihsan isteme, bahşiş isteme.

استجاره isticâre: (A.) **1.**kiralama. **2.**sığınma. **3.**korunmak isteme.

استجازه isticâze: (A.) **1.**izin isteme. **2.**ödül isteme, caize isteme.

استجبار isticbâr: (A.) zorlama.

استجلاب isticlâb: (A.) **1.**kendine çekme, cezb etme. **2.**cezb edilme. **3.**uyandırma.

استجناس isticnâs: (A.) cinse benzetme.

استجواب isticvâb: (A.) **1.**sorgu. **2.**cevap isteme.

استجواب نامه isticvâbnâme (A.-F.) [isticvâb+nâme] sorgu kağıdı, sorgulamanın kaydedildiği kağıt.

استجهال istichâl: (A.) cahil görme.

استحاء istihâ': (A.) **1.**tıraşlama. **2.**tıraşlatma.

استحاثه istihâse: (A.) **1.**fosilleşme. **2.**fosil.

استحالات istihâlât: (A.) başkalaşımlar, değişimler.

استحاله istihâle: (A.) **1.**başkalaşım, değişme, metamorfoz, halden hale geçiş. **2.**imkânsız sayma.

استحالیه istihâliyye: (A.) değişmecilik, transformizm.

استحباب istihbâb: (A.) **1.**sevme. **2.**iyi sayma.

استحباباً istihbâben: (A.) iyi görerek, iyi sayarak.

استحسان istihsân: (A.) güzel bulma, beğenme.

استحساناً istihsânen: (A.) güzel bularak, beğenerek.

استحشاش istihşâş: (A.) eğlenme.

استحصاد istihsâd: (A.) hasat zamanının gelmesi.

استحصال istihsâl: (A.) **1.**üretme, üretim. **2.**elde etme, ele geçirme. **3.**elde edilme, ele geçirilme, sağlanma.

استحصالات istihsâlât: (A.) **1.**üretmeler. **2.**üretimler. **3.**elde etmeler. **4.**elde edilmeler.

استحصان istihsân: (A.) savunma.

استحضار istihzâr: (A.) **1.**hazırlama. **2.**hazırlanma. **3.**huzura çıkarma, huzura çağırma. **4.**huzura çıkarılma. **5.**hatırlama. **6.**önceden hazırlanma.

استحضارات istihzârât: (A.) hazırlıklar.

استحضاری istihzârî: (A.) **1.**hazırlık ile ilgili. **2.**tasarımsal.

استحفاظ istihfâz: (A.) **1.**korunma isteme. **2.**korunma. **3.**ezberleme.

استحقار istihkâr: (A.) hor görme, küçümseme, aşağılama.

استحقاق istihkak: (A.) **1.**hak etme, hak kazanma. **2.**hak kazanılan. ‖ * bil-irsi vel- ~ بالارث و الاستحقاق miras yoluyla ve hak ederek. ‖ * min gayri ~ من غیر استحقاق hak etmediği halde.

استحکام istihkâm: (A.) **1.**dayanıklı siper. **2.**sağlamlık. **3.**askerî istihkâm sınıfı.

استحکامات istihkâmât: (A.) **1.**(ask.) dayanıklı siperler, istihkamlar, sağlam mevziler. **2.**sağlamlıklar.

استحلاء istihlâ: (A.) lezzetini tadarak takdir etme.

استحلاب istihlâb: (A.) **1.**süt sağma. **2.**süt sağılma. **3.**ezme haline getirme.

استحلال istihlâl: (A.) **1.**helal sayma. **2.**helalleşme. **3.**helal edilmesini isteme.

استحماء istihmâ': (A.) korunma isteme.

استحماق istihmâk: (A.) ahmaklık etme.

استحمال istihmâl: (A.) **1.**havale etme. **2.**havale edilme. **3.**yükleme. **4.**yükletme.

استحمام istihmâm: (A.) banyo yapma, yıkanma.

استحمام كردن istihmâm kerden: banyo yapmak, yıkanmak.

استحواذ istihvâz: (A.) baskın çıkma, üstün gelme.

استحياء istihyâ: (A.) **1.**utanma, haya etme. **2.**canlı bırakma.

استخاره istihâre: (A.) **1.**bir işin hayırla sonuçlanıp sonuçlanmayacağını anlamak üzere abdest almak ve duadan sonra uykuya yatma. **2.**hayır olmasını dileme.

استخاره زدن istihâre zeden: fal açtırmak.

استخاره كردن istihâre kerden: istiharede bulunmak, kitap veya tespihle fal açtırmak.

استخبار istihbâr: (A.) **1.**haber alma, duyum. **2.**duyma.

استخبارات istihbârât: (A.) **1.**(ask.) haber alma, duyumlar. **2.**haber alma teşkilatı. ‖ * ~ -i mevsûka استخبارات موثوقه güvenilir haberler.

استخباريه istihbâriyye: (A.) haberalma ile ilgili. ‖ * menâbi'-i ~ منابع استخباريه haberalma kaynakları.

استخدام istihdâm: (A.) **1.**hizmete alma, işe alma, çalıştırma. **2.**çok anlamlı bir kelimenin her anlamı için uygun sözler etme. ‖ * târîh-i ~ تاريخ استخدام işe başlama tarihi.

استخدام شدن istihdâm şoden: işe alınmak, istihdam edilmek.

استخر istahr: **1.**havuz. **2.**yüzme havuzu. **3.**(coğ.) İran'da bir kent, İstahr. **4.**su birikintisi, gölet.

استخراج istihrâc: (A.) **1.**çıkarma. **2.**(maden, petrol vs.) çıkarma. **3.**bir konuyu düşünerek anlama, anlam çıkarma. **4.**anket.

استخراجات istihrâcât: (A.) **1.**çıkarmalar. **2.**çıkarılmalar. **3.**sonuç çıkarmalar. **4.**anlam çıkarmalar.

استخراج كردن istihrâc kerden: çıkarmak.

استخفاء istihfâ: (A.) **1.**gizlenme. **2.**gizli tutma.

استخفاف istihfâf: (A.) hafife alma, önemsememe.

استخفافكار istihfâfkâr (A.-F.) [istihfâf+ kâr] küçümseyici, hafife alıcı, küçümseyen.

استخفافكارانه istihfâfkârâne (A.-F.) [istihfâf+kâr+ âne] küçümseyici, küçümseyerek, hafife alıcı, hafife alarak.

استخفاف كردن istihfâf kerden: hafife almak, önemsememek.

استخلاب istihlâb: (A.) tırmalama.

استخلاص istihlâs: (A.) **1.**kurtarma. **2.**kurtulmak isteme. **3.**tasarruf.

استخلاف istihlâf: (A.) yerine geçme, birine halef olma.

استخوان ustuhan: (Peh.) **1.**kemik. **2.**kılçık. **3.**fildişi. ‖ * ~ der gelû giriften استخوان در گلو گرفتن meşakkat çekmek. ‖ * ~ lây-i zahm guzâşten استخوان لاى زخم گذاشتن işi yarım kalmak, hevesi kursağında kalmak.

استخوان بند ustuhânbend: [ustuhân+ besten>bend] kırıkçı, kırık çıkıkçı, sınıkçı.

استخوان بندى ustuhanbendî: [ustuhân+ besten>bend+î] iskelet.

استخوان پاره ustuhânpâre: [ustuhân+pâre <pâre-i ustuhân] kemik parçası.

استخوان تركاندن ustuhan terkanden: boy atmak, boy çekmek, uzamak.

استخوان خرد كردن ustuhan hord kerden: bir işte çok sıkıntı çekmek, canla başla çalışmak.

استخوان خوار ustuhanhâr: [ustuhân+ horden>hor>hâr] (zool.) humâ kuşu.

استخوان دار ustuhandâr: [ustuhân+ dâşten> dâr]1.kemikli. 2.zorlu, dişli. 3.babayiğit. 4.itibarlı. 5.asil.

استخوان سکب کردن ustuhan sebok kerden: gözü gönlü açılmak.

استخوانکاری ustuhankârî: [ustuhân+ kâr+î] kakmacılık, kemik işçiliği.

استخوانی ustuhânî: [ustuhân+î] 1.kemikli. 2.zorlu.

استداء istidâ': (A.) el uzatma.

استداد istidâd: (A.) 1.doğrulma. 2.alışma.

استداره istidâre: (A.) 1.yuvarlaklaşma, daireleşme. 2.dönme.

استداری istidârî: (A.) daire oluşturacak olan.

استدامت istidâmet: (A.) ebedîlik, kalıcılık.

استدامه istidâme: (A.) 1.sürdürme. 2.devamını dileme. 3.döne döne uçma.

استدانه istidâne: (A.) borç edinme, borç alma, borçlanma.

استدراک istidrâk: (A.) 1.anlama. 2.telafi etme.

استدبار istidbâr: (A.) 1.yüz çevirme. 2.peşinden gitme, izleme.

استدراج istidrâc: (A.) 1.adım adım ilerleme. 2.şansı yüzüne gülme. 3.kötü kişilerin gösterdiği üstün başarı.

استدراجی istidrâcî: (A.) adım adım, aşama aşama.

استدراک istidrâk: (A.) erişme, ulaşma, yetişme.

استدعاء istid'â: (A.) 1.rica, istek, dilek. 2.dilekçe.

استدعا کردن istid'â kerden: rica etmek.

استدعانامه istid'ânâme (A.-F.) [istid'â+ nâme] dilekçe.

استدلال istidlâl: (A.) 1.delil isteme. 2.kanıt getirme. 3.akıl yürütme, kanıt getirme, kanıt isteme. ‖ * ~ -i aklî استدلال عقلی kanıt veya veriye dayanarak sonuç çıkarma, delil ile hüküm çıkarma, akıl yürütme, delillerin ışığında yargıda bulunma, akıl yürüterek hüküm çıkarma.

استدلالاً istidlâlen: (A.) kanıt veya veriye göre sonuç çıkararak.

استدلالات istidlâlât: (A.) kanıt veya veriye dayanarak sonuç çıkarmalar.

استدن isteden: 1.almak. 2.fethetmek.

استذکار istizkâr: (A.) 1.hatırlama. 2.ezberleme.

استذلال istizlâl: (A.) 1.düşkün görme, bayağı görme. 2.düşkün görülme, bayağı görülme.

استذمام istizmâm: (A.) hoş görülmeyecek bir şey yapma.

استر ester: 1.katır. 2.binit.

استرابه istirâbe: (A.) halinden kuşkulanma.

استراتژیک istratejik: (Fr.) stratejik.

استراحات istirâhât: (A.) dinlenmeler.

استراحت istirâhat: (A.) dinlenme, istirahat.

استراحت کردن istirâhet kerden: dinlenmek, istirahat etmek.

استراق istirâk: (A.) 1.çalma. 2.gizli gizli dinleme. ‖ * ~ -i sem' استراق سمع kulak misafiri olma.

استرالیا ostralya: (coğ.) Avustralya.

استرالی ostrali: (coğ) Avusturalya.

استرباح istirbâh: (A.) 1.parayı faize koyma. 2.faizle para verme. 3.faizle para verilme. 4.geri tepme. 5.cenaze görüldüğünde "innâ lillâhi ve innâ ileyhi râci'ûn=Biz Allah'tan geldik, yine ona döneceğiz" demek.

استرجاء istircâ': (A.) dileme, rica etme.

استرجاع istircâ: (A.) 1.geri dönme. 2.verilen bir şeyi geri isteme.

استرحام istirhâm: (A.) 1.merhamet dileme, yalvarma. 2.istirham.

استرحام آمیز istirhâmâmîz: (A.-F.) [istirhâm+âmîhten> âmîz] özür dilercesine.

استرحامات istirhâmât: (A.) 1.yalvarmalar. 2.rica etmeler, ricalar.

استرحامکار istirhâmkâr (A.-F.) [istirhâm+ kâr] yalvarırcasına.

استرخاء istirhâ': (A.) gevşeme, rehavet çökme.

استرخاص istirhâs: (A.) **1.**ucuz görme. **2.**ucuz görülme.

استرداد istirdâd: (A.) **1.**geri alma. **2.**bir ülkenin bir başka ülkeye sığınan suçlu vatandaşını geri istemesi.

استردن usturden: **1.**tıraş etmek. **2.**temizlemek. **3.**yok etmek.

استرذال istirzâl: (A.) **1.**rezil görme, hor görme. **2.**rezil görülme.

استرزاق istirzâk: (A.) geçimini sağlamaya çalışma, nafakasını çıkarmak için çaba gösterme.

استرشاء istirşâ': (A.) iş konusunda bir şey isteme.

استرشاد istirşâd: (A.) irşad isteme, doğru yolda gitmek isteme.

استرضاء istirzâ: (A.) **1.**gönül alma, rıza isteme. **2.**hoşnutluk.

استرضاع istirdâ': (A.) çocuk emzirtme.

استرعاء istir'â': (A.) uyulmasını isteme.

استرعاب istir'âb: (A.) **1.**korkutma. **2.**korku salma.

استرفاد istirfâd: (A.) yardım isteme.

استرفاع istirfâ': (A.) kaldırılmasını isteme, giderilmesini isteme.

استرفاه istirfâh: (A.) refah isteme.

استرقاب istirkâb: (A.) rakip görme, çekememe.

استرقاق istirkâk: (A.) **1.**esir alma. **2.**köle etme.

استركاب istirkâb: (A.) toplanma, birikme.

استرلاب usturlâb: usturlap.

استرواح istirvâh: (A.) **1.**huzur arama. **2.**huzur bulma. **3.**kokma.

استرون esterven: kısır kadın.

استره usture: ustura.

استرهاب istirhâb: (A.) **1.**korkutma. **2.**korkutulma.

استرهان istirhân: (A.) **1.**rehin alma. **2.**rehin alınma.

استره ليسيدن usture lîsîden: yiğitlik göstermek.

استريل isteril: (Fr.) steril.

استزاده istizâde: (A.) çoğalmasını isteme.

استزاره istizâre: (A.) ziyarete gelinmesini isteme.

استزاله istizâle: (A.) yok edilme.

استسآل istis'âl: (A.) soruşturma.

استسخار istishâr: (A.) alay etme.

استسرار istisrâr: (A.) odalık olarak alma.

استسراع istisrâ': (A.) hızlandırma.

استسعاب istis'âb: (A.) iğrenme.

استسعاد istis'âd: (A.) **1.**mutluluk dileme. **2.**talihli olma.

استسعاديه istis'âdiyye: (A.) uğurlu sayma görüşü, mutçuluk.

استسقاء istiskâ: (A.) **1.**yağmur isteme. **2.**(tıb.) siroz hastalığı, vücudun su toplaması.

استسلاح istislâh: (A.) silahlanma.

استسلاف istislâf: (A.) birinin yerine geçme, birinin selefi olma.

استسلال istislâl: (A.) kınından çekmeye çalışma.

استسنان istisnân: (A.) yaşlanma.

استسهال istishâl: (A.) kolay görme, kolay bulma.

استشارات istişârât: (A.) danışmalar.

استشارت istişâret: (A.) danışma, istişare.

استشارت نمودن istişâret numûden: danışmak, istişare etmek.

استشاره istişâre: (A.) danışma, istişare.

استشاره كردن istişâre kerden: danışmak, istişâre etmek.

استشارى istişârî: (A.) danışmaya dayalı, danışma ile ilgili.

استشاط istişât: (A.) **1.**öfkelenme. **2.**hızla uçma.

استشاطه istişâte: (A.) **1.**öfkelenme. **2.**hızla uçma.

استشراب istişrâb: (A.) **1.**içmek isteme. **2.**ima ederek isteme.

استشراق istişrâk: (A.) oryantalizm.

استشعار istiş'âr: (A.) yazı ile bildirilmesini isteme.

استشعارات istiş'ârât: (A.) yazı ile bildirim istemeler.

استشفاء istişfâ: (A.) **1.**şifa dileme. **2.**derman arama.

استشفاءً istişfâ'en: (A.) **1.**şifa dileyerek. **2.**derman arayarak.

استشفاع istişfâ: (A.) şefaat dileme, aracılık isteme.

استشفاف istişfâf: (A.) **1.**şeffaflaşma. **2.**aslını ortaya çıkarma.

استشمام istişmâm: (A.) **1.**koku alma, koklama. **2.** karineye dayanarak hissetme.

استشهاد istişhâd: (A.) **1.**şahitlik isteme. **2.**kanıt getirme. **3.**şahit getirme, örneklendirme.

استشهاداً istişhâden: (A.) **1.**tanık getirerek. **2.**örnek getirerek, örnek göstererek.

استشهادات istişhâdât: (A.) **1.**tanık getirmeler. **2.**örnek getirmeler, örnek göstermeler.

استشهار istişhâr: (A.) ün kazanma, meşhur olma.

استصابه istisâbe: (A.) **1.**doğru görme, isabetli bulma. **2.**doğru görülme, isabetli bulunma.

استصباح istisbâh: (A.) **1.**aydınlatma. **2.**lamba yakma.

استصحاب istishâb: (A.) **1.**dostluk isteme. **2.**eskisine göre hüküm verme. **3.**sahiplenme, sahip çıkma. **4.**yanına alma.

استصحاباً istishâben: (A.) yanına alarak.

استصعاب istis'âb: (A.) güç görme, zor sayma.

استصغار istisgâr: (A.) küçük görme.

استصغار istısgâr: (A.) küçümseme.

استصفاء istısfâ': (A.) **1.**özünü alma, özünü çıkarma. **2.**maden arıtma.

استصلاح istislâh: (A.) **1.**iyilik yapmak isteme. **2.**iyi olma.

استصناع istısnâ': (A.) sanat erbabıyla anlaşma.

استصواب istisvâb: (A.) **1.**doğru yolu arama. **2.**doğru görme. **3.**beğenme.

استصواباً istisvâben: (A.) **1.**doğru bularak, onaylayarak. **2.**beğenerek.

استصواب كرده istisvâbkerde (A.-F.) [istisvâb+kerden> kerd+e] **1.**doğru bulmuş, onaylamış. **2.**doğru bulunmuş, onaylanmış. **3.**beğenilmiş, kabul görmüş.

استضائه istidâ'a: (A.) aydınlanma, ışıklanma.

استضائه istizâ'e: (A.) aydınlanma.

استضحاك istidhâk: (A.) alay etme, eğlenme.

استضعاف istiz'âf: (A.) **1.**zayıf görme, küçümseme. **2.**zayıf görülme, küçümsenme. **3.**zayıf düşürme.

استضمار istizmâr: (A.) ağız arama, düşüncesini öğrenmeye çalışma.

استطابه istitâbe: (A.) iyi bulma, hoş karşılama.

استطاعت istitâet: (A.) **1.**güçlü olma. **2.**kudret. **3.**muhtaç olmama.

استطاعت داشتن istitâet dâşten: **1.**gücü olmak. **2.**hali vakti yerinde olmak, varlıklı olmak.

استطاعه istitâ'e: (A.) gücü yetme, güç, kudret.

استطاله istitâle: (A.) **1.**uzama. **2.**uzantı. **3.**kibirlenme.

استطباب istitbâb: (A.) doktora gitme.

استطراب istıtrâb: (A.) neşelenmek isteme, eğlenmek isteme.

استطراد istitrâd: (A.) **1.**düşmandan kaçma. **2.**konudan uzaklaşma. **3.**(ed.) sözlerin art arda gelmesi. **4.**sırası gelmişken söylenen söz.

استطراداً istitrâden: (A.) sırası gelmişken, yeri gelmişken.

استطراد كردن istitrâd kerden: **1.**konudan uzaklaşmak. **2.**sırası gelmişken söylemek.

استطرادى istitrâdî: (A.) sırası gelmişken söylenmeyle ilgili.

استطراديات istitrâdiyyât: (A.) sırası gelmişken söylenen sözler.

استطراف istitrâf: (A.) **1.**dallandırma. **2.**görülmemiş bir şey olarak değerlendirme.

استطراق istitrâk: (A.) çakıl taşıyla fala baktırma.

استطعام istit'âm: (A.) yemek isteme.

استطلاع istitlâ': (A.) bilgi isteme, sorma.

استطلاعات istıtlâ'ât: (A.) bilgi edinmeye çalışmalar.

استطلاق istitlâk: (A.) **1.**kurtuluş isteme. **2.**ishal olma. **3.**boşanma isteme.

استظراف istizrâf: (A.) **1.**incelik gösterme. **2.**zarif görünme.

استظلال istizlâl: (A.) **1.**gölgeye girme. **2.**sığınma. **3.**gölgede oturma.

استظهار istizhâr: (A.) **1.**dayanma, sırtını dayama, destek alma. **2.**güvenme. **3.**yardım isteme, destek isteme.

استظهار داشتن istizhâr dâşten: güveni olmak.

استعاده isti'âde: (A.) geri gönderilmesini isteme.

استعاذه istiâze: (A.) **1.**sığınma isteme. **2.**sığınma.

استعارات isti'ârât: (A.) **1.**ödünç almalar. **2.**istiâreler.

استعاره istiâre: (A.) **1.**ödünç isteme. **2.**ödünç alma. **3.**(ed.) bir kelimenin anlamını geçici olarak bir başka kelime hakkında kullanma sanatı.

استعاضه isti'âze: (A.) karşılığında bir şey isteme.

استعانت istiânet: (A.) yardım dileme.

استعانه isti'âne: (A.) yardım isteme.

استبعاد istibâd: (A.) köle alma.

استعبار isti'bâr: (A.) **1.**yorumlatma. **2.**rüya yorumlatma. **3.**yorumlatılma.

استعجاب isti'câb: (A.) şaşma, hayret, acayip bulma.

استعجال isti'câl: (A.) **1.**acele etme. **2.**acele ettirme, hızlandırma.

استعجام isti'câm: (A.) **1.**örtülü olma. **2.**sözün kapalı olması. **3.**ifade güçlüğü olmak.

استعداد isti'dâd: (A.) **1.**yetenek, istidat. **2.**hazır olma, hazırlık yapma. **3.**anlayış. **4.**alışkanlık özelliği.

استعداد داشتن isti'dâd dâşten: istidadı olmak.

استعداد نما isti'dânumâ (A.-F.) [isti'dâd+ numûden> numâ] yetenekli, istidatlı.

استعذار isti'zâr: (A.) özür dileme.

استعراب isti'râb: (A.) **1.**araplaşma. **2.**küfretme.

استعراق isti'râk: (A.) terlemek için yatmak.

استعسار isti'sâr: (A.) güçleşmesini isteme.

استعصام isti'sâm: (A.) **1.**sığınma. **2.**girişimde bulunma.

استعطاف isti'tâf: (A.) yardım isteme.

استعطافات isti'tâfât: (A.) yardım istemeler.

استعظام isti'zâm: (A.) **1.**büyük görme. **2.**büyütme. **3.**kibirlenme, böbürlenme. **4.**gözde büyütme.

استعفا isti'fâ: (A.) **1.**af dileme. **2.**görevden çekilmeyi isteme, işte ayrılmak isteme.

استعفا پس گرفتن isti'fâ pes giriften: istifayı geri çekmek.

استعفا دادن isti'fâ dâden: istifa etmek.

استعفاف isti'fâf: (A.) **1.**günahtan çekinme, kötülükten uzak durma. **2.**iffetli olduğunu dışa vurma.

استعفا كردن isti'fâ kerden: istifa etmek. ‖ * ez semt-i hod ~ از سمت خود استعفا كردن görevinden istifa etmek.

استعفانامه isti'fânâme (A.-F.) [isti'fâ+nâme] · istifa mektubu, görevden ayrılma isteğini bildiren mektup.

استعقاب isti'kâb: (A.) kusur arama.

استعكاف isti'kâf: (A.) bir köşeye çekilme, bir yere kapanma, kendini hapsetme.

استعلاء isti'lâ': (A.) **1.**yükselme, yücelme. **2.**baskın çıkma, üstün gelme.

استعلاج isti'lâc: (A.) **1.**çare arama. **2.**tedavi olmak isteme.

استعلام isti'lâm: (A.) **1.**bilgi isteme. **2.**haber alma.

استعمار isti'mâr: (A.) **1.**imar ettirme. **2.**bayındırlık isteme, mamur olmasını istemeye. **3.**istimlâk etme. **4.**sömürme, sömürü, tekelci anamalcılık.

استعمار زده isti'mârzede: (A.-F.) [istimâr+ zeden>zed+e] sömürülen.

استعمار شدن isti'mâr şoden: sömürülmek.

استعمار کردن isti'mâr kerden: sömürmek.

استعمارگر isti'mârger: (A.-F.) [istimâr+ ger] sömürgeci.

استعمال isti'mâl: (A.) **1.**kullanma. **2.**kullanılış. **3.**yapılma. ‖ * husn-i ~ حسن استعمال **1.**iyi kullanma, yerinde kullanma, doğru kullanma. **2.**iyi kullanılma, yerinde kullanılma, doğru kullanılma. ‖ * sû-i ~ سوء استعمال **1.**kötü kullanma, yanlış kullanma, yersiz kullanma. **2.**kötü kullanılma, yanlış kullanılma, yersiz kullanılma.

استعمالات isti'mâlât: (A.) **1.**kullanmalar, kullanışlar. **2.**kullanılmalar, kullanılışlar.

استعمال کردن isti'mâl kerden: kullanmak.

استعناد isti'nâd: (A.) inat etme.

استغاثه istigâse: (A.) **1.**yardım dileme. **2.**yalvarıp yakarma.

استغاثه کردن istigâse kerden: yalvarmak, dilemek, adalet istemek.

استغبار istigbâr: (A.) **1.**tozlanma. **2.**tozlaşma.

استغراب istigrâb: (A.) garip ve acayip sayma, garipseme.

استغراق istigrâk: (A.) **1.**dalma, gömülme. **2.**kendi iç dünyasına dalıp dış dünya ile ilgisini kesme, kendinden geçme. **3.**boğulma. **4.**abartma.

استغراق یافتن istigrâk yâften: **1.**dalmak. **2.**batmak.

استغشاء istigşâ': (A.) örtünme, bürünme.

استغشاش istigşâş: (A.) dürüst kişiye düşman gözüyle bakma.

استغضاب istigzâb: (A.) kızdırma, öfkelendirme.

استغفار istigfâr: (A.) **1.**bağışlanmak isteme. **2.**tövbe etme.

استغفار کردن istigfâr kerden: istiğfar etmek, bağışlanma istemek, af dilemek.

استغفرالله estagfirullâh: (A.) **1.**Tanrı'dan af dilerim. **2.**aman efendim, ne önemi var, beni mahcup ediyorsunuz.

استغفراللهالعظیم · estagfirullâhilazîm: (A.) Yüce Tanrı'dan af dilerim.

استغلال istiglâl: (A.) **1.**ipotek etme, rehin koyma. **2.**ekin devşirme.

استغلالاً istiglâlen: (A.) ipotek ederek, rehin koyarak.

استغمام istigmâm: (A.) **1.**sarma. **2.**sarınma.

استغناء istignâ': (A.) **1.**tokgözlülük. **2.**ihtiyaç duymama, eyvallah etmeme. **3.**nazlanma. **4.**çekinme, uzak durma.

استفاده istifâde: (A.) **1.**yararlanma. **2.**kazanma. **3.**öğrenme, bilgi artırma, bilgilenme.

استفاده بخش · istifâdebahş (A.-F.) [istifâde+ bahşîden> bahş] yararlı, yararlanılabilir.

استفاده بردن istifâde borden: kazanmak, kazanç sağlamak.

استفاده جو istifâdecû: (A.-F.) [istifâde+ costen>cû] çıkarcı, menfaatçi.

استفاده جویی istifâdecûyî: (A.-F.) [istifâde+ costen> cûy+î] çıkarcılık.

استفاده چی istifâdeçi: (A.-T.) [istifâde+çi] çıkarcı.

استفاده شدن istifâde şoden: istifade edilmek, yararlanılmak.

استفاده کردن istifâde kerden: **1.**istifade etmek, faydalanmak, yararlanmak. **2.**para kazanmak.

استفاضه istifâze: (A.) feyiz alma, feyiz isteme.

استفتاء istiftâ: (A.) fetva isteme.

استفتاح istiftâh: (A.) **1.**zafer dileme. **2.**dostluk isteme. **3.**bir işin güçlüğünün ortadan kalkmasını isteme. **4.**siftah etme.

استفراد istifrâd: (A.) **1.**işi tek başına. **2.**bir şeyle yalnız kalma. **3.**yalnızlık isteme.

استفرار istifrâr: (A.) firar etme, kaçma.

استفراش istifrâş: (A.) **1.**yatağına alma, birlikte yatma. **2.**bir cariyeyi odalık yapma.

استفراغ istifrâg: (A.) **1.**kusma. **2.**feragat isteme.

استفراغ كردن istifrâg kerden: kusmak.

استفساد istifsâd: (A.) bozulmasını isteme.

استفسار istifsâr: (A.) **1.**açıklama isteme, yorum isteme. **2.**sorma. **3.**sorgulama. **4.**sorup soruşturma. ‖ * ~ -i hâl استفسار حال halini hatırını sorma. ‖ * ~ -i hâtır استفسار خاطر hatır sorma.

استفسار كردن istifsâr kerden: **1.**sormak. **2.**yorum istemek. **3.**aramak. **4.**sorup soruşturmak, piyasa araştırması yapmak.

استفضال istifzâl: (A.) arttırma, çoğaltma.

استفعال istif'âl: (A.) isteme anlamı veren fiil. Bu kalıpta türetilmiş bütün Arapça kelimeler isteme manasını bildirir.

استفقاد istifkâd: (A.) araştırma, soruşturma, yoklama.

استفلاح istiflâh: (A.) kurtuluş isteme.

استفهام istifhâm: (A.) **1.**sorma. **2.**anlamak isteme. **3.**soru işareti. ‖ * alâmet-i ~ علامت استفهام soru işareti.

استفهامات istifhâmât: (A.) **1.**sormalar, anlamak için sorulan sorular. **2.**soru işaretleri.

استفهامى istifhâmî: (A.) soru ile ilgili.

استفهاميه istifhâmiyye: (A.) soru ile ilgili.

استقاء istikâ: (A.) **1.**su isteme. **2.**kuyudan su çekme. **3.**zorla kusma.

استقامت istikâmet: (A.) **1.**doğruluk. **2.**sebat. **3.**yön. **4.**Tanrı'ya iyi kulluk etme.

استقباح istikbâh: (A.) kötü sayma, çirkin bulma.

استقبال istikbâl: (A.) **1.**karşılama. **2.**(gr.) gelecek zaman. **3.**gelecek. **4.**kıbleye yönelme. ‖ * be ~ âmeden به استقبال آمدن karşılamaya çıkmak, karşılamaya gelmek.

استقبالاً istikbâlen: (A.) **1.**gelecekte, ileride. **2.**karşılayarak. **3.**kıbleye dönerek.

استقبال كردن istikbâl kerden: **1.**karşılamaya çıkmak, karşılamak. **2.**yönelmek. **3.**alaka göstermek.

استقبال نمودن istikbâl numûden: karşılamak.

استقبالى istikbâlî: (A.) **1.**gelecek zaman ile ilgili. **2.**gelecek ile ilgili. **3.**karşılamakla ilgili.

استقباليه istikbâliyye: (A.) karşılama şiiri.

استقتال istiktâl: (A.) savaşta ölümüne ileri atılma.

استقدار istikdâr: (A.) Tanrı'dan hayırlar dileme.

استقدام istikdâm: (A.) **1.**önde bulunma. **2.**çok ayaklılık.

استقراء istikrâ: (A.) **1.**araştırma, enikonu bilgi edinme. **2.**tümevarım, epagoji.

استقراء كردن istikrâ kerden: araştırmak.

استقراب istikrâb: (A.) **1.**yaklaştırma. **2.**akraba etme.

استقرار istikrâr: (A.) **1.**kararlılık. **2.**yerleşme, karar bulma, oturma.

استقرار پيدا كردن istikrâr peydâ kerden:**1.**karar kılmak. **2.**sabit olmak.

استقرار دادن istikrâr dâden: sabitleştirmek.

استقرار گرفتن istikrâr giriften: **1.**kararkılmak. **2.**sakinleşmek.

استقرار يافتن istikrâr yâften: **1.**karar kılmak. **2.**sakinleşmek.

استقراض istikrâz: (A.) **1.**borçlanma. **2.**faizle para alma. ‖ * ~ -i dâhilî استراض داخلى iç borçlanma. ‖ * ~ -i hâricî استقراض خارجى dış borçlanma.

استقراضات istikrâzât: (A.) borçlanmalar.

استقراع istikrâ: (A.) kura çekme.

استقسام istiksâm: (A.) **1.**bölme, bölüşme. **2.**yemin önerisinde bulunma.

استقصاء istiksâ: (A.) **1.**derinlemesine araştırma, bir şeyin aslını anlamaya çalışma. **2.**derinlemesine araştırılma.

استقصاء فرمودن istiksâ fermûden: inceleme yaptırmak.

استقصاء كردن istiksâ kerden: **1.**geniş inceleme yapmak, araştırmak, aramak. **2.**inceleme yaptırmak.

استقصار istiksâr: (A.) kısma, kısılma, kısıntı.

استقصاص istiksâs: (A.) **1.**kısas isteme, dişe diş göze göz isteme. **2.**söz rivayet etme.

استقضاء istikzâ': (A.) bir hükme varmak için başkasının görüşüne başvurma.

استقطاب istiktâb: (A.) **1.**kutuplaşma. **2.**polarma, polarizasyon.

استقطار istiktâr: (A.) **1.**damlatma. **2.**damlatılma. **3.**damıtma.

استقفاء istikfâ': (A.) başına sopa vurma.

استقفال istikfâl: (A.) kilitli tutma.

استقلال istiklâl: (A.) **1.**bağımsızlık. **2.**az görme, az bulma. **3.**yalnızlık. || * ~ bedest âverden استقلال بدست آوردن bağımsızlık kazanmak. || * ~ -i tâm استقلال تام tam bağımsızlık. || * ~ -i millî استقلال ملی ulusal bağımsızlık.

استقلال جو istiklâlcû (A.-F.) [istiklâl+ costen>cû] bağımsızlık yanlısı, istiklal peşinde olan.

استقلال طلب istiklâltaleb: (A.-F.) [istiklâl+ talebîden>taleb] özgürlükçü, bağımsızlık yanlısı.

استقلال طلبی istiklâltalebî: (A.-F.) [istiklâl+ talebîden>taleb+î] özgürlük isteği, özgürlükçülük.

استقلاليت istiklâliyyet: (A.) bağımsız olma.

استقواس istikvâs: (A.) yay şeklini alma, kıvrılma.

استكاره istikâre: (A.) **1.**sırtında taşıma. **2.**hızlı hızlı yürüme.

استكاك istikâk: (A.) bitkilerin birbirine sarılması.

استكان istekân: **1.**çay bardağı. **2.**bardak.

استكان istikân: (A.) **1.**alçakgönüllülük. **2.**küçülme.

استكانت istikânet: (A.) **1.**ağlayıp inleme. **2.**acz gösterme. **3.**alçakgönüllülük. **4.**küçülme.

استكانه istikâne: (A.) **1.**alçakgönüllülük. **2.**küçülme.

استكبار istikbâr: (A.) **1.**kibirlenme, büyüklenme. **2.**baş kaldırma.

استكتاب istiktâb: (A.) **1.**yazdırma. **2.**yazdırılma.

استكتام istiktâm: (A.) gizlemeye çalışma.

استكثار istiksâr: (A.) **1.**çoğumsama, çok görme. **2.**çoğumsanma, çok görülme.

استكراء istikrâ': (A.) kiralama.

استكرائى istikrâ'î: (A.) tümevarımsal, epagojik.

استكرار istikrâr: (A.) **1.**tekrarlama. **2.**tekrarlanma.

استكرام istikrâm: (A.) kerem isteme.

استكراه istikrâh: (A.) **1.**iğrenme, tiksinme, tiksinti. **2.**bir işi istemeyerek yapmaya zorlanma.

استكراهاً istikrâhen: (A.) iğrenerek, tiksinerek.

استكساب istiksâb: (A.) kazanma.

استكشاف istikşâf: (A.) **1.**aslını anlamaya çalışma, keşfe çalışma, keşif çalışması yapma. **2.**açıklama isteme.

استكشافات istikşâfât: (A.) keşif çalışmaları.

استكشاف كردن istikşâf kerden: açıklamak.

استكفاء istikfâ': (A.) yeterli bulma.

استكفاف istikfâf: (A.) yetinme.

استكفال istikfâl: (A.) kefil olma.

استكمال istikmâl: (A.) **1.**tamamlama, bitirme. **2.**tamamlanma, bitirilme.

استكنان istiknân: (A.) gizlenme.

استكناه istiknâh: (A.) aslını arama, araştırma, künhüne varmaya çalışma. ‖ * ~ -i hâl استکناه حال durumun aslını anlamaya çalışma.

استل istel: göl.

استلاب istilâb: (A.) **1.**kapma. **2.**kapılma.

استلاج istilâc: (A.) çok içme.

استلال istilâl: (A.) **1.**sıyırarak çıkarma. **2.**sıyırarak çıkarılma.

استلام istilâm: (A.) **1.**dokunma, el sürme. **2.**öpücük verme. **3.**sulh yapma. **4.**Hacerülesved'e el sürme.

استلانه istilâne: (A.) yumuşak bulma.

استلباث istilbâs: (A.) **1.**gecikme. **2.**geç bulma.

استلجاج istilcâc: (A.) zilyed olarak tutulan malı vermeme hususunda ısrar etme.

استلحاق istilhâk: (A.) İslâm hukukuna göre, bir kişinin cariyesinden doğan çocuğu "Bu çocuk benimdir" diyerek nesebine alması.

استلذاذ istilzâz: (A.) lezzet alma, haz alma.

استلذاذیه istilzâziyye: (A.) hazcılık, hedonizm.

استلزام istilzâm: (A.) **1.**zaruret, gereklilik. **2.**yoldaş olma.

استلقاء istilkâ': (A.) sırt üstü yatma.

استلهام istilhâm: (A.) Tanrı'dan ilham için niyazda bulunma.

استم istem: zulüm, sitem.

استماء istimâ': (A.) ziyarete gitme.

استماحه istimâhe: (A.) yardım isteme, iyilikte bulunulmasını isteme.

استمازه istimâze: (A.) ayrılma, ayrı durma.

استماع istimâ': (A.) **1.**dinleme, işitme. **2.**dinlenilme, işitilme. **3.**dinleyerek kabul etme. **4.**yargıcın davacı ve davalı tarafı, tanık ve bilirkişi ifadelerini dinlemesi. ‖ * ~ -i suhen kerden استماع سخن کردن dinlemek, söz dinlemek.

استماع کردن istimâ' kerden: dinlemek.

استمالت istimâlet: (A.) **1.**meyil gösterme, canı çekme, eğilim gösterme. **2.**gönül alma, avutma, teselli etme.

استمالت دادن istimâlet dâden: gönül almak.

استمالنامه istimâlnâme (A.-F.) [istimâl+ nâme] suçun bağışlandığını bildiren belge.

استماله istimâle: (A.) **1.**teselli etme. **2.**meyil gösterme, canı çekme, eğilim gösterme.

استمتاع istimtâ': (A.) yararlanma.

استمثال istimsâl: (A.) örnek alma.

استمداد istimdâd: (A.) **1.**yardım isteme. **2.**askerî destek güçleri isteme.

استمداد کردن istimdâd kerden: yardım etmek, medet ummak.

استمرار istimrâr: (A.) **1.**süreklilik. **2.**kuvvetli olma, güçlülük.

استمراراً istimrâren: (A.) sürekli, art arda.

استمرار دادن istimrâr dâden: **1.**devam etmek. **2.**devam ettirmek.

استمرار داشتن istimrâr dâşten: devamlı olmak.

استمراری istimrârî: (A.) süreklilik. ‖ * sîga-i ~ صیغه استمراری süreklilik kipi. ‖ * fi'l-i ~ فعل استمراری süreklilik fiili. ‖ * mâzî-i ~ ماضی استمراری (gr.) şimdiki zamanın hikâyesi.

استمزاج istimzâc: **1.**hal hatır sorma. **2.**birinin düşüncesini öğrenme. **3.**anket.

استمزاج کردن istimzâc kerden: soru yöneltmek.

استمساک istimsâk: (A.) **1.**dokunma. **2.**kendine hakim olma, kendini tutma.

استمساک کردن istimsâk kerden: bir şeye el atmak, dokunmak.

استمطار istimtâr: (A.) yağmur duasına çıkma, yağmur yağmasını isteme.

استملاء istimlâ': (A.) yazı yazdırma, dikte ettirme.

استملاک istimlâk: (A.) **1.**mülk edinme. **2.**kamulaştırma. Kamu yararı için veya seferberlik zamanında askeri ihtiyaçların karşılanması amacıyla hükümetin özel mülkiyetteki menkul ve gayri menkul mallara bedelini ödeyerek el koyması.

استملال istimlâl: (A.) bezginlik getirme, bıkma, usanma.

استمناء istimnâ: (A.) mastürbasyon.

استمناء باليد istimnâbilyed: (A.) elle doyum, elle mastürbasyon yapma, (argo) otuzbir çekme.

استمنا كردن istimnâ kerden: mastürbasyon yapmak.

استمهال istimhâl: (A.) **1.**süre isteme. **2.**davacı veya davalının yargıçtan süre istemesi.

استمهال كردن istimhâl kerden: süre istemek.

استنابه istinâbe: (A.) görülmekte olan bir davada bazı yargı işlemlerinin yerine getirilmesi için bir başka mahkemeye veya mahkeme üyelerinden birine yetki verilmesi.

استناحه istinâhe: (A.) **1.**yaygarayı basmak. **2.**ağlamak istemek. **3.**kurt uluması.

استناد istinâd: (A.) **1.**dayanma. **2.**güvenme, delil sayma. **3.**sığınma. **4.**senet tayin etme. ‖ * bâ ~ be با استناد به dayanarak.

استناداً istinâden: (A.) **1.**dayanarak. **2.**güvenerek.

استناد كردن istinâd kerden: **1.**dayanmak, yaslanmak. **2.**istinad etmek.

استنادگاه istinâdgâh (A.-F.) [istinâd+gâh] dayanak, dayanılacak şey.

استنادگه istinâdgeh (A.-F.) [istinâd+geh] dayanak, dayanılacak şey.

استنادى istinâdî: (A.) dayanma ile ilgili, güvenme ile ilgili.

استناره istinâre: (A.) aydınlatma, ışıklandırma.

استناصه istinâse: (A.) **1.**deprettirme. **2.**yanında götürme.

استناعه istinâ'e: (A.) yürürken birini geçme.

استنامه istinâme: (A.) uyur gibi yapma.

استنان istinân: (A.) dişleri temizleme.

استنباء istinbâ': (A.) bilgi isteme.

استنباط istinbât: (A.) sonuç çıkarma, anlam çıkarma, hükme varma.

استنباط شدن istinbât şoden: sonuç çıkarılmak.

استنباط كردن istinbât kerden:.sonuç çıkarmak.

استنبه istenbe: **1.**kötü, çirkin. **2.**kâbus, karabasan. **3.**şeytan. **4.**cesur, yiğit. **5.**dev.

استنتاج istintâc: (A.) **1.**sonuç çıkarma, sonuca varma. **2.**sonuç isteme. **3.**sonuç çıkarılma.

استنتاج كردن istintâc kerden: **1.**sonuç çıkarmak. **2.**sonuç istemek.

استنثار istinsâr: (A.) **1.**su veya ilaçla burun temizleme. **2.**püskürme.

استنجاء istincâ': (A.) pislikten arınma.

استنجاد istincâd: (A.) **1.**yardım isteme. **2.**kuvvetlenme.

استنزال istinzâl: (A.) **1.**aşağı indirme. **2.**dereceden düşme.

استنساء istinsâ': (A.) **1.**veresiye talebinde bulunma. **2.**borç ödenmesi için ek zaman isteme.

استنساب istinsâb: (A.) soy sop davası gütme.

استنساخ istinsâh: (A.) kopya çıkarma, suret çıkarma, yazarak kopya etme.

استنساخ كردن istinsâh kerden: kopya etmek, istinsah etmek.

استنشاء istinşâ': (A.) **1.**olaylar hakkında araştırma yapma. **2.**güzel kokuyu alma.

استنشاد istinşâd: (A.) **1.**şiir okutma. **2.**şiir okumasını isteme.

استنشاق istinşâk: (A.) **1.**burnuna su çekme. **2.**koklama.

استنصاح istinsâh: (A.) öğüt isteme, öğüt alma.

استنصار istinsâr: (A.) yardım isteme.

استنصاراً istinsâren: (A.) yardım isteyerek.

استنصاف istinsâf: (A.) ödeşme.

استنطاق istintâk: (A.) **1.**sorgulama, sorguya çekme. **2.**konuşturma, söyletme.

استنطاق كردن istintâk kerden: sorgulamak.

استنطاق نامه istintâknâme (A.-F.) [istintâk+ nâme] sorgulanan kişinin yazılı ifadesi.

استنطاقی istintâkî: (A.) sorgulama ile ilgili.

استنطاقیه istintâkiyye: (A.) sorgulama ile ilgili.

استنفاد istinfâd: (A.) **1.**bıkma, usanma, bıkkınlık getirme. **2.**tüketme.

استنفار istinfâr: (A.) ürkme, ürkerek uzaklaşma.

استنفاض iktinfâz: (A.) dikkatle çevreyi araştırma, çevreyi inceleme.

استنفاق istinfâk: (A.) **1.**nafaka çıkarma. **2.**malı kullanarak tüketme.

استنقاش istinkâş: (A.) **1.**işleme, nakşetme. **2.**nakşedilmesini isteme.

استنقاص istinkâs: (A.) değer düşürmeye çalışma.

استنکاح istinkâh: (A.) **1.**nikahına alma. **2.**nikahlanmak isteme.

استنکار istinkâr: (A.) **1.**inkâr etme, inkâra kalkışma. **2.**tanımama.

استنکاف istinkâf: (A.) **1.**çekimser kalma, bir hakkı kullanmaktan veya bir görevi yapmaktan çekinme. **2.**ar duyma.

استنکاف کردن istinkâf kerden: çekinmek, istinkâf etmek.

استنهاج istinhâc: (A.) yoluna girme.

استواء istivâ: (A.) **1.**denklik, eşitlik. **2.**düzlük. **3.**kaplama, örtme. **4.**tam ortada bulunma, itidal. ‖ * hatt-i ~ خط استوا (coğ.) ekvator.

استوائی istivâ'î: (A.) **1.**düzlük ile ilgili. **2.**denklik ile ilgili. **3.**örtme ile ilgili.

استواپذیر istivâpezîr (A.-F.) [istivâ+ pezîruften> pezîr] denkleşen, denk düşen.

استوار ostovâr: (Peh.) **1.**sağlam, dayanıklı. **2.**sıkıca, sımsıkı. **3.**emin. **4.**(ask.) kıdemli başçavuş.

استوار دادن ostovâr dâden: sağlamlaştırmak.

استوار داشتن ostovâr dâşten:**1.**sağlamlaştırmak. **2.**inanmak. **3.**emin olmak.

استوار ساختن ostovâr sâhten: **1.**sağlamlaştırmak. **2.**ısrar etmek.

استوار شدن ostovâr şoden: sağlam olmak, sağlamlaşmak.

استوار کردن ostovâr kerden: **1.**sağlamlaştırmak. **2.**doğrultmak. **3.**sımsıkı bağlamak.

استوارنامه ostovârnâme: itimatname.

استواری ostovârî: [ostovâr+î] **1.**sağlamlık. **2.**sebat. **3.**güvenlik. **4.**eminlik.

استواری کردن ostovârî kerden: **1.**itimat etmek. **2.**tekid etmek.

استوان istivân: (Peh.) **1.**sağlam. **2.**güvenilir. **3.**mazbut.

استوانک ostovânek: [ostovâne+k] **1.**tüp, gaz tüpü. **2.**silindir.

استوانه ostovâne: **1.**silindir. **2.**(ask.) tabanca topu.

استوانی ustuvânî: silindirik.

استودان ustûdân: ateşperest mezarı.

استودیو istudyo: (İng.) stüdyo. * ~ -yi ‖ fotorğraf stüdyosu. ‖ * ~ -yi televiyun استودیوی تلویزیون televizyon stüdyosu.

استور ustûr: binek hayvanı.

اسطوره ustûre: efsane.

اسطوره گونه ustûregûne: efsanevî.

استو شدن ustû şoden: itiraf etmek.

استون ustûn: sütun, direk.

استوه ustûh: **1.**yorgun. **2.**aciz. **3.**kederli, hüzünlü, mahzun.

استه esteh: **1.**çekirdek. **2.**kemik.

استهانه istihâne: (A.) aşağılama, küçümseme, hor görme.

استهجان istihcân: (A.) kınama, ayıplama.

استهداء istihdâ': (A.) doğru yola gitmek isteme.

استهداف istihdâf: (A.) hedef alma, hedefleme.

استهزاء istihzâ: (A.) alay, istihza.

استهزائی istihzâî: (A.) **1.**alaylı. **2.**alaycı.

استهلاک istihlâk: (A.) **1.**tüketim, istihlak. **2.**yok etme. **3.**amortisman.

استهلاكات istihlâkât: (A.) **1.**tüketimler. **2.**boşuna tüketmeler, harcamalar. ‖ * ~ -i hâriciyye استهلاكات خارجيه dış tüketimler, dış harcamalar. ‖ * ~ -i dâhiliyye استهلاكات داخليه iç tüketim.

استهلال istihlâl: (A.) **1.**hilal görme, yeni ayı görme. **2.**yeni doğan çocuğun ağlamaya başlaması. ‖ * berâ'et-i ~ برائت استهلال söze güzel başlama.

استهلال الزيل istihlâluzzeyl: (A.) Kuzeybatı Afrika mûsikîsinde bir makam.

استهمام istihmâm: (A.) bir amaç uğruna çaba gösterme.

استهواء istihvâ': (A.) **1.**şaşırma. **2.**kişisel hevesleri hoş görme.

استياك istiyâk: (A.) misvak kullanma.

استيثار istîsâr: (A.) **1.**kendine ayırma. **2.**bencillik, egoizm.

استيثاق istîsâk: (A.) vesika alma, belge alma.

استيج istîc: (A.) masura.

استيج istîc: (İng.) kürsü.

استيجاب istîcâb: (A.) **1.**lâyık olma. **2.**gereklilik, zorunlu görme.

استيجار istîcâr: (A.) kiralama.

استيجارى istîcârî: (A.) kiralık.

استيحاش istîhâş: (A.) **1.**ürkme, korkma. **2.**incinme.

استيجال istîcâl: (A.) tecil isteme, erteleme isteme.

استيخار istîhâr: (A.) **1.**geri kalma. **2.**geri bırakılma.

استيداع istîdâ': (A.) emanet bırakma, emanet etme.

استيذان istîzân: (A.) **1.**izin isteme. **2.**danışma.

استيراء istîrâ': (A.) **1.**çakmak taşıyla kıvılcım çıkarma. **2.**sürterek iki odun parçasını tutuşturma.

استيسار istîsâr: (A.) **1.**kolay sayma. **2.**kolay sayılma.

استيساع istîsâ': (A.) genişleme, bollanma.

استيصال istîsâl: (A.) **1.**kökünden sökme, kökünü kazıma, yok etme. **2.**kökünü kurutma. **3.**ur çıkarma. **4.**kökü kazınma, yok olma.

استيصالات istîsâlât: (A.) **1.**kökten sökmeler. **2.**kökünü kurutmalar. **3.**ur çıkarmalar.

استيضاح istîzâh: (A.) **1.**açıklama isteme. **2.**gensoru.

استيضاحا istîzâhen: (A.) açıklama isteyerek, açıklama istenerek.

استيطاف istîtâf: (A.) kaplama.

استيطان istîtân: (A.) yurt tutma.

استيعاب istîâb: (A.) **1.**içine alma. **2.**yer alma, tutma, kaplama. **3.**sığdırma. **4.**sığma, kapasite.

استيفاء istîfâ: (A.) **1.**alma, doya doya alma, kanma. **2.**alınma. **3.**ödetilme. **4.**tamamını isteme. **5.**müstevfîlik.

استيقاء istîkâ': (A.) olacak diye kaygılanma.

استيقاظ istîkâz: (A.) **1.**uyanık olma. **2.**teyakkuz.

استيقاع istîkâ': (A.) bir şeyin meydana geleceğini düşünerek kaygılanma.

استيقان istîkân: (A.) kesin olarak bilme.

استيلاء istîlâ: (A.) **1.**zorla ele geçirme. **2.**yayılma, sarma, kaplama. **3.**basma.

استيلائى istîlâ'î: (A.) istila ile ilgili.

استيلاء پيدا كردن istîlâ peydâ kerden: **1.**istila etmek. **2.**malik olmak.

استيلاجو istilâcû (A.-F.) [istilâ+costen>cû] istilacı.

استيلاجويانه istîlâcûyâne (A.-F.) [istîlâ+ costen> cûy+âne] istilacı emellerle.

استيلاد istîlâd: (A.) çocuk isteme, çocuk doğurtma.

استيلادى istîlâdî: (A.) doğurtucu.

استيلام istislâm: (A.) **1.**uyma. **2.**yolun ortasından gitme. **3.**Müslüman olma.

استيلا يافتن istîlâ yâften: istila etmek.

استيم istîm: **1.**cerahat. **2.**yara.

استيمان istîmân: (A.) **1.**aman dileme. **2.**sığınma.

استيناس istînâs: (A.) **1.**alışma. **2.**sakinleşme. **3.**ehlileşme, vahşilikten çıkma.

استيناف istînâf: (A.) 1.yeniden başlama. 2.söz başı. 3.ilk derece mahkemeleri tarafından sonuçlandırılan bir davanın, bir üst mahkemede görülebilmesi için başvurulan yasa yolu.

استينافاً istînâfen: (A.) 1.yeniden başlayarak. 2.bir üst mahkemeye başvurarak.

استينافى istînâfî: (A.) 1.yeniden başlama ile ilgili. 2.bir üst mahkemeye başvurmakla ilgili.

استينه estîne: yumurta.

استيهاب istîhâb: (A.) hibe edilmesini isteme, bağış isteme.

استيهال istîhâl: (A.) lâyık olma, ehliyetli olma.

استيهيدن istîhîden: çekişmek, kavga etmek.

اسجاع escâ': (A.) secîler, secîli düzyazılar.

اسجال escâl: (A.) dolu kovalar.

اسحار eshâr: (A.) seherler, sabahlar.

اسحاق ishâk: (A.) İshak.

اسحاقيه ishâkiyye: (A.) İshakîlik tarikatı.

اسحيه eshiye: (A.) 1.ince deriler. 2.zarlar. 3.beyin zarları.

اسخاط ishât: (A.) gücendirme.

اسخى eshâ: (A.) en cömert, en eliaçık.

اسخياء eshiyâ: (A.) cömertler, eliaçıklar.

اسد esed: (A.) 1.(zool.) arslan. 2.arslan burcu. 3.(kim.) altın.

اسدالله esedullâh: (A.) 1.Allah'ın Arslanı. 2.Hz. Ali.

اسدالله الغالب esedullâhilgâlib: (A.) 1.Allah'ın galip arslanı. 2.Hz. Ali b. Ebî Tâlib.

اسدى esedî: (A.) 1.arslan resimli Selçuklu parası. 2.bir Osmanlı parası. 3.Üstünde arslan resmî bulunan Felemenk parası, Ecu de lion, arslanî.

اسديه esediyye: (A.) 1.arslangiller. 2.sukamışıgiller. 3.Kâdirîlik tarikatının bir kolu.

اسر eser: (A.) serçe.

اسر esr: (A.) 1.tutsaklık, esirlik. 2.kölelik, kulluk.

اسر usr: (A.) sidik zoru.

اسرا esrâ: (A.) miraç.

اسراء userâ: (A.) 1.esirler. 2.köleler.

اسراء isrâ: (A.) koşma, aceleyle koşma.

اسراء isrâ': (A.) 1.gece yürütme. 2.gönderme. || * şeb-i ~ شب اسراء Miraç gecesi. || * leyle-i ~ ليلهٔ اسراء Miraç gecesi.

اسرائليات isrâiliyyât: (A.) kutsal kitaplarda İsrailoğulları hakkında verilen bilgiler.

اسرائيل isrâîl: (A.) Yakub peygamberin lakabı.

اسراج isrâc: (A.) yakma.

اسرار esrâr: (A.) 1.sırlar, gizler. 2.uyuşturucu olarak kullanılan Hint keneviri usâresi, esrar.

اسرار isrâr: (A.) gizleme. || * ~ -i esrâr اسرار اسرار 1.sırları gizleme. 2.sırların gizlenmesi.

اسرار آلود esrârâlûd (A.-F.) [esrâr+ âlûden>âlûd] gizemli, esrarlı.

اسرار آميز esrârâmîz: (A.-F.) [esrâr+ âmîhten>âmîz] gizemli.

اسرارانگيز esrârengîz (A.-F.) [esrâr+ engîhten> engîz] gizemli.

اسراركش esrârkeş (A.-F.) [esrâr+ keşîden> keş] esrar içen, esrarkeş.

اسراع isrâ': (A.) hızlandırma, sürat kazandırma.

اسراف isrâf: (A.) israf, savurganlık.

اسرافات isrâfât: (A.) savurmalar, savurganlıklar.

اسراف كردن isrâf kerden: israf etmek, savurmak, savurganlık etmek.

اسرافيل isrâfîl: (A.) İslâm inancına göre, kıyametin kopacağını boru çalarak bildirmekle görevli büyük melek. || * sûr-i ~ صور اسرافيل İslâm inancına göre, İsrafil'in kıyametin kopacağını bildirmek üzere çalacağı boru.

اسراميشى كردن esramişî kerden: korumak, kollamak.

اسرب usrub: kurşun.

اسربی usrubî: [usrub+î] kurşuncu, kubbe kurşuncusu.

اسرع esre: (A.) en hızlı, en süratlı. ‖ * der ~ -i evkât در اسرع اوقات en kısa zamanda.

اسروش usrûş: **1.**melek. **2.**güzel ses. **3.**Fars güneş takviminde ayın on yedinci günü.

اسره esirre: (A.) tahtlar.

اسری esrâ: (A.) esirler.

اسطار estâr: (A.) satırlar.

اسطار istâr: (A.) **1.**yazma. **2.**yazılma.

اسطبل istabl: tavla, ahır.

اسطبه estabe: (A.) üstübü.

اسطرک estarek: karagünlük zamkı.

اسطرلاب usturlâb: usturlap.

اسطرلاب گر usturlâbger: [usturlâb+ger] astronom, müneccim, gökbilimci.

اسطع esta': (A.) uzun boyunlu.

اسطقس ostokos (Rumca>A.) **1.**madde, ana madde.su, toprak, rüzgâr ve ateşten oluşan dört unsur. **2.**asıl, cevher. **3.**gök cisimleri. **4.**geometri.

اسطقسات ustukusât: (A.) **1.**asıllar, cevherler. **2.**gök cisimleri.

اسطوخدوس ostohodos (bot.) lavanta çiçeği.

اسطوروی ustûrevî: (A.) mitolojik, efsanevî.

اسطوره ustûre: (A.) **1.**efsane, mitoloji. **2.**zırva, masal.

اسطوره گونه ustûregûne: (A.-F.) [ustûre+ gûne] efsanevi, efsanemsi.

اسعاد is'âd: (A.) mesut etme.

اسعار es'âr: (A.) fiyatlar.

اسعار is'âr: (A.) **1.**döviz. **2.**narh.

اسعاف is'âf: (A.) **1.**yerine getirme. **2.**kolaylık gösterme.

اسعد esad: (A.) çok talihli, en talihli.

اسف esef: (A.) üzülme, esef.

اسفا esefâ: (A.) eyvahlar olsun, yazık, çok yazık, vah vah.

اسفار esfâr: (A.) **1.**büyük kitaplar, ciltli kitaplar. **2.**yolculuklar, seferler. **3.**düşmana karşı yapılan harekât. ‖ * ~ -i bahriyye اسفار بحریه deniz seferleri. ‖ * ~ -i baîde اسفار بعیده uzak yolculuklar. ‖ * ~ -i bihâr اسفار بحار deniz yolculukları, deniz seferleri. ‖ * ~ -i kasîre اسفار قصیره içdenizlerde yapılan deniz yolculukları. ‖ * ~ -i medîde اسفار مدیده dış denizlerde yapılan deniz yolculukları.

اسفار isfâr: (A.) **1.**beyan etme. **2.**sabah namazının gün ağırmasına kadar ertelenmesi. **3.**şafak sökmesi.

اسفار کردن isfâr kerden: beyan etmek.

اسف اشتمال esefiştimâl: (A.) [esef+iştimâl] üzülerek.

اسفاط esfât: (A.) sepetler.

اسفاناخ isfânâh: (A.) ıspanak.

اسفاناخیه isfânâhiyye: (A.) ıspanakgiller.

اسف انگیز esefengîz: (A.-F.) üzücü, esef verici.

اسف بار esefbâr: (A.-F.) üzücü, esef verici.

اسف خوان esefhân (A.-F.) [esef+hânden> hân] üzülen, hayıflanan, esef eden.

اسف خوردن esef horden: üzülmek, esef etmek.

اسفرزه isferze (bot.) sinirotu.

اسفست isfest (bot.) yonca.

اسفل esfel: (A.) **1.**en aşağı, aşağı. **2.**en alçak, en sefil. **3.**makat. ‖ * ~ -i sâfilîn اسفل سافلین cehennemin en alt katı, cehennem.

اسفلت asfalt: (Fr.) asfalt.

اسفلیت esfeliyyet: (A.) **1.**aşağılık. **2.**alçaklık.

اسفناج isfenâc (bot.) ıspanak.

اسفناخ isfenâh (bot.) ıspanak.

اسفناک esefnâk (A.-F.) [esef+nâk] üzücü, hüzünlü.

اسفنج isfenc (zool.) sünger, deniz süngeri.

اسفنجه isfence: [isfenc+e] süngerimsi.

اسفنجی isfencî: [isfenc+î] **1.**süngerimsi. **2.**süngerli.

اسفنجیه isfenciyye (F.-A.) süngerler.

اسفند isfend: **1.**İran takviminin on ikinci ayı (21 Şubat-21 Mart). **2.**her ayın beşinci günü. **3.**(bot.) üzerlik otu.

اسفند isfend: (A.) şarap.

اسفندان isfendân: **1.**beyaz biber tohumu. **2.**akçaağaç.

اسفندانیه · isfendâniyye (F.-A.) [isfendân+ iyye] akçaağaçgiller.

اسفهبد isfehbed: [<isfeh+bed<sipehbed] · komutan, hükümdar.

اسفید isfîd: beyaz.

اسفیداب · isfîdâb: [<sefîdâb] üstübeç.

اسفیداج isfîdâc: (A.) üstübeç.

اسفیدار isfîdâr: [<sefîdâr] akkavak, aksöğüt.

اسفیدباج isfîdbâc: bir tür çorba.

اسقاء iskâ': (A.) sulama, su verme.

اسقاط eskât: (A.) kötü mallar.

اسقاط iskât: (A.) **1.**düşürme. **2.**yok etme. **3.**hükümsüz bırakma. **4.**birinin ölümünden sonra dağıtılan sadaka. **5.**düşürülme. **6.**yok edilme. **7.**hükümsüz bırakılma. ‖ * ~ -i cenîn اسقاط جنین çocuk düşürme, düşük yapma.

اسقاطات iskâtât: (A.) **1.**düşürmeler. **2.**yok etmeler. **3.**hükümsüz bırakmalar. **4.**birinin ölümünden sonra sadaka dağıtmalar.

اسقام eskâm: (A.) hastalıklar.

اسقام oskof: piskopos.

اسقطس uskutus (Rumca>A.) asıl, öz, cevher.

اسقطسات uskutussât: (A.) asıllar, özler, cevherler.

اسقف uskuf: (A.) papaz.

اسقیل iskîl: (A.) deniz soğanı, yabani soğan.

اسکات iskât: (A.) **1.**susturma. **2.**ikna etme, razı etme. **3.**ağzını kapama.

اسکاتلند İskatlend: (coğ.) İskoçya.

اسکاتلندی iskatlendî: (İng.-F.) [iskatlend+ î] İskoçyalı.

اسکادران iskadran: (ask.) savaş uçağı filosu.

اسکار iskâr: (A.) sarhoş etme.

اسکاف iskâf: (A.) ayakkabıcı.

اسکافیه iskâfiyye: (A.) İskâfîlik, Mutezîliliğin bir kolu.

اسکان iskân: (A.) **1.**yerleştirme. **2.**yerleştirilme. **3.**bir harfi sükunlu okuma. **4.**bir yerde ikamet etmek amacıyla yerleşme.

اسکان دادن iskân dâden: yerleştirmek, iskân etmek.

اسکان یافتن iskân yâften: yerleşmek, iskân edilmek, yerleşmek.

اسکان یافته iskân yâfte: (A.-F.) [iskân+ yâften>yâft+e] yerleşik, iskân edilmiş.

اسکدار üsküdar [skutari>eskûdar] İstanbul'da bir semt.

اسکرک iskerek: hıçkırık.

اسکره uskure: **1.**topraktan yapılmış çanak. **2.**topraktan yapılmış su bardağı.

اسکف eskef: (A.) **1.**eskici. **2.**kunduracı.

اسکفه eskefe: (A.) eşik.

اسکفه uskuffe: (A.) eşik tahtası.

اسکلت iskelet: (Fr.) iskelet.

اسکله iskele: **1.**iskele. **2.**liman.

اسکناس eskenâs: banknot, kâğıt para. ‖ * ~ -i poştsebz اسکناس پشت سبز banknot, kâğıt para, değeri yüksek banknot.

اسکندان iskendân: kilit.

اسکندر iskender (Yun.-F.-A.) **1.**Büyük İskender. **2.**bir fes türü. ‖ * ~ -i rûmî اسکندر رومی Büyük İskender. ‖ * ~ -i zulkarneyn اسکندر ذوالقرنین iki boynuzlu İskender, Büyük İskender.

اسکندر iskender.(bot.) sarmısak.

اسکندر صلابت iskendersalâbet (Yun.-A.) [iskender+ salâbet] İskender gibi temkînli ve heybetli.

اسکنه iskine: **1.**çelik kalem. **2.**çelik keski.

اسکوب uskûb: (A.) **1.**eşik bekçisi. **2.**akan su. **3.**sıra ile dikilmiş ağaçlar. **4.**demirci.

اسکوبه uskûbe: (A.) tapa.

اسکورت eskort: (İng.) eskort.

اسکورت کردن eskort kerden: eskort etmek.

اسكوف üsküf: (T.) **1.**Yeniçeri subayı şapkası. **2.**kuş tacı, kuş ibiği.

اسكى iskî: (Fr.) kayak sporu.

اسكى باز iskîbâz: (Fr.-F.) (sp.) kayakçı.

اسكى بازى iskîbâzî: (Fr.-F.) [iski+ bâhten>bâz+î] (sp.) kayakçılık.

اسكيز iskîz: **1.**çifte. **2.**hayvanın kıç atması.

اسكيزه iskîze: **1.**çifteleme. **2.**tepinme.

اسلاء islâ': (A.) teselli etme.

اسلاف eslâf: (A.) geçmişler, selefler, öncekiler, önce gelenler.

اسلاك islâk: (A.) **1.**sıralama. **2.**yola getirme, yola sokma. **3.**mesleğe koyma.

اسلال islâl: (A.) **1.**verem etme. **2.**sıyırarak çıkarma.

اسلالوم islalom: (Fr.) (sp.) slalom.

اسلام islâm: (A.) **1.**İslâm, Müslümanlık. **2.**itaat etme. ‖ * der ~ âmeden در اسلام آمدن Müslüman olmak.

اسلام آوردن islâm âverden: Müslüman olmak.

اسلامبول İslâmbul: (coğ.) İstanbul.

اسلامبولى İslâmbûlî: [islâmbûl+î] İstanbullu.

اسلامبولى پلو islâmbûlîpolov: [İslâmbul+ î+polov] İstanbul pilavı.

اسلام گرا islâmgerâ: (A.-F.) [islâm+ gerâyîden>gerâ] İslâmcı.

اسلام گرايى islâmgerâyî: (A.-F.) [islâm+ gerâyîden>gerây+î] İslâmcılık.

اسلامى İslâmî: (A.) İslâm ile ilgili, Müslümanlıkla ilgili.

اسلاميات İslâmiyyât: (A.) İslâmî bilimler.

اسلاميان İslâmiyân (A.-F.) [islâm+ î+y+ân] Müslümanlar.

اسلاميت İslâmiyyet: (A.) Müslümanlık.

اسلاميت islâmiyyet: (A.) İslâmiyet, Müslümanlık.

اسلايد islayd: (İng.) slayt.

اسلحه esliha: (A.) (ask.) silahlar. ‖ * ~ -i câriha اسلحهٔ جارحه yaralayıcı silahlar. ‖ * ~ -i germ اسلحهٔ گرم (ask.) ateşli silahlar. ‖ * ~ -i hafîfe اسلحهٔ خفيفه · hafif silahlar. ‖ * ~ -i memnû'a اسلحهٔ ممنوعه yasaklanmış silahlar. ‖ * ~ -i nâriyye اسلحهٔ ناريه ateşli silahlar. ‖ * ~ -i sakîle اسلحهٔ ثقيله ağır silahlar. ‖ * ~ -i tedâfu'iyye اسلحهٔ تدافعيه · savunma silahları.

اسلحه خانه eslihahâne: (A.-F.) [esliha+ hâne] (ask.) silah deposu, teçhizat deposu.

اسلحه دار eslihadâr: (A.-F.) [esliha+ dâşten>dâr] (ask.) silah deposu sorumlusu.

اسلحه كشيدن esliha keşîden: silah çekmek.

اسلم eslem: (A.) en güvenilir, en dürüst, en sağlam.

اسلنج eslenc: ulama yonca.

اسلو oslo: (coğ.) Oslo.

اسلوب uslûb: (A.) **1.**üslup, tarz. **2.**ifade biçimi.

اسم ism: (A.) **1.**isim, ad. **2.**şöhret, ün. ‖ * ~ -i a'zam اسم اعظم Tanrı'nın en büyük ismi, Allah. ‖ * ~ -i cem' اسم جمع çoğul ismi. ‖ * ~ -i cins اسم جان (gr.) cins isim. ‖ * ~ -i fâ'il اسم فاعل· etken ortaç. ‖ * ~ -i hâs اسم خاص (gr.) özel isim. ‖ * ~ -i işâret اسم اشارت işaret zamiri. ‖ * ~ ber kesî peydâ kerden اسم بر كسى پيدا كردن ad koymak. ‖ * ~ -i kesî borde şoden اسم كسى برده شدن ismi geçmek, zikredilmek, ismi söylenmek, anılmak. ‖ * ~ -i kesî râ âverden اسم كسى را آوردن ismini söylemek. ‖ * ~ -i kesî râ ber zebân âverden اسم كسى را بر زبان adını ağzına almak. ‖ * ~ -i mef'ûl اسم مفعول edilgen ortaç. ‖ * ~ -i mensûb اسم منسوب sonunda nisbet ya'sı bulunan isim. ‖ * ~ -i şeb اسم شب (ask.) parola. ‖ * ~ -i tasgîr اسم تصغير küçültme ismi. ‖ * ~ -i tafzîl اسم تفضيل üstünlük sıfatı. ‖

* be ~ -i به اسم sıfatıyla, olarak, diye.

اسماً ismen: (A.) **1.**isim belirterek. **2.**sözde, sözümona.

اسماء esmâ': (A.) **1.**isimler, adlar. **2.**bayan adı. ‖ * ~ -i husnâ اسماء حسنا **1.**güzel isimler. **2.**Tanrı'nın adları. ‖ * ~ -i şerîfe اسماء شریفه **1.**şerefli adlar. **2.**Tanrı'nın adları.

اسماح ismâh: (A.) **1.**cömert etme. **2.**yumuşak huylu etme.

اسمار esmâr: (A.) **1.**efsaneler. **2.**hikâyeler. **3.**gece masalları.

اسمار esmâr: mersin ağacı.

اسماع esmâ: (A.) **1.**kulaklar. **2.**işitmeler, duymalar.

اسماع ismâ': (A.) dinletme, duyurma, işittirme.

اسماعلیه ismâ'iliyye: (A.) İsmailîlik, Şiî imamı Cafer'in oğlu İsmail'in kurduğu bir inanç zümresi.

اسماعیل ismâ'îl: (A.) **1.**İsmail Peygamber. **2.**erkek adı.

اسماک esmâk: (A.) balıklar.

اسم الله ismullâh: (A.) Tanrı'nın adı.

اسم بردن (از) ism borden: adını anmak.

اسمح esmah: (A.) en cömert, en eliaçık.

اسمر esmer: (A.) esmer, buğday tenli, buğday benizli, karayağız.

اسمرار ismirâr: (A.) **1.** esmerlik, karayağızlık. **2.**esmerleşme.

اسمر اللون esmerullevn: (A.) esmer, karayağız, buğday benizli.

اسم گذاشتن ism gozâşten: ad vermek, ad koymak.

اسم نویسی ismnevîsî, ismnuvîsî: (A.-F.) [ism+nevişten>nevîs+î] **1.**kaydolma, kayıt yaptırma, kayıt. **2.**kaydetme.

اسم نویسی کردن ismnevîsî kerden: kaydolmak.

اسم و رسم ism u resm: (A.-F.) ad, ad san.

اسموکینگ ismoking: (İng.) smokin.

اسمی ismî: (A.) isim ile ilgili.

اسمیت ismiyyet: (A.) isimlilik.

اسمیون ismiyyûn: (A.) adcılar.

اسمیه ismiyye: (A.) isim ile ilgili.

اسن esenn: (A.) en yaşlı.

اسناخ esnâh: (A.) kökler. ‖ * ~ -i rieviyye اسناخ رئویه akciğer bronşları.

اسناد esnâd: (A.) **1.**belgeler. **2.**senetler. ‖ * ~ -i sebt-i ehvâl اسناد ثبت احوال kütük defterleri. ‖ * ~ -i ticâretî اسناد تجارتی ticarî senetler.

اسناد isnâd: (A.) **1.**yükleme, haml etme. **2.**hadislerin rivayet kaynaklarını sıralama. **3.**yakıştırma.

اسنادات isnâdât: (A.) **1.**yüklemeler. **2.**yakıştırmalar. **3.**hadis rivayet edenleri sıralamalar.

اسناد دادن isnâd dâden: isnad etmek.

اسناد کردن isnâd kerden: isnad etmek.

اسنادی isnâdî: (A.) **1.**isnat ile ilgili. **2.**yakıştırma ile ilgili.

اسنادیات isnâdiyyât: (A.) **1.**yakıştırma sözler. **2.**yüklemeler.

اسنان esnân: (A.) **1.**dişler. **2.**yaşlar. **3.**yıllar. **4.**çürük kökler. ‖ * ~ -i kâtı'a اسنان قاطعه kesici dişler.

اسنان isnân: (A.) **1.**diş çıkarma. **2.**yaşlanma.

اسنع esna': (A.) yüksek.

اسنه esinne: (A.) **1.**dişler. **2.**mızrak uçları. **3.**kılıçlar. **4.**süngüler. **5.**bileyi taşları.

اسوار esvâr: (A.) surlar.

اسواران esvârân: **1.**süvariler. **2.**süvari takımı.

اسواق esvâk: (A.) pazarlar.

اسوء esve': (A.) en kötü. ‖ * der ~ -i hâl در اسوء حال en kötü halde.

اسوار esvâr: (A.) **1.**surlar, hisarlar. **2.**ziyafetler.

اسواق esvâk: (A.) çarşılar.

اسود esved: (A.) **1.**siyah, kara. **2.**(zool.) büyük kara yılan.

اسوداد isvidâd: (A.) kararma.

اسودالقلب esvedulkalb: (A.) yürekteki siyah nokta.

اسوداد الجلد isvidâdulcild: (A.) cilt kararması.

اسوده esvide: (A.) **1.**karaltılar. **2.**siyahlıklar. **3.**mallar.

اسودين esvedeyn: (A.) **1.**iki siyah. **2.**akrep ve karayılan.

اسوف esûf: (A.) çabuk üzülen, yufka yürekli.

اسوف esvef: (A.) yufka yürekli.

اسوه usve: (A.) örnek insan.

اسهاء eshâ': (A.) türlü türlü.

اسهاب ishâb: (A.) **1.**haddini aşma. **2.**gevezelik, çok konuşma. **3.**çok tamah etme. **4.**çok renk değiştirme.

اسهار ishâr: (A.) gece uyanık tutma.

اسهال ishâl: (A.) (tıb.) ishal, diare, sürgün. ‖ * ~ -i hûnî اسهال خونى kanlı ishal.

اسهال گرفتن ishâl giriften: ishal olmak, cırcır olmak.

اسهام eshâm: (A.) **1.**oklar. **2.**hisseler, paylar. **3.**borç senetleri. ‖ * ~ ve tahvîlât اسهام و تحويلات hisse senetleri ve tahviller.

اسهد eshed: (A.) en açıkgöz.

اسهل eshel: (A.) en kolay.

اسى ussî: (A.) **1.**üs ile ilgili. **2.**esas ile ilgili. **3.**üstel.

اسياح esyâh: (A.) **1.**akarsular. **2.**çizgili giysiler.

اسياف esyâf: (A.) kılıçlar.

اسيان esyân: (A.) üzgün.

اسيد asid: (Fr.) (kim.) asit.

اسير esîr: (A.) **1.**tutsak, esir. **2.**kul, köle. **3.**aşık, tutkun, vurgun. **4.**çizme, işaretleme. ‖ * ~ -i firâş اسير فراش yatalak hasta. ‖ * ~ -i harb اسير حرب savaş esiri.

اسير آمدن esîr âmeden: **1.**esir olmak, tutsak düşmek.

اسير الهند esîrulhind: (A.) **1.**Hint esiri. **2.**şarlatan.

اسيران esîrân (A.-F.) [esîr+ân] esirler, tutsaklar.

اسيرانه esîrâne (A.-F.) [esîr+âne] tutsak gibi, esir gibi, köle gibi.

اسير شدن esîr şoden: esir düşmek, tutsak düşmek.

اسير كردن esîr kerden: esir almak, tutsak etmek.

اسير گرفتن esîr giriften: esir almak.

اسير گير آوردن esîrgîr âverden: esir almak, tutsak etmek.

اسيرى esîrî: (A.-F.) [esîr+î] **1.**tutsaklık, esirlik. **2.**kulluk, kölelik.

اسيس esîs: (A.) **1.**asıl, esas. **2.**hediye.

اسيف esîf: (A.) üzgün.

اسيل esîl: (A.) **1.**dolgun yüz. **2.**doğru.

اسينه esîne: (A.) **1.**tasma. **2.**kiriş.

اش eş: (Peh.) **1.**(gr.) **3.**tekil şahıs bitişik zamir.

اشئم eş'em: (A.) en uğursuz, en şom.

اشئم من بسوس eş'emu min Besûs: (A.) Besus'tan da uğursuz, uğursuz mu uğursuz.

اشائب eşâib: (A.) **1.**karışıklıklar. **2.**cins bozuklukları.

اشائم eşâim: (A.) en uğursuzlar.

اشابه işâbe: (A.) **1.**saçı sakalı ağarma. **2.**genç yaşta saçı sakalı ağarma.

اشابه uşâbe: (A.) **1.**şaibeli kazanç. **2.**karanlık insan. **3.**karışık topluluk. **4.**şurup.

اشاحه işâha: (A.) misvak kullanma.

اشاده işâde: (A.) yüksek sesle duyurma.

اشارات işârât: (A.) işaretler.

اشارت işâret: (A.) **1.**işaret. **2.**alamet iz. **3.**emir, ferman, doyısıyla verilen emir. **4.**izin. **5.**rumuz. **6.**görüş. **7.**öğüt.

اشارت آمدن işâret âmeden: emir gelmek, emredilmek.

اشارت رفتن işâret reften: işaret edilmek, değinilmek.

اشارت كردن işâret kerden: **1.**işaret etmek. **2.**emretmek, ferman vermek. **3.**açıklamak. **4.**değinmek. **5.**öğüt vermek.

اشاره işâre: (A.) işaret. ‖ * bâ ~ be با اشاره به temas ederek, değinerek, işaretle.

اشارةً işâreten: (A.) işaret ederek.

اشاره شدن işâre şoden: **1.**işaret edilmek. **2.**değinilmek. **3.**ferman çıkmak.

اشاره كردن işâre kerden: **1.**işaret etmek. **2.**değinmek. **3.**göstermek.

اشاعات işâ'ât: (A.) 1.yaymalar. 2.haber yaymalar. ‖ * ~ -i kâzibâne اشاعات کاذبانه yalan haberler yayma.

اشاعت işâet: (A.) 1.ortaya çıkarma, afişe etme. 2.dağıtma, yayma. 3.haber yayma.

اشاعه işâe: (A.) 1.yayılış. 2.ortaya çıkarma, afişe etme. 3.dağıtma.

اشباح eşbâh: (A.) 1.bedenler. 2.gölgeler. 3.karaltılar. 4.hayaletler. 5.büyük kapılar.

اشباع işbâ: (A.) 1.doyurma. 2.doyurulma. 3.doyma, doygunluk, doyum. 4.çoğalma. 5.çoğaltılma. 3.(tıb.) vücudun ilaca dayanma gücü. ‖ * elif-i ~ · الف اشباع doldurma elifi. ‖ * harf-i ~ · حرف اشباع doldurma harfi.

اشبال eşbâl: (A.) arslan yavruları.

اشباه eşbâh: (A.) benzerler.

اشباه işbâh: (A.) benzeme.

اشبل uşbul: havyar.

اشبو eşbû: kömürlük.

اشبه eşbeh: (A.) 1.en çok benzeyen. 2.kabadayı.

اشبه uşbe: (A.) böcek, kurtçuk.

اشپوختن işpûhten: 1.saçmak. 2.dağıtmak.

اشپیخته işpîhte: 1.sızıntı. 2.saçılmış, yayılmış.

اشتابیدن iştâbîden: koşmak.

اشتات eştât: (A.) 1.takımlar. 2.türler.

اشتاد eştâd: (Peh.) 1.eski İran takviminde güneş ayının yirmi altıncı günü. 2.o gün görevli olan melek. 3. Zend'de bir sûre.

اشتباک iştibâk: (A.) 1.birbirine karışma. 2.birbirine geçme. 3.güneş batımından sonra yıldızların bir kum yığınını andırması.

اشتباه iştibâh: (A.) 1.yanılgı, karıştırma, benzetme. 2.yanlış. 3.benzeme. 4.(telefon) yanlış numara. ‖ * be ~ reften به اشتباه رفتن yanılmak, yanılgıya düşmek.

اشتباه انگیز iştibâhengîz: (A.-F.) [iştibâh+engîhten> engîz] hatalı.

اشتباه رفتن iştibâh reften: yanılmak, hata etmek.

اشتباه شدن iştibâh şoden: 1.yanlış anlaşılmak. 2.yanlış yapılmak. 3.hata yapılmak.

اشتباهکار iştibâhkâr: (A.-F.) [iştibâh+kâr] hatalı, hata yapan.

اشتباهکاری iştibâhkârî: (A.-F.) [iştibâh+kâr+î] hata, hataya düşme.

اشتباه کردن iştibâh kerden: 1.yanılmak. 2.benzetmek. 3.karıştırmak. ‖ * ~ bâhem اشتباه باهم کردن birbiriyle karıştırmak.

اشتباه گرفتن iştibâh giriften: 1.yanılmak, 2.benzetmek. 3.(telefonda) yanlış numara çevirmek. ‖ * şumâre-i ~ شماره‌ء اشتباه گرفتن (telefonda) yanlış numara çevirmek.

اشتباهکاری iştibâhkârî: (A.-F.) [iştibâh+ kâr+î] hata.

اشتباهی iştibâhî: (A.-F.) [iştibâh+î] yanlışlıkla.

اشتجار işticâr: (A.) 1.zıtlaşma. 2.elini çenesine koyma.

اشتداد iştidâd: (A.) 1.sertlik. 2.şiddetlenme. 3.ağırlaşma.

اشتر oştor (zool.) deve.

اشتراء iştirâ: (A.) 1.satın alma. 2.satın alınma.

اشترابه oştorâbe: deve yününden yapılan bir tür giysi.

اشتراط iştirât: (A.) 1.şart sürme. 2.şart sürülme.

اشتراک iştirâk: (A.) 1.katılma, iştirak, katılım. 2.ortaklık. 3.abonelik. 4.birden çok kişinin önceden aralarında anlaşarak suç işlemesi. ‖ * vech-i ~ وجه اشتراک abonelik ücreti.

اشتراکی iştirâkî: (A.) 1.ortaklık ile ilgili. 2.sosyalist.

اشتراکیون iştirâkiyyûn: (A.) sosyalistler.

اشتراکیه iştirâkiyye: (A.) komünizm.

اشتطاط iştitât: (A.) haksızlık etme.

اشتربان oştorbân: [oştor+bân] deveci.

اشترخار oştorhâr: [oştor+hâr] (bot.) devedikeni.

اشترخو oştorhû: [oştor+hû] kinci.

اشترخوار oştorhâr: [oştor+horden>hor>hâr] **1.**(zool.) boa yılanı. **2.**(bot.) deve dikeni.

اشترخوی oştorhûy: [oştor+hûy] **1.**kinci. **2.**sabırlı. **3.**kanaatkâr.

اشتردل oştordil: [oştor+dil] **1.**kinci. **2.**korkak.

اشترغاز oştorgâz: [oştor+gâz] (bot.) deve dikeni.

اشترک oştorek: [oştor+ek] dalga.

اشترگاو oştorgâv: [oştor+gâv] (zool.) zürafa.

اشترگاوپلنگ oştorgâvpeleng: [oştor+gâv+peleng] (zool.) zürafa.

اشترگربه oştorgorbe: [oştor+gorbe] (kin.) münasebetsiz şeyler.

اشترلک oştorlek: [oştor+lek] (zool.) devekuşu.

اشترمرغ oştormorg: [oştor+morg] devekuşu.

اشتره oştore: [oştor+e] (bot.) deve dikeni.

اشتعال iştiâl: (A.) **1.**alevlenme. **2.**yanma, parlama. **3.**galeyana gelme.

اشتعالات işti'âlât: (A.) alevlenmeler, parlamalar.

اشتغال iştigâl: (A.) ilgilenme, uğraşma, meşgul olma.

اشتغالات iştigâlât: (A.) ilgilenmeler, uğraşılar, meşguliyetler.

اشتغال داشتن iştigâl dâşten: çalışmak, uğraşmak, meşgul olmak.

اشتغال کردن iştigâl kerden: çalışmak, uğraşmak.

اشتفاء · iştifâ': (A.) şifa bulma.

اشتقاق iştikâk: (A.) **1.**türeme, türeyiş, etimoloji. **2.**aynı kökten gelen kelimeleri bir beyitte veya cümlede kullanma sanatı. ‖ * ilm-i ~ علم اشتقاق etimoloji, kelime türetme bilgisi.

اشتقاق پذیر iştikâkpezîr: (A.-F.) [iştikâk+ pezîroften>pezîr] türeyebilir.

اشتقاق دادن iştikâk dâden: türetmek.

اشتقاقی iştikâkî: (A.) türeme ile ilgili, etimolojik.

اشتقاق یافتن iştikâk yâften: türemek.

اشتک iştek: kundak.

اشتکاء iştikâ: (A.) şikâyet, yakınma, sızlanma.

اشتلم uştulum: **1.**zorla bir şey alma, gasp. **2.**sertlik, haşinlik. **3.**kavga, gürültü patırtı.

اشتلمکار uştulumkâr: [uştulum+kâr] kavgacı, şamatacı.

اشتلم کردن uştulum kerden: **1.**zorla bir şey almak, gaspetmek. **2.**pehlivanlıktan dem vurmak. **3.**haşinlik yapmak. **4.**zulmetmek.

اشتلم گو uştulumgû: [uştulum+goften> gû] zorba.

اشتمال iştimâl: (A.) 1.kapsama, içine alma. **2.**çevirme, sarma, kuşatma.

اشتمام iştimâm: (A.) koklama, koku alma.

اشتنشاق istinşâk: (A.) **1.**abdest alırken buruna su çekme. **2.**koklama. **3.**koklatma.

اشتواء iştivâ': (A.) kızarma.

اشتوره uştûre (bot.) deve dikeni.

اشتهاء iştihâ: (A.) **1.**iştah. **2.**istek, eğilim. ‖ * ~ -i kesî râ be hareket der âverden اشتهای کسی را بحرکت در آوردن birinin iştahını kabartmak. ‖ * ~ -yi kesî kûr şoden اشتهای کسی کور شدن iştahı körelmek, iştahı gitmek, iştahı kesilmek. **2.**istek, arzu.

اشتها آوردن iştihâ âverden: iştah açmak.

اشتها انگیز iştihâengîz: (A.-F.) [iştihâ+ engîhten> engîz] iştah açıcı, acıktıran.

اشتهار iştihâr: (A.) şöhret, ün. ‖ * ~ - i tâmm اشتهار تام tam manasıyla meşhur olma. ‖ * be ~ resîden به اشتهار رسیدن meşhur olmak, üne kavuşmak, şöhret olmak.

اشتهار داشتن iştihâr dâşten: ünlü olmak, tanınmak.

اشتهارطلب iştihârtaleb: (A.-F.) [iştihâr+ tâlebîden> taleb] şöhret düşkünü, ün meraklısı.

اشتهارطلبى iştihârtalebî: (A.-F.) [iştihâr+ talebîden>taleb+î] şöhret düşkünlüğü.

اشتهار يافتن iştihâr yâften: ün yapmak.

اشتياق iştiyâk: (A.) arzu, istek, şevke gelme, şevklenme.

اشتياق داشتن iştiyâk dâşten: istekli olmak, şevk duymak.

اشجاذ işcâz: (A.) üzme, kederlendirme.

اشجار eşcâr: (A.) ağaçlar. ‖ * ~ -i musmire اشجار مثمره meyva ağaçları.

اشجار işcâr: (A.) ağaç yetiştirme.

اشجان eşcân: (A.) kederler, kaygılar.

اشجع eşce: (A.) en cesur, en yürekli.

اشحاء işhâ': (A.) ağız açma.

اشحاذ işhâz: (A.) 1.bileme, keskinleştirme. 2.bilenme, keskinleştirilme.

اشخار eşhâr: 1.nişadır. 2.kalye taşı.

اشخاص eşhâs: (A.) 1.kimseler, kişiler, şahıslar. 2.bedenler. ‖ * ~ -i hukûkî اشخاص حقوقى tüzel kişiler. ‖ * ~ -i ma'rûfe اشخاص معروفه · tanınmış kişiler.

اشد eşedd: (A.) en sert, en şiddetli. ‖ * ~ -i mucâzât اشد مجازات en ağır ceza.

اشداء eşiddâ': (A.) zorlu savaşçılar.

اشدق eşdak: (A.) doğru sözlü.

اشر eşerr: (A.) en kötü, en başbelâsı. ‖ * ~ -i nâs اشر ناس insanların en başbelası olanı.

اشر eşir: (A.) çok sevinçli.

اشرا eşirrâ: (A.) en kötüler, en şirretler, en azılılar.

اشراب işrâb: (A.) 1.içirme. 2.içirilme. 3.üstü örtülü anlatma.

اشرار eşrâr: (A.) en azılılar, en şirretler, baş belaları.

اشراط eşrât: (A.) alâmetler, belirtiler.

اشراف eşrâf: (A.) sosyete, seçkinler, ileri gelenler. ‖ * ~ -i belde اشراف بلده· şehir sosyetesi. ‖ * ~ u a'yân اشراف و اعيان · ileri gelenler, yüksek tabaka mensupları.

اشراف işrâf: (A.) 1.bilgi sahibi olma. 2.yükselme. 3.görünme. 4.yüksekten bakma. 5.hastanın son demlerinin gelmesi.

اشرافيت eşrâfiyet: (A.) eşraf tabakası, sosyete, aristokrasi.

اشراق işrâk: (A.) 1.parlama. 2.aydınlatma. 3.güneşin doğması, doğuş.

اشراقى işrâkî: (A.) Pisagorcu.

اشراقيون işrâkiyyûn: (A.) işrâkîler, Pisagor felsefesine bağlı olanlar, Pisagorcular.

اشراقيه işrâkiyye: (A.) işrâkîlik, Pisagor felsefesi.

اشراک eşrâk: (A.) 1.ortaklar. 2.arkadaşlar.

اشراک işrâk: (A.) 1.ortak yapma. 2.Tanrı'ya ortak koşma.

اشربه eşribe: (A.) içkiler, içilecek şeyler.

اشرس eşres: (A.) 1.kötü huylu. 2.cesur.

اشرعه eşri'a: (A.) yelkenler.

اشرف eşref: (A.) 1.en şerefli, en yüce. 2.insan. ‖ * ~ -i sâât اشرف ساعات en uygun saat, en uğurlu saat.

اشرفى eşrefî: (A.-F.) 1.eskiden İran'da tedavülde olan bir para. 2.Yavuz Sultan Selim'in Mısır'ı fethinden sonra bastırılan altın sikke.

اشرفيه eşrefiyye: (A.) Kâdirîliğin bir kolu, Eşrefîlik.

اشرم eşrem: (A.) burnu kesik.

اشريراق işrîrâk: (A.) katıla katıla ağlama.

اشعاب iş'âb: (A.) ölme.

اشعار eş'âr: (A.) şiirler.

اشعار eş'âr: (A.) 1.kıllar, tüyler. 2.saçlar.

اشعار iş'âr: (A.) 1.bildirme, haber verme. 2.bildirilme, haber verilme.

اشعارات iş'ârât: (A.) uyarılar, bildirimler.

اشعار داشتن iş'âr dâşten: haberdar etmek.

اشعارى iş'ârî: (A.) açık.

اشعاع iş'â': (A.) güneşin ışığını dağıtması.

اشعال iş'âl: (A.) **1.**tutuşturma, alevlendirme. **2.**şiddetlendirme.

اشعر eş'ar: (A.) en güzel şiir söyleyen.

اشعری eş'arî: (A.) İmam Ebu'l-Hasen el-Eş'arî'ye bağlı olan.

اشعه eşi'a: (A.) **1.**ışıklar, huzmeler. **2.**ışınlar. ‖ * ~ -i mechûl اشعه مجهول (x) ışını. ‖ * ~ -i muhiyye اشعه مخیه özışınlar.

اشعه پاش eşi'apâş (A.-F.) [eşi'a+pâşîden> pâş] ışık saçan.

اشغال eşgâl: (A.) işler, uğraşılar.

اشغال işgâl: (A.) **1.**işgal. **2.**meşgul etme.

اشغال شدن işgâl şoden: **1.**işgal edilmek. **2.**dolmak (ev vs.) **3.**oturulmak, kullanılmak.

اشغال کردن işgâl kerden: **1.**işgal etmek. **2.**tutmak, yer tutmak. **3.**meşgul etmek.

اشغالگر işgâlger: (A.-F.) [işgâl+ger] işgalci.

اشغالی işgâlî: (A.-F.) [işgâl+î] işgal altındaki, işgal edilmiş. ‖ * serzemînhâ-yi ~ سرزمین های اشغالی işgal altındaki topraklar.

اشغر uşgur (zool.) oklu kirpi.

اشغل eşgal: (A.) en çok meşgul olan.

اشغوله uşgûle: (A.) meşgale, uğraşı.

اشفاء işfâ': (A.) şifalı besinler verme.

اشفار eşfâr: (A.) kirpik dipleri.

اشفاف işfâf: (A.) üstün tutma.

اشفاق eşfâk: (A.) şefkatler.

اشفاق işfâk: (A.) **1.**şefkat gösterme. **2.**bağış, lûtuf. **3.**korkma.

اشفق eşfak: (A.) **1.**en müşfik, en şefkatli. **2.**erkek adı.

اشفی eşfâ: (A.) en şifalı.

اشق uşak: amonyak.

اشقح eşkah: (A.) **1.**al renkli at. **2.**kızıl renkli hayvan. **3.**kızıl suratlı.

اشقر eşkar: (A.) **1.**kızıl saçlı. **2.**(zool.) yelesi ve kuyruğu kırmızı olan at. **3.**al donlu at. **4.**kızıl suratlı, kızıl yüzlü adam.

اشقی eşkâ: (A.) en haydut, en azılı eşkıya.

اشقیاء eşkiyâ: (A.) **1.**şakîler, eşkiya, haydutlar. **2.**talihsizler.

اشک eşekk: (A.) çok kuşkulu.

اشک eşk: **1.**göz yaşı. **2.**damla. ‖ * ~ -i hûnîn اشک خونین kanlı göz yaşı. ‖ * ~ der dîdegân-i kesî cem' şoden اشک در دیدگان کسی جمع شدن gözleri yaşarmak, gözleri dolu dolu olmak. ‖ * ~ -i lâlegûn اشک لاله گون kanlı gözyaşı, lale gibi kızıl kan olmuş gözyaşı. ‖ * ~ -i surûr اشک سرور sevinç gözyaşı. ‖ * ~ -i şâdî اشک شادی sevinç göz yaşı. ‖ * ~ -i timsâh اشک تمساح timsah göz yaşları, yalancıktan ağlama. ‖ * ~ -i timsâh rîhten اشک تمساح ریختن timsah göz yaşları dökmek, yalancıktan ağlamak.

اشک işek: (T.) (zool.) eşek.

اشک آلود eşkâlûd: [eşk+âlûden>âlûd] gözü yaşlı.

اشکاء işkâ': (A.) **1.**şikayet ettirme. **2.**öc alma.

اشکار işkâr: [<şikâr] av.

اشکاف işkâf: dolap, duvara gömülü dolap.

اشک افشان eşkefşân: [eşk+efşânden>efşân] ·hüngür hüngür ağlayan, iki gözü iki çeşme ağlayan.

اشک افشاندن eşk efşânden: göz yaşı dökmek, ağlamak.

اشک افشانی eşkefşânî: [eşk+efşânden> efşân+î] ·hüngür hüngür ağlama, iki gözü iki çeşme ağlama.

اشکال eşkâl: (A.) **1.**şekiller. **2.**resimler.

اشکال işkâl: (A.) **1.**sorun, güçlük, zorluk. **2.**güçlük çıkarma.

اشک بار eşkbâr: [eşk+bârîden>bâr] ağlayan, gözyaşı döken.

اشک باری eşkbârî: [eşk+bârîden>bâr+î] ağlama, gözyaşı dökme.

اشکال تراش işkâlterâş: (A.-F.) [işkâl+ terâşîden>terâş] zorluk çıkaran.

اشکال تراشیدن işkâl terâşîden: zorlukçıkarmak.

اشکال تولید کردن işkâl tovlîd kerden: sorun çıkarmak.

اشکال داشتن işkâl dâşten: **1.**sakıncası olmak. **2.**zararı olmak, kusuru olmak. **3.**zor olmak.

اشکبار eşkbâr: [eşk+ bârîden>bâr] göz yaşı yağdıran, ağlayan.

اشک باران eşkbârân: [eşk+bârân] göz yaşı seli.

اشک باری eşkbârî: [eşk+bârîden> bâr+î] ağlama, göz yaşı dökme.

اشک باریدن eşk bâriden: ağlamak, göz yaşı dökmek.

اشک چیدن eşk çîden: gözünün yaşını silmek, gözünü silmek.

اشکر işker: (müz.) eski İran musikîsinde bir makam.

اشک راندن eşk rânden: ağlamak.

اشکره işkere (zool.) doğana benzeyen bir tür alıcı kuş.

اشک ریختن eşk rîhten: ağlamak, göz yaşı dökmek.

اشک ریز eşkrîz: [eşk+rîhten>rîz] ağlayan, gözyaşı döken.

اشک ریزی eşkrîzî: [eşk+rîhten>rîz+î] ağlama, gözyaşı dökme.

اشکش eşkeş: Şâhnâme'de Turanlı bir savaşçı.

اشکفته uşkufte: [işkuften>işkuft+e] çiçek açmış, açılmış çiçek.

اشک فرو ریختن eşk furû rîhten: ağlamak, göz yaşı dökmek.

اشک فشان eşkfeşân: [eşk+feşânden> feşân] hüngür hüngür ağlayan, iki gözü iki çeşme ağlayan.

اشک فشاندن eşk feşânden: ağlamak, göz yaşı dökmek.

اشک فشانی eşkfeşânî: [eşk+feşânden> feşân+î] hüngür hüngür ağlama, iki gözü iki çeşme ağlama.

اشکل eşkel: (A.) **1.**en güzel. **2.**en zor.

اشکل eşkel: (A.) göz akı kırmızı olan.

اشکل işkel: **1.**hile. **2.**kaçmaması için devenin dizine bağlanan ip.

اشکل işkil: **1.**şüphe. **2.**sağ ön ve sol arka ayağı beyaz at.

اشکل العینین eşkelulayneyn: (A.) göz akları kırmızı olan.

اشکلک işkilek: suçunu itiraf etmesi için işkence yapılanın parmakları arasına iple bağlanan çubuk.

اشکنبه işkenbe: [<şikenbe] mide.

اشکنج işkunc: [işkunc] çimdik.

اشکنجه işkence: üzme, eziyet, azap verme, acı verme, eziyet etme.

اشکنه işkene: **1.**kırışık. **2.**(müz.) eski İran musikîsinde bir makam. **3.**sebze çorbası. **4.**bir tür tirit yemeği.

اشکو eşkû: **1.**tavan. **2.**kat.

اشکوب eşkûb: **1.**tavan. **2.**kat.

اشکوبه eşkûbe: kat.

اشکوخ işkûh: **1.**kayma. **2.**sürçme. **3.**(mec.) hata.

اشکوخیدن işkûhîden: kaymak.

اشک ور eşkver: [eşk+ver] gözü yaşlı, ağlayan.

اشک وش eşkveş: [eşk+veş] gözyaşı gibi.

اشکوفه uşkûfe: çiçek.

اشکوه uşkûh: görkem, azamet.

اشکیود eşkyûd: birleşik, mürekkeb.

اشگرف işgerf: **1.**şan. **2.**dayanıklı.

اشگره işgere: eğitimli avcı kuşlar.

اشگفه işgufe: [<şukûfe] **1.**çiçek. **2.**kusma.

اشگنه işgene: **1.**et sulu tirit. **2.**yüz buruşukluğu.

اشگوخ işgûh: yıkılış, çöküş.

اشل eşl: 60 arşına eşit bir uzunluk birimi.

اشل eşell: (A.) çolak.

اشل متحرک eşel moteharrik: (İng.-A.) eşel mobil.

اشم eşem: (A.) **1.**uzun burunlu adam. **2.**burnu büyük, kendini beğenmiş.

اشمام işmâm: (A.) **1.**koklama. **2.**kokma. **3.**Arapça'da harfin sesini vurgulama.

اشمئزاز işmizâz: (A.) **1.**tiksinme. **2.**iğrenme, nefret etme, surat ekşitme, yüz buruşturma. **2.**ürperme. **3.**can sıkma.

اشمط eşmat: (A.) kırçıl saçlı.

اشمل eşmel: (A.) çok kapsamlı.

اشن eşen: **1.**kelek. **2.**ters giyilmiş giysi.

اشنا eşnâ: [<âşnâ] **1.**yüzücü. **2.**yüzgeç.

اشنا eşnâ: değerli mücevher.

اشنا كردن eşnâ kerden: yüzmek.

اشنان uşnân: (A.) çöven otu.

اشنب eşneb: (A.) inci dişli.

اشنع eşna': (A.) en çirkin, en iğrenç.

اشنوشه işnûşe: aksırık.

اشنه eşne: (A.) ağaç yosunu.

اشنه uşne: (A.) ağaç yosunu. ‖ * ~ -i şeybî اشنهٔ شيبى saçaklı yosun.

اشنيه uşniyye: (A.) su yosunları. ‖ * ~ -i berriyye اشنيهٔ بريه kara su yosunları.

اشو eşû: (Peh.) **1.**kutsal. **2.**temiz.

اشواط eşvât: (A.) **1.**koşmalar. **2.**Kâbe'yi yedi kez dönüş.

اشواق eşvâk: (A.) şevkler, arzular.

اشواك eşvâk: (A.) **1.**dikenler. **2.**kemik uzamaları.

اشهاد eşhâd: (A.) tanıklar, şahitler.

اشهاد işhâd: (A.) tanık getirme, tanık gösterme.

اشهاد كردن eşhâd kerden: **1.**tanık tutmak. **2.**şahitlik etmek.

اشهب eşheb: (A.) **1.**kordonlu kır at. **2.**soğuk gün. **3.**zor iş. **4.**arslan.

اشهر eşher: (A.) en ünlü, en meşhur.

اشهر eşhur: (A.) aylar.

اشهر الحج eşhurulhacc: (A.) hac ayları.

اشهرالحرام eşhurulharâm: (A.) haram aylar.

اشهر معلومات eşhurunma'lûmât: (A.) hac ayları.

اشهل eşhel: (A.) ela gözlü.

اشهى eşhâ: (A.) en çok beğenilen.

اشياء eşyâ: (A.) **1.**eşya. **2.**şeyler, nesneler. ‖ * ~ -yi beytiyye اشياى بيتيه ev eşyası. ‖ * ~ -yi ticâriyye اشياى تجاريه ticarî eşyalar.

اشيا uşeyyâ: (A.) **1.**küçük şeyler, küçük eşyalar. **2.**küçücük.

اشياخ eşyâh: (A.) ihtiyarlar, yaşlılar.

اشياع eşyâ': (A.) topluluklar.

اشيب eşyeb: (A.) aksaçlı ihtiyar.

اشيم eşyem: (A.) çok benli.

اشيهه eşîha: kişneme.

اصابت isâbet: (A.) **1.**isabet, çarpma. **2.**rastlama, hedefini bulma. **3.**doğru fikir belirtme, tutarlılık. **4.**nazar, göz değmesi. ‖ * ~ -i ayn اصابت عين nazar değmesi, göz değmesi. ‖ * ~ -i nazar اصابت نظر göz değmesi. ‖ * ~ -i re'y اصابت راى görüş doğruluğu. ‖ * muvrid-i ~ karâr dâden مورد اصابت قرار دادن isabet ettirmek. ‖ * muvrid-i ~ karâr giriften مورد اصابت قرار گرفتن isabet almak.

اصابت پيدا كردن isâbet peydâ kerden: **1.**isabet etmek. **2.**rastlamak.

اصابتكار isâbetkâr (A.-F.) [isâbet+kâr] isabetli.

اصابت كردن isâbet kerden: isabet etmek.

اصابع esâbi: (A.) parmaklar.

اصابع العذارى esâbi'ulazârî: (A.) hâtunparmağı üzümü, parmak üzümü.

اصابع القدم esâbi'ulkadem: (A.) ayak parmakları.

اصابع زيب esâbi'zîb (A.-F.) [esâbi'+ zîbîden>zîb] parmakları süsleyen.

اصابع صفر esâbi'sukur: (A.) pençe-i meryem, meryemana eli.

اصاته isâta: (A.) seslenerek çağırma.

اصاخه isâha: (A.) kulak kabartma.

اصاره isâre: (A.) **1.**çadır ipi. **2.**çadır kazığı.

اصاغر esâgir: (A.) küçükler, mevki bakımından aşağıda bulunanlar.

اصاغه isâge: (A.) **1.**döküm, kalıba dökme, dökümcülük. **2.**kuyumculuk.

اصالت asâlet: (A.) asalet, soyluluk. ‖ * ~ -i beşer اصالت بشر hümanizm. ‖ * ~ -i zihn اصالت ذهن subjektivizm.

اصالت داشتن asâlet dâşten: asil olmak, soylu olmak.

اصباح esbâh: (A.) sabahlar.

اصباح isbâh: (A.) **1.**sabahlama. **2.**sabahleyin.

اصباهان isbâhân: **1.**Isfahan. **2.**(müz.) bir musikî makamı.

اصبح esbah: (A.) güzel yüzlü.

اصبع isba: (A.) parmak.

اصبع usbu': (A.) parmak.

اصح esahh: (A.) en doğru.

اصحها esihhâ: (A.) **1.**doğrular. **2.**sağlıklılar.

اصحاب eshâb: (A.) **1.**dostlar. **2.**arkadaşlar. **3.**sahabeler, Hz. Muhammed'i görenler. **4.**efendiler. **5.**sahipler. ‖ * ~ -i câh اصحاب جاه makam sahipleri, mevki sahipleri, rütbe sahipleri. ‖ * ~ -i idâre اصحاب اداره yöneticiler. ‖ * ~ -i iktidâr اصحاب اقتدار iktidar sahipleri, iktidarda bulunanlar, güç sahipleri. ‖ * ~ -i kehf اصحاب كهف **1.**mağara arkadaşları. **2.**Bir mağarada yıllarca uyuduktan sonra uyanan yedi kişi ve Kıtmîr adlı köpekleri. ‖ * ~ -i kibâr اصحاب كبار velîler, din ulularını. ‖ * ~ -i kirâm اصحاب كرام Hz. Muhammed'i görenler, sahabeler. ‖ * ~ -i kubûr اصحاب قبور mezarlıkta yatanlar, ölmüşler. ‖ * ~ -i nâr اصحاب نار ateşlikler, cehennemlikler. ‖ * ~ -i sebt اصحاب سبت Yahudiler, Cumartesi gününe bağlı kalanlar. ‖ * ~ -i suffe اصحاب صفه Medinede'de Suffa denilen yerde kalıp Hz. Muhammed'in yiyecek içeceklerini sağladığı kişiler. ‖ * ~ -i zuhd اصحاب زهد zahitler.

اصحاب ishâb: (A.) yoldaş etme.

اصحاب الاحسان ashâbulihsân: (A.) ihsan sahipleri, bağışta bulunanlar.

اصحاب الرأى eshâburre'y: (A.) görüş sahipleri.

اصداء isdâ': (A.) yankılanma, yankı.

اصدار isdâr: (A.) **1.**gönderme. **2.**hüküm veya bildiri çıkarma. **3.**genelge yayınlama.

اصداف esdâf: (A.) sedefler.

اصداق isdâk: (A.) nikâh sırasında mehir miktarını belirleme.

اصدق esdak: (A.) en doğru, en sadık.

اصدقاء esdikâ: (A.) **1.**dostlar. **2.**sadıklar.

اصر isr: (A.) **1.**küpe deliği. **2.**yemin.

اصرار isrâr: (A.) ısrar, üsteleme, diretme.

اصرار داشتن isrâr dâşten: **1.**ısrar etmek, üstelemek. **2.**diretmek.

اصرار ورزيدن isrâr verzîden: ısrar etmek, üstelemek.

اصراف isrâf: (A.) döndürme.

اصطباب istibâb: (A.) **1.**dökülme. **2.**kan fışkırma.

اصطباح istibâh: (A.) sabah şarabı içme.

اصطبار istibâr: (A.) sabretme, dayanma, katlanma.

اصطباغ istibâg: (A.) boyanma.

اصطبل istabl: **1.**tavla. **2.**ahır.

اصطبله ustuble: (A.) üstüpü.

اصطحاب istihâb: (A.) **1.**konuşma, sohbet etme. **2.**saklama.

اصطدام istidâm: (A.) çarpışma, tokuşma.

اصطراخ istirâh: (A.) yardım dileme.

اصطرام istirâm: (A.) saygı gösterme.

اصطرلاب usturlâb: usturlap, yıldız ölçüm aleti.

اصطعاد isti'âd: (A.) yükselme, çıkma.

اصطفاء istifâ': (A.) **1.**seçim. **2.**seçme, ayıklama. **3.**ayıklanma. **4.**seçkinlik, seçme. ‖ * tabiî ~ اصطفاء طبيعى doğal seçim.

اصطفائى istifâ'î: (A.) seçimle ilgili.

اصطفاف istifâf: (A.) sıralanma, dizilme.

اصطفلين istaflîn: (A.) havuç.

اصطكاك istikâk: (A.) iki şeyi birbirine sürtme.

اصطلاء istilâ': (A.) ateşte ısınma.

اصطلاح istilâh: (A.) **1.**ıstılah, deyim. **2.**anlaşma, sulh. ‖ * be ~ به اصطلاح deyim yerindeyse, tabiri caizse. ‖ * ~ -i tehassusî اصطلاح تخصصى terim.

اصطلاحات istilâhât: (A.) terimler, tabirler.

اصطلاح پرداز istilâhperdâz (A.-F.) [istilâh+perdâhten> perdâz] lugat paralayan, sık sık terim kullanan.

اصطلاح پردازانه istilâhperdâzâne (A.-F.) [istilâh+ perdâhten>

perdâz+âne] lugat paralayarak, sık sık terim kullanarak.

اصطلاح پردازی istilâhperdâzî (A.-F.) [istilâh+ perdâhten> perdâz+î] lugat paralama, sık sık terim kullanma.

اصطلاح پرور istilâhperver (A.-F.) [istilâh+ perverden> perver] lugat paralayan, sık sık terim kullanan.

اصطلاح شناسی istilâhşinâsî: (A.-F.) [istilâh+şinâhten> şinâs+î] terminoloji.

اصطلاح کردن istilâh kerden: deyim yapmak.

اصطلاحی istilâhî: (A.) terim ile ilgili.

اصطلام istilâm: (A.) **1.**koparma. **2.**kökünden kesme. **3.**don vurma.

اصطمه ustumme: (A.) **1.**ırk, soy, nesep. **2.**asıl.

اصطناع istinâ': (A.) **1.**iyilik yapma. **2.**seçme. **3.**yaklaştırma.

اصطیاد istiyâd: (A.) **1.**zor olma. **2.**güç bulma. **3.**ava çıkma. **4.**avlanma.

اصطیاف istiyâf: (A.) yazı bir yerde geçirme.

اصعاب is'âb: (A.) zorlaşma, güçleşme.

اصعاد is'âd: (A.) **1.**yükseltme, çıkarma, kaldırma. **2.**yükseltilme, çıkarılma, kaldırılma. **3.**uzaklaşıp gitme.

اصعار is'âr: (A.) böbürlenerek somurtma.

اصعب es'ab: (A.) en güç.

اصغاء isgâ: (Ar) **1.**söz dinleme. **2.**dinlenilen sözü yerine getirme.

اصغار ısgâr: (A.) **1.**küçültme. **2.**aşağılama, hor görme.

اصغا فرمودن ısgâ fermûden: dinlemek.

اصغا کردن isgâ kerden: kulak vermek.

اصغر asgar: (A.) **1.**en küçük. **2.**en küçük insan.

اصفاء isfâ: (A.) seçme.

اصفر esfar: (A.) sarı.

اصفرار isfirâr: (A.) **1.**sararma. **2.**sarılık.

اصفناخ ısfanâh: ıspanak.

اصفهان isfehân: **1.**(coğ.) Isfahan kenti. **2.**(müz.) bir musikî makamı.

اصفهانک isfahânek: [isfahân+ek] **1.**küçük Isfahan. **2.**klasik Türk mûsikîsinde bir makam.

اصفهانی isfehânî: [isfehân+î] Isfahanlı.

اصفی esfâ: (A.) **1.**en saf. **2.**en parlak.

اصفیاء esfiyâ: (A.) temiz ve saf kimseler.

اصقار iskâr: (A.) hor görme, küçümseme.

اصقاع eskâ: (A.) **1.**bölümler. **2.**nahiyeler.

اصل asl: (A.) **1.**asıl. **2.**kök. **3.**temel. **4.**soy. **5.**iyi. **6.**kaliteli. ‖ * ~ u fasl اصل و فصل gerçek. ‖ * ~ u nesl اصل و نسل soysop.

اصلاً aslen: (A.) **1.**hiç. **2.**aslında, işin doğrusu. **3.**asla.

اصلاب eslâb: (A.) **1.**atalar. **2.**sulbler.

اصلاح islâh: (A.) **1.**ıslah, düzeltme, iyileştirme. **2.**tamir. **3.**ayar. ‖ * ~ -i buzûr اصلاح بذور tohum ıslahı. ‖ * ~ -i nesl اصلاح نسل öjenizm.

اصلاحاً islâhen: (A.) iyileştirerek, düzelterek.

اصلاحات islâhât: (A.) ıslahat, reform. ‖ * ~ -i adliyye اصلاحات عدلیه adlî reform. ‖ * ~ -i arzî اصلاحات ارضی toprak reformu. ‖ * ~ -i mâliyâtî اصلاحات مالیاتی malî reform.

اصلاح پذیر islâhpezîr (A.-F.) [islâh+ pezîruften> pezîr] iyileştirilebilir, düzeltilebilir, ıslah edilebilir.

اصلاح خانه islâhhâne (A.-F.) [islâh+hâne] ıslahevi.

اصلاح دادن islâh dâden: düzeltmek, ıslah etmek.

اصلاح شدن islâh şoden: **1.**(saç) kesilmek. **2.**düzeltilmek, ıslah edilmek.

اصلاح طلب islâhtaleb: (A.-F.) [islâh+ talebîden>taleb] reformcu, ıslahatçı.

اصلاح طلبی islâhtalebî: (A.-F.) [islâh+ talebîden>taleb+î] ıslahatçılık, reformculuk.

اصلاح کردن islâh kerden: **1.**düzeltmek, ıslah etmek, iyileştirmek. **2.**onarmak. **3.**saç tıraşı olmak.

اصلاحی islâhî: (A.) iyileştirme ile ilgili, düzeltme ile ilgili.

اصلاحیه islâhiyye: (A.) iyileştirme ile ilgili, düzeltme ile ilgili.

اصلاح یافتن islâh yâften: mamur olmak.

اصلان eslân: (T.) **1.**(zool.) arslan. **2.**Türkçe bir erkek ismi: Arslan, Aslan.

اصلح eslah: (A.) **1.**en iyi. **2.**en lâyık.

اصلحک الله eslahakallâh: (A.) Allah seni ıslah etsin.

اصلع esla': (A.) dazlak.

اصله asle: (A.-F.) (fidan) adet.

اصلی aslî: (A.) asıl, temel, aslî.

اصلی زاده aslîzâde: (A.-F.) [aslî+zâden> zâd+e] soylu, asilzade.

اصلیت asliyyet: (A.) asillik, soyluluk.

اصم asamm: (A.) sağır. ‖ * şehr-i ~ شهر اصم Recep ayı.

اصمات ismât: (A.) **1.**susturma. **2.**susturulma.

اصمام ismâm: (A.) **1.**sağırlaştırma. **2.**şişenin ağzını tıkama.

اصموخ usmûh: (A.) **1.**kulak. **2.**kulak deliği.

اصناع isnâ': (A.) yardımda bulunma.

اصناف esnâf: (A.) **1.**esnaf. **2.**sınıflar. **3.**türler, kategoriler. **4.**iffetsiz kadın.

اصنام esnâm: (A.) **1.**putlar. **2.**güzeller, sevgililer.

اصنام پرست esnâmperest (A.-F.) [esnâm+ perestîden> perest] puta tapan.

اصنام پرستان esnâmperestân (A.-F.) [esnâm+ perestîden>perest+ân] puta tapanlar.

اصنان isnân: (A.) **1.**gücenme. **2.**diretme. **3.**böbürlenme, şişinme.

اصواء isvâ': (A.) kuruma.

اصوات esvât: (A.) **1.**sesler. **2.**(müz.) eski İran musikîsinde 41 değişik ses.

اصواع esvâ': (A.) **1.**çukurluklar. **2.**ölçekler. **3.**şarap kadehleri.

اصواف esvâf: (A.) yünler.

اصوب esveb: (A.) en doğru.

اصول usûl: (A.) **1.**asıllar, kökler. **2.**soylar. **3.**usûl, kurallar. **4.**metod. **5.**(müz.) İran musikîsinde temel on yedi ses. **6.**metodoloji. **7.**temel bilgiler, başlangıç bilgisi. ‖ * ~ -i dîn porsîden اصول دین پرسیدن ahiret soruları sormak. ‖ * ~ -i fıkh اصول فقه fıkıh metodolojisi. ‖ * ~ -i terbiye-i mevâşî اصول تربیهٔ مواشی zootekni. ‖ * ~ u furû' اصول و فروع atalar ve çocuklar.

اصولاً usûlen: (A.) **1.**aslen, esasen, aslında. **2.**usül gereğince, kurallar gereğince.

اصول گرای usûlgerây: (A.-F.) [usûl+ gerâyîden>gerây] nümayişçi.

اصول گرایی usûlgerâyî: (A.-F.) [usûl+ gerâyîden> gerây+î] nümayişçilik.

اصولی usûlî: (A.) **1.**metod ile ilgili, metodik. **2.**metodist.

اصولیات usûliyyât: (A.) metodbilim, metodoloji.

اصولیون usûliyyûn: (A.) **1.**fıkıh ve hadis metodistleri. **2.**metodistler.

اصهار ıshâr: (A.) **1.**akrabalık. **2.**damat alma.

اصیل asîl: (A.) **1.**asil, soylu. **2.**gece vakti.

اصیل زاده asîlzâde: (A.-F.) [asîl+ zâden>zâd+e] asilzade, soylu.

اضائت izâ'et: (A.) **1.**aydınlık. **2.**aydınlatma, ışıklandırma.

اضاحک adâhik: (A.) **1.**gülünç şeyler. **2.**şakalar.

اضاحی adâhî: (A.) kurbanlar.

اضاده izâde: (A.) yıldızların yüksekliğini ölçmek için usturlaba monte edilen ölçüm aleti.

اضاعت izâ'et: (A.) **1.**kaybetme, yitirme. **2.**bozma. **3.**yok etme.

اضاعه izâ'e: (A.) **1.**yitirme, yok etme, kaybetme. **2.**yitirilme, yok edilme, kaybedilme. ‖ * ~ -i vakt اضاعهٔ وقت vakit kaybetme.

اضافات izâfât: (A.) 1.tamlamalar. 2.ilgiler, bağlar. ‖ * tetâbu'-i ~ · تتابع اضافات zincirleme isim tamlaması.

اضافت izâfet: (A.) 1.ilgi. 2.isim tamlaması. ‖ * ~ -i beyâniyye · اضافت بيانيه içinde tür açıklaması bulunan tamlama. ‖ * ~ -i lâmiyye · اضافت لاميه takılı tamlama. ‖ * ~ -i teşbîhiyye · اضافت تشبيهيه takısız tamlama.

اضافه izâfe: (A.) 1.ekleme, katma. 2.karıştırma. 3.artış. 4.fazlalık. 5.(gr.) tamlama. 6.geri çağırma. ‖ * ~ -i mevâcib اضافهء مواجب ek ücret.

اضافةً izâfeten: (A.) ilişik olarak, ilişkin olarak.

اضافه بها izâfebehâ: (A.-F.) [izâfe+behâ] ek ücret.

اضافه شدن izâfe şoden: eklenmek.

اضافه كردن izâfe kerden: 1.eklemek, ilave etmek. 2.arttırmak.

اضافه كار izâfekâr: (A.-F.) [izâfe+kâr] fazla mesai.

اضافى izâfî: (A.) 1.fazla, fazlalık. 2.artık. 3.ek. 4.izafetle ilgili, tamlama ile ilgili. 5.göreceli.

اضافيت izâfiyyet: (A.) 1.bağlılık. 2.ilginin mahiyeti.

اضافيه izâfiyye: (A.) görecilik, relativizm.

اضاميم ezâmîm: (A.) topluluklar, cemaatler.

اضجاع izcâ': (A.) 1.yırtma. 2.yan üstü yatma, yan yatma.

اضحا ezhâ: (A.) kurbanlar. ‖ * iyd-i ~ عيد اضحا kurban bayramı.

اضحاك izhâk: (A.) 1.güldürme. 2.güldürülme.

اضحومه uzhûme: (A.) yastık.

اضحوك uzhûk: (A.) komedi.

اضحوكه uzhûke: (A.) komedi.

اضحوكه پرداز uzhûkeperdâz (A.-F.) [uzhûke+ perdâhten> perdâz] komik.

اضحى ezhâ: (A.) kurban bayramı. ‖ * iyd-i ~ عيد اضحى kurban bayramı.

اضحيه uzhiyye: (A.) 1.kurban. 2.kuşluk vakti kesilen kurban.

اضداد ezdâd: (A.) zıtlar, karşıtlar.

اضر ezarr: (A.) en zararlı.

اضرار ezrâr: (A.) zararlar.

اضرار izrâr: (A.) zarara sokma, zarar verdirme.

اضراس ezrâs: (A.) dişler.

اضرام izrâm: (A.) ateşi harlandırma, ateşi alevlendirme.

اضطباع iztibâ': (A.) kurallara uyarak hacda ihrâma girme.

اضطجاع izticâ': (A.) 1.yan yatma. 2.secde esnasında göğsünü yere değdirme.

اضطراب iztirâb: (A.) 1.ızdırap. 2.perişanlık. 3.titreme. 4.acı, azap. 5.kuruntu, vesvese. ‖ * ~ -i kalb اضطراب قلب kalp çarpıntısı. ‖ * der ~ endâhten در اضطراب انداختن perişan etmek, muzdarip etmek.

اضطراب آور iztirâbâver: (A.-F.) [iztirâb+ âverden>âver] ızdırap verici, acı verici, üzücü.

اضطرابات iztirâbât: (A.) 1.acılar, azaplar. 2.kuruntular, vesveseler.

اضطراب انگيز iztirâbengîz: (A.-F.) [iztirâb+engîhten>engîz] ızdırap verici, üzücü.

اضطرار iztirâr: (A.) 1.zorunluluk, çaresizlik. 2.yoksulluk, yoksunluk, mahrumluk.

اضطراراً iztirâren: (A.) zorunlu olarak, mecburen.

اضطرارى iztirârî: (A.) zorunlu olarak, zarurî.

اضطراريات ıztırâriyyât: (A.) zorunlu yapılan şeyler.

اضطرام iztirâm: (A.) 1.alevlenme. 2.kır düşme, kırlaşmaya başlama.

اضطمار iztimâr: (A.) 1.ince bellilik. 2.atı uzun yola hazırlama, ata form tutturma.

اضطمه uztumme: (A.) 1.soy, nesep. 2.asıl, köken.

اضطناء iztinâ': (A.) utanma.

اضعاف ez'âf: (A.) 1.iki katlı, iki misli, arttırılmış. 2.katlar.

اضعاف iz'âf: (A.) **1.**zayıflatma, zayıf düşürme. **2.**bir katını ekleme, bir kat artırma.

اضعف ez'af: (A.) **1.**en zayıf. **2.**en güçsüz. ‖ * ~ -i ibâd اضعف عباد· **1.**kulların en zayıfı. **2.**ben, bendeniz.

اضغاث ezgâs: (A.) **1.**ot demetleri. **2.**kucaklar. ‖ * ~ -i ahlâm اضغاث احلام karmakarışık rüyalar.

اضغان ezgân: (A.) kinler.

اضلاع ezlâ: (A.) **1.**kenarlar. **2.**göğüs kemikleri.

اضلال izlâl: (A.) yoldan çıkarma, saptırma, azdırma.

اضلالات izlâlât: (A.) yoldan çıkarmalar, dalâlete düşürmeler.

اضلاليات ızlâliyyât: (A.) yoldan çıkarıcı fikirler, azdırıcı düşünceler.

اضلوله uzlûle: (A.) yoldan çıkarma, azdırma, saptırma.

اضمار izmâr: (A.) **1.**gizleme, saklama. **2.**gizlenilme, saklanma.

اضمام izmâm: (A.) ekleme, katma.

اضمامه izmâme: (A.) topluluk, cemaat.

اضمحلال izmihlâl: (A.) yok olma, mahvolma.

اضياف ezyâf: (A.) misafirler, konuklar, davetliler.

اضيق ezyak: (A.) en dar.

اطا etâ: kavak.

اطابه itâbe: (A.) **1.**temizleme. **2.**güzel koku sürme. **3.**helal kılma.

اطاره itâre: (A.) **1.**uçurma. **2.**uçurulma. **3.**hemen gönderme. **4.**hemen gönderilme.

اطاعت itâet: (A.) itaat, uyma, boyun eğme, dinleme.

اطاعت كردن itâet kerden: **1.**itaat etmek. **2.**kabul etmek.

اطاق otâk: (T.) **1.**oda. **2.**otağ. **3.**karöseri.

اطاقك otâkek: (T.-F.) [otâk+ek] odacık.

اطاقه otâke: (T.-F.) [otâk+e] odalı.

اطاله itâle: (A.) **1.**uzatma. **2.**uzatılma.

اطام itâm: (A.) sidik zoru.

اطايب etâyib: (A.) seçilmişler, seçmeler.

اطباء etibbâ: (A.) doktorlar, tabipler.

اطباع etbâ: (A.) huylar, mizaçlar.

اطباق etbâk: (A.) **1.**tabaklar. **2.**tepsiler. **3.**katlar, tabakalar. **4.**kapaklar. **5.**kabileler. **6.**sofralar.

اطباق itbâk: (A.) kaplama.

اطباق الذهب itbâkuzzeheb: (A.) altın kaplama.

اطباقى itbâkî: (A.) kaplama ile ilgili.

اطبه etibbe: (A.) tabipler, doktorlar.

اطراء itrâ: (A.) övgüde mübalağa etme, abartılı övgü.

اطراب itrâb: (A.) **1.**neşelendirme. **2.**şarkı söyleme.

اطراح itrâh: (A.) fırlatma, uzağa atma.

اطراد itrâd: (A.) **1.**kovma, uzaklaştırma, tardetme. **2.**bahse girişme.

اطراد ittirâd: (A.) **1.**art arda sürüp gitme, düzenlilik. **2.**ritm.

اطراداً ittirâden: (A.) düzgün olarak, düzenli olarak, ritmik olarak.

اطراف etrâf: (A.).etraf, çevre. ‖ * ~ u eknâf اطراف و اكناف·· yöre, çevre.

اطراف itrâf: (A.) **1.**göz yumma. **2.**daha önce vermekten çekinilen şeyi verme.

اطراف البدن etrâfulbeden: (A.) baş, iki el, iki ayak.

اطرافيان etrâfiyân: (A.-F.) [etrâf+ i+y+ân] **1.**çevredekiler. **2.**yakınlar.

اطراق كردن oturak kerden: (T.-F.) oturmaya gelmek, oturmak.

اطرفيل itrifil: (A.) su yoncası, yabanî yonca, korunga, üçgül.

اطرقه etrika: (A.) **1.**yollar. **2.**meslekler. **3.**tarikatler. **4.**sebepler, vasıtalar.

اطروش otrûş: (A.) sağır.

اطروفه utrûfe: (A.) · nadir bulunan nesne.

اطريخ itrîh: (A.) hörgüç.

اطريرال itrîrâl (bot.) kazayağı.

اطعام it'âm: (A.) **1.**doyurma, yemek verme, yemek yedirme. **2.**doyurulma, yemek verilme.

اطعامیه it'âmiyye: (A.) vakıflarda fakirlerin doyurulması için ayrılan ödenek.

اطعمه et'ime: (A.) yiyecekler, yemekler, taamlar. ‖ * ~ -i lezîze اطعمهء لذیذه lezzetli yemekler. ‖ * ~ -i nefîse اطعمهء نفیسه nefis yemekler.

اطغاء itgâ': (A.) **1.**azdırma, yoldan çıkarma. **2.**azdırılma, yoldan çıkarılma.

اطفاء itfâ: (A.) **1.**söndürme. **2.**söndürülme. **3.**dindirme. ‖ * ~ -i duyûn · اطفاء دیون faiz ile birlikte anaparadan da borç ödenmesi. ‖ * ~ -i harîk اطفاء حریق yangın söndürme.

اطفائیه itfâiye: (A.) itfaiye, yangın söndürme teşkilatı. ‖ * me'mûr-i ~ مأمور اطفائیه itfaiye eri.

اطفاق itfâk: (A.) amacına ulaştırma.

اطفال etfâl: (A.) **1.**çocuklar. **2.**çiçek fidanları. ‖ * ~ u iyâl ·اطفال و عیال çoluk çocuk, eş ve çocuklar.

اطفالیات etfâliyyât: (A.) pedagoji.

اطلاء itlâ': (A.) **1.**sürme, kaplama. **2.**olur olmaz şeylere heveslenme.

اطلاء ittilâ': (A.) koku sürünme.

اطلاع ittilâ: (A.) **1.**bilgi. **2.**haber. **3.**bilgi edinme. ‖ * be ~ resânden به اطلاع رساندن **1.**duyurmak, iletmek. **2.**duyurulmak. ‖ * ~ der dest dâşten اطلاع در دست داشتن bilgisi olmak, haberi olmak. ‖ * kesb-i ~ kerden کسب اطلاع کردن bilgi edinmek, bilgi sahibi olmak.

اطلاعات ittilâât: (A.) **1.**bilgiler. **2.**istihbarat, haber alma. ‖ * ~ be dest dâden اطلاعات بدست دادن bilgi vermek.

اطلاعات دشاتن ittilâât dâşten: bilgisi olmak.

اطلاع دادن ittilâ dâden: bilgi vermek, haber vermek, bildirmek.

اطلاع داشتن ittilâ dâşten: bilgisi olmak, haberi olmak, haberdar olmak.

اطلاع رسانی ittilâresânî: [ittilâ+resânden> resân+î] haberleşme, iletişim.

اطلاعیه ittilâiye: (A.) bildiri.

اطلاق itlâk: (A.) **1.**bırakma, salıverme. **2.**boşama. **3.**affetme. **4.**denilme, anlam verilme.

اطلاق ittilâk: (A.) açılımlı olma.

اطلاق کردن itlâk kerden: **1.**bırakmak. **2.**serbest bırakmak. **3.**bir kelimeyi özel anlamda kullanmak.

اطلال itlâl: (A.) **1.**vakit öldürme. **2.**yüklenme. ‖ * ~ -i vakt اطلال وقت vakit öldürme, boşuna zaman harcama.

اطلخاح itlihâh: (A.) gözleri dolma, gözleri yaşarma.

اطلس atlas: **1.**atlas, ipek. **2.**sade. **3.**coğrafya atlası. ‖ * ~ -i mînâ اطلس مینا gökyüzü.

اطلس atles: (A.) eski, yıpranmış.

اطلسی atlesî: (A.) **1.**atlastan yapılmış, atlas gibi. **2.**atlas.

اطلس پوش atlaspûş: [atlas+pûşîden>pûş] **1.**zengin. **2.**ipekli giyinen.

اطلنساء itlinsâ': (A.) çok ter dökme.

اطم utum: (A.) **1.**köşk. **2.**taş yapı. **3.**taş duvar.

اطمئنان itmi'nân: (A.) güvenme, emin olma.

اطماخ itmâh: (A.) gözünü yukarı dikme.

اطماع etmâ: (A.) tamahlar, hırslar.

اطماع itmâ': (A.) tamahlandırma.

اطماعات itmâ'ât: (A.) tamahlandırmalar.

اطماعیات itmâ'iyyât: (A.) tamahlandırıcı sözler.

اطمال itmâl: (A.) yok etme, mahvetme.

اطمینان itmînân: (A.) **1.**emin olma. **2.**güvenme, güven duyma, güvence. **3.**kesin olarak bilme. ‖ * ~ -i hâtir اطمینان خاطر gönül rahatlığı. ‖ * ~ be nefs dâşten اطمینان به نفس داشتن kendine güveni olmak. ‖ * adem-i ~ عدم اطمینان güvensizlik.

اطمینان بخش itmînanbahş: (A.-F.) [itmînân+ bahşîden> bahş] güven veren, güven verici.

اطمینان بخشیدن itmînan bahşîden: güven vermek.

اطمینان حاصل کردن itmînân hâsil kerden: güven duymak.

اطمینان دادن itmînân dâden: güvence vermek, temin etmek.

اطمینان داشتن itmînan dâşten: **1.**güven duymak, güvenmek. **2.**emin olmak.

اطمینان گرفتن itmînân giriften: güvence almak.

اطمینان یافتن itmînan yâften: **1.**huzur bulmak, gönlü rahatlamak. **2.**emin olmak.

اطناب etnâb: (A.) ipler.

اطناب itnâb: (A.) **1.**çok konuşma. **2.**sözü uzatma.

اطنابه itnâbe: (A.) **1.**keman teli. **2.**gölgelik.

اطنان itnân: (A.) tınlama, çınlama.

اطو utû: ütü.

اطوار etvâr: (A.) **1.**tavırlar, davranışlar. **2.**metodlar, yollar.

اطواس etvâs: (A.) tavus kuşları.

اطواق etvâk: (A.) **1.**kolyeler, gerdanlıklar. **2.**hindistan cevizi sütü.

اطوال itvâl: (A.) **1.**uzatma. **2.**uzatılma.

اطهار ethâr: (A.) temizler.

اطیاب etyâb: (A.) **1.**güzel kokular. **2.**temiz kimseler.

اظافیر ezâfîr: (A.) tırnaklar.

اظراف izrâf: (A.) kaba yerleştirme.

اظفار ezfâr: (A.) **1.**tırnaklar. **2.**bir tür parfüm, tırnak bahuru. **3.**gökyüzünün kuzeyinde bulunan küçük yıldızlar.

اظفار izfâr: (A.) **1.**tırmalama. **2.**tırmalanma.

اظفور uzfûr: (A.) **1.**tırnak. **2.**asma filizi.

اظلاف ezlâf: (A.) toynaklar.

اظلال ezlâl: (A.) gölgeler.

اظلال izlâl: (A.) **1.**gölge salma, gölgede bırakma, gölgelendirme. **2.**yaklaşma.

اظلام izlâm: (A.) **1.**(hava) kararmak. **2.**karartma, karanlıkta bırakma.

اظلوفه uzlûfe: (A.) yalçın kayalık.

اظنان iznân: (A.) suç bulma, kabahatli bulma.

اظهار ezhâr: (A.) **1.**sırtlar. **2.**yüzeyler.

اظهار izhâr: (A.) **1.**ortaya çıkarma, gösterme, belirtme, vurgulama. **2.**haber verme. ‖ * ~ -i aşk kerden اظهار عشق کردن ilanı aşk etmek. ‖ * ~ -i bîittilâî kerden اظهار بی اطلاعی کردن bilgisi olmadığını söylemek. ‖ * ~ -i elâke kerden اظهار علاقه کردن ilgi duymak, ilgi göstermek. ‖ * ~ -i fazl اظهار فضل bilgiçlik taslama. ‖ * ~ -i nazar kerden اظهار نظر کردن **1.**açıklama yapmak. **2.**görüş bildirmek.

اظهارات izhârât: (A.) açıklamalar.

اظهار داشتن izhâr dâşten: **1.**açıklama yapmak, açıklamak. **2.**itiraf etmek.

اظهار کردن izhâr kerden: **1.**ortaya çıkarmak. **2.**vurgulamak. **3.**belirtmek. **4.**beyan etmek. **5.**ileri sürmek, iddia etmek.

اظهارنامه izhârnâme: (A.-F.) [izhâr+ nâme] beyanname.

اظهر ezher: (A.) **1.**en açık. **2.**açık seçik.

اعاجم eâcim: (A.) **1.**İranlılar, Acemler. **2.**Arap olmayanlar.

اعاجیب eâcîb: (A.) **1.**tuhaf şeyler, ilginç şeyler, şaşılacak şeyler. **2.**acayip yaratılışlar.

اعاده iâde: (A.) **1.**yeniden söyleme. **2.**geri çevirme, iade. **3.**(ed.) nazımda bir beytin son sözcüğünü ikinci beytin başında yineleme sanatı. ‖ * ~ -i âfiyet اعادهء عافیت iyileşme, hastalıktan kurtulma, sağlığına kavuşma. ‖ * ~ -i i'tibâr اعادهء اعتبار **1.**itibarını kazanma. **2.**ticarette iflastan kurtulma.

اعادةً iâdeten: (A.) geri çevrilmek üzere, geri gönderilmek üzere, geri verilmek üzere.

اعادی e'âdî: (A.) düşmanlar.

اعاذه iâze: (A.) **1.**kurtarma. **2.**koruma.

اعارات iârât: (A.) ödünç vermeler.
اعاره iâre: (A.) ödünç verme.
اعاريب e'ârîb: (A.) çöl arapları.
اعاريض e'ârîz: (A.) **1.**aruz ilimleri. **2.**birinci dizenin son kısımları.
اعاشه iâşe: (A.) **1.**geçim. **2.**yiyecek içecek, iaşe. **3.**zinde tutma. ‖ * ~ ve ibâte اعاشه و اباته yedirme ve barındırma.
اعاصير e'âsîr: (A.) kasırgalar.
اعاضه iâze: (A.) karşılık verme, bedel verme.
اعاظم eâzim: (A.) büyükler, ileri gelenler. ‖ * ~ -i ricâl اعاظم رجال devletin ileri gelen kişileri, ileri gelenlerin en büyükleri.
اعاله iâle: (A.) çoluk çocuğun geçimini sağlama.
اعالى e'âlî: (A.) yüce kişiler.
اعانات iânât: (A.) yardım paraları, yardımlar, bağışlar.
اعانت iânet: (A.) yardım.
اعانه iâne: (A.) yardım parası, bağış. ‖ * cem'-i ~ kerden جمع اعانه كردن yardım toplamak.
اعانةً iâneten: (A.) yardım ederek.
اعباء e'bâ: **1.**yükler. **2.**sorumluluklar. **3.**çitf, denk.
اعباد e'bâd: (A.) **1.**kullar. **2.**köleler.
اعبده a'bide: (A.) köleler.
اعتاب e'tâb: (A.) ökçeler. ‖ * ~ -i mukaddese اعتاب مقدسه halkın ziyaret ettiği kutsal yerler.
اعتاق i'tâk: (A.) âzâd etme, köle âzâd etme, cariye âzâd etme.
اعتبار itibâr: (A.) **1.** saygı gösterme. **2.**önemseme. **3.**onur, şeref, saygınlık. **4.**kararlaştırılmış değer. **5.**ibret alma. **6.**değer verme. ‖ * ~ -i bankî اعتبار بانكى banka kredisi. ‖ * ~ -i besezâî be dest âverden اعتبار بسزانى بدست آوردن sükse yapmak, sükse yaratmak. ‖ * ~ -i muteharrik اعتبار متحرك döner sermaye. ‖ * ~ u rovnek اعتبار و رونق racon. ‖ * ez derece-i i'tibâr sâkit bûden از درجهء اعتبار ساقط بودن geçersiz olmak, hükümsüz olmak.
اعتباراً i'tibâren: (A.) -den başlayarak.
اعتبارات i'tibârât: (A.) **1.**itibar edilmiş şeyler, kararlaştırılmış şeyler. **2.**değer vermeler.
اعتبارپرور i'tibârperver (A.-F.) [i'tibâr+ perverden> perver] saygın, saygıdeğer.
اعتبار قائل شدن itibâr kâil şoden: önemsemek, önem vermek.
اعتبارنامه itibârnâme: (A.-F.) [itibâr+ nâme] güven mektubu, itimatname, akreditif, kredi mektubu.
اعتبار نداشتن itibâr nedâşten: geçersiz olmak, hükümsüz olmak.
اعتبارى i'tibârî: (A.) **1.**var sayılan. **2.**göz kararı.
اعتباريات i'tibâriyyât: (A.) var saymalar.
اعتبار يافتن itibâr yâften: itibar kazanmak.
اعتداء itidâ: (A.) zulmetme.
اعتداد itidâd: (A.) **1.**sayılma. **2.**sayma. **3.**nazlanma. **4.**gururlanma. **5.**iddet denilen doksan günlük dönemi geçirme. **6.**bir şeye önem verme.
اعتدال itidâl: (A.) **1.**mutedillik, ılımlı olma, ölçülü olma. **2.**orta halli olma. **3.**doğruluk üzere olma. **4.**yumuşaklık. **5.**uygunluk. **6.**gece ile gündüzün eşitliği.
اعتذار itizâr: (A.) **1.**özür dileme. **2.**şikâyet etme.
اعتذارات i'tizârât: (A.) özür dilemeler.
اعتراض itirâz: (A.) **1.**bir fikir veya hükme karşı fikir ve hüküm yürütme. **2.**bir hukuksal işleme engel olmak veya doğacak sonuçları ortadan kaldırmak için yapılan irade açıklaması. **3.**taarruz etme. **4.**ilerleme. ‖ * ~ alelhukm اعتراض على الحكم gıyap kararına karşı yapılan itiraz.
اعتراضات i'tirâzât: (A.) itirazlar.
اعتراض برخوردن itirâz berhorden: tepki doğmak, itiraz edilmek.
اعتراض كردن itirâz kerden: itiraz etmek.

اعتراف i'tirâf: (A.) suçunu açıklama, bir kimsenin suçunu ve hatasını kabul edip açıklaması.

اعترافات i'tirâfât: (A.) itiraflar.

اعتراف كردن itirâf kerden: itiraf etmek.

اعتراف گونه itirâfgûne: (A.-F.) [itirâf+ gûne] itiraf havası taşıyan.

اعتراف نامه itirâfnâme: (A.-F.) [itirâf+ nâme] **1.**itirafname. **2.**itiraf mektubu.

اعتزاء i'tizâ': (A.) bağlı olma.

اعتزاز i'tizâz: (A.) **1.**aziz ve değerli sayma. **2.**kişilik sahibi olma, onurlu davranma.

اعتزال itizâl: (A.) **1.**köşesine çekilme, uzlete çekilme. **2.**işten ayrılma. **3.**Mutezilîlik.

اعتزام i'tizâm: (A.) gitmeye hazırlanma.

اعتساس i'tisâs: (A.) geceleri güvenlik için dolaşma, gece bekçiliği yapma.

اعتساف itisâf: (A.) **1.**zulmetme. **2.**yolsuzluk yapma, haksızlık etme, hak yeme, yoldan sapma.

اعتسافات i'tisâfât: (A.) haksızlıklar, hak yemeler, yolsuzluklar.

اعتصاء i'tisâ': (A.) asâsına dayanma.

اعتصاب itisâb: (A.) **1.**grev. **2.**sinirlenme, asabîleşme. **3.**yetinme. ‖ * ~ -i umûmî اعتصاب عمومی genel grev, toplu grev. ‖ * zıdd-i ~ ضد اعتصاب lokavt.

اعتصابی itisâbî: (A.-F.) [itisâb+î] grevci.

اعتصابیون itisâbiyyûn: (A.) grevciler.

اعتصار i'tisâr: (A.) **1.**özsuyu çıkarma, suyunu çıkarma. **2.**suyu çıkarılma.

اعتصام itisâm: (A.) **1.**günahtan sakınma. **2.**temiz olma. **3.**tutunma. **4.**bitkilerin damarlanması.

اعتضاد itizâd: (A.) **1.**kol üzerine alma. **2.**yardım isteme, destek isteme. **3.**destek verme.

اعتطاف i'titâf: (A.) örtünme, bürünme.

اعتظام i'tizâm: (A.) şişinme, böbürlenme.

اعتفار i'tifâr: (A.) yere çalma.

اعتقاب i'tikâb: (A.) veresiye satış yapmama.

اعتقاد i'tikâd: (A.) **1.**inanç, inanış. **2.**düğümlenme. ‖ * ~ -i bâtil اعتقاد باطل batıl inanç, hurafe.

اعتقادا i'tikâden: (A.) inanç bakımından.

اعتقادات i'tikâdât: (A.) inançlar, inanışlar.

اعتقادپرور i'tikâdperver (A.-F.) [i'tikâd+ perverden> perver] inanç besleyen, itikat sahibi.

اعتقاد پيدا كردن i'tikâd peydâ kerden: inanır olmak.

اعتقاد داشتن i'tikâd dâşten: **1.**inanmak, inancında olmak. **2.**görüşünde olmak, kanaatinde olmak.

اعتقادی i'tikâdî: (A.) inanç ile ilgili.

اعتقاديات i'tikâdiyyât: (A.) inançla ilgili konular.

اعتقال i'tikâl: (A.) **1.**devenin dizini bağlama. **2.**güreşte sarma oyunuyla yere çalma. **3.**mızrağı paçası ile üzengi arasına sıkıştırma. **4.**dil tutukluğu.

اعتكاس i'tikâs: (A.) ters dönme.

اعتكاف itikâf: (A.) bir yere kapanarak ibadet etme, ibadet için köşesine çekilme.

اعتكال i'tikâl: (A.) güçleşme.

اعتكام i'tikâm: (A.) **1.**yuvarlaklaştırma, top haline getirme. **2.**biriktirme.

اعتلاء itilâ: (A.) **1.**yükselme. **2.**yücelme. **3.**yükseklik. **4.**yüksek rütbe sahibi olma.

اعتلاق i'tilâk: (A.) tutulma, tutkunluk, bağlanma.

اعتلاء كردن i'tilâ kerden: yükseltmek.

اعتلال i'tilâl: (A.) **1.**bir işle meşgul olma. **2.**birini işinden alıkoymak. **3.**hastalanma. **4.**illet.

اعتلان i'tilân: (A.) **1.**ortada olma, alenî olma. **2.**doğum sırasında çocuk görünmek.

اعتماد i'timâd: (A.) **1.**güven, itimat. **2.**dayanma. **3.**seçme. **4.**ısmarlama. ‖ * ~ be nefs اعتماد به نفس

özgüven, kendine güvenme. ‖ * re'y-i ~ رأی اعتماد güvenoyu.

اعتماداً i'timâden: (A.) **1.**güvenerek. **2.**dayanarak.

اعتماد الدوله i'timâduddevle: (A.) **1.**devletin güvendiği kişi. **2.**Safevîler döneminde başvezir.

اعتماد داشتن itimâd dâşten: güvenmek, itimat etmek.

اعتماد کردن itimâd kerden: güvenmek, itimat etmek.

اعتمادنامه i'timâdnâme (A.-F.) [i'timâd+ nâme] güven mektubu.

اعتماق i'timâk: (A.) derine inme, derinleşme.

اعتمام i'timâm: (A.) **1.**sarık sarma. **2.**miğfer giyme. **3.**dağların yeşermesi.

اعتناء itinâ: (A.) özen gösterme, özenme, özen.

اعتنا داشتن itinâ dâşten: **1.**aldırış etmek, aldırmak, hesaba katmak. **2.**özenmek, özen göstermek.

اعتناق i'tinâk: (A.) gırtlak gırtlağa gelme, boğuşma.

اعتناکار i'tinâkâr (A.-F.) [i'tinâ+kâr] özen gösteren, itinalı.

اعتنا کردن itinâ kerden: **1.**özen göstermek. **2.**aldırış etmek.

اعتناق itinâk: (A.) boğuşma.

اعتنان i'tinân: (A.) özelliği ortaya çıkma.

اعتواء i'tivâ': (A.) **1.**bükme. **2.**bükülme.

اعتیاد itiyâd: (A.) **1.**alışkanlık. **2.**hobi. **3.**alışma. ‖ * sû-i ~ سوء اعتیاد kötü alışkanlık.

اعتیادات i'tiyâdât: (A.) alışkanlıklar.

اعتیاض itiyâz: (A.) değiştirme.

اعتیان i'tiyân: (A.) gözünü dikme.

اعثار i'sâr: (A.) **1.**ayak kaydırma. **2.**kötüleme.

اعجاب icâb: (A.) **1.**şaşırtma. **2.**şaşma. **3.**hoşa gitme. **4.**kendini beğenmişlik.

اعجاز icâz: (A.) **1.**âciz bırakma. **2.**âciz kalma. **3.**mucize. **4.**harikulade. **5.**şaşırtma, mucize etkisi yaratan bir şey yapma. **6.**mucize sayılacak derecede düzgün konuşma. **7.**bir benzerini söylemede herkesi şaşırtma.

اعجازکار i'câzkâr (A.-F.) [i'câz+kâr] herkesi şaşırtacak derecede konuşan veya bir iş yapan.

اعجازکارانه i'câzkârâne (A.-F.) [i'câz+ kâr+âne] herkesi şaşırtacak derecede.

اعجازکاری i'câzkârî (A.-F.) [i'câz+kâr+î] herkesi şaşırtacak derecede.

اعجازنما i'câznumâ (A.-F.) [i'câz+ numûden> numâ] herkesi şaşırtacak derecede iş yapan veya konuşan, mucize gösteren.

اعجاف i'câf: (A.) · sürekli hastaya bakma.

اعجال i'câl: (A.) **1.**acele ettirme. **2.**öne geçme.

اعجام i'câm: (A.) noktalama, nokta koyma.

اعجب a'ceb: (A.) çok garip, çok acayip.

اعجب العجائب a'cebulacâ'ib: (A.) acayip olanların en acayibi.

اعجز a'cez: (A.) çok âciz.

اعجف a'cef: (A.) çok cılız.

اعجل a'cel: (A.) çok aceleci.

اعجم. acem: (A.) **1.**dili tutuk. **2.**arap olmayan.

اعجمی acemî: (A.-F.) **1.**arap olmayan. **2.**İranlı. ‖ * hod râ ~ kerden خود را اعجمی کردن bilmezlikten gelmek.

اعجوبه ucûbe: (A.) şaşırtıcı, hayret verici, çok garip şey, ilginç şey, acayip şey.

اعداء adâ: (A.) düşmanlar.

اعداد a'dâd: (A.) sayılar, adetler. ‖ * ~ -i asliyye اعداد اصلیه asal sayılar. ‖ * ~ -i kesriyye اعداد کسریه kesir sayıları. ‖ * ~ -i rutbiyye اعداد رتبیه sıra sayıları. ‖ * ~ -i tevzî'iyye اعداد توزیعیه üleştirme sayıları.

اعداد i'dâd: (A.) **1.**hazırlama. **2.**hazırlanılma. **3.**geliştirme. **4.**geliştirilme.

اعدادی i'dâdî: (A.) **1.**hazırlamakla ilgili. **2.**hazırlama yeri. **3.**lise.

اعدادیه i'dâdiyye: (A.) **1.**hazırlamak ile ilgili. **2.**hazırlama yeri ile ilgili. **3.**lise ile ilgili. **4.**lise.

اعدال a'dâl: (A.) **1.**denkler. **2.**eşitler.

اعدام i'dâm: (A.) **1.**idam. **2.**yoksul bırakma. **3.**yok etme. ‖ * ~ -i destecem'î اعدام دسته جمعی toplukıyım, katliam. ‖ * ~ -i nefs اعدام نفس intihar. ‖ * mucâzât-i ~ مجازات اعدام idam cezası.

اعدام شدن i'dâm şoden: idam edilmek, asılmak, idam olmak.

اعدام کردن i'dâm kerden: idam etmek, asmak.

اعدل a'del: (A.) en adaletli.

اعدل العادلین a'delulâdilîn: âdillerin en âdili olan Tanrı.

اعدی a'dâ: (A.) çok zulmeden.

اعذاب i'zâb: (A.) **1.**azab verme, sıkıntıya sokma. **2.**vazgeçme. **3.**suyu temizleme.

اعذار i'zâr: (A.) **1.**özür. **2.**özür dileme.

اعراء i'râ': (A.) soyma, çıplaklaştırma.

اعراب e'râb: (A.) **1.**araplar. **2.**bedevîler, göçebe araplar.

اعراب i'râb: (A.) **1.**(gr.) son harfi harekeli okuma, îrab. **2.**ortaya çıkarma. **3.**fasih söyleme. ‖ * mahallî ez ~ nedâşten محلی از اعراب نداشتن irapta mahalli olmamak, kimse tarafından dikkate alınmamak.

اعراب گذاردن i'râb gozârden: harfleri harekelendirmek.

اعراض e'râz: (A.) **1.**şerefler. **2.**istekler. **3.**ârızî şeyler. **4.**hadiseler.

اعراض i'râz: (A.) **1.**nefret etme, tiksinme. **2.**yüz çevirme. **3.**çekinme, uzak durma, sakınma.

اعراض کردن irâz kerden: **1.**yüz çevirmek. **2.**vazgeçmek, terketmek.

اعراض نمودن irâz numûden: vazgeçmek, terketmek.

اعز eazz: (A.) en değerli, en aziz.

اعز e'azze: (A.) aziz etsin.

اعزاء eizzâ: (A.) azizler.

اعزاز i'zâz: (A.) **1.**aziz sayma, değer verme. **2.**ağırlama.

اعزازاً i'zâzen: (A.) **1.**ağırlayarak. **2.**saygı göstererek.

اعزازات i'zâzât: (A.) ağırlamalar, ikram etmeler.

اعزالله e'azzallâh: (A.) Allah azîz etsin.

اعزالله انصاره e'azzallâhu ensârah: (A.) Allah ona yardımcı olanları yüceltsin.

اعزام i'zâm: (A.) **1.**gönderme, yollama. **2.**gönderilme, yollanma.

اعزام داشتن i'zâm dâşten: göndermek.

اعزام شدن i'zâm şoden: gönderilmek, yollanmak.

اعزام کردن i'zâm kerden: göndermek, yollamak.

اعزامی i'zâmî: (A.-F.) [izâm+î] gönderilen, gönderilmiş.

اعزل a'zel: (A.) yağmursuz bulut.

اعزه e'izze: (A.) **1.**erenler. **2.**azizler. **3.**saygın kişiler.

اعسار i'sâr: (A.) **1.**güçleştirme, zorlaştırma. **2.**yoksullaşma.

اعشاء i'şâ': (A.) akşam yemeği verme.

اعشی e'şâ: (A.) gece körü.

اعصاب e'sâb: (A.) sinirler, âsap. ‖ * ~ -i kesî hord bûden اعصاب کسی خرد بودن sinirleri bozuk olmak. ‖ * ~ -i kesî hord şoden اعصاب کسی خرد شدن sinirleri bozulmak, sinirleri laçka olmak. ‖ * ~ -i kesî dâgûn şoden اعصاب کسی داغون شدن sinirleri laçka olmak, siniri bozulmak. ‖ * ~ -i kesî nârâhet bûden اعصاب کسی ناراحت بودن sinirleri bozukolmak. ‖ * ~ -i kesî râ hord kerden اعصاب کسی را خرد کردن sinirlerini bozmak. ‖ * ber ~ -i kesî sengînî kerden بر اعصاب کسی سنگینی کردن sinirine dokunmak. ‖ * konserv-i ~ کنسرو اعصاب sinir küpü. ‖ * mutehassis-i ~ متخصص اعصاب sinir hastalıkları uzmanı, nörolog.

اعصار e'sâr: (A.) **1.**asırlar, yüzyıllar. **2.**çağlar, devirler. **3.**zamanlar. ‖ * ~ -i sâbıka اعصار سابقه eski asırlar, geçen yüzyıllar. ‖ * ~ -i sâlife اعصار سالفه · geçen yüzyıllar, geride kalan asırlar.

اعصار i'sâr: (A.) **1.**ikindi vaktinde bulunma. **2.**kız gelin olacak yaşa gelme. **3.**kasırga.

اعضاء e'zâ: (A.) **1.**uzuvlar, organlar. **2.**üyeler.

اعضاد e'zâd: (A.) kollar.

اعضد e'zad: (A.) kısa kollu.

اعطاء i'tâ: (A.) **1.**verme. **2.**verilme. **3.**ödeme. **4.**ödenme. **5.**bağışlama. ‖ * ~ -i ma'lûmât اعطاء معلومات **1.**bilgi verme. **2.**bilgi verilme. ‖ * ~ -yi re'y اعطای رای oy verme. ‖ * ahz u ~ اخذ و اعطا alışveriş.

اعطائیه i'tâiye: (A.) bağış.

اعطاش i'tâş: (A.) susuz bırakma.

اعطا شدن i'tâ şoden: verilmek.

اعطا فرمودن i'tâ fermûden: **1.**vermek. **2.**bağışlamak.

اعطا كردن i'tâ kerden: **1.**vermek. **2.**bağışlamak.

اعطیه a'tiye: (A.) bağışlar.

اعظام i'zâm: (A.) **1.**büyütme. **2.**büyütülme. **3.**gözde büyütme.

اعظم a'zam: (A.) en büyük.

اعقاب e'kâb: **1.**torunlar. **2.**oğullar. **3.**ökçeler.

اعلاء i'lâ: (A.) **1.**yükseltme. **2.**yukarı çekme. **3.**yüceltme. **4.**yükseltilme. **5.**yüceltilme.

اعلاف i'lâf: (A.) yemleme, yem verme.

اعلاق i'lâk: (A.) sülük yapıştırma.

اعلال i'lâl: (A.) **1.**hasta etme. **2.**illetli fiillerde illet harflerinin fiil üzerindeki etkilerini açıklama. **3.**neden bulma, nedenleme.

اعلام a'lâm: (A.) **1.**bayraklar, sancaklar. **2.**özel isimler. **3.**sınır işaretleri. **4.**ulu dağlar. **5.**kabile reisleri.

اعلام i'lâm: (A.) **1.**bildirme. **2.**ilan etme. **3.**bildirilme. **4.**mahkemenin bir davayı çözüme bağlayan son kararının davacı ve davalı tarafa verilen onanmış örneği. ‖ * ~ -i ceng اعلام جنگ (ask.) savaş açma. ‖ * ~ -i ceng kerden اعلام جنگ كردن (ask.) savaş açmak, savaş ilan etmek.

اعلامات i'lâmât: (A.) bir davanın mahkemece nasıl bir hükme bağlandığını gösteren resmî belgeler.

اعلام شدن i'lâm şoden: **1.**ilan edilmek. **2.**bildirilmek.

اعلام دادن i'lâm dâden: bildirmek, haber vermek.

اعلام داشتن i'lâm dâşten: haber vermek.

اعلامیه i'lâmiyye: (A.) **1.**bildiri. **2.**resmî tebliğ.

اعلان i'lân: (A.) **1.**ilan. **2.**afiş. **3.**ortaya çıkarma. **4.**yayma. **5.**basın ve yayın organlarında duyurma, hukuksal bir işlemin veya kararın ilgililer tarafından öğrenilmesini sağlanması ya da öğrendiklerinin kabul edilebilmesi için genel yayın araçlarıyla herkesin bilgisine sunulması. **6.**bildirme. ‖ * ~ -i aşk اعلان عشق aşkını bildirme. ‖ * ~ -i harb اعلان حرب savaş açma.

اعلان داشتن i'lân dâşten: **1.**haber vermek.

اعلان كردن i'lân kerden: **1.**ilan etmek. **2.**bildirmek.

اعلاناً i'lânen: (A.) ilan yoluyla, ilan ederek.

اعلانات i'lânât: (A.) **1.**ilanlar. **2.**yaymalar, açığa çıkarmalar.

اعلان نامه i'lânnâme (A.-F.) [i'lân+nâme] **1.**ilan yazılı kağıt. **2.** resmî bildiri.

اعلم a'lem: (A.) en bilgili, en iyi bilen. ‖ * vallâhu ~ bissevâb والله اعلم بالصواب Allah doğruyu en iyi bilendir.

اعلومه u'lûme: (A.) işaret, iz, nişan, alamet.

اعلى e'lâ: (A.) **1.**en yüce, en yüksek. **2.**çok kaliteli. ‖ * ~ vu ednâ اعلى

ادنی و en yücesi ve en aşağı rütbede olanı.

اعلی حضرت e'lâhazret: (A.-F.) zâtıdevletleri.

اعم eamm: (A.) **1.**daha genel. **2.**umumiyetle. ‖ * ~ ez inki اعم از اینکه -sa da, dahi.

اعماء i'mâ: (A.) **1.**kör etme. **2.**kör edilme.

اعماد i'mâd: (A.) direk dikme.

اعمار i'mâr: (A.) bayındırlaştırma, imar, belirli bir plana uygun olarak, belediye sınırları içinde ve dışında yerleşim yerlerini belli bir düzen içinde tutup geliştirme.

اعمار e'mâr: (A.) ömürler.

اعماق e'mâk: (A.) derinlikler.

اعماق i'mâk: (A.) **1.**derinleştirme. **2.**derinliğine inme.

اعمال e'mâl: (A.) **1.**davranışlar, ameller, hareketler.**2.**işler, meslekler. ‖ * ~ -i erba'a اعمال اربعه dört işlem.

اعمال i'mâl: (A.) **1.**yapma. **2.**yapılma. **3.**işleme. **4.**işlenme. **5.**fıkıhta söze mana verme.

اعمالات i'mâlât: (A.) işlenmiş ürünler.

اعمالات خانه i'mâlâthâne (A.-F.) [i'mâlât+ hâne<hâne-i i'mâlât] imalathane, atölye.

اعمال خانه i'mâlhâne (A.-F.) [i'mâl+hâne] atelye, imalathane.

اعمال کرده i'mâlkerde (A.-F.) [i'mâl+ kerden> kerd+e] yapılmış, yaptığı, imalatı.

اعمالیه i'mâliyye: (A.) **1.**imalat ile ilgili. **2.**imalat ücreti. **3.**eskiden alınan belediye vergilerinden biri.

اعمام a'mâm: (A.) amcalar.

اعمش a'meş: (A.) hastalık nedeniyle gözleri sürekli yaşaran.

اعمی e'mâ: (A.) kör, âmâ.

اعنا i'nâ: (A.) sıkıntıya sokma, zahmet ettirme.

اعناب e'nâb: (A.) üzümler.

اعنات i'nât: (A.) **1.**zora düşürme, sıkıntıya sokma. **2.**incitme.

اعناج i'nâc: (A.) **1.**omurga kemikleri ağrıma. **2.**hayvanı yere çöktürme.

اعناق e'nâk: (A.) boyunlar.

اعنه e'inne: (A.) dizginler, yularlar.

اعوام e'vâm: (A.) yıllar.

اعوان e'vân: (A.) **1.**yardımcılar. **2.**dostlar.

اعوج a'vec: (A.) **1.**eğri. **2.**kötü huylu.

اعوجاج i'vicâc: (A.) **1.**eğrilik, çarpıklık. **2.**eğrilme, burkulma. **3.**doğru davranmama.

اعوذ بالله eûzubillâhi: (A.) Allah'a sığınırım.

اعور a'ver: (A.) **1.**tek gözlü. **2.**kör bağırsak.

اعياء i'yâ: (A.) bitkin bırakma.

اعیاد e'yâd: (A.) bayramlar.

اعیان e'yân: (A.) **1.**ileri gelenler, sosyete, eşraf. **2.**gayrimenkul.

اعین a'yen: (A.) iri gözlü.

اغاثه igâse: (A.) **1.**kurtarma, imdada yetişme. **2.**yardım dileme.

اغاره egâre: (A.) kışkırtma.

اغاره igâre: (A.) **1.**gece baskını. **2.**talan, yağmalama.

اغاریب egârîb: (A.) **1.**savaş zamanı. **2.**ayrılma zamanı.

اغاظه igâze: (A.) öfkelendirme, hınçlandırma.

اغالیط egâlît: (A.) yanıltmacalar.

اغانی egânî: (A.) **1.**şarkılar. **2.**sesler. **3.**(müz.) nefessiz sazlar.

اغبر agber: (A.) **1.**tozlu. **2.**toprak rengi.

اغبرار igbirâr: (A.) **1.**toza bulanma. **2.**toprak rengi olma. **3.**gücenme, kırılma, dargınlık.

اغتباط igtibât: (A.) gıpta etme.

اغتداء igtidâ': (A.) beslenme.

اغتذاء igtizâ': (A.) beslenme.

اغتراب igtirâb: (A.) gurbete düşme, gurbete gitme, kendi yurdundan azaklaşma.

اغتراب گزین igtirâbguzîn (A.-F.) [igtirâb+ guzîden> guzîn] gurbete giden.

اغترار igtirâr: (A.) **1.**gururlanma. **2.**aldanma. **3.**gaflette bulunma.

اغترارا igtirâren: (A.) **1.**mağrur olarak. **2.**gaflette bulunarak.

اغتراف igtirâf: (A.) avuçla su içme.

اغتراق igtirâk: (A.) **1.**suda boğulma. **2.**nefesini hızla içine çekme.

اغترام igtirâm: (A.) **1.**ceza ödeme. **2.**diyet ödeme.

اغتسال igtisâl: (A.) banyo etme, yıkanma.

اغتشاش igtişâş: (A.) **1.**karışıklık, kargaşa, anarşi. **2.**saflığı bozulma.

اغتشاشات igtişâşât: (A.) karışıklıklar, kargaşalar.

اغتصاب igtisâb: (A.) gasp etme, zorla alma.

اغتصابات igtisâbât: (A.) gasp etmeler, gasplar.

اغتضاب igtizâb: (A.) gazaplanma.

اغتطاء igtitâ': (A.) örtünme, sarınma.

اغتفار igtifâr: (A.) bağışlama.

اغتلاء igtilâ': (A.) hızlı hızlı yürüme.

اغتلاف. igtilâf: (A.) kınına girme, kılıflanma.

اغتلال igtilâl: (A.) **1.**içme. **2.**kat kat elbise giyme. **3.**hayvanın susaması. **4.**iyi sağılmayan koyunun hastalanması.

اغتلام igtilâm: (A.) şehvetin baskın çıkması.

اغتماد igtimâd: (A.) **1.**kına girme. **2.**geceye girme.

اغتماس igtimâs: (A.) suya dalma.

اغتماض igtimâz: (A.) **1.**göz yumma. **2.**gözünü yumma.

اغتمام igtimâm: (A.) üzülme, kederlenme, gamlanma.

اغتناء igtinâ': (A.) zenginleşme.

اغتنام igtinâm: (A.) **1.**ganimet alma. **2.**ganimet bilme. ‖ * ~ -i furset اغتنام فرصت fırsatı ganimet bilme, fırsattan yararlanma.

اغتياب igtiyâb: (A.) çekiştirme, gıybet etme.

اغتيار igtiyâr: (A.) **1.**yararlanma. **2.**erzak edinme.

اغتياظ igtiyâz: (A.) hınçlanma, öfkelenme.

اغتيال igtiyâl: (A.) baskınla yok etme.

اغثم agsem: (A.) kırçıl saç.

اغثر agser: (A.) **1.**koyu renkli kaba kilim. **2.**karabatak. **3.**kurbağa yosunu. **4.**adi, soysuz, aşağılık.

اغذيه agziye: (A.) **1.**gıdalar, yiyecekler. **2.**yemekler.

اغر ager: (A.) **1.**beyaz. **2.**beyaz akıtmalı at.

اغر ugur: (T.) uğur.

اغراء agrâ: (A.) çok yakışıklı.

اغراء igrâ: (A.) **1.**istek uyandırma, rağbet uyandırma. **2.**hırslandırma. **3.**teşvik etme.

اغراب igrâb: (A.) gurbete gitme, uzaklara gitme.

اغراد igrâd: (A.) yüksek sesle şarkı söyleme.

اغرار agrâr: (A.) **1.**dangalaklar, ahmaklar. **2.**deneyimsizler.

اغراس egrâs: (A.) **1.**fidanlar. **2.**ağaçlar.

اغراس igrâs: (A.) **1.**ağaç dikme. **2.**toprağa dikme.

اغراض agrâz: (A.) **1.**istekler, arzular. **2.**amaçlar, maksatlar. **3.**garazlar, kişisel düşmanlıklar.

اغراق igrâk: (A.) **1.**boğma, batırma. **2.**abartma, abartı.

اغراق آميز igrâkâmîz: (A.-F.) [igrâk+ âmîhten>âmîz] abartılı, mübalağalı.

اغراقات igrâkât: (A.) abartmalar.

اغراقيات igrâkiyyât: (A.) abartılı sözler.

اغرام igrâm: (A.) borç ödetme.

اغرب agreb: (A.) en tuhaf, en acayip.

اغرب الغرائب agrebulgerâ'ib (A.) şaşılacak şeylerin en garibi.

اغره agirre: (A.) aldanmışlar, tecrübesizler.

اغرى ugrî: (T.) hırsız, uğru.

اغزاء agzâ: (A.) gazâlar, savaşlar.

اغزاء igzâ': (A.) **1.**savaşa gitme. **2.**savaşa gönderilme.

اغزل agzel: (A.) en romantik.

اغساس igsâs: (A.) iyi yemek yedirme.

اغشا agşâ: (A.) **1.**baygın bakan. **2.**beyaz yüzlü, kara vücutlu hayvan.

اغشاء igşâ: (A.) örtme, kapama.

اغشاش igşâş: (A.) **1.**kışkırtma. **2.**acele ettirme.

اغشیه agşiye: (A.) 1.perdeler. 2.zarlar. 3.örtüler.

اغصاص igsâs: (A.) 1.sıkıştırma. 2.sıkıntıya sokma.

اغصان egsân: (A.) 1.dallar. 2.budaklar.

اغضاء igzâ: (A.) göz yumma, görmezden gelme.

اغضاب igzâb: (A.) hınçlandırma, gazaplandırma, öfkelendirme.

اغضب agzeb: (A.) en öfkeli.

اغضف agzef: (A.) uzun ve sarkık kulaklı hayvan.

اغطاء igtâ': (A.) 1.örtme. 2.dalların yerlerde sürünmesi. 3.asmanın yeşermesi.

اغطش agtaş: (A.) 1.karanlık. 2.gözleri iyi görmeyen.

اغطیه agtiye: (A.) 1.perdeler. 2.örtüler.

اغفال igfâl: (A.) 1.aldatma. 2.yanıltma. 3.gaflete düşürme.

اغفالات igfâlât: (A.) 1.aldatmalar. 2.yanıltmalar. 3.gaflete düşürmeler.

اغفال شدن igfâl şoden: aldanmak.

اغفالکار igfalkâr (A.-F.) [igfâl+kâr] aldatıcı.

اغفالکارانه igfalkârâne (A.-F.) [igfâl+ kâr+âne] aldatıcı, aldatarak.

اغفال کردن igfâl kerden: aldatmak.

اغفالیات igfâliyyât: (A.) kandırmacalar.

اغفر agfer: (A.) çok affeden, çok mağfiret eden.

اغفرالغافرین agferulgâfirîn: (A.) Tanrı, en çok mağfiret eden.

اغلاء iglâ: (A.) 1.fiyat yükseltme. 2.kaynatma. 3.kaynatılma.

اغلاط eglât: (A.) hatalar, yanlışlar.

اغلاط iglât: (A.) yanlışa düşürme, hata ettirme, yanıltma.

اغلاظ iglâz: (A.) küfretme, kaba konuşma.

اغلاظات iglâzât: (A.) küfürler, kaba sözler.

اغلاف iglâf: (A.) kılıflama, kın geçirme, kınına sokma.

اغلاق eglâk: (A.) 1.kilitler. 2.belirsiz şeyler. 3.kapalı şeyler.

اغلاق iglâk: (A.) 1.kapama. 2.sözü karmaşıklaştırma, üstü kapalı konuşma. ‖ * ~ -i kelâm اغلاق کلام sözü anlaşılmaz derecede çapraşıklaştırma.

اغلاقات iglâkât: (A.) çapraşık sözler.

اغلال aglâl: (A.) sular, arklar.

اغلال eglâl: (A.) 1.bağlar. 2.zincirler. 3.gerdanlıklar.

اغلال iglâl: (A.) 1.hiyanet etme. 2.kin gütme. 3.ekinin olgunlaşması.

اغلان oglân: (T.) erkek çocuk, oğlan.

اغلب agleb: (A.) genellikle, çoğunlukla, daha çok, çok defa, çoğu kez. ‖ * ~ -i evkât اغلب اوقات çoğu zaman, sık sık. ‖ * ~ -i ihtimâl اغلب احتمال büyük bir olasılık.

اغلبا agleben: (A.) genellikle, çoğunlukla, çoğu kez.

اغلف aglef: (A.) 1.sünnetsiz. 2.kılıf içinde, kın içinde. 3.sandık içinde. 4.duygusuz.

اغلظ aglez: (A.) çok yoğun, çok koyu.

اغلوطات uglûtât: (A.) bulmacalar, bilmeceler.

اغلوطه uglûte: (A.) bulmaca, bilmece.

اغلی eglâ: (A.) en pahalı.

اغماء igmâ: (A.) koma. ‖ * be hâlet-i ~ uftâden به حالت اغما افتادن komaya girmek, bitkisel hayata girmek.

اغماد agmâd: (A.) kılıç kınları.

اغماد igmâd: (A.) 1.kınına sokma. 2.tıkıştırma.

اغمار agmâr: (A.) 1.büyükler, saygın kişiler. 2.seller. 3.dangalaklar.

اغماز igmâz: (A.) ayıplama.

اغماض igmâz: (A.) göz yumma, görmezden gelme. ‖ * ~ -i ayn اغماض عین göz yumma, görmezlikten gelme.

اغمام igmâm: (A.) hüzünlendirme, dertlendirme.

اغن egann: (A.) burnundan konuşan.

اغناء ignâ': (A.) 1.zenginleştirme, zengin etme. 2.zenginleştirilme.

3.kimseye muhtaç olmayacak hale getirme.

اغنام egnâm: (A.) koyunlar.

اغنى egnâ: (A.) en zengin.

اغنياء agniyâ: (A.) zenginler.

اغنيه ugniyye: (A.) 1.(müz.) şarkı. 2.(müz.) nefessiz saz. 3.ilahi.

اغنية الالهى ugniyyetulilâhî: (A.) Hz. Süleyman'ın kitabı.

اغواء igvâ: (A.) 1.azdırma, yoldan çıkarma, ayartma. 2.azdırılma, yoldan çıkarılma, ayartılma.

اغوا agvâ: (A.) en sapkın.

اغواث agvâs: (A.) yardım çığlıkları.

اغوار agvâr: (A.) mağaralar.

اغوار egvâr: (A.) 1.sonlar. 2.dipler.

اغواط agvât: (A.) 1.çukurlar. 2.lağım çukurları. 3.tuvaletler. 4.pislikler.

اغوال agvâl: (A.) 1.gulyabanîler. 2.hortlaklar. 3.felaketler.

اغول egûl: öfkeli yan bakış.

اغويه ugviye: (A.) felaket, bela.

اغيار agyâr: (A.) 1.yabancılar, başkaları. 2.(ed.) aşığın rakipleri.

اغياض agyâz: (A.) 1.ağaçlıklar. 2.meşelikler.

اغيد agyed: (A.) 1.uyuşuk, miskin. 2.esnek vücutlu.

اغير agyer: (A.) en gayretli.

اف of: öf! , of!

افئده ef'ide: (A.) 1.kalpler, yürekler. 2.gönüller.

افائك efâik: (A.) 1.düzmeceler. 2.iftiralar.

افاته ifâte: (A.) geçirme, elden çıkarma. ‖ * ~ -i furset · افاتهء فرصت fırsat kaçırma.

افاتيح efâtîh: (A.) mantargiller, mantarımsılar.

افاحه ifâhe: (A.) 1.kaynatma. 2.kan fışkırtma.

افاحيص efâhîs: (A.) kayalıklardaki kuş yuvaları.

افاخم efâhim: (A.) ulu kişiler.

افادات ifâdât: (A.) ifadeler.

افادت ifâdet: (A.) ders verme.

افاده ifâde: (A.) 1.ifade. 2.yararlanma, faydalanma. 3.kendini beğenme, çalım. 4.yüz tavrı. 5.anlatım, anlatış, söylem. 6.ders verme.

افاده فروختن ifâde furûhten: çalım satmak.

افاده رسانيدن ifâde resânîden: yararlandırmak, faydalandırmak.

افادى · ifâdî: (A.) ifade ile ilgili.

افاديه ifâdiyye: (A.) ifade ile ilgili.

افازه ifâze: (A.) maksada ulaştırma.

افاضت ifâzet: (A.) 1.olgunlaştırma. 2.feyiz verme.

افاضل efâzil: (A.) 1.bilginler. 2.erdem sahipleri, faziletliler.

افاضه ifâze: (A.) 1.feyiz verme. 2.söze girme. 3.kabı ağzına kadar doldurma. 4.bereketlendirme. 5.taşma.

افاضه بخش · ifâzebahş (A.-F.) [ifâze+ bahşîden>bahş] bereketlendiren, feyiz veren.

افاعى efâî: (A.) 1.(zool.) yılanlar. 2.(zool.) engerek yılanları. 3.kötü huylular.

افاعيل efâîl: (A.) 1.fiiller, hareketler. 2.(gr.) fiiller. 3.(ed.) aruz tefileleri.

افاعيل و تفاعيل · efâ'îl u tefâ'îl: (A.) Arap aruzcusu el-Halîl'in aruz ölçülerinin temel taşı.

افاغنه efâgine: (A.) Afganlılar.

اف اف if if: kapı otomatiği.

افاف effâf: (A.) çok oflayan, çok sıkıntılı.

افاق effâk: (A.) dünyayı çok dolaşan.

افافت ifâfet: (A.) 1.elden çıkarma, elden kaçırma. 2.karavanaya gitme, isabet etmeme.

افاقت ifâket: (A.) 1.iyileşme, sağlığı iyileşmeye yüz tutma. 2.bayan adı.

افاقت پذير ifâketpezîr (A.-F.) [ifâket+ pezîruften> pezîr] iyileşebilir.

افاقت ياب ifâketyâb (A.-F.) [ifâket+ yâften>yâb] iyileşen, hastalıktan kalkan.

افاقه ifâke: (A.) 1.iyileşme, kendine gelme. 2.sağlık.

افانين efânîn: (A.) 1.girift ağaç dalları. 2.koşullar. 3.durumlar.

افاويج efâvîc: (A.) bölükler, öbekler.

افاويق efâvîk: (A.) hıçkırıklar.

افاویه efâvîh: (A.) 1.ağızlar. 2.baharat.

افاویه · efâviye: (A.) yemek baharatları.

افاک · effâk: (A.) çok iftiracı.

افاکل efâkil: (A.) titreyenler.

افایک efâyik: (A.) düzmeceler.

افت oft: 1.noksan. 2.düşüş, düşme. 3.durum.

افتعال ifti'âl: (A.) fala bakma.

افتاء iftâ: (A.) fetva verme.

افتاح iftâh: (A.) 1.açma. 2.fethetme.

افتادگان oftâdegân: [oftâden>oftâd+e +g+ân] 1.aşıklar. 2.düşmüşler. 3.düşkünler, zavallılar.

افتادگی oftâdegî: 1.alçakgönüllülük, tevazu. 2.düşkünlük. 3.küçülme. 4.yüzsüzlük. 5.düşkün aşıklık.

افتادن oftâden: 1.düşmek. 2.sakatlanmak. 3.vurmak. 4.kalmak, yer almak. 5.benzemek. 6.başlamak. 7.vukûbulmak, olmak. ‖ * ez cûş u celâ ~ از جوش و جلا افتادن dinginlenmek. ‖ * ez zebân ~ از زبان افتادن dilden düşmek. ‖ * ez nefes ~ از نفس افتادن soluğu kesilmek, nefesi kesilmek, tıkanmak. ‖ * ber ser-i zebânhâ ~ بر سر زبان ها افتادن günün konusu olmak. ‖ * be tekellâ ~ به تقلا افتادن telâşa kapılmak. ‖ * be cân-i hem ~ به جان هم افتادن birbirine düşmek. ‖ * be cereyân ~ به جریان افتادن harekete geçmek. ‖ * be çerhiş ~ به چرخش افتادن dönmeye başlamak. ‖ * be hor hor ~ به خور خور افتادن horlamak, horlamaya başlamak. ‖ * be der ~ به در افتادن fâş olmak, ifşa olmak. ‖ * be râh ~ به راه افتادن yürümeye başlamak, yola koyulmak, yola çıkmak, yola düşmek. ‖ * be fikr-i çîzî به فکر چیزی افتادن düşünmek, düşüncesine kapılmak. ‖ * be kâr ~ به کار افتادن çalışmak (motor). ‖ * be lerze ~ به لرزه افتادن titremeye başlamak, tirtir titremek. ‖ * tek u dov ~ تک و دو افتادن kıpırdanmaya başlamak. ‖ * der muhâk ~ در محاق افتادن bir yana bırakılmak. ‖ * rûy-i çîzî ~ روی چیزی افتادن yakışmak. ‖ * zi hod bîhaber ~ ز خود بیخبر افتادن kendinden geçmek. ‖ * girihî tu kâr-i kesî گرهی تو کار کسی افتادن başı sıkışmak. ‖ * ser-i kesî râ ~ سر کسی را افتادن başına gelmek.

افتاده oftâde: 1.düşmüş. 2.alçakgönüllü. 3.sakat. 4.aşık. 5.yüzsüz.

افتاده حال oftâdehâl: (F.-A.) [oftâden> oftâd+e+hâl] zavallı, düşkün.

افتار eftâr: (A.) baş parmak ile işaret parmağı araları.

افتال iftâl: (A.) 1.yarık. 2.dağınık.

افتان eftân: [<uftâden>uft+ân] 1.düşen. 2.düşerek.

افتان iftân: (A.) 1.fitneye düşürme. 2.ayartma, azdırma.

افتان oftân: [oftâden>oft+ân] 1.düşerek. 2.düşen. ‖ * ~ u hîzân [uftân+u+hâsten>hîz+ân] افتان و خیزان düşe kalka.

افتان و خیزان oftân u hîzân: [oftâden> oft+ân+hâsten> hîz+ân] düşe kalka.

افتتاح iftitâh: (A.) 1.açılış. 2.açma. 3.başlama.

افتتاح شدن iftitâh şoden: açılmak.

افتتاح کردن iftitâh kerden: açmak.

افتتاحی iftitâhî: (A.) açılış ile ilgili.

افتتاحیه iftitâhiye: (A.) açılış ile ilgili.

افتتان iftitân: (A.) 1.ayartma, azdırma. 2.meftun olma, vurulma. 3.fitneye düşürme.

افتجاء ifticâ': (A.) ansızın, birdenbire.

افتحاص iftihâs: (A.) kılı kırk yararak araştırma.

افتخار iftihâr: (A.) 1.övünme, kıvanç duyma. 2.kıvanç, şeref. 3.Osmanlı Devleti'nde verilen bir nişan türü. ‖ * medâr-i ~ مدار افتخار iftihar sebebi, kıvanç kaynağı.

افتخار الاماثل iftihârulemâsil: (A.) · akranı arasında kıvanç sebebi olan.

افتخار الشعرا iftihâruşşu'erâ: (A.) şairlerin kıvanç sebebi.

افتخار العلما iftihârul'ulemâ: (A.) · âlimlerin kıvancı.

افتخاريات iftihâriyyât: (A.) kıvanç ile ilgili sözler.

افتخار يافتن iftihâr yâften: onuruna ermek, onurlanmak.

افتدن ofteden: düşmek.

افتراء iftirâ: (A.) **1.**iftira, asılsız suç yükleme. **2.**bekâretini alma.

افترآات iftirâât: (A.) iftiralar.

افترا بستن iftriâ besten: iftira etmek.

افتراس iftirâs: (A.) parçalama.

افتراض iftirâz: (A.) zorunlu kılma, gerek görme.

افتراق iftirâk: (A.) **1.**ayrılık. **2.**ayrılma. **3.**fark koymak.

افتراق جو iftirâkcû (A.-F.) [iftirâk+costen>cû] · ayrılık davası güden, ayrılıkçı.

افتراق جويانه ·iftirâkcûyâne (A.-F.) [iftirâk+costen> cûy+âne] ayrılık davası güderek, ayrılıkçı.

افتصاد iftisâd: (A.) kan alma, hacamatçılık.

افتصال iftisâl: (A.) **1.**sütten kesilme. **2.**bir fidanı söküp başka bir yere dikme.

افتضاح iftizâh: (A.) **1.**rezalet, rezillik, skandal. **2.**kırma, un ufak etme.

افتضاض iftizâz: (A.) **1.**kızlığını bozma, bakireliğini yok etme. **2.**dul kadının beklemesi gereken iddet süresinin dolması.

افتعال ifti'âl: **1.**yeni bir iş yapma. **2.**(gr.) Arapçada bir bâb adı.

افتقاد iftikâd: (A.) **1.**yitirme, kaybetme. **2.**kayıp olanı arama, arayıp sorma. **3.**şefkat.

افتقار iftikâr: (A.) **1.**fakirlik, muhtaçlık, yoksullaşma. **2.**aşırı ihtiyaç duyma, yoksulluk çekme. **3.**alçakgönüllülük.

افتكارى iftikârî: (A.) düşünsel.

افتكاريت · iftikâriyyet: (A.) düşünsellik, idealite.

افتكاريه · iftikâriyye: (A.) idealizm.

افتكاك iftikâk: (A.) **1.**birbirinden ayrılma. **2.**rehinden alma, rehinden kurtarma.

افتكال iftikâl: (A.) çok emek verme.

افت كردن oft kerden: düşmek.

افتلال iftilâl: (A.) **1.**savaştan yılma, savaş yılgınlığı. **2.**bükülme.

افتمان eftimân: gelin saçı çiçeği.

افتنان · iftinân: (A.) abuk sabuk konuşma.

افت نشان دادن oft nişân dâden: düşüş göstermek, düşüş kaydetmek.

افت و خيز oft u hîz: [oftâden>oft+u+hâsten>hîz] düşüp kalkma.

افتهام ·iftihâm: (A.) anlama, kavrama.

افتيال iftiyâl: (A.) fala bakma.

افجاج ifcâc: (A.) cıvıldama.

افجار ifcâr: (A.) **1.**birini fitne sokmakla nitelendirme. **2.**günahkârlık yükleme. **3.**fecir vaktine girme.

افجاس ifcâs: (A.) saçma sapan şeylere bakarak şişinme.

افچه efçe: korkuluk, bostan korkuluğu.

افحاء efhâ: (A.) yemekleri konulan çeşnilik kuru ot.

افحاث efhâs: (A.) içler, iç kısımlar, boşluklar.

افحاذ · efhâz: (A.) akrabalar, eş dost.

افحاش ifhâş: (A.) ·küfretme, kötü konuşma.

افحام ifhâm: (A.) **1.**ağız açtırmama, susturma. **2.**cevap veremeyecek hale sokma.

افحش efheş: (A.) en fahiş.

افخار ifhâr: (A.) onurlandırma.

افخم efhem: (A.) **1.**en büyük. **2.**asil. **3.**değerli.

افد efd: (Peh.) **1.**öven, övücü. **2.**enteresan, tuhaf.

افدر efder: **1.**amca. **2.**kuzen.

افديدن efdîden: şaşırmak, hayret etmek.

افر eferr: (A.) en çok kaçan.

افرا efrâ (bot.) akçaağaç.

افراج ifrâc: (A.) açılma, ayrılma.

افراج الباخره ifrâculbâhire: (A.) vapurun iskeleden açılması.

افراح · efrâh: (A.) ferahlıklar.

افراح ifrâh: (A.) **1.**farahlatma. **2.**sevindirme.

افراخ efrâh: (A.) **1.**piliçler. **2.**piçler.

افراختن efrâhten: **1.**yükseltmek. **2.**yukarı çekmek.

افراخته efrâhte: **1.**yükseltilmiş. **2.**yukarı çekilmiş.

افراد efrâd: (A.) **1.**bireyler, fertler, kişiler. **2.**(ed.) şiir beyitleri. **2.**erler, askerler.

افراد ifrâd: (A.) **1.**tekleştirme, bir yapma. **2.**ayırma. **3.**tek başına bir işe yönelme.

افرار ifrâr: (A.) **1.**kaçırma. **2.**kaçırılma.

افراز efrâz: (Peh.) **1.**yükseklik. **2.**kürsü. **3.**minber. **4.**yüksek yer. **5.**yükselten, kaldıran.

افراز ifrâz: (A.) **1.**bölme, ayırma. **2.**parçalama. **3.**salgı.

افرازات ifrâzât: (A.) **1.**bölmeler, ayırmalar. **2.**parçalamalar, parsellemeler. **3.**salgılar.

افرازيدن efrâzîden: **1.**yükseltmek. **2.**süslemek.

افراس efrâs: (A.) atlar.

افراسياب efrâsiyâb: Alp Er Tunga.

افراسيابى efrâsyâbî: [efrâsyâb+î] Efrasyab soyundan gelenler.

افراش ifrâş: (A.) ·serme, döşeme, yayma.

افراشتن efrâşten: **1.**yükseltmek. **2.**yukarı çekmek.

افراشته efrâşte: [efrâşten>efrâşt+e] yükseltilmiş, kaldırılmış.

افراط ifrât: (A.) **1.**ifrat. **2.**haddini aşma. ‖ * ~ u tefrit افراط و تفريط zıtlarda aşırıya kaçma.

افراط پرست ifrâtperest (A.-F.) [ifrât+ perestîden> perest] aşırıya kaçan, aşırıcı.

افراط پرستى ifrâtperestî (A.-F.) [ifrât+ perestîden> perest+ î] aşırıcılık, aşırıya kaçma.

افراط شدن ifrât şoden: ifrata gidilmek, ifrat etmek.

افراطكار · ifrâtkâr (A.-F.) [ifrât+kâr] aşırıya kaçan.

افراط كردن ifrât kerden: ifrat etmek, aşırıya kaçmak.

افراغ ifrâg: (A.) **1.**kalıba dökme. **2.**biçimlendirme, şekillendirme, dönüştürme. **3.**boşaltım. **4.**biçimlendirilme, şekillendirilme, dönüştürülme.

افرام ifrâm: (A.) **1.**doldurma. **2.**doldurulma.

افران efrân: (A.) sevinçli, neşeli.

افرز efrez: (A.) kamburlu.

افرع efra': (A.) **1.**kuruntulu. **2.**aylak.

افرق efrak: (A.) en ayrılmış, en ayrık.

افرنج efrenc: Frenk, Batı, Avrupa.

افرنجى efrencî: [efrenc+î] **1.**Frenk, batılı, avrupalı. **2.**İstanbullu Rum. **3.**frengi hastalığı ile ilgili.

افرنجيه · efrenciyye: (A.) Batı'ya ait, Avrupa ile ilgili.

افرند efrend: **1.**görkem, haşmet. **2.**güzellik. **3.**süs, gösteriş.

افرنديدن efrendîden: süslemek, bezemek.

افرنقاع ifrinkâ': (A.) çıtırdatma.

افروختن efrûhten: **1.**yakmak. **2.**yanmak. **3.**aydınlanmak. **4.**alevlenmek.

افروخته efrûhte: [efrûhten>efrûht+e] **1.**yanmış. **2.**parlamış. **3.**alevlenmiş. **4.**tutuşmuş. **5.**gönlü yanık aşık.

افروز efrûz: [efrûhten>efrûz] efrûhten fiilinin geniş zaman kökü. İsimlerle birleşerek yeni sözcükler türetir. dil-efrûz [gönül yakan], şeb-efrûz [geceyi aydınlatan] gibi. **1.**yakan, parlatan. **2.**aydınlatan. **3.**parıltı, şule. **4.**bayan adı.

افروزاندن efrûzânden: **1.**aydınlatmak. **2.**alevlendirmek.

افروزانيدن efrûzânîden: **1.**aydınlatmak. **2.**alevlendirmek.

افروشه efrûşe: un helvası.

افروغ efrûg: **1.**ışık. **2.**parıltı. **3.**aydınlık.

افريدون · efrîdûn: Pers hükümdarı Feridun.

افريدون نسب efrîdûnneseb (F.-A.) [efrîdûn+neseb] Feridun soyundan gelen.

افريز ifrîz: (A.) sundurma.

افريقا afrika: (A.) **1.**(coğ.) Afrika.

افريقايى afrikâyî: [afrikâ+y+î] Afrikalı.

افزا efzâ: [efzûden>efzâ] efzûden fiilinin geniş zaman gövdesi. İsimlerle birleştiğinde yeni sözcükler türetir. rûh-efzâ [cana can katan, ruh veren] gibi. çoğaltan, artıran, ilave eden, veren.

افزار efzâr: **1.**ayakkabı. **2.**avadanlık, araç gereç, iş aletleri. **3.**yelken. **4.**yemek baharatı.

افزار آلات efzârâlât: (F.-A.) [efzâr+âlât] âletler, edevat takımı, âlet takımı.

افزارمند efzârmend: [efzâr+mend] usta.

افزاع efzâ': (A.) korku ile bağırmalar.

افزایش efzâyiş: [efzûden>efzây+iş] artma, artış, fazlalaşma.

افزایش دادن efzâyiş dâden: artırmak.

افزایش داشتن efzâyiş dâşten: artmak, artış göstermek.

افزایش کردن efzâyiş kerden: artmak.

افزایش نشان دادن efzâyiş nişan dâden: artmak, artış göstermek, artış kaydetmek.

افزایش یافتن efzâyiş yâften: artmak, çoğalmak.

افزاینده efzâyende: [efzûden>efzây+ende] arttıran, fazlalaştıran.

افزاییدن efzâyîden: **1.**artmak. **2.**eklemek.

افزود efzûd: [efzûden>efzûd] **1.**artmış, çoğalmış. **2.**artan, çoğalan.

افزودن efzûden: **1.**arttırmak, fazlalaştırmak. **2.**eklemek, ilave etmek. **3.**artmak.

افزون efzûn: çok, fazla, bol.

افزون تر efzûnter: [efzûn+ter] · daha çok, daha fazla, daha üstün.

افزون شدن efzûn şoden: artmak, çoğalmak, fazlalaşmak.

افزون کردن efzûn kerden: artırmak, çoğaltmak, fazlalaştırmak.

افزون گشتن efzûn geşten: artmak, çoğalmak, fazlalaşmak.

افزونی efzûnî: [efzûn+î] **1.**fazlalık, çokluk. **2.**bol.

افژول efjûl: [efjûlîden>efjûl] **1.**kışkırtma. **2.**dağıtma. **3.**dağınık.

افژولیدن efjûlîden: **1.**kışkırtmak. **2.**dağıtmak.

افسا efsâ: [efsâyîden>efsâ] büyücü, afsuncu.

افساح ifsâh: (A.) genişletme.

افساخ ifsâh: (A.) **1.**unutma. **2.**ihmal etme.

افساد ifsâd: (A.) **1.**fitne çıkarma. **2.**bozma.

افسادات ifsâdât: (A.) **1.**bozmalar. **2.**fesat sokmalar, fesat çıkarmalar, bozgunculuklar.

افسار efsâr: dizgin, yular.

افساردوز efsârdûz: [efsâr+dûhten>dûz] yularcı, yular imalatçısı.

افساردوزان efsârdûzân: [efsâr+dûhten> dûz+ân] yularcılar.

افسار کردن efsâr kerden: yular geçirmek, yular takmak.

افسال efsâl: (A.) âdiler, aşağılıklar, soysuzlar.

افسان efsân: biley taşı.

افسانه efsâne: **1.**masal. **2.**hikâye, öykü. **3.**efsane. **4.**gibi. ‖ * ~ hâ-yi folklorik افسانه های فولکلوریک halk masalları.

افسانه ای efsâneî: [efsâne+î] efsanevî.

افسانه پرداز efsâneperdâz: [efsâne+perdâhten> perdâz] uyduruk şeyler yazan hikayeci.

افسانه پردازی efsâneperdâzî: [efsâne+perdâhten> perdâz+î] uyduruk şeyler yazma, kalitesiz hikaye ve romanlar yazma.

افسانه جو efsânecû: [efsâne+costen>cû] laklak ederek vakit geçiren.

افسانه جویی efsânecûyî: [efsâne+costen>cûy+î] lakla vakit geçirme.

افسانه خوان efsânehân: [efsâne+hânden>hân] efsane anlatan, masal okuyan.

افسانه شدن efsâne şoden: **1.**meşhur olmak. **2.**efsaneleşmek.

افسانه گو efsânegû: [efsâne+goften>gû] **1.**masal anlatan, saçma sapan konuşan. **2.**efsane anlatan.

افسانه گوی efsânegûy: [efsâne+goften>gûy] 1.masal anlatan, saçma sapan konuşan. 2.efsane anlatan.

افسانه گویی efsânegûyî: [efsâne+goften> gûy+î] 1.masal anlatma, saçma sapan konuşma. 2.efsane anlatma.

افسای efsây: [efsâyîden>efsây] büyücü, afsuncu.

افساییدن efsâyîden: 1.boyun eğdirmek (hayvanlara) 2.büyü yapmak.

افسد efsed: (A.) en bozguncu, en fasid.

افسر efser: 1.taç. 2.(ask.) subay. ‖ * ~ -i ihtiyât افسر احتياط (ask.) yedeksubay. ‖ * ~ -i şehrbânî افسر شهربانی komiser. ‖ * ~ -i zahîre افسر ذخيره ihtiyat subay.

افسردگان efsurdegân: [efsurde+g+ân] 1.soluklar. 2.donuklar. 3.duygusuzlar.

افسردگی efsurdegî: [efsurden>efsurd+e+g+î] 1.solgunluk. 2.üzgün olma. 3.soğukluk. 4.halsizlik. 5.donuk olma hali. 6.(tıb.) depresyon.

افسردن efsurden: (Peh.) 1.solmak. 2.üzülmek. 3.donmak. 4.soğumak (gönül).

افسرده efserdih: [efser+dâden>dih] taç giydiren, taç veren.

افسرده efsurde: [efsurden>efsurd+e] 1.soluk, solgun. 2.üzgün. 3.donuk. 4.soğuk. 5.depresyon içinde.

افسرده دل efsurdedil: [efsurde+dil] duygusuz, hissiz.

افسرده دلی efsurdedilî: [efsurde+dil+î] duygusuzluk, hissizlik.

افسرده دماغ efsurdedimâg (F.-A.) [efsurde+ dimâğ] yeteneksiz, dangalak.

افسرده دماغی efsurdedimâgî: [efsurde+ dimâğ+î] yeteneksizlik, dangalaklık.

افسرده مزاج efsurdemizâc (F.-A.) [efsurde+ mizâc] soğuk mizaçlı.

افسرده مغز efsurdemagz: [efsurde+magz] yeteneksiz, dangalak.

افسرده مغزی efsurdemagzî: [efsurde+magz+î] yeteneksizlik, dangalaklık.

افسری efserî: [efser+î] (ask.) subaylık.

افسق efsak: (A.) en fâsık, en kötü yaratılışlı.

افسوس efsûs: (Peh.) 1.üzüntü. 2.yazık, vah vah, yazıklar olsun, eyvahlar olsun. 3.alay. 4.zulüm.

افسوس خوردن efsûs horden: üzülmek, hayıflanmak.

افسوس کردن efsûs kerden: 1.alay etmek. 2.zulmetmek.

افسوس کن efsûskon: alaycı.

افسوس که efsûs ki: ne yazık ki!, maalesef.

افسوس کنان efsûskunân: [efsûs+kerden> kun+ân] hayıflanarak, üzülerek.

افسون efsûn: (Peh.) 1.sihir, büyü, afsun, gözbağı. 2.hile.

افسون بهم خوردن efsûn be hem horden: büyü bozulmak.

افسون پرداز efsûnperdâz: [efsûn+ perdâhten> perdâz] 1.büyücü. 2.büyüleyici.

افسون زدگی efsûnzedegî: [efsûn+zeden> zed+e+g+î] büyülenmişlik.

افسون زده efsûnzede: [efsûn+zeden> zed>e] büyülü, büyülenmiş.

افسون شدن efsûn şoden: büyülenmek, afsunlanmak.

افسونکار efsûnkâr: [efsûn+kâr] büyüleyici.

افسون کردن efsûn kerden: 1.hile yapmak. 2.büyü yapmak, afsunlamak, büyülemek.

افسونگر efsûnger: [efsûn+ger] 1.büyücü, sihirbaz, afsuncu. 2.büyüleyici, afsunlu.

افسونگری efsûngerî: [efsûn+ger+î] 1.büyücülük, sihirbazlık, afsunculuk. 2.büyüleyicilik.

افشاء ifşâ: (A.) ifşa, açığa vurma. ‖ * ~ -i râz افشاء راز sırrı açığa vurma.

افشاآت ifşâ'ât: (A.) açığa vurmalar.

افشار efşâr: **1.**sıkma. **2.**basınç yapma, baskı. **3.**sıkılma, suyu çıkarılma. **4.**çimdikleme.

افشا شدن ifşâ şoden: ifşa edilmek, ifşa olmak, fâş edilmek.

افشا کردن ifşâ kerden: ifşa etmek.

افشاگر ifşâger: [ifşâ+ger] ifşacı.

افشاگری ifşâgerî: [ifşâ+ger+î] ifşacılık.

افشال ·efşâl: (A.) yüreksizler, ödlekler.

افشان efşân: [efşânden>efşân] **1.**açılmış. **2.**dağılmış. **3.**fışkıran. **4.**saçan. **5.**dağıtan. **6.**serpen.

افشاندن efşânden: **1.**saçmak. **2.**dağıtmak. **3.**serpmek. **4.**fışkırmak.

افشانک efşânek: [efşânden>efşân+ek] enjektör.

افشانه efşâne: [efşânden>efşân+e] sprey.

افشردن efşurden: **1.**basınç yapmak. **2.**itmek. **3.**suyunu çıkarmak.

افشرده efşurde: [efşurden>efşurd+e] **1.**meyve suyu. **2.**konsantre. **3.**sıkılmış, suyu sıkılmış, posası çıkarılmış.

افشره efşure: [efşurden>efşur+e] ·usâre.

افشون efşûn: yaba.

افشه efşe: bulgur.

افصاح ifsâh: (A.) fasih konuşma.

افصام ifsâm: (A.) **1.**yağmur sonra havanın açılması. **2.**hastanın ateşinin düşmesi. **3.**tükenme.

افصح efsah: (A.) en fasih, en düzgün konuşan.

افصح العرب efsahularab: (A.) **1.**Arapların en fasih konuşanı. **2.**Hz. Muhammed.

افصح القریش efsahulkureyş: (A.) **1.**Kureyş kabilesinin en fasih konuşanı. **2.**Hz. Muhammed.

افضاح ifzâh: (A.) ayıbı açığa vurma.

افضال efzâl: (A.) **1.**fazlalar. **2.**üstünlükler, erdemler.

افضال ifzâl: (A.) **1.**fazlalaştırma. **2.**iyilik yapma. **3.**fazla gelme. **4.**fazlalık.

افضح · efzah: (A.) en rezil, en müptezel.

افضل efzal: (A.) **1.**en erdemli. **2.**en üstün.

افضلیت efzaliyyet: (A.) üstünlük.

افطار iftâr: (A.) **1.**oruç açma. **2.**iftar yemeği, Ramazan ayında verilen akşam yemeği. **3.**iftar vakti, oruç açma vakti.

افطاری iftârî: (A.-F.) [iftâr+î] iftarlık.

افطاریه iftâriyye: (A.) **1.**iftarlık yiyecek. **2.**Osmanlı döneminde iftardan sonra verilen bahşiş.

افطام iftâm: (A.) sütten kesme.

افعال ef'âl: (A.) **1.**(gr.) fiiller. **2.**işler. **3.**hareketler, eylemler.

افعال ifâl: (A.) **1.**yapmak. **2.**bitirmek. **3.**Arapça sarfta bir fiil kalıbı; ifâl bâbı.

افعوله uf'ûle: (A.) · **1.**işlev, fonksiyon. **2.**görev.

افعی ef'î: (A.) **1.**(zool.) engerek yılanı. **2.**kötü huylu. ‖ * ~ -i mucelcel · افعیء مجلجل çıngıraklı yılan.

افعیان ef'iyân (A.-F.) [ef'î+y+ân] yılanlar, engerek yılanları.

افغان efgân: **1.**ağlayıp inleme. **2.** feryat figan.

افغان efgan: Afgan, Afganlı.

افغانستان efgânistan: (coğ.) Afganistan.

افغان کنان efgânkunân: [efgân+kerden> kun+ân] · feryat figan ederek.

افغانی efgânî: Afganistan parası, Afganî.

افق ufuk: (A.) ufuk. ‖ * ~ -i nigâh افق نگاه görüş ufku.

افقاد ifkâd: (A.) kaybettirme, yok ettirme.

افقار ifkâr: (A.) yoksullaştırma, fakirleştirme.

افقاه ifkâh: (A.) öğretme.

افقر efkar: (A.) en fakir, en muhtaç.

افقه efkah: (A.) en büyük fıkıhçı, en büyük fakih.

افقه ufka: (A.) **1.**ince deri. **2.**sünnet derisi, sünnet edilmiş deri.

افقی ufkî: (A.-F.) [ufk+î] **1.**ufkî. **2.**kare bulmacada soldan sağa.

افقیه ufkiyye: (A.) yatay.

افک ifk: (A.) suç yükleme.

افکار efkâr: (A.) **1.**fikirler, düşünceler. **2.**hüzünlenme. **3.**oy, görüş. **4.**niyet. ‖ * ~ -i âmme افکار عامه kamuoyu. ‖ * ~ -i bâtile افکار باطله yanlış düşünceler, bâtıl düşünceler. ‖ * ~ -i kesî behem âmîhten افکار کسی بهم آمیختن aklı karışmak. ‖ * ~ -i umûmî افکار عمومی kamuoyu, efkâr-i umumi. ‖ * ~ -i umûmiyye افکار عمومیه kamuoyu. ‖ * rişte-i ~ -i kesî râ pâre kerden رشتهء افکار کسی را پاره کردن düşüncesini dağıtmak.

افکندن efkenden: (Peh.) **1.**atmak. **2.**fırlatmak. **3.**yaymak. **4.**hesaptan düşürmek. **5.**yok etmek.

افکنده efkende: [efkenden>efkend+e] **1.**düşmüş. **2.**atılmış. **3.**fırlatılmış. **4.**hesaptan çıkarılmış.

افکوهه ufkûhe: (A.) ·ilginç şey, şaşırtıcı şey.

افگار efgâr: **1.**yaralı. **2.**sakat, kötürüm.

افگار شدن efgâr şoden: **1.**incinmek. **2.**yaralanmak.

افگار کردن efgâr kerden: **1.**incitmek. **2.**yaralamak.

افگانه efgâne: (tıb.) cenin.

افگن efgen: [efgenden>efgen] atan, düşüren.

افگنده efgende: [efgenden>efgend+e] **1.**yıkık, atılmış. **2.**zavallı, düşkün.

افلاء iflâ': (A.) sütten kesme.

افلاح iflâh: (A.) **1.**başarılı olma. **2.**kurtulma, selamete çıkma.

افلاس iflâs: (A.) **1.**borçlarını ödemekten aciz olduğu mahkeme kararı ile saptanmış ve ilan edilmiş olan borçlunun durumu. **2.**borçlunun tüm mal varlığının alacaklılar yararına tasfiye için uygulanan cebrî icrâ yöntemi. **3.**bitme, tükenme. **4.**yoksullaşma.

افلاطون · eflâtûn: (A.) Platon.

افلاطون رشاد ·eflâtûnreşâd: (A.) Eflâtun gibi doğru yolda sebatla yürüyen.

افلاطونی eflâtûnî: (A.+F.) [eflâtûn+î] platonik.

افلاق eflâk: (A.) Eflâk eski Romanya.

افلاق iflâk: (A.) kelime veya mana icat etme.

افلاک eflâk: (A.) **1.**gökler. **2.**felekler. **3.**talihler, kaderler. **4.**(sp.) bir güreş sanatı. ‖ * ~ -i seb'a افلاک سبعه **1.**yedi gezegen: Ay (Kamer), Merkür (Utarid), Venüs (Zühre), Güneş (Şems), Mars (Merih), Jüpiter (Müşteri), Satürn (Zühal). **2.**tasavvufta bilinmesi gereken yedi sıfat: hayat, ilim, kudret, irâdet, semi, basar, kelâm.

افلاک شناس eflâkşinâs: (A.-F.) [eflâk +şinâhten>şinâs] müneccim.

افلاک شناسی eflâkşinâsî: (A.-F.) [eflâk+ şinâhten> şinâs+î] müneccimlik.

افلاک قدر eflâkkadr: (A.) [eflâk+kadr] değeri gökyüzü gibi yüce olan.

افلاکی eflâkî: (A.-F.) [eflâk+î] **1.**göklerle ilgili. **2.**yıldıza tapan. **3.**melek, gökte oturan.

افلاکیان eflâkiyân (A.-F.) [eflâkî+y+ân] melekler.

افلج eflec: (A.) **1.**seyrek diş. **2.**geniş omuzlu.

افلج الاسنان efleculesnân: (A.) seyrek dişli.

افلح · eflah: (A.) en çok rahata eren.

افلس efles: (A.) en züğürt, en çok iflas etmiş.

افلود eflûd: (A.) gürbüz çocuk.

افلیج iflîc: (tıb.) felç, nüzul, inme.

افناء ifnâ: (A.) **1.**yok etme. **2.**tüketme. **3.**savurma, boşu boşuna harcama. **4.**yok edilme.

افناد · efnâd: (A.) bunaklar.

افنان efnân: (A.) **1.**dallar. **2.**türler, çeşitler.

افنون ufnûn: (A.) **1.**tür, çeşit. **2.**zırva. **3.**iç içe geçmiş dallar.

افنیه efniye: (A.) avlular.

افواج efvâc: (A.) **1.**topluluklar. **2.**(ask.) alaylar. **3.**bölükler, gruplar, takımlar.

افواف efvâf: (A.) ince kumaşlar.

افواه efvâh: (A.) **1.**ağızlar. **2.**girişler, menfezler. ‖ * ~ -i nâriyye افواه ناریه ateşli silahlar. ‖ * ~ -i nâs افواه ناس elâlemin dili, halkın ağzı. ‖ * der ~ -i âmm uftâden در افواه عام افتادن halkın diline düşmek.

افواها efvâhen: (A.) şifahen, şifahî olarak, ağızdan.

افواهی · efvâhî (A.-F.) [efvâh+î] belgesiz söz, halkın ağzında dolaşan söz, değersiz, önemsiz.

افور efûr: (A.) sıçrayıp koşma.

افوغ efveg: (A.) büyük ağızlı.

افول ufûl: (A.) **1.**batma, batış. **2.**yıldızların batışı. **3.**gözden kaybolma, görünmez olma. **4.**ölme, ölüm.

افوک efvek: (A.) yalancı.

افوه efveh: (A.) büyük ağızlı ve ön dişleri uzun olan.

افهام · efhâm: (A.) anlamalar, anlayışlar.

افهام ifhâm: (A.) anlatma.

افهاه ifhâh: (A.) aciz bırakma.

افهم · efhem: (A.) en anlayışlı.

افهود ufhûd: (A.) ·boy atmış, gelişmiş çocuk.

افیال · efyâl: (A.) filler.

افیقه efîka: (A.) kötü, fena.

افین efîn: (A.) **1.**tahta kafa, boş kafalı. **2.**çürük ceviz.

افیون efyûn (bot.) haşhaş, afyon.

افیون کش ·efyûnkeş (A.-F.) [efyûn+ keşîden>keş] afyonkeş, afyon içen.

افیونی efyûnî: [efyûn+î] **1.**afyon ile ilgili. **2.**afyonlu. **3.**afyoncu, afyon çeken.

افیکه efîke: (A.) düzmece, yalan, iftira.

اقائه ikâ'e: (A.) **1.**kusturma. **2.**kusturulma.

اقاحی ekâhî: (A.) papatyalar.

اقادیح ekâdîh: (A.) oklar.

اقارب ekârib: (A.) yakınlar, akrabalar.

اقاسیم ekâsîm: (A.) **1.**kısımlar. **2.**paylar, kısmetler.

اقاصر ekâsır: (A.) en kısalar.

اقاصی ekâsî: (A.) en uzaklar, en uzakta bulunanlar, en uçta bulunanlar.

اقاطی ekâtî: (A.) koyun sürüleri.

اقاقیا ekâkiya (bot.) akasya.

اقاله ikâle: (A.) **1.**antlaşmayı bozma. **2.**İslâm hukukunda, bir hukuksal işlemin meydana getirdiği durumu başka bir hukuksal işlemle eski haline getirme. **3.**dediydin demediydin tartışması yapma.

اقاله خواستن ikâle hâsten: bâyiden satışı durdurmayı istemek.

اقاله کردن ikâle kerden: satışı feshetmek.

اقالیم ekâlîm: (A.) **1.**(coğ.) ülkeler. **2.**(coğ.) iklimler. **3.**kıtalar, büyük toprak parçaları.

اقامت ikâmet: (A.) **1.**ikamet, oturma. **2.**yerine getirme. **3.**namaza durma. **4.**müezzinin kâmet getirmesi.

اقامت داشتن ikâmet dâşten: ikamet etmek, oturmak.

اقامت کردن ikâmet kerden: **1.**ikamet etmek, oturmak. **2.**kalmak, bulunmak.

اقامتگاه ikâmetgâh (A.-F.) [ikâmet+gâh] oturulan yer, oturma yeri, bir kimsenin yerleşmek niyetiyle oturduğu yer.

اقامت گزیدن ikâmet gozîden: yerleşmek.

اقامتگه ikâmetgeh (A.-F.) [ikâmet+geh] oturulan yer, oturma yeri.

اقامه ikâme: (A.) **1.**oturma. **2.**ayağa kaldırma. **3.**ayakta durdurma. **4.**meydana çıkarma, ortaya koyma. **5.**yedek mirasçı, ilk mirasçı ve aday mirasçı atama.**6.**mirasçının miras bırakandan önce ölmesi ya da mirası reddetmesi halinde mirasa sahip olmak üzere miras bırakan tarafından bir mirasçı atanması. **7.**miras bırakanın atamış olduğu mirasçısına belirli bir zaman sonra mirası üçüncü bir kişiye geçirme yükümlülüğü getirmesi. ‖ * ~ -i da'vâ kerden اقامهء دعوا کردن dava açmak. ‖ * ~ -i hiyâm kerden اقامهء خیام کردن çadır kurmak. ‖ * ~ -i nemâz اقامهء نماز namaza dururken alınan tekbir. ‖ * ~ -i şuhûd kerden اقامهء شهود کردن şahit getirmek.

اقانیم ekânîm: (A.) asıllar, temeller. ‖ * ~ -i selâse اقانیم ثلاثه Hıristiyanlıkta üç asıl: baba, oğul, rûhülkuds.

اقاویل ekâvîl: (A.) sözler.

اقب ekabb: (A.) ince belli.

اقباح ikbâh: (A.) kötülük yapma.

اقبار ikbâr: (A.) **1.**mezara koyma. **2.**mezara konulma.

اقباض ikbâz: (A.) **1.**ele geçirme. **2.**senet verip alma.

اقبال ikbâl: (A.) **1.**ikbal. **2.**talih, şans. **3.**yönelme, ilerleme. **4.**mevkice yükselme, iyi günler görme, işlerin yolunda gitmesi. **5.**erkek adı. **6.**bayan adı.

اقبال پرست ikbâlperest (A.-F.) [ikbâl+ perestîden> perest] **1.**ikbal düşkünü, mevki düşkünü. **2.**dalkavuk.

اقبال جو ikbâlcû (A.-F.) [ikbâl+costen>cû] ikbal arayan, yükseliş arayan.

اقبال جویانه · ikbâlcûyâne (A.-F.) [ikbâl+ costen>cûy+ âne] yükseliş arayarak, ikbal peşinde koşarak.

اقبالمند ikbâlmend: (A.-F.) [ikbâl+ mend] ikbal sahibi, talihli, mutlu.

اقبح akbeh: (A.) **1.**en çirkin. **2.**en kötü.

اقتباس iktibâs: (A.) **1.**alıntı, iktibas. **2.**alma. **3.**öğrenme.

اقتباساً iktibâsen: (A.) alıntı yaparak, alıntı yoluyla.

اقتباسات iktibâsât: (A.) alıntılar.

اقتباس کردن iktibâs kerden: **1.**alıntı yapmak, iktibasta bulunmak. **2.**faydalanmak. **3.**öğrenmek.

اقتتال iktitâl: (A.) birbirini öldürme, birbirini katletme.

اقتثاء iktisâ: (A.) **1.**biriktirme. **2.**biriktirilme.

اقتحام iktihâm: (A.) **1.**göğüs germe, karşı durma. **2.**saldırma, akın etme, çiğneyip geçme, düşünmeden ileri atılma. **3.**küçümseme.

اقتحامات iktihâmât: (A.) **1.**göğüs germeler, karşı durmalar. **2.**saldırmalar, akın etmeler. **3.**küçümsemeler.

اقتداء iktidâ: (A.) **1.**uyma. **2.**izleme, peşinden gitme. **3.**cemaatle namaz kılma.

اقتداءً iktidâen: (A.) uyarak, izinden giderek, tabi olarak.

اقتدار iktidâr: (A.) **1.**gücü yetme, kudretli olma, güç, kudret. **2.**başkalarından bir şey isteme ve onu elde etme gücü. **3.**devletin toplumsal işlevi. **4.**devletin toplumsal işlevlerini yerine getiren organlar. **5.**cinsel güç.

اقتداری iktidârî: (A.) **1.**iktidar ile ilgili. **2.**yeterlik.

اقتدا کردن iktidâ kerden: **1.**uymak. **2.**izlemek. **3.**cemaatle namaz kılmak.

اقتراب iktirâb: (A.) yaklaşma.

اقتراح iktirâh: (A.) **1.**arzu etme, isteme. **2.**sorma. **3.**seçme. **4.**irticalen konuşma, doğaçlama.

اقتراحات iktirâhât: (A.) doğaçlamalar.

اقتراض iktirâz: (A.) borçlanma.

اقتراع iktirâ': (A.) kur'a çekme.

اقتراف iktirâf: (A.) **1.**suç işleme. **2.**kazanma. **3.**spor yapma. **4.**yüklenme, üstüne alma, işleme.

اقتران iktirân: (A.) **1.**yaklaşma. **2.**bölüşme, paylaşma. **3.**iki yıldızın birbirine yaklaşması. **4.**yakınlık.

اقتسام iktisâm: (A.) **1.**bölme. **2.**and içme.

اقتصاد iktisâd: (A.) **1.**iktisat, ekonomi. **2.**tutumluluk. **3.**biriktirme. **4.**arabuluculuk. ‖ * ~ -i âzâd اقتصاد آزاد liberal ekonomi, serbest ekonomi.

اقتصاد دان iktisâddân: (A.-F.) [iktisâd+ dânisten> dân] iktisatçı, ekonomist.

اقتصاد سنجی iktisâdsencî: (A.-F.) [iktisâd+sencîden> senc+î] iktisadî analiz, ekonometri.

اقتصادی iktisâdî: (A.) ekonomik, iktisadî.

اقتصادیات iktisâdiyyât: (A.) ekonomi ile ilgili bilgiler, ekonomi.

اقتصادیون iktisâdiyyûn: (A.) iktisatçılar, ekonomistler.

اقتصادیه iktisâdiyye: (A.) ekonomik, iktisadî.

اقتصار iktisâr: (A.) **1.**sözü kısa kesme. **2.**kısa tutma. **3.**kısaltma.

اقتصاراً iktisâren: (A.) sözü kısa keserek.

اقتصار کردن iktisâr kerden: **1.**kısaltmak. **2.**yeterli hale getirmek.

اقتصاص iktisâs: (A.) **1.**izinden gitme. **2.**kısas isteme. **3.**kısasa kısas yapma. **4.**hikaye anlatma, kıssa anlatma.

اقتضاء iktizâ: (A.) **1.**gerekme. **2.**gerektirme. **3.**gereklik, gerek. **4.**istek. **5.**uygun olma. **6.**verilen borcu isteme. ‖ * ~ -i hâl اقتضاء حال durumun gereği. ‖ * be ~ -yi به اقتضای uyarınca, gereğince.

اقتضا کردن iktizâ kerden: **1.**gerekli olmak, gerekmek, iktiza etmek. **2.**uygun olmak.

اقتضاض iktizâz: (A.) ırza geçme, bakirelik bozma.

اقتطاع iktitâ: (A.) **1.**ayırma. **2.**kesme.

اقتطاف iktitâf: (A.)·**1.**derme, devşirme, toplama. **2.**derilme, devşirilme, toplanılma. **3.**sonucunu alma.

اقتطافات iktitâfât: (A.)·**1.**dermeler, devşirmeler, toplamalar. **2.**derilmeler, devşirilmeler.

اقتطافیه iktitâfiyye: (A.)·seçmecilik.

اقتفاء iktifâ: (A.) **1.**izleme, peşinden gitme. **2.**(ed.) aynı kafiyede şiir yazma, iktifa etme.

اقتفاءً iktifâen: (A.) peşine düşerek, ardından giderek, izleyerek.

اقتلاع iktilâ': (A.) kapıp alma.

اقتناء iktinâ': (A.) **1.**çalışıp kazanma. **2.**meslek edinme. **3.**biriktirme. **4.**tuzakla avlama.

اقتناص iktinâs: (A.) tuzakla avlanma.

اقتواء iktivâ': (A.) güçlenme, kuvvet kazanma.

اقتیاد iktiyâd: (A.) **1.**tutarak götürme. **2.**tutarak götürülme.

اقتیاس iktiyâs: (A.) **1.**kıyaslama. **2.**benzerini bulma.

اقثام iksâm: (A.) **1.**kökünden kırma. **2.**çok mal biriktirme.

اقحاط ikhât: (A.) **1.**darlığa düşme. **2.**kıtlık, kuraklık düşürme.

اقحوان ukhuvân: (A.) papatya.

اقدار ikdâr: (A.) **1.**güçlendirme, kudretlendirme, gücünü artırma. **2.**kayırma. **3.**geçimini sağlama.

اقدار آثار ikdârâsâr (A.-F.) [ikdâr+âsâr] gücüne güç katma sonuçları doğuran.

اقدام ekdâm: (A.) **1.**ayaklar. **2.**adımlar.

اقدام ikdâm: (A.) **1.**girişim, teşebbüs, hareket. **2.**cesaret gösterme.

اقدامات ikdâmât: (A.) girişimler, teşebbüsler. ‖ * ~ be icrâ guzâşten اقدامات به اجرا گذاشتن girişimde bulunmak, teşebbüste bulunmak, teşebbüs etmek. ‖ * ~ -i lâzime اقدامات لازمه gereken önlemler. ‖ * ~ -i şedîd-i emniyyetî اقدامات شدید امنیتی sıkı güvenlik önlemleri.

اقدام کردن ikdâm kerden: **1.**teşebbüs etmek, girişimde bulunmak. **2.**cesaret göstermek.

اقدس akdes: (A.) en kutsal, en mukaddes. ‖ * vâlâhazret-i ~ والاحضرت اقدس veliaht hazretleri.

اقدم akdem: (A.) **1.**en önce. **2.**en eski.

اقراء ikrâ': (A.) okutma.

اقرار ikrâr: (A.) itiraf.

اقرار دادن ikrâr dâden: itiraf etmek.

اقرار کردن ikrâr kerden: itiraf etmek.

اقرارنامه ikrârnâme: (A.-F.) [ikrâr+ nâme] itirafname.

اقراضات ikrâzât: (A.) borç vermeler.
اقران ekrân: (A.) **1.**akran, yaşıtlar. **2.**yakınlar. **3.**silah arkadaşları.
اقربا akribâ: (A.) yakınlar, akraba.
اقزاع ikzâ': (A.) küfür etme.
اقساء iksâ': (A.) **1.**kasvet verme, sıkıntı verme. **2.**sıkıntı verilme.
اقساط aksât: (A.) **1.**taksitler. **2.**paylar.
اقساط iksât: (A.) âdil davranma, doğruluk gösterme.
اقسام aksâm: (A.) **1.**kısımlar. **2.**organlar. **3.**çeşitler.
اقسام iksâm: (A.) yemin etme, and içme.
اقسومه uksûme: (A.) kısmet.
اقشار ekşâr: (A.) tabakalar, sınıflar.
اقشر akşer: (A.) kızıl suratlı.
اقشرار ikşirâr: (A.) tüyleri diken diken olma.
اقشعار ikşi'âr: (A.) ürperme, tüyleri diken diken olma.
اقصا iksâ: (A.) uzaklaştırma.
اقصار iksâr: (A.) kusur etme, savsaklatma.
اقصر akser: (A.) en kısa.
اقصى aksâ: (A.) **1.**en uzak. **2.**uzak. **3.**son, son derece. ‖ * ~ -yi bilâd اقصاى بلاد sınır şehirleri. ‖ * ~ -yi emel اقصاى امل ideal, ülkü. ‖ * ~ -yi garb اقصاى غرب uzak batı. ‖ * ~ -yi merâtib اقصاى مراتب en üst rütbe, en üst derece. ‖ * ~ -yi murâd اقصاى مراد son arzu. ‖ * ~ -yi şark اقصاى شرق Uzakdoğu. ‖ * ~ -yi şarkiyye اقصاى شرقيه Uzakdoğu. ‖ * ~ -yi şeb اقصاى شب gecenin son saatleri.
اقطاب aktâb: (A.) **1.**kutuplar. **2.**ulular. **3.**pîrler.
اقطار aktâr: (A.) **1.**memleketler, ülkeler. **2.**bölgeler. **3.**damlalar. ‖ * ~ -i cihân اقطار جهان dünyanın dört bir tarafı.
اقطار iktâr: (A.) **1.**damıtma. **2.**damıtılma.
اقطاع iktâ: (A.) iktâ, beylik arazi. Osmanlı idarî teşkilatında mülkiyeti devlete ait arazinin gelirlerinin hizmet ve maaş karşılığı olarak askerlere veya sivil yöneticilere tahsis edilmesi.
اقطاعات iktâ'ât: (A.) iktalar, Osmanlı idarî teşkilatında mülkiyeti devlete ait arazilerin gelirlerinin hizmet ve maaş karşılığı olarak askerlere veya sivil yöneticilere tahsis edilmesi.
اقطاع دادن iktâ dâden: iktâ vermek, toprak bağışlamak.
اقطاعدار iktâdâr: (A.-F.) [iktâ+dâşten> dâr] mukâtaacı.
اقطان aktân: (A.) pamuklar.
اقطع akta': (A.) eli kesik.
اقطوعه uktû'a: (A.) ilgiyi kesmek amacıyla verilen şey.
اقعاد ik'âd: (A.) **1.**oturtma. **2.**hizmet etme. **3.**tahta oturtma. **4.**yüksekçe bir yere çıkartma.
اقعار ik'âr: (A.) **1.**derinleştirme. **2.**derinleştirilme.
اقفا ikfâ: (A.) kafiye yapma.
اقفال ikfâl: (A.) **1.**kilitleme. **2.**kilitlenme.
اقل ekall: (A.) en az. ‖ * ~ -i derece اقل درجه en düşük pâye. ‖ * ~ -i kalîl اقل قليل en az. ‖ * ~ u ekser اقل و اكثر az çok.
اقلاً ekallen: (A.) en azından, hiç olmazsa, bari.
اقلاب iklâb: (A.) **1.**tersine çevirme, tersyüz etme. **2.**tersine çevrilme.
اقلال iklâl: (A.) **1.**azaltma. **2.**azaltılma.
اقلام eklâm: (A.) **1.**kalemler. **2.**bölümler.
اقليت ekalliyyet: (A.) **1.**azınlık. **2.**azlık.
اقليد iklîd: (A.) anahtar.
اقليم iklîm: (A.) **1.**ülke. **2.**yöre. **3.**(coğ.) iklim. **4.**geniş kara parçası, kıta. ‖ * ~ -i bahrî اقليم بحرى deniz iklimi. ‖ * ~ -i berrî اقليم برى kara iklimi. ‖ * ~ -i karreî اقليم قاره اى (coğ.) kara iklimi.
اقليم پذيرى iklîmpezîrî: (A.-F.) [iklîm+pezîroften>pezîr+î] iklime alışma.
اقليم ستان iklîmsitân (A.-F.) [iklîm+sitânden>sitân] ülkeler alan, fatih.

اقليم شناسى iklîmşinâsî: (A.-F.) [iklîm+ şinâhten> şinâs+î] (coğ.) klimatoloji.

اقليمى iklîmî: (A.) iklim ile ilgili.

اقماخ ikmâh: (A.) böbürlenerek kafa tutma.

اقمار ekmâr: (A.) **1.**aylar. **2.**güneş sistemindeki 27 ay.

اقماص ikmâs: (A.) suya batırıp çıkarma.

اقماع ikmâ: (A.) **1.**yenme. **2.**sürme. **3.**rezil etme, aşağılama. **4.**geri çevirme, geri döndürme.

اقمشه akmişe: (A.) kumaşlar.

اقنات iknât: (A.) **1.**Tanrı'ya yalvarma. **2.**ilenme. **3.**namaz kılarken kıyâmı uzatma.

اقناس iknâs: (A.) soysuzken soyluluk iddiasında bulunma.

اقناع iknâ: (A.) ikna, razı etme, inandırma.

اقناعيات iknâ'iyyât: (A.) ikna etmek için söylenen sözler.

اقنوم uknûm: **1.**şahıs. **2.**bir şeyin aslı ve sebebi.

اقنه ukne: (A.) **1.**taş kulübe. **2.**dağ başındaki taş kilisecik.

اقنوم uknûm: (A.) **1.**temel, asıl. **2.**Hıristiyanlıkta "Baba", "Oğul" ve "Rûhülkuds" unsurları.

اقواء ikvâ: (A.) **1.**sarayın boş kalması. **2.**kuvvetin, iktidarın sona ermesi. **3.**zenginleşme.

اقوات ekvât: (A.) yiyecekler, azıklar.

اقواس ekvâs: (A.) kavisler, yaylar.

اقوال ekvâl: (A.) sözler.

اقوال ikvâl: (A.) söylenmemiş sözü söylendi diye iddia etme.

اقواليات ikvâliyyât: (A.) söylenmemiş sözlerin söylendiğini iddia etmeler.

اقوام ekvâm: (A.) **1.**kavimler. **2.**milletler. **3.**akrabalar. ‖ * cem'iyyet-i ~ جمعيت اقوام Birleşmiş Milletler, Cemiyet-i akvâm.

اقوز ekûz (bot.) ceviz.

اقوى ekvâ: (A.) en güçlü, en kuvvetli.

اقويا ekviyâ: (A.) güçlüler, kudretliler.

اقهار ikhâr: (A.) **1.**yok etme, kahr etme. **2.**yok olma, kahr olma.

اقيانوس okyânûs: okyanus.

اقيانوس شناس okyânûsşinâs: [okyânûs+ şinâhten>şinâs] (coğ.) okyanus bilimci, oseanograf.

اقيانوس شناسى okyânûsşinâsî: [okyânûs+ şinâhten> şinâs+î] (coğ.) oseanografi, okyanusbilim.

اقيانوسى okyânûsî: (A.) okyanus ile ilgili.

اكابر ekâbir: (A.) **1.**büyükler, yaşlılar. **2.**ileri gelenler. **3.**zenginler, varlıklılar. **4.**ölmüş ulu kişiler.

اكاذيب ekâzîb: (A.) **1.**yalanlar. **2.**yalan haberler.

اكار ekkâr: (A.) çiftçi.

اكارس ekâris: (A.) yemeklik mantar.

اكارم ekârim: (A.) cömertler, kerem sahipleri.

اكاسره ekâsire: (A.) kisrâlar, Pers hükümdarları.

اكاسيا ekâsiya (bot.) akasya.

اكاف ekkâf: (A.)·semerci.

اكاف ikâf: (A.)·palan.

اكال ekkâl: (A.) **1.**obur, pisboğaz. **2.**etrafına zarar veren yara. **3.**aşındırma.

اكباء ekbâ': (A.) süprüntüler.

اكباب ikbâb: (A.) **1.**yere kapaklanma. **2.**üstüne düşme, çok ilgilenme. **3.**harıl harıl çalışma.

اكباد ekbâd: (A.) karaciğerler.

اكبار ikbâr: (A.) **1.**gözünde büyütme. **2.**gözde büyütülme.

اكبر ekber: (A.) **1.**en büyük, en ulu. **2.**en yaşlı.

اكبريه ekberiyye: (A.) Ekberiye tarikati, Muhyiddin-i Arabî'nin kurduğu tarikat.

اكبير ikbîr: (A.) **1.**pis. **2.**çirkin. **3.**kötü.

اكبير گرفتن ikbîr giriften: kir tutmak, kir bağlamak.

اكتاب iktâb: (A.) **1.**yazdırma, dikte etme. **2.**güzel yazı öğretme, kaligrafi öğretme.

اكتات iktât: (A.) kulağına fısıldama.

اكتاد ektâd: (A.) 1.örnekler. 2.topluluklar.

اكتار ektâr: (A.) 1.onurlar. 2.soylar. 3.dereceler.

اكتاف ektâf: (A.) 1.omuzlar. 2.kürek kemikleri.

اكتام iktâm: (A.) gizleme, saklama.

اكتان iktân: (A.) 1.yapıştırma. 2.yapıştırılma.

اكتتاب iktitâb: (A.) kopya çıkarma, yazarak kopya etme.

اكتتام . iktitâm: (A.) 1.gizleme, saklama. 2.sararma.

اكتحال iktihâl: (A.) 1.sürme çekme. 2.sürme çekinme.

اكتراء iktirâ': (A.) kiralama.

اكتراب iktirâb: (A.) üzüntülü olma.

اكتراث iktirâs: (A.) 1.üzüntülü olma. 2.önemseme.

اكتراج iktirâc: (A.) 1.küflenme. 2.paslanma.

اكتزاز iktizâz: (A.) bozularak buruşma.

اكتساء iktisâ': (A.) giyme, giyinme.

اكتساب iktisâb: (A.) 1.kazanma. 2.elde etme. 3.biriktirme. 4.hakkın geçerli bir hukuksal sebeple bir kişiye bağlanması. 5.bir hakkın elde edilmesi, bir hakka sahip olma.

اكتسابات iktisâbât: (A.) kazanımlar.

اكتسابى iktisâbî: (A.) kazanma ile ilgili.

اكتسار iktisâr: (A.) kırma.

اكتشاف iktişâf: (A.) 1.keşfetme. 2.(ask.) keşif. 3.açma.

اكتشافى iktişâfî: (A.-F.) [iktişâf+î] keşfî, keşif ile ilgili. ‖ * gurûh-i ~ گروه اكتشافى (ask.) keşif bölüğü. ‖ * hevâpeymâ-yi ~ هواپيماى اكتشافى (ask.) keşif uçağı.

اكتفاء iktifâ: (A.) 1.yetinme. 2.yeterli olma, yeterlilik.

اكتفاءً iktifâ'en: (A.) uyarak, izleyerek.

اكتفا كردن iktifâ kerden: 1.yetinmek. 2.yeterli olmak, kafi gelmek.

اكتم ektem: (A.) 1.en ketum, en çok sır saklayan. 2.iri göbekli.

اكتمان iktimân: (A.) gizlenme, saklanma.

اكتناء iktinâ': (A.) gizlenme, saklanma.

اكتنان iktinân: (A.) gizlenme, saklanma.

اكتناه iktinâh: (A.) aslını anlama.

اكتواء iktivâ': (A.) dağlama, dağ vurma.

اكتوبر oktober: (Fr.) Ekim.

اكتهان iktihân: (A.) kır saçlılık, kır sakallılık.

اكتيال iktiyâl: (A.) ölçek ile ölçme.

اكثار iksâr: (A.) 1.çoğaltma, arttırma. 2.çok konuşma.

اكثبه eksibe: (A.) rüzgârla oluşan kum tepecikleri.

اكثر ekser: (A.) 1.en çok. 2.çok defa. 3.çoğu, büyük bir kısmı. 4.genellikle. ‖ * ~ -i ovkât اكثر اوقات çoğu zaman, sık sık. ‖ * hadd-i ~ حد اكثر maksimum, en fazla. ‖ * der ~ -i mevârid در اكثر موارد çok defa.

اكثرا ekseren: (A.) çoğunlukla, genellikle.

اكثر من ان يحصى ekseru min en yuhsâ: (A.) sayılamayacak kadar.

اكثرى ekserî: (A.) 1.çoğu. 2.çoğu kez.

اكثريا ekseriyyâ: (A.) çok defa, çoğu zaman, sık sık.

اكثريت ekseriyyet: (A.) 1.çokluk. 2.büyük kısım. 3.sıklık. ‖ * ~ -i ârâ' اكثريت آراء oy çokluğu. ‖ * ~ -i izâfiye اكثريت اضافيه · göreceli çoğunluk. ‖ * ~ -i mutlaka اكثريت مطلقه ezici çoğunluk. ‖ * ~ -i nisbî اكثريت نسبى nisbî çoğunluk. ‖ * ~ -i tâm اكثريت تام yarıdan bir fazla olan çoğunluk. ‖ * ~ -i tâmme اكثريت تامه tam kadro

اكثم eksem: (A.) iri göbekli şişman, şişgöbek.

اكثوث uksûs: (A.) sarmaşık.

اكثير السفر iksîrussefer: (A.) çok seyahat eden.

اكحال ekhâl: (A.) sürmeler.

اكحل ekhel: (A.) 1.sürmeli. 2.çok sürme kullanan.

اكدار ekdâr: (A.) 1.kederler, üzüntüler. 2.bulanıklıklar.

اكدرار ikdirâr: (A.) bulanıklık, bulanma.

اكداس ekdâs: (A.) hurmalar.

اكذب ekzeb: (A.) en yalancı.

اكذوبه ukzûbe: (A.) yalan.

اكراء ikrâ': (A.) kiralama, kiraya verme.

اكراد ekrâd: (A.) Kürtler.

اكرام ikrâm: (A.) 1.ikram. 2.saygı gösterme. 3.bağışlama. 4.ağırlama. 5.indirim.

اكراماً ikrâmen: (A.) ikram olarak.

اكرامات ikrâmât: (A.) 1.saygı göstermeler. 2.armağan vermeler. 3.ağırlamalar. 4.indirimler.

اكرام خو ikrâmhû: (A.-F.) [ikrâm+hû]1.cömert. 2.bağışlayıcı.

اكراميه ikrâmiyye: (A.) 1.bahşişler. 2.piyangodan bilete isabet edecek para. 3.memur ve işçilere maaş ve ücretleri dışında fazladan ödenen para.

اكران ekran: (Fr.) ekran. ‖ * ~ -i film اكران فيلم film gösterimi. ‖ * ~ -i umûmî اكران عمومى rating. ‖ * ~ -i umûmî dâşten اكران عمومى داشتن rating yapmak.

اكراه ikrâh: (A.) iğrenme, ikrah, tiksinme.

اكرم ekrem: (A.) 1.en saygıdeğer. 2.en cömert, en eliaçık. 3.erkek adı.

اكرم الامم ekremulumem: (A.) ümmetlerin en cömerti, Hz. Muhammed'in ümmeti.

اكرم الاكرمين ekremulekremîn: (A.) cömertlerin en cömerti, yüce Tanrı.

اكرمانه ekremâne (A.-F.) [ekrem+âne] en cömert insan gibi.

اكرمو ضيفاً ekrimû zayfen: (A.) konuğu ağırlayın.

اكرمى ekremî (A.-F.) [ekrem+î] cömertlik, eliaçıklık.

اكرميت ekremiyyet: (A.) cömertlik, eliaçıklık.

اكره ekreh: (A.) en iğrenç, en çirkin.

اكره ukre: (A.) 1.çukur. 2.top.

اكرومه ukrûme: (A.) iyilik, lütuf.

اكسوم uksûm: (A.) yeşil bahçe.

اكسى eksâ: (A.) kat kat giyinen.

اكسى من البصل eksâ minelbasal: (A.) soğan gibi kat kat giyinir.

اكسيه eksiyye: boza.

اكساء iksâ': (A.) 1.giydirme. 2.giydirilme.

اكساد iksâd: (A.) 1.kesada düşürme, durgunluk getirme. 2.kesada düşürülme.

اكسال iksâl: (A.) bezdirme, bezginlik verme.

اكسيد oksid: (Fr.) (kim.) oksit.

اكسيد ازت oksid azot: (Fr.) (kim.) azot oksit.

اكسيداسيون oksidasyon: (Fr.) (kim.) oksitlenme, oksidasyon.

اكسيد گوكرد oksidgûkerd: (Fr.-F.) [oksid+ gûkerd] (kim.) kükürtdioksit.

اكسير iksîr: (A.) 1.her türlü madeni altına çevireceğine inanılan madde. 2.etkili ve şifa veren şurup. 3.en etkili yol.

اكسير كردن iksîr kerden: toprağı altına dönüştürmek.

اكسيژن oksijen: (Fr.) (kim.) oksijen.

اكشم ekşem: (A.) 1.pars. 2.doğuştan yüzünde kusur olan.

اكشوش ukşûş: (A.) sarmaşık, bağ sarmaşığı.

اكفاء ekfâ: (A.) 1.yeme içme. 2.bir işi bilinen yoldan başka bir şekilde yapma. 3.denkler, eşler. 4.eşitler.

اكفار ikfâr: (A.)·1.kafirlikle suçlama, kafir deme. 2.kafirlikle suçlanma.

اكفال ekfâl: (A.)·1.paylar. 2.zafiyetler. 3.kilim parçaları. 4.kalçalar.

اكفال ikfâl: (A.)·kefil etme.

اكفان ekfân: (A.)·kefenler.

اكل ekl: (A.) 1.yeme, yemek. 2.yenilme, yenilmek. ‖ * ~ u şurb اكل و شرب yeme içme.

اكل ukel: (A.) lokmalar.

اكل ukl: (A.) 1.yiyecek. 2.meyva. 3.zekâ.

اكل ukul: (A.) 1.yiyecek. 2.meyva. 3.zekâ.

اکلف eklef: (A.)·1.yüzü çilli. 2.koyu renkli arslan.

اکله ekele: (A.) oburlar.

اکله ukle: (A.) lokma.

اکلیل iklîl: (A.) 1.taç. 2.gümüş ve altın yaldızlı boya. 3.tüveyç.

اکلیلی iklîlî: (A.) 1.taç ile ilgili. 2.tüveyç ile ilgili.

اکمال ikmâl: (A.) tamamlama, ikmal.

اکمام ekmâm: (A.) 1.yenler, kol ağızları. 2.tomurcuklar.

اکمام ikmâm: (A.) 1.yen yapma. 2.ağaç tomurcuklanma.

اکمان ikmân: (A.) gizleme, örtme.

اکمپایمان ekompayman: (İng.) fon sesi, eşlik.

اکمل ekmel: (A.) 1.en olgun, en mükemmel, en kusursuz. 2.erkek adı. ‖ * be nahv-i ~ به نحو اکمل en doğru ve mükemmel şekilde.

اکملانه ekmelâne (A.-F.) [ekmel+âne] mükemmel bir insan gibi.

اکملیت ekmeliyyet: (A.) mükemmellik, kusursuzluk.

اکمه ekeme: (A.) taşlı bayır.

اکمه ekmeh: (A.) doğuştan kör.

اکمهیت ekmehiyyet: (A.) doğuştan körlük.

اکناف eknâf: (A.) çevre, yöre, etraf.

اکنان eknân: (A.) 1.evler. 2.çadırlar. 3.perdeler.

اکنان iknân: (A.) örtme, gizleme.

اکنون eknûn: (Peh.) 1.şimdi. 2.bununla birlikte. 3.o zaman. ‖ * ~ ki اکنون که şimdi, şimdi madem.

اکنون هم eknûn hem: şimdiyse, şimdi de.

اکواب ekvâb: (A.) küpler.

اکواث ekvâs: (A.) yaşmaklar.

اکواخ ekvâh: (A.) kamış kulübeler.

اکوار ekvâr: (A.) dönüşler. 2.sarışlar. 3.arı kovanları. 4.demirci ocakları.

اکواریوم ekvaryum: (Fr.) akvaryum.

اکواز ekvâz: (A.) 1.kadehler. 2.bardaklar. 3.kaseler.

اکوام بذیریه ekvâm-ı buzeyriyye (A.-F.) domalan.

اکوان ekvân: (A.) 1.âlemler, dünyalar. 2.varlıklar.

اکوسیستم ekosistem: (İng.) ekosistem.

اکولانه ekûlâne (A.-F.) [ekûl+âne] pisboğaz gibi.

اکولوژی ekoloji: (Fr.) (coğ.) ekoloji.

اکولی ekûlî (A.-F.) [ekûl+î] pisboğazlık.

اکنه ekinne: (A.) 1.evler. 2.çadırlar. 3.perdeler.

اکول ekûl: (A.) pisboğaz, obur.

اکیاس ekyâs: (A.) keseler, torbalar, para keseleri.

اکیال ekyâl: (A.) 1.kileler. 2.tahıl ölçekleri.

اکید ekîd: (A.) 1.sağlam. 2.katî. 3.kesin emir. ‖ * emr-i ~ امر اکید kesin emir.

اکیداً ekîden: (A.) 1.kesinlikle, kesin olarak, pekiştirerek, açık ve net olarak. 2.tekrar tekrar.

اکیده ekîde: (A.) pekiştirilmiş, sağlam. ‖ * tenbîhât-ı ~ تنبیهات اکیده kesin uyarılar.

اکیراه ukeyrâh: (A.) ayazma.

اکیس ekyes: (A.) elinden her iş gelen.

اکیله ekîle: (A.) yenilmiş.

اگدش igdiş: 1.melez. 2.burulmuş.

اگر eger: (Peh.) eğer.

اگرت egeret: [eger+et] eğer sen, eğer sana, eğer seni, eğer senin.

اگر چنانچه eger çonançi: [eger+çon+ân+ çi] 1.eğer. 2.velev ki.

اگرچند egerçend: [eger+çend] her ne kadar.

اگرچه egerçi: [eger+çi] her ne kadar, gerçi, ise de.

اگرنه egerne: [eger+ne] yoksa.

اگر هیچ eger hîç: eğer tesadüfen.

اگسون igsûn: kıymetli bir tür giysi.

اگنش egniş: inşa etme, yapma.

الآن elân: (A.) 1.şimdi, şu anda, elan. 2.derhal.

الا elâ: (A.) ey. ‖ * ~ ey الا ای 1.ey. 2.şimdi. ‖ * ~ yâ الا یا ey. ‖ * ~ yâ eyyuhâ الا یا ایها ey, hey.

الا illâ: (A.) 1.ancak, -den başka, -dışında, müstesna. 2.-meksizin, -maksızın. 3.yoksa, ancak, aksi halde. 4.ille de, mutlaka.

الاستیکی elastikî: (Fr.-A.) [elâstîk+î] esnek.

الاستیکیت elâstikiyyet: (Fr.-A.) esneklik.

الاغ olâğ: (T.) (zool.) eşek.

الاکلنگ ellâkoleng: tahtırevan.

الاله elâle (bot.) lale.

الا الله illallâh: (A.) Tanrı'dan başka ilah yoktur.

الا لله illâ lillah: (A.) illa, ille de, mutlaka.

الامان el-emân: (A.) **1.**elaman, imdat, aman dileme. **2.**usandım, bıktım.

الامانجی elamançi: (T.) yağmacı.

الامان خواه elamanhâh (A.-F.) [elamân+ hâsten>hâh] **1.**aman dileyen. **2.**yaka silken.

الآن است که el'ânestki: (A.-F.) [el'ân+est+ki] neredeyse, az daha.

البا elibbâ: (A.) akıllılar.

الباب elbâb: (A.) **1.**akıllar. **2.**akıllılar.

الباث ilbâs: (A.) durdurma, engel olma, alıkoyma.

الباد ilbâd: (A.) **1.**yapıştırma. **2.**yapıştırılma. **3.**yamama. **4.**yamanma.

الباس ilbâs: (A.) **1.**giydirme. **2.**giydirilme. **3.**örtme. **4.**örtülme.

البت elbet: (A.) **1.**mutlaka. **2.**eninde sonunda. **3.**tabii.

البته elbette: (A.) **1.**mutlaka. **2.**tabii ki. **3.**eninde sonunda.

البرز elburz: **1.**İran'da Elburz dağı. **2.**Kaf Dağı. **3.**uzun boylu ve yakışıklı.

البز elbuz: (A.) yüce, yüksek.

البز elbuz: Elburz Dağı.

البسه elbise: (A.) **1.**giysiler. **2.** giysi.

البه ube: (A.) **1.**açlık. **2.**kıtlık.

البوب ulbûb: (A.) kiraz çekirdeği.

الپر alper: (T.) kurnaz, şeytan.

التباس iltibâs: (A.) birbiriyle karıştırılacak derecede iki şey arasındaki benzerlik.

التثام iltisâm: (A.) **1.**örtme. **2.**örtünme.

التجاء iltica: (A.) iltica, sığınma.

التجا آوردن iltica âverden: sığınmak.

التجاج ilticâc: (A.) dalgalanma (ses veya deniz).

التجاگاه ilticâgâh: (A.) [iltica+gâh] sığınak, sığınılacak yer.

التجاگه ilticâgeh (A.-F.) [iltica+geh] **1.**sığınak. **2.**sığınılacak yer.

التحاء iltihâ': (A.) sakal bırakma.

التحاد iltihâd: (A.) dinden çıkma, mülhid olma.

التحاط iltihât: (A.) kızma.

التحاف iltihâf: (A.) bürünme.

التحاق iltihâk: (A.) **1.**katılma, iltihak. **2.**kavuşma.

التحام iltihâm: (A.) yara kapanması.

التداع iltidâ': (A.) yanıp yakılma.

التذاذ iltizâz: (A.) **1.**lezzet alma. **2.**hoşlanma, zevk alma.

التزاق iltizâk: (A.) yapışma, bulaşma.

التزام iltizâm: (A.) **1.**zorunluluk. **2.**yoldaş olma. **3.**taraf tutma. **4.**vergi toplama. Osmanlı Devletinde vergilerin tarh ve tahsilinin belirli bir bedel karşılığında mültezim adlı vergi memurlarına bırakılması. || * ~ -i mâlâyelzem التزام مایلزم boşuna uğraşma, abesle iştigal etme.

التزاما iltizâmen: (A.) **1.**gerekli görerek. **2.**gerektirerek. **3.**taraf tutarak.

التزامی iltizâmî: (A.-F.) zorunlu. || * mâzî-i ~ ماضیء التزامی (gr.) geçmiş zaman istek kipi. || * muzâri'-i ~ مضارع التزامی (gr.) geniş zaman istek kipi.

التزامیه iltizâmiyye: (A.) **1.**iltizam ile ilgili. **2.**bilerek, isteyerek.

التصاق iltisâk: (A.) yapışma, birleşme.

التطام iltitâm: (A.) dalgalanma, çalkanma.

التعاب ilti'âb: (A.) oynama, oyun oynama.

التفات iltifât: (A.) **1.**yönelme. **2.**bakma, bakış. **3.**ilgi, teveccüh. **4.**şefkat.

التفات پرور iltifâtperver (A.-F.) [iltifât+ perverden> perver] **1.**ilgi gösteren. **2.**gönül alan.

التفات داشتن iltifât dâşten: aldırış etmek, aldırmak.

التفاتكار iltifâtkâr (A.-F.) [iltifât+kâr] **1.**ilgi gösteren. **2.**gönül alan.

التفاتكارانه iltifâtkârâne (A.-F.) [iltifât+ kâr+âne] **1.**ilgi göstererek. **2.**gönül alarak.

التفات كردن iltifât kerden: **1.**teveccüh göstermek. **2.**aldırış etmek. **3.**cömert davranmak. **4.**bağışlamak.

التفات نامه iltifâtnâme (A.-F.) [iltifât+ nâme<nâme-i iltifât] iltifat mektubu.

التفاف iltifâf: (A.) **1.**sürünme, sarınma. **2.**katmerleşme.

التقاء iltikâ: (A.) buluşma, rastlaşma, karşılaşma, bir araya gelme.

التقاط iltikât: (A.) **1.**derme, devşirme. **2.**bilgi çıkarma, bilgi toplama.

التقاط كردن iltikât kerden: **1.**dermek, devşirmek. **2.**alıntı yapmak, iktibas etmek.

التقاع iltikâ': (A.) beti benzi atma, yüzünün rengi değişmi.

التقام iltikâm: (A.) lokma etme.

التما iltimâ: (A.) **1.**renk değiştirme. **2.**sararma, solma.

التماح iltimâh: (A.) şaşkın şaşkın bakış.

التماس iltimâs: (A.) **1.**dilek. **2.**yalvarış. 3.kayırma.

التماس دادن iltimâs dâden: yalvarıp yakarmak.

التماس كردن iltimâs kerden: **1.**yalvarıp yakarmak. **2.**dilemek, rica etmek.

التماس نامه iltimâsnâme (A.-F.) [iltimâs+ nâme] kayırma mektubu.

التماس نمودن iltimâs numûden: yalvarmak, yakarmak.

التماع iltimâ': (A.) parıldama, ışıltı.

التماعات iltimâ'ât: (A.) parıldamalar, ışıltılar, pırıltılar.

التمام iltimâm: (A.) ziyaret.

التواء iltivâ: (A.) **1.**dolanma. **2.**büklüm büklüm olma. **3.**dalgalanma. **4.**eğri durma. **5.**bükülme, burulma, kıvrılma.

التهاء iltihâ': (A.) eğlenme, oynama.

التهاب iltihâb: (A.) **1.**alevlenme, tutuşma. **2.**iltihâb.

التهاث iltihâs: (A.) açlıktan soluma, susuzluktan soluma.

التهاف iltihâf: (A.) alevlenip parlama.

التياح iltiyâh: (A.) **1.**susama. **2.**güneşten yanma. **3.**şimşek çakması. **4.**yıldız ışıması.

التياع iltiyâ': (A.) heyecanlanma.

التياق iltiyâk: (A.) can ciğer dost olma.

التيام iltiyâm: (A.) **1.**iyileşme. **2.**yara kapanması. **3.**kavuşma.

التيام پذير iltiyâmpezîr (A.-F.) [iltiyâm+ pezîruften> pezîr] iyileşebilir.

التيام ناپذير iltiyâmnâpezîr (A.-F.) [iltiyâm+ nâ+ pezîrften>pezîr] onulmaz, iyileşmez.

التيام يافتن iltiyâm yâften: iyileşmek (yara, çıban).

الجاء ilcâ': (A.) **1.**zorlama, zorunda bırakma. **2.**içtepi. ‖ * ~ -i ehvâl الجاء احوال durumun getirdiği zoraki şartlar. ‖ * ~ -yi hâl الجاى حال durumun getirdiği. ‖ * ~ -yi vakt u hâl الجاى وقت و حال vaktin ve durumun gereği olarak.

الجاآت ilcâ'ât: (A.) zorlamalar, zorunda bırakmalar. ‖ * ~ -i hâl الجاآت حال o andaki güç durum, zamanın getirdiği güçlük.

الجاج ilcâc: (A.) feryat etme, bağırma.

الجاء على رتبته elcâi alâ rütbetihi: (A.) gökyüzünde bir yıldız kümesi.

الجاسى elcâsî: (A.) Herkül yıldız kümesi.

الجام ilcâm: (A.) **1.**gem takma. **2.**gem takılma.

الجاميشى olcamîşî: (T.) itaat, boyun eğme.

الجبار elcebbâr: (A.) Orion yıldız kümesi.

الجزيره elcezîre: (A.) mezopotamya.

الجمه elcime: (A.) gemler.

الجنون فنون elcunûnu funûn: (A.) delilik türlü türlü.

الچيان ilçiyân (T.-F.) [ilçi+y+ân] elçiler.

الحاج elhâc: (A.) hacı.

الحاح ilhâh: (A.) 1.ısrarla isteme, ısrar, üsteleme. 2.zorlama.

الحاحات ilhâhât: (A.) 1.zorlamalar. 2.üstelemeler.

الحاد ilhâd: (A.) 1.dinden dönme. 2.Tanrı'nın varlığına inanmama, Tanrıtanımazlık, ateizm.

الحاصل elhâsil: (A.) 1.sonuç. 2.sonuç olarak, kısacası, sözün kısası.

الحاظ elhâz: (A.) göz ucuyla bakışlar, tehdit edici bakışlar.

الحاف ilhâf: (A.) 1.zorlama. 2.üsteleme.

الحاق ilhâk: (A.) 1.birleştirme, kendine katma, ilhak. 2.katılma. 3.kelime sonundan harf atma.

الحال elhâl: (A.) şimdi, şu anda, hâlâ.

الحالة هذه elhâletu hâzihi: (A.) şimdi, bugün, günümüzde.

الحان elhân: (A.) 1. şarkılar, ezgiler. 2.şakımalar.

الحان برکشیدن elhân berkeşîden: 1.şarkı söylemek. 2.ötmek.

الحذر elhazer: (A.) 1.sakınma. 2.sakının, uzak durun.

الحذر من السارقين elhazeru minessârikîn: (A.) hırsızlardan sakının.

الحسد elhased: (A.) 1.kıskanma. 2.kıskanılır.

الحق elhak: (A.) gerçekten, doğrusu.

الحمد لله elhamdulillâh: (A.) Allah'a hamd olsun.

الحکم للغالب elhukmulilgâlib: (A.) hüküm gâlip olanın.

الحکم لله elhukmulillâh: (A.) hüküm Tanrı'nın.

الحکم لمن غلب elhukmulimen galeb: (A.) hüküm galip gelenin.

الحيه elhayye: (A.) yılan.

الخ ilah: (A.) Arapça ilâ âhirihi ibaresinin kısaltılmış şekli: sonuna kadar, ve devamı, ve devamının devamı (vd., vdd.).

الد eledd: (A.) inatçı.

الداعى eddâî: (A.) 1.duacı, dua eden. 2.duacını, bendeniz, bendeleriz.

الدبران eddeberân: (A.) deberan, boğa burcunun en parlak yıldızı.

الدنگ eldeng: 1.haylaz. 2.utanmaz. 3.avare. 4.karnı geniş.

الذ elezz: (A.) en lezzetli, en leziz.

الرد elred: büyük çuval, harar.

الزاق ilzâk: (A.) 1.yapıştırma. 2.yapıştırılma.

الزام ilzâm: (A.) 1.zorlama, gerekli görme. 2.mecburiyet, zorunluluk. 3.susturma. 4.vergi toplama işini üstlenme.

الزام آور ilzâmâver: (A.-F.) zorlayıcı, zorunlu.

الزامکار ilzâmkâr (A.-F.) [ilzâm+kâr] susturucu.

الزامى ilzâmî: (A.-F.) zorunlu, icbarî, mecburî.

الزاميات ilzâmiyyât: (A.) susturucu sözler.

الزم elzem: (A.) çok gerekli.

الزميت elzemiyyet: (A.) çok gereklilik.

الساعه essâ'e: (A.) 1.hemen, derhal. 2.haydi.

الست elest: (A.) [<elestu] değil miyim?, ezel, insanoğlunun ilk yaratıldığı zaman.

الست آرا elestârâ (A.-F.) [elest+ârâsten> ârâ] elest âlemini süsleyen.

ألست بربکم elestu birabbikum: (A.) Ben sizin rabbiniz değil miyim?

السلام esselâm: (A.) 1.selam. 2.selam olsun.

السن elsen: (A.) düzgün konuşan.

السن elsun: (A.) lisanlar, diller.

السن بالسن والجروح بالقصاص essinn bissinn velcurûh bilkısâs: (A.) göze göz, dişe diş.

السنه elsine: (A.) lisanlar, diller. ‖ * ~ -i ecnebiyye السنهٔ اجنبيه yabancı diller. ‖ * ~ -i enâm السنهٔ انام halk dili. ‖ * ~ -i garbiyye السنهٔ غربيه Batı dilleri. ‖ * ~ -i hârice السنهٔ خارجه yabancı diller. ‖ * ~ -i selâse

السنهء ثلاثه 1.üç dil. 2.Türkçe, Farsça ve Arapça. ‖ * ~ -i şarkiyye السنهء شرقیه doğu dilleri.

الشجا eşşucâ: (A.) gökyüzünde bir yıldız kümesi.

الش دگش aliş degiş: (T.) alışveriş, mübadele.

الشهیر ب eşşehîr bi: (A.) denilmekle tanınmış.

الصاق ilsâk: (A.) 1.bitiştirme, kavuşturma. 2.bitiştirilme, kavuşturulma.

الصلا essalâ: (A.) 1.haydi namaza. 2.haydi, durma öyle.

الصلاپرداز essalâperdâz (A.-F.) [essalâ+ perdâhten> perdâz] ezan okuyan.

الصلات essalât: (A.) 1.haydi namaza. 2.ezan.

الطائر ettâ'ir: (A.) kartal burcunun en parlak yıldızı.

الطاف eltâf: (A.) lütuflar, iyilikler.

الطف eltaf: (A.) en güzel, en latif.

العاب il'âb: (A.) 1.oynatma. 2.bir şekilde meşgul etme, oyalama. 3.oynatılma. 4.oyalatılma.

العانیاسیه el'ânyâsiyye: (A.) iğdegiller.

الغ uluğ: (T.) ulu, büyük, yüce.

الغاء ilgâ: (A.) 1.ilga, kaldırma, ortadan kaldırma, feshetme. 2.kaldırılma, lağvedilme.

الغارکنان ılgarkunân (T.-F.) [ılgar+ kerden>kun+ ân] saldırarak, hücum ederek.

الغاز elgâz: (A.) bilmeceler, bulmacalar.

الغبطه elgibte: (A.) 1.gıpta etme. 2.imrenirim, gıpta ederim.

الغرض elgaraz: (A.) 1.maksat, amaç. 2.maksada gelince.

الغوزه ulgûze: (A.) bilmece.

الغیاث elgiyâs: (A.) imdat, yardım edin, elaman.

الف elf: (A.) bin.

الف elif: (A.) 1.Arap alfabesinin ilk harfi. 2. Ebced sistemine göre sayısal değeri: 1. 3.bayan adı. 4.düzgün boy. 5.tuğrada yukarıya doğru birbirine paralel olarak çekilen üç hat. ‖ * ~ -i maksûre الف مقصوره kimi Arapça kelimelerde olup "ya" harfi ile yazılan kısa elif. ‖ * ~ -i memdûde الف ممدوده uzun okunan elif.

الف ilf: (A.) ·alışma, ülfet.

الف uluf: (A.) elifler.

الفاتحه elfâtiha: (A.) fâtiha sûresini okumaya davet.

الفاختن elfâhten: toplamak, bir araya getirmek, biriktirmek.

الفارس elfâris: (A.) gökyüzünde bir yıldız kümesi.

الفاظ elfâz: (A.) sözler, lafızlar.

الفاف elfâf: (A.) birbirine dolaşık dallar veya fidanlar.

الفبا elifbâ: (A.) 1.alfabe. 2.başlangıç. 3.bir tür örgü motifi. ‖ * ~ yi âvengâr الفبای آونگار fonetik alfabesi.

الفبائی elifbâî: (A.) alfabetik.

الفت ulfet: (A.) 1.kaynaşma, alışma, içli dışlı olma. 2.dostluk, ahbaplık. 3.konuşma, görüşme.

الفتگر ulfetger (A.-F.) [ulfet+ger] ülfet eden, dostluk eden.

الفتگری ulfetgerî (A.-F.) [ulfet+ger+î] ülfet etme, dostluk etme.

الفت گرفتن ulfet giriften: alışmak.

الفراق elfirâk: (A.) ayrılık, ayrılma.

الفغدن elfeğden: kazanmak, kespetmek, elde etmek, sağlamak.

الف قامت elifkâmet: (A.) [elif+kâmet] elif gibi uzun ve düzgün boylu.

الف لام eliflâm: (A.) [elif+lâm] 1.elif ve lam harfi. 2.âyet.

الفنج کردن elfenc kerden: biriktirmek, bir araya getirmek.

الفنجیدن elfencîden: 1.toplamak, bir araya getirmek, biriktirmek. 2.kazanmak.

الفی elifî: (A.) 1.çizgili kumaş. 2.pantolondan genişçe bir şalvar türü.

الفیه elfiyye: (A.) 1.binlik. 2.erkeklik organı, penis. 3.(ed.) bin beyitlik kaside.

القاء ilkâ: (A.) 1.bırakma, salma, atma. 2.bırakılma, salınma, atılma.

3.telkin. ‖ * ~ be nefs تلقا به نفس kendi kendine telkinde bulunma. ‖ * ~ -i şubhe القاء شبهه yanıltma, yanılgıya düşürme.

القاآت ilkâ'ât: (A.) **1.**bırakmalar. **2.**telkinler.

القاب elkâb: (A.) lakablar.

القاح ilkâh: (A.) **1.**aşı yapma. **2.**aşı yapılma. **3.**dölleme. **4.**döllenme.

القانت olkanet (bot.) havacıva.

القصه elkısse: (A.) kısaca, sözün kısası, velhasıl.

الک elek: **1.**elek. **2.**çelik (çelik çomak oyununda).

الکا ulkâ: (T.) **1.**ülke. **2.**yöre.

الکترواِمان elektroeman: (Fr.) elektromiknatıs.

الکتروپنوماتیک elektropinomatik: (İng.) elektropnömatik.

الکترود elektrod: (Fr.) elektrod.

الکترومغناطیس elektromiğnatîs: (Fr.-A.) elektromiknatıs.

الکترومغناطیسی elektromiğnatîsî: (Fr.-F.) [elektromiğnatis+î] elektromanyetik.

الکترومکانیک elektromekânik: (İng.) elektromekânik.

الکتروموتور elektromotor: (Fr.) elektrik motoru.

الکترونیک elektronik: (Fr.) elektronik.

الکتریسیته elektrisite: (Fr.) elektriklenme. ‖ * ~ -i sâkin الکتریسیتهء ساکن (fiz.) statik elektriklenme.

الکتریک elektrik: (Fr.) elektrik.

الکتریک نما elektrîknumâ (Fr.-F.) [elektrîk+ numûden> numâ] elektroskop, elektrik gösteren.

الکتریکی elektrîkî (Fr.-A.) [elektrik+î] elektrik ile ilgili.

الکتریکیت elektrîkiyyet (Fr.-A.) [elektrîk+ iyyet] elektriksellik, elektrikleşme. ‖ * ~ -i mignatısiyye الکتریکیت مغنطسیه elktromanyetiklik. ‖ * ~ -i sâkine الکتریت ساکنه elektrostatik.

الک دولک elekdulek: çelik çomak oyunu.

ال کردن و بل کردن el kerden u bel kerden: laf atmak.

الکل alkol: (A.-Fr.) alkol.

الکلی alkolî: (A.-Fr.-F.) **1.**alkolik. **2.**alkollü.

الکن elken: (A.) dili tutuk, kekeme, peltek dilli.

الگو olgu: (T.) **1.**patron, dikiş örneği. **2.**örnek.

الگو برداشتن olgu ber dâşten: örnek almak.

الگو کشیدن olgu keşîden: patron çıkarmak.

الله Allah: (A.) Allah.

الله اعلم allâhu a'lem: (A.) Allah en iyi bilendir.

الله اعلم بالصواب allâhu a'lem bissevâb: (A.) Allah doğruyu en iyi bilendir.

الله بختی allahbahtî: (A.-F.) [allah+ baht+î] tesadüfî, şansa.

الله خالق کل شیء allâhu hâlikun küllü şey'in: (A.) Allah her şeyin yaratıcısıdır.

الله لطیف بعباده allâhu latîfun bi'ibâdihi: (A.) · Tanrı, kullarına lütuf edicidir.

الله معک allâhu me'ak: (A.) Allah seninledir.

الله ولی التوفیق allahu veliyyuttevfîk: (A.) başarıyı veren Allah'tır.

اللهی allahî: (A.-F.) [allah+î] **1.**Allahlık. **2.**olgun insan. **3.**ermiş, evliya.

الم elem: (A.) **1.**acı, ıztırap. **2.**sancı, ağrı.

الم ulum: (A.) topluluk, grup, cemaat.

الما ilmâ: (A.) çalma.

الماح ilmâh: (A.) **1.**parlatma. **2.**güzel kızın yüzünü gösterip gizlemesi.

الماس elmâs: (Yun.>Peh.) **1.**elmas. **2.**değerli, sevgili.

الماس پاره elmâspâre (Yun.>F.) [elmâs+ pâre] **1.**elmas parçası. **2.**çok güzel.

الماس تراش elmâstırâş (Yun.>F.) [<elmâs+ terâşîden> terâş] **1.**elmas işleyen. **2.**elmas gibi işlenmiş. **3.**kaliteli kristal. **4.**kaliteli cam.

الماس ريزه elmâsrîze (Yun.>F.) [elmâs+ rîhten> rîz+e] elmas kırıntısı.

الماس نشان elmâsnişân: [elmâs+ nişânden> nişân] elmas kakmalı, elmas işlemeli.

الماس نما elmasnumâ: [elmâs+numûden> numâ] elmas görünen, elmas işlemeli.

الماع ilmâ': (A.) **1.**parlatma. **2.**işaretle bildirme.

الم الم ulum ulum: (A.) bölük bölük, grup grup.

المام ilmâm: (A.) **1.**yakışık alma, yakışma. **2.**konma. **3.**küçük günah işleme.

المح elmah: (A.) araştırma meraklısı.

المحى elmahî: (A.) araştırma meraklısı.

الم خوار elemhâr (A.-F.) [elem+horden> hor>hâr] elemli.

الم رسيدن elem resîden: **1.**dertlenmek. **2.**dertli olmak.

الم زدگان elemzedegân (A.-F.) [elem+ zeden>zed+ e+g+ ân] elemliler, acılılar, dertliler.

الم زده elemzede (A.-F.) [elem+zeden> zed+e] elemli, acılı, dertli.

الم شنگه اى راه انداختن elemşengeî râh endâhten: kıyamet koparmak.

المع elma': (A.) kıvrak zekalı.

المعى elma'î: (A.) kıvrak zekalı.

المناك elemnâk (A.-F.) [elem+nâk] elemli.

المنت لله elminnetulillah: (A.) minnet ancak ancak Tanrı'yadır.

الموت elemût: [<eluh+mût] **1.**karakuş yuvası. **2.**Alamut kalesi.

الميس ilmeys (bot.) dağdağan.

النگ eleng: **1.**duvar, sur. **2.**siper. **3.**kale askeri.

النگ uleng: (T.) otlak, yeşillik.

النگو elengû: bilezik. ‖ * ~ -yi meftûlî النگوى مفتولى burma bilezik.

النهر ennehr: (A.) **1.**nehir, ırmak. **2.**gökyüzünde bir yıldız kümesi.

الو elev: (T.) alev.

الواح elvâh: (A.) **1.**levhalar, plakalar. **2.**tablolar.

الوار elvâr: kalas.

الوار elvâr: (A.) Lorlar, Lor kavmi.

الواز elvâz: (A.) bademler.

الواط elvât: (A.) **1.**hayta. **2.**külhanbey. **3.**hovarda.

الو الاجنحه ululecniha: (A.) kanatlı.

الوان elvân: (A.) **1.**renkler. **2.**neviler. **3.**rengarenk. **4.**bir hil'at türü. **5.**bayan adı.

الوان پذير elvânpezîr (A.-F.) [elvân+ pezîruften> pezîr] renklenen, boyanan.

الوداع elvidâ': (A.) **1.**vedalaşma. **2.**hoşçakal.

الوس elûs: (Peh.) kırat.

الوف elûf: (A.) herkesle barışık, herkesle görüşen.

الوف ulûf: (A.) **1.**binler. **2.**binlerce.

الوك elûk: **1.**haber. **2.**(zool.) kelebek.

الوك elûk: (A.) büyükelçi.

الوكه elûke: (A.) güven mektubu.

الول ilûl: eylül.

الونان ilvinân: (A.) renklenme.

الوهيت ulûhiyyet: (A.) ilahlık, Allahlık.

الويه elviye: (A.) sancaklar.

اله ilâh: (A.) **1.**mitolojik tanrı. **2.**Allah.

اله elûh: (A.) yemin.

اله eluh: karakuş, kartal.

الهاء ilhâ': (A.) boş şeylerle ilgilenme.

الهاب ilhâb: (A.) **1.**alevlendirme. **2.**iltihaplandırma.

الهام ilhâm: (A.) **1.**gönüle doğma. **2.**gönüle doğan, esin. **3.**Tanrı'nın insanın gönlüne doğdurması.

الهامات ilhâmât: (A.) ilhamlar, esinler.

الهام بخش ilhâmbahş: (A.-F.) ilham kaynağı, ilham veren, ilham verici.

الهام بخشيدن ilhâm bahşîden: ilham vermek.

الهامكار ilhâmkâr (A.-F.) [ilhâm+kâr] ilham verici.

الهام گرفتن ilhâm giriften: esinlenmek, ilham almak.

الهاميه ilhâmiyye: (A.) İlhâmîlik mezhebi, ilham eseri yazılmış olan eserleri önemseyen bir mezhep.

اله كردن بله كردن ile kerden bile kerden: 1.laf atmak. 2.lafı kıvırmak, şöyle böyle söylemek.

الهوه ulhuvve: (A.) oyuncak.

الهه ilâhe: (A.) ilahe, tanrıça.

الهى ilâhî: (A.) 1.ilahî, Tanrı ile ilgili, tanrısal. 2.Tanrım!, Allahım!, İlahî!

الهيات ilâhiyyât: (A.) ilâhiyat.

الهيه ulhiyye: (A.) oyuncak.

الى ilâ: (A.) (gr.) -e, -a, -e kadar. ‖ * ~ mâşâ'allâh الى ماشاء الله Allah'ın dilediği sürece. ‖ * ~ yevmilkiyâm الى يوم القيام kıyamet gününe kadar. ‖ * min evvel ~ âhir من اول الى آخر başından sonuna kadar. ‖ * ve ~ mâşâ'allâh و الى ماشاء الله Allah'ın dilediği sürece.

الى eliyy: (A.) çok yemin eden.

الى آخر ilâ âhir: (A.) sona kadar, sonuna kadar.

الى آخره ilâ âhirihi: (A.) 1.ve devamı. 2.sonuna kadar.

الياف elyâf: (A.) 1.lifler. 2.ipler.

اليافدار elyâfdâr: (A.-F.) [elyâf+dâşten> dâr] elyaflı.

الى الآن ilel'ân: (A.) şimdiye kadar, şimdiye dek, hâlâ.

الى الأبد ilel'ebed: (A.) sonsuza kadar.

اليتان ilyetân: (A.) sağ ve sol butlar.

اليتين ilyeteyn: (A.) sağ ve sol butlar.

اليز elîz: çifteleme, çifte.

اليف elîf: (A.) 1.dost. 2.alışılmış.

اليق elyak: (A.) en yaraşır, en lâyık, en liyakatli.

اليم elîm: (A.) 1.üzücü, acı verici. 2.sancı verici, ağrıtıcı.

اليمه elîme: (A.) 1.üzücü, acı verici. 2.sancı verici, ağrıtıcı.

الى نهايه ilânihâye: (A.) [ilâ+nihâye] sonuna kadar.

اليوم elyevm: (A.) 1.gün. 2.bugün, şimdi, günümüzde.

اليوى ilyevî: (A.) 1.but ile ilgili. 2.sağrı ile ilgili.

اليه elye: (A.) 1.yağlı koyun kuyruğu. 2.kaba etler.

اليه ileyh: (A.) ona.

اليه ilye: (A.) 1.kıç. 2.sağrı. 3.but.

اليها ileyhâ: (A.) o (dişiye)

اليهم ileyhum: (A.) onlara, o erkeklere.

اليهما ileyhimâ: (A.) o iki kişiye.

اليهن ileyhunne: (A.) onlara, o dişilere.

اليهنا ileyhunâ: (A.) o iki dişiye.

ام umm: (A.) 1.anne, ana. 2.asıl.

امآق em'âk: (A.) göz pınarları.

اما emmâ: (A.) 1.ama, fakat. 2.-tense.

اماء imâ': (A.) cariyeler.

امات ummât: (A.) anneler.

اماتت imâtet: (A.) 1.öldürme. 2.kovma.

اماته imâte: (A.) öldürme. ‖ * ~ -i vakt اماتهء وقت vakit öldürme.

اماثل emâsil: (A.) 1.benzerler, akranlar. 2.seçkinler, daha iyiler. 3.saygın kişiler.

اماج umâc: bulamaç, undan yapılmış bir tür çorba.

اماجد emâcid: (A.) en onurlular.

امارات emârât: (A.) işaretler, belirtiler.

امارت emâret: (A.) 1.emirlik. 2.prenslik.

امارت imâret: (A.) 1.emirlik. 2.komutanlık. 3.vilayet.

امارت داشتن imâret dâşten: emirlik yapmak.

امارد emârid: (A.) 1.bıyığı terlememiş gençler. 2.oğlanlar, homoseksüel oğlanlar.

اماره emâre: (A.) belirti, işaret.

اماره imâre: (A.) alâmet, işaret.

اماره emmâre: (A.) 1.emredici. 2.nefis ile ilgili istekler. ‖ * nefs-i ~ نفس اماره emredici nefis, zevk ve şehveti emreden nefis.

امازر emâzir: (A.) güçlü kişiler.

اماطه imâte: (A.) 1.uzaklaştırma. 2.uzaklaştırılma.

اماكن emâkin: (A.) mekânlar, yerler. ‖ * ~ -i mukaddese اماكن مقدسه kutsal topraklar. ‖ * ~ -i muteberrike اماكن متبركه kutsal topraklar. ‖ * ~ -i umûmî اماكن

عمومی halka açık yerler, umumî mekânlar.

امالات imâlât: (A.) kısa heceyi uzun okumalar, imâleler.

ام البلاد ummulbilâd: (A.) Mekke.

ام الحجره ummulhucre: (A.) ana hücre, ana göze.

ام الحلول ummulhulûl: (A.) midye.

ام الخبائث ummulhabâis: (A.) **1.**kötülüklerin anası, içki. **2.**şarap.

ام الخط ummulhatt: (A.) nesih yazı stili.

ام الخطوط ummulhutût: (A.) nesih yazı stili.

ام الدم ummuddem: (A.) atardamar şişkinliği.

ام الدنیا ummuddunyâ: (A.) **1.**Mısır. **2.**Kahire.

ام الرأس ummurre's: (A.) beyin.

ام الرذائل ummurrezâ'il: (A.) bilgisizlik, cahillik.

ام الفضائل ummulfuzâ'il: (A.) ilim.

ام القرآن ummulkur'ân: (A.) Fâtiha sûresi.

ام القری ummulkurâ: (A.) Mekke.

ام الکتاب ummulkitâb: (A.) **1.**Fâtiha sûresi. **2.**akl-ı evvel. **3.**levh-i mahfuz.

ام المؤمنین ummulmu'minîn: (A.) Hz. Muhammed'in eşlerine verilen ünvan.

ام النجوم ummunnucûm: (A.) samanyolu.

ام الولد ummulveled: (A.) esir edilmiş kadın.

ام الولید ummulvelîd: (A.) tavuk.

اماله imâle: (A.) **1.**eğme, yatırma, çevirme. **2.**şırınga yapma. **3.**şırınga. **4.**(ed.) imâle sanatı. Kısa okunması gereken heceyi vezin uyarınca uzun okuma.

امالیج emâlîc: (A.) fidanlar.

امالیس emâlîs: (A.) çöller.

امام emâm: (A.) ön.

امام imâm: (A.) **1.**önder. **2.**şeyh. **3.**imam.şiî lideri. **4.**namaz kıldıran din görevlisi. **5.**mezhep kurucu. **6.**Hz. Ali soyundan gelenler. **7.**halife. ‖ * ~ -i cum'e امام جمعه **1.**müftü. **2.**cuma namazı imamı.

امام الانبیا imâmulenbiyâ': (A.) Hz. Muhammed.

امام المسلمین imâmulmuslimîn: (A.) halife, Müslümanların imamı.

امامت imâmet: (A.) **1.**önderlik. **2.**şiîlikte imamlık.

امامت کردن imâmet kerden: **1.**önderlik etmek, liderlik etmek. **2.**şiîlikte imamlık görevini sürdürmek.

امامزاده imâmzâde: (A.-F.) [imâm+ zâden>zâd+e] **1.**imamoğlu, imam çocuğu. **2.**şi'î imamlarının soyundan gelen, Peygamber soyundan gelen, imam evladı.

امامی imâmî: (A.-F.) imâmî, şiî.

امامی المذهب imâmiyulmezheb: (A.) imâmiyye mezhebinde olan.

امامین imâmeyn: (A.) **1.**iki imam. **2.**İmâm-i A'zam ve İmâm-i Şâfi'î. **3.**İmâm Eb Yûsuf ve İmâm Muhammed.

امامیه imâmiyye: (A.) şiîlik, imâmîlik.

امان emân: **1.**aman dileme. **2.**emniyet, eminlik. **3.**korkusuzluk. **4.**şikayet. ‖ * ~ ez امان از ... el aman! ‖ * ~ -i kesî râ borîden امان کسی را بریدن **1.**aman vermemek. **2.**bezdirmek. ‖ * der ~ bûden در امان بودن güvencede olmak, emniyette olmak. ‖ * der ~ dâşten در امان داشتن korumak. ‖ * der ~ mânden در امان ماندن **1.**emniyette kalmak. **2.**sağlam kalmak.

امانات emânât: (A.) **1.**emanetler. **2.**Hz. Muhammed'den geriye kalan kimi özel eşyalar. ‖ * ~ -i mukaddese امانات مقدسه kutsal emanetler. ‖ * ~ -i şerîfe· امانات شریفه kutsal emanetler.

امانت emânet: (A.) **1.**geçici olarak bırakılan, emanet. **2.**eminlik, güvenilirlik. **3.**belediye başkanlığı. **4.**rektörlük. ‖ * ez men betu ~ از من بتو امانت (hlk.) benden sana söylemesi; sen sen ol... ‖ * be ~

guzâşten (pîş-i kesî) به امانت گذاشتن پیش کسی emanet bırakmak. ‖ * be ~ giriften به امانت گرفتن ödünç almak.

امانتدار emânetdâr (A.-F.) [emânet+dâşten>dâr] emanetçi.

امانتداری emânetdârî (A.-F.) [emânet+dâşten> dâr+î] emanetçilik.

امانتگاه emânetgâh (A.-F.) [emânet+gâh] emanet yeri.

امانت گذاشتن emânet gozâşten: emanet bırakmak.

امانت گزاشتن emânet guzâşten: emaneti geri vermek.

امانت دار emânetdâr: (A.-F.) emanetçi.

امانت کار emânetkâr: (A.-F.) emanetçi.

امانتی emânetî: (A.-F.) 1.emanetlik. 2.emanet olarak.

امان خواستن emân hâsten: aman dilemek.

امان خواه emânhâh (A.-F.) [emân+hâsten> hâh] aman dileyen.

امان دادن emân dâden: aman vermek, himaye etmek.

امان طلبیدن emân talebîden: aman dilemek.

امانةً emâneten: (A.) emanet olarak.

اما نه آنقدر که emmâ ne ankadr ki: (F.-A.) [emmâ+ne+an+kadr+ki] -masa bile.

امانة الله emânetullâh: (A.) 1.Tanrı'nın emaneti. 2.halk.

امانی emânî: (A.) dilekler, maksatlar.

امان یافتن emân yâften: birinin himayesi altına girmek.

امپراتور imperatûr: (Fr.) imparator.

امپراتوری imperatûrî: (Fr.-F.) [imperatûr+ i] imparatorluk.

امپراطور imperatur: (Fr.) imparator.

امپریالیسم imperyalism: (Fr.) emperyalizm, tekelci anamalcılık.

امت ommet: (A.) 1.bir peygambere inananlar. 2.bir dili konuşanlar.

امتثال imtisâl: (A.) 1.örneğe göre hareket etme, örnek alma, uyma. 2.emre itaat etme, verilen işi yapma.

امتثالاً imtisâlen: (A.) uyarak.

امتثال لازم دانستن imtisâl lâzim dânisten: uymak, boyun eğmek.

امتحاض imtihâz: (A.) saflık, katkısızlık.

امتحان imtihân: (A.) 1.deneme, sınama. 2.imtihan, sınav. ‖ * ~ -i nesc-i zinde امتحان نسج زنده (tıb.) biyopsi. ‖ * ~ -i umûmi امتحان عمومی genel sınav. ‖ * ~ -i vurûdî امتحان ورودی giriş sınavı. ‖ * ez ~ gozeşten از امتحان گذشتن sınavı kazanmak. ‖ * kart-i pezîriş-i ~ کارت پذیرش امتحان sınava giriş belgesi. ‖ * kart-i vurûd be celese-i ~ کارد ورود به جلسهء امتحان sınava giriş belgesi.

امتحانات imtihânât: (A.) sınavlar.

امتحان دادن imtihân dâden: sınava girmek.

امتحان کردن imtihân kerden: 1.denemek, tecrübe etmek. 2.imtihan etmek, denemek.

امتحان گذرانیدن imtihân gozerânîden: sınavı başarmak.

امتداح imtidâh: (A.) övme.

امتداد imtidâd: (A.) 1.uzanma. 2.uzama. 3.uzunluk. 4.sürme, devam etme. 5.uzay. ‖ * der ~ -i در امتداد boyunca.

امتداد داشتن imtidâd dâşten: uzanmak.

امتداد یافتن imtidâd yâften: devam etmek, sürmek, uzanmak.

امتراء imtirâ': (A.) 1.kuşkulanma. 2.kararsızlık.

امتراس imtirâs: (A.) sürtünerek kaşınma.

امتزاج imtizâc: (A.) 1.tutarlılık, uygunluk. 2.karışma. 3.uyuşma. 4.kaynaşma. 5.alaşım.

امتشاط imtişât: (A.) taranma.

امتصاص imtisâs: (A.) 1.emme. 2.bir şeyin özsuyunu emme. 3.soğurma, içine çekme. 4.soğurulma, içine çekilme.

امتعه emtia: (A.) 1.mallar. 2.kumaşlar.

امتکار imtikâr: (A.) oyuna gelme.

امتلاء imtilâ: (A.) 1.doluluk. 2.(tıb.) dolgunluk, şişkinlik. 3.kan toplanması. ‖ * ~ -i mi'de امتلاء معده mide dolgunluğu, mide şişkinliği.

امتن emten: (A.) en sağlam, en metîn.

امتناع imtinâ: (A.) 1.çekinme, kaçınma. 2.olanaksızlık, imkânsızlık.

امتناع کردن imtinâ kerden: çekinmek, kaçınmak, geri durmak, imtinâ etmek.

امتناع ورزیدن imtinâ verzîden: çekinmek, kaçınmak, geri durmak, imtinâ etmek.

امتنان imtinân: (A.) 1.memnuniyet. 2.minnet altında bırakma. 3.başa kakma.

امتهاء imtihâ': (A.) 1.bileme. 2.bilenme.

امتهال imtihâl: (A.) 1.süre isteme, mühlet isteme. 2.yavaşlık.

امتیاز imtiyâz: (A.) 1.imtiyaz, ayrıcalık, hak. 2.meziyet. 3.(sp.) puan. 4.çalışma ruhsatı. 5.kapitülasyon.

امتیاز آوردن imtiyâz âverden (Sp.) puan almak.

امتیازات imtiyâzât: (A.) 1.ayrıcalıklar. 2.ayrıcalık tanımalar.

امتیاز گرفتن imtiyâz giriften: çalışma ruhsatı almak.

امتیازی imtiyâzî: (A.) imtiyaz ile ilgili, ayrıcalık ile ilgili.

امتیازیه imtiyâziyye: (A.) imtiyaz ile ilgili, ayrıcalık ile ilgili.

امثال emsâl: (A.) 1.emsal. 2.benzerler. 3.atasözleri. 4.hikâyeler. 5.örnekler. 6.katsayı. 7.akran. ‖ * ~ -i inkisâr امثال انکسار kırılma katsayısı. ‖ * ~ -i zâviyeviyye امثال زاویویه açısal katsayı. ‖ * ~ u hikem امثال و حکم 1.atasözleri ve deyimler. 2.İranlı sözlük ve ansiklopedi yazarı Ali Ekber-i Dihhodâ'nın Farsça atasözleri ve deyimleri içine alan üç ciltlik yapıtı. ‖ * durûb-i ~ ضروب امثال atasözleri.

امثل emsel: (A.) en çok benzeyen.

امثله emsile: (A.) 1.misaller, örnekler. 2.fermanlar. 3.öyküler, hikâyeler. 4.atasözleri. 5.benzerler. 6.fiil çekim kitabı.

امثوله umsûle: (A.) örnek beyit, örnek mısra.

امجاد emcâd: (A.) onurlular, şerefliler.

امجد emced: (A.) en ulu, en şerefli.

امحاء imhâ: (A.) imha, yok etme, ortadan kaldırma.

امحاض imhâz: (A.) dürüstçe yapma.

امحاق imhâk: (A.) 1.bereketsiz. 2.kararma.

امد emed: (A.) 1.son. 2.ecel.

امد emedd: (A.) en uzun.

امداد imdâd: (A.) 1.yardım, yardım etme. 2.yardım kuvveti. 3.imdat.

امدادرسانی imdâdresânî: (A.-F.) [imdâd+ resânden>resân+î] âcil yardım.

امدادی imdâdî: (A.) 1.yardım ile ilgili. 2.yardım kuvveti ile ilgili. 3.imdat ile ilgili.

امدادیه imdâdiyye: (A.) olağanüstü durum vergisi.

امدوحه umdûha: (A.) övgüye değer şey.

امدود umdûd: (A.) görenek, âdet.

امر emerr: (A.) en acı.

امر emr: (A.) 1.buyruk, emir. 2.iş. 3.husus, konu. ‖ * ~ -i abes امر عبث boş iş, saçma iş. ‖ * ~ -i âlî امر عالی yüksek emir, padişah emri. ‖ * ~ -i asîr امر عسیر güç iş. ‖ * ~ -i azîm امر عظیم büyük iş, önemli iş. ‖ * ~ -i bilma'rûf امر بالمعروف · iyiliği emretme. ‖ * ~ bilma'rûf ve nehy anilmunker امر بالمعروف و نهی عن المنکر iyiyi emredip kötüyü yasaklama. ‖ * ~ -i ehemm امر اهم çok önemli iş. ‖ * ~ -i ehemm-i ma'ârif امر اهم معارف millî eğitimin önemli işi. ‖ * ~ -i gâib امر غائب üçüncü şahısa verilen emir. ‖ * ~ -i garîb امر غریب tuhaf iş. ‖ * ~ -i hakk امر حق 1.Tanrı'nın emri. 2.ölüm. ‖ * ~ -i hatîr امر خطیر önemli iş. ‖

* ~ -i hayr امر خير 1.hayırlı iş. 2.evlenme, evlilik. 3.düğün. ‖ * ~ -i hâzir امر حاضر ikinci şahısa verilen emir. ‖ * ~ -i ilâhî امر الهى 1.Tanrısal emir. 2.ölüm. ‖ * ~ -i i'tibârî امر اعتبارى görünüşte olan iş. ‖ * ~ -i iyân امر عيان apaçık olan husus. ‖ * ~ -i kat'î امر قطعى kesin emir. ‖ * ~ -i kerîh امر كريه iğrenç iş. ‖ * ~ -i kun امر كن Tanrı'nın "ol" emri. ‖ * ~ -i lâzim u melzûm امر لازم و ملزوم gerekli şey. ‖ * ~ -i ma'îşet امر معيشت geçim. ‖ * ~ -i ma'lûm امر معلوم bilinen şey. ‖ * ~ -i ma'rûf امر معروف emr-i mâruf, namaz, oruç, zekât ve hac gibi iyi şeyleri emretme. ‖ * ~ -i ma'rûf ve nehy-i münker امر وعروف و نهى منكر · iyiliği emretmek ve kötülüğü yasaklamak. ‖ * ~ -i mâzî امر ماضى geçip giden şey. ‖ * ~ -i mevkût-i salât امر موقوت صلات namazın vakti tayin edilen emri, vakti belirlenmiş namaz. ‖ * ~ -i muhâfaza امر محافظه · koruma, korunma. ‖ * ~ -i muhâl امر محال olanaksız iş, gerçekleşmesi mümkün olmayan. ‖ * ~ -i muhakkak امر محقق kesin. ‖ * ~ -i munker امر منكر kötülüğü emretme. ‖ * ~ -i muşkil امر مشكل güç iş. ‖ * ~ -i mu'tenâ امر معتنا çok özel şey. ‖ * ~ -i nâmutevakki' امر نامتوقع beklenmedik durum. ‖ * ~ -i sâmî امر سامى sadrazam emri. ‖ * ~ -i şerîf امر شريف· padişah buyruğu. ‖ * ~ -i tabi'î امر طبيعى doğal bir şey, doğal bir iş. ‖ * ~ -i vâki' امر واقع oldu bittiye getirme. ‖ * ~ -i yakîn امر يقين gerçekleşmesinde kuşku olmayan. ‖ * ~ -i zarûrî امر ضرورى zorunlu iş, zorunlu mesele. ‖ * ~ u nehy امر و نهى emretme ve bir işten alıkoyma. ‖ * el ~ u ~ ukum الأمر امركم emriniz başım üstüne, emredersiniz. ‖ * bernehc-i ~ بر نهج امر emredildiği şekilde. ‖ * der ibtidâ-yi ~ در ابتداى امر önceleri, başlangıçta. ‖ * der bâdî-i ~ در بادىء امر başlangıçta, ilkin.

امراء umerâ: (A.) 1.emirler, beyler. 2.komutanlar. 3.üstsubaylar, binbaşı, kaymakam ve miralay rütbelerinin genel adı. 4.Osmanlıda tımarlıların üst rütbede olanları. 5.üst düzey yetkililer. ‖ * ~ -i leşker امراء لشكر (ask.) (eski) tümgeneraller.

امرأة imre'et: (A.) kadın, bayan.

امرأة المسلسله imre'etulmuselsele: (A.) Andromeda takımyıldızı.

امراج imrâc: (A.) 1.otlatma. 2.sözünde durmama, sözünden cayma.

امرار imrâr: (A.) 1.geçirme. 2.vakit geçirme. 3.geçirilme. ‖ * ~ -i evkât امرار اوقات vakit geçirme. ‖ * ~ -i me'âş امرار معاش çalışarak geçinme. ‖ * ~ -i me'âş kerden امرار معاش كردن geçinmek.

امراض emrâz: (A.) (tıb.) hastalıklar.

امران emrân: (A.) kürkler.

امربر emrber (A.-F.) [emr+borden>ber] 1.emireri. 2.emir götüren.

امرد emred: (A.) 1.yüzünde tüy bitmemiş çocuk. 2.delikanlı. 3.homoseksüel erkek, oğlan.

امر دادن emr dâden: emir vermek, emretmek.

امر كردن emr kerden: emretmek, buyurmak.

امرنامه emrnâme (A.-F.) [emr+nâme< nâme-i emr] emir mektubu, ferman.

امرود emrûd: (Peh.) (bot.) armut.

امرودى emrûdî: [emrûd+î] armut biçimli.

امروز imrûz: 1.bugün. 2.günümüzde. ‖ * ~ ki امروز كه bugüne bugün. ‖ * ~ u ferdâ امروز و فردا bugün yarın, kısa zamanda, pek yakında.

امروز فردا كردن imrûz ferdâ kerden: bugünü yarına bırakmak, günü güne katmak.

امروزه imrûze: [imrûz+e] günümüzde, bugün, halihazırda.

امروزی imrûzî: [imrûz+î] 1.bugünkü. 2.günümüzdeki. 3.moda. 4.yeni.

امری emrî: (A.) emir ile ilgili.

امریکا amrika: (İng.) (coğ.) Amerika.

امریکایی amrikâyî: (İng.-F.) [amrikâ+y+î] 1.Amerikalı. 2.Amerikan.

امریه emriyye: (A.) 1.emir ile ilgili. 2.bayan adı. ‖ * sîga-i ~ صیغهء امریه emir kipi.

امزجه emzice: (A.) mizaçlar, huylar. ‖ * ~ -i muhtelife امزجهء مختلفه · türlü türlü huylar.

امس emess: (A.) çok dokunan.

امس ems: (A.) dün.

امساس imsâs: (A.) 1.el sürme, mess etme. 2.okşama.

امساک imsâk: (A.) 1.oruç. 2.teşebbüs. 3.susma. 4.alıkoymak. 5.pintilik, eli sıkılık. 6.sakınma, perhiz, uzak durma. 7.orucun başlama vakti.

امساکیه imsâkiyye: (A.) oruç vakitlerini göstermek üzere düzenlenmiş liste.

امسال imsâl: [<în+sâl] bu yıl.

امسالین imsâlîn: [imsâl+în] bu yılki.

امسیه emsiye: (A.) 1.geceler. 2.akşamlar.

امشاء imsâ': (A.) 1.akşama kalma. 2.bozma.

امشاط emşât: (A.) taraklar.

امشب imşeb: [in>im+şeb] 1.bu gece. 2.bu akşam.

امشبی imşebî: [imşeb+î] 1.bu geceki. 2.bu gecelik.

امشبین imşebîn: [imşeb+în] bu geceki.

امصار emsâr: (A.) kentler, şehirler, memleketler, diyarlar. ‖ * ~ -u bilâd امصار و بلاد şehirler, büyük kentler.

امصاص imsâs: (A.) 1.emdirme. 2.emdirilme. 3.ilaç zerk etme.

امصال imsâl: (A.) har vurup harman savurma.

امضی emzâ: (A.) 1.çok etkili, hükmü geçen. 2.kesin.

امضاء imzâ: (A.) 1.imza. 2.uygun görme. 3.geçirme. ‖ * be ~ resîden به امضا رسیدن imzalanmak. ‖ * numûne-i ~ نمونهء امضا imza örneği. ‖ * vâzi'-i ~ واضع امضا imza koyan, imzalayan. ‖ * vâzi'în-i ~ واضعین امضا imza koyanlar, imzalayanlar.

امضا کردن imzâ kerden: imzalamak.

امطار emtâr: (A.) yağmurlar.

امطار imtâr: (A.) 1.yağdırma. 2.yağdırılma. ‖ * ~ -i matar امطار مطر yağmur yağdırma.

امعاء emâ: (A.) bağırsaklar. ‖ * ~ -i galîza امعاء غلیظه kalın bağırsaklar. ‖ * ~ -i rakîka امعاء رقیقه ince bağırsaklar.

امعان imân: (A.) titiz davranma, dikkatli olma, kılı kırk yarma. ‖ * ~ -i nazar امعان نظر dikkatle bakma.

امعوز um'ûz: (A.) 1.keçi. 2.karaca. 3.keçi sürüsü. 4.karaca sürüsü.

امکان imkân: (A.) 1.imkân, olanak. 2.güç. 3.ihtimal. 4.fırsat. ‖ * hayyiz-i ~ حیز امکان olabilirlik sahası. ‖ * der sûret-i ~ در صورت امکان mümkün oldukça, el verdikçe, imkânlar ölçüsünde.

امکان پذیر imkânpezîr: (A.-F.) [imkân+ nâ+pezîroften>pezîr] mümkün, olası, imkân dahilinde.

امکان پذیر شدن imkânpezîr şoden: mümkün olmak.

امکان پیش آمدن imkân pîş âmeden: imkân doğmak, fırsat çıkmak.

امکان داشتن imkân dâşten: imkânı olmak.

امکان ناپذیر imkânnâpezîr: (A.-F.) [imkân+ nâ+ pezîroften>pezîr] imkânsız, olanaksız.

امکان پذیر شدن imkânnâpezîr şoden: imkânsızlaşmak, olanaksızlaşmak.

امکان ناپذیر کردن imkânnâpezîr kerden: imkânsızlaştırmak, olanaksızlaştırmak.

امکان ناذیر گردیدن imkânnâpezîr gerdîden: imkânsızlaşmak, olanaksızlaşmak.

امكنه emkine: (A.) **1.**mekânlar, yerler. **2.**evler.

امل emel: (A.) **1.**arzu, aşırı istek. **2.**bayan adı. ‖ * tûl-i ~ طول امل çok şey isteme, olmayacak şey isteme.

املاء emlâ': (A.) topluluklar, cemaatler.

املاء imlâ: (A.) **1.**doldurma. **2.**doldurulma. **3.**yazdırma. **4.**doğru yazım bilgisi. **5.**yazı. **6.**hükümdarın izniyle deniz kıyılarının doldurularak yer kazanılması.

املاح emlâh: (A.) tuzlar.

املاق imlâk: (A.) **1.**yoksullaşma. **2.**yoksulluk.

املاک emlâk: (A.) **1.**mülkler. **2.**emlak. **3.**melekler.

املاک imlâk: (A.) mülk edinme, mülk sahibi olma.

املال imlâl: (A.) **1.**usandırma, bıktırma. **2.**usandırılma, bıktırılma.

املت omlet: (Fr.) omlet.

املج emlec: (A.) deri tabaklanmasında ve boyanmasında kullanılan helile meyvesi.

املح emleh: (A.) **1.**en tuzlu. **2.**en güzel, en alımlı.

املح العرب emlahul'arab: (A.) Arapların en güzeli, Hz. Muhammed.

املد emled: (A.) en körpe, en genç, en taze.

املدان umuldân: (A.) **1.**fidan. **2.**ince dal. **3.**narin vücut. **4.**genç ve güzel insan.

املدانی umuldânî: (A.) **1.**fidan. **2.**ince dal. **3.**narin vücut. **4.**genç ve güzel insan.

املس emles: (A.) pürüzsüz.

املوج umlûc: (A.) **1.**yaprak. **2.**servi yaprağını andıran bir bitki.

املود umlûd: (A.) **1.**fidan. **2.**ince dal. **3.**narin vücut. **4.**genç ve güzel insan.

امم umem: (A.) ümmetler.

املیسه imlîse: (A.) çöl.

املیسی imlîsî: (A.) hırsız.

امم umem: (A.) **1.**ümmetler. **2.**topluluklar, cemiyetler.

امن emn: (A.) **1.**emniyet, güvenlik, güvence. **2.**huzur. ‖ * ~ u âsâyiş امن و آسایش güven, huzur. ‖ * ~ u emân امن و امان güvence, güvenlik, emniyet. ‖ * ~ u râhat امن و راحت eminlik ve rahatlık.

امن آباد emnâbâd (A.-F.) [emn+âbâd] **1.**güvenlik şehri. **2.**İstanbul Fındıklı'da bir saray.

امناء umenâ: (A.) **1.**eminler. **2.**güvenilir kişiler. **3.**(tas.) melametîler.

امنع emna': (A.) en sarp.

امنیت emniyyet: (A.) **1.**eminlik, güven duygusu. **2.**polis teşkilatı, emniyet teşkilatı. **3.**güvenme. **4.**kollama. **5.**huzur. ‖ * ~ -i millî امنیت ملی ulusal güvenlik. ‖ * ~ -i tâmme امنیت تامه tam güvenlik. ‖ * ~ -i umûmiye امنیت عمومیه genel güvenlik.

امنیت بخش emniyyetbahş (A.-F.) [emniyyet+ bahşîden> bahş] güvence veren, güvenlikli.

امنیه umniyye: (A.) **1.**umut. **2.**istek, niyet. **3.**kuruntu.

امنیتی emniyetî: (A.-F.) [emniyet+î] güvenlikle ilgili. ‖ * ikdâmât-i şedîd-i ~ اقدامات شدید امنیتی sıkı güvenlik önlemleri. ‖ * tedâbîr-i şedîd-i ~ تدابیر شدید امنیتی sıkı güvenlik önlemleri.

امنیه emniyye: (A.) (ask.) jandarma.

اموات emvât: (A.) ölüler, ölmüşler. ‖ * defn-i ~ دفن اموات ölülerin gömülmesi. ‖ * ihyâ-yi ~ احیای اموات ölüleri diriltme.

امواج emvâc: (A.) dalgalar.

اموال emvâl: (A.) **1.**mallar. **2.**istekler.

امور umûr: (A.) **1.**işler. **2.**uğraşlar. **3.**olaylar. ‖ * ~ -i âdiye امور عادیه sıradan işler. ‖ * ~ likulli ~ in esbâb لکل امور اسباب her işin bir sebebi vardır. ‖ * mushilul ~ مسهل الامور **1.**işleri kolaylaştıran. **2.**Tanrı. ‖ * nâzim-i ~ ناظم امور işleri düzenleyen.

امور آشنا umûrâşnâ (A.-F.) [umûr+âşnâ] işbilen, işbilir.

امور دیده umûrdîde (A.-F.) [umûr+ dîden> dîd+e] deneyimli, tecrübeli, işbilir.

اموسنی emvesni: kuma.

امومت umûmet: (A.) annelik, analık.

اموی emevî: (A.) Emevî.

امویه emeviyye: (A.) Emevîler, Emevî Devleti.

امه eme: **1.**hemşire. **2.**hastabakıcı.

امها imhâ: (A.) bileme, keskinleştirme.

امهات ummehât: (A.) **1.**anneler. **2.**esaslar. **3.**ilmî kitaplar. ‖ * ~ -i erba'a امهات اربعه dört ana unsur: rüzgâr, toprak, su ve ateş. ‖ * ~ -i esmâ امهات اسما tasavvufta bilinmesi gereken yedi sıfat: hayat, ilim, kudret, irâdet, semi, basar, kelâm. ‖ * ~ -i mu'minîn امهات مؤمنين müminlerin anneleri, Hz. Muhammed'in eşleri.

امهات الاولاد ummehâtulevlâd: (A.) çocuklu cariyeler.

امهار emhâr: (A.) mehirler, nikah bedelleri.

امهار emhâr: (A.) taylar.

امهال emhâl: (A.) mühletler, süre tanımalar.

امهال imhâl: (A.) **1.**süre tanıma. **2.**erteleme. **3.**süre isteyen davacıya veya davalıya mahkemece süre verilmesi.

امهق emhak: (A.) donuk beyaz.

امهود umhûd: (A.) **1.**çömlek. **2.**tuzluk.

امی ummî: (A.) **1.**hiç okuma yazma bilmeyen. **2.**az konuşan. ‖ * ~ -i sâdik امیء صادق Hz. Muhammed.

امیا emyâ: para kesesi.

امیال emyâl: (A.) **1.**istekler. **2.**meyiller, eğilimler.

امیال emyâl: (A.) miller.

امیان emyân: para kesesi.

امیانت emyant: (Fr.) (kim.) amyant.

امیانه ummiyâne (A.-F.) [ummî+y+âne] ümmice.

امیاه emyâh: (A.) sular.

امیت ummiyyet: (A.) ümmîlik, hiç okuma yazma bilmemek.

امید umîd, ummîd: **1.**ümit. **2.**arzu. **3.**rica. ‖ * ~ -i hod râ besten be امید خود را بستن به bel bağlamak. ‖ * ~ -i kesî kat' şoden امید کسی قطع شدن ümit kesmek, ümidi kesilmek. ‖ * ~ -i kesî râ nâummîd kerden امید کسی را نا امید کردن umutsuz bırakmak. ‖ * be ~ -i dîdâr به امید دیدار görüşmek üzere, görüşmek umuduyla. ‖ * kat'-i ~ kerden قطع امید کردن ümit kesmek. ‖ * rabt-i ~ ربط امید umut bağlama.ümmîd bağlamak umut bağlamak.

امیدبخش umîdbahş: [umîd+bahşîden> bahş] umut verici, ümit veren.

امیدبخشا umîdbahşâ: [umîd+bahşîden> bahş+â] umut verici, ümit veren.

امیدبخشانه umîdbahşâne: [umîd+ bahşîden> bahş+ âne] umutlandırarak, ümit vererek.

امیدبخشی umîdbahşî: [umîd+bahşîden> bahş+î] umutlandırma, umut verme.

امید بریدن umîd borîden: ümit kesmek.

امید بستن umîd besten: ümitlenmek.

امیدبسته umîdbeste: [umîd+besten> best+e] **1.**umut bağlamış. **2.**umut bağlanmış.

امید داشتن umîd dâşten: ümitli olmak, umudu olmak.

امیدگاه umîdgâh: [umîd+gâh] umut yeri.

امیدگه ümîdgeh: [umîd+geh] umut yeri.

امیدلیس umîdlîs: [umîd+lîsîden>lîs]caize almak için kerem sahibinin kapısına giden (şair, meddah vs.)

امیدوار umîdvâr: [umîd+vâr] ümitli, umutlu.

امیدوارانه umîdvârâne: [umîd+vâr+âne] umut ederek, umutlanarak.

امیدوار شدن umîdvâr şoden: ümitlenmek, umutlanmak.

امیدوار کردن umîdvâr kerden: ümitlendirmek, umutlandırmak.

امیدواری umîdvârî: [umîd+vâr+î] umutlu olma, umut, umutlanma.

امیذ ummîz (F.>A.) ümit, umut.

امیر emîr: (A.) **1.**emîr. **2.**bey. **3.**padişah. **4.**hâkim. **5.**komutan. ‖ * ~ -i kebîr امیر کبیر **1.**Kaçarlar dönemi İranında yüksek makam sahiplerine verilen ünvan. **2.**Kaçarlar dönemi İranının ıslahatçı sadrazamı. 1852 yılında öldürüldü. **3.**İranın başkenti Tahran'da büyük bir yayınevi. ‖ * ~ -i leşker امیر لشکر (ask.) (eski) tümgeneral. ‖ * ~ -i tûmân امیر تومان (ask.) (eski) tümgeneral.

امیر آخور emîrâhur: (A.-F.) [emîr+âhûr] imrahor, padişahın ahırlarından sorumlu kişi.

امیرالامراء emîrulumerâ': (A.) emirlerin emîri, paşa, eyalet valisi.

امیرالجیش emîrulceyş: (A.) ordu komutanı, başkomutan.

امیرالحج emîrulhacc: (A.) hac emîri, hacdan sorumlu kişi, hac kafilesinin sorumlusu.

امیرالماء emîrulmâ': (A.) amiral.

امیرالمؤمنین emîrulmu'minîn: (A.) mü'minlerin emîri, halife.

امیرانه emîrâne (A.-F.) [emîr+âne] emîr gibi, emîrlere yakışacak şekilde.

امیرزاده emîrzâde: (A.-F.) [emîr+zâden> zâd+e] **1.**şehzade. **2.**emir çocuğu.

امیر صورت emîrsûret: (A.) [emîr+sûret] emir görünümlü.

امیرنشین emîrnişîn: (A.-F.) [emîr+ nişesten>nişîn] **1.**emirlik. **2.**beylik.

امیری emîrî: (A.-F.) [emîr+î] **1.**emîrlik. **2.**beylik. **3.**(müz.) İran musikîsinde bir makam.

امیریه emîrîyye: (A.) devlete ait, beylik.

امیل emyel: (A.) en çok meyilli, en istekli.

امیمه emîme: (A.) **1.**demirci çekişi. **2.**bir tür ot.

امین emîn: (A.) **1.**emin, güvenilir. **2.**emniyetli. **3.**müdür. **4.**mübaşir. **5.**(tas.) mürşid. **6.**güvenilir yer. **7.**Hz. Muhammed'in lakabı. **8.**erkek adı. **9.**belediye başkanı. **10.**rektör.

امیوس emyûs: (A.) tuz taşı.

امیه ummiyye: (A.) anne ile ilgili.

ان en (Hlk.) pislik.

ان in: (A.) eğer.

ان inne: (A.) kuşkusuz. ‖ * ~ mineşşi'ri ان من الشعر [inne mineşşi'ri lehikmeten ve inne minelbeyâni lesihreten = Öyle şiir vardır ki hikmettir; öyle beyan vardır ki sihirdir. hadis-i şerif]

اناء inâ: (A.) **1.**kap. **2.**testi. ‖ * kullu inâin yetereşşahu bimâ fîh کل اناء یترشح بما فیه Her kap içindekini sızdırır.

انا ene: (A.) ben.

انا innâ: (A.) kuşkusuz biz.

اناءه inâ'e: (A.) **1.**üşenme. **2.**geciktirme.

انا الحق enelhak: (A.) **1.**ben hakkım. **2.**Hallâc-ı Mansûr'un yanlış anlaşılan ünlü sözü.

انا الیه راجعون innâ ileyhi râciûn: (A.) Tanrı'ya döneceğiz.

انائی enâ'î: (A.) kendini düşünen, benmerkezci.

انائیت enâiyyet: (A.) **1.**benlik. **2.**bencillik.

انائیت eneiyyet: (A.) birbencilik, tekbencilik, kendini beğenmişlik.

انائیه eneiyye: (A.) birbencilik, tekbencilik.

انابت inâbet: (A.) **1.**günahlardan tövbe ederek Tanrı yoluna dönme. **2.**tarikate girme.

انابه inâbe: (A.) **1.**günahlardan tövbe ederek Tanrı yoluna dönme. **2.**tarikate girme.

انابیب enâbîb: (A.) boğumlu borular.

انابیش enâbîş: (A.) ot kökleri.

انابیق enâbîk: (A.) imbikler.

اناث enât: (A.) **1.**durma. **2.**yavaşlama. **3.**tahammül. **4.**vakar.

اناث inâs: (A.) **1.**kadınlar. **2.**dişiler. ‖ * ~ u zukûr اناث و ذکور erkekler ve dişiler.

اناجیل enâcîl: (A.) İnciller. ‖ * ~ -i erba'a اناجیل اربعه dört İncil: Metta, Markus, Luka, Yuhanna.

اناخه inâhe: (A.) çöktürme.

انادان enâdân: (tas.) ârif-i rabbanî.

انادید enâdîd: (A.) dağınık şeyler.

انار enâr (bot.) nar.

انار الله قبره enârallâhu kabrehu: (A.) Tanrı mezarını nurlandırsın.

اناربن enârbon: [enâr+bon] (bot.) nar ağacı.

انارادانه enârdâne: [enâr+dâne] nar tanesi.

انارگیره enârgîra (bot.) köknar.

انارمشک enârmişk (bot.) mısır narı.

اناره inâre: (A.) **1.**aydınlatma. **2.**parlama. **3.**çiçek açma (ağaç). **4.**ortaya çıkma.

اناس unâs: (A.) halk.

اناشید enâşîd: (A.) neşîdeler.

اناطه inâte: (A.) **1.**aşma. **2.**bağlı kalma.

انا فتحناخوان innâfetahnâhân (A.-F.) [innâ+ fetahnâ+ hânden> hân] Kur'ân'daki "innâ fetahnâ" kelimeleri ile başlayan sûreyi okuyan.

انافس enâfis: (A.) enfes olan şeyler.

اناقه inâka: (A.) güzelliğiyle göz alma.

اناکه enâke: (T.) dâye.

ان الله مع الصابرین innallâhe ma'assâbirîn: (A.) Tanrı sabredenlerin yanındadır.

انالوطیقا enâlutika: analiz.

اناله inâle: (A.) kavuşturma.

انام enâm: (A.) **1.**yaratıklar, varlıklar. **2.**halk.

انامل enâmil: (A.) **1.**parmak uçları. **2.**parmaklar.

انامونی enamuni (bot.) şakayık.

انامه enâme: (A.) **1.**insanlar. **2.**halk.

انامه inâme: (A.) **1.**uyutma. **2.**uyutulma.

انان ennân: (A.) çok inleyen.

انان unân: (A.) inilti, inleme.

انانیت enâniyyet: (A.) **1.**bencillik. **2.**benlik. **3.**kendini beğenmişlik.

اناهاش enâhaş: işte.

اناهید enâhîd: Venüs, Zühre, Nâhid.

انب eneb (bot.) batlıcan.

انباء enbâ: (A.) **1.**haberler. **2.**öyküler.

انبا enbâ: (A.) peygamberler.

انباء inbâ': (A.) bildirme, haber verme.

انبات inbât: (A.) **1.**yeşertme. **2.**bitme.

انباج inbâc: (A.) zırvalama, yerli yersiz konuşma.

انباخون enbâhûn: **1.**kale. **2.**müstahkem yer.

انبار enbâr: (Peh.) [enbâşten>enbâr] **1.**ambar, depo. **2.**yığın. **3.**gübre. ‖ * ~ -i galle انبار غله tahıl ambarı.

انبارپناه enbârpenah: [enbâr+penâh] ambarcı.

انبارخانه enbârhâne: [enbâr+hâne] **1.**ambar, depo. **2.**mahzen.

انباردار enbârdâr: [enbâr+dâşten> dâr]**1.**ambarcı. **2.**depo memuru. **3.**(tas.) gönlü sırlarla dolu olan sâlik.

انباردن enbârden: **1.**doldurmak. **2.**depolamak.

انبارده enbârde: [enbârden>enbârd+e] doldurulmuş.

انبارش enbâriş: [enbârden>enbâr+iş] **1.**doldurma. **2.**depolama.

انباره enbâre: [enbâz+e] **1.**akümülatör. **2.**pil.

انباز enbâz: (Peh.) **1.**ortak. **2.**arkadaş. **3.**benzer. **4.**sevgili.

انباز enbâz: (A.) lakaplar.

انباز شدن enbâz şoden: **1.**katılmak. **2.**ortak olmak. **3.**ortaklaşmak.

انباز قرار دادن enbâz karâr dâden: ortak etmek.

انباز کردن enbâz kerden: **1.**ortak etmek. **2.**iştirak ettirmek.

انبازی enbâzî: [enbâz+î] ortaklık.

انباشتن enbâşten: **1.**yığmak. **2.**depolamak. **3.**biriktirmek. **4.**doldurmak.

انباشته enbâşte: [enbâşten>enbâşt+e] **1.**yığılmış. **2.**depolanmış. **3.**doldurulmuş. **4.**biriktirilmiş.

انباشته شدن enbâşte şoden: 1.yoğunlaşmak. 2.yığılmak.

انباغ enbâg: 1.ortak. 2.kuma.

انبان enbân: (Peh.) 1.heybe, dağarcık. 2.karın. ‖ * ez ~ -i tohî penîr costen از انبان تهی پنیر جیتن boşuna uğraşmak.

انبانچه enbânçe: [enbân+çe] küçük heybe.

انبانه enbâne: heybe, dağarcık.

انباه inbâh: (A.) 1.uyandırma, uyarma. 2.uyandırılma, uyarılma. 3.hareket ettirme, oynatma, kımıldatma.

انباهی inbâhî: (A.) 1.uyandırma ile ilgili, uyarma ile ilgili. 2.uyarıcı.

انباهیه inbâhiyye: (A.) 1.uyandırma ile ilgili, uyarma ile ilgili. 2.uyarıcı.

انبت الله enbetallâh: (A.) Allah'ın fidan haline getirdiği.

انبثاث inbisâs: (A.) yayılma, dağılma.

انبر enbur: a, eğsi, eğsiran.

انبرباریس enberbâris (bot.) diken üzümü.

انبردست enburdest: pense.

انبروت enberût (bot.) armut.

انبره enbure: [<enbure] 1.tüyü dökülmüş hayvan. 2.dolap beygiri. 3.dere. 4.işkembe.

انبساط inbisât: (A.) 1.açılma. 2.genişleme. 3.ferahlama. 4.rahatlık. 5.(tas.) bast hali.

انبساط فزودن inbisât fuzûden: çok neşelenmek.

انبست enbest: pıhtı.

انبسته enbeste: [enbesten>enbest+e] 1.pıhtılaşmış, koyulaşmış. 2.uyuşmuş.

انبسته دم enbestedem: [enbeste+dem] 1.nefesi ağır. 2.uyuşuk, miskin.

انبعاث inbiâs: (A.) 1.gönderilme. 2.ortaya çıkma, meydana gelme, ileri gelme, kaynaklanma.

انبله enbele (bot.) hint hurması, demirhindi.

انبوب enbûb, unbûb: (A.) 1.ince boru. 2.iki boğum arası.

انبوب enbûb: 1.minder, döşek. 2.döşeme.

انبوب الحبل unbûbulhabl: (A.) keçi yolu, patika yol.

انبوبه unbûbe: (A.) 1.boğum. 2.ince borum, kanal. 3.kılcal damar.

انبوبی unbûbî: (A.) 1.boru biçimli. 2.boğum ile ilgili.

انبوثه unbûse: (A.) çocuk oyunu.

انبودن enbûden: 1.biriktirmek. 2.yığmak.

انبوده enbûde: [enbûden>enbûd+e] katlanmış, devşirilmiş, yığılmış.

انبوزن enbûzen: ana madde, asıl, öz.

انبوسیدن enbûsîden: doğmak, mevcut olmak.

انبوشه enbûşe: 1.yer bitkileri. 2.ağaç kökleri.

انبوشه unbûşe: (A.) köklü ağaç.

انبوه enbûh: 1.küme. 2.kalabalık. 3.topluluk. 4.çokluk. 5.yoğun. 6.gür. 7.yığın. 8.tutam. 9.sık. 10.kalın. 11.meclis.

انبوه انبوه enbûh enbûh: yığın yığın, grup grup.

انبوه شدن enbûh şoden: 1.yığılışmak. 2.gürleşmek. 3.sıklaşmak. 4.kalabalıklaşmak.

انبوهی enbûhî: [enbûh+î] 1.çokluk. 2.doluluk. 3.kalabalık.

انبوی enbûy: 1.koku. 2.koklama.

انبوییدن enbûyîden: koklamak.

انبهار inbihâr: (A.) yorgunluktan nefes nefese kalma.

انبیا enbiyâ: (A.) nebîler, peygamberler.

انبیر enbîr: çamur.

انبیره enbîre: sıva altı malzemesi (talaş, saz, çalı çırpı vb.)

انبیق enbîk: (A.) imbik.

انتاج intâc: (A.) 1.sonuçlandırma. 2.sonuçlandırılma. 3.doğurma.

انتاج کرده intâckerde (A.-F.) [intâc+kerden>kerd+ e] sonuç olarak ortaya çıkan.

انتاش intâş: (A.) tohum filizlenmesi, bitkinin yeşermesi.

انتاع intâ': (A.) 1.ter dökme. 2.kusma.

انتان intân: (A.) kötü kokma.

انتانی intânî: (A.) 1.mikrobik, mikroplu. 2.kötü kokulu.

انتانیه intâniyye: (A.) **1.**mikrobik, mikroplu. **2.**mikrobik hastalıklar servisi.

انتباج intibâc: (A.) hastalıktan ileri gelen ödem.

انتباه intibâh: (A.) **1.**uyanma. **2.**uyanış. **3.**uyanıklık. **4.**(tas.) gönülden gafletin gitmesi. **5.**gözaçıklığı.

انتثار intisâr: (A.) **1.**saçılma. **2.**dağılma. **3.**püskürme. **4.**aksırma.

انتجاع inticâ: (A.) bağış ve ödül isteme.

انتحاء intihâ': (A.) yaslanma, dayanma.

انتحار intihâr: (A.) intihar.

انتحار کردن intihâr kerden: intihar etmek.

انتحال intihâl: (A.) **1.**başkasının malını sahiplenme, çalma. **2.**başkasının yazısını veya şiirini sahiplenme.

انتخاب intihâb: (A.) **1.**seçme. **2.**seçilme. **3.**seçim.

انتخابات intihâbât: (A.) **1.**seçimler. **2.**seçkiler, antolojiler, seçmeler. **3.**seçmeler. ‖ * ~ -i zûdres انتخابات زودرس erken seçim.

انتخاب رفتن intihâb reften: seçilmek, ayıklanmak.

انتخاب کردن intihâb kerden: seçmek.

انتخاب نامه intihâbnâme (A.-F.) [intihâb+ nâme] seçim bildirgesi.

انتخابی intihâbî: (A.) **1.**seçim ile ilgili. **2.**seçme ile ilgili. **3.**seçilme ile ilgili.

انتدام intidâm: (A.) kolayca edinme.

انتزاع intizâ: (A.) **1.**kökünden sökme. **2.**kopara kopara alma, çekip alma, çekip koparma.

انتزاعی intizâî: (A.) soyut.

انتساب intisâb: (A.) **1.**mensup olma. **2.**bağlılık, intisap, bağlanma, kapılanma. **3.**bir yerde çalışmaya başlama.

انتساج intisâc: (A.) dokunma.

انتساخ intisâh: (A.) kopya edilme, istinsah edilme.

انتساق intisâk: (A.) **1.**düzene sokma. **2.**düzenli olma, düzgün sıralanma, düzgünlük.

انتسال intisâl: (A.) nesil sahibi olma, çoluk çocuk sahibi olma.

انتشاء intişâ': (A.) gelişme, büyüme.

انتشاب intişâb: (A.) **1.**tutulma. **2.**mal biriktirme.

انتشار intişâr: (A.) **1.**yayılma. **2.**yayınlanma. **3.**dağılma. **4.**üreme. **5.**ayrılma. **6.**yayınma, difuzyon.

انتشار دادن intişâr dâden: yayınlamak, neşretmek.

انتشار داشتن intişâr dâşten: yaygın olmak, salgın olmak.

انتشاری intişârî: (A.) **1.**yayılma ile ilgili. **2.**dağılma ile ilgili. **3.**yayınma ile ilgili. **4.**ayıran.

انتشار یافتن intişâr yâften: yayınlanmak, çıkmak, basılmak.

انتصاب intisâb: (A.) **1.**atanma, tayin, tayin olma. **2.**görevlendirilme. **3.**bir işe koyulma. **4.**dikilme, kaldırılma. **5.**kelimenin mansub olması hali.

انتصاح intisâh: (A.) nasihat dinleme.

انتصار intisâr: (A.) yardım alma.

انتصاف intisâf: (A.) **1.**yarısına gelme, yarılama. **2.**yardım alma. **3.**hakkını alma.

انتضاج intizâc: (A.) **1.**çıbanın olgunlaşması. **2.**çok ağlama.

انتضاح intizâh: (A.) taharet alma.

انتطاق intitâk: (A.) kemer takma, kuşak bağlama.

انتظار intizâr: (A.) **1.**bekleyiş. **2.**gözü yolda olma, gözleme. ‖ * el ~ eşeddu minennâr الانتظار اشد من النار Beklemek ateşten de beter. ‖ * el ~ u eşeddu minelmevt الانتظار اشد من الموت beklemek ölümden de beter. ‖ * be ~ nişesten به انتظار نشستن beklemeye koyulmak. ‖ * der ~ îstâden در انتظار ایستادن beklemeye koyulmak. ‖ * der ~ mânden در انتظار ماندن beklemek. ‖ * der ~ nigehdâşten در انتظار نگهداشتن bekletmek. ‖ * otâk-i ~ اتاق انتظار bekleme odası.

انتظاراً intizâren: (A.) bekleyerek.

انتظار بردن intizâr borden: beklemek.

انتظار داشتن intizâr dâşten: beklemek, ummak.

انتظار رفتن intizâr reften: beklenmek.

انتظار کشیدن intizâr keşîden: beklemek.

انتظام intizâm: (A.) **1.**intizam, tertip düzen. **2.**incinin dizilmesi.

انتظام پرور intizâmperver (A.-F.) [intizâm+ perverden> perver] düzenli, tertipli.

انتظام پرورانه intizâmperverâne (A.-F.) [intizâm+ perverden> perver+âne] düzenlice, tertiplice.

انتظامی intizâmî: (A.-F.) düzenli.

انتعاش intiâş: (A.) **1.**kalkma, yükselme. **2.**iyileşme, hastalıktan kalkma, hastalıktan kurtulma. **3.**neşelenme.

انتعاظ inti'âz: (A.) **1.**kalkma, dikilme. **2.**güçlenme.

انتفاء intifâ: (A.) **1.**yok olma, ortadan kaybolma. **2.**yokluk.

انتفاخ intifâh: (A.) **1.**şişme, kabarma. **2.**organ büyümesi.

انتفاد intifâd: (A.) bir şeyin tamamen almak.

انتفاع intifâ: (A.) **1.**yararlanma. **2.**(huk.) intifâ hakkı.

انتفال intifâl: (A.) nafile namazı kılma.

انتقاء intikâ: (A.) **1.**temizleme. **2.**seçme, ayırdetme.

انتقاب intikâb: (A.) **1.**yüzünü örtme. **2.**peçe takma.

انتقاد intikâd: (A.) **1.**tenkid, eleştiri. **2.**kalp parayı ayırma. || * ~ ez hod انتقاد از خود özeleştiri.

انتقاد کردن intikâd kerden: tenkid etmek, eleştirmek.

انتقادی intikâdî: (A.) **1.**tenkidli. **2.**eleştirisel. || * metn-i ~ متن انتقادی tenkidli metin.

انتقادیه intikâdiyye: (A.) **1.**eleştiri ile ilgili. **2.**eleştiricilik, kritisizm.

انتقاش intikâş: (A.) nakş edilme, resm edilme, kazılma.

انتقاص intikâs: (A.) **1.**azlık, azalma, eksilme. **2.**azaltma, az tutma.

انتقاض intikâz: (A.) çözülme, bozulma.

انتقال intikâl: (A.) **1.**nakil, intikal. **2.**ölüm. **3.**kavrama gücü, intikal. **4.**(sp.) transfer. **5.**devir. **6.**göçme, taşınma. **7.**miras kalma, miras geçme. **8.**bir maldaki tasarruf hakkının yasayla belirli kimse veya kimselere geçmesi. **9.**başka konuya atlama.

انتقالاً intikâlen: (A.) intikal yolu ile.

انتقال کردن intikâl kerden: **1.**intikal etmek. **2.**ölmek.

انتقالی intikâlî: (A.) intikal ile ilgili.

انتقال یافتن intikâl yâften: **1.**nakledilmek. **2.**intikal edilmek. **3.**kavramak.

انتقام intikâm: (A.) intikam, öc.

انتقامات intikâmât: (A.) öc almalar, intikamlar.

انتقام جو intikâmcû (A.-F.) [intikâm+ costen>cû] intikamcı.

انتقام کشیدن intikâm keşîden: intikam almak, öc almak.

انتقام گرفتن intikâm giriften: intikam almak, öc almak.

انتقام گیری intikâmgîrî: (A.-F.) [intikâm+ giriften> gîr+î] intikam alma, öc alma.

انتقاه intikâh: (A.) **1.**iyi haberle sevinme. **2.**nekahat döneminde olma.

انتکاث intikâs: (A.) **1.**isteğinden vazgeçme. **2.**gevşeme. **3.**ters dönme, başaşağı gelme.

انتکاس intikâs: (A.) baş aşağı düşme.

انتگرال entegral: (Fr.) (mat.) entegral.

انتماء intimâ: (A.) **1.**birine nispet etme. **2.**mensubiyet, bağlılık. **3.**başka bir yere konma.

انتما کردن intimâ kerden: intisap etmek.

انتهاء intihâ: (A.) **1.**son, nihayet. **2.**bitim, tükenme, bitme. **3.**uç. **4.**sona erme.

انتهائی intihâ'î: (A.) son ile ilgili, bitiş ile ilgili.

انتهائیه intihâ'iyye: (A.) son ile ilgili, bitiş ile ilgili, bitiriş, sonuncu.

انتهاب intihâb: (A.) talan etme, yağmalama.

انتهابات intihâbât: (A.) talanlar, yağmalar.

انتهاپذیر intihâpezîr (A.-F.) [intihâ+ pezîruften> pezîr] sona eren.

انتهاج intihâc: (A.) yol bulma.

انتهاز intihaz: (A.) fırsat bilme, fırsat kollama, ganimet sayma.

انتهاض intihâz: (A.) kalkma, yola koyulma, yola çıkma.

انتهاک intihâk: (A.) **1.**ateş düşürme. **2.**kirlenme. **3.**bulanma. **4.**ırza geçme, namus lekeleme. **5.**güçten düşürme, zayıflatma. **6.**işe yaramaz hale sokma.

انتیاح intiyâh: (A.) ağlama.

انثرام insirâm: (A.) diş kırılması.

انثقاب insikâb: (A.) delinme, delik açılma.

انثلال insilâl: (A.) üşüşme.

انثماغ insimâg: (A.) yere düşerek zedelenme.

انثناء insinâ: (A.) **1.**iki tane olma. **2.**geri dönme. **3.**burkulma, bükülme.

انثیین unseyeyn: (A.) iki husye.

انجاء incâ: (A.) **1.**kurtarma. **2.**kurtarılma. **3.**ortaya çıkarma.

انجاب encâb: (A.) asiller, soylular, necipler.

انجاب incâb: (A.) **1.**değerli olma. **2.**asil çocuklar yetiştirme.

انجاح incâh: (A.) **1.**işi bitirme. **2.**isteğine kavuşma.

انجاد encâd: (A.) yüksek yerler.

انجاد incâd: (A.) **1.**yardım etme. **2.**daveti kabul etme. **3.**yüksek sesle çağırma.

انجاز incâz: (A.) **1.**haceti reva görme. **2.**sözünde durma.

انجاس encâs: (A.) pislikler, kirler.

انجاس incâs: (A.) **1.**kirletme, pisletme. **2.**kirlenme, pislenme.

انجام encâm: **1.**son. **2.**yapma, yerine getirme. **3.**bitirme. || * ~ -i vazîfe kerden انجام وظیفه کردن çalışmak, görev yapmak. || * be ~ âverden به انجام آوردن yerine getirmek, yapmak. || * be ~ resânden به انجام رساندن yapmak, yerine getirmek, bitirmek.

انجام پذیر encâmpezîr: [encâm+ pezîroften>pezîr] **1.**bitebilir. **2.**yapılabilir, yerine getirilebilir.

انجام پذیرفتن encâm pezîruften: yapılmak, gerçekleşmek.

انجام شدن encâm dâden: **1.**yapmak, uygulamak, icra etmek. **2.**tamamlamak, bitirmek, sona erdirmek. **3.**işlemek.

انجامش encâmiş: [encâmîden>encâm+iş] son, akıbet. || * rûz-i ~ روز انجامش kıyamet günü.

انجام شدن encâm şoden: **1.**uygulanmak, icra edilmek, gerçekleştirilmek. **2.**sonuçlanmak, sona ermek, tamamlanmak, bitmek.

انجام گرفتن encâm giriften: yapılmak.

انجامیدن encâmîden: sonuçlanmak, sona ermek, son bulmak.

انجبار encebâr:(bot.) yılankökü.

انجبار incibâr: (A.) kemik kaynama.

انجدان encidân: (A.) kasnı ağacı, kasnı ilacının hammaddesinin çıkarıldığı ağaç.

انجذاب incizâb: (A.) **1.**çekim. **2.**cezbeye kapılma.

انجذاذ incizâz: (A.) kesilme.

انجذام incizâm: (A.) cüzzamlı hastada organ kopması.

انجر encer: (A.) gemi direği.

انجر encur: ısırgan otu.

انجراد incirâd: (A.) **1.**soyutlaşma. **2.**soyulma.

انجرار incirâr: (A.) **1.**sonuçlanma. **2.**çekilme. **3.**kelimenin mecrur olması. || * ~ -i kelâm انجرار کلام söz gelişi.

انجراری incirârî: (A.) **1.**sonuçlanma ile ilgili. **2.**çekilme ile ilgili.

انجراریه incirâriyye: (A.) **1.**sonuçlanma ile ilgili. **2.**çekilme ile ilgili. || * kuvve-i ~ قوهء انجراریه madenin tel haline gelme hali.

انجرک encerek (bot.) sıçankulağı otu.

انجره encere, encure: **1.**(bot.) ısırgan otu. **2.**kurdeşen.

انجری encurî: (A.) isilik.

انجریه encuriyye: (A.) **1.**ısırgangiller. **2.**bir tür isilik hastalığı.

انجزام incizâm: (A.) **1.**kelimenin son harfinin meczum oluşu. **2.**kemik kırılması.

انجل encel: hatmi çiçeği.

انجلاء incilâ: (A.) **1.**cilâlanma, parlama. **2.**görünme. **3.**ortada olma.

انجلاب incilâb: (A.) **1.**celp edilme, götürülme. **2.**sürüklenerek götürülme.

انجم encum: (A.) yıldızlar.

انجم آلود encumâlûd (A.-F.) [encum+ âlûden>âlûd] yıldızlı.

انجماد incimâd: (A.) donma.

انجم سپه encumsipeh (A.-F.) askeri yıldızlar kadar çok olan.

انجم سوز encumsûz: (A.-F.) [encum+ sûhten>sûz] güneş.

انجم فشان encumfeşân (A.-F.) [encum+ feşânden> feşân] yıldız saçan.

انجمن encumen: (Peh.) **1.**meclis. **2.**dernek. **3.**topluluk. **4.**komisyon. ‖ * ~ -i dâniş انجمن دانش akademi. ‖ * ~ -i teftîş ve muâyene· انجمن تفتیش و معاینه sansür kurumu. ‖ * ~ -i ulfet انجمن الفت kulüp.

انجمن داشتن encumen dâşten: meclis kurmak, toplanmak.

انجمن شدن encumen şoden: toplanmak.

انجمن فروز encumenfurûz: [encumen+ ferûhten> ferûz] meclisi aydınlatan.

انجمن کردن encumen kerden: **1.**toplanmak. **2.**meşveret etmek.

انجمنگاه encumengâh: [encumen+gâh] toplanma yeri, cemiyet yeri, dernek yeri.

انجوج encûc (bot.) ûd, öd ağacı.

انجوخ encûh: [encûhîden>encûh] **1.**soluk, solgun, buruşuk, kırışık. **2.**kıvrım.

انجوخیدن encûhîden: kırışmak (deri).

انجوغ encûg: [encûgîden>encûg] **1.**soluk, solgun, buruşuk, kırışık. **2.**kıvrım.

انجوغ encûg: öd ağacı.

انجی encî (bot.) incir.

انجیدن encîden: **1.**parça parça etmek. **2.**dışarı çekmek. **3.**yaralamak. **4.**hacamat yaparken ustura kullanmak.

انجیر encîr: **1.**(bot.) incir. **2.**delik.

انجیربن encîrbon (bot.) incir ağacı.

انجیرخوار encîrhâr: [encîr+horden>hor> hâr] (zool.) sarı asma kuşu.

انجیرخور encîrhor: [encîr+horden>hor] (zool.) sarı asma kuşu.

انجیردن encîrden: delmek.

انجیره encîre: incir.

انجیل incîl: Hz. İsa'ya indirilen kutsal kitap, İncil. ‖ * ehl-i ~ اهل انجیل Hıristiyanlar.

انجیلی incilî: (A.) İncil ile ilgili.

انجین encîn: [encîden>encîn] **1.**sıvacı. **2.**küçük küçük. parça parça.

انچوچک ençûçek: **1.**(bot.) gülgillerden bir tür ağaç. **2.**(bot.) armut tohumu. **3.**bızdık. **4.**(mec.) zayıf, cılız, çelimsiz.

انحاء enhâ: (A.) **1.**yönler, taraflar. **2.**yollar. **3.**benzerler. **4.**metodlar, yöntemler.

انحاف inhâf: (A.) **1.**zayıflatma. **2.**inceltme.

انحباس inhibâs: (A.) **1.**nefesin tutulması. **2.**vakıf malını tutma.

انحداب inhidâb: (A.) **1.**kamburlaşma, tümsekleşme. **2.**yumruluk, tümseklik, kamburluk.

انحداد inhidâd: (A.) **1.**haddeden geçme. **2.**keskinlik. **3.**sivrilik.

انحدار inhidâr: (A.) **1.**yokuş inme, aşağı inme. **2.**dökülme, çökme. **3.**darbe ile derinin şişmesi.

انحراف inhirâf: (A.) **1.**eğilme, bükülme. **2.**sapma. **3.**savrulma. **4.**yoldan çıkma. **5.**sapıklık. **6.**değişme. **7.**kırılma. **8.**açılım. ‖ * be ~ keşânden به انحراف کشاندن

yoldan çıkarmak. ‖ * be ~ keşânde şoden به انحراف کشانده شدن yoldan çıkarılmak.

انحس enhas: (A.) en uğursuz.

انحسام inhisâm: (A.) sonuçlandırma, bitirme.

انحصار inhisâr: (A.) **1.**bir şeye hasr etme, bir kişiye verme. **2.**tekel, monopol. ‖ * ~ -i duhan انحصار دخن tütün tekeli. ‖ * ez ~ -i çîzî ya kesî be der âmeden از انحصار چیزی یا کسی بدر آمدن birinin veya bir şeyin tekelinden kurtulmak.

انحصار طلب inhisâr taleb: [inhisâr+ talebîden>taleb] (A.-F.) tekelci.

انحصار طلبی inhisârtalebî: (A.-F.) [inhisâr+talebîden>taleb+î] tekelcilik.

انحصاری inhisârî: (A.-F.) [inhisâr+î] tekel ile ilgili.

انحطاط inhitât: (A.) **1.**düşme, düşüş. **2.**çöküş. **3.**güçten kuvvetten kesilme. **4.**şiş inmesi. ‖ * ~ -i rûhî انحطاط روحی ruh çöküntüsü.

انحطاطی inhitâtî: (A.) **1.**çöküntü ile ilgili. **2.**çökkün, depressif.

انحطام inhitâm: (A.) **1.**parçalanma, ufalanma. **2.**kırılma.

انحقاق inhikâk: (A.) çıkmaza girme, düğümlenme, tıkanma.

انحکاک inhikâk: (A.) kaşınma.

انحلال inhilâl: (A.) **1.**dağılma. **2.**erime. **3.**çözülme. **4.**fesholma. ‖ * ~ -i zihnî انحلال ذهنی zihin dağınıklığı.

انحلال پذیر inhilâlpezîr (A.-F.) [inhilâl+ pezîruften> pezîr] **1.**dağılabilir. **2.**eriyebilir. **3.**çözülebilir.

انحلال ناپذیر inhilâlnâpezîr (A.-F.) [inhilâl+ nâ+ pezîruften>pezîr] **1.**dağılmaz. **2.**erimez. **3.**çözülmez.

انحماض inhimâz: (A.) ekşime.

انحماق inhimâk: (A.) ahmak gibi görünme.

انحناء inhinâ: (A.) **1.**eğri. **2.**grafik eğrisi. **3.**sapma. **4.**eğilme.

انحیاش inhiyâş: (A.) çekinme.

انخدار inhidâr: (A.) örtünme.

انخداع inhidâ: (A.) oyuna getirilme, aldatılma.

انخراط inhirât: (A.) **1.**zarar verme. **2.**boncuk dizme. **3.**zayıflama, incelme.

انخراق inhirâk: (A.) yırtılma.

انخزال inhizâl: (A.) **1.**cevap vermekten korkmama. **2.**bel kırılması. **3.**bitkin bir halde yürüme. **4.**çökme. **5.**çöküntü.

انخساف inhisâf: **1.**görünmez olma. **2.**ay tutulması.

انخشاش inhişâş: (A.) hışırdama, hışırtı.

انخفاض inhifâz: (A.) **1.**çökkünlük, depresyon. **2.**aşağılanma, alçaltılma, küçük düşürülme.

انخلاع inhilâ': (A.) uzaklaştırılma, indirilme.

انخماد inhimâd: (A.) **1.**içi geçme. **2.**alevi geçme.

انخناق inhinâk: (A.) **1.**boğulma. **2.**tıkanma.

اند end: (Peh.) **1.**birkaç. **2.**küsur.

انداء endâ': (A.) çiyler, şebnemler.

انداب indâb: (A.) iyileşen yaranın kabuk bağlaması.

انداخت endâht: [endâhten>endâht] atma, atış. **2.**silah atma, silah atışı.

انداختن endâhten: (Peh.) **1.**atmak. **2.**fırlatmak. **3.**sermek. **4.**uzaklaştırmak. **5.**bırakmak. **6.**getirmek. **7.**takmak. **8.**düşürmek. **9.**yerleştirmek. **10.**hazırlamak. **11.**içeri atmak. **12.**cinsel münasebette bulunmak. **13.**iltifat etmemek. **14.**koymak, dökmek. ‖ * ez pây ~ از پای انداختن çökertmek. ‖ * be tekân ~ به تکان انداختن sarsmak. ‖ * be cân-i hem ~ به جان هم انداختن birbirine düşürmek. ‖ * hod râ ez tek u tâ ne ~ خود را از تک و تا نیانداختن kendini bırakmamak, zayıflığını itiraf etmemek, kolay pes etmemek, kendini güçlü göstermek. ‖ * be sorfe ~ به سرفه انداختن öksürtmek. ‖ * hod râ be der ~ خود را به در انداختن sıyrılmak, kurtulmak.

انداخته endâhte: [endâhten>endâht+e] 1.atmış. 2.atılmış.

انداد endâd: (A.) 1.benzerler. 2.eşler.

اندار endâr: macera, serüven, baştan geçen hikaye.

انداز endâz: [endâhten>endâz] 1.atan. 2.atıcı.

اندازه endâze: (Peh.) 1.ölçü. 2.60 cm. lik uzunluk ölçüsü. 3.ölçek. 4.tahmin. 5.liyakat, mertebe. 6.hat sanatında hokka. ‖ * ez ~ der guzeşten از اندازه در گنشتن haddini aşmak. ‖ * be ~ به اندازه ölçüsüyle, ölçüyü kaçırmadan. ‖ * be ~ -i به اندازهٔ -diği kadar, -diği ölçüde, kadar, -lik. ‖ * be ~ -i kâfî به اندازهٔ کافی yeterince, yeteri kadar. ‖ * be ~ î ki به اندازه ای که -cek kadar, -dığı ölçüde. ‖ * be heman ~ ki به همان اندازه که olduğu kadar. ‖ * bîş ez ~ بیش از اندازه haddinden fazla. ‖ * tâ ~ î تا اندازه ای bir dereceye kadar, bir ölçüde.

اندازه کردن endâze kerden: 1.ölçmek. 2.hesaplamak, saymak.

اندازه گرفتن endâze giriften: 1.ölçmek. 2.ölçü almak. 3.tespit etmek. 4.saymak, hesaplamak. 5.ibret almak.

اندازه گیر endâzegîr: [endâze+giriften> gîr] 1.mühendis 2.ölçüm yapan, ölçen. 3.matematikçi. 4.sayman, muhasebeci.

اندازه گیری endâzegîrî: [endâze+giriften>gîr+î] 1.ölçme, ölçümleme. 2.ölçü alma. ‖ * ~ -i ictimâî اندازه گیری اجتماعی toplumölçüm, sosyometri.

اندازه گیری کردن endâzegîrî kerden: ölçmek, ölçüm yapmak.

اندام endâm: (Peh.) 1.boy. 2.vücut. 3.organ, uzuv. 4.boypos, endam. 5.erkeklik organı. 6.bir aletin parçaları. ‖ * be ~ -i به اندام doğrultusunda.

اندام دادن endâm dâden: 1.düzenlemek. 2.süslemek.

انداموار endâmvâr: [endâm+vâr] organizma.

اندامی endâmî: [endâm+î] 1.endamlı, boylu boslu. 2.boybos ile ilgili. 2.bedene uygun giysi.

انداوه endâve: [endûden>endâv+e] 1.mala. 2.şikayet.

اندایش endâyiş: [endûden>endây+iş] sıvama.

اندایشگر endâyişger: [endâyiş+ger] sıvacı.

اندایه endâye: [endûden>endây+e] 1.mala. 2.şikayet.

اندباغ indibâg: (A.) tabaklama, sepileme.

اندبند endbend: [end+besten>bend] 1.boğum boğum. 2.parça parça. 3.utanmış.

اندخس endehs: koruyucu, hâmi.

اندخسیدن endehsîden: korumak, himaye etmek.

اندر ender: (Peh.) 1.içinde, -de, -da. 2.-e, -a. 3.hakkında. 4.içeri. ‖ * ~ hakk-i اندر حق hakkında.

اندر ender: (A.) ender, az bulunur.

اندر آمدن ender âmeden: 1.içeri girmek, gelmek.

اندر آوردن ender âverden: getirmek.

اندر آویختن ender âvîhten: 1.asılı olmak. 2.teşebbüs etmek.

اندر آویزنده ender âvîzende: [ender+âvîhten>âvîz+ende] 1.asılı. 2.müteşebbis. 3.girişken.

اندراء indirâ': (A.) yayılarak dağılma.

اندراج indirâc: (A.) 1.girme, dahil olma, bir şeyin içine koyulma, bir şeyin içinde toplanma. 2.sokulma. 3.sona varma.

اندراس indirâs: (A.) lime lime olma, parça parça olma, eskime.

اندراع indirâ': (A.) 1.girişme, teşebbüs etme. 2.öne geçme. 3.bulut altından çıkma.

اندرالوقوع enderulvukû': (A.) az rastlanır.

اندربایست enderbâyest: [ender+bâyesten> bâyest] 1.zorunlu, kaçınılmaz. 2.muhtaç olunan.

اندر بایستن ender bâyesten: kendisine muhtaç olunmak.

اندر پذیرفتن ender pezîruften: kabul etmek.

اندر خواستن ender hâsten: rica etmek, dilemek.

اندرخور enderhor: [ender+horden>hor] lâyık, yaraşır.

اندر خوردن ender horden: lâyık olmak, yaraşmak, münasip olmak.

اندر رسیدن ender resîden: **1.**ulaşmak. **2.**yetişmek. **3.**gelmek.

اندرز enderz: (Peh.) **1.**öğüt, nasihat. **2.**vasiyet.

اندرزبار enderzbâr: [enderz+bârîden> bâr] öğüt verici.

اندرز دادن enderz dâden: öğüt vermek, nasihat etmek.

اندرز کردن enderz kerden: öğüt vermek, nasihat etmek.

اندرز گفتن enderz goften: **1.**öğüt vermek, nasihat etmek. **2.**vasiyet etmek.

اندر شدن ender şoden: içeri girmek.

اندر شکستن ender şikesten: hazırlamak.

اندر کشنده ender keşende: çekici, cazip.

اندر کشیدن ender keşîden: cezbetmek, çekmek.

اندر گذرانیدن ender gozerânîden: **1.**geçit vermek. **2.**geçirtmek. ‖ * pây ez endâze ~ پای از اندازه اندر گذرانیدن haddini aşmak.

اندر گذشتن ender gozeşten: **1.**ölmek. **2.**geçmek, geçip gitmek.

اندر گرفتن ender giriften: başlamak, baştan almak.

اندر نوشتن ender neveşten: **1.**katetmek. **2.**haketmek.

اندرو enderû: [ender+û] **1.**onda. **2.**ona.

اندروای endervây: asılı, havada.

اندروب enderûb: temriye hastalığı.

اندروقت endervakt: (F.-A.) [ender+vakt] hemen, derhal.

اندرون enderûn: **1.** iç, içeri, içerisinde. **2.**gönül, kalp. **3.**haremlik, harem dairesi. **4.**saray. ‖ * ~ u bîrûn اندرون و بیرون iç ve dış, içerisi ve dışarısı. ‖ * be ~ به اندرون -de, -da. ‖ * be ~ râh dâden به اندرون راه دادن evini açmak.

اندرونه enderûne: [enderûn+e] **1.**iç, içeri. **2.**(tıb.) iç organ.

اندری enderî: (A.) halat.

اندریابی enderyâbî: [ender+yâften> yâb+î] idrâk, anlayış.

اندریافت enderyâft: [ender+yâften>yâft] idrâk, anlayış.

اندر یافتن ender yâften: idrâk etmek, anlamak.

اندرین enderin: [ender+în] **1.**bunda. **2.**hakkında.

اندساس indisâs: (A.) toprağa gömme.

اندفاع indifâ: (A.) **1.**püskürme. **2.**uzaklaşma. **3.**kovulma. ‖ * ~ -i burkânî اندفاع برکانی volkanik püskürme.

اندفاعات indifâ'ât: (A.) **1.**püskürmeler. **2.**ortadan kalkmalar. **3.**yer yer ortaya çıkmalar.

اندفاعی indifâ'î: (A.) **1.**püskürme ile ilgili. **2.**püskürük.

اندفاعیه indifâiyye: (A.) püskürme ile ilgili.

اندفاق indifâk: (A.) şiddetle dökülüş.

اندک endek: **1.**az. **2.**biraz. **3.**kısa.

اندک اندک endek endek: az az, yavaş yavaş, tedricen.

اندک سال endeksâl: [endek+sâl] **1.**az yıl. **2.**küçük yaşlı.

اندک شدن endek şoden: azalmak.

اندک کردن endek kerden: azaltmak.

اندک گردانیدن endek gerdânîden: azaltmak.

اندک مایه endek mâye: [endek+mâye] **1.**cahil. **2.**değersiz. **3.**az sermayeli.

اندک وفت endekvefâ: (F.-A.) [endek+vefâ] vefasız.

اندکی endekî: [endek+î] **1.**biraz. **2.**azıcık, birazcık. **3.**azlık. **4.**kısa bir süre.

اندکی بعد endekî bad: (F.-A.) [endek+î+ bad] **1.**yakında. **2.**kısa bir süre sonra.

اندلس endulus: (A.) Endülüs (İspanya).

اندماج indimâc: (A.) 1.işe girişme. 2.kenetlenme, birbirine geçme.

اندماجى indimâcî: (A.) kenetlenme ile ilgili, birbirine geçme ile ilgili.

اندماغ endemâğ: sümük.

اندمال indimâl: (A.) iyileşme, sağlığa kavuşma.

اندمال يافتن indimâl yâften: iyileşmek, sağlığa kavuşmak.

اندمه endeme: eski sıkıntıları hatırlayış.

اندوب endûb: temriye hastalığı.

اندوج endûc: temriye hastalığı.

اندوختن endûhten: (Peh.) 1.biriktirmek. 2.tasarruf etmek. 3.kâr sağlamak.

اندوخته endûhte: [endûhten>endûht+e] 1.birikim, tasarruf. 2.kazanmış. 3.biriktirmiş. 4.ödemiş. 5.kazanılmış. 6.biriktirilmiş. 7.ödenmiş.

اندود endûd: [endûden>endûd] 1.sıva. 2.sıvama. 3.kaplama.

اندود شدن endûd şoden: kaplanmak.

اندود کردن endûd kerden: kaplamak.

اندودن endûden: (Peh.) 1.sıvamak. 2.kaplamak. 3.metale su vermek. 4.yağ sürmek.

اندوده endûde: [endûden>endûd+e] kaplanmış, sıvanmış, altın kaplama.

اندوز endûz: [endûhten>endûz] 1.kazanan. 2.biriktiren, toplayan.

اندوزه endûze: keder, gam.

اندوزه کردن endûze kerden: üzülmek, kederlenmek, gamlanmak.

اندوصارون endusarun (bot.) acı mercimek.

اندوه endûh: (Peh.) üzüntü, keder, gam. ‖ * ~ der dil-i kesî pîçîden اندوه در دل کسی پسچیدن içi burkulmak, yüreği burkulmak. ‖ * ~ -i bîpâyân اندوه بی پایان sonsuz üzüntü, derin üzüntü.

اندوه آور endûhâver: [endûh+âverden> âver] üzücü.

اندوهبار endûhbâr: [endûh+bârîden>bâr] hüzün verici, üzücü.

اندوه خوار endûhhâr: [endûh+horden> hor>hâr] üzüntülü, üzgün.

اندوه خوردن endûh horden: üzülmek, keder çekmek.

اندوه گسار endûhgusâr: [endûh+ gusârden> gusâr] sıkıntıyı dağıtan, kederi dağıtan.

اندوهگين endûhgîn: [endûh+gîn] üzgün, üzüntülü, kederli, kaygılı.

اندوهگين شدن endûhgîn şoden: üzülmek.

اندوهمند endûhmend: [endûh+mend] üzgün, üzüntülü.

اندوهناک endûhnâk: [endûh+nâk] üzgün, üzüntülü.

اندوهناک ساختن endûhnâk sâhten: üzmek, kederlendirmek.

اندوهناک شدن endûhnâk şoden: üzülmek.

اندوهناک کردن endûhnâk kerden: üzmek, kederlendirmek.

انده enduh: üzüntü, keder, gam, kaygı.

اندهاش indihâş: (A.) dehşete kapılma.

اندهان enduhân: [enduh+ân] kederler, üzüntüler.

انده زده enduhzede: [enduh+zeden> zed+e] üzgün, üzüntülü.

انده فرسا enduhfersâ: [enduh+fersûden> fersâ] kederi silen, üzüntüyü gideren.

انده گسار enduhgusâr: [<enduh+gusârden> gusâr] sıkıntıyı dağıtan, kederi dağıtan.

اندهگين enduhgîn: [<enduh+gîn] üzüntülü, kederli, kaygılı.

اندهناک enduhnâk: [<enduh+nâk] kederli, üzüntülü, sıkıntılı.

اندى endî: [end+î] 1.küsur. 2.o zaman, o an. 3.o kadar. 4.umut. 5.şaşkınlık.

انديال indiyâl: (A.) ishal olma, sürgün.

انديش endîş: [endîşîden>endîş] düşünen.

انديشمند endîşmend: [endîşîden>endîş+ mend] 1.düşünceli. 2.kaygılı.

انديشمند شدن endîşmend şoden: kaygı duymak, kaygılanmak.

اندیشناک endîşnâk: [endîşîden>endîş+nâk] 1.kaygılı, endişeli. 2.düşünceli. 3.korkak.

اندیشناک شدن endîşnâk şoden: kaygı duymak, kaygılanmak.

اندیشه endîşe: [endîşîden>endîş+e] 1.kaygı, endişe. 2.düşünce. 3.korku. ‖ * ez ~ fârig şoden از اندیشه فارغ شدن düşünceden vazgeçmek. ‖ * ~ be ser-i kesî zeden اندیشه به سر کسی زدن düşünceye kapılmak. ‖ * ~ be hâtir râh dâden اندیشه به خاطر راه دادن kaygılanmak, endişelenmek. ‖ * ~ -i çîzî râ dâşten اندیشهء چیزی را داشتن bir şeyin düşüncesinde olmak. ‖ * der ~ furû reften در اندیشه فرو رفتن düşünceye dalmak. ‖ * giriftâr-i ~ bûden گرفتار اندیشه بودن düşünceye dalmış olmak.

اندیشه انداختن endîşe endâhten: düşünmek.

اندیشه بخش endîşebahş: düşündüren, düşünmeye sekeden.

اندیشه برانگیز endîşeberengîz: [endîşe+ ber+engîhten>engîz] endişe verici, kaygı verici, kaygılandırıcı.

اندیشه داشتن endîşe dâşten: endişe etmek, kaygılanmak.

اندیشه سنج endîşesenc: [endîşe+sencîden> senc] düşünce adamı, düşünür.

اندیشه سنجان endîşesencân: [endîşe+sencîden> senc+ân] düşünce adamları, düşünürler.

اندیشه کار endîşekâr: [endîşe+kâr] endişeli.

اندیشه کردن endîşe kerden: düşünmek.

اندیشه کشیدن endîşe keşîden: özen göstermek.

اندیشه گر endîşeger: [endîşe+ger] 1.düşünceli. 2.endişeli.

اندیشه مند endîşemend: [endîşe+mend] 1.düşünceli. 2.endişeli.

اندیشی endîşî: [endîşîden>endîş+î] düşünme.

اندیشیدن endîşîden: düşünmek.

اندیک endîk: ola ki.

اندیه endiye: (A.) 1.nemli topraklar. 2.şebnemler.

انذار inzâr: (A.) 1.korkutma, yıldırma. 2.öğüt verme. 3.uyarma.

انذارات inzârât: (A.) korkutmalar, yıldırmalar.

انذال enzâl: (A.) aşağılıklar, soysuzlar.

انزوهه unzûhe: (A.) şişinme, böbürlenme, kibir.

انذهال inzihâl: (A.) şaşkınlık.

انر ener: kötü, çirkin.

انرژی enerji: (Fr.) enerji. ‖ * ~ -i atomî انرژی اتمی atom enerjisi. ‖ * ~ -i bâdî انرژی بادی rüzgâr enerjisi. ‖ * ~ -i bîreng انرژی بی رنگ rüzgâr enerjisi. ‖ * ~ -i cunbişî انرژی جنبشی kinematik enerji. ‖ * ~ -i kebûd انرژیء کبود med-cezir enerjisi. ‖ * ~ -i sefîd انرژیء سفید su enerjisi, hidroelektrik santralden elde edilen enerji. ‖ * ~ -i surh انرژی سرخ jeotermal enerji. ‖ * ~ -i zemîn-i germâyî انرژی زمین گرمایی jeotermal enerji.

انرژی زا enerjizâ: (Fr.-F.) [enerji+zâden>zâ] enerji veren, kalori veren.

انزال inzâl: (A.) 1.indirme. 2.indirilme. 3.şeytan aldatması.

انزجار inzicâr: (A.) 1.nefret. 2.usanma.

انزرار inzirâr: (A.) tomurcuklanma.

انزروت enzerût (bot.) enzerut.

انزعاج inziâc: (A.) 1.kökünden sökülme. 2.huzursuz olma. 3.(tas.) vecd halinde gönlün harekete geçmesi. 4.(tas.) vaazın mümin kalbine bıraktığı iz.

انزله کردن enzele kerden: indirmek, nazil etmek.

انزواء inzivâ: (A.) inziva, bir köşeye çekilme.

انزوا کرده inzivâkerde (A.-F.) [inzivâ+kerden> kerd+e] kendi köşesine çekilmiş, inzivaya çekilmiş.

انزواگاه inzivâgâh (A.-F.) [inzivâ+gâh] köşeye çekilme yeri, inziva yeri.

انزواگزین inzivâguzîn (A.-F.) [inzivâ+ guzîden> guzîn] köşesine çekilen, inzivayı tercih eden.

انژکسیون enjeksiyon: (Fr.) enjeksiyon, iğne.

انس ins: (A.) insan, insanlar.

انس uns: (A.) **1.**alışma. **2.**alışkanlık. **3.**dostluk. **4.**huzur. **5.**düşüp kalkma. ‖ * ~ u ulfet behem zeden انس و الفت بهم زدن aşna fişne olmak. ‖ * ~ u ulfet dâşten انس و الفت داشتن **1.**içli dışlı olmak. **2.**alışkın olmak. ‖ * ~ u ulfet giriften انس و الفت گرفتن ülfet etmek.

انسا ensâ: (A.) unutuşlar.

انساء insâ': (A.) **1.**unutturma. **2.**unutturulma. **3.**veresiye verme.

انساب ensâb: (A.) **1.**soylar, nesepler. **2.**yakınlar. **3.**logaritma tablosundaki sayılar.

انساج ensâc: (A.) dokular.

انساف insâf: (A.) lime lime olma, epirme.

انساق insâk: (A.) secili ve kafiyeli söyleme, düzgün söyleme.

انسال ensâl: (A.) kuşaklar, nesiller. ‖ * ~ -i âtiye انسال آتیه gelecek kuşaklar.

انسال insâl: (A.) **1.**yeni nesiller getirtme. **2.**döllenme.

انسان insân: (A.) **1.**adam, insan. **2.**vicdan sahibi. ‖ * ~ -i berfî انسان برفی kardanadam. ‖ * ~ -i kâmil انسان کامل **1.**(tas.) kâmil insan. **2.**mürşid.

انسان العین insânulayn: (A.) gözbebeği.

انسان دوست insândûst: [insân+dûst] insansever, insancıl, insancı.

انسان دوستانه insândûstâne: [insân+ dûst+âne] insanca.

انسان دوستی insândûstî: [insân+ dûst+î] insanseverlik.

انسان شدن insân şoden: insanlaşmak.

انسان شناس insânşinâs: (A.-F.) [insân+ şinâhten>şinâs] antropolog.

انسان شناسی insânşinâsî: (A.-F.) [insân+ şinâhten>şinâs+î] antropoloji.

انسان گرا insângerâ: [insân+gerâyîden> gerâ] hümanist.

انسان گرایی insângerâyî: [insân+ gerâyîden> gerây+î] hümanizm.

انسانی insânî: (A.-F.) [insân+î] **1.**insanlık. **2.**insancı, insancıl.

انسانی المرکز insâniyyulmerkez: (A.) insan merkezli.

انسانیت insâniyet: (A.) **1.**insanlık. **2.**insanlar. **3.**vicdanlı olma. ‖ * ez dâyire-i ~ hâric şoden از دایره انسانیت خارج شدن insanlıktan çıkmak. ‖ * ~ be harc dâden انسانیت به خرج دادن insanlık göstermek.

انسانیتکار insâniyyetkâr (A.-F.) [insâniyyet+kâr] vicdanlı.

انسانیتکارانه insâniyyetkârâne (A.-F.) [insâniyyet+ kâr+ âne] insanca, vicdan sahibine yakışır biçimde.

انسانیتکاری insâniyyetkârî (A.-F.) [insâniyyet+ kâr+î] insanlık, vicdan sahipliği.

انسانیت کردن insâniyet kerden: insanlık yapmak, insanca davranmak.

انسانیه insâniyye: (A.) **1.**insanlık. **2.**insanlar. **3.**insan ile ilgili.

انسب enseb: (A.) en lâyık, en uygun.

انسباک insibâk: (A.) erime.

انستیتو enstitu: (Fr.) enstitü.

انسجال insicâl: (A.) **1.**dökülme. **2.**çekilme.

انسجام insicâm: (A.) **1.**derli toplu olma. **2.**akıcı olma. **3.**sürekli yağmur. **4.**sürekli gidiş.

انسجه ensice: (A.) **1.**dokular. **2.**kumaşlar, dokumalar.

انسحاق insihâk: (A.) ezilerek yumuşama.

انسحال insihâl: (A.) **1.**kabuğu soyulma. **2.**düzgün konuşma.

انسداد insidâd: (A.) **1.**kapanma, sed çekilme. **2.**(tıb.) tıkanma, tıkanıklık. ‖ * ~ -i em'â انسداد امعاء bağırsak düğümlenmesi.

انس دادن uns dâden: alıştırmak.

انسدال insidâl: (A.) **1.**asılma (giysi). **2.**sarkma, pörsüme. **3.**organ sarkması.

انسر ensur: (A.) **1.**akbabalar. **2.**kartallar.

انسراح insirâh: (A.) **1.**soyunmar. **2.**sırtüstü uzanma.

انسرینگ ماشین ensringmaşin: (İng.) telesekreter.

انسطاح insitâh: (A.) **1.**sırt üstü uzanma. **2.**yüzey kazanma.

انسفار insifâr: (A.) açılma.

انسکاب insikâb: (A.) dökülme.

انس گرفتن uns giriften: alışmak.

انسلاب insilâb: (A.) **1.**giderilme, ortadan kalkma. **2.**soyulma.

انسلاخ insilâh: (A.) **1.**derisi yüzülme. **2.**soyulma. **3.**ayın sona ermesi. **4.**sıyrılma.

انسلاک insilâk: (A.) **1.**yola girme. **2.**dizilme. **3.**gruba katılma.

انسلال insilâl: (A.) sıvışma, haber vermeden kaçma.

انسی insî: (A.-F.) insanlık.

انسی unsî: (A.) **1.**alışma ile ilgili. **2.**arkadaş. **3.**kamış kalemin dil altı. **4.**erkek adı.

انسیاب insiyâb: (A.) hızla akma.

انسیاق insiyâk: (A.) **1.**içgüdü. **2.**peşinden gitme. **3.**çekilip gitme.

انسیاقی insiyâkî: (A.) içgüdüsel.

انسیت unsiyyet: (A.) **1.**alışma, alışıklık. **2.**arkadaşlık, dostluk, düşüp kalkma.

انسیه unsiyye: (A.) **1.**alışma ile ilgili. **2.**arkadaş. **3.**bayan adı.

انشاء inşâ: (A.) **1.**yaratma, icat. **2.**başlama. **3.**kompozisyon. **4.**yazı yazma. **5.**meydana getirme, yapma, bina etme. **6.**dilek kipi.

انشاآت inşâ'ât: (A.) **1.**yapılar. **2.**yapı işleri.

انشاء الله inşâ'allâh: (A.) Allah dilerse.

انشائی inşâ'î: (A.) **1.**inşa ile ilgili. **2.**yapı ile ilgili. **3.**dilek kipi ile ilgili.

انشائیات inşâiyyât: (A.) güzel bir nesirle yazılmış yazılar.

انشائیه inşâiyye: (A.) **1.**yapı işleriyle ilgili. **2.**inşa ile ilgili, yazma ile ilgili.

انشاب inşâb: (A.) **1.**tırnak bastırma. **2.**iliştirme.

انشاد inşâd: (A.) **1.**şiir okuma, inşad. **2.**kılavuzluk. **3.**hicvetme. **4.**tarif.

انشار inşâr: (A.) diriltme.

انشاط inşât: (A.) sevinç verme, neşelendirme.

انشا فرمودن inşâ fermûden: **1.**yapmak. **2.**icad etmek.

انشاق inşâk: (A.) buruna su çekme.

انشا کردن inşâ kerden: **1.**yazmak. **2.**yaratmak. **3.**yapmak. **4.**kompozisyon yazmak.

انشباب inşibâb: (A.) gençleşme, gencelme.

انشباک inşibâk: (A.) ağlaşma, şebeke haline gelme.

انشتات inşitât: (A.) dağılma.

انشخاب inşihâb: (A.) fışkırma.

انشراث inşirâs: (A.) soğuktan ellerin çatlması.

انشراح inşirâh: (A.) **1.**açılma. **2.**ferahlık.

انشراق inşirâk: (A.) **1.**yarılma. **2.**parlama.

انشرام inşirâm: (A.) şerha şerha olma.

انشعاب inşi'âb: (A.) **1.**şubelenme. **2.**dallanma. **3.**bölümlenme. **4.**çoğalma.

انشعاع inşi'â': (A.) ışınım.

انشعال inşi'âl: (A.) alevlenme.

انشعاب inşiâb: (A.) **1.**şubelenme. **2.**dallanıp budaklanma. **3.**bölünme.

انشقاق inşikâk: (A.) **1.**bölünme. **2.**yarılma. **3.**ayrılma.

انشلال inşilâl: (A.) **1.**şelale oluşturma. **2.**çağlayan halinde akma.

انشمار inşimâr: (A.) sallana sallana yürüme.

انشناج inşinâc: (A.) buruşma.

انشوده unşûde: (A.) okunmuş şiir.

انشوطه unşûte: (A.) düğüm, ilmik.

انصاب ensâb: (A.) **1.**belalar. **2.**putlar.

انصات insât: (A.) **1.**susma. **2.**kulak verme.

انصار ensâr: (A.) **1.**yardımcılar. **2.**ensar, Hicretten sonra Hz. Muhammed'e yardımcı olan Medineliler.

انصارالله ensârullâh: (A.) hz. Muhammed'e yardımcı olanlar.

انصارى ensârî: (A.) ensârdan olan.

انصاف ensâf: (A.) yarılar, yarımlar, buçuklar.

انصاف insâf: (A.) **1.**adalet. **2.**insaf. **3.**hak verme. ‖ * el~ nisfuddîn الانصاف نصف الدين · insaf dinin yarısıdır.

انصافا insâfen: (A.) doğrusu, gerçekten.

انصاف خواستن insâf hâsten: adalet istemek.

انصاف دادن insâf dâden: **1.**adalet etmek. **2.**haklıya hakkını vermek, insaf etmek.

انصاف داشتن insâf dâşten: insafı olmak, insaflı olmak.

انصافكار insâfkâr (A.-F.) [insâf+kâr] insaflı.

انصافكارانه insâfkârâne (A.-F.) [insâf+ kâr+âne] insaflıca, insafla.

انصباب insıbâb: (A.) **1.**dökülme. **2.**doku altında sıvı birikmesi.

انصباغ insibâg: (A.) **1.**boyanma. **2.**temizlenme. **3.**vaftiz edilme.

انصداع insidâ: (A.) **1.**yarılma. **2.**kırılma.

انصدام insidâm: (A.) **1.**patlama. **2.**tepki ile atma.

انصراح insirâh: (A.) açıklık kazanma.

انصراف insirâf: (A.) **1.**geri dönme. **2.**vazgeçme. **3.**vazgeç (bilgisayar).

انصراف جستن insirâf costen: vazgeçmek, sarfınazar etmek.

انصرافى insırâfî: (A.) **1.**çekim ile ilgili. **2.**büküngen, kökünde değişim olan.

انصرام insirâm: (A.) **1.**kesilme. **2.**kesiklik.

انصف ensaf: (A.) en âdil, en insaflı.

انصلاع insilâ': (A.) **1.**doğuş. **2.**bulut ardından çıkma.

انصماء insımâ': (A.) **1.**doğuş. **2.**bulut ardından çıkma.

انصياغ insiyâg: (A.) kalıba dökülme, kalıba girme.

انضاج inzâc: (A.) kıvamını bulana kadar pişirme.

انضاد enzâd: (A.) **1.**onurlular. **2.**toprak katmanları.

انضباط inzibât: (A.) **1.**düzen, intizam. **2.**disiplin. ‖ * bâ ~ با انضباط **1.**disiplinli. **2.**düzenli.

انضباطى inzibâtî: (A.) **1.**güvenlikle ilgili. **2.**sağlamlıkla ilgili.

انضجاع inzicâ': (A.) yaslanma, yana yatma.

انضمام inzimâm: (A.) **1.**eklenme, ilave edilme, katılma. **2.**katım. ‖ * be ~ -i به انضمام **1.**ilişikte, ek olarak. **2.**birlikte.

انطاق intâk: (A.) **1.**konuşturma, dile getirme. **2.**konuşturulma, dile getirilme.

انطاليه entâliyye: (A.) (coğ.) Antalya.

انطباخ intibâh: (A.) pişme.

انطباع intibâ: (A.) **1.**izlenim. **2.**basılma. **3.**zihinde iz bırakma.

انطباعات intibâ'ât: (A.) **1.**izlenimler. **2.**basılmalar.

انطباق intibâk: (A.) **1.**uyum, intibak. **2.**beraberlik.

انطباقات intibâkât: (A.) uyum sağlamalar, uyumlar.

انطرون entarûn: (A.) kantaron.

انطفاء intifâ: (A.) **1.**sönme (ateş). **2.**suskunluk.

انطفاناپذير intıfânâpezîr (A.-F.) [intıfâ+ nâ+ pezîruften>pezîr] sönmez, söndürülmez.

انطق entak: (A.) en iyi konuşan.

انطلاق intilâk: (A.) **1.**açılma. **2.**kurtulma. **3.**açıkyüzlü olma. ‖ * ~ -i lisân انطلاق لسان dil açıklığı.

انطماس intimâs: (A.) görünmez olma, yok olma.

انطواء intivâ: (A.) **1.**yazılma. **2.**katedilme. **3.**içerme. **4.**dürülme, devşirilme.

انطياع intiyâ': (A.) itaat etme.

انظار enzâr: (A.) **1.**bakışlar. **2.**gözler. **3.**görüşler.

انظار inzâr: (A.) mühlet verme, süre tanıma.

انظام enzâm: (A.) **1.**diziler. **2.**balıkların karnındaki yumurta dizileri.

انعال in'âl: (A.) **1.**nallama. **2.**nallanma.

انعام en'âm: (A.) **1.**hayvanlar (at, sığır vb.) **2.**hayvan gibi insanlar, hödükler. **3.**Kur'ân'da bir sûre. **4.**içinde bazı âyet ve dualar bulunan kitapçık.

انعام in'âm: (A.) **1.**nimet verme. **2.**iyilik etme. **3.**bağış. **4.**bahşiş. **5.**ihsan. **6.**sadaka.

انعامات in'âmât: (A.) **1.**nimet vermeler. **2.**iyilik etmeler. **3.**Yeniçeri aylığı zamları.

انعام پرور in'âmperver (A.-F.) [in'âm+ perverden> perver] **1.**nimet veren. **2.**iyilik eden.

انعام پروری in'âmperverî (A.-F.) [in'âm+ perverden> perver+î] **1.**nimet verme. **2.**iyilik etme.

انعام دادن in'âm dâden: **1.**bağışta bulunmak. **2.**bahşiş vermek. **4.**ihsanda bulunmak.

انعام فرمودن in'âm fermûden: **1.**bağışta bulunmak. **2.**ihsan etmek.

انعام كردن in'âm kerden: bağışta bulunmak.

انعدال in'idâl: (A.) doğru yoldan çıkma.

انعدام in'idâm: (A.) **1.**yok olma. **2.**yokluk.

انعرا in'irâ: (A.) diş etlerinin çekilerek kökün meydana çıkması.

انعزال in'izâl: (A.) uzlet, inziva, bir köşeye çekilme.

انعصاب in'isâb: (A.) **1.**sinirlenme. **2.**sinir dağılımı.

انعصام in'isâm: (A.) koruma.

انعطاف in'itâf: (A.) **1.**eğilme, bükülme. **2.**yansıma. **3.**geri dönme. **4.**dönme, yönelme.

انعقاد in'ikâd: **1.**koyulaşma. **2.**bağlanma. **3.**antlaşma imzalama. **4.**toplanma. **5.**akd edilme, düzenlenme. **6.**berkleşme.

انعكاس in'ikâs: (A.) **1.**yansıma, aksetme. **2.**baş aşağı olma. **3.**ışık saçma. **4.**şöhret yapma. **5.**yankı.

انعكاسات in'ikâsât: (A.) yansımalar.

انعكاس دادن in'ikâs dâden: aksettirmek, yansıtmak.

انعكاس يافتن in'ikâs yâften: aksetmek, yankılanmak.

انعم en'um: (A.) nimetler.

انعم الله مساك en'amellâh mesâk: (A.) iyi akşamlar.

انغطاط ingitât: (A.) suya dalma.

انغمار ingimâr: (A.) **1.**batma. **2.**suya dalma. **3.**dalma (bir işe).

انغماس ingimâs: (A.) dalış, suya dalma.

انغمام ingimâm: (A.) kederlenme, gamlanma.

انغوا ingıvâ: (A.) doğru yoldan çıkma, sapma.

انغوزه engûze: **1.**(bot.) ceviz. **2.**bir tür zamk.

انف enf: (A.) **1.**burun. **2.**uç. ‖ * ~ -i kesî ma'yûb bûden انف كسى معيوب بودن aptal olmak. ‖ * ragm-i ~ -i kesî رغم انف كسى zıttına, aleyhine, rağmen. ‖ * kesr-i ~ كسر انف burnunu sürtme, burnunu kırma.

انفاد infâd: (A.) **1.**yok etme. **2.**tamamlama, sona erdirme. **3.**gönderme.

انفاذ infâz: (A.) **1.**yerine getirme, uygulama, yapma. **2.**yerine getirilme, uygulanma, yapılma. **3.**öbür yana geçirme.

انفاذ داشتن infâz dâşten: göndermek.

انفار enfâr: (A.) kalabalıklar, topluluklar.

انفار infâr: (A.) **1.**ürkütme. **2.**ürkütülme.

انفاس enfâs: (A.) **1.**soluklar, nefesler. **2.**şifâ verici nefesler, dualar.

انفاق infâk: (A.) **1.**yedirip içirme, besleme, nafaka vererek geçindirme. **2.**dağıtma. **3.**harcama.

انفال enfâl: (A.) **1.**ganimetler. **2.**bahşişler. **3.**Kur'ân'da bir sûre.

انفال infâl: (A.) ganimetten pay verme.

انفت enfet: (A.) **1.**utanç. **2.**ziyan. **3.**hüsran.

انفتات · infitât: (A.) parçalanma, kırılma.

انفتاح infitâh: (A.) **1.**açıklık. **2.**açılma.

انفتاق infitâk: (A.) **1.**ayrılma. **2.**yarılma. **3.**(kadında) cinsel organın açılması. **4.**fıtık hastalığına tutulma

انفجار inficâr: (A.) **1.**patlama, infilak. **2.**tanyeri ağarması. **3.**suyun akması. **4.**yarılıp fışkırma.

انفجار کردن inficâr kerden: patlamak.

انفخانی infihânî: (A.) şişman adam.

انفراج infirâc: (A.) **1.**kedersiz olma. **2.**gönül ferahlığı. **3.**açılma, yarılma.

انفراد infirâd: (A.) **1.**tek olma, teklik. **2.**tek başına iş yapma.

انفرادی infirâdî: (A.-F.) ferdî.

انفراز infirâz: (A.) yokluk, bulunmama.

انفراغ infirâg: (A.) boşalma.

انفراق infirâk: (A.) ayrılma.

انفس enfes: (A.) **1.**enfes. **2.**çok değerli.

انفس enfus: (A.) **1.**nefisler. **2.**canlar, ruhlar.

انفساح infisâh: (A.) genişleme.

انفساخ infisâh: (A.) hükümden düşme, hükümsüz kalma, bozulma.

انفساد infisâd: (A.) bozulma.

انفسی enfusî: (A.) nesnel, subjektif.

انفسیه enfusiyye: (A.) nesnelcilik, öznecilik, subjektivizm.

انفصال infisâl: (A.) **1.**ayrılma. **2.**işsiz kalma. **3.**görevden uzaklaştırılma, görevden alınma. **4.**gevşeklik.

انفصالات infisâlât: (A.) **1.**ayrılmalar, terk etmeler. **2.**görevden alınmalar.

انفصام infisâm: (A.) **1.**kırılma. **2.**yırtılma. **3.**kesilme. **4.**üzülme.

انفضاج infizâc: (A.) **1.**buharlaşma. **2.**sıcaklık verme. **3.**terleme.

انفطار infitâr: (A.) **1.**yarılma. **2.**açılma.

انفطام infitâm: (A.) **1.**yasaktan uzak durma. **2.**sütten kesilme.

انفع enfe: (A.) **1.**en yararlı. **2.**en kârlı.

انفعال infiâl: (A.) **1.**içerleme, alınma, darılma, gücenme, kırılma. **2.**edilgi.

انفعالات infi'âlât: (A.) **1.**içerlemeler, alınmalar, darılmalar, gücenmeler. **2.**edilgiler.

انفعال پذیرفتن infiâl pezîruften: etkilenmek.

انفکاک infikâk: (A.) **1.**ayrılma. **2.**bırakılma. **3.**ayrılık. **4.**çözülme.

انفلاق infilâk: (A.) **1.**patlama. **2.**yarılma, açılma.

انفلال infilâl: (A.) **1.**delinme. **2.**körelme, körleşme.

انفلو آنزا enfluanza: (Fr.) (tıb.) kasılma, büzülme.

انفهام infihâm: (A.) anlaşılma.

انفی · enfî: (A.) burun ile ilgili.

انفیه enfiye: (A.) buruna çekilen tütün tozu, enfiye.

انفیه تدخین کردن enfiye tedhîn kerden: enfiye çekmek.

انفیه دان enfiyedân: (A.-F.) [enfiye+dân] enfiyelik, enfiye kutusu.

انقاء inkâ': (A.) temizlik.

انقاذ inkâz: (A.) **1.**kurtarma. **2.**kurtarılma.

انقاص inkâs: (A.) **1.**azaltma, eksiltme. **2.**azalma, eksilme.

انقاض enkâz: (A.) **1.**enkaz, yıkıntı. **2.**kırıklar.

انقاض inkâz: (A.) **1.**çıtırdama, kütürdeme. **2.**çıtırdatma, çatlatma, kütürdetme.

انقباض inkibâz: (A.) **1.**toplanma. **2.**sıkışma. **3.**can sıkıntısı. **4.**(tıb.) kabızlık.

انقباضی inkıbâzî: (A.) **1.**kabızlıkla ilgili. **2.**büzülüp sıkışma ile ilgili. **3.**sıkıntı ile ilgili.

انقذاف inkızâf: (A.) uzaklaştırılma, kovulma.

انقراض inkirâz: (A.) çöküş, tükeniş, yıkılma.

انقسام inkisâm: (A.) **1.**bölünme. **2.**dağılma.

انقشار inkişâr: (A.) kabuk soyulma.

انقشاع inkişâ': (A.) ayaz çıkma, hava ayaza çekme.

انقص enkas: (A.) en eksik.

انقضاء inkizâ: (A.) **1.**geçme. **2.**süresi geçme. **3.**yok olma.

انقضاض inkizâz: (A.) **1.**yıldız kayması. **2.**süratle yıkılma. **3.**çatlama. **4.**süzülerek inme.

انقطاع inkitâ: (A.) **1.**kesilme, kesinti, kesintiye uğrama. **2.**ara. **3.**bir kişiye bağlanma.

انقلاب inkilâb: (A.) **1.**inkılap. **2.**değişim. **3.**alt üst olma. **4.**gün dönümü. **5.**dönence. **6.**çalkantı.

انقلابات inkilâbât: (A.) **1.**değişiklikler. **2.**inkılaplar.

انقلابى inkilâbî: (A.-F.) [inkilâb+î] **1.**inkılapçı, devrimci. **2.**devrimle ilgili.

انقلابين inkılâbeyn: (A.) **1.**iki değişim. **2.**iki devrim. **3.**iki dönence.

انقلابيون inkilâbiyyûn: (A.) inkılapçılar, devrimciler.

انقلاع inkilâ: (A.) kökünden kazınma, kökünden sökülme, koparılma.

انقوعه unkû'e: (A.) su birikintisi.

انقهال inkihâl: (A.) halsiz düşme.

انقهام inkihâm: (A.) düşünmeden girişimde bulunma.

انقياد inkiyâd: (A.) **1.**bağlanma. **2.**boyun eğme.

انقياداً inkıyâden: (A.) boyun eğerek, tam anlamıyla bağlanarak.

انكاح inkâh: (A.) **1.**nikâhlama. **2.**nikahlanma.

انكار inkâr: (A.) inkâr, yadsıma.

انكار پذير inkârpezîr: (A.-F.) [inkâr+ pezîroften>pezîr] inkâr edilebilir.

انكار كردن inkâr kerden: inkâr etmek, yadsımak.

انكار ناپذير inkârnâpezîr: (A.-F.) [inkâr+ nâ+pezîroften>pezîr] inkâr edilmez, yadsınamaz.

انكارى inkârî: (A.) inkar ile ilgili.

انكباب inkibâb: (A.) yere kapaklanma.

انكتام inkitâm: (A.) gizlenme, gizli tutulma.

انكحه enkihe: (A.) nikahlar.

انكدار inkidâr: (A.) **1.**hızlı yürüme. **2.**dökülme, saçılma.

انكدام inkidâm: (A.) organ zedelenmesi.

انكر enker: (A.) en çirkin, en nâhoş.

انكر الاصوات enkerulesvât: (A.) seslerin en çirkini.

انكسار inkisâr: (A.) **1.**kırılma. **2.**ilenme, beddua. **3.**gücenme, darılma.

انكساف inkisâf: (A.) **1.**güneş tutulması, tutulma. **2.**sönme. ‖ * ~ -i şems انكساف شمس güneş tutulması.

انكشاف inkişâf: (A.) **1.**ortaya çıkma, görünme. **2.**keşfedilme. **3.**gelişim, gelişme. **4.**açınım.

انكشافات inkişâfât: (A.) gelişmeler.

انكشاف يافتن inkişâf yâften: gelişmek.

انكلال inkilâl: (A.) **1.**gülümseme. **2.**körelme.

انكليس inkilîs: (A.) yılan balığı.

انگ eng: **1.**(zool.) balarısı. **2.**usare, özsuyu. **3.**künk.

انگار engâr, ingâr: [<engâşten>engâr] **1.**zan. **2.**tasavvur. **3.**sanki. **4.**plan. **5.**yarım kalmış iş. ‖ * ~ -i çîzî râ kerden انگار چيزى را كردن bir şeyden sarfınazar etmek.

انگاردن engârden: **1.**sanmak, zannetmek. **2.**tasavvur etmek.

انگار كردن engâr kerden: farzetmek.

انگار كه engâr ki: sanki.

انگار نه انگار engâr ne engâr: sanki hiç, hiç mi hiç, sözüm ona.

انگاره engâre: [engâşten>engâr+e]**1.**zan, şüphe. **2.**öykü. **3.**serüven. **4.**ölçü. **5.**hesap. **6.**hesap defteri. **7.**taslak.

انگارى كه engârî ki: [engâr+î+ki] sanki.

انگاز engâz: sanat sahiplerinin el âletleri.

انگاشتن engâşten: **1.**zannetmek, sanmak. **2.**tasavvur etmek.

انگام engâm: zaman, an.

انگ انداختن eng endâhten: çok hırslı olmak. ‖ * berâyi pûl eng endâhten برای پول انگ انداختن meteliğe kurşun atmak, meteliğe kurşun sıkmak.

انگام engâm: [<hengâm] zaman, vakit.

انگامه engâme: **1.**topluluk, kalabalık. **2.**toplanma yeri. **3.**savaş meydanı. **4.**oyuncuların toplandığı yer.

انگبار engebâr (bot.) yılankökü.

انگبین engubin: (Peh.) **1.**bal. **2.**tatlı.

انگبینه engubîne: [engubin+e] bal ile yapılan bir tatlı.

انگروس engurûs **1.**Macar. **2.**Macaristan.

انگژ engej: bel.

انگژ enguj: filcilerin kullandıkları ucu eğik demir.

انگژد engujed: ağaçta oluşan ve ilaç olarak da kullanılan kasnı.

انگژد engujed: baldırgan pusu.

انگژه enguje: baldırgan pusu.

انگشت engeşt: kömür.

انگشت engoşt: (Peh.) parmak. ‖ * ~ -i bozorg انگشت بزرگ büyük parmak. ‖ * ~ -i işâre انگشت اشاره işaret parmağı. ‖ * ~ -i kihîn انگشت کهین küçük parmak, serçe parmağı. ‖ * ~ -i mihîn انگشت مهین büyük parmak, orta parmak. ‖ * ~ -i miyâne انگشت میانه orta parmak. ‖ * ~ -i muhennâ انگشت محنا kınalı parmak. ‖ * ~ -i sebbâbe انگشت سبابه şehadet parmağı. ‖ * ~ -i suturg انگشت سترگ başparmak. ‖ * âdem dileş mîhast ki ~ hâyeş râ bâhâş behored آدم دلش میخواست که انگشت هایش را باهاش بخورد lezzetinden parmaklarını yersin. ‖ * be ~ nişân besten به انگشت نشان بستن unutmamak için parmağına ip bağlamak.

انگشتال engiştâl: hasta ve çelimsiz insan.

انگشتان engoştân: [engoşt+ân] parmaklar.

انگشتانه engoştâne: [engoşt+âne] yüksük.

انگشت آرا engoştârâ: [engoşt+ârâsten> ârâ] yüzük.

انگشتال engiştâl: zayıf, halsiz, hastalıklı.

انگشتانه enguştâne: [enguşt+âne] yüksük.

انگشت بر جبین enguştbercebîn (F.-A.) [enguşt+ber+ cebîn] selam veren.

انگشت بر دهان enguştberdehân: [enguşt+ber+dehân] **1.**şaşkın, hayret içinde. **2.**suskun.

انگشت برک engoştborek (zool.) **1.**kökkurdu. **2.**cırcır böceği. **3.**köstebek.

انگشت بر لب enguştberleb: [enguşt+ber+ leb] **1.**sus işareti yapan. **2.**ağız arayan.

انگشت بلب engoştbeleb: [engoşt+ be+leb] **1.**şaşkın. **2.**suskun.

انگشت بلند کردن engoşt bolend kerden: parmak kaldırmak.

انگشت پیچ engoştpîç: [engoşt+ pîçîden>pîç] **1.**bal gibi yoğun olan madde. **2.**şart, ahit. **3.**az bahşiş. **4.**muhalif. **5.**bir tür helva.

انگشت خای enguşthây: [enguşt+hâyîden> hây] **1.**üzgün. **2.**pişmanlık duyan.

انگشت خاییدن engoşt hâyîden: **1.**üzülmek. **2.**pişmanlık duymak.

انگشتر engoşter: yüzük.

انگشتربازی engoşterbâzî: [engoşter+ bâhten>bâz+î] bir tür yüzük oyunu.

انگشتری enguşterî: (F.)[enguşter+î] yüzük.

انگشتری باختن engoşterî bâhten: yüzük oyunu oynamak.

انگشترین engoşterîn: [engoşter+in] **1.**yüzük. **2.**bir ateşkede aleti.

انگشت زدن engoşt zeden: parmak şaklatmak.

انگشت شمار engoştşomâr: parmakla sayılacak kadar az, çok az, tek tük.

انگشتک engoştek: [engoşt+ek] küçük parmak.

انگشت کش engoştkeş: [engoşt+ keşîden>keş] **1.**ünlü, tanınmış, parmakla gösterilen. **2.**yok.

انگشت کشیدن engoşt keşîden: **1.**rezillik etmek. **2.**fakirlik ve perişanlığını göstermek.

انگشت گذاشتن engoşt gozâşten: **1.**parmak basmak. **2.**seçmek. **3.**itiraz etmek.

انگشت گر engiştger: [engişt+ger] kömürcü.

انگشت گرفتن engoşt giriften: saymak, hesaplamak, parmak hesabı yapmak. ‖ * be ~ به انگشت گرفتن parmak hesabı yapmak, parmakla saymak.

انگشت گز engoştgez: [engoşt+ gezîden>gez] parmak ısıran. ‖ * ~ -i kesî şoden انگشت گز کسی شدن birinin hayret etmesine neden olmak.

انگشت گزیدن engoşt gezîden: **1.**üzülmek. **2.**pişman olmak. **3.**şaşırmak.

انگشتن engeşten: hesaplamak.

انگشت نشان engoştnişân: [engoşt+ nişânden>nişân] ünlü, tanınmış.

انگشت نگاری engoştnigârî: [engoşt+ nigâşten> nigâr+î] parmak izi.

انگشت نما engoştnumâ: [engoşt+ numûden> numâ] tanınmış, meşhur, parmakla gösterilen.

انگشتنه enguştene: [<enguşt+âne] yüksük.

انگشت نهادن engoşt nihâden: **1.**seçmek. **2.**itiraz etmek. ‖ * ~ be harf-i kesî انگشت نهادن به حرف کسی kusur bulmak, kınamak.

انگشتو engiştû: kömür ateşinde pişirilen bir ekmek.

انگشتوانه engiştvâne: [engişt+vâne] mangal.

انگشتوانه engoştvâne: [engoşt+vâne] okçuların ok atarken parmaklarına geçirdikleri halka.

انگشته engoşte: [engoşt+e] tahtada, dört kollu bir tarım aleti.

انگل engel: parazit.

انگل engel: **1.**ilik. **2.**düğme. **3.**yontulmamış, kaba insan.

انگل engil: **1.**ilik. **2.**düğme. **3.**yontulmamış, kaba insan.

انگل engul: düğme.

انگلستان ingilistân: [ingilis+istân>tân] (coğ.) İngiltere.

انگل شناس engelşinâs: [engel+ şinâhten>şinâs] parazitolog.

انگل شناسی engelşinâsî: [engel+ şinâhten>şinâs+î] parazitoloji.

انگلک engolek: **1.**parmak atma. **2.**parmak ucuyla dokunma.

انگلک کردن engolek kerden: **1.**bir şeyi parmağıyla karıştırmak. **2.**bir işe burnunu sokmak, bir işe karışmak.

انگله engele: **1.**ilik. **2.**düğme. **3.**yontulmamış, kaba insan.

انگله engile: **1.**ilik. **2.**düğme. **3.**yontulmamış, kaba insan.

انگله engule: düğme.

انگلی engelî: [engel+î] parazitlik.

انگلیس ingilîs: İngiliz.

انگلیسی ingilîsî: [ingilîs+î] **1.**ingilizce. **2.**ingiliz. **3.**ingiliz yapısı.

انگلیون engelyûn: **1.**İncil. **2.**rengârenk işlemeli ipek kumaş, alaca renkli ipek. **3.**İran mitolojisinde ressam Mani'nin resim mecmuası.

انگم engum: **1.**(bot.) ağaç zamkı. **2.**küspe.

انگنار engenâr (bot.) enginar.

انگور engûr (bot.) üzüm. ‖ * ~ -i siyâh انگور سیاه (bot.) kara üzüm.

انگوردان engûrdân: [engûr+dân] şarap yapmak için içinde üzüm sıkılan alet.

انگورک engûrek: [engûr+ek] **1.**(bot.) firenk üzümü. **2.**(zool.) bir tür örümcek. **3.**gözbebeği.

انگوری engûrî: [engûr+î] **1.**üzümümsü. **2.**Ankaralı. **3.**Ankara malı.

انگوریه engûriye: (F.-A.) [engûr+iye] (coğ.) Ankara.

انگوژه engûje: baldırgan pusu.

انگول engûl: **1.**düğme. **2.**parmak. **3.**ilik. **4.**yontulmamış, kaba insan.

انگولک کردن engûlek kerden: **1.**gıdıklamak. **2.**pençe atmak.

انگوله engûle: **1.**ilik. **2.**düğme. **3.**yontulmamış, kaba insan.

انگه inge: (T.) yenge.

انگیختن engîhten: 1.tahrik etmek, kışkırtmak. 2.yerinden oynatmak. 3.sıçratmak. 4.coşturmak. 5.koparmak.

انگیخته engîhte: [engîhten>engîht+e] 1.hareket ettirilmiş, oynatılmış. 2.kışkırtılmış. 3.koparılmış. 4.karıştırılmış.

انگیخته شدن engîhte şoden: 1.tahrik edilmek, kışkırtılmak. 2.yerinden oynatılmak.

انگیر engîr: üzüm.

انگیز engîz: [engîhten>engîz] 1.hareket ettiren, oynatan. 2.kışkırtan, kışkırtıcı. 3.koparan. 4.karıştıran.

انگیزاندن engîzânden: 1.tahrik etmek, kışkırtmak. 2.yerinden oynatmak.

انگیزانیدن engîzânîden: 1.tahrik etmek, kışkırtmak. 2.yerinden oynatmak.

انگیزش engîziş: [engîhten>engîz+iş] tahrik, kışkırtma.

انگیزه engîze: [engîhten>engîz+e] dürtü, sâik, sebep, motiv.

انگیزیدن engîzîden: tahrik etmek, kışkırtmak.

انگینار engînâr (bot.) enginar.

انماء inmâ: (A.) 1.laf üretme. 2.gösteriş. 3.nemalandırma. 4.nemalandırılma.

انمار enmâr: (A.) kaplanlar.

انمله enmele, enmule: (A.) 1.parmak uçları. 2.(kin.) el.

انموذج unmûzec: (A.< F.) örnek, misal.

انمی unmâ: (A.) saman ile doldurulmuş eşya.

انّه enne: (A.) çok inleyen.

انواء envâ: (A.) yıldız düşmesi.

انواح envâh: (A.) ağıtçı kadınlar.

انوار envâr: (A.) ışıklar, nurlar, aydınlıklar.

انواع envâ: (A.) 1.türler, çeşitler. 2.türlü, çeşitli.

انوثت unûset: (A.) dişilik, dişillik.

انوثیت unûsiyyet: (A.) dişilik.

انور enver: (A.) en parlak, en aydınlık, en nurlu, en bol ışıklı.

انوری enverî: (A.) Fars edebiyatının en büyük kaside şairi.

انوشا enûşâ: 1.ateşperestlik, mecûsîlik. 2.sevinç. 3.adalet.

انوشا unûşâ: (A.) aferin, bravo.

انوشه enûşe: (Peh.) 1.ebedî, sonsuz. 2.hoş. 3.mesut. 4.şarap. 5.eski İran tarihinde Şâpûr'un halası. 6.genç hükümdar.

انوشه unûşe: (A.) 1.şarap. 2.huzur, rahatlık. 3.ateşperest ayini. 4.âferin, bravo.

انوشه enovşeh: 1.yeni padişah. 2.genç şah.

انوف unûf: (A.) burunlar.

انوق enûk: (A.) kartal.

انهاء inhâ: (A.) 1.yetiştirme, ulaştırma. 2.atama yazısı. 3.bilgi verme, haber verme.

انهاب inhâb: (A.) yağmalama, talan etme.

انهاج inhâc: (A.) yol bulma.

انهار enhâr: (A.) nehirler, ırmaklar.

انهاض inhâz: (A.) ayaklandırma, kışkırtma.

انهاک inhâk: (A.) üzme, eziyet etme.

انهباط inhibât: (A.) 1.aşağı inme. 2.düşüş.

انهباط inhibât: (A.) düşme, düşüş, hızlı iniş.

انهتاک inhitâk: (A.) 1.yırtılma. 2.bekaret bozulması, bekaret zarının yırtılması.

انهجام inhicâm: (A.) yıkılma, çökme.

انهداش inhidâş: (A.) köpek dalaşı, köpek hırlaşması.

انهدام inhidâm: (A.) 1.çökme, yıkılma. 2.harap olma.

انهر enhur: (A.) nehirler, ırmaklar.

انهزام inhizâm: (A.) bozgun, hezimete uğrama.

انهزامگاه inhizamgâh (A.-F.] [inhizâm+ gâh] bozgun yeri.

انهضام inhizâm: (A.) 1.hazmedilme, sindirilme. 2.(yemek) lezzetli olmak.

انهلاک inhilâk: (A.) tehlikeye atılma.

انهمار inhimâr: (A.) dökülme (su).

انهماک inhimâk: (A.) **1.**direnme. **2.**üstüne düşme, aşırı düşkünlük.

انهمال inhimâl: (A.) **1.**çabalama, didinme. **2.**savsaklama, ihmal etme. **3.**ağlama. **4.**süre isteme.

انى enî: pasaklı çocuk.

انياب enyâb: (A.) sivri dişler, köpek dişleri.

انيار enyâr: (A.) boyunduruklar.

انيت eniyyet: (A.) benlik, kişilik.

انيت enniyyet: (A.) varlık, vücut.

انير enîr: kötü huy.

انيران enîrân: **1.**İran dışı. **2.**Zerdüşt dininde bir melek.

انيس enîs: (A.) **1.**dost. **2.**alışmış, alışkın. **3.**sevgili.

انيسان enîsân: **1.**yalan. **2.**saçma, anlamsız söz.

انيسون enîsûn (bot.) anason.

انيسه enîse: (A.) **1.**yakın dost. **2.**bayan adı.

انيسه enîse: (A.) ateş.

انيسه enîse: donuk, katı.

انيشه enîşe: **1.**casus. **2.**yardakçı, yağdanlık.

انيق enîk: (A.) **1.**hoş, şirin, sevimli. **2.**şaşırtıcı.

انيقه enîke: (A.) şirin, sevimli.

انيماتور enimator: (İng.) animatör.

انيميشين enimeyşin: (İng.) animasyon.

انين enîn: (A.) inleyiş, inilti.

انين دار enîndâr (A.-F.) [enîn+dâşten>dâr] iniltili.

او û: (Peh.) o.

اوا evâ: ses.

اوائل evâil: (A.) **1.**önceleri, ilkin. **2.**başında, başlarında.

اواب evvâb: (A.) tövbekâr, koyu dindar.

اوابد evâbid: (A.) yırtıcı hayvanlar.

اوابد evâbid: (A.) abideler, anıtlar.

اوابين evvâbîn: (A.) koyu dindarlar.

اواخر evâhir: (A.) **1.**sonlar. **2.**sonlarında. ‖ * in ~ اين اواخر son günlerde, geçenlerde. ‖ * der ~ -i در اواخر sonlarında. ‖ * der in ~ در اين اواخر geçenlerde, son zamanlarda.

اوار evâr: **1.**divan defteri. **2.**imâret.

اواره evâre: **1.**divan defteri. **2.**imaret.

اوارين evârîn: çirkin.

اواسط evâsit: (A.) **1.**ortalar. **2.**ortaları, ortalarında. ‖ * der ~ -i در اواسط ortalarında.

اواضح evâzih: (A.) **1.**mehtaplı geceler. **2.**hicri takvime göre her ayın onüç, ondört ve onbeşinci geceleri.

اواغى evâgî: (A.) sulama yolları, arklar.

اواقنثوس evakensûs (bot.) sümbül.

اوام evâm: borç.

اوام evâm: renk.

اوامدار evâmdâr: [evâm+dâşten>dâr] borçlu.

اوامر evâmir: (A.) emirler, buyruklar. ‖ * ~ -i aşere اوامر عشره on emir. ‖ * ~ -i kat'iyye اوامر قطعيه kesin emirler.

اوان evân: (A.) **1.**zaman. **2.**çağ. ‖ * ~ -i şebâb اوان شباب gençlik çağı. ‖ * ~ -i tufûliyyet اوان طفوليت çocukluk çağı. ‖ * der ~ -i در اوان **1.**zamanında. **2.**çağında. ‖ * der in ~ در اين اوان bu sırada.

اوانس evânis: (A.) güzel kadınlar.

اوانى evânî: (A.) avadanlık, kapkacak.

اواوين evâvîn: (A.) salonlar.

اواه evvâh: (A.) **1.**çok âh çeken. **2.**çok dua eden. **3.**çok merhametli. **4.**tam imanlı. **5.**derin dinî bilgisi olan. **6.**Hz. İbrahim'in özelliği.

اواى evây: eyvah!

اوايل evâyil: (A.) **1.**önceleri, ilkin, başlangıçta.**2.**başlangıçlar. ‖ * der ~ -i در اوايل başlarında.

او اغلى evoğli: (T.) Safevî padişahlarının emrindeki köle.

اوب evb, ovb: (A.) **1.**geri dönüş, geri dönme. **2.**taraf, yön.

اوبار evbâr, ovbâr: (A.) kirler.

اوبار ûbâr: [ûbârîden>ûbâr] inleme, inilti.

اوبار evbâr: yutma.

اوباردن evbârden, ovbârden: çiğnemeden yutmak.

اوباریدن evbârîden, ovbârîden: çiğnemeden yutmak.

اوباش evbâş, ovbâş: (A.) **1.**ayak takımı. **2.**korkusuzlar.

اوباشانه evbâşâne (A.-F.) [evbâş+âne] sefilce, ayak takımı gibi davranarak.

اوباشتن evbâşten, ovbâşten: çiğnemeden yutmak.

اوباشی evbâşî, ovbâşî: (A.-F.) [evbâş+î] **1.**külhanbeylik. **2.**serserilik, edepsizlik.

اوبه evbe: (T.) Türkmen çadırı.

اوت ût: (Fr.) Ağustos.

اوتاد evtâd, ovtâd: (A.) **1.**çiviler. **2.**kazıklar. **3.**aruz vetedleri. **4.**(tas.) tarikat pîrleri. **5.**direkler.

اوتاد البلاد evtâdulbilâd: (A.) kentlerin ileri gelenleri.

اوتادالفم · evtâdulfem: (A.) dişler.

اوتار evtâr, ovtâr: (A.) **1.**teller. **2.**(müz.) saz telleri. **3.**kirişler.

اوتراق utrâk, otrâk: (T.) **1.**oturma. **2.**durma. **3.**dinlenme yeri.

اوتو utu: ütü.

اوثان evsân, ovsân: (A.) **1.**putlar. **2.**haçlar.

اوثق evsak, ovsak: (A.) **1.**en güvenilir. **2.**en sağlam.

اوج evc, ovc: **1.**doruk, zirve. **2.**yücelik. **3.**dünyanın güneşten en uzakta bulunduğu nokta. **4.**klasik Türk mûsikîsinde bir makam. **5.**sesin yükselebileceği en üst nokta.

اوج uc: (T.) uç.

اوج آرا evcârâ (A.-F.) [evc+ârâsten>ârâ] klasik Türk mûsikîsinde bir makam.

اوجا ûcâ (bot.) karaağaçgillerden birkaç türün ortak adı.

اوجار evcâr: (A.) avcı siperleri.

اوجاع evcâ, ovcâ: (A.) **1.**dertler. **2.**sızılar, sancılar.

اوجب evceb, ovceb: (A.) en gerekli, kaçınılmaz.

اوج پرداز evcpervâz (A.-F.) [evc+pervâz] doruklarda uçan, yükseklerde uçan.

اوجر evcer: (A.) çok çekingen.

اوجره evcire: (A.) **1.**in. **2.**sel yatağı.

اوج عشیران evcaşîrân: (A.) [evc+aşîrân] klasik Türk musikîsinde bir makam.

اوج گرفتن ovc giriften: yükselmek.

اوج گیر ovcgîr (A.-F.) [ovc+giriften>gîr] yükselen, doruğa çıkan.

اوج گیری ovcgîrî: [ovc+giriften> gîr+î] **1.**yükselme. **2.**ilerleme.

اوجل evcel: (A.) çok korkak.

اوج مقلوب ovcmaklûb: (A.) [ovc+maklûb] klasik Türk musikîsinde bir makam.

اوجمند evcmend: [<evc+mend] yığın, küme.

اوجه evceh: (A.) en uygun.

اوجه evcuh: (A.) yüzler.

اوحال evhâl: (A.) **1.**sıvalar. **2.**yerler.

اوحد evhad, ovhad: (A.) **1.**tek, yegâne, biricik. **2.**Tanrı, Allah. **3.**Evhaduddîn-i Kirmânî'nin mahlası.

اوحش evhaş: (A.) en vahşi, en yabani.

اود evudd: (A.) dostlar.

اوداء eveddâ, eviddâ: (A.) **1.**dostlar. **2.**sevgililer.

اوداج evdâc, ovdâc: (A.) şahdamarlar.

اوداد evdâd: (A.) **1.**dostlar. **2.**sevgililer.

اودر evder, ovder: amca.

اودیه evdiye, ovdiye: (A.) **1.**vadiler. **2.**dereler.

اوذیما uzîmâ: (A.) vücutta şişkinlik oluşması.

اورا evrâ: hisar.

اوراد evrâd, ovrâd: (A.) **1.**her zaman okunan dualar, virdler. **2.**her vakit söylenen sözler.

اوراشتن evrâşten: yükseltmek, yukarı çekmek.

اوراق evrâk, ovrâk: (A.) **1.**sayfalar. **2.**yapraklar. **3.**kâğıtlar. **4.**arşiv. **5.**belgeler.

اوراق کردن ovrâk kerden: dağıtmak, parçalarına ayırmak.

اورام evrâm: (A.) şişler.

اورانیوم uranyum: (Fr.) (kim.) uranyum.
اورد everd: **1.**savaş. **2.**hamle.
اوردو urdû: (T.) **1.**ordu. **2.**urduca.
اورده evride, ovride: (A.) **1.**(tıb.) toplardamarlar. **2.**boyun damarları.
اورس evirs (bot.) dağ selvisi.
اورفه urfa: (A.) Urfa kenti.
اورک evrek: ağaç salıncağı.
اورکسترا orkestra: (Yun.-Fr.) (müz.) orkestra.
اورکینوس orkinus: (Yun.) (zool.) orkinos balığı.
اورگون oregun: (coğ.) Oregon.
اورلون orlon: (İng.) orlon.
اورمزد urmezd: Hürmüz, iyilik tanrısı.
اورنجن evrencen: bilezik.
اورنجین evrencîn: bilezik.
اورند evrend: [evrendîden>evrend] **1.**hile, düzen, oyun. **2.**şan. **3.**taht. **4.**İran mitolojisinde Lohrasb'ın babası.
اورنگ evreng, ovreng: **1.**taht. **2.**şeref. **3.**süs. **4.**akıl. **5.**ağaç kurdu. **6.**hile, oyun, düzen. **8.**yakışıklılık.
اورنگ evreng, ovreng: hile, düzen.
اورنگ evreng, ovreng: **1.**görkem. **2.**şan.
اورنگ زیب evrengzîb: [evreng+zîbîden> zîb] tahtı süsleyen, padişah.
اورنگ نشین evrengnişîn: [evreng+ nişesten> nişîn] tahtta oturan, padişah.
اور و اطوار ریختن ûr u etvâr rîhten: oyun çıkarmak.
اوروبنجی urubenci (bot.) canavar otu.
اوروغ uruğ: (T.) aile, sülâle.
اوره evre: giysinin dış yüzü.
اوز ivz: (A.) **1.**bodur gövdeli. **2.**kaz. **3.**ördek.
اوزار evzâr: [<efzâr] araç gereçler, aletler.
اوزار evzâr, ovzâr: (A.) **1.**günahlar. **2.**ağırlıklar, yükler. **3.**cinayetler.
اوزان evzân, ovzân: (A.) **1.**ağırlıklar. **2.**tartılar, ölçüler. **3.**aruz vezinleri. **4.**vezinler. **5.**binalar. **6.**(müz.) bir enstrüman.
اوزایش evzâyiş: [<efzâyiş] artış, çoğalış.
اوزبک uzbek: (T.) Özbek.
اوزبکستان uzbekistân: (T.-F.) [uzbek+ istân] (coğ.) Özbekistan.
اوزون بورون uzun burun: (T.) (zool.) mersin balığı.
اوژندن evjenden, ovjenden: atmak, fırlatmak.
اوژنیدن evjenîden, ovjenîden: atmak, fırlatmak.
اوساخ evsâh, ovsâh: (A.) kirler.
اوساط evsât, ovsât: (A.) ortalar.
اوستا avesta: Avesta.
اوستا ûsta: usta.
اوستاخ ûstâh: **1.**korkusuz, cesur. **2.**küstah, terbiyesiz.
اوستاد ustâd: **1.**usta. **2.**üstad. **3.**profesör.
اوستادیار ustâdyâr: [ustâd+yâr] asistan.
اوستادیاری ustâdyârî: [ustâd+yâr+î] asistanlık.
اوستاکاری ustakârî: [ustâ+kâr+î] ustalık.
اوستاکریم ustâkerîm: (F.-A.) [ustâ+ kerîm] Allah.
اوستام ûstâm: **1.**güvenilir. **2.**altın veya gümüş eyer takımı.
اوستایی avestâyî: [avesta+y+î] **1.**Avestaca, Avesta dili. **2.**Avesta'ya mensup, Avesta ile ilgili.
اوسط evsat, ovsat: (A.) **1.**orta, ortası. **2.**ortada, ortadaki. **3.**orta dereceli, orta halli. **4.**orta yükseklikte, makul yükseklikte. **5.**klasik Türk mûsikîsinde bir usûl.
اوسع evsa, ovse: (A.) en geniş.
اوشاب evşâb: (A.) ayak takımı.
اوشاز evşâz: (A.) **1.**yardımcılar. **2.**soysuzlar, aşağılıklar. **3.**eklemler.
اوشاق uşâk: (T.) **1.**oğul. **2.**köle.
اوشال evşâl: (A.) **1.** damla damla akan su. **2.**peşpeşe gelenler.
اوشان ûşân: onlar.
اوشاندن evşânden, ovşânden: saçmak.

اوشن evşen: (A.) yağcı, dalkavuk.

اوشنگ evşeng: ip.

اوصاف evsâf, ovsâf: (A.) vasıflar, nitelikler. ‖ * ~ -i cemîle اوصاف جميله · güzel vasıflar. ‖ * ~ -i mumeyyize اوصاف مميزه ayırt edici vasıflar, belirgin özellikler. ‖ * ~ -i zemîme اوصاف ذميمه· kötü vasıflar, beğenilmeyen özellikler.

اوصال evsâl, ovsâl: (A.) 1.ekler. 2.bağlar. 3.organlar.

اوصام evsâm: (A.) döğmeler.

اوصام evsâm: (A.) utanmalar, arlar.

اوصياء evsiyâ, ovsiyâ: (A.) vasîler.

اوضاع evzâ, ovzâ: (A.) 1.durumlar, vaziyetler, durum. 2.şekiller.

اوضاع منقلب شدن ovzâ munkalib şoden: durum değişmek.

اوضح evzah, ovzah: (A.) en açık, en açık seçik, besbelli.

اوطار evtâr, ovtâr: (A.) 1.ihtiyaçlar. 2.dilekler.

اوطان evtân: (A.) vatanlar.

اوعيه ev'iye: (A.) 1.damarlar. 2.kaplar.

اوغاد evgâd: (A.) dangalaklar, ahmaklar.

اوغور uğur: (T.) 1.uğur. 2.bereket. ‖ * ~ be hayr اوغور به خير hayırlı yolculuklar, uğurlar ola.

اوف uf: of!, oh!

اوفاء evfâ': (A.) 1.en vefalı. 2.en yetkin, en lâyık, en uygun.

اوفتادن ûftâden: 1.düşmek. 2.olmak.

اوفتيدن ûftîden: düşmek.

اوفر evfer, ovfer: (A.) 1.en çok. 2.en geniş. ‖ * ~ u ekser · اوفر و اكثر çokça, büyük bir kalabalık halinde.

اوف شدن uf şoden: 1.yaralanmak. 2.yanmak.

اوفق evfak: (A.) en uygun.

اوفى evfâ, ovfâ: (A.) en vefalı.

اوق evk: (A.) ağırlık.

اوقات evkât, ovkât: (A.) 1.vakitler. 2.saatler. ‖ * ~ -i ferâget اوقات فراغت boş zamanlar. ‖ * ~ -i kesî selâmet bûden اوقات كسى سلامت بودن iyi olmak, sağlığı yerinde olmak. ‖ * ~ -i kesî telh şoden اوقات كسى تلخ شدن sinirlenmek. ‖ * ~ -i salât اوقات صلات namaz vakitleri. ‖ * ~ -i telh dâşten اوقات تلخ داشتن sinirli olmak, öfkeli olmak, suratı asık olmak. ‖ * der bisyârî ~ در بسيارى اوقات çoğu zaman.

اوقات تلخى ovkâttelhî: (A.-F.) [evkât+ telh+î] 1.öfke. 2.hırçınlık.

اوقات تلخى كردن ovkâttelhî kerden: hırçınlık etmek.

اوقات رفتن ovkât reften: vakit geçmek.

اوقات نما evkâtnumâ (A.-F.) [evkât+ numûden> numâ] vaktitleri gösteren.

اوقار evkâr, ovkâr: (A.) ağır yükler.

اوقاش evkâş: (A.) ayak takımı.

اوقاف evkâf, ovkâf: (A.) 1.vakıflar, vakıf eserler. 2.Vakıflar Müdürlüğü.

اوقح evkah, ovkah: (A.) 1.en utanmaz. 2.en şuh.

اوقيمون okimun (bot.) dağ reyhanı.

اوقيه ûkiyye: (A.) okka (1283 gr.).

اوكار evkâr, ovkâr: (A.) yuvalar, kuş yuvaları.

اوكد evked: (A.) en çok pekiştirilmiş, teyit edilmiş.

اوكس evkes: (A.) pinti.

اوكندن evkenden, ovkenden: 1.atmak. 2.fırlatmak.

اوگار evgâr: [<efgâr] yaralı.

اوگنج evgenc: pişmanlık.

اوگندن evgenden, ovgenden: 1.atmak. 2.fırlatmak.

اول evvel: (A.) 1.başlangıç. 2.baş, evvel. 3.ilk. 4.ilkin. 5.birinci. 6.önce. 7.baştan.z 8.önceki. 9.Tanrı. ‖ * ~ ez heme اول از همه her şeyden önce. ‖ * ~ ez heme çîz اول از همه چيز her şeyden önce. ‖ * ~ -i berdul'acûz اول برد العجوز kocakarı soğuklarının başı, 9 Mart. ‖ * ~ -i mâhalak اول ماخلق 1.ilk yaratılan. 2.Hz. Muhammed. ‖ * ez ~ tâ âhir از اول تا آخر baştan sona kadar.

اول آخر evvelâhir: (A.) [evvel+âhir] alt tarafı, önü sonu.

اولاء evlâ': (A.) en iyi, en uygun.

اولاً evvelen: (A.) **1.**öncelikle, evvela. **2.**birinci, birincisi.

اولا evvelâ: (A.) ilkin, ilk önce.

اولاد evlâd, ovlâd: (A.) **1.**çocuklar. **2.**soy, kuşak. ‖ * ~ be vucûd âverden اولاد به وجود آوردن çocuk yapmak, çocuk sahibi olmak. ‖ * ~-i inâs اولاد اناث kız çocukları. ‖ * ~ -i zukûr اولاد ذكور erkek çocukları.

اولاديت evlâdiyyet: (A.) **1.**evlatlık. **2.**evlada geçme koşullu vakıf.

اولاديه evlâdiyye: (A.) **1.**evlatlık, evlat ile ilgili. **2.**sağlam, ölmezoğlu. **3.**evlada geçme koşullu vakıf.

اول الاوائل evvelulevâil: (A.) **1.**her şeyin başı. **2.**olayların başlangıcı.

اول الاولين evvelulevvelîn: (A.) **1.**ilklerin ilki. **2.**Tanrı.

اول الفكر آخرالعمل evvelulfikr âhirul'amel: (A.) Düşüncenin başı işin sonudur.

اول بهار evvelbahâr (A.-F.) [<evvel-i behâr] ilkbahar.

اول به اول evvelbeevvel (A.-F..-A.) [evvel+ be+ evvel] her şeyden önce.

اولترا مدرنيست ultramodernist: (Fr.) ultramodernist.

اولتگ ulteg: (T.) çimenlik.

اولتيماتوم ultimatum: (Fr.) ültimatom.

اول دست evveldest: (A.-F.) [evvel+dest] ilk kez, ilk defa.

اولو ulû: (A.) sahipler.

اولو الابصار ûlulebsâr: (A.) **1.**görüş sahipleri. **2.**göz sahipleri.

اولو الالباب ûlulelbâb: (A.) akıl sahipleri, sağduyulu kişiler.

اولو الامر ûlulemr: (A.) **1.**padişah, hükümdar. **2.**müslüman emir sahipleri.

اولو العزم ûlulazm: (A.) **1.**irade sahipleri. **2.**büyük peygamberler.

اولوالنهى ulunnuhâ: (A.) akıllı kişiler.

اولون evvelûn: (A.) ilkler.

اولويت evleviyyet, ovleviyyet: (A.) **1.**üstünlük, öncelik hakkı. **2.**lâyıklık.

اولويت دادن ovleviyyet dâden: öncelik tanımak.

اولويت داشتن ovleviyyet dâşten: öncelik taşımak, önceliği olmak.

اول ها evvelhâ: (A.-F.) eskiden, önceleri.

اولى evlâ, ovlâ: (A.) en üstün.

اولى ûlâ: (A.) ilk, birinci. ‖ * derece-i ~ درجهء اولى birinci derece. ‖ * mertebe-i ~ مرتبهء اولى birinci mertebe. ‖ * rutbe-i ~ رتبهء اولى bir mülkiye ünvanı.

اولى ûlî: (A.) **1.**bu dünya. **2.**sahip.

اولى evvelî: (A.-F.) **1.**birinci. **2.**önceki. **3.**ilk.

اولياء evliyâ, ovliyâ: (A.) **1.**velîler, erenler. **2.**büyükler. **3.**arifler. **4.**dostlar. **5.**emir sahipleri, üst düzey yöneticiler. **6.**koruyucular, hâmiler

اولياءالله evliyâullâh: (A.) Tanrı'nın erenleri.

اولياپرست evliyâperest (A.-F.) [evliyâ+ perestîden> perest] velîlere hayranlık duyan, velîlere aşırı derecede inanan.

اوليات evveliyyât: (A.) **1.**başlangıç. **2.**başlangıçtaki durum.

اولى النها ulinnuhâ: (A.) akıllılar.

اولينان evvelinân: (A.-F.) [evvel+în+ân] ilk önce gelenler, daha önce yaşayanlar.

اوليت evveliyyet: (A.) öncelik, üstünlük, sırada öncelik.

اولى تر evlâter, ovlâter: (A.-F.) [evlâ+ ter]**1.**en lâyık. **2.**daha lâyık. **3.**daha iyi.

اوليرا ulira: (Lat.) (bot.) olira bitkisi.

اولين evvelin: (A.-F.) [evvel+în] ilk, birinci. ‖ * ~ bâr اولين بار ilk kez.

اولين evvelîn: (A.) **1.**ilkler, öncekiler. **2.**daha önce yaşamış olanlar, eskiler. ‖ * ~ u âhirîn اولين و آخرين eskiler ve yeniler.

اولیه evveliye: (A.) **1.**en önce. **2.**ilk önceleri.

اومانیسم umanism: (Fr.) hümanizm.

اومید ûmîd: ümit.

اومیدوار ûmîdvâr: ümitli, ümitvar.

اون باشی onbâşî: (T.) onbaşı (Safevîler döneminde).

اوند evend: avadanlık, kapkacak.

اوند evind: hile, düzen, oyun.

اونوسما unosma: (Fr.) (bot.) sığırdiligillerden Alpler, Pireneler ve Kafkaslarda yetişen bir bitki.

اونیفرم uniform: (Fr.) üniforma.

اوه uh: oh!. **2.**ah!

اوهام evhâm, ovhâm: (A.) **1.**vehimler, kuruntular. **2.**hayaller. **3.**bâtıl inançlar.

اوهرون uhrûn: kısır.

اوهن evhen: (A.) en gevşek.

اوهوی ohoy: hey.

اوی ûy: o.

اویسی uveysî: (A.-F.) (tas.) bir mürşidi olmadan kemâl mertebesine erişen.

اویغور uygûr: (T.) Uygur.

اویغوری uygûrî: (T.-F.) **1.**Uygur. **2.**uygurca.

اویل uveyl: (A.) çığlık, feryat.

اویماق oymâk: (T.) oymak, kabile.

اهاب ihâb: (A.) ham deri.

اهابت ihâbet: (A.) **1.**korkutma. **2.**seslenme.

اهالی ehâlî: (A.) **1.**yöre halkı. **2.**halk.

اهانت ihânet: (A.) **1.**hakaret etme. **2.**hafife alma. **3.**alay etme. **4.**hainlik. **5.**haksızlık.

اهانت شدن ihânet şoden: **1.**alay edilmek. **2.**hafife alınmak.

اهباط ihbât: (A.) indirme.

اهبت uhbet: (A.) **1.**anlaşma, uzlaşma. **2.**silah. **3.**vesileler. **4.**teçhizat, silah.

اهبه uhbe: (A.) **1.**yol malzemesi. **2.**askerî malzeme.

اهتجاء ihticâ': (A.) birbirini yerme, birbirini hicvetme.

اهتداء ihtidâ: (A.) **1.**hidayete erme, doğru yolu bulma. **2.**Müslüman olma.

اهتدا کردن ihtidâ kerden: **1.**doğru yolu bulmak, hidayete ermek.

اهتزاز ihtizâz: (A.) **1.**sevinme. **2.**titreme, titreşme. **3.**sevinç. **4.**dalgalanma. **5.**sarsıntı. ‖ * der ~ bûden در اهتزاز بودن dalgalanmak (bayrak).

اهتزازات ihtizâzât: (A.) **1.**titremeler, titreşimler. **2.**sarsıntılar.

اهتزازکارانه ihtizâzkârâne (A.-F.) [ihtizâz+ kâr+âne] titreyerek.

اهتزازی ihtizâzî: (A.) titreme ile ilgili.

اهتزازیه ihtizâziyye: (A.) titreme ile ilgili.

اهتمام ihtimâm: (A.) **1.**gayret, çaba, çalışma, himmet etme, özen gösterme. **2.**yönelme. ‖ * be ~ -i به اهتمام tarafından, çalışmasıyla.

اهتمام دادن ihtimâm dâden: gayret etmek, çaba göstermek, himmet etmek.

اهتمام نمودن ihtimâm numûden: çalışmak, özen göstermek.

اهتیال ihtiyâl: (A.) korkma.

اهجوه uhcuvve: (A.) **1.**hiciv konusu. **2.**yerme, hicvetme.

اهجیه uhciyye: (A.) **1.**hiciv konusu. **2.**yerme, hicvetme.

اهداء ihdâ: (A.) **1.**hediye etme. **2.**hediye gönderme. **3.**doğru yola götürme.

اهدائیه ihdâ'iyye: (A.) hediye verme dolayısıyla yazılan yazı.

اهداب ehdâb: (A.) kirpikler.

اهداف ehdâf: (A.) **1.**hedefler. **2.**niyetler.

اهدار ihdâr: (A.) **1.**heder etme. **2.**birinin kanının dökülmesini mübah görme. **3.**hükümsüz bırakma.

اهدا شدن ihdâ şoden: **1.**hediye edilmek. **2.**bağışlanmak. **3.**ithaf edilmek.

اهداف ihdâf: (A.) hedefler.

اهدا کردن ihdâ kerden: **1.**hediye etmek. **2.**bağışlamak.

اهدب ehdeb: (A.) en çok kirpikli.

اهدلیه ehdeliyye: (A.) Ehdelîlik tarikati.

اهذار ihzâr: (A.) **1.**gevezelik etme, çan çan etme. **2.**abuk sabuk konuşma.

اهراب ihrâb: (A.) **1.**kaçırtma. **2.**azmetme.

اهراق ihrâk: (A.) akıtma, dökme.

اهرام ehrâm: (A.) **1.**piramitler. **2.**Mısır piramitleri. ‖ * ~ -i misr اهرام مصر Mısır piramitleri. ‖ * ~ -i murabbaî اهرام مربعى dörtgen piramit. ‖ * ~ -i musellesî اهرام مثلثى üçgen piramit. ‖ * ~ -i zûkesîrilvucûh اهرام ذو كثير الوجوه çokgen piramit.

اهرامن ehrâmen: **1.**Ehrimen. Zerdüştlükte karanlık ve kötülük tanrısı. **2.**şeytan. **3.**dev.

اهرامى ehrâmî: (A.) piramit şeklinde, piramidal.

اهرد ehred: (A.) yırtık pırtık.

اهرم ehrum: manivela, kaldıraç.

اهرمن ehremen: **1.**Ehrimen. Zerdüştlükte karanlık ve kötülük tanrısı. **2.**şeytan. **3.**dev.

اهرمن ehrimen: **1.**Ehrimen. Zerdüştlükte karanlık ve kötülük tanrısı. **2.**şeytan. **3.**dev, ifrit..

اهرمن هيئت ehrimenhey'et (F.-A.) şeytan kılıklı.

اهرمه ehrime: **1.**Ehrimen. Zerdüştlükte karanlık ve kötülük tanrısı. **2.**şeytan. **3.**dev.

اهرن ehren: **1.**Ehrimen. Zerdüştlükte karanlık ve kötülük tanrısı. **2.**şeytan. **3.**dev.

اهريمن ehrimen: **1.**Ehrimen. **2.**şeytan.

اهريمنى ehrimenî: [ehrimen+î] **1.**şeytanca. **2.**şeytanlık.

اهزاق ihzâk: (A.) katıla katıla gülme.

اهزال ihzâl: (A.) şaka yapma, alay etme.

اهساء ehsâ': (A.) şaşkınlar.

اهكومه uhkûme: (A.) alaycı söz.

اهل ehl: (A.) **1.**aile. **2.**ahali, halk. **3.**hanedan. **4.**ehil. **5.**oturan, yerleşik. **6.**lâyık. **7.**asil, soylu. **8.**her peygamberin ümmeti. **9.** soylu, halden anlar. **10.**usta. **11.**becerili. **12.**evlilikte eşlerden her biri. ‖ * ~ -i behişt اهل بهشت cennetlik. ‖ * ~ -i bevâr اهل بوار cehennemlikler, yok olup gidenler. ‖ * ~ -i beyt اهل بيت **1.**ev halkı. **2.**Hz. Muhammed'in yakınları. ‖ * ~ -i dil اهل دل halden anlar, gönül ehli. ‖ * ~ -i fenâ اهل فنا kendilerni Tanrı'ya adayanlar. ‖ * ~ -i hakk اهل حق dürüst kişiler. ‖ * ~ -i hâl اهل حال dervişler, sofular, zâhitler, ilahî tecellîlere mazhar olan kişiler. ‖ * ~ -i hâne اهل خانه ev halkı. ‖ * ~ -i herâbât اهل خرابات meyhane müdavimleri. ‖ * ~ -i hibre اهل خبره bilirkişi. ‖ * ~ -i hikmet اهل حكمت filozoflar. ‖ * ~ -i hired اهل خرد akıl sahipleri. ‖ * ~ -i hiref اهل حرف · **1.**meslek sahipleri, esnaf. **2.**dokumacılar. ‖ * ~ -i idâre اهل اداره yöneticiler. ‖ * ~ -i ilm اهل علم bilimadamları. ‖ * ~ -i islâm اهل اسلام müslümanlar. ‖ * ~ -i kalem اهل قلم bürokrat, kalem erbabı, eli kalem tutanlar. ‖ * ~ -i kitâb اهل كتاب dört büyük dinden birinin mensûbu. ‖ * ~ -i kubûr اهل قبور ölüler, mezarda yatanlar. ‖ * ~ -i mezâk اهل مذاق ağzının tadını bilenler. ‖ * ~ -i nazar اهل نظر görüş sahipleri, gönül erleri. ‖ * ~ -i râz اهل راز sır tutanlar, sırdaşlar. ‖ * ~ -i recâ اهل رجا dervişler. ‖ * ~ -i salib اهل صليب haçlılar. ‖ * ~ -i seyf اهل سيف askerler. ‖ * ~ -i sûk اهل سوق çarşı esnafı. ‖ * ~ -i sunnet اهل سنت sünnî, ehlisünnet, sünnîler. ‖ * ~ -i tab اهل طبع şairler. ‖ * ~ -i tecrîd اهل تجريد dervişler, kendini dünyadan soyutlayanlar. ‖ * ~ -i vukûf اهل وقوف bilirkişi, bilirkişiler.

اهلا سهلا ehlen sehlen: (A.) hoş geldin safa getirdin.

اهلاك ihlâk: (A.) **1.**yok etme, helak etme, öldürme. **2.**harcama, tüketme. **3.**helak edilme, yok edilme, öldürülme. **4.**harcanma, tüketilme.

اهل الفرض ehlulfarz: (A.) birinci derecedeki vârisler.

اهل الله ehlullâh: (A.) velî, Tanrı eri.

اهل پرور ehlperver (A.-F.) [ehl+ perverden> perver] **1.**beceri sahiplerini koruyan ve destekleyen. **2.**liyakatlileri destekleyen.

اهله ehille: (A.) hilaller.

اهلی ehlî: (A.-F.) [ehl+î] **1.**evcil, ehlî. **2.**alışık.

اهلیت ehliyyet: (A.) **1.**yetki. **2.**yeterlilik. **3.**yeterlilik belgesi.

اهلیلج ihlîlec: (A.) kara helile bitkisi.

اهلیلجی ihlîlecî: (A.) oval, beyzî.

اهلیه ehliyye: (A.) **1.**evcil. **2.**alışık.

اهم ehemm: (A.) en önemli. ‖ * el ~ a'lelmuhimm الاهم علی المهم en önemli önemliden daha üstündür.

اهم ohm: (Fr.) ohm.

اهمال ihmâl: (A.) ihmal, gevşeklik.

اهمال شدن ihmâl şoden: ihmal edilmek, gevşeklik gösterilmek.

اهمالکار ihmâlkâr (A.-F.) [ihmâl+kâr] ihmalci.

اهمالکاری ihmâlkârî (A.-F.) [ihmâl+kâr +î] ihmalcilik.

اهمال کردن ihmâl kerden: **1.**ihmal etmek, gevşeklik göstermek. **2.**korkusuz olduğunu göstermek.

اهمام ihmâm: (A.) **1.**üzme, hüzünlendirme. **2.**yaşlandırma.

اهم متر ohmmetr: (Fr.) ohmmetre.

اهمه ehme: **1.**eksik. **2.**bulunuş.

اهمیت ehemmiyyet: (A.) **1.**önem. **2.**değer, kıymet. ‖ * derhor-i ~ bûden درخور اهمیت بودن önemli olmak, söz konusu olmak.

اهمیت پیدا کردن ehemmiyyet peydâ kerden: **1.**önem kazanmak.

اهمیت دادن ehemmiyyet dâden:**1.**önem vermek. **2.**aldırmak.

اهمیت داشتن ehemmiyyet dâşten: önemli olmak, önemi olmak.

اهمیت گذاشتن ehemmiyyet gozâşten: önemli saymak, önem vermek.

اهنامه ehnâme: **1.**aşk. **2.**kendine çekidüzen verme.

اهواء ehvâ: (A.) **1.**istekler, arzular. **2.**şehvetler.

اهواز ehvâz: (coğ.) Ehvaz.

اهوازی ehvâzî: [ehvâz+î] Ehvazlı.

اهوال ehvâl: (A.) korkular.

اهوان ehvân: şaşkın.

اهوج ehvec: (A.) uzun boylu aptal.

اهور ehver: sevgili.

اهول ehvel: (A.) en korkunç.

اهون ehven: (A.) **1.**en ucuz. **2.**en zararsız. **3.**en kolay. **4.**çok basit, çok hafif. **5.**en gevşek.

اهون ehûn: toprak çatlağı.

اهونیت ehveniyyet: (A.) **1.**ucuzluk. **2.**zararsızlık.

اهویه ehviye: (A.) havalar.

اهیب ehyeb: (A.) en heybetli.

اهیف ehyef: (A.) **1.**ince belli. **2.**gösterişli at.

ای ey: **1.**ey, hey. **2.**yahu. **3.**peki, sonra. ‖ * ~ besâ ای بسا nice, ne kadar çok. ‖ * ~ dirîgâ ای دریغا çok yazık. ‖ * ~ hoş ای خوش ne mutlu. ‖ * ~ hoşâ ای خوشا şu hoşluğa bakın, nemutlu.

ایا eyâ: (A.) **1.**ey. **2.**hey.

ایاب iyâb: (A.) geri dönme, geri dönüş. ‖ * ~ u zihâb ایاب و ذهاب gidiş geliş, gidip gelme.

ایاب و ذهاب iyâb u zihâb: (A.-F.) geliş gidiş.

ایاد iyâd: (A.) **1.**güçlendirme, kuvvetlendirme. **2.**güçlendirici.

ایادی eyâdî: (A.) **1.**eller. **2.**yardımcılar. **3.**nimetler. **4.**iyilikler. **5.**himaye etme, zarar ve eziyetten koruma.

ایادی داشتن eyâdî dâşten: yardımcıları olmak. ‖ * ~ be cây-i kesî ایادی داشتن بجای کسی birine ihsanda bulunmak, mal vermek. ‖ * ~ der hakk-i kesî ایادی داشتن در حق کسی birine ihsanda bulunmak, mal vermek.

ایادیم eyâdîm: (A.) zeminler, yerler.

ایار eyâr: Yahudi ve Süryani aylarından biri. Nisan ve Mayıs aylarına rastlar.

ایارج iyârıc (F.>A.) müshil ilacı.

اياره eyâre: **1.**hesap. **2.**hesap defteri.

اياره گير eyâregîr: bilezik.

اياز eyâz: **1.**ayaz. **2.**şebnem. **3.**Gazneli Mahmut'un nedimi, Ayaz.

ايازى eyâzî: peçe.

اياسى eyâsî: peçe.

اياغ eyag: (T.) **1.**ayak. **2.**ayaklı kadeh. ‖ * ~ bûden bâ kesî اياغ بودن با كسى biriyle arkadaş olmak, biriyle dost olmak.

اياق eyak: (T.) ayak.

اياق دادن eyâk dâden: şarap kadehi vermek.

اياقى eyâkî: (T.-F.) [eyâk+î] **1.**şarapçı. **2.**aşçı. **3.**hizmetkar. **4.**sofracı.

ايالات iyâlât: (A.) eyaletler. ‖ * ~ -i muttehide-i amrika ايالات متحده امريكا (coğ.) Amerika Birleşik Devletleri.

ايالت iyâlet: (A.) **1.**eyalet. **2.**il, vilayet. **3.**hükümet etme.

ايام eyyâm: (A.) **1.**günler. **2.**zaman. **3.**devir. **4.**zamane. **5.**gemileri hareket ettirecek uygun rüzgâr. **6.**güçlülük zamanı, iktidar dönemib. ‖ * ~ -i bâhûr ايام باحور yazın en sıcak ve nemli günleri, Ağustos ayının ilk yarısı, 2-9 Ağustos. ‖ * ~ -i cem' ايام جمع hac törenleri sırasında Mina ve Arafat Dağında geçen dört günlük süre. ‖ * ~ -i mahsûsa ايام مخصوصه özel günler. ‖ * ~ -i mâziye ايام ماضيه geçmiş günler, eski günler. ‖ * ~ -i mubâreke ايام مباركه kutlu günler. ‖ * ~ -i şebâb ايام شباب gençlik günleri. ‖ * ~ -i ta'tîliyye ايام تعطيليه tatil günleri. ‖ * be murûr-i ~ به مرور ايام zamanla. ‖ * der an ~ در آن ايام o zamanlar. ‖ * der in ~ در اين ايام bu sıralarda, o günlerde.

ايام التشريق eyyâmutteşrîk: (A.) kurban bayramının 2., 3., ve 4. günleri. Çöl araplarının kurban etlerini kuruttukları günler.

ايامن eyâmin: (A.) en kutlular, en uğurlular.

ايامى eyâmâ: (A.) dullar.

ايبا îbâ: (A.) tiksindirme, iğrendirme.

اى بسى eybesî: [ey+bes+î] nice.

ايبک îbek: put, haç.

ايتاد îtâd: (A.) kazık çakma.

ايتام eytâm: (A.) yetimler, öksüzler. ‖ * ~ ve erâmil ايتام و ارامل yetimler ve dullar.

ايتام خانه eytâmhâne (A.-F.) [eytâm+hâne <hâne-i eytâm] yetimhâne.

ايت بورنى itburni: (T.) (bot.) itburnu.

ايتلاف îtilâf: (A.) **1.** itilaf, birleşme. **2.**dostluk kurmar.

ايتمان îtimân: (A.) **1.**emin kılma. **2.**sağlamlaştırma.

ايتوک دادن ituk dâden: müjde vermek.

ايثار îsâr: (A.) **1.** saçma. **2.**feda etme. **3.**bağışlama. **4.**(tas.) her işte başkalarını kendinden öncelikli görme. **5.**ikram. **6.**bahşiş.

ايثار كردن îsâr kerden: saçmak, dağıtmak, feda etmek, bağışlamak.

ايثارگر îsârger: (A.-F.) [îsâr+ger] yardımsever.

ايثارگرى îsârgerî: (A.-F.) [îsâr+ger+î] yardımseverlik.

ايثام îsâm: (A.) günaha sokma.

ايجاب îcâb: (A.) **1.**gerek, icap. **2.**gerekli kılma. **3.**kabul etme. ‖ * ~ -i hâl ايجاب حال durumun gerektirmesi, durumun gereği.

ايجابات îcâbât: (A.) gerekler, gereklilikler.

ايجاب كردن îcâb kerden: **1.**gerektirmek.

ايجابيه îcâbiyye: (A.) gerekircilik, determinizm.

ايجاد îcâd: (A.) **1.**yapma. **2.**yaratma, var etme. **3.**icat, bulma. **4.**oluşturma.

ايجاد شدن îcâd şoden: **1.**belirmek, meydana gelmek. **2.**var edilmek, yaratılmak. **3.**yapılmak. **4.**icat edilmek.

ايجاد كردن îcâd kerden: **1.**yaratmak. **2.**yapmak. **3.**icat etmek. **4.**kurmak.

5.uyandırmak. 6.icat etmek, buluş yapmak.

ایجاد کرده icâdkerde (A.-F.) [îcâd+ kerden>kerd+e] icat edilmiş.

ایجاد نمودن îcâd numûden: 1.kurmak.

ایجار îcâr: (A.) 1.kiraya verme. 2.kiraya verilme. 3.kira, kira parası.

ایجاز îcâz: (A.) 1.kısa söz söyleme. 2.özlü söz, vecize.

ایجاع îcâ: (A.) ağrıtma.

ایچ îç: hiç.

ایچکی içeki: (T.) yakın, nedim.

ایحاء îhâ: (A.) 1. vahiy gönderme. 2.ilham etme. 3.işaret etme. 4.hatırlatma.

ایحاش îhâş: (A.) namusuna dokunma.

اید eyyede: (A.) sürdürsün, devam ettirsin, pekiştirsin, kuvvetlendirsin.

اید eyyid: (A.) 1.pekiştirilmiş, sağlam. 2.güçlü, kudretli.

ایداع îdâ': (A.) 1.emanet verme. 2.emanet bırakma.

ایداب îdâb: (A.) 1.sofrası herkese açık olma. 2.doğruluğu herkese bildirme.

ایدال ideal: (Fr.) ideal.

ایدالله eyyidallâhu: (A.) Allah güç kudret versin.

ایدر îder: (Peh.) 1.burası. 2.şimdi.

ایدز eydz: (İng.) (tıb.) aids.

ایدروژن idrojen: (Fr.) (kim.) hidrojen.

ایدون îdûn: (Peh.) 1.böyle. 2.böylesine. 3.şimdi.

ایدئولوژی ideoloji: (Fr.) ideoloji.

ایدی eydî: (A.) eller.

ایذاء îzâ: (A.) eziyet etme, incitme, eza.

ایذا کردن îzâ kerden: eziyet etmek.

ایذا نمودن îzâ numûden: eziyet etmek.

ایذان îzân: (A.) 1.bildirme. 2.ezan okuma.

ایراء îrâ': (A.) 1.iyilik etme. 2.çakmaktan ateş çıkmak.

ایراث îrâs: (A.) 1. miras bırakma. 2.varis kılma. 3.gerekme.

ایراد îrâd: (A.) 1. kusur. 2.arıza. 3.ayıplama. 4.kınama. 5.itiraz. 6.kusur bulma. 7.indirme. 8.içeri sokma. 9.sakınca. 10.getirme. 11.söyleme, dile getirme. 12.kazanç, gelir. ‖ * ~ -i benî isrâilî ایراد بنی اسرائیلی yersiz itiraz. ‖ * ~ -i mesel ایراد مثل atalar sözü nakletme, darbımesel nakletme.

ایراد داشتن îrâd dâşten: söyleyecek sözü olmak.

ایراد کردن îrâd kerden: 1.itiraz etmek. 2.eleştirmek. 3.beyan etmek.

ایراد گرفتن îrâd giriften: tenkit etmek, eleştirmek.

ایرادگیر îrâdgîr: (A.-F.) [îrâd+giriften> gîr] 1.itiraz eden. 2.eleştiren. 3.bahaneci. 4.ayıplayan. 5.kınayan.

ایرادی îrâdî: (A.-F.) [îrâd+î] 1.itirazcı. 2.bahaneci.

ایراط îrât: (A.) tehlikeye sokma.

ایران îran: (coğ.) İran.

ایران پرست îrânperest: [îrân+ perestîden>perest] iransever.

ایران پرستی îrânperestî: [îrân+ perestîden>perest+î] iranseverlik.

ایران دوست îrândûst: [îrân+dûst] iransever.

ایران دوستی îrandûstî: [îrân+dûst+î] iranseverlik.

ایران زمین îrânzemîn: [îrân+zemîn] (coğ.) İran.

ایران شناس îranşinâs: [îrân+şinâhten] iranolog, İran uzmanı.

ایران شناسی îranşinâsî: [îrân+şinâhten> şinâs+î] iranoloji, İran uzmanlığı.

ایرانی îrânî: [îrân+î] 1.İranlı. 2.İran'a özgü. 3.İran malı.

ایرانی الاصل îrâniyulasl: (A.) İran asıllı.

ایراه îrâh: (Peh.) sahil, deniz kıyısı.

ایرس îres (bot.) beyaz zambak.

ایرمان îrman: (Peh.) 1.dalkavuk. 2.davetsiz misafir. 3.eğreti. 4.emel, arzu, istek. 5.pişmanlık.

ایرمان سرا îrmanserâ: [îrmân+serâ] 1.misafirhane. 2.dünya.

ایروان eyrevân: (coğ.) Erivan.

ایز iz: (T.) **1.**iz. **2.**ayak izi. ‖ * ~ -i kesî râ giriften ایز کسی را گرفتن **1.**izlemek. **2.**iz sürmek. ‖ * ~ gum kerden ایز گم کردن **1.**iz kaybetmek. **2.**iz kaybettirmek. **3.**ayak izini silmek. **4.**halkı yanılgıya düşürmek, yanıltmak, şaşırtmak.

ایزاء îzâ': (A.) **1.**iyiliğe iyilikle karşılık verme. **2.**sıkıntıya sokma. **3.**korkma.

ایزار îzâr: (A.) **1.**mendil. **2.**pantolon. **3.**sofrar.

ایزد îzed: (Peh.) **1.**Allah. **2.**tanrı. **3.**melek. **2.**Zerdüştlük dininde iyilik tanrısı. ‖ * şukr-i ~ شکر ایزد Tanrıya şükürler olsun.

ایزدان پرستی îzedânperestî: [îzed+ân+ perestîden>perest+î] politeizm.

ایزدبانو îzedbânû: [îzed+bânû] tanrıça.

ایژک îjek: kıvılcım.

ایس eys: (A.) varlık, vücud.

ایساء îsâ': (A.) teselli etme.

ایساخ îsâh: (A.) **1.**kirletme. **2.**kirletilme.

ایساع îsâ': (A.) **1.**zenginleştirme. **2.**zen-ginleştirilme. **3.**genişletme. **4.**genişletilme.

ایساف îsâf: (A.) üzme, gücendirme.

ایست îst: [îstâden>îst] **1.**durma, duruş. **2.**(müz.) durma noktası. **3.**(ask.) dur!

ایستا îstâ: [îstâden>îst+â] durgun.

ایستادگی îstâdegî: [îstâden>îstâd+e+g+î]**1.**durma. **2.**direniş, mukavemet. ‖ * ~ be hodî-i hod ایستادگی بخودی خود kendi kendine kâim olma.

ایستادگی کردن îstâdegî kerden: direnmek.

ایستادن îstâden: (Peh.) **1.**ayakta durmak. **2.**dinmek. **3.**durmak. **4.**koyulmak. **5.**direnmek. **6.**razı olmak." ‖ * ber pâ ~ بر پا ایستادن ayağa kalkmak. ‖ * be pâ ~ به پا ایستادن ayağa kalkmak. ‖ * der cây-i hod ~ در جای خود ایستادن yerinde kalmak.

ایستاده îstâde: [îstâden>îstâd+e] ayakta durmuş, dikilmiş.

ایستانیدن îstânîden: **1.**durdumak. **2.**ayakta tutmak.

ایستاده îstâde: [îstâden>îstâd+e] **1.**ayakta. **2.**kâim. **3.**sabit, durağan (yıldız). **4.**durgun. **5.**(ask.) ateş için ayakta duruş vaziyeti.

ایستایی îstâyî: [îstâden>îst+â+y+î] durgunluk.

ایست کردن îst kerden: **1.**mola vermek.

ایستگاه îstgâh: [îstâden>îst+gâh] **1.**durak. **2.**istasyon. **3.**kamp yeri.

ایسر eyser: (A.) **1.**en kolay. **2.**sol taraf, soldaki.

ایش îş: (çocuk dili) çiş.

ایشاع îşâ': (A.) ağaç çiçek açma.

ایشان îşân: (Peh.) **1.**onlar. **2.**kendileri.

ایشک îşek: (T.) eşek.

ایشه îşe: **1.**koruluk, orman. **2.**casus.

ایصاء îsâ: (A.) **1.**vasiyet etme. **2.**vasî tayin etme.

ایصال îsâl: (A.) **1.**ulaştırma. **2.**ulaştırılma.

ایضاً eyzen: (A.) tekrar, yine, bir daha.

ایضاح îzâh: (A.) açıklama.

ایضاحاً îzâhen: (A.) açıklayarak.

ایضاحات îzâhât: (A.) açıklamalar. ‖ * ~ -i lâzime ایضاحات لازمه gerekli açıklamalar. ‖ * ~ -i sâbika ایضاحات سابقه yukarıda yapılan açıklamalar.

ایضاح نامه îzâhnâme (A.-F.) [îzâh+ nâme<nâme-i îzâh] **1.**açıklama metni, açıklayıcı yazı. **2.**prospektüs.

ایضا له eyzen leh: (A.) yine ona ait.

ایضا نک (ایضاً نگاه کنید) eyzen nigâh konîd: ayrıca bk. = ayrıca bakınız.

ایطاء îtâ': (A.) kafiyenin aynı anlamla tekrarlanması.

ایطان îtân: (A.) **1.**yurt tutma, vatan sayma. **2.**yurt tutulma, vatan sayılma.

ایعاد îâd: (A.) korkutma.

ایغار îgâr: (A.) padişahın vergisiz toprak vermesi.

ايغال îgâl: (A.) **1.**uzaklara gitme. **2.**alelacele birini bir yere sokma.

ايفاء îfâ: (A.) **1.**yerine getirme, îfa. **2.**vefa gösterme. **3.**hakkını verme. **4.**ödeme.

ايفاد îfâd: (A.) **1.**gönderme, yollama. **2.**birini elçi olarak gönderme.

ايفا كردن îfâ kerden: yerine getirmek, yapmak, îfa etmek.

ايفاگر îfâger: (A.-F.) [îfâ+ger] yerine getiren, yapan, îfa eden.

ايقاد îkâd: (A.) **1.**aydınlatma. **2.**ateş yakma.

ايقاظ îkâz: (A.) **1.**ikaz, uyarı. **2.**uyandırma. **3.**uyandırılma.

ايقاع îkâ: (A.) **1.**atma. **2.**gece baskını. **3.**tutuklama. **4.**(müz.) sesleri bir ahenge sokma. **5.**yapma.

ايقاف îkâf: (A.) **1.**vakfetme. **2.**vakfedilme. **3.**durdurma. **4.**durdurulma.

ايقان îkân: (A.) **1.**emin olma. **2.**kesin bilgi.

ايكاء îkâ': (A.) **1.**dayanma. **2.**dayandırma.

ايكاد îkâd: (A.) sağlam kalma.

ايكار îkâr: (A.) **1.**doldurma. **2.**doldurulma.

اى كاش eykâş: keşke. ‖ * ~ ki اى كاشكه keşke.

اى كه ey ki: ey.

ايگر eyger: yaban mersini.

ايل il: (T.) **1.**aşiret. **2.**il. **3.**itaatkar. **4.**dost.

ايلاء îlâ': (A.) **1.**yemin etme. **2.**erkeğin bir süre için karısı ile cinsel ilişki kurmamak üzere yemin etmesi. **3.**sıkıntıya düşme.

ايلات îlât: (T.-A.) **1.**iller. **2.**aşiretler, kabileler.

ايلاتى îlâtî: (T.-A.-F.) [îlât+î] göçebelik.

ايلاج îlâc: (A.) içeri sokma, girdirme, tepme.

ايلاد îlâd: (A.) doğurtma.

ايلاس îlâs: (A.) iğneli söz söyleme, laf dokundurma.

ايلاع îlâ': (A.) hırslandırma, heveslendirme.

ايلاف îlâf: (A.) **1.**sevme. **2.**dost olma. **3.**alıştırma. **4.**alıştırılma.

ايلام îlâm: (A.) üzme, dertlendirme.

ايلام îlâm: (A.) düğün yemeği.

ايلچى ilçi: (T.) elçi, sefir.

ايلچى خانه ilçihâne: (A.-F.) [ilçi+hâne] elçilik, elçilik binası.

ايلخان ilhân: (Mo-T.) **1.**ilhan. **2.**İlhanlı. **3.**İran-Moğol sultanı.

ايلخانى ilhânî: (T.-F.) [ilhân+î] **1.**ilhanlık. **2.**İlhanlı.

ايلخى ilhi: (T.) yılkı, at sürüsü.

ايل شدن il şoden: itaat etmek, boyun eğmek.

ايلغار ilgar: (T.) akın, hücum, ılgar.

ايل كردن il kerden: itaat ettirmek, boyun eğdirmek.

ايلول iylûl: Eylül ayı.

ايلى îlî: (T.-F.) itaat, boyun eğme.

ايليات îliyât: (T.-A.) [il+yât] kabileler, aşiretler.

ايم eyyim: (A.) **1.**dul. **2.**bekâr.

ايماء îmâ: (A.) **1.**işaret. **2.**işaretle anlatma.

ايماض îmâz: (A.) parlama.

ايماق oymâk: (T.) oymak, kabile.

ايمان îmân: (A.) iman, inanç. ‖ * ez ~ berâmeden از ايمان بر آمدن imandan çıkmak. ‖ * terk-i ~ goften ترک ايمان گفتن imandan çıkmak.

ايمان eymân: (A.) **1.**yeminler. **2.**sağ yanlar. **3.**sağ eller. **4.**kutlu şeyler, uğurlar. **4.**talihler, şanslar. **5.**güçler, kuvvetler.

ايمان آوردن îmân âverden, îmân âvorden: inanmak. **2.**iman etmek.

ايمان تازه كردن îmân tâze kerden: iman tazelemek, kelime-i şehadet getirmek.

ايمان داشتن îmân dâşten: **1.**inanmak. **2.**güvenmek.

ايمانيه imâniyye: (A.) imancılık, inancılık, fideizm.

ايمن eymen: (A.) **1.**en sağdaki. **2.**en uğurlu. **3.**en hayırlı, en iyi. **4.**en şanslı. **5.**güven içinde.

ايمن eymun: (A.) **1.**sağ taraflar, sağ yanlar. **2.**sağ eller. **3.**kutlu şeyler, uğurlar. **4.**talihler, şanslar. **5.**güçler, kuvvetler.

ایمن îmen: (A.) **1.**emin. **2.**sağ taraf.

ایمن الیمین eymenulyemîn: (A.) en kutlu, en uğurlu.

ایمن شدن îmen şoden: emniyette olmak, güvencede olmak, korunmuş olmak.

ایمن کردن îmen kerden: emin etmek, emin kılmak, güvencede bırakmak, güvence vermek.

ایمن گردانیدن îmen gerdânîden: eminetmek, korumaya almak.

ایمنی îmenî: (A.-F.) [îmen+î] **1.**emin olma. **2.**korunmuşluk. **3.**bağışıklık.

ایمنی شناسی îmenîşinâsî: (A.-F.) [îmen+ î+şinâhten>şinâs+î] immunoloji.

ایمنی کسب کردن îmenî kesb kerden: bağışıklık kazanmak.

ایمه îme: (Peh.) şimdi, şu an.

ایمیل imeyl: (İng.) E-mail.

این eyn: (A.) nerede.

این eyn: (A.) **1.**zaman, dönem, çağ. **2.**yorgunluk.

این în: (Peh.) **1.**bu. **2.**şu. ‖ * ~ u ân این و آن **1.**bu veya şu. **2.**ıvır zıvır.

این eyne: (A.) **1.**neresi. **2.**nerede.

ایناء înâ': (A.) **1.**geciktirme. **2.**zayıf düşürme.

ایناس înâs: (A.) **1.**alıştırma. **2.**alıştırılma.

این است în est: **1.**işte.

ایناع înâ': (A.) meyva toplanma zamanının gelmesi.

ایناف înâf: (A.) vazgeçirmeye çalışma.

این الثری و الثریا eynesserâ vessureyyâ: (A.) yer ile gök arasındaki fark gibi.

این المفر eynelmeferr: (A.) kaçılacak bir yer yok mu?

اینان înân: **1.**bunlar. **2.**şunlar.

ایناهاش inâhaş: **1.**işte.

این بار in bâr: **1.**bu sefer, bu kez, bu defa.

این بود که in bûd ki: **1.**böylece.

اینت înet: [în+et] **1.**işte sana.

اینجا incâ: **1.**burası. **2.**burada. **3.**bu esnada.

این جانب in cânib: (F.-A.) **1.**ben. **2.**bendeniz. **3.**bu taraf.

این جایگه incâygeh: [in+cây+geh]**1.**burası, burada.

اینجور incûr: [in+cûr<tovr] **1.**bu gibi, böyle. **2.**şöyle.

اینجوری incûrî: [in+cûr<tovr+î] böyle.

این جهان in cihân: [in+cihân] dünya.

اینچ inç: (İng.) inç.

اینچنین inçenin, inçonin: [in+çon+in] **1.**böyle. **2.**böylesi, böylesine.

این چه که in çi ki: bu şey ki.

اینچی inçî: (İng.-F.) [inç+î] inçlik.

این خاک آن خاک in hâk an hâk (sp.) güreşte kündeye getirme sanatlarından biri.

این دفعه in defe: bu kez, bu defa.

این دم in dem: şimdi.

ایندکس indeks: (İng.) indeks

این زمان in zemân: şimdi.

این سر in ser: **1.**bu dünya. **2.**bu yan, bu taraf.

این سفر in sefer: (F.-A.) bu kez, bu defa.

اینطور intovr: (F.-A.) [in+tovr] **1.**böyle. **2.**öyle. ‖ * ki ~ که اینطور demek öyle!

این قبیل in kabîl: (F.-A.) [in+kabîl] bu gibi, bu denli.

این قدر in kadr: (F.-A.) bu kadar.

اینک înek: şimdi.

این کاره inkâre: [in+kâr+e] işbilir.

اینکه inki: şu ki, -mesi, -ması, -si. ‖ * be ~ به اینکه -mesiyle.

اینگونه ingûne: [in+gûne] bu denli, bu gibi.

این و آن in u ân: **1.**şu bu, o bu, çeşitli kişiler. **2.**(tas.) ten ve can; zâhir ve bâtın.

این ور inver: [in+ver] bu taraf, bu yan.

این ور و آن ور inver u ânver: [in+ver+u+ ân+ver] **1.**orası burası, şurası burası. **2.**oraya buraya. ‖ * ~ reften این ور و آن ور رفتن oraya buraya gitmek, dolaşmak.

اینها inhâ: [in+hâ] **1.**bunlar. **2.**sakın!, zinhar!

این همه in heme: [in+heme] **1.**bu kadar. **2.**bunca.

این یکی in yekî: [in+yek+î] **1.** bu, bu kişi. **2.**öteki, diğeri.

ای وا eyvâ: [ey+vâ<ey+vây] eyvah, vah vah, eyvahlar olsun, yazık.

ایوا îvâ: (A.) yerleştirme.

ایوار îvâr: (A.) ikindi.

ایواز îvâz: hazırlanmış.

ایوالله eyvallâh: (A.) [îvallâh<hîvallâh] **1.**evet. **2.**peki, kabul, tamam. **3.**hoşçakal, Allahaısmarladık. **4.**sağol, teşekkür ederim. **5.**aldırış, önemseme.

ایوان eyvân: **1.**eyvan, ayvan, kemerli salon. **2.**sundurma. **3.**balkon. **4.**avlu, sofa. **5.**köşk, konak, saray. **6.**çardak. **7.**gökkubbe.

ایوانک eyvânek: [eyvân+ek] balkon.

ایوانگاه eyvângâh: [eyvân+gâh] balkon.

ایواه eyvâh: [ey+vâh] eyvah, vah vah, çok yazık.

ای وای ey vây: **1.**eyvah! **2.**vah vah! **3.**yahu.

ایوب eyyûb: (A.) **1.**sabrı ile Doğu edebiyatlarına konu olan peygamber, Eyüp. **2.**İstanbul'da bir semt.

ایوب طبع eyyûbtab': (A.) [eyyûb+tab'] Hz. Eyüp tabiatlı.

ایون iyon: (Fr.) (kim.) iyon.

ایها eyyuhâ: (A.) ey, hey.* yâ ~ یا ایها ey, hey.

ایهاب îhâb: (A.) verme.

ایها الاسلام eyyuhelislâm: (A.) ey müslümanlar.

ایها الاصحاب eyyuhelashâb: (A.) ey mal mülk sahipleri.

ایها الساقی eyyuhessâkî: (A.) ey saki.

ایهام îhâm: (A.) **1.**kuruntuya düşürme. **2.**(ed.) iki anlama gelen bir kelimenin uzak anlamını kullanma. **3.**kuruntu.

ایهامات îhâmât: (A.) **1.**kuruntular. **2.**(ed.) îhamlar.

ایهان îhân: (A.) **1.**güçsüz bırakma. **2.**aşağılama, hor görme.

ایی eyî: (çocuk dilinde) kaka, pis.

ب

ب b: **1.**Farsça alfabenin ikinci harfi. **2.**Ebced hesabındaki sayısal değeri:2. **3.**yemin ederim, andolsun ki.

با bâ: **1.**ile. **2.**-ince. **3.** -erek. **4.**-e, -a. **5.**birlikte. **6.**rağmen, karşın. **7.**yanında. **8.**hakkında. **9.** olsun! (dua). **10.**aş, çorba. **11.**(zool.) doğan. **12.**olarak.

با آب و تاب bâ âb utâb: **1.**ayrıntılı olarak. **2.**ballandıra ballandıra.

با آب و رنگ bâ âb u reng: **1.**güzel. **2.**renkli. **3.**cıvıl cıvıl.

با آبرو bâ âbrû: **1.**onurlu, şerefli, haysiyetli. **2.**itibarlı.

با آسایش bâ âsâyiş: huzurlu, müreffeh.

با آنچه bâ ançi: -dığı şeyle, o şeyle.

با آنچه که bâ ançi ki: -dığı şeyle.

با آنکه bâ anki: rağmen, karşın, -mekle birlikte, -mekle beraber.

با اباب baobab: (Fr.) (bot.) baobab ağacı.

با ابهت bâ ubbuhet: (F.-A.) [bâ+ubbuhet] görkemli, azametli.

بائت bâit: (A.) bayat.

با ادب bâ edeb: (F.-A.) [bâ+edeb] terbiyeli, edepli.

با اراده bâ irâde: (F.-A.) [bâ+irâde] **1.**iradeli, irade sahibi. **2.**bilinçli olarak.

با ارز bâ erz: değerli, kıymetli. **2.**önemli.

با ارزش bâ erziş: **1.**değerli, kıymetli. **2.**önemli.

با استخوان bâ ustuhan: **1.**güçlü. **2.**zorlu. **3.**nüfuzlu, itibarlı. **4.**asil, soylu soplu.

با استعداد bâ istidâd: yetenekli, istidatlı.

با اشاره به bâ işâre be: değinerek, temas ederek.

با اشتها bâ iştihâ: (F.-A.) **1.**iştahlı. **2.**iştahla.

با اصل bâ asl: (F.-A.) asil, soylu.

با اطلاع bâ ittilâ: (F.-A.) **1.**bilgili, malumatlı. **2.**haberdar.

با اعتبار bâ itibâr: (F.-A.) itibarlı.

با امانت bâ emânet: (F.-A.) emin, güvenilir.

با امن bâemn: (F.-A.) [bâ+emn] tekin, güvenilir.

با انصاف bâ insâf: (F.-A.) âdil, insaflı.

با انضباط bâ inzibât: (F.-A.) **1.**düzenli, tertipli. **2.**disiplinli.

با اهمیت bâ ehemmiyyet: (F.-A.) önemli.

با این bâ in: **1.**bununlar. **2.**bununla beraber, bununla birlikte.

با این ترتیب bâ in tertîb: (F.-A.) böylece, böylelikle.

با این حال bâ in hâl: (F.-A.) bununla birlikte, yine de, hal böyleyken.

با اینکه bâ inki: rağmen, karşın, -la birlikte, -diği halde, ise de, her ne kadar, gerçi.

با اینگونه bâ ingûne: bu denli, bu kabil, bu şekilde.

با این وصف bâ in vasf: (F.-A.) [bâ+in+ vasf] hal böyleyken.

با این همه bâ inheme: bütün bunlara karşın.

باب bâb: baba.

باب bâb: **1.**lâyık, yakışır, uygun. **2.**tabaka. ‖ * ~ -i dendân باب دندان zevke uygun (her şey). ‖ * ~ -i mahallî bûden باب محلی بودن bir yerde pazar ve müşteri bulunması. ‖ * ez ~ -i از باب olarak. ‖ * ez ~ -i numûne از باب نمونه örnek olarak.

باب bâb: altı arşınlık bir uzunluk ölçüsü birimi.

باب bâb: (A.) **1.**kapı. **2.**ana kapı. **3.**bölüm (kitap). **4.**hakkında. **5.**türlü. **6.**saray. **7.**kıstak, berzah.

tamamı, tümü, bütünü.

misyoner.

bâbâ: **1.**baba. **2.**büyükbaba. **3.**yaşlı erkeklere hitap şekli. **4.**ârif ve filozoflara verilen ünvan. **5.**(argo) kardeşim, canım, yahu.

بابا آدم bâbâ Âdem: **1.** Âdem, Âdem Baba, Âdem peygamber. **2.**(bot.) bir tür bitki.

بابا بزرگ bâbâbozorg: [bâbâ+bozorg] büyükbaba, dede.

بابا بکتاش baba bektaş: Baba Bektaş, Hacı Bektaş-ı Velî (ölm. 1270-1271).

بابا شمل bâbâşemel: [bâbâ+şemel] külhanbey, bıçkın, kabadayı.

بابا صالتوق baba saltuk: Baba Saltuk, Saltuk Baba (ölm. 1300).

باباغوری bâbâgûrî: [bâbâ+gûr+î] **1.**patlak göz. **2.**nazar boncuğu. **3.**kör.

بابا نوئل bâbâ noel: (F.-Fr.) Noel Baba.

بابا نوروز bâbâ novrûz: Nevruz Baba.

بابت bâbet: (A.) **1.**lâyık. **2.**konusunda, hakkında, ilişkin. **3.**konu, husus. **4.**eş. **1.**bakımından.

با برکت bâ bereket: (F.-A.) bereketli.

با برکت شدن bâ bereket şoden: **1.**büyük olmak, ulu olmak. **2.**bereketli olmak.

بابزن bâbzen: kebap şişi.

با بسم الله bâbismillâh (F.-A.) [bâ+bismillâh] besmele çekerek.

باب شدن bâb şoden: moda olmak.

بابک bâbek: **1.**baba. **2.**erkek adı.

بابل bâbel: batı.

بابلس bâblos: (Yun.) haşhaş.

بابو bâbû: **1.**baba. **2.**(tas.) kalender ve dervişlerin büyüğü.

بابونه bâbûne (bot.) **1.**papatya. **2.**sarı papatyar.

بابونه پلو bâbûnepolov: [bâbûne+polov] bir tür papatyalı pilav.

بابی bâbî: [bâb+î] bâbî, Seyyid Ali Muhammed'in kurduğu tarikate mensup olan.

بابیروسا bâbirusa: (Fr.) (zool.) Malezya domuzu.

باپایان bâpâyân: [bâ+pâyân] kısa ömürlü, kısar.

باپهنا bâpehnâ: [bâ+pehn+â] **1.**engin. **2.**geniş, enli.

با تجربه bâ tecrube: [bâ+tecrube] (F.-A.) deneyimli, tecrübeli.

باتره bâtere: (müz.) tef.

باتری batri: (Fr.) akü, akümülatör.

باتری دار batridâr: (Fr.-F.) [batri+dâşten>dâr] **1.**akülü. **2.**pilli.

با تمام قوا bâ temâm-i kuvâ: (F.-A.) var gücüyle, tüm gücüyle.

باتون baton: (Fr.) **1.**değnek. **2.**çubuk. **3.**jop. **4.**sopa. ‖ * be bâd-i ~ giriften به باد باتون گرفتن joplamak.

باج bâc: **1.**vergi. **2.**haraç. **3.**gümrük. **4.**zekât. **5.**cizye. ‖ * ~ be şegâl dâden باج به شغال دادن zorla teslim olmak.

با جان bâ cân: [bâ+cân] diri, canlı.

باجبان bâcbân: [bâc+bân] haraç memuru.

باج بگیر bâc begîr: [bâc+giriften>gîr>begîr] haraççı, tufacı, haraç toplayan.

باج خانه bâchâne: [bâc+hâne] gümrükhane.

باجربزه bâ corboze: **1.**cerbezeli, atılgan. **2.**güçlü.

باج ستاندن bâc sitanden: **1.**vergi toplamak. **2.**haraç almak.

باج گرفتن bâc giriften: **1.**vergi toplamak. **2.**haraç toplamak.

باج گیر bâcgîr: [bâc+giriften>gîr] haraç toplayan, tufacı.

باج گیری bâcgîrî: [bâc+giriften>gîr+î] haraç toplama, tufacılık.

باجمال bâ cemâl: (F.-A.) [bâ+cemâl] güzel yüzlü, güzel.

باجناغ bâcnâg: (T.) bacanak.

باجناغ شدن bâcnâg şoden: bacanak olmak.

باجناق bâcnâk: (T.) bacanak.

باجناق شدن bâcnâk şoden: bacanak olmak.

باجنگ bâceng: küçük pencere.

باجه bâce: **1.**küçük kapı. **2.**gişe.

باجی bâci: (T.) **1.**bacı, kız kardeş.

2.kadın hizmetçi.

باحث bâhis: (A.) **1.**bahseden. **2.**araştıran.

با حرارت bâ herâret: (F.-A.) **1.**hararetli. **2.**faal.

باحور bâhûr: (A.) Temmuz sıcaklığı.

باحوصله bâ hovsele: (F.-A.) [bâ+hovsele] **1.**sabırlı. **2.**istekli.

با حيثيت bâ haysiyet: (F.-A.) [bâ+heysiyet] onurlu, haysiyetli.

باخبر bâ haber: (F.-A.) [bâ+haber] haberdar, haberli, vâkıf.

باخبر بودن bâ haber bûden: haberdar olmak, haberli olmak.

باخبر شدن bâ haber şoden: haberdar olmak, haberi olmak.

باخبر كردن bâ haber kerden: haberdar etmek.

باخت bâht: [bâhten>bâht] (sp.) mağlubiyet, yenilgi.

باختر bâhter: (Peh.) batı.

باختن bâhten: **1.**kumarda kaybetmek. **2.**oynamak. **3.**meşgul olmak. **4.**çevirmek, döndürmek. **5.**yitirmek. **6.**feda etmek, gözden çıkarmak. ‖ * hod râ ~ خود را باختن (korku veya üzüntüden) bayılmak, kendini kaybetmek. ‖ * ~ -i reng باختن رنگ korkudan yüzü kireç gibi olmak. ‖ * ~ -i zehr باختن زهر korkudan ölmek, çok korkmak. ‖ * cân-i hod râ ~ جان خود را باختن canına kıymak. ‖ * kâfiye râ ~ قافيه را باختن **1.**yanılmak. **2.**mevkiini yitirmek. ‖ * nîze ~ هيزه باختن mücadele etmek.

باخته bâhte: [bâhten>bâht+e] yenik.

باخته دل bâhtedil: [bâte+dil] aşık.

باخدا bâhodâ: [bâ+hodâ] mümin, Allaha inanan, Allahtan korkan.

باخدا بودن bâhodâ bûden: mümin olmak, Tanrıya yönelmek.

باخرز bâherz: (müz.) İran musikîsinde bir makam.

باخل bâhil: (A.) açgözlü, gözü doymaz.

باخود bâ hod: **1.**kendi kendine. **2.**yanında, üstünde. **3.**kendinde, ayık.

باخود آمدن bâ hod âmeden: ayılmak, kendine gelmek.

با خود بودن bâ hod bûden: ayık olmak, kendinde olmak.

باخودش bâ hodeş: [bâ+hod+eş] kendi kendine.

باخود گفتن bâ hod goften: kendikendine konuşmak, kendi kendine söylemek.

باخه bâhe (zool.) kaplumbağa, tosbağa.

با خويشتن bâ hîşten: kendi kendine.

باد bâd: (Peh.) **1.**rüzgâr, yel. **2.**esinti. **3.**hava. **4.**sabah rüzgârı. **5.**gaz. **6.**nefes.**7.**yellenme, gaz çıkarma. **8.**kibir. **9.**görkem. **10.**inleyiş. **11.**şaşırma. **12.**(müz.) İran musikîsinde bir makam. **13.**ümit. **14.**şişkinlik. **15.**şişme. **16.**iltihap. **17.**boşuna, beyhude. ‖ * ~ -i cem باد جم Hz. Süleyman'ın sözünü geçirdiği rüzgâr. ‖ * ~ -i gilû باد گلو geğirti, geğirme. ‖ * ~ -i hevâ باد هوا **1.**bedava. **2.**boşuna, yararsız. **3.**yel. ‖ * ~ -i sabâ باد صبا **1.**meltem, seher yeli, doğudan esen hafif rüzgâr. ‖ * ~ -i seherî باد سحرى seher yeli. ‖ * ~ -i semûm باد سموم sam yeli, çöl rüzgârı. ‖ * ~ -i serd zeden باد سرد زدن kötü davranmak. ‖ * ~ -i sorh باد سرخ (tıb.) yılancık. ‖ * ~ -i şikem باد شكم (tıb.) mide gurultusu. ‖ * ~ -i şurta باد شرطه uygun rüzgâr. ‖ * ~ -i yemânî باد يمانى Yemen tarafından esen hoş kokulu rüzgâr. ‖ * ~ ez er nihâden باد از سر نهادن gururu terketmek. ‖ * ~ ez ser bîrûn kerden باد از سر بيرون كردن gururu terketmek. ‖ * ~ be âstîn endâhten باد به آستين انداختن kibirlenmek. ‖ * ~ be burût endâhten باد به بروت انداختن kibirlenmek. ‖ * ~ be dest bûden باد به دست بودن eli boş olmak, eline hiçbir şey geçmemiş olmak. ‖ * ~ be demâg-i kesî oftâden باد به دماغ كسى افتادن başına bahar vurmak. ‖ * ~ der ser dâşten باد در سر داشتن

1.gururlu olmak. **2.**aklı bir karış havada olmak. ‖ * ~ der gilû endâhten باد در گلو انداختن şarkı söylemek. ‖ * ber ~ âmeden بر باد آمدن yok olmak. ‖ * ber ~ dâden بر باد دادن **1.**yitirmek, kaybetmek. **2.**yok etmek. **3.**yıkmak. **4.**harap etmek. **5.**terketmek. ‖ * ber ~ dâden-i harman بر باد دادن خرمن **1.**harman savurmak. **2.**ömür telef etmek, ömür harcamak. ‖ * ber ~ reften بر باد رفتن **1.**yitmek. **2.**telef olmak. **3.**gidip dönmemek. **4.**yok olmak, mahvolmak. ‖ * ber ~ reften-i ser-i kesî بر باد رفتن سر کسی **1.**öldürülmek. **2.**boşa gitmek. ‖ * ber ~ refte بر باد رفته **1.**yitik, yitirilmiş. **2.**harap olmuş. ‖ * ber ~ sâhten بر باد ساختن harap etmek. ‖ * ber ~ şoden بر باد شدن **1.**yok olmak. **2.**bozulmak. ‖ * ber ~ dâden بر باد دادن yitirmek, elden çıkarmak yele vermek. ‖ * hod râ ber ~ -i hevâ nişânden خود را بر باد هوا نشاندن kendini istek rüzgârına kaptırmak, heva hevese kapılmak.

باد bâd: [bûden>bû>buvâd>bâd] (dua) olsun!

بادا bâdâ: [bûden>bû>buvâd>bâd+â] (dua) olsun!

باداباد bâdâbâd: [bûden>bû>buvâd>bâd+ â+bâd] olursa olsun. ‖ * herçi ~ هرچه باداباد ne olursa olsun.

بادا بادا bâdâ bâdâ: [bûden>bû>buvâd> bâd> â+bâdâ] olursa olsun. ‖ * herçi ~ هرچه بادا بادا ne olursa olsun.

باداد bâdâd: [bâ+dâd] âdil, adaletli.

باد آس bâdâs: [bâd+âs] yel değirmeni.

باد آلو bâd âlû: şişmiş.

بادام bâdâm: (Peh.) **1.**(bot.) badem. **2.**badem şeklinde göz. ‖ * ~ -i zemînî بادام زمینی (bot.) yer fıstığı.

بادام بن bâdâmbon: **1.**(bot.) badem ağacı. **2.**(ed.) sevgilinin gözü. **3.**az, bir miktar, azıcık.

بادام چشم bâdâmçeşm: [bâdâm+çeşm] badem gözlü, çekik gözlü.

بادام خاکی bâdâm hâkî: [bâdâm+hâk+î] (bot.) yerfıstığı.

بادامک bâdâmek: [bâdâm+ek] **1.**(tıb.) bademcik. **2.**(bot.) bir tür yaban bademi.

بادام مغز bâdâm mağz: badem içi, iç badem.

بادامه bâdâme: [bâdâm+e] **1.**ipek kurdu. **2.**nazar boncuğu. **3.**et beni. **4.**zincir halkası. **5.**süslü. **6.**yıpranmış hırka.

باد آمدن bâd âmeden: rüzgâr çıkmak.

باد آور bâdâver (F.) [bâd+âverden>âver] havadan gelen, haydan gelen.

باد آورد bâdâverd: [bâd+âverden> âverd] **1.**(bot.) deve dikeni. **2.**(müz.) İran musikîsinde bir makam.

باد آورده bâdâverde: [bâd+âverden> âverd+e] havadan gelen, kolay kazanılmış.

باد آهنج bâdâhenc: [bâd+âhenc] küçük pencere.

باد افراه bâd efrâh: **1.**fırıldak. **2.**kötülüğün cezalandırılması.

بادانش bâ dâniş: bilgili.

باد انییز bâd engîz: [bâd+engîhten>engîz] **1.**midede gaz yapıcı besin. **2.**kibir verici. **3.**(bot.) safran.

بادبادک bâdbâdek: [bâd+bâd+ek] uçurtma.

بادبار bâdbâr [bâd+bâr] **1.**yelpaze. **2.**gemi rüzgârlığı.

بادباز bâdbâz [bâd+bâz] yelpaze.

بادبان bâdbân: [bâd+bân] **1.**yelken. **2.**gemi direği. **3.**astar. **4.**kadeh.

بادبان بر افراختن bâdbân ber efrâhten: yelken açmak.

بادبان کشیدن bâdbân keşîden: **1.**yelken açmak. **2.**gemi kullanmak.

بادبان گشا bâdbângüşâ (F.) [bâdbân+ guşâden>guşâ] yelken açan.

بادبان گشادن bâdbân guşâden: yelken açmak.

باد بدست bâdbedest: [bâd+be+dest] **1.**eliboş. **2.**bedbaht, talihsiz.

3.bîçare.

بادبر bâdber: [bâd+borden>ber] 1.yersiz övünen kişi. 2.topaç. 3.uçurtma.

باد بر آمدن bâd ber âmeden: rüzgâr çıkmak, rüzgâr esmek.

باد برخاستن bâd berhâsten: rüzgâr çıkmak.

باد بروت bâd-i borût: 1.çalım, hava. 2.kibir.

باد بره bâdbore: [bâd+borîden>bor+e] 1.çember. 2.tekerlek. 3.ağırşak, ip eğirirken iğin üzerine takılan parça.

بادبز bâdbez: sonbahar.

بادبزن bâdbezen: [bâd+zeden>zen> bezen] yelpaze. ‖ * ~ -i berkî بادبزن برقی vantilatör.

باد بمشت bâdbemoşt: [bâd+be+moşt] yararsız iş.

بادبند bâdbend: [bâd+besten>bend] baş ağrısı gibi hafif hastalıkları tedavi eden kişi.

بادبیز bâdbîz: sonbahar.

بادبیزن bâdbîzen: yelpaze.

باد پایان bâdpâyân: [bâd+pâyîden> pây+ân] yel gibi giden.

باد پیما bâdpeymâ: [bâd+peymûden> peymâ] boşuna uğraşan, avucu boş.

باد پیمودن bâd peymûden: boşuna kürek çekmek, boşuna uğraşmak.

باد تک راندن bâd tek rânden: dört nala at sürmek, hızla at koşturmak.

بادخروش bâdhurûş [bâd+hurûşîden> hurûş] fırtına gibi coşkulu.

باد خوابیدن bâd hâbîden: rüzgâr dinmek.

باد خوردن bâd horden: rüzgârda kalmak, rüzgârı yemek.

باد دادن bâd dâden: 1.harman savurmak. 2.yok etmek. 3.tahrik etmek.

باد دست bâddest: [bâd+dest] müsrif, savurgan.

باد دستی bâddestî: [bâd+dest+î] savurganlık, israf.

باد رنگ bâdreng: (Peh.) (bot.) bir tür turunç.

بادروج bâdrûc (bot.) reyhan.

باد زدن bâd zeden: 1.rüzgâr çıkarmak. 2.yelpazelemek, yellemek.

باد زهره bâdzehre: [bâd+zehre] (tıb.) difteri.

بادسار bâdsâr: [bâd+sâr] kibirli, gururlu.

با دست تنها bâ dest-i tenhâ: tek başına.

بادسنج bâdsenc: [bâd+sencîden>senc] rüzgârölçer, anemometre.

بادشکن bâdşiken: [bâd+şikesten>şiken] (tıb.) gaz giderici, bağırsak gazlarını giderici ilaç.

بادفر bâdfer: fırıldak.

باد کردن bâd kerden: 1.şişmek. 2.rüzgâr çıkarmak. 3.gaz çıkarmak, gaz yapmak. 4.gaz toplamak. 5.şişinmek. 6.doldurmak, dolduruşa getirmek. 7.bel vermek. ‖ * ~ -i lastîk باد کردن لاستیک lastik şişirmek, hava basmak.

بادکش bâdkeş: [bâd+keşîden>keş] 1.(tıb.) vantuz. 2.hacamat. 3.hava deliği.

بادکش گذاشتن bâdkeş gozâşten: hacamat yapmak.

بادکنک bâdkonek: balon, çocuk balonu.

بادگارد bâdigard: (İng.) badigard.

باد گلو bâd-i gelû: geğirti.

باد گلو در کردن bâd-i gelû der kerden: geğirmek.

بادگیر bâdgîr: [bâd+giriften>gîr] 1.havalandırma penceresi. 2.havalandırma kulesi. 3.nargilenin üstüne konan metal halka. 4.rüzgâr alan, rüzgâra açık.

بادم bâdem (bot.) badem.

بادمجان bâdemcân (bot.) patlıcan.

بادنجان bâdencân (bot.) patlıcan.

بادنما bâdnemâ, bâdnumâ: [bâd+ numûden> numâ>nemâ] rüzgâr gülü.

بادوام bâdevâm: (F.-A.) [bâ+devâm] 1.sürekli, kalıcı. 2.dayanıklı.

باده bâde: (Peh.) 1.şarap. 2.bade, içki.

باده پالا bâdepâlâ: [bâde+pâlûden>pâl+â] bezden yapılan içki süzgeci.

باده پرست bâdeperest:

[bâde+perestîden> perest] ayyaş, içki düşkünü.

باده پرستی bâdeperestî: [bâde+ perestîden> ayyaşlık.

باده پیما bâdepeymâ: [bâde+peymûden> peymâ] **1.**ayyaş. **2.**içki içen.

باده پیمایی bâdepeymâyî: [bâde+ peymûden> peymây+î] **1.**ayyaşlık. **2.**içki içme.

باده پیمایی کردن bâdepeymâyî kerden: içki içmek.

بادهجوم bâdhucûm (F.-A.) [bâd+hucûm] rüzgâr gibi saldıran.

باده خوار bâdehâr [bâde+horden> hor>hâr] **1.**şarap içen. **2.**içki içen.

باده خوردن bâde horden: şarap içmek.

باده زدن bâde zeden: kadeh tokuşturmak.

باده فرسای bâdefersây [bâde+ fersûden>fersây] aşırı içki içmekten çökmüş kişi.

باده فروش bâdefurûş: [bâde+furûhten> furûş **1.**meyhaneci. **2.**içki satan.

باده فروشی bâdefurûşî: [bâde+furûhten> meyhanecilik.

باده کش bâdekeş [bâde+keşîden>keş] **1.**içki içen. **2.**şarap içen.

باده نوش bâdenûş: [bâde+nûşîden>nûş] ayyaş.

باده نوشی bâdenûşî: [bâde+nûşîden> nûş+î] **1.**ayyaşlık. **2.**içki içme.

باد هوا bâd-i hevâ: boşuna.

بادی bâdî: [bâd+î] **1.**yelkenli gemi. **2.**(müz.) nefesli saz. **3.**(dua) olasın!

بادی bâdî: (A.) **1.**başlayan. **2.**başlangıç. **3.**ortaya çıkan. **4.**yol açan, sebep olan. ‖ * der ~ -i emr در بادیء امر ilkin, başlangıçta.

بادیان bâdiyân (bot.) anason.

با دیانت bâ diyânet: (F.-A.) [bâ+diyânet] dindar.

بادیگارد badigard: (İng.) badigard.

بادیگاردی badigardî: (İng.-F.) [badigard+ î] badigardlık.

بادیه bâdiye: (A.) **1.**çöl. **2.**bakır tas.

بادیه پیما bâdiyepeymâ: (A.-F.) [bâdiye+ peymûden>peymâ] çöl aşan, çöl geçen.

بادیه پیمایی bâdiyepeymâyî: (A.-F.) [bâdiye+ peymûden>peymây+î] çöl aşma, çöl geçme.

بادیه پیمایی کردن bâdiyepeymâyî kerden: çöl aşmak, çöl geçen.

بادیه گرد bâdiyegerd (A.-F.) [bâdiye+ geşten>gerd] çöllerde dolaşan.

بادیه نشین bâdiyenişîn: (A.-F.) [bâdiye+ nişesten>nişîn] **1.**göçebe. **2.**çölde yaşayan, bedevî.

بادیه نشینی bâdiyenişînî: (A.-F.) [bâdiye+ nişesten>nişîn+î] göçebelik.

باذل bâzil: (A.) cömert, eliaçık.

باذنجان bâzincân (bot.) patlıcan.

بار bâr: Tanrı. ‖ * ~ -i hodâ بار خدا **1.**Tanrı. **2.**Tanrım. ‖ * ~ -i hodây بار خدای **1.**Tanrı. **2.**Tanrım. ‖ * ~ -i hodâyâ بار خدایا Tanrım, yarabbim.

بار bâr: (Peh.) **1.**kere, kez, defa. **2.**kat, misli. **3.**el (ateş etmek) ‖ * ~ -i evvel بار اول ilk olarak, ilk defa, ilk kez. ‖ * ~ -i dîger بار دیگر tekrar, yeniden, birkez daha. ‖ * ~ hâ بارها defalarca. ‖ * ~ hâ-yi evvel بارهای اول önceleri. ‖ * berâyi âhirîn ~ برای آخرین بار son olarak, son defa, son kez. ‖ * berâyi evvelîn ~ برای اولین بار ilk olarak, ilk defa, ilk kez. ‖ * hezâr ~ هزار بار **1.**bin defa. **2.** bin beter.

بار bar: (Fr.) bâr.

بار bâr: **1.**kıyı.

بار bâr: **1.**izin, huzura giriş izni, kabul izni. ‖ * ~ -i hâs بار خاص sultan ve emirlerin kabulü. ‖ * ~ -i âmm بار عام umumî ağırlama.

بار bâr: **1.**yük, ağırlık. **2.**(tıb.) bar, mide ekşimesinden ve bazı mide rahatsızlıklarından dolayı dilde oluşan beyazlık. **2.**(bot.) meyva. **3.**ekin. **4.**(tıb.) cenin. **5.**servet. **6.**meşakkat, sıkıntı. **7.**(tıb.) kabızlık. **8.**sorumluluk. ‖ * ~ u bungâh بار و بنگاه ağırlık, eşya, yük. ‖ * ~ u bone بار و بنه yük. ‖ * be ~ nişesten به بار نشستن

meyvesini vermek. ‖ * zîr-i ~ -i imtinân furû mânden زیر بار امتنان فرو ماندن minnet altında kalmak. ‖ * zîr-i ~ reften زیر بار رفتن kabul etmek, yanaşmak.

بار bâr [bârîden>bâr] yağdıran, saçan.

بار آور bâr âver: [bâr+âverden>âver] **1.**verimli. **2.**hamile. **3.**üretken.

بار آوردن bâr âverden: **1.**yetiştirmek, bitirmek. **2.**meyva vermek.

بار آوری bâr âverî: [bâr+âverden> âver+î] verimlilik.

بار افتاده bâr oftâde: [bâr+oftâden> oftâd+e] **1.**yükü düşmüş (hayvan) **2.**(mec.) yolda kalmış.

بار افکندن bâr efkenden: yük indirmek.

بار افکنی bâr efkenî: [bâr+efkenden> efken+î] **1.**yük indirme. **2.**(mec.) çocuk doğurma.

باران bârân: (Peh.) yağmur. ‖ * ~ -i asîdî باران اسیدی asit yağmuru. ‖ * ~ -i gulûle باران گلوله kurşun yağmuru. ‖ * ~ -i gulûle furû rîhten باران گلوله فرو ریختن kurşun yağdırmak.

باران آمدن bârân âmeden: yağmur yağmak, yağmur gelmek.

باران آوردن bârân âverden: **1.**yağmur yağdırmak. **2.**yağmur getirmek.

باران باریدن bârân bârîden: yağmur yağmak.

باران خواستن bârân hâsten: yağmur duası etmek, yağmur istemek.

بار انداز bârendâz: [bâr+endâhten> endâz] **1.**yük indirme yeri. **2.**rıhtım. **3.**su veya havuz kenarında çamaşır yıkanan yer.

باران دیده bârândîde: [bârân+dîden> dîd+e] **1.**yağmur görmüş (toprak). **2.**deneyimli, tecrübeli. ‖ * gorg-i ~ گرگ باران دیده yaşlı kurt, tecrübeli ihtiyar.

باران ریختن bârân rîhten: yağmur yağmak.

باران ریز bârânrîz [bârân+rîhten>rîz] yağdıran, yağmur yağdıran.

باران سنج bârânsenc: [bârân+ sencîden>senc] yağmurölçer, pluviometre.

بارانک bârânek: [bârân+ek] (bot.) alıç ağacı.

باران گرفتن bârân giriften: yağmur yağmaya başlamak.

باران گریز bârângorîz: [bârân+ gorîhten> gorîz] şemsiye.

باران ناک bârânnâk: [bârân+nâk] yağmurlu.

باران نم نمک باریدن bârân nemnemek bârîden: yağmur çiselemek.

بارانی bârânî: [bârân+î] **1.**yağmurluk. **2.**pardesü. **3.**yağmurlu.

بارانیدن bârânîden: **1.**yağmur yağdırmak. **2.**yağdırmak.

باراه bârâh: [bâ+râh] doğru yolda giden.

با رای bâ rây: (F.-A.) [bâ+rây] düşünceli, tedbirli, akıllı.

باربر bârber: [bâr+borden>ber] **1.**hamal. **2.**mavna. **3.**yük taşıyıcı.

بار بر بستن bâr ber besten: **1.**gitmeye hazırlanmak.

بار بر تافتن bâr ber tâften: yüke katlanmak.

باربردار bâr berdâr: [bâr+berdâşten> berdâr] **1.**hamal. **2.**hamile. **3.**yük hayvanı.

بار بر داشتن bâr ber dâşten: **1.**yük almak. **2.**yük kaldırmak. **3.**hamile olmak. **4.**(mec.) birinin sıkıntısını hafifletmek. ‖ * ~ ez dûş-i kesî بار برداشتن از دوش کسی birine yardım etmek, birinin yükünü hafifletmek.

بار بردن bâr borden: **1.**yük taşımak, yük çekmek. **2.**güçlüğe katlanmak.

بار برگرفتن bâr bergiriften: (yük hayvanı veya insanın sırtından) yük almak. ‖ * ~ ez dil-i kesî بار برگرفتن از دل کسی birinin rahatlamasına yardımcı olmak, sıkıntısını hafifletmek.

بار برنهادن bâr ber nihâden: yüklemek.

باربری bârberî: [bârber+î] **1.**hamallık. **2.**nakliyat, taşımacılık. **3.**nakliyat şirketi, taşımacılık şirketi.

باربند bârbend: [bâr+besten>bend] 1.yük kayışı. 2.balya ipi.

باربندی bârbendî: [bâr+besten>bend+î] ambalaj.

بارپیچ bârpîç: [bâr+pîçîden>pîç] 1.yük kayışı. 2.balya ipi.

بارجامه bârcâme: [bâr+câme] 1.hayvanın üzerine konulan iki ağızlı heybe. 2.çuval.

بارح bârih: (A.) 1.kavurucu yaz rüzgârı. 2.fırtınar.

بارحم bâ rahm: (F.-A.) [bâ+rahm] merhametli.

بارحه bârihe: (A.) dün gece. ‖ * ~ -i evvelî بارحهء اولی evvelki gece.

بارخانه bârhâne: [bâr+hâne] 1.ambar. 2.çuval. 3.balya. 4.bir yerden bir başka yere gönderilen yiyecek.

بارخدا bârhodâ: 1.Yüce Tanrı. 2.büyük padişah. 3.efendi.

بارخدایا bârhodâyâ: [bâr+hodâ+y+â] Tanrım!

بار خدایی bârhodâyî: [bâr+hodâ+y+î] büyüklük.

بارخدایی کردن bârhodâyî kerden: büyüklük göstermek.

بار خواستن bâr hâsten: giriş izni istemek, kabul izni istemek.

بارد bârid: (A.) 1.soğuk. 2.hoşa gitmeyen, nahoş. 3.zevksiz.

بار دادن bâr dâden: 1.meyve vermek. 2.giriş izni vermek, kabul izni vermek. 3.gübrelemek.

باردار bârdâr: [bâr+dâşten>dâr] 1.meyveli ağaç. 2.hamile, gebe. 3.yüklü.

باردار شدن bârdâr şoden: 1.hamile olmak, hamile kalmak. 2.(ağaç) meyveye durmak, meyvalı olmak.

باردار گشتن bârdâr geşten: 1.hamile olmak. 2.(ağaç) meyvalı olmak.

بار داشتن bâr dâşten: 1.meyvalı olmak. 2.hamile olmak. 3.giriş izni olmak. 4.bir derdi olmak.

باردان bârdân: [bâr+dân] 1.heybe. 2.çuval. 3.şarap testisi.

بارز bâriz: (A.) açık, belirgin, bariz.

بار زدن bâr zeden: yüklemek.

بارسالار bârsâlâr: [bâr+sâlâr] başhacip.

بارش bâriş: [bârîden>bâr+iş] 1.yağış. 2.yağmur. ‖ * be ~ uftâden به بارش افتادن 1.yağmak. 2.yağmaya başlamak.

بارش آمدن bâriş âmeden: yağmur yağmak.

بار شدن bâr şoden: yük olmak. ‖ * ~ be gerden-i kesî بار شدن به گردن کسی birine yük olmak.

بارع bâri': (A.) 1.iyi. 2.bilgi ve fazilette herkesin üstünde olan.

بارفنگ bârfeng: (ask.) hazırol!

بارق bârik: (A.) 1.parlayan. 2.elektrik yüklü bulut.

بارقات bârikât (A.) şimşekler.

بارقه bârike: (A.) 1.parlayan. 2.elektrik yüklü bulut. 3.ışıltı. 4.şimşek.

بارقه بین bârikabîn (A.-F.) [bârika+dîden>bîn] şimşekleri gören, şimşek gibi parıltılı.

بارک الله bârekallah: 1.aferin, bravo. 2.hay maşallah.

بارکد barkod: (İng.) barkod.

بار کردن bâr kerden: 1.yüklemek. 2.yük etmek. 3.ağırlaştırmak.

بارکش bârkeş: [bâr+keşîden>keş] 1.hamal. 2.azık taşıyan.

بار کشیدن bâr keşîden: yük çekmek, yüke katlanmak.

بارگاه bârgâh: [bâr+gâh] 1.saray. 2.otağ. 3.huzur.

بار گرفتن bâr giriften: 1.meyvalanmak. 2.yük almak, yüklenmek.

بارگه bârgeh: (F.) [bâr+geh] 1.saray divanı. 2.otağ. 3.izinle girilebilen yüksek makam.

بارگی bâregî (zool.) beygir.

بارگیر bârgîr: [bâr+giriften>gîr] 1.yük hayvanı. 2.yük taşıma aracı. 3.dişi hayvan.

بارگیری bârgîrî: [bâr+giriften> gîr+î] yükleme, yük alma.

بارگیری کردن bârgîrî kerden: yüklemek.

بارم barim: (Fr.) barem.

بارنامه bârnâme: [bâr+nâme]

1.navlun kâğıdı, konşimento. 2.büyüklük sebepleri. ‖ * ~ -i hevâî بارنامهء هوانی hava konşimentosu.

بارنج bârinc (bot.) çavdar.

بارندگی bârendegî: [bârîden>bâr+ende+ g+î] yağış.

بارنده bârende [bârîden>bâr+ende] 1.yağan. 2.yağdıran.

بارنگ bâreng [bâ+reng] renkli.

بار نهادن bâr nihâden: 1.yük indirmek, yük boşaltmak. 2.doğurmak, doğum yapmak.

بارو bârû: 1.kale burcu, hisar. 2.siper.

باروافکن bârûefken [bârû+efkenden> efken] burçları yıkan.

باروت bârût: barut.

باروت دادن barut dâden: dinamitlemek.

بارود bârûd: barut.

بارودخانه bârûdhâne [bârûd+hâne<hâne-i bârûd] 1.barut fabrikası. 2.barut deposu.

بارودی barut bârûdî [bârûd+î] rengi, koyu gri.

بارور bârver: [bâr+ver] 1.meyvalı. 2.verimli. 3.üretken.

باروری bârverî: [bâr+ver+î] 1.meyva verme. 2.verimlilik. 3.üretkenlik.

باروری بخش bârverîbahş: [bâr+ver+î+ bahşîden> bahş] bereketli, verimli.

با روزنه bâ rovzene: (müz.) İran musikîsinde bir makam.

باروق bârûk: (kim.) üstübeç.

بارومتر barometr: (Fr.) barometre.

بارون baron: (Fr.) baron.

باره bâre: 1.sur, kale duvarı, kale burcu. 2.(zool.) beygir. 3.defa, kere, kez. 4.karşılığında, karşılık. 5.konu. 6.tarz. ‖ * der ~ -i دربارهء hakkında, konusunda, ilişkin.

باره بند bârebend: [bâre+besten>bend] tavla.

بارهنگ bârheng (bot.) plantaginees.

باری bârî: [bâr+î] 1.bir defasında. 2.hiç olmazsa, en azından, bari. 3.vaktiyle. 4.kısaca, özetle. 5.ağır. 6.defa. 7. bir tanesi.

باری bârî: Tanrı, Yaratan. ‖ * avn-i ~ عون باری Tanrı'nın yardımı. ‖ * cenâb-i ~ جناب باری Yüce Tanrı. ‖ * ~ teâlâ باری تعالی Yüce Tanrı.

باری bârî (A.) ince hasır, kumaştan örülmüş hasır.

بار یافتن bâr yâften: 1.katılmak. 2.padişah huzuruna giriş izni almak. 3.padişah huzuruna çıkmak.

باریجه bârîce (bot.) bir tür zamk.

باریدن bârîden: (Peh.) 1.yağmak. 2.yağdırmak.

باریک bârîk: 1.ince. 2.dar. 3.zayıf, cılız. 4.nazik.

باریک بین bârîkbîn: [bârîk+dîden>bîn] 1.ileri görüşlü. 2.dikkatli. 3.kıvrak zekâlı.

باریک شدن bârîk şoden: incelmek.

باریک کردن bârîk kerden: inceltmek.

باریک میان bârîkmiyân: ince belli.

باریکه bârîke: ışın.

باز bâz: (Peh.) 1.açık. 2.ayrı. 3.yine, tekrar. 4.bir uzunluk birimi (başparmaktan dirseğe kadar). 5.geri, geriye, gerisin geri. 6.haraç. 7.(zoll.) doğan, atmaca, şahin.

باز آمدن bâz âmeden: 1.tekrar gelmek, geri dönmek. 2.vazgeçmek, bir tarafa bırakmak. 3.kurtulmak. ‖ * be hod ~ به خود باز آمدن kendine gelmek, ayılmak. ‖ * be hîşten ~ به خویشتن باز آمدن kendine gelmek, ayılmak.

باز آنکه bâz anki: rağmen, karşın, -mekle beraber, -mekle birlikte.

باز آوردن bâz âverden: 1.geri getirmek. 2.döndürmek.

بازار bâzâr: (Peh.) 1.pazar. 2.çarşı. 3.pazar yeri. 4.piyasa. ‖ * ~ -i alenî بازار علنی açıkpazar. ‖ * ~ -i âzâd بازار آزاد 1.serbest pazar. 2.karaborsa. ‖ * ~ -i çîzî germ şoden بازار چیزی گرم شدن Pazar canlanmak, revaç kazanmak. ‖ * ~ -i dâhilî بازار داخلی iç pazar, iç piyasa. ‖ * ~ -i hâricî بازار خارجی dış pazar, dış piyasa. ‖ * ~ -i kesî ez rovnek uftâden بازار کسی از رونق افتادن işi kötüleşmek, işi kötüye gitmek. ‖ * ~ -i kesî şikest giriften بازار کسی شکست گرفتن pazara kesat düştü. ‖ * ~ -i mâhîfurûşân بازار ماهی فروشان balık pazarı. ‖ * ~ -i muşterek بازار مشترک ortak pazar. ‖ * ~ -i rezm germ bûden بازار رزم گرم بودن savaş kızışmış olmak. ‖ * ber germî-i ~ -i kesî efzûden بر گرمیء بازار کسی افزودن pazarı kızıştırmak. ‖ * be ~ âvurden به بازار آوردن piyasaya sürmek. ‖ * şâhid-i ~ شاهد بازار orta malı, fahişe.

بازارچه bâzârçe: [bâzâr+çe] küçük, üstü kapalı çarşı.

بازارشکنی bâzârşikenî: [bâzâr+şikesten> şiken+î] damping.

بازارگان bâzârgân: **1.**tüccar. **2.**pazarcı.

بازارگاه bâzârgâh: [bâzâr+gâh] çarşı, pazar yeri.

بازاری bâzârî: [bâzâr+î] pazarcı, pazar esnafı, çarşı esnafı, esnaf.

بازاریاب bâzâryâb: [bâzâr+yâften>yâb] pazarlamacı.

بازاریابی bâzâryâbî: [bâzâr+yâften> yâb+î] pazarlama.

بازاریابی کردن bâzâryâbî kerden: pazarlamak.

باز ایستادن bâz îstâden: durmak, dikilmek.

باز بستن bâz besten: yüklemek, tahmil etmek.

بازبین bâzbîn: [bâz+dîden>bîn] kontrolör, kontrol memuru.

بازبینی bâzbînî: [bâz+dîden>bîn+î] kontrol.

باز پرداخت bâzperdâht: [bâz+perdâhten> perdâht] geri ödeme.

باز پرداختن bâz perdâhten: geri ödemek.

باز پرس bâzpors: [bâz+porsîden>pors] **1.**sorgu yargıcı. **2.**soran. **3.**sorulacak. ‖ * rûz-i ~ روز بازپرس kıyamet günü, sorgu günü.

باز پرس کردن bâzpors kerden: sorguya çekmek, sorgulamak.

باز پرسی bâzporsî: [bâz+porsîden> pors+î] sorgulama, sorgu, sorguya çekme.

باز پرسیدن bâz porsîden: **1.**sormak, soru sormak, sorusunu yinelemek. **2.**hal hatır sormak.

باز پس bâzpes: **1.**geri. **2.**geride kalan.

باز پس دادن bâzpes dâden: geri vermek, iade etmek.

باز پس داده شدن bâzpes dâde şoden: geri verilmek, iade edilmek.

باز پسین bâzpesîn: [bâz+pes+în] **1.**sonuncu, son. **2.**gerideki.

باز پیدا bâz peydâ: [bâz+peydâ] nükseden, yeniden ortaya çıkan.

بازتاب bâztâb: [bâz+tâften>tâb] **1.**refleks. **2.**yansıma.

باز تاباندن bâz tâbânden: yansıtmak, aksettirmek.

باز جستن bâz costen: aramak.

بازجو bâzcû: [bâz+costen>cû] **1.**tahkikat yapan, muhakkik. **2.**arayan.

بازجویی bâzcûyî: [bâz+costen>cûy+î] tahkikat, sorgulama.

باز خریدن bâz harîden: satın almak.

باز خواست bâzhâst: [bâz+hâsten>hâst] sorguya çekme, sorgulama. ‖ * rûz-i ~ روز بازخواست kıyamet günü, hesap günü, sorgulama günü.

بازخواندن bâz hânden: geri çağırmak, yanına çağırmak.

باز خوانی bâzhânî: [bâz+hânden>hân+î] **1.**tahlil. **2.**gözden geçirme. **3.**huzura çağırma. **4.**toplama.

باز خود آمدن bâz hod âmeden: kendine gelmek.

باز خوردن bâz horden: rastlamak.

باز دادن bâz dâden: geri vermek.

بازدار bâzdâr: [bâz+dâşten>dâr] **1.**doğan eğiticisi. **2.**çiftçi.

بازدار bâzdâr: [bâzdâşten>bâzdâr] engel olan, alıkoyan.

بازداشت bâzdâşt: [bâzdâşten>bâzdâşt] **1.**tutuklama, tevkif. **2.**engel olma, alıkoymak.

بازداشت شدن bâzdâşt şoden: tevkif edilmek, tutuklanmak.

بازداشت کردن bâzdâşt kerden: tevkif etmek, tutuklamak.

بازداشتگاه bâzdâştgâh: [bâzdâşt+gâh] tutukevi, hapishane.

باز داشتن bâz dâşten: **1.**alıkoymak. **2.**menetmek. **3.**tutuklamak, tevkif etmek.

باز دانستن bâz dânisten: ayırdetmek.

بازدم bâzdem: [bâz+demîden>dem] nefesveriş, soluk veriş.

بازده bâzdih: [bâz dâden>bâz dih] verim, randıman.

بازدید bâzdîd: [bâz+dîden>dîd] **1.**ziyaret. **2.**iade-i ziyaret. **3.**görüşme. **4.**kontrol. ‖ * ~ râ pes dâden بازدید را پس دادن ziyarete karşılık vermek, iade-i ziyaret etmek.

بازدید رفتن bâzdîd reften: iade-i ziyarete gitmek.

بازدید کردن bâzdîd kerden: ziyaret etmek.

بازدید نمودن bâzdîd numûden: kontrol etmek.

باز دیگر bâz dîger: yine.

بازرس bâzres: [bâz+resîden>res] müfettiş.

باز رستن bâz resten: kurtulmak.

بازرسی bâzresî: [bâz+resîden>res+î] **1.**kontrol. **2.**teftiş. **3.**sorgulama.

بازرسی کردن bâzresî kerden: **1.**teftiş etmek. **2.**aramak.

باز رفتن bâz reften: **1.**tekrar gitmek. **2.**açılmak.

بازرگان bâzergân: tüccar.

بازرگانی bâzergânî: [bâzergân+î] tüccarlık, ticaret.

باز سازی bâzsâzî: [bâz+sâhten>sâz+î] restorasyon.

بازسازی شدن bâzsâzî şoden: restore edilmek.

بازسازی کردن bâzsâzî kerden: restore etmek.

باز ستاندن bâz sitânden: geri almak, almak, çekmek.

باز شدن bâz şoden: açılmak.

باز شناختن bâz şinâhten: ayırdetmek, ayırmak.

بازغ bâzig: (A.) aydınlık, parlak.

بازکاوی شدن bâzkâvî şoden: yeniden araştırılmak.

بازکاوی کردن bâzkâvî kerden: yeniden araştırmak.

باز کردن bâz kerden: **1.**açmak. **2.**çözmek (düğüm) ‖ * kesî râ ez kâr u zindegî ~ کسی را از کار و زندگی باز کردن birini işinden gücünden etmek.

باز گذاردن bâz gozârden: **1.**açık bırakmak. **2.**bırakmak.

باز گذاریدن bâz gozârîden: bırakmak.

باز گذاشتن bâz gozâşten: açık bırakmak.

بازگرد bâzgerd: [bâz+geşten>gerd] geri dönüş, dönüş.

باز گرداندن bâz gerdânden: **1.**geri göndermek. **2.**iade etmek.

باز گردانده شدن bâz gerdânde şoden: **1.**geri gönderilmek. **2.**iade edilmek.

باز گردانیدن bâz gerdânîden: **1.**geri göndermek. **2.**iade etmek.

باز گرفتن bâz giriften: geri almak, çekmek.

بازگشت bâzgeşt: [bâz+geşten>geşt] **1.**geri dönüş, dönüş. **2.**(müz.) bir makamdan bir başka uygun makama geçiş.

باز گشتن bâz geşten: **1.**geri dönmek, dönmek. **2.**pişman olmak. **3.**vazgeçmek.

باز گفتن bâz goften: **1.**bir sözü tekrarlamak. **2.**anlatmak. **3.**beyan etmek, açıklamak.

بازگو کردن bâzgû kerden: **1.**bir sözü tekrarlamak. **2.**itiraf etmek. **3.**açıklamak. **4.**anlatmak.

بازگو نمودن bâzgû numûden: **1.**açıklamak, söylemek, anlatmak.

بازگویی bâzgûyî: [bâz+goften>gûy+î] anlatılma.

بازگویی شدن bâzgûyî şoden: anlatılmak.

بازمان bâzmân: [bâz+mânden>mân] **1.**duraklama. **2.**daimî, temelli, kalıcı.

بازماندگی bâzmândegî: [bâz+mânden>mând+e+g+î] **1.**geri kalmışlık. **2.**tutukluluk, hapislik.

باز ماندن bâz mânden: **1.**geride kalmak, geri kalmak. **2.**yerinde saymak. **3.**durmak.

بازمانده bâz mânde: [bâz+mânden> mând+e] **1.**geri kalmış. **2.**geride kalmış. **3.**yerinde sayan. **4.**yorgun. **5.**ölen kişinin geride bıraktıkları.

بازنده bâzende: [bâhten>bâz+ende] **1.**yenilen, kaybeden. **2.**kumar oynayan. **3.**(zool.) bir tür güvercin.

بازنشستگی bâznişestegî: [bâz+nişesten> nişest+e+g+î] emeklilik. ‖ * sâzmân-i ~ سازمان بازنشستگی emekli sandığı.

باز نشستن bâz nişesten: **1.**emekli olmak. **2.**bir köşeye çekilmek. **3.**sönmek.

بازنشسته bâznişeste: [bâz+nişesten> nişest+e] emekli.

بازنشسته شدن bâznişeste şoden: emekli olmak, emekliye ayrılmak.

بازنشسته کردن bâznişeste kerden: emekli etmek, emekliye ayırmak.

بازنگری bâznigerî: [bâz+nigerîsten> niger+î] **1.**gözden geçirme. **2.**gözden geçirilme.

بازنگری کردن bâznigerî kerden: gözden geçirmek.

بازنمایی bâznumâyî: [bâz+numûden> numây+î] yansıtma.

باز نمودن bâz numûden: **1.**göstermek. **2.**açıklamak, beyan etmek.

بازو bâzû: **1.**kol. **2.**karyolanın çevresi. **3.**kulaç. **4.**kuvvet, güç. **5.**arkadaş. ‖ * ~ sutûn kerden بازو ستون کردن güçlü olmak. ‖ * ~ -yi çîzî dâşten بازوی چیزی داشتن bir işi bitirdikten sonra onu hak etmek. ‖ * zîr-i ~ -yi kesî râ giriften زیر بازوی کسی را گرفتن koluna girmek.

بازو افراختن bâzû efrâhten: kolunu uzatmak.

بازوبند bâzûbend: [bâzû+besten>bend] **1.**kolluk, kol bağı, pazıbent. **2.**kola takılan süs eşyası. **3.**kola bağlanan muska.

بازو دادن bâzû dâden: yardım etmek.

بازو گشادن bâzû goşâden: **1.**kol açmak. **2.**eli açık olmak.

بازودراز bâzûderâz: [bâzû+derâz] zalim, zorba.

بازور bâzûr: [bâ+zûr] güçlü, kudretli, zorlu

بازهم bâz hem: yine, yine de, gene.

بازی bâzî: [bâhten>bâz+î] **1.**oyun. **2.**meşguliyet, uğraşı. **3.**hile, düzen. **4.**kumar. **5.**spor. **6.**(sp.) maç. ‖ * ~ -i sahneyî بازیء صحنه یی sahne oyunu. ‖ * ~ -i tâs بازیء طاس barbut, zar oyunu. ‖ * ~ vu şekelek u edâ der âvurden بازو و شکلک و ادا در آوردن şaklabanlık yapmak, maskaralık yapmak. ‖ * be ~ giriften به بازی گرفتن oynatmak.

بازیافت bâzyâft: [bâz+yâften>yâft] kolay bulma.

بازیافتن bâz yâften: **1.**tekrar bulmak. **2.**kolay bulmak, zahmetsiz elde etmek. **3.**ortaya çıkarmak.

بازی انگیختن bâzî engîhten: oyun etmek, oyun oynamak.

بازی بر انگیختن bâzî ber engîhten: oyun oynamak.

بازیچه bâzîçe: [bâzî+çe] oyuncak.

بازی دادن bâzî dâden: **1.**oynatmak. **2.**oyalamak, meşgul etmek. **3.**aldatmak.

بازی در آوردن bâzî der âverden: oyun çıkarmak. ‖ * ~ be ser-i kesî بازی در آوردن به سر کسی birine oyun oynamak.

بازی شدن bâzî şoden: oynanmak.

بازی کردن bâzî kerden: **1.**oynamak. **2.**(tiyatro sahnesinde) oynamak. **3.**(bir şeyle) oynamak. **4.**kumar oynamak.

بازیکن bâzîkon: [bâzî+kerden>kon] **1.**(sp.) oyuncu, sporcu. **2.**(tiyatro, sinema) oyuncu, sanatçı. ‖ * ~ -i evvel بازیکن اول baş rol oyuncusu.

بازیگر bâzîger: [bâzî+ger] oyuncu, artist. ‖ * ~ -i bul'acemî بازیگر بوالعجمی hokkabaz.

بازیگوش bâzîgûş: **1.**afacan. **2.**oyun düşkünü. **3.**şuh.

بازیگوشی bâzîgûşî: [bâzîgûş+î]

azdırma, kudurtma, haylazlığa sürükleme.

بازگون bâjgûn: [bâj+gûn] baş aşağı, ters.

باس bas: (Fr.) (müz.) bas.

با سابقه bâ sâbika: (F.-A.) [bâ+sâbika] deneyimli, tecrübeli.

باستان bâstân: **1.**eski. **2.**geçmiş. **3.**antika.

باستان شناس bâstânşinâs: [bâstân+ şinâhten>şinâs] arkeolog.

باستان شناسی bâstânşinâsî: [bâstân+ şinâhten>şinâs+î] arkeoloji.

باستان گرایی bâstângerâyî: [bâstân+ gerâyîden> gerây+î] klasisizm.

باستانی bâstânî: [bâstân+î] **1.**eski. **2.**antik.

باستیون bastiyon: (Fr.) **1.**burç. **2.**(ask.) askerî techizat bulunan kale.

باسرع وجوه be-esre-i vucûh: (F.-A.) [be+esre+ -i- vucûh] en süratli şekilde.

باسره bâsere: (Peh.) tarla.

باسط bâsit: (A.) **1.**geniş ve açık yer. **2.**Tanrı'nın adlarından biri.

باسعادت bâ seâdet: (F.-A.) [bâ+seâdet] mutlu, mesut.

باسق bâsik: (A.) (ağaç ve benzerleri için) uzun, yüksek.

باسق bâsuk: esneme.

باسکتبال baskitbal: (İng.) (sp.) basketbol.

باسکتبال بازی baskitbalbâzî: (İng.-F.) [baskitbal+bâzî] (sp.) basketbol, basketbol oyunu.

باسکتبالیست baskitbalist: (İng.) (sp.) basketbolcu.

باسکول baskul: (Fr.) baskül.

باسلق baslok: (T.) bir tür tatlı.

باسلیق bâselîk: (tıb.) bilek damarı.

باسلیقه bâ selîka: (F.-A.) [bâ+selîka] zevk sahibi.

باسم bâsim: (A.) güleç, güleryüzlü.

باسمه bâsme: (T.) **1.**basma (kumaş). **2.**yazma (kumaş).

باسمه چی basmeçi: (T.) **1.**matbaacı. **2.**yazmacı.

باسمه کردن basme kerden: (T.-F.) basmak, tabetmek.

باسنگ bâseng: [bâ+seng] **1.**ağır. **2.**temkinli. **3.**değerli.

باسواد bâsevad: [bâ+sevâd] okuryazar.

باسور bâsûr: (A.) (tıb.) basur, hemoroit.

باسیل basil: (Fr.) (tıb.) basil.

باش bâş: [bûden>bâş] **1.**ol. **2.**bekle, sabret, dur.

باشام bâşâm: **1.**kapı perdesi. **2.**(müz.) saz perdesi. **3.**(müz.) saz teli.

باشجاعت bâ şecâet, bu şucâet: (F.-A.) [bâ+şecâ'et, şocâ'et] cesur, yürekli, cesaretli.

با شدت bâ şiddet-i: (F.-A.) [bâ+şiddet+ -i] şiddetinde.

باشد که (F.) [bûden>bâş+ed+ki] ola ki, belki, olur da.

باشرف bâ şeref: (F.-A.) [bâ+şeref] şerefli, onurlu.

باشکوه bâşukûh: [bâ+şukûh] görkemli, azametli.

باشگاه bâşgâh: [bâş+gâh] **1.**öğrenci yurdu. **2.**kulüp.

باشگونگی bâşgûnegî: [bâş+gûne+g+î] **1.**baş aşağı olma. **2.**zıtlık.

باشگونه bâşgûne: [bâş+gûne] **1.**baş aşağı. **2.**zıt.

باشلق başluk: (T.) başlık, siperli şapka.

باشلیق başlik: (T.) komutan.

باشماقچی başmakçi: (T.) kunduracı, ayakkabıcı.

باشه bâşe (zool.) bozdoğan.

باشه bâşe: [bâşed>bâşe] (halk) olsun.

باشهامت bâ şehâmet: (F.-A.) [bâ+ şehâmet] **1.**cesur.

باشی bâşi: (T.) **1.**baş, reis, lider, önder.

باشیدن bâşîden: **1.**olmak. **2.**kalmak. **3.**konaklamak.

باصدا bâsedâ: (F.-A.) [bâ+sedâ] **1.**sesli. **2.**(gr.) ünlü.

باصر bâsir: (A.) gören, görücü.

باصرفه bâsorfe: (F.-A.) [bâ+sorfe] hesaplı.

باصره bâsire: (A.) görme duyusu.

باصطلاح be istilâh: (F.-A.)

[be+istilâh] tam tabiriyle, tabiri caizse.

باصلابت bâ selâbet: (F.-A.) [bâ+selâbet] **1.**ağırbaşlı. **2.**heybetli.

باطری bâtri: (Fr.) pil. ‖ * ~ -i kalemî باطری قلمی kalem pil.

باطری دار batrîdâr: (Fr.-F.) [batrî+ dâşten>dâr] pilli.

باطل bâtil: (A.) **1.**batıl. **2.**boş, yararsız, boşuna. **3.**gerçekdışı. **4.**geçersiz.

باطل اعلام کردن bâtil ilâm kerden: iptal etmek.

باطل دانستن bâtil dânisten: saçma bulmak, bâtıl bulmak.

باطل شدن bâtil şoden: **1.**geçersiz olmak. **2.**batıl olmak. **3.**süresi geçmek.

باطل کردن bâtil kerden: **1.**batıl kılmak. **2.**geçersiz saymak.

باطن bâtin: (A.) **1.**iç. **2.**hakikat, asıl. **3.**iç yüz. **4.**Tanrı'nın isimlerinden biri.

باطناً bâtinen: (A.) **1.**içten. **2.**aslında, gerçekte.

باطن گرا bâtingerâ: (A.-F.) [bâtin+ gerâyîden>gerâ] bâtınî.

باطن گرایی bâtingerâyî: (A.-F.) [bâtin+ gerâyîden>gerây+î] bâtınîlik.

باطنی bâtinî: (A.) **1.**içten, içe ait. **2.**(tas.) bâtınî, bâtınî tarikatı mensubu.

باطنی المذهب batınîyulmezheb (A.) bâtınî mezhebine bağlı olan, bâtınî.

باطنیه bâtiniyye: (A.) bâtıniyye tarikatı.

باطیه bâtiye: (A.) **1.**tas. **2.**şarap çanağı.

باعث bâis: (A.) **1.**yol açan, sebep olan. **2.**gönderen. **3.**gerektiren. ‖ * ~ -i zahmet şoden باعث زحمت شدن zahmet olmak.

باعث شدن bâis şoden: neden olmak, sebep olmak, yol açmak.

با عجله bâ acele: (F.-A.) [bâ+acele] alelacele, aceleyle, palas pandıras.

باعظمت bâ azamet: (F.-A.) [bâ+azamet] azametli, görkemli, ulu.

باعقل bâ akl: (F.-A.) [bâ+akl] akıllı, aklıbaşında.

باغ bâg: (Peh.) **1.**bağ. **2.**bahçe. **3.**sevgilinin yüzü. **4.**(kin.) dünya. ‖ * ~ -i refî' باغ رفیع **1.**yüksek bahçe. **2.**cennet. ‖ * ~ u râg باغ و راغ bağ bahçe.

باغات bâgât (F.>A.) [bâğ+ât] **1.**bağlar. **2.**bahçeler. **3.**üzüm bağları.

باغبان bâgbân: [bâg+bân] bahçıvan.

باغبانی bâgbânî: [bâg+bân+î] bahçıvanlık, bostancılık.

باغچوان bâgçevân: [bâg+çe+vân] bahçıvan.

باغچه bâgçe [bâg+çe] bahçe.

باغچه بان bâgçebân: [bâg+çe+bân] bahçıvan.

باغزار bâgzâr [bâg+zâr] bağlık, bahçelik.

باغستان bâgistân: [bâg+istân] **1.**bağlık. **2.**bağ.

باغکار bâgkâr: [bâg+kâşten>kâr] bağcı, bahçıvan.

باغی bâgî: isyankâr, itaatsiz.

باغیانه bâgiyâne (A.-F.) [bâgî+y+âne] asice, dikbaşlılıkla, serkeşçe.

بافت bâft: [bâften>bâft] **1.**doku. **2.**dokuma.

بافت برداری bâftberdârî: [bâft+ berdâşten> berdâr+î] (tıb.) biyopsi.

بافت شناس bâftşinâs: [bâft+şinâhten> şinâs] (tıb.) histolojist, dokubilimci.

بافت شناسی bâftşinâsî: [bâft+ şinâhten>şinâs+î] (tıb.) histoloji, dokubilim.

بافتن bâften: **1.**dokumak. **2.**örmek. **3.**(mec.) zırvalamak, saçmalamak. **4.**uydurmak.

بافتنی bâftenî: [bâften+î] **1.**örgü, el örgüsü. **2.**örülmeye değer.

بافته bâfte: [bâften>bâft+e] **1.**örgülü. **2.**örülü. **3.**dokunmuş. **4.**kumaş. **5.**yaygı.

بافدم bâfdom: (Peh.) son, akıbet.

با فراست bâ ferâset: (F.-A.) [bâ+ferâset] anlayışlı, sezgili, ferasetli.

با فرهنگ bâ ferheng: [bâ+ferheng] kültürlü.

بافندگی bâfendegî: **1.**dokumacılık. **2.**dokuma. **3.**örmecilik. **4.**örme.

بافنده bâfende: **1.**dokumacı. **2.**örücü.

بافه bâfe: [bâften>bâf+e] kablo.

با فهم bâ fehm: (F.-A.) anlayışlı, akıllı.

باق bâk: (müz.) bir tür saz.

باقر bâkir: (A.) açan, yaran.

باقلا bâkelâ, bâklâ (bot.) bakla.

باقلوا bâklevâ: (T.) baklava.

باقلی bâklî (bot.) bakla.

باقی bâkî: (A.) **1.**kalıcı, ebedî. **2.**geriye kalan. **3.**sabit. **4.**Tanrı'nın isimlerinden biri. **5.**sonra, ondan sonra. ‖ * ~ -i pul باقیء پول para üstü.

باقیات bâkiyât: (A.) kalıcılar. ‖ * ~ -i sâlihât باقیات صالحات salih ameller, iyi işler.

باقی دار bâkîdâr: (A.-F.) [bâkî+dâşten> dâr] borçlu.

باقی داشتن bâkî dâşten: **1.**borçlu olmak. **2.**yerine getirmemek. **3.**sabit bırakmak.

باقی گذاردن از خود bâkî gozârden ez hod: geriye bırakmak.

باقی گذاشتن bâkî gozâşten: **1.**yerinde kalmak. **2.**bırakmak.

باقی گذاشتن از خود bâkî gozâşten ez hod: geriye bırakmak.

باقی ماندگی bâkîmândegî: (A.-F.) **1.**süreklilik, kalıcılık. **2.**geri kalmışlık.

باقی ماندن bâkî mânden: **1.**geriye kalmak. **2.**kalmak. **3.**yerinde kalmak. **4.**geride kalmak.

باقی مانده bâkîmânde: (A.-F.) **1.**geri kalmış. **2.**arta kalan. **3.**bakiye. **4.**artık. **5.**sabit.

باک bâk: **1.**korku. **2.**endişe, kaygı.

باک bâk: yakıt deposu, yakıt tankı.

باکارا bakkara: (Fr.) bakara (kumar).

باکالیت bakalit: (Fr.) bakalit.

باکتری bakterî: (Fr.) bakteri.

باک داشتن bâk dâşten: korkmak, korkusu olmak.

باکره bâkire: (A.) bakire.

با کفایت bâ kifâyet: (F.-A.) **1.**yeterli. **2.**lâyık.

با کله bâkelle: [bâ+kelle] kafalı, akıllı.

با کمال bâ kemâl-i: (F.-A.) büyük bir, tam, olanca.

با کمال میل bâ kemâl-i meyl: (F.-A.) seve seve, memnuniyetle, hayhay.

باکوره bâkûre: (A.) **1.**başlangıç. **2.**taze meyva.

باگذشت bâgozeşt: **1.**bağışlayıcı. **2.**feragat sahibi. **3.**hoşgörülü. **4.**aldırmayan.

بال bâl: **1.**kanat. **2.**kol kanat. **3.**kulaç. ‖ * ~ u per peydâ kerden بال و پر پیدا کردن kanatlanmak.

بال bâl: (Fr.) (zool.) balina.

بال bâl: (A.) gönül, hatır.

بال bâl: (Fr.) balo, dans meclisi.

بالا bâlâ: **1.**yukarı, üst. **2.**üzeri, üzerinde. **3.**yüksek. **4.**boypos. **5.**uzunluk. **6.**kalkık. ‖ * ~ ter ez an بالاتر از آن dahası. ‖ * ~ yi çeşmet ebrûst بالای چشمت ابروست gözünün üstünde kaşın var.

بالا آمدن bâlâ âmeden: **1.**yükselmek. **2.**tırmanmak. **3.**çıkmak.

بالا آوردن bâlâ âverden: kaldırmak. ‖ * ser u sedâ-yi çîzî râ ~ سر و صدای چیزی را بالا آوردن bir şeyden bahsetmek.

بالابان bâlâbân: **1.**(müz.) davul. **2.**(müz.) trampet.

بالابانچی bâlâbânçi: (F.-T.) (müz.) davulcu.

بالابر bâlâbor: forklift.

بالا بردن bâlâ borden: **1.**yükseltmek. **2.**yukarı çekmek. **3.**arttırmak. **4.**kaldırmak.

بالا بلند bâlâbolend: **1.**uzun boylu. **2.**uzun uzadıya.

بالاپرواز bâlâpervâz [bâlâ+pervâz] **1.**yükseklerden uçan. **2.**yüksekten atan, palavracı.

بالاپروازانه bâlâpervâzâne [bâlâ+pervâz+ âne] **1.**yükseklerden uçarak. **2.**yüksekten atarak, palavra atarak.

بالاپوش bâlâpûş: **1.**yorgan. **2.**palto, pardesü gibi üst giyeceği. **3.**üstlük.

بالاتر از همه bâlâter ez heme: hele hele, dahası.

بالا تنه bâlâtene: [bâlâ+ten+e] gövde.

بالاخانه bâlâhâne: [bâlâ+hâne] **1.**çekme kat. **2.**teras katı.

بالاخره bilâhere: (A.) **1.**sonunda, nihayet. **2.**nasıl olsa. **3.**kısaca.

بالاخوانی bâlâhânî: [bâlâ+hânden> hân+î] (kin.) kendini olduğundan fazla göstermek, yüksekten atmak.

بالا دادن bâlâ dâden: **1.**kaldırmak. **2.**fazla göstermek, şişirmek.

بالادست bâlâdest: [bâlâ+dest] **1.**başköşe. **2.**galip düşman. **3.**rakip. **4.**nefis, çok çok iyi.

بالار bâlâr: ana kiriş, ok.

بالا رفتن bâlâ reften: **1.**tırmanmak. **2.**yükselmek. **3.**kalkmak. **4.**çıkmak.

بالارو bâlârov: [bâlâ+reften>rev>rov] asansör.

بالا زدن bâlâ zeden: **1.**kaldırmak. **2.**kabarmak.

بالا شدن bâlâ şoden: çıkmak.

بالا كردن bâlâ kerden: kaldırmak.

بالا كشيدن bâlâ keşîden: **1.**kaldırmak. **2.**yukarı çekmek. **3.**çıkarmak. **4.**yürütmek, iç etmek. **5.**üstüne yatmak.

بالا گرفتن bâlâ giriften: **1.**tırmanmak. **2.**yukarıda tutmak. **3.**büyümek.

بالالايكا balalayka (Rus.) (müz.) balalayka.

بالاى سر bâlâ-yi ser: başucu, baş.

بالت balet: (Fr.) bale.

بالت باز baletbâz: (Fr.-F.) [balet+bâhten> bâz] balet, balerin.

بالچه bâlçe: [bâl+çe] flap.

بالخاصه bilhâsse: (A.) bilhassa, özellikle.

بال در آوردن bâl der âverden: kanatlanmak.

بالدستان bâldestân (zool.) kolkanatlılar.

بالرين balerin: (Fr.) balerin.

بال زدن bâl zeden: **1.**kanat çırpmak. **2.**kulaç atmak.

بالزن bâlzen [bâl+zeden>zen] kanat çırpan, uçan.

بالش bâliş: **1.**yastık. **2.**minder. ‖ * ~ -i per-i kû بالش پر قو kuş tüyü yastık. ‖ * ~ zîr ser nihâden بالش زير سر نهادن (kin.) birini iyi karşılamak.

بالش bâleş: altın ve gümüş için ölçü birimi.

بالشتك bâliştek: küçük yastık.

بال شكسته bâlşikeste [bâl+şikesten> şikest+e] **1.**kırık kanatlı. **2.**çaresiz.

بالشمار bâlişmâr (zool.) hamam böceği.

بالشويك balşevik (Rus.) bolşevik.

بالغ bâlig: (A.) yetişkin, erişkin, büluğa ermiş, olgun.

بالغ bâlog: şarap içinlen içi boş öküz boynuzu.

بالغاً ما بلغ bâligen mâ belaga (A.) fazlasıyla, bolca, bol bol.

بال كبوتر bâl-i kebûter: **1.**(müz.) eski İran musikisinde bir makam. **2.**güvercin kanadı.

بالكن balkon: (Fr.) balkon.

بال گشودن bâl guşûden: kanat açmak, uçmak.

بال ماسكه bâlmaske: (Fr.) maskeli balo.

بالن balin: (Fr.) balina.

بالنده bâlende: **1.**övünen. **2.**övüngen.

بالنگ bâleng (bot.) bir tür iri kabuklu sarı turunç.

بالنگو bâlengû (bot.) tıpta kullanılan bir bitki.

بالوايه bâlvâye (zool.) kırlangıç.

بالون balon: (Fr.) balon.

باليدن bâlîden: **1.**övünmek. **2.**iftihar etmek. **3.**büyümek, yetişmek. ‖ * ~ be hod باليدن به خود övünmek.

بالين bâlîn: (Peh.) **1.**yastık. **2.**başucu.

بالين پرست bâlînperest: **1.**(kin.) tembel. **2.**aylak. **3.**uykucu.

بالينى bâlînî: (tıb.) klinik, kliniğe değgin.

باليه bâliye (A.) eski.

بام bâm: **1.**sabah, sabahleyin. **2.**parlayan.

بام bâm: **1.**dam. **2.**çatı. **3.**yayla.

بامبو bambu: (Fr.) (bot.) bambu, hint kamışı.

بامبول زدن bâmbûl zeden: üç kâğıt

açmak, dolap çevirmek.

بامداد bâmdâd: (Peh.) sabah, sabahleyin.

بامدادان bâmdâdân: sabahleyin.

بامدادی bâmdâdî [bâmdâd+î] **1.**sabah erkenden. **2.**seher vaktiyle ilgili.

بام ره bâmreh: merdiven.

بام زد bâmzed: (müz.) davul, kös.

با مزه bâ meze: [bâ+meze] **1.**lezzetli. **2.**sevimli, hoş.

با معنا bâmanâ: (F.-A.) [bâ+manâ] manalı, anlamlı.

بام غلتان bâmgeltân: [bâm+geltîden> gelt+ân] loğ, yurgu taşı.

بام غلتان زدن bâmgeltân zeden: dam loğlamak, dama loğ çekmek.

بام غلطان bâmgeltân: [bâm+geltîden> gelt+ân] loğ, yurgu taşı.

بام غلطان زدن bâm geltân zeden: dam loğlamak, dama loğ çekmek.

بامگاه bâmgâh [bâm+gâh] sabahleyin, seher vakti.

بامگه bâmgeh [bâm+geh] sabahleyin, seher vakti.

بام گلان bâmgolân: loğ, yurgu taşı.

بامه bâme [bâm+e] çember sakal, kaba sakal.

باميد اينكه be omîd-i inki: (F.-A.) [be+ omîd+ -i+in+ki] ümidiyle, umuduyla.

باميه bâmiye (bot.) bamya.

بان bân: (gr.) son ek: koruyan, sahip.

بان bân (bot.) **1.**bey söğüdü, sorgun ağacı, ban ağacı, moringe. **2.**sevgilinin boyu.

باناز bânâz: [bâ+nâz] nazlı, cilveli.

باناموس bâ nâmûs: (F.-A.) [bâ+nâmûs] namuslu.

باند band: (Fr.) **1.**bant, şerit. **2.**pist. **3.**grup. **4.**çete.

بانداژ bandaj: (Fr.) bandaj.

باند پيچی bandpîçî: (Fr.-F.) [band+ pîçîden> pîç+î] bandaj.

باندرول bandrol: (Fr.) bandrol.

با نشاط bâneşât: (F.-A.) [bâ+neşât] sevinçli, neşeli.

بانفوذ bâ nufûz: (F.-A.) [bâ+nufûz] nüfuzlu, nüfuz sahibi, söz sahibi.

بانک bank: (Fr.) banka. ‖ * ~ -i cihânî بانک جهانی Dünya Bankası. ‖ * ~ -i husûsî بانک خصوصی özel banka. ‖ * ~ -i merkezî بانک مرکزی merkez bankası.

بانک زدن bank zeden: banka soymak.

بانک زن bankzen: (Fr.-F.) [bank+zeden> zen] banka soyguncusu.

بانک زنی bankzenî: (Fr.-F.) [bank+ zeden>zen+î] banka soygunu.

بانکوک bankok: (coğ.) Bankok.

بانگ bang: (Peh.) **1.**ses. **2.**bağırtı, feryat. **3.**ezan. ‖ * ~ -i nemâz بانگ نماز ezan. ‖ * ~ -i nemâz goften بانگ نماز گفتن ezan okumak.

بانگ برخاستن bang berhâsten: ses çıkmak, ses yükselmek.

بانگ بر زدن bang ber zeden: bağırmak.

بانگ خاستن bâng hâsten: ses yükselmek.

بانگ زدن bang zeden: **1.**bağırmak. **2.**seslenmek. **3.**ötmek. **4.**alıkoymak. ‖ * ~ ber kesî بانگ زدن بر کسی birini kovalamak.

بانگ کردن bâng kerden: ötmek.

بانو bânû: (Peh.) **1.**hanım, bayan. **2.**hanımefendi. **3.**kraliçe. **4.**gelin. **5.**şarap şişesi. **6.**gülsuyu şişesi. ‖ * ~ -yi misr بانوی مصر Züleyha, Zeliha.

بانوا bânevâ [bâ+nevâ] **1.**varlıklı. **2.**ünlü.

بانوال bânevâl (F.-A.) [bâ+nevâl] nasipli, kısmetli.

بانوج bânûc: salıncak.

بانه bâne: kasık.

بانی bânî: (A.) **1.**kurucu. **2.**hazırlayıcı. ‖ * ~ -i hayr şoden بانیء خیر شدن hayır işlemek, hayırlı bir işe vesile olmak. ‖ * ~ -i kudret بانیء قدرت Tanrı.

باوجود bâ vucûd-i: (F.-A.) rağmen.

با وجود آن bâ vucûd-i an: (F.-A.) onunla birlikte.

با وجود آنکه bâ vucûd-i ân ki: (F.-A.) -mesine rağmen, -mekle birlikte.

با وجود این bâ vucûd-i in: (F.-A.)

bununla birlikte, bununla beraber, buna rağmen.

با وجود اینکه bâ vucûd-i inki: (F.-A.) -mesine rağmen, -mekle birlikte.

باوجودی که bâ vucûdî ki: (F.-A.) -mesine rağmen, -mekle birlikte.

باور bâver: (Peh.) inanma, inanış, itikad. ‖ * ~ -i kesî âmeden باور کسی آمدن inanmak. ‖ * ~ -i kesî şoden باور کسی شدن inanmak.

باوراندن bâveranden: inandırmak.

باور داشتن bâver dâşten: inanmak.

باور فرمودن bâver fermûden: inanmak.

باور کردن bâver kerden: 1.inanmak. 2.tasdik etmek.

باور نکردنی bâver nekerdenî: inanılmaz.

با وصف آنکه bâ vasf-i anki: -dığı için.

با وفا bâvefâ: [bâ+vefâ] vefalı.

با وقار bâ vekâr: (F.-A.) ağırbaşlı, vakur.

باه bâh: (A.) (tıb.) cinsel istek. ‖ * kuvve-i ~ قوهء باه (tıb.) cinsel güç, iktidar.

باهاش bâhaş: onunla.

باهر bâhir: (A.) 1.aydınlık, parlak. 2.açık seçik, ortada, ayan beyan.

باهک bâhek: 1.işkence, eziyet. 2.gözbebeği.

باهکیدن bâhekîden: işkence etmek, eziyet etmek.

باهم bâhem: 1.birlikte. 2.birbiriyle. 3.toplu olarak, bir arada.

باهم آمدن bâhem âmeden: birlikte gelmek.

باهم آمدن bâhem âmeden: birikmek, bir araya gelmek.

باهم داشتن bâhem dâşten: bulundurmak.

باهم راه آمدن bâhem râh âmeden: birlik olmak, elele vermek, yardımlaşmak.

باهم روبوسی کردن bâhem rûbûsî kerden: öpüşmek.

باهم شدن bâhem şoden: birleşmek, birlik olmak.

باهم کردن bâhem kerden: 1.birlikte yapmak. 2.birleştirmek.

باهم مقابله نمودن bâhem mukâbele numûden: birbiriyle karşılaştırmak, mukabele etmek.

باهم نهادن bâhem nihâden: istif etmek, üstüste koymak.

باهو bâhû: 1.kol. 2.as. 3.baston.

باهوش bâhûş: [bâ+hûş] akıllı, akl başında.

با هوش آمدن bâ hûş âmeden: ayılmak, kendine gelmek.

بای bây: (T.) zengin.

بایابی bâyâbî: gereklilik, lüzum.

بای بای baybay: (İng.) baybay, veda.

بای بای گفتن bay bay goften: (İng.-F.) baybay demek, veda etmek.

بایدو baydu: (Moğ.) Baydu.

بایر bâyir: (A.) kıraç.

بایس bâyis: (A.) 1.güçsüz. 2.yoksul.

بایست bâyist: 1.gerekli. 2.ihtiyaç, gereksinim.

بایستن bâyisten, bâyesten: (Peh.) gerekmek, lâzım olmak.

بایسته bâyiste, bâyeste: [bâyesten> bâyest+e] gerekli, lâzım.

بایع bâyi: (A.) satıcı, bâyi.

بایغوش baygûş: (T.) (zool.) baykuş.

بایقوش baykûş: (T.) (zool.) baykuş.

بایکوت baykot: (İng.) boykot.

بایگان bâygân: 1.koruyucu. 2.arşiv memuru. 3.haznedar.

بایگانی bâygânî: [bâygân+î] 1.arşiv. 2.dosyalama.

باین ترتیب be in tertîb: (F.-A.) [be+in+ tertîb] 1.böylece, böylelikle, bu şekilde. 2.şöyle.

باینکه be inki: -ğine, -mesine.

باین وسیله beinvesîle: (F.-A.) [be+in-vesîle] bu vesile ile, bu nedenle.

باییدن bâyîden: (Peh.) gerekmek, lâzım olmak.

بئر bi'r: (A.) kuyu.

بأس be's: (A.) 1.korku. 2.öfke, gazap.3.kötü.

بؤس bus: (A.) 1.darlık. 2.baskı.

ببر bebr: (Peh.) (zool.) kaplan.

ببغا bebgâ: (A.) papağan.

بپا bepâ: gözetleyici, muhafız.

بت bet (zool.) ördek.

بت bot: 1.put. 2.sevgili. 3.güzel.

بتا bitâ: bırak.

بتاوار betâvâr: akıbet, son.

بتاییدن bitâyîden: bırakmak, terketmek.

بت پرست botperest: [bot+perestîden> perest] putperest.

بت پرستی botperestî: [bot+perestîden> perest+î] putperestlik.

بت پرستیدن bot perestîden: puta tapmak.

بتخانه bothâne: [bot+hâne] puthane.

بتر beter: [bed+ter>beter] beter, daha kötü.

بتستان botistân: [bot+istân] puthane.

بتعجیل be tacîl: (F.-A.) [be+tacîl] aceleyle, alelacele.

بت فریب botfirîb: [bot+firîften>firîb] (kin.) güzel sevgili.

بتفوز betfûz: **1.**gaga. **2.**(insan ve hayvanda) ağız çevresi.

بتکده botkede: [bot+kede] puthane.

بتمام معنی be temâm-i manî: (F.-A.) tam, dört dörtlük, tam manasıyla.

بتو betev: doğu.

بتو botu: pota.

بتو be to: sana.

بتول betûl: (A.) **1.**zahid. **2.**Hz.Muhammed'in kızı Fâtıma'nın lakabı.

بته bette: pota.

بتیار betyâr: **1.**sıkıntı, meşakkat, zorluk. **2.**çirkin.

بث bess: (A.) sırrını ve kederini söyleme.

بثور busûr: (A.) (tıb.) sivilce.

بج bec: **1.**ağız içi. **2.**pirinç.

بجا becâ: [be+câ] **1.**yerinde. **2.**hayatta.

بجای becâyi: [be+cây+ -i] yerine, -cek yerde.

بجای آنکه becây-i anki: [be+cây+ -i+ân+ki] yerine, -cek yerde.

بجای اینکه becâyi inki: [be+cây+ -i+in+ki] yerine, -cek yerde.

بجای خود becây-i hod: [be+cây+ -i + hod] **1.**(ask.) yerinize! **2.**kendi çapında, başlı başına.

بجز becoz: (F.-A.) [be+coz] -den başka, dışında, hariç.

بجز از becoz ez: (F.-A.) [be+coz+ ez] -den başka, dışında, hariç.

بجشک bicişk: **1.**doktor. **2.**serçe.

بجشکی bicişkî: [bicişk+î] doktorluk.

بجملگی becomlegî: (F.-A.) [be+comle+ g+î] bütün.

بجول bucûl: aşık kemiği.

بچ بچ boçboç: **1.**fısıldaşma. **2.**çobanın keçiyi çağırırken çıkardığıses.

بچکم beçkem: **1.**yazlık, yazlık ev. **2.**eyvan, sofa.

بچگانه beççegâne: [beçce+gâne] **1.**çocukça. **2.**çocuksu.

بچگی beççegî: [beççe+g+î] çocukluk.

بچل beçel: sürekli giysisini yitiren ya da kirleten kişi.

بچم biçem: tertipli, düzenli.

بچه beççe, beçe: (Peh.) **1.**çocuk.**2.**yavru. ‖ * ~ -i şîrhâre بچهء شیرخواره süt çocuğu, bebek.

بچه آوردن beççe âverden: **1.**doğurmak. **2.**yavrulamak.

بچه انداختن beççe endâhten: çocuk düşürmek.

بچه باز beççebâz: [beççe+bâhten>bâz] (argo) sübyancı.

بچه بازی beççebâzî: [beççe+bâhten> bâz+î] (argo) sübyancılık.

بچه پس انداختن beççe pes endâhten: çocuk yapmak, çocuk sahibi olmak.

بچه خوار beççehâr: [beççe+horden> hor>hâr] **1.**(tıb.) rahim polipi. **2.**yavrusunu yiyen canlı.

بچه دار beççedâr: [beççe+dâşten>dâr] çocuk sahibi, çocuklu.

بچه دار شدن beççedâr şoden: çoluk çocuğa karışmak, çocuk sahibi olmak.

بچه داری beççedârî: [beççe+dâşten>dâr] çocuk bakımı.

بچه دان beççedân: [beççe+dân] (tıb.) rahim.

بچه سال beççesâl: [beççe+sâl] çocuk yaşta.

بچه کردن beççe kerden: yavrulamak.

بچه گذاشتن beççe gozâşten (Hayvan) yavrulamak.

بچه گربه beççegorbe: [beççe+gorbe] 1.kedi yavrusu. 2.(bot.) keçiboynuzu.

بچه ننه beççenene: [beççe+nene] ana kuzusu.

بحاث behhâs: (A.) çok araştıran.

بحار bihâr: (A.) denizler.

بحبوحه buhbûhe: (A.) 1.orta. 2.işin ortası, civcivli zaman.

بحت baht: (A.) 1.sade, saf. 2.özel.

بحث bahs: (A.) 1.araştırma. 2.bahis. 3.konu. 4.tartışma. 5.söyleşi. ‖ * ~ -i dûrâdûr بحث دورادور uzun uzadıya bahis, bitmek bilmeyen tartışma. ‖ * movrid-i ~ karâr dâden مورد بحث قرار دادن söz konusu etmek, görüşmeye açmak. ‖ * movrid-i ~ karâr giriften مورد بحث قرار گرفتن söz konusu olmak, görüşmeye açılmak.

بحث در گرفتن bahs der giriften: bahse girmek, sohbete dalmak.

بحثره bahsere (A.) 1.dağıtım. 2.ortaya çıkarma. 3.süt kesilmesi.

بحث شدن bahs şoden: 1.bahsedilmek. 2.söz konusu olmak. 3.araştırma konusu olmak.

بحث کردن bahs kerden: 1.bahsetmek, ele almak. 2.tartışmak. 3.araştırma yapmak.

بحثی bahsî (A.) bahis ile ilgili.

بحدی ... که be haddî ..ki: (F.-A.) [be+hadd+î+ki] -cek kadar, -cek derecede, -cek ölçüde.

بحر bahr: (A.) 1.deniz. 2.büyük göl, içdeniz. 3.aruz vezinleri topluluğu. ‖ * ~ -i ahdar بحر اخضر Hint Okyanusu. ‖ * ~ -i ahmer بحر احمر Kızıldeniz. ‖ * ~ i bîkerân بحر بی کران engin deniz. ‖ * ~ -i ebyaz بحر ابیض Beyazdeniz, İskandinav yarımadasının doğusundaki deniz. ‖ * ~ -i hazer بحر خزر Hazar Denizi. ‖ * ~ -i kulzum بحر قلزم Kızıldeniz. ‖ * ~ -i lût بحر لوط Lut Denizi. ‖ * ~ -i muhît بحر محیط okyanus. ‖ * ~ -i muhît-i atlasî بحر محیط اطلسی Atlas Okyanusu. ‖ * ~ -i muhît-i hindî بحر محیط هندی Hint Denizi. ‖ * ~ -i muhît-i kebîr بحر محیط کبیر Büyük Okyanus. ‖ * ~ -i muhît-i mu'tedil بحر محیط معتدل Büyük Okyanus. ‖ * ~ -i muhît-i şimâlî بحر محیط شمالی Kuzey Buz Denizi. ‖ * ~ -i muncemid-i cenûbî بحر منجمد جنوبی Güney Buz Denizi. ‖ * ~ -i muncemid-i şimâlî بحر منجمد شمالی Kuzey Buz Denizi, Kuzey Kutup Denizi. ‖ * ~ -i mutavassıt بحر متوسط Akdeniz. ‖ * ~ -i rûm بحر روم Akdeniz. ‖ * ~ -i sefîd بحر سفید Akdeniz. ‖ * ~ -i siyâh بحر سیاه Karadeniz. ‖ * ~ -i sukûn بحر سکون Lût Gölü. ‖ * ~ -i ummân بحر عمان 1.Umman Denizi. 2.okyanus. ‖ * bîh-i gûş-i kesî ~ -i tavîl hânden بیخ گوش کسی بحر طویل خواندن birinin ensesinde boza pişirmek.

بحراً bahren (A.) deniz yoluyla, denizden.

بحران buhrân: (A.) bunalım, kriz, buhran. ‖ * ~ -i rûhî بحران روحی (tıb.) depresyon.

بحرانی buhrânî: (A.-F.) [buhrân+î] bunalımlı, buhranlı, kriz dolu.

بحر اوصاف bahrevsâf (A.) [bahr+evsâf] deniz gibi özellikleri olan.

بحری bahrî: (A.-F.) [bahr+î] 1.denizle ilgili. 2.(ask.) deniz kuvvetlerine ilişkin.

بحرین bahreyn (A.) 1.iki deniz. 2.Akdeniz ve Karadeniz. 3.Basra Körfezi ve Hint Denizi. 4.iki temel unsur.

بحریه bahriye (A.) [<bahriyye] 1.deniz ile ilgili. 2.donanma ile ilgili. 3.deniz kuvvetleri teşkilatı, bahriye. 4.Deniz Harp Okulu.

بحریون bahriyyûn (A.) denizciler.

بحل کردن bihil kerden: hakkını helal etmek.

بحمدالله bihamdillâh: (A.) Allaha şükür.

بحور buhûr: (A.) 1.denizler. 2.(ed.) aruz bahirleri.

بحيره buhayre: (A.) **1.**göl. **2.**küçük deniz.

بخ beh: ne güzel! , peh!

بخار buhâr: (A.) buhar.

بخارا buhârâ: (coğ.) (Budistçe>T.-Moğ.) Buhara. "Manastır" anlamına gelen "Ubhara" kelimesinden türeyen ve Orta Asya'da bulunan bir uygarlık merkezi.

بخارایی buhârâyî: [buhârâ+y+î] Buharalı.

بخار برخاستن buhâr ber hâsten: buhar çıkmak.

بخارسنج buhârsenc: [buhâr+sencîden> senc] buharölçer.

بخار شدن buhâr şoden: buharlaşmak.

بخار کردن buhâr kerden: **1.**buhar yapmak. **2.**tütmek. **3.**buharlanmak. **4.**terlemek (cam).

بخارناک buhârnâk: [buhâr+nâk] **1.**buğulu. **2.**buharlı.

بخاری buhârî: [buhâr+î] **1.**Buharalı. **2.**soba. ‖ * ~ -i hîzumî بخارىء هيزمى odun sobası. ‖ * ~ -i zugâlsengî بخارىء زغال سنگى kömür sobası.

بخاطر be hâtir-i: (F.-A.) [be+hâtir+-i] **1.**yüzünden, için, sebebiyle, dolayısıyla, uğruna. **2.**hatırı için.

بخاطر اینکه be hâtir-i inki: (F.-A.) [be+ hâtir+ -i+ in+ ki] diye, -diği için.

بخت baht: (Peh.) baht, talih. ‖ * ~ -i kesî sefîd bûden بخت كسى سفيد بودن talihi açık olmak. ‖ * ~ -i kesî yâr şoden بخت كسى يار شدن talihi yaver gitmek. ‖ * ez ~ -i bed از بخت بد şanssızlığa bakın ki.

بخت beht: kabus, karabasan.

بخت آزمایی bahtazmâyî: [baht+ âzmûden> âzmây+î] piyango, şans deneme. ‖ * belît-i ~ بليط بخت آزمايى piyango bileti.

بختک behtek: kabus, karabasan.

بخت لبخند زدن baht lebhand zeden: talih yüzüne gülmek.

بخت ور bahtver: [baht+ver] talihli, şanslı, bahtiyar.

بختی bohtî: **1.**(zool.) hecin devesi. **2.**çift hörgüçlü deve.

بختیار bahtiyâr, bahtyâr: [baht+yâr] bahtiyar, mutlu.

بختیار شدن bahtiyâr şoden: bahtiyar olmak, mesut olmak.

بختیار کردن bahtiyâr kerden: bahtiyar etmek, mutlu etmek.

بختیاری bahtiyârî: [baht+i+yâr+î] bahtiyarlık.

بخرد behred: [be+hred<hired] akıllı, aklı başında.

بخس behs: **1.**pejmürde. **2.**kırışık deri. **3.**üzüntü, sıkıntı, keder. **4.**hazır.

بخسانیدن behsânîden: **1.**solgunlaştırmak. **2.**pörsütmek. **3.**eritmek.

بخست bahset **1.**horultu, horlama. **2.**kabus.

بخسیدن bahsîden: **1.**solgunlaşmak. **2.**pörsümek. **3.**erimek.

بخش bahş: (Peh.) **1.**hisse, pay. **2.**baht, talih. **3.**bölüm. **4.**burç. **5.**aşama. **6.**birim.**7.**bölge. **8.**(ask.) deniz filosu. **9.**aylık. **10.**departman. **11.**bağış, ihsan, verme.

بخشا bahşâ [bahşîden>bahş+â] **1.**bağışlayan, ihsan eden. **2.**dağıtan.

بخشایستن bahşâyisten: bağışlamak, vermek.

بخشایش bahşâyiş: [bahşâyîden> bahşây+iş] bağışlama.

بخشایش آوردن bahşâyiş âverden: acımak.

بخشایشگر bahşâyişger [bahşâyiş+ger] **1.**bağışlayıcı, ihsan edici. **2.**affedici.

بخشاینده bahşâyende: [bahşâyîden> bahşây+ende] bağışlayan.

بخشاییدن bahşâyîden: bağışlamak.

بخش بندی bahşbendî: [bahş+besten> bend+î] bölümlendirme, sınıflandırma.

بخش بندی کردن bahşbendî kerden: bölümlendirmek, sınıflandırmak.

بخش بندی گردیدن bahşbendî gerdîden: bölümlendirilmek.

بخشدار bahşdâr: [bahş+dâşten>dâr]

kaymakam. **2.**nahiye müdürü.

بخشداری bahşdârî: [bahş+dâşten> dâr+î] **1.**kaymakamlık. **2.**nahiye müdürlüğü.

بخشش bahşiş: (Peh.) [bahşîden>bahş+iş] **1.**bağış. **2.**bahşiş.

بخش شدن bahş şoden: **1.**bölünmek, taksim edilmek. **2.**dağıtılmak.

بخش کردن bahş kerden: **1.**bölmek, taksim etmek. **2.**dağıtmak.

بخش نامه bahşnâme: [bahş+nâme] genelge, sirküler.

بخشندگی bahşendegî: [bahşîden> bahş+ende+g+î] **1.**cömertlik. **2.**bağışlama.

بخشندگی کردن bahşendegî kerden: cömertlik yapmak, bonkörlük etmek.

بخشنده bahşende: [bahşîden>bahş+ende] bağışlayan, bağışlayıcı, ihsan eden.

بخشودن bahşûden: **1.**bağışlamak. **2.**acımak. **3.**şefkat göstermek.

بخشوده bahşûde [bahşûden>bahşûd+e] **1.**bağışlamış, ihsan etmiş. **2.**bağışlanmış, ihsan edilmiş. **3.**affedilmiş.

بخشیدن bahşîden: (Peh.) **1.**affetmek, bağışlamak.**2.**bölmek.

بخشیده bahşîde: [bahşîden>bahşîd+e] **1.**muaf. **2.**bağışlanmış. **3.**bölünmüş.

بخشیه bahşiyye (F.-A.) [bahş+iyye] bağış ile ilgili.

بخصوص be husûs: (F.-A.) [be+husûs] özellikle, hele hele.

بخل buhl: (A.) pintilik, cimrilik, elisıkılık.

بخلاء buhelâ: (A.) pintiler, cimriler, elisıkılar.

بخو bohev, bohov: bukağı, ayağa vurulan halka veya zincir.

بخوبی be hûbî-yi: [bu+hûb+î+ -yi] kadar.

بخوبی be hûbî: [bu+hûb+î] adamakıllı, iyice, bir iyice, pekâla.

بخور behûr, buhûr: (A.) **1.**tütsü, günlük otu. **2.**buğu.

بخوردان buhûrdân: (A.-F.) [buhûr+dân] buhurdan, tütsülük, tütsü kabı.

بخور نمیر bohor nemîr: [horden>hor> bohor+morden>mîr>nemîr] ölmeyecek kadar yiyecek.

بخولق bihovluk: (T.) bukağılık, atın toynağının üstündeki bukağı takılan boşluk.

بخیالت be hiyâlet: (F.-A.) [be+hiyâl+et] sence.

بخیل bahîl: (A.) cimri, pinti, elisıkı.

بخیلی bahîlî: (A.-F.) [bahîl+î] cimrilik, pintilik, elisıkılık.

بخیه behye: dikiş. ‖ * ~ ber rûy efkenden بخیه بر روی افکندن sırrı ortaya çıkmak. ‖ * ~ ber rûy-i kâr efkenden بخیه بر روی کار افکندن sırrı ortaya çıkmak.

بخیه زدن behye zeden: **1.**dikiş dikmek. **2.**(tıb.) dikiş atmak.

بخیه کردن behye kerden: (tıb.) dikiş atmak.

بد bed: (Peh.) **1.**kötü, fena. **2.**nahoş. **3.**çirkin. **4.**müfsit. **5.**tutuşturucu. **6.**kötülük. ‖ * ~ ter ez an بد تر از آن daha da kötüsü. ‖ * ~ -i kesî âmeden بد کسی آمدن **1.**hoşlanmamak. **2.**sevmemek. **3.**tiksinmek. ‖ * ~ -i kesî râ hâsten بدیء کسی را خواستن birinin kötülüğünü istemek. ‖ * ~ u bîrâh be nâf-i kesî besten بد و بیراه به ناف کسی بستن arkasından verip veriştirmek. ‖ * ~ u bîrâh goften بد و بیراه گفتن ileri geri konuşmak, ağzına geleni söylemek, küfretmek, ağzını bozmak. ‖ * ~ u red goften بد و رد گفتن sövmek, küfretmek.

بد bud: çare.

بد bud: bûd fiilinin hafifletilmiş şekli: idi, vardı.

بد آغار bedâgâr: [bed+âgâr] kötü huylu, kötü tabiatlı, kötü yaratılışlı.

بد آموز bedâmûz: **1.**kötü şeyler öğreten, kötü işli. **2.**kötü şeyler öğrenen.

بد آیین bedâyîn: [bed+âyîn] **1.**dini bozuk, kötü dinli. **2.**yoldan çıkmış.

3.ahlâksız.

بداء bedâ: (A.) **1.**ortaya çıkma. **2.**yeni bir fikrin doğması.

بد اختر bed ahter: [bed+ahter] **1.**talihsiz. **2.**uğursuz.

بد اخلاق bed ehlâk: (F.-A.) [bed+ehlâk] **1.**ahlâksız. **2.**huysuz.

بد اخلاقی bedahlâkî: (F.-A.) [bed+ahlâk+î] **1.**ahlâksızlık. **2.**huysuzluk.

بد اخم bed ehm: [bed+ehm] suratsız.

بد ادا bed edâ: [bed+edâ] nahoş hareketli.

بد اغر bed uğur: (F.-T.) uğursuz, meymenetsiz.

بد انجام bed encâm: [bed+encâm] kötü sonlu.

بد اندیش bed endîş: [bed+endîşîden> endîş] kötü düşünceli.

بدانسان bedansân: [be+d+ân+sân] öyle ki.

بدان سو bedânsû: [be+d+ân+sû] o tarafa doğru, o yana doğru.

بداوت bedâvet: (A.) **1.**göçebelik. **2.**çölde yaşama.

بداهت bedâhet: irticalen konuşup yazma.

بدایت bidâyet: (A.) başlangıç. ‖ * der ~ در بدایت başlangıçta.

بدایع bedâyi: (A.) **1.**yenilikler. **2.**ilginç güzellikler.

بدبخت bedbaht: [bed+baht] **1.**mutsuz. **2.**talihsiz, bedbaht. **3.**zavallı. **4.**lanet olası.

بدبختانه bedbahtâne: [bed+baht+âne] ne yazık ki, maalesef.

بدبختی bedbahtî: [bed+baht+î] **1.**talihsizlik, bedbahtlık. **2.**zavallılık. **3.**mutsuzluk.

بد بدرقه bedbedreka: [bed+bedreka] kötü uğurlayan.

بدبدک bedbedek (zool.) bıldırcın.

بدبده bedbede (zool.) bıldırcın.

بدبوی bedbûy: pis kokulu, kötü kokulu.

بدبیار bedbiyâr: şanssız.

بدبیاری bedbiyârî: [bedbiyâr+î] şanssızlık.

بدبین bedbîn: [bed+dîden>bîn] karamsar, bedbin, kötümser.

بدبینانه bedbînâne: [bed+dîden>bîn+âne] karamsarca, kötümserce, kötümser, karamsarlık dolu.

بدبینی bedbînî: [bed+dîden>bîn+î] karamsarlık, kötümserlik, bedbinlik.

بدپسند bedpesend: [bed+pesendîden> pesend] müşkülpesent, güç beğenen.

بدپیشه bedpîşe: [bed+pîşe] kötü amelli.

بدپیله bedpîle: [bed+pîle] **1.**intikamcı. **2.**kindar.

بدتر bedter: [bed+ter] daha kötü, beter. ‖ * ~ ez heme بدتر از همه hepsinden kötüsü.

بدتر شدن bedter şoden: kötüleşmek, kötüye gitmek (sağlık vs.)

بدتر کردن bedter kerden: beter etmek, kötüye götürmek, kötüleştirmek.

بدجنس bedcins: (F.-A.) [bed+cins] cibilliyetsiz, aşağılık, soysuz.

بدجنسی bedcinsî: (F.-A.) [bed+cins+î] cibilliyetsizlik, soysuzluk.

بدجوری bed cûrî: [bed+cûr<tovr+î] amma da, fena, adamakıllı, çok fena.

بدچشم bedçeşm: [bed+çeşm] **1.**kem gözlü. **2.**çapkın.

بدچشمی bedçeşmî: [bed+çeşm+î] **1.**kemgözlülük. **2.**çapkınlık.

بدحساب bedhisâb: (F.-A.) [bed+hisâb] **1.**hilekâr. **2.**borcuna sadık olmayan.

بد خط bedhat: (F.-A.) [bed+hat] **1.**yazısı çirkin olan. **2.**okunmaz yazı.

بد خلق bedhulk: (F.-A.) [bed+hulk] huysuz.

بد خلق شدن bedhulk şoden: huysuzlaşmak.

بد خلق کردن bedhulk kerden: huysuzlaştırmak.

بد خواه bedhâh: [bed+hâsten>hâh] **1.**kötü niyetli, kötü istekli. **2.**intikamcı.

بد خواهی bedhâhî: [bed+hâsten>hâh+î] kötü niyetlilik, başkalarının kötülüğünü isteme.

بد خور bedhor: [bed+horden>hor] **1.**zor ilaç içen. **2.**güç içilen acı ilaç.

بد خوی bedhûy: [bed+hûy] **1.**ahlâksız. **2.**huysuz.

بد خویی bedhûyî: [bed+hûy+î] **1.**ahlâksızlık. **2.**huysuzluk.

بددل beddil: [bed+dil] **1.**ödlek, korkak. **2.**kötü düşünceli.

بد دماغ beddimâg: [bed+dimâg] **1.**alıngan. **2.**gururlu. **3.**kendini beğenmiş.

بد دهان beddehân: [bed+dehân] ağzı bozuk, küfürbaz.

بد دهانی beddehânî: [bed+dehân+î] ağzı bozukluk, küfürbazlık.

بد دهن beddehen: [bed+dehen] ağzı bozuk, küfürbaz, kaba saba.

بد دهنی beddehenî: [bed+dehen+î] ağzıbozukluk, küfürbazlık.

بد دین beddîn: (F.-A.) [bed+dîn] dini bozuk.

بد ذات bedzât: (F.-A.) [bed+zât] soysuz, yaramaz, karaktersiz.

بدر bedr: (A.) dolunay, bedir. ‖ * ~-i tâm بدر تام dolunay.

ب ... در be...der: -de, -da.

بدر آوردن be der âverden: çıkarmak.

بدر افتادن beder oftâden: [be+der+oftâden] aşikâr olmak, ifşa olmak, açığa çıkmak.

بدرام bedrâm: **1.**hoş. **2.**mesut. **3.**süslü. **4.**iç açıcı. **5.**(zool.) yırtıcı hayvan. **6.**(zool.) huysuz at.

بدران bedrân (bot.) bir tür kokulu bitki.

بدراه bedrâh: [bed+râh] yolu bozuk.

بدر بردن beder borden: çıkarmak. ‖ * ez râh ~ از راه بدر بردن baştan çıkarmak.

بدر جستن beder cesten: fışkırmak.

بدرد نخور bederdnehor: [be+derd+horden> hor>nehor] **1.**işe yaramaz. **2.**döküntü.

بد رزق bed rızk: (F.-A.) [bed+rızk] beğenilmeyen, nahoş.

بدرستی be dorostî: [be+dorost+î] **1.**gerçekten de. **2.**kuşkusuz.

بدرفتار bedreftâr: [bed+reften> reft+âr] kötü davranışlı.

بدرفتاری bedreftârî: [bed+reften>reft+âr+î] kötü davranma.

بدرفتاری کردن bedreftârî kerden: kötü davranmak.

بدرقه bedreke: (A.) **1.**rehber, kılavuz. **2.**muhafız, bekçi. **3.**sığınma. **4.**uğurlama, geçirme.

بدرقه کردن bedreke kerden: uğurlamak, geçirmek, yolcu etmek.

بد رگ bedreg: [bed+reg] **1.**huysuz. **2.**inatçı. **3.**soysuz.

بدرو bedrev: yük hayvanı.

بدرود bedrûd: **1.**veda. **2.**terk. **3.**selâmet. ‖ * ~ -i heyât goften بدرود حیات گفتن ölmek, hayata veda etmek.

بدرود کردن bedrûd kerden: **1.**veda etmek. **2.**terketmek.

بدرود گفتن bedrûd goften: **1.**veda etmek. **2.**terketmek.

بدروز bedrûz: [bed+rûz] kara gün, kötü gün.

بدره bedre: (A.) para kesesi.

بدزبان bedzebân: [bed+zebân] küfürbaz, ağzı bozuk.

بدزبانی bedzebânî: [bed+zebân+î] küfürbazlık, ağzı bozukluk.

بد زندگانی bed zindegânî: [bed+zindegânî] **1.**kara günlü. **2.**şerîr.

بدزهره bedzehre: [bed+zehre] ödlek, korkak.

بد زیب bedzîb: [bed+zîbîden>zîb] zarafetsiz, rüküş.

بد ساز bedsâz: [bed+sâhten>sâz] geçimsiz, huysuz.

بد سازی bedsâzî: [bed+sâhten>sâz+î] geçimsizlik, huysuzluk.

بد سرشت bedsirişt: [bed+sirişten> sirişt] soysuz, ahlâksız, kötü tabiatlı, kötü mayalı.

بد سغان bedesgân (bot.) çöl nilüferi.

بد سگال bedsegâl: [bed+segâlîden>segâl] **1.**kötü düşünceli. **2.**kötü sözlü.

بد سیما bedsîmâ: (F.-A.) [bed+sîmâ] çirkin.

بد شانس bedşans: (F.-Fr.) [bed+şans] şanssız.

بد شانسی bedşansî: (F.-Fr.)

[bed+şans+î] şanssızlık.

بد شدن bed şoden: kötü olmak, kötüleşmek, biriyle arası açılmak, biriyle bozuşmak.

بد شکل bedşekl: (F.-A.) [bed+şekl] şekilsiz, çirkin, deforme.

بد شکلی bedşeklî: (F.-A.) [bed+şekl+î] şekilsizlik, biçimsizlik, deformasyon.

بد شگون bedşugûn: [bed+şugûn] uğursuz.

بد شگونی bedşugûnî: [bed+şugûn+î] uğursuzluk.

بد شگونی کردن bedşugûnî kerden: uğursuzluk yapmak.

بد طینت bedtîynet: (F.-A.) [bed+tîynet] aşağılık, tînetsiz, soysuz, cibilliyetsiz.

بد ظن bedzan: (F.-A.) [bed+zan] kötü zanlı, kötü düşünceli.

بدع bida: (A.) **1.**yeni. **2.**cömert.

بدع bide: (A.) bidatlar.

بد عادت bed'âdet: (F.-A.) [bed+âdet] kötü alışkanlığı olan.

بد عاقبت bed'âkibet: (F.-A.) [bed+âkibet] kötü sonlu, kötü yazılı.

بدعت bid'at: (A.) **1.**bid'at, dine aykırı yeni akide, yeni âdet. **2.**yenilik, sonradan meydana gelen şey.

بد عمل bed'amel: (F.-A.) [bed+amel] kötü amelli.

بد عهد bed'ahd: (F.-A.) [bed+ahd] **1.**sözünde durmayan, sözüne sadık olmayan. **2.**nankör.

بد عهدی bed'ahdî: (F.-A.) [bed+ahd+î] sözünde durmama, âdilik.

بد فال bedfâl: (F.-A.) [bed+fâl] uğursuz.

بد فرجام bedfercâm: [bed+fercâm] **1.**kötü yazılı, kötü sonlu. **2.**kötü niyetli.

بد فطرت bed fitrat: (F.-A.) [bed+fitrat] kötü yaratılışlı.

بد فعل bedfi'l: (F.-A.) [bed+fil] **1.**kötü amelli. **2.**eziyetçi.

بد قدم bedkadem: (F.-A.) [bed+kadem] kademsiz, uğursuz.

بد قلق bedkılık: (F.-T.) [bed+kılık] **1.**kılıksız. **2.**geçimsiz.

بد قمار bedkimâr: (F.-A.) [bed+kimâr] **1.**kumarda hile yapan. **2.**eziyetçi. **3.**her yolla para elde eden.

بد قواره bedkevâre: [bed+kevâre] **1.**çirkin. **2.**kılıksız.

بد قول bedkovl: (F.-A.) [bed+kovl] sözünde durmayan.

بد قولی bedkovlî: (F.-A.) [bed+kovl+î] sözünde durmama.

بد قولی کردن bedkovlî kerden: sözünde durmamak.

بد قیافه bedkıyâfe: (F.-A.) [bed+kıyâfe] **1.**kılıksız. **2.**çirkin.

بد کار bedkâr: [bed+kâr] **1.**kötü, kötü işli, şerir. **2.**zina yapan.

بد کاره bedkâre: [bed+kâr+e] zina yapan kadın.

بدکاری bedkârî: [bed+kâr+î] **1.**şerlik. **2.**zina.

بد کردار bedkirdâr: [bed+kerden>kerd> kird+âr] kötü amelli.

بد کردن bed kerden: **1.**kötülük yapmak. **2.**kötü bir şey yapmak. || * ~ bâ kesî بد کردن با کسی biriyle arası açılmak, biriyle bozuşmak.

بد کنش bedkoniş: [bed+kerden>kon+iş] kötü amelli.

بد کینه bedkîne: [bed+kîn+e] kinci, kindar.

بد گفت bedgoft: [bed+goften>goft] kötü sözlü.

بد گفتن bed goften: kötü konuşmak, kötü söylemek.

بد گل bedgil: [bed+gil] çirkin, suratsız.

بد گمان bedgomân: [bed+gomân] **1.**kötü düşünceli. **2.**şüpheci, kuşkucu. **3.**kıskanç.

بد گمان شدن bedgomân şoden: **1.**kötü düşünceli olmak. **2.**şüpheci olmak, kuşkucu olmak. **3.**kıskanmak.

بد گو bedgû: [bed+goften>gû] **1.**küfürbaz, ağzı bozuk. **2.**dedikoducu, kötü sözlü. **3.**iftiracı.

بد گوهر bed govher: [bed+govher] kötü yaratılışlı, soysuz, kötü mayalı.

بد گوی bedgûy: [bed+goften>gûy] **1.**küfürbaz, ağzı bozuk. **2.**dedikoducu, kötü sözlü. **3.**iftiracı.

بد گویی bedgûyî: [bed+goften>gûy+î] **1.**küfür. **2.**kötü söz söyleme. **3.**dedikodu, çekiştirme. **4.**iftira.

بد گویی کردن bedgûyî kerden: **1.** dedikodu yapmak, çekiştirmek. **2.**kötü söz söylemek.

بدگهر bedgüher: [bed+guher] kötü yaratılışlı, soysuz, kötü mayalı.

بدل bedel: (A.) **1.**bedel. **2.**halef.

بد لباس bedlibâs: (F.-A.) [bed+libâs] rüküş.

بد لباسی bedlibâsî: (F.-A.) [bed+libâs+î] rüküşlük.

بد لحاظ bed lehâz: (F.-A.) [bed+lehâz] hayasız, edepsiz, utanmaz, küstah.

بدل شدن bedel şoden: dönüşmek.

بد لقا bedlikâ: (F.-A.) [bed+likâ] **1.**çirkin, suratsız. **2.**yararsız.

بد لگام bedlugâm: [bed+lugâm] **1.**huysuz binek hayvanı. **2.**isyankâr.

بد لهجه bedlehce: (F.-A.) [bed+lehce] **1.**dili bozuk, şivesi bozuk. **2.**kötü niyetli.

بدلیل be delîl-i: (F.-A.) [be+delîl+ -i] nedeniyle.

بدلیل آنکه be delîl-i an ki: (F.-A.) [be+delîl+ -i+ ân+ki] **1.**çünkü. **2.**nedeniyle.

بدلیل اینکه be delîl-i in ki: (F.-A.) [be+ delîl+ -i+in+ki] **1.**çünkü. **2.**nedeniyle.

بد مذهب bed mezheb: (F.-A.) [bed+ mezheb] **1.**dini bozuk. **2.**mülhid.

بد مزاج bed mizâc: (F.-A.) [bed+mizâc] **1.**kötü huylu. **2.**sert tabiatlı, sert mizaçlı. **3.**asır suratlı.

بد مزه bed meze: [bed+meze] **1.**yavan. **2.**tadı bozuk. **3.**lezzetsiz.

بد مست bedmest: [bed+mest] **1.**içip içip hır çıkaran sarhoş. **2.**körkütük sarhoş.

بد مستی bedmestî: [bed+mest+î] içip içip hır çıkarma.

بد مستی کردن bedmestî kerden: sarhoş olup hır çıkarmak.

بد مظنه bed mazanna: (F.-A.) [bed+ mazanna] **1.**kötü zanlı. **2.**güvenilmez.

بد معاش bed meâş: (F.-A.) [bed+meâş] **1.**güç geçinen, dar gelirli. **2.**işi bozuk.

بد معامله bed muâmele: (F.-A.) [bed+ muâmele] ticarette sözünde durmayan.

بد مهر bed mihr: [bed+mihr] **1.**sevimsiz. **2.**sevgisiz. **3.**şefkatsiz. **4.**kötü niyetli.

بدن beden: (A.) **1.**vücut, beden.

بدن buden: **1.**olmak. **2.**var olmak.

بدنام bed nâm: [bed+nâm] **1.**kötü şöhretli. **2.**(tıb.) sıraca.

بدنام شدن bednâm şoden: adı kötüye çıkmak.

بدنام کردن bednâm kerden: adını kötüye çıkarmak.

بدنامی bednâmî: [bed+nâm+î] adı kötüye çıkma, rezillik, skandal.

بدنژاد bednejâd: [bed+nejâd] **1.**soysuz. **2.**(zool.) babası arap, annesi türk asıllı at.

بد نسل bednesl: (F.-A.) [bed+nesl] **1.**soysuz. **2.**haramzade. **3.**ahlâksız.

بد نشان bed nişân: [bed+nişân] **1.**kötü amelli. **2.**alçak.

بد نصیب bed nasîb: (F.-A.) [bed+nasîb] nasipsiz, şanssız, talihsiz.

بد نظر bed nazar: (F.-A.) [bed+nazar] kötü gözlü.

بد نظری bednazarî: (F.-A.) [bed+ nazar+î] **1.**kötü gözle bakış, kötü gözlülük. **2.**şehvetle bakış. **3.**çirkinlik.

بد نفس bednefs: (F.-A.) [bed+nefs] **1.**kötü ruhlu. **2.**şehvet düşkünü. **3.**ahlâksız.

بد نما bednumâ: [bed+numûdân>numâ] çirkin, kötü görünüşlü.

بدن نما bedennumâ: (A.-F.) [beden+ numûden>numâ] vücudunu sergileyen.

بدن نمایی bedennumâyî: (A.-F.)

[beden+ numûden>numây+î] vücut sergileme.

بدن نمایی کردن bedennumâyî kerden: vücut sergilemek.

بدنه bedene: (A.-F.) [beden+e] **1.**dış yüz, yüzey. **2.**gövde. **3.**kaporta.

بد نهاد bednihâd: [bed+nihâd] ahlâksız, cibilliyetsiz, kötü yaratılışlı.

بد نهادی bednihâdî: [bed+nihâd+î] cibilliyetsizlik, kötü yaratılış.

بدو bedû: [be+d+û] ona.

بدو bedv: (A.) çöl, sahra.

بدو bedv: (A.) başlangıç.

بدور budûr: (A.) bedirler, dolunaylar.

بد وضع bed vaz: (F.-A.) [bed+vaz] **1.**kötü durumda. **2.**çirkin.

بدون bedûni: (A.-F.) [bedûn+ -i] -siz, -meksizin, -meden.

بدون آنکه bedûni anki: (A.-F.) [beûn+ -i+ ân+ki] -meden, -meksizin.

بدون اراده bedûni irâde: (A.-F.) [bedûn+ -i+irhade] gayri ihtiyarî, elinde olmadan, bilinçsizce.

بدون اینکه bedûni inki: (A.-F.) [bedûn+-i+in+ki] -meden, -meksizin.

بدون تکلف bedûni tekelluf: (A.-F.) [bedûn+ -i+tekelluf] teklifsizce.

بدون چون و چرا bedûni çûn u çerâ: (A.-F.) [bedûn+ -i+çûn+u+çerâ] sorgusuz sualsiz.

بدون شبهه bedûni şobhe: (A.-F.) [bedûn+ -i+şobhe] kuşkusuz, şüphesiz.

بدون شک bedûni şek: (A.-F.) [bedûn+ -i+ şek] kuşkusuz, şüphesiz.

بدون کم و زیاد bedûni kem u ziyâd: (A.-F.) [bedûn+ -i+kem+u+ziyâd] tıpatıp, tıpkı, hiç eksiksiz, tamı tamına.

بدون کم و کاست bedûni kem u kâst: (A.-F.) [bedûn+ -i+kem+u+kâsth>kâst] eksiksiz, tam.

بدون وقفه bedûn+i vakfe: (A.-F.) [bedûn+ -i+vakfe] aralıksız, durmadan.

بدون هدف bedûni hedef: (A.-F.) [bedûn+ -i+ hedef] rastgele.

بدوی bedvî: (A.) **1.**iptidâî. **2.**başlangıç. **3.**bedevî.

بده بستان bedih bestân: [dâden>dih> bedih+sitânden>sitân>besitân>best ân] alışveriş.

بدهکار bedehkâr: [dâden>dih>bedih> bedeh+ kâr] borçlu.

بدهکار بودن bedehkâr bûden: borçlu olmak. ‖ * ~ -i gûş-i kesî بدهکار بودن گوش کسی **1.**dinlemek. **2.**oralı olmak.

بدهکاری bedehkârî: [dâden>dih>deh> bedeh+ kâr+î] borç.

بدهی bedehî: [dâden>dih>deh>bedeh+î] borç.

بدی bedî: [bed+î] kötülük.

بدی جستن bedî costen: kötülük peşinde olmak.

بدیع bedî: (A.) **1.**yeni. **2.**icat. **3.**orijinal. **4.**(ed.) edebî sanatlardan bahseden bilim. **5.**yeni yaratan.

بدیعی bedî'î: (A.) **1.**yeni bir şey. **2.**icat. **3.**bedî ile ilgili.

بدی کردن bedî kerden: kötülük yapmak, kötülük etmek.

بدیل bedîl: (A.) bedel, başkasının yerine geçen. ‖ * ~ -i kesî giriften بدیل کسی گرفتن birinin yerini almak.

بد یمن bed yumn: (F.-A.) uğursuz.

بدین bedin: [be+d+in] bununla.

بدین bedin: [bedehîd>bedehîn>bedîn] (halk) veriniz.

بدین ترتیب bedin tertîb: (F.-A.) bu şekilde, böylece, böylelikle, bu minval üzere, bu durumda.

بدینجا bedincâ: [be+d+in+câ] buraya.

بدین جهت bedin cihet: (F.-A.) [be+d+in+ cihet] bu nedenle, bu yüzden.

بدین حساب bedin hisâb: (F.-A.) [be+d+ in+hisâb] buna göre.

بدینسان bedinsan: [be+d+in+san] böylece, bu şekilde, bu minval üzere.

بدین سبب bedin sebeb: (F.-A.) [be+d+in+ sebeb] bu sebeple, bu nedenle.

بدین علت bedin illet: (F.-A.)

[be+d+in+ illet] bu nedenle, bu sebeple.

بدین قدر bedin kadar: bu kadar, bu kadarcıkla, bu miktarda.

بدینگونه bedingûne: [be+d+in+gûne] **1.**böylece, böylelikle. **2.**böylesine.

بدین لحاظ bedin lehâz: (F.-A.) [be+d+in+ lehâz] böylece, böylelikle.

بدین معنی که bedin ma'nîki: (F.-A.) [be+ d+in+manî+ki] şöyle ki.

بدیهه bedîhe: (A.) düşünmeden, irticalen.

بدیهه گفتن bedîhe goften: irticâlen konuşmak.

بدیهه گو bedîhegû: (A.-F.) [bedîhe+ goften>gû] irticalen konuşan, irticalen söyleyen.

بدیهه گویی bedîhegûyî: (A.-F.) [bedîhe+ goften>gûy+î] irticalen söyleme, irticalen konuşma.

بدیهی bedîhî: (A.-F.) **1.**irticalen. **2.**açık, apaçık. ‖ * ~ est بدیهی است kuşkusuz, elbette, tabiî ki.

بذاذات bezâzât: (A.) **1.**kötü hallilik. **2.**tevazu (giyimde)

بذال bezzâl: (A.) eliaçık, cömert.

بذر bezr: (A.) tohum.

بذر افشاندن bezr efşânden: tohum saçmak, tohum ekmek.

بذر افشانی bezrefşânî: (A.-F.) [bezr+ efşânden>efşân+î] tohum saçma, tohum ekme.

بذل bezl: (A.) **1.**bağışlama. **2.**bahşiş. **3.**saçma, dağıtma. ‖ * ~ -i cehd بذل جهد çaba gösterme. ‖ * ~ u bahşiş kerden بذل و بخشش کردن saçmak, dağıtmak, bağışlamak.

بذل کردن bezl kerden: **1.**bağışlamak. **2.**saçmak, dağıtmak, vermek. **3.**bağışlamak.

بذله bezle: (A.) şaka, latife.

بذله باز bezlebâz [bezle+bâhten>bâz] şakacı, latifeci.

بذله گفتن bezle goften: latife söylemek, şaka yapmak.

بذله گو bezlegû [bezle+goften>gû] şakacı, latifeci.

بذله گوی bezlegûy: (A.-F.) [bezle+ goften> gûy] şakacı.

بذله گویی bezlegûyî: (A.-F.) [bezle+ goften>gûy+î] **1.**şaka. **2.**mizah.

بذی bezî: (A.) **1.**utanmaz. **2.**ağzı bozuk.

بر ber: (Peh.) **1.**-de, -da. **2.**-e, -a, üzerine. **3.**üzerinde. **4.**yanına, huzuruna; yanında, huzurunda. **5.**yukarı, üst. **6.**fayda. **7.**kâr. **8.**göğüs. **9.**kucak. **10.**meme. **11.**meyva. **12.**taraf. **13.**yan. **14.**indinde, katında, -ce, -e göre.

بر berr: (A.) kara, yer.

بر birr: (A.) iyilik.

بر bor: (A.) (bot.) buğday.

بر آب ber âb: **1.**süratle, hızlı hızlı. **2.**koşarak.

بر آسودن ber âsûden: **1.**dinlenmek, istirahat etmek. **2.**istirahat etmek.

بر آسوده ber âsûde: [ber+âsûden> âsûd+e] **1.**dinlenmiş. **2.**huzurlu.

بر آشفتن ber âşuften: **1.**kızmak, öfkelenmek, kudurmak, köpürmek. **2.**kızdırmak, kudurtmak. **3.**karıştırmak.

بر آشوفتن ber âşûften: **1.**kızmak, öfkelenmek, sinirlenmek, köpürmek. **2.**fitne çıkarmak. **3.**kızdırmak, kudurtmak. **4.**karıştırmak.

بر آغالیدن ber âgâlîden: **1.**teşvik etmek. **2.**kışkırtmak.

بر آمدگی ber âmedegî: [ber+âmeden> âmed+e+g+î] **1.**çıkıntı. **2.**yükselti.

بر آمدن ber âmeden: **1.**yükselmek. **2.**başlamak. **3.**çıkmak. **4.**ortaya çıkmak. **5.**belirmek. **6.**doğmak (güneş, yıldız). **7.**şişmek. **8.**uzamak. **9.**geçmek (zaman) **10.**coşup gelmek. **11.**idare etmek, geçinmek. ‖ * ez pes-i kesî ~ از پس کسی بر آمدن biriyle başa çıkmak, biriyle baş etmek. ‖ * ez kesî ~ از کسی بر آمدن elinden gelmek. ‖ * be rûy-i kesî ~ به روی کسی بر آمدن yüzüne durmak. ‖ * be hem ~ بهم بر آمدن öfkelenmek, kızmak.

بر آمدنگاه ber âmedengâh: [ber âmeden+gâh] doğu.

بر آمده ber âmede: [ber+âmeden> âmed+e] 1.kabarmış. 2.şişmiş. 3.ortaya çıkmış.

بر آمیختن ber âmîhten: 1.karışmak. 2.içli dışlı olmak, senli benli olmak, haşır neşir olmak. 3.karıştırmak.

بر آن داشتن ber ân dâşten: zorlamak.

بر آن شدن ber ân şoden: karar vermek.

بر آورد berâverd: [berâverden>berâverd] muhammen, tahminî.

بر آوردن ber âverden: 1.yerine getirmek. 2.çıkarmak.

بر آورده ber âverde: [berâverden> berâverd+e] 1.kaldırılmış. 2.yükseltilmiş. 3.onarılmış. 4.tamamlanmış. 5.kabul edilmiş. 6.yerine getirmiş.

بر آورده شدن berâverde şoden: 1.yerine getirilmek. 2.kaldırılmak. 3.yükseltilmek. 4.tamamlanmak. 5.kabul edilmek.

بر آورده کردن berâverde kerden: 1.yerine getirmek. 2.kaldırmak. 3.yükseltmek. 4.tamamlamak. 5.kabul etmek.

بر آویختن ber âvîhten: görüşmek.

بر آیند ber âyend: [ber+âmeden>ây+end] sonuç.

برا borrâ: [borîden>bor+r+â] 1.keskin. 2.kesici.

برائت berâ'et: (A.) 1.beraet, arınma. 2.borçtan kurtulma. 3.kurtuluş. 4.temizlik. 5.izin. 6.havale.

برابر berâber: [ber+â+ber] 1.yanında. 2.katı, misli. 3.denk, muadil. 4.eşit. 5.müttefik. 6.ön.7.karşı, karşısı, karşısında. ‖ * der ~ -i در برابر karşısında.

برابر آمدن berâber âmeden: karşılamak.

برابر داشتن berâber dâşten: karşılamak, mukabele etmek.

برابر شدن berâber şoden: müttefik olmak, birlik olmak.

برابر کردن berâber kerden: eşit yapmak, denkleştirmek.

برابر گذاشتن berâber gozâşten: bir tutmak, aynı kefeye koymak.

برابر نهادن berâber nihâden: karşılaştırmak.

برابری berâberî: [berâber+î] 1.eşitlik. 2.denklik. 3.uygunluk.

برابر یابی berâberyâbî: [berâber+yâften> yâb+î] karşılık bulmak.

برابر یابی کردن berâberyâbî kerden: karşılık bulmak.

برابری کردن berâberî kerden: 1.denk olmak. 2.direnmek. 3.uygun olmak.

برابطه berâbite: (F.-A.) [be+râbite] hakkında, için.

برات berât: (A.) 1.havale. 2.kredi mektubu. 3.banka mektubu. 4.ilham. 5.berat. ‖ * be dil-i kesî ~ şoden به دل کسی برات شدن içine doğmak, ilham gelmek.

برات کردن berât kerden: havale etmek.

برات کش berâtkeş: (A.-F.) [berât+ keşîden>keş] havale çeken.

برات کشیدن berât keşîden: havale çekmek, havale göndermek.

برات گرفتن berât giriften: havale almak.

برات گیر berâtgîr: (A.-F.) [berât+ giriften>gîr] havale alan.

بر اثر ber eser-i: (F.-A.) [ber+eser+ -i] -den dolayı, sonucunda, neticesinde.

برادر berâder: (Peh.) erkek kardeş, birader. ‖ * ~ -i mâderî برادر مادری ana bir kardeş. ‖ * ~ -i pederî برادر پدری baba bir kardeş ‖ * ~ -i rizâ'î برادر رضاعی süt kardeş.

برادر اندر berâderender: [berâder+ender] üvey kardeş.

برادرانه berâderâne: [berâder+âne] kardeşçe.

برادر خوانده berâderhânde: [berâder+ hânden>hând+e] kardeşlik.

برادر زاده berâderzâde: [berâder+zâden> zâd+e] yeğen.

برادرزن berâderzen: [berâder+zen] kayınbirader.

برادری berâderî: [berâder+î]

1.kardeşlik. 2.eşitlik.
برادری کردن berâderî kerden: 1.kardeşçe davranmak. 2.eşit davranmak.
براده borâde: talaş, yonga.
براری berârî: (A.) karalar.
براز borâz: gaita, insan dışkısı.
برازخ berâzih: (A.) berzahlar.
برازندگی berâzendegî: [berâzîden> berâz+ende+g+î] 1.yakışıklılık. 2.alımlılık. 3.yakışma. 4.lâyık olma.
برازنده berâzende: [berâzîden>berâz+ ende] 1.yakışan. 2.lâyık. 3.mütenasip.
برازیدن berâzîden: 1.yakışmak. 2.lâyık olmak.
بر اساس beresâs-i: (F.-A.) [ber+esâs+ -i] dayanarak, bakıp.
براستا berâstâ: [be+râst+â] hakkında.
بر استاد کردن ber istâd kerden: doğru olmak, doğru gelmek.
براستی berâstî: [be+râst+î] gerçekten.
براعت berâet: (A.) 1.olgunlaşma. 2.üstünlük.
براعت استهلال berâet-i istihlâl: (A.-F.) (ed.) yazarın kitabının başında, şairin de kasidenin matlaında maksadını açıkladığı kısım.
براغیث berâgîs: (A.) (zool.) pireler.
بر افتادن ber oftâden: düşmek, inmek.
بر افراختن ber efrâhten: büyütmek.
بر افراشتن ber efrâşten: yükseltmek, kaldırmak. 2.açmak (bayrak)
بر افروختن ber efrûhten: 1.yakmak. 2.yanmak. 3.kızmak, köpürmek, küplere binmek. 4.parlamak. 5.aydınlatmak.
بر افروخته berefrûhte: [ber+efrûhten> efrûht+e] kızgın.
براق burâk: (A.) 1.Burak, Hz.Muhammed'i miraca çıkaran binit. 2.hızlı koşan at.
براق berrâk: (A.) 1.berrak, parlak.
براق بابا barak baba: Barak Baba (ölm. 1307)
براق شدن borâk şoden: 1.parlamak. 2.parlamak, patlamak, gürlemek.
براقیه berâkiyye: (A.) Baraklılar.
براکس boraks: (Fr.) boraks.
براکوه berâkûh: yamaç, dağ eteği.
برامکه berâmike: (A.) Bermekîler.
بر انداختن ber endâhten: 1.savurmak, har vurup harman savurmak, tüketmek. 2.yok etmek. 3.terketmek.
بر انداز کردن berendâz kerden: süzmek, incelemek.
براندی birandi: (İng.) birendi.
بر اندیشیدن ber endîşîden: düşünmek, kurmak.
برانشی biranşî: solungaç.
برانکار brankar: tabut.
بر انگیختن ber engîhten: 1.diriltmek. 2.uyandırmak. 3.kışkırtmak, tahrik etmek. 4.teşvik etmek. 5.zorlamak.
برانی berrânî: okuma yazma bilmeyen, ümmî.
براوو bravo: (Fr.) bravo, aferin.
براه berâh: [be+râh] 1.doğru yolda olan. 2.yerinde, uygun. 3.iyi, yaraşır.
براهم berâhim: Brehmenler.
براهمه berâhime: Brehmenler.
براهین berâhîn: (A.) deliller, kanıtlar.
برای berâyi: 1.için. 2.-e, -a. 3.yolunda. ‖ * ~ kesî برای کسی gözünde. ‖ * ~ -i maslahat برای مصلحت iş için. ‖ * ~ -i malumât برای معلومات bilgi için, bilgi olsun diye, bilgi vermek için. ‖ * ~ rizâ-yi hodâ برای رضای خدا Allah rızası için.
برای آخرین بار berây-i âherîn bâr: (F.-A.) [berây-i+âhir+în+bâr] son defa, son olarak, son kez.
برای آنکه berây-i anki: [berây+i+ ân+ki] 1.çünkü, zira. 2.-mek için, -den dolayı.
برایا berâyâ: (A.) yaratıklar, mahluklar.
برای اینکه berây-i inki: [berây+- i+in+ki] 1.çünkü, zira. 2.-mesi için, -sin diye.
برای نخستین بار berây-i nohostîn bâr: [berây+-i+nohost+in+bâr] ilk kez, ilk defa.
برای همیشه berây-i hemîşe: [berây+ -

i+ hemîşe] ebediyyen, sonsuza dek.

برباد berbâd: [ber+bâd] yok olmuş, harap.

برباد دادن berbâd dâden: harap etmek.

برباد ساختن berbâd sâhten: harap etmek.

بربادی berbâdî: [ber+bâd+î] yok olma.

بر باران ber bârân: [ber+bârân] yağmur altında kalan tarlar.

بر باره ber bâre: [ber+bâre] üst kat.

بر بر bir bir: aval aval, şaşkın şaşkın.

بربر berber: Berberî.

بر بر نگاه کردن bir bir nigâh kerden: aval aval bakmak, şaşkın şaşkın bakmak.

بربری berberî: (A.) **1.**bir tür ekmek. **2.**Berberî.

بربریت berberiyyet: (A.) barbarlık.

بر بستن ber besten: **1.**bağlamak. **2.**nispet etmek.

بربط berbet: (müz.) çeng, harp.

بربط زدن berbet zeden: (müz.) çeng çalmak, harp çalmak.

بر بهیات ber behiyyât: göğüs.

بر بیهده berbîhude: [ber+bîhude] boşuna.

برپا ber pâ: **1.**ayakta duran. **2.**yerinde. **3.**(ask.) kalk! ‖ * ~ hâk kerden بر پا خاک کردن hakir görmek.

بر پا شدن ber pâ şoden: düzenlenmek, tertip edilmek, oluşturulmak.

بر پا کردن ber pâ kerden: düzenlemek, tertip etmek.

برپا گردیدن berpâ gerdîden: düzenlenmek, tertip edilmek, oluşturulmak.

برپایی berpâyî: [ber+pây+î] **1.**kurulma. **2.**düzenlenme. **3.**yapılma, gerçekleştirilme, icra edilme, yerine getirilme.

بر پریدن ber perîden: uçmak.

بر پی berpey-i: [ber+pey+ -i] peşinden.

بر تافتن ber tâften: **1.**geri dönmek. **2.**geri döndürmek. **3.**kıvırmak. **4.**dayanmak, tahammül etmek. **5.**delmek.

برتر berter: [ber+ter] daha üstün.

برتری berterî: [ber+ter+î] üstünlük.

برتری داشتن berterî dâşten: üstün olmak.

بر تن ber ten: gururlu, kibirli.

بر تنیدن ber tenîden: örmek.

برتنی کردن bertenî kerden: kibirlenmek.

برج borc: **1.**burç, on iki burçtan her biri. **2.**kule. ‖ * ~ -i âteşsûzî برج آتش سوزی yangın kulesi. ‖ * ~ -i dîdebân برج دیده بان gözetleme kulesi. ‖ * ~ -i furûdgâh برج فرودگاه hava kontrol kulesi.

برج berc: gereksiz masraflar.

برجا زا bercâzâ: [ber+câ+zâden>zâ] otojenik.

برجاس borcâs: (A.) hedef.

برجای ber cây: yerinde, sabit, kalıcı.

برجای ber cây-i: **1.**hakkında. **2.**yerine.

برجستگی bercestegî: [ber+cesten>cest+ e+ g+î] **1.**kabartı. **2.**kabartma. **3.**tümseklik. **4.**çıkıntı.

برجستن bercesten: **1.**sıçramak. **2.**atlamak. **3.**zıplamak. ‖ * ~ ez cây بر جستن از جای yerinden fırlamak.

برجسته berceste: [ber+cesten>cest+e] **1.**seçkin, mümtaz. **2.**çıkık, tümsek. **3.**belirgin. **4.**kabarık, kabarmış. **5.**sıçramış.

برجهیدن ber cehîden: **1.**çifte atmak.

برچسب berçesb: [ber+çesbîden>çesb] **1.**etiket. **2.**çıkartma.

بر چسبیدن ber çesbîden: yapıştırmak.

بر چسفیدن ber çesfîden: **1.**yapıştırmak. **2.**meyilli olmak. **3.**sapmak. **4.**donmak. **5.**solmak.

برچیدگی berçîdegî: [ber+çîden>çîd+e+ g+î] kapanma (kurum veya dükkân).

برچیدن ber çîden: **1.**toplamak. **2.**kapatmak. **3.**yem yemek, tane yemek.

برچیده شدن ber çîde şoden: **1.**dağıtılmak. **2.**kapatılmak.

برحذر berhazer: (F.-A.) [ber+hazer] sakınma.

برحذر بودن berhazer bûden: sakınmak, çekinmek, uzak durmak.

برحذر كردن berhazer kerden: uyarmak, sakındırmak, çekindirmek.

برحسب (F.-A.) [ber+haseb+-i] -e göre, -diği gibi. ‖ * ~ -i ittifâk بر حسب اتفاق tesadüfen. ‖ * ~ maslahat بر حسب مصلحت duruma göre.

برخ berh: **1.**kısım, parça. **2.**hisse, pay, nasip.

برخاستن berhâsten: **1.**kalkmak. **2.**ayağa kalkmak. **3.**çıkmak. **4.**başlamak. **5.**kopmak, yükselmek. **6.**yeşermek. **7.**uyanmak. **8.**doğmak. **9.**isyan etmek, ayaklanmak. **10.**vazgeçmek. ‖ * ez câ ~ از جا برخاستن yerinden kalkmak, yekinmek. ‖ * be ihtirâm-i kesî ez câ ~ به احترام كسى از جا برخاستن selâma durmak.

برخج berehc: **1.**çirkin. **2.**alçak. **3.**güçsüz.

برخفج berhefç: kâbus.

بر خلاف ber hilâf-i: (F.-A.) **1.**dışı. **2.**tersine, aksine. **3.**aykırı.

برخوابه berhâbe: [ber+hâb+e] yatak, döşek.

بر خواندن ber hânden: okumak.

برخور berhor: [ber+horden>hor] **1.**faydalanan, yararlanan. **2.**ortak.

برخورد berhord: [ber+horden>hord] **1.**karşılaşma, rastlama. **2.**çarpışma. ‖ * ~ bâ برخورد با ilgili.

برخوردار berhordâr: [ber+horden>hord+ âr] **1.**hissesini alan. **2.**muradına ermiş. **3.**mutlu.

برخوردار بودن berhordâr bûden: nasibini almak.

برخوردار شدن berhordâr şoden: **1.**muradına ermek. **2.**yararlanmak. **3.**nasiplenmek. **4.**payını almak.

برخوردارى berhordârî: [ber+horden> hord+âr+î] **1.**mutluluk. **2.**yararlanma. **3.**nasiplenme.

برخورد كردن berhord kerden: **1.**karşılaşmak. **2.**rastlamak, karşısına çıkmak. **3.**buluşmak. ‖ * ~ bâ kesî برخورد كردن با كسى (birine) davranmak.

برخوردن berhorden: **1.**rastlamak. **2.**tesadüf etmek. **3.**faydalanmak. ‖ * behem ~ به هم برخوردن karşılaşmak, rastlaşmak.

برخه berhe: [berh+e] **1.**kısım. **2.**hisse, pay. **3.**kesir.

برخى berhî: [berh+î] **1.**bir kısmı. **2.**kimisi, kimileri. **3.**bazı, bazısı. **4.**kurban. **5.**fedai.

بر خيزانيدن berhîzânîden: **1.**kaldırmak. **2.**ayağa kaldırmak. **3.**yükseltmek. **4.**kışkırtmak, tahrik etmek.

برد berd: taş.

برد bered: (A.) dolu.

برد bord: [borden>bord] **1.**oyunda kazanma, ütme. **2.**kâr, kazanç. **3.**yarar. **4.**(sp.) galibiyet. **5.**(ask.) menzil. ‖ * ~ -i mutevessit برد متوسط (ask.) orta menzilli. ‖ * ~ -i pervâzî برد پروازى uçuş menzili. ‖ * zarfiyyet-i ~ ظرفيت برد taşıma kapasitesi.

بردابرد berdâberd: şâh veya emirin korumalarının uzaklaşınkomutları.

بر دادن ber dâden: **1.**terketmek. **2.**bırakmak. **3.**açmak.

بردار berdâr: [ber+dâşten>dâr] **1.**meyveli.

برداشت berdâşt: [berdâşten>berdâşt] **1.**hasat. **2.**sabır, tahammül. **3.**(müz.) bir tür saz. **4.**algılama.

برداشت كردن berdâşt kerden: **1.**hasat yapmak. **2.**tahammül etmek. **3.**algılamak.

برداشت گرا berdâştgerâ: [berdâşten> berdâşt+gerâyîden>gerâ] izlenimci, empresyonist.

برداشت گرايى berdâştgerâyî: [berdâşten> berdâşt+gerâyîden>gerây+î] izlenimcilik, empresyonizm.

برداشتن berdâşten: **1.**almak. **2.**kaldırmak. **3.**taşımak.

برداشتنى berdâştenî: [berdâşten+î] kaldırılabilir.

برداشته berdâşte: [berdâşten>berdâşt+e]

1.kaldırılmış. 2.mücavir; kutsal yerlere sığınan kişi.

بردبار bordbâr: [bord+bâr] 1.sabırlı. 2.tahammüllü. 3.yük çeken.

بردباری bordbârî: [bord+bâr+î] 1.sabır. 2.tahammül.

بر دراندن berderânden: parçalamak.

بر دست ber dest-i: [ber+dest+ -i] tarafından, eliyle.

بردگی berdegî: [berde+g+î] 1.kölelik. 2.esaret, tutsaklık.

بردگی کردن berdegî kerden: kölelik etmek.

بر دمیدن ber demîden: 1.üflemek. 2.nefes almak. 3.doğmak (yıldız). 4.söylemek. 5.gazaplanmak, öfkelenmek. 6.yeşermek.

بردن borden: (Peh.) 1.götürmek. 2.kazanmak (kumarda). 3.kazanmak (yarışta). 4.uzatmak. 5.bozmak, alıp götürmek. 6.hareket ettirmek. 7.ayırmak. 8.evlenmek, almak. 9.silmek. ‖ * ez hâtir ~ از خاطر بردن hatırdan çıkarmak, unutturmak. ‖ * bâ hod ~ با خود بردن taşımak. ‖ * be pîş ~ به پیش بردن götürmek, ilerletmek. ‖ * hemrâh-i hod ~ همراه خود بردن (yanında) taşımak.

بردو bordo: (Fr.) bordo.

برده borde: [borden>bord+e] 1.kumarda kazanmış. 2.götürmüş. 3.meczup. 4.yüklenmiş. 5.ayrılmış.

برده berde: (Peh.) 1.köle. 2.esir, tutsak.

برده دل borde dil: [borden>bord+e+dil] tutkun, aşık.

برده فروش berde furûş: [berde+ furûhten>furûş] 1.köle tüccarı. 2.esir tüccarı, esirci.

برده فروشی berdefurûşî: [berde+ furûhten>furûş+î] köle ticareti, köle satışı.

بردی bordî (bot.) bir tür kaliteli hurma.

بردیدن berdîden: anayoldan uzaklaşmak.

برد یمانی bord-i yemânî: Yemen keteni.

برذون birzevn: 1.(zool.) süratli at. 2.tatar atı.

بر رستن ber rosten: yeşermek, bitmek.

بررسته berroste: [ber+rosten>rost+e] yapmacıksız iş.

برسم beresm-i: (F.-A.) [ber+resm-i] olarak, niyetine.

بررسی berresî: [ber+resîden>res+î] 1.inceleme, tedkik, araştırma. 2.sansür. ‖ * muvrid-i ~ karâr dâden مورد بررسی قرار دادن ele almak, incelemek. ‖ * muvrid-i ~ karâr giriften مورد بررسی قرار گرفتن ele alınmak, incelenmek. ‖ * muvrid-i ~ karâr şoden مورد بررسی قرار شدن ele alınmak, incelenmek.

بر رسیدن ber resîden: 1.incelemek, araştırmak. 2.soru sormak. 3.teftiş etmek.

بررسی کردن berresî kerden: 1.incelemek, araştırmak, tedkik etmek.

بر رفتن ber reften: 1.tırmanmak. 2.yükselmek.

بر روشن ber revişn: (Peh.) 1.mümin, inanan.

بر روی ber rûy-i: üzerinde, üzerine, -de.

بر روی هم ber rûy-i hem: 1.bir arada, birlikte. 2.toplam, üstüste.

برره berere: (A.) salih kimseler, iyi amelliler.

برز berz: (Peh.) 1.iş. 2.tarım, ziraat.

برز borz: 1.yükseklik, irtifa. 2.ağaç gövdesi. 3.boypos. 4.azamet. ‖ * ~ u bâlâ برز و بالا boypos.

برزخ berzeh: (A.) 1.berzah, geçit, kıstak. 2.(tas.) misal âlemi. 3.darboğaz.

برزخ شدن berzeh şoden: canı sıkılmak.

برزخ گونه berzehgûne: [berzeh+gûne] müthiş, cehennemî.

بر زدن ber zeden: 1.yanaşmak. 2.eşitlik kurmak. 3.(gemi) iskeleye yanaşmak. 4.omuz atmak. 5.hâkketmek.

بر زدن bor zeden: 1.(iskambilde) kart

kesmek, kâğıt kesmek.

برزكار berzkâr: [berz+kâr] çiftçi.

برزگاو berzgâv: [berz+gâv] öküz.

برزگر berzger: [berz+ger] çiftçi, ziraatçi.

برزگرى berzgerî: [berz+ger+î] çiftçilik.

برزن berzen: **1.**mahalle. **2.**sokak. **3.**yöre.

برزنت berzent: branda bezi.

برزه berze: [berz+e] **1.**tarım, ziraat. **2.**ağaç dalı.

برزيدن berzîden: (Peh.) bir işe devam etmek, sürdürmek.

برزيگر berzîger: [berz+î+ger] çiftçi, ziraatçi.

برس birs, bors: (A.) (bot.) pamuk.

برس brus: (İng.) fırça.

بر ساختن ber sâhten: göstermek.

برسام bersâm: (tıb.) zatülcenp.

برسان bersân-i: [ber+sân+ -i] gibi, benzeri.

برستيزيدن bersitîzîden: didişmek, mücadele etmek.

برسم bersem: (Peh.) Zerdüşt ayininde kullanılan ağaç dalı.

برسمدان bersemdân: Zerdüşt ayininde kullanılan ağaç dallarının konulduğu ayaklar.

برسيدن bersîden: tamamlanmak, bitmek.

برش boriş: [borîden>bor+iş] **1.**kesme. **2.**kesit. **3.**dilim. **4.**keskinlik. **5.**çözümleme gücü.

برشتن birişten: (Peh.) **1.**kavurmak. **2.**kebap etmek. **3.**pişirmek. **4.**koku vermek.

برشته birişte: [birişten>birişt+e] **1.**kavruk. **2.**közlü. **3.**yanık.

برشته كردن birişte kerden: **1.**kavurmak. **2.**közlemek.

برشته كن birişte kon: [birişte+kerden>kon] toster.

برش دادن boriş dâden: dilimlemek.

برش داشتن boriş dâşten: iş bitirici olmak.

بر شدن ber şoden: **1.**yukarı çıkmak. **2.**yükselmek.

بر شكستن ber şikesten: **1.**terketmek. **2.**yüz çevirmek.

بر شمردن ber şomorden: **1.**saymak. **2.**hesaplamak.

برشوم berşûm: (A.) (bot.) bir tür kuru hurma.

برص baras: (A.) alaca lekeler.

بر ضد ber zıdd-i: (F.-A.) **1.**-e karşı, aleyhine. **2.**tersine.

بر طرف ساختن ber taraf sâhten: bertaraf etmek, ortadan kaldırmak.

برطرف شدن bertaraf şoden: giderilmek, bertaraf edilmek, ortadan kaldırılmak.

برطرف كردن bertaraf kerden: gidermek, bertaraf etmek, ortadan kaldırmak.

بر طلبيدن ber talebîden: **1.**talepte bulunmak.

بر ظاهر ber zâhir: (F.-A.) [ber+zâhir] açıkça.

برعكس ber aks: (F.-A.) [ber+aks] aksine, tersine.

بر علاوه ber ilâve: (F.-A.) [ber+ilâve] üstelik, bunun yanısıra, ilaveten, ek olarak.

برغم beraǧm-i: (F.-A.) [be+raǧm+ -i] rağmen, karşın.

برغمان bergemân: ejderha, büyük yılan.

برغندان bergendân: **1.**Şaban ayınınsonlarında yapılan tören. **2.**Bu törende içilen şarap.

برغو burgû: (T.) (müz.) içi boş boynuzdan yapılan bir tür müzik aleti.

برغول bergûl: **1.**bulgur. **2.**bulgur pilavı. **3.**undan yapılan bir tür helva.

برف berf: (Peh.) **1.**kar. **2.**kış.

برفاب berfâb: [berf+âb] **1.**kar suyu. **2.**iştah nedeniyle ağızdan akan su.

برفاب دادن berfâb dâden: **1.**ağzını sulandırmak. **2.**umutsuz bırakmak, avucunu yalatmak.

برفابه berfâbe: [berf+âb+e] sulusepken, sulu kar, karla karışık yağmurlu.

برف انبار berf enbâr: [berf+enbâr] **1.**kar ambarı. **2.**üstüste yığılı evrak.

برف پاره berfpâre: [berf+pâre] kar tanesi.

برف پاک کن berf pâk kon: [berf+pâk+kerden>kon] **1.**cam sileceği. **2.**kar temizleyici.

برفرض که berfarzki: (F.-A.) ber+farz+ki] diyelim ki, farzedelim, tut ki.

بر فرض هم که berfarzhemki: (F.-A.) [ber+farz+hem+ki] diyelim ki, farzedelim, tut ki.

برف روبی berfrûbî: [berf+rûften>rûb+î] kar kürüme.

بر فروختن ber furûhten: **1.**alevlenmek. **2.**yakmak.

برفک berfek: [berf+ek] **1.**(tıb.) pamukçuk hastalığı.

برف کوبی berfkûbî: [berf+kûbîden> kûb+î] karları sıkıştırarak yol yapmak.

برفنجک berfencek: kâbus.

برق berk: (A.) **1.**ışık. **2.**elektrik. **3.**şimşek. **4.**parlaklık, parıltı. ‖ * ~ ez ser-i kesî perîden برق از سر کسی پریدن başından kaynar sular dökülmek, kan beynine sıçramak, yıldırım çarpmışa dönmek. ‖ * be ~ vasl kerden به برق وصل کردن prize takmak. ‖ * hâmûşî-i ~ خاموشی برق elektrik kesintisi. ‖ * kat'-i ~ قطع برق elektrik kesintisi. ‖ * kilîd-i ~ کلید برق elektrik düğmesi.

برق آشیان berkâşiyân (A.-F.) [berk+âşiyân] şimşek yuvalı, yuvası şimşek olan.

برق افتادن berk oftâden: parıldamak.

برق افشان ·berkefşân (A.-F.) [berk+efşânden>efşân] şimşek saçan.

برقان berkân (A.) parıldama.

برق برق افتادن berk berk oftâden: parlamak, ışıldamak.

برق درخش berkdirahş (A.-F.) [berk+dirahşîden> dirahş] şimşek gibi parlayan.

برق درخشیدن berk dirahşîden: şimşek çakmak.

برقرار ساختن ber karâr sâhten: **1.**sağlamak. **2.**yapmak. **3.**kurmak.

بر قرار شدن ber karâr şoden: hakim olmak, hüküm sürmek.

بر قرار کردن ber karâr kerden: hakim kılmak, yapmak.

بر قراری ber karârî: (F.-A.) [ber+karâr+î] **1.**hakim olma. **2.**yürürlüğe girme.

برق رفتن berk reften: ceryan kesilmek, elektrik kesilmek.

برق زدن berk zeden: **1.**parlamak, ışıldamak, ışılamak, yalbırdamak. **2.**yıldırım düşmek.

برقع burka: (A.) **1.**peçe. **2.**baş örtüsü.

برقع گشادن burka' guşâden: peçeyi açmak, peçeyi kaldırmak.

برق گرفتن berk giriften: **1.**cereyan çarpmak. **2.**yıldırım çarpmak.

برقگیر berkgîr: ((A.-F.) [berk+giriften> gîr] paratoner.

برقی berkî: (A.-F.) [berk+î] **1.**pırıltılı, parlak. **2.**elektrikli, ceryanlı. **3.**elektrikçi.

برک berek: **1.**bir tür yün kumaş. **2.**bir tür giysi.

برکاپوز berkâpûz: ağız çevresi.

برکات berekât: (A.) bereketler, bolluklar.

برکت bereket: (A.) **1.**bereket, bolluk. **2.**uğur. **3.**saadet. ‖ * ~ -i çîzî reften برکت چیزی رفتن bereketi kaçmak.

بر کردن ber kerden: **1.**kaldırmak. **2.**yükseltmek. **3.**ateş yakmak. **4.**kökünden sökmek.

بر کشیدن ber keşîden: **1.**yukarı çekmek. **2.**dışarı çıkarmak. **3.**kırıştırmak. **4.**eğitmek.

بر کنار افتادن berkenâr oftâden: uzak düşmek, ayrılmak.

بر کنار شدن ber kenâr şoden: istifa etmek, çekilmek, ayrılmak.

بر کنار کردن ber kenâr kerden: **1.**görevden uzaklaştırmak, görevden almak. **2.**tahttan indirmek. **3.**ayırmak.

بر کناری ber kenârî: [ber+kenâr+î] istifa, görevden uzaklaştırılma.

بر کندن ber kenden: **1.**kazımak. **2.**kökünden sökmek. **3.**koparmak. **4.**çıkarıp atmak.

برکنده شدن berkende şoden: sökülmek, koparılmak.

برکه birke: (A.) havuz.

برکی berekî: keçeden yapılan uzunca bir külâh.

برگ berg: (Peh.) **1.**yaprak. **2.**belge. **3.**düzen. **4.**azık. **5.**adet, nüsha. **6.**niyet.**7.**kasıt. **8.**ilgi. **9.**iltifat. **10.**şarkı. **11.**form. **12.**eşya. ‖ * ~ -i herîd برگ خرید satış belgesi, fatura. ‖ * ~ -i huviyyet برگ هویت kimlik kartı, hüviyet kartı. ‖ * ~ -i murehhesî برگ مرخصی izin kâğıdı. ‖ * ~ -i teşhîs-i selâhiyyet برگ تشخیص صلاحیت yetki belgesi. ‖ * ~ u sâz برگ و ساز araç gereç. ‖ * ~ u nevâ برگ و نوا azık, günlük rızık.

برگاشتن bergâşten: döndürmek. ‖ * ~ rûy ez برگاشتن روی از yüz çevirmek.

برگ بو berg-i bû: **1.**(bot.) taflan.

برگدار bergdâr: [berg+dâşten>dâr] yapraklı.

برگدار شدن bergdâr şoden: yapraklanmak.

برگذار bergozâr: [ber+gozârden>gozâr] **1.**icrâ. **2.**arz. **3.**bahşiş.

برگذار شدن bergozâr şoden: **1.**yapılmak, icrâ edilmek. **2.**bağışlanmak.

برگذار کردن bergozâr kerden: **1.**yapmak, yerine getirmek, icra etmek, kılmak. **2.**bitirmek. **3.**bağışlamak. **4.**idare etmek.

برگذاری bergozârî: [ber+gozârden> gozâr+î] **1.**yerine getirme, yapma, kılma, icra. **2.**yerine getirilme, yapılma.

برگذشتن ber gozeşten: geçmek, aşmak, geride bırakmak.

بر گرد ber gird-i: [ber+gird+ -i] etrafında, çevresinde.

بر گرداندن ber gerdânden: **1.**çevirmek, tercüme etmek. **2.**geri çevirmek. **3.**geri göndermek. **4.**geri götürmek. **5.**döndürmek. **6.**iade etmek, geri vermek. **7.**saptırmak, çarptırmak.

بر گردانیدن ber gerdânîden: **1.**çevirmek, tercüme etmek. **2.**geri çevirmek. **3.**geri göndermek. **4.**geri götürmek. **5.**döndürmek. **6.**iade etmek, geri vermek. **7.**saptırmak, çarpıtmak.

بر گردیدن ber gerdîden: **1.**geri dönmek. **2.**dönüşmek. **3.**değişmek. **4.**ters dönmek.

بر گردیده بخت ber gerdîde baht: [ber+ gerdîden>gerdîd+e+baht] bedbaht, talihsiz.

بر گردیده بوی ber gerdîde bûy: [ber+ gerdîden> gerdîd+e+bûy] kötü kokan, kokuşmuş.

بر گرفتن ber giriften: **1.**almak, kaldırmak. **2.**çalmak. **3.**nakletmek. **4.**kesmek, koparmak. **5.**satın almak. **6.**değiştirmek.

برگرفته ber girifte: [ber+giriften> girift+e] **1.**alınmış. **2.**çalınmış. **3.**nakledilmiş. **4.**makbul.

برگ ریزان bergrîzân: [berg+rîhten> rîz+ân] **1.**yaprak dökümü. **2.**sonbahar.

برگ ریزش bergrîziş: [berg+rîhten> rîz+iş] yaprak dökümü.

برگ ریزی bergrîzî: [berg+rîhten> rîz+î] yaprak dökümü.

بر گزیدن ber gozîden: **1.**seçmek. **2.**tercih etmek.

بر گزیده bergozîde: [ber+gozîden> gozîd+e] **1.**seçilmiş, seçkin, mümtaz.

بر گزیده شدن ber gozîde şoden: **1.**seçilmek. **2.**getirilmek, atanmak, tayin edilmek.

برگستوان bergostvân: zırh.

بر گشادن bergoşâden: açmak.

برگشت bergeşt: [bergeşten>bergeşt] geri dönüş, dönüş.

برگشت داده شدن bergeşt dâde şoden: geri çevrilmek.

بر گشتن ber geşten: **1.**geri dönmek. **2.**vazgeçmek. **3.**çavmak. **4.**dinden çıkmak. **5.**değişmek. **6.**baş aşağı olmak. **7.**tersyüz olmak. ‖ * ~ ez kovl برگشتن از قول sözünden dönmek. ‖ * ~ be kesî برگشتن به

کسی birine bağlı olmak, birine ait olmak.
بر گفتن ber goften: **1.**anlatmak, açıklamak. **2.**söylemek, anmak.
برگ کردن berg kerden: yapraklanmak.
بر گماردن ber gomârden: **1.**atamak. **2.**görevlendirmek. **3.**vekil bırakmak.
بر گماشتن ber gomâşten: **1.**atamak. **2.**görevlendirmek. **3.**vekil bırakmak.
بر گماشته bergomâşte: [bergomâşten> bergomâşt+e] **1.**atanmış. **2.**görevli. **3.**vekil.
برگ نو berg-i nov (bot.) kurtbağrı.
برگه berge: [berg+e] **1.**meyve kakı, kurutulmuş meyve. **2.**belge, form. **3.**fiş, satış fişi. ‖ * ~ -i ubûr برگهء عبور geçiş belgesi.
برگه دان bergedân: [berg+e+dân] fiş kutusu.
برلیان birilyan: (Fr.) pırlanta.
برلین berlin: (coğ.) Berlin.
برم berm: (Peh.) havuz.
برم berem: [ber+em] **1.**bana. **2.**yanıma. **3.**bence.
بر ماسیدن ber mâsîden: dokunmak, el sürmek, değmek.
برمال زدن bermâl zeden: kaçmak.
برمال کردن bermâl kerden: kaçmak.
بر مالیدن ber mâlîden: **1.**katetmek. **2.**kaçmak.
برماه bermâh: matkap.
برمچ bermeç: [bermeçîden>bermeç] değme, dokunma, el sürme.
بر مچیدن ber meçîden: değmek, dokunmak, el sürmek.
برمخ bermeh: **1.**isyan. **2.**muhalefet. **3.**bencillik.
بر مخیدن ber mehîden: isyan etmek, baş kaldırmak.
برمکی bermekî: (A.) Bermekî.
برمکیان bermekiyân: (A.-F.) [bermek+ i+y+ân] Bermekîler.
برملا bermelâ: ortaya çıkarma.
برملا شدن bermelâ şoden: ortaya çıkmak.
برملا کردن bermelâ kerden: ortaya çıkarmak.
برمنش bermeniş: kendini beğenmiş, kibirli.
برمنشی bermenişî: [bermeniş+î] kendini beğenmişlik, kibir.
برمه borme: (coğ.) Burma.
برنا bornâ: (Peh.) **1.**genç, delikanlı. **2.**zarif. **3.**güzel.
برناس bernâs: **1.**cahil. **2.**gafil.
برناسی bernâsî: [bernâs+î] **1.**cahillik, cehalet. **2.**gafillik, gaflet.
برنامه bernâme: [ber+nâme] **1.**program. **2.**gündem. **3.**başlık. ‖ * ~ -i gezâî برنامهء غذائی (tıb.) diyet.
برنامه اجرا کردن bernâme icrâ kerden: program yapmak.
برنامه ریز bernâmerîz: [bernâme+rîhten> rîz] planlamacı.
برنامه ریزی bernâmerîzî: [bernâme+ rîhten>rîz+î] planlama.
برنامه ریزی شدن bernâmerîzî şoden: planlanmak, planlama yapılmak.
برنامه ریزی کردن bernâmerîzî kerden: planlama yapmak, planlamak.
برنامه نویس bernâmenevîs, bernâmenuvîs: [bernâme+nevişten> nevîs] programcı. ‖ * ~ -i kampiyotr برنامه نویس کامپیوتر bilgisayar programcısı.
برنامه نویسی bernâmenevîsî: [bernâme+ nevişten> nevîs+î] programcılık. ‖ * ~ -i kampiyotr برنامه نویسیء کامپیوتر bilgisayar programcılığı.
برنج birinc: **1.**(bot.) pirinç. **2.**(kim.) pirinç , sarı (metal).
برنجی birincî: [birinc+î] **1.**bir tür ekmek. **2.**pirinçten (yapılmış).
برنجین birincîn: [birinc+în] pirinçten (yapılmış).
برندک berendek: tepe.
برنده berende: [borden>ber+ende] **1.**kazanan (kumarda). **2.**(sp.) galip. **3.**götüren. **4.**alan.
برنده borende: [borîden>bor+ende] **1.**keskin, kesici. **2.**kesen.
برنز bronz: (kim.) bronz.
برنس bornos: (A.) **1.**derviş külâhı.

2.başlıklı bir tür giysi.

بر نشاندن ber nişânden: 1.ata bindirmek. 2.tahta oturtmak, tahta geçirtmek. 3.bindirmek.

بر نشستن ber nişesten: 1.ata binmek, binmek. 2.tahta oturmak, tahta geçmek.

برنشیت bronşit: (Fr.) 1.(tıb.) bronşit.

بر نگاشتن ber nigâşten: yazmak.

بر نگریستن ber nigerîsten: yukarıya bakmak.

برنون bernûn: ince ipek.

بروات borevât: (Fr.-A.) bröveler.

بر و بچه ber u beççe: çoluk çocuk.

بر و بوم ber u bûm: 1.ülke. 2.diyar.

بروت burût: bıyık.

بروج burûc: (A.) burçlar.

بروجه bervech-i (F.-A.) [ber+vech+ -i] gibi, üzere, olduğu şekilde. ‖ * ~ âtî بروجه آتی aşağıda olduğu gibi, aşağıda görüleceği gibi. ‖ * ~ bâlâ بروجه بالا yukarıda olduğu gibi, yukarıda geçtiği üzere, yukarıdaki gibi. ‖ * ~ dilhâh بروجه دلخواه gönlünün istediği gibi, canının istediği gibi. ‖ * ~ ekmel بروجه اکمل tam olarak, mükemmel olarak. ‖ * ~ iştirâk بروجه اشتراک ortaklaşa. ‖ * ~ muharrer بروجه محرر yazıldığı gibi, yazılı olduğu gibi. ‖ * ~ meşrûh بروجه مشروح açıklandığı gibi. ‖ * ~ mukerrer بروجه مکرر tekrar tekrar. ‖ * ~ yesîr بروجه یسیر kolayca. ‖ * ~ zeyl بروجه ذیل aşağıda olduğu gibi, aşağıda görüleceği gibi. ‖ * ~ zîr بروجه زیر aşağıda olduğu gibi, aşağıdaki gibi, aşağıda görüleceği gibi.

برودت burûdet: (A.) 1.soğukluk. 2.soğuma.

برودری broderî: (Fr.) nakış, broderi.

بروز burûz: (A.) ortaya çıkma, meydana gelme, zuhur, başgösterme.

بروز دادن burûz dâden: birine söylemek, çıtlatmak.

بروز کردن burûz kerden: 1.meydana gelmek, ortaya çıkmak, baş göstermek, zuhur etmek.

بروشور broşur: (Fr.) broşür.

بر و فرود ber u furûd: [ber+u+furûd] 1.iniş çıkış. 2.inişli çıkışlı.

بر وفق ber vefk-i : (F.-A.) [ber+vefk+ -i] uygun olarak, uyarınca, üzere. ‖ * ~ merâm بروفق مرام istediği gibi. ‖ * ~ murâd بروفق مراد murad üzre, istenildiği gibi.

بروفه burûfe: 1.sarık. 2.bel kuşağı, kuşak.

بروق burûk: (A.) parlaklıklar, ışıklar.

برومند berûmend: 1.verimli. 2.mutlu. 3.kazançlı. 4.iri, büyük.

برون birûn, burûn: dış, dışarı, dışarısı, dışında, dışardaki.

برون آمدن burûn âmeden: çıkmak, terketmek.

برون آوریدن burûn âverîden: dışarı çıkarmak, kurtarmak.

برون رستن burûn rosten: yeşermek, bitmek.

برون رفتن burûn reften: dışarı çıkmak.

برون ریختن burûn rîhten: dışarı dökmük.

برون شدن burûn şoden: çıkmak, dışarı çıkmak.

برون فکنی burûnfikenî: [burûn+ fikenden> fiken+î] dışavurum.

برون گرا burûngerâ: [burûn+gerâyîden> gerâ] 1.dışadönük.

برون گرایی burûngerâyî: [burûn+ gerâyîden> gerây+î] dışadönüklük.

بره berre, bere: (Peh.) 1.kuzu. 2.âciz. 3.itaatkâr.

بره bere: bere, külâh.

برهان burhân: (A.) kanıt, delil. ‖ * ~ -i kâti' برهان قاطع kesin delil. ‖ * ~ -i mesîh برهان مسیح 1.ölüyü diriltme. 2.hastaya şifa verme. 3.Hz. İsa'nın kanıtı, Hz.İsa'nın mucizesi.

بره بند berebend: 1.üstün. 2.becerikli.

برهم berhem: [ber+hem] 1.karışık. 2.toplu.

بر هم ber hem: birbiriyle, birbirine.

برهم ریختن ber hem rîhten: bozmak.

برهم زدن ber hem zeden: 1.karıştırmak. 2.perişan etmek. 3.dağıtmak, alt üst etmek. 4.menetmek. 5.baş aşağı etmek, ters çevirmek. 6.çarpmak (kapı, pencere).

برهم سبقت جستن ber hem sebkat costen: birbiriyle yarışmak.

برهم سوختن berhem sûhten: yakmak.

برهم شدن ber hem şoden: 1.perişan olmak. 2.karışmak. 3.telef olmak. 4.artmak.

برهم نهادن ber hem nihâden: 1.üstüste koymak. 2.istiflemek, istif etmek. 3.karıştırmak. 4.incitmek.

برهم خوردگی ber hem hordegî: [ber+hem+horden> hord+e+g+î] 1.dağınıklık. 2.fitne, fesat. 3.kargaşa. 4.ızdırap.

برهم خوردن ber hem horden: 1.perişan olmak. 2.dağılmak. 3.muzdarip olmak. 4.fitne çıkmak. 5.kargaşa çıkmak.

برهم زدن ber hem zeden: 1.karıştırmak. 2.fitne çıkarmak. 3.ara bozmak.

برهمن birehmen: Brahman.

برهنگی birehnegî: [birehne+g+î] çıplaklık.

برهنه birehne (eskiden: berehne): çıplak, soyunuk.

برهنه شدن birehne şoden: soyunmak.

برهنه کردن birehne kerden: 1.soymak. 2.çıplaklaştırmak.

برهوت berehût: vadi.

برهه borhe: bir süre.

برهیختن berhîhten: çıkarmak.

بری berî: (A.) 1.günahsız. 2.temiz, arınmış.

بری berrî: (A.) 1.karaya ait, karasal. 2.çöle ait.

بریان biryân: kebap olmuş, kızarmış.

بریانتین briyantin: (Fr.) briyantin.

بریان شدن biryân şoden: kızarmak, kebap olmak.

بریان کردن biryân kerden: kızartmak, kebap yapmak.

بریان کرده شدن biryân kerde şoden: kızartılmak.

بریتانیا britanya: (coğ.) Britanya. ‖ * ~ -yi kebîr بریتانیای کبیر (coğ.) Büyük Britanya.

برید berîd: (A.) 1.bir uzunluk birimi, berid. 2.ulak.

بریدگی borîdegî: [borîden>borîd+e+g+î] 1.dulda. 2.kesiklik. 3.kopukluk.

بریدن borîden: 1.kesmek. 2.ayırmak. 3.biçmek. 4.parçalamak. 5.geçmek. 6.budamak. 7.kopmak, alaka kesmek. 8.ayrılmak, uzaklaşmak.

بریده borîde: [borîden>borîd+e] 1.kesik. 2.ayrık, ayrılmış. 3.kopuk, kopmuş. 4.sünnetli. 5.ot. 6.budanık, budanmış.

بریده دم borîde dom: [borîden>borîd+e+dom] 1.kuyruğu kesik. 2.kulağı kesik, hilekâr, üçkâğıtçı.

بریده زبان borîde zebân: [borîden>borîd> e+zebân] 1.dili kesik. 2.suskun.

بریستول bristol: (coğ.) Bristol.

بریشم berîşem: ibrişim.

بریغ birîğ: üzüm salkımı.

بریگارد brigard: (Fr.) 1.(ask.) tugay. 2.(ask.) müfreze.

برین berîn: [ber+în] 1.en yüksek, en yüce. 2.üstün. 3.yarık.

برینش borîniş: [borîn+iş] 1.kesik. 2.(tıb.) ishal, sürgün.

بریه beriyye: (A.) yaratık, mahluk.

بز bez: 1.âdet, kaide, kural. 2.tarz. 3.kanun.

بز bez: zirve, doruk.

بز boz: (Peh.) (zool.) keçi. ‖ * ~ -i kûhî بز کوهی (zool.) dağ keçisi.

بز آوردن boz âverden: kumarda şansı dönmek.

بزاز bezzâz: (A.) manifaturacı, kumaşçı.

بزازی bezzâzî: (A.-F.) [bezzâz+î] manifaturacılık, kumaşçılık, kumaş satıcılığı.

بزاق bozâk: (A.) kulakaltı bezi.

بزانو bezânû: [be+zânû] 1.(ask.) çök! emri.

بز بچه bozbeççe: [boz+beççe] 1.keçi

yavrusu. **2.**oğlak.

بزبها bozbehâ: [boz+behâ] değersiz.

بزدل bozdil: [boz+dil] ödlek, korkak.

بزدلی bozdilî: [boz+dil+î].ödleklik, korkaklık.

بزر bezr: (A.) tohum.

بزرک bezrek: keten tohumu. ‖ * rûgen-i ~ روغن بزرک keten yağı.

بزرگ bozorg: (Peh.) **1.**büyük. **2.**ileri gelen. **3.**geniş. **4.**ferah. **5.**iri. **6.**güçlü. **7.**asil, soylu. **8.**görkemli. **9.**reis, başkan. **10.**erişkin, yetişkin. **11.**ilk çocuk, bir numara. **12.**(tas.) mürşid. **13.**(tas.) velî. **14.**(müz.) İran musikîsinde dairelerden biri.

بزرگ جثه bozorg cosse: (F.-A.) [bozorg+ cosse] irikıyım, iri cüsseli, çam yarması.

بزرگ داشتن bozorg dâşten: hürmet etmek, saymak.

بزرگ راه bozorgrâh: [bozorg+râh] otoban.

بزرگ زادگی bozorgzâdegî: [bozorg+ zâden> zâd+e+g+î] asalet, soyluluk, asillik.

بزرگ زاده bozorgzâde: [bozorg+zâden> zâd+e] asil, soylu, asilzade.

بزرگ سال bozorgsâl: [bozorg+sâl] **1.**yaşlı, ihtiyar, yaşı büyük, geçkin.

بزرگ شدن bozorg şoden: büyümek. **2.**irileşmek. **3.**geniş olmak. **4.**güçlenmek. **5.**reis olmak, başkan olmak. **6.**yetişkin olmak, erişkin olmak.

بزرگ کردن bozorg kerden: büyütmek.

بزرگ منش bozorgmeniş: [bozorg+ meniş] yüce himmetli, âlicenap, asil.

بزرگ منشی bozorgmenişî: [bozorg+ meniş+î] yüce himmetlilik, âlicenaplık, asalet, asilce.

بزرگ نما bozorgnumâ: [bozorg+ numûden> numâ+y+î] büyültme.

بزرگ نمایی شدن bozorgnumâyî şoden: büyültülmek.

بزرگ نمایی کردن bozorgnumâyî kerden: büyültmek.

بزرگوار bozorgvâr: [bozorg+vâr] **1.**büyük. **2.**yüce. **3.**ulu. **4.**asil. **5.**güçlü. **6.**âlim, bilgin. **7.**şerefli.

بزرگواری bozorgvârî: [bozorg+vâr+î] **1.**büyüklük. **2.**yücelik. **3.**güçlülük, güç. **4.**asalet, asillik, soyluluk.

بزرگ همت bozorg himmet: (F.-A.) [bozorg+himmet] yüce himmetli.

بزرگی bozorgî: [bozorg+î] **1.**büyüklük. **2.**azamet. **3.**irilik. **4.**genişlik. **5.**asillik.

بزرگی داشتن bozorgî dâşten: yüce himmetli olmak.

بزرگی کردن bozorgî kerden: **1.**büyüklük yapmak. **2.**reislik yapmak, başkanlık etmek. **3.**hastaya bakmak.

بزشک bizişk: (Peh.) hekim, doktor.

بزغ bezeg (zool.) kurbağa.

بزغاله bozgâle: [boz+gâle] (zool.) keçi yavrusu.

بزک bezek: süs, ziynet.

بزک bozek: [boz+ek] keçicik.

بزک کردن bezek kerden: **1.**süslenmek, makyaj yapmak.

بزم bezm: (Peh.) **1.**meclis. **2.**içki meclisi. **3.**çadır. **4.**âlem, dünya. ‖ * ~ -i elest بزم الست elest meclisi, Tanrı'nın ruhları yarattıktan sonra "Elestu birabbikum?" [Ben sizin Tanrınız değil miyim?] dediği an. ‖ * ~ -i işret بزم عشرت içki meclisi, eğlence meclisi. ‖ * ~ -i kesî râ çîden بزم کسی را چیدن birini çekiştirmek.

بزم آرای bezmârây: [bezm+ârâsten> ârây] meclisi süsleyen.

بزمان bezmân: **1.**istek, dilek. **2.**sarhoş. **3.**kederli.

بزمجه bozmecce (zool.) kertenkele.

بزمرغ bozmorg (zool.) bir tür devekuşu.

بزمگاه bezmgâh: [bez+gâh] içki meclisi.

بزمگه bezmgeh: [bez+geh] içki meclisi.

بزم نشین bezmnişîn: [bezm+nişesten> nişîn] meclis sahibi.

بزن bizen: cesur, yiğit.

بزن بزن bezen bezen:

[zeden>zen>bezen +bezen] vurdu kırdı, kavga.

بزن بهادر bizenbehâdur: [bizen+behâdur] yiğit, babayiğit.

بزن بهادری bizenbehâdurî: [bizen+behâdur+î] babayiğitlik.

بزنگ bezeng: anahtar.

بزنگاه bezengâh: [zeden>zen>bezen+gâh] **1.**hassas mevki, stratejik yer. **2.**yol kesme yeri.

بزن و بکوب bezen u bekûb: [zeden>zen> u+ kûbîden>kûb+bekûb] çalıp oynama.

بزودی bezûdî: [be+zûd+î] **1.**hemen, çabuk, derhal. **2.**yakında, pek yakında. **3.**birazdan. ‖ * ~ -i zûd بزودیء زود çok çabuk, çok seri olarak.

بزور be zûr: [be+zûr] zorla, zoraki.

بزور buzûr: (A.) tohumlar.

بزومند bezûmend: [bezû+mend] günahkâr.

بزه beze: (Peh.) **1.**günah. **2.**suç. **3.**hata.

بزه boze: **1.**engebeli arazi. **2.**hoş kokulu meyva.

بزه کار bezekâr: (Peh.) [beze+kâr] **1.**günahkâr. **2.**suçlu.

بزه کاری bezekârî: [beze+kâr+î] **1.**günahkârlık. **2.**suçluluk.

بزه گر bezeger: [beze+ger] **1.**günahkâr. **2.**asi.

بزیچه bozîçe: [boz+î+çe] **1.**keçi yavrusu. **2.**oğlak. **3.**oğlak burcu.

بژ bej: **1.**kar tipi. **2.**ayaz. **3.**tepe. **4.**dağ.

بژ bej: (Fr.) bej.

بژکم bejkem: **1.**engel olan. **2.**engel olma.

بژکول bejkûl: **1.**iri kıyım, çam yarması. **2.**haris. **3.**zahmet çeken.

بس bes: **1.**yeter, yeterli, kâfi. **2.**çok. **3.**çok kişi.

بسا (F.) [bes+â] nice, birçok, pek çok.

بسآمد besâmed: [bes+âmeden>âmed] frekans.

بس آمدن bes âmeden: **1.**kifayet etmek, yetmek, yeterli olmak. **2.**bir şeye mukabele etmek. **3.**biriyle rakip olmak.

بسا besâ: [bes+â] nice, çok, birçok.

بساتین besâtîn: (A.) bahçeler.

بسار دادن besâr dâden: **1.**yer sürmek. **2.**(toprak) bellemek.

بساردن besârden: **1.**yer sürmek. **2.**(toprak) bellemek.

بساروب besârûb: hasat sonrası sap toplama.

بساره besâre: **1.**eyvan, sofa. **2.**saray.

بساط bisât: (A.) **1.**yaygı, sofra. **2.**hazırlık. **3.**geniş alan. **4.**sermaye. **5.**tezgâh. **6.**sahne. ‖ * âh der ~ nedâşten آه در بساط نداشتن çok fakir olmak, altında oturacak çulu olmamak.

بساط آراستن **1.**yaygı yaymak. **2.**sofra kurmak. **3.**tezgâh kurmak.

بساط افشاندن bisât efşânden: sofra kurmak.

بساط افکندن bisât efkenden: sofra yaymak, sofra kurmak.

بساط انداختن bisât endâhten: **1.**tezgâh kurmak. **2.**sofra yaymak, sofra kurmak.

بساط برچیدن bisât ber çîden: sofrayı toplamak.

بساط بوسی bisâtbûsî: (A.-F.) [bisât+bûsîden>bûs+î] eşik öpme.

بساط بهم خوردن bisât behem horden: düzen bozulmak.

بساطت bisâtet: (A.) **1.**sadelik. **2.**tatlı dillilik.

بساط جور کردن bisât cûr kerden: kumar sofrası kurmak.

بساط چیدن bisât çîden: **1.**sofra kurmak. **2.**kumar masası hazırlamak.

بساط در آوردن bisât der âverden: oyun oynamak, tezgâh kurmak.

بساط ریختن bisât rîhten: sofra kurmak, sofra donatmak.

بساط طی کردن bisât tay kerden: sofra toplamak.

بساط فراهم کردن bisât ferâhem kerden: hazırlık yapmak.

بساط کشیدن bisât keşîden: sofra

yaymak, sofra kurmak.

بساط گستردن bisât gosterden: sofra yaymak.

بساط گشادن bisât goşâden: sofra yaymak, sofra açmak, sofra kurmak.

بساک besâk: (Peh.) **1.**çiçeklerden yapılan taç.

بسالت besâlet: (A.) **1.**cesaret, yiğitlik.

بسام bessâm: (A.) **1.**güleç, güleryüzlü.

بسامان besâmân: **1.**huzurlu, gönlü rahat. **2.**hazır. **3.**iyi, güzel.

بسان besân-i: **1.**gibi, benzeri. **2.**misli.

بسانی besânî: çok, bol.

بسانایدن besânâyîden: içmeyi emretmek, içirtmek.

بسانیدن besânîden: **1.**içki içmek. **2.**su vermek.

بسباس besbâs: saçma sapan, anlamsız.

بست best: [besten>best] **1.**bağ. **2.**bağlama. **3.**aşık. **4.**kapama, kapatma. ‖ * ~ u bend بست و بند **1.**zapturabt. **2.**sığınma yeri. **3.**set. **4.**düğüm. **5.**sarık. **6.**aşık. **7.**afyon ve esrar gibi uyuşturucularda bir sarımlık miktar.

بست bost: (Peh.) **1.**gül bahçesi. **2.**meyvalık. **3.**engebeli arazi. bost:

بست değirmen taşı mihveri.

بست bost: (coğ.) Bust (şehir).

بستا bestâ: bohça.

بستار bestâr: gevşek.

بستان bustân: **1.**bahçe. **2.**meyve bahçesi.

بستان آرای bustânârây: [bustân+ ârâsten>ârây] bahçıvan.

بستان بان bustânbân: [bustân+bân] bahçıvan.

بستان سرای bustânserây: [bustân+ serây] iç bahçe.

بستانکار bestânkâr: [sitânden>sitân> bestân+kâr] **1.**alacaklı. **2.**alıcı.

بستانکار bustânkâr: [bustân+kişten>kâr] bahçeci, bostancı.

بستانکاری bustânkârî: [bustân+kişten> kâr+î] bahçecilik, bostancılık.

بستانکاری کردن bustânkârî kerden: bahçecilik yapmak, bostancılık yapmak.

بستر bister: **1.**(Peh.) **1.**yatak. **2.**nehir yatağı. ‖ * ~ -i merg بستر مرگ ölüm döşeği. ‖ * der ~ -i merg uftâden در بستر مرگ افتادن ölüm döşeğine düşmek.

بستر آهنگ bister âheng: yorgan.

بستر افکندن bister efkenden: yatak sermek.

بستر انداختن bister endâhten: yatak sermek.

بستر نشین bisternişîn: [bister+ nişesten> nişîn] hasta.

بستری bisterî: [bister+î] **1.**hasta. **2.**yatalak.

بستری بودن bisterî bûden: yatmak.

بستری شدن bisterî şoden: **1.**yataklık hasta olmak, yatağa düşmek, hastalanmak. **2.**hastaneye kaldırılmak.

بستری کردن bisterî kerden: hastaneye yatırmak, hastaneye kaldırmak.

بستری گردیدن bisterî gerdîden: yataklık hasta olmak, yatağa düşmek.

بست زدن best zeden: **1.**küçük parçaları birbirine yapıştırmak. **2.**bir birimlik esrar sarmak. **3.**çivi çakmak.

بست شکستن best şikesten: **1.**haddini aşmak. **2.**engeli kırıp aşmak.

بستک bestek: [best+ek] **1.**hizmetçi, uşak. **2.**küçük kepçe.

بستگان bestegân: **1.**bağlılar. **2.**yakalananlar.

بست گریختن best gorîhten: tabanları yağlamak.

بستگی bestegî: [besten>best+e+g+î] **1.**bağlılık. **2.**bağ, irtibat, ilişki, ilgi. **3.**yakınlık. **4.**sağlamlık. **5.**dil tutukluğu. **6.**(tas.) kabz hali.

بستگی داشتن bestegî dâşten: **1.**bağlı olmak. **2.**şart olmak. **3.**ilgisi olmak.

بستن besten: (Peh.) **1.**kapamak. **2.**bağlamak. **3.**iliklemek. **4.**sarmak. **5.**büyü yapmak. **6.**yenmek.

7.hamile olmak, hamile kalmak. 8.donmak. ‖ * ~ -i zebân-i kesî بستن زبان کسی susturmak. ‖ * bâr-i hod râ ~ بار خود را بستن yükünü tutmak, köşeyi dönmek.

بستناکی bestnâkî: [best+nâk+î] donma.

بستنگاه bestengâh: [besten+gâh] 1.demir atma yeri, rıhtım. 2.bağlama yeri.

بستنی bestenî: [besten+î] 1.dondurma. 2.bağ.

بستنی فروش bestenîfurûş: [bestenî+furûhten> furûş] dondurmacı.

بستنی فروشی bestenîfurûşî: [bestenî+furûhten> furûş+î] dondurmacı, dondurma dükkânı.

بستو bestû: 1.toprak sürahi. 2.toprak testi.

بسته beste: 1.bağlı. 2.paket. 3.koli. 4.düğümlü. 5.yumuk. 6.kapalı. 7.donuk. 8.kilitli. 9.büyülü. 10.sona ermiş. 11.sabit. 12.hissiz. 13.ambalajlı. 14.ekili. 15.çıkın. 16.desenli ipek. 17.dört mısralı şiir. 18.tomar. 19. yakalanmış, tutulmuş, kapatılmış. ‖ * kâr-i ~ کار بسته tıkanmış iş, düğümlenmiş iş.

بسته بندی bestebendî: [besten>best+e+ bend+î] 1.ambalaj. 2.ambalajlama.

بسته بندی شدن bestebendî şoden: ambalajlanmak, ambalaj yapılmak.

بسته بندی کردن bestebendî kerden: ambalajlamak, ambalaj yapmak.

بسته بودن beste bûden: bağlı olmak.

بسته رحم besterahm: (F.-A.) [beste+rahm] (tıb.) kısır.

بسته زبان bestezebân: [beste+zebân] dilsiz.

بسته شدن beste şoden: 1.bağlanmak. 2.kapanmak.

بسته کار bestekâr: [beste+kâr] 1.ağır işli. 2.zayıf düşünceli.

بسته کردن beste kerden: 1.bağlamak. 2.kapamak.

بسته کستی bestekostî: zerdüştlük.

بسته میان bestemiyân: [besten>best+e+miyân] hizmete hazır.

بسته نگار bestenigâr: [beste+nigâr] (müz.) İran musikîsinde bir makam: bestenigâr.

بسته نقاب bestenikâb: [beste+nikâb] peçe takmış, peçeli, yüzü örtülü.

بستی bestî: [besten>best+î] sığınmacı.

بستی bostî: [bost+î] Bostlu.

بستینه bestîne: [besten>best+îne] pıhtılaştırıcı.

بسدک besedk: biçilmiş buğday ve arpa destesi.

بسراق busrâk: zebercet taşı.

بسزا besezâ: [be+sezâ] lâyık, yaraşır.

بسط bast: (A.) 1.yayma. 2.açma. 3.şerhetme. 4.özür kabul etme. 5.el uzatma. 6.yayılma. 7.genişlik. 8.(tas.) bast hali.

بسطت bestet: (A.) 1.ferahlık. 2.genişlik. 3.fazlalık. 4.fazilet. 5.derin bilgi.

بسطت یافتن bestet yâften: genişlemek.

بسط دادن bast dâden: 1.genişletmek. 2.ayrıntılı söylemek.

بسط یافتن bast yâften: yayılmak, genişlemek.

بسعی besa'y: (F.-A.) [be+sa'y] aceleyle, çabucak. ‖ * ~ -i بسعی، tarafından, çalışmasıyla. ‖ * ~ u ihtimâm-i بسعی و اهتمام tarafından, çalışmasıyla.

بسفر bosfor: (coğ.) Boğaziçi, İstanbul Boğazı.

بس کردن bes kerden: 1.kesmek. 2.yetinmek. 3.durmak. 4.kalmak, bırakmak. 5.terketmek. ‖ * ~ ez çîzî بس کردن از چیزی bir şeyden vazgeçmek. ‖ * ~ ez kesî بس کردن از کسی birinden bıkmak, usanmak.

بسکلیدن biskilîden: 1.kucaklamak. 2.okşamak.

بس که bes ki: 1.o kadar...ki, 1. o kadar ...ki.

بسل besl: (A.) asık suratlı.

بسلامت beselâmet: (F.-A.) [be+selâmet] güle güle, esenlikle, selâmetle.

بسلامتیء beselâmetî-yi: (F.-A.) [be+

selâmet+î+y+i] sağlığına.

بسلانیدن biselânîden: **1.**parçalamak. **2.**kırmak.

بسم الله bismillâh: (A.) bismillah.

بسم الله الحمن الرحیم bismillâhirrahmânirrahîm: (A.) Esirgeyen, bağışlayan Allahın adıyla.

بسمل کردن bismil kerden: kesmek, boğazlamak.

بسمله besmele: (A.) besmele.

بسمله گفتن besmele goften: besmele çekmek.

بسند besend: [bes+end] **1.**yeterli, kâfi. **2.**tam. **3.**lâyık.

بسند آمدن besend âmeden: **1.**kafi olmak, yetmek, yeterli olmak. **2.**razı olmak. ‖ * ~ bâ kesî بسند آمدن با کسی birine gücü yetmek, biriyle başa çıkmak.

بسندکار besendkâr: [besend+kâr] kanaatkâr, hoşnut.

بسند کردن besend kerden: **1.**yetinmek, kanaat etmek. **2.**yeterli olmak.

بسنده besende: [bes+ende] **1.**kâfi, yeterli. **2.**tam. **3.**lâyık, yaraşır.

بسنده بودن besende bûden: başa çıkmak, baş etmek.

بسنده کاری besendekârî: [besende+ kâr+î] **1.**kanaat. **2.**rıza, hoşnutluk.

بسنده کردن besende kerden: yetinmek, iktifa etmek.

بسودن besûden: **1.**el sürmek, değmek, dokunmak. **2.**sürtmek.

بسوی besûy-i: [be+sûy+ -i] **1.**-e, -a, -e doğru, tarafına. **2.**nedeniyle, için.

بسی besî: [bes+î] **1.**çok, birçok, pek. **2.**yeterli. **3.**uzun süre.

بسیار bisyâr: (Peh.) **1.**çok, pek çok, bir çok. **2.**bol. **3.** bir çok kişi, niceleri.

بسیار خوب bisyâr hûb: **1.**peki, pekâlâ. **2.**çok güzel. **3.**ne âl

بسیار سخن bisyâr sohen: geveze, çok sözlü.

بسیار شدن bisyâr şoden: artmak, çoğalmak, fazlalaşmak.

بسیار کردن bisyâr kerden: **1.**çoğaltmak. **2.**arttırmak.

بسیار گردانیدن bisyâr gerdânîden: çoğaltmak.

بسیار گردیدن bisyâr gerdîden: çoğalmak.

بسیارگو bisyârgû: [bisyâr+goften>gû] geveze, çok konuşan.

بسیارگویی bisyârgûyî: [bisyâr+goften> gûy+î] çok konuşma, gevezelik.

بسیارهوش bisyârhûş: [bisyâr+hûş] çok akıllı.

بسیاری bisyârî: [bisyâr+î] **1.**çokluk. **2.**birçok. **3.**bir çok kişi, niceleri.

بسیج besîc: **1.**araçlar. **2.**silah. **3.**hazırlık. **4.**(ask.) techizat. **5.**(ask.) seferberlik.

بسیج کردن besîc kerden: seferber etmek.

بسیجیدن besîcîden: **1.**(ask.) sefer hazırlığı yapmak. **2.**işi hazırlamak. **3.**yönelmek.

بسیچیدن besîçîden: **1.**hazırlamak. **2.**yönelmek.

بسیط basît: (A.) **1.**basit, sade. **2.**yaygın, geniş. **3.**açık dilli. **4.**samimî, candan. **5.**ahmak. **6.**(ed.) bir aruz vezni: basît. ‖ * ~ -i hâk بسیط خاک yeryüzü.

بسیل besîl: (A.) **1.**çirkin suratlı. **2.**geceden kalmış şarap.

بسیم besîm: (A.) güleç, güleryüzlü.

بش beş: **1.**kilit. **2.**kuru ziraat. ‖ * ~ u bâlâ بش و بالا boypos.

بشارت beşâret: (A.) **1.**müjde. **2.**güzellik. **3.**sevinme.

بشارت آمدن beşâret âmeden: müjde gelmek.

بشارت دادن beşâret dâden: müjde vermek.

بشارت رس beşâretres: (F.-A.) **1.**müjdeci. **2.**mektup.

بشارت کردن beşâret kerden: müjdelemek, müjde vermek.

بشاش beşşâş: (A.) **1.**güleç, güleryüzlü. **2.**müjdeci.

بشاشت beşâşet: (A.) güleryüzlülük, güleçlik.

بشاعت beşâ'et: (A.) **1.**tatsızlık. **2.**ağız kokusu. **3.**yemekten duyulan rahatsızlık, hazımsızlık.

بشاك beşşâk: (A.) çok yalancı.

بشدت beşiddet: (F.-A.) [be+şiddet] 1.son derece, haddinden fazla. 2.şiddetle. 3.zorla, cebren. 4.kuvvetle.

بشر beşer: (A.) insan, insanoğlu.

بشرح زير beşerh-i zîr: (F.-A.) [be+şerh+ -i+ zîr] şöyle, aşağıda olduğu gibi.

بشردن beşurden: 1.sıkmak. 2.mahsur bırakmak.

بشردوست beşerdûst: (A.-F.) [beşer+ dûst] insancıl, insansever, hümanist.

بشردوستى beşerdûstî: (A.-F.) [beşer+ dûst+î] insanseverlik, hümanizm, insancıllık.

بشرط beşart-i: (F.-A.) [be+şart+ -i] şartıyla, koşuluyla. ‖ * ~ -i çâkû بشرط چاقو kesmece.

بشرط آنكه beşart-i anki: (F.-A.) [be+ şart+ -i+ân+ki] şartıyla, koşuluyla.

بشرط اينكه beşart-i inki: (F.-A.) [be+ şart+ -i+in+ki] şartıyla, koşuluyla.

بشره beşere: 1.deri, cilt. 2.kabuk.

بشرى beşerî: (A.-F.) [beşer+î] insanî, insanlıkla ilgili.

بشريت beşeriyyet: (A.) insanlık.

بشقاب boşkâb: (T.) tabak.

بشك beşk: 1.şebnem. 2.kar. 3.dolu.

بشكار beşkâr: çiftçi, ziraatçi.

بشكارى beşkârî: çiftçilik, ziraat, tarım.

بشك زدن beşk zeden: 1.cilve yapmak. 2.göz kırpmak.

بشكليدن bişkelîden: 1.kazımak. 2.genişletmek. 3.silahla kuşatmak. 4.ihtiva etmek. 5.bağlanmak.

بشكم beşkem: 1.yazlık, yaz evi. 2.huzur. 3.eyvan.

بشكوفه bişkûfe: 1.tomurcuk. 2.bahar çiçeği. 3.kusma.

بشكول bişkûl: 1.kıvrak. 2.akıllı. 3.sağlam yapılı. 4.hırslı.

بشكوليدن bişkûlîden: 1.kıvrak olmak. 2.hırslı olmak.

بشكه boşke: 1.fıçı. 2.varil.

بشگرد bişgerd: 1.av. 2.avlak, av yeri. 3.avcı.

بشگه boşge: 1.fıçı. 2.varil.

بشم beşm: dinsiz.

بشن beşn: 1.boypos. 2.beden, vücut.

بشناقه beşnâke (bot.) havuç.

بشنج beşenc: 1.yüz parlaklığı. 2.yüzsuyu, onur, şeref.

بشنجيدن bişencîden: 1.serpek (su veya herhangi bir sıvı). 2.dökmek.

بشوريدن buşûrîden: lanet etmek, lanetlemek.

بشولانيدن buşûlânîden: 1. kışkırtmak. 2.hareket ettirmek. 3.kımıldatmak, oynatmak.

بشوليدن beşûlîden: 1.hareket ettirmek. 2.kımıldatmak. 3.icra etmek. 4.maharetli olmak. 5.akıllı olmak. 6.ileri görüşlü olmak.

بشوليدن bişûlîden: 1.dağıtmak. 2.karıştırmak. 3.şaşkın kalmak.

بشير beşîr: (A.) 1.müjdeci, müjde veren. 2.güzel yüzlü.

بصارت besâret: (A.) 1.görme. 2.görüş sahibi olma. 3.bilgili olma.

بصاق busâk: (A.) tükürük.

بصاير besâyir: (A.) 1.görüşler. 2.basiretler.

بصر basar: (A.) 1.görme. 2.görüş. 3.göz. 4.bilgi. ‖ * izâ câ'elkazâ amiyel ~ اذا جاء القضا عمى البصر Kaza gelince göz görmez.

بصرف آنكه besırf-i anki: (F.-A.) [be+ sırf+ -i+an+ki] diye.

بصل basal: (A.) (bot.) soğan.

بصورت be sûret: (F.-A.) [be+sûret] görünüşte. ‖ * ~ -i بصورت. şeklinde; olarak.

بصير basîr: (A.) 1.basiretli. 2.gönlü aydın. 3.Tanrı'nın sıfatlarından biri. 4.kalp gözüyle gören.

بصير basîr (A.) çok iyi gören.

بصيرت basîret: (A.) 1.basiret, görüş. 2.kalp gözüyle görme. 3.bilgili olma. 4.kesin delil.

بصيرتكار basîretkâr (A.-F.) [basîret+kâr] sezgili, basiretli, basiret sahibi.

بصيرتكارى basîretkârî (A.-F.) [basîret+ kâr+î] sezgili olma, basiretlilik.

بصير شدن basîr şoden: 1.basiretli olmak, görüş sahibi olmak. 2.bilgili olmak.

بصير كردن basîr kerden: 1.basiretli yapmak. 2.bilgi sahibi yapmak. 3.kör etmek.

بصير گردانيدن basîr gerdânîden: 1.basiret sahibi yapmak. 2.bilgi sahibi yapmak. 3.kör etmek.

بضاعت bizâ'et: (A.) 1.sermaye. 2.mal mülk.

بضع biz': (A.) 1.küsur, birkaç. 2.gecenin bir kısmı.

بضعه biz'a, bez'a: (A.) 1.et parçası. 2.oğul, ciğerköşe. 3.(tıb.) diş eti.

بط bet: (A.) 1.(zool.) ördek. 2.ördek şeklindeki şarap sürahisi.

بطال battâl: (A.) 1.işsiz. 2.tembel. 3.yalancı. 4.cesur, yürekli.

بطالت betâlet: (A.) 1.işsizlik, âtıl kalma, durgunluk. 2.saçmalama.

بطانه bitâne: (A.) 1.can dostluk. 2.sır. 3.astar. 4.şehir merkezi. 5.sırdaş. 6.mahrem.

بطبع bitab: (A.) tabiatıyla, haliyle.

بطحاء bathâ: (A.) 1.(coğ.) geniş nehir. 2.(coğ.) çöl.

بطر batar: (A.) 1.kibirlenme. 2.nankörlük. 3.aşırı sevinç. 4.hayret. 5.dehşet.

بطر botr: 1.şişe. 2.kötü şans.

بطرف be taraf-i: (F.-A.) [be+taraf+ -i] -e doğru, -e, -a. 1 ‖ * ~ -i dîger بطرف ديگر başka tarafa.

بطرى butrî: (İng.) şişe.

بطريق batrîk: (A.) patrik.

بطريق be tarîk-i: (F.-A.) [be+tarîk+ -i] yoluyla.

بطش batş: (A.) 1.hamle, hücum. 2.kovma, sürme. 3.gazaplanma.

بطك battek: (A.-F.) 1.küçük ördek. 2.şarap sürahisi. 3.ördek şeklinde şişe.

بطل batel: (A.) pehlivan, yiğit.

بطلان butlân: (A.) 1.batıl olma, bozulma. 2.fesat. 3.hükmün iptal olması.

بطن batn: (A.) 1.karın. 2.batın, kuşak, göbek. 3.gizli. 4.küçük kabile. 5.iç. 6.soy.

بطناً بعد بطن batnenba'debatnin (A.) kuşaktan kuşağa.

بطنى batnî (A.) 1.karın ile ilgili. 2.kuşak ile ilgili.

بطور betovr-i: (F.-A.) [be+tavr>tovr+ -i] şekilde, -cek şekilde, olarak.

بطور اتفاق betovr-i ittifâk: (F.-A.) [be+ tovr+ -i+ittifâk] tesadüfen, rastlantı eseri.

بطور اجمال betovr-i icmâl: (F.-A.) [be+tovr+ -i+icmâl] kısaca, özetle.

بطور حتم betovr-i hatm: (F.-A.) [be+ tovr+ -i+hatm] kesin olarak, kesinlikle.

بطور قطع betovr-i kat': (F.-A.) [be+ tovr+ -i+kat'] kesin olarak, katî olarak, kesinlikle.

بطور كلى betovr-i kullî: (F.-A.) [be+ tovr+-i+ kull+î] genel olarak, genellikle.

بطورى كه betovrî ki: (F.-A.) [be+tovr+ î+ki] -cek kadar, -cek şekilde, öyle ki.

بطون butûn: (A.) 1.gizlenme. 2.batınlar, kuşaklar, göbekler. 3.karınlar. 4.içler.

بطىء betî: (A.) ağır, yavaş.

بطىء شدن betî şoden: ağırlaşmak, yavaşlamak.

بظاهر bezâhir: (F.-A.) [be+zâhir] 1.açıkça. 2.görünüşte, görünüşe göre, görünüşe bakılırsa.

بظر bezr: (A.) (tıb.) klitoris, bızır.

بعاقبت be âkibet: (F.-A.) [be+âkibet] sonunda, nihayet.

بعبارت ديگر be ibâret-i dîger: (F.-A.) [be+ibâret+ -i+dîger] bir başka deyişle.

بعبارتى be ibâretî: (F.-A.) [be+ibâret+î] 1.bir deyişle.

بعث ba's: (A.) 1.gönderme. 2.bir işe zorlama. 3.diriltme. 4.kıyamet.

بعث بعد الموت ba'suba'delmevt (A.) öldükten sonra diriliş.

بعثت bi'set: (A.) **1.**gönderilme. **2.**gönderme. **3.**peygamberlik.

بعث كردن ba's kerden: **1.**diriltmek. **2.**göndermek. **3.**tahrik etmek.

بعد ba'd: (A.) **1.**sonra. **2.**muahhar. ‖ * ~ ez بعد از -den sonra. ‖ * ~ bu'din بعد بعد neden sonra. ‖ * ~ harâbilbasra بعد خراب البصره iş işten geçtikten sonra. ‖ * ~ tayyilmenâzil بعد طى منازل menziller katettikten sonra. ‖ * ~ zemân بعد زمان bir süre sonra. ‖ * tâ ~ çi şeved تا بعد چه شود sonrası Allah kerim. ‖ * min ~ من بعد bundan sonra, bundan böyle.

بعد bu'd: (A.) **1.**uzaklık. **2.**boyut. **3.**yükseklik, irtifa. **4.**ayrılık.

بعداً ba'den: (A.) sonradan, sonraları, ondan sonra.

بعد از ba'd ez: (A.-F.) [ba'd+ez] -den sonra, sonra.

بعد از آن ba'd ez an: (Ad.-F.) [ba'd+z+ân] ondan sonra.

بعد از آنكه ba'd ez anki: (A.-F.) [ba'd+ ez+ân+ki] -dıktan sonra.

بعد از اين ba'd ez in: (A.-F.) [ba'd+ez+in] bundan sonra, bundan böyle.

بعد از اينكه ba'd ez inki: (A.-F.) [ba'd+ ez+in+ki] -dıktan sonra.

بعد از چندى ba'd ez çendî: (A.-F.) [ba'd+ ez+çend+î] bir süre sonra.

بعد از چندين سال ba'd ez çendîn sâl: (A.-F.) [ba'd+ez+çend +în+sâl] **1.**bunca yıldan sonra.

بعد از ظهر ba'd ez zohr: (A.-F.) [ba'd+ez+ zohr] öğleden sonra.

بعد از كمى ba'd ez kemî: (A.-F.) [ba'd+ ez+kem+î] bir süre sonra, az sonra.

بعد از لحظه اى ba'd ez lehzeî: (A.-F.) [ba'd+ez+lehze+î] bir süre sonra, biraz sonra, az sonra.

بعد از مدتى ba'd ez muddetî: (A.-F.) [ba'd+ ez+ moddet+î] bir süre sonra.

بعد از مدتى مديد ba'd ez muddetî medîd: (A.-F.) [ba'd+ez+moddet+î+medîd] uzun bir süre sonra.

بعد از نود و بوقى ba'd ez neved u bûkî: (A.-F.) [ba'd+ez-neved+u+bûk+î] **1.**neden sonra. **2.**uzun bir süre sonra.

بعد الاجتناب ba'delictinâb (A.) kaçındıktan sonra.

بعد الاجرا ba'delicrâ (A.) yaptıktan sonra, yapıldıktan sonra, uygulandıktan sonra.

بعد الاستخلاف ba'delistihlâf (A.) yerine halife bıraktıktan sonra.

بعد الاطلاق ba'delıtlâk (A.) salıverildikten sonra.

بعد الاكمال ba'delikmâl (A.) tamamladıktan sonra.

بعد الامضا ba'delimzâ (A.) imzalandıktan sonra, imzadan sonra.

بعد الايفا ba'delîfâ (A.) yerine getirdikten sonra, yerine getirildikten sonra.

بعد التحصيل ba'dettahsîl (A.) öğrenimden sonra.

بعد التحقيق ba'dettahkîk (A.) araştırdıktan sonra.

بعد التحليف · ba'dettahlîf (A.) yeminden sonra, yemin ettirildikten sonra.

بعد التذكر ba'dettezekkur (A.) **1.**belirttikten sonra, zikrettikten sonra. **2.**görüşüldükten sonra, zikredildikten sonra.

بعد الحرب ba'delharb (A.) savaştan sonra.

بعد الزوال ba'dezzevâl (A.) öğleden sonra.

بعد العيد ba'del'îd (A.) bayramdan sonra.

بعد القسم ba'delkasem (A.) yeminden sonra.

بعد القيد ba'delkayd (A.) kayıttan sonra.

بعد اللتيا و التى ba'dellutteyyâ velletî (A.) binbir güçlükten sonra.

بعد المحاربه badelmuhârebe (A.) savaştan sonra.

بعد المشروطيه ba'delmeşrûtiyye (A.) meşrûtiyetten sonra.

بعد المصالحه ba'delmusâlaha (A.) barış yapıldıktan sonra.

بعد المطالعه ba'delmutâla'a (A.) okuduktan sonra.

بعد المعاينه ba'delmuâyene (A.) muayeneden sonra, kontrolden sonra.

بعد الميلاد ba'delmîlâd (A.) milattan sonra, İsa'dan sonra.

بعد الوفات badelvefât (A.) ölümden sonra, ölümünden sonra.

بعد اليوم ba'delyevm (A.) bugünden sonra.

بعد ذا ba'dezâ (A.) bundan sonra.

بعد ذلک ba'dezâlik (A.) bundan sonra.

بعدالادا ba'del'edâ (A.) yerine getirdikten sonra, ödedikten sonra.

بعدما ba'demâ (A.) bundan sonra, bundan böyle.

بعد نوگرا ba'dnovgerâ: (A.-F.) [ba'd+ nov+ gerâyîden>gerâ] postmodernist.

بعد نوگرایی ba'dnovgerâyî: (A.-F.) [ba'd+ nov+gerâyîden>gerây+î] postmodernizm.

بعد ها ba'dehâ: (A.-F.) [ba'de+hâ] **1.**sonraları. **2.**ilerde.

بعد هم ba'dhem: (A.-F.) [ba'd+hem] sonra da, daha sonra.

بعدی ba'dî: (A.-F.) [ba'd+î] sonraki, bir sonraki.

بعدیت ba'diyet: (A.) gecikme.

بعض ba'z: (A.) bölüm, kısım.

بعضی ba'zî: (A.-F.) bir kısım, bazı, bazısı, kimi., kimisi, kimileri.

بعضی اوقات ba'zî ovkât: (A.-F.) [ba'z+î+ ovkât] bazen, zaman zaman, kimi zaman, arasıra, bazı bazı.

بعضی مواقع ba'zî mevâki: (A.-F.) [ba'zî+ mevâki] bazen, zaman zaman.

بعل ba'l: (A.) **1.**koca. **2.**sahip, malik.

بعلاوه‌ء be ilâve (-i) : (F.-A.) [be+ilâve+ (-i)] ilaveten, ek olarak, üstelik, dahası, bunun yanı sıra.

بعله bele: evet.

بعمدا bi-emdâ: (A.) kasten, kasıtlı olarak, taammüden.

بعنف bi-unf-i: (A.-F.) zorla, cebren. || * ~ der kârî şoden بعنف در کاری شدن zorla bir işe girmek.

بعوض be ivez-i: (F.-A.) [be+ivez+ -i] yerine.

بعوض اینکه be ivez-i inki: (F.-A.) [be+ ivez+ -i+in+ki] yerine, -cek yerde.

بعول buûl: (A.) kocalar.

بعید baîd: (A.) **1.**uzak. **2.**yabancı.

بعید الاحتمال ba'îdulihtimâl (A.) uzak olasılık.

بعید المسافه ba'îdulmesâfe (A.) uzakta, uzak mesafeli.

بعید الوقوع ba'îdulvukû' (A.) gerçekleşmesi zayıf bir olasılık.

بعید بودن baîd bûden: **1.**uzak ihtimal olmak. **2.**uzak olmak.

بعید شدن baîd şoden: **1.**uzaklaşmak. **2.**ayrılmak.

بعید کردن baîd kerden: **1.**uzaklaştırmak. **2.**yollamak. **3.**gizlenmek, saklanmak.

بعیده ba'îde (A.) uzak.

بعیر baîr: (A.) (zool.) deve.

بغ beg: **1.**Tanrı. **2.**melek. **3.**put.

بغات bugât: (A.) başkaldıranlar, isyancılar.

بغاز bogâz: (T.) boğaz.

بغاوت begâvet: (A.) isyan, başkaldırı.

بغاوت کردن begâvet kerden: **1.**başkaldırmak, isyan etmek. **2.**hücum etmek. **3.**cefa etmek.

بغایت be gâyet: (F.-A.) **1.**sonuna kadar. **2.**çok, hayli, son derece. **3.**hiç mi hiç.

بغچه bogçe: (T.) bohça.

بغداد bagdâd: (F.>A.) Bağdat.

بغرا begrâ (zool.) erkek domuz.

بغراو bugrâv: **1.**bağırıp çağırma. **2.**kavga.

بغرنج bogrenc: karmaşık, çetrefil, girift, güç.

بغرنجی bogrencî: [boğrenc+î] karmaşıklık.

بغستان begistân: [beğ+istân] **1.**puthane. **2.**Tanrı evi. **3.**(coğ.) Bîsütun dağı.

بغض bugz: (A.) **1.**öfke. **2.**düşmanlık.

3.nefret. ‖ * ~ -i kesî terekîden بغض کسی ترکیدن sinirleri boşanmak. ‖ * ~ bîh-i gelû-yi kesî râ giriften بغض بیخ گلوی کسی را گرفتن boğazı düğümlenmek. ‖ * ~ gelû-yi kesî râ giriften بغض گلوی کسی را گرفتن boğazı düğümlenmek.

بغضاء begzâ: (A.) **1.**düşmanlık. **2.**kin. **3.**nefret.

بغض کردن bugz kerden: **1.**kinlenmek. **2.**sinirleri boşanmak.

بغ کردن bog kerden: suratı asılmak, suratından düşen bin parça olmak.

بغل bagal: **1.**kucak. **2.**taraf. **3.**koltuk. **4.**koltuk altı. **5.**bitişik, yan. ‖ * be ~ zeden به بغل زدن koltuğuna sıkıştırmak. ‖ * der ~ giriften در بغل گرفتن kucaklamak. ‖ * zîr-i ~ زیر بغل koltuk altı.

بغل باز کردن bagal bâz kerden: kucak açmak, kucaklamak.

بغل بر bagalbor: [bagal+borîden>bor] **1.**kenar, haşiye. **2.**dudak.

بغل تری bagalterî: utanç, utanma.

بغلدست bağal dest: yan, bitişik.

بغل رفتن bagal reften: bir tarafa gitmek.

بغل زدن bagal zeden: **1.**kucaklamak, sarılmak. **2.**birinin talihsizliğine sevinmek. **3.**sitem ve serzenişte bulunmak.

بغل کردن bagal kerden: kucaklamak, sarılmak.

بغلک زدن bagalek zeden: **1.**alay etmek. **2.**sitem etmek, serzenişte bulunmak.

بغل گشادن bagal guşâden: **1.**kucak açmak. **2.**denemek. **3.**gövde gösterisi yapmak. **4.**yola koyulmak.

بغلی bagalî: [bagal+î] **1.**kucaklanabilir. **2.**küçük (şey). **3.**bitişik, bitişikteki, yan, yandaki. **4.**cepte taşınan içki şişesi. **5.**bir tür çan. **6.**(sp.) güreşte bir oyun.

بغی bagy: (A.) **1.**işkence. **2.**haddini aşma. **3.**başkaldırı. **4.**zulüm. **5.**adaletsizlik.

بغیر begayr-i: (F.-A.) [be+gayr+ -i] -den başka, dışında, haricinde, hariç.

بغیر از be gayr ez: (F.-A.) [be+gayr+ez] den başka, dışında, haricinde, hariç.

بغی کردن bagy kerden: **1.**baş kaldırmak. **2.**zulmetmek.

بفاصله befâsile: (F.-A.) [be+fâsile] aralıklı, aralıklı olarak.

بفراغبال beferâgbâl: (F.-A.) [be+ferâg+ bâl] rahat rahat.

بفور be fovr: (F.-A.) [be+fovr] hemen, derhal, çabucak.

بفهمی نفهمی befehmî nefehmî: [fehmîden> fehm> befehmî+nefehmî] azıcık, birazcık, belli olmayacak kadar.

بقاء bekâ: (A.) **1.**kalıcılık, varlık. **2.**devam. **3.**ebedî yaşama. ‖ * ~ -yi câvidân بقای جاودان ölümsüzlük. ‖ * ~ -yi omr-i tu bâd بقای عمر تو باد başın sağ olsun.

بقا دادن bekâ dâden: ölümsüz kılmak, ebedîleştirmek.

بقاع bekâ': (A.) **1.**evler. **2.**saraylar.

بقاعده be kâide: (F.-A.) [be+kâide] **1.**düzeniyle. **2.**tabiî olarak.

بقال bekkâl: (A.) bakkal.

بقالی bekkâlî: (A.-F.) [bekkâl+î] **1.**bakkal, bakkal dükkânı. **2.**bakkallık.

بقایا bekâyâ: (A.) **1.**kalanlar, geride kalanlar. **2.**kalıntı, kalıntılar.

بقدر be kadr-i: (F.-A.) [be+kadr+ -i] **1.**ölçüsünde, ölçüsüyle. **2.**uygun olarak. **3.**-e göre.

بقدری که be kadrî ki: (F.-A.) [be+kadr+ î+ki] öylesine, o kadar, o denli, -cek kadar.

بقر bakar: (A.) **1.**(zool.) inek. **2.**sığır.

بقرار be karâr-i: (F.-A.) [be+karâr+î] uyarınca, gereğince, mucibince. ‖ * ~ -i zeyl est بقرار ذیل است aşağıda olduğu gibidir, şunlardır, aşağıdaki gibidir.

بقراری که be karârî ki: (F.-A.) [be+ karâr+ î+ki] uyarınca, gereğince, uyarınca, mucibince.

بقسمی be kısmî: (F.-A.) [be+kısm+î] öyle, öylesine.

بقسمی که be kısmî ki: (F.-A.) [be+kısm+ î+ki] öyle ki, nitekim.

بقصد be kasd-i: (F.-A.) [be+kasd+ -i] **1.**kasdıyla. **2.**niyetiyle. ‖ * ~ -i koşten بقصد کشتن öldüresiye.

بقطع be kat': (F.-A.) [be+kat'] kesinlikle.

بقعه buk'e: (A.) **1.**ülke. **2.**bina. **3.**saray. **4.**anıt. **5.**türbe. **6.**hankah. **7.**manastır. **8.**yer, makam.

بقل bakl: (A.) yeşillik.

بقوت bekuvvet: (F.-A.) [be+kuvvet] kuvvetle.

بقول bekovl-i: (F.-A.) [be+kovl+ -i] -e göre, dediğine göre.

بقیوی bakıyyevî (A.) kalan ile ilgili.

بقیه bakiyye: (A.) **1.**kalan, geriye kalan, bakiye. **2.**devamı.

بقیة السیف bakıyyetusseyf (A.) kılıç artığı.

بقیة السیوف bakıyyetussuyûf (A.) kılıçtan kurtulabilenler, hayatta kalanlar.

بک bek: (Peh.) (zool.) kurbağa.

بک bek: (T.) bey.

بک bek: **1.**kaçılacak yer. **2.**orman, koru. **3.**ziraat yapılamayan arazi.

بک buk: dar boyunlu, geniş karınlı testi.

بکاء bukâ: (A.) **1.**ağlama, ağlayış.

بکار bikâr: **1.**meşgul. **2.**yararlı. **3.**çalışır. **4.**kullanılmış.

بکار آمد bekâr âmed: [be+kâr+âmeden> âmed] **1.**çalışan. **2.**dürüst, doğru. **3.**işe lâyık.

بکارت bekâret: (A.) **1.**bekâret, bakirelik. **2.**tazelik. ‖ * izâle-i ~ kerden ازاله بکارت کردن bakireliği bozmak.

بکار داشتن bekâr dâşten: iş vermek.

بکتاشی bektâşî: (T.-F.) [bektâş+î] bektaşi.

بکتاشی گری bektâşîgerî: (T.-F.) [bektâş+î+ ger+î] bektaşîlik.

بکتاشیه bektâşiyye: (T.-A.) bektaşilik.

بکتر bekter: (T.) zırh.

بکتر پوش bekterpûş: (T.-F.) [bekter+ pûşîden>pûş] **1.**zırhlı, zırh kuşanmış. **2.**silahlı.

بکر bikr: (A.) **1.**bâkir, yepyeni, bikr. **2.**kızlık, bekâret.

بکرات bekerrât: (F.-A.) [be+kerrât] defalarca.

بکر تراشی bikrterâşî: (A.-F.) [bikr+ terâşîden>terâş+î] (ed.) yeni ve garip mazmunlar bulma.

بکردار be kirdâr-i: [be+kirdâr+ -i] **1.**gibi, benzeri. **2.**yoluyla.

بکری bikrî: (A.-F.) [bikr+î] **1.**bakirelik. **2.**yenilik.

بکزادگی bekzâdegî: (T.-F.) [bek+zâden> zâd+e+g+î] beyzadelik, asilzadelik, soyluluk.

بکزاده bekzâde: (T.-F.) [bek+zâden> zâd+e] beyzade, asil, soylu.

بکسمات beksemât: peksimet.

بکلی bekollî: (F.-A.) [be+koll+î] tamamen, tümüyle, hepten, külliyen.

بکم bukm: (A.) dilsizler.

بکمال bekemâl-i: (F.-A.) [be+kemâl+ -i] tamamen.

بک و لک bok o lok: **1.**kaba. **2.**beceriksizlik. **3.**akılsızlık.

بگ beg: (T.) bey.

بگماز begmâz: (T.) **1.**gam, keder. **2.**misafirlik. **3.**ziyafet.

بگماز bigmâz: (T.) **1.**şarap. **2.**şarap kadehi.

بگماز کردن bigmâz kerden: ziyafet vermek.

بگو مگو داشتن begû megû dâşten: **1.** ağız kavgası yapmak, ağız dalaşı yapmak. **2.**tartışmak.

بگو مگو کردن begû megû kerden: **1.**ağız dalaşı yapmak. **2.**tartışmak. **3.**dedikodu yapmak.

بگونیا bigonya: (bot.) begonya.

بگوئی و نگوئی begûî yu negûî: [goften> gu>begûî+y+u+negûî] öyle veya böyle, istese de istemese de.

بگیر begîr: haydi.

بل bel: ökçe.

بل bel: (A.) belki, hatta.

بل bil: bırak.

بل bol: **1.**ahmak, aptal. **2.**cahil.

بلا belâ: (A.) **1.**bela. **2.**musibet. **3.**âfet. **4.**talihsizlik. **5.**zulüm. **6.**deneme. ‖ * ~ be ser-i kesî âverden بلا بسر كسى آوردن birin başına belâ getirmek. ‖ * ~ -yi berzah بلاى برزخ belanın tam ortası. ‖ * ~ ender ~ بلا اندر بلا belâ belâ üstüne. ‖ * ~ -yi siyâh بلاى سياه **1.**kara bela. **2.**acı olaylar.

بلا bilâ: (A.) -siz, -sizin.

بلاتكليفى bilâteklîfî: (A.-F.) [bilâ+teklîf+ î] teklifsizlik.

بلاد bilâd: (A.) şehirler, kentler.

بلادت belâdet: (A.) **1.**ahmaklık. **2.**tembellik.

بلادر belâder: **1.**(bot.) amerikan elması. **2.**(bot.) mahun elması. **3.**kadın süs eşyası.

بلاده belâde: **1.**(argo) orospu, fahişe. **2.**sapık. **3.**bozguncu. **4.**kötü davranışlı.

بلا ديدن belâ dîden: belâ görmüş, felakete uğramış.

بلا شك bilâşek: (A.) kuşkusuz, mutlaka.

بلاغ belâg: (A.) **1.**iletme, tebliğ. **2.**yeterli kılma.

بلاغت belâget: (A.) (ed.) belagat.

بلاغت كردن belâget kerden: bâliğ olmak, rüştünü ispatlamak, reşit olmak.

بلا فاصله bilâfâsile: (A.) aralıksız, durmadan.

بلاكش belâkeş: (A.-F.) [belâ+keşîden> keş] belaya göğüs geren, bela çeken.

بلاگردان belâgerdân: (A.-F.) sadaka.

بلال bilâl (bot.) mısır.

بلال برشته كردن bilâl birişte kerden: mısır gözlemek.

بلال بو دادن bilâl bû dâden: mısır közlemek.

بلالى bilâlî: [bilâl+î] mısırcı.

بلامدار belâmedâr: (A.-F.) [belâ+medâr] bedbaht, talihsiz.

بلاهت belâhet: (A.) aptallık, eblehlik.

بلايه كار belâyekâr: [belâye+kâr] **1.**utanmaz. **2.**(argo) orospu, kahpe.

بلبال bilbâl: (A.) **1.**çok üzülme. **2.**vesveseye kapılma. **3.**tahrik.

بلبشو belbeşû: kargaşa, hercümerç.

بلبل bolbol: **1.**(zool.) bülbül. **2.**(çocuk dilinde erkeklik organı) pipi.

بلبل چشم bulbulçeşm: [bulbul+çeşm] bir tür ipek.

بلبل زبان bulbulzebân: [bulbul+zebân] **1.**tatlıdilli. **2.**fasih konuşan.

بلبل زبانى كردن bulbulzebânî kerden: bülbül kesilmek.

بلبل شدن bulbul şoden: **1.**çok konuşmak, bülbül gibi şakımak. **2.**aşık olmak, aşka tutulmak.

بلبل صفت bolbolsıfat: (F.-A.) [bulbul+ sıfat] bülbül gibi, bülbül sıfatlı.

بلبل كردن bulbul kerden: **1.**çok konuşmak. **2.**aşık olmak, aşka tutulmak.

بلبله bulbule: (F.-A.) **1.**ıbrık. **2.**şarap testisi. **3.**kahve cezvesi.

بلبلى bulbulî: [bulbul+î] **1.**şarap kadehi. **2.**şarap.

بلبلى گوش bulbulîgûş: [bulbul+î+gûş] kepçekulak, yelken kulak.

بلجم belcem: (A.) balgam.

بلحاظ belehâz-i: (F.-A.) [be+lehâz+ -i] **1.**açısından, bakımından, yönünden. **2.**gereğince.

بلخ (F.) günümüzde Afganistan'ın başkenti olan tarihî Belh kenti.

بلد beled: (A.) **1.**kent, şehir. **2.**yer, yöre. **3.**önder. **4.**rehber. **5.**işbilir. **6.**bilen.

بلدان buldân: (A.) kentler, şehirler.

بلد بودن beled bûden: **1.**bilmek. **2.**(bir yeri) tanımak.

بلدرچين belderçîn (zool.) bıldırcın.

بلد شدن beled şoden: **1.**bilmek. **2.**öğrenmek.

بلده belde: (A.) **1.**belde, yöre. **2.**kent. ‖ * ~ -i tayyibe بلدهء طيبه **1.**güzel kent. **2.**Medine.

بلدى beledî: (A.-F.) [beled+î] **1.**belediyeye ait. **2.**kente ait.

بلديت belediyyet: (A.) **1.**bilme. **2.**tanıma. **3.**haberdar olma.

بلسان belesân (bot.) belsem ağacı.

بلسك belesk, bolosk: kebap şişi.

بلع bel': (A.) yutma.

بلعجب bul'aceb: (A.) şaşılacak şey, tuhaf şey, ilginç.
بلع کردن bel' kerden: yutmak.
بلعیدن bel'îden: yutmak.
بلغاء bulegâ: (A.) belagat sahipleri.
بلغاق کردن bulgâk kerden: fitne çıkarmak.
بلغم balgam: (A.) balgam.
بلغند bolgond: yığın, küme.
بلغندر belgender: kayıtsız, bağsız. dinsiz.
بلغور bulgûr: 1.bulgur. 2.bulgur yemeği. 3.büyük söz.
بلغور کردن bulgûr kerden: 1.bulgur yapmak. 2.büyük söz söylemek.
بلغه bulge: (A.) bir günlük yiyecek, azık.
بلغه دادن bulge dâden: yiyecek vermek.
بلفضول bulfuzûl: (A.) çok faziletli.
بلک bilk: 1.ateş. 2.kıvılcım.
بلک bilek: 1.hediye, armağan. 2.taze meyve. 3.turfanda. 4.yeni giysi.belken,
بلکن boloken: mancınık.
بلکه belki: (A.-F.) belki, şayet. 2.hatta. 1.yalnız...değil.....belki, yalnız...değil....hatta, yalnız...değil.....da, yalnız...değil.....aynı zamanda.
بلکی belkî: (A.-F.) 1.belki. 2.hatta.
بلگا bilga: (T.) 1.bilge, filozof.
بل گرفتن bol giriften: konmak, zahmetsiz bir yere gelmek veya mülke kavuşmak. ‖ * ~ harf-i kesî râ بل گرفتن حرف کسی را sözü ağzından almak.
بلل belel: (A.) 1.nem. 2.az.
بلم belem: kayık.
بلمه ریش belmerîş: uzun sakallı.
بلنج belenc: ölçü, miktar, meblağ.
بلند bolend: 1.uzun. 2.yüksek. 3.çekik. 4.yüce. 5.değerli. 6.yüksek.
بلندا bolendâ: [bolend+â] irtifâ, yükseklik.
بلند آواز bolend âvâz: [bolend+âvâz] 1.yüksek sesli. 2.ünlü, tanınmış, meşhur.
بلند آوازه bolend âvâze: [bolend+âvâz+e] ünlü, meşhur, tanınmış.
بلند آوازه شدن bolend âvâze şoden: ün yapmak, meşhur olmak, tanınmak.
بلنداختر bolendahter: [bolend+ahter] bahtı açık, talihli.
بلند افتادن bolend uftâden: değerlenmek, değer kazanmak.
بلند انداختن bolend endâhten: 1.yukarı atmak, yukarıya fırlatmak. 2.aşırı derecede övmek.
بلند بالا bolendbâlâ: [bolend+bâlâ] uzun boylu.
بلند بخت bolendbaht: [bolend+baht] talihli, mutlu.
بلند بر داشتن bolend berdâşten: 1.yükseltmek. 2.çekmek. 3.övmek.
بلند بلند bolend bolend: yüksek sesle.
بلند بین bolendbîn: [bolend+dîden>bîn] 1.yüce himmetli. 2.gayb sırlarını bilen.
بلند پایه bolendpâye: [bolend+pâye] 1.yüce, yüksek dereceli. 2.değerli.
بلند پرواز bolendpervâz: [bolend+pervâz] 1.gözü yükseklerde olan. 2.övüngen. 3.yükseklerden uçan.
بلند پروازی bolendpervâzî: [bolend+ pervâz+î] 1.gözü yükseklerde olma. 2.övüngenlik. 3.yükseklerde uçma.
بلند پروازی کردن bolendpervâzî kerden: 1.gözü yükseklerde olmak. 2.övünmek. 3.yücelere ağmak.
بلند دیدن bolend dîden: 1.saygı göstermek, saygıyla bakmak. 2.şaşırmak.
بلندر bilendir: (İng.) blender.
بلند رفتن bolend reften: 1.yükselmek.
بلند شدن bolend şoden: 1.yükselmek. 2.kalkmak. 3.havalanmak, kalkmak. 4.yükseltilmek. 5.ilerlemek. 6.uzamak (gece ve gündüz, söz). 7.doğrulmak. 8.çıkmak.
بلند شنیدن bolend şenîden: (kulağı) ağır işitmek.
بلند قامت bolendkâmet: (F.-A.)

[bolend+ uzun boylu.

بلند قد bolendkad: (F.-A.) [bolend+ kad] uzun boylu.

بلند کردن bolend kerden: **1.**kaldırmak, yukarı kaldırmak. **2.**yükseltmek. **3.**doğrultmak. **4.**çalmak, aşırmak. **5.**büyütmek. **6.**uzatmak. **7.**uyandırmak.

بلند گشتن bulend geşten: **1.**yükselmek. **2.**uzamak.

بلند گو bolendgû: [bolend+goften>gû] **1.**hoparlör. **2.**megafon. **3.**ses borusu. **4.**sözcü.

بلند مدت bolend moddet: (F.-A.) [bolend+ moddet] uzun vadeli.

بلند مرتبه bolend mertebe: (F.-A.) [bolend+ mertebe] **1.**yüksek dereceli, yüksek rütbeli. **2.**yüce makamlı.

بلند نام bolend nâm: [bolend+nâm] meşhur, ünlü.

بلند نظر bolend nazar: (F.-A.) [bolend+ nazar] ileri görüşlü, yüksek görüşlü.

بلند و پست دیده bolend u pest dîde: [bolend+u+pest+dîden>dîd+e] **1.**güngörmüş, görmüş geçirmiş. **2.**feleğin çemberinden geçmiş.

بلند و کوتاه کردن bolend u kûtâh kerden: bakım yapmak.

بلند همت bolend himmet: (F.-A.) [bolend+ himmet] yüce himmetli, yüksek görüşlü.

بلندی bolendî: [bolend+î] **1.**yükseklik, irtifa. **2.**uzunluk. **3.**yükselti, tepe.

بلوا belvâ: (A.) **1.**izdiham, kargaşa. **2.**itaatsizlik.

بلور billûr: (A.) kristal, billur.

بلور آجین billûrâcîn: (A.-F.) [billûr+ âcîden>âcîn] sırça.

بلورتراش billûrterâş: (A.-F.) [billûr+terâşîden>terâş] kristal.

بلور شدن billûr şoden: kristalleşmek, kristalize olmak.

بلور شده billûrşode: [billûr+şoden> şod+e] kristalize.

بلور شناس billûrşinâs: [billûr+şinâhten> şinâs] kristal uzmanı.

بلور فروش billûrfurûş: (A.-F.) [billûr+ furûhten> furûş] züccaciyeci.

بلور فروشی billûrfurûşî: (F.-A.) [billûr+ furûhten>furûş+i] züccaciye mağazası, züccaciyeci.

بلوره billûre: (A.-F.) [billûr+e] kristal.

بلورین billûrîn: (A.-F.) [billûr+în] kristalden yapılmış, kristal.

بلوز bulûz: (Fr.) bluz. ‖ * ~ -i peşmî bâften بلوز پشمی بافتن kazak örmek.

بلوط belût: (Peh.) **1.**(bot.) pelit ağacı, meşe. **2.**(bot.) palamut, pelit.

بلوط فروش belûtfurûş: [belût+ furûhten>furûş] kestaneci.

بلوطی belûtî: [belût+î] meşe rengi, kahverengi.

بلوغ bulûg: (A.) ergenlik, büluğ. ‖ * be hadd-i ~ resîden بحد بلوغ رسیدن reşit olmak, bülûğa ermek.

بلوف blof: (İng.) blöf, kurusıkı.

بلوف زدن blof zeden: blöf yapmak.

بلوک bulûk: (T.) **1.**kısım, bölük, grup. **2.**nahiye, köy.

بلوک blok: (İng.) blok.

بلوی belvâ: (A.) **1.**güçlük. **2.**başkaldırı. **3.**deneme.

بله bele: evet.

بلهانه bolhâne: [bolh+âne] aptalca, eblehçe.

بله بری beleborî: [bele+borîden>bor+î] söz kesme.

بله بری کردن beleborî kerden: söz kesmek.

بلهوس bulheves: (A.) heves düşkünü.

بلهوسی داشتن bulhevesî dâşten: heves düşkünü olmak.

بلی belî: (A.-F.) evet.

بلی bilâ: (A.) eskilik.

بلیات beliyyât: (A.) belalar.

بلیارد bilyard: (Fr.) bilardo.

بلیت beliyyet: **1.**bela. **2.**sıkıntı. **3.**deneme. **4.**kaza.

بلیت bilît: (Fr.) bilet.

بلید belîd: (A.) ahmak, aptal.

بلیغ belîğ: (A.) **1.**belagat sahibi. **2.**beliğ. **3.**olgun.

بليه beliyye: (A.) **1.**bela. **2.**sıkıntı, güçlük. **3.**kaza.

بليه ديده beliyyedîde: (A.-F.) kazazede.

بم bem: **1.**(müz.) bas, gür ses. **2.**(müz.) kalın ses veren tel.

بمانند bemânend-i: [be+mânend+ -i] gibi.

بمب bomb: (Fr.) **1.**(ask.) bomba. ‖ * ~ -i atomî بمب اتمى (ask.) atom bombası. ‖ * ~ -i dûdzâ بمب دودزا (ask.) sis bombası. ‖ * ~ -i eşkâver بمب اشک آور (ask.) göz yaşartıcı bomba. ‖ * ~ -i idrojenî بمب نيدروژنى (ask.) hidrojen bambası. ‖ * ~ -i napalm بمب ناپالم (ask.) napalm bombası.

بمباران bombârân: [bomb+bârîden> bâr>bârân>âran>] (ask.) bombardıman, bombalama.

بمباران كردن bombârân kerden: (ask.) bombalamak, bombardıman etmek.

بمباردمان bombârdoman: (Fr.) (ask.) bombardıman, bombalama.

بمب افكن bombefken: (Fr.-F.) [bomb+ efkenden>efken] (ask.) bombardıman uçağı.

بمب انداختن bomb endâhten: (ask.) bombalamak, bomba atmak.

بمب گذارى bombguzârî: (Fr.-F.) [bomb+ gozâşten>gozâr+î] (ask.) bomba koyma, bomba yerleştirme.

بمب گذاشتن bomb guzâşten: bomba koymak, bomba yerleştirmek.

بمب گير bombgîr: (Fr.-F.) [bomb+ giriften>gîr] (ask.) bomba maşası (uçağın kanadı altında).

بمثابهء bemesâbe-i: (F.-A.) [be+mesâbe+ -i] mesabesinde, derecesinde, gibi.

بمثل bemisl-i: (F.-A.) [be+misl+ -i] gibi, benzeri.

بمجرد bemucerred-i: (F.-A.) [be+ mucerred+ -i] **1.**-ir..-mez, derhal, o anda.

بمجرد اينكه bemucerred-i inki: (F.-A.) [be+mucerred+ -i+in+ki] -ir...-mez.

بمحض bemahz-i: (F.-A.) [be+mahz+ -i] -ir...-mez.

بمحض آنكه bemahz-i anki: (F.-A.) [be+ mahz+ -i+an+ki] -ir...-mez.

بمحض اينكه bemahz-i inki: (F.-A.) [be+mahz+ -i+in+ki] -ir...-mez.

بمراتب bemerâtib: (F.-A.) [be+merâtib] gittikçe, zamanla.

بم زدن bem zeden: başına sertçe vurmak.

بمقتضاى bemukteză-yi: (F.-A.) [be+ mukteză+y+î] gereğince, mucibince, uyarınca.

بمل bimol: (Fr.) (müz.) bemol.

بمناسبت bemunâsebet: (F.-A.) [be+munâsebet] yeri geldikçe.

بمواجهه bemuvâcehe: (F.-A.) [be+ muvâcehe] karşılıklı. **2.**karşı karşıya.

بموجب bemûcib-i: (F.-A.) [be+mûcib+ -i] uyarınca, mucibince, gerekçesiyle.

بن ben: (Peh.) **1.**ağaç. **2.**ağaç gövdesi.

بن bin: (A.) oğul.

بن bon: (Peh.) **1.**kök. **2.**temel. **3.**son. **4.**dip. **5.**(tıb.) anüs. ‖ * ~ -i bagal بن بغل koltuk altı. ‖ * ~ -i dendân بن دندان **1.**itaat. **2.**büyük istek. ‖ * ~ -i gûş بن گوش kulak tozu. ‖ * ez ~ -i dendân از بن دندان **1.**başüstüne, emrin(iz) olur. **2.**can ü gönülden.

بن bon: (coğ.) Bonn.

بن bon: (Fr.) bono.

بناء binâ: (A.) **1.**yapı, bina. **2.**yapma, kurma, inşa. **3.**kararlılık. ‖ * ~ be âb resânîden بنا به آب رسانيدن bir işi mahvetmek.

بناء bennâ: (A.) **1.**yapı ustası. **2.**duvarcı. **3.**inşaat işçisi.

بنائى bennâî: (A.-F.) [bennâ+î] **1.**duvarcılık. **2.**inşaat işçiliği. **3.**yapı ustalığı.

بنا افكندن binâ efkenden: **1.**yapmak, bina etmek. **2.**yıkmak.

بنابر benâber: (A.-F.) [benâ+ber] -e göre.

بنا بر آن benâberan: (A.-F.) [benâ+ber+ ân] **1.**bununla birlikte.

2.bu münasebetle.

بنابرین benâberin: (A.-F.) [benâ+ber+in] **1.**bununla birlikte. **2.**bu münasebetle, bu yüzden. **3.**demekki.

بنا بودن binâ bûden: **1.**kararlaştırılmış olmak.

بنا به benâbe: (A.-F.) [benâ+ be] -e göre.

بنات benât: (A.) **1.**kızlar. **2.**bebekler. **3.**kuklalar.

بناحق benâhak: (F.-A.) [be+nâ+hak] haksız yere.

بناخواست benâhâst: [be+nâ+hâsten>hâst] istemeden, istemeyerek.

بنا داشتن benâ dâşten: kararında olmak.

بنادر benâdir: (A.) **1.**limanlar. **2.**liman şehirleri.

بنا شدن binâ şoden: **1.**bina edilmek, yapılmak. **2.**kararlaştırılmak. **3.**vuku bulmak, olmak, söz konusu olmak.

بنا کردن binâ kerden: **1.**bina yapmak, bina etmek. **2.**başlamak.

بناگاه benâgâh: [be+nâ+gâh] ansızın, birdenbire.

بنا گذاشتن binâ gozâşten: **1.**temel atmak. **2.**başlamak.

بناگر binâger: (A.-F.) [binâ+ger] **1.**yapı ustası. **2.**mimar. **3.**inşaat işçisi.

بناگوش bonâgûş: [bon+â+gûş] **1.**kulak tozu. **2.**kulak ardı.

بنام benâm: [be+nâm] **1.**ünlü, meşhur. **2.**adaş. ‖ * ~ -i بنام adında, adlı. ‖ * ~ بنام ایزد Tanrı'nın adıyla. ‖ * ~ -i hodâvend-i bahşende-i mihribân بنام خداوند بخشنده مهربان Esirgeyen bağışlayan Tanrı'nın adıyla, Bismillahirrahmanirrahim.

بنان benân: **1.**parmak. **2.**parmak ucu.

بنا نهادن binâ nihâden: **1.**temel atmak. **2.**bina yapmak.

بن بست bonbest: [bon+besten>best] **1.**çıkmaz sokak. **2.**çıkmaz, çözülemeyen iş. ‖ * be ~ berhorden به بن بست برخوردن çıkmaza girmek, çıkmaza düşmek. ‖ * be ~ resîden به بن بست رسیدن çıkmaza girmek, çıkmaza düşmek. ‖ * der ~ gozâşten در بن بست گذاشتن çıkmaza sokmak.

بنبل benbel: turşu.

بنت bint: (A.) kız.

بنجل boncol: satılamamış bozuk mal, ıskarta.

بنچاق bonçak: (T.) tapu senedi.

بنجه bonce: alın.

بنجیدن bencîden: yardım etmek.

بنجیک bencik: (T.) ulak atların bağlandığı yer.

بنحو benahv-i: (F.-A.) [be+nahv+ -i] şeklinde, şekilde, olarak.

بنحوی benahvî: (F.-A.) [be+nahv+î] bir şekilde.

بنحوی که benahvî ki: (F.-A.) [be+nahv+ î+ki] -cek şekilde.

بند bend: (Peh.) **1.**bağ. **2.**ip. **3.**zincir. **4.**kemer. **5.**çamaşır ipi. **6.**mafsal. **7.**boğum. **8.**kitap bölümü. **9.**bend. **10.**baraj. **11.**set. **12.**rehin. **13.**kilit. **14.**ahit. **15.**hile. **16.**keder. **17.**hapislik. **18.**tamah. **19.**(tıb.) kabızlık, peklik. **20.**düğüm. **21.**paragraf. **22.**bağlı. ‖ * ~ der ~ -i kabâ besten بند در بند قبا بستن **1.**birbirine bağlanmak. **2.**toplanmak. ‖ * ~ -i dil-i kesî pâre şoden بند دل کسی پاره شدن yüreği ağzına gelmek, ödü kopmak, çok korkmak. ‖ * ~ -i tunbânî بند تنبانی saçma, zırva, başı sonu belli olmayan söz, ipe sapa gelmez söz. ‖ * ~ -i zânû-yi kesî pâre şoden بند زانوی کسی پاره شدن dizleri çözülmek. ‖ * be ~ âverden به بند آوردن bağlamak, zincire vurmak. ‖ * der ~ -i çîzî bûden در بند چیزی بودن niyetinde olmak, aklına koymak. ‖ * der ~ -i âzâr-i kesî bûden در بند آزار کسی بودن birini incitmeyi aklına koymak. ‖ * der ~ -i kâr-i kesî şoden در بند کار کسی شدن biriyle ilgilenmek, birinin işiyle ilgilenmek.

بند آمدن bend âmeden: 1.dinmek, durmak, kesilmek. 2.set olmak.

بند آوردن bend âverden: 1.durdurmak, kesmek. 2.tıkamak, set çekmek.

بنداب bendâb: [bend+âb] set, su bendi.

بنداد bondâd: 1.temel. 2.esas. 3.dayanak.

بندار bondâr: [bon+dâşten>dâr] 1.köklü. 2.evli. 3.zengin, mal mülk sahibi. 4.eczacı. 5.at satıcısı. 6.maden tüccarı.7.gümrükçü. 8.zahire. 9.ambar. 10.sabit. 11.asil. 12.bilgin.

بنداز کردن bindâz kerden: cinsel ilişkide bulunmak.

بنداک bendâk: baraj.

بند انداختن bend endâhten: iple yüzden tüy almak.

بندباز bendbâz: [bend+bâhten>bâz] cambaz.

بند باز کردن bend bâz kerden: düğüm çözmek.

بندبازی bendbâzî: [bend+bâhten>bâz+î] cambazlık.

بند در بند bend ber bend: art arda, peş peşe.

بند بر گرفتن bend ber giriften: 1.düğüm çözmek. 2.bağdan kurtulmak.

بند بر نهادن bend ber nihâden: 1.bağlamak. 2.kilitlemek.

بند بستن bend besten: 1.düğümlemek. 2.bağlamak. 3.borçlanmak. 4.zorla bir şey almak.

بندخانه bendhâne: [bend+hâne] hapishane, zindan.

بندر bender: 1.liman. 2.liman şehri.

بندرگاه bendergâh: [bender+gâh] rıhtım, liman.

بندرنشین bendernişîn: [bender+ nişesten> nişîn] kıyı halkı, sahil halkı.

بند زدن bend zeden: 1.yapıştırmak. 2.bitiştirmek.

بند شدن bend şoden: 1.yapışmak. 2.sağlamlaşmak. 3.durmak, kalmak, bulunmak.

بند شناس bendşinâs: [bend+şinâhten> şinâs] (tıb.) artrolog, mafsalbilimci.

بند شناسی bendşinâsî: [bend+şinâhten> şinâs+î] (tıb.) artroloji, mafsal bilimi.

بندق شکستن bondok şikesten: 1.öpmek. 2.öpücük vermek.

بندقیه bondokiyye: 1.(ask.) top. 2.piştov.

بند کردن bend kerden: 1.bağlamak. 2.zincire vurmak. 3.esir almak. 4.sağlam tutmak. 5.cinsel ilişkide bulunmak.

بندگان bendegân: [bende+g+ân] 1.kullar.

بندگی bendegî: (Peh.) [bende+g+î] 1.kulluk. 2.kölelik. 3.hizmetçilik. 4.itaat.

بندگی کردن bendegî kerden: 1.kulluk etmek, kul olmak. 2.hizmet etmek, kul köle olmak. 3.tapınmak. 4.itaat etmek.

بن دندان bon-i dendân: 1.diş kökü. 2.zahire. 3.kasıt.

بند نهادن bend nihâden: zincire vurmak, bağlamak.

بند و بست bend u best: [besten>bend+ u+besten>bend] 1.tertip. 2.entrika. 3.anlaşma. 4.düzen. 5.sağlamlık. 6.hile.

بند و بست بودن bend u best bûden: kilitli olmak.

بند و بست داشتن bend u best dâşten (Biriyle) ilişkisi olmak.

بنده bende: (Peh.) 1.köle. 2.kul. 3.bendeniz, ben. || * in ~ -i hodâ این بنده خدا ben kulunuz, bendeniz, şu fakir, şu hakir.

بنده پرور bendeperver: [bende+ perverden> perver] emrindekileri koruyup kollayan.

بنده پروری bendeperverî: kulunu kollayıp gözetme.

بنده زاده bendezâde: [bende+zâden> zâd+e] mahdum, oğlum.

بنده نواز bendenevâz: [bende+ nevâhten>nevâz] küçükleri seven.

بنده نوازی bendenevâzî: [bende+ nevâhten>nevâz+î] küçüklere sevgi gösteren.

بندى bendî: [bend+î] 1.tutsak. 2.mahpus.

بنديدن bendîden: 1.bağlamak. 2.hapsetmek.

بندى شدن bendî şoden: 1.tutsak düşmek. 2.bağlanmak. 3.hapse atılmak. 4.(tıb.) ateş müzminleşmek.

بنديوان bendîvân: [bend+î+vân] 1.gardiyan, zindancı.

بنرمى benermî: [be+nerm+î] yumuşaklıklar.

بنزديك benezdîk-i: [be+nezdîk+ -i] 1.yakınında. 2.yanında. 3.katında, indinde.

بنزين benzîn: (Fr.) benzin. ‖ * ~ -i hevâpeymâ بنزين هواپيما uçak benzini.

بنزين زدن benzîn zeden: benzin almak.

بنزين فروش benzînfurûş: (Fr.-F.) [benzîn] furûhten>furûş] benzinci.

بنساله bonsâle: 1.eski. 2.yaşlı.

بنسبت benisbet-i: (F.-A.) [be+nisbet+ -i] 1.dolayısıyla. 2.münasebetiyle. 3.mukabil olarak, karşın.

بنظام benizâm: (F.-A.) [be+nizâm] düzenle, tertiple.

بنظر benazar-i: (F.-A.) [be+nazar+ -i] -e göre, gözünde.

بنفش benefş: mor.

بنفشه benefşe: (Peh.) (bot.) menekşe.

بنفشه زار benefşezâr: [benefşe+zâr] menekşe bahçesi.

بنفشه كردن benefşe kerden: morartmak, morlaştırmak.

بنقد benakd: (F.-A.) [be+nakd] 1.fiilen. 2.peşin olarak. 3.hazır ve mevcut. 4.hemen, derhal.

بنك bonek: [bon+ek] 1.küçük ağaç. 2.iz, işaret. 3.ayak izi. 4.yer, mekân.

بنكدار bonekdâr: toptancı.

بنكن bonken: [bon+kenden>ken] 1.kürek. 2.yer düzeltmede kullanılan alet.

بنگ beng: 1.esrar, ban otu. 2.ban otu tohumu. 3.çitlembik. 4.sırma çiçek desenli atlas kumaş.

بنگاب bengâb: [beng+âb] sıvı esrar.

بنگاله bengâle: (coğ.) Bengal.

بنگاه bungâh: [bun+gâh] 1.kurum. 2.kuruluş. 3.firma, şirket. 4.ambar. 5.sandık. 6.yer, merkez. 7.çadır. 8.köy. 9.vezir ve devlet erkanının eşyası.

بنگ رنگ bengreng: (tıb.) astım, nefes darlığı.

بنگ ساختن beng sâhten: 1.aldatmak. 2.gönül almak.

بنگله bengele: 1.Bengalli. 2.Bengalce, Bengal dili.

بن گوش bon-i gûş: kulak tozu. ‖ * ez ~ از بن گوش itaatle, edeple.

بنگه 1.ses, nidar. 2.haykırış, narar.

بنوت bunuvvet: (A.) oğulluk, evlatlık.

بنه bone: (Peh.) 1.yolcu eşyası, bagaj. 2.azık. 3.kök. 4.ağaç kökü.

بنه بستن bone besten: 1.göç etmek. 2.seyahate çıkmak, yolculuk yapmak.

بنى benî: (A.) oğullar. ‖ * ~ âdem بنى آدم insanoğulları, insanoğlu. ‖ * ~ beşer بنى بشر insanoğlu.

بنياد bunyâd: (Peh.) 1.temel. 2.kök. ‖ * ~ ber yeh nihâden بنياد بر يخ نهادن dayanıksız yapmak. ‖ * ~ be âb borden بنياد به آب بردن temeli sağlamlaştırmak. ‖ * ~ -i hayriyye بنياد خيريه vakıf. ‖ * be ~ âmeden به بنياد آمدن yoluna girmek, normale dönmek.

بنياد بر انداختن bunyâd ber endâhten: 1.yıkmak. 2.harap etmek.

بنياد بردن bunyâd borden: harap etmek, yıkmak.

بنياد بركندن bunyâd ber kenden: harap etmek, yıkmak.

بنياد ريختن bunyâd rîhten: harap etmek, yıkmak.

بنياد كردن bunyâd kerden: 1.temel atmak. 2.bina etmek, inşa etmek.

بنياد كندن bunyâd kenden: harap etmek, yıkmak.

بنياد گذاشتن bunyâd gozâşten: 1.kurmak. 2.temel atmak.

بنياد نهادن bunyâd nihâden: 1.kurmak.

2.temel atmak. 3.bina etmek.

بنیان bunyân: (A.) 1.duvar dibi. 2.temel. 3.binar.

بنیان نهادن bunyân nihâden: 1.bina etmek. 2.kurmak.

بنیت binyet: (A.) 1.binar. 2.yaratılış, fıtrat.

بنی عم benî amm: (A.) amca çocukları.

بنیوله benyûle: (bot.) bingöz çiçeği, vinyola.

بنیه bunye, binye: (A.) 1.bünye. 2.yaratılış. 3.güç, kudret. ‖ * ~ -i kesî tahlîl reften بنیهء کسی تحلیل رفتن erimek. ‖ * bî ~ بی بنیه zayıf, cılız, güçsüz.

بو bû: 1.koku, rayiha. 2.güzel koku. 3.ümit. 4.iz. ‖ * ~ ber demâg zeden بو بر دماغ زدن buruna koku gelmek. ‖ * ~ be demâg-i kesî horden بو به دماغ کسی خوردن burnuna koku gelmek. ‖ * ~ be meşâm resîden بو به مشام رسیدن kokmak, koku gelmek. ‖ * ~ -yi çîzî râ giriften بوی چیزی را گرفتن kokusunu almak. ‖ * bolend şoden-i ~ بلند شدن بو kokunun yayılması.

بوا boa: (Fr.) (zool.) boa yılanı.

بواب bevvâb: (A.) 1.kapıcı. 2.saray kapıcısı.

بواجب bevâcib: (F.-A.) [be+vâcib] lâzım, gerekli.

بواجب بودن bevâcib bûden: lâzım olmak, gerekli olmak, gerekmek.

بوادی bevâdî: (A.) kırlar, ovalar.

بوار bevâr: (A.) 1.yok olma, mahvolma. 2.yokluk. 3.viranelik. 4.kıraç arazi.

بواسطهء bevâsite-i: (F.-A.) [be+vâsite+ -i] dolayısıyla, nedeniyle.

بواسطهء آنکه bevâsite-i anki: (F.-A.) [be+vâsite+ -i+an+ki] -dığı için, -den dolayı.

بواسطهء اینکه bevâsite-i inki: (F.-A.) [be+vâsite+ -i+in+ki] -dığı için, -den dolayı.

بواسیر bevâsîr: (A.) 1.(tıb.) basurlar. 2.basur.

بواطن bevâtin: (A.) içler, batınlar.

بواقی bevâkî: (A.) kalanlar, bakiyeler.

بوالعجب bul'aceb: (A.) şaşılacak şey.

بوالعجمی bul'acemî: (A.-F.) [bul-acem+î] gözbağcılık, hokkabazlık.

بوالفضول bulfuzûl: (A.) zevzek.

بوئنوس آیرس buenos ayres: (coğ.) Buenos Aires.

بوئیدن bûîden: koklamak.

بوب bûb, bob: (Peh.) yaygı.

بوبر bûbor (zool.) bülbül.

بو برداشتن bû ber dâşten: 1.koklamak. 2.koku almak. 3.kokmak.

بو بردن bû borden: 1.koklamak, koku almak. 2.hissetmek, sezinlemek.

بوبین bobin: (Fr.) bobin.

بو پریدن bû perîden: koku uçmak, koku kaybolmak.

بو تراویدن bû terâvîden: kokuşmak.

بوته bûte: 1.pota. 2.(bot.) çalı, çalılık. 3.köken. 4.(zool.) boduk, deve yavrusu. 5.natürmort.

بوته زار bûtezâr: [bûte+zâr] çalılık.

بوج bevc: 1.kibir. 2.gösteriş.

بوجار bûcâr: elekçi, kalburcu. ‖ * ~ -i lencân بوجار لنجان her devrin adamı.

بوجاری bûcârî: eleme, kalburdan geçirme, harmancılık, harman savurma.

بوجهء bevech-i: (F.-A.) [be+vech+ -i] tarzında, şeklinde.

بوجه bevech: (F.-A.) [be+vech] gerektiği gibi.

بوجه بودن bevech bûden: gerektiği gibi olmak, doğru dürüst olmak.

بوچ bevç: 1.haşmet. 2.ağırbaşlılık, vakar. 3.güçlülük. 4.gösteriş.

بوختن bûhten: (Peh.) kurtarmak (cehennemden).

بو خوردن bû horden: 1.koklamak. 2.sezinlemek.

بود bûd: [bûden>bûd] 1.varlık. 2.var olma.

بودا buda: Buda.

بودائی budaî: [bûdâ+î] budist.

بو دادن bû dâden: 1.kokmak. 2.koku salmak, koku çıkarmak. 3.gaz çıkarmak.

بودار bûdâr: [bû+dâşten>dâr] 1.kokulu. 2.anlamsız söz.

بودباش bûdbâş: [bûden>bûd+bâş] 1.yer. 2.hizmet. 3.yiyecek, azık.

بودجه budce: (Fr.) bütçe. ‖ * kesrî-i ~ کسریء بودجه bütçe açığı. ‖ * lâyihe-i ~ لایحهء بدجه bütçe tasarısı.

بودجه آماده کردن budce âmâde kerden: bütçe hazırlamak, bütçe yapmak.

بود شدن bûd şoden: tam olmak.

بودن bûden: (Peh.) 1.olmak. 2.kalmak, bulunmak. 3.sahip olmak. 4.var olmak. 5.hazır olmak. 6.zaman geçirmek. 7.değerini bilmek, elde tutmak, saklamak, korumak. 8.yaşamak. ‖ * be fikr-i çîzî ~ بفکر چیزی بودن bir şeyi düşünmek, düşüncesinde olmak.

بودنی bûdenî: 1.olmaya lâyık. 2.olacak, olacak şey. 3.mümkün. 4.mevcut. 5.mahiyet. 6.hadise.

بود و نابود bûd u nâbûd: 1.varlık ve yokluk. 2.varıyoğu.

بود و نبود bûd u nebûd: varı yoğu.

بور bûr: (Peh.) 1.sarışın. 2.kumral. 3.(zool.) kızıl at. 4.yanık burun. 5.(müz.) eski bir müzik aleti.

بوران bûran: (T.) tipi, çıvgın.

بورس burs: (Fr.) burs. ‖ * ~ -i tahsîlî بورس تحصیلی öğrenim bursu.

بورس burs: (Fr.) borsa.

بور شدن bûr şoden: 1.sinirlenmek, zoruna gitmek, alınmak. 2.ümitsiz olmak.

بورک burek: 1.börek. 2.kumarda kazanılan para.

بوره bûre: (kim.) boraks.

بوری bûrî: [bûr+î] 1.kumral. 2.kumrallık. 3.kızıllık.

بوریا bûriyâ: hasır.

بوریا باف bûriyâbâf: [bûriyâ+bâften> bâf] hasırcı, hasır dokuyan.

بوریابافی bûriyâbâfî: [bûriyâ+bâften> bâf+î] hasırcılık, hasır dokuma.

بوریاکوبی bûriyâkûbî: [bûriyâ+ kûbîden>kûb+î] yeni evde verilen yemek.

بوز bûz: 1.(zool.) hızlı at. 2.kıvrak zekâlı.

بوزا bûzâ: boza.

بوزاگر bûzâger: [bûzâ+ger] bozacı.

بوزک bevzek: küf.

بوزه bûze: boza.

بوزه خانه bûzehâne: [bûze+hâne] bozahane, boza imalathanesi.

بوزینه bûzîne (zool.) maymun.

بوس bûs: [bûsîden>bûs] öpücük, buse. ‖ * ~ u kenâr بوس و کنار 1.kucaklama. 2.öpüşüp kucaklaşma.

بوستان bûstân: (Peh.) [bû+stân] 1.bahçe. 2.meyva bahçesi. 3.Bûstan. Şirazlı Sadînin manzum eseri.

بوستان بان bûstânbân: [bûstân+bân] bahçıvan.

بوستان بانی bûstânbânî: [bûstân+bân+î] bahçıvanlık.

بوستانکار bûstânkâr: [bûstân+kâşten> kâr] bahçeci.

بوستانکاری bûstânkârî: [bûstân+kâşten> kâr+î] bahçecilik.

بوس دادن bûs dâden: öpücük vermek.

بوس کردن bûs kerden: öpmek.

بوسنوی bosnevî: Bosnalı.

بوسنی bosni: (coğ.) Bosna.

بوسنیایی bosniyâyî: [bosniya+y+î] Bosnalı.

بوسنی هرزگوین bosniherzegovin: (coğ.) Bosna-Hersek.

بوسه bûse: [bûsîden>bûs+e] öpücük, buse.

بوسه بازی bûsebâzî: [bûse+bâhten> bâz+î] öpüşme.

بوسه برداشتن bûse berdâşten: öpmek, öpücük almak.

بوسه خوردن bûse horden: öpücük almak.

بوسه دادن bûse dâden: öpmek.

بوسه دان bûsedân: [bûse+dân] ağız.

بوسه ربا bûserubâ: [bûse+rubûden>rubâ] öpücük çalan.

بوسه زدن bûse zeden: öpmek.

بوسه شکستن bûse şikesten: öpmek, şapır şupur öpmek.

بوسه کردن bûse kerden: öpmek.

بوسه کشیدن bûse keşîden: öpücük kondurmak.

بوسیدن bûsîden: öpmek.

بوسیلهء bevesîle-i: (F.-A.) [be+vesîle+ -i] vesilesiyle, -mek suretiyle, -erek, -arak.

بوش bevş: çalım, gösteriş.

بوشاد bûşâd (bot.) şalgam.

بوشاسب bûşasb: rüya.

بوشقاب buşkâb: (T.) tabak.

بو شنیدن bû şenîden: **1.**koku almak. **2.**gibi gelmek.

بوغچه boğçe: (T.) bohça.

بوف bûf (zool.) baykuş.

بو فروختن bû furûhten: attarlık yapmak.

بوفروش bûfurûş: [bû+furûhten>furûş] **1.**attar. **2.**parfümerici.

بوفروشی bûfurûşî: [bû+furûhten> furûş+î] **1.**attarlık. **2.**parfümericilik.

بوفه bufe: (Fr.) büfe

بوفه چی bufeçi: (Fr.-T.) [bufe+çi] büfeci.

بوق bûk: **1.**klakson, korna. **2.**(müz.) boru.

بوق زدن bûk zeden: klakson çalmak, korna çalmak.

بوق کشیدن bûk keşîden: klakson çalmak, korna çalmak.

بوقلمون bukalemûn: **1.**(zool.) hindi. **2.**yanardöner kişi. **3.**rengarenk. **4.**dünya.

بوقلمونی bukalemûnî: [bukalemûn+î] rengarenk.

بوک bûk: [bûden>bû>buved>bu+k<ki] ola ki, belki.

بو کردن bû kerden: koklamak.

بوکس boks: (Fr.) (sp.) boks.

بوکس باز boksbâz: (Fr.-F.) [boks+ bâhten> bâz] (sp.) boksör.

بوکسور boksur: (Fr.) (sp.) boksör.

بو کشیدن bû keşîden: **1.**koku almak. **2.**sezinlemek, kokusunu almak. **3.**koklamak.

بوکه bûki: [buden>buved>bu+ki] ola ki.

بوگان bûgân: (tıb.) rahim.

بو گرفتن bû giriften: **1.**koku almak. **2.**kokuşmak.

بول bevl: (A.) **1.**sidik, idrar. **2.**idrar yapma.

بولتن bulten: (Fr.) bülten.

بولدوزر buldozer: (Fr.) buldozer.

بول کردن bevl kerden: idrar yapmak.

بولوار bulvar: (Fr.) bulvar.

بولهب bûleheb: (A.) [ateşin babası) Hz. Muhammed'in amcası.

بوم bûm: (Peh.) **1.**ülke. **2.**yöre, mıntıka, diyar. **3.**ekilmemiş arazi. **4.**yer. **5.**(zool.) baykuş. **6.**yaratılış.

بومادران bûmâderân (bot.) civanperçemi.

بوم پذیری bûmpezîrî: [bûm+pezîroften> pezîr+î] iklime alışma.

بوم شناخت bûmşinâht: [bûm+şinâhten> şinâht] ekoloji.

بوم شناس bûmşinâs: [bûm+şinâhten> şinâs] ekolog.

بوم شناسی bûmşinâsî: [bûm+şinâhten> şinâs+î] ekoloji.

بومگان bûmgân: [bûm+gân] ekosistem.

بومهن bûm-ehen: deprem, zelzele.

بومی bûmî: [bûm+î] yerli.

بون bûn: (tıb.) rahim.

بوی bûy: **1.**koku. **2.**ümit, umut. **3.**tamah. **4.**yaradılış, tabiat. **5.**nasip, kısmet. ‖ * ~ be meşâm resîden بوی به مشام رسیدن koku gelmek.

بوی bevey: [be+vey] ona.

بویا bûyâ: (Peh.) [bûyîden>bûy+â] **1.**kokulu. **2.**hoş kokulu.

بویاندن bûyânden: koklatmak.

بویانیدن bûyânîden: koklatmak.

بوی بر آمدن bûy berâmeden: koku gelmek.

بوی بردن bûy borden: nasip almak.

بوی پرست bûyperest: [bûy+perestîden> perest] **1.**(zool.) avköpeği. **2.**cin. **3.**melek.

بوی دادن bûy dâden: **1.**kokmak. **2.**kavurmak.

بوی دان bûydân: [bûy+dân] kokuluk, koku kabı.

بوی شنیدن bûy şenîden: koku almak,

gibi gelmek.
بوی گرفتن bûy giriften: kokmak, koku sinmek.
بویناک bûynâk: [bûy+nâk] kötü kokulu.
بوییدن bûyîden: 1.kokmak. 2.koklamak.
به be: (gr.) 1.ismin -e hali. 2.ile.
به beh: 1.ne güzel!, ne iyi!
به bih: iyi.
به bih (bot.) ayva.
به آمدن bih âmeden: 1.iyi olmak. 2.iyi gelmek.
بها behâ: 1.kıymet, değer. 2.fiyat, ederi. ‖ * be endek ~ به اندک بها yok pahasına, öldüm pahasına. ‖ * der ~ -yi در بهای karşılığında.
بهاء behâ: (A.) 1.parlaklık, aydınlık. 2.güzellik. 3.ziynet. 4.görkem, azamet.
بهائی behâî: [behâ+î] Bahâî.
بهابازار behâbâzâr: [behâ+bâzâr] borsa.
بهابرگ behâberg: [behâ+berg] bono.
بها تخمین زدن behâ tahmîn zeden: değer biçmek, paha biçmek, fiyat biçmek.
بها دادن behâ dâden: değer vermek.
بهادار behâdâr: [behâ+dâşten>dâr] değerli, kıymetli. ‖ * evrâk-i ~ اوراق بهادار değerli evrak.
بهادر behâdur: (T.) 1.bahadır, yiğit.
بهادری behâdurî: (T.-F.) [behâdur+î] bahadırlık, yiğitlik, cesaret.
بهار behâr: (Peh.) 1.bahar, ilkbahar.
بهاران behârân: [behâr+ân] bahar, ilkbahar mevsimi.
بهار اندام behârendâm: [behâr+endâm] güzel endamlı.
بهارخانه behârhâne: [behâr+hâne] 1.puthane. 2.yüksek bina.
بهارخواب behârhâb: [behâr+hâbîden> hâb] teras.
بهارستان behâristân: [behâr+istân] 1.tomurcuk ve çiçeklerin bol olduğu yer, çiçek bahçesi. 2.Molla Câmî'nin bu addaki ünlü eseri.
بهار کردن behâr kerden: bahar açmak.
بهاره کاشتن behâre kâşten: plan yapmak, hazırlık yapmak.
بهاریه behâriyye: (F.-A.) 1.bahara ait. 2.(ed.) bahar şiirleri.
به اقتضای beiktizâ-yi: (F.-A.) [be+ iktizâ+yi] uyarınca, gereğince.
بها گرفتن behâ giriften: değer kazanmak.
بهامهر behâmohr: [behâ+mohr] jeton.
بهانامه behânâme: [behâ+nâme] fiyat listesi.
بهانما behânumâ: [behâ+numûden> numâ] etiket.
بهانه behâne: (Peh.) bahane. ‖ * be ~ -i به بهانه‌ء 1.bahanesiyle. 2.diye. ‖ * be ~ -i inki به بهانه‌ء اینکه bahanesiyle. ‖ * pey-i ~ geşten پیبهانه گشتن 1.bahane aramak. 2.fırsat kollamak.
بها نهادن behâ nihâden: kıymet biçmek, değer biçmek.
بهانه انگیختن behâne engîhten: bahane bulmak.
بهانه تراش behâneterâş: [behâne+ terâşîden>terâş] bahaneci.
بهانه تراشی behâneterâşî: [behâne+ terâşîden>terâş+î] bahanecilik, bahane arama, bahane bulma.
بهانه تراشیدن behâne terâşîden: bahane aramak, bahane bulmak.
بهانه جستن behâne costen: bahane aramak.
بهانه جو behânecû: [behâne+costen>cû] bahaneci.
بهانه جویی behânecûyî: [behâne+costen> cû+y+î] bahanecilik.
بهانه ساختن behâne sâhten: bahane bulmak, bahane uydurmak.
بهانه طلبیدن behâne talebîden: bahane aramak.
بهانه کردن behâne kerden: bahane bulmak.
بهاورد behâverd: [beh+âverden>âverd] armağan, hediye.
بهایم behâyim: (A.) 1.dört ayaklı hayvanlar.
به اینکه be...inki: -si ile, -e göre, -ğine, -mesine.

بهایی behâyî: [behâ+y+î] 1.değerli, kıymetli. 2.satılık. 3.alınıp satılabilen. 4.bir tür kumaş.

به اوفتاد bih ûftâd: [bih+ûftâden> ûftâd] 1.sağlık, sıhhat. 2.refah.

به بسی be besî: [be+bes+î] birçok.

بهبود bihbûd: [bih+bûden>bûd] 1.iyileşme, sağlığına kavuşma, şifa bulma. 2.iyileştirme. 3.düzenleme. 4.afiyet, sağlık, esenlik.

بهبود حاصل کردن bihbûd hâsil kerden: iyileşmek, sağlığına kavuşmak.

به بودن bih bûden: iyi olmak, üstün gelmek.

بهبودی bihbûdî: [bihbûd+î] iyileşme.

بهبود یافتن bihbûd yâften: iyileşmek, rahatsızlık geçmek.

بهبودی حاصل کردن bihbûdî hâsil kerden: iyileşmek, sağlığına kavuşmak.

به به beh beh: 1.ne iyi!, ne güzel! 2.oh oh!

بهت buht: (A.) 1.şaşkınlık. 2.iftira. ‖ * ~ -i kesî borden بهت کسی بردن şaşırmak.

بهت behet: [be+h+et<to] sana.

بهتان buhtân: (A.) iftira.

بهتان گفتن buhtân goften: 1.iftira etmek. 2.gıybet etmek.

بهتر bihter: 1.daha iyi, daha güzel, daha lâyık. 2.üstün. ‖ * ~ est بهتر است en iyisi, iyisi mi.

بهتر آمد bihter âmed: [bihter>âmeden> âmed] 1.daha yararlı. 2.daha kazançlı.

بهتر شدن bihter şoden: iyileşmek (sağlık, durum).

بهت زدگی buhtzedegî: [boht+zeden> zed+ e+g+î] şaşkınlık.

بهت زدن buht zeden: donup kalmak, hayretler içinde kalmak, şaşırmak.

بهت زده buhtzede: [buht+zeden>zed+e] şaşkın.

بهجت behcet: (A.) 1.sevinme, sevinç. 2.neşe. 3.güzellik.

به چه دلیل be çi delîl: (F.-A.) [be+çi+ delîl] niçin, neden, hangi delille.

به چه علت be çi illet: (F.-A.) [be+çi+illet] hangi nedenle.

به خودی خود behodi+yi hod: [be+hod+ î+y+ i+hod] kendi çapında, kendi ölçüsünde.

بهدار bihdâr: [bih+dâşten>dâr] 1.(tıb.) sağlık memuru.

بهداری bihdârî: [bih+dâşten>dâr+î] 1.(tıb.) sıhhiye.

بهداشت bihdâşt: [bih+dâşten>dâşt] 1.(tıb.) sağlık koruma, hıfzıssıhha. 2.(tıb.) sağlık.

بهداشتی bihdâştî: [bih+dâşten>dâşt+î] sağlık koruma işleri.

بهدانه bihdâne: [bih+dâne] (bot.) ayva tohumu.

به در دادن be der dâden: ifşa etmek.

به در نگریستن be der nigerîsten: dikkatle bakmak.

بهر behr-i: 1.için. ‖ * ~ -i çi بهر چه niçin, neden. ‖ * ez ~ -i از بهر. için.

بهرام (F.) 1.Merih. 2.erkek adı. 3.eski İran hükümdarı Behrâm-ı Gûr. 4. Mirrîh yıldızı ve savaş alameti.

بهر حال beher hâl: (F.-A.) [be+her+hâl] her halükârda, kısacası, her neyse, uzun sözün kısası.

بهر صورت beher sûret: (F.-A.) [be+her+ sûret] 1.her neyse. 2.ne olursa olsun.

بهر قیمت beherkıymet: (F.-A.) [be+her+ kıymet] mutlaka, ne olursa olsun, her ne pahasına olursa olsun.

بهرکی behrekî: [behre+k+î] koloni.

بهرمانی behremânî: 1.bir tür kırmızı yakut.

بهرمند behrmend, behremend: (Peh.) [behr(e) +mend] 1.yararlanan, istifade eden. 2.hissedar.

بهر نحوی که beher nahvî ki: (F.-A.) [be+her+ nahv+î+ki] -dığı şekilde, -dığı ölçüde, -dığı kadar.

بهروز bihrûz: [bih+rûz] 1.iyi gün. 2.mutlu.

بهروزی bihrûzî: [bih+rûz+î] mutluluk.

بهره behre: (Peh.) 1.hisse, pay. 2.kazanç, kâr. 3.faiz. 4.hisse senedi, ortaklık payı.

بهره بر behreber: [behre+borden>ber] 1.kazançlı. 2.hissedar, ortak.

بهره بردار behre berdâr: [behre+ berdâşten> berdâr] 1.hissedar. 2.kullanan, yararlanan.

بهره برداری behreberdârî: [behre+ berdâşten> berdâr+î] 1.hissedarlık. 2.kazanç. 3.yararlanma, kullanım. 4.işletme. ‖ * be ~ resîden به بهره برداری رسیدن kullanıma açılmak.

بهره برداشتن behre berdâşten: 1.kazanç elde etmek. 2.yararlanmak. 3.hisse almak. 4.nasip almak. 5.pazarlamak.

بهره بردن behre borden: 1.yararlanmak. 2.pay çıkarmak, hisse almak.

بهره دار behredâr: [behre+dâşten> dâr] 1.hissedar, ortak. 2.yararlanan.

بهره داشتن behre dâşten: nasibi olmak.

بهره رساندن behre resânden: yararlı olmak.

بهره کشی behrekeşî: [behre+keşîden> keş+î] sömürü. ‖ * muvrid-i ~ karâr dâden مورد بهره کشی قرار دادن sömürmek. ‖ * muvrid-i ~ karâr giriften مورد بهره کشی قرار گرفتن sömürülmek.

بهره گرفتن behre giriften: 1.yararlanmak. 2.çıkar sağlamak.

بهره گیری behregîrî: [behre+giriften> gîr+î] 1.çıkar sağlama. 2.yararlanma. ‖ * ~ -i nârevâ بهره گیریء ناروا kötüye kullanma.

بهره مند behremend: [behre+mend] faydalanan, yararlanan.

بهره مند شدن behremend şoden: faydalanmak, yararlanmak.

بهره مند گشتن behremend geşten: faydalanmak, yararlanmak.

بهره ور behrever: [behre+ver] 1.yararlanan. 2.hisseder. 3.kazançlı. 4.mutlu.

بهزاد bihzâd: [bih+zâden>zâd] soylu, asilzade.

بهسازی bihsâzî: [bih+sâhten>sâz+î] 1.iyileştirme. 2.düzenleme.

بهشت bihişt: (Peh.) cennet.

بهشتی bihiştî: [bihişt+î] 1.cennetlik. 2.sevap sahibi. 3.güzel yüzlü.

بهشتی خو bihiştîhû: [bihişt+î+hû] iyi huylu, melek huylu.

به شدن bih şoden: iyi olmak, iyileşmek, düzelmek, yoluna girmek.

به طور حتم be tovr-i hatm: (F.-A.) [be+ tovr+ -i+hatm] kesin olarak, kesinlikle.

بهق behak: (tıb.) melas, bedendeki siyah beyaz noktalar.

بهلول buhlûl: 1.güleç, güleryüzlü. 2.topluluğun büyüğü. 3.iyi amelli.

بهلول behlûl: Behlül.

بهم behem: 1.birbirine. 2.birlikte.

بهم آمدن behem âmeden: bağlanmak, birleşmek.

بهم آمیختن behem âmîhten: 1.karışmak. 2.özdeşleşmek.

بهمان bihmân: 1.meçhul. 2.falan, filan, falanca, filanca, fişmekân.

بهم افتادن behem uftâden: birbirine düşmek.

بهمان اندازه که beheman endâze ki: ... olduğu kadar.

بهمان ترتیب که behemântertîbki: (F.-A.) [be+heman+ tertîb+ki] -dığı kadar.

بهمان نسبت behemannisbet: (F.-A.) [be+heman+ nisbet] aynı derecede, bir o kadar dar.

بهم بر آمدن behem ber âmeden: 1.öfkelenmek. 2.sıkılmak. 3.karışmak, dağılmak.

بهم بر خوردن behem ber horden: karşılaşmak, rastlaşmak.

بهم پیچیدن behem pîçîden: 1.dolaşmak. 2.sarınmak. 3.büzülmek.

بهم پیوستن behem peyvesten: 1.birleşmek. 2.birbirine katılmak.

بهم پیوسته behem peyveste: [be+hem+ peyvesten>peyvest+e] çatık.

بهم خوردن behem horden: 1.çatışmak. 2.bozulmak. 3.değişmek (huy).

بهمراهی behemrâhî: [be+hem+râh+

î+y+i]] birlikte.

بهم رسانیدن behem resânîden: 1.ele geçirmek. 2.bir araya getirmek. 3.yakınlaştırmak. 4.yapmak.

بهم رسیدن behem resîden: 1.kavuşmak. 2.buluşmak. 3.meydana gelmek. 4.karşılaşmak. 5.ele geçmek.

بهم ریختن behem rîhten: 1.dağıtmak. 2.altını üstüne getirmek. 3.bozmak. 4.karıştırmak. 5.dökülmek. ‖ * heme câ râ ~ همه جا را بهم ریختن ortalığı birbirine katmak.

بهم زدن behem zeden: 1.karıştırmak. 2.bozmak. 3.harap etmek. 4.bâtıl kılmak. ‖ * ~ bâ kesî بهم زدن با کسی biriyle arası açılmak.

بهم شدن behem şoden: karışmak.

بهم گذاشتن behem gozâşten: kapatmak.

بهم گیر کردن behem gîr kerden: birbirine takılmak.

بهمن behmen: (Peh.) 1.İran takviminin onbirinci ayı, Behmen (21 Ocak-20 Şubat). 2.çığ. 3.eski İran hükümdarı.

بهم نگریستن behem nigerîsten: bakışmak, birbirine bakmak.

بهمین ترتیب behemîn tertîb: (F.-A.) [be+ hemin+ tertîb] bu şekilde, böylece.

بهمین زودیها behemîn zûdîhâ: [be+ hemîn+ zûd+î+hâ] bu yakınlarda, pek yakında.

بهمین سبب behemin sebeb: (F.-A.) [be+ hemîn+ sebeb] bu sebeple, bu yüzden, bu nedenle.

بهمین منوال behemin minvâl: (F.-A.) [be+ hemîn+ minvâl] bu minval üzere, bu şekilde.

بهنام bihnâm: [bih+nâm] iyi ad, iyi şöhret.

بهنانه behnâne (zool.) maymun.

بهنگام behengâm-i: [be+hengâm+ -i] -iken, esnasında, zamanı.

به نحوی benahvî: (F.-A.) [be+nahv+î] bir şekilde, herhangi bir şekilde.

بهو behû: 1.sofa. 2.eyvan. 3.köşk. 4.üst kat.

بهوش behûş: [be+hûş] akıllı.

بهی bihî: (Peh.) [bih+î] 1.iyilik. 2.sağlık. 3.güzellik. 4.şifa.

بهیار bihyâr: [bih+yâr] 1.hemşire. 2.hastabakıcı.

بهیج behîc: (A.) 1.sevinç. 2.mutluluk. 3.iyi, güzel.

بهیچ روی behîçrûy: [be+hîç+rûy] asla, hiçbir şekilde.

بهیچ وجه behîç vech: (F.-A.) [be+hîç+ vech] asla, hiçbir şekilde.

بهیمه behîme: (A.) dört ayaklı hayvan.

بی bî: (Peh.) 1.(gr.) olumsuzluk eki:-siz. 2.olur (Farsçanın bir lehçesinde). 3.olmadan, olmaksızın, bulunmadan, bulunmaksızın.

بی آب bî âb: [bî+âb] 1.susuz. 2.taravetsiz. 3.irtibatsız.

بی آبرو bî âbrû: [bî+âb+rû] yüzsüz. 2.namert.

بی آرام bîârâm: (F.) [bî+ârâmîden> ârâm] 1.huzursuz. 2.sürekli hareket halinde. 3.sürekli. 4.rahatsız, keyifsiz.

بی آزار bîâzâr: [bî+âzâr] zararsız, karınca incitmez.

بی آگهی bîâgehî: [bî+âgeh+î] habersizlik, vurdumduymazlık.

بی آنک bîank: [bî+an+k<ki] -meden, -meksizin.

بی آنکه bî ânki: -meden, -meksizin.

بیابان biyâbân: (Peh.) 1.(coğ.) çöl. 2.(coğ.) kır, ova.

بیابان گرد biyâbângerd: [biyâbân+ geşten>gerd] 1.göçebe. 2.çölde yaşayan.

بیابان گردی biyâbângerdî: [biyâbân+ geşten>gerd+î] göçebelik.

بیابانی biyâbânî: [biyâbân+î] 1.göçebe. 2.kırsal. 3.bazı sabit yıldızlar.

بیات beyât: (A.) 1.geceleme. 2.gece baskını. 3.bayat. 4.bayat ekmek.

بی اثر bî eser: (F.-A.) [bî+eser] etkisiz.

بی اجازت bî icâzet: (F.-A.) [bî+icâzet] izinsiz.

بی اجل bîecel: (F.-A.) [bî+ecel] ecel gelmeden.

بی احترامی bî ihtirâmî: (F.-A.) [bî+ ihtirâm+î] saygısızlık.

بی احترامی کردن bî ihtirâmî kerden: saygısızlık etmek.

بی احتیاط bî ihtiyât: (F.-A.) [bî+ ihtiyât] tedbirsiz, ihtiyatsız.

بی احتیاطی bî ihtiyâtî: [bî+ihtiyât+î] tedbirsizlik, ihtiyatsızlık.

بی اختیار bî ihtiyâr: (F.-A.) [bî+ihtiyâr] elinde olmadan, gayri ihtiyarî.

بی ادب bîedeb: (F.-A.) [bî+edeb] **1.**edepsiz. **2.**cahil. **3.**küstah.

بی ادب گفتن bîedeb goften: küstanlık etmek, terbiyesizlik etmek.

بی ادبی bîedebî: (F.-A.) [bî+edeb+î] edepsizlik, terbiyesizlik.

بیاذق biyâzuk: piyon (satranç).

بی اراده bî irâde: (F.-A.) [bî+irâde] elinde olmadan, gayri ihtiyarî.

بی ارج bî erc: [bî+erc] değersiz.

بی ارجی bîercî: [bî+erc+î] değersizlik.

بی ارزش bî erziş: [bî+erziş] değersiz.

بیاستو biyâstu: **1.**esneme. **2.**ağız kokusu.

بیاض beyâz: (A.) **1.**beyaz, ak. **2.**beyazlık. **3.**dua kitabı. **4.**aydınlık. **5.**yazı. **6.**kır saç.

بی اطلاع bî ittilâ: (F.-A.) [bî+ittilâ] bilgisiz.

بیاع beyyâ: (A.) **1.**satıcı. **2.**tellal.

بی اعتنا bî itinâ: (F.-A.) hiçe sayan, itinasız, özensiz, umursamaz.

بی اعتنا ماندن bî itinâ mânden: kayıtsız kalmak, umursamamak.

بی اعتنایی bî itinâyî: (F.-A.) [bî+itinâ+ y+î] hiçe sayma, aldırmazlık, vurdumduymazlık.

بی اعتنایی کردن bî itinâyî kerden: aldırış etmemek, önemsememek, hiçe saymak.

بیاغشتن biyâgişten: bulamak.

بیان beyân: (A.) **1.**açıklama, beyan. **2.**eda.

بیانات beyânât: (A.) açıklamalar, beyanat.

بی انتها bî intihâ: (F.-A.) [bî+intihâ] sonsuz, engin.

بی اندازه bî endâze: [bî+endâze] son derece.

بی اندام bîandâm: [bî+endâm] düzgün olmayan, mevzun olmayan.

بیان داشتن beyân dâşten: beyan etmek, açıklamak.

بیان شدن beyân şoden: açıklanmak, beyan edilmek.

بی انصاف bî insâf: (F.-A.) [bî+insâf] **1.**insafsız, zalim. **2.**insafsızca, acımasızca.

بی انضباط bî inzibât: (F.-A.) [bî+inzibât] **1.**düzensiz. **2.**namussuz.

بیان کردن beyân kerden: beyan etmek, açıklamak, anlatmak.

بیانگر beyânger: (A.-F.) [beyân+ger] açıklayıcı.

بیانگر بودن beyânger bûden: açıklamak, açıklama getirmek.

بیانیه beyâniyye: (A.) **1.**bildiri. **2.**manifesto. ‖ * ~ -i muşterek بیانیهء مشترک ortak bildiri.

بیانیه دادن beyâniyye dâden: konferans vermek.

بی اهمیت bî ehemmiyyet: (F.-A.) [bî+ ehemmiyyet] önemsiz, değersiz.

بی ایراد bîîrâd: (F.-A.) [bî+îrâd] kusursuz.

بی ایمان bî îmân: (F.-A.) [bî+îmân] imansız.

بی ایمانی bî îmânî: (F.-A.) [bî+îmân+î] **1.**imansızlık. **2.**dinsizlik. **3.**haramzadelik. **4.**hainlik.

بی اینکه bî inki: [bî+in+ki] -meksizin, -meden.

بی باده bîbâde: [bî+bâde] bade olmadan, şarapsız.

بی باعث bîbâis: (F.-A.) [bî+bâis] iffetli.

بی باک bîbâk: [bî+bâk] korkusuz.

بی باک شدن bîbâk şoden: üstünden korkuyu atmak.

بی باکی bîbâkî: [bî+bâk+î] **1.**korkusuzluk, gözüpeklik, cesaret. **2.**terbiyesizlik, küstahlık.

بی باکی کردن bîbâkî kerden: küstahlık

etmek, terbiyesizlik etmek.

بی بدل bîbedel: (F.-A.) [bî+bedel] bedelsiz, eşsiz.

بی بدیل bîbedîl: (F.-A.) [bî+bedîl] tek, benzersiz, eşsiz.

بی بر bîber: [bî+ber] 1.meyvesiz. 2.hiçbir sonuca varamayan, verimsiz.

بیبرس beybers: Baybars.

بی بز و بزگرد bî ber u bergerd: [bî+ber+ u+ bergeşten>bergerd] mutlaka.

بی بصر bîbasar: (F.-A.) [bî+basar] ileri görüşü olmayan, basiretsiz.

بی بضاعت bî bizâ'et: (F.-A.) [bî+bizet] 1.fakir. 2.sermayesiz. 3.az sermayeli.

بی بند و بار bî bend u bâr: [bî+bend+ u+bâr] kayıtsız, lâubâli.

بی بنیاد bîbünyâd: [bî+bunyâd] temelsiz, asılsız.

بی بهانه bîbehâne: [bî+behâne] sebepsiz, boş yere.

بی بهره bî behre: [bî+behre] 1.nasipsiz. 2.derviş. 3.yararlanamayan.

بی بهره ماندن bîbehre mânden: nasibini alamamak, nasipsiz kalmak.

بی بی سی bîbîsî: (İng.) B.B.C.

بی بیم bî bîm: [bî+bîm] korkusuz.

بی پا bî pâ: [bî+pâ] 1.ayaksız. 2.asılsız.

بی پایاب bî pâyâb: [bî+pâyâb] derin.

بی پایان bî pâyân: [bî+pâyâb] sonsuz, engin, bitmez tükenmez.

بی پایه bî pâye: [bî+pâye] asılsız, dayanaksız.

بی پدر bîpeder: [bî+peder] babasız, yetim.

بی پدر و مادر bîpeder u mâder: anasız babasız.

بی پرده bî perde: [bî+perde] olduğu gibi, gizlisi saklısı olmadan, açık, aşikâr.

بی پرده شدن bîperde şoden: açığa vurmak.

بی پروا bîpervâ: [bî+pervâ] korkusuz, pervasız.

بی پروایی bîpervâyî: [bî+pervâ+y+î] pervasızlık, korkusuzluk.

بی پشت و پناه bî poşt u penâh: [bî+poşt+ u+penâhîden>penâh] savunmasız, kimsesiz.

بی پشت و پناه گذاشتن bî poşt u penâh gozâşten: kimsesiz bırakmak.

بی پناه bîpenâh: [bî+penâh] masum, savunmasız.

بی پناهی bîpenâhî: [bî+penâh+î] masumluk, savunmasızlık.

بی پول bîpul: [bî+pul] 1.parasız. 2.bedava. 3.yoksul.

بی پولی bî pulî: [bî+pul+î] parasızlık.

بی پیرنگ bîpîreng: [bî+pîreng] olaysız, hareketsiz.

بیت beyt: (A.) 1.ev. 2.(ed.) beyit. ‖ * ~ -i harâm بیت حرام Beytülharam, Kâbe. ‖ * ~ -i mamûr بیت معمور cennette bir köşk. ‖ * ~ -i şerîf · بیت شریف 1.şerefli ev. 2.Kâbe.

بیتا bîtâ: [bî+tâ] 1.kırışıksız. 2.eşsiz, benzersiz.

بیتاب bîtâb: [bî+tâb] 1.kararsız. 2.takatsiz.

بیتاب شدن bîtâb şoden: 1.kararsız olmak. 2.takatsiz kalmak.

بیتاب کردن bîtâb kerden: takatsiz bırakmak.

بیتابی bîtâbî: [bî+tâb+î] sabırsızlanma.

بیتابی کردن bîtâbî kerden: sabırsızlanmak.

بیت الاحزان beytulahzân: (A.) 1.hüzünler evi. 2.oğlu Yusuf'un ayrılık acısına dayanamayan Yakub peygamberin ağlamak için oba dışında yaptırdığı çadır veya ev. 3.dünya.

بیت الحرام beytulharâm: (A.) Kâbe.

بیت الحزن beytulhazen (A.) hüzünler evi.

بیت الزفاف beytuzzifâf (A.) ·· gelin odası.

بیت العروس beytularûs (A.) gelin odası.

بیت الصدقه beytussadaka (A.) yardım sandığı.

بيت الغزل beytulgazel (A.) gazelin en güzel beyti.
بيت القصيد beytulkasîd (A.) kasidenin en güzel beyti.
بيت المال beytulmâl (A.) İslâm hukukuna göre maliyenin hazinesi, hazine.
بيت المعمور beytulma'mûr (A.) cennette bir köşk.
بيت المقدس beytulmukaddes (A.) Kudüs.
بى تأمل bî teemmul: (F.-A.) [bî+teemmul] hemen, derhal, gecikmeden, beklemeden.
بى تجربگى bîtecrubegî: [bî+tecrube+g+î] tecrübesizlik, deneyimsizlik.
بى تجربه bîtecrube: (F.-A.) [bî+tecrube] deneyimsiz, tecrübesiz.
بى تربيت bîterbiyet: (F.-A.) [bî+terbiyet] terbiyesiz, edepsiz.
بى تربيتى bîterbiyetî: (F.-A.) [bî+terbiyet+î] terbiyesizlik.
بى تربيتى كردن bîterbiyetî kerden: terbiyesizlik etmek, saygısızlık etmek.
بى ترتيب bîtertîb: (F.-A.) [bî+tertîb] düzensiz, tertipsiz.
بى تفاوت bîtefâvut: (F.-A.) [bî+tefâvut] kayıtsız.
بى تقصير bî taksîr: (F.-A.) [bî+taksîr] suçsuz, günahsız, kabahatsiz.
بى تقصيرى bî taksîrî: [bî+taksîr+î] suçsuzluk, günahsızlık, kabahatsizlik.
بى تكان bîtekan: [bî+tekânden>tekân] kımıltısız.
بيتكچى bitekçi: (T.) maliye memuru.
بى تكلف bîtekelluf: (F.-A.) [bî+tekelluf] **1.**teklifsizce, senli benli. **2.**zorlanmadan.
بى تكليف bî teklîf: (F.-A.) [bî+teklîf] **1.**teklifsiz. **2.**boş.
بى تكليفى bî teklîfî: (F.-A.) [bî+teklîf+î] teklifsizlik.
بى تو bîto: [bî+ to] sensiz, sen olmadan.
بيتوته beytûte: (A.) geceleme, kalma.
بيتوته كردن beytûte kerden: gecelemek, kalmak.
بى توجه bîteveccuh: (F.-A.) [bî+teveccuh] **1.**ilgisiz. **2.**dikkatsiz.
بى توجهى bîteveccuhî: [bî+teveccuh+î] **1.**ilgisizlik. **2.**dikkatsizlik.
بى تو گشتن bîto geşten: kendinden sıyrılmak.
بى ثبات bîsebât: (F.-A.) [bî+sebât] sebatsız, dayanaksız.
بى ثمر bîsemer: (F.-A.) [bî+semer] **1.**faydasız, boşuna. **2.**meyvesiz.
بى جا bîcâ: [bî+câ] **1.**yersiz. **2.**zamansız. **3.**sebepsiz. **4.**uygun olmayan, yakışık almayan.
بيجاده bîcâde: kehribâr.
بى جا كردن bîcâ kerden: hata etmek, yanlış yapmak.
بى جان bîcân: [bî+cân] cansız.
بى جرم bîcurm: (F.-A.) [bî+curm] **1.**suçsuz. **2.**suç işlemeden.
بيجک bîcek: fiş, makbuz.
بى جواب bîcevâb: (F.-A.) [bî+cevâb] cevapsız, yanıtsız.
بى جواب ماندن bîcevâb mânden: cevapsız kalmak, yanıtsız kalmak.
بى جهت bîcihet: (F.-A.) [bî+cihet] sebepsiz yere.
بيچارگان bîçâregân: zavallılar, bîçareler.
بيچارگى bîçâregî: [bî+çâre+g+î] **1.**zavallılık, çaresizlik, âcizlik. **2.**tedavisi olmama. **3.**ihtiyaç.
بيچاره bîçâre: [bî+çâre] **1.**zavallı, çaresiz, biçare. **2.**âciz. **3.**dermansız. **4.**sefil. **5.**muhtaç.
بيچاره ساختن bîçâre sâhten: çaresiz bırakmak.
بيچاره شدن bîçâre şoden: çaresiz kalmak.
بيچاره كردن bîçâre kerden: çaresiz bırakmak.
بى چشم و رو bî çeşm u rû: [bû+çeşm+u+rû] **1.**yüzsüz, utanmaz. **2.**hak tanımaz.
بيچون bîçon: [bî+çon] **1.**Tanrı. **2.**eşsiz, benzersiz.
بيچون و چرا bîçon u çerâ: [bî+çon+u+çerâ] sorgusuz sualsiz, tam.

بی چیز bîçîz: [bî+çîz] fakir, yoksul, muhtaç.

بی چیزی bîçîzî: [bî+çîz+î] değersiz, önemsiz, boşuna.

بی حاصل bîhâsıl: (F.-A.) [bî+hâsil] **1.**sonuçsuz. **2.**verimsiz. **3.**etkisiz. **4.**muradını alamamış, eli boş.

بی حاصل کردن bîhâsil kerden: **1.**etkisiz hale getirmek. **2.**sonuçsuz bırakmak.

بی حاصل ماندن bîhâsil mânden: sonuçsuz kalmak, bir sonuca varamamak.

بیحاصلی bîhâsilî: (F.-A.) [bî+hâsil+î] **1.**verimsizlik. **2.**saçmalık.

بی حال bîhâl: (F.-A.) [bî+hâl] **1.**halsiz. **2.**baygın. **3.**fersiz.

بی حالی bîhâlî: (F.-A.) [bî+hâl+î] halsizlik, keyifsizlik, zayıflık.

بی حجاب bîhicâb: (F.-A.) [bî+hicâb] **1.**perdesiz. **2.**örtünmeyen kadın. **3.**engelsiz.

بی حد bîhad: (F.-A.) [bî+had] sınırsız, ölçüsüz, hesapsız, sayısız.

بی حد و حصر bî hadd u hasr: (F.-A.) [bî+hadd+ u+hasr] sonsuz, bitmez tükenmez.

بی حرکت bîhareket: (F.-A.) [bî+hareket] **1.**hareketsiz. **2.**hareket etmeden.

بی حس bîhis: (F.-A.) [bî+his] **1.**hissiz. **2.**uyuşuk. **3.**donuk. **4.**duygusuz.

بی حساب bîhisâb: (F.-A.) [bî+hisâb] sayısız, hesapsız.

بی حساب شدن bîhisâb şoden: ödeşmek.

بی حس شدن bîhis şoden: duyarlılığını yitirmek, hissizleşmek, uyuşmak.

بی حسی bîhissî: (F.-A.) [bî+hiss+î] **1.**hissizlik. **2.**uyuşukluk. **3.**(tıb.) anestezi. **4.**duygusuzluk. || * ~ -i umûmî بی حسی ء عمومی (tıb.) genel anestezi. || * ~ -i mevzi'î بی حسیء موضعی (tıb.) lokal anestezi.

بی حضور bîhuzûr: (F.-A.) [bî+huzûr] olmadan, bulunmadan, -siz, -sız.

بی حفاظ bîhifâz: (F.-A.) [bî+hifâz] **1.**iffetsiz, hayırsız. **2.**korunmasız.

بی حفاظی bîhifâzî: (F.-A.) [bî+hifâz+î] **1.**iffetsizlik. **2.**korunmasızlık.

بی حمیت bîhamiyyet: (F.-A.) [bî+hamiyyet] nâmert, hamiyetsiz, namussuz.

بی حواس bîhevâs: (F.-A.) [bî+hevâs] **1.**baygın. **2.**kıt akıllı.

بی حوصلگی bîhovselegî: (F.-A.) [bî+hovsele+ g+î] isteksizlik, keyifsizlik, halsizlik.

بی حوصله bî hovsele: (F.-A.) [bî+hovsele] keyifsiz, isteksiz, halsiz, bezgin.

بی حیا bî heyâ: (F.-A.) [bî+heyâ] utanmaz, hayasız, arlanmaz.

بی حیائی bîheyâî: (F.-A.) [bî+heyâ+î] hayâsızlık.

بیخ bîh: **1.**kök. **2.**dip. **3.**asıl, esas. || * ez ~ ber âverden از بیخ بر آوردن kökünden sökmek. || * ez ~ berkenden از بیخ برکندن kökünü kazımak, kökünden sökmek.

بی خار bîhâr: [bî+hâr] بی خار dikansiz.

بی خاصیت bîhâssiyet: (F.-A.) **1.**sıradan, hiçbir özelliği olmayan. **2.**beş para etmez, on para etmez.

بی خانمان bî hânumân: [bî+hânumân] avare, evsiz barksız.

بی خانمان کردن bîhânumân kerden: ocağını söndürmek, başını yakmak.

بی خانمانی bî hânumânî: [bî+hânumân+î] avarelik, evsiz barksızlık.

بی خبر bîhaber: (F.-A.) [bî+haber] **1.**habersiz, bîhaber. **2.**gafil. **3.**vurdumduymaz, umursamaz. **4.**haber vermeden.

بیخبر افتادن bîhaber oftâden: habersiz kalmak.

بی خبری bîhaberî: (F.-A.) [bî+haber+î] **1.**habersizlik, bîhaberlik. **2.**gaflet.

بیختن bîhten: elemek, elekten geçirmek.

بی خرد bîhired: [bî+hired] akılsız.

بی خردی bîhiredî: [bî+hired+î] akılsızlık.

بی خط bîhat: (F.-A.) [bî+hat] 1.çizgisiz. 2.homoseksüel erkek.

بیخمار bîhumâr: (F.-A.) [bî+humâr] mahmurluk vermeyen.

بی خواب bîhâb: [bî+hâb] 1.uykusuz. 2.uyanık.

بی خوابی bîhâbî: [bî+hâb+î] 1.uykusuzluk. 2.uyanıklık. || * ~ be ser-i kesî zeden بی خوابی به سر کسی زدن uyku başına sıçramak. || * dârû-yi ~ داروی بی خوابی (tıb.) uyku ilacı.

بی خوابی کشیدن bîhâbî keşîden: 1.uykusuz kalmak. 2.uykusuzluk çekmek.

بی خود bîhod: [bî+hod] 1.baygın. 2.iradesiz. 3.beyhude, boşuna, boş yere. 4.gereksiz, lüzumsuz.

بیخود کردن bîhod kerden:kendinden geçirmek.

بی خود و بی جهت bîhod u bîcihet: (F.-A.) [bî+hod+u+bî+cihet] boşu boşuna, pisipisine.

بی خودی bîhodî: [bî+hod+î] 1.baygınlık. 2.vecd. 3.durup dururken. 4.karışıklık. 5.boşu boşuna, aklı sıra. 6.kendini bilmeme.

بی خیال bîhiyâl: (F.-A.) [bî+hiyâl] 1.rastgele, öylesine. 2.düşüncesiz. 3.gafil. 4.kayıtsız. 5.kasıtsız. 6.ansızın.

بی خویش bîhîş: [bî+hîş] baygın.

بی خویش آمدن bîhîş âmeden: bayılmak, kendinden geçmek. || * ~ ez hîş بی خویش آمدن از خویش kendinden geçmek, bayılmak.

بی خویشتن bîhîşten: [bî+ hîşten] kendini bilmeden, kendinde olmadan.

بید bîd: (Peh.) 1.(bot.) söğüt. 2.(bot.) kavak.

بید bîd (zool.) güve.

بیدا bîdâ: 1.çöl.

بیداد bîdâd: (Peh.) zulüm, sitem.

بیداد کردن bîdâd kerden: zulmetmek, zulüm yapmak.

بیدادگر bîdâdger: [bîdâd+ger] zalim.

بیدادگری bîdâdgerî: [bîdâd+ger+î] zulüm, haksızlık, adaletsizlik.

بیدار bîdâr: uyanık.

بیدار باش bîdâr bâş: [bîdâr+bûden>bâş] (ask.) kalk!emri.

بیدار بخت bîdârbaht: [bîdâr+baht] talihli, şanslı.

بیدار داشتن bîdâr dâşten: uyanık tutmak.

بیدار ساختن bîdâr sâhten: uyandırmak.

بیدار سازی bîdârsâzî: [bîdâr+sâhten> sâz+î] 1.uyandırma. 2.uyandırılma.

بیدار شدن bîdâr şoden: 1.uyanmak. 2.uyanık olmak. 3.belirmek.

بیدار کردن bîdâr kerden: uyandırmak, kaldırmak. 2.haber vermek.

بیدار ماندن bîdâr mânden: uyanık kalmak, uyumamak.

بیداری bîdârî: [bîdâr+î] 1.uyanıklık. 2.dikkat.

بی دانش bîdâniş: [bî+dâniş] cahil, bilgisiz.

بی دانه bîdâne: [bî+dâne] çekirdeksiz.

بید خوردن bîd horden: güve yemek.

بید خورده bîdhorde: [bîd+horden> hord+e] güve yeniği.

بیدر beyder: (A.) 1.harman yeri. 2.harman (buğday, arpa).

بی درد bîderd: [bî+derd] 1.dertsiz. 2.ağrısız. 3.acısız.

بی درمان bîdermân: [bî+dermân] 1.çaresiz, dermansız. 2.çaresiz, tedavisiz, ilaçsız.

بی درمانی bîdermânî: [bî+dermân+î] dermansızlık.

بی درنگ bîdireng: [bî+direng] beklemeden, derhal, hemen, vakit kaybetmeden.

بی در و پیکر bî der u peyker: [bî+der+ u+peyker] kapısız bacasız.

بی دریغ bîderîğ: [bî+derîğ] 1.esirgemeden. 2.çekinmeden.

بید زدن bîd zeden: güve yemek.

بیدستان bîdistân: [bîd+istân] kavaklık.

بیدستر bîdester (zool.) kunduz.

بی دست و پا bî dest u pâ: [bî+dest+u+pâ] 1.çaresiz, zavallı. 2.güçsüz. 3.elsiz ayaksız.

بی دغدغه bîdagdaga: [bî+dagdaga] endişesiz.

بیدق beydak: (A.) piyon.

بی دقت bîdikkat: (F.-A.) [bî+dikkat] dikkatsiz.

بی دقتی bîdikkatî: (F.-A.) [bî+dikkat+î] dikkatsizlik.

بی دقتی کردن bîdikkatî kerden: dikkatsizlik etmek.

بی دل bîdil: [bî+dil] **1.**âşık, gönlünü vermiş, gönlünü kaptırmış. **2.**gönlü incinmiş.

بی دماغ bîdimâg: [bî+dimâg] zevksiz.

بید مشک bîdmişk (bot.) bir tür söğüt.

بی دوام bîdevâm: (F.-A.) [bî+devâm] devamsız, kalıcı olmayan.

بی دوست bîdûst: [bî+dûst] dostsuz, yârsiz, arkadaşsız.

بی دولت bîdevlet, bîdovlet: (F.-A.) [bî+ dovlet] talihsiz, bahtsız, şanssız.

بی دولتی bîdovletî: (F.-A.) [bî+dovlet+î] şanssızlık, talihsizlik, bahtsızlık.

بی دیدگی bîdîdegî: [bî+dîde+g+î] basiretsizlik.

بی دیده bîdîde: [bî+dîde] basiretsiz.

بی دین bîdîn: (F.-A.) dinsiz.

بی ذوق bîzovk: (F.-A.) [bî+zovk] zevksiz.

بیر bîr: **1.**pijama. **2.**yatak. **3.**yıldırım. **4.**tufan. **5.**hafıza.

بی راه bîrâh: (Peh.) **1.**yolunu kaybetmiş. **2.**insafsız. **3.**yakışıksız işler yapan.

بیراهه bîrâhe: [bî+râh+e] **1.**bozuk yol. **2.**sapa yol.

بیراهی گفتن bîrâhî goften: ters bir şey söylemek, azarlamak.

بی ربط bîrabt: (F.-A.) [bî+rabt] **1.**rabıtasız, esassız, ilgisiz. **2.**düzensiz.

بی رحم bîrahm: (F.-A.) [bî+rahm] acımasız, merhametsiz, katı yürekli, zalim.

بی رحمانه bîrahmâne: (F.-A.) [bî+rahm+ âne] acımasızca, merhametsizce.

بی رحمی bîrahmî: (F.-A.) [bî+rahm+î] acımasızlık.

بی رحمی کردن bîrahmî kerden: acımasız davranmak.

بی رفیق bîrefîk: (F.-A.) [bî+refîk] arkadaşsız.

بیرق beyrek: (T.) **1.**bayrak. **2.**sancak.

بیرق بر افراشتن beyrek ber efrâşten: bayrak dikmek, sancak dikmek.

بیرقدار beyrekdâr: (T.-F.) [beyrek+ dâşten> dâr] bayraktar.

بیرقداری beyrekdârî: (T.-F.) [beyrek+ dâşten>dâr+î] bayraktarlık.

بی رگ bîreg: arsız, yüzsüz, soysuz.

بی رگی bîregî: [bî+reg+î] soysuzluk.

بی رمق bîramak: (F.-A.) [bî+ramak] halsiz, takatsiz.

بی رنج bîrenc: [bî+renc] sıkıntı çekmeden, zahmete katlanmadan, çalışmadan.

بی رنگ bîreng: [bî+reng] **1.**renksiz. **2.**soluk. **3.**plan proje. **4.**belirsiz.

بی رنگی bîrengî: [bî+reng+î] **1.**renksizlik. **2.**belirsizlik. ‖ * be ~ keşânden به بی رنگی کشاندن belirsiz etmek, belirsizleştirmek.

بیرو bîrû: [bî+rû] **1.**yüzsüz, arsız, utanmaz. **2.**para kesesi.

بیروت beyrût: (coğ.) Beyrut.

بی رودربایستی bîrûderbâyestî: [bî+ rûderbâyest+î] çekinmeden.

بیروطبع bîrûtab: (F.-A.) [bî+rû+tab] yüzsüz tabiatlı.

بیرون bîrûn: **1.**dış, dışarı, dışında, dışarda. **2.**dış yüz. **3.**meydanda. **4.**öte. **5.**çok, fazla. ‖ * ~ ez بیرون از -den başka, hariç, dışında. ‖ * der ~ در بیرون dışarı, dışarıda.

بیرون آمدن bîrûn âmeden: **1.**çıkmak. **2.**dışarı çıkmak. **3.**çıkmak, yayınlanmak, basılmak. **4.**mezun olmak, bitirmek. **5.**zahir olmak. **6.**itaatsizlik etmek. **7.**sıyrılmak.

بیرون آوردن bîrûn âverden: **1.**çıkarmak, dışarı çıkarmak. **2.**zahir etmek, ortaya çıkarmak.

بیرون بردن bîrûn borden: çıkarmak, dışarı çıkarmak.

بیرون پریدن bîrûn perîden: dışarı fırlamak.

بیرون جستن bîrûn cesten: dışarı fırlamak. 2.çıkmak.

بیرون جهاندن bîrûn cehânden: fışkırtmak.

بیرون جهیدن bîrûn cehîden: fışkırmak.

بیرون خزیدن bîrûn hezîden: 1.dışarı çıkmak. 2.dışarı süzülmek, çıkmak.

بیرون دمیدن bîrûn demîden: 1.dışarı vermek. 2.dışarı çıkarmak.

بیرون راندن bîrûn rânden: 1.kovmak. 2.dışarı atmak. ‖ * ez hâne ~ از خانه بیرون راندن kapı dışarı etmek, evden kovmak.

بیرون رفتن bîrûn reften: 1.dışarı çıkmak. 2.çekilmek. ‖ * ez dâyire-i insâniyyet ~ از دایرهء انسانیت بیرون رفتن insanlıktan çıkmak, insan kılığından çıkmak.

بیرون ریختن bîrûn rîhten: 1.dışarı çıkmak, çıkmak. 2.dökülmek.

بیرون زدن bîrûn zeden: 1.dışarı çıkmak. 2.fışkırmak. 3.fırlamak, dışarıya fırlamak. 4.boşanmak.

بیرون شدن bîrûn şoden: 1.dışarı çıkmak. 2.ortaya çıkmak, meydana gelmek. ‖ * ez kef ~ از کف بیرون شدن elden çıkmak, yitirilmek.

بیرون فرستادن bîrûn firistâden: dışarı göndermek.

بیرون کردن bîrûn kerden: 1.dışarı çıkarmak. 2.işten çıkarmak. 3.kovmak. 4.uzaklaştırmak. 5.istisna etmek.

بیرون کشیدن bîrûn keşîden: 1.çekmek, çıkarmak, dışarı çekmek. 2.dışarı atmak.

بیرون نویسی bîrûnnevîsî: bilgi çıkarma.

بیرون نویسی کردن bîrûnnevîsî kerden: bilgi çıkarmak.

بیرونی bîrûnî: [bîrûn+î] 1.dışardaki. 2.dıştaki. 3.dışarlıklı. 4.yabancı, garip. 5.avlu, hayat, taşlık.

بیرونی bîrûnî: ünlü bilgin Bîrûnî.

بی روی و ریا riyasız, ikiyüzlülük etmeden.

بی رویه bîrûye: [bî+rûy+e] düzensiz.

بی رهی bîrehî: [bî+reh+î] 1.dalalet. 2.eksiklik, noksan.

بی ریا bîriyâ: (F.-A.) [bî+riyâ] riyasız, samimî.

بی ریب bîreyb: (F.-A.) [bî+reyb] kuşkusuz, şüphesiz.

بی ریخت bîrîht: [bî+rîhten>rîht] 1.şekilsiz. 2.biçimsiz. 3.kılıksız. 4.kabasaba.

بی ریختی bîrîhtî: [bî+rîhten>rîht+î] 1.şekilsizlik. 2.biçimsizlik. 3.kabasabalık. 4.kılıksızlık.

بی ریش bîrîş: [bî+rîş] 1.sakalsız. 2.homoseksüel erkek, ayol.

بی ریشه bîrîşe: [bî+rîş+e] 1.asılsız. 2.köksüz.

بی ریشی bîrîşî: [bî+rîş+î] 1.sakalsızlık. 2.homoseksüel erkeklik.

بیزار bîzâr: 1.nefret eden. 2.bezgin, bîzar.

بیزار شدن bîzâr şoden: 1.nefret etmek. 2.yakınmak. 3.bezmek, usanmak, bîzar olmak.

بیزار گشتن bîzâr geşten: 1.nefret etmek. 2.yakınmak. 3.bezmek, bîzar olmak.

بیزاری bîzârî: [bîzâr+î] 1.nefret. 2.bezginlik, bezme, bîzarlık. 3.yakınma.

بی زحمت bîzahmet: (F.-A.) [bî+zahmet] 1.zahmetsiz, kolay. 2.bir zahmet, zahmet olmazsa, lütfen.

بی سابقه bîsâbika: (F.-A.) [bî+sâbika] görülmemiş.

بی سامان bîsâmân: [bî+sâmân] 1.tertipsiz, düzensiz. 2.evsiz barksız. 3.ailesiz. 4.huzursuz. 5.fakir.

بی سامانی bîsâmânî: [bî+sâmân+î] 1.düzensizlik. 2.evsiz barksızlık. 3.huzursuzluk. 4.fakirlik.

بی سبب bî sebeb: (F.-A.) [bî+sebeb] 1.sebepsiz, kanıtsız. 2.boş yere, sebepsiz yere.

بی سبزه bîsebze: [bî+sebze] yeşilliksiz.

بیست bîst: (Peh.) 1.yirmi (20).

بیستار bîstâr: filan.

بیستم bîstom: [bîst+om] yirminci.

بیستمی bîstomî: [bîst+omî] yirminci.

بیستمین bîstomîn: [bîst+omîn] yirminci.

بی سخن bîsohen: [bî+sohen] kuşkusuz, şüphesiz.

بی سر bî ser: [bî+ser] **1.**başsız. **2.**dayanaksız, asılsız, esassız.

بی سرپرست bîserperest: [bî+serperest] kimsesiz.

بی سرپرست کردن bîserperest kerden: **1.**kimsesiz bırakmak. **2.**bakıcısız bırakmak.

بی سرپرست ماندن bîserperest mânden: **1.**kimsesiz kalmak. **2.**bakıcısız kalmak.

بی سروپا bî ser u pâ: [bî+ser+u+pâ] **1.**serseri. **2.**ne idüğü belirsiz. **3.**alçak. **4.**aciz. **5.**güçsüz. **6.**sıradan kimse.

بی سروته bî ser u teh: [bî+ser+u+teh] manasız, saçma, saçma sapan, ipe sapa gelmez.

بی سر و سامان bî ser u sâmân: [bî+ser+ u+sâmân] **1.**tertipsiz, düzensiz. **2.**kimsesiz. **3.**yurtsuz. **4.**perişan. **5.**fakir.

بی سر و سامان شدن bîser u sâmân şoden: avare olmak, derbeder olmak.

بی سر و صدا bî ser u sedâ: (F.-A.) [bî+ser+u+sedâ] **1.**sessiz sedasız, sessizce. **2.**çıt çıkarmadan.

بی سکون bîsukûn: (F.-A.) [bî+sukûn] sükunet bulmayan, sakinleşemeyen.

بی سنگ bîseng: [bî+seng] **1.**taşsız. **2.**hafif.

بی سنگی bîsengî: [bî+seng+î] hafiflik.

بی سواد bîsevâd: [bî+sevâd] **1.**okuryazar olmayan. **2.**cahil.

بی سوادی bîsevâdî: [bî+sevâd+î] **1.**okuryazar olmama. **2.**cehalet.

بی سود bîsûd: [bî+sûd] **1.**yararsız, faydasız. **2.**kazançsız.

بی سودی bîsûdî: [bî+sûd+î] kazançsızlık.

بی سیرت bîsîret: (F.-A.) [bî+sîret] **1.**bozguncu. **2.**rezil, şerefsiz.

بیسیکلت bisiklet: (Fr.).bisiklet.

بی سیم bîsîm: [bî+sîm] **1.**telsiz. **2.**telsiz telefon. **3.**parasız.

بیش bîş: (Peh.) **1.**çok, fazla, -den fazla. **2.**diğer, artık. **3.**misli. ‖ * ~ ez بیش از -den çok, -den fazla, -den ziyade. ‖ * ~ ez an بیش از آن daha fazla. ‖ * ~ ez anki بیش از آنکه -den ziyade, -den çok. ‖ * ~ ez hemîşe بیش از همیشه her zamankinden çok.

بیش bîş: ona.

بیش bîş: bıldırcınotu.

بی شائبه bî şâibe: (F.-A.) temiz, tertemiz, şâibesiz.

بی شبه bîşibh: (F.-A.) [bî+şibh] benzersiz, eşsiz.

بی شبهه bîşubhe: (F.-A.) [bî+şubhe] kuşkusuz, şüphesiz.

بیشتر bîşter: [bîş+ter] daha çok, daha fazla, daha ziyade.

بیشتری bîşterî: [bîş+ter+î] **1.**çokluk, fazlalık. **2.**çoğunlukla, daha çok.

بیشترین bîşterîn: [bîş+terîn] en fazla, ençok.

بی شرافت bîşerâfet: (F.-A.) [bî+şerâfet] şerefsiz.

بی شرافتی bîşerâfetî: (F.-A.) [bî+şerâfet+ î] şerefsizlik, onursuzluk.

بی شرف bîşeref: (F.-A.) [bî+şeref] şerefsiz.

بی شرفی bîşerefî: (F.-A.) [bî+şeref+î] şerefsizlik.

بی شرم bîşerm: [bî+şerm] utanmaz, hayasız.

بی شرمی bîşermî: [bî+şerm+î] utanmazlık, hayasızlık.

بیش شدن bîş şoden: artmak, çoğalmak.

بی شعور bî şuûr: (F.-A.) [bî+şuûr] **1.**bilinçsiz, şuursuz. **2.**cahil. **3.**akılsız.

بیشفقت bîşefakat: (F.-A.) [bî+şefakat] şefkatsiz.

بی شک bî şek: (F.-A.) [bî+şek] kuşkusuz, şüphesiz. ‖ * ~ u reyb بی شک و ریب hiç kuşkusuz, hiç şüphesiz. ‖ * ~ u şubhe بی شک و شبهه hiç şüphesiz, hiç kuşkusuz, hiçbir şüpheye mahal olmadan.

بی شکل bîşekl: (F.-A.) [bî+şekl] şekilsiz.

بی شکلی bîşeklî: [bî+şekl+î] şekilsizlik.

بی شگون bîşugûn: [bî+şugûn] 1.talihsiz. 2.uğursuz.

بی شگونی bîşugûnî: [bî+şugûn+î] 1.talihsizlik. 2.uğursuzluk. ‖ * bâ ~ muvâcih şoden با بی شگونی مواجه شدن talihsizliğe uğramak.

بی شمار bîşomâr: sayısız, çok fazla, sonsuz.

بیش موش bîşmûş: [bîş+mûş+] 1.eti panzehir olarak kullanılan ve bıldırcınotu ile beslenen bir tür fare. 2.safran kökü. bıldırcın otunun yanında yetişen bu bitki zehirli bıldırcınotunun panzehiridir.

بی شوهر bîşovher: [bî+şovher] 1.kocasız. 2.dul kadın.

بیشه bîşe: (Peh.) 1.koru, koruluk. 2.orman.

بیشی bîşî: [bîş+î] 1.çokluk, fazlalık. 2.bolluk. 3.terakki, ilerleme.

بی شیله پیله bî şîle pîle: 1.saf ve sade olarak, hilesiz hurdasız.

بی صاحب bîsâhib: (F.-A.) [bî+sâhib] 1.sahipsiz. 2.dostsuz.

بی صبر bîsabr: (F.-A.) [bî+sabr] sabırsız.

بی صبرانه bîsabrâne: (F.-A.) [bî+sabr+ âne] sabırsızca.

بی صبری bîsabrî: (F.-A.) [bî+sabr+î] sabırsızlık.

بی صدا bîsedâ: (F.-A.) [bî+sedâ] sessiz.

بی صرفه bîserfe: (F.-A.) [bî+serfe] 1.yararsız, boşuna. 2.anlamsız, saçma.

بی صفا bîsefâ: (F.-A.) [bî+sefâ] safasız.

بی صفت bîsifet: (F.-A.) [bî+sifet] 1.vefasız. 2.iyi sıfatları olmayan. 3.vasıfsız.

بی صوت bîsovt: (F.-A.) [bî+sovt] sessiz, sesi olmadan.

بیضاء beyzâ: (A.) 1.beyaz. 2.beyaz tenli kadın.

بیضتین beyzeteyn: (A.) 1.iki husye. 2.iki yumurta.

بی ضرر bîzarar: (F.-A.) [bî+zarar] zararsız.

بیضه beyze: (A.) 1.yumurta. 2.husye.

بیضه بند beyzebend: (A.-F.) [beyze+ besten>bend] fıtık bağı, süspansör.

بیضی beyzî: (A.) oval, eliptik, beyzî.

بیطار beytâr: (A.) veteriner, baytar.

بیطاری beytârî: (A.-F.) [beytâr+î] veterinerlik, baytarlık.

بی طاقت bîtâket: (F.-A.) [bî+tâket] takatsiz.

بی طاقت ساختن bîtâket sâhten: takatsiz bırakmak.

بی طاقت شدن bîtâket şoden: takatsiz kalmak, halsiz düşmek.

بی طاقت کردن bîtâket kerden: takatsiz bırakmak, halsiz düşürmek.

بی طالع bîtâli: (F.-A.) [bî+tâli] talihsiz.

بی طرف bîteref: (F.-A.) [bî+teref] tarafsız, yansız.

بی طرفانه bîterefâne: (F.-A.) [bî+teref+ âne] yansızca, tarafsızca.

بی طرفی bîterefî: (F.-A.) [bî+teref+î] yansızlık, tarafsızlık.

بیع bey': (A.) satış.

بی عار bî'âr: (F.-A.) [bî+âr] arsuz, utanmaz.

بی عاری bî'ârî: (F.-A.) [bî+âr+î] arsızlık, utanmazlık.

بی عاطفه bî'âtife: (F.-A.) [bî+âtife] duygusuz, katı, şefkatsiz.

بیعانه bey'âne: (A.-F.) kaparo.

بی عایق bî'âyik: (F.-A.) [bî+âyik] yalıtımsız.

بیعدد bîaded: (F.-A.) [bî+aded] sayısız.

بی عنایت bî'inâyet: (F.-A.) [bî+inâyet] ilgi görmeme, inayetsiz kalma.

بی عیب bî'ayb: (F.-A.) [bî+ayb] kusursuz.

بیعت bî'et: (A.) 1.uyma, tabi olma. 2.ahit.

بیعت بستن bî'et besten: 1.biat etmek. 2.ahdetmek.

بیعت کردن bî'et kerden: 1.biat etmek. 2.dostluk anlaşması yapmak.

بیعت گرفتن bî'et giriften: ahit almak.

بی عرضه bî'orze: (F.-A.) [bî+orze] aciz, zavallı, iktidarsız, yetersiz.

بی عصمت bî'ismet: (F.-A.) [bî+ismet] namussuz, iffetsiz.

بی عصمتی bî'ismetî: (F.-A.) [bî+ismet +î] namussuzluk, iffetsizlik.

بی عفت bî'iffet: (F.-A.) [bî+iffet] iffetsiz.

بی عفتی bî'iffetî: (F.-A.) [bî+iffet+î] iffetsizlik.

بی عقل bî'akl: (F.-Ar) [bî+akl] akılsız.

بی عقلی bî'aklî: (F.-A.) [bî+akl+î] akılsızlık.

بی علاقگی bî'elâkagî: (F.-A.) [bî+elâka+ g+î] ilgisizlik.

بی علاقه bî'elâka: (F.-A.) [bî+elâka] ilgisiz, alakasız.

بی علت bî'illet: (F.-A.) [bî+illet] sebepsiz, nedensiz.

بی عمل bîamel: (F.-A.) [bî+amel] sözünde durmayan, dediğini yapmayan.

بی عملی bîamelî: (F.-A.) [bî+amel+î] amelsizlik, bildiğini uygulamama.

بی عیب bî'eyb: (F.-A.) [bî+eyb] **1.**kusursuz. **2.**zararsız.

بیغار beygâr: serzeniş.

بیغال bîgâl: mızrak.

بی غرض bîgaraz: (F.-A.) [bî+garaz] **1.**maksatsız, garazsız. **2.**tamahsız.

بیغش bîgış: [bî+gış] saf, tam ayarlı, halis.

بیغوله beygûle: **1.**harabe. **2.**insanlardan uzak köşe.

بی غیرت bîgayret: (F.-A.) [bî+gayret] **1.**namussuz, şerefsiz, namert. **2.**gayretsiz.

بی غیرتی bîgayretî: (F.-A.) [bî+gayret+î] **1.**namussuzluk. **2.**gayretsizlik.

بی فایده bîfâyide: (F.-A.) [bî+fâyide] faydasız, yararsız, boşuna.

بی فایده بودن bîfâyide bûden: para etmemek.

بیفتک biftek: (Fr.) biftek.

بی فروغ bîfurûğ: [bî+furûğ] **1.**parıltısız, donuk, mat.

بی فرهنگ bîferheng: [bî+ferheng] kültürsüz.

بی فرهنگی bîferhengî: [bî+ferheng+î] kültürsüzlük.

بی فکر bîfikr: (F.-A.) [bî+fikr] **1.**düşüncesiz. **2.**kayıtsız.

بی فکری bîfikrî: (F.-A.) [bî+fikr+î] **1.**düşüncesizlik. **2.**kayıtsızlık.

بی قاعدگی bîkâidegî: (F.-A.) [bî+kâide+ g+î] düzensizlik.

بی قاعده bîkâide: (F.-A.) [bî+kâide] düzensiz, tertipsiz.

بی قانون bîkânûn: (F.-A.) [bî+kânûn] kanunsuz.

بی قرار bîkarâr: (F.-A.) [bî+karâr] **1.**sabırsız, kararsız. **2.**sebatsız. **3.**değişken.

بی قرار شدن bîkarâr şoden: sabırsızlanmak.

بی قرار کردن bîkârâr kerden: kararsız kılmas, sabırsız kılmak.

بی قرار گشتن bîkarâr geşten: perişan olmak, kararsızlaşmak, sabrı tükenmek.

بی قراری bîkarârî: (F.-A.) [bî+karâr+î] **1.**sabırsızlık. **2.**sebatsızlık. **3.**değişkenlik. ‖ * ~ بی قراری tûy-i dil-i kesî tepîden توی دل کسی تپیدن ızdırap duymak.

بی قراری کردن bîkarârî kerden: sabırsızlanmak.

بی قواره bîkıvâre: [bî+kıvâre] şekilsiz, biçimsiz, intizamsız, düzensiz.

بی قید bîkayd: (F.-A.) [bi+kayd] kayıtsız, lâubalî.

بی قیدی bîkaydî: (F.-A.) [bi+kayd+î] kayıtsızlık, lâkayıtlık, lâubâlilik.

بیک beyk: (T.) **1.**bey. **2.**kabile reisi, boy reisi, aşiret reisi. **3.**ordu komutanı.

بیک bîk: **1.**şayet, belki, ola ki.

بی کار bîkâr: [bî+kâr] **1.**işsiz. **2.**avare, derbeder.

بی کار شدن bîkâr şoden: işsiz kalmak.

بی کار کردن bîkâr kerden: işsiz bırakmak.

بی کار ماندن bîkâr mânden: işsiz kalmak.

بی کار نشستن bîkâr nişesten: boş durmak, boşta gezmek.
بی کاره bîkâre: [bî+kâr+e] **1.**işsiz, işsiz güçsüz, boş gezen, aylak. **2.**kazançsız. **3.**yararsız.
بی کاری bîkârî: [bî+kâr+î] işsizlik.
بی کران bîkerân: [bî+kerân] **1.**engin. **2.**sınırsız, sonsuz.
بیک زاده beykzâde: (T.-F.) [beyk+zâden> zâd+e] **1.**beyzade. **2.**asil.
بی کس bîkes: [bî+kes] **1.**kimsesiz. **2.**çaresiz.
بیکسان beyeksân: [be+yek+sân] **1.**aynı şekilde.
بی کسی bîkesî: [bî+kes+î] kimsesizlik.
بی کفایت bîkifâyet: (F.-A.) [bî+kifâyet] yetersiz, kifayetsiz.
بیکله bîkuleh: [bî+kuleh] **1.**şapkasız. **2.**taçsız.
بی کیفر bîkeyfer: [bî+keyfer] karşılıksız.
بیگاری bîgârî: angarya, bedava çalışma.
بیگاری کردن bîgârî kerden: erkeklik taslamak.
بیگانگی bîgânegî: [bîgâne+g+î] yabancılık, gariplik. ‖ * ez hod ~ از خود بیگانگی kendine yabancılaşma.
بیگانه bîgâne: **1.**yabancı, garip, özge. **2.**umursamaz, kayıtsız. **3.**dünyadan soyutlanmış. **4.**gayrimüslim.
بیگانه شدن bîgâne şoden: yabancılaşmak.
بیگانه کردن bîgâne kerden: yabancılaştırmak.
بیگانه نمایی bîgânenumâyî: [bîgâne+numûden>numây+î] yabancı kalma.
بیگانه نمایی داشتن bîgânenumâyî dâşten: yabancı kalmak.
بی گاه bîgâh: [bî+gâh] zamansız, yersiz.
بی گاه شدن bîgâh şoden: zamansız olmak, zaman mefhumunu yitirmek.
بی گمان bîgomân: [bî+gomân] kuşkusuz, şüphesiz.
بی گناه bîgunâh: [bî+gunâh] **1.**günahsız. **2.**suçsuz, kabahatsiz.
بیگناهی bîgunâhî: [bî+gunâh+î] **1.**günahsızlık. **2.**suçsuzluk, kabahatsizlik.
بیگنه bîguneh: [bî+gune] günahsız.
بیگودی bigudi: (Fr.) bigudi.
بی گه bîgeh: [bî+geh] zamansız.
بی گه و گه bîgeh u geh: [bî+geh+u+geh] zaman zaman, arasıra.
بیل bîl: bel, kürek.
بیلان bilan: (Fr.) bilanço.
بیلچه bîlçe: [bîl+çe] küçük kürek.
بی لرزه bîlerze: [bî+lerze] titremeyen.
بیل زدن bîl zeden: bellemek.
بیلست bîlest: karış.
بیلک beylek: padişah fermanı.
بیم bîm: (Peh.) **1.**korku. **2.**tehlike. ‖ * ~ be hod râh dâden بیم به خود راه دادن korkuya kapılmak.
بی مادر bîmâder: [bî+mâder] anasız.
بی مادر کردن bîmâder kerden: anasız bırakmak.
بیمار bîmâr: hasta, sayrı.
بیمار پرست bîmârperest: [bîmâr+perestîden> perest] hastabakıcı.
بیمار پرستی bîmârperestî: [bîmâr+perestîden> perest+î] hastabakıcılık.
بیمار پرستیدن bîmâr perestîden: hastabakıcılık yapmak.
بیماردار bîmârdâr: [bîmâr+dâşten>dâr] hastabakıcı.
بیمارداری bîmârdârî: [bîmâr+dâşten> dâr+î] hastabakıcılık.
بیمارستان bîmâristân: hastane. ‖ * ~-i bâ temâm-i teşkîlât بیمارستان با تمام تشکیلات (tıb.) tam teşekküllü hastane.
بیمار شدن bîmâr şoden: hastalanmak.
بیمار غنج bîmârganc: [bîmâr+ganc] **1.**dertli, illetli, hastalıklı. **2.**hastalık hastası.
بیمار کردن bîmâr kerden: **1.**hasta etmek.
بیمار گشتن bîmâr geşten: hastalanmak, hasta düşmek.
بیماری bîmârî: [bîmâr+î] hastalık,

sayrılık.

بی مایگی bîmâyegî: [bî+mâye+g+î] 1.bilgisizlik. 2.liyakatsizlik, meziyetsizlik.

بی مایه bîmâye: [bî+mâye] 1.bilgisiz. 2.liyakatsiz.

بی مجال bîmecâl: (F.-A.) [bî+mecâl] takatsiz, mecalsiz.

بی مجالی bîmecâlî: (F.-A.) [bî+mecâl+î] takatsizlik, mecalsizlik. ‖ * duçâr-i ~ şoden دچار بی مجالی شدن mecalsizlik çökmek.

بی محابا bîmuhâbâ: (F.-A.) [bî+muhâbâ] 1.edepsiz. 2.korkusuz. 3.gözünü kırpmadan, çekinmeden, gözünü budaktan esirgemeyerek.

بی محل bîmahal: (F.-A.) [bî+mahal] yersiz.

بی مدد bîmeded: (F.-A.) [bî+meded] yardımsız, yardımı olmadan.

بی مر bîmer: [bî+mer] sayısız, hesapsız.

بی مراد bîmurâd: [bî+murâd] 1.muradına erememiş, mutsuz. 2.isteksizce.

بیم رفتن bîm reften: korkulmak.

بی مروت bîmuruvvet: (F.-A.) [bî+ muruvvet] mürüvvetsiz, insanlıktan nasibini almamış.

بی مزگی bîmezegî: [bî+meze+g+î] tatsızlık.

بی مزه bîmeze: [bî+meze] tatsız.

بی مزه شدن bîmeze şoden: tatsızlaşmak.

بی مزه کردن bîmeze kerden: tatsızlaştırmak.

بی مصرف bîmasraf: (F.-A.) [bî+masraf] kullanım dışı, kullanılmaz.

بیمعرفت bîmarifet: (F.-A.) [bî+ma'rifet] bilgisiz.

بی معنی bîma'nî: (F.-A.) [bî+manî] 1.anlamsız, manasız. 2.bilgisiz.

بی مقدمه bîmukaddime: (F.-A.) [bi+ mukaddime] derhal, bir şey demeden, sebepsizce.

بیمناک bîmnâk: [bîm+nâk] 1.korkunç. 2.korkan.

بی مورد bîmovrid: (F.-A.) [bî+movrid] yersiz.

بی موقع bîmovki: (F.-A.) [bî+movki] zamansız.

بی مونس bîmûnis: (F.-A.) [bî+mûnis] eşsiz, dostsuz, arkadaşsız.

بیمه bîme: 1.sigorta. 2.sigortalı. ‖ * ~ -i âteşsûzî بیمهٔ آتش سوزی yangın sigortası. ‖ * ~ -i dermânî بیمهٔ درمانی sağlık sigortası. ‖ * ~ -i eşhâs بیمهٔ اشخاص şahıs sigortası. ‖ * ~ -i ictimâ'î بیمهٔ اجتماعی sosyal sigorta. ‖ * ~ -i omr بیمهٔ عمر hayat sigortası. ‖ * ~ -i postî بیمهٔ پستی posta çeki.

بیمه شدن bîme şoden: sigortalanmak, sigorta edilmek.

بیمه کردن bîme kerden: sigorta yapmak, sigortalamak.

بیمه کننده bîme konende: [bîme+ kerden> kon+ende] sigortacı, sigorta yapan.

بی مهر bîmihr: [bî+mihr] 1.sevgisiz. 2.şefkatsiz.

بی مهری bî mihrî: [bî+mihr+î] 1.sevgisizlik. 2.şefkatsizlik.

بیمه گذار bîmegozâr: [bîme+gozârden> gozâr] sigortalı.

بیمه گر bîmeger: [bîme+ger] sigortacı.

بین beyn: (A.) 1.ara, orta. 2.arasında. ‖ * ~ -i do âteş giriftâr şoden بین دو آتش گرفتار شدن iki ateş arasında kalmak. ‖ * ez ~ berdâşten از بین برداشتن yok etmek, ortadan kaldırmak. ‖ * ez ~ borden از بین بردن yok etmek, ortadan kaldırmak. ‖ * ez ~ reften از بین رفتن 1.yok olmak, kaybolmak, ortadan kalkmak, silinmek, mahvolmak. 2.ölmek, gitmek. ‖ * der ~ -i در بینِ arasında.

بین beyyin: (A.) açık seçik.

بینا bînâ: (Peh.) [dîdân>bîn+â] 1.gören, iyi gören. 2.görüş sahibi, ileri görüşlü.

بینات beyyinât: (A.) açık deliller.

بینادل bînâdil: gönül gözü açık.

بين الاخوان beynelihvân (A.) dostlar arasında.

بين الاقران beynelakrân (A.) yaşıtlar arasında.

بين الانام beynelenâm (A.) insanlar arasında.

بين الاهالى beynelahâlî (A.) topluluk arasında, halk arasında.

بين البحرين beynelbahreyn (A.) 1.iki deniz arası. 2.klasik Türk musikîsinde bir makam.

بين الجمهور beynelcumhûr (A.) halk içinde, halk arasında.

بين الجنسين beynelcinseyn (A.) iki cins arasında bulunan, interseksüel.

بين الحيات و الممات beynelhayât velmemât (A.) hayat ile ölüm arasında.

بين الخلق beynelhalk (A.) halk arasında. Beynelhalkda bu isim cârîdir.

بين الخوف والرجا beynelhavfverrecâ (A.) korku ile ümit arasında.

بين الدارين beyneddâreyn (A.) 1.iki ev arasında. 2.bu arada.

بين الدول beynedduvel (A.) devletler arası, devletler arasında.

بين الدولتين beyneddevleteyn (A.) iki devlet arasında.

بين الرفقا beynerrufekâ (A.) arkadaşlar arasında.

بين الزوجين beynezzevceyn (A.) karı-koca arasında.

بين الصلاتين beynessalâteyn (A.) akşam namazı ile yatsı arası.

بين القطعات beynelkıta'ât (A.) kıtalar arası.

بين الملل beynelmilel (A.) uluslararası, milletlerarası.

بين العلما beynelulemâ (A.) ulema arasında, âlimler arasında.

بين الناس beynennâs (A.) insanlar arasında.

بين النهرين beynennehreyn (A.) iki nehir arasında.

بين النوم و اليقظه beynennevmvelyakaza (A.) uyku ile uyanıklık arasında.

بى نام bînâm: [bî+nâm] isimsiz, adsız, sansız.

بينان bînân: [dîden>bîn+ân] görerek.

بينايى bînâyî: [dîden>bîn+â+y+î] 1.basiret. 2.basiretlilik. 3.(kin.) sevgili.

بى نتيجه bînetîce: (F.-A.) [bî+netîce] sonuçsuz, boşuna.

بى نتيجه ماندن bînetîce mânden: sonuçsuz kalmak.

بينش bîniş: [dîden>bîn+iş] 1.görüş. 2.basiret. 3.bakış açısı. 4.görgü. 5.vukuf.

بى نشان bînişân: [bî+nişân] 1.alâmetsiz, işaretsiz. 2.adı sanı belli olmayan.

بى نظر bînazar: (F.-A.) [bî+nazar] basiretsiz.

بى نظم bînazm: (F.-A.) [bî+nazm] düzensiz, tertipsiz.

بى نظمى bînazmî: (F.-A.) [bî+nazm+î] düzensizlik, tertipsizlik.

بين كشورى beyn-i kişverî: (A.-F.) [beyn+ -i+kişver+î] uluslararası, milletlerarası.

بى نماز bînemâz: [bî+nemâz] beynamaz.

بى نماز شدن bînemâz şoden: 1.(tıb.) regl olmak, aybaşı olmak, âdet görmek. 2.beynamaz olmak.

بى نمازى bînemâzî: [bî+nemâz+î] 1.beynamazlık. 2.(tıb.) regl, aybaşı.

بى نمک bînemek: [bî+nemek] 1.tuzsuz. 2.dikkat çekmeyen, hiçbir özelliği olmayan. 3.yavan.

بيننده bînende: [dîden>bîn+ende] gören.

بى ننگ bîneng: [bî+neng] arsız, hayasız, utanmaz.

بى ننگى bînengî: [bî+neng+î] arsızlık, hayasızlık, utanmazlık.

بى نوا bînevâ: [bî+nevâ] 1.yoksul. 2.zavallı. 3.çaresiz, âciz.

بى نوايى bînevâyî: [bî+nevâ+y+î] 1.yoksulluk. 2.zavallılık. 3.çaresizlik, âcizlik.

بينونت beynûnet: (A.) ayrılık.

بينه beyyine: (A.) açık delil.

بى نهايت bînihâyet: (F.-A.) [bî+nihâyet] 1.son derece.

2.sonsuz, bitmez tükenmez.

بینی bînî: (Peh.) burun. ‖ * bâdî der ~ endâhten بادی در بینی انداختن 1.kubarmak. 2.şişinmek.

بی نیاز bîniyâz: [bî+niyâz] müstağni, hiçbir şeye muhtaç olmayan, güçlü, kendine yeten. ‖ * hod râ ~ dîden خود را بی نیاز دیدن ihtiyaç duymamak.

بی نیاز شدن bîniyâz şoden: müstağni olmak, kendine yetmek, hiçbir şeye muhtaç olmamak.

بی نیاز کردن bîniyâz kerden: müstağni kılmak, kendine yeter hale getirmek, hiçbir şeye muhtaç hale düşürmemek.

بی نیازی bîniyâzî: [bî+niyâz+î] müstağnilik, kendine yetme, hiçbir şeye muhtaç olmama.

بی نیال biyeniyal: (Fr.) biyenal.

بینی زدن bînî zeden: burun bükmek, burun kıvırmak, burun burmak.

بینی واره bînîvâre: [bînî+vâre] hırızma.

بیو beyû: gelin.

بیواره bîvâre: 1.kimsesiz, garip. 2.değersiz, itibarsız.

بیوت buyût: (A.) 1.evler. 2.odalar. 3.(ed.) beyitler.

بیور bîver: (Peh.) on bin.

بیوسنتز biyosentez: (Fr.) biyosentez.

بیوسیدن beyûsîden: 1.beklemek. 2.tamah etmek, tamahlanmak.

بی وضو bîvuzû: (F.-A.) [bî+vuzû] abdestsiz.

بی وفا bîvefâ: (F.-A.) [bî+vefâ] 1.vefasız. 2.dönek.

بی وفایی bîvefâyî: (F.-A.) [bî+vefâ+y+î] 1.vefasızlık. 2.döneklik.

بی وفایی کردن bîvefâyî kerden: vefasızlık göstermek.

بی وقفه bîvekfe: (F.-A.) [bî+vekfe] durmaksızın, sürekli.

بیوگانی beyûgânî: 1.nikâh. 2.düğün.

بیوگی bîvegî: [bîve+g+î] dulluk.

بیوه bîve: dul.

بیوه زن bîvezen: [bîve+zen] dul kadın.

بیوه شدن bîve şoden: dul kalmak.

بی هارت و پورت bîhartupurt: [bî+hart+u+purt] yoksul.

بی هدف bîhedef: (F.-A.) [bî+hedef] 1.rastgele. 2.hedefsiz.

بیهده beyhude: beyhude, boşuna.

بی هم bîhem: [bî+hem] birbiri olmadan.

بی همال bîhemâl: [bî+hemâl] eşsiz, ortaksız.

بی همتا bîhemtâ: [bî+hemtâ] eşsiz, benzersiz.

بی همدم bîhemdem: [bî+hemdem] arkadaşsız, eşsiz, dostsuz.

بی هنر bîhuner: [bî+huner] hünersiz.

بیهوده گفتن bîhûde goften: boşuna konuşmak, boş boş konuşmak.

بیهوده گو bîhûdegû: [bîhûde+goften>gû] boşboğaz, geveze, çalçene.

بیهودگی bîhûdegî: [bîhûde+g+î] beyhudelik, boşunalık.

بیهوده bîhûde: 1.beyhude, boşuna, boş yere. 2.saçma, bâtıl.

بیهوده گفتن bîhûde goften: boşuna konuşmak, saçmalamak.

بیهوده گو bîhûdegû: [bîhûde+goften>gû] boş konuşan, saçma sapan konuşan.

بیهوده گویی bîhûdegûyî: [bîhûde+goften> gûy+î] boş konuşma, saçmalama.

بی هوش bîhûş: [bî+hûş] 1.baygın, kendinde olmayan. 2.bilinçsiz, şuursuz. 3.hissiz. 4.dalgın.

بی هوش شدن bîhûş şoden: bayılmak.

بی هوش کردن bîhûş kerden: bayıltmak.

بی هوش گردیدن bîhûş gerdîden: bayılmak.

بی هوشی bîhûşî: [bî+hûş+î] 1.baygınlık. 2.(tıb.) anestezi. 3.idraksizlik. ‖ * ~ -i umûmî بی هوشیء عمومی (tıb.) genel anestezi.

پ

پ pe: **1.** p, Farsça alfabenin üçüncü harfi. **2.**Ebced hesabına göre sayısal değeri:2.

پا pâ: (Peh.) **1.**ayak. **2.**bacak. **3.**bir adımlık ölçü, kadem. **4.**kök, temel, esas. **5.**güç, kudret. **6.**dip. **7.**başucu. ‖ * ~ ez ~ ber nedâşten پا از پا برنداشتن bir yerde sabit durmak, bir yere çakılı kalmak. ‖ * ~ ez câyî keşîden پا از جایی کشیدن bir yere gitmemek. ‖ * ~ ez hudûd-i hod bîrûn gozâşten پا از حدود خود بیرون گذاشتن çizgiden çıkmak, haddini aşmak. ‖ * ~ ez dâyire-i ihtiyât bîrûn nenihâden پا از دایرهء احتیاط بیرون ننهادن ayağını denk almak. ‖ * ~ ez ser neşinâhten پا از سر نشناختن etekleri uçmak, sevincinden uçmak. ‖ * ~ ez gilîm-i hîş derâzter kerden پا از گلیم خویش درازتر کردن haddini aşmak. ‖ * ~ be ictimâ' gozâşten پا به اجتماع گذاشتن insan arasına girmek, toplum arasına girmek. ‖ * ~ ber zemîn zeden پا بر زمین زدن sabırsızlanmak. ‖ * ~ borîden ez câyî پا بریدن از جایی bir yerden ayağını kesmek. ‖ * ~ be ~ borden په به پا بردن elinden tutup adım adım götürmek. ‖ * ~ be ~-yi kesî râh reften پا به پای کسی راه رفتن biriyle beraber adım adım yürümek. ‖ * ~ be dov gozâşten پا به دو گذاشتن koşmaya başlamak, süratle koşmak. ‖ * ~ be rikâb پا به رکاب **1.**gitmeye hazır. **2.**giderayak. ‖ * ~ be sin gozâşten پا به سن گذاشتن yaşlanmak, yaşına basmak. ‖ * ~ be firâr gozâşten پا به فرار گذاشتن kaçmak, kaçmaya başlamak. ‖ * ~ be firâr nihâden پا به فرار نهادن kaçmak, kaçmaya başlamak. ‖ * ~ be gurîz gozâşten پا به گریز گذاشتن kaçmak, kaçmaya başlamak. ‖ * ~ be arsa-i heyât nihâden پا به عرصهء حیات نهادن doğmak. ‖ * ~ be arsa-i vucûd nihâden پا به عرصهء وجود نهادن doğmak. ‖ * ~ be arsa-i hestî gozâşten پا به عرصهء هستی گذاشتن doğmak. ‖ * ~ be arsa-i hestî nihâden پا به عرصهء هستی نهادن doğmak. ‖ * ~ be keş kerden په به کش کردن bağdaş kurmak. ‖ * ~ be mâh پا به ماه karnı burnunda, doğumu yakın. ‖ * ~ pîş gozâşten پا پیش گذاشتن bir işe teşebbüs etmek, girişimde bulunmak, adım atmak. ‖ * ~ tûy-i kefş-i kesî kerden پا توی کفش کسی کردن birini incitmek. ‖ * ~ der dâyire-i intişâr nihâden پا در دایرهء انتشار نهادن yayınlanmak, yayınlanmaya başlamak. ‖ * ~ der matla'-i heyât nihâden پا در مطلع حیات نهادن doğmak. ‖ * ~ râ tûy-i yek kefş kerden پا را توی یک کفش کردن inancında diretmek, Nuh deyip peygamber dememek. ‖ * ~ râ kec gozâşten پا را کج گذاشتن kötü iş yapmak. ‖ * ~ rûy-i ~ bend neşoden پا روی پا بند نشدن çok sevinmek, sevinçten uçmak, sevinçten yerinde duramamak. ‖ * ~-yi kesî be çîzî bâz şoden پای کسی به چیزی باز شدن bir yere işi düşmek, bir yerle temasa geçmek. ‖ * ~-yi kesî horden پای کسی خوردن girmek. ‖ * ~-yi kesî der gil mânden پای کسی در گل ماندن işi sarpa sarmak, ayağı çamura saplanmak. ‖ * ~-yi kesî râ borîden پای کسی را بریدن birinin ilişiğini kesmek. ‖ * ~-yi kesî rûy-i pûst-i herbuze bend bûden

پای کسی روی پوست خربزه بند بودن kalıcı olmamak, gidici olmak. ‖ * ~ hâ-yi kesî sos şoden پاهای کسی سست شدن dizleri çözülmek. ‖ * ~ -yi hod râ cây-i pây-i dîger gozâşten پای خود را جای پای دیگر گذاشتن birini taklit etmek. ‖ * ~ -yi hod râ kenâr keşîden پای خود را کنار کشیدن karışmamak, bir kenarda durmak. ‖ * ~ -i kesî be seng âmeden پای کسی به سنگ آمدن çetin cevize çatmak. ‖ * ez ~ oftâden از پا افتادن 1.yürümekten takati kesilmek, yorgun düşmek. 2.zayıf olmak, halsiz olmak. ‖ * ez ~ oftâde از پا افتاده yorgun düşmüş. ‖ * ez ~ ender âverden از پا اندر آوردن yıkmak, tahrip etmek, yerle bir etmek. ‖ * ez ~ der âmeden از پا در آمدن 1. sona ulaşmak. 2.zayıf olmak. 3.düşmek. 4.bitkinleşmek. 5.erimek. 6.yürüyemez hale gelmek. 7.yenilmek. 8.ölmek. ‖ * ez ~ der âverden از پا در آوردن 1.etkisiz bırakmak, saf dışı etmek. 2.birinin işini bitirmek, birinin defterini dürmek öldümek, ortadan kaldırmak. 3.ayağından çıkarmak. 4.yenmek. 5.çökertmek. ‖ * ez ~ kenden از پا کندن ayağından çıkarmak. ‖ * ez ~ nişesten از پا نشستن oturup hareketsiz kalmak. ‖ * ez ~ nenişesten از پا ننشستن amacına ulaşmak için faaliyetini sürdürmek, sürekli koşuşturmak. ‖ * in ~ an ~ kerden این پا آن پا کردن 1.tereddüt etmek. 2.kemküm etmek, hıkmık etmek. ‖ * ber ser-i ~ bûden بر سر پا بودن ayakta olmak, hareket halinde olmak. ‖ * ber ~ bûden بر پا بودن ayakta durmak. ‖ * ber ~ hâsten بر پا خاستن 1.sabitleştirmek. 2.namaza durmak. 3.nasbetmek. 4.ayağa kalkmak. 5.düğün veya tören tertiplemek. ‖ * be ~ kerden بر پا کردن 1.düzenlemek, tertiplemek, yapmak. 2.kurmak. 3.açmak. ‖ * be ~ dâşten بر پا داشتن 1.sabitleştirmek. 2.nasbetmek. 3.düğün veya tören tertiplemek. ‖ * be ~ şoden بر پا شدن 1.düzenlenmek, tertiplenmek. ‖ * ber ~ gerdîden بر پا گردیدن 1.kurulmak. 2.düzenlenmek. 3.oluşturulmak. ‖ * be ~ mânden بر پا ماندن ayakta kalmak, yerinde kalmak. ‖ * be ~ به پا kaçıl, kaçılın!, yağlıboya!, değmesin! ‖ * be ~ hâsten به پا خاستن 1.ayağa kalkmak. 2.ayaklanmak. ‖ * be rûy-i do ~ -yi pesîn îstâden بروی دو پای پسین ایستادن şaha kalkmak, şahlanmak. ‖ * be ~ şoden به پا شدن düzenlenmek, yapılmak, tertip edilmek. ‖ * be ~ kerden به پا کردن 1.ayağına giymek, ayağına geçirmek. 2.düzenlemek, tertiplemek. 3.sabitleştirmek. ‖ * be ~ -yi به پای -de, -da. ‖ * be ~ -yi kesî bend şoden به پای کسی بند شدن birine ayak bağı olmak. ‖ * be ~ -yi kesî kerden به پای کسی کردن giydirmek, ayağına giydirmek. ‖ * be ~ -yi hem pîr şoden به پای هم پیر شدن bir yastıkta kocamak. ‖ * do ~ dâşten do ~ hem karz kerden دو پا داشتن دو پا هم قرض کردن tabanları yağlamak, kirişi kırmak. ‖ *rûy-i ~ -yi hod îstâden روی پای خود ایستادن bağımsız olmak, kendi ayakları üstünde durmak. ‖ * zîr-i ~ zeden زیر پا زدن dolaşmak, gezmek. ‖ * zîr-i ~ gozâşten زیر پا گذاشتن 1.gitmek. 2.dolaşmak. 3.ezmek, ayak altına almak, çiğnemek. 4.adım adım dolaşmak. ‖ * ser-i ~ îstâden سر پا ایستادن ayakta durmak.

پا آورنجن pâ âvrencen: halhal.

پا آهو pâ âhû: [pâ+âhû] (mec.) dünya.

پا افتادن pâ uftâden: 1.elvermek, müyesser olmak. 2.iyi veya kötü bir tesadüf olmak.

پا انداز pâ endâz: [pâ+endâhten>endâz] 1.yolluk (halı veya kilim). 2.muhabbet tellalı.

پائیدن pâîden: 1.sürmek, devam etmek. 2.gözlemek, gözetlemek. 4.gütmek. 5.muhafaza etmek.

پائیز pâîz: sonbahar, güz.

پائین pâîn: 1.aşağı. 2.aşağıda. 3.aşağıya.

پائین آمدن pâîn âmeden: 1.dökülmek. 2.inmek, aşağı inmek.

پائین آوردن pâîn âverden: indirmek.

پائین پریدن pâîn perîden: aşağı atlamak.

پائین جستن pâîn cesten: aşağı atlamak.

پائین رفتن pâîn reften: inmek, aşağı inmek.

پائین کشیدن pâîn keşîden: indirmek.

پابازی pâbâzî: [pâ+bâhten>bâz+î] raks, dans.

پابجا pâbecâ: doğru dürüst.

پابرجا pâbercâ: [pâ+ber+câ] 1.sağlam, dayanıklı. 2.devamlı, kalıcı. 3.kararlı. 4.yerinde.

پابرجا بودن pâbercâ bûden: 1.sabit olmak. 2.sürekli olmak, kalıcı olmak. 3.kararlı olmak. 4.sağlam olmak.

پابرجا کردن pâbercâ kerden: 1.sabitleştirmek. 2.kalıcı kılmak.

پابرجا ماندن pâbercâ mânden: ayakta kalmak, yerinde kalmak.

پابرجایی pâbercâyî: [pâ+ber+câ+y+î] 1.sağlamlık. 2.kararlılık. 3.kalıcılık. 4.devamlılık.

پابرچین pâberçîn: [pâ+ber<çîden>çîn] ayak ucuna basarak yürüme.

پابرچین رفتن pâberçîn reften: ayak ucuna basarak yürümek.

پابرهنه pâbirehne: [pâ+birehne] 1.yalınayak. 2.baldırıçıplak.

پابریده pâborîde: [pâ+borîden>borîd+e] kesik ayaklı.

پا بریده بودن pâborîde bûden: gidip gelmeyi kesmek, bir yerden ayağını kesmek.

پابست pâ best: [pâ+besten>best] 1.ayak bağı. 2.aşık. 3.bağlı. 4.bina temeli.

پابست شدن pâbest şoden: bağlanmak.

پا بلند کردن pâ bolend kerden: koşmak, (halk) pergelleri açmak.

پابند pâbend: [pâ+besten>bend] 1.ayakbağı. 2.çocuk kundağı. 3.bağlı. 4.tutkun, aşık. 5.evli.

پابند بریده pâbend borîde: [pâbend+borîden>borîd+e] 1.çözülmüş dizgin. 2.ipini koparmış, ipini koparan. 3.kayıtsız, laubâli.

پابند بودن pâbend bûden: 1.düşkün olmak, önem vermek. 2.ayakbağı olmak.

پابند شدن pâbend şoden: 1.aşık olmak, tutkun olmak, bağlanmış olmak. 2.bağlı olmak.

پابوس pâbûs: [pâ+bûsîden>bûs] ayak öpen. ‖ * be ~ -i kesî reften به پابوس کسی رفتن büyük birinin huzuruna gitmek.

پاپ pap: (Fr.) papa.

پاپاخ papah: (T.) papah, papak.

پاپاسی papasî: metelik, az para. ‖ * yek ~ nedâşten یک پاپاسی نداشتن meteliği olmamak, meteliğe kurşun sıkmak.

پاپتی pâpetî: [pâ+petî] 1.yalınayak. 2.yoksul, baldırıçıplak.

پاپز pâpez: engebeli arazi.

پا پس آوردن pâ pes âverden: 1.bırakmak, vazgeçmek, caymak. 2.bozguna uğramak.

پا پس کشیدن pâ pes keşîden: 1.(ask.) geri çekilmek.

پا پس نهادن pâ pes nihâden: yılmak.

پاپوره pâpûre: iki çift öküz koşulan saban.

پاپوش pâpûş: [pâ+pûşîden>pûş] 1.çarık, pabuç. 2.engel. ‖ * ~ dorost kerden berâyi kesî پاپوش درست کردن برای کسی birine engel çıkarmak.

پاپوش دوختن pâpûş dûhten: çarık dikmek. ‖ * ~ berâyi kesî پاپوش دوختن برای کسی entrika çevirmek, dolap çevirmek, dümen çevirmek.

پاپوش دوز pâpûşdûz: [pâpûş+dûhten>dûz] 1.çarıkçı. 2.entrikacı.

پاپی بودن pâpey bûden: 1.ısrar etmek, üstelemek. 2.bir işi takip etmek.

پاپیچ pâpîç: [pâ+pîçîden>pîç] 1.ayak bilekliği. 2.çarık. ‖ * amel-i kesî ~

-i û şoden عمل کسی پاپیچ او شدن günahı boynuna olmak.

پاپیچال pâpîçâl (bot.) sarmaşık.

پاپیچ فروش pâpîçfurûş: [pâpîç+furûhten> furûş] çarıkçı, çarık satıcısı.

پاپیروس papirûs: **1.**papirus. **2.**sigara tütünü (Gîlânda).

پاپی شدن pâpey şoden: **1.**ısrar etmek, üstelemek. **2.**iş takip etmek. ‖ * ~ kesî râ پاپی شدن کسی را birine eziyet etmek.

پاپیون papiyyon: (Fr.) [papillon] papyon.

پاپیون بستن papyon besten: papyon takmak.

پات pât: **1.**taht. **2.**satrançta bir tür kaybetme.

پات pât: [pâ+t<y+et] ayağın.

پاتابه pâtâbe: [pâ+tâften>tâb+e] **1.**çarık. **2.**tozluk. ‖ * ~ der câyî bâz kerden پاتابه در جایی باز کردن bir yere postu sermek, bir yerde ikamet etmek.

پاتابه فروش pâtâbefurûş: ıbrıkçı, ıbrık satıcısı.

پاتال pâtâl: moruk.

پاتاوه pâtâve: çarık.

پاتخت pâtaht: başkent.

پاتختی pâtahtî: [pâ+taht+î] **1.**düğün ertesi. **2.**geceleri ördek kabı koyulan sehpa.

پاتختی گرفتن pâtahtî giriften: ikinci gün düğünü sürdürmek.

پاترس pâters reften: (çocuğa) gözdağı vermek, gözükmek.

پاترس رفتن pâters reften: gözdağı vermek, gözükmek.

پاترس گذاردن pâters gozârden: gözdağı vermek, gözükmek.

پاترسک pâtersek: gözdağı, gözükme.

پاتله pâtele:ağzı geniş büyük kazan, büyük tencere.

پاتنگان pâtingân (bot.) patlıcan.

پاتنی pâtenî: **1.**yaba. **2.**harman savurmakta kullanılan tahta tepsi.

پاتوغ pâtog: **1.**sancak yeri. **2.**toplanma yeri, agora, uğrak yeri.

پاتوغدار pâtogdâr: [pâtog+dâşten>dâr] lider, önder.

پاتوق pâtok: uğrak yeri, toplanma yeri, agora.

پاتولوژی patoloji: (Fr.) [pathologie] (tıb.) patoloji, hastalıkların sebeplerini ve belirtilerini inceleyen bilim.

پاتوه pâtove: çarık.

پا تهی pâtohî: [pâ+tohî] yalınayak.

پاتی کردن pâtî kerden: harman savurmak.

پاتیل pâtil (Sans.) **1.**büyük bakır kazan. **2.**fitil gibi sarhoş. ‖ * ~ -i kesî der reften پاتیل کسی در رفتن yaşlanmak, iş işten geçmek.

پاتیلچه pâtîlçe: (F.-Sans.) [pâtîl+çe] küçük bakır kazan.

پاتیل در رفته pâtil der refte: **1.**moruk. **2.**kırık.

پاتیل شدن pâtîl şoden: **1.**fitil gibi sarhoş olmak. **2.**hali değişmek.

پاتیله pâtîle: ağzı geniş büyük kazan, tencere.

پاتین pâtîn: yaba.

پاتینی pâtînî: yaba.

پاجامه pâcâme: [pâ+câme] **1.**pijama. **2.**don.

پاجنگ pâceneg: pabuç.

پاجوش pâcûş: [pâ+cûşîden>cûş] ağaç dibi sürgünü.

پاچال pâçâl: **1.**tezgâh arkasındaki çukurluk. **2.**süt havuzu.

پاچالدار pâçâldâr: fırın uncusu.

پاچاندن pâ çânden: **1.**saçmak. **2.**ayırmak.

پاچاه pâçâh: [pâ+çâh] tezgâh arkasındaki çukurluk.

پاچاهه pâçâhe: tezgâh arkasındaki çukurluk.

پاچایه pâçâye: sıvı veya katı dışkı.

پا چپله pâçeple: [pâ+çeple] pabuç.

پاچراغ pâçerâg: [pâ+çerâg] şamdan, kandillik.

پاچراغی pâçerâgî: [pâ+çerâg+î] **1.**kandillik. **2.**spor salonlarında izleyecilerin verdikleri seyir parası. **3.**esnafın yoksullara verilmek üzere kandil dibine bıraktıkları bozuk para.

پاچک pâçek: tezek.

پاچنامه pâçnâme: lakap.

پاچنبری pâçenberî: [pâ+çenber+î] çarpık ayaklı.

پاچنگ pâçeng: [pâ+çeng] **1.**pabuç. **2.**kapak.

پاچنگلی pâçengulî: çarpık ayaklı.

پاچنگولی pâçengûlî: çarpık ayaklı.

پاچه pâçe: [pâ+çe] **1.**paça. **2.**paça yemeği. ‖ * ~ -i kesî râ giriften پاچهٔ کسی را گرفتن birini boş yere incitmek. ‖ * kîk der ~ -i kesî efkenden گیگ در پاچهٔ کسی افکندن birini rahatsız etmek.

پاچه بند pâçebend: [pâçe+besten>bend] **1.**şahin gibi avcı kuşların ayağına bağlanan ip veya zincir. **2.**çadır ipi.

پاچه پز pâçepez: [pâçe+pohten>pez] paçacı.

پاچه پزی pâçepezî: [pâçe+pohten>pez+î] **1.**paçacılık. **2.**paçacı dükkânı.

پاچه پلو pâçepolov: [pâçe+polov] paçalı pilav.

پاچه تنبان pâçetonbân: [pâçe+tonbân] pantolon.

پاچه خیزک pâçehîzek: [pâçe+hâsten> hîz+ek] bir tür ateş oyunu.

پاچه ریز شدن pâçerîz şoden: yürümekten ayaklarına kara sular inmek.

پاچه ریز کردن pâçe rîz kerden: yürütmekten ayaklarına kara sular indirmek.

پاچه فروش pâçefurûş: [pâçe+furûhten> furûş] paçacı, paça satıcısı.

پاچه گزک pâçegezek: [pâçe+gezîden> gez+ek] bir tür ateş oyunu.

پاچه گیر pâçegîr: [pâçe+giriften>gîr] **1.**paçasına yapışan, paçadan ısıran. **2.**insanlara askıntı olan.

پاچه ورمالیدن pâçe vermâlîden: paçayı sıvamak.

پاچه ورمالیده pâçe vermâlîde: [pâçe+ver+ mâlîden> mâlîd+e] şarlatan, hokkabaz, yüzsüz, edepsiz, terbiyesiz, eli maşalı.

پاچیدگی pâçîdegî: dağınıklık.

پاچیدن pâçîden: **1.**saçmak. **2.**serpmek. **3.**dökmek.

پا چیدن pâ çîden: ağır ağır yürümek.

پاچیده pâçîde: dağınık, saçılmış.

پاچیله pâçîle: **1.**kar ayakkabısı, selbur. **2.**çarpık ayaklı.

پاچین pâçîn: [pâ+çîden>çîn] **1.**fistan. **2.**etek, eteklik. ‖ * pey u ~ derrefte پی و پاچین در رفته dağılmaya yüz tutmuş.

پاخ pâh: tıraşlanmış deri artığı.

پاخار pâhâr: [pâ+hâr] ayak temizleme taşı, sünger taşı.

پاخاره pâhâre: [pâ+hâre] ayak temizleme taşı, sünger taşı.

پاخاست pâhâst: [pâ+hâst] çiğnenmiş, ayak altında kalmış.

پاخته pâhte: inşaat ustalarının kullandığı sicim.

پاخر pâher: [pâ+her] **1.**(bot.) deve tabanı. **2.**(bot.) öksürük otu.

پاخره pâhere: **1.**sofa. **2.**evlerde bulunan seki.

پاخسه pâhse: yüksek duvar.

پا خوردن pâ horden: çiğnenmek. ‖ * ~ ez kesî پا خوردن از کسی birine kanmak, aldanmak, birinden dolayı zarar görmek. ‖ * ~ -i ferş پا خوردن فرش yumuşayıp parlaması için halının üstünde yürünmesi.

پاخوشه pâhûşe: [pâ+hûşe] bağ bozumundan sonra asmada kalan salkım.

پاخیره pâhîre: temel.

پاخیره زن pâhîrezen: [pâhîre+zeden>zen] yapı ustası.

پاد pâd: (Peh.) **1.**koruyucu, hâmi. **2.**aykırı, zıt. **3.**taht. **4.**ulu, yüce.

پاد pâd: panzehir.

پا دادن pâ dâden: **1.**akıtmak. **2.**güç vermek, destek olmak. **3.**(ask.) eğitim sırasında ayağı yere vurmak.

پادار pâdâr: [pâ+dâşten>dâr] **1.**ayaklı. **2.**kalıcı. **3.**kararlı. **4.**itibarlı. **5.**vefalı. **6.**çomak. **7.**çevik at.

پادار شدن pâdâr şoden: istikrar bulmak.

پاداری pâdârî: [pâ+dâşten>dâr+î]

1.istikrar. **2**.itibâr.

پاداس pâdâs: ayak değirmeni.

پاداش pâdâş: (Peh.) [<pât+dehişn] **1**.karşılık (iyilik veya kötülüğün). **2**.ödül, mükâfat. **3**.ceza.

پاداش pâdâş: (F.-T.) [pâ+dâş] ayaktaş, arkadaş.

پاداشان pâdâşân: (F.-T.) [pâ+dâş+ân] ayaktaşlar, arkadaşlar.

پاداشان pâdâşân: [pâdâş+ân] ödüller.

پاداشت pâdâşt: [pâ+dâşten>dâşt] ödül.

پاداش دادن pâdâş dâden: ödül vermek.

پاداش ده pâdâşdih: [pâdâş+dâden>dih] ödüllendiren.

پاداش دهنده pâdâşdihende: [pâdâş+dâden>dih+ende] ödüllendiren.

پاداش کردن pâdâş kerden: **1**.ödül vermek. **2**.ceza vermek.

پاداشن pâdâşen: (Peh.) [pâ+dâşen< pât+dehişn] ödül. ‖ * rûz-i ~ روز پاداشن kıyamet günü.

پادافراه pâdefrâh: ceza.

پادافره pâdefreh: ceza.

پادام pâdâm: [pâ+dâm<dâm-i pâ] **1**.kuş kapanı, kuşlar için kurulan tuzak. **2**.avlanacak kuşları çağırmak üzere kapana koyulan kuş.

پادامان pâdâmân: etek altı.

پاداو pâdâv: kocakarı.

پا دراز pâderâz: [pâ+derâz] (zool.) telli turna, flaman kuşu.

پا درازی pâderâzî: [pâ+derâz+î] **1**.uzun ayaklı olma. **2**.haddini aşma. **3**.bir tür tatlı ekmek.

پادرانه pâderâne: İran'da Kaçarlar döneminde, askerliği geldiği halde kendisi gitmeyip yerine bir başkasını aylık ücretle gönderen kişi.

پادرپا pâderpâ: [pâ+der+pâ] adım adım, yan yana, ayak ayağa.

پادرختی pâdirahtî: [pâ+diraht+î] ağaç dibine düşen kurtlu meyveler.

پادرد pâderd: [pâ+derd] (tıb.) nikris.

پا در رفتن pâ der reften: **1**.kaymak. **2**.ayağı kaymak.

پادر رکاب pâderrikâb: (F.-A.) [pâ+der+ rikâb] **1**.ayağı üzengide. **2**.hareket etmeye hazır.

پادرعقال pâderikâl: (F.-A.) [pâ+der+ikâl] **1**.ayağı prangalı, ayağı bağlı. **2**.hareketsiz, çaresiz.

پادرگل pâdergil: [pâ+der+gil] **1**.ayağı çamura saplanmış. **2**.çaresiz, aciz.

پا در میانی pâdermeyânî: [pâ+der+ meyân+î] müdahele, araya girme.

پا در میانی کردن pâ der meyânî kerden: müdahele etmek, araya girmek.

پا درنقاب pâ der rikâb: (F.-A.) **1**.atlı. **2**.sefere hazır. **3**.can çekişen.

پا در هوا pâderhevâ: (F.-A.) [pâ+der+ hevâ] **1**.asılsız, temelsiz. **2**.sallantıda.

پادری pâderî: **1**.eşik halısı. **2**.eşik taşı.

پادری pâdorî: Hıristiyan keşişi.

پادزهر pâdzehr: panzehir.

پادزی pâdezî: (tıb.) antibiyotik.

پادش pâdeş: [<pâdâş] ödül.

پادشا pâdşâ, pâdişâ: **1**.padişah. **2**.izinli. **3**.muhtar.

پادشا زاده pâdşâzâde: [pâdşâ+zâden> zâd+e] şehzade.

پادشانشان pâdşânişân: [pâdşâ+nişânden> nişân] padişahı tahta çıkaran, devlet yönetimini elinde bulunduran.

پادشاه pâdşâh, pâdişâh: (Peh.) **1**.padişah. **2**.Tanrı, Allah. **3**.hâkim. **4**.izinli. ‖ * ~ huten پادشاه ختن **1**.Huten padişahı. **2**.güneş. ‖ * ~ -i çîn پادشاه چین **1**.güneş. **2**.Çin padişahı. ‖ * ~ -i nîmrûz پادشاه نیمروز **1**.güneş. **2**.Sîstan padişahı. **3**.mübarek kademli insan. **4**.Hz. Muhammed. **5**.Âdem peygamber. ‖ * ~ -i novrûzî پادشاه نوروزی **1**.nevruz günleri halkı eğlendirmek üzere yalandan padişah olan ve halktan para toplayan kişi. **2**.resmen değil, ismen padişah.

پادشاهانه pâdşâhâne: [pâdşâh+âne] şahane, padişaha yaraşır.

پادشاهبازی pâdşâhbâzî: [pâdşâh+ bâzî] bir çocuk oyunu, pâdşâhbâzî.

پادشاه پادشاهان pâdşâh-i pâdşâhân:

şehinşah, şahlar şahı.

پادشاه زاده pâdşâhzâde: [pâdşâh+zâden> zâd+e] şehzade, melikzade.

پادشاه نشان pâdişâhnişân: [pâdişâh+ nişânden>nişân] **1.**padişah yapan. **2.**padişahlık alametleri olan. **3.**ülke yönetimini elinde bulunduran.

پادشاه نشین pâdişâhnişîn: [pâdişâh+ nişesten>nişîn] **1.**padişahlar gibi oturup kalkan. **2.**padişah kenti, başkent.

پادشاه وزیری pâdşâhvezîrî: [pâdşâh+ vezîr+î] bir çocuk oyunu, pâdşâhvezîrî.

پادشاهی pâdşâhî: [pâdşâh+î] **1.**padişahlık. **2.**saltanat. **3.**ülke. **4.**saltanat süresi. **5.**başkent.

پادشاهی راندن pâdşâhî rânden: saltanat sürmek.

پادشاهی کردن pâdşâhî kerden: padişahlık yapmak, saltanat sürmek.

پادشایی pâdşâyî: [pâdşâ+y+î] **1.**padişahlık. **2.**ülke. **3.**başkent.

پادشایی کردن pâdşâyî kerden: padişahlık etmek.

پادشه pâdşeh, pâdişeh: [pâd+şeh] padişah.

پادشه پسر pâdişehpeser: [pâdişeh+peser] şehzade.

پادشه زاده pâdişehzâde: [pâdişeh+zâden> zâd+e] şehzade.

پادشه نشان pâdişehnişân: [pâdişeh+ nişânden>nişân] **1.**padişah yapan. **2.**padişahlık alametleri olan. **3.**ülke yönetimini elinde bulunduran.

پادشه نشین pâdişehnişîn: [pâdişeh+ nişesten>nişîn] **1.**padişahlar gibi oturup kalkan. **2.**başkent.

پادکانه pâdekâne: **1.**yüksek dam. **2.**teras. **3.**pencere.

پادگان pâdigân: (Peh.) **1.**(ask.) garnizon, karakol görevi yapan askerî birlik. **2.**Sâsânîler döneminde piyâde birlikleri.

پادگانه pâdigâne: **1.**yüksek dam. **2.**teras. **3.**pencere.

پادگوسپان pâdgûspân: Sâsânîler döneminde ordu komutanlığının altında bir askerî makam.

پادنگ pâdeng: çeltik dövmek için ayakla çalışan tokmak, çeltik tokmağı.

پادنگه pâdenge: çeltik dövmek için ayakla çalışan tokmak, çeltik tokmağı.

پادنگان pâdengân: patlıcan.

پادو pâdev, pâdov: [pâ+devîden> dev=dov] uşak, hizmetçi.

پا دوسانیدن pâ dûsânîden: **1.**yapıştırmak. **2.**bitiştirmek.

پادوسپان pâduspân: Sâsânîler döneminde ordu komutanlığının altında bir askerî makam.

پاده pâde: **1.**otlak. **2.**çomak. **3.**inek sürüsü. **4.**eşek sürüsü, hergele.

پاده بان pâdebân: [pâde+bân] çoban.

پاده سنگ pâdeseng: tokmak, kesek tokmağı.

پادیاب pâdyâb: Zerdüştlükte dua okuyarak arındırma.

پادیابی کردن pâdyâbî kerden: dua okuyarak arındırmak.

پادیاو pâdyâv: Zerdüştlükte dua okuyarak arındırma.

پادیاوی کردن pâdyâvî kerden: dua okuyarak arındırmak.

پادیر pâdîr: **1.**direk. **2.**payanda, dayanak.

پادیز pâzîz: sonbahar, güz.

پاذگوسپان pâzguspân: Sâsânîler döneminde ordu komutanlığının altında bir askerî makam.

پاذیز pâzîz: güz, sonbahar.

پار pâr: **1.**geçen yıl. **2.**mazi. **3.**eski giysi. **4.**paçavra. **5.**tabaklanmış deri.

پار pâr: uçma, uçuş.

پاراب pârâb: sulu tarım, sulu ziraat.

پارابلوم parablum: (Fr.) parabellum, otomatik tabanca.

پاراج pârâc: konuk hediyesi.

پارازیت parazit: (Fr.) [parasite] parazit, asalak.

پا راست کردن pâ râst kerden: ayak uzatmak.

پاراشوت paraşut: (Fr.) [parachute]

paraşüt.

پاراف paraf: (Fr.) [paraphe] paraf.

پارافین parafin: (Fr.) [paraffine] parafin.

پاراگراف paragraf: (Fr.) [paragraphe] paragraf.

پارالل paralel: (Fr.) [parallèle] paralel.

پارانتز parantez: (Fr.) [paranthèse] parantez.

پارانویا paranoya: (Fr.) (tıb.) paranoya.

پاراو pârâv: **1.**ihtiyar. **2.**kocakarı. **3.**moruk.

پاراو pârâv: sulu tarım.

پاراوان pârâvan: (Fr.) [paravent] **1.**paravana. **2.**paravan.

پار پار pâr pâr: parça parça, paramparça.

پارت pârt: **1.**(zool.) su çulluğu. **2.**Part kavmine mensup, Part. **3.**Part dili, Eşkânîlerin konuştuğu dil.

پارتی parti: (Fr.) **1.**parti. **2.**hâmi. **3.**taraftar.

پارتی pârtî: **1.**Partlı, Part kavmine mensup. **2.**Part dili.

پارتی بازی partibâzî: (Fr.-F.) [parti+ bâzî] hizipçilik, particilik.

پارتی بازی کردن partibâzî kerden: hizipçilik yapmak.

پارتی برگزار کردن parti berguzâr kerden: parti vermek.

پارچ pârç: **1.**büyük süzgü. **2.**geniş ağızlı su kabı.

پارچه pârçe: **1.**bez. **2.**kumaş. **3.**parça.

پارچه باف pârçebâf: [pârçe+bâften>bâf] dokumacı.

پارچه بافتن pârçe bâften: kumaş dokumak, bez dokumak.

پارچه بافی pârçebâfî: [pârçe+bâften> bâf+î] **1.**kumaş dokuma, dokumacılık. **2.**dokuma atölyesi.

پارچه پارچه pârçe pârçe: parça parça, paramparça.

پارچه پارچه کردن pârçe pârçe kerden: paramparça etmek.

پارچه فروش pârçefurûş: [pârçe+ furûhten> furûş] manifaturacı.

پارچه فروشی pârçefurûşî: [pârçe+ furûhten>furûş+î] manifaturacı, manifaturacı dükkânı.

پاردان pârdân: **1.**sürahi. **2.**şarap.

پاردم pârdom: paldum, hayvanın kalça kısmına geçirilen kayış.

پاردوز pârdûz: [pâr+dûhten>dûz] eskici.

پاردم ساییده pârdomsâyîde: [pârdom+ sâyîden>sâyîd+e] utanmaz, hayasız.

پارزده pârzede: [pâr+zeden>zed+e] **1.**kasnı. **2.**çocuk göğüslüğü.

پارس pârs: **1.**Fars, İranlı. **2.**Güney İran'da yerleşik halk.

پارس pârs: havlama.

پارس pârs: (T.) pars.

پارسا pârsâ: **1.**dindar, zahit. **2.**bilgin. **3.**Fars, İranlı.

پارسا زن pârsâzen: [pârsâ+zen] dindar kadın, zahid kadın.

پارسا شدن pârsâ şoden: dindar olmak, zahid olmak.

پارسال pârsâl: [pâr+sâl] evvelki yıl, bıldır.

پارسا مردم pârsâmerdum: [pârsâ+ merdum] dindarlar, takva sahipleri.

پارسای pârsây: dindar, takva sahibi, günahtan sakınan.

پارسایی pârsâyî: [pârsâ+y+î] dindarlık, zahitlik.

پارسایی کردن pârsâyî kerden: dindarlık etmek, zahitlik etmek, günahtan kaçınmak.

پارس ئیل pârsil: (T.) [pars+il] eski Türk takvimine göre Pars yılı, sıçkan il.

پارسچی parsçi: (T.) [pars+çi] pars terbiyecisi.

پارس کردن pârs kerden: havlamak.

پارسنگ pârseng: dara, teraziyi denkleştirmek için kefeye koyulan ağırlık. ‖ * akl-i kesî ~ berdâşten عقل کسی پارسنگ برداشتن **1.**bir tahtası eksik olmak, çatlak olmak. **2.**ahmak olmak.

پارسنگ بردن pârseng borden: kafadan çatlak olmak, bir tahtası eksik olmak.

پارسه pârse: **1.**parsa. **2.**dilencilik.

پارسی pârsî: (Peh.) **1.**Farsça. **2.**Fars,

İranlı. 3.zerdüştlük. ‖ * ~ -i derî پارسیء دری Derî farsçası.

پارسی خوان pârsîhân: [pârsî+hânden>hân] ana dili Farsça olan.

پارسی زبان pârsîzebân: [pârsî+ zebân] 1.ana dili Farsça olan, Farsça konuşan. 2.fasih, belagatlı.

پارسی گو pârsîgû: [pârsî+goften>gû] Farsça konuşan, ana dili Farsça olan.

پارسی گوی pârsîgûy: [pârsî+goften>gûy] Farsça konuşan, ana dili Farsça olan.

پراشمن parşomen: (Fr.) [parchemin] parşömen, yazı ve baskıda kullanılan hayvan derisi.

پارفت pâreft: [pâ+reften>reft] gidiş geliş, gidip gelme.

پارک park: (Fr.) [parc] park.

پارک park. (İng.) [park] durma, parketme.

پا رکاب برداشتن pâ rikâb berdâşten: bindirmek (ata vs.)

پارکابی pârikâbî: [pâ+rikâb+î] biraz, az bir miktar.

پارکت parket: (Fr.) parke. ‖ * ~ -i çûbî پارکت چوبی parke, ahşap parke.

پارک شدن park şoden: parkedilmek, çekilmek.

پارک کردن park kerden: parketmek, durmak.

پارکه parke: (Fr.) [parquet] 1.savcılık. 2.adliye.

پارگک pâregek: [pâre+g+ek] 1.birazcık. 2.küçük bir parça.

پارگی pâregî: [pâre+g+î] 1.eskilik. 2.köhnelik. 3.paçavralık. 4.yırtık. 5.cüzîlik. 6.kahpelik.

پارگی pârgî: 1.fahişelik. 2.atık su çukuru, fosseptik çukuru.

پارگین pârgîn: atık su çukuru, fosseptik çukuru.

پارلمان parloman: (Fr.) [parlement] parlamento, meclis.

پارنج pârenc: [pâ+renc] 1.ücret, ayak teri. 2.parsa.

پارو pârû, pârô: yaşlı kadın.

پارو pârû: [<pârûb] 1.kürek. 2.kürek kemiği, omuz kemiği. ‖ * pul-i kesî bâ ~ bâlâ reften پول کسی با پارو بالا رفتن Karun gibi zengin olmak, parayı kürekle toplamak.

پاروب pârûb: [pâ+ruften>rûb] kocakarı.

پا رو پا انداختن pâ rû pâ endâhten: bacak bacak üstüne atmak.

پارو زدن pârû zeden: kürek çekmek.

پاروزن pârûzen: [pârû+zeden>zen] kürekçi.

پارو کردن pârû kerden: kürümek.

پاروله pârûle: 1.yonga. 2.şakacı. 3.hayırsız.

پاره pâre: (Peh.) 1.parça. 2.bölüm, kısım. 3.yırtık. 4.hisse. 5.para. 6.rüşvet. 7.gübre. 8.şekerpare. 9.mahdum. 10.ücret. 11.haraç. 12.hediye.

پاره pâre: uçma, uçuş.

پاره ای pâreî: [pâre+î] 1.bazı, kimi. 2.bir kısmı. 3.biraz.

پاره پار pârepâr: [pâre+pâr] paramparça.

پاره پار شدن pârepâr şoden: paramparça olmak, paralanmak.

پاره پار کردن pârepâr kerden: paramparça etmek, paralamak.

پاره پاره pâre pâre: 1.paramparça, parça parça. 2.az az, bölük börçük. 3.yırtık pırtık.

پاره پاره شدن pâre pâre şoden: paramparça olmak, paralanmak.

پاره پاره کردن pâre pâre kerden: paramparça etmek, parçalamak, paralamak.

پاره پوره pâre pûre: yırtık pırtık.

پاره خاک pârehâk: [pâre+hâk] insanoğlu.

پاره خوار pârehâr: [pâre+horden>hâr] rüşvetçi, rüşvet yiyen.

پاره خون pârehûn: [pâre+hûn<pâre-i hûn] insanoğlu.

پاره دادن pâre dâden: rüşvet vermek.

پاره دم pâredom: paldum.

پاره دوختن pâre dûhten: yamamak.

پاره دوز pâredûz: [pâre+dûhten>dûz] 1.yamacı. 2.örücü.

پاره دوزی pâredûzî: [pâre+dûhten>

dûz+î] **1.**yamacılık. **2.**örücülük.

پاره دهنده pâre dehende: [pâre+dâden>deh+ende] rüşvet veren.

پاره سنگ pâreseng: [pâre+seng] dara.

پاره شدن pâre şoden: **1.**parçalanmak, paralanmak. **2.**yırtılmak. **3.**dağılmak.

پاره کردن pâre kerden: **1.**parçalamak. **2.**yırtmak. **3.**koparmak. **4.**patlatmak. ‖ * ~ ez hem پاره کردن از هم parçalanmak. ‖ * ~ -i şikem پاره کردن شکم karın deşmek.

پاره گشتن pâre geşten: parçalanmak, paralanmak.

پاره وقت pârevakt: (F.-A.) [pâre+vakt] yarım gün, part time.

پاریا pâryâ (Sans.) parya tabakası, Brehmenler tarafından her türlü sosyal haktan mahrum sayılan halk kesimi.

پاریاب pâryâb: nehir suyuyla yapılan tarım.

پاریاو pâryâv: çay suyuyla sulanan ekin.

پاریدن pârîden: uçmak.

پاریر pârîr: direk, dikme.

پاریس pâris: (coğ.) Paris.

پاریسی pârîsî: Parisli.

پارین pârîn: [pâr+în] geçen yılki.

پارینه pârîne: [pâr+îne] **1.**önceki yıl. **2.**köhne.

پارینه سنگی pârînesengî: [pârîne+seng+î] paleolitik.

پازاچ pâzâç: **1.**ebe. **2.**dadı, sütnine.

پازخ pâzeh: ovarak incitme.

پا زدن pâ zeden: **1.**dolaşmak. **2.**çok yürümek. **3.**bisiklete binmek. ‖ * ~ be kesî پا زدن به کسی borcunu inkâr etmek.

پازده pâzede: [pâ+zeden>zed+e] **1.**çiğnemiş. **2.**tekmelemiş. **3.**çiğnenmiş. **4.**tekmelenmiş.

پازش pâziş: yabanî ot ayıklama.

پا زمین کشیدن pâ zemîn keşîden: ayağını sürümek.

پازن pâzen: (Peh.) [pâ+zeden>zen] (zool.) dağ keçisi.

پازن pâzen: pezevenk.

پازنامه pâznâme: lakap.

پازند pâzend: **1.**Zend'in tefsiri, Zerdüşt'ün Zendâveta'ya yazdığı tefsir. **2.**körük.

پازنگ pâzeng: pezevenk.

پازننده pâzenende: tepinen, ayağını yere vuran.

پازنه pâzene: sabanlardaki iki ağaç halka.

پازه pâze: paça. ‖ * kîk der ~ -i kesî oftâden کیک در پازهٔ کسی افتادن paçası tutuşmak.

پازهر pâzehr: (tıb.) antikor.

پازهری pâzehrî: kızıl sarı.

پازی pâzi (bot.) pazı.

پازیر pâzîr: [pâ+zîr] destek, payanda.

پازین pâzîn: gecenin bir kısmı.

پاژ pâj: doğan.

پاژخ pâjeh: inleme, inilti.

پاژگونه pâjgûne: ters, baş aşağı.

پاژنامه pâjnâme: lakap.

پاژه pâje: paça.

پاژیر pâjîr: panzehir.

پاس pâs: (Peh.) **1.**koruma, muhafazar. **2.**süre. **3.**saygı, hürmet. **4.**pay, hisse. **5.**nöbet. **6.**gönül darlığı. **7.**izin. ‖ * ~ -i hâtir-i kesî râ dâşten پاس خاطر کسی را داشتن birine saygı duymak. ‖ * ~ -i ikâmet پاس اقامت oturma izni.

پاس pâs: (Fr.) [passe] **1.**pas. **2.**manyetizma.

پاسار pâsâr: tekme.

پاسار کردن pâsâr kerden: **1.**tekmelemek. **2.**çiğnemek, ayak altına almak.

پاساژ pasaj: (Fr.) [passage] **1.**pasaj. **2.**çarşı. **3.**han, iş hanı. **4.**güzergah. **5.**sarp geçit.

پاسبان pâsbân: (Peh.) [pâs+bân] **1.**bekçi. **2.**muhafız, kolcu. **3.**nöbetçi.

پاسبانی pâsbânî: [pâs+bân+î] **1.**bekçilik. **2.**muhafızlık, kolculuk. **3.**nöbetçilik.

پاسبانی کردن pâsbânî kerden: **1.**bekçilik yapmak. **2.**muhafızlık yapmak. **3.**nöbet tutmak.

پاس بخش pâsbahş: [pâs+bahşîden>

bahş] (ask.) nöbetçi değiştiren çavuş, nöbetçi çavuşu.

پاسبز pâsebz: [pâ+sebz] 1.aracı. 2.tellal. 3.kademsiz, uğursuz.

پاسبک pâsebuk: [pâ+sebuk] tezcanlı, ayağına çabuk.

پاسپار pâspâr: tekme.

پاسپار کردن pâsipâr kerden: tekmelemek, tekme atmak.

پاسپر pâsiper: tekme.

پاسپرت pâsport: (Fr.) pasaport.

پاسپرده pâsiporde:tekmeleme, tekme.

پاسپر کردن pâsiper kerden: tekmelemek, tekme atmak.

پاسپورت pasport: (Fr.) [passeport] pasaport.

پاسپوزنده pâsipûzende: tekme atan.

پاستاده pâsitâde: [pâ+sitâdn>sitâd+e] ayakta duran, ayakta durmuş.

پاستوریزه pastorize: (Fr.) [pasteuriser] pastörize.

پاستوریزه کردن pastorize kerden: pastörize etmek.

پاسخ pâsoh: (Peh.) 1.yanıt, cevap. 2.karşılık. 3.itaat. 4.kabul edilme (dua). 5.ödül. 6.rüya tabiri. ‖ * sedâ der ~ âmeden صدا در پاسخ آمدن ses yankılanmak.

پاسخ آراستن pâsoh ârâsten: cevap vermek.

پاسخ آوردن pâsoh âverden: cevap getirmek.

پاسخانه pâshâne: [pâs+hâne] gözcü kulübesi, nöbetçi kulübesi.

پاسخ بردن pâsoh borden: haber götürmek.

پاسخ خواستن pâsoh hâsten: cevap istemek.

پاسخ دادن pâsoh dâden: 1.yanıt vermek, yanıtlamak, cevap vermek. 2.karşılık vermek.

پاسخ ده pâsohdih: [pâsoh+dâden>dih] cevap veren, sözcü.

پاسخ سرای pâsohserây: [pâsoh+ serâyîden>serây] 1.cevap veren. 2.cevap getiren. 3.rüya yorumcusu.

پاسخ شنو pâsuhşinev: [pâsuh+şenîden> şinev] cevap dinleyen.

پاسخ کردن pâsoh kerden: 1.cevaplamak, cevap vermek. 2.duanın kabul edilmesi.

پاسخ گری pâsohgerî; [pâsoh+ger+î] cevap verme, sözcülük.

پاسخ گرفتن pâsoh giriften: cevap almak.

پاسخ گذار > پاسخ گزار pâsohgüzâr: [pâsoh+ gozârden>gozâr] yanıtlayan, cevap veren.

پاسخ گزاردن pâsoh gozârden: cevap vermek.

پاسخ گزاشتن pâsoh gozâşten: cevap vermek.

پاسخ گفتن pâsoh goften: cevap vermek, yanıt vermek, yanıtlamak.

پاسخ گو pâsohgû: [pâsoh+goften>gû] cevap veren. ‖ * ~ -yi niyâz bûden پاسخ گوی نیاز بودن ihtiyaca cevap vermek, ihtiyacı karşılamak.

پاسخ گویی pâsohgûyî: [pâsoh+ goften>gûy+î] cevap verme.

پاسخ نامه pâsohnâme: [pâsoh+nâme] cevap anahtarı.

پاسخ نوشتن pâsoh nivişten: cevap yazmak, cevap mektubu yazmak.

پاسخ نیوش pâsohniyûş: [pâsoh+ niyûşîden>niyûş] cevap dinleyen.

پاس دادن pâs dâden (Sp.) pas vermek.

پاسدار pâsdâr: [pâs+dâşten>dâr] 1.muhafız. 2.bekçi. 3.İran İslâm devrimi kolcusu.

پاسدارانه pâsdârâne: [pâsdâr+âne] muhafız gibi, gözcü gibi.

پاسداری pâsdârî: [pâs+dâşten>dâr+î] 1.muhafızlık. 2.bekçilik.

پاس داشتن pâs dâşten: 1.korumak. 2.muhafızlık yapmak. 3.saygı göstermek. 4.uymak, riayet etmek. 5.nöbet tutmak. 6.teftiş etmek. ‖ * hod râ ~ خود را پاس داشتن kendini korumak.

پاسره pâsore: saray tarafından çiftçiye tahsis edilen devlet arazisi.

پاسفره pâsufre: yemek ayırmak için sofraya koyulan boş kap.

پاسک pâsek, pâsok: esneme.

پاسگان pâsgân: [pâs+gân] gard.

پاسگاه pâsgâh: [pâs+gâh] karakol. ‖

* ~ -i merzî پاسگاه مرزی sınır karakolu.

پاسگزار pâsgozâr: [pâs+gozârden> gozâr] şükreden.

پاسگزاری pâsgozârî: [pâs+gozârden> gozâr+î] şükretme.

پاس گزاردن pâs gozârden: şükretmek.

پاسن pâsen: topuk.

پاسنگ pâseng: **1.**dara, teraziyi denkleştirmek için kefeye konulan ağırlık. **2.**sütun ayağı.

پاسنگین pâsengîn: [pâ+sengîn] yakınlarıyla uzun zaman aralığı içinde görüşen.

پاسوار pâsevâr: [pâ+sevâr] yaya.

پاسوان pâsvân: [pâs+vân] gözcü, bekçi, muhafız, gece bekçisi.

پاسور pâsûr: bir tür iskambil oyunu.

پاسوز pâsûz: âşık, tutkun. ‖ * ~ -i kesî şoden پاسوز کسی شدن birine duyulan sevgiden dolayı ziyan etmek, birinin nârına yanmak.

پاسه pâse: **1.**aşerme. **2.**tasa, kaygı.

پاسیار pâsyâr: [pâs+yâr] albay rütbesindeki polis.

پاسیدن pâsîden: **1.**muhafızlık yapmak. **2.**kollamak. **3.**kuş uykusuna yatmak. **4.**dokunmak.

پاسیده pâsîde: korunmuş.

پاش pâş: [pâşîden>pâş] **1.**saçan. **2.**perişan.

پاشا pâşâ: [<pâdşâ] **1.**paşa. **2.**efendi, seyyit.

پاشالیک paşalik: (F.-T.) [paşa+lık] paşaların yönetimine bırakılan bölge, vilayet, eyalet.

پاشامه pâşâme: pantolon.

پاشان pâşân: [pâşîden>pâş+ân] saçarak, döke saça.

پاشایی pâşâyî: [pâşâ+y+î] paşalık.

پاش پاش pâşpâş: [pâşîden>pâş] **1.**dağınık, saçılmış. **2.**parça parça.

پاش دادن pâş dâden: yabancı maddeleri ayıklamak için kap içindeki hububatı savurmak.

پا شدن pâ şoden: **1.**kalkmak, ayağa kalkmak. **2.**uyanmak, uykudan kalkmak, kalkmak. **3.**başka bir eve taşınmak.

پاشش pâşiş: [pâşîden>pâş+iş] saçma.

پاشک pâşek: esneme.

پا شکسته pâ şikeste: [pâ+şikesten>şikest +e] **1.**ayağı kırık. **2.**âciz, güçsüz, zavallı.

پاشکیل pâşekîl: [pâ+şekîl] (sp.) güreşte çelme atma.

پاشکیل کردن pâşekîl kerden: çelme atmak.

پاشگونه pâşgûne: baş aşağı, ters.

پاشنا pâşnâ: **1.**topuk. **2.**ökçe.

پاشنا pâşnâ: tohumluk hıyar, kavun, karpuz ve kabak.

پاشنامه pâşnâme: lakap.

پاشنده pâşende: [pâşîden>pâş+ende] saçan, serpen, saçıcı, serpici.

پاشنگ pâşeng: **1.**üzüm salkımı. **2.**(bot.) tohumluk hıyar. **3.**(bot.) tohumluk kavun karpuz.

پاشنگه pâşenge: kuru üzüm hevengi.

پاشنه pâşne: **1.**topuk. **2.**(ask.) tetik. **3.**ökçe. ‖ * ~ -i dehen râ keşîden پاشنهء دهن را کشیدن ağzını açıp gözünü yummak, ağzına geleni söylemek. ‖ * ~ -i der otâk-i kesî râ berdâşten پاشنهء در اطاق کسی را برداشتن kapısını aşındırmak. ‖ * ~ -i hâne-i kesî râ der âverden پاشنهء خانهء کسی را در آوردن bir şey isterken birini bezdirmek, gına getirmek. ‖ * ~ -i kefş râ verkeşîden پاشنهء کفش را ور کشیدن bir işe soyunmak. ‖ * misl-i ~ -i şotor مثل پاشنهء شتر sert ve siyah ekmek, taş gibi ekmek.

پاشنه بخواب pâşnebehâb: arkasına basılmış ayakkabı.

پاشنه برگردان pâşnebergerdân: arkasına basılmış ayakkabı.

پاشنه بر نهادن pâşne ber nihâden: mahmuzlamak.

پاشنه بلند pâşne bolend: [pâşne+bolend] yüksek topuklu ayakkabı.

پاشنه ترکیده pâşneterekîde: değersiz, sefil, sünepe.

پاشنه خیز pâşnehîz: mahmuzlama.

پاشنه خیز کردن pâşne hîz kerden: mahmuzlamak (atı).

پاشنه زدن pâşne zeden: mahmuzlamak.

پاشنه سابیده pâşnesâbîde: soysuz, nâmert.

پاشنه سنگ pâşneseng: [pâşne+seng] topuk taşı, sünger taşı.

پاشنه کش pâşnekeş: [pâşne+keşîden>keş] ayakkabı çekeceği, kerata.

پاشنه کوب pâşnekûb: [pâşne+kûbîden> kûb] yüzgeri edip kaçan.

پاشنه کوتاه pâşnekûtâh: [pâşne+kûtâh] kısa topuklu ayakkabı.

پاشنه کوفته pâşnekûfte: [pâşne+kûften> kûft+e] çıplak ayakla yürümekten dolayı topukları yarılmış.

پاشنه گاه pâşnegâh: ata binenin topukların ata değdiği yer.

پاشنه گز pâşnegez: karafatma.

پاشنه گزک pâşnegezek: karafatma.

پاشنه نخواب pâşnenehâb: **1.**arkasına basılmamış ayakkabı. **2.**baş ardından kesilmiş saç.

پاشنین pâşnîn: tahta parçaları, ağaç parçaları.

پاشویه pâşûye: [pâ+şosten>şûy+e] **1.**ayak yıkanan ilaçlı su. **2.**ayak yıkama yeri. **3.**havuz duvarı.

پاشویه کردن pâşûye kerden: ilaçlı suyla ayak yıkamak.

پاشیب pâşîb: [pâ+şîb] basamak, merdiven.

پاشیدگی pâşîdegî: dağınıklık, saçılmışlık.

پاشیدن pâşîden: **1.**ekmek. **2.**serpmek. **3.**saçmak. **4.**dağıtmak. **5.**dökmek. ‖ * ez hem ~ از هم پاشیدن **1.**dağılmak, çözülmek. **2.**karışmak.

پاشیده pâşîde: [pâşîden>pâşîd+e] saçılmış, serpilmiş, dağılmış.

پاشیده شدن pâşîde şoden: **1.**serpilmek. **2.**saçılmak. **3.**dağıtılmak. **4.**dağılmak. **5.**karmakarışık olmak.

پاشیر pâşîr: musluklu su sarnıcı.

پاصلیبی کردن pâsalîbî kerden: bağdaş kurmak.

پاعلم خوان pâ'alemhân: âşûrâ günlerinde alem altında mersiye okuyan.

پاعلم رنگین کردن pâ alem rengîn kerden: bir düşman askeri esir alarak sancak dibinde boynunu vurmak. Esir alınamadığı takdirde sancak dibinde iki koyun kesmek.

پاغر pâgar: kiriş direği, sütun, kolon.

پاغر pâgor: (tıb.) fil hastalığı.

پاغره pâgore: (tıb.) fil hastalığı.

پاغند pâgand: **1.**atılmış pamuk. **2.**atılmış pamuk yumağı.

پاغنده pâgande: **1.**atılmış pamuk. **2.**atılmış pamuk yumağı.

پاغوش pâgûş: **1.**dalış, suya dalma. **2.**dalga çarpması.

پاغوش زدن pâğûş zeden: dalmak.

پا فراتر گذاشتن pâ ferâter gozâşten: ileri gitmek, haddini aşmak.

پافرسود pâfersûd: [pâ+fersûden>fersûd] **1.**ayağı incinmiş. **2.**ayağı aşınmış, yorgun.

پافشاری pâfeşârî: [pâ+feşorden>feşâr+î] **1.**diretme, direnme, direnç. **2.**sebat. **3.**ısrar. **4.**kalıcılık. **5.**sağlamlık.

پافشاری کردن pâfeşârî kerden: **1.**diretmek, direnmek. **2.**sebat etmek. **3.**ısrar etmek.

پا فشردن pâ feşurden: **1.**diretmek, direnmek. **2.**ısrar etmek.

پا قرص pâkors: (F.-A.) [pâ+kors] **1.**sağlam, yerinde. **2.**ayağı yere sağlam basan.

پاک pâk: (Peh.) **1.**temiz. **2.**tamamen, tümüyle, hepten, iyice, iyiden iyiye. **3.**sade. **4.**arı duru, münezzeh. **5.**parlak. **6.**suçsuz. **7.**namuslu. **8.**kinsiz. **9.**silahsız. **10.**rakik. **11.**tüm, tümü, hepsi . **12.**(tıb.) steril, mikropsuz. ‖ * ~ u pûst kende پاک و پوست کنده apaçık, dobra dobra.

پاک pâk: **1.**Yahudilerin dinî bayramı. **2.**Hıristiyan bayramı.

پاکات pâkât: (Fr.-A.) paketler.

پاکار pâkâr: [pâ+kâr] **1.**hizmetçi, uşak. **2.**tuvalet temizleyici. **3.**tarla bekçisi.

پاک اصل pâk'asl: (F.-A.) [pâk+asl] temiz cevherli, asil.

پاک اصلی pâk'aslî: (F.-A.) [pâk+asl+î] asillik.

پاک اعتقاد pâki'tikâd: (F.-A.) [pâk+itikâd] doğru itikatlı.

پاک اندرون pâkenderûn: [pâk+enderûn] temiz kalpli, iyi yaratılışlı.

پاک اندیش pâkendîş: [pâk+endîşîden>endîş] iyi düşünceli.

پاک اندیشه pâkendîşe: [pâk+endîşe] iyi düşünceli.

پاک اندیشی pâkendîşî: [pâk+endîş+î] iyi düşünceli olma.

پاک باختن pâk bâhten: kumarda varını yoğunu kaybetmek.

پاک باخته pâkbâhte: [pâk+bâhten>bâht+e] varını yoğunu kumarda yitiren.

پاکباز pâkbâz: [pâk+bâhten>bâz] **1.**kumarda varını yoğunu kaybeden. **2.**aşkı uğruna herşeyi gözden çıkaran aşık. **3.**Tanrı aşığı. **4.**fedai.

پاکبازی pâkbâzî: [pâk+bâhten>bâz+î] **1.**kumarda her şeyini yitirmek. **2.**saf aşk, nefis isteklerinin karışmadığı aşk.

پاکبازی کردن pâkbâzî kerden: kumarda varını yoğunu kaybetmek.

پاک بوم pâkbûm: [pâk+bûm] **1.**kutsal yer. **2.**temiz kalpli.

پاک بین pâkbîn: [pâk+dîden>bîn] her şeye olumlu yaklaşan, iyi niyetli.

پاک پیوند pâkpeyvend: [pâk+peyvensten> peyvend] asil, soylu.

پاکت pâket: (Fr.) [paquet] **1.**paket. **2.**zarf. **3.**kese kâğıdı.

پاک تراش کردن pâk terâş kerden: **1.**sinek kaydı tıraş etmek. **2.**iyi budamak.

پاک تن pâk ten: **1.**dindar kadın. **2.**endamlı, boylu boslu. **3.**üstü başı temiz olan, temiz giyimli.

پاک تنها شدن pâk tenhâ şoden: dımdızlak ortada kalmak.

پاکج pâkec: çarpık ayaklı.

پاکجامگی pâkcâmegî: dindarlık.

پاکجامه pâkcâme: dindar.

پاک جان pâkcân: **1.**kalbi temiz. **2.**temiz canlı.

پاک جفت pâkcuft: [pâk+cuft] eşine sâdık kalan.

پاک جیب pâkcîb: (F.-A.) [pâk+cîb] namuslu kadın.

پاک چشم pâkçeşm: [pâk+çeşm] iffetli, nâmahreme kötü gözle bakmayan.

پاک چهر pâkçihr: [pâk+çihr] temiz yüzlü.

پاک حساب pâkhisâb: [pâk+hisâb] hesap işlerinde dürüst olan.

پاک خو pâkhû: [pâk+hû] iyi huylu, temiz huylu, geçimli.

پاک خواندن pâk hânden: tenzih etmek.

پاک خوانی pâkhânî: [pâk+hânden>hân+î] tenzih etme.

پاک خون pâkhûn: [pâk+hûn] soylu, asil.

پاک خوی pâkhûy: [pâk+hûy] iyi huylu.

پاک داد pâkdâd: [pâk+dâd] âdil, adaletli.

پاک دامان pâkdâmân: [pâk+dâmân] **1.**namuslu, iffetli. **2.**temiz dinli. **3.**dürüst.

پاک دامن pâkdâmen: [pâk+dâmen] **1.**namuslu, iffetli. **2.**temiz dinli. **3.**dürüst.

پاک دامنی pâkdâmenî: [pâk+dâmen+î] **1.**namusluluk, iffetlilik. **2.**temiz dinli olmak. **3.**dürüstlük.

پاک درون pâkderûn: [pâk+derûn] içi temiz.

پاک دست pâkdest: [pâk+dest] dürüst, doğru işli.

پاک دستی pâkdestî: [pâk+dest+î] dürüstlük.

پاک دل pâkdil: [pâk+dil] temiz kalpli, yüreği temiz.

پاک دلی pâkdilî: [pâk+dil+î] temiz kalplilik.

پاک دوزی pâkdûzî: [pâk+dûhten>dûz+î] çift dikiş.

پاک دیده pâkdîde: [pâk+dîde] iyi gözle bakan.

پاک دین pâkdîn: [pâk+dîn] **1.**temiz

dinli. **2.**dürüst.

پاک ذهن pâkzihn: (F.-A.) [pâk+zihn] zihni temiz.

پاکرای pâkrây: (F.-A.) [pâk+rây] temiz düşünceli, iyi düşünceli.

پا کردن pâ kerden: ayağa geçirmek, giymek.

پاک رفتن pâk ruften: iyi süpürmek, tertemiz etmek.

پاک رو pâkrev, pâkrov: [pâk+reften>rev] dindar.

پاک روان pêkrevân: [pâk+revân] temiz kalpli.

پاک روب کردن pâkrûb kerden: iyice süpürmek, tertemiz etmek.

پاکزاد pâkzâd: [pâk+zâden>zâd] soylu, asil.

پاکزادگی pâkzâdegî: [pâk+zâden>zâd+e+g+î] asillik, soyluluk.

پاکزاده pâkzâde: [pâk+zâden>zâd+e] soylu.

پاک زبان pâkzebân: [pâk+zebân] doğru sözlü.

پاک زن pâkzen: [pâk+zen] iffetli kadın.

پاک ساختن pâk sâhten: **1.**arıtmak. **2.**temizlemek.

پاکسازی pâksâzî: [pâk+sâhten>sâz+î] **1.**arıtma. **2.**arındırma. ‖ * ~ -i âb پاکسازیءآب su arıtma.

پاکسازی شدن pâksâzî şoden: **1.**arıtılmak. **2.**temizlenmek.

پاکسازی کردن pâksâzî kerden: **1.**arıtmak. **2.**temizlemek.

پاکستان pâkistân: (coğ.) Pakistan.

پاکستانی pâkistânî: Pakistanlı.

پاک سخن pâksohen: [pâk+sohen] doğru sözlü, dürüst.

پاک سر pâksirr: (F.-A.) [pâk+sir] temiz kalpli, içi temiz.

پاک سرشت pâksirişt: [pâk+sirişten> sirişt] asil, temiz yaratılışlı.

پاک سری pâksirrî: [pâk+sirr+î] temiz kalplilik.

پاک سریرت pâkserîret: (F.-A.) [pâk+serîret] temiz kalplilik, iç temizliği.

پاک سریرتی pâkserîretî: (F.-A.) [pâk+serîret+î] iç temizliği, temiz kalplilik.

پاک سیر pâksiyer: (F.-A.) [pâk+siyer] hal ve tavırları beğenilen, iyi huylu.

پاک سیرت pâksîret: (F.-A.) [pâk+sîret] iyi huylu.

پاکش pâkeş: [pâ+keşîden>keş] binit.

پا کشان رفتن pâ keşân reften: ayağını sürümek.

پاک شدن pâk şoden: **1.**arınmak, temizlenmek. **2.**silinmek. **3.**münezzeh olmak, tenzih edilmek. **4.**regl dönemi sona ermek. **5.**iç temizliği bulmak, ferahlamak. **6.**yok olmak. **7.**bera'at etmek.

پاک شلوار pâkşelvâr: [pâk+şelvâr] iffetli, namus düşkünü.

پاک شمردن pâk şomorden: **1.**temiz bilmek. **2.**tenzih etmek.

پا کشیدن pâ keşîden: **1.**terketmek. **2.**bir yerden ayağını çekmek.

پاک ضمیر pâkzamîr: (F.-A.) [pâk+zamîr] içi temiz, temiz kalpli.

پاک طبع pâktab': (F.-A.) [pâk+tab'] iyi huylu, temiz yaratılışlı.

پاک طویت pâktaviyyet: (F.-A.) [pâk+taviyyet] iyi niyetli.

پاک طینت pâktîynet: [pâk+tîynet] asil, temiz yaratılışlı, iyi karakterli.

پاک عقیدت pâk'akîdet: (F.-A.) [pâk+akîdet] dindar, iyi düşünceli, temiz akideli.

پاک فطرت pâkfitrat: (F.-A.) [pâk+fitrat] iyi yaratılışlı.

پاک کردن pâk kerden: **1.**temizlemek. **2.**silmek. **3.**saflaştırmak, arıtmak. **4.**boşaltmak.

پاک کن pâkkon: [pâk+kerden>kon] silgi.

پاک کننده pâkkonende: [pâk+kerden> kon+ende] temizleyici.

پا کوتاه pâkûtâh: kısa ayaklı.

پاک گرداندن pâk gerdanden: **1.**temizlemek. **2.**arıtmak, tasfiye etmek.

پاک گشتن pâk geşten: **1.**temizlenmek. **2.**arınmak. **3.**silinmek.

پاک گفتار pâkgoftâr: [pâk+goften> goft+âr] iyi sözlü.

پاک گوهر pâkgevher, pâkgovher: [pâk+ gevher] soylu, helalzade.

پاک گوهری pâkgevherî, pâkgovherî: [pâk+gevher+î] soyluluk, asillik, helalzadelik.

پاک گهر pâkguher: [pâk+guher] soylu, asil, helalzade.

پاک گهری pâkguherî: [pâk+guher+î] soyluluk, asillik, helalzadelik.

پاک مرد pâkmerd: [pâk+merd] iyi insan.

پاک مغز pâkmağz: [pâk+mağz] temiz yürekli.

پاک منش pâkmeniş: [pâk+meniş] karakterli, iyi huylu.

پاک نام pâknâm: [pâk+nâm] **1.**iyi adlı, adı iyilikle anılan. **2.**adı güzel.

پاک نژاد pâknijâd: [pâk+nijâd] iyi soylu, asil.

پاک نسب pâkneseb: [pâk+neseb] soylu, asil.

پاک نظر pâknazar: (F.-A.) [pâk+nazar] iyi gözle bakan.

پاک نفس pâknefes: (F.-A.) [pâk+nefes] doğru sözlü.

پاک نویس pâknevîs: [pâk+nevişten> nevîs] temize çekilmiş yazı.

پاک نویس شدن pâknevîs şoden: temize çekilmek.

پاک نویس کردن pâknevîs kerden: temize çekmek.

پاک نویسی pâknevîsî: [pâk+nevişten> nevîs] temize çekme.

پاک نویسی شدن pâknevîsî şoden: temize çekilmek.

پاک نویسی کردن pâknevîsî kerden: temize çekmek.

پاکنه pâkene: [pâ+kenden>ken+e] **1.**kehrizde kalan ayak izi. **2.**külhanın fırını harlandırmak için durduğu yer.

پاک نهاد pâknihâd: [pâk+nihâden>nihâd] iyi yaratılışlı.

پاکوار pâkvâr: [pâk+vâr] temiz kişiler gibi.

پاکوب pâkûb: [pâ+kûften>kûb] **1.**rakkas, dansöz. **2.**ayak altına alma.

پاکوب کردن pâkûb kerden: ayak altına almak, çiğnemek, ezmek.

پاکوبی pâkûbî: [pâ+kûften>kûb+î] **1.**ayak vurma, tepinme. **2.**dans.

پاک و پاکیزه pâk u pâkîze: tertemiz.

پاک و پوست کنده pâk u pûst kende: [pâk+ u+pûst+ kenden>kend+e] açık, açıkça, aşikâr.

پاکوتاه pâkûtâh: [pâ+kûtâh] **1.**kısa bacaklı. **2.**kısa bacaklı hayvanlar.

پا کوفتن pâ kûften: **1.**ayak vurmak. **2.**raksetmek, dansetmek. **3.**tepinmek.

پاکی pâkî: [pâk+î] **1.**temizlik. **2.**reglin sona ermesi. **3.**kutsallık. **4.**dindarlık. **5.**halislik. **6.**aydınlık. **7.**mikroptan arınmar. **8.**ustura. ‖ * be ~ yâd kerden به پاکی یاد کردن tenzih etmek.

پاکی جستن pâkî costen: temizlenmek.

پاکی خواستن pâkî hâsten: temizlenmek istemek.

پاکیدن pâkîden: **1.**temizlemek. **2.**süpürmek.

پاکیز pâkîz (Sp.) güreşte bir eliyle rakibin ayağını tutmak, diğer eliyle boynuna bastırmak.

پاک یزدان pâkyezdân: [pâk+yezdân] her şeyden arı duru olan Tanrı.

پاکیزگی pâkîzegî: [pâkîze+g+î] temizlik, duruluk.

پاکیزه pâkîze: **1.**temiz. **2.**mukaddes. **3.**münezzeh. **4.**halis. **5.**kusursuz. **6.**namuslu. **7.**güzel yüzlü, temiz yüzlü.

پاکیزه بوم pâkîzebûm: [pâkîze+bûm] temiz vücut.

پاکیزه پاسخ pâkîzepâsoh: [pâkîze+pâsoh] güzel cevap.

پاکیزه تخم pâkîzetohm: [pâkîze+tohm] iyi soylu.

پاکیزه تن pâkîzeten: [pâkîze+ten] **1.**temiz vücutlu. **2.**dindar.

پاکیزه چهر pâkîzeçihr: [pâkîze+çihr] temiz yüzlü, güzel yüzlü.

پاکیزه خلق pâkîzehulk: (F.-A.) [pâkîze+ hulk] iyi huylu.

پاکیزه خوی pâkîzehûy: [pâkîze+hûy] iyi huylu.

پاکیزه خویی pâkîzehûyî: [pâkîze+hûy+î] iyi huyluluk.

پاکیزه دل pâkîzedil: [pâkîze+dil+î] iyi

yürekli, temiz kalpli.

پاکیزه دلی pâkîzedilî: [pâkîze+dil+î] iyi yüreklilik, temiz kalplilik.

پاکیزه دها pâkîzedehâ: (F.-A.) [pâkîze+ dehâ] zeki, kıvrak zekâlı.

پاکیزه دین pâkîzedîn: (F.-A.) [pâkîze+dîn] dini temiz, dini güzel.

پاکیزه رو pâkîzerû: [pâkîze+rû] temiz yüzlü, güzel yüzlü.

پاکیزه روی pâkîzerûy: [pâkîze+rûy] temiz yüzlü, güzel yüzlü.

پاکیزه سرشت pâkîzesirişt: [pâkîze+sirişt] iyi yaratılışlı, iyi huylu.

پاگاه pâgâh: **1.**ahır, tavla. **2.**mevki, makam.

پا گذاشتن pâ guzâşten: **1.**adım atmak. **2.**ayak basmak.

پاگرد pâgerd: [pâ+gerd] merdiven boşluğu.

پا گرفتن pâ giriften: **1.**gelişmek. **2.**serpilmek. **3.**büyümek. **4.**tutunmak, yer etmek. **5.**sabitleşmek. **6.**baki kalmak. ‖ * berf ~ برف پا گرفتن kar tutmak. ‖ * kabr râ ~ قبر را پا گرفتن mezarı yerden yükseltmek.

پا گشا pâgoşâ: **1.**kına gecesi. **2.**düğünden sonra evli çiftin yakınlarının evlerinde düzenlenen tören.

پاگون pâgûn (Rus.) **1.**(ask.) apolet. **2.**(ask.) omuzluk.

پاگون دار pâgûndâr (Rus.-F.) [pâgûn+dâşten>dâr] (ask.) erbaş.

پاگیر pâgîr: [pâ+giriften>gîr] **1.**ayak bağı. **2.**engel. ‖ * ~ -i kesî şoden پاگیر کسی شدن **1.**birinin hesabına bir meblağ gelmek. **2.**angarya çıkmak, eziyet çıkmak, başına bir şey çıkmak.

پاگیر آمدن pâgîr âmeden: ayağı bağlanmak, ayağı takılmak.

پال pâl: paldum.

پالا pâlâ: [pâlûden>pâl+â] **1.**süzgeç. **2.**yedek at. **3.**asılı.

پالائیدن pâlâîden: arıtmak, sözmek, tasfiye etmek.

پالاپال pâlâpâl: kargaşa, gürültü patırtı.

پالاپالی pâlâpâlî: kargaşa, gürültü patırtı.

پالاد pâlâd: yedek at.

پالاد pâlâd: nemli.

پالا دادن pâlâ dâden: arıtmak, tasfiye etmek.

پالادن pâlâden: arıtmak, tasfiye etmek.

پالاده pâlâde: dedikoducu, ayıp arayan.

پالاده pâlâde: yedek at.

پالار pâlâr: çatı direği.

پالارنگ pâlâreng: hint demiri, hint çeliği.

پالاری büyük sütun, ana kolon.

پالاس pâlâs: kilim.

پالاس pâlâs: nemli.

پالاش pâlâş: ayağın çamura bulanması.

پالان pâlân: arıtan, arıtarak.

پالان pâlân: semer, palan. ‖ * ~ eş râ lûh zeden پالانش را لوخ زدن yağ çekmek. ‖ * ~ -i kesî kec bûden پالان کسی کج بودن **1.**dinî duyguları zayıf olmak. **2.**bâtıl dinli olmak. ‖ * pûş be ~ -i kesî gozârden پوش به پالان کسی گذاردن yağ çekmek. ‖ * pîzor be ~ -i kesî gozârden پیزر به پالان کسی گذاردن yağ çekmek.

پالانچه pâlânçe: [pâlân+çe] **1.**küçük palan. **2.**sert giysi, rahatsız eden giysi.

پالاندوز pâlândûz: [pâlân+dûhten>dûz] semerci.

پالاندوزی pâlândûzî: [pâlân+dûhten> dûz+î] semercilik.

پالان سابیده pâlânsâbîde: kulağıkesik, üçkâğıtçı, anasının gözü.

پالان کردن pâlân kerden: palan vurmak, palanlamak.

پالانگر pâlânger: [pâlân+ger] semerci.

پالانگری pâlângerî: [pâlân+ger+î] semercilik.

پالاننده pâlânende: arttıran, ilave eden.

پالانه pâlâne: **1.**çekme kat. **2.**çatı kenarındaki bir sıra kerpiç.

پالانی pâlânî: [pâlân+î] semerci.

پالاوان pâlâvân: süzgeç, büyük kevgir.

پالاون pâlâven: süzgeç, büyük kevgir.

پالاوه pâlâve: **1.**ağzı bozuk. **2.**yedek at.

پالانیدن pâlânîden: **1.**artırmak. **2.**sıkmak.

پالاهنگ pâlâheng: **1.**yular, dizgin. **2.**büyük kement.

پالای pâlây: [pâlûden>pâlây] **1.**arıtan, tasfiye eden. **2.**süzgeç. **3.**yedek at.

پالای اسب pâlâyesb: [pâlây+esb] yedek at.

پالایان pâlâyân: arıtarak.

پالایش pâlâyiş: [pâlâyîden>pâlây+iş] **1.**arıtma, tasfiye. **2.**süzme.

پالایشگاه pâlâyişgâh: [pâlâyîden>pâlây+ iş+gâh] rafineri, tasfiyehane.

پالایشگر pâlâyişger: [pâlâyiş+ger] arıtmacı.

پالایشگه pâlâyişgeh: [pâlâyiş+geh] rafineri, tasfiyehane.

پالاینده pâlâyende: [pâlâyîden> pâlây+ende] arıtan, tasfiye eden.

پالایه pâlâye: [pâlâyîden>pâlây+e] filtre.

پالاییدن pâlâyîden: **1.**arıtmak, tasfiye etmek. **2.**süzmek. **3.**defetmek.

پالاییده pâlâyîde: arıtılmış, tasfiye edilmiş, süzülmüş.

پالنوزوئیک paleozoik: (Fr.) [paléozoique] ilk devir, paleozoik.

پالنوژن paleojen: (Fr.) [paléogène] eosen ve oligosen dönemlerinden oluşan üçüncü jeolojik dönemin ilk yarısı.

پالنوگرافی paleografi: (Fr.) [paléographie] eski yazıları okuma ilmi.

پالنولیتیک paleolitik: (Fr.) [paléolithique] paleolitik.

پالنونتولوژی paleontoloji: (Fr.) [paléontologie] dünyadaki eski varlıkları araştıran bilim dalı.

پالتو palto: (Fr.) [paletot] palto.

پال دادن pâl dâden: dolaşmak, aranmak.

پالدم pâldum: paldum, hayvanın kalça kısmına geçirilen kayış, semerin boyuna doğru kaymasını önlemek için hayvanın arka ayaklarının kaba etleri üzerinden geçirilen semere bağlı kayış.

پالش pâliş: [pâlîden>pâl+iş] tasfiye, arıtma.

پالش pâliş: artış, çoğalış.

پالغ pâloğ: fildişi, öküz veya inek boynuzundan yapılmış içki kadehi.

پالغز pâlağz: [pâ+lağzîden>lağz] **1.**kaygan yer. **2.**suç, hata, sürçme. **3.**haraplık.

پالکانه pâlikâne: büyük kapı içindeki küçük kapı.

پالکی pâlekî (Sans.) [pâlyânka] üstü açık mahfe.

پالگانه pâlgâne: **1.**pencere. **2.**balkon.

پالنده pâlende: arıtan, tasfiye eden.

پالنگ pâleng: **1.**postal. **2.**çarık.

پا لنگ کردن pâ leng kerden: durmak.

پالو pâlû: siğil.

پالوازه pâlvâze: salıncak.

پالواسه pâlvâse: üzüntü, tasa, kaygı.

پالوانه pâlvâne: dağ kırlangıcı.

پالوایه pâlvâye: dağ kırlangıcı.

پالود pâlûd: kuzu postu.

پالودگی pâlûdegî: saflık, arılık, katışıksızlık.

پالودن pâlûden: (Peh.) **1.**arıtmak, tasfiye etmek, temizlemek. **2.**süzmek. **3.**yok etmek. **4.**boşaltmak, dökmek. **5.**akıtmak.**6.**eritmek. **7.**eleştirmek, tenkid etmek. **8.**kurtarmak. **9.**büyümek. **10.**nemlendirmek. ‖ * ~ -i reng-i ruh ez kesî پالودن رنگ رخ از کسی yüzünün rengi açmak, beti benzi atmak.

پالودنی pâlûdenî: arıtmaya değer, arıtılacak.

پالوده pâlûde: (Peh.) pelûze, bir tür tatlı. ‖ * ~ -i bâzâr پالوده بازار dışı güzel, içi kötü.

پالوده پز pâlûdepez: [pâlûde+puhten>pez] pelûzeci, pelûze pişiren.

پالوده خوری pâlûdehorî: pelûze kabı.

پالوده فروش pâlûdefurûş: pelûzeci, pelûze satan.

پالوزه pâlûze: pelûze, bir tür tatlı.

پالوس pâlûs: karışık.

پالوش pâlûş: karışık.

پالوط pâlût (bot.) pelit, palamut.

پالونه pâlûne: süzgeç.

پالهنگ pâlheng, pâleheng: **1.**dizgin. **2.**tasma. **3.**samanyolu. **4.**kemer, kuşak. ‖ * ~ be gerden-i kesî nihâden پالهنگ به گردن کسی نهادن boynuna ip takmak, boynuna tasma geçirmek. ‖ * ~ der gerden-i kesî efkenden پالهنگ در گردن کسی افکندن boyunduruk geçirmek.

پالی pâlî (Hintçe>F.] Orta Hintçe.

پالیدن pâlîden: **1.**arıtmak, tasfiye etmek. **2.**sona ermek, tamamlanmak. **3.**damlatmak. **4.**damıtmak. **5.**araştırmak. **6.**dolaşmak, gezinmek.

پالیدن pâlîden: sızdırmak.

پالیده pâlîde: [pâlîden>pâlîd+e] **1.**arıtılmış, tasfiye edilmiş. **2.**süzülmüş. **3.**artmış, çoğalmış.

پالیز pâlîz: **1.**bostan, bahçe. **2.**tarla.

پالیزبان pâlîzbân: [pâlîz+bân] bostan bekçisi.

پالیزبانی pâlîzbânî: bostan bekçiliği.

پالیززار pâlîzzâr: bostan, bahçe.

پالیزکار pâlîzkâr: bostancı, bahçeci, sebze yetiştiricisi.

پالیزگاه pâlîzgâh: bostanlık alan, tarla, çeltik tarlası.

پالیزنمایی pâlîznemâyî: bostan bekçiliği.

پالیک pâlîk: **1.**çarık. **2.**tozluk.

پام pâm: **1.**renk. **2.**benzer. **3.**borç.

پامال pâmâl: ezme, çiğneme.

پامال شدن pâmâl şoden: ezilmek, çiğnenmek.

پامال شده pâmâl şode: ezik, ezilmiş, çiğnenmiş.

پامال کردن pâmâl kerden: ezmek, çiğnemek.

پامال گشتن pâmâl geşten: ezilmek, çiğnenmek.

پامرد pâmerd: .**1.**aracı, yardımcı. **2.**hizmetçi.

پامردی pâmerdî: **1.**aracılık, yardımcılık. **2.**hizmetçilik.

پامزد pâmuzd: ayak hakkı. Ulaklara, ayak işlerini yapanlara verilen para.

پامس pâmes: yabancı bir yerde istemediği halde zorunlu olarak kalan.

پاملخ pâmeleh: **1.**çekirge bacağını andıran. **2.**bir tür saat.

پامنبرخوان pâminberhân: (F.-A.) [pâ+minber+hânden>hân] minber altında ravza okuyana eşlik eden görevli.

پامنبری pâminberî: (F.-A.) minber altında ravza okuma.

پامنبری خوان pâminberîhân: minber altında ravza okuyana eşlik eden görevli.

پامنبری کردن pâminberî kerden: minber altında ravza okumak.

پانتوگراف pantograf: (Fr.) [pantographe] resim ve harita çoğaltma aleti.

پانتومیم pantomim: (Fr.) pandomim.

پانجده pancdeh: on beş.

پاندول pandul: (Fr.) [pendule] sarkaç, pandul.

پانزده panzdeh: on beş (15).

پانزدهم panzdehom: [panzdeh+om] on beşinci.

پانزدهمین panzdehomîn: [panzdeh+omîn] on beşinci.

پانسمان pansuman: (Fr.) [pansement] pansuman.

پانسمان کردن pansuman kerden: pansuman yapmak.

پانسیون pansiyon: (Fr.) [pension] pansiyon.

پانصد pansad: beş yüz (500).

پانصدگانی pansadgânî: beş yüzlük.

پانصدم pansadom: beş yüzüncü.

پانصدمین pansadomîn: beş yüzüncü.

پانل panel: (Fr.) panel.

پانما pânemâ, pânumâ: [pâ+numûden> numâ] ipek çorap, ince çorap.

پانوشت pânevişt: [pâ+nevişten>nevişt] dipnot.

پانویس pânevîs: [pâ+nevişten>nevîs] altyazı.

پانه pâne: **1.**kazık. **2.**kapı sürgüsü.

پا نهادن pâ nihâden: **1.**ayak basmak. **2.**başlamak.

پانهاده pânihâde: [pâ+nihâden>nihâd+e] **1.**ayak basmış. **2.**gelmiş. **3.**doğmuş.

پانی pânî: su.

پانید pânîd: kızamık şekeri, kırmızı şeker.

پانیذ pânîz: kızamık şekeri, kırmızı şeker.

پا و پر pâ vu per: güç, kudret, takat.

پاوچک pâvçek: tezek.

پاورچین پاورچین رفتن pâverçîn pâverçîn reften: ayak ucuna basarak gitmek.

پاورچین پاورچین گذاشتن pâverçîn pâverçîn gozâşten: ayak ucuna basarak yürümek.

پاورقی pâvarakî: [pâ+varak+î] **1.**tefrika (gazetede). **2.**dipnot. ‖ * gofteha-yi fulân ~ nedâred گفته های فلان پاورقی ندارد sözüne güvenilmez.

پاوزار pâvzâr: dokumacılıkta ayak tahtası.

پاوزاره pâvzâre: dokumacılıkta ayak tahtası.

پاوند pâvend: pranga.

پاهنگ pâheng: ayakkabı, pabuç.

پاهنگ pâheng: **1.**dara, terazi ağırlığı. **2.**halhal

پاهنگه pâhenge: ayakkabı, pabuç.

پاهنگه pâhenge: halhal.

پای pây: **1.**ayak. **2.**hisse. **3.**dip. ‖ * ~ -i پای **1.**başında. **2.**yanına, -e, -a. ‖ * ez ~ âverden از پای آوردن **1.**mağlup etmek. **2.**etkisiz bırakmak. **3.**işini bitirmek. ‖ * ez ~ oftâden از پای افتادن zayıf ve güçsüz kalmak. ‖ * ez ~ efkenden از پای افکندن öldürmek. ‖ * ez ~ ender âmeden از پای اندر آمدن **1.**sona ermek. **2.**yere düşmek. ‖ * ez ~ ser giriften از پای برگرفتن öldürmek, ortadan kaldırmak. ‖ * ez ~ der âmeden از پای در آمدن **1.**(sp.) yenilmek (güreşte). **2.**yenik düşmek. ‖ * ez ~ der âverden از پای در آوردن **1.**mağlup etmek. **2.**etkisiz bırakmak. **3.**işini bitirmek. **4.**harap etmek. **5.**öldürmek. ‖ *ez ~ furûd âmeden از پای فرود آمدن düşmek. ‖ * ez ~ nişânden از پای نشاندن yere oturtmak. ‖ * ez ~ nişesten از پای نشستن **1.**sâkinleşmek. **2.**oturmak. ‖ * ber ~ bûden بر پای بندن **1.**bâki olmak. **2.**yerinde olmak, ayakta olmak. ‖ * ber ~ cesten بر پای جستن yerinden sıçramak. ‖ * ber ~ kerden بر پای کردن **1.**ayakta tutmak. **2.**atamak. **3.**düzenlemek. **4.**dar ağacına çekmek. ‖ * be ~ به پای **1.**ayakta. **2.**sağlam. **3.**bâki. ‖ * be ~ âverden به پای آوردن **1.**yok etmek. **2.**yere çalmak. **3.**tamamlamak. **4.**katetmek. ‖ * be ~ berâmeden به پای بر آمدن ayağa kalkmak, yerinden doğrulmak. ‖ * be ~ ber îstâden به پای بر ایستادن ayakta durmak. ‖ * be ~ bûden به پای بودن **1.**ayakta olmak. **2.**beklemek. ‖ * be ~ hâsten به خاستن **1.**kışkırtılmak. **2.**ayağa kalkmak. ‖ * be ~ -i hod be gûr âmeden به پای خود به گور آمدن kazdığı kuyuya düşmek, kazdığı çukura düşmek. ‖ * be ~ -i hod be gûr reften به پای خود به گور رفتن kazdığı kuyuya düşmek, bindiği dalı kesmek. ‖ * be ~ dâşten به پای داشتن namaza durmak. ‖ * be ~ der âmeden به پای در آمدن **1.**baş aşağı olmak. **2.**viran olmak. ‖ * be ~ şoden به پای شدن **1.**sağlam olmak, sağlamlaşmak. **2.**ayağa kalkmak. **3.**meydana gelmek. ‖ * be ~ kerden به پای کردن **1.**ayağına geçirmek, ayağına giymek. **2.**atamak. ‖ * be ~ -i kesî bâfte nebûden به پای کسی بافته نبودن gücü dışında olmak, birinin harcı olmamak. ‖ * be ~ -i kesî resîden به پای کسی رسیدن **1.**biriyle baş etmek. **2.**biriyle aşık atmak. **3.**daha yüksek mevkide bulunan biriyle aynı mevkie gelmek. ‖ * be ~ mânden به پای ماندن **1.**bâki kalmak. **2.**ayakta kalmak. ‖ * der ~ efkenden در پای افکندن ezmek, ayak altına almak. ‖ * zîr-i ~ âverden زیر پای آوردن fethetmek. ‖ * gird-i ~ hovz gerdîden گرد پای حوض گردیدن belirsiz olmak. ‖ * ~ ez cây reften پای از جای رفتن **1.**kaymak, ayağı kaymak. **2.**yoksullaşmak. ‖ * ~ ez hat bîrûn nihâden پای از خط بیرون نهادن **1.**itaat etmemek, haddini aşmak, çizgiyi geçmek. ‖ * ~ ez rikâb bîrûn oftâden پای از رکاب بیرون افتادن at binecek gücü olmamak. ‖ * ~ ez ser nedânisten پای از سر ندانستن çok şaşkın olmak, ne yapacağını bilememek. ‖ * ~ ez şâdî be zemîn neresîden پای از شادی به زمین نرسیدن **1.**sevinçten uçmak, sevinçten ayakları yere değmemek. **2.**geri durmak. ‖ * ~ bâ kesî zeden پای با کسی زدن tekmeleşmek. ‖ * ~ ber pey-i kesî nihâden پای بر پی کسی نهادن birini izlemek, iz sürmek. ‖ * ~ ber çîzî zeden پای بر چیزی زدن tekmelemek, tekme atmak. ‖ * ~ ber donbâl-i mâr nihâden پای بر دنبال مار نهادن uyuyan yılanı uyandırmak, yılanın kuyruğuna basmak, kendini tehlikeye atmak. ‖ * ~ ber ser-i kesî nihâden پای بر سر کسی نهادن birinden üstün olmak, birini geçmek. ‖ * ~ ber seng âmeden پای بر سنگ آمدن **1.**tehlike çıkmak. **2.**pürüz çıkmak, sorun çıkmak. ‖ * ~ be esb ender âverden پای به اسب اندر آوردن binmek, at binmek. ‖ * ~ be rikâb bûden پای به رکاب بودن **1.**sefer hazırlığında olmak. **2.**gitmek üzere olmak. ‖ * ~ be seng horden پای به سنگ خوردن çetin cevize çatmak. ‖ * ~ -i çûbîn پای چوبین tahta ayak. ‖ * ~ -i hov پای حوض **1.**rezillik. **2.**havuz başı. ‖ * ~ der bend dâşten پای در بند داشتن bağlı olmak, zincire vurulmuş olmak. ‖ * ~ der pîş u ~ der pes dâşten پای در پیش و پای در پس داشتن müteredddit olmak, ikirciklenmek. ‖ * ~ der rikâb âverden پای در رکاب آوردن at binmek. ‖ * ~ der miyân nihâden پای در میان نهادن aracı olmak, tavassut etmek. ‖ * ~ -i gurîz پای گریز kaçış gücü. ‖ * ~ -i kesî pîş nereften پای کسی پیش نرفتن ayağı gitmemek, razı olmamak, gönülsüz olmak. ‖ * ~ -i kesî der miyân bûden پای کسی در میان بودن birinin bir işte parmağı olmak. ‖ * ~ -i kesî râ borîden پای کسی را بریدن birinin ayağını kesmek, birini bir yerden uzaklaştırmak. ‖ * ~ -i kesî râ der miyân keşîden پای کسی را در میان کشیدن birini devreye sokmak. ‖ * ~ -i meleh پای ملخ çok az şey, azıcık. ‖ * ~ -i men پای من bana ait, benden.

پای آفرنجن pâyâfrencen: halhal.

پای آگیش pâyâgîş: ayağa dolanan, başa gelecek olan.

پای آور pâyâver: güçlü, kudretli.

پای آوردن pây âverden: devam etmek.

پای آورنج pâyâverenc: halhal.

پای آورنجن pâyâverencen: halhal.

پایا pâyâ: **1.**kalıcı, daimî. **2.**dik. **3.**çok yıllık bitki.

پایاب pâyâb: **1.**derinlik. **2.**su yolu. **3.**girdap. **4.**kalıcılık. **5.**güç kudret.

پایابی pâyâbî: sığlık.

پایاب داشتن pâyâb dâşten: derin olmak.

پایاپای pâyâpây: takas, mübadele, kliring.

پایار pâyâr: geçen yıl.

پای افرنجن pâyefrencen: halhal.

پای افزار pâyefzâr: [pây+efzâr<efzâr-i pây] ayakkabı.

پای افزاه pâyefzâh: değerini arttıran, mertebesini yükselten.

پای افشار pâyefşâr: ayak direyen, direten.

پای افشاری کردن pâyefşârî kerden: ayak diremek, diretmek.

پای افشردن pây efşurden: ayak diremek.

پایان pâyân: **1.**son. **2.**sınır. **3.**aşağısı.

‖ * be ~ âmeden به پایان آمدن sona ermek, bitmek. ‖ * be ~ âverden به پایان آئردن 1.bitirmek, sona erdirmek. 2.yok etmek. ‖ * be ~ borden به پایان بردن tamamlamak, bitirmek, sona erdirmek. ‖ * be ~ resânîden به پایان رسانیدن sona erdirmek, bitirmek. ‖ * be ~ resîden به پایان رسیدن sona ermek, bitmek. ‖ * ~ -i rûzî horden پایان روزی خوردن ömür sona ermek. ‖ * ~ -i şeb-i siyeh sefîd est پایان شب سیه سفید است her gecenin bir sabahı vardır.

پایان آبه pâyânâbe: su kalıntısı, geriye kalan.

پایان بین pâyânbîn: ileri görüşlü.

پایان بینی pâyânbînî: ileri görüşlülük.

پایان پذیر pâyânpezîr: son bulan.

پای انداز pâyendâz: [pây+endâhten>endâz] 1.ayak atan. 2.yolluk. 3.kaplama kumaşı.

پای اندازان pâyendâzân: dansederek, oynayarak.

پای اندازان رفتن pâyendâzân reften: geniş adımlarla yürümek.

پای اندر آوردن pây ender âverden: geçmek, oturmak.

پایان ناپذیر pâyânnâpezîr: [pâyân+pezîroften> pezîr>nâpezîr] bitmek bilmeyen, bitmez tükenmez.

پایان نامه pâyânnâme: [pâyân+nâme] 1.tez, bitirme tezi. 2.mezuniyet tezi. 3.doktora tezi. ‖ * ~ -i tahsîlî پایان نامهء تحصیلی mezuniyet tezi.

پایان نگر pâyânniger: [pâyân+nigerîsten> niger] ileri görüşlü.

پایان نگری pâyânnigerî: [pâyân+nigerîsten>niger+î] ileri görüşiülük.

پایانی pâyânî: [pâyân+î] sonuncu, nihâî.

پایان یافتن pâyân yâften: 1.bitmek, tükenmek. 2.son bulmak, sona ermek.

پای اورنجن pâyevrencen: halhal.

پای اوزار pâyevzâr: ayakkabı, pabuç.

پای اوزار pâyevzâr: ayak direyen, direten.

پای اوزاره pâyevzâre: ayakkabı, pabuç.

پای باز pâybâz: dansöz, rakkase.

پای باز پس نهادن pây bâz pes nihâden: geride kalmak.

پای باز جای آوردن pây bâz cây âverden: eski itibarını kazanmak.

پای باز گرفتن pây bâz giriften: gidip gelmeyi kesmek, ayağını kesmek.

پای بازی pâybâzî: dans, raks.

پای باف pâybâf: dokumacı.

پای بافی pâybâfî: dokumacılık.

پای بر افکندن pây ber efkenden: takatsiz olmak.

پای برجا pâybercâ: [pây+ber+câ] 1.sağlam, sabit. 2.ayakta.

پای برجای pâybercây: [pây+ber+cây] 1.sağlam, sabit. 2.ayakta.

پای بر جای بودن pây ber cây bûden: 1.sağlam olmak. 2.kalıcı olmak. 3.sabit olmak. 4.işi iyi olmak.

پای برجای کردن pâybercây kerden: sabitleştirmek, kalıcı hale getirmek.

پای بر جای نگه داشتن pây ber cây nigeh dâşten: haddini bilmek, haddini aşmamak, çizgiden çıkmamak.

پای برجایی pâybercâyî: kalıcılık, sağlamlık.

پای بر داشتن pây ber dâşten: kaçmak.

پای برنجن pâyberencen: halhal.

پای برنجین pâyberencîn: halhal.

پای بر نهادن pây ber nihâden: uymak, ayak uydurmak.

پای برهنگی pâybirehnegî: yalınayaklık.

پای برهنه pâybirehne: [pây+birehne] 1.yalınayak. 2.baldırıçıplak.

پای برهنه شدن pâybirehne şoden: yalınayak kalmak.

پای برهنه رفتن pâybirehne reften: yalınayak yürümek.

پای بریدن pây borîden: ayak kesmek. ‖ * ~ ez hâk-i câyî پای بریدن از خاک جایی bir yeri terketmek, bir yerden ayrılmak.

پای بریده pâyburîde: ayağı kesik.

پای بست pâybest: 1.bağlı. 2.esir. 3.aşık. 4.işsiz. 5.temel.

پای بست بودن pâybest bûden: 1.bağlı olmak. 2.aşık olmak, tutkun olmak.

پای بستن pây besten: bağlamak.

پای بسته pâybeste: 1.bağlı. 2.esir. 3.aşık. 4.işsiz. 5.temel.

پایبند pâybend: [pây+besten>bend] 1.bağlı. 2.halhal. ‖ * ~ -i çîzî bûden پایبند چیزی بودن birine veya bir şeye bağlı olmak. ‖ * ~ i zen u beççe şoden پایبند زن و بچه شدن çoluk çocuğa karışmak. ‖ * ~ -i heves şoden پایبند هوس شدن hevese uymak.

پایبند شدن pâybend şoden: bağlanmak, tutulmak, yakalanmak.

پایبند کردن pâybend kerden: bağlamak.

پایبندی pâybendî: [pây+besten>bend+î] bağlılık.

پایبوس pâybûs: [pây+bûsîden>bûs] ayak öpme.

پایبوسی pâybûsî: [pây+bûsîden>bûs+î] 1.ayak öpme. 2.ayak öpme töreni.

پای بیرون نهادن pây bîrûn nihâden: tecavüz etmek, haddini aşmak, çizgiden çıkmak.

پای پس آمدن pây pes âmeden: 1.kaçmak. 2.bozguna uğramak.

پای پش pâypeş: ayak sesi.

پای پوش pâypûş: pabuç, ayakkabı.

پای پیاده pây-i piyâde: yürüyerek, yayan, yayan yapıldak.

پای پیچ pâypîç: tozluk.

پای پیچیدن pây pîçîden: 1.kaçmak. 2.itaatsizlik etmek. 3.ayak burkulmak.

پای پیش گذاشتن pây pîş gozâşten: gelmek.

پای پیش نهادن pây pîş nihâden: 1.öne çıkmak, ileri çıkmak. 2.teşebbüs etmek, girişimde bulunmak. ‖ * ~ ez kesî پای پیش نهادن از کسی birinden üstün olmak.

پای پیل pâypîl: 1.fil ayaklı kadeh. 2.fil ayaklı şarap sürahisi. 3.fil ayağı hastası. 4.fil ayağı biçimli gürz ve harbe.

پایتابه pâytâbe: [pây+tâften>tâb+e] 1.çarık. 2.çorap. ‖ * ~ -i kesî der hind bâz şoden پایتابهء کسی در هند باز شدن leyleği havada görmek.

پایتابه گشادن pâytâbe goşâden: 1.çarık çıkarmak. 2.bir yerde kalmak.

پایتاوه pâytâve: çarık.

پایتخت pâytaht: [pây+taht] başkent, başşehir, payitaht.

پای ترسا pây-i tersâ: rahip ayağını andıran şarap kadehi ve şarap sürahisi.

پای توغ pâytûg: patok, uğrak yeri.

پای جامه pâycâme: pijama.

پای جوش pâycûş: dip sürgünü.

پای چشم pâyçeşm: [pây+(-i) çeşm] göz altı.

پایچوب pâyçûb: [pây+çûb] sütun, direk.

پایچه pâyçe: [pây+çe] paça.

پاچه پز pâyçepez: paçacı, paça pişiren.

پایچه فروش pâyçefurûş: paçacı, paça satan.

پای خاسته pâyhâste: ezik, çiğnenmiş.

پای خست pâyhest: ezik, çiğnenmiş.

پای خسته pâyheste: ezik, çiğnenmiş.

پای خاکی کردن pây hâkî kerden: sefere çıkmak, gitmek.

پایخانه pâyhâne: [pây+hâne<hâne-i pây] tuvalet, ayak yolu.

پای خوردن pây horden: kazıklanmak, aldanmak.

پای خوست pâyhvest: ezik, çiğnenmiş.

پای خوش pâyhûş: üzerinde yürünmekten dolayı kurumuş ve otsuz kalmış toprak.

پای خوشه pâyhûşe: üzerinde yürünmekten dolayı kurumuş ve otsuz kalmış toprak.

پایدار pâydâr: [pây+dâşten>dâr] 1.ebedî, kalıcı, dâimî. 2.Allahın adı. 3.sağlam. 4.çevik at. 5.hileli zar.

پایدار بودن pâydâr bûden: kalıcı olmak, sağlam olmak.

پایداره pâydâre: yardımcı.

پایداری pâydârî: [pây+dâşten>dâr+î] 1.direnme, direniş. 2.kalıcılık, ebedîlik.

پایداری کردن pâydârî kerden:

direnmek, diretmek, mukavemet etmek, karşı koymak.

پای داش pâydâş: ödül.

پای داشتن pây dâşten: **1.**direnmek. **2.**kalıcı olmak, ebedî olmak. **3.**beklemek. **4.**devam etmek.

پایدام pâydâm: [<pây-i dâm] **1.**tuzak. **2.**kuş tuzağı.

پای در آوردن pây der âverden: **1.**binmek. **2.**oturmak.

پای دربند pâyderbend: ayağı bağlı, prangalı.

پای در عقال pâyderikâl: (F.-A.) [pây+der+ikâl] ayağı bağlı, ayağı köstekli.

پای در کشیدن pây der keşîden: ayakları dolaşmak.

پای در گشتن pây der geşten: âciz ve güçsüz olmak.

پای در گل pâydergil: [pây+der+gil] **1.**ayağı çamura saplanmış. **2.**çaresiz. **3.**hareketsiz.

پای در نهادن pây der nihâden: ayak basmak.

پای در هوا pâyderhavâ: (F.-A.) [pây+der+hevâ] **1.**ayağı havada. **2.**dayanaksız, temelsiz, çürük.

پای رنجن pâyrencen: halhal.

پای رنجه کردن pây rence kerden: gelmek.

پایز pâyez: güz, sonbahar.

پایزار pâyzâr: [<pây+efzâr>zâr] ayakkabı.

پای زدن pây zeden: tekmelemek, tekme atmak.

پای زده pâyzede: [pây+zeden>zed+e] çiğnenmiş.

پایزن pâyzen: [pây+zeden>zen] **1.**prangalı. **2.**uşak, hizmetçi. **3.**tutsak. **4.**suslu. **5.**işçi, emekçi.

پایزه pâyze, pâyize: **1.**paça. **2.**çadır kenarına bağlanan ip.

پایزه pâyize: hükümdarlarının adının yazılı olduğu altın veya gümüş plaka.

پایزه دادن pâyize dâden: emir vermek.

پای زهر pâyzehr: panzehir.

پایژه pâyije: hükümdarlarının adının yazılı olduğu altın veya gümüş plaka.

پای سپر pâysiper: ezme, çiğneme.

پایست pâyest: sürekli, devamlı, aralıksız.

پایستن pâyesten: **1.**kalıcı olmak, ebedîleşmek. **2.**sabretmek. **3.**beklemek.

پای ستور pây-i sutûr: bir tür küçük saz.

پایسته pâyeste: kalıcı, daimî.

پای سنگ pâyseng: dara taşı.

پای سنگین pâysengîn: dostlarını az arayan.

پای سوار pâysevâr: [pây+sevâr>sevâr-i pây] yaya.

پای سهیل pâysuheyl: bir tür sürahi.

پای شکسته pâyşikeste: ayağı kırık.

پایشنه pâyişne: topuk.

پای شیب pâyşîb: Mekke yakınlarında bir yer.

پای صلیبی کردن pây salîbî kerden: bağdaş kurmak.

پای فرسود pâyfersûd: [pây+fersûden>fersûd] **1.**ayağı incinmiş. **2.**yorgun.

پای فرنجن pâyferencen: halhal.

پای فشاردن pây feşârden: ayak diremek.

پای فشردن pâyfeşurden: ayak diremek.

پایکار pâykâr: uşak.

پایکاری pâykârî: uşaklık.

پای کشان pâykeşân: ayak sürüyerek.

پای کشان رفتن pâykeşân reften: ayak sürümek.

پای کشان و لنگان pâykeşân u lengân: [pây+keşîden> keş+ân+u+lengîden> leng+ ân] ayak sürüye sürüye.

پای کشیدن pây keşîden: **1.**ayağını çekmek. **2.**aldatmak, ayak çekmek.

پای کلات pâykelât: güreşte rakibi belinden kavrayarak ayağını yerden kesme oyunu.

پای کلاغ pây-i kelâg: kargacık burgacık yazı, it izi gibi kötü yazı.

پای کم آوردن pây kem âverden: yenilmek, âciz kalmak.

پایکوب pâykûb: [pây+kûften>kûb] 1.danseden. 2.çengi, köçek.

پایکوبان pâykûbân: [pây+kûften> kûb+ân] ayak vurarak, dansederek.

پای کوب کردن pâykûb kerden: dansetmek, raksetmek.

پای کوبی pâykûbî: dans, raks.

پای کوبیدن pây kûbîden: dansetmek, raksetmek.

پای کوفتن pây kûften: 1.raksetmek, dansetmek. 2.eceli yetmek.

پایگاه pâygâh: [pây+gâh] 1.istasyon. 2.karargâh. 3.makam. 4.rütbe, derece. 5.pabuçluk, ayakkabılık. ‖ * ~ -i mâlî پایگاه مالی finans kaynağı.

پایگاهی pâygâhî: en alt seviyede bulunan.

پای گذار pâygozâr: 1.ulak, haberci. 2.ayak parası.

پای گذاردن pâygozârden: ayak basmak, uğramak.

پای گرد کردن pây gird kerden: bir köşeye çekilmek.

پای گرفتن pây giriften: kök salmak.

پای گشادن pây goşâden: 1.geri gelmek. 2.boşamak. 3.açmak.

پایگه pâygeh: [pây+geh] 1.yer. 2.makam. 3.rütbe.

پایگه ساختن pâygeh sâhten: 1. yer tutmak. 2.rütbe ve makam sahabi olmak.

پای لغزیده pâylagzîde: [pây+lagzîden> agzîd+e] ayağı kaymış.

پای ماچان pâymâçân: antre, ayakkabı çıkarılan yer.

پایمال pâymâl: [pây+mâlîden>mâl] 1.ayak altında ezme, çiğneme. 2.ortadan kalkmış, yok olmuş. 3.zelil, düşkün. 4.çiğnenmiş, ezilmiş, ayaklar altına alınmış.

پایمال شدن pâymâl şoden: 1.çiğnenmek, ayak altına alınmak. 2.bâtıl olmak.

پایمال کردن pâymâl kerden: 1.çiğnemek, ezmek, ayak altına almak. 2.ortadan kaldırmak.

پایمال گشتن pâymâl geşten: çiğnenmek, ezilmek.

پایمرد pâymerd: [pây+merd] 1.arabulucu. 2.yardımcı. 3.hizmetçi, hizmetkâr.

پایمردی pâymerdî: [pây+merd+î] 1.arabuluculuk. 2.yardımcılık. 3.hizmetçilik, hizmetkârlık.

پایمردی کردن pâymerdî kerden: 1.arabuluculuk yapmak. 2.yardım etmek. 3.şefaat etmek.

پایمزد pâymozd: [pây+mozd] 1.ayak hakkı. 2.ücret (doktorlar için).

پایندان pâyendân: 1.üstlenen, kefil. 2.antre, ayakkabı çıkarılan yer. 3.aracı. 4.elçi. 5.rehin.

پایندانی pâyendânî: kefillik, aracılık.

پایندگان pâyendegân: [pâyîden>pây+ ende+ g+ân] 1.kalıcılar, sürekli olanlar. 2.payandalar.

پایندگی pâyendegî: [pâyîden>pây+ ende+g+î] kalıcılık, ebedîlik.

پایندگی کردن pâyendegî kerden: kollamak.

پاینده pâyende: [pâyîden>pây+ende] 1.ebedî, kalıcı, sürekli. 2.sağlam. 3.murakıp. 4.payanda, dayak. ‖ * merhamet ~ مرحمت پاینده lütuf ve muhabbetiniz dayim olsun, eksik olmayınız.

پای واپس کشیدن pây vâpes keşîden: geri çekilmek.

پای و پر pâyuper: güç kudret.

پایور pâyver: [pây+ver] 1.askerî polis subayı. 2.otorite.

پایوران pâyverân: [pây+ver+an] kadro.

پایورنجن pâyverencen: halhal.

پایوند pâyvend: [pây+vend] köstek.

پایه pâye: (Peh.) [pây+e] 1.rütbe. 2.basamak. 3.sütun, direk. 4.ayak (sandalye, masa). 5.kök, asıl. 6.etek. 7.aşağısı. 8.gövde. 9.yörünge. 10.düşkün. 11.değer, kıymet. 12.sap. 13.ipucu, belirti, gösterge. 14.ipucu. ‖ * ber ~ -i بر پایهء dayanan, dayalı, -e göre.

پایه دار pâyedâr: 1.makam sahibi. 2.kudretli.

پایه ریختن pâye rîhten: temel atmak.

پایه ریزی pâyerîzî:

[pâye+rîhten>rîz+î] temel atma.

پایه ریزی شدن pâyerîzî şoden: temeli atılmak.

پایه ریزی کردن pâyerîzî kerden: temel atmak.

پایه گاه pâyegâh: **1.**istasyon. **2.**karargâh. **3.**makam. **4.**rütbe, derece. **5.**pabuçluk, ayakkabılık.

پایه گذار pâyegozâr: [pâye+gozârden> gozâr] kurucu.

پایه ور pâyever: rütbeli, makam sahibi.

پاییدن pâyîden: **1.**muhafızlık yapmak, korumak. **2.**göz kulak olmak. **3.**gözetlemek, izlemek. **4.**kolaçan etmek. **5.**kalmak. **6.**sebat etmek. **7.**beklemek. **8.**diretmek. **9.**bölmek. **10.**gözlem yapmak. **11.**farkına varmak. **12.**bakınmak. **13.**taramak. **14.**durmak. ‖ * zîrçeşmî ~ زیر چشمی پاییدن göz ucuyla bakmak, kollamak, tarassut etmek.

پاییز pâyîz: (Peh.) **1.**güz, sonbahar. **2.**eski, köhne. ‖ * ~ i omr پاییز عمر yaşlılık dönemi. ‖ * behâr-i ~ بهار پاییز sonbahar.

پاییزگاه pâyîzgâh: güz mevsimi.

پاییزه pâyîze: güz ile ilgili, güzlük.

پاییزه کاری pâyîzekârî: güz tarımı.

پاییزی pâyîzî: güzlük.

پایین pâyîn: **1.**aşağı, aşağısı. **2.**alt, altı. **3.**düşük. **4.**etek. **5.**merdivenin ilk basamağı.

پایین آمدن pâyîn âmeden: **1.**aşağı inmek. **2.**düşmek. **3.**azalmak. **4.**dökülmek.

پایین آوردن pâyîn âverden: indirmek.

پایین افتادن pâyîn uftâden: **1.**düşmek. **2.**sarkmak. ‖ * ~ -i şikem-i kesî پایین افتادن شکم کسی (şaka yollu) çok acıkmak, karnı zil çalmak.

پایین انداختن pâyîn endâhten: aşağı atmak.

پایین پرستی pâyînperestî: itaat, hizmet, kulluk.

پایین رفتن pâyîn reften: inmek.

پایین رو pâyînrev: aşağı inen, inen.

پایین کشیدن pâyîn keşîden: **1.**indirmek. **2.**aşağı çekmek.

پایین لغزیدن pâyîn lağzîden: aşağı kaymak, sağılıvermek.

پپتک peptek: küçük salkım.

پپلس peplos: tirit.

پپه pepe: **1.**aptal, salak. **2.**ekmek (çocuk dilinde). **3.**budala.

پت pet: âhar.

پت pot: **1.**tüy. **2.**yumuşak madde.

پت آلود petâlûd: âharlı.

پتاره petâre: boya fırçası.

پتاسیم potasyum: (Fr.) [potassium] potasyum.

پتانسیل potansiyel: (Fr.) [potentiel] potansiyel.

پت پت pitpit: yağı tükenen veya ıslanmış fitilin çıkardığı ses.

پت پت کردن pitpit kerden: yağı tükenen fitil pit pit ses çıkarmak.

پتت pitet: (Peh.) **1.**pişmanlık, tövbe. **2.**istiğfar, af dileme.

پت دادن pet dâden: âharlamak.

پتر peter: sac levha.

پترزبورگ peterzburg: (coğ.) Petersburg.

پتره گر petreger: çinici.

پتفت peteft: **1.**pişmanlık. **2.**istiğfar, tövbe.

پتفوز petfûz: **1.**ağız ve gaga çevresi. **2.**şapkanın etrafı.

پتک petek: tozluk.

پتک potk: balyoz.

پتکدار potkdâr: demirci.

پتکداری potkdârî: demircilik.

پتکزن potkzen: demirci.

پتک کوب potkkûb: demirci.

پتگ potg: çekiç.

پتگر petger: âharcı.

پتگیر petgîr: kıl elek.

پتو petev: **1.**ışık. **2.**güneşe bakan taraf.

پتو petû: battaniye.

پتواز petvâz: kuş yuvası.

پتواز petvâz: (Peh.) [petvâçek] cevap.

پتوازه kuş yuvası.

پت و پهن petupehn: geniş mi geniş, çok geniş.

پتوله petûle: Hint işi ipekli desenli kumaş.

پته pete: **1.**bilet. **2.**pusula. ‖ * ~ rûy-i

âb endâhten پته روی آب انداختن rezil rüsva olmak. ‖ * ~ -i kesî râ be âb dâden پته کسی را به آب دادن birini rezil etmek, birinin ipliğini pazara çıkarmak. ‖ * ~ -i kesî râ rûy-i âb endâhten پته کسی را روی آب انداختن birini rezil etmek, birinin ipliğini pazara çıkarmak.

پته بستن pete besten: eğimli ırmaklara belli aralıklarla bent çekmek.

پتی petî: 1.boş, çıplak, yalın. 2.aşikâr. ‖ * dûg-i ~ دوغ پتی yağsız, bol sulu ayran.

پتیار petyâr: 1.cadı. 2.kocakarı. 3.şeytan. 4.düşmanlık. 5.muhalefet. 6.hile. 7.dert, bela.

پتیاره petyâre: 1.cadı. 2.kocakarı. 3.şeytan. 4.düşmanlık. 5.muhalefet. 6.hile. 7.dert, bela.

پتیاره مند petyâremend: çirkin, iğrenç, kılıksız.

پتیر petîr: elbise bohçası, hurç.

پتیره petîre: 1.cadı. 2.kocakarı. 3.şeytan. 4.düşmanlık. 5.muhalefet. 6.hile. 7.dert, bela.

پتیله petîle: fitil.

پج pec: dağ.

پج پج pecpec: keçiyi çağırma sevme sesi.

پجردن picurden: hastalara ve çocuklara bakmak.

پجشک picişk: doktor, hekim.

پجشکی picişkî: doktorluk, hekimlik.

پجول pocûl: aşık kemiği.

پچ poç: içi boş, kof.

پچازی piçâzî: kareli, ekose.

پچاق piçâk: (T.) bıçak.

پچ پچ piç piç: fısıldaşma, fiskos, fısıltı.

پچ پچ کردن piç piç kerden: fısıldaşmak.

پچپچه piçpiçe, poçpoçe: fısıltı, fısıldaşma.

پچپچه کردن piçpiçe kerden, poçpoçe kerden: fısıldaşmak.

پچخیزیدن peçhîzîden: yuvarlanmak.

پچشک piçişk: doktor, hekim.

پچشک poçoşk: koyun ve keçi dışkısı.

پچشک ستور poçoşksotûr: veteriner, baytar.

پچشکی piçişkî: doktorluk, hekimlik.

پچق piçak: (T.) bıçak.

پچک piçek: (T.) bıçak.

پچکم peçkem: 1.yazlık ev, dört tarafı camlı ev. 2.eyvan.

پچکم piçkem: kurt.

پچل peçel: 1.pasaklı, kirli. 2.kaba. 3.çirkin. 4.müstehcen.

پچ و پچ کردن piçupiç kerden, piçipiç kerden: fısıldaşmak, fiskos etmek.

پچودن peçûden: ezilmek, yassılmak.

پچه peçe: sarmaşık.

پچیدن peçîden: bükülmek, kıvrılmak.

پخ peh: 1.yassı. 2.oval.

پخ poh: (T.) bok.

پخ پخ peh peh: vay vay, ne güzel ne güzel.

پخ پخ کردن pih pih kerden: çocuk dilinde kesmek, koparmak.

پخپخو pehpehû: gıdıklama.

پخت peht: yassı.

پخت poht: 1.pişirme. 2.pişirimlik. 3.pişme. 4.fırınlama.

پخت poht: çifte, tekme.

پختکاب pohtekâb: suda kaynatılarak hastalara uygulanan ilaçlar.

پختکاو pohtekâv: suda kaynatılarak hastalara uygulanan ilaçlar.

پخت کردن poht kerden: pişirmek.

پختگی pohtegî: [pohten>poht+e+g+î] 1.pişkinlik. 2.tecrübe, görgü. 3.ihtiyat.

پختن pohten: 1.pişirmek. 2.pişmek. 3.kaynatmak. 4.hazırlamak. 5.tecrübeli yapmak, olgunlaştırmak. 6.olgunlaşmak. ‖ * ~ kesî râ پختن کسی را birini ikna etmek, birini tava getirmek.

پختنی pohtenî: 1.pişirilecek, pişirilmeye değer. 2.pişirilmiş.

پخت و پز pohtupez: yemek pişirme, yemek işi, mutfak işi.

پخت و پز کردن pohtupez kerden: 1.yemek pişirmek. 2.birinin başını yakmak.

پخته pehte: üç, dört yaşında koç.

پخته pohte: [pohten>poht+e] 1.pişmiş, pişkin. 2.olgun.

3.kusursuz. 4.deneyimli. ‖ * hatt-i ~ خط پخته güzel yazı.

پخته بر پخته pohteberpohte: ham ipek ipliği kullanılmamış kumaş.

پخته جوش pohtecûş: bir parça kuzu eti haşlanarak elde edilen et suyu çorbası.

پخته خشت pohtehişt: tuğla.

پخته خوار pohtehâr: 1.ağır canlı. 2.beleşçi. 3.damat.

پخته خواری pohtehârî: 1.ağır canlılık. 2.beleşçilik. 3.damatlık.

پخته خور pohtehor: 1.ağır canlı. 2.beleşçi. 3.damat.

پخته خوری pohtehorî: 1.ağır canlılık. 2.beleşçilik. 3.damatlık.

پخته رای pohterây: [pohte+rây] 1.tecrübeli, deneyimli. 2.akıllı.

پخته سخن pohtesohen: beliğ, belagat sahibi.

پخته شدن pohte şoden: pişmek, olgunlaşmak.

پخته کار pohtekâr: deneyimli, iş bilir.

پخته کردن pohte kerden: 1.razı etmek. 2.pişirmek, olgunlaştırmak.

پخته گشتن pohte geşten: pişmek, olgunlaşmak.

پختی puhtî: [puhten>puht+î] pıhtı. ‖ * ~ -i hûn پختیء خون kan pıhtısı.

پخج pehc: 1.bölüm. 2.yayma. 3.genişlik. 4.alçak, düşük.

پخج شدن pehc şoden: ezilmek, yayılmak, yassılmak.

پخج کردن pehc kerden: ezmek, yamyassı etmek.

پخچ pehç: ezik, izilmiş, yassılmış.

پخچ شدن pehç şoden: ezilmek, yamyassı olmak.

پخچ کردن pehç kerden: ezmek, yamyassı etmek.

پخچودن pehçûden: ezilmek, yamyassı olmak.

پخچیدن pehçîden: ezilmek, yamyassı olmak.

پخچیزیدن pehçîzîden: 1.yuvarlanmak. 2.bükülmek, dolanmak.

پخس pahs: 1.erime. 2.gönül perişanlığı. 3.eksik. 4.sararıp solma.

پخس pehs: 1.naz, işve. 2.salınma.

پخسه pehse: briket.

پخسیدن pahsîden: 1.üzüntüden sararıp solmak. 2.sıcaktan deri kırış kırış olmak.

پخش pahş: 1.yayma. 2.yayın. 3.yayılmış, yaygın. 4.saçılmış. 5.bölüştürme. 6.bölüm, kısım. ‖ * ~ ez nevâr پخش از نوار banttan yayın. ‖ * ~ ez nevâr-i zabt şode پخش از نوار ضبط شده banttan yayın. ‖ * ~ -i mustakîm پخش مستقیم naklen yayın, canlı yayın. ‖ * ~ -i zabt şode پخش ضبط شده banttan yayın. ‖ * ~ u perâkende şoden پخش و پراکنده شدن uçmak (koku).

پخش شدن pahş şoden: 1.yayılmak. 2.dağılmak. 3.yayınlanmak. 4.dağıtılmak. 5.ufalanmak, bölünmek.

پخش کردن pahş kerden: 1.dağıtmak. 2.yayınlamak. 3.yaymak. 4.serpmek. 5.bölmek. ‖ * ~ -i rûz ber ser-i kesî پخش کردن روز بر سر کسی birinin kalbini kırmak.

پخش و پرا pahş u perâ: yayılmış, dağınık.

پخش و پلا pahş u pelâ: dağınık, darmadağınık, tarümar.

پخش و پلا شدن pahş u pelâ şoden: 1.dağılmak, darmadağın olmak, tarümar olmak. 2.ayrılmak.

پخش و پلا کردن pahş u pelâ kerden: 1.dağıtmak, darmadağın etmek. 2.ayırmak.

پخشودن pahşûden: bağışlamak.

پخشیدن pahşîden: 1.ezilmek, yassılaşmak. 2.sızmak.

پخلوچه pehlûçe: gıdıklama.

پخلیچه pehlîçe: gıdıklama.

پخمه pehme: 1.budala. 2.kat akıllı, ebleh, dangalak.

پخن pehen: ses.

پخنو pehnû: gök gürültüsü.

پد ped: baba.

پد pod: talaşlık çürük tahta.

پداش pedâş: ödül.

پدال pidal: (Fr.) pedal.

پداندر pedender: üvey baba, babalık.

پدپود podpûd: çıra.

پدر peder, pider: (Peh.) [piter] **1.**baba. **2.**kayınpeder. **3.**peder (Hıristiyanlıkta). ‖ * ~ ez kesî der âverden پدر از کسی در آوردن birinin hakkını avucuna vermek, anasını ağlatmak, canına okumak, çarkına sıçmak. ‖ * ~ -i kesî râ bîrûn âverden پدر کسی را بیرون آوردن birinin hakkını avucuna vermek, anasını ağlatmak, canına okumak. ‖ * ~ -i kesî râ der âverden پدر کسی را در آوردن birinin hakkını avucuna vermek, anasını ağlatmak, canına okumak, birini perişan etmek.

پدر آمرزیده pederâmorzîde: [peder+ âmorzîden>âmorzîd+e] babasına rahmet.

پدرام pedrâm: **1.**süslü. **2.**mutlu, mesut. **3.**uğurlu. **4.**sürekli. **5.**doğru. **6.**düzenli. **7.**istirahat yeri. **8.**mutluluk. **9.**sevinçli.

پدرام شدن pedrâm şoden: sevinmek.

پدرام شهر pedrâmşehr: İran.

پدرام کردن pedrâm kerden: sevindirmek.

پدرامیدن pedrâmîden: iyi olmak, güzelleşmek, mutlu olmak.

پدر اندر pederender: [peder+ender] üvey baba, babalık.

پدرانه pederâne: babaca.

پدربرپدر peder ber peder: babadan babaya.

پدربزرگ pederbozorg: [peder+ (-i) +bozorg] büyükbaba, dede.

پدر پیشه pederpîşe: [peder+pîşe] baba mesleği.

پدر جد pederced: [peder+ced] büyük dede.

پدرخواندگی pederhândegî: üvey babalık.

پدر خوانده pederhânde: [peder+hânden> hând+e] üvey baba, babalık.

پدردار pederdâr: [peder+dâşten>dâr] **1.**babalı. **2.**asil, soylu.

پدرزن pederzen: [peder+zen] kayınpeder, kaynata.

پدرزه pederze: **1.**bohça, çıkın. **2.**pay, hisse.

پدرسالار pedersâlâr: [peder+sâlâr] babacı, ataerkil.

پدرسالاری pedersâlârî: [peder+sâlâr+î] babacılık, ataerkillik.

پدرسگ pederseg: [peder+seg] (argo) köpoğlu, itoğluit, köpek soyu.

پدرسوختگی pedersûhtegî: soysuzluk, fırlamalık.

پدر سوخته pedersûhte: [peder+sûhten> sûht+e] **1.**(argo) kerata. **2.**(argo) namussuz. **3.**anasının gözü, fırlama.

پدرشاهی pederşâhî: [peder+şâh+î] ataerkil.

پدر شوهر pederşovher: [peder+şovher] kayınpeder, kaynata (kıza göre).

پدرکش pederkoş: [peder+koşten>koş] baba katili.

پدرکشتگی pederkoştegî: [peder+koşten> koşt+e+g+î] kin, düşmanlık.

پدرکشتگی داشتن pederkoştegî dâşten: kin gütmek, diş bilemek.

پدرکشته pederkoşte: babası öldürülmüş.

پدر کلان pederkelân: [peder+kelân] büyükbaba.

پدرگان pedergân: baba mirası.

پدر مادر pedermâder, peder-i mâder: [peder+mâder] dede.

پدر مرده pedermorde: [peder+morden> mord+e] **1.**yetim, öksüz. **2.**talihsiz, bedbaht.

پدروار pedervâr: [peder+vâr] babacan, babayânî, babaca, baba gibi.

پدرود pedrûd: veda, elveda. ‖ * ~ -i heyât goften پدرود حیات گفتن ölmek, hayata veda etmek.

پدرود کردن pedrûd kerden: veda etmek.

پدر و مادردار peder u mâderdâr: **1.**analı babalı. **2.**asil.

پدری pederî: [peder+î] babalık.

پدری کردن pederî kerden: babalık etmek.

پدمه pedme: hisse, pay.
پدندر pedender: [<peder+ender] babalık, üvey baba.
پده pede: 1.kavak. 2.kav, çakmak.
پدید pedîd: (Peh.) 1.açık, aşikâr, meydanda. 2.mümtaz.
پدید آمدن pedîd âmeden: 1.var olmak. 2.meydana gelmek. 3.belirmek. 4.malum olmak. 5.yaratılmak. 6.doğmak. 7.çıkmak, yayınlanmak, basılmak.
پدید آوردن pedîd âverden: 1.ortaya çıkarmak, meydana getirmek. 2.kurmak. 3.mümtaz kılmak.
پدیدار pedîdâr: 1.apaçık, aşikâr. 2.fenomen (phenomenon).
پدیدار آمدن pedîdâr âmeden: görünmek, ortaya çıkmak.
پدیدار بودن pedîdâr bûden: apaçık olmak, görünmek, gün gibi ortada olmak.
پدیدار شدن pedîdâr şoden: ortaya çıkmak, aşikâr olmak, belirmek, görünmek.
پدیدار کردن pedîdâr kerden: 1.ortaya çıkarmak. 2.var etmek, yaratmak.
پدید بودن pedîd bûden: 1.aşikâr olmak, ortada olmak. 2.müstesna olmak.
پدید شدن pedîd şoden: 1.ortaya çıkmak. 2.var olmak, yaratılmak.
پدید کردن pedîd kerden: 1.ortaya çıkarmak, ibraz etmek. 2.var etmek, yaratmak.
پدید گشتن pedîd geşten: 1.ortaya çıkmak, görünmek. 2.var olmak, yaratılmak.
پدیده pedîde: [pedîd+e] 1.alamet, işaret. 2.ürün. 3.aşikâr, görünen. 4.fenomen.
پدیده شناسی pedîdeşinâsî: [pedîde+ şinâhten> şinâs+î] fenomenoloji.
پذرفتن pezroften: 1.kabul etmek. 2.kefil olma.
پذرفتار pezroftâr: [pezroften>pezroft+âr] kefalette bulunan, kefil.
پذرفتار شدن pezroftâr şoden: kefil olmak, kefalet etmek.
پذرفتاری pezroftârî: kefalet, kefillik, üstlenme.
پذرفتکار pezroftkâr: 1.kabul eden. 2.itaatli. 3.itiraf eden.
پذرفتکاری pezroftkârî: 1.kabul. 2.itaat. 3.itiraf.
پذیر pezîr: [pezîruften>pezîr] 1.kabul eden, alan. 2.yapılabilir, edilebilir, mümkün.
پذیرا pezîrâ: [pezroften>pezîr+â] 1.kabuleden. 2.ağırlayan. ‖ * ~ -yi hitâm پذیرای ختام sona eren, son bulan.
پذیرا شدن pezîrâ şoden: 1.birini karşılamak. 2.birini kabul etmek.
پذیرایی pezîrâyî: [pezîroften>pezîr+â+ y+î] 1.kabul. 2.ziyafet, ağırlama. ‖ * salon-i ~ سالن پذیرایی kabul salonu.
پذیرایی کردن pezîrâyî kerden: 1.kabul etmek. 2.ağırlamak, konuklamak, konuk etmek.
پذیرایی نمودن pezîrâyî numûden: 1.kabul etmek. 2.ağırlamak.
پذیرش pezîriş: [pezîroften>pezîr+iş] 1.kabul. 2.itaat. 3.bankanın bir senedi ödemeyi kabul etmesi.
پذیرفتار pezîroftâr: 1.taahhüt eden, üstlenen, kefil. 2.lider.
پذیرفتار شدن pezîroftâr şoden: kefil olmak, üstüne almak.
پذیرفتاری pezîroftârî: kefillik.
پذیرفتاری کردن pezîroftârî kerden: kefalet etmek.
پذیرفتاریدن pezîroftârîden: kabul ettirmek.
پذیرفتن pezîroften: 1.kabul etmek. 2.üzerine almak. 3.adaklık kabul edilmek. 4.itiraf etmek. 5.uygun görmek, caiz görmek. 6.teşekkür etmek. ‖ * ~ ez kesî پذیرفتن از کسی birine söz vermek. ‖ * be cân ~ به جان پذیرفتن göze almak. ‖ * pend ~ پند پذیرفتن itaat etmek, dinlemek, uymak.
پذیرفتنی pezîroftenî: kabul edilebilir.
پذیرفته pezîrofte: 1.kabul edilmiş, makbul. 2.üstlenilmiş. 3.kabul edilmiş dua.

پذیرفته شدن pezîroften şoden: 1.kabul edilmek. 2.tasvip edilmek.

پذیرنده pezîrende: 1.kabul eden. 2.karşılayan.

پذیره pezîre: (Peh.) [pezîroften>pezîr+e] 1.karşılama. 2.karşılama. 3.devren. 4.itaat. 5.yağmalama.

پذیره رفتن pezîre reften: 1.karşılamaya çıkmak. 2.savaşa gitmek.

پذیره شدن pezîre şoden: 1.karşılamaya çıkmak. 2.savaşa gitmek.

پذیره فرستادن pezîre firistâden: birini savaşa veya mukabeleye göndermek.

پذیره نویسی pezîrenevîsî: [pezîre+ nevişten> nevîs+î] 1.katılma imzası. 2.havale kabul yazısı.

پر per, perr: (Peh.) 1.kanat. 2.kuş tüyü. ‖ * ez ~ -i kulah-i kesî red şoden از پر کلاه کسی رد شدن belânın yanından geçmek. ‖ * ~ -i meges پر مگس 1.çok ince. 2.bir tür ipekli giysi. 3.bir tür silah. 4.mücevher kakmalı kılıç. ‖ * misl-i ~ -i zâg مثل پر زاغ kuzgunî siyah, kapkara, simsiyah.

پر per: ışık.

پر per: ipek.

پر per: parça.

پر por: (Peh.) 1.dolu. 2.yığılmış. 3.çok. 4.tam. ‖ * ~ ez پر از dolu, -le dolu. ‖ * ~ ez âb şoden پر از آب شدن sulanmak. ‖ * ~ cûş u hurûş پر جوش و خروش coşku dolu, coşarak, coşup taşarak.

پر آب porâb: [por+âb] 1.sulu, su dolu. 2.yaşlı.

پر آب و تاب por âbutâb: [por+âb+u+ tâb] 1.üstün vasıflı. 2.tantanalı, gösterişli.

پر آتش porâteş: [por+âteş] ateş dolu, ateşli.

پر آشوب porâşûb: [por+âşuften>âşûb] karışıklık dolu, fitne dolu.

پر آشوب کردن porâşûb kerden: dağıtmak, perişan etmek. ‖ * ahter-i kesî râ ~ اختر کسی را پر آشوب کردن birini bedbaht etmek, birini perişan etmek.

پر آمال porâmâl: (F.-A.) [pur+âmâl] isteklerle dolu, çok istekli.

پر آوازه porâvâze: [por+âvâze] meşhur.

پر آور perâver: [per+âverden>âver] uçan, kanat açan.

پراپر porâpor: [por+â+por] ağzına kadar dolu, lebâleb.

پراحتراس porihtirâs: (F.-A.) [por+ ihtirâs] ihtiraslı.

پرازده perâzde: 1.bir ekmeklik hamur topu. 2.bir ekmeklik hamur topundan alınan fazla parça. 3.ekmek hamuru topu altına koyulan un. 4.tandır ekmeği.

پراشتوک perâştûk: kırlangıç.

پراشواق poreşvâk: (F.-A.) [por+eşvâk] şevkli, şevk dolu.

پراشیدن perâşîden: saçmak, dağıtmak.

پراشیده perâşîde: saçılmış, dağılmış.

پر اضطراب poriztirâb: (F.-A.) [por+ıztırâb] acı dolu.

پراغبرار porigbirâr: (F.-A.) [por+igbirâr] kırgınlık dolu.

پر افشانی perefşânî: [per+efşânden> efşân+î] ilgi kesme.

پر افشانی کردن perefşânî kerden: ilgi kesmek.

پر افکندن per efkenden: 1.tüy dökmek (özellikle kuşlar). 2.âciz kalmak.

پراکندگی perâkendegî: [perâkenden> perâkend+e+g+î] dağınıklık.

پراکندن perâkenden: (Peh.) 1.dağıtmak. 2.saçmak. 3.yaymak.

پراکنده perâkende: [perâkenden> perâkend+e] 1.dağınık. 2.saçılmış. 3.yayılmış. 4.yabancı. 5.meczup. 6.şuursuz. 7.kayıtsız. 8.meşhur. 9.hakbilmez, haktanımaz.

پراکنده شدن perâkende şoden: 1.dağılmak. 2.yayılmak. 3.ayrılmak. 4.başıboş kalmak. 5.düzensiz olmak. 6.râyiç olmak.

پراکنده گفتن perâkende goften: yerli yersiz konuşmak, saçmalamak, zırvalamak.

پراکوه perâkûh: dağın öte yakası.

پرا گرفتن perâ giriften: kaplamak.

پراگندگی perâgendegî: dağınıklık.
پراگندن perâgenden: (Peh.) 1.dağıtmak. 2.yaymak. 3.saçmak.
پراگنده perâgende: 1.dağınık. 2.saçılmış. 3.yayılmış. 4.yabancı. 5.meczup. 6.şuursuz. 7.kayıtsız. 8.meşhur. 9.hakbilmez, haktanımaz.
پراگنده خاطر perâgendehâtir: (F.-A.) [perâgende+hâtir] aklı karışık, gönlü karışık.
پراگنده دل perâgendedil: gönlü karışık.
پراگنده رای perâgenderây: (F.-A.) [perâgende+rây] aklı karışık.
پراگنده روز perâgenderûz: talihsiz, bedbaht.
پراگنده روزی perâgenderûzî: yoksul.
پراگنده شدن perâgende şoden: dağılmak, saçılmak.
پراگنده گفتن perâgende goften: yerli yersiz konuşmak, abuk sabuk konuşmak.
پراگنده گو perâgendegû: abuk sabuk konuşan.
پراگندیدن perâgendîden: dağıtmak, saçmak.
پراگنیدن perâgenîden: 1.dağıtmak, saçmak. 2.itaatsizlik etmek, baş kaldırmak.
پرالک perâlek: 1.cevherli demir. 2.kılıç.
پر التهاب poriltihâb: (F.-A.) [por+iltihâb] alevli, ateşli.
پرامل poremel: (F.-A.) [por+emel] emel dolu.
پران perrân: [<perîden>per+ân] 1.uçan, uçucu. 2.bayan adı.
پرانتز perantez: (Fr.) [parenthèse] parantez. ‖ * dâhil-i ~ gozâşten داخل پرانتز گذاشتن parantez içine almak. ‖ * dâhil-i ~ gozârde şoden داخل پرانتز گذارده شدن parantez içine alınmak.
پر انتظار porintizâr: (F.-A.) [por+intizâr] bekleyiş dolu.
پرانداخ perândâh: sepilenmiş deri, sahtiyan.
پراندن perânden, perrânden: 1.uçurtmak. 2.fırlatmak. 3.savurmak. 4.abartmak. 5.palavra sıkmak, atmak, yüksekten atmak.
پراندیشه porendîşe: [por+endîşe] 1.kederli, kaygılı. 2.endişeli.
پراندیشه بودن porendîşe bûden: kaygılı olmak, kaygılanmak.
پر انکسار porinkisâr: (F.-A.) [por+inkisâr] kırgın.
پرانیدن perânîden, perrânîden: 1.uçurtmak. 2.fırlatmak. 3.savurmak. 4.abartmak. 5.palavra sıkmak, atmak, yüksekten atmak.
پر انین porenîn: (F.-A.) [por+enîn] inilti dolu, iniltili.
پرآور perâver: 1.hızlı uçan. 2.hızlı giden.
پر اولاد porovlâd: (F.-A.) [por+evlâd] çok çocuklu.
پرایس لیست prays list: (İng.) fiyat listesi.
پرباد porbâd: [por+bâd] 1.şişinen. 2.şişkin. 3.çok rüzgârlı.
پرباد شدن porbâd şoden: 1. şişmek. 2.gururlanmak. 3.şişinmek.
پر باده porbâde: [por+bâde] içki dolu, bade dolu, şarap dolu.
پربار porbâr: [por+bâr] 1.yüklü. 2.meyvalı.
پر باز کردن per bâz kerden: 1.gitmek. 2.çift olmak.
پرباک porbâk: korkulu, kaygılı.
پربال perbâl: mercan.
پربانگ porbang: gürültülü.
پر برآوردن per berâverden: 1.kanat çıkarmak. 2.hızlı uçmak. 3.koşarak gitmek.
پربرکت porbereket: (F.-A.) [por+bereket] bereketli.
پربرگ porberg: 1.çok yapraklı. 2.çok eşya.
پر بسامد porbesâmed: yüksek frekans.
پر بلا porbelâ: (F.-A.) [por+belâ] belâlı.
پربها porbehâ: değerli.
پربهایی porbehâyî: değerlilik.
پربهجت porbehcet: (F.-A.) [por+behcet] çok sevinçli.
پربهر porbehr: çok nasipli.
پربیم porbîm: [por+bîm] çok korkan.

پربیم گشتن porbîm geşten: çok korkmak.

پرپا perpâ: paçalı güvercin.

پرپاش perpâş: yaba.

پرپایه porpâye: [por+pây+e] kırkayak.

پرپر زدن perper zeden: 1.kanat çırpmak. 2.titremek. 3.seğrimek. 4.ansızın ölmek (özellikle genç).

پرپر شدن perper şoden: solmak.

پرپرو perperû: ince ve hafif, kırılgan.

پرپره perpere, pirpire: mangır, kuruş.

پرپره pirpire: pervane.

پرپری pirpirî: nazik, canı burnunda, dandik.

پر پشت por poşt: [por+poşt] 1.gür. 2.yığılı, dolu. ‖ * bârân-i ~ باران پر پشت sağanak yağmur.

پر پیچ و تاب por pîç u tâb: [por+pîçîden> pîç+u+tâbîden>tâb] 1.kıvrım kıvrım. 2.virajlı, dolambaçlı, kıvrımlı. ‖ * goftâr-i گفتار پر پیچ و تاب anlaşılması güç sözler, nâmenûs sözler.

پر پیچ و خم por pîç u ham: [por+pîçîden> pîç+uhamîden>ham] kıvrım kıvrım.

پرت pert: 1.uzak. 2.saçma, anlamsız. 3.sapmış. ‖ * ~ u dûr oftâden پرت و دور افتادن uzak düşmek.

پرتاب pertâb: 1.fırlatma. 2.fırlatılma. 3.atma. 4.atılma. 5.ok menzili. 6.atım. ‖ * sekû-yi ~ سکوی پرتاب fırlatma rampası.

پرتاب portâb: [por+tâb] öfkeli, ateşli, hararetli.

پرتاب شدن pertâb şoden: 1.fırlatılmak. 2.atılmak. 3.yüksek bir yerden düşmek.

پرتاب شدن portâb şoden: öfkelenmek, hiddetlenmek, celallenmek.

پرتاب کردن pertâb kerden: 1.fırlatmak. 2.atmak.

پر تاب و توان portâbutevân: [por+tâb+u+tevân] güçlü.

پرتابی portâbî: [por+tâb+î] güçlülük.

پرتابیدن pertâbîden: 1.fırlatmak. 2.atmak. 3.bırakmak. 4.açmak.

پرتافته pertâfte: fırlatılmış.

پرتاو pertâv: 1.atma, fırlatma. 2.atılma, fırlatılma. 3.sıçrama. 4.uzağa düşen ok.

پرتاو portâv: 1.güçlü. 2.baskın çıkan.

پر تجلی portecellâ: (F.-A.) [por+tecellâ] pırıl pırıl.

پرتر perter: kola.

پرتره portre: (Fr.) [portrait] portre.

پرتست porotest: (İng.) [protest] protesto.

پرتستان porotestân: (Fr.) [protestant] protestan.

پرت شدن pert şoden: 1.uzaklaşmak. 2.yuvarlanmak, düşmek. 3.fırlamak. ‖ * ~ ez movzû' پرت شدن از موضوع konudan uzaklaşmak.

پرتضلیل portazlîl: (F.-A.) [por+tazlîl] sapkınlıklarla dolu, dalaletten dalalete düşen.

پرتغال portugal: (coğ.) Portekiz.

پرتقال portekâl (bot.) portakal.

پرتقال افشار portekâlefşâr: [portekâl+efşurden>efşâr] portakal sıkacağı.

پرتقالی portekâlî: [portekâl+î] 1.Portekizli. 2.portakal rengi.

پرتکال portokâl: Bordo şarabı.

پرت کردن pert kerden: 1.fırlatmak. 2.atmak, uzağa atmak. 3.uzaklaştırmak. ‖ * hevâss-ı kesî râ ~ حواس کسی را پرت کردن birini yanılgıya düşürmek, birinin düşüncesini başka yöne çekmek, birinin aklını karıştırmak.

پرتکی pertekî: düşünmeden, düşüncesizce.

پرتگاه pertgâh: [pert+gâh] uçurum, yar.

پرت گفتن pert goften: saçmalamak, abuk sabuk konuşmak.

پرت گو pertgû: [pert+goften>gû] saçmalayan, abuk sabuk konuşan.

پرت گویی pertgûyî: [pert+goften>gûy+î] saçmalama, abuk sabuk konuşma.

پرتو pertov: [pere>per+tâften>tâb>tev] 1.ışık. 2.ışın, şu 3.eser. 4.felaket.

پرتو افشاندن pertov efşanden: ışık saçmak.

پرتوافشانی pertovefşânî: [pertov+ efşânden> efşân+î] ışık saçma.

پرتو افشانی کردن pertovefşânî kerden: ışık saçmak.

پرتو افکن pertovefken: [pertov+ efkenden> efken] projektör, ışıldak.

پرتو افکندن pertov efkenden: ışıldamak, ışık saçmak, parıldamak, parlamak.

پرتو افکنی pertovefkenî: [pertov+ efkenden> efken+î] ışıldama, parıldama, parlama.

پرتوان portevân: [por+tevân] güçlü, kudretli.

پرتو بینی pertovbînî: [pertov+dîden> bîn+î] radyoskopi.

پرتوپ portûp: **1.**güçlü. **2.**sert.

پرتوپ کردن portûp kerden: sertleştirmek.

پرتوپلاسم protoplasm: (Fr.) [protoplasme] protoplazma.

پرت و پلا pert u pelâ: **1.**tarümar, dağınık, darmadağın. **2.**boşuna, anlamsız, saçma, zırvar.

پرت و پلا شدن pert u pelâ şoden: dağılmak, ayrılmak, parçalanmak, darmadağın olmak, tarümar olmak.

پرت و پلا کردن pert u pelâ kerden: dağıtmak, darmadağın etmek, tarümar etmek.

پرت و پلا گفتن pert u pelâ goften: saçmalamak, zırvalamak, boş boş konuşmak.

پرتو درمانی pertovdermânî: [pertov+ dermân+î] radyoterapi.

پرتوشناس pertovşinâs: [pertov+ şinâhten>şinâs] radyolog.

پرتوشناسی pertovşinâsî: [pertov+ şinâhten> şinâs+î] radyoloji.

پرتوقع portevakku': (F.-A.) [por+ tevakku'] çok beklentili.

پرتون poroton: (Fr.) proton.

پرتونگاری pertovnigârî: [pertov+ nigâşten> nigâr+î] radyografi.

پرتوه pertove: ışık huzmesi.

پرتیات pertiyyât: (F.-A.) [pert+iyyât] saçmalıklar, zırvalar.

پر تیراژ portiraj: (F.-Fr.) [por+tiraj] yüksek tirajlı.

پرثروت porservet: (F.-A.) [por+servet] zengin, servet sahibi.

پرثمر porsemer: (F.-A.) [por+semer] **1.**verimli. **2.**bol meyvalı. **3.**yararlı, faydalı. **4.**sonuç getiren, sonuç veren.

پرجاذبه porcâzibe: (F.-A.) [por+câzibe] cazibeli, çekici.

پرجذبه porcezbe: (F.-A.) [por+cezbe] cazibeli.

پرجرأت porcur'et: [por+cur'et] cüretkâr.

پرجفا porcefâ: (F.-A.) [por+cefâ] zalim, cefakâr.

پرجگر porciger: [por+ciger] yürekli, cesur.

پرجگری porcigerî: [por+ciger+î] yüreklilik, cesaret.

پرجلال porcelâl: [por+celâl] görkemli.

پرجمعیت porcemiyyet: (F.-A.) [por+ cemiyyet] kalabalık.

پر جمعیت شدن porcemiyyet şoden: kalabalıklaşmak.

پر جنب و جوش por cunb u cûş: [por+ conbîden> conb+u+cûşîden>cûş] **1.**hareketli, faaliyetli. **2.**cıvıl cıvıl.

پرجنگ و جلب porcenguceleb: [por+ceng+u+celeb] gürültü patırtılı.

پرجور porcevr: (F.-A.) [por+cevr] zalim, sitemkâr.

پرجوش porcûş: [por+cûşîden>cûş] **1.**çok kaynayan. **2.**gürültülü.

پر چاره porçâre: [por+çâre] **1.**tedbirli. **2.**hilekâr.

پرچانگی porçânegî: [por+çâne+g+î] gevezelik.

پرچانگی کردن porçânegî kerden: gevezelik etmek, çan çan etmek, çene çalmak, çok konuşan.

پرچانه porçâne: [por+çâne] geveze, çenesi düşük, boşboğaz, çok sözlü.

پرچ کردن perç kerden: perçinlemek.

پرچم perçem: **1.**bayrak. **2.**sancak. **3.**kâkül, perçem. **4.**ateş yalazı. **5.**etamin.

پرچه perçe: parça.
پرچیدن perçîden: perçinlemek.
پرچین perçîn: 1.çit. 2.parmaklık. 3.perçin. 4.engel, mânia.
پرچین porçîn: [por+çîn] kırış kırış.
پرچین ساختن perçîn sâhten: çit örmek, çit çekmek, çit yapmak.
پرچین شدن perçîn şoden: perçinlenmek.
پرچین کردن perçîn kerden: 1.perçinlemek. 2.çit çekmek, çit yapmak.
پر چین کردن por çîn kerden: kırıştırmak, kırış kırış etmek. ‖ * ebrû ~ ابرو پر چین کردن 1.öfkelenmek. 2.üzülmek.
پر چین و چروک por çîn u çurûk: [por+ çîn+u+ çurûkîden>çurûk] kırış kırış, kırışık içinde.
پرچینی porçînî: [por+çîn+î] kırışıklık.
پرحادثه por hâdise: (F.-A.) [por+hâdise] maceralı, olaylı, hadiseli.
پرحاصل porhâsil: (F.-A.) [por+hâsil] verimli.
پرحافظه porhâfize: (F.-A.) [por+hâfize] belleği güçlü.
پر حال porhâl: (F.-A.) [por+hâl] coşku ve mistik ruh ile dolu.
پر حرارت por herâret: (F.-A.) [por+ herâret] 1.hararetli, ateşli. 2.faaliyetli.
پرحرض porherez: (F.-A.) [por+herez] hastalıktan erimiş.
پر حرف por harf: (F.-A.) [por+harf] laf ebesi, geveze, çenesi düşük, çenesi pırtı.
پر حرفی por harfî: (F.-A.) [por+harf+î] laf ebeliği, gevezelik.
پرحرفی کردن porharfî kerden: gevezelik etmek.
پرحزم porhazm: (F.-A.) [por+hazm] hazım sahibi, doğru ve sağlam karar veren.
پر حقیقت porhakîkat: (F.-A.) [por+ hakîkat] gerçek dolu.
پرحلل porholel: (F.-A.) [por+holel] süslü, süs içinde.
پر حوصلگی porhovselegî: (F.-A.) [por+ hovsele+g+î] tahammül.
پر حوصله por hovsele: (F.-A.) [por+ hovsele] sabırlı, tahammüllü.
پرحیات porhayât: (F.-A.) [por+hayât] hayat dolu.
پرحیرت porhayret: (F.-A.) [por+hayret] hayret dolu, şaşkınlık dolu.
پر حیله por hîle: (F.-A.) [por+hîle] hilekâr, hilebaz.
پرخ pirih: bir tür kauçuk ağacı.
پرخ perh: 1.hisse. 2.ev bark, eşya. 3.değersiz eşya.
پرخار porhâr: [por+hâr] dikenli.
پر خارقه porhârika: (F.-A.) [por+hârika] olağanüstü şeylerle dolu.
پرخاش perhâş: 1.azar, azarlama, çıkışma. 2.çatma. 3.mücadele. 4.savaş.
پرخاشاک perhâşâk: [per+hâşâk] saman çöpü.
پرخاش جستن perhâş costen: 1.azarlamak, çıkışmak. 2.savaşmak, çekişmek.
پرخاش جو perhâşcû: [perhâş+costen>cû] 1.kavgacı. 2.çıkışan, azarlayan.
پرخاش جوی perhâşcûy: [perhâş+ costen>cûy] 1.kavgacı. 2.çıkışan, azarlayan.
پرخاش جویی کردن perhâşcûyî kerden: kavga etmek, didişmek.
پرخاشخر perhâşher: [perhâş+herîden> her] kavgacı.
پرخاش خواه perhâşhâh: [perhâş+ hâsten>hâh] kavgacı.
پرخاش خور perhâşhor: [perhâş+ horden>hor] kavgacı.
پرخاش دیده perhâşdîde: savaş deneyimli.
پرخاش ساز perhâşsâz: [perhâş+sâhten> sâz] savaşçı, mücadeleci.
پرخاش کردن perhâş kerden: 1.azarlamak, çıkışmak. 2.çekişmek. 3.çatmak. 4.sitem etmek.
پرخاش کیش perhâşkîş: [perhâş+kîş]

savaşçı.

پرخاشگاه perhâşgâh: [perhâş+gâh] savaş alanı.

پرخاشگه perhâşgeh: [perhâş+geh] savaş alanı.

پرخاصیت porhâssiyyet: (F.-A.) [por+hâssiyyet] nitelikli, kaliteli.

پرخانه perhâne: [per+hâne] burun kanadı.

پرخج perehc: sağrı.

پرخچ perehç: sağrı.

پرخدو porhedû: [por+hedû] bol salyalı, bol tükrüklü.

پرخدویی porhedûyî: huysuzluk.

پرخرج por harc: (F.-A.) çok masraflı.

پر خرد por hired: [por+hired] akıllı, akıl küpü.

پرخردی porhiredî: akıllılık.

پرخروش porhurûş: [por+hurûş] 1.gürültülü. 2.iniltili.

پرخزان porhazân: [por+hazân] solgun, hazan yemiş.

پرخش perehş: 1.sağrı. 2.kılıç.

پرخشم porheşm: [por+heşm] hışımlı, öfkeli, sinirli.

پرخشم شدن porheşm şoden: hışımlanmak, öfkelenmek.

پرخشم گردیدن porheşm gerdîden: hışımlanmak, öfkelenmek.

پرخشم گشتن porheşm geşten: öfkelenmek, hışımlanmak.

پرخشمی porheşmî: [por+heşm+î] öfke, hışımlılık.

پر خضارت porhazâret: (F.-A.) [por+hazâret] yemyeşil.

پر خطر porhatar: (F.-A.) [por+hatar] tehlikeli, tehlike dolu.

پرخلجان porhalecân: (F.-A.) [por+halecân] çarpıntılı, halecanlı, coşkulu.

پرخلیا ، پرخولیا porhulyâ: (F.-A.) [por+hulyâ] hülyalı.

پرخم porhem: [por+hem] 1.eğri büğrü. 2.kırış kırış.

پرخمار porhumâr: (F.-A.) [por+humâr] çok mahmur, kafası dumanlı.

پرخنده porhande: [por+hande] gülücük dolu, gülüş sesleriyle dolu.

پرخو perhev: budama.

پرخو perhev, perhov: erzak ambarı, hububat ambarı.

پرخواب porhâb: [por+hâbîden>hâb] uykucu.

پرخوابی porhâbî: gözünden uyku akma.

پرخوار porhâr: [por+horden>hor>hâr] obur, pisboğaz.

پرخوارگی porhâregî: oburluk, pisboğazlık.

پرخواره porhâre: obur, pisboğaz.

پرخواری porhârî: oburluk, pisboğazlık.

پرخواستار porhâstâr: isteyeni çok olan.

پرخواسته porhâste: zengin, varlıklı.

پرخواه porhâh: aç gözlü, hırslı, gözü doymaz.

پر خواهش porhâhiş: [por+hâsten>hâh+iş] istekli, istek dolu.

پرخواهشی porhâhişî: isteklilik, istekle dolu olma.

پرخور porhor: [por+horden>hor] obur, pisboğaz.

پرخوراک porhorâk: [por+horâk] obur.

پرخوراکی porhorâkî: oburluk.

پر خوردن por horden: çok yemek.

پرخوری porhorî: (por+horden>hor+î] oburluk, pisboğazlık.

پرخوری کردن porhorî kerden: oburluk etmek, pisboğazlık etmek.

پرخو کردن perhev kerden: budamak.

پرخون porhûn: [por+hûn] kan dolu, kanlı, kan ağlayan. ‖ * çeşm-i ~ چشم پرخون kanlı göz, kan oturmuş göz.

پرخون شدن porhûn şoden: kanlanmak.

پرخونی porhûnî: kanlılık.

پرخیال porhayâl: [por+hayâl] hayal dolu, hülyalı.

پرخیدن perhîden: teftiş etmek.

پرخیده perhîde: [perhîden>perhîd+e] işaretlenmiş, işaret edilmiş.

پرد perd: 1.büklüm, kıvrık, kat. 2.hav.

پردا perdâ: yarın.

پرداخت perdâht: 1.ödeme. 2.süsleme.

3.cilalama. 4.perdah. 5.rötuş.

پرداخت دادن perdâht dâden: ödemek.

پرداختکار perdâhtkâr: [perdâhten> perdâht+kâr] rötuşçu.

پرداختکاری perdâhtkârî: [perdâhten> perdâht+kâr+î] rötuşçuluk.

پرداخت کردن perdâht kerden: 1.ödemek, ödeme yapmak. 2.cilalamak.

پرداختن perdâhten: 1.ödemek. 2.başlamak. 3.geçmek. 4.cilalamak. 5.tertip etmek. 6.boşaltmak. 7.sona erdirmek. 8.çalmak. 9.danışmak. 10.uzaklaşmak. 11.ayrılmak. 12.terketmek. 13.öldürmek. 14.kışkırtmak. 15.saz çalmak, enstrüman çalmak. 16.itina etmek, özen göstermek. 17.girişmek. 18.el atmak. 19.ilgilenmek. 20.uğraşmak. 21.yapmak. 22.temizlemek. ‖ * be hod ~ به خود پرداختن kendine yetmek. ‖ * hâne ~ خانه پرداختن ölmek. ‖ * ~ -i evkât اوقات پرداختن vakit geçirmek. ‖ * ~ be پرداختن به meşgul olmak. ‖ * ~ -i dil پرداختن دل vazgeçmek. ‖ * ~ -i kitâb پرداختن کتاب kitap yazmak.

پرداخته perdâhte: [perdâhten>perdâht+e] 1.cilalı. 2.düzenlenmiş. 3.ödenmiş.

پرداخته آمدن perdâhte âmeden: feragat etmek.

پرداخته شدن perdâhte şoden: 1.sona ermek, tamamlanmak. 2.hazır olmak.

پرداخته کردن perdâhte kerden: ödemek.

پرداخته ماندن perdâhte mânden: 1.uzak kalmak, ayrı kalmak.

پرداد pordâd: [por+dâd] çok adaletli.

پر دادن per dâden: 1.cesaret vermek, yüreklendirmek. 2.kol kanat germek.

پردار perdâr: [per+dâşten>dâr] 1.kanatlı. 2.tüylü. 3.ud.

پر دارات pordârât: (F.-A.) [por+dâr+ât] varlıklı, zengin.

پرداز perdâz: [perdâhten>perdâz]

پرداز perdâz: [perdâhten>perdâz] 1.düzenleyen. 2.ödeyen. 3.ödeme 4.yapan. 5.söyleyen. 6.düzenleme.

پردازش perdâçiş: rahatlık.

پردازنده perdâzende: 1.ödeyen. 2.yerine getiren. 3.başlayan. 4.cilalayan. 5.hazırlayan. 6.süsleyen. 7.boşaltan. 8.danışan. 9.yetinen.

پردازیدن perdâzîden: 1.ödemek. 2.başlamak. 3.geçmek. 4.cilâlamak. 5.tertip etmek. 6.boşaltmak. 7.sona erdirmek. 8.çalmak. 9.danışmak. 10.uzaklaşmak. 11.ayrılmak. 12.terketmek. 13.öldürmek. 14.kışkırtmak. 15.saz çalmak, enstrüman çalmak. 16.itina etmek, özen göstermek. 17.girişmek. 18.el atmak. 19.ilgilenmek. 20.uğraşmak. 21.yapmak. 22.temizlemek.

پرداغ pordâg: [por+dâg< por ez dâg] gönlü yaralı, gönlü dağlanmış, acılı.

پردال perdâl: pergel.

پردان pordân: [por+dânisten>dân] çok bilen.

پردانش pordâniş: [por+dâniş] çok bilgili, bilgi küpü.

پر دبدبه pordebdebe: (F.-A.) [por+ debdebe] gösterişli, tantanalı.

پردخت perdeht: boş.

پردخت بودن perdeht bûden: boş olmak.

پردخت شدن perdeht şoden: 1.boş olmak. 2.boşalmak. 3.ödenmiş olmak.

پردخت فرمودن boşalttırmak.

پردخت کردن perdeht kerden: 1.ödemek. 2.boşaltmak.

پردختگی کردن perdehtegî kerden: temizlemek.

پردخت ماندن perdeht mânden: boş kalmak.

پردخته perdehte: boş.

پردخته شدن perdehte şoden: 1.boşalmak. 2.sona ermek.

پردخته کردن perdehte kerden:

boşaltmak.

پردخته گشتن perdehte geşten: boşalmak, boş kalmak.

پردخته ماندن perdehte mânden: boş kalmak.

پردرآمد porderâmed: [por+derâmed] çok gelerli, kazançlı.

پردرخت pordiraht: [por+diraht] çok ağaçlıklı, koruluk.

پردرد porderd: [por+derd] çok dertli.

پردرد شدن porderd şoden: çok dertlenmek.

پردرد گشتن porderd geşten: çok dertlenmek.

پردرد و دود porderdudûd: [por+derd+u+dûd] çok kederli, derdi büyük.

پردردی porderdî: dertlilik.

پردرود pordorûd: [por+dorûd] övgü dolu.

پردروغ pordorûg: [por+dorûg] çok yalancı.

پردشمن porduşmen: [por+duşmen] düşmanı çok.

پردگی perdegî: [perde+g+î] 1.örtülü. 2.örtülü kadın.

پردگیان perdegiyân: [pede+g+i+y+ân] örtülü kadınlar.

پردگی شدن perdegî şoden: örtünmek.

پردگی کردن perdegî kerden: örtünmesini sağlamak.

پردل pordil: [por+dil] yürekli, cesur, cüretli.

پردلی pordilî: [por+dil+î] yüreklilik, cesurluk.

پر دمعان pordemeân: (F.-A.) [por+dem' +ân] gözü yaşlı.

پردو pordev: [por+devîden>dev] çok koşuşturan.

پردوام pordevâm: (F.-A.) [por+devâm] çok devam eden, dayanıklı, uzun ömürlü.

پردوامی pordevâmî: (F.-A.) [por+devâm+î] dayanıklılık, uzun ömürlülük.

پردود pordûd: [por+dûd] çok dumanlı.

پردوش perdûş: evvelki gece.

پرده perde: 1.perde. 2.peçe. 3.başörtüsü. 4.kapı perdesi, kapı örtüsü. 5.otağ, büyük çadır. 6.ince yaprak. 7.haremlik. 8.(müz.) perde. 9.(tas.) gayb âlemi. 10.(tas.) tarikat merhalesi. 11.zar. ‖ * ~ be âhir resîden پرده به آخر رسیدن 1.perde sona ermek. 2.(durum veya iş) sona ermek. ‖ * ~ ez rûy-i kâr berdâşten پرده از روی کار برداشتن 1.yüzünden perdeyi çekmek. 2.üstünden perdeyi kaldırmak, işin içyüzünü ortaya çıkarmak. ‖ * ~ -i bekâret پردهء بکارت (tıb.) bekâret zarı, kızlık zarı. ‖ * ~ î ez ibhâm پرده ای از ابهام belirsizlik perdesi. ‖ * ~ -i esrâr پردهء اسرار sırlar perdesi. ‖ * ~ -i gûş پردهء گوش 1.(tıb.) kulak zarı. 2.(tıb.) kulak tozu. ‖ * ~ -i kesî derîde şoden پردهء کسی دریده شدن rezil olmak. ‖ * ~ -i nukreî پردهء نقره ای beyaz perde. ‖ * ~ -i sefîd پردهء سفید beyaz perde, sinema perdesi. ‖ * ez ~ oftâden از پرده افتادن yoksullaşmak. ‖ * der ~ şoden در پرده شدن gözden kaybolmak, gizlenmek, saklanmak.

پردهان pordehân: [por+dehân] ağzı dolu.

پر دهان por-i dehân: ağız dolusu.

پرده باز perdebâz: kuklacı.

پرده باز کردن perde bâz kerden: perdeyi çekmek, perdeyi kaldırmak, perdeyi açmak.

پرده بازی perdebâzî: kukla oyunu.

پرده برافتادن perde ber uftâden: perde kalkmak.

پرده بر افکندن perde ber efkenden: 1.perdeyi kaldırmak, perdeyi açmak. 2.ortaya çıkarmak, aşikâr etmek.

پرده بر انداختن perde ber endâhten: ortaya çıkarmak, aşikâr etmek.

پرده برداشتن perde berdâşten: 1.perdeyi kaldırmak. 2.üstü kapalı konuşmamak.

پرده بر گرفتن perde ber giriften: perdeyi kaldırmak.

پرده بستن perde besten: 1.perde asmak. 2.akord etmek.

پرده پا perdepâ: perde ayaklı.
پرده پایی perdepâyî: perde ayaklı.
پرده پرده perde perde: kat kat.
پرده پوش perdepûş: [perde+pûşîden> pûş] sır saklayan, gizleyen, saklayan.
پرده پوشی perdepûşî: [perde+pûşîden> pûş+î] gizleme, saklama, örtbas etme.
پرده خالی کردن perde hâlî kerden: ortaya çıkarmak, aşikâr etmek.
پرده دار perdedâr: 1.saray perdecisi, pededar. 2.sır saklayan. 3.perdeli saz.
پردا داری perdedârî: 1.perdedarlık. 2.sır saklama.
پرده در perdeder: [perde+derîden>der] sır ifşa eden.
پرده درشدن perdeder şoden: ifşa etmek, açığa vurmak.
پرده دری perdederî: sır ifşa etme.
پرده دریدگی perdederîdegî: [perde+derîde+g+î] utanmazlık, hayasızlık.
پرده دریدن perde derîden: 1.rezil etmek, ipliğini pazara çıkarmak. 2.sır ifşa etmek.
پرده دریده perdederîde: [perde+derîde] utanmaz, hayasız, rezil.
پرده دوز perdedûz: [perde+dûhten>dûz] perdeci, perde diken.
پرده دوزی perdedûzî: 1.perde dikimi, perdecilik. 2.perdeci dükkânı.
پرده ساختن perde sâhten: makam tutturmak.
پرده ساز perdesâz: [perde+sâhten>sâz] 1.perdeci. 2.gösteriş düşkünü, iki yüzlü.
پرده سازی perdesâzî: gösteriş düşkünlüğü, ikiyüzlülük.
پرده سازی کردن perdesâzî kerden: ikiyüzlü davranmak, gösteriş yapmak.
پرده سرا perdeserâ: 1.otağ. 2.ev içi. 3.çalgıcı. 4.gökyüzü.
پرده سرای perdeserây: [perde+serây] 1.otağ. 2.ev içi. 3.çalgıcı. 4.gökyüzü.
پرده شناس perdeşinâs: [perde+şinâhten> şinâs] 1.müzisyen. 2.ârif.
پرده شناسی perdeşinâsî: 1.müzisyenlik. 2.âriflik.
پرده فرو گذاشتن perde furû gozâşten: perde indirmek.
پرده گرداندن perde gerdânden: makam değiştirmek.
پرده نشین perdenişîn: [perde+nişesten> nişîn] 1.örtülü, mestûre. 2.halvette oturan.
پرده نشینی perdenişînî: 1.örtülü olma. 2.halvette oturma.
پردینه perdîne: [perd<perde+îne] paravan.
پر رنگ porreng: [por+reng] 1.koyu. 2.demli.
پر رو porrû: [por+rû] yüzsüz.
پررودگی porrûdegî: gevezelik, çalçenelik.
پررووده porrûde: [por+rûde] geveze, çalçene.
پرروزی porrûzî: [por+rûzî] kısmetli, nasipli.
پر رو شدن por rû şoden: yüzsüzleşmek.
پر رویی porrûyî: [por+rûy+î] yüzsüzlük.
پر ریختن per rîhten: 1.tüy dökmek. 2.dünya ile ilgisini kesmek, içine kapanmak.
پر ریزان کردن per rîzân kerden: tüy dökmek.
پرریش porrîş: [por+rîş] kabasakal.
پرریش porrîş: [por+rîş] ağır yaralı, çok yaralı.
پرز porz: hav, kumaş havı.
پرزا porzâ: [por+zâîden>zâ] doğurgan.
پرزادورود porzâdurûd: [por+zâd+u+rûd] çok çocuklu.
پرزحمت porzahmet: (F.-A.) [por+zahmet] zahmetli, meşakkatli.
پرزحیر porzehiîr: [por+zehîr] çok üzüntülü.
پرز دادن porz dâden: ütmek (kelle, tavuk vs.)
پرزدار porzdâr: [porz+dâşten>dâr] havlı.

پر زدن per zeden: kanat çırpmak.
پرزغینه porzagîne: (F.-A.) [por+zagîne] kin dolu.
پرزگن porzgin: havlı.
پرزناک porznâk: havlı.
پرزنه pirzine: tutam.
پر زور porzûr: [por+zûr] kuvvetli, güçlü.
پرزوری porzûrî: güçlülük.
پرزه pirze: bir tutam, bir çimdik.
پرزیان porziyân: çok zararlı.
پرژاله porjâle: [por+jâle] çiğ dolu, jaleli.
پرژک perjek: ağlama.
پرژه poroje: (Fr.) [projet] proje.
پرژنگ porjeng: [por+jeng] paslı, pas içinde.
پرس pers: **1.**perde. **2.**örtü.
پرس pires: (Fr.) [presse] pres.
پرس pors: (Fr.) [portion] porsiyon.
پرس pors: [porsîden>pors] **1.**soru. **2.**soran. **3.**sorma.
پرسا porsâ: [porsîden>pors+â] soran.
پر ساله porsâle: [por+sâl+e] yaşlı, ihtiyar.
پرسان porsân: [porsîden>pors+ân] sorarak.
پرسان پرسان porsân porsân: [<porsîden> pors+ân] sora sora.
پرسپکتیو perspektiv: (Fr.) [perspective] perspektif, görünüm.
پرست perest: [perestîden>perest] **1.**tapma. **2.**tapan.
پرستات porostat: (Fr.) [prostate] prostat.
پرستار perestâr: (Peh.) [perestîden> perest+âr] **1.**hastabakıcı. **2.**hemşire. **3.**bakıcı. **4.**kol kanat geren. **5.**hizmetçi, uşak. **6.**cariye. **7.**itaatkâr. **8.**tapan. **9.**eş, hanım, karı. **10.**besleme.
پرستارانه perestârâne: [perestâr+âne] **1.**taparcasına. **2.**besleme gibi. **3.**kul gibi. **4.**dalkavukçasına.
پرستارخانه perestârhâne: **1.**düşkünler evi. **2.**revir.
پرستارزاده perestârzâde: uşak çocuğu.
پرستارفش perestârfeş: hastabakıcı gibi, hemşire gibi, besleme gibi.
پرستار گرفتن perestâr giriften: cariye almak, halâyık almak.
پرستاروش perestârveş: hastabakıcı gibi, hemşire gibi, besleme gibi.
پر ستاره porsitâre: [por+sitâre] yıldızlı, yıldız dolu.
پرستاری perestârî: [perestâr+î] **1.**hemşirelik. **2.**bakıcılık. **3.**bakım.
پرستاری کردن perestârî kerden: **1.**bakmak. **2.**hastabakıcılık yapmak. **3.**hemşirelik yapmak.
پرستان perestân: **1.**ocak, fırın. **2.**bir tür güzel tüylü kuş.
پرست زدن perset zeden: dolaşmak.
پرستش perestiş: [perestîden>perest+iş] **1.**tapma. **2.**ibadet, tapınma. **3.**hizmetçilik. **4.**hastabakıcılık.
پرستش پلاس perestişpelâs: ibadet giysisi.
پرستشکده perestişgede: ibadethane.
پرستش کردن perestiş kerden: **1.**tapınmak, ibadet etmek. **2.**övmek. **3.**hizmet etmek.
پرستشکار perestişkâr: [perestiş+kâr] **1.**taparcasına seven. **2.**çok saygı duyan.
پرستشگاه perestişgâh: [perestiş+gâh] mabet, tapınak.
پرستشگر perestişger: [perestiş+ger] **1.**ibadet eden. **2.**hizmetkâr, uşak.
پرستشگری perestişgerî: **1.**ibadet etme, âbitlik. **2.**hizmetkârlık, uşaklık.
پرستشگه perestişgeh: [perestiş+geh] mabet, tapınak.
پرستک perestuk, piristuk: kırlangıç.
پرست کردن perest kerden: ibadet ettirmek.
پرستندگی perestendegî: [perestende+g+î] **1.**ibadet, kulluk. **2.**hizmetkârlık.
پرستنده perestende: **1.**hizmetçi, uşak. **2.**tapan, ibadet eden. **3.**seven. **4.**korucu.
پرستنده مرد perestendemerd: [perestende+merd] ibadet eden, zahit.
پرستو perestû, piristû: (Peh.) (zool.) kırlangıç.

پرستو بچه perestûbeççe: [perestû+beççe <beççe-i perestû] kırlangıç yavrusu.

پرستوک perestûk: (Zoll.) kırlangıç.

پرسته pereste: [perestîden>perest+e] **1.**Tanrı. **2.**tapılan, mabut.

پرستیدن perestîden: (Peh.) **1.**tapmak. **2.**ibadet etmek, kulluk etmek. **3.**hizmet etmek. **4.**hürmetle eğilmek.

پرستیده perestîde: [perestîden> perestîd+e] **1.**tapılmış. **2.**tapılası, tapılacak kadar güzel, sevgili.

پرستیز porsitîz: [por+sitîz] mücadeleci, kavgacı.

پرستیزه porsitîze: mücadeleci, kavgacı.

پرسخا porsehâ: (F.-A.) [por+sehâ] cömert, eliaçık.

پرسخن porsohen: geveze, çalçene.

پرسخنی porsohenî: gevezelik, çalçenelik.

پرسرود porsurûd: [por+surûd] şarkılı, ezgili, melodili.

پرسروصدا porserusedâ: gürültülü.

پرسش porsiş: (Peh.) [porsîden>pors+iş] **1.**soru. **2.**sorma. **3.**araştırma. **4.**hal hatır sorma. **5.**sorgu, sorgulama. ‖ * ~ -i hâtir پرسش خاطر hatır sorma. ‖ * be ~ âmeden به پرسش آمدن hasta ziyaretine gelmek. ‖ * be ~ giriften به پرسش گرفتن **1.**sorguya çekmek. **2.**araştırmak.

پرسش خواندن porsiş hânden: selam göndermek.

پرسش رسانیدن porsiş resânîden: hal hatır sormak.

پرسش کردن porsiş kerden: **1.**sormak, soru sormak. **2.**hal hatır sormak.

پرسشگاه porsişgâh: [porsiş+gâh] sorgulama yeri.

پرسش نامه porsişnâme: [porsiş+nâme] **1.**anket, anket formu. **2.**form.

پرسش نما porsişnemâ: anket formu.

پرسفید porsefîd: [por+sefîd] bembeyaz, apak.

پرسکار pireskâr: (Fr.-F.) [pires+kâr] presçi.

پرسکاری pireskârî: (Fr.-F.) [pires+kâr+î] presçilik.

پرسکنه porsekene: (F.-A.) [por+sekene] kalabalık, çok nüfuslu.

پرسکوت porsukût: (F.-A.) [por+sukût] derin sessizlik içinde.

پرسکون porsukûn: (F.-A.) [por+sukûn] sakinlik dolu, sükûnetli.

پر سلاح porsilâh: (F.-A.) [por+silâh] silahlı.

پر سلاست porselâset: (F.-A.) [por+selâset] akıcı, selis.

پرسم persom: yapışmaması için hamurun altına, üstüne saçılan un.

پرسناژ personaj: (Fr.) [personnage] **1.**ünlü kişi. **2.**oyuncu.

پرسنده porsende: soru soran.

پرسنگ perseng: [<pârseng] **1.**terazi kefesine konulan ağırlık. **2.**konuşma sırasında gereksiz yere tekrarlanan sözcükler.

پرسنگ perseng: fersah.

پرسنل personel: (Fr.) [personnel] personel.

پرسو porsû: ışıl ışıl, çok ışıklı.

پرس و جو pors u cû: [porsîden>pors+u+ costen>cû] **1.**sorup soruşturma, arama, araştırma. **2.**sorgulma.

پرس و جو کردن pors u cû kerden: sorup soruşturmak.

پرسوز porsûz: [<por+sûhten>sûz] **1.**yanıp yakılan. **2.**yakıcı. **3.**yanık, acıklı.

پرسوی porsûy: ışıl ışıl, çok ışıklı.

پرسه perse: **1.**dolaşma, tur atma. **2.**dilenmeye çıkma.

پرسه porse: hasta ziyaretine gitme.

پرسه دان persedân: derviş zembili.

پرسه زدن perse zeden: dolaşmak, turatmak.

پرسه کردن porse kerden: hasta ziyaretine gitmek.

پرسیاوش per-i siyâvuş (bot.) baldırıkara, eğreltiotu.

پر سیاوشان per-i siyâvuşân (bot.)

baldırıkara, eğreltiotu.

پرسیاه persiyâh: kara kanatlı.

پرسیدن porsîden: (Peh.) **1.**sormak, soru sormak. **2.**araştırmak. **3.**izin istemek. **4.**hasta ziyaret etmek. **5.**sorguya çekmek. **6.**selama cevap vermek.

پرسیدنی porsîdeni: sormaya değer.

پرسیده porsîde: sormuş; sorulmuş.

پرش periş, perriş: [perîden>per+iş] **1.**atlama. **2.**sıçrama. **3.**uçuş. ‖ * ~ bâ nîze پرش با نیزه (sp.) sırıkla atlama. ‖ * ~ -i irtifâ' پرش ارتفاع (sp.) engelden atlama. ‖ * ~ -i se gâm پرش سه گام (sp.) üç adım atlama. ‖ * ~ -i tûl پرش طول (sp.) uzun atlama.

پرشاخ porşâh: çok dallı, dallı budaklı.

پرشاخ و برگ porşâhuberg: [por+şâh+u+berg] dallı budaklı.

پرشأن porşân: (F.-A.) [por+şe'n] şanlı.

پرشتاب porşitâb: **1.**alelacele, koşarak. **2.**muzdarip, perişan.

پر شدن por şoden: **1.**dolmak. **2.**çok olmak. **3.**ölmek. **4.**sabrı tükenmek. ‖ * peymâne-i kesî ~ پیمانهء کسی پر شدن eceli gelmek.

پر شراب porşerâb: (F.-A.) [por+şerâb] şarap dolu.

پر شرار porşerâr: (F.-A.) [por+şerâr] kıvılcımlı, kıvılcım dolu.

پر شرار گشتن por şerâr geşten: alevlenmek, kıvılcımlanmak.

پر شرر porşerer: (F.-A.) [por+şerer] kıvılcımlı.

پرشرم porşerm: [por+şerm] hayalı, edepli.

پرشر و شور porşerruşûr: (F.-A.) [por+şerr+u+ şûr] **1.**kötülük dolu, şerli. **2.**gürültülü.

پرشعف porşa'af: (F.-A.)[por+şa'af] sevinçli, sevinç dolu.

پرشعفی porşa'afi: sevinç.

پرشعله porşu'le: (F.-A.) [por+şu'le] alevli.

پرشکاف porşikâf: [por+şikâf] yarık dolu, gedikli.

پرشکال porşekâl (Hint.) Muson yağmurları mevsimi.

پرشکالی porşekâlî: Muson zamanı.

پرشکر porşeker: [pur+şeker] şeker dolu, şeker gibi tatlı.

پرشکسته perşikeste: [per+şikesten> şikest+e] kırık kanatlı, kanadı kırık.

پرشکستگی porşikestegî: [por+şikeste+ g+î] engebeli.

پر شکستن per şikesten: uçmak için kanat açmak.

پرشکم porşikem: [por+şikem] koca göbekli.

پرشکن porşiken: kırış kırış, kıvrım kıvrım.

پرشکن شدن porşiken şoden: kırış kırış olmak. kıvrım kıvrım olmak.

پرشکنج porşikenc: kırış kırış, kıvrım kıvrım.

پرشکنه porşikene: **1.**büken, kıvıran. **2.**rakkas.

پرشکنی porşikenî: kırış kırışlık.

پرشکیب porşekîb: sabırlı.

پرشکیبی porşekîbî: kırış kırışlık.

پرشکوه porşukûh: [por+şukûh] görkemli, azametli.

پرشگاه perişgâh: [perîden>per+iş+gâh] uçak pisti.

پرشوخ porşûh: [por+şûh] kirli, pis.

پرشوخ شدن por şûh şoden: **1.**kirlenmek. **2.**pislikle dolmak.

پرشور por şûr: [por+şûr] coşku dolu, coşkulu, heyecanlı, perişan. ‖ * serî ~ dâşten سری پر شور داشتن çok meşgul olmak, işi başından aşkın olmak.

پرشوری porşûrî: hararet, ateşlilik.

پر شوق porşevk: (F.-A.) [por+şevk] şevkli, şevk dolu.

پر شهقه porşehka: (F.-A.) [por+şehka] hıçkırık dolu, hıçkırıklar içinde.

پرشهوت porşehvet: (A.-F.) [por+şehvet] şehvet dolu, azgın.

پرشیان perşiyân (bot.) eğreltiotu.

پرشیاوشان perşiyâvuşân (bot.) eğreltiotu.

پرشیر porşîr: süt dolu.

پرشیر شدن porşîr şoden: süt dolmak.

پرصبر porsabr: (F.-A.) [por+sabr] sabırlı, sabır taşı.

پرصبری porsabrî: (F.-A.) [por+sabrî] sabırlılık.

پرصدا porsedâ: (F.-A.) [por+sedâ] gürültülü, yankılı.

پرصفا porsafâ: (F.-A.) [por+safâ] safalı, hoş.

پر صمیمیت porsamîmiyyet: (F.-A.) [por+ samîmiyyet] içtenlikle, içtenlik dolu.

پرطاس portâs: tilki derisinden yapılan giysi.

پرطاقت portâket: (F.-A.) [por+tâket] dayanıklı.

پرطاوس pertâvus: [per+tâvus] bir tür tatlı.

پرطایفگی portâyifegî: (F.-A.) [por+ tâyife+g+î] aile kalabalıklığı, aile genişliği.

پرطایفه portâyife: (F.-A.) [por+tâyife] ailesi geniş olan.

پرطمع porteme: (F.-A.) [por+teme] tamahkâr, açgözlü.

پر طمطراق por tumturâk: (F.-A.) tumturaklı, görkemli, renkli.

پرعائله porâile: (F.-A.) ailesi geniş olan.

پرعایله porâyile: (F.-A.) ailesi geniş olan.

پرعاهت por'âhet: (F.-A.) felaket dolu.

پر عتاب poritâb: (F.-A.) [por+itâb] azarlayıcı, çıkışma dolu.

پرعجایب porecâyib: (F.-A.) [por+ecâyib] tuhaflık dolu.

پر عشوگی porişvegî: (F.-A.) [por+ işve+g+î] işvelilik, cilvelilik.

پر عشوه por'işve: (F.-A.) [por+işve] işveli.

پرعطر por'ıtr: (F.-A.) [por+ıtr] ıtırlı, hoş kokulu.

پر عظمت por'azamet: (F.-A.) [por+ azamet] azametli, görkemli.

پرعقل por'akl: (F.-A.) [por+akl] akıl küpü, çok akıllı.

پرعقلی por'aklî: (F.-A.) çok akıllı olma.

پر عقوبت por'ukûbet: (F.-A.) [por+ ukûbet] azap dolu.

پرعمر por'omr: (F.-A.) [por+omr] uzun ömürlü.

پرعمری por'omrî: (F.-A.) [por+omrî] uzun ömürlülük.

پرغازه pergâze: kanadın gövdeye bitişik kısmı.

پرغبار porgubâr: (F.-A.) [por+gubâr] tozlu, toz toprak içinde.

پر غرائب porgarâib: (F.-A.) [por+garâib] gariplik dolu.

پرغرور porgurûr: (F.-A.) [por+gurûr] gururlu.

پر غریبه porgarîbe: (F.-A.) [por+garîbe] tuhaf şeylerle dolu, gariplik dolu.

پرغریو porgarîv: [por+garîv] kavga dolu, kargaşalı.

پرغزه pergeze: kanadın gövdeye bağlandığı kısım.

پرغصه porgusse: (F.-A.) [por+gusse] üzgün, kederler içinde.

پر غضب porgazab: (F.-A.) [por+gazab] öfkeli, gazaplanmış, öfke dolu.

پرغلغله porgulgule: (F.-A.) [por+ gulgule] gürültülü.

پر غلیان porgaleyân: (F.-A.) [por+ galeyân] fıkır fıkır kaynayan.

پرغم porgam: (F.-A.) [por+gam] çok üzgün.

پرغم گشتن por gam geşten: çok üzülmek, üzüntüye boğulmak.

پرغمزه porgamze: (F.-A.) [por+gamze] cilveli, işveli.

پرغول pergûl: **1.**bulgur. **2.**bulgur aşı. **3.**bir tür tatlı, un helvası.

پرغونه pergûne: çirkin.

پرغیرت porgayret: (F.-A.) [por+gayret] **1.**çok kıskanç. **2.**hamiyetli.

پر غیظ porgayz: (F.-A.) [por+gayz] hınç dolu, öfke dolu.

پرفایده porfâyide: (F.-A.) [por+fâyide] çok yararlı.

پر فتن porfiten: (F.-A.) [por+fiten] fitne dolu.

پر فر • porfer: [por+fer] çok parlak.

پرفریب porfirîb: [por+firîften>firîb] çok hilekârb

پرفساد porfesâd: (F.-A.) [por+fesâd] fesat mı fesat.

پرفسور profesor: (Fr.) [professeur] profesör, üniversite hocası.

پرفسوس porfusûs: [por+fusûs] **1.**hile dolu. **2.**özlem dolu.

پر فسون porfusûn: [por+fusûn] büyülü, sihirli, afsunlu.

پرفکر porfikr: (F.-A.) [por+fikr] çok düşünceli.

پرفن porfen: (F.-A.) [por+fen] hilekâr, düzenbaz.

پرفند porfend: [por+fend] hile dolu, oyun dolu, hilekâr.

پرفند و فعل porfend u fi'l: (F.-A.) [por+ fend+u+fi'l] hilekâr.

پرفنی porfennî: (F.-A.) [por+fenn+î] hilekârlık.

پرقازه perkâze: kıl fırça.

پرقبیله porkabîle: (F.-A.) [por+kabîle] ailesi geniş.

پرقدرت porkudret: (F.-A.) [por+kudret] kudretli.

پرقوت porkuvvet: (F.-A.) [por+kuvvet] kuvvetli.

پرقیمت porkıymet: (F.-A.) [por+kıymet] çok değerli.

پر قیود porkuyûd: (F.-A.) [por+kuyûd] şart dolu, bağ dolu.

پرک perek: Süheyl yıldızı.

پرک perek: [per+ek] **1.**küçük tüy. **2.**küçük marul. **3.**çiçek yaprağı. **4.**ceviz içi zarı.

پرک pirk: **1.**kokuşmuş yağ kokusu, erimiş yağ kokusu. **2.**kirli yağ kabı kokusu.

پرکار perkâr: pergel.

پرکار porkâr: [por+kâr] çalışkan, faal.

پرکاره perkâre: pergel.

پرکاری porkârî: [por+kâr+î] çalışkanlık.

پرکاس perkâs: **1.**cebelleşme. **2.**güneş doğması.

پرکال perkâl: pergel.

پرکاله perkâle: pergel.

پرکاوش perkâviş: budama.

پرکاه perkâh: [per+kâh] saman çöpü.

پر کاهی per-i kâhî: zırnık kadar.

پر کبر porkibr: (F.-A.) [por+kibr] kibirli, kendini beğenmiş.

پرکر perker: bekleme, bekleyiş.

پر کردن por kerden: **1.**doldurmak. **2.**dolduruşa getirmek. **3.**bir şeyi çok yapmak. **4.**meşgul etmek. ‖ * tofeng ~ تفنگ پر کردن tüfek doldurmak. ‖ * dendân ~ دندان پر کردن (tıb.) diş doldurmak. ‖ * kesî râ ~ کسی را پر کردن birini doldurmak, birini dolduruşa getirmek.

پرکرده porkerde: doldurulmuş.

پرکرشمه porkirişme: cilveli, oynak.

پر کسل porkesel: (F.-A.) [por+kesel] uyuşukluk dolu, tembellik dolu.

پرکش porkiş: çok, pek çok.

پر کشیدن per keşîden: kanat çırpmak, uçmak, kanat açmak. **2.**can atmak, çok arzu etmek.

پرکم perkem: çaptan düşmüş.

پرکنج porkonc: [por+konc] cevizli, bademli helva.

پرکنده perkende: **1.**bitkin, âciz. **2.**dağınık.

پرکنه porkone: [por+kerden>kon+e] koloni.

پرکواکب porkevâkib: (F.-A.) [por+ kevâkib] yıldız dolu.

پرکوس porkûs: kıvrım kıvrım, kırış kırış.

پرکوک perkûk: yüksek bina.

پرکوک porkûk: çok ayarlı.

پرکیمیا porkîmiyâ: çok hilekâr.

پرکین porkîn: [por+kîn] çok kinci.

پرکینه porkîne: çok kinci.

پرگار pergâr: **1.**pergel. **2.**şakül, çekül. **3.**yörünge. **4.**yazgı, kaza ve kader. **5.**daire. **6.**çember. **7.**yuva. ‖ * ez ~ oftâden از پرگار افتادن **1.**çaptan düşmek. **2.**düzeni bozulmak. ‖ * ~ -i kesî kej bûden پرگار کسی کژ بودن talihsiz olmak. ‖ * misli ~ مثل پرگار çok süslü ve güzel.

پرگار کردن pergâr kerden: âvare etmek.

پرگاره pergâre: pergel.

پرگاری pergârî: pergel ile ilgili.

پرگال pergâl: pergel.

پرگاله pergâle: [pergâl+e] 1.bir tür kaba kumaş. 2.parça. 3.pergel.

پرگاله پاش pergâlepâş: [pergâle+pâşîden>pâş] 1.parça saçan. 2.yuvarlak tahta kesme testeresi.

پرگاله پرگاله pergâle pergâle: parça parça.

پرگام pergâm: döl yatağı.

پرگر perger: pergel.

پرگرام porogram: (Fr.) program.

پرگردگین porgerdgîn: [por+gerd+gîn] tozlu, toz içinde.

پر گردیدن por gerdîden: dolmak.

پر گرفتن per giriften: kanatlanmak. ‖ * ez şâdî ~ از شادی پر گرفتن sevinçten uçmak.

پرگزند porgezend: [por+gezend] zarar verici, ziyankâr, tehlikeli.

پرگس perges: asla, hâşâ, mâzallah!

پرگست pergest: (Peh.) asla, hâşâ, mâzallah!

پر گستردن per gosterden: 1.kanat açmak, kanatlanmak, uçmak. 2.tevazu göstermek.

پرگشا perguşâ: [per+guşûden>guşâ] kanat açan, uçan.

پر گفتن por goften: çok konuşmak, lafı uzattıkça uzatmak. ‖ * ~ be kurân hoş est پر گفتن بقران خوش است laf tükenmez; söylenecek çok şey var.

پرگل porgul: çok çiçekli.

پرگم pergem: aylak, avare, boş gezenin boş kalfası.

پرگناه porgunâh: günahkâr, günahı çok.

پرگند porgend: [por+gendîden>gend] kötü kokan.

پرگندگی pergendegî: dağınıklık.

پرگنده pergende: 1.dağınık. 2.perakende.

پرگنه pergene: vergi alınan tarla.

پرگنه pergene: karışık parfüm.

پرگنه porgoneh: [por+goneh] günahkâr, günahı çok.

پرگو porgû: [por+goften>gû] çok konuşan, geveze, çalçene.

پرگوشت porguşt: [por+gûşt] 1.etine dolgun. 2.semirmiş.

پرگوشت شدن porguşt şoden: semirmek.

پرگوشتی porguştî: şişmanlık.

پرگوک pergûk: yüksek bina.

پرگوهر porgovher: mücevher dolu.

پرگوی porgûy: [por+goften>gûy] geveze, çalçene.

پرگویی porgûyî: [por+goften>gûy+î] gevezelik.

پرگویی کردن porgûyî kerden: gevezelik etmek, çok konuşmak.

پرگهر porguher: [por+guher] çok mücevherli, murassa.

پرگیا porgiyâ: çok yeşillikli, çok otlu.

پرگیاه porgiyâh: çok yeşillikli, çok otlu.

پرگیرودار porgîrudâr: kargaşalı.

پرلا perilâ (Mazenderan dili) bir tür küçük cins ördek.

پرلاف porlâf: ağzı dolu, çok konuşan.

پرلطایف porletâyif: (F.-A.) [por+letâyif] 1.şaka dolu. 2.rengârenk 3.güzel.

پرلمعان porlemeân: (F.-A.) [por+leme'ân] parıl parıl, aydınlık içinde.

پرلهیب porlehîb: (F.-A.) [por+lehîb] 1.harlı. 2.alevli.

پرلیال porleyâl: (F.-A.) [por+leyâl] gece dolu.

پرماجرا pormâcerâ: (F.-A.) [por+mâcerâ] serüven dolu.

پرماز pormâz: kırış kırış, buruş buruş.

پرماس permâs: 1.dokunma. 2.uzatma.

پرماسش permâsiş: dokunma, el sürme.

پرماسنده permâsende: dokunan, el süren.

پرماسه permâse: dokunma, el sürme.

پرماسیدن permâsîden: dokunmak, el sürmek.

پرماسیده dokunulmuş, el sürülmüş.

پرمان permân: buyruk, emir.

پرمان برداشتن perman ber dâşten: emre uymak.

پرمان یافتن permân yâften: 1.emir almak. 2.ölmek.

پرمان بردار permânbordâr: itaatkâr.

پرماه permâh: el bireyzi, el matkabı.

پرماه pormâh: [por+mâh] dolunay, ayın on dördü.

پرمایگی pormâyegî: **1.**akıllılık. **2.**ilim adamlığı. **3.**yücelik. **4.**soyluluk. **5.**zenginlik. **6.**hatırı sayılma. **7.**değerlilik. **8.**pahalılık.

پرمایه pormâye: **1.**akıllı. **2.**bilgin. **3.**yüce. **4.**soylu, asil. **5.**zengin, varlıklı. **6.**hatırlı. **7.**değerli. **8.**pahalı.

پرمخاطره pormuhâtere: (F.-A.) [por+ muhâtere] tehlikelerle dolu.

پرمخیدن permehîden: **1.**başına buyruk olmak. **2.**ana babayı üzmek.

پرمداخل pormedâhil: (F.-A.) [por+ medâhil] çok kazançlı.

پرمدعا pormoddeâ: (F.-A.) [por+ moddeâ] **1.**iddialı. **2.**kendini beğenmiş.

پرمر permer: **1.**bekleyiş. **2.**umut. **3.**bal arısı.

پرمشعله pormeş'ale: (F.-A.) [por+ meş'ale] ışıl ışıl, aydınlık.

پرمشعله شدن pormeş'ale şoden: ışıl ışıl olmak.

پرمشقت pormeşakkat: (F.-A.) [por+ meşakkat] güçlük dolu, meşakkatli.

پرمصرف pormasraf: (F.-A.) [por+ masraf] çok kullanılan, çok tüketilen.

پرمعاصی pormeâsî: (F.-A.) [por+me'âsî] günahkâr, günah içinde.

پر معالی porma'âlî: (F.-A.) [por+ma'âlî] yüksek düşüncelerle dolu.

پر معما pormuammâ: (F.-A.) [por+ muammâ] belirsizliklerle dolu.

پرمعنی porma'nî, pormâ'nâ: (F.-A.) [por+ma'nî] anlamlı, mânidar.

پرمغز pormagz: [por+magz] **1.**içli, özlü. **2.**içerikli.

پرمکر pormekr: (F.-A.) [por+mekr] hilekâr, çok hileci.

پر ملال pormelâl: (F.-A.) [por+melâl] bunaltıcı, üzücü, dramatik.

پرملالت pormelâlet: (F.-A.) [por+ melâlet] bunaltıcı, üzücü, dramatik.

پرمناعت pormenâet: (F.-A.) [por+ menâet] izzetinefis sahibi, onuruna düşkün.

پرمنش pormeniş: **1.**akıllı. **2.**değerli. **3.**olgun. **4.**kendini beğenmiş, mağrur. **5.**isyankâr.

پرمنش شدن pormeniş şoden: akıllı olmak.

پرمنفعت pormenfa'et: (F.-A.) [por+ menfaet] çok kazançlı, çok yararlı.

پرمنگنات pirmengenat: (Fr.) [permanganate] (kim.) permanganat. ‖ * ~ -i potasyum پرمنگنات پتاسیم (Kim.) potasyum permanganat.

پرمو pormû: çok kıllı.

پرمودن permûden: buyurmak, emretmek.

پرموده permûde: buyruk, emir.

پرمور permûr: bekleyiş.

پرمور permûr: bal arısı. ‖ * nakş-i ~ نقش پرمور bal peteği.

پرمون permûn: süs.

پرمون گرا permûngerâ: [permûn+ gerâyîden>gerâ] çevreci.

پرمون گرایی permûngerâyî: [permûn+ gerâyîden> gerâ+y+î] çevrecilik.

پرمه perme: matkap.

پرمه pirme: çalışma tembelliği.

پر مهابت pormehâbet: (F.-A.) [por+ mehâbet] heybetli.

پرمهالک pormehâlik: (F.-A.) [por+ mehâlik] tehlikelerle dolu.

پرمهر pormihr: sevgi dolu.

پرمهره permuhre: avcı kuşların midesinden çıkan tüy topu.

پرمهره کردن permuhre kerden: alıcı kuşların midelerini temizlemek için tüy yemeleri.

پرمهه pirmehe: çalışma tembelliği.

پر می pormey: **1.**şarap dolu. **2.**bir cins üzüm.

پرمیوگی pormîvegî: çok meyvalı olma hali.

پرمیوه pormîve: çok meyvalı.

پر میوه شدن pormîve şoden: çok meyva vermek.

پرن peren: **1.**Süreyya yıldızı, Pervin, Ülker. **2.**nakışlı atlas. **3.**toprak set.

4.dün.

پرنار pornâr: (F.-A.) [por+nâr] ateşli, ateş dolu.

پر ناز pornâz: [por+nâz] çok nazlı.

پرنازو غمزه pornâzugamze: cilveli, işveli.

پرنازی pornâzî: nazlılık, cilvelilik.

پرناک pernâk: çok tüylü.

پرنالش pornâliş: [por+nâliş] inilti dolu.

پرناله pornâle: [por+nâle] iniltili, inilti dolu.

پرنج perenc: pirinç.

پرنخوت pornahvet: (F.-A.) [por+nahvet] **1.**nazlı. **2.**kibirli.

پرند perend: (Peh.) **1.**ipek, saf ipek. **2.**desenli ipek. **3.**kılıç.

پرند perend: Pervin, Ülker.

پرند perend: önceki gece, evvelki gece.

پرند perend: Tahran civarında yetişen bir tür bodur ağaç.

پرند آور perendâver: [perend+âverden> âver] keskin kılıç, keskin hançer.

پرنداخ perendâh: sahtiyan.

پرندخ perendeh: sahityan.

پرندک perendek: sırt, küçük tepe.

پرندگان perendegân: [perende+g+ân] (zool.) uçucular, kuşlar.

پرندو perendû: önceki gece, evvelki gece.

پرندوار perendvâr: önceki gece, evvelki gece.

پرندوش perendûş: önceki gece, evvelki gece.

پرندوشین perendûşîn: önceki gece, evvelki gece.

پرندوشینه perendûşîne: [perendûş+îne] önceki geceye ait, önceki geceki.

پرندگان perendegân: kuşlar.

پرندون perendûn: önceki gece, evvelki gece.

پرنده perende: [perîden>per+ende] **1.**uçan. **2.**takla atan. **3.**av kuşu. **4.**kuş. **5.**sema eden mevlevî. ‖ * ~ per nezeden پرنده پر نزدن in cin top oynamak, cinler cirit atmak. ‖ * ~ -i deryâyî پرندهء دریایی (zool.) deniz kuşu.

پرنده باز perendebâz: [perende+bâhten> bâz] cambaz, perende atan.

پرنده شناسی perendeşinâsî: [perende+ şinâhten>şinâs+î] (zool.) ornitoloji.

پرنده ماهی perendemâhî: [perende+mâhî] (zool.) uçanbalık.

پرنده ناک perendenâk: [perende+nâk] kuşların yoğun olarak bulunduğu bölge.

پرندین perendîn: [perend+în] **1.**ipekli giysi. **2.**ipekli kumaş.

پر نشئه porneş'e: (F.-A.) [por+neş'e] neşeli, neş'e dolu.

پرنشاط porneşât: (F.-A.) [por+neşât] çok sevinçli.

پرنشاط شدن porneşât şoden: çok sevinmek, sevince boğulmak.

پر نضارت pornazâret: (F.-A.) [por+ nazâret] yemyeşil.

پرنطفه pornutfe: (F.-A.) menisi çok gelen.

پرنعمت porni'met: (F.-A.) [por+ni'met] nimet dolu, mal dolu.

پرنغمات pornagamât: (F.-A.) [por+ nagamât] nağmelerle dolu, ezgi dolu.

پرنفس pornefes: (F.-A.) [por+nefes] **1.**geveze. **2.**nefesi kuvvetli.

پرنفسی pornefesî: (F.-A.) [por+nefes+î] gevezelik.

پرنفوذ pornufûz: (F.-A.) [por+nufûz] nüfuzlu, sözü geçen.

پرنقش pornakş: (F.-A.) [por+nakş] **1.**nakışlı, işlemeli. **2.**rengârenk.

پرنگ pereng: **1.**iyi su verilmiş kılıç. **2.**kılıç parlaklığı, kılıç ışıltısı.

پرنگ pireng: pirinç, sarı.

پرنگار pornigâr: nakışlı, desenli.

پرنگ دادن pereng dâden: ışıldatmak, parıldatmak.

پرنم pornem: **1.**çok nemli. **2.**gözü yaşlı.

پرنمایش pornemâyiş: cafcaflı, allı pullu.

پرنمک pornemek: [por+nemek] **1.**tuzlu. **2.**alımlı, güzel.

پرنم کردن pornem kerden: 1.nemlendirmek. 2.ıslatmak.

پرنمکی pornemekî: alımlılık, cazibe.

پرنو pernû: nakışlı atlas, nakışlı ipek kumaş.

پرنور pornûr: (F.-A.) [por+nûr] ışık dolu, nurlu.

پرنون pernûn: nakışlı atlas, nakışlı ipek kumaş.

پر نهادن per nihâden: 1.âciz kalmak, pes etmek. 2.defetmek, kovmak, başından uzaklaştırmak.

پرنهیب pornehîb: (F.-A.) [por+nehîb] korku içinde.

پرنهیب شدن por nehîb şoden: çok korkmak.

پرنیان perniyân: (Peh.) 1.ipek. 2.nakışlı çin ipeği. 3.ipek kâğıt. 4.tablo. 5.(bot.) bir tür iyi cins üzüm. 6.(mec.) çim.

پرنیان بر perniyânber: [perniyân+ber] ipek tenli, yumuşak tenli.

پرنیان خو perniyânhû: [perniyân+hû] yumuşak huylu, iyi huylu.

پرنیان خوی perniyânhûy: [perniyân+hûy] yumuşak huylu, iyi huylu.

پرنیانی perniyânî: 1.ipekli. 2.atlas rengi. 3.kılıç.

پرنیخ pernîh: ince ve düz taş.

پرنیرنگ pornîreng: [por+nîreng] kurnazlık dolu, hile dolu.

پرو perv: Pervin, Ülker.

پرو prov, porov: (Fr.) [preuve] prova.

پروا pervâ: 1.korku. 2.güç, takat, hal. 3.fırsat. 4.istek. 5.kasıt. 6.sükûn. ‖ * ~ -yi emrî nedâşten پروای امری نداشتن aldırış etmemek, oralı olmamak, umursamamak.

پروا داشتن pervâ dâşten: 1.korkmak. 2.aldırış, teveccüh.

پروار pervâr: 1.besili, beslenmiş, semiz, semirmiş. 2.tahlil için alınan sidik.

پروار pervâr: 1.yazlık ev. 2.teras katı. 3.tütsülük, tütsü kabı. 4.raf. 5.hazine. 6.çatı tahtası.

پروارانیدن pervârânîden: beslemek.

پروار کردن pervâr kerden: semirtmek, toplatmak.

پروار گرفتن pervâr giriften: semirmek.

پرواره pervâre: besili, semiz.

پرواری pervârî: semirmiş, semiz, toplu.

پرواز pervâz: 1.uçma. 2.uçuş. 3.pervaz. ‖ * ~ -ı hâricî پرواز خارجی dış hat (uçak). ‖ * ~ -i âzmâyişî پرواز آزمایشی deneme uçuşu. ‖ * ~ -i çarter پرواز چهارتر çarter uçuşu. ‖ * ~ -i dâhilî پرواز داخلی iç hat (uçak). ‖ * ~ -i irtibâtî پرواز ارتباطی aktarmalı uçuş. ‖ * ~ -i nuzûlî پرواز نزولی alçalma uçuşu. ‖ * ~ -i ufkî پرواز افقی yatay uçuş. ‖ * be ~ âmeden به پرواز آمدن uçmak. ‖ * be ~ âverden به پرواز آوردن uçurmak. ‖ * be ~ der âmeden به پرواز در آمدن kalkmak, havalanmak. ‖ * be ~ der âverden به پرواز در آوردن uçurtmak. ‖ * hademe-i ~ خدمهء پرواز uçuş personeli, mürettebat.

پرواز دادن pervâz dâden: uçurmak.

پرواز زدن pervâz zeden: uçmak.

پرواز کردن pervâz kerden: uçmak.

پرواز گرفتن pervâz giriften: uçmak.

پروازکن pervâzkun: 1.uçan, uçucu, kuş. 2.turaç kuşu.

پروازه pervâze: 1.yol azığı. 2.ateşperestlerin düğün gecesi yaktıkları ateş. 3.gerdek gecesi gelin ile damadın başına saçılan ufalanmış altın varak. 4.ressamların kullandığı altın varak, zervarak.

پروازه گر pervâzeger: altın varakçı.

پروازی بازی pervâzîbâzî: raks.

پروازیدن pervâzîden: uçmak.

پرواس pervâs: 1.korku. 2.uçuş. 3.kurtuluş. 4.dokunma.

پرواسیدن pervâsîden: 1.korkmak. 2.dokunmak. 3.uçmak.

پرواضح porvâzih: (F.-A.) [por+vâzih] apaçık, aşikâr, gün gibi ortada.

پروا کردن pervâ kerden: 1.korkmak. 2.iltifat etmek, teveccüh etmek.

پروان pervân: ipek eğirme çarkı.

پروانجات pervânecât: (F.-A.) [pervâne+ c+ât] fermanlar,

ruhsatnameler.

پروانچه pervânçe: **1.**ferman. **2.**izin belgesi. **3.**padişah mührünün kullanılmadığı ferman. **4.**berat. **5.**ilkokul ve lise diploması.

پروانچی pervâneçi: (F.-T.) [pervâne+çi] hazinedar.

پروانک pervânek: [pervâne+k] **1.**karakulak. **2.**öncü.

پروانگان pervânegân: [pervâne+g+ân] **1.**pervaneler, pervane böcekleri. **2.**fırıldaklar, pervaneler.

پروانگی pervânegî: [pervâne+g+î] pervanelik, haciplik.

پروانه pervâne: [per+v+âne] **1.**(zool.) pervane. **2.**(zool.) kelebek. **3.**hâcet. **4.**delil. **5.**öncü. **6.**padişah fermanı.**7.**izin, ruhsat. **8.**geçiş izni. **9.**havale. **10.**(zool.) karakulak. **11.**ulak. **12.**rehber. **13.**berat. **14.**(mec.) mum ışığı. **15.**pervane (motor, uçak). **16.**uskur. **17.**(tas.) sâlik. **18.**(tas.) mürit. **19.**aşık.

پروانه آسا pervâneâsâ: [pervâne+âsâ] pervane gibi.

پروانه خو pervânehû: [pervâne+hû] kendini feda eden âşık.

پروانی pervânî: güreşte rakibin etrafında dönerek ayağını kapma oyunu.

پروای pervây: korku.

پر و بال perr u bâl: [per+u+bâl] **1.**kol kanat. **2.**güç, kudret.

پر و بال داشتن per u bâl dâşten: zorlu olmak, kudretli olmak.

پر و بال زدن per u bâl zeden: **1.**kanat çırpmak. **2.**ölmek.

آی پر وبال بزنی! geber inşallah!

پر و بال کردن per u bâl kerden: kuvvet kazanmak, güçlenmek, palazlanmak.

پروب purob: (İng.) prova.

پروب کردن purob kerden: prova yapmak.

پر و پا per u pâ: [per+u+pâ] **1.**olay. **2.**tesadüf. **3.**ayak. ‖ * ez ~ oftâden از پر و پا افتادن **1.**halsiz düşmek. **2.**yatışmak.

پر و پاچه per u pâçe: [per+u+pâçe] **1.**ayak. **2.**paça. ‖ * ~ -i kesî râ giriften پر و پاچهء کسی را گرفتن incitmek, üzmek, yakasından düşmemek.

پر و پا داشتن per u pâ dâşten: sağlam olmak, esaslı olmak.

پر و پا قرص per u pâ kurs: (F.-A.) [per+ u+pâ+kurs] **1.**sağlam, dayanıklı. **2.**fanatik, koyu, katı.

پر و پاکیزه per u pâkîze: [per+u+pâkîze] tertemiz.

پروپاگاند propagand: (Fr.) **1.**propaganda. **2.**mal satış ilanı.

پر و پایه per u pâye: [per+u+pâye] **1.**asıl, esas. **2.**ayak.

پر و پخش perupahş: [per+u+pahşîden> pahş] dağılmış, dağınık.

پروپر peruper: pır pır.

پر و پی per u pey: [per+u+pey] **1.**asıl, temel, esas. **2.**ayak.

پروپیمان porupeymân: ağzına kadar dolu.

پروپیمانه porupeymâne: ağzına kadar dolu.

پروتکل protokol: (Fr.) protokol.

پرور perver: [perverden>perver] besleyen, yetiştiren, eğiten.

پروران perverân: [perverden>perver+ân] besleyenler, yetiştirenler, eğitenler.

پرورانden perverânden: **1.**beslemek. **2.**eğitmek, terbiye etmek, yetiştirmek. **3.**yaratmak. **4.**sözü süslemek. **5.**bakmak, yetiştirmek.

پرورد perverd: [perverden>perverd] beslenmiş, yetişmiş, eğitilmiş.

پروردگار perverdigâr: [perverden> perverd+i+gâr] **1.**Tanrı, Allah. **2.**padişah. **3.**eğiten, eğitici. **4.**besleyen, besleyici.

پروردگاری perverdigârî: [perverden> perverd+i+gâr+î] Rablık, Allahlık.

پروردگان perverdegân: eski İran takviminde Âbân ayının son beş günü.

پروردن perverden: (Peh.) **1.**hazırlamak. **2.**eğitmek. **3.**beslemek. **4.**himaye etmek.

5.ibadet etmek. 6.koymak.

پرورده perverde: 1.beslenmiş. 2.eğitilmiş. 3.yetiştirilmiş. 4.iyi düşünülmüş.

پرورده شدن perverde şoden: 1.yetişmek, büyümek, yetiştirilmek, büyütülmek. 2.eğitilmek. 3.beslenmek.

پرورده کردن perverde kerden: beslemek, büyütmek, yetiştirmek.

پروردین perverdîn: Ferverdin ayı.

پرورش perveriş: (Peh.) [perverden> perver+iş] 1.eğitim, terbiye. 2.kültür. 3.yiyecek, gıda, besin. 4.soru.

پرورش آموخته perverişâmûhte: 1.peygamberler, velîler. 2.şairler, hatipler.

پرورش آموز perverişâmûz: [perveriş+ âmûhten> âmûz] 1.eğitimli, eğitim görmüş. 2.peygamber. 3.velî. 4.şair.

پرورش دادن perveriş dâden: eğitmek, yetiştirmek.

پرورشگاه perverişgâh: [perveriş+ gâh] eğitim tesisi.

پرورش یاب perverişyâb: [perveriş+ yâften>yâb] 1.beslenen. 2.yetiştirilen, eğitilen, terbiye edilen.

پرورش یافته perverişyâfte: [perveriş+ yâften> yâft+e] 1.beslenmiş. 2.yetiştirilmiş, eğitilmiş, terbiye edilmiş.

پرورنده perverende: [perverden>perver+ ende] 1.eğitmen. 2.yetiştirici.

پروره pervere: besili.

پروری perverî: [perverden>perver+î] 1.yiyecek, besin, gıda. 2.besili.

پروریدن perverîden: 1.yetiştirmek. 2.eğitmek. 3.beslemek. 4.büyütmek. 5.himaye etmek.

پروریده perverîde: 1.besili. 2.yetiştirilmiş.

پروز pervez: 1.yaygı. 2.gecelik. 3.renkli giysi. 4.soy sop. 5.pervaz.

پروزن pervezen: 1.delikli. 2.kalbur, elek.

پروژکتور projektor: (Fr.) [projecteur] projektör.

پروژه poroje: (Fr.) [projet] proje.

پروستریکا perostreyka (Rus.) perestroyka.

پروسی prusî: [prus+î] Prusyalı.

پروش perûş: (tıb.) sivilce.

پروفا porvefâ: (F.-A.) vefalı.

پروفرما proforma: (Fr.) proforma.

پروفیل profil: (Fr.) profil.

پر وقار porvekâr: (F.-A.) [por+vekâr] ağırbaşlı.

پروگرام program: (Fr.) [programme] program.

پروله تاریا proletarya: (Fr.) [proletariat] emekçi sınıfı, proletarya.

پرونجا pervencâ: [perven<pervende+câ] dosya dolabı.

پروند pervend: (Peh.) ipek, ibrişim.

پروندان pervendân: [perven<pervende+ ân] klasör.

پرونده pervende: 1.dosya. 2.kumaş topu. ‖ * ~ eş pîş-i men est پرونده اش پیش من است onun cemaziyelevvelini bilirim. ‖ * ~ -i sû-i pişînî پرونده سوء پیشینی sabıka dosyası.

پروه perve: Pervin, Ülker, Süreyya.

پرویز pervîz: (Peh.) [epervij] 1.zafer. 2.fatih. 3.erkek adı. 4.ikinci Sâsânî padişahı.

پرویز pervîz: kalbur, elek.

پرویزن pervîzen: elek, kalbur.

پرویزن گر pervîzenger: kalburcu, elekçi.

پرویش pervîş: 1.ihmal, gevşeklik. 2.tembellik.

پروین pervîn: Pervin, Ülker yıldızı.

پروین گسل pervîngusil: Süreyya yıldızlarını dağıtan.

پره pere, perre: (Peh.) [per+e] 1.ordu cenah, kanat, yan. 2.saf. 3.etek. 4.saman yaprağı. 5.kapı kanadı. ‖ * ~ -i bînî پرهء بینی burun kanadı. ‖ * ~ -i gûş پرهء گوش kulak memesi.

پره دادن pere dâden: (ask.) yana

çekilmek.

پرهازه perhâze: kav.

پرهختن perhihten: **1.**perhiz etmek. **2.**edeb vermek. **3.**bırakmak. **4.**boşaltmak.

پره دار perredâr: bir tür kilit.

پره داشتن perre dâşten: sarmak, kuşatmak, çevirmek.

پره زدن pere zeden: sarmak, kuşatmak, çevirmek.

پر هراس porherâs: [por+herâsîden> herâs] **1.**korku dolu, korkunç. **2.**çok korkak, ödlek.

پره زدن pere zeden: (ask.) sarmak, kuşatmak, çevrelemek.

پره کردن pere kerden: sarmak, kuşatmak, çevirmek.

پره کشیدن pere keşîden: sarmak, kuşatmak, çevirmek.

پر همت porhimmet: (F.-A.) [por+ himmet] **1.**himmetli, çalışkan. **2.**cesur. **3.**cömert.

پر همهمه porhomhome: [por+homhome] uğultulu, uğuldayan.

پرهنر porhoner: [por+honer] **1.**hünerli, maharetli. **2.**hilekâr.

پر هوا porhevâ: (F.-A.) [por+hevâ] 1.hava dolu. 2.isteklerle dolu.

پرهودن perhûden: solmak, sararmak, rengini yitirmek (güneş).

پرهوده perhûde: [perhûden>perhûd+e] **1.**saçma, zırva. **2.**ateşten sararmış eşya.

پرهوس porheves: çok hevesli, çok istekli.

پرهول porhevl: (F.-A.) [por+hevl] korkunç, korku dolu.

پرهون perhûn: **1.**daire. **2.**çember.

پر هون porhevn: (F.-A.) [por+hevn] değersiz şeylerle dolu.

پرهیاهو porheyâhû: [por+heyâhû] gürültülü.

پر هیجان porheyecân: (F.-A.) [por+ heyecân] heyecan dolu, heyecan içinde.

پرهیختن perhîhten: **1.**perhiz etmek. **2.**edeb vermek. **3.**bırakmak. **4.**boşaltmak.

پرهیز perhîz: (Peh.) [perhîhten>perhîz] **1.**perhiz. **2.**kaçınma. **3.**haramdan uzak durma. **4.**fark. **5.**ihtiyat. **6.**korku.

پرهیزانه perhîzâne: [perhîz+âne] **1.**perhiz yemeği, diyet yemeği. **2.**oruç.

پرهیزانیدن perhîzânîden: sakındırmak, kaçındırmak.

پرهیز جستن perhîz costen: kaçınmak, sakınmak, uzak durmak.

پرهیزخانه perhîzhâne: Safevî sarayında yer alan şerbet evi.

پرهیز شدن perhîz şoden: kaçınılmak.

پرهیز شکستن perhîz şikesten: perhizi bozmak.

پرهیزکار perhîzkâr: [perhîz+kâr] **1.**dindar, takva sahibi. **2.**ihtiyatlı. **3.**kâni.

پرهیزکارانه perhîzkârâne: dindarca, takva sahipleri gibi.

پرهیزکار شدن perhîzkâr şoden: dindar olmak, takva sahibi olmak, günahtan kaçınmak.

پرهیزکار گردانیدن perhîzkâr gerdânîden: takva sahibi olmasını sağlamak.

پرهیزکاری perhîzkârî: [perhîz+kâr+î] takva, sakınma, perhizkârlık.

پرهیزکاری کردن perhîzkârî kerden: sakınmak, günahtan uzak durmak.

پرهیز کردن perhîz kerden: **1.**kaçınmak, sakınmak, uzak durmak. **2.**korkmak.

پرهیزگار perhîzgâr: **1.**dindar, takva sahibi. **2.**ihtiyatlı. **3.**kâni.

پرهیزناک perhîznâk: **1.**dindar, takva sahibi. **2.**ihtiyatlı. **3.**kâni.

پرهیزیدن perhîzîden: sakınmak, kaçınmak, uzak durmak.

پری perî: (Peh.) **1.**peri. **2.**cin. **3.**dev. **4.**güzel kadın. **5.**kadın adı. **6.**bir tür yumuşak kumaş. **7.**şeytan. ‖ * ~ -i deryâyî پری دریایی deniz kızı.

پری perî: önceki, evvelki.

پری pirî: (Fr.) [prix] teşvik ödülü.

پری porî: **1.**doluluk. **2.**(tıb.) mide şişkinliği. ‖ * ~ -i şikem پری شکم **1.**mide şişkinliği. **2.**tokluk.

3.gebelik.
پرياخته poryâhte: çok hücreli.
پر ياره poryâre: (F.-T.) [por+yara] yaralı, yara bere içinde.
پرى افسا perîefsâ: [perî+efsâîden>efsâ] büyücü, afsuncu.
پرى افساى perîefsây: [perî+efsâyîden> efsây] büyücü, afsuncu.
پريان periyân: periler.
پرى بند perîbend: cinci.
پرى پو perîpû: peri ağızlı.
پرى پيكر perîpeyker: [perî+peyker] 1.peri gibi güzel. 2.güzel endamlı.
پريچه perîçe: halat yapımında kullanılan hurma lifi.
پريچهر perîçihr: [perî+çihr] güzel yüzlü, peri yüzlü.
پرى چهره perîçihre: [perî+çihre] güzel yüzlü, peri yüzlü.
پرى خان perîhân: (F.-T.) [perî+hân<hân-i perî] 1.peri padişahı. 2.bayan adı.
پرى خد perîhad: (F.-A.) [perî+had] peri yanaklı.
پرى خو perîhû: [perî+hû] peri huylu, iyi huylu.
پرى خوان perîhân: [perî+hânden>hân] peri çağıran, cinci, büyücü.
پرى خوانى perîhânî: cincilik, büyücülük.
پريدار perîdâr: [perî+dâşten>dâr] 1.perili. 2.cinli. 3.iyi saatte olsunlar. 4.mecnun. 5.şeytanın makamı.
پرى دخت perîduht: [perî+duht<duht-i perî] 1.peri kızı. 2.İran mitolojisinde Zal'ın annesi. 3.bayan adı.
پريدگى perîdegî: uçuş, uçma, uçukluk.
پريدگى porîdegî: doluluk.
پريدن perîden, perrîden: (Peh.) [perîten] 1.uçmak. 2.atlamak. 3.sıçramak. 4.zıplamak. 5.fırlamak. 6.koşmak, bir koşuda gitmek.7.seğrimek. 8.kırılmak. 9.buharlaşmak. ‖ * ~ -i cân-i kesî پريدن جان كسى ölmek. ‖ * ~ -i endâm پريدن اندام seğrimek. ‖ * ~ -i revân-i kesî پريدن روان كسى ölmek. ‖ * ber rûy-i kesî ~ بر روى كسى پريدن üstüne atılmak. ‖ * ez hâb ~ از خواب پريدن uykudan sıçramak. ‖ * hâb ez ser-i kesî ~ خواب از سر كسى پريدن uykusu dağılmak, uykusu kaçmak, uykusu başına sıçramak. ‖ * reng-i kesî ~ رنگ كسى پريدن rengi uçmak, beti benzi atmak, yüzü kireç gibi olmak.
پريدن porîden, porrîden: 1.dolmak. 2.yığılmak. 3.güç harcamak, zorlamak.
پريدنى perîdenî: uçucu.
پريدوش perîdûş: [perî+dûş] evvelki gece.
پريده perîde: [perîden>perîd+e] 1.uçmuş. 2.uçuk. 3.buharlaşmış. 4.yok olmuş. ‖ * reng-i ~ رنگ پريده uçuk renk, soluk.
پريده porîde, porrîde: dolu.
پريده رنگ perîdereng: [perîde+reng<reng perîde] rengi uçmuş, soluk, solgun.
پرى ديده perîdîde: [perî+dîden>dîd+e] cin tutmuş, cin çarpmış.
پرير perîr: evvelki gün.
پرى رخ perîruh: [perî+ruh] peri yüzlü.
پرى رو perîrû: peri yüzlü, güzel yüzlü.
پريروز perîrûz: evvelki gün.
پرى روى perîrûy: [perî+rûy] peri yüzlü, güzel yüzlü.
پريرى perîrî: evvelki.
پريرينه perîrîne: evvelkine ait.
پريز perîz: 1.bağırma. 2.su kenarında yetişen ot.
پريز perîz: kalbur, elek.
پريز piriz: (Fr.) [prise] priz. ‖ * ~ -i berk پريز برق priz.
پريزاد perîzâd: [perî+zâden>zâd] 1.perinin doğurduğu. 2.güzel çocuk, melek yüzlü çocuk. 3.peri kadar güzel.
پريزاده perîzâde: [perî+zâden>zâd+e] 1.perinin doğurduğu. 2.güzel

çocuk, melek yüzlü çocuk.

پری زدگی perîzedegî: cin çarpması.

پری زدن pirî zeden: uçmak.

پری زده perîzede: 1.cin çarpmış. 2.kâhin.

پریزن perîzen: kalbur, elek.

پریزه perîze: 1.kırmızı altın. 2.ekmek, taş ekmeği.

پری سا perîsâ: cinci.

پری سای perîsây: cinci.

پری سیرت perîsîret: (F.-A.) peri huylu, peri tavırlı.

پریش perîş: 1.perişan. 2.saçılmış. 3.dağıtan, saçan.

پریشان perîşân: 1.perişan. 2.dağınık. 3.karışık. 4.âvare, başıboş. 5.yoksul. ‖ * hâb-i ~ خواب پریشان 1.karışık rüya. 2.kâbus.

پریشان حال perîşânhâl: (F.-A.) [perîşân+ hâl] perişan.

پریشان حالی perîşânhâlî: (F.-A.) [perîşân+ hâl+î] perişanlık.

پریشان حواس perîşânhevâs: (F.-A.) [perîşân+hevâs] 1.aklı karışık. 2.dalgın.

پریشان خاطر perîşânhâtir: (F.-A.) [perîşân+hâtir] 1.aklı karışık. 2.dalgın.

پریشان خاطری perîşânhâtirî: (F.-A.) 1.akıl karışıklığı. 2.dalgınlık.

پریشان خوردن perîşân horden: vakitsiz yemek yemek.

پریشان خیال perîşânhiyâl: (F.-A.) [perîşân+hiyâl] hayal kırıklığına uğramış.

پریشان خیالی perîşânhiyâlî: (F.-A.) [perîşân+ hiyâl+î] hayal kırıklığı.

پریشان دل perîşândil: [perîşân+dil] perperişan, parişan halli.

پریشان رو perîşânrev: itaatsiz, başına buyruk.

پریشان روزگار perîşânrûzgâr: kötü durumda olan, kötü gün geçiren.

پریشان ساختن perîşân sâhten: 1.perişan etmek. 2.dağıtmak, karıştırmak.

پریشان شدن perîşân şoden: 1.perişan olmak. 2.dökülmek. 3.dağılmak. 4.saçılmak. 5.yoksullaşmak, sefil perişan olmak. 6.muzdarip olmak.

پریشان فکر perîşânfikr: (F.-A.) [perîşân+ fikr] 1.aklı karışık, kafası karışık. 2.muzdarip.

پریشان فکرت perîşânfikret: (F.-A.) [perîşân+fikret] 1.aklı karışık, kafası karışık. 2.muzdarip.

پریشان کردن perîşân kerden: 1.perişan etmek. 2.dağıtmak. 3.karıştırmak. 4.dökmek. 5.yoksullaştırmak. 6.allak bullak etmek. 7.saçmak.

پریشان گفتار perîşângoftâr: saçmalayan, abuk sabuk konuşan.

پریشان گفتن perîşân goften: abuk subuk konuşmak, saçmalamak, zırvalamak, ne dediğini bilmemek.

پریشانی perîşânî: [perîşân+î] 1.perişanlık. 2.dağınıklık. 3.düzensizlik. 4.yoksulluk. ‖ * ez zûr-i ~ از زور پریشانی efkârından.

پریشانیدن perîşânîden: 1.dağıtmak. 2.saçmak. 3.tarümar etmek. 4.perişan etmek. 5.yoksullaştırmak, perperişan etmek.

پریشاه رخ perîşâhruh: bir tür incir kuşu.

پریشب perîşeb: [perî+şeb] evvelki gece.

پریش کردن perîş kerden: dağıtmak, saçmak.

پریشم perîşem: ipek.

پریشن perîşen: perişan, dağınık.

پریشندگی perîşendegî: dağınıklık.

پریشنده perîşende: dağıtan.

پریشیدگی perîşîdegî: dağınıklık.

پریشیدن perîşîden: 1.yoksullaştırmak, eli darda bırakmak, perperişan etmek. 2.muzdarip etmek.

پریشیده perîşîde: dağınık.

پری صورت perîsûret: (F.-A.) [perî+ sûret] peri yüzlü.

پری فش perîfeş: [perî+feş] peri gibi.

پری گرفتن perî girifen: cin çarpmak, cin tutmak.

پری گرفته perî girifte: [perî+giriften> girift+e] cinli, cin tutmuş, cin çarpmış.

پری لقا perîlikâ: (F.-A.) [perî+likâ] peri yüzlü, güzel yüzlü.

پریموور primimovir: (Fr.) (bot.) çuha çiçeği.

پرینژاد perînijâd: [perî+nijâd] **1.**peri soylu. **2.**sevgili, maşuk. **3.**güzel yüzlü.

پرینه perîne: evvelki günkü.

پری وار perîvâr: [perî+vâr] peri gibi.

پری وش perîveş: [perî+veş] peri yüzlü, güzel yüzlü, güzel.

پر یورت por yurt: (F.-T.) [por+yurt] çok odalı.

پری وش perîveş: [perî+veş] peri gibi.

پریون peryûn: (tıb.) uyuz hastalığı.

پز pez: [pohten>pez] **1.**pişiren, pişirici. **2.**pişmiş.

پز poz: (Fr.) [pose] poz. ‖ * ~ -i âlî ve cîb-i hâlî پز عالی و جیب خالی zengin görünüşlü fakir, züğürt ağa.

پزا pezâ: çabuk pişen.

پزائیدن pezâîden: pişirmek.

پزاندن pezanden: pişirmek.

پزاننده pezânende: pişiren, pişirici.

پزانیدن pezânîden: **1.**pişirmek. **2.**sivilceyi veya çıbanı olgunlaştırmak.

پزاوه pezâve: seramik fırını.

پزایی pezâyî: pişirmelik.

پزاییدن pezâyîden: pişirmek.

پز آمدن poz âmeden: **1.**poz vermek. **2.**poz atmak, gösteriş yapmak, havalara girmek, çalım satmak. **3.**(argo) hava basmak.

پز دادن poz dâden: **1.**poz vermek. **2.**poz atmak, gösteriş yapmak, havalara girmek, çalım satmak. **3.**(argo) hava basmak.

پزداغ pezdâg, pizdâg, pozdâg: cila kabı.

پزدک pezdek: (Peh.) [pezduk] (zool.) kımıl, buğday haşeresi.

پزش peziş: [pohten>pez+iş] pişirme.

پزشک pezeşk: baykuş.

پزشک pizişk: (Peh.) [biceşk] doktor, hekim. ‖ * ~ -i kânûnî پزشک قانونی hükümet tabibi. ‖ * ~ -i nigehbân پزشک نگهبان nöbetçi doktor. ‖ * ~ -i umûmî پزشک عمومی pratisyen doktor.

پزشک خانه pizişkhâne: muayenehane.

پزشک دستیار pizişk destyâr: tabip yardımcısı, asistan.

پزشکی pizişkî: (Peh.) [pizişk+î] doktorluk, hekimlik, tabiplik. ‖ * ~ -i kânûnî پزشکیء قانونی adlî tıp, morg. ‖ * dânişkede-i ~ دانشکدهء پزشکی tıp fakültesi. ‖ * taht-i murâkebethâ-yi ~ karâr dâden تحت مراقبت های پزشکی قرار دادن tedavi altına almak. ‖ * taht-i murâkebethâ-yi ~ karâr giriften تحت مراقبت های پزشکی قرار گرفتن tedavi altına alınmak.

پزشکیار pizişkyâr: [pizişk+yâr] tabip yardımcısı, asistan.

پزشکیاری pizişkyârî: tabip yardımcılığı.

پزشکی کردن pizişkî kerden: doktorluk yapmak, hekimlik yapmak.

پزغند pozgend: deri tabaklamakta kullanılan bir alet.

پزندگی pezendegî: pişiricilik, aşçılık.

پزنده pezende: [pohten>pez+ende] **1.**ahçı, aşçı. **2.**(tıb.) merhem.

پزوا pozvâ: kirli elbiseli yoksul.

پزوایی pozvâyî: **1.**çok zayıf, gevşek. **2.**hamiyetsiz.

پزوی pozvî: insanların en sefili.

پزهان pozhân: arayan, soran.

پزیدگی pezîdegî: pişkinlik.

پزیدن pezîden: **1.**pişmek. **2.**olgunlaşmak (meyva).

پژ pej: **1.**dağbaşı. **2.**(coğ.) engebeli arazi. **3.**paçavra, yırtık pırtık, eski püskü. ‖ * ser ~ giriften سر پژ گرفتن (alay yolu) bir işi iyi veya kötü bitirmek.

پژ pej: kirli.

پژ poj: küçük kar tanesi.

پژاگن pejâgen: **1.**çirkin. **2.**pis, bulaşık. **3.**lâyık olmayan.

پژاون pejâven: **1.**kapı sürgüsü, kapı kolonu. **2.**çamaşır tokacı.

پژاوند pejâvend: **1.**kapı sürgüsü, kapı kolonu. **2.**çamaşır tokacı.

پژاوه pejâve: seramik fırını.

پژپژ poj poj: çobanların kuzu sevme sesi.

پژردگی pijurdegî: çocuk bakımı.

پژردن pijorden: 1.çocuğa bakmak. 2.hasta veya yaşlıya bakmak.

پژرنده pijurende: bakıcı.

پژگاله pejgâle: 1.hisse. 2.yama. 3.yırtık.

پژم pejm: 1.sis. 2.duman.

پژمان pijmân: (Peh.) 1.kederli, üzgün. 2.pişman. 3.umutsuz. 4.mahmur. 5.korkmuş. 6.nefret eden.

پژمراندن pijmurânden: 1.üzmek, gücendirmek. 2.kurutmak.

پژمردگی pijmordegî: [pijmorden> pijmord+e+g+î] 1.solgunluk. 2.üzüntü. 3.solukluk.

پژمردن pijmorden: 1.solmak. 2.üzülmek. 3.kurumak. 4.değişmek.

پژمرده pijmorde: [pijmorden> pijmord+e] 1.solgun. 2.soluk. 3.kederli, üzgün. 4.taravetsiz.

پژمرده حال pijmurdehâl: (F.-A.) [pejmurde+hâl] üstü başı dökülen, pejmürde.

پژمرده دل pijmurdedil: [pijmurde+dil] gönlü yaralı.

پژمرده شدن pijmorde şoden: 1.solmak. 2.solgunlaşmak.

پژمرده قیافت pijmurdekıyâfet: (F.-A.) [pejmurde+ kıyâfet] üstü başı dökülen, pejmürde.

پژمرده کردن pijmorde kerden: 1.soldurmak. 2.üzmek. 3.kurutmak.

پژمریدن pijmurîden: soldurmak, üzmek.

پژمریده pijmurîde: [pijmurîden> pijmurîd+e] soluk, solgun, sönük.

پژن pejen: çaylak.

پژند pejend: yaban hıyarı.

پژواک pejvâk: yankı.

پژوژ pejûj: ısrar, zorlama.

پژوژناک pejûjnâk: ısrarcı.

پژول pejûl: 1.aşık kemiği. 2.kadın memesi. 3.bilye. 4.fındık.

پژولاندن pijûlanden: 1.dağıtmak, perişan etmek. 2.eziyet etmek, üzmek.

پژولانیدن pijûlânîden: 1.dağıtmak, perişan etmek. 2.eziyet etmek, üzmek.

پژول باز pejûlbâz: aşık oynayan.

پژول بازی pejûlbâzî: aşık oyunu.

پژولش pejûliş: 1.dağınıklık. 2.solukluk.

پژولیدن pijûlîden: 1.solmak. 2.perişan olmak. 3.karışmak. 4.dağılmak. 5.araştırmak. 6.nasihat etmek.

پژولیده pijûlîde: [pejûlîdn>pejûlîd+e] 1.soluk, solgun. 2.dağınık, karışık.

پژوم pejûm: 1.yoksul. 2.düşkün, itibarsız.

پژوند pejvend: 1.kapı sürgüsü. 2.kapı kolonu. 3.pezevenk.

پژوه pijûh: [pijûhîden>pijûh] 1.araştıran. 2.araştırma.

پژوهانه pijûhâne: [pijûhîden>pijûh+âne] araştırma ücreti.

پژوهش pijûhiş: [pijûhîden>pijûh+iş] 1.araştırma. 2.bilimsel araştırma. 3.temyiz. 4.casusluk. 5.istînaf.

پژوهش خوانده pijûhişhânde: [pijûhiş+ hâhnedn>hând+e] (huk.) davalı (temyizde).

پژوهش خواه pijûhişhâh: [pijûhiş+ hâsten>hâh] (huk.) davacı (temyizde).

پژوهش کردن pijûhiş kerden: araştırma yapmak, araştırmak.

پژوهشگاه pijûhişgâh: [pijûhiş+gâh] akademi.

پژوهشگر pijûhişger: [pijûhiş+ger] 1.araştırmacı. 2.akademisyen.

پژوهندگی pijûhendegî: araştırma.

پژوهنده pijûhende: [pijûhîden>pijûh+ ende] araştıran.

پژوهیدن pijûhîden: (Peh.) [petvihîten] araştırmak, incelemek, aramak, arayıp taramak. ‖ * bâ yekdîger ~ با یکدیگر پژوهیدن sohbet etmek, tartışmak.

پژوهیدنی pijûhîdenî: araştırmaya değer.

پژوهیده pijûhîde: [pijûhîdn>pijûhîd+e] 1.araştırılmış, soruşturulmuş. 2.olgun, aklı başında.

پژوهیده شدن pij"uhîde şoden: araştırılmak.

پژوین pejvîn: **1.**kirli, pis. **2.**çirkin.

پژهان pojhân: arzu, dilek.

پژهان بردن pojhân borden: gıpta etmek.

پژیدن pejîden: pişirmek.

پس pes: **1.**arka. **2.**sonra. **3.**geri. **4.**o zaman, bunun üzerine. **5.**peki, öyleyse. **6.**o halde, şu halde, bu durumda. 7.bu yüzden. ‖ * ez ~ efkenden از پس افکندن geciktirmek, tehir ettirmek. ‖ * ez ~ -i çîzî yâ kesî ber âmeden از پس چیزی یا کسی بر آمدن bir şeyin veya birinin üstesinden gelmek, baş etmek, başa çıkmak. ‖ * ez ~ der âmeden از پس در آمدن arkasından gelmek, peşinden gelmek. ‖ * herçi ~ ter gondeter هرچه پس تر گنده تر gelen gideni aratır.

پس آب pesâb: [pes+âb] **1.**meyve suyu kalıntısı. **2.**süzülmüş su.

پس آمدن pes âmeden: geri dönmek, geri gelmek.

پس آنگاه pes angâh: [pes+ân+gâh] **1.**ondan sonra.

پس آنگه pesangeh: [pes+ân+geh] sonra, daha sonra, ondan sonra.

پس آوردن pes âverden: geri getirmek.

پسا pesâ: vakit.

پساپس pesâpes: arka arka.

پساپیش pesâpîş: [pes+â+pîş] önü ardı, etraf, çevre.

پساپیش شدن pesâpîş şoden: yer değiştirmek.

پساچین pesâçîn: derimden sonra ağaçta kalan meyvalar.

پسادست pesâdest: [pes+â+dest] veresiye.

پس از pes ez: [pes+ez] -den sonra.

پس از آن pes ez ân: [pes+ez+ân] ondan sonra.

پس از آنکه pes ez anki: [pes+ez+ân+ki] -dıktan sonra.

پس از اندکی pes ez endekî: [pes+ez+endek+î] kısa bir süre sonra.

پس از این pes ez in: [pes+ez+în] bundan sonra.

پس از اینکه pes ez inki: [pes+ez+in+ki] -dikten sonra.

پس از چند لحظه pes ez çend lahza: (F.-A.) [pes+ez+çend+lahza] bir süre sonra.

پس از چندی pes ez çendî: [pes+ez+çend+ î] bir süre sonra.

پس از لختی pesezlahtî: [pes+ez+laht+î] bir süre sonra, kısa bir süre sonra.

پس افت pes oft: [pes+oftâden>oft] **1.**zahire. **2.**gecikme (taskit, kira, borç).

پس افتادن pes oftâden: **1.**geride kalmak. **2.**gecikmek. **3.**nüksetmek. **4.**sırtüstü düşerek ölmek.

پس افکندن pes efkenden: **1.**biriktirmek. **2.**zahire yapmak. **3.**geciktirmek. **4.**miras bırakmak.

پساک pesâk: çiçeklerden yapılan taç.

پسان پریروز pesânperîrûz: dünden üç gün önce.

پسان پریشب pesânperîşeb: dün geceden üç gece önce.

پسان پیرارسال pesânpîrârsâl: geçen yıldan üç yıl önce.

پس انداختن pes endâhten: **1.**geciktirmek. **2.**zamanında ödememek (taksit, borç). **3.**(tıb.) regl gecikmek. **4.**çocuk doğurmak. **5.**tasarruf etmek.

پس انداز pesendâz: [pes+endâhten> endâz] birikim, tasarruf.

پس انداز کردن pesendâz kerden: tasarruf etmek, biriktirmek.

پسان فردا pesânferdâ: yarından iki gün sonra.

پسان فرداشب pesânferdâşeb: yarın akşamdan iki akşam sonra.

پسانیدن pesânîden: sulamak, su vermek.

پساوند pesâvend: [pes+â+vend] **1.**(gr.) son ek. **2.**(ed.) kafiye.

پس اینطور pes intovr: (F.-A.) [pes+in+tovr] demek öyle, ya!

پس باختن pes bâhten: kumarda kazanılanı kaybetmek.

پس بردار pesberdâr: [pes+berdâşten> berdâr] hanımın uzun eteğini tutan hizmetkâr.

پس بردن pes borden: **1.**geriye

götürmek. **2.**geri dönmek.

پس پا شدن pes-i pâ şoden: geri geri gitmek.

پس پایگی رفتن pespâyegî reften: geri geri gitmek.

پس پایه pespâye: [<pest+pâye] **1.**değersiz, sıradan, ayağa düşmüş. **2.**ayak takımından, aşağılık.

پس پرده pes-i perde: **1.**ev. **2.**haremlik. **3.**gayb âlemi. **4.**gizli, gizlice. **5.**arka, perde arkası.

پس پریروز pes perîrûz: daha evvelki gün, dünden iki gün önce.

پس پریشب pesperîşeb: geçen geceden iki gün önce.

پس پشت pes-i poşt: peşi sıra, ardı sıra, peşi, ardı.

پس پیرارسال pespîrâr sâl: üç yıl önce.

پست pest: **1.**aşağı. **2.**alçak. **3.**alt. **4.**alçaklık. **5.**düşük. **6.**kısa. **7.**hemzemin. **8.**harap. **9.**yok olmuş. **10.**değersiz. **11.**kökünden. **12.**çabuk. **13.**sade. **14.**muzdarip. **15.**acı. **16.**lezzetsiz. **17.**zayıf, gevşek. **18.**habersiz. **19.**nefret etmiş. **20.**uygunsuz. ‖ * be ~ âverden به پست آوردن düşük göstermek, alçak göstermek. ‖ * ~ u bulend-i dunyâ dîde پست و بلند دنیا دیده görmüş geçirmiş, deneyimli, tecrübeli.

پست pist, pest: **1.**un. **2.**kavut. ‖ * ~ horden u nây zeden behem râst neyâyed پست خوردن و نای زدن بهم راست نیاید ağızda kavutla ney çalınmaz.

پست post: (Fr.) posta. **2.**postacı. **3.**makam. **4.**karakol. ‖ * ~ -i jandarm پست ژاندارم jandarma karakolu. ‖ * ~ -i sefârişî پست سفارشی taahhütlü (mektup).

پستا pestâ: (Peh.) **1.**sıra, nöbet. **2.**kere, kez, defa. **3.**zahire.

پستان pistân: (Peh.) meme. ‖ * ~ -i mâder râ gâz kerden پستان مادر را گاز کردن nankörlük etmek. ‖ * ~ ser-i dest giriften پستان سر دست گرفتن **1.**beddua etmek, lanet okumak. **2.**beddua ederken elini göğsüne koymak.

پستان بند pistânbend: [pistân+besten>bend] sütyen.

پستان دادن pistân dâden: emzirmek.

پستاندار pistândâr: [pistân+dâşten>dâr] (zool.) memeli.

پستانداران pistândârân: [pistân+dâşten> dâr+ân] **1.**(zool.) memeliler. **2.**(zool.) suda yaşayan memeliler.

پستان درد pistânderd: [pistân+derd] (tıb.) bir tür meme hastalığı.

پستانک pistânek: [pistân+ek] **1.**emzik. **2.**(bot.) iğde.

پستانک خوردن pistânek horden: emzik emmek, emzik kullanmak.

پستانک مکیدن pistânek mekîden: emzik emmek.

پستایی pestâyî: **1.**geri düşüş. **2.**dikilmek üzere kesilip hazırlanmış ayakkabı derisi, saya.

پستایی ساز pestâyîsâz: sayacı.

پستایی سازی pestâyîsâzî: sayacılık.

پستایی کردن pestâyî kerden; tasarruf etmek, biriktirmek.

پست بالا pest bâlâ: [pest+bâlâ] kısa boylu.

پست بخت pestbaht: [pest+baht<baht-i pes] bahtı kara, bahtsız.

پشت بینی pestbînî: [pest+dîden>bîn+î] kıt görüşlü.

پست پایگان pestpâyegân: [pest+pâye+g+ân] ayak takımı, aşağılıklar.

پست پایه pestpâye: [pest+pâye] aşağılık, pespaye, adi, ayak takımından.

پست پرده pestperde: [pest+perde<perde-i pest] hafif, yavaşça.

پست پست pest pest: az az, yavaş yavaş.

پستچی postçî: (Fr.-T.) [post+çi] postacı.

پستخانه posthâne: (Fr.-F.) [post+hâne] postane.

پست دادن post dâden: sırayla nöbet tutmak.

پستر pester: **1.**daha geride. **2.**en aşağı, en alçak.

پس ترک pesterek: az geride.

پست رفتار pestreftâr: gevşek halli, davranışlarında özensiz olan.

پس رفتن pes reften: geri gitmek, gerilemek.

پست سرین küçük sağrılı.

پست شدن pest şoden: alçalmak, sığlaşmak, suyu çekilmek.

پست صدا pestsadâ: (F.-A.) [pest+sadâ <sadâ-yi pest] hafif ses, alçak ses.

پست طینت pesttînet: (F.-A.) [pest+tînet <tînet-i pest] karaktersiz, tıynetsiz.

پست فروش pistfurûş: uncu.

پست فطرت pest fıtrat: (F.-A.) [pest+ fıtrat] aşağılık, rezil, nankör, cibilliyetsiz.

پست قامت pestkâmet: [pest+kâmet] kısa boylu.

پست قد pestkadd: (F.-A.) [pest+kad] kısa boylu.

پستک pestek: [pest+ek] 1.kısa boylu. 2.yelek.

پست کردن pest kerden: 1.aşağı atmak. 2.yerle bir etmek. 3.kısaltmak. 4.kesmek. 5.harap etmek. 6.zelil etmek. 7.öldürmek. 8.ezip yok etmek.

پست کردن post kerden: postalamak, yollamak, göndermek.

پست گردیدن pest gerdîden: 1.alçalmak. 2.hemzemin olmak.

پستنکارانه pestenkerâne: [<pest+kâr+âne] değersiz sözler ederek, saçmalayarak, zırvalayarak.

پست گشتن pest geşten: 1.alçalmak. 2.hemzemin olmak.

پستنک pistenek: 1.emzik. 2.üvez ağacı.

پستو pestû: sandık odası, ardiye.

پست ور pestver: [pest+ver] kısa boylu.

پسته piste: 1.(bot.) fıstık. 2.sevgilinin fıstığı andıran dudakları. ‖ * ~ -i zemînî پستهء زمینی (bot.) yer fıstığı. ‖ * magz-i ~ مغز پسته 1.fıstık içi. 2.sevgilinin ağzı.

پسته بن pistebun: [piste+bun] fıstık ağacı.

پسته دهان pistedehân: [piste+dehân] (kin.) ağzı küçük sevgili.

پسته دهن pistedehen: [piste+dehen] fıstık ağızlı, ağzı fıstığa benzeyen güzel.

پسته لب pisteleb: [piste+leb] küçük ağızlı, küçük dudaklı.

پسته یی pisteyî: [piste+y+î] 1.fıstık yeşili. 2.fıstıkçı. 3.fıstık gibi.

پستی pestî: [pest+î] 1.alçaklık. 2.(coğ.) alçak arazi, alçak zemin. 3.çukur. 4.alçalma, iniş. 5.çöküş. 6.zavallılık. ‖ * be ~ oftâden به پستی افتادن alçalmak, zavallılaşmak.

پستی گرفتن pestî giriften: 1.aşağı inmek. 2.irtifa kaybetmek, alçalmak. 3.kısalmak. 4.çökmeye yüz tutmak.

پس چه که pesçiki: [pes+çi+ki] tabiî ki.

پس خانه peshâne: 1.ev içi. 2.şahların, emirlerin arkadan gönderilen eşyası.

پس خریدن pes harîden: satılanı tekrar geri almak.

پس خواستن pes hâsten: 1.geri istemek. 2.geri çağırmak.

پس خواندن pes hânden: geri çağırmak.

پس خور peshor: 1.artık yiyen. 2.yemek artığı.

پس خورد peshord: yemek artığı.

پس خورده peshorde: yemek artığı.

پس خیز peshîz: güreş öğrencisi.

پس دادن pes dâden: 1.geri vermek, iade etmek. 2.sızdırmak. 3.verilen dersi hocaya anlatmak.

پس درد pesderd: [pes+derd] (tıb.) doğum sonrası ağrılar.

پس دست pes-i dest: elin tersi.

پس دست کردن pes-i dest kerden: 1.biriktirmek, tasarruf etmek. 2.gizlemek.

پس دوزی pesdûzî: [pes+dûhten>dûz+î] bastırma dikişi, sürfle.

پسر peser, piser: (Peh.) [puser] 1.oğul, erkek çocuk. 2.evlat. 3.oğlum.

پس ران pesrân: deve sürücüsü,

deveci.

پسر اندر peserender: [peser+ender] üvey oğul.

پس راندن pes rânden: geri püskürtmek.

پسرانه peserâne: erkek çocuklarına mahsus.

پسر بچه peserbeççe: [peser+beççe] 1.erkek çocuk. 2.ahlâksız, kötü işli çocuk.

پسرچه peserçe: [peser+çe] küçük oğlan, küçük çocuk.

پسرخالو peserhâlû: [peser+hâlû] dayızade, dayıoğlu.

پسرخاله peserhâle: [peser+hâle] teyzeoğlu, teyzezade. ‖ * ~ -i deste-i dîzî پسرخالهء دستهء دیزی (şaka yollu) yakın akraba.

پسرخواندگی peserhândegî: oğulluk.

پسرخوانده peserhânde: [peser+hânden> hând+e] evlatlık, evlatlık oğul.

پسردایی peserdâyî: [peser+dâyî] dayıoğlu.

پسرزا peserzâ: [peser+zâîden>zâ] hep oğlan doğuran kadın.

پسرزاده peserzâde: [peser+zâden>zâd+e] 1.torun. 2.tüyü çıkmamış oğlan.

پس رس pesres: [pes+resîden>res] geç olgunlaşan meyva.

پسرعم peser emm: [peser+emm] amcaoğlu, kuzen.

پسرعمو peser emû: [peser+emû] amcaoğlu, kuzen.

پسرعمه peser emme: [peser+emme] hala oğlu, kuzen.

پس رفتن pes reften: 1.geri gitmek. 2.tenezzül etmek. 3.yozlaşmak. 4.aralanmak.

پسرک peserek: [peser+ek] oğlancık, çocukcağız. ‖ * ~ -i gumnâm پسرک گمنام jigolo.

پسرگر peserger: [peser+ger] oğul doğuran.

پسرگیر pesergîr: [peser+giriften>gîr] evlatlık oğul.

پسرو pesrev: [pes+reften>rev] 1.arkadan giden, geriden giden. 2.uşak, hizmetçi.

پسرو peserû: [peser+û] küçük oğlan çocuğu.

پسروار peservâr: [peser+vâr] 1.erkek çocuğu gibik 2.mirasta erkek çocuğun payı.

پس رونده pesrevende: geri çekilen.

پس روی pesrovî: [pes+reften> rev=rov+î] 1.yozlaşma. 2.izleme.

پس روی کردن pesrovî kerden: 1.yozlaşmak. 2.izlemek, peşinden gitmek, uymak.

پسری peserî: [peser+î] oğulluk.

پسریچه peserîçe: [peser+î+çe] 1.küçük erkek çocuğu. 2.oğlan, homoseksüel erkek çocuğu.

پسری کرده peserî kerde: evlatlık oğul.

پسرینه peserîne: [peser+îne] erkek evlat.

پس زدن pes zeden: 1.itmek, geri itmek. 2.geri tepmek. 3.uzaklaştırmak. 4.geride bırakmak.

پس زنده peszinde: [pes+zinde] arta kalmış, hâlâ yaşamaya devam eden, yaşayan son örnekler.

پس ستاندن pes sitânden: geri almak.

پس سو pessû: [pes+sû] arka, arka taraf.

پس شاشیدن pes şâşîden: 1.hastalık nüksetmek. 2.gerilemek, geriye gitmek.

پس شام pesşâm: [pes+şâm] sahur yemeği.

پس طلبیدن pes talebîden: geri istemek.

پسغده pesegde: (Sogdça) hazır, yapılmış, âmâde.

پس غیژیدن pes gîjîden: geriye doğru emekleyerek yürümek.

پس فتادن pes fotâden: 1.geride kalmak, geri düşmek. 2.hastalık nüksetmek.

پس فردا pesferdâ: [pes+ferdâ] yarından sonra.

پس فردا شب pesferdâşeb: [pes+ferdâ+şeb] yarından sonraki akşam.

پس فرستادن pes firistâden: **1.**geri göndermek. **2.**geri döndürmek.

پس فروختن pes furûhten: satın alınan malı satıcıya geri satmak.

پس فکندن pes fikenden: geri atmak.

پس قد peskadd: (F.-A.) [pes+kadd] kısa boylu.

پس قراول peskarâvul: (F.-T.) [pes+karâvul] (ask.) artçı.

پس کردن pes kerden: **1.**geride bırakmak, katetmek. **2.**bir kenara çekmek, ayırmak.

پس کشیدن pes keşîden: geri çekmek.

پس کله peskelle: [pes+kelle] ense.

پس کوچه pes kûçe: [pes+kûçe] **1.**ara sokak. **2.**arka sokak.

پس کوهه peskûhe: [pes+kûh+e] eyerin arka tarafı.

پس گذاشتن pes gozâşten: geride bırakmak.

پس گرایی pesgerâyî: [pes+gerâyîden> gerây+î] yozlaşma.

پس گردن pes-i gerden: ense.

پس گردنی pesgerdenî: ense tokadı.

پس گردنی زدن pesgerdenî zeden: enseye tokat atmak.

پس گرفتن pes giriften: geri almak. **2.**ödül almak. ‖ * ~ -i ders ez şâgird پس گرفتن درس از شاگرد verilen dersi öğrenciye sormak, sözlüye çekmek.

پس گفتن pes goften: cevap vermek.

پس گوش نهادن pes-i gûş nihâden: kulak ardı etmek.

پس لشکر pes-i leşker: **1.**(ask.) artçı. **2.**(ask.) ordunun geride kalan kısmı.

پسله pesele: **1.**gizli. **2.**zula.

پسله خور peselehor: [pesele+horden> hor] başkalarının yanında az, tenhada çok yemek yiyen.

پس ماند pesmând: [pes+mânden>mând] **1.**atık madde. **2.**artık madde.

پس ماندن pes mânden: geride kalmak, geri düşmek, geri kalmak.

پس مانده pesmânde: [pes+mânden> mând+e] **1.**geride kalmış, geri kalmış. **2.**artık. **3.**yemek artığı. **4.**döküntü. **5.**artık, artmış, bakiye, arta kalan.

پس مانده خور pesmândehor: [pesmânde+ horden> hor] artık yiyen.

پسند pesend: (Peh.) [pesendîden> pesend] **1.**beğenme, beğeni. **2.**makbul. **3.**methedilmiş. **4.**kalite. **5.**güzel.

پسند آمدن pesend âmeden: **1.**makbul olmak. **2.**beğenilmek.

پسندانه pesendâne: [pesendîden>pesend+ âne] beğenerek.

پسندر posender: [pos<poser+ender] evlatlık, üvey oğul.

پسند کردن pesend kerden: **1.**beğenmek. **2.**tercih etmek.

پسندگار pesendgâr: [pesendîden>pesend+ gâr] hoşlanan, beğenen.

پسندیدن pesendîden: (Peh.) **1.**beğenmek. **2.**kabul etmek. **3.**seçmek. **4.**uygun görmek. **5.**lâyık görmek. **6.**övmek. **7.**izin vermek.

پسندیده pesendîde: [pesendîden> pesendîd+ e] **1.**kabul edilmiş. **2.**beğenilmiş, takdir edilmiş.

پسندیده شدن pesendîde şoden: **1.**kabul görmek. **2.**beğenilmek, takdir edilmek.

پس نشستن pes nişesten: (ask.) geri çekilmek.

پس نشینی pesnişînî: [pes+nişesten> nişîn+î] **1.**(ask.) geri çekilme. **2.**sırada oturma.

پس نشینی کردن pesnişînî kerden: **1.**(ask.) geri çekilmek. **2.**sırada oturmak.

پس نماز pesnemâz: [pes+nemâz] imamın arkasında namaz kılan.

پس وازنک pesvâzenek: [pes+vâ+vâz= bâz zeden>zen+ek] nüksetme.

پس و پیش pes u pîş: [pes+u+pîş] önü arkası.

پس و پیش شدن pes u pîş şoden: önü arkaya gitmek, yer değiştirilmek.

پس و پیش کردن pes u pîş kerden: yer değiştirmek.

پسودن pesûden: el sürmek, dokunmak, değmek.

پسوند pesvend: [pes+vend] (gr.) son ek.

پسوندی pesvendî: [pes+vend+î] 1.(gr.) sonekli.

پس هشتن pes hişten: geride bırakmak.

پسین pesîn: (Peh.) [pes+în] 1.sonuncu, en son, son. 2.sonraki. ‖ * rûz-i ~ روز پسین kıyamet günü.

پسین فردا pesîn ferdâ: üç gün sonra, daha öbür gün.

پسینگاه pesîngâh: [pesîn+gâh] akşam üstü.

پش peş: 1.gibi. 2.atın boyun ve kakül kılı. 3.alçakta, en aşağıda.

پش بر زدن peş ber zeden: 1.bağlamak. 2.demirle bağlamak.

پشت poşt: (Peh.) 1.arka, arkasında, arkada. 2.dış, dışarı. 3.sırt, geri. 4.hami. 5.yardımcı. 6.üst, üstünde. 7.başında. 8.homoseksüel erkek, oğlan. 9.devam. 10.iç. ‖ * ez ~ از پشت 1.arkadan. 2.kapalı. ‖ * ~ be ~ âverden پشت به پشت آوردن sırt sırta vermek. ‖ * ~ be ~ dâden پشت به پشت دادن sırt sırta vermek, birleşmek. ‖ * ~ be çîzî dâden پشت به چیزی دادن sırtını dayamak. ‖ * ~ be çîzî kerden پشت به چیزی کردن sırtını vermek. ‖ * ~ ber dîvâr پشت بر دیوار 1.sırtı duvara dayalı. 2.şaşkın, şaşırmış. ‖ * ~ ender ~ پشت اندر پشت 1.arda arda. 2.kuşaktan kuşağa, nesilden nesile. ‖ * ~ -i dest râ dâg kerden پشت دست را داغ کردن önlem almak, hazırlıklı olmak. ‖ * ~ -i kesî be hâk resîden پشت کسی به خاک رسیدن sırtı yere gelmek. ‖ * ~ -i kesî be kesî bûden پشت کسی به کسی بودن sırtı birine dönük olmak. ‖ * ~ -i kesî tîr keşîden پشت کسی تیر کشیدن sırtı ürpermek. ‖ * ~ -i kesî hamîden پشت کسی خمیدن 1.iki büklüm olmak, kamburu çıkmak. 2.yorgun ve bitkin düşmek. ‖ * ~ -i kesî do tâ bûden پشت کسی دو تا بودن 1.iki büklüm olmak. 2.birinin karşısında saygıyla eğilmek. ‖ * ~ -i kesî germ bûden پشت کسی گرم بودن arkası sağlam olmak, dayanağı olmak. ‖ * ~ -i pâ پشت پا taban, ayak tabanı. ‖ * ~ -i pâzen پشت پا زن 1.nimeti tepen. 2.kaçan, firar eden, tabanları yağlayıp kaçan. ‖ * be ~ به پشت sırt üstü. ‖ * ~ u penâh پشت و پناه sığınacak ve dayanacak yer, sığınacak ve dayanacak kişi.

پشتاپشت poştâpoşt: [poşt+â+poşt] 1.sırt sırta. 2.omuz omuza.

پشت بام poşt-i bâm: dam.

پشت بند poştbend: [boşt+besten>bend] 1.dayanak duvar. 2.takipçi, takip eden.

پشت پا poşt-i pâ: 1.tekme. 2.ayak tabanı.

پشت پا زدن poşt-i pâ zeden: 1.tekmelemek, tekme atmak. 2.tepmek. 3.terketmek. 4.itibarını düşürmek.

پشت پردهء آهنین poşt-i perde-i âhenîn: Demirperde Ülkeleri.

پشت چشم نازک کردن poşt-i çeşm nâzok kerden: gözünü kısmak.

پش تخته peştahta: [<pîş+tahta] küçük sandık, çekmece.

پشت دست poşt-i dest: 1.avuç. 2.elin tersi. ‖ * ~ be zemîn nihâden پشت دست به زمین نهادن tevazu göstermek.

پشت دست خاییدن poşt-i dest hâyîden: pişman olmak.

پشت دو تا کردن poşt do tâ kerden: 1.eğilmek, iki büklüm olmak. 2.saygıyla eğilmek, temenna etmek.

پشت راست کردن poşt râst kerden: belini doğrultmak.

پشت رو poşt rû: [poşt+rû] tersyüz.

پشت رو کردن poşt rû kerden: tersyüz etmek.

پشت سر poşt-i ser: ard, arka, arkasında, arkasından, ardından, peşinden. 2.ense. ‖ * ~ -i kesî dîden پشت سر کسی دیدن birinin yokluğunu görmek. ‖ * der ~ -i kesî در پشت سر کسی gıyabında.

پشت سر گذاردن poşt-i ser gozârden: geride bırakmak, arkada bırakmak.

پشت سر گذاشتن poşt-i ser gozârden: geride bırakmak, arkada bırakmak.

پشت سر هم poşt-i ser-i hem: art arda, peş peşe, biteviye, durmadan.

پشت شکستن poşt şikesten: **1.**çok üzülmek, hayal kırıklığına uğramak. **2.**çökertmek, perişan etmek, belini kırmak.

پشت فرمان نشستن poşt-i fermân nişesten: direksiyona geçmek.

پشتک poştek: [poşt+ek] **1.**perende, takla. **2.**bele kadar uzanan kısa elbise. **3.**(tıb.) at, katır ve eşekte görülen bir tür hastalık.

پشتکار poşt-i kâr: azim, sebat, dayanma gücü.

پشتکار داشتن poşt-i kâr dâşten: bir işin peşini bırakmamak, sebat etmek, azimli olmak.

پشت کردن poşt kerden: sırt çevirmek.

پشتک زدن poştek zeden: perende atmak, takla atmak.

پشت گرداندن poşt gerdânden: sırtını dönmek.

پشت گردنی poşt gerdenî: [poşt+gerden+î] ense tokadı.

پشت گردنی زدن poştgerdenî zeden: enseye tokat atmak.

پشت گرم poştgerm: [poşt+germ] **1.**yaslanma, dayanma, güvenme. **2.**güvenilen, dayanılan.

پشت گرمی poştgermî: [poşt+germ+î] **1.**güvenme, inanma, dayanma. **2.**yardım etme, destekleme.

پشت گل poştgul: [poşt+gul] çiçek desenli.

پشت گلی poştgulî: [poşt+gul+î] **1.**pembe. **2.**açık kırmızı. **3.**(zool.) bir tür pamuk haşeresi.

پشت گوش انداختن poşt-i gûş endâhten: **1.**kulak ardı etmek. **2.**savsaklatmak.

پشت گوش فراخ poşt-i gûş ferâh: **1.**tembel. **2.**kayıtsız, laubali, gevşek. **3.**hoşgörülü, müsamahakâr.

پشت مازه poştmâze: [poşt+mâze] biftek, bonfile, fileto.

پشتمال poştmâl: [poşt+mâlîden>mâl] **1.**sırt sıvazlayan. **2.**peştemal.

پشت میز نشین poşt-i mîz nişîn (kin.) devlet memuru.

پشت نمودن poşt numûden: **1.**sırt çevirmek. **2.**yaslanmak, dayanmak. **3.**terketmek.

پشت نویس poştnevîs: [poşt+nevişten>nevîs] ciro eden.

پشت نویسی poştnevîsî: [poşt+nevişten> nevîs+î] ciro.

پشت نویسی کردن poştnevîsî kerden: ciro etmek.

پشتو peştû: Peştû dili, Peştûca.

پشتو peştov: tabanca, piştov.

پشتواره poştvâre: [poşt+vâr+e] **1.**hamal arkalığı. **2.**hamal yükü.

پشتوانه poştvâne: [poşt+vâne] **1.**banka mektubu. **2.**kâğıt paranın hazinedeki altın karşılığı.

پشته poşte: [poşt+e] **1.**bir omuzluk yük. **2.**küme, yığın. **3.**(coğ.) sırt, tepecik. ‖ * ez koşte ~ sâhten از کشته پشته ساختن katliam yapmak. ‖ * do ~ îstâden دو پشته ایستادن çift sıra olmak.

پشت هم poşt-i hem: art arda, peş peşe.

پشت هم انداز poşt-i hem endâz: yalancı, şarlatan, hokkabaz, hilekâr, üçkâğıtçı.

پشتی poştî: [poşt+î] **1.**büyük yastık, arkalık. **2.**hamal semeri. **3.**destek. **4.**yardım. **5.**taassup. ‖ * ~ -i kesî râ giriften پشتی کسی را گرفتن desteklemek, arka çıkmak.

پشت یافتن poşt yâften: **1.**hâmi bulmak, destek bulmak. **2.**kuvvet almak.

پشتیبان poştîbân: (Peh.) [poştî+bân] **1.**hâmî. **2.**dayanak. **3.**finansör. **4.**yardımcı.

پشتیبانی poştîbânî: [poştî+bân+î] **1.**destek. **2.**himaye. ‖ * ~ -i nezdîk پشتیبانیء نزدیک (ask.) yakın destek. ‖ * ~ -i nezdîk-i hevâyî پشتیبانیء نزدیک هوایی (ask.) yakın hava desteği. ‖ * muvrid-i ~ karâr dâden

مورد پشتیبانی قرار دادن destek vermek, desteklemek. ‖ * muvrid-i ~ karâr giriften مورد پشتیبانی قرار گرفتن destek görmek, desteklenmek.

پشتیبانی کردن poştîbânî kerden: 1.desteklemek. 2.himaye etmek.

پشتی کردن poştî kerden: 1.desteklemek. 2.himaye etmek. 3.yardım etmek. 4.taraftarlık etmek.

پشک peşek: çiğ, kırağı.

پشک peşk, poşk: kura, parmakla kura.

پشک peşk: 1.burun yumuşaklığı.

پشک انداختن peşk endâhten: kura çekmek, parmakla kura çekmek.

پشگل pişkil: koyun gübresi. ‖ * ~ ber çîn پشگل بر چین çok fakir. ‖ * ~ be tenûr kerden پشگل به تنور کردن biteviye yemek yemek, kıtlıktan çıkmış gibi yemek. ‖ * misl-i ~ مثل پشگل çok küçük, nohut kadar.

پشلنگ peşleng: 1.tereke. 2.geri kalan.

پشم peşm: (Peh.) 1.yün. 2.kıl. ‖ * ~ der kulâh dâşten پشم در کلاه داشتن itibarlı olmak. ‖ * ~ der kulâh nedâşten پشم در کلاه نداشتن 1.itibarsız olmak. 2.bilgisi olmamak. ‖ * ~ -i devât پشم دوات hokka lifi, mürekkep hokkasına konulan lif. ‖ * ~ eş rîhte پشمش ریخته çaptan düşmüş, gücünü ve kuvvetini kaybetmiş. ‖ * çi keşkî çi ~ î چه گسگی چه پشمی Neden söz ediyorsunuz? Yok öyle bir şey? ‖ * por ~ u pîle پر پشم و پیله kıllı.

پشم آلود peşmâlûd: [peşm+âlûden>âlûd] 1.yünlü. 2.tüylü. 3.kıllı, çok kıllı.

پشمالو peşmâlû: [peşm+âlûden> âlû<âlûd] 1.tüylü. 2.kıllı, çok kıllı. 3.yünlü.

پشم چوب peşm-i çûb: 1.ağaç yünü.

پشم چینی peşmçînî: [peşm+çîden> çîn+î] kırkma (koyun vs.)

پشم چینی کردن peşmçînî kerden: kırkmak.

پشم ریختن peşm rîhten: itibarını yitirmek.

پشم سنگ peşm seng: plastik köpük, cam elyafı.

پشم شدن peşm şoden: 1.dağılmak. 2.dağıtmak. 3.ayrılık gütmek.

پشمک peşmek: [peşm+ek] pişmaniye.

پشم کشیدن peşm keşîden: tefrika sokmak, ayrılık gütmek.

پشمی peşmî: [peşm+î] 1.yünlü. 2.yünden. 3.yünlü kumaş. ‖ * destbâf-i ~ دستباف پشمی şayak.

پشمینه peşmîne: [peşm+îne] 1.yünlü. 2.softan yapılmış sade elbise.

پشمینه پوش peşmînepûş: [peşmîne+ pûşîden>pûş] yoksul, softan yapılmış sade elbise giyen, sofu, derviş.

پشنک peşenk: 1.keser. 2.su serpme. 3.kerpiç tahtası.

پشنگ peşeng: elle su serpme.

پشنگ peşeng: [<pîş+âheng] 1.önde giden. 2.öncü. 3.İran mitolojisinde Efrasyab'ın babası. 4.tereke.

پشنگ زدن peşeng zeden: 1.elle su serpmek. 2.çamuru yumuşatmak.

پشور poşûr: beddua, lanet.

پشه peşe, peşşe (zool.) sivrisinek. ‖ * ~ -i zerrîn پشهٔ زرین (kin.) kıvılcım. ‖ * ~ legedeş zede پشه لگدش زده hastalık hastası olmak, hafif bir ağrıyı hastalık sanmak. ‖ * ~ râ der hevâ na'l kerden پشه را در هوا نعل کردن attığını vurmak. ‖ * ~ râ gozer nebûden پشه را گذر نبودن iğne atılsa düşecek yer olmamak.

پشه بند peşşebend: [peşşe+besten> bend] cibinlik.

پشه پران peşşeperrân: [peşşe+perrânden> perrân] kıl yelpaze.

پشه خانه peşehâne: [peşe+hâne] cibinlik.

پشه گیر peşşegîr: [peşşe+giriften>gîr] 1.sinek avlayan. 2.aylak, avare.

پشه نیش peşşenîş: [peşşe+nîş<nîş-i peşşe] sivrisineğin iğnesi.

پشیز peşîz: (Peh.) 1.küçük para,

mangır, pul. **2.**balık pulu. **3.**peçiç oyunu.

پشیزه peşîze: **1.**küçük para, mangır, pul. **2.**balık pulu. **3.**peçiç oyunu.

پشیمان peşîmân: (Peh.) pişman.

پشیمان ساختن peşîmân sâhten: pişman etmek.

پشیمان شدن peşîmân şoden: pişman olmak.

پشیمانی peşîmânî: [peşîmân+î] pişmanlık. ‖ * rûz-i ~ روز پشیمانی **1.**pişmanlık günü. **2.**mahşer günü.

پف pof: **1.**puf. **2.**üfleme. **3.**şişme.

پف آلود pof âlûd: [pof+âlûden>âlûd] **1.**şişmiş, şişkin. **2.**tombul.

پف تلنگر poftilinger: bayat ekmek.

پفک pofek: [pof+ek] **1.**puf böreği. **2.**avcılıkta kullanılan ve üfleyerek içinden küçük bilyalar fırlatılan içi boş sopa.

پف کردن pof kerden: **1.**üflemek. **2.**şişmek.

پف کرده pofkerde: [puf+kerden>kerd+e] **1.**üflemiş. **2.**üfleyerek söndürülmüş.

پف نم pofnem: [pof+nem] **1.**ağızla su püskürtme.

پفیوز pofyûz: **1.**kaltaban. **2.**şerefsiz. **3.**arsız. **4.**ahmak.

پک pek (zool.) kurbağa.

پک pok: **1.**kaba, iriyarı. **2.**kaba elbişe. **3.**nefes, çekim, bir nefes çekme.

پکر peker: **1.**solgun. **2.**ümitsiz. **3.**şaşkın. **4.**yaşlanma korkusu. **5.**hayal kırıklığı.

پکر شدن peker şoden: **1.**hayal kırıklığına uğramak. **2.**şaşakalmak.

پک زدن pok zeden: nefes çekmek, fırt çekmek.

پک کشیدم pok keşîden: nefes çekmek.

پکمز pekmez: (T.) **1.**pekmez. **2.**şıra. **3.**şarap.

پکنه pekne: tıknaz.

پک و پوز pek u pûz: **1.**görünüş, yapı. **2.**ağız ve çevresi.

پک و لک pek u lek: **1.**beceriksizlik. **2.**çirkinlik. **3.**ev aletleri, avadanlık.

پکیدن pokîden: **1.**parçalanmak. **2.**gevşemek. **3.**ölmek.

پگ peg: **1.**tomurcuk memeli. **2.**bilye.

پگاه pegâh: **1.**sabah erkenden, tanyeri ağarmadan, erken, erkenden.

پگاه خاستن pegâh hâsten: sabah erkenden uyanmak, erken kalkmak.

پل pel, pil: **1.**topuk. **2.**ökçe. **3.**küçük çadır kazığı. **4.**çelik çomak oyunu.

پل pol: (Peh.) köprü. ‖ * ~ eş âb-i serâb est پلش آب سر آب است işi bitik, hali duman. ‖ * ~ -i an sûy-i rûd bûden پل آن سوی رود بودن (kin.) eski çamlar bardak olmak. ‖ * ~ -i her begîrî پل خر بگیری (argo) işte o zaman dank eder, anlarsın. ‖ * ~ -i muallak پل معلق asma köprü. ‖ * bâbet-i ser ~ بابت سر پل değersiz, kıymetsiz.

پلاتین platin: (Fr.) platin.

پلاده pelâde: fesat sokan, arabozucu, nifak sokan.

پلاژ pilaj: (Fr.) pilaj.

پلاس pelâs: **1.**kilim. **2.**paçavra, eski kumaş parçası. **3.**çul. ‖ * ~ der gerden kerden پلاس در گردن کردن yas tutmak, matemli olmak.

پلاس آخور pelâsâhûr: [pelâs+âhûr] **1.**gübre. **2.**(mec.) kadının cinsel organı.

پلاس باف pelâsbâf: [pelâs+bâften>bâf] kilimci, kilim dokuyan.

پلاس بافتن pelâs bâften: kilim dokumak.

پلاس بافی pelâsbâfî: [pelâs+bâften> bâf+î] kilimcilik, kilim dokumacılığı.

پلاس پاره pelâspâre: [pelâs+pâre<pâre-i pelâs] **1.**kilim parçası, eski parçası. **2.**çul parçası, eski püskü giysi.

پلاس پوش pelâspûş: [pelâs+pûşîden> pûş] **1.**üstü başı dökülen, yırtık pırtık giysiler giyen, yoksul. **2.**derviş.

پلاستیک pilastik: (Fr.) plastik.

پلاسیدن pelâsîden: **1.**solmak. **2.**pörsümek. **3.**çürümek (meyva). **4.**bozulmak.

پلاسیده pelâsîde: [pelâsîden>pelâsîd+e] 1.çürümüş, çürük. 2.solgun. 3.pörsümüş. 4.bozulmuş.

پلاک pilâk: (Fr.) plak.

پلاکارد pilâkard: (Fr.) pankart.

پلاک کوبی شدن pilâk kûbî şoden: kapı numarası verilmek.

پلان pilan: (Fr.) plan.

پلاو pelâv: 1.pilav. 2.nimet.

پلاهنگ pelâheng: 1.dizgin. 2.yular.

پل بستن pol besten: köprü kurmak.

پلپل pulpul: [pulpul] karabiber.

پلت pelet (bot.) akçaağaçgillerden bir tür ağaç.

پلتیک poltîk: (Fr.) 1.politika, siyaset. 2.hokkabazlık.

پلشت peleşt, pilişt: 1.bulaşık, kirli. 2.septik, mikroplu.

پل شکستن pol şikesten: 1.köprü tahrip etmek.

پلغ پلغ زدن polog polog zeden: fokurdamak, fokur fokur kaynamak.

پلغده گردیدن pelegde gerdîden: kokmak, bozulmak.

پلغیدن pologîden: dışarı fırlamak (göz vs)

پلک pilk, pelek: 1.göz kapağı. 2.burun perdesi. 3.kirpik. 4.asılı.

پلکان pillekân: (Peh.) 1.basamak. 2.merdiven.

پلکن polken, poloken: 1.mancınık. 2.serzeniş, sitem.

پلکو کردن pelekû kerden: ufalamak.

پلکه poloke: 1.göz kapağı. 2.kinayeli konuşma.

پلکیدن pelekîden: 1.dolaşmak, yürümek. 2.dolanmak, dört dönmek.

پلم pelm: toprak.

پلماس pelmâs: el yordamı.

پلماس کردن pelmâs kerden: 1.el yordamı ile yürümek. 2.görmeden el sürmek.

پلمس pelmes: 1.ızdırap. 2.itham, suçlama. 3.yalan söyleme.

پلمه pelme: 1.alfabe. 2.taş levha. 3.yazı tahtası.

پلندین pelindîn: eşik, kapı eşiği.

پلنگ peleng: 1.pars, panter. 2.kaplan. 3.bir mavi çeşiti. ‖ * pîşânî-i ~ hârîden پیشانی پلنگ خاریدن 1.kendini ateşe atmak, tehlikeli bir işe girişmek. 2.ateşle oynamak.

پلنگ آسا pelengâsâ: [peleng+âsâ] kaplan gibi, pars gibi.

پلنگانه pelengâne: [peleng+âne] 1.kaplan postu. 2.kaplan derisi gibi.

پلنگ افکن pelengefken: [peleng+ efkenden>efken] cesur, yürekli.

پلنگین pelengîn: [peleng+în] pars ile ilgili.

پلنگینه pelengîne: [peleng+îne] kaplan postundan yapılmış giysi.

پلو polov, pilov: pilav.

پل و پا pel u pâ: ayak.

پل و پخت pil o poht: gizli antlaşma. ‖ * ~ -i şân yekî bûden پل و پختشان یکی بودن gizli antlaşma yapmak, bir şeyler çevirmek.

پل و پخت کردن pil o poht kerden: gizli antlaşma yapmak, aralarında bir şeyler çevirmek.

پلورالیسم pluralism: (Fr.) pluralizm.

پلوک pelevk: demirci balyozu.

پله pele: 1.az sermaye. 2.kefe. 3.baş çevresindeki tüyler.

پله pile: ibrişim, pile.

پله pile: göz kapağı.

پله pille: (Peh.) 1.basamak. 2.terazif kefesi.

پله کوب pelekûb kerden: 1.hafifçe ezmek. 2.ufalamak.

پلهنگ pelheng: boyunduruk.

پلواس pelvâs: yardakçılık, yaltakçılık.

پلوس pelûs: düzenbaz, hilekâr.

پلیته pelîte: 1.fitil. 2.yara fitili.

پلیتیک politik: (Fr.) 1.politik, siyasî. 2.politikar.

پلیتیک دان politikdân: (Fr.-F.) [politik+ dânisten>dân] politikacı, siyasetçi, siyasî.

پلید pelîd: 1.kirli, pis. 2.bulaşık. 3.kötü işli, kötü davranışlı. 4.katil.

پلید چشم pelîdçeşm: [pelîd+çeşm] kötü gözlü.

پاید چشمی pelîdçeşmî: [pelîd+çeşm+î]

kötü gözlülük.

پلید زبان pelîdzebân: [pelîd+zebân] ağzı bozuk, kötü dilli.

پلیدزبانی pelîdzebânî: [pelîd+zebân+î] ağzıbozukluk, kötü dillilik.

پلیدکار pelîdkâr: [pelîd+kâr] **1.**zina eden. **2.**orospu, kahpe. **3.**kötü işli, kötü davranışlı.

پلید کردن pelîd kerden: kirletmek, pisletmek.

پلیدن pelîden: **1.**araştırmak. **2.**ağır ağır yürümek.

پلیدناک pelîdnâk: [pelîd+nâk] kirli, pis.

پلیدناک شدن pelîdnâk şoden: pisliğe bulaşmak, kirlenmek.

پلیدناک کردن pelîdnâk kerden: kirletmek, pisliğe bulaştırmak.

پلیدی pelîdî: [pelîd+î] **1.**pislik, kirlilik. **2.**çöp. **3.**çörçöp. **4.**atık madde.

پلیدی کردن pelîdî kerden: gayta çıkarmak, pisletmek.

پلیس polis: (Fr.) polis. ‖ * ~ -i mahfî پلیس مخفی sivil polis. ‖ * ~ -ı râh پلیس راه trafik polisi. ‖ * ~ -i râhnemâyî پلیس راهنمایی trafik polisi.

پلی کپی polikopi: (İng.) teksir.

پلی کپی شدن polikopi şoden (Kaset vs.) çoğaltılmak, teksir edilmek.

پلی کپی کردن polikopi kerden (Kaset cs.) çoğaltmak, teksir etmek.

پلیل pelîl: çok bilen.

پلیندی pelyendî (bot.) bir tür kavun.

پماد pomâd: (Fr.) pomad, merhem.

پمپ pomp: (Fr.) pompa. ‖ * ~ -i benzîn پمپ بنزین **1.**benzin istasyonu, benzinlik. **2.**benzin pompası. ‖ * ~ -i şinâver پمپ شناور dalgıç motor.

پمپاژ pompaj: (Fr.) pompalama, pompaj.

پمپ زدن pomp zeden: **1.**pompalamak.

پمپ زنی pompzenî: (Fr.-F.) [pomp+zeden> zen+î] pompalama, pompaj.

پناگاه penâgâh: [<penâh+gâh] sığınak, sığınma yeri.

پناگه penâgeh: [<penâh+gh] sığınak, sığınma yeri.

پنام penâm: (Peh.) **1.**Zerdüştîlerin âyin sırasında yüzlerine bağladıkları bez. **2.**nazar değmemesi için yapılan işlem. **3.**gizli kapaklı.

پنامیدن penâmîden: alıkoymak, menetmek.

پناه penâh: (Peh.) **1.**sığınma. **2.**iltica. **3.**sığınak, duldar. **4.**duvar gölgesi. **5.**saadet.

پناه بر خدا penâh ber hodâ: Aman Tanrım! , Tanrıya sığınırım.

پناه آوردن penâh âverden: sığınmak.

پناه بردن penâh borden: sığınmak, iltica etmek.

پناه دادن penâh dâden: sığındırmak, himayesine almak.

پناه طلبیدن penâh talebîden: sığınma istemek.

پناه کردن penâh kerden: sığınmak.

پناهگاه penâhgâh: [penâh+gâh] sığınak, sığınca.

پناه گرفتن penâh giriften: sığınmak.

پناه گزیدن penâh gozîden: sığınmak.

پناه گزین penâhgozîn: [penâh+gozîden> gozîn] sığınan, sığınmacı.

پناه گزین شدن penâhgozîn şoden: sığınmak, başını sokmak.

پناهگه penâhgeh: [penâh+geh] sığınak, sığınma yeri.

پناهنده penâhende: [penâhîden>penâh+ ende] sığınmacı, sığınan.

پناهنده شدن penâhende şoden: sığınmak.

پناهی penâhî: [penâhîden>penâh+î] sığınma.

پناهیدن penâhîden: sığınmak, birinin himayesine girmek.

پناهیده penâhîde: [penâhîden>penâhîd+e] sığınmış.

پنبه penbe: (Peh.) **1.**pembe. **2.**pamuk. ‖ * ~ be gûş nihâden پنبه به گوش نهادن **1.**kulağını tıkamak. **2.**gaflete düşmek. ‖ * ~ ez gûş ber dâşten پنبه از گوش برداشتن gözünü açmak, uyanmak. ‖ * ~ -i kesî tahlîl reften پنبهء کسی تحلیل رفتن erimek. ‖ * ~ -i kûhî پنبهء کوهی asbest, yeşiltaş pamuğu, yanmaz taş, dağ keteni. ‖ * ~ -i mînâ پنبهء مینا şişe pamuğu. ‖ * ~ -i nesûz پنبهء نسوز asbest, yanmaz taş, dağ keteni, yeşiltaş pamuğu. ‖ * ~ şoden-i rişte پنبه شدن رشته boşuna uğraşılmak. ‖ * bâ ~ dîgerî rîsmân sâhten با پنبهء دیگری ریسمان ساختن boşuna kürek çekmek, el kazanı ile aş kaynamaz. ‖ * bâ ~ ser borîden با پنبه سر بریدن tatlı sert olmak.

پنبه پاک کنی penbepâkkonî: [penbe+pâk+ kerden>kon+î] pamuk temizleme, çırçır. ‖ * kârhâne-i ~ کارخانهء پنبه پاک کنی çırçır fabrikası.

پنبه دانه penbedâne: [penbe+dâne] pamuk tohumu.

پنبه در گوش penbedergûş: [penbe+der+ gûş] **1.**kulağı pamuklu, kulağı tıkalı. **2.**cahil. **3.**gafil.

پنبه دوز penbedûz: [penbe+dûhten>dûz] örücü.

پنبه دهان penbedehân: [penbe+dehân] az konuşan.

پنبه زار penbezâr: [penbe+zâr] **1.**pamuk tarlası. **2.**bir tür bamuklu bez.

پنبه زدن penbe zeden: **1.**çırçır yapmak, pamuğu tohumlarından ayırmak. **2.**aciz kalmak. **3.**hayal kırıklığına uğratmak.

پنبه زن penbezen: [penbe+zeden>zen] pamuk atan, hallaç.

پنبه غاز کردن penbe gâz kerden: hallaçlık yapmak.

پنبه فروش penbefurûş: [penbe+furûhten> pamuk tüccarı, pamukçu.

پنبه کردن penbe kerden: **1.**(mec.) kaçmak. **2.**kaçırmak. **3.**dağıtmak. **4.**susturmak. **5.**mahvetmek. **6.**inkâr etmek. **7.**aciz kalmak. **8.**umutsuz bırakmak, hayal kırıklığına uğratmak.

پنبه نهادن penbe nihâden: **1.**(kin) kaçmak. **2.**razı etmek. **3.**göndermek. **4.**pamuk doldurmak.

پنتاگون pentagon: (İng.) Pentagon, ABD Savunma Bakanlığı.

پنتی pintî: **1.**pislikten kaçınmayan. **2.**arsız. **3.**şerefsiz.

پنج penc: (Peh.) **1.**beş. **2.**pençe. ‖ * ~ erkân پنج ارکان İslâmın beş şartı: kelime-i şehâdet, namaz, oruç, hac ve zekât.

پنجاه pencâh: (Peh.) **1.**elli. **2.**elli dirhemlik ağırlık.

پنجاه تیر pencâhtîr: [pencâh+tîr] (ask.) elli fişekli tüfek.

پنجاه هزار pencâh hezâr: elli bin. ‖ * rûz-i ~ sâl روز پنجاه هزار سال kıyamet günü.

پنج پا pencpâ: [penc+pâ] .1(zool.) yengeç.**2.**beş ayaklı.

پنج پای pencpây: [penc+pây] **1.**beş ayaklı. **2.**yengeç.

پنج چوبه pencçûbe: [penc+çûb+e] bir tür çadır.

پنج حس penchiss: (F.-A.) [penc+hiss] beş duyu.

پنج حواس penchevâss: (F.-A.) [penc+ hevâss] beş duyu.

پنج روزه pencrûze: [penc+rûz+e] **1.**beş günlük. **2.**kısa, çok kısa.

پنجره pencere: **1.**pencere. **2.**çok delikli teneke. **3.**gemi gözcüsü. **4.**kafes.

پنجزاری penczârî: [penc+zâr<hezâr+î] dolmuş (taksi).

پنج ساله pencsâle: [penc+sâl+e] beş yaşında.

پنجش penciş: [pencîden>penc+iş] **1.**incinme. **2.**üzülme.

پنجشنبه pencşenbe: [penc+şenbe] perşembe.

پنج ضلعی penczil'î: (F.-A.) [penc+zil+î] beşgen.

پنجگانه pencgâne: [penc+gâne] **1.**beşli. **2.**beş vakit namaz.

پنجگاه pencgâh: [penc+gâh] **1.**namaz vakitleri, beş vakit. **2.**beşler hanesi (tavlada). **3.**(müz.) İran mûsikîsinde bir makam.

پنج گوشه pencgûşe: [penc+gûşe] beşgen, beş köşeli.

پنجم pencom: [penc+om] beşinci.

پنجمی pencomî: [penc+omî] beşinci.

پنجمین pencomîn: [penc+omîn] beşinci.

پنج نوبت pencnovbet: (F.-A.) [penc+ novbet] **1.**beş vakit (namaz için). **2.**padişahların kapısında tutulan beş vakit nöbet.

پنج نوبت زدن penc novbet zeden: saltanatı işaretle göstermek.

پنج و شش و هفت و چهار penc o şiş o heft o çehâr (kin.) beş duyu, altı yön, yedi yıldız ve dört tabiat.

پنج وقت pencvakt: (F.-A.) [penc+vakt] beş vakit (namaz için).

پنجول pencûl: **1.**pençe. **2.**tırmalama.

پنجول زدن pencûl zeden: **1.**pençelemek, pençe atmak. **2.**tırmalamak.

پنجه pence: (Peh.) [penc+e] **1.**pençe. **2.**el ayası. **3.**beş parmak. **4.**el. **5.**altın veya gümüşten yapılmış el şeklindeki alet. **6.**mancınık taşı. **7.**balık. **8.**balık ağı. **9.**halay. ‖ * ~ be hûn-i kesî ter kerden پنجه به خون کسی تر کردن elini kana bulamak. ‖ * ~ -i âftâb پنجهء آفتاب **1.**güneş ışınları. **2.**yanak. **3.**ay parçası. ‖ * misl-i ~ -i âftâb مثل پنجهء آفتاب ay parçası gibi güzel.

پنجه penceh: elli.

پنجه ponce: alın.

پنجه افشردن pence efşorden (kin.) galip gelmek, baskın çıkmak.

پنجه افکندن pence efkenden: **1.**pençe atmak, pençelemek. **2.**mukabele etmek.

پنجه باشی pencehbâşî: (F.-T.) [penceh+ bâşî] **1.**elli kişilik askerî birlik komutanı. **2.**Kacarlar dönemi İranında bir askerî rütbe.

پنجه ایز کردن pence tîz kerden (kin.) savaşmak, mücadele etmek.

پنجه خونی pencehûnî: [pence+hûn+î] eli kanlı.

پنج هزار penc hezâr: **1.**beş bin. **2.**beş riyal, yarım tümen.

پنج هزاری penchezârî: [penc+hezâr+î] **1.**beş riyal. **2.**Safevîler dönemi İranında beşbin kişilik askerî birliğin komutanı.

پنجه زدن pence zeden: **1.**pençelemek. **2.**tırmalamak.

پنجه فرو برده pence furû borde: **1.**bilgin. **2.**araştırmacı.

پنجه کردن pence kerden: **1.**pençe atmak, pençelemek. **2.**tırmalamak. **3.**(mec.) direnmek. **4.**almak.

پنجه کشیدن pence keşîden: **1.**tırmalamak. **2.**pençe atmak, pençelemek.

پنج هلال penchilâl: (F.-A.) [penc+hilâl] sevgilinin tırnakları.

پنجهء مریم pence-i meryem (bot.) sıklamen, buhurumeryem.

پنجی pencî: [penc+î] beşli, beşgen.

پنچاه pençâh: [<pencâh] elli.

پنچرساز pençersâz: [pençer+sâhten>sâz] lastik tamircisi.

پنچر شدن pençer şoden: **1.**lastik patlamak. **2.**(argo) meni gelmek, atmak, patlamak.

پنچشک punçuşk: serçe.

پنچگاه pençgâh: [<penc+gâh] **1.**beş vakit. **2.**klasik Türk musikîsinde bir ma-kam.

پند pend: **1.**öğüt, nasihat. **2.**çare, tedbir. **3.**(sp.) güreş tekniği. **4.**hile.

پند آموختن pend âmûhten: öğüt vermek.

پند آموز pendâmûz: [pend+âmûhten> âmûz] **1.**öğüt veren. **2.**vaiz. **3.**ibret verici.

پندار pindâr, pendâr: [pindâşten>pindâr] **1.**zan. **2.**sizan. **3.**düşünce, fikir. **4.**kendini beğenme. **5.**illüzyon. **6.**piç.

پنداره pindâre: [pindâşten>pindâr+e] **1.**sanma, sanı, zan. **2.**böbürlenme. **3.**piç.

پنداری pindârî: [pindâşten>pindâr+î] **1.**sanki, gûya, sanırsın. **2.**hayalî, tasavvurî. **3.**böbürlenme, şişinme.

پنداشتن pindâşten: (Peh.) **1.**sanmak,

zannetmek, tasavvur etmek. **2.**saymak, farzetmek. **3.**yanlış zanda bulunmak, kuruntuya kapılmak. **4.**kibirlenmek.

پنداشته شدن pindâşte şoden: sanılmak, zannedilmek.

پنداشتی pindâştî: [pindâşten>pindâşt+î] **1.**kibirlenme. **2.**yanlış zan. **3.**hayal, kuruntu. **4.**sanki, sanırsın.

پندام کردن pendâm kerden: şişirmek.

پنداوسی pendâvesî: (eskiden) beş dinarlık sikke.

پند پرداز pendperdâz: [pend+perdâhten> perdâz] öğüt veren.

پند پذیرفتن pend pezîroften: öğüt dinlemek.

پند دادن pend dâden: **1.**öğüt vermek, nasihat etmek. **2.**vaaz vermek. **3.**salık vermek.

پند گرفتن pend giriften: **1.**ibret almak, ders almak. **2.**öğüt dinlemek.

پند گفتن pend goften: öğüt vermek, nasihat etmek.

پندنامه pendnâme: [pend+nâme] (ed.) nasihatname.

پندوز pendûz: [pen+dûhten>dûz] çuvaldız.

پندکار pendkâr: [pend+kâr] öğütçü, öğüt veren.

پندیدن pendîden: **1.**öğüt vermek. **2.**öğüt almak. **3.**şişmek.

پندیده pendîde: [pendîden>pendîd+e] şiş, şişkin, şişmiş.

پنزه penze: halay, toplu dans.

پنس pens: (Fr.) **1.**pense. **2.**kerpeten.

پنک penek: karış.

پنکه penke: **1.**fon. **2.**vantilatör.

پنگان pengân: **1.**su saati. **2.**bakır tas. **3.**leğen.

پنگانچه pingânçe: [pingân+çe] küçük fincan.

پنهان pinhân, penhân: (Peh.) **1.**gizli, saklı. **2.**gizlice, gizli gizli. **3.**örtülü. **4.**sır. ‖ * ~ ez kesî پنهان از کسی kimsenin haberi olmadan. ‖ * ~ u peydâ پنهان و پیدا gizli ve açık.

پنهان پسله pinhân pesele: gizlice, gizli.

پنهان پسله نداشتن pinhân pesele nedâşten: gizlisi saklısı olmamak.

پنهان داشتن pinhân dâşten: gizlemek, saklamak, gizli tutmak.

پنهان شدن pinhân şoden: **1.**gizlenmek, saklanmak. **2.**örtünmek.

پنهان کردن pinhân kerden: saklamak, gizlemek. ‖ * rû ~ رو پنهان کردن alacaklılardan veya vergi memurundan saklanmak. ‖ * rûy der perde-i turâb ~ روی در پرده تراب پنهان کردن ölmek.

پنهان ماندن pinhân mânden: **1.**saklı kalmak, gizli kalmak. **2.**örtülü kalmak.

پنهان نگاه داشتن pinhân nigâh dâşten: gizlemek, gizli tutmak, saklamak.

پنهانی pinhânî: [pinhân+î] **1.**gizli, saklı. **2.**örtülü. **3.**gizlice, gizliden gizliye.

پنیر penîr: (Peh.) peynir. ‖ * ~ -i pitza پنیر پیتزا kaşar peyniri.

پنیرک penîrek: [penîr+ek] **1.**(bot.) bir tür ebegümeci.

پنیرمایه penîrmâye: [penîr+mâye] peynir mayası.

پو pû: [pûîden>pû] **1.**araştıran, arayan. **2.**araştırma, arama. **3.**koşan. **4.**koşma.

پوپک pûpek: **1.**(zool.) hüdhüd kuşu. **2.**bâkire kız.

پوپو pûpû (zool.) hüdhüd kuşu.

پوت pût: **1.**koyun ciğeri. **2.**ciğer kalyesi. **3.**(bot.) bir tür kavun.

پوتین pûtîn: postal, potin.

پوچ pûç: **1.**boş. **2.**özsüz. **3.**anlamsız, saçma. **4.**ahlâksız.

پوچ شدن pûç şoden: bozuk olmak. ‖ * ~ -i mağz پوچ شدن مغز bunamak.

پوچ مغز pûçmagz: [pûç+magz] **1.**bunak. **2.**aptal, ebleh, salak.

پوچی pûçî: [pûç+î] **1.**boşluk. **2.**anlamsızlık. ‖ * be ~ gerâyîden به پوچی گراییدن masallaşmak.

پوچی گرایی pûçîgerâyî: [pûç+î+ gerâyîden> gerây+î] nihilizm.

پود pûd: **1.**atkı, argaç (çözgünün

zıttı). 2.örgü. 3.lif.

پودر pudr: (Fr.) 1.pudra. 2.toz. 3.barut. ‖ * ~ -i mahsûs-i maşîn-i zarfşûyî پودر مخصوص ماشین ظرف شویی bulaşık makinesi deterjanı. ‖ * ~ -i rahtşûyî پود رخت شویی çamaşır deterjanı.

پودر زدن pudr zeden: pudralamak, pudra sürmek.

پودنه pûdne (bot.) yarpuz otu.

پوده pûde: 1.eski, köhne. 2.pörsümüş. 3.çürük tahtar. 4.boş, özsüz.

پودینگ puding: (İng.) puding.

پور pur: oğul.

پوران pûrân: [pûr+ân] oğullar.

پورتلند portland: Portland.

پورمند pûrmend: [pûr+mend] oğul sahibi, evlat sahibi.

پورنو porno: (İng.) porno.

پوره pure: (Fr.) püre.

پوره pûre: tam, tamamıyla.

پوز pûz: 1.hayvanların ağız ve çevresi. 2.ağız. 3.burun ile dudak arası. 4.gaga. ‖ * bed pek u ~ بد پک و پوز kılıksız. ‖ * dek u ~ -i kesî râ hord kerden دک و پوز کسی را خرد کردن ağzını burnunu dağıtmak.

پوزبند pûzbend: [pûz+besten>bend] hayvan ağızlığı.

پوزخند pûzhend: [pûz+hendîden>hend] 1.alay yollu gülümseme. 2.bıyık altından gülme, sırıtma.

پوزخند زدن pûzhend zeden: 1.bıyık altından gülmek, sırıtmak. 2.burun kıvırmak.

پوزش pûziş: özür, mazeret.

پوزش پزیر pûzişpezîr: [pûziş+pezîroften>pezîr] özür kabul eden.

پوزش پذیرفتن pûziş pezîroften: özür kabul etmek.

پوزش خواستن pûziş hâsten: özür dilemek, af dilemek.

پوزش خواهی pûzişhâhî: [pûziş+hâsten> hâh+î] özür dileme, af dileme.

پوزش کردن pûziş kerden: af dilemek, özür dilemek.

پوزش گفتن pûziş goften: 1.af dilemek. 2.tövbe etmek.

پوزن pûzen: nadaslı tarla.

پوزه pûze: [pûz+e] 1.ağaç gövdesi. 2.ağız çevresi. 3.çene. ‖ * ~ be hâk mâlîden پوزه به خاک مالیدن burnunu yere sürtmek.

پوزینه pûzîne: nadaslı tarla.

پوژینه pûjîne: kantar.

پوسانیدن pûsânîden: çürütmek.

پوسانیده pûsânîde: [pûsânîden> pûsânîd+e] çürütmüş. ‖ * heft kefen ~ هفت کفن پوسانیده öleli çok oldu; kemikleri kalmadı.

پوست pûst: (Peh.) 1.deri. 2.cilt. 3.kabuk. 4.post, kürk. 5.burun perdesi. 6.zar. 7.(bot.) köknar. 8.haşhaş. ‖ * ~ -i birişte پوست برشته yanık ten. ‖ * ~ -i dîger pûşîden پوست دیگر پوشیدن 1.tarzını değiştirmek. 2.başka bir kılığa girmek. ‖ * ~ -i kesî derîden پوست کسی دریدن ayıbını aramak, birini çekiştirmek. ‖ * ~ -i kesî derîden پوست کسی دریدن kilo almak, kendine gelmek, yüzüne renk gelmek. ‖ * ~ -i peleng pûşîden پوست پلنگ پوشیدن şiddetli düşmanlığa başlamak, can düşmanı kesilmek. ‖ * âb reften zîr-i ~ -i kesî آب رفتن زیر پوست کسی küstahlaşmak, gerçek yüzünü göstermek. ‖ * ez hoşhâlî zîr-i ~ negoncîden از خوشحالی زیر پوست نگنجیدن sevinçten içi içine sığmamak. ‖ * ~ ez ser-i kesîk enden پوست از سر کسی کندن 1.öldürmek. 2.çanına ot tıkamak. ‖ * ~ ber ten şikâften پوست بر تن شکافتن üzüntüden çıldırmak. ‖ * der ~ handîden در پوست خندیدن bıyık altından gülmek. ‖ * der ~ -i kesî oftâden در پوست کسی افتادن çekiştirmek, gıybet etmek. ‖ * der ~ negoncîden در پوست نگنجیدن içi içine sığmamak, kabuğuna sığmamak. ‖ * dest u pây-i kesî râ tûy-i ~ -i gerdû gozâşten دست و پای کسی را توی پوست گردو گذاشتن iki ayağını bir pabuca sokmak. ‖ * misl-i ~ -i mâr مثل پوست مار çok ince, zar gibi. ‖ * yek ~ u yek ustuhân یک پوست و یک استخوان bir deri bir kemik. ‖ * yek ~ u yek ustuhân şoden یک پوست و یک استخوان شدن bir deri bir kemik kalmak.

پوست آوردن pûst âverden: 1.deri çıkarmak. 2.kabuk çıkarmak.

پوست افکندن pûst efkenden: deri değiştirmek, kabuk değiştirmek.

پوست انداختن pûst endâhten: 1.deri atmak, deri değiştirmek, kabuk değiştirmek. 2.çok sıkıntı çekmek.

پوست باز کردن pûst bâz kerden: 1.deri değiştirmek. 2.açık konuşmak. 3.derdini açmak, dertleşmek.

پوست بر آوردن pûst ber âverden: 1.deri çıkarmak. 2.deri yüzmek.

پوست بر پوست pûst ber pûst: [pûst+ber+pûst] içi boş, kof, özsüz.

پوست بیرون کردن pûst bîrûn kerden: kabuk değiştirmek.

پوست پوش pûstpûş: [pûst+pûşîden>pûş] 1.yoksul. 2.âşık.

پوست پیرا pûstpîrâ: [pûst+pîrâsten>pîrâ] debbağ, sepici, derici.

پوست پیراستن pûst pîrâsten: 1.sepicilik yapmak, debbağlık yapmak. 2.çok azap vermek.

پوست تخت افکندن pûst taht efkenden: 1.postu sermek, yerleşmek. 2.ikamet etmek. 3.demir atmak. 4.geç kalmak.

پوست خر کن pûst-i her ken: 1.tamahkâr. 2.dar görüşlü. 3.ölü eşek derisi yüzen.

پوست دادن pûst dâden: 1.kabuk ayrılmak. 2.deri kalkmak. 3.dertleşmek.

پوست دریدن pûst derîden: deri yırtmak.

پوستر poster: (İng.) poster.

پوست کردن pûst kerden: 1.kabuk soymak. 2.gıybet etmek, çekiştirmek. 3.ciltlemek.

پوست کن pûstken: [pûst+kenden>ken] soyacak.

پوست کندن pûst kenden: 1.soymak, kabuk soymak. 2.derisini yüzmek. 3.gıybet etmek. 4.apaçık konuşmak. ‖ * ~ ez kesî پوست کندن از کسی birine işkence etmek, anasından emdiği sütü burnundan getirmek.

پوست کنده pûstkende: [pûst+kenden>kend+e] apaçık, açık seçik.

پوست گرفتن pûst giriften: kabuk soymak.

پوست نشین postnişîn: [<pûst+nişesten> nişîn] 1.şeyh, tekke şeyhi. 2.posta geçen, şeyhin halefi olan. 3.post üstünde oturan.

پوست و استخوان pûst u ostohân şoden: kadite dönmek, bir deri birkemik kalmak.

پوسته pûste: [pûst+e] 1.deri. 2.kabuk. 3.post. 4.küçük post. 5.zar.

پوسته پوسته شدن pûste pûste şoden: kavlamak, kabuk kabuk olmak.

پوستی pûstî: [pûst+î] 1.deriden. 2.derici. 3.afyonlu. 4.tembel.

پوستین pûstîn: (Peh.) [pûst+în] 1.deri elbise, kürk. 2.posttan yapılmış hırka, kürk yelek. 3.gıybet, çekiştirme. ‖ * ez birehne ~ kenden از برهنه پوستین کندن boşuna çalışmak, boşuna kürek çekmek. ‖ * be ~ -i kesî oftâden به پوستین کسی افتادن gıybet etmek, çekiştirmek. ‖ * ~ bâjgûne kerden پوستین باژگونه کردن 1.kesin karar vermek. 2.içini göstermek. ‖ * ~ ber ser-i kesî zeden پوستین بر سر کسی زدن 1.birine çok eziyet etmek, birine dünyayı dar etmek. ‖ * ~ beken harîr bepûş پوستین بکن حریر بپوش (zool.) ardıç kuşu. ‖ * ~ be gâzur dâden پوستین به گازر دادن 1. gıybet etmek. 2.işi ehline vermemek, hırsıza hazineyi teslim etmek. ‖ * der ~ -i hod bûden در پوستین خود بودن 1.kendinden bahsetmek. 2.kendine kıyaslamak. ‖ * misl-i ~ -i tâbistân مثل پوستین تابستان

1.değersiz. 2.yararsız, boşuna.

پوستین پوش postînpûş: [<pûstîn+pûşîden>pûş] kürklü, kürk giyen.

پوستین دوز pûstîndûz: [pûstîn+dûhten> dûz] 1.ayakkabıcı, kunduracı. 2.kürkçü, kürk diken.

پوستین کردن pûstîn kerden: birini rezil etmek, yerden yere vurmak.

پوسه pûse: [pûs<pûst+e] 1.zar, ince kabuk. 2.kepek. 3.kat.

پوسیدگی pûsîdegî: [pûsîden>pûsîd+e+g+î] 1.çürüme. 2.bozulma. 3.kokuşma. ‖ * ~ -i dendân پوسیدگی دندان (tıb.) diş çürümesi.

پوسیدن pûsîden: (Peh.) 1.çürümek. 2.solmak. 3.bozulmak. 4.kokuşmak, taaffün etmek.

پوسیده pûsîde: [pûsîden>pûsîd+e] 1.çürük. 2.pörsük, pörsümüş. 3.bozulmuş, bozuk. 4.kokuşmuş. ‖ * ~ ez arak پوسیده از عرق kan ter içinde.

پوش pûş: [pûşîden>pûş] 1.giysi. 2.çadır. 3.zırh. 4.(gr.) giyen, giyinmiş, örten, örtülü anlamında son ek.

پوشا pûşâ: [pûşîden>pûş+â] kapsül.

پوشاک pûşâk: [pûşîden>pûş+âk] 1.giyim. 2.giysi, elbise. ‖ * ~ i germâbe پوشاک گرمابه bornoz.

پوشال pûşâl: talaş, yonga.

پوشالی pûşâlî: [pûşâl+î] 1.sahte. 2.çürük, zayıf. ‖ * dovlet-i ~ دولت پوشالی kukla hükümet.

پوشاندن pûşânden: 1.giydirmek. 2.gizlemek. 3.örtmek. 4.karşılamak. 5.kaplamak, sarmak. 6.güvence altına almak.

پوشانه pûşâne: [pûşânden>pûşân+e] mask.

پوشانیدن pûşânîden: 1.giydirmek. 2.gizlemek. 3.örtmek, kapamak. 4.karşılamak. 5.kaplamak, sarmak. 6.güvence altına almak.

پوشت poşet: (Fr.) 1.küçük mendil. 2.küçük cep.

پوشش pûşiş: [pûşîden>pûş+iş] 1.örtme. 2.örtü. 3.giysi. 4.tabaka. 5.tavan.6.kapak. 7.kapsam. ‖ * ~ -i giyâhî پوشش گیاهی (coğ.) bitki örtüsü. ‖ * der ~ در پوشش gizliden gizliye, gizli olarak. ‖ * zîr-i ~ -i çîzî karâr dâşten زیر پوشش چیزی قرار داشتن kapsamı altında bulunmak.

پوش کردن pûş kerden: 1.çabalamak, gayret etmek. 2.gizlemek, saklamak.

پوشن pûşen: [pûşîden>pûş+en] 1.örtü.

پوشنده pûşende: [pûşîden>pûş+ende] örten.

پوشه pûşe: 1.örtü. 2.dosya.

پوشی pûşî: [pûşîden>pûş+î] poşu.

پوشیدن pûşîden: 1.giymek, giyinmek. 2.örtmek. 3.gizlemek, saklamak. 4.boşamak (kadını). 5.ışığa tutmak. 6.kapamak. 7.affetmek.

پوشیدنی pûşîdenî: [pûşîden+î] 1.giyecek. 2.örtü. 3.örtünmeye değer.

پوشیده pûşîde: [pûşîden>pûşîd+e] 1.giyilmiş. 2.giymiş. 3.(ask.) kamufle edilmiş. 4.örtülü, kapalı. 5.kapaklı. 6.gizlice. 7.müphem. 8.hilat. 9.avcı tuzağı. 10.kız, kadın. 11.tavanlı. 12.yavaş, aheste. 13.örtü. 14.Kâbe örtüsü.

پوشیده چشم pûşîdeçeşm: [pûşîde+çeşm] 1.kör, âmâ. 2.gözü kapalı. 3.habersiz, gafil.

پوشیده داشتن pûşîde dâşten: 1.giyimli olmak. 2.gizlemek, saklamak.

پوشیده راز pûşîderâz: [pûşîde+râz] sırrı gizli.

پوشیده روی pûşîderûy: [pûşîde+rûy] 1.örtülü, yüzü kapalı. 2.kadın, kız. 3.gizli, saklı.

پوشیده سر pûşîdeser: [pûşîde+ser] başı örtülü.

پوشیده شدن pûşîde şoden: 1.giyinmiş olmak. 2.gizli kalmak.

پوشیده کردن pûşîde kerden: 1.giydirmek. 2.örtmek. 3.gizlemek, gizli tutmak.

پوشیده نگاه داشتن pûşîde nigâh dâşten: gizlemek.

پوشینه pûşîne: [pûşîden>pûş+îne]

kapsül.

پوف pûf: mama (çocuk dilinde).

پوفیوز pofyûz: kavat.

پوک pûk: **1.**çürük. **2.**içi boş meyva. **3.**boş, içsiz, özsüz, hafif. ‖ * magzeş ~ est مغزش پوک است akılsızdır; boş kafalıdır.

پوکر poker: (İng.) poker.

پوکه pûke: (ask.) kovan, boş kovan. ‖ * zugâl-i ~ زغال پوکه odun kömürü. ‖ * ~ -i zugâlseng پوکهء زغال سنگ kok kömürü.

پو گرفتن pû giriften: **1.**gitmek. **2.**koşmak.

پول pul: **1.**para. **2.**banknot. ‖ * ~ alef-i hers bûden پول علف خرس بودن para yerden bitmek. ‖ * ~ be hisâb vârîz kerden پول به حساب واریز کردن para yatırmak. ‖ * ~ be dest âverden پول بدست آوردن para kazanmak. ‖ * ~ -i ciringe rîhten پول جرنگه ریختن para saçmak. ‖ * ~ cem' kun u harc nekun پول جمع کن و خرج نکن kirli çıkı, cimri, mıhsıçtı. ‖ * ~ râ cûr kerden پول را جور کردن parayı denkleştirmek. ‖ * ~ râ der nevesân gozâşten پول را در نوسان گذاشتن parayı dalgalanmaya bırakmak. ‖ * ~ râ ki bâ kâgez nemîçînend پول را که با کاغذ نمی چینند (argo) para basmıyorum burada. ‖ * ~ tu muâmele endâhten پول تو معامله انداختن parayı çalıştırmak. ‖ * ~ -i filizî پول فلزی madenî para, metal para. ‖ * ~ -i hord پول خرد **1.**metelik, mangır. **2.**bozuk para. ‖ * ~ -i kâgez پول کاغذ kâğıt para, banknot. ‖ * ~ -i kesî teh keşîden پول کسی ته کشیدن parası suyu çekmek. ‖ * ~ -i nakd پول نقد **1.**para. **2.**peşin para. **3.**hazır para. ‖ * ~ -i hevâyî پول هوایی beleş para, havadan gelen para. ‖ * ~ -i sefîd پول سفید gümüş para. ‖ * ~ -i siyâh پول سیاه **1.**madenî para, bozuk para. **2.**metelik, mangır, bakır para. ‖ * ~ -i siyâh neyerzîden پول سیاه نیرزیدن metelik etmemek, beş para etmemek, on para etmemek. ‖ * be ~ nezdîk kerden به پول نزدیک کردن okutmak, satmak. ‖ * sûret-i yek ~ -i siyâh peydâ kerden صورت یک پول سیاه پیدا کردن pula dönmek, itibarını yitirmek. ‖ * şomâ gemân mîkonîd ~ alef-i hers est شما گمان می کنید پول علف خرس است parayı babamın tarlasından toplamıyorum.

پولاد pûlâd: (Peh.) **1.**çelik. **2.**gürz. **3.**kılıç. **4.**zırh.

پولادبازو pûlâdbâzû: [pûlâd+bâzû] **1.**çelik kollu. **2.**güçlü. **3.**pehlivan.

پولادپوش pûlâdpûş: [pûlâd+pûşîden>pûş] zırh giyen, zırhlı.

پولادخا pûlâdhâ: [pûlâd+hâyîden>hâ] güçlü, kuvvetli, acı kuvvet sahibi.

پولاد درع pûlâddir': (F.-A.) [pûlâd+dir'] **1.**çelik zırhlı. **2.**çok güçlü.

پولادرگ pûlâdreg: [pûlâd+reg] **1.**çelik damarlı. **2.**dayanıklı at.

پولادسنج pûlâdsenc: [pûlâd+sencîden> senc] silahşör.

پولادگر pûlâdger: [pûlâd+ger] **1.**çelik ustası. **2.**demirci.

پولادی pûlâdî: [pûlâd+î] **1.**çelikten. **2.**çelik rengi.

پولادین pûlâdîn: [pûlâd+în] **1.**çelikten. **2.**çelik rengi.

پول بالا کشیدن pûl bâlâ keşîden: **1.**para sızdırmak, para almak, parasını yemek.

پول برداشت کردن pul berdâşt kerden: para çekmek.

پول پرست pulperest: [pul+perestîden> perest] paragöz, para canlısı.

پول پرستی pulperestî: [pul+perestîden> perest+î] paragözlük.

پول پول شدن pul pul şoden: paramparça olmak.

پول تبدیل کردن pul tebdîl kerden: para bozdurmak.

پول جا گذاشتن pul câ gozâşten: para bırakmak.

پول خرج کردن pul harc kerden: para harcamak. ‖ * misl-i rîg ~ مثل ریگ

پول خرج کردن su gibi para harcamak.

پولدار puldâr: [pul+dâşten>dâr] paralı, zengin, varlıklı.

پول داشتن pul dâşten: parası olmak.

پول در آوردن pul der âverden: para kazanmak.

پول دور ریختن pul dûr rîhten: para saçmak.

پول دوست puldûst: [pul+dûst] paragöz, para canlısı.

پول دوستی puldûstî: [pul+dûst+î] paragözlük.

پول ریختن pul rîhten: para dökmek, para saçmak.

پولک pûlek: [pûl+ek] 1.küçük para. 2.süsleme pulu, pul. ‖ * ~ -i mâhî پولک ماهی balık pulu.

پولکی pûlekî: [pûl+ek+î] 1.paraya düşkün, paragöz, para canlısı. 2.rüşvet yiyen, rüşvetçi.

پولکی شدن pûlekî şoden: 1.rüşvet almaya alışmak. 2.para almaya alışmak.

پولکی کردن pûlekî kerden: 1.rüşvet almaya alıştırmak. 2.para almaya alıştırmak.

پول نقد کردن pul nakd kerden: 1.paraya çevirmek.

پول واریز کردن pul vârîz kerden: para yatırmak.

پولینه pulîne: [pul+în+e] jeton.

پوند povnd: (İng.) paund.

پونز punez: (Fr.) raptiye.

پونه pûne (bot.) yarpuz otu.

پوه puh: pöh!

پوی pûy: [pûyîden>pûy] 1.koşan. 2.araştıran. 3.koşma, hızlı hızlı gitme.

پویا pûyâ: [pûyîden>pûy+â] 1.giden. 2.koşan. 3.dinamik.

پویان pûyân: [pûyîden>pûy+ân] 1.giden. 2.koşan. 3.giderek. 4.koşarak. 5.dalgın.

پویانما pûyânumâ: [pûyâ+numûden> numâ] animatör.

پویانمایی pûyânumâyî: [pûyâ+numûden> numây+î] animasyon.

پویانیدن pûyânîden: 1.sürüyü koşturmak. 2.sürüyü gütmek.

پوینده pûyende: [pûyîden>pûy+ende] 1.giden. 2.koşan. 3.arayan, araştıran. 4.hayvan.

پویه pûye: [pûyîden>pûy+e] koşu, koşma.

پوییدن pûyîden: 1.hızlı hızlı gitmek. 2.koşmak. 3.aramak, araştırmak.

په peh: 1.ne güzel!, bravo!, aferin!, peh!

په په peh peh: aferin!, bravo!, yaşa!, breh breh! ‖ * bâ ~ çîzî râ horden با په په چیزی را خوردن ağzını şapırdata şapırdata bir şey yemek.

پهرو کردن pehrû kerden: birleştirmek, tutturmak.

پهره دار pehredâr: nöbetçi, muhafız.

پهلو pehlev: 1.yiğit. 2.Pehlevî dilini konuşan. 3.kent.

پهلو pehlû: (Peh.) 1.yan. 2.bitişik. 3.böğür. 4.sağrı. 5.karın. 6.kenar.7.ön. 8.fayda. ‖ * ~ be ~ پهلو به پهلو borda bordaya. ‖ * ez ~ -yi kesî kârî kerden از پهلوی کسی کاری کردن birine yardım etmeye çalışmak, bir işin ucundan tutmak. ‖ * ez ~ -yi hod horden از پهلوی خود خوردن zarar edeceği bir işe girişmek. ‖ * be ~ -yi nâz hoften به پهلوی ناز خفتن rahat yatakta uyumak, mışıl mışıl uyumak. ‖ * be ~ -yi kesîr âh reften به پهلوی کسی راه رفتن birinin yanında yürümek. ‖ * lezzet-i ~ لذت پهلو yanyana bulunmanın verdiği zevk.

پهلو آکندن pehlû âkenden: şişmanlamak, semirmek.

پهلوان pehlevân: 1.yiğit. 2.kahraman. 3.pehlivan. 4.iri cüsseli, çam yarması. 5.kaba konuşan, kaba sabâr. ‖ * ~ -i pâyitaht پهلوان پایتخت başpehlivan.

پهلوانه pehlevânâne: [pehlevân+âne] 1.yiğitçe. 2.pehlivanca, güreşçi gibi. 3.şampiyonca.

پهلوانی pehlevânî: [pehlevân+î] 1.yiğitlik. 2.pehlivanlık. 3.Farsça. 4.Pehlevî dili.

پهلوانی دادن pehlevânî dâden: pehlivanlık vermek.

پهلوانی زبان pehlevânîzebân: [pehlevânî+ zebân] Pehlevce, Pehlevî dili.

پهلو تهی کردن pehlû tohî kerden: bir işten kenara çekilmek.

پهلو دادن pehlû dâden: **1.**zengin etmek, desteklemek, elinden tutmak. **2.**yakınlık göstermek. **3.**uzak durmak.

پهلو داشتن pehlû dâşten: yararlı olmak.

پهلودار pehlûdâr: [pehlû+dâşten>dâr] (ask.) yancı, yan cenah, yan kuvvetler.

پهلودرد pehlûderd: [pehlû+derd] (tıb.) zatülcenp.

پهلو دزدیدن pehlû dozdîden: kaçınmak, uzak kalmaya çalışmak.

پهلو رسانیدن pehlû resânîden: **1.**felaket getirmek. **2.**başabaş olmak, denk olmak, aynı seviyede olmak.

پهلو زدن pehlû zeden: **1.**mukabele etmek. **2.**yanaşmak, dayanmak. ‖ * bâ çerh ~ با چرخ پهلو زدن çok değerli olmak, yüksek makam sahibi olmak.

پهلو سایيدن pehlû sâyîden: mukabele etmek, mücadele etmek, karşı karşıya gelmek, eşitlik davasına kalkmak.

پهلوکش pehlevkoş: [pehlev+koşten>kuş] yiğit öldüren, pehlivan öldüren.

پهلو گرفتن pehlû giriften: yanaşmak.

پهلونشین pehlûnişîn: [pehlû+nişesten> nişîn] dost, sohbet arkadaşı.

پهلو نگه داشتن pehlû nigeh dâşten: uzak durmak, kaçınmak.

پهلو نهادن pehlû nihâden: uzanmak, yatmak.

پهلوی pehlevî: [pehlev+î] **1.**Pehlev dili, Pehlevîce. **2.**Pehlev dili konuşan. **3.**Pehlevî hanedanı. **4.**bir musikî makamı.

پهلوی هم pehlû-yi hem: yanyana.

پهن pehn: (Peh.) **1.**geniş. **2.**açık. **3.**ferah. **4.**yayılmış, yayık. **5.**düz. ‖ * ~ gûş goşaden پهن گوش گشادن kulaklarını açmak, kulak kesilmek, kulak vermek.

پهن pehen: ana sütü.

پهن pihin: atık, katır ve eşek gübresi. ‖ * ~ bareş nemîkonend پهن بارش نمی کنند itibarı yoktur, kimse ona aldırmaz, irapta mahalli yoktur.

پهنا pehnâ: (Peh.) [pehn+â] **1.**genişlik, en. **2.**açıklık, engin. **3.**kutur. ‖ * ~ -yi çîzî râ be kesî numûden پهنای چیزی را به کسی نمودن bir şeyin azametini birine göstermek.

پهنا کردن (بالای چیزی یا کسی) **1.**bir seviyeye getirmek, tesviye etmek, düzeltmek. **2.**altüst etmek, altını üstüne getirmek. ‖ * ~ -yi avâlim پهنای عوالم âlemlerin enginliği. ‖ * ~ -yi rukûdet پهنای رکودت durgunluğun enginliği.

پهنانه pehnâne: [pehn+âne] **1.**bir tür maymun. **2.**pide.

پهناور pehnâver: [pehn+â+ver] **1.**geniş. **2.**engin. **3.**ferah. **4.**yayılmış. **5.**uzak.

پهناور شدن pehnâver şoden: **1.**geniş olmak, enli olmak. **2.**genişlemek, enlenmek. **3.**enginleşmek.

پهناور کردن pehnâver kerden: **1.**genişletmek, enlendirmek. **2.**enginleştirmek.

پهناوری pehnâverî: [pehnâver+î] **1.**genişlik. **2.**enginlik.

پهنایی pehnâyî: [pehn+ây+î] genişlik, en.

پهن پا زدن pihin pâ zeden: **1.**güneşe yayılan gübreyi altüst etmek. **2.**işsiz olmak, kaldırım mühendisliği yapmak.

پهن دشت pehndeşt: [pehn+deşt] (coğ.) step.

پهن ساختن pehn sâhten: **1.**genişletmek, en kazandırmak, enlendirmek. **2.**yaymak.

پهن شدن pehn şoden: **1.**genişlemek. **2.**yayılmak. **3.**tembel tembel oturmak. ‖ * nâm-i kesî ~ نام کسی پهن شدن meşhur olmak, nam salmak.

پهن کردن pehn kerden: **1.**yaymak, sermek. **2.**genişletmek. **3.**düzeltmek.

پهن گوش pehn gûş: kepçe kulaklı.

پهنگیر pehngîr: [pehn+giriften>gîr] **1.**marangoz cetveli. **2.**çıkrıkçıların kullandıkları bir alet.

پهنه pehne: [pehn+e] **1.**saha, meydan, arsa, arazi. **2.**genişlik. **3.**bir tür çevgan.

پهنه باختن pehne bâhten: çevgan oynamak.

پهنی pehnî: [pehn+î] **1.**genişlik. **2.**ferahlık. **3.**açıklık.

پهنیدن pehnîden: **1.**genişletmek. **2.**yaymak, sermek.

پی pey, piy: **1.**ayak. **2.**ayak izi. **3.**direnme gücü, takat. **4.**temel. **5.**kaide (heykel vs.) **6.**defa. **7.**pey akçesi. ‖ * ~ be maksûd borden پی به مقصود بردن maksadı anlamak. ‖ * ~ -i پیِ **1.**için. **2.**ardından, peşinden. **3.**yerine. ‖ * ~ -i çîzî dâşten پی چیزی داشتن peşinde olmak. ‖ * ~ -i çîzî reften پی چیزی رفتن peşine gitmek. ‖ * ~ -i kârî ra giriften پی کاری را گرفتن bir işi takip etmek. ‖ * ~ -i kesî râ gom kerden پی کسی را گم کردن izini kaybetmek. ‖ * ~ -i kesî râ nihuften پی کسی را نهفتن birinin ayak izini yok etmek. ‖ * ~ -i kesî firistâden پی کسی فرستادن peşine göndermek. ‖ * ber ~ kesî reften بر پی کسی رفتن izinden gitmek, izlemek, takip etmek. ‖ * der ~ -i çîzî bûden در پی چیزی بودن peşinde olmak. ‖ * ender ~ -i اندر پی peşinden.

پی piy, pey: sinir.

پی pî: (Yun.) Yunan alfabesinin on üçüncü harfi.

پی pî: pi sayısı = 3. 14.

پی pî: şaşkınlık gösteren ses.

پی آمد pey âmed: sonuç.

پی آورد peyâverd-i, peyâvord-i: [pey+ âverden>âverd] peşinden, ardından.

پی آوردن pey âverden: takati olmak, gücü olmak.

پیاپی peyâpey: [pey+â+pey] **1.**art arda, peş peşe, arka arkaya, durmadan, ardı sıra, boyuna, biteviye. **2.**yavaş yavaş, azar azar.

پیادگی piyâdegî: [piyâde+g+î] yayalık.

پیاده piyâde: **1.**yaya. **2.**(ask.) piyade. **3.**yayan, yürüyerek. **4.**ümmî, okuma yazma bilmeyen. **5.**gevzek, zayıf. **6.**âciz. **7.**yüzük taşı. **8.**piyon (satrançta). **9.**bir tür kırmızı gül. **10.**bir tür kısa boylu ağaç. **11.**askerî piyade sınıfı. **12.**çift kürekli bir tür ince uzun kayık, hanımiğnesi.

پیاده رفتن piyâde reften: yaya gitmek, yürüyerek gitmek.

پیاده رو piyâderov: [piyâde+reften>rev] **1.**kaldırım, banket. **2.**yaya.

پیاده روی piyâderovî, piyâderevî: [piyâde+ reften>rev+î] yürüyüş, gezinti.

پیاده روی کردن piyâderovî kerden: yürüyüş yapmak.

پیاده شدن piyâde şoden: **1.**inmek. **2.**azledilmek. **3.**sökülmek. **4.**rezil olmak. **5.**yaya kalmak, nasipsiz kalmak.

پیاده کردن piyâde kerden: **1.**indirmek. **2.**azletmek. **3.**sökmek. **4.**uygulamak. **5.**çıkarmak. ‖ * sevârhâ râ ~ سوارها را پیاده کردن (kadın) çok şirret olmak. ‖ * şâh râ ez esb ~ شاه را از اسب پیاده کردن çok utanmaz olmak.

پیاده گردیدن piyâde gerdîden: **1.**inmek. **2.**yaya kalmak, nasipsiz kalmak.

پیاده نظام piyâdenizâm: (F.-A.) [piyâde+ nizâm] (ask.) piyade sınıfı.

پیاده نهادن piyâde nihâden: birini âciz yerine koymak.

پیاز piyâz (bot.) soğan. ‖ * ~ -i kûhî پیاز کوهی yabani soğan, dağ soğanı. ‖ * mâ ne ser-i ~ îm ne teh-i ~ ما نه سر پیازیم نه ته پیاز bu işle bir ilgimiz yok, ne etliye karışırız ne sütlüye.

پیازچه piyâzçe: [piyâz+çe] (bot.) taze soğan, yeşil soğan.

پیازک piyâzek: [piyâz+ek] **1.**(bot.) taze soğan. **2.**küçük soğan. **3.**saç kökü.

پیاله piyâle: **1.**kadeh, küçük kadeh. **2.**(kin.) sevgili. **3.**(tas.) sûfînin marifet şarabını içtiği kadeh.

پیاله دار piyâledâr: [piyâle+dâşten>dâr] **1.**sâki. **2.**içki içen, şarap içen.

پیاله زدن piyâle zeden: içki içmek, şarap içmek.

پیاله فروش piyâlefurûş: [piyâle+furûhten> furûş] meyhaneci.

پیاله فروشی piyâlefurûşî: [piyâle+furûhten> furûş+î] **1.**uğrak, ayak üstü meyhanesi. **2.**kadeh satıcısı. **3.**meyhanecilik.

پیاله کردن piyâle kerden: (tas.) ölmek.

پیاله کش piyâlekeş: [piyâle+keşîden>keş] içki içen, kadeh kaldıran.

پیاله کشی piyâlekeşî: [piyâle+keşîden> keş+î] içki içme, kadeh kaldırma.

پیاله گرفتن piyâle giriften: **1.**kadeh almak. **2.**şarap içmek.

پیاله نوش piyâlenûş: [piyâle+nûşîden> nûş] içki içen, kadeh kaldıran.

پیاله نوشی piyâlenûşî: [piyâle+nûşîden> nûş+î] içki içme, kadeh kaldırma.

پیام peyâm, piyâm: (Peh.) **1.**haber, mesaj. **2.**selâm. **3.**(tas.) vahiy. **4.**ilham. **5.**emir ve yasaklar. ‖ * ~ -i ketbî پیام کتبی yazılı mesaj. ‖ * ~ -i şifâhî پیام شفاهی sözlü mesaj.

پیام آوردن peyâm âverden: haber getirmek.

پیامبر peyâmber: [peyâm+borden>ber] **1.**peygamber. **2.**haberci, kurye.

پیام بردن peyâm borden: haber götürmek, mesaj götürmek.

پیامبری peyâmberî: [peyâm+borden> ber+î] **1.**peygamberlik. **2.**habercilik, kuryelik.

پیامد peyâmed: [pey+âmeden>âmed] **1.**belirti, işaret. **2.**sonuç, bitim, hatime.

پیام دادن peyâm dâden: **1.**haber göndermek. **2.**peygamberliğini tebliğ etmek.

پیام فرستادن peyâm firistâden: haber göndermek, haber salmak.

پیام کردن peyâm kerden: haber göndermek, haber etmek, haber salmak.

پیام گیر peyâmgîr: [peyâm+giriften>gîr] telesekreter.

پیام نگار peyâmnigâr: [peyâm+nigâşten> nigâr] E-mail.

پیام نما peyâmnumâ: [peyâm+numûden> numâ] teleteks.

پیامی peyâmî: [peyâm+î] **1.**haberle ilgili. **2.**haberci.

پیانو piyano: (Fr.) piyano.

پیانو زدن piyano zeden: piyano çalmak.

پیانیست piyanist: (Fr.) piyanist.

پی افشردن pey efşorden: **1.**ayak diretmek. **2.**ayakta kalmaya çalışmak.

پی افکندن pey efkenden: **1.**temel atmak. **2.**bina etmek, tesis etmek, kurmak. **3.**başlamak. **4.**sebep olmak, yol açmak.

پی اندر افکندن pey ender efkenden: başlamak.

پیاوار piyâvâr: sanat, hüner.

پی برداشتن pey berdâşten: **1.**takip etmek, iz sürmek. **2.**yok etmek, ortadan kaldırmak.

پی بردن pey borden: **1.**anlamak. **2.**farketmek. **3.**sezmek, sezinlemek. **4.**izini bulmak. **5.**vâkıf olmak.

پی بر گسلیدن pey ber goselîden: terketmek, ilgiyi kesmek.

پی بریدن pey borîden: yürümesine engel olmak için binek hayvanının topuk etini kesmek. ‖ * ~ ez پی بریدن از bir yeri terketmek.

پی بستن pey besten: **1.**ayak bağlamak. **2.**bina etmek.

پیپ pîp: (Fr.) pipo.

پی پر کردن pey por kerden: (tay veya sıpa) kuvvetlenmek.

پیپ کشیدن pîp keşîden: pipo içmek.

پی پیش کردن pey pîş kerden: (çocuk dili) piş piş yapmak, uyumak.

پیت pît: teneke.

پیت پیت pît pît: **1.**fısıltı. **2.**fısıldaşma.

پیت pît (zool.) güve.

پیتزا pitza: (İta.) pizza.

پی جامه peycâme: [pey+câme] **1.**pijama. **2.**bir tür Hint şalvarı.

پی جستن pey costen: **1.**iz sürmek. **2.**araştırmak.

پی جور pey cûr: sorup soruşturan, arkasını arayan. ‖ * ~ -i kesî şoden پی جور کسی شدن birini yoklamak, birinin arkasını aramak.

پی جوی peycûy: [pey+costen>cûy] **1.**iz sürücü. **2.**araştıran.

پی جویی peycûyî: [pey+costen>cûy+î] **1.**iz sürme. **2.**araştırma.

پی جویی کردن peycûyî kerden: **1.**iz sürmek. **2.**araştırmak.

پیچ pîç: **1.**kıvrım. **2.**büklüm. **3.**dönemeç, viraj. **4.**vida. **5.**civata. **6.**tirbişon. **7.**düğme. **8.**sapak. **9.**bir tür soba. **10.**bir tür dikiş. ‖ * ~ -i telgrâfî پیچ تلگرافی (bot.) cezayir menekşesi.

پیچاپیچ pîçâpîç: [pîç+â+pîç] büklüm büklüm, kıvrım kıvrım.

پیچازی pîçâzî: buruşuk.

پیچاق piçâk: (T.) bıçak.

پیچاک pîçâk: [pîç+âk] **1.**kıvrımlı, büklümlü. **2.**(tıb.) dizanteri.

پیچان pîçân: [pîçîden>pîç+ân] dönen, kıvrılan.

پیچ اندر پیچ pîç ender pîç: dolambaçlı.

پیچاندن pîçânden: **1.**bükmek. **2.**kıvırmak. **3.**çevirmek. **4.**eziyet etmek. **5.**mahvetmek. **6.**kırmak (direksiyon). **7.**burkmak. ‖ * ~ -i dil-i kesî پیچاندن دل کسی birinin gönlünü karıştırmak, üzmek. ‖ * ~ -i kâr پیچاندن کار bir işi bozmak, harap etmek. ‖ * ~ -i ser ez kesî پیچاندن سر از کسی baş kaldırmak, isyan etmek. ‖ * ser-i kesî râ ~ سر کسی را پیچاندن birini boş vaatle aldatmak.

پیچانیدن pîçânîden: çevirmek.

پیچان شدن pîçân şoden: **1.**bükülmek. **2.**kıvrılmak. **3.**çevrilmek. **4.**perişan olmak. **5.**yüz çevirmek.

پیچان کردن pîçân kerden: **1.**bükmek. **2.**kıvırmak. **3.**ızdırap vermek.

پیچان گشتن pîçân geşten: muzdarip olmak, huzursuz olmak.

پیچ افتادن pîç oftâden: **1.**düğümlenmek. **2.**güçlük çıkmak, sorun çıkmak.

پیچ انداختن pîç endâhten: **1.**düğüm atmak. **2.**(hap) mide ağrıtmak.

پیچ بر پیچ pîç ber pîç: **1.**kıvrım kıvrım. **2.**büklüm büklüm. **3.**çetrefil, çok zahmetli.

پیچ برداشتن pîç ber dâşten: **1.**eğilmek. **2.**kıvrılmak. **3.**bükülmek.

پیچ پا pîçpâ: [pîç+pâ] yengeç.

پیچ پیچ pîç pîç: **1.**kıvrımlı. **2.**dolambaçlı.

پیچ پیچی کردن pîç pîçî kerden: bir işte güçlük çıkartmak, işi yokuşa sürmek.

پیچتاب pîçtâb: [<pîç+u+tâb] **1.**kıvranma. **2.**telaş, sıkıntı.

پیچ خوردن pîç horden: **1.**sapmak, kıvrılmak. **2.**bükülmek. **3.**eğilmek. **4.**manevra yapmak.

پیچ دادن pîç dâden: **1.**bükmek. **2.**eğmek. **3.**kıvırmak.

پیچ در پیچ pîç der pîç: **1.**dolambaçlı. **2.**büklüm büklüm. **3.**kıvrım kıvrım.

پیچش pîçiş: [pîçîden>pîç+iş] **1.**bükülme. **2.**kıvrılma. **3.**eğilme. **4.**sapma. **5.**(tıb.) buruntu. **6.**çöreklenme. ‖ * ~ -i âvâz پیچش آواز yankılanma.

پیچک pîçek: [pîçîden>pîç+ek] **1.**(bot.) sarmaşık. **2.**bobin. **3.**kaşsız yüzük.

پیچکاری pîçkârî: (tıb.) iğne.

پیچکاری کردن pîçkârî kerden: iğne yapmak, iğne vurmak.

پیچ گرفتن pîç giriften: burmak. ‖ * ~ -i dil-i kesî پیچ کرفتن دل کسی karnı burmak.

پیچ گوشتی pîçguştî: tornavida.

پیچ و تاب pîç u tâb: [pîçîden>pîç+u+tâbîden> tâb] 1.büklüm. 2.kıvrım. 3.kıvranma. ‖ * be ~ oftâden به پیچ و تاب افتادن kıvranmak, acı veya ağrıdan iki büklüm olmak.

پیچ و تاب خوردن pîç u tâb horden: 1.bükülmek. 2.kıvrılmak. 3.kıvranmak.

پیچ و تاب زدن pîç u tâb zeden: 1.bükülmek. 2.kıvrılmak. 3.kıvranmak.

پیچ و خم pîç u ham: 1.büklüm. 2.kıvrım. 3.viraj, dönemeç.

پیچ و خم دار pîç u hamdâr: [pîç+u+ham+ dâşten>dâr] 1.yılankavî, dolambaçlı, kıvrımlı. 2.virajlı, dönemeçli.

پیچه pîçe: [pîç+e] 1.peçe. 2.alın. 3.helis.

پیچه زدن pîçe zeden: peçe takmak.

پیچیدگی pîçîdegî: [pîçîden>pîçîde+g+î] 1.burkulma. 2.bükülme. 3.çöreklenme. ‖ * ~ der sohen پیچیدگی در سخن sözün dolambaçlı olması. ‖ * ~ -i kûzek پیچیدگی ٔ قوزک (tıb.) ayak burkulması. ‖ * ~ -i uzv پیچیدگی ٔ عضو (tıb.) çarpılma, bükülme. ‖ * ~ -i zebân پیچیدگی زبان dil tutukluğu.

پیچیدگی کردن pîçîdegî kerden: kötü davranmak.

پیچیدن pîçîden: 1.dolamak. 2.sarmak. 3.bükmek. 4.dönmek, sapmak, kıvrılmak. 5.çevirmek. 6.kıvırmak. 7.eziyet etmek. 8.çöreklenmek. 9.dolanmak. ‖ * ber hod ~ , be hod ~ بر خود پیچیدن ، به خود پیچیدن 1.dolanmak. 2.kıvrılmak. 3.kıvranmak, uğunmak. ‖ * be hem ~ بهم پیچیدن dolaşmak. ‖ * ~ der در پیچیدن meşgul olmak.

پیچیدنی pîçîdenî: [pîçîden+î] bükülebilir, bükülgen.

پیچیده pîçîde: [pîçîden>pîçîd+e] karmaşık, çetrefil, güç. 2.eğilmiş. 3.bükülmüş. 4.sapmış. ‖ * çeşm-i ~ چشم پیچیده şehlâ göz.

پیچیده موی pîçîdemûy: [pîcîde+mûy] kıvrık saçlı, kıvır kıvır saçlı. ‖ * hâme-i ~ خامه ٔ پیچیده موی 1.ucuna kıl dolaşmış kalem. 2.beceriksizlik.

پیخ pîh: 1.kir, pislik. 2.artık. 3.göz çapağı.

پیخال pîhâl: 1.kir, pislik. 2.gaita. 3.çapak (göz).

پیخاله pîhâle: 1.pislik. 2.gaita, dışkı.

پیختن pîhten: 1.dağıtmak, saçmak. 2.rezil etmek.

پی خجسته pey hoceste: ayağı uğurlu.

پیخستن peyhosten, piyhesten: 1.ayakla ezmek, çiğnemek. 2.âciz bırakmak.

پید pîd: 1.yararsız. 2.değersiz. 3.karmakarışık.

پیدا peydâ, piydâ: (Peh.) 1.açık, aşikâr, belli, besbelli, ortada. 2.görünen. 3.tanınmış. ‖ * ~ -yi kesî nebûden پیدای کسی نبودن ortalıkta olmamak, görünürlerde olmamak.

پیدا آمدن peydâ âmeden: ortaya çıkmak, belirmek.

پیدا آوردن peydâ âverden: 1.ortaya çıkarmak. 2.vücuda getirmek, meydana getirmek, var etmek.

پیدا بودن peydâ bûden: görünmek, görünürde olmak.

پیدا داشتن peydâ dâşten: açık olmak.

پیدا ساختن peydâ sâhten: 1.ortaya çıkarmak. 2.meydana getirmek.

پی داشتن pey dâşten: 1.ardı arkası olmak. 2.kuvveti olmak.

پیدا شدن peydâ şoden: 1.belirmek, ortaya çıkmak. 2.bulunmak, ortaya çıkarılmak. 3.görünmek. 4.meydana gelmek. 5.belli olmak, malum olmak.

پیدا کردن peydâ kerden: 1.bulmak. 2.ortaya çıkarmak. 3.aşikâr etmek. 4.açıklamak. 5.belirginleştirmek. ‖ * hod râ ~ خود را پیدا کردن kendini tanıtmak, ortaya atılmak.

پیداکن peydâkun: [peydâ+kerden>kun] ortaya çıkaran, açığa çıkaran.

پیدا گشتن peydâ geşten: ortaya çıkmak, belirmek, zuhur etmek.

پیدا نمودن peydâ numûden: bulmak.

پیدایش peydâyiş: [peydâ+y+iş] **1.**yaratılış. **2.**zuhur, ortaya çıkma.

پیدایی peydâyî: [peydâ+y+î] **1.**ortaya çıkma. **2.**süreklilik.

پی در پی peyderpey: [pey+der+pey] **1.**art arda, arka arkaya, peş peşe, peyderpey. **2.**azar azar, yavaş yavaş.

پیر pîr: (Peh.) **1.**yaşlı, ihtiyar, koca. **2.**kart. **3.**(tas.) pîr, mürşit, şeyh. **4.**Zerdüştî din adamı. **5.**meslek öncüsü, fikir akımı öncüsü. ‖ * ~ -i cihândîde پیر جهان دیده görmüş geçirmiş ihtiyar. ‖ * ~ -i fânî پیر فانی · çok yaşlı ve zayıf adam. ‖ * ~ -i gorg پیر گرگ **1.**yaşlı kurt. **2.**(şaka yollu) koca kurt, tecrübeli. ‖ * ~ -i hâfhâfû پیر هافهافو dişleri dökülmüş ihtiyar, moruk. ‖ * ~ -i herâbât پیر خرابات **1.**meyhaneci. **2.**(tas.) mürşit. **3.**bilgili ve akıllı insan. **4.**(argo) moruk. ‖ * ~ -i kâr پیر کار işbilir, bir işin pîri. ‖ * ~ -i ken'ân پیر کنعان Kenan topraklarının pîri, Yakup peygamber, Hz. Yusuf'un babası. ‖ * ~ -i kesî râ der âverden پیر کسی را در آوردن birinin işini bitirmek. ‖ * ~ -i mugân پیر مغان **1.**Zerdüştîlerin büyük lideri. **2.**meyhaneci. **3.**içki satan ihtiyar. **4.**rind. **5.**(tas.) mürşit, tarikat pîri, şeyh. ‖ * ~ u bernâ پیر و برنا yaşlısı genci. ‖ * ~ u pâk پیر و پاک tertemiz. ‖ * ~ u pâtâl پیر و پاتال ihtiyar, moruk.

پیرا pîrâ: [pîrâsten>pîrâ] donatan, süsleyen, eksilterek süsleyen.

پیرار pîrâr: evvelki (yıl).

پیرارسال pîrârsâl: [pîrâr+sâl] evvelki yıl, iki yıl önce.

پیراستگی pîrâstegî: [pîrâsten>pîrâst+e+g+î] **1.**donanım, süs. **2.**düzen.

پیراستن pîrâsten: (Peh.) **1.**süslemek. **2.**donatmak. **3.**dikmek. **4.**cezalandırmak. ‖ * ~ -i dil ez gam پیراستن دل از غم gönlü üzüntüden arıtmak.

پیراسته pîrâste: (Peh.) [pîrâsten> pîrâst+e] **1.**süsleme. **2.**süslü. **3.**donatılmış, donanmış. **4.**parlatılmış, cilalanmış. **5.**cezalandırılmış. **6.**hazır. **7.**düzenlenmiş.

پیراگندن pîrâgenden: **1.**ayırmak. **2.**dağıtmak. **3.**saçmak.

پیرامن pîrâmen: çevre, etraf, yöre.

پیرامن گرد pîrâmengerd: [pîrâmen+ geşten> gerd] çevresinde dolaşan, çevresinde dönen.

پیرامون pîrâmûn: etraf, çevre, yöre. ‖ * ~ -i پیرامون. **1.**hakkında. **2.**çerçevesinde. **3.**çevresinde. ‖ * der ~ -i در پیرامون. **1.**hakkında, ilişkin. **2.**çerçevesinde. **3.**çevresinde.

پیرامون گرد pîrâmûngerd: [pîrâmûn+ geşten> gerd] çevresinde dolaşan.

پیران pîrân: [pîr+ân] **1.**yaşlılar, ihtiyarlar. **2.**tarikat kurucuları. **3.**meslek veya fikir akımı öncüleri.

پیران سال pîrânsâl: [pîr+ân+sâl] yaşlılık günleri, yaşlılık çağı.

پیرانه pîrâne: [pîr+âne] yaşlı gibi, yaşlılara yakışır şekilde.

پیرانه سر pîrâneser: [pîr+âne+ser] yaşlılık çağı, yaşlılık zamanı, yaşlılık günleri.

پیراهن pîrâhen: gömlek, mintan. ‖ * ~ -i hâb , ~ -i hâbî پیراهن خواب ، پیراهن خوابی gecelik, pijama. ‖ * ~ -i ismet پیراهن عصمت namus, iffet. ‖ * ~ -i kâgezî پیراهن کاغذی **1.**sabah aydınlığı, güneş ışınları. **2.**(eskiden) zulme uğrayanın davacı olmak için giydiği kâğıttan gömlek. ‖ * ~ keşîden ez ten-i kesî پیراهن کشیدن از تن کسی gömlek çıkartmak, soymak. ‖ * ~ keşîden ber ten-i kesî پیراهن کشیدن بر تن کسی gömlek giydirmek. ‖ * ~ -i koktel پیراهن کوکتل gece kıyafeti. ‖ * ~ -i mesmûm پیراهن مسموم 1.zehirli gömlek. 2.idam edilecek kişiye giydirilen gömlek. ‖ * ~ -i ma'mûlî پیراهن معمولی mintan. ‖ * ~ -i verziş پیراهن ورزش (sp.) forma. ‖ * ~ -i verzişî پیراهن ورزشی (sp.) forma.

پیراهیدن pîrâhîden: **1.**süslemek. **2.**tabaklamak.

پیرایش pîrâyîş: (Peh.) [pîrâsten>pîrây+ iş] **1.**donatma. **2.**süsleme. **3.**tabaklama. **4.**hazırlama.

پیرایش ده pîrâyişdih: [pîrâyiş+dâden>dih] **1.**süsleyen, donatan. **2.**düzenleyen.

پیرایشگاه pîrâyîşgâh: [pîrâsten>pîrây+ iş+gâh] kuaför.

پیرایشگر pîrâyîşger: [pîrâsten+pîrây+ iş+ger] **1.**kuaför. **2.**sepici, tabakçı.

پیراینده pîrâyende: [pîrâsten>pîrây+ende] süsleyen, donatan.

پیرایه pîrâye: [pîrâsten>pîrây+e] süs.

پیرایه بخش pîrâyebahş: [pîrâye+ bahşîden>bahş] süsleyen, donatan.

پیرایه بخشا pîrâyebahşâ: [pîrâye+ bahşîden> bahş+â] süsleyen, donatan.

پیرایه ساز pîrâyesâz: [pîrâye+sâhten>sâz] süsleyen, donatan.

پیرایه فزا pîrâyefezâ: [pîrâye+fezûden> fezâ] süsünü artıran, donatan.

پیرایه کردن pîrâye kerden: **1.**süslemek. **2.**donatmak.

پیر پنبه pîrpenbe: [pîr+penbe] **1.**ak saçlı ihtiyar. **2.**korkuluk.

پیر چشمی pîrçeşmî: [pîr+çeşm+î] (tıb.) presbit hastalığı.

پیرزن pîrzen: [pîr+zen] **1.**yaşlı kadın. **2.**kocakarı.

پیرسال pîrsâl: [pîr+sâl] yaşlı.

پیرسر pîrser: [pîr+ser] aksaçlı, yaşlı, ihtiyar.

پیر شدن pîr şoden: **1.**yaşlanmak, ihtiyarlamak. **2.**kartalmak.

پیر کردن pîr kerden: yaşlandırmak, ihtiyarlatmak.

پیرکس pireks: (Fr.) pireks, yanmaz.

پیر گرداندن pîr gerdânden: yaşlandırmak, ihtiyarlatmak.

پیر گشتن pîr geşten: yaşlanmak.

پیرمرد pîrmerd: [pîr+merd] **1.**yaşlı adam, ihtiyar. **2.**(halk) moruk.

پیرنگ pîreng: olaylar, havadis.

پیرنگ دار pîrengdâr: [pîreng+dâşten> dâr] çok olaylı.

پیرو peyrov, peyrev: [pey+reften>rev] **1.**izinden giden, peşinden giden, uyan. **2.**salik.

پیرو pîrû: kese.

پیروز pîrûz: (Peh.) **1.**muzaffer, galip. **2.**uğurlu, mübarek. **3.**yararlı, faydalı.

پیروز آمدن pîrûz âmeden: **1.**galip gelmek, muzaffer olmak. **2.**amacına ulaşmak.

پیروز بخت pîrûzbaht: [pîrûz+baht] talihli.

پیروز شدن pîrûz şoden: **1.**galip gelmek, muzaffer olmak. **2.**muradına ermek, amacına ulaşmak.

پیروزگر pîrûzger: [pîrûz+ger] muzaffer edici.

پیروزمند pîrûzmend: [pîrûz+mend] **1.**muzaffer, galip. **2.**başarılı. **3.**muradına ermiş, amacına ulaşmış.

پیروزمند شدن pîrûzmend şoden: muzaffer olmak.

پیروزه pîrûze: (Peh.) **1.**fîruze. **2.**fîrûze rengi, gök mavisi, mavi. **3.**(mec.) gökyüzü. **4.**firuze taşı.

پیروزی pîrûzî: (Peh.) [pîrûz+î] **1.**zafer. **2.**(sp.) galibiyet. **3.**utku, murada erme. ‖ * be ~ resîden به پیروزی رسیدن **1.**muzaffer olmak. **2.**(sp.) galip gelmek.

پیر و کور شدن pîr u kûr şoden: çok yaşlanmak, eli ayağı tutmaz olmak.

پیروی peyrovî, peyrevî: [pey+reften> rev+î] **1.**izleme, izinden gitme. **2.**tabi olma, uymar.

پیروی کردن peyrovî kerden: **1.**izlemek, izinden gitmek, takip etmek. **2.**tabi olmak, uymak. **3.**katılmak.

پیر زال pîr-i zâl: **1.**çok yaşlı kadın. **2.**saçları apak olmuş ihtiyar.

پیره زن pîrezen: [pîr+e+zen] **1.**yaşlı kadın. **2.**kocakarı.

پیرهن pîrehen: gömlek, mintan. ‖ * ez ~ -i kesî âmeden از پیرهن کسی آمدن birinin yakını olmak, biriyle aynı soydan olmak. ‖ * ez şâdî der ~ negoncîden از شادی در پیرهن نگنجیدن sevinçten içi içine sığmamak. ‖ * çend ~ ziyâdter pâre kerden ez kesî چند پیرهن زیادتر پاره کردن از کسی birinden daha tecrübeli olmak. ‖ * der yek ~ bûden در یک پیرهن بودن içli dışlı olmak, içtikleri su ayrı gitmemek.

پیرهن چاک pîrehen çâk: **1.**yırtık gömlekli. **2.**sarhoşluktan elbisesi yırtılmış. **3.**sevdalı.

پیرهن دریدن pîrehen derîden: **1.**gömlek parçalamak. **2.**aşkından üstünü başını yırtmak.

پیرهن دوز pîrehendûz: [pîrehen+dûhten+ dûz] gömlekçi, gömlek terzisi.

پیرهن دوزی pîrehendûzî: [pîrehen+ dûhten>dûz+î] gömlekçilik.

پیرهن فروش pîrehenfurûş: (pîrehen+ furûhten>furûş] gömlekçi, gömlek satıcısı.

پیرهن فروشی pîrehenfurûşî: [pîrehen+ furûhten>furûş+î] gömlekçi, gömlek satılan mağaza, butik.

پیرهن قبا کردن pîrehen kabâ kerden: öfkeyle gömleğini parçalamak, üstünü başını yırtmak.

پیرهن وش pîrehenveş: [pîrehen+veş] gömlek gibi.

پیری pîrî: [pîr+î] **1.**yaşlılık, ihtiyarlık. **2.**pîrlik, tarikat kuruculuğu. **3.**meslek veya fikir akımı öncülüğü. ‖ * be ~ nişesten به پیری نشستن çökmek, ihtiyarlamak. ‖ * pîş-i ~ siper endâhten پیش پیری سپر انداختن yaşlanmaya başlamak.

پی ریختن pey rîhten: **1.**temel atmak. **2.**kurmak. **3.**bünyeleştirmek.

پی ریزی peyrîzî: [pey+rîhten>rîz+î] **1.**temel atma. **2.**kurma. **3.**temel atılma. **4.**kurulma.

پی ریزی شدن peyrîzî şoden: **1.**kurulmak, teessüs etmek. **2.**bünyeleştirilmek. **3.**temeli atılmak.

پی ریزی کردن peyrîzî kerden: **1.**kurmak, tesis etmek. **2.**bünyeleştirmek. **3.**temel atmak.

پی زدن pey zeden: **1.**ayak basmak. **2.**topuk vurmak. **3.**farkına varmak.

پیزر pîzor (bot.) papirus. ‖ * ~ be pâlân-i kesî gozâşten پیزر به پالان کسی گذاشتن **1.**yalan ve hileyle birini aldatmak. **2.**yağ çekmek. ‖ * ~ der cuvâl gozâşten پیزر در جوال گذاشتن hile ve aldatmada mahareti olmak.

پیزه شل pîze şol: **1.**gevşek, zayıf. **2.**alçak.

پیزی pîzî: makat. ‖ * ~ kârî dâşten پیزی کاری داشتن teşebbüs ve takip gücü olmak, cesareti olmak, yüreği olmak. ‖ * ~ -i kesî râ câ kerden پیزی ء کسی را جا کردن cahillik veya tembellik nedeniyle birinin yapamadığını onun yerine yapmak.

پیژاما pîjama: pijama.

پیژاما پوش pîjamapûş: [pijama+pûşîden> pûş] pijamalı.

پیس pîs: (tıb.) alabul hastalığı, abraşlık, alaca leke hastalığı.

پیس piyes: (Fr.) piyes.

پی سپار کردن pey sipâr kerden: **1.**geçmek, gitmek. **2.**çiğneyip geçmek.

پی سپر peysiper: [pey+sipurden>siper] çiğnenmiş, ayak altında kalmış.

پی سپردن pey siporden, pey siperden: **1.**geçmek, gitmek. **2.**çiğneyip geçmek.

پی سپر کردن pey siper kerden: **1.**gitmek, geçmek. **2.**çiğneyip geçmek.

پیست pist: (Fr.) **1.**pist. **2.**(sp.) yarış alanı.

پیستون piston: (Fr.) piston.

پیس شدن pîs şoden: **1.**abraş olmak, alabul olmak. **2.**alacalı olmak.

پی سفید pey sefîd: **1.**kademsiz, ayağı uğursuz. **2.**talihsiz, bedbaht.

پی سودن pey sûden: **1.**çiğnemek. **2.**meyletmek, rağbet etmek.

پیسه pîse: (Peh.) **1.**(tıb.) alaca lekeler, abraşlık. **2.**saksağan.

پیسی pîsî: **1.**(tıb.) abraşlık. **2.**kötü muamele. **3.**talihsizlik. ‖ * be ~ oftâden به پیسی افتادن zavallı olmak, talihsiz olmak. ‖ * ~ der âverden پیسی در آوردن çok eziyet etmek.

پیش pîş: (Peh.) **1.**ön. **2.**önce, evvel. **3.**önceki, evvelki. **4.**yan, yanına, yanında. **5.**-de, -da. **6.**-e, -a. **7.**göre, katında, nezdinde. **8.**huzur, kat. **9.**yön, taraf. **10.**kenar. **11.**karşı, karşısı. **12.**sahil, kıyı. **13.**(gr.) ötre. **14.**daha üstün, daha yüce, daha iyi. **15.**öncelikli. **16.**için. **17.**görüş. ‖ * ~ ez پیش از den önce. ‖ * ~ ez ân پیش از آن ondan önce. ‖ * ~ ez anki پیش از آنکه -meden önce. ‖ * ~ ez in پیش از این bundan önce. ‖ * ~ ez inki پیش از اینکه -meden önce. ‖ * ~ ez ~ پیش از پیش öncelikle, her şeyden önce, ilkin, evvelemirde. ‖ * ~ -i akdâm پیش اقدام ayakların önü. ‖ * ~ -i çeşmân پیش چشمان gözler önü. ‖ * ~ -i dîvân پیش دیوان huzur. ‖ * ~ -i hayret پیش حیرت şaşkınlık karşısında. ‖ * ~ -i hod پیش خود kendi kendine. ‖ * ~ -i hod fikr kerden پیش خود فکر کردن kendi kendine düşünmek. ‖ * ~ -i hod goften پیش خود گفتن kendi kendine demek, kendi kendine konuşmak. ‖ * ~ -i hodiman bemâned پیش خودمان بماند aramızda kalsın, duymamış ol. ‖ * ~ -i hucûm پیش هجوم saldırı karşısında. ‖ * ~ -i nazar پیش نظر göz önü. ‖ * ~ -i nigâh-i ibret پیش نگاه عبرت ibret bakışının önünde. ‖ * ~ -i pâ oftâde پیش پا افتاده sıradan, ayağa düşmüş. ‖ * ~ -i pay-i kesî پیش پای کسی birinden önce. ‖ * ~ -i pây-i kesî berhâsten پیش پای کسی برخاستن birine saygı için ayağa kalkmak. ‖ * ~ u pes پیش و پس ön ve arka, önü ardı. ‖ * ~ u pes u bâlâ پیش و پس و بالا ön, arka ve yukarı. ‖ * ez in ~ از این پیش bundan önce, önceden. ‖ * ez ~ از پیش eskiden. ‖ * ez ~ -i از پیشِ tarafından. ‖ * ez ~ borden çizî râ از پیش بردن چیزی را **1.**galip olmak. **2.**muradına ermek, amacına ulaşmak. **3.**yürütmek, devam ettirmek. ‖ * ez ~ berdâşten از پیش برداشتن **1.**kökünden sökmek. **2.**bir işi tamamen bitirmek. ‖ * ez ~ -i pây-i kesî berdâşten از پیش پای کسی برداشتن saygıyla kalkmak. ‖ * ez ~ reften از پیش رفتن **1.**müyesser olmak. **2.**kafi olmak. ‖ *ez ~ reften-i harf از پیش بردن حرف söz etkili olmak. ‖ * ez ~ -i kesî bûden از پیش کسی بودن birinin olmak, birine ait olmak. ‖ * ez ~ -i kesî nereften از پیش کسی نرفتن gücü yetmemek, kadir olmamak. ‖ * der ~ در پیش **1.**önünde. **2.**arkasında. ‖ * der ~ dâşteni kârî در پیش داشتن کاری bir işle karşı karşıya olmak, önünde olmak. ‖ * der ~ giriften در پیش گرفتن ele almak, icra etmeye başlamak. ‖ * der ~ nihâden در پیش نهادن arzetmek, göstermek. ‖ * râh ~ -i kesî gozâşten راه پیش کسی گذاشتن birine yolgöstermek.

پیش pîş: **1.**(bot.) hurma dalı. **2.**(bot.) hurma yaprağı. **3.**Ebucehil hurması.

پیش آگهی pîşâgehî: [pîş+âgeh+î] ihtar mektubu veya ilanı.

پیش آمد pîş âmed: olay, hadise.

پیش آمد کردن pîşâmed kerden: **1.**olay çıkarmak. **2.**olay olmak, bir şey olmak. ‖ * ~ berâyi kesî پیش آمد کردن برای کسی birinin başına gelmek, başına bir iş gelmek.

پیش آمدن pîş âmeden: **1.**yaklaşmak. **2.**yakınlaşmak. **3.**öne çıkmak, öne gelmek. **4.**ortaya atılmak. **5.**ortaya çıkmak. **6.**meydana gelmek, olmak. **7.**rastlamak. **8.**önüne çıkmak. **9.**terakki etmek. **10.**mukabeleye çıkmak, karşılamaya çıkmak. ‖ * kesî râ ~ کسی را پیش آمدن başına gelmek, vaki olmak.

پیش آورد pîşâverd, pîşâvord: [pîş+ âverden> âverd] ordövr.

پیش آوردن pîş âverden: **1.**yaklaştırmak, getirmek. **2.**huzura getirmek, huzura çıkarmak. **3.**icat etmek. **4.**başlamak. **5.**haddini aşmak. **6.**yararlanmak, faydalanmak. **7.**dikkate almak. **8.**gündeme getirmek. ‖ * ~ -i sohen پیش آوردن سخن arzetmek, söylemek.

پیش آهنگ pîş âheng: **1.**öncü. **2.**izci.

پیشا pîşâ: (müz.) aslî notalardan önce yazılan küçük nota.

پیشاب pîş âb: meyva suyu.

پیشاب pîşâb: sidik, idrar.

پیشابدان pîşâbdân: [pîşâb+dân] **1.**mesane, sidik torbası. **2.**ördek, lâzımlık.

پیشاب راه pîşâb râh: üretra, idrar yolu.

پیشاب کردن pîşâb kerden: idrar yapmak.

پیشاپیش pîşâpîş: [pîş+â+pîş] **1.**her şeyden önce. **2.**önü sıra. **3.**ön, ileri.

پیشادست pîşâdest: [pîş+â+dest] **1.**avans. **2.**takaddüm.

پیشار pîşâr: çağlayan.

پیش افتادن pîş oftâden: **1.**öne geçmek, öne düşmek. **2.**üstünlük kazanmak. **3.**yüz göstermek, vukubulmak. **4.**erken gelmek.

پیش افتاده pîş oftâde: sıradan, herkesin ağzındaki.

پیش افکندن pîş efkenden: **1.**öne atmak. **2.**aşağı atmak.

پیش امضا pîşimzâ: (F.-A.) [pîş+imzâ] paraf.

پیشان pîşân: **1.**hava cephesi. **2.**ön, ileri saf. ‖ * ~ -i serd پیشان سرد soğuk hava cephesi. ‖ * ~ -i germ پیشان گرم sıcak hava cephesi.

پیش اندیش pîşendîş: [pîş+endîşîden> endîş] ileri görüşlü.

پیشانی pîşânî: (Peh.) **1.**alın. **2.**talih, ikbal, şans. **3.**liyakat. **4.**cesaret, yürek. **5.**kuvvet. **6.**utanmazlık, yüzsüzlük. **7.**kibirlenme. **8.**genişlik, ferahlık. **9.**cephe. ‖ * ~ ez kafâ kerden پیشانی از قفا کردن **1.**hezimete uğratmak. **2.**kaçırtmak. ‖ * ~ ber hâk nihâden پیشانی بر خاک نهادن alnı secdeye gelmek, namaz kılmak, secde etmek. ‖ * ~ be kâr bâz nihâden پیشانی به کار باز نهادن cesaretle bir işe girişmek, gözünü budaktan esirgemeyerek bir işe atılmak. ‖ * ~ der hem keşîden پیشانی درهم کشیدن **1.**surat asmak. **2.**yüzünü buruşturmak. ‖ * ~ -i saht dâşten پیشانی سخت داشتن utanmaz olmak, yüzü kösele gibi olmak. ‖ * ~ -i şîr hârîden پیشانی ء شیر خاریدن ateşle oynamak, kendini ateşe atmak. ‖ * der pes-i ~ -i kesî gozeşten در پس پیشانی ء کسی گذشتن birinin aklından geçmek.

پیشانی دار pîşânîdâr: [pîşânî+dâşten>dâr] yüzsüz.

پیشانی داشتن pîşânî dâşten: talihli olmak, şanslı olmak.

پیشانی سفید pîşânî sefîd: alnı ak. ‖ * misl-i gâv-i ~ مثل گاو پیشانی سفید herkesin bildiği, herkesçe bilinen.

پیشانی سودن pîşânî sûden: **1.**secde etmek. **2.**hürmetle eğilmek, yere kapanmak.

پیشانی کردن pîşânî kerden: utanmazlık etmek, diklenmek.

پیشانی نهادن pîşânî nihâden: tevazu göstermek.

پیشاوند pîşâvend: [pîş+â+vend] (gr.) ön ek.

پیشاهنگ pîşâheng: [pîş+âheng] **1.**öncü. **2.**izci.

پیشباز pîşbâz: [pîş+bâz] karşılama. ‖ * be ~ âmeden به پیشواز آمدن karşılamaya çıkmak. ‖ * be ~ âverden به پیشواز آوردن karşılamaya çıkarmak.

پیشباز آمدن pîşbâz âmeden: karşılamaya çıkmak.

پیشباز رفتن pîşbâz reften: karşılamaya çıkmak.

پیش بخاری pîş bohârî: soba kenarına koyulan koruyucu levha.

پیش بردن pîş borden: **1.**amacına ulaşmak. **2.**başarıyla bitirmek. **3.**huzura götürmek.

پیش برگ pîşberg: [pîş+berg] proforma.

پیش بستن pîş besten: **1.**engel çıkarmak. **2.**önünü almak.

پیشبند pîşbend: [pîş+besten>bend] önlük.

پیشبندی pîşbendî: [pîş+besten>bend+î] **1.**önleme, defetme, önünü alma. **2.**bir işe hazırlanma.

پیش بها pîş behâ: kapora, pey.

پیش بین pîşbîn: [pîş+dîden>bîn] **1.**ileriyi gören. **2.**ihtiyatlı. **3.**kâhin, gaipten haber veren.

پیش بینی pîşbînî: [pîş+dîden>bîn+î] **1.**öngörü, öngörme, tahmin. **2.**ihtiyat. ‖ * ~ -i çîzî râ kerden پیش بینیء چیزی را کردن bir şeyin hazırlığını yapmak.

پیش بینی شدن pîşbînî şoden: öngörülmek, tahmin edilmek, beklenmek.

پیش بینی کردن pîşbînî kerden: **1.**öngörmek, tahmin etmek. **2.**ihtiyatlı davranmak. **3.**kehanette bulunmak, gaipten haber vermek. **4.**sezmek, sezinlemek.

پیشپاره pîşpâre: [pîş+pâre] **1.**ordövr. **2.**bir tür helva.

پیش پای pîş pây: önder, lider.

پیش پرداخت pîşperdâht: [pîş+perdâhten> avans, pey.

پیش پرداختن pîş perdâhten: avans vermek.

پیش پرده pîş perde: tiyatro veya konserde asıl programa eklenen kısa gösteri veya eğlence programı.

پیشت pişt: pisst!

پیشت pîşet: [pîş+et<tu] yanına, yanında, önünde, önüne, huzuruna, huzurunda, katında, nezdinde.

پیش تاختن pîş tâhten: **1.**saldırmak. **2.**ilerlemek.

پیشتاز pîştâz: [pîş+tâhten>tâz] **1.**(ask.) öncü, akıncı. **2.**önde gelen.

پیشت پیشت کردن pişt pişt kerden: **1.**kediyi kovmak, pisst demek.

پیش تخته pîştahta: [<pîş+tahte] küçük sandık, çekmece.

پیشتر pîşter: [pîş+ter] daha önce, önceden.

پیشترها pîşterhâ: önceleri.

پیشت کردن pîşt kerden: kovmak (kedi), pist demek.

پیشتو pîştev, pîştov: tabanca, piştov.

پیش جنگ pîş ceng: (ask.) öncü, ön cephede savaşan.

پیش خان pîşhân: balkon.

پیشخانه pîşhâne: [pîş+hâne<pîş-i hâne] **1.**balkon. **2.**gidilecek yere önden gönderilen çadır ve eşya.

پیشخدمت pîşhidmet: (F.-A.) [pîş+hidmet] **1.**hizmetçi, hizmetkâr, uşak. **2.**garson. **3.**odacı.

پیشخدمتی pîşhidmetî: (F.-A.) [pîş+hidmet+î] **1.**hizmetçilik, uşaklık. **2.**garsonluk. **3.**odacılık.

پیش خرید pîşharîd: [pîş+harîden>harîd] önceden alım, bir mahsulü veya malı vaktinden önce satın alma.

پیش خرید کردن pîşharîd kerden: ön alım yapmak.

پیشخوان pîşhân: [pîş+hân] **1.**tezgâh. **2.**sofra başı.

پیش خواندن pîş hânden: huzura çağırmak, yanına çağırmak, istemek.

پیشخورد pîşhord: [pîş+horden>hord] ordövr, meze.

پیش خیمه pîşhayme: (F.-A.) [pîş+hayme] divan çadırı, otağ.

پیشداد pîşdâd: [pîş+dâd] **1.**ilk kanun koyucu. **2.**Pîşdâdî padişahı.

پیش دادن pîş dâden: **1.**önceden vermek. **2.**öğretmenin verdiği dersi anlatmak. **3.**(gr.) ötreli okumak ve yazmak.

پیشدار pîşdâr: [pîş+dâşten>dâr] **1.**(gr.) ötreli. **2.**mızrağa benzer bir tür silah. **3.**öncü.

پیش داشتن pîş dâşten: **1.**takdim etmek, sunmak. **2.**arzetmek. **3.**öncelikli tutmak, öncelik tanımak. ‖ * der ~ şoglî râ در پیش داشتن شغلی را bir işi olmak.

پیش دامن pîş dâmen: **1.**önlük. **2.**iş önlüğü. **3.**hizmetçi.

پیش داور pîşdâver: [pîş+dâver] önyargı.

پیش داوری pîşdâverî: [pîş+dâver+î] önyargı.

پیش داوری کردن pîşdâverî kerden: önyargıda bulunmak.

پیش درآمد pîş der âmed: **1.**giriş, mukaddime. **2.**ikdam.

پیش درآمد کردن pîşderâmed kerden: söze başlamak, söze girmek.

پیش در شدن pîş der şoden: **1.**öne düşmek.

پیش دست pîşdest: [pîş+dest] **1.**öne geçme, öncelik. **2.**pey. **3.**ödünç. **4.**ön saf, ilk saf. **5.**başlangıç. **6.**savaşçı. **7.**yardımcı.

پیش دستی pîşdestî: [pîş+dest+î] **1.**önce davranma. **2.**yardımcılık. **3.**tabak. **4.**öne geçme.

پیش دستی کردن pîşdestî kerden: **1.**önce davranmak, elini çabuk tutmak. **2.**öne geçmek, takaddüm etmek.

پیش دندان pîş dendân: **1.**ön diş. **2.**ordövr, meze.

پیشرانه pîşrâne: [pîş+rânden>rân+e] vantilatör pervanesi.

پیش راندن pîş rânden: önüne katmak, önde yürütmek.

پیشرس pîşres: [pîş+resîden>res] **1.**önce ulaşan. **2.**genç, delikanlı. **3.**çabuk olgunlaşan meyva.

پیشرسی pîşresî: [pîş+resîden>res+î] **1.**çabuk olgunlaşma. **2.**gençlik.

پیش رسیدن pîş resîden: **1.**daha önce ulaşmak. **2.**meyva çabuk olgunlaşmak.

پیشرفت pîşreft: [pîş+reften>reft] ilerleme, gelişme.

پیشرفت کردن pîşreft kerden: ilerlemek, gelişmek, gelişme kaydetmek.

پیشرفتگی pîşreftegî: [pîş+reften>refte+ g+î] **1.**çıkıntı. **2.**girinti.

پیش رفتن pîş reften: **1.**ilerlemek, gelişmek. **2.**öne çıkmak. **3.**yaklaşmak. **4.**huzura çıkmak. ‖ * ~ ez kesî پیش رفتن از کسی birinden öne geçmek. ‖ * ~ bâ kesî پیش رفتن با کسی birine üstün gelmek. ‖ * ~ kesî râ پیش رفتن کسی را birini karşılamaya çıkmak.

پیشرفته pîşrefte: [pîş+reften>reft+e] **1.**ilerlemiş, ileri, gelişmiş. **2.**haddini aşmış.

پیشرو pîşrov, pîşrev: [pîş+reften+rev] **1.**(ask.) öncü. **2.**komutan, lider. **3.**hizmetçi. **4.**peşrev.

پیشرو بودن pîşrov bûden: öncü olmak.

پیشروی pîşrovî: [pîş+refte>rev+î] **1.**ilerleme. **2.**öncülük. **3.**önderlik. **4.**haddini aşma. **5.**taşkın.

پیشروی کردن pîşrovî kerden: **1.**ilerlemek, gelişme kaydetmek. **2.**sınırı geçmek, haddini aşmak.

پیش زدن pîş zeden: **1.**öne geçmek. **2.**ilerlemek. **3.**elemek. **4.**kendine çekmek.

پیش ساخته pîş sâhte: [pîş+sâhten>sâht+e] hazır, prefabrik.

پی شدن pey şoden: atın topuk damarı kesilmek.

پیش شاخ pîşşâh: [pîş+şâh] dekolte giysi.

پیش شدن pîş şoden: **1.**öne geçmek, ilerlemek. **2.**yaklaşmak.

پیش شرط pîşşart: (F.-A.) [pîş+şart] önkoşul, önşart.

پیش طلبیدن pîş talebîden: **1.**huzura çağırmak. **2.**zamanından önce çağırmak.

پیش فرستادن pîş firistâden: **1.**önceden göndermek. **2.**ileri göndermek.

پیش فروش pîş furûş: [pîş+furûhten> furûş] bir malı çok önceden satış.

پیش فروش کردن pîşfurûş kerden: bir malı çok önceden satmak.

پیش فنگ pîş feng: [pîş+tofeng>feng] (ask.) silah omuza!

پیش قبض pîş kabz: (F.-A.) **1.**bir tür silah. **2.**(sp.) bir güreş oyunu.

پیشقدم pîş kadem: (F.-A.) 1.öncü, ilk adım atan. 2.reis, başkan. 3.şeyh yardımcısı.

پیشقدم شدن pîş kadem şoden: 1.öncü olmak, başı çekmek.

پیش قراول pîş karâvul: (F.-T.) 1.(ask.) öncü. 2.(ask.) ileri karakol.

پیش قسط pîş kıst: (F.-A.) ilk taksit, peşinat.

پیش قطار pîş ketâr: (F.-A.) deve kervanının başındaki deve.

پیشکار pîşkâr: [pîş+kâr] 1.hizmetçi. 2.vekilharç. 3.çırak. 4.kaptan. 5.mübaşir. 6.defterdar. 7.fırın kürekçisi. ‖ * ~ -i dârâî پیشکار دارائی defterdar.

پیشکاره pîşkâre: [pîş+kâr+e] 1.hizmetçi, hademe. 2.reis.

پیشکاری pîşkârî: [pîş+kâr+î] 1.hizmetçilik. 2.mübaşirlik. 3.defterdarlık.

پیش کرایه pîşkirâye: [pîş+kirâye] 1.peşin kira. 2.peşin verilen nakliye ücreti.

پیش کردن pîş kerden: 1.öne atmak. 2.karşı tarafa sürmek. 3.kapamak. 4.lider tayin etmek. 5.takdim etmek.

پیش کسوت pîş kisvet: (F.-A.) 1.(tas.) tarikat derecelerinden biri. 2.(sp.) baş pehlivan, gelmiş geçmiş en büyük pehlivan.

پیشکش pîşkeş: [pîş+keşîden>keş] 1.takdim. 2.ikram, hediye. 3.öne sürülen.

پیشکش ساختن pîşkeş sâhten: 1.takdim etmek. 2.ikram etmek.

پیشکش کردن pîşkeş kerden: 1.takdim etmek. 2.ikram etmek. 3.hediye etmek.

پیشکشی pîşkeşî: [pîş+keşîden>keş+î] 1.takdim. 2.ikram. 3.hediye.

پیش کشیدن pîş keşîden: 1.öne sürmek, ileri sürmek, ortaya sürmek. 2.kendine doğru çekmek, kendine yaklaştırmak. 3.öne çekmek. 4.bir söz veya konuya ad vermek. 5.başını eğmek. 6.takdim etmek. 7.ikram etmek. 8.hediye etmek. 9.bıyık altından gülmek.

پیشکی pîşekî: [pîş+ek+î] 1.kapora. 2.önceden, zamanından önce.

پیشکی دادن pîşekî dâden: kapora vermek.

پیشگام pîşgâm: [pîş+gâm] öncü.

پیشگان pîşegân: [pîşe+g+ân] 1.meslekler. 2.meslekte olanlar. 3.huylar.

پیشگاه pîşgâh: [pîş+gâh] 1.odanın baş köşesi. 2.huzur, kat. 3.ön. 4.padişahın huzuruna koyulan sandalye. 5.avlu. 6.taht. 7.sultan, padişah.

پیش گذاشتن pîş gozâşten: 1.yakın tutmak. 2.huzura giriş izni vermek.

پیشگر pîşger: [pîş+ger] hizmetçi.

پیش گرفتن pîş giriften: 1.zamanından önce almak. 2.karşısına almak. 3.öne atmak. 4.başlamak, tutturmak. ‖ * der ~ -i kârî در پیش گرفتن کاری bir işi ele almak.

پیش گشاده pîş goşâde: bir tür önü açık giysi.

پیش گفته pîş gofte: anılan, zikredilen, adı geçen.

پیشگو pîşgû: [pîş+goften>gû] 1.kâhin. 2.arz memuru.

پیشگویی pîşgûyî: [pîş+goften>gû+y+î] kâhinlik, kehanet.

پیشگویی کردن pîşgûyî kerden: kâhinlik etmek, kehanette bulunmak.

پیشگه pîşgeh: [pîş+geh<gâh] 1.reis. 2.sultan, padişah. 3.baş köşe. 4.taht. 5.avlu. 6.ön, karşı.

پیشگیر pîşgîr: [pîş+giriften>gîr] 1.önlük. 2.çocuk önlüğü. 3.önleyen.

پیشگیرانه pîşgîrâne: [pîş+giriften>gîr+âne] önleyici. ‖ * ikdâmât-i ~ اقدامات پیشگیرانه önleyici tedbirler.

پیشگیری pîşgîrî: [pîş+giriften>gîr+î] 1.önleme, önlem alma, önüne geçme. 2.sağlık korumar.

پیشگیری کردن pîşgîrî kerden: 1.önlemek, önlem almak. 2.sağlık korumak.

پیش لنگ pîş long: önlük, kasap

vedemirci önlüğü.

پیش مردن pîş morden: birine feda olmak.

پی شمردن pey şomorden: adı saymak. ‖ * ~ kesî râ پی شمردن کسی را birinin hareketlerini gözlemek.

پیش مرگ pîş merg: çeşnici.

پیش مرگ شدن pîş merg şoden: **1.**çeşnisine bakmak, çeşnicilik bakmak (sarayda). **2.**birine feda olmak.

پیش مزد pîşmozd: [pîş+mozd] pey akçesi.

پیشن pîşen: hurma lifi.

پی شناس pey şinâs: [pey+şinâhten>şinâs] iz sürücü, iz uzmanı.

پی شناسی peyşinâsî: [pey+şinâhten> şinâs+î] iz sürücülük.

پیش نرفتنی pîş nereftenî: [pîş+ne+reften+ î] yapılamaz, icra edilemez.

پیش نما pîşnumâ: [pîş+numûden>numâ] göz önü.

پیش نما آمدن pîşnumâ âmeden: göz önüne gelmek, karşısına çıkmak.

پیشنماز pîşnemâz: [pîş+nemâz] imam.

پیشنمازی pîşnemâzî: [pîş+nemâz+î] imamlık.

پیشنمازی کردن pîşnemâzî kerden: imamlık yapmak.

پیشنویس pîşnevîs, pîşnuvîs: [pîş+ nevişten> nevîs] **1.**müsvedde. **2.**müsvedde kâğıdı.

پیشنویس کردن pîşnevîs kerden: müsvedde yazmak.

پیشنهاد pîşnihâd: [pîş+nihâden> nihâd] **1.**öneri, teklif. **2.**takdir. **3.**amaç. **4.**arzu, istek. **5.**giriş.

پیشنهاد دادن pîşnihâd dâden: teklif etmek, öneride bulunmak, teklif vermek.

پیشنهاد کردن pîşnihâd kerden: **1.**öneride bulunmak, önermek, teklif etmek. **2.**kasdetmek.

پیش نهادن pîş nihâden: **1.**yanına koymak. **2.**önüne koymak. **3.**göz önüne koymak. **4.**engel koymak, set çekmek.

پیشوا pîşvâ: **1.**önder, lider. **2.**öncü. **3.**reis. **4.**bir tür kadın giysisi.

پیشوا رفتن pîşvâ reften: karşılamaya çıkmak.

پیشواز pîşvâz: **1.**karşılama, karşılamaya çıkma. **2.**önü açık.

پیشواز آمدن pîşvâz âmeden: karşılamak, karşılamaya çıkmak.

پیشواز رفتن pîşvâz reften: karşılamaya çıkmak.

پیشواز کردن pîşvâz kerden: karşılamak, karşılamaya çıkmak. ‖ * seg behored ~ -i gorg mîreved سگ بخورد پیشواز گرگ می رود midesine oturmak, çok ağır ve lezzetsiz yemek yemek.

پیشوایی pîşvâyî: [pîşvâ+y+î] önderlik, liderlik.

پیشوایی کردن pîşvâyî kerden: önderlik etmek, liderlik yapmak.

پیش و پس pîş u pes: **1.**önü ardı. **2.**önce ve sonra. ‖ * ~ -i kârî râ nigerîsten پیش و پس کاری را نگریستن bir işe tüm dikkatini vermek.

پیشوند pîşvend: [pîş+vend] (gr.) ön ek.

پیشه pîşe: **1.**sanat. **2.**meslek. **3.**iş, uğraş. **4.**huy, âdet, alışkanlık.

پیشه آتش pîşe âteş (kin.) şeytan işi.

پیشه آموختن pîşe âmûhten: **1.**sanat öğrenmek, meslek edinmek. **2.**sanat öğretmek, meslek sahibi etmek.

پیشه داشتن pîşe dâşten: **1.**mesleği olmak. **2.**sanatı olmak.

پیشه ساختن pîşe sâhten: meslek edinmek.

پیشه کار pîşekâr: [pîşe+kâr] **1.**sanatkâr. **2.**oyuncu. **3.**ortaoyununda kavuklunun yanında rol alan sanatçı.

پیشه کاری pîşekârî: [pîşe+kâr+î] sanatkârlık.

پیشه کردن pîşe kerden: meslek edinmek.

پیشه گار pîşegâr: [<pîşe+kâr] meslek sahibi, esnaf, sanatkâr, sanatçı.

پیشه گاه pîşegâh: [pîşe+gâh] işlik, atölye, fabrika.

پیشه گر pîşeger: [pîşe+ger] meslek sahibi, sanatkâr, esnaf.

پیشه گرفتن pîşe giriften: meslek edinmek.

پیشه گری pîşegerî: [pîşe+ger+î] meslek sahipliği, sanatkârlık, esnaflık.

پیشه گه pîşegeh: [pîşe+geh] işlik, atölye.

پیشه ور pîşever: [pîşe+ver] **1.**sanatkâr, meslek sahibi. **2.**esnaf.

پیشه ور شدن pîşever şoden: **1.**meslek sahibi olmak. **2.**esnaf olmak.

پیشه وری pîşeverî: [pîşe+ver+î] **1.**sanatkârlık. **2.**esnaflık.

پیش هنگ pîş heng: (ask.) öncü.

پیشی pîşî: [pîş+î] **1.**öncelik, takaddüm. **2.**avans. **3.**ilerleme. **4.**üstünlük.

پیشیار pîşyâr: [pîş+yâr] **1.**idrar, sidik. **2.**idrar şişesi. **3.**yardımcı. **4.**hizmetçi.

پیش یازیدن pîş yâzîden: **1.**ileri gitmek. **2.**öne uzanmak.

پیشی پیشی pîşî pîşî: **1.**pisi pisi. **2.**(çocuk dilinde) kedi, pisipisi.

پیشی جستن pîşî costen: ileri geçmek, öne geçmek.

پیشی کردن pîşî kerden: öne geçmek.

پیشی گرفتن pîşî giriften: öne geçmek.

پیشین pîşîn: [pîş+în] **1.**önceki, evvelki, eski. **2.**peşin. **3.**öndeki. ‖ * nemâz-i ~ نماز پیشین öğle namazı.

پیشینگان pîşînegân: [pîş+în+e+gân] **1.**eskiler. **2.**atalar.

پیشینگاه pîşîngâh: [pîşîn+gâh] öğle namazı vakti.

پیشینه pîşîne: [pîş+îne] **1.**eski, selef, önceki, selef. **2.**ilk. **3.**daha önde. ‖ * sû-i ~ -i keyferî dâşten سوء پیشینهء کیفری داشتن sabıkalı olmak.

پیشینه داشتن pîşîne dâşten: geçmişi olmak, mazisi olmak.

پیشینی pîşînî: [pîş+în+î] **1.**eskiye ait, öncelere ait. **2.**eski zaman insanı.

پیشینیان pîşîniyân: [pîş+în+i+y+ân] **1.**eskiler. **2.**selefler. **3.**atalar.

پیغاره peygâre: **1.**suçlama. **2.**kınama, serzeniş, sitem. **3.**iftira.

پیغاله peygâle: şarap kadehi, kadeh.

پیغام peygâm, piygâm: haber, mesaj.

پیغام آور peygâmâver: [peygâm+ âverden> âver] haberci, haber getiren.

پیغامبر peygâmber: [peygâm+ borden>ber] **1.**peygamber. **2.**haberci. **3.**Hz.Muhammed.

پیغامبرانه peygâmberâne: [peygâmber+ âne] peygamberce.

پیغام بردن peygâm borden: haber götürmek, haber iletmek.

پیغامبری peygâmberî: [peygâm+borden> ber+î] peygamberlik.

پیغام دادن peygâm dâden: haber vermek, haber göndermek.

پیغام رساندن peygâm resânden: haber iletmek.

پیغام فرستادن peygâm firistâden: haber göndermek, mesaj göndermek.

پیغام گزاردن peygâm gozârden: haber iletmek.

پیغان peygân: **1.**ant. **2.**anlamsız, boşuna.

پی غلط افشردن pey galat efşorden: boşuna direnmek.

پی غلط کردن pey galat kerden: **1.**ayak izini silmek. **2.**izleri yok etmek.

پیغوله peygole, piygole: **1.**köşe. **2.**ev köşesi. **3.**göz ucu.

پیغمبر peygember: [peygem<peygâm+ borden>ber] **1.**peygamber. **2.**haberci. **3.**Hz.Muhammed. ‖ * be ~ به پیغمبر Peygamber aşkına!

پیغمبری peygemberî: [peygem<peygâm+ borden>ber+î] **1.**peygamberlik. **2.**habercilik.

پیغوله peygûle: köşe, bucak.

پیغوله گزین peygûlegüzîn: [peygûle+ guzîden> guzîn] köşesine çekilen.

پیغوله نشین peygûlenişîn: [peygûle+ nişesten> nişîn] köşesine çekilen, münzevi.

پیغوله نشینی peygûlenişînî: [peygûle+ nişesten> nişîn+î] köşeye çekilme, inziva.

پیغون peygûn: ant, ahit, şart.

پیف pîf: 1.pöf!

پیک peyk: 1.haberci, kurye, ulak. 2.uydu. 3.kukla. 4.Osmanlı askerî teşkilatında atlıların yanında koşarak giden.

پیکاپ pikap: (İng.) pikap.

پیکار peykâr: (Peh.) 1.savaş, harp. 2.çarpışma, çatışma. 3.mücadele, çekişme. 4.tartışma, ağız kavgası. 5.huysuzluk.

پیکار افتادن peykâr oftâden: savaş çıkmak.

پیکار جستن peykâr costen: savaşmak.

پیکارجو peykârcû: [peykâr+costen> cû] savaşçı.

پیکارجوئی peykârcûyî: [peykâr+costen> cû+y+î] savaşçılık.

پیکار داشتن peykâr dâşten: savaşmak.

پیکار کردن peykâr kerden: savaşmak.

پیکارگاه peykârgâh: [peykâr+gâh] savaş meydanı.

پیکاسو pikasso: Picasso.

پیکان peykân: (Peh.) temren, ok veya mızrak başı.

پیکانه peykâne: [peykân+e] ok (işaret).

پیکانی peykânî: [peykân+î] 1.temrenle ilgili. 2.bir tür yakut.

پیک خانه peyk hâne: postane.

پیکر peyker: (Peh.) 1.vücut, beden. 2.tasvir, resim. 3.heykel. 4.yer. 5.desenli kumaş. 6.görünüş. 7.yüz. 8.güzel kız. 9.oyuncak. 10.naaş. 11.put. ‖ * ~ -i kesî teşyî' şoden پیکر کسی تشییع شدن naaşı kaldırılmak.

پیکر آرای peykerârây: [peyker+ârâsten> ârây] 1.heykeltıraş. 2.ressam.

پیکر آرایی peykerârâyî: [peyker+ârâsten> ârây+î] 1.heykeltıraşlık. 2.ressamlık.

پیکر پرست peykerperest: [peyker+ pesetîden> perest] putperest.

پیکر پرستی peykerperestî: [peyker+ perestîden> perest+î] putperestlik.

پیکرتراش peykerterâş: [peyker+ terâşîden> terâş] heykeltıraş.

پیکرتراشی peykerterâşî: [peyker+ terâşîden> terâş+î] heykeltıraşlık.

پیکر تراشیدن peyker terâşîden: heykel yapmak.

پیکرد peykerd: [pey+kerden>kerd] takibat, kovuşturma.

پی کردن pey kerden: 1.takip etmek, izlemek. 2.devam etmek. 3.âciz bırakmak. 4.kovmak, uzaklaştırmak.

پی کرده peykerde: [pey+kerden>kerd+e] izlenmiş.

پیکرنگار peykernigâr: [peyker+ nigâşten>nigâr] ressam.

پیکرنگاری peykernigârî: [peyker+ nigâşten> nigâr+î] ressamlık.

پیکره peykere: [peyker+e] 1.resim, tasvir. 2.heykel. 3.yer. 4.esas. 5.tertip.

پی کندن pey kenden: 1.toplamak. 2.hazırlamak.

پی کوب peykûb: [pey+kûften>kûb] 1.çiğneme. 2.tekmeleme.

پی کوب کردن peykûb kerden: 1.çiğnemek. 2.tekmelemek.

پی کور کردن peykûr kerden: 1.izini kaybettirmek. 2.ayak izini silmek.

پیکه peyke: [<pây+geh] sedir.

پیگار peygâr: savaş.

پی گذار peygozâr: [pey+gozâşten> gozâr] 1.temel atan. 2.ayak basan. 3.geçiş yeri, geçit.

پی گرد peygerd: [pey+geşten>gerd] takip, izleme.

پیگر کردن peyger kerden: 1.izlemek. 2.uymak. 3.peşinde olmak.

پی گرفتن pey giriften: 1.takip etmek, izlemek, peşinden gitmek. 2.iz sürmek. ‖ * kâr-i çîzî râ ~ کار چیزی را پی گرفتن sürdürmek.

پی گیر peygîr: [pey+giriften>gîr] sürekli, devamlı.

پیل pîl: (Peh.) (zool.) fil. ‖ * ~ -i kesî yâd-i hindûstân kerden پیل کسی یاد هندوستان کردن anılara dönmek, eskiyi hatırlamak, (halk) nostaljik takılmak.

پیل pîl: düğüm.

پیل pil: (Fr.) pil.

پیل افکندن pîl efkenden: **1.**âciz bırakmak. **2.**gururu terketmek. **3.**mat etmek.

پیلبان pîlbân: [pîl+bân] **1.**fil bakıcısı. **2.**fil sürücüsü. **3.**fil sahibi.

پیلبانی pîlbânî: [pîl+bân+î] **1.**fil bakıcılığı. **2.**fil sürücülüğü. **3.**fil sahipliği.

پیل پا pîlpâ: [pîl+pâ] **1.**(tıb.) fil hastalığı. **2.**fil ayağı. **3.**bir tür eski silah. **4.**bir tür şarap kabı.

پیل پیلی pîl pîlî: yalpalama.

پیل پیلی خوردن pîl pîlî horden: yalpalamak.

پیلتن pîlten: [pîl+ten] fil yapılı, iri yapılı, insan azmanı.

پیل جامه pîl câme: robdöşambr.

پیل دندان pîl dendân: **1.**fildişi. **2.**iri diş.

پیلوایه pîlvâye: kırlangıç.

پیل زور pîlzûr: [pîl+zûr] çok güçlü, fil gibi güçlü.

پیلسته pîleste: fildişi.

پیلگوش pîlgûş: [pîl+gûş] **1.**fil kulağı. **2.**(bot.) nilüfer çiçeği. **3.**kepçe kulaklı. **4.**bir tür tatlı.

پیله pîle: **1.**koza. **2.**ipek kozası. **3.**(zool.) ipek böceği. **4.**torba, file. **5.**koku kabı. ‖ * ~ dovr-i hod tenîden پیله دور خود تنیدن **1.**kabuğuna çekilmek. **2.**etrafına koza örmek. ‖ * ~ -i ebrîşem پیلهء ابریشم ipek böceği kozası. ‖ * ~ -i peşm u ~ -i kesî rîhten پیله پشم و پیله کسی ریختن güçsüz olmak, çaptan düşmek. ‖ * kirm-i ~ کرم پیله ipek böceği.

پیله pîle: **1.**kin, düşmanlık. **2.**incitme. ‖ * ~ peydâ kerden berâyi kesî پیله پیدا کردن برای کسی düşmanlık beslemek, kin gütmek.

پیله pîle: (tıb.) diş absesi.

پیله بستن pîle besten: koza örmek.

پیله بند pîlebend: [pîle+besten>bend] koza ören.

پیله بندی pîlebendî: [pîle+besten>bend+î] koza örme.

پیله کردن pîle kerden: **1.**koza örmek, koza yapmak. **2.**eziyet etmek. **3.**ısrar etmek. **4.**arası açılmak, bozuşmak. **5.**(tıb.) abse yapmak.

پیله ور pîlever: [pîle+ver] seyyar satıcı, gezginci esnaf, çerçi.

پیله وری pîleverî: [pîle+ver+î] seyyar satıcılık, çerçilik.

پیم peyem: haber, mesaj.

پیما peymâ: [peymûden>peymâ] **1.**yol alma, katetme. **2.**yol alan, kateden. **3.**yürüyen, gezen.

پیمان peymân: (Peh.) antlaşma, sözleşme, pakt, ahit. ‖ * ~ -i bîtarafî پیمان بی طرفی tarafsızlık antlaşması. ‖ * ~ -i siyâsî پیمان سیاسی siyasî antlaşma. ‖ * ~ -i sulh پیمان صلح barış antlaşması. ‖ * ez ser-i ~ geşten از سر پیمان گشتن ahdini bozmak. ‖ * ez ser-i ~ reften از سر پیمان رفتن ahdini bozmak, antlaşmayı bozmak. ‖ * ~ be ser borden پیمان بسر بردن sözünde durmak, sözüne sadık kalmak. ‖ * dest be ~ dâden پست به پیمان دادن üstüne almak, taahhüt etmek, sorumluluk almak.

پیمان بستن peymân besten: **1.**söz vermek, ahdetmek. **2.**antlaşma yapmak.

پیمان داشتن peymân dâşten: ahdetmek.

پیمان ده peymândih: [peymân+dâden> dih] **1.**söz veren, ahitte bulunan. **2.**şerefe kadeh kaldıran.

پیمان شکستن peymân şikesten: ahdini bozmak, sözünden dönmek.

پیمان شکن peymânşiken: [peymân+ şikesten> şiken] sözünden dönen, ahdini bozan, yemin bozan.

پیمان شکنی peymânşikenî: [peymân+ şikesten> şiken+î] yemin bozma, antlaşmayı bozma, sözden dönme.

پیمانکار peymânkâr: [peymân+kâr] müteahhit.

پیمانکاری peymânkârî: [peymân+kâr+î] müteahhitlik, taahhüt. ‖ * şirket-i ~ شرکت پیمانکاری müteahhitlik firması.

پیمان کردن peymân kerden: **1.**antlaşma yapmak. **2.**taahhüt etmek, müteahhit olmak.

پیمان گرفتن peymân giriften: **1.**taahhüt almak, ahit almak. **2.**söz almak.

پیمان گسیل peymângusil: [peymân+ gusîhten> gusîl] ahdini bozan, sözünden dönem.

پیمان نامه peymânnâme: ahitname, taahhüt mektubu.

پیمانه peymâne: **1.**kadeh, içki kadehi. **2.**sıvı ölçeği. **3.**şarap, bade. **4.**(tas.) ârif gönlü. ‖ * ~ ber ser keşîden پیمانه بر سر کشیدن kadehi bir dikişte içmek. ‖ * ~ -i kesî ez câyî por şoden پیمانهء کسی از جایی پر شدن bir yerde durmaktan sıkılmak. ‖ * ~ -i kesî por şoden پیمانهء کسی پر شدن (kin.) eceli gelmek.

پیمانه آشامیدن peymâne âşâmîden: şarap içmek.

پیمانه پیما peymânepeymâ: [peymâne+ peymûden> peymâ] kadeh kaldıran, içki içen.

پیمانه خوردن peymâne horden: şarap içmek, içki içmek.

پیمانه شکست peymâneşikest: [peymâne+ şikesten> şikest] kadehi kırılmış.

پیمانه شکن peymâneşiken: [peymâne+ şikesten> şiken] **1.**kadeh kıran. **2.**sofu.

پیمانه کش peymânekeş: [peymâne+ keşîden> keş] kadeh kaldıran, içki içen.

پیمانه کشی peymânekeşî: [peymâne+ keşîden> keş+î] kadeh kadırma.

پیمانه نوش peymânenûş: [peymâne+ nûşîden> nûş] içki içen.

پیمانی peymânî: [peymân+î] **1.**taahhütle ilgili, ahitle ilgili. **2.**sözleşme, iş sözleşmesi.

پیمای peymây: [peymûden>peymây] **1.**ölçen. **2.**giden. **3.**yol alan, kateden. **4.**içen.

پیمایش peymâyiş: [peymûden>peymây+ iş] **1.**ölçme. **2.**yol alma, katetme.

پیمایشگر peymâyişger: [peymây+iş+ger] **1.**ölçümcü. **2.**mühendis.

پیمبر peyember: [peyem<peyâm+ borden>ber] **1.**haberci. **2.**peygamber. **3.**Hz.Muhammed.

پیمبری peyemberî: [peyem<peyâm+ borden>ber+î] **1.**habercilik. **2.**peygamberlik.

پیمرس peyemres: [<peyem+resîden res] haberci.

پیمرسان peyemresân: [<peyem+ resânden> resân] haberci.

پیمودن peymûden: **1.**yol almak, katetmek. **2.**gitmek. **3.**yürümek. **4.**ölçmek, ölçüm yapmak. **5.**içki içmek.**6.**geçmek. ‖ * âb be girbâl ~ آب به غربال پیمودن havanda su dövmek. ‖ * bâd ~ باد پیمودن boşuna kürek çekmek, boşuna uğraşmak.

پیموده شدن peymûde şoden: geçmek, geçip gitmek.

پینک pînek: **1.**küçük alın. **2.**(mec.) talih, ikbal, şans.

پینکی pînekî: pinekleme, uyuklama.

پینکی رفتن pînekî reften: pineklemek, uyuklamak.

پینکی زدن pînekî zeden: uyuklamak, pineklemek.

پینگ پونگ ping pong: (İng.) pinpon oyunu.

پی نورد peyneverd: [pey+neverdîden> neverd] treyler.

پی نوشت peynevişt: [pey+nevişten> nevişt] açıklama.

پینه pîne: **1.**yama. **2.**katılaşmış kir, kerme. **3.**nasır. **4.**(tıb.) kabartı.

پی نهادن pey nihâden: **1.**ayak basmak. **2.**yerleşmek.

پینه بستن pîne besten: kerme bağlamak, kirden kabuk bağlamak.

پینه دوز pînedûz: [pîne+dûhten>dûz] kunduracı, ayakkabı tamircisi.

پینه دوزی pînedûzî: [pîne+dûhten>dûz+î] kunduracılık.

پینه دوزی کردن pînedûzî kerden: kunduracılık yapmak.

پینه زدن pîne zeden: **1.**ayakkabı dikmek, ayakkabı tamir etmek. **2.**yamamak. **3.**nasırlaşmak, nasır tutmak.

پینه کردن pîne kerden: yamamak.

پیواز peyvâz: (Peh.) icabet.

پیواز کردن peyvâz kerden: icabet etmek.

پیواز peyvâz (zool.) yarasa.

پی و پخش pey o pahş: güç kudret.

پیور pîvur: (Peh.) on bin.

پیوست peyvest: **1.**ilişik, ek, ekli. **2.**sürekli, daimî, mütemadiyen, hep. **3.**ilgi (yazışmalarda).

پیوست کردن peyvest kerden: **1.**eklemek, iliştirmek. **2.**bağlamak.

پیوستگان peyvestegân: [peyvesten> peyvest+ e+ g+ân] **1.**bitişenler. **2.**ulaşanlar, katılanlar.

پیوستگی peyvestegî: [peyvesten> peyvest+e+g+î] **1.**bağlılık. **2.**akrabalık. **3.**süreklilik. **4.**kalıcılık. **5.**yapışıklık. **6.**birleşme, katılma.

پیوستن peyvesten: **1.**birleşmek. **2.**eklenmek. **3.**iliştirilmek. **4.**bağlanmak. **5.**bağlamak. **6.**katılmak. **7.**yapışmak. **8.**şiire dökülmek. **9.**vukûbulmak, meydana gelmek, gerçekleşmek, cereyan etmek. **10.**karışmak. **11.**dost olmak. **12.**sığınmak. **13.**gönül vermek. ‖ * be muşâhede ~ به مشاهده پیوستن gözlenmek, müşahede edilmek. ‖ * be rahmet-i îzedî ~ به رحمت ایزدی پیوستن ölmek, Tanrı'nın rahmetine kavuşmak. ‖ * be vukû' ~ به وقوع پیوستن olmak, meydana gelmek, gerçekleşmek. ‖ * ceng ~ جنگ پیوستن savaş çıkmak, savaş başlamak. ‖ * ceşn ~ جشن پیوستن düğün yapmak, şenlik yapmak. ‖ * dastân ~ داستان پیوستن **1.**destan nazmetmek. **2.**hikâye yazmak. ‖ * kârî ~ کاری پیوستن bir iş yapmak. ‖ * kasd ber kesî ~ قصد بر کسی پیوستن birine kasdetmek. ‖ * mukâvemet ~ مقاومت پیوستن kalıcı olmaya çalışmak, direnmek. ‖ * sohen ~ سخن پیوستن söze başlamak. ‖ * sulh ~ صلح پیوستن barış yapmak. ‖ * visâl ~ وصال پیوستن aşina olmak.

پیوسته peyveste: [peyvesten>peyvest+e] **1.**aralıksız, sürekli, daima, hep, mütemadiyen. **2.**akraba, yakın. **3.**nedim. **4.**hazmedilmiş. **5.**bir parça. **6.**birleşmiş, birleşik, bitişik. **7.**ilişik, ilişikte, ekte. **8.**bağ.

پیوسته ابرو peyveste ebrû: **1.**bitişik kaşlı. **2.**çatık kaşlı.

پیوسته شدن peyveste şoden: **1.**birleşmek. **2.**katılmak. **3.**devam etmek, sürekli olmak, uzamak. **4.**ulaşmak. **5.**nazmedilmek.

پیوسته کردن peyveste kerden: **1.**birleştirmek. **2.**ilhak etmek. **3.**sürekli kılmak. **4.**mensup etmek.

پیوگ peyûg: gelin.

پیوگ piyug: **1.**(zool.) İranın güney sahillerinde rastlanan ve deri altına girerek yaşayan, boyu 57 cm.e kadar uzayabilen bir kurt.

پیوگان peyûgân: gelin.

پیوگانی peyûgânî: [peyûgân+î] düğün.

پیوند peyvend: (Peh.) **1.**bağ. **2.**ilgi. **3.**ilişki. **4.**bağlılık. **5.**birleşme. **6.**kavuşma. **7.**dostluk. **8.**mafsal. **9.**nazım, şiir. **10.**barış. **11.**terkip. **12.**(bot.) aşı. **13.**(bot.) aşı kalemi. **14.**(bot.-zool.) aşılama. ‖ * ~ -i heyvânî پیوند حیوانی hayvansal aşılama. ‖ * ~ -i kalb پیوند قلب (tıb.) kalp nakli. ‖ * ~ -i lûleî پیوند لوله ای (bot.) çelik aşı.

پیوند برقرار کردن peyvend ber karâr kerden: bağlantı kurmak, ilişki kurmak, bağ kurmak.

پیوند بستن peyvend besten: antlaşma yapmak, kavilleşmek.

پیوند جستن peyvend costen: **1.**uymak, anlaşmak, sözünde durmak. **2.**birinin gönlünü almaya çalışmak.

پیوند خوردن peyvend horden (bot.) aşı yapılmak, aşılanmak.

پیوند خورده peyvend horde (bot.) aşılı.

پیوند دادن peyvend dâden: **1.**bağlamak.

پیوند دار peyvenddâr: [peyvend+dâşten> dâr] **1.**(bot.) aşılı. **2.**mürekkep.

پیوند در پیوند کردن peyvend der peyvend kerden: kat kat yapmak.

پیوند زدن peyvend zeden: **1.**bağlamak. **2.**(bot.) aşı yapmak, aşılamak.

پیوند کردن peyvend kerden: **1.**birleştirmek. **2.**(bot.-zool.) aşılamak, aşı yapmak. **3.**tertip etmek. **4.**yamamak.

پیوند گرفتن peyvend giriften: **1.**birleşmek. **2.**(tıb.) kaynamak (kemik). **3.**yapışmak.

پیوند گسستن peyvend gosisten: baş kaldırmak, itaatten vazgeçmek.

پیوند نامه peyvendnâme: [peyvend+nâme] mukavelename, sözleşme.

پیوه pîve: güve.

پیه pîh: (Peh.) **1.**iç yağı. **2.**kuyruk yağı. **3.**gurur, kibir. **4.**göz. ‖ * ~ -i çîzî ya kârî râ be ten mâlîden پیه چیزی یا کاری به تن مالیدن bir işe soyunmak, kendini bir şeye hazırlamak. ‖ * kesî râ ~ -i gorg mâlîden کسی را پیه گرگ مالیدن gözden düşürmek. ‖ * misl-i ~ -i gorg مثل پیه گرگ ayrılık sokan, bölücü.

پیه سوز pîhsûz: [pîh+sûhten>sûz] kandil, iç yağı ve don yağı ile yanan kandil.

پیه گرفتن pîh giriften: **1.**yağını çıkarmak. **2.**(kin.) kör olmak. **3.**yağ bağlamak.

پی هم pey-i hem: peş peşe, art arda, ardı sıra, ardından.

ت

ت T, t: **1.** Farsça alfabenin dördüncü harfi, ta. **2.**(gr.) ikinci tekil şahıs bitişik zamiri. **3.** Ebced alfabesine göre sayısaldeğeri : 400.

تآتر tiatr: (Fr.) tiyatro.

تآليف teâlîf: (A.) telifler.

تا tâ: **1.**denk, benzer, eş, gibi. **2.** sayı olarak adet bildirir ve bazen "kişi" anlamında kullanılır. **3.** tane, adet. **4.** defa, kere, kez, misli, katı. **5.**deste. **6.**tahta, varak, kat, iplik katı. **7.**saç teli, kıl. **8.** kıvrım, kırışık, büklüm. **9.**(bot.) Tahran ve Hurremâbâd civarında dağdağan denilen ağaç. **10.**saz teli. **11.**güç, kudret, itibar. **12.** sakın! **13.**dikkat et, dikkatli ol, uyanık ol, aman dikkat et. **14.**asla. **15.**elbette, gerekir, lâzımdır. **16.**fiile emir anlamı kazandırır. **17.**görmek gerek, bakalım, Allah bilir, kim bilir, belli değil, bilmem. **18.**ola ki, olabilir ki, umulur ki. **19.**-e, -e kadar, tâ, tâ … -e kadar. **20.**arasında, nispetle. **21.**boyunca. **22.**hele, hele bir. **23.**tam. **24.**-den çok, -den ziyade. **25.**eğer. **26.**-dığı vakit, -ince, -diğinde, iken, -diği sırada, -ceği sırada. **27.**-den beri. **28.**-inceye kadar, -dığı zamana kadar. **29.**-dikçe, -diği sürece. **30.**-mekten, -mektense. **31.**-meden, -meden önce, -meksizin. **32.**...ir ...mez. **33.**öyle ki, hatta, bile, dahi. **34.**-mek için, -mesi için, -mek üzere, -cek. 35.bu sebeple, bu yüzden. **36.**sonunda, nihayet. **37.**sonra. **38.**hiç olmazsa, bari. **39.**ancak. **40.**böylece, bu suretle, ta ki. **41.**ki. **42.**acaba. **43.**ütü yeri, kat yeri. ‖ * elâ ~ الا تا sakın. ‖ * poşt do ~ kerden پشت دو تا كردن iki büklüm olmak. ‖ * ~ âhir-i تا آخر bitimine kadar. ‖ * ~ âhir-i ser تا آخر سر en sonunda. ‖ * ~ ancâîki تا آنجائى كه -diği kadarıyla. ‖ * ~ ancâki تا آنجا كه -diği kadar, -diği kadarıyla. ‖ * ~ ancâ…ki تا آنجا...كه -cek kadar. ‖ * ~ anki تا آنكه **1.**nihayet, -mesi için. **2.**-inceye kadar. ‖ * ~ an lahze تا آن لحظه o ana kadar. ‖ * ~ ebed تا ابد ebediyyen, sonsuza dek. ‖ * ~ eknûn تا اكنون şimdiye dek, şimdiye kadar. ‖ * ~ in endâze تا اين اندازه bu kadar, bu denli, bu derecede, bu ölçüde. ‖ * ~ in derece تا اين درجه bu derece, bu denli. ‖ * ~ in had تا اين حد bu kadar, bu derece, bu denli. ‖ * ~ inki تا اينكه **1.** -mektense. **2.**nihayet. **3.**-inceye kadar. ‖ * ~ in lahze تا اين لحظه bu âna kadar. ‖ * ~ in movki' تا اين موقع bu zamana kadar. ‖ * ~ beçend تابچند ne zamana kadar. ‖ * ~ be çi gâyet تا به چه غايت ne kadar, ne derecede. ‖ * ~ be ebed تا به ابد sonsuza kadar, ebediyen. ‖ * ~ be haddî تا بحدى o kadar. ‖ * ~ be haşr تا به حشر haşre kadar, kıyamete kadar. ‖ * ~ behâhî تابخواهى istemediğin kadar. ‖ * ~ bedin had تا بدين حد bu derece, bu kadar, bu denli. ‖ * ~ ber ~ تابرتا kat kat. ‖ * ~ be seher تا به سحر seher vaktine kadar. ‖ * ~ be sabâh تا به صباح sabaha kadar. ‖ * ~ be key تابكى ، تا به كى ne zamana kadar. ‖ * ~ be merhale تا به مرحله sonraki konağa kadar. ‖ * ~ bû ki تا بو كه şayet, belki. ‖ * ~ be ~ تا به تا farklı, ayrı. ‖ * ~ be ~ şoden تا به تا شدن değişmek. ‖ * ~ be hâl تا به حال şimdiye kadar, şimdiye dek. ‖ * ~ câyî ki تا جايى كه -dığı kadar, -dığı kadarıyla. ‖ *

'te/

~ câyî ki mîhord تا جایی که می خورد yer misin yemez misin. ‖ * ~ câyî ki imkân bûd تا جایی که امکان بود elverdikçe, mümkün oldukça, olanaklar ölçüsünde. ‖ * ~ çeşm kâr mîkoned/mîkerd تا چشم کار میکند / میکرد göz alabildiğince. ‖ * ~ çonanki تا چنانکه -diği gibi. ‖ * ~ çend تا چند ne zamana kadar. ‖ * ~ çu تا چو -ince, -diği zaman. ‖ * ~ çi تا چه ne kadar, nice. ‖ * ~ çi beresed (be) تا چه برسد به kaldı ki, şöyle dursun, bir yana. ‖ * ~ çi pâye تا چه پایه ne dereceye kadar, ne denli, ne ölçüde. ‖ * ~ çi had تا چه حد ne derecede, ne ölçüde, ne denli, ne kadar. ‖ * ~ çi resed (be) تا چه رسد به kaldı ki, nerde kaldı, bir yana, şöyle dursun. ‖ * ~ çi mîzân تا چه میزان ne ölçüde. ‖ * ~ çi vakt تا چه وقت ne zamana kadar. ‖ * ~ hâl تا حال şimdiye kadar, hiç. ‖ * ~ hâlâ تا حالا şimdiye kadar. ‖ * ~ hadd-i imkân تا حد امکان mümkün olduğu kadar, elverdikçe. ‖ * ~ hadd-i gâyî تا حد غایی son derece. ‖ * ~ hadd-i makdûr تا حد مقدور mümkün mertebe, mümkün olduğu kadar. ‖ * ~ haddî تا حدی bir dereceye kadar. ‖ * ~ haddîki تا حدی که -cek kadar, öyle ki. ‖ * ~ dânî تا دانی aman dikkat et! ‖ * ~ dem-i haşr تا دم حشر mahşer gününe kadar. ‖ * ~ dem-i kıyâmet تا دم قیامت kıyamete kadar. ‖ * ~ dîdâr-i ferdâ تا دیدار فردا yarın görüşmek üzere. ‖ * ~ seher تا سحر seher vaktine kadar, sabaha kadar. ‖ * ~ şâyed تا شاید olur da, belki. ‖ * ~ şeb تا شب akşama kadar, geceye kadar. ‖ * ~ key u çend تا کی و چند daha ne zamana kadar. ‖ * ~ kıyâmet تا قیامت kıyamete kadar. ‖ * ~ kocâ تا کجا nereye kadar. ‖ * ~ kunûn تا کنون şimdiye kadar, şimdiye dek. ‖ * ~ ki تا که -mek üzere, -mek için, -mesi için, diye, nihayet, -ince, -diği zaman, öyle ki, o kadarki, böylece, bile, dahi, -dikçe, -diği sürece. ‖ * ~ key تا کی ne zamana kadar, ne vakte dek? ‖ * ~ muddetî تا مدتی bir süre. ‖ * ~ muddetî ki تا مدتی که -inceye kadar, -dikçe, -diği sürece. ‖ * ~ meger تا مگر 1.ola ki. 2.diye, için. ‖ * ~ mumkin est تا ممکن است mümkün oldukça, elverdikçe. ‖ * ~ movki'îki تا موقعی که -inceye kadar, -dikçe, -diği sürece. ‖ * ~ vu bâlâ şoden تا و بالا شدن inip çıkmak. ‖ * ~ vaktî ki تا وقتی که -inceye kadar, -dikçe, -diği sürece. ‖ * ~ hengâmî ki تا هنگامی که -e kadar. ‖ * ~ -yi şelvâr herâb şoden تای شلوار خراب شدن pantolonun ütüsü bozulmak. ‖ * ~ yek endâze تا یک اندازه bir dereceye kadar, bir ölçüde. ‖ * hod râ ez tek u ~ neyendâhten خود را از تک و تا نیانداختن olduğundan daha güçlü görünmek. ‖ * hod râ ez teng u ~ neyendâhten خود را از تنگ و تا نیانداختن olduğundan daha güçlü görünmek, sağduyusunu yitirmemek. ‖ * rûz ~ rûz روز تا روز günden güne. ‖ * tek u ~ تک و تا telâş, didinme, çaba, gayret. ‖ * teng u ~ تنگ و تا telâş, didinme, çaba, gayret. ‖ * zinhâr ~ زینهار تا sakın. ‖ * şeb ~ rûz شب تا روز sabaha kadar, akşamdan sabaha kadar. ‖ * hân ~ هان تا sakın. ‖ * hem ~ همتا benzer, eş. ‖ * yek ~ یک تا yalnız, tek., biricik.

تائب tâ'ib: (A.) **1.**tövbe eden. **2.**erkek adı.

تائبه tâ'ibe: (A.) tövbe eden.

تائی tâ'î: (A.) "te" harfi ile ilgili.

تاب tâb: **1.**güç, kudret. **2.**tahammül, dayanıklılık. **3.**sabır. **4.**büklüm, kıvrım, kırışık. **5.**öfke, kızgınlık. **6.**ızdırap. **7.**eğiklik. **8.**şaşılık. **9.**hararet, sıcaklık, ısı, yanma. **10.**parlama, parlaklık. **11.**ışık vurması. **12.**salıncak. **13.**salıncak ipi. **14.**telâş. ‖ * ~ u tevân تاب و توان güç kudret. ‖ * ~ u tevan râ ez beyn borden تاب و توان را از بین بردن halsiz düşürmek. ‖ * be ~ reften به تاب رفتن kızmak.

تاب tâb: [tâbîden>tâb] 1.parlayan, ışık veren, aydınlatan. 2.büken, eğen.

تاب آور tâbâver: [tâb+âverden>âver] dayanan, tahammül eden, dayanıklı.

تاب آوردن tâb âverden: 1.sabretmek, tahammül etmek. 2.takati olmak. 3.fesat çıkarmak.

تاب افکندن tâb efkenden: 1.düğüm atmak. 2.burmak, bükmek. 3.eziyet etmek.

تاب افگن tâbefgen: [tâb+efgenden> efgen] ışık saçan.

تاباق tâbâk: kalenderlerin taşıdıkları sopa.

تاباک tâbâk: 1.kıvranma, ızdırap. 2.(tıb.) ateşli olma.

تابان tâbân: [tâbîden>tâb+ân] 1.parlak, parlayan. 2.erkek adı.

تاباندن tâbânden: 1.aydınlatmak, parlatmak. 2.bükmek, kıvırmak, eğirmek.

تابان کردن tâbân kerden: 1.parlatmak. 2.aydınlatmak.

تابانی tâbânî: [tâbîden>tâb+ân+î] 1.parlaklık. 2.kayganlık.

تابخانه tâbhâne: [tâb+hâne] 1.kışlık ev. 2.hamam. 3.ocaklı veya sobalı oda. 4.hastanelerdeki nekâhet bölümü.

تاب خوردن tâb horden: 1.salınmak. 2.kıvrılmak, bükülmek. 3.dönmek. 4.parlamak.

تاب دادن tâb dâden: 1.bükmek, burmak. 2.kızartmak. 3.ışık saçmak, parlamak.

تاب داده tâbdâde: [tâb+dâden>dâd+e] 1.parlatılmış. 2.yakılmış. 3.bükülmüş, kıvrılmış.

تابدار tâbdâr: [tâb+dâşten>dâr] 1.aydınlık, parlak. 2.kıvrımlı, büklümlü. 3.örgülü.

تابداری tâbdârî: [tâb+dâşten>dâr+î] parlaklık.

تاب داشتن tâb dâşten: 1.tahammülü olmak. 2.derdi olmak. 3.gücü olmak.

تابده tâbdih: [tâb+dâden>dih] 1.aydınlatan, ışık veren. 2.büken, eğiren.

تاب دیده tâbdîde: [tâb+dîden>dîd+e] 1.kızartılmış. 2.içi yanık.

تا برداشتن tâ berdâşten: bükülmek, katlanmak, iki büklüm olmak.

تاب بردن tâb borden: direnmek, karşı koymak, göğüs germek.

تاب رفتن tâb reften: 1.sıkıntıda olmak. 2.kıvrımlı olmak.

تابستان tâbistân: [tâb+i+stân] yaz.

تابستانی tâbistânî: [tâb+i+stân+î] 1.yazlık. 2.yazlık giysi. ‖ * ta'tîlât-i ~ تعطیلات تابستانی yaz tatili.

تابش tâbiş: [tâb+iş] 1.parlaklık, aydınlık, parlama. 2.radyasyon, ışınım.

تابشگاه tâbişgâh: [tâbiş+gâh] parıltı yeri, parlama yeri.

تابشگه tâbişgeh: [tâbiş+geh] parıltı yeri, parlama yeri.

تابع tâbi': (A.) 1.tâbi, izleyen, bağlı. 2.itaat eden, itaatkâr. 3.teb'a, vatandaş. 4.Hz. Muhammed'in ashabını gören.

تابع شدن tâbi' şoden: 1.tâbi olmak. 2.izlemek. 3.itaatkâr olmak.

تابع قرار دادن tâbi' karâr dâden: tâbi tutmak.

تابع قرار گرفتن tâbi' karâr giriften: tâbi tutulmak.

تابع کردن tâbi' kerden: 1.tâbi kılmak. 2.boyun eğdirmek.

تابعون tâbi'ûn: (A.) 1.tâbiler. 2.Hz. Muhammed'in ashabını görenler, tâbiûn.

تابعیت tâbi'iyyet: (A.) 1.tâbi olma. 2.izleme. 3.uyruk, tâbiiyet, vatandaşlık.

تابعیت گسترانه tâbi'iyyetgusterâne: (A.-F.) [tâbi'iyyet+ gosterden> goster+âne] bağlılık sergileyen.

تابعین tâbi'în: (A.) Hz. Muhammed'i görenlerle görüşenler.

تاب فرسایی tâbfersâyî: [tâb+fersûden> fersâ+y+î] güç tüketme.

تاب گرفتن tâb giriften: **1.**yolunu sapıtmak. **2.**ışık almak, birinin ışığıyla aydınlanmak.

تابگی tâbegî: [tâb+e+g+î] tavalık. || * nân-i ~ نان تابگی sac ekmeği.

تابلو tablo: (Fr.) **1.**tablo. **2.**tabela. **3.**levha. **4.**yazı tahtası.

تابلو کشیدن tablo keşîden: tablo yapmak.

تابناک tâbnâk: [tâb+nâk] parlak, aydın, ışıltılı.

تاب نما tâbnumâ: [tâb+numûden>numâ] kuvvet ölçücü alet.

تابعون tâbi'ûn: (A.) **1.**tâbi olanlar. **2.**Hz. Muhammed'i görenler ile görüşenler.

تابل tâbel: (A.) yemek baharı.

تابل tâbil: (A.) yemeğe koyulan baharat (Nane, biber vs.)

تابناک tâbnâk: [tâb+nâk] parlak, parıltılı.

تابنده tâbende: [tâbîden>tâb+ende] parlayan, parlak.

تابنده رو tâbenderû: [tâbende+rû] parlak yüzlü.

تابنده عذار tâbende'izâr: [tâbende+izâr] parlak yanaklı.

تابنده محضر tâbendemahzar: (F.-A.) parlak yüzlü.

تابو tabu: (Fr.) tabu.

تابوت tâbût: (A.) **1.**tabut. **2.**On Emir'in koyulduğu sandık. **3.**yumurta istiflenmiş özel sandık.

تابوت السکینه tâbûtussekîne: (A.) On Emir'in içine koyulduğu sandık.

تابوت العهد tâbûtuahd: (A.) on Emir'in içine konulduğu sandık.

تابوت خشکه tâbûthoşke: [tâbût+hoşk+e] canlı cenaze, sıska.

تاب و توان tâb u tevân: güç, kudret.

تابوک tâbûk: [tâ+bû<buved+k<ki] belki, ola ki, olur da.

تابه tâbe: [tâb+e] **1.**tava. **2.**büyük kerpiç.

تابه tâbe: [tâ+be] -e kadar.

تاب یافتن tâb yâften: **1.**ışık almak. **2.**kıvrılmak. **3.**eğilmek.

تابیدن tâbîden: **1.**kıvırmak, bükmek. **2.**eğirmek. **3.**ışık vurmak, balkımak. **4.**yüz çevirmek.**5.**sapmak. **6.**ısınmak. **7.**incinmek. **8.**parlamak.

تابین tâbîn: (A.) **1.**asker, er, nefer.

تاپاله چسباندن tâpâle çesbanden: şapır şupur öpmek.

تاپ تاپ خمیری tap tap hamîrî: bir tür çocuk oyunu.

تاپ تاپ زدن tap tap zeden: güp güp vurmak, küt küt atmak.

تاپو tâpû: hububat konulan seramik kap.

تاپ توپ tap tup: kavga, patırtı.

تات tât: Türk olmayanlar.

تاتا tata: dil tutukluğu, kekemelik.

تاتائی tâtâ'î kerden: tay tay yürümek

تاتار tâtâr: **1.**Tatar. **2.**misk getiren Tatar ulağı.

تاتاری tâtârî: [tâtâr+î] **1.**Tatarca. **2.**Tatar.

تاتاریه tatariyye: (F.-A.) Tatarlar.

تا تا کردن tâ tâ kerden: (çocuk dilinde) tay tay yürümek.

تاتوره tâtûre: bukağı, hayvan kösteği.

تاتول tâtûl: **1.**ağzı çarpık. **2.**baygın. **3.**aptal, salak.

تاتوله tâtûle: tatula bitkisi.

تاتی tâtî: Tati, Talekan dili.

تاتی tâtî: tay tay yürüme.

تاتی کردن tâtî kerden: tay tay yürümek.

تاج tâc: (Peh.) **1.**taç. **2.**(tas.) sûfî külâhı. **3.**(tıb.) dişin taç kısmı. **4.**sorguç. **5.**bir kumaş motifi. **6.**taç yapraklarının bulunduğu kısım. || * ~ ber fark-i kesî nihâden تاج بر فرق کسی نهادن taç giydirmek.

تاج بخش tâcbahş: (A.-F.) [tâc+bahşîden>bahş] **1.**taç veren. **2.**hükümdar yapan, padişahlık veren.

تاج بر سر زدن tâc ber ser zeden: taç giymek.

تاج بر سر نهادن tâc ber ser nihâden: taç giymek.

تاج بیت tâcbeyt: (A.-F.) [tâc+beyt<beyt-i tâc] şairinin mahlasının bulunduğu beyit.

تاج پوشیدن tâc pûşîden: taç giymek.

تاجدار tâcdâr: [tâc+dâşten>dâr] **1.**taçlı. **2.**padişah, sultan, hükümdar. **3.**ulu, yüce. **4.**taç muhafızı.

تاجدارا tâcdârâ: [tâc+dâşten>dâr+â] ey hükümdar, ey padişah.

تاجداران tâcdârân: (A.-F.) [tâc+dâşten> dâr+ân] **1.**taç sahipleri. **2.**hükümdarlar, padişahlar.

تاجدارانه tâcdârâne: (A.-F.) [tâcdâr+âne] hükümdar gibi, taç sahibine yakışacak şekilde.

تاجداری tâcdârî: (A.-F.) [tâc+dâşten> dâr+î] **1.**taç sahipliği. **2.**hükümdarlık, padişahlık.

تاجر tâcir: (A.) tüccar.

تاجرخانه tâcirhâne: (A.-F.) [tâcir+hâne <hâne-i tâcir] İstanbul'un Mercan semtinde sahtiyan tacirlerinin loncası.

تاجری tâcirî: (A.-F.) [tâcir-î] tüccarlık.

تاجریزی tâcrîzî (bot.) tilki üzümü.

تاج سر tâc-i ser: değerli, yüce, baştacı.

تاج شدن tâc şoden: **1.**taç gibi olmak. **2.**süs ve ziynet olmak. **3.**iftihar sebebi olmak.

تاجگاه tâcgâh: (A.-F.) [tâc+gâh] başkent.

تاجگذاری tâcgozârî: [tâc+gozâşten> gozâr+î] taç giyme.

تاجگذاری کردن tâcgozârî kerden: taç giymek.

تاج و تخت tâc u taht: saltanat, padişahlık, taç taht.

تاجور tâcver: [tâc+ver] padişah, taç sahibi.

تاجورا tâcverâ: [tâc+ver+â] ey taç sahibi hükümdar.

تاجوری tâcverî: [tâc+ver+î] taç sahibi olma.

تاجیک tacîk: Tacik.

تاجیکستان tâcîkistân: [tâcîk+istân] (coğ.) Tacikistan.

تاجیکی tâcîkî: [tâcîk+î] Tacikçe.

تاخت tâht: **1.**dört nala gitme. **2.**saldırı, akın. **3.**koşu.

تاخت آوردن tâht âverden: **1.**hücum etmek, saldırmak. **2.**azarlamak, çıkışmak.

تاخت زدن tâht zeden: **1.**dört nala koşmak. **2.**mübadele etmek.

تاخت کردن tâht kerden: **1.**dört nala koşmak.

تاختن tâhten: (Peh.) **1.**dört nala gitmek. **2.**akın etmek, saldırmak, hücum etmek. **3.**(mec.) yağmalamak. **4.**kovmak. **5.**süratle göndermek.

تاخت و تاز tâht u tâz: akın, hücum, saldırı.

تاخته tâhte: [tâhten>tâht+e] **1.**saldırmış, akın etmiş. **2.**talan etmiş, yağmalamış. **3.**talan edilmiş, yağmalanmış.

تاخیره tâhîre: talih, baht, şans.

تار târ: **1.**tel. **2.**(müz.) saz teli. **3.**(müz.) tar. **4.**iplik. **5.**arş, atkı, dokuma ipliği. ‖ * ~ hâ-yi sefîdî devîden der تارهای سفیدی دویدن در kırçıllamak, saçına ak düşmek.

تار târ: atkı, dokuma ipliği.

تار târ: **1.**karanlık. **2.**bulanık, çamurlu.

تار târ: baş gerisi, ard.

تارات târât: (A.) defalarca.

تارات târât: (A.) yağma, talan.

تاراج târâc: yağma, yağmalama, talan. ‖ * be ~ efkenden به تاراج افکندن yağmalamak, yağma etmek, talan etmek. ‖ * be ~ borden به تاراج بردن yağma etmek, yağmalamak, talan etmek. ‖ * be ~ reften به تاراج رفتن yağmalanmak, talan edilmek.

تاراج شدن târâc şoden: yağmalanmak, talan edilmek.

تاراج کردن târâc kerden: yağmalamak, talan etmek.

تاراج کرده târâckerde: [târâc+kerden> kerd+e] **1.**yağmalamış. **2.**yağmalan-mış.

تاراجگر târâcger: [târâc+ger] yağmacı, çapulcu.

تاراجگری târâcgerî: [târâc+ger+î]

yağmacılık.

تاراجیدن târacîden: yağma etmek, talan etmek.

تاران târân: karanlık.

تاراندن târânden: 1.dağıtmak, ayırmak. 2.korkutmak, gözdağı vermek.

تار تار târ târ: parça parça, zerre zerre.

تارتن târten: [târ+tenîden>ten] 1.dokumacı. 2.(zool.) örümcek. 3.(zool.) ipek böceği.

تار تنیدن târ tenîden: ağ örmek, ağ yapmak.

تارخیرا târhira (bot.) haşhaş.

تار زدن târ zeden: 1.(müz.) tar çalmak. 2.(hlk.) satmak, okutmak.

تارزن târzen: [târ+zeden>zen] (müz.) tar çalan.

تار شدن târ şoden: kararmak. ‖ * çeşm-i kesî ~ چشم کسی تار شدن gözü kararmak.

تارک târek: 1.başın arka kısmı, ard. 2.beyin. 3.kule. 4.(ask.) savaş döküntüsü.

تارک târik: (A.) terkeden.

تارک الآداب târikulâdâb: (A.) edebi terkeden.

تار کردن târ kerden: karartmak.

تارک شدن târik şoden: öğrenileni unutmak.

تارک نشین târeknişîn: [târek+ nişesten>nişîn] 1.yukarda oturan. 2.yüksek makam sahibi.

تارم târem, târom: 1.ev, ahşap ev. 2.çit. 3.(kin.) gökyüzü. 4.felek.

تارمار târmâr: [târ+mâr] 1.dağınık, karmakarışık. 2.perişan, kötü durumda.

تار و پود târ u pûd: 1.atkı-çözgü, arşak-argaç. 2.dokuma. 3.doku. 4.asıl, esas, öz. ‖ * ~ -i kesî râ be cunbiş âverden تار و پود کسی را به جنبش آوردن yüreğini hoplatmak, heyecanlandırmak. ‖ * bî ~ şoden بی تار و پود شدن perişan olmak, muzdarip olmak. ‖ * bî ~ kerden بی تار و پود کردن dağıtmak, mahvetmek, perişan etmek.

تار و تنگ آوردن târ u teng âverden: karartmak.

تار و مار târ u mâr: dağılma, altüst olma, tarümar.

تارومار شدن târumâr şoden: dağılmak, altüst olmak, tarümar olmak.

تارومار ردن târ u mâr kerden: dağıtmak, altını üstüne getirmek, tarümar etmek.

تاره târe: [târ+e] 1.çit. 2.tel. 3.iplik. 4.tel, saç teli.

تاره târe: (A.) karanlık.

تاره târe: defa, kere, kez.

تارةً târeten: (A.) bir defa, bir kere. ‖ * ~ ba'de uhrâ تارةً بعد اخری defalarca, kaç defa.

تاریخ târîh: (A.) 1.tarih. 2.ebced sistemine göre şiir içinde düşürülmüş tarih. ‖ * ~ -i edyân تاریخ ادیان dinler tarihi. ‖ * ~ -i gevherîn تاریخ گوهرین ebced hesabına göre yalnız noktalı harflerin hesaplanması. ‖ * ~ -i hicrî تاریخ هجری hicrî tarih. ‖ * ~ -i horşîdî تاریخ خورشیدی hicrî şemsî tarih. ‖ * ~ -i kamerî تاریخ قمری hicrî kamerî tarih. ‖ * ~ -i mîlâdî تاریخ میلادی miladî tarih. ‖ * ~ -i muhmel تاریخ مهمل noktasız harflerle düşürülmüş tarih. ‖ * ~ -i sâde تاریخ ساده noktasız harflerle düşürülmüş tarih. ‖ * ~ -i şâhenşâhî تاریخ شاهنشاهی şehinşâhî tarih. ‖ * ~ -i şemsî تاریخ شمسی hicrî şemsî tarih. ‖ * ~ -i tovlîd تاریخ تولید üretim tarihi. ‖ * be ~ peyvesten به تاریخ پیوستن tarihe mal olmak. ‖ * be ~ siporde şoden به تاریخ سپرده شدن tarihe mal olmak.

تاریخاً târîhen: (A.) tarih bakımından, tarihçe.

تاریخ تعیین کردن târîh ta'yîn kerden: tarih belirlemek.

تاریخچه târîhçe: (A.-F.) [târîh+çe] tarihçe, kısa tarih.

تاریخدان târîhdân: (A.-F.) [târîh+ dânisten>dân] tarihçi.

تاریخ شناس târîhşinâs: (A.-F.) [târîh+ şinâhten> şinâs] tarihçi.

تاريخ نويس târîhnevîs: (A.-F.) [târîh+ nevişten>nevîs] tarihçi, tarih yazarı.

تاريخ نويسى tarîhnevîsî: (A.-F.) [târîh+ nevişten>nevîs+î] tarihçilik, tarih yazarlığı.

تاريخى târîhî: (A.-F.) tarihî, tarihsel.

تاريخيه târîhiyye: (A.) tarih ile ilgili, tarihsel.

تاريک târîk: (Peh.) **1.**karanlık. **2.**kara, siyah. **3.**akılsız. **4.**güç, zor. **5.**yoldan çıkmış. ‖ * ~ u rûşen تاريک و روشن alacakaranlık.

تاريک بخت târîkbaht: [târîk+baht] bahtıkara, talihsiz.

تاريک روشن târîkrûşen: [târîk+rûşen] alacakaranlık.

تاريک شدن târîk şoden: kararmak. ‖ * ~ -i baht-i kesî تاريک شدن بخت کسى **1.**talihsiz olmak. **2.**ölümü yaklaşmak. ‖ * ~ -i çeşm-i kesî تاريک شدن چشم کسى gözü kararmak.

تاريک طبع târîktab': (F.-A.) [târîk+ tab'] ahlâksız, cibilliyetsiz, kötü yaratılışlı.

تاريک کردن târîk kerden: karartmak.

تاريکى târîkî: (Peh.) [târîk+î] **1.**karanlık. **2.**siyahlık. **3.**karaltı. **4.**cahillik. ‖ * be ~ oftâden به تاريکى افتادن karanlığa kalmak.

تاريکى افتادن târîkî uftâden: **1.**karanlık bastırmak.

تاريکى فرا گرفتن târîkî ferâ giriften: karanlık basmak.

تاريکى فرود آمدن târîkî furûd âmeden: karanlık kavuşmak.

تاز tâz: **1.**sevgili, maşuk. **2.**homoseksüel erkek. **3.**alçak.

تا زدن tâ zeden: katlamak.

تازش tâziş: (Peh.) [tâhten>tâz+iş] **1.**saldırı, akın, hücum. **2.**koşturma.

تاز کردن tâz kerden: saldırmak, akın etmek, hücum etmek, taarruz etmek.

تازگى tâzegî: [tâze+g+î] **1.**tazelik. **2.**yenilik. **3.**yeni. **4.**yeniden. **5.**son zamanlarda, son yıllarda. ‖ * be ~ به تازگى yeni, yeniden. ‖ * ~ -i hod râ ez dest dâden تازگىء خود را از دست دادن güncelliğini yitirmek. ‖ * ~ -i hod râ ez dest nedâden تازگىء خود را از دست ندادن gündemde olmak. ‖ * ~ hâ تازگى ها son zamanlarda, geçenlerde.

تازگى داشتن tâzegî dâşten: yepyeni olmak, daha önce başına gelmemiş olmak, üzerinden çok geçmemek.

تازگى كردن tâzegî kerden: güleryüz göstermek, iyi karşılamak, hoşgeldin demek.

تازنده tâzende: [tâhten>tâz+ende] koşan, koşucu.

تازه tâze: **1.**yeni, henüz. **2.**taze. **3.**mutlu, mesut. **4.**son zamanlarda. **5.**bu yetmiyormuş gibi, üstüne üstlük, üstelik. **6.**yenice. **7.**körpe. ‖ * ~ be ~ تازه به تازه **1.**yeni yeni. **2.**yeniden, tekrar.

تازه برگ tâzeberg: **1.**yeni yaprak. **2.**genç, delikanlı.

تازه بهار tâzebehâr: **1.**yeni açmış çiçek. **2.**baharda yeşermiş arazi. **3.**güzel yüz. **4.**ilkbahar.

تازه جوان tâze cevân: **1.**delikanlı, genç. **2.**genç sevgili. **3.**güzel, alımlı.

تازه داشتن tâze dâşten: **1.**yenilemek. **2.**ihyâ etmek. **3.**hoş tutmak. **4.**güleryüzlü olmak.

تازه در آمد tâze derâmed: [tâze+der âmeden> der âmed] yeni çıkmış, yeni icat edilmiş.

تازه دماغ tâze dimâg: **1.**genç beyin. **2.**bilgili. **3.**memnun.

تازه روى tâzerûy: [tâze+rûy] güleryüzlü.

تازه زبان tâzezebân: [tâze+zebân] yeni ve güzel şeyler söyleyen.

تازه ساز tâzesâz: [tâze+sâhten>sâz] yeni yapılmış, yeni inşa edilmiş.

تازه ساختن tâze sâhten: yenilemek.

تازه شدن tâze şoden: **1.**yenilenmek. **2.**tazelenmek. **3.**şâd olmak. **4.**alımlı olmak. **5.**genç olmak, gençleşmek. **6.**ihyâ olmak, yeniden hayat bulmak. **7.**meydana gelmek.

تازه عروس tâzearûs: [tâze+arûs] yeni gelin, taze gelin.

تازه كار tâzekâr: [tâze+kâr] acemi, tecrübesiz.

تازه كردن tâze kerden: **1.**yenilemek. **2.**tazelemek, yinelemek. **3.**sevindirmek, memnun etmek. **4.**mamur etmek.

تازه گام tâzegâm: [tâze+gâm] yeni yürümeye başlayan.

تازه نفس tâze nefes: (F.-A.) enerjik, zinde, canlı.

تازه وارد tâze vârid: (F.-A.) yeni gelmiş.

تازى tâzî: (Peh.) **1.**Arap. **2.**Arapça.

تازى tâzî: [tâz+î] (zool.) tazı, av köpeği.

تازى سوار tâzîsevâr: [tâzî+sevâr] arap atına binen.

تازيان tâziyân: [tâzî+y+ân] Araplar.

تازيانه tâziyâne: **1.**kırbaç, kamçı. **2.**vasıta, sebep.

تازيانه tâziyâne: [<târzene<târ+zeden> zen+e] mızrap, tezene.

تازيانه خوردن tâziyâne horden: kamçılanmak, kırbaçlanmak.

تازيانه زدن tâziyâne zeden: **1.**kırbaçlamak, kamçılamak. **2.**kırbaçla cezalandırmak.

تازيدن tâzîden: **1.**koşmak. **2.**hücum etmek, akın etmek, saldırmak. **3.**doğurmak. **4.**dört nala koşturmak. **5.**ateş yakmak. **6.**ortaya çıkmak.

تازيک tâzîk: **1.**Arap. **2.**Türk olmayan. **3.**İranlı.

تاس tâs: ızdırap, kararsızlık.

تاس tâs: dazlak, saçsız.

تاس tâs: **1.**tas, kâse. **2.**Osmanlı askerî teşkilatında bir tür başlık.

تاس tâs: tavla zarı, zar.

تاسانيدن tâsânîden: boğmak, boğazını sıkmak.

تاسباز tâsbâz: [tâs+bâhten>bâz] **1.**tavlacı. **2.**barbutçu, barbut atan, kumarbaz. **3.**üçkâğıtçı, hokkabaz.

تاسبازى tâsbâzî: [tâs+bâhten>bâz+î] **1.**tavlacılık. **2.**barbutçuluk, barbut atma. **3.**üçkâğıtçılık, hokkabazlık.

تاس ريختن tâs rîhten: barbut atmak.

تاس ريزى tâsrîzî: [tâs+rîhten>rîz+î] barbut atma.

تاسع tâsi': (A.) dokuzuncu.

تاسعا tâsi'en: (A.) dokuzuncu olarak, dokuzuncusu.

تاسعه tâsi'a: (A.) dokuzuncu.

تاس ماهى tâsmâhî (zool.) havyar balığı.

تاسوعا tâsû'â: (A.) Muharrem ayının dokuzuncu günü.

تاسمه tâsme: tasma.

تاسه tâse: **1.**keder, üzüntü, ızdırap. **2.**yüz çökkünlüğü. **3.**boğaz düğümlenmesi. **4.**hasret. **5.**aşerme. **6.**nefes nefese kalma.

تاسه آوردن tâse âverden: memleketini özlemek.

تاسيدن tâsîden: **1.**üzülmek, muzdarip olmak. **2.**memleketini özlemek, köyünü özlemek. **3.**aşermek. **4.**nefes nefese kalmak.

تا شدن tâ şoden: **1.**katlanmak, bükülmek, buruşmak. **2.**kamburlaşmak. **3.**güçsüzleşmek, çökmek. **4.**eğilmek. ‖ * do ~ دو تا شدن iki büklüm olmak, iki kat olmak.

تاشک tâşek: çevik, kıvrak, çabuk.

تافتان tâftân: tandır ekmeği, taftan.

تافت خانه tâfthâne: [tâft+hâne<hâne-i tâft] basımevi.

تافتن tâften: (Peh.) **1.**parlamak, ışığı vurmak, aksetmek. **2.**doğmak. **3.**ısınmak, sıcaklaşmak. **4.**ışık saçmak. **5.**bükmek, eğmek, kıvırmak. **6.**(mec.) incinmek. **7.**madeni kızıl hale gelene kadar ısıtmak. **8.**yanmak. **9.**kıvranmak.

تافته tâfte: [tâften>tâft+e] **1.**parlatılmış, parlak. **2.**doğmuş. **3.**ısınmış, sıcak. **4.**bükülmüş. **5.**üzüntülü, kederli.

تاق tâk: kemer.

تاقوت tâkût (bot.) çitlembik ağacı.

تاک tâk: (Peh.) (bot.) asma, üzüm asması.

تاکتيک taktik: (Fr.) (ask.) taktik.

تاک دانه tâkdâne: [tâk+dâne<dâne-i tâk] üzüm çekirdeği.

تا كردن tâ kerden: **1.** katlamak,

dürmek. 2.davranmak, muamele etmek. ‖ * hûb ~ خوب تا کردن iyi davranmak. ‖ * bed ~ بد تا کردن kötü davranmak.

تاکستان tâkistân: [tâk+i+stân] asmalık, üzüm bağı.

تاکسی taksi: (Fr.) taksi.

تاکسی کرایه کردن taksi kirâye kerden: taksi tutmak, taksi çevirmek.

تاکسی گرفتن taksi giriften: taksi tutmak, taksi çevirmek.

تا گشتن tâ geşten: 1.kamburlaşmak. 2.güçsüzleşmek, çökmek. 3.katlanmak. 4.dolaşmak. ‖ * do ~ دو تا گشتن iki büklüm olmak, iki kat olmak.

تال tâl: 1.zil. 2.gümüş tepsi, bakır tepsi. 3.büyük çan.

تالاب tâlâb: durgun su, su birikintisi, havuz, gölet.

تالاج tâlâc: 1.ses. 2.çığlık. 3.meşale. 4.kavga.

تالار tâlâr: 1.salon. 2.konferans salonu. 3.spor salonu.

تالان tâlân: yağma, çapul, talan.

تالان کردن tâlân kerden: yağmalamak, talan etmek.

تالانگر tâlânger: [tâlân+ger] yağmacı.

تالانگری tâlângerî: [tâlân+ger+î] yağmacılık.

تالد tâlid: (A.) evde bulunan köle, cariye veya hayvan.

تالواسه tâlvâse: 1.aşerme. 2.kararsızlık, ızdırap, huzursuzluk.

تالی tâlî: (A.) 1.ikinci derecede, ikincil, yan. 2.sonradan gelen, ardından gelen, izleyen. 3.Kur'ân okuyan. 4.sonurtu, konsekuent.

تام tâm(m) : (A.) tam, eksiksiz.

تامر tâmir: (A.) hurmacısı, hurma satan.

تامسون tamson: (İng.) tomson, thompson.

تا ندانستن tâ nedânisten: eşi olmamak.

تامه tâmme: (A.) tam.

تانک tank: (İng.) (ask.) tank.

تانکیست tankist: (İng.) (ask.) tankçı.

تانگری tangeri: (T.) Tanrı.

تانگو tango: (müz.) tango.

تانگو رقصیدن tango raksîden: tango yapmak.

تاو tâv: 1.aydınlık, ışık 2.sıvaklık, hararet. 3.kıvrım. 4.güç, kudret, takat. 5.meşakkat.

تاوان tâvân: (Peh.) 1.ceza. 2.para cezası. 3.tazminat. 4.cinayet. "1.bedelini ödemek.

تاوان پس ندادن tâvân pes nedâden: zırnık koklatmamak, günahını bile vermemek.

تاوان دادن tâvân dâden: 1.ceza vermek. 2.bedel vermek.

تاوخانه tâvhâne: [tâv+hâne<hâne-i tâv] düşkünler yurdu.

تاوستن tâvisten: 1.direnmek. 2.üstesinden gelmek.

تاول زدن tâvel zeden: su toplamak.

تاول کردن tâvil kerden: uçuklamak, kabarcık çıkarmak.

تاون tâven: [tâv<tâb+en] fırın.

تاوه tâve: [tâv+e] 1.tava. 2.tuğla. 3.büyük kerpiç.

تاه tâh: 1.kat. 2.fert. 3.pas.

تای tây: 1.kat. 2.fert. 3.yarım yük.

تای tây: denk, eşit.

تایب tâyib: (A.) tövbekâr, tövbe eden.

تایپ tayp: (İng.) daktilo.

تایپ کردن tayp kerden: daktilo etmek.

تایر tâyir: (İng.) oto dış lastiği.

تایلند tayland: (coğ.) Tayland.

تیلوریسم taylorism: (Fr.) Taylorculuk.

تایم taym: (İng.) (sp.) yarı, devre.

تایه tâyih: (A.) 1.kibirli. 2.şaşkın. 3.helak olan.

تاییدن tâyîden: beklemek, duraklamak.

تئاتر teatr: (Fr.) tiyatro. ‖ * ~ -i televizyonî تئاتر تلویزیونی televizyon oyunu.

تأبید te'bîd: (A.) 1.ebedî kılma. 2.(ed.) kaside sonundaki dua.

تأبیدات te'bîdât: (A.) ebedîleştirmeler, sonsuzlaştırmalar, ölümsüzleştirmeler.

تأبیر te'bîr: (A.) ağaç aşılama.

تأبیس te'bîs: (A.) hor görme, horlama.

تأبين te'bîn: (A.) **1.**ölen kimseyi iyilikleri ile yâd etme. **2.**birini yüzüne karşı ayıplama.

تأتی te'ettî: (A.) **1.**hazır olma. **2.**yumuşak davranma.

تأثر te'essur: (A.) **1.**üzüntü, keder, teessür. **2.**izleme, peşinden gitme.

تأثر آميز te'essurâmîz: (A.-F.) **1.**üzüntülü. **2.**üzücü.

تأثر آور te'essurâver: (A.-F.) üzücü.

تأثر انگيز te'essurengîz: (A.-F.) üzücü.

تأثل te'essul: (A.) **1.**kök salma. **2.**sağlamlaşma.

تأثير te'sîr: (A.) **1.**tesir, etki. **2.**iz bırakma. ‖ * taht-i ~ karâr dâden تحت تأثير قرار دادن etkilemek, tesir altında bırakmak. ‖ * taht-i ~ karâr giriften تحت تأثير قرار گرفتن etkilenmek, tesir altında kalmak. ‖ * taht-i ~ vâki' şoden تحت تأثير واقع شدن etkilenmek, tesir altında kalmak.

تأثيرات te'sîrât: (A.) etkiler, tesirler. ‖ * ~ be câ gozâşten (der) تأثيرات بجا گذاشتن در -de etkili olmak.

تأثير انداختن te'sîr endâhten: tesir etmek.

تأثير پذيرفتن te'sîr pezîroften: tesir altında kalmak, etkilenmek.

تأثيرپذيری te'sîrpezîrî: (A.-F.) etkilenme.

تأثير داشتن te'sîr dâşten: tesir etmek.

تأثير كردن te'sîr kerden: etki bırakmak, etkilemek, tesir etmek, etki etmek.

تأثير گذاشتن te'sîr gozâşten: tesir etmek.

تأجيل te'cîl: (A.) süre tanıma, mühlet verme, tecil.

تأحد te'ehhud: (A.) tek olma, bir olma.

تأخر te'ehhur: (A.) gecikme, geride kalma.

تأخير te'hîr: (A.) tehir, gecikme. ‖ * be ~ oftâden به تأخير افتادن **1.**gecikmek. **2.**tehir edilmek. ‖ * be ~ endâhten به تأخير انداختن geciktirmek.

تأخير شدن te'hîr şoden: gecikme olmak.

تأخير كردن te'hîr kerden: gecikmek, geç kalmak, tehir etmek.

تأدب te'eddub: (A.) **1.**edep öğrenme. **2.**edepli olma, te'eddüb.

تأديب te'dîb: (A.) **1.**edep öğretme, terbiye etme. **2.**cezalandırma.

تأديب كردن te'dîb kerden: **1.**terbiye etmek. **2.**cezalandırmak.

تأديه te'diye: (A.) ödeme.

تأديه كردن te'diye kerden: ödemek.

تأذی te'ezzî: (A.) eziyet görme, incinme.

تأسف te'essuf: (A.) üzülme, üzüntü, eseflenme, esef etme.

تأسف آور te'essuf âver: (A.-F.) üzücü, esef verici.

تأسف خوردن te'essuf horden: üzülmek, eseflenmek, hayıflanmak.

تأسيس te'sîs: (A.) **1.**kurma, tesis. **2.**kuruluş, müessese, tesis. ‖ * ~ -i bârgîrî تأسيس بارگيری dolum tesisi.

تأسيسات te'sîsât: (A.) kurum, tesis, tesisler.

تأسيس شدن te'sîs şoden: kurulmak, tesis edilmek.

تأسيس كردن te'sîs kerden: kurmak, tesis etmek.

تأسيس گرديدن te'sîs gerdîden: kurulmak, tesis edilmek.

تأسيس يافتن te'sîs yâften: kurulmak, tesis edilmek.

تأسی كردن (از) te'essî kerden: öykünmek.

تأكيد te'kîd: (A.) **1.**sağlamlaştırma, tekid, pekiştirme. **2.**sağlamlık.

تأكيد شدن te'kîd şoden: pekiştirilmek, tekid edilmek.

تأكيد كردن te'kîd kerden: pekiştirmek, tekid etmek.

تألف te'elluf: (A.) **1.**alışma. **2.**gönül elde etme. **3.**düzene sokma.

تألم te'ellum: (A.) üzülme, elem çekme.

تأليف te'lîf: (A.) **1.**telif. **2.**uzlaştırma, bir araya getirme.

تأليف شدن te'lîf şoden: **1.**telif edilmek. **2.**uzlaştırılmak, bir araya getirilmek.

تألیف کردن te'lîf kerden: 1.telif etmek. 2.uzlaştırmak, bir araya getirmek.

تألیف نمودن te'lîf numûden: telif etmek.

تأمل te'emmul: (A.) 1.bekleme. 2.dikkatle bakma, iyi düşünme.

تأمل کردن te'emmul kerden: 1.beklemek, duraklamak. 2.iyi düşünmek.

تأمیر te'mîr: (A.) 1.emirliğe atama. 2.emirlik.

تأمین te'mîn: (A.) 1.emin kılma, güven verme, güvence altına alma. 2.sağlama, temin. 3.âmin deme. ‖ * ~ -i ubûr تأمین عبور geçiş ve seyir emniyeti sağlama.

تأمین شدن te'mîn şoden: 1.temin edilmek, sağlanmak. 2.kazanılmak. 3.güvence altına alınmak. 4.karşılanmak.

تأمین کردن te'mîn kerden: 1.temin etmek, sağlamak. 2.kazanmak. 3.güvence altına almak. 4.karşılamak.

تأمین گشتن te'mîn geşten: 1.karşılanmak. 2.temin edilmek, sağlanmak.

تأنس te'ennus: (A.) alışma.

تأنی te'ennî: (A.) 1.duraklama, duralama. 2.ağır davranma. 3.savsaklama. 4.geciktirme.

تئوری teori: (Fr.) teori.

تئوریسین teorisyen: (Fr.) teorisyen, nazariyeci.

تئوریک teorik: (Fr.) teorik, nazarî.

تأویل te'vîl: (A.) yorum, tevil.

تأویل شدن te'vîl şoden: yorumlanmak, tevil edilmek.

تأویل کردن te'vîl kerden: yorumlamak, tevil etmek.

تأهل te'ehhul: (A.) 1.evlenme. 2.kadın alma.

تأهل کردن te'ehhul kerden: evlenmek.

تأیید te'yîd: (A.) teyit, kuvvetlendirme, onaylama.

تأیید شدن te'yîd şoden: teyit edilmek, onaylanmak.

تأیید کردن te'yîd kerden: teyit etmek, onaylamak.

تب teb: 1.(tıb.) ateş, hastalık ateşi. 2.sıtma. ‖ * ~ -i kesî bâlâ reften تب کسی بالا رفتن (tıb.) ateşi çıkmak, ateşi yükselmek, ateşlenmek. ‖ * ~ -i kesî bulend reften تب کسی بلند رفتن ateşi çıkmak, ateşi yükselmek, ateşlenmek. ‖ * ~ -i kesî pâîn âmeden تب کسی پائین آمدن ateşi düşmek.

تب tebb: (A.) 1.zarara uğrasın! 2.zarar.

تب آلود tebâlûd: [teb+âlûden>âlûd] (tıb.) ateşli.

تباب tebâb: (A.) 1.zarar görme, hüsrana uğrama. 2.helak olma. 3.ziyankârlık.

تبابعه tebâbi'a: (A.) 1.eski Yemen hükümdarları. 2.arıbeyleri. 3.gölgeler. ‖ * dârüt~ دار التبابعه Hz. Muhammed'in Mekke'de doğduğu ev.

تبادر tebâdur: (A.) 1.koşma. 2.girişme, girişimde bulunma. 3.öncelik. 4.hatırlayıverme. 5.iki şairin birbirinden habersiz olarak aynı beyit veya şiiri söylemesi.

تبادل tebâdul: (A.) alışveriş, değişim. ‖ * ~ -i nazar kerden تبادل نظر کردن görüş alışverişinde bulunmak, görüşmek, görüşme yapmak.

تبادلات tebâdulât: (A.) değişimler, değişmeler.

تباذل tebâzul: (A.) birbirine bolca verme, birbirine bezletme.

تبار tebâr: (A.) 1.soy, nesep. 2.mahvolma, yok olma. 3.asıllı, kökenli.

تبار tebâr: (A.) bitiş, yok oluş, tükeniş.

تبارز tebâruz: (A.) 1.ortaya çıkma, belirme, görünme. 2.iki düşmanın dövüşmek üzere meydana çıkması.

تبارک tebârok: (A.) 1.iyiye yorma. 2.yükselme. 3.bereketlilik. 4.uğurlu olma.

تبارک tebârek: (A.) mübarek etsin, kutlu kılsın.

تبارک tebâreke: (A.) Kur'ân-i Kerîm'de bir sûre.

تبارک الله tebârekallâh: (A.) Allah mübarek etsin.

تبارکت tebârekte: (A.) ne mübareksin.

تباسیدن tebâsîden: 1.bayılmak. 2.sıcaktan bayılmak.

تباشیر tebâşîr: 1.tebeşir. 2.beyazlık, aklık.

تباطؤ tebâtu': (A.) ağır davranma.

تباعد tebâ'ud: (A.) 1.uzaklaşma. 2.uzaklık.

تباعدات tebâ'udât: (A.) birbirinden uzaklaşmalar.

تباعل tebâ'ul: (A.) eşler arasındaki cilveleşme.

تباغض tebâguz: (A.) birbirine kinlenme, birbirine hınçlanma.

تبانچه tebânçe: [tebân+çe] sille, tokat.

تبانی tebânî: (A.) gizlice anlaşma, dolap çevirme.

تباه tebâh: (Peh.) 1.yok olmuş, mahvolmuş. 2.bâtıl. 3.çürük, bozuk.

تباهانیدن tebâhânîden: 1.çürütmek, bozmak. 2.tahrip ettirmek.

تباه دست tebâhdest: [tebâh+dest] çolak.

تباه رای tebâhrây: (F.-A.) [tebâh+rây] aklı kıt.

تباه ساختن tebâh sâhten: 1.bozmak. 2.mahvetmek. 3.harap etmek.

تباه شدن tebâh şoden: 1.ölmek. 2.bozulmak. 3.çürümek. 4.harap olmak. 5.yok olmak. 6.mahvolmak.

تباهکار tebâhkâr: [tebâh+kâr] 1.sabotajcı. 2.tahrip edici, bozucu.

تباهکاری tebâhkârî: [tebâh+kâr+î] 1.sabotaj. 2.tahrip, bozuculuk.

تباه کردن tebâh kerden: 1.harap etmek, tahrip etmek. 2.yok etmek. 3.dağıtmak. 4.öldürmek.

تباه کیش tebâhkîş: [tebâh+kîş] kâfir, dini bozuk.

تباه کیشی tebâhkîşî: [tebâh+kîş+î] kâfirlik, küfr.

تباه گردیدن tebâh gerdîden: 1.yok olmak, mahvolmak. 2.tahrip edilmek. 3.ölmek.

تباه گشتن tebâh geşten: 1.yok olmak. 2.tahrip edilmek. 3.ölmek.

تباهی tebâhî: [tebâh+î] 1.yok oluş. 2.bozukluk. 3.fesat.

تباهی tebâhî: (A.) övünme.

تباهی آوردن tebâhî âverden: fesat çıkarmak.

تباهی کردن tebâhî kerden: 1.fesat çıkarmak. 2.yok etmek.

تبایع tebâyu': (A.) 1.alış veriş. 2.bîat etme.

تباین tebâyun: (A.) 1.birbirinden ayrılma. 2.ayrılık, zıtlık, ihtilaf. ‖ * ~ -i efkâr تباین افکار düşünceler arasındaki zıtlık, düşünce aykırılığı.

تباینات tebâyunât: (A.) zıtlıklar, aykırılıklar.

تب بر tebbor: [teb+borîden>bor] (tıb.) ateş düşürücü ilaç.

تبتل tebettul: (A.) dünyadan elini eteğini çekerek sadece Tanrı ile ilgilenme, kendini din işlerine adama, köşesine çekilme.

تبتیل tebtîl: (A.) dünyadan elini eteğini çekerek Tanrı'ya yönelme.

تبثر tebessur: (A.) sivilce çıkması.

تبجیل tebcîl: (A.) ululama, saygı gösterme.

تبجیلا tebcîlen: (A.) ululayarak, ağırlayarak.

تبجیلات tebcîlât: (A.) ululamalar, ağırlamalar.

تبجیلکار tebcîlkâr: (A.-F.) [tebcîl+kâr] ululayıcı, yüceltici.

تبحر tebehhur: (A.) 1.deniz haline gelme. 2.göllenme. 3.derinliğine varma. 4.uzmanlaşma, derin bilgi sahibi olma.

تبحر داشتن tebehhur dâşten: derin bilgi sahibi olmak.

تبخال tebhâl: (tıb.) uçuk.

تبخاله tebhâle: uçuk.

تبخاله دار tebhâledâr: [tebhâle+dâşten> dâr] uçuklu, uçuk çıkarmış.

تبختر tebehtur: (A.) 1.çalımla yürüme. 2.çalım satma. 3.dalgalanma.

تبختر کردن tebehtur kerden: çalım satmak.

تبخر tebahhur: (A.) **1.**buharlaşma, buğulanma. **2.**tütsülenme.

تبخرات tebahhurât: (A.) **1.**buharlaşmalar, buğulanmalar. **2.**buharlar, tütsüler.

تبخیر tebhîr: (A.) **1.**tütsüleme. **2.**buharlaştırma.

تبخیرات tebhîrât: (A.) **1.**buharlaştırmalar. **2.**tütsülemeler. **3.**tütsüler.

تبخیرخانه tebhîrhâne: (A.-F.) [tebhîr+ hâne<hâne-i tebhîr] buhar yeri, etüv.

تبخیل tebhîl: (A.) **1.**cimrileştirme, pintileştirme. **2.**cimrilikle suçlama, pintilik-le suçlama.

تبدار tebdâr: [teb+dâşten>dâr] (tıb.) ateşli.

تب داشتن teb dâşten: (tıb.) ateşi olmak, ateşli olmak.

تبدد tebeddud: (A.) dağılma.

تبدع tebeddü': (A.) **1.**din değiştirme. **2.**bid'at etme. **3.**güzel ahlaktan uzaklaşma.

تبدل tebeddul: (A.) değişme, değişim, dönüşüm, başkalaşım.

تبدلات tebeddulât: (A.) değişmeler, değişimler, değişiklikler, başkalaşımlar.

تبدیع tebdî': (A.) bid'at ile birini suçlama, din değiştirmekle suçlama.

تبدیل tebdîl: (A.) **1.**değişme. **2.**değiştirme. **3.**ajan, gizli haberci. ‖ * ~ -i hevâ تبدیل هوا hava değişikliği. ‖ * ~ -i kıyâfe تبدیل قیافه **1.**kılık değiştirme. **2.**tebdil gezme. ‖ * ~ -i kıyâfe kerden تبدیل قیافه کردن **1.**kılık değiştirmek. **2.**tebdil gezmek. ‖ * ~ -i libâs kerden تبدیل لباس کردن **1.**kılık değiştirmek. **2.**tebdil gezmek. ‖ * ~ -i pul تبدیل پول kambiyo.

تبدیلاً tebdîlen: (A.) **1.**değiştirerek, dönüştürerek. **2.**değiştirilerek, dönüştürülerek.

تبدیلات tebdîlât: (A.) değiştirmeler, değişiklikler.

تبدیل شدن tebdîl şoden: **1.**dönüşmek. **2.**değişmek.

تبدیل کردن tebdîl kerden: **1.**dönüştürmek, tebdil etmek. **2.**değiştirmek.

تبذیر tebzîr: (A.) **1.**saçma, savurma. **2.**savurganlık, israf.

تبذیرات tebzîrât: (A.) **1.**tohum saçmalar. **2.**savurganlıklar, har vurup harman savurmalar.

تبر teber: (Peh.) **1.**balta. **2.**yarım ay başlıklı derviş baltası. **3.**meşin bıçağı.

تبرا teberrâ: (A.) **1.**uzaklaşma. **2.**arınma. **3.**(tıb.) şifa bulma.

تبرا کردن teberrâ kerden: **1.**uzaklaşmak. **2.**arınmak, arınmış olmak. **3.**(tıb.) şifa bulmak.

تبرئه tebri'e: (A.) **1.**aklanma, temize çıkma. **2.**aklama, arındırma, temize çıkarma.

تبرئه شدن tebri'e şoden: aklanmak, beraat etmek.

تبرئه کردن tebri'e kerden: aklamak.

تبرخون teberhûn: **1.**kızılsöğüt. **2.**tarhun. **3.**hünnap.

تبرد teberrud: (A.) **1.**soğuma. **2.**soğuk suya girme.

تبردار teberdâr: [teber+dâşten>dâr] **1.**baltacı. **2.**Yeniçeri ocağındaki baltalı asker, solak sınıfı askeri.

تبرداران teberdârân: [teber+dâşten> dâr+ân] **1.**baltacılar. **2.**solaklar, Yeniçerilikte solaklar.

تبرر teberrur: (A.) Allah rızası için çalışma.

تبرز teberruz: (A.) ortaya çıkma, belirme, görünme, kendini gösterme.

تبرزد teberzed: **1.**tuz, sofra tuzu. **2.**(bot.) bir tür üzüm. **3.**bir tür acı zamk. **4.**nebat şekeri.

تبرزین teberzîn: **1.**(tas.) dervişlerin taşıdığı ayça şeklinde küçük balta. **2.**savaş baltası. **3.**billur tuz.

تبرطم tebertum: (A.) **1.**hiddetlenme, öfkelenme. **2.**şişinme, kibirlenme.

تبرع teberru': (A.) teberru, bağış.

تبرعاً teberru'en: (A.) bağışlayarak, teberru ederek.

تبرعات teberru'ât: (A.) bağışlar.

تبرقع teberku': (A.) yüzüne peçe çekme, yüzünü örtme.

تبرک teberruk: (A.) **1.**uğur sayma. **2.**bereketli olma. **3.**uğur, bereket.

تبرکاً teberruken: (A.) uğur olsun diye, uğur sayarak, mübarek görerek.

تبرکات teberrukât: (A.) uğurlu saymalar, mübarek saymalar.

تبرم teberrum: (A.) üzülme.

تبرو teberrû: (A.) **1.**uzak durma, kaçınma. **2.**yüz vermeme, yüzünü çevirme.

تبری teberrî: (A.) **1.**yüz vermeme, yüz çevirme. **2.**aklanma, temize çıkma.

تبرید tebrîd: (A.) **1.**(tıb.) soğuk alma, soğuk algınlığı. **2.**soğutma. **3.**birinden soğuma, biri ile arasına soğukluk girme.

تبرید کردن tebrîd kerden: **1.**(tıb.) soğuk almak, üşütmek. **2.**soğutmak.

تبریز tebriz: (A.) ortaya çıkarma.

تبریز tebrîz: (coğ.) Tebriz kenti.

تبریزی tebrîzî (bot.) karakavak.

تبریزی tebrîzî: Tebrizli.

تبریک tebrîk: (A.) kutlama, tebrik.

تبریک گفتن tebrîk goften: tebrik etmek, kutlamak.

تبریه tebriye: (A.) **1.**aklanma. **2.**aklama. **3.**borçtan kurtarma.

تبریکات tebrîkât: (A.) kutlamalar.

تبریک نامه tebrîknâme: (A.-F.) [tebrîk+ nâme<nâme-i tebrîk] kutlama yazısı.

تب زدگان tebzedegân: [teb+zeden> zed+e+g+ ân] ateşliler, sıtma ateşine tutulanlar.

تب زده tebzede: [teb+zeden>zed+e] ateşli, ateşlenmiş, sıtma ateşine tutulmuş.

تبزق tebezzuk: (A.) tükürme.

تبزل tebezzül: (A.) yarılma.

تبزیل tebzîl: (A.) **1.**tıbbî sondaj. **2.**yarma, açma.

تبسط tebessut: (A.) **1.**küstahlaşma. **2.**yayılma, genişleme. **3.**yaygınlık, genişlik.

تبسل tebessul: (A.) somurtma, surat ekşitme, surat asma.

تبسم tebessum: (A.) gülümseme, tebessüm. || * ~ ber leb âverden تبسم بر لب آوردن gülümsemek, tebessüm etmek. || * ~ be leb dâşten تبسم به لب داشتن gülümsemek. || * ~ -i memnûniyyet تبسم ممنونیت memnunluk gülümsemesi.

تبسمات tebessumât: (A.) gülümsemeler.

تبسم کردن tebessum kerden: gülümsemek, tebessüm etmek.

تبسم کنان tebessümkunân: (A.-F.) [tebessum+ kerden> kun+ân] gülümseyerek, tebessüm ederek.

تبش tebiş: [teb<tâb+iş] **1.**sıcaklık, hararet. **2.**parıltı. **3.**ışık. **4.**ızdırap.

تبشبش tebeşbuş: (A.) küçüğün büyüğe güleryüz göstermesi.

تبشیر tebşîr: (A.) **1.**müjdeleme, müjde verme. **2.**müjdelenme, müjde verilme.

تبشیرات tebşîrât: (A.) **1.**müjdelemeler, müjde vermeler. **2.**müjdelenmeler, müjde verilmeler. **3.**rüyada müjde almalar.

تبشیر کردن tebşîr kerden: müjdelemek.

تبشیرکن tebşîrkun: (A.-F.) [tebşîr+ kerden>kun] müjdeleyen, müjdeci.

تبصبص tebesbus: (A.) **1.**yaltaklanma. **2.**kuyruk sallama.

تبصبصات tebesbusât: (A.) yaltaklanmalar, dalkavukluklar, yağ çekmeler.

تبصر tebessur: (A.) **1.**görür olma, ileri görüş. **2.**tanıma.

تبصره tebsire: (A.) **1.**görür kılma, gördürme. **2.**ibret alma. **3.**bend, açıklayıcı fıkra. **4.**not.

تبصیل tebsîl: (A.) **1.**soyma, soyup soğana çevirme. **2.**soyulma.

تبطل tebettul: (A.) tembellik.

تبطئه tebtı'a: (A.) ağırlaşma, ağırlık kazanma, yavaşlama.

تبطن tebattun: (A.) bir şeyin aslını anlamaya çalışma.

تبطيل tebtîl: (A.) bâtıl kılma, hükümsüz kılma.

تبع tebe': (A.) **1.**izleme, uyma. **2.**teba. **3.**hizmetçiler.

تبعاً tebe'an: (A.) uyarak, tabi olarak, izinden giderek.

تبعض teba'uz: (A.) parçalanma, bölünme.

تبعه tebe'e: (A.) **1.**izleyenler. **2.**hizmetçiler. **3.**teb'a, uyruk. **4.**vatandaş.

تبعيةً teba'iyyeten: (A.) tabi olarak, uyarak, izleyerek.

تبعيت tebeiyyet: (A.) **1.**tâbiiyet, vatandaşlık. **2.**tâbi olma, izleme.

تبعيت كردن tebeiyyet kerden: izlemek.

تبعيد teb'îd: (A.) **1.**sürgün etme, sürgüne gönderme. **2.**uzaklaştırma. ‖ * be hâl-i ~ beser borden به حال تبعيد بسر بردن sürgünde yaşamak.

تبعيد شدن teb'îd şoden: sürülmek, sürgün edilmek.

تبعيد كردن teb'îd kerden: sürgün etmek, sürmek, sürgüne göndermek, uzaklaştırmak.

تبعيض teb'îz: (A.) **1.**ayırım, ayırdetme. **2.**ayrıcalık, özel muamele. **3.**parçalara bölme. ‖ * ~ -i nijâdî تبعيض نژادى ırk ayırımı.

تبغض tebagguz: (A.) kinlenme, hınçlanma.

تبغيض tebgîz: (A.) hınç duyma.

تب كردن teb kerden: (tıb.) ateşlenmek.

تبكم tebekkum: (A.) nutku tutulma, dili tutulma.

تبكيت tebkît: (A.) **1.**belge sunarak susturma. **2.**başa kakma.

تبكيه tebkiye: (A.) **1.**ağlatma. **2.**ağlatılma.

تب گرفتن teb giriften: (tıb.) ateşlenmek, ateşi çıkmak, ateşi yükselmek.

تب لرز teblerz: [teb+lerzîden>lerz] **1.**(tıb.) malarya, **2.**(tıb.) nöbet.

تبلبل tebelbul: (A.) dildeki karışıklık.

تبلبلات tebelbulât: (A.) dildeki karışıklıklar.

تبلد tebellud: (A.) ağırlık, yavaşlık, ağırcanlılık.

تبلر tebellur: (A.) kristalleşme, billurlaşma.

تب لرزه teblerze: [teb+lerzîden>lerz+e] sıtma nöbetinden kaynaklanan titreme, ateş titremesi, nöbet titremesi.

تبلغ tebellug: (A.) **1.**alma, teslim alma. **2.**varma, ulaşma.

تبلغات tebellugât: (A.) **1.**almalar, teslim almalar. **2.**varmalar, ulaşmalar.

تبلل tebellul: (A.) nemlenme.

تبله tebelluh: (A.) eblehleşme, salaklaşma.

تبلور tebelvur: (A.) billurlaşma, kristalleşme.

تبليغ teblîg: (A.) **1.**bildirme, açıklama. **2.**propaganda. **3.**reklam.

تبليغات teblîgât: (A.) **1.**propaganda. **2.**reklam. **3.**tanıtım.

تبليغات كردن teblîgât kerden: propaganda yapmak.

تبليغ كردن teblîg kerden: bildirmek, tebliğ etmek.

تبليل teblîl: (A.) **1.**ıslatma. **2.**ıslatılma.

تبليه tebliye: (A.) **1.**eskitme. **2.**eskitilme.

تبن tebn: (A.) saman.

تبنك tebenk: **1.**tef. **2.**çan sesi. **3.**tahta tabak.

تبنى tebennî: (A.) **1.**evlat edinme. **2.**evlatlık.

تبنى tebnî: (A.) saman renginde, saman rengi.

تبه tebeh: **1.**mahvolmuş. **2.**bozuk, çürük. **3.**yok olma, mahvolma, bozulma. **4.**tükenme, tükeniş. **5.**yıkılma, yıkıntı.

تبهر tebehhur: (A.) sık sık kesik nefes alma, tık nefes olma.

تبه كار tebehkâr: [tebeh+kâr] bozguncu, fitneci, kötü.

تبه كارانه tebehkârâne: [tebeh+kâr+âne] fitne çıkarırcasına.

تبه کاری tebehkârî: [tebeh+kâr+î] bozuculuk, bozgunculuk.

تبه کردن tebeh kerden: öldürmek.

تبه گشتن tebeh geşten: ölmek.

تبهل tebehhul: (A.) tahsil sıkıntısı.

تبهم tebehhum: (A.) belirsizlik.

تبهیج tebhîc: (A.) güzelleştirme.

تبوئه tebvi'e: (A.) bir kadını yalnız olarak bir evde oturtma.

تبول tebevvul: (A.) idrar yapma, işeme.

تبویب tebvîb: (A.) bölümlendirme.

تبیان tibyân: (A.) açıklama, şerh, rapor.

تبیع tebî': (A.) **1.**yardımcı. **2.**sığır yavrusu.

تبین tebeyyun: (A.) **1.**tanıma. **2.**belirme, ortaya çıkma, belirginleşme, anlaşılma.

تبییض tebyîz: (A.) **1.**ağartma. **2.**temize çekme.

تبیین tebyîn: (A.) **1.**ortaya çıkarma. **2.**açıkça anlatma.

تپ tep: ızdırap, kararsızlık.

تپاله topâle: tezek.

تپانچه tepançe: **1.**tabanca. **2.**büyük dalga.

تپاندن tepanden: tıkmak, tıkıştırmak.

تپش tepiş: [tepîden>tep+iş] **1.**ızdırap. **2.**çarpıntı, çarpa. ‖ * ~ -i kalb تپش قلب (tıb.) yürek çarpıntısı, taşikardi.

تپق زدن topok zeden: kekelemek. ‖ * ~ -i zebân-i kesî تپق زدن زبان کسی **1.**dili tutulmak. **2.**dili sürçmek.

تپل topol: şişman.

تپ و تلاش tep u telâş: telâş, çaba.

تپه teppe: **1.**(coğ.) tepe, sırt. **2.**kadın şapkası. ‖ * ~ -i bâstânî تپهء باستانی höyük.

تپه نورد teppeneverd: [teppe+neverdîden> neverd] (sp.) krosçu.

تپه نوردی teppeneverdî: [teppe+neverdîden> neverd+î] **1.**(sp.) kros.

تپیدن tepîden: **1.**ızdırap çekmek. **2.**titremek. **3.**yerinden sıçramak. **4.**tıkabasa dolmak, tıkılmak. **5.**çarpmak, atmak. **6.**tepinmek. **7.**dönmek. ‖ * dil-i kesî ~ دل کسی تپیدن yüreği çarpmak.

تتابع tetâbu': (A.) sürekli olma, birbirini izleme. ‖ * ~ -i izâfât تتابع اضافات (gr.) zincirleme tamlama.

تتار tetar: (Moğ.) Tatar.

تتبع tetebbu': (A.) **1.**araştırma, inceleme. **2.**izinden gitme.

تتبع کردن tetebbu' kerden: incelemek, araştırmak, araştırma yapmak.

تتر teter: (Moğ.) Tatar.

تتق totok: **1.**çadır. **2.**soğan zarı.

تتماج totmâc: (T.) undan yapılan bir tür aş.

تتمه tetimme: (A.) kalan, bakiye.

تتمه داشتن tetimme dâşten: **1.**devamı olmak. **2.**geriye kalmak.

تتمیر tetmîr: (A.) **1.**parça eti kurutma. **2.**hurma kurutma.

تتمیم tetmîm: (A.) tamamlama.

تته پته tete pete, titi piti: dil tutukluğu. ‖ * be ~ oftâden به تته پته افتادن dili tutulmak, kekelemeye başlamak.

تته پته کردن tete pete kerden: **1.**çat pat konuşmak. **2.**kekelemek.

تتی titî: **1.**oyuncak bebek. **2.**kuş çağırırken çıkarılan ses.

تثاوب tesâvub: (A.) esneme.

تثاوب کردن tesâvub kerden: esnemek.

تثبت tesebbut: (A.) **1.**sabit olma, yerinde kalma. **2.**ağırdan alma, yavaş davranma. **3.**kalıcılık.

تثبط tesebbut: (A.) **1.**vukuf, bir işe vakıfolma. **2.**bir işten geri durma.

تثبیت tesbît: (A.) **1.**tespit. **2.**sağlamlaştırma.

تثبیت کردن tesbît kerden: **1.**tespit etmek. **2.**sağlamlaştırmak.

تثریب tesrîb: (A.) sitem etme.

تثقیل teskîl: (A.) **1.**ağır gösterme. **2.**ağırlık.

تثلیث teslîs: (A.) **1.**üçleme. **2.**üçe bölme. **3.**teslis (Hıristiyanlıkta)

تثمیر tesmîr: (A.) meyva verme.

تثمین tesmîn: (A.) kıymetlendirme, değerlendirme.

تثنیه tesniye: (A.) **1.**ikileme. **2.**(gr.) ikil.

تجادل tecâdul: (A.) mücadele etme, savaşım.

تجاذب tecâzub: (A.) **1.**birbirini çekme, birbirini cezbetme. **2.**sempati.

تجار tuccâr: (A.) tüccarlar, tüccar.

تجارب tecârib: (A.) tecrübeler, deneyimler.

تجارب اندوختن tecârib endûhten: deneyim sahibi olmak, tecrübe sahibi olmak.

تجارت ticâret: (A.) ticaret.

تجارت كردن ticâret kerden: ticaret yapmak, ticaretle uğraşmak.

تجارت نمودن ticâret numûden: ticaret yapmak.

تجارتى ticâretî: (A.-F.) [ticâret+î] ticaretle ilgili, ticârî. ‖ * ataşe-i ~ آتاشهء تجارتى ticarî ataşe, ticaret ataşesi.

تجارى ticârî: (A.) ticarî.

تجازر tecâzur: (A.) birbirine küfretme, küfürleşme.

تجاسر tecâsur: (A.) cesaret gösterme, cesaret.

تجافى tecâfî: (A.) uzaklaşma, bir kenara çekilme.

تجالس tecâlus: (A.) birlikte oturma.

تجانب tecânub: (A.) uzak durma, kaçınma.

تجانس tecânus: (A.) aynı cinsten olma, hemcins olma.

تجاوب tecâvub: (A.) cevaplaşma, birbirine cevap verme.

تجاور tecâvur: (A.) komşu olma, komşuluk.

تجاوز tecâvuz: **1.**aşma, geçme, sınırı geçme. **2.**tecavüz, ırza geçme. **3.**başkasının hakkına el uzatma. ‖ * ~ bâ nâmûs-i kesî kerden تجاوز با ناموس كسى كردن ırzına geçmek. ‖ * ~ be unf تجاوز به عنف ırza geçme. ‖ * ~ be unf kerden تجاوز به عنف كردن ırza geçmek. ‖ * muvrid-i ~ cinsî karâr dâden مورد تجاوز جنسى قرار دادن kirletmek, ırza geçmek, tecavüz etmek. ‖ * muvrid-i ~ -i cinsî karâr giriften مورد تجاوز جنسى قرار گرفتن ırza geçilmek, kirletilmek, tecavüz edilmek.

تجاوزات tecâvuzât: (A.) **1.**sınırı geçmeler, haddini aşmalar. **2.**ırza geçmeler, sarkıntılık etmeler. **3.**başkasının hakkına el uzatmalar.

تجاوز الله عن سيآته tecâvezallâhü an seyyiâtihi: (A.) Allah günahlarını affetsin.

تجاوز طلب tecâvuztaleb: (A.-F.) [tecâvuz+ talebîden>taleb] tecavüzkâr, saldırgan.

تجاوز طلبى tecâvuztalebî: (A.-F.) [tecâvuz+ talebîden>taleb+î] tecavüzkârlık, saldırganlık.

تجاوزكار tecâvuzkâr: (A.-F.) **1.**başkasının haklarına el uzatan, saldıran, mütecâviz, saldırgan. **2.**sarkıntılık eden, ırza geçen.

تجاوزكاران tecâvuzkârân: (A.-F.) [tecâvuz+kâr+ân] **1.**başkasının haklarına el uzatanlar, saldırganlar, mütecavizler. **2.**sarkıntılık edenler, ırza geçenler.

تجاوزكارانه tecâvuzkârâne: (A.-F.) [tecâvuz+kâr+âne] **1.**başkasının haklarına el uzatırcasına, saldırganca, mütecaviz gibi. **2.**ırza geçercesine, sarkıntılık edercesine.

تجاوزكارى tecâvuzkârî: (A.-F.) [tecâvuz+ kâr+î] **1.**başkasının haklarına el uzatma, sınırı geçme, saldırganlık. **2.**sarkıntılık etme, ırza geçme.

تجاوز كردن tecâvuz kerden: **1.**aşmak, geçme. **2.**tecavüz etmek, ırza geçmek.

تجاوزكار tecâvuzkâr: (A.-F.) [tecâvuz+ kâr] mütecaviz.

تجاوزى tecâvuzî: (A.) **1.**başkasının hakkına el uzatma ile ilgili. **2.**tecavüz ile ilgili. **3.**sınırı aşma ile ilgili. **4.**saldırıya yönelik.

تجاوزيه tecâvuziyye: (A.) **1.**başkasının hakkına el uzatma ile ilgili. **2.**tecavüz ile ilgili. **3.**sınırı aşma ile ilgili.

تجاول tecâvul: (A.) dolaşma, gezinti.

تجاولات tecâvulât: (A.) dolaşmalar, gezintiler.

تجاويف tecâvîf: (A.) boşluklar, oyuklar.

تجاهر tecâhur: (A.) 1.ortaya çıkarma. 2.ortaya çıkma.

تجاهل tecâhul: (A.) bilmezlikten gelme, tecahül. ‖ * ~ -i ârif تجاهل عارف (ed.) edebiyatta bilmezden gelme veya başka şekilde biliyormuş gibi gösterme sanatı.

تجاهلات tecâhulât: (A.) bilmezden gelmeler.

تجاهلكار tecâhulkâr: (A.-F.) [tecâhul+ kâr] bilmezden gelen.

تجاهلكارانه tecâhulkârâne: (A.-F.) [tecâhul+kâr+âne] bilmezden gelerek, bilmezden gelir gibi.

تجاهلكارى tecâhulkârî: (A.-F.) [tecâhul+ kâr+î] bilmezden gelme.

تجاهل كردن tecâhul kerden: bilmezlekten gelmek.

تجبر tecebbur: (A.) 1.büyüklük etme, böbürlenme. 2.serkeşlik, başkaldırı.

تجبرات tecebburât: (A.) şişinmeler, böbürlenmeler.

تجبير tecbîr: (A.) kırık çıkıkçılık, sınıkçılık, kırık veya çıkık kemiği tedavi etme.

تجبين tecbîn: (A.) korkaklık ile suçlama.

تجدد teceddud: (A.) 1.yenilenme, yenilik. 2.rönesans.

تجددات teceddudât: (A.) yenilenmeler, yenilikler.

تجدد پرست teceddudperest: (A.-F.) [teceddud+ perestîden>perst] yenilikçi.

تجدد پرستى teceddudperestî: (A.-F.) [teceddud+ perestîden>perest+î] yenilikçilik.

تجدد پرور teceddudperver: (A.-F.) [teceddud+ perverden> perver] yenilikçi.

تجدد پرورى teceddudperverî: (A.-F.) [teceddud+ perverden>perver+î] yenilikçilik.

تجددخواه teceddudhâh: (A.-F.) [teceddud+ hâsten>hâh] yenilik taraftarı, ilerici.

تجدد خواهى teceddudhâhî: (A.-F.) [teceddud+ hâsten>hâh+î] yenilik taraftarlığı, ilericilik.

تجدع teceddu': (A.) göz ağ tabakası yarılması.

تجديد tecdîd: (A.) 1.yenileme. 2.yenilenme. ‖ * ~ -i çâp تجديد چاپ yeniden basım. ‖ * ~ -i çâp kerden تجديد چاپ كردن yeni baskısını yapmak. ‖ * ~ -i çâp şoden تجديد چاپ شدن yeniden basılmak. ‖ * ~ -i matla' تجديد مطلع kasidede ortalara doğru yeniden bir matla beyti söyleme, matla'ı yenileme. ‖ * ~ -i nikâh تجديد نكاح nikâh tazeleme.

تجديداً tecdîden: (A.) 1.yenileyerek. 2.yenilenerek.

تجديدات tecdîdât: (A.) 1.yenilemeler. 2.yenilenmeler.

تجديد شدن tecdîd şoden: 1.yenilenmek. 2.canlanmak. 3.bütünlemeye kalmak, ikmale kalmak.

تجديد كردن tecdîd kerden: yenilemek.

تجديدى tecdîdî: (A.-F.) [tecdîd+î] 1.yenilik. 2.bütünlemeye kalma, ikmâle kalma.

تجديدى شدن tecdîdî şoden: bütünlemeye kalmak, ikmale kalmak.

تجديدى كردن tecdîdî kerden: bütünlemeye bırakmak, ikmale bırakmak.

تجدير tecdîr: (A.) çiçek çıkarma.

تجديع tecdî': (A.) 1.beddua etme. 2.çocuğu kötü besleme. 3.organ kesme.

تجديل tecdîl: (A.) yere çalma, yere vurma.

تجذير teczîr: (A.) 1.kökünden kazıma. 2.kesme. 3.karekök alma. 4.bir sayının karesini alma.

تجر tecer: kışlık köşk.

تجربت tecribet: (A.) deneyim, tecrübe.

تجربه tecribe: (A.) 1.tecrübe, deneyim. 2.deney, sınama.

تجربه داشتن tecribe dâşten: tecrübesi olmak, deneyimli olmak.

تجربه دیده tecribedîde: (A.-F.) [tecribe+ dîden>dîd+e] tecrübeli, deneyimli.

تجربه کردن tecribe kerden: denemek, tecrübe etmek.

تجربه کسب کردن tecribe kesb kerden: deneyim sahibi olmak, tecrübe kazanmak.

تجربی tecrubî: (A.-F.) deneysel, tecrübî.

تجرد tecerrud: (A.) **1.**bekârlık. **2.**çıplaklık, yalınlık. **3.**soyutlanma. **4.**dünyadan el etek çekme, inziva.

تجرع tecerru': (A.) yudumlama.

تجرع کردن tecerru' kerden: yudumlamak.

تجرم tecerrum: (A.) **1.**suç işleme. **2.**günaha girme. **3.**geçme. **4.**dökülen hurmaları toplama.

تجری tecerrî: (A.) cesaret gösterme.

تجرید tecrîd: (A.) **1.**soyutlama, tecrit. **2.**yalnız kalma. **3.**kılıç çekme. **4.**(tas.) dünya ile ilgiyi kesme.

تجزی tecezzî: (A.) bölünme, parçalanma.

تجزیه tecziye: (A.) **1.**parçalanma. **2.**ayırma, bölme. **3.**analiz, çözümleme, tahlil. ‖ * ~ vu tahlîl kerden تجزیه و تحلیل کردن tahlil etmek.

تجزیه شدن tecziye şoden: **1.**dağılmak, parçalanmak, bölünmek. **2.**tahlil edilmek, analiz edilmek.

تجزیه کردن tecziye kerden: **1.**bölmek, parçalamak, dağıtmak. **2.**tahlil etmek, analiz etmek.

تجزیه گشتن tecziye geşten: parçalanmak, bölünmek, dağıtılmak.

تجسس tecessus: (A.) **1.**merak, tecessüs. **2.**arama.

تجسس کردن tecessus kerden: **1.**aramak. **2.**araştırmak. **3.**merak etmek.

تجسم tecessum: (A.) canlanma, cisimlenme.

تجشم teceşşum: (A.) sıkıntı çekme, azap çekme.

تجعد teca'ud: (A.) kıvır kıvır olma, büklüm büklüm olma.

تجفف teceffuf: (A.) kuruma.

تجفیف tecfîf: (A.) kurutma.

تجلا tecellâ: (A.) belirme, ortaya çıkma, görünme, görüntü.

تجلی tecellî: (A.) **1.**tecellî görünme, ortaya çıkma.

تجلی کردن tecellî kerden: tecellî etmek.

تجلید teclîd: (A.) ciltleme.

تجلیل teclîl: (A.) ululama, yüceltme.

تجلیه tecliye: (A.) aydınlatma, parlatılma.

تجلی یافتن tecellî yâften: tecelli etmek.

تجمش tecemmuş: (A.) **1.**oynama. **2.**kadınlara hitaben konuşma. **3.**oynaşma.

تجمع tecemmu': (A.) toplanma, bir araya gelme.

تجمع کردن tecemmu' kerden: toplanmak, bir araya gelmek.

تجمل tecemmul: (A.) **1.**süslenme. **2.**görkem, tantana. **3.**makyaj. **4.**lüks.

تجملی tecemmulî: (A.-F.) **1.**makyaj malzemesi. **2.**süs ve ziynete ait. **3.**lüks.

تجمیل tecmîl: (A.) süsleme.

تجنب tecennub: (A.) uzak durma.

تجنن tecennun: (A.) cinnet geçirme.

تجنید tecnîd: (A.) **1.**ordu donatma. **2.**(ask.) ordu donatım.

تجنیس tecnîs: (A.) **1.**hemcins yapma. **2.**(ed.) cinas yapma. **3.**tam sayıyı kesirli sayıya çevirme.

تجوز tecevvuz: (A.) **1.**kolaydan alma. **2.**affetme. **3.**(ed.) mecaz söz söyleme. **4.**namazı çabuk kılma.

تجوید tecvîd: (A.) **1.**iyi yapma. **2.**iyi söyleme. **3.**tecvit, Kur'ân'ı doğru okuma.

تجویز tecvîz: (A.) uygun görme.

تجویف tecvîf: (A.) **1.**boşaltma. **2.**mağara.

تجهز tecehhuz: (A.) cihazlanma, donanma, hazırlanma.

تجهیز techîz: (A.) **1.**donatma, teçhiz. **2.**(ask.) donatım.

تجهيزات techîzât: (A.) (ask.) donanım, teçhizat.

تجهيز ساختن techîz sâhten: donatmak.

تحاسد tehâsud: (A.) birbirini kıskanma, birbirini çekememe.

تحاشى tehâşî: (A.) sakınma, çekinme.

تحاشى كردن tehâşî kerden: sakınmak, çekinmek, kaçınmak.

تحالف tehâluf: (A.) birlikte yemin etme.

تحامق tehâmuk: (A.) **1.**cahillikten gelme. **2.**ahmaklığa vurma.

تحبيب tahbîb: (A.) sevdirme.

تحبيذ tahbîz: (A.) güzel bulma, "ne güzel!" deme.

تحت taht: (A.) alt, altı, altında, altına.

تحت الارض tahtul'arz: (A.) **1.**yeraltı. **2.**yerin altı.

تحت الارضى tahtul'arzî: (A.-F.) yer altı.

تحت البحر tahtulbahr: (A.) **1.**denizin altı. **2.**denizaltı.

تحت البحرى tahtulbahrî: (A.-F.) **1.**deniz altı ile ilgili. **2.**denizaltı.

تحت الثرى tahtusserâ: (A.) toprak altı, toprağın altında.

تحت الجلد tahtulcild: (A.) derialtı, cilt altı.

تحت الحفظ tahtulhifz: (A.) koruma altında.

تحت الزمين tahtuzzemîn: (A.-F.) [taht+ ez+zemîn] yer altı.

تحت الشعور tahtuşşu'ûr: (A.) bilinçaltı.

تحت القلعه tahtulkal'a: (A.) **1.**kale altı. **2.**Tahtakale, İstanbul'da bir iş semti.

تحت الحمايه tahtulhimâye: (A.) himaye altında, korunan.

تحت الحنك tahtulhenek: (A.) **1.**çene altı. **2.**sarığın çene altından geçep başa bağlanan kısmı.

تحت الشعاع tahtuşşu'â': (A.) **1.**ışığı altında. **2.**başka bir şeyin yanında önemini yitirme.

تحت القمر tahtulkamer: (A.) ay altı.

تحت اللفظى tahtullafzî: (A.-F.) kelime kelime, tamıtamına, harfiyyen. ‖ * ترجمهء تحت اللفظى tercume-i ~ harfiyyen tercüme, motamot tercüme.

تحتانى tahtânî: (A.) **1.**alttaki. **2.**altında noktası olan arap harfi.

تحتانيه tahtâniyye: (A.) alttaki.

تحتم tahattum: (A.) kesinlik, gereklilik.

تحت نظر گرفتن taht-i nazar giriften: **1.**göz hapsinde tutmak. **2.**dikkate almak.

تحثر tehassur: (A.) pıhtılaşma.

تحجب teheccub: (A.) örtünme, örtülü olma.

تحجر teheccur: (A.) taşlaşma, taş kesilme, katılşama.

تحجرات tehaccurât: (A.) **1.**taşlaşmalar. **2.**katılaşmalar.

تحجم teheccum: (A.) **1.**hacamat yapma, emme. **2.**meme şişmesi, meme büyümesi. **3.**alıkoyma. **4.**irileşme.

تحجير tehcîr: (A.) **1.**çit ile çevirme, çit çekme. **2.**dağlayarak nişan vurma. **3.**taş yığma.

تحجيل tehcîl: (A.) **1.**gerdek odasına sokma. **2.**atların ayaklarında siğil oluşma.

تحدب teheddub: (A.) **1.**kamburlaşma. **2.**tümsekleşme. **3.**dışbükey olma. **4.**kamburluk.

تحدب داشتن teheddub dâşten: **1.**tümsek olmak. **2.**dışbükey olmak. **3.**kambur olmak.

تحدر teheddur: (A.) **1.**yokuş inme. **2.**aşağıya akma.

تحدس teheddus: (A.) **1.**sezme, sezgi. **2.**ortaya çıkma, meydana gelme.

تحدسى teheddusî: (A.) sezgi ile ilgili, sezgiye dayanan.

تحدسيه teheddusiyye: (A.) sezgicilik, sezgiyi esas alan fikir akımı..

تحدى teheddî: (A.) **1.**bir işte eşitlik. **2.**savaşa çağırma, meydan okuma. **3.**yanına çağırma. **4.**bir şeye kasdetme.

تحديات teheddiyât: (A.) meydan okumalar.

تحديب tehdîb: (A.) öbek öbek toplama.

تحديب tehdîb: (A.) tümsekleştirme, kamburlaştırma.

تحديث tahdîs: (A.) **1.**bahsetme, anlatma. **2.**hadis söyleme. **3.**teşekkür ederek bildirme.

تحديثات tahdîsât: (A.) **1.**bahisler, anlatmalar. **2.**hadis söylemeler. **3.**teşekkür ederek bildirmeler.

تحديد tehdîd: (A.) sınırlandırma, tahdit. ‖ * ~ -i hudûd kerden تحديد حدود كردن sınırları tayin etmek, sınır çizmek. ‖ * ~ -i sinn تحديد سن yaş haddi.

تحديدات tahdîdât: (A.) kısıtlamalar, sınırlamalar, sınırlandırmalar.

تحديد شدن tehdîd şoden: sınırlandırılmak, tahdit edilmek.

تحديد كردن tehdîd kerden: sınırlandırmak, tahdit etmek.

تحديدى tehdîdî: (A.) kısıtlayıcı, sınırlayıcı.

تحديق tehdîk: (A.) gözünü dikme.

تحذر tehazzür: (A.) sakınma, uzak durma.

تحذير tehzîr: (A.) **1.**sakındırma. **2.**sakındırılma. **3.**yasaklama. **4.**yasaklanma.

تحذيرات tehzîrât: (A.) **1.**sakındırmalar. **2.**sakındırılmalar. **3.**yasaklamalar. **4.**yasaklanmalar.

تحذيل tehzîl: (A.) değersizleştirme, bayağılaştırma.

تحرج teherruc: (A.) **1.**günahtan kaçınma. **2.**tövbe etme. **3.**yokluktan kurtulma.

تحرز teherruz: (A.) kaçınma, çekinme.

تحرس teherrus: (A.) **1.**çekinme, sakınma. **2.**irkiltme.

تحرف teharruf: (A.) sapma, sapınç.

تحرق teherruk: (A.) yanma.

تحرك teherruk: (A.) **1.**kımıldama, hareketetme. **2.**esneklik.

تحركيت teherrukiyyet: (A.) hareketlilik.

تحرم teherrum: (A.) **1.**haramdan uzak durma. **2.**çekinme.

تحرى teherrî: (A.) **1.**arama. **2.**araştırma. **3.**kıbleye yönelme.

تحريات teharriyât: (A.) **1.**aramalar. **2.**araştırmalar. **3.**aranılmalar. **4.**araştırılmalar.

تحرير tehrîr: (A.) **1.**yazma, yazı. **2.**köleyi âzâd etme. **3.**temizleme. **4.**resim yapma. ‖ * be rişte-i ~ der âmeden به رشتهء تحرير در آمدن yazılmak, kaleme alınmak. ‖ * be rişte-i ~ der âverden به رشتهء تحرير در آوردن yazmak, kaleme almak, yazıya dökmek. ‖ * be silk-i ~ keşîden به سلک تحرير كشيدن yazmak, kaleme almak, yazıya dökmek. ‖ * maşîn-i ~ ماشين تحرير yazı makinesi, daktilo.

تحريراً tahrîren: (A.) yazılı olarak, yazarak, yazı ile.

تحريرات tahrîrât: (A.) resmî yazışmalar. ‖ * ~ -i vâride تحريرات وارده gelen resmî yazılar.

تحرير دادن tehrîr dâden: sesi dalgalandırmak.

تحرير كردن tehrîr kerden: yazmak.

تحرير كشيدن tehrîr keşîden: parlatıp güzelleştirmek.

تحريرى tahrîrî: (A.) **1.**yazı ile ilgili. **2.**yazılı olarak, yazılı. ‖ * imtihân-i ~ امتحان تحريرى yazılı sınav.

تحرير يافتن tehrîr yâften: yazılmak.

تحريريه tehrîrîye: (A.) yazıya ait, yazı ile ilgili. ‖ * hey'et-i ~ هيئت تحريريه yazı kurulu, yazı heyeti.

تحريص tehrîs: (A.) **1.**hırslandırma. **2.**kışkırtma.

تحريصات tahrîsât: (A.) **1.**hırslandırmalar. **2.**hırslandırılmalar.

تحريص دادن tehrîs dâden: **1.**hırslandırmak. **2.**tahrik etmek.

تحريض tehrîz: (A.) **1.**kışkırtma. **2.**kışkırtılma.

تحريضات tehrîzât: (A.) **1.**kışkırtmalar. **2.**kışkırtılmalar.

تحريف tehrîf: (A.) **1.**tahrif, manasını değiştirme veya bozma. **2.**saptırma.

تحريف كردن tehrîf kerden: tahrif etmek, saptırmak.

تحريفات tehrîfât: (A.) **1.**belgeyi bozmalar. **2.**cümleyi bozmalar.

3.kalem oynatmalar, kazıntı yapmalar, bozmalar.

تحريفكار tehrîfkâr: (A.-F.) [tehrîf+kâr] tahrif edici, bozucu.

تحريفكارانه tehrîfkârâne: (A.-F.) [tehrîf+ kâr+âne] tahrif edici, tahrif edercesine.

تحريق tahrîk: (A.) **1.**yakma. **2.**yakılma. **3.**susatma. **4.**susatılma.

تحريک tehrîk: (A.) **1.**hareket ettirme. **2.**kımıldatma, oynatma. **3.**kışkırtma. **4.**uyandırma. **5.**sükûnlu harfi hareke ile okuma.

تحريكات tehrîkât: (A.) **1.**kışkırtma. **2.**kışkırtmalar.

تحريک آميز tehrîkâmîz: (A.-F.) [tehrîk+ âmîhten>âmîz] tahrik edici, kışkırtıcı.

تحريک شدن tehrîk şoden: tahrik olmak, kışkırtılmak.

تحريک كردن tehrîk kerden: tahrik etmek, kışkırtmak.

تحريم tehrîm: (A.) **1.**yasaklama. **2.**haram kılma. **3.**ambargo.

تحريمات tehrîmât: (A.) **1.**yasaklamalar, haram etmeler. **2.**ambargolar.

تحريم كردن tehrîm kerden: **1.**yasaklamak. **2.**ambargo koymak.

تحريمه tehrîme: (A.) namaza başlarken tekbir alma.

تحريمى tehrîmî: (A.) yasak ile ilgili, haram ile ilgili.

تحريميه tehrîmiyye: (A.) yasak ile ilgili, haram ile ilgili.

تحزب tehezzub: (A.) **1.**toplanma. **2.**hizipleşme.

تحزن tehezzun: (A.) hüzünlenme.

تحزيب tehzîb: (A.) hizipleştirme, öbek öbek toplama, takım takım bir araya getirme.

تحزين tehzîn: (A.) **1.**hüzünlendirme. **2.**mahzunca Kur'ân okuma.

تحسر tehessur: (A.) **1.**üzülme. **2.**özleme, hasret çekme, özlem, hasret. **3.**pişmanlık.

تحسرات tehessurât: (A.) özlem duymalar, hasret çekmeler.

تحسس tehessus: (A.) duygulanma, hislenme.

تحسسات tahessusât: (A.) duygulanmalar.

تحسير tehsîr: (A.) **1.**üzme. **2.**âciz bırakma. **3.**küçümseme. **4.**incitme.

تحسين tehsîn: (A.) **1.**beğenme, beğeni, takdir. **2.**övme, övgü. **3.**bravo.

تحسين آميز tehsînâmîz: (A.-F.) [tehsîn+ âmîhten>âmîz] beğenili.

تحسينات tahsînât: (A.) **1.**beğendiğini dile getirmeler, takdir etmeler, alkışlamalar. **2.**güzelleştirmeler.

تحسين خوان tahsînhân: (A.-F.) [tahsîn+ hânden>hân] beğendiğini söyleyen, alkışlayan, aferin diyen.

تحسين خوانى tahsînhânî: (A.-F.) [tahsîn+hânden> hân+î] beğendiğini dile getirme, alkışlama, aferin deme.

تحسين داشتن tehsîn dâşten: övgüye lâyık olmak.

تحسين كردن tehsîn kerden: övmek, takdiretmek, âferin demek, beğenmek.

تحشب tahaşşub: (A.) odunlaşma.

تحشد tahaşşud: (A.) birikme, yığılma, bir araya gelme, toplanma, yığınak yapma.

تحشدات tahaşşudât: (A.) birikmeler, yığılmalar, bir araya gelmeler, toplanmalar.

تحشيد tahşîd: (A.) yığma, toplama, biriktirme.

تحشيدات tahşîdât: (A.) yığmalar, biriktirmeler, toplamalar.

تحشيه tehşiye: (A.) **1.**haşiye yazma. **2.**elbisenin kenarını süsleme.

تحشيه كردن tehşiye kerden: **1.**haşiye yazmak. **2.**elbisenin kenarını süslemek.

تحسين كرده tahsînkerde: (A.-F.) [tahsîn+ kerden> kerd+e] beğenilmiş, takdir edilmiş, aferin denilmiş, alkışlanmış.

تحسين نامه tahsînnâme: (A.-F.) [tahsîn+ nâme<nâme-i tahsîn]

takdirname, beğeni mektubu, tebrik mektubu.

تحصل tehessul: (A.) **1.**hasıl olma. **2.**toplanma. **3.**sabitleşme.

تحصن tehessun: (A.) sığınma.

تحصن جستن tehessun costen: sığınmak, sığınma istemek.

تحصن طلبيدن tehessun talebîden: sığınma istemek.

تحصن كردن tehessun kerden: sığınmak.

تحصنگاه tehessungâh: (A.-F.) [tahassun+ gâh] sağınma yeri, sığınak.

تحصيل tehsîl: (A.) **1.**elde etme. **2.**biriktirme. **3.**öğrenim, tahsil. ‖ * ~ -i âlî تحصيل عالى yükseköğrenim. ‖ * ~ derâmed kerden تحصيل در آمد كردن gelir toplamak. ‖ * ~ -i ibtidâ تحصيل ابتدا ilköğrenim. ‖ * kesb-i ~ kerden كسب تحصيل كردن öğrenim görmek.

تحصيلات tahsîlât: (A.) öğrenim, tahsil. ‖ * ~ -i âlî تحصيلات عالى yüksek öğrenim. ‖ * ~ -i mukaddemâtî تحصيلات مقدماتى ilk öğrenim. ‖ * ~ -i mutevessite تحصيلات متوسطه orta öğrenim.

تحصيلدار tehsîldâr: (A.-F.) [tehsîl+ dâşten>dâr] **1.**tahsildar, vergi memuru. **2.**muhasip.

تحصيل كردن tehsîl kerden: **1.**okumak, öğrenim görmek, tahsil etmek. **2.**elde etmek, ele geçirmek. **3.**toplamak. **4.**vergi toplamak. **5.**özet çıkarmak.

تحصيل كرده tehsîl kerde: (A.-F.) **1.**yüksek tahsilli. **2.**okumuş, tahsilli.

تحصيلى tahsîlî: (A.) **1.**tahsil ile ilgili. **2.**öğrenim ile ilgili. **3.**vergi toplama ile ilgili. **4.**gelir toplama ile ilgili.

تحصيليه tahsîliyye: (A.) **1.**tahsildarlık ücreti, tahsildarlık payı. **2.**tahsil ile ilgili. **3.**öğrenim ile ilgili. **4.**vergi toplama ile ilgili. **5.**gelir toplama ile ilgili.

تحضر tehazzur: (A.) hazırlanma, hazır olma.

تحضير tehzîr: (A.) **1.**hazırlama. **2.**ilaç hazırlama, ilaç yapma. **3.**yeşertme, yeşil renk verme.

تحظير tehzîr: (A.) **1.**önleme. **2.**önlenilme.

تحظيظ tehzîz: (A.) istek uyandırma.

تحفظ teheffuz: (A.) **1.**koruma. **2.**uyanık olma. **3.**tek tek hatırlama.

تحفظ خانه tehaffuzhâne: (A.-F.) [tehaffuz+hâne <hâne-i tahaffuz] karantina bölümü.

تحفظكار tehaffuzkâr: (A.) korunan, sakınan.

تحفظى tehaffuzî: (A.) korunma ile ilgili.

تحفگى tuhfegî: (A.-F.) [tuhfe+g+î] **1.**hediye, armağan. **2.**ziyafet. **3.**az bulunma.

تحفه tuhfe: (A.) **1.**hediye, armağan. **2.**yeni ve nefis şey. **3.**az bulunur, nadir. **4.**inayet.

تحفه آوردن tuhfe âverden: **1.**hediye getirmek. **2.**armağan etmek.

تحفه بردن tuhfe borden: hediye vermek.

تحفه دادن tuhfe dâden: hediye vermek.

تحفه كردن tuhfe kerden: hediye etmek, armağan etmek.

تحفير tahfîr: (A.) çukur açma, çukur kazma.

تحقد tahakkud: (A.) kinlenme, kin gütme.

تحقق tehekkuk: (A.) gerçekleşme, tahakkuk.

تحقق پذيرفتن tehekkuk pezîroften: gerçekleşmek.

تحقق پيدا كردن tehekkuk peydâ kerden: **1.**gerçekleşmek. **2.**mevcut olmak, var olmak.

تحقق يافتن tehekkuk yâften: gerçekleşmek, tahakkuk etmek.

تحقير tehkîr: (A.) küçümseme, aşağılama, hafife alma, hakir görme.

تحقير آميز tehkîrâmîz: (A.-F.) [tehkîr+ âmîhten>âmîz] hakaret yollu, aşağılayıcı.

تحقيرات tahkîrât: (A.) hakaretler, küçümsemeler, hor görmeler.

تحقيرانه tehkîrâne: (A.-F.) [tehkîr+âne] aşağılayıcı, küçük görerek, küçümseyerek, hafife alarak.

تحقيراً tahkîren: (A.) aşağılayarak, küçümseyerek, hakaret yollu.

تحقير كردن tehkîr kerden: **1.**aşağılamak, küçümsemek, küçük görmek. **2.**hakaret etmek.

تحقيق tehkîk: (A.) **1.** araştırma, tahkik, inceleme. **2.**yoklama. ‖ * be ~ به تحقيق gerçekten.

تحقيقاً tehkîken: (A.) gerçekten, kuşkusuz, doğrusu.

تحقيقات tehkîkât: (A.) araştırmalar, tahkikat. ‖ * ~ be amel âmeden تحقيقات به عمل آمدن araştırma yapılmak. ‖ * ~ be amel âverden تحقيقات به عمل آوردن araştırma yapmak, araştırmak, tahkik etmek. ‖ * ~ -i evveliyye تحقيقات اوليه ön soruşturma. ‖ * ~ -i ibtidâiyye تحقيقات ابتدائيه ön soruşturma.

تحقيق كردن tehkîk kerden: araştırmak, tahkik etmek.

تحقيقى tehkîkî: (A.-F.) [tehkîk+î] **1.**kesinlik. **2.**araştırma ile ile ilgili.

تحقيقيه tahkîkiyye: (A.) araştırma ile ilgili.

تحكم tehakkum: (A.) **1.**hükmetme, tahakküm. **2.**zorbalık. **3.**şer'î fetva.

تحكم آميز tehakkumâmîz: (A.-F.) [tehakkum+ âmîhten>âmîz] **1.**hükmedici. **2.**zorbaca.

تحكمات tehakkumât: (A.) **1.**hükmetmeler. **2.**zorbalıklar.

تحكم بردن tehakkum borden: **1.**hükmetmek. **2.**zorbalık etmek.

تحكم كردن tehakkum kerden: **1.**hükmetmek. **2.**zorbalık etmek.

تحكيم tehkîm: (A.) **1.**hükmetme. **2.**sağlamlaştırma, tahkim.

تحكيمات tahkîmât: (A.) düşman saldırısına karşı mevzi sağlamlaştırılması.

تحكيم بخشيدن tehkîm bahşîden: sağlamlaştırmak, tahkim etmek.

تحكيم نامه tahkîmnâme: (A.-F.) [tahkîm+ nâme <nâme-i tahkîm] bir anlaş-mazlığın giderilmesi için iki tarafın yaptığı sözleşme.

تحكيه tahkiye: (A.) hikaye etme, anlatma. ‖ * kuvve-i ~ قوهء تحكيه anlatma gücü, hikaye etme gücü.

تحلب tehellub: (A.) **1.**sütlenme, sütü çoğalma. **2.**sızıntı.

تحلل tehallul: (A.) **1.**ayrışma, çözünme. **2.**parçalara ayrılma.

تحللات tehallulât: (A.) **1.**ayrışmalar, çözünmeler. **2.**parçalara ayrılmalar.

تحلم tehellum: (A.) **1.**yumuşak davranma. **2.**rüya görme.

تحله tahille: (A.) yemin kefaret.

تحلة القسم tahilletulkasem: (A.) yemin kefareti.

تحلى tehellî: (A.) **1.**süsleme, donatma. **2.**süslenme.

تحليات tehelliyât: (A.) süslenmeler, donanmalar.

تحليف tehlîf: (A.) yemin verme, and içme.

تحليفات tahlîfât: (A.) yemin ettirmeler, and içirmeler.

تحليفيه tahlîfiyye: (A.) yemin ile ilgili. ‖ * varaka-i ~ ورقهء تحليفيه yemin belgesi.

تحليق tahlîk: (A.) **1.**tıraş etme. **2.**tıraş edilme.

تحليل tehlîl: (A.) **1.**çözündürme, ayrıştırma. **2.**tahlil, analiz. **3.**yok etme. **4.**hazmetme. **5.**namazı bitirme. **6.**helal etme, helal sayma. ‖ * ~ -i rûhî تحليل روحى psikanaliz.

تحليلات tahlîlât: (A.) **1.**tahliller, çözümlemeler. **2.** analizler.

تحليل بردن tehlîl borden: **1.**hazmetmek. **2.**eritmek. **3.**silmek, yok etmek. ‖ * be ~ به تحليل بردن tüketmek.

تحليل خانه tahlîlhâne: (A.-F.) [tahlîl+ hâne<hâne-i tahlîl] tahlil laboratuvarı.

تحليل رفتن tehlîl reften: erimek.

تحليل كردن tehlîl kerden: **1.**çözündürmek, ayrıştırmak. **2.**yok etmek, mahvetmek. **3.**eritmek. **4.**tahlil etmek, analiz etmek.

تحلیل گر tehlîlger: (A.-F.) [tehlîl+ger] **1.**tahlil yapan, tahlilci, analizci. **2.**yorumcu.

تحلیلی tahlîlî: (A.) tahlil ile ilgili, analitik.

تحلیلیه tahlîliyye: (A.) tahlil ile ilgili, analitik.

تحلیم tahlîm: (A.) yumuşatma, sakinleştirme.

تحلیه tehliye: (A.) süsleme, donatma.

تحمص tahammus: (A.) büzülme, buruşma.

تحمض tahammuz: (A.) **1.**oksitlenme. **2.**ekşime.

تحمضات tahammuzât: (A.) **1.**oksitlenmeler. **2.**ekşimeler.

تحمل tehemmul: (A.) **1.**tahammül, dayanma, katlanma, takat. **2.**alçakgönüllülük. ‖ * gayr-i kâbil-i ~ kerden غیر قابل تحمل کردن dayanılmaz hale getirmek. ‖ * nâkâbil-i ~ ناقابل تحمل dayanılmaz.

تحملات tehemmulât: (A.) **1.**dayanmalar, katlanmalar. **2.**kaldırmalar. **3.**üstlenmeler, yüklenmeler.

تحمل پذیر tehemmulpezîr: (A.-F.) [tehemmul+ pezîroften>pezîr] **1.**tahammül edilebilir, dayanılabilir.

تحمل داشتن tehemmul dâşten: **1.**tahammül etmek, dayanmak. **2.**sabırlı olmak, dayanıklı olmak.

تحمل سوز tehemmulsûz: (A.-F.) [tehemmul+ sûhten> sûz] dayanılmaz, takat tüketen.

تحمل فرسا tehemmulfersâ: (A.-F.) [tehemmul+ fersûden> fersâ] tahammül tüketen, dayanılmaz, takat kesici.

تحمل کردن tehemmul kerden: tahammül etmek, katlanmak, dayanmak.

تحمل گداز tehemmulgudâz: (A.-F.) [tehemmul+ gudâhten>gudâz] dayanılmaz, takat tüketen.

تحمل گزا tehemmulgezâ: (A.-F.) [tehemmul+ gezîden> gez+â] dayanılmaz.

تحمل ناپذیر tehemmulnâpezîr: (A.-F.) [tehemmul+ nâ+pezîroften>pezîr] dayanılmaz, tahammül edilemez, dayanılacak gibi değil.

تحمی tahammî: (A.) **1.**korunma. **2.**perhiz yapma.

تحمید tehmîd: (A.) **1.**övme, medhetme, övgü. **2.**"elhamdülillâh= Tanrı'ya hamd olsun" deme, hamd etme.

تحمیدات tahmîdât: (A.) hamdetmeler.

تحمیر tehmîr: (A.) kızartma.

تحمیر tahmîr: (A.) birini eşeklikle suçlama.

تحمیرات tahmîrât: (A.) birini eşeklikle suçlamalar.

تحمیس tahmîs: (A.) **1.**kavurma. **2.**kurukahveci. **3.**kahve kavurma.

تحمیسات tahmîsât: (A.) **1.**kavurmalar. **2.**kahve kavurmalar.

تحمیس خانه tahmîshâne: (A.-F.) [tahmîs+ hâne<hâne-i tahmîs] kurukahveci.

تحمیص tahmîs: (A.) kurukahveci.

تحمیض tahmîz: (A.) **1.**ekşitme. **2.**oksitleme.

تحمیق tehmîk: (A.) ahmak sayma, ahmak bulma.

تحمیقات tahmîkât: (A.) ahmaklıkla suçlamalar.

تحمیق کردن tehmîk kerden: ahmak saymak, ahmak bulmak.

تحمیل tehmîl: (A.) **1.**yükleme. **2.**boynuna yükleme. **3.**haber. **4.**iş havale etme, sorumluluk verme.

تحمیل کردن tehmîl kerden: **1.**yüklemek. **2.**boynuna yüklemek, vermek.

تحمیلی tehmîlî: (A.-F.) [tehmîl+î] yüklenmiş, zoraki. ‖ * ceng-i ~ جنگ تحمیلی zoraki savaş.

تحمیم tahmîm: (A.) hummalandırmak, ateşini yükseltmek.

تحنف tehannuf: (A.) hanefîlik.

تحنن tehennun: (A.) **1.**şefkat gösterme. **2.**istekli olma.

تحنی tehennî: (A.) **1.**şefkat gösterme. **2.**eğrilme.

تحنیط tahnît: (A.) **1.**mumyalama. **2.**ölüyü ilaçlama. ‖ * ~ -i meyyit تحنیط میت ölünün ilaçlanması.

تحول tehevvul: (A.) **1.**değişim, değişme. **2.**dönme. **3.**yer değiştirme. **4.**sırtına yükleme. **5.**dolanma, etrafını dolaşma. ‖ * ~ -i şems تحول شمس gün dönümü.

تحولات tehevvulât: (A.) **1.**değişiklikler. **2.**gelişmeler.

تحول پیدا کردن tehevvul peydâ kerden: dönüşmek, değişim göstermek.

تحویط tahvît: (A.) duvar örme, duvar çekme, set çekme.

تحویل tehvîl: (A.) **1.**yer değiştirme. **2.**değiştirme. **3.**teslim etme. **4.**havale etme. **5.**geri dönme. **6.**göç etme. **7.**intikal. **8.**vergi. **9.**yıldönümü.

تحویلات tahvîlât: (A.) **1.**dönüştürmeler, çevirmeler. **2.**borç senetleri. **3.**aksiyonlar.

تحویل دادن tehvîl dâden: **1.**teslim etmek. **2.**ısmarlamak.

تحویل داده شدن tehvîl dâde şoden: teslim edilmek.

تحویلدار tehvîldâr: (A.-F.) [tehvîl+ dâşten>dâr] veznedar.

تحویل کردن tehvîl kerden: **1.**teslim etmek. **2.**geri vermek. **3.**havale etmek. **4.**göç etmek.

تحویل گرا tehvîlgerâ: (A.-F.) [tehvîl+ gerâyîden>gerâ] devrimci, inkılapçı.

تحویل گرفتن tehvîl giriften: teslim almak.

تحیات tehiyyât: (A.) **1.**uzun ömür dileme. **2.**hayır dua etme. **3.**namazda okunan "ettehiyyâtu" sûresi.

تحیت tehiyyet: (A.) **1.**esenlik dileme. **2.**selâm verme.

تحیر teheyyur: (A.) **1.**hayret etme, hayret. **2.**karışıklık.

تحیرات teheyyurât: (A.) hayret etmeler, şaşkınlıklar.

تحیر آور teheyyurâver: (A.-F.) [teheyyur+ âverden>âver] **1.**hayret verici.

تحیر داشتن teheyyur dâşten: hayret etmek.

تحیز teheyyuz: (A.) **1.**yerleşme, yer seçme. **2.**köşeye çekilme. **3.**hazırlanma.

تحیة المسجد tehiyyetulmescid: (A.) camiye girdikten sonra vakit namazından önce sevabına kılınan iki rekatlık namaz.

تخادع tehâdu': (A.) **1.**birbirini aldatma. **2.**aldanmış gibi görünme.

تخاریب tehârîb: (A.) delikler.

تخاصم tehâsum: (A.) **1.**hasımlaşma. **2.**birbiriyle savaşma. **3.**düşmanlık, husûmet.

تخالف tehâluf: (A.) muhalefet etme.

تخبط tehebbut: (A.) **1.**yok etme. **2.**delirtme, çıldırtma. **3.**saçmalama.

تخبیر tehbîr: (A.) haber verme, bildirme.

تخت teht: (Peh.) **1.**taht. **2.**yatak. **3.**minber. **4.**başkent. **5.**taban. **6.**pençe, ayakkabı tabanı. **7.**arş. **8.**sedir. ‖ * ~ -i cemşîd تخت جمشید **1.**Pers hükümdarı Cemşid'in tahtı. **2.**Persepolis kenti. ‖ * ~ -i revân تخت روان **1.**daha çok iki katır tarafından çekilen araç. **2.**insan omuzunda veya bazı hayvanların sırtına konularak götürülen taşıt. ‖ * ber ~ nişânden بر تخت نشاندن tahta geçirmek. ‖ * ber ~ nişesten بر تخت نشستن tahta çıkmak, cülûs etmek. ‖ * ~ hâbîden تخت خوابیدن rahat uyumak.

تخت اردشیر teht-i erdeşîr: (müz.) İran musikîsinde bir makam.

تخت بند tehtbend: [teht+besten>bend] mahpus.

تخت خانه tehthâne: [teht+hâne] başkent, saltanat merkezi.

تختخواب tehthâb: [teht+hâbîden>hâb] karyola, yatak. ‖ * ~ -i âhenî تختخواب آهنی demir karyola.

تخت دار tehtdâr: [teht+dâşten>dâr] **1.**padişah. **2.**pijama.

تخت روان teht-i revân: **1.**tahtırevan.

2.güzel yürüyen at. 3.gökyüzü. 4.Süleyman tahtı.

تخت زدن teht zeden: taht koymak.

تخت شدن teht şoden: uzanmak.

تخت کردن teht kerden: düzeltmek.

تختگاه tehtgâh: [teht+gâh] 1.taht yeri. 2.başkent. ‖ * ~ -i saltanat تختگاه سلطنت saltanat merkezi, başkent.

تختگه tahtgeh: [taht+geh] 1.başkent. 2.taht konulan yer.

تختم tehattum: (A.) 1.yüzük takma, yüzük kullanma. 2.Tanrı tarafından âriflerin gönlüne konulan işaret.

تخت نشین tehtnişîn: [teht+nişesten>nişîn] taç taht sahibi padişah.

تخته tehte: 1.tahta. 2.yazı tahtası. 3.kepenk. 4.sedir. 5.kereste. 6.levha, plaka. 7.tavla pulu. 8.musalla taşı. 9.cenaze. 10.tane, adet (halı için) ‖ * ~ -i şatranc تختهء شطرنج satranç tahtası. ‖ * ber ser-i kesî ~ zeden بر سر کسی تخته زدن (kin.) birini rezil etmek. ‖ * ber ser-i kesî ~ şikesten بر سر کسی تخته شکستن (kin.) birini rezil etmek. ‖ * dukkân râ ~ kerden دکان را تخته کردن dükkânı kapamak, kepenk kapatmak. ‖ * ez dukân ~ berdâşten از دکان تخته برداشتن dükkânı açmak, kepenk açmak.

تخته آموختن tehte âmûhten (kin.) öğrenmek.

تخته بازی tehtebâzî: [tehte+bâhten> bâz+î] tavla oyunu.

تخته بر tehtebor: [tehte+borîden>bor] rende.

تخته بر تخته tehte ber tehte: safha safha, parça parça.

تخته بر دوختن tehte ber dûhten (kin.) terketmek.

تخته بند tehtebend: 1.alçı tahtası. 2.bir tür işkence. 3.mahpus.

تخته بند بودن tehte bend bûden: esir olmak. ‖ * dukkân ~ دکان تخته بند بودن dükkân kapalı olmak.

تخته بند شدن tehte bend şoden (Dükkân) kapalı olmak.

تخته بند کردن tehte bend kerden (Dükkân) kapamak.

تخته پاره tahtepâre: [tahte+pâre] tahta parçası.

تخته پاک کن tehtepâkkon: [tehte+pâk+ kerden>kon] tahta silgisi.

تخته پوست tehte pûst: [tehte+pûst] post, tüyü alınmamış hayvan derisi.

تخته پوست انداز tehte pûst endâz: [tehte+ pûst+ endâhten>endâz] 1.(kin.) davetsiz misafir. 2.rahatsız eden.

تخته پوش tahtepûş: [tahte+pûşîden>pûş] tahta ile örtülmüş, tahtaboş, taraça.

تخته زدن tehte zeden: 1.halaçlık yapmak. 2.(dükkân) kapamak.

تخته سنگ tehte seng: [tehte+seng] kaya.

تخته کردن tehte kerden: 1.yaymak. 2.yaygısını toplamak. 3.sessiz kalmak. ‖ * dukkân دکان تخته کردن 1.dükkân kapamak. 2.tezgâh toplamak.

تخته نرد tehtenerd: [tehte+nerd] tavla.

تخته نرد بازی tehtenerdbâzî kerden: tavla oynamak.

تخته نرد زدن tehtenerd zeden: tavla oynamak.

تختیم tahtîm: (A.) 1.mühürleme. 2.mühürlenme.

تخجم teheccum: (A.) 1.uğursuz, şom. 2.haris.

تخجیل tehcîl: (A.) 1.utandırma. 2.utanma.

تخجیلات tehcîlât: (A.) utandırma.

تخدر teheddur: (A.) 1.gevşeme, uyuşma. 2.gizlenme.

تخدش tehadduş: (A.) 1.tırmalanma. 2.üzülme, üzüntü.

تخدع tehaddu': (A.) göz göre göre aldanma, bilerek aldanma.

تخدیر tehdîr: (A.) 1.gevşetme, uyuşturma. 2.gizleme.

تخدیر کردن tehdîr kerden: gevşetmek, uyuşturmak.

تخدیش tehdîş: (A.) tırmalama, tahriş etme.

تخدیشات tehdîşât: (A.) tırmalamalar, tahriş etmeler.

تخذیع tahzî': (A.) 1.kesme, yarma. 2.tıbbî operasyon.

تخرش taharruş: (A.) 1.tırmalanma. 2.tahriş olma, örselenme, zedelenme.

تخرشات taharruşât: (A.) 1.tırmalanmalar. 2.tahriş olmalar, örselenmeler, zedelenmeler.

تخرق taharruk: (A.) 1.yırtılma. 2.yarılma.

تخریب tehrîb: (A.) yıkım, tahrip.

تخریبات tahrîbât: (A.) yıkmalar, bozmalar, tahrip etmeler, yıkım.

تخریب کردن tehrîb kerden: harap etmek, yıkmak, tahrip etmek.

تخریبکار tahrîbkâr: (A.-F.) [tahrîb+kâr] tahrip eden, yıkan, bozan, yıkıcı, sabotajcı.

تخریبکارانه tahrîbkârâne: (A.-F.) [tahrîb+ kâr+âne] yıkıcı, yıkarak.

تخریب کاری tahrîbkârî: (A.-F.) [tahrîb+ kâr+î] tahrip etme, yıkıcılık, sabotaj.

تخریج tahrîc: (A.) 1.çıkarma, çıkartma. 2.mezun etme, diploma verme. 3.hadisin ilk ravisini bulma.

تخریش tahrîş: (A.) 1.tırmalama, kazıma. 2.tırmalanma, kazınma.

تخریشات tahrîşât: (A.) 1.tırmalamalar, kazımalar. 2.tırmalanmalar, kazınmalar.

تخریف tahrîf: (A.) bunaklıkla suçlama.

تخریق tehrîk: (A.) 1.yırtma, parçalama. 2.çok yalan söyleme. 3.hile.

تخزین tahzîn: (A.) hazineye koyma, hazinede saklama.

تخس tehs, tehes: üzüntü, kaygı, tasa.

تخسیر tehsîr: (A.) 1.helak etme, yok etme. 2.azlık.

تخش tehş: 1.ok. 2.yay. 3.(ask.) topçu mermisi.

تخشا tohşâ: (Peh.) çalışkan, gayretli.

تخشایی tohşâyî: [tohşâ+y+î] 1.çalışma, çaba. 2.(ask.) ordu donatım dairesi.

تخشع teheşşu': (A.) 1.tevazu gösterme. 2.yakarma.

تخشی tahaşşî: (A.) ürperme.

تخشیدن tehşîden: yukarı oturmak, baş köşeye oturmak.

تخشیه tahşiye: (A.) 1.ürpertme. 2.ürpertile.

تخصص tehassus: (A.) ihtisas, uzmanlık, uzmanlaşma.

تخصیص tehsîs: (A.) 1.ayırma, ayrıcalık tanıma, tahsis. 2.aylık bağlama. ‖ * be~ به تخصیص özellikle, hele hele. ‖ * bit ~ بالتخصیص özellikle, hele hele.

تخصیصا tahsîsen: (A.) 1.ayırarak. 2.özellikle, hele hele.

تخصیصات tahsîsât: (A.) ödenek. ‖ * ~ -i mestûre تخصیصات مستوره örtülü ödenek.

تخصیص دادن tehsîs dâden: tahsis etmek, ayırmak.

تخضر tahazzur: (A.) yeşerme.

تخضع tahazzu': (A.) alçakgönüllülük.

تخضیب tahzîb: (A.) boyama.

تخضیر tahzîr: (A.) sakındırma.

تخطئات tahatti'ât: (A.) 1.sınır geçmeler, haddini aşmalar. 2.sıçrayarak geçmeler. 3.saldırılar, tecavüzler.

تخطئه tehti'e: (A.) hata bulma, hatalı bulma, hata çıkarma, yanlış bulma.

تخطئه کردن tehti'e kerden: 1.hatalı bulmak. 2.hatasını bulmak.

تخطر tehattur: (A.) anımsama, hatırlama.

تخطرات tehatturât: (A.) hatırlamalar.

تخطر کردن tehattur kerden: anımsamak, hatırlamak.

تخطی tehettî: (A.) 1.tecavüz, saldırı. 2.haddini aşma.

تخطی کردن tehettî kerden: tecavüz etmek, haddini aşmak.

تخطیط tehtît: (A.) 1.yol yol dokuma. 2.çizgilendirme. ‖ * ~ -i arâzî تخطیط اراضی arazi çizimi, topoğrafya.

تخفف tehaffuf: (A.) 1.hafifleme. 2.konçlu pabuç giyme.

تخفیف tehfîf: (A.) 1.hafifletme, eksiltme. 2.indirme, tenzilat, indirim. **3.**sakinleştirme.

تخفيفات tehfîfât: (A.) **1.**hafifletmeler. **2.**kolaylaştırmalar.

تخفيفی tehfîfî: (A.) **1.**hafifletme ile ilgili. **2.**kolaylaştırma ile ilgili.

تخفيف دادن tehfîf dâden: **1.**hafifletmek, eksiltmek. **2.**indirim yapmak, tenzilat yapmak, indirmek.

تخ كردن tıh kerden: (çocuk dili) ağızdan çıkarmak.

تخلج tehelluc: (A.) titreme, sarsılma.

تخلخل tehelhul: (A.) gözenekli olma, mesamatlı olma.

تخلد tehallud: (A.) sürekli kalma, ebediyen kalma.

تخلس tehellus: (A.) çalma.

تخلص tehallus: (A.) **1.**(ed.) mahlas kullanma. **2.**kurtulma.

تخلص كردن tehallus kerden: **1.**(ed.) mahlas kullanmak. **2.**(ed.) şiirde memduhun adını zikretmek.

تخلط tehallut: (A.) karışma, karışıklık.

تخلف tehelluf: (A.) **1.**geri kalma. **2.**muhalefet etme. **3.**yüz çevirme. **4.**uygun gelmeme.

تخلف كردن tehelluf kerden: muhalefet etmek.

تخلق tehellok: (A.) **1.**huy edinme. **2.**iyi huylu olma.

تخلل tehellul: (A.) **1.**araya girme, araya karışma. **2.**dişi çürütme.

تخللات tehellulât: (A.) **1.**bozulmalar. **2.**ekşimeler.

تخلی tehellî: (A.) **1.**boşalma. **2.**tuvalete çıkma. **3.**yalnız başına oturma. **4.**(tas.) uzak durma.

تخليد tehlîd: (A.) **1.**ebedî kılma, ebedîleştirme. **2.**kalıcılık. **3.**bir yerde ikamet ettirme.

تخليص tehlîs: (A.) **1.**kurtarma. **2.**mahsus kılma. **3.**temizleme. **4.**özet çıkarma.

تخليصيه tahlîsiyye: (A.) **1.**kurtarma. **2.**cankurtaran. ‖ * sandal-i ~ صندل تخليصيه cankurtaran sandalı. ‖ * vesâit-i ~ وسائط تخليصيه cankurtaran araçları.

تخليط tehlît: (A.) **1.**yalan katma. **2.**ara bozma, bozgunculuk.

تخليط كردن tehlît kerden: **1.**yalan katmak. **2.**ara bozmak, bozgunculuk yapmak.

تخليع tehlî': (A.) **1.**sökme, koparma. **2.**hil'at giydirme.

تخليعات tehlî'ât: (A.) **1.**sökmeler, koparmalar. **2.**hil'at giydirmeler.

تخليف tehlîf: (A.) **1.**halife tayin etme. **2.**vekil tayin etme. **3.**geride bırakma.

تخليل tahlîl: (A.) ekşitme.

تخليه tehliye: (A.) **1.**boşaltma. **2.**bırakma. **3.**tahliye. ‖ * tolombe-i ~ -i hevâ تلمبهء تخليهء هوا hava boşaltma tulumbası.

تخليه شدن tehliye şoden: **1.**boşaltılmak. **2.**boşalmak. **3.**tahliye edilmek.

تخليه كردن tehliye kerden: **1.**boşaltmak. **2.**tahliye etmek.

تخم tohm: (Peh.) **1.**tohum. **2.**yumurta. **3.**çekirdek. **4.**soy, asıl, cins. **5.**meni. ‖ * ~ eş râ meleh horde تخمش را ملخ خورده (hlk.) bulunmaz hint kumaşı. ‖ * ~ -i bed تخم بد soysuz, kötü tohum. ‖ * ~ -i cin تخم جن haylaz, afacan. ‖ * ~ -i kesî râ horden تخم كسی را خوردن eziyet etmek. ‖ * ~ -i mâhî تخم ماهی havyar. ‖ * ~ -i morg تخم مرغ yumurta. ‖ * ~ -i morg-i aselî تخم مرغ عسلی rafadan yumurta. ‖ * rûy-i ~ nişesten روی تخم نشستن kuluçkaya yatmak.

تخم افشاندن tohm efşânden: tohum saçmak.

تخماق tohmâk: (T.) tokmak.

تخم انداختن tohm endâhten: tohum saçmak.

تخمد tehammud: (A.) sönmeye başlama.

تخمدان tohmdân: [tohm+dân] **1.**tohumluk. **2.**(tıb.) yumurtalık.

تخمر tehammur: (A.) mayalanma, mayalaşma, fermantasyon.

تخمرات tehammurât: (A.) mayalanmalar, fermantasyonlar.

تخم ریختن tohm rîhten (Balık) yumurtlamak.

تخم گذاری tohmgozârî: [tohm+ gozâşten> gozâr+î] yumurtlama.

تخم گذاری کردن tohmgozârî kerden: yumurtlamak, yumurta bırakmak.

تخمه tohme: (Peh.) **1.**soy sop. **2.**çekirdek. **3.**ay çekirdeği.

تخمه شکستن tohme şikesten: çekirdek yemek, çekirdek çitlemek.

تخمه toheme: hazımsızlık, mide ekşimesi.

تخمیر tehmîr: (A.) **1.**yoğurma. **2.**fermantasyon.

تخمیرات tahmîrât: (A.) **1.**fermantasyona sokmalar, fermante etmeler, mayalandırmalar. **2.**yoğurmalar. **3.**yoğurulmalar.

تخمیس tehmîs: (A.) **1.**beşleme. **2.**beş köşeli yapma. **3.**bir şiirdeki beyitlere üçer mısra daha ekleme, beş dizeye çıkarma.

تخمین tehmîn: (A.) tahmin.

تخمیناً tehmînen: (A.) tahminen.

تخمینات tahmînât: (A.) tahminler.

تخمین زدن tehmîn zeden: tahmin etmek, tahminde bulunmak.

تخمینی tahmînî: (A.) tahminen, aşağı yukarı, tahmin edilen.

تخمینیه tahmîniyye: (A.) tahmin ile ilgili, tahminî, aşağı yukarı.

تخنیق tahnîk: (A.) boğma.

تخوف tahavvuf: (A.) korkuya kapılma.

تخویف tehvîf: (A.) korkutma.

تخویفاً tahvîfen: (A.) korkutarak, korku salarak.

تخویفات tahvîfât: (A.) korkutmalar, korku salmalar.

تخوین tahvîn: (A.) **1.**hainlikle suçlama. **2.**hainlikle suçlanma.

تخیل teheyyul: (A.) hayal etme, tahayyül. ‖ * ~ -i mahz تخیل محض hayal ürünü.

تخیلات teheyyulât: (A.) hayaller, tahayyüller.

تخیل کردن teheyyul kerden: hayal etmek, tahayyül etmek.

تخیلی teheyyulî: (A.) hayal ile ilgili, imajinativ.

تخییب tahyîb: (A.) **1.**mahrum etme, yoksun bırakma. **2.**mahrum edilme, yoksun bırakılma.

تخییر tahyîr: (A.) seçme hakkı verme, seçene tanıma.

تخییل tehyîl: (A.) **1.**hayale sevketme. **2.**suçlama.

تخییلات tehyîlât: (A.) **1.**akla getirmeler, akla düşürmeler. **2.**akla getirilmeler, akla düşürülmeler.

تدابیر tedâbîr: (A.) önlemler, tedbirler.

تداخل tedâhul: (A.) **1.**birbirine müdahele etme. **2.**birbirinin içine girme. **3.**bir yemeği hazmetmeden tekrar sofraya oturma.

تدارک tedâruk: (A.) **1.**hazırlama, hazırlık. **2.**telafi etme. **3.**hatayı anlama. ‖ * der ~ -i çîzî bûden در تدارک چیزی بودن hazırlığı içinde olmak.

تدارک اندیشیدن tedâruk endîşîden: önlem almak, önceden hazırlık yapmak.

تدارک کردن tedâruk kerden: telafi etmek.

تداعی tedâ'î: (A.) çağrışım.

تدافع tedâfu': (A.) **1.**birbirini defetme. **2.**(ask.) savunma.

تدافعی tedâfu'î: (A.-F.) (ask.) savunma ile ilgili. ‖ * ceng-i ~ جنگ تدافعی (ask.) savunma savaşı.

تداول tedâvul: (A.) **1.**elden ele dolaşma, tedavül, dolaşım. **2.**halk konuşması.

تداوم tedâvum: (A.) devam etme.

تداوم یافتن tedâvum yâften: devam etmek.

تداوی tedâvî: (A.) (tıb.) tedavi.

تدبر tedebbur: (A.) **1.**tedbir alma. **2.**ileriyi görme.

تدبیر tedbîr: (A.) **1.**tedbir, önlem. **2.**yöntem. **3.**çare.

تدبیر کردن tedbîr kerden: **1.**önlem almak, tedbir almak. **2.**danışmak.

تدخین tedhîn: (A.) **1.**tütsüleme. **2.**tütün içme.

تدرب tederrub: (A.) **1.**alışma. **2.**öğrenme.

تدرج tederruc: (A.) yavaş yavaş ilerleme.

تدريب tedrîb: (A.) **1.**alıştırma. **2.**öğretme.

تدريج tedrîc: (A.) **1.**derece derece ilerleme. **2.**ağır çalışma. ‖ * be ~ به تدريج **1.**zamanla. **2.**yavaş yavaş, tedricen.

تدريجا tedrîcen: (A.) **1.**tedricen, yavaş yavaş. **2.**zamanla.

تدريس tedrîs: (A.) ders verme, öğretim. ‖ * be ~ iştigâl verzîden به تدريس اشتغال ورزيدن ders vermek.

تدريسات tedrîsât: (A.) öğretim, tedrisat.

تدريس كردن tedrîs kerden: ders vermek.

تدفين tedfîn: (A.) gömme, defnetme.

تدفين كردن tedfîn kerden: gömmek, defnetmek.

تدقيق tedkîk: (A.) **1.**araştırma, inceleme, tedkik. **2.**dikkat etme.

تدقيقات tedkîkât: (A.) araştırmalar, incelemeler, tedkikler.

تدقيق كردن tedkîk kerden: araştırmak, incelemek, tedkik etmek.

تدليس tedlîs: (A.) aldatma, hile, desise, kurnazlık.

تدليس كردن tedlîs kerden: **1.**aldatmak, hile yapmak. **2.**bir şeyin kusurunu saklamak.

تدمير tedmîr: (A.) yok etme, helak etme.

تدنى tedennî: (A.) **1.**yaklaşma, yakınlık. **2.**alçalma.

تدوير tedvîr: (A.) **1.**daire oluşturma. **2.**duman verme. **3.**idare etme, evirip çevirme.

تدوين tedvîn: (A.) **1.**telif etme. **2.**derleme, bir araya getirme.

تدوين كردن tedvîn kerden: **1.**telif etmek. **2.**bir araya getirmek, derlemek.

تدهين tedhîn: (A.) yağlama, yağ sürme, friksiyon.

تدين tedeyyun: (A.) dindarlık.

تذبذب tezebzub: (A.) **1.**tereddütlü olma. **2.**ikiyüzlülük.

تذرو tezerv: (Peh.) (zool.) sülün.

تذكار tezkâr: (A.) **1.**hatırlama, anma. **2.**anılma. **3.**hatırlatma.

تذكار گرفتن tezkâr giriften: anılmak.

تذكاريه tezkâriye: (A.) andıç, not, müzekkire.

تذكر tezekkur: (A.) **1.**anma. **2.**hatırlatma. **3.**öğüt dinleme. ‖ * meclis-i ~ مجلس تذكر anma toplantısı.

تذكرا tezekkuren: (A.) hatırlatarak.

تذكرات دادن tezekkurât dâden: ihtarda bulunmak.

تذكر دادن tezekkur dâden: hatırlatmak, anımsatmak.

تذكره tezkire: (A.) **1.**tezkire. **2.**hatırlatma. **3.**anı, hatıra. **4.**pasaport.

تذكره پرداز tezkireperdâz: (A.-F.) [tezkire+ perdâhten>perdâz] tezkire yazarı, tezkireci.

تذكره پردازى tezkireperdâzî: (A.-F.) [tezkire+ perdâhten>perdâz+î] tezkire yazarlığı, tezkirecilik.

تذكره نويس tezkirenevîs: (A.-F.) [tezkire+ nevişten>nevîs] **1.**tezkireci, tezkire yazarı.

تذكره نويسى tezkire nevîsî: (A.-F.) [tezkire+ nevişten>nevîs+î] tezkirecilik, tezkire yazarlığı.

تذكير tezkîr: (A.) **1.**hatırlatma. **2.**öğüt verme. **3.**erkeklik. **4.**vaaz.

تذكير گفتن tezkîr goften: vaaz vermek.

تذكيه tezkiye: (A.) **1.**boğazlama. **2.**ateş yakma.

تذلل tezellul: (A.) **1.**aşağılanma. **2.**boyun eğme.

تذليل tezlîl: (A.) **1.**aşağılama. **2.**boyun eğdirme.

تذهيب tezhîb: (A.) yaldızlama, altın işleme yapma, tezhip.

تذهيبات tezhîbât: (A.) tezhipler.

تذييل tezyîl: (A.) **1.**eteğini uzatma. **2.**zeyil yazma, ek yazma.

تر ter: (Peh.) **1.**taze, yeni. **2.**nemli, ıslak. **3.**(kin.) bozguncu. **4.**kumarda kaybettiğini geri isteyen.

تر ter: (Peh.) (gr.) "daha" anlamında

ek.

ترا terâ: **1.**yüksek duvar. **2.**set.

ترا torâ: **1.**sana. **2.**seni. **3.**senin. ‖ * ~ be hodâ ترا بخدا Allah aşkına.

تراب torâb: (A.) toprak.

تراجع terâcu': (A.) **1.**geri dönme. **2.**danışma, meşveret.

تراجم terâcim: (A.) **1.**tercümeler. **2.**yorumlar. ‖ * ~ -i ehvâl تراجم احوال biyografiler, yaşam öyküleri.

تراجم terâcum: (A.) **1.**taşlaşma. **2.**küfürleşme.

تراجیح terâcîh: (A.) tercihler.

تراخم tirahom: (Fr.) (tıb.) trahom.

تراخم دار tirahomdâr: (Fr.-F.) [tirahom+ dâşten>dâr] (tıb.) trahomlu.

ترادف terâduf: (A.) **1.**anlamdaşlık. **2.**aynı sırada olma. **3.**birbirini izleme.

تراز terâz: **1.**(bot.) fıstık çamı. **2.**süs, ziynet. **3.**sırma.

تراز terâz: **1.**terazi. **2.**düz.

تراز کردن terâz kerden: **1.**yer düzlemek. **2.**yükselti ölçmek.

ترازمند terâzmend: [terâz+mend] dengeli.

ترازمند terâznâme: [terâz+nâme] bilanço.

ترازو terâzû: (Peh.) terazi.

ترازودار terâzûdâr: [terâzû+dâşten>dâr] tartıcı.

تراژدی tirajedi: (Fr.) trajedi.

تراس teras: (Fr.) teras.

تراست tirast: (Fr.) tröst.

تراسخ terâsuh: (A.) ruh intikali.

تراش terâş: **1.**tıraşlama, yontlama. **2.**tıraşlayıcı, yontucu.

تراشکار terâşkâr: [terâş+kâr] **1.**yontucu, tıraşçı. **2.**tornacı.

تراشکاری terâşkârî: [terâş+kâr+î] **1.**yontuculuk. **2.**tornacılık.

تراش کردن terâş kerden: **1.**yontmak, tıraşlamak. **2.**torna etmek.

تراشه terâşe: [terâş+e] **1.**tıraşlı, tıraşlanmış. **2.**yonga. **3.**talaş. **4.**dilim (kavun, karpuz)

تراشیدن terâşîden: (Peh.) **1.**yontmak, tıraşlamak. **2.**torna etmek. **3.**kırkmak. **4.**biçmek. **5.**sıyırmak. **6.**kalem açmak.

تراشیده terâşîde: [terâşîden>terâş+îd+e] **1.**tıraşlı, tıraşlanmış. **2.**torna edilmiş.

تراضی terâzî: (A.) birbirinden memnun olma, karşılıklı rıza.

ترافع terâfu': (A.) birlikte yargıça çıkma.

ترافیک tirafik: (Fr.) trafik. ‖ * sengînî-i ~ سنگینیء ترافیک trafik sıkışıklığı.

تراک terak: kırılma sesi, trak, traçk.

تراکتور tiraktor: (Fr.) traktör.

تراکم terâkum: (A.) **1.**birikim, yığılışma. **2.**yoğunlaştırma.

تراکم کردن terâkum kerden: birikmek, yığılışmak.

ترام tıram: (Fr.) oyun, hile.

تراموا tramva: (İng.) tramvay.

ترامواى tramvay: (İng.) tramvay.

ترانزیت tranzit: (Fr.) transit.

ترانزیستور tranzistor: (İng.-Fr.) transistör.

ترانزیستوری tranzistorî: (Fr.-F.) transistörlü.

ترانسفورماتور transformator: (Fr.) transformatör.

ترانه terâne: **1.**şarkı, terane, melodi. **2.**güzel yüzlü delikanlı. **3.**(ed.) rubai. **4.**(ed.) dübeyit.

ترانه ساختن terâne sâhten: terane söylemek, şarkı söylemek.

ترانه سرودن terâne surûden: şarkı söylemek.

تراورس tiravers: (Fr.) travers.

تراوش terâviş: [terâv+iş] sızıntı.

تراوش کردن terâviş kerden: sızmak, sızıntı yapmak.

تراویح terâvîh: (A.) **1.**teravih namazı. **2.**oturumlar, celseler.

تراویدن terâvîden: sızmak, sızıntı yapmak.

ترایب terâyib: (A.) **1.**göğüsler. **2.**göğüs kemikleri.

ترب terb: **1.**hile, düzen. **2.**dalkavukluk. **3.**nazlı veya kahırlı hareket.

ترب torb: **1.**(bot.) turp. ‖ * ~ -i siyâh

ترب سیاه (bot.) kara turp.

تربانتین tiribantin: (Fr.) terebentin.

تربت torbet: (A.) **1.**mezar. **2.**türbe. **3.**toprak.

تربچه torobçe: [torb+çe] (bot.) küçük kırmızı turp.

تربص terebbus: (A.) **1.**gözleme. **2.**bekleme.

تربیت terbiyet: (A.) **1.**eğitim, terbiye, yetiştirme. **2.**himaye. ‖ * ~ -i bedenî تربیت بدنی (sp.) beden eğitimi. ‖ * ~ -i zenbûr-i asel تربیت زنبور عسل arıcılık.

تربیت شدن terbiyet şoden: **1.**yetiştirilmek, eğitilmek, terbiye edilmek. **2.**büyütülmek.

تربیت کردن terbiyet kerden: **1.**yetiştirmek, eğitmek, terbiye etmek. **2.**büyütmek.

تربیت یافتن terbiyet yâften: yetişmek, eğitim görmek.

تربیع terbî': (A.) **1.**dördün. **2.**dörtgen yapma. **3.**dörde bölme.

تربیه terbiye: (A.) terbiye, eğitim.

ترتب terettub: (A.) **1.**doğru dürüst olma. **2.**yerinde kalma.

ترتوف tertûf: (A.) tartuf, ekşi patates.

ترت و مرت tert u mert: **1.**yağmalama. **2.**alt üst. **3.**dağınık, perişan.

ترتیب tertîb: (A.) **1.**düzenleme, tertip. **2.**düzen. **3.**şekil. ‖ * bein ~ باین ترتیب **1.**böylece, bu şekilde, şöyle, şu şekilde. **2.**bu durumda. ‖ * bedin ~ بدین ترتیب böylece, bu şekilde, böylelikle. ‖ * be ~ به ترتیب yerli yerince. ‖ * be ~ -i elifbâyî به ترتیب الفبایی alfabetik olarak. ‖ * be in ~ به این ترتیب **1.**böylece, bu şekilde, şöyle, şu şekilde. **2.**bu durumda. ‖ * be her ~ î şode بهر ترتیبی شده ne yapıp edip. ‖ * be heman ~ به همان ترتیب aynı şekilde. ‖ * be hemin ~ به همین ترتیب bu şekilde, böylece.

ترتیب اثر دادن tertîb-i eser dâden: işleme koymak.

ترتیب اثر داده شدن tertîb-i eser dâde şoden: işleme koyulmak.

ترتیب دادن tertîb dâden: **1.**düzene koymak, düzenlemek. **2.**yerinde bırakmak.

ترتیبی tertîbî: [tertîb+î] (A.-F.) tertipli.

ترتیزک tertîzek (bot.) acı tere.

ترتیل tertîl: (A.) **1.**yavaş okuma. **2.**Kur'ân'ı doğru okuma. **3.**sesi güzel olma.

ترجح tereccuh: (A.) üstün gelme, ağır basma, fazla gelme.

ترجمان tercumân: (A.) tercüman.

ترجمت tercumet: (A.) tercüme, çeviri.

ترجمت کردن tercumet kerden: tercüme etmek, çevirmek.

ترجمه tercume: (A.) **1.**çeviri, tercüme. **2.**biyografi.

ترجمه شدن tercume şoden: çevirilmek, tercüme edilmek.

ترجمه کردن tercume kerden: çevirmek, tercüme etmek.

ترجی tereccî: (A.) ümitli olma, umut besleme.

ترجیح tercîh: (A.) tercih, yeğleme, üstün tutma.

ترجیح دادن tercîh dâden: yeğlemek, yeğ tutmak, tercih etmek.

ترجیع tercî': (A.) **1.**döndürme. **2.**(ed.) tercî-i bend.

ترجیع بند tercî-i bend: (A.-F.) (ed.) tercî-i bend.

ترحال terhâl: (A.) göç.

ترحم terehhum: (A.) **1.**acıma, merhamet. **2.**bağışlama. ‖ * kâbil-i ~ قابل ترحم acınacak.

ترحم کردن terehhum kerden: acımak, merhamet etmek.

ترحیب terhîb: (A.) acıma, merhamet etme.

ترخانی terhânî: (T.-F.) [terhân+î] Türk musikîsinde bir şekil.

ترخص terehhus: (A.) **1.**izin alma. **2.**caiz olma, uygun olma.

ترخون terhûn (bot.) tarhun otu.

ترخیص terhîs: (A.) **1.**izin verme. **2.**gümrükten çıkış izni verme. **3.**terhis.

ترخیص کردن terhîs kerden: **1.** izin vermek. **2.**terhis etmek. **3.**ucuzlatmak.

ترخیم terhîm: (A.) **1.**yavaş okuma. **2.**kelime sonundaki harfleri atma.

ترد tord: gevrek, kırılgan.

تردامن terdâmen: [ter+dâmen] **1.**eteği ıslak. **2.**âsi. **3.**bozguncu. **4.**suçlu, günahkâr.

تردد tereddud: (A.) **1.**gidiş geliş, seyir. **2.**tereddüt. **3.**trafik. **4.**giriş çıkış. **5.**ishal olma. ‖ * colovgîrî ez ~ جلوگیری از تردد trafikten men.

تردست terdest: [ter+dest] **1.**çevik, kıvrak, eli çabuk. **2.**hokkabaz, üçkâğıtçı.

تردستی terdestî: [ter+dest+î] **1.**kıvraklık, eli çabukluk. **2.**hokkabazlık, üçkâğıtçılık.

تردید terdîd: (A.) **1.**kuşku, tereddüt, kararsızlık. **2.**geri çevirme, reddetme. ‖ * giriftâr-i ~ şoden گرفتار تردید شدن kuşkuya düşmek, kuşkulanmak. ‖ * giriftâr-i ~ kerden گرفتار تردید کردن kuşkuya düşürmek, kuşkulanmak.

تردید داشتن terdîd dâşten: kuşkusu olmak.

تردید کردن terdîd kerden: kuşkulanmak, şüpheye düşmek, kararsızlığa düşmek. ‖ * duçâr-i ~ دچار تردید کردن şüpheye düşürmek, kuşkulandırmak.

ترذیل terzîl: (A.) rezil etme.

ترس ters: korku. ‖ * ~ ber kesî dâşten تردید بر کسی داشتن korkuya kapılmak. ‖ * ~ der dil-i kesî oftâden تردید در دل کسی افتادن içine korku düşmek. ‖ * ~ der dil-i kesî rahne kerden ترس در دل کسی رخنه کردن içine korku düşmek. ‖ * ~ râ pes dâden ترس را پس دادن korkuyu bastırmak. ‖ * ~-i kesî rîhten ترس کسی ریختن **1.**korkusu geçmek. **2.**korkusunu yenmek.

ترس آور tersâver: [ters+âverden>âver] korkunç.

ترسا tersâ: (Peh.) Hıristiyan.

ترسا tersâ: [ters+â] korkak.

ترسائی tersâ'î: [tersâ+î] Hıristiyanlık.

ترسابچه tersâbeçe: [tersâ+beççe] Hıristiyan güzeli, Hıristiyan delikanlısı.

ترسان tersân (Tersîden>ters+ân] korkan, korku içinde.

ترساندن tersânden: korkutmak.

ترسانیدن tersânîden: korkutmak.

ترس خورده tershorde: [ters+horden> hord+e] korkulu.

ترس داشتن ters dâşten: korkmak.

ترسکار terskâr: [ters+kâr] **1.**korkak. **2.**zâhid, dindar, Allah'tan korkan. **3.**Hıristiyan.

ترسل teressul: (A.) mektup yazma. ‖ * kitab-i ~ کتاب ترسل kompozisyon kitabı.

ترسم teressum: (A.) **1.**dikkatle bakma. **2.**riyakârlık. **3.**resmedilme.

ترسناک tersnâk: [ters+nâk] korkunç, ürkütücü, dehşetli.

ترسو tersû: [ters+û] korkak, ödlek.

ترسیدن tersîden: (Peh.) **1.**korkmak.

ترسیم tersîm: (A.) **1.**işaret koyma. **2.**resmetme.

ترسیم کردن tersîm kerden: **1.**resmetmek. **2.**çizmek.

ترش torş: (Peh.) ekşi.

ترشاندن torşânden: ekşitmek.

ترشانیدن torşânîden: ekşitmek.

ترشح tereşşuh: (A.) **1.**sızıntı, sızma. **2.**saçılma. **3.**hazırlanma.

تر شدن ter şoden: ıslanmak.

ترش رو torşrû: [torş+rû] **1.**asık suratlı. **2.**huysuz, aksi.

ترش رویی torşrûyî: [torş+rû+y+î] **1.**asık suratlılık. **2.**huysuzluk, aksilik.

ترشک torşek: **1.**(bot.) kuzu kulağı. **2.**(kim.) okzalik asit.

ترش و شیرین torş u şîrîn: mayhoş.

ترشی torşî: [torş+î] **1.**turşu. **2.**ekşilik. **3.**asit.

ترشی انداختن torşî endâhten: turşu kurmak.

ترشیح terşîh: (A.) hazırlama, eğitme.

ترشی درست کردن torşî dorost kerden: turşu kurmak.

ترشیدن torşîden: **1.**ekşimek. **2.**ekşi ekşi kokmak.

ترشی گذاشتن torşî gozâşten: turşu kurmak.

ترصد teressud: (A.) **1.**bekleme, gözleme. **2.**koruyuculuk.

ترصدات teressudât: (A.) gözlemler.

ترصيص tarsîs: (A.) **1.**sağlamlaştırma. **2.**kurşunlama. **3.**kadının sadece gözleri görünecek şekilde yüzünü gizlemesi.

ترصيص الاسنان tarsîsulesnân: (A.) dişe dolgu yapılması.

ترصيع tersî': (A.) mücevherle süsleme.

ترصيف tarsîf: (A.) birbirine bitiştirerek sağlamlaştırma, kenetleme.

ترصين tarsîn: (A.) sağlamlaştırma, güçlendirme.

ترصينات tarsînât: (A.) sağlamlaştırmalar, güçlendirmeler.

ترضيض tarzîz: (A.) doku ezilmesi.

ترضيه terziye: (A.) **1.**gönül alma, razı etme. **2.**özür dileme.

ترطيب tartîb: (A.) **1.**nemlendirme, rutubetlendirme. **2.**tazelik verme, canlılık verme. **3.**hoş hale getirme.

ترطيل tartîl: (A.) saç kıvırcıklarını açma.

ترعه tor'e: (A.) **1.**boğaz. **2.**su yolu. **3.**kanal.

ترغيب tergîb: (A.) rağbet ettirme, teşvik.

ترغيب كردن tergîb kerden: teşvik etmek.

ترفض teraffuz: (A.) rafızîlik.

ترفع tereffu': (A.) **1.**yükseklik gösterme. **2.**kibirlenme, şişinme.

ترفق tereffuk: (A.) **1.**yumuşak davranma, şefkat gösterme. **2.**refakat, yol arkadaşlığı.

ترفنج terfenc: aşılması zor ince yol.

ترفند terfend: (Peh.) **1.**boşuna, beyhude. **2.**imkânsız. **3.**hile, düzen.

ترفه tereffuh: (A.) huzur ve refah içinde olma.

ترفيع terfî': (A.) yükseltme, terfi.

ترقب terakkub: (A.) bekleme, nöbet tutma, gözcülük.

ترقص terakkus: (A.) dans, raksetme.

ترقوه terkuve: (A.) (tıb.) köprücük kemiği.

ترقه terekke: (A.) donanma fişeği.

ترقى terakkî: (A.) yükselme, ilerleme, terakki, gelişme.

ترقيات terakkiyât: (A.) ilerlemeler, gelişmeler.

ترقى خواه terakkîhâh: (A.-F.) [terakkî+ hâsten>hâh] ilerici.

ترقى خواهى terakkîhâhî: (A.-F.) [terakkî+ hâsten>hâh+î] ilericilik.

ترقى كردن terakkî kerden: ilerleme göstermek, gelişmek, terakki etmek, yükselmek.

ترقيع terkî': (A.) yamama.

ترک terek: **1.**hendek. **2.**rutubetli. **3.**taze. **4.**bakire. **5.**şeker, nişasta ve reyhan tohumundan yapılan bir tatlı.

ترک terek: çatlak, yarık.

ترک terk: (A.) **1.**terk, bırakma. **2.**terki. ‖ * ~ -i cân goften ترک جان گفتن ölmek, can vermek. ‖ * ~ -i ser kerden ترک سر کردن başından vazgeçmek.

ترک tork: (T.) **1.**Türk. **2.**güzel.

تركان terkân: **1.**hanımefendi. **2.**melike, kraliçe.

تركان türkân: [Turk+ân] Türkler.

تركاندن terkânden: **1.**çatlatmak, yarmak. **2.**patlatmak.

تركانيدن terkânîden: **1.**çatlatmak, yarmak. **2.**patlatmak.

تركب terekkub: (A.) **1.**sağlamlaşma. **2.**üstüste binme. **3.**oluşma, meydana gelme.

ترک بر داشتن terek ber dâşten: çatlamak, yarılmak.

تركتازى torktâzî: [tork+tâhten>tâz+î] baskın.

تركتازى كردن torktâzî kerden: baskın yapmak.

ترک خوردن terek horden: çatlamak, yarılmak.

ترک دوست torkdûst: (T.-F.) Türk dostu.

ترک دوستى torkdûstî: (T.-F.) [tork+ dûst+î] Türk dostluğu.

تركش terkeş: [ter<tîr+keşîden>keş] tirkeş, okluk, ok kuburu.

ترک كردن terk kerden: terketmek,

bırakmak, ayrılmak, vazgeçmek.

ترک گرفتن terk giriften: terketmek.

ترک گفتن terk goften: terketmek, ayrılmak, bırakmak.

ترکمان torkemân: Türkmen.

ترکمنستان torkmenistân: [torkmen+istân] (coğ.) Türkmenistan.

ترکمون زدن tirikmun zeden: çocuk doğurmak, çocuk peydahlamak.

ترکه terike: (A.) **1.**metruk, terkedilmiş, bırakılmış. **2.**miras, tereke.

ترکه terke: **1.**ince dal ve çubuk. **2.**sırım.

ترکی torkî: (T.-F.) [tork+î] **1.**Türkçe. **2.**türklük. **3.**Türk'e ait.

ترکیب terkîb: (A.) **1.**bindirme, oturtma. **2.**bağlama. **3.**bileşim, terkip. **4.**şekil, biçim. **5.**(gr.) tamlama. **6.**montaj. ‖ * ~ -i câyî râ behem zeden ترکیب جایی را بهم زدن manzarasını bozmak. ‖ * ~ -i ca'lî ترکیب جعلی (gr.) yapma terkip, uydurma terkip.

ترکیب آراستن terkîb ârâsten: terkip etmek.

ترکیب بستن terkîb besten: terkip yapmak.

ترکیب بند terkîb-i bend: (A.-F.) (ed.) terkîb-i bend.

ترکیب بندی terkîb bendî: (A.-F.) [terkîb+ besten>bend+î] terkip yapma.

ترکیب گرفتن terkîb giriften: oluşmak.

ترکیب یافتن terkîb yâften: oluşmak, meydana gelmek.

ترکیدن terekîden: **1.**çatlamak, yarılmak. **2.**patlamak. **3.**boşalmak. **4.**yok olmak. **5.**su toplamak.

ترکی دوزی torkîdûzî: (T.-F.) [torkî+ dûhten>dûz+î] temiz dikiş, sürfile.

ترکیه torkiyye: (A.-T.) Türkiye. ‖ * cumhûrî-i ~ جمهوری‌ء ترکیه Türkiye Cumhuriyeti.

ترمز tormoz: fren. ‖ * ~ -i bâdî ترمز بادی havalı fren. ‖ * ~ -i destî ترمز دستی el freni. ‖ * ~ -i pâyî ترمز پایی ayak freni.

ترمزاج termizâc: (F.-A.) [ter+mizâc] **1.**hoş mizaçlı. **2.**sağlıklı.

ترمز بریدن tormoz borîden: fren patlamak, fren boşalmak.

ترمز کردن tormoz kerden: fren yapmak, durmak.

ترمودینامیک termodinamik: (Fr.) termodinamik.

ترمومتر termometr: (Fr.) termometre.

ترمه terme: **1.**şal. **2.**bir tür yün kumaş.

ترمیم termîm: (A.) **1.**onarım, tamir. **2.**çatlağı kapama.

ترمیم شدن termîm şoden: **1.**onarılmak. **2.**giderilmek.

ترمیم کردن termîm kerden: onarmak.

ترمینال terminal: (Fr.) terminal, tesis. ‖ * ~ -i dâhilî ترمینال داخلی iç hatlar terminali. ‖ * ~ -i hâricî ترمینال خارجی dış hatlar terminali. ‖ * ~ -i neft ترمینال نفت petrol dolum tesisi.

ترن tiren: (Fr.) tren. ‖ * ~ -i hûme ترن حومه banliyö treni.

ترنج torenc (bot.) turunç, ağaç kavunu.

ترنج toronc, terenc: **1.**buruşuk, kırışık. **2.**kurutulmuş.

ترنجبین terencebîn (bot.) müshil ilacı olarak kullanılan bir tür bitki.

ترنجیدن toroncîden, terencîden: **1.**ezik büzük olmak. **2.**kırış kırış olmak. **3.**irileşmek.

ترنگ toreng (zool.) sülün.

ترنگ tereng: **1.**ok atılırken yaydan çıkan ses. **2.**kılıç kırılması. **3.**saz sesi.

ترنم terennum: (A.) terennüm, şarkı mırıldanma.

ترنم کردن terennum kerden: terennüm etmek, şarkı mırıldanmak.

تر و تازه ter u tâze: terütaze, taptaze.

ترور teror: (Fr.) **1.**terör. **2.**suikast.

ترور کردن teror kerden: suikastte bulunmak.

تر و فرز teruferz: çabucak, hemencecik.

ترومبون tırombon: (Fr.) (küz.) trombon.

ترومپت tırompet: (Fr.) (müz.) trompet.

تروى terevvî: (A.) bir konuda enine boyuna düşünme.

ترويج tervîc: (A.) yaygınlaştırma, rayiç kılma.

ترويج دادن tervîc dâden: yaygınlaştırmak, yaymak.

ترويج كردن tervîc kerden: yaymak, yaygınlaştırmak.

ترويح tervîh: (A.) huzur verme, rahatlatma.

ترويه terviye: (A.) **1.**sulama. **2.**yola çıkarken yanına su alma. **3.**bir işte düşünme.

تره tere, terre: (Peh.) (bot.) pırasa. ‖ * ~ hord kerden berâyi kesî تره خرد كردن براى كسى birini takmak, birine aldırmak, birini adam yerine koymak. ‖ * ~ be tohmeş mîreved تره به تخمش مى رود üzüm üzüme baka baka kararır.

ترهات torrehât: (A.) saçma sözler, boş laflar.

ترهب terehhub: (A.) **1.**rahip olma. **2.**ibadet etme. **3.**korkutma.

تره بار terebâr: yenilecek sebze ve meyva.

تره توت teretût: **1.**dut yaprağı. **2.**(bot.) acı tere.

تره تيزک teretîzek (bot.) acı tere, tere.

ترهه torrehe: boş söz, saçma söz, zırva.

ترهيب terhîb: (A.) korkutma.

ترى terî: yaşlık, ıslaklık.

ترياق tiryâk: **1.**panzehir. **2.**afyon.

ترياک tiryâk: **1.**panzehir. **2.**afyon, esrar.

ترياک كشيدن tiryâk keşîden: esrar içmek, esrar çekmek.

ترياكى tiryâkî: [tiryâk+î] esrarkeş.

ترياكى رنگ tiryâkî reng: [tiryâk+î+reng] afyon rengi.

تريان teryân: tahta tabak.

تريبه terîbe: (A.) (tıb.) göğüs kemiği.

تريت terît: tirit, ayrana ekmek ufalama.

تريشين tirişin: (Fr.) trişin.

تريلى tireyli: (İng.) treyler.

تريليون tirilyon: (Fr.) trilyon.

تز tez: **1.**kel. **2.**anahtar dişi.

تز tez: (Fr.) **1.**tez. **2.**mezuniyet tezi. **3.**doktora tezi.

تزاحم tezâhum: (A.) izdiham yaratma.

تزايد tezâyud: (A.) **1.**artış, artma. **2.**fazlalık. ‖ * rû be ~ reften رو به تزايد رفتن artış göstermek, artış kaydetmek, artmak.

تزايد كردن tezâyud kerden: artmak, artış göstermek.

تزريق tezrîk: (A.) zerketme, enjeksiyon yapma.

تزريق كردن tezrîk kerden: zerketmek, enjeksiyon yapmak.

تزكيه tezkiye: (A.) **1.**arıtma, temizleme, tasfiye. **2.**zekât verme.

تزلزل tezelzul: (A.) **1.**sarsıntı, sarsılma, sallanma. **2.**gevşeme. **3.**ızdırap.

تزلزل داشتن tezelzul dâşten: muzdarip olmak.

تزوج tezevvuc: (A.) evlenme, evlilik.

تزويج tezvîc: (A.) evlendirme, everme.

تزويج كردن tezvîc kerden: evlendirmek, evermek.

تزوير tezvîr: (A.) **1.**hile, sahtikarlık, yalan dolan. **2.**ikiyüzlülük.

تزوير كردن tezvîr kerden: **1.**yalan söylemek, hile yapmak. **2.**ikiyüzlülük etmek.

تزهد tezehhud: (A.) dindarlık, zahitlik.

تزين tezeyyun: (A.) süslenme, makyaj.

تزييد tezyîd: (A.) arttırma, fazlalaştırma, çoğaltma.

تزييف tezyîf: (A.) yanlış okuma, hatalı okuma.

تزيين tezyîn: (A.) süsleme.

تزيين كردن tezyîn kerden: süslemek, donatmak.

تزيينى tezyînî: (A.) dekoratif.

تژه teje: **1.**ağaç yaprağı. **2.**anahtar dişi.

تسابق tesâbuk: (A.) birinden öne geçme.

تسارع tesâru': (A.) süratlenme,

hızlanma.

تسافل tesâful: (A.) aşağı inme, alçalma.

تساقط tesâkut: (A.) **1.**düşme. **2.**kendini aşağı atma.

تسامح tesâmuh: (A.) **1.**hoşgörü. **2.**kolaylaştırma.

تساوى tesâvî: (A.) eşitlik, beraberlik.

تساهل tesâhul: (A.) kolaylaştırma.

تسباتيدن tesbânîden: **1.**ısıtmak. **2.**boğmak.

تسبيب tesbîb: (A.) sebep çıkarma, sebep olma.

تسبيح tesbîh: (A.) **1.**tespih. **2.**Allah'ı anma, subhânallah deme.

تسبيح كردن tesbîh kerden: Allah'ı anmak, Suphânallah demek.

تسبيح گرداندن tesbîh gerdânden: tespih çekmek.

تسبيح گفتن tesbîh goften: Allah'ı anmak, suphânallah demek.

تست test: (İng.) test, deneme.

تست tost: **1.**sensin. **2.**senin..dir.

تستر tesettur: (A.) **1.**örtünme, tesettür. **2.**perde arkasında kalma.

تستر toster: (İng.) toster, ekmek kızartma makinesi.

تست زدن test zeden: test doldurmak.

تست زنى testzenî: (İng.-F.) [test+zeden> zen+î] 1est doldurma.

تست زنى كردن testzenî kerden: test doldurmak.

تست كردن test kerden: test etmek.

تسجيع tescî': (A.) **1.**(ed.) secili konuşma. **2.**(ed.) seci yapma.

تسجيل tescîl: (A.) **1.**tescil. **2.**antlaşma. **3.**sabitleştirme. **4.**hüküm verme.

تسجيل كردن tescîl kerden: **1.**tescil etmek. **2.**antlaşma yapmak. **3.**sabitleştirmek. **4.**hüküm vermek.

تسحب tesehhub: (A.) **1.**cesaret gösterme. **2.**etek çekme. **3.**nazlanma.

تسخر tesher: (A.) alay etme, alaya alma, maskara etme.

تسخر كردن tesher kerden: alaya almak, maskara etmek.

تسخير teshîr: (A.) **1.**ele geçirme, fethetme. **2.**boyun eğdirme, yenme.

تسخير كردن teshîr kerden: **1.**fethetmek. **2.**yenmek, boyun eğdirmek.

تسخين teshîn: (A.) **1.**ısıtma. **2.**sıcak ilaç alma.

تسديد tesdîd: (A.) **1.**set çekme. **2.**sağlamlaştırma. **3.**doğru dürüst yapma.

تسديس tesdîs: (A.) **1.**altı köşe yapma. **2.**altıya bölme.

تسريح tesrîh: (A.) **1.**bırakma. **2.**otlatma. **3.**kadını boşama.

تسريع tesrî': (A.) hızlandırma.

تسريع كردن tesrî' kerden: hızlandırmak.

تسريع يافتن tesrî' yâften: hızlanmak.

تسطيح testîh: (A.) (zemin) düzeltme.

تسطيح كردن testîh kerden: (zemin) düzeltmek.

تسطير tastîr: (A.) **1.**yazma. **2.**yazılma.

تسع tis': (A.) dokuz.

تسعون tis'ûn: (A.) doksan.

تسعير tes'îr: (A.) **1.**fiyat biçme. **2.**para değişimi, parayı dövize veya dövizi paraya çevirme.

تسعير كردن tes'îr kerden: **1.**fiyat biçmek. **2.**para değişimi yapmak.

تسكين teskîn: (A.) teskin etme, yatıştırma, sakinleştirme.

تسكين دادن teskîn dâden: yatıştırmak, sakinleştirmek, teskin etmek.

تسكين يافتن teskîn yâften: yatışmak, teskin olmak.

تسلسل teselsul: (A.) **1.**zincirleme. **2.**süreklilik.

تسلط tesellut: (A.) **1.**hakim olma. **2.**bilme, vukuf sahibi olma. **3.**galebe çalma. ‖ * der ~ -i kesî bûden در تسلط كسى بودن elinde olmak.

تسلطاً teselluten: (A.) **1.**sataşarak, bulaşarak, musallat olarak. **2.**hakim olarak.

تسلطات tesellutât: (A.) **1.**sataşmalar, bulaşmalar, musallat olmalar. **2.**hakim oluşlar.

تسلط داشتن tesellut dâşten: **1.**hakim olmak, vukufu olmak, bilmek. **2.**musallat olmak, kaplamak.

3.galebe çalmak. 4.nüfuzu olmak.

تسلطن tasaltun: (A.) saltanat sürme.

تسلط یافتن tesellut yâften: 1.galip olmak. 2.vukuf sahibi olmak. 3.nüfuz sahibi olmak.

تسلفگاه tesellufgâh: (A.-F.) [tasallüf+gâh] övünme yeri.

تسلی tesellî: (A.) teselli, avunma.

تسلی بخش tesellîbahş: (A.-F.) teselli veren.

تسلی بخشیدن tesellî bahşîden: teselli etmek, teselli vermek.

تسلیت tesliyet: (A.) başsağlığı, taziye.

تسلیت دادن tesliyet dâden: 1.başsağlığı dilemek. 2.teselli etmek.

تسلیت گفتن tesliyet goften: başsağlığı dilemek.

تسلیت نامه tesliyetnâme: (A.-F.) [tesliyet+ nâme] başsağlığı mektubu.

تسلیح teslîh: (A.) (ask.) silahlandırma.

تسلیحات teslîhât: (A.) silahlandırmalar.

تسلی دادن tesellî dâden: 1.teselli etmek. 2.avutmak.

تسلیط taslît: (A.) musallat etme.

تسلیم teslîm: (A.) 1.teslim. 2.selâm verme. 3.İslâm dini kabul etme.

تسلیم شدن teslîm şoden: 1.teslim olmak. 2.boyun eğmek.

تسلیم کردن teslîm kerden: teslim etmek. ‖ * hod râ ~ خود را تسلیم کردن teslim olmak.

تسلیم ناپذیر teslîmnâpezîr: (A.-F.) boyun eğmeyen, teslim olmayan.

تسلی یافتن tesellî yâften: 1.avunmak. 2.teselli bulmak.

تسمه tesme: (T.) 1.tasma. 2.kayış, kemer.

تسمیط tasmît: (A.) kaside veya gazeli musammat şekline dönüştürme.

تسمین tesmîn: (A.) 1.semirme, yağlanma.

تسمیه tesmiye: (A.) adlandırma, ad verme, isimlendirme.

تسمیه شدن tesmiye şoden: adlandırılmak.

تسمیه کردن tesmiye kerden: adlandırmak.

تسنن tesennun: (A.) 1.sünnîlik. 2.sünnete uyma. ‖ * ehl-i ~ اهل تسنن sünnî.

تسو tesû: (Peh.) dört arpa ağırlığına denk bir ağırlık birimi.

تسوید tesvîd: (A.) 1.karartma. 2.müsvedde yazma.

تسویل tesvîl: (A.) 1.göz boyama. 2.sapıklığa itme.

تسویه tesviye: (A.) 1.eşitleme. 2.düzleme, tesviye.

تسویه کردن tesviye kerden: 1.eşitlemek. 2.tesviye etmek, düzlemek.

تسهیل teshîl: (A.) kolaylaştırma.

تسهیل کردن teshîl kerden: kolaylaştırmak.

تسهیم teshîm: (A.) paylaştırma, hisselere bölme.

تسییر tesyîr: (A.) kovma, uzaklaştırma, çıkartma.

تشابه teşâbuh: (A.) benzeşme, benzerlik.

تشابه داشتن teşâbuh dâşten: benzeşmek.

تشاجر teşâcur: (A.) çekişme, mücadele.

تشارک teşâruk: (A.) ortak olma, ortaklık.

تشاعر teşâ'ur: (A.) kendini şair gösterme.

تشاکی teşâkî: (A.) birbirini şikâyet etme.

تشاور teşâvur: (A.) karşılıklı danışma.

تشاهد teşâhud: (A.) birbirini görme.

تشبث teşebbus: (A.) girişim, teşebbüs.

تشبث کردن teşebbus kerden: girişimde bulunmak, teşebbüs etmek.

تشبه teşebbuh: (A.) benzeme, benzerlik, identifikasyon.

تشبه جستن teşebbuh costen: benzemeye çalışmak.

تشبه داشتن teşebbuh dâşten: benzemek.

تشبیب teşbîb: (A.) 1.gençliği anma. 2.(ed.) teşbib.

تشبیه teşbîh: (A.) **1.**benzetme. **2.**(ed.) teşbih.

تشبیه کردن teşbîh kerden: benzetmek.

تشت teşt: (Peh.) **1.**leğen. **2.**yayık. ‖ * ~ -i kesî ez bâm oftâden تشت کسی از بام افتادن rezil rüsva olmak, sırrı ortaya çıkmak.

تشتت teşettut: (A.) dağılma, ayrılma, ihtilaf.

تشت خانه teşthâne: [teşt+hâne] **1.**leğen ve ibrik koyulan odacık. **2.**yatak odası. **3.**tuvalet, hela.

تشتک teştek: leğen.

تشت و خایه teşt u hâye: **1.**bir tür oyun. **2.**yer ve gök.

تشجیع teşcî': (A.) cesaretlendirme.

تشجیع کردن teşcî' kerden: cesaret vermek, yüreklendirmek.

تشخیذ کردن teşhîz kerden: bilemek.

تشخص teşehhus: (A.) **1.**şişinme. **2.**imtiyazlı olma. **3.**şahsiyet. ‖ * ~ be harc dâden تشخیص به خرج دادن şişinmek, kibirlenmek.

تشخیص teşhîs: (A.) **1.**seçme ayırdetme. **2.**tanı, teşhis.

تشخیص دادن teşhîs dâden: **1.**ayırdetmek. **2.**tanı koymak, teşhis etmek.

تشدد teşeddud: (A.) şiddet gösterme.

تشدد کردن teşeddud kerden: şiddet göstermek, sert davranmak.

تشدید teşdîd: (A.) **1.**sertleştirme, şiddetlendirme. **2.**(gr.) şeddeli okuma, şedde koyma.

تشدید دادن teşdîd dâden: **1.**sert davranmak. **2.**sağlamlaştırmak. **3.**(gr.) şedde koymak, şeddeli okumak.

تشدید کردن teşdîd kerden: **1.**sert davranmak. **2.**sağlamlaştırmak. **3.**şiddetlendirmek.

تشر teşer: azarlama, paylama, çıkışma.

تشر زدن teşer zeden: **1.**azarlamak, paylamak, çıkışmak. **2.**sözle yıldırmak.

تشرف teşerruf: (A.) şerefe nail olma.

تشرف یافتن teşerruf yâften: **1.**şeref bulmak, şerefe nail olmak. **2.**bir büyüğün huzuruna çıkmak.

تشریح teşrîh: (A.) **1.**açıklama, izah. **2.**parçalama. ‖ * ilm-i ~ علم تشریح (tıb.) anatomi.

تشریح کردن teşrîh kerden: **1.**açıklamak. **2.**anatomi çalışması yapmak.

تشریع teşrî': (A.) din getirme.

تشریف teşrîf: (A.) **1.**şereflendirme, teşrif. **2.**hil'at verme. ‖ * ~ -i kurbet dâden تشریف قربت دادن şeref vermek.

تشریف آوردن teşrîf âverden: gelmek, teşrif etmek, şereflendirmek.

تشریفات teşrîfât: (A.) **1.**merasim, seremoni. **2.**kabul töreni. **3.**işlemler, muameleler.

تشریف ارزانی داشتن teşrîf erzânî dâşten: gelmek.

تشریف بردن teşrîf borden: gitmek.

تشریف دادن teşrîf dâden: gelmek.

تشریف داشتن teşrîf dâşten: **1.**beklemek. **2.**bulunmak.

تشریف فرما شدن teşrîf fermâ şoden: gelmek, teşrif etmek, şereflendirmek.

تشریق teşrîk: (A.) **1.**aydınlatma. **2.**güzel olma. **3.**doğuya yönelme. **4.**güneşte et kurutma.

تشریک teşrîk: (A.) ortaklık. ‖ * ~ -i mesâ'î kerden تشریک مساعی کردن işbirliği yapmak.

تشطیر taştîr: (A.) **1.**bir gazelde beyitler arasına üçer mısra ekleme. **2.**beyitlerinin arasına üçer mısra eklenmiş gazel.

تشعب teşe'ub: (A.) **1.**şubelenme. **2.**dallanma, kollara ayrılma.

تشعشع teşe'şu': (A.) **1.**ışınım, radyoaktivite. **2.**parıldama.

تشفع teşeffu': (A.) şefaat etme.

تشفی teşeffî: (A.) **1.**şifa bulma, iyileşme. **2.**huzur bulma.

تشفی یافتن teşeffî yâften: **1.**şifa bulmak, sağlığına kavuşmak. **2.**huzur bulmak.

تشفیع teşfî': (A.) şefaat etme.

تشقیق teşkîk: (A.) yarma.

تشک toşek: (T.) **1.**yatak, döşek.

2.(sp.) güreş minderi.

تشکر teşekkur: (A.) 1.teşekkür. 2.şükretme.

تشکر کردن teşekkur kerden: teşekkür etmek.

تشکر نمودن teşekkur numûden: teşekkür etmek.

تشکک teşekkuk: (A.) şüpheye düşme.

تشکل teşekkül: (A.) 1.şekillenme, teşekkül. 2.güzel yüzlülük. 3.teşkilatlanma, kurumlaşma.

تشکی teşekkî: (A.) 1.şikâyet etme. 2.sızlanma.

تشکیک teşkîk: (A.) kuşkulandırma, şüpheye düşürme.

تشکیل teşkîl: (A.) 1.şekil verme, doğrultma. 2.kurma, teşkil, oluşturma.

تشکیلات teşkîlât: (A.) 1.teşkilat, kuruluşlar. 2.donanım.

تشکیل دادن teşkîl dâden: kurmak, oluşturmak, teşkil etmek.

تشکیل شدن teşkîl şoden: oluşmak, meydana gelmek.

تشکیل کردن teşkîl kerden: teşkil etmek, oluşturmak, meydana getirmek.

تشکیل یافتن teşkîl yâften: kurulmak, oluşmak.

تشلیخ teşlîh: (A.) seccade.

تشمیر teşmîr: (A.) 1.eteğini toplama. 2.hazır olma. 3.atik davranma.

تشمیم teşmîm: (A.) koklama.

تشنج teşennuc: (A.) 1.titreme, sarsılma, sarsıntı. 2.çalkantı.

تشنگی teşnegî: (Peh.) susuzluk.

تشنه teşne: (Peh.) susuz, susamış.

تشنه جگر teşneciger: [teşne+ciger] 1.susuz. 2.(kin.) arzulu, can atan.

تشنه شدن teşne şoden: 1.susamak. 2.arzu etmek, can atmak.

تشنه کردن teşne kerden: susatmak.

تشنه لب teşneleb: [teşne+leb] susuz, dudağı kurumuş.

تشنیع teşnî': (A.) 1.kınama. 2.kötü konuşma.

تشنیع کردن teşnî' kerden: 1.kınamak. 2.kötü konuşmak.

تشوش teşevvuş: (A.) karışma, karışıklık.

تشویر teşvîr: (A.) 1.işaret etme. 2.utandırma. 3.telâş.

تشویش teşvîş: (A.) 1.ızdırap. 2.telâş. 3.kargaşa, karışıklık. 4.endişe.

تشویش دادن teşvîş dâden: huzur kaçırmak, rahatsız etmek.

تشویق teşvîk: (A.) teşvik. ‖ * ~ be amel âmeden تشویق به عمل آمدن teşvik edilmek.

تشویق شدن teşvîk şoden: teşvik edilmek.

تشویق کردن teşvîk kerden: teşvik etmek.

تشهد teşehhud: (A.) 1.şahit isteme. 2.namazda kelime-i tevhîd ve kelime-i şehâdet getirme, teşehhüt.

تشهیر teşhîr: (A.) 1.meşhur etme. 2.rezil etme.

تشی teşî (zool.) kirpi.

تشیخ teşeyyuh: (A.) 1.şeyhlik. 2.ihtiyarlık, yaşlılık.

تشیع teşeyyu': (A.) 1.uyma, izleme. 2.şiîlik. ‖ * ehl-i ~ اهل تشیع şiî.

تشیید teşyîd: (A.) sağlamlaştırma, takviye.

تشییع teşyî': (A.) uğurlama, geçirme, yolcu etme, gönderme. ‖ * ~ -i cenâze تشییع جنازه cenaze kaldırma. ‖ * ~ -i cenâze kerden تشییع جنازه کردن cenazeyi kaldırmak.

تشییع کردن teşyî' kerden: uğurlamak, göndermek, geçirmek, göndermek.

تصابی tesâbî: (A.) 1.çocuklaşma. 2.çocukça davranma.

تصاحب tesâhub: (A.) 1.sahiplenme, sahip çıkma, el atma. 2.üstüne yatma.

تصاحب کردن tesâhub kerden: 1.sahip çıkmak, sahiplenmek. 2.üstüne yatmak. 3.kapatmak.

تصادف tesâduf: (A.) 1.karşılaşma, rastlaşma, rastlantı. 2.çarpışma. 3.meydana gelme. 4.trafik kazası. ‖ * betovr-i ~ بطور تصادف tesadüfen.

تصادفاً tesâdufen: (A.) 1.tesadüfen.

تصادف كردن tesâduf kerden: 1.trafik kazası geçirmek, kaza geçirmek. 2.çarpışmak. 3.meydana gelmek.

تصادفى tesâdufî: (A.-F.) [tesâduf+î] tesadüfî, tesadüfen, rastlantı eseri.

تصادق tesâduk: (A.) 1.dostluk. 2.doğruluk.

تصادم tesâdum: (A.) çarpışma, tokuşma.

تصادم كردن tesâdum kerden: çarpışmak, tokuşmak.

تصاريف tesârîf: (A.) Tanrı'nın iradesi.

تصاعد tesâ'ud: (A.) 1.yükselme. 2.ilerleme. ‖ * ~ -i adedî تصاعد عددى matematik dizi. ‖ * ~ -i hendesî تصاعد هندسى geometrik dizi.

تصافح tesâfuh: (A.) tokalaşma.

تصالح tesâluh: (A.) uzlaşma, anlaşma, barış.

تصانيف tesânîf: (A.) 1.tasnifler. 2.(müz.) şarkılar.

تصاوير tesâvîr: (A.) 1.resimler, tablolar. 2.portreler.

تصبر tesebbur: (A.) sabretme.

تصبع tesabbu': (A.) parmak parmak olma, parmaklaşma.

تصبن tesabbun: (A.) 1.sabunlaşma. 2.sabun gibi köpürme.

تصبى tesabbî: (A.) çocuklaşma.

تصحيح teshîh: (A.) 1.düzeltme, düzelti, tashih. 2.tenkidli metin neşri, edition critique. ‖ * ~ -i intikâdî تصحيح انتقادى tenkidli neşin, edisyonkritik. ‖ * ~ -i karâr تصحيح قرار karar düzeltme.

تصحيحات tashîhât: (A.) düzeltmeler, düzeltiler, tashihler.

تصحيح شدن teshîh şoden: 1.düzeltilmek, tashih edilmek. 2.tenkidli metin neşri yapılmak.

تصحيح كردن teshîh kerden: 1.düzeltmek, tashih etmek. 2.tenkidli metin neşri yapmak.

تصحيف teshîf: (A.) 1.yanlış okuma. 2.(ed.) yazıda hata yapma, söz ve anlamı değiştirme.

تصحيفات teshîfât: (A.) yanlış yazmalar.

تصحيف كردن teshîf kerden: sözcükteki harfleri değiştirerek yeni anlamlar çıkarmak.

تصحين tashîn: (A.) sahneleme, sahneye koyma.

تصدر teseddur: (A.) baş köşeye kurulma.

تصدع tasaddu': (A.) 1.yarılma, çatlama. 2.dağılma.

تصدق tesedduk: (A.) sadaka verme. ‖ * ~ -itan تصدقتان kurbanın olayım Allah aşkına. ‖ * ~ -i kesî şoden تصدق كسى شدن birine feda olmak, birine kurban olmak.

تصدقات teseddukât: (A.) 1.sadakalar. 2.sadaka vermeler. 3.sadaka verilmeler.

تصدق دادن tesedduk dâden: sadaka vermek.

تصدق كردن tesedduk kerden: sadaka vermek.

تصدى teseddî: (A.) bir işi üstlenme, girişim, girişme, el atma, başlama.

تصدير tesdîr: (A.) 1.başlama. 2.baş köşeye kurulma. 3.önsöz yazma.

تصديع tesdî': (A.) 1.baş ağrıtma. 2.başı ağrıtılma. 3.rahatsız etme, can sıkma.

تصديعات tasdî'ât: (A.) 1.baş ağrıtmalar. 2.başı ağrıtılmalar. 3.rahatsız etmeler, can sıkmalar.

تصديع دادن tesdî' dâden: başını ağrıtmak, rahatsız etmek.

تصديق tesdîk: (A.) 1.onay, tasdik, doğrulama. 2.inanış. ‖ * edât-i ~ ادات تصديق onaylama edatı: evet, öyle. ‖ * bit ~ بالتصديق 1.onaylayarak. 2.doğrulayarak.

تصديقاً tasdîkan: (A.) 1.onaylayarak. 2.doğrulayarak.

تصديقات tasdîkât: (A.) 1.onaylamalar. 2.doğrulamalar.

تصديق خانه tasdîkhâne: (A.-F.) [tasdîk+ hâne<hâne-i tasdhik] onay yeri.

تصديق شدن tesdîk şoden: tasdik edilmek, onaylanmak, doğrulanmak.

تصديق فرمودن tesdîk fermûden: tasdik

etmek, onaylamak, doğrulamak.

تصدیق کردن tesdîk kerden: tasdik etmek, onaylamak, doğrulamak.

تصدیق نامه tesdîknâme: (A.-F.) [tesdîk+ nâme] **1.**sertifika. **2.**diploma. **3.**ruhsat.

تصدیقی tesdîkî: (A.) onay ile ilgili.

تصدیقیه tesdîkiyye: (A.) onay ile ilgili.

تصدیه tasdiye: (A.) alkış.

تصرف teserruf: (A.) **1.**elde etme, tasarruf. **2.**sahip olma. **3.**isteyerek değiştirme. ‖ * ez ~ beder reften از تصرف بدر رفتن elden çıkmak. ‖ * be ~ der âverden به تصرف در آوردن işgal etmek, tasarrufu altına almak. ‖ * be ~ -i kesî der âmeden بتصرف کسی در آمدن birinin eline geçmek, birinin tasarrufuna geçmek. ‖ * bit~ بالتصرف tasarruflu. ‖ * husn-i ~ حسن تصرف iyi idare. ‖ * sû-i ~ سوء تصرف kötü idare.

تصرفاً tasarrufan: (A.) tasarruf ederek, tasarruf amacıyla.

تصرفات tasarrufât: (A.) **1.**tasarruflar. **2.**sahip oluşlar.

تصرف کردن teserruf kerden: **1.**elde etmek, malik olmak. **2.**isteyerek değiştirmek, tasarrufta bulunmak.

تصرفی tasarrufî: (A.) tasarruf ile ilgili.

تصرم teserrum: (A.) **1.**kesilme. **2.**sona erme, geçme.

تصریح tesrîh: (A.) açıkça anlatma, tasrih, ortaya koyma.

تصریحاً tesrîhen: (A.) **1.**açıkça dile getirerek, belirterek. **2.**açıkça dile getirilerek, belirtilerek. ‖ * ~ ve telvîhen تصریحا و تلویحا açık veya gizli olarak.

تصریحات tesrîhât: (A.) **1.**açıkça dile getirmeler, belirtmeler. **2.**açıkça dile getirilmeler, belirtilmeler.

تصریح داشتن tesrîh dâşten: açık olmak, aşikâr olmak.

تصریح شدن tesrîh şoden: açıkça söylenmek, ortaya koyulmak, vurgulanmak, belirtilmek.

تصریح کردن tesrîh kerden: açıkça söylemek, vurgulamak, belirtmek, açıklığa kavuşturmak, tasrih etmek.

تصریع tasrî': (A.) **1.**bir beytin iki mısraını da kafiyeli şekle sokma, beyti musarra beyit haline getirme. **2.**bütün mısraları birbiriyle kafiyeli şiir yazma.

تصریف tesrîf: (A.) **1.**döndürme. **2.**değiştirme. **3.**(gr.) fiil çekimi.

تصریفات tasrîfât: (A.) çekimler, fiil çekimleri.

تصریف پذیر tesrîfpezîr: (A.-F.) [tesrîf+ pezîroften> pezîr] (gr.) çekilebilir.

تصریف کردن tesrîf kerden: (gr.) fiilçekimi yapmak, fiil çekmek.

تصعب tesa'ub: (A.) güçleşme.

تصعبات tesa'ubât: (A.) güçleşmeler.

تصعد tasa'ud: (A.) **1.**yükselme, çıkma, ağma. **2.**buharlaşma.

تصعدات tesa'udât: (A.) **1.**yükselmeler, çıkmalar, ağmalar. **3.**buharlaşmalar.

تصعیب tas'îb: (A.) **1.**güçleştirme, zorlaştırma. **2.**güçleştirilme, zorlaştırılma.

تصعیبات tas'îbât: (A.) **1.**güçleştirmeler, zorlaştırmalar, güçlük çıkarmalar. **2.**güçleştirilmeler, zorlaştırılmalar, güçlük çıkarılmalar.

تصعید tes'îd: (A.) **1.**kaldırma, yükseltme. **2.**kaldırılma, yükseltilme. **3.**buharlaştırma. **4.**buharlaştırılma.

تصعید کردن tes'îd kerden: yüceltmek, yükseltmek.

تصعیر tas'îr: (A.) konuşurken muhatabının yüzüne bakmama.

تصغیر tesgîr: (A.) **1.**küçültme. **2.**küçültülme. ‖ * edât-i ~ ادات تصغیر küçültme edatı.

تصغیرات tesgîrât: (A.) **1.**küçültmeler. **2.**küçültülmeler.

تصفح teseffoh: (A.) **1.**dikkatle inceleme, iyice bakma. **2.**sayfa sayfa okuma.

تصفح کردن teseffoh kerden: **1.**dikkatle

incelemek. **2.**sayfa sayfa dikkatle okumak.

تصفی tesaffî: (A.) **1.**saflaşma, arınma. **2.**durulma.

تصفیح tesfîh: (A.) **1.**alkışlama. **2.**yufka haline getirme, yaprak haline getirme.

تصفیحات tesfîhât: (A.) **1.**alkışlamalar. **2.**yufka haline getirmeler.

تصفیر tesfîr: (A.) **1.**ıslık çalma. **2.**sarartma. **3.**sarıya boyama.

تصفیرات tesfîrât: (A.) **1.**ıslık çalmalar. **2.**sarartmalar. **3.**sarıya boyamalar.

تصفیف tesfîf: (A.) **1.**sıralama, dizme. **2.**sıralanma, dizilme.

تصفیفات tesfîfât: (A.) **1.**sıralamalar, dizmeler. **2.**sıralanmalar, dizilmeler.

تصفیق tesfîk: (A.) kanat çırpma.

تصفیقات tesfîkât: (A.) kanat çırpmalar.

تصفیه tesfiye: (A.) **1.**arıtma, tasfiye. **2.**ihtilafı giderme. **3.**bir işi sona erdirme, tasfiye. ‖ * ~ -i hisâb-i kazâyî kerden تصفیهء حساب قضایی کردن iflasını istemek. ‖ * ~ -i hisâb-i kazâyî-i kesî râ hâsten تصفیهء حساب قضائی کسی را خواستن birinin iflasını istemek.

تصفیه خانه tesfiyehâne: (A.-F.) [tesfiye+ hâne] rafineri, tasfiyehane.

تصفیه شدن tesfiye şoden: **1.**tasfiye edilmek, arıtılmak, rafine edilmek. **2.**sonlandırılmak, tasfiye edilmek.

تصفیه کردن tesfiye kerden: **1.**arıtmak, rafine etmek, tasfiye etmek. **2.**sonlandırmak, tasfiye etmek.

تصقیل taskîl: (A.) **1.**cilalama. **2.**cilalanma.

تصقیلات taskîlât: (A.) **1.**cilalamalar. **2.**cilalanmalar.

تصلب tesellub: (A.) katılaşma, sertleşme.

تصلبات tesellubât: (A.) **1.**sertleşmeler, katılaşmalar. **2.**sağlamlaşmalar. **3.**dinde taassup göstermeler.

تصلف teselluf: (A.) **1.**saçmalama. **2.**dalkavukluk, yağcılık.

تصلفات tesellufât: (A.) övünmeler, şişinmeler, bilgiçlikler.

تصلیب taslîb: (A.) **1.**çarmıha germe. **2.**haç çıkarma. **3.**katılaştırma. **4.**çarmıha gerilme. **5.**katılaştırılma.

تصلیبات taslîbât: (A.) **1.**çarmıha germeler. **2.**haç çıkarmalar. **3.**katılaştırmalar. **4.**çarmıha gerilmeler. **5.**katılaştırılmalar.

تصلیه tasliye: (A.) salavat getirme.

تصلیه خوان tasliyehân: (A.-F.) [tasliye+ hânden>hân] salavat getiren.

تصمیت tasmît: (A.) susturma.

تصمیم tesmîm: (A.) karar, kesin karar. ‖ * ber ~ bâkî mânden بر تصمیم باقی ماندن kararında durmak. ‖ * şiddet-i ~ شدت تصمیم karar kesinliği, kesin kararlılık.

تصمیمات tesmîmât: (A.) kararlar.

تصمیم اتخاذ شدن tesmîm ittihâz şoden: karar alınmak.

تصمیم اتخاذ کردن tesmîm ittihâz kerden: karar almak.

تصمیم داشتن tesmîm dâşten: kararlı olmak.

تصمیم گرفتن tesmîm giriften: karar almak, karar vermek.

تصمیم گیر tasmîmgîr: (A.-F.) [tasmîm+ giriften>gîr] karar veren.

تصمیم گیری tesmîmgîrî: (A.-F.) [tesmîm+giriften> gîr+î] karar verme.

تصمیم گیری کردن tesmîmgîrî kerden: karar vermek.

تصنع tesennu': (A.) **1.**gösteriş yapma, yapmacık. **2.**sanat gösterisi yaparak tumturaklı bir dil kullanma.

تصنعات tesennu'ât: (A.) **1.**yapmacık hareketler. **2.**aşırı gösterişler. **3.**dilde gereksiz süslemeler.

تصنعی tesennu'î: (A.-F.) yapmacık, uydurma.

تصنیع tesnî': (A.) **1.**yapma. **2.**hazırlama. **3.**süsleme.

تصنیعات tesnî'ât: (A.) **1.**yapmalar. **2.**düzmeler, uydurmalar, yakıştırmalar.

تصنیف tesnîf: (A.) **1.**sınıflandırma.

2.güfte söyleme. **3.**kitap yazma. **4.**derleme, toplama. **5.**(müz.) güfte.

تصنيفات tesnîfât: (A.) **1.**sınıflandırmalar, kategorize etmeler. **2.**sınıflandırılmalar, kategorize edilmeler. **3.**eserler, kaleme alınan eserler.

تصنيف خوان tesnîfhân: (A.-F.) [tesnîf+ hânden> hân] şarkı okuyan, tasnif okuyan.

تصنيف خوانى tesnîfhânî: (A.-F.) [tesnîf+ hânden> hân+î] şarkı okuma, tasnif okuma.

تصنيف در آوردن tesnîf der âverden: beste yapmak, bestelemek.

تصنيف ساز tesnîfsâz: (A.-F.) [tesnîf+ sâhten>sâz] (müz.) güfteci, söz yazarı.

تصنيف كردن tesnîf kerden: bestelemek, beste yapmak.

تصوت tesavvut: (A.) **1.**sesleme. **2.**tını, rezonans. **3.**fonetik. ‖ * ~ -i elektirîkî تصوت الكتريكى elektrik rezonansı.

تصور tesevvur: (A.) **1.**zihinde canlandırma, göz önünde canlandırma, göz önüne getirme. **2.**istek. ‖ * ~ -i kesî reften تصور كسى رفتن tasavvur etmek. ‖ * be ~ kesî der âmeden به تصور كسى در آمدن tasavvur etmek.

تصورات tesevvurât: (A.) **1.**tasavvurlar, zihinde canlandırmalar. **2.**istekler.

تصور پذير tesevvurpezîr: (A.-F.) [tesevvur+ pezîroften>pezîr] tasavvur edilen.

تصور كردن tesevvur kerden: tasavvur etmek, göz önüne getirmek, sanmak.

تصورى tesevvurî: (A.) tasavvur ile ilgili, zihinde canlandırma ile ilgili, hayalî.

تصوريه tesevvuriyye: (A.) tasavvur ile ilgili, zihinde canlandırma ile ilgili, hayalî.

تصوف tesevvuf: (A.) tasavvuf, sûfîlik, gönlü Tanrı sevgisiyle doldurma. ‖ * be libâs-i ~ der âmeden به لباس تصوف در آمدن tasavvuf yoluna girmek.

تصوف آشنا tesevvufâşinâ: (A.-F.) [tesevvuf+âşinâ< âşnâ-yi tesevvuf] ·tasavvufu bilen.

تصوفات tesevvufât: (A.) sûfîlikler, tasavvuflar.

تصوفى tesevvufî: (A.) tasavvuf ile ilgili. * eş'âr-i ~ اشعار تصوفى tasavvufî şiirler.

تصويب tesvîb: (A.) **1.**doğru bulma. **2.**onaylama, uygun görme, onay. ‖ * ~ -i budce تصويب بودجه bütçe onayı. ‖ * be ~ resânden به تصويب رساندن **1.**onaylamak, kabul etmek. **2.**onaylatmak. ‖ * be ~ resîden به تصويب رسيدن onaylanmak, kabul edilmek.

تصويب رسيدن tesvîb kerden: onaylamak, tasvip etmek, kabul etmek.

تصويبا tesvîben: (A.) **1.**doğru bularak. **2.**onaylayarak, uygun görerek. **3.**doğru bulunarak. **4.**onaylanarak, uygun görülerek.

تصويبات tesvîbât: (A.) **1.**doğru bulmalar. **2.**onaylamalar, uygun görmeler, onaylar.

تصويب نامه tesvîbnâme: (A.-F.) [tesvîb+ nâme] Bakanlar Kurulu kararı.

تصويت tasvît: (A.) ses verme, ses çıkarma.

تصوير tesvîr: (A.) **1.**resmetme, resmini yapma, betimleme. **2.**resim. **3.**figür. **4.**portre.

تصويرات tesvîrât: (A.) **1.**resimler. **2.**portreler. **2.**figürler. **3.**betimlemeler.

تصويركار tesvîrkâr: (A.-F.) [tesvîr+kâr] taṣvir edici.

تصوير برداشتن tesvîr berdâşten: resim çekmek.

تصوير كردن tesvîr kerden: tasvir etmek.

تصويرى tesvîrî: (A.) tasvir ile ilgili,tasvir edici.

تصويغ tasvîg: (A.) **1.**kalıba dökme. **2.**kalıba dökülme.

تصويغات tasvîgât: (A.) **1.**kalıba dökerek. **2.**kalıba dökülerek.

تصيد tasayyud: (A.) avlanma, ava çıkma.

تصيف tasayyuf: (A.) yazlıkta yaz geçirme, yazlama.

تضاحك tezâhuk: (A.) gülüşme.

تضاد tezâd: (A.) tezat, çelişki. ‖ * ~ dâşten bâ hem تضاد داشتن باهم çelişkili olmak, tezat halinde olmak.

تضارب tezârub: (A.) vuruşma.

تضامن tezâmun: (A.) karşılıklı kefil olma.

تضجر tezeccur: (A.) sıkıntı, yürek sıkıntısı, iç daralması.

تضجع tezeccu': (A.) ağırdan alma, üşenme.

تضجير tazcîr: (A.) can sıkma, sıkıntı verme.

تضحيه tezhiye: (A.) kurban kesme.

تضرر tezerrur: (A.) zarar görme.

تضرس tezerrus: (A.) diş kamaşması.

تضرع tezerru': (A.) **1.**yalvarma, yakarış. **2.**tevazu gösterme.

تضرعات tezerru'ât: (A.) yalvarmalar, yakarmalar.

تضرع داشتن tezerru' dâşten: yakarmak.

تصرع كردن tezerru' kerden: yalvarmak, yakarmak.

تضريب tezrîb: (A.) ara bozma, laf taşıma.

تضرير tezrîr: (A.) zarara uğratma, zararı ettirme.

تضريس tezrîs: (A.) **1.**deneyimlilik. **2.**diş kamaştırma.

تضعضع teze'du': (A.) **1.**alçakgönüllülük. **2.**hakirlik, horluk. **3.**haraplık, viranlık. **4.**aklını yitirme.

تضعيف tez'îf: (A.) **1.**iki kat etme, katlama. **2.**zayıflatma.

تضعيفات tez'îfât: (A.) **1.**zayıflatmalar. **2.**iki kat artırmalar.

تضليل tezlîl: (A.) yoldan çıkartma, dalâlete düşürme.

تضمد tezammud: (A.) merhemli bezle yara sarılması.

تضمن tezemmun: (A.) **1.**kapsama, içerme. **2.**kefil olma.

تضميد tazmîd: (A.) yaraya merhemli bez sarma.

تضمين tezmîn: (A.) **1.**kefil olma. **2.**hâmisi olma. **3.**(ed.) başkasının şiir veya mısraını kendi şiir veya sözü arasına alma. **4.**garanti. **5.**zarar ödeme, tazminat ödeme, zarar karşılama.

تضمينات tazmînât: (A.) zarar ödemeler, tazminat.

تضمين داشتن tezmîn dâşten: garantili olmak.

تضمينى tezmînî: (A.-F.) [tezmîn+î] garantili.

تضوع tezevvu': (A.) koku verme, koku yayma.

تضيق tezayyuk: (A.) sıkışma, daralma.

تضييع tezyî': (A.) **1.**kaybetme, zayi etme. **2.**telef etme.

تضييعات tazyî'ât: (A.) **1.**kaybetmeler. **2.**kaybettirmeler.

تضييع كردن tezyî' kerden: **1.**zâyi etmek, yitirmek, kaybetmek. **2.**işsiz bırakmak.

تضييق tezyîk: (A.) **1.**basınç. **2.**sıkıştırma, bastırma. **3.**daraltma. **4.**baskı. **5.**sıkıntı verme.

تضييقات tazyîkât: (A.) **1.**basınçlar. **2.**sıkıştırmalar, bastırmalar. **3.**daraltmalar. **4.**baskılar. **5.**sıkıntı vermeler.

تضييق زده tazyîkzede: (A.-F.) [tazyîk+ zeden>zed+e] **1.**baskı yapmış, sıkıştırmış. **2.**baskı altındaki, sıkıştırılan.

تضييقكار tazyîkkâr: (A.-F.) [tazyîk+kâr] baskıcı, sıkıştırıcı, baskı yapıcı.

تضييقكارانه tazyîkkârâne: (A.-F.) [tazyîk+kâr+âne] sıkıştırıcı, baskı yapıcı.

تضييق كردن tezyîk kerden: basınç yapmak, tazyik yapmak, sıkıştırmak.

تطابق tetâbuk: (A.) uyum, uyuşma, uygunluk.

تطابق كردن tetâbuk kerden: uyuşmak, mutabık gelmek.

تطاول tetâvul: (A.) **1.**başkaldırı, isyan. **2.**zulüm. **3.**isyan.

تطاول كشيدن tetâvul keşîden: zulüm çekmek.

تطاير tetâyur: (A.) uçma, dağılma.

تطبب tetebbub: (A.) doktorluk, tabiplik, tababet.

تطبيق tetbîk: (A.) **1.**uygulama. **2.**karşılaştırma. **3.**uydurma, benzetme.

تطبيقاً tetbîkan: (A.) uygulayarak.

تطبيقات tetbîkât: (A.) **1.**uygulamalar. **2.**tatbikat.

تطبيق شدن tetbîk şoden: uygulanmak, tatbik edilmek.

تطبيق كردن tetbîk kerden: **1.**uygulamak, tatbik etmek. **2.**uymak.

تطبيقى tetbîkî: (A.-F.) [tetbîk+î] uygulamalı, tatbikî.

تطبيل tatbîl: (A.) davul çalma.

تطبين tatbîn: (A.) çamur sürme.

تطحين tathîn: (A.) öğütme.

تطحين الحصات tathînulhasât: (A.) mesane taşlarının ufalanarak düşürülmesi.

تطحينات tathînât: (A.) öğütmeler.

تطرب tatarrub: (A.) eğlenme, neşelenme, keyif çatma.

تطرف tetarruf: (A.) bir yana çekilme.

تطرق tetarruk: (A.) **1.**bir yol bulup gitme, kendi yoluna gitme. **2.**tartaklanma.

تطريب tatrîb: (A.) neşelendirme, eğlendirme, keyiflendirme.

تطريز tatrîz: (A.) kenar süsü yapma, dantela işleme.

تطليق tetlîk: (A.) **1.**bırakma. **2.**boşama.

تطليه tatliye: (A.) **1.**sıvama. **2.**altın kaplama.

تطميع tetmî': (A.) **1.**arzulandırma, iştahını kabartma, tamahlandırma.

تطميع كردن tetmî' kerden: iştahını kabartmak, arzulandırmak, tamahlandırmak.

تطمين tatmîn: (A.) manen doyum, manen rahatlama.

تطمينات tatmînât: (A.) manen doyumlar, manen rahatlamalar.

تطمينكار tatmînkâr: (A.-F.) [tatmîn+kâr] doyurucu, tatmin edici.

تطور tetavvur: (A.) gelişim.

تطوع tetevvu': (A.) **1.**itaat, boyun eğme. **2.**ibadet ve iyiliğe çalışma.

تطوف tetevvuf: (A.) dönme, tavaf etme.

تطويش tatvîş: (A.) hadım etme, iğdiş etme.

تطويق tatvîk: (A.) **1.**kolye takma, gerdanlık takma. **2.**kolye takılma, gerdanlık takılma.

تطويل tetvîl: (A.) **1.**uzatma. **2.**lafı uzatma, çok konuşma. ‖ * ~ -i bilâtâil تطويل بلاطائل boş yere lafı uzatma. ‖ * ~ -i kelâm تطويل كلام sözü uzatma.

تطويلات tetvîlât: (A.) **1.**uzatmalar. **2.**laf uzatmalar.

تطويل كردن tetvîl kerden: lafı uzatmak.

تطهير tethîr: (A.) temizleme, paklama, arındırma.

تطهيرات tethîrât: (A.) **1.**temizlikler. **2.**temizlik.

تطهير كردن tethîr kerden: **1.**temizlemek, paklamak, arındırmak, yıkamak. **2.**helale dönüştürmek.

تطيب teteyyub: (A.) güzel koku sürünme.

تطير teteyyur: (A.) **1.**kuş falı, kuşların uçuşlarına bakarak fal tutma. **2.**kötüye yorma.

تطيرات teteyyurât: (A.) kötüye yormalar.

تطييب tatyîb: (A.) gönül alma, iyi davranma.* ~ -i hâtır تطييب خاطر gönül alma.

تطييباً tatyîben: (A.) gönül alarak.

تطييبات tatyîbât: (A.) gönül almalar, iyi davranmalar.

تظاهر tezâhur: (A.) **1.**ortaya çıkma. **2.**gösteriş. **3.**tezahür.

4.yardımlaşma. ‖ * ~ be çîzî kerden تظاهر به چیزی کردن gibi yapmak.

تظاهر کردن tezâhur kerden: **1.**ortaya çıkmak. **2.**gösteriş yapmak. **3.**yardımlaşmak. **4.**sloganlı yürüyüş yapmak, nümayiş yapmak.

تظرف tezarruf: (A.) zariflik gösterme, nazik davranma, incelik gösterme.

تظرفات tezarrufât: (A.) zariflikler, zariflik göstermeler, nazik davranışlar, incelik göstermeler.

تظلل tezellul: (A.) gölgelenme, gölgede kalma, gölgeye geçme.

تظلم tezellum: (A.) **1.**eziyet çekme. **2.**zulümden yakınma. ‖ * ~ -i hâl تظلم حال sızlanma, halinden şikayet etme.

تظلمات tezellumât: (A.) sızlanmalar, halinden şikayet etmeler, dert yanmalar.

تظلم کردن tezellum kerden: zulümden yakınmak.

تظلیل tezlîl: (A.) gölge salma.

تظنن tezannun: (A.) zan ile iş görme.

تظنی tezannî: (A.) zan ile iş yapma.

تظهیر tezhîr: (A.) **1.**arkaya atma. **2.**arkaya atılma. **3.**savsaklama, ihmal.

تعاثر te'âsur: (A.) iyi geçinme.

تعادل te'âdul: (A.) **1.**denge. **2.**denklik. **3.**denklem. ‖ * ~ râ ez dest dâden تعادل را از دست دادن dengesini yitirmek. ‖ * ~ -i kesî ez dest reften تعادل کسی از دست رفتن dengesi bozulmak.

تعادلات te'âdulât: (A.) **1.**dengeler. **2.**denklikler.

تعادل داشتن te'âdul dâşten: denk olmak, eşit olmak, dengeli olmak.

تعادی te'âdî: (A.) düşmanlık.

تعادیات te'âdiyât: (A.) düşmanlıklar.

تعارض te'âruz: (A.) ihtilaflı olma, çelişki, zıtlık.

تعارضات te'âruzât: (A.) çelişkiler, zıtlıklar.

تعارض داشتن te'âruz dâşten: ihtilaflı olmak.

تعارف te'âruf: (A.) **1.**kompliman. **2.**birbirini tanıma. **3.**herkesçe bilinme.

تعارفات te'ârufât: (A.) **1.**herkesçe bilinmeler. **2.**birbirini tanımalar.

تعارف داشتن te'âruf dâşten: kompliman yapmak.

تعارف کردن te'âruf kerden: **1.**sunmak, ikram etmek, takdim etmek. **2.**göstermek.

تعاریج te'âric: (A.) **1.**tümsekler, çıkıntılar, kıvrıntılar. **2.**beyin çıkıntıları.

تعاضد te'âzud: (A.) **1.**birbirini destekleme, birbirine arka çıkma. **2.**kol kola girme.

تعاطف te'âtuf: (A.) **1.**birbirine sevgi duyma, birbirine şefkat gösterme. **2.**birbirine bağlanma.

تعاطفات te'âtufât: (A.) **1.**birbirine sevgi duymalar, birbirine şefkat göstermeler. **2.**birbirine bağlanmalar.

تعاطی te'âtî: (A.) alışveriş, mübadele. ‖ * ~ -i efkâr kerden تعاطیء افکار کردن görüş alışverişinde bulunmak. ‖ * ~ -i mekâtîb تعاطیء مکاتیب mektuplaşma.

تعاظم te'âzum: (A.) büyümseme, büyük görme.

تعاقب te'âkub: (A.) birbirini izleme.

تعاقب کردن te'âkub kerden: birbirini izlemek.

تعاقد te'âkud: (A.) akitleşme, birbiriyle akit yapma.

تعال teal: (A.) gel.

تعالم te'âlum: (A.) herkesçe bilinme.

تعالی te'âlâ: (A.) yüce olsun.

تعالی te'âlî: (A.) **1.**yükselme, yücelme. **2.**yüce. **3.**yükseklik.

تعالی الله te'âlallâh: (A.) Allah yüceltsin, Allah yüksek kılsın.

تعالی پرور te'âlîperver: (A.-F.) [te'âlî+ perverden> perver] yüceltici, yükseltici.

تعالیات te'âliyyât: (A.) yükselmeler, yücelmeler.

تعالیت teâleyte: (A.) ne yücesin.

تعامل te'âmul: (A.) **1.**uygulama, eskiden beri uygulanan usül, alışılagelmiş uygulama. **2.**iş, muamele. **3.**tepkime.

تعاملات te'âmulât: (A.) uygulamalar, uygulanılagelen usüller, teamüller.

تعامی te'âmî: (A.) görmezden gelme.

تعاند te'ânud: (A.) inatlaşma.

تعانق te'ânuk: (A.) kucaklaşma, birbirinin boynuna sarılma.

تعاون te'âvun: (A.) yardımlaşma. ‖ * ~ -i ictimâî تعاون اجتماعی sosyal yardımlaşma.

تعاونات te'âvunât: (A.) yardımlaşmalar.

تعاونی te'âvunî: (A.-F.) yardımlaşma ile ilgili. ‖ * şirket-i ~ شرکت تعاونی kooperatif, yardımlaşma sandığı.

تعاويذ te'âvîz: (A.) muskalar.

تعاهد te'âhud: (A.) **1.**sözleşme, ahitleşme. **2.**antlaşma.

تعاهدات te'âhudât: (A.) **1.**sözleşmeler, ahitleşmeler. **2.**antlaşmalar.

تعب te'eb: (A.) **1.**zahmet, meşakkat. **2.**yorgunluk. ‖ * ~ -ı zihnî تعب ذهنی zihin yorgunluğu.

تعب آور ta'abâver: (A.-F.) [ta'ab+âver] yorucu, yorgunluk veren.

تعبث ta'abbus: (A.) ellerini anlamsızca hareket ettirme.

تعبد te'abbud: (A.) **1.**ibadet. **2.**kulluk.

تعبداً te'abbuden: (A.) körü körüne.

تعبدات ta'abbudât: (A.) **1.**kulluklar. **2.**tapma, ibadetler, tapınmalar.

تعبس ta'abbus: (A.) somurtma, surat asma.

تعبسات ta'abbusât: (A.) somurtmalar, surat asmalar.

تعبض ta'abbuz: (A.) elle doyum, mastürbasyon.

تعبير te'bîr: (A.) **1.**yorum, tabir. **2.**rüya tabiri. **3.**terim. **4.**anlatma, ifade, deyiş. ‖ * ~ -i âmiyâne تعبير عاميانه halk deyimi. ‖ * ~ -i dîger تعبير ديگر bir başka deyiş. ‖ * ~ -i ta'mîm تعبير تعميم yaygın deyiş.

تعبيرات ta'bîrât: (A.) **1.**deyimler. **2.**terimler. **3.**anlamlı sözler. **4.**rüya yorumları.

تعبير رفتن tabîr reften: rüya yorumlanmak.

تعبير گفتن te'bîr goften: yorumlamak, tabir etmek.

تعبيرگوی te'bîrgûy: (A.-F.) [te'bîr+goften>gûy] rüya tabircisi.

تعبيرنامه te'bîrnâme: (A.-F.) [te'bîr+nâme] rüya tabiri kitabı.

تعبيه ta'biye: (A.) **1.**askerî konuşlandırma. **2.**düzenleme, tertip etme.

تعبية الجيش ta'biyetulceyş: (A.) strateji.

تعجب te'eccub: (A.) şaşırma, hayret etme, şaşkınlık. ‖ * duçâr-i ~ şoden دچار تعجب شدن hayrete düşmek.

تعجب بر انگيختن te'eccub ber engîhten: hayret uyandırmak, şaşkınlık yaratmak.

تعجب داشتن te'eccub dâşten: şaşmak, hayret etmek.

تعجب كردن te'eccub kerden: şaşmak, hayret etmek.

تعجل ta'accul: (A.) acelecilik, acele etme, ivedilenme.

تعجلات ta'acculât: (A.) acelecilikler, acele etmeler, ivedilenmeler.

تعجن ta'accun: (A.) hamurlaşma.

تعجيب ta'cîb: (A.) şaşırtma, hayrete düşürme.

تعجيز ta'cîz: (A.) rahatsız etme, tedirgin etme, keyif kaçırma.

تعجيزات ta'cîzât: (A.) rahatsız etmeler, tedirgin etmeler, keyif kaçırmalar.

تعجيل te'cîl: (A.) **1.**acele etme, koşma. **2.**acele ettirme. **3.**acele acele. **4.**çabuklaştırma. ‖ * be ~ به تعجيل alelacele.

تعجيلات ta'cîlât: (A.) acele ettirmeler, çabuklaştırmalar.

تعجيل داشتن te'cîl dâşten: acelesi olmak.

تعجيل كردن te'cîl kerden: acele etmek.

تعجيم ta'cîm: (A.) **1.**noktalama. **2.**noktalama yaptırma.

تعجين ta'cîn: (A.) yoğurma, hamurlaş-tırma.

تعداد te'dâd: (A.) 1.sayı, adet. 2.birkaç, birtakım. 3.sayım, döküm.

تعدادی te'dâdî: (A.-F.) birkaç, bir takım.

تعدد ta'addud: (A.) çoğalma, çokluk, sayı artışı. ‖ * ~ -i ezvâc تعدد ازواج çok eşlilik, çok kocalılık. ‖ * ~ -i zevcât تعدد زوجات çok eşlilik, çok karılılık.

تعدی te'eddî: (A.) 1.saldırma. 2.haksızlık, zulüm. 3.kanun çiğneme, kural çiğneme. 4.fiili etken hale getirme.

تعدیات ta'addiyât: (A.) 1.saldırmalar. 2.haksızlıklar, zulümler. 3.kanun çiğnemeler, kural çiğnemeler.

تعدی کردن te'eddî kerden: 1.haddini aşmak, tecavüz etmek. 2.zulmetmek.

تعدید ta'dîd: (A.) 1.sayma. 2.hazırlanma.

تعدیل te'dîl: (A.) 1.düzeltme, tadil, değişiklik. 2.adalete yönelme. 3.dengeleme. 4.adilane paylaştırma.

تعدیل کردن te'dîl kerden: 1.düzeltmek, tadil etmek. 2.adilane paylaştırmak. 3.dindar kılmak.

تعدیلاً ta'dîlen: (A.) 1.değiştirilerek. 2.değiştirerek, değişiklik yaparak.

تعدیلات ta'dîlât: (A.) 1.değişiklikler, düzenlemeler. 2.düzeltmeler, doğrultmalar.

تعدیل نامه ta'dîlnâme: (A.-F.) [ta'dîl+ nâme<nâme-i ta'dîl] değişiklik önergesi.

تعدیه ta'diye: (A.) 1.fiili geçişli hale getirme. 2.geçirme, aşırma.

تعذر te'ezzur: (A.) 1.zorlaşma. 2.özür bulma.

تعذر داشتن te'ezzur dâşten: 1.zorlaşmak. 2.özür bulmak.

تعذیب te'zîb: (A.) azap verme.

تعذیبات ta'zîbât: (A.) azap vermeler, üzmeler.

تعذیر te'zîr: (A.) özür bulma, bahane bulma.

تعذیرات ta'zîrât: (A.) özür bulmalar, bahane bulmalar.

تعذیر کردن ta'zîr kerden: suçlanmak.

تعذیل ta'zîl: (A.) ayıplama, kınama.

تعذیلات ta'zîlât: (A.) ayıplamalar, kınamalar.

تعرب te'errub: (A.) 1.araplaşma. 2.göçebelik.

تعرس ta'arrus: (A.) kocanın eşine sevgisini göstermesi.

تعرض te'erruz: (A.) 1.taarruz. 2.sataşma. 3.yüz çevirme. 4.el uzatma.

تعرضات ta'arruzât: (A.) 1.saldırılar, taarruzlar. 2.takılmalar.

تعرض کردن te'erruz kerden: 1.sataşmak. 2.el uzatmak. 3.taarruz etmek. 4.yüz çevirmek.

تعرضی te'erruzî: (A.) saldırı ile ilgili, taarruz ile ilgili.

تعرضیه te'erruziyye: (A.) saldırı ile ilgili, taarruz ile ilgili.

تعرف te'erruf: (A.) 1.aşina olma, tanıma. 2.bilme. 3.araştırarak öğrenme.

تعرفه te'rife: (A.) 1.tanıtma. 2.tarife. 3.fiyat çizelgesi.

تعرق te'erruk: (A.) 1.terleme, ter dökme. 2.buharlaşma. 3.kök salma.

تعریب te'rîb: (A.) 1.arapçalaştırma. 2.(gr.) iraplı okuma, doğru okuma.

تعریبات ta'rîbât: (A.) 1.arapçalaştırmalar. 2.arapçalaştırılmalar.

تعریج ta'rîc: (A.) 1.beyindeki çıkıntılar. 2.tümsekleşme.

تعریس ta'rîs: (A.) 1.düğün yapma. 2.kız everme, kız gelin etme.

تعریض te'rîz: (A.) 1.iğneli konuşma, kinayeli konuşma. 2.genişletme.

تعریضاً te'rîzen: (A.) üstü kapalı, kinayeli.

تعریضات ta'rîzât: (A.) iğnelemeler, taşlamalar, laf dokundurmalar.

تعریف te'rîf: (A.) 1.tanım, tarif. 2.övgü. 3.anlatma. 4.tanıtım, tanıtma, bildirme. * harf-i ~ حرف تعریف artikel.

تعریفات te'rîfât: (A.) tanımlar, tarifler.

تعریف خوان ta'rîfhân: (A.-F.) [ta'rîf+ hânden>hân] ibadethanelerde din büyükleri hakkında bilgi veren görevli.

تعریف کردن te'rîf kerden: **1.**anlatmak. **2.**tanımlamak, tarif etmek. **3.**övmek. **4.**haber vermek.

تعریف نامه ta’rîfnâme: (A.-F.) [ta’rîf+ nâme] kullanım yazısı, prospektüs.

تعریق te'rîk: (A.) **1.**terletme. **2.**şarabı sulandırma.

تعریه ta’riye: (A.) soyma, çıplaklaştırma.

تعریک ta’rîk: (A.) **1.**ovma, ovalama. **2.**ağ çekme.

تعریک الاذن ta’rîkul’uzn: (A.) kulak çekme.

تعزب ta’azzub: (A.) bekâr kalma.

تعزز ta’azzuz: (A.) **1.**değer verme, aziz sayma. **2.**çekinme. **3.**tenezzül etmeme.

تعزل ta’azzul: (A.) **1.**görevden uzaklaşma. **2.**köşesine çekilme.

تعزیت te'ziyet: (A.) başsağlığı, taziye.

تعزیت نامه ta’ziyetnâme: (A.-F.) [ta’ziyet+nâme <nâme-i ta’ziyet] başsağlığı mektubu.

تعزیر te'zîr: (A.) azarlama, paylama.

تعزیرات ta’zîrât: (A.) azarlamalar, paylamalar, ağzının payını vermeler.

تعزیز te'zîz: (A.) aziz kılma, değer verme, yüceltme.

تعزیل ta’zîl: (A.) hastayı teselli etme.

تعزیه te'ziye: (A.) **1.**matem, yas. **2.**başsağlığı, taziye. **3.**(ed.) İran edebiyatında özellikle Hz. Hüseyin ve Kerbelâ vakasının temsil edildiği gösteri türü. **4.**(ed.) taziyename.

تعزیه خوان te'ziyehân: (A.-F.) taziye okuyan.

تعزیه خواندن te'ziye hânden: taziye okumak.

تعزیه نامه ta’ziyenâme: (A.-F.) [ta’ziye+ nâme <nâme-i ta’ziye] başsağlığı mektubu.

تعسر te'essur: (A.) güçleşme, zorlaşma.

تعسف te'essuf: (A.) **1.**yoldan sapma, yoldan çıkma. **2.**sapıklık. **3.**zulüm, sitem.

تعسفات te’essufât: (A.) **1.**haksızlıklar. **2.**yolsuzluklar, yasadışı hareketler. **3.**doğru yoldan çıkmalar.

تعسیر te'sîr: (A.) **1.**güçleştirme, zorlaştırma. **2.**daraltma.

تعسیرات ta’sîrât: (A.) **1.**güçleştirmeler, zorlaştırmalar. **2.**güçleştirilmeler, zorlaştırılmalar.

تعسیل ta’sîl: (A.) bal katma, ballandırma.

تعشق te'eşşuk: (A.) aşıklık.

تعشیر tâ’şîr: (A.) **1.**onda birini alma. **2.**ona bölme. **3.**ona çıkarma.

تعشیرات ta’şîrât: (A.) **1.**onda birini almalar. **2.**ona bölmeler. **3.**ona çıkarmalar.

تعصب te'essub: (A.) **1.**taassup, bağnazlık, fanatiklik. **2.**himaye. **3.**azarlama, çıkışma.

تعصب داشتن te'essub dâşten: **1.**taassup göstermek. **2.**himaye etmek.

تعصبکار te’essubkâr: (A.-F.) [te’essub+ kâr] aşırı tutucu, fanatik, mutaassıp.

تعصبکارانه te’essubkârâne: (A.-F.) [te’essub+kâr+ âne] aşırı tutuculuk ederek, fanatiklik ederek.

تعصبکاری te’essubkârî: (A.-F.) [te’essub+kâr+î] aşırı tutuculuk, taassup, fanatiklik.

تعصیر ta’sîr: (A.) özsuyu çıkarma, suyunu çıkarma.

تعصیرات ta’sîrât: (A.) özsuyu çıkarmalar, suyunu çıkarmalar.

تعصیرخانه ta’sîrhâne: (A.-F.) [ta’sîr+ hâne<hâne-i ta’sîr] tohumdan yağ çıkarma tesisi.

تعضو ta’azzuv: (A.) biçimlenme, şekil alma, organlaşma.

تعضی ta’azzî: (A.) biçimlenme, şekil alma, organlaşma.

تعطر te’attur: (A.) kokulanma, güzel koku sürünme.

تعطس ta’attus: (A.) aksırma.

تعطف te’attuf: (A.) **1.**şefkat gösterme. **2.**esirgeme. **3.**verme.

تعطفات te'attufât: (A.) **1.**şefkat göstermeler, merhamet etmeler. **2.**esirgemeler. **3.**vermeler.

تعطل te'ettul: (A.) **1.**işsiz kalma. **2.**işin tatil edilmesi.

تعطیر ta'tîr: (A.) kokulandırma, güzel koku verme.

تعطیس ta'tîs: (A.) **1.**aksırtma. **2.**aksırtılma.

تعطیش ta'tîş: (A.) **1.**susatma. **2.**susatılma.

تعطیل te'tîl: (A.) **1.**işten el çekme. **2.**çalışmayı durdurma, tatil.

تعطیلات te'tîlât: (A.) tatil. ‖ * ~ -i âhir-i hefte تعطیلات آخر هفته hafta sonu tatili.

تعطیل شدن te'tîl şoden: **1.**tatil olmak, tatil edilmek. **2.**durmak, kesilmek. **3.**kapatılmak.

تعطیل کردن te'tîl kerden: tatil etmek.

تعطیل نامه ta'tîlnâme: (A.-F.) [ta'tîl+ nâme<nâme-i ta'tîl] iş yeri kapama yazısı.

تعطین ta'tîn: (A.) **1.**iskelet çıkarılması için bir hayvanın ilaçlı suda bırakılması. **2.**ilaç yapımı için bazı bitki kök ve yapraklarının suda dinlendirilmesi.

تعظم te'ezzum: (A.) büyüklük gösterme.

تعظمات te'ezzumât: (A.) **1.**şişinmeler, kibirlenmeler. **2.**kemikleşmeler.

تعظیم te'zîm: (A.) **1.**büyütme. **2.**saygı gösterme. **3.**saygıyla eğilme.

تعظیماً te'zîmen: (A.) **1.**saygı ile eğilerek, saygı göstererek. **2.**yücelterek, ululayarak.

تعظیمات te'zîmât: (A.) **1.**saygı ile eğilmeler, saygı göstermeler. **2.**yüceltmeler, ululamalar.

تعظیمکار te'zîmkâr: (A.-F.) [te'zîm+kâr] saygılı.

تعظیمکارانه te'zîmkârâne: (A.-F.) [te'zîm+kâr+âne] saygılıca, saygı ile, saygı göstererek.

تعظیم کردن te'zîm kerden: **1.**saygı göstermek. **2.**saygı ile eğilmek. **3.**ağırlamak.

تعفف ta'affuf: (A.) iffetlilik.

تعفن te'effun: (A.) kokuşma, kötü kokma.

تعفنات te'effunât: (A.) kokuşmalar, kötü kokular.

تعفن کردن te'effun kerden: kokuşmak, kötü kokmak.

تعقب te'akkub: (A.) takip etme, peşinden gitme.

تعقد ta'akkud: (A.) **1.**düğümlenme. **2.**karmaşıklaşma. **3.**bağlanma.

تعقل te'ekkul: (A.) **1.**akıl etme, akıl erdirme. **2.**hatırlama. ‖ * muvrid-i ~ karâr giriften مورد تعقل قرار گرفتن akletmek.

تعقلات te'akkulât: (A.) **1.**akıl etmeler. **2.**hatırlamalar.

تعقل کردن te'ekkul kerden: aklını kullanmak, akıl etmek.

تعقیب te'kîb: (A.) takip. ‖ * ~ u begîr begîr تعقیب و بگیر بگیر kovalamaca. ‖ * muvrid-i ~ karâr giriften مورد تعقیب قرار گرفتن takibe uğramak.

تعقیبات ta'kîbât: (A.) kovuşturma.

تعقیب کردن te'kîb kerden: takip etmek, izlemek.

تعقید te'kîd: (A.) **1.**düğümleme. **2.**(söz) anlaşılmaz olmak.

تعقیدات ta'kîdât: (A.) **1.**düğümlemeler. **2.**düğümlenmeler. **3.**cümleleri anlaşılmaz hale sokmalar.

تعقیر ta'kîr: (A.) **1.**bir organı açarak sinir kesme. **2.**çukurlaştırma. **3.**çukurlaştırılma.

تعقیم ta'kîm: (A.) **1.**kısırlaştırma. **2.**sonuçsuz bırakma. **3.**mikroptan arındırma, sterilize etme.

تعلق te'elluk: (A.) **1.**asılı kalma, asılma. **2.**ilgisi olma. **3.**ait olma, aitlik. **4.**dünya sevgisi, dünya bağlılığı. **5.**meyvalanma.

تعلقات te'ellukât: (A.) akrabalar.

تعلق پذیرفتن te'elluk pezîruften: ilgili olmak, ilgilendirmek.

تعلق داشتن te'elluk dâşten: ait olmak, özgü olmak, ilgili olmak, ilgilendirmek.

تعلق گرفتن te'elluk giriften: ait olmak,

eline geçmek.

تعلل te'ellul: (A.) **1.**bahane bulma, bahane arama. **2.**kaçınma.

تعللات te'ellulât: (A.) bahane bulmalar, bahane aramalar.

تعلم te'allum: (A.) öğrenme.

تعلم كردن te'allum kerden: öğrenmek.

تعلن te'allun: (A.) açık olma, alenî olma.

تعلى te'allî: (A.) yükseklik, yücelik.

تعليات te'alliyât: (A.) yükseklikler, yücelikler.

تعليف te'lîf: (A.) otlatma.

تعليق te'lîk: (A.) **1.**asma. **2.**asılma. **3.**bağlama, bir şeye bağlama. **4.**geciktirme, askıya alma. **5.**bir yazı stili.

تعليقات ta'lîkât: (A.) bir kitapla ilgili notlar ve düşünceler.

تعليل te'lîl: (A.) **1.**sebep gösterme. **2.**sebep gösterilme. **3.**tümdengelim. **4.**kusurlandırma. ‖ * husn-i ~ حسن تعليل güzel bir sebep gösterme.

تعليلات ta'lîlât: (A.) **1.**sebep göstermeler. **2.**sebep gösterilmeler. **3.**kusurlandırmalar.

تعليم te'lîm: (A.) **1.**öğretme, öğretim. **2.**öğretilme. **3.**ders verme. **4.**ders verilme. **5.**uygulama yaptırarak eğitme. **6.**askerî eğitim. **7.**temrin, egzersiz. ‖ * ~ u terbiyyet تعليم و تربيت eğitim öğretim, talim terbiye.

تعليمات ta'lîmât: (A.) direktif.

تعليمات نامه ta'lîmâtnâme: (A.-F.) [ta'lîmât+nâme <nâme-i ta'lîmât] yönetmelik.

تعليم خانه ta'lîmhâne: (A.-F.) [ta'lîm+hâne<hâne-i ta'lîm] askerî eğitim alanı.

تعليمگاه ta'lîmgâh: (A.-F.) [ta'lîm+gâh] talim alanı, eğitim alanı, askerî eğitim tesisi.

تعليم دادن te'lîm dâden: eğitmek.

تعليم ديدن te'lîm dîden: öğrenmek, eğitim görmek.

تعليم كردن te'lîm kerden: **1.**eğitmek. **2.**öğretmek.

تعليم گرفتن te'lîm giriften: öğrenmek, meşk etmek.

تعليم نامه ta'lîmnâme: (A.-F.) [ta'lîm+nâme<nâme-i ta'lîm] **1.**yönerge. **2.**askerî yönerge. **3.**yönetmelik.

تعليمى ta'lîmî: (A.) öğretici, didaktik.

تعليم يافتن te'lîm yâften: **1.**öğrenmek. **2.**eğitilmek.

تعلين ta'lîn: (A.) açığa çıkarma, alenîleştirme.

تعليه ta'liye: (A.) yüceltme, yükseltme.

تعمد te'emmud: (A.) bilerek, kasıtlı.

تعمداً te'emmuden: bilerek, kasten.

تعمدات te'emmudât: (A.) bilerek yapılanlar, kasıtlı olarak yapılanlar.

تعمدى te'emmudî: (A.) kasıt ile ilgili.

تعمق te'ammuk: (A.) derinleşme.

تعمقات te'emmukât: (A.) derinleşmeler.

تعمم te'emmum: (A.) **1.**genelleşme. **2.**yayılma. **3.**sarık sarma. **4.**amcalık, amca olma.

تعمى te'ammî: (A.) körleşme, kör olma.

تعميد ta'mîd: (A.) vaftiz.

تعمير ta'mîr: (A.) **1.**onarım, tamir. **2.**yaşatma, ömrünü uzatma.

تعميراً ta'mîren: (A.) tamir ederek, onararak.

تعميرات ta'mîrât: (A.) onarım, tamirler.

تعميركار ta'mîrkâr: (A.-F.) **1.**kalafatçı. **2.**tamirci.

تعمير كردن ta'mîr kerden: **1.**onarmak, tamir etmek. **2.**mamur etmek.

تعميرگاه ta'mîrgâh: (A.-F.) [te'mîr+gâh] **1.**kalafat. **2.**tamirhane. ‖ * ~ -i keştî تعميرگاه كشتى tersane.

تعميق ta'mîk: (A.) **1.**derinleştirme. **2.**enikonu düşünme.

تعميقات ta'mîkât: (A.) **1.**derinleştirmeler. **2.**köklü araştırmalar.

تعميم ta'mîm: (A.) **1.**genelge, tamim. **2.**genelleştirme, yayma. **3.**genelleştirilme, yayılma.

تعميما ta'mîmen: (A.) 1.genelleştirerek. 2.genelge ile.

تعميمات ta'mîmât: (A.) 1.genelgeler. 2.genelleştirmeler.

تعميم دادن ta'mîm dâden: genelleştirmek.

تعميه ta'miye: (A.) 1.köreltme. 2.körleştirme, kör etme. 3.üstü kapalı anlatma, dolaylı anlatma. 4.ebced sisteminde düşürülen bir tarihin eksik veya fazla gelmesi halinde eklenecek veya çıkarılacak sayıyı üstü kapılı söyleme.

تعنت te'ennut: (A.) tenkid etme, kusur bulma, yanlış arama.

تعند ta'annud: (A.) inatlaşma, inat etme, ayak direme.

تعندات ta'annudât: (A.) inatlaşmalar, inat etmeler, ayak diremeler.

تعنف te'annuf: (A.) azarlama, çıkışma.

تعنى te'annî: (A.) sıkıntı çekme, zahmet çekme.

تعنيف ta'nîf: (A.) sert çıkma, azarlama, paylama.

تعنيفات ta'nîfât: (A.) sert çıkışlar, azarlamalar, paylamalar.

تعوج te'avvuc: (A.) eğrilme, eğrilik.

تعود ta'avvüd: (A.) alışılma, âdet edinilme.

تعوذ ta'avvuz: (A.) Tanrı'ya sığınma, "Eûzu billâh" deme.

تعوض ta'avvuz: (A.) bedel alma.

تعوق ta'avvuk: (A.) gecikme, oyalanma.

تعويج ta'vîc: (A.) 1.eğme. 2.eğrilme.

تعويد ta'vîd: (A.) 1.alışkanlık haline getertme, gelenekselleştirme. 2.alışkanlık haline getirilme, gelenekselleştirilme.

تعويذ te'vîz: (A.) 1.sığındırma. 2.muska.

تعويض te'vîz: (A.) 1.yerine geçme. 2.karşılık verme, bedel verme, değiştirme. 3.ödün. 4.imtiyaz.

تعويضا ta'vîzen: (A.) 1.karşılığında, bedel olmak üzere. 2.ödün olarak.

تعويضات ta'vîzât: (A.) 1.yerine geçmeler. 2.karşılık vermeler, bedel vermeler. 3.ödünler. 4.imtiyazlar.

تعويض كردن te'vîz kerden: değiştirmek.

تعويضى ta'vîzî: (A.) ödün vererek, ödünlü.

تعويق te'vîk: (A.) 1.geciktirme, oyalama, savsaklatma, askıya alma. 2.geciktirilme, savsaklatılma, askıya alınma. ‖ * be ~ endâhten به تعويق انداختن geciktirmek.

تعويقات ta'vîkât: (A.) geciktirmeler, oyalamalar, savsaklatmalar.

تعويق كردن te'vîk kerden: geciktirmek, savsaklatmak.

تعهد te'ehhud: (A.) 1.üstlenme, taahhüt. 2.resmî iş sözleşmesi. 3.postanın yerine ulaşmasını garanti verme.

تعهد دادن te'ehhud dâden: taahhüt etmek.

تعهد كردن te'ehhud kerden: 1.taahhüt etmek, üstlenmek. 2.bakmak, gözetmek.

تعهدات taahhudât: (A.) 1.üstlenmeler, taahhütler. 2.resmî iş sözleşmeleri.

تعهد گرفتن te'ehhud giriften: söz almak.

تعهد نامه ta'ahhudnâme: (A.-F.) [ta'ahhud+nâme <nâme-i ta'ahhud] taahhüt mektubu, taahhüt belgesi.

تعيش te'eyyuş: (A.) yaşama.

تعيشگاه te'eyyuşgâh: (A.-F.) [ta'ayyüş+ gâh] yaşama yeri, geçinme yeri.

تعين te'ayyun: (A.) 1.ortaya çıkma, belirme. 2.seçkin sınıf arasına girme.

تعينات te'ayyunât: (A.) 1.ortaya çıkmalar, belirmeler. 2.seçkin sınıf arasına girmeler.

تعييب ta'yîb: (A.) ayıplama.

تعييبات ta'yîbât: (A.) ayıplamalar.

تعيير te'yîr: (A.) kınama, suçunu yüzüne vurarak utandırma, kusurunu yüze vurma.

تعييرات ta'yîrât: (A.) yüze vurarak utandırmalar.

تعيير دهنده ta'yîrdihende: (A.-F.) [ta'yîr+ dâden> dih+ ende] kusuru yüze vuran.

تعييش ta'yîş: (A.) geçindirmeler, iaşeler.

تعيين te'yîn: (A.) **1.**belirtme. **2.**atama, tayin. **3.**tayın. **4.**erzak. ‖ * ~ -i cihet تعيين جهت yön belirleme. ‖ * ~ -i mikdâr تعيين مقدار doz tayini, dozaj.

تعيينات te'yînât: (A.) **1.**tayınlar. **2.**erzaklar.

تعيين كردن te'yîn kerden: atamak, tayin etmek.

تعيين كرده te'yînkerde: (A.-F.) [te'yîn+ kerden> kerd+e] tayin edilmiş, belirlenmiş.

تعييني te'yînî: (A.) belirleyici.

تغابن tegâbun: (A.) **1.**alışverişte aldanma. **2.**birbirini zarara sokma. **3.**üzülme.

تغار teğâr: (T.) **1.**büyük toprak leğen, tağar. **2.**on kilogramlık bir ağırlık birimi.

تغافل tegâful: (A.) bilmezlikten gelme, tegafül.

تغافل كردن tegâful kerden: bilmezlikten gelmek.

تغاير tegâyur: (A.) ayrılık, ihtilaf.

تغبير tagbîr: (A.) **1.**tozlanma. **2.**bulanma. **2.**kırma, gücendirme.

تغبيرات tagbîrât: (A.) **1.**tozlanmalar. **2.**bulanmalar. **3.**kırmalar, gücendirmeler.

تغدى tegaddî: (A.) beslenme.

تغديات tegaddiyyât: (A.) beslenmeler.

تغديه tagdiye: (A.) besleme.

تغذى tegazzî: (A.) beslenme.

تغذيات tegazziyyât: (A.) beslenmeler.

تغذيه tegziye: (A.) beslenme. **2.**besleme, yemek yedirme.

تغذيه كردن tegziye kerden: beslemek.

تغريب tagrîb: (A.) **1.**gurbete gönderme. **2.**gurbete gönderilme. **3.**kovma. **4.**sınırdışı etme.

تغريد tagrîd: (A.) şakıma.

تغرير tagrîr: (A.) müşteri aldatma, kazıklama.

تغريرات tagrîrât: (A.) müşteri aldatmalar, kazıklamalar.

تغريس tagrîs: (A.) **1.**dikme. **2.**dikilme.

تغريق tağrîk: (A.) boğma, gark etme.

تغريم tagrîm: (A.) **1.**ödetme. **2.**ödenme.

تغزل tegezzul: (A.) **1.**gazel söyleme. **2.**(ed.) tegazzül, kasidenin bir bölümü. **3.**aşık olma.

تغزيه tagziye: (A.) din savaşı yaptırma, gazâ ettirme.

تغشيش tagşîş: (A.) **1.**karıştırma, saflığını bozma. **2.**karıştırarak ayar bozma.

تغشيشات tagşîşât: (A.) **1.**karıştırmalar, saflığını bozmalar. **2.**karıştırarak ayar bozmalar.

تغشيه tagşiye: (A.) **1.**örtme, büründürme. **2.**örtünme, bürünme. **3.**kendinde geçirme. **4.**kendinden geçirilme.

تغضيط tagzît: (A.) **1.**basınç yapma. **2.**sımsıkı bağlama.

تغطيه tagtiye: (A.) **1.**örtme. **2.**örtülme.

تغفيل tagfîl: (A.) gafil avlama, gaflete düşürme.

تغفيلات tagfîlât: (A.) gafil avlamalar, gaflete düşürmeler.

تغلب tegellub: (A.) galibiyet, üstünlük, galebe çalma, baskın çıkma.

تغنى tegannî: (A.) **1.**şarkı söyleme. **2.**şarkı. **3.**zenginleşme.

تغوط tegevvut: (A.) **1.**dışkı çıkarma. **2.**büyük aptes.

تغير tegeyyur: (A.) **1.**öfke, kızgınlık. **2.**dönme, değişme.

تغير كردن tegeyyur kerden: kızmak, öfkelenmek, sinirlenmek.

تغيير tegyîr: (A.) **1.**değişiklik. **2.**değiştirme. **3.**değişim. ‖ * ~ -i âb u hevâ تغيير آب و هوا tebdili hava, hava değişimi. ‖ * ~ be azm-i hod nedâden تغيير به عزم خود ندادن istifini bozmamak.

تغييرات tegyîrât: (A.) değişiklikler.

تغييرات دادن tegyîrât dâden: değişiklik

yapmak.

تغییر پذیر tegyîrpezîr: (A.-F.) [tegyîr+ pezîroften>pezîr] değişken, değişebilir.

تغییر خانه tegyîrhâne: (A.-F.) [tegyîr+ hâne<hâne-i tegyîr] içki imalathanesi.

تغییر دادن tegyîr dâden: değiştirmek.

تغییر رخ دادن tegyîr roh dâden: değişiklik olmak.

تغییر کردن tegyîr kerden: değişmek.

تغییرناپذیر tegyîrnâpezîr: (A.-F.) değişmez, değişemez.

تغییر یافتن tegyîr yâften: değişmek.

تف tef: 1.sıcaklık, hararet, ısı. 2.aydınlık, ışık.

تف tof: 1.tükürük. 2.tuh!

تفاحش tefâhuş: (A.) 1.küfretme. 2.kötülükte işi azıtma.

تفاخر tefâhur: (A.) övünme.

تفاخر کردن tefâhur kerden: karşılıklı övünmek.

تفارق tefâruk: (A.) ayrılık, birbirinden ayrılma.

تفاسیر tefâsîr: (A.) 1.tefsirler, yorumlar. 2.raporlar.

تفاصیل tefâsîl: (A.) 1.ayrıntılar. 2.şerhler. 3.fasıllar.

تفاضل tefâzul: (A.) 1.fazlalık. 2.fazla gelme.

تفاله tofâle: 1.cüruf. 2.meyva posası. 3.tortu. 4.artık.

تفاوت tefâvut: (A.) fark. ‖ * ~ -i sinî تفاوت سنی yaş farkı. ‖ * bâ in ~ ki با این تفاوت که şu farkla ki.

تفاوت آمدن tefâvut âmeden: farklı olmak.

تفاوت داشتن tefâvut dâşten: 1.farklı olmak. 2.imtiyazlı olmak.

تفاوت دیدن tefâvut dîden: fark bulmak.

تفاوت کردن tefâvut kerden: 1.farketmek. 2.muhtelif olmak. 3.uygun olmamak. 4.imtiyaz elde etmek.

تفاوت گذاشتن tefâvut gozâşten: ayırmak, fark koymak.

تفاهم tefâhum: (A.) birbirini anlama, anlaşma. ‖ *sû-i ~ سوء تفاهم 1.yanlış anlama. 2.kötü anlama.

تفأل tefe'ul: (A.) 1.fal açma, fala bakma. 2.iyiye yorma.

تفألا tefe'ulen: (A.) iyiye yorarak.

تفأل کردن tefe'ul kerden: fala bakmak.

تف انداختن tof endâhten: tükürmek.

تفت teft: 1.sıcaklık, hararet. 2.acele. 3.salınma. 4.derhal.

تفتن teften: 1.ısınmak. 2.öfkelenmek. 3.kızdırmak. 4.salınmak.

تفته جگر tefteciger: [teften>teft+e+ciger] 1.aşık. 2.veremli.

تفته کردن tefte kerden: kızarıncaya kadar ısıtmak, kavurmak.

تفتیش teftîş: (A.) teftiş.

تفتیش کردن teftiş kerden: teftiş etmek.

تفتین teftîn: (A.) fitne çıkarma, kışkırtma.

تفتین کردن teftîn kerden: fitne çıkarmak.

تفجر tefeccur: (A.) 1.akma, akış. 2.fecir, tan ağarması. 3.mertlik gösterme, yiğitlik.

تفحص tefehhus: (A.) araştırma, inceleme.

تفحص کردن tefehhus kerden: araştırmak, incelemek.

تفخیم tefhîm: (A.) 1.büyütme. 2.(gr.) harfi imâlesiz okuma.

تفرج teferruc: (A.) 1.gezinti. 2.zorluktan kurtulma.

تفرج کردن teferruc kerden: gezinti yapmak, dolaşmak.

تفرجگاه teferrucgâh: (A.-F.) [teferruc+ gâh] 1.gezinti yeri. 2.eğlenme yeri.

تفرس teferrus: (A.) anlama, sezme, sezinleme.

تفرس کردن teferrus kerden: sezmek, sezinlemek, anlamak.

تفرع teferru': (A.) dallanma, şubelenme.

تفرعن tefer'un: (A.) kibirlenme, ahlâksızlaşma.

تفرق teferruk: (A.) ayrılma, dağılma.

تفریقه tefrika: (A.) ayrılık, tefrika, ihtilaf.

تفرقه افتادن tefrika oftâden: ihtilaf çıkmak, tefrika çıkmak.

تفرقه افکندن tefrika efkenden: ayrılık sokmak, ihtilaf çıkarmak.

تفرقه انداختن tefrika endâhten: ayrılık sokmak, tefrika çıkarmak.

تفرقه کردن tefrika kerden: dağıtmak.

تفریح tefrîh: (A.) eğlence, ferahlama, sevinme.

تفریحات tefrîhât: (A.) eğlence.

تفریح کردن tefrîh kerden: **1.**eğlenmek. **2.**ferahlamak. **3.**sevinmek.

تفریحگاه tefrîhgâh: (A.-F.) [tefrîh+gâh] mesire yeri.

تفرید tefrîd: (A.) **1.**tek yapma. **2.**bir kenara çekilme, bir başına kalma.

تفریط tefrît: (A.) **1.**aşağı kalma. **2.**yok etme. **3.**el çekme. **4.**tefrit.

تفریط کردن tefrît kerden: **1.**aşağı kalmak, kısa gelmek. **2.**yok etmek, zayi etmek.

تفریغ tefrîg: (A.) **1.**hazırlama. **2.**bitirme. **3.**hesabı tesviye etme.

تفریق tefrîk: (A.) **1.**ayırma. **2.**ayrılık. **3.**çıkarma.

تفریق کردن tefrîk kerden: **1.**ayırmak. **2.**çıkarmak, çıkarma yapmak.

تفسیر tefsîr: (A.) yorum, tefsir, açılama.

تفسیر کردن tefsîr kerden: yorum yapmak, tefsir etmek, açılamak.

تفصیل tefsîl: (A.) **1.**ayrıntı. **2.**uzun uzun anlatma. **3.**fasıllandırma. || * be ~ به تفصیل uzun uzadıya, ayrıntılı olarak.

تفصیلا tefsîlen: (A.) uzun uzadıya, ayrıntılı olarak, detaylı olarak.

تفصیل دادن tefsîl dâden: şerhetmek, açıklamak.

تفضل tefezzul: (A.) **1.**fazlalık. **2.**iyilik yapma, lutfetme. **3.**üstünlük.

تفضلات tefezzulât: (A.) sevgiler, lütuflar.

تفضل کردن tefezzul kerden: lutfetmek.

تفضیح tefzîh: (A.) **1.**rezil etme. **2.**rezillik.

تفضیل tefzîl: (A.) **1.**tercih, yeğleme. **2.**üstünlük.

تفضیل نهادن tefzîl nihâden: yeğlemek, tercih etmek, üstün tutmak.

تفقد tefekkud: (A.) hal hatır sorma, sorup soruşturma.

تفقد کردن tefekkud kerden: hal hatır sormak.

تفکر tefekkur: (A.) **1.**düşünme. **2.**düşünce.

تف کردن tof kerden: tükürmek.

تفکر کردن tefekkur kerden: düşünmek.

تفکه tefekkuh: (A.) **1.**meyva yeme. **2.**açıklık. **3.**ayrılık.

تفکیک tefkîk: (A.) **1.**açma. **2.**ayırma. **3.**açıklık. **4.**ayrılık.

تفکیک کردن tefkîk kerden: **1.**ayırmak. **2.**açmak.

تفکیک نمودن tefkîk numûden: ayırmak.

تفنگ tofeng: (ask.) tüfek.

تفنگچی tofengçî: (F.-T.) [tofeng+çi] tüfekçi.

تفنن tefennun: (A.) **1.**çeşitlilik. **2.**bir işi çeşitli yollarla yapma. **3.**eğlenme. **4.**çeşitli meşguliyet.

تفنن کردن tefennun kerden: **1.**bir işi çeşitli yollarla yapmak. **2.**oyun ve eğlenceyle meşgul olmak.

تفننی tefennunî: (A.) fantezi.

تفو tofû: tükürük.

تفوق tefevvuk: (A.) üstünlük.

تفوق داشتن tefevvuk dâşten: üstün olmak, ağır basmak.

تفوق یافتن tefevvuk yâften: üstünlük kazanmak, ağır basmak.

تفوه tefevvuh: (A.) konuşma, dile getirme.

تفوه کردن tefevvuh kerden: konuşmak, dile getirmek.

تفویض tefvîz: (A.) **1.**ısmarlama, ihale etme, **2.**birinin sorumluluğuna bırakma.

تفویض کردن tefvîz kerden: **1.**ihale etmek. **2.**birinin sorumluluğuna bırakmak.

تفهم tefehhum: (A.) anlama.

تفهیم tefhîm: (A.) anlatma.

تفهیم شدن tefhîm şoden: anlatılmak.

تفهیم کردن tefhîm kerden: anlatmak.

تق tak: tak. || * ~ -i çizî der âmeden تق چیزی در آمدن bir şeyin aslı anlaşılmak.

تقابل tekâbul: (A.) karşı karşıya gelme, karşılaşma, yüzyüze gelme.

تقاتل tekâtul: (A.) **1.**birbirini öldürme. **2.**savaşma.

تقادم tekâdum: (A.) kıdemli olma, eski olmak, kıdem, eskilik.

تقارب tekârub: (A.) yakınlık, birbirine yaklaşma.

تقارن tekârun: (A.) **1.**yakınlık, dostluk. **2.**aynı zamanda meydana gelme.

تقاسم tekâsum: (A.) **1.**bölünme. **2.**birlikte yemin etme.

تقاص tekâs: (A.) **1.**kısas yapma. **2.**takas. **3.**ödeşme.

تقاضا tekâzâ: (A.) **1.**rica, dilek. **2.**talep. **3.**dilekçe. ‖ * ~ -yi çîzî râ der nazar dâşten تقاضای چیزی را در نظر داشتن ihtiyaca cevap vermek.

تقاضا داشتن tekâzâ dâşten: rica etmek, dilemek.

تقاضا شدن tekâzâ şoden: istenmek.

تقاضا كردن tekâzâ kerden: **1.**rica etmek, dilemek, istemek. **2.**takaza etmek.

تقاضانامه tekâzânâme: (A.-F.) dilekçe.

تقاطع tekâtu': (A.) **1.**kesişme. **2.**kavşak.

تقاطع كردن tekâtu' kerden: kesişmek.

تقاعد tekâ'ud: (A.) **1.**emeklilik. **2.**emekliye ayrılma.

تقبل tekebbul: (A.) kabul etme.

تقبل كردن tekebbul kerden: kabul etmek, üzerine almak.

تقبيح takbîh: (A.) kınama, ayıplama.

تقبيح كردن takbîh kerden: kınamak, ayıplamak.

تقبيل takbîl: (A.) öpme, öpücük verme.

تق تق tık tık: tıkırtı, tık tık.

تقدس tekeddus: (A.) **1.**arılık, temizlik. **2.**dindarlık.

تقدم tekaddum: (A.) **1.**ileri geçme. **2.**kıdem. **3.**öncelik. **4.**protokol önceliği. ‖ * hakk-i ~ حق تقدم öncelik hakkı.

تقدم داشتن tekaddum dâşten: **1.**önde olmak, ilerde olmak. **2.**kıdemli olmak. **3.**önceliği olmak.

تقدمه takdime: (A.) **1.**hediye. **2.**avans.

تقدير takdîr: (A.) **1.**ölçme. **2.**değer biçme, takdir. **3.**yazgı. **4.**ilahî takdir. ‖ * be her ~ به هر تقدير her halükârda.

تقديراً takdîren: (A.) **1.**takdir ederek, önemseyerek, beğenerek. **2.**değer biçerek.

تقديرات takdîrât: (A.) takdirler, beğenmeler.

تقدير خوان takdîrhân: (A.-F.) [takdîr+ hânden>hân] takdir eden.

تقديركار takdîrkâr: (A.-F.) [takdîr+kâr] takdir edici.

تقدير كردن takdîr kerden: **1.**ölçmek, değer biçmek. **2.**takdir etmek. **3.**teşvik etmek.

تقديرنامه takdîrnâme: (A.-F.) takdirname.

تقديرى takdîrî: (A.) **1.**takdir ile ilgili, kader ile ilgili. **2.**takdir yoluyla belirtilen.

تقديريه takdîriyye: (A.) **1.**takdir ile ilgili, kader ile ilgili. **2.**takdir yoluyla belirtilen.

تقديس takdîs: (A.) **1.**kutsama, takdis. **2.**övme.

تقديسات takdîsât: (A.) **1.**kutsamalar. **2.**Tanrı'ya şükretmeler. **3.**yüceltmeler, ululamalar.

تقديس كردن takdîs kerden: kutsamak, takdis etmek, temizlikle övmek.

تقديم takdîm: (A.) **1.**takdim, sunuş, verme. **2.**öne alma.

تقديم داشتن takdîm dâşten: takdim etmek, sunmak, vermek.

تقديم كردن takdîm kerden: takdim etmek, sunmak, vermek.

تقرب tekarrub: (A.) yaklaşma, yakınlaşma, yakınlık, akrabalık.

تقرب جستن tekarrub costen: yakınlaşmak.

تقرب داشتن tekarrub dâşten: yaklaşmak, yakınlaşmak.

تقرر tekarrur: (A.) karar kılma, yerinde kalma, kararlılık, sağlamlık.

تقريب takrîb: (A.) **1.**yaklaştırma. **2.**tahmin. ‖ * be ~ به تقريب

yaklaşık olarak. ‖ * betovr-i ~ بطور تقریب yaklaşık olarak.

تقریبا takrîben: (A.) takriben, yaklaşık olarak, aşağı yukarı, hemen hemen.

تقریر takrîr: (A.) **1.**yerleştirme, yerine koyma. **2.**yerleştirilme, yerine konulma. **3.**anlatma, dile getirme, bildirme. **4.**önerge. **5.**siyasî nota. **6.**tapuda mülkünü başkasına sattığını söyleme. **7.**Osmanlı döneminde resmî dairelerden Bâbıâlî'ye gönderilen resmî yazı. ‖ * be ~ u beyân به تقریر و بیان açıktan açığa.

تقریراً takrîren: (A.) anlatarak.

تقریرات takrîrât: (A.) anlatılan şeyler.

تقریر کردن takrîr kerden: **1.**beyan etmek, açıklamak. **2.**kararlaştırmak.

تقریض takrîz: (A.) **1.**kesme. **2.**şiir söyleme. **3.**övme. **4.**kötüleme.

تقریظ takrîz: (A.) **1.**övme, medhetme. **2.**(ed.) bir kitabı yazıyla övme.

تقریظات takrîzât: (A.) **1.**eleştiriler, tenkitler. **2.**kitap takdir yazıları.

تقریع takrî': (A.) kınama, sitem etme.

تقسیط taksît: (A.) **1.**ayırma. **2.**taksit.

تقسیم taksîm: (A.) **1.**bölme. **2.**bölüm. **3.**bölü. **4.**su dağıtım yeri. **5.**Doğu müziğinde şarkıların bazı bölümlerinde bir saz sanatçısı tarafından yapılan doğaçlama müzik gezintisi. ‖ * ~ -i kâr kerden تقسیم کار کردن işbölümü yapmak.

تقسیمات taksîmât: (A.) **1.**bölmeler, bölüştürmeler, bölümlendirme. **2.**bölümler.

تقسیم شدن taksîm şoden: bölünmek, taksim edilmek.

تقسیم کردن taksîm kerden: bölmek, paylaştırmak, bölüştürmek, taksim etmek.

تقصیر taksîr: (A.) **1.**kısaltma. **2.**suç, hata, kabahat, kusur. **2.**fakirlik. ‖ * ez ~ -i kesî dergozeşten از تقصیر کسی در گذشتن birini affetmek.

تقصیر داشتن taksîr dâşten: suçu olmak, kabahati olmak, kusuru olmak.

تقصیرکار taksîrkâr: (A.-F.) [taksîr+kâr] **1.**günahkâr. **2.**suçlu, kabahatli, kusurlu.

تقصیر کردن taksîr kerden: **1.**kısaltmak. **2.**günah işlemek. **3.**hata etmek, kusur etmek.

تقصیر گذاشتن teksîr gozâşten: suçlamak, suç yüklemek, suç atmak.

تقطیر taktîr: (A.) **1.**damıtma. **2.**damla damla akıtma.

تقطیرات taktîrât: (A.) **1.**damıtmalar. **2.**damla damla akıtmalar.

تقطیر کردن taktîr kerden: damıtmak.

تقطیری taktîrî: (A.) damıtma ile ilgili.

تقطیع taktî': (A.) **1.**parçalama, kesme. **2.**kısa konuşma. **3.**(ed.) şiiri aruz veznine göre bölme.

تقطیع کردن taktî' kerden: **1.**kesmek, parçalamak. **2.**(ed.) şiiri aruz veznine göre bölmek.

تقفل tekefful: (A.) kilitli olma.

تقلا tekellâ: (A.) çabalama, çırpınma, telâş. ‖ * be ~ oftâden به تقلا افتادن telâşa kapılmak.

تقلا داشتن tekellâ dâşten: **1.**çırpınmak, **2.**çabalamak, uğraşmak.

تقلا کردن tekellâ kerden: **1.**çırpınmak. **2.**çalışıp çabalamak.

تقلب tekallub: (A.) **1.**hile, sahtekârlık. **2.**kopya. **3.**tersyüz olma.

تقلب کردن tekallub kerden: **1.**kopya çekmek. **2.**hile yapmak, sahtekârlık yapmak.

تقلبی tekallubî: (A.-F.) [tekallub+î] sahte, hileli.

تقلد tekallud: (A.) üzerine alma, taahhüt.

تقلد کردن tekallud kerden: üzerine almak.

تقلص tekallus: (A.) **1.**kasılma. **2.**birbirine girme.

تقلیب taklîb: (A.) **1.**altüst etme. **2.**değiştirme.

تقلید taklîd: (A.) **1.**taklit. **2.**müçtehidin fetvasını uygulama. **3.**takma, asma. **4.**sahtesini yapma.

تقلیداً taklîden: (A.) **1.**taklit ederek, öykünerek. **2.**asarak, takarak.

تقلیدات taklîdât: (A.) **1.**taklitler. **2.**asmalar, takmalar. **3.**sahtesini yapmalar.

تقلیدپذیر taklîdpezîr: (A.-F.) [taklîd+ pezîroften>pezîr] taklit edilebilir.

تقلید شدن taklîd şoden: taklit edilmek.

تقلید کردن taklîd kerden: **1.**taklit etmek, öykünmek. **2.**müçtehidin fetvasını uygulamak.

تقلیدناپذیر taklîdnâpezîr: (A.-F.) [taklîd+ nâ+pezîroften>pezîr] taklit edilemez.

تقلیدی taklîdî: (A.-F.) [taklîd+î] taklit, uydurma.

تقلیدیه taklîdiyye: (A.) **1.**taklit ile ilgili. **2.**taklit ile yapılan.

تقلیف taklîf: (A.) **1.**kalafatlama. **2.**kalafatlanma.

تقلیل taklîl: (A.) **1.**azaltma, eksiltme, indirme, kısma. **2.**azaltılma, eksiltilme, indirilme, kısılma.

تقلیل پیدا کردن taklîl peydâ kerden: azalmak.

تقلیل دادن taklîl dâden: azaltmak, indirmek, eksiltmek, düşürmek.

تقلیل یافتن taklîl yâften: inmek, azalmak, eksilmek, düşmek.

تقلیم taklîm: (A.) **1.**yontma, kesme. **2.**yontulma, kesilme.

تقلیص taklîs: (A.) **1.**büzme. **2.**adale sertleşmesi.

تقلیه takliye: (A.) yedi aylık ceninin anne karnında dönmesi.

تقمیص takmîs: (A.) gömlek geçirme, giydirme.

تقنین taknîn: (A.) yasama, kanun yapma.

تقوی tekvâ: (A.) günahtan sakınma, takva.

تقوی الله takvallâh: (A.) Tanrı korkusu ile dince yasaklananlardan çekinme.

تقوی پرور takvâperver: (A.-F.) [takvâ+perverden> perver] takva sahibi, dince yasaklanan şeylerden çekinen.

تقویب takvîb: (A.) **1.**yeri kazma, kazı yapma. **2.**yerinden çekerek çıkarma.

تقویت takviyet: (A.) **1.**destekleme. **2.**kuvvetlendirme, sağlamlaştırma.

تقویت پذیر takviyetpezîr: (A.-F.) [takviyet+ pezîruften> pezîr] kuvvet alan, kuvvetlenen.

تقویت کردن takviyet kerden: **1.**desteklemek. **2.**kuvvetlendirmek, sağlamlaştırmak.

تقوید takvîd: (A.) yedeğinden çekme.

تقوی گزیدن tekvâ gozîden: takva yolunu tutmak.

تقویم takvîm: (A.) **1.**takvim. **2.**tespit. **3.**doğrultma. ‖ * ~ -i arabî تقویم عربی hicrî kamerî takvim. ‖ * ~ -i celâlî تقویم جلالی Celâlî takvimi, Melikşah'ın Hayyam'a hazırlattığı takvim. ‖ * ~ -i hicrî تقویم هجری hicrî takvim. ‖ * ~ -i hicrî kamerî تقویم هجری قمری hicrî kamerî takvim. ‖ * ~ -i hicrî şemsî تقویم هجری شمسی hicrî şemsî takvim. ‖ * ~ -i kamerî تقویم قمری ay takvimi, kamerî takvim. ‖ * ~ -i rûmî تقویم رومی rûmî takvim, Sezar takvimi. ‖ * ~ -i şemsî تقویم شمسی şemsî takvim, güneş takvim.

تقویمچه takvîmçe: (A.-F.) [takvîm+çe] küçük takvim.

تقویم خانه takvîmhâne: (A.-F.) [takvîm+ hâne<hâne-i takvîm] Takvîm-i vekâyi' gazetesinin basılması için kurulan matbaa.

تقویم کردن takvîm kerden: fiyat biçmek.

تقویه takviye: kuvvetlendirme, takviye, destekleme.

تقویه پذیر takviyepezîr: (A.-F.) [takviye+ pezîruften> pezîr] kuvvetlenen, takviye edilen.

تقید tekayyud: (A.) bağlanma, bağlılık.

تقیه takiyye: (A.) **1.**sakınma. **2.**dinini veya inancını gizleme, takiyye.

تقیه کردن takiyye kerden: inancını gizlemek, takiyye yapmak.

تک tek: (Peh.) **1.**az. **2.**dip.

تک tek: koşma, koşu. ‖ * hodeş râ ez ~ u tâ neyendâhten خودش را از تک و تا نینداختن istifini bozmamak.
تک tek: yalnız, tek.
تک tok: **1.**gaga. **2.**sivri uç.
تکاپو tekâpû: [tek+â+pû] **1.**koşuşturma, telâş. **2.**çalışma. ‖ * be ~ oftâden به تکاپو افتادن telâşlanmak, telâşa düşmek.
تکاپو داشتن tekâpû dâşten: çaba göstermek.
تکاپو کردن tekâpû kerden: **1.**koşuşturmak. **2.**çok aramak. **3.**çalışmak.
تکاتب tekâtub: (A.) yazışma.
تکاثر tekâsur: (A.) çoğalma.
تکاثف tekâsuf: yoğunlaşma, sıklaşma.
تکاسل tekâsul: (A.) tembellik, üşenme.
تکافو tekâfû: yeterlik, kâfi gelme.
تکافو کردن tekâfû kerden: yeterli olmak, kâfi gelmek.
تکالیف tekâlîf: (A.) **1.**görevler. **2.**güç işler, zahmetli işler.
تکامل tekâmul: (A.) olgunlaşma, evrim.
تکامل کردن tekâmul kerden: olgunlaşmak, gelişmek, evrim geçirmek.
تکان tekân: hareket, sallanma, sarsıntı, sallama. ‖ * ~ be hod dâden تکان به خود دادن silkinmek.
تکان تکان خوردن tekân tekân horden: zangırdamak.
تکان خوردن tekân horden: **1.**sarsılmak. **2.**sallanmak. **3.**kıpırdamak.
تکان دادن tekân dâden: **1.**sarsmak. **2.**sallamak. **3.**silkmek, silkelemek. **4.**dürtmek, dürtüklemek. **5.**çırpmak.
تکاندن tekânden: **1.**sarsmak. **2.**sallamak. **3.**silkelemek, silkmek. ‖ * hod râ ~ خود را تکاندن silkinmek.
تکاور tekâver: **1.**koşan. **2.**tez ayak. **3.**çok hızlı koşan at ve deve.
تکبر tekebbur: (A.) **1.**kibirlenme, büyüklenme. **2.**gururlanma.
تکبر کردن tekebbur kerden: büyüklenmek, kibirlenmek.
تکبیر tekbîr: (A.) tekbir, Allahuekber deme.
تکبیر آوردن tekbîr âverden: tekbir getirmek.
تکبیر فرستادن tekbîr firistâden: tekbir getirmek.
تکبیر گفتن tekbîr goften: tekbir getirmek.
تک پژوهی tekpijûhî: [tek+pijûhîden> pijûh+î] monografi.
تک تک tek tek: bir bir, birer birer.
تکثر tekessur: (A.) çoğalma, artma.
تکثیر teksîr: (A.) çoğaltma, teksir. ‖ * ~ -i nijâd تکثیر نژاد insan kopyalama.
تکثیر کردن teksîr kerden: çoğaltmak, teksir etmek.
تکحل tekehhul: (A.) sürme çekme.
تک خال tek hâl: iskambil oyununda as, birli.
تکدر tekeddur: (A.) **1.**kederlenme. **2.**darılma.
تکدر داشتن tekeddur dâşten: kederli olmak.
تکدما tekdemâ: [tek+dem+â] (coğ.) eşsıcak, izoterm.
تکدی tekeddî: (A.) dilencilik.
تکدی کردن tekeddî kerden: dilenmek, dilencilik yapmak.
تکدیر tekdîr: (A.) **1.**hatır kırma, azarlama, tekdir. **2.**kederlendirme.
تکدیر کردن tekdîr kerden: azarlamak, tekdir etmek.
تکذیب tekzîb: (A.) yalanlama, tekzip.
تکذیب کردن tekzîb kerden: yalanlamak, tekzip etmek.
تکرار tekrâr: (A.) tekrar.
تکرار شدن tekrâr şoden: tekrarlanmak, tekrar edilmek, yinelenmek.
تکرار کردن tekrâr kerden: tekrarlamak, tekrar etmek, yinelemek.
تکرر tekerrur: (A.) tekrarlanma, tekerrür.
تکریر tekrîr: (A.) tekrarlama.
تکریم tekrîm: (A.) saygı gösterme, saygı.

تکریم کردن tekrîm kerden: saygı göstermek.

تکزاس tekzas: (coğ.) Teksas.

تک زدن tok zeden: gagalamak.

تکسر tekessur: (A.) kırılma.

تکسیر teksîr: kırma.

تکعیب tek'îb: (A.) küpünü alma.

تک فروشی tekfurûşî: [tek+furûhten> furûş+î] perakende satış.

تک فشار tekfeşâr: [tek+feşorden>feşâr] (coğ.) eşbası, izobar.

تکفل tekefful: (A.) kefil olma, tekeffül.

تکفل کردن tekefful kerden: kefil olmak, tekeffül etmek.

تکفین tekfîn: (A.) kefenleme.

تکفین کردن tekfîn kerden: kefenlemek.

تک گرما کشیدن tok-i germâ keşîden: ortalık serinlemek.

تک لپه tek leppe (bot.) tek çenekli, bir çenekli.

تکل tekel: **1.**(zool.) koç. **2.**uzun boylu delikanlı. **3.**kılıksız.

تکلف tekelluf: (A.) **1.**zahmete katlanma. **2.**üzerine alma. **3.**gösteriş.

تکلف کردن tekelluf kerden: **1.**zahmete katlanmak. **2.**üzerine almak. **3.**gösteriş yapmak.

تکلم tekellum: (A.) konuşma.

تکلم کردن tekellum kerden: konuşmak.

تکلیف teklîf: (A.) **1.**yükleme. **2.**erginleşme. **3.**ev ödevi. **4.**görev, vazife. **5.**müsadere. **6.**hal. **7.**iş. ‖ * be ~ sâhten به تکلیف ساختن güç durumda bırakmak. ‖ * ~ râ ma'lûm kerden تکلیف را معلوم کردن yapacağını bilmek, dersini vermek, hakkını avucuna vermek, birine (gününü) göstermek. ‖ * ~ râ nedânisten تکلیف را ندانستن ne yapacağını bilmemek.

تکلیف انجام دادن teklîf encâm dâden: ödev yapmak.

تکلیف داشتن teklîf dâşten:.yapacak işi olmak.

تکلیف کردن teklîf kerden: **1.**teklif etmek, önermek. **2.**görevlendirmek, uhdesine bırakmak.

تکمله tekmile: (A.) ek, mütemmim.

تکمه tokme: (T.) düğme.

تکمیل tekmîl: (A.) tamamlama, iyileştirme, olgunlaştırma.

تکمیل شدن tekmîl şoden: **1.**tamamlanmak. **2.**dolmak. **3.**doldurulmak (form vs.)

تکمیل کردن tekmîl kerden: **1.**tamamlamak. **2.**olgunlaştırmak. **3.**doldurmak (form vs.)

تکنوکرات teknokrat: (Fr.) teknokrat.

تکنوکراتیک teknokratik: (Fr.) teknokratik.

تکنوکراسی teknokrasi: (Fr.) teknokrasi.

تکنولوژی teknoloji: (Fr.) teknoloji. ‖ * ~ -i fezâyî تکنولوژیء فضایی uzay teknolojisi. ‖ * ~ -i pîşrefte تکنولوژیء پیشرفته ileri teknoloji.

تکنولوژیست teknolojist: (İng.) teknolog.

تکنولوژیک teknolojik: (Fr.) teknolojik.

تکنیسین teknisyen: (Fr.) teknisyen, tekniker.

تکنیک teknîk: (Fr.) teknik.

تکو tekû: **1.**kırışık saç. **2.**yağlı ekmek.

تک و پوی tekupûy: [tekîden>tek+u+ pûyîden>pûy] koşuşturma.

تک و تنها tek u tenhâ: yapayalnız, tek başına.

تک و توکی tek u tûkî: tektük.

تک و دو کردن tek o do kerden: bir araya getirmek, denkleştirmek.

تکومه tekûme: (Fr.) (bot.) yaprakları kokulu küçük bir ağaç.

تکون tekevvun: (A.) oluşum, var olma.

تکون یافتن tekevvun yâften: var olmak.

تکوین tekvîn: (A.) var etme, yaratma.

تکوین پیدا کردن tekvîn peydâ kerden: gelişmek.

تکه tekke (zool.) teke.

تکه tikke: parça. ‖ * hûb ~ îst خوب تکه ای است (hlk.) güzel kızdır, güzel parça!

تکه تکه tikke tikke: parça parça.

تکه تکه شدن tikke tikke şoden: paramparça olmak, parçalanmak.

تکه تکه کردن tikke tikke kerden: paramparça etmek, parçalamak.

تکه و پاره شدن tikke vu pâre şoden: paramparça olmak, paramparça edilmek.

تکه و پاره کردن tikke vu pâre kerden: 1.paramparça etmek. 2.linç etmek.

تکی tekî: [tek+î] 1.teklik. 2.tekli.

تکیدن tekîden: 1.koşmak. 2.yıpratmak.

تکیده شدن tekîde şoden: yıpranmak.

تکیف tekeyyuf: (A.) durumu bilme, keyfiyeti bilme.

تکیه tekye: 1.yaslanma. 2.düşkünler yurdu. 3.tekke. ‖ * bâ ~ ber با تکیه بر dayanarak, istinad ederek, istinaden. ‖ * bâ ~ ber inki با تکیه بر اینکه dayanarak, istinaden.

تکیه دادن tekye dâden: 1.yaslanmak, dayanmak. 2.dayamak, yaslamak.

تکیه داشتن tekye dâşten: dayanmak.

تکیه زدن tekye zeden: yaslanmak, dayanmak.

تکیه کردن tekye kerden: 1.yaslanmak, dayanmak. 2.güvenmek. ‖ * ~ rûy-i çîzî تکیه کردن روی چیزی bir şeyin üzerinde durmak.

تکیه گاه tekyegâh: [tekye+gâh] 1.dayanak. 2.himaye.

تکیه نمودن tekye numûden: dayanmak, yaslanmak.

تکیف tekyîf: (A.) 1.parça parça kesme. 2.keyfiyeti tayin etme.

تگ teg: dip.

تگ teg: 1.koşu. 2.bir at meydanına denk alan.

تگاب tegâb: 1.bir tür kadeh. 2.savaş. 3.düşmanlık.

تگ بردن teg borden: saldırmak, hamle etmek, akın etmek.

تگرگ tegerg: (Peh.) dolu.

تگرگ آمدن tegerg âmeden: dolu yağmak.

تگ و تاز teg u tâz: saldırı, akın.

تگین tegîn: (T.) 1.güzel. 2.cesur, yürekli.

تل tel: (A.) tepe, sırt, küme.

تل آسا telâsâ: [tel+âsâ] (A.-F.) dağ gibi.

تل آویو telaviv: (coğ.) Tel Aviv.

تلاتف telâtuf: kavga, gürültü, patırtı.

تلاحق telâhuk: (A.) 1.kavuşma, katılma, buluşma. 2.süreklilik.

تلازم telâzum: (A.) 1.birbirine bağlı olma. 2.birliktelik. 3.lüzum, gereklilik.

تلاش telâş: telâş, çaba, uğraşı, didinme. ‖ * ~ be kâr dâden تلاش به کار دادن çaba göstermek. ‖ * ~ be kâr giriften تلاش به کار گرفتن çaba göstermek.

تلاش داشتن telâş dâşten: çabalamak.

تلاش کردن telâş kerden: çabalamak, uğraşmak.

تلاشی telâşî: (A.) 1.yok olma. 2.yokluk. 3.dağılma.

تلاطم telâtum: (A.) 1.çalkanma, dalgalanma. 2.tokatlaşma.

تلاطم داشتن telâtum dâşten: çalkanmak, çalkantılı olmak.

تلافی telâfî: (A.) telafi. ‖ * ~ -i çîzî râ ser-i kesî bâz kerden تلافیء چیزی را سر کسی باز کردن bir şeyin acısını birinden çıkarmak. ‖ * ~ -i çîzî râ ber ser-i kesî der âverden تلافیء چیزی را بر سر کسی در آوردن hıncını almak, acısını çıkarmak.

تلافی کردن telâfî kerden: 1.telafi etmek. 2.acısını çıkarmak.

تلاقی telâkî: (A.) görüşme, buluşma, karşılaşma. ‖ * yevm-i ~ یوم تلاقی kıyamet günü.

تلاقی کردن telâkî kerden: buluşmak, görüşmek, karşılaşmak.

تلاقی یافتن telâkî yâften: buluşmak, görüşmek, karşılaşmak.

تلال tilâl: (A.) tepeler, kümeler.

تلامذه telâmize: (A.) 1.öğrenciler. 2.çıraklar.

تلاوت tilâvet: (A.) okuma, kıraat, tilavet.

تلاوت کردن tilâvet kerden: okumak, kıraat etmek, tilavet etmek.

تلاوت نمودن tilâvet numûden:

okumak, tilavet etmek.

تلألؤ tele'lu': (A.) parlama, parıldama, ışıldama.

تلبس telebbus: (A.) **1.**giyinme. **2.**belirsizlik, karışıklık.

تلبيس telbîs: (A.) hile, sahtekârlık, gerçeği gizleme.

تلخ telh: (Peh.) acı.

تلخاک telhâk: (A.-F.) [tel+hâk] toprak yığını.

تلخک telhek (bot.) delice otu.

تلخ گرفتن telh giriften: acılaştırmak.

تلخی telhî: [telh+î] **1.**acılık. **2.**kötülük. **3.**huysuzluk, somurtma. ‖ * ~ -i çîzî râ ferâmûş nekerden تلخی چیزی را فراموش نکردن bir şeyin acısını unutmamak.

تلخيص telhîs: (A.) **1.**kısaltma. **2.**özetleme.

تلخيص كردن telhîs kerden: **1.**kısaltmak. **2.**özetlemek. **3.**sözü kısa kesmek.

تلذذ telezzuz: (A.) lezzet alma.

تلسکوپ tiliskop: (Fr.) teleskop.

تلطف telettuf: (A.) yumuşak davranma, yumuşaklık, lütuf.

تلطف کردن telettuf kerden: yumuşak davranmak, lutfetmek.

تلطيف teltîf: (A.) **1.**gönül alma. **2.**rütbe, hediye gibi şeylerle onurlandırma, ödüllendirme. **3.**yumuşatıcı ilaç kullanma.

تلطيفاً taltîfen: (A.) rütbe, hediye gibi şeylerle onurlandırarak.

تلطيفات taltîfât: (A.) **1.**gönül almalar. **2.**rütbe, hediye gibi şeylerle onurlandırmalar.

تلعب tele'ub: (A.) oynama, oyunla meşgul olma.

تلف telef: (A.) telef, kayıp.

تلفات telefât: (A.).telefat, kayıplar. ‖ * ~ -i sengîn تلفات سنگین ağır kayıp.

تلفات بر جای ماندن telefât ber cây mânden: kayıp vermek.

تلفات وارد آوردن telefât vârid âverden: telefat vermek.

تلف شدن telef şoden: telef olmak.

تلف کردن telef kerden: **1.**telef etmek. **2.**harcamak, tüketmek. **3.**öldürmek.

تلفظ teleffuz: (A.) telaffuz.

تلفظ کردن teleffuz kerden: telaffuz etmek.

تلفن telefon: (Fr.) telefon. ‖ * ~ -i bîsîm تلفن بی سیم cep telefonu. ‖ * ~ -i merkezpahş تلفن مرکز پخش santral telefonu. ‖ * ~ -i muteharrik تلفن متحرک mobil telefon. ‖ * sedâ-yi zeng-i ~ bulend şoden صدای زنگ تلفن بلند شدن telefon çalmak. ‖ * merkez-i ~ مرکز تلفن telefon santrali.

تلفن زدن telefon zeden: telefon etmek.

تلفن زنگ زدن telefon zeng zeden: telefon çalmak.

تلفن شدن telefon şoden: telefon edilmek, telefon açılmak.

تلفن کردن telefon kerden: telefon etmek.

تلفن گرفتن telefon giriften: telefon numarası çevirmek.

تلفنی telefunî: (Fr.-F.) [telefun+î] telefonla.

تلفون telefûn: (Fr.) telefon.

تلفونچی telefonçi: (Fr.-T.) telefoncu, telefon memuru.

تلفون خانه telefonhâne: (Fr.-F.) [telefon+ hâne] telefon idaresi, postane.

تلفون کردن telefon kerden: telefon etmek.

تلفونی telefûnî: (Fr.-F.) telefon ile, telefon vasıtasıyla.

تلفيف telfîf: (A.) **1.**ambalaj. **2.**sarma.

تلفيق telfîk: (A.) **1.**birleştirme. **2.**düzenleme.

تلفيق کردن telfîk kerden: düzenlemek, tertip etmek.

تلقاء telkâ': (A.) görüşme, karşılaşma.

تلقب telekkub: (A.) lakaplanma, lakap alma.

تلقن telekkun: (A.) öğrenme.

تلقی telakkî: (A.) **1.**telakki, kabul. **2.**buluşma, görüşme.

تلقيب telkîb: (A.) lakap verme, lakaplandırma.

تلقيح telkîh: (A.) **1.**aşılama. **2.**dölleme. **3.**mayalama.

تلقیح شدن telkîh şoden: **1.**aşılanmak. **2.**döllenmek. **3.**mayalanmak.

تلقیح کردن telkîh kerden: **1.**aşılamak. **2.**döllemek. **3.**mayalamak.

تلقی شدن telakkî şoden: telakki edilmek.

تلقی کردن telakkî kerden: telakki etmek, değerlendirmek, bilmek.

تلقین telkîn: (A.) telkin.

تلقین کردن telkîn kerden: telkin etmek.

تلکس tiliks: (Fr.) teleks.

تلکه کردن teleke kerden: haraç almak.

تلکه گیری کردن teleke gîrî kerden: haraç almak.

تلگراف tiligraf: (Fr.) telgraf. ‖ * ~ -i bîsîm تلگراف بی سیم telsiz telgraf. ‖ * muhâbere kerden-i ~ مخابره کردن تلگراف telgraflaşmak.

تلگراف خانه tiligrâfhâne: (Fr.-F.) telgrafhane, postane.

تلگراف زدن tiligraf zeden: telgraf çekmek.

تلگراف کردن tiligrâf kerden: telgraf çekmek.

تلگرافی tiligrâfî: (Fr.-F.) telgraf ile.

تلمبار telembâr: **1.**açık ambar. **2.**ipek böceği yetiştirilen yer.

تلمبه tolombe: (T.) **1.**tulumba. **2.**pompa.

تلمبه خانه tolombehâne: (T.-F.) pompa istasyonu.

تلمبه زدن tolombe zeden: **1.**tulumbadan su çekmek. **2.**pompalamak.

تلمبه زنی tolombezenî: [tolombe+zeden> zen+î] pompaj, pompalama.

تلمبه کردن tolombe kerden: pompalamak.

تلمذ telemmuz: (A.) öğrencilik, ders alma.

تلمذ کردن telemmuz kerden: öğrencilik yapmak, ders almak.

تلمع telemmu': (A.) aydınlanma, parlama, aydınlık.

تلمیح telmîh: (A.) **1.**işaret. **2.**(ed.) bilinen bir olaya veya söze işaret, telmih.

تلمیح کردن telmîh kerden: (ed.) telmih yapmak, göndermede bulunmak.

تلمیذ tilmîz: (A.) **1.**öğrenci, talebe. **2.**çırak.

تلنگ teleng: fiske. ‖ * ~ -i kesî der reften تلنگ کسی در رفتن rahmeti rahmana kavuşmak.

تلنگر telengur: fiske.

تلنگر زدن telengur zeden: fiske atmak.

تلنگی tolengî: **1.**muhtaç, yoksul. **2.**dilenci.

تلو tilv: (A.) **1.**peş, art. **2.**peşinden giden, izleyen.

تلواً tilven: (A.) **1.**peşinden, izinden. **2.**ilişik olarak.

تلو تلو خوردن tilev tilev horden: yalpalamak.

تلواسه telvâse: çırpınma.

تلون televvun: (A.) **1.**renklenme. **2.**renkten renge girme, renk değiştirme.

تلویح telvîh: (A.) işaret, îma.

تلویحاً telvîhen: (A.) îmalı, üstü kapalı.

تلویزیون tilivizyon: (Fr.).televizyon. ‖ * ~ -i beste تلویزیون بسته kapalı devre televizyon. ‖ * ~ -i dovletî تلویزیون دولتی devlet televizyonu. ‖ * ~ -i rûmîzî تلویزیون رومیزی portatif televizyon.

تلویم telvîm: (A.) **1.**kınama. **2.**azarlama.

تلوین telvîn: (A.) **1.**boyama, renklendirme. **2.**renklilik. **3.**üslup değiştirme.

تله tele: **1.**tuzak, kapan. **2.**ütü.

تله تکست teletekst: (İng.) teleteks.

تله کومونیکاسیون telekomunikasyon: (Fr.) telekomünikasyon.

تله موش telemûş: [tele+mûş] fare kapanı.

تلهب telehhub: (A.) yalazlanma, alevlenme.

تله بست telebest: inşaat iskelesi.

تله پاتی telepati: (Fr.) telepati.

تلهف telehhuf: (A.) üzülme, kederlenme.

تلی tolî: dikiş kutusu, dikiş sepeti.

تلیس telîs: **1.**kanaviçe. **2.**teliz, bir tür ambalaj bezi.

تلیت teleyyun: (A.) yumuşama, yumuşaklık.

تليين telyîn: (A.) yumuşatma.

تم tem: (Peh.) 1.karartı. 2.(tıb.) katarakta benzer bir tür göz hastalığı.

تم tim: (Fr.) tem, tema, konu.

تمات temat: (Fr.) (bot.) domates.

تماته temate: (Fr.) (bot.) domates.

تماثل temâsul: (A.) benzeşme, benzerlik.

تماثيل temâsîl: (A.) 1.resimler, portler, timsaller. 2.heykeller.

تماخره temâhere: 1.mizah. 2.şaka.

تمادح temâduh: (A.) birbirini övme.

تمارض temâruz: (A.) yalancıktan hasta olma, hastaymış gibi davranma.

تمازح temâzuh: (A.) şakalaşma.

تماس temâs: (A.) dokunma, temas. ‖ * ~ -i nezdîk dâşten تماس نزدیک داشتن yakın temas halinde olmak.

تماس حاصل کردن temâs hâsil kerden: temas kurmak.

تماسخ temâsuh: (A.) nefsin insandan bir hayvana intikali.

تماسک temâsuk: (A.) kendini koruma, kollama.

تماس گرفتن temâs giriften: temas kurmak.

تماشا temâşâ: (A.) seyir, temaşa. ‖ * be ~ gozâşten به تماشا گذاشتن sergilemek.

تماشاچی temâşâçî: (A.-T.) [temâşâ+çi] seyirci.

تماشاخانه temâşâhâne: (A.-F.) tiyatro.

تماشا کردن temâşâ kerden: seyretmek, izlemek, temaşa etmek.

تماشاگاه temâşâgâh: (A.-F.) [temâşâ+gâh] 1.seyir yeri. 2.manzara.

تماشاگر temâşâger: (A.-F.) [temâşâ+ger] seyirci.

تماشاگه temâşâgeh: [temâşâ+geh] 1.seyir yeri. 2.manzara.

تماشایی temâşâyî: (A.-F.) [temâşâ+y+î] seyirci.

تماشی temâşî: birlikte yürüme.

تمالک temâluk: (A.) kendine sahip olma.

تمام temâm: (A.) 1.bütün, hepsi, tümü. 2.tam, eksiksiz. 3.olanca. 4.uygun. 5.bitme, sona erme. 6.kabul. 7.dolunay. ‖ * ~ -i ceyb تمام جیب kosinüs. ‖ * ~ -i mumâss تمام مماس kotanjant.

تماما temâmen: (A.) tamamen, tümüyle.

تمامت temâmet: (A.) 1.tamamlama. 2.hepsi, tümü, tamamı.

تمام شدن temâm şoden: bitmek, tamamlanmak, tükenmek.

تمام شد و رفت temâm şod u reft: (A.-F.) işte o kadar.

تمام عیار temâm eyâr: (A.-F.) tam, dört dörtlük.

تمام کردن temâm kerden: 1.tamamlamak, bitirmek. 2.bırakmak, kesmek. 3.susmak. 4.ölmek. ‖ * hod râ ~ خود را تمام کردن kendini yiyip bitirmek, kendini tüketmek.

تمام وقت temâmvakt: (A.-F.) tüm gün [İng.: fulltime].

تمامی temâmî: (A.-F.) 1.olgunluk, tamlık. 2.tüm, bütün, hepsi.

تمامیت temâmiyet: (A.) bütünlük. ‖ * ~ -i arzî تمامیت ارضی toprak bütünlüğü. ‖ * ~ -i mulkiyye تمامیت toprak bütünlüğü.

تمایل temâyul: (A.) eğilim, temayül.

تمایلات temâyulât: (A.) eğilimler. ‖ * ~ -i serkûfte تمایلات سرکوفته bastırılmış eğilimler.

تمایل داشتن temâyul dâşten: meyletmek, rağbet etmek, eğilimi olmak, ilgi duymak.

تمبر tembr: (Fr.) pul. ‖ * ~ -i postî تمبر پستی posta pulu. ‖ * ~ -i yâdbûd تمبر یادبود hatıra pulu. ‖ * ~ -i yâdgârî تمبر یادگاری hatıra pulu.

تمتع temettu': (A.) faydalanma, çıkar sağlama.

تمتع بردن temettu' borden: faydalanmak, çıkar sağlamak.

تمتم temtem (bot.) sumak.

تمثال temsâl: (A.) benzetme, örnek getirme.

تمثال timsâl: (A.) 1.resim, portre, tasvir. 2.heykel.

تمثل temessul: (A.) 1.hikâye anlatma. 2.bir şiir veya hadisi örnek getirme. 3.bir şeye benzeme.

تمثیل temsîl: (A.) 1.örnek getirme. 2.benzetme. 3.resmetme.

تمثیل آوری temsîlâverî: (A.) [temsîl+âverden> âver+î] örnek getirme, örnekleme.

تمجمج temecmuc: (A.) müphem veya muğlak konuşma.

تمجمج کردن temecmuc kerden: müphem veya muğlak konuşmak.

تمجید temcîd: (A.) 1.ululama. 2.övme.

تمجید کردن temcîd kerden: 1.ululamak. 2.övmek.

تمدد temeddud: (A.) gerinme, kasılma.

تمدن temeddun: (A.) uygarlık, medeniyet.

تمدیح temdîh: (A.) övme, medhetme.

تمدید temdîd: (A.) uzatma. ‖ * ~ -i muddet تمدید مدت süre uzatma.

تمدید شدن temdîd şoden: temdit edilmek, uzatılmak.

تمدید کردن temdîd kerden: uzatmak, temdit etmek.

تمر temr: 1.hurma ağacı. 2.demirhindi. ‖ * ~ -i hindî تمر هندی demirhindi.

تمر temr: (tıb.) görme bozukluğuna yol açan bir hastalık.

تمرد temerrud: (A.) başkaldırı, itaatsizlik, isyan.

تمرد کردن temerrud kerden: başkaldırmak, isyan etmek, itaatsizlik etmek.

تمرکز temerkuz: (A.) bir noktaya toplanma, temerküz, konsantrasyon. ‖ * ~ -i fikrî peydâ kerden تمرکز فکری پیدا کردن konsantre olmak, dikkatini toplamak.

تمرگیدن temergîden: oturmak.

تمرین temrîn: (A.) idman, temrin, pratik.

تمرین کردن temrîn kerden: 1.idman yapmak, temrin yapmak, pratik yapmak. 2.çalıştırmak.

تمساح timsâh: (A.) (zool.) timsah. ‖ * eşk-i ~ rîhten (ber) اشک تمساح ریختن بر timsah göz yaşları dökmek.

تمسخر temeshur: (A.) alay. ‖ * be ~ giriften به تمسخر گرفتن alaya almak. ‖ * be bâd-i ~ giriften به باد تمسخر گرفتن alaya almak. ‖ * memlû ez ~ مملو از تمسخر alaylı alaylı. ‖ * muvrid-i ~ karâr dâden مورد تمسخر قرار دادن alaya almak. ‖ * muvrid-i ~ karâr giriften مورد تمسخر قرار گرفتن alay konusu olmak. ‖ * muvrid-i ~ vâki' geşten مورد تمسخر واقع گشتن alay konusu olmak.

تمسخر آمیز temeshurâmîz: alaylı, alaycı.

تمسخر کردن temeshur kerden: alay etmek.

تمسک temessuk: (A.) 1.el atma, yapışma, sarılma. 2.huccet, senet.

تمسک کردن temessuk kerden: sarılmak, yapışmak, el atmak, teşebbüs etmek.

تمسکن temeskun: (A.) yoksullaşma, yoksulluk.

تمشک temişk (bot.) ahududu, ağaç çileği.

تمشی temeşşî: (A.) yürüme, adımlama.

تمشیت temşiyet: (A.) 1.yürütme, ilerletme. 2.düzene koyma.

تمشیت دادن temşiyet dâden: 1.yürütmek. 2.düzene koymak.

تمطی temettî: (A.) 1.gerinme, esneme. 2.salınma.

تمغا temga: (T.) 1.damga, işaret, alamet. 2.vergi. 3.mühür.

تمغاچی temgaçi: (T.) [temga+çi] 1.damgacı. 2.gümrük memuru.

تمکن temekkun: (A.) 1.yerleşme, yer tutma. 2.mevki sahibi olma. 3.zengin olma.

تمکن داشتن temekkun dâşten: hali vakti yerinde olmak.

تمکن یافتن temekkun yâften:

1.yerleşmek, mekân tutmak. 2.makam sahibi olmak. 3.zengin olmak.

تمكين temkîn: (A.) 1.temkin. 2.yerinde durma, sebat. 3.güç verme. 4.kabul etme.

تمكين كردن temkîn kerden: 1.itaat etmek. 2.kabul etmek.

تملق temelluk: (A.) dalkavukluk.

تملق كردن temelluk kerden: dalkavukluk etmek, yağ çekmek.

تملق گفتن temelluk goften: dalkavukluk etmek, yağ çekmek.

تملک temelluk: (A.) 1.sahip olma, elde etme. 2.istimlak.

تملول temlûl: (A.) (bot.) tembul, Hindistan'da yetişen bir tür tırmanıcı biber ağacı.

تمليح temlîh: (A.) 1.tuz dökme. 2.yumuşak söz söyleme.

تمليک temlîk: (A.) 1.mülk sahibi etme. 2.mülk bağışlama.

تمنا temennâ: (A.) 1.temenni, istek, rica. 2.minnet.

تمنا كردن temennâ kerden: temenni etmek, arzu etmek.

تمنع temennu': (A.) 1.sağlamlık. 2.çekinme.

تمنى temennî: (A.) temenni, arzu.

تموج temevvuc: (A.) dalgalanma.

تموز temmûz, temûz: 1.aşırı sıcak. 2.Temmuz. 3.yaz.

تمول temevvul: (A.) varlık, zenginlik, mal mülk.

تمول داشتن temevvul dâşten: varlıklı olmak, mal mülk sahibi olmak.

تمول يافتن temevvul yâften: zenginleşmek.

تمويل temvîl: (A.) karesini almak, bir sayıyı kendisiyle çarpmak.

تمويه temvîh: (A.) 1.yaldızlama. 2.göz boyama, sahtekârlık.

تمهد temehhud: (A.) 1.(halı) yayılma. 2.kolaylaşma. 3.yer alma. 4.güçlülük.

تمهل temehhul: (A.) savsaklatma.

تمهيد temhîd: (A.) 1.döşeme. 2.kolaylaştırma. 3.giriş yapma. 4.düzeltme.

تمهيل temhîl: (A.) 1.mühlet verme, süre tanıma. 2.yumuşak davranma.

تميز temîz: (A.) 1.ayırdetme, ayırma. 2.temiz. ‖ * dîvân-i ~ ديوان تميز temyiz mahkemesi, yargıtay.

تميز دادن temîz dâden: ayırdetmek, ayırmak, teşhis etmek.

تميز شدن temîz şoden: temizlenmek.

تميز كردن temîz kerden: temizlemek, arıtmak.

تميز گذاشتن temîz gozâşten: ayırdetmek.

تميز نگه داشتن temîz nigehdâşten: temiz tutmak.

تميزى temîzî: (A.-F.) [temîz+î] temizlik.

تميم temîm: (A.) 1.tamam. 2.sağlam.

تمييز temyîz: (A.) 1.ayırma, fark koyma. 2.temyiz.

تمييز دادن temyîz dâden: ayırmak, ayırdetmek, temyiz etmek.

تن ten: (Peh.) 1.beden, vücut. 2.üst. 3.zat, şahıs, kişi. ‖ * ~ -i kesî bûden تن كسى بودن üstünde olmak, giyinmiş olmak. ‖ * ber ~ dâşten بر تن داشتن giyinmiş olmak, üstünde olmak. ‖ * ber ~ kerden بر تن كردن giyinmek, giymek. ‖ * be ~ kerden به تن كردن üstüne giymek, giyinmek. ‖ * ~ be ~ تن به تن (sp.) adam adama. ‖ * ~ -i kesî bûden-i çîzî تن كسى بودن چيزى (bir şey) üstünde olmak, üzerinde olmak.

تن ton: (Fr.) ton.

تن ton: (Fr.) ses tonu.

تن آسان tenâsân: [ten+âsân] 1.rahat, müreffeh. 2.tembel.

تن آسانى tenâsânî: [ten+âsân+î] tembellik.

تنابنده tenâbende: [ten+â+bende] 1.kul. 2.kişi.

تنابنده اى tenâbendeî: kimsecikler.

تنازع tenâzu': (A.) çekişme, anlaşmazlık.

تناسب tenâsub: (A.) 1.(mat.) orantı. 2.uygunluk. 3.yakınlık. ‖ * ~ -i mustakîm تناسب مستقيم (mat.) doğru orantı. ‖ * ~ -i ma'kûs

تناسب معکوس (mat.) ters orantı. ‖ * be ~ به تناسب nispetle, oranla.

تناسخ tenâsuh: (A.) 1.birbirini iptal etme. 2.değişme 3.ruhun bir cisimden diğerine veya insandan hayvana geçmesi.

تناسل tenâsul: (A.) 1.nesil yetiştirme. 2.üreme.

تناشد tenâşud: (A.) karşılıklı şarkı söyleme.

تناصر tenâsur: (A.) yardımlaşma.

تناصح tenâsuh: (A.) öğütleşme.

تناصف tenâsuf: (A.) birbirine insaf etme.

تناظر tenâzur: (A.) 1.bakışım, bakışma, simetri. 2.tartışma.

تنافر tenâfur: (A.) birbirinden nefret etme.

تناقض tenâkuz: (A.) 1.çelişme, çelişki, tenakuz. 2.uygunsuzluk.

تناکح tenâkuh: (A.) nikâhına almak için kız isteme.

تناوب tenâvub: (A.) dönüşümlülük, nöbetleşe iş yapma.

تناور tenâver: [ten+â+ver] güçlü, iri yarı, iri kıyım.

تناول tenâvul: (A.) 1.yeme, içme. 2.tutma, alma.

تناهی tenâhî: (A.) 1.sona erdirme. 2.yeterli kılma.

تنباکو tenbâkû: tömbeki, nargile tütünü.

تنباکو فروش tenbakûfurûş: [tenbakû+ furûhten> furûş] tömbeki satan, nargile tütünü satan.

تنبک tonbek: (müz.) dümbelek, darbuka.

تنبل tenbel: tembel.

تنبل tenbol: 1.hile. 2.büyü.

تنبل کردن tenbel kerden: 1.tembellik etmek. 2.ihmal etmek. 3.müsamahalı davranmak.

تنبلی tenbelî: [tenbel+î] tembellik. ‖ * ~ -i kesî âmeden تنبلیء کسی آمدن üşenmek.

تنبلی کردن tenbelî kerden: 1.tembellik etmek. 2.ihmal etmek. 3.müsamahalı davranmak.

تنبلیت tenbelît: küçük yük.

تنبور tenbûr: (müz.) tambur, tambura.

تنبه tenebbuh: (A.) 1.uyanma. 2.uyanıklık.

تنبها tenbehâ: [ten+behâ] (huk.) kefalet ücreti.

تنبیدن tenbîden: 1.titremek. 2.sarsılmak. 3.yıkılmak (bina vs.)

تنبیه tenbîh: (A.) 1.uyandırma. 2.cezalandırma. 3.tartaklama.

تنبیه کردن tenbîh kerden: 1.uyandırmak. 2.cezalandırmak.

تن پرست tenperest: [ten+perestîden> perest] 1.canına düşkün, canı kıymetli. 2.bencil.

تن پرور tenperver: [ten+perverden> perver] canına düşkün, canı kıymetli.

تن تن ten ten: (müz.) şarkı, nağme.

تنجیدن tencîden: çöreklenmek.

تنجیز tencîz: (A.) cayiz kılma.

تنجیس tencîs: (A.) 1.pisletme, kirletme. 2.pis sayma.

تنجیم tencîm: (A.) gözlem, yıldızları gözleme.

تنحنح کردن tenehnuh kerden: öksürmek.

تن خشکن ten hoşkon: bornoz.

تنخواه tenhâh: [ten+hâsten>hâh] 1.sermaye. 2.fon, para. ‖ * ~ -i gerdân تنخواه گردان döner sermaye. ‖ * ~ -i mâye تنخواه مایه sermaye, anapara.

تند tond: 1.keskin. 2.çevik. 3.öfkeli, asabi. 4.tok. 5.acı. 6.koygun. 7.koyu. 8.dik (yokuş) 9.aceleyle. 10.hızlı. 11.ileri (saat) 12.gulyabanî. 13.çabuk.

تن دادن ten dâden: razı olmak, boyun eğmek, teslim olmak.

تند باد tondbâd: [tond+bâd] 1.sert rüzgâr. 2.fırtına. 3.bora.

تند پز tondpez: [tond+pohten>pez] mikrodalga fırın.

تند حمله tondhamle: (F.-A.) [tond+hamle] hızla saldıran.

تندخو tondhû: [tond+hû] 1.asabî mizaçlı. 2.öfkeli, sinirli.

تندخوانی tondhânî: [tond+hânden>hân+î] hızlı okuma.

تندر tonder: gök gürültüsü.

تن در دادن ten der dâden: **1.**razı olmak, teslim olmak. **2.**bir iş için hazır olmak.

تندرست tendorost: [ten+dorost] sağlıklı, sıhhatli.

تندرستی tendorostî: [ten+dorost+î] sağlık, sıhhat, esenlik, selâmet.

تندرستی یافتن tendorostî yâften: şifa bulmak, sağlığına kavuşmak.

تند رفتار tondreftâr: [tond+reften>reft> reftâr] kıvrak, çabuk, çevik, hareketli.

تندرو tondrov: [tond+reften>rov] **1.**süratli, çabuk. **2.**kıvrak. **3.**korkusuz.

تندرو tond rû: [tond+rû] **1.**asık suratlı. **2.**cimri.

تند شدن tond şoden: hızlanmak.

تند کردن tond kerden: **1.**(saat) ileri almak. **2.**hızlanmak. **3.**hızlandırmak.

تند مزاج tondmizâc: (A.-F.) [tond+ mizâc] sert tabiatlı, asabi mizaçlı.

تند نشستن tond nişesten: dik oturmak.

تند و تیز tond u tîz: çok acı, yakıcı, zehir zemberek.

تند و خند tond u hend: darmadağınık, alt üst olmuş.

تنده tonde: **1.**sarplık, diklik. **2.**dik bayır.

تندی tondî: [tond+î] **1.**keskinlik. **2.**hiddet. **3.**acılık. **4.**diklik (yokuş vs.) **5.**çeviklik, kıvraklık. **6.**koyuluk. **7.**sertlik. **8.**sürat, hız. **9.**çabucak. ‖ * be ~ به تندی hızlı hızlı, süratle.

تندیدن tondîden: **1.**keskinleşmek. **2.**öfkelenmek. **3.**sert davranmak. **4.**kabalık etmek. **5.**filizlenmek. **6.**çimlenmek.

تندیس tendîs: **1.**yüz. **2.**resim, portre. **3.**heykel. **4.**kalıp.

تن زدن ten zeden: **1.**susmak. **2.**kaçınmak. ‖ * ez encâm-i hâst-i kesî ~ از انجام خواست کسی تن زدن birinin isteğini geri çevirmek.

تنزل tenezzol: (A.) inme, düşme, tenezzül. ‖ * ~ -i behâ تنزل بها değer düşmesi, ucuzlama.

تنزل کردن tenezzol kerden: inmek, alçalmak.

تنزه tenezzoh: (A.) **1.**arınmışlık. **2.**gezinti.

تنزیب tenzîb: (A.) **1.**ince kumaş. **2.**arkalık. **3.**tülbent. **4.**sargı bezi.

تنزیل tenzîl: (A.) **1.**indirme. **2.**düzenleme. **3.**Kur'ân. **4.**faiz. **5.**indirim, iskonto.

تنزیلات tenzîlât: (A.) tenzilat, indirim.

تنزیل دادن tenzîl dâden: faiz vermek.

تنزیه tenzîh: (A.) arılama, tenzih, kusur kondurmama.

تن سپردن ten siporden: teslim olmak, razı olmak, boyun eğmek.

تنسته teneste: örümcek ağı.

تنسک tenessok: (A.) dindarlık.

تنسم tenessom: (A.) **1.**arama, araştırma. **2.**nefes verme.

تنسیق tensîk: (A.) sıraya sokma, düzenleme.

تن شناس tenşinâs: [ten+şinâhten> şinâs] **1.**doktor. **2.**kabuk.

تنشیط tenşît: (A.) sevindirme.

تنصر tenessur: (A.) Hıristiyanlaşma.

تنصیر tensîr: (A.) Hıristiyanlaştırma.

تنصیص tensîs: (A.) sözün manasını açıklama.

تنصیف tensîf: (A.) ikiye bölme, ikiye ayırma.

تنضید tenzîd: (A.) **1.**yığma, istifleme, üstüste koyma. **2.**düzenleme.

تنطق tenettuk: (A.) **1.**konuşma, söyleme. **2.**kemer bağlama.

تنظیف tenzîf: (A.) **1.**temizleme, arıtma. **2.**süpürme.

تنظیم tenzîm: (A.) **1.**düzene koyma, tertipleme, tanzim. **2.**ayar, ayarlama.

تنظیم شدن tenzîm şoden: **1.**tanzim edilmek, düzenlenmek. **2.**ayarlanmak.

تنظیم کردن tenzîm kerden: **1.**tanzim etmek, düzene koymak, düzenlemek. **2.**ayarlamak. **3.**birbirine bağlamak.

تنعم tene'um: (A.) **1.**bolluk içinde yaşama. **2.**refaha kavuşma, refah.

تنعم کردن tene'um kerden: **1.**bolluk içinde yaşamak. **2.**refaha kavuşmak, sebeplenmek.

تنغص teneggus: (A.) **1.**üzülme. **2.**hayatı kararması, dünyası başına yıkılma.

تنفذ teneffuz: (A.) nüfuz etme, işleme.

تنفر teneffur: (Ar) **1.**nefret. **2.**iğrenme, tiksinme. ‖ * be dîde-i ~ nigerîsten به دیده تنفر نگریستن nefretle bakmak.

تنفر داشتن teneffur dâşten: **1.**nefret etmek. **2.**iğrenmek, tiksinmek.

تنفس teneffus: (A.) **1.**soluk. **2.**solunum. **3.**istirahat. ‖ * işkâl der ~ اشکال در تنفس (tıb.) solunum güçlükleri. ‖ * cihâz-i ~ جهاز تنفس (tıb.) solunum sistemi.

تنفس کردن teneffus kerden: nefes almak, teneffüs etmek.

تنفیذ tenfîz: (A.) **1.**nüfuz etme. **2.**yürütme, icra etme, uygulama. **3.**teyid etme. **4.**infaz.

تنفیذ کردن tenfîz kerden: **1.**yürütmek, icra etmek, uygulamak. **2.**teyid etmek.

تنقل tenekkul: (A.) **1.**yer değiştirme, nakil, intikal. **2.**çerez yeme.

تنقلات tenekkulât: (A.) çerez.

تنقیح tenkîh: (A.) **1.**arıtma, temizleme. **2.**ıslah, sözdeki lüzumsuz şeyleri çıkarma.

تنقید tenkîd: (A.) tenkid, eleştiri.

تنقید کردن tenkîd kerden: tenkid etmek, eleştirmek.

تنقیص tenkîs: (A.) eksiltme, azaltma.

تنقیه tenkiye: (A.) **1.**kanal temizleme. **2.**şırınga. **3.**temizleme.

تنک tonok: **1.**ince, latif. **2.**seyrek, aralı, az. **3.**hacimsiz. **4.**yaygın.

تنکار tinkâr, tenkâr: (A.) boraks.

تنکبیز tonokbîz: elek.

تنک دل tonokdil: hassas, yufka yürekli.

تنکر tenekkur: (A.) **1.**kendini yabancı gibi gösterme. **2.**yabancılık. **3.**daha kötü hale düşme.

تن کردن ten kerden: üstüne giymek, giyinmek.

تنک شدن tonok şoden: seyrekleşmek, aralanmak.

تنک کردن tonok kerden: **1.**inceltmek. **2.**hacmini küçültmek. **3.**seyreltmek, seyrekleştirmek. **4.**yaymak.

تنک مه tonokmih: [tonok+mih] pus.

تنکه tonoke: **1.**don. **2.**kisbet.

تنکیر tenkîr: (A.) meçhul kılma.

تنکیل tenkîl: (A.) **1.**cezalandırma. **2.**çevirme. **3.**alçaltma. **4.**ibret sebebi yapma.

تنگ teng: (Peh.) **1.**dar, ensiz. **2.**ince. **3.**daraşık, daraşmalık. **4.**(coğ.) iki dağ arasındaki dere veya vadi. **5.**az. ‖ * ~ -i gurûb تنگ غروب dar vakit. ‖ * ~ -i hem oftâden تنگ هم افتادن birbirine sokulmak. ‖ * be ~ âverîden به تنگ آوریدن sıkıştırmak.

تنگ teng: **1.**tasma. **2.**çuval. **3.**yük.

تنگ tong: **1.**sürahi. **2.**şarap testisi.

تنگ آب tongâb: sürahi.

تنگ آمدن teng âmeden: **1.**daralmak. **2.**sıkılmak, üzülmek, bunalmak. ‖ * be ~ به تنگ آمدن sıkılmak, üzülmek, bunalmak.

تنگ آوردن teng âverden: **1.**daraltmak. **2.**sıkmak, sıkıştırmak, üzmek, bunaltmak. ‖ * be ~ به تنگ آوردن sıkmak, bunaltmak, daraltmak.

تنگاتنگ tengâteng: [teng+â+teng] çok dar, daracık.

تنگان tengân: tahta tabak.

تنگبار tengbâr: [teng+bâr] **1.**huzura güç çıkılan saray. **2.**hiç kimseye huzuruna giriş izni vermeyen. **3.**Allah.

تنگ چشم tengçeşm: **1.**açgözlü. **2.**kıt görüşlü.

تنگ چشمی tengçeşmî: [teng+çeş+î] **1.**açgözlülük. **2.**kıt görüşlülük.

تنگ حوصله tenghovsele: (F.-A.) [teng+ hovsele] hevessiz.

تن گداز tengodâz: [ten+godâhten> godâz] zayıflatıcı.

تنگ دامان tengdâmân: [teng+dâmân] kısır düşünceli, kıt görüşlü.

تنگ دست tengdest: **1.**yoksul, fakir. **2.**elidar.

تنگدستی tengdestî: [teng+dest+î] **1.**yoksulluk, fakirlik. **2.**elidarlık.

تنگ دل tengdil: üzgün, küskün.

تنگ سالی tengsâlî: [teng+sâl+î] kıtlık.

تنگ شدن teng şoden: **1.**daralmak. **2.**kısılmak.

تنگ گرداندن teng gerdânden: dar etmek.

تنگنا tengnâ: [teng+n+â] **1.**sıkıntı. **2.**darlık. **3.**dar. **4.**(coğ.) vadi yolu. **5.**mezar. **6.**insan bedeni. **7.**darboğaz. ‖ * be ~ oftâden به تنگنا افتادن **1.**sıkışmak, zor durumda kalmak, darboğaza düşmek. **2.**kıstırılmak. ‖ * be ~ endâhten به تنگنا انداختن **1.**sıkıştırmak. **2.**kıstırmak. ‖ * der ~ oftâden در تنگنا افتادن sıkışmak.

تنگ نفس tengnefes: **1.**(tıb.) astımlı. **2.**(tıb.) astım, nefes darlığı.

تنگه tenge: [teng+e] **1.**(coğ.) boğaz. **2.**koyak. **3.**derbent. **4.**bir miktar para. **5.**altın ve gümüş parçası.

تنگ هم teng-i hem: bir arada, toplu olarak, toplu halde.

تنگی tengî: [teng+î] **1.**darlık, ensizlik. **2.**kıtlık. ‖ * ~ -i nefes تنگیء نفس (tıb.) nefes darlığı, astım.

تنگیاب tengyâb: [teng+yâften>yâb] nadir, az bulunur, değerli.

تنگین tengîn: [teng+în] dar.

تن ماهی ton mâhî (zool.) ton balığı.

تنمیه tenmiye: (A.) **1.**gelişme, büyüme. **2.**ateş yakma. **3.**gelişim, olgunluk.

تننده tenende: [tenîden>ten+ende] **1.**ören, dokuyan. **2.**mekik.

تنور tenûr: tandır.

تنور tenevvur: (A.) **1.**aydınlanma. **2.**aydınlık.

تنور تافتن tenûr tâften: tandır yakmak.

تنورخانه tenûrhâne: [tenûr+hâne] mutfak.

تنوره tenûre: [tenûr+e] **1.**baca. **2.**savaş giysisi.

تنوره زدن tenûre zeden: döne döne yükselmek (duman)

تنوره کشیدن tenûre keşîden: döne döne yükselmek (duman)

تنوع tenevvu': (A.) çeşitlilik.

تنوع بخشیدن tenevvu' bahşîden: çeşit vermek, çeşit artırmak.

تنومند tenûmend: [tenû+mend] **1.**iri yarı, iri kıyım. **2.**şişman. **3.**güçlü kuvvetli.

تنومندی tenûmendî: [tenû+mend+î] **1.**irilik. **2.**şişmanlık. **3.**güçlülük.

تنویر tenvîr: (A.) aydınlatma.

تنویم tenvîm: (A.) uyutma. ‖ * ~ -i mıgnâtîsî تنویم مغناطیسی hipnotizma.

تنوین tenvîn: (A.) (gr.) tenvin.

تنوین برداشتن tenvîn berdâşten: (gr.) tenvin almak, tenvinli okunmak.

تنه tene: [ten+e] **1.**gövde. **2.**ağaç gövdesi. **3.**örümcek ağı.

تنها tenhâ: **1.**tek, yalnız, yalnız başına, tek başına. **2.**bir, sadece. **3.**salt.

تنها... بلکه tenhâ belki: yalnız değil, aynı zamanda.

تنهای تنها tenhâ-yi tenhâ: tek başına, yapayalnız, bir başına

تنهایی tenhâyî: yalnızlık. ‖ * be ~ به تنهایی tek başına.

تنه خوردن tene horden: **1.**omuz yemek. **2.**dürtülmek.

تنه زدن tene zeden: **1.**omuz vurmak, omuz atmak. **2.**dürtmek, itip kakmak.

تنه لش teneleş: [ten+e+leş] **1.**hantal. **2.**tembel.

تنی tenî: [ten+î] öz.

تنیدن tenîden: **1.**örmek. **2.**dokumak. **3.**aldatmak. **4.**sarmak, ambalajlamak.

تنیده tenîde: [tenîden>tenîd+e] **1.**dokunmuş, dokuma. **2.**örümcek ağı.

تنیزه tenîze: yamaç, dağ eteği.

تنیس tenîs: (İng.) (sp.) tenis. ‖ * ~ -i rûy-i mîz تنیس روی میز (İng.-F.) (sp.) masa tenisi.

تنیس باز tenisbâz: (İng.-F.) [tenis+bâhten>bâz] (sp.) tenisçi.

تنیس بازی tenisbâzî: (İng.-F.)

[tenis+bâhten> bâz+î] (sp.) tenis oyunu, tenis.

تنیس بازی کردن tenîs bâzî kerden: (İng.-F.) (sp.) tenis oynamak.

تو tev: parlaklık.

تو to: (Peh.) sen. ‖ * ~ dîger hodet bihter mîdânî تو دیگر خودت بهتر می دانی gerisini sen düşün.

تو tu: iç, içeri, içeriye, -de, -da

تو tu: perde.

تو tu: kat.

تو آمدن tu âmeden: **1.**içeri girmek.

تواب tevvâb: (A.) **1.**tövbe eden. **2.**tövbeleri kabul eden (Allah)

توابع tevâbi': (A.) **1.**hizmetçiler. **2.**tâbiler, uyanlar.

توابل tevâbil: (A.) baharatlar.

تواتر tevâtur: (A.) **1.**birbirini izleme. **2.**kuvvetli söylenti, tevatür.

تواجد tevâcud: (A.) vecde gelme.

توارث tevârus: (A.) miras alma, miras bırakma, kalıtım.

توارد tevârud: (A.) **1.**(ed.) iki şairin birbirinden habersizce aynı şiiri söylemesi. **2.**bir vakitte girme. **3.**ardarda girme.

تواره tovâre: **1.**gübre odası. **2.**duvar üstüne konulan diken ve çalı çırpı.

تواری tevârî: (A.) **1.**gizlenme. **2.**derbederlik. **3.**firar.

تواریخ tevârîh: (A.) tarihler.

توازن tevâzun: (A.) **1.**denge, denklik. **2.**balans. ‖ * ~ -i kuvâ توازن قوا kuvvet dengesi.

توازن یافتن tevâzun yâften: denkleşmek, dengede kalmak, eşitlenmek.

توازی tevâzî: (A.) **1.**paralellik. **2.**eşitlik.

تواصل tevâsul: (A.) birbirine ulaşma, kavuşma.

تواطؤ tevâtu': (A.) anlaşma, uyuşma.

تواعد tevâ'ud: (A.) randevulaşma.

توافر tevâfur: (A.) bolluk, bollaşma.

توافق tevâfuk: (A.) **1.**uyma, muvafakat etme. **2.**görüş birliği. **3.**birlik olma. ‖ * ~ be dest âmeden توافق بدست آمدن uzlaşma sağlanmak. ‖ * be ~ dest yâften به توافق دست یافتن uzlaşmak, uzlaşma sağlamak. ‖ * be ~ resîden به توافق رسیدن görüş birliğine varmak.

توافق حاصل شدن tevâfuk hâsil şoden: uzlaşma sağlanmak.

توافق حاصل کردن tevâfuk hâsil kerden: uzlaşma sağlamak, görüş birliğine varmak.

توافق داشتن tevâfuk dâşten: uyum içinde olmak.

توافی tevâfî: (A.) **1.**karşılıklı sözde durma. **2.**tamamlanma, olgunlaşma.

توالت tuvalet: (Fr.) **1.**tuvalet, makyaj **2.**hela, tuvalet. ‖ * ~ -i umûmî توالت عمومی umumî tuvalet, umumî hela.

توالد tevâlud: (A.) **1.**birbirinden doğma. **2.**çok çocuk doğurma. **3.**doğum.

توالی tevâlî: (A.) süreklilik.

توان tevân: (Peh.) **1.**güç, kudret. **2.**(matematikte) kuvvet, bir sayının üssü. ‖ * ~ -i harîd توان خرید alım gücü. ‖ * der hadd-i tevân در حد توان mümkün olduğu kadar.

توانا tevânâ: [tevan+â] güçlü, kudretli.

توانائی tevânâ'î: [tevân+â'+î] güç.

توانا ساختن tevânâ sâhten: güçlü kılmak.

توانایی tevânâyî: [tevan+â+y+î] iktidar, kudret, güçlülük.

توان بردن tevan borden: dayanmak, güç yetmek, takat yetmek.

توانستن tevânisten: (Peh.) yapabilmek, muktedir olmak, güçlü olmak; mümkün olmak.

توانگر tevanger: (Peh.) [tevan+ger] **1.**güçlü, kuvvetli. **2.**zengin, varlıklı.

توانگر کردن tevânger kerden: zengin etmek, zenginleştirmek.

توانگری tevangerî: (Peh.) [tevan+ger+î] **1.**güçlülük. **2.**zenginlik.

توانمند tevanmend: [tevan+mend+î] güçlü.

توانی tevânî: (A.) gevşeme, gevşek davranma.

تواهه tevâhe: patlıcan kalyesi.

توأم tev'em, tov'em: (A.) **1.**ikiz. **2.**çift (karı koca) **3.**birlikte. **4.**karışık.

توبان tûbân: **1.**pantalon. **2.**şort. **3.**don.

توبتو tûbetû: [tu+be+tu] **1.**ardarda, peşpeşe. **2.**içiçe. **3.**çeşitli, türlü türlü.

توبرتو tûbertû: [tû+ber+tû] **1.**içiçe. **2.**peşpeşe. **3.**karmaşık. **4.**kat kat.

توبره tûbre: **1.**çıkın, azık torbası. **2.**büyük torba. **3.**yem torbası.

توبه tovbe, tevbe: (A.) tövbe.

توبه پرست tovbeperest: [tovbe+ perestîden> perest] (A.-F.) tövbekâr.

توبه شکستن tovbe şikesten: tövbe bozmak.

توبه فرما tovbefermâ: (A.-F.) [tovbe+ fermûden>fermâ] tövbe etmeyi salık veren.

توبه کار tovbekâr: [tovbe+kâr] (A.-F.) tövbekâr.

توبه کردن tovbe kerden: tövbe etmek:

توبیخ tovbîh, tevbîh: (A.) azarlama, çıkışma, kınama.

توبیخ کردن tovbîh kerden: azarlamak, çıkışmak.

توپ tûp: (T.) **1.**top. **2.**kumaş topu. **3.**(ask.) top. ‖ * ~ -i futbal توپ فوتبال (sp.) futbol topu.

توپال tûpâl: talaş, madenî talaş.

توپ انداختن tûp endâhten: (ask.) top atmak.

توپ بازی tûpbâzî: (T.-F.) top oyunu.

توپ بازی کردن tûpbâzî kerden: top oynamak.

توپچی tûpçî: (T.) [tûp+çi] **1.**(ask.) topçu. **2.**(ask.) top bataryası.

توپخانه tûphâne: (T.-F.) [tûp+hâne] **1.**(ask.) tophane. **2.**(ask.) topçu birliği.

توپر tu por: dolgun, içi dolu.

توپ زدن tûp zeden: kumarda blöf yapmak.

توپ و تشر زدن tûp u teşer zeden: kaba sözler söylemek, ileri geri konuşmak.

توپوگرافی topografi: (Fr.) (coğ.) topografi.

توپیدن tûpîden: çıkışmak, azarlamak.

توپیء گوشی tûpî-yi gûşî: kulak tıkacı.

توت tût (bot.) dut. ‖ * ~ -i siyâh توت سیاه (bot.) karadut. ‖ * ~ -i ferengî توت فرنگی (bot.) çilek. ‖ * ~ -i mecnûn توت مجنون (bot.) karadut.

توت تکاندن tût tekânden: dut silkelemek.

توت تکانی tûttekânî: [tût+tekânden> tekân+î] dut silkeleme.

توتزار tûtzâr: [tût+zâr] dutluk.

توتستان tûtistân: [tût+sitan] dutluk.

توتک tûtek: **1.**(zool.) papağan. **2.**kaval.

تو تو tu tu: kat kat.

توتون tutun (bot.) tütün.

توته tûte: tutam, bir parça.

توتیا tûtiyâ: **1.**(kim.) çinko oksit, tutya. **2.**(zool.) deniz kestanesi. **3.**tutya taşı.

توثیق tovsîk, tevsîk: (A.) **1.**sağlamlaştırma. **2.**belgelendirme. **3.**birine güvenme.

توج tûc (bot.) ayva.

توجع teveccu': (A.) **1.**dertlenme, kederlenme. **2.**inleme; sızlanma.

توجه teveccuh: (A.) **1.**yönelme. **2.**gönül verme. **3.**dikkat. **4.**ilgi. **5.**bakma. ‖ * ~ -i kesî râ ber gerdânden توجه کسی را بر گرداندن dikkatini dağıtmak. ‖ * muvrid-i -i kesî karâr giriften مورد توجه کسی قرار گرفتن ilgisini çekmek, dikkatini çekmek. ‖ * şâyân-i ~ شایان توجه dikkat çekici, ilginç, cazip.

توجهات teveccuhât: (A.) ilgiler, ilgi.

توجه پیدا کردن teveccuh peydâ kerden: dikkat etmek.

توجه جلب کردن teveccuh celb kerden: dikkat çekmek.

توجه داشتن teveccuh dâşten: **1.**ilgilenmek. **2.**aldırmak, oralı olmak.

توجه کردن teveccuh kerden: **1.**dikkat etmek. **2.**anlamak. **3.**dinlemek. **4.**yönelmek.

توجه نمودن teveccuh numûden: dikkat etmek.

توجیه tovcîh, tevcîh: (A.) **1.**gönderme. **2.**yöneltme, yönlendirme. **3.**vurgulama, belirtme. **4.**sebep gösterme.

توجیه شدن tovcîh şoden: yönlendirilmek.

توجیه کردن tovcîh kerden: **1.**yönlendirmek. **2.**vurgulamak.

توچال tovçâl, tevçâl: (coğ.) buzul.

توحد tevehhud: (A.) yalnız kalma, tek kalma, baki kalma. **2.**yalnızlık, teklik.

توحش tevehhoş: (A.) **1.**ürkme, korkma. **2.**vahşileşme. **3.**öfkelenme. **4.**bir yerin boşalması.

توحید tovhîd, tevhîd: (A.) **1.**birleştirme. **2.**Allah'ı bir bilme, tevhid. **3.**Lâilâheillallah deme. ‖ * ~ -i mesâ'î توحید مساعی işbirliği.

توخالی tuhâlî: [tu+hâlî] kof, boş.

توختن tûhten: (Peh.) **1.**gütmek. **2.**biriktirmek. **3.**eda etmek.

تود tûd (bot.) dut.

تودار tudâr: [tu+dâşten>dâr] **1.**ketum. **2.**içe kapanık.

تودد teveddud: (A.) **1.**dostluk gösterme. **2.**dostluk kazanma, dostluk.

تو در تو tu der tu: içiçe.

تودل برو tudilboro: [tu+dil+reften>rev> berev>boro] cazibeli, alımlı, çekici.

تو دماغی tu demâgî: [tu+dimâg+î] geniz sesi.

تو دماغی صحبت کردن tu demâgî sohbet kerden: genizden konuşmak.

توده tûde: **1.**yığın, küme. **2.**halk yığını. **3.**Rıza Şah döneminde İran'da varlığını sürdüren bir parti, Tûde.

توده شناس tûdeşinâs: [tûde+şinâhten> şinâs] folklor uzmanı.

توده شناسی tûdeşinâsî: [tûde+şinâhten> şinâs+î] folklor.

تودیع tovdî', tevdî': (A.) **1.**vedalaşma. **2.**bırakma, tevdî.

تور tûr: **1.**tül. **2.**ağ. **3.**dantela.

تور tûr: karanlık.

تور tûr: balta.

تور انداختن tûr endâhten: ağ sermek, ağ atmak.

ترب turb: (Fr.) bataklık kömürü, turba.

تورب teverrob: (A.) **1.**eğrilik, eğiklik, meyil. **2.**eğilme.

تور بافتن tûr bâften: ağ örmek.

توربافی tûrbâfî: [tûr+bâften> bâf+î] ağ örme.

توربوفن turbofon: (İng.) turbofon.

توربین turbin: (Fr.) türbin.

توریپل torpil: (Fr.) (ask.) torpil.

تورع teverru': (A.) kötü şeylerden sakınma.

تو رفتگی tureftegî: [tu+reften>reft> refte+g+î] **1.**çentik, kesiklik, çizik. **2.**çöküntü.

تو رفتن tu reften: içeri girmek.

تورق teverruk: (A.) sayfalandırma.

تور کردن tûr kerden: ağına düşürmek.

تورم teverrum: (A.) **1.**şişme. **2.**enflasyon.

تور ماهی گیری tûr-i mâhîgîrî: balık ağı.

تورم زایی teverrumzâyî: (A.-F.) [teverrum+ zâden>zây+î] enflasyonist.

تورنسل turensol: (Fr.) (kim.) turnusol.

توره tûre: (Peh.) (zool.) çakal.

توریث tevrîs: (A.) miras bırakma, varis tayin etme.

توریست turist: (İng.) turist. ‖ * celb-i ~ kerden جلب توریست کردن turist çekmek.

توریسم turism: (İng.) turizm.

توریه tevriye, tovriye: (A.) **1.**gerçeği örtme, gerçeği gizleme. **2.**(ed.) bir sözün iki anlam taşıması.

توز tûz: (gr.) güden, besleyen anlamında sözcük türetmeye yarayan bir ektir.

توزع tevezzu': (A.) dağılım.

توزیدن tûzîden: toplamak.

توزیع tovzî': (A.) dağıtma, yayma, dağıtım.

توسرخ tusorh (bot.) turunç.

توسرش tu sereş: [tu+ser+eş] içinden.

توسری tuserî: [tu+ser-î] tepesine vurma, taciz etme.

توسری خوردن tuserî horden: 1.zulüm görmek. 2.tesir altında kalmak. 3.sıkışmak.

توسری زدن tuserî zeden: 1.zulmetmek, taciz etmek. 2.tesir altında bırakmak. 3.sıkıştırmak.

توسط tevessut: (A.) 1.vasıta. 2.eliyle. 3.ile. 4.aracılık, tavassut. 5.tarafından. ‖ * be ~ -i به توسط eliyle, aracılığıyla, tarafından.

توسط کردن tevessut kerden: aracılık yapmak, vasıta olmak, tavassut etmek.

توسعه tovse'e: (A.) 1.genişleme. 2.kalkınma, gelişme, ilerleme, büyüme. 3.genişletme, yayma. 4.geliştirilme.

توسعه دادن tovse'e dâden: 1.genişletmek. 2.büyütmek. 3.geliştirmek. 4.yaymak.

توسعه طلب tovse'etaleb: (A.-F.) [tovse'e+ talebîden>taleb] genişlemeci, yayılmacı.

توسعه طلبی tovse'e talebî: [tovse'e+ taleb+î] (A.-F.) genişleme, yayılma isteği.

توسعه یافتن tovse'e yâften: 1.gelişmek. 2.büyümek. 3.genişlemek. 4.yayılmak.

توسکا tuska (bot.) kızılağaç.

توسل tevessul: (A.) 1.bir şeyi sebep sayma. 2.yakınlaşma. 3.kalkışma, yeltenme. 4.girişim.

توسل جستن tevessul costen: 1.girişimde bulunmak. 2.el atmak, kalkışmak, yeltenmek. 3.baş vurmak.

توسن tovsen, tevsen: serkeş at.

توسیط tovsît: (A.) 1.vasıta etme, araya koyam, aracı etme. 2.aracılık. 3.ortasından ikiye ayırma.

توسیع tovsî': (A.) 1.genişletme. 2.güçlü kılma.

توسیم tovsîm: (A.) 1.dağlama. 2.mevsiminde gelme. 3.adlandırma.

توش tuş: 1.güç, takat. 2.cüsse. 3.beden, ten. 4.azık.

توش tuveş: [tu+veş<eş=û] sen onu, son ona.

توشک tûşek: (T.) döşek, yatak.

توشک خانه tûşekhâne: (T.-F.) yatak odası.

توشه tûşe: 1.azık, yiyecek. 2.yolcu eşyası.

توشه برداشتن tûşe ber dâşten: 1. çıkınını hazırlamak. 2.yol için yiyecek hazırlamak.

توشیح tovşîh: (A.) 1.süsleme. 2.yazıyı imzalama. 3.(ed.) akrostiş yapma.

توصل tevessul: (A.) ulaşma, kavuşma.

توصیف tovsîf: (A.) 1.niteleme, vasıflandırma. 2.övme. 3.tarif.

توصیف کردن tovsîf kerden: 1.nitelemek, vasıflandırmak. 2.tarif etmek. 3.övmek.

توصیه tovsiye: (A.) 1.tavsiye. 2.öğüt. 3.ısmarlama.

توصیه کردن tovsiye kerden: 1.tavsiye etmek, salık vermek. 2.öğüt vermek.

توضیح tovzîh: (A.) açıklama, izah.

توضیح آنکه tovzîh-i anki: (A.-F.) şöyle ki.

توضیحات tovzîhât: (A.) 1.açıklama, açıklamalar, izahat. 2.ifade.

توضیحات دادن tovzîhât dâden: 1.ifade vermek. 2.açıklama yapmak.

توضیح دادن tovzîh dâden: açıklamak, izah etmek.

توطئه tovte'e: 1.suikast. 2.tuzak, kumpas.

توطئه چیدن tovte'e çîden: 1.tuzak kurmak. 2.suikast düzenlemek.

توطئه کردن tovte'e kerden: 1.kumpas kurmak, fesat tertip etmek. 2.suikast düzenlemek.

توطن tevettun: (A.) yurt tutma, yerleşme.

توطن کردن tevettun kerden: yurt tutmak, yerleşmek, yurt edinmek.

توغ tuğ: (T.) tuğ.

توفال tûfâl: çıta, bağdadî çıtası.

توفان tûfân: tufan, fırtına.

توفان tûfân: bağırıp çağıran.

توفان به پا خاستن tûfân be pâ hâsten:

fırtına kopmak.

توفان در گرفتن tûfân der giriften: fırtına çıkmak.

توفی teveffî: (A.) ölme, ölüm.

توفیدن tûfîden: 1.kükremek. 2.köpürmek, bağırıp çağırmak.

توفیر tovfîr: (A.) 1.çoğaltma. 2.tam hakkını verme. 3.mal biriktirme. 4.çoğalma. 5.fark.

توفیر داشتن tovfîr dâşten: farklı olmak.

توفیق tovfîk: (A.) 1.uygun görme. 2.başarı.

توفیق حاصل کردن tovfîk hâsil kerden: başarı sağlamak.

توفیق دادن tovfîk dâden: muvaffak etmek.

توفیق یافتن tovfîk yâften: başarmak, başarılı olmak, başarıya ulaşmak.

توقات tokat: (coğ.) Tokat.

توقد tevekkud: (A.) yalazlanma, alevlenme.

توقع tevekku': (A.) beklenti, umut.

توقع داشتن tevekku' dâşten: beklemek, ummak.

توقف tevekkuf: (A.) durma, duraklama.

توقف کردن tevekkuf kerden: durmak, duraklamak.

توقی tevakkî: (A.) sakınma.

توقیت tevkît: (A.) vakit tayin etme, vakitlendirme.

توقیر tovkîr: (A.) 1.saygı gösterme. 2.ululama.

توقیراً tovkîren: saygıyla.

توقیع tovkî': (A.) 1.işaret koyma. 2.mektup veya ferman imzalama. 3.ferman, tuğra, tevki.

توقیف tovkîf: (A.) 1.tutuklama. 2.durdurma. 3.kapatma. 4.alıkoyma. 5.vakıf ettirme.

توقیف شدن tovkîf şoden: 1.kapatılmak. 2.tutuklanmak, tevkif edilmek.

توقیف کردن tovkîf kerden: 1.kapatmak. 2.tutuklamak, tevkif etmek.

توک tûk: 1.at kakülü, at yelesi. 2.alın tüyü. 3.göz.

توکا tûka (zool.) kiraz kuşu cinsinden bir kuş.

توکسین toksin: (Fr.) toksin.

توکل tevekkul: (A.) 1.vekil tayin etme. 2.işini Allah'a havale etme, tevekkül.

توکل کردن tevekkul kerden: tevekkül etmek, işini Allah'a havale etmek.

توکید tovkîd: (A.) sözünü sağlamlaştırma.

توکیل tovkîl: (A.) vekil bırakma, görevlendirme.

توگفتی tugoftî: [tu+goften>goft+î] sanki, sanırsın, dersin, adeta.

تو گویی tugûyî: [tu+goften>gûy+î] sanki, sanırsın, dersin, adeta.

تول tûl: korku.

تولد tevellud: doğum, doğuş. ‖ * ~ -i zûdres تولد زودرس (tıb.) erken doğum. ‖ * ~ -i kesî ittifâk oftâden تولد کسی اتفاق افتادن doğmak.

تولد کردن tevellud kerden: doğmak.

تولد یافتن tevellud yâften: doğmak.

تولک رفتن tûlek reften: tüy dökmek (kuş)

توله tûle: (Peh.) 1.köpek yavrusu, enik. 2.çakal yavrusu. ‖ * ~ -i şikârî تولهء شکاری (zool.) av köpeği.

توله سگ tûleseg (zool.) enik, köpek yavrusu.

تولی tevellî: (A.) 1.dostluk kurma. 2.veli tayin etme. 3.geri dönme. 4.dostluk.

تولیت tovliyet: (A.) 1.vali tayin etme. 2.mütevellilik, vakıf başkanlığı.

تولید tovlîd: (A.) 1.doğurtma. 2.üretim. 3.ortaya çıkarma. ‖ * ~ -i nâhâlis-i millî تولید ناخالص ملی gayri sâfî millî hâsıla. ‖ * fuzûnî-i ~ فزونیء تولید üretim fazlası. ‖ * mâzâd-i ~ مازاد تولید üretim fazlası. ‖ * ez ~ be masraf از تولید به مصرف üreticiden tüketiciye.

تولید شدن tovlîd şoden: 1.doğmak. 2.uyanmak.

تولید کردن tovlîd kerden: 1.ortaya çıkarmak, meydana getirmek. 2.doğurmak. 3.üretmek, üretim yapmak. **4.**salgılamak.

تولید کننده tovlîd konende: [tovlîd+kerden> kon+ende] **1.**üretici.

تولیدن tûlîden: **1.**incinmek. **2.**ürkmek, korkmak. **3.**nefret etmek, uzaklaşmak.

تولیدی tovlîdî: (A.-F.) [tovlîd+î] üretimsel.

تومان tûman: (T.) **1.**on bin. **2.**tümen, İran parası, on riyal karşılığı. **3.**(ask.) tümen. **4.**on bin dinar.

تومن tomen: (T.) tümen, İran para birimi.

تون tûn: **1.**külhan. **2.**halı dokusu. **3.**halıları ile meşhur şehir.

تونتاب tûntâb: [tûn+tâften>tâb] ateşçi, külhan.

تندرا tundra: (Fr.) **1.**(coğ.) tundra.

تونل tûnel: (İng.) tünel.

تونل زدن tunel zeden: tünel açmak.

توه tûh: (Peh.) **1.**ara. **2.**dip. **3.**perde.

توهم tevehhum: (A.) kuruntu, vehimlenme.

تو هم تپیدن tu hem tepîden: sıkış tepiş olmak.

توهیم tovhîm: (A.) kuruntuya düşürme.

توهین tovhîn: (A.) **1.**hakaret, hafife alma. **2.**rezil etme.

توهین کردن tovhîn kerden: hakaret etmek.

توی tûy: -e, -a, içinde, içine. || * ~ -yi hod lûle şoden توی خود لوله شدن kıvrılmak. || * ~ -i saf îstâden توی صف ایستادن sıraya girmek. || * ~ -i fikr reften توی فکر رفتن düşünceye dalmak, düşünmeye başlamak.

تویدن tevîden: **1.**ısınmak. **2.**dağlanmak.

تویل tevîl: kaküllü.

تویی tuyî: **1.**içten. **2.**iç lastik.

ته teh: **1.**arka. **2.**aşağı. **3.**alt. **4.**dip. **5.**son. **6.**kök. **7.**tek. **8.**kat. || * ~ -i dil-i kesî kurs bûden ته دل کسی قرص بودن yüreği kat ıolmak. || * ~ -u tûy-i çîzî râ ayek cur'a bâlâ âverden ته و توی چیزی را بیک جرعه بالا آوردن bir dikişte içmek. || * ~ u tûy-i çîzî râ der âverden ته و توی چیزی را در آوردن bir şeyin künhüne varmak, bir şeyin ıcığını cıcığını çıkarmak. || * be ~ resîden به ته رسیدن bitmek.

ته toh: tükürük.

تهاتر tehâtor: (A.) takas.

تهاجم tehâcom: (A.) saldırı, baskın.

تهاجمی tehâcomî: (A.-F.) **1.**tecavüzî. **2.**saldırı ile ilgili. || * ~ bâzîk erden تهاجمی بازی کردن (sp.) hücum futbolu oynamak.

تهافت tehâfut: (A.) **1.**ardarda düşme. **2.**kayma.

تهالک tehâluk: (A.) **1.**düşme. **2.**yürürken eğilme. **3.**hırs. **4.**didinme, çabalama.

تهامی tehâmî: (A.) çöle mensup.

تهانی tehânî: (A.) tebrikler, kutlamalar.

تهاون tehâvun: (A.) **1.**önemsememe, hafife alma, kolay sayma. **2.**gevşeklik, ihmal.

تهاویل tehâvîl: (A.) **1.**renk cümbüşü. **2.**korkutmalar.

ته بندی tehbendî: [teh+besten>bend+î] **1.**ciltleme. **2.**atıştırma, nefis körletme.

ته بندی کردن tehbendî kerden: nefis körletmek, atıştırmak.

ته تفنگ tehtofeng: [teh+ tofeng] dipçik.

تهتک tehettuk: (A.) **1.**rezillik. **2.**utanmazlık.

تهجد teheccud: (A.) **1.**gece uyanma. **2.**geceleyin ibadete kalkma.

تهجی teheccî: (A.) heceleme. || * hurûf-i ~ حروف تهجی alfabe harfleri.

تهجی کردن teheccî kerden: **1.**hecelemek. **2.**alfabe harflerini tek tek okumak.

تهجیه tehciye: (A.) **1.**heceleme. **2.**öğrenme.

ته چک teh çek: (F.-İng.) çek defteri.

ته دار tehdâr: [teh+dâşten>dâr] derin.

تهدید tehdîd: (A.) tehdit.

تهدید آمیز tehdîdâmîz: (A.-F.) tehditkar, tehdit edici.

تهدید شدن tehdîd şoden: tehdit edilmek.
تهدید کردن tehdîd kerden: tehdit etmek.
تهدید نمودن tehdîd numûden: tehdit etmek.
ته دماغ tehdimâğ: geniz.
ته دیگ tehdîg: pilav tenceresinin dibindeki kızarmış piliç.
تهذیب tehzîb: (A.) **1.**düzenleme. **2.**ıslah. **3.**temizleme.
تهذیب کردن tehzîb kerden: **1.**düzenlemek. **2.**ıslah etmek. **3.**temizlemek.
تهران tehrân: Tahran, İran'ın başkenti.
ته رنگ teh reng: astar boya, astar.
ته زی tehzî: [teh+zîsten>zî] deniz dibi âlemi.
ته سفره teh sofre: sofra artığı.
ته سیگار teh sîgâr: sigara izmariti.
تهک tohek, tihik: (Peh.) boş, çıplak.
ته کشی teh keşî: [teh+keşîden>keş+î] sintine.
ته کشیدن teh keşîden: tükenmek, erimek, bitmek, boşalmak, dibine darı ekmek.
تهکم tehekkum: (A.) **1.**el atma. **2.**alay, bıyık altında gülme.
تهلکه tehluke: (A.) **1.**tehlike. **2.**yok olma.
تهلیل tehlîl: (A.) Allah'ı tesbih etmek, Lâ ilâhe illallâh demek.
تهم tehm: (Peh.) **1.**güçlü, kuvvetli. **2.**yiğit, cesur.
تهمت tohmet: (A.) töhmet, suçlama.
تهمت بستن tohmet besten: suçlamak, töhmette bulunmak.
تهمت زدن tohmet zeden: itham etmek.
تهمتن tehmten: [tehm+ten] **1.**güçlü, kudretli. **2.**yiğit, cesur. **3.**Rüstem'in lakabı.
ته نشست tehnişest: [teh+nişesten>nişest] çökelek, tortu, telve.
ته نشستن teh nişesten: dibe çökmek, tortu yapmak.
ته نشسته teh nişeste: [teh+nişesten> nişest+e] çökelti, tortu.
ته نشین tehnişîn: [teh+nişesten>nişîn] çökelti, tortu, çökelek.
ته نشین شدن tehnişîn şoden: dibe çökmek, tortu yapmak.
تهنیت tehniyet: (A.) tebrik, kutlama.
تهور tehevvur: (A.) **1.**korkusuzluk, cesaret. **2.**öfkelenme.
تهور آمیز tehevvurâmîz: (A.-F.) [tehevvur+ âmîhten>âmîz] korkunç, korkutucu.
تهوع tehevvu': (A.) mide bulantısı.
تهوع آور tehevvu' âver: (A.-F.) [tehevvo'+ âverden>âver] öğürtücü.
تهوید tehvîd: (A.) şarkı söyleme.
تهویل tehvîl: (A.) **1.**korkutma. **2.**giysi ile süsleme.
تهویه tehviye: (A.) havalandırma. ‖ * destgâh-i ~ دستگاه تهویه havalandırma sistemi.
تهی tohî: **1.**boş. **2.**kof.
تهیج teheyyuc: (A.) kışkırtılma, tahrik edilme.
تهی دست tohî dest: yoksul, fakir.
تهی دستی tohîdestî: yoksulluk, fakirlik.
تهی رو tohîrû: âvare, derbeder, aylak.
تهی شدن tohî şoden: **1.**boşalmak. **2.**koflaşmak.
تهی کردن tohî kerden: **1.**boşaltmak. **2.**koflaştırmak.
تهی میان tohîmiyan: kof.
تهیه tehiyye: (A.) **1.**hazırlama. **2.**edinme.
تهیه دیدن tehiyye dîden: hazırlamak.
تهیه شدن tehiyye şoden: hazırlanmak, temin edilmek, tedarik edilmek.
تهیه کردن tehiyye kerden: **1.**hazırlamak, tedarik etmek, temin etmek, karşılamak. **2.**yapmak.
تهیه کننده tehiyye konende: (A.-F.) yapımcı, prodüktör.
تهییج tehyîc: (A.) **1.**heyecanlandırma. **2.**kışkırtma.
تهییج کردن tehyîc kerden: **1.**heyecanlandırmak. **2.**kışkırtmak, tahrik etmek.
تیاتر teyatr: (Fr.) tiyatro.
تیاسر teyâsur: (A.) sola dönme, sola

meyletme.

تیامن teyâmun: (A.) sağa dönme, sağa meyletme.

تیب tîb: başı dönmüş, şaşkın.

تیب و شیب tîb u şîb: başı dönmüş, şaşkın, ne yapacağını bilemeyen.

تیپ tip: (Fr.) **1.**tip, cins. **2.**(ask.) tugay. ‖ * ~ -i yekdîger zeden تیپ یکدیگر زدن çekişmek, didişmek.

تیپا tîpa: tekme.

تیپا زدن tîpa zeden: tekme atmak, tekmelemek.

تیتال tîtal: **1.**hile, düzen. **2.**dalkavukluk.

تیتر titr: (Fr.) manşet.

تیجان tîcân: (A.) (ask.) subaylar.

تیر tîr: (Peh.) **1.**ok. **2.**mermi, kurşun, fişek. **3.**direk. **4.**çubuk. ‖ * ~ ez şest reften تیر از شست رفتن ok yaydan çıkmak, iş işten geçmek. ‖ * ~ ez kemân gozeşten تیر از کمان گذشتن ok yaydan çıkmak. ‖ * ~ -i berk تیر برق elektrik direği. ‖ * ~ râ hâlî kerden تیر را خالی کردن silahı ateşlemek, kurşun sıkmak. ‖ * bâ yek ~ do nişân zeden با یک تیر دو نشان زدن bir taşta iki kuş vurmak. ‖ * be ~ -i gayb giriftâr şoden به تیر غیب گرفتار شدن kimvurduya gitmek. ‖ * be yek ~ do nişân zeden به یک تیر دو نشان زدن bir taşla iki kuş vurmak.

تیر tîr: (Peh.) **1.**İran takviminin dördüncü ayı, Tîr, Tîrmâh (21 Haziran-21 Temmuz) **2.**sonbahar.

تیر tîr: hisse, pay.

تیر tîr: karanlık.

تیر آهن tîr âhen: çubuk demir.

تیراژ tiraj: (Fr.) tiraj.

تیراژه tîrâje: gökkuşağı.

تیر افکن tîr efken: okçu.

تیر افکندن tîr efkenden: **1.**ok atmak. **2.**kurşun sıkmak. **3.**suçlamak. **4.**lanet etmek.

تیر انداختن tîr endâhten: **1.**ok atmak. **2.**kurşun sıkmak.

تیر اندازی tîrendâzî: [tîr+endâhten>endâz+î] **1.**atış. **2.**okçuluk.

تیر اندازی کردن tîrendâzî kerden: ateş etmek, ateş açmak.

تیرباران tîrbârân: **1.**kurşuna dizme. **2.**ok yağmuru.

تیرباران کردن tîrbârân kerden: kurşuna dizmek.

تیربند tîrbend: bir tür kemer.

تیر پرتاب شدن tîr pertâb şoden: ok yaydan çıkmak.

تیر خوردن tîr horden: kurşunlanmak, kurşunla vurulmak.

تیردان tîrdân: [tîr+dân] okluk, ok kuburu.

تیر رس tîrres: **1.**[tîr+resîden>res] ok menzili. **2.**kurşun menzili.

تیر روان کردن tîr revân kerden: ok atmak.

تیرک tîrek: **1.**[tîr+ek] küçük ok. **2.**direk. **3.**çadır direği.

تیرک زدن tîrek zeden: **1.**ok atmak. **2.**su sızmak.

تیر کشیدن tîr keşîden: **1.**uyuşmak, karıncalanmak. **2.**vücuda ok gibi ağrı girmek. ‖ * ~ -i poşt-i kesî تیر کشیدن پشت کسی sırtı ürpermek.

تیرکمان tîr kemân: ok ve yay. ‖ * ~ -i âbî تیرکمان آبی (bot.) su oku.

تیرکوب tîrkûb: [tîr-kûften>kûb] şahmerdan.

تیرکوبی tîrkûbî: [tîr+kûften>kûb+î] **1.**kazık kakma. **2.**direk çakma.

تیرگی tîregî: [tîre+g+î] **1.**koyuluk. **2.**karanlık. **3.**gerginlik.

تیرماه tîrmâh: İran takviminin dördüncü ayı, Tîr, Tîrmâh (21 Haziran-21 Temmuz)

تیرماهی tîrmâhî: [tîr+mâh+î] **1.**sonbahara ait. **2.**sonbahar ürünü.

تیروئید tiroid: (Fr.) (tob.) tiroid bezi.

تیره tîre: **1.**karanlık. **2.**koyu. **3.**topluluk, taife. **4.**yoğun. **5.**gergin. **6.**(tıb.) omur. **7.**kapkara. ‖ * ~ vu târ şoden تیره و تار شدن kararmak. ‖ * ~ vu târ şoden colov-i çeşm-i kesî تیره و تار شدن جلو چشم کسی gözü dönmek.

تیره آب tîreâb: [tîre+âb] bulanık su.

تیره بخت tîrebaht: bahtıkara, talihsiz.

تیره دست tîredest: **1.**kötü işli, karanlık işler çeviren. **2.**(kin.) dünya.

تیره دل tîredil: 1.gönlü kara. 2.yolunu sapıtmış, yoldan çıkmış. 3.cahil.
تیره رنگ tîrereng: 1.koyu renk. 2.siyah.
تیره روز tîrerûz: kara günlü, talihsiz.
تیره شدن tîre şoden: 1.kararmak. 2.bozarmak.
تیره فام tîrefâm: [tîre+fâm] kara, karanlık.
تیره کردن tîre kerden: 1.karartmak. 2.bozartmak.
تیره گون tîregûn: [tîre+gûn] kara, karanlık.
تیره گون شدن tîregûn şoden: kararmak, bulanmak.
تیره گون کردن tîregûn kerden: karartmak.
تیره گون گشتن tîregûn geşten: kararmak.
تیز tîz: (Peh.) 1.keskin, kesici. 2.sivri uçlu. 3.acı. 4.keskin kokulu.
تیزاب tîzâb: (kim.) nitrik asit, kezzap.
تیزبین tîzbîn: [tîz+dîden>bîn] 1.gözü keskin. 2.dikkatli.
تیزپا tîz pâ: ayağına çabuk.
تیزرو tîzrov: [tîz+reften>rev>rov] süratli giden.
تیز شدن tîz şoden: 1.keskinleşmek. 2.sivrilmek. 3.acılaşmak. 4.bilenmek.
تیز طرف tîzterf: (F.-A.) keskin gözlü.
تیز فعل tîz fi'l: (F.-A.) çabuk tesirli.
تیزفهم tîzfehm: (F.-A.) [tîz+fehmîden> fehm] kıvrak zekâlı, zeki.
تیز کردن tîz kerden: 1.bilemek. 2.keskinleştirmek. 3.sivriltmek. 4.sinirlendirmek.
تیز گردیدن tîz gerdîden: 1.keskinleşmek. 2.öfkelenmek.
تیز هوش tîz hûş: kıvrak zekâlı.
تیزی tîzî: 1.keskinlik. 2.sivrilik. 3.sertlik, haşinlik. 4.acılık.
تیسیر teysîr: (A.) kolaylaştırma.
تیشه tîşe: keser, marangoz keseri. ‖ * ~ ber pây-i hod zeden تیشه بر پای خود زدن bindiği dalı kesmek. ‖ * ~ be sûy-i hod zeden تیشه به سوی خود زدن 1.bindiği dalı kesmek. 2.hırslı olmak. ‖ * ~ -i ferhâd tîz kerden تیشهء فرهاد تیز کردن gönül oyununa başlamak.
تیغ tîg: (Peh.) 1.kılıç. 2.ustura. 3.jilet, tıraş bıçağı. 4.diken. 5.ok. ‖ * ~ der gilâf kerden تیغ در غلاف کردن 1.kılıcı kınına zokmak. 2.susmak. ‖ * ~ -i lâ rânden تیغ لا راندن Allah'tan başka herşeyden ilgisini kesmek. ‖ * ez dem-i ~ gozerânîden از دم تیغ گذرانیدن kılıçtan geçirmek. ‖ * be dem-i ~ siporde şoden به دم تیغ سپرده شدن kılıçtan geçirilmek.
تیغ بر کشیدن tîğ ber keşîden: kılıç çekmek.
تیغ زدن tîg zeden: 1.dolandırmak. 2.kılıç vurmak.
تیغ کشیدن tîğ keşîden: kılıç çekmek. ‖ * aftâb ~ آفتاب تیغ زدن gün doğmak.
تیغه tîge: (Peh.) 1.ustura, çakı, bıçak ağzı, kesici yan. 2.kesici uç. 3.bıçak. 4.tek tuğlalı ince duvar. ‖ * ~ -i kûh تیغهء کوه doruk, zirve.
تیفوس tifus: (Fr.) (tıb.) tifüs.
تیقظ teyakkuz: (A.) uyanıklık, teyakkuz.
تیقن teyekkun: (A.) kesin bilme.
تیک تیک tik tik:.tik tak, saat, kalp gibi atış sesleri.
تیک و تاک کردن tîk u tak kerden: tıkırdamak, takırdamak.
تیکه tîke: 1.parça. 2.(şaka) fıstık. 3.denk, ayar.
تیلفون tilfun: (Fr.) telefon.
تیلفون خانه tilfunhâne: (Fr.-F.) telefon santrali.
تیله tîle: bilye.
تیله بازی tîlebâzî: bilye oyunu.
تیله بازی کردن tîlebâzî kerden: bilye oynamak.
تیم tîm: 1.büyük kervansaray. 2.taahhüt.
تیم tim: (İng.) 1.takım. 2.ekip. ‖ * ~ -i cevânân تیم جوانان (sp.) genç takım.
تیماج tîmâc: tabaklanmış keçi derisi.
تیمار tîmâr: 1.bakım, hizmet. 2.fikir,

düşünce.

تیمارخوار tîmârhâr: [tîmâr+horden> horhâr] 1.bakıcı. 2.hastabakıcı.

تیمار خوردن tîmâr horden: 1.bakmak. 2.taahhüt etmek.

تیماردار tîmârdâr: 1.hastabakıcı. 2.taahhüt eden.

تیمارداشت tîmârdâşt: [tîmâr+dâşten> dâşt] 1.bakma, kollama, göz kulak olma. 2.hastabakıcılık.

تیمار داشتن tîmâr dâşten: 1.taahhüt etmek. 2.hastaya bakmak, hastabakıcılık etmek.

تیمارستان tîmâristân: tımarhane, akıl hastanesi.

تیمارگاه tîmârgâh: [tîmâr+gâh] 1.bakımevi. 2.dârülaceze.

تیمار کردن tîmâr kerden: 1.birine bakmak, hizmet etmek. 2.hastabakıcılık yapmak.

تیمچه tîmçe: 1.küçük çarşı. 2.küçük kervansaray.

تیمسار tîmsâr: 1.(ask.) general sınıfı. 2.(ask.) paşa.

تیمم teyemmum: (A.) teyemmüm.

تیمن teyemmun: (A.) uğurlu sayma, kutlu sayma.

تیو tîv: güç, kuvvet, takat.

تیوب tiyûb: iç lastik.

تیول tuyûl: (T.) tımar, zeamet.

تیولدار tuyûldâr: (T.-F.) tımar sahibi, zeamet sahibi.

تیه tîh: (A.) 1.sapıklık. 2.kendini beğenme. 3.susuz çöl.

تیهو tîhû: (Peh.) (bot.) kekliğe benzeyen bir tür kuş.

ث

ث se: **1.**Farsça alfabenin beşinci harfi. **2.**Ebced hesabına göre sayısal değeri 500.

ثا sâ (A.) "se" harfi. ‖ * ~ -i musellese ثاء مثلثه üç noktalı se, peltek se.

ثائب sâ'ib (A.) yağmur getiren şiddetli rüzgâr.

ثائب البحر sâ'ibulbahr (A.) gelgit esnasında kıyıyı dolduran su.

ثابت sâbit: (A.) **1.**hareketsiz. **2.**kanıtlanmış, ispat edilmiş, kesin. **3.** direnen, fikri değişmeyen. **4.**erkek adı. **5.**olumlu.

ثابتات sâbitât (A.) yerinde durur gibi görünen yıldızlar.

ثابت ارکان sâbit erkân: (A.-F.) sağlam temelleri olan.

ثابت رأى sâbit re'y: (A.-F.) sabit fikirli.

ثابت ساختن sâbit sâhten: ispat etmek, kanıtlamak.

ثابت شدن sâbit şoden: **1.**doğrulanmak, kesinleşmek. **2.**ispatlanmak, kanıtlanmak.

ثابت عزم sâbit azm: (A.-F.) kararlı, azimli.

ثابت قدم sâbit kadem: (A.-F.) **1.**sebatlı, azimli. **2.**yere sağlam basan. **3.**sözünde duran.

ثابت کردن sâbit kerden: **1.**ispatlamak, kanıtlamak. **2.**doğrulamak. **3.**kesinleştirmek.

ثابت گردیدن sâbit gerdîden: **1.**kesinleşmek. **2.**doğrulanmak. **3.**ispatlanmak, kanıtlanmak.

ثابت ماندن sâbit mânden: **1.**sabit kalmak. **2.**takılıp kalmak.

ثابته sâbite (A.) **1.**yerinde durur gibi görünen yıldız. **2.**kanıtlanmış, ispat edilmiş. **3.**tulumlular. **4.**bayan adı.

ثار sâr: (A.) **1.**kin. **2.**öc, intikam. ‖ * ahz-i ~ اخذ ثار öc alma. ‖ * ahz-i ~ kerden اخذ ثار کردن öc almak, intikam almak.

/se/

ثافل sâfil (A.) çökelti, tortu.

ثاقب sâkib: (A.) **1.**aydınlık, parlak. **2.**delici, delen. ‖ * necm-i ~ نجم ثاقب **1.**kayan yıldız. **2.**Zühal.

ثاقبه sâkibe (A.) **1.**delici, delen. **2.**parlak, parıltılı.

ثالث sâlis: (A.) üçüncü.

ثالثاً sâlisen: (A.) **1.**üçüncü kez. **2.**üçüncü olarak.

ثالثات sâlisât (A.) saliseler.

ثالثه sâlise: (A.) **1.**üçüncü. **2.**salise, saniyenin altmışta biri. **3.**Osmanlı döneminde binbaşılıkla eşdeğerdeki mülkî rütbe. **4.**bayan adı.

ثالوث sâlûs: (A.) **1.**üçleme. **2.**Ortaçağ üniversitelerinde okutulan sarf, belâgat ve mantık dersleri grubu.

ثآليل se'âlîl (A.) **1.**memeler. **2.**siğiller.

ثامر sâmir (A.) meyva veren, meyvalı.

ثامن sâmin: (A.) sekizinci.

ثامناً sâminen (A.) sekizincisi, sekizinci olarak.

ثانوى sânevî: (A.) ikinci.

ثانويه sâneviyye (A.) ikinci.

ثاني sânî: (A.) ikinci.

ثانياً sâniyen: (A.) **1.**ikinci olarak, ikinci kez. **2.**tekrar, daha sonra, sonra.

ثانيه sâniye: (A.) **1.**saniye, dakikanın altmışta biri. **2.**ikinci. **3.**Osmanlı döneminde yarbaylı derecesinde mülkî rütbe. **4.**bayan adı.

ثانيه شمار sâniye şomâr: (A.-F.) **1.**saniye göstergesi, saniye ibresi. **2.**saniye gösteren saat.

ثاوى sâvî: (A.) **1.**inen. **2.**uzun süre ikamet eden.

ثاير sâyir: (A.) **1.**kin güden, kinci.

2.intikamcı.

ثبات sebât: (A.) **1.**kalıcılık, dayanıklılık. **2.**yerinde durma, sözünde durma.

ثباتکار sebâtkâr (A.-F.) [sebât+kâr] **1.**direnen, sebat gösteren, dirençli. **2.**kararlı.

ثباتکارانه sebâtkârâne (A.-F.) [sebât+kâr+âne] **1.**direnerek, sebat göstererek. **2.**kararlılıkla.

ثباتکاری sebâtkârî (A.-F.) [sebât+kâr+î] **1.**direnme, sebat gösterme. **2.**kararlılık.

ثبات کردن sebât kerden: **1.**sebat etmek. **2.**sabit etmek. **3.**sabit olmak. **4.**yerinde kalmak.

ثبات نمودن sebât numûden: sebat etmek.

ثباتی sebâtî (A.) **1.**sebat ile ilgili, direnç ile ilgili. **2.**direnç, sebatlılık, direnme, kararlılık. **3.**erkek adı.

ثبت sebt: (A.) **1.**yerinde kalma. **2.**kaydetme. **3.**not alma. **4.**cesur insan. **5.**sabit fikirli. **6.**tescil. **7.**yazılı, kayıtlı. ‖ * ~ u siyâhe berdâşten ثبت و سیاهه برداشتن döküm yapmak, liste çıkarmak, envanter hazırlamak. ‖ * be ~ dâden به ثبت دادن kaydettirmek, tescil ettirmek, patent almak. ‖ * be ~ resânden به ثبت رساندن tescil ettirmek. ‖ * be ~ resîden به ثبت رسیدن **1.**tescil edilmek. **2.**kesinleşmek.

ثبت آمدن sebt âmeden: kaydolmak, yazılmak.

ثبت بر داشتن sebt ber dâşten: suret çıkarmak, kopya çıkarmak.

ثبت شدن sebt şoden: tespit edilmek.

ثبت کردن sebt kerden: **1.**kaydetmek, tescil etmek, deftere geçmek. **2.**tespit etmek.

ثبتی sebtî: (A.-F.) [sebt+î] **1.**kayıtlı, tescilli. **2.**noterden tasdikli.

ثبوت subût: (A.) **1.**yerinde kalma. **2.**sabit kalma. **3.**doğrulanma. **4.**gerçekleşme. ‖ * be ~ resânîden به ثبوت رسانیدن doğrulamak. ‖ * be ~ resîden به ثبوت رسیدن doğrulanmak, kesinleşmek, kesinlik kazanmak, kanıtlanmak, ispatlanmak.

ثبور subûr: (A.) **1.**alıkoyma. **2.**helâk etme. **3.**yok olma. **4.**azap. **5.**hüsran.

ثبیت sebît (A.) sabit, hareketsiz.

ثجیر secîr (A.) posa.

ثخانت sehânet (A.) **1.**kalınlık. **2.**katılık. **3.**sıklık, gürlük.

ثخن sihan (A.) kalınlık.

ثخن sahan (A.) ağırlık.

ثخین sahîn (A.) **1.**kalın. **2.**sık. **3.**katı.* abâ-i ~ عباء ثخین kalın aba.

ثخینه sahîne (A.) **1.**kalın. **2.**sık. **3.**katı.

ثدایا sedâyâ (A.) memeler.

ثدغ sedg (A.) **1.**baş yarma. **2.**baş yarığı.

ثدن sedin (A.) yapılı, iriyarı.

ثدن sedn (A.) organlardaki ölçüsüz gelişme.

ثدی sedy (A.) emcik, meme.

ثدی sedî, sedâ: (A.) meme.

ثدیه sedye (A.) meme.

ثراء serâ': (A.) **1.**güçlülük, zenginlik. **2.**toz, toprak.

ثرب serb (A.) **1.**içyağı. **2.**azarlama, çıkışma.

ثرثار sersâr (A.) saçmalayan, zırvalayan.

ثرد serd (A.) **1.**doğrama. **2.**doğranma.

ثرم serem (A.) kökten diş kırılması.

ثرم serm: (A.) **1.**dişini kırmak. **2.**dişi düşmek.

ثروب surûb (A.) **1.**içyağları. **2.**çıkışmalar, azarlamalar.

ثروت servet: (A.) servet, zenginlik. ‖ * ~ î behem zeden ثروتی بهم زدن zengin olmak, servet sahibi olmak. ‖ * ilm-i ~ علم ثروت ekonomi.

ثروتمند servetmend: (A.-F.) [servet+ mend] zengin, servet sahibi, paralı.

ثروتمندی servetmendî: (A.-F.) [servet+ mend+î] zenginlik.

ثری serâ: (A.) **1.**ıslaklık, rutubet. **2.**nemli toprak. **3.**yer. ‖ * ez ~ tâ be sureyyâ از ثری تا به ثریا yerden göğe kadar. ‖ * eynes ~ vessureyyâ این الثری و الثریا aralarında yerden göğe kadar fark

var. ‖ * tahtes ~ تحت الثرى yer altı, toprak altı. ‖ * fevkas~ · فوق الثرى yer üstü, toprak üstü.
ثريا sureyyâ: (A.) 1.Ülker yıldızı, Pervin. 2.avize. 3.kadın adı. ‖ * ıkd-i ~ عقد ثريا gerdanlığa benzeyen Ülker yıldızı.
ثريا جوهر sureyyâcevher (A.) [sureyyâ+ cevher] üstüne Süreyya yıldızı işlenmiş.
ثريد serîd (A.) tirit.
ثطاع sutâ' (A.) nezle.
ثعابيب se'âbîb (A.) salya.
ثعابين se'âbîn (A.) büyük yılanlar.
ثعالب sa'âlib (A.) tilkiler.
ثعبان su'bân: (A.) 1.büyük yılan. 2.ejderha. 3.Küçükayı takım yıldızının en parlak yıldızı.
ثعلب sa'leb: (A.) (zool.) tilki.
ثعلب sa'leb (bot.) salep.
ثعلب فروش sa'lebfurûş: (A.-F.) [sa'leb+ furûhten> furûş] 1.salepçi.
ثغر sağr: (A.) 1.ön diş. 2.ağız. 3.sınır.
ثغور sugûr: (A.) 1.ön dişler. 2.sınırlar.
ثفل sufl (A.) · tortu, çökelti.
ثفل · sefl (A.) dışkı.
ثفن sefen (A.) · nasır.
ثقات sikât (A.) güvenilir kişiler.
ثقال sikâl (A.) 1.ağır nesneler. 2.ağırcanlılar.
ثقالت sekâlet: (A.) ağırlık, sakillik.
ثقب sakb (A.) 1.delme. 2.delinme. 3.delik. 4.anlama.
ثقب sukab (A.) delikler.
ثقب sukb (A.) delik.
ثقب sukub (A.) delikler.
ثقبات sukabât (A.) delikler.
ثقبه sakbe (A.) delik.
ثقبه sukbe (A.) delik.
ثقت sıket: (A.) güvenme, itimat, güvence.
ثقل sekel: (A.) 1.yolcu yükü, bagaj. 2.korunacak güzel şey.
ثقل sekl: (A.) 1.ağırlık. 2.hastalığın ağırlaşması.
ثقل sıkel: (A.) 1.ağırlık. 2.günah. 3.hamileliğin belirginleşmesi.
ثقلاء sukelâ' (A.) 1.ağır olanlar. 2.çirkinler. 3.kaba insanlar. 4.konuşmalarıyla insanı sıkanlar.
ثقلان sakalân (A.) insan ve cin.
ثقلت seklet, sekelet, siklet: (A.) 1.ağırlık, sıklet. 2.sıkıntı.
ثقل كردن sekl kerden: mide hazımsızlığı çekmek.
ثقلين sakaleyn (A.) insan ve cin.
ثقوب sukûb: (A.) alevlendirici, tutuşturucu.
ثقه sıke: (A.) 1.güvenlik. 2.güvenilir kişi.
ثقوب sukûb (A.) 1.delikler. 2.delmeler. 3.delinmeler.
ثقيبه sukaybe (A.) küçük delik, delikçik.
ثقيف sakîf: (A.) 1.zeki. 2.üstat.
ثقيل sakîl: (A.) 1.ağır, sakil. 2.ağır hasta. 3.çirkin, yakışmayan, hoş olmayan. 4.kalın okunan ses.
ثقيل الروح sakîlurrûh (A.) ağır canlı kişi, insanı sıkan kişi.
ثقيل الهزج sakîlulhezec (A.) klasik Türk musikîsinde bir usül.
ثلاث selâs: (A.) üç.
ثلاثون selâsûn (A.) otuz.
ثلاثه selâse: (A.) üç. ‖ * şuhûr-i ~ شهور ثلاثه üç aylar.
ثلاث عشر selâseaşer (A.) on üç.
ثلاثى sulâsî: (A.) 1.üçlü. 2.Arapça'da kökü üç harften oluşan fiil.
ثلاثى الازهار sulâsilezhâr (A.) üç çiçekli bitki.
ثلاثى الرأس sulâsirre's (A.) üç başlı, üç kafalı.
ثلاثين selâsîn (A.) otuz.
ثلث suls: (A.) 1.üçte bir. 2.bir yazı stili.
ثلثان sulusân (A.) üçte iki. ‖ * ~ -i re'y ثلثان راى oyların üçte ikisi.
ثلثى sulusî (A.) 1.üçte bir ile ilgili. 2.sülüs yazısı ile ilgili.
ثلثين suluseyn (A.) üçte iki.
ثلج selc (A.) kar.
ثلم selem (A.) diş gediği.
ثلم selm: (A.) 1.kapının oyulması. 2.terketme. 3.burnunu kesme.
ثلمه selme (A.) gedik.

ثلمه sulme (A.) **1.**gedik, yarık. **2.**çatlak.

ثله selle (A.) koyun sürüsü.

ثله sulle (A.) **1.**kalabalık. **2.**bol miktarda para.

ثلوج sulûc (A.) karlar.

ثم summe (A.) sonra. ‖ * ~ vallâhi ثم والله Vallahi billahi.

ثم التدارک summettedârik (A.) [<summettedâruk] iş işten geçtikten sonra düşünülmüş, sonradan uydurulmuş, derme çatma.

ثمار semâr (A.) meyva.

ثمار simâr: (A.) meyveler.

ثمان semân: (A.) sekiz.

ثمان عشر semânaşere (A.) on sekiz.

ثمانون semânûn: (A.) seksen.

ثمانين semânîn (A.) seksen.

ثمانيه semâniye (A.) sekiz.

ثمر semer: (A.) **1.**meyve. **2.**fayda, yarar. **3.**sonuç, netice. **4.**ürün. ‖ * be ~ resânden به ثمر رساندن gerçekleştirmek. ‖ * be ~ resîden به ثمر رسيدن **1.**gerçekleşmek. **2.**semeresini vermek, meyvasını vermek.

ثمرات semerât: (A.) **1.**meyvalar. **2.**mahsuller, ürünler. **3.**sonuçlar. **4.**devlete ait akarlardan ve başka mülklerden elde edilen gelir.

ثمربخش semerbahş: (A.-F.) [semer+ bahşîden> bahş] **1.**olumlu. **2.**yararlı. **3.**verimli.

ثمربخش شدن semerbahş şoden: işe yaramak, verimli olmak.

ثمر داشتن semer dâşten: yararı olmak.

ثمره semere: (A.) **1.**mevye. **2.**ürün. **3.**sonuç, netice. **4.**nesil, kuşak, evlat, çocuklar.

ثمرة الله semeretullâh (A.) muz.

ثمره بخش semerebahş (A.-F.) [semere+ bahşîden> bahş] **1.**meyva veren. **2.**ürün veren. **3.**sonuç veren.

ثمره دار semeredâr (A.-F.) [semere+ dâşten>dâr] **1.**meyvalı. **2.**verimli. **3.**sonuç veren.

ثمن semen: (A.) **1.**fiyat. **2.**değer, kıymet. ‖ * ~ -i bahs ثمن بخس çok düşük değer. ‖ * be ~ -i bahs به ثمن بخس yok pahasına, öldüm pahasına.

ثمن sumun (A.) sekizde bir.

ثمير semîr (A.) arkadaş.

ثمير semîr (A.) meyvalı, meyva veren.

ثميره sumeyre (A.) **1.**meyva çağlası. **2.**kendi içine kıvrılmış yaprak.

ثميله semîle (A.) **1.**artık. **2.**deredeki su birikintisi.

ثمين semîn: (A.) değerli, kıymetli.

ثمينه semîne: (A.) **1.**değerli, kıymetli. **2.**kadın adı.

ثناء senâ': (A.) **1.**övgü. **2.**selâm. **3.**dua. **4.**hamd.

ثنائى senâ'î (A.) **1.**putpereset. **2.**ateşperest.

ثنائى sunâ'î (A.) **1.**ikili, ikil. **2.**ikincil. **3.**kökünde iki harf bulunan kelime.

ثنائيه senâ'iyye (A.) övgü şiiri, methiye.

ثنائيه sunâ'iyye (A.) ikicilik, dualizm.

ثناخوان senâhân (A.-F.) [senâ+hânden> hân] öven, metheden.

ثنا خواندن senâ hânden: **1.**medhetmek, övmek. **2.**hamdetmek.

ثناكار senâkâr (A.-F.) [senâ+kâr] övgücü, öven.

ثناكارانه senâkârâne (A.-F.) [senâ+kâr+âne] övercesine, överek.

ثناكارى senâkârî (A.-F.) [senâ+kâr+î] övme, övgücülük.

ثنا كردن senâ kerden: **1.**medhetmek, övmek. **2.**hamdetmek.

ثنا گستردن senâ gusterden: medhetmek, övmek.

ثنا گفتن senâ goften: **1.**medhetmek. **2.**hamdetmek.

ثناگو senâgû: (A.-F.) [senâ+ goften>gû] **1.**medheden, öven. **2.**duacı.

ثناگويانه senâgûyâne (A.-F.) [senâ+ goften>gûy+ âne] överek, methederek, övercesine.

ثناگويى senâgûyî (A.-F.) [senâ+goften> gûy+î] övgücülük, övme, methetme.

ثناور senâver (A.-F.) [senâ+ver] övgücü, öven, metheden.

ثناورانه senâverâne (A.-F.) [senâ+ver+ âne] övercesine, överek.

ثناورى senâverî (A.-F.) [senâ+ver+î] övgücülük, övme, methetme.

ثنايا senâyâ: (A.) ön dişler.

ثنوى senevî (A.) ateşperest.

ثنويه seneviyye (A.) ateşperestler.

ثنيه seniyye (A.) ön dişler.

ثواب sevâb: (A.) **1.**mükâfat. **2.**sevap. **3.**ihsan, ecir. **3.**hayırlı davranış, hayırlı iş.

ثواب sevvâb (A.) giysi satan.

ثوابت sevâbit: (A.) durağan yıldızlar.

ثوابكار sevâbkâr: (A.-F.) [sevâb+kâr] sevap işleyen, iyi amelli, salih amelli.

ثواقب sevâkıb: (A.) **1.**parlaklıklar. **2.**parlak yıldızlar.

ثوالث sevâlis (A.) saliseler.

ثوانى sevânî (A.) **1.**saniyeler. **2.**ikinci derecedekiler.

ثوب sevb, sovb: (A.) **1.**bez. **2.**giysi. **3.**bir hil'at türü. **4.**amel.

ثوبان sevebân (A.) hastalıktan kurtulma, iyileşme, sağlığa kavuşma.

ثور sevr, sovr: (A.) **1.**öküz. **2.**boğa. **3.**boğa burcu.

ثوران severân: (A.) **1.**kışkırtılma. **2.**toz kalkması. **3.**fitne çıkması.**4.**kan görünmesi.

ثورت sevret, sovret: (A.) **1.**kızgınlık, öfke, sertlik. **2.**tezlik, çabukluk. **3.**saldırı, hücum. **4.**hükümdarın şiddeti.

ثوم sûm: (A.) (bot.) sarmısak.

ثياب siyâb: (A.) **1.**giysiler, elbiseler. **2.**ameller.

ثيابى siyâbî: (A.-F.) **1.**kumaşçı. **2.**hamamlarda giysileri koruyan görevli, esvapçı.

ثيب seyyib: (A.) **1.**dul . **2.**bekâreti olmayan kadın. **3.**dul erkek.

ثيبات seyyibât (A.) dul kadınlar.

ثيبوبت seybûbet: (A.) dulluk.

ثيبون seyyibûn (A.) dul kadınlar.

ثيبه seyyibe: (A.) dul kadın.

ج

/ jim /

ج c: **1.**Farsça alfabenin altıncı harfi. **2.**Ebced sistemindeki sayısal değeri "üç".

جا câ: (Peh.) **1.**yer. **2.**mekân. **3.**mahal. **4.**yatak. **5.**cüret. **6.**güç, kuvvet. **7.**tabak. **8.**ölçü. ‖ * ez ~ ender âverden از جا اندر آوردن hareket ettirmek. ‖ * ez ~ borden از جا بردن yok etmek, kökünü kazımak. ‖ * ez ~ cesten از جا جستن yerinden sıçramak. ‖ * ez ~ conbîden از جا جنبیدن hareket etmek, kımıldamak. ‖ * ez ~ der reften از جا در رفتن sinirlenmek, öfkelenmek, küplere binmek, tepesi atmak, canına tak etmek. ‖ * ez ~ der kerden از جا در کردن sinirlendirmek, küplere bindirmek, tedirgin etmek. ‖ * ez ~ reften از جا رفتن **1.**kaymak. **2.**yer değiştirmek. ‖ * ez ~ şoden از جا شدن **1.**yerinden oynamak, yerinden hareket etmek. **2.**öfkelenmek, sinirlenmek. ‖ * ez ~ kenden از جا کندن kökünden sökmek. ‖ * ber ~ hoşk mânden بر جا خشک ماندن yerinde donakalmak. ‖ * ber ~ mânden بر جا ماندن **1.**geriye kalmak. **2.**yerinde kalmak. ‖ * be ~ به جا yerinde, uygun. ‖ * be ~ âverden به جا آوردن **1.**bitirmek. **2.**yerine getirmek. **3.**tanımak. ‖ * be ~ bâz nihâden به جا باز نهادن **1.**yerine koymak, yerine bırakmak. ‖ * be ~ gozâşten به جا گذاشتن **1.**terk etmek. **2.**unutmak, bir yerde unutmak. **3.**geriye bırakmak. ‖ * be ~ mânden به جا ماندن **1.**unutmak, bir yerde unutmak. **2.**kalıcı olmak. **3.**geriye kalmak. ‖ * be ~ yi بجای **1.**yerine, yerinde. **2.**hakkında. ‖ * be ~ yî resîden به جایی رسیدن bir mevkie gelmek, rütbe, makam sahibi olmak, bir yerlere gelmek. ‖ * ~ turâst u beççe nîst جا تراست و بچه نیست yerinde yeller esiyor. ‖ * ~ -yi ânest جای آنست lâyıktır, değer, yeridir. ‖ * ~ yi iştibâh جای اشتباه yanılma yeri, yanılma ihtimali olan yeri. ‖ * ~ yi behiştî جای بهشتی cennet gibi yer. ‖ * ~ yi penâh جای پناه sığınak, sığınma yeri. ‖ * ~ yi dilnişîn جای دلنشین ferah yer, gönül açıcı mekân. ‖ * ~ yi râhat جای راحت rahat edilebilecek yer. ‖ * ~ -yi sûzen endâhten nîst جای سوزن انداختن نیست iğne atsan, düşecek yer yok. ‖ * ~ -yi şukreş bâkîst جای شکرش باقی است bundan iyisi can sağlığı. ‖ * ~ yi işret جای عشرت eğlence yeri, içkili eğlence yeri. ‖ * ~ yi mulâhaza جای ملاحظه üstünde durulması gereken yer. ‖ * ~ yi şubhe جای شبهه kuşku duyulacak yer, şüpheli yer. ‖ * der ~ zeden در جا زدن **1.**(ask.) yerinde saymak. **2.**bir işte veya bir yerde kalmak. **3.**yerinde saymak, hiç bir ilerleme gösterememek.

جا آمدن câ âmeden: **1.**iyileşmek, sağlığına kavuşmak. **2.**kendine gelmek, iyileşmek, ayılmak. ‖ * dil-i kesî ~ دل کسی جا آمدن huzur bulmak, huzura ermek.

جا آوردن câ âvorden: tanımak, çıkarmak.

جائبه câ'ibe: (A.) söylenti.

جائر câ'ir: (A.) üzen, cevr eden.

جائز câ'iz: (A.) **1.**uygun. **2.**olur.

جائزه câ'ize: (A.) **1.**şairlere verilen ödül. **2.**azık. **3.**hediye.

جائفه câ'ife: (A.) göğüs boşluğuna kadar açılmış yara.

جائل câ'il: (A.) dolaşan, dönüp duran.

جائله câ'ile: (A.) insanın unutamadığı anıları.

جا افتادن câ oftâden: **1.**yer almak. **2.**kemik (yerine) yerleşmek. **3.**yemek iyice pişmek. **4.**olgunlaşmak. **5.**tecrübeli olmak. **6.**oturmak, normal şeklini almak. **7.**oturmak.

جا افتاده câ oftâde: **1.**olgun. **2.**tecrübeli. **3.**oturmuş. **4.**hazır yemek.

جا انداختن câ endâhten: **1.**yatak sermek. **2.**yerine takmak, yerine koymak. **3.**çıkık kemiği yerine oturtmak.

جاب câb: (A.) **1.**göbek. **2.**kırmızı toprak boyası.

جأب ce'b: (A.) **1.**göbek. **2.**kırmızı toprak boya.

جابت câbet: (A.) yanıtlama, cevaplama.

جابجا câbecâ: [câ+be+câ] **1.**derhal, hemen. **2.**yer yer.

جابجا افتادن câbecâ oftâden: **1.**yer değiştirmek. **2.**hemen düşmek.

جابجائی câbecâ'î: [câ+be+câ+î] taşınma.

جابجا شدن câbecâ şoden: **1.**yerleşmek. **2.**yer değiştirmek. **3.**yerinden çıkmak. **4.**yerinden oynamak.

جابجا كردن câbecâ kerden: **1.**yerleştirmek. **2.**yer değiştirmek. **3.**fidanın yerini değiştirmek. **4.**gizlemek. **5.**yerleşmek.

جابر câbir: (A.) **1.**zorba, zalim. **2.**cebbar. **3.**kırıkçı, kırık çıkıkçı.

جابرانه câbirâne: (A.-F.) [câbîr+âne] zorbaca, zorla, zorbalıkla.

جابلسا câbilsâ: **1.**uzak batıda bin kapılı efsanemsi şehir. **2.**insanın Tanrı yolundaki son konağı.

جابلقا câbilkâ: **1.**uzak doğuda bin kapılı efsanemsi şehir. **2.**Tanrı'ya yönelen insanın geçeceği ilk aşama.

جابه câbe: (A.) bir yanıt, bir cevap.

جأبه ce'be: (A.) göbek bölgesi.

جابى câbî: (A.) **1.**vergi tahsildarı, vakıf vergi tahsildarı. **2.**çekirge.

جابيه câbiye: (A.) havuz.

جاپا câpâ: [câ+pâ] **1.**ayak izi. **2.**ayak basacak yer.

جاپاى câpây: [câ+pây] ayak izi.

جاپيچ câpîç: kavat, deyyus.

جا تهيه كردن câ tehiyye kerden: yer edinmek.

جاثليق câselîk: (A.) **1.**katolik. **2.**başpiskopos. **3.**patrik.

جاثم câsim: (A.) **1.**yere düşmüş. **2.**helâk olmuş. **3.**yerinde kalmış. **4.**duygusuz ve hareketsiz kalmış, donakalmış, şokta.

جاثم câsim: (A.) yüz üstü yatan.

جاثوم câsûm: (A.) kâbus, karabasan.

جا جا câ câ: **1.**yer yer. **2.**bili bibi (tavuğu çağırma sesi).

جا جا كردن câ câ kerden: **1.**bili bili demek, tavuğu çağırmak. **2.**bir şeyi türlü yerlere koymak.

جا جاى câcây: **1.**zaman zaman. **2.**yer yer.

جاجرود câcrûd: (coğ.) Câcrûd nehri.

جاجل câcol: [câ+col] yatak.

جاجيم câcîm: **1.**kalın yünlü kumaş. **2.**renk renk iplikten dokunan döşeme.

جاجيم باف câcîmbâf: [câcîm+bâf] kilimci.

جاحد câhid: (A.) inkârcı, münkir, reddeden.

جاحظ câhiz: (A.) **1.**iri ve fırlak gözlü. **2.**ünlü Arap bilgini.

جا خالى انداختن câ hâlî endâhten (Sp.) voleybolda topu rakibin boşalttığı alana atmak.

جا خالى كردن câ hâlî kerden: **1.**kenara çekilmek. **2.**kendine çeki düzen vermek.

جاخسوک câhsûk: orak.

جا خوردن câ horden: **1.**şaşırmak. **2.**irkilmek. **3.**kendini yenik hissetmek. **4.**morali bozulmak.

جاخوش كردن câhoş kerden: yerini sevmek.

جاد câdd: (A.) **1.**ciddî. **2.**gayretli.

جا دادن câ dâden: **1.**yerleştirmek, koymak, sığdırmak. **2.**yer vermek. **3.**atamak. ‖ * ~ der hod جا دادن در

خود içine almak.

جادار câdâr: [câ+dâşten>dâr] geniş, ferah, mekânı bol.

جا داشتن câ dâşten: **1.**geniş olmak. **2.**yeri olmak, yerinde olmak. **3.**birini muhafız yapmak.

جادب câdib: (A.) kusur bulan, kusur gören.

جادبه câdibe: (A.) kusur bulan, kusur gören.

جادس câdis: (A.) **1.**kıraç arazi. **2.**harap.

جادسه câdise: (A.) **1.**kıraç arazi. **2.**harap.

جادل câdil: (A.) gücü kuvveti yerinde.

جادو câdû: (Peh.) **1.**büyücü, cadı. **2.**büyü, sihir **3.**sevgilinin gözü. **4.**aldatıcı, hilekâr.

جادوانه câdûvâne: [câdû+vâne] büyücü gibi, büyülercesine.

جادو پرست câdûperest: [câdû+ perestîden> perest] cadılara tapan.

جادو جنبل câdû cenbel: büyü, efsun, sihir.

جادو جنبل كردن câdû cenbel kerden: büyü yapmak.

جادو خيال câdû hiyâl: (F.-A.) **1.**hayalperest. **2.**geniş hayalli şair.

جادو زبان câdûzebân: tatlı dilli.

جادو زن câdû zen: büyücü kadın.

جادوستان câdûsitân: [câdû+stân] cadılar ülkesi.

جادوسخن câdûsuhen: [<câdû+sohen] etkili konuşan.

جادو سخنى câdûsohenî: [câdû+sohen+î] fesahat.

جادوفن · câdûfenn: (F.-A.) [câdû+fenn] büyücü.

جادو كردن câdû kerden: **1.**büyü yapmak, sihir yapmak. **2.**ele geçirmek.

جادوكش câdûkoş: [<câdû+koşten>koş] büyücü öldüren.

جادوگر câdûger: [câdû+ger] büyücü, sihirbaz.

جادوگرى câdûgerî: [câdû+ger+î] büyücülük, sihirbazlık.

جادونگاه câdûnigâh: [câdû+nigâh] (kin.) sevgili, maşuk, yavuklu.

جادوى câduvî: [câdû+v+î] büyücülük.

جادوى كردن câduvî kerden: büyücülük yapmak.

جادويى câdûyî: [câdû+y+î] **1.**büyücülük, sihirbazlık. **2.**şaşırtıcı, ilginç.

جادويى كردن câdûyî kerden: **1.**büyü yapmak, sihir yapmak. **2.**büyücülük yapmak.

جاده câdde: (A.) **1.**yol, karayolu, cadde. **2.**(tas.) tarikat. ‖ * ~ -i edviye جادهء ادويه Baharat Yolu. ‖ * ~ -i hâkî جادهء خاكى **1.**toprak yol. **2.**(şaka) yayan, tabanvay.

جاده câdde: (A.) **1.**ciddî. **2.**gayretli.

جاده صاف كن câddesâfkon: (A.-F.) [câdde+ sâf kerden>sâf kon] yol makinesi, silindir.

جاده كشيدن câdde keşîden: yol açmak, yol yapmak.

جاده كوب câddekûb: [câdde+kûften>kûb] yol silindiri, asfalt silindiri.

جادى câdî: (A.) dilenci.

جادى câdî: safran.

جاذب câzib: (A.) **1.**çekici, cezbedici. **2.**sevimli.

جاذبه câzibe: (A.) **1.**çekici, cezbedici. **2.**çekicilik, alımlılık. **3.**çekim. ‖ * ~ -i arz جاذبهء ارض yerçekimi. ‖ * ~ -i kirânişî جاذبهء كرانشى yer çekimi.

جاذبه دار câzibedâr: (A.-F.) [câzibe+ dâşten>dâr] çekici, alımlı, cazibeli, sempatik.

جاذبه كار câzibekâr: (A.-F.) [câzibe+kâr] cazibeli.

جاذبه گير câzibegîr: (A.-F.) [câzibe+ giriften>gîr] çekici, alımlı, cazibeli, albenili.

جاذبيت câzibiyyet: (A.) çekicilik.

جاذو câzû: **1.**büyücü. **2.**sinirli kocakarı. **3.**büyü.

جار câr: avize.

جار câr: **1.**komşu. **2.**ticaret ortağı. **3.**yakın ev. **4.**hâmi, koruyucu.

جار câr: (A.) akar su.

جار câr: ses, feryat. ‖ * ~ u cencâl

جار و جنجال bağırtı, bağlık çığlık; gürültü patırtı.

جارّ cârr: (A.) 1.sürükleyici, çekici. 2.cer edici.

جار الجنب cârulcenb: (A.) bitişik komşu.

جار الجنوب cârulcunûb: (A.) yabancı komşu.

جارالله cârullâh: (A.) Mekke'ye gidip yerleşen.

جارچی cârçi: (F.-T.] [câr+çi] çığırtkan, tellal, münâdi.

جارح cârih: (A.) 1.yaralayan, yaralayıcı. 2.çürüten, çürütücü.

جارحه cârihe: (A.) 1.cerahat yapan. 2.organ, uzuv. 3.kısrak. 4.avcı kuş ve hayvan. 5.yaralayan.

جارختی cârehtî: [câ+reht+î] 1.elbise askısı. 2.portmanto.

جار زدن câr zeden: tellal çıkartmak, nida ettirmek.

جارس câris: (A.) hırçın.

جارشب cârşeb: [<çâr+şeb] çarşaf.

جارف cârif: (A.) 1.kazan, kazıyan. 2.ölüm.

جا رفتن câ reften: 1.yenilmek. 2.yaptığından dolayı kırgınlık duymak.

جارم cârim: (A.) 1.suçlu, cürüm işleyen. 2.kesen. 3.hurma toplayan. 4.aile geçindiren.

جارمه cârime: (A.) 1.suçlu bayan. 2.kesen. 3.hurma toplayan. 4.aile geçindiren.

جارو cârû: süpürge.

جاروب cârûb: [câ+roften>rûb] süpürge. ‖ * ~ ez mujgân kerden جاروب از مژگان کردن 1.saçını süpürge etmek. 2.secde etmek. ‖ * be ~ zebângerdî kerden به جاروب زبان گردی کردن zırvalamak, çenesi düşmek. ‖ * ~ -i elektirîkî جاروب الکتریکی elektrik süpürgesi. ‖ * ~ -i berkî جاروب برقی elektrik süpürgesi.

جاروب دیده cârûb dîde: temiz, tertemiz.

جاروب زن cârûbzen: [cârûb+zeden>zen] 1.süpüren. 2.çöpçü.

جارو برقی cârû berkî: elektrik süpürgesi.

جاروب کردن cârûb kerden: süpürmek.

جاروب نما cârûbnümâ: [<cârûb+numûden> numâ] süpürge gibi görünen, süpürgemsi. ‖ * lihye-i ~ لحیهء جاروب نما süpürge sakal.

جارو جنجال câr u cencâl: bağlık çığlık; gürültü patırtı, yaygara.

جار و جنجال کردن câr u cencâl kerden: yaygara koparmak, bağırıp çağırmak, gürültü patırtı etmek.

جارو کردن cârû kerden: süpürmek.

جاروکش cârûkeş: [cârû+keşîden>keş] 1.süpüren. 2.çöpçü.

جاره câre: (A.) komşu.

جاری cârî: elti.

جاری cârî: (A.) 1.akan. 2.geçen, cereyan eden, geçerli, yürürlükte. 3.müşteri. 4.örtü. 5.çarşaf. ‖ * hisâb-i ~ حساب جاری câri hesap. ‖ * hisâb-i ~ bâz kerden حساب جاری باز کردن 1.câri hesap açmak. 2.câri hesap açtırmak. ‖ * sâl-i ~ سال جاری bu yıl, içinde bulunduğumuz yıl.

جاری بودن cârî bûden: yürürlükte olmak.

جاری شدن cârî şoden: 1.yürürlüğe girmek. 2.akmak, (yaş) boşanmak.

جاریه câriye: (A.) 1.yürürlükte. 2.(zool.) bir tür yılan. 3.Tanrı'nın nimeti. 4.cariye, halayık. 5.genç kız. 6.küçük kız. 7.akarsu. 8.güneş. ‖ * sikke-i ~ سکهء جاریه geçer akça.

جاز caz: (İng.) (müz.) caz.

جا زدن câ zeden: 1.sahte bir şeyi aslının yerine koymak. 2.birini başkasıymış gibi tanıtmak. 3.yüklemek.

جازم câzim: (A.) 1.kararlı, kesin kararlı. 2.kestirip atan. 3.keskin, kesici, kesen.

جازم شدن câzim şoden: bir işte kararlı olmak.

جازن câzen: kendisini bir başkasının yerine koyan.

جازن کردن (کسی را) câzen kerden (kesî râ) : birini yerinden kovmak.

جاسازی câsâzî: [câ+sâhten>sâz+î] yerleştirme, konuşlandırma.

جاسازی شدن câsâzî şoden: yerleştirilmek, konuşlandırılmak.

جاسازی کردن câsâzî kerden: yerleştirmek, konuşlandırmak.

جا سپردن câ siporden: **1.**yer vermek. **2.**ölmek.

جاست câst: üzüm teknesi, üzüm sıkma teknesi.

جاسر câsir: (A.) cesur, korkusuz.

جا سنگین câsengîn: [câ+seng+în] **1.**asil, soylu. **2.**tembel.

جاسوس câsûs: (A.) casus.

جاسوسی câsûsî: (A.-F.) [câsûs+î] casusluk.

جاش câş: **1.**temizlenmiş hububat. **2.**temizlenmiş tahıl ambarı.

جاشو câşû: tayfa.

جاعل câ'il: (A.) **1.**yapan. **2.**yaratan. **3.**sahtekâr.

جاعل الظلمات câilüzzulumât: (A.) karanlıkları yaratan.

جاغر câger: kuş kursağı.

جاف جاف câf câf: şırfıntı, yosma, orospu, fahişe.

جافی câfî: (A.) üzen, cefa eden.

جا کردن câ kerden: **1.**yerleştirmek. **2.**sokmak. ‖ * hod râ ~ خود را جا کردن **1.**kendini önemli kimselerin safına koymak. **2.**bir daireye veya işe girmek. **3.**yerleşmek, oturmak.

جاکش câkeş: **1.**(argo) pezevenk. **2.**(argo) kavat.

جاکلیدی câkilîdî: [câ+kilîd+î] kilit.

جاکن کردن câken kerden: yerinden sökmek.

جا گرفتن câ giriften: **1.**sığmak, almak. **2.**bir yere postu sermek. **3.**oturmak, yerleşmek, geçmek.

جا گرم کردن câ germ kerden: bir yere postu sermek.

جاگیر câgîr: [câ+giriften>gîr] **1.**işgalci. **2.**yer tutan, yer alan.

جاگیر شدن câgîr şoden: **1.**yer almak, yer tutmak, sığmak. **2.**etkilemek, tesir etmek.

جال câl: **1.**tuzak. **2.**misvak ağacı.

جالب câlib: (A.) ilginç, enteresan. ‖ * ~ -i teveccuh bûden جالب توجه بودن ilginç olmak. ‖ * ~ -i dikkat جالب دقت dikkat çekici.

جالباسی câlibâsî: [câ+libâs+î] **1.**elbise dolabı, gardrop. **2.**elbise askısı.

جالبه câlibe: (A.) **1.**çekici, çeken. **2.**bayan adı.

جالس câlis: (A.) **1.**oturan. **2.**tahta geçen.

جالش câliş: **1.**çiftleşme. **2.**nazla salınma.

جالع câli': (A.) **1.**açık saçık kadın. **2.**utanmaz.

جالف câlif: (A.) soyan, kabuk soyan, deri soyan.

جالفه câlife: (A.) ağır yara, deriyi et ile birlikte kaldıran yara.

جاله câle: sal.

جالی câlî: **1.**tuzak. **2.**misvak ağacı.

جالی câlî: (A.) **1.**açık, aydınlık. **2.**parlatan, cilalayan.

جالیز câlîz: (Peh.) **1.**karık. **2.**bostan.

جالیزکاری câlîzkârî: [câlîz+kişten>kâr+î] bostancılık, kavun karpuz yetiştirme.

جالینوس calinus: **1.**(müz.) eski İran musikîsinde bir makam. **2.**Galinus.

جام câm: (Peh.) **1.**kadeh. **2.**bardak. **3.**cam. **4.**(müz.) eski İran musikîsinde bir makam. **5.**(sp.) kupa. **6.**Horasan'da bir yerleşim yeri. **7.**Tanrı aşığının kalbi. **8.**soylarının Cemşid'e kadar uzandığını kabul eden kimi Keşmir ve Sind hakimleri. ‖ * ~ ber seng zeden جام بر سنگ زدن **1.**(kin.) içki içmeye tövbe etmek. **2.**tövbe etmek. ‖ * ~ -ı cem جام جم **1.**şarap. **2.**şarabı icat eden Cem'in sihirli kadehi. ‖ * ~ -ı cihânbîn جام جهان بین dünyayı gösteren kadeh ve ayna. ‖ * ~ -i cihânefrûz جام جهان افروز dünyayı aydınlatan kadeh, şarap kadehi. ‖ * ~ -i cihânî جام جهانی (sp.) dünya kupası. ‖ * ~

-ı cihânnumâ جام جهان نما dünyayı gösteren kadeh. ‖ * ~ -i iskender جام اسكندر İskender'in şarap kadehi.

جامائيكا camaika: (coğ.) Jamaika.

جاماسب câmâsb: Câmâsbnâme adlı eserin yazarı ve Keyguştasb'ın veziri bilge.

جا ماندن câ mânden: bir şeyi bir yerde unutmak, bir yerde kalmak.

جام بر câmbor: [câm+borîden>bor] camcı.

جام بريدن câm borîden: cam kesmek.

جام بلند كردن câm bolend kerden: kadeh kaldırmak.

جام پاره câmpâre: [câm+pâre] **1.**cam parçası. **2.**kadeh parçası.

جام پرداختن câm perdâhten: **1.**şarap içmek. **2.**kadeh doldurmak.

جام پيمودن câm peymûden: kadeh doldurmak.

جام خانه câmhâne: [câm+hâne] **1.**cam evi. **2.**cam imalathanesi.

جامح câmih: (A.) serkeş hayvan.

جامد câmid: (A.) **1.**donuk. **2.**katı. **3.**sert. **4.**cansız.

جامد العين câmidul'ayn: (A.) **1.**donuk gözlü. **2.**katı yürekli.

جامده câmide: (A.) **1.**donuk. **2.**cansız. ‖ * ecsâm-i ~ اجسام جامده cansız cisimler, cansız varlıklar.

جام زدن câm zeden: kadeh içmek, kadeh çekmek.

جامع câmi': (A.) **1.**toplu, derli toplu, tam. **2.**mescid, cami. **3.**derleyen, toplayan. **4.**içine alan, içinde bulunduran. ‖ * mescid-i ~ مسجد جامع cami, büyük cami, selatin cami'i.

جامع الحروف câmi'ulhurûf: (A.) yazar, kitap yazarı.

جامع المحاسن câmi'ulmehâsin: (A.) güzel vasıfları kendinde bulunduran.

جامع الكليم câmi'ulkelîm: (A.) özlü söz, derli toplu.

جامعه câmi'e: (A.) **1.**toplum, camia. **2.**topluluk. **3.**alaka. ‖ * ~ -i orupâ جامعهء اروپا Avrupa Topluluğu (AT) ‖ * ~ -i iktisâdî-i orupâ جامعهء اقتصادىء ارنپا Avrupa Ekonomik Topluluğu (AET)

جامعه سنجى câmi'esencî: (A.-F.) [câmi'e+ sencîden>senc+î] sosyometri, toplumölçüm.

جامعه شناس câmi'eşinâs: (A.-F.) [câmi'e+ şinâhten>şinâs] sosyolog, toplumbilimci.

جامعه شناسى câmi'eşinâsî: (A.-F.) [câmi'e+ şinâhten>şinâs+î] sosyoloji, toplumbilim.

جامعه نگارى câmi'e nigerî: (A.-F.) [câmi'e+ nigerîsten>niger+î] toplumsal.

جامعيت câmi'iyyet: (A.) bir arada bulunma, toplu yaşama.

جامغول câmgûl: külhanbeyi.

جام كشيدن câm keşîden: şarap içmek.

جامگر câmger: [câm+ger] camcı, cam imalatçısı, cam ustası.

جامكان câmekân: (F.-A.) [<câm+mekân <mekân-i câm] vitrin, camekân, cam bölme.

جامكان câmekân: [<câme+kenden>ken] soyunma odası.

جامكيه câmekiyye: (F.-A.) [<câme+g+ î+yye] vakıf gelirlerinden düşen maaş.

جامگى câmegî: [câm+e+g+î] **1.**görev, vazife. **2.**kadehteki tortu. **3.**ulûfe.

جاموس câmûs (zool.) camız, manda.

جام وش câmveş: [câm+veş] kadeh gibi.

جامه câme: (Peh.) **1.**giysi. **2.**sürahi. ‖ * ~ -i amel pûşîden جامهء عمل پوشيدن gerçekleşmek, yapılmak, uygulanmak. ‖ * ~ der nîl zeden جامه در نيل زدن yas tutmak. ‖ * ~ -i kebûd pûşîden جامهء كبود پوشيدن yas tutmak. ‖ * ~ -i zîrîn جامهء زيرين iç çamaşırı.

جامه آلود kirli câmeâlûd: [câme+âlûd <câme-i âlûd] elbise.

جامه ازرق كردن câme ezrak kerden: yas tutmak.

جامه بافتن câme bâften: kumaş dokumak.

جامه بر كشيدن câme ber keşîden: soyunmak, üstünden çıkarmak.

جامه پوشيدن câme pûşîden: giyinmek.

جامه چاك câmeçâk: [câme+çâk (konende)] elbisesini yırtan.

جامه چاك كردن câme çâk kerden: üstünü başını paralamak.

جامه خانه câmehâne: [câme+hâne] yüklük, giysi dolabı.

جامه خواب câmehâb: [câme-i hâb] **1.**gecelik, pijama. **2.**yatak.

جامه دار câmedâr: [câme+dâşten>dâr] **1.**vestiyer görevlisi. **2.**hamam vestiyeri.

جامه دان câmedân: [câme+dân] **1.**valiz, bavul. **2.**giysi odası. **3.**gardrop.

جامه در بر كردن câme der ber kerden: elbise giymek.

جامه دريدن câme derîden: **1.**elbise yırtmak. **2.**takatsiz kalmak, halsiz düşmek.

جامه دوز câmedûz: [câme+dûhten>dûz] terzi.

جامه شور câmeşûr: [<câme+şûrîden>şûr] **1.**çamaşır yıkayan, çamaşırcı. **2.**çamaşır.

جامه شوى câmeşûy: [<câme+şosten> şûy] çamaşır yıkayan, çamaşırcı.

جامه شويى câmeşûyî: [câme+şosten>şû+ y+î] çamaşır yıkama.

جامه شويى كردن câmeşûyî kerden: çamaşır yıkamak.

جامه فوطه كردن câme fovte kerden (kin.) elbisesini yırtmak.

جامه كوب câmekûb: [câme+kûften>kûb] çamaşırcı.

جامه گاه câmegâh: [câme+gâh] soyunma odası, çamaşır odası.

جامى câmî: [câm+î] **1.**camlı. **2.**camdan. **3.**Câm'lı. **4.**Molla Abdurrahmân Câmî.

جاميه câmiyye: (A.) Nakşibendîliğin bir kolu.

جان cân: (Peh.) **1.**ruh. **2.**can. **3.**nefes. **4.**aziz. **5.**değerli. **6.**söyle canım, efendim canım. **7.**sevgili. **8.**çileye giren Mevlevî nevniyazı. ‖ * ~ be cânâferîn teslîm kerden جان به جان آفرين تسليم كردن ölmek. ‖ * ~ be cânâferîn dâden جان بهجان آفرين دادن ölmek. ‖ * ~ be cânân dâden جان به جانان دادن can vermek, ölmek. ‖ * ~ be cânân siporden جان به جانان سپردن can vermek, ölmek. ‖ * ~ be der borden جان به در بردن canını kurtarmak, tehlikeden kaçmak, kurtulmak. ‖ * ~ be destârçe daden جان به دستارچه دادن (kin.) canını feda etmek, canını sunmak. ‖ * ~ be selâmet beder borden جان به سلامت بدر بردن canını kurtarmak. ‖ * ~ be leb resânden جان به لب رساندن canını burnuna getirmek, canından bezdirmek. ‖ * ~ be leb resânîden جان به لب رسانيدن canından bezdirmek, usandırmak, bıktırmak, canını burnuna getirmek. ‖ * ~ ez dest u pây-i kesî borîden جامه از دست و پاى كسى بريدن eli ayağı çözülmek. ‖ * ~ -i hod râ ez dest dâden جان خود را از دست دادن canını yitirmek, ölmek. ‖ * ~ -i kesî bâlâ âmeden جان كسى بالا آمدن gebermek, ölmek. ‖ * ~ -i kesî der reften جان كسى در رفتن içi gitmek, bayılmak. ‖ * ~ -i kesî per giriften جان كسى پر گرفتن içi pır pır etmek. ‖ * ~ -i men جان من canım, cancağızım. ‖ * ~ -i selâmet ez dest-i kesî beder borden جان سلامت از دست كسى بدر بردن birinin elinden canını kurtarmak. ‖ * ez ~ از جان yürekten, samimî olarak. ‖ * ez ~ ber âmeden از جان بر آمدن can vermek. ‖ * ez ~ dest şosten از جان دست شستن canından vazgeçmek. ‖ * ez ~ sîr âmeden از جان سير آمدن canından bezmek. ‖ * ez ~ sîr şoden از جان سير شدن canından bezmek. ‖ * ez ~ sîr kerden از جان سير كردن canından bezdirmek. ‖ * ez miyân-i ~ از ميان جان yürekten, can ü gönülden. ‖ * be ~ بجان canla başla. ‖ * be ~ âmeden به جان آمدن bezmek, usanmak. ‖ * be ~ -i hodet به جان خودت Allah seni inandırsın! ‖ * be kıymet-i ~ eş temâm şoden به قیمت جانش تمام شدن canına mal olmak, canıyla ödemek. ‖ * gûş-i ~ گوش جان can kulağı. ‖ * yâr-i ~ یار جان can dostu.

جان cân: (A.) [<cânn] cinler.

جان cân: savaş silahı.

جان cân(n) : (A.) periler, cinler.

جان آزار cânâzâr: [cân+âzorden>âzâr] can yakan, zalim.

جان آشوب cânâşûb: [cân+âşuften>âşûb] canların birbirine karıştığı.

جان آفرین cânâferîn: [cân+âferîden> âferîn] yaratıcı, Tanrı.

جان آور cânâver: [cân+âverden>âver] can çıkaran, canavar.

جانا cânâ: [cân+â] ey sevgili, sevgilim, ey can, canım benim.

جان افزا cânefzâ: [cân+efzûden>efzâ] cana can katan.

جان افشان ·cânefşân: [cân+efşânden> efşân] canını feda eden, fedai.

جان افشاندن cân efşânden: can saçmak, canını feda etmek.

جان افشانی cânefşânî: [cân+efşânden> efşân+î] canını feda etme, fedailik, uğrunda canını hiçe sayma.

جانان cânân: **1.**sevgili, maşuk, canan. **2.**bayan adı. **3.**Tanrı.

جانانه cânâne: **1.**sevgili.

جان افشاندن cân efşânden: ölmek, can vermek.

جانب cânib: (A.) **1.**taraf, yön, cihet, -e, -a, -e doğru. **2.**yöre, nahiye. **3.**(tas.) gayb âlemi. ‖ * ~ -i kesî nigehdâşten جانب کسی نگهداشتن birini kollamak, birini korumak. ‖ * in ~ این جانب ben, bendeniz.

جان باختن cân bâhten: canını feda etmek.

جانباز cânbâz: [cân+bâhten>bâz] **1.**cambaz, canını ortaya koyan, canı ile oynayan. **2.**hilekâr, düzenbaz. **3.**hayvan tüccarı. **4.**fedai süvari. **5.**gazi.

جانبازانه cânbâzâne: [cânbâz+âne] cambazca, cambaz gibi.

جانبازی cânbâzî: [cân+bâhten>bâz+î] **1.**fedakârlık. **2.**cambazlık.

جان برآور cânberâver: [cân+ber+ âverden>âver] can alan.

جان بر افشاندن cân ber efşânden: can feda etmek.

جانبخش cânbahş: [cân+bahşîden>bahş] **1.**can veren, hayat veren, dirilten. **2.**Tanrı. **3.**sevgili, cana can katan.

جانبدار cânibdâr: (A.-F.) [cânib+dâşten> dâr] **1.**yancı, savaşta yan kuvvetlerde bulunan. **2.**taraftar, yandaş.

جانبداری cânibdârî: (A.-F.) [cânib+ dâşten>dâr+î] **1.**taraftarlık. **2.**himaye, destek.

جانبداری کردن cânibdârî kerden: desteklemek.

جان بردن cân borden: kurtulmak.

جان بر لب cânberleb: [cân+ber+leb] canı ağzına elmiş, ölümü yakın.

جان بلب cânbeleb: [cân+be+leb] canı ağzına gelmiş, ölümü yakın.

جانبی cânibî: (A.) yandaki, yan ile ilgili, yanal.

جانبین cânibeyn: (A.) iki yan, iki taraf.

جان بین cânbîn: [cân+dîden>bîn] canı gören.

جان پاس cânpâs: [cân+pâs] badigard.

جان پرداز cân perdâz: [cân+perdâhten> perdâz] **1.**ruh besleyen. **2.**aldatıcı. **3.**cazip. **4.**canını terkeden.

جان پرور cânperver: [cân+perverden> perver] hayat veren, ruhu besleyen.

جان پناه cânpenâh: [cân+penâhîden> penâh] **1.**can koruyan. **2.**(ask.) sığınak, siper.

جانحه cânih: (A.) suçlu, suç işlemiş.

جانحه câniha: (A.) **1.**yandaş, taraftar. **2.**kaburga kemiklerinden biri.

جانحه câniha: (A.) bayan suçlu.

جانخانی cânhânî: büyük çuval, teliz.

جان خراش cânherâş: [cân+herâşîden> herâş] iç tırmalayan, yürek paralayan, canhıraş.

جان دادن cân dâden: **1.**can vermek, ölmek. **2.**hayat vermek.

جان داده cândâde: [cân+dâden>dân+e] **1.**can vermiş, ölmüş. **2.**can vermiş, yaratmış, diriltmiş. **3.**çok sadık, canını verecek kadar bağlı.

جان دانه cândâne: [cân+dâne] **1.**bıngıldak. **2.**beyin.

جاندار cândâr: [cân+dâşten>dâr] **1.**canlı, diri. **2.**biyotik. **3.**silahşör. **4.**koruyucu, muhafız, koruma, badigard.

جاندارو cândârû: [cân+dârû] tiryak.

جان درازى cândirâzî: [cân+dirâz+î] uzun ömür.

جان در باختن cân der bâhten: can vermek.

جان دميدن cân demîden: can vermek.

جان ربا cânrubâ: [<cân+rubûden>rubâ] gönül çalan.

جان سپار cânsipâr: [cân+siporden>sipâr] fedai, canını veren.

جان سپارانه cânsipârâne: [cân+siporden> sipâr+ âne] canını hiçe sayarak.

جان سپاردن cân sipârden: ölmek, can vermek.

جان سپارى cânsipârî: [cân+siporden> sipâr+î] canını hiçe sayma, fedailik, fedakârlık.

جان سپردن cân siporden: ölmek, can vermek.

جان ستان cânsitân: [cân+sitânden>sitân] **1.**can alan. **2.**Azrail. **3.**güzel, dilber, insanı öldürecek kadar güzel.

جان ستاندن cân sitânden: can almak, öldürmek, canını çıkarmak.

جان ستانى cânsitânî: [cân+sitânden> sitân+î] **1.**can alma, can alıcılık. **2.**güzellik, aşığı öldüren güzellik.

جان ستدن cân siteden: öldürmek, can almak.

جان سخت cânseht: **1.**dokuz canlı. **2.**cimri. **3.**dayanıklı.

جان سختى cânsehtî: [cân+seht+î] **1.**dokuz canlılık. **2.**cimrilik. **3.**dayanıklılık.

جان سوخته cânsûhte: [cân+sûhten> sûht+e] canı yanmış, yüreği yanık.

جان سوز cânsûz: [cân+sûhten>sûz] acı, can yakıcı, can yakan.

جان شكار cânşikâr: [cân+şikâr<şikâr kon<şikâr kerden] **1.**can avlayan, can avcısı. **2.**Azrail.

جان شكاف cânşikâf: [cân+şikâften>şikâf] **1.**can yaran. **2.**yaralayıcı, derinden etkileyici.

جان شكر cânşiker: **1.**can alan. **2.**Azrail. **3.**sevgili.

جان شكن cânşiken: [cân+şikesten>şiken] **1.**can kıran. **2.**Azrail.

جان شناس cânşinâs: [cân+şinâhten> şinâs] **1.**ruh hallerini bilen, halden anlayan. **2.**(tas.) velî, mürşid, kamil insan.

جانشين cânişîn: [câ+nişesten>nişîn] **1.**halef. **2.**veliaht. **3.**vekil.

جانشين شدن cânişîn şoden: halef olmak, yerine geçmek, yerini almak.

جانشين كردن cânişîn kerden: halef tayin etmek, vekil bırakmak.

جانشينى cânişînî: [câ+nişesten>nişîn+î] **1.**vekillik. **2.**haleflik. **3.**veliahtlık.

جان فدا cânfedâ: (F.-A.) [<cân+fidâ<cân fidâ konende] canını feda eden.

جان فدا كردن cân fedâ kerden: canını feda etmek.

جان فرسا cânfersâ: [cân+fersûden>fersâ] yıpratıcı, ömür törpüsü.

جان فرسايى cânfersâyî: [cân+fersûden> fersâ+y+î] **1.**yıratıcılık.

جان فرسودن cân fersûden: canından bezmek.

جان فزا cânfezâ: [cân+fezûden>fezâ] **1.**cana can katan. **2.**her ayın yirmi üçüncü günü. **3.**klasik Türk musikîsinde bir makam.

جان فشار cânfeşâr: [cân+feşurden>feşâr] can sıkıcı.

جان فشان cânfeşân: [cân+feşânden> feşân] canını feda eden, fedai, canını hiçe sayan.

جان فشاندن cân feşânden: canını feda etmek.

جان فشانی cânfeşânî: [cân+feşânden> feşân+î] **1.**fedakârlık. **2.**canla başla çalışma.

جان فشانی کردن cânfeşânî kerden: canla başla çalışmak.

جان فگن cânfigen: [cân+figenden>figen] öldüen, yok eden, cansız yere seren.

جانکاه cânkâh: [cân+kâsten>kâh] **1.**ömür törpüsü. **2.**tüketici, yıpratıcı. **3.**üzüntü verici.

جان کشیدن cân keşîden: **1.**öldürmek, canını çıkarmak. **2.**azap vermek, eziyet etmek.

جان کن cânken: [cân+kenden>ken] canını dişine takan, didinen, çabalayan.

جان کندن cân kenden: **1.**can çekişmek. **2.**azap çekmek. **3.**didinmek.

جانگاه cângâh: [cân+gâh] canevi.

جانگداز cângodâz: [cân+godâhten> godâz] **1.**ömür törpüsü. **2.**can yakan, yürek eriten. **3.**tüketici, yıpratıcı.

جانگدازی cângodâzî: [cân+godâhten> godâz+î] **1.**yürek eritme, can yakma. **2.**tüketme, yıpratma.

جان گذار cânguzâr: [<cân+gozârden> gozâr] çok etkileyici, yüreğe kadar işleyen.

جان گرفتن cân giriften: **1.**canlanmak. **2.**iyileşmek. **3.**can almak, öldürmek.

جان گزا cângezâ: [cân+gezîden>gez+â] **1.**can yakan. **2.**rahatsız eden. **3.**öldürücü.

جان گیر cângîr: [cân+giriften>gîr] **1.**can alıcı. **2.**can sıkıcı.

جانماز cânemâz: [câ+nemâz<cây-i nemâz] seccade, namazlık.

جانمایه cânmâye: [cân+mâye] öz.

جان نثار cânnisâr: (F.-A.) [cân+nisâr] canını feda eden, fedai.

جانور cânver: (Peh.) [cân+ver] **1.**canlı. **2.**yaratık. **3.**hayvan. **4.**canavar. ‖ * cek u ~ جک و جانور börtü böcek.

جانورشناس cânverşinâs: [cânver+ şinâhten> şinâs] zoolog.

جانورشناسی cânverşinâsî: [cânver+ şinâhten> şinâs+î] zooloji.

جانه câne: [cân+e] **1.**silah. **2.**can, ruh.

جانه دار cânedâr: [câne+dâşten>dâr] silahlı.

جانی cânî: [cân+î] **1.**canla ilgili. **2.**yürekten. **3.**değerli. **4.**(tas.) baki ve ebedî.

جانی cânî: (A.) câni.

جانیانه câniyâne: (A.-F.) [cânî+y+âne] canice.

جانیه câniye: (A.) bayan cani, cinayet işleyen bayan.

جاود câvid: **1.**ebedî, sonsuz. **2.**erkek adı.

جاودان câvidân: (Peh.) ebedî, sonsuz, ölümsüz. ‖ * hayât-i ~ حیات جاودان ebedî hayat, ölümsüzlük.

جاودان سرای câvidânserây: [câvidân+serây<serây-i câvidân] cennet.

جاودانه câvidâne: [câvid+âne] **1.**ebedî, sonsuz. **2.**ebediyen, sonsuza dek.

جاودانی câvdânî: [câvdân+î] ebedî, sonsuz.

جاورس câvers: (A.) sarı darı.

جاورسی câversî: (A.) küçük kabarcık, darı tanesi büyüklüğünde kabarcık. ‖ * dâ' -i ~ داء جاورسی kabarcık hastalığı.

جاورسی الشکل câversiyyüşşekl: (A.) darı biçiminde.

جاوید câvîd: (Peh.) **1.**ebedî, sürekli, daimî, kalıcı, sonsuz. **2.**ölümsüz.

جاویدان câvîdân: (Peh.) **1.**ebedî, sonsuz. **2.**ölümsüz. **3.**sonsuza dek.

جاویدان ساختن câvîdân sâhten: ebedîleştirmek, ölümsüzleştirmek.

جاویدان شدن câvîdân şoden: ebedîleşmek, ölümsüzleşmek.

جاویدان کردن câvîdân kerden: ebedîleştirmek, ölümsüzleştirmek.

جاویدان ماندن câvîdân mânden: ebedî

kalmak, unutulmamak.

جاویدانه câvîdâne: [câvîd+âne] 1.ebedî, sonsuz. 2.ebediyen, sonsuza dek.

جاویدانی câvîdânî: [câvîdân+î] 1.ebedî, sonsuz. 2.ebediyen, sonsuza dek.

جاه câh: 1.yer, makam, derece, mevki, rütbe.

جاه اندوز câhendûz: [câh+endûhten> endûz] makam düşkünü.

جاهد câhid: (A.) calışkan, gayretli, çalışan, cehdeden.

جاهده câhide: (A.) 1.çabalayan, çaba gösteren. 2.bayan adı.

جاهدیه câhidiyye: (A.) Halvetîliğin bir kolu.

جاهض câhiz: (A.) cesur, gözüpek.

جاه طلب câhtaleb: (F.-A.) [câh+ talebîden> taleb] mevki düşkünü, koltuk düşkünü.

جاه طلبی câhtalebî: (F.-A.) [câh+ talebîden> taleb+î] mevki düşkünlüğü, koltuk düşkünlüğü.

جاهل câhil: (A.) 1.cahil, bilgisiz. 2.kaba saba.

جاهلانه câhilâne: (A.-F.) [câhil+âne] cahilce, bilgisizce.

جاهلی câhilî: (A.-F.) [câhil+î] 1.bilgisizlik, cahillik. 2.deneyimsizlik, toyluk.

جاهلی câhilî: (A.) Câhiliye dönemi ile ilgili.

جاهلیت câhiliyyet: (A.) 1.bilgisizlik, cahillik. 2.İslâm öncesi dönemi, Câhiliye devri.

جاهلیه câhiliyye: (A.) Câhiliye dönemi, İslâm öncesi dönem.

جاهه câhe: (A.) makam, mevki.

جاهي câhî: (A.) apaçık, ortada, aşikâr.

جاهیاً câhiyen: (A.) açıkça.

جاهیه câhiye: (A.) apaçık, ortada, aşikâr.

جای cây: 1.yer, mevki. 2.yerinde, yerine. 3.yeri, zamanı, vakti. 4.mevki. ‖ * ~ -i çîzî râ giriften جای چیزی را گرفتن yerini almak. ‖ * ~ -i çîzî ya kesî râ por kerden جای چیزی یا کسی را پر کردن yerini tutmak, yerini doldurmak. ‖ * ~ -i emn جای امن güvenilir yer. ‖ * ~ -i heme hâlî جای همه خالی keşke siz de olsaydınız! ‖ * ~ -i kesî bûden جای کسی بودن birinin yerinde olmak. ‖ * ~ -i kesî râ dâşten جای کسی را داشتن birinin yerinde olmak. ‖ * ~ -i kesî r â giriften جای کسی را گرفتن yerini tutmak. ‖ * ~ -i (ovlâd) farz kerden جای (اولاد) فرض کردن (evlat) yerine koymak, saymak. ‖ * ez ~ borden از جای بردن sinirlendirmek. ‖ * ber ~ bûden بر جای بودن yerinde olmak, sabit olmak. ‖ * ber ~ dâşten بر جای داشتن sabitleştirmek, tespit etmek. ‖ * ber ~ mânden بر جای ماندن 1.arta kalmak. 2.yerinde kalmak. ‖ * be ~ -i به جای 1.yerine, yerinde, hakkında. 2.olarak. ‖ * be ~ anki به جای آنکه yerine, yerde, -cek yerde. ‖ * be ~ âverden به جای آوردن eda etmek, yerine getirmek. ‖ * be ~ -i inki به جای اینکه yerine, -cek yerde. ‖ *be ~ -i hod به جای خود bir yana, şöyle dursun. ‖ * be ~ î neresîden به جایی نرسیدن sonuçsuz kalmak, bir yere varamamak. ‖ * râh be ~ î borden راه به جایی بردن bir yere varmak, bir sonuca ulaşmak.

جای باش câybâş: [cây+bûden>bâş] 1.bulunulan yer. 2.konut, mesken. 3.yurt.

جای پای cây-i pây: ayak izi, iz.

جای پای پیدا کردن cây-i pây peydâ kerden: yerleşmek.

جای پیدا کردن cây peydâ kerden: yer edinmek.

جای دادن cây dâden: yerleştirmek. ‖ * ~ der hod جای دادن در خود içine almak, kapsamak.

جای داشتن cây dâşten: 1.yeri olmak. 2.bulunmak.

جایر câyir: (A.) cevreden, üzen.

جایز câyiz: (A.) caiz, uygun, reva, mümkün.

جایزالخطا câyizulhatâ: (A.) insan,

beşer, hata yapması mümkün olan.

جایز داشتن câyiz dâşten: 1.uygun görmek, reva görmek, caiz görmek. 2.mübah saymak.

جایزوار câyizvâr: (A.-F.) [câyiz+vâr] mümkün.

جایزه câyize: (A.) ödül, mükâfat. || * berende-i ~ gerdîden برندۀ جایزه گردیدن ödül almak, ödül kazanmak. || * be deryâft-i ~ nâil âmeden به دریافت جایزه نائل آمدن ödül almak.

جایزه بردن câyize borden: ödül almak.

جایزه دادن câyize dâden: ödül vermek.

جایزه ربودن câyize rubûden: ödül almak, ödül kazanmak.

جایزه گرفتن câyize giriften: ödül almak.

جایع câyi': (A.) aç.

جای قلم cây-i kalem: kalemlik, kalem kutusu.

جایگاه câygâh: [cây+gâh] 1.yer, mekân. 2.ev. 3.lojman. 4.makam, mertebe, mevki. 5.loca.

جای گذاشتن cây guzâşten: fırsat vermek.

جای گرفتن cây giriften: 1.oturmak, yerleşmek. 2.oda tutmak.

جای گزیدن cây gozîden: yerleşmek.

جایگزین câygozîn: [cây+gozîden>gozîn] 1.yerine geçme. 2.yerleşme. || * ~ -i çîzî sâhten جایگزین چیزی ساختن yerine geçirmek. || * ~ -i çizî şoden جایگزین چیزی شدن yerine geçmek.

جایگزین شدن câygozîn şoden: 1.yerleşmek. 2.yerine geçmek.

جایگزین کردن câygozîn kerden: 1.yerleştirmek. 2.yerine geçirmek.

جایگه câygeh: [cây+geh<gâh] 1.yer, mekân. 2.ev, konut, mesken. 3.makam, mertebe, mevki.

جایگیر câygîr: [cây+giriften>gîr] 1.yerleşen. 2.yerine geçen. 3.yerleşmiş, yerleşik.

جایگیر شدن câygîr şoden: 1.yerleşmek. 2.yerine geçmek.

جایمند câymend: [cây+mend] 1.postu sermiş, yerine çöreklenmiş. 2.üşengeç.

جای نشین câynişîn: [cây+nişesten>nişîn] yerine geçen, yerine oturan, halef.

جای نماز câynemâz: [cây+nemâz] seccade, namazlık.

جب cub: (A.) zindan olarak kullanılan kör kuyu. || * ~ -i yûsuf جب یوسف Hz. Yusuf'un atıldığı kuyu.

جبا cibâ: (A.) haraç.

جبابره cebâbire: (A.) 1.zorbalar. 2.baş kaldıranlar. 3.cesurlar, yiğitler. 4.büyük hükümdarlar.

جباج cebbâc: eski İran hükümdarlarının nevruz giysileri.

جبار cebbâr: (A.) 1.zorba. 2.kibirli. 3.büyük hükümdar. 4.Allah'ın sıfatlarından biri.

جبارانه cebbârâne: (A.-F.) [cebbâr+âne] zorbaca, zorbalıkla.

جبار پرست cebbârperest: (A.-F.) [cebbâr+perestîden> perest] Tanrı'ya tapan.

جباری cebbârî: (A.-F.) [cebbâr+î] zorbalık.

جباریت cebbâriyyet: (A.) 1.zorbalık. 2.Tanrı'nın cebr gücü.

جبا کردن cebâ kerden: kadeh veya kahve fincanını sunmak.

جبال cibâl: (A.) (coğ.) dağlar.

جبان cebân: (A.) korkak, ödlek.

جبان cebbân: (A.) peynirci.

جبانت cebânet: (A.) korkaklık, ödleklik.

جبانه cebbâne: (A.) 1.üstü açık mabet. 2.mezarlık.

جباه cibâh: (A.) 1.alınlar. 2.cepheler.

جبایات cibâyât: (A.) vergi toplamalar, vergi tahsildarlıkları.

جبایت cibâyet: (A.) 1.haraç alma. 2.vergi alma.

جبب cubeb: (A.) cübbeler.

جبت cibt: (A.) 1.put. 2.sihir. 3.sihirbaz. 4.hayırsız kişi.

جبخانه cebhâne: (T.-F.) [<cebe+hâne] cephane.

جبر ceber: (A.) cebrî, insanın her davranışın önceden yönlendirildiğine inanan.

جبر cebr: (A.) 1.zorlama, zorlayış, cebr. 2.cebir. 3.kırık kemiği bağlama. ‖ * ~ ve mukâbele جبر و مقابله denklem.

جبراً cebren: (A.) cebren, zoraki.

جبرائیل cebrâ'îl: (A.) Cebrail.

جبران cobrân: (A.) telafi, karşılama.

جبران به جا آوردن cobrân be câ âverden: telafi etmek.

جبران شدن cobrân şoden: 1.telafi edilmek, karşılanmak. 2.kırık kemik kaynamak.

جبران کردن cobrân kerden: 1.telafi etmek, karşılamak. 2.kırık kemiği sarmak.

جبران ناپذیر cobrânnâpezîr: (A.-F.) [cobrân+nâ+ pezîroften>pezîr] telafisi imkânsız, telafi edilemez.

جبرتیه cebertiyye: (A.) rufâîlik.

جبروت ceberût: (A.) 1.aşırı kibir. 2.Tanrı'nın yüceliği. 3.Tanrı'ya giden yoldaki üçüncü aşama.

جبره cebre (bot.) karanfilgillerden bir bitki.

جبرئیل cebreîl: (A.) Cebrail.

جبری cebrî: (A.) 1.zoraki, zorlama ile. 2.cebirsel.

جبریان cebriyân: (A.-F.) [cebrî+y+ân] cebrîler.

جبریل cibrîl: (A.) Cebrail.

جبریه cebriyye: (A.) cebrîlik, insan iradesini inkâr eden inanış ekolü.

جبس cibs: (A.) 1.hayırsız, aşağılık. 2.kireç.

جبغوت cebgût: yatak yorgan içine konulan pamuk.

جبل cebl: (A.) var etme.

جبل cebel: (A.) (coğ.) dağ.

جبل النور cebelünnûr: (A.) Harra Dağı (Mekke).

جبلت cibillet: (A.) yaratılış, huy, tabiat, cibilliyet, karakter.

جبلستان cebelistân: (A.-F.) [cebel+istân] dağlık bölge, dağlık arazi.

جبلی cebelî: (A.) dağ ile ilgili.

جبلی cebelî: (A.-F.) [cebel+î] dağlı.

جبلی cibillî: (A.) yaratılıştan, aslî, tabiaten.

جبلیت cibilliyet: (A.) [<cibillet] yaratılış, huy, karakter.

جبلیه cebeliyye: (A.) dağ ile ilgili.

جبن cubun: (A.) alınlar.

جبن cobn: (A.) 1.korku. 2.korkaklık. 3.peynir.

جبنی cubnî: (A.) 1.peynirci. 2.peynir gibi, peynirimsi.

جبه cobbe: (A.) cübbe.

جبه پوش cebepûş: (T.-F.) [cebe+ pûşîden>pûş] zırhlı, zırh giyen.

جبهه cebhe: (A.) 1.alın. 2.yüz. 3.kabile reisi. 4.küme. 5.insan yığını. 6.(ask.) cephe. ‖ * ~ -i hevâ-yi germ جبههٔ هوای گرم sıcak hava cephesi. ‖ * ~ -i hevâ-yi serd جبههٔ هوای سرد soğuk hava cephesi. ‖ * ~ -i kesî bâz şoden جبههٔ کسی باز شدن yüzü gülmek. ‖ * ~ -i kesî guşûden جبههٔ کسی گشودن yüzü gülmek.

جبهه بستن cebhe besten: (ask.) emre uymak.

جبهه سا cebhesâ: (A.-F.) [cebhe+ sâyîden>sâ] yere kapanan, alnını secdeye koyan, yüz süren.

جبهه فرسا cebhefersâ: (A.-F.) [cebhe+ fersûden> fersâ] alın süren, yüz süren.

جبیره cebîre: (A.) kırıkçı tahtası, kırıklara sarılan tahta.

جبیره cebîre: halkın hazırlığı.

جبین cebîn: (A.) 1.alın. 2.korkak. 3.sefil, alçak.

جبینانه cebînâne: (A.-F.) [cebîn+âne] korkarak, korkakça.

جبین سا 1cebînsâ: (A.-F.) [cebîn+ sâyîden>sâ] .alnını süren. 2.secdeye kapanan, yere kapanan.

جبین سای cebînsây: (A.-F.) [cebîn+ sâyîden>sây] 1.alnını süren. 2.secdeye kapanan, yere kapanan.

جبین نهادن cebîn nihâden: secde etmek.

جثال cusâl: (A.) tarla kuşu.

جثاله cusâle: (A.) hazan yaprakları.

جثام cusâm: (A.) karabasan, kâbus.

جثث cuses: (A.) **1.**cüsseler, gövdeler. **2.**kalıplar.

جثه cosse: (A.) cüsse.

جثه دار cussedâr: (A.-F.) [cusse+dâşten> dâr] cüsseli, iri yapılı.

جحال cuhâl: (A.) zehir.

جحد cehd: (A.) göz göre göre inkâr, bile bile inkâr.

جحود cahûd: (A.) **1.**göz göre göre inkâr eden, bile bile inkâr eden. **2.**Yahudi.

جحودانه cahûdâne: (A.-F.) [cahûd+âne] Yahudi gibi.

جحوف cahûf: (A.) kendini beğenmiş.

جحيم cehîm: (A.) **1.**cehennem. **2.**çok sıcak yer. **3.**yalazlı ateş.

جحيمى cahimî: (A.) **1.**cehennem gibi. **2.**cehennemlik.

جخت ceht: **1.**ancak, olsa olsa. **2.**ta şimdi

جخش cahş: (tıb.) guatr hastalığı.

جد cedd: (A.) **1.**ced, ata. **2.**büyük baba. **3.**büyük anne. ‖ * ~ -i a'lâ جدّ اعلى atalar, soy. ‖ * ~ -i bozorgvâr جد بزرگوار ata. ‖ * ~ be ~ جد به جد atadan ataya. ‖ * ~ -i ekber جد اكبر büyük ata. ‖ * ~ -i mâderî جد مادرى anne tarafından dede. ‖ * ~ -i pederî جد پدرى baba tarafından dede.

جد ced: (A.) **1.**baht, talih. **2.**nasip. **3.**rızık. **4.**büyüklük.

جد cidd: (A.) **1.**çalışma, çaba, gayret. **2.**ciddî. **3.**doğru, hakikat. -‖ * ~ u cehd kerden جد و جهد كردن çalışmak, çabalamak.

جداً cidden: (A.) cidden, gerçekten, hakikaten.

جدا cedâ: (A.) **1.**kazanç. **2.**bol yağış. **3.**hediye.

جدا codâ: (Peh.) **1.**ayrı, ayrık, ayrılmış. **2.**yalnız, tek. **3.**mümtaz, seçkin.

جدا افتادن codâ oftâden: **1.**yalnız kalmak. **2.**uzak düşmek, ayrı kalmak.

جدات cudât: (A.) dilenciler.

جدات / جداة ceddât: (A.) büyükanneler, nineler.

جدا جدا codâ codâ: ayrı ayrı, tek tek, bir bir.

جدا داشتن codâ dâşten: uzak tutmak.

جدار cidâr: (A.) **1.**duvar. **2.**zar.

جدا شدن codâ şoden: **1.**ayrılmak. **2.**uzaklaşmak, terk etmek. **3.**belirginleşmek. ‖ * ~ ez hod جدا شدن از خود kendini kaybetmek, bayılmak.

جدا كردن codâ kerden: **1.**ayırmak. **2.**uzaklaştırmak. **3.**belirginleştirmek.

جداگانه codâgâne: [codâ+g+âne] **1.**ayrıca. **2.**ayrı ayrı, tek tek, parça parça. **3.**tek, yalnız.

جدال cidâl: (A.) **1.**kavga, mücadele. **2.**düşmanlık. **3.**hararetli konuşma. ‖ * der ~ bûden در جدال بودن mücadele etmek, savaşmak.

جدال جو cidâlcû: (A.-F.) [cidâl+costen>cû] **1.**savaşçı, mücadeleci. **2.**kavgacı.

جدا ماندن codâ mânden: ayrı kalmak, uzak kalmak.

جدا نشدنى codâ neşodenî: [codâ+ne+şoden+î] ayrılamaz, bölünmez, ayrılmaz.

جدانى ceddânî: (A.) ata ile ilgili, cedlerle ilgili.

جدانيت ceddâniyyet: (A.) atacılık, atavizm.

جداول cedâvil: (A.) **1.**cetveller. **2.**çizelgeler.

جداوى cedâvî: (A.) hizmetçi aylığı.

جدايى codâyî: [codâ+y+î] **1.**ayrılık. **2.**yalnızlık. **3.**yabancılık. **4.**imtiyaz.

جداييناپذير codâyînâpezîr: [codâ+y+î+nâ+ pezîroften>pezîr] ayrılmaz.

جدب cedb: (A.) **1.**kuraklık. **2.**kıtlık. **3.**ayıp, kusur. **4.**kısırlık.

جدت cidet: (A.) **1.**yenilik, tazelik. **2.**güçlülük.

جدث cedes: (A.) mezar.

جد داشتن cid dâşten: çalışıp çabalamak.

جدراء cuderâ': (A.) yaraşanlar, yakışanlar.

جدران codrân: (A.) duvarlar.

جدره cedere: (A.) guatr, guşa hastalığı.

جدری cederî: (A.) çiçek hastalığı.

جدع ced': (A.) **1.**kesme. **2.**burun, kulak kesme. **3.**hapsedip zincire vurma.

جدکاره codkâre: **1.**muhtelif fikirler. **2.**muhtelif metodlar.

جد کردن cid kerden: çalışmak, çasalamak, gayret etmek.

جدگاره cedgâre: görüşler, fikirler, yöntemler.

جدل cedel: (A.) **1.**kavga, mücadele. **2.**tartışma, münakaşa, ağız kavgası. **3.**savaş.

جدل داشتن cedel dâşten: **1.**münakaşa etmek, tartışmak, ağız kavgası yapmak. **2.**savaşmak.

جدل زدن cedel zeden: iddia etmek, üstünlük davasında bulunmak.

جدلگاه cedelgâh: (A.-F.) [cedel+gâh] **1.**didişme yeri, boğuşma yeri. **2.**dünya.

جدلی cedelî: (A.) **1.**tartışma ile ilgili, tartışmaya dayalı, münakaşa üstüne oturmuş. **2.**kavgacı, didişen, çekişmeyi seven.

جدلی سائل cedelîsâil: (A.) tartışmada soru soran.

جدلی مجیب cedelîmucîb: (A.) tartışmada cevap veren.

جدود cudûd: (A.) atalar, cedler.

جدور cudûr: (A.) **1.**duvarlar. **2.**zarlar. **3.**deriler.

جدول cedvel: (A.) **1.**cetvel, çizelge. **2.**ark. **3.**proje, plan. **4.**kare bulmaca.

جدول انگیختن cedvel engîhten: çizelge hazırlamak, cetvel çizmek.

جدول بندی cedvelbendî: (A.-F.) [cedvel+ besten>bend+î] **1.**çizelge hazırlama, cetvel yapma. **2.**kanal açma (yol ve sokakta).

جدول کش cedvelkeş: (A.-F.) [cedvel+ keşîden>keş] desinatör.

جدول کشی cedvelkeşî: (A.-F.) [cedvel+ keşîden>keş+î] desinatörlük.

جدول کشیدن cedvel keşîden: **1.**cetvel çizmek, çizelge hazırlamak. **2.**kanal açmak.

جدوی cedvâ: (A.) **1.**bol yağmur. **2.**hediye.

جده cedde: (A.) babaanne, büyükanne.

جده cudde: (A.) **1.**dağ geçiti. **2.**çizgi. **3.**tarz.

جده cidde: (coğ.) Cidde.

جدی cedî: (A.) **1.**(zool.) oğlak. **2.**Zodyak, Kuzey Yıldızı. **3.**Oğlak burcu.

جدی ciddî: (A.) **1.**ciddî. **2.**ağırbaşlı.

جدی cudeyy: (A.) kutup yıldızı, demirkazık.

جدیات ciddiyyât: (A.) çalışmaya değer işler.

جدی بودن ciddî bûden: ciddî olmak.

جدیت ciddiyyet: (A.) **1.**ciddiyet, ciddîlik. **2.**çalışma, çabalama.

جدید cedîd: (A.) **1.**yeni. **2.**yeni Müslüman olmuş. **3.**arûzda bir vezin.

جدید الاحداث cedîdulihdâs: (A.) yeni meydana gelmiş.

جدید الاسلام cedîdulislâm: (A.) yeni Müslüman olmuş.

جدید البنا cedîdulbinâ: (A.) yeni yapılmış.

جدیدان cedîdân: (A.) gece ile gündüz.

جدیده cedîde: (A.) yeni.

جدیدین cedîdeyn: (A.) gece ile gündüz.

جدیر cedîr: (A.) uygun, yaraşır.

جدی گرفتن ciddî giriften: ciddiye almak.

جدی گرفته شدن ciddî girifte şoden: ciddiye alınmak.

جذاب cezzâb: (A.) cezbedici, çekici.

جذابیت cezzâbiyyet: (A.) cezbedicilik, çekicilik.

جذاذات cüzâzât: (A.) kırpıntılar, kırıntılar.

جذاذه cüzâze: (A.) kırıntı, kırpıntı.

جذام cozâm: (A.) (tıb.) cüzzam, lepra.

جذام خانه cozâmhâne: (A.-F.) [cozâm+ hâne] cüzzam hastanesi.

جذامی cuüzâmî: (A.) cüzzamlı.

جذب cezb: (A.) 1.çekme, kendine çekme, çekicilik. 2.çekilme.

جذبات cezebât: (A.) cezbeler.

جذب كردن cezb kerden: cezbetmek, çekmek, kendine çekmek.

جذبه cezbe: (A.) 1.içten gelen coşku. 2.kendinden geçme.

جذبه افگن cezbeefgen: (A.-F.) [cezbe+ efgenden> efgen] cezbeye düşüren.

جذبه دار cezbedâr: (A.-F.) [cezbe+ dâşten>dâr] cezbeli.

جذبه دارانه cezbedârâne: (A.-F.) [cezbe+ dâşten>dâr+ âne] cezbeye kapılmış gibi.

جذبه داری cezbedârî: (A.-F.) [cezbe+ dâşten>dâr+î] cezbeye kapılma.

جذبه فزا cezbefezâ: (A.-F.) [cezbe+ fezûden>fezâ] cezbeyi artıran.

جذبه فگن cezbefigen: (A.-F.) [cezbe+ figenden> figen] · cezbeye düşüren.

جذبه نمود cezbenumûd: (A.-F.) [cezbe+ numûden> numûd] cezbeli, çekici.

جذبه یاب cezbeyâb: (A.-F.) [cezbe+ yâften>yâb] cezbeye kapılmış.

جذبیه cezbiyye: (A.) çekicilik, caziplik.

جذر cezr: (A.) 1.kök. 2.asıl. 3.suyun alçalması, cezir. 4.karekök.

جذری cezrî: (A.) 1.kökten, radikal. 2.kök ile ilgili.

جذریه cezriyye: (A.) köktencilik, radikallik, radikalizm.

جذع ciz': (A.) hurma ağacı kökü.

جذع cez': (A.) kök, ağaç kökü.

جذلان cezlân: (A.) mutlu.

جذمیر cizmîr: (A.) ağaç kütüğü.

جذن cizn: (A.) 1.kütük. 2.kök, ağaç kökü.

جذوب cezûb: (A.) çok çekici, çok cezbedici.

جذور cuzûr: (A.) kökler.

جذوه cezve: (A.) 1.kor, ateş parçası. 2.her şeyin parçası.

جذیر cuzeyr: (A.) kök dalı.

جذیع cezî': (A.) küçük tomurcuk.

جر cer: 1.yarık, çatlak. 2.yer çatlağı. 3.hendek.

جر cir: 1.öfke, sinirlilik. 2.yırtılış sesi, cırt.

جر cerr: (A.) 1.çekme, sürükleme. 2.celbetme. 3.(gr.) cer, kesreli kılma.

جر آمدن cir âmeden: öfkelenmek, celallenmek.

جرائد cerâ'id: (A.) gazeteler.

جرائم cerâ'im: (A.) cezalar.

جرأت cor'et: (A.) cüret, cesaret.

جرئت دادن cor'et dâden: yüreklendirmek, cesaret vermek.

جرأت داشتن cor'et dâşten: cesur olmak, cüretli olmak.

جرأتكار cur'etkâr: (A.-F.) [cur'et+kâr] cesur, gözüpek.

جرأتكارانه cur'etkârâne: (A.-F.) [cur'et+ kâr+âne] gözüpeklikle, cesurca, cüretle.

جرأت كردن cor'et kerden: cüret etmek.

جرأتیاب cur'etyâb: (A.-F.) [cur'et+ yâften>yâb] cüret bulan, cesaretli.

جراب cerâb: (A.) dağarcık.

جرابه cerâbe: (A.) dağarcık.

جرابه cerâbe: kısa çorap, şoset çorap.

جراثیم cerâsîm: (A.) 1.karınca yuvaları. 2.mikroplar. 3.tomurcuklar. 4.kökler.

جراح cerrâh: (A.) (tıb.) cerrah, operatör.

جراحات cirâhât: (A.) yaralar.

جراحت cerâhat: (A.) 1.yara. 2.irin.

جراحت بند cirâhetbend: (A.-F.) [cirâhet+ besten>bend] (tıb.) yara bandı.

جراخور cerâhor: (A.-F.) [<cerâye+ horden>hor] ücretli, Osmanlı ordusundaki Hıristiyan işçi.

جراحت دیده cirâhetdîde: (A.-F.) [cirâhet+ dîden>dîd+e] 1.yaralı.

جراحت رسیده cerâhetresîde: (A.-F.) [cerâhet+ resîden>resîd+e] yaralı.

جراحت كردن cirâhet kerden: 1.iltihaplanmak. 2.yaralanmak.

جراحی cerrâhî: (A.-F.) cerrahlık, operatörlük. ‖ * ~ -i peyvend-i kalb جراحیء پیوند قلب kalp nakli ameliyatı. ‖ * ~ -i umûmî جراحیء عمومی (tıb.) genel cerrahi. ‖ * amel-i ~ عمل جراحی ameliyat, operasyon. ‖ * amel-i ~ kerden عمل جراحی کردن ameliyat etmek. ‖ * amel-i ~ şoden عمل جراحی شدن ameliyat olmak.

جراد cerâd: (A.) **1.**çekirge. **2.**çapulcular, yağmacılar.

جراد البحر cerâdubahr: (A.) teke böceği.

جراده cerrâde: (A.) (zool.) çekirge.

جرار cirâr: (A.) toprak testiler.

جرار cerrâr: (A.) **1.**sayısız, çok fazla. **2.**(ask.) ağır silah. **3.**kendine çeken, çekici. **4.**sürükleyici. **5.**tam donanımlı ordu.

جراره cerrâre: (A.) sarı akrep.

جراز curâz: (A.) keskin.

جرازت cerâzet: (A.) oburluk.

جراکسه cerâkise: (A.) çerkesler.

جر انداختن cir endâhten: birini öfkelendirmek, kızdırmak.

جرایت cerâyet: (A.) cariyelik.

جراید cerâyid: (A.) **1.**gazeteler. **2.**kısa mızraklar.

جرایر cerâyir: (A.) suçlar, günahlar.

جرایم cerâyim: (A.) **1.**para cezaları. **2.**cürümler, suçlar.

جرایه cerâye: (A.) vakıflar tarafından verilen yemek.

جرب cereb: (A.) (tıb.) uyuz.

جرب cerib: (A.) uyuz, uyuz olmuş.

جرب العین cerebulayn: (A.) gözbebeği sivilcesi.

جربان cerbân: (A.) uyuz.

جربز corboz: aldatıcı.

جربزه corboze: (A.) cerbeze.

جربزه دار corbozedâr: (A.-F.) [corboze+ dâşten>dâr] cerbezeli.

جربناک cerebnâk: (A.-F.) [cereb+nâk] (tıb.) uyuz, uyuza yakalanmış.

جربیه cerbiyye: (A.) uyuz böcekleri.

جر ثقیل cerr-i sakîl: vinç, caraskal.

جرثوم corsûm: (A.) **1.**asıl, kök. **2.**karınca yuvası. **3.**mikrop.

جرثومه corsûme: (A.) **1.**asıl, kök. **2.**karınca yuvası. **3.**mikrop. **4.**soylu.

جرح cerh: (A.) **1.**yaralama. **2.**şahitliği reddetme. **3.**tanıkların kusurunu söyleme.

جرح curh: (A.) yara.

جرح کردن cerh kerden: şahitliği reddetmek.

جر خوردن cir horden: parçalanmak.

جرحه cerha: (A.) yaralı.

جرحه curha: (A.) **1.**bir yara.**2.**şahitliğin geçersizliğine yol açan sebep.

جرد cered: yaralı.

جرد cerd: **1.**saltanat tahtı. **2.**düz kıraç arazi. **3.**eski elbise.

جرد cerd: (A.) soyma, çıplaklaştırma.

جرد curd: (A.) **1.**tüysüz. **2.**kısa tüylü at. **3.**çıplak arazi. **4.**cilt hastalığına yakalanmış deve. **5.**yanında piyâde bulunmayan süvari.

جردا cerdâ: (A.) **1.**çıplak, soyunmuş. **2.**dazlak. **3.**kıraç arazi. **4.**saf şarap.

جر دادن cir dâden: parçalamak, yırtmak.

جردان cerdân: [cer+dân] dilenci kâsesi, dilenci çanağı.

جرده cerde: [<zerde] **1.**sarı. **2.**sarı donlu. **3.**rengi sarıya çalan at. **4.**dazlak.

جرده ceride: (A.) kıraç, çorak.

جرده curde: (A.) **1.**çıplak vücut. **2.**çorak arazi.

جرده curde: (A.) askerî hacı kafilesini korumakla görevli asker.

جرذ curez: (A.) tarla faresi.

جرز cerz: (A.) **1.**kesme. **2.**yok etme. **3.**öldürme.

جرز curuz: (A.) çorak arazi.

جرز curz: (A.<F.) [<gorz] gürz.

جرز cerz: **1.**oda duvarı. **2.**temel duvarı. ‖ * berâye lây-e ~ -i hod bûden برای لای جرز خد بودن kaçmanın tam zamanı (olmak).

جر زدن cir zeden: **1.**parçalamak, yırtmak. **2.**yan çizmek, mızıklanmak.

جرس cers: **1.**söz söyleme. **2.**şarkı söyleme. **3.**yumuşak ses.

جرس ceres: (A.) **1.**çan. **2.**çarpışma

sesi. **3.**çıngırak. **4.**zindan. ‖ * ~ der gilû besten جرس در گلو بستن güzel sesle dua etmek.

جرس cirs: (A.) **1.**temel. **2.**asıl, köken.

جرس الرحيل ceresurrahîl: (A.) göç çanı.

جرسام cirsâm: (A.) **1.**delilik. **2.**zâtülcenp. **3.**zehir, öldürücü zehir.

جرس جنباندن ceres conbânden: çan sallamak.

جرسدار ceresdâr: (A.-F.) [ceres+ dâşten>dâr] çıngıraklı.

جرسيه ceresiyye: (A.) çan çiçeğigiller.

جرش cerş: (A.) **1.**kazma. **2.**soyma, kabuk soyma.

جرشفت cerşeft: hiciv, yergi.

جرع cer': (A.) yudumlama.

جرع cor': (A.) yudum yudum şarap içme.

جرعه cor'e: (A.) **1.**yudum, cür'a. **2.**içilen şarabın yere dökülen son yudumu. ‖ * ~ ber hâk nihâden جرعه بر خاک نهادن (eski bir âdete göre) yere birkaç yudum içki dökmek. ‖ * ~ ber sipihr endâhten جرعه بر سپهر انداختن aşağılamak.

جرعه دان cur'adân: (A.-F.) [cur'a+dân] **1.**şarap artıklarının toplandığı kap. **2.**içki kadehinin dibindeki çukur kısım.

جرعه درکشيدن cur'a derkeşîden: yudum içmek.

جرعه ريز cur'arîz: (A.-F.) [cur'a+ rîhten>rîz] **1.**damla damla döken. **2.**bir tür ibrik.

جرعه صفت cur'asıfat: (A.) [cur'a+sıfat] kadehin dinibdeki son yudum gibi.

جرعه کش cor'ekeş: (A.-F.) [cor'e+ keşîden>keş] yudumlayan, yudum yudum içen.

جرعه نوش cor'enûş: (A.-F.) [cor'e+ nûşîden> nûş] **1.**şarapçı. **2.**sarhoş.

جرعه نوشی cur'anûşî: (A.-F.) [cor'e+nûşîden>nûş+î] yudumlama, yudum yudum içme.

جرعه وش cur'aveş: (A.-F.) [cur'a+veş] cür'a gibi.

جرغند cergand: **1.**bumbar dolması. **2.**ışık konulacak yer.

جرف curf: (A.) uçurum.

جرف curuf: (A.) uçurum.

جرق و جروق کردن cirikku curuk kerden: gıcırdamak.

جرقه cırikke: kıvılcım. ‖ * ~ be magz-i kesî horden جرقه به مغز کسی خوردن beyninde şimşek çakmak.

جرقه پراکندن cırikke perâkenden: kıvılcımlanmak.

جر گرفتن (کسی را) cir giriften: kızmak, öfkelenmek, sinirlenmek.

جرگه cerge: **1.**sıra, grup, çember, kategori. **2.**insan topluluğu, kalabalık.

جرم cerem: (A.) **1.**günah. **2.**cinayet. **3.**hatâ. **4.**yerdeki hurmaları yeme.

جرم cerm: (A.) **1.**suç işleme. **2.**kayık, arap kayığı. **3.**kesme. **4.**koyun kırkma.

جرم cirm: (A.) **1.**çökelti. **2.**beden, vücut. **3.**yıldızlardan her biri. ‖ * ~ -i semâvî جرم سماوی gök cismi.

جرم corm: (A.) cürüm, suç, günah. ‖ * ~ -i cinâî جرم جنائی cinayet suçu. ‖ * ~ -i meşhûd جرم مشهود suçüstü.

جرمان cirmân: (A.) vücut, beden.

جرم انجام دادن corm encâm dâden: suç işlemek.

جرمانه curmâne: (A.-F.) [cürm+âne] ceza.

جرم دار cormdâr: (A.-F.) [corm+dâşten> dâr] günahkâr, suçlu.

جرمزه cermuze: yolculuk.

جرم گرفتن cirm giriften: kefeke bağlamak.

جرمناک curmnâk: (A.-F.) [curm+nâk] suçlu.

جرنگ cereng: **1.**çan sesi. **2.**para şakırtısı. **3.**kılıç şakırtısı.

جرنگ جرنگ cereng cereng: şangırtı.

جرو cerv: (A.) **1.**yırtıcı hayvan yavrusu. **2.**küçük meyva.

جروب curûb: (A.) beddualar.

جر و بحث cir u bahs: tartışma, münakaşa.

جر و بحث کردن cir u bahs kerden: tartışmak, münakaşa etmek.

جروح curûh: (A.) yaralar.

جروز cerûz: (A.) obur.

جروف curûf: (A.) **1.**demir atığı. **2.**maden posası.

جرون curûn: (A.) alışkanlık.

جره cerre: (A.) toprak testi.

جره corre: **1.**erkek hayvan. **2.**(zool.) akdoğan, şahit, atmaca.

جره باز currebâz: (A.-F.) [curre+bâz] **1.**erkek doğan. **2.**erkek atmaca. **3.**hızlı giden ok.

جری cerî: (A.) korkusuz, cesur, yiğit.

جری cery: (A.) akım. ‖ * ~ -i kalem جری قلم kalemin akıp gidişi.

جریء اللسان cerîullisân: (A.) lafını esirgemez.

جریا ciriyyâ: (A.) **1.**yaratılış, mizaç. **2.**âdet.

جریال ciryâl: (A.) **1.**kırmızılık. **2.**kırmızı boya. **3.**altının kırmızılığı. **4.**kırmızı saf şarap. **5.**saf renk.

جریاله ciryâle: (A.) kırmızı saf şarap.

جریان cereyân: (A.) **1.**akma, akıntı. **2.**akım, ceryan. **3.**olay, hadise. **4.**tedavül, dolaşım. **5.**fikir akımı. ‖ * ~ -i berk جریان برق (fiz.) elektrik akımı. ‖ * ~ -i hûn جریان خون (tıb.) kan dolaşımı. ‖ * ~ -i mutemâdî جریان متمادی doğru akım. ‖ * ~ -i tenâvubî جریان تناوبی (fiz.) alternatif akım. ‖ * der ~ -i در جریان sırasında, esnasında. ‖ * be ~ endâhten به جریان انداختن (parayı) işletmek, çalıştırmak. ‖ * der ~ gozâşten در جریان گذاشتن **1.**devreye sokmak. **2.**tedavüle sokmak, dolaşıma sokmak.

جریانات cereyânât: (A.) **1.**olaylar. **2.**akıntılar.

جریان داشتن cereyân dâşten: **1.**sürmek, devam etmek. **2.**akmak.

جریب cerîb: (A.) **1.**dekar, on bin metrekarelik alan. **2.**216 litrelik hacim birimi.

جریث cirrîs: (A.) **1.**yılan balığı. **2.**sazan balığı.

جریح cerîh: (A.) yaralı.

جریح الفؤاد cerîhulfu'âd: (A.) · yüreği yaralı.

جریح القلب cerîhulkalb: (A.) kalbi yaralı.

جریحه cerîhe: (A.) yara.

جریحه دار cerîhedâr: (A.-F.) [cerîhe+ dâşten> dâr] yaralı.

جریحه دار ساختن cerîhedâr sâhten: yaralamak.

جریحه دار شدن cerîhedâr şoden: yaralanmak.

جرید cerîd: (A.) yalnız, tek.

جرید cirid: (A.) [<cerîd] cirit.

جریده cerîde: (A.) **1.**gazete. **2.**dergi. **3.**hurma dalı. **4.**kuru dal. **5.**atlı topluluğu, süvari birliği. **6.**yalnız, tek başına.

جریده نگار cerîdenigâr: (A.-F.) [cerîde+ nigâşten>nigâr] gazeteci.

جریر cerîr: (A.) **1.**deve yuları yerine kullanılan ip. **2.**akan, akıcı. **3.**geveze, çok konuşan. **4.**erkek ismi.

جریره cerîre: (A.) kabahat.

جریم cerîm: (A.) suçlu, cürm işlemiş.

جریمه cerîme: (A.) **1.**cereme. **2.**günah, suç. **3.**para cezası.

جریمه دادن cerîme dâden: ceza ödemek.

جریمه داشتن cerîme dâşten: cezası olmak.

جریمه کردن cerîme kerden: **1.**cezalandırmak. **2.**ceza kesmek.

جرین cerîn: (A.) hurma kurutma alanı.

جرینگه ciringe: nakit para, tıkırt para.

جریه cirriyye: (A.) havsala.

جریه cirye: (A.) **1.**akım, akıntı, cereyan. **2.**börkenek.

جز coz: (Peh.) **1.**hariç, dışında, -den başka. **2.**parça, kısım. **3.**eskiden mekteplerde Kur'ân'dan bazı parçaların okutulduğu kitapçıklar. ‖ * ~ anki جز آنکه -den başka, dışında. ‖ * be ~ ez به جز از -den başka, dışında. ‖ * be ~ ez anki به

جز از آنکه -den başka, dışında. ‖ * ~ ki جز که ancak, -den başka, dışında. ‖ * ~ meger جز مگر ancak, -den başka, dışında.

جزاء cezâ': (A.) **1.**karşılık. **2.**ödül, mükâfat. **3.**ceza. ‖ * ~ -yi çîzî resîden be kesî جزای چیزی رسیدن به کسی cezasını görmek, cezasını bulmak. ‖ * ~ -yi habs جزای حبس hapis cezası. ‖ * ~ yi nakdî جزای نقدی para cezası. ‖ * ~ -yi sinimmâr جزای سنمار **1.**Havernak sarayının mimarı Sinimmâr'a daha iyisini yapmasın diye verilen ölüm cezası. **2.**daha iyisini yapmasın diye bir sanatçıyı öldürme. ‖ * be ~ -yi hod resîden به جزای خود رسیدن lâyığını bulmak.

جزاءً cezâen: (A.) **1.**ceza olarak. **2.**karşılık olarak.

جزا الله خیر الجزا cezâllâhu hayralcezâ: (A.) Allah ona iyi karşılık versin.

جزائی cezâî: (A.) ceza ile ilgili.

جزائر cezâir: (A.) adalar. ‖ * ~ -i garb جزائر غرب Cezayir. ‖ * ~ -i hâlidât جزائر خالدات Kanarya adaları. ‖ * ~ -i hind جزائر هند Batı Hint adaları, Hind-i Çînî adaları. ‖ * ~ -i isnâ aşer جزائر اثنا عشر Oniki Ada: (Ege Denizi). ‖ * ~ -i muctemi'a جزائر مجتمعه takımadalar. ‖ * ~ -i sa'âdet جزائر سعادت Kanarya adaları. ‖ * ~ -i seb'a جزائر سبعه Yedi Ada, İyonyen Adaları.

جزائیه cezâ'iyye: (A.) ceza ile ilgili.

جزار cezzâr: (A.) **1.**deve kasabı. **2.**kan dökücü. zalim, acımasız.

جزارت cizâret: (A.) cezzarlık, deve kasaplığı.

جزاف · cezzâf: (A.) balıkçı, ağla avlanan balıkçı.

جزاف · cuzâf: (A.) götürü pazar.

جزاف cezâf: (A.) boşuna, saçma.

جزافاً cuzâfen: (A.) götürü olarak.

جزال cizâl: (A.) hurma toplama.

جزالت cezâlet: (A.) **1.**sağlamlık, metanet. **2.**sağlam konuşma.

جزاهم الله خیر الجزا cezâhumullâhu hayralcezâ: (A.) Allah onlara iyi karşılık versin.

جزایر cezâyir: (A.) (coğ.) adalar. ‖ * ~ -i bahr-i sefîd جزایر بحر سفید Akdeniz adaları. ‖ * mecma'ul ~ مجمع الجزایر (coğ.) takımada.

جزء coz': (A.) bir parça, az, azıcık, parça. ‖ * ~ be ~ جزء به جزء enine ayrıntısına kadar, enine boyuna. ‖ * ~ -i çîzî ya kesî der âmeden جزء چیزی یا کسی در آمدن katılmak.

جزئی coz'î: (A.) bir parça, cüz'î, az, azıcık.

جزئیات coz'iyyât: (A.) ayrıntılar.

جزئیت coz'iyyet: (A.) azlık.

جزئیه coz'iyye: (A.) az, biraz, bir parça. ‖ * irâde-i ~ اراده‌ء جزئیه cüz'î irâde, insanın elinde olan iradesi.

جزبند cuzbend: (A.-F.) [cuz'+besten> bend] **1.**cüzdan. **2.**ciltçi.

جزبندی cuzbendî: (A.-F.) [cuz+besten> bend+î] ciltçilik.

جزدان cuzdân: (A.-F.) [cuz'+dân] **1.**cüzdan. **2.**evrak çantası, portföy. **3.**maaş defteri.

جزر cezer: (A.<F.) [cezer<gezer] (bot.) havuç.

جزر cezr: (A.) inme, cezir, denizin inmesi. ‖ * ~ u med جزر و مد medcezir, denizin alçalıp yükselmesi.

جزر التراب cezerutturâb: (A.) yabanî havuç.

جزره cezre: (A.) kasaplık davar.

جز زدن ciz zeden: inlemek, zırlamak.

جزع ceze': (A.) sabırsızlık, sızlanma

جزع cez': (A.) **1.**göz boncuğu, damarlı akik. **2.**(kin.) göz.

جزعه cez'a: (A.) göz boncuğu, damarlı akik.

جزغال cizgâl: kuyruk yağını erittikten sonra kalan kısım.

جزغاله شدن cizgâle şoden: kebap olmak, erimek.

جزفه cizfe: (A.)· küçük sürü.

جزل cezl: (A.) **1.**düzgün. **2.**tomruk.

جزل cezel: (A.) ikiye bölme.

جزل cezl: (A.) 1.sağlam. 2.büyük, çok, pek çok., bol. 3.fasih söz.

جزم cezm: (A.) 1.kesme. 2.sağlamlaştırma. 3.azim, kararlılık. 4.(gr.) cezim işareti, sükun işareti.

جزم cizm: (A.) porsiyon.

جزما cezmen: (A.) 1.kesin kararlı olarak. 2.kestirip atarak.

جزمازج cezmâzec: (A.) ılgın meyvası.

جزمى cezmî: (A.) 1.kesin kararlı. 2.cezm ile ilgili. 3.erkek adı.

جزو cozv: (A.) 1.parça, kasım, cüz. 2.(tas.) sâlik. 3.-den, -dan, arasında.

جز و جز كردن cizz u ciz kerden: cızırdamak.

جزور cezûr: (A.) (zool.) deve.

جزوع cezû': (A.) sabırsız, yerinde duramayan.

جزو كردن cozv kerden: katmak, dahil etmek.

جزوليه cuzûliyye: (A.) Cüzûlîlik, Şâzeliyye tarikatının bir kolu.

جزوه cozve: (A.) 1.fasikül, forma. 2.bölüm. 3.defter, küçük defter.

جزوه دان cozvedân: (A.-F.) [cozve+dân] 1.klasör. 2.cüzdan, para cüzdanı.

جزيروى cuzeyrevî: (A.) 1.adacık ile ilgili. 2.küçük adada oturan.

جزيره cezîre: (A.) (coğ.) ada. ‖ * ~ -i burkâniyye جزيرهء بركانيه volkanik ada. ‖ * ~ -i mercânî-i halkavî جزيرهء مرجانىء حلقوى (coğ.) mercanada.

جزيره cuzeyre: (A.) adacık.

جزيرة العرب cezîretularab: (A.) Arap yarımadası.

جزيرة العشاق cezîretul'uşşâk: (A.) 1.âşıklar adası. 2.Sinop kalesi.

جزيل cezîl: (A.) 1.bol, çok, büyük. 2.sağlam. 3.fasih. ‖ * ecr -i ~ اجر جزيل çok sevap, bol ecir.

جزيه cizye: vergi, haraç, cizye, eskiden Müslüman olmayanlardan alınan vergi.

جزيه دار cizyedâr: (A.-F.) [cizye+dâşten>dâr] cizye tahsildarı.

جزيه گزار cizyegüzâr: (A.-F.) [<cizye+ gozârden> gozâr] cizye ödeyen, cizye vergisi mükellefi.

جس cess: (A.) 1.yoklama. 2.araştıma. 3.elle yoklama.

جساد cisâd: (A.) 1.safran. 2.kan.

جساد cesâd (bot.) safran otu.

جساد cusâd: (A.) karın ağrısı.

جسارت cesâret: (A.) cesaret.

جساس cessâs: (A.) çok meraklı.

جساست cesâset: (A.) merak.

جساسه cessâse: (A.) 1.çok meraklı. 2.savaş gemisi.

جسام cusâm: (A.) büyük, iri.

جسامت cesâmet: (A.) irilik, büyüklük.

جست cest: [cesten>cest] sıçrama, sıçrayış.

جست cost: [costen>cost] arama, arayış, sorup soruşturma.

جستار costâr: [costen>cost+âr] makale, araştırmaya yönelik makale, bilimsel makale.

جستان cestân: [cesten>cest+ân] sıçrayarak, sıçraya sıçraya.

جستان جستان cestân cestân: sıçraya sıçraya, sıçrayarak.

جست بر داشتن cest ber dâşten: kalgımak, sıçramak.

جستجو costicû: [costen>cost+i+costen>cû] arama, arayış, yoklama. ‖ * ~ -yi merhem جستجوى مرهم merhem arama, tedavi etme. ‖ * be ~ ber âmeden به جستجو بر آمدن aramaya başlamak.

جستجو كردن costicû kerden: aramak.

جست زدن cest zeden: sıçramak.

جستن cesten, cisten: (Peh.) 1.sıçramak. 2.atlamak. 3.kaçmak. 4.fırlamak. 5.kurtulmak. 6.dağılmak. ‖ * ez cây ~ از جاى yerinden sıçramak. ‖ * ser-i pâ ~ سر پا جستن ayağa fırlamak.

جستن costen: (Peh.) 1.aramak, sormak, teftiş etmek. 2.istemek.

جستن كردن cesten kerden: 1.sıçramak. 2.belirmek. 3.fışkırmak.

جست و جو cost u cû: [costen>cost+u+costen>cû] arama, arayış, araştırma, yoklama.

جست و جو کردن cost u cû kerden: aramak, sorup soruşturmak, yoklamak.

جست و خیز cest u hîz: [cesten>cest+u+ hâsten>hîz] hoplama, zıplama, sıçrama, sıçrayış, sekme.

جست و خیز کردن cest u hîz kerden: sekmek, zıplamak, sıçramak.

جسته جسته ceste ceste: **1.**azar azar, parça parça. **2.**yavaş yavaş, usul usul.

جسته گریخته cestegorîhte: [cesten> cest+e+ gorîhten>gorîht+e] el altından.

جسته گیر cestegîr: [ceste+giriften>gîr] rahatsız edici dilenci, yapışkan dilenci.

جسد cesed: (A.) **1.**ceset. **2.**beden.

جسر cisr: (A.) köprü. ‖ * ~ -i mu'allak جسر معلق asma köprü.

جسرین cisreyn: (A.) **1.**iki köprü. **2.**Galata ve Unkapanı köprüleri.

جسک cesk: (Peh.) **1.**felaket, bela. **2.**sıkıntı, mihnet.

جسم cism: (A.) **1.**cisim. **2.**beden, vücut. ‖ * ~ u cirm yâften جسم و جرم یافتن belirmek, ortaya çıkmak.

جسما cismen: (A.) **1.**cisim olarak. **2.**bedensel, bedenen, vücutça.

جسمان cusmân: (A.) vücut, beden.

جسمانی cismânî: (A.) **1.**cisim ile ilgili. **2.**madde ile ilgili. **3.**vücut ile ilgili, bedensel.

جسمانیت cismâniyyet: (A.) **1.**maddelik. **2.**bedensel durum.

جسم پرور cismperver: (A.-F.) [cism+ perverden> perver] canı tatlı.

جسور cusûr: (A.) köprüler.

جسورانه cesûrâne: (A.-F.) [cesûr+âne] yiğitçe, yüreklilikle.

جسوع cusû': (A.) tamahkârlık.

جسوم cusûm: (A.) cisimler.

جسیم cesîm: (A.) iri, büyük.

جسیم الجثه cesîmülcusse: (A.) iri yapılı.

جسیم cuseym: (A.) küçük cisim.

جسیمات cuseymât: (A.) küçük cisimler.

جسیمه cesîme: (A.) iri, büyük.

جسیمه cuseyme: (A.) küçük cisim, cisimcik.

جش ceş: mavi boncuk.

جشاء cuşâ': (A.) geğirme.

جشن ceşen: (tıb.) ateş yükselmesi.

جشن ceşn: (Peh.) **1.**tören. **2.**şenlik. **3.**festival. **4.**düğün. ‖ * ~ -i tevellud râ giriften جشن تولد را گرفتن doğum gününü kutlamak. ‖ * ~ -i hatnesûrânî جشن ختنه سورانی sünnet düğünü. ‖ * ~ -i sede جشن سده sede bayramı, İranlılara özgü bir bayram.

جشن گرفتن ceşn giriften: kutlamak, şenlik yapmak, düğün yapmak.

جشن گرفته شدن ceşn girifte şoden: düğün dernek kurulmak.

جشن واره ceşnvâre: [ceşm+vâr+e] şenlik.

جشیش ceşîş: bulgur.

جص cess: **1.**kireç. **2.**alçı taşı.

جعادت caâdet: (A.) kıvır kıvır olma, kıvırcık kıvırcık olma.

جعبوب cu'bûb: (A.) fuzûlî, parazit, işe yaramaz: (insan).

جعبوس cu'bûs: (A.) aptal.

جعبه ce'be, co'be: (A.) **1.**kutu. **2.**sandık. **3.**okluk. **4.**bir tür müzik aleti. **5.**mücevher kutusu. ‖ * ~ -i ebzâr جعبهء ابزار takım kutusu.

جعبه آینه ca'be âyne: (A.-F.) vitrin.

جعبه ساز ca'besâz: (A.-F.) [ca'be+ sâhten> sâz] sandıkçı.

جعد ca'd: **1.**kıvrım, büklüm. **2.**kıvır kıvır saç.

جعشوش co'şûş: (A.) **1.**dilenci. **2.**alçak, rezil.

جعفر ca'fer: (A.) **1.**nehir. **2.**(zool.) sütü bol deve. **3.**erkek adı. **4.**Hz. Ali'nin sancaktarlık yaparken öldürülen kardeşi.

جعفروار ca'fervâr: (A.-F.) [ca'fer+vâr] Cafer gibi.

جعفری ca'ferî: (A.) **1.**eskiden kullanılan kaliteli bir kağıt. **2.**Şiîlikte Ca'fer-i Sâdık'a inanan.

جعفری ca'ferî (bot.) maydanoz.

جعفریه ca'feriyye: (A.) Caferîlik.

جعل ca'l: (A.) **1.**yapma. **2.**yaratma. **3.**koyma. **4.**hile, sahtekârlık, düzenbazlık.

جعل cu'l: (A.) **1.**ücret. **2.**ayak kirası.

جعل كردن ca'l kerden: **1.**uydurmak. **2.**yapmak. **3.**yaratmak. **4.**koymak, yerleştirmek. **5.**sahtekarlık yapmak.

جعلناك ca'alnâke: (A.) seni kıldık, seni yarattık.

جعلى ca'lî: (A.-F.) yapmacık, yapay, uydurma.

جعليات ca'liyyât: (A.) uydurmalar.

جعليت ca'liyyet: (A.) uydurma, sahte, yapmacık.

جعليه ca'liyye: (A.) uydurma, sahte. ‖ * etvâr-i ~ اطوار جعليه sahte tavırlar, yapmacık hareketler.

جغجغه cıgcıge: çıngırak.

جغد cogd (zool.) baykuş.

جغرافى cogrâfî: (A.) coğrafî, coğrafya ile ilgili.

جغرافيا cogrâfiyyâ: (A.) coğrafya. ‖ * ~ -yi giyâhî جغرافياى گياهى bitki coğrafyası. ‖ * ~ -yi zîstî جغرافياى زيستى biyocoğrafya.

جغور بغور cegûr beğûr: ciğer tava.

جف cuff: (A.) **1.**kof. **2.**derin baş yarığı.

جفاء cefâ: (A.) cefa.

جفاء cofâ': (A.) yere vurma, yere çalma.

جفاء cufâ': (A.) **1.**köpük. **2.**su üstünde biriken pislik.

جفاءً cufâen: (A.) boş yere, boşuna.

جفا آيين cefââyîn: (A.-F.) [cefâ+âyîn] cefa etmeyi alışkanlık haline getirmiş olan.

جفاپرور cefâperver: (A.-F.) [cefâ+perverden> perver] · cefayı seven.

جفاپيشه cefâpîşe: (A.-F.) [cefâ+pîşe] **1.**zalim, cefakâr. **2.**(ed.) vefasız sevgili.

جفاجو cefâcû: (A.-F.) [cefâ+costen>cû] cefa eden, üzen.

جفاخو cefâhû: (A.-F.) [cefâ+hû] cefa etmeyi huy edinmiş olan.

جفاديده cefâdîde: (A.-F.) [cefâ+dîden> dîd+e] cefa çekmiş.

جفار cifâr: (A.) geniş kuyular.

جفار ceffâr: (A.) · cifr ile uğraşn, falcı.

جفاست cefâset: (A.) hazımsızlık.

جفاف cefâf: (A.)·**1.**kuruluk. **2.**kuruma.

جفاكار cefâkâr: (A.-F.) [cefâ+kâr] **1.**cefa eden, üzen. **2.**cefa çeken.

جفاكارانه cefâkârâne: (A.-F.) [cefâ+kâr+ âne] **1.**cefâ ederek, cefakârca. **2.**cefa çekerek, cefa çekercesine.

جفاكارى cefâkârî: (A.-F.) [cefâ+kâr+î] **1.**cefa etme, üzme, cefa çektirme. **2.**cefa çekme.

جفا كردن cefâ kerden: cefa etmek, eziyet etmek.

جفاكش cefâkeş: (A.-F.) [cefâ+keşîden> keş] cefa çeken.

جفا كشيدن cefâ keşîden: cefa çekmek.

جفاكيش ·cefâkîş: (A.-F.) [cefâ+kîş] zalim, cefa eden, cefayı âdet haline getiren.

جفا گفتن cefâ goften: kötü konuşmak, küfretmek.

جفال cufâl: (A.) · çok, bol.

جف القلم ceffelkalem: (A.) · çalakalem.

جفت ceft: **1.**eğik, bükük. **2.**tak. **3.**tavan.

جفت coft: (Peh.) **1.**çift. **2.**karı koca, çift. **3.**bir ölçme birimi.

جفت شدن coft şoden: **1.**çiftleşmek. **2.**eş olmak, çift olmak.

جفتک coftek: [coft+ek] çifte.

جفتک انداختن coftek endâhten: çiftelemek, çifte atmak.

جفتک چار كش coftekçârkoş: [coft+ek+çâr <çehâr+ koşten>koş] birdirbir oyunu.

جفت كردن coft kerden: **1.**çiftleştirmek. **2.**eş tayin etmek.

جفت گاو coftgâv: [<coft+gâv] · çift öküzü.

جفته cefte: eğik.

جفته cofte: **1.**çifte. **2.**ip düğüm.

جفته انداختن cofte endâhten: çiftelemek, çifte atmak.

جفته انداز cofte-endâz: [<cofte+ endâhten> endâz] · çifte atan, çifteleyen.

جفتی زدن coftî zeden: **1.**çiftleştirmek. **2.**cinsel ilişkide bulunmak.

جفجاف cefcâf: yosma, şırfıntı.

جفر cefr: (A.) geniş kuyu..

جفر cifr: (A.) gaipten haber verme.

جفر cefr: (A.) gaybdan haber veren bilim.

جفره cufre: (A.) · çukur.

جفری cifrî: (A.) gaipten haber veren, falcı.

جفریات cifriyyât: (A.) gaipten haber verme ile ilgili şeyler, cifir ile ilgili şeyler.

جفن cefn: (A.) **1.**göz kapağı. **2.**kılıç kını.

جفنگ cefeng: zırva, saçma söz, boş laf.

جفنگ گفتن cefeng goften: zırvalamak, saçmalamak.

جفو cefv: (A.) kaba davranış.

جفو · cefve: (A.) cefa, üzme.

جفوت cefvet: (A.) kabalık.

جفه ceffe: (A.) **1.**izdiham. **2.**izdiham uğultusu.

جفیف ··cefîf: (A.) kuru.

جقه cakke: sorguç.

جک cek: **1.**berat. **2.**Şaban ayının on beşinci gecesi.

جک cck: (İng.) kriko.

جکوزی cekuzi: (İng.) jakuzi.

جگر ciger, ceger: (Peh.) **1.**ciğer. **2.**karaciğer. **3.**gam, keder. **4.**orta. **5.**şefkat. **6.**cesaret. **7.**gönül, yürek. ‖ * ~ -i kesî râ hâl âverden جگر کسی را حال آوردن içini serinletmek.

جگربند cigerbend: [ciger+besten>bend] **1.**oğul. **2.**zayıf ve düşkün olan her şey.

جگرپاره cigerpâre: (T.-F.) [ciger+pâre] **1.**ciğer parçası. **2.**ciğerpare, evlat.

جگرتاب cigertâb: [ciger+tâften>tâb] ciğer yakan.

جگرتشنه cigerteşne: [ciger+teşne] **1.**çok susamış. **2.**çok arzulu.

جگرخراش cigerhırâş: [ciger+hırâşîden> hırâş] ciğer tırmalayan, yürek yakan.

جگرخوار cigerhâr: (T.-F.) [ciger+ horden>hor>hâr] **1.**ciğer yiyen. **2.**üzüntülü, dertli, eziyet çeken.

جگرخواره cigerhâre: (T.-F.) [ciger+ horden>hor> hâr+e] **1.**ciğer yiyen. **2.**dertli, eziyet çeken. **3.**acımasız. **4.**büyücü.

جگر خوردن ciger horden: **1.**sıkıntı çekmek. **2.**kederlenmek. **3.**sabretmek.

جگرخون cigerhûn: (T.-F.) [ciger+hûn] **1.**ciğeri kanlı, çok acı çeken. **2.**çok acıklı.

جگر دادن ciger dâden: cesaret vermek, yüreklendirmek.

جگردار cigerdâr: [ciger+dâşten>dâr) yürekli.

جگردر cigerder: (T.-F.) [ciger+ derîden>der] ciğer paralayan, ciğer söken.

جگر دوخته cigerdûhte: (T.-F.) [ciger+ dûhten> dûht+e] ciğere işlemiş, ciğer delmiş.

جگردوز cigerdûz: (T.-F.) [ciger+dûhten] ciğere işleyen, ciğer delen.

جگر سفت cigerseft: [ciger+seft] ciğeri parçalanmış.

جگرسوز cigersûz: [ciger+sûhten>sûz] **1.**çok acılı. **2.**yürek yakan.

جگرفروش cigerfurûş: (T.-F.) [ciger+ furûhten>furûş] ciğerci, ciğer satan.

جگرک cigerek: [ciger+ek] **1.**koyun ciğeri. **2.**ciğer tava, arnavut ciğeri.

جگرکباب cigerkebâb: (T.-A.) [ciger+ kebâb] ciğeri yanmış, çok acı çekmiş.

جگرگاه cigergâh: (T.-F.) [ciger+gâh] ciğerin bulunduğu yer.

جگرگوشه cigergûşe: [ciger+gûşe] sevgili, ciğer köşesi, evlat.

جگرگون cigergûn: (T.-F.) [ciger+gûn] ciğer renkli, kırmızı.

جگری cigerî: [ciger+î] koyu kırmızı.

جگن cegen (bot.) kamış, saz.

جل cel (zool.) çayır kuşu, tarla kuşu.

جل celle: (A.) yüce olsun.

جل col: (A.) **1.**çul, paçavra. **2.**palan. **3.**en büyük. **4.**bütün, tüm. **5.**en büyük kısım. ‖ * ~ u pelâs râ cem' kerden جل و پلاس را جمع کردن pılıyı pırtıyı toplamak.

جلاء celâ': (A.) **1.**aydınlatma. **2.**cila, cilalama. **3.**gurbetlik. ‖ * ~ -yi vatan جلای وطن memleketten uzak kalma, gurbete gitme.

جلاء cilâ': (A.) sürme.

جلاء cilâ': (A.) **1.**parlaklık. **2.**parlatma.

جلائل celâil: (A.) **1.**yüceler, ulular. **2.**yücelikler.

جلا انداختن cilâ endâhten: cilalamak.

جلاب cellâb: (A.) cekici, cezbedici.

جلاب culâb: (A.<F.) [<gulâb<gul+âb] gülsuyu.

جلاب cullâb: (A.<F.) [<gulâb<gul+âb] gülsuyu.

جلابخش cilâbahş: (A.-F.) [cilâ+bahşîden>bahş] parlatan, parlaklık veren.

جلابيب celâbîb: (A.) feraceler, örtüler, yaşmaklar.

جلاجل celâcil: (A.) çıngıraklar.

جلاجل زن celâcilzen: (A.-F.) [celâcil+çeden>zen] celâcil çalan.

جلاد cellâd: (A.) **1.**cellat, insan öldüren. **2.**acımasız, merhametsiz.

جلا دادن cilâ dâden: cilalamak.

جلاداده cilâdâde: (A.-F.) [cilâ+dâden>dâd+e] parlatılmış, cilalanmış.

جلادار cilâdâr: (A.-F.) [cilâ+dâşten>dâr] cilalı, cilalanmış.

جلادت celâdet: (A.) **1.**çeviklik. **2.**güçlülük. **3.**yüreklilik.

جلادت شعار celâdetşiâr: (A.) yiğit huylu, yiğit karakterli.

جلادتكارانه celâdetkârâne: (A.-F.) [celâdet+kâr+âne] yiğitçe.

جلادى cellâdî: (A.-F.) [cellâd+î] **1.**cellatlık. **2.**acımasızlık.

جلاذى culâzî: (A.) **1.**insan azmanı. **2.**hizmetçi. **3.**manastır hizmetçisi. **4.**papaz. **5.**keşiş.

جلاس cilâs: (A.) birlikte oturma.

جلاس cullâs: (A.) oturanlar.

جلافت celâfet: (A.) **1.**kofluk. **2.**aptallık, kabalık, hödüklük, yontulmamışlık.

جلال celâl: (A.) **1.**büyüklük, ululuk, azamet, celal, görkem. **2.**erkek adı. **3.**öfke, kızgınlık.

جلال الدين celâleddîn: (A.) **1.**dinin ululuğu. **2.**erkek adı.

جلالت celâlet: (A.) büyüklük, ululuk.

جلالت مآب celâletme'âb: (A.) haşmetmeab, ulu, yüce.

جلالى celâlî: (A.) **1.**Tanrı'nın yüceliği ile ilgili. **2.**Celâlî takvimi. **3.**Anadolu tarihindeki önemli isyanlardan biri. **4.**yağız bir at cinsi.

جلاليانه celâliyâne: (A.-F.) [celâlî+y+âne] celâlî gibi, celâlîye yakışacak biçimde.

جلانگر cilânger: [cilân+ger] çilingir.

جلاه cullâh: (A.) çulhacı, dokumacı.

جلاهک culâhek: [<cûlâh+ek] **1.**küçük dokumacı. **2.**küçük örümcek.

جلب celeb: (A.) **1.**sığır tüccarı, celep. **2.**Osmanlı döneminde sarayda işe yeni giren.

جلب celeb: kavga, gürültü, feryat.

جلب celeb: (A.) **1.**fahişe. **2.**hilekâr, düzenbaz, alçak.

جلب celb: (A.) **1.**çekme, kendine çekme. **2.**çekilme. **3.**çağırma. ‖ * ~ -i hâtir-i kesî جلب خاطر کسی birinin gönlünü çalma. ‖ * ~ -i nazar kerden جلب نظر کردن dikkat çekmek.

جلباب cilbâb: (A.) **1.**kadın örtüsü, cilbab. **2.**geniş ve bol elbise.

جلبان colbân (bot.) kurt fasulyesi.

جلبک colbek (bot.) deniz yosunu.

جلب کردن celb kerden: **1.**celbetmek, çekmek, cezbetmek. **2.**mahkemeye çağırmak.

جلب نامه celbnâme: (A.-F.) celp kağıdı, çağrı kağıdı.

جلبند cilbend: [<çihil+besten>bend] **1.**evrak çantası. **2.**cüzdan.

جلبه culbe: (A.) iyileşen yarada oluşan pullar.

جلبو celbû: nanemsi bir bitki.

جلبوب celbûb: sarmaşık.

جلبی celebî: [celeb+î] **1.**fahişelik. **2.**hilekârlık, düzenbazlık.

جلبی دیدن celebî dîden: oyuna gelmek, kandırılmak, mandepsiye basmak.

جلبیز celbîz: **1.**kement. **2.**gammaz, ispiyoncu.

جلت قدرته cellet kudretuhu: (A.) kudreti yüce olan.

جلت قدرته و عمت نعمته cellet kudretuhu ve ammet ni'metuhu: (A.) Kudreti yüce ve nimeti umumî olsun.

جلت قدرته cellet kudretuhu: (A.) kudreti yüce olan.

جلت قدرته و عمت نعمته cellet kudretuhu ve ammet ni'metuhu: (A.) Kudreti yüce ve nimeti umumî olsun.

جلجل colcol: (A.) **1.**çan. **2.**(müz.) def, dayire. **3.**(zool.) celâcil kuşu.

جلجلان culculân: (A.) kişniş.

جلجله celcele: (A.) **1.**çan sesi, çıngırak sesi, çıngırdama. **2.**gök gürültüsü.

جلجله culcule: (A.) el çıngırağı.

جلد celd: (A.) kamçılama, kırbaçlama.

جلد celd: (A.) **1.**kıvrak, çevik, çabuk. **2.**pehlivan.

جلد cild: (A.) **1.**cilt. **2.**deri, cilt. **3.**kabuk. **4.**kılıf. **5.**kitap kapağı. ‖ * çâp-i ~ چاپ جلد kapak baskısı. ‖ * der ~ -i kesî reften در جلد کسی رفتن birinin kılığına girmek. ‖ * der zîr-i ~ -i kesî bûden در زیر جلد کسی بودن birinin kılığında olmak.

جلدبند cildbend: (A.-F.) [cild+besten>bend] kitap kutusu, albüm kutusu.

جلد شدن celd şoden: çevikleşmek, kıvraklaşmak.

جلد شدن cild şoden: ciltlenmek.

جلد کردن cild kerden: ciltlemek.

جلدگر cildger: (A.-F.) [cild+ger] ciltçi.

جلده celde: (A.) **1.**kamçılama, kırbaçlama. **2.**kırbaç, kamçı.

جلدی celdî: (A.-F.) **1.**çevkilki, kıvraklık, çabukluk. **2.**çarçabuk, acele.

جلدی cildî: (A.-F.) **1.**cilt ile ilgili. **2.**ciltlik. **3.**deri ile ilgili.

جلدی کردن celdî kerden: **1.**kıvraklık göstermek, çevik davranmak. **2.**acele etmek, koşmak.

جلدیه cildiyye: (A.) deri hastalıkları.

جل ذکره celle zikruhu: (A.) adı yüce olsun.

جلز و ولز کردن cilizz u viliz kerden: cızırdamak.

جلساء culesâ': (A.) birlikte oturanlar.

جلسات celesât: (A.) **1.**toplantılar. **2.**celseler, oturumlar.

جلسه celse: (A.) **1.**oturum, celse, seans. **2.**toplantı. ‖ * ~ -i aleniyye جلسهء علنیه açık oturum. ‖ * ~ -i hafiyye جلسهء خفیه gizli oturum. ‖ * ~ -i iftitâhiyye جلسهء افتتاحیه açılış toplantısı. ‖ * ~ -i mahremâne جلسهء محرمانه **1.**gizli toplantı. **2.**basına kapalı toplantı. ‖ * destûr-i ~ دستور جلسه gündem. ‖ * teşkîl-i ~ dâden تشکیل جلسه دادن bir araya gelmek, toplantı yapmak, toplanmak.

جلسه تشکیل دادن celse teşkîl dâden: toplantı düzenlemek, toplanmak, bir araya gelmek, toplantı yapmak.

جلف cilf: (A.) **1.**züppe. **2.**aptal, salak, akılsız, beyinsiz. **3.**zalim. **4.**ayak takımı, serseri.

جلق celk: (tıb.) mastürbasyon, istimna, (argo) otuz bir.

جلق زدن celk zeden: (tıb.) mastürbasyon yapmak, istimna etmek, (argo) otuz bir çekmek.

جلگه colge: (coğ.) step; ova.

جلمد celmed: (A.) **1.**kaya. **2.**taş.

جلمود culmûd: (A.) kaya.

جلنار cullenâr: (A.<F.) [<gul+nâr] gülnar, nar çiçeği.

جلنار culnâr: (A.<F.) [gul+nâr] gülnar, nar çiçeği.

جلنبر celenber: hırpo.

جلنجبین celencebîn: (A.<F.) [<gul+engebîn] gül tatlısı.

جلنگ ciling: **1.**bir tür ipekli kumaş. **2.**çan ve zil sesi: zırr. **3.**kavun, karpuz kökü.

جلو colov, colev: **1.**ön. **2.**karşı, karşısında. **3.**ileri. **4.**dizgin. ‖ * ~ -i pâ râ nedîden جلو پا را ندیدن gözünün önünü görmemek. ‖ * ~ -i çeşm mucessem kerden جلو چشم مجسم کردن göz önüne getirmek. ‖ * ~ -i çîzî râ giriften جلو چیزی را گرفتن önünü kesmek. ‖ * ~ -i hod râ giriften جلو خود را گرفتن kendini tutmak, dilini tutmak. ‖ * ~ -i kesî gozâşten جلو کسی گذاشتن önüne koymak. ‖ * ~ -i kesî giriften جلو کسی گرفتن önüne geçmek, yolunu kesmek, engel olmak. ‖ * ~ -i nefes râ giriften جلو نفس را گرفتن nefesini tutmak. ‖ * ~ u akab borden جلو و عقب بردن ileri geri götürmek, ileri geri almak. ‖ * ~ -yi dehân râ giriften جلوی دهان را گرفتن dilini tutmak. ‖ * ~ -yi sûret giriften جلوی صورت گرفتن yüzüne tutmak. ‖ * ez ~ -yi kesî gozeşten از جلوی کسی گذشتن gözünün önünden geçmek.

جلو celû: **1.**şakacı. **2.**kebap şişi.

جلو آمدن colov âmeden: **1.**öne çıkmak. **2.**karşısına çıkmak.

جلو افتادن colov oftâden: **1.**öne düşmek. **2.**ileri gitmek. **3.**yoluna devam etmek, ilerlemek.

جلو انداختن colov endâhten: önüne katmak.

جلو بردن colov borden: ilerletmek.

جلوبر شدن colovbor şoden: önü kesilmek.

جلوت celvet: (A.) **1.**açıklama, ortaya koyma. **2.**açık. **3.**gurbete gitme, yerinden yurdundan ayrılış. **3.**kulun Tanrı'nın varlığında yok oluşu.

جلوتیه celvetiyye: (A.) Celvetîlik tarikatı.

جلو جلو آمدن colov colov âmeden: önden gelmek.

جلو جلو رفتن colov colov reften: önden gitmek.

جلوخان colovhân: [colov+hân<hâne] evin ön kısmı, evin önündeki açıklık.

جلود culûd: (A.) **1.**deriler. **2.**hayvan derileri.

جلو دادن colov dâden: öne çıkarmak.

جلودار colovdâr, colevdâr: [colov+ dâşten> dâr] **1.**(ask.) öncü. **2.**(ask.) atlı öncü.

جلو رفتن colov reften: **1.**yaklaşmak, ilerlemek, yürümek. **2.**öne çıkmak.

جلوز celûz (bot.) fındık.

جلو زدن colov zeden: geçmek.

جلوس culûs: (A.) oturma, tahta geçme, cülus.

جلوس کردن culûs kerden: cülus etmek, tahta geçmek.

جلوسیه culûsiyye: (A.) **1.**hükümdarın tahta geçişi ile ilgili olarak yazılan manzum veya mensur eser. **2.**tahta geçen hükümdarın dağıttığı ikramiye.

جلو کشیدن colov keşîden: öne çekmek.

جلوگیر colovgîr: [colov+giriften>gîr] mani, engel.

جلوگیری colovgîrî: [colov+giriften> gîr+î] önleme, engel olma.

جلوگیری کردن colovgîrî kerden: engel olmak, mani olmak, önlemek.

جلوه cilve, celve: (A.) **1.**gösteriş. **2.**görünüş, kendini gösterme. **3.**cilve. **4.**damat tarafından zifaf gecesi geline verilen hediye. ‖ * be ~ âmeden به جلوه آمدن ortaya çıkmak, görnümke.

جلوه آراسته cilveârâste: (A.-F.) [cilve+ ârâsten> ârâst+e] ilahî cilve ile süslenmiş.

جلوه دادن cilve dâden: **1.**görünmek. **2.**göstermek.

جلوه ساز cilvesâz: (A.-F.) [cilve+sâhten> sâz] cilve yapan, görünen, cilveli.

جلوه سازی cilvesâzî: (A.-F.) [cilve+ sâhten> sâz+î] çalım satma.

جلوه فروش cilvefurûş: (A.-F.) [cilve+ furûhten> furûş] cilveli, çalım satan.

جلوه فروشی cilvefurûşî: (A.-F.) [cilve+ furûhten>furûş+î] cilve yapma, çalım satma.

جلوه كار cilvekâr: (A.-F.) [cilve+kâr] cilveli, cilve yapan, cilvelenen.

جلوه كردن cilve kerden: **1.**görünmek, belirmek, tecelli etmek. **2.**cilve yapmak. ‖ * be nazar-i kesî ~ بنظر كسى جلوه كردن birine gelmek, birine görünmek.

جلوه كنان cilvekunân: (A.-F.) [<cilve+ kerden> kon+ân] cilve yaparak, cilve ederek, cilveli cilveli.

جلوه گاه cilvegâh: (A.-F.) [cilve+gâh] tecellî ve zuhur yeri, görünme yeri.

جلوه گر cilveger: (A.-F.) [cilve+ger] **1.**cilveli. **2.**görünen, zuhur eden, ortaya çıkan.

جلوه گرى cilvegerî: (A.-F.) [cilve+ger+î] cilvelenme, cilve yapma.

جلوه گه cilvegeh: (A.-F.) [cilve+geh] **1.**görünme yeri, ortaya çıkış yeri. **2.**cilve yapılan yer.

جلوه نما cilvenumâ: (A.-F.) [<cilve+ numûden> numâ] cilve gösteren, kendini gösteren, cilve yapan, cilveli.

جلوه نمودن cilve numûden: cilvelenmek, cilve etmek.

جله culleh: (A.) çulhacı, dokumacı.

جلى celî: (A.) **1.**açık, ortada, belli. **2.**açıkça, uluorta. **3.**bir eski yazı stili. ‖ * hafî ~ خفى جلى gizli veya açık olarak.

جليات celiyyât: (A.) gün gibi ortada olanlar, apaçık olanlar.

جليب celîb: (A.) **1.**esir, tutsak. **2.**satılık esir.

جليتقه cilîtke: (T.) yelek. ‖ * ~ -i zidd-i gilûle جليتقهء ضد گلوله çelik yelek.

جليد celîd: (A.) **1.**şebnem, jale, çiy, kırağı. **2.**kıvrak, çevik. **3.**güçlü, kuvvetli, yiğit.

جليده culeyde: (A.) dericilik.

جليس celîs: (A.) **1.**arkadaş, dost. **2.**birlikte oturan.

جليف celîf: (A.) **1.**huysuz. **2.**zalim. **3.**ahmak, aptal.

جليقه celîke: **1.**yele. **2.**ense saçı.

جليل celîl: (A.) **1.**ulu, yüce. **2.**Tanrı. **3.**erkek adı. **4.**eski bir yazı stili.

جليل الشان celîluşşân: (A.) şanı yüce.

جليل القدر celîlulkadr: (A.) yüce değerli, yüksek mertebeli.

جليله celîle: (A.) **1.**ulu, yüce. **2.**bayan adı.

جم cemm: (A.) **1.**yoğun. **2.**topluluk. ‖ * ~ -i gafîr جم غفير kalabalık, insan topluluğu.

جم cem: **1.**şah. **2.**İran mitolojisinde şarabı icat eden kişi. **3.**Süleyman peygamber ve Büyük İskender'in lakapları.

جماح cimâh: (A.) atların sert başlılığı.

جماد cemâd: (A.) **1.**cansız varlıklar, katı varlıklar. **2.**ruhanî hayattan uzak olan. **3.**maddî arzular.

جمادات cemâdât: (A.) cansız varlıklar.

جمادى cemâdî: (A.) cansızlık, cansıza ait.

جمادى cumâde: (A.) arap takvimine göe beşinci ve altıncı aylar.

جمادى الآخر cemâdiyulâhir: (A.) kamerî takvimin altıncı ayı, cemâziyülâhir.

جمادى الآخره cumâdelâhıra: (A.) arap takvimine göre altıncı ay, cemâziyelâhır.

جمادى الاول cemâdiyulevvel: (A.) kamerî takvimin beşinci ayı, cemâziyülevvel.

جمادى الاولى cumâdelûlâ: (A.) arap takvimine göre beşinci ay, cemâziyelevvel.

جماديت cemâdiyyet: (A.) **1.**cansızlık. **2.**donukluk.

جماذى الآخر cemâziyelâhir: (A.) [<cumâdelâhire] cemâziyelâhir, arap aylarının altıncısı.

جماذى الاولى cemâziyelevvel: (A.) [<cumâdelûlâ] **1.**cemâziyülevvel, arap aylarının beşincisi. **2.**kişinin geçmişi.

جمار cimâr: (A.) **1.**kabile. **2.**süvari alayı.

جماز cemmâz: (A.) **1.**(zool.) hızlı giden, süratli. **2.**hızlı deve, hecin devesi.

جماز سوار cemmâzsüvâr: (A.-F.) [<cemmâz+sevâr] hızlı deveye binen.

جمازه cemmâze: (A.) (zool.) hecin devesi.

جماش cemmâş: (A.) şuh, büyüleyici, gönül alan, çarpıcı.

جماش cemmâş: çapkın, zampara.

جماع cimâ': (A.) birleşme, çiftleşme, cinsel ilişkide bulunma.

جماع cummâ': (A.) küme.

جماع الكف cummâ'ülkef: (A.) yumruk.

جماعات cemâât: (A.) cemaatler, topluluklar.

جماعت cemâ'et: (A.) **1.**topluluk. **2.**toplum. **3.**imamın arkasında namaz kılanlar. **4.**bir mezhebe bağlı olanlar. **5.**bir dinin veya tarikatın hakim olduğu yerde diğer dinlere mensup azınlıklar. **6.**yeniçeri odaları.

جما كردن cimâ' kerden: cinsel ilişkide bulunmak, çiftleşmek.

جمال cemâl: (A.) **1.**güzellik. **2.**yüz güzelliği. **3.**yüz. ‖ * ~ -i yûsuf جمال يوسف Yakub peygamberin oğlu Yusuf'un güzelliği.

جمال cemmâl: (A.) **1.**deveci. **2.**hecin devesi süren.

جمال cimâl: (A.) (zool.) develer.

جمال cumâl: (A.) çok güzel, çok iyi.

جمال cummâl: (A.) çok güzel, çok iyi.

جمال الله cemâlullâh: (A.) Tanrı'nın cemali, Tanrı'ın lûtfu.

جماليه cemâliyye: (A.) halvetîliğin bir kolu.

جمان comân: (A.) iri inci, dürr-i şehvar. ‖ * ıkd-i ~ عقد جمان inci gerdanlık.

جمانه cumâne: (A.) iri tek inci.

جماهير cemâhîr: (A.) **1.**topluluklar, halk yığınları. **2.**cumhuriyetler. ‖ * ~ -i muttahide جماهير متحده Birleşik Devletler. ‖ * ~ -i muttahide-i Amerika جماهير متحده امريكا Amerika Birleşik Devletleri.

جم ايوان cemeyvân: [cem+eyvân] sarayının eyvanı Cem'in sarayının eyvanını andıran, Cem eyvanlı.

جم بزم cembezm: [cem+bezm] meclisi Cem gibi zengin ve gösterişli olan.

جمجمه comcome: (tıb.) kafatası.

جم حشم cemhaşem: (F.-A.) [cem+haşem] Cem gibi kalabalık maiyeti olan.

جم خوردن cem horden: kımıldamak.

جمد cemed: (A.) **1.**buz. **2.**kar. **3.**dondurma.

جمد cumd: (A.) **1.**sert cansız varlık. **2.**taş.

جمدر cemder: bir tür bıçak.

جمدى cemedî: (A.) buz gibi, aşırı soğuk.

جمرات cemerât: (A.) cemreler.

جمرويه cemreviyye: (A.) cemre ile ilgili şiirler.

جمره cemre: (A.) **1.**kıvılcım, bir parça ateş. **2.**cemre. **3.**hacda Minâ denilen yörede taşatma eylemi.

جمرى cimrî: **1.**soysuz, aşağılık. **2.**dilenci. **3.**pinti.

جم سرا cemserâ: [cem+serâ] Cemşid sarayları.

جمشاسب cemşâsb: **1.**eski İran hükümdarı Cemşid'in oğlu. **2.**Süleyman peygamber.

جمشيد cemşîd: efsaneye göre şarabı bulan eski İran hükümdarı.

جمشيد فر cemşîdfer: [cemşîd+fer] alnında Cemşid'in alnındaki parlaklığı taşıyan.

جم شكوه cemşukûh: [cem+şukûh] Cem gibi görkemli.

جمع cem': (A.) **1.**toplama, derleme, bir araya getirme. **2.**çoğul. **3.**toplam. **4.**topluluk. **5.**hazırlama. **6.**toplanmış. 7.toplanma. ‖ * ~ der ~ جمع در جمع çoğulun çoğulu.

جمع آمدن cem' âmeden: toplanmak. ‖ * ~ bâ kesî جمع آمدن با كسى birleşmek, yaklaşmak, cinsel ilişkide bulunmak.

جمع آوردن cem' âverden: toplamak, derlemek, hazırlamak, bir araya getirmek.

جمعا cem'en: (A.) toplam, toplam olarak.

جمعات cum'ât: (A.) cumalar.

جمعات cume'ât: (A.) cumalar.

جمعات cumu'ât: (A.) cumalar.

جماجم cemâcim: (A.) kafatasları.

جماجم cumâcim: (A.) kafatasları.

جمعانيه cem'âniyye: (A.) ortakçılık, kollektivizm.

جمع بستن cem' besten: **1.**toplamak. **2.**(gr.) tekil kelimeyi çoğul yapmak.

جمع بندى cem'bendî: (A.-F.) [cem'+ besten> bend+î] bir araya getirme.

جمع داشتن cem' dâşten: toplamak.

جمع شدن cem' şoden: **1.**toplanmak, bir araya gelmek. **2.**birikmek. **3.**büzülmek.

جم عظمت cem'azamet: (F.-A.) [cem+ azamet] eski İran hükümdarı Cemşid gibi azametli olan.

جم قدر cemkadr: (F.-A.) [cem+kadr] Cemşid gibi değerli.

جمع كردن cem' kerden: **1.**derlemek, derleyip toplamak. **2.**toplamak. **3.**biriktirmek. **4.**hazırlamak.

جمع كل cem'-i kull: (A.-F.) toplam, genel toplam, yekün.

جمع گرداندن cem' gerdânden: **1.**toplamak. **2.**biriktirmek. ‖ * ~ hod râ جمع گرداندن خود را toparlanmak, kendine çekidüzen vermek.

جمع گشتن cem' geşten: **1.**toplanmak. **2.**birikmek.

جم مقدار cemmikdâr: (F.-A.) [cem+ mikdâr] İran hükümdarı Cemşîd gibi kudretli ve değerli.

جمع و جور cem' u cûr: (A.-F.) [cem'+u- cûr] derli toplu.

جمع و جور كردن cem' u cûr kerden: toplamak, toparlamak, derleyip toparlamak.

جمعه com'e: (A.) **1.**toplanma. **2.**Cuma. **3.**Rumeli'de evlâd-i fâtihânın yerleştirildiği iki merkez. ‖ * imâm-i ~ امام جمعه müftü. ‖ * mescid-i ~ مسجد جامع cami, büyük cami.

جمعى cem'î: (A.-F.) [cem'+î] **1.**bir kısmı. **2.**bir grup.

جمعيات cem'iyyât: (A.) **1.**toplumlar, topluluklar. **2.**cemiyetler, dernekler.

جمعيت cem'iyyet: (A.) **1.**topluluk, cemiyet, toplum. **2.**dernek. **3.**nüfus. **4.**ahali. **5.**insanın dış dünya ile ilgisini keserek sadece Tanrı ile ilgilenmesi. ‖ * ~ -i akvâm جمعيت اقوام milletler cemiyeti, Birleşmiş Milletler. ‖ * ~ -i benîbeşer جمعيت بنى بشر insan topluluğu. ‖ * ~ -i beşeriyye جمعيت بشريه insan topluluğu. ‖ * ~ -i hâtir جمعيت خاطر hem zihnin hem gönlün derli toplu olması. ‖ * ~ -i hayriyye جمعيت خيريه hayır cemiyeti. ‖ * efzâyiş-i ~ افزايش جمعيت nüfus artışı. ‖ * terâkum-i ~ تراكم جمعيت nüfus yoğunluğu. ‖ * ruşd-i ~ رشد جمعيت nüfus artışı.

جمعيت داشتن cem'iyyet dâşten: **1.**nüfusu olmak.

جمعيت كردن cem'iyyet kerden: bir araya gelmek, toplanmak.

جمعيتگاه cem'iyyetgâh: (A.-F.) [cem'iyyet+gâh] toplanma yeri.

جمعيتگه cem'iyyetgeh: (A.-F.) [cem'iyyet+geh] toplanma yeri.

جمعيت نگارى cem'iyyetnigârî: (A.-F.) [cem'iyyet+ nigâşten>nigâr+î] demografi, nüfusbilim.

جمعى كردن cem'î kerden: ortaklaşacılık etmek, kollektivizm.

جمل cemel: (A.) (zool.) deve.

جمل comel: (A.) cümleler, tümceler.

جملات comelât: (A.) cümleler, tümceler.

جملگى comlegî: (A.-F.) [comle+g+î] **1.**hepsi, tümü. **2.**hep beraber. **3.**tamamen, baştanbaşa, tümüyle.

جمله comle: (A.) **1.**hepsi, tümü, herkes, bütün. **2.**(gr.) cümle, tümce. **3.**hep, tamamen. **4.**grup. ‖ * ~ -i asabiyye جملهء عصبيه sinir sistemi. ‖ * ~ -i deverân جملهء دوران dolaşım sistemi. ‖ * ~ -i hazmiyye جمله‌ء هضميه sindirim sistemi. ‖ * ~ -i kevkebiyye جمله‌ء كوكبيه yıldız sistemi, takımyıldız. ‖ * ~ -i mu'tarıza جمله‌ء معترضه ara cümle, yan cümle. ‖ * ez in ~ از اين جمله bu cümleden olarak. ‖ * ez ~ -i inki از جمله‌ء اينكه bu cümleden olarak.

جملةً cumleten: (A.) tümüyle, hep birlikte, tümü.

جمله بندى comlebendî: (A.-F.) [comle+ besten> bend+î] **1.**cümle kurma. **2.**cümle yapısı.

جمليه cemeliyye: (A.) devegiller.

جمن cemen: çardak.

جموح cumûh: (A.) baş sertliği (Atta).

جمود cumûd: (A.) **1.**donma, katılaşma. **2.**donukluk, katılık.

جموديه cumûdiye: (A.) buzul.

جموع cumû': (A.) **1.**toplamalar, biriktirmeler, bir araya getirmeler. **2.**çoğullar.

جمهور cumhûr: (A.) **1.**halk. **2.**kalabalık.

جمهورى cumhûrî: (A.) **1.**cumhuriyet. **2.**halkla ilgili. **3.**cumhuriyetle ilgili. **4.**yoğun üzüm suyu. ‖ * ~ -i halk-i çîn جمهورى خلق چين Çin Halk Cumhuriyeti. ‖ * ~ -i turkiyye جمهورى تركيه Türkiye Cumhuriyeti.

جمهوريت cumhûriyyet: (A.>T.) **1.**cumhurluk. **2.**cumhuriyet rejimi.

جمهوريت پرور cumhûriyyetperver: (A.-F.) [cumhûriyyet+ perverden>perver] cumhuiyetçi.

جمهورى خواه cumhûrîhâh: (A.-F.) [cumhûr+ î+hâsten>hâh] cumhuriyetçi, cumhuriyet isteyen.

جمهورى خواهى cumhûrîhâhî: (A.-F.) [cumhûr+î+hâsten>hâh+î] cumhuriyetçilik

جمهوريه cumhûriyye: (A.) **1.**halkla ilgili. **2.**cumhuriyetle ilgili.

جميع cemî': (A.) **1.**bütün, tümü, hepsi. **2.**insan topluluğu.

جميعاً cemî'en: (A.) bütün, hepsi, toplu olarak.

جميل cemîl: (A.) **1.**güzel. **2.**güzel yüzlü.

جميل الشيم cemîluşşiyem: (A.) huyu güzel.

جميله cemîle: (A.) **1.**güzel kadın. **2.**güzel. **3.**güzellik, güzel bir iş. **4.**bayan adı.

جميله كار cemîlekâr: (A.-F.) [cemîle+kâr] iyilik yapan, iyiliksever.

جميله كارانه cemîlekârâne: (F.-A.) [cemîle+kâr+âne] iyilik yaparak, iyilikseverce.

جميله كارى cemîlekârî: (A.-F.) [cemîle+ kâr+î] iyilik yapma, iyilikseverlik.

جن cen (Hind.) taraf, yön.

جن cinn: (A.) cin. ‖ * ~ -i kesî zeden جن كسى زدن cinlenmek.

جنائب cenâib: (A.) yedek hayvanlar.

جنائى cinâ'î: (A.) cinayetle ilgili, cinâî.

جنائيت cinâiyyet: (A.) cinayet durumu.

جنائيه cinâiyye: (A.) cinayetle ilgili.

جناب cenâb: (A.) **1.**dergâh, eşik, huzur, kat, yan. **2.**sayın, hazreti. **4.**avlu. **5.**huzur, kat, yan. ‖ * ~ -i âlî جناب عالى zâtıâlileri, zâtıâliniz. ‖ * ~ -i bârî جناب بارى Yüce Tanrı. ‖ * ~ -i Hakk جناب حق Yüce Allah. ‖ * ~ -i hâlik جناب خالق Yüce Yaratan. ‖ * ~ -i kibriyâ جناب كبريا Yüce Tanrı. ‖ * ~ -i mevlâ جناب مولا Yüce Tanrı. ‖ * ~ -i muhavvilulhavli velahvâl جناب محول الحال و الاحوال kuvvetleri ve halleri değiştiriveren Yüce Tanrı. ‖ * ~ -i rabbulâlemîn جناب رب العالمين âlemlerin rabbi Yüce Tanrı.

جناب cunâb: [<cenâğ] lades tutuşma.

جنابت cenâbet: (A.) **1.**cünüplük hali. **2.**cünüp. **3.**bir küfür: pislik!, pis!, uğursuz!

جنابه conâbe: ikiz çocuk.

جنات cennât: (A.) **1.**cennetler. **2.**bağlar, bahçeler. . **3.**uçmalar. ‖ * ~ -i âliyât جنات عاليات yüksek cennetler.

جناح cenâh: (A.) **1.**kanat. **2.**kol. **3.**askerî kanat. **4.**siyasi kanat. **5.**taraf.

جناح cunâh: (A.<F.) [<gonâh] günah.

جناح بندی cenâhbendî: (A.-F.) [cenâh+ besten>bend+î] kutuplaşma, hizipleşme.

جناحین cenâheyn: (A.) **1.**iki kanat. **2.**iki taraf, iki yan.

جنار cunnâr: (A.<F.) [<çenâr] çınar.

جنازه cenâze: (A.) **1.**cenaze. **2.**tabut. ‖ * ~ -i kesî ez zemîn berdâşte şoden جنازهء کسی از زمین برداشته شدن cenazesi kaldırılmak.

جناس cinâs: (A.) **1.**aynı cinsten olma. **2.**(ed.) cinas, iki anlamlı söz.

جناغ cenâg, cinâg: **1.**(tıb.) lades kemiği. **2.**lades oyunu.

جناغ شکستن cenâg şikesten: lades oynamak.

جنان cenân: (A.) **1.**gönül, kalp. **2.**iç, batın. **3.**kapkaranlık gece.

جنان cinân: (A.) **1.**cennetler. **2.**bahçeler. **3.**uçmalar.

جنان cennân: (A.) bahçıvan.

جنان الدنیا cinânuddunyâ: (A.) dünyanın cnnetleri: **1.**Ubulla (Basra), **2.**Sogdiyâna (Semerkand). **3.**Beyvan geçiti: (Elcezîre), **4.**Şam vadisi.

جنایات cinâyât: (A.) cinayetler.

جنایت cinâyet: (A.) **1.**cinayet. **2.**kabahat. ‖ * murtekib-i ~ şoden مرتکب جنایت شدن cinayet işlemek.

جنایتکار cinâyetkâr: (A.-F.) [cinâyet+ kâr] cani. ‖ * ~ -i cengî جنایتکار جنگی (ask.) savaş suçlusu.

جنایتکارانه cinâyetkârâne: (A.-F.) [cinâyet+kâr+âne] cânice.

جنایتکاری cinâyetkârî: (A.-F.) [cinâyet+kâr+î] cânîlik.

جنایت کردن cinâyet kerden: cinayet işlemek.

جنایی cinâyî: (A.) **1.**cinayetle ilgili. **2.**ağır ceza. ‖ * dâdgâh-i ~ دادگاه جنایی ağırceza mahkemesi.

جنب cenb: (A.) yan, kenar, taraf.

جنب conb: kımıldayan, hareket eden. ‖ * be ~ u cûş oftâden به جنب و جوش افتادن telâşa düşmek.

جنب conob: (A.) **1.**cünüp, cenabet. **2.**yabancı. **3.**uzak.

جنبان conbân: [conbîden>conb+ân] **1.**sallanan. **2.**kıpırdayan, kımıldanan, hareket eden, oynayan. **3.**sallayan. **4.**kıpırdatan, kımıldatan, oynatan.

جنباندن conbânden: kımıldatmak, sallamak, hareket ettirmek.

جنبانیدن conbânîden: kımıldatmak, sallamak, hareket ettirmek.

جنب خوردن conb horden: kımıldamak, kıpırdamak.

جنبده conbude: (A.<F.) [<gonbed] kümbet, kubbe.

جنبذ cunbuz: (A.<F.) [<gonbed] kümbet, kubbe.

جنبش conbiş: (Peh.) [conbîden>conb+iş] **1.**kıpırdanış, kımıldama, hareket. **2.**titreyiş. **3.**ızdırap. **4.**iş, meşguliyet. ‖ * ~ -i zemîn جنبش زمین yer sarsıntısı, deprem.

جنبش دادن conbiş dâden: sallamak, hareket ettirmek.

جنب شدن conob şoden: cünüp olmak.

جنبش کردن conbiş kerden: kıpırdamak.

جنبشگه conbişgeh: [<conbiş+geh] **1.**hareket yeri. **2.**eğlence yeri.

جنبه cenbe: **1.**yön, taraf. **2.**bakım.

جنبه داشتن cenbe dâşten: yönü olmak, tarafı olmak.

جنبیدن conbîden: (Peh.) **1.**kımıldamak, kıpırdamak, kıpraşmak, hareket etmek. **2.**titremek. **3.**muzdarip olmak. ‖ * gûşe-i leb-i kesî ~ گوشهء لب کسی جنبیدن sırıtmak.

جنبیده conbîde: [<conbîden>conbîd+e] **1.**sallanmış. **2.**kıpırdamış, hareket etmiş, kımıldamış, oynamış.

جنبیده ساز conbîdesâz: [conbîden> conbîd+e+ sâhten>sâz] kımıldatan, oynatan, hareket ettiren.

جنبیه cenbiyye: (A.) eğri hançer.

جنت cennet: (A.) **1.**cennet. **2.**bağ,

bahçe. **3.**uçma. **4.**ferah yer. **5.**güzel. **6.**güneş ışınlarının toprağa düşmediği ağaçlık bölge. ‖ * ~ -i adn جنت عدن Adn cenneti. ‖ * ~ -i a'lâ جنت اعلی cennet, en yüksek cennet. ‖ * ~ -i a'lâ-yi illiyyîn جنت اعلای علیین cennetin en yüce katı. ‖ * ~ -i me'vâ جنت مأوی sığınılacak cennet.

جنت cinnet: (A.) **1.**çıldırma. **2.**cin tutma.

جنت آباد cennet cennetâbâd: (A.-F.) [cennet+âbâd] gibi mamur olan yer.

جنت آسا cennetâsâ: (A.-F.) [cennet+âsâ] Cennet gibi.

جنت افروز cennetefrûz: (A.-F.) [cennet+ efrûhten> efrûz] cenneti aydınlatan.

جنت الخلد cennetulhuld: (A.) cennet.

جنت العدن cennetul'adn: (A.) cennet.

جنت الفردوس cennetulfirdevs: (A.) cennet.

جنت القرار cennetulkarâr: (A.) cennet.

جنت المأوی cennetulme'vâ: (A.) cennet.

جنت النعیم cennetunnaîm: (A.) cennet.

جنتلمن centilmen: (İng.) centilmen.

جنت مکان cennetmekân: (A.) yeri cennet olan.

جنت مهاد cennetmihâd: (A.) [cennet+ mihâd] yatağı cennet olan.

جنتی cinnetî: (A.-F.) [cinnet+i] cinnetli, cin tutmuş, cinnet geçiren.

جنجال cencâl, cincâl: gürültü patırtı, yaygara, curcuna, bağırıp çağırma. ‖ * ~ ber pâ kerden جنجال بر پا کردن **1.**yaygara koparmak, curcuna çıkarmak. **2.**kavga çıkarmak, çıngar çıkarmak. ‖ * ~ be pâ kerden جنجال به پا کردن **1.**yaygara koparmak, curcuna çıkarmak. **2.**kavga çıkarmak, çıngar çıkarmak.

جنجالی cencâlî: [cencâl+î] gürültücü, yaygaracı, curcunacı.

جنح cunh: (A.) esirgeme, koruma.

جنحه cinhe, conhe: (A.) suç, hafif suç. ‖ * mahkeme-i ~ محکمهء جنحه asliye ceza mahkemesi.

جند cond: (A.) **1.**(ask.) ordu. **2.**(ask.) asker.

جند الله cundullâh: (A.) Tanrı'nın ordusu, Tanrı'nın askeri.

جند الله الغالب cundullâhilgâlib: (A.) Allah'ın üstün askeri.

جندار cindâr: (A.-F.) [cin+dâşten>dâr] cinci, afsuncu.

جندار cindâr: muhafız.

جندال cendâl: soysuz, aşağılık, adi.

جند بیدستر cond-i bîdester (bot.) eskiden ruh ve sinir hastalıklarının tedavisinde kullanılan bir bitki.

جندر cender: giysi, elbise, eşya.

جندرخانه cenderhâne: giysi odası.

جندره cendere: **1.**yırtık pırtık giysi. **2.**pis ve kırış kırış. **3.**hödük, yontulmamış. **4.**baskı, sıkıştırma. **5.**dar alan. **6.**dar geçit. **7.**pres. **8.**kalın oklava.

جندل cendel: (A.) akarsu içlerinde yer alan büyük kaya kitlesi.

جندلیه cendeliyye: (A.) cendelîlik, Rufâîliğin bir kolu.

جنده cinde: (Peh.) fahişe, orospu.

جنده باز cindebâz: [cinde+bâhten>bâz] zampara.

جنده خانه cindehâne: [cinde+hâne] genelev, kerhane.

جندی condî: (A.) **1.**askerî. **2.**süvari. **3.**usta binici. **4.**askerler arasında çalışan fahişe.

جندی شاپور cundîşâpûr: (A.-F.) [<cund-i şâpûr] **1.**Şâpûr'un ordusu. **2.** eski İran'da bir kent.

جندیانه cundiyâne: (A.-F.) [cundî+y+âne] usta biniciler gibi.

جنرال ceneral: (İng.) (ask.) general.

جنرال الکتریک ceneral elektirik: (İng.) General Elektrik (firma adı).

جن زده cinzede: (A.-F.) [cin+zeden> zed+e] cin çarpmış.

جنس cins: (A.) **1.**cins. **2.**kısım, deste. **3.**mal. **4.**kaçak uyuşturucu madde.

جنسی cinsî: (A.) **1.**cinsî, cinsel, seksüel. **2.**mal ile ilgili.

جنسیت cinsiyyet: (A.) **1.**cinsiyet. **2.**kalite.

جنطیانیه centiyâniyye: (A.) centiyangiller.

جنکار cenkâr: [<zengâr] pas, yeşil pas.

جنگ ceng: **1.**savaş. **2.**dövüş. ‖ * ~ -i cihangîr جنگ جهانگیر Dünya Savaşı. ‖ * ~ -i cihângîr-i dovvom جنگ جهانگیر دوم İkinci Dünya Savaşı. ‖ * ~ -i cihângîr-i evvel جنگ جهانگیر اول Birinci Dünya Savaşı. ‖ * ~ -i cihangîr-i sânî جنگ جهانگیر ثانی İkinci Dünya Savaşı. ‖ * ~ -i dâhilî جنگ داخلی (ask.) iç savaş. ‖ * ~ -i hânegî جنگ خانگی (ask.) iç savaş. ‖ * ~ -i hevâî جنگ هوائی (ask.) hava savaşı. ‖ * ~ -i hurûs جنگ خروس horoz dövüşü. ‖ * ~ -i revânî جنگ روانی (ask.) psikolojik savaş. ‖ * ~ -i tahmîlî جنگ تحمیلی zoraki savaş. ‖ * ~ -i umumî جنگ عمومی Dünya Savaşı. ‖ * ~ -i zemînî جنگ زمینی (ask.) kara savaşı. ‖ * ~ -i zergerî جنگ زرگری danışıklı dövüş, danışıklı pazar. ‖ * be ~ ber hâsten به جنگ بر خاستن savaşa kalkışmak, savaşa başlamak. ‖ * be ~ reften به جنگ رفتن savaşa katılmak, savaşmak. ‖ * der ~ -i evvel در جنگ اول **1.**birinci savaşta. **2.**ilk ağızda, ilk etapta.

جنگ cong: **1.**gemi. **2.**fotoğraf ölbümü, cönk. **3.**(ed.) şiir mecmuası, şiir albümü, cönk. ‖ * ~ -i tembr جنگ تمبر pul albümü.

جنگ آزما cengâzmâ: [ceng+âzmûden> âzmâ] savaşçı.

جنگ آزمودگی cengâzmûdegî: [ceng+ âzmûden> âzmûd+e+g+î] savaş deneyimi, tecrübeli askerlik.

جنگ آزموده cengâzmûde: [ceng+ âzmûden> âzmûd+e] deneyimli ve kıdemli asker.

جنگاور cengâver: [ceng+âverden>âver] savaşçı, cengaver.

جنگاورانه cengâverâne: [ceng+âverden> âver+ âne] bir savaşçı gibi, cengaverce.

جنگاوری cengâverî: [ceng+âverden> âver+î] savaşçılık, cengaverlik.

جنگ تحمیل کردن ceng tahmîl kerden: (ask.) savaş çıkarmak.

جنگجو cengcû: [ceng+costen>cû] (ask.) savaşçı, cengaver.

جنگ آزمودگی cengâzmûdegî: [ceng+ âzmûden> âzmûd+e+g+î] savaş deneyimi, tecrübeli askerlik.

جنگجویی cengcûyî: [ceng+costen>cû+ y+î] (ask.) savaşçılık, cengaverlik.

جنگ طلب cengtaleb: (F.-A.) [ceng+ talebîden> taleb] savaş yanlısı.

جنگ طلبانه cengtalebâne: (F.-A.) [ceng+ talebîden> taleb+âne] savaş yanlısı, savaş isteyen, savaş istercesine.

جنگ کردن ceng kerden: **1.**(ask.) savaşmak, vuruşmak. **2.**dövüşmek, kavga etmek.

جنگل cengel: orman. ‖ * ~ -i bârânî جنگل بارانی (coğ.) yağmur ormanı.

جنگلبان cengelbân: [cengel+bân] **1.**orman korucusu. **2.**ormancı, orman memuru.

جنگلستان cengelistân: [cengel+istân] ormanlık bölge, orman.

جنگلی cengelî: [cengel+î] **1.**ormana ait. **2.**ormandan gelme.

جنگنده cengende: [cengîden>ceng+ende] **1.**savaşçı, muharip. **2.**militan.

جنگی cengî: [ceng+î] **1.**savaşa ait. **2.**savaşçı.

جنگیدن cengîden: **1.**savaşmak, vuruşmak. **2.**dövüşmek, kavga etmek.

جن گیر cingîr: (A.-F.) [cin+giriften>gîr] cinci.

جنگیزیان cengiziyân: (T.-F.) [cengiz+î+ y+ân] Cengiz soyundan gelenler.

جنم cenem: **1.**şekil, kıyafet, tip, biçim. **2.**karakter.

جنوب cenûb: (A.) güney.

جنوباً cenûben: (A.) güneyden.

جنوبی cenûbî: (A.) güney ile ilgili, güneye ait.

جنود cunûd: (A.) **1.**(ask.) askerler. **2.**(ask.) ordular.

جنون cunûn: (A.) **1.**delilik, çılgınlık, çıldırma. **2.**aşkın hakimiyeti. ‖ * be ~ mubtelâ şoden به جنون مبتلا شدن komplekse kapılmak.

جنون آميز cunûnâmîz: (A.-F.) [cunûn+ âmîhten>âmîz] delice, delicesine.

جنه cunne: (A.) **1.**kalkan. **2.**baş örtüsü.

جنيب cenîb: (A.) yedek at.

جنيبه cenîbe: (A.) yedek binek hayvanı.

جنيبه كش cenîbekeş: (A.-F.) [cenîbe+ keşîden>keş] yedek hayvan çeken.

جنيبت cenîbet: (A.) yedek binek hayvanı.

جنين cenîn: (A.) **1.**(tıb.) cenin. **2.**örtülü, saklı, gizli. ‖ * iskât-i ~ اسقاط جنين çocuk düşürme. ‖ * sakt-i ~ سقط جنين (tıb.) cenin, çocuk düşürme.

جنيور cenîver: sırat köprüsü.

جنيه coneyh: (A.) cüneyh, Mısır lirası.

جو cev, cov: (Peh.) **1.**(bot.) arpa. **2.**bir arpa ağırlığında ağırlık ölçüsü birimi. ‖ * ~ -i do ser جو دو سر (bot.) yulaf. ‖ * be kadr-i yek ~ به قدر يک جو birazcık. ‖ * be yekî ~ به يکى جو bir arpa değerince.

جو cû: (Peh.) **1.**ırmak, nehir, akarsu. **2.**su yolu.

جو cû: yuğ, loğ.

جو cevv: (A.) **1.**uzay, feza. **2.**atmosfer, havaküre. **3.**ortam. ‖ * ~ -i hevâ علم هوا hava boşluğu, atmosfer. ‖ * ~ -i semâ جو سما atmosfer, gökyüzü. ‖ * ilm-i ahvâl-i ~ علم احوال جو meteoroloji.

جو cû: [costen>cû] arayan, arayıcı.

جوائب cevâib: (A.) söylentiler.

جوائز cevâiz: (A.) ödüller, armağanlar.

جواب cevâb: (A.) **1.**yanıt, cevap. **2.**tedavi. ‖ * ~ alelcevâb جواب على الجواب cevaba karşı cevap. ‖ * ~ -i bâsevâb جواب باصواب doğru cevap. ‖ * ~ -i kat'î جواب قطعى kesin yanıt. ‖ * ~ -i red جواب رد red cevabı, olumsuz yanıt. ‖ * ~ -i nâsevâb جواب ناصواب yanlış yanıt, doğru olmayan yanıt. ‖ * ~ -i şâfî جواب شافى yeterli yanıt, doyurucu yanıt. ‖ * ~ -i telh جواب تلخ acı cevap, acı söz. ‖ * der ~ در جواب cevap olarak, cevaben.

جواباً cevâben: (A.) cevap olarak, cevapla, cevaben.

جوابات cevâbât: (A.) yanıtlar.

جواب دادن cevâb dâden: **1.**yanıt vermek, cevap vermek. **2.**karşılık vermek.

جواب سربالا گفتن cevâb-i serbâlâ goften: ters ters cevap vermek.

جواب سلام دادن cevâb selâm dâden: selâm almak.

جواب گفتن cevâb goften: **1.**yanıt vermek, cevap vermek. **2.**işten çıkarmak.

جواب گو cevâbgû: (A.-F.) [cevâb+ goften> gû] **1.**cevap veren. **2.**sözcü.

جواب گو بودن cevâbgû bûden: cevap vermek.

جواب گويى cevâbgûyî: (A.-F.) [cevâb+ goften> gû+y+î] **1.**cevap verme. **2.**sözcülük.

جواب نامه cevâbnâme: (A.-F.) [cevâb+ nâme] yazılı cevap.

جواب وادادن cevâb vâdâden: cevap vermek.

جوابى cevâbî: (A.) cevap niteliğinde, karşılık olarak.

جواد cevâd: (A.) cömert.

جواد cevâdd: (A.) işlek yollar, ana caddeler.

جواذب cevâzib: (A.) cazibeler.

جوار civâr: (A.) **1.**civar, etraf. **2.**yakın. **3.**komşuluk, yakınlık. **4.**sığınma, himaye. **5.**komşu bölge, komşu.

جوارح cevârih: (A.) **1.**organlar. **2.**avcı kuşlar.

جوارش cevâriş: (A.) **1.**bir tür helva. **2.**(tıb.) hazım için kullanılan bir tür macun. **3.**el değirmenleri.

جوارشات cevârişât: (A.) 1.el değirmenleri. 2.mideyi kuvvetlendirici ve hazma yardımcı terkipler.

جواری cevârî (bot.) mısır.

جواری cevârî: (A.) 1.cariyeler, halayıklar. 2.büyük gemiler.

جواری civârî: (A.) 1.çevre ile ilgili. 2.komşulukla ilgili.

جواریت civâriyyet: (A.) komşuluk.

جواز cevâz: (A.) 1.uygun görme, cevaz. 2.izin verme. 3.pasaport. 4.ruhsatname. 5.su yolu. ‖ * ~ -i kânûnî جواز قانونی yasal onay. ‖ * ~ -i kesb جواز کسب çalışma ruhsatı. ‖ * ~ -i ubûr جواز عبور geçiş belgesi, izin tezkeresi.

جواز cevâz: 1.taş veya tahta havan. 2.katır sürülen tahta sopa.

جوازه covâze: taş veya tahta havan.

جواسق cevâsık: (A.) köşkler, kasırlar.

جواسیس cevâsîs: (A.) casuslar.

جوال cevâl, covâl: 1.çuval. 2.çul. 3.insan bedeni. 4.açık ve geniş şey.

جوال cevvâl: (A.) çok hareketli, cevval.

جوال cuvâl: [<covâl, cevâl] 1.çuval. 2.harar. 3.kalın kumaş. 4.insan bedeni.

جوالدوز covâldûz: [covâl+dûhten>dûz] 1.çuvaldız.

جوامد cevâmid: (A.) cansız varlıklar.

جوامع cevâmi': (A.) 1.camiler. 2.cemaatler, topluluklar.

جوامیس cevâmîs: (A.) mandalar, camızlar.

جوان cevân: (Peh.) 1.genç, delikanlı, civan. 2.küçük.

جوانب cevânib: (A.) taraflar, yanlar, yönler, canipler.

جوانبخت cevânbaht: [cevân+baht] talihi genç.

جوانح cevânih: (A.) 1.kaburga kemikleri. 2.yandaşlar. 3.bir yazı türü.

جوان ساختن cevân sâhten: gençleştirmek.

جوان سازی cevânsâzî: [cevân+sâhten> sâz+î] gençleştirme.

جوان شدن cevân şoden: gençleşmek.

جوانک cevânek: [cevân+ek] delikanlı.

جوان کردن cevân kerden: gençleştirmek.

جوانمرد cevânmerd: [cevân+merd] 1.cömert. 2.yiğit. 3.delikanlı.

جوانمردانه cevânmerdâne: [cevân+merd+ âne] 1.cömertçe. 2.yiğitçe.

جوانمردی cevânmerdî: [cevân+merd+î] 1.cömertlik. 2.yiğitlik. 3.gençlik, delikanlılık.

جوانمردی کردن cevânmerdî kerden: centilmenlikte bulunmak, yiğitlik göstermek.

جوان مرگ cevânmerg: [cevân+merg] genç yaşta ölen.

جوان مرگ شدن cevânmerg şoden: genç yaşta ölmek.

جوان نما cevânnumâ: [cevân+numûden> numâ] genç gösteren.

جوانه cevâne: [cevân+e] 1.filiz, sürgün. 2.gençlik, delikanlılık.

جوانی cevânî: (Peh.) [cevân+î] gençlik.

جواهر cevâhir: (A.) 1.mücevherler, değerli taşlar. 2.asıllar, özler.

جواهر آلات cevâhir âlât: (A.-F.) mücevherler.

جواهرات cevâhirât: (A.) mücevherler.

جواهراتی cevâhirâtî: (A.-F.) [cevâhir+ ât+î] mücevherci, kuyumcu.

جواهرتراش cevâhirterâş: (A.-F.) [cevâhir+ terâşîden>terâş] elmas kesici, kuyumcu.

جواهرساز cevâhirsâz: (A.-F.) [cevâhir+ sâhten> sâz] kuyumcu.

جواهرفروش cevâhirfurûş: (A.-F.) [cevâhir+ furûhten>furûş] mücevheratçı, kuyumcu.

جواهرفشان cevâhirfeşân: (A.-F.) [cevâhir+feşânden> feşân] mücevher saçan.

جواهر نشان cevâhirnişân: (A.-F.) [cevâhir+ nişânden>nişân] mücevherle süslenmiş, mücevherli.

جواهری cevâhirî: (A.-F.) [cevâhir+î] mücevheratçı, kuyumcu.

جوایز cevâyiz: (A.) ödüller, mükâfatlar.

جو به جو cevbecev, covbecov: [cev+be+ cev] parça parça, zerre zerre.

جو به جو cûbecû: [cû+be+cû] ırmak ırmak.

جو جو cev cev, cov cov: az az.

جوجه cûce: (Peh.) **1.**civciv. **2.**yavru. **3.**kuş yavrusu. ‖ * ~ ez tohm der âmeden جوجه از تخم در آمدن civciv çıkmak.

جوجه تیغی cûcetîgî: (Peh.) [cûce+tîg+î] (zool.) kirpi.

جوجه خروس cûcehurûs: [cûce+hurûs] **1.**piliç. **2.**(kin.) delikanlı, yeni yetme.

جوجه کشی cûcekeşî: [cûce-keşîden>keş+î] civciv çıkarma.

جوجه مرغ cûcemorg: [cûce-morg] piliç.

جوخه cûhe: (T.) **1.**grup, bölük. **2.**(ask.) manga. ‖ * ~ -i i'dâm جوخهء اعدام idam mangası.

جود cûd: (A.) **1.**cömertlik. **2.**yiğitlik.

جودان cevdân, covdân: **1.**(bot.) bir tür kâfûr. **2.**yaşının hesaplanması sırasında atın dişinde dikkate alınan siyahlık.

جودت cevdet: (A.) **1.**güzellik. **2.**iyilik, cömertlik. **3.**tazelik. **4.**kusursuzluk. **5.**büyüklük. **6.**erkek adı.

جودر cevder: **1.**inek. **2.**öküz.

جودو cudo: (Jap.) (sp.) judo.

جودوکار cudokâr: (Jap.+F.) [cudo+kâr] (sp.) judocu.

جور cevr, covr: (A.) sitem, zulüm, cevir, eziyet.

جور cûr: **1.**çeşit, tür. **2.**düzenli, uyumlu, uygun. **3.**sağlıklı.

جور آمدن cûr âmeden: uyum sağlamak, uymak, uyuşmak.

جوراب cûrâb: çorap. ‖ * ~ -i naylon جوراب نایلون naylon çorap. ‖ * ~ -i zenâne جوراب زنانه kadın çorabı.

جوراب باف cûrâbbâf: [cûrâb+bâften>bâf] çorapçı, çorap ören, çorap dokuyan.

جوراب بافتن cûrâb bâften: çorap örmek.

جوراب فروشی cûrâbfurûşî: [cûrâb+ furûhten>furûş+î] çorapçı.

جوراب کندن cûrâb kenden: çorap çıkarmak.

جوراجور cûrâcûr: [cûr+â+cûr] çeşitli, çeşit çeşit, türlü türlü.

جورب cevreb: (A.) çorap. ‖ * çâk-i ~ چاک جورب çorap söküğü.

جوربجور cûrbecûr: [cûr+be+cûr] çeşitli, türlü, çeşit çeşit.

جوربور cûrbûr (zool.) sülün.

جورجو cevrcû: (A.-F.) [cevr+costen>cû] cevir çektiren, üzen.

جورجوی cevrcûy: (A.-F.) [cevr+costen> cûy] cevir çektiren, üzen.

جور در آمدن cûr der âmeden: benzemek, uymak, uyuşmak, uyum sağlamak.

جور شدن cûr şoden: **1.**uymak, tutmak. **2.**iyileşmek.

جور کردن cevr kerden, covr kerden: zulmetmek, cevretmek.

جور کردن cûr kerden: **1.**düzenlemek. **2.**sınıflandırmak. **3.**ayarlamak, halletmek. **4.**(müz.) akord etmek.

جوریدن cûrîden: ayarlamak.

جوز cevz, covz (bot.) ceviz. ‖ * ~ ber gonbed efşânden جوز بر گنبد افشاندن boşuna kürek çekmek. ‖ * ~ -i hindî جوز هندی hindistan cevizi.

جوزا cevzâ, covzâ: **1.**İkizler burcu. **2.**Eski İran takviminde üçüncü şemsî ay.

جوزاغند cevzâgend: şeftali kurusu ve kayısı kurusunun içine iç ceviz ve şeker doldurularak yapılan bir tür şekerleme.

جوزاک cevzâk: hüzünlenme.

جوزالهند cevzulhind: (A.) hindistan cevizi.

جوزامنطقه cevzâmıntaka: (A.) [cevzâ+ mıntaka] yeri ikizler burcu olan.

جوزغه cevzege, covzege (bot.) açmış pamuk kozası, koza.

جوزهر cûzehir:: (<cây-i zehr] zehirli yer.

جوزیه cevziyye: (A.) cevizgiller.

جوژه cûje: civciv.

جوسق cevsek, covsek: (A.) 1.köşk, kasır. 2.burç.

جوسک cevsek: düğme.

جوسنج covsenc: (A.-F.) [cov+sencîden> senc] barometre. ‖ * ~ -i filizî جوسنج فلزی kadranlı barometre.

جوسنگ cevseng, covseng: bir arpalık ağırlık birimi.

جوسه cevse: (A.) 1.köşk. 2.konak. 3.burç.

جوش cûş: 1.kaynama. 2.taşkınlık. 3.coşku. 4.ızdırap. 5.maden cürufu. 6.oksijen kaynağı. ‖ * be ~ âmeden بجوش آمدن coşmak. ‖ * der ~ şoden در جوش شدن coşmak, coşmaya başlamak.

جوش آمدن cûş âmeden: 1.kaynamak.

جوش آور cûşâver: [cûş+âverden>âver] coşturan, coşturucu, coşturup kaynatan.

جوشاجوش cûşâcûş: [cûş+â+cûş] coşma, coşup kaynama, taşma, coşkunluk.

جوشاک cûşâk: [cûşîden>cûş+âk] coşma, kaynama, coşkunluk.

جوشان cûşân: [cûşîden>cûş+ân] coşan, coşup taşan, coşup kaynayan, coşkun.

جوشاندن cûşânden: 1.kaynatmak. 2.denemek, tecrübe etmek.

جوشانده cûşânde: [cûşânden>cûşând+e] 1.kaynatılmış. 2.(tıb.) kaynamış tıbbî sebzeler.

جوشانی cûşânî: [cûşân+î] coşma, coşup kaynama.

جوش بر آوردن cûş ber âvorden: 1.coşmak. 2.kaynamak.

جوش بر جوش cûşbercûş: [cûşîden>cûş+ ber+cûş] kaynayıp, coşup taşan, coşkulu.

جوش خوردن cûş horden: 1.kaynamak. 2.köpürmek, çileden çıkmak. 3.kemik kaynamak.

جوش زدن cûş zeden: 1.kaynamak. 2.köpürmek, sinirlenmek.

جوشش cûşiş: [cûşîden>cûş+iş] coşma, kaynama, coşku, coşup taşma, coşkunluk.

جوشش داشتن cûşiş dâşten: samimi olmak, bir arada olmak, kaynaşmak.

جوشکار cûşkâr: [cûş+kâr] kaynakçı.

جوشکاری cûşkârî: [cûş+kâr+î] kaynakçılık.

جوش کردن cûş kerden: 1.öfkelenmek, köpürmek, galeyana gelmek. 2.coşmak. 3.kaynamak.

جوش منقاد cûşmunkâd: (F.-A.) [cûşîden> cûş+ munkâd] coşup taşan.

جوشن cevşen, covşen: (A.) 1.zırh, örgülü zırh. 2.muska.

جوشن پوش cevşenpûş: [cevşen+pûşîden> pûş] zırhlı, zırh giyen, zırh giymiş.

جوشن شکاف cevşenşikâf: [cevşen+ şikâften>şikâf] zırh parçalayan, zırh yaran.

جوشن گداز cevşengüdâz: [<cevşen+ gudâhten> gudâz] zırh eriten.

جوشن گذر cevşengüzer: [cevşen+ gozeşten> gozer] zırh delen.

جوشیدن cûşîden: 1.kaynamak. 2.hararetlenmek. 3.ekin yeşermek. 4.kaynaşmak.

جوشیده cûşîde: [cûşîden>cûşîd+e] coşmuş, coşkun, coşup kaynamış, kaynamış.

جوشیده مغز cûşîdemagz: [cûşîden> cûşîd+e+ magz] 1.öfkeli, sinirli. 2.kıvrak zekâlı, akıllı.

جوشیر cevşîr, covşîr: 1.arpa çorbası. 2.çulha.

جوشیره cevşîre: [cev+şîre] 1.arpa çorbası. 2.çulha.

جوشی کردن cûşî kerden: doldurmak, dolduruşa getirmek.

جوع cû': (A.) açlık. ‖ * sedd-i ~ kerden سد جوع کردن nefis körletmek, açlık gidermek. ‖ * ~ -i kelbî جوع كلبى 1.açlık hastalığı. 2.köpek açlığı.

جوعاً cû'an: (A.) aç olarak.

جوعان cev'ân: (A.) aç.

جوغ cûğ: boyunduruk.

جوف cevf, covf: (A.) 1.iç, dahil. 2.karın. 3.ferahlık. 4.kofluk. 5.oyuk. 6.yürek, kalp.

جوفاً cevfen: (A.) ilişikte, ekte.

جوفدوش covfurûş: [cov+furûhten>furûş] arpacı.

جوق cûk: (T.) 1.topluluk. 2.çok. 3.bölük, grup.

جوق جوق cûk cûk: (T.) 1.bölük bölük, grup grup. 2.çok çok.

جوقه cûke: (T.) 1.bölük, grup. 2.(ask.) manga.

جوكى cûkî: 1.cimri. 2.keş, esrarkeş.

جو گندمى covgendumî: [cov+gendum+î] kırçıl, kırçıl saçlı.

جول cûl: çaylak.

جولان cevelân, covlân: (A.) 1.dolaşma, dolanma, gezinti. 2.saldırı. ‖ * ~ -i dem جولان دم kan dolaşımı.

جولانخواه cevlânhâh: (A.-F.) [cevlân+ hâsten>hâh] dolaşma isteme, gezinme isteme.

جولان دادن cevelân dâden: dolaşmak.

جولان كردن cevelân kerden: 1.dolaşmak, dolanmak, gezinmek. 2.saldırmak.

جولانگاه cevelangâh: (A.-F.) [cevelân+ gâh] 1.gezinti yeri. 2.gidip gelinen yer. 3.taş (balık yatağı), yatak.

جولانگر cevelânger: (A.-F.) [cevelân+ ger] 1.dolaşan, gezinen. 2.atlı.

جولانگرى cevelângerî: (A.-F.) [cevelân+ ger+î] gezinti, dolaşma.

جولانگه cevelângeh: (A.-F.) [cevelân+ geh] 1.gezinti yeri. 2.koşu alanı. 3.savaş alanı 4.dolaşım yeri.

جولاه cevlâh, covlâh: 1.dokumacı. 2.(zool.) örümcek.

جولخ cûleh: çulha.

جولخى cûlehî: 1.çulhacı, çulha dokuyan. 2.abalı. 3.kalender.

جوله cûle: 1.(zool.) büyük kirpi. 2.(zool.) örümcek. 3.yeşillik, çimenlik.

جون cevn, covn: (A.) siyah.

جون cûn: [cûn<cân] 1.can. 2.canım!, efendim!, buyur!

جوندگان cevendegân: [cevîden>cev+ ende+ g+ân] 1.(zool.) kemirgenler, kemiriciler. 2.çiğneyenler.

جونده cevende: [cevîden>cev+ende] 1.(zool.) kemirgen. 2.çiğneyen.

جوهر cevher, covher: 1.öz. 2.cevher. 3.mücevher. 4.(kim.) bazı asitlerin genel adı. 5.mürekkep. 6.asil. 7.reşit. 8.kılıç üstündeki çizgi ve benekler. 9.noktalı harflerle düşürülen manzum tarih. 10.kendinden başkasına muhtaç olmayan.

جوهرپيوند cevherpeyvend: (A.-F.) [cevher+ peyvesten> peyvend] mücevher takılmış, mücevherli.

جوهردار cevherdâr: (A.-F.) [cevher+ dâşten>dâr] 1.mücevherli. 2.elmaslı. 3.noktalı. 5.benekli. 6.bir tür tüfek.

جوهرفشان cevherfeşân: [cevher+ feşânden> feşân] · mücevher saçan, inci saçan.

جوهرفروش cevherfurûş: (A.-F.) [cevher+ furûhten> furûş] · mücevherci.

جوهرگين covhergîn: [covher+gîn] stampa.

جوهره cevhere: (A.) 1.bir mücevher. 2.bir elmas.

جوهرى cevherî: (A.) 1.mücevher ile ilgili. 2.mücevherli. 3.Cevherî, Tanrı'yı bir cevher olarak niteleyen. 4.öz ile ilgili.

جوهرين cevherîn: (A.-F.) [cevher+în] cevherli, mücevherli, elmaslı.

جوهريون cevheriyyûn: (A.) cevherîler, Tanrı'yı bir cevher olarak niteleyenler.

جوهريه cevheriyye: (A.) cevherîlik, Tanrı'yı bir cevher olarak niteleyen inanç sistemi, tözcülük, substantializm..

جوی cûy: **1.**(coğ.) küçük ırmak, çay. **2.**ark. **3.**su yolu. ‖ * ~ -i âb جوی آب ırmak, akarsu.

جوی cevvî: (A.) **1.**uzaya ait. **2.**atmosferle ilgili.

جوی cevî: [cev+î] **1.**bir arpalık ağırlık birimi. **2.**arpadan yapılmış.

جویا cûyâ: [costen>cûy+â] arayan, soran, araştıran, talip.

جوی آسا cûyâsâ: [cûy+âsâ] ırmak gibi.

جویا شدن cûyâ şoden: sormak, arkasını aramak.

جویان cûyân: [costen>cûy+ân] arayan, araştıran, soran.

جویبار cûybâr: **1.**(coğ.) ırmak. **2.**(coğ.) çay. **3.**ırmak kenarı.

جویبارک cûybârek: [cûybâr+ek] (coğ.) dere.

جویچه cûyçe: [cûy+çe] küçük çay.

جویدن cevîden: çiğnemek.

جویده cevîde: [cevîden>cevîd+e] **1.**çiğnemiş. **2.**çiğnenmiş.

جویره cuveyre: (A.) **1.**küçük cariye. **2.**cariyecik, zavallı cariye.

جویک cûyek: [cûy+ek] küçük çay.

جوین cevîn, covîn: [cev+în] **1.**arpa ile ilgili. **2.**arpadan, arpadan yapılmış.

جویندگی cûyendegî: [costen>cûy+ende+ g+î] arayıcılık, sorup soruşturma.

جوینده cûyende: [costen>cûy+ende] arayan, soran, soruşturan. ‖ * ~ yâbende başed جوینده یابنده باشد arayan bulur.

جوینه cevîne: [cev+îne] **1.**arpadan. **2.**arpa unundan.

جویه cevviyye: (A.) atmosferik, hava ile ilgili.

جهابذه cehâbize: (A.) gerçeği bilenler.

جهات cihât: (A.) **1.**yönler, taraflar. **2.**yüzler. **3.**sebepler. ‖ * ~ -i aslî جهات اصلی (coğ.) ana yönler. ‖ * ~ -i erba'a جهات اربعه dört ana yön. ‖ * ~ -i fer'î جهات فرعی (coğ.) ara yönler. ‖ * ~ -i selâse جهات ثلاثه üç boyut: (en, boy, derinlik). ‖ * ~ -i sitte جهات سته altı taraf: (ön, arka, sağ, sol, alt, üst).

جهاد cihâd: (A.) savaşma, cihat, din uğrunda mücadele. ‖ * ~ -i asgar جهاد اصغر din uğruna savaş. ‖ * ~ -i ekber جهاد اکبر (tas.) nefisle mücadele. ‖ * ~ -i mukaddes جهاد مقدس kutsal savaş, kutsal mücadele, din uğruna açılan savaş.

جهادمأنوس cihâdme'nûs: (A.) [cihâd+ me'nûs] cihat yapmaya alışık.

جهادی cihâdî: (A.) cihat ile ilgili.

جهادیه cihâdiyye: (A.) **1.**cihat ile ilgili. **2.**İkinci Mahmut döneminde savaş masraflarını karşılamak için bastırılan sikke.

جهار cihâr: (A.) **1.**açıklama, ortaya koyma. **2.**yüksek sesle çağırma. **3.**küfretme. **4.**açık, açık seçik.

جهاراً cihâren: (A.) açıkça, apaçık.

جهارت cehâret: (A.) ses yüksekliği, yüksek perde.

جهاز cihâz, cehâz: (A.) **1.**ev eşyası. **2.**çeyiz. **3.**aygıt, cihaz. **4.**gemi. **5.**sistem. ‖ * ~ -i asabî جهاز عصبی sinir sistemi. ‖ * ~ -i hazmî جهاز هضمی sindirim sistemi. ‖ * ~ -i hazmiyye جهاز هضمیه sindirim sistemi. ‖ * ~ -i mufrig جهاز مفرغ boşaltım sistemi. ‖ * ~ -i tenâsul جهاز تناسل üreme sistemi. ‖ * ~ -i teneffus جهاز تنفس solunum sistemi.

جهال cuhhâl: (A.) cahiller, bilgisizler.

جهالتخانه cehâlethâne: (A.-F.) [cehâlet+ hâne] cahil yuvası.

جهالت cehâlet: (A.) cehalet, bilgisizlik.

جهام cehâm: (A.) yağmur getirmeyen bulut.

جهان cihân: (Peh.) **1.**dünya, yerküre. **2.**âlem. ‖ * ~ -i rûşen der kazar-i kesî târîk şoden جهان روشن در نظر کسی تاریک شدن dünya gözünde kararmak. ‖ * ~ râ bedrûd goften جهان را بدرود گفتن ölmek, dünyaya veda etmek. ‖ * be ~ âmeden به جهان آمدن dünyaya gelmek, doğmak. ‖ * ez ~ reften از جهان رفتن ölmek, dünyadan göçmek. ‖ * be ~ -i bâkî reften به جهان باقی

رفتن ölmek. ‖ * çeşm be ~ guşûden چشم به جهان گشودن doğmak, dünyaya gözlerini açmak.

جهان cehân, cihân: [cehîden>ceh+ân] sıçrayarak.

جهان آباد cihânâbâd: [cihân+âbâd] dünya.

جهان آرا cihânârâ: [cihân+ârâsten>ârâ] **1.**dünyayı süsleyen. **2.**mülkî aylardan altıncısı.

جهان آفرين cihânâferîn: [cihân+âferîden> âferîn] Tanrı, dünyayı yaratan.

جهان افروز cihânefrûz: [cihân+efrûhten> efrûz] dünyayı aydınlatan, güneş.

جهانبان cihânbân: [cihân+bân] **1.**dünya muhafızı. **2.**büyük padişah. **3.**Tanrı.

جهانبانی cihânbânî: [cihân+bân+î] **1.**dünya bekçiliği. **2.**hükümdalık. **3.**fatih hükümdar.

جهان بخت cihânbaht: [cihân+baht] dünyanın talihlisi.

جهان بين cihânbîn: [cihân+dîden>bîn] **1.**göz. **2.**gönül gözü. **3.**evlat. **4.**turist, gezgin. **5.**(tas.) insanın içinde gizli olan ruh. **6.**dünyayı gören. **7.**dünyayı gösteren.

جهان بينی cihânbînî: [cihân+dîden> bîn+î] dünya görüşü.

جهان پهلوان cihânpehlevân: [cihân+ pehlevân] (sp.) dünya şampiyonu.

جهان پهلوانی cihânpehlevânî: [cihân+ pehlevân+î] (sp.) dünya şampiyonluğu.

جهان پناه cihânpenâh: [cihân+penâhîden> penâh] **1.**dünyanın kendisine sığındığı. **2.**büyük padişah.

جهان پيرا cihânpîrâ: [cihâr+pîrâsten> pîrâ] dünyayı süsleyen.

جهان پيما cihânpeymâ: [cihân+ peymûden> peymâ] turist, gezgin, seyyah.

جهان تاب cihântâb: [cihân+tâften>tâb] **1.**dünyayı parlatan, güneş. **2.**mülkî ayların beşincisi.

جهان جو cihâncû: [cihân+costen>cû] **1.**dünya düşkünü. **2.**büyük padişah, imparator.

جهان جوی cihâncûy: [cihân+costen>cûy] **1.**dünyayı arayan. **2.**dünyayı fetheden.

جهان خوردن cihân horden: dünya nimetlerinden yararlanmak.

جهاندار cihândâr: [cihân+dâşten>dâr] **1.**padişah, sultan, hükümdar. **2.**akıllı ve tedbirli hükümdar.

جهاندارانه cihândârâne: [cihân+dâşten> dâr+âne] büyük imparator gibi.

جهانداری cihândârî: [cihân+dâşten> dâr+î] **1.**padişahlık, hükümdarlık, saltanat. **2.**ülke yönetimi.

جهاندن cehânden: **1.**sıçratmak. **2.**atlatmak.

جهان ديده cihândîde: [cihân+dîden> dîd+e] **1.**görmüş geçirmiş, deneyimli. **2.**gezgin.

جهان سالار cihânsâlâr: [cihân+sâlâr] **1.**dünyanın efendisi, dünyanın büyüğü. **2.**büyük padişah.

جهان ستان cihânsitân: [cihân+sitânden> sitân] **1.**dünyayı ele geçiren, dünyayı alan. **2.**fatih hükümdar.

جهان ستانی cihânsitânî: [cihân+sitânden> sitân+î] **1.**dünyayı ele geçirme. **2.**büyük padişahlık, fatih hükümdarlık.

جهان سوز cihânsûz: [cihân+sûhten>sûz] **1.**dünyayı yakan. **2.**güneş.

جهان شمول cihânşumûl: (F.-A.) [cihân+şumûl] **1.**dünyayı kaplayan. **2.**evrensel. **3.**dünya çapında.

جهان كدخدای cihânkedhudây: [cihân+ kedhudây] cihan padişahı, imparator.

جهانگرد cihângerd: [cihân+geşten>gerd] **1.**turist. **2.**gezgin.

جهانگردی cihângerdî: [cihân+geşten> gerd+î] **1.**turizm. **2.**turistik. **3.**gezginlik.

جهانگشا cihânguşâ: [cihân+guşûden> guşâ] **1.**büyük padişah, fatih hükümdar. **2.**dünyayı fetheden. **3.**dünyayı kaplayan.

جهانگیر cihângîr: [cihân+giriften>gîr] **1.**dünyayı ele geçiren, fatih hükümdar, imparator. **2.**erkek adı. **3.**İstanbul'da Boğaz'a bakan bir semt.

جهانگیرانه cihângîrâne: [cihân+giriften> gîr+ âne] fatih hükümdar gibi, imparator gibi.

جهانگیری cihângîrî: [cihân+giriften> gîr+î] **1.**imparatorluk, büyük padişahlık. **2.**ülkeler fethetme, büyük fetihlerde bulunma, fatihlik.

جهانگیریهء خلوتیه cihângîriyye-i halvetiyye Halvetîliğin bir kolu.

جهان مطاع cihânmutâ': (F.-A.) [cihân+ mutâ'] tüm dünyanın boyun eğdiği, dünyayı dize getiren.

جهان نما cihânnumâ: [cihân+numûden> numâ] **1.**dünya atlası. **2.**dünyayı gösteren.

جهان نورد cihânneverd: [cihân+ neverdîden> neverd] dünyayı dolaşan.

جهانی cihânî: [cihân+î] **1.**dünya ile ilgili. **2.**uluslararası. **3.**(sp.) dünya kupası. **4.**evrensel.

جهانیان cihâniyân: [cihân+î+y+ân] insanlar, insanoğlu.

جهانیدن cehânîden: **1.**sıçratmak. **2.**atlatmak.

جهبذ cihbez: büyük bilgin.

جهت cihet: (A.) **1.**yön, taraf. **2.**sebep, neden. **3.**için. **4.**yüz. **5.**nahiye. **6.**yer. **6.**bakım, açı, bakış açısı. **8.**evkaf maaşı. **9.**görev, hizmet. **10.**vakıf hizmeti. ‖ * ~ -i anki جهت آنکه -mek için, şunun için ki. ‖ * bedin ~ بدين جهت bu nedenle, bu sebeple, bundan dolayı. ‖ * ber ~-i بر جهت nedeniyle. ‖ * be ~-i به جهت nedeniyle, için. ‖ * behemin ~ بهمين جهت bu nedenle, bundan dolayı. ‖ * der ~-i در جهت **1.**istikametinde, yönünde. **2.**yolunda.

جهت يابى cihetyâbî: (A.-F.) [cihet+ yâften>yâb+î] yön bulma, arayış.

جهت يابى كردن cihetyâbî kerden: yön bulmak, yön tayin etmek.

جهد cehd: (A.) çaba, çabalama.

جهد cohd: (A.) güç, gayret.

جهد كردن cehd kerden: çabalamak, çalışmak.

جهر cehr: (A.) **1.**yüksek sesle çağırma. **2.**yüksek sesle okuma. **3.**açık.

جهراً cehren: (A.) **1.**açık, apaçık. **2.**yüksek sesle. ‖ * sırren ve ~ سراً و جهراً gizli veya açık olarak, gizlice ve açıkça.

جهراء cuherâ': (A.) yüksek sesle söylenenler.

جهره cehre: iğ, çıkrık.

جهرةً cehreten: (A.) açıkça, uluorta.

جهرى cehrî: (A.) açık olarak, yüksek sesle.

جهريه cehriyye: (A.) açık olarak, yüksek sesle.

جهش cehiş: [cehîden>ceh+iş] **1.**sıçrama. **2.**atlama. **3.**fışkırma. **4.**yaratılış, tabiat.

جهل cehl: (A.) cahillik, cehalet, bilgisizlik. ‖ * ~-i murekkeb جهل مركب zırcahillik.

جهلاء cuhelâ': (A.) **1.**bilgisizler, cahiller. **2.**yontulmamışlar, kaba insanlar, görgüsüzler.

جهله cehele: (A.) **1.**bilgisizler, cahiller. **2.**münasebetsizler, yontulmamışlar.

جهميه cuhemiyye: (A.) islâm mezheplerinden biri, cühemîlik.

جهندگى cehendegî: [cehende+g+î] sıçrama.

جهنده cehende: [cehîden>cen+ende] **1.**sıçrayan. **2.**atlayan.

جهنم cehennem: (A.) **1.**tamu, cehennem. **2.**aşırı sıcak yer. **3.**aşırı derecede kargaşa ve huzursuzluk olan yer.

جهنم مطروح cehennemmatrûh: (A.) [cehennem+ matrûh] cehennemlik.

جهنمى cehennemî: (A.-F.) **1.**cehennemlik. **2.**cehenneme ait.

جهنمی شدن cehennemî şoden: cehennem olmak.
جهنمیون cehennemiyyûn: (A.) cehennemlikler.
جهود cehûd: (A.) Yahudi.
جهود cuhûd: yahudi.
جهودانه cehûdâne: (A.-F.) [cehûd+âne] Yahudi gibi.
جهودی cuhûdî: [cuhûd+î] yahudilik.
جهول cehûl: (A.) **1.**çok cahil, zırcahil. **2.**kendini beğenmiş.
جهولانه cehûlâne: (A.) [cehûl+âne] zırcahil gibi.
جهیدن cehîden: **1.**sıçramak. **2.**atlamak. **3.**fışkırmak. **4.**hoplamak.
جهیر cehîr: (A.) **1.**yüksek sesle. **2.**dikkat çekici.
جهیرالصوت cehîrussavt: (A.) yüksek ses.
جهیز cehîz: (A.) **1.**çeyiz. **2.**aygıt.
جهیز تهیه کردن cehîz tehiyye kerden: çeyiz düzmek.
جهیزیه cehîziyye: (A.) çeyizlik.
جیاد ciyâd: (A.) iyi koşan asil atlar.
جیادت ciyâdet: (A.) **1.**yenilik, tazelik. **2.**güzellik.
جیاع ciyâ': (A.) açlar.
جیب cîb: **1.**cep. **2.**sinüs. ‖ * be ~ zeden به جیب زدن cebe indirmek, cebe atmak.
جیپ cîb: (İng.) jip.
جیب ceyb: (A.) **1.**yaka. **2.**sinüs. ‖ * ~ -i temâm جیب تمام kosinüs. ‖ * ~ -i mutemmim جیب متمم kosinüs.
جیبا cîbâ: odun.
جیب بر cîbbor: [cîb+borîden>bor] yankesici.
جیب بری cîbborî: [cîb+borîden>bor+î] yankesicilik.
جیب بغلی cîb-i bagalî: iç cep.
جیبی cîbî: [cîb+î] **1.**cebe ait. **2.**cepli. **3.**küçük boyda (kitap). **4.**cep defteri.
جیپ cip: (İng.) jip.
جیحون ceyhûn: (A.) **1.**nehir. **2.**(coğ.) Ceyhun nehri.
جید ceyyid: (A.) **1.**yeni. **2.**taze, turfanda. **3.**iyi. **4.**tam,eksiksiz.
جید cîd: (A.) boyun.
جید العیار ceyyidulayâr: (A.) tam ayarlı.
جیر cîr: **1.**alt. **2.**ince. **3.**tebeşir, kireç. **4.**güderi.
جیران ceyran: (T.) ceylan, ceren.
جیران cîrân: (A.) **1.**komşular. **2.**müşteriler, alıcılar. **3.**etraftakiler.
جیرت cîret: (A.) komşuluk.
جیر جیر cîr cîr: cırcır.
جیرجیرک cîrcîrek (zool.) cırcır böceği, ağustos böceği.
جیر جیر کردن cîrcîr kerden: cıvıldaşmak, cır cır ötüşmek.
جیرو ciru: (İta.) ciro.
جیر و ویر cirruvîr: bağırıp çağırma, yaygara.
جیر و ویر کردن cîruvîr kerden: bağırıp çağırmak, yaygara çıkarmak.
جیره cîre: (ask.) tayın, er azığı, kumanya.
جیره بندی cîrebendî: [cîre+besten> bend+î] **1.**karneye bağlama. **2.**karneye bağlanma.
جیره بندی شدن cîrebendî şoden: karneye bağlanmak.
جیره بندی کردن cîrebendî kerden: karneye bağlamak.
جیره خوار cîrehâr: [cîre+horden>hor> hâr] tayınlı, maaşlı.
جیری cîrî: [cîr+î] güderiden yapılmış.
جیز شدن ciz şoden: yanmak, cız olmak (çocuk dilinde).
جیش ceyş: (A.) **1.**asker. **2.**ordu. **3.**ses.
جیش cîş: çiş.
جیش کردن ciş kerden: çiş yapmak, işemek.
جیغ cîg: çığlık, bağırış, feryat.
جیغ زدن cîg zeden: ciyaklamak, ciyak ciyak bağırmak, çığlık atmak.
جیغ کشیدن cîg keşîden: ciyaklamak, bağırmak, çığlık atmak.
جیغه cîge: ibik, tac.
جیف ciyef: (A.) · leşler.
جیفه cîfe: pislik, murdar, leş.
جیفه خوار · cîfehâr: (A.-F.) [cîfe+horden> hor>hâr] leş yiyen.
جیفه گاه cîfegâh: (A.-F.) [cîfe+gâh] **1.**leş dolu yer. **2.**dünya.

جيقه cîke: ibik, tac.

جيک جيک cîk cîk: **1.**cıvıldama, cik cik ötüş. **2.**anlaşılmaz söz.

جيک جيک كردن cîk cîk kerden: cıvıldaşmak, cik cik ötmek.

جيک زدن cîk zeden: cıvıldamak.

جيک و بوک cîk u bûk: eni konu, künh, bir konunun bütün ayrıntıları.

جيل ceyl: (A.) yengeç.

جيل cîl: (A.) **1.**kuşak, nesil. **2.**topluluk, halk. **3.**boy, oba, aşiret, kabile.

جيلاً بعد جيل cîlen ba'de cîlin: (A.) devirden devire, kuşaktan kuşağa.

جيم شدن cîm şoden: sıvışmak, toz olmak, gitmek.

جين cîn: **1.**çırçır. **2.**çırçır makinesi.

جيواد ceyvâd: sakınma, günahtan uzak durma.

جيوب cuyûb: (A.) cepler.

جيود cuyûd: (A.) boyunlar.

جيوش cuyûş: (A.) ordular, askerler.

جيوه cîve: (Peh.) (kim.) civa.

چ

چ ç: **1.**Fars alfabesinin yedinci harfi. **2.**ebced sistemindeki sayısal değeri üç: "3".

چائیدن çâ'îden: üşütmek, soğuk almak.

چابک çâbok: (Peh.) **1.**çevik, kıvrak. **2.**çabuk. **3.**üstün. **4.**kırbaç, kamçı.

چابک دست çâbokdest: [çâbok+dest] eline çabuk, becerikli.

چابک سوار çâboksevâr: [çâbok+sevâr] usta binici.

چابک شدن çâbok şoden: çevikleşmek, kıvraklaşmak.

چابک کردن çâbok kerden: çevikleştirmek, kıvraklaştırmak.

چابکی çâbokî: [çâbok+î] çeviklik, kıvraklık.

چاپ çâp: baskı, tabetme. ‖ * ~ -i sengî چاپ سنگی taş basması. ‖ * ~ -i surbî چاپ سربی harfle dizgi baskısı. ‖ * ez ~ der âmeden از چاپ در آمدن basılmak. ‖ * be ~ dâden به چاپ دادن bastırmak. ‖ * be ~ resânden به چاپ رساندن bastırmak. ‖ * be ~ resîden به چاپ رسیدن basılmak. ‖ * be ~ siporden به چاپ سپردن bastırmak.

چاپار çâpâr: (T.) ulak, peyk, haberci.

چاپارخانه çâpârhâne: (T.-F.) postane.

چاپاری çâpârî: (T.-F.) [çâpâr+î] ulak ile. **2.**çarçabuk, seri.

چاپچی çâpçi: (F.-T.) [çâp+çi] baskıcı, matbaacı.

چاپخانه çâphâne: [çâp+hâne] matbaa, basımevi.

چاپ شدن çâp şoden: basılmak, tabedilmek, yayınlanmak.

چاپ کردن çâp kerden: basmak, tabetmek, yayınlamak.

چاپگر çâpger: [çâp+ger] bilgisayar yazıcısı, printer.

چاپلوس çâplûs: **1.**dalkavuk. **2.**sırnaşık.

چاپلوسی çâplûsî: **1.**dalkavukluk. **2.**sırnaşıklık, sırnaşma.

چاپلوسی کردن çâplûsî kerden: **1.**sırnaşmak. **2.**dalkavukluk etmek.

چاپنده çâpende: [çâpîden>çâp+ende] yağmacı.

چاپی çâpî: [çâpîden>çâp+î] basılmış, matbû.

چاپی çâpî: sıradan, her zamanki.

چاپیدن çâpîden: yağmalamak, soymak, çapulculuk yapmak.

چاتلمه çatleme: (T.) domdom kurşunu.

چاتمه çatme: (T.) (ask.) tüfek çatma.

چاتمه زدن çatme zeden: (ask.) tüfek çatmak.

چاتمه فنگ çatmefeng: (T.-F.) [çâtme+ feng<tofeng] (ask.) tüfek çat!

چاچله çâçele: ayakkabı.

چاچول باز çâçûlbâz: mendebur, hilekâr, şarlatan.

چاچی çâçî: **1.**Çaç şehri malı. **2.**Çaçlı.

چاخان çâhân: (T.) **1.**zübük, şarlatan. **2.**palavra.

چاخان کردن çâhân kerden: atmak, palavra sıkmak.

چاخماق çahmâk: (T.) çakmak.

چاخو çâhû: **1.**kuyucu. **2.**lağımcı.

چادر çâdor: **1.**çadır. **2.**örtü, çadur. **3.**otağ.

چادر دو لاغ کردن çâdor dolâg kerden: örtüsünü giymek, örtüsünü başına geçirmek.

چادر شب çâdorşeb: [çâdor+şeb] **1.**büyük çarşaf. **2.**yatak çarşafı.

چادرنشین çâdornişîn: [çâdor+nişesten> nişîn] göçebe, konar göçer.

چادرنشینی çâdornişînî: [çâdor+nişesten> nişîn+î] göçebelik, konar göçerlik.

چادرنماز çâdornemâz: [çâdor+nemâz] namaz örtüsü, namazlık.

چار çâr: dört.

چار çâr: çare.

چار çâr: seramik potası.

چار آخر çârâhor (kin.) dört unsur: su, rüzgâr, toprak, ateş.

چارباغ çârbâğ: [çâr<çehâr+bâğ] bulvar.

چارپا çârpâ: [çâr+pâ] **1.**dört ayaklı hayvan. **2.**binek hayvanı.

چارپادار çârpâdâr: [çârpâ+dâşten>dâr] binek hayvanı kiralayıcısı, eşekçi, mekkâreci.

چارپاره çârpâre: [çâr+pâre] (ask.) kurşun, fişek.

چارپایه çârpâye: [çâr+pây+e] **1.**iskemle. **2.**tabure.

چارپهلو شدن çârpehlû şoden: **1.**çok yemek yemek. **2.**sırtüstü yatmak.

چارترک çârterk: [çâr+terk] dört yönlü, dört taraflı.

چارچوب çârçûb: [çâr+çûb] çerçeve. ‖ * der ~ -i در چارچوب çerçevesinde, kapsamında.

چارده çârdeh: [çâr+deh] on dört.

چاردیوار çârdîvâr: dört duvarlı, bir göz dam.

چار راه çârrâh: [çâr+râh] dörtyol, dört yol kavşağı.

چارزانو çârzânû: [çâr+zânû] bağdaş kurma.

چارسر çârser: [çâr+ser] ipe sapa gelmez, saçma sapan, zırva.

چارسری گفتن çârserî goften: [çâr+ser+î] saçmalamak, zırvalamak, ipe sapa gelmez şeyler söylemek.

چارسو çârsû: [çâr+sû] **1.**dört yol. **2.**dört taraf.

چارسوق çârsûk: [çâr+sûk] dört yol.

چارشانه çârşâne: [çâr+şâne] iri yarı, iri kıyım, insan azmanı.

چارطاق çârtâk: [çâr+tâk] **1.**sayvan şeklinde. **2.**ardına kadar açık.

چارطاق باز کردن çârtâk bâz kerden: ardına kadar açmak.

چارغ çâroğ: (T.) çarık.

چارقد çârkad: baş örtüsü, örtü.

چارک çârek: [çâr<çehâr+şek] **1.**çeyrek. **2.**dörtte bir batmanlık ağırlık birimi. **3.**çavuş.

چارگاه çârgâh: [çâr+gâh] (müz.) bir mûsikî makamı.

چارگوشه çârgûşe: [çâr+gûşe] **1.**dört köşe, dörtgen. **2.**kare.

چارمیخ çârmîh: [çâr+mîh] çarmıh.

چارمیخ کردن çârmîh kerden: çarmıha germek.

چارنعل çâr na'l: (F.-A.) dört nala.

چاروادار çârvâdâr: [çâr+vâ<pâ+ dâşten>dâr] arabacı.

چاروغ çârûg: (T.) çarık.

چاره çâre: (Peh.) **1.**çare. **2.**tedbir, önlem. **3.**hile, düzen, oyun. **4.**tedavi. ‖ * reh-i ~ costen ره چاره جستن çare aramak.

چاره اندیشی çâre endîşî: [çâre+endîşîden> endîş+î] çare arama.

چاره اندیشیدن çâre endîşîden: çare aramak, çare düşünmek.

چاره پذیر çâre pezîr: [çâre+pezîruften> pezîr] çaresi olan, çaresi mümkün.

چاره جستن çâre costen: çare aramak.

چاره جو çârecû: [çâre+costen>cû] **1.**çare arama, çare arayışı. **2.**çare arayan.

چاره جویی çârecûyî: [çâre+costen>cû+ y+î] çare arayışı, çare arama.

چاره داشتن çâre dâşten: çaresi olmak.

چاره ساختن çâre sâhten: çare bulmak.

چاره ساز çâresâz: [çâre+sâhten>sâz] çare bulan.

چاره شناختن çâre şinâhten: çare bulmak.

چاره کردن çâre kerden: çare bulmak, derman olmak.

چاریک çâryek: [çâr+yek] çeyrek, dörtte bir.

چارشنبه çârşenbe: [çâr+şenbe] çarşamba.

چاشت çâşt: (Peh.) **1.**kuşluk vakti. **2.**öğün. **3.**sabah kahvaltısı.

چاشت دادن çâşt dâden: öğün vakti yemek vermek.

چاشتدان çâştdân: [çâşt+dân] **1.**yemek kabı. **2.**kadınlara özgü küçük sandık.

چاشت کردن çâşt kerden: kahvaltı etmek.

چاشتگاهی çâştgâhî: [çâşt+gâh+î] kuşluk vakti.

چاشنی çâşnî: (Peh.) **1.**çeşni, tad, lezzet. **2.**örnek.

چاشنی گیر çâşnîgîr: [çâşnî+giriften>gîr] çeşnici.

چاق çâk: (T.) **1.**şişman. **2.**sağlık. **3.**sağlıklı. **4.**zaman. ‖ * demâgeş ~ est دماغش چاق است **1.**sağlıklıdır. **2.**işi tıkırında, işi yolunda.

چاقچور çâkçûr: çakşır, şalvar.

چاق شدن çâk şoden: şişmanlamak, kilo almak, toplamak.

چاقشور çâkşûr: şalvar, çakşır.

چاق کردن çâk kerden: **1.**şişmanlatmak, kilo aldırmak. **2.**nargile ve çubuğu içime hazırlamak. **3.**yakmak.

چاقو çâkû: çakı, bıçak. ‖ * be şart-i ~ به شرط چاقو kesmece (karpuz).

چاقو تیز کن çâkûtîzkon: [çâkû+tîz+kerden> kon] bileyici.

چاق و چله çâk u çile: şişman, tombul.

چاقو زدن çâkû zeden: bıçaklamak.

چاقوکش çâkûkeş: [çâkû+keşîden>keş] eli bıçaklı, külhanbey, belâlı, şerir, bıçak çeken.

چاقو کشیدن çâkû keşîden: bıçak çekmek.

چاقی çâkî: [çâk+î] şişmanlık.

چاک çâk: **1.**yarık. **2.**çatlak. **3.**yırtık. **4.**parça. **5.**tan ağartısı. **6.**küçük kapı. **7.**paramparça. ‖ * be ~ zeden به چاک زدن kaçmak, sıvışmak.

چاکاچاک çâkâçâk: [çâk+â+çâk] **1.**parça parça. **2.**yarıklı, yarık içinde. **3.**çatlak dolu. **4.**kılıç şakırtısı.

چاک دادن çâk dâden: **1.**yarmak. **2.**yırtmak. **3.**parçalamak.

چاکر çâker: (T.) **1.**hizmetçi. **2.**kul. **3.**köle. **4.**itaatkâr.

چاکری çâkerî: (T.-F.) **1.**hizmetçilik. **2.**kulluk. **3.**kölelik. **4.**itaat.

چاک شدن çâk şoden: yırtılmak, parçalanmak.

چاک کردن çâk kerden: yırtmak, parçalamak.

چاکوچ çâkûç: **1.**çekiç.

چال çâl: **1.**çukur. **2.**kuş yuvası. **3.**(zool.) bir tür ördek.

چال افتادن çâl oftâden: çukurlaşmak, gamzesi çıkmak.

چالاک çâlâk: **1.**çevik, atik, kıvrak. **2.**yüksek yer.

چالاک شدن çâlâk şoden: çevikleşmek, kıvraklaşmak, çabuklaşmak.

چالاکی çâlâkî: [çâlâk+î] çeviklik, çabukluk, kıvraklık.

چالپاره çâlpâre: (ask.) çalpara.

چالش çâliş: **1.**salınma. **2.**gezinti, dolaşma. **3.**cinsel ilişki. **4.**savaş, vurdu kırdı.

چالش کردن çâliş kerden: savaşmak, dövüşmek.

چالشگر çâlişger: [çâliş+ger] **1.**kibirle yürüyen. **2.**cinsel ilişki düşkünü. **3.**savaşçı, mücadeleci.

چال کردن çâl kerden: **1.**gömmek. **2.**derinleştirmek, çukurlaştırmak.

چاله çâle: [çâl+e] çukur. ‖ * ~ -i zîr-i gûne چالهٔ زیر گونه gamze. ‖ * ez ~ der âmeden از چاله در آمدن bataktan çıkmak.

چالیک çâlîk: çelik, çelik çomak.

چام çâm: eğri, eğik.

چامه çâme: **1.**(ed.) şiir. **2.**(ed.) kaside. **3.**(müz.) şarkı.

چامه گو çâmegû: [çâme+goften>gû] **1.**(ed.) şair. **2.**(müz.) şarkıcı. **3.**(müz.) bestekâr.

چامیدن çâmîden: **1.**salınmak. **2.**işemek, idrar yapmak.

چامین çâmîn: idrar, sidik.

چانه çâne: **1.**çene. **2.**çene kemiği. **3.**pazarlık. **4.**mensur söz. **5.**hamurlaşmış bilye. ‖ * ~ -i kesî germ şoden چانهٔ کسی گرم شدن **1.**çenesi açılmak, çenesi düşmek. **2.**sohbeti koyulaştırmak.

چانه انداختن çâne endâhten: **1.**can çekişmek. **2.**çenesi düşmek.

چانه پهن çânepehn: [çâne+pehn] kalın çeneli.

چانه زدن çâne zeden: **1.**pazarlık

yapmak.
چاو çâv: Moğol hükümdarı Geyhatu zamanında kullanılan kâğıt para.
چاودار çâvdâr (bot.) çavdar.
چاوش çâvuş: (T) 1.(ask.) öncü. 2.kervanbaşı. 3.perdedar.
چاووش çâvûş: (T.) 1.(ask.) öncü. 2.kervanbaşı. 3.perdedar. 4.yol gösteren, rehber.
چاویدن çâvîden: 1.inlemek. 2.serenad yapmak.
چاه çâh: 1.kuyu. 2.çukur. ‖ * ~ -i artezyen چاه ارتزین artezyen kuyusu. ‖ * ~ -i âzmâyişî چاه آزمایشی deneme kuyusu. ‖ * ~ -i iktişâfî چاه اکتشافی sondaj kuyusu. ‖ * ~ -i neft چاه نفت petrol kuyusu. ‖ * ~ -i zenehdân چاه زنخدان çene çukuru.
چاه جو çâhcû: [çâh+costen>cû] kuyucu, lağımcı.
چاه حفر کردن çâh hafr kerden: kuyu açmak, kuyu kazmak.
چاهخو çâhhû: kuyucu, lağımcı.
چاهک çâhek: [çâh+ek] lağım çukuru. ‖ * ~ i musterâh چاهک مستراح fosseptik çukuru.
چاهکن çâhken: [çâh kenden>çâh ken] kuyucu, kuyu açan.
چاه کندن çâh kenden: kuyu açmak. ‖ * zîr-i pây-i kesî ~ زیر پای کسی چاه کندن birinin kuyusunu kazmak.
چای çây (bot.) çay.
چای خوردن çây horden: çay içmek.
چایخوری çâyhorî: [çây+horden>hor+î] çay içme.
چایدان çâydân: [çây+dân] 1.çaydanlık. 2.çay kutusu.
چای درست کردن çây dorost kerden: çay yapmak.
چای ریختن çây rîhten: çay koymak.
چای صاف کن çâysâfkon: [çây+sâf+ kerden> kon] çay süzgeci.
چایکاری çâykârî: [çây+kâşten>kâr+î] çaycılık, çay yetiştirme.
چایکاری کردن çâykârî kerden: 1.çaycılık yapmak, çay yetiştirmek.
چایمان çâymân: (tıb.) üşütme, soğuk algınlığı.
چایی çâyî (bot.) çay.
چایی دم کردن çâyî dem kerden: çay yapmak, çay koymak.
چاییدن çâyîden: (tıb.) üşütmek, soğuk almak.
چپ çep: 1.sol. 2.ters, doğru olmayan. 3.baş aşağı. 4.solak. 5.solcu, sol görüşlü. ‖ * ~ ender râst چپ اندر راست değişik yönlü, farklı istikametlerde, rastgele. ‖ * ~ ez râst nedânisten چپ از راست ندانستن ayırt edememek. ‖ * ~ -i ifrâtî چپ افراطی aşırı sol.
چپار çepâr: (T.) 1.kırçıl. 2.alacalı at.
چپ افتادن çep oftâden: zıtlaşmak, ters düşmek, düşman kesilmek.
چپان çepân: 1.eski elbise. 2.yırtık pırtık giysi.
چپاندن çepânden: tıkmak, tıkıştırmak, tepiştirmek, sıkıştırmak.
چپاول çepâvol: yağma, çapul.
چپاولچی çepâvolçi: [F.-T.] çapulcu.
چچ اندر قیچی çep ender kîçî: (F.-T.) [çep+ender+kîçî] eğri, yamuk yumuk, eğri büğrü.
چپ چپ çep çep: yan yan, ters ters.
چپ چپ نگاه کردن çep çep nigâh kerden: ters ters bakmak.
چپ دادن çep dâden: 1.aldatmak, kandırmak. 2.terk etmek, bırakmak.
چپ دست çepdest: [çep+dest] solak.
چپر çeper: çit.
چپر کشیدن çeper keşîden: çit çekmek.
چپ شدن çep şoden: 1.sapmak. 2.ters dönmek. 3.devrilmek, takla atmak. 4.solcu olmak.
چپق çupuk: (T.) çubuk.
چپق کشیدن çupuk keşîden: çubuk içmek.
چپگرا çepgerâ: [çep+gerâyîden>gerâ] solcu, sol görüşlü.
چپگرایی çepgerâyî: [çep+gerâyîden> gerây+ î] solculuk, sol görüş.
چپ نگاه کردن çep nigâh kerden: yan bakmak.
چپو çepev: (T.) çapul, yağma, talan.
چپو کردن çepev kerden: talan etmek, yağmalamak.
چپه çeppe: [çep+p+e] solak.

چپه شدن çeppe şoden: (taşıt) devrilmek, takla atmak.

چپه کردن çeppe kerden: devirmek.

چپیدن çepîden: tıkamak, tıkıştırmak, tepiştirmek.

چپیره شدن çepîre şoden: hazırlanıp bir yerde toplanmak.

چت çet: tavan.

چتائی çetâ'î: kenevirden yapılmış torba bezi.

چتر çetr (Sans.) **1.**gölgelik, güneşlik. **2.**şemsiye. **3.**paraşüt. ‖ * ~ -i deryâyî چتر دریایی (zool.) medüz, deniz anası. ‖ * ~ -i necât چتر نجات (ask.) paraşüt.

چترباز çetrbâz (Sans.-F.) [çetr+bâhten> bâz] (ask.) paraşütçü.

چتر کردن çetr zeden: örtmek (ağaç vs.).

چتکه çotke: hesap tahtası, hesap çetelesi.

چتوک çotûk: serçe.

چتول بالا انداختن çotûl bâlâ endâhten: tek atmak.

چچ çeç: tahıl eleği.

چچک çeçek: (T.) 1(bot.) çiçek.

چچو çoçû: meme.

چچول çoçûl: **1.**klitoris, bızır. **2.**(hlk.) bülü, bülük.

چخ çeh: **1.**kılıç ve bıçak kını. **2.**çaba, gayret. **3.**çirk, pislik.

چخ çıh (Hlk.) hoşt!

چخماق çehmak: (T.) **1.**çakmak. **2.**çakmak taşı. **3.**(ask.) tüfek çakmağı.

چخماقی çehmâkî: (T.-F.) [çehmak+î] **1.**çakmağa ait. **2.**çakmak taşı ile ilgili. ‖ * sibîl-i ~ سبیل چخماقی palabıyık.

چدن çoden: dökme demir.

چرا çor: penis.

چرا çerâ: otlama.

چرا çirâ: **1.**niçin, niye, neden. **2.**neden olmasın, elbette, tabiî ki. ‖ * ~ ne چرا نه neden olmasın?

چراغ çerâg: (Peh.) **1.**lamba. **2.**kandil. **3.**ışık. **4.**ocak. ‖ * ~ -i alkolî چراغ الکلی ispirto ocağı. ‖ * ~ -i berkî چراغ برقی ampul, elektrik lambası. ‖ * ~ -i destî چراغ دستی el feneri. ‖ * ~ -i elektirîkî چراغ الکتریکی elektrik lambası. ‖ * ~ -i neftî چراغ نفتی petrol lambası, gaz lambası. ‖ * ~ -i pîhsûz چراغ پیه سوز yağ kandili. ‖ * ~ -i zenbûrî چراغ زنبوری lüks lambası.

چراغان çerâgân: şehri donatma, şehri aydınlatma.

چراغانی کردن çerâgânî kerden: şehri donatmak, şehri aydınlatmak.

چراغ پا çerâgpâ: [çerâg+pâ] **1.**lambader. **2.**şaha kalkma, şahlanma.

چراغ چی çerâgçi: (F.-T.) lambacı, lambaları yakan görevli.

چراغدان çerâgdân: [çerâg+dân] **1.**lamba sehpası. **2.**fanus.

چراغک çerâgek: [çerâg+ek] **1.**(zool.) ateş böceği. **2.**mumlu ısıtıcı.

چرا کردن çerâ kerden: otlamak, yayılmak.

چرا که çerâ ki: çünkü.

چرا که نه çerâki ne: [çerâ+ki+ne] elbette, neden olmasın.

چراگاه çerâgâh: [çerâ+gâh] otlak, mera.

چراندن çerânden: otlatmak.

چرانیدن çerânîden: otlatmak.

چرب çerb: (Peh.) **1.**yağ. **2.**iç yağı. **3.**yağlı.

چرباندن çerbânden: terazide ağır tartmak, malı fazla tartmak.

چرب دست çerbdest: [çerb+dest] **1.**becerikli, eline iş yakışır. **2.**eli çabuk, çevik.

چرب دستی çerbdestî: [çerb+dest+î] **1.**maharet, beceriklilik. **2.**eli çabukluk, çeviklik.

چرب زبان çerbzebân: [çerb+zebân] **1.**yağcı, dalkavuk. **2.**tatlı dilli, güzel konuşan.

چرب زبانی çerbzebânî: [çerb+zebân+î] **1.**yağcılık, dalkavukluk. **2.**tatlı dillilik.

چرب شدن çerb şoden: yağlanmak.

چرب کردن çerb kerden: yağlamak.

چرب گفتار çerbgoftâr: [çerb+goften>

goft+âr] **1.**tatlı dilli. **2.**nüktedan.

چربه çerbe: [çerb+e] **1.**aydınger kâğıdı. **2.**kaymak.

چربی çerbî: [çerb+î] **1.**yağlı. **2.**iç yağı. **3.**kaymak.

چربی çerbî: [çerb+î] **1.**çeviklik, kıvraklık. **2.**yumuşaklık. **3.**aldatıcı söz.

چربیدن çerbîden: **1.**üstün gelmek. **2.**ağır gelmek. **3.**galebe çalmak, ağır gelmek, fazla gelmek.

چرت çort: uyuklama, şekerleme. ‖ * ~ -i kesî pâre şoden چرت کسی پاره شدن uykusu bölünmek.

چرت çert: saçma, zırva, boş söz. ‖ * ~ -i pert چرت و پرت saçma, zırva, boş söz. ‖ * ~ u pert goften چرت و پرت گفتن zırvalamak, laf üretmek.

چرت زدن çort zeden: uyuklamak, kestirmek.

چرخ çerh: (Peh.) **1.**tekerlek, teker. **2.**çark. **3.**gökyüzü. **4.**felek. **5.**sert yay. **6.**yaka. **7.**gömlek. **8.**çıkrık. **9.**eyvan kemeri. **10.**bir tür mancınık. **11.**dönme, dönüş. ‖ * ~ -i çâh چرخ چاه çıkrık, kuyu çıkrığı. ‖ * ~ -i çenberî چرخ چنبری dikiş makinesi. ‖ * ~ -i heyyâtî چرخ خیاطی dikiş makinesi. ‖ * ~ -i destî چرخ دستی el arabası. ‖ * ~ -i kebûd چرخ کبود gökyüzü. ‖ * ~ -i kesî râ çenber zeden چرخ کسی را چنبر زدن birine hayatını zindan etmek.

چرخاب çerhâb: [çerh+âb] **1.**dönme dolap. **2.**girdap.

چرخاندن çerhânden: **1.**çevirmek, döndürmek. **2.**geçindirmek. **3.**çekip çevirmek, idare etmek.

چرخانیدن çerhânîden: **1.**çevirmek, döndürmek. **2.**geçindirmek. **3.**çekip çevirmek, idare etmek.

چرخبال çerhbâl: [çerh+bâl] helikopter.

چرخچی çerhçi: (Peh.-T.) arabacı.

چرخ خوردن çerh horden: dönmek.

چرخ دادن çerh dâden: döndürmek.

چرخ ریسک çerhrîsek (zool.) baştankara kuşu.

چرخ زدن çerh zeden: **1.**dönmek, dönüş yapmak. **2.**dolanmak.

چرخ زنان çerhzenân: [çerh+zeden>zen+ân] **1.**döne döne.

چرخ ساز çerhsâz: [çerh+sâhten>sâz] araba veya bisiklet ustası, bisiklet tamircisi.

چرخ سواری çerhsevârî: [çerh+sevâr+î] bisiklete binme.

چرخ سواری کردن çerhsevârî kerden: bisiklete binmek.

چرخش çerhiş: [çerhîden>çerh+iş] **1.**dönme, dönüş. **2.**dolaşma.

چرخشت çerhoşt: (Peh.) şıra tezgâhı.

چرخک çerhek: [çerh+ek] **1.**çıkrık, dolap. **2.**tekerlekli sandalye.

چرخکار çerhkâr: [çerh+kâr] tornacı.

چرخکاری çerhkârî: [çerh+kâr+î] tornacılık.

چرخ کردن çerh kerden: **1.**özsuyu çıkarmak, şıra çıkarmak. **2.**bilemek (bıçak vs.) **3.**makinede dikmek. **4.**(tıb.) diş kesmek.

چرخوک çerhûk: [çerh+û+k] topaç.

چرخه çerhe: [çerh+e] çıkrık, dolap.

چرخی çerhî: [çerh+î] **1.**tekerlek gibi. **2.**tekerlekli. **3.**ince ipek giysi. **4.**yağı ve kaymağı alınmış süt. **5.**tuvalet, hela, yüz numara.

چرخیدن çerhîden: **1.**dönmek. **2.**dolaşmak.

چرد çerd: **1.**renk. **2.**eşik.

چرده çerde: [çerd+e] **1.**renk. **2.**beniz, yüz rengi.

چرس çers (bot.) esrar otu.

چرغ çerg (zool.) kerkenez.

چرک çirk: **1.**irin. **2.**pislik, kir.

چرک çorek: (T.) çörek, ekmek.

چرکاب çirkâb: [çirk+âb] çirkef, kirli su, bulaşık suyu, pis su.

چرک آلود çirkâlûd: [çirk+âlûden>âlûd] kirli, bulaşık.

چرکتاب çirktâb: kir göstermeyen koyu renkli kumaş.

چرکس çerkes: çerkes.

چرک نویس çirknevîs: [çirk+nevişten>nevîs] müsvedde, taslak.

چرکوند çirkvend: [çirk+vend] kirli.

چرکی çirkî: [çirk+î] **1.**kirli. **2.**kir.

چرکین çirkîn: [çirk+în] **1.**kirli, pis. **2.**pasaklı. **3.**iltihaplı.

چرم çerm: **1.**deri, tabaklanmış deri. **2.**meşin. **3.**kösele. **4.**insan derisi.

چرم سازی çermsâzî: [çerm+sâhten> sâz+î] deri fabrikası.

چرمگر çermger: [çerm+ger] derici.

چرمگر خانه çermgerhâne: [çerm+ger+ hâne] **1.**dericiler, dericiler çarşısı.

چرمه çerme: **1.**kır at. **2.**deriden yapılmış.

چرمی çermî: [çerm+î] deriden yapılmış, meşin.

چرمین çermîn: [çerm+în] deriden yapılmış, meşin.

چرمینه çermîne: [çerm+îne] **1.**deriden yapılmış, meşin. **2.**kadın vibratörü. روک

چرند çerend: saçma, zırva, boş söz. ‖ * ~ u perend چرند و پرند zırvalar, saçmalıklar, boş sözler.

چرند بافتن çerend bâften: saçmalamak, zırvalamak, boş boş konuşmak.

چرند گفتن çerend goften: saçmalamak, zırvalamak, boş boş konuşmak.

چرند گو çerendgû: [çerend+goften>gû] geveze, boş boğaz, zırvalayan.

چرنده çerende: [çerîden>çer+ende] **1.**otobur. **2.**otlayan.

چرنگ çereng: **1.**kılıç şakırtısı. **2.**yankı. **3.**şangırtı.

چروک çoruk: (T.) çörek, ekmek.

چروک çorûk: kırışıklık, kırışık.

چروکیدن çorûkîden: kırışmak, buruşmak.

چرونده çervende: **1.**çare arayan. **2.**giden. **3.**koşan.

چریدن çerîden: **1.**otlamak, yem yemek. **2.**feyiz almak.

چریک çerîk: **1.**çete. **2.**militan.

چزک çezk (zool.) kirpi.

چس ços: yellenme, (hlk.) osuruk.

چسان çisân: [çi+sân] **1.**nasıl, ne şekilde. **2.**nasıl da.

چسب çesb: **1.**zamk, yapışkan. **2.**yapışık. ‖ * ~ -i çûb چسب چوب tutkal, ağaç tutkalı.

چسباندن çesbânden: **1.**yapıştırmak, tutturmak. **2.**dayamak, dayanmak. **3.**yatırmak. ‖ * hod râ be riş-i kesî خود را به ریش کسی چسباندن ~ kendini birine beğendirmek.

چسباننده çesbânende: [çesbânden> çesbân+ ende] **1.**yapıştırıcı. **2.**sapan, meyleden.

چسبانیدن çesbânîden: **1.**yapıştırmak, tutturmak. **2.**dayamak, dayanmak.

چسب خوردن çesb horden: yapıştırılmak.

چسبندگی çesbendegî: [çesbîden>çesb+ ende+g+î] yapışkanlık.

چسبیدن çesbîden: **1.**yapışmak. **2.**dayamak. **3.**değmek, yaraşmak. **4.**sarılmak.

چسپیدن çespîden: **1.**yapışmak. **2.**meyletmek. **3.**dayamak. **4.**değmek, yaraşmak. **5.**sımsıkı tutunmak.

چسپیده çespîde: [çespîden>çespîd+e] yapışık, bitişik.

چست çost: (Peh.) **1.**çevik, atik, kıvrak, çabuk. **2.**dar.

چستی çostî: [çost+î] çeviklik, kıvraklık, atiklik.

چس خور çoshor: [ços+horden>hor] (kin.) cimri.

چس فیل ços-i fîl: patlamış mısır.

چس نفس çosnefes: (F.-A.) [ços+nefes] geveze, boşboğaz.

چسنگ çeseng: **1.**kel. **2.**alındaki parlaklık.

چسو çosû: [ços+û] osurgan.

چس و فیس ços u fis: döküntü, öteberi, ıvır zıvır.

چسی çosî: [ços+î] saçma, zırva, boş söz.

چسی آمدن çosî âmeden: saçmalamak, zırvalamak, boş boş konuşmak.

چش çeş: [çeşm>çeş] **1.**göz. **2.**başüstüne.

چش çoş (Hlk.) çüş.

چشان çeşân: [çeşîden>çeş+ân] tadan.

چشاندن çeşânden: tattırmak.

چشانیدن çeşânîden: tattırmak.

چشایی çeşâyî: [çeşîden>çeş+â+y+î]

tatma duyusu.

چشته çeşte: **1.**yiyecek, nevale, azık. **2.**yem. **3.**balık yemi, zoka. **4.**meze.

چشته خوار çeştehâr: [çeşte+horden>hor> hâr] **1.**nevale yiyen. **2.**bir şeyi tatmakla ona alışan.

چشته خور çeştehor: [çeşte+horden>hor] bir şeyi tatmakla ona alışan.

چشش çeşiş: [çeşîden>çeş+iş] tatma, tadım.

چشک çişk, çişek: fazla, fazlalık.

چشم çeşm: **1.**göz. **2.**bakış. **3.**nazar, göz değmesi. **4.**ümit. **5.**başüstüne. **6.**tavla zarındaki beneklerden her biri. **7.**aziz, değerli. ‖ * ~ ~ râ nedîden چشم چشم را ندیدن göz gözü görmemek. ‖ * ~ âb dâden چشم آب دادن seyretmek. ‖ * ~ be çîzî dûhten چشم به چیزی دوختن bir şeye gözünü dikmek. ‖ * ~ be hâb kerden چشم به خواب کردن (birini) uyutmak. ‖ * ~ be dunyâ guşûden چشم به دنیا گشودن doğmak, dünyaya gözlerini açmak. ‖ * ~ be râh bûden چشم به راه بودن beklemek. ‖ * ~ be râh dâşten چشم به راه داشتن gözü yolda olmak. ‖ * ~ be râh şoden چشم به راه شدن yolunu gözlemek, yolunu beklemek. ‖ * ~ be hem zeden چشم به هم زدن **1.**kirpiştirmek. **2.**gözünü kapamak, gözünü yummak. ‖ * ~ ber heyât furû besten چشم بر حیات فرو بستن hayata gözlerini yummak. ‖ * ~ ber poşt-i pâ dûhten چشم بر پشت پا دوختن utanmak, hayâlı olmak. ‖ * ~ der ~ âmeden چشم در چشم آمدن göz göze gelmek. ‖ * ~ endâhten kesî râ از چشم انداختن کسی را birini defterden silmek. ‖ * ~ ez cihân besten چشم از جهان بستن ölmek, dünyaya gözlerini kapamak. ‖ * ~ ez cihân furû besten چشم از جهان فرو بستن ölmek. ‖ * ~ ez hâb ber kerden چشم از خواب بر کردن uykudan uyanmak. ‖ * ~ ez kesî hâbîden چشم از کسی خوابیدن **1.**göz yummak. **2.**bağışlamak. ‖ * ~ et râ bemâl چشمت را بمال kendine gel, uyan, topla kendini! ‖ * ~ et kûr چشمت کور (hlk.) kör olası! ‖ * ~ hâ râ behem gozâşten چشم ها را بهم گذاشتن gözlerini kapatmak, gözlerini yummak. ‖ * ~ hâ râ çihâr kerden چشم ها را چهار کردن dört gözle beklemek. ‖ * ~ hâ râ teng kerden چشم ها را تنگ کردن gözlerini kısmak. ‖ * ~ hâ râ ver derânîden چشم ها را ور درانیدن gözlerini devirmek. ‖ * ~ hâ-yi bâbâ kûrî kûr şoden چشم های بابا قوری کور شدن gözü çıkmak, gözleri kör olmak. ‖ * ~ hâ-yi kesî be eşk geşten چشم های کسی به اشک گشتن **1.**gözleri dolmak. **2.**gözleri sulanmak. ‖ * ~ hâ-yi kesî behem reften چشم های کسی بهم رفتن gözleri kapanmak. ‖ * ~ hâ-yi kesî ez hadeka der âmeden چشم های کسی از حدقه در آمدن gözleri dışarı uğramak, gözleri faltaşı gibi açılmak. ‖ * ~ hâ-yi kesî ez hadeka bîrûn zeden چشم های کسی از حدقه بیرون زدن gözleri dışarı fırlamak. ‖ * ~ hâ-yi kesî kemsû şoden چشم های کسی کم سو شدن gözleri iyigörmemek, gözleri iyi seçmemek. ‖ * ~ hâ-yi kesî nem ber dâşten چشم های کسی نم برداشتن gözleri yaşarmak. ‖ * ~ hâ-yi kesî tâb horden چشم های کسی تاب خوردن gözleri kaymak. ‖ * ~ hâ-yi kesî vâderîden چشم های کسی وا دریدن gözleri dışarı uğramak. ‖ * ~ râ be hod celb kerden چشم را به خود جلب کردن dikkat çekmek. ‖ * ~ râ hîre kerden چشم را خیره کردن göz almak. ‖ * ~ râ tond kerden چشم را تند کردن gözünü devirmek, sert sert bakmak. ‖ * ~ râ zeden چشم را زدن göz almak. ‖ * ~ u dil gurisne چشم و دل گرسنه aç gözlü. ‖ * ~ u dil-i kesî pâk bûden چشم و دل کسی پاک بودن namuslu olmak. ‖ * ~ u dil-i kesî sîr bûden چشم و دل کسی سیر بودن gözü gönlü tok olmak. ‖ * ~

u ebrû endâhten چشم و ابرو انداختن kaş göz işareti yapmak. ‖ * ~ u gûş şoden چشم و گوش شدن kulak kesilmek. ‖ * âb der ~ âmeden آب در چشم آمدن (sevinçten) gözleri yaşarmak. ‖ * âb-i ~ آب چشم göz yaşı. ‖ * âb-i ~ rîhten آب چشم ريختن ağlamak, göz yaşı dökmek. ‖ * be ~ بچشم baş üstüne, derhal. ‖ * be ~ âmeden به چشم آمدن göze gelmek, göze değmek, göze batmak. ‖ * be ~ der âmeden به چشم در آمدن 1.göze görünmek. 2.gözde canlanmak. ‖ * be ~ dîden به چشم ديدن gözleriyle görmek. ‖ * be ~ horden به چشم خوردن göze ilişmek, görünmek, belli olmak. ‖ * be ~ -i kesî به چشم كسى (birinin) gözünde. ‖ * be ~ -i kesî dîde şoden به چشم كسى ديده شدن gözükmek (birine) ‖ * be ~ kerden به چشم كردن göz altında tutmak. ‖ * colov-i ~ -i kesî tîre vu târ şoden جلو چشم كسى تيره و تار شدن gözü kararmak, gözü dönmek. ‖ * der ~ âmeden-i kesî در چشم آمدن كسى birisi göze hoş görünmek, göze girmek. ‖ * der ~ âverden çîzî râ در چشم آوردن چيزى را bir şeyde gözü olmak. ‖ * der mukâbil-i ~ -i kesî erziş dâşten در مقابل چشم كسى ارزش داشتن gözünde değeri olmak. ‖ * dest rûy-i ~ keşîden دست روى چشم كشيدن gözlerini ovuşturmak. ‖ * ez ~ endâhten از چشم انداختن gözden düşürmek. ‖ * ez ~ -i kesî dûr mânden از چشم كسى دور ماندن gözünden kaçmak. ‖ * ez ~ -i kesî hânden از چشم كسى خواندن gözünden anlamak, gözünden okumak. ‖ * ez ~ -i kesî oftâden از چشم كسى افتادن gözünden düşmek. ‖ * ez ~ -i kesî pinhân mânden از چشم كسى پنهان ماندن gözünden kaçmak. ‖ * ez ~ pinhân şoden از چشم پنهان شدن gözden kaybolmak. ‖ * (heme) ~ -i şan be dest-i (men) est همه چشمشان به دست من است herkes benim elime bakıyor. ‖ * in ~ râ mebâd be an ~ ihtiyâc اين چشم را مباد به آن چشم احتياج Allah sağ gözü sol göze muhtaç etmesin. ‖ * kârî râ be ~ -i kesî keşîden كارى را به چشم كسى كشيدن 1.göz boyamak. 2.minnet altında bırakmak. ‖ * kesâfet-i ~ كثافت چشم çapak, göz kiri. ‖ * nûr-i ~ نور چشم göz nuru, göz bebeği. ‖ * pîş-i ~ âmeden پيش چشم آمدن göz önüne gelmek. ‖ * pîş-i ~ dâşten پيش چشم داشتن göz önünde bulundurmak, dikkate almak. ‖ * poşt-i ~ -i kesî germ şoden پشت چشم كسى گرم شدن (uykuya) dalar gibi olmak. ‖ * pîş-i ~ gozâşten پيش چشم گذاشتن gözler önüne sermek. ‖ * poşt-i ~ nâzuk kerden پشت چشم نازک كردن kibirlenmek, kasılmak, şişinmek. ‖ * sâye-i ~ râ bolend kerden سايهء چشم را بلند كردن kaşını kaldırmak. ‖ * tûy-i ~ -i kesî zeden توى چشم كسى زدن görünmek. ‖ * ~ -i bâdepeymâ چشم باده پيما bade içen gözler. ‖ * ~ -i basîret چشم بصيرت basiret gözü, akıl gözü. ‖ * ~ -i bâzâr râ kûr kerden چشم بازار را كور كردن en kötü malı satın almak. ‖ * ~ -i bed چشم بد kötü göz, kötü gözlü. ‖ * ~ -i bed ez rûy-i tu dûr چشم بد از روى تو دور Allah nazardan saklasın. ‖ * ~ -i câdû چشم جادو büyüleyici göz. ‖ * ~ -i bîâb چشم بى آب utanmaz, hayâsız. ‖ * ~ -i bî âr چشم بى عار sevgilinin güzelliğini ve cazibesini artıran kısık göz. ‖ * ~ -i câduvâne-i âbidfirîb چشم جادوانهء عابد فريب ibadet edenleri aldatan büyüleyici gözler. ‖ * ~ -i câduvâne-i mest چشم جادوانهء مست ‖ * ~ -i cihânbîn چشم جهان بين dünyayı gören göz. ‖ * ~ -i derîde چشم دريده arsız göz. ‖ * ~ -i dîden nedâşten چشم ديدن نداشتن görmeye tahammülü olmamak. ‖ * ~ -i dil چشم دل gönül gözü, akıl gözü. ‖ * ~ -i dilsiyeh چشم دل سياه kötü niyetli göz. ‖ * ~ -i guherbâr چشم گهربار

inci gibi yaş yağdıran gözler. ‖ * ~ -i hakâret چشم حقارت aşağılayıcı gözle bakış. ‖ * ~ -i kesî âb horden چشم کسی آب خوردن gözü tutmak. ‖ * ~ -i kesî âb giriften چشم کسی آب گرفتن su içmek. ‖ * ~ -i kesî be hâb reften چشم کسی به خواب رفتن gözüne uyku girmek. ‖ * ~ -i kesî be der bûden چشم کسی به در بودن gözü kapıda olmak. ‖ * ~ -i kesî be kâse furû reften چشم کسی به کاسه فرو رفتن gözleri çukura batmak. ‖ * ~ -i kesî be gûdî oftâden چشم کسی به گودی افتادن gözü çukurlaşmak, gözü çukura batmak. ‖ * ~ -i kesî be poşt-i ser dûhte şoden چشم کسی به پشت سر دوخته شدن gözü arkada kalmak. ‖ * ~ -i kesî ez hasûdî der âmeden چشم کسی از حسودی در آمدن kıskançlıktan gözleri dışarı uğramak. ‖ * ~ -i kesî germ şoden چشم کسی گرم شدن uyku bastırmak. ‖ * ~ -i kesî gird şoden چشم کسی گرد شدن gözleri faltaşı gibi açılmak. ‖ * ~ -i kesî kem sû şoden چشم کسی کم سو شدن gözü görmemeye başlamak, gözleri iyi seçememek. ‖ * ~ -i kesî oftâden چشم کسی افتادن gözü ilişmek. ‖ * ~ -i kesî perîden چشم کسی پریدن (kin.) gözü yılmak. ‖ * ~ -i kesî pîç dâşten چشم کسی پیچ داشتن şaşı olmak. ‖ * ~ -i kesî râ der âverden چشم کسی را در آوردن gözünü oymak. ‖ * ~ -i kesî râ giriften چشم کسی را گرفتن gözü tutmak. ‖ * ~ -i kesî râ hûn giriften چشم کسی را خون گرفتن gözüne kan oturmak. ‖ * ~ -i kesî râ perde giriften چشم کسی را پرده گرفتن gözü kararmak. ‖ * ~ -i kesî râ terkânden چشم کسی را ترکاندن gözünü çıkartmak. ‖ * ~ -i kesî râ zeden چشم کسی را زدن gözünü almak. ‖ * ~ -i kesî tûy-i ~ -i kesî oftâden چشم کسی توی چشم کسی افتادن göz göze gelmek. ‖ * ~ -i kesî ver dâşten چشم کسی ور داشتن gözü almak, gözü yemek. ‖ * ~ -i mahmûr چشم مخمور baygın bakışlı göz, mahmur göz. ‖ * ~ -i mîşî چشم میشی elâ göz. ‖ * ~-i mûr چشم مور döküntü eşya, ıvır zıvır. ‖ * ~ -i nemnemû چشم نمنمو hastalık nedeniyle gözünden yaş akan. ‖ * ~ -i nergis چشم نرگس nergisi andıran mahmur bakışlı göz. ‖ * ~ -i sûzen چشم سوزن iğne deliği.

چشم آزار çeşmâzâr: [çeşm+âzurden> âzâr] göze batan.

چشم آزار بودن çeşmâzâr bûden: göze batmak.

چشم آغلیدن çeşm âgelîden: nefretle yan yan bakmak.

چشم آویز çeşmâvîz: [çeşm+âvîhten>âvîz] **1.**peçe. **2.**at gözlüğü. **3.**muska.

چشمارو çeşmârû: nazar değmemesi için yapılan muska veya tılsım.

چشم افروز çeşmefrûz: [çeşm+efrûhten> efrûz] gözaydını.

چشم افسا çeşmefsâ: [çeşm+efsâyîden> efsâ] gözüyle aldatan, gözüyle büyüleyen.

چشم افکن çeşmefken: [çeşm+efkenden> efken] görünüm, manzara.

چشم افکندن (از) çeşm efkenden: göz yummak.

چشم افکندن (به) çeşm efkenden: bakmak, göz atmak.

چشم انداختن çeşm endâhten: **1.**göz gezdirmek, bakınmak. **2.**göz atmak.

چشم انداز çeşmendâz: [çeşm+endâhten> endâz] görünüm, manzara.

چشم انداز شدن çeşmendâz şoden: **1.**yukarıdan bakmak. **2.**bir şeyden gafil olmak.

چشم باختن çeşm bâhten (kin.) kör olmak, gözlerini yitirmek.

چشم باز çeşmbâz: [çeşm+bâz] **1.**uyanık. **2.**gözcü, gözetleyici.

چشم باز کردن çeşm bâz kerden: **1.**gözünü açmak. **2.**uyanmak. **3.**birine dikkatle bakmak.

چشم بر بستن çeşm ber besten: terk etmek.

چشم بر داشتن (از) çeşm berdâşten: gözünü ayırmak.

چشم بردوختن çeşm ber dûhten: gözünü çevirmek, görmezden gelmek.

چشم بر گرفتن (از) çeşm ber giriften: gözünü ayırmak.

چشم بر هم زدن çeşm berhem zeden: **1.**gözünü kapatmak, gözünü yummak. **2.**göz açıp kapayana dek, bir anda. ‖ * der yek ~ در یک چشم برهم زدن bir anda, göz açıp kapayana dek.

چشم بر هم نهادن çeşm ber hem nihâden: gözünü kapamak, gözünü yummak.

چشم بریدن از çeşm borîden ez: bir şeyden gözünü ayırmak.

چشم بستن çeşm besten: **1.**gözünü kapamak. **2.**büyü yapmak.

چشم بلبل çeşm-i bulbul: **1.**bir tür kumaş. **2.**bülbül gözü. **3.**(Türkiye'de) mavi-beyaz desenli cam vazo veya diğer cam eşyalar.

چشم بند çeşmbend: [ceşm+besten>bend] **1.**büyü. **2.**peçe. **3.**göz boyayıcı. **4.**göz bağı. **5.**kadın ayakkabısı.

چشم بندک çeşmbendek: [çeşm+besten> bend+ek] körebe oyunu.

چشم بندی çeşmbendî: [çeşm+besten> bend+î] **1.**büyücülük. **2.**gözbağcılık, el çabukluğu, hokkabazlık.

چشم به راه çeşmberâh: [çeşm+be+râh] gözü yolda, bekleyen.

چشم به راه بودن çeşm be râh bûden: gözü yolda olmak, beklemek.

چشم به راهی çeşmberâhî: [çeşm+be+ râh+î] bekleme, gözü yolda olma.

چشم پرکن çeşmporkun: [çeşm+por+ kerden>kun] göz doldurucu.

چشم پزشک çeşmpizişk: [çeşm+pizişk] (tıb.) göz doktoru.

چشم پوش çeşmpûş: [çeşm+pûşîden>pûş] göz yuman.

چشم پوشی çeşmpûşî: [çeşm+pûşîden> pûş+î] göz yumma.

چشم پوشیدن çeşm pûşîden: göz yummak, vazgeçmek.

چشم پیش çeşmpîş: [çeşm+pîş] (kin.) utangaç.

چشم ترسیده çeşmtersîde: [çeşm+tersîden> tersîd+e] gözü korkmuş, yılgın.

چشم تر کردن çeşm ter kerden: ağlamak.

چشم تنگ çeşmteng: [çeşm+teng] **1.**cimri. **2.**kıskanç. **3.**gözü doymaz.

چشم تنگ کردن çeşm teng kerden: gözlerini kısmak.

چشم تنگی çeşmtengî: [çeşm+teng+î] **1.**kıskançlık. **2.**hırs.

چشم چران çeşmçerân: [çeşm+çerîden> çer+ân] çapkın.

چشم چراندن çeşm çeranden: çapkınlık yapmak.

چشم چرانی çeşmçerânî: [çeşm+ çeranden> çerân+î] çapkınlık.

چشم چرانی کردن çeşm çerânî kerden: çapkınlık yapmak.

چشم خانه çeşmhâne: [çeşm+hâne] göz yuvası, göz çukuru.

چشم خواباندن çeşm hâbânden: göz yummak, göz ardı etmek.

چشم خوردن çeşm horden: göz değmek, göze gelmek, nazar değmek.

چشم دار çeşmdâr: [çeşm+dâşten>dâr] gözenekli.

چشم داشت çeşmdâşt: [çeşm+dâşten>dâşt] beklenti, umut.

چشم داشتن çeşm dâşten: beklemek, ummak.

چشمدان çeşmdân: [çeşm+dân] göz yuvası, göz çukuru.

چشم دانه çeşmdâne: [çeşm+dân+e] (tıb.) bir tür göz ilacı.

چشم دراندن çeşm derânden: **1.**gözünü dört açmak. **2.**görgüsüzlük etmek, utanmazlık etmek.

چشم درد çeşmderd: [çeşm+derd] göz ağrısı.

چشم در راهی çeşmderrâhî: [çeşm+der+ râh+î] bekleme.

چشم دریده çeşmderîde: [çeşm+derîden> derîd+e] utanmaz, yüzsüz, görgüsüz.

چشم دوختن çeşm dûhten: **1.**gözünü bağlamak. **2.**göz dikmek.

چشم رس çeşmres: [çeşm+resîden>res] göz alabildiğince.

چشم رساننده çeşmresânende: [çeşm+ resânden> resân+ende] gözü değen, nazar değdiren.

چشم رسیدن çeşm resîden: göz değmek, göze gelmek, nazar değmek.

چشم رسیده çeşmresîde: [çeşm+resîden> resîd+e] göze gelmiş, göz değmiş.

چشم روشنی çeşmrûşenî: [çeşm+rûşen+î] gözaydını.

چشم روشنی بردن çeşmrûşenî borden: hediye götürmek, göz aydını hediyesi götürmek.

چشم زاغ çeşmzâğ: [çeşm+zâğ] **1.**mavi gözlü. **2.**(kin.) utanmaz, arlanmaz.

چشم زاغ داشتن çeşmzâğ dâşten: **1.**mavi gözlü olmak. **2.**utanmaz olmak, arsız olmak.

چشم زخم çeşmzahm: [çeşm+zahm] nazar, göz değmesi.

چشم زخم دیدن çeşmzahm dîden: göze gelmek, nazar değmek.

چشم زخم رسانیدن çeşmzahm resânîden: nazar değdirmek.

چشم زخمی çeşmzahmî: [çeşm+zahm+î] nazar, göz değmesi.

چشم زخمی رسیدن çeşmzahmî resîden: göze gelmek, nazar değmek, göz değmek.

چشم زد çeşmzed: [çeşm+zeden>zed] **1.**nazar boncuğu. **2.**göz kırpma. **3.**bir anda, göz açıp kapayana dek.

چشم زدگی çeşmzedegî: [çeşm+zeden> zed+ e+g+î] göz değmesi, nazar.

چشم زدن çeşm zeden: **1.**göz kırpmak. **2.**nazar değdirmek. **3.**uyanık olmak. **4.**gözünü kapamak. **5.**göz açıp kapayana kadar, kaşla göz arasında.

چشم زن çeşmzen: [çeşm+zeden>zen] **1.**nazar değmiş. **2.**üzgün, umutsuz. **3.**kötü gözlü, nazar değdiren.

چشم زهره çeşmzehre: [çeşm+zehre] öfkeli bakış, gözdağı, yıldırma.

چشم زهره رفتن çeşmzehre reften: gözünü yıldırmak, gözdağı vermek.

چشم زهره گرفتن çeşmzehre giriften: gözünü yıldırmak.

چشم سرخ کردن çeşm sorh kerden: öfkelenmek, gözlerini devirmek. ‖ * ~ be çîzî چشم سرخ کردن به چیزی **1.**tamahlanmak. **2.**bir şeye sulanmak.

چشم سفید çeşmsefîd: [çeşm+sefîd] **1.**utanmaz, arsız, küstah. **2.**laf söz dinlemez. **3.**kör.

چشم سیاه کردن çeşm siyâh kerden: **1.**gözüne sürme çekmek. **2.**tamahlanmak, sulanmak. **3.**kıskanmak.

چشم سیاهی رفتن çeşm siyâhî reften: gözü kararmak.

چشم شدن çeşm şoden: ortaya çıkmak, açıklığa kavuşmak.

چشم شکستن çeşm şikesten: **1.**terbiyeyi elden çıkarmak, küstahlaşmak. **2.**kör olmak.

چشم غره رفتن çeşm garra reften (be hem) : **1.**birbirine yan gözle bakmak, öfkeyle bakmak, ters ters bakmak. **2.**tehdit etmek.

چشم فرو بستن çeşm furû besten: **1.**gözünü kapamak. **2.**vazgeçmek, göz yummak.

چشم فرو دوختن çeşm furû dûhten: gözünü kapamak.

چشمک çeşmek: [çeşm+ek] **1.**küçük göz. **2.**gözenek. **3.**göz kırpma.

چشم کردن çeşm kerden: göz değdirmek.

چشمک زدن çeşmek zeden: göz kırpmak.

چشمک زن çeşmekzen: [çeşm+ek+ zeden>zen] **1.**göz kırpan. **2.**göz değdiren. **3.**büyücü, sihirbaz.

چشم گرداندن çeşm gerdânden: göz gezdirmek.

چشم گردانی çeşmgerdânî: [çeşm+ gerdânîden> gerdân+î] **1.**göz atış. **2.**gözlerini devirme. ‖ * der ~ در چشم گردانی bir anda, kaşla göz arasında.

چشم گردانیدن çeşm gerdânîden: gözlerini devirmek, hiddetle bakmak.

چشم گرفتن çeşm giriften: **1.**gözünü kapamak. **2.**göz yummak. **3.**göz doldurmak.

چشم گیر çeşmgîr: [çeşm+giriften>gîr] göz dolduran.

چشم گشودن çeşm guşûden: göz açmak.

چشم مالاندن çeşm mâlânden: göz ovuşturmak.

چشم مالیدن çeşm mâlîden: **1.**gözünü ovuşturmak. **2.**(kin.) uyanık olmak.

چشم نشین çeşmnişîn: [çeşm+nişesten> nişîn] mahçup, utangaç.

چشم نمایی çeşmnemâyî, çeşmnomâyî: [çeşm+ numûden>nemâ+y+î] **1.**tehdit, gözdağı, göz devirme. **2.**kınama.

چشم نمودن çeşm numûden: **1.**korkutmak, gözdağı vermek. **2.**kınamak.

چشم نهادن çeşm nihâden: **1.**dikkatli olmak, kollamak. **2.**gözü yolda olmak.

چشمه çeşme: (Peh.) [çeşm+e] **1.**pınar, menba, kaynak. **2.**küçük delik, gözenek, göz. **3.**halka. **4.**bir şeyin azı. **5.**geçim kaynağı. **6.**yara ağzı. **7.**tür. **8.**kemer. **9.**güneş. ‖ * ~ -i âb چشمهء آب su pınarı, kaynak. ‖ * ~ -i âb-i germ چشمهء آب گرم sıcak su kaynağı. ‖ * ~ -i ahzar چشمهء اخضر **1.**hayat suyu, bengisu. **2.**(ed.) sevgilinin ağzı. **3.**şarap. ‖ * ~ -i çeşm چشمهء چشم göz pınarı. ‖ * ~ -i heyât چشمهء حیات hayat suyu. ‖ * ~ -i heyvân چشمهء حیوان abıhayat, bengisu. ‖ * ~ -i hizr چشمهء خضر **1.**hayat suyu, bengisu. **2.**(ed.) sevgilinin ağzı. ‖ * ~ -i selsebîl چشمهء سلسبیل **1.**Cennet'teki ırmak. **2.**(argo) makat.

چشمه چشمه çeşme çeşme: delik deşik.

چشمه سار çeşmesâr: [çeşm+e+sâr] **1.**pınarı çok olan yer. **2.**pınar başı.

چشمه گاه çeşmegâh: [çeşm+e+gâh] pınar, kaynak, menba.

چشمه گشادن çeşme goşâden: pınar açmak.

چشنده çeşende: [çeşîden>çeş+ende] tadan.

چشو çoşû: (argo) çüş.

چشیدن çeşîden: **1.**tatmak. **2.**hissetmek. **3.**anlamak. **4.**denemek, tecrübe etmek.

چطور çitovr: (F.-A.) [çi+tavr>tovr] nasıl.

چغاز çegâz: eli maşalı, küfürbaz ve utanmaz kadın.

چغاله çegâle (bot.) çağla, ham meyve.

چغاله بادام çegâle bâdâm (bot.) çağla, badem çağlası.

چغامه çegâme: **1.**(ed.) şiir. **2.**(ed.) kaside.

چغانه çegâne: **1.**(müz.) bir tür çalpara. **2.**(müz.) bir musikî perdesi. **3.**(müz.) bir tür telli saz.

چغ چیله çog çîle: çalı çırpı.

چغر çeger: nasır.

چغز çegz: **1.**(zool.) kurbağa. **2.**inilti. **3.**kapalı iltihap.

چغزیدن çegzîden: **1.**inlemek, feryat etmek. **2.**yakınmak, sızlanmak.

چغک çogok (zool.) serçe.

چغل çegel: **1.**kırışık. **2.**kırba. **3.**gevrek.

چغل çogol: **1.**jurnalci, ispiyoncu. **2.**dedikoducu.

چغلی çogolî: [çoğol+î] jurnalcilik, ispiyonculuk, gammazlık.

چغلی دادن çogolî dâden: jurnal etmek, ispiyonlamak, gammazlamak.

چغلی کردن çogolî kerden: jurnal etmek, ispiyonlamak, gammazlamak.

چغندر çogonder (bot.) pancar. ‖ * ~ -i kand چغندر قند (bot.) şeker pancarı.

چغندرکار çogonderkâr: [çoğonder+ kâşten>kâr] pancar ekicisi, pancar çiftçisi.

چغندرکاری çogonderkârî: [çoğonder+ kâşten> kâr+î] pancar ekiciliği.

چغندر کاشتن çogonder kâşten: pancar ekmek, pancar ziraati yapmak.

چغیدن çegîden: 1.nefes almak. 2.fısıldamak. 3.çabalamak.

چفت çift: 1.mandal. 2.sürgü, kapı sürgüsü. ‖ * ~ râ ez poşt endâhten چفت را از پشت انداختن sürgülemek.

چفت çoft: dar ve yapışık.

چفت انداختن çift endâhten: kanca takmak.

چفت کردن çift kerden: 1.mandallamak. 2.kapıyı kapamak, sürgülemek. 3.bitiştirmek, iliştirmek. 4.sağlamlaştırmak.

چفتگی çiftegî, çeftegî, çoftegî: [çefte+ g+î] eğiklik, meyil, sapma.

چفتن çeften: 1.eğilmek. 2.sapmak.

چفته çefte: 1.eğik. 2.tavan. 3.eyvan kemeri. 4.yalan, bühtan. 5.ağıl.

چفته پشت çeftepoşt: [çeften>çeft+e+poşt] kambur.

چفته شدن çefte şoden: 1.eğilmek. 2.kamburlaşmak.

چفته کردن çefte kerden: 1.eğmek. 2.kamburlaştırmak.

چفتیدن çeftîden: 1.eğilmek. 2.eğmek.

چفسیدن çefsîden: 1.bitiştirmek. 2.sapmak.

چق çık: (T.) hasır kapı perdesi.

چقاچاق çekâçâk: kılıç şakırtısı.

چقدر çikadr, çıkadar: (F.-A.) [çi+kadr] 1.ne kadar, kaç. 2.ne denli.

چقر çakar: (T.) meyhane.

چقشور çakşûr: 1.çakşır. 2.çarık.

چقماق çakmâk: (T.) 1.çakmak. 2.serzeniş, kınama.

چک çek: berat, emir, ferman.

چک çek: 1.çene. 2.söz, lakırdı. 3.yok olmuş. ‖ * ~ u çâne چک و چانه 1.çene. 2.ağız. 3.yetenek. 4.kıyafet. 5.sıkı pazarlık. ‖ * ~ u çâne zeden چک و چانه زدن 1.pazarlık yapmak. 2.boşuna konuşmak, çenesini yormak. 3.saçmalamak, boş boş konuşmak. ‖ * ~ u çâne-i kesî râ hord kerden چک و چانهٔ کسی را خرد کردن ağzını burnunu dağıtmak, ağzını burnunu kırmak.

چک çek: tokat, sille.

چک çek: (İng.) çek.

چک çok: (Peh.) 1.çük, penis. 2.diz. ‖ * be ~ nişesten به چک نشستن diz çökmek.

چکاد çekâd: 1.baş ardı. 2.alın. 3.zirve. 4.siper.

چکار çikâr: [çi+kâr] neye.

چکاره çikâre: [çi+kâr+e] 1.ne işi var? 2.bana ne!

چکاری çikârî: [çi+kâr+î] 1.değersizlik. 2.boşuna. 3.nâbekâr.

چکامه çekâme: (Peh.) 1.şiir. 2.kaside.

چکامه سرا çekâmeserâ: [çekâme+ surûden> serâ] 1.(ed.) kaside şairi. 2.şair.

چکامه سرودن çekâme surûden: 1.(ed.) kaside söylemek. 2.şiir söylemek.

چکاندن çekânden: 1.damlatmak. 2.(ask.) tetik çekmek.

چکانیدن çekânîden: 1.damlatmak. 2.(ask.) tetik çekmek.

چکاوک çekâvek: 1.(zool.) dişi ördek. 2.(zool.) toygar kuşu. 3.(müz.) bir musikî nağmesi.

چک زدن çek zeden: tokat atmak.

چک زدن çok zeden: çömelmek, diz çökmek.

چکش çekkoş: çekiç.

چکش زدن çekkoş zeden: çekiç vurmak. .birini çekiştirmek.

چکش کاری çekkoşkârî: [çekkoş+kâr+î] çekiç sallama, balyoz sallama.

چکش کاری کردن çekkoşkârî kerden: çekiç sallamak, balyoz sallamak.

چک کشی çekkeşî: (İng.-F.) [çek+ keşîden> keş+î] çek yazma.

چک کشیدن çek keşîden: çek yazmak.

چکمه çekme: (T.) çizme.

چکمه دوز çekmedûz: (T.-F.) [çekme+ dûhten> dûz] çizmeci, çizme imalatçısı.

چکمیزک çekmîzek: (tıb.) sidik zoru hastalığı.

چکه çekke, çikke: [çekîden>çek+k+e] damla.

چکه çeke: (T.) 1.çok küçük, ufak tefek. 2.alay.

چکه چکه çekke çekke: damla damla.

چکه کردن çekke kerden: **1.**damlamak, akmak. **2.**damlatmak.

چکیدن çekîden: **1.**damlamak. **2.**parçalanmak.

چکیدن çokîden: emmek.

چکیده çekîde: [çekîden> çekîd+e] **1.**damlamış. **2.**özet. ‖ * ~ -i mekâle چکیدهء مقاله tebliğ özeti.

چکیده خون çekîdehûn: [çekîden> çekîd+e+ hûn] üzüm şarabı.

چگال çegâl: yoğun, kalın, kesif.

چگالی çegâlî: [çegâl+î] yoğunluk, kesafet.

چگالی سنج çegâlîsenc: [çegâl+î+ sencîden> senc] yoğunluk ölçer.

چگر çogor: (T.) (müz.) saz.

چگونگی çigûnegî: (Peh.) [çi+gûne+g+î] **1.**nitelik, keyfiyet. **2.**hakikat, asıl.

چگونه çigûne: (Peh.) [çi+gûn+e] nasıl, ne biçim, ne şekilde.

چل çel: küçük ırmak seti.

چل çil: [çil<çihil] **1.**kırk. **2.**akılsız, ahmak. **3.**cahil. **4.**deli, mecnun.

چل çol: penis.

چلاق çolak: (T.) çolak.

چلاقی çolâkî: (T.-F.) [çolak+î] çolaklık.

چلاندن çelânden: çamaşır sıkmak.

چلانیدن çelânîden: sıkıştırıp suyunu çıkarmak.

چلبله çolbole: **1.**telâş. **2.**muzdarip. **3.**şairlere verilen ödül.

چلبند çilbend: [çil<çihil+besten>bend] dansöz giysisi.

چلپاسه çelpâse (zool.) kertenkele.

چلتوک çeltûk (bot.) çeltik.

چلتوک زار çeltûkzâr: [çeltûk+zâr] çeltik tarlası.

چلچراغ çilçerâg: [çil<çihil+çerâg] avize, kristal avize, büyük kollu avize.

چلچله çilçile: **1.**(zool.) kırlangıç. **2.**(zool.) kaplumbağa.

چلر çiler: **1.**(bot.) kayın ağacı. **2.**(bot.) akgürgen ağacı.

چلسکیدن çiliskîden: solmak, pörsümek.

چلسه çelse: küçük, ufak, ufarak.

چلغوز çelgûz: kuş gübresi.

چلغوزه çilgûze (bot.) çam kozalağı.

چلفتی çoloftî: değersiz, önemsiz. ‖ * dest u pâ ~ دست و پا چلفتی önemsiz kişi, sıradan kişi.

چلک çelk, çolk: orta parmak.

چلک çelok, çilik: çelik çomak.

چلک بازی çelokbâzî: [çelok+bâzî] çelik çomak oyunu.

چلم çelem, çilim: **1.**nargile. **2.**nargile hokkası.

چلنگر çilinger: çilingir.

چلو çolov, çilov: pilav.

چلوار çilvâr: pamuklu kumaş.

چلوپزخانه çilovpezhâne: [çilov+pohten> pez+hâne] **1.**pilavcı dükkânı. **2.**mutfak.

چلوچوب çolevçûb: [çolev+çûb] kebap şişi.

چلو صاف کن çilovsâfkon: (F.-A.) [çilov+sâf+ kerden>kon] süzgeç, pilav süzgeci.

چلو کباب çilovkebâb: [çilov+kebâb] çolovkebap, şiş kebaplı pilav.

چلو مرغ çilovmorg: [çilov+morg] çolovmorg, tavuklu pilav.

چله çille: [çil<çihil+l+e] **1.**iplik çilesi. **2.**kırk gün. **3.**ölümden sonraki kırkıncı gün. **4.**Hz. Hüseyin'in şehadetinin kırkıncı günü. **5.**(tas.) çile, kırk günlük sıkı riyazet. ‖ * ~ -i bozorg چلهء بزرگ yaz ve kıştaki en sıcak ve ve en soğuk kırk gün. ‖ * ~ -i zemistân چلهء زمستان karakış, şiddetli soğuk.

چله çolle: penis.

چله خانه çillehâne: [çille+hâne] çile odası, çile çıkarılan yer.

چله دادن çille dâden: birinin ölümünün kırkıncı günü yemek vermek.

چله داری çilledârî: [çille+dâşten>dâr+î] birinin ölümünün kırkıncı gün töreni.

چله داری کردن çilledârî kerden: birinin ölümünün kırkıncı gün törenini yapmak.

چله داشتن çille dâşten: (tas.) çile çıkarmak, çileye girmek.

چله گرفتن çille giriften: **1.**adak adamak. **2.**birin ölümünün kırkıncı günü törenini yapmak.

چله نشستن çille nişesten: (tas.) çileye girmek.

چله نشين çillenişîn: [çille+nişesten> nişîn] (tas.) çileye giren.

چله نشينى çilenişînî: [çille+nişesten> nişîn+î] çileye girme.

چلى çilî: **1.**ahmaklık, akılsızlık. **2.**delilik.

چليپا çelîpâ: **1.**haç. **2.**çapraz. **3.**(ed.) sevgilinin saçı. **4.**eğik çizgi.

چليپائى çelîpâ'î: [çelîpâ+î] **1.**haç şeklinde. **2.**çaprazlama.

چليپاپرست çelîpâperest: [çelîpâ+ perestîden> perest] Hıristiyan.

چليپاخم çelîpâhem: [çelîpâ+hem] (ed.) sevgilinin zülfü.

چليپا ساختن çelîpâ sâhten: **1.**haç yapmak. **2.**haç çıkarmak.

چليپا كردن çelîpâ kerden: eğmek.

چليپا نوشتن çelîpâ nevişten: meşk etmek, güzel yazı yazmaya çalışmak.

چليپاوار çelîpâvâr: [çelîpâ+vâr] haç şeklinde, haçımsı, çaprazlama.

چليدن çelîden: **1.**akmak, gitmek. **2.**sallanmak. **3.**ürkmek. **4.**lâyık olmak. **5.**sıkışmak, ezilmek.

چليك çilîk: (T.) varil, fıçı.

چلى كردن çilî kerden: **1.**aptallık etmek. **2.**delilik etmek, çılgınlık etmek.

چليكه çilîke: **1.**cılız el ve ayaklar. **2.**odun talaşı.

چليم çelîm (bot.) su kestanesi, göl kestanesi.

چم çem: **1.**hazır. **2.**süslü. **3.**birikmiş. **4.**cürüm, günah. **5.**göğüs.

چماق çomâk: (T.) **1.**çomak, değnek. **2.**topuz. **3.**penis.

چماقدار çomâkdâr: (T.-F.) [çomâk+ dâşten> dâr] **1.**çomaklı. **2.**eli sopalı, belâlı. **3.**çomak veya topuz taşıyan devlet görevlisi.

چماقلو çomaklu: (T.) zorba, eli sopalı.

چماله çomâle: kırışık, buruşuk.

چماله كردن çomâle kerden: kırıştırmak, buruşturmak.

چمان çemân: [çemîden>çem+ân] **1.**salınan. **2.**şarap kadehi.

چمانه çemâne: [çemîden>çem+ân+e] içki kadehi, şarap kadehi.

چمانى çemânî: saki.

چمانيدن çemânîden: **1.**salındırmak. **2.**eğmek.

چمباتمه çombâtme: bağdaş kurma.

چمباتمه زدن çombâtme zeden: bağdaş kurmak.

چمباتمه نشستن çombâtme nişesten: bağdaş kurmak.

چمبر زدن çember zeden: çöreklenmek.

چمچاره çimçâre: bir küfür.

چم چرغه çemçorge: **1.**kırbaç ipi. **2.**bir tür kırbaç.

چمچمه çomçome: ayak sesi, ayak tıkırtısı.

چمچه çemçe, çomçe: (T.) kepçe.

چمچه زدن çemçe zeden: kepçeyle yemeği karıştırmak, kepçe çevirmek.

چمخال çemhâl: eskiden kullanılan bir tüfek.

چم داشتن çem dâşten: **1.**alımlı olmak, havalı olmak. **2.**anlamlı olmak.

چمدان çemedân: valiz, bavul.

چمن çemen: çim, çayır, çimenlik.

چمنزار çemenzâr: [çemen+zâr] çayırlık, çimenlik, yeşillik.

چم و خم çem u hem: çalım, bükülme, burma.

چموش çemûş: **1.**inatçı at, katır veya eşek. **2.**bir tür ayakkabı.

چمى çemî: (Peh.) **1.**anlamlı. **2.**manevî.

چميدن çemîden: **1.**salınmak. **2.**eğilip bükülmek.

چميده çemîde: [çemîden>çemîd+e] **1.**salınan, salınmış. **2.**eğik, bükük, kıvrık.

چنار çenâr: (Peh.) (bot.) çınar.

چنان çenân, çonân: [çon+ân] öyle, öylesine, o denli, o şekilde, onun gibi, gibi, benzeri.

چنانچون çenânçon, çonânçon: [çon+ ân+çon] aynı şekilde, tıpkı.

چنانچون çonânçon: [çon+ân+çon] -dığı gibi, nasıl ise.

چنانچه çonânçi, çenânçi: [çon+ân+çi] **1.**o şekilde, öyle. **2.**eğer, -mesi halinde. **3.**takdirde, ise. ‖ * eger ~ اگر چنانچه eğer, eğer mesela.

چنانک çonank: [çon+ân+k<ki] -dığı gibi, nasıl ki.

چنانکه çonânki, çenânki: [çon+ân+ki] -dığı gibi, -dığı takdirde, öyle ki, şöyle ki, nitekim, gerektiği gibi, onun gibi.

چنانکه گونی çenanki gû'î, çonanki gû'î: -miş gibi, -mişçesine, âdeta -miş gibi.

چنباتمه çonbâtme: bağdaş kurma.

چنباتمه زدن çonbâtme zeden: bağdaş kurmak.

چنبر çenber: (Peh.) **1.**çember. **2.**halka. **3.**bağlı kalma. **4.**(tıb.) köprücük kemiği.

چنبر زدن çenber zeden: çöreklenmek.

چنبره çenbere: [çenber+e] **1.**çember şeklinde. **2.**halka.

چنبره کردن çenbere kerden: halkalamak.

چنبک çonbek: **1.**bağdaş. **2.**sıçrama.

چنبک زدن çonbek zeden: **1.**bağdaş kurmak. **2.**sıçramak.

چنبیدن çonbîden: **1.**sıçramak. **2.**kaçmak.

چنته çente: **1.**çanta. **2.**av torbası. **3.**kese. ‖ * der ~ dâşten در چنته داشتن belleğinde olmak, aklında olmak.

چند çend: (Peh.) **1.**kaç. **2.**kaça. **3.**birkaç. **4.**ne kadar. **5.**ne zamana kadar, ne zamana dek. **6.**küsur. **7.**gibi. ‖ * ~ manzûre چند منظوره çok amaçlı. ‖ * u ~ چند و چند küsur.

چندال çendâl (Sans.) lağımcı.

چندان çendân: **1.**o kadar, o denli, pek de. **2.**misli, katı.

چندانک çendank: [çend+ân+k<ki] -dığı kadar.

چندان که çendan ki: [çendân+ki] o kadar ki, -cek kadar, -dığı kadar. **2.**her ne kadar. **3.**-dığından. **4.**-ir -mez.

چنداول çendâvol: (T.) **1.**çete. **2.**düzenli ordu arkasında giden halk yığını.

چند بار çend bâr: birkaç kez.

چند تا çend tâ: birkaç, birkaç tane.

چند تایی çendtâyî: [çend+tâ+y+î] birkaç kişi.

چند در صد çend der sed: yüzde kaç, yüzde kaçı.

چند روز قبل çend rûz kabl: (F.-A.) birkaç gün önce.

چندش çindiş: (Peh.) **1.**titreme. **2.**ürperme. **3.**sinir bozukluğu. ‖ * ~ -i kesî şoden چندش کسی شدن titremek, zangır zangır titremek.

چندش آور çindişâver: [çindiş+âverden> âver] **1.**ürpertici. **2.**ürkütücü. **3.**sarsıcı. **4.**iğrenç.

چند ضلعی çendzıl'î: (F.-A.) [çend+zıl'+î] çok kenarlı, çokgen.

چندک çondek: **1.**bağdaş. **2.**çömelme. ‖ * ~ be zemîn nişesten چندک به زمین نشستن çömelmek.

چندکاره çendkâre: [çend+kâr+e] mutfak robotu.

چندک زدن çondek zeden: **1.**bağdaş kurmak. **2.**çömelmek.

چندگاه çendgâh: [çend+gâh] bir süre.

چندل çendel (bot.) sandal ağacı.

چند لحظه çend lehze: (F.-A.) [çend+ lehze] bir süre.

چند نوبت çendnovbet: (F.-A.) [çend+ novbet] birkaç kez.

چند وجهی çendvechî: (F.-A.) [çend+ vech+î] çok yönlü.

چند وقتی çendvaktî: (F.-A.) [çend+ vakt+î] bir süredir.

چندی çendî: (Peh.) **1.**bir süre. **2.**bir kaç, bir miktar. **3.**nicelik, kemmiyet. ‖ * ~ be ~ چندی به چندی zaman zaman, arada sırada. ‖ * ~ negozeşt ki چندی نگذشت که çok geçmeden. ‖ * ez ~ pîş از چندی پیش bir süredir.

چندی پیش çendî pîş: bir süre önce, bir süredir.

چندین çendîn: **1**.birkaç. **2**.bunca, bütün bu. **3**.bu ölçüde, bu denli. **4**.bir hayli. ‖ * ~ u çend چندین و چند bunca.

چندین بار çendîn bâr: birkaç kez.

چنر çonor (bot.) pancar.

چنگ çeng: **1**.pençe. **2**.kramp. ‖ * ~ -i kesî gisr der reften از چنگ کسی قسر در رفتن elinden kaçmak, elinden kurtulmak. ‖ * be ~ âverden به چنگ آوردن elde etmek, ele geçirmek. ‖ * ~ be dil zeden چنگ به دل زدن açmak, içini açmak, tatmin etmek. ‖ * be ~ kerden به چنگ کردن yakalamak. ‖ * ez ~ -i kes der âverden از چنگ کسی در آوردن birinin elinden almak. ‖ * ez ~ -i kesî gurîhten از چنگ کسی گریختن elinden kaçmak, elinden kurtulmak. ‖ * yake ez ~ kesî rehâ kerden یقه از چنگ کسی رها کردن birinin elinden kurtulmak.

چنگ çeng: (Peh.) (müz.) arp, harp, çeng.

چنگ çeng: **1**.eğri, eğik. **2**.fil sürmekte kullanılan çengel.

چنگ çong: söz.

چنگار çengâr: (tıb.) kanser.

چنگال çengâl: **1**.çatal. **2**.pençe. **3**.ince belli kişi. **4**.bir tür sıcak yemek.

چنگالی çengâlî: su, yağ ve şekerle yapılan bir tür tatlı.

چنگ انداختن çeng endâhten: **1**.el atmak. **2**.tutunmak, tutmak, sarılmak.

چنگ باز داشتن çeng bâz dâşten: **1**.elini çekmek. **2**.elini kaldırmak.

چنگ باز کشیدن çeng bâz keşîden: elini çekmek.

چنگ زدن çeng zeden: **1**.bir şeye girişmek, teşebbüs etmek, el atmak. **2**.pençelemek, pençe atmak. **3**.tırmalamak.

چنگ زدن çeng zeden: (müz.) harp çalmak.

چنگ زن çengzen: [çeng+zeden>zen] müteşebbis, girişimci, girişken.

چنگ زن çengzen: [çeng+zeden>zen] (müz.) harp çalan.

چنگ شدن çeng şoden: kramp girmek.

چنگک çengek: [çeng+ek] çengel, kanca, zoka.

چنگک شدن çengek şoden: pençeleşmek.

چنگولک çengûlek: zayıf ve gevşek.

چنگی çengî: [çeng+î] **1**.çengi. **2**.(müz.) çalgıcı, mutrib. **3**.(müz.) harp çalan.

چنو çonû: [çon+û] onun gibi, benzeri.

چنه çene: çene.

چنین çonîn, çenîn: [çon+în] **1**.şöyle. **2**.böyle. **3**.bunun gibi.

چو çov: şayia, söylenti.

چو ço: **1**.-ince, -diği zaman. **2**.mademki, -e göre, -diğine göre. **3**.gibi, benzeri. **4**.çünkü, zira.

چو انداختن çov endâhten: söylenti çıkarmak.

چوب çûb: (Peh.) **1**.ağaç, odun. **2**.sopa, değnek, baston, asâ. **3**.tahta. **4**.ahşap. **5**.alışverişte para birimi. ‖ * ~ -i felek چوب فلک falaka. ‖ * ~ -i felek kerden چوب فلک کردن falakaya yatırmak. ‖ * ~ -i kibrît چوب کبریت kibrit çöpü. ‖ * be ~ besten به چوب بستن dövmek, sopa çekmek. ‖ * pây-i ~ îstâden پای چوب ایستادن sabah erkenden alışverişe çıkmak.

چوب بست çûbbest: [çûb+besten>best] yapı iskelesi.

چوب پا çûbpâ: [çûb+pâ] koltuk değneği.

چوب پنبه çûbpenbe: [çûb+penbe] (bot.) mantar.

چوب پرده çûbperde: [çûb+perde] perde kornişi, perde rayı.

چوب خط çûbhet: (F.-A.) [çûb+het] çetele.

چوبخوار çûbhâr: [çûb+horden>hor>hâr] (zool.) ağaç kurdu.

چوبخور çûbhor: [çûb+horden>hor] (zool.) ağaç kurdu, tahta kurdu.

چوب خوردن çûb horden: sopa yemek, dayak yemek.

چوبدار çûbdâr: [çûb+dâşten>dâr]

celep, davar satıcısı.

چوب دانه çûbdâne: [çûb+dâne] (bot.) iğde.

چوبدست çûbdest: [çûb+dest] sopa, baston, asâ.

چوبدستی çûbdestî: [çûb+dest+î] sopa, değnek, baston, asâ.

چوب زدن çûb zeden: sopa çekmek, dayak atmak.

چوب زیر بغل çûb zîr-i bagal: koltuk değneği, çatal destek.

چوب سفید çûb-i sefîd: **1.**çam tahtası. **2.**çam odunu.

چوب سیگار çûb sîgâr: sigara ağızlığı.

چوب فرش çûbferş: [çûb+ferş] parke.

چوب فلک çûb-i felek: falaka.

چوب فلک کردن çûb-i felek kerden: falakaya yatırmak.

چوبک çûbek: [çûb+ek] **1.**trampet sopası. **2.**kısa sopa.

چوبکاری çûbkârî: [çûb+kâr+î] **1.**ağırlama. **2.**sopa çekme, dayak atma.

چوبکاری کردن çûbkârî kerden: sopa çekmek, dayak atmak. **2.**fazlasıyla ağırlamak.

چوبک زن çûbekzen: [çûb+ek+zeden> zen] geceleri damda davul çalan bekçi.

چوب گردویی çûb-i gerdûyî: ceviz, ceviz tahta.

چوب گل çûb-i gul: gül ağacı.

چوبه çûbe: [çûb+e] **1.**(bot.) çöven kökü. **2.**kamçı, kırbaç. **3.**sopa, değnek.

چوبه دار çûbedâr: [çûb+e+dâr] darağacı.

چوبی çûbî: [çûb-î] ahşap, tahtadan.

چوبین çûbîn: [çûb+în] **1.**ahşap, tahtadan. **2.**(zool.) bir tür kır kuşu.

چوپان çûpân: (Peh.) çoban, sığırtmaç.

چوپانی çûpânî: [çûpân+î] çobanlık, sığırtmaçlık.

چوچو مرغ çûçûmorg: [çûçû+morg] (zool.) civciv.

چوچوله çûçûle: (tıb.) klitoris, dilcik, bızır.

چوچونچه çûçûnçe: yazlık elbise dikmekte kullanılan bir tür ince beyaz kumaş.

چوچه çûçe (zool.) civciv.

چوخا çûhâ: **1.**çuha. **2.**kepenek. **3.**Hıristiyan din adamlarının giydiği yünlü giysi.

چوخیدن çûhîden: kaymak, kayarak düşmek.

چودار çevdâr (bot.) çavdar.

چور çûr: (Peh.) (zool.) sülün.

چوشیدن çûşîden: emmek.

چوک çûk: (Peh.) (tıb.) penis, (argo) çük.

چوکات شدن çovkât şoden: buruşmak.

چوگان çevgân, çovgân: (Peh.) (sp.) çevgen, polo sopası, eğik başlı sopa.

چوگان باز çevgânbâz: [çevgân+bâhten> bâz] (sp.) çevgen oyuncusu, polo oyuncusu.

چوگان بازی çevgânbâzî: [çevgân+bâhten> bâz+î] (sp.) çevgen oyunu, polo oyunu.

چوگان بازی کردن çevgân bâzî kerden: çevgen oynamak, polo oynamak.

چول çûl: **1.**(tıb.) penis. **2.**eğik, eğri.

چون çon: (Peh.) **1.**çünkü, zira. **2.**gibi. **3.**-diği için, -den dolayı. **4.**mademki, -e göre, -diğine göre. **5.**-diği zaman, -ince. **6.**nasıl. **7.**ne zaman. **8.**misli.

چنان çonân: [çon+ân] gibi.

چونانک çonânk: [çon+an+k<ki] gibi.

چونک çonk: [çon+k<ki] **1.**-ince, -diği zaman. **2.**çünkü, zira. **3.**-diği çin. **4.**mademki.

چونکه çonki: [çon+ki] **1.**çünkü, zira. **2.**-diği için, -den dolayı. **3.**-ince, -diği zaman. **4.**mademki.

چون و چرا çon u çerâ: sorgu sual.

چونه çûne: hamur topu.

چونه گرفتن çûne giriften: hamur topu yapmak.

چونی çûnî: [çon=çun+î] nitelik, keyfiyet.

چه çe: (gr.) küçültme eki.

چه çi, çe: (Peh.) **1.**ne. **2.**ne! (ünlem cümlesinde). **3.**niçin, ne diye? **4.**nasıl. **5.**nasıl da. **6.**çünkü. **7.**hangi, ne gibi. **8.**ne kadar. **9.**ya ne? ‖ * ~ eş est چه اش است nesi var? ‖ * ~ aceb چه عجب şaşılacak ne var? ‖ * ~ cây-i چه جای yeri mi var, mânâsı mı var? ‖ * ~ gam چه غم ne gam, dert mi? ‖ * ~ mahal چه محل ne demek, şöyle dursun. ‖ * be ~âyîn بچه آیین nasıl, ne şekilde?

چه çeh: [çeh<çâh] **1.**kuyu. **2.**çukur.

چه آنکه çi anki: [çi+ân+ki] nitekim.

چها çihâ: neler.

چهار çihâr, çehâr: dört.

چهار آینه çehâr âyîne: zırh.

چهار ارکان çehâr erkân: **1.**dört ana yön. **2.**bir tür dört köşe çadır.

چهار باغ çehâr bâg: çalpara.

چهار بالش çehâr bâliş: **1.**yastık. **2.**divan. **3.**dünya. **4.**dört ana yön.

چهار پا çehâr pâ: (Peh.) dört ayaklı hayvan.

چهار پایه çehâr pâye: [çehâr+pây+e] **1.**tabure. **2.**oturak.

چهار پایی çehârpâyî: [çehâr+pâ+y+î] somya.

چهارتخم çehâr tohm: (tıb.) dört çeşit tohum ve bitkiden yapılan bir ilaç.

چهار تکبیر çehâr tekbîr: (F.-A.) cenaze namazı.

چهار تکبیر زدن çehâr tekbîr zeden: **1.**cenaze namazı kılmak. **2.**ölmek.

چهار چرخه çehâr çerhe: [çehâr+çerh+e] işporta arabası, dört tekerlckli araba.

چهار چشمی çehâr çeşmî: [çehâr+çeşm+î] dört gözle.

چهارچوب çehâr çûb: çerçeve. ‖ * der ~-i در چهارچوب çerçevesinde.

چهارچوبه çehâr çûbe: [çehâr+çûb+e] çerçeve. ‖ * der ~ karâr giriften در چهارچوبه قرار گرفتن sınırlaşmak.

چهارخانه çehârhâne: [çehâr+hâne] kareli, ekose.

چهاردانگ çehâr dang: altıda dört, üçte iki.

چهار دریچه çehâr derîçe: [çehâr+der+îçe] (kin.) göz, kulak, burun ve ağız.

چهاردستی çehâr destî: [çehâr+dest+î] dört elle.

چهارده çehârdeh: [çehâr+deh] on dört.

چهار راه çehâr râh: dört yol kavşağı.

چهار زانو نشستن çehâr zânû nişesten: bağdaş kurmak.

چهار سو çehâr sû: **1.**dört ana yön. **2.**dört bir yan. **3.**dört yol. **4.**(kin.) dünya.

چهار شانه çehâr şâne: **1.**iriyarı, irikıyım, insan azmanı. **2.**geniş omuzlu.

چهار شاهی çehâr şâhî: metelik, beş para, on para, kuruş.

چهار شنبه çehâr şenbe: çarşamba.

چهارشنبه سوری çehârşenbesûrî: [çehâr+ şenbe+sûr+î] İran'da kutlanan bir şenlik.

چهارصد çehârsed: dört yüz.

چهارضلعی çehârzıl'î: (F.-A.) [çehâr+ zıl'+î] dörtgen, dört kenarlı.

چهارگاه çehârgâh: [çehâr+gâh] (müz.) bir musikî makamı, çihargâh.

چهارگوشه çehâr gûşe: **1.**dört köşe. **2.**dörtgen. **3.**padişah tahtı. **4.**tabut. **5.**dört ana yön. **6.**küçük sofra.

چهارم çehârom: [çehâr+om] dördüncü.

چهارمی çehâromî: [çehâr+om+î] dördüncü.

چهارمیخ çehârmîh: [çihâr+mîh] çarmıh.

چهارمیخ کردن çehâr mîh kerden: çarmıha germek.

چهارمین çehâromîn: [çehâr+om+în] dördüncü.

چهار هزار çehâr hezâr: dört bin.

چهار یک çehâr yek: çeyrek, dörtte bir.

چه اندازه çi endâze: ne kadar, ne ölçüde, ne derecede, ne denli.

چه برسد çi beresed: [çi+resîden>res> resed>beresed] kaldı ki, bir yana, şöyle dursun.

چه بسا çi besâ: [çi+bes+â] nice, pek çok.

چه بسا که çi besâ ki: [çi+bes+â+ki] ancak, meğer.

چه جور çicûr: [çi+cûr<tovr] nasıl, ne şekilde.

چهچه çeh çeh: bülbül sesi.

چه...چه çiçi: isterister, nene.

چهچه زدن çehçeh zeden: bülbül ötmek, bülbül şakımak.

چهچهه çehçehe: ötüş, şakıma.

چهچهه زدن çehçehe zeden: ötmek, şakımak.

چه چیز çi çîz: ne.

چه خاصا çi hâssâ: (F.-A.) özellikle, bilhassa, hele hele.

چه خوب است که çi hûb est ki: bereket ki, bereket versin.

چهر çihr: **1.**yüz, surat. **2.**soy, asıl.

چه رسد çi resed: [çi+resîden>res+ed] kaldı ki, bir yana, şöyle dursun, geç bir kalem. ‖ * ~ be چه رسد به bir yana, şöyle dursun, kaldı ki.

چهره çihre: yüz, surat, çehre. ‖ * ~ -i kesî bâz şoden چهرهء کسی باز شدن yüzü gülmek. ‖ * ~ -i kesî şikuften چهرهء کسی شکفتن yüzü gülmek. ‖ * ~ -i kesî târ şoden چهرهء کسی تار شدن suratı asılmak. ‖ * ~ -i kesî tu hem reften چهرهء کسی تو هم رفتن yüzü gerilmek.

چهره برافروختن çihre berefrûhten: makyaj yapmak.

چهره پرداز çihreperdâz: [çihre+ perdâhten> perdâz] ressam.

چهره پردازی çihreperdâzî: [çihre+ perdâhten>perdâz+î] **1.**ressamlık. **2.**resim yapma.

چهره نمودن çihre numûden: ortaya çıkmak.

چه سبب çi sebeb: (F.-A.) neden.

چه قماش çi kumâş: ne mene, ne gibi, nasıl.

چه کسانی çi kesânî: [çi+kes+ân+î] kimler.

چه کسری çi kesrî: (F.-A.) [çi+kesr+î] kaçta kaçı.

چه کسی çikesî: [çi+kes+î] kim.

چهل çihil: kırk.

چه مایه çi mâye: ne kadar.

چه موقع çi mevki, çi movgi: (F.-A.) ne zaman.

چه نوع çinov': (F.-A.) [çi+nov'] ne tür, ne biçim.

چی çi: ne.

چی çi: şey.

چی çi: (T.) **1.**(gr.) son ek: -ci, -çi.

چیپس çips: (İng.) cips.

چیت çît: **1.**basma, bez. **2.**pamuklu dokuma fabrikası.

چی جور çicûr: [çi+cûr<tovr] nasıl, ne şekilde.

چیدن çîden: (Peh.) **1.**dermek, koparmak, toplamak. **2.**seçmek. **3.**yem yemek. **4.**budamak. **5.**üst üste dizmek, sıralamak, örmek. **6.**koymak. **7.**hazırlamak.

چیر çîr: **1.**galip, muzaffer, üstün. **2.**musallat, istilacı.

چیر شدن çîr şoden: **1.**galip gelmek, üstün gelmek. **2.**musallat olmak, istila etmek.

چیرگی çîregî: [çîr+e+g+î] **1.**galibiyet, zafer, üstünlük. **2.**istilacılık.

چیره çîre: [çîr+e] **1.**galip, muzaffer. **2.**yiğit. **3.**sarık, destar.

چیره دست çîredest: [çîre+dest] becerikli, maharetli.

چیره دستی çîredestî: [çîre+dest+î] beceri, maharet.

چیره زبان çîre zebân: dile hakim, dile vâkıf.

چیره شدن çîre şoden: **1.**galip gelmek, muzaffer olmak, üstün gelmek. **2.**baskın çıkmak.

چیره کردن çîre kerden: galip etmek, üstün kılmak.

چیز çîz: **1.**şey. **2.**nesne, eşya.

چیزدار çîzdâr: [çîz+dâşten>dâr] zengin, varlıklı.

چیزی دگر çîzîdiger: [çîz+î+diger] başka bir şey.

چیزی دیگر çîzîdîger: [çîz+î+diger] başka bir şey.

چیزی که çîzî ki: [çîz+i+ki] 1en şey, -dığı şey, o şey ki.

چیزی نمانده بود çîzî nemânde bûd: nerdeyse, az daha, az kalsın.

چیزی نمانده بود که çîzî nemânde bûd ki: neredeyse, az daha, az kalsın.

چیست çîst: [çi+est>st] nedir.

چیستی çîstî: [çi+est>st+î] mahiyet.

چیکاره çikâre: [çi+kâr+e<est] neci, ne iş yapar?

چیلر çiler: (İng.) soğutucu.

چین çîn: **1.**kıvrım, büklüm. **2.**kırışık, buruşuk. ‖ * ~ ber ebrû efkenden چین بر ابرو افکندن **1.**öfkelenmek, kızmak, kaş çatmak. **2.**ihtiyarlamak. ‖ * ~ -i ebrû چین ابرو kaş çatıklığı. ‖ * ~ -i turre چین طره kâkül kıvrımı. ‖ * ~ -i zulf چین زلف saç kıvrımı, zülüf kıvrımı.

چین çin: (coğ.) Çin.

چین افتادن çîn oftâden: kırışmak.

چین انداختن (چیزی را) çîn endâhten: kırıştırmak.

چین بر داشتن çîn berdâşten: **1.**kırışmak. **2.**kıvrılmak.

چین خوردگی çînhordegî: [çîn+horden> hord+e+g+î] **1.**buruşukluk, kırışıklık. **2.**pililenmiş.

چین خوردن çîn horden: buruşmak, kırışmak, kat kat olmak.

چین خورده çînhorde: [çîn+horden> hord+e] buruşuk, kırışık, kat kat.

چین دار çîndâr: [çîn+dâşten>dâr] buruşuk, kırışık, kat kat, kıvrımlı.

چین داشتن çîn dâşten: **1.**buruş kırış olmak. **2.**ar etmek, burun kıvırmak.

چین مو çînmû: [çîn+mû] dönen kıl.

چینه çîne: **1.**kuş veya tavuk yemi. **2.**toprak duvar. **3.**çit. **4.**katman. **5.**tuğla.

چینه دان çînedân: [çîne+dân] kuş kursağı.

چینه شناسی çîneşinâsî: [çîne+şinâhten> şinâsî] katmanbilim, katbilim.

چینه کش çînekeş: [çîne+keşîden>keş] duvarcı, toprak duvar ören.

چینی çînî: [çîn+î] porselen, çini.

چینی çînî: [çîn+î] **1.**Çinli. **2.**Çince. **3.**Çin'e ait. **4.**Çin malı.

چینی جا çînîcâ: [çînî+câ] büfe.

ح

ح hı, ha: **1.**Fars alfabesinin sekizinci harfi. **2.**Ebced sistemindeki sayısal değeri sekizdir.

حائر hâ'ir: (A.) **1.**çukur. **2.**çevresi kapalı çukur alan.

حائز hâ'iz: (A.) haiz, sahip, malik.

حائض hâ'iz: (A.) âdet gören kadın.

حائل hâ'il: (A.) engel.

حاتم hâtim: (A.) yargıç, hâkim, kadı.

حاج hâc: (A.) hacı.

حاجات hâcât: (A.) gereksinimler, ihtiyaçlar, istekler.

حاجب hâcib: (A.) **1.**kaş. **2.**kapıcı, perdedar. **3.**engel.

حاجت hâcet: (A.) **1.**ihtiyaç, gereksinim. **2.**istek, arzu. ‖ * çi ~ چه حاجت ne gerek var?

حاجت بودن hâcet bûden: gerek olmak.

حاجت داشتن hâcet dâşten: muhtaç olmak, ihtiyacı olmak, gereksinim duymak.

حاجت روا کردن hâcet revâ kerden: dileği yerine getirmek.

حاجت روایی hâcetrevâyî: (A.-F.) [hâcet+ revâ+y+î] **1.**dileğin yerine gelmesi. **2.**dileği yerine getirme.

حاجتمند hâcetmend: (A.-F.) [hâcet+ mend] **1.**muhtaç. **2.**yoksul, fakir.

حاجز hâciz: (A.) **1.**engel. **2.**(tıb.) diyafram.

حاجی hâcî: (A.) hacı.

حاجی بادام hâcîbâdâm: (A.-F.) [hâcî+ bâdâm] helva, İran'da un, badem, yağ ve şekerle yapılan bir tatlı.

حاجی فیروز hâcî fîrûz: Hacı Fîrûz. İran'da bayramından birkaç gün önce başlayıp bayram sonuna değin hareket ve şarkılarıyla halkı eğlendiren sanatçı.

حاد hâd: (A.) **1.**keskin, sert. **2.**müzmin, kronik. **3.**kronik hastalık.

حادث hâdis: (A.) yeni meydana çıkan, yeni. ‖ * ~ u kadîm حادث و قدیم yeni ve eski.

حادثات hâdisât: (A.) olaylar, hadiseler.

حادث شدن hâdis şoden: **1.**olmak, meydana gelmek, zuhur etmek. **2.**yaratılmak.

حادث گردیدن hâdis gerdîden: olmak, meydana gelmek.

حادثه hâdise: (A.) olay, hadise, vak'a. **2.**kaza.

حادثه آفریدن hâdise âferîden: olay çıkarmak.

حادی hâdî: (A.) **1.**deveci. **2.**şarkıcı.

حاذق hâzik: (A.) **1.**mahir, hazık, usta, becerili. **2.**kıvrak.

حار hâr: (A.) sıcak, yakıcı, yakıcı sıcak.

حارب hârib: (A.) savaşçı, muharip.

حارث hâris: (A.) çiftçi.

حارس hâris: (A.) korucu, muhafız, bekçi.

حاره hârre: (A.) sıcak.

حازم hâzim: (A.) akıllı, ileri görüşlü.

حاسد hâsid: (A.) kıskanç.

حاسر hâsir: (A.) **1.**çıplak. **2.**kendinde olmadan.

حاسه hâsse: (A.) duyu. ‖ * ~ -i basar حاسهٔ بصر (tıb.) görme duyusu. ‖ * ~ -i lems حاسهٔ لمس (tıb.) dokunma duyusu. ‖ * ~ -i sem' حاسهٔ سمع (tıb.) işitme duyusu. ‖ * ~ -i zovk حاسهٔ ذوق (tıb.) tatma duyusu. ‖ * ~ -i şemm حاسهٔ شم (tıb.) koku alma duyusu.

حاشا hâşâ: (A.) hâşâ, asla. ‖ * ~ ki حاشا که haşa. ‖ * dîvâr-i ~ bolend est دیوار حاشا بلند است kolayca inkâr edilebilir.

حاشا کردن hâşâ kerden: inkâr etmek.

حاشیه hâşiye: (A.) **1.**kenar yazısı, haşiye, derkenar. **2.**arkadaşlar. **3.**kumaş veya resim kenarındaki

/he/

süs. 4.banliyö. 5.geçe. 6.lafı uzatma. 7.kenar.

حاشیه رفتن hâşiye reften: 1.sözü uzatmak, lafı uzatmak. 2.konu dışına çıkmak.

حاشیه نشین hâşiyenişîn: (A.-F.) [hâşiye+ nişesten>nişîn] 1.meclis kenarında oturan. 2.banliyöde oturan, varoşlarda oturan.

حاشیه نویس hâşiyenevîs: (A.-F.) [hâşiye+ nevişten>nevîs] bir kitaba açıklama yazan, haşiye yazarı.

حاشیه نویسی hâşiyenevîsî: (A.-F.) [hâşiye+ nevişten>nevîs+î] haşiye yazıcılığı.

حاصد hâsid: (A.) biçen, hasat eden.

حاصر hâsir: (A.) 1.muhasip, sayman. 2.hasırcı, hasır dokuyan.

حاصل hâsil: (A.) 1.netice, sonuç, hasıl. 2.ürün. 3.kâr, fayda, kazanç. 4.varlık. 5.geri kalmış. ‖ * ~ ı fercâm حاصل فرجام insanın ne olcağı, akibet.

حاصلخیز hâsilhîz: (A.-F.) [hâsil+ hâsten> hîz] verimli, münbit, bereketli, ekilebilir.

حاصل شدن hâsil şoden: 1.hasıl olmak, sağlanmak, meydana gelmek, ele geçmek. 2.verimli olmak.

حاصل کردن hâsil kerden: 1.toplamak, tahsil etmek, sağlamak. 2.sonuç çıkarmak. 3.kazanmak. 4.verimli kılmak.

حاصل گردیدن hâsil gerdîden: sağlanmak, hasıl olmak.

حاضر hâzir: (A.) 1.hazır. 2.mevcut. 3.huzura gelmiş, huzurda bulunan. 4.şehirli. 5.şu an, içinde bulunduğumuz an.

حاضر آوردن hâzir âverden: getir(t)mek.

حاضران hâzirân: (A.-F.) [hâzir+ân] bulunanlar, katılanlar, mevcut olanlar, gelenler.

حاضرجواب hâzircevâb: (A.-F.) 1.hazırcevap. 2.küstah. 3.şakacı.

حاضرجوابی hâzircevâbî: (A.-F.) [hâzir+ cevâb+î] 1.hazırcevaplık. 2.şakacılık.

حاضر شدن hâzir şoden: 1.hazırlanmak, hazır olmak. 2.bulunmak. 3.gelmek, katılmak. 4.doğmak.5.huzura gelmek.

حاضر کردن hâzir kerden: 1.hazırlamak. 2.huzura getirmek. 3.getirmek.

حاضر گرداندن hâzir gerdânden: 1.getirmek. 2.toplamak, bir araya getirmek.

حاضر و غایب کردن hâzir u gâyib kerden: yoklama yapmak.

حاضروقت hâzirvakt: (A.-F.) [hâzir+ vakt] hazır, âmade.

حاضری hâzirî: (A.-F.) [hâzir+î] aperatif yiyecek, hazır yiyecek.

حافد hâfid: (A.) 1.hizmetçi, uşak. 2.torun, mahdum. 3.arkadaş.

حافر hâfir: (A.) 1.kazıcı, hafriyatçı. 2.tırnak. 3.nalın.

حافظ hâfiz: (A.) 1.hafız. 2.koruyucu. 3.ezberleyen. 4.ünlü İran şairi Şirazlı Hâfiz.

حافظه hâfize: (A.) bellek, hafıza. ‖ * be ~ dâden به حافظه دادن hafızaya kaydetmek.

حافی hâfî: (A.) yalınayak.

حاق hâkk: (A.) 1.bir şeyin aslı. 2.orta, iç.

حاقد hâkid: (A.) kinci.

حاکم hâkim: (A.) 1.hakim. 2.vali.

حاکم نشین hâkimnişîn: (A.-F.) [hâkim+ nişesten>nişîn] 1.kaza, ilçe.

حاکمی hâkimî: (A.-F.) [hâkim+î] 1.hakimlik. 2.yargıçlık.

حاکمیت hâkimiyyet: (A.) egemenlik, hakimiyet.

حاکی hâkî: (A.) 1.hikâye eden, anlatan. 2.ifade eden. ‖ * ~ -i mâverâ' حاکیء ماوراء saydam.

حال hâl: (A.) 1.hal, durum. 2.şimdi. 3.(gr.) şimdiki zaman. 4.hoşluk. 5.sarhoşluk. ‖ * ~ be kesî dest dâden حال به کسی دست دادن hale girmek. ‖ * ~ -i çîzî ra peydâ kerden حال چیزی را پیدا کردن gibi olmak. ‖ * ~ -i ehl-i dil حال اهل دل gönül erlerinin hali, halden anlayanların hali. ‖ * ~ -i kesî bed şoden حال کسی بد شدن fenalaşmak, kötüleşmek, durumu kötüye gitmek. ‖ * ~ -i kesî ber geşten حال کسی بر گشتن hali değişmek. ‖ * ~ -i kesî be câ âmeden حال کسی به جا آمدن kendine gelmek. ‖ * ~ -i kesî be câ bûden حال کسی به جا بودن hali iyi olmak. ‖ * ~ -i kesî behem horden حال کسی خوب بودن 1.durumu değişmek, hali değişmek. 2.bayılmak, fenalaşmak. 3.kusmak. ‖ * ~ -i kesî bihter şoden حال کسی بهتر شدن hali düzelmek. ‖ * ~ -i kesî hûb bûden حال کسی خوب بودن hali iyi olmak. ‖ * ~ -i kesî hûb şoden حال کسی خوب شدن iyileşmek. ‖ * ~ -i kesî râ câ âverden حال کسی را جا آوردن cezalandırmak, benzetmek, dayak atmak. ‖ * ~ -i kesî râ peydâ kerden حال کسی را پیدا کردن gibi olmak. ‖ * ~ -i kesî ser-i câ âmeden حال کسی سر جا آمدن ayılmak, kendine gelmek. ‖ * ~ u ehvâl kerden حال و احوال کردن hal hatır sormak. ‖ * ~ u hovsele حال و حوصله durum, keyif, zevk. ‖ * ~ u hovsele dâşten حال و حوصله داشتن hali olmak. ‖ * ~ u rûz حال و روز hali vakti. ‖ * be ~ âmeden به حال آمدن ayılmak, kendine gelmek. ‖ * be ~ âverden به حال آوردن 1.sarhoş etmek. 2.kendine getirmek. ‖ * be ~ endâhten به حال انداختن hale sokmak, hale düşürmek. ‖ * be ~ oftâden به حال افتادن hale düşmek. ‖ * be ~ bergeşten به حال برگشتن hale dönmek. ‖ * be ~ -i hod gozâşten به حال خود گذاشتن kendi haline bırakmak. ‖ * be ~ -i hod mânden به حال خود ماندن kendi halinde kalmak, kendi haline bırakılmak. ‖ * be ~ -i hod rehâ kerden به حال خود رها کردن kendi haline bırakmak. ‖ * be her ~ به هر حال 1.nasıl olsa, nasılsa, ne de olsa. 2.kısacası, her neyse. ‖ * ez ~ bâz âmeden از حال باز آمدن (tas.) hal aleminden sıyrılmak, cevd halinden çıkmak. ‖ * ez ~ reften از حال رفتن bayılmak, kendinden geçmek. ‖ * der ~ -i در حال iken. ‖ * der ~ bûden در حال بودن vecd halinde olmak. ‖ * der eyn-i ~ در عین حال aynı zamanda. ‖ * der heman ~ در همان حال aynı zamanda, o anda. ‖ * ta ~ تا حال şimdiye kadar. ‖ * tâ be ~ تا به حال şimdiye kadar.

حال آمدن hâl âmeden: semirmek, şişmanlamak, kilo almak.

حال آوردن hâl âverden: sarhoş etmek.

حالا hâlâ: (A.) [hâlâ<hâlen] 1.şimdi, şu anda. 2.şimdilik, hele. ‖ * tâ ~ تا حالا şimdiye dek.

حالات hâlât: (A.) 1.haller, durumlar. 2.olaylar, vakalar.

حالا حالا hâlâ hâlâ: (A.-F.) 1.birazdan. 2.şu anda.

حالا دیگر hâlâ dîger: (A.-F.) şimdi artık.

حال افتادن hâl uftâden: başına hal gelmek.

حالا که hâlâ ki: (A.-F.) [hâlâ+ki] mademki.

حال پرسیدن hâl porsîden: hal hatır sormak.

حال پیدا کردن hâl peydâ kerden: hallenmek, hale girmek, hal almak.

حالت hâlet: (A.) 1.hal, durum, vaziyet. 2.sarhoşluk. ‖ * ~ be hod giriften حال به خود گرفتن hal almak. ‖ * ~ -i cunûn peydâ kerden حالت جنون پیدا کردن cinnet geçirmek. ‖ * ~ -i kay dest dâden حالت قی دست دادن bulantı gelmek. ‖ * ~ -i tehevvu' dâşten حالت تهوع داشتن midesi bulanmak. ‖ * be ~ -i ta'lîk der âmeden به حالت تعلیق در آوردن askıya alınmak. ‖ * be ~ -i ta'lîk der âverden به حالت تعلیق در آوردن askıya almak. ‖ * der ~ -i âdî در حالت عادی normal şartlarda, genelde.

حالت رفتن hâlet reften: hale girmek.

حال داشتن hâl dâşten: 1.zevk duymak. 2.sabrı olmak. 3.keyfi olmak.

4.cezbe ve coşku halinde olmak. 5.hali olmak.

حال گردان hâlgerdân: [hâl+gerdânden> gerdân] hal değiştiren, Tanrı.

حالی hâlî: (A.-F.) [hâl+î] 1.şimdilik. 2.şimdiki, fiilî, şu andaki. 3. ..-ir -mez. 4.-ince, -diğinde, -diği zaman. 5.o vakit, o zaman. 6.derhal, hemen. 7.süslü, süslenmiş.

حالیا hâliyâ: (A.) şimdi.

حالی شدن hâlî şoden: 1.anlamak, kavramak, idrak etmek. 2.süslenmek.

حالی کردن hâlî kerden: anlatmak, açmak.

حالی که hâlî ki: (A.-F.) [hâl+î+ki] ir-mez.

حالی نبودن hâlî nebûden: oralı olmamak, umursamamak.

حالیه hâliye: (A.-F.) şimdi.

حامد hâmid: (A.) 1.hamdeden, şükreden, öven. 2.erkek ismi.

حامض hâmiz: (A.) ekşi, ekşimtırak.

حامل hâmil: (A.) 1.taşıyan, hâmil. 2.elinde bulunduran. 3.gebe.

حاملگی hâmilegî: (A.-F.) [hâmil+e+g+î] (tıb.) gebelik, hamilelik.

حامله hâmile: (A.) (tıb.) gebe, hamile.

حامله شدن hâmile şoden: hamile kalmak.

حامی hâmî: (A.) 1.himaye eden, koruyan, hami. 2.dost, taraftar.

حانوت hânût: (A.) 1.dükkân, mağaza. 2.kulübe. 3.meyhane.

حاوی hâvî: (A.) içeren, ihtiva eden, havi.

حاویه hâviye: (A.) havya.

حایر hâyir: (A.) avare, başı dönmüş.

حایز hâyiz: (A.) içinde bulunduran, haiz, derleyen.

حایض hâyiz: (A.) 1.(tıb.) âdet gören kadın. 2.namazsız.

حایط hâyit: (A.) duvar.

حایل hâyil: (A.) 1.engel, mani. 2.ayıran, ayırıcı.

حب heb: (A.) hap, tablet.

حب hob: çömlek, büyük çömlek.

حب hubb: (A.) sevgi, muhabbet.

حباب hebâb: (A.) 1.kabarcık. 2.abajur. 3.fanus.

حباب وار habâbvâr: (A.-F.) [habâb+vâr] hava kabarcığı gibi.

حباله hibâle: (A.) 1.bağ. 2.kayıt. 3.tuzak.

حبدان hebdân: (A.-F.) [heb+dân] küçük ilaç kutusu, hap kutusu.

حبذا hebbezâ: (A.) ne mutlu!

حبر hibr: (A.) 1.mürekkep. 2.yahudi bilgini. 3.bilgin.

حبس habs: (A.) 1.hapis. 2.hapsetme. ‖ * ~ -i âdet حبس عادت (tıb.) âdet gören kadında kan durması. ‖ * ~ -i ebed حبس ابد müebbed hapis. ‖ * be ~ endâhten به حبس انداختن hapse atmak, içeri tıkmak. ‖ * be ~ oftâden به حبس افتادن hapse girmek.

حب ساختن heb sâhten: hap yapmak.

حبس شدن habs şoden: hapsolmak.

حبس کردن habs kerden: hapsetmek.

حبسگاه habsgâh: (A.-F.) [habs+gâh] hapishane.

حبسه hobse: (A.) dil tutukluğu.

حبسی habsî: (A.-F.) [habs+î] mahpus.

حبش habeş: (A.) Habeşistan.

حبشی habeşî: (A.-F.) 1.Habeşistanlı. 2.Habeş malı.

حبل hebl: (A.) 1.ip, sicim, bağ. 2.hamile, gebe. 3.(tıb.) cenin.

حبل hibl: (A.) 1.bilgin. 2.zeki.

حبلی hoblâ: (A.) hamile, gebe.

حبوبات hubûbât: (A.) tahıl, hububat.

حبوره hebbûre: 1.(bot.) haşhaş kapsülü. 2.haşhaş.

حبه habbe: (A.) 1.küçük bir ağırlık birimi. 2.baş (sarmısak) . 3.azıcık, az bir miktar. 4.tane, habbe.

حبیب habîb: (A.) 1.dost. 2.sevgili. 3.(tas.) kâmil insan. 4.erkek adı.

حتف hatf: (A.) ölüm.

حتم hetm: (A.) 1.lâzım, muhakkak. 2.sade, halis. 3.kesinlikle, mutlaka. ‖ * betovr-i ~ بطور حتم kesin olarak, kesinlikle, mutlaka.

حتما hetmen: (A.) kesinlikle, mutlaka.

حتم داشتن hetm dâşten: emin olmak.

حتمنى hetmenî: (A.-F.) mutlaka, kesinlikle.

حتمى hetmî: (A.) kesinlikle, mutlaka, kesin olarak.

حتوف hutûf: (A.) ölümler.

حتى hettâ: (A.) **1.**hatta, bile. **2.**-e kadar.

حتى الامكان hattelimkân: (A.) mümkün oldukça, elverdikçe, imkânlar ölçüsünde.

حتى المقدور hattelmakdûr: (A.) mümkün oldukça, elverdikçe, imkânlar ölçüsünde.

حث hass: (A.) **1.**teşvik. **2.**kışkırtma.

حج hac(c) : (A.) **1.**hac. **2.**kasıt, niyet. **3.**(tas.) Tanrı'ya doğru seyir ve sülûk. ‖ * ~ be câ âverden حج به جا آوردن haccetmek.

حجاب hicâb: (A.) **1.**örtü, peçe. **2.**perde. **3.**örtünme. **4.**(tas.) ilahî tecellîye engel olan her şey. ‖ * ~ -i hâciz حجاب حاجز (tıb.) diyafram. ‖ * der ~ در حجاب gizlice, gözden uzak olarak.

حجاب huccâb: (A.) **1.**perdedarlar. **2.**sekreterler. **3.**kapıcılar. **4.**engel.

حجاب برداشتن hicâb berdâşten: perdeyi kaldırmak.

حجابت hicâbet: (A.) **1.**perdedarlık. **2.**sekreterlik. **3.**kapıcılık.

حجاب گشتن hicâb geşten: engel olmak.

حجابگه hicâbgeh: (A.-F.) [hicâb+geh] örtülü yer, halvet.

حجاج huccâc: (A.) hacılar.

حجار hicâr: (A.) taşlar.

حجار heccâr: (A.) taşçı, taş ustası.

حجاره hicâre: (A.) taşlar.

حجارى heccârî: (A.-F.) [heccâr+î] taşçılık.

حجاز hicâz: (A.) **1.**(coğ.) Hicaz. **2.**(müz.) bir musikî makamı, hicaz.

حجازى hicâzî: (A.-F.) [hicâz+î] **1.**Hicazlı. **2.**Hicaz yapısı, Hicaz işi.

حجام heccâm: (A.) hacamatçı.

حجامت hicâmet: (A.) hacamat, kan alma.

حجامتچى hicâmetçi: (A.-T.) hacamatçı.

حجب hecb: (A.) **1.**örtme, gizleme. **2.**alıkoyma, engel olma.

حجب hocb: (A.) utanma, hayâ, iffet.

حجب hucub: (A.) örtüler.

حجب داشتن hocb dâşten: utanmak, arlanmak, hayâ etmek.

حجت hoccet: (A.) kanıt, delil, hüccet. ‖ * itmâm-i ~ اتمام حجت ültimatom.

حجت آوردن hoccet âverden: kanıt getirmek, delil getirmek.

حجت الله hoccetullâh: (A.) **1.**Allah'ın delili. **2.**şiîlikte âyetullah rütbesinin altındaki dinsel rütbe.

حجت انگيختن hoccet engîhten: delil getirmek, kanıt getirmek.

حجت ساختن huccet sâhten: delil sahibi olmak.

حجج hocec: (A.) kanıtlar, deliller, hüccetler.

حجر hacer: (A.) taş. ‖ * ~ -i esved حجر اسود **1.**karataş. **2.**Hacerülesved.

حجر hecr: (A.) **1.**alıkoyma, menetme. **2.**birini kendi malına tasarruftan yasal olarak el koyma, hacir.

حجر hicr, hocr: (A.) etak, kenar, bucak.

حجرات hocerât: (A.) **1.**hücreler. **2.**odacıklar.

حجره hocre: (A.) **1.**hücre. **2.**küçük oda, hücer. **3.**yazıhane. **4.**kulübe.

حجز hacz: (A.) **1.**haciz, alıkoyma. **2.**ortaya gelme.

حج كردن hac kerden: haccetmek, hacca gitmek.

حج گزاردن hac gozârden: haccetmek, hacca gitmek.

حجله hecele, hicle: (A.) gerdek odası. ‖ * ber ser-i ~ reften بر سر حجله رفتن gerdeğe girmek.

حجم hecm: (A.) hacim.

حجى hecî: (A.) lâyık.

حجيم hecîm: (A.) **1.**hacimli. **2.**hantal.

حد hedd: (A.) **1.**sınır, hudut, had. **2.**keskinlik. **3.**ölçü. **4.**miktar, derece. ‖ * ~ -i ekal حد اقل en azından, hiç olmazsa. ‖ * ~ -i ekal mozd حد اقل مزد asgarî ücret. ‖ * ~ -i ekser حد اكثر **1.**en fazla, azamî. 2.en geç. ‖ * ~ -i fâsil حد فاصل sınır, aralık. ‖ * ~ -i husn yâften حد حسن یافتن güzelliğin son haddine varmak. ‖ * ~ -i kesî râ be desteş dâden حد کسی را به دستش دادن haddini bildirmek. ‖ * ~ -i matlûb حد مطلوب optimum, en iyi durum. ‖ * ~ -i mucâz حد مجاز limit. ‖ * ~ -i mutevassıt حد متوسط ortalama. ‖ * ~ u hasr nedâşten حد و حصر نداشتن haddi hesabı olmamak, sayısız olmak, çok olmak. ‖ * be ~ -i cunûn به حد جنون delicesine. ‖ * be ~ -i çîzî resîden به حد چیزی رسیدن düzeye gelmek. ‖ * be ~ -i hod resîden به حد خود رسیدن erişkin olmak, büyümek. ‖ * be ~ -i kâfî به حد کافی yeterince, kâfi miktarda. ‖ * be ~ -i muteâl resîden به حد متعال رسیدن doruk noktasına ulaşmak, had safhaya varmak. ‖ * be ~ î ki به حدی که öyle ki, -cek kadar. ‖ * bîrûn ez ~ بیرون از حد sayısız, haddinden fazla. ‖ * der ~ -i hod در حد خود kendi çapında. ‖ * ez ~ borden از حد بردن ölçüsünü kaçırmak. ‖ * ez ~ gozerânden از حد گذراندن haddini aşmak. ‖ * ez ~ şoden از حد شدن haddinden fazla olmak. ‖ * fuzûn ez ~ فزون از حد haddinden fazla. ‖ * tâ ~ î تا حدی bir dereceye kadar. ‖ * tâ çi ~ تا چه حد ne kadar, ne ölçüde. ‖ * ziyâde ez ~ زیاده از حد haddinden fazla.

حداء hidâ', hodâ': (A.) kervancının develeri sürmek için şarkı okuması.

حداثت hedâset: (A.) 1.yenilik, tazelik. 2.gençlik, delikanlılık. 3.başlangıç.

حداد heddâd: (A.) 1.demirci, soğuk demirci. 2.kapıcı. 3.gardiyan, zindancı.

حدادی heddâdî: (A.-F.) [heddâd+î] demircilik.

حدایق hedâyik: (A.) bahçeler, bağlar.

حدب hadeb: (A.) 1.kamburluk. 2.(coğ.) sırt, tepe. 3.dalga. hadebe,

حدبه hodbe: (A.) 1.kamburluk. 2.çıkıntı, sırt, tepe. 3.şişkinlik.

حدت hiddet: (A.) hiddet. ‖ * ~ be harc dâden حدت به خرج دادن hiddetlenmek.

حدث heds: (A.) 1.yeni olmuş. 2.yeni şey. 3.abdest veya guslün yenilenmesini gerektiren hal.

حدثان hidsân: (A.) 1.başlangıç. 2.olaylar, hadiseler.

حدس heds: (A.) 1.sezgi. 2.tahmin. ‖ * be ~ -i karîb be yakîn به حدس قریب به یقین büyük bir olasılıkla.

حدس زدن heds zeden: 1.tahmin etmek, tahminde bulunmak. 2.sezmek, sezinlemek.

حدسی hedsî: (A.-F.) [heds+î] tahminen.

حدقه hedeke: (A.) 1.göz çukuru, göz yuvası. 2.çukur.

حدوث hudûs: (A.) yeni zuhur etme, meydana gelme.

حدوثت hudûset: (A.) tazelik, yenilik.

حدود hudûd: (A.) 1.sınır, hudut. 2.ölçüler. 3.tarzlar. 4.şer'î cezalar. ‖ * ~ -i حدود yaklaşık, civarında, hududunda. ‖ * der ~ -i در حدود yaklaşık, civarında, dolayında. ‖ * ez ~ -i hod tecâvuz kerden از حدود خود تجاوز کردن haddini aşmak, çizgiyi aşmak, ölçüyü kaçırmak.

حدیث hadîs: (A.) 1.taze, yeni. 2.haber. 3.hadis, Hz.Muhammed'in sözü. 4.hadis ilmi. 5.bahsetme. 6.söz. ‖ * ~ -i kesî kerden حدیث کسی کردن birinden bahsetmek.

حدیث رفتن hadîs reften: bahsedilmek.

حدیث کردن hadîs kerden: söylemek, anlatmak.

حدیث گفتن hadîs goften: bahsetmek, söz etmek.

حدید hadîd: (A.) 1.demir. 2.demir alet. 3.keskin.

حدیده hadîde: (A.) 1.demir. 2.demir alet. 3.pafta.

حدیقه hadîke: (A.) bahçe, bağ.

حذاء hizâ': (A.) 1.karşı. 2.sıra, hiza. 3.ayakkabı. 4.nalın. 5.toynak.

حذاق hozzâk: (A.) becerikliler, hâzıklar, maharetliler.

حذاقت hezâket, hizâket: (A.) maharet,

beceri, hâzıklık.

حذاقت داشتن hezâket dâşten: hâzık olmak, becerili olmak, mahir olmak.

حذر hazer: (A.) 1.sakınma, kaçınma. 2.korkma, irkilme.

حذر hezir: (A.) 1.sakınan, kaçınan. 2.korkan, irkilen. 3.tabu.

حذر کردن hazer kerden: 1.sakınmak, kaçınmak, uzak durmak. 2.korkmak, irkilmek.

حذف hezf: (A.) 1.silme, kesme, atma. 2.(gr.) kelime atma, hazf.

حذف کردن hazf kerden: 1.silmek, kesmek, atmak. 2.(gr.) kelime atmak, hazfetmek. 3.elemek.

حذق hezk, hızk: (A.) maharet, beceri, hâzıklık, ustalık.

حذو hezv: (A.) 1.eşitleme. 2.hizaya sokma, sıraya sokma. 3.bir şair veya yazarın etkisinde kalma.

حر herr: (A.) sıcaklık.

حراب hirâb: (A.) 1.savaşma, savaşım. 2.harbeler.

حراث herrâs: (A.) çiftçi.

حراث horrâs: (A.) çiftçiler.

حراثت hirâset: (A.) çiftçilik, ziraat.

حراج herrâc: (A.) müzayedeci.

حراجی herrâcî: 1.müzayede, açık arttırma, mezat. 2.müzayede dükkânı.

حرارت herâret: (A.) 1.ısı, sıcaklık, hararet. 2.keskinlik. ‖ * ~ be harc dâden حرارت به خرج دادن çok faal olmak.

حراره گوی herâregûy: [herâre+goften> gûy] (müz.) bestekâr.

حراس horrâs: (A.) muhafızlar, bekçiler, koruyucular.

حراست hirâset: (A.) muhafızlık, bekçilik, koruyuculuk.

حراست کردن hirâset kerden: korumak.

حراص hirâs: (A.) 1.geveze. 2.konuşkan. 3.nâtık, güzel konuşan, ağzı laf yapan. 4.dedikoducu.

حراف herrâf: (A.) lafçı.

حرافت herâfet: (A.) sertlik, sert mizaçlılık.

حراق herrâk: (A.) çok yakıcı.

حراقه herrâke: (A.) 1.eskiden şehirleri yakmak için özel olarak yapılan gemi. 2.ayna, yakıcı ayna.

حرام herâm: (A.) haram. ‖ * bend be ~ bâz kerden بند به حرام باز کردن harama uçkur çözmek. ‖ * dest be ~ zeden دست به حرام زدن harama el sürmek.

حرام خوار herâmhâr: (A.-F.) [herâm+ horden>hor>hâr] 1.haramzade. 2.rüşvetçi.

حرام زادگی herâmzâdegî: (A.-F.) [herâm+ zâden>zâd+e +g+î] haramzadelik.

حرامزاده herâmzâde: (A.+F.) [herâm+ zâden>zâd+e] 1.haramzade. 2.piç. 3.çok hilekâr.

حرام شدن herâm şoden: 1.haram olmak. 2.eti helal olan hayvan ölmek.

حرام کاره herâmkâre: (A.-F.) [herâm+ kâr+e] 1.rüşvetçi, rüşvet yiyen.

حرام کردن herâm kerden: 1.haram etmek. 2.yasaklamak. 3.boşu boşuna yok etmek.

حرامی herâmî: (A.+F.) [herâm+î] 1.haramlık. 2.haramkâr. 3.yol kesen, eşkiya, harami.

حرایر herâyir: (A.) özgür kadınlar.

حرب harb: (A.) (ask.) harp, savaş.

حرباء hirbâ': (A.) (zool.) bukalemun.

حربه herbe: (A.) 1.harbe. 2.savaş aracı.

حربی harbî: (A.-F.) [harb+î] 1.savaşla ilgili. 2.muharip, savaşçı. 3.(müz.) İran musikîsinde mâhur ve pencgâh makamlarından bir köşe.

حرث hers: (A.) 1.tarla sürme. 2.ziraat, tarım. 3.çiftçilik.

حرج herec: (A.) 1.darlık. 2.dar yer. 3.günah, suç. 4.korku. 5.itiraz.

حرجول hercûl: (A.) (zool.) bir tür çekirge.

حرز hırz: (A.) 1.sağlam yer, emin yer, tekin yer. 2.sığınak. 3.nazar muskası. ‖ * ~i yemânî حرز یمانی nazar duası.

حرس heres: (A.) muhafızlar, koruyucular, bekçiler.

حرس heris: (A.) muhafiz, koruyucu, bekçi.

حرشاء herşâ': (A.) (bot.) hardal.

حرص hırs: (A.) hırs. ‖ * ~ -i kesî râ der âverden حرص کسی را در آوردن birinin damarına basmak, birinin bam teline basmak. ‖ * ~ -i kesî giriften حرص کسی گرفتن hırslanmak.

حرص خوردن hırs horden: sinirlenmek, öfkelenmek.

حرض herez: (A.) ölüm, helâk oluş.

حرف herf: (A.) **1.**harf. **2.**söz, laf. **3.**(gr.) edat. ‖ * ~ ez dehen-i kesî perîden حرف از دهن کسی پریدن ağızdan söz çıkmak. ‖ * ~ bâr-i kesî kerden حرف بار کسی کردن laf etmek, söz söylemek. ‖ * ~ -i pây-i kesî nişesten حرف پای کسی نشستن birinin sözünü dinlemek, birini dinlemek için yanına oturmak. ‖ * ~ -i pehlûdâr حرف هلودار kaç tarafa çekilebilen söz, lastikli söz. ‖ * ~ -i dehân-i hod râ fehmîden حرف دهان خود را فهمیدن ağzından çıkanı kulağı duymak, söylediğini bilmek. ‖ * ~ -i dîger be meyân âverden حرف دیگر به میان آوردن lafi değiştirmek, konuyu değiştirmek. ‖ * ~ râ pes giriften حرف را پس گرفتن sözünü geri almak. ‖ * ~ râ pîçânden حرف را پیچاندن lafi çarpıtmak. ‖ * ~ -i rabt حرف ربط bağlama edatı. ‖ * ~ -i kesî râ borîden حرف کیب را بریدن birinin sözünü kesmek. ‖ * ~ eş râ ferâmûş kerden حرفش را فراموش کردن ne diyeceğini bilememek. ‖ * ~ -i kesî der miyân bûden حرف کسی در میان بودن birinden söz edilmek. ‖ * ~ -i kesî râ be cid giriften حرف کسی را به جد گرفتن lafını ciddiye almak. ‖ * ~ -i kesî râ zemîn endâhten حرف کسی را زمین انداختن birini kırmak. ‖ * ~ -i kesî nâtemâm mânden حرف کسی ناتمام ماندن sözü yarım kalmak. ‖ * ~ -i gonde zeden حرف گنده زدن büyük laf söylemek. ‖ * be ~ âmeden به حرف آمدن **1.**konuşmak, konuşmaya başlamak. **2.**dile gelmek, dillenmek. ‖ * be ~ âverden به حرف آوردن konuşturmak. ‖ * be ~ der âmeden به حرف در آمدن konuşmaya başlamak. ‖ * be ~ -i kesî resîden به حرف کسی رسیدن birinin sözüne gelmek. ‖ * tûy-i ~ -i kesî âmeden توی حرف کسی آمدن birinin sözünü kesmek. ‖ * tûy-i ~ -i kesî devîden lafını kesmek, sözünü kesmek. ‖ * ser-i ~ -i kesî râ kat' kerden سر حرف کسی را قطع کردن birinin sözünü kesmek, birinin lafına girmek.

حرف hıref: (A.) meslekler, sanatlar.

حرفاء horefâ': (A.) rakipler.

حرف داشتن herf dâşten: diyecek sözü olmak.

حرف در آوردن herf der âvorden: laf çıkartmak, dedikodu yapmak, laf üretmek.

حرف زدن herf zeden: konuşmak, söz söylemek, söylemek, söz etmek. ‖ * tu demâgî ~ تو دماغی حرف زدن genizden konuşmak. ‖ * zîr-i leb ~ زیر لب حرف زدن mırıldanmak, söylenmek.

حرف شنو herşinov: (A.-F.) [herf+ şenîden> şinov] söz dinleyen.

حرف شنیدن herf şenîden: söz dinlemek.

حرف کردن herf kerden: konuşmak, laf etmek.

حرف گیر herfgîr: (A.-F.) [herf+giriften> gîr] tenkidçi, muhalif.

حرف نشنو herfneşnev: (A.-F.) [herf+ şenîden>şinev>neşinev>neşnev] laftan anlamaz, söz dinlemez.

حرف نشنوی herfneşnevî: (A.-F.) [herf+ şenîden>şinev>neşinev>neşnev+î] laftan anlamama, söz dinlememe.

حرفه hirfe: (A.) meslek, sanat.

حرفه ای hirfe'î: (A.-F.) [hirfe+î]

1.meslekle ilgili. 2.profesyonel. ‖ * gayr-i ~ غير حرفه اى amatör. ‖ * medrese-i ~ مدرسهء حرفه اى sanat okulu, meslek okulu.

حرق hark: (A.) yakma.

حرقت horket, harket: (A.) 1.yanık. 2.yanma. 3.hararet, sıcaklık.

حركات harekât: (A.) 1.hareketler. 2.davranışlar.

حركت hareket: (A.) 1.hareket. 2.davranış. 3.kalkış. ‖ * ~ -i intikâlî حركت انتقالى dünyanın güneş etrafındaki bir turu. ‖ * ~ -i kâreî حركت قاره اى (coğ.) kıta hareketi. ‖ * ~ -i vaz'î حركت وضعى dünyanın kendi etrafındaki bir turu. ‖ * be ~ der âmeden به حركت در آمدن 1.hareket etmek. 2.harekete geçmek. ‖ * be ~ der âverden به حركت در آوردن harekete geçirmek, hareket ettirmek, sallamak. ‖ * ez ~ bâz mânden از حركت باز ماندن durmak, hareketsiz kalmak.

حركت دادن hareket dâden: hareket ettirmek, kımıldatmak.

حركت كردن hareket kerden: 1.hareket etmek. 2.kımıldamak. 3.davranmak. 4.(taşıt) kalkmak.

حركت يافتن hareket yâften: hareket etmek, harekete geçmek.

حرم harem: (A.) 1.saray veya ev çevresi. 2.harem. 3.(coğ.) Harem, Kâbe ve çevresi. 4.saray veya ev içi. 5.bir kimsenin ailesi.

حرمان hirmân: (A.) 1.mahrumiyet. 2.nasipsizlik. 3.ümitsizlik.

حرمان زدن hirmân zeden: hayal kırıklığına uğramak.

حرمت hormet: (A.) 1.hürmet, saygı. 2.haram olma. 3.korunması gerekli olan.

حرمت داشتن hormet dâşten: 1.saygısı duymak, saygılı olmak. 2.haram olmak.

حرمخانه haremhâne: (A.-F.) [harem+ hâne] haremlik.

حرمسرا haremserâ: (A.-F.) [harem+ serâ] 1.haremlik. 2.harem dairesi.

حرمت گذاشتن hormet gozâşten: saygı göstermek, hürmet etmek.

حروب harûb: (A.) savaşlar, harpler.

حرور herûr: (A.) 1.sıcaklık. 2.güneş sıcaklığı. 3.sıcak rüzgâr. 4.ateş.

حروف hurûf: (A.) 1.harfler. 2.(gr.) edatlar.

حروفات hurûfât: (A.) harfler.

حروفچين hurûfçîn: (A.-F.) [hurûf+ çîden> çîn] dizgici, mürettip.

حروفچينى hurûfçînî: (A.-F.) [hurûf+ çîden> çîn+î] 1.dizgicilik, mürettiplik. 2.dizgi.

حروفچينى شدن hurûfçînî şoden: dizilmek (kitap vs.)

حروفچينى كردن hurûfçînî kerden: dizmek, dizgi yapmak.

حروفى hurûfî: (A.) 1.harflerle ilgili. 2.(tas.) hurûfîlik tarikatine mensup olan, hurûfî.

حره herre: (A.) taşlık yer.

حرى herî: (A.) lâyık, yaraşır.

حريت horriyyet: (A.) hürriyet, özgürlük.

حرير herîr: (A.) 1.ipek. 2.ipek kumaş. 3.ipekli giysi. 4.örümcek ağı.

حريره herîre: (A.) 1.ipekli kumaş. 2.muhallebi.

حريرى herîrî: (A.) 1.ipekli kumaş dokuyan. 2.ipek tüccarı.

حريص herîs: (A.) haris, açgözlü.

حريف herîf: (A.) 1.rakip. 2.meslektaş. 3.içki arkadaşı, meclis ehli. 4.dost. 5.sevgili. ‖ * ~ -i âdem-i bîdîn âdem-i bî îmân est حريف آدم بى دين آدم بى ايمان است dinsizin hakkından imansız gelir. ‖ * ~ -i kesî şoden حريف كسى شدن biriyle baş etmek.

حريفى كش harîfikeş: (A.-F.) [harîf+î+ keşîden>keş] dost canlısı.

حريق harîk: (A.) 1.yangın. 2.ateş yalazı. 3.yanmış, yanık. ‖ * to'me-i ~ şoden طعمهء حريق شدن yanıp kül olmak.

حريم harîm: (A.) 1.harem, yabancının giremeyeceği yer. 2.kutsal ve koruma altındaki mekân. 3.sır. ‖ * ~ -i hevâî حريم هوائى (ask.) hava sahası.

حریم شکستن herîm şikesten: sırrını söylemek.

حزام hizâm: (A.) **1.**orta. **2.**kendisine bağlanılan.

حزب hizb: (A.) **1.**grup, bölük, cemaat, hizip. **2.**parti. **3.**Kur'ân'ın 120 cüzünden her biri. ‖ * ~ -i ekalliyyet حزب اقلیت muhalefet partisi.

حزب باز hizbbâz: (A.-F.) [hizb+ bâhten> bâz] **1.**partici. **2.**hizipçi.

حزب بازی hizbbâzî: (A.-F.) [hizb-bâz+î] **1.**particilik. **2.**hizipçilik.

حزر hezr: (A.) tahmin.

حزم hezm: (A.) sağlamlaştırma. ileri görüş.

حزم hezem: sakınma.

حزمه hozme: (A.) huzme, ışık demeti.

حزن hozn: (A.) hüzün.

حزن آلود hoznâlûd: (A.-F.) [hozn+ âlûden> âlûd] **1.**hüzünlü, mahzun. **2.**üzücü.

حزن آور hoznâver: (A.-F.) [hozn+ âverden> âver] üzücü, hüzün verici.

حزن آنگیز hoznengîz: (A.-F.) [hozn+ engîhten>engîz] hüzün verici, üzücü.

حزیران hezîrân: (A.-Sür.) Haziran ayı.

حزین hezîn: (A.) hüzünlü, hazin.

حس his(s) : (A.) his, duyu. ‖ * ~ -i bâsire حص باصره (tıb.) görme duyusu. ‖ * ~ -i lâmise حس لامسه (tıb.) dokunma duyusu. ‖ * ~ -i sami'a حس سامعه (tıb.) işitme duyusu. ‖ * ~ -i şâmme حس شامه (tıb.) koku alma duyusu. ‖ * ~ -i zâika حس ذائقه (tıb.) tatma duyusu.

حس آمیزی hissâmîzî: (A.-F.) [hiss+ âmîhten>âmîz+î] (tıb.) synaesthesia.

حساب hisâb: (A.) **1.**hesap. **2.**matematik. ‖ * ~ eş pâk est حسابش پاک است işi çok kötüdür. ‖ * ~ -i cârî حساب جاری câri hesap. ‖ * ~ -i cârî-i erzî حساب جاری ارزی döviz hesabı. ‖ * ~ -i kesî pâk bûden حساب کسی پاک بودن **1.**iyi amelli olmak, dürüst olmak. **2.**işi çok kötü olmak. **3.**işi bitik olmak. ‖ * ~ i kesî temâm bûden حساب کسی تمام بودن işi bitik olmak. ‖ * ~ râ tesviye kerden حساب را تسویه کردن hesabı düzeltmek, borçlarını ödemek. ‖ * ~ râ rûşen kerden حساب را روشن کردن meseleyi halletmek. ‖ * be ~ âmeden به حساب آمدن sayılmak, kabul edilmek, addedilmek. ‖ * be ~ âverden به حساب آوردن kabul etmek, saymak, addetmek. ‖ * be ~ rîhten به حساب ریختن hesaba para yatırmak. ‖ * ser-i ~ âmeden سر حساب آمدن anlamak. ‖ * tesviye-i ~ تسویهٔ حساب hesaplaşma. ‖ * tesviye-i ~ kerden تسویهٔ حساب کردن hesaplaşmak.

حساب افتتاح کردن hisâb iftitâh kerden: hesap açmak.

حساب باز کردن hisâb bâz kerden: hesap açtırmak.

حساب بردن (از) hisâb borden: **1.**birinden çekinmek, birinden yılmak. **2.**saymak, hürmet etmek.

حساب بر گرفتن hisâb bergiriften: hesap çıkarmak.

حساب تسویه شدن hisâb tesviyc şoden: hesaplaşmak, hesaplaşılmak.

حساب تسویه کردن hisâb tesviye kerden: hesabı kapatmak.

حسابدار hisâbdâr: (A.-F.) [hisâb+ dâşten> dâr] muhasebeci, muhasip, sayman.

حسابداری hisâbdârî: (A.-F.) [hisâb+ dâşten>dâr+î] **1.**muhasebecilik. **2.**saymanlık, muhasebe bürosu, muhasebe. ‖ * ~ -i umûmî حسابداریِ عمومی genel muhasebe, genel saymanlık.

حسابدان hisâbdân: (A.-F.) [hisâb+ dânisten>dân] muhasip, sayman.

حسابدانی hisâbdânî: (A.-F.) [hisâb+ dânisten>dân+î] muhasiplik, saymanlık.

حساب سازی hisâbsâzî: (A.-F.) [hisâb+

sâhten>sâz+î] hesap uydurma, fazla masraf gösterme.

حساب کردن hisâb kerden: **1.**hesaplamak, hesap etmek. **2.**düşünmek. ‖ * dâhil-i âdem ~ داخل آدم حساب کردن adam yerine koymak. ‖ * rûy-i men hisâb nekun روی من حساب نکن bu işte yokum.

حسابگر hisâbger: (A.-F.) [hisâb+ger] hesaplı, hesabını kitabını bilen.

حسابی hisâbî: (A.-F.) [hisâb+î] **1.**matematiğe ait, matematiksel. **2.**doğru, dürüst, güvenilir. **3.**adamakıllı, iyice, bir iyice. **4.**gerçekten, esaslı, tam. ‖ * merd-i ~ مرد حسابی be adam, yahu.

حساد hessâd: (A.) çok kıskanç.

حسادت hesâdet: (A.) kıskançlık, çekemezlik. ‖ * ez ~ terkîden از حسادت ترکیدن kıskançlıktan çatlamak.

حسادت کردن hesâdet kerden: kıskanmak, çekememek.

حسادت ورزیدن hesâdet verzîden: kıskanmak, çekememek.

حساس hessâs: (A.) **1.**hassas. **2.**duygusal, içli. **3.**alıngan. **4.**çabuk kavrayan.

حساسی hessâsî: (A.-F.) [hessâs+î] **1.**hassaslık. **2.**duygusallık.

حساسیت hessâsiyyet: (A.) hassasiyet, duyarlık.

حساسیت داشتن hessâsiyyet dâşten: hassasiyet göstermek.

حسام husâm: (A.) keskin kılıç.

حسان hisân: (A.) güzeller.

حسب hesb: (A.) **1.**sayı. **2.**sayma. **3.**kifayet etme.

حسبِ hesb-i: (A.-F.) göre, binaen. ‖ * ber ~ -i بر حسب -e göre, -diği üzere , -diği şekilde. ‖ * ~ -i hâl حسب حال **1.**durum raporu, hasbıhal. **2.**otobiyografi. ‖ * ~ -i hâlî حسب حالی otobiyografik.

حسب heseb: (A.) **1.**soy sop. **2.**şeref. **3.**değer., sayı. **4.**büyüklük.

حسبان hisbân: (A.) zannetme, zan, şüphe.

حسبان hosbân: (A.) seyma, hesaplama.

حسبت hisbet: (A.) **1.**ücret, ecir. **2.**Allah tarafından müminlere verilen ecir.

حسبی hesebî: (A.-F.) [heseb+î] **1.**soy sop ile ilgili. **2.**şeref ile ilgili.

حسد hesed: (A.) **1.**kıskançlık, hasetb **2.**kıskanılan.

حسد بردن (به) hesed borden: kıskanmak.

حسد پیشه hesedpîşe: (A.-F.) [hesed+ pîşe] kıskanç.

حسدناک hesednâk: (A.-F.) [hesed+nâk] **1.**kıskanç. **2.**kıskanılan.

حسر hesr: (A.) çıplaklaştırmak.

حسرت hesret: (A.) **1.**özlem, hasret. **2.**üzüntü, esef. ‖ * ~ be dil horden حسرت به دل خوردن (hlk.) muradına ermek. ‖ * ~ -i çîzî râ horden حسرت چیزی را خوردن aramak.

حسرت خوردن hesret horden: **1.**özenmek. **2.**üzülmek, eseflenmek.

حس کردن his kerden: **1.**hissetmek, duymak. **2.**algılamak. **3.**anlatmak.

حس گر hisger: (A.-F.) [his+ger] sensor.

حسن hasen: (A.) **1.**güzel. **2.**iyi.

حسن hosn: (A.) **1.**güzellik. **2.**iyilik. ‖ * ~ -i âkibet حسن عاقبت iyi son. ‖ * ~ -i ehlâk حسن اخلاق iyi huyluluk, iyi ahlâk. ‖ * ~ -i muâmele حسن معامله iyi davranış. ‖ * ~ -i muâmele kerden حسن معامله کردن iyi davranmak.

حسنات hasenât: (A.) iyilikler, hasenat.

حسن فروش husnfurûş: (A.-F.) [husn+furûhten>furûş] güzelliğini satan.

حسنه hasene: (A.) iyi iş, iyi amel.

حسنی husnâ: (A.) **1.**daha güzel, daha iyi. **2.**iyi akıbet. **3.**iyi iş. **4.**zafer. **5.**şehadet. ‖ * esmâ-i ~ اسماء حسنی Allah'ın doksan dokuz adı, esmâ-yı hüsna.

حسود hesûd: (A.) kıskanç.

حسودی hesûdî: (A.-F.) [hesûd+î]

kıskançlık. ‖ * ~ -i kesî şoden be kesî حسودی کسی شدن به کسی birini kıskanmak.

حسودی کردن hesûdî kerden: kıskanmak, kıskançlık beslemek.

حسی hissî: (A.-F.) [hiss+î] duygusal, hissî.

حسیات hissiyyât: (A.) duygular, hisler, hissiyat.

حسیب hesîb: (A.) 1.hesap eden, muhasip. 2.ulu, yüce. 3.sayı. 4.alış veriş, muamele.

حسیر hesîr: (A.) 1.aciz. 2.hasret çeken.

حسین hoseyn: (A.) 1.güzelcik. 2.erkek ismi, Hüseyin.

حسینقلی خانی hoseynkulî hânî: (A.-F.) (kin.) kargaşa, hercümerç.

حسینی hoseynî: (A.-F.) 1.(müz.) İran musikîsinde bird makam, hüseynî.

حسینیه hoseyniyye: (A.) Hz. Hüseyin ağıt okunulan yer, hüseyniye.

حشا heşâ: (A.) 1.iç, içeri. 2.ilik.

حشاش heşşâş: (A.) 1.kuru ot toplayan. 2.kuru ot satıcısı. 3.esrarkeş.

حشر heşer: (A.) 1.yığın, küme, grup. 2.(ask.) dağınık ordu, milis.

حشر heşr: (A.) 1.toplama. 2.kışkırtma. 3.karıştırma. 4.uzlaştırma. 5.kıyamet, haşir. ‖ * ~ u neşr dâşten bâ kesî حشر و نشر داشتن با کسی biriyle haşır neşir olmak. ‖ * rûz-i ~ روز حشر kıyamet günü.

حشرات heşerât: (A.) haşarat, haşereler.

حشر کردن heşr kerden: üşüşmek, başına çullanmak.

حشره heşere: (A.) haşere, zararlı böcek.

حشره شناسی heşereşinâsî: (A.-F.) [heşere+ şinâhten>şinâs+î] böcekbilim, haşerebilim.

حشره کش heşerekoş: (A.-F.) [heşere+ koşten>koş] 1.haşere ilacı. 2.haşere filtresi.

حشری heşerî: (A.-F.) [heşer+î] 1.şehvet düşkünü. 2.çete elemanı. 3.haşarı.

حشف heşef: (A.) 1.kötü hurma. 2.zırva, anlamsız söz.

حشفه heşefe: (A.) 1.anız. 2.(tıb.) penis başı.

حشل heşel: (A.) tehlike.

حشلحف heşelhef: saçma sapan.

حشم heşem: (A.) 1.maiyetteki uşak ve hizmetkârlar. 2.koyunlar.

حشمت hişmet: (A.) 1.görkem, haşmet. 2.utanma, haya.

حشو heşuv: (A.) 1.doldurma, tıkama. 2.(kin.) münasebetsiz insan. 3.fazla ve anlamsız söz, haşiv.

حشیش heşîş: (A.) 1.(bot.) haşhaş. 2.esrar.

حشیش کشیدن heşîş keşîden: esrar çekmek, esrar içmek.

حشیشی heşîşî: (A.-F.) [heşîş+î] 1.esrarkeş. 2.Hasan Sabbah'ın terör grubuna mensup olan.

حشیشیون heşîşiyyûn: (A.) 1.esrarkeşler. 2.İsmailî fedaileri, Hasan Sabbah'ın terör grubuna mensup olanlar, Haşîşîler.

حصات hesât: (A.) taş, çakıl.

حصاد hesâd, hisâd: (A.) 1.ekin biçme, hasat. 2.hasat mevsimi.

حصار hisâr: (A.) 1.hisar. 2.kuşatma. ‖ * der ~ giriften در حصار گرفتن kuşatmak, kuşatma altına almak.

حصار دادن hisâr dâden: kuşatmak.

حصافت hesâfet: (A.) sağlam düşüncelilik.

حصان hisân: (A.) at, beygir.

حصانت hesânet: (A.) 1.sağlamlık, müstahkem olma. 2.namusluluk, iffetlilik.

حصب haseb: (A.) 1.maşa. 2.pota. 3.çakıl taşı.

حصبه hesbe: (A.) (tıb.) tifo.

حصد hasd: (A.) biçme, hasat.

حصر haser: (A.) 1.konuşmaya başlama. 2.can sıkıntısı.

حصر hasr: (A.) 1.kuşatma, sarma. 2.sayma.

حصر husur: (A.) hasırlar.

حصرم hısrim: (A.) üzüm koruğu.

حصص hases: (A.) kellik, dazlaklık.

حصص hıses: (A.) hisseler.
حصن hısn: (A.) **1.**kale. **2.**sığınak.
حصول husûl: (A.) **1.**hasıl olma, ele geçme. **2.**zuhur, vaki olma, meydana gelme. ‖ * be ~ peyvesten به حصول پیوستن hasıl olmak, sağlanmak, meydana gelmek, gerçekleşmek. ‖ * sûret-i ~ peydâ kerden صورت حصول پیدا کردن hasıl olmak, sağlanmak, gerçekleşmek.
حصون husûn: (A.) **1.**kaleler. **2.**sığınaklar.
حصه hisse: (A.) hisse.
حصه دار hissedâr: (A.-F.) [hisse+ dâşten> dâr] hissedar.
حصير hasîr: (A.) **1.**hasır. **2.**yan. **3.**dar mekân. **4.**zindan. **5.**sert mizaç.
حصيرباف hasîrbâf: (A.-F.) [hasîr+ bâften>bâf] hasırcı, hasır ören.
حصيربافى hasîrbâfî: (A.-F.) [hasîr+ bâften>bâf+î] hasırcılık, hasır örme.
حصيرى hasîrî: (A.-F.) [hasîr+î] **1.**hasırcı. **2.**hasır perde.
حصين hasîn: (A.) **1.**müstahkem yer. **2.**kale.
حضار huzzâr: (A.) hazır bulunanlar.
حضارت hezâret, hizâret: (A.) **1.**bir şehirde yaşama. **2.**uygarlık.
حضانت hizânet: (A.) **1.**besleme, bakma, kanatları altına alma. **2.**dadılık, bakıcılık.
حضر hezer: (A.) **1.**hazar, barış durumu. **2.**konak. **3.**şehir. **4.**şehirde yaşama.
حضرات hezerât: (A.) **1.**hazretler, muhteremler. **2.**hazır bulunanlar.
حضرت hazret: (A.) **1.**hazret. **2.**yakınlık. **3.**huzur. **4.**başkent.
حضرمى hazremî: (A.) Hadramutlu.
حضرى hazerî: (A.) şehirli, şehirde yaşayan.
حضض hozez, hozoz: (A.) (bot.) filzehre çiçeği.
حضن hızn: (A.) kucak.
حضور huzûr: (A.) **1.**varlık, vücut, bulunma, katılma. **2.**yan, karşı. **3.**huzur. ‖ * be ~-i kesî resîden به حضور کسی رسیدن biri tarafından kabul edilmek. ‖ * ~ be hem resânden حضور به هم رساندن bulunmak, gelmek, katılmak.
حضوراً huzûren: (A.) şahsen, bizzat, katılarak.
حضور داشتن huzûr dâşten: bulunmak, katılmak.
حضورى huzûrî: (A.-F.) [huzûr+î] şahsen görüşmek üzere, bizzat katılarak.
حضور یافتن huzûr yâften: **1.**hazır olmak, katılmak, gelmek. **2.**neşelenmek, huzur bulmak.
حضيض hazîz: (A.) **1.**aşağılık, alçaklık. **2.**düşük mekân, alçak mekân. **3.**yukarı, yukarısı.
حط het: (A.) **1.**aşağı indirme, aşağı bırakma. **2.**değerini düşürme.
حطام hotâm: (A.) **1.**kırıntı, döküntü. **2.**kırık dökük. **3.**(kin.) dünya malı.
حطب heteb: (A.) odun.
حظ hez: (A.) **1.**haz. **2.**nasip, pay.
حظ بردن hez borden: haz duymak.
حظر hezr: (A.) alıkoyma, engelleme, yasaklama, haram kılma.
حظوظ huzûz: (A.) **1.**nasipler, paylar. **2.**hazlar.
حظيره hezîre: (A.) **1.**hazire. **2.**ağıl.
حظيظ hezîz: (A.) **1.**nasipli. **2.**mutlu. **3.**talihli.
حف heff: (A.) çevreleme.
حفار heffâr: (A.) **1.**hafriyatçı, kazıcı. **2.**mezarcı.
حفار hifâr: (A.) sondaj, kazı.
حفاظ hifâz: (A.) **1.**çit. **2.**koruma. **3.**yanlış işe engel olma. **4.**mürüvvet, hamiyet.
حفاظ huffâz: (A.) hafızlar.
حفاظت hifâzet: (A.) koruma, kollama.
حفاظه hifâze: (A.) koruma, kollama.
حفاوت hefâvet: (A.) **1.**şefkat gösterme, hal hatır sorma. **2.**aziz tutma, değer verme.
حفاير hefâyir: (A.) çukurlar.
حفد hefed: (A.) **1.**hizmetçiler. **2.**torunlar. **3.**dostlar, arkadaşlar.
حفر hefr: (A.) **1.**kazma, açma, çukurlaştırma. **2.**araştırma,

inceleme.

حفر كردن hefr kerden: kazmak.

حفره hofre: (A.) **1.**çukur. **2.**delik. **3.**mezar. **4.**kovuk.

حفريات hefriyyât: (A.) **1.**hafriyat, kazılar. **2.**araştırma kazıları. ‖ * ~ -i iktişâfî حفريات اكتشافى sondaj çalışması.

حفظ hıfz: (A.) **1.**koruma. **2.**ezberleme. **3.**akılda tutma. **4.**hafıza. ‖ * ~ -i sıhhat حفظ صحت (tıb.) sağlık koruma, hıfzısıhha. ‖ * ez ~ از حفظ ezbere. ‖ * ez ~ hânden از حفظ خواندن ezbere okumak.

حفظ الصحه hıfzussıhha: (A.) (tıb.) sağlık koruma, hıfzısıhha, sağlık bilgisi.

حفظ شدن hıfz şoden: **1.**ezberlenmek. **2.**korunmak, muhafaza edilmek.

حفظ كردن hıfz kerden: **1.**ezberlemek. **2.**korumak.

حفظى hıfzî: (A.-F.) [hıfz+î] **1.**ezberle ilgili. **2.**ezber dersleri.

حفل hefl: (A.) **1.**birikme, yığılma. **2.**topluluk.

حفى hefî: (A.) sevgili, canan.

حفيد hefîd: (A.) torun.

حفيره hefîre: (A.) **1.**çukur. **2.**mezar, kabir.

حفيظ hefîz: (A.) **1.**koruyucu, koruyan. **2.**kollayıcı, gözetleyici.

حفيظت hefîzet: (A.) **1.**öfke, gazap. **2.**savaş. **3.**rezillik.

حق hakk: (A.) **1.**hak. **2.**Hak, Allah. **3.**doğru, gerçek. **4.**nasip, pay, hisse. **5.**liyakat. **6.**malik. ‖ * ~ be cânib حق به جانب haklı. ‖ * ~ be cânib bûden حق به جانب بودن haklı olmak. ‖ * ~ be cânib nişân dâden حق به جانب نشان دادن haklı göstermek. ‖ * ~ -i hisâb حق حساب rüşvet, diş kirası. ‖ * ~ -i kapirayt حق كاپى رايت copyright hakkı. ‖ * ~ -i kesî râ bâlâ keşîden حق كسى را بالا كشيدن hakkını yemek. ‖ * ~ -i mesken حق مسكن konut yardımı. ‖ * ~ -i neşr حق نشر yayın hakkı. ‖ * ~ -i ovlâd حق اولاد çocuk yardımı. ‖ * ~ -i senevât حق سنوات kıdem tazminatı. ‖ * ~ -i serperestî حق سرپرستى makam tazminatı. ‖ * ~ -i te'ehhul حق تأهل eş yardımı. ‖ * be hakk-i ~ بحق hakkı için. ‖ * be ~ -i . به حق Allah'a yemin ederim ki; ‖ * be civâr-i ~ به جوار حق peyvesten پيوستن ölmek. ‖ * der ~ -i . در حق hakkında, konusunda. ‖ * kıyâfe-i ~ be cânib be hod giriften قيافهء حق به جانب به خود گرفتن kendini haklı göstermeye çalışmak.

حقا hakken: (A.) **1.**gerçekten, hakikaten. **2.**adalete uygun olarak.

حقارت hakâret: (A.) hakaret, aşağılama.

حقا كه hakkâ ki: (A.-F.) [hakkâ+ki] gerçekten de, hakikaten.

حق الارض hakkularz: (A.) yer parası, ayakbastı parası.

حق الامتياز hakkulimtiyâz: (A.) imtiyaz hakkı, ayrıcalık hakkı.

حق التأليف hakkutte'lîf: (A.) telif hakkı, telif ücreti.

حق التحقيق hakkuttahkîk: (A.) araştırma ücreti.

حق التدريس hakkuttedrîs: (A.) ders ücreti.

حق التعليم hakkutta'lîm: (A.) ders ücreti.

حق الثبت hakkussebt: (A.) kayıt pulu ve noter masrafları.

حق الزحمه hakkuzzahme: (A.) emek parası.

حق السكوت hakkussukût: (A.) sus payı.

حق الشرب hakkuşşurb: (A.) su parası, su kaynağından yararlanma ücreti.

حق العبور hakkul'ubûr: (A.) geçiş ücreti.

حق العمل hakkulamel: (A.) komisyon.

حق العمل كار hakkulamelkâr: (A.-F.) [hakkulamel+kâr] komisyoncu.

حق الورود hakkulvurûd: (A.) **1.**giriş ücreti. **2.**gümrük parası.

حق الوكاله hakkulvekâle: (A.) vekalet ücreti, avukatlık ücreti.

حقانى hakkânî: (A.) hakikate ait.

حقانیت hakkâniyyet: (A.) adalete ve hukuka uygunluk, hakkaniyet.

حقایق hakâyık: (A.) hakikatler, gerçekler.

حق بین hakbîn: (A.-F.) [hak+dîden>bîn] doğru, dürüst, âdil, doğruyu gören.

حق پرست hakperest: (A.-F.) [hak+perestîden>perest] hak ve adaleti koruyan, âdil.

حق جوی hakcûy: (A.-F.) [hak+costen> cûy] hakkı arayan, gerçeği arayan.

حقد hıkd: (A.) kin, garaz.

حق دادن hak dâden: hak vermek.

حق دار hakdâr: (A.-F.) [hak+ dâşten> dâr] haklı.

حق داشتن hak dâşten: **1.**haklı olmak. **2.**hakkı olmak.

حق شناس hakşinâs: (A.-F.) [hak+şinâhten>şinâs] **1.**haktanır, hakbilir, hakşinas. **2.**vefalı, kadirşinas. **3.**Allah'ı tanıyan.

حق شناسی hakşinâsî: (A.-F.) [hak+şinâhten>şinâs+î] **1.**haktanırlık, hakbilirlik, hakşinaslık. **2.**vefa. **3.**Allah'ı tanıma.

حق گزار hakgozâr: (A.-F.) [hak+gozârden> gozâr] **1.**âdil, adaletli. **2.**kadirşinas, haktanır.

حق گو hakgû: (A.-F.) [hak+goften>gû] doğru sözlü.

حقن hakn: (A.) alıkoyma, saklama, muhafaza etme.

حقنه hokne: (A.) (tıb.) şırınga, enjektör.

حق ور hakver: (A.-F.) [hak+ver] haklı, hak sahibi.

حقوق hukûk: (A.) **1.**haklar. **2.**doğruluklar, hakikatler. **3.**maaş, aylık. **4.**mal mülk. ‖ * ~ -i tekâud حقوق تقاعد emekli aylığı. ‖ * hadd-i ekall ~ -i kânûnî حد اقل حقوق قانونی asgarî ücret.

حقوق بگیر hukûkbegîr: (A.-F.) [hukûk+giriften>gîr>begîr] memur, maaşlı, aylıklı, ücretli.

حقوق دان hukûkdân: (A.-F.) [hukûk+dânisten>dân] hukukçu.

حقوقی hukûkî: (A.) hukukî, hukuksal.

حقه hakke: (A.) doğru, hak.

حقه hokke: (A.) **1.**hokka. **2.**hile, oyun, düzenbazlık.

حقه باز hokkebâz: (A.-F.) [hokka+bâhten>bâz] şarlatan, hokkabaz, hilekâr, üçkâğıtçı.

حقه بازی hokkebâzî: (A.-F.) [hokka+bâhten>bâz+î] şarlatanlık, hokkabazlık, düzenbazlık, hilekârlık, üçkâğıtçılık.

حقه زدن hokke zeden: aldatmak, düzenbazlık yapmak.

حقیر hakîr: (A.) **1.**hakir, alçak, düşkün. **2.**küçük.

حقیر دیدن hakîr dîden: küçümsemek, hakir görmek.

حقیر شمردن hakîr şomorden: hakir görmek, küçümsemek.

حقیری hakîrî: (A.-F.) [hakîr+î] **1.**hakirlik. **2.**küçüklük.

حقیق hakîk: (A.) lâyık, yaraşır.

حقیقت hakîkat: (A.) hakikat, gerçek, asıl. ‖ * be ~ peyvesten به حق پیوست gerçekleşmek. ‖ * der ~ در حقیقت aslında, hakikatte. ‖ * sûret-i ~ be hod giriften صورت حقیقت به خود گرفتن gerçekleşmek. ‖ * sûret-i ~ pezîroften صورت حقیقت پذیرفتن gerçekleşmek.

حقیقتا hakîkaten: (A.) gerçekten, hakikaten.

حقیقت بین hakîkatbîn: (A.-F.) [hakîkat+ dîden>bîn] doğruyu gören.

حقیقت بینی hakîkatbînî: (A.-F.) [hakîkat+dîden>bîn+î] doğruyu görüş.

حقیقت جو hakîkatcû: (A.-F.) [hakîkat+costen>cû] gerçeği arayan.

حقیقت گرا hakîkatgerâ: (A.-F.) [hakîkat+ gerâyîden>gerâ] gerçekçi, realist.

حقیقت گرایی hakîkatgerâyî: (A.-F.) [hakîkat+gerâyîden>gerây+î] gerçekçilik, realizm.

حقیقت گو hakîkatgû: (A.-F.) [hakîkat+goften>gû] doğru sözlü, gerçeği söyleyen.

حقیقةً hakîkaten: (A.) gerçekten, hakikaten.

حقیقی hakîkî: (A.) gerçek, hakikî, asıl.

حک hak(k) : (A.) maden, ağaç veya taş üstüne yazı yazma veya şekil kazma, hâkketme.

حکاک hakkâk: (A.) **1.**hakkâk, oymacı. **2.**(tıb.) kaşıntı ilacı.

حکاکی hakkâkî: (A.-F.) [hakkâk+î] **1.**hakkâk, oymacı. **2.**hakkâk dükkânı.

حکام hokkâm: (A.) hakimler, valiler, devlet adamları.

حکایات hikâyât: (A.) öyküler, hikâyeler.

حکایت hikâyet: (A.) **1.**hikâye, öykü. **2.**anlatma. **3.**laf. ‖ * ~ îst حکایتی است şaşılacak şey!

حکایت داشتن hikâyet dâşten: anlatmak, hikâye etmek.

حکایت شدن hikâyet şoden: anlatılmak, hikâye edilmek.

حکایت کردن hikâyet kerden: anlatmak, nakletmek, hikâye etmek.

حک کردن hâkk kerden: hâkketmek. oymak, kazımak, tıraşlamak.

حکم hakem: (A.) hakem, yargıç.

حکم hikem: (A.) hikmetler.

حکم hokm: (A.) **1.**karar, hüküm. **2.**emir, buyruk. **3.**fetva. **4.**mesabe, gibi, hüküm. ‖ * ~ -i çîzî dâşten حکم چیزی داشتن gibi olmak, hükmünde olmak. ‖ * ~ -i kazâ حکم قضا ilahî takdir. ‖ * ~ -i tîr حکم تیر vur emri. ‖ * be ~ -i به حکم. yoluyla, -e göre. ‖ * be ~ -i anki بحکم آنکه çünkü.

حکماء hokemâ': (A.) **1.**hakimler, filozoflar, hükemâ.

حکماً hokmen: (A.) mutlaka, muhakkak.

حکمت hikmet: (A.) **1.**hikmet, bilgelik. **2.**yumuşaklık.

حکمت آمیز hikmetâmîz: (A.-F.) [hikmet+ âmîhten>âmîz] hikmetli, bilgelik dolu.

حکم جاری شدن hokm cârî şoden: karar çıkmak.

حکمدار hokmdâr: (A.-F.) [hokm+ dâşten> dâr] **1.**hükümdar. **2.**hüküm sahibi.

حکمداری hokmdârî: (A.-F.) [hokm+ dâşten>dâr+î] hükümdarlık.

حکمران hokmrân: (A.-F.) [hokm+ rânden> rân] **1.**hükümran, hakim. **2.**vali, kaymakam, padişah, emir.

حکمرانی hokmrânî: (A.-F.) [hokm+ rânden>rân+î] hüküm sürme, hükmetme, nükümranlık.

حکمرانی کردن hokmrânî kerden: hükmetmek, hüküm sürmek.

حکمروا hokmrevâ: (A.-F.) [hokm+ rev+â] hakim, hükümdar.

حکمروا شدن hokmrevâ şoden: hakim olmak, sağlanmak.

حکم فرما hokmfermâ: (A.-F.) [hokm+ fermûden>fermâ] **1.**hükümdar, hükümran. **2.**hakim.

حکم فرما شدن hokmfermâ şoden: hakim olmak.

حکم کردن hokm kerden: **1.**emir vermek. **2.**hükümet etmek. **3.**fetva vermek. **4.**yargı kararını vermek.

حکمیت hakemiyyet: (A.) **1.**hakemlik. **2.**aracılık.

حکومت hukûmet: (A.) **1.**emir verme. **2.**hüküm sürme. **3.**yargıçlık, hakimlik. **4.**saltanat.

حکومت دادن hukûmet dâden: hakimlik vermek, hükümet etme yetkisi vermek.

حکومت کردن hukûmet kerden: hükmetmek, hüküm sürmek.

حکیم hekîm: (A.) **1.**filozof, bilge, hakîm. **2.**doktor, hekim. **3.**Tanrı.

حکیمانه hekîmâne: (A.-F.) [hekîm+âne] **1.**bilgece, hakîmce. **2.**hekimce.

حکیم باشی hekîmbâşî: (A.-T.) [hekîm+ bâşî<başı] (tıb.) hekimbaşı.

حکیمی hekîmî: (A.-F.) [hekîm+î] **1.**hikmet, felsefe. **2.**hekimlik.

حل hall: (A.) **1.**açma, çözme, çözümleme, hal. **2.**eritme. **3.**karışma. ‖ * ~ -i muşkil âverden حل مشکل آوردن çözüm getirmek. ‖

* ~ -i muammâ kerden حل معما کردن sorun çözmek. ‖ * ~ u fasl حل و فصل çözüm. ‖ * ez pes-i ~ -i çîzî ber âmeden از پس حل چیزی بر آمدن çözümlemek. ‖ * râh-i ~ peydâ kerden راه حل پیدا کردن çözüm yolu bulmak. ‖ * râh-i ~ yâften راه حل یافتن çözüm yolu bulmak.

حلاج hellâc: (A.) hallaç, pamuk atıcı.

حلاف hellâf: (A.) çok yemin eden.

حلاق hellâk: (A.) berber, kuaför.

حلال helâl: (A.) **1.**helal. **2.**uygun, yaraşır.

حلال hellâl: (A.) sorun çözen, problem çözen. ‖ * ~ -i muşkilât حلال مشکلات **1.**sorunları çözen. **2.**Yüce Tanrı. **3.**(kin.) para.

حلال بودی helâlbûdî: (A.-F.) [helâl+bûden>bûd+î] helalleşme.

حلال بودی طلبیدن helâlbûdî talebîden: helalleşmek.

حلال زاده helâlzâde: (A.-F.) [helâl+zâden>zâd+e] helal süt emmiş, dürüst, helalzade.

حلال کردن helâl kerden: **1.**helal etmek. **2.**hakkını helal etmek. **3.**doğru görmek.

حلاوت helâvet: (A.) tatlılık, halâvet.

حلب haleb: (A.) (coğ.) Halep.

حلبه helbe: (A.) **1.**at yarışı. **2.**yarış atı.

حلبی halebî: (A.) **1.**teneke, sac.**2.**tenekeden.

حلبی halebî: (A.-F.) [haleb+î] Halepli.

حلبی ساز halebîsâz: (A.-F.) [halebî+sâhten>sâz] tenekeci, teneke imalatçısı.

حلزون helezûn: (A.) **1.**(zool.) salyangoz, sümüklü böcek. **2.**helezon.

حلزونی helezûnî: (A.-F.) [helezûn+î] helezon şeklinde.

حل شدن hall şoden: **1.**erimek, çözülmek. **2.**halledilmek, çözümlenmek.

حلف hilf: (A.) **1.**yemin, kasem. **2.**ahit. **3.**kabileden küçük topluluk, hilf.

حلق helk: (A.) boğaz, gırtlak.

حلقوم holkûm: (A.) boğaz, gırtlak.

حلقوی helkevî: (A.-F.) [helke+v+î] **1.**halka şeklinde. **2.**halkalı.

حلقه helke: (A.) **1.**halka. **2.**çember. **3.**topluluk. **4.**meclis, toplantı. **5.**adet (kuyu) . ‖ * ~ -i enguşt حلقهء انگشت alyans, nişan yüzüğü. ‖ * ~ -i golâmî-i kesî râ be gûş kerden حلقهء غلامیء کسی را به گوش کردن birinin alnını karışlamak.

حلقه بستن helke besten: halkalanmak. ‖ * eşk der çeşmân-i kesî ~ اشک در چشمان کسی حلقه بستن gözleri dolmak.

حلقه بگوش helkebegûş: (A.-F.) [helke+ be+ gûş] **1.**itaatkâr. **2.**köle. **3.**uşak, hizmetçi.

حلقه زدن helke zeden: halkalanmak, etrafında toplanmak.

حلقه کردن helke kerden: **1.**dolamak. **2.**halkalamak.

حل کردن hell kerden: **1.**çözmek, çözümlemek, halletmek. **2.**eritmek. **3.**karıştırmak.

حلل holel: (A.) **1.**süsler. **2.**yeni giysiler. **3.**Yemenli köleler.

حلم hilm: (A.) hilim, yumuşaklık.

حلو holv: (A.) **1.**tatlı. **2.**leziz.

حلواء helvâ': (A.) helva.

حلواپز helvâpez: (A.-F.) [helvâ+pohten> pez] helvacı.

حلوایی helvâyî: (A.-F.) [helvâ+y+î] **1.**helvacı. **2.**helvalı.

حلوق hulûk: (A.) gırtlaklar, hançereler, boğazlar.

حلول hulûl: (A.) **1.**aşağı inme. **2.**girme. **3.**birinin ruhunun diğerine geçmesi, hülul.

حلول کردن hulûl kerden: **1.**gitmek. **2.**girmek, geçmek, birinin ruhu başka bir bedene girmek.

حلویات helviyyât: (A.) helva ve tatlılar.

حله hille: (A.) **1.**mahalle. **2.**sokak. **3.**toplantı yeri, meclis. **4.**(coğ.) Hille kenti.

حلی holâ: (A.) süsler.

حلیب halîb: (A.) **1.**süt. **2.**sağılmış süt.

3.hurma şarabı.
حليت hilyet: (A.) süs.
حليت hilliyyet: (A.) 1.helal olma. 2.helallaşma.
حليف helîf: (A.) 1.anlaşmış. 2.dost, sevgili.
حليل helîl: (A.) 1.helal, reva, yaraşır. 2.koca, eş.
حليم helîm: (A.) 1.yumuşak huylu, halim selim. 2.bulgur, et ve suyla yapılan bir tür çorba. 3.semirmiş deve.
حليمى helîmî: (A.) çorbacı.
حليه hilye: (A.) 1.süs. 2.süsleme. 3.güzel sıfatlar. 4.Hz.Muhammed'in üstün niteliklerini ve güzelliklerini anlatan manzum veya mensur yapıt, hilye. 5.bir yazı stili. ‖ * ~ -i şerîf حليهء شريف Hz.Muhammed'in yazı ile yapılan portresi.
حماء himâ': (A.) koruma, muhafaza etme, savunma.
حماء hommâ: (A.) 1(tıb.) humma. 2.vücut sıcaklığı, ateş.
حمائى hommâ'î: (A.-F.) [hommâ+î] hummalı, ateşli.
حمار himâr: (A.) (zool.) eşek.
حماسه hemâse: (A.) 1.cesaret gösterme, yiğitlik, kahramanlık. 2.(ed.) kahramanlık destanı, hamâse.
حماسه سرا hemâseserâ: (A.-F.) [hemâse+ surûden>serâ] destan şairi, hamase şairi.
حماسه سرايى hemâseserâyî: (A.-F.) [hemâse+surûden>serâ+y+î] destan şairliği, hamase şairliği.
حماسى hemâsî: (A.) hamâsî, epik, yiğitlikle ilgili.
حماقت hemâket: (A.) ahmaklık, aptallık, salaklık.
حمال hemmâl: (A.) hamal.
حمالى hemmâlî: (A.-F.) [hemmâl+î] hamallık.
حمام hemmâm: (A.) 1.hamam. 2.banyo, yıkanma.
حمام himâm: (A.) ölüm.
حمام رفتن hemmâm reften: banyo yapmak, yıkanmak.
حمامى hemmâmî: (A.-F.) [hemmâm+î] hamamcı.
حمايت himâyet: (A.) himaye, koruma. ‖ * zîr-i ~ keşîden زير حمايت كشيدن himaye altına almak. ‖ * zîr-i pûşiş-i ~ karâr dâden زير پوشش حمايت قرار دادن himayesine almak.
حمايت شدن himâyet şoden: himaye edilmek, korunmak.
حمايت كردن himâyet kerden: himaye etmek, korumak.
حمايل hemâyil: (A.) kılıç hamayili, omuzdan aşan kılıç kayışı.
حمد hemd: (A.) övgü, hamd, Tanrı'ya şükretme.
حمدان hemdân: (A.) (tıb.) penis.
حمر homr: (A.) 1.kırmızılar. 2.kızılderililer. 3.kızıl yüzlüler.
حمر homor: (A.) eşekler.
حمراء hemrâ': (A.) 1.kırmızı. 2.kızıl.
حمرت homret: (A.) 1.kırmızılık. 2.kızıllık. 3.(tıb.) kızılcık.
حمره homre: (A.) 1.kırmızılık. 2.kızıllık. 3.(tıb.) yılancık, alazlama.
حمق homk: (A.) ahmaklık, aptallık, salaklık.
حمقاء hemkâ': (A.) aptal kadın, ahmak kadın.
حمقاء homekâ': (A.) ahmaklar, aptallar, salaklar.
حمل haml: (A.) 1.taşıma. 2.yükleme. 3.(tıb.) hamilelik, gebelik. ‖ * ~ u nakl حمل و نقل 1.ulaşım. 2.taşımacılık.
حمل hemel: (A.) 1.(zool.) kuzu. 2.koç burcu.
حملات hemelât: (A.) 1.hamleler, atılımlar. 2.saldırılar.
حمل بر داشتن heml berdâşten: hamile olmak.
حمل شدن heml şoden: 1.taşınmak. 2.yüklenmek, verilmek.
حمل كردن heml kerden: 1.taşımak. 2.yüklemek, vermek, yormak.
حمله hemle: (A.) 1.hamle, atılım. 2.saldırı. 3.(tıb.) bayılma. 4.defa,

kez, kere. ‖ * ~ -i hevâî حملهء هوائی (ask.) hava saldırısı. ‖ * muvrid-i ~ karâr dâden مورد حمله قرار دادن saldırmak. ‖ * muvrid-i ~ karâr giriften مورد حمله قرار گرفتن saldırıya uğramak.

حمله آوردن hemle âverden: hamle etmek, saldırmak.

حمله بردن hemle borden: **1.**hamle etmek, saldırmak. **2.**koşuşmak, üşüşmek.

حمله کردن hemle kerden: hamle etmek, saldırmak.

حمله ور hemlever: (A.-F.) [hemle+ver] atılan, hamle eden, saldıran.

حمله ور شدن hemlever şoden: **1.**saldırmak, hamle etmek, atılmak. **2.**istila etmek.

حمله ور گشتن hemlever geşten: saldırmak.

حموضت humûzet: (A.) **1.**ekşilik. **2.**ekşime.

حمه home: (A.) **1.**zehir. **2.**akrep iğnesi.

حمی hummâ: (A.) (tıb.) humma, ateş.

حمیت hamiyyet: (A.) hamiyet, mertlik, yiğitlik.

حمید hamîd: (A.) **1.**beğenilmiş, övgüye lâyık. **2.**Allah'ın sıfatlarından biri. **3.**erkek ismi.

حمیده hamîde: (A.) övülmüş, beğenilmiş.

حمیر himyer: (A.) (coğ.) Himyer.

حمیری himyerî: (A.) **1.**Himyerli. **2.**Himyer malı.

حمیم hamîm: (A.) **1.**akraba, yakınlar, dostlar. **2.**sıcak su. **3.**ter.

حناء hinnâ, henâ: (A.) kına. ‖ * ~ -i kesî pîş-i kesî reng nedâşten حنای کسی پیش کسی رنگ نداشتن ciddiye alınmamak.

حنا بستن henâ besten: kına yakmak.

حنان hennân: (A.) bağışlayıcı, çok merhametli.

حنبل hanbel: (A.) tıknaz insan.

حنبلی hanbelî: (A.) Hanbelî.

حنجره hancere: (A.) hançere, gırtlak.

حنظل henzel: (A.) (bot.) ebûcehil karpuzu.

حنفاء honefâ': (A.) **1.**hanifler. **2.**İslâm dinine sımsıkı bağlı olanlar.

حنک henek: (A.) **1.**damak. **2.**sarığın çene altından geçen kısmı.

حنوط henût: (A.) **1.**mumya. **2.**ölü yıkandıktan sonra üzerine konulan bir tür kokulu ilaç.

حنیف hanîf: (A.) **1.**doğru, dürüst. **2.**Allah'ın birliğine inanan, hanîf.

حوا hevvâ: (A.) **1.**Havva. **2.**esmer kadın.

حوادث hevâdis: (A.) olaylar, hadiseler.

حواری hevârî: (A.) **1.**sadık dost. **2.**Hz.İsa'nın dinini yayan on iki dostundan her biri, havari.

حواریون hevâriyyûn: (A.) havariler.

حواس hevâss: (A.) **1.**hisler, duygular. **2.**duyular. **3.**dikkat. ‖ * ~ -i kesî bûden حواس کسی بودن aklında olmak. ‖ * ~ -i kesî cây-i dîger bûden حواس کسی جای دیگر بودن aklı başka yerde olmak. ‖ * ~ -i kesî muteveccih-i çîzî bûden حواس کسی متوجه چیزی بودن dikkati bir şeyin üzerinde olmak. ‖ * ~ -i kesî râ pert kerden حواس کسی را پرت کردن birinin aklını karıştırmak. ‖ * ~ -i kesî pert bûden حواس کسی پرت بودن dalgın olmak. ‖ * temerkuz-i ~ تمرکز حواس konsantrasyon.

حواس پرت hevâspert: (A.-F.) [hevâs+ pert] **1.**dalgın. **2.**aklı karışık.

حواس پرتی hevâspertî: (A.-F.) [hevâs+ pert+î] **1.**dalgınlık. **2.**akıl karışıklığı.

حواشی hevâşî: (A.) **1.**kenarlar. **2.**haşiyeler, derkenarlar. **3.**aile, çoluk çocuk. **4.**hizmetçiler, uşaklar.

حوالت hevâlet: (A.) **1.**havale. **2.**ısmarlama.

حوالت کردن hevâlet kerden: havale etmek, göndermek.

حواله hevâle: (A.) **1.**havale. **2.**ısmarlama. ‖ * ~ -i bankî حوالهء بانکی banka havalesi. ‖ * ~ -i postî حوالهء پستی posta havalesi.

حواله دادن hevâle dâden: **1.**havale çekmek. **2.**havale etmek, bırakmak.

حواله كرد hevâlekerd: (A.-F.) [hevâle+ kerd] bir poliçe veya havaleyi başkasına ödetme.

حواله كردن hevâle kerden: **1.**havale etmek. **2.**havale çekmek.

حوالى hevâlî: (A.) etraf, çevre, havali, yöre. ‖ * der ~ -i در حوالىء **1.**sularında. **2.**civarında, havalisinde.

حوايج hevâyic: (A.) **1.**ihtiyaçlar, gereksinimler. **2.**gerekli işler. **3.**mutfak malzemeleri.

حوت hût: (A.) **1.**büyük balık. **2.**balık burcu. **3.**Şubat-Mart.

حور hûr: (A.) **1.**huri, cennet kızı. **2.**siyah gözlü kadın.

حور hever: (A.) kara gözlülük.

حورالعين hûrulayn: (A.) kara gözlü peri, cennet kızı.

حورسرشت hûrsirişt: (A.-F.) [hûr+ sirişten>sirişt] güzel kadın, peri kadar güzel.

حوروش hûrveş: (A.-F.) [hûr+veş] peri gibi, huri gibi güzel.

حورى hûrî: (A.) **1.**huri, cennet kızı. **2.**peri.

حوزه hevze, hovze: (A.) **1.**bölge, alan, mıntıka. **2.**(coğ.) havza. **3.**taraf. **4.**memleketin ortası, merkez. **5.**tabiat. ‖ * ~ -i mignatîsî حوزهء مغناطيسى manyetik alan.

حوش hevş, hovş: (A.) çevre, etraf, yöre.

حوصله hevsele, hovsele: (A.) **1.**kuş kursağı. **2.**sabır, tahammül, havsala, keyif. **3.**bilgi dağarcığı. ‖ * ~ be harc dâden حوصله به خرج دادن sabretmek. ‖ * ~ -i kesî teng şoden حوصلهء كسى تنگ شدن sabrı tükenmek, canı sıkılmak. ‖ * ~ -i kesî râ ser borden حوصلهء كسى را سر بردن sabrını taşırmak, sabrını tüketmek. ‖ * ~ -i kesî ser âmeden حوصلهء كسى سر آمدن sabrı tükenmek, sabrı taşmak. ‖ * ~ -i kesî ser borden حوصلهء كسى سر بردن sabrı taşmak, sabrı tükenmek. ‖ * ~ -i kesî ser reften حوصلهء كسى سر رفتن **1.**sabrı taşmak, keyfi kaçmak, tahammülü kalmamak. **2.**canı sıkılmak. ‖ * bâ ~ با حوصله sabırla.

حوصله كردن hovsele kerden: sabretmek.

حوض hevz, hovz: (A.) **1.**havuz. **2.**su göleti.

حوضچه hovzçe: (A.-F.) [hovz+çe] **1.**küçük havuz. **2.**leğen.

حوضخانه hovzhâne: (A.-F.) [hovz+ hâne] evin içinde havuz olan giriş katı.

حوضه hevze, hovze: (A.) havuz şeklindeki fil tahtırevanı.

حوک hevk, hovk: (A.) (bot.) reyhan.

حول hevel: (A.) şaşılık.

حول hevl, hovl: (A.) **1.**güç, kudret, kuvvet. **2.**yıl, sene. **3.**çevre, etraf, yöre. ‖ * ~ u hûş حول و حوش etraf, çevre, varoş.

حوله hevle, hovle: (A.) havlu. ‖ * ~ -i hemmâm حولهء حمام bornoz.

حومه hevme, hovme: (A.) **1.**banliyö, varoş. **2.**büyük işletme. **3.**her şeyin büyüğü.

حويج hevîç: (A.) **1.**(bot.) havuç. **2.**mutfak malzemeleri.

حويلى hevîlî: **1.**ev. **2.**avlu.

حى heyy: (A.) **1.**diri. **2.**Allah'ın sıfatlarından biri. **3.**kabile.

حيا heyâ: (A.) **1.**yağmur. **2.**ferahlık yılı, bolluk yılı.

حياء heyâ': (A.) ar, hayâ, utanma.

حيات heyât: (A.) **1.**hayat, yaşam. **2.**dirlik, geçim. ‖ * be ~ -i hod idâme dâden به حيات خود ادامه دادن varlığını sürdürmek. ‖ * idâme-i ~ dâden ادامهء حيات دادن hayatını sürdürmek, varlığını sürdürmek.

حيات heyyât: (A.) yılanlar.

حيات انگيز heyâtengîz: (A.-F.) [heyât+ engîhten>engîz] hayat veren, can veren.

حيات بخش heyâtbahş: (A.-F.) [heyât+ bahşîden>bahş] hayat veren.

حيات بخشيدن heyât bahşîden: hayat vermek.

حیاتی heyâtî: (A.-F.) [heyât+î] hayatî, ölüm kalım meselesi.

حیات یافتن heyât yâften: ölümsüzlüğe kavuşmak.

حیادار heyâdâr: (A.-F.) [heyâ+ dâşten> dâr] hayâlı, utangaç, arlı.

حیازت hiyâzet: (A.) 1.toplama, derleme, bir araya getirme. 2.hazırlama. 3.elde etme.

حیاط heyât: (A.) 1.hayat, avlu, ev önündeki boşluk. 2.bahçe. ‖ * ~ -i poştî حیاط پشتی arka bahçe.

حیاط hiyât: (A.) 1.duvarlar. 2.bağlar, bahçeler.

حیاکت hiyâket: (A.) 1.dokuma. 2.dokumacılık.

حیا کردن heyâ kerden: utanmak, hayâ etmek, arlanmak.

حیث heys: (A.) 1.nerede, her nerede. 2.yön, cihet, bakım. ‖ * be ~ -i به حیث bakımından, cihetiyle, yönüyle, olarak. ‖ * ez ~ -i از حیث bakımından, cihetiyle, yönüyle.

حیثیت heysiyyet: (A.) 1.durum, üslup. 2.itibar, haysiyet, onur. ‖ * ~ -i kesî râ ber bâd dâden حیثیت کسی را بر باد دادن onurunu kırmak. ‖ * ~ -i kesî râ hirâş dâden حیثیت کسی را خراش دادن kanına dokunmak.

حیدر heyder: (A.) 1.(zool.) arslan. 2.Ali b. Ebî Tâlib'in lakabı.

حیدری heyderî: (A.) (tas.) Haydarî tarikatına mensup olan, Haydarî.

حیدریه heyderiyye: (A.) Haydarîlik.

حیران heyrân: (A.) şaşkın, hayran.

حیران ساختن heyrân sâhten: hayran etmek.

حیران شدن heyrân şoden: hayran olmak.

حیران کردن heyrân kerden: şaşırtmak.

حیران ماندن heyrân mânden: şaşırıp kalmak.

حیرت heyret: (A.) hayret, şaşkınlık. ‖ * be ~ endâhten به حیرت انداختن hayrete düşürmek, şaşırtmak.

حیرت آور heyretâver: (A.-F.) [heyret+ âverden>âver] hayret verici, şaşırtıcı.

حیرت انگیز heyretengîz: (A.-F.) [heyret+ engîhten>engîz] hayret verici, şaşırtıcı, şaşkınlık yaratıcı.

حیرت زدن heyret zeden: hayret etmek, şaşırmak, şaşkına dönmek.

حیرت زده heyretzede: (A.-F.) [heyret+ zeden>zed+e] şaşkın, hayret içinde olan.

حیرت کردن heyret kerden: hayret etmek, şaşırmak.

حیز heyyiz: (A.) 1.yer, mevki, mekân. 2.her şeyin kenarı.

حیص heys: (A.) kenara çekilme.

حیض heyz: (A.) (tıb.) regl, âdet görme, aybaşı hali.

حیضه heyze: (A.) 1.(tıb.) mide dolgunluğu, mide şişkinliği. 2.(tıb.) regl dönemi.

حیطان hîtân: (A.) duvarlar.

حیطه hîte: (A.) 1.koruma. 2.çevrili yer, korunmuş yer. 3.çevre. ‖ * der ~ -i در حیطهء çevresinde, arasında.

حیف heyf: (A.) 1.zulüm, işkence. 2.yazık!, eyvah!, vah vah! ‖ * ~ -i kesî âmeden حیف کسی آمدن üzülmek, eseflenmek.

حیف خوردن heyf horden: hayıflanmak.

حیف شدن heyf şoden: yazık olmak.

حیل hiyel: (A.) 1.hileler, düzenler. 2.çareler. 3.mekânik fenni.

حیلت hîlet: (A.) 1.hile, düzen. 2.çare. 3.maharet. 4.güç, kudret.

حیلت کردن hîlet kerden: çare aramak, çare düşünmek.

حیلت گر hîletger: (A.-F.) [hîlet+ger] hilekâr, düzenbaz.

حیله hîle: (A.) hile, düzen. ‖ * ~ be kâr borden حیله به کار بردن hile yapmak. ‖ * ~ -i cengî حیلهء جنگی (ask.) savaş hilesi.

حیله باز hîlebâz: (A.-F.) [hîle+ bâhten>bâz] hilekâr, düzenbaz, hilebaz.

حیله بازی hîlebâzî: (A.-F.) [hîle+bâhten> bâz+î] hilekârlık, düzenbazlık, hilebazlık.

حیله برانگیختن hîle ber engîhten: hile yapmak, oyun etmek.

حیله کار hîlekâr: (A.-F.) [hîle+kâr] hilekâr, düzenbaz, hilebaz.

حیله کاری hîlekârî: (A.-F.) [hîle+kâr+î] hilekârlık, düzenbazlık.

حیله کردن hîle kerden: **1.**hile yapmak. **2.**çare düşünmek, çare aramak.

حیله گر hîleger: (A.-F.) [hîle+ger] hilekâr, düzenbaz.

حیله گری hîlegerî: (A.-F.) [hîle+ger+î] hilekârlık, düzenbazlık.

حیله ناک hîlenâk: (A.-F.) [hîle+nâk] hileli.

حین hîn: (A.) **1.**zaman, vakit, süre. **2.**haydi. ‖ * ~ -i حینِ iken, esnasında, sırasında. ‖ * ~ î ki حینی که -diği zaman, -ince. ‖ * der ~ -i در حینِ esnasında, sırasında, iken.

حیوان heyvân, heyevân: (A.) **1.**canlı. **2.**hayvan. ‖ * ~ -i âzmâyişî حیوان آزمایشی kobay.

حیوانات heyvânât: (A.) **1.**canlılar. **2.**hayvanlar.

حیوانی heyvânî: (A.) **1.**hayvanî, hayvansal. **2.**şehvetli.

حیوانیت heyvâniyyet: (A.) **1.**canlılık. **2.**hayvanlık.

حیه heyye: (A.) (zool.) yılan.

خ

خ h: **1.**Fars alfabesinin dokuzuncu harfi. **2.**ebced sistemindeki sayısal değeri: altı yüz.

خائب hâ'ib: (A.) mahrum, yoksun.

خائف hâ'if: (A.) korkan, korkak.

خائن hâ'in: (A.) hain.

خائیدن hâ'îden: **1.**çiğnemek. **2.**ıslatmak. **3.**kemirmek.

خاتم hâtem: (A.) **1.**yüzük. **2.**yüzük kaşı. **3.**mühür. **4.**(ed.) sevgilinin ağzı. **5.**kakma işi. **6.**kakmalı küçük kutu.

خاتم hâtim: (A.) sonuncu, son.

خاتم بستن hâtem besten: kakma işi yapmak.

خاتم بند hâtembend: (A.-F.) [hâtem+ besten>bend] kakmacı.

خاتم بندی hâtembendî: (A.-F.) [hâtem+ besten>bend+î] kakmacılık.

خاتمت hâtimet: (A.) **1.**son. **2.**son nefes.

خاتم ساز hâtemsâz: (A.-F.) [hâtem+ sâhten>sâz] **1.**kakmacı. **2.**mühürcü.

خاتم کار hâtemkâr: (A.-F.) [hâtem+kâr] kakmacı, kakma ustası.

خاتم کاری hâtemkârî: (A.-F.) [hâtem+ kâr+î] kakmacılık.

خاتمه hâtime: (A.) son, bitim.

خاتمه پیدا کردن hâtime peydâ kerden: son bulmak, bitmek.

خاتمه دادن hâtime dâden: **1.**bırakmak. **2.**son vermek, sona erdirmek.

خاتمه یافتن hâtime yâften: son bulmak, sona ermek, bitmek.

خاتون hâtûn: (T.) hanım, hanımefendi.

خاج hâc: haç, istavroz, salip.

خاخام hâhâm: haham.

خاد hâd (zool.) çaylak.

خادر hâdir: (A.) **1.**tembel. **2.**şaşkın.

خادع hâdi': (A.) **1.**hilekâr, düzenbaz.

خادم hâdim: (A.) hizmetçi, hizmetkâr, müstahdem.

خادم باشی hâdimbâşî: (A.-T.) [hâdim+ bâşî<başı] Safevîler döneminde hizmetkârların başında bulunan kişi.

خادمه hâdime: (A.) kadın hizmetçi, hademe.

خادمین hâdimîn: (A.) hizmetçiler, müstahdemler.

خادمیت hâdimiyyet: (A.) hizmetçilik, müstahdemlik.

خاده hâde: **1.**kürek. **2.**sırık.

خار hâr: (Peh.) diken. ‖ * ~ u hes خار و خس çalı çırpı.

خارا hârâ: (Peh.) **1.**sert taş, granit. **2.**bir tür dalgalı ipek kumaş. **3.**(müz.) bir tür ezgi.

خاراگوش hârâgûş: [hârâ+gûş] (bot.) pelinotu.

خارانداز hârendâz: [hâr+endâhten> endâz] (zool.) oklu kirpi.

خاراندن hârânden: kaşımak.

خارانو hârânû (zool.) kirpi.

خارانیدن hârânîden: kaşımak.

خاربست hârbest: [hâr+besten>best] çit.

خارپشت hârpoşt: [hâr+poşt] (zool.) kirpi. ‖ * ~ -i deryâyî خارپشت دریای (zool.) deniz kestanesi.

خارج hâric: (A.) **1.**dış, dışarı, hariç. **2.**âsi. ‖ * ~ ez خارج از dışında, hariç, istisna olarak. ‖ * ~ ez kişver خارج از کشور yurt dışı.

خارج آهنگ hâricâheng: (A.-F.) [hâric+ âheng] **1.**(müz.) âhenksiz. **2.**(müz.) detone.

خارج خواندن hâric hânden: (müz.) detone olmak.

خارج شدن hâric şoden: **1.**çıkmak, dışarı çıkmak. **2.**ayrılmak, terketmek. ‖ * ~ ez meydân خارج

شدن از میدان safdışı kalmak.

خارج کردن hâric kerden: **1.**çıkarmak. **2.**işten çıkarmak.

خارجه hârice: (A.) **1.**ülke dışı. **2.**dış ülkeler, yabancı ülkeler.

خارجی hâricî: (A.) **1.**yabancı. **2.**yabancı uyruklu. **3.**Hâricî. **4.**dışa ait, haricî. ‖ * zebân-i ~ زبان خارجی yabancı dil.

خارجیه hâriciyye: (A.) dış ile ilgili.

خار خسک hârhesek: [hâr+hesek] (bot.) boğa dikeni.

خاردار hârdâr: [hâr+dâşten>dâr] **1.**dikenli. **2.**(zool.) bir tür pamuk kurdu. ‖ * sîm-i ~ سیم خاردار dikenli tel.

خارزار hârzâr: [hâr+zâr] dikenlik.

خارسان hârsân: [hâr+sân] dikenlik.

خارستان hâristân: [hâr+i+stân] dikenlik, çalılık, fundalık.

خارش hâriş: [hârîden>hâr+iş] **1.**kaşıntı. **2.**(tıb.) kuşpalazı.

خارشتر hârşotor: [hâr+şotor] (bot.) deve dikeni.

خارش کردن hâriş kerden: kaşımak.

خارصینی hârsînî: yüz.

خارطوم hârtûm: (coğ.) Hartum.

خارق hârik: (A.) parçalayan, yırtan.

خارقالعادگی hârikulâdegî: (A.-F.) [hârikulâde+g+î] olağanüstülük.

خارق العاده hârikulâde: (A.) olağanüstü, harikülade, mucize.

خارک hârek: [hâr+ek] **1.**küçük diken. **2.**bir tür sarı ve kuru hurma.

خارکش hârkeş: [hâr+keşîden>keş] **1.**diken toplayıp satan. **2.**(müz.) eski İran musikîsinde bir makam.

خارکن hârken: [hâr+kenden>ken] diken toplayan, diken yolan.

خارناک hârnâk: [hâr+nâk] dikenlik.

خار نهادن hâr nihâden: rahatsız etmek için biriyle uğraşmak, birine musallat olmak, birine kancayı takmak.

خاره hâre: **1.**ser taş, granit. **2.**balyoz. **3.**kadın.

خاریدن hârîden: kaşınmak. ‖ * ~ -i ten-i kesî خاریدن تن کسی birine ilgi duyarak iyilik yapmak, (argo) kıyak çekmek.

خاز hâz: bir tür keten kumaş.

خازن hâzin: (A.) hazinedar.

خازنه hâzene: [hâher-i zen>hâzene] baldız.

خاستگاه hâstgâh: [hâsten>hâst+gâh] başlangıç yeri, çıkış yeri, orijin.

خاستن hâsten: (Peh.) **1.**ayağa kalkmak. **2.**kalkmak. **3.**ortaya çıkmak, doğmak, meydana gelmek.

خاسته hâste: [hâsten>hâst+e] kalkmış, yükselmiş, zuhur etmiş, doğmuş.

خاسر hâsir: (A.) zarar görmüş.

خاش hâş: **1.**çöp, çerçöp. **2.**âşık. **3.**kaynana.

خاشاک hâşâk: çöp, çerçöp.

خاشع hâşi': (A.) alçakgönüllü, mütevazi.

خاشه روب hâşerûb: [hâşe+ruften>rûb] çöpçü.

خاص hâs: (A.) **1.**özel, özgü, has. **2.**seçkin, mümtaz. ‖ * ~ u âmm خاص و عام herkes.

خاصره hâsire: (A.) (tıb.) kalça kemiği. ‖ * legen-i ~ لگن خاصره (tıb.) leğen kemiği.

خاصگی hâssegî: (A.-F.) [hâss+e+g+î] **1.**padişah nedimi. **2.**hazinedar. **3.**güzel cariye. **4.**güzel ve seçkin olan her şey.

خاصه hâsse: (A.) **1.**özel, mahsus. **2.**seçkin, mümtaz. **3.**özellikle, bilhassa, hele hele. **4.**şîa.

خاصةً hâsseten: (A.) özellikle, bilhassa, hele hele.

خاصیت hâssiyyet: (A.) **1.**özellik. **2.**huy, seciye. **3.**fayda.

خاضع hâzi': (A.) alçakgönüllü, mütevazi.

خاطب hâtib: (A.) **1.**hatip. **2.**görücü.

خاطر hâtir: (A.) **1.**hatır, gönül. **2.**rıza. **3.**(ed.) şiir karihası, şiir yazma gücü. **4.**hafıza. **5.**(tas.) gönüle gelen hitap. ‖ * ~ -i kesî bûden خاطر کسی بودن aklında olmak, hatırında olmak. ‖ * ~ -i kesî râ hâsten خاطر کسی را خواستن birini sevmek. ‖ * ~ -i kesî râ meşgûl dâşten

خاطر کسی را مشغول داشتن aklını kurcalamak. ‖ * ~ -i mecmû' خاطر مجموع huzurlu gönül. ‖ * be ~ âverden به خاطر آوردن andırmak. ‖ * be ~ -i به خاطر dolayısıyla, -diği için, -den dolayı, için, yoluna, uğruna. ‖ * be ~ -i inki به خاطر اینکه -den dolayı, -diği için. ‖ * be ~ siporden به خاطر سپردن ezberlemek. ‖ * ez ~ şoden از خاطر شدن unutmak.

خاطرات hâtirât: (A.) anılar, hatırat.

خاطر آزار hâtirâzâr: (A.-F.) [hâtir+ âzorden>âzâr] inciten, gönül kıran.

خاطر آزرده hâtirâzorde: (A.-F.) [hâtir+ âzorden>âzord+e] gönlü kırık, incinmiş.

خاطر آسوده hâtirâsûde: (A.-F.) [hâtir+ âsûden>âsûd+e] gönlü rahat, içi rahat, huzurlu.

خاطر آشفته hâtirâşofte: (A.-F.) [hâtir+ âşoften>âşoft+e] incinmiş, perişan, aklı karışık.

خاطر پسند hâtirpesend: (A.-F.) [hâtir+ pesendîden>pesend] güzel, çekici, cazip, beğenilir, hoşa giden, hoş.

خاطر جمع hâtircem': (A.-F.) [hâtir+cem'] gönlü rahat, emin, huzurlu.

خاطر جمعی hâtircem'î: (A.-F.) [hâtir+ cem'+î] gönül rahatlığı, gönül huzuru.

خاطرخواه hâtirhâh: (A.-F.) [hâtir+ hâsten>hâh] **1.**aşık. **2.**ilgi çeken.

خاطرخواهی hâtirhâhî: (A.-F.) [hâtir+ hâsten>hâh+î] aşk, sevgi.

خاطر دوست داشتن hâtir dûst dâşten: hatır saymak.

خاطر نشان ساختن hâtir nişân sâhten: anımsatmak, hatırlatmak.

خاطره hâtire: (A.) **1.**hatıra, anı. **2.**düşünce.

خاطف hâtif: (A.) **1.**göz çeken. **2.**yere çarpıp hedefe giden ok.

خاطی hâtî: (A.) hatalı, hata eden, suçlu, kusurlu.

خافض hâfiz: (A.) alçaltan, düşüren.

خافق hâfik: (A.) **1.**hafifçe vuran. **2.**gizli, kayıp. **3.**muzdarip.

خاقان hâkân: (T.) hakan.

خاقانی hâkânî: (T.-F.) [hâkân+î] hakanlık.

خاک hâk: (Peh.) **1.**toprak. **2.**yer. **3.**ülke, memleket. **4.**mezar. **5.**alçakgönüllü. **6.**işe yaramaz. ‖ * ~ ber seret konend خاک بر سرت کنند (hlk.) Allah belanı versin! ‖ * ~ -i kûy خاک کوی sokağın toprağı. ‖ * ~ -i siyâhî be ser-i kesîk erden خاک سیاهی به سر کسی کردن birinin başına iş açmak, birinin başına getirmek. ‖ * ~ u hol خاک و خل toz toprak. ‖ * be ~ endâhten به خاک انداختن yere sermek, yere çalmak. ‖ * be ~ siporden به خلک سپردن toprağa vermek, gömmek, defnetmek.

خاک آلود hâkâlûd: [hâk+âlûden>âlûd] tozlu, toz toprak içinde.

خاک اره hâkerre: [hâk+erre] bıçkı tozu, testere tozu.

خاک انداز hâkendâz: [hâk+endâhten> endâz] faraş.

خاک برداری hâkberdârî: [hâk+ berdâşten> berdâr+î] toprak kaldırma, tesviye.

خاک بر سر hâkberser: [hâk+ber+ser] (hlk) başına toprak yağası, Allah'ın belası!

خاک بیز hâkbîz: [hâk+bîhten>bîz] **1.**çöpçü. **2.**kanunsuz, kanun tanımaz. **3.**ince görüşlü.

خاک توسری کردن hâk tuserî kerden: cinsel ilişki kurmak, (hlk.) mercimeği fırına vermek.

خاک خوردن hâk horden: tozlanmak.

خاکدان hâkdân: [hâk+dân] **1.**çöplük. **2.**çöp kovası. **3.**dünya.

خاک رس hâkres: kil.

خاکروی hâkrûb: [hâk+ruften>rûb] **1.**çöpçü. **2.**süpürge.

خاکروبه hâkrûbe: [hâk+ruften>rûb+e] çöp, çerçöp, süprüntü.

خاکریز hâkrîz: [hâk+rîhten>rîz] **1.**toprak set. **2.**hendek kenarı.

خاکریزی hâkrîzî: [hâk+rîhten>rîz+î] toprak yığma, toprak doldurma.

خاکسار hâksâr: [hâk+sâr] **1.**toprak

gibi. **2.**tozlu, topraklı. **3.**alçak, rezil. **4.**eşikte oturan.

خاکسار شدن hâkisâr şoden: küçülmek.

خاکستر hâkister: (Peh.) kül.

خاکسترنشین hâkisternişîn: [hâkister+ nişesten> nişîn] yoksul, evsiz barksız.

خاکستری hâkisterî: [hâkister+î] boz, kül rengi, gri.

خاکستری رنگ hâkisterî reng: [hâkister+ î+reng] gri, kül rengi.

خاک شدن hâk şoden: ölüp toprak olmak.

خاکشیر hâkşîr (zool.) siklop, cüce karınca yiyen.

خاکشیر شدن hâkşîr şoden: paramparça olmak, tuzla buz olmak.

خاک کردن hâk kerden: toprağa vermek, defnetmek, gömmek.

خاکه hâke: [hâk+e] süprüntü, toz haline gelmiş şey.

خاکی hâkî: [hâk+î] **1.**toprak rengi, hâki. **2.**karada oturan. **3.**zelil. **4.**toz toprak içinde. **5.**hakir.

خاکی شدن hâkî şoden: toz toprak içinde kalmak.

خاگ hâg: (Peh.) yumurta.

خاگینه hâgîne: [hâg+îne] omlet.

خال hâl: **1.**ben. **2.**benek. **3.**(tas.) ibadet nurları arasındaki günah karanlığı. **4.**dövme.

خال hâl: (A.) dayı.

خالد hâlid: (A.) ebedî, daimî.

خالدار hâldâr: [hâl+dâşten>dâr] benekli, puanlı.

خال زدن hâl zeden: ben yapmak, ben koymak.

خالص hâlis: (A.) **1.**saf, halis, katıksız. **2.**net.

خالصانه hâlisâne: (A.-F.) [hâlis+âne] içtenlikle, özdenlikle, halisane.

خالصه hâlise: (A.) devlet arazisi, hazine arazisi. ‖ * zeminhâ-yi ~ زمین های خالصه hazine arazisi.

خالق hâlik: (A.) **1.**Yaratan, yaratıcı. **2.**Allah'ın sıfatlarından biri, hâlık.

خالکوب hâlkûb: [hâl+kûbîden>kûb] dövmeci.

خالکوبی hâlkûbî: [hâl+kûbîden>kûb+î] dövmecilik.

خال کوبیدن hâl kûbîden: dövme yapmak.

خالو hâlû: **1.**dayı. **2.**(müz.) zurna.

خاله hâle: (A.) teyze.

خالی hâlî: (A.) **1.**boş. **2.**serbest. **3.**yalnız. **4.**yoksun.

خالی بودن hâlî bûden: boş olmak, bulunmamak, yoksun olmak.

خالی شدن hâlî şoden: **1.**boşalmak. **2.**patlamak (tabanca vs.) ‖ * tûy-i dil-i kesî ~ توی دل کسی خالی شدن yüreğine korku düşmek.

خالی کردن hâlî kerden: **1.**boşaltmak. **2.**dökmek. **3.**koymak. **4.**ateşlemek (tabanca vs.)

خام hâm: **1.**çiğ, ham. **2.**tabaklanmamış deri. **3.**doğal halde. **4.**deri giysi. **5.**bükülmemiş ipek.

خاما اقطی hâmâ aktî (bot.) mürver.

خامالاون hâmâlavon (zool.) bukalemun.

خامد hâmid: (A.) **1.**suskun, sessiz. **2.**hareketsiz.

خامدست hâmdest: [hâm+dest] tecrübesiz, deneyimsiz.

خام رای hâmrây: (F.-A.) [hâm+rây] kıt fikirli, eksik akıllı.

خامس hâmis: (A.) beşinci.

خامساً hâmisen: (A.) beşinci olarak, beşinci, beşincisi.

خام سر hâmser: [hâm+ser] batıl ve bozuk düşünceli.

خامش hâmoş: suskun, susan.

خام شدن hâm şoden: aldatılmak, oyuna getirilmek, işletilmek, (hlk.) işletmeye gelmek.

خام طبع hâmteb': (F.-A.) **1.**batıl ve bozuk düşünceli. **2.**olgunlaşmamış.

خامل hâmil: (A.) **1.**kayıp, adsız sansız. **2.**değersiz.

خامن hâmin: (A.) aşağılık, soysuz.

خاموش hâmûş: **1.**suskun, sessiz. **2.**dilsiz. **3.**sönük, sönmüş, kesik. **4.**stop etmiş (araç) . **5.**kapalı (radyo, televizyon vs.) . **6.**dinmiş.

خاموشانه hâmûşâne: [hâmûş+âne] ses çıkarmadan, sessizce.

خاموش ساختن hâmûş sâhten: susturmak.

خاموش شدن hâmûş şoden: **1.**susmak. **2.**sönmek. **3.**kesilmek. **4.**stop etmek, durmak. **5.**kapanmak. **6.**dinmek.

خاموش كردن hâmûş kerden: **1.**susturmak. **2.**söndürmek. **3.**stop ettirmek. **4.**kesmek. **5.**kapatmak.

خاموشى hâmûşî: [hâmûş+î] **1.**sessizlik, suskunluk. **2.**sönüklük, kesiklik, sönme. **3.**dilsizlik. ‖ * be ~ reften به خاموشى رفتن sönmeye yüz tutmak. ‖ * temrîn-i ~ تمرين خاموشى (ask.) karartma.

خامه hâme: **1.**ham ipek. **2.**kaymak. **3.**kalem. **4.**kamış kalem. **5.**yığın.

خامه زن hâmezen: [hâme+zeden>zen] ressam.

خان hân: **1.**han, kervansaray. **2.**arı kovanı.

خان hân: (T.) **1.**han, hükümdar. **2.**hürmet için yakınların ismine eklenir, Ahmed Han, Sâdık Han vs.

خان باليغ hânbâliğ: (T.) **1.**(coğ.) Hanbalık. **2.**bir tür kâğıt.

خان خانى hânhânî: (T.-F.) [hân+hân+î] feodalite, derebeylik.

خاندان hânedân: hanedan, sülâle, soy, aile.

خان غرد hângerd: yazlık ev.

خانقاه hânekâh: [<hâne+gâh] hankah, tekke.

خانقه hânkeh: [<hâne+geh] hankah, tekke.

خانگاه hânegâh: [hâne+gâh] **1.**tekke, hankah. **2.**ev.

خانگى hânegî: [hâne+g+î] **1.**eve ait. **2.**ev malı, ev eşyası. **3.**evde yapılmış. **4.**evcil. **5.**dahilî. **6.**özel, mahrem.

خانم hânom: (T.) **1.**hanım, bayan, hanımefendi. **2.**eş, karı. **3.**(hlk.) fahişe, orospu. ‖ * serkâr ~ سركار خانم hanımefendi, bayan.

خانمان hânemân: **1.**aile, ocak. **2.**ev eşyası.

خانمان برانداز hânemân berendâz: [hânemân+ berendâhten>berendâz] ocak söndüren, ocak yakan, yıkıcı.

خانمان سوز hânemânsûz: [hânemân+ sûhten>sûz] ocak yakan, ocak söndüren.

خانم باز hânombâz: (T.-F.) [hânom+ bâhten>bâz] hovarda, çapkın.

خانم بازى hânombâzî: (T.-F.) [hânom+ bâhten>bâz+î] hovardalık, çapkınlık.

خانم بازى كردن hânombâzî kerden: hovardalık yapmak, çapkınlık yapmak.

خانوادگى hânevâdegî: [hânevâde+g+î] aileye ait. ‖ * ism-i ~ اسم خانوادگى soyadı. ‖ * nâm-i ~ نام خانوادگى soyadı.

خانواده hânevâde: **1.**aile. **2.**soy.

خانوار hânevâr: [hâne+vâr] aile bireyleri.

خان و مان hânumân: **1.**ev. **2.**ev halkı, aile bireyleri. **3.**ev eşyası.

خانه hâne: (Peh.) **1.**ev, mesken, konut. **2.**saray. **3.**kadın. ‖ * ~ -i fesâd خانهٔ فساد genelev. ‖ * ~ -i hammâr خانهٔ خمار meyhane. ‖ * ~ -i yeylâkî خانهٔ ييلاقى yazlık ev.

خانه آباد كردن hâne âbâd kerden: ev yapmak.

خانه باز hânebâz: [hâne+bâhten>bâz] kumarda evini kaybeden.

خانه بدوش hânebedûş: [hâne+be+dûş] evsiz barksız, âvare, yersiz yurtsuz.

خانه برانداز hâneberendâz: [hâne+ ber endâhten>ber endâz] **1.**evini yurdunu yitiren. **2.**sevgili.

خانه پرداز hâneperdâz: [hâne+ perdâhten> perdâz] ev yıkma, ocak söndürme.

خانه پردازى hâneperdâzî: [hâne+ perdâhten> perdâz+î] ev yıkma, ocak söndürme.

خانه تكانى hânetekânî: [hâne+tekânden> tekân+î] ev temizliği.

خانه تكانى كردن hânetekânî kerden: ev temizliği yapmak.

خانه خانه hâne hâne: damalı, kareli, hane hane.

خانه خدا hânehodâ:

[hâne+hodâ<hodâ-yi hâne] ev sahibi.

خانه خراب hâneherâb: (F.-A.) [hâne+herâb] **1.**evi yıkılmış, ocağı sönmüş, zavallı, perişan. **2.**(hlk.) evi başına yıkılası!, ocağı sönesi!

خانه خراب شدن hâneherâb şoden: mahvolmak, ocağı sönmek.

خانه خراب کردن hâneherâb kerden: mahvetmek, yakmak, perişan etmek.

خانه خرابی hâneherâbî: (F.-A.) [hâne+herâb+î] **1.**perişanlık. **2.**bir evin erkeğinin ölmesi.

خانه دار hânedâr: [hâne+dâşten>dâr] **1.**evcimen kadın veya erkek. **2.**ev hanımı. **3.**ev sahibi. ‖ * hânum-i ~ خانم خانه دار ev hanımı.

خانه دار شدن hânedâr şoden: ev sahibi olmak.

خانه دار کردن hânedâr kerden: ev sahibi etmek.

خانه داری hânedârî: [hâne+dâşten>dâr+î] ev ekonomisi.

خانه زاد hânezâd: [hâne+zâden>zâd] hizmetçi çocuğu, bey evinde doğup büyüyen.

خانه عوض کردن hâne ivez kerden: ev değiştirmek.

خانه فروش hânefurûş: [hâne+furûhten> furûş] **1.**ev satan. **2.**ev sattıran. **3.**dünyayı terkeden, münzevi.

خانه فروشی hânefurûşî: [hâne+furûhten> furûş+î] **1.**ev satımı, ev satma. **2.**gösteriş yapma. **3.**müsadere.

خانه کردن hâne kerden: ev tutmak.

خانه کن hâneken: [hâne+kenden>ken] **1.**ev yıkan. **2.**hilekâr. **3.**tedbirli.

خانه گرفتن hâne giriften: **1.**ev almak. **2.**yerleşmek.

خانه گیر hânegîr: [hâne+giriften>gîr] **1.**ev alan. **2.**yerleşen.

خانه نشین hânenişîn: [hâne+nişesten> nişîn] **1.**evde oturan. **2.**münzevi.

خانه نشین شدن hânenişîn şoden: evde oturmak, çalışmamak, görevden ayrılmak.

خانه نگه داشتن hâne nigehdâşten: ev beklemek.

خانه وار hânevâr: [hâne+vâr] **1.**aile. **2.**oda.

خانی hânî: (T.-F.) [hân+î] hanlık.

خانی hânî: (Peh.) **1.**pınar, menba, kaynak. **2.**havuz.

خانیچه hânîçe: [hânî+çe] **1.**küçük pınar. **2.**küçük havuz.

خاور hâver: (Peh.) **1.**doğu. **2.**batı (bazı eski metinlerde ve Pehlevî dilinde). ‖ * ~ -i dûr خاور دور (coğ.) uzakdoğu. ‖ * ~ -i miyâne خاور میانه (coğ.) ortadoğu. ‖ * ~ -i nezdîk خاور نزدیک (coğ.) yakındoğu. ‖ * umûr-i ~ -i miyâne امور خاور میانه ortadoğu masası.

خاوران hâverân: (Peh.) **1.**(coğ.) doğu. **2.**(coğ.) batı. **3.**(müz.) mâhûr makamında bir köşe.

خاورشناس hâverşinâs: [hâver+şinâhten> şinâs] müsteşrik, doğubilimci, oryantalist.

خاورشناسی hâverşinâsî: [hâver+şinâhten>şinâs+î] müsteşriklik, doğubilimcilik, oryantalistlik.

خاوری hâverî: [hâver+î] **1.**doğulu. **2.**doğuya ait.

خاویار hâviyâr: **1.**(zool.) havyar balığı. **2.**havyar.

خاویه hâviye: (A.) boş yer, meskun olmayan arazi.

خایب hâyib: (A.) **1.**ümitsiz. **2.**nasipsiz.

خایض hâyiz: (A.) çöken, batan, aşağı inen.

خایف hâyif: (A.) korkak, korkan.

خاین hâyin: (A.) hain.

خاینانه hâyinâne: (A.-F.) [hâyin+âne] haince.

خایه hâye: (Peh.) yumurta, haya.

خایه کشیده hâye keşîde: [hâye+keşîden> keşîd+e] iğdiş edilmiş, kısırlaştırılmış, hadım, yumurtası alınmış.

خایه مالی hâyemâlî: [hâye+mâlîden> mâl+i] yaltaklık, yaltaklanma, yağ çekme.

خایه مالی کردن hâyemâlî kerden:

yaltaklanmak, yağ çekmek.

خاییدن hâyîden: çiğnemek, gevmek.

خباثت hebâset: (A.) pislik, çirkeflik, habislik, kötülük.

خباز hebbâz: (A.) ekmekçi.

خبازخانه hebbâzhâne: (A.-F.) [hebbâz+ hâne] fırın, ekmek fırını.

خبازی hebbâzî: (A.-F.) [hebbâz+î] **1.**ekmekçilik. **2.**ekmek fırını.

خباط hobât: (A.) dilelik, cinnet.

خباک hebâk: üstü açık ağıl.

خبب hebeb: (A.) **1.**şaha kalkma. **2.**çabuk gitme. **3.**bir koşu türü.

خبث hebes: (A.) **1.**pislik, kirlilik, çirkef. **2.**cüruf. **3.**yararsız, boş.

خبث hubs: (A.) **1.**habislik, çirkeflik, ahlâksızlık. **2.**kin gütme.

خبر haber: (A.) **1.**haber. **2.**bilgi. **3.**hadis. **4.**dizgiye gidecek müsvedde. ‖ * ~ -i kesî şoden خبر کسی شدن haberi olmak. ‖ * der ~ est در خبر است hadiste geçtiğine göre, şu hadis rivayet edilmiştir.

خبر آور haberâver: (A.-F.) [haber+ âverden>âver] haberci.

خبر آوردن haber âverden: haber getirmek.

خبر آوری haberâverî: (A.-F.) [haber+ âverden>âver+î] haber getirme, habercilik.

خبرت hebret: (A.) **1.**bilgi sahibi olma. **2.**tecrübeli olma.

خبرچین haberçîn: (A.-F.) [haber+çîden> çîn] **1.**dedikoducu, lafçı. **2.**casus.

خبرچینی haberçînî: (A.-F.) [haber+ çîden>çîn+î] **1.**dedikoduculuk, lafçılık. **2.**casusluk.

خبر دادن haber dâden: haber vermek, bilgi vermek.

خبردار haberdâr: (A.-F.) [haber+dâşten> dâr] **1.**haberli, haberdar. **2.**(ask.) hazır ol! emri.

خبردار ساختن haberdâr sâhten: haberdar etmek.

خبردار شدن haberdâr şoden: haberdar olmak.

خبردار کردن haberdâr kerden: haberdar etmek. ‖ * ~ der berâber-i kesî خبردار کردن در برابر کسی (ask.) birine selâm durmak.

خبر داشتن haber dâşten: haberi olmak, bilgisi olmak.

خبر رسیدن haber resîden: haber gelmek.

خبر شدن haber şoden: **1.**haber çıkmak. **2.**haberdar olmak, duymak.

خبر کردن haber kerden: haber vermek, bilgi vermek.

خبرکشی haberkeşî: (A.-F.) [haber+ keşîden>keş+î] laf yetiştirme.

خبرکشی کردن haberkeşî kerden: laf yetiştirmek, laf taşımak.

خبرگزاری habergozârî: (A.-F.) [haber+ gozârden> gozâr] **1.**haber verme. **2.**haber ajansı.

خبرگی hobregî: (A.-F.) [hobre+g+î] bilirkişilik, ehlivukufluk.

خبر نقل کردن haber nakl kerden: haber geçmek.

خبرنگار habernigâr: (A.-F.) [haber+ nigâşten>nigâr] gazete muhabiri, gazeteci, muhabir.

خبرنگاری habernigârî: (A.-F.) [haber+ nigâşten>nigâr+î] habercilik, gazetecilik, muhabirlik.

خبرویت hibreviyyet: (A.) bilirkişilik, ehlivukufluk.

خبره hibre, hobre: (A.) **1.**bilirkişi, ehlivukuf. **2.**bilme, tanıma.

خبز hobz: (A.) ekmek.

خبط hebt: (A.) **1.**hata, yanlışlık. **2.**sapma. ‖ * ~ -i dimâg خبط دماغ delilik, sapıklık. ‖ * ~ u hetâ خبط و خطا hata, yanlışlık.

خبط کردن hebt kerden: hata yapmak.

خبک hebek: boğaz sıkışması.

خبل hebel: (A.) **1.**cinnet geçirme, delirme. **2.**uzuvların yitirilmesi.

خبل hebl: (A.) **1.**bozma, yok etme. **2.**fesat.

خبن hebn: (A.) **1.**teğelleme. **2.**zahire.

خبیث hebîs: (A.) **1.**habis, pis, kirli. **2.**ahlâksız, kötü huylu.

خبیر hebîr: (A.) **1.**haberli. **2.**bilgin.

خپل hepel: bodur, tıknaz.

خپله heple: bodur, tıknaz.

ختا hıtâ: Hıtay ülkesi.

ختام hitâm: (A.) **1.**son, son bulma. **2.**mühürleme. ‖ * be ~ resânden به ختام رساندن bitirmek, sona erdirmek. ‖ * be ~ resîden به ختام رسیدن bitmek, sona ermek.

ختان hitân: (A.) sünnet etme.

ختل hetl: aldatma.

ختم hetm: (A.) **1.**sonlandırma, tamamlama, bitirme. **2.**mühürleme. **3.**son. **4.**hatim, hatim indirme.

ختمخالی hetmhâlî: benekli.

ختم شدن hetm şoden: bitmek, sona ermek.

ختم کردن hetm kerden: **1.**bitirmek, tamamlamak, sona erdirmek. **2.**mühürlemek. **3.**hatim indirmek.

ختم گشتن hetm geşten: bitmek, sona ermek.

ختن heten: **1.**birinin karısının yakın akrabaları. **2.**damat.

ختن hoten: (coğ.) Hoten, Türkistan veya Doğu Türkistan, ceylanları ve miski ile ünlü yöre.

ختنه hetne: (A.) sünnet.

ختنه سوران hetnesûrân: (A.-F.) [hetne+ sûr+ân] sünnet düğünü.

ختنه کردن hetne kerden: **1.**sünnet ettirmek. **2.**sünnet etmek.

ختو hotû: (T.) (zool.) deniz gergedanı.

خجالت hecâlet, hicâlet: (A.) utanma, utangaçlık, mahcubiyet. ‖ * ez ~ âb şoden از خجالت آب شدن utançtan yerin dibine girmek.

خجالت دادن hicâlet dâden: utandırmak.

خجالت زدن hicâlet zeden: utanmak.

خجالت زده hicâletzede: (A.-F.) [hicâlet+ zeden>zed+e] utangaç, mahcup.

خجالت کشیدن hicâlet keşîden: utanmak, utanç duymak.

خجالتی hicâletî: (A.-F.) [hicâlet+î] utangaç.

خجستگی hocestegî: [hoceste+g+î] kutluluk.

خجسته hoceste: **1.**kutlu, mübarek. **2.**iyi, hoş. **3.**(bot.) hemişebahar çiçeği.

خجسته طالع hocestetâli': (F.-A.) talihli, şanslı, talihi kutlu.

خجک hecek: **1.**leke. **2.**ben. **3.**nokta. **4.**gözdeki beyaz ben.

خجل hecel: (A.) utangaçlık, utanma.

خجل hecil: (A.) utangaç, utanan.

خجلت heclet: (A.) utangaçlık, utanç.

خجلت آور hecletâver: (A.-F.) [heclet+ âverden>âver] utanç verici.

خجلت بردن heclet borden: utanmak, utanç duymak.

خجلت زدن heclet zeden: utanmak.

خجلت زده heclet zede: (A.-F.) [heclet+ zeden>zed+e] **1.**utanmış. **2.**utanarak.

خجند hocend: İran'da bir yerleşim merkezi.

خجول hecûl: (A.) çok utangaç.

خجیر hocîr: **1.**iyi, güzel, beğenilmiş. **2.**güzel yüzlü.

خد hed: (A.) **1.**yanak. **2.**yüz.

خدا hodâ: (Peh.) **1.**Allah, Tanrı. **2.**tanrı. **3.**efendi, sahip. ‖ * ~ âlim est خدا عالم است alimallah. ‖ * ~ be dûr خدا به دور Allah esirgesin!, Allah saklasın!, Allah korusun! ‖ * ~ bed nedehed خدا بد ندهد geçmiş olsun. ‖ * ~ dehâd خدا دهاد Allah versin! (dilenciye hitaben) ‖ * ~ hâfizet خدا حافظت Tanrı seni korusun! ‖ * ~ koned خدا کند İnşallah. ‖ * ~ râ خدا را Allah aşkına, Allah rızası için. ‖ * ~ râ hoş nemî âyed خدا را خوش نمی آید Allah'ın gücüne gider. ‖ * be ~ به خدا vallahi. ‖ * be emân-i ~ به امان خدا Allah rahatlık versin. ‖ * berâyi rizâ-yi ~ برای رضای خدا Allah rızası için. ‖ * ez berâyi ~ از برای خدا Allah aşkına. ‖ * ez ~ pinhân nîst ez tu hem pinhân nebâşed از خدا پنهان نیست از تو هم پنهان نباشد Allah'ın bildiğini senden ne saklayayım. ‖ * penâh ber ~ پناه بر خدا mâzallah, Aman Tanrım!, Tanrı'ya sığınırım, neûzübillah. ‖ * torâ be ~ تو را به خدا ، ترا بخدا Allah aşkına!

خدا بیامرز hodâbeyâmorz: [hodâ+

âmorzîden>âmorz>beyâmorz] rahmetli, merhum.

خدا بیامرزد hodâ beyâmorzed: [hodâ+ âmorzîden>âmorz>âmorzed>beyâ morzed] rahmetli, Allah rahmet eylesin.

خدا بیامرزی hodâbeyâmorzî: [hodâ+ âmorzîden> âmorz>beyâmorz+î] rahmetlik.

خداپرست hodâperest: [hodâ+perestîden> perest] Allah'a tapan, muvahhid, Allah'ın iyi kulu.

خداترس hodâters: [hodâ+tersîden>ters] Allah'tan korkan.

خداحافظ hodâ hâfiz: (F.-A.) [hodâ+hâfiz] **1.**Allah'a ısmarladık, sağlıcakla. **2.**güle güle.

خدا حافظی hodâhâfizî: (F.-A.) [hodâ+ hâfiz+î] vedalaşma.

خدا حافظی کردن hodâhâfizî kerden: vedalaşmak.

خدا خدا کردن hodâ hodâ kerden: can atmak, Allah Allah demek.

خدا داد hodâdâd: [hodâ+dâden>dâd] **1.**Allah vergisi. **2.**Allah verdi. **3.**bir erkek ismi.

خدا داده hodâ dâde: [hodâ+dâden>dâd+e] Allah vergisi.

خدا شناس hodâşinâs: [hodâ+şinâhten> şinâs] Allah'ı tanıyan, muvahhid.

خداع hidâ': (A.) aldatma, hile.

خداع heddâ': (A.) hilekâr, aldatıcı.

خدام hoddâm: (A.) hizmetçiler, uşaklar, müstahdemler.

خدانترس hodâneters: [hodâ+tersîden> ters>neters] Allah'tan korkmaz.

خدا نشناس hodâneşnâs: [hodâ+şinâhten> şinâs>neşinâs>neşnâs] **1.**ateist, Allah tanımaz. **2.**zalim.

خدا نگدار hodânigehdâr: [hodâ+ nigeh dâşten>nigeh dâr] **1.**hoşçakal, Allah'a ısmarladık. **2.**Allah korusun.

خداوند hodâvend: **1.**Allah, Tanrı. **2.**sahip, malik. **3.**efendi. **4.**padişah.

خداوندا hodâvendâ: [hodâvend+â] Tanrım!, Aman Tanrım!, Aman Allahım!

خداوندگار hodâvendgâr: [hodâvend+gâr] **1.**Allah, Tanrı. **2.**sahip, malik. **3.**padişah.

خداوندی hodâvendî: [hodâvend+î] **1.**Allahlık. **2.**tanrısal, ilahî. **3.**sahiplik. **4.**padişahlık.

خدای hodây: (Peh.) **1.**Allah, Tanrı. **2.**sahip, malik. **3.**efendi.

خدایا hodâyâ: [hodây+î] Allahım!, Tanrım!

خدایگان hodâyigân: **1.**Allah, Tanrı. **2.**kudretli padişah. **3.**büyük efendi.

خدایی hodâyî: [hodây+î] **1.**Allahlık, ulûhiyet. **2.**sahiplik.

خدر heder: (A.) uyuşukluk, gevşeklik.

خدر hedir: (A.) uyuşuk, hissiz.

خدر hidr: (A.) **1.**perde. **2.**örtü. **3.**çadır.

خدره hodre: **1.**pılı pırtı, döküntü, öteberi. **2.**kıvılcım.

خدش hedş: (A.) **1.**tıraş olma. **2.**deriyi parçalama. **3.**tırmalama. **4.**yara izi.

خدشه hedşe: (A.) **1.**zihin kurcalama. **2.**vesvese, kuruntu. **3.**gücenme. **4.**tırmalama.

خدعه hod'e: (A.) hile, düzen, aldatma.

خدعه آمیز hod'e âmîz: (A.-F.) [hod'e+ âmîhten>âmîz] hileli, aldatıcı.

خدم hedem: (A.) hizmetçiler, uşaklar, müstahdemler.

خدمات hedemât: (A.) hizmetler. ‖ * ~ -i bihdâştî خدمات بهداشتی sağlık hizmetleri. ‖ * ~ -i peymânkârî خدمات پیمانکاری taahhüt hizmetleri.

خدماتی hedemâtî: (A.-F.) [hedemât+î] (bankacılıkta) efektif.

خدمت hidmet: (A.) **1.**hizmet. **2.**emir. **3.**kulluk. **4.**huzur, yan. **5.**saygı. **6.**görev. **7.**hediye. **8.**selâm. **9.**büyüklere yazılan mektup. ‖ * ~ -i nizâm خدمت نظام (ask.) askerlik. ‖ * ~ -i serbâzî خدمت سربازی (ask.) askerlik.

خدمت رسیدن hidmet resîden: birinin huzuruna çıkmak, birinin yanına gitmek.

خدمتکار hidmetkâr: (A.-F.) [hidmet+kâr] hizmetkâr, hizmetçi.

خدمتکاری hidmetkârî: (A.-F.) [hidmet+ kâr+î] hizmetkârlık, hizmetçilik.

خدمت کردن hidmet kerden: **1.**hizmet etmek. **2.**saygı göstermek, saygıyla eğilmek, ululamak.

خدمتگزار hidmetgozâr: (A.-F.) [hidmet+ gozârden>gozâr] **1.**hizmetçi, hizmetkâr. **2.**devlet memuru.

خدمتی hidmetî: (A.-F.) [hidmet+î] hediye.

خدمه hedeme: (A.) hizmetçiler.

خدنگ hedeng (bot.) akçakavak.

خدو hedû: **1.**salya. **2.**tükürük.

خدوک hedûk: **1.**incinmiş, kırılmış. **2.**kederli, perişan. **3.**üzüntü. **4.**kıskançlık. **5.**öfke.

خدیش hodîş: **1.**kethüda, kahya. **2.**ev hanımı. **3.**padişah.

خدیو hedîv: (Peh.) **1.**hidiv, Mısır hükümdarı. **2.**padişah. **3.**emir. **4.**kabile reisi.

خدیوی hedîvî: [hedîv+î] **1.**hidivlik. **2.**padişahlık. **3.**emirlik. **4.**kabile reisliği.

خذلان hizlân: (A.) **1.**yardımsız bırakılma. **2.**gevşeklik, acizlik, zelillik. **3.**sevgiliden uzak düşme.

خر her: (Peh.) **1.**(zool.) eşek. **2.**ahmak, aptal, akılsız. ‖ * ~ biyâr u bakalî bâr kun خر بیار و باقالی بار کن ayıkla pirincin taşını. ‖ * ~ eş mîreved خرش می رود borusu ötüyor, önemi ve itibarı vardır. ‖ * ~ -i kesî şoden خر کسی شدن aldanmak, birinin oyununa gelmek, (hlk.) tufaya gelmek. ‖ * ez ~ -i şeytân pâyîn ameden از خر شیطان پایین آمدن inadı bırakmak. ‖ * be ~ -i hod nişânden بخر خود نشاندن haddini bildirmek. ‖ * magz-i ~ horden مغز خر خوردن ahmak olmak, dangalak olmak, gerzek olmak. ‖ * misl-i ~ tûy-i gil mânden مثل خر توی گل ماندن âciz kalmak. ‖ * moh-i ~ horden مخ خر خوردن ahmak olmak, dangalak olmak, gerzek olmak.

خر hır: gırtlak. ‖ * ~ be ~ giriften خر به خر گرفتن gırtlak gırtlağa gelmez, birbirinin gırtlağına sarılmak.

خراب herâb: (A.) **1.**bozuk. **2.**harap. **3.**yıkık. **4.**kötü, berbat. **5.**küfelik sarhoş, fitil gibi sarhoş, bulut gibi sarhoş. **6.**yok olmuş. ‖ * ~ -i bâde-i la'l خراب باده لعل lâl renklidudakların badsiylesarhoş olmuş.

خراب آباد herâbâbâd: (A.-F.) [herâb+ âbâd] **1.**dünya. **2.**harabe.

خرابات herâbât: (A.) **1.**harabeler, viraneler, yıkıntılar. **2.**meyhane. **3.**randevu evi, genelev.

خرابات نشین harâbâtnişîn: (A.-F.) [herâbât+ nişesten>nişîn] meyhanede oturan.

خراب شدن herâb şoden: **1.**harap olmak, yıkılmak. **2.**bozulmak, arıza yapmak, dağılmak. **3.**fitil gibi sarhoş olmak, bulut gibi sarhoş olmak, körkütük sarhoş olmak, küfelik olmak, zil zurna sarhoş olmak.

خرابکار herâbkâr: (A.-F.) [herâb+kâr] sabotajcı, baltalayıcı, tahripçi, bozguncu.

خرابکاری herâbkârî: (A.-F.) [herâb+ kâr+î] **1.**sabotaj, baltalama, tahrip. **2.**yıkım.

خراب کردن herâb kerden: **1.**yıkmak. **2.**tahrip etmek, harap etmek. **3.**bozmak.

خرابه herâbe: (A.) **1.**harabe, yıkıntı, virane.

خرابی herâbî: (A.-F.) [herâb+î] **1.**yıkık. **2.**sabotaj, baltalama. **3.**zarar, ziyan. **4.**bozukluk, arıza. **5.**fitil gibi sarhoşluk.

خراتین herâtîn (zool.) solucan.

خراج herâc: (A.) **1.**vergi. **2.**haraç.

خراج herrâc: (A.) **1.**savurgan, müsrif, çok harcayan. **2.**eli açık, bonkör.

خراج horâc: (A.) (tıb.) sivilce.

خراج دادن herâc dâden: **1.**haraç

vermek. **2.**vergi vermek.

خراجگزار herâcgozâr: (A.-F.) [herâc+ gozârden] **1.**(eskiden) vergi veren. **2.**haraç veren.

خراز herrâz: (A.) **1.**tuhafiyeci. **2.**örücü.

خرازی herrâzî: (A.) **1.**tuhafiyeci, tuhafiye mağazası.

خرازی فروشی herrâzîfurûşî: (A.-F.) [herrâzî+ furûhten>furûş+î] tuhafiye mağazası.

خراس herâs: [her+âs] eşekle çalışan değirmen.

خراسان horâsân: (Peh.) **1.**doğu. **2.**(müz.) İran musikîsinde bir makam. **3.**(coğ.) Horasan.

خراسانی horâsânî: [horâsân+î] **1.**Horasanlı. **2.**Horasan'a ait, Horasan işi, Horasan malı.

خراش herâş: [herâşîden>herâş] **1.**tırmalama. **2.**tırmalama izi. **3.**yara. **4.**çürük meyve. **5.**yararsız, işe yaramaz. **6.**örseleme.

خراشاندن herâşânden: **1.**tırmalamak. **2.**tahriş etmek. **3.**kazımak. **4.**yontmak.

خراش بر دشاتن herâş ber dâşten: örselemek.

خراشیدگی herâşîdegî: [herâşîden> herâşîd+ e+g+î] **1.**kazıntı. **2.**tırnak izi.

خراشیدن herâşîden: **1.**tırmalamak. **2.**tahriş etmek. **3.**örselemek. **4.**kazımak. **5.**yaralamak. **6.**yontmak.

خراشیده herâşîde: [herâşîden>herâşîd+e] **1.**yontulmuş. **2.**tırmalanmış. **3.**yara.

خراص herrâs: (A.) yalancı.

خراط herrât: (A.) ağaç tornacısı.

خراطی herrâtî: (A.-F.) [herrât+î] ağaç tornacılığı. **2.**işleme.

خراطین herâtîn (zool.) solucan.

خرافات horâfât: (A.) **1.**batıl inançlar, hurafeler. **2.**efsaneler.

خرافات پرست horâfâtperest: (A.-F.) [horâfât+ perestîden>perest] batıl inançlı, hurafeci.

خرافات پرستی horâfâtperestî: (A.-F.) [horâfât+ perestîden>perest+î] batıl inanç besleme, hurafecilik.

خرافت horâfet: (A.) hurafe, batıl inanç, batıl söz.

خرافه horâfe: (A.) hurafe, batıl inanç, batıl söz.

خرام horâm, hirâm: **1.**salınma, salınarak yürüme. **2.**sözünde durma.

خرامان horâmân: [horâmîden>horâm+ ân] salınan, salınarak yürüyen.

خرامنده horâmende: [horâmîden>horâm+ ende] salınan, salınarak yürüyen.

خرامیدن horâmîden: salınmak, salınarak yürümek.

خراید herâyid: (A.) **1.**delinmemiş inciler. **2.**mahcup kadınlar.

خرب herb: (A.) harap olma, yıkılma.

خرب herib: (A.) yıkık, harap, viran.

خربان herbân: [her+bân] eşekçi, eşek sahibi.

خربانی herbânî: [her+bân+î] eşekçilik.

خربت herbet: geniş delik.

خربزه herboze: [her+boze<pûze] (bot.) kavun. ‖ * ~ râ horden خربزه را خوردن hapı yutmak, şapa oturmak, ayvayı yemek.

خربط herbet (zool.) kaz.

خربندگی herbendegî: [her+bende+g+î] eşekçilik, mekkâricilik, katırcılık.

خربنده herbende: [her+bende] eşekçi, katırcı, mekkârici.

خرپا herpâ: [her+pâ] çatı kirişi, çapraz kirişi.

خرپشته herpoşte: [her+poşte] **1.**büyük yığın. **2.**çadır. **3.**tak. **4.**eyvan. **5.**kubbe.

خرپول herpûl: savurgan, müsrif.

خرتال hertâl: altın ve gümüşle doldurulmuş öküz derisi.

خرت و پرت hirt u pırt: döküntü, öteberi, ıvır zıvır.

خرتوخر hertuher: [her+tu+her] karmakarışık, karman çorman, düzensiz.

خرج herc: (A.) **1.**masraf, harcama.

2.nafaka. 3.iş hakkı. 4.haraç. ‖ * ~ -i âteynâ kerden خرج اتینا کردن çarçur etmek, ona buna harcamak, savurmak. ‖ * ~ -i âteynâ şoden خرج اتینا شدن çarçur edilmek, ona buna harcanmak, savrulmak. ‖ * ~ -i beyn-i râh خرج بین راه yol harçlığı, harcırah. ‖ * ~ -i çîzî der âmeden خرج چیزی در آمدن bir şeyin masrafı çıkmak, masrafı karşılanmak. ‖ * ~ -i çîzî râ dâden خرج چیزی را دادن masrafını karşılamak. ‖ * ~ -i der refte خرج در رفته net kâr, net kazanç. ‖ * ~ -i ta'mîr kerden خرج تعمیر کردن tamir parası vermek. ‖ * ~ u mehâric خرج و مخارج masraf. ‖ * be ~ dâden به خرج دادن 1.etmek, yapmak. 2.göstermek. ‖ * be ~ -i kesî reften به خرج کسی رفتن 1.işine yaramak. 2.inanmak, ikna olmak. ‖ * sohen be ~ -i kesî nereften سخن به خرج کسی نرفتن oralı olmamak, aldırmamak, dinlememek, aldırış etmemek, söz dinlememek.

خرج horc: (A.) hurç.

خرج بر داشتن herc ber dâşten: masraf tutmak.

خرج دادن herc dâden: masraf yapmak.

خرج شدن herc şoden: harcanmak.

خرج کردن herc kerden: harcamak, harcama yapmak.

خرجی hercî: (A.-F.) [herc+î] 1.masraf parası, harçlık. 2.nafaka.

خرجی دادن hercî dâden: 1.masraf parası vermek, harçlık vermek. 2.nafaka vermek. 3.kutsal günlerde insanları doyurmak, yemek vermek.

خرجین horcîn: heybe.

خرچال herçâl (zool.) kaz.

خر چرانی herçerânî: [her+çerânden> çerân+î] eşek otlatma, eşek bakımı.

خرچنگ herçeng:.(zool.) yengeç. ‖ * ~ -i âb-i şîrîn خرچنگ آب شیرین (zool.) karavides. ‖ * ~ -i dirâz خرچنگ دراز (zool.) istakoz.

خرچنگ قورباغه herçeng kurbâge: eciş bücüş yazı, okunamayacak kadar kötü yazı, (hlk.) it izi gibi yazı.

خرحمالی herhemmâlî: (F.-A.) [her+hemmâl+î] angarya, boşuna zahmet.

خرحمالی کردن herhemmâlî kerden: angarya çekmek, boşuna uğraşmak.

خر خاکی her-i hâkî: [her+i+hâk+î] (zool.) tespih böceği.

خرخر herher, horhor: 1.horultu. 2.hırıltı. hırhır, herher:

خرخر 1.gıcırtı. 2.hırıltı.

خرخر کردن horhor kerden: horlamak, horuldamak.

خرخر کردن hırhır kerden: hırlamak.

خرخره hırhire: gırtlak.

خرخره herhere: gıcırtı.

خرد herd: çamur.

خرد hıred: (Peh.) 1.akıl, us. 2.idrak, anlayış.

خرد hord: (Peh.) 1.küçük, ufak. 2.çocuk, küçük çocuk. 3.ince, dakik. 4.bozuk (para). ‖ * ~ u hâkşîr kerden خرد و خاکشیر کردن ufalamak, paramparça etmek. ‖ * ~ u hâkşîr şoden خرد و خاکشیر شدن ufalanmak, paramparça olmak. ‖ * ~ u haste şoden خرد و خسته شدن cıcığı çıkmak. ‖ * ~ u rîz خرد و ریز çurçur, minik minik. ‖ * ~ u hamîr şoden خرد و خمیر شدن 1.ezilmek. 2.çok yorulmak, bitmek. 3.un ufak olmak, tuzla buz olmak. ‖ * ~ u hamîr kerden خرد و خمیر کردن 1.un ufak etmek, tuzla buz etmek. 2.çok yormak, bitirmek. 3.ezmek, yamyassı etmek. ‖ * ~ u mutelâşî sâhten خرد و متلاشی ساختن ufalamak, paramparça etmek.

خرداد hordâd: (Peh.) İran takviminin üçüncü ayı (21 Mayıs-21 Haziran), Hordad.

خرد اندیش hordendîş: [hord+endîşîden> endîş] dar görüşlü, kıt fikirli.

خر در چمن her der çemen: [her+der+çemen] 1.kötü ses, çirkin ses. 2.kargaşa, hercümerç.

خردسال hordsâl: [hord+sâl] küçük çocuk, yaşı küçük, küçük.

خردسالی hordsâlî: [hord+sâl+î] küçüklük, çocukluk.

خردک hordek: [hord+ek] azıcık, az, biraz, minnacık.

خرد کردن hord kerden: 1.ufalamak. 2.ezmek. 3.yok etmek, öldürmek. 4.parçalamak. ‖ * pûl ~ پول خرد کردن 1.para bozmak. 2.para bozdurmak.

خردگی hordegî: [horde+g+î] 1.küçüklük. 2.eksiklik.

خردل herdel (bot.) hardal.

خردمند hıredmend: (Peh.) [hıred+mend] 1.akıllı, akıl sahibi. 2.idrakli, anlayışlı.

خردمندانه hıredmendâne: [hıred+mend+ âne] akıllıca.

خردمندی hıredmendî: [hıred+mend+î] akıllılık.

خرد نفس hordnefs: (F.-A.) [hord+nefs] iradesiz.

خردنگاری hordnigârî: [hord+nigâşten> nigâr+î] mikrografi.

خرده horde: [hord+e] 1.küçük, ufak. dököntü, moloz. ‖ * ~ der miyân dâşten خرده در میان داشتن işte sorun çıkarmak. ‖ * yek ~ یک خرده biraz.

خرده بین hordebîn: [horde+dîden>bîn] 1.titiz. 2.ince görüşlü. 3.ileri görüşlü. 4.tenkitçi.

خرده بینی hordebînî: [horde+dîden> bîn+î] 1.titizlik. 2.idrak, seziş, anlayış. 3.ileri görüş. 4.tenkit.

خرده پای hordepây: [horde+pây] 1.yoksul. 2.küçük toprak sahibi.

خرده حساب hordehisâb: (F.-A.) [horde+ hisâb] 1.küçük hesap, küçük borç. 2.eski kin, eski düşmanlık.

خرده خرده horde horde: 1.az az. 2.yavaş yavaş, tedricen.

خرده ریز horderîz: [horde+rîhten>rîz] 1.ufak tefek, kırıntı. 2.çerçöp, döküntü.

خرده شناس hordeşinâs: [horde+şinâhten> şinâs] nüktedan, ince görüşlü.

خرده شهر hordeşehr: (F.-A.) [horde+ şehr] kasaba.

خرده شیشه hordeşîşe: [horde+şîşe] cam kırığı.

خرده فرمایش hordefermâyiş: [horde+ fermûden>fermây+iş] 1.ardı arkası kesilmeyen yorucu buyruklar. 2.küçük istek.

خرده فروش hordefurûş: [horde+ furûhten> furûş] 1.hırdavatçı. 2.hurdacı.

خرده فروشی hordefurûşî: [horde+ furûhten> furûş+î] 1.hırdavatçı. 2.hırdavatçılık. 3.hurdacı. 4.hurdacılık.

خرده کار hordekâr: [horde+kâr] 1.titiz. 2.zarif.

خرده کاری hordekârî: [horde+kâr+î] 1.titizlik. 2.zariflik, zarif iş yapma, ince iş yapma.

خرده کردن horde kerden: ezmek, çiğnemek.

خرده گرفتن horde giriften: tenkit etmek, eleştirmek, ayıbını çıkarmak.

خرده گیر hordegîr: [horde+giriften>gîr] tenkitçi, eleştirmen.

خرده گیری hordegîrî: [horde+giriften> gîr+î] tenkit, eleştiri, ayıp arama.

خرده مالک hordemâlik: (F.-A.) [horde+ mâlik] küçük arazi sahibi.

خرده مردم hordemerdom: [horde+ merdom] sıradan insanlar.

خرده نان hordenân: [horde+nân] ekmek kırıntısı.

خردی hordî: [hord+î] 1.çocukluk. 2.küçüklük, ufaklık.

خر راندن her rânden: kendi yoluna gitmek.

خر رنگ کن her reng kon: [her+reng+ kerden>kon] hilekâr, düzenbaz, üçkâğıtçı.

خرز herez: (eskiden) boncuk vs.

خرزه herze: penis.

خرزهره herzehre: [her+zehre] (bot.) ağı ağacı.

خرس heres: (A.) dilsizlik.

خرس hers: (Peh.) [zool.) ayı.

خرس hors: (A.) dilsizlik.

خرس باز hersbâz: [hers+bâhten>bâz] **1.**ayıcı, ayı terbiyecisi. **2.**ayı oynatan.

خرس بازی hersbâzî: [hers+bâhten> bâz+î] ayıcılık.

خرس بچه hersbeççe: [hers+beççe] ayı yavrusu.

خرسک hersek: [hers+ek] **1.**ayıcık. **2.**bir tür oyun. **3.**kaba ve ağır yün halı.

خرسند horsend: (Peh.) **1.**kanaatkâr, razı. **2.**mutlu, memnun.

خرسند ساختن horsend sâhten: ikna etmek.

خرسند شدن horsend şoden: **1.**ikna olmak. **2.**kanaat etmek, razı olmak. **3.**mutlu olmak, sevinmek.

خرسند کردن horsend kerden: **1.**ikna etmek. **2.**mutlu etmek.

خرسندی horsendî: [horsend+î] **1.**kanaat, rıza, razılık. **2.**mutluluk.

خرشید horşîd: güneş.

خرطال hertâl (bot.) yulaf.

خرطوم hortûm: (A.) **1.**fil hortumu. **2.**uzun burun. **3.**hortum.

خرف herf: (A.) meyve toplama.

خرف heref: (A.) bunaklık, bunama.

خرف herif: (A.) bunak.

خرفت hirift: (A.) **1.**geri zekâlı, gerzek. **2.**aptal, cahil.

خرفستر herefster: (Peh.) haşere.

خرفه horfe (bot.) semizotu.

خرفهم herfehm: (F.-A.) [her+fehm] aptal, ahmak, geri zekâlı, gerzek.

خرق herk: (A.) **1.**parçalama, yırtma, yarma. **2.**yarık. ‖ * ~ -i âdet خرق عادت **1.**olağanüstü, harikulade. **2.**keramet.

خرق herk, hork: (A.) **1.**bunama, bunaklık. **2.**cahillik, kabalık.

خرقه hırka: (A.) hırka.

خرقه افکندن hırka efkenden: **1.**(tas.) omuzundan hırkayı çıkarıp bağışlamak. **2.**(tas.) varlıktan kurtulmak.

خرقه بازی hırkabâzî: (A.-F.) [hırka+ bâhten> bâz+î] (tas.) sema sırasında üstünü başını yırtma.

خرقه پوش hırkapûş: (A.-F.) [hırka+ pûşîden>pûş] derviş, sûfî.

خرقه پوشی hırkapûşî: (A.-F.) [hırka+ pûşîden>pûş+î] **1.**(tas.) hırka giyme. **2.**tasavvuf. **3.**dervişlik.

خرقه پوشیدن hırka pûşîden: (tas.) hırka giymek, derviş olmak.

خرقه تهی کردن hırka tohî kerden: ölmek, vefat etmek.

خرقه کردن hırka kerden: parçalamak, yırtmak.

خرک herek: [her+ek] **1.**(sp.) kulplu beygir. **2.**eşekçik. **3.**bir tür kuru hurma.

خرکچی herekçi: (F.-T.) [her+ek+çi] eşekçi, eşek sürücüsü.

خر کردن her kerden: aldatmak, kandırmak, oyuna getirmek.

خرکی herekî: [her+ek+î] aptalca. ‖ * şûhî-i ~ شوخیء خرکی eşek şakası.

خرگاه hergâh: **1.**otağ, büyük çadır. **2.**gökyüzü.

خرگاه زدن hergâh zeden: otağ kurmak.

خرگوش hergûş: (Peh.) [her+gûş] (zool.) tavşan.

خرگوشی hergûşî: [hergûş+î] tavşana ait.

خرگه hergeh: otağ, büyük çadır.

خرم herm: **1.**kesme, yarma. **2.**kulak ve burun delme.

خرم horrem: (Peh.) **1.**sevinçli, mutlu. **2.**şemsî yılın onuncu ayı. **3.**(müz.) eski İran musikîsinde bir makam. **4.**ne mutlu, ne kutlu.

خرما hormâ: (Peh.) (bot.) hurma.

خرمائی hormâ'î: [hormâ+î] **1.**kumral.

خرماستان hormâsitân: [hormâ+sitân] hurmalık.

خرماگون hormâgûn: [hormâ+gûn] **1.**hurma rengi. **2.**hurma renginde bir tür at.

خرمالو hormâlû: **1.**(bot.) zeytingillerden bir tür ağaç. **2.**cennet meyvesi.

خرمایی hormâyî: [hormâ+y+î] **1.**kumral. **2.**hurma rengi.

خرم دل hurremdil [hurrem+dil] mutlu, mesut.

خرمست hermest: [her+mest] körkütük

sarhoş, fitil gibi sarhoş, küfelik sarhoş.

خرمگس hermeges: [her+meges] (zool.) atsineği. ‖ * ~ -i ma'reke خرمگس معرکه 1.rahatsız eden, yapışkan. 2.yabancı, nâmahrem.

خرمن hermen, hırmen: 1.harman. 2.yığın. 3.hale, ay halesi. ‖ * ~ -i mâh خرمن ماه ay halesi.

خرمن کردن hermen kerden: yığmak.

خرمن کوب hermenkûb: [hermen+ kûbîden> kûb] 1.harman makinesi. 2.biçerdöver.

خرمن کوبی hermenkûbî: [hermen+ kûbîden> kûb+î] harman kaldırma.

خرموش hermûş: [her+mûş] (zool.) bir tür iri fare.

خرمهره hermohre: 1.katır boncuğu. 2.bir tür ıslık veya korna. 3.(tıb.) gözde beliren ve körlüğe yol açan bir tür beyaz leke.

خرمی horremî: [horrem+î] mutluluk, saadet.

خرناس hornâs: horultu, horlama.

خرناس کردن hornâs kerden: horlamak, horuldamak.

خر انبار herenbâr: 1.suçluyu eşeğe bindirerek şehirde dolaştırmak ve teşhir etmek. 2.izdiham, kalabalık. 3.karışıklık, fitne.

خرند herend: taş veya tuğladan örülmüş bahçe ve ark duvarı.

خرنوب hernûb (bot.) keçiboynuzu.

خرنه کشیدن horne keşîden: kükremek.

خرو horû: horoz.

خروار hervâr: eşek yükü, çeki, kile, 300. kg.lık ağırlık birimi.

خر و پف horopof: horultu, horlama.

خروج hurûc: (A.) 1.çıkma, çıkış. 2.isyan, başkaldırı, ayaklanma.

خروج کردن hurûc kerden: başkaldırmak, isyan etmek.

خر و خر herruher: 1.hırıltı, horultu, horhor. 2.can çekişme hırıltısı.

خروس horûs: (Peh.) (zool.) horoz. ‖ * ~ -i bîmahal خروس بی محل yersiz ve zamansız iş yapan, densiz. ‖ * ~ -i cengî خروس جنگی döğüş horozu.

خروسک horûsek: [horûs+ek] 1.(tıb.) çocukların horoz sesi çıkarırmış gibi öksürmelerine yol açan bir tür boğmaca 2.bir tür haşere.

خروس وزن horûsvezn: (F.-A.) [horûs+ vezn] (sp.) güreşte hafif sıklet.

خروش hurûş: [hurûşîden>hurûş] 1.coşku, heyecan. 2.kükreyiş, gürleyiş, gürültü. ‖ * der ~ âmeden در خروش آمدن coşmak.

خروشان hurûşân: [hurûşîden>hurûş] 1.coşan, coşkun. 2.kükreyen, gürleyen.

خروشاندن hurûşânden: coşturmak.

خروشانیدن hurûşânîden: coşturmak.

خروشیدن hurûşîden: 1.coşmak. 2.kükremek, gürlemek.

خروق horûk: (A.) çatlaklar, yarıklar.

خروه horûh: 1.horoz. 2.horoz tacı, horoz ibiği.

خرویله hervîle: yaygara, şamata.

خره horre: (Peh.) 1.Tanrı tarafından padişah ve ruhanîlere verilen üstün meziyet. 2.ışık. 3.hıçkıra hıçkıra ağlama.

خری herî: [her+î] 1.eşeklik. 2.enayilik, ahmaklık, aptallık.

خریار heryâr: alıcı, müşteri.

خریت herriyet: (F.-A.) enayilik, ahmaklık, aptallık.

خرید herîd: [herîden>herîd] alış, satın alma. ‖ * ~ u furûht خرید و فروخت alışveriş, ahzüatâ. ‖ * ~ u furûht kerden خرید و فروخت کردن alışveriş yapmak. ‖ * ~ u furûş خرید و فروش alışveriş. ‖ * ~ u furûş kerden خرید و فروش کردن alışveriş yapmak.

خریدار herîdâr: [herîden>herîd+âr] alıcı, müşteri.

خریداری herîdârî: [herîden>herîd+âr+î] 1.alıcılık, müşterilik. 2.alma, satın alma, alım.

خریداری کردن herîdârî kerden: 1.satın almak, satın almak, alım yapmak.

خریدن herîden: (Peh.) 1.satın almak, almak. 2.kabul etmek.

خریده herîde: [herîden>herîd+e] alınmış, satın alınmış.

خریری herîr: (A.) **1.**su ve rüzgâr sesi. **2.**vadi.

خریش herîş: alay, istihza.

خریطه herîte: (A.) **1.**(coğ.) harita. **2.**dağarcık.

خریف herîf: (A.) (coğ.) güz, sonbahar.

خز hez: **1.**(zool.) sansar. **2.**ipek giysi. ‖ * palto-yi ~ پالتوی خز kürk.

خزائن hezâ'in: (A.) hazineler.

خزان hezân: **1.**sonbahar, güz, hazan. **2.**kış.

خزانه hizâne: (A.) hazine. ‖ * ~ -i kutub خزانهء کتب kütüphane.

خزانه دار hizânedâr: (A.-F.) [hizâne+ dâşten>dâr] haznedar, hazine müdürü.

خزانه داری hizânedârî: (A.-F.) [hizâne+ dâşten>dâr+î] haznedarlık, hazine müdürlüğü.

خزاین hezâyin: (A.) hazineler.

خزر hezr: (A.) göz darlığı.

خزر hazer: (coğ.) Hazar Denizi. ‖ * bahr-i ~ بحر خزر (coğ.) Hazar Denizi. ‖ * deryâ-yi ~ دریای خزر (coğ.) Hazar Denizi.

خزع hez': (A.) kesme, yarma.

خزف hezef: (A.) toprak çanak, çömlek.

خزندگان hezendegân: [hezîden>hez+ ende+g+ân] (zool.) sürüngenler.

خزنده hezende: [hezîden>hez+ende] (zool.) sürüngen.

خزه heze (bot.) yosun.

خزی hizy: (A.) rezil olma, rezillik.

خزیدن hezîden: (Peh.) **1.**sürünmek. **2.**süzülmek, kaymak, akmak. **3.**bir köşede büzülmek. **4.**geçip gitmek, geçmek, gitmek. **5.**uzanmak, yatmak.

خزینه hezîne: (A.) hazine.

خزینه دار hezînedâr: (A.-F.) [hezîne+ dâşten>dâr] haznedar, hazine müdürü.

خس hes: **1.**çöp, çerçöp. **2.**bayağılık kişi, karaktersiz, âdi. ‖ * ~ u hâşâk خس و خاشاک çerçöp.

خسار hesâr: (A.) mahvolma, zarar, hasar.

خسارات hesârât: zararlar, hasarlar.

خسارت hesâret: (A.) **1.**hasar, zarar, ziyan. **2.**tazminat. ‖ * ~ -i mâlî be bâr âmeden خسارت مالی به بار آمدن maddî hasar meydana gelmek. ‖ * ~ -i mâlî be bâr âverden خسارت مالی به بار آوردن maddî hasar meydana getirmek.

خسارت پرداختن hesâret perdâhten: tazminat ödemek.

خسارت دیدن hesâret dîden: hasar görmek, zarar görmek.

خساست hesâset: (A.) **1.**pintilik, cimrilik. **2.**âdilik.

خسباندن hosbânden: uyutmak.

خسبانیدن hosbânîden: uyutmak.

خسبیدن hosbîden: uyumak.

خسپیدن hospîden: uyumak, yatmak.

خست hest: kazanç, kâr.

خست hisset: (A.) **1.**pintilik, cimrilik. **2.**aşağılık, âdilik.

خستگی hestegî: [hesten>hest+e+g+î] **1.**yorgunluk. **2.**solgunluk. **3.**yaralı olma. ‖ * ref'-i ~ kerden رفع خستگی کردن yorgunluk çıkarmak, dinlenmek, istirahat etmek.

خستگی در کردن hestegî derkerden: yorgunluk çıkarmak, yorgunluk atmak, dinlenmek, istirahat etmek.

خستگی ناپذیر hesteginâpezîr: [hestegî+ nâ+pezîroften>pezîr] yorulmak bilmeyen, yorulmaz.

خستن hesten: (peh.) **1.**yaralamak, incitmek. **2.**yaralanmak, incinmek.

خستو hestû: itiraf eden, itirafçı.

خستوانه hestevâne, hostevâne: kalın yünlü giysi, hırka, derviş giysisi, cübbe.

خسته heste: [hesten>hest+e] **1.**yaralı. **2.**yorgun. **3.**hasta. **4.**gönlü yaralı aşık. ‖ * ~ vu girifte خسته و گرفته yorgun argın. ‖ * ~ vu mânde خسته و مانده yorgun argın, bitkin.

خسته heste (bot.) çekirdek (meyve).

خسته دل hestedil: [heste+dil] gönlü yaralı, üzgün, kederli.

خسته جگر hesteciger: heste+ciger]

gönlü yaralı, üzgün, kederli.

خسته خانه hestehâne: [heste+hâne] düşkünler evi.

خسته شدن heste şoden: **1.**yorulmak, yorgun düşmek. **2.**bıkmak, bıkıp usanmak, sıkılmak.

خسته کردن heste kerden: **1.**yaralamak. **2.**yormak, yorgun düşürmek. **3.**sıkmak, bıktırmak.

خسته کننده heste konende: [heste+ kerden> kon+ende] **1.**yorucu. **2.**sıkıcı, bıktırıcı, usandırıcı.

خسخس heshes: göğüs hırıltısı.

خسر hosr: (A.) **1.**zarar verme. **2.**zarar, ziyan, hasar.

خسر hosor: **1.**kayınpeder. **2.**kayınvalide.

خسران hosrân: (A.) zarar görme, hasar görme, hasar, zarar, ziyan.

خسرو hosrev, hosrov: (Peh.) hükümdar, büyük padişah, sultan.

خسروانه hosrevâne, hosrovâne: [hosrev+ âne] şahane, şahlara yaraşır.

خسروی hosrevî, hosrovî: [hosrev+î] padişahlık, hükümdarlık. ‖ * hom-i ~ خم خسروی eski sikkelerin bulunduğu küp.

خسف hesf: (A.) **1.**yok etme. **2.**batırma. **3.**batma, yere batma.

خسف hosef (bot.) ceviz.

خسک hesek: **1.**küçük diken. **2.**(ask.) savaş halinde düşmanın geçeceği yola döşenen dikenli tel.

خسودن hosûden: biçmek.

خسوف hosûf: (A.) **1.**yok olma. **2.**ay tutulması. ‖ * ~ -i gayr-i mer'î خسوف غیر مرئی görülmeyen ay tutulması.

خسیس hesîs: (A.) **1.**pinti. **2.**âdi, soysuz kişi.

خسیسی hesîsî: (A.-F.) [hesîs+î] **1.**pintilik. **2.**âdilik, soysuzluk.

خش heş: döküntü, parça.

خش hoş: **1.**kayınvalide. **2.**kayınpeder.

خشاب heşâb: (ask.) şarjör.

خشاب heşşâb: (A.) **1.**keresteci. **2.**oduncu.

خشانیدن heşânîden: dişlemek.

خشب heşeb: (A.) odun.

خشت hişt: kerpiç.

خشت خشتی hişt hiştî: [hişt+hişt+î] damalı, kareli, ekose.

خشت زدن hişt zeden: kerpiç dökmek.

خشت زن hiştzen: [hişt+zeden>zen] kerpiç döken, kerpiç ustası.

خشت ساختن hişt sâhten: kerpiç dökmek, kerpiç yapmak.

خشتک hiştek: [hişt+ek] **1.**küçük kerpiç. **2.**ağ. **3.**pantolon ağı.

خشتمال hiştmâl: [hişt+mâlîden>mâl] kerpiç işçisi.

خشته hişte, heşte: yoksul, fakir.

خشتی hiştî: [hişt+î] **1.**kerpiç şeklinde. **2.**kareli, damalı, dört köşe. **3.**kerpiç ev.

خشخاش heşhâş (bot.) haşhaş.

خش خش hiş hiş: hışır hışır, hışırtı.

خشخشه heşheşe: hışırtı.

خشک hoşk: (Peh.) **1.**kuru. **2.**katı. **3.**donuk, kaskatı. **4.**halis, som. **5.**pinti. **6.**boş. ‖ * ~ -i kesî zeden خشک کسی زدن kaskatı kesilmek, donakalmak. ‖ * ~ u hâlî خشک و خالی **1.**kuru kuru, boş. **2.**sadece, yalnız.

خشک آوردن hoşk âverden: susmak.

خشکار hoşkâr: **1.**un, kepekli un. **2.**kepekli undan yapılan bir tür ekmek ve tatlı.

خشکاندن hoşkânden: kurutmak.

خشکانیدن hoşkânîden: kurutmak.

خشکبار hoşkbâr: meyve kurusu, meyve kakı.

خشکباز hoşkbâz: **1.**temiz. **2.**(tas.) derviş, tarikat mensubu.

خشک جان hoşkcân: [hoşk+cân] **1.**bilgisiz, marifetsiz. **2.**aşktan habersiz.

خشک خشک hoşk hoşk: kupkuru.

خشک دامن hoşkdâmen: [hoşk+dâmen] iyi davranışlı, temiz amelli.

خشک دماغ hoşkdimâğ: [hoşk+dimâğ] kederli, üzgün.

خشک سار hoşksâr: [hoşk+sâr] çorak yer, kıraç arazi.

خشک سال hoşksâl: [hoşk+sâl] kuraklık yılı.

خشک سالی hoşksâlî: [hoşk+sâl+î] (coğ.) kuraklık.

خشک شدن hoşk şoden: 1.kurumak. 2.donmak. 3.katılaşmak. 4.taşlaşmak. ‖ * ber cây-i hod ~ بر جای خود خشک شدن yerinde donakalmak.

خشک کردن hoşk kerden: 1.kurutmak. 2.kurulamak, silmek.

خشک کن hoşkkun: [hoşk+kerden>kon] kurutma kâğıdı.

خشک مغز hoşkmeğz: [hoşk+meğz] 1.kuru kafa. 2.aptal, ahmak, beyinsiz. 3.sert mizaçlı.

خشکه hoşke: [hoşk+e] 1.kuru olan her şey. 2.kuru ekmek. 3.yağsız pilav. 4.dökme çelik. 5.peşin değer, (hlk.) tıkırt. 6.elenmemiş un.

خشکی hoşkî: [hoşk+î] 1.kuruluk. 2.(coğ.) kara, kara parçası. 3.(coğ.) kıta. 4.kara, yer, toprak.

خشکیدن hoşkîden: 1.kurumak. 2.donmak. 3.solmak.

خشکیده hoşkîde: [hoşkîden>hoşkîd+e] 1.kuru, kurumuş. 2.donuk, donmuş. 3.soluk.

خشم heşm, hışm: (Peh.) öfke, hışım, gazap. ‖ * ~ -i kesî serîz kerden خشم کسی سر ریز کردن çıldırmak. ‖ * ~ râ furû horden خشم را فرو خوردن öfkeyi içe atmak. ‖ * be ~ âverden به خشم آوردن kızdırmak. ‖ * der ~ şoden در خشم شدن öfkelenmek.

خشم آلود heşmâlûd: [heşm+âlûden>âlûd] öfkeli, kızgın.

خشم آلوده heşmâlûde: [heşm+âlûden>âlûd+e] öfkeli, kızgın.

خشم آگین heşmâgîn: [heşm+âgîn] öfkeli, kızgın.

خشم بار heşmbâr: [heşm+bârîden>bâr] öfkeli, kızgın.

خشم گرفتن heşm giriften: öfkelenmek, kızmak, hiddetlenmek.

خشمگین heşmgîn: [heşm+gîn] öfkeli, kızgın, hiddetli, sinirli.

خشمگین شدن heşmgîn şoden: öfkelenmek, kızmak, hiddetlenmek, sinirlenmek.

خشمگین کردن heşmgîn kerden: öfkelendirmek, kızdırmak, hiddetlendirmek, sinirlendirmek.

خشمگین گشتن heşmgîn geşten: öfkelenmek, kızmak, hiddetlenmek.

خشمگینی heşmgînî: [heşm+gîn+î] öfke, kızgınlık, hiddet.

خشمناک heşmnâk: [heşm+nâk] öfkeli, hiddetli, kızgın, sinirli.

خشمناک شدن heşmnâk şoden: öfkelenmek, kızmak, hiddetlenmek.

خشمناک کردن heşmnâk kerden: öfkelendirmek, kızdırmak, hiddetlendirmek.

خشن heşen: (A.) kaba, haşin.

خشن heşen (zool.) büyük ördek.

خشنگ heşeng: kel.

خشنود hoşnûd: (Peh.) razı, memnun, hoşnut.

خشنود شدن hoşnûd şoden: razı olmak, memnun olmak, hoşnut olmak.

خشنود کردن hoşnûd kerden: razı etmek, memnun etmek, hoşnut etmek.

خشنودی hoşnûdî: [hoşnûd+î] razılık, memnunluk, hoşnutluk.

خشودن hoşûden, heşûden: budamak.

خش و خش کردن hişşuhiş kerden: hışırdamak.

خشوع hoşû': (A.) 1.alçakgönüllülük. 2.itaat, huşû.

خشوک heşûk: gayri meşru çocuk, (hlk.) piç.

خشونت huşûnet: (A.) haşinlik, kabalık, huşunet.

خشی heşî: 1.lacivert. 2.siyah.

خشیت heşyet: (A.) korku, korkma.

خشیة الله heşyetullâh: (A.) Allah korkusu.

خشیج heşîc: zıt, karşıt.

خشین heşîn: 1.gri. 2.siyah. 3.koyu renk.

خصاء hisâ': (A.) iğdiş etme, hadım

etme.

خصائص hesâ'is: (A.) özellikler, hususiyetler.

خصائل hesâ'il: (A.) hasletler.

خصال hisâl: (A.) hasletler.

خصاف hessâf: (A.) ayakkabı tamircisi.

خصام hisâm: (A.) **1.**düşmanlar. **2.**düşmanlık.

خصایص hesâyis: (A.) özellikler, hususiyetler.

خصایل hesâyil: (A.) hasletler.

خصب hısb: (A.) nebat bolluğu, bolluk.

خصل hesl: (A.) üstüne kumar oynanılan.

خصلت heslet: (A.) haslet.

خصم hesm: (A.) hasım, düşman.

خصم hısm: (A.) hısım, akraba, yakın.

خصماء hosemâ': (A.) hasımlar, düşmanlar.

خصمانه hesmâne: (A.-F.) [hesm+âne] düşmancı, hasmâne.

خصمی hesmî: (A.-F.) [hesm+î] düşmanlık, hasımlık.

خصوص husûs: (A.) husus, konu. ‖ * be ~ به خصوص özellikle. ‖ * der ~ -i در خصوص hakkında, konusunda, hususunda.

خصوصاً husûsen: (A.) özellikle, bilhassa, hususiyetle, hele hele.

خصوصی husûsî: (A.) hususî, özel, kişisel, şahsî.

خصوصیات husûsiyyât: (A.) özellikler, hususiyetler.

خصوصیت husûsiyyet: (A.) **1.**özellik, hususiyet. **2.**yakınlık, dostluk.

خصوصی سازی husûsîsâzî: (A.-F.) [husûsî+ sâhten>sâz+î] özelleştirme.

خصوصی سازی شدن husûsîsâzî şoden: özelleştirilmek.

خصوصی سازی کردن husûsîsâzî kerden: özelleştirmek.

خصوم husûm: (A.) düşmanlar, hasımlar.

خصومات husûmât: (A.) düşmanlıklar, hasımlıklar.

خصومت husûmet: (A.) düşmanlık, hasımlık, husumet.

خصی hasiyy: (A.) hadım, iğdiş edilmiş, yumurtası alınmış.

خصیب hesîb: (A.) verimli arazi, sulak arazi.

خصیم hesîm: (A.) düşmanlık güden.

خصیه husye: (A.) (tıb.) erkeklik bezi, husye.

خضاب hizâb: (A.) kına, saç sakal boyası.

خضر hezer: (A.) **1.**yeşerme. **2.**yeşillik.

خضر hezir: (A.) **1.**yeşil. **2.**yeşillik. **3.**tarım, ziraat. **4.**ağaç dalı.

خضر hızr: (A.) Hızır.

خضرا hezrâ: (A.) yeşil.

خضرت hozret: (A.) **1.**yeşillik. **2.**sebze.

خضوع huzû': (A.) huzû, alçakgönüllülük.

خضیب hezîb: (A.) kınalı, boyalı, renkli.

خط hett: (A.) **1.**hat, yazı. **2.**yol. **3.**bıyık, yeni bitmiş bıyık, ayva tüyü. **4.**emir, buyruk. **5.**çizgi. ‖ * ~ -i âhir خط آخر son durak. ‖ * ~ -i âhen خط آهن demiryolu. ‖ * ~ -i kâyim خط قایم dik çizgi. ‖ * ~ -i kesî demîden خط کسی دمیدن bıyığı terlemek, bıyığı çıkmak. ‖ * ~ -i munkesir خط منکسر kırık çizgi. ‖ * ~ -i mustakîm خط مستقیم doğru çizgi, düz çizgi. ‖ * ~ -i muşkîn خط مشکین mis kokulu ayva tüyü. ‖ * ~ -i sebz خط سبز **1.**(tas.) cehennem. **2.**bıyık, yeni bitmiş bıyık, ayva tüyü. ‖ * ~ -i tasvîrî خط تصویری hiyeroglif. ‖ * ~ -i yâzdeh خط یازده (hlk.) yayan, yürüyerek, tabanvay. ‖ * ~ u hâl خط و خال sevgilinin yanağındaki ayva tüyleri ve ben. ‖ * be ~ kerden به خط کردن sıraya dizmek. ‖ * der ~ şoden در خط شدن kızmak, öfkelenmek.

خطاء hetâ': (A.) **1.**hata, sürçme, yanılgı. **2.**günah. ‖ * be ~ به خطا hata ederek, yanılarak. ‖ * be ~ reften به خطا رفتن (گلوله)

karavanaya gitmek, hedefi bulmamak, isabet etmemek.

خطاب hitâb: (A.) hitap.

خطاب آمدن hitâb âmeden: hitap gelmek.

خطابت hetâbet: (A.) **1.**hitabet, hatiplik. **2.**hitabe, söylev.

خطابی hetâbî: (A.-F.) [hetâb+î] hitap ile ilgili.

خطاپوش hatâpûş: (A.-F.) [hetâ+pûşîden> pûş] hataları örten.

خطا رفتن hetâ reften: hata yapılmak, hata olmak.

خطاط hettât: (A.) hattat.

خطاطی hettâtî: (A.-F.) [hettât+î] hattatlık.

خطاف hettâf: (A.) **1.**hırsız. **2.**(zool.) kırlangıç.

خطاکار hetâkâr: (A.-F.) [hetâ+kâr] hatalı.

خطا کردن hetâ kerden: **1.**hata etmek. **2.**günah işlemek.

خطا گرفتن hatâ giriften: hata bulmak.

خط انداختن het endâhten: çizgi oluşturmak.

خطایا hetâyâ: (A.) **1.**hatalar. **2.**günahlar.

خطایی hetâyî: (A.-F.) [hetâ+y+î] hatalı.

خطایی hitâyî: [hitâ+y+î] Hıta malı, Hıta işi.

خطب hetb: (A.) güç iş, büyük iş.

خطب hoteb: (A.) söylevler, hutbeler.

خطباء hotebâ': (A.) hatipler.

خطبت hotbet: (A.) hutbe.

خطبت hitbet: (A.) görücülük.

خطبه hotbe: (A.) **1.**hutbe. **2.**vaaz. **3.**söylev. **4.**kitap önsözü.

خطبه خواندن hutbe hânden: hutbe okumak.

خطر heter: (A.) **1.**tehlike, risk. **2.**ölüm korkusu. **3.**güçlük. **4.**büyük iş. **5.**önem, değer. ‖ * be ~ endâhten به خطر انداختن tehlikeye düşürmek, tehlikeye sokmak, tehlikeye atmak.

خطرات heterât: (A.) **1.**tehlikeler. **2.**güçlükler.

خطر داشتن heter dâşten: tehlikeli olmak.

خطر رفع شدن heter ref' şoden: tehlike atlatılmak.

خط رسم کردن het resm kerden: çizgi çizmek, yol çizmek.

خطر کردن heter kerden: **1.**riske girmek. **2.**tehlikeye sokmak.

خطرناک heternâk: (A.-F.) [heter+nâk] **1.**tehlikeli, riskli. **2.**azılı.

خطرناک شدن heternâk şoden: tehlikeli olmak.

خطرناکی heternâkî: (A.-F.) [heter+nâk+î] tehlikeli olma.

خطره hetre: (A.) **1.**gönülden geçme. **2.**(tas.) kalp. **3.**dualar.

خط زدن het zeden: **1.**çizmek. **2.**silmek, hazfetmek, karalamak, çizgi çekmek.

خطف hetf: (A.) çalma, aşırma.

خط کش hetkeş: (A.-F.) [het+keşîden> keş] cetvel.

خط کشی hetkeşî: (A.-F.) [het+keşîden> keş+î] **1.**çizilme. **2.**karalanma.

خط کشیدن het keşîden: **1.**çizmek, çizgi çekmek. **2.**karalamak. **3.**bir kalemde silmek, yok etmek.

خط کشی شدن hetkeşî şoden: **1.**çizilmek. **2.**karalanmak.

خطمخالی hetmhâlî: [hetm+hâl+î] benekli.

خطمی hetmî, hıtmî (bot.) hatmi çiçeği.

خط نوشتن het nevişten: **1.**havale yazmak. **2.**yazı yazmak.

خطوات hutuvât: (A.) adımlar.

خطوب hutûb: (A.) güç işler.

خطور hutûr: (A.) **1.**hatıra gelme, içe doğma, içten geçme, gönüle doğma.

خطوط hutût: (A.) **1.**çizgiler. **2.**yazılar. **3.**yollar. ‖ * ~ -i hevâî خطوط هوائی havayolları.

خطوه hotve: (A.) adım.

خطه hıtte: (A.) **1.**toprak parçası. **2.**ülke. **3.**diyar. **4.**büyük şehir.

خطی hettî: (A.-F.) [hett+î] **1.**yazı ile ilgili. **2.**el yazısı. ‖ * nuseh-i ~ نسخ خطی ele yazması eserler. ‖ *

nushe-i ~ نسخهء خطی elyazması eser.

خطیئات hetî'ât: (A.) **1.**hatalar. **2.**günahlar.

خطیئه hetî'e: (A.) **1.**hata. **2.**günah.

خطیب hetîb: (A.) **1.**hatip. **2.**vaiz.

خطیر hetîr: (A.) **1.**değerli, önemli. **2.**ciddî. **3.**tehlikeli. **4.**büyük.

خف hef: **1.**kuru ot. **2.**ateş yakıcı, tutuşturucu.

خف hof: (A.) **1.**ayakkabı. **2.**devekuşu tırnağı.

خفاء hefâ': (A.) **1.**gizlenme, örtülme. **2.**gizlilik.

خفاش hoffâş: (A.) (zool.) yarasa. ‖ * ~ -i hûnâşâm خفاش خون آشام vampir.

خفاف heffâf: (A.) ayakkabıcı.

خفاگاه hefâgâh: (A.-F.) [hefâ+gâh] **1.**gizlenme yeri. **2.**yuva.

خفایا hefâyâ: (A.) gizli şeyler.

خفت hiffet: (A.) **1.**hafiflik. **2.**düşkünlük, zelillik, hoppalık.

خفت hoft: [hoften>hoft] **1.**uyuma, uyku. **2.**yavaşlık. **3.**kararsızlık, ızdırap. ‖ * ~ u hîz خفت و خیز biriyle yatıp kalkma, cinsel ilişkide bulunma.

خفتان heftân, hiftân: savaş sırasında giyilen bir tür zırh.

خفتانیدن hoftânîden: **1.**uyutmak. **2.**yuvarlatmak.

خفتگی hoftegî: [hoften>hoft+e+g+î] uyku hali, gevşeklik, uyuşukluk.

خفتن hoften: **1.**uyumak, yatmak. **2.**ölmek.

خفته hofte: [hoften>hoft+e] **1.**uyumuş. **2.**ölmüş.

خفتیدن hoftîden: uyumak.

خفج hefc: uyku ağırlığı.

خف خف کردن hef hef kerden: kumaşı parçalamak.

خفسیدن hofsîden: uyumak.

خفض hefz: (A.) alçaltma, indirme.

خفقان hefekân: (A.) hafakan, afakan, çarpıntı.

خفگی hefegî: [hefe+g+î] tıkanma, boğulma, boğaz sıkışması, nefes daralması.

خفه hefe: (Peh.) **1.**boğuk, kısık. **2.**boğulma. **3.**boğucu. **4.**(hlk.) sus!, kapa çeneni! ‖ * ~ şov خفه شو (hlk.) defol! ‖ * ~ vu girifte خفه و گرفته **1.**bunaltıcı. **2.**boğuk ve kısık.

خفه شدن hefe şoden: **1.**kaybolmak, defolmak. **2.**boğulmak. **3.**susmak. **4.**sesi kısılmak.

خفه کردن hefe kerden: **1.**boğmak. **2.**susturmak.

خفی hefî: (A.) **1.**gizli, saklı, örtülü. **2.**(tas.) ruh. ‖ * ~ u celî خفی و جلی gizli ve açık.

خفیدن hefîden: hapşırmak, aksırmak.

خفیر hefîr: (A.) **1.**muhafız. **2.**hâmi.

خفیف hefîf: (A.) **1.**hafif, az. **2.**kıvrak. **3.**değersiz. **4.**(ed.) aruz bahirlerinden biri, hafîf bahri.

خفیه hefiyye: (A.) gizli, gizlice.

خفیه hofye: (A.) **1.**gizlenme, saklanma. **2.**gizlilik. ‖ * be ~ به خفیه gizlice, habersizce, haber vermeden. ‖ * der ~ در خفی gizlice, habersizce, haber vermeden. ‖ * polîs-i ~ پلیس خفی gizli polis, sivil polis, dedektif.

خل hıl: sümük.

خل hol: **1.**aptal, ahmak, salak. **2.**deli, mecnun.

خلاء helâ': (A.) **1.**boşalma. **2.**boşluk, boş yer. **3.**hela, tuvalet.

خلائق helâ'ik: (A.) **1.**mahluklar, yaratıklar, mevcudat. **2.**insanlar.

خلاب helâb: bataklık, çamurluk.

خلاص helâs: (A.) **1.**kurtuluş. **2.**bitiş. **3.**başıboş.

خلاص hilâs: (A.) saf, som, katışıksız.

خلاص شدن helâs şoden: kurtulmak.

خلاص کردن helâs kerden: kurtarmak.

خلاصه holâse: (A.) **1.**öz, özet, hülasa. **2.**kısacası. **3.**halis. **4.**işte o kadar. ‖ * ~ inki خلاصه اینکه kısacası, sözün kısası. ‖ * ~ -i kelâm خلاصهء کلام sözün kısası, kısaca.

خلاصی helâsî: (A.-F.) [helâs+î] kurtuluş, serbestlik.

خلاص یافتن helâs yâften: kurtulmak.

خلاع hilâ': (A.) hilatler.

خلاف hilâf: (A.) aykırı, hilaf,

uygunsuz, zıt, muhalif. ‖ * ber ~ -i بر خلاف. aksine, hilafına, tersine.

خلافت hilâfet: (A.) 1.halifelik, hilafet. 2.saltanat.

خلافکار hilâfkâr: (A.-F.) [hilâf+kâr] 1.muhalif, karşıt, uyumsuz. 2.itaatsiz.

خلاق hellâk: (A.) 1.yaratıcı. 2.Yaratan, Allah.

خلاقیت hellâkiyyet: (A.) yaratıcılık.

خلال hellâl: (A.) sirkeci.

خلال hilâl: (A.) ara, arası, arasında, esnasında, sırasında. ‖ * der ~ -i در خلال. esnasında, arasında, içinde, süresinde, sürecinde.

خلان hollân: (A.) dostlar.

خلایا helâyâ: (A.) arı kovanları.

خلایف helâyif: (A.) halefler, halifeler.

خلایق helâyik: (A.) 1.huylar, yaratılışlar. 2.yaratıklar, mahlukat, mevcudat. 3.insanlar.

خلبان helbân: pilot. ‖ * ~ -i cengî خلبان اول (ask.) savaş pilotu. ‖ * ~ -i evvel خلبان اول kaptan pilot.

خلت hollet: (A.) dostluk.

خلجان helecân: (A.) 1.titreme. 2.çarpıntı. 3.helecan, istek.

خلخال helhâl: (A.) halhal.

خلد hold: (A.) (zool.) köstebek.

خلد hold: (A.) 1.bekâ, ebedîlik, kalıcılık. 2.cennet.

خلر holler (bot.) bezelye.

خلسه helse, holse: (A.) 1.çekme, cezbe. 2.uygun fırsat.

خلصاء holesâ': (A.) yakın dostlar, can dostlar, seçkin kimseler.

خلط hılt: (A.) balgam.

خلط helt: (A.) 1.karıştırma. 2.karışma, karışım.

خلطه holte: (A.) karışma, kaynaşma, dostluk kurma.

خلع hel': (A.) 1.atma, bırakma, ayırma. 2.azletme, görevden alma. ‖ * ~ -i eslihe خلع اسلحه (ask.) silahsızlanma. ‖ * ~ -i silâh خلع شلاح (ask.) silahsızlanma.

خلع hol': (A.) mehir vererek veya mal karşılığında kadının boşanması.

خلعت hil'et: (A.) 1.hilat. 2.kefen.

خلف holf: (A.) geri, arka.

خلف helef: (A.) 1.halef, arkadan gelen. 2.oğul. 3.bedel. 4.iyi.

خلف hulf: (A.) 1.vaadinde durmama, yalan söyleme. 2.aykırı, hilaf.

خلفاء holefâ': (A.) 1.halifeler. 2.halefler.

خلف افتادن hulf oftâden: anlaşmazlık çıkmak, ihtilaf çıkmak.

خلق halk: (A.) 1.yaratma. 2.halk. 3.yaratık, mahluk, varlık. ‖ * ~ -i hodâ خلق خدا elâlem.

خلق holk: (A.) huy, âdet, ahlâk. ‖ * ~ -i kesî be câ âmeden خلق کسی به جا آمدن keyfi yerine gelmek. ‖ * ~ -i kesî teng şoden خلق کسی تنگ شدن bozulmak, huyu değişmek.

خلقاً halken: (A.) yaratılış itibarıyla, görünüşüyle.

خلقان helkân: (A.-F.) [helk+ân] insanlar.

خلقت hilkat: (A.) yaratılış, hilkat.

خلق شدن halk şoden: yaratılmak, var edilmek.

خلق کردن halk kerden: yaratmak, var etmek.

خلقی holkî: (A.-F.) [holk+î] huy ile ilgili, ahlâksal.

خلل halel: (A.) bozukluk, kötülük, halel, dağınıklık, çözülme. ‖ * ~ be çîzî vârid gerdîden خلل به چیزی وارد گردیدن bozulmak, halel gelmek.

خلم hilm: (A.) 1.sümük. 2.öfke, gazap.

خلنگ heleng: kırçıl, alaca.

خلو hilv: (A.) 1.boş. 2.bîzar.

خلوت helvet: (A.) 1.tek başına oturma, yalnızlık, inziva. 2.yatak odası. 3.tenha. 4.başbaşa. ‖ * be ~ reften به خلوت رفتن halvete çekilmek.

خلوتخانه helvethâne: (A.-F.) [helvet+hâne] 1.huzur yeri. 2.inziva yeri. 3.yatak odası. 4.namaz odası.

خلوت شدن helvet şoden: 1.el ayak çekilmek, tenhalaşmak.

خلوت کردن helvet kerden: 1.yalnız kalmak. 2.başbaşa kalmak. ‖ * ~ câyî râ خلوت کردن جایی را bir yeri yabancılardan temizlemek.

خلوت نشین helvetnişîn: (A.-F.) [helvet+ nişesten>nişîn] münzevi, inzivaya çekilen, bir köşeye çekilen.

خلوت نشینی helvetnişînî: (A.-F.) [helvet+ nişesten>nişîn+î] inziva.

خلوتی helvetî: (A.) **1.**münzevi, bir köşeye çekilen. **2.**(tas.) Halvetî, Halvetî tarikatine mensup olan.

خلود hulûd: (A.) ebedîlik, kalıcık.

خلوص hulûs: (A.) saflık, arılık. ‖ * ~ -i kalb خلوص قلب içtenlik.

خله hele: kürek.

خله hole: manyak.

خلی holî: [hol+î] aptallık, salaklık, budalalık, sersemlik.

خلیج helîc: (A.) **1.**(coğ.) körfez. **2.**(coğ.) koy.

خلیدن helîden: batmak (diken vs.)

خلیش helîş: **1.**bataklık. **2.**kargaşa.

خلیط helît: (A.) **1.**karışık. **2.**karıştırıcı.

خلیع helî': (A.) **1.**azledilmiş. **2.**huzursuz, perişan.

خلیفه helîfe: (A.) **1.**halife. **2.**halef.

خلیق helîk: (A.) **1.**lâyık. **2.**iyi huylu, ahlâklı.

خلیقه helîke: (A.) **1.**yaratılış, tabiat, huy. **2.**yaratık. **3.**insanlar.

خلیل helîl: (A.) **1.**yakın dost, müşfik. **2.**Hz. İbrahim Halil.

خم hem: **1.**eğri, eğik. **2.**kıvrık, kıvrımlı. **3.**kırışık. **4.**eyvan kemeri. ‖ * ~ be ebrû âverden خم به ابرو آوردن kaş çatmak. ‖ * ~ be ebrû-yi kesî neyâmeden خم به ابروی کسی نیامدن gıkı çıkmamak. ‖ * ~ -i çevgân خم چوگان çevgenin ucundaki eğri kısım. ‖ * ~ -i ebrû خم ابرو kaş eğriliği, yaya benzeyen kaş.

خم hom: (Peh.) **1.**küp. **2.**kümbet. **3.**savaş günü çalınan nakkare, savaş borusu. **4.**nefir. **5.**kümes.

خمار hemmâr: (A.) **1.**şarapçı, içki satan, meyhaneci. **2.**(tas.) kâmil pîr, mürşid. ‖ * hâne-i ~ خانهء خمار meyhane.

خمار himâr: (A.) baş örtüsü, namaz örtüsü.

خمار homâr: (A.) içki mahmurluğu.

خمار شدن homâr şoden: mahmurlaşmak.

خمار کردن homâr kerden: mahmurlaşmak.

خماری homârî: (A.-F.) [homâr+î] **1.**mahmurluk. **2.**içkiden sonraki baş ağrısı.

خماسی homâsî: (A.) **1.**beş parçalı, beşli. **2.**beşlik. **3.**(gr.) beş harfli kelime.

خمانیدن hemânîden: **1.**eğmek. **2.**konuşmaları ve hareketleri taklit etmek.

خم اندر خم hem ender hem: kıvrım kıvrım.

خمپاره hompâre: [hom+pâre] (ask.) humbara, havan mermisi.

خمپاره انداز hompâre endâz: [hom+pâre+ endâhten>endâz] (ask.) havan topu.

خمخانه homhâne: [hom+hâne] **1.**meyhane. **2.**(tas.) kalpteki tecellîler âlemi.

خم دادن hem dâden: **1.**eğmek. **2.**bükmek. **3.**kıvırmak. **4.**reddetmek, geri çevirmek. **5.**eğilmek.

خمر hemr: (A.) içki, alkollü içki.

خمر homor: (A.) serpuşlar, başlıklar.

خمره homre: küp, küçük küp.

خمس homs: (A.) beşte bir.

خمستان homistân: [hom+istân] **1.**meyhane. **2.**çömlekçi potası.

خمسه hamse: (A.) **1.**beş. **2.**beş parmak. **3.**(ed.) hamse, beş mesnevîden oluşan eser.

خمسه سرا hamseserâ: (A.-F.) [hamse+ surûden>serâ] hamse şairi.

خمسه سرایی hamseserâyî: (A.-F.) [hamse+ surûden>serây+î] hamse şairliği.

خمسین hamsîn: (A.) **1.**elli. **2.**Hıristiyanların elli günlük uzlet hayatı.

خم شدن hem şoden: **1.**eğilmek. **2.**bükülmek.

خمکده homkede: [hom+kede] meyhane.

خم کردن hem kerden: 1.eğmek. 2.bükmek. ‖ * ~ hod râ خم کردن خود را eğilmek.

خمود homûd: (A.) 1.ateşin sönmesi. 2.bayılma. 3.sessizlik, suskunluk.

خمور humûr: (A.) içkiler, şaraplar.

خموش hemûş: 1.suskun, sessiz. 2.sönük. 3.sus!

خموش آمدن hamûş âmeden:susmak.

خموش شدن hemûş şoden: 1.susmak. 2.sönmek.

خموش کردن hemûş kerden: 1.susturmak. 2.söndürmek.

خموشی hemûşî: [hemûş+î] 1.suskunluk. 2.sessizlik.

خمول homûl: (A.) meçhullük, adsızlık.

خمی hemî: [hem+î] 1.eğiklik. 2.eğilme.

خمیازه hemyâze: esneme, esneyiş.

خمیازه کشیدن hemyâze keşîden: esnemek.

خمیدگی hemîdegî: [hemîden>hemîd+e+g+î] eğilme, eğiklik, eğim.

خمیدن hemîden: 1.eğilmek, eğrilmek. 2.bükülmek. 3.eğmek.

خمیده hemîde: [hemîden>hemîd+e] eğilmiş, eğik, bükülü, bükük.

خمیده پشت hemîdepoşt: [hemîde+poşt] iki büklüm.

خمیده شدن hemîde şoden: 1.eğilmek. 2.bükülmek.

خمیده قامت hamîdekâmet: (F.-A.) [hamîde+kâmet] beli bükülmüş.

خمیر hemîr: (A.) hamur. ‖ * ~ -i dendân خمیر دندان diş macunu.

خمیر باز کردن hemîr bâz kerden: hamur açmak.

خمیر ترش hemîrtorş: (A.-F.) [hemîr+torş] maya.

خمیرگیر hemîrgîr: (A.-F.) [hemîr+giriften>gîr] 1.hamurcu, hamurkâr, hamur yoğurucu. 2.ekmekçi.

خمیر مایه hemîrmâye: (A.-F.) [hemîr+mâye] maya.

خمیره hemîre: (A.) 1.maya, hamur mayası. 2.esas, temel, rükün.

خمیس hamîs: (A.) 1.perşembe. 2.asker, ordu.

خمیص hamîs: (A.) 1.ince. 2.ince belli.

خن hen: 1.ev. 2.geminin alt katındaki oda.

خنازیر henâzîr: (A.) 1.(zool.) domuzlar. 2.(tıb.) sıraca hastalığı.

خناس hennâs: (A.) 1.şeytan. 2.ehrimen. 3.kötü amelli.

خناق honâk: (tıb.) difteri, kuşpalazı.

خنبک honbek: dümbelek.

خنبک زدن honbek zeden: 1.dümbelek çalmak. 2.el çırpmak, alkışlamak.

خنبه honbe: 1.büyük küp. 2.tahıl saklanılan çukur. 3.kubbe.

خنثی honsâ: (A.) 1.homoseksüel, eşcinsel. 2.nötr. 3.boşuna, yararsız.

خنثی شدن honsâ şoden: nötrleşmek, etkisiz hale gelmek.

خنثی کردن honsâ kerden: nötrleştirmek, etkisiz hale getirmek.

خنج henc: 1.sevinç, neşe. 2.kâr, kazanç, fayda.

خنجر hencer: (A.) hançer.

خنجرگذار hancergozâr: (A.-F.) [hancer+ gozârden>gozâr] hançer çeken.

خندان hendân: [hendîden>hend+ân] 1.gülen, güleç, gülümseyen. 2.gülerek.

خندان خندان hendân hendân: gülerek.

خنداندن hendânden: güldürmek.

خندریس henderîs: (A.) yıllanmış şarap, eski şarap.

خندستانی hendestânî: alay, istihza.

خندق hendek: (A.) hendek.

خندناک hendnâk: [hendîden>hend+nâk] gülünç, güldürücü, komik.

خند و تند hend u tend: 1.alt üst, darmadağınık. 2.yağma.

خنده hende: [hendîden>hend+e] gülüş, gülme, gülücük, hande. ‖ * ~ -i hurûs خندهٔ خروس bıyık altından gülüş. ‖ * ~ -i kesî giriften خندهٔ کسی گرفتن gülme tutmak. ‖ * ~ -i mestâne zeden خندهٔ مستانه زدن

sarhoşça gülmek. ‖ * ~ râ ser dâden خنده را سر دادن makaraları koyuvermek, katıla katıla gülmeye başlamak. ‖ * be ~ oftâden به خنده افتادن gülmeye başlamak. ‖ * be ~ endâhten به خنده انداختن güldürmek. ‖ * ez ~ rîse reften از خنده ریسه رفتن gülmekten katılmak.

خنده آور hendeâver: [hende+âverden> âver] güldürücü, komik, gülünç.

خنده آوری hendeâverî: [hende+âverden> âver+î] gülünçülk, komiklik.

خنده خریش hendeherîş: **1.**alay. **2.**alaya alınan.

خنده دادن hende dâden: 1güldürmek.

خنده دار hende+dâşten>dâr] komik, gülünç.

خنده دار شدن hendedâr şoden: gülünçleşmek, komikleşmek.

خنده دار کردن hendedâr kerden: gülünçleştirmek, komikleştirmek.

خنده رو henderû: [hende+rû] güleç, güleryüzlü.

خنده رویی henderûyî: [hende+rûy+î] güleçlik, güleryüzlülük.

خنده زدن hende zeden: gülmek.

خنده کردن hende kerden: gülmek.

خندیدن hendîden: (Peh.) gülmek. ‖ * be rîş-i kesî handîden به ریش کسی خندیدن birini alaya almak, biriyle alay etmek. ‖ * ez teh-i dil ~ از ته دل خندیدن içinden gülmek, kıs kıs gülmek.

خنزیر hınzîr: (A.) (zool.) domuz. ‖ * ~ -i bahrî خنزیر بحری (zool.) yunus balığı.

خنصر hınsır: (A.) serçe parmağı.

خنک honok, honek: **1.**serin. **2.**iyi, güzel. **3.**taze. **4.**ne güzel! ‖ * ~ -i kesî şoden خنک کسی شدن serinlemek.

خنکا honokâ, honekâ: **1.**serinlik. **2.**ne güzel!

خنک جان honokcân: [honok+cân] **1.**aşksız. **2.**intikamcı. **3.**namuslu.

خنک شدن honok şoden: **1.**serinlemek. **2.**rezil olmak.

خنک کردن honok kerden: serinletmek.

خنکی honokî, honekî: [honok+î] **1.**serinlik. **2.**hoşluk.

خنگ hing: kır at. ‖ * ~ -i şebâheng خنگ شب آهنگ **1.**ay. **2.**sabah. **3.**kır at. **4.**Hz. Muhammed'in bindiği Burak.

خنگ زیور hing-i zîver: alaca at.

خنگل hengel: savaş günü kuşanılan silah, pusat.

خنیا honyâ: (Peh.) (müz.) şarkı, nağme, melodi.

خنیاگر honyâger: [honyâ+ger] (müz.) şarkıcı, müzisyen.

خنیاگری honyâgerî: [honyâ+ger+î] (müz.) şarkıcılık.

خنیدن henîden: **1.**yansımak. **2.**yankılanmak. **3.**(müz.) şarkı söylemek. **4.**meşhur olmak.

خنیده henîde: [henîden>henîd+e] **1.**ünlü. **2.**yankı. **3.**şarkı.

خو hû: huy, âdet.

خواب hâb: (Peh.) **1.**uyku. **2.**rüya, düş. **3.**gaflet. **4.**hav. ‖ * ~ -i âşufte dîden خواب آشفته دیدن kâbus görmek. ‖ * ~ be çeşm-i kesî âmeden خواب به چشم کسی آمدن gözüne uyku girmek. ‖ * ~ be çeşm-i kesî râh yâften خواب به چشم کسی راه یافتن gözüne uyku girmek. ‖ * ~ be çeşm-i kesî nereften خواب به چشم کسی نرفتن uyuyamamak, gözüne uyku girmemek. ‖ * ~ -i bîhaberî خواب بی خبری derin uyku, deliksiz uyku. ‖ * ~ -i çîzî gule be gule reften خواب چیزی گله به گله رفتن bir şeyin havı kaçmak, havı dökülmek. ‖ * ~ -i hergûş خواب خرگوش gaflet. ‖ * ~ -i kesî âmeden خواب کسی آمدن uykusu gelmek. ‖ * ~ -i kesî borden خواب کسی بردن uykusu gelmek, uykuya dalmak, uyuyakalmak, uykusu tutmak. ‖ * ~ -i kesî perîden خواب کسی پریدن uykusu kaçmak. ‖ * ~ -i kesî sebuk bûden خواب کسی سبک بودن uykusu hafif olmak, uykusu sak olmak. ‖ * ~ -i nâz خواب ناز derin uyku. ‖ * ~ -i perîşân خواب پریشان kâbus. ‖

* ~ -i perîşân dîden خواب پریشان دیدن kâbus görmek. ‖ * ~ u ru'yâ خواب و رؤیا uyku, uyuma. ‖ * ez ~ ber engîhten از خواب بر انگیختن uyandırmak. ‖ * ez ~ berhâsten از خواب برخاستن uyanmak, kalkmak. ‖ * ez ~ bîdâr kerden از خواب بیدار کردن uyandırmak. ‖ * ez ~ bîdâr şoden از خواب بیدار شدن uyanmak. ‖ * ez ~ bulend şoden از خواب بلند شدن uyanmak, kalkmak. ‖ * ez ~ der âmeden از خواب در آمدن uyanmak. ‖ * ez ~ perîden از خواب پریدن uykudan sıçramak. ‖ * be ~ âmeden به خواب آمدن uyumak. ‖ * be ~ dîden به خواب دیدن rüyasında görmek. ‖ * be ~ firistâden به خواب فرستادن uyutmak, yatırmak. ‖ * be ~ furû reften به خواب فرو رفتن uykuya dalmak, uyumak. ‖ * be ~ reften به خواب رفتن uyumak, uykuya dalmak. ‖ * der ~ bûden در خواب بودن uyumak. ‖ * der ~ dîden در خواب دیدن rüyada görmek. ‖ * der ~ şoden در خواب شدن uykuya dalmak, uyuyakalmak. ‖ * kesî râ ~ der rubûden کسی را خواب در ربودن uykuya dalmak.

خواب آلود hâbâlûd: [hâb+âlûden>âlûd] uykulu. ‖ * rânende-i ~ راننده خواب آلود uykusuz şürücü.

خواب آلودگی hâbâlûdegî: [hâb+âlûden> âlûd+e+g+î] uykusuzluk, uyuklama.

خواب آلوده hâbâlûde: [hâb+âlûden> âlûd+e] uykulu, uykusunu almamış. ‖ * rânende-i ~ راننده خواب آلوده uykusuz sürücü.

خواب آور hâbâver: [hâb+âverden>âver] uyutucu, uyku getirici.

خواباندن hâbânden: **1.**uyutmak. **2.**yatırmak. **3.**indirmek. **4.**bastırmak (isyan). **5.**oturtmak. **6.**çöktürmek (deve) . **7.**tatil etmek (iş yeri).

خوابانیدن hâbânîden: **1.**uyutmak. **2.**yatırmak. **3.**indirmek. **4.**bastırmak (isyan). **5.**oturtmak. **6.**çöktürmek (deve). **7.**tatil etmek (iş yeri).

خواب بستن hâb besten: uyutmak, hipnotize etmek.

خواب بودن hâb bûden: uyumak, uyumakta olmak.

خواب خواب بودن hâb hâb bûden: derin uykuda olmak.

خواب دیدن hâb dîden: rüya görmek.

خواب رفتن hâb reften: **1.**uykuya dalmak. **2.**uyuşmak.

خواب شدن hâb şoden: uykuya dalmak, uyumak.

خواب کردن hâb kerden: uyku çekmek.

خوابگاه hâbgâh: [hâb+gâh] **1.**yatak odası. **2.**yatakhane. ‖ * ~ -i dânişcûyân خوابگاه دانشجویان öğrenci yurdu.

خوابگزار hâbgozâr: [hâb+gozârden> gozâr] rüya tabircisi.

خواب گزاردن hâb gozârden: rüya tabir etmek.

خواب گزاری hâbgozârî: [hâb+gozârden> gozâr+î] rüya tabiri.

خواب ماندن hâb mânden: uyuyakalmak.

خواب نادیده hâbnâdîde: [hâb+dîden> dîd+e>nâdîde] erişkin olmayan, reşit olmayan.

خوابناک hâbnâk: [hâb+nâk] uykulu.

خواب نامه hâbnâme: [hâb+nâme] (ed.) rüya tabiri kitabı.

خوابیدن hâbîden: **1.**uyumak. **2.**yatıya kalmak. **3.**yatmak. **4.**kapanmak. **5.**dinmek. **6.**durmak /saat). **7.**tatil olmak (iş yeri vs.) **8.**inmek.

خواتم hevâtim: (A.) **1.**sonlar, sonuncular. **2.**yüzükler. **3.**mühürler.

خواتیم hevâtîm: (A.) **1.**sonlar, sonuncular. **2.**yüzükler. **3.**mühürler.

خواتین hevâtîn: (T.-A.) **1.**hatunlar, hanımlar. **2.**emir veya bey hanımları.

خواجگان hâcegân: ileri gelenler.

خواجگی hâcegî: [hâce+g+î] **1.**efendilik. **2.**reislik. **3.**vezirlik.

4.zenginlik. 5.tacirlik. 6.ticaret.

خواجه hâce: 1.efendi, sahip. 2.zengin. 3.tacir. 4.vezir. 5.reis. 6.hadım. 7.hoca. ‖ * ~ -i bozorg خواجهء بزرگ sadrazam.

خواجه کردن hâce kerden: hadım etmek.

خواجیم hâcîm: 1.efendi, sahip. 2.reis, önder.

خوار hâr: (Peh.) 1.zelil, hakir, itibarsız. 2.kolay, basit.

خوار hâr: [horden>hor>hâr] yiyecek.

خوار hovâr: (A.) sığır ve koyun sesi.

خواربار hârbâr: azık, öteberi, yiyecek.

خوارتن hârten: [hâr+ten] 1.alçakgönüllü. 2.zelil. 3.nefsinin tutsağı.

خوارج hevâric: (A.) 1.Haricîler. 2.muhalifler.

خوار خوار hâr hâr: kolaylıkla, kolayca.

خوار داشتن hâr dâşten: alçaltmak, rezil etmek, yerin dibine sokmak, hor görmek.

خوارزم hârezm: (coğ.) Hârezm.

خوارزمشاه hârezmşâh: [hârezm+şâh] Hârzemşah.

خوارزمشاهان hârezmşâhân: [hârezm+ şâh+ân] Harzemşahlar.

خوارزمی hârezmî: [hârezm+î] Harzemli, Harzemî.

خوارسار hârsâr: [hâr+sâr] zelil, alçak.

خوارق hevârık: (A.) 1.harikalar. 2.(tas.) kerametler.

خوارکار hârkâr: [hâr+kâr] 1.tembel, gevşek. 2.küfürbaz.

خوار کردن hâr kerden: aşağılamak.

خوار گرفتن hâr giriften: 1.umursamamak. 2.kolaylaştırmak.

خوارمایه hârmâye: [hâr+mâye] itibarsız, düşkün, zelil, sefil.

خواری hârî: [hâr+î] horluk, hakirlik.

خواری بردن hârî borden: zillete katlanmak, çile çekmek.

خوازه hâze: istek, meyil. zafer takı.

خواست hâst: [hâsten>hâst] istek, arzu. ‖ * be ~ -i به خواستِ isteğiyle, iradesiyle, dileğiyle.

خواستار hâstâr: 1.istekli, isteyen. 2.görücü.

خواستار شدن hâstâr şoden: 1.istemek, isteminde bulunmak, rica etmek. 2.görücü olmak.

خواستاری hâstârî: [hâstâr+î] 1.istek, dilek. 2.görücülük.

خواست برگ hâstberg: [hâst+berg] celp kâğıdı.

خواستگار hâstgâr: görücü.

خواستگاری hâstgârî: [hâstgâr+î] görücülük. ‖ * be ~ reften به خواستگاری رفتن görücüye çıkmak.

خواستگاری رفتن hâstgârî reften: görücüye çıkmak.

خواستن hâsten: (Peh.) 1.istemek, dilemek. 2.rica etmek. 3.çağırmak. 4.davranmak. 5.(gr.) gelecek zaman oluşturulmasında yardımcı fiil görevini üstlenir.

خواسته hâste: (Peh.) [hâsten>hâst+e] 1.istenmiş. 2.istek. 3.mal, mülk, mal varlığı. 4.(huk.) müddeâbih.

خواسته شدن hâste şoden: istenmek.

خواص hevâs: (A.) 1.yakınlar. 2.seçkin kişiler, ileri gelenler, büyükler. 3.özellikler.

خواطر hevâtir: (A.) 1.hatırlar. 2.(tas.) gönüle doğan şeyler.

خواطف hevâtif: (A.) yere çarpıp hedefi bulan oklar.

خواف hâf: (coğ.) Haf.

خوافی hâfî (Hâf+î) (coğ.) Haflı.

خواقین hevâkîn: (T.-A.) hakanlar.

خوال hâl: 1.yiyecek. 2.is, mürekkep isi.

خوالستان hâlistân: [hâl+istân] hokka, siyah mürekkep kabı.

خوالیگر hâliger: aşçı.

خوان hân: (Peh.) 1.sofra. 2.büyük tahta tabak. 3.yiyecek. 4.kendi kendine biten otlar, hüdâyinâbit otlar.

خوانا hânâ: [hânden>hân+â] 1.okunaklı. 2.okuyan, okuyucu.

خوانچه hânçe: [hân+çe] 1.küçük sofra. 2.tahta sini.

خواندن hânden: (Peh.) 1.okumak. 2.ötmek. 3.öğrenim görmek. 4.şarkı söylemek. 5.demek.

6.çağırmak. 7.ilan etmek. ‖ * ~ râ âmûhten خواندن را آموختن okumayı sökmek. ‖ * ez bâ-yi bismillâh tâ tâ-yi temmeteş ~ از بای بسم الله تا تای تمتش خواندن başından sonuna kadar okumak.

خواندنی hândenî: [hânden+î] okunacak, okumaya değer.

خوانده hânde: [hânen>hând+e] 1.okumuş. 2.okunmuş. 3.çağırılmış.

خوان سالار hânsâlâr: [hân+sâlâr] 1.sofracı. 2.sofracıbaşı.

خوان سالاری hânsâlârî: [hân+sâlâr+î] sofracıbaşılık.

خوانق hevânik: (A.) hankahlar, tekkeler.

خوان گستردن hân gosterden: sofra yaymak, sofra kurmak.

خواننده hânende: [hânden>hân+ende] 1.okuyucu. 2.şarkıcı.

خوانین hevânîn: (T.-A.) hanlar.

خواه hâh: [hâsten>hâh] ister.

خواهان hâhân: [hâsten>hâh+ân] 1.istekli, talip. 2.alacaklı.

خواه خواه hâh hâh: ister ister, gerek gerek

خواهر hâher: (Peh.) kızkardeş.

خواهر بزرگ hâher-i bozorg: abla.

خواهر خوانده hâherhânde: [hâher+ hânden> hând+e] üvey kızkardeş, kardeşlik.

خواهرزاده hâherzâde: [hâher+zâden> zâd+e] yeğen, kızkardeş çocuğu.

خواهرزن hâherzen: [hâher+zen] baldız.

خواهرشوهر hâherşovher: [hâher+şovher] görümce.

خواهش hâhiş: [hâsten>hâh+iş] 1.rica, istek, dilek, arzu. 2.dua, yakarış. ‖ * ~ -i kesî râ ber âverden خواهش کسی را بر آوردن dileğini yerine getirmek.

خواهش داشتن hâhiş dâşten: 1.rica etmek, ricası olmak.

خواهش کردن hâhiş kerden: rica etmek.

خواهشگر hâhişger: [hâsten>hâh+iş+ger] 1.ricacı, isteyen. 2.şefaatçı, aracı.

خواهشگری hâhişgerî: [hâsten>hâh+iş+ ger+î] 1.istek, dilek, rica. 2.şefaat.

خواهشمند hâhişmend: [hâsten>hâh+iş+ mend] ricacı, isteyen. ‖ * ~ est خواهشمند است rica olunur.

خواه نا خواه hâhnâhâh: [hâh+nâ+hâh] ister istemez, çaresiz, mecburen.

خواهی... خواهی hâhîhâhî: [hâh+î] ister ister, gerek gerek.

خواهی نخواهی hâhînehâhî: [hâh+î. ne+hâh+î] ister istemez.

خوب hûb: (Peh.) 1.iyi, güzel. 2.doğru. 3.peki, pekâlâ, sonra, peki sonra. ‖ * ~ bûd خوب بود iyi olurdu.

خوب آمدن hûb âmeden: iyi çıkmak.

خو باز کردن hû bâz kerden: dostluğu terketmek.

خوبان hûbân: güzeller.

خوبرو hûbrû: [hûb+rû] güzel yüzlü, güzel.

خوبرویی hûbrûyî: [hûb+rûy+î] güzellik, güzel yüzlülük.

خوب شدن hûb şoden: düzelmek, iyileşmek.

خوب کردن hûb kerden: 1.düzeltmek, iyileştirmek. 2.iyi yapmak, iyi etmek.

خوب نهاد hûbnihâd: [hûb+nihâden> nihâd] iyi huylu, temiz yaratılışlı.

خوبی hûbî: [hûb+î] 1.iyilik. 2.güzellik. ‖ * be ~ به خوبی güzelce, bir iyice, adamakıllı.

خوچ hûç: 1.ibik, horoz tacı. 2.kafa, baş ardı.

خوخ hûh: (A.) (bot.) şeftali.

خود hûd: (ask.) miğfer.

خود hod: (Peh.) kendi, kendisi, bizzat. ‖ * ~ -i û خود او kendisi. ‖ * ~ eş خودش kendisi. ‖ * ~ râ akab keşîden خود را عقب کشیدن geri çekilmek. ‖ * ~ râ âmâde kerden خود را آماده کردن hazırlanmak. ‖ * ~ râ ârâsten خود را آراستن süslenmek. ‖ * ~ râ bâhten خود را باختن teslim olmak, bırakmak. ‖ * ~ râ be çîzî zeden خود را به چیزی زدن gibi yapmak. ‖

* ~ râ be dest-i çîzî dâden خود را به دست چیزی دادن kendini kaptırmak. ‖ * ~ râ be gerden-i kesî âvîhten خود را به گردن کسی آویختن boynuna sarılmak. ‖ * ~ râ germ kerden خود را گرم کردن ısınmak. ‖ * ~ râ gom kerden خود را گم کردن kendini kaybetmek. ‖ * ~ râ nişân dâden خود را نشان دادن görünmek. ‖ * ~ râ resânden خود را رساندن ulaşmak. ‖ * ~ râ sutûden خود را ستودن övünmek. ‖ * ~ râ şinâhten خود را شناختن haddini bilmek. ‖ * be ~ nebûden به خود نبودن bastığı yeri bilmemek, kendinde olmamak. ‖ * be hodî-i ~ به خودیء خود durup dururken. ‖ * der ~ giriften در خود گرفتن içine almak, içine çekmek.

خود آرا hodârâ: [hod+ârâsten>ârâ] süslenen, kendini süsleyen.

خود آرایی hodârâyî: [hod+ârâsten> ârây+î] makyaj, süslenme.

خود آموز hodâmûz: [hod+âmûhten> âmûz] kendi kendine öğrenme kitabı.

خو داشتن hû dâşten: alışkın olmak, âdeti olmak.

خود انگیز hodengîz: [hod+engîhten> engîz] içten gelen.

خودبخود hodbehod: [hod+be+hod] **1.**kendiliğinden, kendi kendine. **2.**sebepsiz.

خودبین hodbîn: [hod+dîden>bîn] **1.**bencil, egoist. **2.**kibirli.

خودبینی hodbînî: [hod+dîden>bîn+î] **1.**bencillik, egoistlik. **2.**kibir.

خود پرست hodperest: [hod+perestîden> perest] **1.**kendini beğenmiş. **2.**bencil.

خود پرستی hodperestî: [hod+perestîden> perest+î] **1.**kendini beğenmişlik. **2.**bencillik.

خود پسند hodpesend: [hod+pesendîden> pesend] kendini beğenmiş.

خود پسندی hodpesendî: [hod+ pesendîden> pesend+î] kendini beğenmişlik.

خود پوشانی hodpûşânî: [hod+pûşânden> pûşân+î] gizlenme, saklanma.

خود پوشانی کردن hodpûşânî kerden: gizlenmek, saklanmak.

خودتراش hodterâş: [hod+terâşîden> terâş] tıraş makinesi.

خود خوار hodhâr: [hod+horden>hor>hâr] başkasına muhtaç olmadan yaşayan.

خود خواه hodhâh: [hod+hâsten>hâh] bencil.

خود خواهی hodhâhî: [hod+hâsten>hâh+î] bencillik.

خود خور hodhor: [hod+horden>hor] kendi kendini yiyen, içine atan.

خود خوری hodhorî: [hod+horden>hor+î] kendini tüketme, kendi kendini yeme.

خود خوری کردن hodhorî kerden: kendini tüketmek.

خوددار hoddâr: [hod+dâşten>dâr] çekinen, çekingen, kaçınan.

خودداری hoddârî: [hod+dâşten>dâr+î] **1.**çekinme, çekingenlik, kaçınma, uzak durma, sakınma. **2.**vazgeçme.

خودداری شدن hoddârî şoden: kaçınılmak.

خودداری کردن hoddârî kerden: **1.**çekinmek, kaçınmak, uzak durmak, sakınmak. **2.**vazgeçmek.

خودداری نکردن hoddârî nekerden: **1.**kendini alamamak. **2.**kaçınmamak, sakınmamak. **3.**vazgeçmemek.

خودداری نمودن hoddârî numûden: kaçınmak, sakınmak.

خودرای hodrây: (F.-A.) [hod+rây] başına buyruk.

خودرایی hodrâyî: (F.-A.) [hod+rây+î] başına buyrukluk.

خودرو hodrov: [hod+reften>rev>rov] **1.**kendi giden. **2.**otomotiv.

خودرو hodrû: [hod+rû] **1.**kendiliğinden yeşeren, hüdâyinâbit. **2.**görgüsüz.

خودروسازی hodrovsâzî: [hod+reften> rev> rov+sâhten>sâz+î] otomotiv sanayi'i.

خودزا hodzâ: [hod+zâden>zâ] otojenik.

خودساز hodsâz: [hod+sâhten>sâz] züppe.

خودستا hodsitâ: [hod+sutûden>sitâ] övüngen.

خودستایی hodsitâyî: [hod+sutûden>sitâ+ y+î] övünme, şişinme.

خودسر hodser: [hod+ser] **1.**başına buyruk. **2.**korkusuz.

خودسری hodserî: [hod+ser+î] **1.**başına buyrukluk. **2.**korkusuzluk.

خودش hodeş: [hod+eş] kendisi, bizzat.

خودفروخته hodfurûhte: [hod+furûhten> furûht+e] satılmış.

خودفروش hodfurûş: [hod+furûhten> furûş] **1.**orospu, fahişe. **2.**bencil. **3.**gösteriş düşkünü.

خودفروشی hodfurûşî: [hod+furûhten> furûş+î] orospuluk.

خودفروشی کردن hodfurûşî kerden: orospuluk yapmak.

خودکار hodkâr: [hod+kâr] **1.**otomatik. **2.**tükenmez kalem.

خودکاری hodkârî: [hod+kâr+î] otomatik olma.

خودکام hodkâm: [hod+kâm] **1.**bencil. **2.**heves düşkünü.

خودکامگی hodkâmegî: [hod+kâm+e+g+î] bencillik.

خودکامی hodkâmî: [hod+kâm+î] **1.**başına buyrukluk. **2.**bencillik.

خودکشی hodkoşî: [hod+koşten>koş+î] intihar.

خودکشی کردن hodkoşî kerden: intihar etmek.

خود کفا hodkefâ: (F.-A.) [hod+kefâ] kendine yeten, kendi yağıyla kavrulan.

خود کفایی hodkefâyî: (F.-A.) [hod+ kefâ+y+î] kendine yetme. ‖ * be ~ resîden به خودکفایی رسیدن kendine yetecek düzeye gelmek.

خودمان hodimân: [hod+i+mân] kendimiz.

خودمانی hodimânî: [hod+i+mân+î] teklifsizce, içten, samimî, senli benli.

خودمانی شدن hodimânî şoden: senli benli olmak.

خودمختار hodmuhtâr: (F.-A.) [hod+ muhtâr] **1.**bağımsız, özerk. **2.**başına buyruk.

خود مختاری hodmuhtârî: (F.-A.) [hod+ muhtâr+î] **1.**özerklik, otonomi. **2.**self determination, hür irade. **3.**başına buyrukluk.

خودمنش hodmeniş: [hod+meniş] kibirli, mağrur.

خودمنشی hodmenişî: [hod+meniş+î] kibir, gurur.

خود نگهدار hodnigehdâr: [hod+nigeh+ dâşten> dâr] diğerkâm, başkalarını düşünen.

خود نگهداری hodnigehdârî: [hod+nigeh+ dâşten>dâr+î] diğerkâmlık, başkalarını düşünme.

خود نگهداری کردن hodnigehdârî kerden: başkalarını düşünmek, diğerkâmlık etmek.

خودنما hodnemâ, hodnumâ: [hod+ numûden> nemâ] gösteriş meraklısı.

خود نمایی hodnemâyî: [hod+numûden> nemâ+y+î] gösteriş, çalım satma, (hlk.) hava basma.

خودنویس hodnevîs: [hod+nevişten> nevîs] dolmakalem.

خودی hodî: [hod+î] **1.**aşina. **2.**varlık. **3.**başına buyrukluk.

خور hor: (Peh.) **1.**güneş. **2.**(coğ.) koy.

خورا horâ: [horden>hor+â] lâyık, değer.

خوراک horâk: [horden>hor+âk] yiyecek, besin, gıda, yemek.

خوراکی horâkî: [horden>hor+âk+î] yiyecek, gıda.

خوراندن horânden: yedirmek, içirmek.

خورانیدن horânîden: yedirmek, içirmek.

خورجین horcîn, hûrcîn: **1.**heybe. **2.**çanta, valiz, bavul.

خورخچیون horhociven: kâbus.

خور خور hor hor: hor hor, horultu.

خور خور کردن hor hor kerden:

horlamak, horuldamak.

خورد hord: küçük, ufak.

خورد hord: [horden>hord] lâyık, yaraşır, uygun, yakışık alır.

خورد شدن hord şoden: ezilmek, un ufak olmak, tuzla buz olmak.

خورد hord: [horden>hord] **1.**yeme, içme. **2.**yiyecek. ‖ * be ~ -i kesî dâden به خورد کسی دادن **1.**veriştirmek, dövmek. **2.**yutturmak. **3.**aşılamak, işlemek.

خوردگی hordegî: [horden>hord+e+g+î] **1.**bozulmuş. **2.**mide bulantısı. **3.**korozyon, aşınma. **4.**paslanma.

خوردن horden: (Peh.) **1.**yemek. **2.**içmek. **3.**çarpmak, isabet etmek. **4.**uymak. **5.**geçmek. **6.**düşmek. **7.**değmek. **8.**kemirmek. ‖ * be çeşm ~ به چشم خوردن görünmek, göze gelmek. ‖ * be zemîn ~ به زمین خوردن yere düşmek.

خوردنی hordenî: [horden+î] **1.**yiyecek. **2.**yenilebilir, yenilecek, içilecek.

خورده horde: [horden>hord+e] **1.**yenmiş. **2.**yenilmiş. **3.**(sp.) yenilen (gol sayısı).

خورده پز hordepez: [horde+pohten>pez] aşçı.

خوردی hordî: [horden>hord+î] yiyecek.

خورش horiş: (Peh.) [horden>hor+iş] **1.**yeme. **2.**yiyecek. **3.**katık.

خورشگر horişger: [horden>hor+iş+ger] aşçı.

خورشید horşîd: (Peh.) **1.**güneş. **2.**sabit gezegen. **3.**(zool.) bir at cinsi.

خورشید پرست horşîdperest: [horşîd+perestîden> perest] güneşe tapan.

خورشید پرستی horşîdperestî: [horşîd+perestîden>perest+î] güneşe tapma.

خورشیدنما horşîdnümâ: [horşîd+numûden>numâ] خورشیدنما güneş görünümlü.

خورشیدی horşîdî: [horşîd+î] **1.**güneşle ilgili. **2.**güneş takvimi, şemsî takvim.

خورند horend: [horden>hor+end] **1.**uygun, münasip, yaraşır. **2.**taşıma kapasitesi.

خورنق hevernak: **1.**büyük köşk. **2.**Havarnak kasrı.

خوره hore: [horden>hor+e] **1.**(tıb.) cüzzam. **2.**yiyip bitiren.

خوره گرفتن hore giriften: (tıb.) cüzzam kapmak, cüzzama yakalanmak.

خوز hûz: (coğ.) Hûzistan.

خوزستان hûzistân: (coğ.) Hûzistan.

خوزستانی hûzistânî: [hûz+istân+î] Hûzistanlı.

خوزی hûzî: [hûz+î] **1.**Hûzistanlı. **2.**köfte.

خوزی خوار hûzîhâr: [hûzî+horden>hor> hâr] **1.**köftehor. **2.**deyyus.

خوست host: ezilmiş, çiğnenmiş.

خوش hoş: (Peh.) **1.**iyi, güzel. **2.**hoş. **3.**mutlu. **4.**tatlı. **5.**sevinç. **6.**öpücük. **7.**ne mutlu. **8.**hoşça. ‖ * ~ âmedî خوش آمدی hoşgeldin. ‖ * ~ âmedîd خوش آمدید hoş geldiniz. ‖ * ~ ber âmeden bâ kesî خوش بر آمدن با کسی biriyle geçinmek, biriyle anlaşmak, biriyle kafası uyuşmak. ‖ * ~ bemânîd خوش بمانید sağlıcakla. ‖ * ~ eş bâd خوشش باد Allah selâmet versin. ‖ * ~ -i kesî âmeden خوش کسی آمدن hoşlanmak, sevmek, hoşuna gitmek, beğenmek.

خوش hoş: **1.**kuru, kurumuş. **2.**kaynana, kayınvalide.

خوش آمد hoşâmed: [hoş+âmeden>âmed] hoşgeldiniz.

خوش آمد گفتن hoşâmed goften: hoşgeldiniz demek, karşılamak.

خوش آمد گو hoşâmedgû: [hoş+âmed+goften>gû] **1.**hoşgeldiniz diyen. **2.**dalkavuk, yağcı. **3.**tebrik eden.

خوش آمد گویی hoşâmedgûyî: [hoş+âmed+ goften>gûy+î] **1.**hoşgeldin deme, karşılama. **2.**dalkavukluk, yağcılık. **3.**tebrik, kutlama.

خوش آواز hoşâvâz: [hoş+âvâz] güzel sesli.

خوش آهنگ hoşâheng: [hoş+âheng] hoş ahenkli.

خوش آیند hoşâyend: [hoş+âmeden>ây+ end] hoşa giden, beğenilen.

خوشا hoşâ: [hoş+â] ne güzel!, ne iyi!, ne mutlu!

خوشاب hoşâb: [hoş+âb] komposto, hoşaf.

خوش احوال hoşehvâl: (F.-A.) [hoş+ ehvâl] rahat, mutlu, refah içinde.

خوش احوالی hoşehvâlî: (F.-A.) [hoş+ ehvâl+î] rahatlık, mutluluk, refah içinde yaşama.

خوش ادا hoş edâ: [hoş+edâ] iyi hareketli, tavırları beğenilen.

خوش اخلاق hoşehlâk: (F.-A.) [hoş+ ehlâk] iyi huylu, ahlâklı.

خوش اغر hoş uğur: (F.-T.) uğurlu.

خوش اقبال hoşikbâl: (F.-A.) [hoş+ikbâl] talihli, bahtı açık.

خوش الحان hoşelhân: (F.-A.) [hoş+elhân] güzel sesli.

خوش اندام hoşendâm: [hoş+endâm] boylu boslu, endamlı, endamı hoş, yakışıklı.

خوشانیدن hoşânîden: [hoş<hoşk+ânîden] kurutmak.

خوشباش hoşbâş: [hoş+bûden>bâş] **1.**tebrik, kutlama. **2.**gamsız, kedersiz. **3.**mutlu ol.

خوش باور hoşbâver: [hoş+bâver] çabuk inanan, kolay inanan, saf.

خوشبخت hoşbaht: [hoş+baht] talihli, mesut, mutlu, memnun.

خوشبختانه hoşbahtâne: [hoş+baht+âne] iyi ki, ne güzel ki, ne mutlu ki, Allah'tan, şans eseri, şansım yâver gitti.

خوشبخت شدن hoşbaht şoden: mutlu olmak, memnun olmak, sevinmek.

خوشبخت کردن hoşbaht kerden: mutlu etmek, memnun etmek, sevindirmek.

خوشبختی hoşbahtî: [hoş+baht+î] mutluluk, saadet.

خوشبو hoşbû: [hoş+bû] güzel kokulu, hoş kokulu.

خوش بودن hoş bûden: rahat olmak, mutlu olmak.

خوشبویی hoşbûyî: [hoş+bûy+î] güzel kokma.

خوش بیان hoşbeyân: (F.-A.) [hoş+beyân] tatlı dilli.

خوش بین hoşbîn: [hoş+dîden>bîn] iyimser, optimist.

خوش بینی hoşbînî: [hoş+dîden>bîn+î] iyimserlik, optimizm.

خوش پز hoşpoz: [hoş+poz] fotojenik, güzel görünüşlü.

خوش تراش hoşterâş: [hoş+terâşîden> terâş] güzel işlenmiş.

خوش ترکیب hoşterkîb: (F.-A.) [hoş+ terkîb] **1.**yakışıklı. **2.**gösterişli.

خوش تکنیک hoşteknîk: (F.-İng.) [hoş+ teknîk] iyi teknikli.

خوش جنس hoşcins: (F.-A.) [hoş+cins] iyi insan.

خوشحال hoşhâl: (F.-A.) [hoş+hâl] mutlu, sevinçli, neşeli.

خوشحال شدن hoşhâl şoden: sevinmek, mutlu olmak.

خوشحال کردن hoşhâl kerden: mutlu etmek, sevindirmek, memnun etmek.

خوشحالی hoşhâlî: (F.-A.) [hoş+hâl+î] mutluluk, sevinç. ‖ * ez ~ rûy-i pây bend nebûden از خوشحالی روی پای بند نبودن sevinçten yerinde duramamak, sevinçten içi içine sığmamak.

خوشحالی کردن hoşhâlî kerden: sevinmek.

خوش حساب hoşhisâb: (F.-A.) [hoş+ hisâb] borcuna sadık.

خوش خبر hoşhaber: (F.-A.) [hoş+haber] **1.**iyi haber. **2.**iyi haber getiren.

خوش خبری hoşhaberî: (F.-A.) [hoş+ haber+î] iyi haber getirme.

خوش خدمت hoşhidmet: (F.-A.) [hoş+ hidmet] **1.**iyi hizmet eden. **2.**yaranmaya çalışan.

خوش خدمتی hoşhidmetî: (F.-A.) [hoş+ hidmet+î] yaranma.

خوش خدمتی کردن hoşhidmetî kerden: yaranmak.

خوش خط hoşhet: (F.-A.) [hoş+het]

güzel ve okunaklı yazı yazan, yazısı güzel. ‖ * mâr-i ~ u hâl مار خوش خط و خال içinden pazarlıklı.

خوش خلق hoşholk: (F.-A.) [hoş+holk] iyi huylu, geçimli.

خوش خو hoşhû: [hoş+hû] iyi huylu.

خوش خوار hoşhâr: [hoş+horden>hor>hâr] leziz.

خوش خوان hoşhân: [hoş+hân] **1.**yaşamasını bilen. **2.**doğru beslenen.

خوشخوان hoşhân: [hoş+hânden>hân] **1.**güzel öten. **2.**okunaklı (yazı).

خوش خوراک hoşhûrâk: [hoş+hûrâk] **1.**düzenli beslenen. **2.**yemek seçmeyen. **3.**güzel yiyecek.

خوش خوش hoş hoş: az az, yavaş yavaş, tedrîcen.

خوش خویی hoşhûyî: [hoş+hûy+î] iyi huyluluk.

خوش خیم hoşhîm: [hoş+hîm] **1.**iyi davranış. **2.**iyi yaratılış, temiz yaratılış.

خوش داشتن hoş dâşten: **1.**hoşlanmak, ilgi duymak. **2.**hoş tutmak.

خوش دامن hoşdâmen: [hoş+dâmen] kayınvalide.

خوش دست hoşdest: [hoş+dest] kullanışlı.

خوشدل hoşdil: [hoş+dil] sevinçli, mutlu.

خوشدلی hoşdilî: [hoş+dil+î] sevinç, mutluluk.

خوش ذات hoşzât: (F.-A.) [hoş+zât] iyi yaratılışlı.

خوش ذوق hoşzevk, hoş zovk: (F.-A.) [hoş+zovk] **1.**iyi huylu, iyi yaratılışlı. **2.**zevk sahibi.

خوش رفتار hoşreftâr: [hoş+reften>reft+âr] iyi davranışlı, geçimli.

خوش رقص hoşraks: (F.-A.) [hoş+raksîden>raks] yaltaklanan, kuyruk sallayan.

خوش رقصی hoşraksî: (F.-A.) [hoş+raksîden> raks+î] yaltaklanma, kuyruk sallama.

خوش رنگ hoşreng: [hoş+reng] **1.**görünüşü güzel. **2.**rengi güzel.

خوشرو hoşrû: [hoş+rû] sevimli, güzel, güleryüzlü.

خوشرویی hoşrûyî: [hoş+rûy+î] sevimlilik, güleryüzlülük.

خوش ریخت hoşrîht: [hoş+rîhten>rîht] yakışıklı, endamlı, kılığı kıyafeti yerinde.

خوش ریختی hoşrîhtî: [hoş+rîhten> rîht+î] yakışıklılık.

خوش زبان hoşzebân: [hoş+zebân] tatlı dilli.

خوش زبانی hoşzebânî: [hoş+zebân+î] tatlı dil.

خوش سخن hoşsohen: [hoş+sohen] tatlı dilli.

خوش سلیقه hoşselîka: (F.-A.) [hoş+selîka] zevk sahibi.

خوش سیما hoşsîmâ: (F.-A.) [hoş+sîmâ] yakışıklı, güzel, gösterişli.

خوش سیرت hoşsîret: (F.-A.) [hoş+sîret] iyi yaratılışlı, iyi davranışlı.

خوش شدن hoş şoden: mutlu olmak, hoşlanmak.

خوش صحبت hoşsohbet: (F.-A.) [hoş+sohbet] hoşsohbet.

خوش صدا hoşsedâ: (F.-A.) [hoş+sedâ] güzel sesli.

خوش طبع hoşteb': (F.-A.) [hoş+teb'] **1.**iyi tabiatlı. **2.**zevk sahibi. **3.**tatlı dilli.

خوش ظاهر hoşzâhir: (F.-A.) [hoş+zâhir] görünüşte iyi, dıştan iyi.

خوش فرمان hoşfermân: [hoş+fermân] itaatkâr.

خوش قد و قامت hoş kadd u kâmet: (F.-A.) [hoş+kadd+u+kâmet] boylu boslu, endamı yerinde.

خوش قواره hoşkavâre: (F.-A.) [hoş+kavâre] yakışıklı, boylu boslu.

خوش قول hoşkovl: (F.-A.) [hoş+kovl] sözünde duran, dediğini yapan.

خوش قولی hoşkovlî: (F.-A.) [hoş+kovl+î] sözünde durma.

خوش قولی کردن hoşkovlî kerden: sözünde durmak.

خوش قیافه hoşkıyâfe: (F.-A.) [hoş+kıyâfe] **1.**boylu boslu, endamlı, yakışıklı. **2.**güzel yüzlü.

خوش كلام hoşkelâm: (F.-A.) [hoş+kelâm] tatlı dilli, sözü sohbeti tatlı.

خوش گذران hoşgozerân: [hoş+gozerânden> gozerân] ağzının tadını bilen, canının kıymetini bilen, gününü gün eden.

خوش گذرانى hoşgozerânî: [hoş+gozerânden> gozerân+î] gününü gün etme, ağzının tadını bilme.

خوش گذشتن hoş gozeşten: iyi geçmek.

خوش گفتار hoşgoftâr: [hoş+goften>goft+ âr] tatlı sözlü, tatlı dilli.

خوشگل hoşgil: [hoş+gil] **1.**güzel, yakışıklı. **2.**(hlk.) fıstık, bebek, yavru, piliç.

خوشگلى hoşgilî: [hoş+gil+î] **1.**güzellik, yakışıklılık. **2.**(hlk.) fıstıklık.

خوشگو hoşgû: [hoş+goften>gû] **1.**tatlı dilli. **2.**fasih konuşan.

خوش گوار hoşguvâr: [hoş+guvâr] **1.**hazmı kolay. **2.**leziz, lezzetli.

خوش گوارى hoşguvârî: [hoş+guvâr+î] **1.**hazmı kolay olma. **2.**lezzet.

خوش لباس hoşlibâs: (F.-A.) [hoş+libâs] şık, güzel giyimli.

خوش لباسى hoşlibâsî: (F.-A.) [hoş+libâs+î] şıklık.

خوش لحن hoşlehn: (F.-A.) [hoş+lehn] güzel sesli.

خوش لهجه hoşlehce: (F.-A.) [hoş+lehce] **1.**lehçesi güzel. **2.**ifadesi güzel.

خوش محضر hoşmehzer: (F.-A.) [hoş+mehzer] hoşsohbet.

خوشمزگى hoşmezegî: [hoş+meze+g+î] nefaset, lezzet.

خوشمزه hoşmeze: [hoş+meze] lezzetli, güzel, nefis.

خوش منش hoşmeniş: [hoş+meniş] iyi huylu, uyumlu.

خوش منظر hoşmenzer: (F.-A.) [hoş+menzer] **1.**güzel görünüşlü. **2.**güzel yüzlü.

خوشنام hoşnâm: [hoş+nâm] iyi adlı, güzel adlı.

خوشنامى hoşnâmî: [hoş+nâm+î] iyi tanınma, iyi adlı olma.

خوش نشين hoşnişîn: [hoş+nişesten> nişîn] **1.**istediği yerde oturan. **2.**topraksız köylü.

خوش نغمه hoşnağme: (F.-A.) [hoş+nağme] güzel şarkı, güzel melodi.

خوش نفس hoşnefs: (F.-A.) [hoş+nefs] iyi istekli, iyi niyetli, iyi yaratılışlı.

خوش نما hoşnemâ, hoşnomâ: [hoş+numûden> nomâ=nemâ] iyi görünüşlü.

خوش نوا hoşnevâ: [hoş+nevâ] güzel sesli.

خوش نواز hoşnevâz: [hoş+nevâhten> nevâz] iyi çalan.

خوش نويس hoşnevîs: [hoş+nevişten= nuvişten> nevîs=nuvîs] hattat.

خوش نويسى hoşnevîsî: [hoş+nevişten> nevîs+î] hattatlık.

خوشوقت hoşvakt: (F.-A.) [hoş+vakt] memnun, mutlu.

خوشوقت شدن hoşvakt şoden: memnun olmak, mutlu olmak, sevinmek.

خوشوقت كردن hoşvakt kerden: memnun etmek, mutlu etmek, sevindirmek.

خوشوقتى hoşvaktî: (F.-A.) [hoş+vakt+î] mutluluk, memnuniyet.

خوشه hûşe: **1.**salkım. **2.**başak.

خوشه چين hûşeçîn: [hûşe+çîden>çîn] **1.**derleyen, deren, devşiren. **2.**kendisi için her yerden maddî manevî bir şeyler alabilen.

خوش هيكل hoşheykel: (F.-A.) [hoş+heykel] yakışıklı, endamlı.

خوشى hoşî: [hoş+î] **1.**iyilik, güzellik, mutluluk. **2.**işret. ‖ * ~ dâd-i kesî zeden خوشى داد كسى زدن birine rahatlık batmak.

خوشيدن hûşîden: kurumak.

خوش يمن hoşyumn: (F.-A.) [hoş+yumn] uğurlu, kutlu.

خوشى ياب hoşîyâb: [hoş+î+yâften>yâb] mutluluk bulan.

خوص hûs: (A.) hurma ağacı yaprağı.

خوض hevz, hovz: (A.) **1.**suya dalma. **2.**düşünceye dalma. **3.**eni konu düşünme.

خوف havf, hovf: (A.) korku. ‖ * ~ u recâ خوف و رجا (tas.) korku ve ümit.

خوفناک hovfnâk: (A.-F.) [hov+nâk] korkunç.

خوفناک شدن hovfnâk şoden: korkunçlaşmak.

خوفناک کردن hovfnâk kerden: korkunçlaştırmak.

خوک hûk: (Peh.) (zool.) domuz. ‖ * ~ -i deryâyî خوک دریایی (zool.) yunus balığı. ‖ * ~ -i hind خوک هندی (zool.) Hint domuzu, kobay. ‖ * ~ -i vahşî خوک وحشی (zool.) yaban domuzu.

خو کردن hû kerden: alışmak, âdet edinmek, huy edinmek.

خوگر hûger: [hû+ger] alışkın.

خو گرفتن hû giriften: alışmak.

خول hûl (zool.) küçük ve güzel öten bir kuş.

خون hûn: (Peh.) kan. ‖ * ~ hûneş râ horden خون خونش را خوردن içi içini kemirmek, içi içini yemek. ‖ * ~ -i ciger خون جگر gam, keder, üzüntü. ‖ * ~ -i ciger horden خون جگر خوردن ciğerine taş basmak. ‖ * ~ colov-i çeşm-i kesî râ giriften خون جلو چشم کسی را گرفتن gözünü kan bürümek. ‖ * ~ çeşm-i kesî râ giriften خون چشم کسی را گرفتن gözünü kan bürümek. ‖ * ~ -i dîde خون دیده kanlı göz yaşı. ‖ * ~ -i dil خون دل acı, aşırı üzüntü. ‖ * ~ -i dil horden خون دل خوردن sıkıntı çekmek, acı çekmek, çok üzülmek. ‖ * ~ -i duhter-i rez خون دختر رز üzümün kızının kanı, şarap. ‖ * ~ -i hergûşî خون خرگوشی tavşan kanı, koyu kırmızı. ‖ * ~ -i hod râ horden خون خود را خوردن çok sinirli olmak. ‖ * ~ -i kesî râ tu şîşe kerden خون کسی را تو شیشه کردن birine kan kusturmak. ‖ * ~ -i kesî yeh besten خون کسی یخ بستن kanı kurumak. ‖ * ~ -i rez خون رز şarap, kırmızı şarap. ‖ * ~ tu ser u kelle-i kesî perîden خون تو سر و کلهء کسی پریدن kan beynine sıçramak. ‖ * âzmâyiş-i ~ آزمایش خون (tıb.) kan tahlili. ‖ * âzmâyiş-i ~ kerden آزمایش خون کردن (tıb.) kan tahlili yaptırmak. ‖ * be ~ âgeşten به خون آغشتن kan içinde kalmak. ‖ * be ~ keşîden به خون کشیدن kana bulamak. ‖ * çerbî-i ~ چربیء خون (tıb.) kan yağı. ‖ * der ~ geşten در خون گشتن kan revan içinde kalmak. ‖ * gerdiş-i ~ گردش خون (tıb.) kan dolaşımı.

خون آشام hunâşâm: [hûn+âşâmîden> âşâm] kan içici, hunhar, zalim.

خون آشامی hunâşâmî (Hûn+âşâmîden> âşâm+î] kan içicilik, hunlarlık, zulüm.

خون آشامیدن hûn âşâmîden: **1.**kan içmek. **2.**hunharlık etmek, zulüm yapmak, kan dökmek.

خون آلود hûnâlûd: [hûn+âlûden>âlûd] kanlı, kana bulanmış, kan revan içinde.

خون آلود شدن hûnâlûd şoden: kana bulanmak, kan içinde kalmak.

خون آلود کردن hûnâlûd kerden: kana bulamak, kan içinde bırakmak.

خون آلودگی hûnâlûdegî: [hûn+âlûden> âlûd+e+g+î] kana bulanma, kan içinde kalma, kan revan.

خون آلوده hûnâlûde: [hûn+âlûden> âlûd+e] kana bulanmış, kanrevan içinde.

خون آلوده شدن hûnâlûde şoden: kana bulanmak, kan revan içinde kalmak.

خون آلوده کردن hûnâlûde kerden: kana bulamak, kan içinde bırakmak.

خوناب hûnâb: [hûn+âb] **1.**kanlı su. **2.**kanlı göz yaşı. **3.**kanlı.

خونابه hûnâbe: [hûn+âb+e] **1.**(tıb.) serum. **2.**kanlı göz yaşı. **3.**kanlı su.

خون افتادن hûn uftâden: kanamak, kan akmak.

خون افشان hûnefşân: [hûn+efşânden> efşân] **1.**kan fışkıran. **2.**kan dökücü.

خون افشانی hûnefşânî: [hûn+efşânden> efşân+î] **1.**kan

fışkırması. 2.kan dökme.

خونبار hûnbâr: [hûn+bârîden>bâr] 1.kan damlayan. 2.zehir zemberek.

خونبها hûnbehâ: [hûn+behâ] diyet, kan parası, kan tazminatı.

خون پالا hûnpâlâ: kan süzen.

خون چکاندن hûn çekânden: kan damlatmak, kanlı yaş akıtmak.

خون چکیدن hûn çekîden: kan damlamak.

خونخوار hûnhâr: [hûn+horden>hor>hâr] kan dökücü, hunhar, azılı, zalim, kan içici.

خونخواری hûnhârî: [hûn+horden>hor> hâr+î] kan dökücülük, hunharlık, zalimlik, kan içicilik.

خونخواه hûnhâh: [hûn+hâsten>hâh] kan davası güden, kana kan isteyen.

خونخواهی hûnhâhî: [hûn+hâsten>hâh+î] kan davası, kana kan isteme.

خونخواهی کردن hûnhâhî kerden: kan davası gütmek, kana kan istemek.

خون خوردن hûn horden: 1.kan içmek. 2.çok eziyet çekmek, ciğerine taş basmak.

خون دماغ hûndemâg: [hûn+demâg] (tıb.) burun kanaması.

خون راه افتادن hûn râh oftâden: kan çıkmak, kan dökülmek.

خون ریختن hûn rîhten: 1.kan dökmek. 2.kan ağlamak.

خونریز hûnrîz: [hûn+rîhten>rîz] 1.kan dökücü, zalim, acımasız. 2.(tıb.) kanama.

خونریزش hûnrîziş: [hûn+rîhten>rîz+iş] kan dökme.

خونریزی hûnrîzî: [hûn+rîhten>rîz+î] 1.kan dökme, zulüm. 2.(tıb.) kanama.

خونسرد hûnserd: [hûn+serd] soğukkanlı.

خونسردی hûnserdî: [hûn+serd+î] soğukkanlılık.

خون سیاوشان hûn-i siyâvuşân (bot.) hurma yapraklılardan bir tür bitki.

خون شدن hûn şoden: kanlanmak, kan ağlamak.

خون فشان hûnfeşân: [hûn+feşânden> feşân] kan fışkırtan, kanlı.

خون کردن hûn kerden: öldürmek, kan dökmek.

خون گرم hûngerm: [hûn+germ] sıcakkanlı, samimî, sevimli, cana yakın.

خون گرمی hûngermî: [hûn+germ+î] sıcakkanlılık, cana yakınlık.

خون گریستن hûn girîsten: kan ağlamak.

خون گشادن hûn guşâden: kanlı gözyaşı dökmek.

خون گیر hûngîr: [hûn+giriften>gîr] hacamatçı, kan alan.

خون گیری hûngîrî: [hûn+giriften>gîr+î] hacamatçılık, kan alma.

خونی hûnî: [hûn+î] kanlı.

خونی شدن hûnî şoden: kanamak.

خونین hûnîn: [hûn+în] kanlı.

خونین جگر hûnînciger: [hûn+în+ciger] acılı, çok üzüntülü.

خونین دل hûnîndil: [hûn+în+dil] acılı, çok üzüntülü.

خوهل hohl: eğri, eğik.

خوی hûy: (ask.) miğfer.

خوی hoy, hey: 1.ter. 2.tükürük.

خوی hûy: hûy, âdet.

خوی hoy: (coğ.) Hoy kenti.

خوی باز کردن hûy bâz kerden: alışkanlığı terketmek.

خوید hîd (bot.) taze buğday.

خویش hîş: (Peh.) 1.kendi, kendisi. 2.yakın, akraba. ‖ * ~ u kovm خویش و قوم akraba.

خویشاوند hîşâvend: yakın, akraba.

خویشاوندی hîşâvendî: [hîşâvend+î] yakınlık, akrabalık.

خویشتن hîşten: 1.kendi, kendisi. 2.zat, şahsiyet.

خویشتن دار hîştendâr: [hîşten+dâşten> dâr] perhizkâr, kaçınan, sakınan.

خویشتن داری hîştendârî: [hîşten+dâşten> dâr+î] 1.perhizkârlık, kaçınma. 2.sabır.

خویشتن نگر hîştenniger: [hîşten+

nigerîsten> niger] bencil, egoist.

خویشتن نگری hîştennigerî: [hîşten+ nigerîsten> niger+î] bencillik, egoistlik.

خویشکار hîşkâr: [hîş+kâr] **1.**çiftçi, köylü. **2.**dindar, mütedeyyin. **3.**vazife bilir.

خویشی hîşî: [hîş+î] yakınlık, akrabalık.

خوی گرفتن hûy giriften: alışmak.

خویی hûyî: [hoy+î] Hoylu.

خه he: (gr.) beğeni, şaşkınlık ve alay edatı.

خی hî: **1.**tulum. **2.**kese.

خیابان hiyâbân: cadde. ‖ * ~ -i aslî خیابان اصلی anayol, ana cadde.

خیابان بندی hiyâbânbendî: [hiyâbân+ besten> bend+î] yol açma.

خیابان سازی hiyâbânsâzî: [hiyâbân+ sâhten>sâz+î] yıl yapımı.

خیابان گردی hiyâbângerdî: [hiyâbân+ geşten> gerd+î] dolaşma, gezinti.

خیار hiyâr: (Peh.) (bot.) hıyar, salatalık, badem. ‖ * ~ çenber خیار چنبر (bot.) acur. ‖ * ~ mâst خیارماست cacık. ‖ * ~ şûr خیارشور salatalık turşusu, hıyar turşusu.

خیار hiyâr: (A.) **1.**seçme hakkı. **2.**seçkin.

خیارک hiyârek: [hiyâr+ek] (tıb.) hıyarcık, kasık bezi iltihabı.

خیاشنه hiyâşene: baldız.

خیاط heyyât: (A.) terzi.

خیاطی heyyâtî: (A.-F.) [heyyât+î] **1.**terzilik. **2.**dikiş. ‖ * maşin-i ~ ماشین خیاطی dikiş makinesi.

خیاطی کردن heyyâtî kerden: **1.**dikiş dikmek. **2.**terzilik yapmak.

خیال hiyâl, heyâl: (A.) **1.**hayal. **2.**sanı. **3.**düşünce. **4.**rüya. ‖ * ~ -i çîzî râ pohten خیال چیزی را پختن düşlemek. ‖ * ~ -i kesî cem' şoden خیال کسی جمع شدن içi rahatlamak. ‖ * ~ -i kesî râ âsûde kerden خیال کسی را آسوده کردن içini rahatlatmak. ‖ * ~ -i kesî râhet bûden خیال کسی راحت بودن içi rahat olmak, gönlü ferah olmak. ‖ * ~ -i kesî râhet şoden خیال کسی راحت شدن içi rahatlamak. ‖ * bâ ~ -i âsûde با خیال آسوده rahatlıkla, gönül rahatlığıyla. ‖ * bâ ~ -i inki با خیال اینکه düşüncesiyle, zannıyla. ‖ * be ~ -i hod به خیال خود aklınca, aklısıra. ‖ * be ~ -i hodeş به خیال خودش aklınca, aklısıra, kafasına göre. ‖ * be ~ -i inki به خیال اینکه **1.**düşüncesiyle. **2.**zannıyla. ‖ * der ~ -i kesî serzinde şoden در خیال کسی سرزنده شدن hayalinde canlanmak. ‖ * misl-i hâb u ~ مثل خواب خیال hayal meyal. ‖ * sûret-i ~ yâften صورت خیال یافتن düşleşmek.

خیالات heyâlât: (A.) **1.**hayaller. **2.**düşünceler.

خیال اندیش heyâlendîş: (A.-F.) [heyâl+ endîşîden> endîş] **1.**hayalperest.

خیال اندیشی heyâlendîşî: (A.-F.) [heyâl+ endîşîden>endîş] hayalperestlik, hayal kurma.

خیال انگیز hiyâlengîz: (A.-F.) [hiyâl+ engîhten>engîz] hayaller yaraten, hayalden hayale salan.

خیال بازی heyâlbâzî: (A.-F.) [heyâl+ bâhten>bâz+î] hayal etme, hayal kurma.

خیال باف heyâlbâf: (A.-F.) [heyâl+ bâften>bâf] hayalci, hayalperest.

خیال بافتن heyâl bâften: hayal kurmak, düş kurmak.

خیال بافتن heyâlbâfî: (A.-F.) [heyâl+ bâften>bâf+î] düş kurma, hayal kurma.

خیال بستن heyâl besten: düş kurmak, hayal kurmak.

خیال پختن hiyâl pohten; hayal kurmak.

خیال پرداز heyâlperdâz: (A.-F.) [heyâl+ perdâhten> perdâz] düş kuran, hayal kuran.

خیال پردازی heyâlperdâzî: (A.-F.) [heyâl+ perdâhten>perdâz+î] düşleme, düş kurma, hayal kurma.

خیال پردازی کردن heyâlperdâzî kerden: düşlemek, düş kurmak, hayal kurmak.

خیال پرست heyâlperest: (A.-F.) [heyâl+ perestîden>perest] hayalperest.

خیال پرستی heyâlperestî: (A.-F.) [heyâl+ perestîden>perest+î] hayalperestlik.

خیال پروردن heyâl perverden: düş kurmak, hayal kurmak.

خیال پروری heyâlperverî: (A.-F.) [heyâl+ perverden>perver+î] düş kurma.

خیال داشتن heyâl dâşten: **1.**düşünmek. **2.**sanmak.

خیال کردن heyâl kerden: sanmak, tasavvur etmek, demek, düşünmek.

خیالی heyâlî: (A.-F.) [heyâl+î] hayalî, mevhum, görünmeyen, kalıcı olmayan.

خیام heyyâm: (A.) **1.**çadırcı. **2.**Ömer Hayyam.

خیام hiyâm: (A.) çadırlar.

خیامی heyyâmî: (A.-F.) [heyyâm+î] Ömer Hayyam'ın düşünce sistemine bağlanan, Hayyamcı.

خیانت hiyânet: (A.) hainlik, hiyanet. ‖ * ~ der emânet خیانت در امانت emanete hiyanet.

خیانت پیشه hiyânetpîşe: (A.-F.) [hiyânet+ pîşe] hain.

خیانتکار hiyânetkâr: (A.-F.) [hiyânet+ kâr] hain.

خیانتکاری hiyânetkârî: (A.-F.) [hiyânet+ kâr+i] hainlik.

خیانتکاری کردن hiyânetkârî kerden: hiyanet etmek, hainlik etmek.

خیانت کردن hiyânet kerden: hiyanet etmek, ihanet etmek.

خیانت ورزیدن hiyânet verzîden: hiyanet etmek.

خیبت heybet: (A.) **1.**umudunu yitirme. **2.**zarar görme. **3.**kâfir olma.

خیر heyr, hiyr: (A.) hayır.

خیر heyr: (A.) **1.**iyilik, hayır. **2.**ücret. **3.**mal. **4.**feyiz, bereket. **5.**sevap. ‖ * ~ bâd خیر باد hayırlı olsun. ‖ * ~ başed خیر باشد hayırdır inşallah. ‖ * ~ bebînî خیز ببینی hayır göresin. ‖ * ~ makdem خیز مقدم hoşgeldin. ‖ * bânî-i ~ şoden بانی ء خیر شدن hayır işlemek, hayırda bulunmak. ‖ * ez ~ -i çîzî gozeşten از خیر چیزی گنشتن bir şeyden vazgeçmek. ‖ * inşâallah ~ eş râ bebînî انشاء الله خیرش را ببینی hayrını gör, hayırlı kademli olsun. ‖ * rûz be ~ روز به خیر hayırlı günler. ‖ * sefer be ~ سفر به خیر iyi yolculuklar. ‖ * subh be ~ صبح به خیر günaydın, iyi sabahlar, hayırlı sabahlar. ‖ * şeb be ~ شب به خیر iyi geceler.

خیر heyyir: (A.) hayırsever, iyiliksever.

خیر hîr: **1.**şaşkın, başı dönmüş. **2.**anlamsız, saçma, boşuna.

خیرات heyrât: (A.) hayırlar, iyilikler, hayrât, iyi işler.

خیرات کردن heyrât kerden: hayrat yapmak.

خیر اندیش heyrendîş: (A.-F.) [heyr+ endîşîden> endîş] iyi düşünceli.

خیر اندیشی heyrendîşî: (A.-F.) [heyr+ endîşîden>endîş+î] iyi düşünceli.

خیرخواه heyrhâh: (A.-F.) [heyr+hâsten> hâh] hayırsever, iyiliksever.

خیرخواهی heyrâhî: (A.-F.) [heyr+ hâsten> hâh+î] iyilikseverlik, hayırseverlik.

خیر دیدن heyr dîden: hayır görmek, iyilik görmek.

خیر رساندن heyr resânden: iyilik yapmak, hayır yapmak.

خیرگی hîregî: [hîre+g+î] **1.**şaşkınlık, hayret. **2.**gözüpeklik. **3.**başına buyrukluk, dikbaşlılık. **4.**saçmalık. **5.**karanlık.

خیره heyre: (A.) **1.**iyi amelli. **2.**seçkin, seçilmiş.

خیره hîre: **1.**şaşkın. **2.**gözüpek. **3.**dikbaşlı. **4.**boşuna, saçma, anlamsız. **5.**uyuşuk, uyuşmuş.

خیره چشم hîreçeşm: [hîre+çeşm] gözükara, inatçı.

خیره دست hîredest: [hîre+dest] inatçı, dik kafalı, âsi, serkeş.

خیره سر hîreser: [hîre+ser] dik kafalı.

خیره شدن hîre şoden: bakmak, gözünü dikmek, dalmak, dikkatle bakmak.

خیره کردن hîre kerden: şaşırtmak.

خیره کش hîrekoş: [hîre+koşten>koş] **1.**zalim. **2.**korkusuz, pervasız, gözüpek. **3.**âsi. **4.**sevgili.

خیره کننده hîre konende: [hîre+kerden> kon+ende] **1.**şaşırtıcı. **2.**çil çil.

خیری hîrî: (Peh.) **1.**(bot.) şebboy. **2.**(bot.) hemîşebahar çiçeği.

خیری heyrî: (A.-F.) [heyr+î] hayırlı.

خیریت heyriyyet: (A.) **1.**iyilik, hayır. **2.**âfiyet, selâmet, kurtuluş.

خیریه heyriyye: (A.) hayır ile ilgili. ‖ * bungâh-i ~ بنگاه خیریه hayır kurumu. ‖ * cem'iyyet-i ~ جمعیت خیریه hayır cemiyeti.

خیز hîz: [hâsten>hîz] **1.**kalkma. **2.**yükselme. **3.**yükseklik. **4.**sıçrama. **5.**dalga. ‖ * uft u ~ افت و خیز düşüp kalkma.

خیزاب hîzâb: [hîz+âb] dalga.

خیزان hîzân: [hâsten>hîz+ân] kalkan. ‖ * oftân u ~ افتان و خیزان düşe kalka.

خیزاندن hîzânden: **1.**kaldırmak, dikmek. **2.**sıçratmak. **3.**kaydırmak.

خیزانیدن hîzânîden: **1.**kaldırmak, dikmek. **2.**sıçratmak. **3.**kaydırmak.

خیز بر داشتن hîz berdâşten: sıçramak, atılmak.

خیز داشتن hîz dâşten: sıçramak.

خیزران heyzorân (bot.) bambu ağacı, hazeran.

خیزش hîziş: [hâsten>hîz+iş] **1.**ayaklanma. **2.**kalkış. **3.**sıçrayış.

خیز کردن hîz kerden: sıçramak.

خیز گرفتن hîz giriften: üstüne atılmak.

خیزنده hîzende: [hîzîden>hîz+ende] **1.**sıçrayan. **2.**doğrulan, kalkan.

خیزیدن hîzîden: (Peh.) **1.**kaymak. **2.**bir yere ilişmek. **3.**sıçramak, atılmak. **4.**kalkmak.

خیس hîs: yaş, ıslak. ‖ * ~ -i arak خیس عرق ter içinde, kan ter içinde.

خیساندن hîsânden: ıslatmak.

خیسانیدن hîsânîden: ıslatmak.

خیس خوردن hîs horden: ıslanmak.

خیس خیس hîs hîs: ıpıslak, sırılsıklam.

خیس شدن hîs şoden: ıslanmak.

خیس کردن hîs kerden: ıslatmak.

خیسیدن hîsîden: **1.**ıslanmak. **2.**çözümlemek, eritmek, ayrıştırmak. **3.**yoğurmak.

خیسیده hîsîde: [hîsîden>hîsîd+e] ıslak.

خیش hîş: saban, karasaban, pulluk.

خیشوم heyşûm: (A.) **1.**burun. **2.**burun içi. **3.**tepe, sırt.

خیط heyt: (A.) dizi.

خیط شدن hît şoden: utanmak.

خیط کردن hît kerden: utandırmak.

خیک hîk: dağarcık, tulum. ‖ * ~ eş por est خیکش پر است (hlk.) toktur.

خیکچه hîkçe: [hîk+çe] küçük tulum.

خیکی hîkî: [hîk+î] **1.**tulumla ilgili. **2.**tulum peyniri.

خیکی بالا آوردن hîkî bâlâ âverden: işi bozmak.

خیکی در آوردن hîkî der âverden: işi bozmak.

خیل heyl: (A.) **1.**yılkı, at sürüsü. **2.**süvarı grubu. **3.**ordu, asker. **4.**(tas.) mürit. **5.**ordugah. **6.**kabile.

خیلاء hoylâ: (A.) **1.**salınma, salınarak yürüme. **2.**bencillik. **3.**başkaldırı.

خیلتاش heyltâş: (A.-T.) **1.**birlik mensupları. **2.**emir.

خیلخانه heylhâne: (A.-F.) **1.**hanedan. **2.**tayife.

خیل خیل heyl heyl: (A.-F.) **1.**bölük bölük, öbek öbek, grup grup. **2.**çok, bir çok, sayısız.

خیلی heyli: (A.-F.) [heyl+i] çok, pek çok, hayli, oldukça. ‖ * ~ bâşed خیلی باشد en fazla, olsa olsa, olsun olsun da. ‖ * ~ vakt est خیلی وقت سات hanidir, çoktandır, uzun zamandan beri, epeydir. ‖ * ~ vakthâ خیلی وقت ها çoğu zaman.

خیم hîm: (Peh.) **1.**huy, tabiat. **2.**kusma. **3.**çapak. **4.**cerahat, irin. **5.**deli.

خیم hîm: teliz, büyük çuval.

خیمه heyme: (A.) çadır. ‖ * ~ ber der zeden خیمه بر در زدن seyahate çıkmak.

خیمه زدن heyme zeden: **1.**çadır kurmak. **2.**konmak. **3.**kibirlenmek.

1.ölmek. ‖ * ender adem ~ اندر عدم خیمه زدن üstüne kapanmak.

خیمه در گشادن heyme dergoşâden: çadır kurmak.

خیمه شب بازی heymeşebbâzî: (A.-F.) [heyme+ şeb+bâhten>bâz+î] kukla oyunu.

خیمه شب بازی کردن heymeşebbâzî kerden: kukla oynatmak.

خیو hiyû: tükürük.

خیوط huyût: (A.) **1.**diziler. **2.**çekirge sürüsü. **3.**devekuşu sürüsü.

خیول huyûl: (A.) **1.**yılkı, at sürüsü. **2.**süvari grupları. **3.**askerler.

د

د d: 1."dal" Fars alfabesinin dokuzuncu harfi. 2.ebced sistemindeki sayısal değeri : 4

داء dâ': (A.) hastalık, dert.

دائر dâ'ir: (A.) 1.dolaşan. 2.hakkında, dâir. ‖ * ~ ber دائر بر hakkında. ‖ * ~ ber inki دائر بر اینکه hakkında, ilişkin.

دائره dâ'ire: (A.) daire.

دائرة المعارف dâ'iretulme'ârif: (A.) ansiklopedi.

دائره کشیدن dâ'ire keşîden: daire çizmek.

دائم dâ'im: (A.) sürekli, devamlı, dâimî.

دائم التزاید dâ'imultezâyud: (A.) sürekli artan, gitgide artan.

دائمی dâ'imî: (A.) daimî, devamlı, sürekli.

دائن dâ'in: (A.) borçlu.

دائی dâ'î: dayı.

دابه dâbbe: (A.) 1.yerde yürüyen hayvan. 2.binek ve yük hayvanı.

داثر dâsir: (A.) köhne, eski, yırtık pırtık.

داج dâc: (A.) karanlık.

داخل dâhil: (A.) iç, içinde, içerisi, dahil. ‖ * ~ -i âdem hisâb kerden داخل آدم حساب کردن adam yerine koymak. ‖ * ~ -i âdemîzâd kerden داخل آدمیزاد کردن adam yerine koymak.

داخل رفتن dâhil reften: girmek, içeri girmek.

داخل شدن dâhil şoden: içeri girmek, girmek, dahil olmak.

داخل کردن dâhil kerden: 1.sokmak, dahil etmek.

داخله dâhile: (A.) 1.iç. 2.iç işleri. ‖ * umûr-i ~ امور داخله içişleri. ‖ * vezîr-i ~ وزیر داخله içişleri bakanı.

داخلی dâhilî: (A.) dahilî, iç ile ilgili.

داد dâd: (Peh.) 1.kanun. 2.adalet. 3.insaf. 4.imdat. 5.feryat figan. ‖ * ~ u bîdâd داد و بیداد bağırıp çağırma, yaygara, feryat figan. ‖ * ~ u bîdâd kerden داد و بیداد کردن bağırıp çağırmak, yaygara koparmak. ‖ * ~ u feryâd داد و فریاد feryat, yaygara, bağırıp çağırma, bağlık çığlık. ‖ * ~ u feryâd kerden داد و فریاد کردن bağırıp çağırmak, yaygara çıkarmak, ortalığı velveleye vermek. ‖ * ~ u kâl kerden داد و قال کردن bağırıp çağırmak, ağız kavgası yapmak. ‖ * be ~ -i kesî resîden به داد کسی رسیدن imdadına yetişmek, yardıma koşmak.

داد dâd: [dâden>dâd] 1.verme, veriş. 2.vergi. ‖ * ~ u sited داد و ستد alışveriş. ‖ * ~ u sited kerden داد و ستد کردن alışveriş yapmak.

داد آفرید dâd âferîd: [dâd+âferîden> âferîd] (müz.) mâhur makamı perdelerinden biri.

داد آفرین dâdâferîn: [dâd+âferîden> âferîn] 1.adalet veren, âdil. 2.Yüce Tanrı.

دادا dâdâ: 1.dadı. 2.cariye.

دادار dâdâr: (Peh.) 1.yaratan. 2.bağışlayan. 3.Tanrı, Allah.

داداش dadaş: (T.) dadaş, erkek kardeş.

دادباخته dâdbâhte: [dâd+bâhten>bâht+e] (huk.) aleyhine hüküm verilen, mahkemeyi kaybeden.

دادبخش dâdbahş: [dâd+bahşîden>bahş] âdil, adaletli.

دادبخشی dâdbahşî: [dâd+bahşîden> bahş+î] adalet.

داد برده dâdborde: [dâd+borden>bord+e] (huk.) lehine hüküm verilen, mahkemeyi kazanan.

دادبک dâdbek: (F.-T.) [dâd+bek] (huk.) adliye reisi.

داد خواست dâdhâst: [dâd+hâsten>hâst] (huk.) arzuhal, adliyeye verilen dilekçe.

داد خواستن dâd hâsten (Huk.) dava açmak, adalet istemek.

داد خواه dâdhâh: [dâd+hâsten>hâh] (huk.) davacı, dava açan, adalet isteyen, sızlanan.

داد خواهی dâdhâhî: [dâd+hâsten>hâh+î] (huk.) dava açma.

داد دادن dâd dâden: **1.**(huk.) adaleti uygulamak, adaletle hüküm vermek. **2.**mücadeleyi kesmek.

داد ده dâddih: [dâd+dâden>dih] **1.**Yüce Tanrı. **2.**adaletle hüküm veren, adalet dağıtan.

دادر dâder: **1.**erkek kardeş. **2.**dost.

دادرس dâdres: [dâd+resîden>res] (huk.) yargıç, hakim.

دادرسی dâdresî: [dâd+resîden>res+î] **1.**(huk.) yargılama, mahkeme etme. **2.**mahkeme.

داد زدن dâd zeden: **1.**bağırmak, haykırmak. **2.**çıkışmak. ‖ * ~ -i çîzî داد زدن چیزی der gibi olmak, bas bas bağırmak.

دادستان dâdsitân: [dâd+sitânden>sitân] **1.**(huk.) yargıç. **2.**(huk.) kadı. **3.**(huk.) savcı. **4.**padişah, emir.

داد ستاندن dâd sitânden: **1.**hakkını almak. **2.**intikam almak.

داد ستانی dâdsitânî: [dâd+sitânden> sitân+î] **1.**(huk.) yargıçlık. **2.**intikam alma, öc alma.

دادسرا dâdserâ: [dâd+serâ] (huk.) savcılık.

داد کردن dâd kerden: adil davranmak, adalet etmek.

دادگاه dâdgâh: [dâd+gâh] **1.**(huk.) adliye. **2.**(huk.) adliye. ‖ * ~ -i bahş دادگاه بخش (huk.) sulh hukuk mahkemesi. ‖ * ~ -i cinâî دادگاه جنائی (huk.) ağırceza mahkemesi. ‖ * ~ -i temîz دادگاه تمیز (huk.) temyiz mahkemesi. ‖ * be ~ ihzâr kerden به دادگاه احضار کردن (huk.) mahkemeye vermek. ‖ * reîs-i ~ رئیس دادگاه (huk.) yargıç, hakim.

دادگر dâdger: [dâd+ger] **1.**(huk.) âdil. **2.**(huk.) yargıç, hakim. **3.**Tanrı.

دادگری dâdgerî: [dâd+ger+î] **1.**(huk.) yargıçlık, hâkimlik. **2.**(huk.) adalet.

دادگستر dâdgoster: [dâd+gosterden> goster] **1.**(huk.) yargıç, hakim. **2.**(huk.) adil. **3.**Tanrı.

دادگستری dâdgosterî: [dâd+gosterden> goster+î] **1.**(huk.) adlî. **2.**(huk.) adliye. **3.**âdil olma, adalet. ‖ * vezîr-i ~ وزیر دادگستری adalet bakanı. ‖ * vizâret-i ~ وزارت دادگستری adalet bakanlığı.

دادن dâden: (Peh.) **1.**vermek. **2.**bağışlamak. **3.**vurmak. **4.**hamle etmek. **5.**kız vermek.

داد نامه dâdnâme: [dâd+nâme] (huk.) mahkeme kararı, îlam.

دادنی dâdenî: [dâden+î] verilecek, verilmeye lâyık.

دادو dâdû: köle.

دادور dâdver: [dâd+ver] **1.**(huk.) yargıç. **2.**adil. **3.**Tanrı.

دادوری dâdverî: [dâd+ver+î] **1.**(huk.) yargıçlık, hakimlik. **2.**(huk.) adalet.

داده dâde: [dâden>dâd+e] **1.**verilmiş. **2.**vermiş. **3.**nasip, kısmet.

دادی dâdî: köle.

دادیار dâdyâr: [dâd+yâr] (huk.) savcı yardımcısı.

دادیاری dâdyârî: [dâd+yâr+î] (huk.) savcı yardımcılığı.

دار dâr: (Peh.) **1.**ağaç. **2.**darağacı. **3.**kaplama ağacı. ‖ * be ~ zeden به دار زدن darağacına çekmek, asmak, idam etmek. ‖ * be ~ keşîden به دار کشیدن asmak, darağacına çekmek, idam etmek.

دار dâr: (A.) yer, mesken. ‖ * ~ -i fânî râ bedrûd goften دار فانی را بدورد گفتن ölmek. ‖ * ~ -i fânî râ vidâ' goften دار فانی را وداع گفتن ölmek. ‖ * be ~ -i fânî şitâften به دار فانی شتافتن ölmek.

دار dâr: [dâşten>dâr] (gr.) 'sahip' anlamında sözcükler türeten fiil kökü.

دارا dârâ: (Peh.) [dâşten>dâr+â] 1.sahip, malik. 2.zengin. 3.Tanrı.

دارائی dârâ'î: [dâşten>dâr+â+'î] 1.varlık, mal, mülk, varı yoğu. 2.maliye. ‖ * vizâret-i ~ وزارت دارائی maliye bakanlığı. ‖ * vezîr-i ~ وزیر دارائی maliye bakanı.

دارابی dârâbî (bot.) greyfrut.

دارا شدن dârâ şoden: sahip olmak.

دارافزین dârâfzîn: trabzan, korkuluk.

دارامنش dârâmeniş: [dârâ-meniş] padişah tabiatlı.

داراشکنه dâreşkene: süblime.

دار البوار dârulbevâr: (A.) cehennem.

دار الترجمه dâruttercume: (A.) tercüme bürosu.

دار الحکومه dârulhukûme: (A.) hükümet konağı.

دار الرضاعه dârurrızâ'e: (A.) yuva, çocuk yuvası.

دارالسلام dârüsselâm: (A.) cennet.

دار الشفاء dâruşşifâ': (A.) 1.hastane. 2.akıl hastanesi.

دار الشوری dâruşşûrâ: (A.) mebuslar meclisi.

دار العلوم dârululûm: (A.) 1.üniversite. 2.ilimler akademisi.

دار الفنون dârulfunûn: (A.) üniversite.

دار المجانین dârulmecânîn: (A.) akıl hastanesi, tımarhane.

دار المساکین dârulmesâkîn: (A.) düşkünler yurdu.

دار المعلمین dârulmu'allimîn: (A.) öğretmen okulu.

دار الوکاله dârulvikâle: (A.) (huk.) avukatlık bürosu, hukuk bürosu.

دارایی dârâyî: [dâşten>dâr+â+y+î] 1.varlık, mal varlığı, zenginlik. 2.tafta, renkli karışık ipek. 3.maliye.

دارباز dârbâz: [dâr+bâhten>bâz] cambaz.

داربست dârbest: [dâr+besten>best] asma çardağı.

داربوی dârbûy: [dâr+bûy] ûd tahtası, ûd dalı.

دارچین dârçîn (bot.) tarçın.

داردان dârdân: [dâr+dân] 1.tohumluk. 2.fidanlık.

دار رفتن dâr reften: darağacına gitmek.

دار زدن dâr zeden: 1.darağacına çekmek, idam etmek, asmak. 2.çarmıha germek.

دارس dâris: (A.) eski, köhne, yırtık pırtık.

دارکوب dârkûb: [dâr+kûbîden>kûb] (zool.) ağaçkakan.

دارندگی dârendegî: [dâşten>dâr+ende+ g+î] zenginlik, varlık.

دارنده dârende: [dâşten>dâr+ende] 1.sahip, malik, elinde bulunduran. 2.zengin, varlıklı.

دارو dârû: (Peh.) 1.ilaç. 2.barut. 3.zehir. 4.bade, şarap. ‖ * ~ -yi bîhâbî داروی بی خوابی (tıb.) uyku ilacı. ‖ * ~ -yi hâb داروی خواب (tıb.) uyku ilacı.

دارونی dârû'î: [dârû+'î] ilaçla ilgili.

داروبرد dâruberd: gürültü patırtı.

دارو تجویز کردن dârû tecvîz kerden: ilaç içirmek.

داروخانه dârûhâne: [dârû+hâne] eczane.

دارو خوراندن dârû horanden: ilaç içirmek.

دارودان dârûdân: [dârû+dân] ilaç kutusu.

دار و دسته dârudeste: [dâr+u+deste] 1.güruh. 2.avene, tayfa, şüreka, fedai. 3.zümre.

داروساز dârûsâz: [dârû+sâhten>sâz] eczacı.

داروسازی dârûsâzî: [dârû+sâhten>sâz+î] eczacılık.

داروش dârûş (bot.) ökseotu.

داروغه dârûğe: 1.İlhanlılar döneminde Anadolu'daki valilere verilen ünvan. 2.bekçi. 3.bekçibaşı. 4.köy kethüdası.

داروفروش dârûfurûş: [dârû+furûhten> furûş] eczacı.

داروفروشی dârûfurûşî: [dârû+furûhten> furûş+î] eczacılık.

داروگر dârûger: [dârû+ger] eczacı.

داروگری dârûgerî: [dârû+ger+î] eczacılık.

داروگیر dârûgîr: [dâşten>dâr+u+giriften>gîr] 1.hengâme. 2.savaş. 3.yakalayıp bağlama.

دار و ندار dârunedâr: [dâşten>dâr+u+dâşten>dâr>nedâr] varı yoğu, her şeyi, elde olan.

داره dâre: 1.orak. 2.vazife.

داره dâre: 1.daire. 2.ay halesi.

دارین dâreyn: (A.) iki dünya, dünya ve ahiret.

داس dâs: (Peh.) orak.

داستان dâstân: (Peh.) 1.hikâye, öykü. 2.roman. 3.ünlü, meşhur. 4.destan.

داستان سرا dâstânserâ: [dâstân+surûden> serâ] 1.destan yazarı. 2.hikâye yazarı. 3.roman yazarı.

داستان سرایی dâstânserâyî: [dâstân+surûden> serâ+y+î] 1.destan yazarlığı. 2.hikâye yazarlığı. 3.roman yazarlığı.

داستان شدن dâstân şoden: destan olmak, meşhur olmak, ünlü olmak.

داستان نویس dâstânnevîs: [dâstân+nevişten> nevîs] hikâye yazarı, öykücü.

داستان نویسی dâstânnevîsî: [dâstân+nevişten> nevîs+î] hikâye yazarlığı, öykücülük, hikâyecilik.

داستانی dâstânî: [dâstân+î] destanî, efsanevî.

داسکاله dâskâle: 1.küçük orak. 2.ucu eğik baston.

داش dâş: 1.erkek kardeş. 2.kabadayı, külhanbeyi.

داشاد dâşâd: 1.bağış. 2.ücret.

داشت dâşt: [dâşten>dâşt] 1.sahip olma, bulundurma. 2.eğitim. 3.hizmet. 4.güç. 5.varlık.

داشتن dâşten: (Peh.) 1.sahip olmak. 2.bulundurmak. 3.bulunmak. 4.zaptetmek. 5.zannetmek. 6.uzamak. 7.zorlamak, teşvik etmek. 8.koymak. 9.(gr.) mâzî-yi melmûs ve muzâri'-i melmûs zamanlarının çekiminde yardımcı fiil olarak kullanılır ve fiile sırayla "-teydim, -yordum" ve "-mektedir, -yor" eklerinin verdiği anlamları kazandırır. ‖ * hod râ ~ خود را داشتن kendini kollamak. ‖ * kesî râ ~ کسی را داشتن birini mahsup etmek.

داشتنی dâştenî: [dâşten+î] 1.lâyık görülecek. 2.kollanacak. 3.bulundurulacak.

داشته dâşte: (Peh.) [dâşt+e] 1.tasarruf altında olan, bulundurulan. 2.mahfuz. 3.pörsümüş.

داشخار dâşhâr: demir pası.

داش مشدی dâşmeşdî: 1.mahalle külhanbeyi. 2.gururlu genç.

داشن dâşen: (Peh.) 1.sahip olma. 2.bağış. 3.ücret.

داعی dâ'î: (A.) 1.davet eden. 2.dâî, bâtınî propagandisti. 3.duacı. 4.sebep. 5.iddia eden.

داعیه dâ'iye: (A.) 1.istek, irade. 2.sebep, mucip, gerekçe.

داغ dâg: (Peh.) 1.kavurucu, yakıcı. 2.yangı, ateş. 3.yara, dağlanmış yara. 4.dağlama. 5.üzüntü, keder. ‖ * ~ be dil-i kesî gozâşten داغ به دل کسی گذاشتن birini üzmek, birinin yüreğini dağlamak. ‖ * ~ be dil yeh gozâşten داغ به دل یخ گذاشتن önemsiz bir iş yapmak, dağ fare doğurmak. ‖ * ~ -i çîzî be dil mânden داغ چیزی به دل ماندن muradına ermemek. ‖ * ~ -i kesî râ tâze kerden داغ کسی را تازه کردن yarasını deşmek, yarasını tazelemek. ‖ * ~ -i kesî tâze şoden داغ کسی تازه شدن yarası tazelenmek.

داغ dâg: (T.) (coğ.) dağ.

داغان dâgân: ayrı, dağınık.

داغان شدن dâgân şoden: ayrılmak, dağılmak, ufalanmak.

داغانکردن dâgân kerden: ayırmak, dağıtmak, ufalamak.

داغدار dâgdâr: [dâg+dâşten>dâr] acılı, matemli.

داغدل dâgdil: [dâg+dil] gönlü yaralı, gönlü kırık, acılı.

داغ دیدن dâg dîden: yüreği yanmak, acılanmak, sevdiğini yitirmek.

داغ دیده dâg dîde: [dâg+dîden>dîd+e] acılı, matemli, yaralı, yüreği yanmış.

داغ شدن dâg şoden: **1.**kızarmak. **2.**çok ısınmak, kızmak. **3.**kusurlu olmak. **4.**meşhur olmak. **5.**eskimek, kullanılmış olmak.

داغ کردن dâg kerden: **1.**kızartmak. **2.**dağlamak. **3.**kızdırmak.

داغگیری dâggîrî: [dâg+giriften>gîr+î] sıvama, onarım.

داغگیری کردن dâggîrî kerden: sıvamak, onarmak.

داغمه بستن dâgme besten: kabuk bağlamak.

داغ نهادن dâg nihâden: dağlamak.

داغول dâgûl: hilekâr, düzenbaz.

داغینه dâgîne: [dâg+îne] kelepir, eski ve kullanılmış.

دافع dâfi': (A.) **1.**defeden, süren, uzaklaştıran, kovan. **2.**hâmi.

دافعه dâfi'e: (A.) defedici, defeden.

دافق dâfik: (A.) çağlayan.

داقو dâkû: (T.) **1.**kanatsız ok. **2.**kepenek.

داکتر daktır: (İng.) (Afgan Farsçasında) doktor.

دال dâl: **1.**eğri. **2.**"d" harfi.

دال dâl: (Peh.) (zool.) kartal, kara kartal.

دال dâll: (A.) **1.**delalet eden. **2.**yol gösteren.

دالائی لاما dâlâ'î lâmâ: Tibet ruhânî reisi.

دالان dâlân: **1.**koridor. **2.**dehliz. **3.**üstü kapalı yol. **4.**han, kervansaray.

دالان دار dâlândâr: [dâlân+dâşten>dâr] **1.**hancı. **2.**kervansaray muhafızı.

دالان داری dâlândârî: [dâlân+dâşten> dâr+î] **1.**hancılık. **2.**kervansaray muhafızlığı.

دالای dâlây: **1.**okyanus. **2.**deniz.

دالبر dâlbor: [dâl+borîden>bor] **1.**eteğin hilal şeklinde kesilmesi. **2.**saç dalgası.

دالبوزه dâlbûze (zool.) kırlangıç.

داله dâlle: (A.) **1.**rehber, kılavuz. **2.**tanışıklık. **3.**naz. **4.**cür'et.

دام dâm: (Peh.) **1.**tuzak, kapan, pusu. **2.**balık ağı. ‖ * be ~ endâhten به دام انداختن kapana kıstırmak, pusuya düşürmek, tuzağa düşürmek. ‖ * be ~ oftâden به دام افتادن tuzağa düşmek, pusuya düşmek, kapana kısılmak. ‖ * tu ~ -i polîs oftâden تو دام پلیس افتادن enselenmek.

دام dâm: (Peh.) **1.**evcil hayvan (koyun, inek vs.) **2.**yırtıcı olmayan vahşî hayvan.

داماد dâmâd: (Peh.) damat, güvey.

دامادی dâmâdî: [dâmâd+î] **1.**damatlık. **2.**nikâh, evlenme.

دامان dâmân: **1.**etek. **2.**kenar. **3.**yelken bezi.

دام پرور dâmperver: [dâm+perverden> perver] besici.

دام پروردن dâm perverden: besicilik yapmak.

دام پروری dâmperverî: [dâm+perverden> perver+î] besicilik.

دام پزشک dâmpizişk: [dâm+pizişk] veteriner.

دام پزشکی dâmpizişkî: [dâm+pizişk+î] veterinerlik.

دامت بقائه dâmet bekâ'uhu: (A.) Allah uzun ömür versin.

دامدار dâmdâr: [dâm+dâşten>dâr] **1.**besici. **2.**avcı.

دامداری dâmdârî: [dâm+dâşten>dâr+î] besicilik.

دامداری کردن dâmdârî kerden: besicilik yapmak.

دامع dâmi': (A.) **1.**ağlayan, göz yaşı döken. **2.**yaş toprak.

دامگاه dâmgâh: [dâm+gâh] tuzak, tuzak kurulan yer.

دام گستر dâmgoster: [dâm+gosterden> goster] **1.**tuzak kuran.

دام گستردن dâm gosterden: tuzak kurmak.

دامگه dâmgeh: [dâm+geh] tuzak, tuzak kurulan yer.

دامن dâmen: etek. ‖ * ~ der pây oftâden دامن در پای افتادن **1.**ızdırap çekmek. **2.**acıyla kaçmak. ‖ * ~ -i bâgî giriften دامن باغی گرفتن

inzivaya çekilmek. ‖ * ~ be dendân kerden دامن به دندان کردن 1.tevazu göstermek. 2.acizlik göstermek. 3.kaçmak. ‖ * ~ be kemer zeden دامن به کمر زدن işe başlamak, işe girişmek. ‖ * dest-i kesî ez ~ dâşten دست کسی از دامن داشتن birinden kurtulmak.

دامن آلوده dâmenâlûde: [dâmen+âlûden> âlûd+e] 1.namussuz, iffetsiz. 2.kötü davranışlı, kötü amelli. 3.eteği kirli.

دامن افشاندن dâmen efşânden: 1.seyahate çıkmak. 2.terketmek.

دامن در کشیدن dâmen der keşîden: 1.kaçınmak, uzak durmak. 2.terketmek.

دامن زدن dâmen zeden: 1.teşvik etmek. 2.kışkırtmak, yangına körükle gitmek.

دامن کشیدم dâmen keşîden: 1.kaçınmak, uzak durmak. 2.terketmek.

دامن گرفتن dâmen giriften: 1.girişmek, girişimde bulunmak. 2.eteğine sarılmak. 3.yayılmak.

دامنگیر dâmengîr: [dâmen+giriften>gîr] 1.engel. 2.yakalanmış, tutulmuş, müptela. 3.himaye isteyen. 4.arkadaş, kötü gün dostu. 5.iddiacı. 6.sımsıkı tutunulan.

دامنگیر شدن dâmengîr şoden: tutulmak, yakalanmak, müptela olmak.

دامنگیر کردن dâmengîr kerden: müptela etmek.

دامنه dâmene, dâmine: [dâmen+] 1.kenar. 2.(coğ.) yamaç, dağ eteği. 3.peş. 4.çevre, yöre.

دام نهادن dâm nihâden: tuzak kurmak.

دامنه دار dâmenedâr: [dâmene+dâşten> dâr] 1.etekli. 2.ayrıntılı, kapsamlı, etraflı. 3.geniş, ferah.

داموز dâmvez: 1.sele. 2.büyük kar küreği.

دامی dâmî: [dâm+î] avcı.

دامیار dâmyâr: [dâm+yâr] avcı.

دان dân: 1.bitki tohumu. 2.kuş yemi.

دان dân: (gr.) yer ve kap ile ilgili sözcük türeten ek.

دانا dânâ: (Peh.) [dânisten>dân+â] 1.bilen. 2.bilgin. 3.Tanrı'nın sıfatlarından biri; Arapça karşılığı “alîm”.

دانائی dânâ'î: [dânisten>dân+â+'î] 1.bilgi. 2.vukuf, bilme.

دانادل dânâdil: [dânâ+dil] bilgili.

دانادلی dânâdilî: [dânâ+dil+î] vukuf, bilgi sahibi olma.

دانجه dance (bot.) mercimek.

دانس dans: (Fr.) dans.

دانستن dânisten: (Peh.) 1.bilmek. 2.anlamak. 3.kabul etmek, görmek, bulmak. 4.muktedir olmak, yapabilmek.

دانستنی dânistenî: [dânisten+î] bilinecek, bilinmeye değer.

دانش dâniş: (Peh.) [dânisten>dân+iş] bilgi, bilim, ilim. ‖ * kesb-i ~ کسب دانش tahsil, bilim öğrenme. ‖ * kesb-i ~ kerden کسب دانش کردن öğrenim görmek, okumak.

دانش آموز dânişâmûz: [dâniş+âmûhten> âmûz] 1.öğrenci. 2.lise öğrencisi.

دانش آموزی dânişâmûzî: [dâniş+ âmûhten>âmûz+î] 1.öğrencilik. 2.lise öğrenciliği.

دانش پایه dânişpâye: [dâniş+pâye] sınıf.

دانش پرور dânişperver: [dâniş+ perverden>perver] ilim seven, ilim meraklısı.

دانش پژوه dânişpijûh, dânişpejûh: [dâniş+ pijûhîden>pijûh] araştırmacı, bilgin.

دانشجو dânişcû: [dâniş+costen>cû] 1.üniversite öğrencisi. 2.ilim arayan.

دانشجویی dânişcûyî: [dâniş+costen> cûy+î] 1.üniversite öğrenciliği. 2.ilim arama.

دانش سرا dânişserâ: [dâniş+serâ] öğretmen okulu. ‖ * ~ -yi âlî دانش سرای عالی yüksek öğretmen okulu.

‖ * ~ -yi mukaddematî دانش سرای مقدماتی ilköğretmen okulu.

دانشق danışak: (T.) **1.**tanışma toplantısı. **2.**danışma meclisi.

دانشکده dânişkede: [dâniş+kede] fakülte. ‖ * ~ -i cengeldârî دانشکدهٔ جنگلداری orman fakültesi. ‖ * ~ -i dâmpizişkî دانشکدهٔ دام پزشکی veterinerlik fakültesi. ‖ * ~ -i dârûsâzî دانشکدهٔ داروسازی eczacılık fakültesi. ‖ * ~ -i dendanpizişkî دانشکدهٔ دندان پزشکی dişhekimliği fakültesi. ‖ * ~ -i dendansâzî دانشکدهٔ دندان سازی diş hekimliği fakültesi. ‖ * ~ -i edebiyyât دانشکدهٔ ادبیات edebiyat fakültesi. ‖ * ~ -i edebiyyât ve ulûm-i insânî دانشکدهٔ ادبیات و علوم انسانی edebiyat fakültesi. ‖ * ~ -i efserî دانشکدهٔ افسری (ask.) harp okulu. ‖ * ~ -i hukûk دانشکدهٔ حقوق hukuk fakültesi. ‖ * ~ -i iktisâd دانشکدهٔ اقتصاد iktisat fakültesi. ‖ * ~ -i ilâhiyyât دانشکدهٔ الهیات ilahiyat fakültesi. ‖ * ~ -i kişâverzî دانشکدهٔ کشاورزی ziraat fakültesi. ‖ * ~ -i mudîriyyet دانشکدهٔ مدیریت işletme fakültesi. ‖ * ~ -i muhendisî دانشکدهٔ مهندسی mühendislik fakültesi. ‖ * ~ -i muhendisî-i sâhteman دانشکدهٔ مهندسی ساختمان inşaat mühendisliği fakültesi. ‖ * ~ -i hunerhâ-yi zîbâ دانشکدهٔ هنرهای زیبا güzel sanatlar fakültesi. ‖ * ~ -i pizişkî دانشکدهٔ پزشکی tıp fakültesi. ‖ * ~ -i san'atî دانشکدهٔ صنعتی mühendislik fakültesi. ‖ * ~ -i ulûm-i nizâmî-i jandarmerî دانشکدهٔ علوم نظامی ژاندارمری (ask.) jandarma harp okulu. ‖ * ~ -i ulûm-i siyâsî دانشکدهٔ علوم سیاسی siyasal bilgiler fakültesi. ‖ * ~ -i ulûm-i tecrubî دانشکدهٔ علوم تجربی fen fakültesi. ‖ * ~ -i zirâetî دانشکدهٔ زراعتی ziraat fakültesi.

دانشگاه dânişgâh: [dâniş+gâh] üniversite. ‖ * ~ -i âzâd دانشگاه آزاد açıköğretim fakültesi.

دانشگاه رفتن dânişgâh reften: üniversitede okumak, üniversiteye gitmek.

دانشگاهی dânişgâhî: [dânişgâh+î] **1.**üniversiteli. **2.**akademik.

دانشگر dânişger: [dâniş+ger] bilgin.

دانشمند dânişmend: [dâniş+mend] bilgin, âlim, ilim sahibi.

دانشمندی dânişmendî: [dâniş+mend+î] bilginlik, âlimlik.

دانشنامه dânişnâme: [dâniş+nâme] üniversite diploması, lisans diploması.

دانشور dânişver: [dâniş+ver] bilgin.

دانشی dânişî: (Peh.) [dâniş+î] bilgin.

دانشیار dânişyâr: [dâniş+yâr] doçent.

دانشیاری dânişyârî: [dâniş+yâr+î] doçentlik.

دانک dânek: (Peh.) **1.**yem. **2.**çocuk diş çıkarttığında yapılan yemek.

دانگ dâng: (Peh.) **1.**altıda bir. **2.**altı covluk ağırlık birimi. **3.**hisse, pay.

دانمارک danmark: (coğ.) Danimarka.

دانمارکی danmarkî: [danmark+î] **1.**Danimarkalı. **2.**Danimarka dili.

دانندگی dânendegî: [dânisten>dân+ende+g+î] ilim, bilgi, marifet.

داننده dânende: [dânisten>dân+ende] bilen, vâkıf, haberdar.

دانوب danub: (coğ.) Tuna.

دانه dâne: (Peh.) **1.**yem. **2.**çekirdek. **3.**tane, adet. **4.**top mermisi.

دانه خوار dânehâr: [dâne+horden>hor>hâr] taneli yem yiyen hayvan, kümes hayvanı.

دانه دار dânedâr: [dâne+dâşten>dâr] taneli meyva, tohumlu meyva.

دانه دان dânedân: [dâne+dân] **1.**yemlik. **2.**dağınık.

دانه زن dânezen: [dâne+zeden>zen] büyücü.

دانه زنی dânezenî: [dâne+zeden>zen+î] büyücülük.

دانه کردن dâne kerden: **1.**meyve çekirdeğini ayırmak. **2.**dağıtmak.

دانه گانه dânegâne: [dâne+gâne] dünya malı.

دانی dânî: (A.) **1.**yakın. **2.**alçak, aşağılık, pespaye.

دانی dânî: [dânisten>dân+î] bilirsin.

داو dâv: **1.**oyun sırası. **2.**alacak. **3.**istek.

داود dâvud: **1.**Davud peygamber. **2.**erkek ismi.

داو دادن dâv dâden: kumarda sırasını vermek.

داودار dâvdâr: [dâv+dâşten>dâr] iddiacı.

داودی dâvudî: [dâvud+î] **1.**davudî. **2.**Davud peygambere ait.

داور dâver: (Peh.) **1.**yargıç, hâkim. **2.**âdil padişah. **3.**(sp.) hakem. **4.**Tanrı.

داوری dâverî: (Peh.) **1.**hükmetme, hükümet. **2.**(sp.) hakemlik. **3.**yargıçlık. **4.**hüküm yürütme, hüküm verme. ‖ * rûz-i ~ روز داوری sorgu sual günü.

داوری خوردن dâverî horden: verilen hükme uymak.

داوری کردن dâverî kerden: **1.**hüküm yürütmek, muhakeme etmek. **2.**hâkimlik yapmak. **3.**(sp.) hakemlik yapmak.

داوری گاه dâverîgâh: [dâver+î+gâh] (huk.) mahkeme.

داو زدن dâv zeden: **1.**sırası gelince oynamak. **2.**iddia etmek. **3.**hedefe ulaşmak.

داوطلب dâvtaleb: (F.-A.) [dâv+taleb] **1.**istekli, talip.

داوطلب شدن dâvtaleb şoden: talip olmak.

داو طلبیدن dâv talebîden: adalet istemek, adalet aramak.

داوطلبین dâvtalebîn: (F.-A.) [dâv+taleb+ în] istekliler, talipler.

داوورنا davurnâ: tombala.

داوورناچی davurnâçi: (F.-T.) [davurna+ çi] tombalacı.

داو یافتن dâv yâften: hedefe ulaşmak.

داه dâh: **1.**dadı. **2.**cariye. **3.**hamile (kadın). **4.**on.

داهل dâhol: korkuluk.

داهی dâhî: (A.) dâhi.

داهیه dâhiye: (A.) **1.**dâhi. **2.**büyük iş. **3.**bela, musibet.

دایر dâyir: (A.) **1.**dönen, devreden. **2.**ilgili, bağlı. **3.**bayındır, mamur, kurulu. **4.**rayiç, yaygın. ‖ * ~ ber دایر بر hakkında, ilişkin, -e dair. ‖ * ~ ber inki دایر بر اینکه hakkında, ilişkin, -e dair.

دایر شدن dâyir şoden: **1.**kurulmak, açılmak, tesis edilmek. **2.**mamur olmak, bayındırlaşmak. **3.**düzenlenmek.

دایر کردن dâyir kerden: **1.**kurmak, tesis etmek, açmak, bina etmek. **2.**düzenlemek.

دایره dâyire: (A.) **1.**daire (geometri). **2.**devreden, dönen. **3.**bir yere inen asker veya askerî birlik. **4.**diken. **5.**kötü şans. **6.**hadise. **7.**(tas.) hankah. **8.**cemiyet. **9.**(müz.) daire, def. **10.**daire (işyeri). ‖ * matlabî ra rûy-i ~ rîhten مطلبی را روی دایره ریختن bir konuyu masaya yatırmak.

دایره زدن dâyire zeden: çevrelemek, halkalamak.

دایره زنگی dâyirezengî: (A.-F.) [dâyire+ zengî] (müz.) def, daire.

دایگان dâyegân: [dâye+g+ân] dadılar, süt anneleri.

دایگانی dâyegânî: [dâye+g+ân+î] **1.**çocuk bakımı. **2.**ana sevgisi.

دایگی dâyegî: [dâye+g+î] dadılık, süt anneliği.

دایم dâyim: (A.) devamlı, sürekli.

دایم الاوقات dâyimulevkât, dâyimulovkât: (A.) devamlı, sürekli, her zaman.

دایم التزاید dâyimultezâyud: (A.) sürekli artan.

داین dâyin: (A.) alacaklı.

دایه dâye: (Peh.) **1.**sütanne. **2.**dadı, bakıcı.

دایی dâyî: dayı.

دب deb: (A.) **1.**yavaş gitme. **2.**sirayet etme.

دب dobb: (A.) (zool.) ayı. ‖ * ~ -i asgar دب اصغر Küçükayı yıldızı. ‖ * ~ -i ekber دب اکبر Büyükayı yıldızı.

دباغ debbâğ: (A.) sepici, tabakçı.

دباغت debâğet: (A.) sepicilik,

sepileme.

دباغ خانه debbâğhâne: (A.-F.) [debbâğ+ hâne] tabakhane, sepi atölyesi.

دباغی debbâğî: (A.-F.) [debbâğ+î] sepicilik, tabakçılık.

دبداب debdâb: (A.) **1.**davul. **2.**görkem, debdebe.

دبدبه debdebe: (A.) görkem, debdebe, tantana.

دبر dobor: (A.) **1.**arka, sırt. **2.**kıç, makat.

دبز debz: **1.**iri. **2.**kafa.

د بزن .. ها بزن de bezen .. ha bezen: yer misin yemez misin.

دبس debs: **1.**hurma şırası. **2.**üzüm şırası.

دبستان debistân: **1.**ilkokul. **2.**mektep, okul.

دبش dibş: **1.**acımsı, acımtrak. **2.**ekşimsi, kekre. **3.**kâmil.

دبغ debg: (A.) **1.**sepileme, tabaklama. **2.**elbiseyi yeşile boyama.

دبنگ debeng (Hlk.) dümbük, aptal, ahmak.

دبنگوز debengûz: **1.**dümbüm, ahmak. **2.**tembel.

دبور debûr: (A.) batı rüzgârı.

دبوری debûrî: başıboş, aylak, avare.

دبوس debbûs: (A.) demir gürz, demir topuz.

دبه debbe: (A.) **1.**tulum. **2.**fıçı. **3.**küçük sürahi. ‖ * ~ vu zenbîl efzûden دبه و زنبیل افزودن masrafı artmak.

دبه در آوردن debbe der âverden: **1.**caymak, vazgeçmek. **2.**oyunda mızıkçılık etmek.

دبیت debît: bir çeşit saten.

دبیر debîr: (Peh.) **1.**katip, saray katibi. **2.**elçilik memuru. **3.**lise öğretmeni. **4.**sekreter. ‖ * ~ -i kull دبیر کل genel sekreter.

دبیرخانه debîrhâne: [debîr+hâne] sekreterlik.

دبیرستان debîristân: [debîr+istân] lise. ‖ * ~ -i duhterâne دبیرستان دخترانه kız lisesi.

دبیری debîrî: (Peh.) [debîr+î] **1.**katiplik, saray katipliği. **2.**sekreterlik. **3.**elçilik memurluğu. **4.**lise öğretmenliği. ‖ * ~ -i kull دبیریء کل genel sekreterlik. ‖ * ~ -i kull-i sâzmân-i umûr-i idârî ve istihdâmî دبیریء کل سازمان امور اداری و استخدامی personel genel müdürlüğü.

دثور dosûr: (A.) **1.**törelerin eskimesi. **2.**elbisenin kirlenmesi. **3.**unutulup gitmek. **4.**eskilik. **5.**yok oluş.

دج dic: donuk.

دجاج decâc, docâc: (A.) (zool.) tavuk.

دجاجه decâce: (A.) (zool.) tavuk.

دجال deccâl: (A.) **1.**yalancı, aldatıcı, düzenbaz. **2.**deccal.

دجی docâ: (A.) karanlıklar.

دچار doçâr: düçar, müptela, maruz. ‖ * ~ -i maraz-i deryâ şoden دچار مرض دریا شدن deniz tutmak.

دچار ساختن doçâr sâhten: uğratmak, maruz bırakmak, çevirmek, müptela etmek.

دچار شدن doçâr şoden: uğramak, kapılmak, maruz kalmak, müptela olmak, düçar olmak, yakalanmak.

دچار کردن doçâr kerden: maruz bırakmak, uğratmak, müptela etmek, düçar etmek.

دخ deh: saf, dizi, sıra.

دخالت dehâlet: (A.) müdahele, karışma.

دخالت داشتن dehâlet dâşten: dahli olmak, parmağı olmak.

دخالت کردن dehâlet kerden: müdahele etmek, karışmak.

دخان dohân: (A.) **1.**duman. **2.**tütün.

دخانیات dohâniyyât: (A.) tütün, tömbeki. ‖ * inhisâr-i ~ انحصار دخانیات tütün tekeli.

دخت doht: (Peh.) kız.

دختر dohter: (Peh.) **1.**kız. **2.**bâkire. ‖ * ~ -i dem-i baht دختر دم بخت gelinlik kız. ‖ * ~ -i rez دختر رز üzümün kızı, şarap.

دختر اندر dohterender: [dohter+ender] üvey kız, evlatlık kız.

دختر بچه dohterbeççe: [dohter+beççe] kız çocuğu.

دختر خواهر dohterhâher: [dohter+hâher] yeğen, kızkardeşin kız çocuğu.

دخترک dohterek: [dohter+ek] kızcağız.

دختره dohtere: [dohter+e] **1.**bekâret. **2.**keseye koyulan mühür. **3.**kızcağız.

دختری dohterî: [dohter+î] **1.**kızlık. **2.**bekâret.

دخش dehş: (Peh.) **1.**biriyle muamele başlangıcı. **2.**karanlık.

دخل dahl: (A.) **1.**girme. **2.**müdahele. **3.**ilgi. **4.**tenkid. **5.**kasa. **6.**gelir, kazanç. ‖ * ~ -i kesî râ âverden دخل کسی را آوردن birinin hakkından gelmek, hizaya sokmak, hizaya getirmek. ‖ * ~ u harc دخل و خرج gelir gider.

دخل داشتن dehl dâşten: ilgisi olmak, dahli olmak.

دخل کردن dehl kerden: **1.**müdahele etmek. **2.**tasarruf etmek.

دخمسه dahmese: (A.) aldatma, hile, düzen.

دخمه dahme: (Peh.) **1.**mezar. **2.**Zerdüştî mezarlığı. **3.**sanduka.

دخمه بان dahmebân: [dahme+bân] mezarlık bekçisi.

دخن dohn (bot.) darı.

دخنه dohne: (A.) **1.**koyu renk. **2.**tütsülük.

دخو dihev, dihov: **1.**kahya. **2.**Kazvin kahyası. **3.**safdil.

دخول duhûl: (A.) giriş, girme.

دخول کردن duhûl kerden: içeri girmek.

دخیل dahîl: (A.) **1.**girmiş, dahil olmuş. **2.**sığınan, sığınmacı. **3.**(gr.) yabancı dilden girme sözcük. **4.**müdaheleci, başkasının işine karışan.

دخیل بستن dahîl besten: türbeye adak için bir şeyler bağlamak.

دد ded: (Peh.) **1.**yırtıcı hayvan. **2.**vahşî hayvan.

ددر deder: fuhuş için dışarda gezme, piyasa yapma.

ددر رفتن deder reften: fuhuş için dışarda gezmek, piyasa yapmak.

ددمنش dedmeniş: [ded+meniş] vahşî, vahşî tabiatlı.

ددمنشانه dedmenişâne: [ded+meniş+âne] vahşîce.

دده dede: (Peh.) yırtıcı hayvan.

در der: (Peh.) **1.**kapı. **2.**kapak. **3.**hakkında, ilişkin, dair. **4.**saray. **5.**fasıl, bölüm, konu. ‖ * ~ -i hurûcî در خروجی çıkış kapısı. ‖ * ~ -i vurûdî در ورودی giriş kapısı.

در der: (gr.) -de, -da, içinde.

در derr: (A.) **1.**süt. **2.**ganimet. **3.**çok yapılan iyilik.

در dorr: (A.) inci. ‖ * ~ -i şahvâr در شاهوار büyük inci, şahlara yakışır inci. ‖ * ~ -i yetîm در یتیم büyük inci.

در آخر der âhir: sonunda.

در آشامی der âşâmî: **1.**içe çekme. **2.**içme.

در آشامیدن der âşâmîden: **1.**içe çekmek. **2.**içmek.

در آغاز der âgâz: başlangıçta, başında, ilkin, önce.

در آغاز امر der âgâz-i emr: işin başında, önceleri.

در آمد derâmed: [der+âmeden>âmed] gelir, kazanç. ‖ * ~ u bîrûn şod در آمد و بیرون شد giriş çıkış. ‖ * efzâyiş-i ~ افزایش درآمد gelir artışı. ‖ * mîzân-i ~ میزان در آمد gelir düzeyi. ‖ * tovzî'-i ~ hâ توزیع در آمدها gelir dağılımı.

در آمدگی derâmedegî: [der+âmeden>âmed+e+g+î] çıkıntı, tümseklik, şişkinlik.

در آمدن der âmeden: **1.**içeri girmek, girmek. **2.**başlamak. **3.**çıkmak, dışarı çıkmak. **4.**ulaşmak, varmak. **5.**yeşermek, bitmek. **6.**vaki olmak, meydana gelmek. **7.**benzemek. **8.**dönüşmek. ‖ * cuz'-i çîzî ~ جزء چیزی در آمدن arasına girmek, safına girmek, katılmak.

در آموختن der âmûhten: öğrenmek.

در آمیختن der âmîhten: **1.**karışmak. **2.**muvafakat etmek, anlaşmak, uzlaşmak. **3.**karıştırmak.

در آن آخرها der ân âhirhâ: son

zamanlarda.

در آن بین der ân beyn: o sırada, o esnada.

در آن صورت der ân sûret: o halde, öyleyse.

در آن لحظه der ân lehze: o anda.

در آن موقع der an movki': o sırada, o zaman.

در آن میان der ân miyân: o arada, o aralık, o esnada.

در آوردن der âverden: **1.**çıkarmak. **2.**çevirmek, tercüme etmek. **3.**içeri sokmak. **4.**serbest bırakmak. ‖ * ez hod ~ از خود در آوردن uydurmak, atmak.

در آویختن der âvîhten: **1.**savaşmak, mücadele etmek. **2.**darağacına çekmek, asmak.

درا derâ: çan.

در ابتدا der ibtidâ: ilkin, önceleri, başlangıçta.

درابزین derâbzîn: korkuluk, trabzan.

در اثر der eser-i: sonucunda, neticesinde, yüzünden, -den dolayı.

در اثناء der esnâ-i: esnasında, sırasında, iken.

دراج dorrâc (zool.) turaç kuşu.

دراز derâz: (Peh.) **1.**uzun. **2.**çekik.

درازا derâzâ: [derâz+â] uzunluk. ‖ * be ~ keşîden به درازا کشیدن uzamak, uzun sürmek. ‖ * be ~ -yi به درازای uzunluğunda.

در ازاء (در ازای) der izâ'-i: yerine, karşılığında.

دراز بالا derâz bâlâ: [derâz+bâlâ] uzun boylu.

درازخوان derâzhân: [derâz+hân] ziyafet sofrası.

درازدست derâzdest: [derâz+dest] **1.**uzun elli. **2.**mütecaviz, saldırgan. **3.**hırslı, tamahkâr.

درازدستی derâzdestî: [derâz+dest+î] **1.**uzun ellilik. **2.**tecavüzkârlık, saldırganlık.

درازدم derâzdom: [derâz+dom] **1.**köpek. **2.**maymun. **3.**akrep.

درازدنبال derâzdonbâl: [derâz+donbâl] inek, öküz, boğa.

دراز شدن derâz şoden: **1.**uzamak. **2.**yatmak, uzanmak.

دراز قد derâzkad: (F.-A.) [derâz+kad] uzun boylu.

درازکار derâzkâr: [derâz+kâr] **1.**boyundan büyük işlere karışan. **2.**saçmalayan, zırvalayan.

دراز کردن derâz kerden: **1.**uzatmak. **2.**yaymak, sermek. **3.**falakaya yatırmak.

درازکش کردن derâzkeş kerden: uzanmak, yere yatmak.

دراز کشیدن derâz keşîden: **1.**uzanmak, yatmak. **2.**uzun sürmek.

دراز گردن derâzgerden: [derâz+gerden] **1.**uzun boyunlu. **2.**aptal, ahmak. **3.**(zool.) deve.

دراز گردیدن derâz gerdîden: uzamak.

دراز گشتن derâz geşten: uzamak.

درازگوش derâzgûş: [derâz+gûş] **1.**eşek. **2.**tavşan. **3.**uzun kulaklı.

دراز مدت derâzmoddet: (F.-A.) (derâz+ moddet] kalıcı, uzun vadeli, uzun süreli.

درازی derâzî: [derâz+î] uzunluk. ‖ * be ~ -i به درازیء uzunluğunda.

دراعه dorrâ'e: (A.) cübbe.

در افتادن der oftâden: zıtlaşmak, inatlaşmak, biriyle kavgalı olmak.

در افشان dorefşân: [dor+efşânden>efşân] **1.**inci saçan. **2.**belagatli, beliğ.

دراک derrâk: (A.) anlayan, kavrayan, idrak eden.

دراکه derrâke: (A.) anlayış, kavrama, kavrayış, intikal.

درام dıram: (Fr.) dram.

دراماتیک dıramatik: (Fr.) dramatik.

در انباشتن der enbâşten: yoğunlaştırmak.

در انجام derencâm: [der+encâm] sonunda.

در انداختن der endâhten: **1.**atmak. **2.**mücadeleye sokmak.

دراندن derânden: **1.**yırtmak. **2.**yarmak, parçalamak.

درانیدن derânîden: **1.**yırtmak. **2.**yarmak, parçalamak.

در اول der evvel: başlangıçta, ilkin, önceleri.

دراهم derâhim: (A.) dirhemler.

درای derây: **1.**büyük çan. **2.**çekiç.

درایت dirâyet: (A.) **1.**dirayet. **2.**bilme, anlama. **3.**huy, mizac.

در ایستادن der îstâden: **1.**durmak. **2.**ayakta durmak, dikilmek. **3.**ortaya çıkmak, belirmek, zuhur etmek. **4.**direnmek, ısrar etmek.

در این باب der in bâb: bu konuda, bu hususta.

در این بین der in beyn: bu arada, bu sırada.

در این حین der in hîn: bu sırada.

در این ضمن der in zimn: bu arada, bu sırada, bu esnada.

در این لحظه der in lehze: bu anda.

در این موقع der in movki': bu sırada, bu esnada, bu anda.

در این میان der in miyân: bu arada, bu sırada.

در این میانه der in miyâne: bu arada, bu sırada.

در این وقت der in vakt: bu sırada.

درائیدن derâyîden: **1.**söylemek, konuşmak. **2.**saçmalamak, zırvalamak. **3.**seslenmek.

درب derb: **1.**kapı. **2.**şehir ve kale kapısı. **3.**patika, keçi yolu.

در باب der bâb-i: hakkında, konusunda, ilişkin.

در باختن der bâhten: **1.**oynamak. **2.**alışveriş yapmak. **3.**bağışlamak. **4.**borç vermek. **5.**yitirmek, kaybetmek.

دربادر derbâder: [der+bâ+der] yüzyüze.

دربار derbâr: **1.**saray. **2.**mesken.

درباره derbâre-i: hakkında, konusunda, hususunda, ilişkin, üzerine, dair, üstüne.

درباری derbârî: [derbâr+î] **1.**saraylı. **2.**saray ile ilgili.

در بازیدن der bâzîden: **1.**oynamak. **2.**yitirmek. **3.**bağışlamak.

در باقی شدن der bâkî şoden: **1.**sona ermek, tamamlanmak, bitmek. **2.**yok olmak. **3.**bir kenara koyulmak, bir kenara atılmak. **4.**terkedilmek.

در باقی کردن der bâkî kerden: **1.**sona erdirmek, tamamlamak, bitirmek. **2.**yok etmek. **3.**terketmek. **4.**tehir etmek, başka bir zamana bırakmak. **5.**göz yummak. **6.**bir kenara koymak, bir kenara atmak.

دربان derbân: [der+bân] **1.**kapıcı. **2.**odacı. **3.**(sp.) kaleci. **4.**muhafız.

دربانی derbânî: [derbân+î] **1.**kapıcılık. **2.**odacılık. **3.**(sp.) kalecilik. **4.**muhafızlık.

دربایست derbâyist, derbâyest: **1.**dilek, istek, hacet. **2.**zaruret. **3.**liyakat. **4.**âdet. **5.**tavır, gidiş.

در بایستن der bâyisten, der bâyesten: **1.**zorunlu olmak. **2.**gerekmek, lâzım olmak. **3.**lâyık olmak.

دربچه derbeçge: [der+beçge] **1.**küçük kapı.

دربدر derbeder: [der+be+der] **1.**derbeder, aylak, avare.

دربدر شدن derbeder şoden: **1.**derbeder olmak.

دربدری derbederî: [derbeder+î] **1.**derbederlik, avarelik.

در برابر der berâber-i: karşısında, karşılığında, mesabesinde.

در بر داشتن der berdâşten: içermek, ihtiva etmek, içine almak, kapsamak, üzerinde olmak.

در بردن der borden: **1.**kurtarmak, kaçırmak. **2.**saptırmak.

در بر کردن der ber kerden: giymek, giyinmek.

در بر کشیدن der berkeşîden: kucaklamak, kucağına almak.

در بر گرفتن der ber giriften: kaplamak, sarmak, kucaklamak, istila etmek.

دربست derbest: [der+besten>best] **1.**şahsa ait ev. **2.**tümü, tamamı, bütünü.

در بستن der besten: **1.**kapıyı kapamak. **2.**bağlamak.

در بسته derbeste: [derbesten>derbest+e] **1.**kapısı kapalı. **2.**kapalı.

دربند derbend: **1.**kale. **2.**dar geçit. **3.**vadi. **4.**kısa sokak.

دربند derbend: [der+bend] tutsak,

esir.

در بند ـ derbend-i: **1.**kaydında. **2.**amacıyla, kastıyla. ‖ * ~ çîzî bûden در بند ـ چیزی بودن ilgili olmak, alakalı olmak.

دربندان derbendân: kuşatma, kale kuşatması.

در بند بودن der bend bûden: mahpus olmak.

در بند کردن der bend kerden: bağlamak, zincire vurmak, hapsetmek.

دربه dorbe: (A.) **1.**deneme, tecrübe. **2.**alışıklık.

در بین ـ derbeyn-i: [der+beyn+ -i] arasında, sırasında, iken.

در پایان der pâyân: sonunda, nihayet.

در پوشیدن der pûşîden: giyinmek, örtünmek.

در پی ـ der pey-i: peşinde, ardında, ardında. ‖ * çîzî bûden در پی چیزی بودن peşinde olmak.

در پیچیدن der pîçîden: **1.**katlamak. **2.**zıtlaşmak, inatlaşmak.

در پیش der pîş: önünde, ilerde.

در پیش داشتن der pîş dâşten: önünde olmak.

در توی der tû-yi: -de, -da, içinde.

در ته دل der teh-i dil: içinden, kendi kendine.

درج derc: (A.) **1.**geçirme. **2.**sığdırma. **3.**alma. **4.**mektup. **5.**bulunan yer alan.

درج derec: (A.) **1.**dereceler. **2.**merdivenler. **3.**pâyeler. **4.**merdiven basamakları.

درج dorc: (A.) **1.**mücevher kutusu. **2.**küçük sandık. ‖ * ~ -u guher guşûden درج گهر گشودن güzel konuşmak.

درجا dercâ: [der+câ] (ask.) yerinde say!

درجات derecât: (A.) dereceler.

در جا زدن der câ zeden: **1.**(ask.) yerinde saymak. **2.**bir makamda kalmak.

در جستن der cesten: **1.**sıçramak. **2.**atılmak, hamle etmek.

درج کردن derc kerden: dercetmek, kitaba almak.

درجه derece: (A.) **1.**derece. **2.**rütbe. **3.**makam. **4.**merdiven. ‖ * tâ ~ -i âhir تا درجهء آخر sonuna kadar.

درجه بندی derecebendî: (A.-F.) [derece+ besten> bend+î] derecelendirme, sınıflandırma.

درجه بندی شدن derecebendî şoden: derecelendirilmek, sınıflandırılmak.

درجه بندی کردن derecebendî kerden: derecelendirmek, sınıflandırmak.

درجه دار derecedâr: (A.-F.) [derece+ dâşten> dâr] **1.**rütbeli. **2.**dereceli. **3.**(ask.) erbaş ve astsubay sınıfı.

درجه داشتن derece dâşten: rütbede bulunmak.

درجه یافتن derece yâften: (ask.) derece almak, terfi etmek, rütbe almak.

در چشم گردانی derçeşmgerdânî: [der+ çeşm+ gerdânden>gerdân+î] bir anda, kaşla göz arasında.

درچه derçe: [der+çe] küçük kapı.

در حالی که der hâlî ki: (F.-A.) [der+ hâl+î+ ki] iken, -diği halde.

در حدود der hudûd-i: yaklaşık, civarında, dolayında, sularında.

در حقیقت امر der hakîkat-i emr: aslında.

در خین der hîn-i: sırasında, iken.

درخانه derhâne: [der+hâne] **1.**padişah sarayı. **2.**ev. **3.**evde.

درخت diraht: (Peh.) (bot.) ağaç. ‖ * ~ -i tebrîzî درخت تبریزی (bot.) kavak. ‖ * ~ -i zân درخت زان (bot.) kestane ağacı. ‖ * ~ -i zîrfûn درخت زیرفون (bot.) ıhlamur ağacı.

درخت زار dirahtzâr: [diraht+zâr] ağaçlık.

درختستان dirahtistân: [diraht+istân] ağaçlık.

درخت سنب dirahtsonb: [diraht+ sonbîden> sonb] ağaç matkabı.

درختکار dirahtkâr: [diraht+kâşten>kâr] ağaç diken.

درختکاری dirahtkârî: [diraht+kâşten> kâr+î] ağaçlandırma, ağaç dikimi.

درختکاری شدن dirahtkârî şoden: ağaçlandırılmak.

درختکاری کردن dirahtkârî kerden: ağaçlandırmak, ağaç dikmek.

درخت نشاندن diraht nişânden: ağaç dikmek.

درخش derehş, dorehş, dorohş, direhş: [derehşîden>derehş] 1.parlama. 2.yıldırım.

درخشان derehşân, direhşân: [derehşîden> derehş+ân] parlak, parlayan, aydınlık.

درخشش derehşiş: [derehşîden> derehş+iş] parlaklık, parlama.

درخشنده derehşende: [derehşîden> derehş+ ende] parlak, parlayan.

درخشیدن derehşîden: parlamak, parıldamak, ışıldamak.

در خصوص der husûs-i: hakkında, hususunda, konusunda, ilişkin, üzerine.

در خفا der hefâ: gizlice.

در خلال der halâl-i: içinde, zarfında, -de, -da, sürecinde.

درخمی derehmî: (Yun.) drahmi.

درخواست derhâst: [derhâsten>derhâst] 1.dilek, istek, rica. 2.dilekçe.

درخواست کردن derhâst kerden: 1.dilemek, istemek, rica etmek. 2.hükmetmek.

در خواستن der hâsten: dilemek, istemek.

درخور derhor: [derhorden>derhor] lâyık, yaraşır, uygun, münasip.

درخور آمدن derhor âmeden: lâyık olmak, yaraşmak.

درخوردن derhorden: lâyık olmak, yaraşmak, yakışık almak, uygun olmak.

درد derd: (Peh.) 1.dert. 2.acı. 3.ağrı. 4.sancı. 5.eziyet. || * ~ -i dil kerden درد دل کردن dertleşmek, derdini dökmek, derdini anlatmak, sırrını açmak. || * ~ -i hod râ pîş-i kesî gozâşten درد خود را پیش کسی گذاشتن derdini anlatmak. || * ~ -i kesî âmeden درد کسی آمدن canı yanmak. || * ~ -i kesî giriften درد کسی گرفتن sancısı tutmak. || * ~ -i ser dâden درد سر دادن baş ağrıtmak. || * ~ -i ser kem kerden درد سر کم کردن başını fazla ağrıtmamak. || * ~ -i ser keşîden درد سر کشیدن başı ağrımak, baş ağrısı çekmek. || * ~ -i ser resânîden درد سر رسانیدن zahmet çıkarmak, iş çıkarmak. || * ~ -i suhen kerden درد سخن کردن sözü ciddiye almak. || * ~ râ devâ kerden درد را دوا کردن derde deva olmak. || * be ~ horden به درد خوردن işe yaramak. || * be ~ -i ser endâhten (kesî râ) به درد سر انداختن کسی را birinin başını ağrıtmak. || * be ~ nehor به درد نخور işe yaramaz.

درد dord: tortu.

درد آشام dordâşâm: (A.-F.) [dord+ âşâmîden> âşâm] 1.kadehi sonuna kadar içen. 2.içki içen.

درد آگین derdâgîn: [derd+âgîn] acı, acılı.

درد آلود derdâlûd: [derd+âlûden>âlûd] dertli.

درد آوردن derd âverden: 1.dert çıkarmak. 2.eziyet etmek.

دردا derdâ: [derd+â] ne yazık!

درداء derdâ': (A.) dişleri dökülmüş kadın.

در دادن der dâden: vermek, bağışlamak.

دردا که derdâ ki: [derd+â+ki] ne yazık ki, eyvahlar olsun, vah vah.

دردانه dordâne: (A.-F.) [dor+dâne] 1.inci tanesi. 2.aziz, sevgili. 3.biricik, bir tane, tek.

دردخوار dordhâr: [dord+horden>hor> hâr] 1.yoksul, fakir. 2.tortulu şarap içen. 2.alçak.

درد داشتن derd dâşten: derdi olmak, dertli olmak.

دردست derdest: [der+dest] mevcut.

درد زده derdzede: [derd+zeden>zed+e] dertli, hasta, illetli.

درد کردن derd kerden: 1.ağrımak. 2.acımak. 3.sancımak. 4.sızlamak. 5.acıtmak. 6.ağrıtmak.

دردکش dordkeş: [dord+keşîden>keş] 1.kadehi sonuna kadar içen.

2.şarapçı, ayyaş. 3.tortulu şarap içen.

درد کشیدن derd keşîden: 1.dert çekmek, acı çekmek, acı duymak.

درد گرفتن derd giriften: ağrı girmek.

در دم der dem: ânında, o an, derhal, hemen, o anda.

در دم گرفتن der dem giriften: 1.ağzına almak. 2.yemek, içmek.

دردمند derdmend: [derd+mend] dertli, acı çeken, hasta.

دردمندی derdmendî: [derd+mend+î] dertlilik.

در دمیدن der demîden: sönmek (lamba, kandil vs.).

دردناک derdnâk: [derd+nâk] üzücü, hazin, dertli.

دردو dirdov: utanmaz, hayasız.

در دویدن der devîden: sığınmak.

دردی dordî: [dord+î] 1.tortu, çökelti. 2.tortulu şarap içen.

دردی کش dordîkeş: [dord+î+keşîden> keş] tortulu şarap içen.

دردیکشی dordîkeşî: [dord+î+keşîden> keş+î] tortulu şarap içme.

درر dorer: (A.) inciler.

در ربودن der rubûden: çalmak, götürmek, kapmak.

در رسانیدن der resânîden: ulaştırmak,.

در رسیدن der resîden: gelmek, çıkagelmek, ulaşmak, varmak, hazır olmak.

در رفتن der reften: 1.girmek, içeri girmek. 2.kurtulmak. 3.çıkmak. 4.sökülmek. 5.çıkmak. 6.kaçmak. 7.fırlamak. ‖ * bâ kesî ~ با کسی در رفتن sulh olmak, biriyle olan ihtilafı gidermek. ‖ * ez câ ~ از جا در رفتن sinirlenmek, tepesi atmak, küplere binmek. ‖ * ez ser-i zebân-i kesî ~ از سر زبان کسی در رفتن ağzından kaçmak. ‖ * kârî ez dest-i kesî ~ کاری از دست کسی در رفتن istemediği halde kendi iradesiyle bir iş sonuçlanmak. ‖ * kûk-i sâz ~ کوک ساز در رفتن (müz.) akordu bozulmak.

دررفته derrefte: [der reften>derreft>e] 1.çıkmış. 2.değişmiş. 3.ayrılmış.

دررو derrov: [derreften>derrov] mahreç, çıkış yolu.

در ریختن durr rîhten: 1.ağlamak, inci gibi yaş dökmek. 2.inciler dökmek, güzel sözler etmek.

درز derz: 1.ince çatlak. 2.ara. 3.dikiş, dikiş yeri. 4.küçük kız. 5.yaklaşık 21 metrekarelik alan birimi.

در زدن der zeden: kapı çalmak.

درز کردن derz kerden: ortaya çıkmak.

درز گرفتن derz giriften: 1.dikmek. 2.tutturmak, iliştirmek. ‖ * kelâm râ ~ کلام را درز گرفتن sözü kısa kesmek, lafı uzatmamak.

درز گرفته derz girifte: [derz+giriften> girift+e] 1.kısa kesilmiş. 2.özet.

در زمان der zemân: derhal, hemen, şimdi, o anda.

درزن derzen: [der+zeden>zen] 1.iğne. 2.kapı çalan.

درزه derze: 1.ot yığını, yem yığını. 2.dikiş. 3.küçük kız.

درزی derzî: terzi.

درزی کردن derzî kerden: dikiş dikmek.

درزیگر derzîger: [derzî+ger] terzi.

درزیی derziyî: [derzi+y+î] terzilik.

درس ders: (A.) 1.ders. 2.öğrenim. ‖ * ~ -i ibret dâden درس عبرت دادن ibret dersi vermek.

در ساختن der sâhten: hazırlamak. ‖ * teng-i hâne ~ تنگ خانه در ساختن baş köşeye yerleşmek.

درسار dersâr: 1.sur. 2.dergâh.

در ساعت der sâ'et: hemen, anında, o anda, derhal.

در سپاردن der sipârden: 1.terketmek, bırakmak.

درست dorost: (Peh.) 1.doğru. 2.dürüst. 3.tam. 4.tam ayarlı sikke. 5.emin. 6.sağlıklı. ‖ * ~ u hisâbî درست و حسابی bir güzel, adamakıllı.

درست در همین لحظه dorost der hemin lehze: tam bu sırada.

درست در همین موقع dorost der hemin movki: tam bu sırada.

درست شدن dorost şoden: 1.hazırlanmak. 2.yapılmak. 3.ıslah olmak. **4.**gerçekleşmek. **5.**yaratılmak. **6.**düzelmek. **7.**hallolmak.

درستکار dorostkâr: [dorost+kâr] dürüst, güvenilir, emin.

درستکاری dorostkârî: [dorost+kâr+î] dürüstlük, doğruluk, güvenilirlik, eminlik.

درست کردن dorost kerden: **1.**yapmak, etmek, hazırlamak, kurmak. **2.**tamamlamak. **3.**kesinleşmek.

درست مثل dorost misl-i: tıpkı.

درست مثل اینکه dorost misl-i inki: tıpkı.

درستی dorostî: (Peh.) [dorost+î] doğruluk, dürüstlük. **2.**tertip, düzen. **3.**sağlık. ‖ * be ~ به درستی doğru dürüst, tam.

درستی خواستن dorostî hâsten: ispat ve delil istemek.

درس خوان dershân: (A.-F.) [ders+ hânden> hân] ders çalışan, çalışkan.

درس خواندن ders hânden: **1.**okumak, öğrenim görmek, tahsil etmek. **2.**ders çalışmak.

درس خوانده ders hânde: (A.-F.) [ders+ hânden> hând+e] tahsilli, okumuş.

درس دادن ders dâden: ders vermek.

درسگاه dersgâh: (A.-F.) [ders+gâh] okul.

درس گرفتن ders giriften: ders almak.

درس مذاکره کردن ders mozâkere kerden: ders çalışmak.

درش dereş (bot.) bir tür ince ve uzun hıyar.

درشت doroşt: (Peh.) **1.**iri. **2.**kaba. **3.**sert. **4.**engebeli. **5.**hacimli.

درشتخو doroşthû: [doroşt+hû] kaba, sert mizaçlı.

درشت رو doroştrû: [doroşt+rû] **1.**ahlâksız. **2.**küstah.

درشت شدن doroşt şoden: irileşmek.

درشت کردن doroşt kerden: irileştirmek.

درشتناک doroştnâk: [doroşt+nâk] taşlık arazi, engebeli arazi.

درشتی doroştî: [doroşt+î] **1.**irilik. **2.**sertlik. **3.**kabalık. **4.**uygunsuzluk. **5.**surat asma.

در شدن der şoden: **1.**içeri girmek. **2.**ilişmek.

درشکه doroşke (Alm.) fayton, araba, at arabası.

درشکه چی doroşkeçi (Alm.-T.) arabacı, faytoncu.

در صد der sad: yüzde. ‖ * ~ der ~ صد در صد yüzde yüz.

در صد در آوردن der sad der âverden: yüzde çıkarmak.

در صدد بر آمدن der saded ber âmeden: istemek, başlamak, karar vermek.

در صورت der sûret-i: halinde, takdirde.

در صورت امکان der sûret-i imkân: mümkün olduğu kadar, imkânlar ölçüsünde.

در صورتی der sûretî: (F.-A.) [der+sûret+ î] -diği halde.

در صورتی که der sûretî ki: oysa, halbuki, -diği halde, -mesine rağmen.

در ضمن der zımn-i: **1.**esnasında, iken, -de, -da. **2.**bu arada, aynı zamanda.

در ضمن اینکه der zımn-i inki: iken.

در ضمن حال der zımn-i hâl: bu halde iken.

در طول der tûl-i: boyunca.

در طی der teyy-i: içinde, süresinde, zarfında, boyunca.

در ظرف der zarf-i: içinde, zarfında.

درع dır': (A.) zırh.

در عرض der arz-i: içinde, zarfında, arzında.

در عرض این مدت der arz-i in moddet: bu süre içinde.

در عوض der ivez: **1.**buna mukabil, buna karşın, karşılığında. **2.**üstelik.

در عین حال der eyn-i hâl: aynı zamanda.

در غلبکن dergelbken: [der+gelbken] pencereli kapı.

در غلطیدن der galtîden: yuvarlanmak.

درغوش dergûş: (Peh.) yoksul, muhtaç.

در فراهم کردن der ferâhem kerden: kapıyı kapamak.

درفش derefş: biz (kundura bizi).

درفش direfş: (Peh.) 1.bayrak, sancak. 2.tulga.

درفشانی derefşânî: parlaklık.

در فکندن der fikenden: atmak.

درفنجک derfencek: kâbus.

در قبال der kibâl-i: karşısında.

درق و دروق derk u duruk: çatırdama.

درقی derkî: trioide ait.

درک derk: (A.) anlama, anlayış, idrak, kavrayış.

درک derek: 1.dip. 2.cehennemin dibi. ‖ * be ~ به درک (hlk.) cehenneme kadar!, cehennemin dibine kadar! ‖ * be ~ reften به درک رفتن gebermek, zıbarmak, cehenneme gitmek.

در کار der kâr-i: hakkında.

درکار بودن derkâr bûden: bulunmak, olmak.

در کجا derkocâ: nerede.

در کردن der kerden: 1.çıkarmak. 2.sığdırmak. 3.azaltmak. ‖ * tîr ~ تیر در کردن mermi atmak.

درک شدن derk şoden: idrak edilmek.

در کشیدن der keşîden: 1.yutmak. 2.aşağı çekmek. 3.hareket etmek. 4.içmek, dikmek (kadeh). 5.cezbetmek, kendine çekmek. 6.yok etmek.

درک کردن derk kerden: anlamak, idrak etmek, aklı ermek, kavramak.

در کنار هم der kenâr-i hem: yanyana.

درک نمودن derk numûden: anlamak, idrak etmek, kavramak, aklı ermek.

در کوبیدن der kûbîden: kapı çalmak.

در کوفتن der kûften: kapı çalmak, kapıyı vurmak.

درکه dereke: (A.) 1.dip. 2.aşağı, iniş aşağı. 3.alt tabaka. 4.cehennemin en alt tabakası.

درگاه dergâh: (Peh.) [der+gâh] 1.dergâh. 2.saray. 3.kat, huzur. 4.eşik. 5.kapı.

درگاه نشین dergâhnişîn: [dergâh+nişesten>nişîn] dergâhta oturan, huzurda oturan.

در گذاشتن der gozâşten: affetmek, bağışlamak.

درگذشت dergozeşt: [der gozeşten>der gozeşt] 1.ölüm, vefat. 2.af, bağışlama.

در گذشتن der gozeşten: 1.vefat etmek, ölmek. 2.bırakmak, vazgeçmek. 3.afgetmek, bağışlamak. 4.geçmek. 5.terketmek, göçüp gitmek.

درگذشته dergozeşte: [dergozeşten> dergozeşt+e] ölmüş, vefat etmiş.

در گذشته der gozeşte: [der+gozeşten> gozeşt+e] eskiden, geçmişte.

در گرفتن der giriften: 1.başlamak. 2.almak. 3.ateş almak, tutuşmak. 4.tesir etmek, işlemek. 5.meşgul olmak. 6.kopmak, patlak vermek. ‖ * reh ~ ره درگرفتن yola girmek.

در گشادن der goşâden: kapı açmak.

در گشودن der guşûden: kapı açmak.

درگه dergeh: [der+geh<gâh] 1.dergâh. 2.saray. 3.kat, huzur. 4.eşik. 5.kapı.

درگیر dergîr: [der+giriften>gîr] 1.tutkun. 2.(ask.) çarpışma başlangıcı.

درگیر شدن dergîr şoden: 1.tutulmak. 2.(ask.) çatışma başlamak. 3.boğuşmak, kavgaya tutuşmak.

درگیری dergîrî: [dergiriften>dergîr+î] çarpışma, çatışma, kavga.

در لحظه der lehze: derhal, hemen.

در لفافه der lefâfe: örtülü olarak, üstü kapalı.

درم direm: (Peh.) dirhem.

درمان dermân: (Peh.) deva, tedavi, derman, çare. ‖ * ~-i revânî درمان روانی (tıb.) psikanaliz.

درمان پذیر dermânpezîr: [dermân+pezîroften> pezîr] tedavi edilebilir.

درماندگی dermândegî: [dermânden> dermând+e+g+î] 1.âcizlik, çaresizlik. 2.borcunu ödeyememe.

در ماندن der mânden: âciz kalmak, çaresiz kalmak. ‖ * ser-i câ ~ سر جا در ماندن apışıp kalmak.

درمانده dermânde: [der mânden>der mând+ e] 1.âciz, çaresiz, biçare. 2.yorgun, bitkin.

درمان کردن dermân kerden: derman olmak, tedavi etmek, deva olmak.

درمانگاه dermângâh: [dermân+gâh]

(tıb.) klinik.

درمان ناپذیر dermânnâpezîr: [dermân+ pezîroften> pezîr>nâpezîr] tedavi edilemez, onmaz.

در مجموع der mecmû': genelde.

درمسرا diremserâ: [direm+serâ] darphane.

در مقابل der mukâbil-i: -e karşı, karşısında, karşılığında, mukabilinde.

در مقایسه با der mukâyese bâ: nazaran.

در مکیدن der mekîden: emmek, içmek.

درم گزین diremgozîn: [direm+gozîden> gozîn] sarraf.

درمل dormol: olgunlaşmamış ekin.

در مورد der movrid-i: hakkında, konusunda, ilişkin, üzerine.

در موقع der movki'-i: zamanı, iken, esnasında.

در میان der miyân: ortada. ‖ * do rûz ~ دو روز در میان iki günde biri. ‖ * yek rûz ~ یک روز در میان gün aşırı. ‖ * yekî ~ یکی در میان bir aralıkla.

در میان der miyân-i: **1.**arasında, ortasında. ‖ * ~ râh در میان راه yolda.

در میان گذاشتن der miyân gozâşten: açmak, söylemek, ortaya koymak, görüşmek, ele almak.

در میان نهادن der miyân nihâden: açmak, ortaya koymak, ele almak, görüşmek, söylemek.

درنا dornâ (zool.) turna.

در نتیجه der netîce: sonuçta, sonuç olarak, sonunda. ‖ * ~ -i در نتیجهء sonucunda, neticesinde, üzerine, nedeniyle, sebebiyle.

درندشت derendeşt: **1.**koskocaman. **2.**ıssız.

درندگان derendegân: [derîden>der+ ende+ g+ân] (zool.) yırtıcılar, yırtıcı hayvanlar.

درندگی derendegî: [derîden>der+ende+ g+î] yırtıcılık, vahşîlik.

درنده derende: [derîden>der+ende] yırtıcı, vahşî.

در نزد der nezd-i: yanında, katında, huzurunda, nezdinde.

در نزدیک der nezdîk-i: **1.**katında, huzurunda. **2.**yakınında.

در نزدیکیء der nezdîkî-yi: civarında, dolayında, yakınlarında.

در نشاختن der nişâhten: oturtmak, yer vermek.

در نشاندن der nişânden: dikmek.

در نظر der nezer-i: nazarında, -e göre.

درنگ dereng: çan sesi, şıngırtı, şangırtı.

درنگ direng: (Peh.) **1.**duraklama. **2.**yavaşlık. **3.**gecikme, tehir.

درنگ درنگ dereng dereng: şangır şungur.

درنگ کردن direng kerden: **1.**durmak. **2.**duraksamak, ağırlaşmak, yavaşlamak. **3.**gecikmek, tehir etmek, rötar yapmak.

درنگی direngî: [direng+î] **1.**duraksama. **2.**durma. **3.**gecikme, tehir, rötar.

در نوردیدن der neverdîden: **1.**katlamak. **2.**katetmek, geçmek, mesafe almak.

در نوشتن der neveşten: **1.**katlamak. **2.**katetmek, geçmek, mesafe almak.

در نهایت der nihâyet-i: son derece, aşırı, aşırı ölçüde.

درو direv, dirov: [direvîden>direv] hasat, biçme.

دروا dervâ: zorunlu, zarurî, gerekli.

درواخ dorvâh: doğruluk, sağlamlık, sıhhat, selâmet.

درواخ کردن dorvâh kerden: sağlamlaştırmak.

دروازه dervâze: **1.**büyük kapı. **2.**kale kapısı. **3.**şehir kapısı. **4.**bahçe kapısı. **5.**cümle kapısı. **6.**(sp.) kale. ‖ * ~ -i aslî دروازهء اصلی ana kapı, giriş kapısı. ‖ * ~ -i gûş دروازهء گوش kulak deliği. ‖ * ~ -i hurûcî دروازهء خروجی çıkış kapısı. ‖ * ~ -i vurûdî دروازهء ورودی giriş kapısı.

دروازه بان dervâzebân: [dervâze+bân] **1.**kale kapıcısı. **2.**(sp.) kaleci.

دروازه بانی dervâzebânî: [dervâze+

bân+î] **1.**kale kapıcılığı. **2.**(sp.) kalecilik.

در واقع der vâki': aslında, hakikatte, gerçekte.

درواى dervây: zorunlu, zarurî, gerekli.

دروب durûb: (A.) kapılar.

درود durûd: (Peh.) selâm, esenlik, övgü, Tanrı'nın rahmeti. ‖ * ~ bâd درود باد selâm olsun.

درود dorûd: tahta, ağaç.

درودگر dorûdger: [dorûd+ger] marangoz, dülger, mobilyacı.

درودگرى dorûdgerî: [dorûd+ger+î] marangozluk, dülgerlik, mobilyacılık.

درودن dorûden: **1.**budamak. **2.**biçmek.

دروس durûs: (A.) dersler.

دروش direvş: **1.**biz (kunduracı bizi) . **2.**kan alma neşteri.

دروش derevş: sancak, bayrak.

دروغ durûg: (Peh.) yalan. ‖ * ~ -i şâhdâr دروغ شاخدار kuyruklu yalan. ‖ * ~ u dagal دروغ و دغل yalan dolan.

دروغ باف durûgbâf: [durûg+bâften>bâf] yalancı, uydurukçu.

دروغ بافتن durûg bâften: yalan söylemek, yalan uydurmak.

دروغ بافى durûgbâfî: [durûg+bâften> bâf+î] yalan söyleme, yalan uydurma, yalancılık.

دروغ ساختن durûg sâhten: uydurmak, yalan uydurmak.

دروغ گفتن durûg goften: yalan söylemek.

دروغگو durûggû: [durûg+goften>gû] yalancı, yalan söyleyen.

دروغگوئى durûggûyî: [durûg+goften> gû+y+î] yalancılık, yalan söyleme.

دروغى durûgî: [durûg+î] **1.**yalan, yalandan. **2.**yapmacık, göstermelik, sahte.

دروغين durûgîn: [durûg+în] **1.**yalandan. **2.**yapmacık, göstermelik, sahte.

در وقت der vakt: derhal, hemen, o anda.

درو كردن dirov kerden: biçmek, budamak.

دروگر dirovger: [dorûden>direv=dirov+ ger] biçici, hasatçı.

دروگرى dirovgerî: [dorûden>direv= dirov+ger+î] biçicilik, hasatçılık.

درون derûn: **1.**iç, içinde, içerisi, ortası. **2.**dahil. **3.**kalp, gönül. **4.**tahıl ölçeği. **5.**(tas.) melekût âlemi. **6.**zerdüştî duası. ‖ * ~ -i kesî râ siyâh kerden درون كسى را سياه كردن içini karartmak. ‖ * ~ -i kesî mâliş reften درون كسى مالش رفتن içi burkulmak, yüreği burkulmak.

دروند dorvend: (Peh.) kâfir, dinsiz.

درون دار derûndâr: [derûn+dâşten>dâr] (kin.) münafık.

درونده direvende: [direvîden>direv+ ende] biçici, hasatçı.

درون سوى derûnsûy: [derûn+shuy] iç taraf.

درون گرا derûngerâ: [derûn+gerâyîden> gerâ] içe dönük, içine kapanık.

درون گرايى derûngerâyî: [derûn+ gerâyîden> gerây+î] içedönüklük, içine kapanıklık.

درونه derûne: [derûn+e] **1.**karın. **2.**hallaç yayı. **3.**gökkuşağı, ebemkuşağı.

درونى derûnî: [derûn+î] iç, içteki, içe yönelik, manevî.

درويدن direvîden: **1.**biçmek, budamak. **2.**dermek.

درويش dervîş: (Peh.) **1.**yoksul, fakir. **2.**(tas.) derviş.

درويش نهاد dervîşnihâd: [dervhiş+ nihâden>nihâd] derviş tabiatlı, kalender, sadık, gösterişsiz.

درويشى dervîşî: [dervîş+î] **1.**yoksulluk, fakirlik. **2.**(tas.) dervişlik.

دره derre, dere: **1.**(coğ.) vadi, koyak. **2.**dere.

دره dirre: (A.) kamçı, kırbaç.

دره dorre: (A.) büyük inci. ‖ * ~ -i nâdire درهء نادره **1.**eşi az bulunur büyük inci. **2.**Farsça yazılmış bir tarih kitabı.

در هر حال der her hâl: **1.**her halükârda. **2.**her neyse.

در هر صورت der her sûret: **1.**her halükârda. **2.**her neyse.

درهم derhem: **1.**karışık, içiçe. **2.**karmaşık. **3.**boğuk. **4.**coşkulu.

درهم dirhem: (Yun.>Ar.) **1.**dirhem. **2.**bir ağırlık birimi.

درهم آشفته derhem âşofte: [der+hem+ âşoften> âşoft+e] alt alta üstüste, karman çorman.

در هم آمیختن der hem âmîhten: birbirine karışmak, birbirine karıştırmak.

در همان اثنا der hemân esnâ: o sırada, o esnada, o anda.

در همان حال der hemân hâl: aynı zamanda, o anda.

در همان حال که der hemân hâl ki: -diği halde, iken.

در همان حین der hemân hîn: aynı zamanda, o anda, o sırada.

در همان دم der hemân dem: o anda, o esnada, aynı anda.

در همان لحظه der hemân lehze: o anda.

در همان وقت der hemân vakt: o anda, o sırada, aynı anda.

درهم برهم derhem berhem: karışık, karmakarışık, darmadığınık, girift, her yer her yerde.

درهم برهم شدن derhem berhem şoden: karman çorman olmak, dağınık olmak, darmadağınık olmak, her yer her yerdeolmak.

درهم پیچیدن der hem pîçîden: dolaşmak, sarılmak, girift olmak, karışmak.

درهم پیچیده der hem pîçîde: [der+hem+ pîçîden>pîçîd+e] dolaşık, dolaşmış, sarılmış, girift, karışık, karışmış.

درهم پیوستن derhem peyvesten: birleştirmek, bir araya getirmek, bitiştirmek.

درهم تا شدن der hem tâ şoden: iki büklüm olmak.

درهم رفتن der hem reften: **1.**devrilmek, dökülmek. **2.**giriftleşmek, birbirine dolanmak, dolaşmak, karışmak.

درهم سرشتن der hem sirişten: bulamak, karıştırmak.

درهم شدن der hem şoden: **1.**karışmak. **2.**bulanmak. **3.**sinirlenmek. **4.**yıkılmak, çökmek.

درهم شکافتن der hem şikâften: yarmak.

درهم شکستن der hem şikesten: **1.**bozmak. **2.**kırmak. **3.**yaşlanmak, çökmek.

درهم شکسته شدن der hem şikeste şoden: **1.**çökmek. **2.**halsizleşmek.

درهم فشردن der hem feşurden: daraltmak, sıkıştırmak.

درهم کردن der hem kerden: **1.**karıştırmak. **2.**sinirlendirmek.

درهم کوبیدن der hem kûbîden: büzmek.

درهم لولیدن der hem lûlîden: kaynamak, kaynaşmak.

درهم و برهم derhem u berhem: girift, karmakarışık, buruşuk.

در همه احوال der heme ahvâl: (F.-A.) [der+heme+ahvâl] her türlü durumda.

در همه جا der heme câ: her yerde.

در همه حال der heme hâl: her halükârda, her türlü halde.

در همین اثنا der hemin esnâ: bu esnada, bu sırada.

در همین رابطه der hemin râbite: bu bağlamda, bu konuyla ilgili olarak.

در همین ضمن der hemin zimn: bu arada.

در همین لحظه der hemin lehze: bu sırada.

در همین موقع der hemin movki: tam bu sırada, bu sırada.

در همین نزدیکی der hemin nezdîkî: şu günlerde, bu yakınlarda, pek yakında.

دری derî: [der+î] **1.**sarayla ilgili. **2.**Derî farsçası, saray farsçası. ‖ * fârsî-i ~ فارسی ء دری Derî farsçası, saray farsçası. ‖ * kebk-i ~ کبک دری (zool.) dağ kekliği. ‖ *

zebân-i ~ زبان دری Derî dili, Derî farsçası, saray farsçası.

دری dorrî: (A.) aydınlık, parlak, ışıltılı.

دریا deryâ: (Peh.) **1.**deniz, derya. **2.**varlık. ‖ * ~ -yi âzâd دریای آزاد (coğ.) açık deniz. ‖ * ~ -i mediterâne دریای مدیترانه (coğ.) Akdeniz. ‖ * ~ -yi baltik دریای بالتیک (coğ.) Baltık Denizi. ‖ * ~ -yi eje دریای اژه (coğ.) Ege Denizi. ‖ * ~ -yi hazer دریای خزر (coğ.) Hazar Denizi. ‖ * ~ -yi siyâh دریای سیاه (coğ.) Karadeniz. ‖ * be ~ reften به دریا رفتن denize çıkmak, denize açılmak. ‖ * be ~ zeden به دریا زدن denize açılmak. ‖ * be seyr-i ~ reften به سیر دریا رفتن deniz safası yapmak. ‖ * kef-i ~ کف دریا (coğ.) deniz tabanı.

دریابار deryâbâr: [deryâ+bâr] **1.**sahil. **2.**liman şehri. **3.**nehir taşkını.

دریابان deryâbân: [deryâ+bân) (ask.) tümamiral.

دریابانی deryâbânî: [deryâ+bân+î] (ask.) tümamirallik.

دریابندگی deryâbendegî: [der yâften> der yâb+der yâbende+g+î] anlayış, idrak, kavrayış.

دریابنده deryâbende: [der yâften>der yâb+ der yâbende] anlayan, kavrayan, akıllı, zeki.

دریابیگ deryâbeyg: (F.-T.) [deryâ+beyg] amiral.

دریاچه deryâçe: [deryâ+çe] **1.**göl. **2.**gölet.

دریادار deryâdâr: [deryâ+dâşten>dâr] (ask.) tuğamiral.

دریاداری deryâdârî: [deryâ+dâşten>dâr+î] (ask.) tuğamirallik.

دریادل deryâdil: [deryâ+dil] **1.**cömert, bonkör. **2.**yürekli, cesur.

دریازیدن der yâzîden: kasdetmek.

دریاساز deryâsâz: [deryâ+sâhten>sâz] deniz manzaraları yapan ressam.

دریاسالار deryâsâlâr: [deryâ+sâlâr] (ask.) koramiral.

دریاسالاری deryâsâlârî: [deryâ+sâlâr+î] (ask.) koramirallik.

دریافت deryâft: [deryâften>deryâft] **1.**alım. **2.**para alımı. **3.**idrak, anlayış. **4.**tesir.

دریافت کردن deryâft kerden: almak, kazanmak.

دریافتن deryâften: **1.**anlamak. **2.**teslim almak, almak. **3.**idrak etmek. **4.**farketmek.

دریافتی deryâftî: [deryâften>deryâft+î] teslim alınan meblağ.

دریاکنار deryâkenâr: [deryâ+kenâr] sahil, deniz kıyısı, lebiderya, deniz kenarı.

دریانورد deryâneverd: [deryâ+neverdîden> neverd] denizci, gemici.

دریانوردی deryâneverdî: [deryâ+neverdîden> neverd+î] **1.**denizcilik, gemicilik.

دریایی deryâyî: [deryâ+y+î] denizle ilgili. ‖ * nîrû-yi ~ نیروی دریایی (ask.) deniz kuvvetleri.

دریچه derîçe: [der+î+çe] **1.**küçük kapı. **2.**küçük pencere, ışık penceresi. **3.**kapakçık. ‖ * ~ -i itmînân دریچهء اطمینان süpap. ‖ * ~ -i kalbî دریچهء قلبی (tıb.) kalp kapakçığı.

دریدگی derîdegî: [derîden>derîd+e+g+î] **1.**yırtılma, yırtık. **2.**yarık, çatlak. **3.**yüzsüzlük, utanmazlık.

دریدن derîden: (Peh.) **1.**yırtmak. **2.**yarmak.

دریغ derîg: **1.**yazık!, vah vah! eyvah! **2.**esirgemek. ‖ * ~ -i kesî âmeden دریغ کسی آمدن üzülmek, esef etmek. ‖ * ~ u derd ki دریغ و درد که yazık!, vah vah!, eyvah!, eyvahlar olsun!, ne yazık!, ne yazık ki!, yazıklar olsun!

دریغا derîgâ: [derîg+â] yazık!, vah vah!, eyvah!, eyvahlar olsun!, ne yazık!, ne yazık ki!, yazıklar olsun!

دریغ خوردن derîg horden: üzülmek, eseflenmek, esef etmek.

دریغ داشتن derîg dâşten: esirgemek.

دریغ کردن derîg kerden: esirgemek.

دریغ ورزیدن derîg verzîden: esirgemek, geri durmak.

در یک چشم بهم زدن der yek çeşm behemzeden: bir anda, kaşla göz arasında, bir göz açıp kapayana kadar.

در یک دم der yek dem: bir anda.

در یک لحظه der yek lehze: bir anda.

در یک نظر der yek nazar: (F.-A.) [der+yek+nazar] bir bakışta.

دری گو derîgû: [derî+goften>gû] Derî Farsçası ile konuşan.

درین باره derin bâre: [der+în+bâre] bu konuda, bu hususta.

درینگ dıring: mızrap sesi, çiring.

درین مدت derin moddet: [der+in+moddet] bu süre içinde, bu süre zarfında.

دری وری derîverî: saçma sapan, anlamsız.

دریوزگی deryûzegî: [deryûze+g+î] **1.**yoksulluk, fakirlik. **2.**dilencilik.

دریوزه deryûze: **1.**yoksul, fakir. **2.**dilenci.

دز dez: kale.

دزد dozd: (Peh.) **1.**hırsız. **2.**yolkesen, eşkiya. ‖ * ~ -i deryâyî دزد دریایی deniz korsanı.

دزدار dizdâr: [diz+dâşten>dâr] kale muhafızı.

دزد افشار dozdefşâr: [dozd+efşâr] hırsız ortağı.

دزدانه dozdâne: [dozd+âne] hırsızca, hırsız gibi.

دزد بازار dozdbâzâr: [dozd+bâzâr] **1.**çok hırsızlık olan yer. **2.**izdiham, kargaşa.

دزد خنده dozdhande: [dozd+handîden> hand+e] gülümseme, tebessüm.

دزد زدن dozd zeden: hırsız dadanmak, hırsız dolaşmak.

دزدکی dozdekî: [dozd+ek+î] **1.**gizlice, belli etmeden, kaçamak. **2.**hırsız gibi, hırsızca.

دزدگاه dozdgâh: [dozd+gâh] hırsız yatağı.

دزدی dozdî: [dozd+î] hırsızlık.

دزدیدن dozdîden: hırsızlık etmek, çalmak, aşırmak.

دزدیده dozdîde: [dozdîden>dozdîd+e] çalıntı, çalınmış. ‖ * ~ gûş dâden دزدیده گوش دادن kulak misafiri olmak.

دزدی کردن dozdî kerden: hırsızlık yapmak, çalmak.

دزفول dizfûl: (coğ.) Dizful.

دزفولی dizfûlî: Dizfullu.

دزک dizek: [diz+ek] küçük kale.

دزندیس dizendîs: sanki, tıpkı, âdeta.

دژ dij: (Peh.) kale, hisar.

دژ doj: (Peh.) kötü, fena, kaba, çirkin.

دژ آباد dojâbâd: [doj+âbâd] öfkeli, hiddetli.

دژ آگاه dojâgâh: [doj+âgâh] **1.**kötü düşünceli, kötü huylu. **2.**zalim.

دژ آلود dojâlûd: [doj+âlûden>âlûd] öfkeli, huysuz, ahlâksız.

دژبان dijbân: [dij+bân] **1.**kale muhafızı. **2.**inzibat, askerî polis.

دژبانی dijbânî: [dijbân+î] **1.**kale muhafızlığı. **2.**inzibat dairesi, inzibat karakolu.

دژبراز dojberâz: [doj+berâzîden>berâz] **1.**çirkin, kılıksız. **2.**huysuz, öfkeli. **3.**hırslı, tamahkâr.

دژبرو dojborû: [doj+bo+rû] huysuz, öfkeli, asık suratlı.

دژپسند dojpesend: [doj+pesendîden> pesend] **1.**kötüyü beğenen, zevksiz. **2.**dindar, zahid.

دژخیم dojhîm: **1.**huysuz, tıynetsiz. **2.**gardiyan. **3.**cellat.

دژدار dijdâr: [dij+dâşten>dâr] kale muhafızı.

دژم dojem, dijem: **1.**üzgün, kederli. **2.**öfkeli.

دژمان dojmân: üzgün, gücenik, kırgın.

دژم کردن : dojem kerden: üzmek.

دژمناک dojemnâk: [dojem+nâk] üzgün, gücenik, kırgın, öfkeli.

دس des, dis: benzeri, gibi.

دسائس desâ'is: (A.) desiseler, hileler, entrikalar.

دساتیر desâtîr: (F.-A.) düsturlar.

دساکر desâkir: (A.) **1.**şehirler. **2.**köyler.

دسامبر disamber: (Fr.) Aralık ayı.

دسایس desâyis: (A.) desiseler, hileler, entrikalar.

دست dest: (Peh.) **1.**el. **2.**hayvanların ön ayakları. **3.**imkân. **4.**kudret. **5.**dayanak. **6.**kural, kanun. **7.**takım, kat (giysi). **8.**sayı (kuşlar için) .**9.**tür, cins, biçim. **10.**el (tavla gibi oyunlarda). **11.**taraf. **12.**karış. **13.**fayda. ‖ * ~ -i âhir دست آخر son defa, son kez, son olarak. ‖ * ~ -i çep ez ~ -i râst nedânisten دست چپ از دست راست ندانستن iyiyi kötüden ayırt edememek, ne yapacağını bilememek. ‖ * ~ -i dovvom دست دوم ikinci el, kullanılmış eşya. ‖ * ~ -i evvel دست اول ilk defa, ilk kez. ‖ * ~ -i hod bûden دست خود بودن elinde olmak. ‖ * ~ -i kemî nedâşten دست کمی نداشتن geri kalmamak, geri kalır yönü olmamak. ‖ * ~ -i kesî bûden دست کسی بودن elinde olmak. ‖ * ~ -i kesî der kâr bûden دست کسی در کار بودن bir işte tecrübeli olmak. **2.**bir işe müdahele etmek. ‖ * ~ -i kesî ez kesî kûtâh bûden دست کسی از کسی کوتاه بود birini bulamamak, birine ulaşamamak. ‖ * ~ -i kesî pey-i çîzî reften دست کسی پی چیزی رفتن eli bir şeye varmak, eli bir şeye gitmek. ‖ * ~-i kesî râ be ser kerden دست کسی را به سر کردن birini geri çevirmek, birini reddetmek. ‖ * ~ -i kesî râ hânden دست کسی را خواندن **1.**(oyunda) birinin elini görmek. **2.**birinin üzüntüsünü anlamak. ‖ * ~ -i kesî resîden دست کسی رسیدن bulmak, rastlamak. ‖ * ~ -i kesî revân bûden دست کسی روان بودن eli yatkın olmak. ‖ * ~ -i red be sîne-i kesî zeden دست رد به سینهء کسی زدن reddetmek, geri çevirmek. ‖ * ~ -i şomâ derd nekoned دست شما درد نکند elin(iz) dert görmesin. ‖ * ~ -i şomâ râ mîbûsed دست شما را می بوسد ellerinizden öper, bu işi ancak sen yapabilirsin. ‖ * ~ -i yekî dâşten دست یکی داشتن birlik olmak, el birliği etmek, ortak olmak. ‖ * ~ bâz dâşten دست باز داشتن **1.**çekinmek, uzak durmak. **2.**terketmek. ‖ * ~ bâlâ kerden دست بالا کردن **1.**görücüye çıkmak. **2.**feryat etmek. ‖ * ~ be ~ dâden دست به دست دادن elele vermek, birleşmek. ‖ * ~ be dehân دست به دهان **1.**baldırı çıplak. **2.**yoksul, fakir. ‖ * ~ be dilem meguzâr دست به دلم مگذار yaramı deşme. ‖ * ~ be esâ reften دست به عصا رفتن ihtiyatlı davranmak. ‖ * ~ be girîbân borden دست به گریبان بردن boğuşmak, mücadele etmek, eli yakasında olmak, çaresiz kalmak. ‖ * ~ be girîbân bûden دست به گریبان بودن mücadele etmek. ‖ * ~ be hem dâden دست به هم دادن birlik olmak, elbirliği etmek, elele vermek. ‖ * ~ be hem mâlîden دست به هم مالیدن el oğuşturmak. ‖ * ~ be kalem borden دست به قلم بردن eline kalem almak. ‖ * ~ be kâr şoden دست به کار شدن bir işe el atmak. ‖ * ~ be kâr zeden دست به کار زدن işe el atmak, işe girişmek. ‖ * ~ be kemer zeden دست به کمر زدن elini beline dayamak. ‖ * ~ be ser u rûy-i çîzî keşîden دست به سر و روی چیزی کشیدن bir şeye el atmak, onarmak. ‖ * ~ be siyâh u sefîd nezeden دست به سیاه و سفید نزدن etliye sütlüye karışmamak, hiçbir iş yapmamak, elini bir şeye sürmemek. ‖ * ~ be yaka şoden دست به یقه شدن yaka paça olmak. ‖ * ~ be yehe şoden دست به یخه شدن yaka paça olmak. ‖ * ~ ber kazâ دست بر قضا tesadüfen, kazâra. ‖ * ~ ber kazâ zed دست بر قضا زد tesadüfen, kazâra. ‖ * ~ der çîzî kerden دست در چیزی کردن elini sokmak. ‖ * ~ der kemer kerden دست در کمر کردن mücadele etmek.

|| * ~ der keş kerden دست در کش کردن elini koynuna sokmak. || * ~ ender çîzî zeden دست اندر چیزی زدن teşebbüse geçmek, girişimde bulunmak. || * ~ ender kâr دست اندر کار ilgili, sorumlu, yetkili. || * ~ ender kâr şoden دست اندر کار شدن **1.**işe başlamak, işe girişmek. **2.**meşgul olmak. || * ~ ez cân bâz dâşten دست از جان باز داشتن canından vazgeçmek. || * ~ ez cân şosten دست از جان شستن canından bezmek. || * ~ ez çîzî dâşten دست از چیزی داشتن elini çekmek, vazgeçmek. || * ~ ez dunyâ şosten دست از دنیا شستن dünyadan elini eteğini çekmek. || * ~ ez heme çîz şosten دست از همه چیز شستن her şeyden vazgeçmek. || * ~ ez kâr keşîden دست از کار کشیدن işi bırakmak. || * ~ ez pâ dirâzter bergeşten دست از پا درازتر برگشتن eli boş dönmek. || * ~ ez pâ dirâzter dâşten دست از پا درازتر داشتن ümitsiz kalmak, üzülmek. || * ~ ez ser-i kesî berdâşten دست از سر کسی بر داشتن yakasını bırakmak. || * ~ hârâ behem sâîden دست ها را بهم سائیدن ellerini oğuşturmak. || * ~ merîzâd دست مریزاد eline sağlık. || * ~ pîş giriften دست پیش گرفتن öne geçmek, ilerde olmak. || * ~ râ zîr-i çâne gozâşten دست را زیر چانه گذاشتن elini çenesine dayamak, elini çenesine koymak. || * ~ rûy-i ~ zeden دست روی دست زدن üzülmek, elini eline vurmak. || * ~ u girîbân şoden دست و گریبان شدن yaka paça olmak. || * ~ u pâ kerden دست و پا کردن ayarlamak, temin etmek, uydurmak, hazırlamak. || * ~ u pâ râ cem' kerden دست و پا را جمع کردن hazırlanmak, toparlanmak. || * ~ u pâ râ gom kerden دست و پا را گم کردن eli ayağına dolaşmak. || * ~ u pâ zeden دست و پا زدن **1.**can çekişmek. **2.**çırpınmak. || * ~ u pençe دست و پنجه el. || * ~ u pence nerm kerden دست و پنجه نرم کردن mücadele etmek, savaşmak, didişmek. || * ~ u pence'et derd nekoned دست و پنجه ات درد نکند ellerin dert görmesin! || * bâd der ~ bûden باد در دست بودن yoksul olmak. || * be ~ âmeden به دست آمدن ele geçmek, hasıl olmak. || * be ~ âverden به دست آوردن edinmek, elde etmek, ele geçirmek. || * be ~ bâş به دست باش (ask.) hazır ol! || * be ~ dâşten به دست داشتن elinde tutmak, elinde bulundurmak. || * be ~ kerden به دست کردن elde etmek. || * be ~ oftâden بهدست افتادن ele geçmek. || * be ~ resîden به دست رسیدن ele geçmek. || * be ~ u pâ oftâden به دست و پا افتادن çare aramak, çırpınmak. || * ber ~ -i بر دستِ vasıtasıyla. || * ber ~ negiriften بر دست نگرفتن önem vermemek, aldırmamak. || * ber ser-i ~ der âmeden بر سر دست در آمدن ortaya çıkmak, gün ışığına çıkmak. || * berâyi kesî ~ giriften برای کسی دست گرفتن hatasını yüzüne vurmak. || * der ~ dâşten در دست داشتن elinde olmak, elinde tutmak, elinde taşımak. || * der ~ -i kesî bûden در دست کسی بودن elinde olmak. || * der ~ -i kesî oftâden در دست کسی افتادن eline düşmek. || * ez ~ berhâsten از دست برخاستن **1.**üstesinden gelmek. **2.**kendinden geçmek. || * ez ~ borden از دست بردن elden almak, elinden almak. || * ez ~ dâden از دست دادن yitirmek, kaybetmek, elden bırakmak. || * ez ~ -i kesî sâhten از دست کسی ساختن elinden gelmek. || * ez ~ reften از دست رفتن **1.**ölmek. **2.**yok olmak. **3.**dağılmak. || * ez ~ şoden از دست شدن **1.**bayılmak. **2.**sarhoş olmak. **3.**elden gitmek, kaybolmak. || * ez in ~ از این دست bu türden, bunun gibi. || * gûşe-i ~ -i kesî gozâşten گوشهء دست کسی گذاشتن avucuna

sıkıştırmak. ‖ * yek ~ be pîş u yek ~ be pes dâşten یک دست به پیش و یک دست به پس داشتن yoksul olmak, fakir olmak.

دست آموز destâmûz: [dest+âmûhten> âmûz] evcil, ehlî.

دست آوردن dest âverden: bulmak, eldeetmek, ele geçirmek.

دست ابزار destebzâr: [dest+ebzâr] âlet, edevat.

دستادست destâdest: [dest+â+dest] peşin muamele.

دستار destâr: 1.sarık. 2.mendil.

دستاران destârân: 1.avans. 2.çıraklık.

دستاربند destârbend: [destâr+besten> bend] 1.destar bağlayan. 2.fıkıhçı, fıkıh bilgini. 3.bilgin, âlim.

دستارچه destârçe: [destâr+çe] 1.küçük destar, küçük sarık. 2.küçük mendil, mendil. 3.hediye.

دستارچه destârçe firistâden: hediye göndermek.

دست اره desterre: [dest+erre] testere, bıçkı.

دستاس destâs: [dest+âs] el değirmeni.

دستاسنگ destâseng: [dest+â+seng] mancınık.

دست افشار destefşâr: [dest+efşorden> efşâr] 1.elle meyva sıkma. 2.meyva suyu. 3.elle sıkılmış meyva suyu.

دست افشاندن dest efşânden: raksetmek, oynamak, dansetmek.

دست افشان کردن dest efşân kerden: alkış tutmak.

دست افشانی dest efşânî: [dest+ efşânden> efşân+î] 1.oynama, raksetme, dansetme. 2.elle serpme, saçma.

دستاق dostâk: hapis, mahkum, tutuklu.

دستان destân: 1.öykü, hikâye. 2.destan. 3.şarkı. 4.hile.

دستان destân: [dest+ân] eller.

دستان خر destânher: [destân+her] çabuk aldanan.

دست انداختن dest endâhten: 1.alay etmek. 2.el atmak, sataşmak. 3.yüzmek.

دست انداز destendâz: [dest+endâhten> endâz] 1.el koyulan yer. 2.dansöz. 3.yüzücü. 4.yankesici, cepçi, hırsız. 5.zalim, tecavüzkâr. 6.yağmacı.

دست اندازی destendâzî: [dest+endâhten> endâz+î] 1.el atma, sataşma. 2.dansözlük. 3.yüzücülük. 4.yankesicilik, cepçilik, hırsızlık. 5.zulüm, tecavüz, tecavüzkârlık. 6.yağmacılık.

دست اندازی کردن destendâzî kerden: sataşmak, el atmak.

دستاویز destâvîz: [dest+âvîhten>âvîz] 1.vesile, sebep, bahane. 2.vuruşma, çatışma.

دست باز destbâz: [dest+bâz] 1.eliaçık, cömert, bonkör. 2.şuh.

دست باز داشتن dest bâz dâşten: kaçınmak, el çekmek, uzak durmak, geri durmak.

دست باز کشیدن dest bâz keşîden: elini çekmek, uzak durmak.

دست باز گرفتن dest bâz giriften: elini çekmek, uzak durmak.

دست بازی destbâzî: [dest+bâz+î] 1.şuhluk. 2.cömertlik, eli açıklık.

دست باف destbâf: [dest+bâften>bâf] elle örülmüş, el örgüsü. ‖ * ~ -i peşmî دست باف پشمی şayak.

دست بالا dest-i bâlâ: en çok, en geç, azamî, olsun olsun da.

دست بالا کردن dest bâlâ kerden: elini havaya kaldırmak, elini kaldırmak.

دستبرد destbord: [dest borden>dest bord] 1.çalma, hırsızlık. 2.el çabukluğu. 3.kudret. 4.tasarruf. 5.zafer, fetih.

دست بردار destberdâr: [dest+berdâşten> berdâr] terkeden, bırakan, el çeken.

دست بر داشتن dest berdâşten: bırakmak, terketmek, el çekmek, vazgeçmek.

دستبرد زدن destbord zeden: 1.çalmak, hırsızlık yapmak. 2.tasarruf etmek. 3.saldırmak.

دست بردن dest borden: 1.galip olmak. 2.fethetmek. 3.elini uzatmak, elini götürmek. 4.müdahele etmek.

دست بر نهادن dest ber nihâden (kin.) göstermek.

دست بستن dest besten: **1.**el bağlamak. **2.**birini rezil etmek, zelil etmek.

دست بسته destbeste: [dest+besten>best+e] **1.**eli bağlı. **2.**değersiz. **3.**yenik. **4.**cimri. **5.**namaz kılan. **6.**acayip, tuhaf.

دستبند destbend: [dest+besten>bend] **1.**kelepçe. **2.**el öpen.

دستبند زدن destbend zeden: kelepçe takmak, kelepçe vurmak.

دستبوس destbûs: [dest+bûsîden>bûs] el öpen.

دستبوسی destbûsî: [dest+bûsîden>bûs+î] **1.**el öpme. **2.**huzura çıkma.

دست پاچگی destpâçegî: [dest+pâçe+g+î] telâş, acele, heyecan.

دست پاچه destpâçe: [dest+pâçe] telâşlı, heyecanlı, aceleci.

دست پاچه ساختن destpâçe sâhten: telâşlandırmak.

دست پاچه شدن destpâçe şoden: telâşlanmak, eli ayağına dolaşmak.

دستپاچه کردن destpâçe kerden: telâşlandırmak.

دست پخت destpoht: [dest+pohten>poht] **1.**elle pişmiş. **2.**ev yemeği.

دست پرور destperver: [dest+perverden> perver] mürebbi.

دست تنگ destteng: [dest+teng] yoksul, elidar.

دست تنها desttenhâ: [dest+tenhâ] yalnız, yapayalnız, bir başına, tek başına.

دستجمعی destecem'î: (F.-A.) [dest+e+cem'+î] toplu, hep birlikte, bir arada.

دست جنباندن dest conbânden: **1.**elini oynatmak, elini kıpırdatmak. **2.**(kin.) kaçmak.

دست چوب destçûb: [dest+çûb] baston, asâ.

دست چینی destçînî: [dest+çîden>çîn+î] elle devşirilmiş, elle toplanmış.

دست خالی desthâlî: [dest+hâlî] eli boş.

دست خالی بر گرداندن desthâlî ber gerdânden: eli boş çevirmek, eli boş göndermek.

دست خط desthet: (F.-A.) [dest+het] el yazısı.

دست خوردن dest horden: **1.**el sürmek. **2.**el sürülmek, el değmek.

دستخوش desthoş: [dest+hoş] **1.**alay konusu. **2.**âciz. **3.**kolay elde edilir. **4.**şans parası. **5.**bol şans! **6.**maruz kalma. ‖ * ~ -i çîzî bûden دستخوش چیزی بودن bir şeye bağlı olmak. ‖ * ~ -i çîzî kerden دستخوش چیزی کردن uğratmak, maruz bırakmak, düçar etmek. ‖ * ~ -i çîzî sâhten دستخوش چیزی ساختن uğratmak, maruz bırakmak, düçar etmek. ‖ * ~ -i çîzî şoden دستخوش چیزی شدن olmak, vukubulmak, maruz kalmak, müptela olmak, düçar olmak, kendini kaptırmak, dönüşmek, eline düşmek.

دست دادن dest dâden: **1.**elvermek, olmak, meydana gelmek, yüz göstermek. **2.**el sıkışmak, tokalaşmak, elini uzatmak. **3.**bîat etmek. **4.**anlaşmak, anlaşma yapmak.

دست داشتن dest dâşten: **1.**vâkıf olmak. **2.**kudreti olmak. **3.**bir işte müdahelesi olmak, parmağı olmak. **4.**elini çekmek. ‖ * bâ kesî ~ با کسی دست داشتن biriyle birlik olmak. ‖ * ez kesî ~ از کسی دست داشتن birini rahat bırakmak. ‖ * tû-yi arab u acem ~ توی عرب و عجم دست داشتن her yerde eli kolu olmak.

دست دراز destderâz: [dest+derâz] **1.**eli uzun. **2.**zalim, zorba, tecavüzkâr.

دست درازی destderâzî: [dest+derâz+î] **1.**eli uzun olma. **2.**zalimlik, zorbalık, tecavüzkârlık. **3.**sarkıntılık.

دست درازی کردن destderâzî kerden: **1.**sarkıntılık etmek, tecavüz etmek, cinsel tacizde bulunmak. **2.**zorbalık, tecavüzkârlık.

دست دست کردن dest dest kerden:

geciktirmek, oyalamak.

دست دستی destdestî: [dest+dest+î] 1.yüzeysel, sathî. 2.boşuna, boş yere, anlamsızca. 3.(çocuklarda) iki elini birbirine vurma.

دسترس destres: [dest+resîden>res] 1.güç, kudret. 2.ulaşılabilir, yetişilebilir. 3.kolay, imkân dahilinde, elverişli. 4.kontrol. ‖ * der ~ dâşten در دسترس داشتن elinde olmak, ulaşabilir olmak.

دست رساندن dest resânden: el uzatmak.

دسترس داشتن destres dâşten: vâkıf olmak, aşina olmak.

دسترسی destresî: [dest+resîden>res+î] güç, kudret.

دسترنج destrenc: [dest+renc] el emeği, ücret, çalışma hakkı.

دستره destere: [dest+erre] testere, bıçkı.

دست زدن dest zeden: 1.alkışlamak, el çırpmak. 2.dokunmak, el sürmek. 3.saldırmak. 4.el atmak. 5.girişimde bulunmak, teşebbüs etmek. 6.başlamak. ‖ * ~ be irtikâb دست زدن به ارتکاب 1.suç işlemek. 2.işlemek.

دست شستن dest şosten: 1.el yıkamak. 2.vazgeçmek, terketmek.

دست شویی destşûyî: [dest+şosten>şûy+î] 1.el yıkama. 2.lavabo.

دستفال destfâl: [dest+fâl] siftah.

دست فرا بردن dest ferâ borden: el uzatmak.

دستفروش destfurûş: [dest+furûhten> furûş] seyyar satıcı, işportacı."

دستفروشی destfurûşî: [dest+furûhten> furûş+î] seyyar satıcılık, işportacılık.

دست فرو هلیدن dest furû helîden: elini çekmek.

دست فشردن dest feşurden: el sıkmak, toka etmek.

دستک destek: [dest+ek] 1.küçük el, elcik. 2.bloknot. ‖ * ~ u donbek der âverden دستک و دنبک در آوردن işi yokuşa sürmek, zorluk çıkarmak.

دستکار destkâr: [dest+kâr] 1.eliyle çalışan. 2.el işi. 3.yardımcı.

دستکاری destkârî: [dest+kâr+î] 1.elle çalışma. 2.el işi, el sanatı. 3.onarım. 4.bir işe el atma.

دست کج destkec: [dest+kec] 1.çolak. 2.(kin.) yankesici, cepçi.

دست کردن dest kerden: 1.elini uzatmak, elini sokmak. 2.uzanmak. ‖ * ~ u pîş kerden دست کردن و پیش کردن birini bir işe zorlamak.

دستک زدن destek zeden: 1.el çırpmak. 2.el çırparak seslenmek.

دستکش destkeş: [dest+keşîden>keş] 1.eldiven. 2.sağlam, mazbut. 3.el emeği. 4.bir tür ekmek. 5.el uzatan, dilenci. 6.el sürme.

دستکشی destkeşî: [dest+keşîden>keş+î] 1.el sürme. 2.el uzatma, dilencilik, el açma. 3.elini çekme, uzaklaşma, ayrılma, terk.

دست کشیدن dest keşîden: 1.el çekmek, uzaklaşmak, ayrılmak, terketmek. 2.el açmak, dilenmek. 3.el sürmek, dokunmak.

دست کم destikem: [dest-i kem] asgarî, en azından, hiç olmazsa.

دست کم گرفتن dest-i kem giriften: hafife almak.

دست کمی dest-i kemî: [dest+ - i+kem+î] noksanlık, eksiklik. ‖ * ez kesî ~ nedâşten از کسی دست کمی نداشتن birinden, bir şeyden geri kalmamak.

دستگاه destgâh: [dest+gâh] 1.cihaz. 2.sistem. 3.tezgâh. 4.sermaye. 5.servet. 6.makam. 7.adet (otomobil, teyp vs.) 8.ilim. ‖ * ~ -i hemodiyaliz دستگاه همودیالیز (tıb.) diyaliz makinesi. ‖ * ~ -i hevâsâzî دستگاه هواسازی klima cihazı, havalandırma cihazı. ‖ * ~ -i metrî دستگاه متری metrik sistem. ‖ * ~ -i tovlîdî دستگاه تولیدی üretim tesisi.

دست گذار destgozâr: [dest+gozârden> gozâr] 1.yardımcı. 2.hediye.

دست گذاردن dest gozârden: 1.el

koymak. **2.**teslim etmek.

دستگرد destgird: [dest+gird] **1.**köy. **2.**düz arazi. **3.**tarım alanı.

دست گرفتن dest giriften: **1.**ele almak, eline almak. **2.**el kesmek. **3.**menetmek, el koymak. **4.**yardım etmek, elinden tutmak. **5.**alay etmek.

دست گزیدن dest gezîden: **1.**üzülmek. **2.**elini ısırmak.

دست گزین destgozîn: [dest+gozîden> gozîn] **1.**elle seçilmiş. **2.**seçkin, mümtaz. **3.**baş köşede oturmak isteyen. **4.**bir tür at.

دست گشادن dest goşâden: **1.**el çözmek. **2.**elini açmak. **3.**kesenin ağzını açmak. **4.**cömertlikte bulunmak.

دستگه destgeh: [dest+geh] tezgâh.

دستگیر destgîr: [dest+giriften>gîr] **1.**yardımcı. **2.**elinden tutan. **3.**tutuklu. **4.**esir. **5.**(tas.) mürşid, kâmil pîr. ‖ * ~-i kesî şoden دستگیر کسی شدن anlamak, farketmek, anlam vermek, çıkarmak.

دستگیر ساختن destgîr sâhten: yakalamak, tutuklamak.

دستگیر شدن destgîr şoden: **1.**ele geçmek, yakalanmak. **2.**elden tutmak, yardımcı olmak.

دستگیر کردن destgîr kerden: yakalamak, ele geçirmek, tutuklamak.

دستگیره destgîre: [dest+giriften>gîr+e] kol, kulp.

دستگیری destgîrî: [dest+giriften>gîr+î] **1.**yardım, elden tutma. **2.**esir alma. **3.**yakalama, tutuklama. **4.**yakalanma, tutuklanma. **5.**(tas.) irşad etme.

دستگیری کردن destgîrî kerden: **1.**yardım etmek, elinden tutmak. **2.**(tas.) irşad etmek. **3.**yakalamak, tutuklamak. **4.**katkıda bulunmak.

دستلاف destlâf: [dest+lâf] siftah.

دستمال destmâl: [dest+mâlîden>mâl] **1.**mendil. **2.**esir. **3.**tutuklu. **4.**el süren.

دست مالیدن dest mâlîden: el sürmek, dokunmak.

دست مایه destmâye: [dest+mâye] sermaye, anapara.

دست مرد destmerd: [dest+merd] yardımcı.

دست مریزاد dest merîzâd: eline sağlık, elin dert görmesin.

دست مزد destmozd: [dest+mozd] **1.**ücret, el emeği, gündelik. **2.**alet. **3.**ecir, iyilik veya kötülüğün karşılığı.

دست موزه destmûze: [dest+mûze] **1.**hediye, armağan. **2.**bahane.

دست میان destmiyân: [dest+miyân] pusat, kılıç kını ve kemeri.

دستنبو destenbû (bot.) şamama, kırlangıç kavunu.

دست نخورده destnehorde: [dest+horden> hord>horde>nehorde] **1.**ellenmemiş, el sürülmemiş. **2.**bâkir. **3.**el değmeden.

دست نشان destnişân: [dest+nişânden> nişân] **1.**elle dikilmiş fidan. **2.**görevli. **3.**mahkum.

دست نشانده destnişânde: [dest+ nişânden> nişând+e] **1.**görevli. **2.**tâbi, itaatkâr. **3.**kukla (hükümet veya insan için).

دست نگاهداشتن dest nigâhdâşten: bir işi durdurmak, bir işe el koymak.

دستنگر destniger: [dest+nigerîsten> niger] eline bakan. ‖ * ~ -i kesî şoden دستنگر کسی شدن elinde dolaşmak.

دست نماز destnemâz: [dest+nemâz] abdest.

دست نمودن dest numûden: gücünü göstermek, gövde gösterisi yapmak.

دست نویس destnevîs: [dest+nevişten> nevîs] **1.**el yazısı. **2.**el yazması.

دستوار destvâr: [dest+vâr] **1.**el gibi, el biçiminde. **2.**el kadar. **3.**baston. **4.**kelepçe.

دستور destûr: (Peh.) **1.**vezir. **2.**zerdüştî din adamı, zerdüştî rahibi. **3.**izin. **4.**düstur. **5.**yasa. **6.**program. **7.**buyruk, emir, talimat, direktif. **8.**gramer, dilbilgisi. **9.**vergi biçimi. **10.**sipariş, ısmarlama.

دستورات destûrât: (F.-A.) **1.**izinler. **2.**emirler, buyruklar, direktifler.

دستورالعمل destûrulamel: (A.) talimat.

دستور دادن destûr dâden: **1.**ısmarlamak, sipariş vermek, söylemek. **2.**talimat vermek, direktif vermek. **3.**emretmek, emir vermek, buyurmak.

دست ور داشتن dest ver dâşten: bırakmak, el çekmek.

دستورز destverz: [dest+verzîden>verz] **1.**el işçisi. **2.**el işi.

دستور زبان destûr-i zebân: dilbilgisi, gramer.

دستور قرار دادن destûr karâr dâden: düstur edinmek.

دستور گرفتن destûr giriften: **1.**talimat almak, direktif almak. **2.**izin almak.

دستوری destûrî: [destûr+î] **1.**izin, ruhsat. **2.**kural, âdet. **3.**gramerle ilgili. **4.**kapalı kalma.

دسته deste: (Peh.) [dest+e] **1.**el gibi. **2.**kulp, sap, kabza. **3.**takım. **4.**grup. **5.**küme, yığın. **6.**demet, deste. **7.**(sp.) lig. **8.**kategori. **9.**çete. **10.**dizi, sıra. **11.**(ask.) takım. **12.**Hz. Hüseyin'in yasını tutmak için caddelerde belirli bir düzen içinde yürüyen grup. **13.**Kaçarlar döneminde saat 12'ye verilen ad. ‖ * be ~ -i dovvom sukût kerden به دستهء دوم سقوط كردن (sp.) ikinci lige düşmek.

دسته بندی destebendî: [deste+besten> bend+î] **1.**hizipleşme, gruplaşma. **2.**gruplandırma.

دسته بندی شدن destebendî şoden: **1.**hizipleşmek **2.**gruplandırılmak.

دسته بندی كردن destebendî kerden: **1.**hizipleştirmek. **2.**gruplandırmak.

دسته دار destedâr: [deste+dâşten>dâr] **1.**kulplu. **2.**kabzalı. **3.**kollu. **4.**(ask.) komutan, takım komutanı.

دسته جمعی destecem'î: (F.-A.) [deste+ cem'+î] **1.**bir arada, toplu olarak, hep birlikte.

دسته دسته deste deste: **1.**bölük bölük, grup grup. **2.**tutam tutam. **3.**topak topak.

دسته شدن deste şoden: toplanmak, hazırlanmak.

دسته كردن deste kerden: **1.**toplamak, hazırlamak. **2.**gruplandırmak, gruba ayırmak.

دسته گل destegul: [deste+gul] çelenk, buket, çiçek demeti. ‖ * ~ be âb dâden دسته گل به آب دادن pot kırmak, çam devirmek.

دستی destî: [dest+î] **1.**ele ait. **2.**küçük kap. **3.**kasten, bile bile. **4.**elden gönderilen.

دستیاب destyâb: [dest+yâften>yâb] **1.**ele geçen. **2.**müyesser.

دستیابی destyâbî: [dest+yâften>yâb+î] bulma, kavuşma.

دستیار destyâr: [dest+yâr] **1.**yardımcı. **2.**çırak. **3.**asistan. **4.**silah.

دستیاری destyârî: [dest+yâr+î] **1.**yardım. **2.**asistanlık. **3.**çıraklık.

دست یازیدن dest yâzîden: el uzatmak.

دست یافتن dest yâften: **1.**kavuşmak, ulaşmak, elde etmek, ermek, erişmek. **2.**galip olmak, zafer kazanmak. **3.**istila etmek.

دستیانه destyâne: [dest+y+âne] kelepçe.

دستی دستی destî destî: [dest+î+dest+î] **1.**boş yere, boşu boşuna. **2.**bile bile, kasıtlı olarak, kasten.

دستینه destîne: [dest+îne] **1.**kelepçe. **2.**kabza. **3.**el yazısı. **4.**ferman. **5.**imza.

دسر disir: (Fr.) yemek sonunda yenilen meyva veya tatlı.

دسكره deskere: **1.**köy. **2.**kilise. **3.**düz arazi. **4.**şato.

دسم desim: (A.) yağlı.

دسومت dusûmet: (A.) yağlılık.

دسی بل desibel: (Fr.) desibel.

دسیسه desîse: (A.) **1.**entrika, desise, hile. **2.**gizli düşmanlık, kin.

دسیسه ساختن desîse sâhten: entrika

çevirmek, dolap çevirmek.

دسیسه کار desîsekâr: (A.-F.) [desîse+kâr] entrikacı, hilekâr.

دسی گرم desigram: (Fr.) desigram.

دسی لیتر desilitr: (Fr.) desilitre.

دسی متر desimetr: (Fr.) desimetre.

دش deş: süslenme, makyaj.

دش doş: (Peh.) kötü, çirkin.

دشپل doşpil: (tıb.) gudde, bez.

دشت deşt: (Peh.) **1.**(coğ.) kır, ova. **2.**(coğ.) çöl. **3.**(coğ.) düzlük. **4.**mezarlık.

دشت deşt: **1.**siftah. **2.**ücret. ‖ * ~ -i kesî râ kûr kerden دشت کسی را کور کردن ilk satışı veresiye yapmak, birinin siftahını kör etmek.

دشتبان deştbân: [deşt+bân] **1.**kır bekçisi. **2.**tarla bekçisi.

دشت کردن deşt kerden: siftah etmek.

دشتی deştî: [deşt+î] **1.**çöle ait. **2.**(müz.) kır müziği.

دشخوار doşhâr: (Peh.) **1.**güç, zor, müşkül. **2.**iri, ağır.

دشخوار آمدن doşhâr âmeden: **1.**güç gelmek. **2.**hoşlanmamak.

دشک deşk: ip, ham ip.

دشک doşek: (T.) yatak, döşek.

دشکام doşkâm: [doş+kâm] **1.**öfkeli. **2.**dindar, zahit.

دشمن doşmen: (Peh.) [doş+men] düşman. ‖ * ~ -i hûnî دشمن خونی kanlı bıçaklı düşman, can düşmanı.

دشمن پرور doşmenperver: [doşmen+ perverden> perver] düşman besleyen, düşman çıkaran.

دشمن شدن doşmen şoden: düşman olmak, düşman kesilmek.

دشمن شکن doşmenşiken: [doşmen+ şikesten> şiken] düşman yenen.

دشمن کردن doşmen kerden: düşman etmek.

دشمنی doşmenî: [doşmen+î] **1.**düşmanlık. **2.**nefret.

دشمنی کردن doşmenî kerden: düşmanlık etmek, düşmanlık beslemek.

دشمنی ورزیدن doşmenî verzîden: düşmanlık beslemek.

دشنام doşnâm: (Peh.) [doş+nâm] küfür, sövgü, kötü söz.

دشنام آمیز doşnâmâmîz: [doşnâm+ âmîhten>âmîz] küfürlü.

دشنام دادن doşnâm dâden: küfretmek, sövmek, kötü söz söylemek.

دشنام شنیدن doşnâm şenîden: küfür yemek.

دشنام نثار کردن doşnâm nisâr kerden: küfür yağdırmak.

دشنه deşne: kama, hançer.

دشوار doşvâr: (Peh.) güç, müşkül, zor.

دشوار نمودن doşvâr numûden: güç gelmek, güç görünmek.

دشواری doşvârî: [doşvâr+î] güçlük, zorluk, sıkıntı.

دشوار یاب doşvâryâb: [doşvâr+yâften> yâb] **1.**zor bulunur. **2.**güç ulaşılır.

دعاء do'a: (A.) **1.**dua. **2.**selâm. **3.**övgü. ‖ * ~ -yi bed دعای بد beddua. ‖ * ~ -yi hayr دعای خیر **1.**hayır dua. **2.**selâm. ‖ * sîga-i ~ صیغهء دعا (gr.) dua kipi.

دعاب de'âb: (A.) **1.**şakacı. **2.**şuh.

دعابه de'âbe: (A.) şaka yapma.

دعات do'ât: (A.) dâîler, propagandistler.

دعاخوان do'âhân: (A.-F.) [do'â+hânden> hân] duacı, dua okuyan.

دعا خواندن do'â hânden: dua okumak, dua etmek.

دعا فرستادن do'â firistâden: dua göndermek.

دعا کردن do'â kerden: **1.**dua etmek. **2.**övmek.

دعاگو do'âgû: (A.-F.) [do'â+goften>gû] **1.**duacı, dua eden. **2.**vaiz. **3.**iyi dilekli.

دعام di'âm: (A.) **1.**sütun. **2.**kavim büyüğü, kabile reisi.

دعانویس do'ânevîs: (A.-F.) [do'â+ nevişten>nevîs] **1.**dua yazan. **2.**muska yazan. **3.**büyücü.

دعانویسی do'ânevîsî: (A.-F.) [do'â+ nevişten>nevîs+î] **1.**dua yazma. **2.**muska yazma. **3.**büyücülük.

دعاوی de'âvî: (A.) **1.**davalar.

2.iddialar. 3.sebepler. 4.kavgalar.

دعايم de'âyim: (A.) 1.sütunlar. 2.kabile ileri gelenleri.

دعب de'ib: (A.) şakacı.

دعوا de'vâ: (A.) 1.dava. 2.iddia. 3.kavga, hırgür. ‖ * ~ -yi kesî şoden دعواى كسى شدن kavga etmek.

دعوات de'evât: (A.) dualar.

دعوادار da'vâdâr: (A.-F.) [da'vâ+dâşten> dâr] (huk.) davacı.

دعوا داشتن da'vâ dâşten: 1.davası olmak, davalı olmak. 2.kavgalı olmak.

دعوا شدن de'vâ şoden: kavga çıkmak.

دعوا طلب da'vâtaleb: (A.-F.) [da'vâ+taleb] (huk.) davacı.

دعواطلبى da'vâtalebî: (A.-F.) [da'vâ+taleb+î] (huk.) davacılık.

دعوا كردن de'vâ kerden: kavga etmek.

دعوت da'vet: (A.) 1.davet, çağrı. 2.yol gösterme. ‖ * ~ be amel âmeden ez دعوت به عمل آمدن از davet edilmek. ‖ * ~ be amel âverden ez دعوت به عمل آوردن از davet etmek.

دعوت دادن da'vet dâden: davet etmek.

دعوت داشتن da'vet dâşten: davetli olmak.

دعوت كردن da'vet kerden: davet etmek, çağırmak.

دعوتگر da'vetger: (A.-F.) [da'vet+ger] davet eden, çağıran, davetçi.

دعوت نامه da'vetnâme: (A.-F.) [da'vet+ nâme] 1.davetiye. 2.celp kâğıdı.

دعوى da'vî, da'vâ: (A.) 1.dava. 2.iddia. 3.isteme. 4.kavga. 5.yargı.

دعى de'î: (A.) evlatlık.

دغ deg: 1.(coğ.) kıraç arazi. 2.kel. 3.kalenderî, saç, sakal, bıyık ve kaşını tıraş eden.

دغا degâ: 1.doğru olmayan. 2.piç, haramzade, gayrimeşru çocuk. 3.kalp para. 4.hile, düzen, dalavere. 5.çerçöp.

دغدغه dagdaga: (A.) 1.bir şeyi saklama. 2.gösteriş. 3.korku. 4.vesvese. 5.boğaz ve koltuk altı kaşıntısı.

دغدغه مند dagdagamend: (A.-F.) [dagdaga+ mend] vesveseli, endişeli.

دغسر dagser: [dag+ser] 1.kel. 2.dazlak.

دغل dagal: (A.) 1.hile, düzen, dalavere. 2.fesat. 3.kin. 4.kalp para. 5.hilekâr, dalavereci. 6.tembel.

دغل باز dagalbâz: (A.-F.) [dagal+ bâhten>bâz] 1.düzenbaz, hilekâr, dalavereci. 2.yaltakçı.

دغل دار dagaldâr: (A.-F.) [dagal+ dâşten> dâr] 1.ikiyüzlü. 2.kusur arayan.

دغل دارى dagaldârî: (A.-F.) [dagal+ dâşten> dâr+î] 1.ikiyüzlülük. 2.kusur arama.

دغلى dagalî: (A.-F.) [dagal+î] 1.sahtekârlık, hilekârlık, düzenbazlık, dalaverecilik. 2.haramzadelik, piçlik.

دف def: (müz.) tef.

دفائن defâ'in: (A.) defineler, gömüler.

دفاتر defâtir: (A.) 1.defterler. 2.bürolar.

دفاع difâ': (A.) 1.savunma, müdafaa. 2.alıkoyma. ‖ * ~ -i zidd-i hevâyî دفاع ضد هوايى (ask.) hava savunması.

دفاع شدن difâ' şoden: savunulmak, müdafaa edilmek.

دفاع كردن difâ' kerden: savunmak, müdafaa etmek.

دفاعى difâ'î: (A.-F.) [difâ'+î] savunma ile ilgili.

دفاعيه difâ'iye: (A.) savunma. ‖ * ~ -i deryâyî دفاعيهٔ دريايى (ask.) deniz savunması. ‖ * ~ -i hevâyî دفاعيهٔ خوايى (ask.) hava savunması. ‖ * ~ -i kârreî دفاعيهٔ قاره اى (ask.) kara savunması. ‖ * ~ -i tez دفاعيهٔ تز tez savunması.

دفتر defter: (Yun.) 1.defter. 2.yazıhane, büro. 3.kitap. 4.tomar. ‖ * ~ -i furûş-i belît دفتر فروش بليط garaj yazıhanesi, otobüs yazıhanesi. ‖ * ~ -i izdivâc دفتر ازدواج nikâh dairesi, evlendirme memurluğu. ‖ * ~ -i kâr دفتر کار yazıhane, ofis. ‖ * ~ -i nemâyendegî-i siyâhetî دفتر نمایندگی سیاحتی seyahat acentesi. ‖ * ~ -i resîd دفتر رسید irsâliye defteri. ‖ * ~ -i yâdbûd دفتر یادبود özel defter, hatıra defteri.

دفتر پرداختن defter perdâhten: yazmak, telif etmek.

دفترچه defterçe: (Yun.-F.) [defter+çe] 1.defter. 2.cep defteri. 3.araba ruhsatı. 4.karne. ‖ * ~ -i mâlikiyyet دفترچهء مالکیت araba ruhsatı. ‖ * ~ -i yâddâşt دفترچهء یادداشت not defteri.

دفترخانه defterhâne: (Yun.-F.) [defter+ hâne] 1.muhasebe bürosu. 2.noterlik.

دفترخوان defterhân: (Yun.-F.) [defter+ hânden>hân] padişah veya vezir huzurunda defter okuyan.

دفتردار defterdâr: (Yun.-F.) [defter+ dâşten> dâr] 1.defterdar, haznedar. 2.muhasebeci, muhasip. 3.noter.

دفترداری defterdârî: (Yun.-F.) [defter+ dâşten>dâr+î] 1.defterdarlık. 2.muhasebecilik.

دفتری defterî: (Yun.-F.) [defter+î] defter ile ilgili.

دفته defte: dokumacı tarağı.

دف زدن def zeden: 1.(müz.) tef çalmak. 2.dilenmek.

دفزک defzek: 1.iri, iriyarı, şişman. 2.kaba.

دف زن defzen: [def+zeden>zen] (müz.) tef çalan, ritmsaz.

دفع def': (A.) defetme, geri püskürtme, giderme, kovma, ortadan kaldırma. ‖ * ~ -i belâ kerden دفع بلا کردن belâyı uzaklaştırmak. ‖ * ~ -i humârî kerden دفع خماری کردن mahmurluğu başından atmak.

دفعات defe'ât: (A.) defalar, kereler. ‖ * be ~ به دفعات defalarca.

دفع الوقت def'ulvakt: (A.) oyalama, vakit geçirme.

دفعتاً def'aten: (A.) birden, ansızın, apansız, birdenbire.

دفع شدن def' şoden: 1.defedilmek. 2.çıkmak.

دفع کردن def' kerden: 1.defetmek, uzaklaştırmak, geri püskürtmek. 2.geri çıkarmak.

دفعه def'e: (A.) defa, kere, kez. ‖ * yek ~ یک دفعه birdenbire, ansızın.

دفعةً def'eten: (A.) ansızın, birdenbire.

دفعی def'î: (A.) ansızın, birdenbire.

دفن defn: (A.) defin, gömme, defnetme.

دفن شدن defn şoden: defnedilmek, gömülmek.

دفن کردن defn kerden: defnetmek, gömmek, toprağa vermek.

دفوف dufûf: (A.) (müz.) tefler.

دفیله difile: (Fr.) defile.

دفیله رفتن difile reften: resmigeçit yapmak, tören geçişi yapmak.

دفین defîn: (A.) gömülü, medfun, saklı.

دفینه defîne: (A.) define, gömü.

دک dek: 1.dilencilik. 2.kel, dazlak. 3.itiraz. 4.bir tür değerli kumaş.

دق dakk: (A.) 1.vurma, çalma. 2.öğütme. 3.sitem. 4.tenkit. ‖ *~ -i bâb دق باب kapı çalma. ‖ * ~ -i bâb kerden دق باب کردن kapı çalmak.

دق dıkk: (A.) 1.az. 2.ince. 3.(tıb.) verem, tüberküloz. ‖ * ~ -i dilî der âverden دق دلی در آوردن 1.öfkesini kusmak. 2.telafi etmek. ‖ * ~ -i merg şoden دق مرگ شدن ölüp gitmek, ölmek.

دقائق dekâik: (A.) 1.incelikler. 2.dakikalar.

دق الباب کردن dakkulbâb kerden: kapı çalmak.

دقایق dekâyık: (A.) 1.incelikler. 2.dakikalar.

دقت dikkat: (A.) 1.dikkat. 2.incelik. 3.yumuşaklık. ‖ * ~ -i kesî râ celb kerden دقت کسی را جلب کردن dikkatini çekmek.

دقت کردن dikkat kerden: dikkat etmek.

دک زدن dek zeden: dilenmek.

دق کردن dek kerden: **1.**dilenmek. **2.**itiraz etmek.
دق کردن dık kerden: **1.**verem olmak. **2.**üzüntüsünden ölmek.
دق گرفتن dak giriften: suçlamak, kınamak.
دقل dakal: (A.) **1.**gemi oku. **2.**hurma.
دق و لق dek u lek: kıraç, susuz.
دقیق dakîk: (A.) **1.**ince, hassas, dakik. **2.**dikkatli. **3.**kısa zaman. **4.**un.
دقیق شدن dakîk şoden: dikkat etmek.
دقیقه dakîka: (A.) dakika.
دقیقه شمار dakîkaşomâr: (A.-F.) [dakîka+ şomorden>şomâr] yelkovan.
دقیقه گر dakîkager: (A.-F.) [dakîka+ger] tenkitçi.
دقیقی dakîkî: (A.-F.) [dakîk+î] **1.**dakiklik **2.**uncu.
دک dek: **1.**dilencilik. **2.**kel. **3.**kıraç arazi. **4.**baş. **5.**tembel.
دک dekk: (A.) **1.**tahrip, yıkma. **2.**defetme.
دکاکین dekâkîn: (A.) dükkânlar.
دکاگرم dekagirem: (Fr.) dekagram.
دکامتر dekametr: (Fr.) dekametre.
دکان dokkân: (A.) **1.**dükkân, mağaza. **2.**bank.
دکانچه dokkânçe: (A.-F.) [dokkân+çe] saray sekisi.
دکانچی dokkânçi: (A.-T.) [dokkân+çi] dükkâncı, esnaf.
دکاندار dokkândâr: (A.-F.) [dokkân+ dâşten>dâr] **1.**dükkâncı, esnaf. **2.**dalkavuk, yağcı.
دکانداری dokkândârî: (A.-F.) [dokkân+ dâşten>dâr+î] **1.**dükkâncılık, esnaflık. **2.**dalkavukluk, yağcılık.
دکتور doktur: (Fr.) doktor.
دکترا doktura: (Fr.) doktora. ‖ * risâle-i ~ رساله دکترا doktora tezi. ‖ * tez-i ~ تز دکترا doktora tezi.
دکتر شدن doktur şoden: doktor olmak, doktor çıkmak.
دکتری dokturî: (Fr.-F.) [doktur+î] doktorluk.
دکترین doktrin: (Fr.) doktrin.
دکتور doktur: (Fr.) doktor.
دکتورا doktura: (Fr.) doktora.
دک زدن dek zeden: dilenmek.
دک زده dekzede: [dek+zeden>zed+e] saç, sakal, kaş ve kirpiğini tıraşlayan.
دک شدن dek şoden: sıvışmak.
دک کردن dek kerden: baştan savmak.
دکل dekel: gemi direği. ‖ * ~ -i hifârî دکل حفاری sondaj kulesi.
دکلامه کردن diklame kerden: inşad etmek, yüksek sesle şiir okumak.
دکمه dokme: düğme. ‖ * ~ -i berkî دکمهء برقی elektrik düğmesi.
دکمه انداختن dokme endâhten: iliklemek.
دک و پوز dek u pûz: ağız ve çevresi.
دک و دهن dek u dehen: **1.**ağız ve çevresi. **2.**yüzgöz.
دکور dikor: (Fr.) dekor.
دکوراتیو dikorativ: (Fr.) dekoratif.
دکوراسیون dikorasyon: (Fr.) dekorasyon.
دکه dekke (zool.) dağ keçisi, teke.
دکه dekke: (A.) **1.**küçük dükkân. **2.**seki. **3.**taş merdiven.
دگر diger: **1.**diğer, başka, öteki. **2.**yine. **3.**artık.
دگران digerân: diğerleri, başkaları.
دگربار digerbâr: [diger+bâr] tekrar, yine.
دگرباره digerbâre: [diger+bâre] bir kez daha, yine.
دگرگون digergûn: [diger+gûn] değişik, başka, bambaşka.
دگرگون شدن digergûn şoden: değişmek, başkalaşmak.
دگرگون شدن digergûn kerden: değiştirmek, başkalaştırmak.
دگرگونی digergûnî: [diger+gûn+î] değişim, değişiklik.
دگرگونی یافتن digergûnî yâften: değişiklik olmak.
دگری dîgerî: [diger+î] bir başkası.
دگش degiş: (T.) değiştirme.
دگل degel (Hint.) **1.**gemi direği. **2.**fesat, hilekâr. **3.**iriyarı, çam yarması, insan azmanı.
دگمه dogme: **1.**düğme. **2.**elektrik düğmesi. ‖ * ~ -i berkî دگمهء برقی

elektrik düğmesi.

دگمه انداختن dogme endâhten: düğme iliklemek.

دل dil: (Peh.) **1.**(tıb.) yürek, kalp. **2.**gönül. **3.**can. **4.**iç. **5.**karın. ‖ * ~ be ~ râh dâred دل به دل راه دارد gönülden gönüle yol vardır, sevgi sevgiyi getirir. ‖ * ~ be deryâ zeden دل به دریا زدن tehlikeye aldırış etmeden bir işe girişmek, riske girmek. ‖ * ~ der sîne-i kesî tepîden دل در سینهء کسی تپیدن yüreği çarpmak. ‖ * ~ tu ~ -i kesî nebûden دل تو دل کسی نبودن içi içini yemek. ‖ * ~ -i bîrahm دل بی رحم merhametsiz gönül. ‖ * ~ -i bîmâr-i âşıkân دل بیمار عاشقان aşıkların hasta gönlü. ‖ * ~ -i hod râ hâlî kerden دل خود را خالی کردن içini dökmek. ‖ * ~ -i kesî âb şoden دل کسی آب شدن **1.**takatsiz kalmak. **2.**yüreği erimek. ‖ * ~ -i kesî âmeden دل کسی آمدن gönlü razı olmak, gönlü el vermek, ağzı varmak, muvafık olmak. ‖ * ~ -i kesî ârâm giriften دل کسی آرام گرفتن içi rahatlamak, yatışmak, sakinleşmek. ‖ * ~ -i kesî bâr dâden دل کسی بار دادن gönlü el vermek, içi varmak. ‖ * ~ -i kesî bâz şoden دل کسی باز شدن açılmak. ‖ * ~ -i kesî be hâl-i kesî sûhten دل کسی به حال کسی سوختن biri için üzülmek, birine üzülmek, birine acımak. ‖ * ~ -i kesî be hâl-i kesî sûzânden دل کسی به حال کسی سوزاندن birine acımak. ‖ * ~ -i kesî be rikkat âmeden دل کسی به رقت آمدن içi tuhaf olmak, yüreği burkulmak. ‖ * ~ -i kesî berâyi kesî sûhten دل کسی برای کسی سوختن birine acımak, biri için üzülmek. ‖ * ~ -i kesî berâyi kesî teng şoden دل کسی برای کسی تنگ شدن özlemek. ‖ * ~ -i kesî ez câ reften دل کسی از جا رفتن yüreği sızlamak. ‖ * ~ -i kesî ez çîzî kende bûden دل کسی از چیزی کنده بودن gönlü bir şeyden soğumak. ‖ * ~ -i kesî feşurde şoden دل کسی فشرده شدن canı sıkılmak. ‖ * ~ -i kesî geşe giriften دل کسی غشه گرفتن yüreği sızlamak, içi bir tuhaf olmak. ‖ * ~ -i kesî giriften دل کسی گرفتن canı sıkılmak. ‖ * ~ -i kesî giriften (ez) (دل کسی گرفتن (از ağzı yanmak. ‖ * ~ -i kesî guşûden دل کسی گشودن gözü gönlü açılmak. ‖ * ~ -i kesî guvâhî dâden دل کسی گواهی دادن içinden bir ses....söylemek. ‖ * ~ -i kesî hâlî şoden دل کسی خالی شدن **1.**içi rahatlamak. **2.**içi boşa gitmek. ‖ * ~ -i kesî hâsten دل کسی خواستن canı istemek. ‖ * ~ -i kesî hevâ-yi çîzî râ kerden دل کسی هوای چیزی را کردن canı çekmek. ‖ * ~ -i kesî hoş bûden دل کسی خوش بودن içi rahat olmak, memnun olmak. ‖ * ~ -i kesî karâr giriften دل کسی قرار گرفتن gönlü rahatlamak. ‖ * ~ -i kesî kebâb şoden دل کسی کباب شدن yüreği yanmak. ‖ * ~ -i kesî lek zeden دل کسی لک زدن can atmak. ‖ * ~ -i kesî mâliş reften دل کسی مالش رفتن yüreği burkulmak. ‖ * ~ -i kesî misl-i sîr u sirke cûşîden دل کسی کثل سیر و سرکه جوشیدن yüreği ağzında olmak. ‖ * ~ -i kesî pezîruften دل کسی پذیرفتن içi götürmek. ‖ * ~ -i kesî râ be dest âverden دل کسی را به دست آوردن gönlünü kazanmak. ‖ * ~ -i kesî râ horden دل کسی را خوردن içini kemirmek. ‖ * ~ -i kesî râ rencânden دل کسی را رنجاندن kalbini kırmak, gönlünü kırmak. ‖ * ~ -i kesî râ şâd kerden دل کسی را شاد کردن gönlünü almak, birini sevindirmek. ‖ * ~ -i kesî râ teng kerden دل کسی را تنگ کردن canını sıkmak. ‖ * ~ -i kesî râzî neşoden دل کسی راضی نشدن gönlü razı olmamak, gönlü el vermemek. ‖ * ~ -i kesî şûr zeden دل کسی شور زدن **1.**yüreği çarpmak, içi alıp alıp vermek, heyecanlanmak. **2.**yüreği burkulmak. ‖ * ~ -i kesî tâp tâp zeden دل کسی تاپ تاپ زدن yüreği küt kütatmak. ‖ * ~ -i kesî tebâh şoden دل کسی تباه شدن canı sıkılmak. ‖ * ~ -i kesî tehammul kerden دل کسی تحمل کردن içi götürmek. ‖ * ~ -i kesî teng bûden دل کسی تنگ بودن canı sıkkın olmak. ‖ * ~ -i kesî teng şoden دل کسی تنگ شدن canı sıkılmak. ‖ * ~ -i kesî tepîden دل کسی تپیدن yüreği çarpmak, kalbi küt küt atmak. ‖ * ~ -i kesî terkîden دل کسی ترکیدن yüreği erimek. ‖ * ~ -i kesî tu rîhten دل کسی تو ریختن yüreği hop etmek, yüreği hoplamak, yüreği oynamak, yüreği boşa gitmek. ‖ * ~ -i kesî za'f reften دل کسی ضعف رفتن içi tükenmek, içi ezilmek. ‖ * ~ -i kesî zeden دل کسی زدن kalbi çarpmak. ‖ * ~ -i porî ez dunyâ dâşten دل پری از دنیا داشتن dünyadan bezgin olmak. ‖ * ~ -i seng دل سنگ **1.**katı gönül. **2.**taşın gönlü. ‖ * ~ u cur'et dâşten دل و جرأت داشتن yürekli olmak. ‖ * ~ u cur'et hâsten دل و جرأت خواستن yürek istemek, cesaret istemek. ‖ * ~ u cur'et peydâ kerden دل و جرأت پیدا کردن yüreklenmek. ‖ * ~ u rûde-i çîzî râ bîrûn âverden دل و روده چیزی را بیرون آوردن karıştırmak, bozmak. ‖ * be ~ -i kesî berât şoden به دل کسی برات شدن içine doğmak. ‖ * be ~ -i kesî geşten به دل کسی گشتن içinden geçmek. ‖ * der ~ dâşten در دل داشتن içten kararlı olmak. ‖ * der ~ -i kesî endâhten در دل کسی انداختن ilham göndermek. ‖ * der ~ -i kesî gozeşten در دل کسی گذشتن içinden geçmek. ‖ * der ~ -i kesî goncîden در دل کسی گنجیدن kabul etmek. ‖ * der ~ giriften در دل گرفتن **1.**karar vermek. **2.**üzülmek. ‖ * ez ~ u dimâg oftâden از دل و دماغ افتادن solmak, hevesi tükenmek, keyfi kaçmak. ‖ * teh-i ~ et kurs başed ته دلت قرص باشد yüreğini sağlam tut.

دلائل delâ'il: (A.) deliller, kanıtlar.

دلار dolar: (İng.) Dolar.

دلارا dilârâ: [dil+ârâsten>ârâ] **1.**gönül süsleyen. **2.**sevgili.

دلارام dilârâm: [dil+ârâmîden>ârâm] **1.**gönüle rahatlık veren, gönülehuzur veren. **2.**sevgili.

دلازار dilâzâr: [dil+âzorden>âzâr] **1.**gönül kıran, incitici, kalp kıran. **2.**acımasız.

دلازاری dilâzârî: [dil+âzorden>âzâr+î] **1.**gönül kırma, kalp kırma, incitme. **2.**acımasızlık.

دل افگار dilefgâr: [dil+efgâr] gönlü yaralı.

دلاک dellâk: (A.) **1.**tellak. **2.**berber.

دلاکی dellâkî: (A.-F.) [dellâk+î] **1.**tellaklık. **2.**berberlik.

دلال delâl: **1.**naz, işve. **2.**gamze.

دلال dellâl: (A.) tellal, simsar. ‖ * ~ -i muamelât-i milkî دلال معاملات ملکی emlak komisyoncusu.

دلالت delâlet: (A.) **1.**kılavuzluk, delalet, delillik. **2.**kanıt.

دلالت داشتن delâlet dâşten: **1.**rehber olmak. **2.**delalet etmek.

دلالت کردن delâlet kerden: delalet etmek.

دلالی dellâlî: (A.-F.) [dellâl+î] **1.**tellallık, simsarlık. **2.**komisyon, tellal parası.

دلام dilâm: **1.**kısa mızrak. **2.**hile.

دلاور dilâver: [ril+âverden>âver] **1.**yiğit, cesur, savaşçı. **2.**delikanlı.

دلاوری dilâverî: [dil+âverden>âver+î] yiğitlik, cesaret, savaşçılık.

دلاویز dilâvîz: [dil+âvîhten>âvîz] **1.**matlub, beğenilen. **2.**güzel kokulu.

دلایل delâyil: (A.) kanıtlar, deliller.

دل آزردگی dilâzordegî: [dil+âzorden> âzord+ e+g+î] **1.**kırgınlık, güceniklik, incinmişlik. **2.**dert.

دل آزرده dilâzorde: [dil+âzorden> âzord+e] kırgın, gücenik, incinmiş, rahatsız, mahzun.

دل آزرده شدن dilâzorde şoden: incinmek, kalbi kırılmak.

دل آزرده کردن dilâzorde kerden: kalbini kırmak, incitmek, üzmek.

دل آشوب dilâşûb: [dil+âşoften>âşûb] 1.gönül karıştıran. 2.öğürtücü. 3.mide bulandırıcı.

دل آغنده dilâgende: [dil+âğende] üzgün.

دل آویزیدن dil âvîzîden: ilgi duymak, sevgi beslemek.

دلا dilâ: [dil+â] ey gönül.

دل افتاده diloftâde: [dil+oftâden>oftâd+e] gönlü kırık, gönlü daralmış.

دل افروز dilefrûz: [dil+efrûhten>efrûz] gönül aydınlatan, iç açıcı.

دل افروزی dilefrûzî: [dil+efrûhten> efrûz+î] gönül aydınlatma, iç açma.

دل افسرده dilefsurde: [dil+efsurden> efsurd+e] üzgün, kederli.

دل افگار dilefgâr: [dil+efgâr] kırgın, kalbi kırık, gönlü yaralı.

دلالت delâlet: (A.) kılavuzluk, rehberlik.

دلالت کردن delâlet kerden: aracı olmak, aracılık etmek.

دل انگیز dilengîz: [dil+engîhten>engîz] 1.beğenilen, matlub. 2.hoş, güzel. 3.coşturan. 4.cesur.

دل انگیزی dilengîzî: [dil+engîhten> engîz+î] 1.beğenilme. 2.hoşluk, güzellik. 3.coşturma. 4.cesaret.

دلب dolb: (A.) (bot.) çınar.

دلباختگی dilbâhtegî: [dil+bâhten>bâht+ e+g+î] âşıklık, aşk, vurulma, tutulma.

دل باختن dil bâhten: âşık olmak, vurulmak, tutulmak, gönlünü vermek.

دلباخته dilbâhte: [dil+bâhten>bâht+e] âşık, vurgun, tutkun.

دلباخته شدن dilbâhte şoden: âşık olmak, vurulmak, tutulmak.

دل باز دادن dil bâz dâden: teselli etmek.

دلبر dilber: [dil+borden>ber] sevgili, dilber, güzel.

دل بر داشتن dil ber dâşten: ilgiyi kesmek.

دل بردن dil borden: gönül çalmak.

دل بر کندن dil ber kenden: ilgiyi kesmek, ayrılmak.

دلبری dilberî: [dil+borden>ber+î] dilberlik.

دلبستگی dilbestegî: [dil+besten>best+e+ g+î] 1.gönül bağlılığı, ilgi, aşk, sevgi. 2.ızdırap. 3.kırgınlık.

دلبستگی پیدا کردن dilbestegî peydâkerden: bağlanmak, ilgi duymak.

دل بستن dil besten: 1.gönül vermek, ilgi duymak, bağlanmak. 2.gönlünü kaptırmak, âşık olmak. 3.inanmak, güvenmek.

دلبسته dilbeste: [dil+besten>best+e] 1.âşık, tutkun. 2.ilgili, ilgi duyan. 3.kırgın.

دلبسته شدن dilbeste şoden: bağlanmak, gönül vermek, tutulmak.

دلبسته کردن dilbeste kerden: gönül verdirmek, âşık etmek.

دلبند dilbend: [dil+besten>bend] 1.sevilesi, sevilmeye lâyık. 2.aziz evlat, sevgili yavru. 3.ciğerköşe. 4.sevgili. 5.bağırsaklar.

دل بهم زن dilbehemzen: [dil+be+hem+ zeden>zen] iğrenç, mide bulandıran.

دل پذیر dilpezîr: [dil+pezîroften>pezîr] 1.beğenilen, makbul. 2.sevimli, güzel.

دل پذیری dilpezîrî: [dil+pezîroften> pezîr+î] 1.beğenilme, makbullük. 2.sevimlilik, güzellik.

دل پر dilpor: [dil+por] 1.çok üzgün. 2.öfkeli, dolu.

دل پرور dilperver: [dil+perverden> perver] kalbini temiz tutan, kendini eğiten.

دل پسند dilpesend: [dil+pesendîden> pesend] beğenilen, matlub, hoş, güzel.

دل پسندی dilpesendî: [dil+pesendîden> pesend+î] beğenilme, matlub olma, hoşluk, güzellik.

دل پیچه dilpîçe: [dil+pîçîden>pîç+e]

1.(tıb.) karın ağrısı, buruntu. 2.ishal.

دلتا dilta: (Fr.) (coğ.) delta.

دلتنگ dilteng: [dil+teng] sıkıntılı, üzgün, gönlü dar.

دلتنگ شدن dilteng şoden: sıkılmak, canı sıkılmak.

دلتنگ کردن dilteng kerden: can sıkmak.

دلتنگی diltengî: [dil+teng+î] sıkıntı, gönül darlığı, üzüntü.

دل جستن dil costen: teselli etmek.

دلجو dilcû: [dil+costen>cû] 1.gönül alan, teselli eden. 2.şefkatli. 3.beğenilmiş, hoş.

دلجوئی ، دلجویی dilcû'î, dilcûyî: [dil+costen>cû+y+î] 1.teselli, gönül alma. 2.şefkat. 3.hal hatır sorma. 4.beğenilme.

دلجویی کردن dilcûyî kerden: teselli etmek.

دل چرکین dilçirkîn: [dil+çirk+în] üzgün, kederli.

دل چرکین شدن dilçirkîn şoden: üzülmek, kederlenmek.

دل چرکین کردن dilçirkîn kerden: üzmek, kederlendirmek.

دلچسب dilçesb: [dil+çesbîden>çesb] 1.makbul, beğenilen, hoşa giden. 2.cana yakın, sevimli.

دلچسبی dilçesbî: [dil+çesbîden>çesb+î] 1.makbullük, beğenilme, hoşa gitme. 2.cana yakınlık, sevimlilik.

دلخراش dilherâş: [dil+herâşîden] 1.yürek tırmalayan. 2.gönül inciten.

دل خسته dilheste: [dil+hesten>hest+e] üzgün, kırgın, hasta, gönlü yaralı.

دل خواسته dilhâste: [dil+hâsten>hâst+e] 1.beğenilen, matlub. 2.sevgili, gönlün istediği.

دلخواه dilhâh: [dil+hâsten>hâh] 1.istenilen, arzu edilen. 2.sevgili. 3.arzu, istek.

دلخور dilhor: [dil+horden>hor] 1.gücenik, kırgın, küskün. 2.rahatsız, keyfi kaçmış.

دلخور شدن dilhor şoden: 1.rahatsız olmak, keyfi kaçmak. 2.gücenmek, kırılmak, darılmak, alınmak.

دلخور کردن dilhor kerden: 1.rahatsız etmek, keyfini kaçırmak. 2.gücendirmek, kırmak, darıltmak.

دلخوری dilhorî: [dil+horden>hor+î] 1.gücenme, alınma, darılma. 2.keyfi kaçma, rahatsız olma.

دلخوش dilhoş: [dil+hoş] 1.neşeli, sevinçli, mesut. 2.memnun, razı.

دل خوش داشتن dil hoş dâşten: gönlünü hoş tutmak.

دلخوش شدن dilhoş şoden: 1.sevinmek, neşelenmek. 2.memnun olmak, razı olmak.

دل خوش کردن (از) dil hoş kerden (ez): birinden memnun olmak.

دل خوش کنک dilhoşkonek: [dil+hoş+kerden> kon+ek] oyalayıcı eşya, oyuncak.

دلخوشی dilhoşî: [dil+hoş+î] 1.mutluluk, sevinç. 2.razılık, memnunluk. 3.hil'at.

دلخون dilhûn: [dil+hûn] 1.yüreği kanlı. 2.acılı. 3.üzgün, kederli. 4.(kin.) arzulu.

دلخون شدن dilhûn şoden: 1.yüreği kanlanmak. 2.acılanmak, çok üzülmek.

دل دادگی dildâdegî: [dil+dâden>dâd+e+g+î] âşıklık, gönül verme.

دل دادن dil dâden: 1.gönül vermek, âşık olmak. 2.yüreklendirmek, cesaret vermek. ‖ * ~ u kalve giriften دل دادن و قلوه گرفتن 1.hararetli konuşmak. 2.cilveleşmek.

دلداده dildâde: [dil+dâden>dâd+e] 1.âşık, gönül vermiş, tutkun. 2.ilgi duyan.

دلدار dildâr: [dil+dâşten>dâr] 1.sevgili. 2.yürekli, cesur. 3.teselli veren.

دلداری dildârî: [dil+dâşten>dâr+î] 1.aşıklık. 2.cesaret. 3.teselli etme, teselli verme.

دلداری دادن dildârî dâden: teselli etmek, teselli vermek.

دلداری کردن dildârî kerden: gönül almak, teselli etmek.

دل داشتن dil dâşten: cüreti olmak, cesareti olmak, cesur olmak, metin olmak.

دل در بستن dil der besten: ilgi duymak.

دل درد dilderd: [dil+derd] **1.**(tıb.) karın ağrısı. **2.**(tıb.) mide ağrısı.

دلدل doldol: (A.) **1.**(zool.) oklu kirpi. **2.**Düldül.

دل دل زدن dil dil zeden: ikirciklenmek, kuşkulanmak, şüphelenmek.

دل دل کردن dil dil kerden: **1.**ızdırap duymak. **2.**kuşkulanmak, ikirciklenmek.

دل دل کنان dildilkonân: [dil+dil+kerden> kon+ân] **1.**ızdıraplı. **2.**ah çekerek. **3.**ikircikli, kuşkulu, ürkek.

دلدوز dildûz: [dil+dûhten>dûz] can yakan.

دلربا dilrubâ: [dil+rubûden>rubâ] gönül çalan, gönül hırsızı, sevgili.

دلربایی dilrubâyî: [dil+rubûden>rubâ+y+î] **1.**gönül çalma, gönül hırsızlığı. **2.**alım, zerafet.

دل ربودن dil rubûden: gönül çalmak.

دل رحم dilrahm: (F.-A.) [dil+rahm] müşfik, şefkatli, merhametli.

دل رحمی dilrahmî: (F.-A.) [dil+rahm+î] şefkat, merhamet.

دل ریش dilrîş: [dil+rîş] **1.**gönlü yaralı. **2.**âşık.

دل زده dilzede: [dil+zeden>zed+e] bıkkın, usanmış.

دل زده شدن dilzede şoden: bıkmak, usanmak, bezmek.

دل زده کردن dilzede kerden: bıktırmak, usandırmak.

دل زنده dilzinde: [dil+zinde] **1.**dinç. **2.**akıllı, gönlü uyanık.

دل سپردن dil siporden: âşık olmak, gönül vermek.

دل ستان dilsitân: [dil+sitânden>sitân] **1.**gönül alıcı. **2.**sevgili.

دل سخت dilseht: [dil+seht] **1.**katı yürekli, taş yürekli. **2.**acımasız, zalim.

دل سختی dilsehtî: [dil+seht+î] **1.**taş yüreklilik, katı yüreklilik. **2.**acımasızlık, zalimlik.

دل سرد dilserd: [dil+serd] **1.**soğuk. **2.**umutsuz. **3.**isteksiz, şevksiz.

دل سرد شدن dilserd şoden: **1.**soğumak. **2.**umutsuz bırakmak, meyûs etmek.

دل سردی dilserdî: [dil+serd+î] **1.**soğukluk. **2.**isteksizlik, şevksizlik. **3.**umutsuzluk.

دل سوختگی dilsûhtegî: [dil+sûhten> sûht+ e+g+î] **1.**üzgünlük. **2.**mazlumluk.

دل سوخته dilsûhte: [dil+sûhten>sûht+e] **1.**gönlü yanmış, yüreği yanık. **2.**üzgün. **3.**mazlum.

دلسوز dilsûz: [dil+sûhten>sûz] **1.**acıyan, şefkatli, müşfik. **2.**gönül yakan.

دل سوزاندن dil sûzânden: acındırmak.

دل سوزانه dilsûzâne: [dil+sûhten>sûz+ âne] acıklı.

دل سوزی dilsûzî: [dil+sûhten>sûz+î] **1.**acıma. **2.**gönül yangısı. **3.**şefkat.

دل سیاه dilsiyâh: [dil+siyâh] kötü kalpli, kötü niyetli, kötü düşünceli.

دل سیه dilsiyeh: [dil+siyeh] kötü kalpli, kötü niyetli, kötü düşünceli.

دلشاد dilşâd: [dil+şâd] **1.**sevinçli, memnun. **2.**bağış, bahşiş.

دلشاد شدن dilşâd şoden: sevinmek, mutlu olmak.

دلشاد کردن dilşâd kerden: sevindirmek, mutlu etmek.

دلشادی dilşâdî: [dil+şâd+î] sevinç, mutluluk.

دل شدگان dilşodegân: gönlünü kaptırmış aşıklar.

دلشدگی dilşodegî: [dil+şoden>şod+e+g+î] **1.**âşıklık. **2.**delilik. **3.**cahillik, ahmaklık.

دل شده dilşode: [dil+şoden>şod+e] âşık, gönlünü yitirmiş.

دل شکستگی dilşikestegî: [dil+şikesten> şikest+e+g+î] **1.**kırgınlık, güceniklik, kalp kırıklığı. **2.**ümitsizlik.

دل شکستن dil şikesten: gönül kırmak, incitmek.

دل شکسته dilşikeste: [dil+şikesten>şikest+e] 1.gönlü kırık, kırgın, üzgün. 2.ümitsiz.

دل شکن dilşiken: [dil+şikesten>şiken] kırıcı, gönül kıran, kalp kıran.

دل شوره dilşûre: [dil+şûr+e] ızdırap, heyecan.

دل فروز dilfurûz: [dil+furûhten>ferûhten>ferûz] gönül aydınlatan, sevindiren.

دل فریب dilfirîb: [dil+firîften>firîb] 1.gönül aldatan, gönül alan. 2.güzel, sevgili.

دل فگار dilfegâr: [dil+fegâr] gönlü yaralı.

دلق delk: dervişlerin giydiği murakka giysi, dalk.

دلق delek (zool.) orman kedisi.

دلقک delkek: soytarı, palyaço.

دلقک بازی delkekbâzî: [delkek+bâzî] soytarılık, palyaçoluk.

دلقک بازی آوردن delkek bâzî âverden: soytarılık etmek, palyaçoluk yapmak.

دل قوی داشتن dil kavî dâşten: içi rahat olmak, gönlünü ferah tutmak.

دلک delk: (A.) el sürme, temas, masaj.

دلکش dilkeş: [dil+keşîden>keş] çekici, gönül çekici, güzel, cazip.

دلکشی dilkeşî: [dim+keşîden>keş+î] cezbe, çekicilik, güzellik.

دل کندن dil kenden: kopmak, bırakmak, terketmek, vazgeçmek, el çekmek.

دلکو dilko: (İng.) distribütör.

دلگران dilgerân: [dil+gerân] kırgın, gücenik, küskün.

دلگرانی dilgerânî: [dil+gerân+î] kırgınlık, güceniklik, küskünlük.

دل گرفتن dil giriften: ilgiyi kesmek.

دلگرم dilgerm: [dil+germ] 1.ümitli. 2.huzurlu. 3.güvenen. 4.işe bağlı.

دلگرمی dilgermî: [dil+germ+î] 1.ümit. 2.dayanma, güvenme. 3.huzur. 4.dostluk. 5.öfke, gazap.

دلگشا dilgoşâ: [dil+goşâden>goşâ] 1.gönül açan, ferahlık veren, huzur veren, iç açıcı. 2.geniş ve ferah mekân.

دلگیر dilgîr: [dil+giriften>gîr] gücenik, kırgın, alınmış.

دلگیر شدن dilgîr şoden: gücenmek, kırılmak, alınmak.

دلگیرکردن dilgîr kerden: gücendirmek, kırmak, alındırmak.

دلگیری dilgîrî: [dil+giriften>gîr+î] güceniklik, kırgınlık, alınma.

دل ماندگی dilmândegî: [dil+mânden>mând+ e+g+î] üzgünlük, kırgınlık.

دلمه deleme: 1.pıhtı. 2.pıhtılaşma.

دلمه dolme: (T.) dolma.

دلمه شدن deleme şoden: 1.pıhtılaşmak. 2.donmak.

دلمه کردن deleme kerden: pıhtılaştırmak.

دل نازک dilnâzok: [dil+nâzok] yufka yürekli.

دل نازک شدن dilnâzok şoden: yufka yürekli olmak.

دل نشان dilnişân: [dil+nişânden>nişân] beğenilen, makbul, tesirli, etkileyici.

دل نشان شدن dilnişân şoden: etkili olmak, gönülde yer etmek.

دلنشین dilnişîn: [dil+nişesten>nişîn] beğenilen, makbul, güzel, hoş, etkileyici.

دلنگ dileng: asılı.

دل نگران dilnigerân: [dil+nigerân] kaygılı, endişeli.

دل نمودن dil nomûden: şefkat göstermek.

دلنواز dilnevâz: [dil+nevâhten>nevâz] 1.gönül okşayan, müşfik, teselli veren. 2.sevgili.

دلنوازی dilnevâzî: [dil+nevâhten>nevâz+î] gönül okşama, şefkat, teselli.

دل نهادن dil nihâden: gönül vermek, gönülden bağlanmak, ilgi duymak.

دلو delv: (A.) 1.kova, bakraç. 2.kova burcu.

دل واپس dilvâpes: [dil+vâ+pes] meraklı, endişeli, gözü yolda, tedirgin.

دل واپسی dilvâpesî: [dil+vâ+pes+î]

merak, endişe, bekleyiş, tedirginlik.

دل واپسی داشتن dilvâpesî dâşten: merak etmek, meraklanmak.

دلوک dolûk: (A.) gurûb, güneşin batması.

دله dele: **1.**(zool.) sansar. **2.**obur. **3.**avare. **4.**yankesici. **5.**orta.

دله دزد deledozd: [dele+dozd] âdi hırsız.

دلهره dilhere: [dil+her+e] yürek çarpıntısı, yürek titremesi, heyecan, ızdırap.

دلهره داشتن dilhere dâşten: korkusu olmak, tedirginlik çekmek.

دلیجان dilican: (Fr.) posta arabası, büyük atlı araba.

دلیر dilîr, delîr: yürekli, cesur, korkusuz, yiğit.

دلیری dilîrî, delîrî: cesaret, cesurluk, yüreklilik, yiğitlik.

دلیری کردن dilîrî kerden: cesaret göstermek, kahramanlık göstermek.

دلیل delîl: (A.) **1.**sebep, neden. **2.**kanıt, delil. ‖ * ~ -i râh دلیل راه kılavuz. ‖ * be ~ -i به دلیل ـ nedeniyle. ‖ * be ~ -i inki به دلیل اینکه nedeniyle, -diği için.

دلیل انگیختن delîl engîhten: kanıt getirmek, delil göstermek.

دلیل جستن delîl costen: **1.**delil aramak. **2.**kanıt getirmek.

دلیل داشتن delîl dâşten: sebep olmak.

دلیل کردن delîl kerden: **1.**delalet etmek. **2.**sabit olmak.

دم dem: (Peh.) **1.**soluk, nefes. **2.**boğucu hava. **3.**(tas.) evliya nefesi. **4.**âh, inilti. **5.**ses. **6.**bitişik, yan, yanıbaşı. **7.**üstü, üzeri, zamanı, -e doğru. **8.**buhar. **9.**hile. **10.**körük. **11.**an. **12.**aldanma. ‖ * ~ -i çîzî resîden دم چیزی رسیدن yaklaşmak. ‖ * ~ u destgâh دم و دستگاه **1.**görkem. **2.**eşya, düzen. ‖ * der heman ~ در همان دم o anda, aynı anda.

دم dem: (A.) kan.

دم dom: (Peh.) kuyruk. ‖ * ~ be tele nedâden دم به تله ندادن ihtiyatlı olmak, kapana kısılmamak. ‖ * ~ -i hurûs دم خروس bahane. ‖ * bâ ~ -i hod gerdû şikesten با دم خود گردو شکستن keyfine diyecek olmamak, (argo) sikiyle fındık kırmak. ‖ * zîr-i ~ -i kesî sost bûden زیر دم کسی سست بودن inancı zayıf olmak.

دما demâ: suhûnet, sıcaklık.

دمادم demâdem: [dem+â+dem] anbean, ardarda, peşpeşe.

دمار demâr: sakatat. ‖ * ~ ez kesî ber âverden دمار از کسی بر آوردن birinin canına okumak, anasından emdiği sütü burnundan getirmek, ettiğini bırakmamak.

دمار demâr: (A.) yok etme, helâk, intikam.

دماغ demâg: burun. ‖ * ~ be ~ der âmeden دماغ به دماغ بر آمدن burun buruna gelmek. ‖ * ~ -i çâk dâşten دماغ ـ چاق داشتن zengin mutlu, ensesi kalın olmak. ‖ * ~ -i kesî girifte bûdern دماغ کسی گرفته بودن burnu tıkanık olmak. ‖ * ~ -i kesî tîg keşîden دماغ کسی تیغ کشیدن can çekişmek. ‖ * teh-i ~ -i kesî râ be hâriş âverden ته دماغ کسی را به خارش آوردن burnunun direğini sızlatmak. ‖ * teh-i ~ râ hârânden ته دماغ را خاراندن genzi yanmak.

دماغ dimâg: (A.) beyin. ‖ * ~ -i kâr râ nedâşten دماغ کار را نداشتن bir işe karnı tok olmak, hevesi olmamak, o tarakta bezi olmamak. ‖ * der ~ dâşten در دماغ داشتن hevesinde olmak, düşünmek.

دماغ dimâg: (A.) sümük.

دماغ پرور dimâgperver: (A.-F.) [dimâg+ perverden>perver] **1.**rahatlatıcı. **2.**hoş kokulu.

دماغ عقابی demâgokâbî: [demâg+okâb+î] kartal burunlu.

دماغ گرفتن demâg giriften: burun silmek.

دماغ پرور demâgperver: [demâg+ perverden> perver] **1.**ferahlatıcı. **2.**güzel kokulu.

دماغه demâge: [demâg+e] (coğ.) burun. ‖ * ~ -i umîdvârî دماغهء

امیدواری 1.(coğ.) Ümit Burnu. 2.dağ uzantısı.

دمامت demâmet: (A.) 1.çirkinlik. 2.ufak tefeklik.

دمامه demâme: (A.) (müz.) kös, nakkâre.

دمان demân: [demîden>dem+ân] 1.nefes nefese. 2.kükreyerek, kükreyen.

دم اسب domesb: [dom+esb] (bot.) atkuyruğu.

دم بخت dembaht: [dem+baht] evlenecek yaşa gelmiş kız, gelinlik kız.

دمبدم dembedem: [dem+be+dem] her an, anbean, gitgide, gittikçe.

دم بر آوردن dem ber âverden: 1.nefes vermek. 2.konuşmak.

دم بریدگی domborîdegî: [dom+borîden> borîd+e+g+î] uyanıklık, kulağı kesiklik.

دم بریده domborîde: [dom+borîden> borîd+e] 1.kuyruğu kesik. 2.kulağı kesik, uyanık.

دمبل dembil (sp.) vücut geliştirme âleti.

دم پختک dempohtek: [dem+pohten> poht+ek] bir tür fasulyeli vemercimekli pilav.

دم جنباندن dom conbânden: kuyruk sallamak.

دم جنبانک domconbânek: [dom+ conbânden> conbân+ek] (zool.) kuyruksallayan kuşu.

دمخور demhor: [dem+horden>hor] dost, arkadaş, kafa dengi.

دمخور بودن demhor bûden: birlikte olmak.

دم خوردن dem horden: 1.aldanmak. 2.(kin.) huzur bulmak.

دم دادن dem dâden: aldatmak.

دمدار demdâr: [dem+dâşten>dâr] havası boğucu olan yer.

دمدار domdâr: [dom+dâşten>dâr] 1.kuyruklu. 2.kuyruklu yıldız.

دمِ در dem-i der: eşiklik.

دم در آوردن dom der âverden: cesaret bulmak, cesurlaşmak.

دم در کشیدن dem der keşîden: susmak.

دم دم demdem: anbean.

دم دما demdemâ: [dem+dem+â] yakın, havali, hudut.

دمدمه demdeme: (A.) 1.gürültü. 2.konuşma. 3.ses. 4.ün, şöhret. 5.davul. 6.hile.

دمدمی demdemî: [dem+dem+î] esirikli, bir saati bir saatine uymayan, mütelevvin.

دمدمی مزاج demdemîmizâc: (F.-A.) [demdemî+ mizâc] esirikli, mütelevvin, değişken, bir saati bir saatine uymayan.

دمر demer: yüz üstü uzanma.

دمر افتادن demer oftâden: yüz üstü uzanmak.

دمر خوابیدن demer hâbîden: yüz üstü uzanmak.

دم زدن dem zeden: 1.hohlamak. 2.söz etmek, bahsetmek, konuşmak. 3.nefes almak. 4.kaçınmak. ‖ * be her ~ î به هر دم زدنی her nefeste.

دمساز demsâz: [dem+sâhten>sâz] 1.uyumlu, geçinen. 2.arkadaş.

دم سنج demsenc: [dem+sencîden>senc] buharölçer.

دمع dem': (A.) göz yaşı.

دمغ demeg: şaşırma.

دم فرو بردن dem furû borden: nefes almak.

دم فرو بستن dem furû besten: susmak, ölmek.

دم کردن dem kerden: 1.demlemek. 2.anlaşmak, sözleşmek.

دمکش demkeş: [dem+keşîden>keş] 1.nefeslenme, soluklanma. 2.şarkıcı.

دم کشیدن dem keşîden: demlenmek.

دم کل domkol: kısa kuyruklu.

دم کلفت domkoloft: [dom+koloft] 1.kalın kuyruklu. 2.ensesi kalın, zengin.

دم کلفت شدن domkoloft şoden: zengin olmak, ensesi kalın olmak.

دم گذراندن dem gozerânden: zaman geçirmek, yaşamak.

دم گرفتن dem giriften: 1.(müz.) dem tutmak. 2.nefes almak. 3.ara vermek. 4.susmak. 5.durmak.

دم گرفتن dom giriften: kuyruğa girmek, sıraya girmek.

دمگیر domgîr: [dom+giriften>gîr] ardarda, peşpeşe.

دمل domel: (A.) (tıb.) apse, iltihap, çıban.

دم لابه domlâbe: [dom+lâbe] 1.kuyruksallama. 2.dalkavukluk, yağcılık.

دم لابه کردن dom lâbe kerden: 1.kuyruk sallamak. 2.yaltaklanmak, dalkavukluk etmek.

دمنده demende: [demîden>dem+ende] 1.şişen. 2.esen. 3.biten, yeşeren. 4.doğan. 5.coşan.

دمور dumûr: (A.) yok olma, mahvolma, ortadan kalkma.

دموکرات dimokrat: (Fr.) demokrat. ‖ * hizb-i ~ حزب دموکرات demokratik parti, demokrat parti, demokrasi partisi.

دموکراسی dimokrasi: (Fr.) demokrasi.

دموی demevî: (A.) kan ile ilgili.

دمی demî: bir an.

دمیدن demîden: 1.şişmek. 2.esmek. 3.bitmek, yeşermek. 4.doğmak. 5.üflemek.

دمیده demîde: [demîden>demîd+e] 1.şişmiş, şişik. 2.esmiş. 3.bitmiş, çıkmış, yeşermiş (bitki, bıyık vs.) 4.doğmuş (güneş vs.) 5.üflemiş.

دنائت denâ'et: (A.) alçaklık, aşağılık.

دنان denân: 1.sevinçle yürüyen. 2.öfkeli.

دنانیر denânîr: (A.) dinarlar.

دنبال donbâl: 1.arka, art, peş. 2.için. 3.kuyruk. ‖ * ~ -i çîzî bûden دنبال چیزی بودن bir şeyin peşinde olmak, bir şeyi aramak. ‖ * ~ -i çîzî geşten دنبال چیزی گشتن bir şeyi aramak, sormak. ‖ * ~ -i çîzî râ ez dest nedâden دنبال چیزی را از دست ندادن bir şeyin peşini bırakmamak. ‖ * ~ -i çizî râ giriften دنبال چیزی را گرفتن devam etmek, sürdürmek. ‖ * ~ -i çîzî reften دنبال چیزی رفتن bir şeyin peşine gitmek. ‖ * ~ -i furset geşten دنبال فرصت گشتن fırsat kollamak, fırsat aramak. ‖ * ~ -i kâr geşten دنبال کار گشتن iş aramak. ‖ * ~ -i kesî gerdîden دنبال کسی گردیدن birini aramak. ‖ * ~ -i kesî oftâden دنبال کسی افتادن peşine düşmek. ‖ * ~ -i kesî kerden دنبال کسی کردن kovalamak. ‖ * be ~ -i kesî âmeden به دنبال کسی آمدن arkasından gelmek, peşinden gelmek. ‖ * be ~ keşîden به دنبال کشیدن peşinden getirmek.

دنبالچه donbâlçe: [donbâl+çe] kuyruk kemiği.

دنبال کردن donbâl kerden: izlemek, takip etmek.

دنباله donbâle: [donbâl+e] 1.kuyruk. 2.uzantı. 3.kalan, geri kalan. 4.art, peş.

دنباله دار donbâledâr: [donbâl+e+dâşten>dâr] 1.kuyruklu. 2.devamlı, süregiden. ‖ * sitâre-i ~ ستاره ء دنباله دار kuyruklu yıldız.

دنباله رفتن dunbâle reften: peşinden gitmek, arkasından gelmek.

دنباله رو donbâlerov: [donbâl+e+reften>rev=rov] takipçi, izleyen.

دنباله روی donbâlerovî: [donbâl+e+reften> rev=rov+î] 1.izleme, takip. 2.uzantı.

دنباله گرفتن donbâle giriften: sürdürmek, devam etmek.

دنبک donbek: (Peh.) (müz.) darbuka, dümbelek.

دنبک زدن donbek zeden: (müz.) darbuka çalmak, dümbelek çalmak.

دنبلان donbelân: koç yumurtası.

دنبلیچه donbolîçe: kuyruk kemiği.

دنبه donbe: 1.kuyruk yağı. 2.kuyruk kemiği.

دنبه ای donbe'î: [donbe+î] yağlı.

دنبه نهادن donbe nihâden: aldatmak, oyun oynamak.

دندان dendân: (Peh.) diş. ‖ * ~ be hem feşâr dâden دندان به هم فشار دادن dişini sıkmak. ‖ * ~ be hûn borden دندان به خون بردن ısırmak. ‖ * ~ be kâm furû borden دندان به کام فرو بردن 1.mutlu olmak. 2.öfkelenmek. ‖ * ~ be zehr hâyîden دندان به زهر خاییدن zehir kusmak. ‖ * ~ ber hem feşurden دندان بر هم فشردن dişini sıkmak. ‖ * ~ furû borden دندان فرو بردن 1.öfkelenmek. 2.kin gütmek. 3.bir işi ciddiye almak, bir işe sıkı sarılmak. ‖ * ~ hâ râ ber hem feşurden دندان ها را بر هم فشردن dişlerini sıkmak. ‖ * ~ rûy-i ciger gozâşten دندان روی جگر گذاشتن dişini sıkmak. ‖ * ~ sefîd kerden دندان سفید کردن 1.korkmak. 2.aciz kalmak. 3.gülümsemek. 4.tevazu göstermek. ‖ * ~ tîz kerden دندان تیز کردن diş bilemek. ‖ * ~ -i âriye دندان عاریه takma diş. ‖ * ~ -i kesî behem horden دندان کسی بهم خوردن dişi takırdamak. ‖ * ~ -i kesî lak şoden دندان کسی لق شدن dişi sallanmak. ‖ * bâb-i ~ باب دندان 1.dişine göre. 2.zevkine göre.

دندان پزشک dendânpizişk: [dendân+ pizişk] diş hekimi.

دندان پزشکی dendânpizişkî: [dendân+ pizişk+î] diş hekimliği. ‖ * dânişkede-i ~ دانشکدهء پزشکی diş hekimliği fakültesi.

دندان داشتن dendân dâşten: 1.dişli olmak. 2.beklemek. 3.kin gütmek. 4.bir işe sıkı sarılmak.

دندان درد dendânderd: [dendân+derd] (tıb.) diş ağrısı.

دندان زدن dendân zeden: 1.diş geçirmek, zarar vermek. 2.eşit kılmak.

دندانساز dendânsâz: [dendân+sâhten> sâz] 1.diş teknisyeni, diş protezcisi. 2.diş hekimi.

دندانسازی dendânsâzî: [dendân+sâhten> sâz+î] diş teknisyenliği.

دندان شکن dendânşiken: [dendân+ şikesten>şiken] diş kıran. ‖ * cevâb-i ~ جواب دندان شکن susturucu cevap, lafı ağızda tıkayan cevap.

دندان شو dendânşû: [dendân+şosten>şû] diş fırçası.

دندان قرچه dendânkıreççe: [dendân+ kıreççe= kıriççe] 1.diş gıcırtısı. 2.diş bileme.

دندان قرچه کردن dendân kıreççe kerden: 1.diş gıcırdatmak. 2.diş bilemek.

دندان کروچیدن dendân kurûçîden: 1.diş sıkmak. 2.diş bilemek.

دندان کندن dendân kenden: 1.diş çekmek. 2.tamahı bırakmak.

دندان گرد dendângird: [dendân+gird] 1.hırslı. 2.pazarlıkçı.

دندان گیر dendângîr: [dendân+giriften> gîr] dişe değer, dişe dokunur.

دندان مز dendânmez: [dendân+mez] yemekten sonra yenilen tatlı veya meyve.

دندان مزد dendânmozd: [dendân+mozd] diş kirası.

دندان نمودن dendân numûden: 1.gözdağı vermek, dişini göstermek. 2.aciz kalmak. 3.inlemek. 4.sevinmek, memnun olmak. 5.gülmek.

دندان نهادن dendân nihâden: 1.kabul etmek. 2.rağbet etmek. 3.iştahı kabarmak, göz koymak, tamahlanmak.

دندانه dendâne: [dendân+e] 1.dişli çark dişi. 2.tarak dişi.

دندانه دار dendânedâr: [dendân+e+ dâşten>dâr] dişli.

دندنه dendene: 1.mırıldanma. 2.vızıltı. 3.fısıltı.

دنده dende: 1.kaburga. 2.vites. 3.yan, taraf. 4.dişli çark dişi. ‖ * be ~ gozâşten به دنده گذاشتن vitese takmak.

دنده عوض کردن dende ivez kerden: vites değiştirmek.

دندیدن dendîden: 1.mırıldanmak. 2.fısıldamak.

دنس dens: kir, pislik.

دنگ deng: 1.çekiç sesi. 2.deng, dang, dong. 3.ahmak, aptal, salak. 4.pirinç dövme aleti.

دنگ و فنگ deng u feng: 1.gidiş geliş. 2.gösteriş. 3.kerli ferli.

دنگاله dengâle: sarkmış buz.

دنگل dengel: (T.) toplantı, toplanma.

دنو donov: (A.) yaklaşma.

دنه dene: **1.**sevinç, mutluluk. **2.**sevinç çığlığı.

دنه گرفتن dene giriften: **1.**sevinmek. **2.**nankörlük etmek. **3.**hızlı hızlı yürümek.

دنی denî: (A.) alçak, aşağılık, âdi.

دنی dunyî: (A.) dünya.

دنیا donyâ: (A.) dünya. ‖ * yek ~ یک دنیا çok, pek çok.

دنیاپرست donyâperest: (A.-F.) [donyâ+ perestîden>perest] dünya düşkünü, dünyayı çok seven.

دنیاپرستی donyâperestî: (A.-F.) [donyâ+ perestîden> perest+î] dünya düşkünlüğü.

دنیا خوردن donyâ horden: dünya nimetlerinden yararlanmak.

دنیادیده donyâdîde: (A.-F.) [donyâ+ dîden> dîd+e] güngörmüş.

دنیدن denîden: sevinçle koşmak.

دنیوی donyevî: (A.) dünya ile ilgili, bu dünyaya ait, dünyevî.

دنیی dunyî (A.) dünya.

دو do: (Peh.) iki. ‖ * ~ tâ nezeden yekî nehorden دو تا نزدن یکی نخوردن başabaş dövüşmek.

دو do: (Fr.) (müz.) do.

دو dov, dev: [devîden>dev] **1.**koşma. **2.**(sp.) koşu, yarış. **3.**hızlı hızlı yürüyüş. ‖ * ~ be dest-i kesî oftâden دو به دست کسی افتادن eline fırsat geçmek. ‖ * ~ -i imdâdî دو امدادی (sp.) bayrak yarışı. ‖ * ~ -i maraton دو ماراتن (sp.) maraton koşusu. ‖ * ~ -i sur'et دو سرعت (sp.) 100 m. ve 200. koşusu.

دو آتش do âteş: **1.**iki defa ateşe konulmuş. **2.**(kin.) sevgilinin dudağı.

دو آتشه do âteşe: [do+âteş+e] **1.**koyu, tam, sırılsıklam, aşırı. **2.**iki defa ateşe konmuş. **3.**çok pişirilmiş yemek. **4.**iki defa damıtılmış.

دواء devâ': (A.) **1.**deva, ilaç. **2.**çare.

دواب devâb: (A.) **1.**yük hayvanları. **2.**dört ayaklı hayvanları.

دوات devât: (A.) divit, mürekkep hokkası.

دو اتاقه do otâke: [do+otâk+e] iki odalı, iki göz (ev).

دواتدار devâtdâr: (A.-F.) [devât+ dâşten> dâr] katip.

دواتداری devâtdârî: (A.-F.) [devât+ dâşten> dâr+î] çilingirlik.

دواتگر devâtger: (A.-F.) [devât+ger] **1.**divit yapan. **2.**çilingir.

دواخانه devâhâne: (A.-F.) [devâ+hâne] eczane.

دوادو dovâdov, devâdev: [devîden>dev= dov+ â+dov] koştura koştura, koşa koşa.

دوار devâr, dovâr: (A.) **1.**(tıb.) baş dönmesi. **2.**dönme.

دوار devvâr: (A.) **1.**çok dönen. **2.**zaman.

دوازده devâzdeh: (Peh.) [devâz+deh] on iki.

دوازدهم devâzdehom: [devâzdeh+om] on ikinci.

دوازدهمی devâzdehomî: [devâzdeh+ om+î] on ikinci.

دوازدهمین devâzdehomîn: [devâzdeh+ om+în] on ikinci.

دواساز devâsâz: (A.-F.) [devâ+sâhten> sâz] eczacı, ilaç yapan.

دواسازی devâsâzî: (A.-F.) [devâ+ sâhten> sâz+î] eczacılık, ilaç yapımı.

دو اسبه do esbe: [do+esb+e] **1.**iki atlı araba. **2.**palas pandıras, alelacele, aceleyle.

دوافروشی devâfurûşî: (A.-F.) [devâ+ furûhten> furûş+î] **1.**eczane. **2.**ilaç satımı.

دوا کردن devâ kerden: deva bulmak, tedavi etmek.

دوال devâl: (Peh.) **1.**tasma. **2.**sırım. **3.**şerit, kemer. **4.**hile, düzen. **5.**hayvan derisi.

دوال بازی devâlbâzî: [devâl+bâzî] 1hile, düzen.

دوال پا devâlpâ: [devâl+pâ] **1.**gulyabani. **2.**uzun bacaklı.

دوام devâm: (A.) **1.**devam. **2.**kalıcılık. **3.**dayanma.

دوام آوردن devâm âverden: dayanmak.

دوام داشتن devâm dâşten: devam etmek, sürmek.

دوام کردن devâm kerden: devam etmek.

دوام یافتن devâm yâften: devam etmek, sürmek.

دوامی داشتن devâmî dâşten: devamlı olmak, sürekli olmak.

دوان devân: [devîden>dev+ân] **1.**koşan. **2.**koşarak.

دواندن devânden: **1.**koşturmak. **2.**koşuşturmak.

دوان دوان devân devân: koşa koşa, koşarak.

دوان شدن devân şoden: koşmak.

دوان گشتن devân geşten: koşmak, koşmaya başlamak.

دوانیدن devânîden: koşturmak.

دوانین devânîn: (A.) divanlar.

دواهی devâhî: (A.) **1.**güç işler. **2.**belalar.

دوایر devâyir: (A.) daireler.

دوئل duel: (Fr.) göğüs göğüse mücadele.

دوباره dobâre: [do+bâr+e] tekrar, yeniden, bir kez daha, ikinci kez.

دوباری dobârî: [do+bâr+î] tekrar.

دوبال dobâl: [do+bâl] **1.**hile. **2.**tasma.

دوبالا dobâlâ: [do+bâlâ] iki kat.

دوبخشه dobahşe: [do+bahş+e] iki kat.

دو برابر do berâber: iki misli, iki katı.

دو برابر شدن do berâber şoden: iki misli olmak, iki katına çıkmak.

دو برابر کردن do berâber kerden: iki misline çıkarmak, iki katına çıkarmak.

دوبل dûbel: vefasız.

دوبل devbel: (A.) **1.**(zool.) erkek domuz. **2.**(zool.) küçük eşek.

دوبلاژ dublaj: (Fr.) dublaj.

دوبله کردن duble kerden: dublaj yapmak.

دو بهم زدن do behem zeden: ara bozmak, nifak sokmak.

دوبهم زن dobehemzen: [do+be+hem+zeden>zen] ara bozucu, nifak çıkaran, fitneci.

دوبیتی dobeytî: (F.-A.) [do+beyt+î] **1.**(ed.) dübeyit. **2.**(müz.) çârgâh ve segâh makamlarındabir köşe. **3.**şarkı.

دوبیتی خواندن dobeytî hânden: **1.**şarkı söylemek. **2.**dübeyit okumak.

دوبین dobîn: [do+dîden>bîn] **1.**şaşı. **2.**münafık, ikiyüzlü.

دوبینی dobînî: [do+dîden>bîn+î] **1.**şaşılık. **2.**münafıklık, ikiyüzlülük.

دوپا dopâ: [do+pâ] iki ayaklı.

دوپاره dopâre: [do+pâre] iki parça, ikiye ayrılmış.

دوپایه dopâye: [do+pây+e] **1.**iki ayaklı. **2.**insan.

دوپشته dopoşte: [do+poşt+e] **1.**iki katlı. **2.**üstüste. **3.**yanyana.

دوپوش dopûş: [do+pûşîden>pûş] iki katlı.

دوپهلو dopehlû: [do+pehlû] iki yanlı, iki taraflı.

دوپیازه dopiyâze: [do+piyâz+e] **1.**bir tür yağsız ekmek. **2.**bir tür kebap.

دوتا dotâ: [do+tâ] **1.**iki adet, iki tane. **2.**(müz.) iki telli bir tür saz. **3.**iki büklüm. **4.**iki kat.

دو تا شدن do tâ şoden: **1.**iki büklüm olmak. **2.**iki kat olmak.

دو تا کردن do tâ kerden: **1.**iki büklüm etmek. **2.**ikiye katlamak.

دوتایی dotâyî: [do+tâ+y+î] **1.**ikilik. **2.**iki büklümlük.

دو تخمه dotohme: [do+tohm+e] **1.**melez. **2.**haramzade, piç.

دوترکه doterke: [do+terke] iki terke, bir ata iki kişi binmek.

دوتهی dotehî: [do+tehî] astarlı giysi.

دوجانبه docânibe: (F.-A.) [do+cânib+e] **1.**iki yanlı, iki taraflı. **2.**iki yönlü.

دوجین dûcin: (Fr.) düzine.

دوچار dûçâr: düçar, maruz, uğramış.

دوچار شدن dûçâr şoden: düçar olmak, maruz kalmak, uğramak, tutulmak.

دوچار کردن dûçâr kerden: düçar etmek, maruz bırakmak, uğratmak.

دوچرخه doçerhe: [do+çerh+e] bisiklet. ‖ * ~ -i kursî دوچرخهٔ کورسی (sp.) yarış bisikleti.

دوچرخه سوار doçerhesevâr:

[do+çerh+e+ sevâr] bisiklete binen, bisikletli.

دوچرخه سواری doçerhesevârî: [do+çerh+ e+sevâr+î] bisiklete binme. ‖ * musâbeke-i ~ مسابقهء دوچرخه سواری (sp.) bisiklet yarışı.

دوچرخه سواری کردن doçerhesevârî kerden: bisiklete binmek.

دوچند doçend: [do+çend] iki katı, iki misli.

دوچندان doçendân: [do+çendân] iki kat, iki misli.

دو چندان شدن do çendân şoden: iki kat olmak, iki kat artmak.

دوچوبه doçûbe: [do+çûb+e] iki direkli çadır.

دو حرف doherf: (F.-A.) [do+herf] 1.iki harf. 2."kâf" ve "nun" harfleri. Bu harflerin birleşmesi Arap dilinde "kâne" fiilinin emrini oluşturur ve "ol" demektir. 38. sûrenin 82. âyetine işaret edilir.

دوحه dovhe, devhe: (A.) ulu ağaç.

دو خاتون dohâtûn: (F.-T.) 1.iki hanım. 2.iki göz bebeği. 3.güneş ve ay.

دوخت dûht: [dûhten>dûht] dikiş.

دوخت doht: kız.

دوختن dûhten: (Peh.) 1.dikmek. 2.diktirmek. 3.ok veya mızrakla iki şeyi birbirine tutturmak. 4.mal biriktirmek. 5.borcunu ödemek.

دود dûd: (Peh.) 1.duman. 2.nefes. 3.üzüntü. 4.toz. ‖ * ~ ez demâg-i kesî ber âverden دود از دماغ کسی بر آوردن 1.üzgün olmak. 2.yok olmak. ‖ * ~ ez kelle-i kesî ber âmeden دود از کلهء کسی بر آمدن şaşırmak. ‖ * ~ -i çîzî be çeşm-i insân reften دود چیزی به چشم انسان رفتن kötü akıbete uğramak.

دود dûd: (A.) kurtlar, solucanlar.

دودافکن dûdefken: [dûd+efkenden> efken] 1.duman veren. 2.büyücü, sihirbaz.

دود برخاستن dûd berhâsten: duman çıkmak.

دود دادن dûd dâden: dumanlamak. ‖ * sibil-i kesî râ ~ سبیل کسی را دود دادن birini üzmek, cezalandırmak.

دودزا dûdzâ: [dûd+çâden>zâ] duman çıkaran.

دودزاد dûdzâd: [dûd+zâden>zâd] duman çıkaran.

دود زدن dûd zeden: 1.duman vermek, tütmek, dumanlamak. 2.is bağlamak.

دو دستگی dodestegî: [do+dest+e+g+î] görüş ayrılığı.

دودستی dodestî: [do+dest+î] 1.iki eliyle. 2.uzun kılıç.

دود شدن dûd şoden: duman olmak.

دود کردن dûd kerden: tütmek, duman vermek, yanmak.

دودکش dûdkeş: [dûd+keşîden>keş] baca.

دودگر dodiger: [do+diger<dîger] ikinci.

دودل dodil: [do+dil] 1.kuşkulu, ikircikli, mütereddit. 2.riyakâr. 3.ürkek. 4.iki kişiye birden ilanı aşk eden.

دودل ماندن dodil mânden: ikirciklenmek.

دودلی dodilî: [do+dil+î] 1.tereddüt. 2.riyakârlık. 3.ürkeklik.

دودمان dûdimân, dûdmân: (Peh.) 1.hanedan. 2.soy. 3.kabile.

دودناک dûdnâk: [dûd+nâk] dumanlı.

دوده dûde: (Peh.) 1.aile, hanedan. 2.kurum. 3.büyük oğlan.

دوده dûde: [dûd+e] is.

دودة dûdet: (A.) kurt, böcek.

دوده گرفتن dûde girifen: kurumlanmak, is yapmak.

دودی dûdî: [dûd+î] 1.dumanlı. 2.duman rengi. ‖ * aynek-i ~ عینک دودی güneş gözlüğü, siyah gözlük.

دودیگر dodîger: [do+dîger] ikinci.

دور dûr: (Peh.) uzak, ırak. ‖ * ~ u dirâz دور و دراز uzun uzadıya, etraflıca, enikonu. ‖ * ~ u pîş دور و پیش çevre.

دور devr, dovr: (A.) 1.dönme, deveran. 2.devir. 3.çevre, etraf. ‖ * ~ -i hem cem' geşten دور هم جمع گشتن bir araya gelmek. ‖ * ~ -i kesî halke zeden دور کسی حلقه زدن etrafında toplanmak, başına toplanmak. ‖ * ~ -i kesî râ giriften دور کسی را گرفتن sarmak, kuşatmak, etrafında toplanmak, başına toplanmak. ‖ * be ~ -i kesî rîhten بدور کسی ریختن başına üşüşmek.

دورادور dûrâdûr: [dûr+â+dûr] uzaktan uzağa.

دورادور dovrâdovr: (A.-F.) [dovr+â+dovr] çepeçevre, fırdolayı.

دور افتادن dûr oftâden: uzak kalmak, uzak düşmek.

دور افتاده dûr oftâde: [dûr+oftâden>oftâd+e] ırak, uzak düşmüş.

دوران deverân: (A.) dönme, dolaşım, deveran. ‖ * ~ -i dem دوران دم kan dolaşımı. ‖ * ~ -i hûn دوران خون kan dolaşımı.

دوران dovrân: (A.) **1.**dönem, devre. **2.**felek, devran.

دور انداختن dûr endâhten: atmak, fırlatmak.

دور اندیش dûrendîş: [dûr+endîşîden>endîş] **1.**ileri görüşlü. **2.**ihtiyatlı, tedbirli.

دور اندیشی dûrendîşî: [dûr+endîşîden>endîş+î] **1.**ilerigörüşlülük. **2.**ihtiyat, tedbir.

دوران کردن deverân kerden: dönmek, dönüp durmak.

دوراهی dorâhî: [do+râh+î] iki yol ağzı.

دورباش dûrbâş: [dûr+bûden>bâş] **1.**asâ, baston. **2.**nacak. **3.**(kin.) içten gelen âh.

دوربرد dûrbord: [dûr+borden>bord] (ask.) uzun menzilli.

دوربین dûrbîn: [dûr+dîden>bîn] **1.**kamera. **2.**(tıb.) hipermetrop. **3.**ileri görüşlü. **4.**uzak gören. ‖ * ~ -i akkâsî دوربین عکاسی fotoğraf makinesi. ‖ * ~ -i fuko دوربین فوکو teleskop. ‖ * ~ -i nucûmî دوربین نجومی teleskop. ‖ * ~ -i video دوربین ویدئو video kamera.

دوربینی dûrbînî: [dûr+dîden>bîn+î] **1.**uzağı görme. **2.**(tıb.) hipermetropluk. **3.**ileri görüşlülük.

دور تا دور dovrtâdovr: (A.-F.) [dovr+tâ+dovr] çepeçevre.

دو رخ نهادن do roh nihâden: bir satranç taktiği.

دور داشتن dûr dâşten: **1.**uzak tutmak. **2.**yollamak.

دوردست dûrdest: [dûr+dest] uzak, ırak, çok uzak, kıyıda köşede kalmış, ücra.

دور رفتن dûr reften: uzaklaşmak, uzağa gitmek.

دور ریختن dûr rîhten: **1.**terketmek. **2.**atmak.

دور ریز dûrrîz: [dûr+rîhten>rîz] atılmış.

دور زدن dovr zeden: **1.**dönmek, fır dönmek, dolanmak, dolaşmak. **2.**geri dönüş yapmak, U dönüşü yapmak.

دورزن dûrzen: [dûr+zeden>zen] (ask.) uzun menzilli.

دور ساختن dûr sâhten: uzaklaştırmak.

دور شدن dûr şoden: **1.**uzaklaşmak. **2.**ayrılmak. **3.**uzamak. **4.**işten çıkarılmak. ‖ * ez mukâbil-i nazar-i kesî ~ از مقابل نظر کسی دور شدن gözünün önünden kaybolmak. ‖ * ez nazar ~ از نظر دور شدن gözden kaybolmak.

دور کردن dûr kerden: **1.**uzaklaştırmak. **2.**işten çıkarmak, yol vermek, kovmak.

دور گردانیدن dovr gerdânîden: döndürmek, dolaştırmak.

دور گردانیدن dûr gerdânîden: uzaklaştırmak.

دور گرفتن dûr giriften: uzakta tutmak, uzağa tutmak.

دورگه dorege: [do+reg+e] melez. doreng: [do+reng] **1.**iki renkli, alaca. **2.**iki yüzlü.

دورنگی dorengî: [do-reng+î] **1.**alacalık. **2.**ikiyüzlülük.

دور نگهداشتن dûr nigehdâşten: uzak tutmak.

دورنما dûrnomâ, dûrnemâ: [dûr+numûden> nomâ=nemâ] **1.**manzara, görünüm. **2.**görüntü.

دورنمائی ، دورنمایی dûrnomâ'î, dûrnemâ'î: [dûr+ numûden>

nomâ=nemâ+î] görünüm, panorama.

دورو dorû: [do+rû] ikiyüzlü.

دوروئی dorû'î: [do+rû+î] ikiyüzlülük.

دور و بر dovruber: (A.-F.) [dovr+u+ber] çevre, yöre, etraf.

دور و ور dovruver: (A.-F.) [dovr+u+ver] çevre, yöre, etraf.

دورویه dorûye: [do+rûy+e] iki yüzlü.

دورویی dorûyî: [do+rûy+î] iki yüzlülük.

دوره devre, dovre: (A.) **1.**devre, dönem, devir. **2.**takım, seri. **3.**asır. **4.**daire. **5.**şarap kadehi. **6.**zülüf. **7.**öğün. **8.**kurs. ‖ * ~ -i tehassusî dîden دورهء تخصصی دیدن ihtisas yapmak, uzmanlık yapmak. ‖ * ~ -i tehassusî gozerânden دورهء تخصصی گذراندن ihtisas yapmak, uzmanlık yapmak. ‖ * ~ -i tohî ez zindegî دورهء تهی از زندگی azoik devir.

دوره دیدن dovre dîden: kurs görmek.

دوره کردن dovre kerden: kuşatmak, sarmak, çevrelemek.

دوره گرد devregerd, dovregerd: (A.-F.) [dovre+geşten>gerd] **1.**seyyar satıcı. **2.**gezgin, seyyah.

دوره گردی dovregerdî: (A.-F.) [dovre+ geşten> gerd+î] **1.**seyyar satıcılık. **2.**gezginlik, seyyahlık.

دوری devrî, dovrî: (A.-F.) [dovr+î] **1.**devir ile ilgili. **2.**tencere.

دوری dûrî: [dûr+î] **1.**uzaklık, mesafe. **2.**ayrılık.

دوری جستن dûrî costen: uzak durmak, kaçınmak.

دوری کردن dûrî kerden: uzak durmak, kaçınmak.

دوری گزیدن dûrî gozîden: ayrılmak, uzaklaşmak.

دوزاری dozârî: [do+zârî<hezâr+î] **1.**jeton. **2.**iki riyal. ‖ * ~ -i kesî oftâden دوزاریء کسی افتادن (hlk.) jetonu düşmek.

دوزبان dozebân: [do+zebân] ikiyüzlü, münafık.

دوزخ dûzeh: (Peh.) cehennem, tamu. ‖ * be ~ reften به دوزخ رفتن (hlk.) gebermek, zıbarmak.

دوزندگی dûzendegî: [dûhten>dûz+ende+g+î] terzilik.

دوزنده dûzende: [dûhten>dûz+ende] terzi, dikici.

دوزنه dozene: [do+zen+e] iki karılı.

دوز و کلک dûz u kelek: komplo, düzen.

دوز و کلک جور کردن dûz u kelek cûr kerden: komplo düzenlemek, oyun oynamak.

دوزیدن dûzîden: dikmek.

دوس devs, dovs: (A.) **1.**ayak altına alma, ezme. **2.**alçaltma. **3.**cilalama, parlatma. **4.**alçaklık.

دوسانیدن dûsânîden: **1.**yapıştırmak. **2.**kendisini birine veya bir şeye bağlamak.

دوست dûst: (Peh.) **1.**arkadaş, dost, ahbap. **2.**aşık. **3.**seven. **4.**sevgili.

دوستار dûstâr: [dûst+dâşten>dâr>dûstâr] **1.**arkadaş, dost. **2.**seven.

دوستانه dûstâne: [dûst+âne] dostça, dostane.

دوستدار dûstdâr: [dûs+dâşten>dâr] seven, ilgi duyan, şefkatli dost.

دوستدار بودن dûstdâr bûden: sevmek.

دوستداری dûstdârî: [dûst+dâşten>dâr+î] sevme.

دوست داشتن dûst dâşten: **1.**sevmek. **2.**hoşlanmak. **3.**istemek. **4.**aşık olmak.

دوست شدن dûst şoden: dost olmak, arkadaş olmak.

دوستکام dûstkâm: [dûst+kâm] **1.**arkadaş. **2.**sevgili.

دوستوار dûstvâr: [dûst+vâr] **1.**dostça.

دوستی dûstî: (Peh.) **1.**dostluk. **2.**arkadaşlık. **3.**sevgi, aşk. ‖ * ~ behem zeden دوستی بهم زدن ahbaplık etmek. ‖ * ~ -i hâleherse دوستی خاله خرسه yalancı dostluk, iyi gün dostluğu.

دوسر doser: [do+ser] **1.**iki başlı. **2.**iki taraflı. **3.**(bot.) yulaf.

دو سر قاف doser-i kaf: [do+ser+ -i+kâf] (argo) pezevenk.

دوسره dosere: [do+ser+e] **1.**iki

taraflı. **2.**iki başlı. **3.**gidiş dönüş. ‖ * belît-i ~ بليت دوسره gidiş-dönüş bileti. ‖ * câdde-i ~ جادهء دوسره iki yönlü yol.

دوسوم dosevvom: [do+se+vv+om] üçte iki.

دوسيدن dûsîden: **1.**yapıştırmak. **2.**emmek için yapışmak. **3.**kendini birine bağlamak. **4.**kaymak.

دوسيه dosye: (Fr.) dosya.

دوش dûş: (Peh.) dün gece.

دوش dûş: (Peh.) omuz. ‖ * be ~ giriften به دوش گرفتن omuzuna almak, omuzlamak. ‖ * be ~ -i kesî endâhten به دوش کسی انداختن birinin üstüne yıkmak. ‖ * be ~ keşîden به دوش کشیدن omuzuna almak. ‖ * ber ~ giriften بر دوش گرفتن omuzlamak, omuzuna almak.

دوش duş: (Fr.) duş.

دوشاب dûşâb: [dûşîden>dûş+âb] **1.**pekmez. **2.**şıra.

دوشاخه doşâhe: [do+şâh+e] **1.**iki dallı. **2.**çatallı. **3.**elektrik fişi. **4.**bir tür işkence aleti.

دوشاخه شدن doşâhe şoden: ikiye ayrılmak.

دوشانيدن dûşânîden: **1.**sağdırmak. **2.**süt sağdırmak.

دوشس duşes: (İng.) düşes.

دوشش dûşiş: [dûşîden>dûş+iş] sağım, sağma.

دوش فنگ dûşfeng: [dûş+feng<tofeng] (ask.) silah omuza!

دوشک doşek: (T.) döşek, yatak.

دوشکر doşeker: [do+şeker] (kin.) sevgilinin dudakları.

دوشنبه doşenbe: [do+şenbe] pazartesi.

دوشيدن dûşîden: (Peh.) **1.**sağmak. **2.**süt sağmak. **3.**para sızdırmak, şantaj yapmak.

دوشيزگان dûşîzegân: [dûşîze+g+ân] **1.**bakireler. **2.**kızlar. ‖ * ~ -i cennet دوشيزگان جنت huriler.

دوشيزگی dûşîzegî: [dûşîze+g+î] **1.**kızlık. **2.**bakire.

دوشيزه dûşîze: **1.**bakire. **2.**kız. **3.**matmazel.

دوشين dûşîn: [dûş+în] dün gece, dün geceki.

دوصد dosad: [do+sad] iki yüz.

دوضربه dozerbe: (F.-A.) [do+zerb+e] iki yönlü.

دوضربه زدن dozerbe zeden: ikili oynamak.

دو طايفگی dotâyifegî: (F.-A.) [do+tâyife+ g+î] **1.**iki grup olma. **2.**ihtilaf.

دو طرفه doterefe: (F.-A.) [do+teref+e] iki taraflı, iki yönlü.

دوغ dûg: ayran.

دوغاب dûgâb: [dûg+âb] **1.**ayran suyu. **2.**sulu harç. **3.**badana. ‖ * ~ sîmân دوغاب سيمان hazır çimento.

دوغ خوردن dûg horden: **1.**ayran içmek. **2.**(hlk.) halt etmek, hata etmek, yanılmak.

دوغ خيار dûghiyâr: [dûg+hiyâr] cacık.

دو قبضه dokabze: (F.-A.) [do+kabze] iki makbuzlu, iadeli. ‖ * sefârişi-i ~ سفارشیء دوقبضه iadeli taahhütlü.

دوقلو dokolû, doklû: (F.-T.) [do+kolû] ikiz.

دوقلی dokolî: (F.-T.) [do+kolî] ikiz.

دوک dûk: iğ.

دوکا duka: (İng.) düka.

دو کون dokevn, dokovn: (F.-A.) [do+kovn] dünya ve ahiret.

دو کوهانه dokûhâne: [do+kûhân+e] **1.**çift hörgüçlü. **2.**hecin devesi.

دوگان dogân: [do+gân] iki cins, iki tür.

دوگانگی doganegî: [do+gâne+g+î] **1.**ikilik. **2.**farklılık.

دوگانگی پيدا کردن doganegî peydâ kerden: farklılaşmak.

دوگاه dogâh: [do+gâh] (müz.) dügâh makamı.

دو گروهی dogurûhî: [do+gurûh+î] **1.**ihtilaf. **2.**nifak.

دوگوشی dogûşî: [do+gûş+î] **1.**iki kulaklı şapka. **2.**iki kulplu testi.

دول dûl: **1.**deriden malum veya madenî su kabı. **2.**kova burcu. **3.**(kin.) penis.

دول devel: savsaklama.

دول duvel: (A.) **1.**devletler. **2.**talihler.

دولا dolâ: [do+lâ] **1.**iki katlı. **2.**iki büklüm. **3.**su ve şarap testisi. ‖ * ~ pehnâ hisâb kerden دولا پهنا حساب كردن bir malı değerinin iki katı hesaplamak.

دولاب dûlâb: (A.-F.) [dûl+âb< dûl-i âb] **1.**dönme dolap. **2.**gökyüzü. **3.** hile, düzen, oyun, dolap.

دولاب dûlâb: [dûlâb<do+leb] dolap. ‖ * ~-i mahfî دولاب مخفى (tıb.) gizli şeker hastalığı.

دولابچه dûlâbçe: [dûlâb+çe] küçük dolap.

دولاپهنا dolâpehnâ: [do+la+pehn+â] çift enli.

دولا شدن do lâ şoden: eğilmek, iki kat olmak.

دولايه dolâye: [do+lây+e] iki katlı.

دولايى dolâyî: [do+lây+î] iki katlı.

دولبند dûlbend: [dûl+besten>bend] **1.**sarık. **2.**kuşak, kemer.

دولت devlet, dovlet: (A.) **1.**devlet. **2.**talih, şans, devlet, ikbal. **3.**(tas.) güzel tesadüf.

دولتخانه devlethâne, dovlethâne: (A.-F.) [devlet+hâne] saltanat köşkü.

دولتسرا devletserâ, dovletserâ: (A.-F.) saltanat köşkü.

دولتمرد devletmerd, dovletmerd: (A.-F.) [devlet+merd] devlet adamı.

دولتمردى devletmerdî, dovletmerdî: (A.-F.) [devlet+merd+î] devlet adamlığı.

دولتمند devletmend, dovletmend: (A.-F.) [devlet+mend] **1.**bahtiyar, mutlu. **2.**zengin. **3.**talihli.

دولتمندى devletmendî, dovletmendî: (A.-F.) [devlet+mend+î] **1.**saadet, mutluluk. **2.**zenginlik.

دولتى devletî, dovletî: (A.-F.) [devlet+î] devlete ait, resmî.

دولتيار devletyâr, dovletyâr: (A.-F.) [devlet+yâr] **1.**bahtiyar, mutlu. **2.**güçlü. **3.**zengin.

دولتين devleteyn, dovleteyn: (A.) **1.**iki devlet. **2.**İran ve Pakistan.

دولچه dûlçe: [dûl+çe] küçük kova.

دولک dolek: çomak (çelik çomaktaki)

دولمه dolme: (T.) dolma.

دولول dolûl: [do+lûl] çifte (tüfek).

دوم dovom, dovvom: [do+v+om] ikinci.

دومان dûmân: tufan.

دومو domû: [do+mû] **1.**kırçıl. **2.**seyrek saçlı.

دومى dovomî, dovvomî: [do+v+om+î] ikinci.

دوميخ domîh: [do-mîh] (kin.) kuzey ve güney kutupları.

دومين dovomîn, dovvomîn: [do+v+omîn] ikinci.

دومينو domino: (Fr.) domino.

دومينوبازى كردن dominobâzî kerden: domino oynamak.

دون dûn: (A.) **1.**aşağı, alçak. **2.**başka, gayri. **3.**aşağılık, pespaye.

دون پايه dûnpâye: (A.-F.) [dûn+pây+e] alçak, sefil, aşağılık.

دوندگى devendegî: [devîden>dev+ende+g+î] **1.**koşuşturma, çabalama. **2.**koşu.

دوندگى كردن devendegî kerden: koşuşturmak.

دونده devende: [devîden>dev+ende] **1.**koşan. **2.**koşuşturan.

دون صفت dûnsifat: (A.-F.) [dûn+sifat] alçak, aşağılık, rezil.

دونفره donefere: [do+nefer+e] iki kişilik.

دونيم شدن donîm şoden: ikiye bölünmek, ikiye ayrılmak.

دونيم كردن donîm kerden: ikiye bölmek, ikiye ayırmak.

دونيمه شدن donîme şoden: ikiye bölünmek, ikiye ayrılmak.

دونيمه كردن donîme kerden: ikiye bölmek, ikiye ayırmak.

دوى devî: (A.) hasta.

دويدن devîden: (Peh.) **1.**koşmak, seğirtmek. **2.**kaplamak. ‖ * ez insû be an sû ~ از اين سو به آن سو دويدن dört dönmek.

دويست divist, dovist: iki yüz, 200.

دويک doyek: [do+yek] (kin.) son nefes.

دويم doyom: [do+y+om] ikinci.

دويمى doyomî: [do+y+omî] ikinci.

دويمين doyomîn: [do+y+omîn] ikinci.

دويى doyî: [do+y+î] ikilik.

ده dih: (Peh.) köy. ‖ * râh be ~ borden راه به ده بردن hedefe ulaşmak, gidilecek yere varmak.

ده deh: (Peh.) on, 10. ‖ * yekî be ~ şoden یکی به ده شدن on katı olmak.

دهاء dehâ': (A.) deha, üstün zekâ.

دهات dihât: (F.-A.) [dih+ât] **1.**köyler. **2.**köy.

دهاتى dihâtî: (F.-A.) [dih+ât+î] **1.**köylü. **2.**çiftçi.

دهار dihâr: **1.**dağ yarığı. **2.**kovuk. **3.**dere. **4.**mağara.

دهاز dehâz: çığlık, nara.

دهاق dihâk: (A.) ağzına kadar dolu.

دهاقين dehâkîn: (A.) **1.**köylüler. **2.**çiftçiler. **3.**köy ağaları.

دهان dehân: (Peh.) **1.**ağız. **2.**giriş. **3.**(kin.) penis. ‖ * ~ -i kesî bâz mânden دهان کسی باز ماندن ağzı açık kalmak. ‖ * ~ -i şehd دهان شهد bal gibi tatlı ağız. ‖ * ~ -i teng-i şîrîn دهان تنگ شیرین küçük şirin ağız. ‖ * be ~ hâ oftâden به دهان ها افتادن dillere düşmek. ‖ * ez her ~ î sedâyî âmeden از هر دهانی صدایی آمدن her kafadan bir ses çıkmak. ‖ * harfî râ der ~ -i kesî gozâşten حرفی را در دهان کسی گذاشتن birine konuşma öğretmek. ‖ * yek ~ hânden یک دهان خواندن bir şiiri bir kez okumak.

دهان dehhân: (A.) yağcı, yağ satıcısı.

دهان بند dehânbend: [dehân+besten>bend] **1.**burun maskesi. **2.**sus payı.

دهان دره dehândere: [dehân+derîden>der+e] esneme.

دهان دره كردن dehândere kerden: esnemek.

دهانه dehâne: [dehân+e] **1.**ağız gibi. **2.**ağız. **3.**giriş. **4.**ağızlık. **5.**delik.

دهباشى dehbâşî: (F.-T.) (ask.) onbaşı.

دهبان dihbân: [dih+bân] **1.**muhtar. **2.**köy kahyası.

دهبانى dihbânî: [dih+bân+î] muhtarlık.

ده پانزده دارى dehpânzdehdârî: [deh+pânzdeh+ dâşten>dâr+î] (kin.) görkem, haşmet, ululuk.

ده چهل dehçihil: [deh+çihil] dört yüz.

دهخدا dihhodâ: [dih+hodâ<hodâ-yi dih] **1.**köy kahyası, kethüda. **2.**köy sahibi, köy ağası. **3.**Lugatnâme'nin yazarı Ali Ekber-i Dihhodâ.

دهخدايى dihhodâyî: [dih+hodâ+y+î] **1.**kethüdalık, köy kahyalığı. **2.**köy sahipliği, köy ağalığı.

دهدار dihdâr: [dih+dâşten>dâr] **1.**kethüda. **2.**köy sahibi.

ده دله dehdile: [deh+dil+e] **1.**şıpsevdi. **2.**vefasız. **3.**cesur, yürekli.

ده دلى dehdilî: [deh+dil+î] ızdırap.

ده دهى dehdehî: [deh+deh+î] **1.**onar onar. **2.**tam ayarlı altın veya gümüş.

دهر dehr: (A.) zaman, devir, asır, felek, dünya.

ده رگه dehrege: [deh+reg+e] **1.**yürekli, cesur. **2.**gayretli.

دهره dehre: **1.**bir tür harbe. **2.**orak. **3.**yatağan, küçük kılıç. **4.**bir tür budama bıçağı.

دهرى dehrî: (A.) **1.**tabiat ve dünyaya ait. **2.**tabiatı her şeyin aslı bilip Tanrı'nın varlığını inkâr eden, dehrî.

دهستان dihistân: [dih+i+stân] nahiye, bucak.

دهش dihiş, dehiş: (Peh.) [dâden+dih+iş] **1.**bağış, ihsan. **2.**veriş.

دهشت dehşet: (A.) dehşet.

دهشت انگيز dehşetengîz: (A.-F.) [dehşet+ engîhten> engîz] dehşet verici, dehşet salan.

دهشت انگيزى dehşetengîzî: (A.-F.) [dehşet+ engîhten>engîz+î] dehşet verme, dehşet salma.

دهشتناك dehşetnâk: (A.-F.) [dehşet+nâk] dehşet verici, dehşetli.

دهقان dihkân: **1.**köy sahibi. **2.**toprak sahibi. **3.**çiftçi. **4.**köylü. **5.**İranlı. **6.**Zerdüştî.

دهقانى dihkânî: [dihkân+î] **1.**köylülük. **2.**çiftçilik. **3.**toprak sahipliği. 4.köy sahipliği. 5.zerdüştîlik.

دهقنت dehkanet: (A.) 1.çiftçilik. 2.köylülük. 3.köy sahipliği. 4.kethüdalık.

دهکده dihkede: [dih+kede] köy.

ده کیا dihkiyâ: [dih+kiyâ] kethüda, köy kahyası.

دهگان dihgân: (Peh.) [dih+gân] 1.köylü. 2.çiftçi. 3.onlar basamağı.

ده گوشه dehgûşe: [deh+gûş+e] on köşeli.

دهل dohol: davul. ‖ * âvaz-i ~ şenîden ez dûr hoş est آواز دهل شنیدن از دور خوش است davulun sesi uzaktan hoş gelir.

دهل دریده doholderîde: [dohol+derîden> derîd+e] 1.rezil, yüzsüz. 2.davulu parçalanmış.

دهل زدن dohol zeden: davul çalmak.

دهل زن doholzen: [dohol+zeden>zen] davulcu, davul çalan.

دهل زنی doholzenî: [dohol+zeden> zen+î] davulculuk, davul çalma.

دهل فرو کوفتن dohol furû kûften: doğan çocuk için davul çalmak.

دهلوی dihlevî: 1.Delhili. 2.Delhi'ye ait.

دهلیز dihlîz: 1.dehliz. 2.hol.

دهلیزی dihlîzî: [dihlîz+î] 1.dehlize ait. 2.anlamsız söz, saçma söz.

دهم dehom: [deh+om] onuncu.

دهمست dehmest (bot.) defne ağacı.

دهمی dehomî: [deh+omî] onuncu.

دهمین dehomîn: [deh+omîn] onuncu.

دهن dehen: 1.ağız. 2.giriş. ‖ * ~ -i âdem râ âb endâhten دهن آدم را آب انداختن ağzını sulandırmak. ‖ * ~ -i kesî kurs bûden دهن کسی قرص بودن ağzı sıkı olmak.

دهن dohn: (A.) yağ.

دهناء dehnâ': (A.) 1.çöl. 2.kır.

دهن بین dehenbîn: [dehen+dîden>bîn] çabuk inanan, akar akıllı, saf.

دهن دره dehendere: [dehen+derîden> der+e] esneme.

دهان دره کردن dehendere kerden: esnemek.

دهن دریده dehenderîde: [dehen+derîden> derîd+e] 1.ağzı bozuk, utanmaz. 2.çenesi düşük.

دهنده dihende: [dâden>dih+ende] veren, verici.

دهن کجی dehenkecî: [dehen+kec+î] 1.ağız bükme, burun kıvırma. 2.meydan okuma. 3.diretme, inat.

دهن کجی کردن dehenkecî kerden: 1.ağız bükmek, burun kıvırmak. 2.meydan okumak. 3.diretmek, inat etmek.

دهنه dehene: [dehen+e] 1.ağız. 2.giriş yeri. 3.dizgin.

ده نه dehnoh: [deh+noh] 1.kadın süsü. 2.doksan. 3.eksiklik, noksan.

دهنی dehenî: [dehen+î] 1.ağızla ilgili. 2.mikrofon (telefon).

ده و گیر dih u gîr: [dâden>dih+u+ giriften>gîr] vuruşma, vurdukırdı.

دهه dehe: [deh+e] 1.on gün. 2.ilk on gün. 3.onuncu gün. 4.on yıllık dönem.

ده هزار deh hezâr: on bin.

ده هفت deh heft: eskiden kullanılan bir sikke.

ده یک deh yek: 1.onda bir. 2.öşür vergisi.

دی dey: 1.yaratıcı. 2.İran takviminin 10. ayı, Dey, Deymâh (21 Aralık-21 Ocak).

دی dî: (Peh.) 1.dün, geçen gün. 2.dün gece, dün akşam.

دیار diyâr: (A.) 1.diyar, yöre. 2.ülke. 3.şehir. 4.evler.

دیار deyyâr: (A.) 1.kişi, kimse. 2.manastırda oturan.

دیالمه deyâlime: (A.) Deylemliler.

دیان deyyân: (A.) 1.yargıç, hakim, kadı. 2.ödül veren. 3.Tanrı'nın isimlerinden biri.

دیانات diyânât: (A.) diyanetler.

دیانت diyânet: (A.) diyanet.

دیبا dîbâ: (Peh.) 1.ipek. 2.güzel yüz.

دیباجه dîbâce: 1.yüz. 2.ipek, diba.

دیباچه dîbâçe: önsöz, mukaddime.

دیبه dîbeh: ipek, diba.

دیپلم diplom: (Fr.) diploma.

دیپلومات diplomat: (Fr.) diplomat.

دیپلوماتیک diplomatik: (Fr.)

diplomatik. ‖ * masûniyyet-i ~ مصونیت دیپلوماتیک diplomatik dokunulmazlık.

دیپلوماسی diplomasi: (Fr.) diplomasi.

دیپلم گرفتن diplom giriften: diplomaalmak.

دیپلمه diplome: (Fr.) **1.**diplomalı. **2.**üniversite mezunu.

دیپلوم diplom: (Fr.) diploma.

دیجور deycûr: (A.) **1.**karanlık. **2.**kara.

دید dîd: **1.**görme. **2.**görüş. **3.**bakış. **4.**tahminî değerlendirme. ‖ * ~ u bâzdîd دید و بازدید ziyaret ve iade-yi ziyaret.

دیدار dîdâr: (Peh.) [dîden>dîd+âr] **1.**görme. **2.**görüşme, karşılaşma. **3.**göz. **4.**kavuşma. **5.**(sp.) karşılaşma. **6.**ziyaret. ‖ * ~ -i pâyânî دیدار پایانی (sp.) final karşılaşması. ‖ * ~ -i reft دیدار رفت (sp.) deplasman karşılaşması. ‖ * ~ -i resmî دیدار رسمی resmî ziyaret. ‖ * be umîd-i ~ به امید دیدار görüşmek üzere.

دیدار برگزار کردن dîdâr bergozâr kerden (Sp.) karşılaşma yapmak, maç yapmak.

دیدار کردن dîdâr kerden: **1.**görüşmek. **2.**buluşmak. **3.**(sp.) karşılaşmak.

دیداری dîdârî: [dîdâr+î] **1.**görüşmeye değer. **2.**ağ.

دیدبان dîdbân: [dîd+bân] **1.**muhafız, gözcü, gözetleyici. **2.**deniz feneri.

دید زدن dîd zeden: tahminde bulunmak.

دیدگان dîdegân: [dîde+g+ân] gözler.

دیدگاه dîdgâh: [dîden>dîd+gâh] **1.**bakışaçısı, bakım. **2.**gözetleme kulesi. **3.**manzara. ‖ * ez ~ -i از دیدگاه bakımından, açısından.

دیدگه dîdgeh: [dîd+geh] **1.**manzara. **2.**bakış açısı.

دیدن dîden: (Peh.) **1.**görmek. **2.**bakmak. **3.**karşılamak. **4.**ziyaret etmek.

دیدن deyden: (A.) huy, âdet.

دیدن کردن dîden kerden: gezmek, görmek, ziyaret etmek.

دیدن نمودن dîden numûden: gezmek, görmek, ziyaret etmek.

دیدنی dîdenî: [dîden+î] görülmeye değer, görülesi, görülecek.

دیده dîde: [dîden>dîd+e] **1.**göz. **2.**bakış. **3.**görmüş. **4.**görülmüş. **5.**gözbebeği. ‖ * ~ be cihân guşûden دیده به جهان گشودن doğmak, dünyaya gözlerini açmak. ‖ * ~ be dunyâ guşûden دیده به دنیا گشودن doğmak, dünyaya gelmek. ‖ * ~ ber hem nihâden دیده بر هم نهادن gözlerini kapatmak. ‖ * ~ ez cihân-i hâkî furû besten دیده از جهان خاکی فرو بستن ölmek, dünyaya gözlerini kapamak. ‖ * ~ ez hâb guşûden دیده از خواب گشودن uyanmak. ‖ * be ~ âmeden به دیده آمدن görülmek.

دیده بر داشتن dîde berdâşten: beklemek.

دیده دوختن dîde dûhten: göz dikmek.

دیده فراز کردن dîde ferâz kerden: gözünü kapatmak.

دیده گاه dîdegâh: [dîd+e+gâh] **1.**gözetleme yeri. **2.**manzara. **3.**görüş açısı.

دیده گشودن dîde goşûden: gözünü açmak.

دیده ور dîdever: [dîde+ver] **1.**gözcü. **2.**işleri anlayan. **3.**(ask.) keşifçi, gözcü. **4.**görür, gören.

دیده ور شدن dîdever şoden: **1.**görür olmak, görmeye başlamak. **2.**bakmak. **3.**anlamak.

دیر deyr: (A.) **1.**kilise, manastır. **2.**meyhane. ‖ * ~ -i mugân دیر مغان zerdüştî tapınağı. ‖ * ~ -i mukâfât دیر مکافات etme bulma dünyası.

دیر dîr: **1.**geç. **2.**uzun, mütemadi. ‖ * ~ îst ki دیری است که uzun zamandır, ne zamandır, epeydir. ‖ * ~ yâ zûd دیر یا زود ergeç, eninde sonunda, nasıl olsa.

دیرباز dîrbâz: [dîr+bâz] uzun süre. ‖ * ez ~ از دیرباز eskiden beri, oldum olası.

دیرپا dîrpâ: [dîr+pâyîden>pâ] **1.**geçmek bilmeyen. **2.**devamlı, kalıcı.

دیرپایی dîrpâyî: [dîr+pâyîden>pây+î] kalıcılık, devamlılık.

دیر جنبیدن dîr conbîden: ağır davranmak, ağırdan almak.

دیر زمانی dîrzemânî: (F.-A.) [dîr+zemân+î] uzun bir süre.

دیرست dîrest: [dîr+est] uzun zamandır, epeydir.

دیر شدن dîr şoden: geç olmak, gecikmek.

دیر فرست dîrfirist: [dîr+firistâden>firist] normal telgraf.

دیرک dîrek: [dîr<tîr+ek] direk, sütun.

دیرکرد dîrkerd: [dîr kerden<dîrkerd] gecikme, tehir, rötar.

دیر کرد dîr kerden: geç kalmak, gecikmek, rötar yapmak.

دیرگاه dîrgâh: [dîr+gâh] **1.**çok eskiden. **2.**geç vakit.

دیرگذر dîrgozer: [dîr+gozeşten>gozer] geçmek bilmeyen.

دیر گشتن dîr geşten: uzamak, geç olmak.

دیروز dîrûz: [dî+rûz] dün, geçen gün.

دیروزی dîrûzî: [dîrûz+î] **1.**dünkü. **2.**yeni doğmuş çocuk.

دیروقت dîrvakt: (F.-A.) [dîr+vakt] geç, geç vakit.

دیریاب dîryâb: [dîr+yâften>yâb] zor bulunan, az bulunur.

دیرین dîrîn: [dîr+în] eski, kadim.

دیرین شناس dîrînşinâs: [dîrîn+şinâhten>şinâs] paleontolog.

دیرین شناسی dîrînşinâsî: [dîrîn+şinâhten>şinâs+î] paleontoloji.

دیرینگی dîrînegî: [dîr+îne+g+î] eskilik, kıdem, hizmet sabıkası.

دیرینه dîrîne: [dîr+îne] eski, kadim.

دیرینه شناس dîrîneşinâs: [dîrîne+şinâhten>şinâs] paleontolog.

دیرینه شناسی dîrîneşinâsî: [dîrîne+şinâhten>şinâs+î] paleontoloji.

دیز dîz: **1.**renk. **2.**benzer. **3.**kale. **4.**bir tür kazan.

دیز diyez: (Fr.) (müz.) diyez.

دیزل dizel (Alm.) dizel.

دیزی dîzî: **1.**küçük güveç. **2.**tencere.

دیس dîs: **1.**renk. **2.**benzer, gibi. **3.**(gr.) liyakat eki.

دیسانتری disanteri: (Fr.) (tıb.) dizanteri, kanlı ishal.

دیسک disk: (Fr.) **1.**disk. **2.**sofra tabağı. **3.**disk (bilgisayar)

دیسک خوان diskhân: (Fr.-F.) [disk+hânden>hân] disk sürücü (bilgisayar).

دیسک درایو diskdrayv: (İng.) disk sürücü (bilgisayar).

دیسیپلین disiplin: (Fr.) disiplin.

دیشب dîşeb: [dî+şeb] dün gece, dün akşam.

دیشبی dîşebî: [dî+şeb+î] dün geceki, dün akşamki.

دیشلمه dişleme: (T.) kırklama (çay içme).

دیفتری difteri: (Fr.) (tıb.) difteri.

دیفرانسیل diferansiyel: (Fr.) diferansiyel. ‖ * ~ colov دیفرانسیل جلو önden çekişli.

دیکتاتور diktator: (Fr.) diktatör.

دیکتاتوری diktatorî: (Fr.-F.) diktatörlük. ‖ * ~ -i nizâmî دیکتاتوری نظامی cunta, askeri dikta.

دیکته dikte: (Fr.) dikte.

دیکته شدن dikte şoden: dikte edilmek.

دیکته کردن dikte kerden: dikte etmek, yazdırmak.

دیگ dîg: (Peh.) **1.**tencere. **2.**bir tür yemek. **3.**kazan. ‖ * ~ bâr gozâşten دیگ بار گذاشتن kazan kurmak. ‖ * ~ -i buhâr دیگ بخار buhar kazanı. ‖ * ~ -i zûdpez دیگ زودپز düdüklü tencere.

دیگ پختن dîg pohten: yemek pişirmek.

دیگچه dîgçe: [dîg+çe] **1.**küçük kazan. **2.**küçük tencere. **3.**bir tür yemek.

دیگدان dîgdân: [dîg+dân] **1.**tencere konulacak yer. **2.**sehpa.

دیگر dîger: (Peh.) **1.**diğer, öteki, öbürü, öte. **2.**hiç, asla. **3.**artık, bir daha, bundan böyle, sonra. **4.**daha. **5.**henüz, daha. **6.**başka. **7.**başkası, diğeri. **8.**sonra. ‖ * nemâz-i ~ نماز

دیگر ikindi namazı.

دیگران dîgerân: diğerleri, başkaları.

دیگربار dîgerbâr: [dîger+bâr] tekrar, yeniden, bir kez daha.

دیگرباره dîgerbâre: [dîger+bâr+e] tekrar, yeniden, bir kez daha.

دیگرچه dîgerçi: [dîger+çi] daha neler!

دیگرروز dîgerrûz: [dîger+rûz] ertesi gün.

دیگرگون dîgergûn: [dîger+gûn] **1.**başka renk. **2.**değişik, başka. **3.**baş aşağı. **4.**ızdıraplı.

دیگرگون شدن dîgergûn şoden: değişmek, başkalaşmak.

دیگرگون کردن dîgergûn kerden: değiştirmek, başkalaştırmak.

دیگرم dîgerom: [dîger+om] **1.**diğeri, bir diğeri, bir başkası. **2.**benzeri, gibi.

دیگری dîgerî: [dîger+î] diğeri, bir diğeri, bir başkası.

دیگ نهادن dîg nihâden: **1.**tencereyi ateşe koymak. **2.**(kin.) gösteriş yapmak, çalım satmak.

دیلاق deylâk: (T.) **1.**uzun boylu. **2.**kabiliyetsiz. **3.**aptal.

دیلماج dilmâc: (T.) **1.**tercüman. **2.**mütercim, çevirmen.

دیلم deylem: (A.) (coğ.) Deylem.

دیلمی deylemî: (A.) [deylem+î] **1.**Deylemli. **2.**Deylem'e ait.

دیم deym: (A.) kuru ziraat.

دیم dîm: yüz, surat, çehre.

دیمومت deymûmet: (A.) devamlılık, süreklilik, kalıcılık, daimîlik.

دین deyn: (A.) borç.

دین dîn: (A.) **1.**din. **2.**yol, tarz, yöntem.

دینار dînâr: (Peh.) dinar, altın sikke.

دینارشمر dînârşomer: [dînâr+şomorden> şomer] sarraf.

دیناری dînârî: [dînâr+î] **1.**ipek kumaş. **2.**bir tür kırmızı şarap.

دینام dinam: (Fr.) dinamo.

دینامیت dinamit: (Fr.) dinamit.

دینامیک dinamik: (Fr.) dinamik.

دین به dînbih: (A.-F.) [dîn+bih] **1.**iyi din. **2.**Zerdüştlük.

دیندار dîndâr: (A.-F.) [dîn+dâşten>dâr] dindar, mütedeyyin.

دینداری dîndârî: (A.-F.) [dîn+dâşten> dâr+î] dindarlık.

دینه dîne: [dî+n-e] dünkü.

دینی dînî: (A.-F.) [dîn+î] dinî, dinsel.

دیو dîv: (Peh.) **1.**dev. **2.**şeytan. **3.**vahşî. **4.**müfsid. **5.**pehlivan. **6.**iri at.

دیوار dîvâr: (Peh.) **1.**duvar. **2.**set. ‖ * ~ -i çîn دیوار چین (coğ.) Çin Seddi. ‖ * ~ -i kûtâh dîden دیوار کوتاه دیدن düşkün ve aciz görmek, adam yerine koymamak. ‖ * ez ~ -i râst bâlâ reften از دیوار راست بالا رفتن düz duvara tırmanmak, haşarı olmak.

دیوار بست dîvârbest: [dîvâr+besten>best] duvarla çevrili.

دیوارگر dîvârger: [dîvâr+ger] duvarcı ustası.

دیواره dîvâre: [dîvâr+e] **1.**duvara benzeyen siper. **2.**duvar. **3.**bariyer. **4.**engel, mania.

دیواری dîvârî: [dîvâr+î] duvara ait. ‖ * sâet-i ~ ساعت دیواری duvar saati.

دیوان dîvân: **1.**divan. **2.**(esk.) vezirlik binası, divan. **3.**muhasebe bürosu. **4.**(huk.) mahkeme. ‖ * ~ -i âlî-yi dâverî ve hakemiyyet دیوان عالی داوری و حکمیت yüksek hakem kurulu. ‖ * ~ -i kişver دیوان کشور (huk.) danıştay. ‖ * ~ -i muhâsebât دیوان محاسبات (huk.) sayıştay. ‖ * ~ -i temîz دیوان تمیز (huk.) temyiz mahkemesi. ‖ * ~ -i zimâm دیوان زمام (huk.) sayıştay.

دیوان سیاه dîvân siyâh: isyankâr, günahkâr.

دیوانگان dîvânegân: [dîvâne+g+ân] deliler, divaneler.

دیوانگی dîvânegî: [dîvâne+e+î] **1.**delilik, divanelik. **2.**çılgınlık. **3.**cinnet.

دیوانگی کردن dîvânegî kerden: **1.**delilik etmek. **2.**çılgınlık etmek.

دیوانه dîvâne: [dîv+âne] **1.**deli. **2.**çılgın. ‖ * ~ -i kesî bûden دیوان کسی بودن birine deli divane olmak, sırılsıklam aşık olmak.

دیوانه بازی dîvânebâzî: [dîvâne+bâzî] delilik.

دیوانه خانه dîvânehâne: [dîvâne+hâne] akıl hastanesi, tımarhane.

دیوانه سر dîvâneser: [dîvâne+ser] **1.**alçak, rezil. **2.**şaşkın.

دیوانه شدن dîvâne şoden: delirmek, çıldırmak, kudurmak.

دیوانه کردن dîvâne kerden: delirtmek, çıldırtmak, kudurtmak.

دیوانه وار dîvânevâr: [dîvâne+vâr] delicesine, delice, çılgınca, deli gibi.

دیوانه وش dîvâneveş: [dîvâne+veş] deli gibi, delice, çılgınca.

دیوانی dîvânî: [dîvân+î] **1.**idarî. **2.**divan ile ilgili. **3.**dîvânî yazı.

دیوباد dîvbâd: [dîv+bâd] **1.**delilik. **2.**hızlı koşan at.

دیوپا dîvpâ: [dîv+pâ] **1.**iri ayaklı. **2.**iri örümcek.

دیوث deyyûs: (A.) deyyus.

دیوثی deyyûsî: (A.-F.) [deyyûs+î] deyyusluk.

دیوجامه dîvcâme: [dîv+câme] savaş günü veya keklik avında giyilen bir giysi.

دیوجان dîvcân: [dîv+cân] **1.**şeytan sıfatlı. **2.**acımasız. **3.**cesur. **4.**ihtiyar.

دیودل dîvdil: [dîv+dil] **1.**kötü kalpli. **2.**cesur, yürekli.

دیو دولت dîvdevlet: (F.-A.) [dîv+devlet] çabuk yıkılan devlet.

دیو دیده dîvdîde: [dîv+dîden>dîd+e] **1.**deli, divane. **2.**şeytan görmüş.

دیوزاده dîvzâde: [dîv+zâden>zâd+e] **1.**şeytan çocuğu. **2.**dev çocuğu. **3.**süratli giden iri at.

دیوزده dîvzede: [dîv+zeden>zed+e] cin çarpmış.

دیو سیرت dîvsîret: (F.-A.) [dîv+sîret] şeytan ruhlu.

دیو کردار dîvkirdâr: [dîv+kerden>kerd> kird+âr] kötü davranışlı.

دیو کلوخ dîvkolûh: [dîv+kolûh] büyük kesek.

دیومار dîvmâr: [dîv+mâr] **1.**ejderha. **2.**büyük yılan.

دیومردم dîvmerdum: [dîv+merdum] **1.**bozucu. **2.**şeytan. **3.**cin.

دیون duyûn: (A.) borçlar.

دیویزیون divizyon: (Fr.) (ask.) tümen.

دیه dîh: köy.

دیه diye: (A.) kan parası, diyet.

دیهول dîhûl: murassa taç.

دیهیم deyhîm: taç, kral tacı, murassa taç.

ذ

ذ zal: **1.**z. Farsça alfabenin on birinci harfi. **2.**ebced sistemine göre sayısal değeri 700.

ذا zâ: (A.) sahip.

ذا zâ: (A.) bu, şu.

ذائب zâ'ib: (A.) eriyen, erimiş.

ذائق zâ'ik: (A.) tadına bakan, tadan.

ذائقوى zâ'ikavî: (A.) tad alma duyusu ile ilgili.

ذائقه zâ'ika: (A.) **1.**tad alma duyusu. **2.**tadına bakan, tadan. ‖ * kuvve-i ~ قوهء ذائقه tad alma duyusu.

ذابح zâbih: (A.) hayvan kesen, boğazlayan.

ذابل zâbil: (A.) **1.**solgun, buruşuk. **2.**zayıf, cılız. **3.**susuzluktan kurumuş.

ذات zât: (A.) **1.**sahip. **2.**hakikat. **3.**cevher, öz. **4.**zat. **5.**cisim. **6.**yaratılış. **7.**kişi. **6.**bilimsel sınıflandırmada "aile, familya, -giller". ‖ * ~ -i âlî ذات عالى **1.**değerli insan. **2.**yüce zatınız, siz. ‖ * ~ -i aliyyula'lâ ذات على الاعلى en yüce zat, Tanrı.

ذاتاً zâten: (A.) zaten, aslında.

ذات الجنب zâtulcenb: (A.) (tıb.) zatülcenp, akciğer zarı iltihabı.

ذات الحركه zâtulhareke: (A.) otomatik, kendi kendine hareket eden.

ذات الحركيه zâtulharekiyyet: (A.) otomatiklik, kendi kendine hareket etme, otomatizm.

ذاتى zâtî: (A.) kişisel, zâti.

ذاتيه zâtiyye: (A.) kişisel, özel.

ذاخر zâhir: (A.) **1.**bol. **2.**semiz.

ذاكر zâkir: (A.) **1.**zikreden, zakir.**2.**ravzahan (şiîlikte). **3.**zikir çeken. **4.**ilahi okuyan.

ذاكرون zâkirûn: (A.) **1.**ananlar, zikredenler. **2.**zikir çekenler. **3.**ilahi okuyanlar.

ذاكره zâkire: (A.) **1.**anan, zikreden. **2.**zikir çeken. **3.**ilahi okuyan. **4.**bellek. **5.**bayan adı.

ذاكرين zâkirîn: (A.) **1.**ananlar, zikredenler. **2.**zikir çekenler. **3.**ilahi okuyanlar.

ذاكى zâkî: (A.) güzel kokan, keskin kokan.

ذالق zâlik: (A.) giden.

ذالق الامعا zâlikulem'â: (A.) ishal.

ذاهب zâhib: (A.) **1.**giden. **2.**çalışan. **3.**kanıya düşen.

ذاهل zâhil: (A.) **1.**unutkan, dalgın. **2.**ihmalkâr.

ذاهله zâhile: (A.) dalgın, unutkan.

ذايب zâyib: (A.) **1.**eriyen. **2.**eriten.

ذايع zâyi': (A.) aşık, aşikâr.

ذايقه zâyika: (A.) **1.**tad alma duyusu. **2.**tadan.

ذئاب zi'âb: (A.) (zool.) kurtlar.

ذؤابه zu'âbe: (A.) **1.**alın. **2.**değerlilik. **3.**şerefli.

ذئب zi'b: (A.) (zool.) kurt. ‖ * ~ -i bahrî ذئب بحرى deniz kurdu. ‖ * ~ -i yûsuf ذئب يوسف suçsuz olduğu halde suçlanan kimse.

ذؤبان zu'bân: (A.) (zool.) kurtlar.

ذب zebb: (A.) menetme, alıkoyma, uzaklaştırma, kovma.

ذباب zubâb: (A.) **1.**(zool.) sinek. **2.**(zool.) arı. ‖ * ~ -i bakarî ذباب بقرى büvelek.

ذبابه zubâbe: (A.) (zool.) sinek.

ذباخ zubâh: (A.) tükrük damarı iltihabı.

ذباله zobâle: (A.) **1.**çöp. **2.**mum fitili, kandil fitili.

ذباله دان zobâledân: (A.-F.) [zobâle+dân] çöp kutusu, çöp kabı.

ذبان zibbân: (A.) sinekler.

ذبايح zebâyih: (A.) **1.**kurbanlık hayvanlar. **2.**kesilmiş hayvanlar.

/za:l/

ذبح zibh, zebh: (A.) 1.kesme, boğazlama. 2.kurban etme.

ذبحه zibha: (A.) difteri, kuşpalazı. ‖ * ~ -i hakîkiyye ذبحهء حقيقيه difteri, kuşpalazı. ‖ * ~ -i kâzibe ذبحهء كاذبه yalancı kuşpalazı.

ذبحه zubha: (A.) kuşpalazı, difteri.

ذبحه گاه zebhegâh: (A.-F.) [zebh+e+gâh] hayvan kesim yeri.

ذبحيه zebhiyye: (A.) kesim vergisi.

ذبل zebl: (A.) deniz kaplumbağası kabuğu.

ذبول zebûl: (A.) 1.solgun, pejmürde. 2.cılız. 3.sararıp solma, solgunluk, pejmürdelik.

ذبول zobûl: (A.) 1.solma. 2.solgunluk. 3.cılızlık. 4.deri kuruması.

ذبيح zebîh: (A.) 1.kurbanlık, kurban edilen. 2.Hz. Abdullah'ın lakabı.

ذبيح الله zebîhullâh: (A.) Tanrı'ya kurban edilmeye layık, yetişkin ve ergin kurbanlık.

ذبيحه zebîha: (A.) 1.kurbanlık hayvan. 2.kurban edilmiş hayvan.

ذبيحين zebîheyn: (A.) iki kurban.

ذحل zahl: (A.) 1.intikam. 2.düşmanlık.

ذحول zuhûl: (A.) intikamlar, kinler.

ذخائر zehâ'ir: (A.) zahireler, rezervler sıkıntı günleri için ayrılmış yiyecekler.

ذخاير zehâyir: (A.) zahireler, rezervler, sıkıntı günleri için ayrılmış yiyecekler.

ذخر zuhr: (A.) zahire.

ذخر zuhur: (A.) zahire.

ذخيره zahîre: (A.) 1.zahire, rezerv. 2.azık.

ذخيره كردن zahîre kerden: biriktirmek.

ذخيره نهادن zahîre nihâden: biriktirmek.

ذر zer: (A.) 1.küçük karınca. 2.toz, zerre. 3.karınca yumurtası.

ذرات zerrât: (A.) zerrecikler, zerreler, moleküller, parçacıklar.

ذراح zerrâh: (A.) kuduz böceği.

ذراح zurrâh: (A.) kuduz böceği.

ذراره zerâre: (A.) saçıntı.

ذراره zurâre: (A.) saçıntı, serpinti.

ذرارى zerârî: (A.) 1.evlatlar, soylar, zürriyetler. 2.kadınlar.

ذراريح zerârîh: (A.) kuduz böcekleri.

ذراع zirâ': (A.) 1.kol. 2.dirsek. 3.arşın. (75-90 cm. arasında farklılık gösterir.) 4.ayın yörüngesi üzerindeki menzillerden biri. ‖ * ~ -i a'şârî ذراع اعشارى metre.

ذراعات zirâ'ât: (A.) arşınlar.

ذرت zorret: (A.) (bot.) mısır.

ذرخش zerehş: 1.aydınlık, parıltı. 2.şimşek.

ذرع zer': (A.) 1.arşınlama, ölçme. 2.arşın, 104.cm.lik uzunluk ölçüsü birimi.

ذرعان zur'ân: (A.) arşınlar.

ذرعى zer'î: (A.) arşın ile ölçülen, arşın hesabıyla.

ذرعيات zer'iyyât: (A.) arşınla ölçülen şeyler, arşın hesapları.

ذروح zurrûh: (A.) kuduz böceği.

ذرور zerûr: (A.) sürme, göz ilacı.

ذروه zirve: (A.) 1.doruk, zirve. 2.uç. 3.baş ardı.

ذروى zerrevî: (A.) 1.zerre ile ilgili. 2.moleküler.

ذره zerre: (A.) 1.zerre. 2.küçük karınca. 3.azıcık, birazcık.

ذره بين zerrebîn: (A.-F.) [zerre+dîden> bîn] 1.mikroskop. 2.büyüteç.

ذره بينى zerrebînî: (A.-F.) [zerre+dîden> bîn+î] mikroskopi.

ذره شكاف zerreşikâf: (A.-F.) [zerre+ şikâften> şikâf] kılı kırk yaran.

ذره وار zerrevâr: (A.-F.) [zerre+vâr] zerre gibi, küçücük.

ذره وش zerreveş: (A.-F.) [zerre+veş] zerre gibi, zerre kadar.

ذريات zurriyyât: (A.) soylar, nesiller, zürriyetler.

ذريت zurriyyet: (A.) soy, nesil, zürriyet.

ذريرات zureyrât: (A.) zerrecikler.

ذريره zerîre: (A.) 1.(tıb.) kuru ilaç. 2.bir tür hoş koku, parfüm.

ذريع zerî': (A.) şefaatçi.

ذریعه zerî'e: (A.) vesile, vasıta, bahane, sebep.

ذریه zorriyye: (A.) zürriyet, nesil.

ذعر za'ar: (A.) aşırı korku.

ذغال zogâl: kömür.

ذغال سنگ zogâlseng: [zoğâl+seng] taş kömürü.

ذفر zefer: (A.) pis koku, kötü koku.

ذق ذدن zık zeden: ağlayıp bahane bulmak, zırlamak.

ذق ذق کردن zok zok kerden: zonklamak.

ذقن zakan: (A.) çene.

ذقنی zekanî: (A.) çene ile ilgili.

ذقون zukûn: (A.) çeneler.

ذکاء zekâ': (A.) zekâ, zekîlik.

ذکاء zokâ': (A.) **1.**güneş. **2.**hararet.

ذکار zikâr: (A.) erkekler.

ذکاره zîkâre: (A.) erkekler.

ذکاوت zekâvet: (A.) **1.**zekîlik. **2.**bayan adı.

ذکاوتمند zekâvetmend: (A.-F.) [zekâvet+ mend] zekî, zeka sahibi.

ذکاوتمندانه zekâvetmendâne: (A.-F.) [zekâvet+ mend+ âne] zekice.

ذکر zeker: (A.) **1.**erkek. **2.**(tıb.) penis.

ذکر zikr: (A.) **1.**zikir, anma, yadetme. **2.**anlatılma, anılma, zikredilme. **3.**haltercümesi. **4.**öğüt. **5.**Kur'ân-ı Kerîm. **6.**(tas.) zikir çekme. ‖ * ~ bilhayr ذکر بالخیر hayır ile anma. ‖ * ~ be hayr ذکر بخیر Allah selâmet versin. ‖ * ~ -i cemîl ذکر جمیل **1.**Tanrı'nın adlarını anarak dua etme. **2.**iyilikle anma. **3.**eskiden öğrencilere verilen ödül. ‖ * ~ -i çîzî yâ kesî reften ذکر کسی یا چیزی رفتن anılmak, adı geçmek, zikredilmek.

ذکر zukr: (A.) düşünce.

ذکران zokrân: (A.) erkekler.

ذکر شدن zikr şoden: zikredilmek, söz edilmek, anılmak.

ذکر کردن zikr kerden: anmak, zikretmek, söz etmek, belirtmek, vurgulamak, kaydetmek.

ذکری zikrâ: (A.) **1.**anma. **2.**öğüt. **3.**vaaz. **4.**kıyamet. **5.**örnek.

ذکور zukûr: (A.) erkekler. ‖ * ~ u nisvân ذکور و نسوان erkekler ve kadınlar.

ذکورت zukûret: (A.) erkeklik. ‖ * ~ ve unûset ذکورت و انوثت erkeklik ve dişilik.

ذکی zekî: (A.) **1.**zeki, zekâlı. **2.**sert koku.

ذکیر zekîr: (A.) güçlü hafızası olan.

ذکیه zekiyye: (A.) **1.**zekâ sahibi. **2.**bayan adı.

ذل zill: (A.) **1.**yumuşatma. **2.**yumuşaklık. **3.**şefkat. **4.**tarz, tavır.

ذل zoll: (A.) **1.**zül, alçalma, alçaklık, zelillik, horluk, zillet. **2.**tevazu. **3.**boyun eğme. **4.**yumuşaklık.

ذلاذل zelâzil: (A.) uzun etekler.

ذلاقت zelâket: (A.) fesahat.

ذلال zilâl: (A.) bayağılar, düşkünler, zeliller.

ذلالت zelâlet: (A.) zelillik, alçaklık, horluk, düşkünlük.

ذلان zullân: (A.) düşkünler, aşağılıklar, zeliller.

ذلت zillet: (A.) **1.**zillet, aşağılık, düşkünlük, horluk. **2.**tevazu.

ذلت بار zilletbâr: (A.-F.) [zillet+bârîden> bâr] aşağılayıcı.

ذلک zâlik: (A.) o, bu, şu.

ذلل zulul: (A.) yumuşakbaşlılar.

ذلول zelûl: (A.) **1.**hecin devesi. **2.**yumuşak başlı, itaatkâr.

ذلولی zelûlî: (A.-F.) [zelûl+î] yumuşak başlılık.

ذله بر zelleber: (A.-F.) [zelle+borden> ber] zillete katlanan.

ذلیق zelîk: (A.) düşmüş cenin, düşük.

ذلیل zelîl: (A.) zelil, hakir, küçük düşmüş. ‖ * ~ -i morde ذلیل مرده (argo) geberesice!

ذلیلانه zelîlâne: (A.-F.) [zelîl+âne] düşkünce, zelilce, aşağılanarak, horlanarak.

ذلیل گرداندن zelîl gerdânden: zelil etmek, aşağılamak.

ذلیلی zelîlî: (A.-F.) [zelîl+î] zelillik, alçaklık, zillet, düşkünlük, aşağılanmışlık, horlanmışlık.

ذم zemm: (A.) yergi, yerme, kötüleme, ayıplama, kınama.

ذمائم zemâ'im: (A.) kötü davranışlar, kötü haller.

ذمار zımâr: (A.) ırz, namus.

ذمام zimâm: (A.) **1.**hak. **2.**saygınlık.

ذمام zemmâm: (A.) kötüleyen, yeren, ayıplayan, kınayan.

ذمت zimmet: (A.) **1.**bir şeyi korumakla görevlendirilme, elde tutma zorunluğu. **2.**borç.

ذمم zimem: (A.) **1.**zimmetler. **2.**borçlar

ذممات zimemât: (A.) **1.**zimmetler. **2.**borçlar.

ذموم zumûm: (A.) ayıplamalar, kötülemeler, kınamalar.

ذمه zimme: (A.) zimmet. ‖ * ehl-i ~ اهل ذمه Müslümanlar arasında yaşayan Hıristiyan, yahudi ve zerdüştîler.

ذمی zimmî: (A.) İslâm devletinin koruması ve uyruğu altındaki gayrimüslimler.

ذميم zemîm: (A.) **1.**kötü, çirkin. **2.**yergiye maruz kalmış, yerilmiş.

ذميمه zemîme: (A.) **1.**kötü, çirkin. **2.**yergiye maruz kalmış, yerilmiş.

ذميمه كار zemîmekâr: (A.-F.) [zemîme+ kâr] kötü şeyler yapan.

ذناب zinâb: (A.) kuyruklar.

ذنابه zinâbe: (A.) arka, peş.

ذنابه zunâbe: (A.) **1.**her şeyin sonu. **2.**her şeyin devamı, peş, arkası. **3.**özet, hülasa.

ذنب zeneb: (A.) kuyruk.

ذنب zenb: (A.) suç, günah, hata.

ذنبی zenebî: (A.) **1.**kuyruk ile ilgili. **2.**sap ile ilgili.

ذنبيات zenebiyyât: (A.) yaprak sapları.

ذنن zenen: (A.) sümüklülük.

ذنوب zunûb: (A.) **1.**günahlar, suçlar. **2.**kuyruklar.

ذنوبه zennûbe: (A.) **1.**günahkâr kadın. **2.**bayan adı.

ذنون zennûn: (A.) sümüklü.

ذنيب zuneyb: (A.) **1.**küçük kuyruk. **2.**sapçık.

ذنين zenîn: (A.) sümük.

ذو zû: (A.) sahip, malik.

ذوآبه zûâbe: (A.) perçem, kakül, zülüf.

ذوائب zevâ'ib: (A.) **1.**alınlar. **2.**zülüfler, perçemler. **2.**eritilmiş madenler.

ذوابه zuvâbe: (A.) perçem, kakül.

ذوات zevât: (A.) zatlar, kişiler, zevat.

ذواق zevvâk: (A.) **1.**zevk düşkünü. **2.**çok deneyen. **3.**çeşnici.

ذواق zuvvâk: (A.) klasik Arap müziğinde ses notalarının bütünü.

ذواقين zevvâkîn: (A.) çeşniciler.

ذو الاحترام zulihtirâm: (A.) saygıdeğer.

ذوالارحام zulerhâm: (A.) akrabalar.

ذوالارواح zulervâh: (A.) canlı.

ذو الافواه جنبيه zulefvâh-i cenbiyye: (A.-F.) köpekbalıkları.

ذوالانتقام zulintikâm: (A.) intikam sahibi.

ذوالاوبار zulevbâr: (A.) tüylü bitkiler.

ذو الثقبه zussukbe: (A.) deniz hıyarı, deniz solucanı.

ذو الجانبين zulcânibeyn: (A.) **1.**iki taraflı. **2.**bir sap üzerinde iki tarafa dizili yapraklar.

ذوالجلال zulcelâl: (A.) yüce Allah, ulu Allah.

ذوالجناح zulcenâh: (A.) **1.**çok kanatlı. **2.**çok yönlü.

ذوالعقل zul'akl: (A.) akıllı.

ذو الفضل zulfazl: (A.) erdemli, faziletli.

ذوالفقار zûlfekâr: **1.**(zool.) omurgalılar. **2.**iki omurlu. **3.**Zülfikar (erkek adı) . **4.**Hz. Ali'nin çatal kılıcının adı. **5.**erkek adı. ‖ * ~ -i şâh-i merdân ذوالفقار شاه مردان yiğitler şahı Hz. Ali'nin Zülfekar adlı çatal kılıcı.

ذوالقرنين zulkarneyn: (A.) **1.**iki boynuzlu. **2.**Kur'ân'da adı geçen ulu kişi. **3.**Büyük İskender. **4.**erkek adı.

ذوالقوافی zulkavâfî: (A.) ikiden çok kafiyeli manzume.

ذوالكرم zulkerem: (A.) kerem sahibi, cömert.

ذو المطالع zulmetâli': (A.) ikiden çok matlaı olan gazel veya kaside.

ذوالمطلعين zulmatla'eyn: (A.) iki matlalı gazel veya kaside.

ذوالمن zulmenn: (A.) Tanrı.

ذوالنون zunnûn: (A.) Yunus Peygamber'in lakabı.

* ~ -i mısrî ذو النون مصرى bir velî.

ذوالوجهين zulvecheyn: (A.) **1.**iki yüzlü. **2.**iki düzlemli.

ذوايب zevâyib: (A.) **1.**alınlar. **2.**zülüfler.

ذوب zevb, zovb: (A.) erime. ‖ * kârhâne-i ~ âhen كارخانهء ذوب آهن demir-çelik fabrikası.

ذوبان zevebân: (A.) erime.

ذوبحرين zûbahreyn: (A.) (ed.) iki bahirli.

ذو ذنقه zûzeneke: (A.) yamuk.

ذو ذوائب zûzevâ'ib: (A.) kuyruklu yıldızlar.

ذو ستة الوجوه zûsittetilvucûh: (A.) altıgen, altı yüzlü.

ذو شفتين zûşefeteyn: (A.) **1.**iki dudaklı. **2.**iki dudak biçimli taç yaprakları olan çiçekler.

ذو فقار zûfekâr: (A.) (zool.) omurgalılar.

ذوفنون zûfunûn: (A.) **1.**oyun yapan, fenli. **2.**hünerli, sanat sahibi.

ذوق zevk, zovk: (A.) **1.**zevk, eğlence. **2.**tadına bakma, tadım. **3.**keyif alma, haz duyma, hoşlanma. **4.**güzel ile çirkini ayırma yetisi. **5.**(tas.) şuhud derecesinin ilk basamağı.

* ~ -i selîm ذوق سليم estetik bakımından üst düzeydeki zevk.

ذوق آلود zevkâlûd: (A.-F.) [zevk+ âlûden>âlûd] zevkli, zevk dolu.

ذوق آمدن zovk âmeden: zevklenmek.

ذوق آور zevkâver: (A.-F.) [zevk+ âverden>âver] zevk veren, zevkli.

ذوقاً zevken: (A.) zevk bakımından, zevk yoluyla.

ذو قافيتين zûkâfiyeteyn: (A.) iki kafiyeli manzume.

ذوق بخش zevkbahş: (A.-F.) [zevk+ bahşîden>bahş] **1.**zevk veren. **2.**klasik Türk musikîsinde bir makam. **3.**bir cins lale.

ذوق پرست zevkperest: (A.-F.) [zevk+ perestîden> perest] zevk düşkünü.

ذوق پرستى zevkperestî: (A.-F.) [zevk+ perestîden> perest+î] zevk düşkünlüğü.

ذوق جو zevkcû: (A.-F.) [zevk+costen> cû] zevk düşkünü.

ذوق جويانه zevkcûyâne: (A.-F.) [zevk+ costen>cûy+ âne] zevk peşinde koşarak, zevk düşkünü gibi.

ذوق زدن zovk zeden: neşelenmek, keyiflenmek, zevklenmek.

ذوق زده zovkzede: (A.-F.) [zovk+ zeden> zed+e] neşeli, keyifli, zevkli.

ذوق كردن zovk kerden: zevk duymak, keyiflenmek, zevklenmek.

ذوقمند zovkmend: (A.-F.) [zovk+mend] zevk sahibi.

ذوقناك zovknâk: (A.-F.) [zovk-nâk] zevkli, keyifli.

ذوق ياب zevkyâb: (A.-F.) [zevk+yâften> yâb] zevk alan.

ذوقى zevkî: (A.) zevk ile ilgili.

ذوقيات zevkiyyât: (A.) zevk ile ilgili şeyler, zevk veren şeyler.

ذوله zûle: (A.) [<zû+elye] kamçı.

ذوله شكن zûleşiken: (A.-F.) [zûle+ şikesten>şiken] kamçı kıran at, huysuz at.

ذوى zevî: (A.) sahip olanlar.

ذوى الاحترام zevilihtirâm: (A.) saygın kişiler.

ذه zihi: (A.) bu, şu.

ذهاب zehâb: (A.) **1.**gitme, gidiş. **2.**düşünceye kapılma. **3.**kaynak, menba. ‖ * ~ u iyâb ذهاب و اياب gidiş geliş.

ذهاب zihâb: (A.) aşırı yağmur.

ذهب zeheb: (A.) altın.

ذهبان zuhbân: (A.) altınlar.

ذهبى zehebî: (A.-F.) [zeheb+î] **1.**altından. **2.**Zehebî, bu fırkaya mensup olan.

ذهبين zehebîn: (A.-F.) [zeheb+în] altından yapılmış.

ذهبيه zehebiyye: (A.) **1.**altından. **2.**Zehebîlik.

ذهن zihn: (A.) zihin. ‖ * ~ -i kesî râ be hod meşgûl dâşten ذهن کسی را به خود مشغول داشتن aklını kurcalamak, zihnini meşgul etmek. ‖ * be ~ hutûr kerden به ذهن خطور كردن akla gelmek. ‖ * be ~ mutebâdir şoden به ذهن متبادر شدن akla gelmek. ‖ * der ~ -i hod tersîm kerden در ذهن خود ترسيم كردن zihninde canlandırmak. ‖ * der ~ nigehdâşten در ذهن نگهداشتن aklında tutmak.

ذهناً zihnen: (A.) zihince, zihin bakımından.

ذهنى zihnî: (A.) **1.**zihinsel, zihinden, akıldan. **2.**erkek adı.

ذهنيات zihniyyât: (A.) zihin ile ilgili şeyler.

ذهنيه zihniyye: (A.) **1.**zihin ile ilgili. **2.**zihinsel. **3.**entelektüellik, entelektüalizm. **4.**bayan adı.

ذهوب zuhûb: (A.) altınlar.

ذهول zuhûl: (A.) **1.**meşgul olma. **2.**unutma. **3.**gaflet. **4.**bir işi elinde olmayan nedenlerden dolayı geciktirme.

ذهيب zehîb: (A.) altın yaldızlı.

ذى zî: (A.) sahip, malik.

ذياب ziyâb: (A.) kurtlar.

ذى اقتدار zîiktidâr: (A.) iktidar sahibi.

ذيال zeyyâl: (A.) **1.**ekli. **2.**kuyruklu. **3.**uzun etekli.

ذى الحجه zilhicce: (A.) Zilhicce ayı, kamerî takvimin on ikinci ayı.

ذى الرأى zirre'y: (A.) görüş sahibi, fikir sahibi.

ذى القعده zilka'de: (A.) Zilkade ayı, kamerî takvimin **11.**ayı.

ذى النورين zinnûreyn: (A.) **1.**iki nur sahibi. **2.**Hz. Osman, Hz. Muhammed'in iki kızı ile evli olduğu için iki nur sahibi ünvanını alan Hz. Osman.

ذى اليد zilyed: (A.) bir mal veya parayı elinde tutan.

ذى جرم zîcurm: (A.) [zî+curm] suçlu, cürümlü.

ذى حساب zîhisâb: (A.) muhasebeci.

ذى حق zîhak: (A.) haklı, hak sahibi.

ذى حيات zîhayât: (A.) canlı.

ذى دها zîdehâ: (A.) [zî+dehâ] deha sahibi, dâhi.

ذى ربط zîrabt: (A.) ilgili.

ذى رحم zîrahm: (A.) nesep bakımından akraba.

ذى روح zîrûh: (A.) canlı.

ذى شأن zîşe'n: (A.) şanlı, şerefli.

ذيشان zîşân: (A.) **1.**şanlı. **2.**bir tür lale. **3.**bayan adı.

ذى شرافت zîşerâfet: (A.) onurlu, şerefli.

ذى شعشعه zîşa'şa'a: (A.) gösterişli, şatafatlı, parlak.

ذى شعور zîşu'ûr: (A.) bilinçli, şuurlu.

ذيع zey': (A.) duyulma, yayılma.

ذيعان zeye'ân: (A.) duyulma, yayılma.

ذى علاقه zî elâke: (A.) ilgili, alakalı.

ذى قدرت zîkudret: (A.) [zî+kudret] güçlü, kudretli.

ذيقعده zîka'de: (A.) Zilkade ayı, kamerî takvimin **11.**ayı.

ذى قيمت zîkıymet: (A.) değerli, kıymetli.

ذيل zeyl: (A.) **1.**etek. **2.**zeyil, ek, ilave. **3.**aşağı, alt. **4.**son. . **4.**etek. ‖ * ~ -i dûdî-i a'verî ذيل دودىء اعورى apandis.

ذيلاً zeylen: (A.) **1.**ekte, ilişikte. **2.**aşağıda, aşağıda olduğu gibi.

ذيل خانه zeylhâne: (A.-F.) [zeyl+hâne] peşrev ve saz semailerinin son hanesi.

ذيل نامه zeylnâme: (A.-F.) [zeyl+nâme <nâme-i zeyl] poliçe zeyli, sözleşme zeyli, ek.

ذيليات zeyliyyât: (A.) ekler.

ذى مدخل zîmedhal: (A.) [zî+medhal] müdahelesi olan.

ذى مهابت zîmehâbet: (A.) [zî+mehâbet] heybetli.

ذى نفع zînef': (A.) yararlı, faydalı.

ذى نفوذ zînufûz: (A.) [zî+nufûz] nüfuz sahibi, etkili, sözü geçer.

ذى وقار zîvekâr: (A.) ağırbaşlı.

ذيول zuyûl: (A.) zeyiller, ekler, ilaveler.

ر

ر re: **1.**R, r. Farsça alfabenin on ikinci harfi **2.**Ebced sistemine göre sayısal değeri 200'dür. **3.**Rebîülâhir'in kısa yazılış şekli.

رآکتور reaktur: (Fr.) reaktör.

رآلیست realist: (Fr.) realist.

رآلیسم realism: (Fr.) realizm.

را râ: (A.) **1.**re sesi. **2.**Rebîülevvel ayının kısaltması. **3.** sevgilinin kaşı, sevgilinin "r" harfini andıran kaşı.

را râ: (Peh.) **1.**(gr.) -i, -ı. **2.**(gr.) -e, -a. **3.**(gr.) iyelik eki gibi tercüme edilir. **4.**"esten", "hesten", "şoden", "âmeden" "bûden", "dâşten" ve "geşten" gibi fiillerden biri geldiğinde iyelik eki gibi değerlendirilir. **5.**için. **6.**Kimi cümlelerde veya beyitlerde "râ" edatı düşebilir. **7.**aşkına (yemin).

رائج râ'ic: (A.) yaygın, sürümde olan, revaçta olan.

رائح râ'ih: (A.) koku veren, kokan.

رائحه râ'iha: (A.) koku, rayiha, hoş koku.

رائش râ'iş: (A.) rüşvet alan ve veren arasındaki aracı.

رائض râ'iz: (A.) öfkeli, kızgın.

رائف râ'if: (A.) **1.**merhametli. **2.**erkek adı.

رائفه râ'ife: (A.) **1.**merhametli. **2.**bayan adı.

رائق râ'ik: (A.) **1.**saf, sade, halis. **2.**erkek adı.

رائقه râ'ike: (A.) **1.**saf, sade, halis. **2.**bayan adı.

رائی râ'î: (A.) **1.**gören. **2.**"r" harfi ile ilgili.

رائیه râ'iyye: (A.) **1.**gören. **2.**"r" harfi ile ilgili. ‖ * kasîde-i ~ قصیدهٔ رائیه "r" kafiyeli kaside.

راب râbb: (A.) babalık, üvey baba.

رابح râbih: (A.) **1.**kârlı, kazançlı. **2.**kazanan, kâr eden.

رابحه râbihe: (A.) **1.**kârlı, kazançlı. **2.**kazanan, kâr eden.

رابط râbit: (A.) **1.**bağlayan, rapteden. **2.**aracı, vasıta. **3.**dünyadan elini eteğini çeken, ahiret için çalışan.

رابطه râbite: (A.) **1.**bağ, rabıta, ilişki. **2.**(gr.) ulaç. **3.**bağlılık. **4.**düzen, tertip. ‖ * der ~ bâ در رابطه با hakkında, bağlamında, ilişkin. ‖ * kat'-i ~ قطع رابطه ilgiyi kesme, bağları koparma.

رابطه بند râbetebend (A.-F.) [râbite+besten>bend] bağlayan.

رابطه دار râbitedâr (A.-F.) [râbite+dâr] bağlantılı, ilişkili.

رابطه داشتن râbite dâşten: ilgisi olmak, ilişkisi olmak, ilişkili olmak.

رابع râbi': (A.) dörüncü.

رابعاً râbi'en: (A.) **1.**dördüncü, dördüncüsü, dördüncü olarak. **2.**dördüncü derece.

رابعه râbi'a: (A.) **1.**dördüncü. **2.**kadın adı, Râbia. **3.**salisenin altmışta biri. **4.**Osmanlıda kolağalığı ile eşdeğerdeki rütbe.

رابعة العدویه râbi'atul'adeviyye: (A.) İslâmın yayıldığı dönemlerde yetişen ve velîliğine hükmedilen kadın.

رابعه عشر râbi'a aşer: (A.) on dördüncü.

رابه râbbe: (A.) üvey ana.

راپورت raport: (Fr.) rapor, fezleke.

راپورتچی raportçi: (Fr.-T.) muhbir.

راتب râtib: (A.) **1.**sürekli, devamlı. **2.**vazife, görev. **3.**düzenleyen, tertipleyen, sıralayan.

راتبه râtibe: (A.) **1.**düzenleyen. **2.**maaş. **3.**bayan adı.

راتع râti': (A.) **1.**otlayan, yayılan.

2.(mec.) bolluk içinde yaşayan.

راتق râtik: (A.) yamayan, birleştiren.

راتنجيات râtineciyyât: (A.) reçine birleşikleri.

راتنجيه râtineciyye: (A.) sakızlı ağaçlar, reçineli ağaçlar.

راتيانج râtiyânec: reçine, çam sakızı.

راتين râtîn: (A.) reçine, çam sakızı.

راتينج râtînec: (A.) reçine.

راج râc: (A.) mide.

راجح râcih: (A.) **1.**üstün, öncelikli. **2.**tercih eden. **3.**tercihli.

راجحه râcihe: (A.) **1.**üstün öncelikli. **2.**tercih edilen, tercih sebebi olan.

راجع râci': (A.) **1.**dönen, ric'at eden. **2.**hakkında, konusunda. ‖ * ~ be راجع به hakkında, konusunda, ilişkin. ‖ * ~ be inki راجع به اینکه hakkında, konusunda, ilişkin.

راجف râcif: (A.) titreten.

راجفه râcife: (A.) sûr'un ilk üflenişi.

راجل râcil: (A.) **1.**yaya. **2.**bilgisiz.

راجلاً râcilen: (A.) yürüyerek, yaya.

راجه râce (Sans.) raca, Hint hükümdarı.

راجى râcî: (A.) **1.**yalvaran. **2.**rica eden. **3.**umutlu, ümit eden. **4.**erkek adı (Türkiye'de).

راجيانه râciyâne (A.-F.) [râcî+y+âne] yalvararak, yalvarırcasına.

راح râh: (A.) **1.**sevinç, ferahlık. **2.**şarap. **3.**(müz.) eski İran mûsikîsinde bir makam.

راحت râhet: (A.) **1.**rahat, dertsizlik, rahatlık. **2.**huzur. **3.**huzurlu.

راحت افزا râhetefzâ (A.-F.) [râhet+ efzûden>efzâ] **1.**rahatlık artıran. **2.**klasik Türk musikîsinde bir makam.

راحت الحلقوم râhetulholkûm: (A.) lokum.

راحت رسان râhatresân (A.-F.) [râhet+ resânden> resân] rahatlık veren.

راحت شدن râhet şoden: rahatlamak, huzur bulmak, kurtulmak, rahat etmek.

راحت طلب râhettaleb: (A.-F.) [râhet+ talebîden>taleb] huzur arayan, rahatını arayan. **2.**tembel.

راحت طلبى râhettalebî: (A.-F.) [râhet+ talebîden>taleb+î] **1.**huzur arama, rahatlık arama. **2.**tembellik.

راحت طلبيدن râhet talebîden: rahataramak, huzur aramak.

راحت كردن râhet kerden: **1.**rahatlamak, huzur bulmak, rahat etmek. **2.**dinlendirmek. ‖ * hiyâl-i kesî ~ خيال كسى راحت كردن gönlü rahat etmek.

راحت گذاشتن râhet gozâşten: rahat bırakmak.

راحت نشين râhatnişîn (A.-F.) [râhet+ nişesten> nişîn] rahat oturan.

راحة الارواح râhetelervâh: (A.) **1.**ruhlara rahatlık veren. **2.**klasik Türk musikîsinde bir makam.

راحة القدم râhetelkadem: (A.) ayak ayası.

راحة اليد râhetelyed: (A.) el ayası.

راحتى râhetî: (A.-F.) [râhet-î] **1.**rahatlık, huzur. **2.**terlik. ‖ * sandelî-i ~ صندلىء راحتى koltuk.

راحل râhil: (A.) **1.**göçebe, göç eden. **2.**ölen.

راحله râhile: (A.) **1.**yük hayvanı. **2.**yük devesi. **3.**göç eden. **4.**ölen.

راحله زن râhilezen (A.-F.) [râhile+ zeden>zen] kervan basan.

راحم râhim: (A.) acıyan, bağışlayan, merhametli.

راحمون râhimûn: (A.) merhamet edenler.

راحمه râhime: (A.) **1.**merhametli. **2.**bayan adı.

راحمين râhimîn: (A.) acıyanlar, bağışlayanlar.

راحه râhe: (A.) el ayası.

راحى râhî: (A.) **1.**rahat eden, rahat, sakin. **2.**rahat yürüyen binek hayvanı.

راحيل rahil (İbr.) kadın ismi: Rahil, Raşel.

راخ râh: **1.**kaygı. **2.**üzüntü. **3.**zan, sanı.

راد râd: (Peh.) **1.**cömert, himmet sahibi. **2.**bağışlayıcı. **3.**cesur, yiğit. **4.**erdemli.

راد râdd: (A.) **1.**geri çeviren, reddeden. **2.**geri bırakan.

راد السلام râddusselâm: (A.) verilen selamı alan.

رادع râdi': (A.) engel, mani.

رادفه râdife: (A.) **1.**kıyamette üfürülecek ikinci sur. **2.**bayan adı.

رادمرد râdmerd: [râd-merd] **1.**yiğit, cesur. **2.**cömert. **3.**bağışlayıcı.

راده râdde: **1.**çek işareti. **2.**radde, derece. **3.**hiza, kerte. **4.**çizgi. **5.**tahminî zaman veya miktar. **6.**çıkar. **7.**araba oku.

رادی râdî: [râd+î] **1.**cömertlik. **2.**yiğitlik, cesurluk, cesaret. **3.**bağışlayıcılık.

رادیات radyat: (Fr.) radyatör.

رادیات ساز râdyatsâz: [Fr.-F.) [radyat+ sâhten>sâz] radyatörcü, radyatör tamircisi.

رادیاتور radyator: (Fr.) **1.**radyatör. **2.**kalorifer radyatörü.

رادیان radyan: (Fr.) radyan.

رادیو radyo: (Fr.) radyo.

رادیو آکتیو radyoaktiv: (Fr.) radyoaktif.

رادیوساز radyosâz: (Fr.-F.) [radyo+ sâhten> sâz] radyocu, radyo tamircisi.

راز râz: (Peh.) giz, gizem, sır. ‖ * ~ der miyân gozâşten راز در میان گذاشتن sır açmak, sır söylemek, çıtlatmak.

راز râz: renk.

راز آشنا râzâşnâ: [râz+âşnâ] sır bilen.

رازبان râzbân: [râz+bân] **1.**dilekleri şaha ileten görevli. **2.**sır saklayan, sır tutan.

رازپوش râzpûş: [râz+pûşîden>pûş] sır saklayan, sır gizleyen.

رازدار râzdâr: [râz+dâşten>dâr] **1.**sır tutan, sır saklayan. **2.**gizemli, sırlı.

رازدان râzdân: [râz+dânisten>dân] sır bilen.

رازق râzik: (A.) **1.**rızık veren. **2.**Tanrı.

رازقی râzikî: (A.-F.) [râzik+î] rızık verme.

رازقی râzikî: **1.**(bot.) rezzaki üzümü. **2.**(bot.) yasemingillerden bir tür çiçek.

رازک râzek (bot.) yasemingillerden bir tür çiçek.

راز کردن râz kerden: sır söylemek.

رازگشا râzgoşâ: [râz+goşâden>goşâ] sırrı çözen.

راز گشادن râz goşâden: **1.**sır çözmek. **2.**sırrı açığa vurmak, sır açmak.

راز گشتن râz geşten: gizlenmek, sır olmak.

رازی râzî: [râz+î] **1.**sırlı. **2.**sır ile ilgili.

رازی râzî: **1.**Rey'li. **2.**Rey ağzı.

رازیانج râziyânec (F.>A.) rezene.

رازیانه râziyâne (bot.) rezene.

راس râs (bot.) bu adı taşıyan birkaç çiçek.

راس râs: yol.

رأسا re'sen: (A.) kimseye danışmadan, doğrudan doğruya.

رأس الحکمة مخافة الله re'sulhikmeti mahâfetullâh: (A.) Hikmetin başında Tanrı korkusu vardır.

رأس الحکمة محبة الله re'sulhikmeti mahabbetullâh: (A.) Hikmetin başında Tanrı sevgisi vardır.

رأس المال re'sulmâl: (A.) sermaye, anapara.

راسب râsib: (A.) çökelti, tortu.

راسبه râsibe: (A.) tortulaşan, dibe çöken.

راست râst: (Peh.) **1.**sağ. **2.**doğru, düz. **3.**dik. **4.**dürüst, doğru. **5.**sağlam. **6.**düz çizgi. **7.**sadık. **8.**eşit. **9.**doz. **10.**mutedil. **11.**aynen. **12.**klasik Türk musikîsinde bir makam. ‖ * ~ be ~ راست به راست yüzyüze. ‖ * ~ u pûst kende راست و پوست کنده açıkça, dobra dobra, açık açık. ‖ * ~ u keşîde şoden راست و کشیده شدن gerinmek. ‖ * çep u ~ چپ و راست sol ve sağ. ‖ * dest-i ~ دست راست **1.**sağ el. **2.**sağ, sağ taraf, sağda. ‖ * be ~ ~ به راست راست (ask.) sağa dön!

راست آمدن râst âmeden: karşılaşmak, rastgelmek.

راستا râstâ: [râst+â] **1.**doğruluk.

2.doğrultu. 3.sağ taraf. ‖ * be ~ -yi به راستای 1.doğrultusunda. 2.hakkında.

راست اعتقاد rást i'tikâd: (F.-Ar.) temiz itikatlı.

راستان rástân: [rást+ân] doğrular, dürüstler.

راستبود rástbûd: [rást+bûden>bûd] doğru, dürüst.

راست بودن rást bûden: 1.doğru olmak. 2.düz olmak. ‖ * ~ ber kâr-i kesî راست بودن بر كار كسى işe yaramak.

راست بين rástbîn: [rást+dîden>bîn] gerçeği gören, gerçekçi.

راست بينى rást bînî: [rást+dîden>bînî] gerçeği görme, gerçekçilik.

راست پرور rástperver: [rást+perverden> perver] doğrucu, doğrudan yana.

راست پرورانه rástperverâne: [rást+ perver+âne] doğruluktan yana.

راست پرورى rástperverî: [rást+ perverden> perver+î] doğruluk, doğrudan yana olma.

راست داشتن rást dâşten: tasdik etmek, doğrulamak.

راست روده rástrûde: [rást+rûde] (tıb.) rektum.

راست شدن rást şoden: doğrulmak, düzelmek.

راست عجم rástacem (F.-A.) [rást+'acem] klasik Türk musikîsinde bir makam.

راستكار rástkâr: [rást+kâr] 1.dürüst. 2.mütedeyyin. 3.emin. 4.âdil. 5.sanatkâr.

راستكارى rástkârî: [rást-kâr-î] 1.dürüstlük. 2.dindarlık. 3.eminlik. 4.âdillik.

راست كردار rástkirdâr: [rást+kerden> kerd+ âr>kirdâr] dürüst, iyi amelli.

راست كردارى rástkirdârî: [rást+kerden> kerd+âr>kirdâr+î] dürüstlük.

راست كردن rást kerden: 1.doğrultmak, düzeltmek. 2.düzene koymak. 3.doğru yapmak. 4.onarmak.

راست گفتن rást goften: 1.doğru söylemek. 2.gerçeği söylemek.

راستگو rástgû: [rást+goften>gû] doğru sözlü, doğrucu.

راستگويى rástgûyî: [rást+goften>gû+y+î] doğru sözlülük, doğruculuk.

راست نشستن rást nişesten: 1.doğru oturmak. 2.uygun olmak.

راسته ráste: [rást+e] 1.sıra, dizi, saf. 2.düz yol. 3.sadık. 4.esnaf sınıfı. 5.mahalle. 6.(ask.) düzen. 7.layık.

راسته بازار rástebâzâr: [ráste+bâzâr] sıra sıra dükkânların bulunduğu çarşı.

راستى rástî: [rást+î] 1.doğruluk. 2.dürüstlük. 3.sahi, doğrusu, gerçekten. 4.sahi mi? 5.adalet. 6.çeviklik. ‖ * be ~ به راستى gerçekten.

راستى راستى rástî rástî: sahi, gerçekten.

راستگير rástgîr: [rást-giriften>gîr] dürüst, doğrucu.

راستگيرى rástgîrî: [rást+giriften>gîr+î] dürüstlük, doğruculuk.

راستين rástîn: [rást+în] doğru, gerçek, sahici.

راسخ râsih: (A.) 1.sağlam, sabit. 2.kalıcı, payidar. 3.bilgili. 4.din bilgisi sağlam.

راسخت râsuht: rastık.

راسخ دم râsihdem (A.-F.) [râsih+dem] sözünün eri.

راسخه râsihe: (A.) 1.sağlam. 2.bilgili. 3.din bilgisi sağlam.

راسخين râsihîn: (A.) 1.sağlam olanlar. 2.bilgililer. 3.din bilgisi sağlam olanlar.

راسم râsim: (A.) 1.resmeden, resimleyen. 2.çizgi çizen. 3.erkek adı.

راسمه râsime: (A.) 1.resmeden, resimleyen. 3.eski âdet. 4.tören. 5.bayan adı.

راسن rasen: (Peh.) (bot.) andız otu, şam zencefili.

راسو râsu (zool.) sansar.

راسوخت râsûht: rastık.

راسى râsî: (A.) **1.**sabit, hareketsiz. **2.**demir atmış gemi.

راسيه râsiye: (A.) ulu dağ.

راش râş: **1.**tahıl ambarı. **2.**tahıl yığını, çeç.

راشد râşid: (A.) **1.**doğru yolda giden. **2.**yol bilir, yol iz bilen. **3.**dindar. **4.**akıllı. **5.**erkek ismi.

راشدون râşidûn: (A.) **1.**dürüstler, doğru yolda gidenler. **2.**akıllılar.

راشده râşide: (A.) **1.**dürüst, doğru yolda giden. **2.**akıllı. **3.**bayan adı.

راشدين râşidîn: (A.) **1.**dürüstler, doğru yolda gidenler. **2.**akıllılar.

راشى râşî: (A.) rüşvet veren.

راصد râsid: (A.) **1.**gözlem yapan. **2.**astronom. **3.**gözcü. **4.**bekleyen.

راض râzz: (A.) kör bıçak, kesmeyen alet.

راضع râzi': (A.) **1.**süt çocuğu. **2.**cimri.

راضعه râzi'e: (A.) emziren kadın.

راضه râzze: (A.) ezici.

راضى râzî: (A.) **1.**razı. **2.**memnun, hoşnut.

راضى شدن râzî şoden: **1.**razı olmak, gönlü el vermek. **2.**ikna olmak.

راضى كردن râzî kerden: **1.**razı etmek. **2.**ikna etmek.

راضيه râziyye: (A.) **1.**razı olan, kabul eden. **2.**bayan adı.

راطب râtib: (A.) ıslak, nemli, yaş, rutubetli.

راعب râ'ib: (A.) büyücü, gözbağcı.

راعد râ'id: (A.) gürleyen.

راعده râ'ide: (A.) gürleyen.

راعى râ'î: (A.) **1.**çoban, sığırtmaç. **2.**otlatan, yayan. **3.**emir, vali. **4.**kır şiiri, pastoral şiir.

راعيانه râ'iyâne (A.-F.) [râ'î+y+âne] çobanlıkla ilgili, çobanca. ‖ * eş'âr-i ~ اشعار راعيانه çoban şiirleri, pastoral şiirler.

راعيه râ'iye: (A.) **1.**çoban. **2.**kır şiiri, pastoral şiir.

راغ râg: **1.**çayır. **2.**yamaç, dağ eteği. **3.**sahra.

راغب râgib: (A.) **1.**rağbet eden, istekli. **2.**erkek ismi.

راغب râgib gerdanden: rağbet ettirmek.

راغبه râgibe: (A.) **1.**rağbet eden. **2.**bayan adı.

رافض râfiz: (A.) terkeden, bırakıp giden, salan, bırakan.

رافضه râfize: (A.) şiîlikte bir fırka.

رافضى râfizî: (A.) Halife Ebûbekir ve Ömer'in halifeliğini kabul etmeyen ve aşırı derecede Hz. Ali sevgisi besleyen kişi.

رافضيون râfıziyyûn: (A.) Râfızîler.

رافع râfi': (A.) **1.**kaldıran, yükselten. **2.**Tanrı'nın sıfatlarından biri. **3.**kaldırıcı kas. **4.**erkek adı.

رافعه râfi'e: (A.) **1.**payanda, destek. **2.**kaldıran, yükselten. **3.**bayan adı.

رافه râfih: (A.) bolluk içinde yaşayan, refah içinde yaşayan.

رافهاً râfihen: (A.) refah içinde yaşayarak.

راقب râkıb: (A.) **1.**gözeten. **2.**erkek adı.

راقد râkid: (A.) uyur, uykuda, uyuyan.

راقم râkim: (A.) **1.**yazar, yazan. **2.**dokumacı. **3.**denizden yükseklik. ‖ * ~ -i in sutûr راقم اين سطور bu satırların yazarı. ‖ * ~ -i sademât راقم صدمات sismograf.

راقم الحروف râkimulhurûf: (A.) yazan.

راقى râkî: (A.) **1.**yükselen. **2.**büyücü. **3.**okumuş, tahsilli.

راقيه râkiye: (A.) ilerlemiş ülkeler.

راك râk: (Peh.) (zool.) koç.

راك râk: **1.**su kabı. **2.**iplik.

راكب râkib: (A.) **1.**binen. **2.**binici. **3.**süvari, atlı. **4.**yolcu.

راكباً râkiben: (A.) binerek.

راكب شدن râkib şoden: binmek.

راكت râket: (Fr.) **1.**raket. **2.**roket. ‖ * ~ -i fezâyî راكت فضايى uzay roketi.

راكد râkid: (A.) **1.**durgun. **2.**sabit.

راكد شدن râkid şoden: durulmak, durgunlaşmak.

راكد ماندن râkid mânden: hareketsiz kalmak.

راكده râkide: (A.) durgun.

راكع râki': (A.) 1.rükû eden, eğilen. 2.mütevazi.

راكعا râki'en: (A.) rükû ederek, dizleri üstünde eğilerek.

راكعانه râki'âne (A.-F.) [râki'+âne] rükû ederek, dizleri üstünde eğilerek.

راكعه râki'a: (A.) rükû eden.

راكى raki: (T.) rakı.

رام râm: (Peh.) 1.boyun eğen, itaatkâr, muti. 2.evcil, ehlî. 3.sevinç.

رامح râmih: (A.) 1.mızrakçı. 2.mızraklı. 3.süngüleyen. 4.gökyüzünde kırmızı ve parlak bir yıldız.

رامش râmiş: (Peh.) 1.rahatlık, huzur. 2.neşe, sevinç. 3.musikî. 4.şarkı, ezgi.

رام شدن râm şoden: râm olmak, boyun eğmek, itaat etmek.

رامشگاه râmişgâh: [râmiş+gâh] eğlence yeri.

رامشگر râmişger: [râmiş+ger] (müz.) çalgıcı, müzisyen.

رامشگرى râmişgerî: [râmiş+ger+î] çalgıcılık, müzisyenlik.

رامشى râmişî: [râmiş+î] çalgıcı.

رام كردن râm kerden: boyun eğdirmek, râm etmek, itaat ettirmek.

رامى râmî: (A.) 1.fırlatan, atan. 2.okçu.

رامى râmî: [râm+î] itaat eden, boyun eğen.

راميار râmyâr: çoban.

ران rân: (Peh.) 1.bacak. 2.but. 3.oyluk. ‖ * ~ -i meleh ران ملخ (kin.) değersiz, cüz'î.

ران rân: [rânden>rân] süren, sürücü.

ران افشردن rân efşorden (kin.) atı koşturmak.

راندن rânden: (Peh.) 1.sürmek. 2.kovmak. 3.uzaklaştırmak. 4.çıkarmak. 5.püskürtmek, geri püskürtmek. 6.gütmek. 7.açıklamak. 8.araç kullanmak, araç sürmek.

رانده شدن rânde şoden: 1.sürülmek. 2.girmek. 3.kovulmak.

رانش râniş: [rânden>rân+iş] 1.sürme. 2.kovma. 3.(tıb.) ishal, sürgün. 4.hareket. ‖ * ~ -i kârreî رانش قاره اى (coğ.) kıta hareketi.

ران گشادن rân goşâden: 1.at sürmek. 2.attan inmek. 3.çıplaklaşmak. 4.kusurunu göstermek. 5.bacağını açmak.

رانندگى rânendegî: [rânden>rân+ende+ g+î] sürücülük. ‖ * tehallufât-i ~ تخلفات رانندگى sürücü hataları. ‖ * guvâhînâme-i ~ گواهينامهء رانندگى sürücü ehliyeti.

راننده rânende: [rânden>rân+ende] sürücü. ‖ * ~ -i lokomotiv رانندهء لوكوموتيو makinist.

رانى rânî: [rân+î] 1.kalçayla ilgili. 2.bacakla ilgili.

رانى rânî: [rânden>rân+î] 1.sürme. 2.işletme (son ek olarak kullanılır: gemicilik işletmesi.

رانين râneyn: 1.şalvar. 2.pantalon. 3.bacak zırhı.

راوچه râvçe (bot.) bir tür üzüm.

راود râved: 1.(coğ.) engebeli arazi. 2.otlak.

راوك râvok: 1.şarap kabı. 2.şarap ve süt süzgeci.

راوند râvend (bot.) hekimlikte kökü kullanılan bir bitki, râvend.

راونديه râvendiyye (A.-F.) [râvendiyye] karabuğdaygiller.

راوى râvî: (A.) 1.rivayet eden, râvi. 2.söyleyen, anlatan.

راويان râviyân (A.-F.) [râvî+y+ân] 1.rivayet edenler. 2.anlatanlar. ‖ * ~ -i ahbâr راويان اخبار haberleri nakledenler, haber rivayet edenler.

راويه râviye: (A.) 1.su dağarcığı. 2.büyük su kovası. 3.kadın râvi.

راويز râvîz (bot.) deve dikeni.

راه râh: (Peh.) 1.yol. 2.kez, defa, kere. 3.kural, kanun, âdet, yol yordam. 4.din. 5.(müz.) nağme. 6.yöntem, usül. 7.izin. ‖ * ~ eş râ keşîden راهش را كشيدن yolunu tutmak. ‖ * ~ -i bedkâregî راه بدكارگى fahişelik, kötü yol. ‖ * ~ -i çîzî râ giriften راه چیزی را گرفتن yolunu tutmak. ‖ * ~ -i çîzi râ hemvâr sâhten راه چیزی را هموار ساختن zemin hazırlamak. ‖ * ~ -i çîzî râ pîş giriften راه چیزی را پیش گرفتن yolunu tutmak. ‖ * ~ -i hall peydâ kerden راه حل پیدا کردن çözüm yolu bulmak. ‖ * ~ râ besten راه را بستن yolu kapamak, yolu kesmek. ‖ * ~ -i râst راه راست doğru yol. ‖ * ~ -i râst der pîş giriften راه راست در پیش گرفتن doğru yola gitmek. ‖ * ~ be dih borden راه به ده بردن gideceği yere varmak. ‖ * ~ be kesî borden راه به کسی بردن birini bulmak, birine ulaşmak. ‖ * ~ be ser borden راه به سر بردن 1.yolu bitirmek. 2.bir işi tamamlamak. ‖ * ~ endâhten kâr-i kesî râ راه انداختن کار کسی را birinin işlerini yoluna koymak. ‖ * azm-i ~ kerden عزم راه کردن yola çıkmak, gitmek. ‖ * be ~ âmeden به راه آمدن yola gelmek, boyun eğmek, itaat etmek. ‖ * be ~ âverden به راه آوردن yola getirmek, boyun eğdirmek, itaat ettirmek. ‖ * be ~ oftâden به راه افتادن yola koyulmak, yola düşmek, yollanmak, yola çıkmak, yürümek. ‖ * bedûn-i redd u ~ بدون رد و راه yolu izi belli olmayan. ‖ * ez ~ be çâh borden از راه به چاه بردن yoldan çıkarmak, dalalete düşürmek. ‖ * ez ~ be der borden از راه به در بردن yoldan çıkarmak, dalalete düşürmek. ‖ * ez ~ be der reften از راه به در رفتن yoldan çıkmak, dalalete düşmek. ‖ * ez ~borden از راه بردن yoldan çıkarmak. ‖ * ser-i ~ -i kesî râ giriften سر راه کسی را گرفتن yolunu kesmek.

راه râh: raca, Hint hükümdarı.

راه آورد râhâvord: [râh+âvorden>âvord] hediye, armağan, uzak yoldan getirilen hediye.

راه آهن râh-i âhen: demiryolu.

راه افتادن râh oftâden: **1.**yola düşmek, yola koyulmak. **2.**yürümek. **3.**hareket etmek. **4.**açılmak. **5.**çalışmaya başlamak.

راه انجام râhencâm: [râh+encâm] **1.**yola çıkma sebepleri. **2.**binek hayvanı. **3.**ulak.

راه انداختن râh endâhten: **1.**çalıştırmak. **2.**ortaya koymak, çıkarmak. **3.**savmak. ‖ * poşt-i ser-i kesî hezâr cûr destek u donbek ~ پشت سر کسی هزار جور دستک و دنبک راه انداختن birini tefe koymak.

راه انداز râhendâz: [râh+endâhten> endâz] pilli uçak.

راهب râhib: (A.) rahip, din adamı.

راهبان râhbân: [râh+bân] karayolu ve demiryolu bekçisi.

راهبر râhber: [râh+borden>ber] **1.**rehber, kılavuz. **2.**mürşid. **3.**önder, lider.

راه بردن râh borden: **1.**ulaşmak. **2.**yola girmek.

راهبری râhberî: [râh+borden>ber+î] **1.**rehberlik, kılavuzluk. **2.**mürşidlik. **3.**önderlik, liderlik.

راه بریدن râh borîden: yol almak, yol katetmek.

راه بستن râh besten: **1.**yol kesmek. **2.**yolu kapamak.

راه بندان râhbendân: [râh+besten> bend+ân] trafik kilitlenmesi.

راه بندان شدن râhbendân şoden: trafik kilitlenmek, trafik tıkanmak.

راهبه râhibe: (A.) rahibe.

راهبه زاد râhibezâd (A.-F.) [râhibe+ zâden>zâd] rahibeden doğma.

راه پوی râhpûy: [râh+pûyîden>pûy] yürük.

راه پوییدن râh pûyîden: yol almak.

راه پیما râhpeymâ: [râh+peymûden> peymâ] **1.**(sp.) yürüyüşçü. **2.**yol alan, yol kateden. **3.**yolcu. **4.**hızlı yürüyen.

راه پیمایی râhpeymâyî: [râh+peymûden> peymâ+y+î] **1.**gösteri yürüyüşü. **2.**yürüyüş. **3.**gezme.

راه پیمایی کردن râhpeymâyî kerden:

yürüyüş yapmak.

راه پیمودن râh peymûden: yürümek, yol almak, gitmek.

راه پوییدن rân pûyîden: yürümek, yol almak, gitmek.

راه جستن râh costen: yol bulmak, girmek.

راه دادن râh dâden: **1.**yol vermek. **2.**geçit vermek. **3.**giriş çıkış izni vermek. ‖ * ~ be hod راه دادن به خود düşünmek, kaygıda olmak.

راهدار râhdâr: [râh+dâşten>dâr] **1.**yol bekçisi. **2.**hırsız. **3.**çizgili, yol yol, yollu.

راه داشتن râh dâşten: izinli olmak.

راهدارخانه râhdârhâne: [râh+dâşten>dâr+ hâne] yol bekçilerinin karakolu.

راهداری râhdârî: [râh+dâşten>dâr+î] **1.**yol muhafızlığı, yol bekçiliği. **2.**hırsızlık.

راه داشتن râh dâşten: çıkar yolu olmak, çaresi olmak.

راهدان râhdân: [râh+dânisten>dân] **1.**rehber, kılavuz. **2.**yol iz bilen.

راهدانی râhdânî: [râh+dânisten>dân+î] **1.**rehberlik, kılavuzluk. **2.**yol iz bilme.

راه راه râhrâh: çizgili, yol yol.

راه رفتن râh reften: **1.**yürümek. **2.**yola çıkmak.

راهرو râhrov: [râh+reften>rev>rov] **1.**yürüyen. **2.**(tas.) sâlik, derviş. **3.**yolcu. **4.**koridor. **5.**hol.

راهروی râhrovî: [râh+reften>rev>rov+î] **1.**yürüme, yürüyüş. **2.**(tas.) sülûk.

راه زدن râh zeden: **1.**yol kesmek. **2.**(kin.) şarkı söylemek.

راهزن râhzen: [râh+zeden>zen] eşkiya, yol kesen, haydut.

راهزن شدن râhzen şoden: yol kesmek, haydutluk etmek.

راهزنی râhzenî: [râh+zeden>zen+î] yol kesme, eşkiyalık, haydutluk.

راه سازی râhsâzî: [râh+sâhten>sâz+î] yol yapımı.

راه سپردن râh siporden: yol almak. ‖ * ~ be tarafî راه سپردن به طرفی **1.**varmak. **2.**yönelmek.

راه شناس râhşinâs: [râh+şinâhten>şinâs] yol bilen.

راه غلط کردن râh galat kerden: yolu şaşırmak, yanlış yola sapmak.

راه کردن râh kerden: yol almak, yol gitmek.

راهگان râhgân: ucuz.

راهگذار râhgozâr: [râh+gozâşten>gozâr] **1.**yoldan geçen. **2.**yolcu. **3.**geçit. **4.**yol, patika yol. **5.**hediye.

راهگذر râhgozer: [râh+gozeşten>gozer] **1.**yoldan geçen. **2.**yolcu. **3.**geçit. **4.**dar yol, patika yol.

راه گردانیدن râh gerdânîden: yolunu değiştirmek.

راه گرفتن râh giriften: yol kesmek, yolu tutmak, yolu kapatmak.

راه گستر râhgoster: [râh+gosterden> goster] hızlı giden.

راه گیر râhgîr: [râh+giriften>gîr] **1.**yolcu. **2.**yol kesen, eşkiya, haydut.

راهن râhin: (A.) **1.**rehin bırakan, rehine veren. **2.**sabit.

راهنامه râhnâme: [râh+nâme] **1.**yol haritası. **2.**sefername, seyahatname.

راه نشین râhnişîn: [râh+nişesten>nişîn] **1.**yol kenarında oturan. **2.**dilenci, sokak dilencisi. **3.**garip, evsiz barksız.

راهنما râhnemâ, râhnomâ: [râh+ numûden> nomâ, nemâ] rehber, kılavuz.

راهنمایی râhnemâyî, râhnomâyî: [rân+ numûden>nemâ, nomâ+y+î] **1.**rehberlik, kılavuzluk. **2.**trafik. ‖ * idâre-i ~ ve rânendegî اداره راهنمایی و رانندگی trafik müdürlüğü.

راهنمایی جستن râhnemâyî costen: rehber aramak.

راهنمایی خواستن râhnemâyî hâsten: yol sormak.

راهنمایی کردن râhnemâyî kerden: yol göstermek, rehberlik etmek.

راه نمودن râh numûden: yol göstermek.

راهنمون râhnumûn: [râh+numûden> numûn] rehber, yol gösteren, kılavuz.

راهنمونی râhnumûnî: [râh+numûden> numûn+î] rehberlik, yol gösterme.

راهنورد râhneverd: [râh+neverdîden> neverd] **1.**yol alan, yol katededen. **2.**ulak. **3.**hızlı giden at ve katır. **4.**yürüyüş yapan.

راهنوردی râhneverdî: [râh+neverdîden> neverd+î] **1.**yürüyüş. **2.**ulaklık.

راهنوردی کردن râhneverdî kerden: yürüyüş yapmak.

راهوار râhvâr: [râh+vâr] **1.**yol alan. **2.**rahvan, atın eşkin yürüyüşü. **3.**eşkin yürüyen at.

راهواره râhvâre: [râh+vâre] yol hediyesi.

راهی râhî: [râh+î] **1.**giden, yolcu, yollanan, yola koyulan.**2.**uşak, hizmetkâr. **3.**köle.

راه یافتن râh yâften: **1.**girmek. **2.**katılmak. **3.**varmak.

راه یافته râh yâfte: [râh+yâften>yâft+e] **1.**hidayete eren. **2.**varan.

راهی شدن râhî şoden: yola çıkmak, yollanmak, yola koyulmak.

راهی کردن râhî kerden: yollamak, göndermek.

راهیه râhiye: (A.) bal arısı.

راهیه râhiyye (F.-A.) [râh+iyye] yolluk.

رای rây: (A.) **1.**fikir, düşünce. **2.**tedbir. **3.**danışma. **4.**oy. **5.**sancak, bayrak.

رای rây: raca, Hint hükümdarı.

رای آمدن rây âmeden: istek duymak.

رای آوردن rây âverden, rây âvorden: azmetmek.

رایات râyât: (A.) sancaklar, bayraklar.

رای افتادن rây oftâden: istek duymak.

رایت râyet: (A.) sancak, bayrak.

رایت گیر râyetgîr (A.-F.) [râyet+giriften> gîr] sancak tutan, sancaktar.

رایت گشا râyetguşâ (A.-F.) [râyet+ guşûden>guşây] sancak açan, bayrak açan.

رایج râyic: (A.) yaygın, rayiç, mütedavil, sürümde olan.

رایح râyih: (A.) kokan.

رایحه râyihe: (A.) **1.**koku, rayiha. **2.**güzel koku.

رایحه دار râyihedâr (A.-F.) [râyihe+ dâşten>dâr] kokulu.

رایحه نثار râyihenisâr: (A.) [râyihea+ nisâr] koku saçan.

راید râyid: (A.) **1.**haberci, elçi, kılavuz. **2.**casus. **3.**arayıcı.

رای دیدن rây dîden: doğru bulmak, uygun görmek.

رای زدن rây zeden: **1.**danışmak. **2.**uğramak.

رایزن râyzen: [rây+zeden>zen] **1.**danışman, müşavir. **2.**ataşe. ‖ * ~ -i bâzârgânî رایزن بازارگانی ticarî ataşe. ‖ * ~ -i ferhengî رایزن فرهنگی kültür ataşesi. ‖ * ~ -i nizâmî رایزن نظامی (ask.) askerî ataşe.

رایزنی râyzenî: [rây+zeden>zen+î] **1.**danışmanlık, müşavirlik. **2.**ataşelik.

رایش râyiş: (A.) rüşvet alan ile veren arasındaki aracı.

رایض râyiz: (A.) seyis.

رایع râyi': (A.) **1.**gösteriş yapan. **2.**olgun. **3.**güzel. **4.**hayret verici.

رایق râyik: (A.) **1.**saf, halis. **2.**hoşa giden, makbul. **3.**şaşırtıcı.

رایکا râyka: **1.**oğul. **2.**erkek çocuk. **3.**sevilen evlat, ciğer köşesi.

رای کردن rây kerden: istek duymak.

رایگان râygân, râyigân: **1.**bedava. **2.**boşuna, beyhude, boş yere. **3.**çok, bol. **4.**çekinmeden. **5.**esirgemeden.

رئات ri'ât: (A.) akciğerler.

رئاست ri'âset: (A.) başkanlık, reislik.

رئتین ri'eteyn: (A.) akciğerler, iki akciğer.

رأس re's: (A.) **1.**baş. **2.**başkan, lider, reis. **3.**başlangıç, başlama noktası. **4.**burun. **5.**doruk noktası, zirve. **6.**koyun keçi gibi bazı hayvanlar sayılırken kullanılan kelime.

رؤساء ru'esâ': (A.) **1.**reisler, başkanlar. **2.**büyükler, ileri gelenler.

رأفت re'fet: (A.) **1.**merhamet etme, acıma. **2.**erkek adı.

رأفت مآب re'fetme'âb: (A.) [re'fet+me'âb] çok merhametli, yufka yürekli.

رأفت مآبی re'fetme'âbî (A.-F.) [re'fet+me'âb+î] merhametlilik, yufka yüreklilik.

رأی re'y: (A.) **1.**düşünce, fikir. **2.**görüş. **3.**tedbir. **4.**akide. **5.**oy. **6.**danışma. ‖ * ~ -i âmm رأی عام kamuoyu. ‖ * ~ -i hafî رأی خفی gizli oy. ‖ * ~ -i i'timâd رأی اعتماد güvenoyu. ‖ * ~ -i i'timâd dâden رأی اعتماد دادن güven oyu vermek. ‖ * ~ -i rezîn رأی رزین ihtiyatlı görüş. ‖ * ~ -i sâib رأی صائب isabetli görüş.

رأی العین re'yulayn: (A.) kendi gözüyle.

رأی دادن re'y dâden: görüş bildirmek, görüş vermek.

رأی گرفتن re'y giriften: oylama yapmak.

رؤف raûf: (A.) **1.**çok merhametli. **2.**Tanrı'nın sıfatlarından biri.

رؤفیه raûfiyye: (A.) Halvetîliğin kollarından biri

رؤوس ru'ûs: (A.) **1.**başlar. **2.**liderler, reisler. **3.**ilmiye sınıfının derecelerinden biri. **4.**sadrazamın küçük rütbe verme yazısı.

رئوی ri'evî: (A.) akciğer ile ilgili.

رئویه ri'eviyye: (A.) **1.**akciğer ile ilgili. **2.**akciğerliler.

رئه ri'e: (A.) akciğer.

رؤیا ru'yâ: rüya, düş.

رؤیت ru'yet: (A.) **1.**görme. **2.**yüz. **3.**(tas.) Tanrı'yı görme. **4.**görüşme. **5.**yönetme, işe bakma, işi idare etme. **6.**araştırma, inceleme.

رؤیت شدن ru'yet şoden: görülmek.

رؤیت فی الله ru'yetfillâh: (A.) Tanrı'da görür olma.

رئیس re'îs: (A.) **1.**reis, başkan. **2.**köy kahyası. **3.**mahkeme başkanı, yargıç.

رئیس الاطبا reîsuletibbâ: (A.) hekimbaşı.

رئیس الکتاب re'îsulkuttâb: (A.) Osmanlı döneminde Dışişleri Bakanı.

رئیس المسودین re'îsulmusevvidîn: (A.) fetva odası sorumlusu.

رئیس الوزراء re'îsulvuzerâ: (A.) başbakan.

رئیس بلدیه re'îs-i belediyye: belediye başkanı.

رئیس تشریفاتی re'îs-i teşrîfâtî: protokol başkanı.

رئیس جمهور re'îs-i cumhûr: cumhurbaşkanı.

رئیس دولت re'îs-i dovlet: devlet başkanı.

رئیس شهربانی re'îs-i şehrbânî: emniyet müdürü.

رئیس کل re'îs-i kull: genel müdür.

رب rabb: (A.) **1.**Tanrı. **2.**sahip. **3.**mahdum.

رب robb: (A.) **1.**meyva suyu. **2.**salça. ‖ * ~-i kesî râ keşîden رب کسی را کشیدن birinin suyunu çıkarmak.

رباء ribâ': (A.) **1.**tefeci faizi. **2.**çoğalma, artma.

ربا rubâ: [rubûden>rubâ] çalan, kapan, kendine çeken.

رباب rebâb, robâb: **1.**(müz.) rebap, rübap. **2.**ak bulut.

رباب آسا rebâbâsâ (A.-F.) [rebâb+âsâ] rebap gibi.

ربابه rebâbe: (A.) rebap.

ربابی rebâbî: (A.) **1.**rebap çalan, rebap ustası. **2.**rebap ile ilgili.

ربات rabbât: (A.) kocalar, eşler.

ربات الحجال rabbâtulhicâl: (A.) güveyiler.

رباج ribâc: (A.) içinde küçük kapılar olan kanatlı cümle kapısı.

رباح rebâh: (A.) **1.**(zool.) kedigillerden bir tür hayvan. **2.**şarap.

رباح ribâh: (A.) kazançlar, kârlar.

رباخوار ribâhâr: [ribâ+horden>hor>hâr] tefeci.

ربا خوارى ribâhârî: [ribâ+horden>hor>hâr+î] tefecilik.

رباخور ribâhor (A.-F.) [ribâ+horden>hor] tefeci, faizci.

ربا خوردن ribâ horden: **1.**tefecilik etmek. **2.**faiz almak.

ربازه rebâze: (A.) kıvrak zekalı, zeki, anlayışlı.

رباط ribât: (A.) **1.**bağ. **2.**sınır karakolu. **3.**han, kervansaray, konak yeri. **4.**tekke. **5.**(tıb.) eklem bağları. **6.**bağ. **7.**yılkı, at sürüsü. **8.**sinirler.

رباطت ribâtet: (A.) **1.**kalp sağlamlığı. **2.**sabır, dayanıklılık.

رباطى ribâtî: (A.) hancı.

رباع rebâ': (A.) **1.**iyi hal. **2.**tarz, yol.

رباع ribâ': (A.) **1.**bahçeli evler. **2.**barınaklar, barınma yerleri. **3.**araziler.

رباعى rubâ'î: (A.) **1.**dörtlü. **2.**(ed.) kendine özgü vezni olan dört mısralık şiir, dörtlük. **3.**Arapça'da dört harfli kökten oluşan fiil. ‖ * ~ -i musarra' رباعىء مصرع dört mısraı da kafiyeli olan rubai. ‖ * ~ -i terâne رباعىء ترانه dört mısraı da kafiyeli dörtlük.

رباعيات rubâ'iyât: (A.) (ed.) rubaiyat, rubailer.

رباعى الاضلاع rubâ'ilazlâ': (A.) dört kenarlı.

رباعى الزوايا rubâ'izzevâyâ: (A.) dört açılı, dört köşeli.

رباعى الوجوه rubâ'ilvucûh: (A.) dörtyüzlü.

رباعى گو rubâ'îgû (A.-F.) [rubâ'î+goften>gû] rubai şairi.

رباعيه rubâ'iyye: (A.) azı dişleri ile ön dişler arasında ikisi altta, ikisi üstte bulunan dört diş.

رب الارباب rabbulerbâb: (A.) Tanrı.

رب الخمر rabbulhamr: (A.) içki tanrıçası, şarap tanrıçası.

رب الدار rabbuddâr: (A.) ev sahibi.

رب العالمين rabbulâlemîn: (A.) âlemlerin rabbi, Tanrı.

رب العباد rabbul'ibâd: (A.) kulların rabbi, Tanrı.

رب القلم rabbulkalem: (A.) kalem sahibi, kalem efendisi.

رب المال rabbulmâl: (A.) mal sahibi.

رب النوع rabbunnov': (A.) mitolojik ilah, tanrıça.

ربان rubbân: (A.) kaptan.

ربانى rabbânî: (A.) **1.**ilahî, rabbânî, tanrısal. **2.**dinine bağlı, dindar. ‖ * aşâ-yı ~ عشاى ربانى Hıristiyanlıkta kudas ayininde şarap ile birlikte ekmek yeme.

ربانيون rabbâniyyûn: (A.) tüm varlığı ile Tanrı'ya bağlananlar.

ربانيين rabbâniyyîn: (A.) tüm varlığı ile Tanrı'ya bağlananlar.

ربايش rubâyiş: [rubûden>rubâ+y+iş] **1.**çalma. **2.**kapma. **3.**soğurma.

ربايىده rubâyende: [rubûden>rubâ+y+ende] **1.**çalan. **2.**kapan.

ربايىدن rubâyîden: **1.**çalmak. **2.**kapmak.

ربح ribh: (A.) **1.**fâiz. **2.**kâr, kazanç. ‖ * ~ -i kânûnî ربح قانونى yasal kazanç.

رب دو شامبر robdoşambr: (Fr.) gecelik.

ربض rebez: (A.) **1.**ağıl. **2.**sur. **3.**şehir çevresi, banliyö. **4.**bağırsak.

ربط rebt: (A.) **1.**bağlama. **2.**bağ. **3.**bağlılık.

ربط robot: (A.) **1.**kervansaraylar. **2.**bağlar.

ربط دادن rebt dâden: bağdaştırmak.

ربط داشتن rebt dâşten: irtibatı olmak, bağı olmak, bağlantısı olmak, ilgisi olmak.

ربطى rabtî: (A.) bağ ile ilgili.

ربطيه rabtiyye: (A.) **1.**bağ ile ilgili. **2.**raptiye. ‖ * sîga-i ~ صيغهء ربطيه ulaç.

ربع reb': (A.) **1.**ev. **2.**konak, avlulu ev. **3.**mahalle. **4.**barınak, barınma yeri. **5.**arazi.

ربع rub': (A.) çeyrek, dörtte bir. ‖ * ~ -i ahîr ربع اخير son çeyrek. ‖ * ~ -i meskûn ربع مسكون dünyadaki karalar, dünyanın dörtte biri olan kara parçaları.

ربعى rub'î: (A.) çeyreklik.

ربعیه rub'iyye: (A.) 1.çeyrek altın, dörtte bir altın. 2.öküzgözü çiçeği.

ربقه ribke: (A.) ip düğümü, kement. ‖ * ~ -i esâret ربقهء اسارت tutsaklık bağı, esaret zinciri.

ربک rabbek: (A.) [rabbe+k] Rabbın.

ربما rubbemâ: (A.) kimi zaman, bazen.

ربن rebben: (A.) yahudi müçtehidi.

ربنا rabbenâ: (A.) Rabbimiz, Tanrımız.

ربوب rebûb: (A.) 1.üvey oğul. 2.üvey baba, babalık.

ربوب rubûb: (A.) 1.rablar. 2.sahipler, efendiler.

ربوبت rubûbet: (A.) rablık.

ربوبی rubûbî: (A.) 1.Tanrı ile ilgili, Tanrı'ya mensup. 2.efendi ile ilgili, sahip ile ilgili.

ربوبیت rubûbiyyet: (A.) 1.efendilik, sahiplik. 2.tanrılık.

ربوخه rebûhe: 1.hoşluk. 2.lezzet. 3.cinsel ilişki zevki.

ربودن rubûden: (Peh.) 1.çalmak. 2.kapmak. 3.cezbetmek. 4.kaçırmak.

ربوده rubûde: [rubûden>rubûd+e] 1.çalınmış. 2.çalıntı. 3.meczup. 4.kaçırılmış.

ربوده شدن rubûde şoden: 1.kaçırılmak. 2.çalınmak. 3.cezbedilmek.

ربوشه robûşe: peçe.

ربوع rubû': (A.) 1.bahçeli evler. 2.barınaklar. 3.araziler.

ربوع rubû': (A.) çeyrekler, dörttebirler.

ربون rebûn: avans, pey akçesi.

ربه rebbe: (A.) 1.tanrıça. 2.kadın putu.

ربه rubbe: (A.) öyle ki, öylesi var ki.

ربی rabbî: (A.) Tanrım.

ربی ribbî: (A.) büyük kalabalık.

ربیب rebîb: (A.) 1.üvey oğul. 2.kaynana.

ربیبه rebîbe: (A.) 1.üvey kız. 2.dadı.

ربیط rabît: (A.) bağlı, bağlanmış.

ربیطه rabîte: (A.) elyazması kitaplarda kitabın "b" yüzünün altına yazılan bir sonraki sayfanın ilk kelimesi.

ربیع rebî': (A.) bahar, ilk bahar.

ربیع الآخر rebî'ulâhir: (A.) 1.sonbahar. 2.hicrî kamerî takvimin dördüncü ayı.

ربیع الاول rebî'ulevvel: (A.) 1.ilkbahar. 2.hicrî kamerî takvimin üçüncü ayı.

ربیعه rebî'a: (A.) 1.bahar, ilkbahar. 2.bayan adı.

ربیعی rebî'î: (A.) 1.baharla ilgili. 2.(ed.) bahar kasidesi.

ربیعیه rebî'iyye: (A.) 1.sonbahar ekimi. 2.çuhaçiçeğigiller. 3.sonbahar kasidesi.

ربیون ribbiyyûn: (A.) büyük kalabalıklar.

رپرتوار ripirtuvar: (Fr.) 1.repertuar. 2.fihrist, liste.

رت rot, ret: 1.çıplak, üryan. 2.boş.

رتب roteb: (A.) rütbeler.

رتائم retâ'im: (A.) hatırlamak için parmağa bağlanan iplikler.

رتام ritâm: (A.) parmağa bağlanan hatırlatma ipi.

رتب rüteb: (A.) 1.rütbeler. 2.dereceler.

رتبت rutbet: (A.) 1.derece. 2.basamak. 3.memurluk derecesi.

رتبه rotbe: (A.) 1.derece. 2.basamak. 3.memurluk derecesi.

رتبه شناس rutbeşinâs (A.-F.) [rutbe+şinâhten> şinâs] rütbe bilir, saygılı.

رتبی rutbî: (A.) rütbe ile ilgili, derece ile ilgili.

رتبیه rutbiyye: (A.) rütbe ile ilgili, derece ile ilgili.

رتج ritic: (A.) 1.haram. 2.çıkmaz yol.

رتق retk: (A.) 1.onarım. 2.yama. 3.(tas.) gerçek vahdet. ‖ * ~ u fetk رتق و فتق 1.işleri yoluna koyma. 2.kapatıp açma. 3.iyi yönetim.

رتقاء retkâ': (A.) dar vajinalı kadın.

رتل retel: (A.) cazibeli, hoş.

رتل ritl: (A.) 1.güzel, hoş. 2.zarif.

رتم retm: (A.) katırtırnağı bitkisi.

رتمه retme: (A.) hatırlamak için parmağa bağlanan iplik.

رتوش rotûş: (Fr.) rötuş.

رتوه retve: (A.) adım.

رتيل ruteyl: (A.) (zool.) taranta örümceği.

رتيلاء ruteylâ': (A.) (zool.) taranta örümceği.

رتيمه retîme: (A.) hatırlamak için parmağa bağlanan iplik.

رث ress: (A.) eski, köhne, pörsümüş.

رثاء resâ': (A.) mersiye söyleme, ağıt yakma.

رثاثت resâset: (A.) yıpranmışlık, eskilik, köhnelik.

رثايت risâyet: (A.) ağıt yakma, mersiye okuma.

رثايه resâye: (A.) ağıtlama.

رثى resy: (A.) ağıt yakma.

رثيث resîs: (A.) eski, yıpranmış, köhne.

رثيثه resîse: (A.) yıpranmış, eski, köhne.

رثيه resye: (A.) romatizma. ‖ * ~ -i cenbiyye رثيهء جنبيه zatülcenp, satlıcan. ‖ * ~ -i adaliyye رثيهء عضليه adale romatizması. ‖ * ~ -i mafsaliyye رثيهء مفصليه eklem romatizması.

رج recc: (A.) **1.**sarsma, silkeleme. **2.**sallanma, silkelenme, sarsılma.

رج rec: **1.**saf, sıra, dizi. **2.**halat.

رجاء recâ': (A.) **1.**umma, ümit etme, ümit. **2.**yalvarma. **3.**dilek, istek. **4.**kollama, gözetleme. ‖ * havf u ~ خوف و رجا · korkma ve ümit etme.

رجائى recâ'î: (A.) **1.**yalvarma ile ilgili. **2.**umut ile ilgili. **3.**erkek adı.

رجاحت recâhet: (A.) **1.**fazlalık. **2.**üstünlük.

رجاست recâset: (A.) **1.**kir, pislik. **2.**suç, cürüm.

رجاكار ricâkâr (A.-F.) [<recâ+kâr] ricası, yalvarırcasına.

رجال ricâl: (A.) **1.**erkekler. **2.**adamlar. **3.**seçkin kişiler, ileri gelenler, belirli mevkilerde bulunan kişiler, üst düzeyde bulunanlar. **4.**yayalar. ‖ * ~ -i devlet رجال دولت devletin ileri gelenleri. ‖ * ~ -i gayb رجال غيب insanlar arasın-da yaşadıkları halde görülmeyen Tanrı erleri. ‖ * ~ -i ilâhiyye رجال الهيه velîler.

رجال الغيب ricâlulgayb: (A.) insanlar arasında yaşadıkları halde görülmeyen Tanrı erleri.

رجال الله ricâlullâh: (A.) velîler, Tanrı erleri.

رجال المنان ricâlulmennân: (A.) velîler.

رجال تحت الاسفل ricâlu tahtel'esfel: (A.) bazı velîler.

رجاله reccâle: (A.) **1.**piyadeler, yayalar. **2.**ayak takımı.

رجب receb: (A.) **1.**görkemli, heybetli. **2.**hicrî kamerî takvimin yedinci ayı. **3.**erkek adı. ‖ * ~ -i murecceb رجب مرجب görkemli recep ayı. ‖ * ~ ulferd رجب الفرد · bir tanecik recep ayı. Receb ayı.

رجبان recebân: (A.) Receb ve Şa'bân ayları.

رجحان ruchân: (A.) [<recehân] **1.**üstünlük, tercih sebebi. **2.**erkek adı. **3.**bayan adı.

رجحان يافتن ruchân yâften: üstün gelmek.

رجحانيت ruchâniyyet: (A.) üstün olma.

رجراج recrâc: (A.) bulanık su.

رجراج رنگ recrâcreng (A.-F.) [recrâc+ reng] bulanık su renginde.

رجرجه recrece: (A.) titreme, sarsılma.

رجز recez: (A.) **1.**(ed.) savaşta okunulan övgü şiiri. **2.**(ed.) bir aruz vezni. **3.**urcûze, mısraları kafiyeli, kısa vezinli nazım.

رجز ricz, rocz: (A.) **1.**azap. **2.**puta tapma. **3.**kirlilik, pislik.

رجز rucz: (A.) **1.**azap. **2.**puta tapma. **3.**pislik.

رجز خواندن recez hânden: **1.**savaşta övgü şiiri okumak. **2.**zor kullanmak.

رجزخوانى recezhânî: (A.-F.) [recez+ hânden>hân+î] **1.**(ed.) övünç şiiri okuma. **2.**övünme.

رجس rics: (A.) **1.**pislik. **2.**günah. **3.**küfr. **4.**pis işler.

رجع rec': (A.) dönüş, geri dönüş.

رجعات rece'ât: (A.) öldükten sonra dünyaya gelişler.

رجعت rec'et, ric'et: (A.) **1.**geri dönüş. **2.**geri çekilme.

رجعت دادن ric'et dâden: döndürmek, ricat ettirmek.

رجعت كردن rec'et kerden: geri dönmek, ricat etmek.

رجعه rec'a: (A.) öldükten sonra dünyaya geliş.

رجعه ric'a: (A.) eşini bir veya birden çok boşayan erkeğin tekrar karısına dönmesi.

رجعى ric'î: (A.) **1.**geri dönme ile ilgili, ric'at ile ilgili. **2.**geri giden. **3.**ters yön.

رجعيه ric'iyye: (A.) **1.**geri dönme ile ilgili. **2.**geri giden. **3.**ters yön.

رجف recf: (A.) **1.**şiddetli sarsıntı. **2.**şiddetli gürültü. **3.**organ sarsılması.

رجفان recefân: (A.) **1.**şiddetli sarsıntı. **2.**şiddetli gürültü. **3.**organ sarsılması.

رجفه recfe: (A.) yer sarsıntısı, deprem.

رجل recul: (A.) **1.**erkek, yetişkin erkek. **2.**işbilir, bir işin ehli. ‖ * ~ -i siyâsî رجل سياسى politikacı.

رجل ricl: (A.) **1.**ayak. **2.**ordu, büyük kalabalık.

رجل البحر riclulbahr: (A.) körfez.

رجل الجبار riclulcebbâr: (A.) Orion burcu, el-Cebbar burcu.

رجل العنكبوت recululankebût: (A.) örümcek ayağı.

رجل الوز riclulvez: (A.) kaz ayağı.

رجليت reculiyyet: (A.) erkeklik.

رجم recm: (A.) **1.**taşlama, recim. **2.**küfretme, sövme, lanetleme. **3.**taşlama cezası. **4.**atılan taş. **5.**zanna dayanarak konuşma.

رجم rucum: (A.) akanyıldız, meteor.

رجم كردن recm kerden: recmetmek, taşlayarak öldürmek.

رجوع rucû': (A.) **1.**geri dönüş. **2.**sözünden dönme, cayma. **3.**başvuru.

رجوعاً rucû'an: (A.) geri dönerek.

رجوع شدن rucû' şoden: **1.**geri dönülmek. **2.**başvurulmak, müracaat edilmek. **3.**bakılmak.

رجوع كردن rucû' kerden: **1.**geri dönmük. **2.**başvurmak, müracaat etmek. **3.**bakmak.

رجولت rucûlet: (A.) erkeklik.

رجوليت rucûliyet: (A.) **1.**erkeklik. **2.**mertlik.

رجوم rucûm: (A.) **1.**taşa tutmalar, recmetmeler. **2.**akanyıldızlar, meteorlar.

رجه rece: çamaşır ipi.

رجيدن recîden: **1.**boyamak. **2.**lekelemek.

رجيل recîl: (A.) çok yürüyen.

رجيم recîm: (A.) **1.**recmedilmiş, taşlanmış. **2.**mel'un.

رحال rihâl: (A.) **1.**defalar. **2.**yol eşyaları. **3.**deve semerleri.

رحاله rihâle: (A.) eyer.

رحب rehb: (A.) geniş, ferah.

رحل rahal: (A.) **1.**semer. **2.**palan.

رحل rehl: (A.) **1.**eşya, yük. **2.**konak. **3.**palan. **4.**rahle. **5.**dinlenme. ‖ * ~ -i ikâmet efkenden رحل اقامت افكندن yerleşmek. ‖ * şedd-i ~ شد رحل yola çıkma, yolculuk.

رحلت rihlet: (A.) **1.**göçme. **2.**göç. **3.**ölüm. **4.**yolculuk.

رحلت كردن rıhlet kerden: **1.**göçmek. **2.**ölmek.

رحله rahle: (A.) okuma rahlesi, okuma masası. ‖ * ~ -i tedkîk رحله تدقيق araştırma masası, inceleme rahlesi. ‖ * ~ -i tedrîs رحله تدريس ders rahlesi.

رحم rehm: (A.) acıma, merhamet.

رحم rehim: (A.) **1.**(tıb.) döl yatağı, rahim. **2.**ana tarafından akrabalık. ‖ * sıle-i ~ صله رحم **1.**akraba bağlılığı. **2.**gurbetten gelerek akrabalarına kavuşma.

رحم rahime: (A.) rahmet eylesin, merhamet etsin.

رحم آوردن rehm âverden: acımak, merhamet etmek.

رحماً rahmen: (A.) acıyarak, merhamet ederek.

رحماء ruhemâ': (A.) merhametliler.
رحمات rehemât: (A.) rahmetler.
رحم الله rahimallâh: (A.) Allah acısın.
رحمان rehmân: (A.) **1.**rahman, merhamet eden. **2.**Tanrı'nın adlarından biri.
رحمانى rehmânî: (A.-F.) [rehmân+î] tanrısal, rahmânî.
رحمانيون rahmâniyyûn: (A.) velîler.
رحم بند rehimbend: (A.-F.) [rehim+ besten> bend] (tıb.) rahim bağı.
رحمت rehmet: (A.) **1.**rahmet, merhamet, acıma. **2.**yağmur. **3.**Hz. Muhammed. **4.**Kur'ân. **5.**bağış.
رحمت آمدن rehmet âmeden: acımak, merhamet etmek.
رحمت آوردن rahmet âverden: merhamet etmek.
رحمت فرستادن rehmet firistâden: rahmet göndermek.
رحمت فشان rahmetfeşân (A.-F.) [rahmet+ feşânden> feşân] rahmet saçan.
رحمت نقش rahmetnakş: (A.) [rahmet+ nakş] Tanrı'nın rahmetine mazhar olmuş.
رحم كردن rehm kerden: acımak, merhamet etmek.
رحموت rahamût: (A.) büyük rahmet.
رحمة الله عليه rahmetullâhi aleyh: (A.) Tanrı'nın rahmeti onun üzerine olsun, Allah rahmet etsin.
رحمة الله عليهم اجمعين rahmetullâhi aleyhim ecma'în: (A.) Allah tümüne rahmet etsin.
رحمة للعالمين rahmetenlilâlemîn: (A.) âlemlere rahmet olarak gönderilen Hz. Muhammed.
رحمى rahimî: (A.) döl yatağı ile ilgili, rahim ile ilgili.
رحمى rahmî: (A.) **1.**rahmet ile ilgili, merhamet ile ilgili. **2.**erkek adı.
رحميه rahmiyye: (A.) rahim ile ilgili.
رحى rehâ: (A.) değirmen.
رحيان rahyân: (A.) kaburga ile omuz kemiğinin bitiştiği yer.
رحيب rehîb: (A.) ferah, geniş, enli, bol.
رحيب الراحه rahîburrâhe: (A.) cömert, eli açık.
رحيق rehîk: (A.) **1.**halis, saf. **2.**halis kırmızı şarap. **3.**balözü.
رحيل rehîl: (A.) **1.**göç. **2.**ölüm.
رحيم rehîm: (A.) **1.**çok merhamet eden. **2.**Tanrı'nın sıfatlarından biri.
رحيمانه rahîmâne (A.-F.) [rahîm+âne] merhamet ederek, acıyarak.
رحيه rahye: (A.) meydan, alan.
رخ reh: yarık, çatlak, rahne.
رخ roh: **1.**yüz. **2.**yanak. **3.**zümrütüanka. **4.**bu kuşun adıyla anılan satranç taşı. **5.**dizgin. **6.**taç. **7.**yön, taraf. **8.**hasırotu. ‖ * ~ der nikâb-i hâk keşîden رخ در نقاب خاک كشيدن ölmek. ‖ * honer-i hod râ be ~ -i kesî keşîden هنر خود را به رخ كسى كشيدن hünerini göstermek, hava basmak.
رخ roh: **1.**savaşçı. **2.**burç. **3.**satrançta kale.
رخاء rehâ': (A.) **1.**bolluk. **2.**gevşeklik.
رخاصت rehâset: (A.) **1.**tazelik. **2.**yumu-şaklık. **3.**ucuzluk.
رخام ruhâm: (A.) mermer.
رخامت rehâmet: (A.) yumuşak sözlülük.
رخامى ruhâmî: (A.) **1.**mermer ile ilgili. **2.**mermerden.
رخاوت rehâvet: (A.) **1.**gevşeme, rehavet, gevşeklik. **2.**tembellik.
رخاوتكار rehâvetkâr (A.-F.) [rehâvet+ kâr] rehavet verici.
رخ برتافتن ruh ber tâften: yüz çevirmek.
رخت reht: **1.**giysi, elbise. **2.**ev eşyası. **3.**at koşum takımı, binek takımı. **4.**yol levazımı, yolculuk eşyası. ‖ * ~ be sahrâ keşîden رخت به صحرا كشيدن ölmek. ‖ * ~ ez cihân berbesten رخت از جهان بر بستن ölmek. ‖ * ~ râ der âverden رخت را در آوردن soyunmak, giysisini çıkarmak.
رخت آويز rehtâvîz: [reht+âvîhten>âvîz] askı, askılık.
رخت افكندن reht efkenden: yerleşmek.
رخت بر بستن reht berbesten: **1.**ölmek.

2.yol hazırlığı yapmak. 3.yükünü bağlamak. 4.terketmek.

رخت برداشتن reht berdâşten: gitmek.

رخت بر در گرفتن reht ber der giriften: seyahate çıkmak.

رخت بستن reht besten: 1.yol hazırlığı yapmak. 2.yolculuk yapmak. 3.gitmek. 4.kaybolmak.

رتتخواب rehthâb: [reht+hâb] yatak. ‖ * tu ~ reften تو رختخواب رفتن yatmak, yatağa gitmek.

رخت شستن reht şosten: çamaşır yıkamak.

رخت شو rehtşû: [reht+şosten>şû] 1.çamaşırcı. 2.çamaşır yıkayan.

رختشويخانه rehtşûyhâne: [reht+şosten> şûy+hâne] çamaşırhane.

رختشويى rehtşûyî: [reht+şosten>şûy+î] 1.çamaşır yıkama. 2.çamaşırcılık. ‖ * maşîn-i ~ ماشين رختشويى çamaşır makinesi.

رخت كن rehtken: [reht+kenden>ken] soyunma odası.

رخت نورديدن reht neverdîden: eşya toplamak.

رخت نهادن reht nihâden: yerleşmek.

رختوان rahtvân: [raht+vân] eyer örtüsünün sırmalı kaytanı.

رخت و پخت reht u peht: 1.giysi, giyecek. 2.eşya, mal.

رخج rohc: baş ardı.

رخ دادن roh dâden: olmak, meydana gelmek, yüz göstermek.

رخسار rohsâr: [roh+sâr] 1.yüz. 2.yanak.

رخساره rohsâre: [roh+sâr+e] 1.yanak. 2.yüz. 3.bayan adı.

‖ رخ ساى ruhsây: [ruh+sâyîden>sây] yüz süren.

رخ سودگى ruhsûdegî: [ruh+sûden> sûd+e+g+î] yanak sürme, yüz sürme.

رخ سوده ruhsûde: [ruh+sûden>sûd+e] yanağını sürmüş, yüzünü sürmüş.

رخش rehş, rohş: [rahşîden>rahş] 1.parlama. 2.akis. 3.gökkuşağı.

رخش rehş: 1.alaca. 2.yürük at. 3.Şahname'de Rüstem'in atı.

رخشا rahşâ: [rahşîden>rahş+â] 1.parlaklık. 2.parlak.

رخشان rehşân: [rehşîden>rehş+ân] parlak.

رخشان كردن rahşân kerden: parlatmak.

رخشش rahşiş: [rahşîden>rahş+iş] parlama, parıltı.

رخشندگى rehşendegî: [rehşîden>rehş+ ende+g+î] parlaklık.

رخشنده rehşende: [rehşîden>rehş+ende] parlak.

رخشيدن rehşîden, rohşîden: parlamak, pırıldamak.

رخشيه rahşiyye (F.-A.) [rahş+iyye] atlar için yazılan şiir.

رخص rahs: (A.) nazik, yumuşak ve ince.

رخص ruhas: (A.) izinler, ruhsatlar.

رخصات ruhsât: (A.) izinler.

رخصت rohset: (A.) izin, ruhsat.

رخصت دادن rohset dâden: izin vermek.

رخصت صادر گرديدن rohset sâdir gerdîden: izin çıkmak.

رخصت يافتن rohset yâften: izin almak.

رخصتيه ruhsatiyye: (A.) 1.izin belgesi. 2. eskiden alınan belediye vergilerinden biri.

رخ گرداندن ruh gerdânden: yüz çevirmek.

رخ گردانيدن roh gerdânîden: yüz çevirmek.

رخمه rehme: (A.) (zool.) akbaba.

رخنه rehne: 1.delik. 2.yarık, çatlak, gedik, rahne. 3.küçük kapı. 4.zarar. 5.bozukluk.

رخنه افكندن rehne efkenden: 1.fesat çıkarmak. 2.yarık açmak.

رخنه پيدا كردن rehne peydâ kerden: 2.kendine yol açmak.

رخنه جو rehnecû: [rehne+costen>cû] bölücü, bozguncu.

رخنه دار rehnedâr: [rehne+dâşten>dâr] 1.gedikli, yarılmış. 2.eksik. 3.zarar görmüş, halel gelmiş.

رخنه كردن rahne kerden: 1.yol bulmak. 2.halel gelmek.

رخنه نمودن rehne numûden: yol

bulmak, girmek.

رخو rahv: (A.) gevşek, rehavetli.

رخو rihv: (A.) gevşek.

رخوت rihvet: (A.) gevşeklik, rehavet.

رخیدن rehîden: nefes nefese kalmak, tık nefes olmak (yük nedeniyle).

رخیص rahîs: (A.) **1.**ucuz. **2.**yumuşak giysi. **3.**anî ölüm.

رخیم rahîm: (A.) hafif sesli.

رخیمه rahîme: (A.) alçak sesle konuşan kız.

رد red: (Peh.) **1.**ruhanî lider, önder. **2.**cesur.

رد redd: (A.) **1.**geri çevirme, geri döndürme. **2.**tanımama. **3.**çürütme. **4.**iz, ayak izi. ‖ * ~ -i matla' رد مطلع matla beytinin bir mısraını gazelin sonunda tekrarlama. ‖ * ~ -i misrâ' رد مصراع gazeldeki bir mısrayı makta beytinde tekrarlama. ‖ * ~ -i pâ رد پا ayak izi. ‖ * ~ -i selâm رد سلام verilen selama karşılık verme. ‖ * ~-i kesî râ giriften رد کسی را گرفتن iz sürmek.

رداء redâ': (A.) yasaklama, engel olma, önleme.

رداء ridâ': (A.) **1.**hırka. **2.**bele kadar örtülen örtü. **3.**derviş postu.

ردائت redâ'et: (A.) **1.**kötülük. **2.**yara kötüleşmesi, hastalığın kötüye gitmesi.

ردا بدوش ridâbedûş (A.-F.) [ridâ+be+dûş] hırkası omuzunda, örtüsü omuzunda.

رد العجوز علی الصدر reddulacûz alessadr: (A.) bir mısraın son kelimesini onu izleyen mısraın başında kullanma sanatı.

ردانه redâne: (A.) madenî halka.

ردایی ridâyî: (A.) **1.**örtü ile ilgili. **2.**hırka ile ilgili. **3.**klasik Türk musikîsinde bir makam.

ردت reddet: (A.) **1.**göze batan çirkinlik, güzellikler arasında dikkat çeken çirkinlik. **2.**bir kez reddetme.

ردت riddet: (A.) İslâm dininden çıkma.

ردخور redhor: reddedilebilir. ‖ * ~ nedâred ردخور ندارد kesindir.

رد زدن red zeden: ayak izini almak.

رد شدن red şoden: **1.**geçmek. **2.**karşıdan karşıya geçmek. **3.**reddedilmek. **4.**sınavda kalmak, başarısız olmak. **5.**geri püskürtülmek.

ردع red': (A.) **1.**alıkoyma. **2.**menetme.

ردف redf: (A.) izleme.

ردف ridf: (A.) arka, peş.

ردفان ridfân: (A.) gece ve gündüz.

رد کردن red kerden: **1.**alıkoymak. **2.**geçirmek. **3.**geri göndermek, geri çevirmek. **4.**sınavda bırakmak. **5.**reddetmek. **6.**sıyırmak.

ردم redm: (A.) **1.**tıkama, kapama. **2.**set çekme. **3.**set, bent.

ردنگت ridengot: (Fr.) redingot.

رد و بدل کردن redd u bedel kerden: konuşmak.

ردوم rudûm: (A.) bentler, setler.

رده rede: (Peh.) **1.**saf, sıra, dizi. **2.**sınıf. **3.**satır. **4.**duvardaki taş veya tuğla sırası. ‖ * der ~ -i در ردهء sınıfında.

رده بندی redebendî: [rede+besten>bend+î] **1.**sınıflandırma. **2.**sıralanış.

رده بندی شدن redebendî şoden: sınıflandırılmak, tasnif edilmek.

رده بندی کردن redebendî kerden: sınıflandırmak, tasnif etmek.

ردی redâ: (A.) yok olma, mahvolma.

ردیء redî: (A.) **1.**bayağı. **2.**kötü, çirkin. **3.**azgın.

ردیء الطبیعه redî'uttabî'a: (A.) **1.**karaktersiz, tıynetsiz, kötü tabiatlı. **2.**kötü sonuçlar doğuran hastalıklar.

ردیئه redî'e: (A.) **1.**bayağı. **2.**kötü, çirkin. **3.**azgın.

ردیابی redyâbî: [red+yâften>yâbî] **1.**iz sürme. **2.**yakalama.

ردیابی شدن redyâbî şoden: yakalanmak.

ردیغ redîg: (A.) **1.**hödük, ahmak. **2.**yere çalınmış.

ردیف redîf: (A.) **1.**saf, sıra, dizi. **2.**(ed.) redif, beyitlerin sonunda kafiyeden sonra tekrarlanan kelime. **3.**ihtiyatta tutulan kur'a askeri. **4.**binek hayvanına binenin arkasında oturan. ‖ * ~ be ~ ردیف به ردیف sıra sıra.

ردیف شدن redîf şoden: sıra olmak, sıraya girmek, sıralanmak, dizilmek.

ردیف کردن redîf kerden: dizmek, sıralamak, sıraya sokmak.

ردیه reddiyye: (A.) bir fikri reddetmek veya çürütmek için yazılan yazı.

رذائل rezâ'il: (A.) rezaletler, rezillikler.

رذالت rezâlet: (A.) **1.**rezillik. **2.**arsızlık.

رذایل rezâyil: (A.) rezaletler.

رذل rezl: (A.) rezil, alçak.

رذلاء ruzelâ': (A.) reziller.

رذیل rezîl: (A.) **1.**soysuz, bayağı, pespaye. **2.**maskara. ‖ * ~ u rusvâ رذیل و رسوا rezil olmuş.

رذیلانه rezîlâne (A.-F.) [rezîl+âne] rezilce.

رذیلت rezîlet: (A.) rezillik, rezalet.

رذیله rezîle: (A.) **1.**rezil olan (bayan). **2.**kötü huy.

رز rez: **1.**(bot.) asma, asma kütüğü. **2.**(bot.) üzüm. **3.**asmalık, üzüm bağı. ‖ * duhter-i ~ دختر رز şarap.

رز rizz: (A.) gizli ses.

رز ruzz: (A.) pirinç.

رزاز rezzâz: (A.) **1.**pirinç tüccarı. **2.**pirinç döven.

رزاق rezzâk: (A.) **1.**rızık veren. **2.**Tanrı'nın sıfatlarından biri.

رزام rizâm: (A.) inatçı, serkeş, asi.

رزان rezân: (A.) **1.**ağırbaşlı. **2.**bayan adı.

رزان rezân: üzüm. ‖ * hûn-i ~ خون رزان üzümün kanı, şarap.

رزانت rezânet: (A.) ağırbaşlılık, metanet.

رزایا rezâyâ: (A.) belalar, musibetler.

رزء roz': (A.) büyük felaket.

رزبان rezbân: [rez+bân] **1.**asmalık bekçisi, üzüm bağı bekçisi. **2.**asma yetiştiren, bağcı.

رزبن rezbon: [rez+bon] **1.**(bot.) asma. **2.**(bot.) asma fidanı.

رزرو rizirv: (Fr.) rezerv.

رزرو کردن rizirv kerden: rezerv etmek.

رزق rizk: (A.) **1.**rızık, Tanrı'nın verdiği nimet. **2.**azık. ‖ * ~ -i maksûm رزق Tanrı'nın her kulu için belirlediği rızık. ‖ * ~ -i mukadder رزق مقدر Tanrı'nın her kulu için takdir ettiği rızık.

رزم rezm: **1.**savaş. **2.**kavga.

رزم آراستن rezm ârâsten: savaş hazırlığı yapmak.

رزم آزما rezmâzmâ: [rezm+âzmûden>âzmâ] savaş deneyimi olan.

رزم آزمودن rezm âzmûden: savaşmak.

رزمجو rezmcû: [rezm+costen>cû] savaşçı.

رزمجویی rezmcûyî: [rezm+costen>cûy+î] savaşçılık.

رزم دیده rezmdîde: [rezm+dîden>dîd+e] savaş deneyimi olan.

رزمکار rezmkâr: [rezm+kâr] savaşçı.

رزمکاری rezmkârî: [rezm+kâr+î] savaşçılık.

رزمگاه rezmgâh (rezm+gâh] savaş alanı.

رزمگه rezmgeh: [rezm+geh] savaş alanı.

رزم ناو rezmnâv: [rezm-nâv] (ask.) krüvazör.

رزمه rizme, rezme: (A.) elbise bohçası.

رزمی rezmî: [rezm+î] savaşçı.

رزمیدن rezmîden: savaşmak, mücadele etmek.

رزم یوز rezmyûz: [rezm+yûzîden>yûz] kavgacı, savaşçı.

رزه reze: **1.**kapı kolu. **2.**küçük çengel.

رزیئه rezî'e: (A.) büyük felaket.

رزین rezîn: (A.) **1.**sağlam, metin. **2.**ağırbaşlı. **3.**değerli. ‖ * re'y-i ~ رأی رزین sağlam görüş.

رزین rızîn: (Fr.) **1.**reçine, çamsakızı. **2.**oto lastiği.

رژد rejd: **1.**pisboğaz, obur. **2.**açgözlü, haris.

رژه reje: (ask.) geçit töreni, yürüyüş.

رژه رفتن reje reften: (ask.) geçit töreni yapmak, askerî geçiş yapmak.

رژیسور rijisor: (Fr.) rejisör.

رژیم rejim: (Fr.) rejim.

رژیمان rijîman: (Fr.) (ask.) alay.

رژیم گرفتن rijim giriften: antrenman yapmak.

رس res: ip.

رس res: [resîden>res] **1.**yetişen, ulaşan, varan. **2.**koşan. **3.**olgunlaşan.

رس ress: (A.) **1.**içi taşla örülü kuyu. **2.**Semûd kavminin peygamberi olan Hanzale bin Safvan'ın atıldığı kuyu.

رس ros: humuslu toprak. ‖ * ~ -i kesî râ bâlâ âverden رس کسی را بالا آوردن birinin tozunu attırmak, birinin canına okumak.

رسا resâ: [resîden>res+â] **1.**ulaşan. **2.**olgun. **3.**gür. **4.**bilgili. **5.**layık. **6.**zeki.

رسائل resâ'il: (A.) **1.**kitapçıklar. **2.**mektuplar. **3.**dergiler. ‖ * ~ -i mevkûte رسائل موقوته süreli yayınlar, süreli kitapçıklar, dergiler.

رساتیق resâtîk (F.>A.) [rûstâ>rûstâk> resâtîk] köyler.

رسالت resâlet: (A.) **1.**elçilik. **2.**peygamberlik. **3.**deveyi eşkin yürütme. **4.**saç bırakma.

رسالت risâlet: (A.) **1.**elçilik. **2.**peygamberlik. **3.**haber getirme. **4.**kitapçık, risale.

رسالت پناه risâletpenâh (A.-F.) [risâlet+ penâhîden> penâh] Hz. Muhammed.

رسالت مآب risâletme'âb: (A.) **1.**peygamber. **2.**İslâm peygamberi.

رسالجات risâlecât: (A.) kitapçıklar, risaleler.

رساله risâle: (A.) **1.**kitapçık, risale. **2.**mektup. **3.**tez.

رسام ressâm: (A.) ressam.

رسامان ressâmân (A.-F.) [ressâm+ân] ressamlar.

رسامی ressâmî: [Ar.-F.) [ressâm+î] ressamlık.

رسان resân: [resânden>resân] **1.**yetiştiren, ulaştıran, kavuşturan. **2.**olgunlaştıran.

رسان resân: [resîden>res+ân] yetişenler, ulaşanlar, kavuşanlar.

رسانا resânâ: [resânden>resân+â] iletken.

رسانایی resânâyî: [resânden>resân+â+ y+î] iletkenlik.

رساندن resânden: **1.**iletmek. **2.**ulaştırmak. **3.**yetiştirmek, kavuşturmak. **4.**tebliğ etmek.

رسانده شدن resânde şoden: ulaştırılmak.

رساننده resânende: [resânden>resân+ ende] ulaştıran, yetiştiren, kavuşturan.

رسانه resâne: [resânden>resân+e] **1.**özlem, hasret. **2.**üzüntü. **3.**medya, iletişim araçları. ‖ * ~ hâ-yi gurûhî رسانه های گروهی medya, toplu iletişim araçları, toplu haber kaynakları. ‖ * ~ hâ-yi hemgânî رسانه های همگانی kitle iletişim araçları.

رسانه خوار resânehâr: [resâne+horden> hor>hâr] özlem duyan, hasret çeken.

رسانیدن resânîden: **1.**iletmek. **2.**ulaştırmak. **3.**yetiştirmek, kavuşturmak. **4.**tebliğ etmek. **5.**götürmek.

رسایل resâyil: (A.) **1.**kitapçıklar, risaleler. **2.**mektuplar.

رسایی resâyî: [resîden>res+â+y+î] **1.**olgunluk. **2.**ses gürlüğü.

رست rest: [resten>rest] kurtuluş.

رست rost: çömlek toprağı, kil.

رستا rustâ: köy.

رستائی rustâ'î: **1.**köylü. **2.**köy ile ilgili. **3.**köy hayatını konu edinen, pastoral.

رستاخیز restâhîz: (Peh.) [<rusten>rust +â+hâsten>hîz] **1.**ayağa kalkma. **2.**mahşer, kıyamet günü.

رستاد restâd: görev.

رستار restâr: [resten>rest+âr] **1.**kurtuluş. **2.**kurtulan.

رستاق rustâk (F.>A.) [rûstâ>rustâk] köy.

رستاقی rustâkî (A.-F.) [rûstâk+î] köylü.

رستایی rustâyî: [rustâ+y+î] **1.**köylü. **2.**köy ile ilgili. **3.**köy hayatını konu edinen, pastoral.

رستخیز resthîz: [resten>rest+hâsten>hîz] **1.**ayağa kalkma. **2.**mahşer, dirilme.

رستخیز انگیختن resthîz engîhten: kıyameti koparmak.

رستگار restgâr: [resten>rest+gâr] serbest, kurtulmuş.

رستگاری restgârî: [resten>rest+gâr+î] kurtuluş.

رستگاری یافتن restgârî yâften: kurtulmak.

رستم rostem: **1.**cesur, yiğit. **2.**Şahname'nin kahramanı, Rüstem. **3.**erkek adı.

رستمانه rustemâne: [rustem+âne] Rüstem gibi, yiğitçe.

رستم دستان rustemdestân: [rustem+destân] Rüstem gibi kahramanlık hikayeleri olan.

رستم دل rostemdil: [rostem+dil] yürekli, cesur, yiğit.

رستمی rostemî: [rostem+î] cesaret, yiğitlik.

رستن resten: (Peh.) **1.**kurtulmak. **2.**özgürlüğüne kavuşmak.

رستن rosten: (Peh.) bitmek, yeşermek, boy atmak.

رستوران restoran: (Fr.) restoran.

رسته reste: **1.**saf, dizi. **2.**çarşı, pasaj. **3.**sınıf. **4.**esnaf. **5.**lonca.

رسته reste: [resten>rest+e] kurtulmuş.

رسته roste: bir tür helva.

رسته roste: [rosten>rost+e] yeşermiş, bitmiş.

رسته گشتن reste geşten: kurtulmak.

رستی rostî: [rost+î] killi.

رستی rustî: [rust+î] **1.**yiğitlik. **2.**üstünlük. **3.**güç, kuvvet.

رسد resed: [resîden>res+ed] **1.**hisse, pay. **2.**ulaşır, yetişir. **3.**lâyık, yaraşır.

رسد resed: (ask.) takım.

رسداق rosdâk: köy.

رسدبان resedbân: [resed+bân] polis teğmeni, polis takım komutanı.

رسدیار resedyâr: [resed+yâr] polis takım komutan yardımcısı.

رسغ rosg: (A.) **1.**kör topuk. **2.**bilek.

رسغ القدم rusgulkadem: (A.) ayak bileği.

رسغ الید rusgulyed: (A.) el bileği.

رسل rusl: (A.) **1.**elçiler. **2.**peygamberler.

رسل rusul: (A.) **1.**elçiler, resuller. **2.**ulaklar. **3.**peygamberler.

رسلاء ruselâ: (A.) **1.**elçiler. **2.**peygamberler.

رسم resm: (A.) **1.**yasa. **2.**töre, âdet. **3.**tertip. **4.**yöntem. **5.**iz, işaret, alamet. **6.**resim. **7.**yazma, çizme. **9.**vergi. **10.**taslak, plan.

رسمانه resmâne: (A.-F.) [resm+âne] resmen, resmî olarak.

رسماً resmen: (A.) **1.**resmî olarak. **2.**bile bile, göz göre göre. **3.**kesinlikle.

رسم کردن resm kerden: resmetmek, çizmek.

رسمی resmî: (A.) **1.**resmî. **2.**resmî görevli. **3.**kadrolu. **4.**tören ile ilgili, törenle. **5.**resim ile ilgili. **6.**teklifli, senli benli olmadan. **7.**ciddî.

رسمی resmî: (A.-F.) [resm+î] işaretli.

رسمیات resmiyyât: (A.) resmî işler, resmî konular.

رسمیت resmiyyet: (A.) resmîlik. ‖ * be ~ به رسمیت resmen. ‖ * be ~ şinâhten به رسمیت شناختن resmen tanımak.

رسمیت دادن resmiyyet dâden: resmiyete koymak.

رسمی شدن resmî şoden: (görev) asaleti gelmek.

رسمیه resmiyye: (A.) **1.**devlet ile ilgili, devlet adına. **2.**tören ile ilgili, törenle. **3.**resim ile ilgili. **4.**teklifli, senli benli olmadan. **5.**ciddî.

رسن resen: **1.**ip. **2.**halat, urgan. ‖ * ber ~ bâzî kerden بر رسن بازی کردن ip cambazlığı yapmak.

رسن باز resenbâz: [resen+bâhten>bâz] ip cambazı, cambaz.

رسن بازی resenbâzî: [resen+bâhten> bâz+î] ip cambazlığı, cambazlık.

رسن بند resenbend: [resen+besten>bend] **1.**iple bağlı. **2.**halatla bağlı.

رسن قاتمه resenkatme: (F.-T.) [resen+ katme] urgan.

رسوا rusvâ: rezil, rüsva.

رسوا شدن rusvâ şoden: rezil olmak.

رسوا کردن rusvâ kerden: rezil etmek.

رسوای rusvây: rezil, rüsva.

رسوایی rusvâyî: [rusvây+î] **1.**rezillik. **2.**skandal.

رسوایی بار آوردن rusvâyî bâr âverden: rezillik getirmek.

رسوب rusûb: (A.) **1.**çökelti, çökelek. **2.**(coğ.) alüvyon. **3.**kireçlenme.

رسوب الخمر rusûbulhamr: (A.) şarap tortusu.

رسوبات rusûbât: (A.) çökeltiler, tortular.

رسوب کردن rusûb kerden: kireçlenme yapmak.

رسوبی rusûbî: (A.-F.) [resûb+î] tortu ile ilgili, tortusal.

رسوخ rusûh: (A.) **1.**sağlamlık. **2.**bilimde derinlik. **3.**meleke, el yatkınlığı, beceri.

رسوخ کردن rusûh kerden: nüfuz etmek, işlemek.

رسوخی rusûhî: (A.) **1.**sağlamlık ile ilgili. **2.**meleke ile ilgili. **3.**bilimde derinlik ile ilgili. **4.**erkek adı.

رسوخ یافتن rusûh yâften: nüfuz etmek, işlemek, sızmak.

رسوخیت rusûhiyyet: (A.) **1.**sağlamlık. **2.**beceri, ustalık, maharet, meleke.

رسول resûl: (A.) **1.**elçi. **2.**peygamber. **3.**Hz. Muhammed.

رسول الله resûlullâh: (A.) Tanrı'nın elçisi, Hz. Muhammed.

رسولی resûlî: (A.-F.) [resûl+î] **1.**resullük. **2.**elçilik.

رسوم rusûm: (A.) **1.**yasalar. **2.**merasimler. **3.**kurallar. **4.**âdetler. **5.**vergi.

رسومات rusûmât: (A.) **1.**vergiler. **2.**gümrük idaresi.

رسومی rusûmî: (A.) **1.**gümrük ile ilgili, vergi ile ilgili. **2.**gümrükçü.

رسومیه rusûmiyye: (A.) gümrük ile ilgili, vergi ile ilgili.

رسی resiyy: (A.) **1.**direnen. **2.**direk, çatı direği.

رسید resîd: [resîden>resîd] **1.**geldi, ulaştı, vardı. **2.**alındı makbuzu. ‖ * ~ -i bankî رسید بانکی banka dekontu.

رسیدگی resîdegî: [resîden>resîd+e+g+î] **1.**olgunluk. **2.**büluğ, erginlik. **3.**inceleme, teftiş. **4.**ilgilenme.

رسیدگی کردن resîdegî kerden: **1.**incelemek. **2.**ilgilenmek, uğraşmak, bakmak.

رسیدن resîden: (Peh.) **1.**yetişmek, varmak, ulaşmak, kavuşmak, gelmek. **2.**ermek. **3.**olgunlaşmak. **4.**katılmak. **5.**gerçekleşmek, vâki olmak. **6.**fırsat bulmak. **7.**pay düşmek. **8.**çıkışmak, kafi gelmek. **9.**bâliğ olmak, ulaşmak. **10.**rastlamak, karşılaşmak. **11.**erişmek, baş etmek. ‖ * kesî be kesî ne ~ کسی به کسی نرسیدن üstüne (kimse) olmamak.

رسیده resîde: [resîden>resîd+e] **1.**varmış, yetişmiş, ulaşmış. **2.**olgunlaşmış, olgun. **3.**erişkin. **4.**bâliğ.

رسیدی resîdî: [resîden>resîd+î] onay.

رسیدی دادن resîdî dâden: onay vermek, onamak.

رسیس resîs: (A.) hastalık başlangıcı.

رسیسه resîse: (A.) hastalık başlangıcı.

رسیل resîl: (A.) **1.**birlikte okuyan. **2.**ferah. **3.**haberci. **4.**latif. **5.**elçi.

رش reş: (Peh.) şemsî ayların on sekizinci günü.

رش reş: **1.**kol. **2.**bir kol uzunluğu. **3.**(bot.) bir tür incir. **4.**tepe.

5.çisenti.
رشا ruşâ: (A.) rüşvetler.
رشاء rişâ: (A.) rüşvetler.
رشاء rişâ': (A.) **1.**ip. **2.**kova ipi.
رشاد reşâd: (A.) **1.**doğru yolda gitme, Tanrı yolunda gitme. **2.**erkek adı. **3.**Osmanlı sultanı Reşâd adına bastırılan altın.
رشادت reşâdet: (A.) **1.**cesaret. **2.**güç kullanma. **3.**doğru yolda gitme, Tanrı yolunda gitme.
رشاش reşâş: (A.) çiseleme, çisenti.
رشاش rişâş: (A.) serpinti, döküntü.
رشاشه reşâşe: (A.) çiseleme, çisenti.
رشاشه rişâşe: (A.) serpinti, döküntü.
رشاشه پاش reşâşepâş (A.-F.) [reşâşe+pâşîden>pâş] çiseleyen.
رشاقت reşâket: (A.) **1.**bel inceliği. **2.**davranış inceliği, zarafet.
رشت reşt: **1.**toprak, toz toprak. **2.**İran'da bir kent, Reşt.
رشتن rişten (Hind.) eğirmek, bükmek.
رشتن roşten, reşten: eğirmek, bükmek.
رشته rişte: [rişten>rişt+e] **1.**ip, iplik. **2.**dizi. **3.**eğirilmiş. **4.**bükülmüş. **5.**zincir. **6.**lif. **7.**(coğ.) sıradağ. **8.**anabilim dalı. **9.**erişte çorbası. **10.**hat. **11.**tezhip kenarındaki süslü çizgi. ‖ * be ~ -i tahrîr der âverden به رشته‌ء تحریر در آوردن yazmak, kaleme almak. ‖ * be ~ -i tahrîr keşîden به رشته‌ء تحریر کشیدن yazmak, kaleme almak. ‖ * ser-i ~ ez dest-i kesî reften سر رشته از دست کسی رفتن dağıtmak, ipin ucunu kaçırmak.
رشته فروش riştefurûş: [rişte+furûhten> furûş] iplikçi, iplik satıcısı.
رشتی reştî: [Reşt+î] **1.**Reştli. **2.**Reşt malı, Reşt ürünü.
رشح reşh: (A.) sızıntı, sızma.
رشحات reşehât: (A.) sızıntılar.
رشحه reşhe: (A.) **1.**sızıntı. **2.**terleme.
رشحه پاش reşhapâş (A.-F.) [reşha+pâşîden>pâş] sızdıran.
رشحه ریز reşharîz (A.-F.) [reşha+îhten>rîz] sızdıran.
رشحه یاب reşhayâb (A.-F.) [reşha+yâften>yâb] sızıntı bulan.
رشد reşed: (A.) **1.**doğru yolda olma. **2.**hidayet.
رشد roşd: (A.) **1.**erginlik, rüşt. **2.**gelişme. **3.**Tanrı yolunda sebat. **4.**hidayet.
رشدت rişdet: (A.) **1.**dürüstlük. **2.**temizlik.
رشد دادن roşd dâden: geliştirmek.
رشدی ruşdî: (A.) **1.**erginlik ile ilgili. **2.**ortaokul. **3.**erkek adı, Rüştü.
رشدیه ruşdiyye: (A.) **1.**erginlik ile ilgili. **2.**ortaokul, Rüştiye.
رشف reşf: (A.) emerek su içme.
رشق reşk: (A.) **1.**ok atma. **2.**sözle suçlama.
رشک reşk: (Peh.) **1.**kıskançlık, haset. **2.**gıpta. **3.**atma (ok, mermi vs.)
رشک rişk: yavşak, bit sürfesi.
رشک آور reşkâver: (A.) [reşk+âverden> âver] kıskandırıcı, kıskançlık uyandıran.
رشک آورانه reşkâverâne: [reşk+âverden> âver+ âne] kıskandırırcasına.
رشک انداز reşkendâz: [reşk+endâhten> endâz] **1.**kıskandırıcı, kıskandıran. **2.**gıpta ettirici.
رشک انگیز reşkengîz: [reşk+engîhten> engîz] kıskandırıcı, kıskançlık uyandıran.
رشک بردن reşk borden: kıskanmak.
رشک ساز reşksâz: [reşk+sâhten>sâz] **1.**kıskandıran. **2.**gıpta ettiren.
رشکن reşken: **1.**kıskanç. **2.**gıpta eden.
رشکین reşkîn: [reşk+în] kıskanç.
رشمه reşme: **1.**iplik. **2.**örgü kemer.
رشن reşn: (A.) davetsiz misafirlik.
رشوت roşvet, rişvet: (A.) rüşvet.
رشوت خوار rişvethâr (A.-F.) [rişvet+horden>hor> hâr] rüşvet yiyen, rüşvetçi.
رشوت خور rişvethor (A.-F.) [rişvet+horden>hor] rüşvetçi, rüşvet yiyen.

رشوه roşve, reşve: (A.) rüşvet.

رشوه خوار roşvehâr: (A.-F.) [roşve+ horden>hor>hâr] rüşvetçi, rüşvet yiyen.

رشوه خوارى roşvehârî: (A.-F.) [roşve+ horden>hor>hâr+î] rüşvetçilik, rüşvet yeme.

رشوه خوردن roşve horden: rüşvet yemek.

رشوه دادن roşve dâden: rüşvet vermek.

رشوه گرفتن roşve giriften: rüşvet almak.

رشيح reşîh: (A.) ter.

رشيد reşîd: (A.) **1.**olgun. **2.**erişkin, ergin. **3.**tecrübeli. **4.**hidayet eden.

رشيد كردن reşîd kerden: olgunlaştırmak, reşit yapmak.

رشيده reşîde: (A.) **1.**doğru yolda giden. **2.**aklı başında. **3.**bayan adı.

رشيدى reşîdî: (A.-F.) [reşîd+î] bir tür çini.

رشيديه reşîdiyye: (A.) **1.**doğru yolda giden ile ilgili. **2.**reşit olan ile ilgili. **3.**bir tür tatlı.

رشيق reşîk: (A.) uzun boylu, boylu boslu.

رشيم ruşeym: (A.) **1.**embriyon. **2.**oğulcuk.

رصاد ressâd: (A.) **1.**gözlemci, astronom. **2.**gece muhafızı.

رصادى ressâdî: (A.-F.) [ressâd+î] **1.**astronomluk. **2.**gözlemcilik.

رصاص rasâs: (A.) **1.**kurşun. **2.**kalay.

رصاص rassâs: (A.) kalaycı.

رصاصى rasâsî: (A.) **1.**kurşun ile ilgili. **2.**kalay ile ilgili. **3.**kurşunî. **4.**kalaycı.

رصافت rasâfet: (A.) sağlamlık.

رصانت resânet: (A.) sağlamlık, dayanıklılık.

رصايع resâyi': (A.) **1.**kabaralar. **2.**kabaralı süsler.

رصد resed: (A.) **1.**gözlem, rasat. **2.**yol. ‖ * ~ der kâr besten رصد در كار بستن bir işi hakkıyla yapmak.

رصد بستن resed besten: gözlem yapmak.

رصدجا resedcâ (A.-F.) [resed+câ] gözlem yeri.

رصدخانه resedhâne: (A.-F.) [resed+ hâne] gözlemevi, rasathane.

رصد شدن resed şoden: gözlenmek.

رصد كردن resed kerden: gözlemlemek, gözlem yapmak.

رصدگاه resedgâh: (A.-F.) **1.**gözlemevi, rasathane. **2.**manzara.

رصدى resedî: (A.-F.) **1.**gözlemci, astronom. **2.**yol muhafızı. **3.**haraççı.

رصديه resediyye: (A.) gözlem ile ilgili.

رصع rassa': (A.) beneklendirme, noktalandırma.

رصف rasaf: (A.) **1.**kaldırım. **2.**döşeme.

رصف rasf: (A.) kaldırım döşeme.

رصفات rasafât: (A.) **1.**kaldırımlar. **2.**döşemeler.

رصفه rasafa: (A.) **1.**kaldırım. **2.**döşeme.

رصفى rasafî: (A.) doku hücrelerin kaldırım taşı gibi dizilmeleri.

رصن resen: (A.) (bot.) kurt pençesi.

رصيعه resî'a: (A.) **1.**kabara. **2.**kabaralı süs.

رصيف rasîf: (A.) **1.**sağlam, dayanıklı. **2.**rıhtım. **3.**deniz yüzende adacık oluşturmuş kayalar.

رصيفه rasîfe: (A.) rıhtım, mendirekli liman.

رصين resîn: (A.) sağlam, dayanıklı, muhkem.

رض razz: (A.) **1.**zedelenme, berelenme. **2.**ufalama.

رضاء rizâ': (A.) **1.**rıza, razılık. **2.**erkek adı.

رضاءً rizâ'en: (A.) razı olarak.

رضاءً لله rizâ'enlillâh: (A.) Allah rızası için.

رضاجو rizâcû (A.-F.) [rızâ+costen>cû] **1.**razılık isteyen, rıza arayan. **2.**Tanrı'nın rızasını isteyen.

رضاجويانه rizâcûyâne (A.-F.) [rizâ+ costen>cûy+ âne] **1.**razılık isteyerek, rıza arayarak. **2.**Tanrı'nın rızasını arayarak.

رضاجویی rizâcûyî (A.-F.) [rizâ+costen> cûy+î] razılık arama, razı etmeye çalışma.

رضا دادن rizâ dâden: razı olmak.

رضاداده rizâdâde (A.-F.) [rızâ+dâden> dâd+e] razı olmuş, rıza göstermiş.

رضا شدن rizâ şoden: razı olmak.

رضاع rizâ': (A.) **1.**süt emme. **2.**çocuğu süt anneye verme.

رضاعت rizâ'et: (A.) **1.**süt emme. **2.**süt çocukluğu.

رضاعی rizâ'î: (A.) süt emmek ile ilgili.

رضام rizâm: (A.) iri kaya parçası.

رضامند rizâmend: (A.-F.) [rizâ+mend] razı.

رضامندانه rizâmendâne: (A.-F.) [rizâ+mend+âne] razılıkla, razı olarak.

رضامندی rizâmendî: (A.-F.) [rizâ+mend+î] razılık, hoşnutluk.

رضایت rizâyet: (A.) **1.**razılık, hoşnutluk. **2.**izin.

رضایت بخش rizâyetbahş: (A.-F.) [rizâyet+bahşîden>bahş] memnun edici.

رضایت دادن rizâyet dâden: razı olmak.

رضایت نامه rizâyetnâme: (A.-F.) [rizâyet+ nâme] bonservis, iyi hal kâğıdı.

رضح razh: (A.) **1.**az bir şey verme. **2.**cihada katılan kadınlara, çocuklara ve kölelere verilen küçük miktarda ganimet.

رضعا ruze'â: (A.) **1.**süt kardeşler. **2.**süt çocukları.

رضوان rizvân: (A.) **1.**razılık, hoşnutluk. **2.**cennet. **3.**cennetin kapıcılığını yapan melek. **4.**bir musikî makamı. **5.**erkek adı.

رضوان الله علیه rizvânallâhu aleyh: (A.) Tanrı ondan razı olsun.

رضوانی rizvânî: (A.) Cennet ile ilgili.

رضوی rezevî: (A.) razılıkla ilgili.

رضی raziye: (A.) razı olsun.

رضی الله عنه raziyallâhu anh: (A.) Tanrı ondan azı olsun.

رضیع rezî': (A.) **1.**süt çocuğu. **2.**süt kardeşi.

رطابت retâbet: (A.) nem, rutubet.

رطانت retânet: (A.) Arapça dışında bir dil konuşma.

رطب retb: (A.) **1.**yaş, ıslak. **2.**taze. **3.**yumuşak.

رطب roteb: (A.) taze hurma.

رطب اللسان ratbullisân: (A.) yumuşak sözlü.

رطبه ratbe: (A.) **1.**yaş, ıslak. **2.**taze. **3.**sulu meyva. **4.**yonca. **5.**genç sevgili.

رطل retl, ritl: (A.) **1.**84 miskallik birağırlık ölçüsü. **2.**büyük kadeh. **3.**hemen hemen bir litrelik ölçek.

رطوبت rutûbet: (A.) **1.**rutubet, nem. **2.**yenilik.

رطوبت سنج rutûbetsenc: (A.-F.) [rutûbet+sencîden>senc] nemölçer.

رطیب ratîb: (A.) **1.**yaş, ıslak. **2.**taze. **3.**yumuşak.

رعات ro'ât: (A.) **1.**çobanlar. **2.**emirler, şahlar.

رعاد ra'âd: (A.) **1.**torpil balığı, uyuşturan balığı. **2.**geveze, çalçene.

رعاده ra'âde: (A.) torpil.

رعادیه ra'âdiyye: (A.) yayın balığıgiller.

رعاف ru'âf: (A.) **1.**burun kanaması. **2.**burundan gelen kan.

رعام ru'âm: (A.) mankafa hastalığı, sakağı hastalığı.

رعایا re'âyâ: (A.) **1.**bir hükümdarın idaresi altındaki halk. **2.**halk. **3.**Hıristiyan teba.

رعایت ri'âyet: (A.) **1.**otlatma. **2.**gözetme, riayet, uyma. **3.**saygı gösterme, sayma. **4.**ağırlama.

رعایت شدن ri'âyet şoden: gözetilmek, uyulmak.

رعایتکار ri'âyetkâr (A.-F.) [ri'âyet+kâr] saygılı.

رعایتکارانه ri'âyetkârâne (A.-F.) [ri'âyet+ kârâne] saygı göstererek.

رعایت کردن ri'âyet kerden: **1.**gözetmek, uymak. **2.**saymak, saygı duymak, değer vermek. **3.**hakkını korumak.

رعایةً ri'âyeten: (A.) **1.**uyarak. **2.**saygı göstererek, saygı duyarak.

رعب ra'ib: (A.) büyü, gözbağı.

رعب ra'ibe: (A.) büyü, gözbağı.

رعب ro'b: (A.) **1.**korku. **2.**katapleksi.

رعب آور ro'bâver: (A.-F.) [ro'b+ âverden> âver] korkunç, korku salan.

رعب انگیز ro'bengîz: (A.-F.) [ro'b+ engîhten>engîz] korkunç.

رعد re'd: (A.) **1.**gök gürültüsü. **2.**(ask.) havan grubundan bir silah.

رعت آسا re'dâsâ: (A.-F.) [re'd+âsâ] gök gürültüsü gibi.

رعد آشوب ra'dâşûb (A.-F.) [ra'd+ âşuften>âşûb] gök gürültülerini birbirine karıştıran.

رعد انداز ra'dendâz (A.-F.) [ra'd+ endâhten>endâz] **1.**gürleyen. **2.**gürler gibi ses çıkaran.

رعد انگیز ra'dengîz (A.-F.) [ra'd+ engîhten>engîz] gök gürültüleri yaratan.

رعده ri'de, ra'de: (A.) titreyiş, titreme.

رعدین ra'dîn: (A.) gürleyen.

رعدیه ra'diyye: (A.) torpil.

رعشان ra'şân (A.-F.) [ra'şîden>ra'ş+ân] titreyen, titrek.

رعشان ra'şân: (A.) titreme.

رعشان رعشان ra'şân ra'şân: (A.) titreye titreye.

رعشه re'şe, ri'şe: (A.) **1.**titreyiş, titreme. **2.**(tıb.) seğirme. ‖ * ~ ber endâm-i kesî oftâden رعشه بر اندام کسی افتادن titremeye başlamak.

رعشه آور re'şeâver: (A.-F.) [re'şe+ âverden> âver] titretici.

رعشه بخش ra'şebahş (A.-F.) [ra'şe+ bahşîden>bahş] titreten, titretici.

رعشه دار re'şedâr: (A.-F.) [ra'şe+dâşten> dâr] titrek, titreyen.

رعشه ناک re'şenâk: (A.-F.) titrek.

رعشه نما ra'şenumâ (A.-F.) [ra'şe+ numûden> numâ] itreyen, titrek.

رعشه ور ra'şever (A.-F.) [ra'şe+ver] titrek, titreyen.

رعنا re'nâ: (A.) **1.**güzel, hoş. **2.**kokoş. **3.**kibirli.

رعنایی re'nâyî: (A.-F.) [re'nâ+y+î] **1.**güzellik. **2.**kibir.

رعونت ru'ûnet: (A.) **1.**akılsızlık. **2.**bencillik. **3.**inat. **4.**gösteriş. **5.**cahillik, bönlük, salaklık, sünepelik.

رعی re'y: (A.) **1.**otlatma, yayma, gütme. **2.**otlama. **3.**teslim olma.

رعیب ra'îb: (A.) korkmuş.

رعیبه ra'îbe: (A.) korkmuş.

رعیت re'iyyet: (A.) **1.**halk, bir hükümdara bağlı halk, teba. **2.**sürü.

رعیت پرور re'iyyetperver: (A.-F.) [re'iyyet+perverden>perver] halkını seven, halkını koruyan hükümdar.

رعیت پرورانه ra'iyyetperverâne (A.-F.) [ra'iyyet+ perverden>pever+âne] halkını gözeterek.

رعیت پروری ra'iyyetperverî (A.-F.) [ra'iyyet+ perverden> perver+î] halkını gözetme.

رعیتی reiyyetî: (A.-F.) [re'iyyet+î] **1.**çiftçilik. **2.**köye ve çiftçiliğe ait. **3.**halka ait.

رعیه ra'iyye: (A.) **1.**halk, bir hükümdara bağlı halk. **2.**sürü.

رغاء rugâ': (A.) ses.

رغائب regâ'ib: (A.) **1.**rağbet edilenler. **2.**hediyeler.

رغائبیه regâ'ibiyye: (A.) regaip gecesi hakkında yazılan kaside.

رغام regâm: (A.) toprak, yumuşak toprak.

رغایب regâyib: (A.) **1.**bağışlar. **2.**Receb ayının ilk cuma gecesi.

رغبات ragabât: (A.) rağbet etmeler, istekle karşılamalar.

رغبت ragbet: (A.) **1.**istekle karşılama. **2.**istek. **3.**kabul görme, ilgi. ‖ * be ~ برغبت istekle. ‖ * ez ser-i ~ از سر رغبت seve seve.

رغبت داشتن ragbet dâşten: istekli olmak, eğilimli olmak.

رغبت کردن ragbet kerden: rağbet etmek, istek duymak.

رغبةً ragbeten: (A.) istekle, rağbet ederek.

رغد regd, reged: (A.) **1.**kolaylık,

rahatlık. 2.genişlik. 3.geçim kolaylığı.

رغم ragm: (A.) 1.burnu sürtülme. 2.zıttına, tersine. 3.körlük. ‖ * ~ -i unf-i kesî رغم انف كسى birine inat, zıttına. ‖ * alâ ~ -i على رغم rağmen, zıttına, inadına. ‖ * alâ ~ il'adû على رغم العدو düşmanın inadına. ‖ * alâ ~ -i inki على رغم اينكه -mesine rağmen. ‖ * be ~ -i به رغم -e karşı, rağmen.

رغماً ragmen: (A.) 1.zıttına, inadına. 2.dığı halde, ise de. ‖ * ~ alâ enfihi رغماً على انفه · burnunu sürtmek için, inadını kırmak için.

رغميات ragmiyyât: (A.) inadına yapılan şeyler.

رغيب regib: (A.) beğenilmiş, matlup.

رغيبه ragîbe: (A.) 1.rağbet edilen, kabul gören, istenilen. 2.bol bol verilen hediye.

رغيف regîf: (A.) 1.ekmek somunu. 2.hamur topu.

رف ref: 1.raf. 2.seki.

رفائد refâ'id: (A.) kompresler, yaraya konulan bez baskılar.

رفات rufât: (A.) çürük, çürümüş.

رفاده rifâde: (A.) kompres, yara kompresi.

رفارف refârif: (A.) 1.yumuşak ve ince kumaşlar. 2.kenar saçakları. 3.döşekler. 4.minderler, yastıklar. 5.kuşların cıvıldaştığı çimenlikler. 6.salkım salkım dallı ağaçlar.

رفاعى rifâ'î: (A.) Rufaî.

رفاعى rufâ'î: (A.) [<rifâ'î] Rufaî.

رفاعيه rifâ'iyye: (A.) Rufaîlik.

رفاعيه rufâ'iyye: (A.) [<rifâ'iyye] Rufaîlik.

رفاغت refâgat: (A.) bolluk içinde yaşama, rahat geçim.

رفاغيت refâgıyyet: (A.) bolluk içinde yaşama, rahat geçim.

رفاف rufâf: (A.) 1.epirme. 2.çürük.

رفاق rifâk: (A.) 1.dostlar. 2.deve bağı.

رفاقت rifâket: (A.) 1.dostluk, arkadaşlık. 2.refakat, eşlik. 3.yoldaşlık, yol arkadaşlığı.

رفاقت كردن refâket kerden: eşlik etmek, refakat etmek.

رفاه refâh: (A.) refah, bolluk.

رفاهت refâhet: (A.) bolluk içinde yaşama, rahatlık.

رفاهيت refâhiyyet: (A.) dirlik, bolluk, refah.

رفت reft: (A.) uflama, toz haline getirme, öğütme.

رفت reft: [eften>reft] 1.gitti. 2.gidiş, gitme. 3.yeniçerilerin kayıtlarında gidenler için kullanılan terim, "kaydı silindi".

رفت ruft: [ruften>ruft] süpürme. ‖ * ~ u rûb رفت و روب 1.süpürme. 2.gezip tozma.

رفتار reftâr: [reften>reft+âr] 1.davranış. 2.gidiş, yürüyüş.

رفتار داشتن reftâr dâşten: davranmak.

رفتار كردن reftâr kerden: davranmak, hareket etmek.

رفتگان reftegân: [reften>reft+e+g+ân] 1.gitmişler, gidenler. 2.ölmüşler.

رفتگر roftger: [roften>roft+ger] çöpçü.

رفتگرى roftgerî: [roften>roft+ger+î] çöpçülük.

رفتن reften: (Peh.) 1.gitmek. 2.ölmek. 3.çekmek, benzemek. 4.göçmek. 5.taşınmak. 6.tesir etmek. 7.geçmek. 8.vâki olmak. 9.yüz tutmak. 10.çıkmak. 11.çalmak. 12.Afganistan Farsçasında mâzî-yi melmûs tarzında fiil çekiminde "dâşten" fiilinin yerine kullanılır. ‖ * be der ~ به در رفتن çıkmak, uzaklaşmak. ‖ * berâyi sıle-i rahm ~ براى صلهء رحم رفتن sılaya gitmek. ‖ * ez beyn ~ از بين رفتن 1.yok olmak, mahvolmak, ortadan kalkmak. 2.ölmek. ‖ * gozâşten u ~ گذاشتن و رفتن çekip gitmek. ‖ * rûy-i dende-i harf ~ روى دندهء حرف رفتن çenesi düşmek.

رفتن roften: 1.süpürmek. 2.kürümek.

رفتنى reftenî: [reften+î] gidici, ölümcül.

رفت و آمد reftuâmed: 1.gidiş geliş.

2.gel git. ‖ * ~ kat' şoden رفت و آمد قطع شدن ayak kesilmek.

رفت و آمد داشتن reftuâmed dâşten: 1.gidip gelmek. 2.arası iyi olmak.

رفت و آمد شدن reftuâmed şoden: gidilip gelinmek.

رفت و آمد کردن reftuâmed kerden: 1.gidip gelmek. 2.samimî olmak.

رفت و روب rofturûb: [roften>roft+ u+ roften>rûb] süpürme.

رفته refte: [reften>reft+e] 1.gitmiş. 2.geçmiş. 3.ölmüş.

رفته rufte: [ruften>ruft+e] süpürülmüş.

رفته رفته refte refte: gitgide, giderek, yavaş yavaş, tedricen.

رفتی reftî: [reften>reft+î] yeniçeri askerinin gittiği birlik.

رفتیه reftiyye (F.-A.) [reft+iyye] ülkeden çıkarılan eşya için alınan vergi.

رفث refs: (A.) 1.edep dışı konuşma. 2.bayanlara laf atma.

رفد rifd: (A.) bağış, ihsan, yardım.

رفدان rufedân: (A.) rafadan.

رفراندم rifirandum: (Fr.) referandum.

رفرف refref: (A.) 1.yaygı, döşek. 2.ince ipekli kumaş. 3.(zool.) bir tür balık. 4.yastık, minder. 5.kuşların cıvıldaştığı çimenlik. 6.bol salkımlı ağaç. 6.saçak.

رفرفه refrefe: (A.) kanat çırpma.

رفرم riform: (Fr.) reform.

رفش refş: (A.) 1.çapa. 2.büyük kulaklı. 3.bir tür nehir kaplumbağası.

رفض refz: (A.) 1.terketme, terk. 2.reddetme. 3.salma, bırakma. 4.râfızîlik. ‖ * ~ u ilhâd رفض و الحاد râfızîlik ve dinden çıkma.

رفع ref': (A.) 1.kaldırma, yükseltme. 2.giderme, bertaraf etme. 3.iptal etme, hükümsüz kılma. 4.kalkındırma. 5.Arapça bir kelimenin son harfini ötreli okuma. 6.yükseltilme. ‖ * ~ u rucû' kerden رفع و رجوع کردن çaresini bulmak, sorunu çözmek.

رفعت rif'et, ref'et: (A.) 1.yükseklik. 2.yücelik. 3.yükseliş. 3.büyük rütbe. 4.erkek adı.

رفع کردن ref' kerden: 1.kaldırmak, yükseltmek. 2.gidermek, bertaraf etmek. 3.ilerletmek, geliştirmek.

رفعیت ref'iyyet: (A.) 1.yükseklik, yücelik. 2.kaldırılma.

رفق rifk: (A.) 1.yumuşak davranma. 2.lutfetme.

رفقاء rofekâ: (A.) arkadaşlar, dostlar.

رفقی rifkî: (A.) 1.yumuşaklık ile ilgili. 2.erkek adı.

رفقیه rifkiyye: (A.) 1.yumuşaklık ile ilgili. 2.bayan adı.

رفل refl: (A.) salınma.

رفو refû, rofû: 1.örme 2.örücülük. 3.örgü, yama.

رفود rufûd: (A.) bahşişler.

رفوشه refûşe: 1.şaka. 2.kabahat, suç.

رفو کردن rofû kerden: örmek, onarmak.

رفوگر refûger, rofûger: [rofû+ger] örücü.

رفوگری rofûgerî: [rofû+ger+î] örücülük.

رفوزه refuze: (Fr.) sınavda kalmak.

رفوزه شدن refuze şoden: sınavda kalmak, sınavda başarısız olmak.

رفوزه کردن refuze kerden: sınavda bırakmak.

رفهان refhân: (A.) refah içinde yaşayan, müreffeh.

رفیض refîz: (A.) bırakılmış, metrûk, atılmış.

رفیع refî': (A.) 1.yüksek. 2.yüce. 3.değerli.

رفیع الدرجات refî'udderecât: (A.) yüksek dereceli, yüksek mertebeli.

رفیع القدر refî'ulkadr: (A.) yüksek değerli.

رفیغ refîg: (A.) refah içinde yaşayan.

رفیق refîk: (A.) 1.arkadaş. 2.dost. 3.yoldaş, yol arakadaşı. 4.ortak. 5.yamak. 6.izan sahibi. 7.erkek adı.

رفیق باز refîkbâz: (A.-F.) [refîk+bâhten> bâz] arkadaş canlısı, dost canlısı.

رفیق بازی refîkbâzî: (A.-F.) [refîk+ bâhten>bâz+î] 1.dost canlısı olma, arkadaş canlısı olma. 2.arkadaşlık.

رفيقه refîke: (A.) 1.bayan arkadaş. 2.eş, hanım. 3.sevgili. 4.bayan adı.

رفيه · refîh: (A.) refah içinde.

رفيهه · refîhe: (A.) refah içinde.

رق rakk: (A.) üstüne yazı yazılan deri.

رق rıkk: (A.) 1.kulluk. 2.kölelik. 3.ince. 4.üstüne yazı yazılan ince deri. 5.ağaç yaprağı.

رقاء rakkâ': (A.) büyücü, ün salmış büyücü.

رقاء rikâ': (A.) 1.üstüne yazı yazılan deri veya kağıt parçaları. 2.kısa mektuplar. 3.yamalar. 4.dilekçeler.

رقائق rekâ'ik: (A.) ince şeyler, nazik şeyler.

رقاب rikâb: (A.) 1.boyunlar. 2.enseler.

رقابت rekâbet: (A.) 1.rekabet. 2.gözetleme. 3.bekleme, bekleyiş. 4.kıskanma. 5.yarışma.

رقاد rukâd: (A.) uyku, uyuma.

رقاص rekkâs: (A.) 1.dansöz, rakkas. 2.sarkaç.

رقاصخانه rekkâshâne: (A.-F.) 1.dans salonu. 2.uygunsuz yer anlamında bir küfür. 3.kabare.

رقاصک rekkâsek: (A.-F.) [rekkâs+ek] sarkaç, pandul.

رقاصه rekkâse: (A.) dansöz, çengi.

رقاصی rekkâsî: (A.-F.) [rekkâs+î] dansözlük.

رقاصی کردن rekkâsî kerden: dansetmek, raksetmek, oynamak.

رقاع rikâ': (A.) 1.mektuplar. 2.parçalar. 3.pusulalar, notlar. 4.rika yazısı.

رق الحبيب rikkulhabîb: (A.) bir musikî makamı.

رقايق rekâyik: (A.) ince şeyler, nazik şeyler.

رقايم rekâyim: (A.) mektuplar, yazılar.

رقبا rukebâ: (A.) 1.rakipler. 2.bekçiler.

رقبات rekebât: (A.) 1.boyunlar. 2.kullar, köleler.

رقبان rikbân: (A.) boyunlar.

رقبه rekabe: (A.) 1.boyun. 2.kul. 3.köle. 4.mülkiyet hakkı.

رقبی rakabî: (A.) boyun ile ilgili.

رقبی rukbâ: (A.) ölümünden sonra malının kimin olacağını hayattayken söyleme.

رقت rikkat: (A.) 1.yufka yüreklilik, acıma, merhamet. 2.incelik, hassaslık.

رقت آميز rikkatâmîz (A.-F.) [rikkat+ âmîhten> âmîz] dokunaklı, acıklı, hüzün verici, duygulandıran.

رقت آور rikkatâver (A.-F.) [rikkat+ âverden>âver] dokunaklı, acıklı, acıma duygusu uyandıran.

رقت افزا rikkatefzâ (A.-F.) [rikkat+ efzûden>efzâ] acıma duygusu uyandıran, dokunaklı, acıklı.

رقت انگيز rikkatengîz: (A.-F.) [rikkat+ engîhten>engîz] acıklı, acındırıcı, dokunaklı.

رقت بار rikkatbâr: (A.-F.) [rikkat+ bârîden> bâr] acıklı.

رقت ياب rikkatyâb (A.-F.) [rikkat+ yâften>yâb] yufka yürekli, merhametli, hassas.

رقد rakd: (A.) uykuya dalış zamanı, yarı uyku hali.

رقدان rakadân: (A.) zıplama, sıçrama, oyun oynarken zıplama.

رقده rakde: (A.) uyku.

رقش rakş: (A.) renkli boya ile süsleme.

رقص raks: (A.) dans, raks.

رقصان raksân (A.-F.) [raksîden>raks+ ân] 1.dansederek, raksederek. 2.klasik Türk musikîsinde bir usül.

رقصاندن raksânden: oynatmak, dansettirmek.

رقص کردن raks kerden: dansetmek, raksetmek.

رقص کنان rakskunân (A.-F.) [raks+ kerden>kun+ân] dansederek, raksederek.

رقصيدن raksîden: 1.raksetmek, dansetmek, oynamak. 2.sallanmak. ‖ * ~ u şikem conbânden رقصيدن و شکم جنباندن göbek atmak. ‖ *

tûy-i târîkî ~ توی تاریکی رقصیدن bilmeden bir işe girmek.

رقطاء raktâ': (A.) **1.**alacalı hayvan. **2.**her kelimesinin bir harfi noktalı öbür harfi noktasız söz.

رقع ruka': (A.) **1.**yazı pusulaları. **2.**kısa mektuplar. **3.**yamalar. **4.**dilekçeler.

رقعه rik'a: (A.) bir yazı stili.

رقعه rok'e: (A.) **1.**parça. **2.**yama. **3.**pusula, not. **4.**mektup kâğıdı. **5.**dilekçe.

رقعه نویس rok'enuvîs, rok'enevîs: (A.-F.) [rok'e+nevişten>nevîs] mektup yazan.

رقم rakam: (A.) **1.**rakam. **2.**işaret, alamet. **3.**yazı. **4.**sayı, numara. **5.**hesap. **6.**bir tür çadır. **7.**bir tür ipek.

رقم آموز rakamâmûz: (A.-F.) [rakam+ âmûhten>âmûz] **1.**yazı öğreten. **2.**resim öğretmeni. **3.**matematik öğretmeni.

رقم بندی rakambendî: (A.-F.) [rakam+ besten>bend+î] sınıflandırma.

رقم زدن rakam zeden: **1.**yazmak. **2.**rakamlamak. **3.**resim yapmak. **4.**söz etmek. **5.**üstünü çizmek, silmek.

رقم زده rakamzede (A.-F.) [rakam+ zeden> zed+e] yazılmış, yazılı.

رقم زن rakamzen: (A.-F.) [rakam+ zeden>zen] **1.**katip, yazıcı. **2.**ressam.

رقمکار rakamkâr: (A.-F.) [rakam+kâr] **1.**yazıcı. **2.**hakkâk. **3.**muhasebeci.

رقم کش rakamkeş (A.-F.) [rakam+ keşîden>keş] **1.**yazı yazan. **2.**rakamlayan.

رقم مثال rakammisâl: (A.) [rakam+misâl] yazı gibi, rakam gibi.

رقمی rakamî: (A.) rakam ile ilgili.

رقود rekûd: (A.) uyuyan, uyumuş.

رقود rukûd: (A.) uyuma.

رقوم rukûm: (A.) rakamlar.

رقیب rakîb: (A.) **1.**rakip. **2.**gözcü. **3.**muhafız.**4.**elyazması eserlerde "b" sayfasının altına koyulan ve bir sonraki sayfanın ilk kelimesini gösteren yazı. **5.**Tanrı'nın sıfatlarından biri.

رقیب وش rakîbveş (A.-F.) [rakîb+veş] rakip gibi.

رقیت rıkkiyyet: (A.) **1.**kulluk. **2.**kölelik.

رقیت rukiyyet: (A.) kölelik.

رقیع rakî': (A.) **1.**örücü, yamacı. **2.**ahmak. **3.**katip.

رقیق rakîk: (A.) **1.**ince. **2.**yufka yürekli, hassas. **3.**köle, cariye.

رقیق القلب rakîkulkalb: (A.) merhametli, yufka yürekli.

رقیقه rakîke: (A.) ince, nazik, hassas.

رقیم rakîm: (A.) **1.**yazı. **2.**mektup. **3.**divit. **4.**yazı levhası.

رقیمه rakîme: (A.) **1.**yazı. **2.**mektup.

رقیه rukye: (A.) afsun, üfürükçü duası.

رقیه خوان rukyehân (A.-F.) [rukye+ hânden>hân] üfürükçü, afsuncu.

رک rok: açık, açık seçik, apaçık. ‖ * ~ u pûstkende رک و پوست کنده açık açık, dobra dobra. ‖ * ~ u râst رک و راست dosdoğru, açık seçik, dobra dobra.

رکاب rikâb: (A.) **1.**üzengi. **2.**huzur, kat. **3.**klasik Türk musikîsinde bir usül.

رکابدار rikâbdâr: (A.-F.) [rikâb+dâşten> dâr] **1.**üzengi tutan. **2.**hükümdar atının üzengisini tutan, üzengici. **3.**seyis.

رکاب گران کردن rikâb girân kerden: hızlı sürmek (binek hayvanını).

رکابی rikâbî: (A.-F.) [rikâb+î] **1.**üzengili. **2.**üzengi şeklinde. **3.**askılı. **4.**(eskiden) yaya asker. **5.**(tıb.) üzengi kemiği.

رکابیه rikâbiyye: (A.) devlet erkânı tarafından padişaha verilen hediyeler.

رکاز rikâz: (A.) yer altı zenginlikleri.

رکاکت rekâket: (A.) **1.**dil tutukluğu, kekemelik. **2.**halsizlik, dermansızlık. **3.**sözdeki bağlantısızlık, söz kusuru.

ركانت rekânet: (A.) **1.**ağırbaşlılık. **2.**gurur.

ركب rekb: (A.) **1.**atlı alayı, süvari alayı. **2.**klasik Türk musikîsinde bir makam.

ركب rokeb: (A.) **1.**dizler. **2.**dizkapakları.

ركبات rukebât: (A.) **1.**dizler. **2.**dizkapakları.

ركبان rukbân: (A.) biniciler, binenler.

ركبه rukbe: (A.) **1.**diz. **2.**dizkapağı.

ركتوم riktum: (Fr.) (tıb.) rektum.

ركز rekz: (A.) **1.**dikme. **2.**dikilme. **3.**yere saplama. **4.**yere saplanma.

رك زدن rok zeden: açılmak, fal taşı gibi açılmak.

ركس reks: (A.) geri çevirme.

ركض rekz: (A.) **1.**tepme. **2.**tepinme.

ركعات reke'ât: (A.) rek'atlar.

ركعت rek'et: (A.) namazda bir kıyâm, bir rükû ve iki sücud'dan oluşan kısım.

ركعتين rek'ateyn: (A.) iki rek'at.

رك گو rokgû: [rok+goften>gû] açık konuşan, dobra dobra konuşan.

رك گويى rokgûyî: [rok+goften>gû+y+î] açık konuşma, dobralık.

ركلام riklam: (Fr.) reklam.

ركم rekm: (A.) biriktirme, yığma.

ركن rokn: (A.) **1.**ana direk, temel direği. **2.**asıl, esas. **3.**sütun. **4.**önemli kişi. **5.**büyük iş. **6.**(ask.) genelkurmayın dört ana bölümünden herbiri.

ركن آباد ruknâbâd: (A.-F.) [rukn+âbâd] eski Şiraz'da bir gezinti yeri.

ركن البيع ruknulbey': (A.) satış şartı.

ركن الدين ruknuddîn: (A.) **1.**dinin direği. **2.**erkek adı, Rüknettin.

ركنيه rukniyye: (A.) Kibreviyye tarikatının bir kolu, Rüknîlik.

ركوب rekûb: (A.) binek hayvanı, binit.

ركوب rukûb: (A.) **1.**binme. **2.**araca binme.

ركوب rukûb: (A.) üzengiler.

ركوبه rekûbe: (A.) binek hayvanı, binit.

ركود rukûd: (A.) **1.**durma, durgunluk. **2.**tembellik.

ركودت rukûdet: (A.) durgunluk.

ركورد rikord: (Fr.) rekor. ‖ * ~ be câ gozâşten ركورد به جا گذاشتن rekor kırmak.

ركوع rukû': (A.) **1.**namazda eğilme. **2.**öne eğilme. **3.**tevazu gösterme.

ركوع آسا rukû'âsâ (A.-F.) [rukû'+âsâ] eğilir gibi, rükû eder gibi.

ركون rukûn: (A.) **1.**dinlenme, huzur bulma. **2.**içten gelen istek.

ركونت rukûnet: (A.) ağırbaşlılık.

ركيب rekîb: (A.) binici, binen.

ركيز rekîz: (A.) **1.**gizli. **2.**define. **3.**sağlam.

ركيك rekîk: (A.) **1.**zayıf, gevşek. **2.**çirkin, kaba. **3.**hakir. **4.**dil tutukluğu olan, kekeme. **5.**kusurlu.

ركيكه rekîke: (A.) **1.**kekeme, dili tutuk. **2.**kusurlu.

ركين rekîn: (A.) **1.**sağlam, dayanıklı. **2.**vekarlı. **3.**gururlu. **4.**yüksek.

ركينه rekîne: (A.) **1.**ağırbaşlı. **2.**gururlu. **3.**yüksek.

رگ reg: **1.**(tıb.) damar. **2.**asıl. **3.**nesep. **4.**istila. **5.**halıda düğüm dizisi. ‖ * ~ der ten-i kesî berhâsten رگ در تن كسى برخاستن öfkelenmek, ayranı kabarmak. ‖ * ~ -i bismil hârîden رگ بسمل خاريدن canına susamak. ‖ * ~ -i cân رگ جان şahdamarı, can damarı. ‖ * ~ -i hâb-i kesî râ peydâ kerden رگ خواب كسى را پيدا كردن bam teline basmak. ‖ * ~ -i hod râ zeden رگ خود را زدن kendi hakkına razı olmak. ‖ * ~ -i kesî gul kerden رگ كسى گل كردن damarı kabarmak. ‖ * ~ u pûst رگ و پوست damar ve deri. ‖ * bed ~ بدرگ soysuz. ‖ * be ~ -i gayret-i kesî berhorden به رگ غيرت كسى بر خوردن kıskançlık damarı kabarmak. ‖ * ez ~ -i pey-i çîzî bûden از رگ پى چيزى بودن bir şeyden kaynaklanmak, ileri gelmek.

رگبار regbâr: [reg+bârîden>bâr] 1.sağanak. 2.(ask.) yaylım ateşi. ‖ * ~ -i gilûle رگبار گلوله (ask.) kurşun yağmuru. ‖ * be ~ -i âteş besten به رگبار آتش بستن (ask.) taramak.

رگ خوابانده reg hâbânden: gevşeklik göstermek.

رگ زدن reg zeden: kan almak, hacamat yapmak.

رگ زن regzen: [reg+zeden>zen] kan alan, hacamatçı.

رگ شناس regşinâs: [reg+şinâhten>şinâs] (tıb.) arteriolog.

رگ شناسی regşinâsî: [reg+şinâhten>şinâs+î] (tıb.) arterioloji, damar bilimi.

رگ کردن reg kerden: 1.memeden süt gelmek. 2.heyecanlanmak.

رگل rigl: (Fr.) (tıb.) regl, âdet.

رگو rogû, rigû: yıpranmış giysi.

رگه rege: [reg+e] 1.damarımsı. 2.maden damarı.

رل rol: (Fr.) 1.direksiyon. 2.rol.

رل بازی کردن rolbâzî kerden: rol yapmak.

رم rem: 1.ürkme, ürküntü. 2.titreme, ürperme.

رم rem: 1.sürü. 2.güruh.

رم remm: (A.) 1.hile. 2.ıslah etme, onarım. 3.çürüme.

رم rim: iltihap.

رم rimm: (A.) çürük kemik.

رماح remmâh: (A.) mızrakçı.

رماح rimâh: (A.) 1.mızraklar. 2.süngüler.

رماح الجن rimâhulcin: (A.) veba, taun.

رماحت rimâhat: (A.) mızrak atma sanatı.

رماد remâd: (A.) kül. ‖ * ~ -i burkânî رماد برکانی yanardağ külü.

رمادت remâdet: (A.) kırım, insan kırımı, hayvan kırımı, soykırım.

رمادی remâdî: (A.) 1.kül ile ilgili. 2.kül rengi, gri.

رمادیه remâdiyye: (A.) 1.kül ile ilgili. 2.kül rengi, gri.

رمارم remârem: [rem+â+rem] bölük bölük, güruh güruh.

رماز remmâz: (A.) işaretlerle anlaşan.

رمال remmâl: (A.) remilci, remil döken, falcı.

رمال rimâl: (A.) kumlar.

رمام rimâm: (A.) 1.çürümüş kemikler. 2.çürüme.

رمان remân: [remîden>rem+ân] ürkerek, ürkek.

رمان remân: sürü.

رمان roman: (Fr.) roman. ‖ * ~ -i âmuzişî رمان آموزشی öğretici roman. ‖ * ~ -i ictimâî رمان اجتماعی sosyal roman. ‖ * ~ -i polîsî رمان پلیسی polisiye roman. ‖ * ~ -i târîhî رمان تاریخی tarihî roman.

رمان rommân: (A.) 1.(bot.) nar. 2.(bot.) nar ağacı.

رمانتیک romantik: (Fr.) romantik.

رماندن remânden: 1.ürkütmek. 2.nefret ettirmek.

رمان نویس romannevîs: (Fr.-F.) [roman+ nevişten>nevîs] roman yazarı, romancı.

رمانی rummânî: (A.) 1.nar çiçeği rengi. 2.kır ile doru arası renkli at.

رمانیدن remânîden: 1.ürkütmek. 2.nefret ettirmek.

رمانیه remmâniyye: (A.) [<rummâniyye] nargiller.

رمانیه rummâniyye: (A.) nargiller.

رمایت rimâyet: (A.) atıcılık mahareti, atıcılıkta mahirlik.

رمایه rimâye: (A.) 1.ok atma. 2.ateş açma.

رمث remes: (A.) sal.

رمث rumis: (A.) sözüne güvenilmez kişi.

رمح rumh: (A.) 1.mızrak. 2.süngü. 3.yoksulluk.

رمحی rumhî: (A.) 1.mızrak ile ilgili. 2.süngü ile ilgili. 3.iğne yapraklı bitki.

رمد remed: (A.) 1.(tıb.) göz ağrısı. 2.(tıb.) bir göz hastalığı.

رم دادن rem dâden: ürkütmek.

رم داشتن rem dâşten: ürkmek.

رمز remz: (A.) 1.rumuz, remiz,

işaret, sembol. **2.**sır. **3.**imalı konuşma, üstü örtülü söyleme. **4.**müzikte perde ve aralık işaretleri.

رمز آشنا remzâşnâ (A.-F.) [remz+âşnâ] üstü örtülü anlatılan şeyleri anlayan, remiz bilen.

رمز شناس remzşinâs (A.-F.) [remz+şinâhten>şinâs] remiz bilen, üstü örtülü sözleri anlayan.

رمزی remzî: (A.) **1.**remiz ile ilgili. **2.**sembolik, simgesel. **3.**erkek adı.

رمزیه remziyye: (A.) **1.**remiz ile ilgili. **2.**sembolik, simgesel. **3.**bayan adı.

رمس rems: (A.) **1.**mezar, kabir. **2.**mezar toprağı.

رمص ramas: (A.) göz çapağı.

رمضان remezân: (A.) Ramazan ayı, hicrî onuncu ay.

رمضان المبارک remezânulmubârek: (A.) kutlu ramazan ayı.

رمضانیه remezâniyye: (A.) Ramazan kasidesi.

رمط ramt: (A.) ayıplama.

رمق ramak: (A.) **1.**bir nefeslik son güç. **2.**çok az şey.

رمق remek: sürü.

رمق داشتن ramak dâşten: **1.**can çekişmek, ömrünün son demlerinde olmak. **2.**çok az gücü kalmak.

رم کردن rem kerden: ürkmek.

رم کرده remkerde: [rem+kerden>kerd+e] **1.**ürkmüş. **2.**titremiş, ürpermiş.

رمکی remekî: **1.**yılkı. **2.**koyun sürüsü.

رمل remel: (A.) **1.**çisenti. **2.**(ed.) aruzda bir bahir, remel bahri. **3.**fazlalık.

رمل reml: (A.) **1.**kum. **2.**fal, remil, nokta ve çizgilere bakarak kahinlik etme.

رمنده remende: [remîden>rem+ende] **1.**ürkek. **2.**ürken.

رموز rumûz: (A.) **1.**sırlar. **2.**remizler, semboller, rumuz. **3.**(müz.) bir İran sazı.

رموز آگه rumûzâgeh (A.-F.) [rumûz+âgeh] remizlerden anlayan.

رموزات rumûzât: (A.) remizler, semboller, işaretler.

رموس rumûs: (A.) mezarlar.

رموک remûk: [remîden>rem+û+k] ürkek hayvan.

رمه reme: (Peh.) **1.**sürü, hayvan sürüsü. **2.**insan kalabalığı. **3.**ordu. **4.**müfreze. **5.**Ülker yıldızı.

رمه reme: [remîden>rem+e] ürkek.

رمه rumme: (A.) **1.**çürük ip. **2.**alın.

رمی remy: (A.) **1.**atma. **2.**ok atma. **3.**ateşleme.

رمی romî: (İta.-F.) [rom+î] Romalı.

رمیدن remîden: **1.**ürkmek. **2.**korkmak.

رمیده remîde: [remîden>remîd+e] **1.**ürkek. **2.**ürkmüş.

رمیم remîm: (A.) çürük, bozuk.

رمیمه remîme: (A.) çürük, çürümüş.

رنان rennân: (A.) **1.**çınlayan. **2.**inleyen.

رنانت renânet: (A.) inilti, inleme.

رنج renc: (Peh.) **1.**zahmet, eziyet, azap, rahatsızlık. **2.**çaba. **3.**çalışma. **4.**hastalık. **5.**ağrı, sızı. **6.**öfke. ‖ * be ~ efkenden به رنج افکندن sıkıntıya düşürmek, zahmete sokmak.

رنج آور rencâver: [renc+âverden>âver] zahmet veren.

رنج افکندن renc efkenden: yorgunluk çıkarmak.

رنجاندن rencânden: incitmek, gücendirmek, üzmek, kırmak. ‖ * ez hod ~ از خود رنجاندن darıltmak.

رنجانیدن rencânîden: incitmek, gücendirmek, üzmek, kırmak.

رنجبر rencber: [renc+borden>ber] **1.**zahmet çeken, sıkıntıya katlanan. **2.**işçi, amele, rençber, ırgat.

رنج بردن renc borden: zahmet çekmek, acı çekmek, dert çekmek, üzülmek, sıkıntı çekmek.

رنجبری rencberî: [renc+borden>ber+î] işçilik, amelelik.

رنج دیدن renc dîden: eziyet çekmek, acı çekmek.

رنج دیده rencdîde:

[renc+dîden>dîd+e] ızdıraplı, acılı.

رنجش renciş: [rencîden>renc+iş] incinme, gücenme, kırgınlık.

رنجش نمودن renciş numûden: sızlanmak, şikâyet etmek.

رنج کشیدن renc keşîden: ızdırap çekmek, acı çekmek.

رنجور rencûr: **1.**zahmet çeken. **2.**kargın, gücenik, dargın. **3.**hasta, rahatsız. **4.**incinmiş.

رنجور شدن rencûr şoden: rahatsızlanmak, hastalanmak.

رنجوری rencûrî: [rencûr+î] **1.**kırgınlık, güceniklik, dargınlık. **2.**hastalık, rahatsızlık.

رنجه rence: (Peh.) [renc+e] **1.**sıkıntılı. **2.**zahmet çekme. **3.**dertli, hasta. **4.**üzgün, kırgın, dargın.

رنجه کردن rence kerden: rahatsız etmek.

رنجه گشتن rence geşten: çalışmak.

رنجیدگی rencîdegî: [rencîden>rencîde+ g+î] **1.**kırılma, incinme, gücenme. **2.**dertlilik.

رنجیدن rencîden: **1.**incinmek, gücenmek, kırılmak. **2.**rahatsızlanmak. ‖ * ~ ez kesî رنجیدن از کسی birine gücenmek.

رنجیده rencîde: [rencîden>rencîd+e] **1.**kırılmış, incinmiş, gücenmiş. **2.**dertli.

رنجیده خاطر rencîdehâtır (F.-A.) [encîde+ hâtir] hatırı kırılmış, incinmiş, gücenmiş.

رند rend: **1.**talaş. **2.**rende.

رند rend: (A.) **1.**mağara. **2.**(bot.) taflan, karayemiş.

رند rind: **1.**kayıtsız, laubali. **2.**rint, dünyayı umursamayan, kalender. **3.**hilekâr, açıkgöz. ‖ * ~ -i herâbât رند خرابات meyhanede gününü geçiren ve dünyayı umursamayan.

رندان rindân: [rind+ân] dünyayı umursamayanlar, kalenderler, rintler.

رندانه rindâne: [rind+âne] rintçe, kayıtsızca, kalenderce, dünyayı umursamazca.

رندسوز rindsûz: [rind+sûhten>sûz] nintleri yakan.

رندش rendiş: [rendîden>rend+iş] **1.**rendeleme. **2.**talaş.

رندک rindek: [rind+ek] **1.**küçük rint. **2.**sahte rint, sahte kalender.

رنده rende: [rendîden>rend+e] rende, marangoz rendesi.

رنده چوب rendeçûb: [rende+çûb] yonga, talaş.

رنده دست rende dest: el rendesi.

رندی rindî: [rind+î] **1.**rintlik, kayıtsızlık, dünyayı umursamama, kalenderlik. **2.**hilekârlık.

رندیدن rendîden: **1.**rendelemek. **2.**düzeltmek. **3.**cilalamak, parlatmak.

رندیده rendîde: [rendîden>rendîd+e] rendelenmiş.

رنگ reng: (Peh.) **1.**renk. **2.**boya. **3.**fayda. **4.**fayda. **5.**nasip. **6.**kuvvet. **7.**tarz. **8.**gibi, benzeri. **9.**hile, düzen. **10.**güzellik. **11.**sağlık. **12.**kan. **13.**az sermaye. **14.**kumar. **15.**benek. **16.**şaşı. **17.**sazlardaki ses benzerliği. **18.**leke. **19.**hava. ‖ * ~ be ~ رنگ به رنگ **1.**rengarenk. **2.**yanardöner. ‖ * ~ be ~ şoden رنگ به رنگ شدن renkten renge girmek. ‖ * ~ ez sûret-i kesî perîden رنگ از صورت کسی پریدن yüzünün rengi uçmak, beti benzi atmak. ‖ * ~ gozâşten u ~ berdâşten رنگ گذاشتن و رنگ برداشتن renkten renge girmek, alı al moru mor olmak. ‖ * ~ u bû رنگ و بو renk ve koku. ‖ * ~ u rovgen zeden رنگ و روغن زدن yağlıboya yapmak. ‖ * ~ u rûy-i çîzî râ borden رنگ و روی چیزی را بردن soldurmak. ‖ * ~ u rûy-i çizî yâ kesî reften رنگ و روی چیزی یا کسی رفتن rengi uçmak, solmak. ‖ * ~ -i kesî be zerdî gerâyîden رنگ کسی به زردی گراییدن sapsarı kesilmek. ‖ * ~ -i kesî ber efrûhten رنگ کسی بر افروختن rengi uçmak. ‖ * ~ -i kesî misl-i mâst sefîd şoden رنگ کسی مثل ماست سفید شدن yüzü kireç gibi (bembeyaz) olmak. ‖ * ~ -i kesî misl-i mehtâb şoden رنگ کسی مثل مهتاب شدن yüzü kireç gibi olmak. ‖ * ~ -i kesî perîden رنگ کسی پریدن rengi uçmak, beti benzi atmak. ‖ * ~ -i kesî tagyîr kerden رنگ کسی تغییر کردن rengi değişmek. ‖ * ~ -i rovgenî رنگ روغنی yağlı boya. ‖ * ~ -i ruh رنگ رخ yanak rengi. ‖ * ~ -i rûy râ bâhten رنگ روی را باختن yüzünün rengi uçmak.

رنگ ring: (müz.) oyun havası.

رنگ آمیز rengâmîz: [reng+âmîhten> âmîz] **1.**ressam. **2.**karışık renk. **3.**hile.

رنگ آمیزی rengâmîzî: [reng+âmîhten> âmîz+î] **1.**renk karışımı. **2.**ressamlık. **3.**dekorasyon. **4.**hile yapma.

رنگ آور rengâver: [reng+âverden>âver] hileci. düzenbaz.

رنگ آوردن reng âverden: **1.**utanmak. **2.**öfkelenmek. **3.**boyanmak, renklenmek.

رنگارنگ rengâreng: [reng+â+reng] **1.**rengarenk. **2.**çeşit çeşit.

رنگ باختن reng bâhten: rengi uçmak, solmak, rengini yitirmek.

رنگ بر آمیختن reng be âmîhten: hile yapmak.

رنگ به رنگ rengbereng: **1.**renk renk, rengârenk. **2.**çeşit çeşit.

رنگ پذیر rengpezîr: [reng+pezîruften> pezîr] renklenen.

رنگ پریدگی rengperîdegî: [reng+ perîden>perîd+e+g+î] solma.

رنگ پریده rengperîde: [reng+perîden> perîd+e] **1.**soluk, rengi uçmuş, uçuk. **2.**soluk yüzlü.

رنگ خوردن reng horden: boyanmak.

رنگ دادن reng dâden: süs(ü) vermek.

رنگ دانه rengdâne: [reng+dâne] pigman.

رنگ رزخانه rengrezhâne: [<reng+rîhten> rîz+ hâne] boyahane, boya evi.

رنگ رزی rengrezî: [reng+rez+î] boyacılık, boyama.

رنگ رنگ rengreng: renk renk, rengarenk.

رنگ زدن reng zeden: **1.**boyamak. **2.**renklendirmek.

رنگ زن rengzen: [reng+zeden>zen] boyacı.

رنگ زنی rengzenî: [reng+zeden>zen+î] boyacılık.

رنگ کشیدن reng keşîden: boyamak, boya çekmek.

رنگ گرفتن reng giriften: **1.**renklenmek. **2.**renge bürünmek. **3.**boyanmak. ‖ * sûret-i kesî ~ صورت کسی رنگ گرفتن yüzüne renk gelmek.

رنگناک rengnâk: [reng+nâk] renkli, rengârenk.

رنگ وارنگ rengvâreng: [reng+vâ+reng] renk renk, rengarenk.

رنگ و بو reng u bû: **1.**renk ve koku. **2.**(kin.) görkem.

رنگ و رو reng u rû: yüz rengi, beniz.

رنگی rengî: [reng+î] **1.**boyalı. **2.**renkli.

رنگ یافتن reng yâften: renk almak.

رنگی کردن rengî kerden: boyamak.

رنگین rengîn: [reng+în] **1.**renkli. **2.**boyalı. **3.**güzel, hoş. **4.**süslü.

رنگین ادا rengînedâ (F.-A.) [rengîn+edâ] hoş hareketli, güzel edalı.

رنگین شدن rengîn şoden: boyanmak.

رنگین صوت rengînsavt (F.-A.) güzel sesli.

رنگین کمان rengînkemân: gökkuşağı, ebemkuşağı.

رنود runûd: (A.) **1.**rindler. **2.**açıkgözler.

رنین renîn: (A.) **1.**haykırış. **2.**inilti.

رو rev: [reften>rev] **1.**git. **2.**giden. **3.**haydi, durma.

رو rû: (Peh.) **1.**yüz. **2.**yüzey. **3.**üzeri. **4.**üstü. **5.**esas. ‖ * ~ be رو به -e doğru, -e, -a. ‖ * ~ be bihbûdî reften رو به بهبودی رفتن iyileşmek. ‖ * ~ be çîzî gozâşten رو به چیزی گذاشتن -meye başlamak, -meye yüz tutmak. ‖ * ~ be çîzî nihâden رو به چیزی نهادن -meye başlamak, -meye yüz tutmak. ‖ * ~ be çîzî kerden رو به چیزی کردن dönmek, yönelmek. ‖ * ~ be çîzî reften رو به چیزی رفتن yüz tutmak, başlamak. ‖ * ~ be fenâ reften رو به فنا رفتن yok olmaya yüz tutmak. ‖ * ~ be firâr nihâden رو به فرار نهادن kaçmaya başlamak. ‖ * ~ be in taraf رو به این طرف 1.bu tarafa doğru. 2.-den beri. ‖ * ~ be serdî reften رو به سردی رفتن serinlemeye yüz tutmak, serinlemeye başlamak. ‖ * ~ be târîkî nihâden رو به تاریکی نهادن kararmaya yüz tutmak. ‖ * ~ ber âsumân رو بر آسمان yüzü gökyüzüne çevrili, dua eden. ‖ * ~ der hem keşîden رو در هم کشیدن surat asmak. ‖ * ~ torş kerden رو ترش کردن yüzünü ekşitmek. ‖ * ~ -yi kesî râ zemîn endâhten روی کسی را زمین انداختن birinin isteğini geri çevirmek. ‖ * be ~ dermânden به رو در ماندن 1.yüzüne duramamak. 2.vazgeçmek. ‖ * be ~ -yi hod neyâverden به روی خود نیاوردن önem vermemek, aldırış etmemek, oralı olmamak, umursamamak. ‖ * be hîç ~ (y) بهیچ روی asla, hiçbir şekilde. ‖ * ez ~ -yi از روی 1.ile. 2.-erek. ‖ * ez ~ reften از رو رفتن 1.utanmak. 2.meydanı terketmek. ‖ * ez ~ nereften از رو نرفتن diklenmek.

رو rû: [rosten>rû] yeşeren, biten.

رو آوردن rû âverden: 1.yönelmek. 2.dönmek. 3.yüz tutmak.

روا revâ: (Peh.) uygun, yakışır, layık, münasip, reva.

روا rivâ: (A.) suya kananlar, kana kana su içenler.

روائح revâ'ih: (A.) kokular, güzel kokular, rayihalar.

روابط revâbit: (A.) 1.bağlar. 2.ilişkiler, ilgiler. 3.bağlılıklar. 4.sıralar. ‖ * ~ -i docânibe روابط دو جانبه ikili münasebetler, ikili ilişkiler. ‖ * ~ -i hasen روابط حسن iyi ilişkiler. ‖ * ~ -i siyâsî ber karâr kerden روابط سیاسی بر قرار کردن diplomatik ilişki kurmak. ‖ * ~ -i umûmî روابط عمومی halkla ilişkiler. ‖ * kârşinâs-i ~ -i umûmî کارشناس روابط عمومی halkla ilişkiler uzmanı.

رواة ruvât: (A.) râviler, rivayet edenler.

رواتب revâtib: (A.) 1.vazifeler. 2.aylıklar, maaşlar.

رواتی ruvâtî: (A.) yüzeysel, zahirî.

رواج revâc: (A.) 1.sürüm, revaç. 2.değer.

رواج پیدا کردن revâc peydâ kerden: revaç bulmak, rayiç olmak.

رواج دادن revâc dâden: yaymak, yaygınlaştırmak, rayiç kılmak.

رواجدار revâcdâr: [revâc+dâşten>dâr] revaçta olan, sürümü olan.

رواج داشتن revâc dâşten: rayiç olmak, revaçta olmak.

رواجگاه revâcgâh (A.-F.) [revâc+gâh] revaç bulma yeri, canlılık yeri.

رواج گرفتن revâc giriften: revaç görmek, yaygınlaşmak.

رواح revâh: (A.) 1.gün batımı ile gece arasındaki zaman. 2.şarap. 3.kavuşma neşesi, elde etme sevinci.

رواحل revâhil: (A.) 1.yük hayvanları. 2.binek hayvanları. 3.yük develeri.

روا داشتن revâ dâşten: 1.reva görmek. 2.helal saymak.

روا داشته revâdâşte: [revâ+dâşten>dâşt+e] 1.reva görmüş, uygun bulmuş. 2.reva görülmüş, uygun bulunmuş.

روادید revâdîd: [revâ+dîden>dîd] 1.uygun. 2.vize.

روارو revârev: [reften>rev+â+rev] sık gidiş geliş.

روازن revâzin: (A.) pencereler.

رواسب revâsib: (A.) çökeltiler, tortular.

رواسی revâsî: (A.) ulu dağlar.

رواعد revâ'id: (A.) elektrik yüklü bulutlar, gök gürültüsüne yol açan bulutlar.

روافض revâfiz: (A.) **1.**komutanlarını savaşta terkedenler. **2.**şiîler. **3.**Râfızîler.

رواق rivâk, ruvâk: (A.) **1.**üstü kapalı, önü açık mekân. **2.**sundurma. **3.**çardak. **4.**kemer altı. **5.**süzülmüş.

رواق العين revâkul'ayn: (A.) kaş.

رواق الليل revâkulleyl: (A.) gece öncesi.

رواقى revâkî, rivâkî, ruvâkî: (A.) **1.**revak ile ilgili. **2.**stoacı.

رواقيون rivâkiyyûn: (A.) stoacılar, revâkîler.

رواقيه revâkiyye: (A.) stoacılık.

رواكد revâkid: (A.) durgun şeyler.

روال revâl: (A.) **1.**gidiş, seyir. **2.**düzen.

روال ruvâl: (A.) hayvan salyası.

روان revân: [reften>rev+ân] **1.**giden. **2.**akan. **3.**çevik. **4.**hemen. **5.**rayiç, revaçta.

روان revan: (Peh.) **1.**ruh. **2.**can. **3.**akıcı. **4.**geçen, geçerli. **5.**akan. **6.**klasik Türk musikîsinde bir usül.

روانامه revânâme: [revâ+nâme] güven mektubu.

روان بخش revânbahş: [revân+bahşîden> bahş] **1.**can bağışlayan, can veren, Tanrı. **2.**Rûhülkuds. **3.**cana can katan.

روان بخشا revânbahşâ: [revân+bahşîden> bahş+â] can veren, ruh veren, cana can katan.

روان بخشى revânbahşî: [revân+ bahşîden>bahş+î] ruh verme, can verme.

روان بودن revân bûden: **1.**dersini sular seller gibi bilmek, dersini iyi hazırlanmış olmak. **2.**akmak.

روان پرداز revânperdâz: [revân+ perdâhten>perdâz] can veren.

روان پريشى revânperîşî: [revân+perîş+î] (tıb.) ruhî bunalım.

روان پزشگ revânpizişk: [revân+pizişk] psikolog.

روان پزشكى revânpizişkî: [revân+ pizişk+î] psikologluk.

روان خواه revânhâh: [revân+hâsten>hâh] dilenci.

رو انداختن rû endâhten: yüz çevirmek.

رو انداز rûendâz: [rû+endâhten>endâz] **1.**yüz örtüsü, peçe. **2.**yatak örtüsü. **3.**şilte.

روان ساختن revân sâhten: **1.**göndermek, yollamak. **2.**akıtmak, dökmek.

روان شدن revân şoden: **1.**hareket etmek, yola çıkmak, yola revan olmak. **2.**akmak.

روان شناس revânşinâs: [revân+şinâhten> şinâs] psikolog.

روان شناسى revânşinâsî: [revân+ şinâhten> şinâs+î] psikoloji, ruhbilim. ‖ * ~ -i ictimâî روان شناسىء اجتماعى sosyal psikoloji. ‖ * ~ -i kûdekân روان شناسىء كودكان çocuk psikolojisi. ‖ * ~ -i perverişî روان شناسىء پرورشى eğitim psikolojisi.

روانكاو revânkâv: [revân+kâvîden>kâv] psikanalist.

روانكاوى revânkâvî: [revân+kâvîden> kâv+î] psikanaliz.

روان كردن revân kerden: **1.**göndermek, yollamak. **2.**akıtmak, sulamak.

روان گشتن revân geşten: **1.**hareket etmek. **2.**yürümek. **3.**akmak.

روانه revâne: [reften>rev+ân+e] **1.**yola koyulan, yollanan, giden. **2.**gönderme.

روانه ساختن revâne sâhten: göndermek, yollamak.

روانه شدن revâne şoden: **1.**gitmek. **2.**hareket etmek. **3.**yollanmak, gönderilmek.

روانه كردن revâne kerden: göndermek, yollamak.

روانى revânî: [reften>rev+ân+î] **1.**akıntı. **2.**derhal, hemen.

روانيدن revânîden: göndermek, akıtmak.

رواهى revâhî: (A.) bal arıları.

روايات rivâyât: (A.) rivayetler, söylentiler.

روایت rivâyet: (A.) **1.**rivayet, söylenti. **2.**hikâye. **3.**tarz, üslup.

روایت شدن rivâyet şoden: **1.**rivayet edilmek. **2.**hikâye edilmek, anlatılmak.

روایت کردن rivâyet kerden: **1.** rivayet etmek. **2.**hikâye etmek, anlatmak.

روایت کرده rivâyetkerde (A.-F.) [rivâyet+ kerden> kerd+e] **1.**rivayet etmiş, söylemiş. **2.**rivayet edilmiş, söylenilmiş.

روایح revâyih: (A.) kokular, güzel kokular, rayihalar.

روایع revâyi': (A.) **1.**şaşılacak şeyler. **2.**güzeller.

روایی revâyî: [revâ+y+î] revnak, revaç.

روب rûb: [ruften>rûb] **1.**süpüren. **2.**süpürme.

روبات robat: (İng.) robot.

روبارو rûbârû: [rû+bâ+rû] yüzyüze.

روباز rûbâz: [rû+bâz] **1.**üstü açık. **2.**açık yüzlü.

روبان ruban: (Fr.) kordela, şerit.

روباه rûbâh: (Peh.) **1.**(zool.) tilki. **2.**kurnaz, hilekâr. ‖ * ~ -i turkî روباه ترکی (zoll.) oklu kirpi.

روباه بازی rûbâhbâzî: [rûbâh+bâhten> bâz+î] tilkilik, kurnazlık, oyun, hile, numara.

روباهی rûbâhî: [rûbâh+î] **1.**tilkilik. **2.**kurnazlık.

روباهی کردن rûbâhî kerden: **1.**tilkilik etmek. **2.**kurnazlık düşünmek.

روبراه rûberâh: [rû+be+râh] **1.**yolunda, tamam, hazır. **2.**yola çıkmaya hazır.

روبراه شدن rûberâh şoden: yoluna girmek, rayına oturmak, hazır olmak.

روبراه کردن rûberâh kerden: yoluna koymak, rayına oturtmak.

روبرو rûberû: [rû+be+rû] **1.**yüzyüze, karşı karşıya. **2.**karşısında, karşı. ‖ * ~ -yi yekdîger روبروی یکدیگر karşı karşıya.

روبرو شدن rûberû şoden: **1.**yüzyüze gelmek, karşılaşmak. **2.**yüzleşmek.

روبرو کردن rûberû kerden: **1.**yüzyüze getirmek, karşılaştırmak. **2.**yüzleştirmek.

روبروی هم rûberû-yi hem: karşı karşıya.

روبل rubl (Rus.-Fr.) ruble.

روبند rûbend: [rû+besten>bend] **1.**peçe. **2.**utanma. **3.**yüzünü örten, yüzünü bağlayan.

روبند باز rûbendbâz: [rûbend+bâz] İran tiyatrosunda maskeli oyun oynayan.

روبوت robot: (İng.) robot.

روبوسی rûbûsî: [rû+bûsîden>bûs+î] öpüşme.

روبه rûbeh: **1.**(zool.) tilki. **2.**kurnaz, hilekâr.

روبهانه rûbehâne: [rûbeh+âne] ilki gibi, kurnazca, tilkilikle.

روبهی rûbehî: [rûbeh+î] ilkilik, kurnazlık, hilekârlık.

روبیان rûbiyân (zool.) karides.

روبیدن rûbîden: **1.**toz almak. **2.**süpürmek.

روپوست rûpûst: [rû+pûst] kabuk, dış deri.

روپوش rûpûş: [rû+pûşîden>pûş] **1.**peçe. **2.**münafık. **3.**yorgan. **4.**pardesü. **5.**önlük. **6.**yüzünü örten.

رو پوشیدن rû pûşîden: **1.**örtünmek. **2.**gizlenmek.

روپیه rupiye (Hind.) rupye, Hindistan parası.

رو تافتن rû tâften: yüz çevirmek.

روتختی rûtehtî: [rû+teht+î] yatak örtüsü.

روث revs, rovs: (A.) hayvan dışkısı.

روث انداختن rovs endâhten: pisletmek (hayvan).

روثه revse: (A.) **1.**tezek, mayıs. **2.**pislik.

روح revh: (A.) **1.**rahatlık, huzur. **2.**rahmet. **3.**meltem serinliği.

روح rûh: (A.) **1.**ruh, can. **2.**ilahî emir, vahiy. **3.**melek. **4.**canlılık, duygu. **5.**öz, önemli nokta. **6.**uçucu gaz. **7.**klasik Türk musikîsinde bir makam.

روحاً rûhen: (A.) ruhsal olarak, ruh bakımından.

روح احضار كردن rûh ihzâr kerden: ruh çağırmak.

روح افزا rûhefzâ (A.-F.) [rûh+efzûden> efzâ] 1.cana can katan, canlılık veren. 2.klasik Türk musikîsinde bir makam.

روح الارواح rûhulervâh: (A.) ruhların ruhu.

روح الامين rûhulemîn: (A.) Cebrail.

روح الشطرنج rûhuşşatranc: (A.) 1.satranç taşı. 2.itibarlı.

روح القدس rûhulkudus: (A.) Cebrail.

روح الله revhullâh: (A.) Tanrı'nın rahmeti.

روح الله rûhullâh: (A.) Hz. İsa.

روحانى rûhânî: (A.) 1.ruh ile ilgili, ilahî. 2.melek. 3.ne cismi olan, ne gözle görülebilen varlık. 4.din işleriyle ilgili. 5.din adamı.

روحانى revhânî, rovhânî: 1.güzel. 2.ferahlık veren yer, iç açıcı yer.

روحانيات rûhâniyyât: (A.) melekler.

روحانيان rûhâniyân (A.-F.) [rûhânî+y+ ân] 1.melekler. 2.din adamları.

روحانيت revhâniyyet: (A.) iç açıcılık.

روحانيت rûhâniyyet: (A.) 1.ruhanîlik. 2.ölen kimsenin devam eden ruh gücü.

روحانيون rûhâniyyûn: (A.) 1.ruhanîler, dinî liderler. 2.melekler.

روح بخش rûhbahş (A.-F.) [rûh+bahşîden>bahş] ruh veren, canlılık veren, cana can katan.

روح بخشا rûhbahşâ: [rûh+bahşîden> bahş+â] ruh veren, cana can katan.

روح پرور rûhperver: (A.-F.) [rûh+perverden> perver] ruh besleyen, cana can katan.

روح پرورى rûhperverî: (A.-F.) [rûh+perverden>perver+î] cana can katma.

روح فريب rûhfirîb (A.-F.) [rûh+firîften> firîb] 1.ruh aldatan. 2.ruh eğlendirici.

روح فزا rûhfczâ (A.-F.)[rûh+fezûden> fezâ] cana can katan.

روح فزائى rûhfezâî (A.-F.) [rûh+fezûden>fezâ+î] cana can katma, can verme.

روح نواز rûhnevâz: (A.-F.) [rûh+nevâhten>nevâz] 1.ruh dinlendiren, ruh okşayan. 2.klasik Türk musikîsinde bir makam.

روحى rûhî: (A.) 1.ruh ile ilgili, ruhsal. 2.erkek adı.

روحيات rûhiyyât: (A.) psikoloji, ruhbilim. ‖ * ~ -i ictimâ'iyye روحيات اجتماعيه sosyal psikoloji.

روحيت rûhiyyet: (A.) ruhçuluk, tinselcilik, spritualizm.

روحيه rûhiyye: (A.) 1.moral. 2.ruhçuluk, tinselcilik, spritualizm. 3.bir tür cilt hastalığı.

روحيه دادن rûhiyye dâden: moral vermek.

روخوانى rûhânî: [rû+hânden>hân+î] metne bakarak okuma.

روخوانى كردن rûhânî kerden: metne bakarak okumak, metinden okumak.

رود rûd: (Peh.) (coğ.) ırmak, nehir.

رود rûd: evlat. ‖ * zâd u ~ زاد و رود nesil, kuşak.

رود rûd: 1.koyun bağırsağı. 2.(müz.) bir tür saz. 3.kemençe. 4.saz teli. 5.şarkı.

رود آورد rûdâverd: [rûd+âverden>âverd] 1.alüvyon. 2.nehrin taşıdığı dal, yaprak vs.

رو دادن rû dâden: yüz vermek.

رو داشتن rû dâşten: 1.yüzsüz olmak. 2.cesur olmak.

رودبار rûdbâr: 1.(coğ.) çok ırmaklı bölge. 2.(coğ.) büyük ırmak.

رودجامگان rûdcâmegân: [rûd+câme-gân] (müz.) telli sazlar.

رودخانه rûdhâne: [rûd+hâne] (coğ.) ırmak, nehir.

رودربايستى rûderbâyestî: [rû+der+bâyesten>bâyest+î] çekinme, sıkılma.

رو در رو rûderrû: [rû+der+rû] yüzyüze, karşı karşıya.

رو در رويى rûderrûyî: [rû+der+rû+y+î] yüzyüze gelme,

karşılaşma.

رودرواسی گیر کردن rûdervâsî gîr kerden: sıkılmak.

رودساز rûdsâz: [rûd+sâhten>sâz] (müz.) çalgıcı, çalgı aletleri yapan.

رودست rûdest: [rû+dest] üstün, üstüne.

رود ساز rûdsâz: [rûd+sâhten>sâz] **1.**çalgıcı. **2.**çalgı yapımcısı.

رودل rûdil: [rû+dil] hazımsızlık, mide şişkinliği.

رودلاخ rûdlâh: [rûd+lâh] (coğ.) çok ırmaklı bölge.

روده rûde: (Peh.) (tıb.) bağırsak. ‖ * ~-i a'ver روده اعور kör bağırsak. ‖ * ~ -i bârîk روده باریک ince bağırsak. ‖ * ~ -i ferâh روده فراخ kalın bağırsak. ‖ * ~ -i kûr روده کور kör bağırsak.

روده بر rûdebor: [rûde+borîden>bor] katılma. ‖ * ez hande ~ şoden از خنده روده بر شدن gülmekten katılmak.

روده بین rûdebîn: [rûde+dîden>bîn] hayvan bağırsağından fala bakan.

روده دراز rûdederâz: [rûde+derâz] geveze, boşboğaz, çalçene.

روده درازی rûdederâzî: [rûde+derâz+î] boşboğazlık, gevezelik.

روز rûz: (Peh.) **1.**gün. **2.**gündüz. **3.**gündüzleri. **4.**devir, devre. **5.**açık, aşikâr. ‖ * ~ be heyr روز بهخیر günaydın. ‖ * ~ ber ser âverden ber kesî روز بر سر آوردن بر کسی birini öldürmek. ‖ * ~ râ ser kerden روز را سر کردن günü geçirmek. ‖ * ~ ez nov ~ î ez nov روز از نو روزی از نو silbaştan, yeni baştan. ‖ * ~ u şeb روز و شب gece gündüz. ‖ * ~ -i ba'd روز بعد ertesi gün, sonraki gün. ‖ * ~ -i bâzhâst روز بازخواست kıyamet günü. ‖ * ~ -i cek روز جک berat gecesi. ‖ * ~ -i cezâ روز جزا kıyamet günü. kıyamet günü. ‖ * ~ -i dâverî روز داوری sorgu sual günü. ‖ * ~ -i ecel روز اجل ecelin gelip çattığı gün. ‖ * ~ -i elest روز الست insanların yaratılış başlangıcı, Tanrı'nın ruhları yarattıktan sonra "Elestu birabbikum?" (=Ben sizin Tanrınız değil miyim?) Diye sorduğu gün. ‖ * ~ -i haşr روز حشر kıyamet günü. ‖ * ~ -i haşr u neşr روز حشر و نشر kıyamet günü, mahşer günü. ‖ * ~ -i hisâb روز حساب kıyamet günü. ‖ * ~ -i kabl روز قبل önceki gün. ‖ * ~ -i kıyâmet روز قیامت kıyamet günü, mahşer günü. ‖ * ~ -i ma'reke روز معرکه savaş günü. ‖ * ~ -i mebâdâ روز مبادا dar gün, kötü gün. ‖ * ~ -i pesîn روز پسین kıyamet günü. ‖ * ~ -i pîş روز پیش önceki gün. ‖ * ~ -i rûşen روز روشن güpegündüz, gün ortası. ‖ * ~ -i siyâh روز سیاه kara gün, kötü gün. ‖ * ~ -i şumâr روز شمار hesap günü, kıyamet günü. ‖ * der rûşenâyî-i ~ در روشنایی ء روز güpegündüz, gündüz.

روز افروز rûzefrûz: [rûz+efrûhten>efrûz] günü aydınlatan, güneş.

روزافزون rûzefzûn: [rûz+efzûden> efzûn] **1.**günden güne artan. **2.**gitgide. **3.**uzun ömürlü. **4.**ömür uzatan.

روزانه rûzâne: [rûz+âne] **1.**günlük. **2.**günde.

روزبان rûzbân: [rûz+bân] **1.**kapıcı. **2.**muhafız. **3.**çavuş. **4.**komutan. **5.**cellat.

روزبه rûzbih: [rûz+bih] **1.**talihli. **2.**iyi gün.

روزبه روز rûzberûz: [rûz+be+rûz] günden güne, günbegün.

روز بهی rûzbihî: [rûz+bih+î] talih.

روز پرست rûzperest: [rûz+perestîden> perest] günlere tapan, dünya düşkünü.

روزخسب rûzhosb: [rûz+hosbîden>hosb] **1.**gündüz uyuyan. **2.**tembel.

روزخون rûzhûn: [rûz+hûn] gündüz baskını.

روزرد rûzerd: [rû+zerd] sarı yüzlü, sarı benizli.

روز سوختن rûz sûhten: vakit geçirmek, vakit öldürmek.

روزکور rûzkûr: [rûz+kûr] gündüz körü.

روزکوری rûzkûrî: [rûz+kûr+î] (tıb.) gündüz körlüğü.

روزگار rûzgâr, rûzigâr: (Peh.) **1.**zaman, vakit. **2.**devir,çağ. **3.**dünya. **4.**felek. **5.**yel, rüzgâr, hava. (Türkiye Türkçesi'nde) ‖ * ~ -i kesî bed bûden روزگار کسی بد بودن hali kötü olmak, hali perişan olmak. ‖ * ~ -i kesî râ siyâh kerden روزگار کسی را سیاه کردن dünyasını karartmak, birine dünyayı dar etmek. ‖ * ~ -i kesî siyâh bûden روزگار کسی سیاه بودن hali perişan olmak, hali harap olmak.

روزگار بردن rûzgâr borden: ömür sürmek, ömür geçirmek.

روزگاردیده rûzgârdîde: [rûzgâr+dîden> dîd+e] görmüş geçirmiş, gün görmüş.

روزگار گذرانیدن rûzgâr gozerânden: yaşamak, kalmak, zaman geçirmek.

روزگاری rûzgârî: [rûzgâr+î] bir zamanlar, vaktiyle.

روزگرد rûzgerd: [rûz+geşten>gerd] **1.**güneş. **2.**gündüz dolaşan.

روزمره rûzmerre: (F.-A.) [rûz+merre] her gün, her günkü, günlük. ‖ * zebân-i ~ زبان روزمره günlük konuşma dili.

روزمزد rûzmozd: [rûz+mozd] gündelik, yevmiye. ‖ * kârger-i ~ کارگر روزمزد gündelikçi.

روزن revzen, rovzen: (Peh.) **1.**duvar deliği. **2.**küçük pencere.

روزنامچه rûznâmçe: [rûz+nâme> nâm+çe] **1.**gazete. **2.**gündelik defter, günlük. **3.**günlük olayların yazıldığı defter, vukûât-ı yevmiye defteri.

روزنامه rûznâme: (Peh.) [rûz+nâme] **1.**gazete. **2.**jurnal. ‖ * ~ -i dovletî روزنامهء دولتی devlet gazetesi, resmî gazete.

روزنامه خوانی rûznâmehânî: [rûznâme+ hânden>hân+î] gazete okuma.

روزنامه فروش rûznâmefurûş: [rûznâme+ furûhten>furûş] gazeteci, gazete satan.

روزنامه نگار rûznâmenigâr: [rûznâme+ nigâşten>nigâr] gazete yazarı, gazeteci.

روزنامه نگاری rûznâmenigârî: [rûznâme+ nigâşten>nigâr+î] gazetecilik, gazete yazarlığı.

روزنامه نویس rûznâmenevîs: [rûznâme+ nevişten>nevîs] gazeteci, gazete yazarı.

روزنامه نویسی rûznâmenevîsî: [rûznâme+ nevişten>nevîs+î] gazetecilik, gazete yazarlığı.

روزنه rovzene, revzene: [rovzen-e] **1.**delik. **2.**küçük pencere, küçük kapı.

روزه rûze: [rûz+e] **1.**oruç. **2.**ramazan. **3.**günlük.

روزهارا rûzhâ râ: gündüzleri.

روزه خوار rûzehâr: [rûze+horden>hor> hâr] oruç yiyen, oruç tutmayan.

روزه خوردن rûze horden: **1.**oruç yemek, oruç tutmamak. **2.**oruç açmak, oruç bozmak.

روزه دار rûzedâr: [rûze+dâşten>dâr] oruçlu, oruç tutan.

روزه داران rûzedârân: [rûze+dâşten> dâr+ân] oruçlular, oruç tutanlar.

روزه داری rûzedârî: [rûze+dâşten>dâr+î] **1.**oruç tutma, oruçlu olma. **2.**açlık.

روزه گرفتن rûze giriften: oruç tutmak.

روزه گشا rûzeguşâ: [rûze+guşâden>guşâ] oruç açan, iftar eden.

روزی rûzî: (Peh.) **1.**azık. **2.**rızık. **3.**nasip, kısmet. **4.**günde, günlük. **5.**günün birinde, bir gün. ‖ * ~ -i kesî nebûden روزیء کسی نبودن nasibi olmamak, kısmet olmamak.

روزیانه rûziyâne: [rûz+î+y+âne] rızık, azık.

روزی خوار rûzîhâr: [rûzî+horden> hor>hâr] 1.rızık yiyen. 2.varlık, mahluk, yaratılmış.

روزی ده rûzîdih: [rûzî+dâden>dih] rızık veren, Tanrı.

روزی رسان rûzîresân: [rûzî+resânden> resân] rızık veren, rızıklandıran, Tanrı.

روزی شدن rûzî şoden: nasip olmak, kısmet olmak.

روزی کردن rûzî kerden: nasip etmek, kısmet etmek.

روزینه rûzîne: [rûz+îne] 1.rızık, azık. 2.günlük, gündelik.

روزینه دار rûzînedâr: [rûz+îne+dâşten> dâr] gündelikçi.

روژ ruj: (Fr.) ruj.

روس rus: Rus.

روس ruves: (Peh.) tilki.

رو ساختن rû sâhten (kin.) utanmak.

روسازی rûsâzî: [rû+sâhten>sâz+î] inşaatın kaba işleri, inşaatın dışı ile ilgili işler.

روس انگروه ruvesengoruh: [ruves+ engoruh] (bot.) tilki üzümü.

روسبی rûsbî: orospu, fahişe.

روسپی rûspî: (Peh.) orospu, fahişe.

روستا rûstâ: (Peh.) köy.

روستائی rûstâ'î: [rûstâ+î] köylü.

روستاخیز rûstâhîz: [rûsten>rûst+â+ hâsten>hîz] 1.yerden bitip ayağa kalkma. 2.kıyamet günü, mahşer günü.

روستاکنار rûstâkenâr: [rûstâ+kenâr] kırlık.

روستایی rûstâyî: [rûstâ+y+î] 1.köylü. 2.çiftçi.

روسری rûserî: [rû+ser+î] başörtüsü.

روسفید rûsefîd: [rû+sefîd] alnı açık, yüzü ak.

روسی rûsî: 1.Rusça. 2.Rusya ile ilgili. 3.Rusyalı, Rus. 4.bir tür kadeh.

روسیاه rûsiyâh: [rû+siyâh] 1.yüzü kara. 2.suçlu, günahkâr.

روسیاهی rûsiyâhî: [rû+siyah+î] 1.yüzü karalık. 2.suçluluk, günahkârlık.

روسیه rûsiyeh: [rû+siyeh] 1.yüzü kara. 2.suçlu, günahkâr.

روسیه rûsiyye: (coğ.) Rusya.

روسیهی rûsiyehî: [rû+siyeh+î] 1.yüzü karalık. 2.rezillik, mahcupluk.

روش reviş: [reften>rev+iş] 1.gidiş, yürüyüş. 2.tarz, yöntem. 3.tavır, davranış. 4.akış. 5.salınma.

روش rûş: aydınlık, parlak.

روشن rovşen, revşen: (Peh.) 1.aydınlık. 2.parlak. 3.açık (renk). 4.yanan (lamba). 5.çalışan (motor ve cihaz). 6.belli, aşikâr. 7.açık, aşikâr. 8.açıkça.

روشنا rovşenâ: [rovşen+â] 1.aydınlık. 2.parlaklık. 3.açık.

روشناس rûşinâs: [rû+şinâhten>şinâs] 1.ünlü, meşhur. 2.yıldız, star.

روشنایی rovşenâyî: [rovşen+â+y+î] 1.aydınlık. 2.parlaklık.

روشن بیان rûşenbeyân (F.-A.) [rûşen+ beyân] açık konuşan, fasih konuşan.

روشن بین rovşenbîn: [rovşen+dîden>bîn] 1.bilgili. 2.aydın, açık görüşlü.

روشن چراغ rovşençerâğ: [rovşen+çerâğ] 1.bol ışık veren lamba. 2.(müz.) eski İran musikîsinde bir makam.

روشن دل rovşendil: [rovşen+dil] gönlü aydın, bilgili, aydın, münevver.

روشن رنگین rovşenrengîn: [rovşen+ reng+ în] parlak renkli.

روشن ساختن rovşen sâhten: 1.aydınlatmak. 2.açıklığa kavuşturmak.

روشن شدن rovşen şoden: 1.tutuşmak. 2.yanmak. 3.aydınlanmak. 4.ağarmak. 5.çalışmak. 6.açıklığa kavuşmak, gün ışığına çıkmak.

روشن ضمیر rûşenzamîr (F.-A.) [rûşen+ zamîr] gönlü aydın.

روشن فکر rovşenfikr: (F.-Ar.) [rovşen+ fikr] aydın, münevver, sağduyulu.

روشن فؤاد rûşenfu'âd (F.-A.) [rûşen+ fu'âd] gönlü aydınlık.

روشن قیاس rovşenkıyâs: (F.-Ar.)

[rovşen+ kıyâs] ferasetli, sezgisi güçlü.

روشن كردن rovşen kerden: **1.**yakmak. **2.**aydınlatmak. **3.**çalıştırmak.

روشن گهر rûşenguher: [rûşen+guher] gönlü aydın.

روشن گیر rûşengîr: [rûşen+giriften>gîr] parlatıcı, cilacı.

روشناس rûşinâs: [rû+şinâhten>şinâs] aşina, bilen, tanıyan.

روشناسی rûşinâsî: [rû+şinâhten>şinâs+î] aşinalık, bilme.

روشنی rovşenî: [rovşen+î] **1.**aydınlık. **2.**parlaklık. **3.**açıklık, aşikârlık. **4.**bir tarikat. **5.**Rûşenî tarikatı mensubu.

روشنیه rûşeniyye (F.-A.) [rûşen+iyye] rûşenîlik, Halvetîlik tarikatının bir kolu.

روشویی rûşûyî: [rû+şosten>şû+y+î] **1.**lavabo. **2.**yüz yıkama.

روض ravz: (A.) bahçeler, çimenlikler.

روضات revzât, rovzât: (A.) **1.**bahçeler. **2.**çimenlikler.

روضه revze, rovze: (A.) **1.**bahçe. **2.**şi'î büyükleri ve imamları içiniçin okunan ağıt, mersiye. ‖ * ~ -i mutahhara روضهء مطهره **1.**temiz bahçe. **2.**Hz. Muhammed'in mezarı. ‖ * ~ -i rizvân روضهء رضوان cennet bahçesi.

روضة الانوار ravzatulenvâr: (A.) ışıklar bahçesi, nurlar bahçesi.

روضة الجنات ravzâtulcennât: (A.) cennet bahçeleri.

روضه خوان rovzehân: (A.-F.) [rovze+ hânden>hân] ravzahan, ağıt okuyan.

روضه خوانی rovzehânî: (A.-F.) [rovze+ hânden>hân+î] **1.**ravza okuma. **2.**ravzahanlık. **3.**ravza meclisi.

روضه خوانی كردن rovzehânî kerden: ravza okutmak, mersiye okutmak, ağıt okutmak.

روضه گاه rovzegâh: (A.-F.) [rovze+gâh] **1.**bahçe, gülistan. **2.**cennet.

روع rev', rov': (A.) **1.**korku. **2.**insan ruhu. **3.**yürek çarpıntısı.

روعاً rav'an: (A.) korku salarak, korkutarak.

روعه rev'a: (A.) **1.**korku. **2.**yürek çarpıntısı.

روغان revgân, rovgân: (A.) hilekârlık, kurnazlık.

روغن rovgen, revgen: (Peh.) **1.**yağ. **2.**rugan deri. **3.**kaygan ve parlak nesne. **4.**meltem serinliği. ‖ * ~ be rîg rîhten روغن به ریگ ریختن ihmalkâr birine önemli bir iş vermek, olmayacak duaya amin demek. ‖ * ~ -i âftâbgerdân روغن آفتابگردان ayçiçek yağı. ‖ * ~ -i zeytûn روغن زیتون zeytin yağı.

روغن آلود rovgenâlûd: [rovgen+âlûden> âlûd] yağlı. briyantinli.

روغن خوردن rovgen horden: yağlanmak.

روغن داغ كردن rovgen dâg kerden: yağ kızdırmak.

روغن داغ كن rovgendâgkon: [rovgen+ dâg+kerden>kon] tava.

روغندان rovgendân: [rovgen+dân] **1.**yağ kabı. **2.**merhem kutusu.

روغن زدن rovgen zeden: **1.**yağlamak. **2.**yağ sürmek.

روغن سوختن rovgen sûhten: yağ yakmak.

روغن سوزی rovgensûzî: [rovgen+ sûhten> sûz+î] yağ yakma. ‖ * be ~ oftâden به روغن سوزی افتادن (motor) yağ yakmaya başlamak.

روغنكار rovgenkâr: [rovgen+kâr] yağlamacı.

روغنكاری rovgenkârî: [rovgen+kâr+î] yağlama.

روغنكاری كردن rovgenkârî kerden: yağlamak.

روغن كشی rovgenkeşî: [rovgen+ keşîden> keş+î] yağ çıkarma.

روغن مالی rovgenmâlî: [rovgen+ mâlîden> mâl+î] yağlama, yağ sürme.

روغن مالی کردن rovgenmâlî kerden: yağlamak, yağ sürmek.

روغنی rovgenî: (Peh.) [rovgen+î] 1.yağlı. 2.yağcı. 3.İran'da pişirilen bir tür yağlı ekmek.

روغنین rûganîn: [rûgan+în] 1.yağlı. 2.kadı lokması, gözleme. 3.poğaça.

روغنینه rûganîne: [rûgan+îne] 1.kadı lokması, gözleme. 2.poğaça.

روفتن rûften: süpürmek.

روفرشی rûferşî: [rû+ferş+î] 1.yaygı. 2.yüz örtüsü. 3.terlik.

روق revk: (A.) 1.perde. 2.ev önü. 3.halis, saf, katışıksız. 4.boynuz.

روق الشباب revkuşşebâb: (A.) gençlik başlangıcı.

روکار rûkâr: [rû+kâr] binanın dış kısmı.

روکاری rûkârî: [rû+kâr+î] binanın yüzey işleri, dış sıva işleri.

رو کردن rû kerden: dönmek, yönelmek.

روکرسی rûkursî: [rû+kursî] masa örtüsü.

روکش rûkeş: [rû+keşîden>keş] 1.kapak. 2.kılıf. 3.örtü. 4.iki yüzlü. ‖ * ~-i sandelî روکش صندلی koltuk kılıfı.

رو گذاشتن (به) rû gozâşten: başlamak, yüz tutmak.

روگردان rûgerdân: [rû+gerdânden> gerdân] yüz çeviren.

روگردان نبودن rûgerdân nebûden: geri çevirmemek.

رو گرداندن rû gerdânden: 1.yüz çevirmek. 2.reddetmek, geri çevirmek. 3.küsmek.

روگردان شدن rûgerdân şoden: yüz çevirmek.

روگردانی rûgerdânî: [rû+gerdânden> gerdân+î] yüz çevirme.

رولت rulet: (Fr.) rulet.

رولور rivolver: (Fr.) revolver, tabanca.

روم rûm: (A.) 1.Romalı. 2.Anadolu. 3.Arap toprağı dışındaki topraklardan olan. 4.Osmanlı. 5.Rum.

روم revm: (A.) amaç, meram.

روماتیسم romatism: (Fr.) (tıb.) romatizma.

رومال rûmâl: [rû+mâlîden>mâl] 1.yüz bezi. 2.yüz süren.

رومالی rûmâlî: [rû+mâlîden>mâl+î] yüz sürme.

رومانی rumanî: (coğ.) Romanya.

رومبلی rûmoblî: (F.-Fr.) [rû+mobl+î] koltuk örtüsü, mobilya örtüsü.

روم قلعه rûmkal'a (F.-A.) [rûm+kal'a <kal'a-i rûm] eski Anadolu'da bir yerleşim yeri.

رومی rûmî: [Rûm+î] 1.Romalı. 2.Anadolulu, Rumlu. 3.bir tür kumaş. 4.(müz.) Anadolu'dan İran'a giren müzik makamları. 5.bir süsleme motifi.

رومی خو rûmîhû: [rûm+î+hû] değişken huylu, saati saatine uymayan.

رومیزی rûmîzî: [rû+mîz+î] masa örtüsü.

رومیه rûmiyye: (A.) 1.Anadolulular. 2.Kâdirîlik tarikatının bir kolu.

رون rûn: (Peh.) sebep, neden. ‖ * be ~-i به رون sebebiyle, nedeniyle.

رون reven: sınav, deneme.

روناس rûnâs: 1.(bot.) boya kökü. 2.kök boya. 3.kızıl boya.

روند revend: [reften>rev+end] 1.gidiş, tarz, yol. 2.durum. 3.doğrultu. ‖ * be ~ -i به روند doğrultusunda. ‖ * yek ~ یک روند biteviye.

روندگان revendegân: [reften>rev+ende+g+ân] 1.gidenler, yol alanlar. 2.dervişler, sâlikler.

روندگی revendegî: [reften>rev+ende+g+î] 1.gidiş. 2.süratle hareket.

رونده revende: [reften>rev+ende] 1.giden. 2.yoldan geçen. 3.yolcu. 4.(tas.) sâlik.

رونديه revendiyye (F.>A.) karabuğdaygiller.

رونق revnek, rovnek: (A.) 1.parlaklık. 2.tazelik. 3.güzellik. 4.canlılık.

رونق افزا revnakefzâ (A.-F.) [revnak+ efzûden> efzâ] parlaklık artıran, güzellik artıran, revnak veren, canlılık veren.

رونق بخش revnakbahş (A.-F.) [revnak+ bahşîden> bahş] **1.**parlaklık veren, güzellik veren, canlılık veren. **2.**bir tür lale.

رونق بخشیدن rovnek bahşîden: canlandırmak, canlılık kazandırmak.

رونق بردن rovnak borden: canlılığını alıp götürmek.

رونق گرفتن rovnek giriften: revaç bulmak, canlanmak, canlılık kazanmak.

رونق نما revnaknumâ (A.-F.) [revnak+ numûden> numâ] **1.**parlaklığını gösteren, güzelliğini gösteren. **2.**klasik Türk musikîsinde bir makam.

رونقدار revnakdâr (A.-F.) [revnak+ dâşten>dâr] revnaklı, parlak, alımlı.

رونما rûnomâ, rûnemâ: [rû+numûden> nomâ, nemâ] **1.**yüz gösteren, ortaya çıkan. **2.**yüz görümlüğü. **3.**tanınmış.

رونمایی rûnumâyî: [rû+numûden> numây+î] ortaya çıkma, yüz gösterme.

رونموده rûnumûde: [rû+numûden> numûd+e] yüz göstermiş, ortaya çıkmış.

رونمون rûnumûn: [rû+numûden>numûn] ortaya çıkan, yüz gösteren.

رونوشت rûnevişt: [rû+nevişten>nevişt] kopya.

رونویس rûnevîs: [rû+nevişten>nevîs] **1.**kopya. **2.**kopya çıkaran, istinsah eden.

رونویس شدن rûnevîs şoden: kopya edilmek, istinsah edilmek.

رونویس کردن rûnevîs kerden: kopya etmek, istinsah etmek.

رونویسی rûnevîsî: [rû+nevişten>nevîs+î] kopya çıkarma, istinsah.

رونویسی کردن rûnevîsî kerden: kopya çıkarmak, istinsah etmek.

رو نهادن rû nihâden: **1.**yönelmek, gitmek. **2.**yüz sürmek, alnını dayamak.

روی reviyy: (A.) kafiye olan kelimenin son harfi.

روی rûy: **1.**yüz. **2.**üzeri, üzerine, üzerinde. ‖ * ~ be za'f gozâşten روی به ضعف گذاشتن zayıflamaya yüz tutmak, gevşemeye başlamak. ‖ * ~ be za'f nihâden روی به ضعف نهادن zayıflamaya yüz tutmak, gevşemeye başlamak. ‖ * ~ -i âb âmeden روی آب آمدن su yüzüne çıkmak. ‖ * ~ -i hoş nişân dâden روی خوش نشان دادن **1.**güleryüz göstermek. **2.**yüz vermek. ‖ * ~ -i kesî râ siyâh kerden روی کسی را سیاه کردن yüzünü kara çıkartmak. ‖ * ~ -i kesî şoden روی کسی شدن yüzü tutmak. ‖ * ~ -i ser-i kesî gozâşten روی سر کسی گذاشتن başına yıkmak. ‖ * be ~ ber âmeden به روی بر آمدن terbiyesizlik etmek, yüze durmak, itaatsizlik etmek. ‖ * be ~ der âmeden به روی در آمدن terbiyesizlik etmek, yüze durmak, itaatsizlik etmek. ‖ * be ~ -i kesî der âmeden به روی کسی در آمدن didişmek, mücadele etmek. ‖ * be ~ -i kesî vâ îstâden به روی کسی وا ایستادن yüzüne durmak. ‖ * be ~-i به روی üzerine, ilişkin, üstüne. ‖ * be her ~ به هر روی her halükârda. ‖ * ber ~ -i بر روی üzerinde, üstünde. ‖ * der ~ mânden در روی ماندن sıkılmak. ‖ * ez ~ -i از روی **1.**ile. **2.**bakarak. ‖ * pîş-i ~ پیش روی göz önü, karşısı. ‖ * reng-i ~ -i kesî zerd şoden رنگ روی کسی زرد شدن yüzü sararmak, sapsarı kesilmek.

روی rûy: (Peh.) **1.**(kim.) çinko. **2.**tunç. ‖ * ~-i sûhte روی سوخته (kim.) bakır sülfür.

روی آور rûyâver: [rûy+âverden>âver] **1.**yönelen. **2.**üşüşen.

روی آوردن rûy âverden: **1.**yönelmek, dönmek. **2.**üşüşmek.

روى آورى rûyâverî: [rûy+âverden> âver+î] yöneliş, dönüş.

رويا rûyâ: [rûyîden>rûy+â] **1.**biten, yeşeren. **2.**bitki.

رويارو ى rûyârûy: [rûy+â+rûy] yüzyüze, karşı karşıya.

رويارو ى آمدن rûyârûy âmeden: yüzyüze gelmek, karşılaşmak.

رويان rûyân: [rûyîden>rûy+ân] **1.**biten, yeşeren. **2.**(tıb.) cenin.

رویاندن rûyânden: yeşertmek, bitirtmek.

رويان شناس rûyânşinâs: [rûyân+ şinâhten>şinâs] embriyolog, ceninbilimci.

رويان شناسى rûyânşinâsî: [rûyân+ şinâhten>şinâs+î] embriyoloji, ceninbilimci.

روبراه rûyberâh: [rûy+be+râh] yolunda, yürüyen.

روى بر تافتن rûy ber tâften: yüz çevirmek.

روى برگرداندن rûy ber gerdânden: yüz çevirmek.

روى بروى rûyberûy: [rûy+be+rûy] yüzyüze, karşı karşıya, karşılıklı.

روى پوشيده rûy pûşîde: [rûş+pûşîden> pûşîd+e] **1.**örtülü kadın, yüzü örtülü, mesture. **2.**üstü kapalı.

رويت reviyyet: (A.) **1.**enikonu düşünme. **2.**düşünerek şiir söyleme.

رويت rûyet: (A.) görülme.

روى تافتن rûy tâften: yüz çevirmek.

رويت شدن rûyet şoden: görülmek.

رويتمند reviyyetmend (A.-F.) [reviyyet+ mend] eni konu düşünen, bir işi dört dörtlük yapan.

رويتمندانه reviyetmendâne (A.-F.) [reviyyet+ mend+ âne] enikonu düşünerek, bir işi dört dörtlük yaparak.

رويحه ruveyha: (A.) zariflik, incelik.

رويداد rûydâd: [rûy+dâden>dâd] olay, hadise.

روى دادن rûy dâden: olmak, meydana gelmek, yüz göstermek, vukubulmak. ‖ * ~ -i pîşâmed berâyi kesî روى دادن پيش آمد براى كسى başına işgelmek.

روى داشتن rûy dâşten: **1.**doğru olmak. **2.**yüzü olmak.

روى در هم آوردن rûy der hem âverden: **1.**yüzünü buruşturmak. **2.**karşı karşıya gelmek, yüz yüze gelmek.

رويده ruveyde: (A.) **1.**hoş, zarif, nazik. **2.**bayan adı.

روى زمين rûy-i zemîn: yer, yeryüzü. ‖ * ~ hâbîden روى زمين خوابيدن **1.**yerde kalmak. **2.**yere yatmak.

روى فراهم آوردن rûy ferâhem âverden: surat asmak, kaşını çatmak.

رويكرد rûykerd: [rûy+kerden>kerd] yöneliş.

روى كردن rûy kerden: yönelmek, dönmek.

رويگر rûyger: [rûy+ger] **1.**çinkocu. **2.**kalaycı.

رويگردان rûygerdân: [rûy+gerdânden> gerdân] **1.**yüz çeviren. **2.**itaatsiz, serkeş, asi.

روى گرداندن rûy gerdânden: yüz çevirmek, sırt çevirmek.

روى گردانيدن rûy gerdânîden: yüz çevirmek, sırt çevirmek.

رويگرى rûygerî: [rûy+ger+î] **1.**çinkoculuk. **2.**kalaycılık.

روى گشاده rûygoşâde: [rûy+goşâden> goşâd+e] **1.**yüzü açık. **2.**güleryüzlü. **3.**üstü açık.

روى گشتاندن rûy geştânden: yüz çevirmek.

رويمال rûymâl: [rûy+mâlîden>mâl] **1.**yüz süren. **2.**yüz sürme.

رويمالى rûymâlî: [rûy+mâlîden>mâl+î] yüz sürme.

رونما rûynumâ: [rûy+numûden>numâ] yüz gösteren, meydana gelen.

روى نمودن rûy numûden: **1.**yönelmek. **2.**yüz göstermek. **3.**meydana gelmek, vukubulmak.

روى نهادن rûy nihâden: **1.**yönelmek. **2.**olmak, meydana gelmek. **3.**yüz koymak.

روى ور rûyver: [rûy+ver] tunçtan.

رويه reviyye: (F.-Ar.) [reften>rev+iyye] gidiş, tarz, usûl,

durum.

رویه rûye: [rûy+e] **1.**yüz. **2.**şekil. **3.**görünüm.

روی هم rûy-i hem: birlikte, toplu olarak, üstüste.

رو هم رفته rûyhemrefte: [rûy+hem+ reften>reft+e] **1.**toplam olarak, genel olarak, üstüste. **2.**bunun yanısıra, üstelik.

روی هم قرار دادن rûy-i hem karâr dâden: **1.**üstüste gelmek, kapanmak. **2.**üstüste koymak.

روی هم گذاشتن rûy-i hem gozâşten: istiflemek, üstüste koymak.

رویی rûyî: [rûy+î] **1.**yüzeysel. **2.**dış, dıştaki.

روییدن rûyîden: yeşermek, bitmek, çıkmak.

رویین rûyîn: (Peh.) [rûy+în] **1.**tunçtan. **2.**tunç gibi sağlam. **3.**çinkodan. **4.**sağlam, dayanıklı.

رویین تن rûyînten: [rûyîn+ten] **1.**tunç vücutlu. **2.**çok güçlü. **3.**İran mitolojisinde güçlülük timsali bir kahraman.

ره reh: **1.**yol. **2.**defa, kere, kez. ‖ * ~ -i câî zeden ره جائی زدن bir yola sapmak, bir yola girmek. ‖ * ~ -i câî kerden ره جائی کردن bir yerin yolunu tutmak. ‖ * ~ -i kesî zeden ره کسی زدن yolunu kesmek.

ره آورده rehâverde: [reh+âverden> âverd+e] yol hediyesi.

رها rehâ: [rehîden>reh+â] **1.**kurtuluş. **2.**kurtulmuş.

رهائی rehâ'î: [rehâ+î] kurtuluş.

رهائن rehâ'in: (A.) rehineler.

رهائی دادن rehâ'î dâden: kurtarmak.

رهائی یافتن rehâ'î yâften: kurtulmak.

رهابنه rehâbine: (A.) rahipler.

رهابین rehâbîn: (A.) rahipler.

رها شدن rehâ şoden: **1.**kurtulmak. **2.**bırakılmak. **3.**fırlatılmak, atılmak.

رهافشان rehâfeşân: [rehâ+feşânden> feşân] kurtarıcı.

رهاکار rehâkâr: [rehâ+kâr] kurtarıcı.

رهاکاران rehâkârân: [rehâ+kâr+ân] kurtarıcılar.

رها کردن rehâ kerden: **1.**kurtarmak, serbest bırakmak. **2.**bırakmak. **3.**fırlatmak. ‖ * kesî râ der hâl-i hod ~ کسی را در حال خود رها کردن başını boş bırakmak. ‖ * nefes ez sîne ~ نفس از سینه رها کردن içini çekmek.

رهان rihân: (A.) **1.**rehin bırakma. **2.**rehinler.

رهاندن rehânden: **1.**bırakmak. **2.**kurtarmak.

رهانیدن rehânîden: **1.**bırakmak. **2.**kurtarmak.

رهاوی rehâvî: (A.) klasik Türk musikîsinde bir makam.

رهاوی ruhâvî: (A.) **1.**Ruhalı. **2.**kurmalı müzik kutusu.

رهایاب rehâyâb: [rehâ+yâften>yâb] kurtulan.

رهایافته rehâyâfte: [rehâ+yâften>yâft+e] kurtulmuş.

رهایش rehâyiş: [rehîden>reh+â+y+iş] kurtuluş.

رهایش دادن rehâyiş dâden: kurtarmak.

رهایی rehâyî: [rehîden>reh+â+y+î] kurtuluş.

رهایی دادن rehâyî dâden: kurtarmak.

رهایی یافتن rehâyî yâften: kurtulmak.

ره انجام rehencâm: [reh+encâm] yol azığı.

رهب reheb: (A.) korku.

رهب ruhb: (A.) yılgınlıklar, korkular, çekingenlikler.

رهبات rehebât: (A.) yılgınlıklar, korkular.

رهبان reheban: (A.) rahipler.

رهبان rehbân: (A.) **1.**Allah'tan korkuda mübalağaya giden. **2.**korkak, ödlek.

رهبان ruhbân: (A.) **1.**rahipler, ruhban. **2.**münzevi.

رهبان شکل ruhbânşekl: (A.) [ruhbân+ şekl] Hıristiyan din adamı kıyafetinde.

رهبانی ruhbânî: (A.-F.) [ruhbân+î] ruhbanlık.

رهبانیت rehbâniyyet: (A.) rahiplik.

رهبانیت ruhbâniyyet: (A.) ruhbanlık, ruhbaniyet.

رهبت rehbet: (A.) yılgınlık, korku.

رهبر rehber: [reh+borden>ber] **1.**rehber, kılavuz. **2.**önder, lider.

ره بردن reh borden: yol bulmak, çıkmak, bir yere varmak.

رهبری rehberî: [reh+borden>ber+î] **1.**rehberlik, kılavuzluk, yol göstericilik. **2.**önderlik, liderlik.

رهبری کردن rehberî kerden: **1.**liderlik etmek, önderlik etmek. **2.**başkanlık etmek.

رهبةً rehbeten: (A.) korkarak, çekinerek.

ره پیما rehpeymâ: [reh+peymûden> peymâ] yolcu.

ره پیمایی rehpeymâyî: [reh+peymûden> peymây+î] yolculuk.

ره توشه rehtûşe: [reh+tûşe] yol azığı.

رهج rehc: (A.) **1.**toz. **2.**fitne.

رهد rehd: (A.) ezme, çiğneme.

ره داشتن reh dâşten: yol bulmak, girmek.

ره رفتن reh reften: yürümek, yol almak.

رهرو rehrev, rehrov: [reh+reften>rev, rov] **1.**yürüyen, yoldan geçen. **2.**(tas.) sâlik. **3.**yolcu.

رهروان rehrevân: [reh+reften>rev+ân] **1.**yolcular. **2.**sâlikler, dervişler.

رهروی rehrevî, rehrovî: [reh+reften> rev, rov+î] **1.**yürüme, yürüyüş. **2.**(tas.) sülûk.

ره ره rehreh: ardarda, peyderpey.

ره زدن reh zeden: yol kesmek, haydutluk etmek.

رهزن rehzen: [reh+zeden>zen] yol kesen, haydut, eşkiya.

رهزنی rehzenî: [reh+zeden>zen+î] yol kesme, haydutluk, eşkiyalık.

رهس rehs: (A.) çiğneme, çiğneyerek ezme.

رهسپار rehsipâr: [reh+siporden>sipâr] **1.**yola çıkma, hareket, yola koyulma. **2.**yolcu.

رهسپار شدن rehsipâr şoden: yola çıkmak, hareket etmek, gitmek.

رهسپار گردیدن rehsipâr gerdîden: gitmek.

ره سپر rehsiper: [reh+siporden>siper] yürüyen, giden.

ره سپر شدن rehsiper şoden: yürümek, yürür olmak, yürümeye başlamak.

رهط reht: (A.) **1.**topluluk, kalabalık. **2.**kabile.

رهطی rehtî: (A.) cinsî, seksüel.

رهف rehf: (A.) bilemek.

رهق rehak: (A.) suç.

رهق rehk: (A.) **1.**yürüme. **2.**ardından yetişme. **3.**kötü alışkanlık. **4.**şaşırıp kalma.

رهکت rehket: (A.) zayıflık, güçsüzlük.

ره کوبیدن reh kûbîden: yol almak, yol katetmek, yol tepmek.

رهگذار rehgozâr: [reh+gozeşten>gozer] geçit, geçilen yol, güzergah.

رهگذر rehgozer: [reh+gozeşten>gozer] **1.**yoldan geçen, yaya. **2.**geçit. **3.**yol, güzergâh.

ره گرفتن reh giriften: yol kesmek.

ره گم کردن reh gum kerden: yolunu kaybetmek.

ره گیر rehgîr: [reh+giriften>gîr] **1.**yol kesen. **2.**gezgin.

رهل rehl: (A.) **1.**anne karnındaki çocuğun içinde bulunduğu su, amniyus sıvısı. **2.**doğum öncesi gelen sarı su.

رهلت rehlet: (A.) şişkinlik, şişme.

رهله rehle: (A.) şişkinlik, şişme.

رهمت rehmet: (A.) yağmur.

رهن rehn: (A.) rehin, ipotek.

رهن ruhn: (A.) rehinler.

رهن ruhun: (A.) rehinler.

ره نرفته rehnerefte: [reh+ne+reften> reft+e] deneyimsiz.

رهن شدن rehn şoden: rehin olmak.

ره نشین rehnişîn: [reh+nişesten>nişîn] yollarda oturan.

رهنما rehnomâ, rehnemâ: [reh+ numûden> nomâ, nemâ] yol gösteren, kılavuz, rehber.

رهنمایی rehnomâyî: [reh+numûden> nomâ, nemâ+y+î] **1.**yol gösterme, tarif. **2.**rehberlik, kılavuzluk.

رهنمایی کردن rehnomâyî kerden: **1.** yol göstermek. **2.**yönetmek. **3.**kontrol etmek.

رهنمود rehnumûd: [reh+numûden> numûd] işaret.

رهنمون rehnumûn: [reh+numûden> numû+n] rehber, kılavuz.

رهنمون شدن rehnumûn şoden: **1.**kılavuzluk etmek. **2.**yöneltmek.

رهنمونی rehnumûnî: [reh+numûden> numûn+ î] rehberlik, yol göstericilik, kılavuzluk.

رهنمونی کردن rehnumûnî kerden: yol göstermek, götürmek, kılavuzluk etmek.

رهنورد rehneverd: [reh+neverdîden> neverd] **1.**yaya, yürüyen. **2.**ulak.

رهنوردی rehneverdî: [reh+neverdîden> neverd+î] yürüyüş.

رهوار rehvâr: [reh+vâr] **1.**katır. **2.**iyi giden at, rahvan giden at.

رهون ruhûn: (A.) rehinler.

رهی rehî: (Peh.) **1.**yürüyen, yaya. **2.**hizmetçi, uşak, kul. **3.**köle.

رهیاب rehyâb: [reh+yâften>yâb] **1.**yol bulan. **2.**giren.

ره یافتن reh yâften: yolunu bulmak, yol bulmak, girmek.

رهیدگی rehîdegî: [rehîden>rehîd+e+g+î] kurtuluş.

رهیدن rehîden: kurtulmak, serbest kalmak.

رهیده rehîde: [rehîden>rehîd+e] kurtulmuş.

رهیق rehîk: (A.) **1.**şarap. **2.**içki.

رهین rehîn: (A.) **1.**ipotek edilmiş, rehin bırakılmış. **2.**kefil.

رهینه rehîne: (A.) **1.**ipotek edilmiş, rehin bırakılmış, rehin tutulmuş. **2.**rehin kadın.

ری rey: **1.**(coğ.) Rey şehri. **2.** dört batmanlık bir ağırlık ölçüsü. **3.**bolluk, bereket.

ریا reyyâ: (A.) güzel koku.

ریاء riyâ': (A.) riya, ikiyüzlülük.

ریا پیشه riyâpîşe (A.-F.) [riyâ+pîşe] iki yüzlü, riyakâr.

ریاح riyâh: (A.) **1.**rüzgârlar. **2.**romatizmalar.

ریاحین reyâhîn: (A.) (bot.) fesleğenler, reyhanlar.

ریاست riyâset, reyâset: (A.) **1.**başkanlık, riyaset. **2.**liderlik. **3.**komutanlık. **4.**saltanat.

ریاست پناه riyâsetpenâh (A.-F.) [riyâset+ penâhîden> penâh] başkan, reis, lider.

ریاست پناهی riyâsetpenâhî (A.-F.) [riyâset+ penâhîden> penâh+î] **1.**başkan ile ilgili. **2.**başkanlık, liderlik, reislik.

ریاض riyâz: (A.) **1.**bahçeler. **2.**çayırlıklar, çimenlikler.

ریاضت riyâzet: (A.) **1.**ibadet için bir köşeye çekilme, perhizle nefsini kırma, dünya nimetlerinden kendini uzak tutarak nefsine hakim olma. **2.**çaba. ‖ * ~ -i bedeniyye ریاضت بدنیه cimnastik.

ریاضی riyâzî: (A.) **1.**matematik ile ilgili, matematiksel. **2.**matematikçi, matematik bilgini. **3.**yazma sanatı.

ریاضیات riyâziyyât: (A.) matematik. ‖ * ~ -i âliye ریاضیات عالیه yüksek matematik.

ریاضیون riyâziyyûn: (A.) matematikçiler, matematik bilginleri.

ریاضیه riyâziyye: (A.) **1.**matematik ile ilgili. **2.**matematik. **3.**bir yazı stili.

ریافروش riyâfurûş (A.-F.) [riyâ+ furûhten>furûş] ikiyüzlü, riyakâr.

ریاکار riyâkâr: (A.-F.) ikiyüzlü, riyakâr.

ریاکاری riyâkârî: (A.-F.) [riyâ+kâr+î] ikiyüzlülük, riyakârlık.

ریاکاری riyâkârî (A.-F.) [riyâ+kâr+î] ikiyüzlülük.

ریال riyâl: (A.) **1.**riyal. **2.**İran'ın ve kimi Arap ülkelerinin kullandığı para birimi.

ریان reyyân: (A.) **1.**kanmış, doygun, tok. **2.**terütaze.

ریب reyb, riyb: (A.) kuşku, şüphe.

ریب riyeb: (A.) kuşkulanmalar.

ریبال rîbâl: (A.) **1.**arslan. **2.**kurt.

ریب المنون reybulmenûn: (A.) dünya olayları.

ریبت reybet, riybet: (A.) 1.kuşku. 2.kötü zan. 3.ızdırap.

ریبی reybî: (A.) kuşkucu, şüpheci, skeptik.

ریبیون reybiyyûn: (A.) şüpheciler, skeptikler.

ریتم ritm: (Fr.) ritm.

ریتین riyeteyn: (A.) (tıb.) akciğer.

ریچار rîçâr: reçel.

ریچال rîçâl: reçel.

ریچال بافتن rîçal bâften: saçmalamak.

ریح rîh: (A.) 1.rüzgâr, yel. 2.koku. 3.romatizma. ‖ * ~ -i tayyâr ریگ طیار romatizma.

ریحان reyhân, riyhân: (A.) 1.(bot.) fesleğen, reyhan. 2.güzel kokulu bitki. 3.rızık. 4.rahmet. 5.bir yazı türü, reyhânî.

ریحانی reyhânî: (A.) 1.bir yazı türü, reyhânî yazı. 2.saf şarap. 3.ince nakışlı. 4.reyhanlı, fesleğenli.

ریخ rîh: dışkı, gaita.

ریخت rîht: [rîhten;rîht] kılık, şekil. ‖ * koşte-i morde-i ~ -i kesî buden کشتهٴ مردهٴ ریخت کسی بودن birine bayılmak.

ریخت پیدا کردن rîht peydâ kerden: kılığa girmek.

ریختگان rîhtegân: [rîhten>rîht+e+g+ân] 1.dökülmüşler. 2.top dökümcüleri.

ریختگر rîhtger: [rîhten>rîht+ger] dökümcü.

ریختگری rîhtgerî: [rîhten>rîht+ger+î] dökümcülük.

ریختگی rîhtegî: [rîhten>rîht+e+g+î] döküm.

ریختم rîhtim: [<rîhtim] rıhtım, yapay sahil, liman.

ریختن rîhten: (Peh.) 1.dökmek. 2.dökülmek. 3.boşaltmak, boca etmek. 4.serpmek. 5.dağıtmak. 6.yaymak. 7.atmak. 8.saçılmak. 9.akmak. 10.üşüşmek, çullanmak. 11.taşmak.

ریخت و پاش rîhtupâş: [rîhten>rûht+u+pâşîden>pâş] 1.karışık işler. 2.israf, döküp saçma. 3.masraf.

ریخت و پاش کردن rîht u pâş kerden: döküp saçmak.

ریخته rîhte: [rîhten>rîht+e] 1.dökülmüş. 2.akıtılmış. 3.dökmüş. 4.akıtmış.

ریخته گر rîhteger: [rîhten>rîht+e+ger] dökümcü, top dökümcüsü.

ریخته گری rîhtegerî: [rîhten>rîht+e+ger+î] dökümcülük.

ریدک rîdek: (Peh.) oğlan, tüysüz erkek.

ریدن rîden: (Peh.) (argo) sıçmak.

ریز rîz: [rîhten>rîz] 1.küçük, minicik. 2.hafif. 3.ince. 4.yudum. 5.nimet. 6.arzu. 7.döken, saçan, akıtan.

ریزان rîzân: [rîhten>rhiz+ân] 1.dökülen, akan. 2.dökerek, akıtarak. 3.döken, akıtan.

ریزبین rîzbîn: [rîz+dîden>bîn] mikroskop.

ریز ریز rîz rîz: 1.küçük küçük, ufak ufak. 2.kesik kesik.

ریز سنج rîzsenc: [rîz+sencîden>senc] mikrometre.

ریز سنجی rîzsencî: [rîz+sencîden>senc+î] mikrometri.

ریزش rîziş: [rîhten>rîz+iş] 1.dökülme. 2.dökme. 3.yağış. 4.dökülüş, akış. 5.feyiz, bolluk.

ریز کردن rîz kerden: ufalamak.

ریزگی rîzegî: [rîz+e+g+î] küçüklük, ufaklık.

ریزه rîze: [rîhten>rîz+e] 1.kırıntı, döküntü. 2.tanecik. 3.küçük, minik, ufak.

ریزه چین rîzeçîn: [rîze+çîden>çîn] kırıntı toplayan, döküntü toplayan.

ریزه خوار rîzehâr: [rîze+horden>hor>hâr] artık yiyen, kırıntı yiyen, döküntü yiyen.

ریزه ریزه rîze rîze: küçük küçük, minik minik, parça parça.

ریزه کاری rîzekârî: [rîze+kâr+î] 1.ince iş, hassas iş. 2.incelik, ayrıntı.

ریزه کردن rîze kerden: ufalamak.

ریزی rîzî: [rîz+î] 1.incelik. 2.küçüklük, miniklik.

ریزیده rîzîde: [rîhten>rîz>rîzîden> rîzîd+e] dökülmüş, dökülen.

ریژ rîj: 1.arzu, murat. 2.yığın.

ریستن rîsten: eğirmek, bükmek.

ریستن rîsten: ağlamak.

ریسک risk: (Fr.) risk.

ریسک کردن risk kerden: riske girmek, riske atılmak.

ریسمان rîsmân: 1.ip, iplik. 2.halat, urgan. ‖ * âsmân u ~ آسمان و ریسمان 1.gökyüzü ve ip. 2.akıllıca söz ve saçma sapan söz. 3.dünyadan haberi olmayan.

ریسمان باز rîsmânbâz: [rîsmân+bâhten> bâz] ip cambazı.

ریسمان پاره کردن rîsmân pâre kerden: ipi koparmak, ipi kırmak.

ریسه rîse: 1.dizi, şerit. 2.sıralanma.

ریسه رفتن rîse reften: ağlamaktan katılmak. ‖ * ez hande ~ از خنده ریسه رفتن gülmekten katılmak.

ریسه شدن rîse şoden: dizilmek, sıralanmak.

ریسی rîsî (bot.) bir tür üzüm.

ریسیدن rîsîden: eğirmek, bükmek.

ریش rîş: (Peh.) 1.sakal. 2.süzgeç. 3.kıl, tüy. 4.telek. 5.kök. ‖ * ~ be dûg sefîd kerden ریش به دوغ سفید کردن ömrü sefahat içinde geçirmek, feleğin çemberinden geçmek. ‖ * ~ râ tu âsyâb sefîd kerden ریش را تو آسیاب سفید کردن saçını değirmende ağartmak. ‖ * ~ -i kesî bolend şoden ریش کسی بلند شدن sakalı uzamak. ‖ * be ~ -i kesî besten به ریش کسی بستن başına sarmak. ‖ * be ~ giriften به ریش گرفتن alınmak.

ریش rîş: (Peh.) 1.yara. 2.yaralı.

ریش بابا rîşbâbâ: 1.(bot.) rezaki üzümü. 2.(bot.) çavuş üzümü.

ریش بز rîşboz: [rîş+boz<rîş+i boz] 1.keçi sakalı. 2.keçi sakalına benzeyen sivri sakal.

ریش تاب rîştâb: [rîş+tâbîden>tâb] kıvırcık saç, kıvırcık sakal.

ریش تراش rîşterâş: [rîş+terâşîden>terâş] berber.

ریش تراشی rîşterâşî: [rîş+terâşîden> terâş+î] sakal tıraşı.

ریش تراشیدن rîş terâşîden: sakal tıraşı olmak.

ریشخند rîşhend: [rîş+hendîden>hend] alay, istihza, bıyık altından gülüş, alaylı gülüş.

ریشخند کردن rîşhend kerden: alay etmek, alaya almak.

ریشدار rîşdâr: [rîş+dâşten>dâr] 1.yaralı. 2.sakallı.

ریش ساز rîşsâz: [rîş+sâhten>sâz] cerrah.

ریش سفید rîşsefîd: 1.ak sakıllı. 2.yaşlı. 3.büyük, ileri gelen.

ریش عنابی rîşonâbî: [rîş+onâb+î] kızıl sakallı.

ریش کندن rîş kenden: 1.sakal tıraşı olmak. 2.saçını başını yolmak.

ریشمال rîşmâl: [rîş+mâlîden>mâl] hamiyetsiz, deyyus.

ریشو rîşû: [rîş+û] sakallı, uzun sakallı.

ریشه rîşe: (Peh.) 1.kök, köken, asıl, temel. 2.saçaklı kök. 3.püskül, saçak. ‖ * ~ -i çîzî râ hoşkânden ریشهء چیزی را خشکاندن kökünü kurutmak, kökünü kibrit suyu ekmek. ‖ * ~ -i çîzî râ kat' kerden ریشهء چیزی را قطع کردن kökünü kazımak.

ریشه داشتن rîşe dâşten: köklü olmak, kökü olmak.

ریشه کن کردن rîşeken kerden: 1.kök sökmek. 2.kökünü kazımak.

ریشه گرفتن rîşe giriften: kök salmak.

ریشه گیر rîşegîr: [rîşe+giriften>gîr] kök salmış, kök salan, kökleşen.

ریشه گیر شدن rîşegîr şoden: kök salmak, yerleşmek.

ریشیدن rîşîden: 1.yara olmak. 2.kök salmak, kökleşmek.

ریصار rîsâr (A.<F.) [<rîçâl] reçel.

ریع rey': (A.) 1.kabarma. 2.yukarı çıkma. 3.nemâ.

ریعان reye'ân: (A.) 1.başlangıç. 2.en güzel zaman. 3.artma, bollaşma.

ریع کردن rey' kerden: tahıl bol olmak.

ریغ rîğ: 1.kin, düşmanlık, nefret. 2.yamaç. 3.pislik, kirlilik.

ریغماسی rîgmasî: sıska.

ریق rîk: (A.) salya. ‖ * ~ -i rahmet râ ser keşîden ریق رحمت را سر کشیدن ölmek, (şaka) tahtalı köyü boylamak, cartayı çekmek.

ریق الحبیب rîkulhabîb: (A.) klasik Türk musikîsinde bir makam.

ریکا rîka: **1.**oğul. **2.**sevgili.

ریگ rîg: **1.**kum, kum tanesi. **2.**çakıl. **3.**toz. **4.**yazı kurutma tozu. ‖ * ~ -i revân ریگ روان (coğ.) kumul, akar kum.

ریگدان rîgdân: [rîg+dân] **1.**kum kabı. **2.**rıh hokkası, yazı kurutma tozu hokkası.

ریگ ریگ rîg rîg: az az, zerre zerre, minik minik.

ریگزار rîgzâr: [rîg+zâr] (coğ.) kumul.

ریگستان rîgistân: [rîg+istân] kumluk.

ریگ شویی rîgşûyî: [rîg+şosten>şû+y+î] kum yıkama.

ریل reyl: (Fr.) ray, demiryolu.

ریل گذاری reylgozârî: (Fr.-F.) [reyl+gozâşten>gozâr+î] ray döşeme, demiryolu yapımı.

ریل گذاری کردن reylgozârî kerden: ray döşemek, demiryolu yapmak.

ریم rîm: (Peh.) irin, iltihap.

ریم rîm: Roma.

ریم آهن rîmâhen: [rîm+âhen] demir cürufu.

ریمن rîmen: **1.**hilekâr. **2.**kindar. **3.**irinli, cerahatli. **4.**kirli, pis.

ریمناک rîmnâk: [rîm+nâk] **1.**kirli, pis. **2.**irinli.

ریمه rîme: [rîm+e] çapak, göz çapağı.

رین reyn: (A.) **1.**kir, pas. **2.**(tas.) küfr ve sapıklık engeli. **3.**sıkıntı.

رین المعاندین reynulmu'ânidîn: (A.) isyancıların kiri pası.

رینگ reng: (Fr.) ring.

رینیت rinit: (Fr.) (tıb.) rinit.

ریو rîv: hile, düzen, sahtekârlık.

ریواس rîvâs (bot.) râvent.

ریوند rîvend (bot.) râvent, ışgın.

ریوه rîve: **1.**hile, aldatma. **2.**yığın, küme.

ریوی riyevî: (A.) akciğere ait.

ریه riye: (A.) (tıb.) akciğer.

ریهقان reyhukân: (A.) safran.

ز

ز zı, ze: **1.**"z". Fars alfabesinin **13.** harfi. **2.**ebced sistemine göre sayısal değeri: 7. ‖ * ~ -yi mu'ceme زای معجمه noktalı ze.

ز zi: **1.**-den, -dan. **2.**ile. **3.**ait. ‖ * ~ ber ز بر ezbere. ‖ * ~ ki ز که kimden, kime. ‖ * ~ rûy-i ز روى **1.**yüzünden. **2.**ile.

زا zâ: [zâden>zâ] doğuran, meydana getiren.

زائد zâ'id: (A.) **1.**fazla. **2.**artı. **3.**gereksiz. **4.**artan, çoğalan. ‖ * ~ nâmutenâhî زائد نامتناهى artı sonsuz.

زائد الوصفى zâ'idulvasfî: (A.) artan, gittikçe artan.

زائدن zâ'îden: doğurmak.

زائده شدن zâ'îde şoden: doğmak.

زائر zâ'ir: (A.) ziyaretçi.

زائرجدا zâircodâ: (A.-F.) [zâ'ir+codâ] ziyaretçisiz kalmış.

زائره zâ'ire: (A.) ziyaretçi.

زائرين zâ'irîn: (A.) ziyaretçiler.

زائف zâ'if: (A.) kalp para.

زائل zâ'il: (A.) **1.**kalıcı olmayan, yok olan, geçici. **2.**geçmiş, geçen.

زائله zâ'ile: (A.) **1.**kalıcı olmayan, yok olan, geçici. **2.**geçmiş, geçen.

زائو zâ'û: (tıb.) lohusa.

زائيدن zâ'îden: doğurmak, doğum yapmak.

زائيمان zâ'îmân: (tıb.) doğum.

زابل zâbol: (müz.) segâh ve çihârgâh makamında bir perde.

زاپاس zâpâs: **1.**rezerv. **2.**lastik tamiri.

زاج zâc: (Peh.) (tıb.) lohusa.

زاج zâc: (kim.) zaç, demirsülfat. ‖ * ~ -i kebûd زاج كبود (kim.) bakır sülfat. ‖ * ~ -i kıbrıs زاج قبرس göztaşı, bakırsülfat. ‖ * ~ -i potasyum زاج پتاسيم (kim.) potasyum sülfat. ‖ * ~ -i sebz زاج سبز (kim.) demir sülfat.

زاجر zâcir: (A.) **1.**alıkoyan, meneden. **2.**seslenen.

زاجره zâcire: (A.) engel olan, alıkoyan, önleyen.

زاج سور zâcsûr: [zâc+sûr] doğum sırasında yapılan düğün.

زاجل zâcil: (A.) **1.**gür sesli adam. **2.**(müz.) bir musikî makamı.

زاحف zâhif: (A.) sürüngen.

زاحفه zâhife: (A.) sürüngenler.

زاخر zâhir: (A.) coşkun.

زاخف zâhif: (A.) böbürlenen, kibirli.

زاخل zâhil: (A.) zakkum ağacı.

زاد zâd: özgür, âzat.

زاد zâd: [zâden>zâd] **1.**doğum. **2.**doğmuş. **3.**yaş. ‖ * be ~ ber âmeden به زاد بر آمدن yaşlanmak, ihtiyarlamak.

زاد zâd: (A.) azık, yol azığı. ‖ * ~ u zevâde زاد و زواده yol azığı.

زاد zâde: (A.) çok olsun, artsın. ‖ * ~ omruhu زاد عمره ömrü uzun olsun.

زاد الله zâdallâh: (A.) Allah artırsın.

زاد بر زاد zâdberzâd: [zâd+ber+zâd] ardı ardına, peşpeşe.

زادبوم zâdbûm: [zâden>zâd+bûm] doğum yeri.

زادت zâdet: (A.) artsın, çok olsun. ‖ * ~ fazîletuhu زادت فضيلته erdemi artsın.

زادگان zâdegân: [zâden>zâd+e+g+ân] soylular, aristokratlar.

زادگاه zâdgâh: [zâden>zâd+gâh] doğum yeri.

زادگى zâdegî: [zâden>zâd+e+g+î] soyluluk.

زادمرد zâdmerd: [zâd+merd] cömert, himmetli.

زادن zâden: (Peh.) **1.**doğmak. **2.**doğurmak. **3.**ortaya çıkmak. ‖ * ez mâder ~ از مادر زادن doğmak.

زادوبود zâdubûd: [zâd+u+bûden>bûd] varı yoğu, her şeyi.

/ze/

زاد ولد zâd-i veled: doğurma, üreme.

زاد و ولد zâd u veled kerden: üremek.

زاده zâde: [çâden>zâd+e] **1.**doğmuş, doğma. **2.**evlat. **3.**oğul. **4.**asil.

زاده الله كرامةً zâdehullâhu kerâmeten: (A.) Allah onun itibarını arttırsın.

زاده شدن zâde şoden: doğmak.

زار zâr: **1.**ağlayan, inleyen, perişan halli, perişan, bitkin. **2.**inilti. **3.**hüngür hüngür. **4.**inlete inlete. ‖ * ~ u nizâr geşten زار و نزار گشتن **1.**perişan olmak. **2.**cılızlaşmak, bir deri bir kemik kalmak.

زار zâr: (Peh.) (gr.) yer bildiren kelimeler türetmeye yarayan son ek.

زار zâr: zayıf, cılız, çelimsiz, dermansız.

زارازار zârâzâr: [zâr+â+zâr] zâr zâr, hüngür hüngür.

زار زار zâr zâr: zâr zâr, hüngür hüngür. ‖ * ~ girye kerden زار زار گریه کردن hüngür hüngür ağlamak.

زار صفت zârsifat: (F.-A.) [zâr+sıfat] perişan halliler gibi.

زارع zâri': (A.) çiftçi, ekici.

زارفه zârife: (A.) gereksiz söz.

زاری zârî: [zâr+î] **1.**inilti. **2.**yakarış.

زاریدن zârîden: **1.**inlemek, inim inim inlemek. **2.**sızlanmak.

زاری کردن zârî kerden: inlemek, sızlanmak, yakarmak.

زاعم zâ'im: (A.) zeâmet sahibi.

زاغ zâg: **1.**(zool.) karga, kara karga, kuzgun. **2.**lacivert. **3.**fitne. **4.**karalık.

زاغ zâg: (kim.) sülfat.

زاغانه zâgâne: [zâg+âne] karga gibi.

زاغ بچه zâgbeççe: [zâg+beççe<beççe-i zâg] karga yavrusu.

زاغ چشم zâgçeşm: [zâg+çeşm] çakır gözlü.

زاغچه zâgçe: [zâg+çe] (zool.) saksağan.

زاغ دل zâgdil: [zâg+dil] kötü kalpli.

زاغ رنگ zâgreng: [zâg+reng] **1.**siyah, koyu siyah. **2.**(kin.) gece.

زاغ سار zâgsâr: [zâg+sâr] **1.**kara başlı. **2.**çok zalim.

زاغ گرفتن zâg giriften: suçlamak, kusur aramak, çamur atmak.

زاغ و زوغ zâg u zûg: **1.**çoluk çocuk. **2.**avene. **3.**kargaşa, karambol.

زاغه zâge: **1.**ağıl. **2.**dağlarda hayvanların istirahat edebileceği küçük çukurluk.

زافه zâfe (zool.) kirpi.

زاق zâk: rahim, döl yatağı.

زاقدان zâkdân: [zâk+dân] rahim, döl yatağı.

زاکون zâkûn: kural, kaide.

زاکی zâkî: (A.) **1.**temiz ve iyi insan. **2.**bolluk içinde yaşayan. **3.**dürüst, doğru hareket eden.

زاکیه zâkiyye: (A.) **1.**temiz, saf. **2.**dürüst, doğru hareket eden.

زال zâl: **1.**ak saçlı ihtiyar. **2.**beyaz tüylü hayvan. **3.**İran mitolojisinde Rüstem'in babası.

زالزالک zâlzâlek (bot.) döngel, muşmula.

زالو zâlû (zool.) sülük.

زالو انداختن zâlû endâhten: sülük yapıştırmak.

زالی zâlî: [zâl+î] **1.**ihtiyarlık. **2.**saçlarda aşırı beyazlık.

زاماسکه zâmâske: macun, cam macunu.

زامر zâmir: (A.) **1.**(müz.) neyzen. **2.**kaval çalan, düdük çalan.

زامله zâmile: (A.) **1.**yük hayvanı. **2.**az yük.

زامیاد zâmyâd: (Peh.) şemsî ayların **28.** günü.

زان zan: [z<ez+ân] **1.**ondan. **2.**o yüzden.

زانک zank: [z<ez+an+k<ki] çünkü, -dığı için, -den dolayı.

زانکه zanki: [z<ez+an+ki] için, diye, çünkü.

زانو zânû: (Peh.) diz. ‖ * ~ be zemîn zeden زانو به زمین زدن teslim olmak, pes etmek. ‖ * ~ -yi kesî sost şoden زانوی کسی سست شدن dizi çözülmek, dizlerinin bağı çözülmek. ‖ * be ~ der âmeden به زانو در آمدن **1.**dize gelmek. **2.**diz çökmek. ‖ * be ~ der âverden به

زانو در آوردن **1.**dize getirmek. **2.**diz çökertmek. ‖ * be ~ nişesten به زانو نشستن çömelmek.

زانوی zânû'î: boru dirseği.

زانو برزانو zânûberzânû: [zânû+ber+ zânû] dizdize.

زانو برزمین zânûberzemîn: [zânû+ber+ zemîn] **1.**diz çökmüş. **2.**diz çökerek.

زانو بزانو zânûbezânû: [zânû+be+zânû] dizdize.

زانو بزمین zânûbezemîn: [zânû+be+ zemîn] **1.**diz çökmüş. **2.**diz çökerek.

زانو بستن zânû besten: diz bağlamak.

زانو رصد كردن zânû rasad kerden: **1.**düşünceli düşünceli oturmak. **2.**(tas.) murâkebede olmak.

زانو زدن zânû zeden: **1.**diz çökmek, çömelmek. **2.**diz dövmek. **3.**saygıyla eğilmek.

زانوزده zânûzede: [zânû+zeden>zed+e] **1.**diz çökmüş. **2.**diz çökerek.

زانوزن zânûzen: [zânû+zeden>zen] diz çöken, diz çökmüş.

زانى zânî: (A.) zina eden (erkek).

زانيه zâniye: (A.) zina eden (kadın).

زاو zâv: **1.**yarık, çatlak. **2.**(coğ.) obruk, vadi. **3.**güçlü.

زاورا كردن zâvirâ kerden: zorla bir yeri terkettirmek, göçe zorlamak.

زاورى zâverî: **1.**hizmet. **2.**hizmetkarlık.

زاول zâvol: **1.**(müz.) eski İran musikîsinde bir makam. **2.**klasik Türk mûsikîsinde bir makam.

زاووش zâvûş: Müşteri, Jüpiter.

زاويتان zâviyetân: (A.) iki açı.

زاويتين zâviyeteyn: (A.) iki açı.

زاويوى zâviyevî: (A.) açısal.

زاويه zâviye: (A.) **1.**açı. **2.**köşe. **3.**kıyı. **4.**ev, mesken, yurt. **5.**oda, hücre, halvethane. **6.**namaz odası. **7.**hankah, zaviye, tekke. **8.**manastır. **9.**kervansaray. **10.**ibadet köşesi. ‖ * ~ -i bîrûh زاويهء بى روح (ask.) ölü açı, ölü nokta. ‖ * ~ -i hâdde زاويهء حاده dar açı. ‖ * ~ -i hâriciyye زاويهء خارجيه dış açı. ‖ * ~ -i inhirâf زاويهء انحراف sapma açısı. ‖ * ~ -i kâ'ime زاويهء قائمه dik açı.

زاويه دار zâviyedâr: (A.-F.) [zâviye+ dâşten>dâr] **1.**açılı. **2.**köşeli. **3.**küçük tekke şeyhi.

زاويه نشين zâviyenişîn: (A.-F.) [zâviye+ nişesten>nişîn] münzevî, bir köşeye çekilmiş, dünyadan elini eteğini çekmiş.

زاوينه نشينى zâviyenişînî: [zâviye+ nişesten>nişîn+î] inziva.

زاويه ياب zâviyeyâb: [zâviye+yâften> yâb] açıölçer.

زاهد zâhid: (A.) zahit. ‖ * ~i şeşsad hezâr sâle زاهد ششصد هزار ساله (kin.) şeytan.

زاهدا zâhidâ (A.-F.) [zâhid+â] ey zahit.

زاهدان zâhidân (A.-F.) [zâhid+ân] zâhitler, dindarlar.

زاهدانه zâhidâne: (A.-F.) [zâhid+âne] zahitçe, sofuca.

زاهده zâhide: (A.) **1.**koyu dindar kadın. **2.**bayan adı.

زاهدى zâhidî: (A.-F.) [zâhid+î] zahitlik, sofuluk.

زاهر zâhir: (A.) **1.**parlak, aydınlık. **2.**(bot.) bir tür bitki.

زاهره zâhire: (A.) parlak. ‖ * nucûm-i ~ نجوم زاهره parlak yıldızlar.

زاهق zâhik: (A.) **1.**geçen, giden, yok olan. **2.**batıl. **3.**hezimete uğrayan. **4.**kuru. **5.**eskimiş, köhneleşmiş. **6.**kötü durumda.

زاهل zâhil: (A.) rahata eren, sağlığına kavuşan.

زاهله zâhile: (A.) rahata eren, sağlığına kavuşan.

زايچه zâyçe: **1.**doğum kâğıdı, doğum raporu. **2.**yıldız falı. **3.**yıldız durum cetveli.

زايد zâyid: (A.) **1.**fazla, artık. **2.**gereksiz. **3.**artı işareti.

زايدتان zâyidetân: (A.) (tıb.) iki meme ucu.

زايدر zîder: buradan.

زاير zâyir: (A.) ziyaretçi.

زايرين zâyirîn: (A.) ziyaretçiler.

زايش zâyiş: [zâden>zây+iş] **1.**doğum. **2.**doğurma.

زايشگاه zâyişgâh: [zâden>zây+iş+gâh] doğumevi.

زايل zâyil: (A.) yok olan, yok olmuş.

زايمان zâymân: (tıb.) doğum.

زاييدن zâyîden: doğurmak, doğum yapmak.

زئر ze'ir: (A.) kükreme, arslan kükremesi.

زئولوژى zo'oloji: (Fr.) zooloji.

زئير Zeir: (coğ.) Zaire.

زئير ze'îr: (A.) vücuttan gelen ses.

زئيرات ze'îrât: (A.) vücuttan gelen sesler.

زب zeb: (A.) kovma.

زباب zebâb: (A.) kara sinek.

زبابه zebâbe: (A.) yaban faresi.

زباد zebâd: (A.) **1.**kalemis yağı. **2.**misk kedisi.

زباد zubbâd: (A.) **1.**kaymak. **2.**değersiz nesne.

زبار zibâr: (A.) **1.**kitaplar. **2.**kitap bölümleri. **3.**kitap yaprakları. **4.**yazılar.

زبارج zebâric: (A.) zebercetler.

زبال zibâl, zobâl: (A.) (kin.) az bir şey.

زباله zobâle: (A.) **1.** çöp, çerçöp, süprüntü. **2.**az su. **3.**az şey.

زباله دان zobâledân: (A.-F.) [zobâle+dân] çöplük, çöp bidonu, çöp konteyneri.

زبان zebân: (Peh.) **1.**dil. **2.**lisan, dil. **3.**ağız. ‖ * ~ be bedgûyî guşûden زبان به بدگويى گشودن ateş püskürmek, ağzına geleni söylemek, ağzını açıp gözünü yummak. ‖ * ~ be çîzî bâz kerden زبان بهچيزى باز كردن konuşmaya başlamak. ‖ * ~ be duşnâm guşûden زبان به دشنام گشودن küfretmek, küfretmeye başlamak. ‖ * ~ be sohen guşûden زبان به سخن گشودن konuşmak, ağzını açmak. ‖ * ~ râ kûtâh kerden زبان را كوتاه كردن susmak, ağzını kapamak. ‖ * ~ râ kurt dâden زبان را قورت دادن ağzını açamamak, dilini yutmak. ‖ * ~ râ nigâhdâşten زبان را نگاهداشتن dilini tutmak, diline hakim olmak. ‖ * ~ -i arabî زبان عربى Arapça. ‖ * ~ -i âteşîn زبان آتشين **1.**sert dil. **2.**ateşli dil. ‖ * ~ -i bîser زبان بى سر ipe sapa gelmez söz, saçma sapan söz. ‖ * ~ -i fârsî زبان فارسى Farsça. ‖ * ~ -i goftâr زبان گفتار konuşma dili. ‖ * ~ -i goftugû زبان گفتگو konuşma dili. ‖ * ~ -i hâl زبان حال hal dili. ‖ * ~ -i hâricî زبان خارجى yabancı dil. ‖ * ~ -i kesî be sakkeş çesbîden زبان كسى به سقش چسبيدن dili damağına yapışmak. ‖ * ~ -i kesî bend âmeden زبان كسى بند آمدن nutku tutulmak, dili tutulmak. ‖ * ~ -i kesî râ besten زبان كسى را بستن susturmak. ‖ * ~ -i kesî giriften زبان كسى گرفتن **1.**dili dolanmak. **2.**kekelemek. ‖ * ~ -i kesî mû der âverden زبان كسى مو در آوردن dilinde tüy bitmek.‖ * ~ -i kilk زبان كلك kalemin dili. ‖ * ~ -i mâderî زبان مادرى ana dili. ‖ * ~ -i muhâvereî زبان محاوره اى konuşma dili. ‖ * ~ -i nigâriş زبان نگارش yazı dili. ‖ * ~ -i nuviştâr زبان نوشتار yazı dili. ‖ * ~ -i pehlevî زبان پهلوى Pehlevce, Pehlevî dili. ‖ * ~ -i rûze زبان روزه oruç ağız. ‖ * ~ -i rûzmerre زبان روزمره günlük konuşma dili. ‖ * ~ -i turkî زبان تركى Türk dili, Türkçe. ‖ * be ~ âmeden به زبان آمدن konuşmaya başlamak, dillenmek. ‖ * be ~ âverden به زبان آوردن dile getirmek, dillendirmek. ‖ * ber ~ rânden بر زبان راندن dile getirmek. ‖ * dehân u ~ -i kesî misl-i seng-i pâ şoden دهان و زبان كسى مثل سنگ پا شدن dili damağı kurumak, dili damağına yapışmak. ‖ * ez ser-i ~ -i kesî perîden از سر زبان كسى پريدن ağzından kaçmak. ‖ * vird-i ~ kerden ورد زبان كردن diline pelesenk etmek.

زبان آور zebânâver: [zebân+âverden> âver] 1.hoşsohbet. 2.şair. 3.dile getirilen. 4.düzgün konuşan.

زبان باز zebânbâz: [zebân+bâhten>bâz] şarlatan, dalkavuk.

زبان باز کردن zebân bâz kerden: dile gelmek, dillenmek.

زبان باز گرفتن zebân bâz giriften: söz almak.

زبان بازی zebânbâzî: [zebân+bâhten> bâz+î] şarlatanlık, dalkavukluk.

زبان بر zebânbor: [zebân+borîden>bor] (kin.) bağış.

زبان بریدن zebân borîden: susturmak, ağzını kapatmak.

زبان بریده zębânborîde: [zebân+borîden> borîd+e] 1.kesik dilli. 2.suskun.

زبان بستن zebân besten: susmak.

زبان بسته zebânbeste: [zebân+besten> best+e] 1.suskun. 2.dilsiz. 3.dilsiz hayvan, ağzı yok dili yok hayvan.

زبان بند zebânbend: [zebân+besten> bend] bir büyü.

زبانچه zebânçe: [zebân+çe] küçük dil.

زبان دادن zebân dâden: 1.ahdetmek. 2.söz vermek, vaadetmek. 3.izin vermek.

زباندار zebândâr: [zebân+dâşten>dâr] 1.dilli. 2.meramını anlatabilen, becerikli.

زباندان zebândân: [zebân+dânisten>dân] 1.fasih konuşan. 2.dil bilen. 3.öğrenci. 4.öğretmen.

زبان در آوردن zebân der âverden: dillenmek.

زبان دراز zebânderâz: [zebân+derâz] 1.dili uzun. 2.geveze. 3.dil uzatma.

زبان درازی zebânderâzî: [zebân+ derâz+î] 1.dili uzun olma. 2.gevezelik. 3.dil uzatma, sataşma.

زبانزد zebânzed: [zebân+zeden>zed] 1.meşhur, dillerde dolaşan, yayılmış. 2.alışılmış.

زبان زدن zebân zeden: 1.tatmak. 2.konuşmak.

زبان زده zebânzede: [zebân+zeden> zed+e] 1.söz konusu. 2.ünlü, meşhur.

زبان ستدن zebân siteden: susturmak.

زبانک zebânek: [zebân+ek] küçük dil.

زبان گرفتگی zebângiriftegî: [zebân+ giriften>girift+e+g+î] pelteklik, dil tutukluğu, kekeleme.

زبان گنجشک zebângoncişk: [zebân+ goncişk] (bot.) dişbudak ağacı.

زبانگیر zebângîr: [zebân+giriften>gîr] 1.casus. 2.sorgulama.

زبانگیری zebângîrî: [zebân+giriften> gîr+î] 1.casusluk. 2.sorgulama.

زبانه zebâne: [zebân+e] 1.dilimsi. 2.yalaz, alev. 3.zıvana. 4.terazi dili.

زبانه زدن zebâne zeden: yalazlanmak, alevlenmek, alev yükselmek.

زبانه زن zebânezen: [zebâne+zeden> zen] yalazlı, alevli.

زبانه کش zebânekeş: [zebâne+keşîden> keş] yalazlı, yalazlanan, alevli.

زبانه کشیدن zebâne keşîden: yalazlanmak, alev yükselmek, parlamak.

زبانی zebânî: [zebân+î] 1.şifahen. 2.zebani, cehennem zebanisi.

زبانیه zebâniye: (A.) zebanîler, cehennemlikleri ateşe atanlar.

زبد zebed: (A.) köpük.

زبد zubd: (A.) 1.süt kaymağı. 2.tereyağı.

زبد zubed: (A.) 1.köpükler. 2.özler. 3.özetler. 4.sonuçlar.

زبده zobde: (A.) 1.öz, hülasa, seçilmiş. 2.tereyağı. 3.süt kaymağı. 4.sonuç. 5.bir şeyin en seçkin kısmı.

زبدی zubdî: (A.) 1.tereyağı ile ilgili. 2.tereyağlı.

زبر zeber: (Peh.) 1.üst, üstünde. 2.(gr.) fetha, üstün.

زبر zebr: (A.) 1.kitap. 2.kitap yaprağı. 3.yazı. 4.söz. 5.zekâ. 6.sağlam yapılı insan.

زبر zibr: (A.) 1.mektup. 2.kitap.

زبر zibr: 1.kaba, iri, haşin. 2.kalın.

زبر zobor: (A.) 1.kitaplar. 2.fırkalar.

3.demir parçaları. **4.**(tas.) levhimahfuz.

ز براى zi berâyi: için.

زبر بر آمدن zeber ber âmeden: yukarı çıkmak, üste çıkmak.

زبرپوش zeberpûş: **1.**yorgan, üst örtüsü. **2.**cübbe.

زبرجد zeberced: (A.) zebercet, fıstık yeşili renginde süs taşı.

زبرجدفام zebercedfâm: (A.-F.) [zeberced+fâm] zebercet rengi, fıstık yeşili.

زبرجدى zebercedî: (A.) **1.**zebercet ile ilgili. **2.**zebercet rengi, fıstık yeşili.

زبرجدين zebercedîn: (A.-F.) [zeberced+ în] **1.**zebercetli. **2.**zeytin yeşili.

زبردست zeberdest: [zeber+dest] **1.**güçlü, muktedir, üstün. **2.**kalifiye. **3.**maharetli. **4.**el üstünde. **5.**baş köşe. **6.**itaatkâr.

زبردستى zeberdestî: [zeberdest+î] **1.**iktidar, güçlülük, kudret. **2.**beceri, maharet. **3.**itaatkarlık.

زبرمرد zebermerd: [zeber+merd] **1.**üstün insan. **2.**insan üstü.

زبره سنگ zibreseng: trasit.

زبرى zeberî: [zeber+î] üstünlük. irilik, kabalık.

زبرين zeberîn: [zeber+în] üstteki.

زبزب zebzeb: (A.) **1.**(zool.) kedigillerden bir hayvan. **2.**bir tür gemi.

زبل zibl: (A.) **1.**süprüntü. **2.**gübre.

زبنيه zibniye: (A.) **1.**serkeş. **2.**şiddetli. **3.**azap meleği.

زبور zebûr: (A.) **1.**yazı. **2.**kitap. **3.**Zebur, Davud peygambere inen kitap.

زبور zubûr: (A.) **1.**kitaplar. **2.**mektuplar.

زبول zubûl: (A.) gübreler.

زبول يافته zubûlyâfte: (A.-F.) [zubûl+ yâften>yâft+e] gübre ile kuvvetlenmiş toprak.

زبون zebûn: **1.**düşkün, perişan, sefil, âciz, zavallı. **2.**güçsüz. **4.**alçak.

زبون شدن zebûn şoden: zavallılaşmak, yenilmek, düşkünleşmek, acizleşmek.

زبون كردن zebûn kerden: zavallılaştırmak, yenmek, düşkünleştirmek, acizleştirmek.

زبون كش zebûnkoş: [zebûn+koşten>koş] zayıfları ezen.

زبون كشانه zebûnkoşâne: [zebûn+koşten> kuş+ âne] zayıfları ezercesine, zayıfları ezerek.

زبون كشى zebûnkoşî: [zebûn+koşten> kuş+î] zayıfları ezme.

زبونى zebûnî: [zebûn+î] zavallılık, acizlik, düşkünlük, yeniklik.

زبهر zi behr-i: için, çünkü, -den dolayı.

زبيب zebîb: (A.) **1.**(bot.) kuru üzüm. **2.**kuru . incir. **3.**kuru hurma. **4.**sokucu hayvan zehiri.

زبير zebîr: (A.) **1.**sıkıntı. **2.**yazılı belge. **3.**mektup.

زبير zibîr: ezber.

زبير zubeyr: (A.) **1.**yazılı not, pusula. **2.**erkek adı.

زبيل zebîl, zibîl: (A.) zembil.

زبيل zebîl: (A.) **1.**gübre. **2.**pislik.

زپرتى zipirtî: **1.**güçsüz. **2.**dayanıksız.

زپس zipes: [zi<ez+pes] **1.**ondan sonra, daha sonra. **2.**arkadan.

زج zoc: (A.) temren, mızrak ucu.

زجاج zeccâc: (A.) camcı, şişeci.

زجاج zucâc: (A.) **1.**pencere camı. **2.**sırça.

زجاجه zucâce: (A.) şişe, cam.

زجاجى zucâcî: (A.) **1.**camdan yapılmış, sırça. **2.**camcı.

زجاجيه zucâciyye: (A.) **1.**camdan yapılmış. **2.**cam kaplar, cam eşyalar. **3.**camcılık.

زجر zecr: (A.) **1.**eziyet, işkence. **2.**alıkoyma, zorlama. **3.**seslenme. **4.**kovma. **5.**angarya çalıştırma. **6.**yasaklama.

زجراً zecren: (A.) **1.**zorla, zorlayarak. **2.**yasaklayarak.

زجر دادن zecr dâden: eziyet etmek, ızdırap vermek, üzmek, işkence etmek.

زجر ديدن zecr dîden: eziyet çekmek, acı çekmek, cefa çekmek.

زجرى zecrî: (A.) zorla, zorlayıcı, zora koşarak.

زجريه zecriyye: (A.) alkollü içki vergisi.

زجز zicoz: (F.-A.) [zi<ez+coz] -den başka, dışında.

زجل zecel: (A.) **1.**şarkı söyleme. **2.**ses. **3.**sevinç, neşe. **4.**(ed.) bir şiir türü.

زجل zecil: (A.) şarkıcılık, yorumculuk.

زجل zecl: (A.) atma.

زجور zucûr: (A.) **1.**zora koşmalar, zorlamalar. **2.**üzmeler, eziyet etmeler. **3.**kovmalar. **4.**angarya çalıştırmalar.

زجه zece: lohusa, kırk günlük lohusa.

زحاف zihâf: (A.) uzun okunması gereken harfin vezin gereği kısa okunması.

زحافات zihâfât: (A.) uzun okunması gereken harfleri kısa okumalar, zihaflar.

زحام zihâm: (A.) **1.**darlık. **2.**sıkışıklık, izdiham.

زحف zehf: (A.) **1.**aslından uzaklaşma. **2.**emekleme. **3.**sürünerek gitme. **4.**yürürken ayaklarını sürüme. **5.**düşman üstüne yürüme.

زحل zuhal: (A.) **1.**Satürn, Sekendiz. **2.**bayan adı.

زحمات zehemât: (A.) zahmetler.

زحمت zahmet: (A.) **1.**zahmet, sıkıntı, eziyet. **2.**yorgunluk. **3.**kalabalık, izdiham. **4.**incitme. **5.**baş ağrısı. **6.**hengâme. ‖ * ~ be hod dâden زحمت به خود دادن zahmete katlanmak. ‖ * ~ râ kem kerden زحمت را كم كردن zahmet vermemek. ‖ * be ~ به زحمت **1.**zorla. **2.**kıtı kıtına. ‖ * be hezâr ~ به هزار زحمت bin güçlükle. ‖ * esbâb-i ~ şoden اسباب زحمت شدن zahmet vermek, rahatsız etmek. ‖ * kabûl-i ~ konîd قبول زحمت كنيد bir zahmet, size zahmet olacak, lütfen.

زحمت افزا zehmetefzâ: (A.-F.) [zehmek+ efzûden>efzâ] zahmet veren.

زحمت افزا شدن zehmetefzâ şoden: zahmet vermek.

زحمت بردن zehmet borden: zahmet çekmek, zahmete katlanmak.

زحمت دادن zehmet dâden: zahmet vermek, zahmete sokmak.

زحمت داشتن zehmet dâşten: zahmetvermek, zahmete sokmak.

زحمت كردن zehmet kerden: zahmet çekmek, zahmete girmek.

زحمت كش zehmetkeş: (A.-F.) [zehmet+ keşîden>keş] **1.**gayretli, çalışkan. **2.**emekçi, işçi.

زحمت كشيدن zehmet keşîden: zahmetçekmek, zahmete girmek, zahmet etmek.

زحير zehîr: **1.**inleyiş, inilti. **2.**(tıb.) dizanteri.

زخ zeh: **1.**iniltili. **2.**çan sesi.

زخار zehhâr: (A.) **1.**dolu, dopdolu. **2.**dalgalı, çalkantılı, coşkun.

زخارف zehârif: (A.) **1.**ıvır zıvır, kıymetsiz şeyler. **2.**sahte ziynetler. **3.**yaldızlar.

زخرف zuhruf: (A.) **1.**altın. **2.**süs, ziynet. **3.**sahte süs, imitasyon. **4.**sahte altın ziyneti.

زخم zehm: (Peh.) **1.**yara. **2.**boynuzlama. **3.**darbe. **4.**kırıklık. ‖ * ~ -i zebân زخم زبان dil yarası.

زخم برداشتن zehm berdâşten: yaralanmak, yara almak.

زخم بند zehmbend: [zehm+besten>bend] pansumancı.

زخم بندى zehmbendî: [zehm+besten> bend+î] **1.**pansuman. **2.**yara sarma.

زخم بندى كردن zehmbendî kerden: **1.**pansuman yapmak. **2.**yara sarmak.

زخم خوردن zehm horden: yaralanmak, yara almak.

زخم خورده zehmhorde: [zehm+horden> hord+e] yaralı.

زخمدار zehmdâr: [zehm+dâşten>dâr] yaralı.

زخم رس zahmres: [zahm+resîden>res] yaralayan, yaralayıcı.

زخم زدن zehm zeden: **1.**yaralamak. **2.**darbe indirmek.

زخم زده zahmzede: [zahm+zeden> zed+e] yaralı.

زخمکار zahmkâr: [zahm+kâr] yaralayan, yaralayıcı.

زخم کردن zehm kerden: **1.**yaralamak. **2.**dövüşmek, mücadele etmek.

زخمگاه zehmgâh: [zehm+gâh] **1.**yara yeri. **2.**darbe indirilen yeri, darbeli yer.

زخمناک zehmnâk: [zehm+nâk] yaralı.

زخم وارد ساختن zehm vârid sâhten: yaralamak, yara açmak.

زخمه zehme: [zehm+e] **1.**vuruş, darbe. **2.**yara. **3.**tezene, mızrap. **4.**kudüm değneği. **5.**üzengi kayışı.

زخمه زدن zehme zeden: (müz.) mızrap vurmak.

زخمی zehmî: [zehm+î] yaralı.

زخمی شدن zehmî şoden: yaralanmak.

زخمی کردن zehmî kerden: yaralamak.

زخمین zahmîn: [zahm+în] yaralı.

زد zed: [zeden>zed] **1.**vuruş, vurma, dövme. **2.**zamk.

زدا zidâ: [zidûden>zidâ] temizleyen, parlatan, silen, cilalayan.

زدای zidây: [zidûden>zidây] temizleyen, parlatan, silen, cilalalayan.

زداییدن zedâyîden: temizlemek, arıtmak.

زدگان zedegân: [zeden>zed+e+g+ân] vurulmuşlar, çarpılmışlar, çalınmışlar, dövülmüşler, uğramışlar.

زدن zeden: (Peh.) **1.**vurmak. **2.**dövmek. **3.**çarpmak. **4.**çalmak, çırpmak. **5.**yenmek. **6.**hırsızlık etmek, çalmak. **7.**para basmak. **8.**avlamak. **9.**tesadüf etmek. **10.**bir ibareyi yüksek sesle tekrarlamak. **11.**ısırmak, sokmak. **12.**batırmak, daldırmak, sokmak, banmak. **13.**atmak, itmek. **14.**başlamak. **15.**almak, koymak, sıkıştırmak. **16.**git, haydi, vurdu. **17.**sürmek. **18.**çalmak, benzemek, andırmak. **19.**saldırmak, hücum etmek. **20.**(müz.) çalmak. **21.**asmak, takmak. **22.**söylemek. ‖ * be çâk ~ به چاک زدن sıvışmak, kaçmak. ‖ * ber zemîn ~ بر زمین زدن yere çalmak. ‖ * demî be homre ~ دمی به خمره زدن kafayı çekmek. ‖ * dest-i red be sîne-i kesî ~ دست رد به سینهء کسی زدن birinin isteğini geri çevirmek, reddetmek. ‖ * hod râ be çîzî ~ خود را به چیزی زدن - gibi yapmak. ‖ * hod râ be nâhoşî ~ خود را به ناخوشی زدن hastaymış gibi görünmek. ‖ * hod râ be nâdânî ~ خود را به نادانی زدن bilmezden gelmek, tecahülden gelmek. ‖ * gulî be ser-i kesî ~ گلی به سر کسی زدن iflah etmek, ondurmak.

زد و بند zedubend: [zeden>zed+u+ besten>bend] işbirliği, ilişki. ‖ * ~ dâşten bâ kesî زد و بند داشتن با کسی **1.**ilişkisi olmak. **2.**işbirliği yapmak.

زدوخورد zedohord: [zeden>zed+u+ horden> hord] vuruşma, vurdukırdı, kavga.

زدوخورد کردن zedohord kerden: **1.**vuruşmak, vurdu kırdı etmek, savaşmak. **2.**türlü ticarî işler yapmak.

زدودن zodûden: **1.**temizlemek, arıtmak. **2.**pas silmek. **3.**gidermek.

زده zede: [zeden>zed+e] **1.**vurmuş, çarpmış, çalmış, dövmüş. **2.**vurulmuş, çarpılmış, çalınmış, dövülmüş, uğramış. **3.**ezik. **4.**(sp.) atılan gol sayısı. **5.**basılı para. **6.**haddeden geçmiş. **7.**nefret etmiş, bezmiş.

زده شدن zede şoden: nefret etmek, bezmek. ‖ * ~ ez câyî زده شدن از جایی bir yerden gönlü geçmek.

زر zer: (Peh.) **1.**altın. **2.**para. **3.**sarı. **4.**ihtiyar, yaşlı. **5.**çile. **6.**oruç. ‖ * ~ -i hoşk زر خشک som altın. ‖ * ~ -i iyâr زر عیار som altın. ‖ * ~ -i kâmil زر کامل tam ayarlı altın. ‖

* ~ -i nâsere زر ناسره saf olmayan altın.

زر zirr: (A.) **1.**dövme. **2.**komurcuk.

زر آب zerâb: [zer+âb<âb-i zer] **1.**yaldız mürekkep. **2.**beyaz şarap.

زراب zerâb: [zer+âb] **1.**altın suyu. **2.**beyaz şarap.

زرابی zerâbî: (A.) döşemelikler.

زراد zerrâd: zırhçı, zırh ören.

زرادخانه zerrâdhâne: [zerrâd+hâne] (ask.) silah deposu, cephanelik.

زرادگاه zerrâdgâh: [zerrâd+gâh] (ask.) silah deposu, cephanelik.

زراع zerrâ': (A.) ekici, ekinci, çiftçi.

زراع zurrâ': (A.) ekiciler, çiftçiler.

زراعت zirâ'et: (A.) tarım, ziraat.

زراعت خیز zirâ'ethîz: (A.-F.) [zirâ'et+hâsten>hîz] verimli.

زراعتکار zirâ'etkâr: (A.-F.) [zirâ'et+kişten>kâr] ekici, çiftçi.

زراعت کردن zirâ'et kerden: ziraat yapmak, tarımla uğraşmak.

زراعتی zirâ'etî: (A.-F.) [zirâ'et+î] ziraî, tarımsal.

زراعی zirâ'î: (A.) tarımsal.

زراعیه zirâ'iyye: (A.) tarımsal.

زراف zerâf: zürafa.

زرافشان zerefşân: [zer+efşânden>efşân] **1.**altın saçan. **2.**altın kakmalı, altın yaldızlı. **3.**bir cins lale. **4.**kitap cildi motiflerinden biri. **5.**bayan adı. **6.**bir tür sümbül.

زرافه zerrâfe, zerâfe, zurâfe: (F.>A.) [surnâ+pâ] (zool.) zürafa.

زرافی zerâfî: (A.) zürafalar.

زراق zerrâk: (A.) hilekâr, düzenbaz, ikiyüzlü, riyakâr.

زراندر زر zerenderzer: [zer+ender+zer] çift altın kaplamalı.

زراندود zerendûd: [zer+endûden>endûd] **1.**altın kaplama, altın sulu, altın yaldızlı. **2.**(kin.) münafik.

زراون zerâven: loğusa otu.

زراوند zerâvend: salepotu.

زراوندی zerâvendî: loğusa otu ailesine mensup bitkiler.

زراه zerâh: (Peh.) deniz, derya.

زربا zerbâ: zırva.

زرباف zerbâf: [zer+bâften>bâf] **1.**sırmalı, altın işlemeli. **2.**sırmacı, altın işlemeci.

زربافت zerbâft: [zer+bâften>bâft] sırmalı kumaş.

زربافته zerbâfte: [zer+bâften>bâft+e] sırmalı kumaş.

زربفت zerbeft: [zer+bâften>bâft>beft] sırmalı.

زربی zurbî: (A.) döşeme.

زر پرست zerperest: [zer+perestîden>perest] para canlısı.

زر پیکر zerpeyker: [zer+peyker] altın vücutlu.

زرتار zertâr: [zer+târ<târ-i zer] **1.**sırma. **2.**Güneş ışığı. **3.**bayan adı.

زرتاری zertârî: [zer+târ+î] sırmalı.

زرتشت zertoşt: Zerdüşt.

زرتشتی zertoştî: [zertoşt+î] Zerdüştî, Zerdüştlük dinine mensup, atşperest.

زرجدار zercidâr: (F.-A.) [zer+cidâr] altın duvar.

زرجدول zercedvel: (F.-A.) [zer+cedvel <cedvel-i zer] özellikle yazma kitaplarda sayfa kenarlarına çekilen altın yaldızlı çizgiler.

زرخدا zerhodâ: [zer+hodâ] para babası.

زرخرید zerherîd: [zer+herîden>herîd] köle, satın alınmış köle.

زرخریده zerherîde: [zer+herîden>herîd+e] köle.

زرخیز zerhîz: [zer+hâsten>hîz] **1.**altın madeni. **2.**(kin.) verimli toprak.

زرد zerd: (Peh.) **1.**sarı. **2.**soluk.

زرد zerd: (A.) halka örgülü zırh.

زرد zered: (A.) halka örgülü zırh.

زرد آب zerdâb: [zerd+âb<âb-i zerd] **1.**safra. **2.**beyaz şarap. **3.**irin, cerahat.

زرداب zerdâb: [zerd+âb] **1.**(tıb.) safra. **2.**(tıb.) irin, cerahat.

زرداب ریز zerdâbrîz: [zerdâb+rîhten>rîz] **1.**huysuz, haşin. **2.**kan dökme.

زردالو zerdâlû (bot.) kayısı, zerdali.

زردپاره zerdpâre: [zerd+pâre] **1.**sarı kumaş. **2.**eskiden Müslümanlardan ayırdedilmek için yahudilerin giysilerine diktikleri sarı kumaş.

زردپوست zerdpûst: [zerd+pûst] sarı derili.

زرد پی zerdpey: [zerd+pey] (tıb.) kiriş.

زردچوبه zerdçûbe: [zerd+çûb+e] (bot.) zerdeçal, zerdeçav.

زرد چهره zerdçihre: [zerd+çihre] **1.**sarı yüzlü. **2.**soluk benizli.

زرد رخ zerdroh: [zerd+roh] sarı yüzlü.

زرد رنگ zerdreng: [zerd+reng] sarı, sarı renkli.

زرد رو zerdrû: [zerd+rû] **1.**sarı yüzlü. **2.**(kin.) güneş.

زرد زخم zerdzehm: [zerd+zehm] (tıb.) sarılık.

زردسته zerdeste: [zer+deste] çomak, gürz.

زردشت zerdoşt: **1.**ateşperest. **2.**Zerdüştlüğün kurucusu.

زردشتی zerdoştî: **1.**zerdüştlük. **2.**zerdüşt dinine mensup, zerdüştî, ateşperest.

زرد شدن zerd şoden: sararmak.

زردفام zerdfâm: [zerd+fâm] sarı, sarı renkli.

زردک zerdek: (Peh.) [zerd+ek] (bot.) havuç.

زرد کردن zerd kerden: sarartmak. ‖ * şelvâr râ ~ شلوار را زرد کردن altına sıçmak.

زرد کف zerdkef: [zerd+kef] **1.**avucu sarı. **2.**(kin.) güneş.

زرد گشتن zerd geşten: sararmak.

زرد گل zerdgol: [zerd+gol] (bot.) sarı gül.

زردگوش zerdgûş: [zerd+gûş] **1.**ikiyüzlü. **2.**ödlek, korkak.

زردگوشه zerdgûşe: [zerd+gûş+e] **1.**ikiyüzlü. **2.**ödlek, korkak.

زردگون zerdgûn: [zerd+gûn] sarı, sarı renkli.

زردوز zerdûz: [zer+dûhten>dûz] **1.**sırmacı. **2.**sırmalı giysi.

زردوزی zerdûzî: [zer+dûhten>dûz+î] **1.**sırmacılık. **2.**sırmacı dükkânı. **3.**sırmalı.

زردوست zerdûst: [zer+dûst] para canlısı.

زرده zerde: [zerd+e] **1.**yumurta sarısı. **2.**(tıb.) safra. **3.**rengi sarıya çalan at. **4.**zerde, safranlı tatlı.

زرده چاو zerdeçâv: zerdeçal.

زرده چوب zerdeçûb: [zerde+çûb] zerdeçal.

زردی zerdî: [zerd+î] sarılık.

زر زر zırzır: zırıltı, zır zır.

زر زر کردن zır zır kerden: zırlamak.

زرزور zerzûr: (A.) (zool.) serçeden büyük, beyaz benekli bir kuş.

زرسا zersâ: [zer+sâ'îden>sâ] varakçı, altın ezen.

زرسای zersây: [zer+sâyîden>sây] varakçı, altın ezen.

زرسینه zersîne: [zer+sîne] altın sarısı göğsü olan.

زر رشته zerrişte: [zer+rişte<rişte-i zer] **1.**sırma. **2.**altın tel.

زرشک zirişk (bot.) kadıntuzluğu, diken üzümü, anberbaris.

زرشکی zirişkî: [zirişk+î] koyu kırmızı.

زرشکیه zirişkiyye: (F.-A.) [zirişk+iyye] dikenüzümügiller.

زرشناس zerşinâs: [zer+şinâhten>şinâs] sarraf.

زرطاق zertâk: (F.-A.) [zer+tâk] altın kemer, altın tak.

زرع zer': (A.) **1.**tarım, ziraat, ekim. **2.**ekili. **3.**ekin.

زرع zeri': (A.) kolay gerçekleşen, çabuk olan.

زرعیات zer'iyyât: (A.) ekicilik işleri, ekim işleri.

زرفین zorfîn: **1.**halka.

زرق zerk: (A.) **1.**zerketme. **2.**ikiyüzlülük, riyakârlık. **3.**hile, oyun. ‖ * ~ u berk زرق و برق şatafat. ‖ * ~ u riyâ زرق و ریا ikiyüzlülük.

زرق zerak: (A.) mavi, gök mavisi.

زرقاء zerkâ': (A.) **1.**gök gözlü kadın. **2.**gök mavisi. **3.**mavi göz.

زرق آلود zerkâlûd: (A.-F.) [zerk+âlûden> âlûd] ikiyüzlülük dolu, riya dolu.

زرق پیشه zerkpîşe: (A.-F.) [zerk+pîşe] ikiyüzlü, hilekâr.

زرقت zurkat: (A.) mavimsi.

زرق فروش zerkfurûş: (A.-F.) [zerk+furûhten>furûş] ikiyüzlü, riyakâr, düzenbaz.

زرکار zerkâr: [zer+kâr] **1.**altın işçisi. **2.**altın işlemeli, sırma işlemeli, sırmalı.

زرکاری zerkârî: [zer+kâr+î] altın işlemeciliği, sırmacılık.

زرکش zerkeş: [zer+keşîden>keş] **1.**sırmacı. **2.**sırmalı.

زرکلاه zerkulâh: [zer+kulâh<kulâh-i zer] **1.**altın işlemeli şapka. **2.**Osmanlıda saray kapıcılarının başlığı.

زرکوب zerkûb: [zer+kûften>kûb] **1.**kuyumcu, altın döven, altın plaka yapan. **2.**altın işlemeli.

زرکوبی zerkûbî: [zer+kûften>kûb+î] **1.**kuyumculuk. **2.**altın işleme.

زرگر zerger: [zer+ger] kuyumcu.

زرگرخانه zergerhâne: [zerger+hâne] **1.**kuyumcu dükkânı. **2.**kuyumcular çarşısı.

زرگردان zergerdân: [zer+gerdânden>gerdân] bir tür ok.

زرگری zergerî: [zer+ger+î] kuyumculuk. ‖ * ceng-i ~ جنگ زرگری danışıklı dövüş. ‖ * zebân-i ~ زبان زرگری kuş dili, kuş diliyle konuşma.

زر گشتن zer geşten: **1.**altına dönüşmek. **2.**sararmak.

زرگون zergûn: [zer+gûn] **1.**altın rengi, altın sarısı. **2.**şarap.

زرمهره zermuhre: [zer+muhre] kuyumcu çekici.

زرنا zurnâ: (müz.) zurna.

زرنباد zoronbâd (bot.) zencefilgillerden bir bitki, zoronbad.

زرنشان zernişân: [zer+nişânden>nişân] **1.**yaldızlı, altın yaldızlı. **2.**altın işlemeli süs ve yazı.

زرنگ zereng: **1.**yeni, taze. **2.**açıkgöz, uyanık, kurnaz. **3.**çevik.

زرنگار zernigâr: [zer+nigâşten>nigâr] **1.**yaldızlı, altın yaldızlı. **2.**altın yaldızcı, altın işlemecí.

زرنگی zerengî: [zereng+î] açıkgözlük, uyanıklık, kurnazlık.

زرنگی کردن zerengî kerden: açıkgözlük etmek, uyanık davranmak, kurnaz olmak.

زرنگین zernigîn: [zer+nigîn] yüzüğünde altından kaş bulunan.

زرنویس zernuvîs: [zer+nuvişten>nuvîs] tezhipçi, müzehhip.

زرنیخ zernîh: **1.**(kim.-tıb.) zırnık, sıçanotu. **2.**çok az.

زرنیخی zirnîhî: [zirnîh+î] sarı, zırnık sarısı.

زرنیق zernîk: (kim.) zırnık.

زر ورق zervarak: (F.-A.) [zer+varak] yaldızlı kâğıt, yaldız yaprak, çok ince altın veya yaldız yaprak.

زرود zurûd: (A.) örgülü zırhlar.

زرور zerver: [zer+ver] altın yaldızlı.

زرور zurûr: (A.) **1.**düğmeler. **2.**tomurcuklar.

زروع zurû': (A.) ekili tarlalar.

زروق zurûk: (A.) şırınga etmeler, zerk etmeler.

زره zirih: (Peh.) (ask.) zırh.

زره پوش zirihpûş: [zirih+pûşîden>pûş] **1.**(ask.) zırhlı. **2.**örtü, perde, zırh.

زره دار zirihdâr: [zirih+dâşten>dâr] (ask.) zırhlı.

زره کردار zirihkirdâr: [zirih+kirdâr] zırh gibi.

زری zerî: [zer+î] **1.**altından. **2.**sırmalı. **3.**sırmalı kumaş.

زریر zerîr: (tıb.) safra.

زریعه zerî'a: (A.) sebep, vesile.

زرین zerîn, zerrîn: [zer+în] **1.**altından. **2.**altın rengi, altın. **3.**parlak. **4.**fulya. **5.**altın işlemeli. **6.**bayan adı.

زرین بال zerrînbâl: [zerrîn+bâl] altın kanatlı.

زرین سپر zerrînsiper: [zerrîn+siper] altın kalkanlı.

زرين قدح zerrînkadeh: (F.-A.) [zerrîn+ kadeh<kadeh-i zerrîn] **1.**nergis. **2.**altın kadeh.

زرين كلاه zerrînkulâh: [<zerîn+kulâh] **1.**altın şapkalı. **2.**Osmanlı askerlerinin giydiği bir tür miğfer.

زرين كمر zerrînkemer: [zerrîn+kemer] altın kemerli.

زرين نعل zerrînna'l: (F.-A.) [zerrîn+na'l] altın nallı.

زرينه zerîne: [zer+îne] **1.**altından. **2.**altınımsı. **3.**ekmek kırıntısı ile yapılan çorba.

زشت zişt: (Peh.) **1.**çirkin. **2.**ayıp. **3.**kötü.

زشت خو ziştḥû: [zişt+hû] huysuz, ahlâksız, kötü huylu.

زشت رو ziştrû: [zişt+rû] çirkin.

زشت رويى ziştrûyî: [zişt+rû+y+î] çirkinlik.

زشت صورت ziştsûret: (F.-A.) [zişt+ sûret] çirkin.

زشتى ziştî: [zişt+î] **1.**çirkinlik. **2.**kötülük.

زشت ياد ziştyâd: [zişt+yâd] çekiştirme, dedikodu, gıybet.

زشت ياد كردن ziştyâd kerden: dedikodu etmek, gıybet etmek, çekiştirmek.

زعازع ze'âzi': (A.) sarsmalar, sarsıntılar, zangırdamalar.

زعاف zu'âf: (A.) **1.**hemen öldüren. **2.**Cezayir askerleri bölüğü. **3.**Cezayir askeri fesi.

زعافر ze'âfir: (A.) safranlar.

زعامت ze'âmet: (A.) **1.**önderlik, liderlik. **2.**Osmanlıda Sipâhî sınıfına verilen tımar.

زعامت zi'âmet: (A.) zeâmet.

زعزعه za'za'a: (A.) sarsma, sarsıntı, zangırdama.

زعف za'f: (A.) hemen öldürme.

زعفران ze'ferân: (A.) (bot.) safran.

زعفران الحديد za'ferânulhadîd: (A.) demir pası.

زعفرانى ze'ferânî: (A.-F.) [ze'ferân+î] safran rengi, koyu sarı.

زعم ze'm: (A.) **1.**üzerine alma, kabul etme. **2.**kefillik, önderlik. **3.**sanı, görüş.

زعم ze'm, zu'm: (A.) **1.**kanı, kanaat, san, zan. **2.**kuşku. ‖ * be ~ -i به زعم. zannıyla, düşüncesiyle. ‖ * be ~ -i inki به زعم اينكه zannıyla, düşüncesiyle.

زعماء zu'emâ: (A.) **1.**önderler, liderler, büyükler, ileri gelenler. **2.**kefiller. **3.**zeâmet sahipleri.

زعميات zu'miyyât: (A.) **1.**sanılar, zanlar. **2.**kuşkular.

زعيم ze'îm: (A.) **1.**önder, lider. **2.**kefil. **3.**zeâmet sahibi. **4.**şef.

زغابه zugâbe: (A.) şiş, şişlik, tümör.

زغار zegâr: **1.**yaş toprak. **2.**feryat, figan.

زغارو zegârû: **1.**genelev. **2.**randevu evi.

زغاره zegâre: **1.**hamur topu. **2.**(bot.) darı.

زغاک zegâk (bot.) asma dalı.

زغال zogâl: kömür. ‖ * ~ -i çûb زغال چوب odun kömürü.

زغال اخته zogâlehte: [zogâl+ehte] (bot.) kızılcık.

زغال سنگ zogâlseng: [zogâl+seng] taş kömürü, kok kömürü.

زغالى zogâlî: [zogâl+î] **1.**kömürleşmiş. **2.**kömürcü, kömür satan.

زغالى شدن zogâlî şoden: kömürleşmek.

زغالى كردن zogâlî kerden: kömürleştirmek.

زغره zegere: elbise veya şapkada ter toplayan kenar dikişi.

زغ زغ zıg zıg: zır zır, zırlama.

زغزغه zagzaga: (A.) zırva, saçma sapan söz.

زغن zagan (zool.) çaylak.

زغند zegend: **1.**uluma. **2.**yüksek ses.

زغينه zagîne: (A.) kinler.

زفاف zifâf: (A.) **1.**zifaf, gerdek. **2.**şimşek çakışı.

زفاف خانه zifâfhâne: (A.-F.) [zifâf+ hâne<hâne-i zifâf] **1.**genelev. **2.**randevu evi.

زفت zeft: **1.**iri. **2.**koyu. **3.**şişman. **4.**acı.

زفت zift: (kim.) zift.

زفت zoft: **1.**cimri, pinti. **2.**haşin, asık suratlı.

زفر zefer: (Peh.) **1.**ağız. **2.**ağız kenarı. **3.**çene. **4.**payanda, ağaç desteği.

زفرات zeferât: (A.) soluklar.

زفزفه zefzefe: (A.) sarsılma, titreme.

زفیر zefîr: (A.) **1.**iç geçirme. **2.**soluk verme. **3.**sıcak soluk, ateşli soluk, nefes verme.

زفیف zefîf: (A.) kıvrak, çabuk.

زقاق zukâk: (A.) sokak.

زق زق کردن zok zok kerden: zonklamak.

زقوم zakkûm: (A.) **1.**zakkum ağacı, ağı ağacı. **2.**cehennemde yetiştiğine inanılan bir ağaç. **3.**zıkkım. **4.**cehennemlik olanların yiyeceği yemek.

ز قضا را zi kazâ râ: (F.-A.) [zi<ez+ kazâ+ râ] tesadüfen.

زقی zıkkî: (A.) su tulumu.

زکاء zekâ': (A.) saflık, duruluk.

زکاب zekâb: mürekkep.

زکات zekât: (A.) zekât, her yıl yoksullara dağıtılmak üzere ayrılan mal ve para varlığının kırkta biri.

زکام zokâm: (A.) (tıb.) nezle. ‖ * ~ -i muzmin زکام مزمن kronik nezle.

زکام شدن zokâm şoden: (tıb.) nezle olmak.

زکاة zekât: (A.) zekât.

زکوات zekevât: (A.) zekâtlar.

زکی zekî: (A.) **1.**temiz, pak, arınmış. **2.**dindar, temiz halli.

زکیدن zekîden: homurdanmak.

زکیه zekiyye: (A.) **1.**temiz. **2.**temiz halli. **3.**bayan adı.

زگال zogâl: kömür.

زگیل zigîl: (tıb.) siğil.

زل zell: (A.) **1.**kayma, sürçme. **2.**hata yapma, yanılma.

زل zoll: (A.) kaygan yer.

زل zil (zool.) kuyruksuz koyun.

زلات zellât: (A.) **1.**kaymalar, sürçmeler. **2.**yanılmalar, hata yapmalar. **3.**küçük suçlar.

زلازل zelâzil: (A.) yer sarsıntıları, depremler.

زلال zulâl: (A.) **1.**duru, berrak. **2.** duru su. **3.**(zool.) kar kurdu. **4.**albümin, yumurta akı.

زلالی zulâlî: (A.-F.) [zolâl+î] **1.**berraklık, duruluk. **2.**yumurta akı gibi.

زلالیه zulâliyye: (A.) yumurta akı gibi.

زلام zulâm: (A.) züğürt, yoksul.

زلبر zelber: [<zeber-i bâr] yük üstüne atılan öteberi.

زلت zellet: (A.) **1.**kayma, sürçme. **2.**hata. **3.**günah. **4.**misafirlik.

زلزال zilzâl: (A.) **1.**sallama, titretme. **2.**sarsıntı, deprem.

زلزال zulzâl: (A.) sarsıntı, deprem.

زل زدن zil zeden: gözünü dikmek.

زلزله zelzele: (A.) **1.**sarsıntı, deprem, zelzele. **2.**titretme, sarsma.

زلزله انداز zelzele'endâz: (A.-F.) [zelzele+endâhten> endâz] sarsıcı, deprem yaratıcı.

زلزله سنج zelzelesenc: (A.-F.) [zelzele+ sencîden>senc] sismograf, sismometre.

زلزله نگار zelzelenigâr: (A.-F.) [zelzele+ nigâşten>nigâr] sismograf.

زلزله نما zelzelenumâ: (A.-F.) [zelzele+ numûden> numâ] sismograf.

زلزله نویس zelzelenuvîs: (A.-F.) [zelzele+nuvişten> nuvîs] sismograf.

زل زن zilzen: (T.-F.) [zil+zeden>zen] zilci, çalparacı.

زلف zelef: (A.) **1.**derece. **2.**yakınlık.

زلف zelf: (A.) **1.**derece. **2.**yakınlık.

زلف zolf: saç, zülüf, sevgilinin saçı.

زلف بستن zolf besten (Sevgili) saçıyla aşığını avlamak.

زلفه zulfe: (A.) **1.**püskül. **2.**saçak. **3.**sülüs yazı stilinde elif harflerinin üstündeki çengel.

زلفی zulfâ: (A.) **1.**derece. **2.**yakınlık.

زلفین zulfeyn: (A.) iki zülüf.

زلق zelak: (A.) sürçme, ayak kayması.

زلق zelk: (A.) kayma, sürçme.

زلق الامعاء zelkulem'â': (A.) şiddetli ishal.

زلقه zelka: (A.) kayma, sürçme.

زلک zelek: (A.) 1.kayma. 2.mastürbasyon.

زلل zelel: (A.) 1.kayma, sürçme. 2.hata. 3.kaygan yer. 4.eksiklik. ‖ * hatâ vu ~ خطا و زلل hata yapma ve sürçme. ‖ * sehv u ~ سهو و زلل hata yapma, sürçme.

زلم zelem: (A.) 1.kumar oku. 2.yeleksiz ok.

زلوبيا zelûbiyâ: bir tür lokma tatlısı.

زله zelle: (A.) 1.kayma, sürçme. 2.(zool.) bir tür tahıl haşeresi. 3.küçük suç.

زلة القدم zelletulkadem: (A.) ayak kayması, ayak sürçmesi.

زليخا zuleyhâ: (A.) 1.Hz. Yusuf'a aşık olan Mısırlı kadın. 2.bayan adı.

زليخاوش zuleyhâveş: (A.-F.) [zuleyhâ+ veş] Züleyha gibi.

زليفن zelîfen: 1.korku. 2.kin, öc.

زليفن بستن zelîfen besten: kin gütmek.

زليل zelîl: (A.) 1.kayan, sürçen. 2.yanılan, hata yapan.

زماره zemmâre: (A.) 1.(müz.) ney. 2.(müz.) flüt.

زمام zemâm, zimâm: (A.) yular, dizgin.

زمامدار zimâmdâr: (A.-F.) [zimâm+ dâşten>dâr] 1.yönetici. 2.lider, önder. 2.dizginleri elinde tutan.

زمامدارى zimâmdârî: (A.-F.) [zimâm+ dâşten>dâr+î] 1.liderlik. 2.yöneticilik, yönetim.

زمان zemân: (Peh.) 1.zaman, vakit. 2.devir, çağ. 3.mühlet. 3.mevsim, sezon. ‖ * ~ -i زمان zamanında. ‖ * ~ -i hâl زمان حال şimdiki zaman. ‖ * ~ -i hâzır زمان حاضر şimdiki zaman, yaşanılan günler. ‖ * ~ -i kalîl زمان قليل az zaman, kısa zaman. ‖ * ~ -i mustakbel زمان مستقبل gelecek zaman. ‖ * ~ -i sâbık زمان سابق geçmiş zaman. ‖ * ~ -i şebâb زمان شباب gençlik çağı. ‖ * ~ -i vukû زمان وقوع gerçekleşme zamanı, meydana geliş zamanı.

زمانا zemânen: (A.) 1.zaman bakımından, zamanca. 2.vaktinde, zamanında.

زمانت zemânet: (A.) 1.kötürümlük. 2.felaket, bela.

زمان خواستن zemân hâsten: mühlet istemek.

زمان ديده zemândîde: (A.-F.) [zemân+ dîden>dîd+e] görmüş geçirmiş.

زمان زمان zemân zemân: zaman zaman, kimi zaman.

زمان سرعت zemânsur'at: (A.) [zemân+ sur'at] zaman kadar hızlı.

زمان گير بودن zemângîr bûden: zamanalmak.

زمانه zemâne: (A.) 1.zaman, zamane, yaşanılan günler. 2.felek.

زمانى zemânî: [zemân+î] 1.zamanla ilgili. 2.-dığı zaman, -ınca. 3.bir an, bir süre.

زمانيان zemâniyân: (A.-F.) [zemân+î+ y+ân] insanlar.

زمانى كه zemânî ki: [zemân+î+ki] -dığı zaman, -ınca.

زمترا zemetrâ: alay, istihza.

زمج zemec: zamk.

زمخت zomoht: 1.kaba. 2.iri. 3.cimri.

زمر zemr: (A.) 1.ney üfleme. 2.ıslık.

زمر zumer: (A.) zümreler.

زمرد zomorrod: (Yun.-A.) 1.zümrüt. 2.zümrüt yeşili.

زمردى zomorrodî: (A.-F.) [zomorrod+î] 1.zümrüt yeşili. 2.zümrütlü. 3.zümrütten yapılmış.

زمردين zomorrodîn: (A.-F.) [zomorrod+ în] 1.zümrütlü. 2.zümrüt yeşili. 3.zümrütten yapılmış.

زمره zumre: (A.) 1.topluluk. 2.grup, takım.

زمزم zemzem: (A.) 1.zemzem suyu, Kâbe civarındaki kuyudan çıkarılan su. 2.mırıldanma, terennüm. 3.zerdüştî duası.

زمزمات zemzemât: (A.) şarkı mırıldanmalar.

زمزمه zemzeme: (A.) **1.**mırıldanma, mırıltı, terennüm. **2.**uğultu. **3.**zerdüştî duası. **4.**ezgi, nağme, melodi.

زمزمه پیرا zemzemepîrâ: (A.-F.) [zemzeme+ pîrâsten> pîrâ] ezgi söyleyen, nağme mırıldanan.

زمزمه دار zemzemedâr: (A.-F.) [zemzeme+dâşten> dâr] **1.**ezgili, nağmeli. **2.**ahenkli.

زمزمه کردن zemzeme kerden: **1.**mırıldanmak. **2.**fısıldamak. ‖ * zîr-i leb ~ زیر لب زمزمه کردن gevelemek, eveleyip gevelemek.

زمستان zemistân: (Peh.) kış.

زمستانگاه zemistângâh: [zemistân+gâh] **1.**kışlık. **2.**kış mevsimi.

زمستانی zemistânî: [zemistân+î] **1.**kışlak. **2.**kışa ait, kışlık. **3.**yeniçerilerin giydiği kış yağmurluğu.

زمستانیه zemistâniyye: (F.-A.) [zemistân+iyye] kışlık ev. Osmanlı padişahı tarafından her yıl yeniçeri ağası, yeniçeri katibi ve ocak ağalarına verilen kışlık giysi.

زمن zemen: (A.) zaman, vakit.

زمن zemin: (A.) **1.**yerinde kalmış. **2.**kötürüm.

زمن zimen: [zi<ez+men] benden.

زمن شدن zemin şoden: kötürüm olmak, eli ayağı tutmamak.

زمهریر zemherîr: (A.) karakış, 22 Aralık-31 Ocak arasında hüküm süren şiddetli soğuklar.

زمین zemîn: (Peh.) **1.**yer. **2.**toprak. **3.**mülk. **4.**arsa. **5.**konu, tema. **6.**tarz. **7.**yeryüzü. **8.**diyar. ‖ * ~ be dendân giriften زمین به دندان گرفتن aczini göstermek, pes etmek. ‖ * ~ dehân bâz kerden ve kesî râ der kâm-ı hod keşîden زمین دهان باز کردن و کسی را در کام خود کشیدن yer yarılıp da içine girmek. ‖ * be ~ horden به زمین خوردن yere düşmek. ‖ * be ~ zeden به زمین زدن yere çalmak. ‖ * ber ~ nakş besten بر زمین نقش بستن yere kapaklanmak. ‖ * ez ~ berhâsten از زمین برخاستن havalanmak. ‖ * ez ~ tâ âsmân از زمین تا آسمان yerden göğe kadar, dağlar kadar.

زمین بوس zemînbûs: [zemîn+bûsîden> bûs] yer öpen.

زمین بوسی zemînbûsî: [zemîn+bûsîden> bûs+î] yer öpme.

زمین بوسیدن zemîn bûsîden (Saygıyla) yer öpmek.

زمین پیرا zemînpîrâ: [zemîn+pîrâsten> pîrâ] yeri süsleyen.

زمین پیما zemînpeymâ: [zemîn+ peymûden> peymâ] **1.**gezgin, seyyah. **2.**(coğ.) ölçümcü.

زمین خیز zemînhîz: [zemîn+hâsten>hîz] ilginç, şaşırtıcı, acayip.

زمین دار zemîndâr: [zemîn+dâşten>dâr] **1.**vali. **2.**hakim. **3.**toprak sahibi.

زمین دوز zemîndûz: [zemîn+dûhten> dûz] **1.**bir tür çadır. **2.**sağlam, dayanıklı.

زمین زیست شناسی zemînzîstşinâsî: [zemîn+zîsten> zîst+şinâhten> şinâs+î] jeobiyoloji.

زمین شناس zemînşinâs: [zemîn+ şinâhten>şinâs] jeolog.

زمین شناسی zemînşinâsî: [zemîn+ şinâhten>şinâs+î] jeoloji.

زمین کوب zemînkûb: [zemîn+kûften> kûb] **1.**at ve katır gibi hem binit hem yük taşımakta kullanılan hayvanlar. **2.**ayağını yere vuran. **3.**çengi, rakkase, dansöz. **4.**eşinen hayvan.

زمین گیر zemîngîr: [zemîn+giriften> gîr] yatalak hasta.

زمین لرزه zemînlerze: [zemîn+ lerzîden> lerz+e] **1.**deprem, yer sarsıntısı.

زمینه zemîne: [zemîn+e] **1.**yüzey, satıh. **2.**ortam. **3.**konu. **4.**esas. **5.**alan. **6.**zemin. ‖ * der ~ -i در زمینهٔ alanında, hakkında, konusunda, ilişkin, zemininde. ‖ * der in ~ در این زمینه bu konuda, bu alanda.

زمینه چینی zemîneçînî: [zemîne+çîden> çîn+î] entrika, dolap, dümen.

زمینه چینی کردن zemîneçînî kerden: entrika çevirmek, dolap çevirmek.

زمینه سازی zemînesâzî: [zemîne+ sâhten>sâz+î] zemin hazırlama, ortam hazırlama.

زمینه سازی کردن zemînesâzî kerden: zemin hazırlamak, ortam hazırlamak.

زمینی zemînî: [zemîn+î] **1.**yerel, yer ile ilgili, yeryüzü ile ilgili. **2.**karaya ait. ‖ * nîrû-yi ~ نیروی زمینی (ask.) kara kuvvetleri.

زن zen: (Peh.) **1.**kadın. **2.**karı, eş, zevce. ‖ * ~ -i hîkî زن خیکی şişko. ‖ * be ~ hâsten به زن خواستن görücülük etmek, kız istemek.

زناء zinâ': (A.) zina, evlilik dışı cinsel ilişki.

زنابیر zenâbîr: (A.) eşek arıları.

زنابیل zenâbîl: (A.) zembiller.

زناد zinâd: (A.) **1.**çakmaklar. **2.**bilekler.

زناد الحجر zinâdulhacer: (A.) çakmak taşı.

زنادقه zenâdıka: (A.) zındıklar.

زنادیق zenâdîk: (A.) zındıklar.

زنار zunnâr: (Yun.) zünnar, kuşak, zerdüştî ve Hıristiyan kuşağı.

زنار بستن zunnâr besten: zünnar bağlamak.

زناشویی zenâşûyî: [zen+â+şûy+î] **1.**evlilik, karıkocalık. **2.**evlenme.

زناکار zinâkâr: (A.-F.) [zinâ+kâr] zina eden, zinakâr, evlilik dışı cinsel ilişkiye giren.

زناکاری zinâkârî: (A.-F.) [zinâ+kâr+î] zina, evlilik dışı cinsel ilişki.

زناگه zinâgeh: [zi<ez+nâgeh<nâgâh] ansızın, apansız.

زنانگی zenânegî: [zen+âne+g+î] kadınsal.

زنان zenân: [zen+ân] **1.**kadınlar. **2.**hanımlar, eşler, karılar.

زنان نامه zenânnâme: [zenân+nâme <nâme-i zenân] kadınları konu edinen eser.

زنانه zenâne: [zen+âne] **1.**kadınca. **2.**kadınla ilgili. **3.**kadınlar koğuşu. **4.**kadın işi, kadınlara özgü.

زنانیر zenânîr: (A.) papaz kuşakları, zünnarlar.

زن بابا zenbâbâ: analık, üvey anne.

زنبارگی zenbâregî: [zen+bâre+g+î] zamparalık.

زنباره zenbâre: [zen+bâre] zampara.

زنبر zenber: sedye.

زن برادر zenberâder: [zen+berâder] yenge, erkek kardeşin eşi.

زنبرک zenberek: zemberek.

زنبری کردن zenberî kerden: (argo) karı satmak, pezevenklik yapmak.

زنبق zenbak: (A.) zambak.

زنبقی الشکل zanbakiyyuşşekl: (A.) deniz lalesi.

زنبقیه zenbakiyye: (A.) zambakgiller.

زن بمزد zenbemozd: [zen+be+mozd] (argo) pezevenk, deyyus.

زن بمزد کردن zenbemozd kerden: (argo) karı satmak, pezevenklik yapmak.

زن بمزدی zenbemozdî: [zen+be+ mozd+î] (argo) pezevenklik, deyyusluk.

زنبور zenbûr: **1.**(zool.) eşek arısı. **2.**bir yazı stili. ‖ * ~ -i asel زنبور عسل (zool.) bal arısı. ‖ * ~ -i sorh زنبور سرخ (zool.) eşek arısı.

زنبورانه zenbûrâne: (A.-F.) [zenbûr+âne] eşek arısı gibi.

زنبورخانه zenbûrhâne: [zenbûr+hâne] arı kovanı.

زنبورک zenbûrek: [zenbûr+ek] **1.**küçük arı. **2.**zemberek. **3.**(ask.) eskiden deve üstünde taşınan bir top.

زنبوری zenbûrî: [zenbûr+î] **1.**arı ile ilgili. **2.**sarı.

زنبه zenbe: teskere.

زنبیل zenbîl: zembil, küçük sepet. ‖ * ~ -i tûrî زنبیل توری file.

زنبیل باف zenbîlbâf: [zenbîl+bâften>bâf] zembilci,

zembil ören, zembilci.

زنپاره zenpâre: [<zen+bâre] zampara.

زن پدر zenpeder: [zen+peder] analık, üvey anne.

زن پرست zenperest: [zen+perestîden> perest] kadın düşkünü.

زن پرستی zenperestî: [zen+perestîden> perest+î] kadın düşkünlüğü.

زنج zenc: sızlanma, inilti.

زنج zenc: (A.) 1.zenci. 2.kara, siyah.

زنجار zencâr: (F.>A.) [<zengâr] göztaşı, bakır sülfat.

زنجبه zencebe: (A.) kadınların popolarını büyük göstermek amacıyla arkalarına bağladıkları yastık.

زنجبیل zencebîl: 1.(bot.) zencefil. 2.şarap.

زنجرف zencerf: zincifre, sülüğen boyası.

زنجره zencere: (A.) parmak ile fiske vurma.

زنجره zencere (zool.) cırcır böceği, ağustos böceği.

زنجفر zincefr: (A.) zincifre.

زن جلب zenceleb: [zen+celeb] (argo) orospu karılı.

زنجی zencî: (A.) zenci, siyahî.

زنجیر zencîr: (Peh.) zincir. ‖ * be ~ keşîden به زنجیر کشیدن zincire vurmak.

زنجیربان zencîrbân: [zencîr+bân] zincir vuran gardiyan.

زنجیربند zencîrbend: [zencîr+besten> bend] 1.zincire vurulmuş, zincir ile bağlanmış, zincirli. 2.birinci dizenin son kelimesinin ikinci mısraın başında tekrarlandığı koşma.

زنجیرزلف zencîrzulf: [zencîr+zulf] zincir gibi büklük büklüm saçlı.

زنجیر شکن zencîrşiken: [zencîr+ şikesten>şiken] zincir kıran, zincir koparan.

زنجیروار zencîrvâr: [zencîr+vâr] zincirleme.

زنجیره zencîre: [zencîr+e] 1.zincirek. 2.zincirimsi, zincir biçiminde.

زنجیری zencîrî: [zencîr+î] 1.zincirli. 2.zincirlik deli.

زنجیه zenciyye: (A.) zenci kadın.

زنچه zençe: [zen+çe] sokak fahişesi.

زنخ zeneh: 1.çene. 2.martaval. ‖ * ~ ber hûn zeden زنخ بر خون زدن utanmak. ‖ * çâh-i ~ چاه زنخ çene çukuru, sevgilinin elmaya benzeyen çenesindeki çukur. ‖ * dest be zîr-i ~ sutûn kerden دست به زیر زنخ ستون کردن derin düşünceye dalmak.

زنخدان zenehdân: [zeneh+dân] çene. ‖ * ~ be cîb furû borden زنخدان به جیب فرو بردن (kin.) ölmek. ‖ * çâh-i ~ چاه زنخدان çene çukuru, sevgilinin çenesindeki çukur. ‖ * sîb-i ~ سیب زنخدان çene çukuru.

زنخدان گشادن zenehdân goşâden: güzelliğini göstermek.

زنخ زدن zeneh zeden: 1.masal anlatmak. 2.konuşmak, çene çalmak. 3.eveleyip gevelemek. 4.çeneyi titretmek.

زند zend: 1.büyük. 2.güçlü, kuvvetli. 3.çakmak. 4.çakmak demiri.

زند zend: (A.) 1.kelepçe. 2.bilek kemiği, ön kol kemiği.

زند zend: 1.Zerdüşt'ün kitabı. 2.eski Farsça'nın bir lehçesi.

زن دادن zen dâden: evlendirmek, evermek.

زندان zindân: hapishane, cezaevi, zindan. ‖ * ~ -i muvakkat زندان موقت nezarethane. ‖ * be ~ endâhten به زندان انداختن hapsetmek, hapse atmak. ‖ * tu ~ mânden تو زندان ماندن içerde yatmak.

زندانبان zindânbân: [zindân+bân] gardiyan, zindancı.

زندانی zindânî: [zindân+î] 1.mahkum, mahpus, tutuklu, hükümlü. 2.zindancı.

زندانی شدن zindânî şoden: hapse atılmak.

زندانی کردن zindânî kerden: hapse atmak.

زند اوستا zendavesta: [zend+avesta]

Zend Avesta, zerdüştîlerin kutsal kitabı ve bunun tefsiri.

زند خوان zendhân: [zend+hânden>hân] **1.**Zend okuyan, zerdüştî. **2.**(kin.) bülbül.

زندقه zendeke: zındıklık.

زندگان zindegân: [zinde+gân] diriler.

زندگانی zindegânî: **1.**yaşam, hayat. **2.**yaşantı, canlılık. **3.**geçim.

زندگانی کردن zindegânî kerden: yaşamak.

زندگی zindegî: [zinde+g+î] **1.**yaşam, hayat. **2.**canlılık. ‖ * ~ -i hod râ çerhânden زندگیء خود را چرخاندن geçinmek.

زندگی بخش zindegîbahş: [zindegî+bahşîden>bahş] hayat veren.

زندگی داشتن zindegî dâşten: hayatı olmak.

زندگی کردن zindegî kerden: **1.**yaşamak. **2.**oturmak, bulunmak.

زندگی نامه zindegînâme: [zindegî+nâme] biyografi, yaşam öyküsü, hal tercümesi. ‖ * holâse-i ~ خلاصیء زندگی نامه özgeçmiş.

زندگی نامه نویس zindegînâmenevîs: [zindegî+nâme+nevişten>nevîs] biyografi yazarı.

زندوست zendûst: [zen+dûst] çapkın, zampara, kadın düşkünü.

زن دوستی zendûstî: [zen+dûst+î] çapkınlık, zamparalık, kadın düşkünlüğü.

زنده zinde: (Peh.) **1.**diri, canlı, zinde. **2.**dinç. **3.**biyotik. **4.**bilgili.

زنده zende: (A.) çakmak demiri.

زنده بگور zindebegûr: [zinde+be+gûr] diri gömülen.

زنده بگور کردن zindebegûr kerden: diri diri gömmek.

زنده بودن zinde bûden: **1.**sağ olmak, yaşamak. **2.**dirilmek.

زنده باد zindebâd: [zinde+bûden>bûd> buved> buvâd>bâd] **1.**çok yaşa. **2.**yaşasın.

زنده پیل zindepîl: (Peh.) [zinde+pîl] büyük fil.

زنده دار zindedâr: [zinde+dâşten>dâr] geceleri uyumayan, sabaha kadar uyanık kalan.

زنده دل zindedil: [zinde+dil] **1.**sevinçli. **2.**aydın görüşlü. **3.**uyanık, gönlü zinde.

زنده دلی zindedilî: [zinde+dil+î] sevinç.

زنده رود zinderûd: **1.**İran'da bir ırmak. **2.**klasik Türk musikîsinde bir makam.

زنده شدن zinde şoden: dirilmek, canlanmak.

زنده کردن zinde kerden: diriltmek, canlandırmak, yaşatmak.

زنده نگذاشتن zinde negozâşten: sağ bırakmamak.

زنده یاد zindeyâd: [zinde+yâd] rahmetli, merhum.

زندیق zindîk: (Peh.) zındık, dinsiz.

زندیقانه zindikâne: (A.-F.) [zindik+âne] zındıkça.

زن روسپی zenrûspî: [zen+rûspî] (argo) orospu karılı.

زن زلخت zenzeleht: (A.) (bot.) acı zeytin.

زن ستاندن zen sitânden: kadın almak, evlenmek.

زن عمو zen'emû: [zen+emû] yenge, amca karısı.

زن قحبه zenkahbe: (F.-A.) [zen+kahbe] (argo) orospu karılı.

زنک zenek: [zen+ek] **1.**kadıncık, kadıncağız. **2.**küçük kadın. **3.**kötü kadın.

زن کردن zen kerden: evlenmek (erkek).

زنگ zeng: (Peh.) **1.**çan, çıngırak. **2.**zil. **3.**ses tonu. ‖ * ~ be sedâ der âmeden زنگ به صدا در آمدن zil çalmak. ‖ * ~ be gerden-i gorbe besten زنگ به گردن گربه بستن bir işi üstlenmek. ‖ * ~ râ be sedâ der âverden زنگ را به صدا در آوردن zil çalmak. ‖ * ~ -i hatar be sedâ der âmeden زنگ خطر به صدا در آمدن tehlike çanları çalmak. ‖ * ~ -i sâet râ kûk kerden زنگ ساعت را کوک کردن saati kurmak, saatin alarmını kurmak. ‖ * gûş be ~ bûden گوش به زنگ بودن kulak kesilmek.

زنگ zeng: **1.**pas.

زنگ zeng: zenci.

زنگار zengâr: **1.**(kim.) pas. **2.**(kim.) bakır oksit, göztaşı.

زنگار زدن zengâr zeden: paslanmak, pas tutmak.

زنگار زده zengârzede: [zengâr+zeden> zed+e] paslı, pas tutmuş.

زنگاری zengârî: [zengâr+î] bakır pası rengi.

زنگانه zengâne: (müz.) eski İran musikîsinde bir perde.

زنگبار zengbâr: (coğ.) Zengibar.

زنگ خوردن zeng horden: **1.**zil çalmak. **2.** (diş) sararmak, kefeke bağlamak.

زن گرفتن zen giriften: evlenmek, kız almak, kadın almak.

زنگ زدن zeng zeden: **1.**paslanmak, pas tutmak. **2.**zil çalmak. **3.**telefon etmek.

زنگ زده zengzede: [zeng+zeden>zed+e] (kim.) paslı, küflü, okside.

زنگل zengel: **1.**çan. **2.**çıngırak. **3.**pul, süs pulu. **4.**Doğu musikîsinde bir makam.

زنگله zengele: **1.**çan. **2.**çıngırak. **3.**pul, süs pulu. **4.**klasik Türk musikîsinde bir makam.

زنگله zengole: **1.**çıngırak. **2.**çan. **3.**zil.

زنگوله zengûle: **1.**çıngırak. **2.**çan. **3.**zil. **4.**klasik Türk musikîsinde bir makam.

زنگی zengî: **1.**zenci, siyahî. **2.**Zengibarlı. **3.**zilli. **4.**çıngıraklı. **5.**çanlı.

زنمرد zenmerd: [zen+merd] evlilik.

زن نامه zennâme: [zen+nâme] kadınlar için yazılan manzum veya mensur eser.

زنندگی zenendegî: [zeden>zen+ende+g+î] **1.**çarpıcılık. **2.**vuruculuk. **3.**çirkinlik.

زننده zenende: [zeden>zen+ende] **1.**çarpıcı. **2.**vurucu. **3.**çirkin. **4.**çalgıcı.

زن و بچه zenubeççe: [zen+u+beççe] çoluk çocuk.

زنوییدن zenûyîden: çenilemek (köpek).

زنه zenne: [<zenâne] **1.**ortaoyununda kadın rollerini üstlenen erkek sanatçı. **2.**kadınca. **3.**kadın ayakkabısı üreticisi veya satıcısı.

زنهار zinhâr: **1.**aman, sakın. **2.**sığınma, iltica. **3.**unutma aman.

زنهارخوار zinhârhâr: [zinhâr+horden> hor>hâr] **1.**aman dileyen. **2.**sözünde durmayan.

زنهار خواستن zinhâr hâsten: sığınma istemek, iltica etmek.

زنهاردار zinhârdâr: [zinhâr+dâşten>dâr] koruyan, hâmi.

زنهارداری zinhârdârî: [zinhâr+dâşten> dâr+î] koruma, himaye.

زنهار داشتن zinhâr dâşten: korumak, himaye etmek.

زنهار گرفتن zinhâr giriften: korumak, himaye etmek.

زنهارگیر zinhârgîr: [zinhâr+giriften>gîr] koruyan, hâmi.

زنهارگیری zinhârgîrî: [zinhâr+giriften> gîr+î] koruma, himaye.

زنی zenî: [zen+î] **1.**kadınlık. **2.**karılık, eşlik. ‖ * be ~ giriften به زنی گرفتن evlenmek (erkek).

زنیکه zenîke: [zen+î+ke] **1.**(argo) karı. **2.**kadıncağız.

زنیم zenîm: (A.)**1.**soysuz. **2.**halk topluluğuna sonradan karışan.

زو zû: [zi<ez+û] **1.**ondan. **2.**ondan dolayı, o yüzden.

زو zev, zov: deniz.

زوء zev': (A.) ölüm acısı.

زوائد zevâ'id: (A.) **1.**fazlalıklar, fazla olan şeyler. **2.**Arap müziğinde süs notaları.

زوائل zevâ'il: (A.) kaybolanlar, yok olanlar.

زواج zevâc: (A.) evlilik, evlenme.

زواجر zevâcir: (A.) engel olanlar, önleyenler, yasaklayanlar.

زواحف zevâhif: (A.) sürüngenler.

زواخر zevâhir: (A.) coşkun denizler, çalkantılı denizler.

زواد zevâd: (A.) azıklar.

زواده zevâde: (A.) azıklar, azık stoğu.

زوار zevâr: **1.**hizmetçi. **2.**hastabakıcı.

زوار zevvâr: (A.) ziyaretçi.

زوار zuvvâr: (A.) ziyaretçiler.

زوار در رفته zivârderrefte: [zivâr+ der+ reften>reft+e] ihtiyar.

زوال zevâl: (A.) **1.**yok olma, yokluk. **2.**haraplık. **3.**öğle üstü. **4.**âfet. **5.**batma. **6.**ölüm.

زوال پذیر zevâlpezîr: [zevâl+pezîroften> pezîr] yok olucu, devamsız, kısa ömürlü.

زوال پذیرفتن zevâl pezîroften: yok olmak, ortadan kalkmak.

زوال ناپذیر zevâlnâpezîr: (A.-F.) [zevâl+ nâ+ pezîruften> pezîr] yok olmayan, geçici olmayan, kalıcı, ölümsüz.

زواله zevâle: **1.**hamur topu. **2.**çamur topağı.

زوالی zevâlî: (A.) **1.**yok olma ile ilgili, geçici olmak ile ilgili. **2.**öğle ile ilgili.

زوامل zevâmil: (A.) **1.**yük hayvanları. **2.**küçük yükler.

زوان zevân: **1.**zıvana. **2.**delice.

زوانه zevâne: **1.**zıvana. **2.**sigara ağızlığı. **3.**boru.

زوانی zevânî: (A.) zina eden kadınlar.

زواهر zevâhir: (A.) çiçekler.

زواهر zevâhir: (A.) **1.**aydınlıklar. **2.**parlak yıldızlar.

زوایا zevâyâ: (A.) **1.**köşeler. **2.**açılar. **3.**tekkeler, zaviyeler.

زوبع zevbe', zovbe': (A.) şeytan, iblis.

زوبین zûbîn: küçük mızrak.

زوج zevc, zovc: (A.) **1.**koca, eş. **2.**çift.

زوجات zevcât: (A.) karılar, eşler, zevceler. ‖ * ta'addud-i ~ تعدد زوجات çokeşlilik.

زوجتین zevceteyn: (A.) karıkoca.

زوجه zevce, zovce: (A.) karı, eş, zevce.

زوجی zevcî: (A.) koca ile ilgili.

زوجی الاصابع zevciyyulesâbi': (A.) çift parmaklılar.

زوجیت zevciyyet: (A.) karıkocalık, eşlik.

زوجین zevceyn, zovceyn: (A.) karı koca.

زوجیه zevciyye: (A.) eş ile ilgili, karı ile ilgili.

زود zûd: (Peh.) **1.**çabuk, hemen, acele. **2.**erken. **3.**hemen, derhal. **4.**süratli. ‖ * zûdbâş زود باش çabuk ol, acele et.

زود آشنا zûdâşnâ: [zûd+âşnâ] çabuk kaynaşan, hemen tanışan.

زودازود zûdâzûd: [zûd+â+zûd] **1.**aceleyle. **2.**uzun uzadıya.

زودانداز zûdendâz: [zûd+endâhten> endâz] düşünmeden söylenilen söz.

زود باور zûdbâver: [zûd+bhaver] çabuk inanan.

زود پز zûdpez: [zûd+pohten>pez] çabuk pişen, körpe. ‖ * dîg-i ~ دیگ زودپز düdüklü tencere.

زودتر zûdter: [zûd+ter] **1.**daha erken. **2.**daha çabuk. ‖ * herçi ~ هرچه زودتر en kısa zamanda.

زودجنب zûdconb: [zûd+conbîden>conb] çevik, atik.

زودخیز zûdhîz: [zûd+hâsten>hîz] **1.**erken kalkan. **2.**tezcanlı hizmetçi. **3.**itaatkâr.

زودرس zûdres: [zûd+resîden>res] **1.**çabuk olgunlaşan (meyve). **2.**erken gelen.

زودرنج zûdrenc: [zûd+rencîden>renc] alıngan.

زودرو zûdrov, zûdrev: [zûd+reften>rev, rov] seri, süratli.

زودسیر zûdsîr: [zûd+sîr] **1.**çabuk sıkılan, çabuk bıkan, maymun iştahlı. **2.**çabuk doyan. **3.**yararsız. **4.**kötü huylu.

زودفهم zûdfehm: (F.-A.) [zûd+fehm] zeki, intikali çabuk.

زودگذار zûdgozâr: [<zûd+gozeşten> gozer] çabuk geçen.

زودگذر zûdgozer: [zûd+gozeşten>gozer] gelip geçici, çabuk geçen.

زودمیر zûdmîr: [zûd+morden>mîr] kısa ömürlü.

زود نقد zûdnakd: (F.-A.) [zûd+nakd] hemen ödeme yapan.

زودی zûdî: [zûd+î] **1.**erken. **2.**çabukluk. **3.**sürat. **4.**birazdan. ‖ * be ~ به زودی yakında, pek yakında, kısa zamanda. ‖ * be in ~ به این زودی yakında, pek yakında.

زور zûr: (Peh.) **1.**güç, kuvvet. **2.**zor. **3.**baskı, zulüm. ‖ * be ~ به زور zorla.

زور zûr: (A.) yalan, bâtıl, asılsız söz, uydurma söz.

زور آزما zûrâzmâ: [zûr+âzmûden>âzmâ] **1.**güçlü. **2.**pehlivan. **3.**zorba.

زور آزمایی zûrâzmâyî: [zûr+âzmûden> âzmâ+y+î] **1.**güç deneme. **2.**zorbalık.

زور آزمایی کردن zûrâzmâyî kerden: güç denemek.

زور آور zûrâver: [zûr+âverden>âver] **1.**güçlü, kudretli. **2.**zorba.

زورآوردن zûr âverden, zûr âvorden: **1.**zorlamak, bastırmak. **2.**zorbalık etmek, zulmetmek.

زور آوری zûrâverî: [zûr+âverden> âver+î] **1.**zorlama, bastırma. **2.**zorbalık, zulüm.

زوراء zevrâ': (A.) **1.**Dicle. **2.**Bağdat.

زوربا zûrbâ: [<bâ+zûr] **1.**zorba. **2.**güçlü, kuvvetli.

زورباز zûrbâz: [zûr+bâhten>bâz] **1.**kuvvetli, güçlü. **2.**güç gösterisi yapan.

زوربایانه zûrbâyâne: [zûrbâ+y+âne] zorbaca.

زور تپان کردن zûr tepân kerden: zorlamak, zorla sokmak, tıkıştırmak.

زورخانه zûrhâne: [zûr+hâne] (sp.) güreş salonu, jimnastik salonu.

زور داشتن zûr dâşten: **1.**güçlü olmak. **2.**nüfuz sahibi olmak.

زور زدن zûr zeden: **1.**zor kullanmak. **2.**zorlamak.

زور زورکی zûrzûrekî: [zûr+zûr+ek+î] zoraki, zorla.

زورق zevrak: (A.) **1.**kayık, sandal. **2.**zemzem şişesi, zemzem testisi. **3.**çiçek testisi. **4.**vazo.

زورقچه zevrakçe: (A.-F.) [zevrak+çe] küçük sandal, küçük kayık.

زورق سوار zevraksevâr: (A.-F.) [zevrak+ sevâr] kayığa binen.

زورق کش zevrakkeş: (A.-F.) [zevrak+ keşîden>keş] kürek çeken.

زورقی zevrakî: (A.) **1.**kayık ile ilgili. **2.**kayıksı.

زورکار zûrkâr: [zûr+kâr] zorlayan, zor kullanan, zorba.

زور کردن zûr kerden: **1.**zorlamak. **2.**zor kullanmak, zulmetmek.

زورکی zûrekî: [zûr+ek+î] zoraki, zorla.

زور گفتن zûr goften: **1.**gücü yetmek. **2.**zorbalık etmek.

زورگو zûrgû: [zûr+goften>gû] zorba.

زورگویی zûrgûyî: [zûr+goften>gû+y+î] zorbalık, zulüm.

زورمند zûrmend: [zûr+mend] **1.**zorlu, güçlü. **2.**nüfuz sahibi.

زورمندی zûrmendî: [zûr+mend+î] **1.**zorbalık. **2.**güçlülük. **3.**nüfuz sahibi olma.

زورمندی کردن zûrmendî kerden: zorbalık etmek, zor kullanmak.

زورنا zûrnâ: [<sûrnâ] zurna.

زور ورز zûrverz: [zûur+verzîden>verz] güç deneyen.

زور ورزی zûrverzî: [zûr+verzîden> verz+î] güç deneme.

زور ورزیدن zûr verzîden: güç denemek.

زوزه zûze: **1.**uğultu. **2.**uluma. **3.**inilti.

زوزه کشیدن zûze keşîden: **1.**uğuldamak. **2.**inlemek, venildemek. **3.**ulumak.

زوش zûş: **1.**huysuz. **2.**güçlü.

زوغ zevg: (A.) eğim verme, eğme.

زوغان zevgân: (A.) organ kayması.

زو کشیدن zû keşîden: çelik-çomak oyununda yenik tarafın var gücüyle koşması.

زوم zum: (İng.) zum, optik kaydırma.

زوم کردن zûm kerden: zum yapmak.

زه zih: **1.**doğum. **2.**çocuk. **3.**sızıntı.

زه zih: (müz.) saz teli.

زه zih: **1.**kiriş, kaytan. **2.**yay kirişi. **3.**kenar çizgisi. **4.**şerit.

زه zih: aferin!, yaşa!, ne mutlu!

زهاب zihâb: [zih+âb] **1.**su sızıntısı. **2.**derin su. **3.**pınar.

زهاد zuhhâd: (A.) zahitler.

زهادت zehâdet: (A.) zahitlik, sofuluk.

زهادتمند zehâdetmend: (A.-F.) [zehâdet+ mend] zahit, dindar, sofu.

زهار zihâr: kasık, etek.

زهازه zihâzih: [zih+â+zih] aferin!, yaşa!, bravo.

زهتاب zihtâb: [zih+tabîden>tâb] kirişçi, kaytancı.

زهد zohd: (A.) züht, zahitlik, kendini tamamen ibadete verme.

زهدان zihdân: [zih+dân] (tıb.) rahim.

زهدان نهادن zihdân nihâden: **1.**savaşta âciz kalmak. **2.**akılsızlığını itiraf etmek.

زهد فروش zuhdfurûş: (A.-F.) [zuhd+ furûhten> furûş] zâhit taslağı, zâhitlik taslayan.

زهدی zohdî: (A.-F.) [zohd+î] **1.**zahitlik ile ilgili. **2.**erkek adı, Zühtü.

زهدیه zuhdiyye: (A.) çilecilik, asketizm.

زهر zehr: (Peh.) **1.**zehir. **2.**keder, üzüntü. **3.**öfke. ziftin peki! ‖ * ~ -i çeşm giriften ez kesî زهر چشم گرفتن از کسی gözdağı vermek. ‖ * ~ -i hod râ be kesî rîhten زهر خود را به کسی ریختن öfkesini kusmak. ‖ * ~ -i kesî şoden زهر کسی شدن birine zehir olmak. ‖ * ~ -i mâr زهر مار **1.**yılan zehiri. **2.**(küfür) zıkkım!, zıkkımın peki!, ‖ * ~ -i mâr kerden زهر مار کردن zıkkımlanmak, ziftlenmek. ‖ * covher-i zakkûm ~ -i mâr kerden جوهر زقوم زهر مار کردن zıkkımın pekini yemek, zıkkımın kökünü yemek.

زهر zehr: (A.) çiçek.

زهرآب zehrâb: [zehr+âb] **1.**zehirli su. **2.**acı su.

زهر آبه zehrâbe: [zehr+âb+e] **1.**zehirli su. **2.**acı su. **3.**acı, derin üzüntü.

زهر آگین zehrâgîn: [zehr+âgîn] zehirli.

زهر آلود zehrâlûd: [zehr+âlûden>âlûd] zehirli, zehire bulanmış.

زهر آلود کردن zehrâlûd kerden: zehirlemek.

زهر آلوده zehrâlûde: [zehr+âlûden> âlûd+e] zehirli.

زهر آمیز zehrâmîz: [zehr+âmîhten> âmîz] **1.**zehirli. **2.**zehir zemberek.

زهراء zehrâ': (A.) **1.**beyaz yüzlü insan. **2.**bayan adı. **3.**Hz. Muhammed'in kızı Fâtıma.

زهراب zehrâb: [zehr+âb] **1.**zehirli su. **2.**peynir mayası. **3.**idrar, sidik.

زهراب ریختن zehrâb rîhten: işemek, idrar yapmak, su dökmek.

زهر افشان zehrefşân: [zehr+efşânden> efşân] zehir saçan, zehir kusan.

زهر الربيع zehrurrebî': (A.) çuha çiçeği.

زهر السالوس zehrussâlûs: (A.) hercaî menekşe.

زهراوان zehrâvân: (A.) Bakara ve Âl-i İmrân sûreleri.

زهربار zehrbâr: [zehr+bârîden>bâr] zehir yağdıran, zehir zemberek, çok acı.

زهرخند zehrhend: [zehr+hendîden> hend] öfkeli gülümseyiş, acı gülüş.

زهر خوراندن zehr horânden: zehir içirtmek, zehir yedirtmek, zehirlemek.

زهر دادن zehr dâden: zehirlemek.

زهردار zehrdâr: [zehr+dâşten>dâr] zehirli.

زهردارو zehrdârû: [zehr+dârû<dârû-yi zehr] panzehir.

زهردان zehrdân: [zehr+dân] safra kesesi.

زهر شناس zehrşinâs: [zehr+şinâhten> şinâs] (tıb.) toksikolog.

زهر شناسی zehrşinâsî:

[zehr+şinâhten> şinâs+î] (tıb.) toksikoloji.

زهرناک zehrnâk: [zehr+nâk] zehirli.

زهروی zehrevî: (A.) koruyucu, örtücü.

زهروی zuhrevî: (A.) cinsel ilişki ile bulaşan kimi hastalıklar: (Frengi, belsoğukluğu vs.).

زهرویه zuhreviyye: (A.) cinsel ilişki ile bulaşan kimi hastalıklar: (Frengi, belsoğukluğu vs.).

زهره zehre: **1.**(tıb.) öd, safra kesesi. **2.**cesurluk, yiğitlik, yüreklilik. ‖ * ~ -i çûn u çirâ زهرهٔ چون و چرا neden, nasıl diye sorma cesareti. ‖ * ~ -i kesî âb şoden زهرهٔ کسی آب شدن ödü kopmak, ödü patlamak. ‖ * ~ -i kesî râ terek kerden زهرهٔ کسی را ترک کردن ödünü koparmak, ödünü patlatmak. ‖ * ~ -i kesî terek şoden زهرهٔ کسی ترک شدن ödü kopmak, ödü patlamak. ‖ * ~ -i kesî terekîden زهرهٔ کسی ترکیدن ödü kopmak, ödü patlamak.

زهره zohre: (A.) **1.**Venüs, Çoban yıldızı, Çulpan yıldızı, Kervankıran. **2.**bayan adı. **3.**(ed.) güzellik timsali.

زهره zehre: (A.) çiçek.

زهرة الدنیا zehretuddunyâ: (A.) dünyanın göz alıcılığı.

زهره باختن zehre bâhten: ödü kopmak, ödü patlamak.

زهره تراک zehreterâk: [<zehre+terek] ödü kopmuş, ödü patlamış, çok korkmuş.

زهره ترک شدن zehreterk şoden: ödü patlamak, ödü kopmak.

زهره جبین zuhrecebîn: (A.) [zuhre+cebîn] parlak alınlı, parlak yüzlü.

زهره چاک zehreçâk: [zehre+çâk] ödü patlamış, çok korkmuş.

زهره دار zehredâr: [zehre+dâşten>dâr] yürekli, cesur.

زهره داشتن zehre dâşten: cesareti olmak, yüreği olmak.

زهره شکاف zehreşikâf: [zehre+şikâften> şikâf] öd patlatan, korkunç.

زهره طلعت zuhretal'at: (A.) [zuhre+tal'at] parlak yüzlü, aydınlık yüzlü.

زهره نوا zohrenevâ: (A.-F.) [zohre+nevâ] güzel sesli.

زهری zehrî: [zehr+î] zehirli.

زهری zehrî: (A.) çiçek ile ilgili.

زهرین zehrîn: [zehr+în] zehirli, zehir gibi, çok acı.

زهریه zehriyye: (A.) çiçek ile ilgili.

زه زاد zihzâd: [zih+zâden>zâd] nesil, evlat.

زه زدن zih zeden: **1.**ölmek. **2.**ortadan çekilmek, sorumluluk kabuletmemek, kenara çekilmek.

زه زده zihzede: [zih+zeden>zed+e] **1.**halsiz. **2.**mesuliyetsiz, kenara çekilmiş.

زه زه zih zih: aferin!, bravo!

زه شدن zih şoden: gebe kalmak.

زه کردن zih kerden: gebe bırakmak.

زهکش zihkeş: [zih+keşîden>keş] lağım.

زهکشی zihkeşî: [zih+teşîden>keş+î] **1.**kanalizasyon. **2.**yerdeki suyu kurutma.

زه گرفتن zih giriften: gebe kalmak.

زه گرفته zihgirifte: [zih+giriften> girift+e] **1.**gebe, hamile. **2.**ekilebilir arazi.

زه گیر zihgîr: [zih+giriften>gîr] okçu yüzüğü.

زهم zohm: (A.) **1.**kötü koku. **2.**leş kokusu.

زهو zehv: (A.) **1.**parlama. **2.**renklenme. **3.**esme. **4.**kibirlenme. **5.**tomurcuk.

زهوار zihvâr: [zih+vâr] **1.**kenar. **2.**duvar. **3.**yay kirişi.

زهور zuhûr: (A.) parıldama, ışıldama.

زهورت zuhûret: (A.) parıldama, ışıldama.

زهوق zehûk: (A.) boşuna, anlamsız.

زهوق zuhûk: (A.) yok olma, hükmünü yitirme.

زهی zihî: **1.**aferin, bravo, yaşa, çok yaşa. **2.**ne güzel, ne hoş.

زهیدن zihîden: doğmak.

زهیر zahîr: (A.) **1.**beden içindeki ağrı. **2.**ağrılı akıntı.

زهیر zuheyr: (A.) çiçekçik.

زی zî: [zîsten>zî] **1.**yaşam, hayat. **2.**taraf, yön.

زیا ziyâ: [zîsten>zîy+â] canlı, biyotik.

زی ziyy: (A.) kılık, kıyafet.

زیات zeyyât: (A.) zeytinyağcı, zeytinyağı üreticisi.

زیاد ziyâd: (A.) **1.**çok, fazla, aşırı. **2.**çokluk, fazlalık.

زیادت ziyâdet: (A.) **1.**fazlalık. **2.**çok, fazla.

زیادت گردانیدن ziyâdet gerdânîden: çoğaltmak, fazlalaştırmak, artırmak.

زیادت گشتن ziyâdet geşten: artmak, çoğalmak.

زیاد شدن ziyâd şoden: çoğalmak, artmak, fazlalaşmak.

زیاد کردن ziyâd kerden: çoğaltmak, artırmak, fazlalaştırmak.

زیاده ziyâde: (A.) **1.**fazla, artık, çok. **2.**artan. **3.**artış, çoğalma. ‖ * ~ ez had زیاده از حد haddinden fazla.

زیاده روی ziyâderevî, ziyâderovî: (A.-F.) [ziyâde+reften>rev, rov+î] haddini aşma, ileri gitme.

زیاده روی کردن ziyâderovî kerden: haddini aşmak, ileri gitmek.

زیادی ziyâdî: (A.-F.) [ziyâd+î] **1.**fazlalık. **2.**fazlasıyla, fazla.

زیارات ziyârât: (A.) ziyaretler.

زیارت ziyâret: (A.) ziyaret, görmeye gitme.

زیارت کردن ziyâret kerden: ziyaret etmek.

زیارتگاه ziyâretgâh: (A.-F.) [ziyâret+gâh] ziyaret yeri, ziyaretgâh.

زیارتگه ziyâretgeh: (A.-F.) [ziyâret+geh] ziyaret yeri, ziyaretgâh.

زیارت نامه ziyâretnâme: (A.-F.) [ziyâret+ nâme] ziyaret duası, ziyaretname.

زیاف ziyâf: (A.) sahte, kalp.

زیافت ziyâfet: (A.) karışıklık, kalplık, sahtelik.

زیان ziyân: (Peh.) **1.**zarar, ziyan. **2.**hasar. ‖ * be ~ -i به زیان aleyhinde, aleyhine. ‖ * be ~ -i kesî dânisten به زیان کسی دانستن aleyhinde bulmak.

زیان بار ziyânbâr: [ziyân+bârîden>bâr] zararlı, zarar verici.

زیان بردن ziyân borden: zarar görmek, zarar etmek.

زیان دادن ziyân dâden: zarar vermek.

زیان داشتن ziyân dâşten: zararlı olmak.

زیان دیدن ziyân dîden: zarar görmek.

زیان زدن ziyân zeden: zarar vermek.

زیان رساندن ziyân reṣânden: zarar vermek.

زیان رسیدن ziyân resîden: zarar gelmek.

زیان رسیده ziyânresîde: [ziyân+resîden> resîd+e] zarara uğramış.

زیانکار ziyânkâr: [ziyân+kâr] **1.**zarar eden, zarar gören. **2.**zarar veren.

زیانکاری ziyânkârî: [ziyân+kâr+î] **1.**zarar etme, zarar görme. **2.**zarar verme, ziyankârlık.

زیان کردن ziyân kerden: **1.**zarar etmek, zarar görmek. **2.**yitirmek.

زیب zîb: süs, ziynet.

زیب آور zîbâver: [zîb+âverden>âver] süsleyen, süsleyici.

زیبا zîbâ: [zîb+â] **1.**güzel. **2.**yakışır, yaraşır. **2.**süslü. **3.**yakışıklı.

زیبائی zîbâ'î: [zîbâ+î] güzellik.

زیبارو zîbârû: [zîbâ+rû] güzel yüzlü.

زیبا ساختن zîbâ sâhten: güzelleştirmek.

زیبا سازی zîbâsâzî: [zîbâ+sâhten>sâz+î] güzelleştirme.

زیبا شدن zîbâ şoden: güzelleşmek.

زیبا شناس zîbâşinâs: [zîbâ+şinâhten> şinâs] estetik uzmanı.

زیبا شناسی zîbâşinâsî: [zîbâ+şinâhten> şinâs+î] estetik.

زیب افزا zîbefzâ: [zîb+efzûden>efzâ] **1.**süsleyen, süsü arttıran. **2.**güzelleştiren.

زیبایی zîbâyî: [zîbâ+y+î] **1.**güzellik. **2.**süslülük. **3.**yakışıklılık.

زیب ساز zîbsâz: [zîb+sâhten>sâz] süsleyen.

زیبق zıybek: (A.) (kim.) civa.

زیبق کردن zıybek kerden: **1.**civalamak. **2.**sırlamak. **3.**(kin.) iç etmek, yok etmek.

زیبقی zîbakî: (A.) **1.**cıva ile ilgili. **2.**cıvalı.

زیبنده zîbende: [zîbîden>zîb+ende] **1.**lâyık, yaraşır, yakışık alır, güzel. **2.**süsleyen. **3.**süslü. **4.**yakışıklı, alımlı.

زیبیدن zîbîden: **1.**lâyık olmak, yaraşmak. **2.**yakışmak.

زیپ zîp: fermuar.

زیپو zîpov: çok sulu ve tatsız çorba, abdest suyu.

زیت zeyt: (A.) **1.**zeytinyağı. **2.**yağ.

زیتون zeytûn: (A.) **1.**(bot.) zeytin. **2.**zeytin ağacı.

زیتونی zeytûnî: (A.-F.) [zeythun+î] zeytin rengi.

زیتونیه zeytûniyye: (A.) zeytingiller.

زیج zîc: **1.**yıldız durum cetveli, yıldız atlası. **2.**zarif.

زید zeyd: (A.) **1.**fazlalık. **2.**erkek ismi.

زیدت zîdet: (A.) çoğalsın, artsın.

زیده zîde: (A.) çoğalsın, artsın.

زیر zîr: (Peh.) **1.**alt, aşağı, aşağısı. **2.**hafif. **3.**sazın en alttaki ince teli. **4.**ince. **5.**(müz.) hüzün verici sesi olan saz. ‖ * ~ -i bâr reften زیر بار رفتن kabul etmek, yanaşmak, inanmak, ikna olmak. ‖ * ~ -i gûş poç o poç kerden زیر گوش پچ و پچ کردن kulağa fısıldamak. ‖ * ~ -i hande zeden زیر خنده زیدن gülmeye başlamak. ‖ * ~ -i leb زیر لب mırıldanarak, fısıldayarak, yarım ağız. ‖ * ~ -i leb dendîden زیر لب دندیدن homurdanmak. ‖ * ~ -i leb handîden زیر لب خندیدن kıs kıs gülmek. ‖ * ~ -i maşin reften زیر ماشین رفتن araba altında kalmak, araba altında ezilmek. ‖ * ~ -i nufûz bûden زیر نفوذ بودن etki altında olmak. ‖ * ~ -i pâ gozâşten زیر پا گذاشتن **1.**dolaşmak. **2.**çiğnemek. ‖ * ~ -i pây-i kesî râ zeden زیر پای کسی را زدن tökezletmek. ‖ * ~ -i rân زیر ران bacak altı, bacak arası. ‖ * ~ -i te'sîr karâr dâden زیر تأثیر قرار دادن etkilemek, etki altında bırakmak. ‖ * ~ -i te'sîr karâr giriften زیر تأثیر قرار گرفتن etkilenmek, etki altında kalmak. ‖ * ~ -i zebân-i kesî râ keşîden زیر زبان کسی را کشیدن ağzını aramak. ‖ * ~ -i zemîn زیر زمین yer altı. ‖ * be ~ âmeden به زیر آمدن aşağı inmek. ‖ * be ~ âverden به زیر آوردن indirmek.

زیر آمدن zîr âmeden: **1.**inmek. **2.**daha az olmak.

زیرا zîrâ: (Peh.) çünkü, zira.

زیراب zîrâb: [zîr+âb] havuzda tahliye borusu.

زیراک zîrâk: [zîrâ+k] çünkü.

زیراکه zîrâki: [zîrâ+ki] çünkü.

زیرانداز zîrendâz: [zîr+endâhten>endâz] döşek.

زیر بغل zîrbagal: [zîr+bagal] koltuk altı.

زیر بنائی zîrbenâ'î: (F.-A.) [zîr+benâ'+î] altyapı.

زیربند zîrbend: [zîr+besten>bend] kuşak, kemer, kayış.

زیر پرچم zîrperçem: [zîr+perçem] (ask.) sancak altındaki hazır askerî güç.

زیر پوست zîrpûst: [zîr+pûst] **1.**alt deri. **2.**deri altı.

زیر پوش zîrpûş: [zîr+pûşîden>pûş] iç çamaşırı.

زیر پیراهن zîrpîrâhen: [zîr+pîrâhen] atlet, fanila, iç çamaşırı.

زیر پیراهنی zîrpîrâhenî: [zîr+pîrâhen+î] iç çamaşırı.

زیر جامه zîrcâme: [zîr+câme] külot, don.

زیر چشمی zîrçeşmî: [zîr+çeşm+î] göz ucu, göz ucuyla.

زیر دریایی zîrderyâyî: [zîr+deryâ+y+î] (ask.) denizaltı.

زیردست zîrdest: [zîr+dest] **1.**ast. **2.**el altında bulunan. **3.**kıdemsiz. **4.**halk, ahali, halktan olan insan. **5.**ezgin, düşkün.

زیردست آزار zîrdestâzâr: [zîrdest+âzurden>âzâr] kendinden zayıf olan insanları inciten.

زیر دیگی zîrdîgî: [zîr+dîg+î] nihale.

زیر زمین zîrzemîn: **1.**yer altı. **2.**bodrum.

زیر زمینی zîrzemînî: [zîr+zemîn+î] yer altına ait. ‖ * tabaka-i ~ طبقهء زیرزمینی bodrum katı. ‖ * tiren-i ~ ترن زیرزمینی metro.

زیرسازی zîrsâzî: [zîr+sâhten>sâz+î] altyapı.

زیر سبیلی zîrsebîlî: (F.-A.) [zîr+sebîl+î] belli etmeden.

زیر سری zîrserî: [zîr+ser+î] yastık.

زیر سیگاری zîrsîgârî: (zîr+sîgâr+î] küllük, sigara tablası.

زیر شلوار zîrşelvâr: [zîr+şelvâr] külot, don.

زیر شلواری zîrşelvârî: [zîr+şelvâr+î] don, külot.

زیرفون zîrfûn (bot.) ıhlamur.

زیرفون دم کردن zîrfûn dem kerden: ıhlamur kaynatmak.

زیرک zîrek: kıvrak zekâlı, zeyrek, uyanık.

زیرک سر zîrekser: [zîrek+ser] zeki, kıvrak zekâlı.

زیر کردن zîr kerden: ezmek, çiğnemek, altına almak.

زیرکش zîrkeş: [zîr+keşîden>keş] **1.**alt çizgi. **2.**klasik Türk ve İran musikîlerinde bir makam.

زیرکشیده zîrkeşîde: [zîr+keşîden>keşîd+e] **1.**alt çizgi. **2.**altı çekilmiş. **3.**klasik Türk musikîsinde bir makam.

زیرکی zîrekî: [zîrek+î] kıvrak zekâlılık, zeyreklik, uyanıklık.

زیرگاه zîrgâh: [zîr+gâh] **1.**altlık. **2.**sandalye.

زیرلب zîrleb: [zîr+leb] **1.**fısıltı. **2.**homurdanarak. **3.**fısıldayarak.

زیرلب گفتن zîrleb goften: **1.**fısıldamak. **2.**mırıldanmak. **3.**homurdanmak.

زیرنویس zîrnevîs: [zîr+nevişten>nevîs] dipnot, haşiye.

زیروا zîrvâ: [<zîre+bâ] kimyonlu ve et sulu çorba.

زیروبالا zîrubâlâ: [zîr+u+bâlâ] aşağısı ve yukarısı.

زیر و رو شدن zîr u rû şoden: altüst olmak, yerle bir olmak.

زیر و رو کردن zîr u rû kerden: **1.**alt üst etmek, yerle bir etmek. **2.**evirip çevirmek.

زیر و زبر zîr u zeber: alt üst.

زیر و زبر شدن zîr u zeber şoden: alt üst olmak, yerle bir olmak.

زیر و زبر کردن zîr u zeber kerden: alt üstetmek, yerle bir etmek, altını üstüne getirmek.

زیره zîre (bot.) kimyon.

زیره ای zîre'î: [zîre'+î] kimyon rengi.

زیزفون zîzefûn: (A.) ıhlamur ağacı.

زیرین zîrîn: [zîr+în] alttaki, alt.

زیزفونیه zîzefûniyye: (A.) ıhlamurgiller.

زیست zîst: [zîsten>zîst] yaşam, hayat.

زیست سپهر zîstsipihr: [zîst+sipihr] biyosfer.

زیست سنجی zîstsencî: [zîst+sencîden>senc+î] biyometri.

زیست شناخت zîstşinâht: [zîst+şinâhten> şinâht] biyoloji.

زیست شناختی zîstşinâhtî: [zîst+şinâhten>şinâs+î] biyolojik.

زیست شناس zîstşinâs: [zîst+şinâhten>şinâs] biyolog.

زیست شناسی zîstşinâsî: [zîst+şinâhten> şinâs+î] biyoloji.

زیست کردن zîst kerden: yaşamak.

زیست کره zîstkore: (F.-A.) [zîst+kore] biyosfer.

زیست مخیط zîstmuhît: (F.-A.) [zîst+muhît] çevre.

زیستن zîsten: yaşamak.

زیغ zeyg, ziyg: (A.) **1.**eğilme, meyillenme, meyletme. **2.**kamaşma. **3.**doğru yoldan sapma.

زیغان zeyegân: (A.) **1.**eğilme, meyillenme, meyletme. **2.**kamaşma. **3.**doğru yoldan sapma.

زیف zeyf: (A.) sahte, kalp.

زیگ zîg (zool.) çalı bülbülü, ötleğen.

زیگزاگ zigzag: (Fr.) zikzak.

زیل zeyl: (A.) ayırma.
زیلو zîlû: kilim.
زین zeyn: (A.) iyilik.
زین zîn: (Peh.) **1.**eyer. **2.**teçhizat, mühimmat.
زین zin: [zi<ez+in] **1.**bundan. **2.**bundan dolayı.
زین zeyn: (A.) **1.**süs. **2.**süslü, süslenmiş.
زین الدین zeyneddîn: (A.) **1.**dinin süsü. **2.**erkek adı, Zeynettin.
زین العابدین zeynul'âbidîn: (A.) **1.**ibadet edenlerin süsü. **2.**erkek adı, Zeynelâbi-din. **3.**Hz. Hüseyin'in ortanca oğlu.
زین پس zinpes: [z<ez+in+pes] bundan sonra, bundan böyle.
زین پوش zînpûş: [zîn+pûşîden>pûş] eyer örtüsü.
زینب zeyneb: (A.) [<zeynu eb] **1.**babasının süsü. **2.**bayan adı.
زینت zînet: (A.) süs, ziynet.
زینت بخش zînetbahş: [zînet+bahşîden> bahş] süsleyen.
زینت بخش شدن zînetbahş şoden: süslemek.
زینت بخشیدن zînet bahşîden: süslemek.
زینت ساز zînetsâz: (A.-F.) [zînet+ sâhten> sâz] süsleyen, donatan.
زینت کردن zînet kerden: süslemek.
زینجا zincâ: [zi<ez+in+câ] buradan.
زینت خوردن zînet horden: süslenmek.
زینت دادن zînet dâden: süslemek.
زینسان zînsân: [zi<ez+in+sân] **1.**bu denli. **2.**bunun gibi, böylesine.
زین سپس zinsipes: [z<ez+in+sipes] bundan sonra, bundan böyle.
زینه zîne: **1.**basamak. **2.**derece. **3.**merdiven.
زینهار zînhâr: (Peh.) **1.**aman!, sakın! **2.**azarlama. **3.**aman dileme.
زینهار خوار zînhârhâr: [zinhâr+horden> hor>hâr] **1.**ahdini bozan. **2.**hain.
زینهار خوردن zînhâr horden: **1.**ahdini bozmak. **2.**ihanet etmek.
زینهاردار zînhârdâr: [zînhâr+dâşten>dâr] **1.**vefalı. **2.**güvenilir, emin.
زینهارداری zînhârdârî: [zînhâr+dâşten> dâr+î] **1.**vefa. **2.**güvenilirlik, eminlik.
زینهار شکستن zînhâr şikesten: **1.**ahdini bozmak. **2.**ihanet etmek.
زینهاری zînhârî: [zînhâr+î] **1.**ahdeden. **2.**aman dileyen.
زیوت zuyût: (A.) yağlar.
زیور zîver: süs, ziynet.
زیور آلات zîverâlât: (F.-A.) [zîver+âlât] mücevherat.
زیور بستن zîver besten: süslenmek, takıp takıştırmak.
زیوف zuyûf: (A.) kalp paralar, sahte paralar.
زیوگانی zîvegânî: [zîsten>zî+ve+gân+î] biyosistematik.
زیوه zîve: [zîsten>zî+ve] canlı, biyotik.

ژ

ژ je: **1.**J, j. Fars alfabesinin on dördüncü harfi. **2.**ebced sistemine göre sayısal değeri: 7.

ژاژ jâj: **1.**(bot.) deve dikeni. **2.**boş laf, saçma, zırva.

ژاژخا jâjhâ: [jâj+hâyîden>hâ] zırvalayan, saçmalayan ,boş konuşan, boşboğaz, geveze.

ژاژخای jâjhây: [jâj+hâyîden>hây] geveze, boşboğaz.

ژاژخایی jâjhâyî: (jâj+hâyîden>hây+î] saçmalama, zırvalama, anlamsız konuşma.

ژاژخور jâjhor: [jâj+horden>hor] saçmalayan, zırvalayan, anlamsız konuşan.

ژاژه jâje: **1.**anlamsız, saçma, zırva. **2.**deve dikeni.

ژاکت jaket: (Fr.) ceket, kadın ceketi.

ژال jâl: çiy, kırağı.

ژاله jâle (Sans.) **1.**jale, çiy. **2.**dolu. **3.**sal. **4.**kadın adı.

ژاله دار jâledâr: [jâle+dâşten>dâr] kırağılı, kırağı düşmüş.

ژاله ریز jâlerîz: [jâle+rîhten>rîz] kırağı yağdıran.

ژاله صفت jâlesifat (F.-A.) [jâle+sifat] jale gibi, çiy gibi.

ژاله وش jâleveş: [jâle+veş] jale gibi.

ژامبون jambon: (Fr.) jambon.

ژاندارم jandarm: (Fr.) jandarma.

ژاندارمری jandarmeri: (Fr.) jandarma karakolu.

ژانویه janviye: (Fr.) Ocak ayı.

ژئوفیزیک jeofizik: (Fr.) jeofizik.

ژئولوژی jeoloji: (Fr.) jeoloji.

ژتون jeton: (Fr.) jeton.

ژخ jeh: inilti.

ژخ jeh: siğil.

ژد jed: zamk.

ژرد jerd: obur, çok yiyen.

ژرسه jirse: (Fr.) jarse.

ژرف jerf: (Peh.) **1.**derin. **2.**uzak.

ژرفا jerfâ: [jerf+â] derinlik.

ژرفا سنج jerfâsenc: [jerfâ+sencîden> senc] derinlikölçer, batometre, iskândil aleti.

ژرفاشیب jerfâşîb: [jerfâ+şîb] (coğ.) kıta sahanlığı.

ژرف بین jerfbîn: [jerf+dîden>bîn] **1.**derinlemesine araştıran. **2.**dikkatli.

ژرف بینی jerfbînî: [jerf+dîden>bîn+î] **1.**derinlemesine araştırma. **2.**dikkatlilik.

ژرف دره ء تنگ jerfderre-yi teng: [jerf+ derre+yi+teng] (coğ.) kanyon.

ژرفی jerfî: [jerf+î] **1.**derinlik. **2.**erkek adı.

ژرفین jerfin: **1.**kapı sürmesi. **2.**kapı payandası.

ژست jist: (Fr.) jest.

/zhe/

ژست دادن jist dâden: poz vermek, tavırtakınmak.

ژست گرفتن jist giriften: poz vermek, tavır takınmak.

ژغار jegâr: **1.**sertlik. **2.**çığlık, yüksek ses. **3.**pas. **4.**küf.

ژغاره jegâre: **1.**darı ekmeği. **2.**çığlık, haykırma. **3.**allık.

ژغال jugâl: [<zugâl] **1.**kömür. **2.**maden kömürü.

ژغاله jegâle: **1.**darı ekmeği. **2.**çığlık, haykırma. **3.**allık.

ژغ ژغ jeg jeg: çiğneme sesi.

ژغند jegend: **1.**çığlık, haykırış. **2.**gevşeklik.

ژغیدن jefîden: ıslanmak.

ژکور jekûr: **1.**cimri, pinti. **2.**kırışık. **3.**haydut, yol kesen.

ژکیدن jekîden: **1.**homurdanmak. **2.**öfkelenmek.

ژل jul: büklüm, kıvrım.

ژلاتین jilatin: (Fr.) jelatin.

ژله jile: (Fr.) jöle.

ژن jen: (Fr.) gen.

ژنتیک jenetik: (Fr.) genetik.

ژند jend: **1.**yırtık, yırtık pırtık. **2.**köhne. **3.**çakmak. **4.**yamalı hırka, eski hırka. **5.**çürük.

ژنده jende: **1.**yırtık, eskimiş. **2.**yamalı hırka, eski hırka. **3.**çürük.

ژنده پوش jendepûş: [jende+pûşîden>pûş] hırpanî kılıklı.

ژنرال jiniral: (Fr.) (ask.) general.

ژنرالیسم jiniralism: (Fr.) generallik.

ژنگ jeng: **1.**pas. **2.**küf. **3.**kir. **4.**kırışık.

ژنگ آلود jengâlûd: [jeng+âlûden>âlûd] **1.**paslı. **2.**kirli.

ژنگ آلوده jengâlûde: [jeng+âlûden> âlûd+e] **1.**paslı. **2.**kirli.

ژنگار jengâr: **1.**pas. **2.**kir. **3.**bakır pası.

ژنگاری jengârî: [jengâr+î] **1.**bakır pası yeşili. **2.**paslı.

ژنگبار jengbâr: [jeng+bâr] paslı, pas saçan.

ژنگ بسته jengbeste: [jeng+besten> best+e] **1.**paslı, pas tutmuş. **2.**kirli. **3.**küflü.

ژنگ پذیر jengpezîr: [jeng+pezîruften> pezîr] **1.**paslanabilir. **2.**paslı. **3.**küflü. **4.**kirli.

ژنگدار jengdâr: [jeng+dâşten>dâr] **1.**paslı. **2.**kirli. **3.**küflü.

ژنگدان jengdân: [jeng<zeng+dân] **1.**çan. **2.**çıngırak.

ژنگله jengele: **1.**çatal toynak. **2.**çatal toynaklı hayvan.

ژنگ یاب jengyâb: [jeng+yâften>yâb] **1.**paslı. **2.**küflü. **3.**kirli.

ژنو jenev: (coğ.) Cenevre.

ژو jev: deniz.

ژوئن juen: (Fr.) Haziran ayı.

ژور jur: piko, ajur.

ژورنال jurnal: (Fr.) **1.**gazete. **2.**moda dergisi.

ژورنال نویس jurnalnevis (Fr.-F.) [jurnâl+ nevişten> nevîs] jurnalci, ispiyoncu.

ژورنالیست jurnalist: (Fr.) gazeteci.

ژوری juri: (Fr.) jüri.

ژول jûl: **1.**kırışık, buruşuk. **2.**darmadağınık.

ژولیدن jûlîden: **1.**karışmak, buruşmak. **2.**dağılmak.

ژولیده jûlîde: [jûlîden>jûlîd+e] **1.**dağınık, karışık, perişan. **2.**saçları dağılmış. **3.**buruş kırış. **4.**bayan adı.

ژولیده مو jûlidemû: [jûlîden>jûlîd+e+ mû] saçları dağınık.

ژولیده موی jûlîdemûy: [jûlîde+mûy] dağınık saç.

ژون jûn: put.

ژوییه juyye: (Fr.) Temmuz ayı.

ژی jey: **1.**göl. **2.**çay, ırmak.

ژیان jiyân: **1.**kızgın, öfkeli. **2.**kükreyen. **3.**yırtıcı.

ژیپس jips: (Fr.) jips.

ژیر jîr: **1.**göl. **2.**havuz.

ژیک jîk: **1.**yağmur damlası. **2.**kirpi.

ژیکاسه jikâse: kirpi.

ژیکلور jiklor: (Fr.) jiklör.

ژیگولت jigolet: (Fr.) hoppa kadın veya kız.

ژیگولو jigolo: (Fr.) **1.**jigolo. **2.**züppe.

ژیمناستیک jimnastik: (Fr.) jimnastik, beden eğitimi.

ژیوه jîve: cıva.

س

س sin: **1.** “s, S”. Farsça alfabenin **15.** harfi. **2.**ebced sistemine göre sayısal değeri: 60. **3.**"su'âl" kelimesinin kusaltılmış şekli. ‖ * ~ -i muhmele سن مهمله sin harfi, noktasız se.

سا sâ: **1.**(gr.) son ek: gibi, benzeri. **2.**dokunan, temas eden.

سائب sâ'ib: (A.) bağlantısız.

سائبه sâ'ibe: (A.) başıboş hayvan.

سائر sâ'ir: (A.) **1.**diğer, başka. **2.**seyreden, hareket eden. **3.**dolaşan, gezen. ‖ * ~ filmenâm سائر فى المنام uyurgezer.

سائره sâ'ire: (A.) **1.**diğer, başka. **2.**seyreden, hareket eden. **3.**dolaşan.

سائرين sâ'irîn: (A.) diğerleri.

سائس sâ'is: (A.) seyis.

سائغ sâig: (A.) kolay yutulan.

سائغه sâiga: (A.) kolay yutulan.

سائق sâ'ik: (A.) **1.**sevkeden, götüren. **2.**faktör. **3.**sürücü, süren. **4.**güdü, motiv. **5.**artçı askerî güç.

سائقه sâ'ika: (A.) götüren, sevk eden, yol açan, faktör.

سائل sâ'il: (A.) **1.**dilenci. **2.**soru soran. **3.**akıcı, akışkan, akan.

سائليت sâ'iliyyet: (A.) **1.**dilencilik. **2.**akıcılık, akışkanlık.

سائمه sâ'ime: (A.) otlağa salınmış hayvan.

سائيدن sâ'îden: **1.**övütmek, değirmende çekmek. **2.**aşındırmak. **3.**bilemek, törpülemek.

ساباط sâbât: (A.) **1.**dehliz. **2.**eyvan, gölgelik. **3.**(bot.) çardak üzümü.

سابح sâbih: (A.) yüzen, yüzücü, yüzer.

سابحات sâbihât: (A.) **1.**gemiler. **2.**yıldızlar. **3.**iman sahiplerinin ruhları.

سابحه sâbiha: (A.) gemi.

سابرى sâbirî: kıymetli ipekten yapılan bir giysi.

سابع sâbi': (A.) yedinci.

سابعاً sâbi'en: (A.) yedinci, yedinci kez.

سابع عشر sâbi' aşer: (A.) on yedinci.

سابعه sâbi'a: (A.) yedinci.

سابغ sâbig: (A.) ayrıntılı.

سابغه sâbiga: (A.) ayrıntılı.

سابق sâbik: (A.) **1.**eski, geçen, önceki, sabık. **2.**daha önce memurlukta bulunan. **3.**rütbe ve zaman bakımından kıdemli. ‖ * ~ ber an سابق بر آن ondan önce. ‖ * ~ ber in سابق بر اين bundan önce, daha önce.

سابقاً sâbıkan: (A.) önceden, bundan önce, daha önce, eskiden.

سابق الذكر sâbikuzzikr: (A.) anılan, adı geçen, sözü geçen, zikredilen.

سابقون sâbikûn: (A.) geçmişler, eskiler.

سابقه sâbike: (A.) **1.**sabıka, geçmiş. **2.**sabıka dosyası. **3.**(tas.) ezelî takdir. ‖ * ~ -i âşinâî dâşten bâ kesî سابقهء آشنائى داشتن با كسى biriyle hukuku olmak. ‖ * ~ -i hidmet سابقهء خدمت hizmet süresi, kıdem. ‖ *~ -i kâr سابقهء كار deneyim, iş deneyimi, çalışma deneyimi. ‖ * ~ -i kâr dâşten سابقهء كار داشتن hizmeti olmak, kıdemi olmak. ‖ * ~ -i pîşîn سابقهء پيشين **1.**sabıka. **2.**önce takdir edilen yazgı. ‖ * sene-i ~ سنهء سابقه geçen yıl.

سابق ها sâbikhâ: (A.-F.) [sâbik+hâ] önceleri, eskiden.

سابقه دار sâbikedâr: (A.-F.) [sâbike+dâşten>dâr] **1.**sabıkalı. **2.**kıdemli.

سابقه داشتن sâbike dâşten: **1.**geçmişi olmak **2.**hizmeti olmak, kıdemi olmak.

سابقه نداشتن sâbike nedâşten: görülmüş olmamak.

سابقی sâbikî: (A.-F.) [sâbik+î] evvelki, önceki, eski.

سابقین sâbikîn: (A.) geçmişler, eskiler.

سابوتاژ sabotaj: (Fr.) sabotaj.

سابه sâbbe: (A.) Şiîliğin kollarından biri.

سابیدن sâbîden: aşındırmak, törpülemek.

ساتر sâtir: (A.) **1.**örten, gizleyen. **2.**örtü.

ساتر العیوب sâtirul'uyûb: (A.) **1.**ayıpları örten. **2.**günahları örten, Tanrı.

ساتن saten: (Fr.) saten.

ساج sâc (Hind.) **1.**(bot.) adamotu, kankurutan otu. **2.**Hindistan'da yetişen sert keresteli bir ağaç.

ساج sâc: sac, ekmek sacı.

ساجد sâcid: (A.) secde eden.

ساجع sâci': (A.) **1.**seci'li söyleyen ve yazan. **2.**önce.

ساجو sacu: (Fr.) (bot.) sagu ağacı.

ساجی sâcî: Hint irmiği.

ساچمه saçme: (T.) saçma.

ساچمه ای saçme'î: (T.-F.) [saçme+'î] saçmalı.

ساچمه خوردن saçme horden: saçma isabet etmek, saçma yemek.

ساح sâh: (A.) alanlar, sahalar.

ساحات sâhât: (A.) alanlar, sahalar.

ساحت sâhet: (A.) **1.**meydan, saha.alan. **2.**dergâh. ‖ * ~ -i nazar ساحت نظر görüş sahası.

ساحر sâhir: (A.) **1.**büyüleyici. **2.**büyücü, sihirbaz, göz boyayıcı.

ساحرات sâhirât: (A.) büyücü kadınlar.

ساحرانه sâhirâne: (A.-F.) [sâhir+âne] büyüleyerek, büyülercesine.

ساحر بیان sâhirbeyân: (A.) [sâhir+beyân] büyüleyici sözler söyleyen.

ساحر پیشه sâhirpîşe: (A.-F.) [sâhir+pîşe] **1.**büyüleyici güzel. **2.**sihirbaz, büyücü.

ساحرون sâhirûn: (A.) büyücüler, sihirbazlar.

ساحره sâhire: (A.) **1.**büyücü kadın. **2.**kocakarı.

ساحرة النسا sâhiretunnisâ: (A.) **1.**kadınların büyücüsü, kadınların sihirbazı. **2.**kadınlar arasında erkekleri en çok kendine bağlayan.

ساحرین sâhirîn: (A.) **1.**büyücüler. **2.**büyüleyiciler.

ساحق sâhik: (A.) övüten.

ساحقه sâhika: (A.) **1.**ezerek döven. **2.**sevici kadın.

ساحل sâhil: (A.) kıyı, sahil. ‖ * ~ -i şinî ساحل شنی kumsal.

ساحل جدا sâhilcudâ: (A.-F.) [sâhil+codâ] kıyıdan ayrılmış, kıyıdan uzak.

ساحل خانه sâhilhâne: (A.-F.) [sâhil+hâne] yalı.

ساحل رسیده sâhilresîde: (A.-F.) [<be+ sâhil+resîden> resîd+e] kıyıya varmış kıyıya ulaşmış.

ساحل سرای sâhilserây: (A.-F.) [sâhil+serây] yalı sarayı, sahil köşkü.

ساحل نواز sâhilnevâz: (A.-F.) [sâhil+nevâhten> nevâz] kıyıyı okşayan.

ساحلی sâhilî: (A.) sahil ile ilgili.

ساحه sâhe: (A.) alan. ‖ * ~ -i endâht ساحهء انداخت atış alanı, atış sahası. ‖ * ~ -i miknatisiyye ساحهء مقنطسیه manyetik alan. ‖ * ~ -i ru'yet ساحهء رؤیت görüş alanı.

ساحه پذیر sâhapezîr: (A.-F.) [sâha+ pezîruften> pezîr] ortaya çıkan, meydana gelen.

ساحه پیما sâhapeymâ: (A.-F.) [sâha+ peymâ] yol alan, mesafe alan.

ساخارین saharin: (Fr.): (kim.) sakarin.

ساخت sâht: [sâhten>sâht] **1.**yapım. **2.**yapılmış, mamul, ürün. **3.**at koşum takımı. **4.**teçhizat. **5.**yapı, bünye. **6.**hil'at. ‖ * ~ -i dâhil ساخت داخل yerli yapım, yerli malı. ‖ * ~ -i dâhilî ساخت داخلی iç yapı.

ساختار sâhtâr: [sâhten>sâht+âr] yapı, bünye.

ساختگی sâhtegî: [sâhten>sâht+e+g+î] **1.**yapmacık, sahte. **2.**uydurma, düzmece, yalan.

ساختگی کردن sâhtegî kerden: hazırlık yapmak.

ساختمان sâhtmân, sâhtımân: [sâhten> sâht+mân] **1.**yapı, bina. **2.**apartman. **3.**mimari. **4.**inşaat.

ساختمانی sâhtmânî: [sâhtmân+î] inşaatla ilgili, inşaata ait. ‖ * levâzim-i ~ لوازم ساختمانی inşaat malzemeleri.

ساختن sâhten: (Peh.) **1.**yapmak. **2.**bina etmek, inşa etmek. **3.**icat etmek. **4.**yaratmak, var etmek. **5.**yetinmek, uymak, katlanmak. **6.**geçinmek, birlikte olmak. **7.**tertip etmek, düzenlemek. **8.**tayin etmek. **9.**süslemek. **10.**okşamak. **11.**donatmak. **12.**pişirmek. **13.**telif etmek. **14.**tedbir almak.

ساخت و پاخت sâht u pâht: gizli anlaşma, entrika.

ساخت و پاخت کردن sâht u pâht kerden: gizliden gizliye anlaşmak, entrika çevirmek.

ساخت و ساز sâht u sâz: [sâhten>sâht+u+ sâhten>sâz] hazırlık.

ساخته sâhte: [sâhten>sâht+e] **1.**yapılmış, mamul, yapım. **2.**yapay, sahte, kalp. ‖ * ez dest-i men ~ nîst از دست من ساخته نیست elimden bir şey gelmez. ‖ * ez kesî ~ nebûden از کسی ساخته نبودن elinden gelmemek.

ساخته رو sâhterû: [sâhte+rû] aşırı makyajlı.

ساخته شدن sâhte şoden: **1.**yapılmak. **2.**yaratılmak. ‖ * kâr-i kesî ~ کار کسی ساخته شدن birinin dileği yerine gelmek, haceti kabul edilmek.

ساخته کار sâhtekâr: [sâhte+kâr] **1.**düzenbaz, sahteci. **2.**kalpazan.

ساخته کاری sâhtekârî: [sâhte+kâr+î] **1.**düzenbazlık, sahtecilik. **2.**kalpazanlık.

ساخته کردن sâhte kerden: hazırlamak.

ساخته وقار sâhtevekâr: (F.-A.) [sâhte+ vekâr] ağırbaşlı görünmeye çalışan.

ساختیان sâhtiyân: sahtiyan.

ساخر sâhir: (A.) alaycı, maskara, soytarı.

ساخط sâhit: (A.) dargın, gücenik, kırgın.

ساخلو sahlev, sahlov: (T.) (ask.) garnizon.

ساد sâd: **1.**sade. **2.**erkek domuz. **3.**aptal, ebleh, salak. **4.**cahil. **5.**çöl.

ساد sâdd: (A.) **1.**engelleyen. **2.**göz perdesi, aksu.

سادات sâdât: (A.) **1.**seyyitler. **2.**Hz. Muhammed'in torunu Hz. Hasan'ın soyundan gelenler. **3.**büyükler, ileri gelenler.

سادت sâdet: (A.) perde inmiş göz, aksu hastalığına yakalanmış göz.

سادج sâdec: (F.>A.) sade.

سادج sâdic: (F.>A.) sade, yalın.

سادر sâdir: (A.) şaşan.

سادس sâdis: (A.) altıncı.

سادساً sâdisen: (A.) altıncı, altıncı kez.

سادس عشر sâdis'aşer: (A.) on altıncı.

سادسه sâdise: (A.) altıncı.

سادگی sâdegî: [sâde+g+î] **1.**sadelik. **2.**kolaylık. **3.**düzlük. **4.**saflık. **5.**safdillik. ‖ * be in ~ (hâ) به این سادگی(ها) bu kadar da kolay.

سادن sâdin: (A.) **1.**kapıcı. **2.**Kâbe perdedarı. **3.**perdedar.

ساده sâde: **1.**sade. **2.**basit. **3.**kolay. **4.**saf. **5.**hâlis, arı. **6.**sıradan, âdi. **7.**sakalsız. **8.**çıplak. **9.**kel. **10.**aptal. **11.**hilesiz.

ساده sâde: (A.) seyyitler.

ساده انگار sâde engâr: [sâde+engâşten> engâr] saf, safdil.

ساده انگاری sâde engârî: [sâde+engâşten> engâr+î] saflık, safdillik.

ساده باز sâdebâz: [sâde+bâhten>bâz] hile yapmadan kumar oynayan.

ساده پرست sâdeperest: [sâde+perestîden> perest] kulampara, oğlancı.

ساده دل sâdedil: [sâde+dil] **1.**temiz yürekli. **2.**saf, safdil. **3.**bön.

ساده دلانه sâdedilâne: [sâde+dil+âne] **1.**temiz kalplilikle. **2.**safça, saf saf.

ساده دلی sâdedilî: [sâde+dil+î] 1.temiz yüreklilik. 2.saflık, safdillik.

ساده رخ sâderoh: [sâde+roh] 1.tüysüz, yüzünde tüy çıkmamış. 2.güzel, güzel yüzlü.

ساده رو sâderû: [sâde+rû] 1.tüysüz, yüzünde tüy çıkmamış. 2.güzel, güzel yüzlü.

ساده ضمیر sâdezamîr: (F.-A.) [sâde+zamîr] safdil, temiz yürekli.

ساده طور sâdetovr: (F.-A.) [sâde+tovr] dürüst, riyasız, içi dışı bir.

ساده کار sâdekâr: [sâde+kâr] 1.tüysüz. 2.kuyumculukta bir çalışma kolu, kuyumcu tasarımcısı.

ساده کردن sâde kerden: 1.sadeleştirmek. 2.kolaylaştırmak. 3.temizlemek, arıtmak. 4.saç kesmek.

ساده گرفتن sâde giriften: hafife almak.

ساده لوح sâdelevh, sâdelovh: (F.-A.) [sâde+lovh] saf, temiz yürekli.

ساده نمک sâdenemek: [sâde+nemek] 1.saf tuz, billur kuz. 2.güzel.

ساده نویس sâdenevîs: [sâde+nevişten> nevîs] sade yazan, sade dil kullanan.

ساده نویسی sâdenevîsî: [sâde+nevişten> nevîs+î] sade yazma.

سادیست sadist: (Fr.) sadist.

ساذج sâzec: (F.>A.) [<sâde] sade.

سار sâr: (Peh.) (zool.) sığırcık.

سار sâr: 1.perde. 2.deve.

سار sâr: (gr.) yer bildiren kelimeler türetmeye yarayan son ek: yer.

سار sârr: (A.) 1.sevinçli. 2.sevindirici.

سارا sârâ: 1.saf, katışıksız. 2.bayan adı.

ساربان sârbân: [sâr+bân] 1.deveci. 2.kervancı.

ساربانی sârbânî: [sârbân+î] devecilik.

سارچه sârçe: [sâr+çe] serçe.

ساردین sardin: (Fr.) 1.(bot.) sardunya. 2.(zool.) sardunya balığı.

سارغ sâroğ: 1.bohça. 2.sofra.

سارق sârik: (A.) 1.hırsız. 2.soyguncu.

ساروان sârvân: kervancı.

ساروج sârûc: kireç harcı.

ساروق sârûk: 1.bohça. 2.sofra.

سارونه sârûne (bot.) asma.

ساره sârre: (A.) 1.sevinçli. 2.sevindirici.

ساری sârî sürücü.

ساری sârî: 1.(zool.) sığırcık. 2.hindli giysisi, sari.

ساری sârî: (A.) bulaşıcı, sirayet edici.

ساریغ sarik: (Fr.) (zool.) sarig.

ساریه sâriye: (A.) bulaşıcı, bulaşan, sirayet eden.

ساز sâz: [sâhten>sâz] 1.yapma. 2.yapan. 3.alet. 4.(müz.) saz. 5.düzen, sistem. 6.giysi. 7.hediye. 8.durum. 9.ziyafet. 10.hile. 11.gibi. 12.kâr. 13.melodi, ezgi. 14.silah. 15.at koşum takımı. 16.güç, kudret. 17.öğrenme. 18.ustalık. 19.çıkar. 20.geçinen. 21.kanaat eden, yetinen. ‖ * ~ ber târ besten ساز بر تار بستن : (müz.) akord etmek. ‖ * ~ bîsâz bûden ساز بی ساز بودن : (müz.) akordsuz olmak. ‖ * ~ u nevâ ساز و نوا saz söz, çalıp söyleme. ‖ * ~ -i bâdî ساز بادی : (müz.) nefesli saz. ‖ * ~ -i dehenî ساز دهنی : (müz.) ağız mızıkası. ‖ * ~ -i zihî ساز زهی (müz.) telli saz. ‖ * be ~ -i kesî raksîden به ساز کسی رقصیدن birinin düdüğünü öttürmek, birinin aleti olmak, birinin borazancısı olmak.

ساز پرداختن sâz perdâhten: (müz.) saz çalmak, enstrüman çalmak.

ساز دادن sâz dâden: 1.(müz.) saz çalmak. 2.düzenlemek, tertiplemek, hazırlamak. 3.süslemek. 4.düzene koymak, çeki düzen vermek.

ساز زدن sâz zeden: 1.(müz.) saz çalmak, enstrüman çalmak. 2.keman çalmak.

ساز زن sâzzen: [sâz+zeden>zen] çalgıcı, saz çalan, enstrüman çalan.

ساز ساختن sâz sâhten: beste yapmak.

سازش sâziş: [sâhten>sâz+iş] 1.uyum, uzlaşma, anlaşma, intibak.

2.bağlılık.

سازش پذیری sâzişpezîrî: [sâziş+pezîroften> pezîr+î] intibak kabiliyeti, uyum kabiliyeti.

سازش حاصل شدن sâziş hâsil şoden: uzlaşma sağlanmak.

سازش دادن sâziş dâden: uzlaştırmak, anlaştırmak.

سازش داشتن sâziş dâşten: uyum sağlamak.

سازشکار sâzişkâr: [sâziş+kâr] uyumlu, uzlaşıcı.

سازش کردن sâziş kerden: uzlaşmak, anlaşmak.

سازش نامه sâzişnâme: [sâziş+nâme] sulhname, uyum antlaşması.

سازکار sâzkâr: [sâz+kâr] **1.**uygun. **2.**çalgıcı. **3.**klasik Türk musikîsinde bir makam.

سازکاری sâzkârî: [sâz+kâr+î] uygunluk.

ساز کردن sâz kerden: **1.**hazırlamak. **2.**düzenlemek, tertiplemek. **3.**yol hazırlığı yapmak. **4.**niyetlenmek. **5.**başlamak, girişmek. **6.**akord etmek, ayarlamak.

سازگار sâzgâr: [sâhten>sâz+gâr] **1.**uyumlu. **2.**uygun. **3.**lâyık, yaraşan. **4.**kanaatkâr. **5.**sanatkâr.

سازگاری sâzgârî: [sâz+gâr+î] **1.**uyum. **2.**liyakat, yaraşma. **3.**kanaat.

سازگان sâzgân: [sâhten>sâz+gân] sistem. ‖ * ~ -i çemdâşt سازگان چمداشت sibernetik sistem.

ساز گرفتن sâz giriften: **1.**uyum sağlamak. **2.**düzene girmek, düzenlenmek.

سازمان sâzmân: [sâhten>sâz+mân] **1.**kurum, kuruluş, teşkilat, müessese. **2.**örgüt.

سازمان دادن sâzmân dâden: kurmak, teşkilatlandırmak, örgütlemek, düzene sokmak.

سازمان دهی sâzmândihî: [sâzmân+dâden> dih+î] **1.**örgütleme, teşkilatlandırma. **2.**örgütlenme.

سازماندهی کردن sâzmândihî kerden: **1.**örgütlemek, teşkilatlandırmak. **2.**düzene sokmak.

سازمند sâzmend: [sâhten>sâz+mend] hazır, düzenli.

سازنافهم sâznâfehm: (F.-A.) [sâz+nâ+fehm]: (müz.) sazdan anlamaz.

سازندگی sâzendegî: [sâhten>sâz+ende+ g+ î] **1.**yapıcılık. **2.**inşaatçılık. **3.**icat. **4.**(müz.) çalgıcılık.

سازنده sâzende: [sâhten>sâz+ende] **1.**yapıcı, yapan. **2.**olumlu. **3.**yapan, hazırlayan. **4.**mucit.

سازنده توصیف کردن sâzende tovsîf kerden: yapıcı bulmak.

ساز نواختن sâz nevâhten: (müz.) saz çalmak, enstrüman çalmak.

سازوار sâzvâr: [sâhten>sâz+vâr] **1.**uyumlu, mütenasib, uygun, münasip. **2.**yumuşak tabiatlı, herkesle geçinen.

سازوبرگ sâzuberg: [sâz+u+berg] (ask.) askerî teçhizat.

سازی sâzî: [sâhten>sâz+î] yapıcılık, yapım.

سازی شدن sâzî şoden: uyum sağlamak, düzene girmek.

ساس sâs (zool.) tahta kurusu.

ساسان sâsân: erkek adı.

ساسانی sâsânî: Sâsânî.

ساسانیان sâsâniyân: [sâsânî+y+ân] Sâsânîler.

ساستا sâstâ: **1.**zalim. **2.**Ehrimen.

ساطح sâtıh: (A.) yeryüzünü oluşturan Tanrı.

ساطع sâti': (A.) **1.**aydınlık, parlak. **2.**aşikâr, açık. **3.**yüksek, yükselen. **4.**yaygın.

ساطعه sâtı'a: (A.) yükselen.

ساطور sâtûr: (A.) satır, tahra.

ساطوری sâtûrî: (A.-F.) [sâtûr+î] **1.**satır ile ilgili. **2.**satırlama.

ساطوری شدن sâtûrî şoden: satırlanmak.

ساطوری کردن sâtûrî kerden: satırlamak.

ساعات sâ'ât: (A.) saatler. ‖ * ~ -i ferâgat ساعت فراغت boş saatler, dinlenme saatleri. ‖ * ~ -i idârî ساعات اداری çalışma saatleri.

ساعت sâ'et: (A.) **1.**saat. **2.**zaman,

vakit. **3.**an. **4.**kıyamet. **5.**fersah. ‖ * ~ be ~ ساعت به ساعت anbean. ‖ * ~ -i âbî ساعت آبی su saati. ‖ * ~ -i âftâbî ساعت آفتابی güneş saati. ‖ * ~ -i bagalî ساعت بغلی koltuk saati. ‖ * ~ -i cîbî ساعت جیبی cep saati. ‖ * ~ -i dîvârî ساعت دیواری duvar saati. ‖ * ~ -i elektirîkî ساعت الکتریکی elektronik saat. ‖ * ~ -i kâr ساعت کار iş saati, çalışma saati. ‖ * ~ -i mâseî ساعت ماسه ای kum saati. ‖ * ~ -i moçî ساعت مچی kol saati. ‖ * ~ -i rûmîzî ساعت رومیزی masa saati. ‖ * ~ -i şemâtedâr ساعت شماطه دار alarmlı saat. ‖ * be ~ به ساعت hemen, derhal. ‖ * der an ~ در آن ساعت o sırada, o esnada. ‖ * ser-i her ~ سر هر ساعت saat başı, saat başında. ‖ * yek ~ یک ساعت **1.**bir saat. **2.**bir müddet.

ساعتچی sâ'etçi: (A.-T.) saatçi.

ساعت ساز sâ'etsâz: (A.-F.) [sâ'et+ sâhten>sâz] saatçi, saat tamircisi.

ساعت سازی sâ'etsâzî: (A.-F.) [sâ'et+ sâhten>sâz+î] saatçilik, saat tamirciliği.

ساعت شمار sâ'etşomâr: (A.-F.) [sâ'et+ şomârden>şomâr] yelkovan.

ساعت فروش sâ'etfurûş: (A.-F.) [sâ'et+ furûhten>furûş] saatçi, saat satıcısı.

ساعت فروشی sâ'etfurûşî: (A.-F.) [sâ'et+ furûhten>furûş+î] **1.**saatçi, saatçi dükkânı. **2.**saat satıcılığı.

ساعتک sâ'etek: (A.-F.) [sâ'et+ek] **1.**küçük saat. **2.**kısa süre, biraz, bir an.

ساعته sâate: (A.-F.) [sâet+e] saatlık.

ساعتی sâ'etî: (A.-F.) [sâ'et+î] **1.**saatlik. **2.**saatle ilgili. **3.**saatli.

ساعد sâ'id: (A.) **1.**kol, dirsek ile bilek arası, önkol. **2.**(kin.) yardımcı.

ساعدان sâidân: (A.) kol ve bacak.

ساعور sâ'ûr: (A.) fırın, ocak.

ساعون sâ'ûn: (A.) **1.**çaba gösterenler, çalışanlar. **2.**hızlı hızlı yürüyenler.

ساعی sâ'î: (A.) **1.**çalışan, gayretli. **2.**gammaz, arabozucu. **3.**hızlı hızlı yürüyen. **4.**haberci, ulak.

ساغر sâger: **1.**kadeh, piyale. **2.**su kabı. **3.**(tas.) ârifin gönlü. ‖ * ~ ber giriften ساغر بر گرفتن kadeh kaldırmak. ‖ * ~ ber keşîden ساغر بر کشیدن şarap içmek, içki içmek. ‖ * ~ ber târuk şikesten ساغر بر تارک شکستن kadehi bir dikişte içmek. ‖ * ~ -i şukrâne zeden ساغر شکرانه زدن şükür kadehi tokuşturmak. ‖ * seng der ~ zeden سنگ در ساغر زدن fırlatmak, atmak.

ساغر افروز sâgerefrûz: [sâger+ efrûhten>efrûz] kadeh parlatan.

ساغر بوییدن sâger bûyîden: içki içmek.

ساغر خوردن sâger horden: içki içmek.

ساغر دادن sâger dâden: **1.**şarap vermek. **2.**içki sunmak.

ساغر ریختن sâger rîhten: kadehi dökmek, kadehi boşaltmak.

ساغر زدن sâger zeden: şarap içmek, kadeh kaldırmak.

ساغر شکستن sâger şikesten: kadeh kırmak.

ساغرکش sâgerkeş: [sâger+keşîden>keş] içki içen.

ساغر کشیدن sâger keşîden: içki içmek.

ساغر گرفتن sâger giriften: **1.**kadeh tutmak. **2.**ayyaş olmak.

ساغری sâgerî: [sâger+î] **1.**sağrı. **2.**kumlu sahtiyan, at veya eşek derisi.

سافر sâfir: (A.) **1.**yolcu. **2.**katip. **3.**cılız at.

سافره sâfire: (A.) yolcu.

سافل sâfil: (A.) **1.**aşağı, alçak. **2.**sefil, aşağılık.

سافله sâfile: (A.) alt taraf. ‖ * cihet-i ~ جهت سافله alt taraf.

سافلیت sâfiliyyet: (A.) alçaklık.

سافلین sâfilîn: (A.) sefiller. ‖ * esfel-i ~ اسفل سافلین **1.**cehennemin yedinci katı, cehennemin dibi. **2.**sapıklık.

ساق sâk: (A.) **1.**baldır, incik. **2.**gövde, ağaç gövdesi. **3.**sap. **4.**kenar. ‖ * ~ ber ~ mâlîden ساق بر ساق مالیدن can çekişmek, çırpınmak. ‖ * ~ ber mâlîden ساق بر مالیدن gitmeye hazırlanmak.

ساق sak: (T.) sağ, salim.

ساق الاسود sâkulesved: (A.) baldırıkara otu.

ساقة الجيش sâkatulceyş: (A.) artçı askerler.

ساقب sâkib: (A.) **1.**yakın. **2.**uzak.

ساق بند sâkbend: (A.-F.) [sâk+besten> bend] **1.**dizlik. **2.**çorap.

ساقدوش sakdûş: **1.**sağdıç. **2.**arkadaş.

ساقط sâkit: (A.) **1.**düşük. **2.**düşen. **3.**yok olmuş, hükmünü yitirmiş. **4.**düşük cenin.

ساقط شدن sâkit şoden: **1.**düşmek. **2.**yok olmak, hükmünü yitirmek. ‖ * beççe ~ بچه ساقط شدن : (tıb.) çocuk düşmek.

ساقط كردن sâkit kerden: **1.**düşürmek. **2.**işten el çektirmek, görevden almak. **3.**atmak.

ساقطه sâkite: (A.) **1.**düşen. **2.**düşmüş. **3.**hükümsüz kalmış, geçerliliğini yitirmiş. **4.**düşük cenin.

ساقور sâkûr: (A.) **1.**sıcaklık, hararet, ısı. **2.**dağlama demiri. **3.**(tıb.) bir yara ve iltihap şekli.

ساقه sâke: (A.) **1.**sap, bitki sapı. **2.**(ask.) artçı. **3.**esas.

ساقى sâkî: (A.) **1.**saki, içki dağıtan. **2.**(tas.) kâmil pîr. **3.**su veren. ‖ * ~ -i kevser ساقىء كوثر **1.**Hz.Ali'nin lakabı. **2.**kevser şarabı sunan saki.

ساقيا sâkiyâ: (A.-F.) [sâkî+y+â] ey saki.

ساقى ادا sâkîedâ: (A.) [sâkî+edâ] saki tavırlı.

ساقيان sâkiyân: (A.-F.) [sâkî+y+ân] sakiler.

ساقيانه sâkiyâne: (A.-F.) [sâkî+y+âne] saki gibi.

ساقى گرى sâkîgerî: (A.-F.) [sâkî+ger+î] sakilik.

ساقى نامه sâkînâme: (A.-F.) [sâkî+nâme]: (ed.) sâkiden ve içkiden bahseden manzum eser.

ساقى نامه نويس sâkînâmenevîs: (A.-F.) [sâkî+nâme+nevişten>nevîs] sakiname yazarı, sakiname şairi.

ساقين sâkayn: (A.) ikizkenar.

ساقيه sâkıye: (A.) **1.**bayan sâkî. **2.**su dolabı, dönme dolap.

ساك sâk: **1.**heybe. **2.**bir kumaş türü.

ساكب sâkib: (A.) dökülen, akan.

ساكبه sâkibe: (A.) dökülen, akan.

ساكت sâkit: (A.) **1.**suskun, sessiz. **2.**sönük. ‖ * ~ u sîh îstâden ساكت و سيخ ايستادن sessizce durmak.

ساكتانه sâkitâne: (A.-F.) [sâkit+âne] sessizce, susarak, ses çıkarmayarak.

ساكت شدن sâkit şoden: **1.**susmak. **2.**sönmek. **3.**yatışmak.

ساكت كردن sâkit kerden: **1.**susturmak. **2.**söndürmek. **3.**yatıştırmak.

ساكته sâkite: (A.) sessiz, susan, ses çıkarmayan, suskun.

ساك دستى sâkdestî: [sâk+dest+î] el çantası.

ساكسفون saksofon: (Fr.): (müz.) saksafon.

ساكن sâkin: (A.) **1.**hareketsiz. **2.**statik. **3.**oturan, sakin. **4.**sönük. **5.**(gr.) sükunlu. **6.**sâkin ol. ‖ * ibtidâ be ~ ابتدا به ساكن girişsiz.

ساكنان sâkinân: (A.-F.) [sâkin+ân] oturanlar, yerleşik olanlar.

ساكنانه sâkinâne: (A.-F.) [sâkin+âne] sakince, sessizce.

ساكن ساختن sâkin sâhten: **1.**yatıştırmak. **2.**söndürmek. **3.**yerleştirmek, iskân etmek.

ساكن شدن sâkin şoden: **1.**yerleşmek, iskân olmak. **2.**yatışmak, dinmek. **3.**sönmek.

ساكن كردن sâkin kerden: **1.**yatıştırmak, dindirmek. **2.**yerleştirmek, iskân etmek. **3.**söndürmek.

ساكنه sâkine: (A.) **1.**hareketsiz duran. **2.**yerleşik, oturan. **3.**kendi halinde, ağır hareketli, heyecansız. **4.**harekesiz okunan harf. **5.**bayan adı.

ساكنى sâkinî: (A.-F.) [sâkin+î] **1.**sakinlik, huzur, dinginlik. **2.**sessizlik.

ساكنين sâkinîn: (A.) sakinler, oturanlar.

سال sâl: (Peh.) **1.**yıl, sene. **2.**yaş. **3.**zaman. **4.**tarih. **5.**ihtiyarlık. ‖ * ~ râ temâm kerden سال را تمام کردن yaşını doldurmak. ‖ * ~ -i cârî سال جاری içinde bulunulan yıl. ‖ * ~ -i hâzır سال حاضر içinde bulunulan yıl. ‖ * ~ -i kabl سال قبل önceki yıl, evvelki yıl. ‖ * ~ -i nûrî سال نوری ışık yılı. ‖ * ~ -i tahsîlî سال تحصیلی ders yılı, öğrenim yılı. ‖ * be ~ -i به سال yılında. ‖ * der ~ -i در سال yılında. ‖ * der heman ~ در همان سال o yıl. ‖ * der hemin ~ در همین سال bu yıl, aynı yıl.

سال sal: (Fr.) salon.

سال آزموده sâlâzmûde: [sâl+âzmûden> âzmûd+e] güngörmüş, görmüş geçirmiş, deneyimli.

سالاد salad: (Fr.) salata.

سالار sâlâr: (Peh.) **1.**komutan. **2.**efendi, sahip. **3.**hakim. **4.**şah. **5.**yıllanmış, yaşlı. **6.**görmüş geçirmiş, deneyimli.

سالار sâlâr: **1.**yaşlı, ihtiyar. **2.**köhne.

سالاری sâlârî: [sâlâr+î] **1.**komutanlık. **2.**padişahlık. **3.**padişahlık, liderlik.

سالاسال sâlâsâl: [sâl+â+sâl] yıl boyunca, yıldan yıla.

سال افزون sâlefzûn: [sâl+efzûden>efzûn] **1.**artık yıl. **2.**yıldan yıla artan.

سالاماندر salamandr (zool.) semender.

سالانه sâlâne: [sâl+âne] yıllık, yılda. ‖ * derâmed-i ~ درآمد سالانه yıllık gelir.

سالب sâlib: (A.) **1.**çalan. **2.**yağmalayan. **3.**zarar verici. **4.**olumsuzlaştıran. **5.**yadsıyan, inkâr eden.

سال بر sâlber: [sâl+ber] (zool.) bir yıl meyva verip diğer yıl vermeyen ağaç.

سال بسال sâlbesâl: [sâl+be+sâl] **1.**yıldan yıla. **2.**yıllarca.

سالبه sâlibe: (A.) olumsuz, negatif.

سال به sâlbih: [sâl+bih] her yılı öncekinden iyi olan.

سالخرد sâlhord: [sâl+hord] küçük yaşlı, yaşı küçük.

سالخورد sâlhord: [sâl+horden>hord] yaşlı, yaşlanmış.

سالخوردگی sâlhordegî: [sâl+horden> hord+e+g+î] **1.**yaşlılık, ihtiyarlık. **2.**köhnelik.

سالخورده sâlhorde: [sâl+horden>hord+e] **1.**yaşlı, yaşlanmış, ihtiyar. **2.**yıllanmış.

سالدات saldat (Rus.) asker.

سال دادن sâl dâden: ölüm yıldönümü icra etmek.

سالدار sâldâr: [sâl+dâşten>dâr] yaşlı.

سال داشتن sâl dâşten: yaşında olmak.

سالدیده sâldîde: [sâl+dîden>dîd+e] **1.**yaşlı. **2.**görmüş geçirmiş, deneyimli.

سالروز sâlrûz: [sâl+rûz] yıldönümü.

سال زده sâlzede: [sâl+zeden>zed+e] felaketzede.

سال شمار sâlşomâr: [sâl+şomârden> şomâr] saatte yılı gösteren gösterge.

سال شماری sâlşomârî: [sâl+şomârden> şomâr+î] kronoloji. ‖ * ez hays-i ~ از حیث سال شماری kronolojik.

سالف sâlif: (A.) geçmiş, önceki, eski.

سالفاً sâlifen: (A.) önceden.

سالف الذکر sâlifuzzikr: (A.) yukarıda anılan, zikredilen.

سالف البیان sâlifulbeyân: (A.) yukarıda açıklanan.

سالفه sâlife: (A.) **1.**geçen, geçmiş, eski. **2.**kulak memesi ile köprücük kemiği çukuru arası.

سالک sâlik: (A.) **1.**yürüyen, sülûk eden. **2.**(tas.) sâlik, derviş. **3.**inanç kolu mensubu.

سالک sâlek: (tıb.) şark çıbanı, antep çıbanı, halep çıbanı.

سالکان sâlikân: (A.-F.) [sâlik+ân] tarikat mensupları, dervişler.

سال کردن sâl kerden: yıllanmak.

سالکین sâlikîn: (A.) **1.**bir mesleğe girenler, bir yola girenler. **2.**tarikat mensupları, dervişler.

سال گرفتن sâl giriften: ölüm

yıldönümü icra etmek.

سال گشت sâlgeşt: [sâl+geşten>geşt] yaşlı, ihtiyar.

سال گشت شدن sâlgeşt şoden: bir yıl daha yaşlanmak, bir yıl daha geçmek.

سالگی sâlegî: [sâl+e+g+î] yaş, yaşında.

سالم sâlim: (A.) **1.**doğru, kusursuz, sağlam. **2.**sağ, sağlıklı, esenlik içinde. **3.**tam, eksiksiz. **4.**korkusuz, emin. **5.**Arapça'da içinde illet harfi olmayan kelime.

سالماً sâlimen: (A.) **1.**sağ salim, sağlıklı olarak. **2.**güven içinde.

سالمند sâlmend: [sâl+mend] yaşlı.

سالمندان sâlmendân: [sâl+mend+ân] yaşlılar, büyükler.

سالمه sâlime: (A.) **1.**sağlam. **2.**sağ, esenlikte. **3.**tam, eksiksiz. **4.**korkusuz, emin. **5.**bayan adı.

سالمین sâlimîn: (A.) sağ olanlar, esenlikte olanlar.

سالن salon: (Fr.) salon. ‖ * ~ -i teşrîh سالن تشریح : (tıb.) morg.

سالنامه sâlnâme: [sâl+nâme] **1.**yıllık, salname. **2.**ajanda. **3.**takvim.

سالنما sâlnomâ, sâlnemâ: [sâl+ numûden> nomâ, nemâ] takvim.

سالوس sâlûs: **1.**ikiyüzlü, riyakâr. **2.**ikiyüzlülük, riyakârlık. ‖ * ~ u zerk سالوس و زرق hile hurda, oyun, düzen.

سالوس فروش sâlûsfurûş: [sâlûs+ furûhten> furûş] **1.**dalkavuk, riyakâr. **2.**hilekâr.

سالوس فروشی sâlûsfurûşî: [sâlûs+ furûhten> furûş+î] **1.**dalkavukluk, riyakarlık. **2.**hilekârlık.

سالوس کردن sâlûs kerden: **1.**hile yapmak, aldatmak, kandırmak. **2.**riyakârlık etmek.

سالوس نهاد sâlûsnihâd: [sâlûs+nihâd] ikiyüzlü.

سالوسی sâlûsî: [sâlûs+î] **1.**dalkavukluk, riyakârlık. **2.**hilekârlık, aldatma.

سالوک sâlûk: **1.**fakir, yoksul. **2.**hırsız. **3.**yol kesen.

سال و ماه sâlumâh: [sâl+u+mâh] **1.**daima, her zaman. **2.**ömür. **3.**tarih.

سالون salon: (Fr.) salon.

ساله sâle: [sâl+e] **1.**yıllık. **2.**yaş, yaşında.

سالها sâlhâ: [sâl+hâ] yıllarca.

سالهاست sâlhâst: [sâl+hâ+est] yıllardır.

سالهای سال sâlhâ-yi sâl: [sâl+hâ+yi+sâl] yıllarca, yıllardır.

سالیان sâliyân: [sâl+iy+ân] yıllar, seneler.

سالیان sâlyân: [<sâl+y+ân] **1.**yılda bir kez alınan vergi. **2.**Osmanlı döneminde kimi devlet görevlilerine verilen yıllık ücret.

سالیانه sâliyâne: [sâl+iy+âne] **1.**yıllık, senelik. **2.**ömür. **3.**asker maaşı, Osmanlı döneminde kimi devlet görevlilerine verilen yıllık ücret.

سالیانه کردن sâliyâne kerden: yıllık alışveriş yapmak.

سالیانی sâliyânî: [sâl+iy+ân+î] **1.**yıllık. **2.**yıllarca. **3.**uzun süre, uzun bir müddet.

سالیسیلیک salisilik: (Fr.): (kim.) salisilik.

سالی ماهی sâlîmâhî: [sâl+î+mâh+î] ayda yılda bir kere.

سالیه sâliyye: (F.-A.) [sâl+iyye] yeni yıl kasidesi.

سام sâm: **1.**(tıb.) sersemlik hastalığı. **2.**(tıb.) iltihaplanma, şişme, ateş.

سام sâm: (A.) Nuh Peygamberin oğlu.

سام sâmm: (A.) zehirli, zehirleyici.

سام sâm: sam yeli.

ساماخچه sâmâhçe: sütyen.

سامان sâmân: (Peh.) **1.**ev eşyası, eşya. **2.**mal, mülk. **3.**düzen. **4.**hazırlık. **5.**miktar. **6.**yer, yurt, diyar. **7.**hedef. **8.**sınır taşı, sınır. **9.**revaç. **10.**huzur. **11.**iffet. **12.**zenginlik. **13.**sıhhat, afiyet. **14.**imkân. **15.**erkek ismi.

سامان دادن sâmân dâden: düzene sokmak, çekidüzen vermek.

سامان داشتن sâmân dâşten: **1.**düzenli

olmak. **2.**ölçüsü olmak.

سامان سوز sâmânsûz: [sâmân+sûhten> sûz] huzur bozan, huzur kaçıran.

سامان شدن sâmân şoden: işi yoluna girmek.

سامان یافتن sâmân yâften: **1.**düzene girmek. **2.**ev bark sahibi olmak, yer yurt edinmek.

سامانی sâmânî: [sâmân+î] Samanlı, Sâmânî.

سامانیان sâmâniyân: [sâmân+i-y-ân] Sâmânlılar, Sâmânoğulları, Sâmânîler.

سامبا samba: (Fr.) samba.

سامح sâmih: (A.) **1.**eli açık, cömert. **2.**erkek adı.

سامحه sâmiha: (A.) **1.**eli açık, cömert. **2.**bayan adı.

سامر sâmir: (A.) **1.**masalcı. **2.**gece toplantısı.

سامری sâmirî: (A.) **1.**Samerralı. **2.**yaptığı buzağı heykeline halkı taptırmaya çalışan ve Hz. Musa döneminde yaşayan kişi.

سامع sâmi': (A.) **1.**işiten. **2.**dinleyen, dinleyici.

سامعه sâmi'e: (A.) **1.**işitme duyusu. **2.**kulak. ‖ * kuvve-i ~ قوهء سامعه işitme kuvveti.

سامعه شکاف sâmi'aşikâf: (A.-F.) [sâmi'a+ şikâften> şikâf] kulak zarını patlatan.

سامعون sâmi'ûn: (A.) **1.**işitenler. **2.**dinleyenler, dinleyiciler.

سامعین sâmi'în: (A.) **1.**işitenler. **2.**dinleyenler, dinleyiciler.

سامک sâmik: (A.) yüksek, irtifalı.

سامن sâmin: (A.) yağlı, semiz.

سامورای samuray: (Jap.) samuray.

سامورایی samurayî: (Jap.-F.) samuraylık.

سامه sâme: **1.**ahit, yemin. **2.**borç. **3.**sığınak.

سامه sâmme: (A.) zehirli, zehirleyici.

سامی sâmî: (A.) **1.**yüce, yüksek. **2.**Sâm soyundan gelen. **3.**Sâmî ırk. **4.**erkek adı.

سامی مقام sâmîmakâm: (A.) [sâmî+ makâm] makamı yüce padişah.

سامی مکان sâmîmekân: (A.) [sâmî+ mekân] mekânı yüce padişah.

سان san: **1.**(gr.) gibi, benzeri, andırır. **2.**tarz. **3.**âdet, kural, yasa. **4.**huy. **5.**(ask.) selâm geçişi.

سان sân: törpü.

سان sân: parça, lime.

سناتوریوم sanatoryum: (Fr.) sanatoryum.

سانت sant: (Fr.) santim.

سانتیم santim: (Fr.) santim.

سانتیمتر santimetr: (Fr.) santimetre.

سانح sânih: (A.) **1.**kaza, olay. **2.**akla gelen, fikre doğan.

سانحات sânihât: (A.) **1.**olaylar, maceralar. **2.**felaketler, kazalar. **3.**akla gelenler, fikre doğanlar.

سانحه sânihe: (A.) **1.**olay, hadise. **2.**felaket, kaza. **3.**akla gelen, fikre doğan.

سانحه آرا sâniheârâ: (A.-F.) [sânihe+ ârâsten>ârâ] hatıra gelen.

سان دادن sân dâden: resmi geçit yapmak, selâm töreni yapmak.

سان دیدن sân dîden: geçit törenini teftiş etmek.

ساندویچ sandviç: (İng.) sandviç.

سانسور sânsûr: (Fr.) sansür.

سانسورچی sansurçi: (Fr.-T.) sansürcü.

سانسور شدن sansur şoden: sansürden geçmek.

سانسور کردن sansûr kerden: sansür koymak.

ساو sâv: **1.**som altın. **2.**biley taşı.

ساوجی sâvecî: [sâve+c+î] Sâveli.

ساوری sâverî: (T.) **1.**haraç. **2.**hediye.

ساوه sâve: **1.**(coğ.) Sâve kenti. **2.**toz altın. **3.**kuyumcu potası.

ساویز sâvîz: iyi huylu.

ساهر sâhir: (A.) **1.**uyanık, geceleri uyumayan. **2.**(bot.) köpek kuyruğu.

ساهره sâhire: (A.) **1.**yeryüzü. **2.**çöl.

ساهور sâhûr: (A.) **1.**gece uyanıklığı. **2.**hâle.

ساهی sâhî: (A.) yanılan, hata yapan.

ساهیه sâhiyye: (A.) yanılan, hata yapan.

سايبان sâyebân: [sâye+bân] **1**.gölgelik, güneşlik, sayvan. **2**.örtme. **3**.otağ, büyük çadır. **4**.himaye eden, koruyan, kolkanat geren.

سايبان كردن sâyebân kerden: siper etmek.

سايح sâyih: (A.) gezgin, turist.

سايد sâyid: (A.) önder, lider.

ساير sâyir: (A.) **1**.seyreden. **2**.akan. **3**.hepsi. **4**.diğer, sâir. **5**.artık, başka.

سايرين sâyirîn: (A.) diğerleri, başkaları.

سايس sâyis: (A.) **1**.seyis. **2**.eğitici. **3**.işbilir. **4**.hükümran.

سايس خانه sâyishâne: (A.-F.) [sâyis+ hâne<hâne-i sâyis] **1**.seyis evi. **2**.yük ve insan taşıyan hayvan, binit.

سايش sâyiş: [sâyîden>sây+iş] aşınma, sürtünme.

سايق sâyik: (A.) sevkeden, faktör.

سايل sâyil: (A.) **1**.soran. **2**.dilenci. **3**.(tas.) hidayet dileyen.

سايم sâyim: (A.) otlayan.

سايه sâye: (Peh.) **1**.gölge. **2**.himaye. **3**.cin, peri. **4**.yansıma. **5**.far. ‖ * ~ - itan kem neşeved سايه تان كم نشود eksik olmayın.

سايه افتادن sâye oftâden: gölge düşmek.

سايه افكن sâye efken: [sâye+efkenden> efken] gölge salan, gölgeleyen.

سايه افكندن sâye efkenden: **1**.gölge salmak, gölgelemek. **2**.yönelmek, birinin durumunu farketmek.

سايه انداختن sâye endâhten: **1**.gölge salmak, gölgelemek. **2**.yönelmek, bir tarafa doğru yola çıkmak.

سايه انداز sâyeendâz: [sâye+endâhten> endâz] **1**.gölge salan. **2**.koruyan, himaye eden, kolkanat geren.

سايه بخش sâyebahş: [sâye+bahşîden>bahş] gölge salan, gölgede bırakan.

سايه بخشا sâyebahşâ: [sâye+bahşîden> bahş+â] gölge salan, gölgede bırakan.

سايه پرست sâyeperest: [sâye+perestîden> perest] fitneci, bozguncu, bölücü.

سايه پرور sâyeperver: [sâye+perverden> perver] **1**.gölge salan. **2**.himaye eden, koruyan, kolkanat geren.

سايه پرورده sâyeperverde: [sâye+ perverden>perverd+e] **1**.gölgede yetişen. **2**.rahatına düşkün. **3**.aylakçı, beleşçi. **4**.korunan, himaye edilen.

سايه پوش sâyepûş: [sâye+pûşîden>pûş] gölge ile örten, gölge salan.

سايه خشك sâyehoşk: [sâye+hoşk] tembel.

سايه خواه sâyehâh: [sây+hâsten>hâh] **1**.gölge isteyen. **2**.himaye isteyen, korunmak isteyen.

سايه دار sâyedâr: [sâye+dâşten>dâr] **1**.gölgeli, gölge salan. **2**.koruyan, himaye eden, kolkanat geren.

سايه رو sâyerû: [sâye+rû] **1**.gece ibadete kalkan. **2**.hırsız.

سايه روشن sâyerûşen: [sâye+rûşen] **1**.alacakaranlık. **2**.gölge verme.

سايه زار sâyezâr: [sâye+zâr] gölgelik, gölgeli yer.

سايه ساز sâyesâz: [sâye+sâhten>sâz] gölge salan.

سايه شكن sâyeşiken: [sâye+şikesten> şiken] aydınlatan.

سايه صفت sâyesifat: (F.-A.) [sâye+sıfat] gölge gibi.

سايه گاه sâyegâh: [sâye+gâh] gölgelik, gölgeli yer.

سايه گرفتن sâye giriften: sığınmak, birinin himayesine girmek.

سايه گستر sâyegoster: [sâye+gosterden> goster] **1**.gölgeli. **2**.hami, kol kanat geren, himaye eden. **3**.gölge salan.

سايه گستردن sâye gosterden: **1**.gölge salmak. **2**.himaye etmek, kol kanat germek.

سایه نشین sâyenişîn: [sâye+nişesten> nişîn] **1.**gölgede oturan. **2.**el bebek gül bebek yetişen, hayat sıkıntısını tatmamış olan, anasının kuzusu. **3.**korunan, himaye edilen, kolkanat gerilen.

سایه وار sâyevâr: [sâye+vâr] gölge gibi.

سابیدگی sâyîdegî: [sâyîden>sâyîd+e+g+î] aşınma, yıpranma, amortisman.

ساییدن sâyîden: **1.**sürtmek. **2.**aşındırmak. **3.**törpülemek. **4.**parlatmak. **5.**eritmek. **6.**dokunmak. **7.**övütmek. **8.**testere ile kesmek.

ساییده sâyîde: [sâyîden>sâyîd+e] **1.**aşınmış. **2.**övütülmüş. **3.**törpülenmiş. **4.**cilalanmış.

ساییده شدن sâyîde şoden: aşınmak.

سئانس sians: (Fr.) **1.**seans. **2.**oturum.

سؤال so'âl: (A.) soru, sual.

سؤالات so'âlât: (A.) sorular, sualler.

سؤال پیچ کردن so'âl pîç kerden: soru yağmuruna tutmak.

سؤال شدن so'âl şoden: soru sorulmak.

سؤال کردن so'âl kerden: soru sormak, sual etmek.

سؤر su'r: (A.) yemek ve içki artığı.

سب sebb: (A.) sövme, küfretme.

سبا sebâ: Sebâ kenti, Yemen'de Hz. Süleyman'ın eşi Belkıs'ın hükmettiği devletin başkenti.

سبائک sebâ'ik: (A.) külçeler, kalıba dökülmüş maden külçeleri.

سباب sebbâb: (A.) küfürbaz.

سباب sibâb: (A.) küfür, sövme.

سبابه sebbâbe: (A.) şehadet parmağı, işaret parmağı. ‖ * enguşt-i ~ انگشت سبابه işaret parmağı, şehadet parmağı.

سبابه گزا sebbâbegezâ: (A.-F.) [sebbâbe+ gezîden> gez+â] hayretten parmağını ısıran.

سبات sobât: **1.**koma. **2.**dalgınlık. **3.**uyuklama, uyku.

سباح sebbâh: (A.) **1.**yüzen, yüzücü. **2.**yüzgeç.

سباح subbâh: (A.) yüzücüler, yüzenler.

سباحت sebâhet: (A.) yüzme, yüzücülük.

سباحه sebbâhe: (A.) yüzücü kuşlar.

سباروک sebârûk (zool.) güvercin.

سباشی subâşi: (T.) emniyet müdürü, subaşı.

سباع sibâ': (A.) yırtıcı hayvanlar, vahşî hayvanlar.

سباعانه sibâ'âne: (A.-F.) [sibâ'+âne] canavarca, yırtıcı hayvan gibi.

سباعی subâ'î: (A.) **1.**yedili. **2.**yedi harfli. **3.**yedi parçalı.

سباعیت sibâ'iyyet: (A.) yırtıcılık, hayvanlı[illegible]

سباق s[illegible] (A.) **1.**öne geçme. **2.**yarışma[illegible]t yarışı. **4.**geçmiş. **5.**bağlantı. ‖ * ~ u siyâk سباق و سیاق sözün gelişi.

سباق sebbâk: (A.) iyi koşan at.

سباک sebbâk: (A.) **1.**kuyumcu. **2.**dökümcü.

سبایا sebâyâ: (A.) esir düşen kadınlar, esirler.

سبب sebeb: (A.) **1.**sebep, neden, vesile. **2.**yakınlık. **3.**alet. **4.**yol, minval. ‖ * ~ -i vucûd سبب وجود varlık sebebi. ‖ * be ~ -i به سبب nedeniyle, sebebiyle. ‖ * beçi ~ بچه سبب hangi sebeple, ne sebeple. ‖ * bedan ~ بدان سبب o sebeple, o nedenle. ‖ * bedin ~ بدین سبب bu sebeple, bu nedenle. ‖ * bein ~ باین سبب bu sebeple, bu nedenle.

سبب ساختن sebeb sâhten: sebep yaratmak.

سبب ساز sebebsâz: (A.-F.) [sebeb+ sâhten> sâz] işleri kolaylaştıran, Tanrı.

سبب شدن sebeb şoden: neden olmak, sebep olmak.

سبب گردیدن sebeb gerdîden: neden olmak, sebep olmak.

سببی sebebî: (A.) sıhriyet.

سببیت sebebiyyet: (A.) **1.**sebep ile ilgili. **2.**sebep olma.

سببیه sebebiyye: (A.) sebep ile ilgili.

سبت sebt: (A.) cumartesi.

سبتیون sebtiyyûn: (A.) cumartesiciler, Hıristiyanlıkta Cumartesi gününü kutsal sayanlar.

سبح sebh: (A.) yüzme.

سبحات subuhât: (A.) ilahî nurlar.

سبحان subhân: (A.) her türlü kusurdan arınmış Tanrı.

سبحان الله subhânallâh: (A.) **1.**Tanrı'yı her türlü kusurdan tenzih ederim. **2.**şaşkınlık ifadesi.

سبحانک subhâneke: (A.) Tanrım, seni her türlü kusurdan tenzih ederim.

سبحانه subhâne: (A.) "Tanrı'yı her türlü kusurdan tenzih ederim" sözünün kısaltılmışı.

سبحانی subhânî: (A.) ilahî, tanrısal.

سبحانیه subhâniyye: (A.) Tanrı ile ilgili.

سبحله sebhale: (A.) "sübhânallâh" sözünün kısaltılmış şekli.

سبحله subhale: (A.) **1.**"subhânallâh" sözünün kısaltılmışı. **2.**"subhânallâh" demek.

سبحه sobhe: (A.) **1.**tespih, tesbih etme. **2.**tespih tanesi.

سبحه دار subhedâr: (A.-F.) [subhe+ dâşten>dâr] tespihli.

سبحه شمار subheşumâr: (A.-F.) [subha+ şomorden> şomâr] tespih çeken.

سبحه کش subhekeş: (A.-F.) [subhe+ keşîden>keş] tespih çeken.

سبحه گرد subhegerd: (A.-F.) [subhe+ gerdîden> gerd] tespih çeken.

سبحه گردان subhegerdân: (A.-F.) [subhe+ gerdânden> gerdân] tespih çeken.

سبد sebed: **1.**sepet. **2.**sele.

سبدی sebedî: [sebed+î] **1.**sepetten mamul. **2.**hasır cinsinden.

سبز sebz: (Peh.) **1.**yeşil. **2.**taze. **3.**(ed.) sevgili. **4.**kılıç, hançer. **5.**siyah. ‖ * ~ -i hatt سبز خط ayva tüyü. ‖ * ~ -i rûşen سبز روشن açık yeşil. ‖ * ~ -i tîre سبز تیره koyu yeşil. ‖ * ~ -i zumurrudî سبز زمردی zümrüt yeşili. ‖ * ~ u horrem şoden سبز و خرم شدن yeşermek, yemyeşil olmak. ‖ * hatt-i ~ خط سبز **1.**ayva tüyü. **2.**siyahlaşmaya yüz tutmuş sakal.

سبز آخر sebzâhor: [sebz+âhor] **1.**ağıl. **2.**(kin.) gökyüzü.

سبز اندر سبز sebzendersebz: [sebz+ ender+sebz] **1.**yemyeşil, yeşillikler içinde. **2.**klasik Türk musikîsinde bir makam.

سبزارنگ sebzâreng: [sebz+â+reng] **1.**yeşillik. **2.**yeşil. **3.**esmer.

سبزال گاه sebzâlgâh: [sebz+âl+gâh] otlak, mera.

سبزباغ sebzbâg: [sebz+bâğ] **1.**vücut, beden. **2.**(kin.) gökyüzü. **3.**(kin.) cennet.

سبزپری sebzperî: [sebz+perî] bahar.

سبزپوش sebzpûş: [sebz+pûşîden>pûş] **1.**yeşil giyinen. **2.**matemli, yas tutan. **3.**yapraklanmış ağaç. **4.**zahit. **5.**melek.

سبزخط sebzhet: (F.-A.) [sebz+het] **1.**ayva tüyü. **2.**yeni terlemiş bıyık. **3.**genç, delikanlı.

سبزخوان sebzhân: [sebz+hân] gökyüzü.

سبز در سبز sebzdersebz: [sebz+der+sebz] yemyeşil.

سبز زاغ sebzzâğ: [sebz+zâğ] **1.**gökyüzü. **2.**dünya.

سبز رنگ sebzreng: [sebz+reng] yeşil.

سبز شدن sebz şoden: **1.**yeşermek, yeşillenmek. **2.**saç çıkmak. **3.**aniden bir yerde belirmek, bitmek.

سبزفام sebzfâm: [sebz+fâm] yeşil.

سبز قبا sebzkabâ: (F.-A.) [sebz+kabâ] (zool.) yeşil ispinoz.

سبزک sebzek: [sebz+ek] sebze, yeşillik, taze sebze.

سبزوات sebzevât: (F.-A.) [sebze+v+ât] sebzeler, zerzevat.

سبزه sebze: [sebz+e] **1.**ot, bitki, yeşillik. **2.**çimen, çimenlik, çayırlık. **3.**esmer. **4.**sebze.

سبزه پوش sebzepûş: [sebze+pûşîden> pûş] yeşillikle kapanmış, yemyeşil olmuş.

سبزه زار sebzezâr: [sebze+zâr] **1.**yeşillik, çimenlik. **2.**sebze bahçesi, bostan.

سبزی sebzî: [sebz+î] **1.**sebze. **2.**yeşillik.

سبزی پاک کن sebzîpâkkon: [sebzî+pâk+ kerden>kon] (kin.) dalkavuk, yağcı.

سبزی پلو sebzîpolov: [sebzî+polov] sebzeli pilav.

سبزیجات sebzîcât: (F.-A.) [sebzî+c+ât] yeşillikler, sebzeler, zerzevat.

سبزی فروش sebzîfurûş: [sebzî+furûhten> furûş] zerzevatçı, manav.

سبزی فروشی sebzîfurûşî: [sebzî+ furûhten>furûş+î] **1.**zerzevatçılık, manavlık. **2.**manav (Dükkân).

سبزی کار sebzîkâr: [sebzî+kâşten>kâr] **1.**bahçıvan. **2.**bostan, sebze bahçesi.

سبزی کاری sebzîkârî: [sebzî+kâşten> kâr+î] **1.**bahçıvanlık. **2.**sebzecilik.

سبزین sebzîn: [sebz+în] yeşil renkli.

سبسبیه sebsebiyye: (A.) rufaîlik tarikatının bir kolu.

سبط sibt: (A.) **1.**torun. **2.**kabile.

سبطان sibtân: (A.) **1.**iki torun. **2.**Hz.Hasan ve Hz. Hüseyin.

سبطین sibteyn: (A.) **1.**iki torun. **2.**Hz.Hasan ve Hz.Hüseyin. ‖ * ~ -i mukerremeyn سبطین مکرمین Hz.Hasan ve Hz.Hüseyin.

سبع seb': (A.) yedi.

سبع sob': (A.) yedide bir.

سبع sebu': (A.) yırtıcı hayvan.

سبع المثانی seb'ulmesânî: (A.) tekrarlanan yedi âyet, Fâtiha sûresi.

سبعون seb'ûn: (A.) yetmiş.

سبعه seb'e: (A.) yedi. ‖ * ~ -i mesânî سبعهء مثانی Fâtiha sûresi. ‖ * ~ -i mu'allaka سبعهء معلقه Yedi Askı. ‖ * ~ -i seyyâre سبعهء سیاره yedi gezegen.

سبعی seb'î: (A.) yedi günde bir gelen sıtma nöbeti.

سبعی sebu'î: (A.) yırtıcı hayvan ile ilgili.

سبعیت sebu'iyyet: (A.) yırtıcılık.

سبعین seb'în: (A.) yetmiş.

سبعیه seb'iyye: (A.) şiî'likte yedi imama inanan kısım.

سبق sebak: (A.) **1.**üstüne oynanan. **2.**ders. **3.**öne geçme, önde olma.

سبق sebk: (A.) **1.**öne geçme. **2.**önce, önceki, geçmiş. **3.**yarış kazanan hayvan.

سبق آموز sebakâmûz: (A.-F.) [sebak+ âmûhten> âmûz] öğretmen.

سبق بردن sebek borden: **1.**yarışı kazanmak. **2.**üstün gelmek, galip gelmek, geçmek.

سبقت sibkat: (A.) öncelik, öne geçme, tekaddüm. ‖ * gûy-i ~ borden گوی سبقت بردن geçmek, geride bırakmak.

سبقت کردن sibkat kerden: **1.**yarışmak. **2.**geçmek.

سبقت گرفتن sibkat giriften: **1.**sollamak. **2.**geçmek, geride bırakmak. **3.**tekaddüm etmek.

سبق خوان sebakhân: (A.-F.) [sebak+ hânden>hân] ders çalışan, ders okuyan.

سبق دادن sebek dâden: ders vermek, öğretmek.

سبقداش sebakdâş: (A.-T.) [sebak+daş] ders arkadaşı, sınıf arkadaşı.

سبقگاه sebakgâh: (F.-A.) [sebak+gâh] okul, medrese.

سبک sebk: (A.) **1.**üslup, metod, tarz. **2.**kalıba dökme, eriterek kalıba dökme. ‖ * ~ -i hindî سبک هندی : (ed.) Hint üslubu. ‖ * ~ -i horâsânî سبک خراسانی : (ed.) Horasan üslubu. ‖ * ~ -i ırâkî سبک عراقی : (ed.) Irak üslubu. ‖ * ~ -i turkistânî سبک ترکستانی : (ed.) Türkistan üslûbu.

سبک sebok: (Peh.) **1.**hafif. **2.**çevik, kıvrak. **3.**hoppa, hafifmeşrep. **4.**süratli. **5.**ilgisiz.

سبک اسلحه sebokeslihe: (F.-A.) [sebok+ eslihe] (ask.) hafif silahlı asker.

سبک اندیش sebukendîş: [sebuk+ endîşîden>endîş] hafif düşünceli, derin düşünmeyen.

سبک بار sebokbâr: [sebok+bâr] **1.**hafif yüklü. **2.**dünyayın derdini çekmeyen, dünyayı umursamayan.

سبک بال sebokbâl: [sebok+bâl] hafif.

سبک بالی sebokbâlî: [sebok+bâl+î] hafiflik, yeyinlik.

سبک پا sebokpâ: [sebok+pâ] ayağına çabuk, hızlı giden.

سبک پرواز sebukpervâz: [sebuk+pervâz] hızlı uçan.

سبک خیز sebokhîz: [sebok+hâsten>hîz] canıtez, tezcanlı, çevik, kıvrak.

سبک داشتن sebok dâşten: hafife almak, hakir görmek.

سبک دست sebokdest: [sebok+dest] **1.**eli kıvrak, becerikli. **2.**eli uğurlu. **3.**eli yatkın.

سبک رأی sebukre'y: (F.-A.) [sebuk+re'y] düşüncesiz, kıt fikirli.

سبک رو sebokrov: [sebok+reften> rev>rov] **1.**süratli. **2.**habersiz, gafil.

سبک روح sebokrûh: (F.-A.) [sebok+rûh] **1.**sevinçli, mutlu, şen şakrak. **2.**tezcanlı. **3.**kibirli. **4.**kayıtsız, umursamaz.

سبکسار seboksâr: [sebok+sâr] **1.**sefih, rezil, zelil. **2.**bekâr. **3.**hafifmeşrep, züppe, hoppa. **4.**yoksul.

سبکسر sebokser: [sebok+ser] **1.**sefih, rezil, zelil. **2.**bekâr. **3.**hafifmeşrep, züppe, hoppa, pespaye. **4.**yoksul.

سبکسری sebokserî: [sebok+ser+î] **1.**sefihlik, rezillik. **2.**bekârlık. **3.**hafifmeşreplik, züppelik, hoppalık. **4.**yoksulluk.

سبک سنگ sebokseng: [sebok+seng] **1.**vekarsız, hoppa, hafifmeşrep. **2.**değersiz, kıymetsiz.

سبک سنگین کردن sebok sengîn kerden: **1.**tartmak, eliyle terazilemek. **2.**değerini tayin etmek.

سبک شدن sebok şoden: hafiflemek, yeyinlemek.

سبک شناسی sebkşinâsî: (A.-F.) [sebk+ şinâhten>şinâs+î] üslup bilim, metodoloji.

سبک عنان sebokinân: (F.-A.) [sebok+ inân] **1.**süratli, hızlı koşan. **2.**süvari. **3.**saldırgan.

سبک کار sebokkâr: [sebok+kâr] çevik, kıvrak.

سبک کردن sebok kerden: **1.**hafifletmek. **2.**aşağılamak.

سبک لقا seboklikâ: (F.-A.) [sebok+likâ] **1.**güleryüzlü. **2.**itaatkâr.

سبک مایه sebukmâye: [sebuk+mâye] değersiz.

سبک مزاج sebukmizâc: (F.-A.) [sebuk+ mizâc] hafifmeşrep, hafif mizaçlı, hoppa.

سبک مغز sebokmagz: [sebok+magz] kıt fikirli, beyinsiz, akılsız, dangalak.

سبک مغزانه sebukmagzâne: [sebuk+ magz+âne] kıt fikirlice, beyinsizce, akılsızca.

سبک مغزی sebukmagzî: [sebuk+magz+î] kıt fikirlilik, beyinsizlik, akılsızlık.

سبک وزن sebokvezn: (F.-A.) [sebok+ vezn] **1.**hafif. **2.**(sp.) hafif sıklet.

سبک و سنگین کردن sebok u sengîn kerden: ölçüp biçmek, değerlendirmek.

سبکی sebokî: [sebok+î] **1.**hafiflik. **2.**hafifmeşreplik. **3.**kıvraklık, çeviklik.

سبکی کردن sebokî kerden: hafiflik etmek.

سبل sebel: (A.) göz perdesi, katarakt.

سبل sobol: (A.) yollar.

سبل sibil: (tıb.) bir göz hastalığı.

سبلاء seblâ': (A.) **1.**uzun kirpikli. **2.**bayan adı. ‖ * ayn-i ~ عین سبلاء uzun kirpikli göz.

سبلت seblet: (A.) bıyık.

سبلت بر کندن seblet ber kenden: **1.**bıyığını kesmek. **2.**üzülmek.

سبلناک sebelnâk: (A.-F.) [sebel+nâk] kataraktlı, gözüne perde inmiş.

سبله sebele: (A.) bıyık.

سبو sebû: **1.**testi. **2.**şarap testisi.

سبوت subût: (A.) cumartesi günleri.

سبوچه sebûçe: [sebû+çe] küçük testi.

سبوح sebûh: (A.) yüzgeç.

سبوح subbûh, sebbûh: (A.) yüce Tanrı.

سبوره sebbûre: (A.) **1.**yazı tahtası. **2.**yazboz tahtası.

سبوسه sebûse (bot.) delice otu.

سبو شکستن sebû şikesten: **1.**testi kırmak. **2.**ümitsiz olmak. **3.**şarabı dökmek.

سبوکش sebûkeş: [sebû+keşîden>keş] **1.**testiden şarap içen. **2.**testi ile su taşıyan.

سبول subûl: (A.) sebiller.

سبو وش sebûveş: [sebû+veş] testi gibi.

سبوی sebûy: **1.**testi. **2.**şarap testisi.

سبی sebbî: (A.) tutsak, esir.

سبی sebî: (A.) savaş esiri.

سبی seby: (A.) esir etme, sürme.

سبیحه sebîha: (A.) gecelik.

سبیکه sebîke: (A.) külçe, maden külçesi, eritilip kaba dökülmüş maden çubuğu.

سبیل sebîl: (A.) **1.**yol, doğru yol. **2.**tarz. **3.**nezir. **4.**vakıf. **5.**su sebili, su dağıtım yeri. ‖ * ebnâ-yi ~ ابنای سبیل yolcular. ‖ * fî ~ illâh فی سبیل الله Allah yolunda, Allah rızası için. ‖ * ibnus~ ابن السبیل yolcu.

سبیل sibîl: bıyık. ‖ * ~ -i çahmâk سبیل چخماق sivri bıyık. ‖ * ~ -i kot u gonde سبیل کت و گنده pos bıyık, gür bıyık. ‖ * ~ -i kot u kuluft سبیل کت و کلفت pos bıyık. ‖ * ~ tâ ~ سبیل تا سبیل yanyana, omuz omuza.

سبیل الله sebîlullâh: (A.) **1.**Tanrı yolu. **2.**Allah rızası için.

سبیل خانه sebîlhâne: (A.-F.) [sebîl+hâne<hâne-i sebîl] sebil, su sebili.

سبیل گذاشتن sibil gozâşten: bıyık bırakmak.

سبیلو sibilû: [sibil+û] bıyıklı.

سپار sipâr, sopâr: [siporden>sipâr] **1.**giden, kateden, yol alan. **2.**şıra havuzu.

سپاردن sipârden: (Peh.) **1.**ısmarlamak. **2.**teslim etmek.

سپارش sipâriş: [sipârden>sipâr+iş] **1.**ısmarlama, sipariş. **2.**tavsiye. **3.**tasarlama. **4.**birinin kendi aylığından ayırarak herhangi bir akrabasına verdiği para.

سپارشات sipârişât: (F.-A.) [sipâriş+ât] siparişler, ısmarlamalar.

سپاس sipâs: (Peh.) **1.**övgü, hamd, şükür, minnet. **2.**lütuf.

سپاسدار sipâsdâr: [sipâs+dâşten>dâr] **1.**teşekkür eden, hamd eden. **2.**minnet borçlu.

سپاسداری sipâsdârî: [sipâs+dâşten>dâr+î] **1.**teşekkür etme, hamd etme, şükretme. **2.**minnet borçlu olma.

سپاس داشتن sipâs dâşten: şükretmek, minnettar olmak.

سپاس کردن sipâs kerden: şükretmek.

سپاسگزار sipâsgozâr: [sipâs+gozârden> gozâr] şükreden, minnettar.

سپاسگزاری sipâsgozârî: [sipâs+gozârden> gozâr+î] şükretme, minnet.

سپاسگزاری کردن sipâsgozârî kerden: şükretmek, minnet etmek.

سپاسه sipâse: [sipâs+e] minnet bırakma.

سپاه sipâh: (Peh.) **1.**asker. **2.**ordu.

سپاهان sipâhân: (coğ.) Isfahan.

سپاهبد sipâhbed: [sipâh+bed] ordu komutanı; korgeneral.

سپاهدار sipâhdâr: [sipâh+dâşten>dâr] (ask.) başkomutan.

سپاه زاده sipâhzâde: [sipâh+zâden>zâd+e] sipahi çocuğu.

سپاهسالار sipâhsâlâr: [sipâh+sâlâr] komutan, ordu komutanı.

سپاه شدن sipâh şoden: toplanmak.

سپاه کشی sipâhkeşî: [sipâh+keşîden> keş+î] (ask.) ordu sevki.

سپاه کشیدن sipâh keşîden (ask.) ordu sevketmek.

سپاهی sipâhî: [sipâh+î] **1.**asker. **2.**tımarlı süvari askeri.

سپاهیانه sipâhiyâne: [sipâh+î+y+âne] sipahi gibi.

سپتامبر siptambr: (Fr.) Eylül.

سپد seped sepet.

سپر siper: (Peh.) **1.**arkasına geçilerek korunulacak yer korunulacak engel. **2.**şapka önü. **3.**kalkan. ‖ * ~ -i sâika سپر صاعقه paratoner.

سپر افکندن siper efkenden: **1.**kaçmak, âciz olmak. **2.**teslim olmak.

سپر انداختن siper endâhten: **1.**kaçmak. **2.**teslim olmak.

سپردن siporden, siperden: **1.**yol almak. **2.**ayak altına almak, çiğnemek. **3.**ısmarlamak. **4.**teslim etmek, bırakmak, emanet etmek.

سپرده siporde: [siporden>sipord+e] **1.**emanet, pey, depozito. **2.**taahhütlü. **3.**vadeli.

سپرده شدن siporde şoden: **1.**bırakılmak. **2.**teslim edilmek.

سپرده گذاری sipordegozârî: [siporde+gozâşten>gozâr+î] vadeli mevduat, vadeli hesap açma.

سپرز siporz: (Peh.): (tıb.) dalak.

سپر ساختن siper sâhten: siper yapmak.

سپر ساز sipersâz: [siper+sâhten>sâz] siper yapan, siper kazan.

سپر سازی sipersâzî: [siper+sâhten>sâz+î] siper yapma, siper açma.

سپرغم sipergam fesleğen, reyhan.

سپر کردن siper kerden: siper etmek.

سپرمثال sipermisâl: (F.-A.) [siper+misâl<misâl-i siper] kalkan gibi.

سپری siperî: (Peh.) **1.**sona ermiş, bitmiş. **2.**yok olmuş.

سپریدن siperîden: sona erdirmek, bitirmek, tamamlamak.

سپری ساختن siperî sâhten: geçirmek.

سپری شدن siperî şoden: **1.**geçmek. **2.**bitmek, tamamlanmak.

سپری کردن siperî kerden: geçirmek.

سپس sipes: ondan sonra, daha sonra, o vakit, o zaman. ‖ * ~ -i سپس - den sonra.

سپست sipist (bot.) yonca.

سپستان sipistân (bot.) acem eriği.

سپس رو sipesrov: [sipes+reften>rov] tâli.

سپسی sipesî: [sipes+î] gecikme.

سپسین sipesîn: [sipes+în] sonraki.

سپلشت sipilişt: kötü olay.

سپلشک آوردن sipilişk âverden: şansı olmamak, şanssız olmak.

سپنج sipenc: **1.**geçici, muvakkat. **2.**otlak. **3.**misafirhane. **4.**yolcu. **5.**dünya.

سپنج sepenc: [se+penc] on beş.

سپند sipend (bot.) çörotu, nazar otu, üzerlik otu.

سپندان sipendân, sependân (bot.) horozcuk.

سپوختن sipûhten: (Peh.) **1.**cinsel ilişkide bulunmak, sokmak. **2.**zorla sokmak, daldırmak.

سپور supûr: (T.) çöpçü.

سپوس supûs, sepûs: **1.**buğday kabuğu. **2.**(tıb.) sebore hastalığı.

سپه sipeh: **1.**asker. **2.**ordu.

سپهبد sipehbed, sipehbud: [sipeh+bed/bud] **1.**(ask.) ordu komutanı, başkomutan. **2.**korgeneral.

سپهدار sipehdâr: [sipeh+dâşten>dâr] (ask.) başkomutan.

سپهداری sipehdârî: [sipeh+dâşten>dâr+î] komutanlık, başkomutanlık.

سپهر sipihr: (Peh.) **1.**gökyüzü. **2.**felek. **3.**talih. **4.**klasik Türk musikîsinde bir makam.

سپهر آستان sipihrâsitân: [sipihr+âsitân] eşiği gökyüzünde olan.

سپهر مرتبه sipihrmertebe: (F.-A.) [sipihr+mertebe] yüce, mertebesi gökyüzünde olan.

سپه سالار sipehsâlâr: [sipeh+sâlâr] (ask.) ordu komutanı, başkomutan, serasker, sipehsalar.

سپه سالاری sipehsâlârî: [sipeh+sâlâr+î] ordu komutanlığı, başkomutanlık.

سپه شکن sipehşiken: [sipeh+şikesten>şiken] orduları dağıtan, ordu bozan.

سپه کش sipehkeş: [sipeh+keşîden>keş] ordu

sevkeden, ordu komutanı, başkomutan.

سپید sepîd, sipîd: **1.**beyaz, ak. **2.**aydınlık. **3.**kır at.

سپیدار sipîdâr (bot.) akkavak.

سپید بختی sipîdbahtî: [sipîd+baht+î] iyi talih.

سپید بید sepîdbîd: [sepîd+bîd] (bot.) aksöğüt.

سپید دم sepîddem: [sepîd+dem] tan ağartısı, şafak vakti.

سپید کار sepîdkâr: [sepîd+kâr] kötü kalpli.

سپید دیده sepîddîde: [sepîd+dîde] yüzsüz, utanmaz.

سپید رو sepîdrû: [sepîd+rû] **1.**talihli. **2.**ak yüzlü, nur yüzlü.

سپید گاه sepîdkâh: [sepîd+kâh] **1.**beyaz köşk. **2.**(kin.) mezar.

سپید مو sepîdmû: [sepîd+mû] kır saçlı, ak saçlı.

سپیده sepîde: [sepîd+e] beyazlık, ağartı.

سپیده دم sepîdedem: [sepîde+dem] şafak vakti, tan ağartısı.

سپیده دم طالع شدن tâli' şoden: hava ağarmak, sabah olmak.

سپیده دم فرا رسیدن sepîdedem ferâresîden: şafak sökmek.

سپیده دمیدن sepîde demîden: şafak sökmek, hava ağarmak.

سپیده زدن sepîde zeden: tan atmak, şafak sökmek.

سپیدی sepîdî: [sepîd+î] beyazlık, aklık.

ست sitt: (A.) **1.**altı. **2.**bayan, hanım.

ستا setâ: [se+tâ] **1.**üç adet, üç tane. **2.**üç kat. **3.**üç telli. **4.**üç telli saz, setar.

ستا sitâ: [sutûden>sitâ] övgü, övme.

ستائر setâ'ir: (A.) örtüler, perdeler.

ستاد sitâd (ask.) genelkurmay. ‖ * ~ -i ertiş ستاد ارتش (ask.) genelkurmay.

ستاد sitâd: [sitâden>sitâd] alma, alım, alış.

ستادن sitâden: durmak.

ستادن sitâden: almak.

ستار settâr: (A.) **1.**örten, örtücü. **2.**Tanrı'nın sıfatlarından biri. **3.**bir erkek adı.

ستار setar: (müz.) setar, saz.

ستار العیوب settârul'uyûb: (A.) ayıpları örten, kusurları örten, Tanrı.

ستارباز setârbâz: [setâr+bâhten>bâz]: (müz.) setar çalan.

ستاره sitâre: (Peh.) **1.**yıldız. **2.**kıvılcım. **3.**yıldız: (artist, sanatçı vs.) **4.**(bot.) yıldız çiçeği. ‖ * ~ -i deryâyî ستارهٔ دریایی (zool.) deniz yıldızı. ‖ * ~ -i kutbî ستارهٔ قطبی kutup yıldızı. ‖ * ~ -i perende ستارهٔ پرنده kayan yıldız.

ستاره setâre: [se+târ+e]: (müz.) setar.

ستاره sitâre: (A.) **1.**örtü. **2.**cibinlik. **3.**bir tür çadır.

ستاره ای sitâre'î: [sitâre+î] **1.**yıldızlı. **2.**yıldız şeklinde.

ستاره درخشیدن sitâre dirahşîden: yıldız doğmak.

ستاره سپاه sitâresipâh: [sitâre+sipâh] yıldızlar kadar kalabalık ordusu olan.

ستاره شمردن sitâre şomorden: **1.**uykusuz kalmak, uyuyamamak, yıldızları saymak. **2.**gece ibadeti etmek.

ستاره شناس sitâreşinâs: [sitâre+şinâhten> şinâs] astronom, yıldızbilimci, müneccim.

ستاره شناسی sitâreşinâsî: [sitâre+ şinâhten>şinâs+î) yıldızbilim, astronomi, nücum.

ستاره یاب sitâreyâb: [sitâre+yâften>yâb] astronom, müneccim.

ستام sitâm: altın ve gümüş işlemeli at başlığı.

ستان sitân: [siteden>sitân] alan, alıcı.

ستان sitân: yer bildiren kelimeler türetmeye yarayan son ek.

ستانبول sitanbul: (Yun.>T.) İstanbul.

ستان خوابیدن sitân hâbîden: sırt üstü uzanmak.

ستاندن sitânden: almak.

ستایش sitâyiş: (Peh.) [sitûden>sitâ+y+iş] **1.**övgü, sitayiş. **2.**şükür, hamd.

ستایش آمیز sitâyişâmîz: [sitâyiş+âmîhten>âmîz] övgü dolu, övgülü.

ستایش انگیز sitâyişengîz: [sitâyiş+engîhten>engîz] övgüye değer.

ستایش خوان sitâyişhân: [sitâyiş+hânden>hân] öven, övücü.

ستایشکار sitâyişkâr: [sitâyiş+kâr] öven, övücü.

ستایشکارانه sitâyişkârâne: [sitâyiş+kâr+âne] övücü, överek.

ستایش کردن sitâyiş kerden: **1.**övmek, methetmek. **2.**şükretmek, hamdetmek.

ستایشگاه sitâyişgâh: [sitâyiş+gâh] **1.**övgü yeri. **2.**(ed.) gazel ve kaside övgülü sözlerin geçtiği dizeler.

ستایشگر sitâyişger: [sitâyiş+ger] öven, övücü, metheden.

ستایشنامه sitâyişnâme: [sitâyiş+nâme <nâme-i sitâyiş] övgü, methiye.

ستاییدن sitâyîden: (Peh.) övmet, methetmek.

ستبر sitebr: (Peh.) **1.**iri, kaba. **2.**kalın. **3.**yoğun. **4.**şişman.

ستد sited: [siteden>sited] alım, alma.

ستدن siteden: almak.

ستر seter: koltuk.

ستر sitr: (A.) **1.**örtü. **2.**perde. **3.**korku. **4.**haya.

ستر setr: (A.) örtme, kapama, gizleme.

ستردن sitorden: **1.**kazımak. **2.**temizlemek. **3.**silmek. **4.**yok etmek.

سترده sitorde: [sitorden>sitord+e] yontulmuş, tıraşlanmış.

سترگ sotorg: (Peh.) **1.**büyük, ulu. **2.**iriyarı. **3.**mücadeleci. **4.**sinirli, asabi.

ستره sotre: (A.) **1.**örtü. **2.**perde.

ستره suture: ustura.

ستری setrî: (A.) setre, düz yakalı, tek düğmeli, çuhadan dikilmiş giysi.

ستل setl: kova, bakraç.

ستم sitem: (Peh.) **1.**sitem, zulüm. **2.**eziyet. **3.**çıkışma.

ستم آلود sitemâlûd: [sitem+âlûden>âlûd] sitemli.

ستم آلوده sitemâlûde: [sitem+âlûden>âlûd+e] sitemli.

ستم آمیز sitemâmîz: [sitem+âmîhten>âmîz] **1.**sitem eden. **2.**haksız. **3.**insafsız.

ستم اعتیاد sitemi'tiyâd: (F.-A.) [sitem+ i'tiyâd] **1.**zulüm etmeye alışmış olan. **2.**sitem çekmeye alışık.

ستم اندیش sitemendîş: [sitem+endîşîden> endîş] sitemkâr, zalim.

ستم پرور sitemperver: [sitem+perverden> perver] zalim, sitemkâr.

ستم جا sitemcâ: [sitem+câ] sitem çekilen yer.

ستم چشیدن sitem çeşîden: zulüm görmek, sitem çekmek.

ستم دیدن sitem dîden: zulüm görmek.

ستم دیده sitemdîde: [sitem+dîden>dîd+e] mazlum, zulüm görmüş.

ستم رسیده sitemresîde: [sitem+resîden> resîd+e] zulüm görmüş, haksızlığa uğramış.

ستم روا داشتن sitem revâ dâşten: kıymak, zulmetmek.

ستمکار sitemkâr: [sitem+kâr] zalim.

ستمکاری sitemkârî: [sitem+kâr+î] zulüm, zalimlik, sitemkârlık.

ستم کردن sitem kerden: zulmetmek, cefa etmek.

ستم کش sitemkeş: [sitem+keşîden>keş] mazlum.

ستم کشیدن sitem keşîden: cefa çekmek, zulme uğramak.

ستمگار sitemgâr: [sitem+gâr] sitem eden, haksızlık eden, zalim.

ستمگر sitemger: [sitem+ger] sitem eden, haksızlık eden, zalim.

ستمگری sitemgerî: [sitem+ger+î] zalimlik, zulüm.

ستن آوند sotonâvend: [soton+âvend] üst kat.

ستو sitû: (müz.) setar.

ستوان setvân, sotvân (ask.) teğmen.

ستوان دو setvân do (ask.) teğmen.

ستوان سه setvân se (ask.) asteğmen.

ستوان یک setvân yek (ask.) üsteğmen.

ستودن sutûden: (Peh.) övmek, methetmek.

ستوده sutûde: [sutûden>sutûd+e] övülmüş, methedilmiş.

ستوده رای sutûderây: (F.-A.) [sutûde+rây] düşünceleri övgüye değer olan.

ستوده سمات sutûdesimât: (F.-A.) [sutûde+ simât] övülen, övgüye yaraşır.

ستوده سیر sutûdesiyer: (F.-A.) [sutûde+ siyer] ahlakı ve davranışları övgüye değer olan.

ستوده شیم sutûdeşiyem: (F.-A.) [sutûde+ şiyem] iyi huylu.

ستوده صفت sutûdesıfat: (F.-A.) [sutûde+ sıfat] beğenilen özellikleri olan, iyi vasıflı.

ستور sutûr: (Peh.) **1.**binek hayvanı. **2.**yük hayvanı.

ستور sutûr: (A.) **1.**örtüler. **2.**perdeler.

ستوربان sutûrbân: [sutûr+bân] binek ve yük hayvanı bakıcısı, eşekçi, seyis.

ستوردان sutûrdân: [sutûr+dân] ahır.

ستون sutûn: **1.**sütun, direk. **2.**kol. **3.**(ask.) kol. **4.**(ask.) beşinci kol, düşman casusluk örgütü. **5.**yazı sütunu. ‖ * ~ -i fıkarât ستون فقرات : (tıb.) bel kemiği.

ستون sittûn: (A.) altmış.

ستون بندی sutûnbendî: [sutûn+besten> bend+î] sütun yapma, kolonlama.

ستونک sutûnek: [sutûn+ek] kayık babası.

ستونه sutûne: (Peh.) [sutûn+e] **1.**sütun. **2.**vurkaç.

ستونی sutûnî: [sutûn+î] **1.**sütunlu. **2.**sütun gibi.

ستوه sutûh: (Peh.) **1.**bezme, bıkma, usanma. **2.**yorulma. **3.**bitkin, yorgun. **4.**bezgin. **5.**kederli, sıkıntılı. **6.**beceriksiz. ‖ * be ~ âmeden به ستوه آمدن canı burnuna gelmek, bezmek, usanmak, canına yetmek. ‖ * be ~ âverden به ستوه آوردن canından bezdirmek, bezdirmek, bıktırmak, uzandırmak.

ستوهاندن sutûhânden: canından bezdirmek, bezdirmek, usandırmak, bıktırmak.

ستوهانیدن sutûhânîden: bezdirmek, canından bezdirmek, usandırmak, bıktırmak.

ستوه شدن sutûh şoden: yorulmak, aciz kalmak, üzülmek.

ستوهی sutûhî: [sutûh+î] bezginlik, bıkkınlık, yorgunluk.

ستوهیدن sutûhîden: **1.**yorulmak, usanmak, bezmek, bıkmak. **2.**üzülmek, perişan olmak.

سته sitte: (A.) **1.**altı. **2.**altılık. **3.**Osmanlıda ilmiye rütbesi.

ستهیدن sitihîden: **1.**mücadele etmek, cedelleşmek. **2.**itaatsizlik etmek. **3.**bağırıp çağırmak.

ستی setî: **1.**çelik. **2.**demir.

ستی sittî: (A.) hanımım.

ستیر setîr: (A.) örtülü, kapalı.

ستیره setîre: (A.) **1.**örtülü, kapalı. **2.**örtü.

ستیز sitîz: **1.**savaş. **2.**kavga, çekişme, cedelleşme, mücadele. **3.**öfke, gazap, hışım.

ستیز کردن sitîz kerden: çarpışmak, savaşmak.

ستیزگر sitîzger: [sitîz+ger] mücadeleci, kavgacı.

ستیز گرفتن sitîz giriften: uğraşmak, mücadele etmek.

ستیزگی sitîzegî: [sitîz+e+g+î] kavga, mücadele, çekişme, sürtüşme, niza.

ستیزه sitîze: (Peh.) **1.**çekişme, sürtüşme, kavga, niza, düşmanlık. **2.**savaş. ‖ * ez ~ merâ از ستیزه مرا bana rağmen.

ستیزه جو sitîzecû: [sitîze+costen>cû] **1.**kavgacı, mücadeleci, savaşçı. **2.**inatçı. **3.**serkeş, âsi.

ستیزه جوئی sitîzecûyî: [sitîze+costen> cûy+î] **1.**kavgacılık, mücadelecilik. **2.**inatçılık. **3.**serkeşlik, asilik.

ستیزه روی sitîzerûy: [sitîze+rûy] inatçı, kavgacı.

ستیزه کار sitîzekâr: [sitîze+kâr] **1.**kavgacı, mücadeleci. **2.**geçimsiz.

3.serkeş, âsi.

ستیزه کردن sitîze kerden: 1.savaşmak, mücadele etmek, çekişmek, didişmek. 2.inatlaşmak.

ستیزیدن sitîzîden: 1.çekişmek, dalaşmak, kavga etmek, mücadele etmek. 2.inatlaşmak.

ستیغ sitîg: 1.doruk, zirve. 2.doğru.

ستین sittîn: (A.) altmış.

سج secc: (A.) akma, akış.

سج sec: 1.yüz. 2.yanak.

سجاحت secâhat: (A.) yumuşak huyluluk.

سجاد seccâd: (A.) çok secde eden.

سجاد succâd: (A.) secde edenler, secdeye kapananlar.

سجاده seccâde: (A.) 1.seccade, namazlık. 2.sofra. 3.bir yazma motifi.

سجاده نشین seccâdenişîn: (A.-F.) [seccâde+ nişesten> nişîn] 1.seccadede oturan. 2.imam. 3.şeyh.

سجاف sicâf: (A.) elbise kenarındaki baskı.

سجال sicâl: (A.) su dolu kovalar.

سجام secâm: şiddetli soğuk, zemheri.

سجان seccân: (A.) gardiyan.

سجاندن secânden: soğutmak.

سجانیدن secânîden: soğutmak.

سجاوند secâvend: Kur'ân'ı doğru okumak için konulan işaret.

سجاوندی شدن secâvendî şoden: yaldızla yazılmak.

سجایا secâyâ: (A.) karakterler, seciyeler.

سجح sech: (A.) 1.kabuğunu soyma. 2.tırmalama.

سجد seced: dondurucu soğuk.

سجد succed: (A.) secde edenler, secdeye kapananlar.

سجده secede: (A.) secde edenler.

سجده secde: (A.) secde. ‖ * ~ -i sehv سجدهٔ سهو sehiv secdesi, namaz esnasında yapılan bir yanlışlık dolayısıyla secde etmek. ‖ * ~ -i şukrân سجدهٔ شکران şükran secdesi, sevinç secdesi. ‖ * ~ -i tilâvet سجدهٔ تلاوت Kur'ân'da bazı yerler okunduğunda yapılması gere-ken secde.

سجده کردن secde kerden: secde etmek.

سجده گاه secdegâh: (A.-F.) [secde+gâh] secde edilen yer.

سجده گزار secdegozâr: (A.-F.) [secde+ gozârden>gozâr] secde eden.

سجده گزاردن secde gozârden: secde etmek.

سجده گه secdegeh: (A.-F.) [secde+geh] secde edilecek yer, namaz kılınacak yer.

سجده گیر secdegîr: (A.-F.) [secde+ giriften>gîr] secde eden.

سجزی siczî, sicezî: (A.) Sîstanlı, Sicistanlı.

سجع sec': (A.) 1.(ed.) seci, nesirde kafiye yapma. 2.güvercin gibi bazı kuşların ötüşü.

سجل secl: (A.) su dolu kova.

سجل sicill: (A.) 1.kayıt kütüğü. 2.ahitname. 3.kimlik, nüfus cüzdanı. 4.hüküm mektubu. ‖ * ~ -i ahvâl سجل احوال özlük dosyası. ‖ * ~ -i nufûs سجل نفوس nüfus sicili, nüfus kütüğü. ‖ * be ~ kerden به سجل کردن mühürleyip tescil etmek.

سجلات sicillât: (A.) 1.kayıt kütükleri. 2.özlük dosyaları. 3.bir yazı stili.

سجن sicn: (A.) hapishane, cezaevi.

سجنجل secencel: (A.) ayna.

سجنجله secencele: (A.) ayna.

سجود sucûd: (A.) 1.secde etme. 2.ibadet.

سجود sucûd: (A.) secde edenler, secdeye kapananlar.

سجود کردن sucûd kerden: secde etmek.

سجوف sucûf: (A.) 1.örtüler. 2.perdeler.

سجول sucûl: (A.) su kovaları, su dolu kovalar.

سجون sucûn: (A.) hapishaneler.

سجیوی seciyyevî: (A.) karakter ile ilgili, karakteristik.

سجیه seciyye: (A.) karakter, seciye, yaratılış.

سحاء sehâ: (A.) beyin zarı.

سحاء sihâ': (A.) **1.**zar. **2.**ince deri.

سحائب sehâ'ib: (A.) bulutlar.

سحائی sehâ'î: (A.) beyin zarı ile ilgili.

سحاب sehâb: (A.) **1.**bulut. **2.**karanlık. **3.**küme halinde uçan böcek sürüsü.

سحاب آلود sehâbâlûd: (A.-F.) [sehâb+ âlûden>âlûd] bulutlu.

سحاب شتاب sehâbşitâb: (A.-F.) [sehâb+ şitâb] bulut gibi hızlı.

سحابه sehâbe: (A.) **1.**bulut, bir bulut. **2.**püskülcük, floküI.

سحابی sehâbî: (A.) bulut ile ilgili, bulutlu.

سحابیه sehâbiyye: (A.) bulutsu, nebülöz, nebula.

سحابیت sehâbiyyet: (A.) bulutluluk.

سحار sehhâr: (A.) **1.**büyücü. **2.**büyüleyici.

سحاره sehhâre: (A.) **1.**büyücü kadın. **2.**büyüleyici.

سحاری sehhârî: (A.-F.) [sehhâr+î] **1.**büyücülük, sihirbazlık. **2.**büyüleyicilik.

سحاف suhâf: (A.) akciğer veremi.

سحاقه sehhâka: (A.) sevici kadın.

سحایا sehâyâ: (A.) beyin zarları.

سحب suhub: (A.) bulutlar.

سحر seher: (A.) seher vakti, tan. ‖ * ez kelle-i ~ tâ bûk-i seg از کلهء سحر تا بوق سگ sabahtan akşama kadar. ‖ * kelle-i ~ کلهء سحر erkenden, alaşafak.

سحر sihr: (A.) **1.**büyü, sihir, gözbağı. **2.**büyücülük, gözbağcılık. ‖ * ~ -i helâl سحر حلال bir kelimenin veya cümlenin ileriye ve geriye ustaca bağlanması.

سحر آسا sihrâsâ: (A.-F.) [sihr+âsâ] büyülü, sihirli.

سحر آفرین sihrâferîn: (A.-F.) [sihr+ âferîden>âferîn] **1.**sihirli, büyülü, büyüleyici. **2.**büyücü. **3.**büyülecek kadar güçlü şiir yazan şair.

سحر آمیز sihrâmîz: (A.-F.] [sihr+ âmîhten> âmîz] büyüleyici, sihirli.

سحرالبیان sihrulbeyân: (A.) büyüleyici ifadesi olan.

سحرباز sihrbâz: (A.-F.) [sihr+bâhten> bâz] sihirbaz, büyücü, gözbağcı.

سحربازانه sihrbâzâne: (A.-F.) [sihr+ bâhten>bâz+ âne] sihirbazca, büyülercesine.

سحربازی sihrbâzî: (A.-F.) [sihr+bâhten> bâz+î] büyücülük, sihirbazlık.

سحربیان sihrbeyân: (A.) [sihr+beyân] büyüleyici ifade.

سحرپاره seherpâre: (A.-F.) [seher+pâre] seher parçası.

سحرخوان seherhân: (A.-F.) [seher+ hânden>hân] seher vakti öten.

سحرخیز seherhîz: (A.-F.) [seher+ hâsten>hîz] **1.**sabah erkenden kalkan, seher vakti ibadete kalkan. **2.**sabah esintisi.

سحرساز sihrsâz: (A.-F.) [sihr+sâhten> sâz] büyücü, büyü yapan.

سحر شدن sihr şoden: büyülenmek.

سحرفسون sihrfusûn: (A.-F.) [sihr+fusûn] büyüleyici.

سحرکار sihirkâr: (A.-F.) [<sihr+kâr] sihirli.

سحر کردن sihr kerden: büyülemek.

سحرگاه sehergâh: (A.-F.) [seher+gâh] seher vakti, tan vakti, şafakta.

سحرگاهان sehergâhân: (A.-F.) [seher+ gâh+ân] seher vakti.

سحرگه sehergeh: (A.-F.) [seher+geh] seher vakti, tan vakti.

سحره sehere: (A.) sihirbazlar, büyücüler.

سحره suhre: (A.) yalancı fecir, aldatıcı tan ağartısı.

سحری sihrî: (A.) büyü ile ilgili.

سحری seherî: (A.-F.) [seher+î] **1.**tan vakti. **2.**sahur. **3.**sahurluk.

سحری خوردن seherî horden: sahura kalkmak.

سحریه seheriyye: (A.) seher vakti ile ilgili.

سحریه sihriyye: (A.) büyü ile ilgili.

سحق sehk: (A.) **1.**dövme, ezme. **2.**dövülme, ezilme. **3.**sürtme. **4.**toz haline getirme.

سحلب sahleb: (A.) sâlep.

سحلبی sahlebî: (A.) sâlepçi.

سحلبیه sahlebiyye: (A.) sâlepgiller.

سحن sahn: (A.) kırma.

سحور sahûr: (A.) sahur yemeği.

سحوری sahûrî: (A.) **1.**sahur davulcusu. **2.**sahur vakti çalınan davul sesi.

سحيق sahîk: (A.) **1.**uzak. **2.**anlaşılması güç söz.

سخاء sehâ': (A.) cömertlik, el açıklığı.

سخافت sehâfet: (A.) **1.**zayıflık, bozukluk. **2.**akılsızlık.

سخاكار sehâkâr: (A.-F.) [sehâ+kâr] cömert, eli açık.

سخانت sehânet: (A.) sıcaklık, aşırı sıcaklık.

سخاوت sehâvet: (A.) cömertlik, elaçıklığı.

سخاوتكار sehâvetkâr: (A.-F.) [sehâvet+ kâr] cömert, eli açık.

سخاوتمند sehâvetmend: (A.-F.) cömert, bonkör, eliaçık.

سخاوتمندی sehâvetmendî: (A.-F.) [sehâvet+mend+î] cömertlik, bonkörlük, eliaçıklık.

سخت seht: (Peh.) **1.**çetin, zorlu. **2.**güç, müşkül. **3.**çok. **4.**sımsıkı. **5.**şiddetli. **6.**sağanak. **7.**kaba, iri. **8.**acımasız, taş yürekli. **9.**sert.

سخت بازو sehtbâzû: [seht+bâzû] **1.**güçlü, kuvvetli. **2.**koruyucu, hâmi.

سخت پيشانی sehtpîşânî: [seht+pîşânî] korkusuz, yürekli.

سخت جان sehtcân: [seht+cân] **1.**dokuz canlı. **2.**acımasız, taş yürekli.

سخت زبان sehtzebân: [seht+zebân] ağzı bozuk, küfürbaz.

سخت دل sahtdil: [saht+dil] katı yürekli.

سخت رو sahtrû: [saht+rû] **1.**asık suratlı. **2.**sert ifadeli.

سخت سر sehtser: [seht+ser] **1.**sağlam, kalıcı, payidar. **2.**şaşkın.

سخت شدن seht şoden: **1.**sertleşmek. **2.**zorlaşmak, güçleşmek. **3.**şiddetlenmek, kötülemek. **4.**katılaşmak.

سخت كردن seht kerden: **1.**sertleştirmek. **2.**zorlaştırmak, güçleştirmek. **3.**katılaştırmak. **4.**şiddetlendirmek, kötüleştirmek.

سخت گرفتن seht giriften: zorlamak, zora koşmak, katı davranmak, sert davranmak.

سختگير sehtgîr: [seht+giriften>gîr] **1.**zora koşan, zorlayan. **2.**sert. **3.**ince eleyip sık dokuyan. **4.**hırslı. **5.**sımsıkı tutan.

سختگيری sehtgîrî: [seht+giriften>gîr+î] **1.**zora koşma, zorlama. **2.**sertlik, haşinlik. **3.**ince eleyip sık dokuma. **4.**hırs.

سخت لگام sahtligâm: [saht+ligâm] sinirli at, dikbaşlı at, gemalmaz.

سختی sehtî: [seht+î] **1.**sertlik. **2.**sağlamlık. **3.**güçlük. **4.**irilik. **5.**cimrilik. **6.**acımasızlık, taş yüreklilik. **7.**zahmet, sıkıntı, meşakkat. **8.**yoksulluk. **9.**âfet.

سختيان sahtiyân [<sahtyân] **1.**sepilenmiş, boyalı ve parlak deri. **2.**sahtiyan derisinden yapılan eşya.

سختيانی sahtiyânî: [sahtyân+î] **1.**sahtiyandan. **2.**sahtiyan yapan. **3.**sahtiyan satan.

سخره sehre: (A.) zebun.

سخره suhre: (A.) **1.**alay. **2.**maskaralık. **3.**maskara.

سخره كار suhrekâr: (A.-F.) [suhre+kâr] maskara.

سخريه sohriyye: (A.) alay, istihza.

سخط sehet: (A.) **1.**öfke. **2.**dargınlık. **3.**iğrenme.

سخن sohen: (Peh.) **1.**söz, laf, kelâm. **2.**nutuk. **3.**arzu, irade. ‖ * ~ be miyân âmeden سخن به ميان آمدن söz edilmek, sözaçılmak, konu edilmek, bahsedilmek. ‖ * ~ be miyân âverden سخن به ميان آوردن söz etmek, söz açmak, konu etmek, bahsetmek. ‖ * ~ be miyân bûden ez kesî سخن به ميان بودن از كسى birinden söz edilmek. ‖ * ~ râ be çîzî resânden سخن را به چيزی رساندن sözü bir yere veya bir şeye getirmek. ‖ * ~ râ pey giriften سخن را پی گرفتن sözüne devam etmek. ‖ * ~ der ser-i kesî şoden

سخن در سر کسی شدن anlamak, kafası almak, kafasına girmek. ‖ * ~ -i bîser u bun سخن بی سر و بن ipe sapa gelmez söz, saçma sapan söz. ‖ * ~ -i bîser u teh سخن بی سر و ته saçma sapan söz. ‖ * ~ -i miyântohî سخن میان تهی 1.kehanet. 2.fal. ‖ * ~ -i nâfercâm سخن نافرجام anlamsız söz, saçma sapan söz. ‖ * ~ -i seng سخن سنگ kaba söz. ‖ * ~ -i şîrîn سخن شیرین güzel söz. ‖ * ~ -i zemherîr سخن زمهریر tatsız söz. ‖ * âgâz-i ~ kerden آغاز سخن کردن kaba söz, uygunsuz söz. ‖ * be ~ der âmeden به سخن در آمدن söze başlamak, söze girmek, konuşmaya başlamak. ‖ * be ~ -i dîger به سخن دیگر bir başka deyişle. ‖ * der ~ âmeden در سخن آمدن konuşmaya başlamak. ‖ * der miyân-i ~ devîden در میان سخن دویدن söze girmek, sözü kesmek. ‖ * erbâb ~ ارباب سخن söz sahipleri, şairler. ‖ * pâyân-i ~ پایان سخن lafın sonu.

سخن آرا sohenârâ: [sohen+ârâsten>ârâ] güzel konuşan, ağzı laf yapan.

سخن آرایی sohenârâyî: [sohen+ârâsten> ârây+î] güzel konuşma.

سخن آفرین sohenâferîn: [sohen+ âferîden> âferîn] 1.söz ustası, şair.2.Tanrı.

سخنان sahanân: (A.) 1.sıcak gün. 2.çok sıcak, kızgın.

سخنان sahnân: (A.) 1.sıcak gün. 2.sıcak, kızgın.

سخنان suhnân: (A.) 1.sıcak gün. 2.kızgın, aşırı sıcak.

سخن پراکنی sohenperâkenî: [sohen+ perâkenden>perâken+î] spikerlik.

سخن پرداز sohenperdâz: [sohen+ perdâhten>perdâz] 1.güzel konuşan, ağzı laf yapan. 2.edip.

سخن پردازی sohenperdâzî: [sohen+ perdâhten> perdâz +î] 1.güzel konuşma. 2.ediplik.

سخن پرور sohenperver: [sohen+ perverden> perver] söz ustası, edip, şair.

سخن پروری sohanperverî: [sohen+ perverden> perver+î] söz ustalığı, şairlik.

سخن پیرا sohenpîrâ: [sohen+pîrâsten> pîrâ] güzel konuşan, süslü kelimelerle konuşan.

سخن پیوستن sohen peyvesten: söz açmak, konu etmek.

سخن چین sohençîn: [sohen+çîden>çîn] dedikoducu, gammaz, laf taşıyan.

سخن چینی sohençînî: [sohen+çîden> çîn+î] dedikodu, laf taşıma, gammazlık.

سخن چینی کردن sohençînî kerden: dedikodu yapmak, laf taşımak.

سخن داشتن sohen dâşten: 1.konuşmak, beyan etmek. 2.söyleyecek sözü olmak.

سخندان sohendân: [sohen+dânisten>dân] 1.edip. 2.şair. 3.güzel konuşan, ağzı laf yapan. 4.söz bilen, sözden anlayan. 5.bayan adı: Sühendan.

سخندانی sohendânî: [sohen+dânisten> dân+î] güzel konuşma.

سخن راز sohenrâz: [sohen+râz] sır tutan.

سخنران sohenrân: [sohen+rânden>rân] 1.konuşmacı, konferans veren. 2.güzel konuşan, hatip.

سخنرانی sohenrânî: [sohen+rânden> rân+î] 1.konuşma, güzel konuşma, hatiplik. 2.konferans. 3.tebliğ.

سخنرانی ایراد کردن sohenrânî îrâd kerden: 1.konuşma yapmak. 2.konferans vermek.

سخنرانی کردن sohenrânî kerden: 1.konuşma yapmak. 2.konferans vermek.

سخن زدن sohen zeden: 1.konuşmak, söylemek, laf etmek. 2.iftira etmek.

سخن زن sohenzen: [sohen+zeden>zen] 1.hatip, konuşmacı. 2.hikâyeci. 3.şair.

4.iftiracı, müfteri.

سخن سرا sohenserâ: [sohen+serâyîden> serâ] 1.güzel konuşan, hatip. 2.şakıyan.

سخن سنج sohensenc: [sohen+sencîden> senc] 1.edip, edebiyatçı. 2.edebiyat eleştirmeni. 3.ölçüp tartarak konuşan. 4.sözden anlayan, sözün kıymetini bilen.

سخن سنجی sohensencî: [sohen+sencîden> senc+î] 1.ölçüp tartarak konuşma. 2.sözden anlama, sözün kıymetini bilme.

سخن شناس sohenşinâs: [sohen+şinâhten> şinâs] 1.edip. 2.edebiyat eleştirmeni. 3.sözden anlayan, söz ustası.

سخن شناسی sohenşinâsî: [sohen+şinâhten> şinâs+î] söz ustalığı, sözü takdir etme.

سخن شنو sohenşinev, sohenşinov: [sohen+şenîden>şinev, şinov] 1.itaatli, söz dinleyen. 2.eğitilebilir.

سخن فروش sohenfurûş: [sohen+furûhten> furûş] 1.şair. 2.dalkavuk.

سخن فهم · sohenfehm: (F.-A.) [sohen+fehmîden> fehm] 1.laftan anlayan. 2.sözün değerini takdir eden.

سخن کوتاه sohenkûtâh: [sohen+kûtâh] kısaca, özetle, sözün kısası.

سخن گذار> سخن گزار sohengozâr: [sohen+ gozârden>gozâr] güzel konuşan, ağzı laf yapan.

سخن گستر sohenguster: [sohen+gosterden> goster] söz ustası, şair.

سخن گفتن sohen goften: 1.konuşmak. 2.bahsetmek, söz etmek.

سخن گو sohengû: [sohen+goften>gû] 1.hatip, konuşmacı. 2.sözcü.

سخن گویی sohengûyî: [sohen+goften> gûy+î] 1.hatiplik, konuşmacılık. 2.sözcülük.

سخنور sohenver: [sohen+ver] 1.edip, söz ustası. 2.şair.

سخنوری sohenverî: [sohen+ver+î] 1.ediplik. 2.şairlik. 3.belagat.

سخون sohûn: söz, laf, kelâm.

سخونت suhûnet: (A.) sıcaklık, ısı, suhunet.

سخی sehî: (A.) 1.cömert, bonkör, eliaçık. 2.bağışlayıcı.

سخیف sehîf: (A.) 1.zayıf akıllı. 2.zayıf. 3.alçak, pespaye. 4.boş. 5.gevşek dokunmuş bez.

سخیفه sahîfe: (A.) 1.zayıf. 2.gevşek. 3.boş.

سخین sahîn: (A.) çok sıcak, kızgın.

سخینه sahîne: (A.) çok sıcak, kızgın.

سد sedd: (A.) 1.tıkama, kapama, set çekme. 2.tıkanma, kapanma, set çekilme. 3.kapatılma. 4.set, baraj. 5.engel. ‖ * ~ -i İskender سد اسکندر İskender'in seddi, Ye'cûc ve Me'cûc'un saldırılarından korunmak amacıyla İskender-i Zülkarneyn'in yaptırdığı set. ‖ * ~ -i kebîr سد کبیر Çin Seddi.

سدائل sedâ'il: (A.) 1.askılar. 2.perdeler. 3.zarlar. 4.örtüler.

سداب sodâb, sedâb (bot.) sedef otu.

سداجت sedâcet: (A.) sadelik.

سداد sedâd: (A.) 1.doğru yolda olma, doğruluk, dürüstlük. 2.doğru. 3.erkek adı.

سداد seddâd: (A.) 1.tıpa. 2.tampon.

سداد sidâd: (A.) 1.tıpa, tıkaç. 2.tampon.

سداسی sudâsî: (A.) 1.altılı. 2.altı harflik.

سداسی الاضلاع sudâsil'azlâ': (A.) altıgen, altı kenarlı.

سداسی البذور sudâsilbuzûr: (A.) altı tohumlu bitki.

سداسی الوجوه sudâsilvucûh: (A.) altı yüzlü.

سداسی الوریقات sudâsilvureykât: (A.) altı yaprakçıklı.

سدانت sedânet: (A.) 1.perdedarlık. 2.Kâbe perdedarlığı.

سدب sedeb: (A.) sedef otu.

سد بستن sed besten: 1.set çekmek. 2.baraj yapmak.

سد بندی sedbendî: [sed+besten>bend+î] 1.set çekme. 2.baraj yapımı.

سدبیه sedebiyye: (A.) sedef otugiller.

سدد suded: (A.) 1.kapılar. 2.eşikler.

سدر sidr: (A.) arabistan kirazları.

سدر sidr: (Lat.) (bot.) sedir ağacı, hünnap, lotus ağacı.

سدرات sidirât, sidrât: (A.) arabistan kirazları.

سدره sodre: yakasız, beyaz gömlek.

سدره sidre: (A.) **1.**bir sedir ağacı. **2.**Tanrı'ya ulaşmak için çıkılacak en son makam. **3.**Arabistan kirazı.

سدره اغصان sidreagsân: (A.) [sidre+ agsân] sidre ağacı gibi dalları olan.

سدره پرواز sidrepervâz: (A.-F.) [sidre+ pervâz] gökyüzünün sidretülmüntehâ tabakasında uçan.

سدره قد sidrekad: (A.) [sidre+kadd] sedir gibi uzun boy.

سدره مثال sidremisâl: (A.) [sidre+misâl] sidre ağacıni andıran.

سدرهء منتها ، سدرهء منتهى sidretülmünteha, arşta hiçbir varlığın ötesine geçemediği son sınır.

سدره نشين sidrenişîn: (A.-F.) [sidre+ nişesten>nişîn] gökyüzünün sidretülmünteha tabakasında oturan melek, Tanrı'ya yakın melek.

سدره وش sidreveş: (A.-F.) [sidre+veş] sidre gibi, sidre ağacı gibi.

سدس suds: (A.) **1.**altıda bir. **2.**bir vergi türü.

سدفه sudfe: (A.) giriş, antre.

سد كردن sed kerden: engel olmak, mani olmak, set çekmek.

سد گشادن sed goşâden: **1.**su vermek, su seddini açmak. **2.**harap etmek, yıkmak. **3.**fethetmek.

سدم sedm: (A.) dik fışkıran su.

سدن sedn: (A.) **1.**tapınak, mabet. **2.**puthane.

سدنه sedene: (A.) **1.**kapıcılar. **2.**perdedarlar. **3.**Kâbe kapıcıları.

سده sede: [sed+e] **1.**yüzyıl, asır. **2.**sede bayramı.

سده sodde: (A.) **1.**minber. **2.**(tıb.) bağırsak düğümlenmesi. **3.**kapı, eşik.

سديد sedîd: (A.) **1.**sağlam. **2.**doğru, isabetli.

سديگر sedîger: (Peh.) [se+dîger] üçüncü.

سديده sudeyde: (A.) kapakçık.

سدير sedîr: (T.) **1.**kerevet. **2.**karyola. **3.**sedir ağacı.

سديل sedîl: (A.) **1.**askı. **2.**perde. **3.**örtü. **4.**zar.

سديم sodyum: (Fr.): (kim.) sodyum.

سذاب sozâb, sezâb: (A.) (bot.) sedef otu.

سر ser: (Peh.) **1.**baş. **2.**kişi, fert. **3.**düşünce, fikir. **4.**istek, arzu, heves. **5.**niyet, kasıt. **6.**güç, kuvvet. **7.**(ask.) komutan, ordu komutanı, kuvvet komutanı. **8.**lider, önder, başkan. **9.**ileri gelen. **10.**öz, saf, arı, halis. **11.**adet, tane (At, katır gibi hayvanlarla avcı kuşlar için). **12.**üst, üstünde, üzeri, üzerinde. **13.**vakti, zamanı. **14.**hakkında, dair, ilişkin. **15.**neden, sebep. **16.**temel, esas, asıl. **17.**kapı sürgüsü. **18.**koruyucu, hâmi. **19.**başlangıç. **20.**üstün. **21.**taraf, yön, cihet. **22.**yüzünden, nedeniyle, sebebiyle. **23.**uç. **24.**köşe, köşebaşı. **25.**kapak. **26.**ağız. **27.** -de, -da, içinde. **28.**kenar. **29.**orta. **30.**başında. **31.**üstü. ‖ * ~ âmeden-i dil-i kesî سر آمدن دل كسى sabrı taşmak. ‖ * ~ be ~ gozâşten سر به سر گذاشتن başbaşa vermek, fısıldaşmak, fiskos yapmak. ‖ * ~ be ~ kerden (bâ) سر به سر كردن با biriyle eşit olmak. ‖ * ~ be âb furû borden سر به آب فرو بردن umudunu yitirmek, meyus olmak. ‖ * ~ be âsmân sûden سر به آسمان سودن ağmak, yükselmek. ‖ * ~ be bâl dozdîden سر به بال دزديدن tavuk vs.kesmek. ‖ * ~ be bâlâ kerden سر به بالا كردن başını kaldırmak. ‖ * ~ be beyâbân gozâşten سر به بيابان گذاشتن başını alıp gitmek. ‖ * ~ be tîg hârîden سر به تيغ خاريدن öldürmek, boyun vurmak. ‖ * ~ be çîzî borden سر به چيزى بردن başını yükseltmek. ‖ * ~ be çîzî yâ câyî kerden سر به

چیزی یا جایی کردن yönelmek. ‖ * ~ be derd âverden سر به درد آوردن baş ağrıtmak. ‖ * ~ be felek keşîden سر به فلک کشیدن göklere yükselmek, göklere ağmak. ‖ * ~ be fikret furû borden سر به فکرت فرو بردن düşünceye dalmak. ‖ * ~ be gerdûn efrâşten سر به گردون افراشتن başını kaldırmak. ‖ * ~ be girîbân borden سر به گریبان بردن düşünmek, düşünceye dalmak. ‖ * ~ be girîbân furû borden سر به گریبان فرو بردن düşünmek, düşünceye dalmak. ‖ * ~ be hevâ cevâb dâden سر به هوا جواب دادن üstünkörü cevap vermek, geçiştirmek. ‖ * ~ be kûh u beyâbân dâden سر به کوه و بیابان دادن çöllere düşmek. ‖ * ~ be mînû keşîden سر به مینو کشیدن biriyle eşitlik davasına kalkışmak. ‖ * ~ be nîst kerden سر به نیست کردن 1.yok etmek. 2.öldürmek. ‖ * ~ be nîst şoden سر به نیست شدن 1.yok olmak. 2.ölmek. ‖ * ~ be râh âverden سر به راه آوردن yola gelmek, durulmak. ‖ * ~ be sahrâ nihâden u reften سر به صحرا نهادن و رفتن çöllere düşmek, alıp başını gitmek. ‖ * ~ be seng horden سر به سنگ خوردن başını taşa vurmak. ‖ * ~ be sucûd nihâden سر به سجود نهادن secdeye kapanmak. ‖ * ~ be şîşe-i tohî çerb kerden سر به شیشهء تهی چرب کردن hile yapmak, aldatmak. ‖ * ~ be tâk kûbîden سر به طاق کوبیدن birinin dikkatini başka bir yöne çekmek. ‖ * ~ be zîr efkenden سر به زیر افکندن başını öne eğmek. ‖ * ~ be zîr endâhten سر به زیر انداختن başını öne eğmek. ‖ * ~ bend-i kesî giriften سر بند کسی گرفتن birinin sırrına vâkıf olmak. ‖ * ~ ber bâlâ kerden سر بر بالا کردن başını kaldırmak. ‖ * ~ ber gerdûn efrâşten سر بر گردون افراشتن başını kaldırmak. ‖ * ~ ber hâk nihâden سر بر خاک نهادن 1.itaat etmek. 2.secde etmek. ‖ * ~ ber hat dâşten سر بر خط داشتن itaat etmek. ‖ * ~ ber hat nihâden سر بر خط نهادن itaat etmek. ‖ * ~ ber kemer zeden سر بر کمر زدن 1.çıldırmak, delirmek. 2.zıvanadan çıkmak. 3.sevdalanmak. ‖ * ~ ber kesî dâşten سر بر کسی داشتن birine düşmanlık gütmek. ‖ * ~ ber kesî nihâden سر بر کسی نهادن birine düşmanlık gütmek. ‖ * ~ ber sinân kerden سر بر سنان کردن öldürüp teşhir etmek. ‖ * ~ ber zânû nişesten سر بر زانو نشستن 1.iki büklüm olmak. 2.murakabe etmek. 3.üzüntülü oturmak. ‖ * ~ ber zemîn nihâden سر بر زمین نهادن secde etmek, yere kapanmak. ‖ * ~ ber zemîn zeden سر بر زمین زدن secde etmek, yere kapanmak. ‖ * ~ dâden sûy-i kesî سر دادن سوی کسی birine yönelmek. ‖ * ~ der ~ -i çîzî kerden سر در سر چیزی کردن 1.kelleyi koltuğa almak. 2.bir şeyin uğrunda ölmek. ‖ * ~ der ber efkenden سر در بر گرفتن başı göğsüne düşmek. ‖ * ~ der cihân giriften سر در جهان گرفتن derbeder olmak, avare olmak. ‖ * ~ der cihân nihâden سر در جهان نهادن derbeder olmak, avare olmak. ‖ * ~ der çîzî gozâşten سر در چیزی گذاشتن 1.kelleyi koltuğa almak. 2.bir şeyin uğrunda ölmek. ‖ * ~ der çîzî sûden سر در چیزی سودن 1.başını bir yere sürtmek 2.yaşamak. ‖ * ~ der dâmen-i kesî endâhten سر در دامن کسی انداختن 1.tevessül etmek. 2.aczinden dolayı biriyle çekişmek. ‖ * ~ der girîbân borden سر در گریبان بردن düşünceye dalmak. ‖ * ~ der girîbân furû borden سر در گریبان فرو بردن 1.düşünceye dalmak. 2.başını yakasına çekmek. 3.(tas.) sûfinin uyku ile uyanıklık arasında, kendisine hakikatlerin göründüğü düşünceler alemine dalması. ‖ * ~ der girîbân kerden سر در گریبان

کردن düşünceye dalmak. ‖ * ~ der girîbân keşîden سر در گریبان کشیدن düşünceye dalmak. ‖ * ~ der girîbân teng mânden سر در گریبان تنگ ماندن rezil rüsva olmak. ‖ * ~ der girîbân-i uzlet keşîden سر در گریبان عزلت کشیدن bir köşeye çekilmek, inzivaya çekilmek. ‖ * ~ der kadem-i kesî nihâden سر در قدم کسی نهادن birine tabi olmak. ‖ * ~ der kârî ya çîzî kerden سر در کاری یا چیزی کردن bir işe (Bir şeye) başlamak. ‖ * ~ der kulâh-i kesî nihâden سر درکلاه کسی نهادن birine tabi olmak. ‖ * ~ der neşîb keşîden سر در نشیب کشیدن **1.**utanmak. **2.**iş sarpa sarmak. ‖ * ~ der pey-i kesî gozâşten سر در پی کسی گذاشتن birinin peşine düşmek. ‖ * ~ der rikâb kerden سر در رکاب کردن önde gitmek. ‖ * ~ der şikem nihâden سر در شکم نهادن gizlenmek. ‖ * ~ em râ hordî سرم را خوردی başımı şişirdin! ‖ * ~ ender çîzî kerden سر اندر چیزی کردن bir şeyin uğruna ölmek. ‖ * ~ ender nihuft âverden سر اندر نهفت آوردن gizlenmek. ‖ * ~ eş be teneş ziyâdetî mîkoned سرش به تنش زیادتی میکند : (zorla) kaşınıyor, eceline susamış. ‖ * ~ et sebz bâd سرت سبز باد mutlu ol, mesut ol! ‖ * ~ ez âb-i bîgâne şosten سر از آب بیگانه شستن yabancının malına el koymak. ‖ * ~ ez bâlîn tohî kerden سر از بالین تهی کردن **1.**boşaltmak. **2.**bir şeyin tersini yapmak. ‖ * ~ ez cîb ber âverden سر از جیب بر آوردن bir şeyin üstesinden gelmek. ‖ * ~ ez cîb ber kerden سر از جیب بر کردن bir şeyin üstesinden gelmek. ‖ * ~ ez çîzî bîrûn âverden سر از چیزی بیرون آوردن üstesinden gelmek, altından kalkmak. ‖ * ~ ez girîbân ber âverden سر از گریبان بر آوردن uyanmak. ‖ * ~ ez girîbân ber zeden u ber âverden سر از گریبان بر زدن و بر آوردن biriyle sidik yarışı yapmak. ‖ * ~ ez girîbân-i kesî ber kerden سر از گریبان کسی بر کردن birinin yanında olmak. ‖ * ~ ez girîbân-i vefâ ber kerden سر از گریبان وفا بر کردن vefalı olmak. ‖ * ~ ez hâb ber kerden سر از خواب بر کردن uyanmak. ‖ * ~ ez hâb cehânden سر از خواب جهاندن uyanmak. ‖ * ~ ez hâb der âverden سر از خواب در آوردن uyanmak. ‖ * ~ ez hâb tohî kerden سر از خواب تهی کردن uyanmak. ‖ * ~ ez hâk ber kerden سر از خاک بر کردن yeşermek, bitmek, baş vermek. ‖ * ~ ez hâk ber zeden سر از خاک بر زدن başını dışarı çıkarmak. ‖ * ~ ez hat ber dâşten سر از خط بر داشتن çizgiden çıkmak, itaatsizlik etmek, haddini aşmak. ‖ * ~ ez hat ber giriften سر از خط بر گرفتن çizgiden çıkmak, itaatsizlik etmek, haddini aşmak. ‖ * ~ ez hîş ber âverden سر از خویش بر آوردن kendi varlığından haberdar olmak, uyanmak. ‖ * ~ ez hod nebûden سر از خود نبودن hizmete hazır olmak. ‖ * ~ ez hukm-i kesî ber tâften سر از حکم کسی بر تافتن itaat etmemek, baş kaldırmak. ‖ * ~ ez hukm-i kesî bîrûn âverden سر از حکم کسی بیرون آوردن itaat etmemek. ‖ * ~ ez inân u fermân-i kesî bîrûn borden سر از عنان و فرمان کسی بیرون بردن baş kaldırmak, itaat etmemek. ‖ * ~ ez inân u fermân-i kesî pîçîden سر از عنان و فرمان کسی پیچیدن baş kaldırmak, itaat etmemek. ‖ * ~ ez itâet keşîden سر از اطاعت کشیدن başkaldırmak. ‖ * ~ ez kâr bîrûn borden سر از کار بیرون بردن işin aslını anlamak. ‖ * ~ ez neş'e sebuk sâhten سر از نشئه سبک ساختن çakırkeyif olmak, kafayı bulmak. ‖ * ~ ez pâ nedânisten سر از پا ندانستن başını ayağından ayırt edememek, içi içine sığmamak. ‖ * ~ ez pâ neşinâhten سر از پا نشناختن içi içine sığmamak, ayakları yere değmemek. ‖ * ~ ez pîş ber âverden سر از پیش بر آوردن başını kaldırmak. ‖ * ~ ez rişte ber âverden سر از رشته بر آوردن işin aslını anlamak. ‖ * ~ ez rişte bîrûn borden سر از رشته بیرون بردن işin aslını anlamak, akıl erdirmek. ‖ * ~ ez şîşe-i tohî çerb kerden سر از شیشهء تهی چرب کردن aldatmak. ‖ * ~ ez zânû-yi fikr ber giriften سر از زانوی فکر بر گرفتن düşünceden sıyrılmak, düşünmeyi bırakmak. ‖ * ~ ez zîr-i destân keşîden سر از زیر دستان کشیدن itaat etmek. ‖ * ~ ez zîr-i hâk zeden سر از زیر خاک زدن baş vermek, yeşermek. ‖ * ~ girân dâşten ez hâb سر گران داشتن از خواب uykudan başı önüne düşmek. ‖ * ~ girân şoden ez hâb سر گران شدن از خواب uykudan başı önüne düşmek. ‖ * ~ î ez hem codâ nebûden سری از هم جدا نبودن sıkı fıkı olmak, aralarından su sızmamak. ‖ * ~ î miyân-i serhâ âverden سری میان سرها آوردن kendisini göstermek. ‖ * ~ î tûy-i serhâ âverden سری توی سرها آوردن kendisini göstermek. ‖ * ~ kadem sâhten سر قدم ساختن birini görmeye can atmak. ‖ * ~ râ bâlâ giriften سر را بالا گرفتن başını dikmek. ‖ * ~ râ ber âverden سر را بر آوردن başını yükseltmek, başını kaldırmak. ‖ * ~ râ ber dâşten سر را بر داشتن başını kaldırmak. ‖ * ~ râ bulend kerden سر را بلند کردن başını kaldırmak. ‖ * ~ râ pâyîn endâhten سر را پایین انداختن başını öne eğmek, başını yere eğmek. ‖ * ~ râ tekân dâden سر را تکان دادن başını sallamak. ‖ * ~ râ zîr endâhten سر را زیر انداختن başını öne eğmek. ‖ * ~ sûy-i câyî nihâden سر سوی جایی نهادن bir yere yönelmek, hareket etmek. ‖ * ~ tâ kadem سرتاقدم baştan ayağa. ‖ * ~ tekân dâden سر تکان دادن baş sallamak. ‖ * ~ tûy-i ~ der âverden سر توی سر در آوردن liyakati olmadığı halde bir topluluğa girmek. ‖ * ~ tûy-i hesâb-i çîzî bûden سر توی حساب چیزی بودن bir şeyle ilgili olmak, bir şeyi bilmek. ‖ * ~ u gûş âb dâden سر و گوش آب دادن 1.bir yere gidip etrafı kolaçan etmek. 2.az bilgi sahibi olmak. ‖ * ~ u gûş-i kesî devîden سر و گوش کسی دویدن gözü aç olmak, bir şeye karşı aç olmak. ‖ * ~ u hâl bûden سر و حال بودن keyifli olmak. ‖ * ~ u kâr dâşten bâ kesî سر و کار داشتن با کسی biriyle işi olmak, biriyle alışverişi olmak, ilgisi olmak. ‖ * ~ u kelle zeden bâ kesî سر و کله زدن با کسی 1.biriyle tartışmak. 2.birine dert anlatmak. 3.biriyle konuşmak. ‖ * ~ u kelle-i kesî bâd kerden سر و کلهء کسی باد کردن kafası kazan gibi olmak. ‖ * ~ u kelle-i kesî peydâ şoden سر و کلهء کسی پیدا شدن belirmek, ortaya çıkmak. ‖ * ~ u kîse kerden سر و کیسه کردن 1.hile ile birinin malınıelinden almak, birinin malını iç etmek. 2.jilet atmak. 3.birinden para sızdırmak. 4.rüşvet almak. 5.birini tenkit etmek. ‖ * ~ u pâ gom kerden سر و پا گم کردن şaşırıp kalmak, eli ayağına dolanmak. ‖ * ~ u sâmân dâden سر و سامان دادن düzene sokmak. ‖ * ~ u sâmân peydâ kerden سر و سامان پیدا کردن düzen kurmak. ‖ * ~ u sâmânî giriften سر و سامانی گرفتن düzen kurmak. ‖ * ~ u sedâ سر و صدا ses, gürültü. ‖ * ~ u sedâ kerden سر و صدا کردن gürültü çıkarmak. ‖ * ~ u sedâ râh endâhten سر و صدا راه انداختن bağırıp çağırmak, yaygara çıkarmak. ‖ * ~ u sir peydâ kerden سر و سر پیدا کردن 1.tanışmak. 2.yasak ilişkide bulunmak. ‖ * ~ u sirrî dâşten bâ kesî سر و سری داشتن با کسی biriyle yasak ilişkisi olmak. ‖ * ~ u sûret dâden سر و صورت دادن düzene sokmak, düzenlemek, tertip etmek. ‖ * ~ u şâhe سر و شاخه dal, dal budak. ‖ * ~ u teh-i çîzî râ behem âverden سر و ته چیزی را بهم آوردن bir işi kotarmak. ‖ * ~ u teh-i yek kirbâs bûden سر و ته یک کرباس بودن altı üstü bir olmak, hepsi birbirinin aynı olmak, birbirinden farkı olmamak. ‖ * ~ u vaz' سر و وضع kılık kıyafet, üst baş. ‖ * ~ u vaz'-i hod râ dorost kerden سر و وضع خود را درست کردن kendisine çekidüzen vermek. ‖ * ~ zîr-i âb kerden سر زیر آب کردن saklanmak. ‖ * ~ -i akl âmeden سر عقل آمدن aklını başına toplamak. ‖ * ~ -i bîşâm zemîn gozâşten سر بی شام زمین گذاشتن aç açına yatmak. ‖ * ~ -i cây bûden سر جای بودن yerli yerinde olmak, yerinde olmak. ‖ * ~ -i cây hoşk-i kesî zeden سر جای خشک کسی زدن yerinde donup kalmak. ‖ * ~ -i câyeş سر جایش yerinde, yerli yerinde. ‖ * ~ -i câyeş gozâşten سر جایش گذاشتن yerine bırakmak, yerine koymak. ‖ * ~ -i çerâg efkenden سر چراغ افکندن mum fitilini kesmek. ‖ * ~ -i çi سر چی neden, niçin, ne yüzden, ne sebeple, ne konuda? ‖ * ~ -i çille keşîden سر چله کشیدن kırkını doldurmak. ‖ * ~ -i çîzî be zânû nihâden سر چیزی به زانو نهادن dizini dövmek. ‖ * ~ -i çîzî dâşten سر چیزی داشتن düşüncesinde olmak, hevesinde olmak, istemek, düşünmek. ‖ * ~ -i demag bûden سر دماغ بودن keyfi yerinde olmak. ‖ * ~ -i dendân sefîd kerden سر دندان سفید کردن 1.sırıtmak. 2.gülümsemek. ‖ * ~ -i dest ber efşânden سر دست بر افشاندن öfkeyle bir şeyi terketmek. ‖ * ~ -i dest efşânden سر دست افشاندن öfkeyle bir şeyi terketmek. ‖ * ~ -i destâr çîden سر دستار چیدن sarığı sararken bir taraftan da ucunu düzeltmek. ‖ * ~ -i destî giriften سر دستی گرفتن 1.yardım etmek. 2.hafife almak, küçük görmek. ‖ * ~ -i destî resîden سر دستی رسیدن birinin sırrını anlamak. ‖ * ~ -i dil-i kesî hâlî bûden سر دل کسی خالی بودن 1.aç olmak. 2.yemek yememek. ‖ * ~ -i dirâz dâşten-i çîzî سر دراز داشتن چیزی daha devamı olmak, arkası olmak, mâbadi olmak. ‖ * ~ -i ebrû ham kerden سر ابرو خم کردن kaş çatmak. ‖ * ~ -i fulânî mîconbed سر فلانی می جنبد sağdır, hayattadır. ‖ * ~ -i gâv tûy-i homre gîr kerden سر گاو توی خمره گیر کردن cahillikten başı dertten kurtulmamak. ‖ * ~ -i gayret âmeden سر غیرت آمدن hiddetlenmek, köpürmek, parlamak, tepesi atmak. ‖ * ~ -i gayret âverden سر غیرت آوردن tahrik etmek, kızdırmak, hiddetlendirmek. ‖ * ~ -i hâl bûden سر حال بودن 1.keyifli olmak, keyfi yerinde olmak. 2.tabiî halinde olmak. ‖ * ~ -i hâlet bûden سر حالت بودن 1.keyifli olmak. 2.tabiî halinde olmak. ‖ * ~ -i hâne-i akl âmeden سر خانهء عقل آمدن aklını başına toplamak. ‖ * ~ -i harf âmeden سر حرف آمدن konuşmaya başlamak, ağzını açmak. ‖ * ~ -i harf âverden سر حرف آوردن konuşturmak. ‖ * ~ -i harf bâz kerden سر حرف باز کردن konuşmaya başlamak. ‖ * ~ -i harf ber âverden سر حرف بر آوردن söze başlamak. ‖ * ~ -i harf râ bâz kerden سر حرف را باز کردن konuyu açmak. ‖ * ~ -i harf vâ kerden سر حرف وا کردن söze başlamak. ‖ * ~ -i her resânîden سر خر رسانیدن bir tekniği kemale erdirmek. ‖ * ~ -i her şoden سر خر شدن 1.rahatsız etmek, rahatsız edici olmak. 2.korkuluk olmak. ‖ * ~ -i heves âmeden سر هوس آمدن özenmek, heveslenmek, heves etmek. ‖ * ~ -i heves âverden سر هوس آوردن özendirmek, heveslendirmek. ‖ * ~ -i hisâb şoden سر حساب شدن uyanmak, farkına varmak,: (argo) jetonu düşmek. ‖ * ~ -i hîş giriften سر خویش گرفتن 1.kendi işine bakmak. 2.işine gitmek. ‖ * ~ -i hod giriften سر خود گرفتن 1.kendi işine bakmak. 2.işine gitmek. ‖ * ~ -i hod horden سر خود خوردن başını yemek, kötü bir şey yapmak. ‖ * ~ -i huşûnet giriften سر خشونت گرفتن gaddar davranmak, sertleşmek. ‖ * ~ -i kabr سر قبر mezar başı. ‖ * ~ -i kâr reften سر کار رفتن 1.işe gitmek. 2.bir işle meşgul olmak. ‖ * ~ -i kâr-i hod giriften سر کار خود گرفتن kendi işine bakmak. ‖ * ~ -i kelle nihâden سر کله نهادن 1.seçmek. 2.itibar etmek. ‖ * ~ -i kesî be deverân oftâden سر کسی به دوران افتادن başı dönmek. ‖ * ~ -i kesî be dîvâr horden سر کسی به دیوار خوردن 1.çetin cevize çatmak. 2.sıkıntıya düşmek. ‖ * ~ -i kesî be hâb der âmeden سر کسی به خواب در آمدن uykuya dalmak. ‖ * ~ -i kesî be seng horden سر کسی به سنگ خوردن çetin cevize çatmak. ‖ * ~ -i kesî bûden سر کسی بودن başında olmak. ‖ * ~ -i kesî dâşten سر کسی داشتن 1.ilgi göstermek, ilgilenmek. 2.saygı göstermek. ‖ * ~ -i kesî derd giriften سر کسی درد گرفتن baş ağrısı tutmak. ‖ * ~ -i kesî gîc horden سر کسی گیج خوردن başı dönmek. ‖ * ~ -i kesî gîc reften سر کسی گیج رفتن başı dönmek. ‖ * ~ -i kesî halvet şoden سر کسی خلوت شدن başı tenhalaşmak. ‖ * ~ -i kesî hoş bûden (berâyi) سر کسی خوش بودن برای birine abayı yakmak, birine aşık olmak. ‖ * ~ -i kesî neşoden ez çîzî سر کسی نشدن از چیزی akıldan nasibini almamak. ‖ * ~ -i kesî pîş-i kesî bend şoden سر کسی پیش کسی بند شدن birine aşık olmak. ‖ * ~ -i kesî râ be derd âverden سر کسی را به درد آوردن başını ağrıtmak, başını şişirmek. ‖ * ~ -i kesî râ be gird ender âverden سر کسی را به گرد اندر آوردن birinin başını kesmek. ‖ * ~ -i kesî râ der çenber u halka keşîden سر کسی را در چنبر و حلقه کشیدن dize getirmek, yola getirmek, hizaya getirmek. ‖ * ~ -i kesî râ derd âverden سر کسی را درد آوردن baş ağrıtmak. ‖ * ~ -i kesî râ dûr dîden سر کسی را دور دیدن birinin yokluğunu kötüye kullanmak, meydanı boş bulmak. ‖ * ~ -i kesî râ germ kerden سر کسی را گرم کردن birini meşgul etmek, birinin vaktini almak. ‖ * ~ -i kesî râ horden سر کسی را خوردن birinin başını yemek. ‖ * ~ -i kesî râ şîre mâlîden سر کسی را شیره مالیدن birini tongaya düşürmek, mandepsiye bastırmak. ‖ * ~ -i kesî râ terâşîden سر کسی را تراشیدن biriyle ilgilenmek, birine bakmak. ‖ * ~ -i kesî râ zîr-i âb kerden سر کسی را زیر آب کردن gizlice birinin defterini dürmek. ‖ * ~ -i kesî şoden سر کسی شدن aklı ermek, anlamak. ‖ * ~ -i kîse râ şol kerden سر کیسه را شل کردن kesenin ağzını açmak. ‖ * ~ -i kitâb bâz kerden سر کتاب باز کردن kitaptan fal tutmak. ‖ * ~ -i kûz âmeden سر قوز آمدن şiddetli tepki göstermek, şiddetli muhalefete başlamak. ‖ * ~ -i kûz âverden سر قوز آوردن birini inada veya direnişe zorlamak. ‖ * ~ -i kûz oftâden سر قوز افتادن inat etmek. ‖ * ~ -i mû سر مو azıcık, çok az. ‖ * ~ -i mûy zeden-i mîzân سر موی زدن میزان terazide bir kefe hafif ağır gelmek. ‖ * ~ -i neh peydâ kerden سر نخ پیدا کردن ipucu bulmak, ipucu yakalamak. ‖ * ~ -i pâ giriften سر پا گرفتن çocuğu çişe tutmak. ‖ * ~ -i pâ îstâden سر پا ایستادن ayakta durmak. ‖ * ~ -i pâ kerden سر پا کردن çocuğu çişe tutmak. ‖ * ~ -i pâ nişesten سر پا نشستن çömelmek. ‖ * ~ -i pâ şoden سر پا شدن hastalıktan kalkmak. ‖ * ~ -i pâ zeden سر پا زدن 1.tekme atmak, tekmelemek. 2.çelmelemek, zelme takmak. 3.bırakmak, vazgeçmek. 4.bozguna uğramak. 5.değerini düşürmek. ‖ * ~ -i pistân siyâh kerden سر پستان سیاه کردن çocuğu sütten kesmek için memeye özel olarak hazırlanmış ilaç sürmek. ‖ * ~ -i râh giriften سر راه گرفتن mola vermek. ‖ * ~ -i resen bâz yâften سر رسن باز یافتن 1.ipin ucunu yakalamak. 2.meseleyi kavramak. ‖ * ~ -i resen yâften سر رسن یافتن 1.ipin ucunu yakalamak. 2.meseleyi anlamak. ‖ * ~ -i rişte ez dest dâden سر رشته از دست دادن 1.lafını unutmak. 2.afallamak. 3.serseme dönmek. 4.işi bırakmak. 5.kerhen muamele etmek. ‖ * ~ -i rişte gom kerden سر رشته گم کردن 1.ipin ucunu kaçırmak. 2.ilgiyi kesmek. ‖ * ~ -i rişte nigehdâşten سر رشته نگهداشتن 1.kontrolü elinde bulundurmak. 2.bağlı kalmak. ‖ * ~ -i rişte yâften سر رشته یافتن amacına ulaşmak. ‖ * ~ -i saht horden سر سخت خوردن sadmeye uğramak. ‖ * ~ -i sâlim be gûr neborden سر سالم به گور نبردن eceliyle ölmemek. ‖ * ~ -i selâmetî dâden سر سلامتی دادن başsağlığı dilemek. ‖ * ~ -i selâmetî goften سر سلامتی گفتن başsağlığı dilemek. ‖ * ~ -i sohbet râ bâz kerden سر صحبت را باز کردن konuya girmek. ‖ * ~ -i şâh giriften سر شاخ گرفتن gözdağı vermek, gözünü korkutmak, gözünü yıldırmak. ‖ * ~ -i şâh şikesten سر شاخ شکستن gözdağı vermek, gözünü korkutmak, gözünü yıldırmak. ‖ * ~ -i şeb سر شب akşam üstü. ‖ * ~ -i şîşe bâz kerden سر شیشه باز کردن 1.içki içmek. 2.şişeyi açmak. ‖ * ~ -i şomâ selâmet bâşed سر شما سلامت باشد başınız sağ olsun. ‖ * ~ -i teslîm be pîş nihâden سر تسلیم به پیش نهادن boyun eğmek, itaat etmek. ‖ * ~ -i teslîm furûd âverden سر تسلیم فرود آوردن boyun eğmek, itaat etmek. ‖ * ~ -i tevakku' hârîden سر توقع خاریدن umutlu olmak. ‖ * ~ -i zahm mâlîden سر زخم مالیدن haddini bildirmek. ‖ * ~ -i zebân bûden سر زبان بودن ezbere bilmek. ‖ * ~ -i zebân dâşten سر زبان داشتن ezbere bilmek. ‖ * ~ -i zebânhâ bûden سر زبان ها بودن ağızdan ağıza dolaşmak. ‖ * ~ -i zebânhâ oftâden سر زبان ها افتادن 1.dillere düşmek, meşhur olmak. 2.kötü ün salmak. ‖ * ~ -i zebânî harf goften سر زبانی حرف گفتن 1.yarım ağız konuşmak. 2.fısıldamak. 3.mırıldanmak. ‖ * ~ -i zebânî harf zeden سر زبانی حرف زدن 1.yarım ağız konuşmak. 2.fısıldamak. 3.mırıldanmak. ‖ * ~ -i zulf سر زلف zülüf ucu. ‖ * ~ -i zulf sohen goften سر زلف سخن گفتن 1.nazlanmak. 2.çalım satmak. ‖ * ~ -i zulf-i nigâr سر زلف نگار dilberin zülüflerinin ucu. ‖ * ~ -i zulf-i tâbdâr سر زلف تابدار kıvrım kıvrım zülüflerin ucu. ‖ * akab-i ~ -i kesî reften عقب سر کسی رفتن kovalamak, peşine düşmek. ‖ * akl ez ~ -i kesî reften عقل از سر کسی رفتن aklı başından gitmek. ‖ * bâlâ-yi ~ بالای سر başucu, başucunda, başında. ‖ * bâliş zîr-i ~ -i kesî nihâden بالش زیر سر کسی نهادن hoş karşılamak, güleryüzle karşılamak. ‖ * be ~ âmeden به سر آمدن 1.sona ermek, bitmek, geçmek. 2.ölmek. 3.kaynamak. ‖ * be ~ âverden به سر آوردن sona erdirmek, bitirmek. ‖ * be ~ borden به سر بردن 1.sona erdirmek. 2.sonuna kadar götürmek. 3.vakit geçirmek, yaşamak, bir yerde bulunmak, bir yerde kalmak. 4.sözünde durmak. 5.dert ortaklığı etmek. 6.muvafakat etmek. 7.söylemek, inşad etmek. 8.kemale erdirmek. 9.üstesinden gelmek. ‖ * be ~ der âmeden به سر در آمدن 1.başüstü düşmek, yere kapaklanmak. **2.**yenilmek, mağlup olmak. **3.**muradına erememek. ‖ * be ~ devânden به سر دواندن hızla koşturmak. ‖ * be ~ devîden به سر دویدن (Saygı için) hızla koşmak, birinin emrini yerine getirmekte acele etmek. ‖ * be ~ ender âverden به سر اندر آوردن **1.**hatırına gelmek. **2.**tökezlemek, tökezleyerek yere kapaklanmak. ‖ * be ~ hânden به سر خواندن fethalı okumak, üstünlü okumak, meftuh okumak. ‖ * be ~ reften به سر رفتن **1.**sonuçlanmak, sona ermek. **2.**kaynamaya başlamak, taşmaya başlamak. **3.**anlamak, kafası almak. ‖ * be ~ -i به سرِ -e doğru, başında, başına, yanına. ‖ * be ~ -i çîzî bâz şoden به سر چیزی باز شدن bir şeye başlamak, bir işe koyulmak. ‖ * be ~ -i hod bûden به سر خود بودن kendine özgü olmak, müstakil olmak, apayrı olmak. ‖ * be ~ -i kalem-i hod giriften به سر قلم خود گرفتن bir yeri yazışma yoluyla idare etmek. ‖ * be ~ -i kesî âmeden به سر کسی آمدن başına gelmek, başından geçmek. ‖ * be ~ -i kesî oftâden به سر کسی افتادن aklına gelmek, aklına esmek. ‖ * be ~ -i kesî rîhten به سر کسی ریختن başına çullanmak, başına üşüşmek. ‖ * be ~ -i kesî şoden-i çîzî به سر کسی شدن چیزی bir şey birinin uğruna telef olmak, birin yolunda harcanmak. ‖ * be ~ -i kesî yâ çîzî bûden به سر کسی یا چیزی بودن **1.**hizmete âmade olmak. **2.**murakıp olmak. ‖ * be ~ -i kesî zeden به سر کسی زدن **1.**heyheyleri gelmek, başına vurmak, gelenleri gelmek. **2.**aklına esmek. ‖ * be ~ keşîden به سر کشیدن **1.**başına dikmek, bir defada içmek. **2.**giymek, başına geçirmek. ‖ * be ~ oftâden به سر افتادن **1.**başüstü düşmek, tepetakla düşmek. **2.**bozguna uğramak. ‖ * be ~ resîden به سر رسیدن sona ermek, bitmek, yok olmak. ‖ * be ~ şoden به سر شدن **1.**sona ermek, bitmek. **2.**ölmek. **3.**geçmek, geçip gitmek. ‖ * be ~ u çeşm به سر و چشم başüstüne, başım gözümüstüne. ‖ * be ~ u dîde به سر و دیده başüstüne, başım gözüm üstüne. ‖ * be ~ u vaz'-i hod resîden به سر و وضع خود رسیدن kendine çeki düzen vermek. ‖ * be ~ zeden به سر زدن **1.**bitirmek, sona erdirmek. **2.**muvafakat etmek. ‖ * ber ~ âmeden بر سر آمدن **1.**galip olmak, muzaffer olmak, üstün gelmek. **2.**tercih edilmek. **3.**vukûbulmak, meydana gelmek. **4.**sona ermek. **5.**az bir şey kalmak, bitmek üzere olmak, sonuna yaklaşmak. **6.**başta olmak. ‖ * ber ~ âverden بر سر آوردن **1.**bitirmek, sona erdirmek. **2.**yok etmek. **3.**üstün gelmek, galebe çalmak. ‖ * ber ~ -i بر سرِ başında, başucunda, -de, -da, üstünde, üstüne, üzerine, etrafında, ortasında, -e, -a, önünde, huzurunda, tarafına. **2.**ek olarak, yanısıra. ‖ * ber ~ -i çîzî bûden بر سر چیزی بودن **1.**düşüncesinde olmak. **2.**taahhüt etmek, uhdesinde bulundurmak. ‖ * ber ~ -i dest der âmeden بر سر دست در آمدن ortaya çıkmak, zahir olmak, zuhur etmek. ‖ * ber ~ -i kâr âverden بر سر کار آوردن **1.**iş başına getirmek. **2.**teşvik etmek. ‖ * ber ~ -i kâr reften بر سر کار رفتن **1.**işe gitmek. **2.**meşgul olmak, işiyle ilgilenmek. ‖ * ber ~ -i kesî âmeden بر سر کسی آمدن başına gelmek, başından geçmek. ‖ * ber ~ -i kesî âverden بر سر کسی آوردن başına getirmek. ‖ * ber ~ -i kesî gozeşten بر سر کسی گذشتن yanından geçmek. ‖ * ber ~ -i kesî reften بر سر کسی رفتن başından geçmek, başına gelmek. ‖ * ber ~ -i zebân bûden بر سر زبان بودن meşhur olmak, adı dillerde dollaşmak. ‖ * ber ~ -i zebân oftâden بر سر زبان افتادن

meşhur olmak, adı dillerde dolaşmak. ‖ * ber ~ nihâden بر سر نهادن 1.itaat etmek, gönülden kabul etmek. 2.baş üstünde tutmak. 3.başına geçirmek, giymek. ‖ * bî ~ u sâmân şoden بی سر و سامان شدن 1.perişan olmak. 2.şaşkın olmak. ‖ * cân ber ser-i çîzî ya kesî kerden جان بر سر چیزی یا کسی کردن yoluna baş koymak, yolunda ölmek. ‖ * cân ber ser-i çîzî yâ kesî nihâden جان بر سر چیزی یا کسی نهادن yoluna baş koymak, yolunda ölmek. ‖ * çeşm ber ~ -i râh dâşten چشم بر سر راه داشتن birinin yolunu gözlemek, gözü yolda beklemek. ‖ * der ~ giriften در سر گرفتن 1.giymek, başına geçirmek. 2.anlamak, aklı ermek, oralı olmak. ‖ * der ~ -i در سرِ yolunda, yoluna, uğrunda, için. ‖ * der ~ -i çîzî kerden در سر چیزی کردن vermek, elden çıkarmak, yitirmek. ‖ * der ~ -i kârî reften در سر کاری رفتن harcanmak, sarfedilmek. ‖ * der ~ -i kesî oftâden در سر کسی افتادن hevesine kapılmak, heveslenmek. ‖ * der ~ keşîden در سر کشیدن başına takmak, başına geçirmek. ‖ * der ~ şoden در سر شدن yok olmak, mahvolmak. ‖ * derd-i ~ dâden درد سر دادن baş ağrıtmak, rahatsız etmek. ‖ * derd-i ~ keşîden درد سر کشیدن ızdırap çekmek, zahmete katlanmak, sıkıntı çekmek. ‖ * derd-i ~ resânden درد سر رساندن baş ağrıtmak, rahatsız etmek. ‖ * dest be ~ kerden kesî râ دست به سر کردن کسی را birini başından savmak, atlatmak, uzaklaştırmak, geri çevirmek. ‖ * dest ber ~ zeden دست بر سر زدن dövünmek. ‖ * dest ez ~ -i kesî ber dâşten دست از سر کسی بر داشتن birinin yakasını bırakmak, birinin üstünden elini çekmek. ‖ * dûd ez ~ -i kesî bulend şoden دود از سر کسی بلند شدن çileden çıkmak, burnundan solumak. ‖ * egeret ~ be gil est incâ şevî اگرت سر به گل است اینجا شوی iki elin kanda olsa da hemen gel, çabuk gel. ‖ * ender ~ -i اندر سرِ için, uğruna, yoluna, yolunda, uğrunda. ‖ * ender ~ -i kesî oftâden اندر سر کسی افتادن kapılmak, sevdasına düşmek. ‖ * ez ~ از سر baştan, tekrar, yeniden. ‖ * ez ~ âgâz kerden از سر آغاز کردن baştan almak, baştan başlamak. ‖ * ez ~ bâz kerden از سر باز کردن 1.başından savmak, defetmek. 2.gidermek. ‖ * ez ~ be der âverden از سر به در آوردن unutmak, aklından çıkarmak. ‖ * ez ~ be der kerden از سر به در کردن unutmak, aklından çıkarmak. ‖ * ez ~ ber keşîden از سر بر کشیدن 1.unutmak, hatırdan çıkarmak. 2.yüzünü açmak, örtüyü kaldırmak. ‖ * ez ~ bîrûn kerden از سر بیرون کردن 1.başından atmak. 2.hatırdan çıkarmak, unutmak. ‖ * ez ~ der şoden از سر در شدن yoldan çıkmak. ‖ * ez ~ efkenden از سر افکندن bırakmak, terketmek. ‖ * ez ~ eş hem ziyâd est از سرش هم زیاد است kapasitesini de aşıyor, onun harcı değil. ‖ * ez ~ giriften از سر گرفتن baştan almak, baştan başlamak. ‖ * ez ~ gozerânden از سر گذراندن geçiştirmek. ‖ * ez ~ -i از سرِ yoluyla, ile, sebebiyle, yüzünden, için, -erek. ‖ * ez ~ -i çîzî berhâsten از سر پیمان برخاستن vazgeçmek. ‖ * ez ~ -i çîzî der gozeşten از سر چیزی در گذشتن 1.vazgeçmek. 2.affetmek. ‖ * ez ~ -i dest از سر دست üstünkörü, baştan savma. ‖ * ez ~ -i dest reften از سر دست رفتن elden gitmek, elden kaçmak. ‖ * ez ~ -i kesî gozeşten از سر کسی گذشتن başından aşmak. ‖ * ez ~ -i kesî reften از سر کسی رفتن unutmak, aklından çıkmak. ‖ * ez ~ -i pâyî از سر پایی ayak ucu, ayak ucunda. ‖ * ez ~ -i peymân gozeşten از سر

پیمان گسستن anlaşmayı bozmak, sözünden dönmek. ‖ * ez ~ -i peymân reften از سر پیمان رفتن anlaşmayı bozmak, sözünden dönmek. ‖ * ez ~ nihâden از سر نهادن **1.**unutmak. **2.**ters çevirmek. **3.**bırakmak, vazgeçmek. **4.**başından çıkarmak. ‖ * ez ~ oftâden از سر افتادن **1.**terketmek. **2.**kalmamak. ‖ * ez ~ u kûl-i kesî bâlâ reften از سر و کول کسی بالا رفتن **1.**kucağına sarılmak. **2.**omuzlarına çıkmak. **3.**aşırı izdiham olmak, millet birbirinin üstüne çıkmak. ‖ * ez ~ vâ kerden از سر واکردن **1.**başından savmak. **2.**iskambil oyununda büyük kâğıt için küçük kâğıt atmak. ‖ * ez heme ~ bûden از همه سر بودن herkesten üstün olmak. ‖ * gird-i kulâh-i ~ reften گرد کلاه کسی رفتن birinin yoluna kurban olmak. ‖ * govher be ~ âmeden گوهر به سر آمدن soyu tükenmek. ‖ * hâk be ~ kerden خاک به سر کردن dövünmek, ne yapacağını bilememek, başına toprak atmak. ‖ * hâk be ~ şoden خاک به سر شدن **1.**belâya uğramak. **2.**değerini yitirmek, alçalmak. ‖ * hâk ber ~ kerden خاک بر سر کردن dövünmek, başına toprak atmak. ‖ * hâk ber ~ rîhten خاک بر سر ریختن dövünmek, başına toprak atmak. ‖ * hûş ez ~ -i kesî reften هوش از سر کسی رفتن aklı durmak, hayretler içinde kalmak. ‖ * kalem ~ kerden قلم سر کردن kalem açmak. ‖ * kalem ~ şoden قلم سر شدن kalemin ucu açılmak. ‖ * kâr ber ~ -i kesî âsân kerden کار بر سر کسی آسان کردن birinin işini kolaylaştırmak. ‖ * kâr ber ~ oftâden کار بر سر افتادن iş başa düşmek. ‖ * kâse be ~ keşîden کاسه به سر کشیدن başına dikmek, yudumlamadan içmek. ‖ * kâse ber ~ -i kesî şikesten کاسه بر سر کسی شکستن birinin sırrını ifşa etmek. ‖ * kâse ber ~ keşîden کاسه بر سر کشیدن birinin sırrını ifşa etmek. ‖ * kâse vu kûze râ be ~ -i kesî şikesten کاسه و کوزه را به سر کسی شکستن kabağı birinin başında patlatmak. ‖ * kulâh ber ~ -i kesî gozâşten کلاه بر سر کسی گذاشتن şapka giymek. ‖ * kulâh ber ~ zeden کلاه بر سر زدن **1.**müjdesini istemek. **2.**birinin yakasını bırakmak. ‖ * kulâh-i ahmed râ ber ~ -i mahmûd gozâşten کلاه احمد را بر سر محمود گذاشتن Ali'nin külâhını Veli'ye giydirmek, al takke ver külâh etmek. ‖ * kulâh-i ahmed râ ber ~ -i mahmûd nihâden کلاه احمد را بر سر محمود نهادن Ali'nin külâhını Veli'ye giydirmek. ‖ * kulâh-i şer'î ~ -i çîzî gozâşten کلاه شرعی سر چیزی گذاشتن **1.**birini rezil etmek, birine gününü göstermek. **2.**birine oyun oynamak, hile-i şer'iye yapmak. ‖ * mağz der ~ kerden مغز در سر کردن susmak. ‖ * meydân be ~ âmeden میدان به سر آمدن **1.**eceli gelmek. **2.**kıyamet kopmak. ‖ * mûy ez ~ -i kesî rubûden موی از سر کسی ربودن gözünden sürmeyi çalmak. ‖ * pây ber ~ -i kesî nihâden پای بر سر کسی نهادن birine karşı üstün gelmek. ‖ * pây ez ~ nedânisten پای از سر ندانستن ne yapacağını bilememek, çok şaşırmak. ‖ * pey-i ~ kerden پی سر کردن **1.**birinin başına vurmak. **2.**birini başından savmak. ‖ * pey-i ~ zeden پی سر زدن enseye tokat vurmak. ‖ * peymân be ~ -i kesî borden پیمان به سر کسی بردن sözünde durmak, ahdinde durmak. ‖ * peymâne ber ~ keşîden پیمانه بر سر کشیدن içkiyi bir dikişte içmek. ‖ * pîsî ~ -i kesî der âverden پیسی سر کسی در آوردن birinin canına okumak. ‖ * râh be ~ borden راه به سر بردن **1.**yolu bitirmek. **2.**yol almak. **3.**bir işi bitirmek. ‖ * rûy-i ~ gozâşten mekânî râ روی سر گذاشتن مکانی را altını üstüne getirmek. ‖ * rûz-i kesî râ ber ~ âverden روز کسی را بر

سر آوردن birini yok etmek, öldürmek, birinin işini bitirmek. ‖ * sîlâb ez ~ -i gozeşten سیلاب از سر کسی گذشتن boğulmak. ‖ * tâ ~ -i تا سر -in başına kadar, -e kadar, yolunda. ‖ * tahte ber ~ -i kesî şikesten تخته بر سر کسی شکستن birini rezil etmek, ipliğini pazara çıkarmak. ‖ * tahte ber ~ -i kesî zeden تخته بر سر کسی زدن birini rezil etmek, ipliğini pazara çıkarmak. ‖ * tu ~ -i kesî cân giriften تو سر کسی جان گرفتن gözünde canlanmak. ‖ * tu ~ -i kesî geşten تو سر کسی گشتن aklından geçmek. ‖ * tu ~ -i kesî horden-i çîzî تو سر کسی خوردن چیزی başına çalınmak. ‖ * tu ~ -i kesî zinde şoden تو سر کسی زنده شدن gözünde canlanmak. ‖ * yek girîbân ~ bîrûn âverden یک گریبان سر بیرون آوردن biriyle birlikte olmak, birbiriyle dost olmak, içtikleri boğazlarından ayrı gitmemek. ‖ * zîr-i ~ bolend şoden زیر سر بلند شدن tahrik olmak. ‖ * zîr-i ~ -i kesî bûden زیر کسی بودن birin başının altından çıkmak. ‖ * zîr-i ~ -i kesî gozâşten زیر سر کسی گذاشتن ayarlamak, hazırlamak.

سر sırr: (A.) **1.**sır, giz. **2.**(tas.) gönül, kalp. **3.**Tanrı'nın hikmeti. **4.**ayna sırı.

سر sor: kayma.

سر sor: pirinç rakısı.

سر surr: (A.) yeni doğan çocuğun kesilen göbeği.

سر آخر serâhor: [ser+âhor] **1.**seyis. **2.**tavlada ilk sırada duran at.

سر آزاد serâzâd: [ser+âzâd] **1.**kurtulmuş, özgür. **2.**özgürce, serbestçe. **3.**sağsalim.

سر آزاده serâzâde: [ser+âzâd+e] **1.**özgür. **2.**rahat, sorunsuz, dertsiz.

سر آشنا sirâşinâ: (A.-F.) [sirr+âşnâ] sır bilen.

سر آغاز serâgâz: [ser+âgâz] **1.**başlangıç. **2.**önsöz.

سر آفتاب serâftâb: [ser+âftâb] güneşin doğuşu.

سر آمد serâmed: [ser+âmeden>âmed] başta gelen, önde gelen, ileri gelen.

سر آمدن ser âmeden: sona ermek, bitmek, tamamlanmak.

سر آوردن ser âverden: sona erdirmek, bitirmek, tamamlamak.

سر آوری serâverî: [ser+âverden>âver+î] toplama.

سر آویز serâvîz: [ser+âvîhten>âvîz] başa takılan süs.

سر آهنگ serâheng: [ser+âheng] **1.**(ask.) albay, komutan. **2.**şarkıcılık. **3.**(müz.) enstrümanın kalın teli. **4.**orkestra şefi.

سرا serâ: **1.**ev. **2.**saray. **3.**köşk, konak.

سرا serâ: [surûden>serâ] **1.**ahenk. **2.**çalan, söyleyen.

سراء serrâ': (A.) sevinç, mutluluk, genişlik, kolaylık.

سراً sırren: (A.) gizlice.

سرائد serâ'id: (A.) tiritler.

سرائر serâ'ir: (A.) sırlar.

سرائرخانه serâ'irhâne: (A.-F.) [serâ'ir+hâne<hâne-i serâ'ir] sırlar evi.

سرائرنواز serâirnevâz: (A.-F.) [serâ'ir+ nevâhten> nevâz] gizemli.

سراب serâb: [ser+âb] **1.**su başı, pınar başı. **2.**serap, ılgım.

سرابالا serâbâlâ: [ser+â+bâlâ] yukarı, yokuş yukarı.

سرابستان serâbistân: (A.-F.) [serâb+istân] **1.**seraplık yer. **2.**bu dünya.

سرابه serâbe: (A.) serap.

سرابی serâbî: (A.) **1.**serap ile ilgili. **2.**serap gibi.

سرابیل serâbîl: (A.) gömlekler, mintanlar.

سراپا serâpâ: [ser+â+pâ] **1.**baştan ayağa, baştanbaşa, hepsi, tümü, tepeden tırnağa. **2.**boy bos, endam.

سراپائین serâpâ'în: [ser+â+pâ'în] aşağıya doğru.

سراپا نگهداشتن serâpâ nigehdâşten: tam kontrol etmek, kendisine hakim olmak.

سراپرده serâperde: [serâ+perde] 1.otağ. 2.saray perdesi.

سرات surrât: (A.) göbekler.

سراثوابی seresvâbî: (F.-A.) padişahın giyim işleriyle ilgilenen görevlilerin başı.

سراج serrâc: (A.) saraç.

سراج sirâc: (A.) 1.mum. 2.kandil. 3.ışık.

سراج الدين sirâcuddîn: (A.) 1.dinin ışığı, dinin kandili. 2.erkek adı, Sıracettin.

سراج خانه serrâchâne: (A.-F.) [serrâc+ hâne<hâne-i serrâc] saraçlar çarşısı, saraçhane.

سراجه sirâce: (A.) sıraca hastalığı.

سراجی serrâcî: (A.-F.) [serrâc+î] saraçlık.

سراچه serâçe: [serâ+çe] 1.küçük ev. 2.(tas.) halvethane. 3.kümes.

سراح serâh: (A.) boşama.

سراحين serâhîn: (A.) kurtlar.

سراد sirâd: (A.) biz, kunduracı bizi.

سرادق sorâdik: 1.otağ, padişah çadırı. 2.saray perdesi.

سرادقات sorâdikât: (A.) 1.otağlar. 2.saray perdeleri.

سرار serâr: (A.) ayın son gecesi.

سرار sirâr: (A.) ayın son gecesi.

سراروی serârûy: baş damarı.

سراری serârî: (A.) cariyeler, halâyıklar, odalıklar.

سر از پا serezpâ: [ser+ez+pâ] hiç, hiç mi hiç.

سرازير serâzîr: [ser+â+zîr] 1.iniş, yokuş aşağı. 2.aşağıya doğru.

سرازير شدن serâzîr şoden: 1.dökülmek.2.aşağıya inmek. 3.süzülmek. 4.devrilmek, baş aşağı dönmek.

سرازير كردن serâzîr kerden: 1.dökmek. 2.devirmek. 3.aşağı indirmek.

سرازيری serâzîrî: [serâzîr+î] 1.yokuş aşağı, inişli. 2.rampa. ‖ * ez ~ pâîn reften از سرازيری پائين رفتن yokuş aşağı inmek.

سراسر serâser: [ser+â+ser] 1.baş tanbaşa, bir uçtan bir uca, tüm, bütün, hepsi. 2.altın ve gümüş tel dokumalı kumaş.

سراسر رفتن serâser reften: hızlı gitmek.

سراسر زدن serâser zeden: bir baştan bir başa gitmek.

سراسر شدن serâser şoden: bir baştan bir başa gitmek.

سراسر كردن serâser kerden: bir baştan bir başa gitmek.

سراسيمگی serâsîmegî: [serâsîme+g+î] telâş, şaşkınlık, afallama.

سراسيمه serâsîme: 1.şaşkın, afallamış, telâşlı, heyecanlı. 2.afallayarak.

سراسيمه دل serâsîmedil: [serâsîme+dil] gönlü perişan.

سراسيمه شدن serâsîme şoden: afallamak, şaşırmak, telâşlanmak.

سراسيمه كردن serâsîme kerden: afallatmak, şaşırtmak.

سراسيمه وار serâsîmevâr: [serâsîme+vâr] afallayarak, telâşla.

سراشيب serâşîb: [ser+â+şîb] 1.yokuş aşağı, iniş. 2.baş aşağı. 3.yamaç.

سراشيبی serâşîbî: [serâşîb+î] 1.yokuş aşağı, inişli. 2.yamaç.

سراغ sorâğ: 1.ayak izi. 2.alamet, işaret. 3.arama. 4.arka, peş. 5.yan. 6.haber, bilgi. ‖ * ~ -i kesî râ giriften سراغ كسی را گرفتن birini aramak, birini sormak. ‖ * be ~ -i kesî âmeden به سراغ كسی آمدن birinin yanına gelmek, birine uğramak. ‖ * be ~ -i kesî reften به سراغ كسی رفتن birini aramak, birinin peşinden gitmek.

سراغج serâguc: saç torbası, saç filesi.

سراغچ serâguç: saç torbası, saç filesi.

سراغ داشتن sorâg dâşten: bilmek, haberi olmak, yerini bilmek.

سراغ كردن sorâg kerden: yerini sormak, aramak, araştırmak.

سراغ گرفتن sorâg giriften: aramak, araştırmak, sormak.

سراغوج serâgûc: saç torbası, saç filesi.

سراغوش serâgûş: saç torbası, saç filesi.

سرافراز serefrâz: [ser+efrâşten>efrâz] **1.**başı yüce, başı yukarda, onurlu, şerefli. **2.**başta gelen.

سرافرازان serefrâzân: [ser+efrâhten> efrâz+ân] **1.**başı yüceler, başı yukarda olanlar, onurlular, şerefliler. **2.**başta gelenler.

سرافراز شدن serefrâz şoden: kıvanç duymak, onur duymak, övünmek, iftihar etmek.

سرافراز کردن serefrâz kerden: şeref vermek, onurlandırmak, gururlandırmak.

سرافرازی serefrâzî: [serefrâz+î] kıvanç, övünç, onur, şeref.

سر افراشتن ser efrâşten: kıvanç duymak, gurur duymak, övünmek.

سرافسار serefsâr: [ser+efsâr] dizginin tutulacak yeri.

سر افشان serefşân: [ser+efşânden>efşân] **1.**baş kesen, baş uçuran, baş düşüren. **2.**baş sallayan. **3.**fedai. **4.**keskin.

سر افشانی serefşânî: [ser+efşânden> efşân+î] **1.**baş uçurma, baş kesme. **2.**baş sallama. **3.**fedailik. **4.**keskinlik.

سر افکن serefken: [ser+efkenden>efken] **1.**baş uçuran, baş düşüren. **2.**kılıç.

سر افکندگی serefkendegî: [ser+efkenden> efkend+e+g+î] **1.**utanç. **2.**tevazu, alçakgönüllülük.

سر افکنده serefkende: [ser+efkenden> efkend+e] **1.**utangaç, utanan. **2.**alçakgönüllü. **3.**boynu bükük.

سرافکنده شدن serefkende şoden: **1.**utanmak. **2.**alçak gönüllü olmak. **3.**boynu bükülmek.

سرافگنده · serefgende: [ser+efgenden> efgend+ e] başı önde, başı eğik.

سراق surrâk: (A.) hırsızlar.

سراکوفت serâkûft: [ser+â+kûften>kûft] baş ezme, susturma.

سراگوش serâgûş: [ser+â+gûş] saç torbası, saç filesi.

سرالله sirrullâh: (A.) Tanrı sırrı.

سراماج serâmâc: [<ser-i âmâc] boyunduruk.

سرامد serâmed: [ser+âmeden>âmed] ileri gelen, seçkin.

سرانجام serencâm: [ser+encâm] **1.**son, nihayet, akıbet. **2.**sonunda. **3.**kader. **4.**huzur, iş huzuru.

سرانجمن serencumen: [ser+encumen] **1.**lider. **2.**hükümdar.

سر انداختن ser endâhten: **1.**kibirle gerdan kırmak. **2.**fitil gibi sarhoş olmak.

سرانداز serendâz: [ser+endâhten>endâz] **1.**gururla, sarhoşlukla başını sallayan. **2.**fedai, gözünü budaktan esirgemeyen. **3.**utangaç, mahcup. **4.**bir tür başörtüsü. **5.**duvar halısı. **6.**baş düşüren. **7.**keskin. **8.**(müz.) eski İran musikîsinde bir bahir.**9.**çevik, kıvrak. **10.**ana kiriş. **11.**klasik Türk musikîsinde bir usûl.

سراندازی serendâzî: [ser+endâhten> endâz+î] **1.**zilzurna sarhoşluk. **2.**keskinlik. **3.**utangaçlık.

سر اندر حیران ser ender heyrân: (F.-A.) [ser+ender+heyrân] şaşkın.

سر اندر زدن ser ender zeden: korkuyla saklanmak, sinmek, pısmak.

سراندن sorrânden: kaydırmak.

سرانگشت serengoşt: [ser+engoşt] **1.**parmak ucu. **2.**(bot.) bir tür üzüm. ‖ * ~ ân henâyî kerden سرانگشتان حنایی کردن yüzük kaşına işleme yaptırmak.

سرانگشتی serengoştî: [ser+engoşt+î] **1.**yüksük gibi parmak ucuna takılan şeyler. **2.**kına. **3.**bir tür un çorbası.

سرانه serâne: [ser+âne] **1.**kişi başından alınan vergi. **2.**birer birer, tek tek.

سراوشانی serevşânî: [ser+evşânden> evşân+î] **1.**baş uçurma, baş kesme. **2.**baş sallama.

سراویل serâvîl: (A.) **1.**şalvar. **2.**don.

سراویلات serâvîlât: (A.) **1.**şalvarlar. **2.**donlar.

سراهنگ serâheng: [ser+âheng] **1.**lider. **2.**(ask.) komutan; albay.

سرای serây: **1.**saray. **2.**ev. **3.**han, iş hanı.

سرایا serâyâ: (A.) süvari müfrezeleri.

سرایت sirâyet: (A.) **1.**bulaşma, sıçrama, sirayet. **2.**iz bırakma.

سرایت دادن sirâyet dâden: bulaştırmak.

سرایت کردن sirâyet kerden: **1.**bulaşmak, sıçramak, sirayet etmek. **2.**iz bırakmak.

سرایدار serâydâr: [serây+dâşten>dâr] **1.**han kapıcısı, odacı. **2.**bekçi, bina bekçisi. **3.**saraylarda veya konaklardaki yemek ve sofra sorumlusu.

سرایداری serâydârî: [serây+dâşten>dâr+î] **1.**han kapıcılığı, odacılık. **2.**bekçilik, bina bekçiliği.

سراینده serâyende: [serâyîden>serây+ende]: **1.**(müz.) şarkıcı. **2.**söyleyen, nazmeden.

سراییدن serâyîden: şarkı söylemek.

سرب sorb, sorob: (Peh.): (kim.) kurşun.

سربار serbâr: [ser+bâr] **1.**deve yükü. **2.**parazit insan, tufeyli. **3.**zahmet veren. **4.**yük hayvanının yükünün üstüne konulan küçük balya. ‖ * ~ -i zindegî-i kesî şoden سربار زندگی کسی شدن birine yük olmak.

سربار شدن serbâr şoden: **1.**parazit yaşamak, başkasına yük olmak. **2.**rahatsız etmek.

سرباری serbârî: [ser+bâr+î] başta taşınan yük.

سرباز serbâz: [ser+bâhten>bâz] **1.**(ask.) er, asker. **2.**yiğit. **3.**üstü açık, başı açık. **4.**fedai, baş koyan.

سرباز serbâz: [ser+bâz] üstü açık.

سربازاری serbâzârî: [ser+bâzâr+î] pazar gürültüsü, çarşı gürültüsü.

سربازانه serbâzâne: [serbâz+âne] askerce.

سرباز برده شدن serbâz borde şoden (ask.) askere alınmak.

سربازخانه serbâzhâne: [serbâz+hâne] (ask.) kışla.

سر باز زدن ser bâz zeden: **1.**kaçınmak, imtina etmek. **2.**itaatsizlik etmek. **3.**reddetmek.

سرباز شدن serbâz şoden (ask.) asker olmak, askere gitmek.

سرباز گرفتن serbâz giriften (ask.) askere almak.

سربازگیری serbâzgîrî: [serbâz+giriften> gîr+î] askere alma.

سر باز ماندن ser bâz mânden: **1.**şaşırıp kalmak, donakalmak. **2.**başı açık kalmak.

سر باز نهادن ser bâz nihâden: dinlenmek, istirahat etmek, başını dinlemek.

سربازی serbâzî: [serbâz+î] **1.**(ask.) askerlik. **2.**fedailik. **3.**cerate, yüreklilik. ‖ * be ~ reften به سربازی رفتن (ask.) askere gitmek, asker olmak. ‖ * vazîfe-i ~ وظیفهء سربازی askerlik görevi, vatanî görev.

سربازی رفتن serbâzî reften: askere gitmek.

سربازی کردن serbâzî kerden (ask.) askerlik yapmak.

سربال sirbâl: (A.) **1.**giysi. **2.**gömlek.

سربالا serbâlâ: [ser+bâlâ] **1.**yokuş. **2.**yokuş yukarı. **3.**artık, ziyade, aşkın. **4.**dağ.

سربالا جواب دادن serbâlâ cevâb dâden: üstünkörü cevap vermek, geçiştirmek.

سربالا رفتن serbâlâ reften: yokuş çıkmak, rampa çıkmak.

سربالایی serbâlâyî: [serbâlâ+y+î] yokuş, yokuş yukarı, rampa. ‖ * ez ~ bâlâ âmeden از سربالایی بالا آمدن yokuş yukarı çıkmak, yokuş çıkmak, yokuş tırmanmak.

سربالین serbâlîn: [ser+bâlîn] başucu.

سربام serbâm: [ser+bâm] dam kenarı.

سربتو serbetû: [ser+be+tû] **1.**sinsi. **2.**hilekâr. **3.**başı eğik. **4.**düşünceli.

سربخش serbehş: [ser+behşîden>behş] **1.**pay, hisse. **2.**nasip, kısmet. **3.**fedai.

سربدار serbedâr: [ser+be+dâr] **1.**başı darağacında. **3.**Ortadoğu tarihinde önemli rol almış bir topluluk adı.

سربر serber: [ser+ber<bâr] **1.**parazit insan. **2.**deve yükü. **3.**zahmet veren.

سر بر آوردن ser ber âverden: **1.**isyan etmek. **2.**başını kaldırmak. **3.**zuhur etmek. ‖ * ~ ez çîzî سر بر آوردن از چیزی bir şeyin üstesinden gelmek.

سر برابر بردن ser berâber borden: yükselmek.

سر برابر کردن ser berâber kerden: yükselmek.

سر بر افراختن ser ber efrâhten: **1.**belirmek, ortaya çıkmak. **2.**baş koymak. **3.**baş yüceltmek.

سر بر افراشتن ser ber efrâşten: belirmek, ortaya çıkmak.

سربراه serberâh: [ser+be+râh] **1.**itaatkâr. **2.**uysal, uyumlu, sakin. **3.**başı önde. **4.**ciddi. **5.**dürüst. **6.**efendi.

سربراهی serberâhî: [ser+be+râh+î] **1.**uysallık. **2.**dürüstlük. **3.**ciddilik.

سر بر تافتن ser ber tâften: baş kaldırmak, isyan etmek.

سربرخط serberhet: (F.-A.) [ser+ber+het] itaatkâr.

سر بر داشتن ser ber dâşten: **1.**başını kaldırmak. **2.**ayaklanmak. **3.**baş kesmek.

سر بردن ser borden: hızlı yürümek.

سر بر زدن ser ber zeden: **1.**baş vermek, yeşermek. **2.**zuhur etmek, ortaya çıkmak. **3.**güneş doğmak.

سر برغ serberg: [ser+berg] gölet, su bendinde biriken su.

سر بر کردن ser ber kerden: **1.**başını kaldırmak. **2.**baş kaldırmak, isyan etmek. **3.**başını çıkarmak.

سربرکشیدن ser ber keşîden: başını kaldırmak.

سر بر کندن ser ber kenden: başını koparmak.

سربرگ serberg: [ser+berg<ser-i berg] **1.**yaprak ucu. **2.**bir süsleme motifi.

سر بر گرداندن ser ber gerdânden: **1.**yüz çevirmek. **2.**başını çevirmek.

سر بر گردانیدن ser ber gerdânîden: yüz çevirmek.

سر بر گرفتن ser ber giriften: **1.**uyanmak. **2.**baş kesmek. **3.**seyahat etmek, seyahate çıkmak. **4.**başını kaldırmak. ‖ * ~ ez çîzî سر بر گرفتن از چیزی başını bir şeyden kaldırmak.

سربرنده serborende: [ser+borîden>bor+ ende] cellat, baş kesen.

سر بر نهادن ser ber nihâden: susmak.

سر برون آوردن ser burûn âverden: üstesinden gelmek.

سر برهنه serbirehne: [ser+birehne] başı açık.

سر بریدن ser borîden: boğazlamak, baş kesmek.

سربریده serborîde: [ser+borîden> borîd+e] başı kesik.

سر بزرگ serbozorg: [ser+bozorg] **1.**koca kafalı. **2.**büyükbaş, kalantor, ileri gelen.

سر بزمین serbezemîn: [ser+be+zemîn] başı önde, başı eğik, başı yerde.

سربزیر serbezîr: [ser+be+zîr] **1.**mahcup. **2.**sallabaş. **3.**itaatkâr.

سربست serbest: [ser+besten>best] **1.**özgür. **2.**kayıtsız, umursamaz. **3.**başı bağlı. **4.**sıkılmayan.

سربستانه serbestâne: [ser+besten>best+ âne] serbestçe, özgürce.

سربسته serbeste: [ser+besten>best+e] **1.**üstü kapalı, örtülü. **2.**gizli, saklı. **3.**rumuzlu.

سربستی serbestî: [ser+besten>best+î] özgürlük, serbestlik.

سربستیت serbestiyyet: (F.-A.) [ser+ besten>best+î+ yyet] **1.**serbestlik. **2.**erkincilik, devletin ekonomiden uzak kalması.

سر بجیب serbeceyb: (F.-A.) [ser+be+ ceyb] başı önde, başı eğik.

سر بسجده serbesecde: (F.-A.) [ser+be+ secde] secde eden, başı secdede olan, alnı secdede.

سر بسجود serbesucûd: (F.-A.) [ser+be+ sucûd] alnı secdede.

سربسر serbeser: [ser+be+ser] **1.**baştan başa, bir baştan bir başa, tümü. **2.**başbaşa, eşit. ‖ * ~ -i kesî gozâşten سربسر کسی گذاشتن dalga geçmek, alayetmek, işletmek.

سربسر شدن serbeser şoden: denk olmak, muadil olmak.

سربسر کردن serbeser kerden: hesabı düzeltmek, hesabı denkleştirmek.

سربسر گذاشتن serbeser gozâşten: inat etmek, uğraşmak.

سر بصحرا serbesahrâ: (F.-A.) [ser+be+ sahrâ] yerinde yurdunda durmaz, bir yerde durmaz, bir yere bağlanmaz.

سر بطاقی serbetâkî: [ser+be+tâk+î] **1.**kayıtsız, laubali. **2.**şapşal, aptal.

سربگم serbegom: [ser+be+gom] **1.**şaşkın. **2.**dolaşmış, dolaşık, karışık, çetrefil.

سربلند serbolend: [ser+bolend] **1.**kıvançlı. **2.**alnı açık. **3.**yüce başlı, ulu. **4.**yüksek. **5.**klasik Türk musikîsinde bir makam.

سربلند شدن serbolend şoden: **1.**başı yüce olmak. **2.**kıvançlanmak.

سربلند کردن ser bolend kerden: **1.**başını kaldırmak. **2.**çalım satmak, gösteriş yapmak. **3.**övünmek, şişinmek.

سربلندی serbolendî: [ser+bolend+î] **1.**kıvanç, övünç. **2.**yüksek yer.

سربمهر serbemohr: [ser+be+mohr] **1.**mühürlü. **2.**el değmemiş, bâkir. **3.**taze.

سربند serbend: [ser+besten>bend] **1.**sarık, destar, baş bağı. **2.**çoban başı.

(از) سر بودن ser bûden: birinden üstün olmak, birinden daha iyi durumda olmak.

سربه surbe: (A.) **1.**sürü. **2.**topluluk.

سربها serbehâ: [ser+behâ] **1.**kan parası. **2.**kefalet ücreti, tahliye ücreti. **3.**diyet.

سربهر serbehr: [ser+behr] polis yüzbaşısı.

(زخم) سر بهم آوردن ser behem âverden (Yara) iyileşmek.

سربه نیست serbenîst: [ser+.e+nîst] **1.**yok olma. **2.**yok etme.

سر به نیست شدن ser be nîst şoden: yok olmak.

سر به نیست کردن ser be nîst kerden: yok etmek.

سر بهوا serbehevâ: (F.-A.) [ser+be+ hevâ] kayıtsız, laubali, kaygısız, dikkatsiz.

سربی sorbî: (Peh.) [sorb+î] **1.**kurşunlu. **2.**kurşun rengi, kurşunî, gri.

سربینه serbîne: hamam kabine.

سرپا serpâ: [ser+pâ] ayak üstü.

سر پائین آوردن ser pâ'în âverden: başını öne eğmek.

سر پائین انداختن ser pâ'în endâhten: başını öne eğmek, başını yere eğmek.

سرپا زدن serpâ zeden: **1.**ayakta durmak. **2.**tekme atmak.

سرپاس serpâs: [ser+pâs] **1.**çoban başı. **2.**baş muhafız, bekçi başı. **3.**siper. **4.**polis tuğgenerali.

سرپاش serpâş: [ser+pâşîden>pâş] **1.**kafa dağıtan, gürz. **2.**çomak. **3.**miğfer.

سرپا گرفتن serpâ giriften: çocuğu ayakta çişe tutmak.

سرپایان serpâyân: [ser+pâyân] sarık, destar.

سرپایی serpâyî: [ser+pây+î] **1.**terlik. **2.**ayak üstü. **3.**ayakta birleşme. **4.**fahişe, orospu.

سرپایینی serpâyînî: [ser+pâyîn+î] yokuş aşağı, iniş.

سرپر serpor: [ser+por] (ask.) ağızdan dolma top ve tüfek.

سرپرست serperest: [ser+perestîden> perest] **1.**genel sekreter, yazman. **2.**apartman yöneticisi. **3.**müşavir. **4.**önder, lider. **5.**koruyucu.

سرپرستار serperestâr: [ser+perestâr] baş hemşire.

سرپرستی serperestî: [ser+perestîden> perest+î] **1.**genel sekreterlik, yazmanlık. **2.**apartman yöneticiliği. **3.**müşavirlik. **4.**önderlik, liderlik. **5.**koruyuculuk.

سرپزشک serpizişk: [ser+pizişk] başhekim, baştabip.

سرپزشکی serpizişkî: [ser+pizişk+î] başhekimlik, baştabiplik.

سر پژ گرفتن ser pej giriften (şaka) bir işi hangi yolla olursa olsun, sonuçlandırmak.

سرپناه serpenâh: [ser+penâhîden>penâh] başın sığınacağı yer.

سرپنجگی serpencegî: [ser+pence+g+î] **1.**güç, kudret. **2.**cesaret, yüreklilik.

سرپنجه serpence: [ser+pence] **1.**parmak ucu. **2.**pençe. **3.**güç, kudret. **4.**güç sahibi.

سرپوش serpûş: [ser+pûşîden>pûş] **1.**baş örtüsü. **2.**örtü. **3.**kapak. **4.**(tas.) mevlevî başlığı. **5.**başlık. ‖ * ~ ez ser-i tabak berdâşten سر از سر طبق برداشتن bir sırrı ifşa etmek.

سرپوش sırpûş: (A.-F.) [sır+pûşîden>pûş] sır saklayan.

سرپوشنه serpûşene: [ser+pûşîden>pûş+ene] baş örtüsü.

سرپوشه serpûşe: [ser+pûşîden>pûş+e] baş örtüsü.

سرپوشیده serpûşîde: [ser+pûşîden>pûşîd+e] **1.**üstü örtülü, kapalı. **2.**mesture.

سرپهن serpehn: [ser+pehn] **1.**üstü geniş. **2.**geniş ve düz kafalı.

سرپیچ serpîç: [ser+pîçîden>pîç] **1.**sarık, destar, baş bağı. **2.**gaz memesi. **3.**baş kaldıran, isyankâr.

سر پیچ زدن ser pîç zeden: tavşan uykusuna yatmak.

سرپیچی serpîçî: [ser+pîçîden>pîç+î] isyan, başkaldırı, serkeşlik.

سر پیچیدن ser pîçîden: başkaldırmak, itaatsizlik etmek, isyan etmek.

سرپیچی کردن serpîçî kerden: isyan etmek, başkaldırmak, itaatsizlik etmek.

سر پیش بردن ser pîş borden: başını uzatmak.

سرپیش خدمت serpîşhidmet: (F.-A.) [ser+pîş+hidmet] başhademe.

سر پیش داشتن ser pîş dâşten: başı önde olmak.

سرتاب sertâb: [ser+tâften>tâb] **1.**inatçı, dikbaşlı. **2.**miklabın dışta kalan kısmı. **3.**bayan adı: Sertap.

سرتا به پا sertâbepâ: [ser+tâ+be+pâ] baştan ayağa kadar, baştan başa, tümü.

سرتابی sertâbî: [ser+tâften>tâb+î] inatçılık, dikbaşlılık.

سر تابیدن ser tâbîden: serkeşlik etmek, başkaldırmak.

سرتاپا sertâpâ: [ser+tâ+pâ] baştan ayağa, tepeden tırnağa, hepsi, tümü.

سرتاج sertâc: [ser+tâc<ser-i tâc] baş tacı, sevilen, sayılan.

سرتاسر sertâser: [ser+tâ+ser] baştanbaşa, bir başta bir başa, boyunca, tümü, hepsi. ‖ * der ~ -i در سرتاسر boyunca.

سر تافتن ser tâften: serkeşlik etmek, baş kaldırmak.

سرتاقدم sertâkadem: (F.-A.) [ser+tâ+kadem] baştan ayağa, tepeden tırnağa, tümü, hepsi.

سرتراش serterâş: [ser+terâşîden>terâş] berber, kuaför.

سرتراش خانه serterâşhâne: [serterâş+hâne] berber dükkânı, berber, kuaför.

سرتراشی serterâşî: [ser+terâşîden>terâş+î] berberlik, kuaförlük.

سرتراشیدن ser terâşîden: başını kazıtmak.

سرتسر serteser: [ser+te<tâ+ser] baştan başa, bir baştan bir başa, bütün, hep.

سرتوبره sertûbre: [ser+tûbre] büzgü.

سر تکان دادن ser tekân dâden: başını sallamak.

سرتیپ sertîp: [ser+tîp] (ask.) tuğgeneral.

سرتیپی sertîpî: [ser+tîp+î] (ask.) tuğgenerallik.

سرتیز sertîz: [ser+tîz] **1.**sivri uçlu. **2.**keskin.

سرج serc: (A.) eyer, ayar takımı.

سرجاندار sercândâr: [ser+candar] (ask.) silahtarbaşı.

سر جای ser-i cây: yer, yeri, yerine, yerinde.

سر جغرات sercoğrat: kaymak.

سر جفت کردن ser coft kerden: kulağına fısıldamak.

سرجمله sercomle: (F.-A.) [ser+cumle <ser-i cumle] **1.**baş, esas. **2.**öz, hülasa, en iyisi. **3.**(gr.) cümle başı. **4.**tümü, hepsi.

سرجنبان serconbân: [ser+conbânden> conbân] **1.**ileri gelen, nüfuz sahibi. **2.**reis, lider, grup başı.

سر جنباندن ser conbânden: **1.**baş sallamak. **2.**beğenmek.

سرجوخه sercûhe: (F.-T.) [ser+cûhe] (ask.) onbaşı, manga komutanı.

سرجوش sercûş: [ser+cûşîden>cûş] **1.**nargile. **2.**başı, evveli. **3.**özet, hülasa. **4.**tadımlık. **5.**kaynayan yemeğin üstündeki köpük.

سرجوشی بردن sercûşî borden: bir şeyin kaymağını yemek.

سرجوقه sercûke: (F.-T.) [ser+cûke] (ask.) onbaşı, manga komutanı.

سرجهاز serciház: (F.-A.) [ser+cihâz] **1.**baş çeyiz. **2.**demirbaş. ‖ * ~ -i kesî bûden سر جهاز کسی بودن biriyle göbeği beraber kesilmiş olmak.

سر چپق serçopok: (F.-T.) [ser+çopok] tütün içilen çubuk hokkası.

سرچشمگان serçeşmegân: [ser+çeşme+ g+ân] pınarbaşları, subaşları, pınarlar.

سرچشمه serçeşme: [ser+çeşme] **1.**kaynak, pınarbaşı, menba. **2.**Osmanlıda bir zamanlar yardımcı askerlerin maaşlarıyla ilgilenen kişi. **3.**pîr. **4.**lider, baş.

سرچشمه دار serçeşmedâr: [serçeşme+ dâşten>dâr] mucit.

سرچشمه گرفتن serçeşme giriften: kaynaklanmak, ileri gelmek.

سرچکاد serçekâd: [ser+çekâd] üst alın.

سرچنگ serçeng: [ser+çeng] tokat, sille.

سرچین serçîn: [ser+çîden>çîn] **1.**el ile toplanmış. **2.**seçkin ve güzel.

سرچینی serçînî: [ser+çînî] baş pişirici.

سر حال ser-i hâl: (F.-A.) [ser+i+hâl] keyifli, mutlu, sevinçli.

سر حال بودن ser-i hâl bûden: keyfi yerinde olmak.

سرحان serhân: (A.) kurt.

سرحان sirhân: (A.) kurt, canavar.

سرحد serhadd: (F.-A.) [ser+hadd] **1.**sınır, serhat, hudut. **2.**sınır taşı, hudut taşı. **3.**(coğ.) yayla.

سرحدات serhaddât: (F.-A.) [ser+hadd+ât] sınırlar, hudutlar.

سرحددار serhaddâr: (F.-A.) [ser+had+ dâşten>dâr] (ask.) sınır muhafızı.

سرحدی serhaddî: (F.-A.) [ser+hadd+î] kısa samur kürk.

سرحکم serhakem: (F.-A.) [ser+hakem] başhakem.

سرحلقه serhelke: (F.-A.) [ser+helke] **1.**kabile reisi. **2.**grup başı.

سرحمام serhemmâm: (F.-A.) [ser+ hemmâm] hamamdaki soyunma odası.

سرخ sorh: (Peh.) **1.**kırmızı, kızıl, al. **2.**kızarmış. **3.**kırmızı mürekkep. **4.**bölüm başları kırmızı mürekkeple yazılan kitap.

سرخاب sorhâb: [sorh+âb] **1.**allık. **2.**kırmızı şarap. **3.**(kin.) kan.

سرخابی sorhâbî: [sorh+âb+î] kırmızı ördek.

سر خاراندن ser hârânden: baş kaşımak.

سرخاره serhâre: [ser+hârîden>hâr+e] **1.**süslü saç iğnesi. **2.**sırt kaşıyacağı. ‖ * ~ hâ-yi cihân tîz kerden سرخاره های جهان تیز کردن alçak dağları ben yarattım demek.

سر خاریدن ser hârîden: **1.**baş kaşımak. **2.**umutlanmak. **3.**utanmak. **4.**ihmal etmek.

سرخانگی serhânegî: [ser+hâne+g+î] Kaçarlar döneminde emlak vergisi.

سرخانه serhâne: [ser+hâne] **1.**her şeyin kemali. **2.**yüksek ses. **3.**mezbaha. ‖ * dâmâd-i ~ داماد سرخانه iç güveyisi.

سرخجه sorhice: [sorh+îje>ice]: (tıb.) ciltte beliren pembe lekeler.

سرخر serher: [ser+her] **1.**eşekbaşı.

2.fuzuli. 3.arsız, yüzsüz. 4.rahatsız edici.

سرخ رگ sorhreg: [sorh+reg]: (tıb.) atardamar.

سرخ رو sorhrû: [sorh+rû] 1.kızılderili. 2.kızıl yüzlü. 3.öfkeli, kızgın. 43.utanmaz.

سرخس serhes (bot.) kuzgun otu.

سرخس serahs: (coğ.) Serahs kenti.

سرخ سر sorhser: [sorh+ser] kızılbaş.

سرخ سران sorhserân: [sorh+ser+ân] kızılbaşlar.

سرخ سرخ شدن sorh sorh şoden: kızarmak, alı al moru moru olmak.

سرخسیه serhasiyye: (A.) eğreltiotugiller.

سرخ شدن sorh şoden: 1.kızarmak. 2.kızıllanmak. 3.öfkelenmek, köpürmek. 4.utançtan kızarmak.

سر خشک کن serhoşkkon: [ser+hoşk+ kerden>kon] baş havlusu.

سرخط serhet: (F.-A.) [ser+hatt<ser-i hatt] yazı örneği, en güzel yazı, meşk.

سرخ فام sorhfâm: [sorh+fâm] kızıl, kırmızı.

سرخک sorhek: [sorh+ek]: (tıb.) kızamık.

سرخ کردن sorh kerden: kızartmak.

سرخلیفه · serhalîfe: (F.-A.) [ser+halîfe] başhalife, resmî dairelerdeki kalem başı.

سر خم کردن ser hem kerden: boyun eğmek.

سرخواب serhâb: [ser+hâb] (Sp.) eski bir güreş tekniği.

سرخوان serhân: [ser+hân] 1.başsolist. 2.baş mevlüthan. 3.mezar başında okunan fatiha.

سرخود serhod: [ser+hod] başına buyruk.

سر خوردن ser horden: 1.kırılmak, gücenmek, hayal kırıklığına uğramak. 2.usanmak, bezmek.

سر خوردن sor horden: 1.kaymak. 2.yokuş aşağı inmek.

سرخوش serhoş: [ser+hoş] 1.sarhoş, mest. 2.sevinçli, mutlu.

سرخوشانه serhoşâne: [ser+hoş+âne] sarhoşça.

سرخوشی serhoşî: [ser+hoş+î] sarhoşluk.

سرخه sorhe: [sorh+e] 1.(zool.) bir tür kırmızı renkli güvercin. 2.kızıl yüzlü.

سرخی sorhî: [sorh+î] 1.kızıllık, kırmızılık. 2.parlak yıldız.

سرخیرگی serhîregî: [ser+hîre+g+î] karasevda, sevdalanma.

سرخیره serhîre: [ser+hîre] karasevdalı.

سرخیل serhayl: (F.-A.) [ser+hayl] 1.kervanbaşı. 2.baş, lider, başkan.

سرد serd: (Peh.) 1.soğuk. 2.katı. 3.(kin.) halsiz. 4.(kin.) saçma söz. 5.haşin, sert, kaba. 6.çirkin. ‖ * ~ -i kesî bûden سرد کسی بودن üşümek. ‖ * ~ -i kesî şoden سرد کسی شدن üşümek.

سرد serd: (A.) düzgün ve yerinde konuşma.

سرداب serdâb: 1.kiler, mahzen, izbe. 2.mezar odası. 3.saraylardaki üç köşeli sofa.

سردابه serdâbe yer altı odası, serin oda, izbe.

سر داخل کردن ser dâhil kerden: başınısokmak.

سر دادن ser dâden: 1.tutturmak. 2.başlamak. 3.boşaltmak.

سرداده serdâde: [ser+dâden>dâd+e] baş vermiş.

سردار serdâr: (Peh.) 1.kumandan. 2.lider, önder. 3.kabile reisi.

سردارو serdârû: [ser+dârû] su ile içilen toz ilaç.

سرداری serdârî: [serdâr+î] 1.kumandanlık, komutanlık. 2.liderlik, önderlik. 3.kabile reisliği.

سرداری serdârî: pardesü.

سر دالی کردن ser dâllî kerden: 1.bulunduğu yerden başını çıkarmak. 2.ara sıra ortalarda görünmek.

سرداور serdâver: [ser+dâver] başhakem.

سرداوری serdâverî: [ser+dâver+î] başhakemlik.

سردبیان serdbeyân: (F.-A.) [serd+beyân] **1.**soğuk insan. **2.**huysuz. **3.**dengesiz.

سردبیر serdebîr: [ser+debîr] genel yazman, genel sekreter.

سردبیری serdebîrî: [ser+debîr+î] genel yazmanlık, genel sekreterlik.

سردخانه serdhâne: [serd+hâne] soğuk hava deposu.

سردر serder: [ser+der] üst oda, kapı üstündeki oda.

سر در آوردن ser der âverden: başını dışarı çıkarmak, başını uzatmak, çıkmak. ‖ * ~ ez سر در آوردن از bir şeyi anlamak, bir şey hakkında bilgi sahibi olmak, sonuç çıkarmak. ‖ * ~ be çîzî , çîzî râ سر در آوردن به چیزی ، چیزی را kabul etmek.

سر در بردن ser der borden: anlamak, haberdar olmak.

سر در پیش serderpîş: [ser+der+pîş] utangaç, başı önde.

سر در جنباندن ser der conbânden: başını sallamak.

سر در کردن ser der kerden: başını uzatmak.

سردر کشیدن ser der keşîden: **1.**itaatsizlik etmek, baş kaldırmak, isyan etmek. **2.**başını sokmak, sokulmak.

سر در گلیم ser der gilîm: [ser+der+gilîm] bir çocuk oyunu.

سر در گم serdergom: [ser+der+gom] **1.**şaşkın. **2.**karışık.

سر در گم شدن serdergom şoden: apışmak, apışıp kalmak.

سر در هوا serderhevâ: (F.-A.) [ser+der+ hevâ] **1.**arzulu, istekli, tutkun. **2.**(kin.) avare, derbeder.

سرد ساختن serd sâhten: soğutmak.

سردست serdest: [ser+dest] bilek, el bileği.

سر دسته serdeste: [ser+deste] **1.**el üstü. **2.**önder, lider, grup başı, baş, başı çeken, başta gelen.

سردستی serdestî: [ser+dest+î] **1.**el üstü. **2.**(tas.) kalender asâsı. **3.**alelacele hazırlama.

سردسیر serdsîr: [serd+sîr]: (coğ.) yayla.

سرد شدن serd şoden: **1.**soğumak. **2.**serinlemek. **3.**bir şiye veya birine karşı soğumak. **4.**usanmak. **5.**(kin.) ölmek.

سردفتر serdefter: (F.-Yun.) [ser+defter] **1.**noter. **2.**defterin başında yazılı olan. **3.**önde bulunan, ileri geçen.

سردفتری serdefterî: (F.-Yun.) [ser+ defter+î] noterlik.

سرد کردن serd kerden: **1.**soğuk yapmak, soğumak. **2.**soğutmak.

سر دل کردن ser dil kerden: (mide) şişkinlik yapmak.

سردم serdem: [ser+dem] **1.**(tas.) hankah. **2.**âşura törenlerinin yapıldığı ahşap oda.

سردماغ serdimâğ: [ser+dimâğ] keyifli, neşeli.

سردمدار serdomdâr: [ser+dom+dâşten> dâr] ileri gelen.

سر دم گذاشتن ser dem gozâşten: güreş salonunda serdem denilen kaba para atmak.

سردمهر serdmihr: [serd+mihr] şefkatsiz, soğuk, sevgisiz.

سردمهری serdmihrî: [serd+mihr+î] soğukluk, şefkatsizlik, sevgisizlik.

سردو serdev: [ser+devîden>dev] koşa koşa.

سر دواندن ser devânden: savsaklatmak, bugün git yarın gel demek.

سرد و برد کردن sord o bord kerden: sıyırıp geçmek.

سردور serdevr, serdovr: (F.-A.) casus, jurnalci.

سردوز serdûz: [ser+dûhten>dûz] kenarı yaldızlı ve bez kaplı mukavva cilt.

سردوشی serdûşî: [ser+dûş+î] (ask.) apolet, omuzluk.

سرده serde: (Peh.) **1.**tür, nevi. **2.**(bot.) bir tür kavun. **3.**şarap kadehi. **4.**saki.

سردهقان serdihkân: [ser+dihkân]

kethüda, çiftçi başı.

سردی serdî: [serd+î] **1.**soğukluk. **2.**birine veya bir şeye karşı soğukluk. **3.**soğukkanlılık.

سردی شکستن serdî şikesten: soğuk kırılmak, hava yumuşamak.

سردیو serdîv: [ser+dîv] divan reisi.

سرر surer: (A.) göbekler.

سرر surur: (A.) **1.**yataklar. **2.**tahtlar.

سرراست serrâst: [ser+râst] **1.**düz yol. **2.**doğru, dümdüz. **3.**tam, eksiksiz, tamı tamına.

سر راه ser-i râh: [ser+i-râh] yolda, yol üstünde.

سرراهی serrâhî: [ser+râh+î] **1.**sokağa bırakılan bebek. **2.**yol sadakası.

سر رسید serresîd: [ser+resîden>resîd] ödeme vadesi.

سر رسیدن ser resîden: çıkagelmek, belirmek, bitmek.

سررشته serrişte: [ser+rişte] **1.**ipucu. **2.**tarz. **3.**maksat. **4.**hesap defteri. **5.**uç. ‖ * ~ ez dest dâden سررشته از دست دادن kontrolü yitirmek, ipin ucunu kaçırmak. ‖ * ~ ez dest reften سررشته از دست رفتن kontrolden çıkmak, ipin ucu kaçmak.

سررشته بند serriştebend: [serrişte+besten>bend] ipuçlarını birbirine bağlayan.

سررشته داری serriştedârî: [serrişte+dâşten>dâr+î] (ask.) levazım dairesi.

سر رفتن ser reften: **1.**taşmak. **2.**kaynayarak taşmak. **3.**sabrı taşmak. ‖ * hovsele-i kesî ~ حوصلهٔ کسی سر رفتن **1.**sabrı tükenmek, sabrı taşmak. **2.**canı sıkılmak.

سرریز serrîz: [ser+rîhten>rîz] havuzdan su taşması.

سر زدن ser zeden: **1.**başvurmak, müracaat etmek. **2.**uğramak. **3.**baş vurmak, baş kesmek. **4.**çıkmak. **5.**inmek. **6.**güneş doğmak. 7.haber sormak. **8.**geçmek. ‖ * gunâhî ez kesî ~ گناهی از کسی سر زدن suç işlemek.

سرزده serzede: [ser+zeden>zed+e] **1.**apansız, aniden, habersizce, paldır küldür. **2.**baş vurmuş. **3.**baş göstermiş, uç vermiş.

سرزرگران serzergerân: [ser+zergerân <ser-i zergerân] kuyumcubaşı.

سرزمین serzemîn: [ser+zemîn] **1.**ülke, memleket, diyar. **2.**arsa, arazi, yer, toprak.

سرزن serzen: [ser+zeden>zen] asi.

سرزنده serzinde: [ser+zinde] **1.**dinç, canlı, neşeli. **2.**ünlü. **3.**reis.

سرزنش serzeniş: [ser+zeden>zen+iş] sitem, serzeniş, başa kakma, kınama, sitem etme.

سرزنش آمیز serzenişâmîz: [serzeniş+âmîhten>âmîz] sitemli, kınayıcı.

سرزنشکار serzenişkâr: [serzeniş+kâr] başa kakıcı, sitem edici.

سرزنش کردن serzeniş kerden: sitem etmek, kınamak.

سرزواقین serzevvâkîn: (F.-A.) [ser+zevvâkîn<ser-i zevvâkîn] çeşnicibaşı.

سرزور serzûr: [ser+zûr] itaatsiz, serkeş.

سرسالار sersâlâr: [ser+sâlâr] baş çiftçi.

سرسام sersâm: **1.**(tıb.) menenjit. **2.**sersem.

سرسام آور sersâmâver: [sersâm+âverden> âver] sersemletici.

سرسام گرفتن sersâm giriften: başı kazan gibi olmak, başı şişmek, başı tutmak.

سرسبز sersebz: [ser+sebz] **1.**taze, taptaze. **2.**yemyeşil. **3.**sevinçli, mutlu.

سرسبزه sersebze: [ser+sebze] yeşillik.

سرسبزی sersebzî: [ser+sebz+î] tazelik.

سرسبک sersebok: [ser+sebok] hödük, dangalak.

سر سپردن ser siporden: **1.**baş koymak. **2.**itaat etmek. **3.**teslim olmak. **4.**(tas.) bir mürşide bağlanmak.

سر سپرده sersiporde: [ser+siporden>

sipord+e] **1.**itaatkâr. **2.**teslim olmuş. **3.**(tas.) bir mürşide bağlanmış.

سر سخت serseht: [ser+seht] **1.**dik kafalı. **2.**dayanıklı, güçlü. **3.**korkusuz.

سر سختی sersehtî: [ser+seht+î] **1.**dik kafalılık. **2.**dayanıklılık, güçlülük. **3.**korkusuzluk. **4.**zorla.

سرسرا serserâ: hol, galeri.

سرسرکی serserekî: [ser+ser+ek+î] üstünkörü.

سرسره sorsore: [sor+sor+e] **1.**kayma. **2.**kayılan yer.

سرسری serserî: [ser+ser+î] **1.**yüzeysel, sathî. **2.**üstünkörü, baştan savma, dikkatsizce, rastgele. **3.**serseri, alçak.

سرسریانه serseriyâne: [serserî+y+âne] serserice.

سرسری داشتن serserî dâşten: büyüklük havasında olmak.

سرسری گونه serserîgûne: [serserî+gûne] serserice, aylak aylak.

سرسلامتی serselâmetî: [ser+selâmet+î] başsağlığı.

سرسلامتی گفتن serselâmetî goften: başsağlığı dilemek.

سر سوزن ser-i sûzen (kin.) çok az, bir çimdik.

سرسیگار sersîgâr: [ser+sîgâr] sigara ağızlığı.

سرسیلندر sersilendr: (F.-Fr.) silindir kapağı.

سرشاخ serşâh: [ser+şâh] **1.**dal ucu. **2.**ince dal. **3.**boynuz ucu. **4.**tokuşma.

سرشاخ شدن serşâh şoden: tokuzlaşmak, boynuzlaşmak.

سرشار serşâr: [ser+şâr] **1.**dolu, dopdolu, ağzına kadar dolu. **2.**sınırı aşan.

سرشار بودن serşâr bûden: dolup taşmak.

سرشار شدن serşâr şoden: dolmak, dolup taşmak.

سرشاری serşârî: [serşâr+î] doluluk, dolup taşma.

سرشت sirişt: [sirişten>sirişt] yaratılış, tabiat, huy.

سرشتن sirişten: (Peh.) **1.**yoğurmak. **2.**karıştırmak. **3.**yaratmak. **4.**kalıba dökmek.

سرشته sirişte: [sirişten>sirişt+e] **1.**yoğurulmuş. **2.**karıştırılmış. **3.**yaratık.

سر شدن ser şoden: **1.**yükselmek, ileri geçmek, başa geçmek, öne geçmek. **2.**ölmek.

سرشک sirişk: **1.**göz yaşı. **2.**kıvılcım.

سرشک بار sirişkbâr: [sirişk+bârîden> bâr] ağlayan, gözyaşı döken.

سرشکستگی serşikestegî: [ser+şikesten> şikest+e+g+î] utanç, skandal, rezillik.

سرشکسته serşikeste: [ser+şikesten> şikest+e] **1.**utanmış, mahcup. **2.**rezil. **3.**başı kırık. **4.**ucu kırık.

سرشکن serşiken: [ser+şikesten>şiken] **1.**baş yaran, baş kıran. **2.**bölüştürme, pay etme.

سرشکن کردن serşiken kerden: pay etmek, bölüştürmek.

سرشکوان sirişkvân: [sirişk+vân] gerdek gecesi gelinin önüne gerilen perde.

سرشمار serşomâr: [ser+şomârden> şomâr] kişi başına düşen vergi.

سرشماری serşomârî: [ser+şomârden> şomâr+î] nüfus sayımı.

سرشناس serşinâs: [ser+şinâhten>şinâs] tanınmış, ünlü, meşhur.

سرشناس شدن serşinâs şoden: meşhur olmak, tanınmak.

سرشو serşû: [ser+şosten>şû] **1.**baş yıkayan. **2.**yapraklarıyla banyo yapılan bir tür beyaz çiçek.

سرشیب serşîb: [ser+şîb] baş aşağı, yokuş aşağı.

سرشیر serşîr: [ser+şîr] süt kaymağı.

سرطاق sertâk: [ser+tâk<ser-i tâk] çatı katındaki etrafı açık oda.

سرطان seretân: (A.): **1.**(tıb.) kanser, yenirce **2.**yengeç. **3.**yengeç burcu. ‖ * ~ -i bahrî سرطان بحری deniz yengeci. ‖ * ~ -i riye سرطان ریه :

(tıb.) akciğer kanseri.

سرطان زا seretânzâ: (A.-F.) [seretân+zâden>zâ] (tıb.) kanserojen, kansere yol açan.

سرطباخ sertabbâh: (F.-A.) [ser+tabbâh] aşçıbaşı.

سرطبال sertabbâl: (F.-A.) [ser+tabbâl] başdavulcu.

سرطبيب sertabîb: (F.-A.) [ser+tabîb] başhekim.

سرطريق sertarîk: (F.-A.) [ser+tarîk<ser-i tarîk] Mevlevî kıdemli dedesi.

سر طويله sertevîle: (F.-A.) büyük tavla.

سرعت sor'et: (A.) sürat, hız. ‖ * be ~ به سرعت hemencecik, hızla, derhal. ‖ * be ~ âmeden به سرعت آمدن hızlanmak, süratlenmek. ‖ * ez ~ kâsten از سرعت كاستن hız kesmek, yavaşlamak.

سرعت بخشيدن sor'et bahşîden: hızlandırmak.

سرعت گرفتن sor'et giriften: hızlanmak.

سرعسكر serasker: (F.-A.) [<ser+asker <ser-i asker] **1.**komutan, başkomutan. **2.**harbiye nâzırı, Millî Savunma Bakanı.

سرعسكرى seraskerî: (F.-A.) [ser+asker+ î] **1.**komutanlık, başkomutanlık. **2.**seraskerlik, harbiye nâzırlığı, Millî Savunma bakanlığı.

سرعشر seroşr: (F.-A.) [ser+oşr] her on âyette bir Kur'ân kenarına koyulan işaret.

سرغزل sergazel: (F.-A.) [ser+gazel] **1.**(ed.) gazel matlaı. **2.**(ed.) seçilmiş gazel.

سرغليان sergelyân: [ser+gelyân] nargile hokkası.

سرغوغا sergovgâ: [ser+govgâ] fitneci.

سرف seref: (A.) **1.**savurganlık, israf. **2.**gaflet, yanılma.

سرفراز serferâz: [ser+ferâz] **1.**başı yüce. **2.**kıvançlı, onurlu.

سرفرازى serfirâzî: [ser+ferâz+î] başı yücelik, onur, şeref.

سر فرو آوردن ser furû âverden: **1.**kabul etmek. **2.**başını öne eğmek.

سر فرو افكندن ser furû efkenden: başını öne eğmek.

سر فرو بردن ser furû borden: **1.**bir şeyle meşgul olmak, bir şeye başlamak. **2.**başını öne eğmek.

سرفروبرده serfurûborde: [ser+furû+borden> bord+e] **1.**başını eğmiş, düşünceli. **2.**itaatli.

سر فرود آوردن ser furûd âverden: **1.**tabi olmak. **2.**başını eğmek.

سرفروشى serfurûşî: [ser+furûhten>furûş+î] cesaret, gözünü budaktan esirgememe.

سر فرو كردن ser furû kerden: **1.**itaat etmek. **2.**başını eğmek. **3.**düşünceye dalmak.

سرفكن serfiken: [ser+fikenden>fiken] başı önde, itaatli.

سرفه sorfe: [sorfîden>sorf+e] öksürük.

سرفه surfe: (A.) kurtçuk.

سرفه كردن sorfe kerden: öksürmek.

سرفيدن sorfîden: öksürmek.

سرقافله serkâfile: (F.-A.) [ser+kâfile] kervan başı.

سرقت sirkat: (A.) **1.**hırsızlık, çalma. **2.**soygun. ‖ * be ~ reften به سرقت رفتن çalınmak.

سرقت serikat: (A.) çalıntı, çalınmış.

سرقت كردن sirkat kerden: çalmak.

سرقرنا serkurenâ: (F.-A.) [ser+kurenâ] başmabeyinci.

سرقرين serkarîn: (F.-A.) [ser+karîn] başmabeyinci.

سرقطار serkatâr: (F.-A.) [ser+katâr] kafile başı, kervan başı.

سرقفلى serkoflî: (F.-A.) [ser+kofl+î] hava parası.

سرقوچ serkûç: [ser+kûç] koç.

سرقه sereka: (A.) hırsızlar.

سرقه serika: (A.) çalınmış çalıntı.

سرک serek: [ser+ek] **1.**küçük baş. **2.**fazlalık, fazla yük. **3.**yol, cadde.

سرکاتب serkâtib: (F.-A.) [ser+kâtib] başkâtip.

سرکار serkâr: [ser+kâr] **1.**zâtıâlileri, sayın. **2.**işveren. **3.**nezaretçi. **4.**makam sahibi. **5.**(ask.) subay ve üst subay sınıfı. **6.**müdür. **7.**kâhya. **8.**sayın.

سرکار خانم serkâr hânum: hanımefendi.

سرکتاب serkitâb: (F.-A.) [ser+kitâb] kitaptan fala bakma.

سرکتاب باز کردن serkitâb bâz kerden: fal tutmak, kitaptan fala bakmak.

سرکج serkec: [ser+tec] **1.**eğik başlı. **2.**(gr.) serkec.

سرکحال serkehhâl: (F.-A.) [ser+kehhâl] baş gözhekimi.

سرکحلی serkohlî: (F.-A.) [ser+kohl+î] **1.**karabulut. **2.**siyah olan her şey.

سر کردن ser kerden: yaşamak, birlikte olmak. ‖ * ~ yek cûrî سر کردن یک جوری idare etmek.

سرکرده serkerde: [ser+kerden>kerd+e] **1.**lider. **2.**elebaşı, reis.

سرکش serkeş: [ser+keşîden>keş] asi, serkeş, isyancı, baş kaldıran.

سرکشانه serkeşâne: [ser+keşîden> keş+âne] itaatsizce, dikbaşlıca.

سرکشی serkeşî: [serkeş+î] asilik, serkeşlik, baş kaldırma.

سرکشیدن ser keşîden: **1.**uğramak. **2.**başına dikmek, içmek. **3.**isyan etmek, baş kaldırmak. **4.**incelemek. **5.**belirmek. **6.**yükselmek, çıkmak. **7.**uzak durmak. **8.**bırakmak.

سرک کشیدن serek keşîden: **1.**bilgi almak için bir yere başını uzatmak. **2.**yol açmak.

سرکشی کردن serkeşî kerden: uğramak.

سرک کشیده شدن serek keşîde şoden: yol açılmak.

سرکلانتر serkelânter: [ser+kelanter] başkomiser.

سرکلانتری serkelanterî: [ser+kelanter+î] **1.**başkomiserlik. **2.**polis teşkilatı.

سر کلون کردن ser kulon kerden: sürgülemek.

سر کله زدن ser kelle zeden: **1.**tokuşmak. **2.**konuşmak, tartışmak.

سرکمیسر serkomiser: (F.-Fr.) [ser+ komiser] başkomiser.

سرکنجبین sirkencubîn: (F.<A.) ballı sirke şerbeti.

سرکنده serkende: [ser+kenden>kend+e] kesik başlı.

سرکنسول serkonsul: (F.-Fr.) [ser+konsul] başkonsolos.

سرکنسول گری serkonsulgerî: [ser+ konsul+ ger+î] başkonsolosluk.

سرکنگبین sirkengebîn: kaynatılmış şeker şurubu ve sirkeden yapılan bir içecek, sirkengebin.

سرکوب serkûb: [ser+kûften>kûb] **1.**baş ezen. **2.**güçlü rakip, güçlü düşman. **3.**başa vurulacak şey.

سرکوب کردن serkûb kerden: baş ezmek, cezalandırmak, bastırmak, sindirmek.

سرکوبه serkûbe: [ser+kûften>kûb+e] gürz.

سرکوبی serkûbî: [ser+kûften>kûb+î] baş ezme, cezalandırma, susturma.

سرکوچک serkûçek: [ser+kûçek] düşkün, alçak.

سرکوچه serkûçe: [ser+kûçe<ser-i kûçe] sokak başı.

سرکوفت serkûft: [ser+kûften>kûft] **1.**başına kakma, yüzüne vurma. **2.**baş ezme, paylama, ezme, sindirme.

سرکوی serkûy: [ser+kûy<ser-i kûy] sokak başı, mahalle başı.

سرکه sirke: sirke.

سرکه فروختن sirke furûhten: **1.**yüzünü ekşitmek. **2.**sirke satmak.

سرکه فروش sirkefurûş: [sirke+ furûhten>furûş] **1.**sirkeci, sirke satan. **2.**asık suratlı, ekşi suratlı.

سرکه فروشی ·sirkefurûşî: [sirke+ furûhten>furûş+î] **1.**sirkecilik, sirke satma. **2.**asık suratlılık, ekşi suratlılık.

سرکه فشانی sirkefeşânî: [sirke+feşânden> feşân+î] **1.**sirke dökme. **2.**kötü konuşma, suçlama, paylama.

سرگارسون sergarson: (F.-Fr.) [ser+ garson] başgarson.

سرگذشت sergozeşt: [ser+gozeşten> gozeşt] macera, serüven.

سرگذشت جو sergozeştcû: [sergozeşt+ costen>cû] maceracı.

سرگذشت جویانه serguzeştcûyâne: [serguzeşt+ costen> cûy+ âne] maceracı, macera ararcasına.

سرگران sergiran: [ser+girân] **1.**öfkeli. **2.**mağrur. **3.**rızasız, mutsuz. **3.**sarhoş.

سر گران داشتن ser girân dâşten: **1.**surat asmak, somurtmak. **2.**yüz vermemek, iltifat etmemek.

سر گران کردن ser giran kerden: **1.**surat asmak. **2.**yüz vermemek, iltifat etmemek.

سر گرانی sergirânî: [ser+girân+î] **1.**öfke. **2.**surat asma. **3.**rızasızlık, hoşnutsuzluk. **4.**sarhoşluk. **5.**ağırbaşlılık.

سرگرای sergerây: [ser+gerâyîden> gerây] **1.**itaatsiz, asi, serkeş. **2.**huzursuz, kararsız.

سرگرایی sergerâyî: [ser+gerâyîden> gerây] **1.**itaatsizlik, asilik. **2.**huzursuzluk, kararsızlık.

سرگرد sergord: [ser+gord] (ask.) binbaşı.

سرگردا sergerdâ: [ser+geşten>gerd+â] baş dönmesi.

سرگردان sergerdân: [ser+geşten>gerd+ ân] **1.**avare, derbeder. **2.**yüz çeviren, başını çeviren. **3.**şaşkın. **3.**perişan. **4.**başı dönen

سر گرداندن ser gerdânden: başını çevirmek.

سرگردان شدن sergerdân şoden: derbeder olmak, avare olmak.

سرگردانی sergerdânî: [ser+gerdânden> gerdân+î] **1.**avarelik, derbederlik, aylaklık, başıboşluk. **2.**perişanlık. **3.**baş dönmesi.

سرگردنه sergerdene: [ser+gerden+e] **1.**aylak, avare, başıboş. **2.**(coğ.) sırt.

سرگرده sergerde: [<serkerde] **1.**elebaşı. **2.**gönüllü asker başı.

سرگردی sergordî: [ser+gord+î] (ask.) binbaşılık.

سر گرفتن ser giriften: başlamak.

سر گرفته sergirifte: [ser+giriften> girift+e] başı ağrıyan, baş ağrısı tutan.

سرگرم sergerm: [ser+germ] **1.**sarhoş. **2.**kızgın. **3.**neşeli. **4.**meşgul.

سرگرم شدن sergerm şoden: **1.**meşgul olmak, ilgilenmek. **2.**oyalanmak. **3.**eğlenmek.

سرگرم کردن sergerm kerden: **1.**meşgul etmek. **2.**oyalamak. **3.**eğlendirmek.

سرگرمی sergermî: [ser+germ+î] **1.**uğraşı, meşguliyet. **2.**hobi, eğlence.

سرگروه sergurûh: [ser+gurûh] grup başı.

سرگره sergirih: [ser+girih] tespih düğümü.

سرگزیت sergezit: [ser+gezit] cizye.

سرگزین sergozîn: [ser+gozîden>gozîn] bir tür vergi.

سرگشاده sergoşâde: [ser+goşâden> goşâd+e] başı açık, üstü açık.

سرگشتگی sergeştegî: [ser+geşten>geşt+ e+g+î] **1.**baş dönmesi. **2.**şaşkınlık, avarelik. **3.**perişanlık.

سرگشته sergeşte: [ser+geşten>geşt+e] **1.**başı dönen. **2.**şaşkın, avare. **3.**perişan.

سرگله sergelle sürü başında giden iri koç.

سر گم شدن ser gom şoden: avare olmak, derbeder olmak.

سر گوش گرفتن ser gûş giriften: itaat etmek.

سرگوشی sergûşî: [ser+gûş+î] fısıldaşma, sohbet.

سرگوشی کردن sergûşî kerden: kulağına fısıldamak.

سرگیجه sergîce: [ser+gîc+e] **1.**baş dönmesi. **2.**avarelik, derbederlik. **3.**şaşkınlık.

سرگیجه آور sergîceâver: [sergîce+

âverden>âver] baş döndürücü.

سرگیری sergîrî: [ser+giriften>gîr+î] **1.**baştan alma. **2.**mum veya kandili söndürme.

سرگین sergîn, sirgîn: (Peh.) gübre, at, katır ve eşek gübresi.

سرلاد serlâd: [ser+lâd] **1.**duvar üstü. **2.**duvar.

سرلشکر serleşker: [ser+leşker] (ask.) tümgeneral.

سرلشکری serleşkerî: [ser+leşker+î] (ask.) tümgenerallik.

سرلوحه serlovhe, serlevha: (F.-A.) [ser+lovhe] **1.**başlık, yazı başlığı, manşet. **2.**asıl, esas.

سرم serm (bot.) kenger otu.

سرم sirum: (Fr.): (tıb.) serum.

سرم surm: (A.) kalın bağırsağın aşağı kısmı.

سرما sermâ: (Peh.) **1.**soğuk. **2.**soğukluk. ‖ * ~ -i kesî şoden سرمای کسی شدن üşümek, ürpermek.

سرماخوردگی sermâhordegî: [sermâ+horden>hord+e+g+î]: (tıb.) üşütme, soğuk algınlığı.

سرماخوردگی پیدا کردن sermâhordegî peydâ kerden: soğuk almak, üşütmek.

سرما خوردن sermâ horden: soğuk almak, üşütmek.

سرمادیده sermâdîde: [sermâ+dîden> dîd+e] **1.**kış görmüş, kış geçirmiş. **2.**üşümüş. ‖ * mâr-i ~ مار سرمادیده **1.**kış geçirmiş yılan. **2.**yaşlı kurt, kurnaz insan.

سرمازدگی sermâzedegî: [sermâ+zeden> zed+e+g+î] **1.**don. **2.**(tıb.) donma.

سرما زدن sermâ zeden: donmak.

سرما زده sermâ zede: [sermâ+zeden> zed+e] donmuş, donuk.

سرمامک sermâmek: körebe oyunu.

سرما نفوذ کردن sermâ nufûz kerden: soğuk girmek.

سرماهی sermâhî: [ser+mâh+î] aylık, maaş.

سرما یافتن sermâ yâften: **1.**soğuk almak, üşütmek. **2.**soğuk bulmak.

سرمایه sermâye: [ser+mâye] **1.**sermaye, kapital. **2.**asıl. **3.**kabiliyet. **4.**ustalık. **5.**genelev kadını.

سرمایه برابر کردن sermâye berâber kerden: sermaye sahibi olmak.

سرمایه دار sermâyedâr: [sermâye+dâşten>dâr] sermayedar, kapitalist.

سرمایه داری sermâyedârî: [sermâye+dâşten>dâr+î] sermayedarlık, kapitalizm.

سرمایه ده sermâyedih: [sermâye+âden>dih] sermaye veren.

سرمایه قرار دادن sermâye karâr dâden: sermaye yapmak.

سرمایه گذار sermâyegozâr: [sermâye+gozâşten>gozâr] yatırımcı.

سرمایه گذاری sermâyegozârî: [sermâye+ gozâşten>gozâr+î] yatırım.

سرمایه گذاری کردن sermâyegozârî kerden: yatırım yapmak.

سرمایه واپس انداختن sermâye vâpes endâhten: tasarruf etmek.

سرمجلد sermucellid: (F.-A.) [ser+mucellid] **1.**başmücellit. **2.**saray mücellit başı.

سرمجموع sermecmû': (F.-A.) [ser+mecmû'] tümü, hepsi.

سرمحرر sermuharrir: (F.-A.) [ser+muharrir] başyazar.

سرمحله sermehelle: (F.-A.) [ser+mehelle] **1.**mahalle reisi, muhtar. **2.**çocuk oyununda oyunun başlangıç ve bitiş yeri.

سرمد sermed: (A.) ebedî, kalıcı.

سرم دست siremdest: [sirem+dest] çalışmaktan eli nasır tutmuş.

سرمدی sermedî: (A.-F.) [sermed+î] **1.**ebedîlik, kalıcılık, süreklilik. **2.**ebedî, kalıcı, sürekli.

سرمدیت sermediyyet: (F.-A.) [sermed+ î+yyet] ebedîlik, kalıcılık, süreklilik.

سرمدیت آشنا sermediyyetâşinâ: (A.-F.) [sermediyyet+ âşinâ] ebedîlik ile tanışan, ebedîliği bilen.

سرم سازی sirumsâzî: (Fr.-F.) [sirum+sâhten>sâz+î] serum imali.

سرمست sermest: [ser+mest] **1.**sarhoş,

fitil gibi sarhoş. 2.kibirli, gururlu.

سرمست شدن sermest şoden: 1.sarhoş olmak. 2.kibirlenmek.

سرمست صفت sermestsifat: (F.-A.) [sermest+sıfat] sarhoş gibi.

سرمست كردن sermest kerden: sarhoş etmek.

سرمستى sermestî: [sermest+î] sarhoşluk.

سرمشق sermeşk: (F.-A.) [ser+meşk] meşk örneği, sermeşk. ‖ * ~ -ı hod karâr dâden سرمشق خود قرار دادن kendine örnek almak.

سرمشق گرفتن sermeşk giriften: örnek almak.

سرمق sermak: (A.) (bot.) karapazı.

سرمقاله sermekâle: (F.-A.) [ser+mekâle] baş makale.

سرمنجم sermuneccim: (F.-A.) [ser+ muneccim] müneccimbaşı.

سرمنزل sermenzil: (F.-A.) [ser+menzil] 1.ev, mesken, konut. 2.durak yeri, durak.

سر مو ser-i mû: [ser+i+mû] biraz, çok az.

سرموزه sermûze: [<ser-i mûze] ayı andıran ve yukarı kalkık duran çizme burnu.

سرمه sorme: (T.) sürme. ‖ * ~ ez çeşm dozdîden سرمه از چشم دزديدن gözünden sürmeyi çalmak, sürmeyi gözünden çekmek.

سرمه اى sorme'î: (T.-F.) [sorme+î] 1.sürmeli. 2.lacivert.

سرمه چوب surmeçûb: (T.-F.) [sürme+çûb <çûb-i sürme] sürme mili.

سرمه دان sormedân: (T.-F.) [sorme+dân] 1.sürmelik, sürme kabı. 2.(kin.) vajina.

سرمه كردن sorme kerden: sürme çekmek.

سرمه كش sormekeş: (T.-F.) [sorme+ keşîden>keş] 1.sürmeci. 2.sürmeli. 3.göz aydını. 4.(kin.) karanlık gece.

سرمه كشيدن sorme keşîden: sürme çekmek.

سرمهندس sermohendis: (F.-A.) [ser+ mohendis] başmühendis.

سرمه اى sormeyî: (T.-F.) [sorme+y+î] 1.sürmeli. 2.lacivert, sürme rengi.

سر مى برند ser mîberend (Hlk.) pahalı satıyorlar, kazık satıyorlar.

سرنا surnâ: 1.(müz.) zurna. 2.(müz.) klarnet. ‖ * ~ râ ez teh bâd kerden سرنا را از ته باد كردن kulağını tersinden göstermek, ters bir iş yapmak.

سرناپا surnâpâ: [surnâ+pâ] zürafa.

سرناد sirinad: (Fr.) serenad.

سرنازن surnâzen: [surnâ+zeden>zen] zurnacı.

سرنامه sernâme: [ser+nâme] mektup başlığı.

سر نانخور ser-i nânhor: [ser+i+nân+ horden>hor] boğaz, baş, yemek yiyen: (kişi).

سرنامه sernâme: [ser+nâme<ser-i nâme] 1.mektup başlığı. 2.başlık. 3.lider, reis.

سرناوى sernâvî: [ser+nâv+î] (ask.) deniz onbaşı.

سرناى surnây zurna.

سرنبشت sernibişt: [ser+nibişten>nibişt] kader, yazgı, alın yazısı.

سرنج soronc: 1.(kim.) kurşun tozu. 2.(kim.) kurşun oksit.

سر نخ ser-i neh: [ser+i+neh] ipucu.

سرند serend: büyük kalbur.

سرند كردن serend kerden: 1.elemek, kalburdan geçirmek. 2.kırmak.

سرنشين sernişîn: [ser+nişesten>nişîn] yolcu.

سرنفر sernefer: [ser+nefer] 1.bölük başı. 2.kafile başı.

سرنگ soreng: (Fr.) şırınga.

سرنگ sireng: [<se+reng] 1.üç renk. 2.bir tür ipekli kumaş.

سرنگ sereng: [<soronc] kurşunoksit.

سرنگون sernigûn: [ser+nigûn] 1.başaşağı, tepe takla, devrik. 2.talihsiz. ‖ * hod râ ~ sâhten خود را سرنگون ساختن baş aşağı düşmek, yere kapaklanmak.

سرنگون افتادن sernigûn oftâden: baş aşağı düşmek, tepetakla düşmek.

سرنگونسار sernigûnsâr: [ser+nigûn+sâr] baş aşağı, tepetakla.

سرنگون شدن sernigûn şoden: **1.**baş aşağı düşmek, tepetakla düşmek, kapaklanmak. **2.**alt üst olmak, perişan olmak. **3.**yerle bir olmak. **4.**yenilmek.

سرنگون کردن sernigûn kerden: **1.**baş aşağı getirmek, devirmek, düşürmek. **2.**alt üst etmek, perişan etmek.

سرنگهدار sırnigehdâr: (A.-F.) [sır+ nigehdâşten>nigehdâr] sır saklayan, sırdaş.

سرنما sernumâ: [ser+numûden>numâ] baş gösteren, görünen, baş veren.

سرنوبه sernovbe, sernevbe: (F.-A.) [ser+ novbe] başmuhafız.

سرنوشت sernevişt, sernuvişt: [ser+ nevişten>nevişt/nuvişten> nuvişt] **1.**yazgı, alın yazısı. **2.**yazı başlığı.

سر نهادن ser nihâden: **1.**başını öne eğmek. **2.**başı kesilmek. **3.**teslimiyetle baş koymak.

سرنهاده sernihâde: [ser+nihâden> nihâd+e] baş koymuş.

سرنیزه sernîze: [ser+nîze] **1.**(ask.) süngü. **2.**temren.

سرو serv: (Peh.) **1.**(bot.) servi, selvi. **2.**(bot.) sedir. **3.**sevgilinin düzgün boyu. **4.**selvi boylu güzel.

سرو sorû: (Peh.) **1.**boynuz. **2.**haşere duyargası. **3.**şarap kadehi.

سرو serv: (İng.) servis.

سروا servâ: **1.**şiir. **2.**söz. **3.**masal.

سرواز servâz: [ser+vâz<bâz] üstü açık, başı açık.

سر وا زدن ser vâzeden: uzak durmak.

سروال sirvâl: **1.**şalvar. **2.**iç don.

سروان servân: [ser+vân] (ask.) yüzbaşı.

سرو اندام servendâm: [serv+endâm] servi boylu, uzun boylu.

سر و بن serubun: [ser+u+bun] baş ve son.

سروپای serupây: [ser+u+pây] **1.**baş ve ayak. **2.**dervişin mevlevihane ve tarikat ile bağını kesmesi.

سروتال serutâl: ritm.

سروته یکی serutehyekî: [ser+u+teh+ yekî] şişman, tombul.

سروج surûc: (A.) **1.**kandiller. **2.**mumlar. **3.**ışıklar.

سروج surûc: (A.) eyerler.

سرود surûd: (Peh.) **1.**şarkı, ezgi. **2.**ilahi. **3.**marş. **4.**şiir. ‖ * ~ -i millî سرود ملی milli marş, ulusal marş.

سرودخوان surûdhân: [surûd+hânden> hân]: (müz.) şarkıcı.

سرود خواندن surûd hânden: **1.**(müz.) marş söylemek. **2.**şarkı söylemek.

سرودخوانی surûdhânî: [surûd+hânden> hân+î]: (müz.) şarkıcılık, şarkı söyleme.

سرود گفتن surûd goften: **1.**(müz.) marş söylemek. **2.**şarkı söylemek.

سرودن surûden: (Peh.) **1.**şarkı söylemek. **2.**şiir söylemek, şiir inşad etmek.

سرور server: [ser+ver] başkan, önder, lider. ‖ * ~ -i enbiyâ سرور انبیا peygamberlerin başı, Hz. Muhammed. ‖ * ~ -i kâinât سرور کائنات evrenin önderi, Hz. Muhammed.

سرور surûr: (A.) **1.**sevinç, neşe, keyif. **2.**(tas.) sema.

سرورا serverâ: [server+â] ey önder, ey lider.

سرور افزا surûrefzâ: (A.-F.) [surûr+ efzûden>efzâ] sevinç veren, sevinç artıran.

سرور انگیز surûrengîz: (A.-F.) [surûr+ engîhten> engîz] sevinçli.

سروری serverî: [server+î] liderlik, önderlik, başkanlık, ululuk.

سروزنه دار serveznedâr: (F.-A.) [ser+ vezne+dâşten> dâr] başveznedar.

سر و سامان ser u sâmân: tertip, düzen.

سر و سامان دادن ser u sâmân dâden: düzene sokmak, düzenlemek, tertiplemek.

سروستان servistân: [serv+istân] **1.**selvilik. **2.**mezarlık.

سر و سر داشتن ser u sırr dâşten: ilgisi olmak.

سرو سهی serv-i sehî: dik servi.

سر و سینه زدن serusîne zeden: [ser+u+ sîne zeden] dövünmek.

سروش surûş: (Peh.) **1.**melek. **2.**Cebrail.

سروشه surûşe melek.

سر و صدا ser u sedâ: gürültü patırtı.

سر و صدا کردن ser u sedâ kerden: **1.**ses getirmek. **2.**gürültü patırtı etmek.

سر و صورت ser u sûret: **1.**düzen, intizam. **2.**yüz göz.

سر و صورت دادن ser u sûret dâden: düzenlemek, çeki düzen vermek.

سر و صورت گرفتن ser u sûret giriften: yoluna girmek, düzelmek, rayına oturmak.

سروقامت servkâmet: (F.-A.) selvi boylu.

سروقت servakt: (F.-A.) [ser+vakt] **1.**zaman. **2.**ecel. **3.**tam zamanı. **4.**yalnız görüşme odası. ‖ * ~ -i kesî reften سر وقت کسی رفتن birini aramaya çıkmak.

سروقد servkadd: (F.-A.) [serv+kadd] servi boylu, uzun boylu.

سر وکار ser u kâr: iş, muamele, iş güç.

سر و کار داشتن ser u kâr dâşten: **1.**işi olmak. **2.**alışverişi olmak, ilgisi olmak.

سر و کله زدن ser u kelle zeden: **1.**konuşmak. **2.**tartışmak, uğraşmak.

سر و کیسه کردن ser u kîse kerden: hile ile birinin malını elinden almak, birinin malının üstüne yatmak, birinin malını iç etmek.

سر و مر soromor: **1.**sağlam, dinç.

سرون sorûn: **1.**boynuz. **2.**duyarga. **3.**anten.

سرو ناز serv-i nâz: [serv+i+nâz] **1.**güzel servi **2.**sevgili, canan.

سروی sorûy, serûy: boynuz.

سروی surrevî: (A.) göbek ile ilgili.

سرویس sirvis: (Fr.) **1.**servis. **2.**oto servisi. **3.**takım. **4.**iş vakti.

سرویس انجام دادن servîs encâm dâden: servis yapmak, servis atmak.

سرویس دادن sirvis dâden: servis yapmak, servis hizmeti yapmak.

سرویس دهی sirvisdehî: (Fr.-F.) [sirvis+ dâden>deh+î] servis hizmetleri.

سرویس شدن sirvis şoden: bakımdan geçmek, servise girmek.

سرویس کردن sirvis kerden: **1.**bakıma sokmak, bakımdan geçirmek. **2.**servis yapmak.

سرویه serviyye: (F.-A.) [serv+iyye] servilik.

سره sere: **1.**halis, arı, saf. **2.**iyi, kaliteli. **3.**tam ayarlı. **4.**nefis. **5.**fasih. ‖ * pârsî-i ~ پارسیء سره fasih Farsça, kitabî Farsça.

سره sorre: (A.) **1.**göbek. **2.**hoş kadın.

سرهال serhâl: şaşkın, avare.

سره سره sere sere: iyice, adamakıllı, dikkatle.

سره کردن sere kerden: güzelleştirmek, iyileştirmek.

سر هم ser-i hem: [ser-i hem] ardarda, peşpeşe.

سره مرد seremerd: [sere+merd] **1.**akıllı, zeki. **2.**iyi düşünceli.

سرهم بندی serhembendî, ser-i hembendî: [ser+i+hem+besten>bend+î] baştan savma, üstünkörü.

سرهنگ serheng: [ser+heng] **1.**(ask.) albay. **2.**savaşçı. **3.**(huk.) mübaşir. **4.**çavuş. **5.**yasakçı. **6.**kavas. **7.**klasik Türk musikîsinde bir makam. ‖ * ~ -i dovvom سرهنگ دوم (ask.) yarbay.

سرهنگی serhengî: [serheng+î] **1.**albaylık. **2.**savaşçılık.

سرهوائی serhevâ'î: (F.-A.) [ser+hevâ'+î] havaya ateş.

سری serî (Ser+î] önderlik, reislik, başkanlık.

سری seri: (Fr.) seri, dizi.

سری sırrî: (A.-F.) [sırr+î] gizli, örtülü, sırlı.

سری surrî: (A.) göbek ile ilgili.

سریال siriyal: (Fr.) dizi, dizi film. ‖ *

~ -i televizyonî سریال تلویزیونی televizyon dizisi.

سریان sereyân: (A.) dağılma, yayılma, bulaşma.

سریانی suryânî: (A.) **1.**Süryanca. **2.**Süryani.

سریت seriyyet: (A.) müfreze.

سریدن sorîden: kaymak.

سریر serîr: (A.) **1.**taht. **2.**dayanak. **3.**sedir. **4.**karyola.

سریر آرا serîrârâ: (A.-F.) [serîr+ârâsten> ârâ] taht süsleyen, padişah.

سریر ستان serîrsitân: (A.-F.) [serîr+sitânden>sitân] taht alan, taht ele geçiren.

سریر نشین serîrnişîn: (A.-F.) [serîr+nişesten>nişîn] tahtta oturan, padişah.

سریره serîre: (A.) **1.**sır. **2.**yatak.

سریره دان serîredân: (A.-F.) [serîre+dânisten>dân] sırları bilen.

سریریات serîriyyât: (A.) **1.**yataklar. **2.**klinikler. ‖ * ~ -i dâhiliyye سریریات داخلیه iç hastalıkları kliniği, dahiliye kliniği. ‖ * ~ -i hâriciyye سریریات خارجیه dış hastalıkları kliniği, hariciye kliniği.

سری زدن serî zeden: uğramak, gitmek.

سریش sirîş (bot.) çiriş otu.

سریشم sirişom: tutkal, marangoz tutkalı.

سریع serî': (A.) **1.**seri, süratli, hızlı. **2.**(ed.) aruz bahirlerinden biri, serî bahri.

سریعاً serî'en: (A.) süratlı olarak, hızla, çarçabuk.

سریع الاشتعال serî'ulişti'âl: (A.) çabuk alev alan, hemen tutuşan, yanıcı, parlayıcı.

سریع الانتقال serî'ulintikâl: (A.) kıvrak zekâlı, çabuk anlayan.

سریع الانفعال serî'ulinfi'âl: (A.) çabuk kırılan, çabuk gücenen.

سریع التأثر serî'utte'essur: (A.) çabuk üzülen, çabuk etkilenen.

سریع الجریان serî'ulcereyân: (A.) hızlı akan.

سریع الحرکه serî'ulhareke: (A.) hızlı giden.

سریع الزوال serî'uzzevâl: (A.) çabuk kaybolan, kalıcı olmayan, süreksiz.

سریع السیر serîusseyr: (A.) ekspres.

سریع الهزج serî'ulhezec: (A.) klasik Türk musikîsinde bir usül.

سریع شدن serî' şoden: hızlanmak.

سریع کردن serî' kerden: hızlandırmak

سری کردن serî kerden: liderlik etmek, önderlik etmek.

سر یکی کردن ser yekî kerden: birleşmek, bir araya gelmek, işbirliği yapmak.

سری لانکا srilanka: (coğ.) Sri Lanka.

سرین sorîn: **1.**but, kalça, kıç. **2.**sağrı.

سرینی sorînî: [sorîn+î] kaba et kası.

سریه seriyye: (A.) **1.**süvari müfrezesi. **2.**odalık, cariye.

سریه sirriyye: (A.) sır ile ilgili.

سریه suriyye: (A.) odalık, cariye.

سزا sezâ: (Peh.) **1.**lâyık, seza, yaraşır. **2.**karşılık, lâyık. ‖ * ~ -yi kesî râ kef-i desteş nihâden سزای کسی را کف دستش نهادن hakkını avucuna vermek, gününü göstermek, haddini bildirmek. ‖ * ~ -yi kesî râ der kenâreş nihâden سزای کسی را در کنارش نهادن hakkını avucuna vermek, gününü göstermek, haddini bildirmek. ‖ * ~ -yi nîkî bedîst سزای نیکی بدی است iyilikten maraz doğar.

سزائی sezâ'î **1.**yaraşma, yakışık alma. **2.**yaraşır. **3.**erkek adı.

سزائیه sezâ'iyye: (A.-F.) [sezâ+iyye] Halvetîlik tarikatinin kollarından biri.

سزاوار sezâvâr: [sezâ+vâr] lâyık, yakışır, yaraşır, uygun.

سزاوار دانستن sezâvâr dânisten: lâyık görmek.

سزاواری sezâvârî: [sezâ+vâr+î] liyakat, yakışma, yaraşma, uygunluk.

سزیدن sezîden: (Peh.) lâyık olmak, yaraşmak, münasip olmak.

سس sos: (Fr.) sos.

سست sost: (Peh.) **1.**gevşek. **2.**zayıf.

3.yumuşak. 4.ince. 5.tembel. 6.dayanıksız. 7.anlamsız. 8.yavaş.

سست بنیاد sostbonyâd: [sost+bonyâd] 1.zayıf temelli, gevşek temelli. 2.düşkün, zebun.

سست پیمان sostpeymân: [sost+peymân] sözüne güvenilmez, sözünün eri olmayan.

سست رای sostrây: (F.-A.) [sost+rây] 1.kıt akıllı. 2.tedbirsiz, gevşek fikirli.

سست رگ sostreg: [sost+reg] 1.güçsüz, zayıf. 2.tembel.

سست شدن sost şoden: 1.gevşemek. 2.ağırlaşmak, yavaşlamak. ‖ * dest u pây-i kesî ~ دست و پای کسی سست شدن eli ayağı çözülmek.

سست کردن sost kerden: gevşetmek.

سست نظم sustnazm: (F.+A.) [sust+nazm] kötü şiir yazan.

سست نهاد sustnihâd: [sust+nihâden> nihâd] karaktersiz, cibilliyetsiz.

سستی sostî: [sost+î] 1.gevşeklik. 2.zayıflık. 3.tembellik.

سستی کردن sostî kerden: 1.gevşek davranmak. 2.tembellik etmek.

سستی گرفتن sostî giriften: gevşemek.

سطح seth: (A.) 1.satıh, yüzey, dış. 2.dam. ‖ * der ~ -i در سطح genelinde, düzeyinde.

سطحاً sathen: (A.) yüzey bakımından, satıh bakımından.

سطح بین sathbîn: (A.-F.) [sath+dîden> bîn] yüzeysel görüşlü.

سطحی sethî: (A.) 1.yüzey ile ilgili. 2.yüzeysel. 3.üstünkörü.

سطحیاً sathiyyen: (A.) 1.yüzeyden, satıhtan. 2.üstten, derinleştirmeden.

سطحیات sathiyyât: (A.) yüzeysel şeyler.

سطحیه sathiyye: (A.) 1.yüzey ile ilgili. 2.yüzeysel.

سطر setr: (A.) satır, dize.

سطرلاب suturlâb usturlab.

سطرنج satranc (Hintçe>A.) 1.satranç oyunu. 2.bir tür motif. 3.Türk halk edebi-yatında "müfteilünx2" vezniyle yazılan dörtlük.

سطل setl: (A.) kova.

سطوات satevât: (A.) 1.zorluklar, güçlükler. 2.atılmalar, saldırılar.

سطوت setvet: (A.) 1.ağırbaşlılık. 2.galebe, ağır basma, ezici güç. 3.saldırı, hamle, üstüne atılma, üstüne sıçrama, çullanma.

سطوت مدار satvetmedâr: (A.-F.) [satvet+ medâr> medâr-i satvet] 1.üstüne atılma sebebi, çullanma sebebi. 2.ezici güç sebebi.

سطوح sutûh: (A.) satıhlar, yüzeyler, düzlemler.

سطور sutûr: (A.) satırlar, dizeler.

سطوع sutû': (A.) 1.yükseliş, yükselme, çıkma. 2.yayılma, dağılma.

سعادت se'âdet: (A.) mutluluk, saadet.

سعادت ادا se'âdetedâ: (A.) [se'adet+edâ] kutlu.

سعادت امتزاج se'âdetimtizâc: (A.) [se'adet+imtizâc] kutlu, mesut.

سعادت بخش se'âdetbahş: (A.-F.) [se'âdet+ bahşîden>bahş] mutluluk verici.

سعادت بنیاد se'âdetbunyâd: (A.-F.) [se'âdet+bunyâd] mutluluk üzerine kurulmuş.

سعادت پرتو se'âdetpertev: (A.-F.) [se'âdet+pertev] mutluluk ışıkları saçan.

سعادت پناه se'âdetpenâh: (A.-F.) [se'âdet+ penâhî-den> penâh] mutluluk kaynağı.

سعادت جناب se'âdetcenâb: (A.) [se'âdet+cenâb] mutluluğun kendisinde toplandığı.

سعادت خانه se'âdethâne: (A.-F.) [se'âdet+ hâne <hâne-i se'âdet] 1.ev. 2.büyük kişilerin evi.

سعادت شمول se'âdetşumûl: (A.) [se'adet+ şumûl] saadetin kapladığı, kutlu.

سعادت قرار su'âdetkarâr: (A.) [se'âdet+ karâr] mutluluğun hakim olduğu.

سعادت مآب se'âdetme'âb: (A.) [se'âdet+ me'âb] saadetli, mutluluk sahibi.

سعادت مبادى se'âdetmebâdî: [se'adet+ mebâdî] saadet üstüne kurulmuş, kutlu.

سعادت مدار se'âdetmedâr: (A.) se'adet+ medâr] saadet yörüngesinde olan, kutlu.

سعادت مند se'âdetmend: (A.-F.) [se'âdet+ mend] mutlu, bahtiyar.

سعادتمند ساختن se'âdetmend sâhten: mutlu etmek.

سعادتمندى se'âdetmendî: (A.-F.) [se'âdet+ mend+î] mutluluk, bahtiyarlık.

سعادت نشان se'âdetnişân: (A.-F.) [sa'âdet+ nişânden> nişân] mutlu, mesut.

سعاده sa'âde: (A.) mutluluk.

سعال so'âl: (A.) öksürük.

سعايت se'âyet: (A.) **1.**gammazlık. **2.**dedikodu, koğuculuk, çekiştirme, kötüleme.

سعايه si'âye: (A.) dedikodu, koğuculuk, çekiştirme.

سعبوب su'bûb: (A.) saf su akan yer.

سعت si'et: (A.) genişlik, ferahlık.

سعتر sa'ter: (A.) kekik.

سعترى sa'terî: (A.) **1.**kekik ile ilgili. **2.**soytarı. **3.**şen şakrak.

سعد sa'd: (A.) **1.**kutlu, uğurlu. **2.**kutluluk. **3.**uğur.

سعداء su'edâ': (A.) **1.**kutlu kişiler. **2.**bayan adı.

سعد اقتران sa'diktirân: (A.) [sa'd+iktirân] kutlu.

سعد الدين sa'duddîn: (A.) **1.**dini kutlu, dini uğurlu. **2.**dinin kutluluğu. **3.**erkek adı, Sadettin.

سعدالله sa'dullâh: (A.) **1.**Tanrı'nın kutlu kıldığı. **2.**erkek adı.

سعدان sa'dân: (A.) venüs ve Jüpiter gezegenleri, uğurlu sayılan iki gezegen.

سعدون sa'dûn: (A.) **1.**kutlu, uğurlu. **2.**erkek adı: Sadun.

سعدى sa'dî: (A.) **1.**kutluluk ile ilgili, uğur ile ilgili. **2.**uğurlu. **3.**klasik Türk musikîsinde bir makam. **4.**erkek adı. **5.**Gülistân ve Bûstân adlı şaheserlerin sahibi İranlı şair ve yazar.

سعدين sa'deyn: (A.) **1.**iki kutlu şey. **2.**Venüs ve Jüpiter.

سعديه sa'diyye: (A.) **1.**papirüsgiller. **2.**Şirazlı Sadî'nin türbesinin bulunduğu yer. **3.**bir tarikat.

سعر si'r: (A.) **1.**narh, fiyat. **2.**döviz.

سعف se'ef: (A.) **1.**ev eşyası. **2.**çeyiz. **3.**hurma yaprağı.

سعفه sa'fe: (A.) kel.

سعود su'ûd: (A.) **1.**bahtiyarlık. **2.**kutluluk. **3.**kutsal olduğu varsayılan yıldızlar.

سعوط sa'ût: (A.) buruna çekilen toz ilaçlar.

سعوط su'ût: (A.) enfiye.

سعه si'e: (A.) genişlik, bolluk, serbestlik, kapasite.

سعى sa'y: (A.) **1.**çaba, gayret, çalışma, emek. **2.**hac ibadetlerinin bir bölümü.

سعيد sa'îd: (A.) **1.**mutlu. **2.**kutlu, uğurlu. **3.**âhiret hazırlığını tamamlamış kişi. **4.**erkek adı.

سعير se'îr: (A.) **1.**ateş yalazı, ateş. **2.**cehennem.

سعى كردن sa'y kerden: çalışmak, çaba sarfetmek, çabalamak.

سغابت segâbet: (A.) açlık.

سغدى sogdî: [sogd+î] **1.**Sogdlu. **2.**Sogdca.

سغرى segrî sağrı.

سف seff: (A.) **1.**toz halindeki ilaç. **2.**ilacı toz haline getirme.

سفائن sefâ'in: (A.) gemiler.

سقات sukât: (A.) sâkiler.

سفاتج sefâtic: (A.) poliçeler.

سفاح seffâh: (A.) **1.**kan dökücü. **2.**hatip. **3.**cömert, eli açık.

سفاد sifâd: (A.) hayvan çiftleşmesi.

سفار suffâr: (A.) yolcular.

سفارت sefâret: (A.) **1.**elçilik, sefirlik, büyükelçilik. **2.**arabuluculuk.

سفارت خانه sefârethâne: (A.-F.) [sefâret+ hâne] büyükelçilik, büyükelçilik binası.

سفارت نامه sefâretnâme: (A.-F.) [sefâret+ nâme <nâme-i sefâret] elçilik hatıraları.

سفارج sefâric: (A.) ayvalar.

سفارش sefâriş: [siporden>sipâr> sefâr+iş] 1.ısmarlama, sipariş. 2.tavsiye, öneri.

سفارش دریافت کردن sefâriş deryâft kerden: sipariş almak.

سفارش دریافت نمودن sefâriş deryâft numûden: sipariş almak.

سفارشکردن sefâriş kerden: 1.ısmarlamak. 2.tembihlemek.

سفارشی sefârişî: [sefâriş+î] taahhütlü. ‖ * nâme-i ~ نامهء سفارشی taahhütlü mektup.

سفاک seffâk: (A.) 1.kan dökücü. 2.hatip.

سفاکی seffâkî: (A.-F.) [seffâk+î] kan dökücülük.

سفال sefâl: (A.) sefillik.

سفال sofâl, sifâl: 1.seramik. 2.kiremit. 3.çanak çömlek. 4.çömlek, testi vs. parçaları. 5.fıstık, ceviz vs. kabuğu. 6.orak. 7.saksı.

سفالت sefâlet: (A.) 1.sefillik, düşkünlük. 2.fakirlik.

سفالت آورده sefâletâverde: (A.-F.) [sefâlet+âverden> âverd+e] safalet dolu.

سفال کردن sofâl kerden: bronzlaştırmak.

سفالگر sofâlger: [sofâl+ger] çömlekçi, testici.

سفالگری sofâlgerî: [sofâl+ger+î] 1.çömlekçilik, testicilik. 2.çömlek imalathanesi.

سفاله sifâle 1.çanak çömlek. 2.çömlek, testi vs. parçaları. 3.fıstık, ceviz vs. kabuğu. 4.orak.

سفالی sofâlî: [sofâl+î] seramik, topraktan yapılmış.

سفالین sofâlîn: [sofâl+în] seramik, topraktan yapılmış çanak, çömlek.

سفانت sifânet: (A.) marangozluk.

سفاه sefâh: (A.) 1.aşırı eğlence düşkünlüğü. 2.akılsızlık. 3.har vurup harman savurma.

سفاهت sefâhet: (A.) 1.aşırı eğlence düşkünlüğü. 2.akılsızlık. 3.har vurup harman savurma.

سفاین sefâyin: (A.) gemiler.

سفت sift: 1.yoğun. 2.sağlam, sıkı, sımsıkı. 3.katı.

سفت soft: (Peh.) omuz.

سفت soft: [soften>soft] 1.delme. 2.delik. 3.küçük delik, iğne deliği.

سفتجه seftece: (A.) poliçe.

سفتجه suftece: (F.>A.) poliçe.

سفت زن siftzen: [sift+zeden>zen] güçlü cinsel ilişkide bulunan.

سفت کردن soft kerden: sağlamlaştırmak, sıkmak, sıkıştırmak.

سفت گر softger: [soften>seft+ger] inci delen, inci işi yapan.

سفتن soften: (Peh.) 1.delmek, delik açmak. 2.inci delmek.

سفته sifte: [sift+e] 1.yoğun. 2.katı, sağlam.

سفته softe: [soften>soft+e] 1.delik, delinmiş. 2.yeni ve bâkir. 3.temren, mızrak ucu. 4.süngü. 5.poliçe, bono. 6.hediye.

سفته باز softebâz: [softe+bâhten>bâz] bonocu.

سفته بازی softebâzî: [softe+bâhten> bâz+î] bonoculuk, bono alım satımı.

سفته گوش softegûş: [softe+gûş] 1.kulağı delik. 2.itaatkâr. 3.köle. 4.kulağı delik, istihbaratı kuvvetli.

سفچ sefç: ham kavun, kelek.

سفر sefer: (A.) 1.sefer, seyahat, yolculuk. 2.kere, kez, defa. 3.savaşa gitme. 4.savaş. ‖ * ~ be hayr سفر به خیر hayırlı yolculuklar, iyi yolculuklar. ‖ * be ~ reften به سفر رفتن seyahate çıkmak, yolculuğa çıkmak.

سفر sifr: (A.) 1.yazılı metin. 2.kitap. 3.mektup. 4.Tevrat'ın beş kitabından her biri.

سفراء soferâ': (A.) elçiler, büyükelçiler, sefirler.

سفربر seferber: (A.-F.) [sefer+borden> ber] 1.savaşa gönderilmiş asker. 2.savaşa gönderilmek üzere hazırlanmış asker. **3.**savaşa hazırlanmış devlet.

سفر جستن sefer costen: seyahate çıkmak, geziye çıkmak, yolculuğa çıkmak.

سفرجل sefercel: (A.) (bot.) ayva.

سفر دوست seferdûst: (A.-F.) [sefer+dûst] geziyi seven, seyahati seven.

سفر کردن sefer kerden: **1.**seyahat etmek, yolculuk etmek, geziye çıkmak. **2.**ayrılmak. **3.**(ask.) sefer yapmak. **4.**ölmek.

سفرگزین seferguzin: (A.-F.) [sefer+ guzîden>guzîn] yola çıkan, yolculuk eden.

سفرنامه sefernâme: (A.-F.) [sefer+nâme] seyahatname, sefername.

سفرنگ sefreng: tefsir, şerh, izah, yorum.

سفره sofre: **1.**sofra. **2.**sofra örtüsü.

سفره چی sofreçi: (F.-T.) [sofre+çi] sofracı.

سفره چیدن sofre çîden: sofra kurmak.

سفره خانه sofrehâne: [sofre+hâne] yemek odası.

سفره دادن sofre dâden: yemek vermek.

سفره کردن sofre kerden: sofra kurmak, sofra hazırlamak. ‖ * şikem-i kesî râ ~ شکم کسی را سفره کردن karnını deşmek.

سفری seferî: (A.) **1.**sefer ile ilgili. **2.**yolculuk ile ilgili. **3.**yolcu.

سفریه seferiyye: (A.) **1.**sefer ile ilgili. **2.**yolculuk ile ilgili.

سفسطه sefsete: (Yun.>Ar.) **1.**doğru gibi görünen yanlış kıyas, tasım. **2.**bilgicilik, sofizm. **3.**safsata, yanıltmaca.

سفسطه پرداز sefseteperdâz: (A.-F.) [sefsete+ perdâhten> perdâz] safsatacı.

سفسطه کردن sefsete kerden: safsata uydurmak.

سفسف sefsef: (A.) (bot.) yonca.

سفسفه sefsefe: (A.) toz halindeki besinlerin elenmesi.

سفط sefat: (A.) **1.**sepet. **2.**sele. **3.**balık pulu. **4.**ağaç kabuğu pulu.

سفک sefk: (A.) **1.**dökme, akıtma. **2.**su dökme.

سفل sifl, sofl: (A.) **1.**hakaret. **2.**alçaklık.

سفلا sufelâ: (A.) sefiller, düşkünler.

سفله sifle: (A.) **1.**alçak, pespaye, aşağılık, adi, bayağı, rezil. **2.**terbiyesiz.

سفله پرور sifleperver: (A.-F.) [sifle+perverden> perver] aşağılık kişileri koruyan.

سفله زاد siflezâd: (A.-F.) [sifle+zâden> zâd] sefil, sefillik dolu.

سفله طبع sifletab': (A.-F.) [sifle+tab'] alçak, pespaye.

سفله کام siflekâm: (A.-F.) [sifle+kâm] aşağılıkların hoşlandığı.

سفله نهاد siflenihâd: (A.-F.) [sifle+nihâd] kötü yaratılışlı.

سفلی soflâ: (A.) aşağıdaki, daha aşağı, en aşağı.

سفلی soflî: (A.) **1.**aşağıdaki. **2.**aşağılık, alçak, adi. **3.**perişan halli, kılıksız.

سفلی شعار suflîşi'âr: (A.) [suflî+şi'âr] aşağılık tabiatlı.

سفلی طبع suflîtab': (A.) [suflî+tab'] aşağılık tabiatlı.

سفلیات sufliyyât: (A.) **1.**değersiz işler. **2.**değersiz şeyler. **3.**dünya işleri.

سفلیت sufliyyet: (A.) bayağılık, düşüklük, süflîlik.

سفلیس siflis: (tıb.) frengi, sifilis.

سفلیه sufliyye: (A.) **1.**aşağıdaki. **2.**aşağılık.

سفلیین sufliyyeyn: (A.) Merkür ve Venüs.

سفن sefen: (A.) **1.**kın. **2.**kılıç kabzası. **3.**keser.

سفن sofon: (A.) **1.**gemiler. **2.**savaş gemileri.

سفه sefeh: (A.) cahillik, akılsızlık.

سفها sofehâ: (A.) sefihler, akılsızlar, ahmaklar, sersemler.

سفور sufûr: (A.) seferler.

سفوف sefûf: (A.) toz ilaç.

سفوف sufûf: (A.) toz ilaçlar.
سفيد sefîd, sifîd: (Peh.) 1.beyaz, ak. 2.zahir, aşikar, ortada.
سفيدا · sefîdâ: [sefîd+â] 1.beyazlık. 2.üstübeç.
سفيداب sefîdâb: 1.pudra, beyaz pudra. 2.(kim.) üstübeç. 3.(kim.) çinko oksit.
سفيداج sefîdâc üstübeç.
سفيدار sefîdâr, sifîdâr (bot.) akçakavak.
سفيد بخت sefîdbeht: [sefîd+beht] talihli.
سفيد پوست sefîdpûst: [sefîd+pûst] 1.beyaz, beyaz derili. 2.beyaz tenli.
سفيد پوش sefîdpûş: [sefîd+pûşîden>pûş] beyaz örtülü.
سفيد زدن sefîd zeden: hava ağarmak.
سفيد شدن sefîd şoden: 1.beyazlaşmak, ağarmak. 2.ortaya çıkmak, görünmek, belirmek.
سفيدفام · sefîdfâm: [sefîd+fâm] beyaz.
سفيدک sefîdek: [sefîd+ek] küf.
سفيدكار sefîdkâr: [sefîd+kâr] badanacı.
سفيدكارى sefîdkârî: [sefîd+kâr+î] badanacılık.
سفيد كاسه sefîdkâse: [sefîd+kâse] (kin.) cömert, himmet sahibi.
سفيد كردن sefîd kerden: 1.ağartmak, beyazlaştırmak. 2.temizlemek, silmek. 3.badanalamak.
سفيدگر sefîdger: [sefîd+ger] kalaycı.
سفيدگرى sefîdgerî: [sefîd+ger+î] kalaycılık.
سفيده sefîde: [sefîd+e] yumurta akı.
سفيده دم sefîdedem: [sefîde+dem] tan, tan ağartısı.
سفيده زدن sefîde zeden: gün ağarmak.
سفيدى sefîdî, sifîdî: [sefîd+î] beyazlık, aklık.
سفير sefîr: (A.) elçi, sefir, büyükelçi.
سفيرى sefîrî: (A.-F.) [sefîr+î] elçilik, sefirlik, sefaret.
سفيل sefîl: (A.) 1.sefil, alçak. 1.perişan, düşkün. 2.yoksul. 3.aşağılık. 4.talihsiz.
سفيلانه sefîlâne: (A.-F.) [sefîl+âne] sefilce.
سفيله sefîle: (A.) 1.düşkün kadın. 2.yoksul kadın. 3.orospu.
سفينه sefîne: (A.) 1.gemi, vapur. 2.cönk, şiir mecmuası, mecmua.
سفينة الشعرا sefînetuşşu'erâ: (A.) divan şairlerinden ve eserlerinden seçkiler yapılmış antoloji.
سفينه پاره sefînepâre: (A.-F.) [sefîne+pâre] gemi parçası.
سفيه sefîh: (A.) 1.sefih, akılsız, sersem. 2.eğlence düşkünü. 3.har vurup harman savuran.
سفيهى sefîhî: (A.-F.) [sefîh+î] sefihlik, akılsızlık, sersemlik.
سق sekk: (A.) damak. ‖ * ~ -i siyâh dâşten سق سياه داشتن ağzı bozuk olmak.
سقاء sekkâ': (A.) saka, sucu.
سقاء sikâ': (A.) kırba, su kırbası.
سقاخانه sekkâhâne: (A.-F.) [sekkâ+hâne] kapalı çeşme, sakahane.
سقاط sekkât: (A.) 1.çok düşüren. 2.keskin kılıç.
سقاطه sukâte: (A.) 1.kırıntı. döküntü. 2.artık.
سقاطه چين sukâteçîn: (A.-F.) [sukâta+çîden>çîn] artık toplayan.
سقاطه خوار sukâtehâr: (A.-F.) [sukâte+ horden>hor> hâr] artık yiyen.
سقام sakâm: (A.) hastalık, dert, illet.
سقامت sakâmet: (A.) sakatlık, arıza, eksiklik, yanlışlık, hastalık, kusur.
سقامت sekâmet: (A.) hastalıklar.
سقايت sikâyet, sekâyet: (A.) 1.su verme, sakalık. 2.sakilik. 3.Kâbe sakalığı.
سقايه sikâye: (A.) 1.su kabı, su kırbası. 2.içme suyu havuzu.
سقايى sekkâyî: (A.-F.) [sekkâ+y+î] 1.sakalık, suculuk. 2.sakilik.
سقايى كردن sekkâyî kerden: sakalık yapmak, suculuk yapmak, su satmak.
سقر sakar: (A.) cehennem, tamu.
سقر مقر sakarmakarr: (A.) [sakar+makarr] cehennemlik.
سقز sakkiz (bot.) sakız.

سق زدن sek zeden: **1.**yemek. **2.**kuru ekmek yemek.

سقط seket: (A.) **1.**hata, yanlışlık. **2.**rezillik. **3.**yararsız. **4.**kelepir. **5.**alçak. **6.**mütevazi, alçakgönüllü. **7.**özürlü, engelli. **8.**bozuk kısım, çürük kısım.

سقط sekt, sıkt: (A.) **1.**(tıb.) düşük cenin. **2.**kar. **3.**kıvılcım. ‖ * ~ -i cenîn kerden سقط جنين كردن : (tıb.) düşük yapmak.

سقطات sakatât: (A.) **1.**bozukluklar, yanlışlıklar, terslikler. **2.**eti yenen hayvanların adale dışındaki organları.

سقط الزند sıktuzzend: (A.) çakmak kıvılcımı.

سقط شدن seket şoden: **1.**gebermek, zıbarmak. **2.**yararsız olmak.

سقط فروش seketfurûş: (A.-F.) [seket+ furûhten>furûş] hurdacı, eskici.

سقط فروشی seketfurûşî: (A.-F.) [seket+ furûhten>furûş+î] **1.**hurdacılık, eskicilik. **2.**hurdacı, eskici. **3.**bakkal. **4.**toptancı.

سقط كارى seketkârî: (A.-F.) [seket+ kâr+î] taş, kireç ve harç kullanma.

سقط گفتن seket goften: küfretmek, ağzını bozmak, ileri geri konuşmak.

سقط نمودن seket numûden: (tıb.) çocuk düşürmek, düşük yapmak.

سقطه sakata: (A.) söz yanlışlıkları, anlatımdaki bozukluklar.

سقطه sekte: (A.) **1.**hata, yanılgı. **2.**şiddetli olay.

سقطى sakatî: (A.) **1.**bozuk mal satan, kötü mal satan. **2.**çok hata yapan edip.

سقطيون sakatiyyûn: (A.) çok hata yapan edipler.

سقف sekf: (A.) **1.**tavan. **2.**tavan arası, çatı. **3.**limit.

سقف چكه كردن sekf çikke kerden: tavanakmak.

سقلاب soklâb: **1.**slav. **2.**(coğ.) Tuna sahilleri.

سقلات seklât: bir tür al kumaş.

سقلمه sokolme: (T.) dürtme, sümsükleme.

سقلمه زدن sokolme zeden: dürtmek, sümsüklemek.

سقم sokm: (A.) **1.**hastalık. **2.**yanlışlık.

سقم sekam: (A.) hastalık, sakamet.

سقنقور sakankur: (A.) **1.**sakankur, Mısır kum kertenkelesi. **2.**sahangur tülü.

سقوط sukût: (A.) **1.**düşüş, düşme. **2.**sarkma. **3.**üst düzey görevden ayrılma. **4.**bebeğin ölü doğması.

سقوط كردن sukût kerden: **1.**düşmek, düşüş göstermek. **2.**uçak düşmek, uçak çakılmak. **3.**ahlâken düşmek, ahlağı bozulmak. **4.**savaşta şehit düşmek.

سقوطيه sukûtiyye: (A.) paraşüt.

سقوف sukûf: (A.) **1.**tavanlar. **2.**damlar.

سقى saky: (A.) sulama, su içirme.

سقيم sekîm: (A.) **1.**hasta, illetli. **2.**yanlış, hatalı. **3.**zayıf rivayetli hadis.

سقيمه sakîme: (A.) **1.**hasta, hastalıklı. **2.**yanlış.

سک sok: **1.**öğendire, üvendire. **2.**dürtme, muştulama.

سكار sikâr, sekâr, sokâr: kömür.

سكارا sukârâ: (A.) sarhoşlar.

سكارى sekârâ: (A.) sarhoşlar.

سكارى sukârâ: (A.) sarhoşlar.

سكافه sokâfe: mızrap.

سكاک sekkâk: (A.) **1.**bıçakçı. **2.**sikkeci, para basan.

سكاكى sekkâkî: (A.) **1.**bıçakçı. **2.**bıçakçılık. **3.**sikkeci. **4.**sikkecilik.

سكال sikâl: düşünce, maksat.

سكالپ گرفتن sıkalp giriften: kafatası derisini yüzmek.

سكان sokkân: (A.) dümen, gemi dümeni.

سكان sukkân: (A.) oturanlar, yerleşik olanlar, sâkinler.

سكاندار sukkândâr: (A.-F.) [sukkân+ dâşten>dâr] dümenci.

سكب sekb: (A.) **1.**su dökme. **2.**su dökülme.

سکبات sekebât: (A.) **1.**saç kepekleri. **2.**takkeler.

سکبان sekban: [<seg+bân] **1.**Osmanlı döneminde sınır boylarında görevli olan asker. **2.**Osmanlı döneminde eyalet paşaları ile sancak beylerinin emrinde çalışan bir sınıf asker.

سکبه sekbe: (A.) **1.**saç kepeği. **2.**takke.

سکت sekt: (A.) **1.**soluk almadan sesini kesme. **2.**şiirde bir sesin düşmesi sonucunda meydana gelen ahent bozukluğu.

سکته sekte: (A.) **1.**kriz, sekte. **2.**(tıb.) kalp krizi. **3.**durma, aksama, kesinti. **4.**ihlal. **5.**felç, inme.

سکته دار sektedâr: (A.-F.) [sekte+dâr] düzeni bozulmuş, sekteye uğramış.

سکته کردن sekte kerden: **1.**sekteye uğramak. **2.**kalp krizi geçirmek.

سکته ور sektever: (A.-F.) [sekte+ver] **1.**krizli. **2.**kalp krizi geçiren.

سکجات sikkecât: (A.) sikkeler.

سکر sekr: (A.) set çekme.

سکر sokr: (A.) **1.**sarhoşluk. **2.**alkollü içki.

سکر sukker: (A.) şeker.

سکر آور sekrâver: (A.-F.) [sekr+ âverden>âver] sarhoş edici, baş döndürücü.

سکرات sekerât: (A.) **1.**can çekişme. **2.**sarhoşluklar. ‖ * ~ -i mevt سکرات موت can çekişmesi.

سکرات الموت sekerâtulmevt: (A.) can çekişme halindeki baygınlık.

سکران sekrân: (A.) sarhoşlar.

سکرتر sekreter: (İng.) sekreter. ‖ * ~ -i telefunî سکرتر تلفنی telesekreter.

سکرجه sokerrece: **1.**yemek kabı. **2.**bir ağırlık birimi.

سکردهان sukkerdehân: (A.-F.) [sukker+ dehân] tatlı dilli, şeker ağızlı, ağzından bal damlayan.

سکره sekre: (A.) **1.**sarhoşluk. **2.**şaşma. **3.**şiddet.

سکره sokre: vazo.

سکری sukkerî: (A.) **1.**şeker ile ilgili. **2.**şekerleme, şekerli. **3.**şeker rengi.

سک زدن sok zeden: **1.**dürtmek, modullamak. **2.**tahrik etmek.

سکس siks: (Fr.) **1.**dişi. **2.**cins. **3.**seks.

سکستن sukusten: dağıtmak, çözmek.

سکسکه siksike: hıçkırık.

سکسی siksî: (Fr.-F.) [siks+î] seksî, cazibeli.

سکک sikek: (A.) sikkeler.

سکن sekn: (A.) **1.**sakinler. **2.**oda.

سکن sekn: (A.) yiyecek, azık.

سکنات sekenât: (A.) **1.**durumlar, haller. **2.**sakinlikler.

سکنج sekenc, sikonc: **1.**öksürük. **2.**tıraş. **3.**ısırma. **4.**ağız kokusu.

سکنجبین sikencebîn: kaynatılmış şeker şuru ve sirkeden yapılan bir içecek.

سکندر sikender: **1.**atın sürçmesi. **2.**amuda kalkarak yürümek.

سکندر sikender: (Yunanca>F.) İskender.

سکندر خوردن sikender horden: sürçmek, sendelemek, kaymak.

سکندر در sikenderder: (Yunanca-F.) İskender kapılı.

سکندر قدر sikenderkadr: (F.-A.) [sikender+kadr] İskender gibi değerli.

سکندر لقا sikenderlikâ: (F.-A.) [sikender+ likâ] İskender yüzlü.

سکندر مثال sikendermisâl: (F.-A.) [sikender+misâl] İskender gibi.

سکندروار sikendervâr: [sikender+vâr] İskender gibi.

سکندر وقار sikendervakâr: (F.-A.) [sikender+vakâr] İskender gibi ağırbaşlı.

سکندری sikenderî: sürçme, sendeleme.

سکندری sikenderî: [sikender+î] İskenderlik.

سکندری خوردن sikenderî horden: sürçmek, sendelemek.

سکنگبین sikengubîn ballı sirke şerbeti.

سکنه sekene: (A.) **1.**sakinler, oturanlar. **2.**ahali, halk.

سکنه داشتن sekene dâşten: nüfusu olmak.

سکنی suknâ: (A.) **1.**mesken, konut. **2.**oturma hakkı.

سکنیت sekeniyyet: (A.) sakinlik.

سکنی کردن suknâ kerden: konut edinmek, yerleşmek.

سکنی گزیدن suknâ gozîden: yerleşmek.

سکو sekkû: **1.**seki. **2.**rampa. **3.**peron. ‖ * ~ -yi mûşekî سکوی موشکی füze rampası. ‖ * ~ -yi pertâbî سکوی پرتابی fırlatma rampası.

سکوب sekûb: peron.

سکوت sukût: (A.) **1.**sessizlik, suskunluk, sükut. **2.**(müz.) sus işareti. ‖ * ~ râ şikesten سکوت را شکستن sessizliği bozmak.

سکوت بر قرار شدن sukût berkarâr şoden: ses kesilmek, sessizleşmek, sessizlik hakim olmak.

سکوت کردن sukût kerden: susmak.

سکوتی sukûtî: (A.) **1.**sessizlik ile ilgili. **2.**az konuşan. **3.**suskunluk. **4.**erkek adı.

سکون sukûn: (A.) **1.**hareketsizlik. **2.**oturma, sakinlik. **3.**sessizlik. **4.**dinme, kesilme. **5.**harekesizlik, cezm hali. **6.**asayiş. **7.**durma, duraklama.

سکونت آرا sukûnetârâ: (A.-F.) [sukûnet+ ârâsten>ârâ] sakin, sessiz.

سکون آلود sukûnâlûd: (A.-F.) [sukûn+ âlûden>âlûd] sessiz, sakin.

سکون پرور sukûnperver: (A.-F.) [sukûn+ perverden> perver] sâkinlikten hoşlanan, sâkin.

سکونت sukûnet: (A.) **1.**yoksulluk. **2.**miskinlik. **3.**oturma, yerleşme, sakin olma. **4.**durgunluk, hareketsizlik, sakinlik.

سکونت اختیار کردن sukûnet ihtiyâr kerden: yerleşmek.

سکونت پرور sukûnetperver: (A.-F.) [sukûnet+ perverden> perver] rahatlık veren, dinlendiren.

سکونت دادن sukûnet dâden: iskân etmek, yerleştirmek.

سکونت داشتن sukûnet dâşten: yerleşik olmak, oturmak.

سکونت کردن sukûnet kerden: yerleşmek.

سکونت یاب sukûnetyâb: (A.-F.) [sukûnet+ yâften> yâb] **1.**sakinleşen, durulan, dinen. **2.**duran.

سکونتگاه sukûnetgâh: (A.-F.) [sukûnet+ gâh] **1.**sessiz yer, sessiz ortam. **2.**mezar.

سکه sikke: (A.) **1.**sikke, para, akçe. **2.**madenî para üstündeki damga. **3.**Mevlevî külahı. **4.**düz yol. ‖ * ~ râ der hevâ bâ tîr sûrâh kerden سکه را در هوا با تیر سوراخ کردن uçan turnayı gözünden vurmak, keskin nişancı olmak. ‖ * ez ~ oftâden از سکه افتادن **1.**revaçtan düşmek. **2.**güzelliğini yitirmek.

سکه پوش sikkepûş: (A.-F.) [sikke+ pûşîden>pûş] sikke giyen.

سکه پیرا sikkepîrâ: (A.-F.) [sikke+ pîrâsten>pîrâ] sikke basan, sikke donatan.

سکه خانه sikkehâne: (A.-F.) [sikke+hâne <hâne-i sikke] darphane, sikke basılan yer, darphanede bir bölüm.

سکه درست sikkedorost: (A.-F.) [sikke+ dorost] tuğrası silinmemiş.

سکه زدن sikke zeden: para basmak, sikke basmak.

سکه زن sikkezen: (A.-F.) [sikke+zeden> zen] sikke basan, madenî para basan.

سکه شدن sikke şoden: sikke haline gelmek, basılmak.

سکه شناس sikkeşinâs: (A.-F.) [sikke+ şinâhten>şinâs] **1.**nümizmat. **2.**para canlısı.

سکه شناسی sikkeşinâsî: (A.-F.) [sikke+ şinâhten>şinâs+î] nümizmatik.

سکه صورت sikkesûret: (F.-A.) [sikke+ sûret] yüzünü boyayan, yüzüne makyaj yapan.

سکه کن sikkeken: (A.-F.) [sikke+ kenden>ken] para kazan, para ressamı.

سکیز sikîz: **1.**çifte. **2.**sıçrama.

سکین sikkîn: (A.) **1.**bıçak. **2.**kalemtıraş.

سکینت sekînet: (A.) **1.**dinlenme. **2.**gönül rahatlığı.

سکینه sekîne: (A.) **1.**rahatlık, huzur, sükunet. **2.**Rûhülkudüs. **3.**İsrailoğullarına verildiği söylenen bir mucize. **4.**bayan adı.

سگ seg: (Peh.) (zool.) köpek. ‖ * ~ kîst سگ کیست önemi yok. ‖ * ~ kocâ hâne kocâ سگ کجا خانه کجا birbiriyle uyumsuz iki kişi için söylenir. ‖ * ~ u gorbe سگ و گربه kediyle köpek gibi, birbiriyle geçinemeyen. ‖ * ~ -i âbî سگ آبی (zool.) kunduz. ‖ * ~ -i çûpân سگ چوپان (zool.) çoban köpeği. ‖ * ~ -i deryâyî سگ دریایی (zool.) fok. ‖ * ~ -i gelle سگ گله (zool.) çoban köpeği. ‖ * ~ -i şikârî سگ شکاری (zool.) av köpeği. ‖ * ~ -i tâzî سگ تازی (zool.) tazı köpeği. ‖ * misl-i ~ peşîmân şoden مثل سگ پشیمان شدن eşek gibi pişman olmak.

سگابی segâbî: [<seg-i âbî] kunduz.

سگال sigâl: **1.**düşünce. **2.**kuruntu, vehim.

سگالش sigâliş: [sigâlîden>sigâl+iş] **1.**düşünce, fikir. **2.**kötü düşünce. **3.**kuruntu, vehim.

سگاله segâle: [seg+âle] köpek pisliği.

سگالیدن sigâlîden: **1.**düşünmek. **2.**kötü düşünmek. **3.**inandırmak.

سگان segân: [seg+ân] köpekler, itler.

سگ انگور segengûr: [seg+engûr] (bot.) it üzümü.

سگاه segâh: [se+gâh] **1.**üç vakit. **2.**klasik Türk musikîsinde bir makam.

سگبان segbân: [seg+bân] **1.**köpek bakıcısı. **2.**Osmanlı döneminde saraya ait av köpeklerinin sorumlusu. **3.**seymen, Yeniçeri ocağındaki bir sınıf.

سگ بچه segbeçce: [seg+beççe] enik, köpek eniği, köpek yavrusu.

سگ توله segtûle: [seg+tûle] enik, köpek eniği, köpek yavrusu.

سگ جان segcân: [seg+cân] köpek canlı.

سگ خور شدن seghor şoden: köpek tarafından yenmek. ‖ * mâlî ~ مالی سگ خور شدن bir mal itin köpeğin eline düşmek.

سگدار segdâr: [seg+dâşten>dâr] köpek eğiticisi.

سگ دست segdest: [seg+dest] **1.**direksiyon mili. **2.**ayakları açık yük hayvanı.

سگ دندان segdendân: [seg+dendân] köpek dişi.

سگ دو زدن segdov zeden: it gibi koşmak, koşuşturmak.

سگرنه sogorne (zool.) büyük oklu kirpi.

سگرمه sigirme: **1.**alın. **2.**alın çizgisi.

سگزی segzî: [segz+î] **1.**Sistanlı. **2.**Sistan lehçesi.

سگسار segsâr: [seg+sâr] **1.**köpek başlı. **2.**köpek gibi. **3.**haris, dünya düşkünü.

سگ شوری کردن seg şûrî kerden: köpek yıkamak.

سگک segek: [seg+ek] toka, kopça.

سگ ماهی segmâhî: [seg+mâhî] (zool.) mersin balığı, havyar balığı.

سگ مگس segmeges: [seg+meges] (zool.) at sineği.

سگ انگور segengûr: [seg+engûr] (bot.) it üzümü.

سل sel: sal.

سل sell: (A.) **1.**kılıç çekme. **2.**damar kesme. **3.**dişi dökülmüş adam. **4.**sıyırma. **5.**sıyrılma.

سل sill: (A.): **1.**(tıb.) verem, tüberküloz. **2.**erime.

سل sol: (Fr.): (müz.) sol.

سلاء selâ': (A.) son, cenin torbası.

سلاء sullâ': (A.) bitki dikenleri.

سلائق selâ'ik: (A.) yazma ve konuşma yetenekleri.

سلات sellât: (A.) seleler.

سلاجقه selâcika: (A.) Selçuklular.

سلاح silâh: (A.) silah. ‖ * ~ -i dûrbord سلاح دوربرد (ask.) uzun menzilli silah. ‖ * ~ -i germ سلاح گرم (ask.) ateşli silah. ‖ * ~ -i mikrobî سلاح میکروبی (ask.) biyolojik silah.

سلاح انداز silâhendâz: (A.-F.) [silâh+ endâhten> endâz] silahlı deniz eri.

سلاح بدست silâhbedest: (A.-F.) [silâh+ be+dest] elinde silah, silahlı.

سلاح خانه silâhhâne: (A.-F.) [silâh+hâne] (ask.) silah deposu.

سلاحدار silâhdâr: (A.-F.) [silâh+dâşten> dâr] 1.silah sorumlusu, silah koruma görevlisi. 2.silahlı.

سلاحداری silâhdârî: (A.-F.) [silâh+ dâşten> dâr+î] silahlı olma, silahtarlık.

سلاحشور silâhşûr: (A.-F.) [silâh+şûr] silahşör.

سلاحشوری silâhşûrî: (A.-F.) [silâh+şûr+î] silahşörlük.

سلاحف selâhif: (A.) kaplumbağalar.

سلاخ sellâh: (A.) hayvan kesen, deri yüzen, kasap.

سلاخ خانه sellâhhâne: (A.-F.) [sellâh+ hâne] mezbaha, kanara.

سل الرئه sillurri'e: (A.) akciğer veremi.

سلاست selâset: (A.) 1.akıcılık. 2.yumuşaklık, kolaylık. 3.itaat.

سلاست شعار selâsetşi'âr: (A.) [selâset+ şiâr] akıcılık örneği.

سلاسل selâsil: (A.) 1.zincirler. 2.sıradağlar. 3.zincirleme olanlar.

سلاسین selâsîn: (A.) bir tür ağaç.

سلاطین selâtîn: (A.) sultanlar.

سلاف sulâf: (A.) şarap.

سلاف sullâf: (A.) daha önce yaşayanlar, eskiler, selefler.

سلافه sulâfe: (A.) şarap.

سلال silâl: (A.) seleler.

سلالم selâlim: (A.) merdivenler.

سلاله sulâle: (A.) 1.sülâle, hanedan. 2.nesil, soy. 3.öz. 4.nutfe. 5.çocuk.

سلام selâm: (A.) 1.selâm. 2.boyun eğme, teslim olma. 3.iyi son. 4.kalıcılık. 5.Tanrı'nın sıfatlarından biri. ‖ * ~ râ cevâb goften سلام را جواب گفتن selâm almak. ‖ * ~ redd u bedel şoden سلام رد و بدل شدن selâmlaşılmak.

سلام sulâm: (A.) el ve parmak kemiği.

سلامت selâmet: (A.) 1.esenlik, selâmet, sağlık. 2.barış. 3.sağ. 4.güle güle. 5.eminlik, güvenilirlik. 6.cümledeki düzgünlük. ‖ * ~ bâd سلامت باد Allah selamet versin. ‖ * ~ bâşîd سلامت باشید sağolun, eksik. ‖ * be ~ به سلامت 1.esenlikle, selâmetle, güle güle. 2.sağsalim, esenlik içinde. ‖ * seret be ~ سرت به سلامت başın sağ olsun.

سلامت بودن selâmet bûden: sağ olmak, eksik olmamak.

سلامت جو selâmetcû: (A.-F.) [selâmet+ costen>cû] barışçı, barışçıl.

سلامت جویانه selâmetcûyâne: (A.-F.) [selâmet+costen>cûy+âne] barışçıl. ‖ * ikdâmât-i ~ اقدامات سلامت جویانه barışçı girişimler.

سلامتی selâmetî: (A.-F.) [selâmet+î] esenlik, sağlık, afiyet. ‖ * be ~ به سلامتی 1.şerefe. 2.hayırlısıyla.

سلام دادن selâm dâden: selâm vermek.

سلام رساندن selâm resânden: selâm göndermek.

سلام زدن selâm zeden: selâm vermek.

سلام علیکم selâmunaleykum: (A.) esenlik üzerine olsun.

سلام قولاً selâmunkavlen: (A.) felç.

سلام کردن selâm kerden: selâm vermek.

سلام گفتن selâm goften: selâm vermek.

سلامه selâme: (A.) 1.esenlik. 2.eminlik. 3.kurtulma. 4.cümledeki düzgünlük.

سلام و علیک کردن selâm u aleyk kerden: selâmlaşmak.

سلامی selâmî: (A.-F.) [selâm+î] 1.selâmla ilgili. 2.Bağdatla ilgili.

سلامی sulâmî: (A.) el ve parmak kemiği.

سلامیات selâmiyyât: (A.) parmak kemikleri.

سلاميات sulâmiyât: (A.) el ve parmak kemikleri.

سلاميه selâmiyye: (A.) Celvetîlik tarikatının bir kolu.

سلانه سلانه sellâne sellâne: (T.) sallana sallana, yavaş yavaş, ağır ağır, usul usul.

سلب selb: (A.) **1.**kabuk soyma. **2.**ayırma. **3.**çalma. **4.**bertaraf etme. **5.**nefy ve inkâr.

سلب seleb: (A.) **1.**kapılmış şey. **2.**soyularak alınmış şey. **3.**savaş aleti.

سلبا selben: (A.) **1.**kaparak. **2.**gidererek, iptal ederek, yok ederek. **3.**olumsuzlaştırarak. **4.**inkâr ederek.

سلب شدن selb şoden: çekilmek.

سلب كردن selb kerden: elinden almak, almak, çalmak, götürmek, çekmek.

سلبى selbî: (A.) nefy ve inkâr.

سلبيه selbiyye: (A.) olumsuzluk ile ilgili.

سلجم selcem: (A.) şalgam.

سلجوق selcûk: (T.) erkek adı, Selçuk.

سلجوقى selcûkî: (T.-F.) [selcûk+î] Selçuklu.

سلجوقيان selcûkiyân: (T.-F.) [selcûk+î+ y+ân] Selçuklular.

سلجوقيه selcûkiyye: (T.-A.) **1.**Selçuklu. **2.**Selçuklular.

سلجه selce: (A.) istiridye.

سلح silih: (A.) silah.

سلحشور silehşûr: (A.-F.) [sileh+şûr] silahşör, silahlı asker.

سلحفا sulehfâ: (A.) kaplumbağa.

سلحفا sulhefâ: (A.) kaplumbağa.

سلحفات suluhfât: (A.) kaplumbağa.

سلحفات sulhefât: (A.) kaplumbağa.

سلحفيه sulhefiyye: (A.) kaplumbağalar.

سلخ selh: (A.) **1.**yüzme. **2.**kabuk soyma. **3.**yokluk. **4.**arabî ayın son günü.

سلخ خانه selhhâne: (A.-F.) [selh+hâne <hâne-i selh] salhane.

سلس seles: (A.) sidik tutamama.

سلس selis: (A.) **1.**yumuşak ve kolay. **2.**boyun eğmiş. **3.**(tıb.) sidik zoru olmuş.

سلس البول selesulbevl: (A.) sidik tutamama hastalığı.

سلسال selsâl: (A.) tatlı su, içimi rahat lezzetli su.

سلسبيل selsebîl: (A.) **1.**yumuşak. **2.**akıcı. **3.**lezzetli su. **4.**şarap. **5.**Cennet'teki çeşmelerden biri. **6.**kademeli yerden akan su.

سلسبيل وش selsebîlveş: (A.-F.) [selsebîl+ veş] içimi rahat selsebil suyu gibi.

سلسله silsile: (A.) **1.**zincir. **2.**bağ. **3.**hanedan. **4.**soy. **5.**topluluk, sınıf. **6.**sıradağ. **7.**seri, dizi. **8.**sıra. 7.sevgilinin uzun saçları. ‖ * ~ -i cibâl سلسلهء جبال : (coğ.) sıradağlar.

سلسله جنبان silsileconbân: (A.-F.) [silsile+conbânden>conbân] **1.**zincir sallayan. **2.**vesile, sebep.

سلسله نامه silsilenâme: (A.-F.) [silsile+ nâme<nâme-i silsile] soyağacı.

سلطان sultân: (A.) **1.**sultan. **2.**kral. **3.**güç, kudret. **4.**hükümdar eşi, hükümdar kızı, hükümdar kızkardeşi. **5.**sevgili. ‖ * es ~ u zıllullâhi fil'arz السلطان ظل الله فى الارض Sultan yeryüzünde Allah'ın gölgesidir. (Hadis)

سلطان الشعرا sultânuşşu'erâ': (A.) şairler sultanı, başşair.

سلطان زاده sultânzâde: (A.-F.) [sultân+ zâden>zâd+e] şehzade.

سلطانى sultânî: (A.-F.) [sultân+î] **1.**sultanlık. **2.**Osmanlı döneminde Mısır, Trablus, Tunus ve Cezayir eyaletlerinde basılan paralar, Yavuz Sultan Selim'in Mısır'ı fethinden sonra bastırılan altın sikke. **3.**sultanlığa dayanan.

سلطانيه sultâniyye: (A.) **1.**sultan ile ilgili. **2.**İran'da bir kent. **3.**Çanakkale Boğazı'nda bir kale.

سلطنت seltenet: (A.) **1.**saltanat. **2.**krallık. **3.**galebe.**4.**bolluk ve gösteriş içinde geçen hayat.

سلطنت راندن seltenet rânden: saltanat

sürmek.

سلطنت طلب seltenetteleb: (A.-F.) [seltenet+telebîden>teleb] saltanat yanlısı.

سلطنت طلبى seltenettelebî: (A.-F.) [seltenet+telebîden>teleb+î] saltanat taraftarlığı.

سلطه silte: (A.) şilte.

سلطه solte: (A.) egemenlik, sulta, baskı.

سلطه طلب solteteleb: (A.-F.) [solte+telebîden>teleb] sultacı.

سلطه طلبى soltetelebî: (A.-F.) [solte+telebîden>teleb+î] sultacılık.

سلع sila': (A.) **1.**urlar. **2.**hıyarcıklar.

سلعات sele'ât: (A.) **1.**urlar. **2.**hıyarcıklar.

سلعت sel'et: (A.) başta çıkan ağrısız ur.

سلعه sil'e: (A.) **1.**ticarî mal. **2.**başta çıkan ağrısız ur, hıyarcık. **3.**baş yarığı.

سلف selef: (A.) **1.**önce bulunan. **2.**eski adam, önceden yaşamış olan.

سلف silf, silif: (A.) **1.**bacanak. **2.**koca. **3.**kabuk.

سلف solf: [solfîden>solf] öksürük.

سلف خريدن selef herîden: mahsulü ele geçmeden satın almak.

سلفدان silifdân: [silif+dân] tükürük hokkası.

سلفيدن solfîden: **1.**öksürmek. **2.**rüşvet vermek.

سلفيه selefiyye: (A.) Kur'ân yolunu izleyen fıkıh ve hadis bilginleri.

سلق silk: (A.) pancar.

سلک selk: (A.) dizme.

سلک silk: (A.) **1.**dizi, sıra, saf. **2.**iplik. **3.**yol. **4.**tarikat. **5.**meslek. ‖ * be ~ tahrîr der âmeden به سلک تحرير در آمدن kaleme alınmak, yazılmak, telif edilmek. ‖ * be ~ -i tahrîr indirâc yâften به سلک تحرير اندراج يافتن yazılmak, kaleme alınmak, telif edilmek. ‖ * be ~ -i tahrîr keşîden به سلک تحرير کشيدن kaleme almak, yazmak, telif etmek.

سلم selem: (A.) **1.**teslim olma. **2.**mahsulü henüz elde edilmeden satma. **3.**peşin para ile mal alımı.

سلم sellem: (A.) "selamete erdirsin, selamet versin, esenlik versin" anlamında bir dua.

سلم selm: (A.) **1.**barış. **2.**Şehname'de geçen kahramanlardan biri.

سلم silm: (A.) barış, sulh, esenlik.

سلم sollem: (A.) **1.**basamak, merdiven. **2.**kulak içi merdivenimsi boşluğu.

سلمان selmân: (A.) ünlü Fars şairi Selmân-i Sâvecî ve Mes'ûd-i Sa'd-i Selmân.

سلمانى selmânî: **1.**berber, kuaför. **2.**berber dükkânı. **3.**niyaz kabul eden derviş, yardımı kabul eden derviş.

سلمک selmek: klasik Türk musikîsinde bir makam.

سلمه السلام sellemehusselâm: (A.) uluorta, umursamadan, çekinmeden.

سلمى selmâ: tarihte güzelliği ile tanınmış bir Arap kadını.

سلو solo: (Fr.): (müz.) solo.

سلوان sulvân: (A.) rahatlatıcı ilaç.

سلوانه sulvâne: (A.) rahatlatıcı ilaç.

سلوت selvet: (A.) **1.**sevinç, mutluluk. **2.**teselli. **3.**huzur, gönül huzuru.

سلوقيه selûkiyye: (A.) kaptan kamarası.

سلوک sulûk: (A.) **1.**davranış, gidiş, tarz. **2.**yola girme. **3.**tarikata girme. **3.**topluluğa veya akıma katılma.

سلول sillul: (Fr.) hücre.

سلول selûl: (A.) ölü doğmuş çocuk.

سلولز silluloz: (Fr.) selüloz.

سلول شناس sillulşinâs: (Fr.-F.) [sillul+şinâhten>şinâs] histolog, hücrebilimci.

سلول شناسى sillulşinâsî: (Fr.-F.) [sillul+ şinâhten>şinâs+î] histoloji, hücrebilim.

سلوى selvâ: (A.) **1.**bal. **2.**bir kuş cinsi.

سله selle: (A.) **1.**sele. **2.**yılan sepeti.

سله باف sellebâf: (A.-F.) [selle+bâften> bâf] seleci, sepetçi, sele ören.

سلى sillî: (A.) verem ile ilgili.

سليب selîb: (A.) **1.**soyulmuş, çalınmış. **2.**aklı başından alınmış. **3.**tıraşlanmış.

سليخه selîha: (A.) **1.**soyulmuş, yüzülmüş. **2.**kabuk.

سليس selîs: (A.) akıcı, açık seçik, selis.

سليس البول selîsulbevl: (A.) idrarını tutamayan.

سليس الكلام selîsulkelâm: (A.) akıcı konuşan.

سليسه selîse: (A.) akıcı.

سليط selît: (A.) **1.**kaba, iri. **2.**fasih konuşan erkek. **3.**hububat yağı. **4.**küfürbaz, ağzı bozuk. **5.**zeytin yağı.

سليطه selîte: (A.) **1.**ağzı bozuk kadın, şırfıntı, şıllık. **2.**zeytinyağlı salata.

سليقه selîke: (A.) **1.**zevk, salika, zevk anlayışı, bedi'î zevk anlayışı. **2.**yaratılış, tabiat, huy.

سليقه داشتن selîke dâşten: zevki olmak.

سليقى selîkî: (A.) **1.**güzel konuşma ve yazma yeteneği ile ilgili. **2.**yeteneğe dayanan.

سليقيه selîkiyye: (A.) güzel konuşma ve yazma yeteneği ile ilgili.

سليل selîl: (A.) **1.**çekilmiş kılıç. **2.**yeni doğmuş çocuk. **3.**saf şarap. **4.**dere yatağı, su yatağı.

سليله selîle: (A.) yeni doğmuş kız çocuğu.

سليم selîm: (A.) **1.**yumuşak, itaatkâr. **2.**sağ, salim. **3.**sağlam. **4.**eksiksiz, kusursuz. **5.**erkek adı.

سليم الطبع selîmuttab': (A.) iyi huylu.

سليم القلب selîmulkalb: (A.) temiz kalpli.

سليمان suleymân: (A.) **1.**erkek adı, Süleyman. **2.**Süleyman peygamber.

سليمان عشرت suleymân'işret: (A.) [suleymân+işret] Süleyman sofrası.

سليمانى soleymânî: (A.-F.) [soleymân+î] **1.**bir tür kılıç. **2.**tutya taşı. **3.**Süleyman ile ilgili. **4.**mimarlıkta kullanılan bir tür taş. **5.**bir kağıt cinsi. **6.**Süleyman gibi.

سليمان مكان suleymânmekân: (A.) [suleymân+mekân] mekânı Süleymân gibi yüksek olan.

سليمان نشان suleymânnişân: (A.-F.) [suleymân+nişân] Süleyman peygamber işaretli.

سليمه selîme: (A.) **1.**sağlam. **2.**eksiksiz, kusursuz. **3.**bayan adı.

سليمه suleyme: (A.) el ve ayak parmaklarının ikinci kemiği.

سليمى selîmî: (A.) bir başlık türü.

سليميه selîmiyye: (A.) **1.**bir kumaş cinsi. **2.**Selim ile ilgili. **3.**Selimiye camii. **4.**İstanbul'da bir semt.

سم semm: (A.) zehir, ağı.

سم somm: (Peh.) toynak, tırnak.

سماء semâ': (A.) sema, gökyüzü.

سمائى semâ'î: (A.-F.) [semâ'+î] **1.**semavî, gökyüzü ile ilgili. **2.**ilahî.

سما پاره semâpâre: [semâ+pâre<pâre-i semâ] gökyüzü parçası.

سما پيما semâpeymâ: (A.-F.) [semâ'+ peymûden> peymâ] **1.**gökyüzünde uçan. **2.**gökyüzünde dalgalanan.

سما پيوست semâpeyvest: (A.-F.) [semâ+ peyvesten> peyvest] göklere ağan.

سمات simât: (A.) **1.**alametler, işaretler. **2.**dağ izleri, yara izleri.

سماجت semâcet: (A.) **1.**inat, ısrar. **2.**çirkinlik. **3.**arsızlık, utanmazlık.

سماجت كردن semâcet kerden: ısrar etmek, üstelemek.

سماجة التخلص semâcetuttahallus: (A.) kasidenin teşbib ve girizgah bölümlerindeki çirkinlik.

سماحت semâhet: (A.) **1.**cömertlik. **2.**iyilikseverlik. **3.**erkek adı. **4.**bayan adı.

سماحتكار semâhetkâr: (A.-F.) [semâhat+ kâr] **1.**eli açık, cömert. **2.**iyilik-sever.

سماحه semâha: (A.) **1.**cömertlik. **2.**iyilikseverlik. **3.**bayan adı.

سماخانه semâhâne: (A.-F.) [semâ'+hâne <hâne-i semâ'] Mevlevî semâ'nın yapıldığı yer.

سمار semâr: (A.) (bot.) hasırotu.

سماروغ semârûğ (bot.) mantar.

سماری somârî: gemi.

سمازمین semâzemîn: (A.-F.) [semâ+ zemîn] çok yüce, ulu, değerli.

سماسره semâsire: (A.) simsarlar, komisyoncular.

سماط simât: (A.) **1.**sofra. **2.**sofraya konulan yemekler. **3.**ziyafet, ağırlama. **4.**saf, sıra.

سماط الطعام simâtutta'âm: (A.) yemek sofrası.

سماط كشيدن simât keşîden: sıraya girmek.

سماع semâ': (A.) **1.**işitme, dinleme. **2.**müzik dinleme. **3.**(tas.) sema, Mevlevî ayinlerinde dervişlerin dönmesi.

سماع semmâ': (A.) **1.**çok işiten. **2.**casus.

سماعاً semâ'en: (A.) işiterek.

سماع زن semâ'zen: (A.-F.) [semâ'zeden> zen] sema eden, dönen Mevlevî dervişi.

سماعی semâ'î: (A.-F.) [semâ'+î] **1.**işitme ile ilgili, işitsel. **2.**Türk halk şiirinde 4+4 hece vezniyle yazılan bir form. **3.**klasik Türk musikîsinde bir form. **4.**klasik Türk musikîsinde bir usül.

سماعيه semâ'iyye: (A.) işitme ile ilgili, işitsel.

سماق somâk: (A.) (bot.) sumak.

سماق summâk: (A.) sumak.

سماق مكيدن somâk mekîden: vakit öldürmek, vakit geçirmek.

سماقی summâkî: (A.) somaki.

سماک semmâk: (A.) balıkçı.

سماک simâk: (A.) **1.**yükseltici, kaldırıcı, kaldırma gereci. **2.**sebep, vasıta. **3.**balıklar. **4.**iki küçük yıldız.

سماکار semâkâr: meyhane hizmetçisi.

سماکان simâkân: (A.) başak burcu ile sığırtmaç takım yıldızlarının en parlak iki yıldızı.

سماکین semmâkîn: (A.) balıkçılar.

سم السمک semmussemek: (A.) balıkotu bitkisi.

سم السمکيه semmussemekiyye: (A.) balıkotugiller.

سم الفار semmulfâr: (A.) fare zehiri, sıçanotu.

سماگزین semâguzîn: (A.-F.) [semâ+ guzîden> guzîn] gökyüzüne yerleşen.

سمام simâm: (A.) zehirler.

سمان semân **1.**gökyüzü. **2.**İran güneş takviminde her ayın yirmiyedinci günü. **3.**bıldırcın.

سمان semmân: (A.) süzme yağ.

سمان simân: (A.) semizler, besililer.

سمانت semânet: (A.) semizlik.

سمانه semâne **1.**tavan. **2.**bıldırcın.

سماوات semâvât: (A.) gökler.

سماور semâver (Rus.) semaver.

سماورساز semâversâz (Rus.-F.) [semâver+sâhten>sâz] semaverci.

سماوی semâvî: (A.) **1.**gökle ilgili, semavî. **2.**ilahî, tanrısal. **3.**melek.

سماويات semâviyyât: (A.) **1.**gökyüzüne ait olan şeyler. **2.**gök cisimleri.

سماويه semâviyye: (A.) **1.**gökyüzü ile ilgili. **2.**ilahî. ‖ * kutub-i ~ كتب سماويه dört kutsal kitap: Tevrat, Zebûr, İncîl, Kur'ân.

سمبول sembol: (Fr.) sembol.

سمبوليست sembolist: (Fr.) sembolist.

سمبوليست sembolism: (Fr.) sembolizm.

سمپاتيک sempatik: (Fr.) sempatik.

سم پاره sompâre: [<som+pâre] zımpara.

سمپاش sempâş: (A.-F.) [sem+pâşîden> pâş] pulverizatör, ilaçlama makinesi.

سمپاشی sempâşî: (A.-F.) [sem+pâşîden> pâş+î] ilaçlama, ziraî ilaçlama.

سمپاشی شدن sempâşî şoden: ziraî ilaçlama yapılmak.

سمپاشی كردن sempâşî kerden: ziraî ilaçlama yapmak.

سمپوزيوم sempozyum: (İng.) sempozyum.

سمت semt: (A.) **1.**yön, taraf. **2.**bölge, yöre. **3.**açıklık. **4.**mahalle.

سمت simet: (A.) **1.**alamet, iz, işaret. **2.**ünvan. **3.**makam.

سمت الرأس simeturre's: (A.) **1.**tepe noktası, doruk. **2.**başucu.

سمت الرأسى semturre'sî: (A.) başucu ile ilgili.

سم تراش somtırâş: [<som+terâşîden> terâş] toynak makası, suntraç.

سمج semic: (A.) **1.**çirkin. **2.**inatçı. **3.**rahatsız edici, müziç. **4.**arsız, hayasız, utanmaz.

سمج somc: **1.**yeraltı yolu. **2.**yeraltı zindanı. **3.**lağım.

سمج گرفتن somç giriften: lağım açmak.

سمح semeh: (A.) cömertleşme.

سمح semh: (A.) cömert, eliaçık, bonkör.

سمحاق simhâk: (A.) kemik zarı.

سمدار semdâr: (A.-F.) [sem+dâşten>dâr] zehirli.

سمدار somdâr: [som+dâşten>dâr] toynaklı.

سمر semer: (A.) gece masalı.

سمراء semrâ': (A.) esmer kadın.

سمراد semrâd: tasavvur, hayal.

سمرت somret: (A.) esmerlik.

سمرقند semerkand: (coğ.) Asya'da önemli bir kültür merkezi ve Türk yerleşim yeri, Semerkant.

سمرقندى semerkandî: [semerkand+î] Semerkantlı.

سمره sumre: (A.) esmerlik.

سمسار simsâr: (A.) simsar, komisyoncu, tellal.

سمسارى simsârî: (A.-F.) [simsâr+î] simsarlık.

سمساريه simsâriyye: (A.) komisyon, tellal ücreti.

سمسم simsim: (A.) (bot.) susam.

سمسول semsûl: arsızlık, utanmazlık, hayasızlık.

سمسول ورزيدن semsûl verzîden: arsızlık etmek, utanmazlık etmek.

سم شناس semşinâs: (A.-F.) [sem+şinâhten> şinâs] toksikolog, zehirbilimci.

سم شناسى semşinâsî: (A.-F.) [sem+şinâhten>şinâs+î] toksikoloji.

سمط simt: (A.) **1.**dizi. **2.**gerdanlık, kolye. ‖ * der ~ keşîden در سمط كشيدن dizmek, sıraya sokmak, düzene sokmak.

سمط sumut: (A.) **1.**sofralar. **2.**sofraya konulmuş yemekler.

سمطى simtî: (A.) üçüncü ve dördüncü mısraları kafiyeli şiir.

سمع sem': (A.) **1.**işitme. **2.**kulak verme, dinleme. **3.**kulak. ‖ * be ~ -i kesî resânden به سمع كسى رساندن iletmek, duyurmak, duymasını sağlamak.

سمعاً sem'an: (A.) **1.**işiterek. **2.**dinleyerek. ‖ * ~ ve tâ'aten سمعاً و طاعتاً başüstüne.

سمعک sem'ek: (A.-F.) [sem+ek] işitme cihazı, kulaklık.

سمعنا semi'nâ: (A.) işittik.

سمعه sum'a: (A.) göstermelik iş.

سمعى sem'î: (A.) işitme ile ilgili, işitsel.

سمعيه sem'iyye: (A.) işitme ile ilgili, işitsel.

سمفونى semfoni: (Fr.): (müz.) senfoni.

سمقونيا samkûniya: (Yunanca>A.) müshil olarak kullanılan gözotu.

سمک semek: (A.) (zool.) balık.

سمکه semeke: (A.) balık.

سمن semen: (Peh.) (bot.) yasemin.

سمن semn: (A.) **1.**tereyağı. **2.**semizlik.

سمن simen: (A.) semizlik, şişmanlık.

سمناک semnâk: (A.-F.) [sem+nâk] zehirli.

سمنان simnân: (coğ.) İran'da yer alan Simnan kenti.

سمنانى simnânî: [simnân+î] Simnanlı.

سمنبر semenber: [semen+ber] beyaz göğüslü sevgili, göğsü yasemin gibi güzel kokan sevgili.

سمنبو semenbû: [semen+bû] yasemin kokulu.

سمنت simint: (İng.) çimento.

سمند semend: **1.**çevik ve gösterişli at. **2.**al ile kır arası rengi olan at.

سمندر semender: (Yun.) (zool.) semender.

سمندر وار semendervâr: [semender+vâr] semender gibi.

سمندروش semenderveş: [semender+veş] semender gibi.

سمن رخسار semenruhsâr: [semen+ruhsâr] yasemin yanaklı, yanağı yasemin gibi kokan.

سمنزار semenzâr: [semen+zâr] yasemin bahçesi.

سمن سا semensâ: [semen+sâ] yasemin gibi.

سمن سیما semensîmâ: (F.-A.) [semen+ sîmâ] yasemin yüzlü, beyaz yüzlü.

سمن سینه semensîne: [semen+sîne] beyaz tenli.

سمن فام semenfâm: [semen+fâm] beyaz, yasemin renkli.

سمنو semenû: buğdaydan yapılan bir tatlı.

سمنی semenî: (A.) tereyağı.

سمو somov: (A.) **1.**yükselme. **2.**yükseklik.

سموات semevât: (A.) gökler.

سموح semûh: (A.) **1.**sam yeli. **2.**zehirli nesne.

سموحت sumûhat: (A.) cömertlik.

سمور semûr: (Peh.): **1.**(zool.) samur. **2.**samur kürk.

سمور semmûr: (A.) **1.**samur. **2.**samur kürk.

سموریه semmûriyye: (A.) susamurugiller.

سموم semûm: (A.) sam yeli.

سموم sumûm: (A.) zehirler.

سموی semevî: (A.) klan ile ilgili, soy ile ilgili, kabile ile ilgili.

سمویه simeviyye: (A.) damga ile ilgili, işaret ile ilgili.

سمه sime: (A.) damga, işaret.

سمی semî: (A.) yüce, yüksek.

سمی semî: (A.) adaş.

سمی semî: (A.-F.) [sem+î] zehirli.

سمی semmî: (A.-F.) [semm+î] zehirli.

سمی somî: [som+î] toynaklı.

سمیت semmiyyet: (A.) zehirlilik.

سمیج semîc: (A.) çirkin.

سمیح semîh: (A.) **1.**cömert, eli açık. **2.**iyiliksever. **3.**erkek adı.

سمیحه semîha: (A.) **1.**cömert, eli açık. **2.**iyiliksever. **3.**bayan adı.

سمیر semîr: (A.) **1.**masalcı. **2.**zamane.

سمیراء sumeyrâ': (A.) buğday benizli kadın.

سمیع semî': (A.) **1.**işiten, dinleyen. **2.**Tanrı'nın sıfatlarından biri.

سمیع الدعا semî'u'dduâ: (A.) duayı işiten Tanrı.

سمین semîn: (A.) **1.**semiz, şişman. **2.**yağlı. **3.**büyük söz.

سمینار siminar: (İng.) seminer.

سمیه semiye: (A.) klan.

سمیه semmiyye: (A.) zehir ile ilgili.

سن sinn: (A.) **1.**yaş. **2.**diş. ‖ * ~ u sâl سن و سال yaş, yaş baş. ‖ * ~ -i buhrân سن بحران menapoz dönemi. ‖ * ~ -i bulûg سن بلوغ ergenlik yaşı. ‖ * ~ -i cevânî سن جوانی gençlik çağı. ‖ * ~ -i inhitât سن انحطاط çökkünlük çağı. ‖ * ~ -i kuhûlet سن کهولت olgunluk çağı. ‖ * ~ -i pîrî سن پیری yaşlılık, ihtiyarlık. ‖ * ~ -i ruşd سن رشد reşitlik yaşı, ergenlik yaşı. ‖ * ~ -i sabâvet سن صباوت çocukluk çağı, çocukluk yaşları. ‖ * ~ -i şebâb سن شباب gençlik çağı. ‖ * ~ -i temyîz سن تمییز iyi ile kötüyü ayırdetme yaşı. ‖ * ~ -i tufûliyyet سن طفولیت çocukluk yaşı, çocukluk dönemi. ‖ * ~ -i vukûf سن وقوف olgunluk yaşı. ‖ * ~ -i ye's سن یأس menapoz dönemi. ‖ * be ~ -i medrese resîden به سن مدرسه رسیدن okul çağına gelmek.

سن sin: (Fr.) sahne.

سن sin (zool.) sine, buğday biti.

سنا sena: (A.): **1.**(bot.) sinameki. **2.**şimşek parıltısı.

سنا sina: (Fr.) senato. ‖ * meclis-i ~ مجلس سنا senato meclisi.

سناً sinnen: (A.) yaşça.

سناء senâ': (A.) **1.**aydınlık. **2.**yükseklik.

سنابک senâbik: (A.) tek toynaklı hayvan tırnakları.

سنابل senâbil: (A.) başaklar.

سنات sonât: (Fr.): (müz.) sonat.

سناتور sinator: (Fr.) senatör.

سناتوریوم senatoryum: (Fr.) sanatoryum.

سناجق sanâcik: (T.-A.) [<sancak] sancaklar.

سناد sinâd: (A.) ihtilaf.

سنار senâr, sinâr: **1.**aşık. **2.**sığ alan.

سناریست sinarist: (Fr.) senarist.

سناریو sinariyo: (Fr.) senaryo.

سناریونویس sinariyonevîs: (Fr.-F.) [sinariyo+nevişten>nevîs] senaryo yazarı.

سنام senâm: (A.) hörgüç, deve högücü.

سنام الناقه senâmunnâka: (A.) deve hörgücü.

سنان senân: (A.) parlak, ışıklı, aydınlık.

سنان sinân: (A.) **1.**temren. **2.**süngü. **3.**mızrak. **4.** Mimar Sinan.

سنانیر senânîr: (A.) kediler.

سنانیه sinâniyye: (A.) halvetîlik tarikatının bir kolu.

سنب sonb: toynak, tırnak.

سنبادج sunbâdec: (F.>A.) zımpara.

سنباده sonbâde: zımpara.

سنبک sonbek: küçük gemi.

سنبک sunbuk: (A.) toynak.

سنبل senbel: **1.**baştan savma. **2.**acemilik.

سنبل sonbol (bot.) **1.**sümbül. **2.**sümbülü andıran saç.

سنبل الطیب sonboluttîb (bot.) kediotu.

سنبل کردن senbel kerden: savsaklamak, baştan savmak.

سنبله sonbole: **1.**başak. **2.**İran'da eskiden kullanılan güneş takviminin altıncı ayı. **3.**başak burcu. **4.**klasik Türk musikîsinde bir makam.

سنبله گیسو sunbulegîsû: [sunbule+gîsû] sümbül saçlı.

سنبلی sunbulî: [sunbul+î] **1.**sümbül ile ilgili. **2.**sümbüllü. **3.**kapalı hava. **4.**bir yazı stili. **5.**Halvetîlik tarikatının kollarından biri.

سنبلیه sunbuliyye: (F.-A.) [sunbul+iyye] Halvetîlik tarikatının kollarından biri.

سنبوت senbût: görünüş.

سنبوسه senbûse: **1.**bir yiyecek, senbûse. **2.**üçgen.

سنبه sonbe: [sonbîden>sonb+e] (ask.) harbi, tüfek ve top harbisi.

سنبیدن sonbîden: **1.**delmek. **2.**araştırmak.

سنت sonnet: (A.) **1.**iyi huy, iyi karakter. **2.**Hz. Muhammed'in davranışları ve sözleri. **3.**çocuk sünneti. **4.**gelenek, töre. **5.**tarz, yol. ‖ * ~ -i mu'ekkede سنت مؤكده Hz. Muhammed'in hiç terketmediği sünnet.

سنت sent: (Fr.) sent, cent.

سنتز sentez: (Fr.) sentez. ‖ * ~ -i biyolojîkî سنتز بیولوژیکی biyosentez.

سنتور sentûr: (müz.) santur.

سنتور زدن sentûr zeden: (müz.) santur çalmak.

سنتور زدن sentûrzen: [sentûr+zeden> zen]: (müz.) santur çalan, santurî.

سنتی sonnetî: (A.-F.) [sonnet+î] geleneksel, klasik. ‖ * mûsikî-i ~ موسیقیء سنتی : (müz.) geleneksel müzik, klasik müzik.

سنتین seneteyn: (A.) iki yıl.

سنج senc: ağırlık.

سنج senc: [sencîden>senc] ölçen, tartan, değerlendiren, takdir eden.

سنج senc, sinc: (müz.) çalpara.

سنجاب sincâb, sencâb: **1.**(zool.) sincap. **2.**(kin.) gece. **3.**yeşillik.

سنجابی sincâbî: [sincâb+î] sincap rengi, kahverengi ile gri arası renk.

سنجابیه sincâbiyye: (F.-A.) sincapgiller.

سنجاق sencak: (T.) **1.**alay bayrağı. **2.**bayrak. **3.**mutasarrıflık, Osmanlı idarî teşkilatında il ile ilçe arasında idarî bölüm. **4.**gemilerin sağ yanı. **5.**çengelli iğne, firkete.

سنجاقدار sancâkdâr: (T.-F.) [sancâk+ dâşten>dâr] sancaktar, sancak taşıyan.

سنجاقک sencâkek: (T.-F.) [sencak+ek] 1.(zool.) yusufçuk. 2.ataş.

سنجاق کردن sencak kerden: iğnelemek.

سنجد sincid (bot.) iğde.

سنجرف sincerf sülüğen boya.

سنجش senciş: [sencîden>senc+iş] ölçme, tartma, değerlendirme.

سنجق sencak: (T.) sancak.

سنجه sence: [sencîden>senc+e] ölçü.

سنجیدن sencîden: 1.tartmak. 2.ölçmek. 3.fiyat biçmek. 4.ağırlığı olmak. 5.değerlendirmek. 6.karşılaştırmak, denkleştirmek.

سنجیده sencîde: [sencîden>sencîd+e] 1.tartılı. 2.değerli. 3.bilgili. 4.bir süsleme motifi.

سنخ sinh: (A.) 1.diş kökü. 2.kök, asıl. 3.sınıf.

سند sened: (A.) 1.senet, belge. 2.diploma. 4.kuvvetli delil. ‖ * ~ be ism-i kesî nuvişten سند به اسم کسی نوشتن adına belge düzenlemek.

سند sind: piç.

سندات senedât: (A.) 1. belgeler. 2.senetler. 3.tapular.

سندان sindân, sendân: örs. ‖ * ~ -i gûş سندان گوش kulak çekici.

سندانی sendânî: (A.) 1.örs ile ilgili. 2.örs biçimli. ‖ * azm-i ~ عظم سندانی örs kemiği.

سندروس senderûs kupal ağacından çıkan bir zamk.

سندس sundus: (A.) sırmalı ve desenli ipek kumaş.

سندسی sundusî: (A.) 1.sündüs kumaşı ile ilgili. 2.sündüs kumaşından dikilmiş giysi.

سندل sendel: (Yun.) 1.sandalet, sandal ayakkabı. 2.(bot.) sandal ağacı.

سنده sende, sonde: pislik, gaita.

سندیان sindiyân: [sind+î+yân] Sindliler.

سندیان sindiyân: (A.) pelit ağacı.

سندیت senediyyet: (A.) senetlik.

سندیکا sendika: (Fr.) sendika.

سندیکاچی sendikaçi: (Fr.-T.) [sendika+ çi] sendikacı.

سنگ seng: (Peh.) 1.taş. 2.vakar, ağırbaşlılık. 3.itibar. ‖ * ~ ber kandîl zeden سنگ بر قندیل زدن 1.karartmak. 2.üzmek. ‖ * ~ ber şîşe zeden سنگ بر شیشه زدن 1.bir şeyi yok etmek. 2.içkiye tövbe etmek. ‖ * ~ der âbgîne-i kâr-i kesî endâhten سنگ در آبگینهء کار کسی انداختن işini bozmak, tekerine çomak sokmak. ‖ * ~ der mûze oftâden سنگ در موزه افتادن bir yerde kalmak, postu sermek. ‖ * ~ -i âftâb سنگ آفتاب yıldız taşı. ‖ * ~ -i âhek سنگ آهک kireç taşı. ‖ * ~ -i âhenrubâ سنگ آهنربا mağnetit. ‖ * ~ -i âsmânî سنگ آسمانی göktaşı, meteor. ‖ * ~ -i âsyâ سنگ آسیا değirmen taşı. ‖ * ~ -i âteş سنگ آتش çakmak taşı. ‖ * ~ -i cehennem سنگ جهنم : (kim.) gümüş nitrat. ‖ * ~ -i felâhen سنگ فلاخن sapan taşı. ‖ * ~ -i fesân سنگ فسان bileytaşı. ‖ * ~ -i hârâ سنگ خارا granit, sert taş. ‖ * ~ -i hemmâm سنگ حمام hamam taşı, göbek taşı. ‖ * ~ -i herkâre سنگ هرکاره talkşist. ‖ * ~ -i hurûs سنگ خروس taşlık. ‖ * ~ -i kabr سنگ قبر mezar taşı. ‖ * ~ -i kamer سنگ قمر alçı taşı. ‖ * ~ -i kîse-i safrâ سنگ کیسهء صفرا : (tıb.) safra kesesi taşı. ‖ * ~ -i kolye سنگ کلیه : (tıb.) böbrek taşı. ‖ * ~ -i lovh سنگ لوح kayağan taş, arduvaz. ‖ * ~ -i mâse سنگ ماسه kum taşı. ‖ * ~ -i mezâr سنگ مزار mezar taşı. ‖ * ~ -i mihekk سنگ محک mihek taşı. ‖ * ~ -i miknâtıs سنگ مقناطیس miknatıs, manyetit. ‖ * ~ -i musellâ سنگ مصلا cenaze namazı kılınırken cenazenin üstüne koyulduğu taş, musalla taşı. ‖ * ~ -i pâ سنگ پا sünger taşı, topuk taşı. ‖ * ~ -i râh şoden سنگ راه شدن engel olmak. ‖ * ~ -i rîze سنگ ریزه çakıl taşı, küçük taş. ‖ * ~ -i rûşenâyî سنگ روشنایی fosfor.

‖ * ~ -i sabûr سنگ صبور sabır taşı. ‖ * ~ -i sebuk سنگ سبک 1.hafif taş. 2.küfeği taşı. ‖ * ~ -i somâk سنگ سماق kızıl somaki. ‖ * ~ -i sombâde سنگ سمباده silis taşı. ‖ * ~ -i suleymânî سنگ سلیمانی panzehir taşı. ‖ * ~ -i surb سنگ سرب galen. ‖ * ~ -i şecerî سنگ شجری mercan. ‖ * ~ -i tûtyâ سنگ توتیا tutya taşı. ‖ * ~ -i zahm سنگ زخم tutya taşı, çinko silikat. ‖ * ez ~ burûn âmeden-i çîzî از سنگ برون آمدن چیزی nadir olmak, nadir bulunmak. ‖ * be ~ tîz kerden به سنگ تیز کردن taşta bilemek.

سنگ آوردن seng âverden: dayanmak, tahammül etmek.

سنگاب sengâb: [seng+âb] kurna.

سنگاسنگ sengâseng: [seng+â+seng] taşlık yer.

سنگ انداز sengendâz: [seng+endâhten> endâz] 1.taş atma. 2.taş atan. 3.sapan. 4.mancınık. 5.ayyaş.

سنگ باران sengbârân: [seng+bârân] 1.taş yağmuru. 2.taşlama.

سنگ باران شدن sengbârân şoden: taşlanmak, recmedilmek.

سنگ باران کردن sengbârân kerden: taşlamak, recmetmek.

سنگ بالین sengbâlîn taş yastık.

سنگ پاره sengpâre: [seng+pâre] taş parçası, çakıl taşı.

سنگ پشت sengpoşt: [seng+poşt] (zool.) kaplumbağa.

سنگ تراش sengterâş: [seng+terâşîden> terâş] 1.taşçı. 2.heykeltıraş.

سنگ تراشی sengterâşî: [seng+terâşîden> terâşî] 1.taşçılık. 2.heykeltıraşlık.

سنگ چین sengçîn: [seng+çîden>çîn] taş duvar.

سنگ خاره senghâre: [<seng-i hâre] çok sert taş.

سنگدان sengdân: [seng+dân] taşlık. tavuk kursağı.

سنگدل sengdil: [seng+dil] taş yürekli, merhametsiz, katı yürekli.

سنگدلانه sengdilâne: [seng+dil+âne] merhametsizce, taş yüreklilikle.

سنگدلی sengdilî: [seng+dil+î] acımasızlık, taş yüreklilik.

سنگر senger: 1.(ask.) siper, hendek. 2.oklu kirpi.

سنگر بستن senger besten (ask.) siper açmak, siper kazmak.

سنگر بندی sengerbendî: [senger+besten> bend+î] siper açma, siper kazma.

سنگر گرفتن senger giriften: siper almak.

سنگ ریزه sengrîze: [seng+rîz+e] çakıl, kum taşı.

سنگزار sengzâr: [seng+zâr] taşlık, taşlık arazi.

سنگ زدن seng zeden: taş atmak.

سنگسار sengsâr: [seng+sâr] 1.taşlık, taşlık arazi. 2.taşlama, taşa tutma.

سنگسار شدن sengsâr şoden: taşlanmak, recmedilmek.

سنگسار کردن sengsâr kerden: taşlamak, recmetmek.

سنگستان sengistân: [seng+istân] taşlık, taşlı arazi.

سنگ شناسی sengşinâsî: [seng+şinâhten> şinâs+î] kayabilim.

سنگ فرش sengferş: [seng+ferş] 1.taş döşeme, taş döşemeli. 2.parke taşı.

سنگ فرش شدن sengferş şoden: taş döşenmek.

سنگ فرش کردن sengferş kerden: taş döşemek.

سنگ قلاب sengkollâb: [seng+kollâb] sapan.

سنگک sengek: [seng+ek] 1.sengek ekmeği. 2.küçük taş, çakıl. 3.dolu. 4.jale.

سنگلاخ senglâh: [seng+lâh] taşlık arazi.

سنگ نوشته sengnevişte: [seng+nevişten> nevişt+e] taş yazması, kitabe.

سنگی sengî: [seng+î] 1.taştan. 2.taşlı. 3.ağırbaşlı.

سنگین sengîn: [seng+în] 1.ağır.

2.taştan. 3.ağırbaşlı. 4.sağlam. 5.dokuz canlı. 6.derin.

سنگین اسلحه sengîneslihe: (F.-A.) [sengîn+eslihe] (ask.) ağır silahlı asker veya birlik.

سنگین بنیاد sengînbunyâd: [sengîn+bunyâd] sağlam temelli, sağlam yapılı.

سنگین دل sengîndil: [sengîn+dil] katı yürekli.

سنگین سایه sengînsâye: [sengîn+sâye] ağır.

سنگین شدن sengîn şoden: 1.ağırlaşmak. 2.ağırlık hissetmek, sinirleri yapranmak.

سنگین طینت sengîntiynet: (F.-A.) [sengîn+ tiynet] ağırkanlı.

سنگین قیمت sengînkıymet: (F.-A.) [sengîn+kıymet] değerli, kıymetli.

سنگین کردن sengîn kerden: ağırlaştırmak.

سنگینی sengînî: [sengîn+î] 1.ağırlık. 2.yavaşlık. ‖ * be ~ به سنگینی ağır ağır, usul usul, yavaş yavaş. ‖ * be ~ u ârâm ârâm به سنگینی و آرام آرام ağır aksak, ağır ağır, usul usul, yavaş yavaş.

سنگینی انداختن sengînî endâhten: ağırlık vermek.

سنگینی کردن sengînî kerden: 1.ağırlık etmek. 2.ağırlaştırmak. ‖ * ser-i kesî be ten-i kesî ~ سر کسی به تن کسی سنگینی کردن hayattan bezmek.

سنمار sinimmâr: (A.) Havernak köşkünün inşaatı bitirdikten sonra öldürülen mimarı.

سنن sonen: (A.) 1.âdetler, gelenekler. 2.sünnetler. 3.kurallar.

سنوات senevât: (A.) yıllar, seneler.

سنوات sinevât: (A.) uyuklamalar, uyku çökmeleri.

سنوح sunûh: (A.) 1.akla gelme. 2.gerçekleşme, meydana gelme.

سنوحات sunûhât: (A.) akla gelenler, içe doğanlar.

سنوحی sunûhî: (A.) 1.akla gelmek ile ilgili. 2.erkek adı.

سنوخ sunûh: (A.) 1.eminlik, güvenirlik, sağlamlık. 2.iyi bilme. 3.diş yuvaları.

سنور sinnevr: (A.) (zool.) kedi.

سن و سال sinn u sâl: (A.-F.) [sinn+u-sâl] yaş. ‖ * ~ -i kesî bâlâ reften سن و سال کسی بالا رفتن yaşı ilerlemek.

سنون sunûn: (A.) yıllar.

سنوی senevî: (A.) 1.yıllık. 2.yıl ile ilgili.

سنویه seneviyye: (A.) 1.yıllık. 2.yıl ile ilgili.

سنه sene: (A.) yıl, sene. ‖ * ~ -i devriye سنهٔ دوریه yıldönümü. ‖ * ~ -i inhirâfiyye سنهٔ انحرافیه sapma yılı, anomal yıl. ‖ * ~ -i kebîse سنهٔ کبیسه artık yıl.

سنه sine: (A.) 1.uyku, uyuklama. 2.gaflet, dalgınlık.

سنه sunne: (A.) 1.iyi huy. 2.Hz. Muhammed'in davranışları ve sözleri. 3.sünnet. 4.gelenek.

سنة senete: (A.) yılı, yılında.

سنة الله sunnetullâh: (A.) Tanrı'nın kurduğu düzen.

سنه بسنه senebesene: (A.-F.) [sene+be+sene] yıldan yıla.

سنی seniyy: (A.) yüksek, yüce.

سنی sinî: tepsi, sini.

سنی sinnî: (A.) diş ile ilgili.

سنی sunnî: (A.) sünnî, sünnet ehlinden olan.

سنی الجوانب seniyyulcevânib: (A.) dört bir yanı yüceliklerle dolu olan.

سنی المذهب sunniyulmezheb: (A.) sünnî müzhebinde, sünnî.

سنین sinîn: (A.) 1.yıllar, seneler. 2.yaşlar. ‖ * ~ -i sâlife سنین سالفه geçen yıllar. ‖ * ~ -i vefîre سنین وفیره uzun yıllar.

سنیه seniyye: (A.) yüce, ulu. ‖ * irâde-i ~ ارادهٔ سنیه yüce emir, ferman.

سنیه sinniyye: (A.) diş ile ilgili.

سنیه sunniyye: (A.) 1.sünnîlik. 2.sünnet ehlinden olan.

سو sû: (Peh.) 1.yön, taraf. 2.yan.

سو sû: ışık, nur, aydınlık.

سو sû: tarz, yöntem, gidiş.

سوا sevâ: (A.) **1.**orta, ara. **2.**denk. **3.**ayrı, -den başka, dışında, haricinde. ‖ * ~ -yi inhâ سوای اینها bunlardan başka.

سوائم sevâ'im: (A.) **1.**otlak hayvanları. **2.**kurbanlık çift toynaklı hayvanlar.

سوائی sevâ'î: (A.) ipekli, ipek kumaş.

سوابق sevâbik: (A.) **1.**sabıkalar, geçmişler. **2.**eskiden işlenen suçlar.

سواحر sevâhir: (A.) büyücü kadınlar.

سواحل sevâhil: (A.) kıyılar, sahiller.

سواد sevâd: (A.) **1.**siyahlık, karartı. **2.**yazı. **3.**kopya. **4.**okuma yazma. **5.**köyler. **6**yüz. **7.**gümüş üstüne siyah işleme, savat. **8.**is. ‖ * ~ -i a'zam سواد اعظم Mekke.

سواد آباد sevâdâbâd: (A.-F.) [sevâd+âbâd] kara ülke, kara topraklar.

سواد العین sevâdul'ayn: (A.) gözbebeği.

سواد القلب sevâdulkalb: (A.) kalbin ortasında bulunduğu varsayılan siyah nokta.

سواد الوجه فی الدارین sevâdulvechi fiddâreyn: (A.) iki dünyada da yüz karalığı.

سواد خوان sevâdhân: (A.-F.) [sevâd+ hânden>hân] okur-yazar, okuma yazma bilen.

سواد داشتن sevâd dâşten: okur yazar olmak, okuma yazma bilmek.

سواد کردن sevâd kerden: yazmak.

سواد نامه sevâdnâme: (A.-F.) [sevâd+ nâme] **1.**kara yazı. **2.**müsvedde.

سواذج sevâzic: (A.) sade olan şeyler.

سوار sevâr: (Peh.) **1.**binme. **2.**ata binme. **3.**atlı, binici. **4.**nehir kıyısı. ‖ * ~ ber esb şoden سوار بر اسب شدن at binmek.

سوار sivâr: (A.) bilezik.

سوارخوبی sevârhûbî: [sevâr+hûb+î] binicilik, ata binme.

سوار شدن sevâr şoden: **1.**binmek. **2.**yüklenmek.

سوارکار sevârkâr: [sevâr+kâr] binici, jokey.

سوارکاری sevârkârî: [sevâr+kâr+î] binicilik, jokeylik.

سوار کردن sevâr kerden: **1.**bindirmek. **2.**yüklemek.

سوارنظام sevârnizâm: (F.-A.) [sevâr+ nizâm] (ask.) süvari sınıfı.

سواره sevâre: [sevâr+e] **1.**binici, jokey. **2.**süvari.

سواری sevârî: [sevâr+î] **1.**binicilik, jokeylik. **2.**atlı. **3.**süvari, atlı asker. **4.**gemi kaptanı.

سواری کردن sevârî kerden: **1.**at binmek. **2.**içip içip kavga etmek, dağıtmak.

سواری گرفتن sevârî giriften: birini kendi tarafına çekmek, kendi safına çekmek.

سواطع sevâtı': (A.) yüksek şeyler.

سواطیر sevâtîr: (A.) satırlar.

سواع suvâ': (A.) cahiliye dönemi putlarından biri.

سواعد sevâ'id: (A.) kollar, dirsek ile bilek arası kısımlar.

سواعق sevâık: (A.) yıldırımlar.

سواغ sivâg: (A.) yumuşatıcı ve koyulaştırıcı olarak kullanılan kimyasal bir madde.

سوافل sevâfil: (A.) sefiller, alçaklar.

سواقط sevâkıt: (A.) düşükler.

سواقی sevâkî: (A.) **1.**su yerleri. **2.**sakiler, içki sunucular.

سوا کردن sevâ kerden: ayıklamak.

سواکن sevâkin: (A.) **1.**sakinler, yerleşikler, oturanlar. **2.**atmayan damarlar.

سوالف sevâlif: (A.) eskiler, eski insanlar, geçmişler.

سوام sevâmm: (A.) zehirli hayvanlar.

سوام sevvâm: (A.) zehirli hayvanlar.

سوانح sevânih: (A.) **1.**kazalar, felaketler. **2.**olaylar. **3.**kalbe doğanlar, içe doğanlar, akla gelenler.

سوایی sevâyî: (A.) ipekli kumaş.

سوء sû': (A.) **1.**kötülük, şer. **2.**fakirlik. ‖ * ~-i âdet سوء عادت kötü alışkanlık. ‖ * ~ -i amel سوء عمل kötü hareket, kötü iş. ‖ * ~ -i ef'âl سوء افعال kötü davranışlar, kötü eylemler. ‖ * ~ -i ehvâl سوء احوال kötü durumlar. ‖ * ~ -i ehlâk سوء اخلاق kötü ahlak. ‖ * ~ -i hazm سوء هضم : (tıb.) hazımsızlık. ‖ * ~ -i idâre سوء اداره kötü idare, kötü yönetim. ‖ * ~ -i isti'mâl سوء استعمال kötüye kullanma. ‖ * ~ -i i'tiyâd سوء اعتياد kötü alışkanlık. ‖ * ~ -i kasd سوء قصد suikast, cana kıyma girişimi. ‖ * ~ -i mu'âmele سوء معامله kötü muamele. ‖ * ~ -i nazar سوء نظر kötü göz. ‖ * ~ -i niyyet سوء نيت kötü niyet. ‖ * ~ -i sâbika سوء سابقه kötü sabıka. ‖ * ~ -i tefâhum سوء تفاهم yanlış anlama. ‖ * ~ -i zan سوء ظن kötü düşünce, sûizan.

سؤال su'âl: (A.) **1.**soru. **2.**sorma. **3.**sorulma. **4.**dilencilik.

سؤالات su'âlât: (A.) sorular.

سؤال به عمل آمدن su'âl be'amel âmeden: soru sorulmak.

سؤال به عمل آوردن su'âl be'amel âverden: soru sormak, soru yöneltmek.

سؤال شدن su'âl şoden: sorulmak, soru sorulmak.

سؤال كردن su'âl kerden: sormak, soru sormak.

سؤال مطرح كردن su'âl matrah kerden: soru yöneltmek.

سوبسو sûbesû: [sû+be+sû] her taraf, her yan.

سوپ sup: (Fr.) çorba.

سوپاپ supap: (Fr.) süpap.

سوپ خورى suphorî: (Fr.-F.) [sup+ horden> hor+î] **1.**çorba kaşığı. **2.**çorba içme.

سوپر super: (İng.) süper.

سوپرانو soprano: (Fr.): (müz.) soprano.

سوت sût: **1.**ıslık. **2.**düdük. ‖ * ~ -i hatar سوت خطر alarm, canavar düdüğü.

سوتام sûtâm: **1.**az. **2.**eksik.

سوت زدن sût zeden: **1.**ıslık çalmak. **2.**düdük çalmak.

سوت سوتک sûtsûtek: [sût+sût+ek] düdük.

سوت كردن sût kerden: **1.**fırlatmak. **2.**yok etmek.

سوت كشيدن sût keşîden: **1.**ıslık çalmak. **2.**düdük çalmak.

سوت و كور sûtukûr: [sût+u-kûr] **1.**ışıksız. **2.**loş. **3.**sessiz sedasız.

سوچه sûçe: koltuk altı bezi.

سوخارى sûhârî: peksimet.

سوخت sûht: [sûhten>sûht] **1.**yakma. **2.**yanma. **3.**yakıt. **4.**akaryakıt. **5.**susuzluktan ekinin yanması.

سوخت پاش sûhtpâş: [sûht+pâşîden>pâş] karbüratör.

سوخت شدن sûht şoden: yok olmak.

سوخت گرفتن sûht giriften: yakıt almak.

سوختگان sûhtegân: [sûhte+g+ân] **1.**medrese öğrencileri. **2.**bedbahtlar, zavallılar, garipler.

سوختگى sûhtegî: [sûhten>sûht+e+g+î] **1.**yanık. **2.**yanma.

سوخت گيرى sûhtgîrî: [sûht+giriften> gîr+î] yakıt alma.

سوختن sûhten: (Peh.) **1.**yanmak. **2.**yakmak. **3.**ruhen üzülmek, incinmek. **4.**yok olmak. **5.**(lamba) bozulmak, geçmek, yanmak.

سوختنى sûhtenî: [sûhten+î] **1.**yanıcı. **2.**yanmaya lâyık, yanası. **3.**yakacak.

سوختوات sûhtevât: (F.-A.) [sûhte+v+ât] öğrenciler.

سوختوان sûhtevân: [sûhte+v+ân] medrese öğrencileri.

سوخته sûhte: [sûhten>sûht+e] **1.**yanık. **2.**üzüntülü. **3.**tartılı. **4.**medrese öğrencisi. **5.**bedbaht, zavallı, garip.

سوخته دل sûhtedil: [sûhte+dil] gönlü yanık, bağrı yanık.

سوخته شدن sûhte şoden: **1.**yanmak. **2.**yakılmak.

سود sûd: (Peh.) **1.**yarar, fayda. **2.**kazanç. **3.**çıkar, menfaat. **4.**kâr. **5.**faiz.

سود sûd: (A.) sevdalar.

سود آور sûdâver: [sûd+âverden>âver] kazançlı, kârlı.

سود آوردن sûd âverden: kazanç sağlamak, kâr getirmek.

سودا sevdâ, sovdâ: (A.) alışveriş.

سوداء sevdâ', sovdâ': (A.) **1.**kara, siyah. **2.**karasevda, melankoli. **3.**aşk. **4.**insanların mizacında bulunduğu sanılan dört unsurdan biri. **5.**aşırı istek.

سوداآور sevdââver: (A.-F.) [sevdâ+ âverden>âver] sevdalı.

سوداء القلب sevdâ'ulkalb: (A.) yürekte bulunduğu sanılan kara nokta.

سودائی sevdâ'î, sovdâ'î: (A.-F.) [sevdâ'+ î] **1.**melankolik. **2.**sevdalı, aşık.

سودا پختن sevdâ pohten: **1.**sevdalanmak. **2.**boşuna heveslenmek.

سوداپرست sevdâperest: (A.-F.) [sevdâ+ perestîden> perest] **1.**sevdalı, tutkun. **2.**tamahkâr.

سوداپرور sevdâperver: (A.-F.) [sevdâ+perverden> perver] sevdalı.

سوداپناه sevdâpenâh: (A.-F.) [sevdâ+ penâhîden> penâh] sevdalı.

سودا پیمودن sevdâ peymûden: boşuna heveslenmek.

سوداچین sevdâçîn: (A.-F.) [sevdâ+ çîden>çîn] sevda devşiren.

سو دادن sû dâden (Bıçak vs.) bilemek.

سودازده sevdâzede: (A.-F.) [sevdâ+ zeden>zed+e] sevdalı, tutkun, âşık.

سودازدگان sevdâzedegân: (A.-F.) [sevdâ+ zeden> zed+e+g+ân] sevdalılar, tutkunlar, âşıklar.

سودافزا sevdâfezâ: (A.-F.) [sevdâ+ fezûden>fezâ] sevdayı artıran.

سوداکار sevdâkâr: (A.-F.) [sevdâ+kâr] sevdalı.

سوداگر sevdâger, sovdâger: [sevdâ+ger] tüccar, tacir.

سوداگر sevdâger: (A.-F.) [sevdâ+ger] sevdalı, âşık.

سوداگری sevdâgerî: [sevdâ+ger+î] ticaret, alışveriş.

سوداگری sevdâgerî: (A.-F.) [sevdâ+ger+î] sevdalılık, aşk.

سودان sûdân: (coğ.) Sudan.

سودانی sûdânî: [sûdân+î] **1.**Sudanlı. **2.**(zool.) bir tür serçe.

سوداوی sevdâvî: (A.-F.) [sevdâ+v+î] sevdalı.

سودایی sevdâyî: (A.-F.) [sevdâ+y+î] sevdalı.

سودایی مزاج sevdâyîmizâc: (A.-F.) [sevdâ+y+î+mizâc] şıpsevdi.

سود بردن sûd borden: yararlanmak, faydalanmak, kazanç sağlamak.

سودجو sûdcû: [sûd+costen>cû] çıkarcı.

سودجوئی sûdcû'î: [sûd+costen>cû+î] çıkarcılık.

سودخور sûdhor: [sûd+horden>hor] **1.**çıkarcı. **2.**tefeci, faizci. **3.**haraççı.

سود خوردن sûd horden: **1.**faiz almak. **2.**kazanç sağlamak, çıkar sağlamak.

سود دهی sûddihî: [sûd+dâden>dih+î] kazanç.

سود کردن sûd kerden: **1.**yararlanmak. **2.**yararı olmak. **3.**kazanç elde etmek, kâr etmek.

سودمند sûdmend: (Peh.) [sûd+mend] **1.**yararlı, faydalı. **2.**kârlı, kazançlı.

سودمند افتادن sûdmend oftâden: yararlı olmak.

سودمندی sûdmendî: [sûdmend+î] **1.**kâr. **2.**yarar, fayda.

سودن sûden: (Peh.) **1.**dokunmak, el sürmek. **2.**sürtmek. **3.**törpülemek. **4.**eritmek. **5.**bulamak. **6.**kazımak. **7.**delmek. **8.**harcamak. **9.**ovmak.

سوده sûde: [sûden>sûd+e] **1.**dokunulmuş. **2.**ovulmuş. **3.**köhne. **4.**eritilmiş. **5.**ezik. **6.**sürtülmüş.

سوده رو sûderû: [sûde+rû] **1.**yüz sürmüş. **2.**yüz sürülmüş.

سور sûr: (Peh.) **1.**düğün, şenlik. **2.**eğlence. **3.**ziyafet. **4.**sünnet düğünü.

سور sûr (bot.) porsuk ağacı.

سور sûr: (A.) kale duvarı, şehir duvarı, şehir suru.

سور suver: (A.) sûreler.

سوراخ sûrâh: (Peh.) **1.**delik. **2.**yarık. **3.**geçit. ‖ * ~ -i duâ râ peydâ kerden سوراخ دعا را پیدا کردن yolunu bulmak. ‖ * ~ -i mûş râ be sad dînâr harîdâr bûden سوراخ موش را به صد دینار خریدار بودن kaçacak delik aramak.

سوراخ سمب sûrâhsomb: [sûrâh+somb] gedik, aralık.

سوراخ سنب sûrâhsonb: [sûrâh+sonb] yarık, aralık, duvar aralığı.

سوراخ سوراخ بودن sûrâh sûrâh bûden: delik deşik olmak, kalbur gibi olmak.

سوراخ شدن sûrâh şoden: **1.**delinmek. **2.**yarılmak.

سوراخ کردن sûrâh kerden: **1.**delmek. **2.**yarmak.

سورت sevret, sovret: (A.) **1.**sertlik. **2.**şiddet. **3.**tesir, etki. **4.**heybet.

سورتمه surtme: (T.) kızak.

سورچران sûrçerân: [sûr+çerânden> çerân] **1.**parazit, aylak, tufeyli, fodlacı. **2.**ziyafet düşkünü.

سورچی sûrçi: (T.) sürücü, arabacı.

سور دادن sûr dâden: ziyafet vermek.

سور رئالیست surrealist: (Fr.) sürrealist.

سور رئالیسم surrealism: (Fr.) sürrealizm.

سورسات suresat: (T.) **1.**erzak. **2.**nafaka. **3.**yük.

سور کردن sûr kerden: şenlik yapmak.

سورگاه sûrgâh: [sûr+gâh] ziyafet meydanı, düğün meydanı, şenlik alanı.

سورگه sûrgeh: [sûr+geh] ziyafet meydanı, düğün meydanı, şenlik alanı.

سورن suren: (T.) **1.**akın, hamle. **2.**akın gürültüsü.

سورنا sûrnâ: **1.**(müz.) zurna. **2.**(müz.) klarnet.

سورنائی sûrnâ'î: [sûrnâ+î] zurnacı.

سورنامه sûrnâme: [sûr+nâme<nâme-i sûr] düğünleri, şenlikleri konu edinen edebî eser.

سورنای sûrnây: [sûr+nây<nây-i sûr] zurna.

سوره sûre: (A.) sûre, Kur'ân'daki 114 bölümden her biri.

سوری بار آوردن sûrî bâr âverden: ziyafet vermek, ziyafet çekmek.

سوره بسوره sûrebesûre: (A.-F.) [sûre+be+sûre] sûre sûre.

سوری sûrî: [sûr+î] düğün ile ilgili.

سوریه sûriyye: (A.) suriye.

سوریه sûriyye: (F.-A.) [sûr+iyye] düğünden bahseden eser, surnâme.

سوز sûz (Sûhten>sûz] **1.**yakma. **2.**yanma, yanış. **3.**yangı. **4.**ızdırap. **5.**kin. **6.**mersiye. 7.yakan, yakıcı.

سوز آور sûzâver: [sûz+âverden>âver] yakıcı.

سوزا sûzâ: (Peh.) [sûhten>sûz+â] **1.**yakıcı. **2.**yanıcı.

سوزاک sûzâk: (Peh.) [sûhten>sûz+âk] **1.**(tıb.) belsoğukluğu.

سوزان sûzân: [sûhten>sûz+ân] **1.**yakıcı. **2.**yanıcı, yanan. **3.**iltihaplı, yangılı. **4.**yanıp yakılan.

سوزاندن sûzânden: yakmak, yandırmak.

سوزانیدن sûzânîden: yakmak, yandırmak.

سوزایی sûzâyî: [sûhten>sûz+â+y+î] yakıcılık.

سو زدن sû zeden: **1.**loş ışık vermek. **2.**ışıldamak.

سوزش sûziş: [sûhten>sûz+iş] **1.**yanma. **2.**yangı. **3.**sızlanma. **4.**gönül yangısı. **5.**etkilenme, dokunma. ‖ * be ~ endâhten به سوزش انداختن yakmak.

سوزشناک sûzişnâk: [sûziş+nâk] yanık, yürek yakan.

سوز کردن sûz kerden: yakmak.

سوزمانی sûzmânî: ateş gibi kız, ateş parçası.

سوزن sûzen: (Peh.) **1.**iğne. **2.**(ask.) silah ateşleme iğnesi. ‖ * cây-i ~ endâhten nebûden جای سوزن انداختن نبودن iğne atsan düşecek yer olmamak. ‖ * çeşm-i ~ چشم سوزن iğne deliği. ‖ * gâhî ez çeşm-i ~ bîrûn reften ve gâhî ez dervâze tu nereften گاهی از چشم سوزن بیرون رفتن و گاهی از دروازه تو نرفتن denizden geçip derede boğulmak.

سوزناک sûznâk: [sûhten>sûz+nâk] **1.**yakıcı. **2.**acıyıcı. **3.**dokunaklı, tesirli, etkileyici, yanık. **4.**Türk mûsikîsinde bir makam.

سوزنبان sûzenbân: [sûzen+bân] demiryolu makasçısı.

سوزندان sûzendân: [sûzen+dân] iğnelik, iğne kutusu.

سوزندگی sûzendegî: [sûhten>sûz+ende+ g+î] **1.**yakma. **2.**yakıcılık.

سوزنده sûzende: [sûhten>sûz+ende] **1.**yakıcı. **2.**sıcak, hararetli.

سوزن دوز sûzendûz: [sûzen+dûhten> dûz] nakışçı.

سوزن دوزی sûzendûzî: [sûzen+dûhten> dûz+î] **1.**nakış. **2.**nakışçılık.

سوزن زدن sûzen zeden: iğne yapmak, iğne vurmak.

سوزنک sûzenek: [sûzen+ek]: (tıb.) bel soğukluğu.

سوزنگر sûzenger: [sûzen+ger] iğneci, iğne imalatçısı.

سوزنی sûzenî: [sûzen+î] **1.**ipek işlemeli yün veya kadife kumaş. **2.**iğneli. **3.**iğne işi.

سوزی sûzî: [sûhten>sûz+î] **1.**yanma ile ilgili. **2.**erkek adı.

سوزیان sûziyân: [sû+ziyân] **1.**kâr ve zarar. **2.**sermaye, mal. **3.**armağan. **4.**sır.

سوزیانی sûziyânî: [sû+ziyân+î] sermaye.

سوژه suje: (Fr.) konu, suje.

سوس sûs **1.**güve. **2.**kurtçuk. **3.**İran'da bir antik şehir.

سوس sûs: (A.) **1.**meyankökü. **2.**karakter, huy, tabiat.

سوسک sûsk (zool.) hamam böceği. ‖ * ~ -i siyâh سوسک سیاه **1.**(zool.) karafatma. **2.**(mec.) kara kuru, çelimsiz.

سوسمار sûsmâr: **1.**(zool.) timsah. **2.**(zool.) kertenkele.

سوسماران sûsmârân: [sûsmâr+ân] timsahlar.

سوسن sûsen: (Peh.) (bot.) zambak, süsen, dalgın iri gözü andıran bir çiçek. ‖ * ~ -i berrî سوسن بری (bot.) inci çiçeği. ‖ * ~ -i sefîd سوسن سفید (bot.) beyaz zambak.

سوسنبر sûsenber: (Peh.-Yun.) (bot.) kekik otu.

سوسنیه sevseniyye: (F.>A.) susamgiller.

سو سو زدن sû sû zeden: **1.**ışıldamak. **2.**zayıf ışık vermek.

سوسه sûse: **1.**hile. **2.**güçlük, zorluk.

سوسه دواندن sûse devânden: **1.**güçlük çıkarmak. **2.**laf çıkartmak. **3.**çekiştirmek.

سوسیالیست sosyalist: (Fr.) sosyalist.

سوسیالیسم sosyalism: (Fr.) sosyalizm.

سوسیس sosis: (Fr.) sosis.

سوش sûş: (Fr.) koçan, çek koçanı.

سوط sevt, sovt: (A.) kırbaç, kamçı.

سوغات sevgât, sovgat: (T.) hediye, yol hediyesi.

سوف sûf (zool.) kefala benzer bir balık.

سوفار sûfâr **1.**iğne deliği. **2.**ok gezi.

سوفال sûfâl: çömlek, çanak, seramik.

سوفسطایی sufestâyî: sofist.

سوفلور suflor: (Fr.) suflör.

سوق sevk, sovk: (A.) **1.**ileri sürme. **2.**gönderme, yollama. **3.**gönderilme, yollanma. **4.**sonuca bağlama. ‖ * ~ -i tabî'î سوق طبیعی içgüdü.

سوق sûk: (A.) çarşı, pazar.

سوق sûk: (A.) **1.**baldırlar. **2.**saplar.

سوقا sûkâ: (A.) esnaf, pazarcı.

سوق الجیش sevkulceyş: (A.) strateji.

سوق الجیشی sevkulceyşî: (A.): **1.**(ask.) tâbiye, ordu sevketme. **2.**stratejik.

سوق دادن sovk dâden: yönlendirmek.

سوقه sûke: (A.) **1.**raiyyet. **2.**ayak takımı.

سوقی sevkî: (A.) sevk ile ilgili.

سوقی sûkî: (A.) **1.**çarşılı, pazarlı. **2.**pazarcı. **3.**çarşı ile ilgili. pazar ile ilgili.

سوقیات sevkiyât: (A.) **1.**gönderme. **2.**asker gönderme.

سوک sûk: yas, matem.

سوک sûk: **1.**yön, taraf. **2.**kenar, kıyı köşe, bucak.

سوکسه sukse: (Fr.) sükse.

سوکسه پیدا کردن sukse peydâ kerden: sükse yapmak.

سوگلی sevguli, sovguli: (T.) sevgili, aziz.

سوگند sevgend, sovgend: yemin, and. ‖ * ~ -i vefâdârî yâd kerden سوگند وفاداری یاد کردن bağlılık yemini etmek.

سوگند خوردن sovgend horden: andiçmek, yemin etmek.

سوگند دادن sovgend dâden: yemin ettirmek.

سوگند شکستن sovgend şikesten: yemin bozmak.

سوگندنامه sovgendnâme: [sovgend+nâme] and, yazılı yemin.

سوگند یاد کردن sovgend yâd kerden: and içmek, yemin etmek.

سوگوار sûgvâr: [sûg+vâr] yaslı, matemli.

سوگواری sûgvârî: [sûgvâr+î] yas, matem.

سولفات sulfat: (Fr.): (kim.) sülfat.

سولفور sulfur: (Fr.): (kim.) sülfür.

سوله sûle: **1.**delik deşik. **2.**ön ve arka delik.

سوم sevm: (A.) satılık eşyaya değer biçme.

سوم sevvom, sovvom, sevom, seom: üçüncü.

سومر sumer: Sümer.

سومری sumerî: [sumer+î] **1.**Sümerce. **2.**Sümer, Sümerli.

سومنات sûmnât **1.**kilise. **2.**puthane. **3.**Hindistan'da bir kent. **4.**Sumenat'taki bir puthane.

سومی sevvomî, sovvomî, sevomî: [se+ vom+î] üçüncü.

سومین sevomîn, sevvomîn, sovvomîn: [se+vomîn] üçüncü, üçüncüsü.

سون sûn: **1.**taraf, yön. **2.**benzer, gibi.

سونات sonat: (Fr.): (müz.) sonat.

سوند sevend: kateter.

سوهان sûhân: törpü, eğe.

سوهان sûhân: bir tür beyaz kurabiye.

سوهان خور sûhânhor: [sûhân+horden> hor] suhan yiyen. ‖ * ~ nedâred سوهان خور ندارد lamı cimi yok, kesindir.

سوهانکار sûhânkâr: [sûhân+kâr] tesviyeci.

سوهانکاری sûhânkârî: [sûhân+kâr+î] tesviyecilik.

سوی sûy: yön, taraf, semt. ‖ * be ~ -i به سوی -e doğru, -e, -a.

سوی seviyy: (A.) **1.**doğru, düz. **2.**eşit, denk, beraber.

سوی sivâ: (A.) ayrı, gayrı, -den başka, dışında, haricinde.

سویا seviyyen: (A.) **1.**bir düziye. **2.**eşit olarak.

سویت seviyyet: (A.) eşitlik, denklik.

سویت sovyet: (Fr.) sovyet.

سویچ suviç, suiç: (İng.) kontak anahtarı, oto anahtarı.

سویدا suveydâ: (A.) **1.**kalbin ortasında bulunduğu varsayılan benek. **2.**gizli günah. **3.**besidoku. **4.**besiözü, albümin.

سویداء القلب suveydâulkalb: (A.) kalbin ortasında bulunduğu varsayılan benek.

سویس suvis: İsviçre.

سویسی suvîsî: [suvîs+î] İsviçreli.

سویق sevîk: (A.) şarap, içki.

سویق sevîk: (A.) kavut.

سویق suveyk: (A.) sapçık.

سویه seviyye: (A.) **1.**eşit, aynı, düz. **2.**eşitlik, denklik, seviye. **3.**düzlük, düzey.

سه se: (Peh.) üç. ‖ * ~ telâk سه طلاق üç kez boş ol diyerek boşama, talâk-i selâse ile boşama.

سها suhâ: (A.) **1.**Büyükayı takım yıldızının en küçük yıldızı. **2.**erkek adı.

سهام sihâm: (A.) **1.**hisseler. **2.**oklar.

سهامدار sihâmdâr: (A.-F.) [sihâm+dâşten>dâr] ortak, hisse sahibi.

سهام داشتن sihâm dâşten: hissesi olmak.

سهامی sihâmî: (A.-F.) [sihâm+î] anonim. ‖ * ~ -i hâs سهامی خاص kollektif şirket.

سه با دو sebâdo: [se+bâ+do] tavlada üç ve iki.

سه بای دو sebâyudo: [<se+bâ+do] tavlada üç ve iki.

سه بحر sebahr: (F.-A.) [se+bahr] **1.**üç deniz. **2.**klasik Türk musikîsinde bir makam.

سه برگ seberg: [se+berg] **1.**üç yapraklı. **2.**tezhipte bir motif.

سه بعد sebu'd: (F.-A.) [se+bu'd] üç boyut.

سه بعدى sebu'dî: (F.-A.) [se+bu'd+î] üç boyutlu.

سه پا sepâ: [se+pâ] üç ayaklı.

سه پایه sepâye: [se+pây+e] **1.**tabure. **2.**sehpa. **3.**üç ayaklı.

سه پهلو sepehlû: [se+pehlû] üç yanlı.

سه تا setâ: [se+tâ] **1.**üç tane. **2.**üç kat. **3.**(müz.) üç telli saz.

سه تار setâr: [se+târ]: **1.**üç telli. **2.**(müz.) üç telli saz, setar.

سه تاره setâre: [se+târ+e] **1.**üç telli saz, setar. **2.**düzen, uyum.

سه تیر setîr: [se+tîr] üçlü tabanca.

سه جاده secadde: (F.-A.) [se+cadde] **1.**üç boyut. **2.**(kin.) hakikat-tarikat-şeriat.

سه جانبه secânibe: (F.-A.) [se+cânibe] üç taraflı, üç yanlı.

سه چرخه seçerhe: [se+çerh+e] üç tekerlekli.

سه خوان sehân: [se+hânden>hân] Hıristiyan.

سه دیگر sedîger: [se+dîger] üçüncü, üçüncüsü.

سهر seher: (A.) uykusuzluk.

سهر sohr, sihr: **1.**kırmızı, kızıl. **2.**inek.

سهران sehrân: (A.) geceleri uyuyamayan, geceleri uyanık kalan.

سه راه serâh: [se+râh] **1.**üç yönlü yol. **2.**üç yol kavşağı.

سه راهی serâhî: [se+râh+î] "T" şeklinde.

سه ربع serub': (F.-A.) [se+rub'] dörtte üç, üç çeyrek.

سهروردى sohreverdî: [sohreverd+î] Sohreverdli.

سهروردیه sohreverdiyye: (A.): (tas.) Şeyh Ömer Şihâbuddîn-i Sohreverdî tarafından kurulan tarikat.

سهره sihre (zool.) ispinoz.

سهستن sehisten: (Peh.) **1.**görünmek. **2.**bakmak. **3.**ürkmek.

سه شاخه seşâhe: [se+şâh+e] topraklı priz, üçlü priz.

سه شنبه seşenbe: [se+şenbe] salı.

سه ضربه زدن sezerbe zeden (Sp.) güreşte üç kere yere çalmak.

سه طلاق setelâk: (F.-A.) [se+telâk] üç kez boş ol diyerek boşama.

سه طلاق گفتن setelâk goften: üç kez 'boş ol' diyerek boşamak, talâk-ı selâse ile boşamak.

سه طلاق کردن se telâk kerden: üç kez 'boş ol' diyerek boşamak, talâk-ı selâse ile boşamak.

سه فاز sefaz: (F.-İng.) [se+faz] trifaze.

سه قلو segolû: (F.-T.] [se+golû] üçüz.

سهک sehek: (A.) buğday pası.

سه کله sekelle: [se+kelle] iri başlı, koca kafalı.

سه کنج sekonc: [se+konc] **1.**üç köşe. **2.**üçgen.

سه گانه segâne: [se+gân+e] **1.**üçlü. **2.**üç taneli.

سه گاه segâh: [se+gâh]: (müz.) segâh.

سه گوش segûş: [se+gûş] üçgen, üç köşeli.

سه گوشه segûşe: [se+gûş+e] üçgen, üç köşeli.

سهل sehl: (A.) **1.**kolay. **2.**yumuşak. **2.**sade, basit. **3.**iniş, çukur. ‖ * ~ -i mumteni' سهل ممتنع çok kolay görünmesin rağmen bir benzerinin söy-lenmesi veya yazılması çok zor olan söz. ‖ * ki ~ est که سهل است bir yana, şöyle dursun.

سه لا selâ: [se+lâ] üç kat, üç katlı. ‖ * tahte-i ~ تختهء سه لا kontrplak.

سهلاً sehlen: (A.) kolayca.

سهل التدقیق sehluttedkîk: (A.) kolay incelenebilen.

سهل المأخذ sehlulme'haz: (A.) kolay elde edilir.

سهل النقل sehlunnakl: (A.) kolay taşınabilir, kolay nakledilebilir.

سهل الوصول sehlulvusûl: (A.) kolay yoldan, kolay ulaşılır.

سهل انگار sehlingâr: (A.-F.) [sehl+ ingâşten>ingâr] **1.**laubali, dikkatsiz, umursamaz, kayıtsız. **2.**yanlış anlama.

سهل انگاری sehlingârî: (A.-F.) [sehl+ ingâşten>ingâr+î] **1.**yanlış anlama. **2.**umursamazlık, kayıtsızlık.

سهل دیدن sehl dîden: hafife almak.

سهل گرفتن sehl giriften: umursamamak.

سهل گیر sehlgîr: (A.-F.) [sehl+giriften> gîr] gamsız, umursamaz.

سه لو selu: (F.-T.) [se+lu] üçlü kart (Iskambil oyununda)

سهم sehm: (A.) **1.**ok. **2.**hisse, pay. **3.**nasip, kısmet. **4.**yay. **5.**hisse bedeli. **6.**eğrilik payı.

سهم sehm: (Peh.) korku, dehşet.

سهم دادن sehm dâden: tehdit etmek.

سهم دادن sehm dâden: pay vermek.

سهم زد sehmzed: [sehm+zeden>zed] korkunç, ürkünç.

سهم کردن sehm kerden: paylaştırmak, bölüştürmek, üleştirmek.

سهمگین sehmgîn: [sehm+gîn] korkunç, ürkünç, ürküntü verici, müthiş.

سهمناک sehmnâk: [sehm+nâk] korkunç, ürküntü verici, müthiş.

سهمی sehmî: (A.-F.) [sehm+î] hisseli.

سهمی sehmî: (A.) **1.**ok ile ilgili. **2.**ok şeklinde.

سهمیه sehmiyye: (A.) hisse, pay, kota, kontenjan.

سهمیه بندی sehmiyyebendî: (A.-F.) [sehmiyye+ besten>bend+î] pay dağılımı.

سه نوبت senevbet, senovbet: (F.-A.) [se+novbet] **1.**üç kez, üç defa. **2.**(kin.) çocukluk-gençlik-yaşlılık.

سهو sehv: (A.) **1.**unutma, dalgınlık, hata. **2.**yanlış. ‖ * ~ u hatâ سهو و خطا sürçme, yanılma, hata yapma. ‖ * ~ u zelel سهو و زلل sürçme. ‖ * ~ -i kalem سهو قلم gözden kaçma, yanlış yazma. ‖ * secde-i ~ سجدهء سهو sehiv secdesi.

سهواً sehven: (A.) yanlışlıkla, sehven.

سهولت suhûlet: (A.) **1.**kolaylık. **2.**yumuşaklık. **3.**yavaşlık. **4.**nazik davranış. **5.**elverişli, kullanışlı.

سهولت بخش suhûletbahş: (A.-F.) [suhûlet+ bahşîden>bahş] kolay kullanılan, pratik.

سهومت sühûmet: (A.) arkabalık, hısımlık.

سهویات sehviyyât: (A.) yanlışlıklar, yanılgılar, hatalar.

سهی sehî: **1.**doğru, dürüst. **2.**düz, dik. **3.**taze. **4.**delikanlı.

سهیدن sehîden: **1.**bakmak. **2.**görünmek. **3.**korkmak.

سهی سرو sehîserv: [sehî+serv] selvi boylu.

سهی قامت sehîkâmet: (F.-A.) [sehî+ kâmet] selvi boylu.

سهی قد sehîkad: (F.-A.) [sehî+kadd] servi boylu, düzgün boylu.

سهی قدان sehîkadân: (F.-A.) [sehî+ kad+ân] servi boylular, düzgün boylular.

سه یک seyek: [se+yek] üçte bir.

سهیل sehîl: (A.) kolay.

سهیل suheyl: (A.) Nuh burcundaki parlak yıldız, Yıldırak. ‖ * ~ -i yemânî سهیل یمانی **1.**Sefine-i Nuh grubundan sonra gelen bir yıldız. **2.**(ed.) Süheyl yıldızı doğduktan sonra Yemen'de çıkarılan akik taşının rengini ondan aldığına inanılır.

سهیلا suheylâ: (A.) **1.**yumuşak huylu kadın. **2.**bir bayan adı.

سهیله sehîle: (A.) kolay.

سهیم sehîm: (A.) hissedar, ortak, pay sahibi.

سی sî: (Peh.) otuz.

سی si: (Fr.): (müz.) si.

سیا siya: (İng.) CIA, Amerika Birleşik Devletleri Haber Alma Teşkilatı.

سیاتیک siyatik: (Fr.): (tıb.) siyatik.

سیاح seyyâh: (A.) **1.**gezgin, seyyah.

2.turist.

سياحت siyâhet: (A.) seyahat.

سياحتنامه siyâhetnâme: (A.-F.) [siyâhet+ nâme] seyahatname, gezi kitabı, gezi notları.

سياحون seyyâhûn: (A.) **1.**gezginler. **2.**turistler.

سياحين seyyâhîn: (A.) **1.**gezginler. **2.**turistler.

سيادت siyâdet: (A.) **1.**efendilik. **2.**beylik. **3.**Hz.Hasan'ın soyundan gelme, seyyitlik.

سيار seyyâr: (A.) **1.**gezici, gezen, gezgin, dolaşan. **2.**taşınabilen, portatif. **3.**püskülsüz fes.

سيارات seyyârât: (A.) gezegenler.

سياره seyyâre: (A.) **1.**gezegen. **2.**kervan. **3.**otomobil.

سياره فشان seyyârefeşân: (A.-F.) [seyyâre+feşânden> feşân] gezegen saçan.

سياس seyyâs: (A.) politikacı, siyasi.

سياست siyâset: (A.) **1.**siyaset, politika. **2.**ceza. **3.**idam cezası. **4.**hükümet. **5.**seyislik.

سياست زدن siyâset zeden: **1.**ceza vermek, cezalandırmak. **2.**idam etmek.

سياست فرمودن siyâset fermûden: **1.**hükümet etmek. **2.**cezalandırmak. **3.**idam etmek.

سياستگاه siyâsetgâh: (A.-F.) [siyâset+ gâh] cezanın infaz edildiği mekân.

سياستگزار siyâsetgozâr: (A.-F.) [siyâset+ gozârden>gozâr] politikacı, siyasi.

سياستگزارى siyâsetgozârî: (A.-F.) [siyâset+gozârden>gozâr+î] politika, siyaset.

سياستمدار siyâsetmedâr: (A.-F.) [siyâset+ medâr] politikacı, büyük siyaset adamı.

سياست نامه siyâsetnâme: (A.-F.) [siyâset+ nâme <nâme-i siyâset] padişahlar için kaleme alınan devlet yönetimi ile ilgili eser.

سياستةً siyâseten: (A.) **1.**siyasî bakımdan. **2.**diplomatik açıdan.

سياسة المدن siyâsetulmudun: (A.) ülke yönetimi.

سياسى siyâsî: (A.) **1.**siyasal, siyasî, politik. **2.**siyasetçi, politikacı.

سياسيات siyâsiyyât: (A.) **1.**politika işleri. **2.**siyasetbilim.

سياسيون siyâsiyyûn: (A.) politikacılar, siyasetçiler.

سياط siyât: (A.) kamçılar, kırbaçlar.

سياف seyyâf: (A.) **1.**kılıç ustası. **2.**kılıçlı. **3.**cellat.

سياق siyâk: (A.) **1.**üslup, tarz. **2.**muhasebede rakam yerine kullanılan özel işaret. ‖ * ~ u sibâk سياق و سباق sözün gelişi.

سياقت siyâkat: (A.) **1.**binek hayvanını arkasından sürme. **2.**bir yazı stili.

سياقة الاعداد siyâkatula'dâd: (A.) yeri geldiğinde birkaç ismi birbirine bağlama sanatı.

سيال seyyâl: (A.) akışkan, akıcı, mayi.

سيالات seyyâlât: (A.) **1.**akıcılar, sıvılar. **2.**akıntılar.

سياله seyyâle: (A.) **1.**akıcı, akışkan. **2.**akarsu. ‖ * ~ -i berkiyye سيالهء برقيه elektrik akımı.

سيام siyam: (coğ.) Siyam.

سيامى siyâmî: [siyam+î] Siyamlı.

سيان siyyân: (A.) denk, eşit.

سياناً siyyânen: (A.) eşit olarak.

سيانور siyanur: (Fr.): (kim.) siyanür.

سياوشان siyâvşân (bot.) baldırıkara.

سياه siyâh: (Peh.) **1.**siyah, kara. **2.**zenci. **3.**karanlık. **4.**baldırıçıplak. ‖ * ~ u sefîd fark kerden سياه و سفيد فرق كردن (kin.) okur yazar olmak. ‖ * bahr-i ~ بحر سياه Karadeniz. ‖ * bâzâr-i ~ بازار سياه karaborsa. ‖ * deryâ-yi ~ درياى سياه : (coğ.) Karadeniz. ‖ * rûz-i ~ روز سياه kötü gün, kara gün.

سياه آب siyâhâb: [siyâh+âb] bulanık su.

سياه بخت siyâhbaht: talihsiz, bahtı kara.

سياه بند siyâhbend: [siyâh+besten>bend] hokkabaz, gözboyayıcı.

سیاه بین siyâhbîn: [siyâh+dîden>bîn] karamsar.

سیاه بین شدن siyâhbîn şoden: karamsar olmak, karamsarlaşmak.

سیاه بین کردن siyâhbîn kerden: karamsarlaştırmak.

سیاه پستان siyâhpistân: [siyâh+pistân] siyah memeli kadın.

سیاه پوست siyâhpûst: [siyâh+pûst] zenci, karaderili.

سیاه پوش siyâhpûş: [siyah+pûşîden>pûş] **1.**yaslı, matemli. **2.**bekçi.

سیاه چادر siyâhçâdor: [siyâh+çâdor] göçebe çadırı, kara çadır.

سیاه چال siyâhçâl: [siyâh+çâl] **1.**zindan. **2.**karanlık yer.

سیاه چرده siyâhçerde: [siyâh+çerde] koyu esmer, kara yağız.

سیاه چشم siyâhçeşm: [siyâh+çeşm] kara gözlü.

سیاه خانه siyâhhâne: [siyâh+hâne] **1.**zindan, ceza evi. **2.**uğursuz ev.

سیاه درخت siyâhdireht: [siyâh+direht] (bot.) nerprun ağacı.

سیاه دست siyâhdest: [siyâh+dest] **1.**cimri, pinti. **2.**uğursuz. **3.**rezil, alçak, pespaye.

سیاه دل siyâhdil: [siyâh+dil] **1.**kalbi kara. **2.**kötü düşünceli, fesat.

سیاه رخ siyâhroh: [siyâh+roh] **1.**koyu esmer, kara yağız. **2.**utangaç, mahcup. **3.**şerefsiz.

سیاه رگ siyâhreg: [siyâh+reg]: (tıb.) toplardamar.

سیاه رنگ siyâhreng: [siyâh+reng] siyah renkli, kara.

سیاه رو siyâhrû: [siyâh+rû] **1.**yüzü kara. **2.**yüzsüz, onursuz, şerefsiz.

سیاه روز siyâhrûz: [siyâh+rûz] **1.**kara gün, kötü gün. **2.**talihsiz, bahtıkara.

سیاه روزی siyâhrûzî: [siyâh+rûz+î] talihsizlik, bahtsızlık.

سیاه زخم siyâhzehm: [siyâh+zehm]: (tıb.) kara kabarcık, şarbon.

سیاه سر siyâhser: [siyâh+ser] **1.**karabaşlı. **2.**kalem, kurşun kalem. **3.**günahkâr.

سیاه سرفه siyâhsorfe: [siyâh+sorfe]: (tıb.) boğmaca.

سیاه سنگ siyâhseng: [siyâh+seng] bazalt.

سیاه شدن siyâh şoden: **1.**kararmak. **2.**karalanmak, yazılmak.

سیاه فام siyâhfâm: [siyâh+fâm] kara, siyah.

سیاه فرجام siyâhfercâm: [siyâh+fercâm] talihsiz, kötü sonlu.

سیاه قلم siyâhkalem: (F.-A.) [siyâh+kalem] karakalem çalışması.

سیاه کار siyâhkâr: [siyâh+kâr] **1.**bozguncu, bölücü, fitneci. **2.**zalim. **3.**suçlu. **4.**günahkâr.

سیاه کج siyâhkec: kara köle.

سیاهکده siyâhkede: [siyâh+kede] karanlık mekân.

سیاه کردن siyâh kerden: **1.**siyaha boyamak. **2.**karartmak. **3.**karalamak. ‖ * kesî râ zîr-i moşt u leged ~ کسی را زیر مشت و لگد سیاه کردن sopa çekmek, benzetmek.

سیاه گلیم siyâhgilîm: [siyâh+gilîm] (kin.) talihsiz, bahtı kara.

سیاه گوش siyâhgûş: [siyâh+gûş] (zool.) karakulak, vaşak.

سیاه گیله siyâhgîle: [siyâh+gîle] (bot.) taflan, ip ağacı.

سیاه لقا siyâhlikâ: (F.-A.) [siyâh+likâ] kara yüzlü.

سیاه مست siyâhmest: [siyâh+mest] fitil gibi sarhoş bulut gibi sarhoşb

سیاه مست شدن siyâhmest şoden: fitil gibi sarhoş olmak, bulut gibi sarhoş olmak.

سیاه نامه siyâhnâme: [siyâh+nâme] **1.**asi. **2.**günahkâr. **3.**günah defteri.

سیاهه siyâhe: [siyâh+e] **1.**siyahlık. **2.**karartı. **3.**fatura. **4.**liste. **5.**kopya, suret. **6.**fahişe. **7.**mürekkep.

سیاهی siyâhî: [siyâh+î] **1.**siyahlık. **2.**karartı. **3.**karanlık. **4.**leke. **5.**zenci. **6.**köle.

سیئات seyyi'ât: (A.) **1.**kötülükler. **2.**günahlar, suçlar. **3.**kötülük dolayısıyla çekilen güçlükler, olumsuzluklar.

سی ام siom: [si+om] otuzuncu.

سیئه seyyie: (A.) **1.**kötülük. Sen bir

kadın değildin. **2.**suç, günah. **3.**yapılan kötülükler dolayısıyla çekilen güç.

سيب sîb: (Peh.) (bot.) elma. ‖ * ~ -i zekan سيب ذقن çene çukuru. ‖ * ~ -i zenahdân سيب زنخدان sevgilinin elmaya benzeyen çukur çenesi.

سيبرنتيک sibernetik: (İng.) sibernetik.

سيب زمينى sîbzemînî: [sîb+zemîn+î] (bot.) patates. ‖ * ~ -i hindî سيب زمينىء هندى (bot.) japon patatesi, hint patatesi. ‖ * ~ -i torşî سيب زمينىء ترشى (bot.) yer elması.

سيبک sîbek: [sîb+ek] küçük elma. ‖ * ~ -i zîr-i gelûî سيبک زير گلونى ümük kemiği.

سيبل sibl: (Fr.) hedef, nişan.

سى پاره sîpâre: [sî+pâre] **1.**Kur'ân cüz'ü. **2.**otuz parça. **3.**mecmua, kitapçık.

سيج sîc: zorluk, meşakkat.

سيجمند sîcmend: [sîc+mend] dertli.

سيح seyh: (A.) **1.**akarsu. **2.**çizgili giysi.

سيحان seyehân: (A.) **1.**gezi, seyahat. **2.**gölgenin güneşe göre dönmesi.

سيحان seyhân: (A.) **1.**Hz. Musa'nın mezarı'nın bulunduğu şehir. **2.**Seyhan nehri. **3.**erkek adı. **4.**bayan adı.

سيخ sîh: **1.**şiş. **2.**doğru, düz, dimdik.

سيخان seyehân: (A.) batma, batış.

سيخ زدن sîh zeden: **1.**şişlemek, şişe geçirmek. **2.**ısrar etmek. **3.**tahrik etmek.

سيخ سر sîhser: [sîh+ser] sivri külahlı.

سيخ شدن sîh şoden: dikilmek.

سيخک sîhek: [sîh+ek] dürtlengiç, üvendire.

سيخگاه sîhgâh: [sîh+gâh] zayıf taraf.

سيخگاه يافتن sîhgâh yâften: muhatabın zayıf yanını yakalamak.

سيخول sîhûl: [sîh+ûl] (zool.) dağ kirpisi.

سيد seyyid: (A.) **1.**efendi, bey. **2.**başkan. **3.**Hz. Hasan'ın soyundan gelen. **4.**ağa. **5.**önder, lider. **6.**erkek adı, Seyit.

سيد الابرار seyyidulebrâr: (A.) Hz. Muhammed.

سيد الانام seyyidulenâm: (A.) bütün insanların efendisi, Hz. Muhammed.

سيد الثقلين seyyidussakaleyn: (A.) iki dünyanın efendisi Hz. Muhammed.

سيد السادات seyyidussâdât: (A.) Hz. Muhammed.

سيد المهاجرين seyyidulmuhâcirîn: (A.) göçmenlerin efendisi, Hz. Muhammed.

سيدان seyyidân: (A.) iki seyyid, Hz. Hasan ve Hz. Hüseyin.

سيده seyyide: (A.) seyyide, saygıdeğer kadın.

سيدى seyyidî: (A.-F.) [seyyid+î] **1.**seyyidlik. **2.**önderlik, liderlik. **3.**ağalık.

سيدى seyyidî: (A.) efendim.

سير seyr: (A.) **1.**seyir, hareket. **2.**gezinti. **3.**(tas.) sülûk, tasavvuf konakları arasında yolculuk. **4.**araştırma. **5.**izleme. **6.**klasik Türk musikîsinde makamların karakteristik yürüyüşü. ‖ * ~ filmenâm سير فى المنام uyurgezerlik. ‖ * ~ u sefer سير و سفر trafik, gidiş-geliş, gezme, dolaşma, seyahat etme. ‖ * ~ u sulûk سير و سلوک tasavvuf yolunda ilerleyin izlemesi gereken yöntem. ‖ * ~ -i kahkarâyî dâşten سير قهقرايى داشتن gerilemek.

سير sîr: (Peh.) **1.**tok, doygun, doymuş. **2.**koyu. **3.**tam.

سير sîr (bot.) sarmısak. ‖ * ~ torşî سيرترشى sarmısak turşusu. ‖ * ez ~ tâ piyâz از سير تا پياز baştan sona kadar, A'dan Z'ye kadar, tümü, hepsi.

سير sîr: 75 gramlık bir ağırlık birimi.

سير siyer: (A.) **1.**üstün ahlak vasıfları. **2.**Hz. Muhammed'in konu edinen kitap.

سير آمدن sîr âmeden: **1.**doymak. **2.**üzülmek, daralmak.

سيراب sîrâb: [sîr+âb] **1.**suya kanmış. **2.**taze, körpe. **3.**parlak.

سیراب کردن sîrâb kerden: 1.suya kandırmak. 2.sulamak.

سیراب کن sîrâbkun: [sîrâb+kerden>kun] suya kandıran, sulayan.

سیرابی sîrâbî: 1.işkembe. 2.işkembe yemeği.

سیرابی فروشی sîrâbîfurûşî: [sîrâbî+furûhten>furûş+î] işkembeci.

سیران seyrân: (A.) 1.gezinme, gezinti. 2.izleme, bakma.

سیران sîrân: (A.) kaleler, hisarlar.

سیرانگاه seyrângâh: (A.-F.) [seyrân+gâh] gezinti yeri.

سیرانگه seyrângeh: (A.-F.) [seyrân+geh] gezinti yeri.

سیرت sîret: (A.) 1.davranış. 2.tertip düzen. 3.haltercümesi. 4.yaşayış tarzı, gidiş, hal, ahlak.

سیرت گردانیدن sîret gerdânîden: 1.huyunu değiştirmek. 2.metod değiştirmek.

سیرجان sîrcân: (coğ.) İran'da bir kent.

سیرجانی sîrcânî: [sîrcân+î] Sircanlı.

سیرخوردگی sîrhordegî: [sîr+horden>hord+e+g+î] doygunluk.

سیر شدن sîr şoden: 1.doymak. 2.bezmek, usanmak. ‖ * ez hîşten ~ از خویشتن سیر شدن canından bezmek.

سیر فی المنام seyrfilmenâm: (A.) uyurgezerlik.

سیرک sirk: (Fr.) sirk.

سیر کردن seyr kerden: seyrüsefer etmek.

سیر کردن sîr kerden: 1.doyurmak. 2.bezdirmek, usandırmak. ‖ * ez hîşten ~ از خویشتن سیر کردن canından bezdirmek.

سیرگاه seyrgâh: (A.-F.) [seyr+gâh] gezinti yeri.

سیرم sirom: tasma.

سیرمانی داشتن sîrmânî dâşten: doymak.

سیر مع الله seyrma'allâh: (A.) tasavvuf yolunda ilerleyen sâlikin her mertebede Tanrı ile olan seyri.

سیرنگ sîreng: [sî+reng] 1.otuz renk. 2.zümrütüanka. 3.klasik Türk musikîsinde bir makam.

سیرةً sîreten: (A.) hal bakımından, tavır bakımından

سیری sîrî: [sîr+î] 1.tokluk, doygunluk. 2.ağız dolusu.

سیری ناپذیر sîrînâpezîr: [sîrî+nâ+pezîroften>pezîr] doymak bilmeyen.

سیری ناپذیری sîrînâpezîrî: [sîrî+nâ+pezîroften>pezîr+î] doymazlık.

سیزده sîzdeh: (Peh.) on üç.

سیزده بدر sîzdehbeder: [sîzdeh+be+der] Nevruz bayramının on üçüncü günü kırlara çıkma şenliği.

سیزدهم sîzdehom: [sîzdeh+om] on üçüncü.

سیزدهمی sîzdehomî: [sîzdeh+om+î] on üçüncü.

سیزدهمین sîzdehomîn: [sîzdeh+omîn] on üçüncü.

سیس sîs: çevik, kıvrak.

سیساء sîsâ': (A.) omurga kemiği.

سیسائی sîsâ'î: (A.) omurga kemiği ile ilgili.

سیسائیه sîsâ'iyye: (A.) omurga kemiği ile ilgili.

سی ستاره sî sitâre: 1.otuz diş. 2.otuz yıldız.

سیستان sîstân: (coğ.) Sistan.

سیستانی sîstânî: [sîstân+î] Sistanlı.

سیستم sistem: (Fr.) sistem.

سیسنبر sîsenber (bot.) yabani kekik otu.

سیصد sîsed: üç yüz.

سیطره seytere: (A.) üstünlük.

سیف seyf: (A.) 1.kılıç. 2.tezhip bıçağı.

سیف الدین seyfüddîn: (A.) 1.dinin kılıcı. 2.erkek adı, Seyfettin.

سیف الله seyfullâh: (A.) 1.Tanrı'nın kılıcı. 2.Tanrı'nın askeri. 3.erkek adı.

سیفی seyfî: (A.) 1.kılıç ile ilgili. 2.kılıç şeklinde. 3.askerler. 4.erkek adı.

سیفیلیس sifilis: (Fr.): (tıb.) sifilis.

سیفیه seyfiyye: (A.) kılıç ile ilgili.
سیقان sîkân: (A.) saklar.
سیقلی شدن seykelî şoden: cilalanmak.
سیگار sîgar: (Fr.) sigara. ‖ * ~ be kûne resîden سیگار به کونه رسیدن sigara yanarak bitmek. ‖ * ~ nekeşîd سیگار نکشید sigara içmeyiniz, sigara içilmez.
سیگار تکاندن sîgâr tekânden: sigara silkmek.
سیگار چاق کردن sîgâr çâk kerden: sigara yakmak.
سیگار دود کردن sîgâr dûd kerden: sigara içmek, sigara tellendirmek, sigara tüttürmek.
سیگارفروش sîgârfurûş: (Fr.-F.) [sîgâr+ furûhten>furûş] sigara satan.
سیگارفروشی sîgârfurûşî: (Fr.-F.) [sîgâr+ furûhten>furûş+î] sigara bayi'i.
سیگارکش sîgârkeş: (Fr.-F.) [sîgâr+ keşîden> keş] sigara içen, tiryaki.
سیگارکشی sîgârkeşî: (Fr.-F.) [sîgâr+ keşîden>keş+î] sigara içme, tiryakilik.
سیگار کشیدن sîgâr keşîden: sigara içmek. ‖ * ~ memnû' سیگار کشیدن ممنوع sigara içilmez!
سیگار گیراندن sîgâr gîrânden: sigara yakmak.
سیگاری sîgârî: (Fr.-F.) [sîgâr+î] sigara tiryakisi.
سیل seyl: (A.) **1.**sel. **2.**şiddetle gelen şey.
سیلاب seylâb: (A.-F.) [seyl+âb] **1.**sel. **2.**sel suyu.
سیلاب آمدن seylâb âmeden: sel gelmek.
سیلابه seylâbe **1.**sel. **2.**sel suyu.
سیلابه وش seylâbeveş: [seylâbe+veş] sel suyu gibi.
سیلان seyelân: (A.) **1.**akma, akış. **2.**akı. **3.**sellenme.
سیلگاه seylgâh: (A.-F.) [seyl+gâh]: (coğ.) sel yatağı.
سیلندر silendr: (Fr.) **1.**silindir. **2.**silindir şapka.
سیلو sîlo: (Fr.) silo.
سیل هجوم seylhucûm: (A.) [seyl+hucûm] sel gibi akan, sel gibi saldıran.
سیلی sîlî: tokat, sille.
سیلی خوار sîlîhâr: [sîlî+horden>hor] tokat yiyen.
سیلی خوردن sîlî horden: tokat yemek.
سیلی زدن sîlî zeden: tokat atmak.
سیلی زن sîlîzen: [sîlî+zeden>zen] tokat atan, tokat vuran.
سیلیس silis: (Fr.): (kim.) silis.
سیلیسیوم silisyum: (Fr.): (kim.) silisyum.
سیلیکات silikat: (Fr.): (kim.) silikat.
سیم sîm: (Peh.) **1.**(kim.) gümüş. **2.**tel. **3.**gümüş para. **4.**(müz.) saz teli. **5.**kablo. **6.**sırmalı.
سیم sîm: yuğ.
سیم sîm: **1.**kir, irin. **2.**yara.
سیم siyom, siyyom: üçüncü.
سیم آذین sîmâzîn: [sîm+âzîn] sim işlemeli
سیما sîmâ: (A.) **1.**yüz. **2.**kişi.
سیما siyyemâ: (A.) özellikle.
سیماب sîmâb: (kim.) cıva. ‖ * ~ der gûş سیماب در گوش sağır.
سیماب شدن sîmâb şoden: **1.**kararsız olmak. **2.**kaçmak.
سیمابگون sîmâbgûn: [sîmâb+gûn] civa rengi.
سیمان sîmân: çimento.
سیم اندام sîmendâm: [sîm+endâm] gümüş gibi beyaz tenli sevgili.
سیم اندود sîmendûd: [sîm+ endûden>endûd] gümüş kaplama, gümüş yaldızlı.
سیمانکار sîmânkâr: [sîmân+kâr] çimento harççısı.
سیمانکاری sîmânkârî: [sîmân+kâr+î] **1.**çimento işi, çimento harç işi. **2.**mozayik işi.
سیمانی sîmânî: [sîmân+î] **1.**çimentolu. **2.**çimento ile ilgili. **3.**betonlu.
سیم بدن sîmbeden: (F.-A.) [sîm+beden] gümüş bedenli, beyaz tenli.
سیمبر sîmber: [sîm+ber] **1.**gümüş tenli. **2.**beyaz tenli. **3.**genç.

سیمبر شدن sîmber şoden: genç olmak.

سیم بناگوش sîmbenâgûş: [sîm+bonâgûş] kulak altı gümüş gibi beyaz.

سیم پا sîmpâ: [sîm+pâ] (kin.) penis.

سیم پیچ sîmpîç: [sîm+pîçîden>pîç] **1.**bobinaj ustası. **2.**bobinaj, bobin sargısı.

سیم پیچی sîmpîçî: [sîm+pîçîden>pîç+î] bobinajcı.

سیم تن sîmten: [sîm+ten] gümüş tenli, gümüş bedenli, beyaz bedenli.

سیمدار sîmdâr: [sîm+dâşten>dâr] zengin, paralı.

سیمرغ sîmorg: (Peh.) sîmurg, zümrütüanka.

سیمرغ بچه sîmurgbeççe simurg yavrusu.

سیم ساعد sîmsâid: (A.-F.) [sîm+sâ'id] gümüş kollu, beyaz kollu.

سیم ساق sîmsâk: [sîm+sâk] gümüş baldırlı.

سیم سیما sîmsîmaâ: (F.-A.) [sîm+sîmâ] beyaz yüzlü.

سیمکش sîmkeş: [sîm+keşîden>keş] gümüş tel çeken, simkeş, sırma işleyen.

سیمکش خانه sîmkeşhâne: [sîmkeş+hâne] gümüş tel çekilen yer, gümüş tel atölyesi.

سیمکشی sîmkeşî: [sîm+keşîden>keş+î] gümüş tel çekme, simkeşlik.

سیم کشیدن sîm keşîden: **1.**gümüş tel çekmek. **2.**soğuktan yara iltihaplanmak.

سیمگون sîmgûn: [sîm+gûn] **1.**gümüş rengi. **2.**kır at.

سیمی sîmî: [sîm+î] **1.**gümüşlü. **2.**gümüş rengi, gümüşî. **3.**telli.

سیمی siyyomî: üçüncü.

سیمیا sîmiyâ: (A.) simya.

سیمیا simyâ: (A.) [<sîmiyâ] simya ilmi.

سیمیاخانه sîmyâhâne: (A.-F.) [sîmyâ+hâne] kimya laboratuvarı.

سیمین sîmîn: [sîm+în] **1.**gümüşten. **2.**gümüş renginde, gümüşî. **3.**beyaz.

سیمین siyomîn: üçüncü

سیمین تن sîmîn ten: gümüş tenli, beyaz vücutlu.

سیمین ساعد sîmînsâ'id: (F.-A.) [sîmîn+ sâ'id] gümüş gibi beyaz kollu.

سیمین ساق sîmînsâk: [sîmîn+sâk] gümüş baldırlı.

سیمین فواره · sîmînfevvâre: (F.-A.) [sîmîn+ fevvâre] **1.**gümüş fıskiye. **2.**ay.

سیمین لقا sîmînlikâ: (F.-A.) [sîmîn+likâ] ak yüzlü, beyaz tenli.

سینا sînâ: (A.) **1.**Sina yarımadası. **2.**İbni Sînâ. **3.**erkek adı.

سینجر seyencor: kor, ateş parçası.

سینما sinema: (Fr.) sinema.

سینماگر sinemager: (Fr.-F.) [sinema+ger] sinemacı.

سینور sînur: **1.**sınır, hudut. **2.**öte taraf.

سینوزیت sinuzit: (Fr.): (tıb.) sinüzit.

سینوس sinus: (Fr.) sinüs.

سینه sîne: (Peh.) **1.**göğüs, sine. **2.**yürek. **3.**göğüs kafesi. **4.**meme. **5.**suçlama. ‖ * ~ râ colov dâden سینه را جلو دادن göğsünü şişirmek, göğsünü ileri çıkarmak. ‖ * ~ râ sâf kerden سینه را صاف کردن boğazını temizlemek, öksürmek. ‖ * ~ -i kesî bâd kerden سینهء کسی باد کردن göğsü kabarmak. ‖ * be ~ furû borden به سینه فرو بردن içine çekmek.

سینه باز sînebâz: [sîne+bâz] **1.**önü açık giysi. **2.**iki renkli, ablak.

سینه بند sînebend: [sîne+besten>bend] **1.**sütyen, göğüslük. **2.**atın göğüs kayışı.

سینه پهلو sînepehlû: [sîne+pehlû]: (tıb.) zatürriye.

سینه چاک sîneçâk: [sîne+çâk] **1.**aşık, gönlü yaralı. **2.**felaketzede. **3.**göğsü parçalanmış.

سینه دار sînedâr: [sîne+dâşten>dâr] siyah benekli güvercin.

سینه درد sînederd: [sîne+derd] göğüs ağrısı, göğüs hastalığı.

سینه دوز sînedûz: [sîne+dûhten>dûz] **1.**göğüs diken. **2.**göğüs delen.

سینه ریز sînerîz: [sîne+rîhten>rîz] gerdanlık, kolye.

سینه زن sînezen: [sîne+zeden>zen] **1.**şiîlikte yas günleri göğsüne vuran. **2.**göğsünü yumruklayan, göğüs yumruklayarak yas tutan.

سینه سوز sînesûz: [sîne+sûhten>sûz] **1.**göğüs yakan, yürek yakan. **2.**yüreği yanan.

سینه سپر کردن sîne siper kerden: korumak, arkasına almak.

سینه شکاف sîneşikâf: [sîne+şikâften> şikâf] göğüs yaran.

سینه صاف sînesâf: (F.-A.) [sîne+sâf] temiz kalpli.

سینه فروز sînefirûz: [sîne+firûhten>firûz] gönlü aydın, gönlü parlak.

سینه کردن sîne kerden: övünmek, şişinmek, göğsünü kabartmak.

سینه کشیدن sîne keşîden: güç göstermek, gövde gösterisi yapmak.

سینه گاه sînegâh: [sîne+gâh] göğüs.

سینه گشا sîneguşâ: [sîne+guşâden>guşâ] göğüs açan.

سینه گشادن sîne goşâden: **1.**şişinmek, övünmek. **2.**ferahlamak.

سینه مال رفتن sînemâl reften (ask.) alçak sürünmek.

سینی sînî: tepsi, sini.

سینین sînîn: (A.) Sina dağı.

سیو sîv: elma.

سیوح suyûh: (A.) **1.**akarsular. **2.**çizgi desenli elbiseler.

سیورسات suyursat: (T.) azık.

سیورغامیشی suyurgamişi: (Moğ.-T.) inayet, iltifat.

سیوف suyûf: (A.) kılıçlar.

سیول suyûl: (A.) seller.

سیوم siyom, siyyom: üçüncü.

سیویل sivil: (Fr.) sivil.

سیه siyeh: siyah, kara.

سیه بخت siyehbaht: [siyeh+baht] mutsuz, talihsiz.

سیه بختانه siyehbahtâne: [siyeh+baht+âne] talihsizce.

سیه پوش siyehpûş: [siych+pûşîden>pûş] **1.**karalar giyen, siyah giysiler giyen. **2.**yaslı, matemli.

سیه تاب siyehtâb: [siyeh+tâbîden>tâb] **1.**siyah boya. **2.**siyah. **3.**parlatılmış demir.

سیه چرده siyehçerde: [siyeh+çerde] yanık tenli, karayağız, esmer.

سیه چشم siyehçeşm: [siyeh+çeşm] kara gözlü.

سیه دل siyehdil: [siyeh+dil] kötü kalpli.

سیه رنگ siyehreng: [siyeh+reng] siyah renkli, kara.

سیه رو siyehrû: [siyeh+rû] yüzü kara, rezil olmuş, mahcup.

سیه روز siyehrûz: [siyeh+rûz<rûz-i siyeh] **1.**kara günlü, bahtıkara. **2.**yüzü kara.

سیه روی siyehrû: [siyeh+rûy] yüzü kara, rezil olmuş, mahcup.

سیه روی شدن siyehrûy şoden: yüzü kara çıkmak.

سیه ظهور siyehzuhûr: (F.-A.) [siyeh+ zuhûr] karanlık.

سیه فام siyehfâm: [siyeh+fâm] siyah.

سیه فام شدن siyehfâm şoden: kararmak.

سیه کار siyehkâr suçlu, günahkâr, kötü işler yapan, karanlık işler yapan.

سیه کاسه siyehkâse: [siyeh+kâse] cimri, pinti.

سیه کده siyehkede: [siyeh+kede] karanlık yer.

سیه گلیم siyehgilîm: [siyeh+gilîm] bedbaht, talihsiz.

سیه گوش siyehgûş: [siyeh+gûş] karakulak.

سیه مست siyehmest: [siyeh+mest] körkütük sarhoş, fitil gibi sarhoş.

سیه نشئه siyehneş'e: (F.-A.) [siyeh+neş'e] neşesiz.

سیئ seyyi': (A.) kötü.

سی یک sîyek: [sî+yek] otuzda bir.

ش

ش şin: **1.**"Ş, ş", Farsça alfabenin **16.** harfi. **2.**(gr.) üçüncü tekil şahıs bitişik zamir: o, ona, onu, onun. **3.**ebced alfabesine göre sayısal değeri 300.

شاء şâ'e: (A.) istedi.

شائبه şâ'ibe: (A.) **1.**leke. **2.**eksiklik, kusur. **3.**kötü iz. **4.**kuşku.

شائق şâ'ik: (A.) çok arzulu, istekli.

شائقانه şâ'ikâne: (A.-F.) [şâ'ik+âne] istekle, şevkle.

شائقه şâ'ika: (A.) **1.**istekli, şevkli. **2.**bayan adı.

شائک şâ'ik: (A.) dikenli.

شائکه şâ'ike: (A.) dikenli bitkiler.

شاب şâb: (A.) [<şâbb] **1.**genç, delikanlı. **2.**yiğit.

شاب şâb: (F.) şap.

شاباش şâbâş: [şâ<şâd+bûden>bâş] **1.**bravo, aferin. **2.**düğün bahşişi.

شاباش خوان şâbâşhân: (F.) [şâbâş+ hânden>hân] "aferin, bravo" diyen, alkışlayan.

شاب خانه şâbhâne: (F.) [şâb+hâne<hâne-i şâb] şaphane, şap çıkarma yeri.

شابدول عظیم şâbdulazîm (F.-A.) [şâ<şâh+ 'abdulazîm] : Şâh Abdulâzîm, Tahran'da şiî din büyüklerinin türbelerinin bulunduğu bir ziyaret mekânı.

شاپلاق şâpelak: (T.) tokat, şaplak.

شاپور şâpûr: (F.) Pers hükümdarı.

شات şât: (A.) koyun.

شاتم şâtim: (A.) küfür eden, söven.

شاتون şaton: (Fr.) piston kolu.

شاخ şâh: (Peh.) **1.**boynuz. **2.**dal. **3.**parça. **4.**kadeh. **5.**kiriş. **6.**alın. **7.**bacak. **8.**korna. **9.**tâli. **10.**bir tür ney. ‖ * ~ ber ~ zeden شاخ بر شاخ زدن dallanıp budaklanmak. ‖ * ~ râ ez poşt-i kesî berdâşten شاخ را از پشت کسی بر داشتن birine eziyet etmekten vazgeçmek. ‖ * ~ u berg dâden شاخ و برگ دادن dallandırıp budaklandırmak. ‖ * ber ~ -i âhû âşiyân dâden بر شاخ آهو آشیان دادن sonuçsuz kalmak, kedi fare doğurmak. ‖ * çâdor be ~ endâhten چادر به شاخ انداختن gösteriş düşkünü kadınların çadurlarını açması.

شاخابه şâhâbe: [şâh+âb+e] **1.**küçük ırmak, çay. **2.**(coğ.) koy.

شاخ بر آوردن şâh ber âve(o) rden: **1.**boynuz çıkarmak. **2.**utanmak.

شاخ بشاخ şâhbeşâh: [şâh+be+şâh] **1.**uzun uzadıya. **2.**rengarenk.

شاخ بشاخ شدن şâhbeşâh şoden: yakınlaşmak, birleşmek.

شاخدار şâhdâr: [şâh+dâşten>dâr] **1.**boynuzlu. **2.**dallı. **3.**deyyus, kaltaban. ‖ * durûg-i ~ دروغ شاخدار kuyruklu yalan.

شاخ در آوردن şâh der âverden: **1.**utanmak. **2.**çok şaşırmak, küçük dilini yutmak.

شاخ زدن şâh zeden: **1.**boynuz vurmak, boynuzlamak. **2.**dallanıp budaklanmak.

شاخسار şâhsâr: [şâh+sâr] **1.**çalılık. **2.**dal budak.

شاخسر şâhser: [şâh+ser] **1.**çalılık. **2.**dal budak.

شاخ شاخ şâh şâh: **1.**parça parça. **2.**dağınık, ayrı. **3.**dal dal.

شاخشانه کشی şâhşânekeşî: [şâh+şâne+ keşîden>keş+î] tehdit, gözdağı.

شاخشانه کشیدن şâhşâne keşîden: **1.**tehdit etmek, gözdağı vermek. **2.**dilenmek.

شاخص şâhis: (A.) **1.**belirgin, somut. **2.**yükselmiş. **3.**güneş saati. **4.**tanınmış kişi. **5.**belirten. **6.**ölçü kazığı.

شاخک şâhek: [şâh+ek] duyarga, boynuzcuk.

شاخ کردن şâh kerden: **1.**öfkelenmek. **2.**savaşa hazırlanmak.

شاخور şâhûr: (F.) [şâhhûr] ekmek tandırı, ekmek fırını.

شاخه şâhe: [şâh+e] **1.**dal. **2.**duyarga. **3.**şube. **4.**boyunduruk.

شاخه زار şâhezâr: [şâhe+zâr] çalılık.

شاد şâd: (Peh.) **1.**mesut, sevinçli, neşeli, şen şakrak. **2.**mübarek, kutlu.

شاداب şâdâb: [şâd+âb] **1.**sulu, suya doymuş. **2.**sevinçli. **3.**yeşil otlak. **4.**taze.

شاداب تر şâdâbter: (F.) [şâdâb+ter] aşırı su verilmiş, çok su verilmiş.

شادابی şâdâbî: [şâdâb+î] **1.**taravet, tazelik. **2.**yeşillik. **3.**sevinç.

شادان şâdân: sevinçli, mesut, şen şatır.

شادباش şâdbâş: [şâd+bûden>bâş] **1.**aferin, bravo, yaşa. **2.**tebrik, kutlama.

شاد خواب şâdhâb: (F.) [şâd+hâb] uykusu tatlı.

شادخوار şâdhâr: [şâd+horden>hor>hâr] **1.**içki içen, ayyaş, zevk ile içen. **2.**sevinçli. **3.**fahişe.

شادخواری şâdhârî: [şâdhâr+î] yeyip içme.

شادخواری کردن şâdhârî kerden: yeyip içmek, gününü gün etmek.

شادروان şâdrevân: [şâd+revân] rahmetli, merhum.

شادروان şâdorvân, şâdervân: (Peh.) **1.**otağ, saltanat çadırı. **2.**gölgelik. **3.**su bendi. **4.**fıskiye. **5.**asıl, temel. **6.**şadırvan.

شاد شدن şâd şoden: şad olmak, sevinmek, mutlu olmak.

شادکام şâdkâm: [şâd+kâm] mutlu, bahtiyar.

شادکامی şâdkâmî: [şâdkâm+î] sevinç, mutluluk, bahtiyarlık.

شاد کردن şâd etmek: sevindirmek, mutlu etmek.

شادگونه şâdgûne: [şâd+gûne] **1.**yatak, döşek. **2.**cübbe. **3.**çalgıcı kadın.

شادمان şâdmân: [şâd+mân] sevinçli, neşeli, mutlu.

شادمان شدن şâdmân şoden: sevinmek, sevinç duymak.

شادمان کردن şâdmân kerden: sevindirmek, mutlu etmek.

شادمانی şâdmânî: [şâdmân+î] **1.**şenlik. **2.**sevinç, mutluluk.

شادمرگ şâdmerg: (F.) [şâd+merg] **1.**aşırı sevinçten ölüm. **2.**aşırı sevinçten ölen.

شادناک şâdnâk: [şâd+nâk] sevinçli, mutlu, memnun.

شادورد şâdverd: [şâd+verd] **1.**hale. **2.**taht. **3.**yaygı.

شادی şâdî: [şâd+î] **1.**mutluluk, sevinç, neşe. **2.**sağlığına, sıhhatine. **3.**maymun. **4.**mahkeme mübaşiri. **5.**Osmanlı döneminde odun deposu görevlisi. **6.**nağme eşliğinde şiir söyleyen. **7.**edebî zevk sahibi. **8.**Acemi ocağı neferi, torba oğlanı. ‖ * ez ~ der pûst-i hod negoncîden از شادی در پوست خود نگنجیدن keyfine diyecek olmamak, içi içine sığmamak.

شادی بخشا şâdîbahşâ: (F.) [şâd+î+bahşîden>bahş+â] sevinç veren, mutluluk veren.

شادی کردن şâdî kerden: sevindirmek.

شادیه şâdiye: (F.-A.) [şâd+i+ye] **1.**sevinç. **2.**güzel şarkı söyleyen ve şiir okuyan bayan. **3.**bayan adı.

شاذ şâzz: (A.) nadir, az bulunur, müstesna.

شاذلی şâzelî: (A.) Şâzeliye tarikatı mensubu.

شاذلیه şâzeliyye: (A.) Şâzelîlik tarikatı.

شاذه şâzze: (A.) kural dışı, istisnâî.

شار şâr: **1.**şehir. **2.**memleket, ülke. **3.**şehir dolusu kalabalık.

شار şâr: **1.**(zool.) çakal. **2.**şal.

شار şâr: su dökme sesi, şar.

شارب şârib: (A.) **1.**içen. **2.**bıyık. ‖ * ~ ulleyl vennehâr شارب اللیل والنهار ayyaş, gece gündüz içki içen.

شارب اللبن şâribulleben: (A.) süt içen.

شاربن şarbon: (Fr.) (tıb.) şarbon.

شارت و شورت کردن şart u şurt kerden:

kavga etmek, tartışmak.

شارح şârih: (A.) şerheden, şârih.

شارحين şârihîn: (A.) şarihler.

شارد şârid: (A.) 1.serkeş, itaatsiz. 2.kabul gören şiir ve atasözleri.

شاردوى şardovi: (Fr.) şardövi.

شارژ şarj: (Fr.) şarj.

شارژ گرفتن şarj giriften: şarj yapmak.

شارستان şâristân: [şâr+istân] şehir, iç şehir.

شارشک şâreşk: (müz.) rebap.

شارع şâri': (A.) 1.kanun koyucu. 2.şeriat sahibi. 3.ana yol, yol. 4.Hz. Muhammed.

شارف şârif: (A.) 1.şerefli. 2.eski, köhne.

شارق şârik: (A.) 1.parlak, pırıl pırıl. 2.güneş. 3.doğan.

شارقه şârıka: (A.) 1.doğan. 2.parlak. 3.aydınlık, ışık.

شارلاتان şarlatan: (Fr.) şarlatan.

شارمار şârmâr: [şâr+mâr] büyük yılan.

شارندگی şârendegî: [şârîden>şâr+ende+ g+î] akışkanlık.

شاره şâre (Sans.) sare, Hint sarığı.

شاره şâre: [şârîden>şâr+e] akışkan.

شاریدن şârîden: 1.akmak, dökülmek. 2.yaradan su çıkmak.

شازده şâzde: [şâ<şâh+zde<zâde] şehzade.

شازده خانم şâzdehânom: [şâzde+hânom] prenses.

شاسی şasi: (Fr.) 1.şasi. 2.çerçeve.

شاش şâş: [şâşîden>şâş] 1.sidik, idrar. 2.işeyen.

شاش بند şâşbend: [şâş+besten>bend] (tıb.) sidik zoru.

شاشدان şâşdân: [şâş+dân] 1.(tıb.) mesane, 2.sidik torbası, idrar torbası.

شاش کردن şâş kerden: idrar yapmak, işemek.

شاشو şâşû: [şâşîden>şâş+û] altına işeyen, altına kaçıran.

شاشیدن şâşîden: idrar yapmak, işemek, çövdürmek.

شاطنیه şâtı'iyye: (A.) uzunbacaklılar.

شاطر şâtir: (A.) 1.çevik, kıvrak. 2.tandırcı. 3.şen, neşeli. 4.büyük kimselerin atlarının yanında yürüyen ağa. 5.ulak, tatar.

شاطی şâtî: (A.) 1.deniz kıyısı. 2.kıyı, sahil, kenar.

شاعر şâir: (A.) 1.şair. 2.bilinçli, şuurlu.

شاعران şâ'irân: (A.-F.) [şâ'ir+ân] şairler.

شاعرانه şâirâne: (A.-F.) [şâir+âne] romantik, şairane.

شاعرمنشانه şâirmenişâne: (A.-F.) [şâir+ meniş+âne] romantik, şairce.

شاعره şâire: (A.) kadın şair.

شاعری şâirî: (A.-F.) [şâir+î] şairlik.

شاعریت şâiriyyet: (A.) şairlik.

شاعریه şâiriyye: (A.) şairlikle ilgili, şairane.

شاعی şâ'î: (A.) 1.taraftar. 2.şiîlik.

شاغل şâgil: (A.) 1.meşgul eden. 2.zaman alan. 3.bir mülkte oturan.

شاغل شدن şâgil şoden: işi olmak, meşgul olmak, çalışmak.

شاغول şâgûl: çekül, şâkül.

شاف şâf: (tıb.) fitil, anüs fitili.

شافع şâfi': (A.) şefaatçi.

شافعی şâfi'î: (A.) 1.Şâfi'î, İmâm Şâfi'î'nin kurduğu mezhebe bağlı olan. 2.şefaatçilik.

شافعی المذهب şâfi'iyyulmezheb: (A.) şâfi'î mezhebinde olan.

شافی şâfî: (A.) 1.şifa veren. 2.doğru, dürüst. 3.yeterli.

شافیدن şâfîden: 1.vukubulmak, olmak. 2.düşmek.

شافیه şâfiye: (A.) 1.şifa verici. 2.yeterli.

شاق şâkk: (A.) eziyetli, güç, zor, uğraştırıcı, meşakkatli.

شاقول şâkûl: (A.) çekül.

شاقولی şâkûlî: (A.) 1.çekül ile ilgili. 2.dikey, düşey.

شاقولیه şâkûliyye: (A.) 1.çekül ile ilgili. 2.dikey, düşey.

شاقه şâkka: (A.) güç, uğraştırıcı, zahmetli, meşakkatli.

شاک şâk (zool.) teke.

شاکار şâkâr: angarya.

شاکر şâkir: (A.) 1.şükreden. 2.erkek adı.

شاکره şâkire: (A.) 1.şükreden. 2.bayan adı.

شاکله şâkile: (A.) 1.yaratılış. 2.yol, tarz.

شاکله şâkile (bot.) çilek.

شاکی şâkî: (A.) şikâyetçi.

شاکی السلاح şâkissilâh: (A.) keskin silahlı.

شاکی بودن şâkî bûden: şikâyetçi olmak.

شاگرد şâgird: 1.öğrenci. 2.çırak, çömez. 3.yardımcı, muavin.

شاگردانه şâgirdâne: [şâgird+âne] çırak parası.

شاگردی şâgirdî: [şâgird+î] 1.öğrencilik. 2.çıraklık. 3.yardımcılık, muavinlik.

شاگردی کردن şâgirdî kerden: çıraklık yapmak.

شال şâl: 1.şal. 2.atkı. 3.kuşak. 4.küçük yün kilim.

شالاکی şâlâkî: (F.) [<şâl-i hâkî] şal taklidi kumaş.

شالده şâlode: 1.esas, temel. 2.plan.

شالنگ şâleng: 1.halı altına koyulan kilim. 2.sıçrayıp yere yatma.

شالوده şâlûde: 1.esas, temel. 2.plan.

شالوده ریختن şâlûde rîhten: 1.plan yapmak.

شالهنگ şâlheng: [şâl+heng] 1.asi, serkeş. 2.rehin.

شالی şâlî (Sans.) çeltik.

شالی şâlî: (F.) [şâl+î] 1.şal ile ilgili. 2.bir tür ince şal.

شالیکار şâlîkâr: [şâlî+kâşten>kâr] çeltik işçisi, çeltik ziraatçisi.

شالیکاری şâlîkârî: [şâlîkâr+î] çeltikçilik, çeltik ziraati.

شالیزار şâlîzâr (Sans.-F.) [şâlî+zâr] çeltik tarlası.

شام şâm: (Peh.) 1.akşam yemeği. 2.akşam. 3.gece. ‖ * ~ u seher شام و سحر akşam sabah. ‖ * ~ -i mugber شام مغبر kasvet verici akşam.

شام şâm: (coğ.) Şam.

شام şâm: (A.) benler.

شام şâmm: (A.) koku alan, koklayan.

شامات şâmât: (A.) benler.

شامپانی şampani: (Fr.) şampanya.

شامپو şampu: (Fr.) şampuan.

شامپیون şampiyon: (Fr.) şampiyon.

شامخ şâmih: (A.) 1.yüce, yüksek, ulu. 2.kibirli. 3.görkemli, azametli.

شام خوردن şâm horden: akşam yemeği yemek.

شامخه şâmiha: (A.) 1.yüksek, yüce. 2.görkemli, azametli. 3.kibirli. 4.vücuttaki doğal çıkıntılar.

شام شدن şâm şoden: akşam olmak.

شامگاه şâmgâh: [şâm+gâh] 1.akşam üstü, akşam vakti, akşamleyin. 2.(ask.) kışlada akşam duası.

شامگه şâmgeh: (F.) [şâm+geh] akşam üstü, akşam vakti, akşamleyin.

شامل şâmil: (A.) kapsayan, içine alan, şamil.

شامل ساختن şâmil sâhten: kapsatmak, yaygınlaştırmak.

شامل شدن şâmil şoden: kapsamak, içine almak, şamil olmak.

شامل کردن şâmil kerden: kapsatmak, yaygınlaştırmak, şamil kılmak.

شامله şâmile: (A.) kapsayan, içine alan.

شامورتی şâmûrtî: 1.hokkabazlık, sihirbazlık. 2.sihirbazlıktaki mevhum şahıs.

شامه şâme: (A.) ben.

شامه şâme: (F.) başörtüsü.

شامه şâmme: (A.) 1.koku alma duyusu. 3.koklama. 4.(tıb.) zar, çeper.

شامه کش şâmekeş: (F.) [şâme+keşîden>keş] örtülü, örtü kullanan.

شامه گشا şâmeguşâ: (F.) [şâme+guşâden>guşâ] baş örtüsünü açan.

شامی şâmî: [şâm+î] 1.Şamlı. 2.leblebi unu ve etten yapılan köfte.

شامیان şâmiyân: (A.-F.) [şâmî+y+ân] 1.Şamlılar. 2.çalgıcılar.

شان şân: (Peh.) (gr.) üçüncü çoğul şahıs bitişik zamiri, onlar, onlara, onların.

شان şân: (A.) **1.**ün, şan. **2.**durum, hal. **3.**hava, çalım, gösteriş. **4.**huy, âdet.

شانزده şânzdeh: (Peh.) on altı.

شانزدهم şânzdehum: [şânzdeh+om] on altıncı.

شانزدهمی şânzdehumî: [şânzdeh+omî] on altıncı.

شانزدهمین şânzdehumîn: [şânzdeh+omîn] on altıncı.

شانش şans: (Fr.) şans.

شانسی şânsî: (Fr.-F.) [şans+î] tesadüfen, şans eseri, şansa, rastgele.

شانه şâne: (Peh.) tarak.

شانه şâne: **1.**omuz. **2.**omuz kemiği. ‖ * ~ ez zîr-i bâr-i çîzî hâlî kerden شانه از زیر بار چیزی خالی کردن bir sıyrılmak.

شانه بالا انداختن şâne bâlâ endâhten: omuz silkmek.

شانه بسر şânebeser: [şâne+be+ser] (zool.) çavuş kuşu, hüthüt kuşu.

شانه بشانه şânebeşâne: [şâne+be+şâne] omuz omuza.

شانه تکان دادن şâne tekân dâden: omuz silkmek.

شانه زدن şâne zeden: taramak.

شانه زده şânezede: (F.) [şâne+zeden>zed+e] **1.**taranmış. **2.**omuz atmış.

شانه زن şânezen: (F.) [şâne+zeden>zen] **1.**tarayan, tarayıcı. **2.**meşşate, gelin süsleyen. **3.**problem çözen, güçlükleri halleden.

شانه ساز şânesâz: (F.) [şâne+sâhten>sâz] tarakçı.

شانه سر şâneser: [şâne+ser] (zool.) hüthüt kuşu, çavuş kuşu.

شانه کاری şânekârî: [şâne+kâr+î] dövüşme, kavga.

شانه کردن şâne kerden: **1.**taramak. **2.**güvercin öbeği bir yönde uçmak.

شاه şâh: (Peh.) **1.**şah, padişah. **2.**kral. **3.**damat. **4.**büyük. **5.**Tanrı. **6.**İran hükümdarı. **7.**Afgan hükümdarı. **8.**satrançta en önemli taş. ‖ * ~ -i kerbelâ شاه کربلا Kerbela şahı, Hz. Hüseyin. ‖ * ~ -i kevneyn شاه گدانهاد iki âlemin şahı Hz. Muhammed. ‖ * ~ -i levlâk شاه لولاک Tanrı'dan gelen "levlâk" hitâbına mazhar olan şah, Hz. Muhammed. ‖ * ~ -i merdân شاه مردان **1.**yiğitler şahı. **2.**Hz. Ali. ‖ * ~ -i necef شاه نجف Necef şahı, Hz. Ali. ‖ * ~ -i risâlet شاه رسالت elçilik şahı, Hz. Muhammed.

شاها şâhâ: (F.) [şâh+â] ey şah, şahım.

شاه اثر şâheser: (F.-A.) [şâh+eser<şâh-i eser] **1.**başyapıt. **2.**üstün vasıflı. **3.**şair veya yazarın en güzel eseri.

شاهان şâhân: (F.) [şâh+ân] şahlar.

شاه اندازی şâhendâzî: [şâh+endâhten> endâz+î] **1.**kendini beğenmişlik. **2.**saçmalık.

شاهانه şâhâne: [şâh+âne] **1.**şahane, şahlara yaraşır. **2.**mükemmel, çok güzel, eksiksiz.

شاهانه مشرب şâhânemeşreb: (F.-A.) [şâh+âne+meşreb] yaşayış tarzı şahlara yaraşan.

شاهباز şâhbâz: [şâh+bâz] **1.**(zool.) şahbaz, iri beyaz doğan. **2.**gösterişli, babayiğit.

شاهبازی şâhbâzî (kin.) üstünlük.

شاهبال şâhbâl: (F.) [şâh+bâl<şâh-i bâl] kanattaki en uzun tüy.

شاه بالا şâhbâlâ: [şâh+bâlâ] sağdıç.

شاه بلوط şâhbelût: [şâh+belût] **1.**(bot.) kestane ağacı. **2.**(bot.) kestane.

شاه بندر şâhbender: (F.) [şâh+bender <şâh-i bender] konsolos.

شاهبو şâhbû: [şâh+bû] **1.**amber kokusu, misk kokusu. **2.**amber, misk.

شاه بیت şâhbeyt: (F.-A.) [şâh+beyt<şâh-i beyt] şahbeyit, gazelin en güzel beyti, matla beytinden sonraki beyit.

شاه پر şâhper: [şâh+per] **1.**kanattaki uzun tüy. **2.**tüy kalem.

شاه پرست şâhperest: [şâh+perestîden> perest] şah yanlısı.

شاه پرستی şâhperestî: [şâh+perestîden> perest+î] şah yanlılığı.

شاه پسند şâhpesend: [şâh+pesendîden> pesend] (bot.) mine çiçeği.

شاهپور şâhpûr: [şâh+pûr] **1.**şehzade. **2.**prens.

شاهتره şâhtere: [şah+tere] (bot.) şahtere.

شاه توت şâhtût: [şâh+tût] (bot.) karadut.

شاه خیابان şâhhiyâbân: [şâh+hiyâbân] anacadde.

شاهد şâhid: (A.) **1.**tanık, şahit. **2.**örnek, misal. **3.**güzel, sevgil, dilber. **4.**Tanrı. **5.**bıyığı yeni terlemiş delikanlı. ‖ * ~ liomrik شاهد لعمرک Hz. Muhammed. ‖ * ~ -i bâzâr شاهد بازار orta malı güzel. ‖ * ~ -i bâzârî شاهد بازاری ortanın dilberi.

شاه دارو şâhdârû: [şâh+dârû] **1.**en iyi ilaç. **2.**(kin.) şarap, bade.

شاهدانه şâhdâne: (Peh.) [şâh+dâne] **1.**(bot.) kendir otu. **2.**kenevir tohumu.

شاهدباز şâhidbâz: (A.-F.) [şâhid+ bâhten> bâz] **1.**güzel ve genç erkeklerle içli dışlı olan, genç ve güzel erkeklere düşkün olan (erkek). **2.**güzel seven. **3.**bozucu.

شاهدبازی şâhidbâzî: (A.-F.) [şâhid+ bâhten>bâz+î] **1.**güzel ve genç erkeklere ilgi duyma (erkek için). **2.**güzel sevme. **3.**bozuculuk.

شاهدخت şâhdoht: [şâh+doht] şah kızı, prenses.

شاه دختر şâhdohter: [şâh+dohter] şah kızı, prenses.

شاهد زور şâhidzûr: (A.-F.) [<şâhid-i zûr] yalancı şahit.

شاهده şâhide: (A.) **1.**bayan tanık. **2.**mezar kitabesi.

شاهدی şâhidî: (A.-F.) [şâhid+î] **1.**tanıklık, şahitlik. **2.**güzellik.

شاهر şâhir: (A.) ünlü, meşhur, tanınmış.

شاهراه şâhrâh: [şâh+râh] **1.**anayol. **2.**doğru yol.

شاهرخ şâhruh: satranç taşı.

شاهرگ şâhreg: [şâh+reg] şah damarı.

شاهرود şâhrûd: [şâh+rûd] **1.**büyük nehir. **2.**(müz.) bir tür saz. **3.**(coğ.) Şahrud.

شاهرودی şâhrûdî: [şâhrûd+î] Şahrudlu.

شاهزاده şâhzâde: [şâh+zâden>zâd+e] **1.**şehzade. **2.**prens.

شاهزاده خانم şâhzâdehânom: [şâhzâde+ hânom] prenses.

شاهسوار şâhsevâr: [şâh+sevâr] **1.**cesur ve usta binici. **2.**şah biniti. **3.**yiğit, bahadır.

شاه عبد العظیم şâh Abdulazîm: (A.) Tahran'da din büyüklerinin türbelerinin bulunduğu bir semt.

شاه فنر şâhfener: [şâh+fener] otomobilde ana makas.

شاهق şâhik: (A.) **1.**yüce, yüksek. **2.**ulu dağ.

شاهقه şâhike: (A.) **1.**yüce, yüksek. **2.**doruk.

شاهکار şâhkâr: [şâh+kâr] **1.**şaheser, başyapıt. **2.**angarya.

شاه مات şâhmât: şahmat.

شاه ماهی şâhmâhî: [şâh+mâhî] (zool.) barbuni balığı.

شاه ماهی گیر şâhmâhîgîr: [şâhmâhî+ giriften> gîr] barbunici.

شاهمردان şâhmerdân: (F.) [şâh+merdân <şâh-i merdân] sanayi çekici, şahmerdan.

شاه مقصودی şâhmaksûdî: (F.-A.) [şâh+ maksûd+î] değerli bir tespih.

شاهناز şâhnâz: (F.) [şâh+nâz<şâh-i nâz] şehnaz makamı.

شاهنامه şâhnâme: (Peh.) [şâh+nâme] **1.**şah biyografisi. **2.**Firdevsî'nin ünlü destanı.

شاهنامه خوان şâhnâmehân: [şâhnâme+ hânden>hân] (ed.) Şehname okuyan.

شاهنامه نویس şâhnâmenevîs: [şâhnâme+ nevişten>nevîs] (ed.) şehname yazarı, şehnameci.

شاهنامه نویسی şâhnâmenevîsî: [şâhnâme+ nevişten>nevîs+î] (ed.) şehnamecilik, şehname yazarlığı.

شاه نای şâhnây: (müz.) şahney.

شاهنشاه şâhenşâh: [şâhen<şâhân+şâh]

1.şehinşah, imparator, ulu padişah. 2.Tanrı.

شاهنشاهى şâhenşâhî: [şâhenşâh+î] şehinşahlık, imparatorluk.

شاهنشه şâhenşeh: (F.) [<şeh-i şâhân] şahlar şahı, imparator, şehinşah.

شاهنشها şâhenşehâ: (F.) [şâhenşeh+â] ey imparator, ey şahlar şahı.

شاهنشين şâhnişîn: [şâh+nişesten>nişîn] 1.baş köşe. 2.şahların oturduğu yer. 3.cumba, odanın sokağa doğru çıkıntısı.

شاه نظر şâhnazar: (F.-A.) [şâh+nazar <şâh-i nazar] en iyi bakan, bakıcılar şahı.

شاهنگ şâheng (zool.) kraliçe arı.

شاهوار şâhvâr: [şâh+vâr] 1.şaha lâyık. 2.çok değerli. 3.iri taneli inci.

شاهورد şâhverd: [şâh+verd] hale.

شاه وش şâhveş: [şâh+veş] şahlara benzeyen, şah gibi.

شاهى şâhî: [şâh+î] 1.şahlık. 3.şahlara yaraşır. 3.eskiden kullanılan 50 dinarlık para birimi. 4.bir tür helva. 5.mermerşahî patiska. 6.bir askerî top cinsi. 7.eskiden kullanılan bir İran parası.

شاهى şâhî (bot.) tere.

شاهين şâhin: 1.(zool.) şahin, doğan. 2.terazi dili.

شاهين روش şâhînreviş: (F.) [şâhîn+ reften>rev+iş] doğan tabiatlı, şahin hareketli.

شايان şâyân: [şâyesten>şây+ân] yaraşır, lâyık, şayan.

شايانى şâyânî: [şâyân+î] yaraşma, liyakat.

شايبه şâyibe: (A.) 1.leke. 2.eksiklik, kusur. 3.kötü iz. 4.kuşku.

شايد şâyed: belki, belki de, şayet, muhtemelen, ola ki.

شايد بودن şâyed bûden: mümkün olmak.

شايست şâyest: [şâyesten>şâyest] 1.yaraşma, liyakat. 2.uygun, caiz. 3.imkân.

شايستگى şâyestegî: [şâyesten>şâyest+e+ g+î] yaraşma, liyakat.

شايستگى şâyestegî dâşten: lâyık olmak, liyakati olmak.

شايستگى كردن şâyestegî kerden: lâyık olmak, liyakati olmak, yaraşmak.

شايستن şâyesten: (Peh.) 1.yaraşmak, lâyık olmak, yakışmak, yakışık almak. 2.mümkün olmak.

شايسته şâyeste: [şâyesten>şâyest+e] 1.lâyık, yaraşır, uygun, yakışık alır. 2.bayan adı.

شايسته دانستن şâyeste dânisten: lâyık görmek.

شايسته شدن şâyeste şoden: yaraşmak, lâyık olmak.

شايسته گشتن şâyeste geşten: yaraşmak, lâyık olmak.

شايع şâyi': (A.) 1.yaygın, duyulmuş. 2.bölünmemiş ortak hisse.

شايعاً şâyi'en: (A.) yayılarak, şayi olarak, duyularak.

شايعات şâyi'ât: (A.) söylentiler.

شايع شدن şâyi' şoden: yayılmak, ifşa olmak, şâyi olmak.

شايع كردن şâyi' kerden: yaymak, ifşa etmek, açığa vurmak.

شايعه şâyi'e: söylenti.

شايعه پراكن şâyi'eperâken: (A.-F.) [şâyi'e+perâkenden>perâken] dedikoducu.

شايعه پراكندن şâyi'e perâkenden: şayia çıkarmak, söylenti yaymak, dedikodu yapmak.

شايق şâyik: (A.) arzulu, şevkli.

شايگان şâygân: (Peh.) [şâyesten>şây+ gân] 1.lâyık, yaraşan, yaraşır. 2.ferah, açık. 3.hazine. 4.angarya. 5.çok, bol. ‖ * genc-i ~ گنج شايگان 1.bol hazine. 2.İran hükümdarı Husrev-i Perviz'in hazinesi.

شايگانى şâygânî: (F.) [şâygân+î] 1.yaraşma, uygunluk, liyakat. 2.çokluk, bolluk.

شايورد şâyverd: hale, ayça.

شاييدن şâyîden: yaraşmak, lâyık olmak.

شأمات şe'âmât: (A.) uğursuzluklar.

شئامت şe'âmet: (A.) uğursuzluk.

شئان şi'ân: (A.) işler.

شأن şe'n: (A.) **1.**iş, önemli iş. **2.**şan. **3.**olay, mesele, hadise. ‖ * der ~ -i در شأن hakkında, ilişkin.

شأنی şe'nî: (A.) gerçek.

شأنيات şe'niyyât: (A.) gerçeklikler, realiteler.

شأنيت şe'niyyet: (A.) gerçeklik, realite.

شئون şu'ûn: (A.) **1.**işler. **2.**şanlar, ünler. **3.**olaylar.

شئونات şu'ûnât: (A.) **1.**işler. **2.**olaylar.

شئونزار şu'ûnzâr: (A.-F.) [şu'ûn+zâr] olayların cereyan yeri.

شب şeb: (Peh.) **1.**gece. **2.**akşam. ‖ * ~ be ~ شب به شب akşamdan akşama. ‖ * ~ be hayr شب به خير iyi akşamlar, iyi geceler, hayırlı geceler, Allah rahatlık versin. ‖ * ~ be nîme resîden شب به نيمه رسيدن gece yarısı olmak. ‖ * ~ be subh resânden شب به صبح رساندن sabahlamak. ‖ * ~ der miyân dâden شب در ميان دادن bir gecelik vade vermek. ‖ * ~ ez nîme gozeşten شب از نيمه گذشتن gece yarısını geçmek. ‖ * ~ hoş شب خوش iyi geceler. ‖ * ~ râ be rûz resânden شب را به روز رساندن **1.**sabahı sabah etmek. **2.**gecelemek. ‖ * ~ râ be sulh resânden شب را به صبح رساندن sabaha çıkmak. ‖ * ~ râ mânden شب را ماندن gecelemek. ‖ * ~ râ subh kerden شب را صبح كردن gecelemek, geceyi geçirmek. ‖ * ~ tâ be sabâh شب تا به صباح geceden sabaha kadar. ‖ * ~ tâ be seher شب تا به سحر geceden sabaha kadar, gece boyunca. ‖ * ~ u rûz شب و روز gündüz gece. ‖ * ~ -i arûs شب عروس **1.**düğün gecesi. **2.**Mevlâna Celaleddin-i Rûmî'nin ölüm yıldönümünde yapılan tören. ‖ * ~ -i deycûr شب ديجور uzun karanlık gece. ‖ * ~ -i kadr شب قدر Kadir gecesi. ‖ * ~ -i muzlim شب مظلم karanlık gece. ‖ * ~ -i târ شب تار karanlık gece. ‖ * ~ -i yeldâ شب يلدا yılın en uzun gecesi. ‖ * ~ -i zifâf شب زفاف gerdek gecesi.

شبّ şebb: (A.) şap.

شب آرا şebârâ: (F.) [şeb+ârâsten>ârâ] geceyi süsleyen.

شب آويز şebâvîz: [şeb+âvîhten>âvîz] (zool.) baykuş.

شبائک şebâik: (A.) şebekeler, ağlar.

شباب şebâb: (A.) **1.**gençlik. **2.**tazelik. **3.**genç nesil.

شبابت şebâbet: (A.) gençlik.

شباروز şebârûz: [şeb+â+rûz] **1.**gündüz gece. **2.**daima, sürekli.

شباشب şebâşeb: [şeb+â+şeb] geceleyin, gece boyunca.

شباط şubât (İbr.) Şubat.

شباع şibâ': (A.) toklar, doygunlar.

شباعت şebâ'at: (A.) tokluk, doygunluk.

شب افروز şebefrûz: [şeb+efrûhten> efrûz] **1.**ay. **2.**lamba. **3.**(zool.) ateş böceği.

شباکت şebâket: (A.) şebekemsi oluş, ağ biçiminde oluş.

شبان şobân, şebân: (Peh.) çoban. ‖ * ~ -i vâdi-i îmen شبان وادى ايمن Eymen Vadisi çobanı, Hz. Musa.

شبّان şubbân: (A.) gençler, delikanlılar.

شبانروز şebânrûz: [şeb+ân+rûz] gece gündüz, geceli gündüzlü. yirmi dört saat.

شبانروزی şebânrûzî: [şebânrûz+î] günlük, geceli gündüzlü. ‖ * medrese-i ~ مدرسهء شبانروزى yatılı okulu.

شبانگاه şebângâh: [şeb+ân+gâh] gece vakti, geceleyin.

شبانگه şebângeh: (F.) [şebân+geh] geceleyin, gece vakti.

شب انگيز şebengîz: (F.) [şeb+engîhten> engîz] yarasa.

شبانه şebâne: [şeb+âne] **1.**geceleyin, gece vakti. **2.**akşam yemeği.

شبانه روز şebânerûz: [şeb+âne+rûz] gece gündüz, gündüz gece, sürekli.

شبانه روزی şebânerûzî: [şeb+âne+rûz+î] yatılı. ‖ * medrese-i ~ مدرسهء شبانه روزى

yatılı okul.

شبانی şebânî, şobânî: [şebân+î] çobanlık.

شباویز şebâvîz: (F.) [şeb+âvîhten>âvîz] ishak kuşu.

شباهت şebâhet: (A.) benzerlik, benzeme.

شباهت داشتن şebâhet dâşten: benzemek.

شباهنگ şebâheng: [şeb+âheng] **1.**(zool.) bülbül. **2.**sabah yıldızı, kervankıran. **3.**(kin.) sevgilinin dişi.

شب باره şebbâre: [şeb+bâre] **1.**geceyi seven. **2.**fahişe.

شب باز şebbâz: (F.) [şeb+bâhten>bâz] Karagöz ustası.

شب بو şebbû: [şeb+bû] (bot.) şebboy.

شب بوی şebbûy: [şeb+bûyîden>bûy] (bot.) şebboy.

شب پره şebpere: [şeb+perîden>per+e] (zool.) yarasa.

شب پوش şebpûş: [şeb+pûşîden>pûş] **1.**takke, gece külâhı. **2.**yorgan.

شب پیما şebpeymâ: [şeb+peymûden> peymâ] **1.**geceleri uyanık olan. **2.**aşık. **3.**dertli.

شبت şibit (bot.) dere otu.

شب تاب şebtâb: [şeb+tâbîden>tâb] **1.**ay. **2.**(zool.) ateş böceği. **3.**gece lambası.

شب تابه سحر şebtâbeseher: (F.-A.) [şeb+ tâ+seher] akşamdan sabaha kadar.

شب تاز şebtâz: [şeb+tâhten>tâz] gece baskını.

شب چراغ şebçerâğ: [şeb+çerâğ] **1.**(zool.) ateş böceği. **2.**lâl taşı, gece parlayan yakut. **3.**gece aydınlatma. **4.**kandil.

شب چره şebçere: [şeb+çere] **1.**kuruyemiş. **2.**gece otlatma.

شبح şebeh: (A.) **1.**şahıs, zat. **2.**insan bedeni. **3.**karaltı. **4.**hayalet. **5.**tayf.

شب خواب şebhâb: [şeb+hâbîden>hâb] her gece birinin yanında yatan fahişe.

شب خواب گرفتن şebhâb giriften: bir fahişeyle gecelemek.

شب خوان şebhân: [şeb+hânden>hân] (zool.) geceleri öten bülbül.

شبخون şebhûn: (F.) [şeb+hûn] gece baskını.

شبخیز şebhîz: [şeb+hâsten>hîz] **1.**geceleri uyanık geçiren. **2.**geceleri ibadete kalkan.

شبدر şebder (bot.) yonca.

شبدیز şebdîz: [şeb+dîz] **1.**siyah, kara. **2.**gece rengi. **3.**karayağız at. **4.** İran hükümdarı Husrev-i Pervîz'in atı.

شبر şebr: (A.) **1.**mehir. **2.**nikâh.

شبر şibr: (A.) **1.**karış. **2.**gökyüzü hesabında bir derecelik yay.

شبرنگ şebreng: [şeb+reng] gece rengi, koyu, siyah.

شبرو şebrov: [şeb+reften>rev>rov] **1.**hırsız. **2.**gece yürüyüş yapan. **3.**dindar. **4.**ayyar.

شبروی şebrevî, şebrovî: [şeb+reften+ rev, rov+î] **1.**hırsızlık. **2.**gece yürüyüşü. **3.**dindarlık. **4.**ayyarlık.

شب زنده دار şebzindedâr: [şeb+zinde+ dâşten>dâr] **1.**sabaha kadar uyanık kalan, gece kuşu. **2.**akşamdan kalma. **3.**gece ibadet eden. **4.**gece bekçisi.

شب زنده داری şebzindedârî: [şeb+zinde+ dâşten>dâr+î] **1.**gece uyanık kalmak. **2.**gece ibadeti. **3.**akşamdan kalma hali.

شبستان şebistân: (Peh.) [şeb+istân] **1.**yatakhane, yatak odası. **2.**haremlik. **3.**son cemaat yeri. **4.**gece ibadeti edilen oda. **5.**mezarlık.

شب شدن şeb şoden: **1.**akşam olmak. **2.**gece olmak.

شبع şeb', şebe': (A.) tokluk, doygunluk.

شبعان şeb'ân: (A.) doygun, tok.

شب فرا رسیدن şeb ferâ resîden: akşam olmak.

شبق şebek: (A.) şehvet, cinsel istek.

شبک şebek: (A.) **1.**avcı tuzağı. **2.**tarak dişleri.

شبکار şebkâr: [şeb+kâr] **1.**gece işi, gece meaisi. **2.**gece işçisi.

شبکاری şebkârî: [şeb+kâr+î] gece işi.

شب کردن şeb kerden: gecelemek.

شب کلاه şebkolâh: [şeb+kolâh] gece külahı, takke.

شبکور şebkûr: [şeb+kûr] **1.**gece körü. **2.**(zool.) yarasa.

شبکوری şebkûrî: [şeb+kûr+î] gece körlüğü.

شبکوک şebkûk: [şeb+kûk] fakir, yoksul.

شبکه şebeke: (A.) **1.**ağ. **2.**örgüt. **3.**delik deşik. **4.**file. **5.**televizyon kanalı. **6.**ağ tarzında, ağ biçimli, gözenekli, kafes şeklinde. **7.**ıskara. **8.**ağdoku. ‖ * ~ -i istihbâriyye شبکهٔ استخباریه istihbarat ağı. ‖ * ~ -i lûlekeşî شبکهٔ لوله کشی gaz dağıtım şebekesi. ‖ * ~ -i mahfî شبکه مخفی gizli örgüt. ‖ * ~ -i serâserî شبکهٔ سراسری enterkonnekte sistem.

شبکه دار şebekedâr: (A.-F.) [şebeke+ dâşten>dâr] delik deşik, delikli.

شبکی şebekî: (A.) **1.**ağ ile ilgili. **2.**ağımsı.

شبکیه şebekiyye: (A.) (tıb.) retina, ağ tabakası.

شبگاه şebgâh: [şeb+gâh] **1.**geceleyin. **2.**ağıl.

شبگرد şebgerd: [şeb+geşten>gerd] **1.**uyurgezer. **2.**bekçi, gece bekçisi. **3.**ay. **4.**hırsız. **5.**gece dolaşan.

شبگردی şebgerdî: [şeb+geşten>gerd+î] **1.**uyurgezerlik. **2.**gece gezintisi. **3.**gece bekçiliği. **4.**hırsızlık.

شبگون şebgûn: [şeb+gûn] **1.**gece renkli. **2.**siyah, kara.

شبگیر şebgîr: [şeb+giriften>gîr] **1.**gece ibadete kalkan. **2.**geceleri öten kuş. **3.**sabah vakti. **4.**sabaha doğru yola çıkan. **5.**gece boyu süren. **6.**geceleri uyumayan, uykusuzluk çeken.

شبگیر کردن şebgîr kerden: sabaha doğru yola çıkmak.

شبگیری şebgîrî: (F.) [şeb+giriften>gîr+î] uykusuzluk.

شبل şibl: (A.) (zool.) arslan yavrusu.

شب مانده şebmânde: [şeb+mânden> mând+e] akşamdan kalma yemek.

شب نثار şebnisâr: (F.-A.) [şeb+nisâr] gece yağan, gece yağdıran.

شب نشستن şeb nişesten: gece misafirliğinde bulunmak.

شب نشین şebnişîn: [şeb+nişesten>nişîn] gece arkadaşı, geceleri uykusuz geçiren.

شب نشینی şebnişînî: [şeb+nişesten> nişîn+î] **1.**gece misafirliği, akşam oturması. **2.**gece eğlencesi, gece partisi.

شبنم şebnem: [şeb+nem] şebnem, çiy, kırağı.

شبنم نشستن şebnem nişesten: kırağı düşmek.

شبوط şubût, şebbût, şobbût (zool.) sazan balığı.

شبه şebe: [şeb-e] siyah kehribar.

شبه şebe: [şeb+e] gecelik.

شبه şebeh: (A.) benzerlik.

شبه şibh: (A.) **1.**benzeme, benzerlik. **2.**benzeyen, benzeri, gibi.

شبه şubeh: (A.) kuşkular, şüpheler.

شبهات şubehât: (A.) kuşkular, şüpheler.

شبهات şubuhât: (A.) kuşkular, şüpheler.

شبه الجلد المشوک şibhulcildilmuşevvek: (A.) denizkestanesi.

شبه جزیره şibh-i cezîre: (A.-F.) [şibh+i+ cezîre] (coğ.) yarımada.

شبهت şobhet: (A.) **1.**benzerlik. **2.**şüphe. ‖ * def'-i ~ kerden دفع شبهت کردن kuşkuyu gidermek.

شبهه şobhe: (A.) şüphe, kuşku.

شبهه دار şubhedâr: (A.-F.) [şubhe+ dâşten>dâr] kuşkulu, şüpheli.

شبهه کردن şobhe kerden: şüphelenmek.

شبی şebî: (Peh.) [şeb+î] **1.**gecelik. **2.**geceleyin. **3.**bir gece.

شبیازه şebyâze (zool.) yarasa.

شبیخون şebîhûn: [şeb+î+hûn] **1.**(ask.) gece baskını. **2.**gece intikali.

شبیخون زدن şebîhûn zeden: gece baskını yapmak.

شبیخون کردن şebîhûn kerden: gece

baskını yapmak.

شبيكه şebîke: (A.) **1.**ağ. **2.**hasırdan örülme bir tür Arap başlığı.

شبينه şebîne: [şeb+îne] **1.**gecelik, geceye ait. **2.**akşamdan kalma yemek. **3.**yarasa. **4.**çam zamkı.

شبيه şebîh: (A.) **1.**benzer, gibi. **2.**taziye. ‖ * ~ behem bûden شبيه بهم بودن benzeşmek, birbirine benzemek.

شبيه خوان şebîhhân: (A.-F.) [şebîh+ hânden>hân] taziye okuyan.

شبيه خواندن şebîh hânden: taziye okumak.

شبيه خوانى şebîhhânî: (A.-F.) [şebîh+ hânden>hân+î] taziye okuma, taziye merasimi.

شبيه كردن şebîh kerden: benzetmek.

شپاشپ şepâşep: şıp şıp.

شپش şipiş: (Peh.) (zool.) bit.

شپشک şipişek: [şipiş+ek] **1.**(zool.) buğday biti. **2.**(zool.) tavuk biti.

شپشو şipişû: [şipiş+û] **1.**bitli. **2.**miskin.

شپشه şipişe: [şipiş+e] **1.**(zool.) buğday biti. **2.**(zool.) tavuk biti.

شپلاق şepelak: (T.) tokat, şaplak.

شپلاقى كردن şepelâkî kerden: kötü dövmek, dayak atmak, benzetmek.

شپليدن şipelîden: **1.**ıslık çalmak. **2.**aşık olmak.

شپليدن şepîlîden: sıkmak, bastırmak.

شت şet: sayı giçin 'hazret' yerine kullanılan sözcük.

شت şett: (A.) dağınıklık.

شتاء şitâ': (A.) kış.

شتائى şitâ'î: (A.-F.) [şitâ'+î] kışlık, kış ile ilgili.

شتائيه şitâ'iyye: (A.) **1.**kış ile ilgili. **2.**kışlık. **3.**(ed.) kış mevsimini konu edinen kaside.

شتاب şitâb: **1.**koşu. **2.**sürat. **3.**acele. ‖ * be ~ به شتاب koşarak, aceleyle, süratle.

شتابان şitâbân: [şitâbîden>şitâb+ân] hızla, aceleyle, koşarak.

شتاب بخشيدن şitâb bahşîden: hızlandırmak.

شتاب دادن şitâb dâden: hızlandırmak.

شتاب زدگى şitâbzedegî: [şitâb+zeden> zed+ e+g+î] acele, telâş.

شتاب زده şitâbzede: [şitâb+zeden>zed+e] **1.**aceleci, ivecen. **2.**aceleyle, alelacele.

شتاب كردن şitâb kerden: **1.**koşmak. **2.**acele etmek.

شتاب نما şitâbnumâ: [şitâb+numûden> numâ] **1.**hız göstergesi. **2.**kronometre.

شتابى şitâbî: [şitâb+î] aceleyle.

شتابيدن şitâbîden: **1.**acele etmek. **2.**koşmak.

شتات şetât: (A.) **1.**dağınıklık, ayrılık. **2.**dağınık.

شتافتن şitâften: (Peh.) **1.**koşmak. **2.**acele etmek.

شتافته şitâfte: [şitâften>şitâft+e] **1.**aceleci. **2.**koşmuş.

شتاک şitâk: dal, ağaç dalı.

شتالنگ şitâleng: **1.**topuk kemiği. **2.**aşık kemiği.

شتام şettâm: (A.) küfürbaz.

شتايى şitâyî: (A.-F.) [şitâ+y+î] kışlık.

شتر şetr: (A.) **1.**göz kapanması. **2.**kesinlik. **3.**kusur, noksan.

شتر şotor: (Peh.) (zool.) deve. ‖ * ~ ez sûrâh sûzen ber âmeden شتر از سوراخ سوزن بر آمدن imkânsız olan bir şey gerçekleşmek. ‖ * ~ -i bîkûhân شتر بى كوهان (zool.) lama. ‖ * ~ -i do kûhâne شتر دو كوهانه iki hörgüçlü deve. ‖ * ~ -i yek kûhâne شتر يک كوهانه tek hörgüçlü deve. ‖ * ~ râ bûs dâden شتر را بوس دادن aptalca bir iş yapmak.

شتربار şotorbâr: [şotor+bâr] **1.**deve yükü. **2.**bir deve yüküne denk ağırlık.

شتربان şotorbân: [şotor+bân] deveci.

شتربچه şotorbeççe: [şotor+beççe] boduk, deve yavrusu.

شترپا şotorpâ: (F.) [şotor+pâ] **1.**deve ayaklı, geniş tabanlı. **2.**kekik.

شترخار şotorhâr: (F.) [şotor+hâr<hâr-i şotor] deve dikeni.

شتردل şotordil: (F.) [şotor+dil] kinci.

شترسوار şotorsevâr: [şotor+sevâr]

deveye binen.

سترسواری şotorsevârî: [şotor+sevâr+î] deveye binme.

شترکین şotorkîn: [şotor+kîn] deve gibi kinli, kinci.

شترگاو şotorgâv: [şotor+gâv] (zool.) zürafa.

شترگاوپلنگ şotorgâvpeleng: [şotor+gâv+ peleng] (zool.) zürafa.

شترگربه şotorgorbe: (F.) [şotor+gorbe] **1.**birbirine zıt, tezat oluşturan. **2.**deve ile kedi.

شترگلو şotorgelû: [şotor+gelû] deve boynu.

شترلب şotorleb: (F.) [şotor+leb] **1.**deve dudağı. **2.**sarkık dudaklı.

شترمرغ şotormorg: [şotor+morg] (zool) devekuşu.

شترنج şetrenc: satranç.

شترنگ şetreng: (Peh.) satranç.

شتروار şotorvâr: [şotor+vâr] **1.**deve yükü. **2.**deve gibi.

شتره şitire: düzensiz, sırasız.

شتک زدن şitek zeden: boya bulaşmak.

شتل şetel: kumarda kazananların çevreye ikram ettikleri para.

شتم şetm: (A.) küfretme, sövme. ‖ * ~ -i galîz شتم غليظ yakası açılmadık küfür.

شتو şetevî: (A.) kışlık.

شتوم şutûm: (A.) küfürler, küfretmeler. ‖ * ~ -i galîza شتوم غليظه yakası açılmadık küfürler, ağır küfürler.

شتوى şitevî: (A.) **1.**kış ile ilgili. **2.**kış sebzesi.

شتويه şiteviyye: (A.) **1.**kış ile ilgili. **2.**kış sebzesi.

شته şete (zool.) yaprak biti, fidan biti.

شتى şettâ: (A.) **1.**türlü, değişik. **2.**gazetede siyasî haberler dışında kalan bölüm.

شتيت şetît: (A.) **1.**dağınık. **2.**türlü, çeşitli.

شتيته şetîte: (A.) **1.**dağınık, **2.**türlü, çeşitli.

شتيم şetîm: (A.) küfredilen, sövülen.

شتيمه şetîme: (A.) küfretme, sövme, küfür.

شج şec: (A.) baş yarma.

شج şecc: (A.) geminin denizi yararak ilerlemesi.

شجات şeccât: (A.) baş ve yüz yaraları.

شجاج şicâc: (A.) yaralar.

شجاج şicâc: (A.) karşılıklı baş yarma.

شجاع şicâ': (A.) cesurlar, yürekliler.

شجاع şocâ': (A.) **1.**yürekli, cesur, yiğit. **2.**bir tür ince yılan. **3.**erkek adı. **4.**Arslan ve Yengeç burçları arasındaki yıldız kümesi.

شجاعت şecâ'et, şucâ'et: (A.) yiğitlik, cesaret, cesurluk.

شجاعت سماط şecâ'atsimât: (A.) [şecâ'at+ simât] cesurluk izleri taşıyan.

شجام şecâm: soğuk, şiddetli soğuk.

شجانيدن şecânîden: **1.**soğutmak. **2.**soğuk almak.

شجر şecer: (A.) **1.**ağaç. **2.**Hz. Meryem'in hamile iken tutunduğu ağaç. ‖ * ~ -i tûr شجر طور Tanrı nurlarının tecelli ettiği ve Hz. Musa'nın da bu nuru üzerinde gördüğü ağaç.

شجرات şecerât: (A.) soyağaçları.

شجر البلوط şecerulbellût: (A.) meşe ağacı.

شجر البندق şecerulbunduk: (A.) fındık ağacı.

شجر الحر şecerulhur: (A.) kavak.

شجر الخبذ şecerulhubz: (A.) ekmek ağacı.

شجر الصنار şecerussinâr: (A.) çınar ağacı.

شجر اللوز şecerullevz: (A.) badem ağacı.

شجر النبع şecerunneb': (A.) kayın ağacı.

شجرستان şeceristân: (A.-F.) [şecer+istân] ağaçlık, koruluk.

شجره şecere: (A.) **1.**soy ağacı, şecere. **2.**ağaç. **3.**(tas.) kâmil insan.

شجره فروخته şecereferûhte: (A.-F.) [şecere+ferûhten> ferûht+e] ağaç parlatmış, ağaç aydınlatmış.

شجره نامه şecerenâme: (A.-F.) [şecere+ nâme] soy ağacı.

شجرى şecerî: (A.) ağaç ile ilgili.

شجريه şeceriyye: (A.) ağaç ile ilgili.

شجعاء şuce'â': (A.) cesurlar, yiğitler.

شجعان şic'ân: (A.) cesurlar, yürekliler.

شجعان şuc'ân: (A.) cesurlar, yiğitler.

شجن şecen: (A.) 1.keder, üzüntü. 2.dal, şube.

شجون şucûn: (A.) 1.kederler, hüzünler. 2.kederlenme, hüzünlenme. 3.dallar, şubeler.

شجه şecce: (A.) başa ve yüze vurularak açılan yara.

شجون şucûn: (A.) dallar.

شجير şecîr: (A.) bodur ağaç.

شجير şuceyr: (A.) ağaççık.

شجيره şuceyre: (A.) ağaççık.

شجيع şecî': (A.) cesur, yürekli.

شجيعه şecî'e: (A.) yürekli, cesur.

شحامت şehâmet: (A.) şişmanlık, topluluk, semizlik.

شحم şehm: (A.) 1.yağ, beden yağı. 2.don yağı. ‖ * ~ -i ma'denî شحم معدنى madenî yağ.

شحمه şahme: (A.) iç yağı.

شحمة الاذن şahmetuluzn: (A.) kulak memesi.

شحنگى şihnegî: (T.-F.) [şihne+g+î] 1.zabıta memurluğu, gece muhafızlığı. 2.askerî hakimlik.

شحنه şihne: (T.-Moğ.) 1.gece muhafızı, zabıta görevlisi. 2.askerî hakim.

شحنة النجف şıhnetunnecef: (A.) Hz. Ali.

شحنه شناس şihneşinâs: (A.-F.) [şihne+ şinâhten> şinâs] kolcu ile ahbaplık kuran, kolcuyu tanıyan.

شحوم şuhûm: (A.) içyağları, don yağları.

شحيم şehîm: (A.) şişman, semiz.

شخ şeh: 1.dağ zirvesi, doruk. 2.sert zemin. 3.sağlam, çetin.

شخ şeh: 1.dal. 2.boynuz.

شخاص şihâs: (A.) şahıslar, kişiler.

شخانه şehâne: 1.parlak yıldız. 2.meteor, gök taşı.

شخاييدن şehâyîden: 1.tıraşlamak. 2.sokmak, batırmak (iğne vs.)

شخج şehec: (müz.) eski İran musikîsinde bir makam.

شخسار şehsâr: [şeh+sâr] 1.ağaçlık. 2.taşlık zemin.

شخ شدن şeh şoden: kalkmak, dikilmek.

شخشناك şehşnâk: [şehş+nâk] kaygan.

شخص şehs: (A.) 1.şahıs, kişi. 2.beden. 3.ceset. 4.leş. ‖ * ~ -i hukmî شخص حكمى tüzel kişi. ‖ * ~ -i sâlis شخص ثالث üçüncü şahıs.

شخصاً şehsen: (A.) şahsen.

شخصى şehsî: (A.) 1.şahsî, kişisel, özel. 2.sivil.

شخصيات şahsiyyât: (A.) 1.kişiye ait sözler. 2.bir kişinin şahsını hedef alan uygunsuz sözler.

شخصيت şehsiyyet: (A.) 1.kişilik. 2.değerli kişi.

شخصيت پردازى şehsiyyetperdâzî: (A.-F.) [şehsiyyet+perdâhten>perdâz+î] kişilik yaratma, şahıs tespiti.

شخصيه şahsiyye: (A.) kişisel.

شخ كردن şeh kerden: kaldırmak, dikmek.

شخم şohm: tarla sürme, toprak sürme.

شخم زدن şohm zeden: saban sürmek, tarla sürmek.

شخم كردن şohm kerden: saban sürmek, tarla sürmek.

شخودن şohûden: 1.tırmalamak. 2.yaralamak. 3.hazırlamak. 4.tahriş olmak.

شخوص şuhûs: (A.) kişiler, şahıslar.

شخول şohûl: 1.feryat, çığlık. 2.ıslık. 3.inilti. 4.pejmürdelik.

شخوليدن şohûlîden: 1.nara atmak. 2.ıslık çalmak. 3.inlemek. 4.solmak. 5.gök gürlemek.

شخيدن şehîden: yalazlanmak.

شخيص şehîs: (A.) 1.iri yapılı. 2.değerli kişi, önemli kişi.

شد şed: (A.) 1.sağlamlaştırma, kuvvet verme. 2.ses ayarlama. 3.koşma, hamle etme.

شد şedd: (A.) **1.**sıkma. **2.**sımsıkı bağlama. **3.**tasvir. **4.**klasik Türk musikîsinde bir nota dizisini bir başka perdeye aktarma.

شد şod: [şoden>şod] **1.**oldu. **2.**gitme, gidiş. **3.**ölüm.

شدائد şedâ'id: (A.) sıkıntılar, zor işler.

شدائد گزین şedâidguzîn: (A.-F.) [şedâ'id+ guzîden> guzîn] sıkıntıyı seçen, sıkıntı geçiren.

شداد şeddâd: (A.) **1.**şiddetli. **2.**İrem Bağlarını yaptıran Yemen hükümdarı.

شداد şidâd: (A.) şiddetliler, sertler, katılar. ‖ * seb'un ~ سبع شداد Hz. Yusuf'un Mısır'da bulunduğu devirde geçirilen yedi kurak yıl.

شدادانه şeddâdâne: (A.-F.) [şeddâd+âne] şeddad'ın köşkü gibi büyük ve sağlam.

شدادی şeddâdî: (A.) sağlam ve büyük yapı.

شدت şiddet: (A.) **1.**şiddet. **2.**sertlik. **3.**darlık. **4.**bolluk. **5.**zulüm, zorbalık. **6.**katılık. **7.**fazlalık, çokluk. **8.**sıkılık. **9.**keskinlik.

شدت پیدا کردن şiddet peydâ kerden: şiddetlenmek.

شدت یافتن şiddet yâften: şiddetlenmek.

شدد şided: (A.) şiddetler.

شدن şoden: (Peh.) **1.**olmak. **2.**yapılmak. **3.**gitmek, geçip gitmek, göçmek. **4.**geçmek. **5.**meyletmek. **6.**tecavüz etmek. **7.**yok olmak. **8.**mümkün olmak. ‖ * çîzî be ser-i kesî ~ چیزی به سر کسی شدن bir şey birine feda olmak.

شده şedde: (A.) şedde, iki defa okunması gereken harfin üzerine koyulan ve şin harfinin dişli kısmını minyatür halinde gösteren işaret.

شده şode: (F.) [şoden>şod+e] **1.**olmuş. **2.**geçmiş, gitmiş, geçen, giden.

شده بند şodebend: [şoden>şod+e+ besten> bend] tarihçi, vakanüvis.

شدی şiddî: (A.) **1.**hafif. **2.**hafifletici.

شد یاریدن şodyârîden: saban sürmek, tarla sürmek.

شدید şedîd: (A.) **1.**şiddetli. **2.**sert. **3.**katı.

شدید البطش şedîdulbatş: (A.) sertçe tutan, sımsıkı kavrayan.

شدید الشهوه şedîduşşehve: (A.) aşırı derecede şehvetli.

شدید الشکیمه şedîduşşekîme: (A.) çok dayanıklı.

شدید الطبع şedîduttab': (A.) acımasız, sert davranışlı.

شدید اللحن şedîdullehn: (A.) ağır ve sert dilli.

شدید المضمون şedîdulmazmûn: (A.) içeriği şiddetli.

شدید شدن şedîd şoden: şiddetlenmek.

شدیده şedîde: (A.) **1.**şiddetli. **2.**sert. **3.**katı. **4.**bela, felaket.

شذا şezâ: (A.) koku.

شذر şezr: (A.) **1.**altın cevheri. **2.**süs altını, süs incisi.

شذرات şezerât: (A.) **1.**altın cevherleri, altın parçaları. **2.**altın ve inci taneleri.

شذرات الذهب şezerâtuzzeheb: (A.) altın parçaları.

شذره şezre: (A.) **1.**altın cevheri. **2.**süs altını, süs inciri.

شذوذ şuzûz: (A.) kural dışı olanlar.

شذوذاً şuzûzen: (A.) kural dışı olarak.

شذور şuzûr: (A.) **1.**altın cevherleri, altın parçaları. **2.**süs olarak kullanılan değerli mücevherat.

شر şerr: (A.) şer, kötülük. ‖ * ~ -i rûz-i rûşen ez hayr-i şeb-i târîk bihter est شب روز روشن از خیر شب تاریک بهتر است sabahın şerri akşamın hayrından iyidir.

شراء şirâ': (A.) satın alma, alış.

شرائح şerâ'ih: (A.) **1.**vücuttan sarkan et parçaları. **2.**dilinmiş etler.

شرائط şerâ'it: (A.) koşullar, şartlar.

شرائف şerâ'if: (A.) şerifler, kutlular, şerefliler.

شراب şerâb: (A.) **1.**içki. **2.**şarap. **3.**şurup. ‖ * ~ -i kevser شراب کوثر Cennetteki Kevser suyu. ‖ * ~ -i nûhî شراب نوحی 1.yıllanmış şarap. 2.bin yıllık şarap. ‖ * ~ -i rummânî شراب رمانی nar rengi şarap.

شراب پیمودن şerâb peymûden: şarap sunmak.

شرابخانه şerâbhâne: (A.-F.) [şerâb+hâne] 1.şarap hane, şarap satılan yer, meyhane. 2.büyük şarap fıçısı.

شرابخوار şerâbhâr: (A.-F.) [şerâb+ horden>hor>hâr] 1.şarap içen. 2.ayyaş.

شراب خواره şerâbhâre: (A.-F.) [şerâb+ horden>hâre] şarap içen, şarapçı.

شرابخواری şerâbhârî: (A.-F.) [şerâb+ horden>hor>hâr+î] ayyaşlık.

شراب خوردن şerâb horden: 1.şarap içmek. 2.içki içmek.

شراب ریختن şerâb rîhten: 1.şarap koymak. 2.içki koymak.

شراب ریزی şerâbrîzî: (A.-F.) [şerâb+ rîhten>rîz+î] şarapçılık.

شراب ساز şerâbsâz: (A.-F.) [şerâb+ sâhten>sâz] şarapçı, şarap imalatçısı.

شراب سازی şerâbsâzî: (A.-F.) [şerâb+ sâhten>sâz+î] şarapçılık, şarap imalatı.

شراب فروش şerâbfurûş: (A.-F.) [şerâb+ furûhten>furûş] şarap satan, meyhaneci.

شراب فروشی şerâbfurûşî: (A.-F.) [şerâb+ furûhten>furûş+î] şarap dükkânı, meyhane.

شرابة الراعیه şerâbeturrâ'iyye: (A.) çobanpüskülügiller.

شرابی şerâbî: (A.) [şerâb+î] 1.şarapçı. 2.şarap rengi.

شرابیه şerâbiyye: (A.) 1.şarap ile ilgili. 2.şarap rengi.

شراح şerrâh: (A.) şerh eden, açıklayan.

شراح şurrâh: (A.) şerh edenler.

شرادم şerâzim: (A.) küçük topluluklar.

شرار şerâr: (A.) kıvılcım, parıltı.

شرار şirâr: (A.) kıvılcımlar.

شرارت şerâret: (A.) şerlik, kötülük.

شرارت کردن şerâret kerden: kötülük yapmak.

شراره şerâre: (A.) 1.kıvılcım. 2.bayan adı.

شراره فگن şerârefigen: (A.-F.) [şerâre+ figenden> figen] kıvılcım saçan.

شراره کشیدن şerâre keşîden: kıvılcımlanmak.

شراسیف şerâsîf: (A.) ön kaburga kemiği kıkırdakları.

شراع şirâ': (A.) 1.yelken, gemi yelkeni. 2.çadır. 3.gölgelik. 4.deve boynu.

شراع الحنک şirâ'ulhanek: (A.) damaketeği otu.

شراعی şirâ'î: (A.) yelkenli, yelkenli gemi.

شرافت şerâfet: (A.) 1.şeref, itibar. 2.asillik, soyluluk. 3.Hz. Muhammed'in soyundan gelme.

شرافت بخش şerâfetbahş: (A.-F.) [şerâfet+ bahşîden> bahş] şeref veren.

شرافت بخشا şerâfetbahşâ: (A.-F.) [şerâfet+bahşîden> bahş+â] şeref veren.

شرافتمند şerâfetmend: (A.-F.) [şerâfet+ mend] şerefli, onurlu.

شرافتمندانه şerâfetmendâne: (A.-F.) [şerâfet+mend+âne] şereflice.

شرافه şerâfe: (A.) 1.şereflilik. 2.asillik, soyluluk.

شرافی şerâfî: (A.) Yavuz Sultan Selim'in Mısır'ı fethinden sonra bastırılan altın sikke.

شراکت şirâket: (A.) ortaklık.

شراکتی şirâketî: (A.-F.) [şirâket+î] ortak mal.

شر الناس şerrunnâs: (A.) insanların en kötüsü.

شرایط şerâyit: (A.) koşullar, şartlar.

شرایع şerâyi': (A.) şeriatler.

شرایین şerâyîn: (A.) 1.damarlar. 2.atardamarlar.

شرب şerb: ince keten kumaş.

شرب şirb: (A.) 1.su hakkı, su payı. 2.sulama sırası.

شرب şorb: (A.) 1.içme. 2.içki içme.

شرب الحبش şurbulhabeş: (A.) kurt dökme ilacı yapılan bir bitki.

شربت şerbet: 1.şerbet, şurup. 2.sıvı müshil. 3.eriyik.

شربتخانه şerbethâne: (A.-F.) [şerbet+ hâne] içki mahzeni.

شربين şerbîn (bot.) sedir ağacı, şimal ağacı, şimal çamı.

شرت şerret: (A.) şirret.

شرت şirret: (A.) 1.kötülük. 2.kavgacı, geçimsiz.

شرج şerc: (A.) anüs.

شرج şerec: (A.) 1.karışma. 2.yalan uydurma.

شرح şerh: (A.) 1.anlatma, anlatılma. 2.açma. 3.açılama. ‖ * ~ -i çîzî râ be miyân âverden شرح چیزی را به میان آوردن işlemek, ele almak, irdelemek. ‖ * be ~ goften به شرح گفتن şerhetmek. ‖ * be ~ -i zîr به شرح زیر şöyle, aşağıda olduğu gibi.

شرح بیان کردن şerh beyân kerden: açıklama yapmak, açıklamada bulunmak.

شرح دادن şerh dâden: açıklamak, şerhetmek.

شرح شدن şerh şoden: şerhedilmek, açıklanmak.

شرح کردن şerh kerden: açıklamak, şerhetmek.

شرح گفتن şerh goften: şerhetmek, açıklamak.

شرح نویس şerhnevîs: (A.-F.) [şerh+ nevişten>nevîs] şerh yazan, şarih.

شرح نویسی şerhnevîsî: (A.-F.) [şerh+ nevişten>nevîs+î] şerh yazma.

شرح نوشتن şerh nevişten: şerh yazmak.

شرحه şerhe: (A.) 1.et parçası. 2.parça. 3.dilim, dilinmiş parça.

شرحه شرحه şerhe şerhe: parça parça, şerha şerha.

شرحه شرحه شدن şerhe şerhe şoden: 1.parça parça olmak. 2.didik didik edilmek.

شرحه شرحه کردن şerhe şerhe kerden: 1.parça parça etmek. 2.didik didik etmek.

شرذمه şerzime: (A.) 1.küçük topluluk. 2.az miktar.

شرر şerer: (A.) kıvılcımlar.

شرر آلود şererâlûd: (A.-F.) [şerer+ âlûden>âlûd] kıvılcımlı.

شرر آلوده şererâlûde: (A.-F.) [şerer+ âlûden>âlûd+e] kıvılcımlı.

شر رسانیدن şer resânîden: 1.kötülük yapmak, zarar vermek.

شرر فشان şererfeşân: (A.-F.) [şerer+ feşânden> feşân] kıvılcım saçan.

شررناک şerernâk: (A.-F.) [şerer+nâk] kıvılcımlı.

شرره şerere: (A.) kıvılcım.

شرزه şerze: 1.öfkeli. 2.güçlü kuvvetli. 3.hızlı hızlı.

شرسوف şersûf: (A.) ön kaburga kemiği kıkırdakları.

شرسوفی şersûfî: (A.) ön kaburga kemiği kıkırdakları ile ilgili.

شرسوفیه şersûfiyye: (A.) ön kaburga kemiği kıkırdakları ile ilgili.

شرشر şorşor: şar şar, şarıl şarıl.

شرشر کردن şorşor kerden: şırıldamak.

شرشوریه şurşûriyye: (A.) serçegiller.

شرط şerat: (A.) 1.işaret, iz. 2.bayağı, âdi.

شرط şert: (A.) 1.şart, koşul. 2.ahit. 3.gerek. ‖ * ~ be miyân keşîden شرط به میان کشیدن şart koşmak, şart öne sürmek. ‖ * be ~ -i بشرط 1.şartıyla. 2.karşılığında. ‖ * be ~ anki به شرط آنکه koşuluyla, şartıyla. ‖ * be ~ î ki به شرطی که koşuluyla, şartıyla. ‖ * be ~ inki به شرط اینکه koşuluyla, şartıyla. ‖ * be in ~ ki به این شرط که şu şartla ki.

شرط بستن şert besten: bahse girmek.

شرط کردن şert kerden: 1.şart koşmak. 2.söz vermek.

شرطنامه şertnâme: (A.-F.) [şert+nâme] şartname, sözleşme, mukavele.

شرطه şorte: (A.) 1.şart. 2.dostlar. 3.cepheye giden ilk bölük. 4.yelkenli için uygun rüzgâr.

شرطی şartî: (A.) 1.şartlı, koşullu. 2.şart ile ilgili.

شرطيت şartiyyet: (A.) şartlı oluş, şartlılık, koşulluluk.

شرطين şarteyn: (A.) koç burcundaki iki yıldız.

شرطيه şartiyye: (A.) şart ile ilgili.

شرع şer': (A.) **1.**yol. **2.**şeriat, din.

شرعا şer'en: (A.) şer'en, din kanunlarına uygun olarak.

شرعت şir'et: (A.) **1.**şeriat, din. **2.**âdet. **3.**gibi, benzeri.

شرعى şer'î: (A.) **1.**şeriat ile ilgili. **2.**şeriata uygun.

شرعيات şer'iyyât: (A.) dinî ilimler.

شرعيت şer'iyyet: (A.) şeriata uygunluk.

شرعيه şer'iyye: (A.) **1.**şeriat ile ilgili. **2.**şeriata uygun.

شرف şeref: (A.) **1.**ululuk. **2.**kıvanç, övünme. **3.**üstünlük. ‖ * kovl-i ~ dâden قول شرف دادن şeref sözü vermek.

شرف şoref: (A.) şerefeler. ‖ * ber ~ -i بر شرف hemen hemen, yakında, olmak üzere. ‖ * der ~ -i در شرف hemen hemen, yakında, olmak üzere.

شرفاء şorefâ': (A.) **1.**şerifler, şerefliler, soylular, asiller. **2.**Hz. Muhammed soyundan gelenler, şerifler.

شرفات şerefât: (A.) şerefeler.

شرفات şurufât: (A.) şerefeler.

شرفات şurefât: (A.) şerefeler.

شرف الدين şerefeddîn: (A.) **1.**dinin şerefi. **2.**erkek adı, Şerafettin.

شرف افزا şerefefzâ: (A.-F.) [şeref+ efzûden>efzâ] şeref artıran, şeref veren.

شرف بخش şerefbahş: (A.-F.) [şeref+ bahşîden>bahş] şeref veren, onurlandıran.

شرف بخشا şerefbahşâ: (A.-F.) [şeref+ bahşîden> bahş+â] şeref veren, onurlandıran.

شرف پذير şerefpezîr: (A.-F.) [şeref+ pezîruften> pezîr] şereflenen, onurlanan.

شرف توارد şereftevârud: (A.) [şeref+ tevârud] şereflendirme.

شرف خواه şerefhâh: (A.-F.) [şeref+ hâsten>hâh] şeref isteyen.

شرف داشتن şeref dâşten: **1.**şerefli olmak. **2.**üstün olmak.

شرف رسان şerefresân: (A.-F.) [şeref+ resânden> resân] onur veren, şeref veren.

شرف ريز şerefrîz: (A.-F.) [şeref+ rîhten>rîz] şeref veren, onur veren.

شرف سانح şerefsânih: (A.) [şeref+sânih] padişah buyruğu.

شرف سنوح şerefsunûh: (A.) [şeref+ sunûh] padişah emri.

شرف صادر şerefsâdır: (A.) [şeref+sâdır] padişah emri, ferman.

شرف صدور şerefsudûr: (A.) [şeref+ sudûr] padişah buyruğu.

شرف ظاهر şerefzâhir: (A.) [şeref+zâhir] şerefle çıkan, şerefle giden.

شرف ظهور şerefzuhûr: (A.) [şeref+ zuhûr] şerefle çıkma, şerefle gitme.

شرف نما şerefnumâ: (A.-F.) [şeref+ numûden> numâ] **1.**şeref gösteren. **2.**klasik Türk musikîsinde bir makam.

شرف وارد şerefvârid: (A.) [şeref+vârid] şereflendirme.

شرف واصل şerefvâsıl: (A.) [şeref+vâsıl] şeref ile gelen.

شرف ورود şerefvurûd: (A.) [şeref+ vurûd] şereflendiren, gelen.

شرف وصول şerefvusûl: (A.) [şeref+ vusûl] şereflendirme, gelme.

شرفه şerefe: (A.) **1.**minare şerefesi, minarede ezan okunan ve belirli zamanlarda ışıklandırılan yer. **2.**yüksek bir yere ait çıkıntı.

شرفه şurfe: (A.) şerefe.

شرفياب şerefyâb: (A.-F.) [şeref+yâften> yâb] şereflenen, onurlanan.

شرفياب شدن şerefyâb şoden: **1.**müşerref olmak, onurlanmak. **2.**huzura kabul edilmek.

شرفياب كردن şerefyâb kerden: onurlandırmak.

شرفيابى şerefyâbî: (A.-F.) [şeref+yâften> yâb+î] onurlanma,

müşerref olma.

شرق şerk: (A.) **1.**doğu, şark. **2.**güneş parıltısı. **3.**Doğu, doğu ülkeleri.

شرق şerk: şaklama. ‖ * sedâ-yi ~ dâden صدای شرق دادن şaklamak.

شرقا şerken: (A.) **1.**doğudan. **2.**doğusunda.

شرق شناس şerkşinâs: (A.-F.) [şerk+şinâhten>şinâs] doğubilimci, şarkiyatçı, oryantalist, müsteşrik.

شرق شناسی şerkşinâsî: (A.-F.) [şerk+şinâhten>şinâs+î] şarkiyatçılık, oryantalizm.

شرقستان şarkistân: (A.-F.) [şark+istân] Doğu ülkeleri.

شرق کاری şarkkârî: (A.-F.) [şark+kâr+î] Doğu işi, Doğu'ya mensup.

شرقی şarkî: (A.) **1.**doğu ile ilgili. **2.**Doğu ülkeleri ile ilgili. **3.**doğulu. **4.**şarkı, klasik Türk musikîsinde bir form.

شرقیات şarkiyyât: (A.) doğubilim, oryantalizm, şarkiyat, müsteşriklik.

شرقیه şarkiyye: (A.) **1.**doğu ile ilgili. **2.**Doğu ülkeleri ile ilgili.

شرقیون şarkiyyûn: (A.) doğulular.

شرک şirk: (A.) ortak koşma, şirk.

شرکاء şurekâ': (A.) ortaklar.

شرکت şirket: (A.) **1.**ortaklık, şirket. **2.**katılma. **3.**ikilik. ‖ * ~ -i nisbî شرکت نسبی limited şirket. ‖ * ~ -i sihâmî شرکت سهامی anonim şirket. ‖ * ~ -i teâvunî شرکت تعاونی kooperatif. ‖ * ~ -i tezâmunî شرکت تضامنی komandit şirket.

شرکت جستن şirket costen: katılmak.

شرکت دادن şirket dâden: **1.**karıştırmak. **2.**ortak etmek.

شرکت کردن (در) şirket kerden: **1.**katılmak, girmek. **2.**ortak olmak.

شرکت کننده şirketkonende: (A.-F.) [şirket+kerden>kon+ende] **1.**ortak, hissedar. **2.**katılan.

شرکت ورزیدن şirket verzîden: katılmak.

شرم şerm: (Peh.) **1.**utanç, utanma, haya. **2.**namus, iffet. ‖ * ~ -i kesî âmeden شرم کسی آمدن utanmak.

شرم آمیز şermâmîz: [şerm+âmîhten>âmîz] utanarak.

شرم آور şermâver: [şerm+âverden>âver] utanç verici, yüz kızartıcı.

شرم داشتن şerm dâşten: utanmak, haya etmek, arlanmak.

شرم زده şermzede: [şerm+zeden>zed+e] utangaç.

شرمسار şermsâr: [şerm+sâr] utangaç.

شرمسار شدن şermsâr şoden: utanmak.

شرمسار کردن şermsâr etmek: utandırmak.

شرمساری şermsârî: [şerm+sâr+î] utanç, utangaçlık.

شرمساری بردن şermsârî borden: utanç duymak, utanmak.

شرمساری کردن şermsârî kerden: utanmak, utanç duymak.

شرمگاه şermgâh: [şerm+gâh] cinsel organ.

شرمگین şermgîn: (F.) [şerm+gîn] utangaç.

شرمناک şermnâk: (F.) [şerm+nâk] utangaç.

شرمندگی şermendegî: [şerm+ende+g+î] utanç, utangaçlık.

شرمنده şermende: [şerm+ende] utangaç, utanan, mahcup.

شرمنده شدن şermende şoden: utanmak.

شرمنده کردن şermende kerden: utandırmak.

شرمو şermû: [şerm+û] utangaç.

شرنگ şereng: **1.**zehir. **2.**acı.

شروال şervâl: (F.>A.) şalvar.

شروان şervân: (coğ.) Şervan.

شروانی şervânî: [şervan+î] Şervanlı.

شروب şurûb: (A.) **1.**şurup. **2.**şerbet.

شروح şurûh: (A.) şerhler, açılamalar.

شرود şerûd: (A.) **1.**ürkek. **2.**atasözü tarzında söylenin manzum ve güldürücü söz.

شرور şerûr: (A.) şirret, şerli.

شرور şurûr: (A.) **1.**kötü kişiler, şirretler, şer insanlar. **2.**kötülükler, fenalıklar.

شروط şurût: (A.) koşullar, şartlar.

شروع şurû': (A.) **1.**başlama.

2.başlangıç.

شروع شدن şurû' şoden: 1.başlamak. 2.başlanmak.

شروع کردن şurû' kerden: başlamak (bu fiilin kullanılışında eylem vardır.)

شروم şerûm: (A.) vajina ile anüsü birleşmiş kadın.

شروه şerve: (A.) kuduz, kudurmuş, kuduruk.

شره şereh: (A.) açgözlülük, hırs.

شره şerih: (A.) açgözlü, hırslı.

شرهان şerhân: (A.) açgözlü.

شره زدن şore zeden: fışkırmak.

شری şerrî: (A.) kötülük ile ilgili.

شری şorrî: [şorr+î] şırıltılı.

شریان şiryân, şeryân: (A.) (tıb.) damar, atardamar.

شریان بند şiryânbend: (A.-F.) [şiryân+besten>bend] (tıb.) damar kıskacı.

شریانی şiryânî: (A.-F.) [şiryân+î] damarla ilgili.

شریح şureyh: (A.) vajina.

شریحه şerîha: (A.) 1.vücuttan sarkan et. 2.et dilimi.

شریدن şorîden: 1.sürekli su dökmek. 2.fışkırmak.

شریر şerîr: (A.) şerli, kötü, belâlı, baş belâsı.

شریر şirrîr: (A.) çok kötülük eden, şirret, baş belâsı.

شریره şerîre: (A.) şirret, kötü insan, baş belası kadın.

شریط şerît: (A.) şerit.

شریط واری şerîtvârî: (A.-F.) [şerît+vârî] şerit gibi, şeritimsi.

شریطه şerîte: (A.) 1.koşul, şart. 2.(ed.) kaside sonundaki dua veya beddua.

شریطیه şerîtiyye: (A.) şerit şeklinde.

شریعت şerî'et: 1.şeriat, din kuralları. 2.yol. 3.su içilecek yer. 4.yasa.

شریعت پرور şerî'atperver: (A.-F.) [şerî'at+perverden> perver] şeriat kurallarına sımsıkı bağlı.

شریف şerîf: (A.) 1.şerefli, şerif. 2.soylu, asil. 3.kutsal. 4.Hz. Muhammed'in soyundan gelen.

شریفه şerîfe: (A.) 1.şerefli. 2.kutsal. 3.soylu. 4.bayan adı.

شریفی şerîfî: (A.) Yavuz Sultan Selim'in Mısır'ı fethinden sonra bastırılan altın sikke.

شریک şerîk: (A.) ortak.

شریک شدن şerîk şoden: ortak olmak.

شریک کردن şerîk kerden: ortak etmek.

شریکه şerîke: (A.) ortak.

شریه şerriyye: (A.) kötülük ile ilgili.

شزن şezen: (A.) trakea.

شس şus: (F.) akciğer.

شست şest: 1.başparmak. 2.okçu yüksüğü. 2.olta. 3.parmak. ‖ * ~ -i kesî haberdâr şoden شست کسی خبردار شدن uyanmak, farkına varmak. ‖ * be ~giriften به شست گرفتن olta ile avlamak.

شست şest: 1.olta iğnesi. 2.halka.

شست şest: oturma.

شست şost: [şosten>şost] yıkama. ‖ * ~ emeş u gozâştemeş kenâr شستمش و گذاشتمش کنار ağzının payını verdim.

شستشو şostişû: [şosten>şost+i+şosten> şû] yıkama, yıkanma.

شستشو دادن şostişû dâden: yıkatmak.

شستشو شدن şostişû şoden: yıkanmak.

شستشو کردن şostişû kerden: yıkamak.

شستن şosten: (Peh.) 1.yıkamak. 2.silmek.

شست و شو şostuşû: (F.) [şosten>şost+u+şosten>şû] yıkama.

شسته şoste: [şosten>şost+e] 1.yıkanmış. 2.küçük sarık.

شش şeş: (Peh.) 1.altı. 2.altı yön.

شش şoş: (Peh.) (tıb.) karaciğer.

شش انداز şeşendâz: [şeş+endâhten> endâz] 1.tavlacı. 2.dolunay. 3.yumurta ve soğanlı bir tür yiyecek.

شش بانو şeşbânû: (F.) [şeş+bânû] 1.altı hanım. 2.altı gezegen: Utarid, Zühre, Arz, Merih, Müşteri, Zuhal.

شش برگ şeşberg: (F.) [şeş+berg] 1.altı yaprak. 2.oymacılık ve kakmacılık sanatında kullanılan bir motif.

شش پا şeşpâ: (F.) [şeş+pâ] altı ayaklı.

شش پر şeşper: [şeş+per] **1.**gürz, şeşper, altı dilimli topuz. **2.**altıgen. **3.**altı kanatlı.

شش پستان şoşpistân: [şoş+pistân] iri ve yumuşak memeli kadın.

شش تا şeştâ: (F.) [şeş+tâ] **1.**altı tane. **2.**altı telli tambur.

شش تار şeştâr: (F.) [şeş+târ] **1.**altı telli. **2.**altı telli tambur.

شش تارى şeştârî: (F.) [şeş+târ+î] şeştan denilen tamburu çalan, şeştar sanatçısı.

ششتر şuşter: (coğ.) Şuşter.

ششترى şuşterî: [şuşter+î] Şuşterli.

شش جهت şeşcihet: (F.-A.) [şeş+cihet] altı ana yön.

شش خانه şeşhâne: [şeş+hâne] **1.**perde. **2.**yuvarlak çadır. **3.**altı yivli tüfek. **4.**altı yivli top. **5.**bir süsleme motifi. **6.**altı gözenekli, altı haneli.

شش دانگ şeşdâng: [şeş+dâng] tamamı, altıda altısı. ‖ * ~-i hevâss-i kesî be çîzî bûden شش دانگ حواس کسی به چیزی بودن dikkat kesilmek, tüm dikkatini vermek. ‖ * ~ -i hûş u hevâss-i kesî pîş-i çîzî bûden شش دانگ هوش و حواس کسی به چیزی بودن dikkat kesilmek, tüm dikkatini vermek.

ششدر şeşder: [şeş+der] tavlada altı kapının da kapalı olması. ‖ * be ~ -i hayret oftâden به ششدر حیرت افتادن şaşırıp kalmak, hayret etmek, küçük dilini yutmak. ‖ * be ~ oftâden به ششدر افتادن **1.**tavlada altı kapıya gelmek. **2.**çok sıkışmak, güç durumda kalmak.

شش روزن şeşrevzen, şeşrovzen: [şeş+revzen, rovzen] **1.**dünya. **2.**hayvan.

شش شاخ şeşşâh: [şeş+şâh] (bot.) deve alması, çakırdiken.

ششصد şeşsed: [şeş+sed] altı yüz.

شش صدم şeşsedom: [şeş+sed+om] altı yüzüncü.

شش صدمين şeşsedomin: [şeş+sed+omin] altı yüzüncü.

شش عروس şeşarûs: (F.-A.) [şeş+arûs] **1.**altı gelin. **2.**altı gezegen:Utarid, Zühre, Arz, Merih, Müşteri, Zuhal.

ششگاه şeşgâh: (F.) [şeş+gâh] **1.**altı zaman. **2.**klasik Türk musikîsinde bir makam.

ششلول şeşlûl: [şeş+lûl] (ask.) toplu tabanca, altıpatlar.

ششم şeşom: [şeş+om] altıncı.

ششمى şeşomî: [şeş+omî] altıncı.

شش ميخه şeşmîhe: [şeş+mîh+e] sağlamlaştırma.

ششمين şeşomîn: [şeş+omin] altıncı.

شش و بش şeşubeş: (F.-T.) [şeş+u+beş] şeşbeş, şeşübeş, altı beş.

شش و پنج şeşupenc: [şeş+u+penc] altı beş.

شش و پنج بازى şeşupencbâzî: [şeş+u+penc+ bâhten>bâz+î] **1.**kumarbazlık. **2.**hile, üçkâğıt.

شصت şest: altmış.

شصتم şestom: [şest+om] altmışıncı.

شصتمى şestomî: [şest+omî] altmışıncı.

شصتمين şestomîn: [şest+omîn] altmışıncı.

شط şett: (A.) (coğ.) büyük nehir.

شطاح şettâh: (A.) **1.**küstah, utanmaz, arsız. **2.**(tas.) şathiyat söyleyen.

شطار şettâr: (A.) **1.**dâhi. **2.**çok habis.

شطارت şetâret: (A.) **1.**korkusuzluk, yüreklilik. **2.**neşe, keyif, sevinç, şenlik. **3.**eskiden Arap halayıklarına verilen ad.

شط العرب şattularab: (A.) Dicle ve Fırat'ın birleştiği kesim.

شطح şeth: (A.) ciddî bir konuyu mizah çerçevesinde ele alma.

شطحيات şethiyyât: (A.) **1.**(ed.) kimi sûfilerin saçma gibi görünen derin anlamlı sözleri, şathiyat. **2.**mizahî hikayeler. **3.**esprili manzume.

شطحيه şathiyye: (A.) ahiret yaşamını konu edinen alaylı manzum sözler.

شطر şetr: (A.) **1.**parça, cüz. **2.**yarım. **3.**taraf, semt.

شطرنج şetrenc: **1.**satranç. **2.**bezemede

kullanılan bir motif.

شطرنج باختن şetrenc bâhten: satranç oynamak.

شطرنج باز şetrencbâz: [şetrenc+ bâhten>bâz] satranç oyuncusu, satranç oynayan.

شطرنج بازى şetrencbâzî: [şetrenc+ bâhten>bâz+î] satranç oyunu.

شطرنج بازى كردن şetrencbâzî kerden: satranç oynamak.

شطرنجى şetrencî: [şetrenc+î] damalı, ekose, kareli.

شطط şetet: (A.) **1.**haddini aşma. **2.**zulüm. **3.**fazlalık.

شطوط şutût: (A.) ırmaklar, büyük nehirler.

شظيه şaziyye: (A.) **1.**yay. **2.**incik kemiği. **3.**kıymık. **4.**kaval kemiği. **5.**kırık kemik parçaları.

شعائر şe'â'ir: (A.) **1.**alametler, işaretler, sloganlar. **2.**hac ibadetlerinden her biri. **3.**gelenekler, töreler, âdetler.

شعاب şi'âb: (A.) patikalar, keçi yolları.

شعاب şi'âb: (A.) şubeler, kollar.

شعابين şa'âbîn: (A.) şabanlar, şaban ayları.

شعار şi'âr: (A.) **1.**alamet, işaret, slogan, döviz, özlü söz. **2.**gelenek. **3.**iyi.

شعار şi'âr: (A.) kıllar.

شعار دادن şi'âr dâden: slogan atmak.

شعار سر دادن şi'âr ser dâden: slogan atmak.

شعاع şi'â': (A.) ışınlar.

شعاع şuâ': (A.) **1.**ışın, ışık. **2.**vektör.

شعاعات şuâ'ât: (A.) ışınlar.

شعاعى şuâ'î: (A.) **1.**ışın ile ilgili, ışınsal. **2.**vektörel.

شعاعيه şuâ'iyye: (A.) ışınlılar.

شعاير şe'âyir: (A.) **1.**alametler, işaretler, sloganlar, şiarlar. **2.**hac ibadetleri. **3.**gelenekler. **4.**arpacıklar.

شعب şe'b: (A.) **1.**büyük kabile. **2.**topluluk. **3.**Kızıldeniz'den çıkarılan desenli taşlar.

شعب şi'b: (A.) **1.**dağ yolu, keçi yolu, patika. **2.**kabile. **3.**yöre.

شعب şu'eb: (A.) şubeler, dallar, kollar.

شعبات şu'ebât: (A.) şubeler, dallar, kollar.

شعبان şe'bân: (A.) Arap takviminin ikinci ayı.

شعبانيه şe'bâniyye: (A.) Halvetîlik tarikatının bir kolu.

شعبده şe'bede: (A.) **1.**el çabukluğu. **2.**hokkabazlık, göz bağı.

شعبده آموز şe'bedeâmûz: (A.-F.) [şe'bede+âmûhten> âmûz] hokkabazlık öğreten, oyun öğreten.

شعبده باز şe'bedebâz: (A.-F.) [şe'bede+ bâhten>bâz] gözbağcı, göz boyayıcı, hokkabaz.

شعبده بازانه şe'bedebâzâne: (F.) [şe'bede+ bâhten> bâz+ âne] hokkabazca, hokkabazlıkla.

شعبده بازى şe'bedebâzî: (A.-F.) [şe'bede+ bâhten>bâz+î] gözbağcılık, hokkabazlık.

شعبده كردن şe'bede kerden: göz boyamak.

شعبذه şa'beze: (A.) el çabukluğu, üç kağıtçılık, hokkabazlık, sahtekârlık.

شعبذه باز şa'bezebâz: (A.-F.) [şa'bede+ bâhten>bâz] hokkabaz, el çabukluğu olan, madrabaz.

شعبه şo'be: (A.) **1.**şube, kısım, bölüm, kol, dal. **2.**fırka.

شعبه داير كردن şu'be dâyir kerden: şube açmak.

شعر şe'r: (A.) **1.**saç, tüy, kıl. **2.**bir tür ipek kumaş.

شعر şi'r: (A.) **1.**şiir. **2.**anlama.

شعراء şu'erâ: (A.) **1.**şairler. **2.**Kur'ân'da bir sûre.

شعراً şi'ren: (A.) şiir yoluyla, şiir ile.

شعرا şi'râ: (A.) gökkürede iki yıldız.

شعر آشنا şi'irâşinâ: (A.-F.) [<şi'r+âşnâ] şiirden anlayan.

شعر آلود şi'irâlûd: (A.-F.) [<şi'r+âlûden> âlûd] şiirli.

شعراء الشامى şi'râ'uşşâmî: (A.) Procyon yıldızı.

شعراء الشاميه şu'arâuşşâmiyye: (A.) **1.**Şam şairleri. **2.**prosyon.

شعراء اليمانى şi'râulyemânî: (A.) Sirius yıldızı.

شعر انگيختن şi'r engîhten: şiir söylemek.

شعرباف şe'rbâf: (A.-F.) [şe'r+bâften> bâf] dokumacı, çulha.

شعرسرايى şi'rserâyî: (A.-F.) [şi'r+ surûden>serâ+y+î] şiir söyleme, şiir yazma, şairlik.

شعر سرودن şi'r surûden: şiir söylemek, şiir yazmak.

شعر گفتن şi'r goften: şiir söylemek.

شعرى şe'râ: (A.) büyük köpek burcundaiki yıldız.

شعرى şa'rî: (A.) **1.**kıl ile ilgili. **2.**kılcal.

شعرى şi'rî: (A.-F.) [şi'r+î] **1.**şiirsel. **2.**şiirle ilgili.

شعريت şa'riyyet: (A.) kılcallık.

شعريه şe'riyye: (A.) **1.**kıl ile ilgili. **2.**kılcal. **3.**şehriye.

شعشع şe'şe': (A.) parlama, ışık saçma.

شعشعه şe'şe'e: (A.) parlama, şaşa'a, parlaklık, gösteriş.

شعشعه بخشا şe'şe'ebahşâ: (A.-F.) [şe'şe'e+bahşîden> bahş+â] gösteriş veren, parlaklık veren.

شعشعه پاش şe'şe'epâş: (A.-F.) [şe'şe'e+ pâşîden>pâş] **1.**ışıklı, parıltılı. **2.**radyan.

شعشعه دار şe'şe'edâr: (A.-F.) [şe'şe'e+ dâşten>dâr] gösterişli, parlak, şaşa'alı.

شعف şe'ef: (A.) sevinç, neşe, coşku.

شعل şu'el: (A.) alevler, şuleler.

شعله şu'le: (A.) şule, alev, yalaz.

شعله افشان şu'leefşân: (A.-F.) [şu'le+ efşânden>efşân] alevlendirici, alev saçan.

شعله بار şu'lebâr: (A.-F.) [şu'le+ bârîden>bâr] alevli.

شعله پاش şu'lepâş: (A.-F.) [şu'le+ pâşîden>pâş] alev saçan.

شعله پرور şu'leperver: (A.-F.) [şu'le+ perverden> perver] alevli, alevlenen.

شعله پوش şu'lepûş: (A.-F.) [şu'le+ pûşîden>pûş] Ûalevli, alev içinde.

شعله دار şu'ledâr: (A.-F.) [şu'le+ dâşten>dâr] alevli.

شعله رنگ şu'lereng: (A.-F.) [şu'le+reng] alev rengi.

شعله ريز şu'lerîz: (A.-F.) [şu'le+rîhten> rîz] alev alev yanan.

شعله زدن şu'le zeden: alevlenmek, yalazlanmak, şulelenmek.

شعله زن şu'lezen: (A.-F.) [şu'le+zeden> zen] alevlenen, alevli, ışıklı.

شعله ساز şu'lesâz: (A.-F.) [şu'le+ sâhten>sâz] alevli, alevlenen, yalazlanan.

شعله گاه şu'legâh: (A.-F.) [şu'le+gâh] alev çıkan yer.

شعله گير şu'legîr: (A.-F.) [şu'le+ giriften> gîr] alev alan, tutuşan.

شعله نثار şu'lenisâr: (A.-F.) [şu'le+nisâr] alev saçan.

شعله نما şu'lenumâ: (A.-F.) [şu'le+ numûden> numâ] alevli.

شعله ور şu'lever: (A.-F.) [şu'le+ver] **1.**alevli, yanan. **2.**parlak.

شعله ور شدن şu'lever şoden: alevlenmek.

شعله وركردن şu'lever kerden: alevlendirmek.

شعم şu'm: (F.>A.) uğursuzluk.

شعوب şu'ûb: (A.) **1.**şubeler. **2.**büyük kabileler. **3.**Kızıldeniz'den çıkarılan alacalı taşlar.

شعوبيه şu'ûbiyye: (A.) şuûbîlik.

شعور şu'ûr: bilinç, şuur.

شعورى şu'ûrî: (A.) bilinç ile ilgili.

شعيب şuayb: Şuayb peygamber.

شعير şe'îr: (A.) (bot.) arpa.

شعيره şa'îre: (A.) **1.**arpa tanesi. **2.**arpacık.

شغاف şegâf: (A.) kalp zarı.

شغافى şegâfî: (A.) kalp zarı ile ilgili.

شغال şegâl: (Peh.) (zool.) çakal. ‖ * bâc be ~dâden باج به شغال دادن alçak birine rüşvet vermek.

شغالى şegâlî: [şegâl+î] (bot.) bir tür üzüm.

شغب şegeb: (A.) **1.**fesat çıkarma. **2.**karışıklık, fesat.

شغف şegaf: (A.) çılgınca sevme.

شغفدار şegafdâr: (A.-F.) [şegaf+dâşten> dâr] çıldırtıcı, delirtici.

شغل şugl: (A.) **1.**iş, uğraşı, meslek. **2.**sorun, problem. **3.**Türklerin bestelediği Arapça güfteli ilahi. ‖ * ~ dest u pâ kerden شغل دست و پا کردن iş kurmak. ‖ * ~ -i âzâd شغل آزاد serbest meslek. ‖ * ~ -i dovletî شغل دولتی memurluk, devlet hizmeti.

شغل پیش گرفتن şugl pîş giriften: mesleğe atılmak.

شغل دادن şugl dâden: iş vermek.

شغل گرفتن şugl giriften: görev almak.

شغول şugûl: (A.) işler, uğraşılar.

شفاء şifâ': (A.) **1.**şifa, iyileşme, sağlığa kavuşma. **2.**İbni Sînâ'nın tıbba dair kitabı.

شفاء القلب şifâ'ulkalb: (A.) kalbin şifası.

شفابخش şifâbahş: (A.-F.) [şifâ+ bahşîden> bahş] şifalı, şifa verici.

شفا بخشیدن şifâ bahşîden: şifa vermek.

شفاپذیر şifâpezîr: (A.-F.) [şifâ+ pezîruften>pezîr] iyileşebilir, şifa bulur.

شفاحیات şifâhiyyât: (A.) sözlü açıklamalar, sözlü beyanlar.

شفاخانه şifâhâne: (A.-F.) [şifâ+hâne] **1.**hastane. **2.**akıl hastanesi.

شفا دادن şifâ dâden: şifa vermek.

شفارسان şifâresân: (A.-F.) [şifâ+ resânden>resân] şifa veren, iyileştiren.

شفاساز şifâsâz: (A.-F.) [şifâ+sâhten>sâz] iyileştiren, şifa veren.

شفاعت şefâ'et: (A.) şefaat.

شفاعت کردن şefâ'et kerden: şefaat etmek.

شفاف şeffâf: (A.) şeffaf, saydam.

شفافت şefâfet: (A.) saydamlık, şeffaflık.

شفافی şeffâfî: (A.-F.) [şeffâf+î] **1.**şeffaflık, saydamlık. **2.**parlaklık. **3.**incelik.

شفاکار şifâkâr: (A.-F.) [şifâ+kâr] şifa verici.

شفاناپذیر şifânâpezîr: (A.-F.) [şifâ+nâ+ pezîruften> pezîr] iyileşmez, şifa bulmaz.

شفاهاً şifâhen: (A.) sözle, ağızdan.

شفاهی şifâhî: (A.) şifahî, sözlü olarak. ‖ * imtihân-i ~ سمتحان شفاهی sözlü sınav.

شفاهیه şifâhiyye: (A.) sözlü.

شفایاب şifâyâb: (A.-F.) [şifâ+yâften> yâb] şifa bulan, iyileşen.

شفا یافتن şifâ yâften: şifa bulmak, iyileşmek.

شفت şeft: **1.**iri, kaba. **2.**eğri. **3.**ucuz, değersiz.

شفتالو şeftâlû: **1.**(bot.) şeftali. **2.**(kin.) buse, öpücük.

شفتان şefetân: (A.) iki dudak.

شفتر چیدن şofter çîden: aşermek.

شفته şefte: harç, kireç harcı.

شفته کشیدن şeftekeş: [şefte+keşîden>keş] sıvacı.

شفته کشیدن şefte keşîden: sıva yapmak.

شفتین şefeteyn: (A.) iki dudak.

شفرا şefrâ: dalkavukluk, yağcılık.

شفره şefre: (A.) **1.**iri bıçak. **2.**kunduracı bıçağı.

شفره şufre: (A.) **1.**yassı bıçak. **2.**kılıç ağzı. **3.**kirpik kökleri.

شفشاهنگ şefşâheng: **1.**hallaç yayı. **2.**ağaçlık. **3.**kuyumcu tel çekme makinesi.

شفشه şefşe: **1.**ince dal. **2.**zülüf, kakül.

شفع şef': (A.) çift, eş, denk.

شفعاء şufe'â': (A.) şefaatçiler.

شفعه şuf'a: (A.) bir mülke satın alındığı fiyat ile sahip olma.

شفف şefef: (A.) kötü tabiatlı, cibilliyetsiz.

شفق şefek: (A.) **1.**şafak, gün doğumundan önceki alacakaranlık. **2.**gün batımından sonraki alacakaranlık.

شفق آلود şafakâlûd: (A.-F.) [şafak+ âlûden>âlûd] şafak rengi, şafak gibi.

شفقت şefekat: (A.) şefkat.

شفقت نثار şefakatnisâr: (A.+F.) [şefakat+ nisâr <nisâr konende] şefkat dağıtan, şefkatli.

شفقگون şafakgûn: (A.-F.) [şafak+gûn] şafak rengi, kızıl.

شفک şefek: **1.**cahil, bilgisiz. **2.**hünersiz. **3.**eski.

شفه şefe: **1.**dudak. **2.**kenar.

شفة الارنب şefetulerneb: (A.) tavşandudak.

شفوات şefevât: (A.) **1.**dudaklar. **2.**kenarlar.

شفوى şefevî: (A.) dudak ile ilgili.

شفويه şefeviyye: (A.) dudak ile ilgili.

شفيع şefi': (A.) şefaatçi.

شفيع المذنبين şefi'ulmuznibîn: (A.) günahkârların şefaatçisi, Hz. Muhammed.

شفيف şefîf: (A.) saydam, şeffaf.

شفيفه şefîfe: (A.) saydam, şeffaf.

شفيق şefîk: (A.) şefkatli, müşfik, şefik.

شفيقه şefîka: (A.) **1.**şefkatli. **2.**bayan adı.

شق şakk: (A.) **1.**yarılma. **2.**yarma. **3.**çatlatma. **4.**çatlama. **5.**yırtma, parçalama. **6.**yırtılma, parçalanma. **7.**yarık, çatlak,ara çizgisi.

شق şıkk: (A.) **1.**yöre, çevre. **2.**yamaç. **3.**yol, şık. **4.**şık, parça.

شق şek: dik, dikilmiş, sertleşmiş.

شقاء şikâ', şekâ': (A.) **1.**bedbahtlık, talihsizlik. **2.**zorbalık.

شقائق şekâ'ik: (A.) (bot.) şakayık, gelincik.

شقائق النعمان şakâ'ikunnu'mân: (A.) gelincik.

شقاق şikâk: (A.) muhalefet, düşmanlık, nifak, anlaşmazlık, uyuşmazlık.

شقاقل şekâkul (bot.) yabani havuç.

شقاقلوس şekaklus: (Yun.) (tıb.) kangren.

شقاوت şekâvet: (A.) **1.**bedbahtlık. **2.**taşyüreklilik, zorbalık, haydutluk.

شقايق şekâyik: (A.) (bot.) şakayık, gelincik. ‖ * ~ -i nu'mânî شقايق نعمانى (bot.) manisa lalesi. ‖ * ~ pîç شقايق پيچ (bot.) filbahar.

شقايقيه şakâyikiyye: (A.) deniz şakayıkları.

شقراق şakirrâk: (A.) rengarenk tüyleri olan ve sarı asma kuşuna benzeyen bir kuş.

شقراق şakrâk: (A.) sarı asma kuşuna benzer, güzel ötüşlü bir kuş.

شق شدن şek şoden: yarılmak.

شقل şekl: (A.) tartma.

شق و رق şekk u rek: düzgün.

شقوق şukûk: (A.) **1.**yollar. **2.**parçalar, şıklar.

شقه şikke: (A.) parça, yarı.

شقه şukka: (A.) **1.**parça. **2.**pusula, kısa not.

شقوق şukûk: (A.) gedikler, yarıklar, çatlaklar.

شقه كردن şikke kerden: ikiye bölmek, iki parça yapmak.

شقى şekî: (A.) **1.**eşkiya, haydut, zalim. **2.**talihsiz, karabahtlı, baş belası, iblis.

شقيق şekîk: (A.) **1.**ikiye bölünmüş nesnenin bir parçası. **2.**benzeri, gibi. **3.**ana baba bir erkek kardeş.

شقيقه şekîke: (A.) **1.**ana baba bir kızkardeş. **2.**şakak. **3.**(tıb.) yarım baş ağrısı. **4.**ortasından ayrılmış.

شقيقيه şakîkiyye: (A.) düğünçiçeğigiller.

شقين şikkayn: (A.) iki şık.

شک şekk: (A.) kuşku, şüphe, zan. ‖ * ~ be dil râh dâden شک به دل راه دادن şüphelenmek, şüpheye yer vermek. ‖ * ~ u reyb kerden شک و ريب كردن şüphelenmek, şüpheye düşmek. ‖ * ~ u şubhe شک و شبهه kuşku, şüphe. ‖ * be ~ endâhten به شک انداختن kuşkuya düşürmek, kuşkulandırmak. ‖ * be ~ oftâden به شک افتادن kuşkulanmak, kuşkuya düşmek. ‖ * dil be ~ şoden دل به شک شدن ikirciklenmek. ‖ * do be ~ şoden دو به شک شدن kuşkuya düşürmek, kuşkulandırmak.

شكا şikâ: (A.) sızlanmalar, şikayetler.

شكائم şekâ'im: (A.) **1.**gemler. **2.**direnişler.

شكات şukât: (A.) şikayetçiler.

شكار şikâr: (Peh.) **1.**av. **2.**av hayvanı. **3.**bedava, beleş. **4.**yağma. **5.**yağlı lokma. **6.**dağ keçisi. ‖ * ~ be dest âverden شکار به دست آوردن av yakalamak.

شكار انداز şikârendâz: (F.) [şikâr+endâhten>endâz] avını yere seren, avcı.

شكارباز şikârbâz: (F.) [şikâr+bâhten>bâz] avcı.

شكارچى şikârçi: (F.-T.) [şikâr+çi] avcı.

شكارستان şikâristân: (F.) [şikâr+istân] avlak.

شكار شدن şikâr şoden: **1.**avlanmak. **2.**av olmak. **3.**rahatsız olmak, sinirlenmek.

شكار كردن şikâr kerden: **1.**avlamak. **2.**yalanı ortaya çıkınca şaşırmak.

شكارگاه şikârgâh: [şikâr+gâh] avlak, av yeri.

شكارگرفتن şikâr giriften: av yakalamak, av vurmak.

شكارى şikârî: [şikâr+î] **1.**ava ait, avcılığa ait. **2.**avcı. **3.**av desenli halı. **4.**avcı kuş. **5.**padişahların yanında giden av hizmetçisi. ‖ * hevâpeymâ-yi ~ هواپیمای شکاری (ask.) avcı uçağı.

شكاف şikâf: [şikâften>şikâf] **1.**yarma, yırtma. **2.**yaran, yırtan. **3.**yarık. **4.**yırtık. **5.**aralık, gedik. **6.**yaldız ve boya kullanılmış süsleme.

شكافانيدن şikâfânîden: yarmak, ayırmak.

شكاف برداشتن şikâf berdâşten: yarılmak.

شكافتن şikâften: (Peh.) **1.**yarmak. **2.**parçalamak, kırmak. **3.**yarılmak. **4.**parçalanmak, kırılmak. **5.**hasıl olmak. **6.**türetmek. **7.**çatlamak, aralanmak.

شكافته şikâfte: [şikâften>şikâft+e] **1.**yarık. **2.**çatlak, aralık.

شكاف خوردن şikâf horden: yarılmak.

شكافه şikâfe: [şikâften>şikâf+e] mızrap.

شكافه زن şikâfezen: [şikâfe+zeden>zen] çalgıcı.

شكاك şekkâk: (A.) şüpheci, kuşkucu.

شكاكيت şekkâkiyet: (A.) kuşkuculuk, şüphecilik.

شكال şikâl: (A.) **1.**deve kösteği, deve bukağısı. **2.**pranga. **3.**deve palanı ipi. **4.**üç ayağı beyaz lekeli at.

شكالگاه şikâlgâh: (A.-F.) [şikâl+gâh] bukağı takma yeri.

شكاندن şikânden: kırmak.

شكايات şikâyât: (A.) sızlanmalar, şikayetler.

شكايت şikâyet: (A.) şikâyet.

شكايت بردن şikâyet borden: şikâyet etmek.

شكايت داشتن şikâyet dâşten: şikâyeti olmak, şikâyetçi olmak, şikâyet etmek.

شكايت شدن şikâyet şoden: şikâyet edilmek.

شكايت كردن şikâyet kerden: şikâyet etmek.

شكايت نامه şikâyetnâme: (A.-F.) [şikâyet+nâme <nâme-i şikâyet] şikayet mektubu, şikayeti konu edinen yazı.

شكايت نمودن şikâyet numûden: şikayet etmek.

شك داشتن şek dâşten: kuşkusu olmak.

شكر şeker: (Peh.) **1.**şeker. **2.**toz şeker. **3.**(kin.) sevgilinin şeker gibi tatlı dudakları. **4.**tatlı söz. **5.**öpücük, buse.

شكر şokr: (A.) **1.**şükür, teşekkür, şükrane. **2.**Allah'a şükür. ‖ * ~ hodâ râ شکر خدا را Allah'a şükür. ‖ * ~ ki شکر که şükürler olsun. ‖ * ~ -i hodâ شکر خدا Allah'a şükür. ‖ * ~ -i îzed شکر ایزد Tanrı'ya şükürler olsun.

شكر şokor (zool.) büyük oklu kirpi.

شكر آب şekerâb: (F.) [şeker+âb] kırgınlık, soğukluk, dargınlık.

شكر آبى şekerâbî: (F.) [şeker+âb+î] tatsızlık, kırgınlık.

شکر آویز şekerâvîz: (F.) [şeker+âvîhten> âvîz] iki omuz arasına kadar sarkan destar ucu.

شکراب şekerâb: [şeker+âb] **1.**şerbet. **2.**soğukluk, hafif kırgınlık. ‖ * miyâne-i kesî ~ şoden bâ میانه‌کسی شکراب شدن با biriyle arası açılmak, biriyle arasına soğukluk girmek, arasından kara kedi geçmek.

شکرابی şekerâbî: [şeker+âb+î] tatsızlık, kırgınlık.

شکراً علی لطف الخالق şukren alâ lutfi'l-Hâlik: (A.) Yaradanın lûtfuna şükrederek

شکر افشان şekkerefşân: (F.) [şekker+ efşânden> efşân] **1.**şeker saçan. **2.**şeker gibi tatlı dudak.

شکران şokrân: (A.) şukrân: (A.) شکران **1.**teşekkür etme, teşekkür borcunu ifade etme. **2.**bayan adı. **3.**erkek adı.

شکرانه şokrâne: (A.-F.) [şokr+âne] teşekkür borcu olarak.

شکرانیت şukrâniyyet: (A.) teşekkür borcu hissetme, şükranlık.

شکربادام şekerbâdâm: [şeker+bâdâm] **1.**badem şekeri. **2.**kuru badem. **3.**(kin.) sevgilinin gözleri ve dudakları.

شکربار şekerbâr: (F.) [şeker+bârîden> bâr] **1.**şeker saçan, şeker yağdıran. **2.**tatlı.

شکربرگ şekerberg: [şeker+berg] şekerpare.

شکربند şekerbend: [şeker+besten>bend] şekerli.

شکرپاره şekerpâre: [şeker+pâre] **1.**bir kayısı cinsi. **2.**bir tatlı türü. **3.**bir nakış motifi.

شکرپاش şekerpâş: (F.) [şeker+pâşîden> pâş] şeker saçan.

شکرپلو şekerpolov: [şeker+polov] bir tür İran pilavı.

شکرپنیر şekerpenîr: [şeker+penîr] peynir şekeri.

شکرپنیری şekerpenîrî: [şeker+penîr+î] peynir şekeri.

شکرخا şekerhâ: (F.) [şeker+hâyîden>hâ] şeker çiğneyen.

شکرخند şekerhend: [şeker+hendîden> hend] gülümseme, tebessüm.

شکرخنده şekerhande: (F.) [şeker+ handîden> hand+e] tatlı gülüş, sevgilinin tatlı gülüşü.

شکرخواب şekerhâb: (F.) [şeker+hâb] tatlı uyku, kestirme, şekerleme.

شکردان şekerdân: [şeker+dân] şekerlik, şeker kabı.

شکردن şikurden: avlamak.

شکردهان şekerdehân: (F.) [şeker+dehân] tatlı ağızlı, tatlı sözlü.

شکردهن şekerdehen: (F.) [şeker+dehen] tatlı ağızlı, tatlı sözlü.

شکر رنگ şekerreng: [şeker+reng] **1.**hasta. **2.**utangaç. **3.**şeker pembesi. **4.**dargın, arası açık, kırgın.

شکر ریز şekerrîz: [şeker+rîhten>rîz] **1.**tatlıcı. **2.**tatlı söz. **3.**sevinç göz yaşları. **4.**şeker saçan.

شکرستان şekeristân: (F.) [şeker+istân] şeker kamışı tarlası.

شکرشکن şekkerşiken: (F.) [şekker+ şikesten> şiken] şeker kıran.

شکرشکن شدن şekkerşiken şoden: şeker kırmak.

شکرفروش şekerfurûş: [şeker+furûhten> furûş] **1.**şekerci. **2.**(kin.) sevgili.

شکرفشان (şeker+feşânden>feşân] **1.**şeker saçan. **2.**şifa değıtan.

شکرفیدن şikerfîden: (Peh.) sendelemek, sürçmek, kaymak.

شکرقند şekerkand: (F.) [şeker+kand] nebat şekeri.

شکر کردن şokr kerden: şükretmek.

شکرگذار şukrgozâr: (A.-F.) [şukr+ gozârden> gozâr] teşekkür eden, şükran borcunu dile getiren.

شکرگذاری şukrgozârî: (A.-F.) [şukr+ gozârden> gozâr+î] teşekkür etme, şükran borcunu dile getirme.

شکرگزار şokrgozâr: [şokr+gozârden>

gozâr] şükreden, teşekkür eden.

شکر گزاردن şokr gozârden: şükretmek.

شکرگزاری şokrgozârî: [şokr+gozârden> gozâr+î] şükretme.

شکر گفتار şekergoftâr: (F.) [şeker+goftâr] tatlı dilli, tatlı sözlü.

شکرلب şekerleb: [şeker+leb] (kin.) **1.**sevgili, şeker dudaklı. **2.**tatlı dilli.

شکرالله şukrlillah: (A.) Allah'a şükürler olsun.

شکرلهجه şekerlehce: (F.-A.) [şeker+lehce] tatlı dilli, tatlı sözlü.

شکره şikere: avcı.

شکری şekerî: [şeker+î] **1.**şekerli. **2.**şeker rengi.

شکرین şekerîn: [şeker+în] **1.**şekerli. **2.**şeker gibi tatlı.

شکست şikest: [şikesten>şikest] **1.**kırma. **2.**kırılma. **3.**yenilgi, mağlubiyet. **4.**zarar. ‖ * ~-i zemînî شکست زمینی (coğ.) fay.

شکست برداشتن şikest berdâşten: çatlamak.

شکست خوردن şikest horden: yenilmek, mağlup olmak.

شکست خورده şikesthorde: [şikest+horden> hord+e] yenik, mağlup.

شکست دادن şikest dâden: yenmek, mağlup etmek.

شکستگی şikestegî: [şikesten>şikest+e+ g+î] kırıklık, kırılma.

شکستن şikesten: (Peh.) **1.**kırmak. **2.**yenmek, mağlup etmek. **3.**yüz çevirmek. **4.**kırılmak. **5.**yenilmek, mağlup olmak. **6.**avlamak. **7.**katlanmak, kırışmak. **8.**yarmak. **9.**gücendirmek, kırmak, incitmek. **10.**bozmak, dağıtmak. ‖ * ~-i narh شکست نرخ fiyat kırmak, fiyat düşürmek. ‖ * der hod ~ در خود شکستن içten kırılmak.

شکستنی şikestenî: [şikesten+î] kırılır, kırılacak eşya.

شکست و مکست şikest u mekest: **1.**kırık. **2.**kırış kırış.

شکسته şikeste: [şikesten>şikest+e] **1.**kırık. **2.**zayıf, güçsüz, perişan, dertli. **3.**şikeste yazı.

شکسته بال şikestebâl: [şikeste+bâl] kolu kanadı kırık, zayıf, güçsüz.

شکسته بسته şikestebeste: [şikeste+besten>best+e] kırık dökük, yarım yamalak.

شکسته بند şikestebend: [şikeste+besten> bend] kırıkçı, sınıkçı, kırıkçı çıkıkçı.

شکسته بندی şikestebendî: [şikeste+besten>bend+î] kırıkçılık, sınıkçılık.

شکسته پا şikestepâ: (F.) [şikeste+pâ] ayağı kırık.

شکسته حال şikestehâl: (F.-A.) [şikeste+ hâl] bitkin, halsiz.

شکسته خاطر şikestehâtir: (F.-A.) [şikeste+hâtir] gönlü kırık, gönlü yaralı.

شکسته دل şikestedil: [şikeste+dil] kalbi kırık, gönlü yaralı, üzgün.

شکسته رنگ şikestereng: [şikeste+reng] (kin.) sarı.

شکسته زبان şikestezebân: (F.) [şikeste+ zebân] kekeme, peltek.

شکسته زبانی şikestezebânî: (F.) [şikeste+ zebân+î] pelteklik, kekemelik.

شکسته شدن şikeste şoden: **1.**kırılmak. **2.**çökmek, yaşlanmak. **3.**yenilmek, mağlup olmak.

شکسته طالع şikestetâli': (F.-A.) [şikeste+ tâli'] talihsiz, bahtıkara.

شکسته ناخن şikestenâhon: [şikeste+nâhon] güçsüz, kuvvetsiz, istidatsız.

شکسته نفس şikestenefs: (F.-A.) [şikeste+ nefs] alçakgönüllü, mütevazi.

شکسته نفسی şikestenefsî: [F.-A.) [şikeste+nefs+î] alçakgönüllülük.

شکسته وار şikestevâr: [şikeste+vâr] perişan bir halde.

شکست یافتن şikest yâften: yenilmek, mağlup olmak.

شکفت şikeft: **1.**kovuk. **2.**mağara.

شکفتگی şikuftegî:

[şikuften>şikuft+e+ g+î] **1.**çiçek açma. **2.**dudak açılması. **3.**gönül rahatlığı, huzur.

شکفتن şikuften: (Peh.) **1.**açmak, çiçek açmak. **2.**tebessüm etmek, gülümsemek. ‖ * çihre-i kesî ez hem ~ چهرهء کسی از هم شکفتن yüzü gülmek.

شکفته şikufte: (F.) [şikuften>şikuft+e] çiçek açmış, açılmış.

شکفته رو şikufterû: (F.) [şikufte+rû] **1.**güler yüzlü. **2.**yüzü açık.

شک کردن şek kerden: kuşkuya düşmek, şüphe etmek.

شکل şekl: (A.) **1.**şekil. **2.**benzer. **3.**yüz, sima. **4.**resim, taslak. **5.**tür. ‖ * ~ be hod giriften شکل به خود گرفتن şekil almak. ‖ * ~ u kıyâfe شکل و قیافه şekil şemal, genel görünüş, kılık kıyafet. ‖ * ~ -i mucessem شکل مجسم cisme bürünmüş şekil. ‖ * be ~ der âverden به شکل در آوردن şekle sokmak. ‖ * tagyîr-i ~ dâden تغییر شکل دادن dönüşmek, şekildeğiştirmek.

شکلاً şeklen: (A.) şekil bakımından, şekilce.

شکلا şokola: (Fr.) çikolata.

شکلات şokolat: (Fr.) çikolata.

شکلات خوری şokolathorî: (Fr.-F.) [şokolat+ horden>hor+î] çikolata kutusu.

شکلک şek(e) lek: (A.) **1.**kaş göz işareti. **2.**soytarılık.

شکلک در آوردن şeklek der âverden: kaş göz işareti yapmak.

شکلک ساختن şek(e) lek sâhten: soytarılık yapmak.

شکل کردن şekl kerden: **1.**şekil yapmak. **2.**kaş göz işareti yapmak.

شکل گرفتن şekl giriften: şekillenmek, (olay) gelişmek.

شکل گیری şeklgîrî: (A.-F.) [şekl+ giriften>gîr+î] yapılaşma, şekillenme.

شکل گیری کردن şeklgîrî kerden: yapılaşmak, şekillenmek, biçimlenmek.

شکلی şeklî: (A.) şekil ile ilgili, şekle dayanan, biçimsel.

شکلیات şekliyyât: (A.) şekil bilgisi, morfoldji.

شکلیه şekliyye: (A.) şekil ile ilgili.

شکم şekm: (A.) **1.**sertlik. **3.**güç, kudret.

شکم şikem, şekem: (Peh.) **1.**karın, batın. **2.**mide. **3.**göbek. ‖ * ~ râ sîr kerden شکم را سیر کردن karnını doyurmak. ‖ * ~ -i kesî bâlâ âmeden شکم کسی بالا آمدن karnı büyümek. ‖ * ~ -i kesî kâr kerden شکم کسی کار کردن bağırsakları çalışmak.

شکم بند şikembend: [şikem+besten> bend] (tıb.) korse.

شکم بنده şikembende: (F.) [şikem+bende <bende-i şikem] obur, pisboğaz.

شکمبه şikembe: işkembe.

شکم پاره کردن şikem pâre kerden: karın deşmek.

شکم پر şikempor: [şikem+por] tok, doygun.

شکم پرست şikemperest: [şikem+ perestîden> perest] obur, pisboğaz.

شکم پرستی şikemperestî: [şikem+ perestî] oburluk, pisboğazlık.

شکم پرور şikemperver: [şikem+ perverden> perver] obur, pisboğaz.

شکم پروری şikemperverî: [şikem+ perverden>perver+î] oburluk, pisboğazlık.

شکم خاریدن şikem hârîden: bahane bulmak.

شکم خوار şikemhâr: [şikem+horden> hor>hâr] **1.**obur, pisboğaz. **2.**(kin.) aç.

شکم دادن şikem dâden: **1.**bel vermek. **2.**eğilmek.

شکم داشتن şikem dâşten: gebe olmak, hamile olmak.

شکم درد şikemderd: [şikem+derd] **1.**karın ağrısı. **2.**mide ağrısı.

شکم روش şikemreviş: [şikem+reften> rev+iş] (tıb.) ishal.

شکم گنده şikemgonde: [şikem+gonde]

şişman, karnı büyük, koca göbekli.

شکمو şikemû: [şikem+û] pisboğaz, obur.

شکن şiken: [şikesten>şiken] 1.kırma. 2.kıran. 3.kıvrım, büklüm, kırışık. 4.yenilgi.

شکنج şikenc: kıvrım, büklüm.

شکنجه şikence: (Peh.) işkence, eziyet. ‖ * muvrid-i ~ karâr dâden مورد شکنجه قرار دادن işkence etmek. ‖ * muvrid-i ~ karâr giriften مورد شکنجه قرار گرفتن işkence görmek.

شکنجه دادن şikence dâden: işkence etmek, eziyet etmek, üzmek.

شکنجه کردن şikence kerden: işkence etmek, eziyet etmek, üzmek.

شکن در شکن şikenderşiken: [şiken+der+ şiken] kıvrım kıvrım, büklüm büklüm, kırış kırış.

شکن کاری şikenkârî: [şiken+kâr+î] 1.sabotaj. 2.kırıcılık. 3.saçmalama.

شکننده şikenende: [şikesten>şiken+ende] 1.kırıcı. 2.gevrek, kırılgan.

شکوا şekvâ: (A.) şikayet, sızlanma.

شکوا اثر şekvâeser: (A.) [şekvâ+eser] şikayet ettiren, şikayete yol açan.

شکوات şekevât: (A.) sızlanmalar, şikayetler.

شکوخیدن şikûhîden: korkmak, ürkmek.

شکور şekûr: (A.) 1.çok şükreden. 2.Tanrı'nın sıfatlarından biri, yarlıgayıcı.

شکوفا شدن şukûfâ şoden: açmak, çiçeklenmek.

شکوفتن şikûften: 1.açılmak, çiçek açmak. 2.gonca açılmak, tomurcuk açılmak.

شکوفه şikûfe: [şikûften>şikûf+e] 1.çiçek, ağaç çiçeği, tomurcuk. 2.süslemelerdeki çiçek motifi. 3.bayan adı.

شکوفه بار آوردن şikûfe bâr âverden: çiçek açmak, çiçeklenmek, çiçeğe durmak.

شکوفه زار şikûfezâr: (F.) [şikûfe+zâr] çiçek bahçesi.

شکوفه کردن şikûfe kerden: 1.tomurcuk tomurcuk olmak, tomurcuklanmak. 2.kusmak.

شکوک şukûk: (A.) kuşkular, şüpheler.

شکوه şekve: (A.) 1.şikâyet, sızlanma, yakınma. 2.inilti.

شکوه şukûh: görkem, azamet, tantana.

شکوه ریز şekverîz: (A.-F.) [şekve+ rîhten>rîz] şikayetçi, şikayet eden.

شکوه طراز şekvetırâz: (A.-F.) [şekve+ tırâz] şikayetçi, sızlanan.

شکوه کار şekvekâr: (A.-F.) [şekve+kâr] şikayetçi.

شکوه کردن şekve kerden: şikâyet etmek, sızlanmak, yakınmak.

شکوه مند şukûhmend: [şukûh+mend] 1.görkemli, azametli. 2.ağırbaşlı.

شکوهیدن şikûhîden: 1.korkmak, ürkmek. 2.perişan olmak.

شکوی şekvâ: (A.) şikâyet.

شکه şikuh: 1.korku. 2.perişanlık.

شکهیدن şikuhîden: 1.korkmak, ürkmek. 2.perişan olmak.

شکی şekkî: (A.-F.) [şekk+î] şüphe ile ilgili.

شکیب şekîb: sabır, tahammül.

شکیبا şekîbâ: [şekîb+â] sabırlı.

شکیبائی şekîbâ'î: (F.) [şekîb+â+î] sabırlılık, dayanıklılık.

شکیبایی şekîbâyî: [şekîb+â+y+î] sabır, tahammül, dayanma gücü.

شکیبنده şekîbende: (F.) [şekîbîden> şekîb+ende] sabırlı, dayanıklı, tahammüllü.

شکیش şekîş: hasır çuval.

شکیل şekîl: (A.) yakışıklı, endamlı.

شکیمه şekîme: (A.) 1.gem. 2.direnç, direnme.

شکیه şekkiyye: (A.) kuşku ile ilgili.

شگال şegâl: (F.) çakal.

شگرد şigird: tarz, yöntem, yol, doğrultu.

شگرف şigerf: 1.iyi, güzel. 2.muhteşem, görkemli. 3.güçlü. 4.ilginç, acayip, tuhaf. 5.nadir.

شگرفی şigerfî: [şigerf+î] 1.güzellik, iyilik. 2.görkem, ihtişam. 3.güçlülük. 4.ilginçlik, acayiplik.

5.nadir olma, nedret.

شگفت şigift: (Peh.) **1.**şaşkınlık, hayret. **2.**mucize, olağanüstü. ‖ * ~ -i kesî âmeden شگفت کسی آمدن hayret etmek, şaşırmak. ‖ * der ~ mânden در شگفت ماندن şaşırmak, hayret etmek.

شگفت آور şigiftâver: [şigift+âverden> âver] ilginç, hayret verici, şaşırtıcı.

شگفت انگیز şigiftengîz: [şigift+engîhten> engîz] hayret verici, olağanüstü.

شگفت داری şigiftdârî: [şigift+dâşten> dâr+î] hayret, şaşkınlık.

شگفت داشتن şigift dâşten: şaşırmak, hayret etmek.

شگفت زده şigiftzede: [şigift+zeden> zed+e] şaşkın, hayret içinde, şaşırmış.

شگفتن şigiften: hayret etmek, şaşırmak.

شگفتی şigiftî: [şigiften>şigift+î] hayret, şaşkınlık.

شگون şugûn: uğur. ‖ * ~ -i bed giriften شگون بد گرفتن kötüye yormak, uğursuz saymak.

شگون داشتن şugûn dâşten: **1.**gönendirmek. **2.**uğurlu olmak.

شل şel: **1.**topal, sakat. **2.**çolaklık. ‖ * ~ u pel kerden شل و پل کردن sakatlamak.

شل şol: yumuşak, gevşek, zayıf. ‖ * ~ kon sift kon der âverden شل کن سفت کن در آوردن maymun iştahlı olmak, bir işe el atıp sonra vazgeçmek.

شلاجم şelâcim: (A.) şalgamlar.

شلاق şellâk: kamçı, kırbaç.

شلاق خوردن şellâk horden: kırbaçlnmak, kırbaç yemek.

شلاق کشیدن şellâk keşîden: **1.**kamçılamak. **2.**şaklamak.

شلاقی şellâkî: [şellâk+î] süratle, çabucak, çarçabuk.

شلال şilâl: teğelleme.

شلالات şelâlât: (A.) çağlayanlar, şelaleler.

شلاله şellâle: (A.) **1.**(coğ.) çağlayan, şelale. **2.**bayan adı.

شلپ şilip: tokat sesi, şark, şak. ‖ * ~ u ~ bûsîden شلپ و شلپ بوسیدن şapır şupur öpmek.

شلتاق şeltâk: (T.) kavga, çekişme.

شلتوک şeltûk: çeltik.

شلجم şelcem (bot.) şalgam.

شلجمی şelcemî: [şelcem+î] parabolik, şalgam veya turp şeklinde.

شلختگی şelehtegî: [şelehte+g+î] **1.**pasaklılık, dağınıklık. **2.**şapşallık.

شلخته şelehte: pasaklı.

شل شدن şel şoden: elden ayaktan kesilmek.

شل شدن şol şoden: gevşemek, gevşekleşmek, zayıflamak.

شلغم şelgem (bot.) şalgam.

شلغمی şelgemî: [şelgem+î] parabolik, şalgam şeklinde.

شلف şelf: fahişe, orospu.

شلفیه şelfiye: vajina.

شل کردن şel kerden: elden ayaktan düşürmek, bitkin bırakmak.

شل کردن şol kerden: gevşetmek, yumuşatmak. ‖ * ser-i kîse râ ~ سر کیسه را شل کردن **1.**kesenin ağzını açmak. **2.**rüşvet vermek.

شلکک şilkek: duvardaki su deliği.

شلل şelel: (A.) **1.**çolaklık. **2.**vücut lekeleri. **3.**iskorbit. **4.**göz ağ tabakasının en hassas noktası, sarı benek.

شلمابه şelmâbe: şalgam suyu.

شلمک şelmek (bot.) delice, karamuk.

شلنگ şeleng, şiling: uzun adım, geniş adım, sıçrama.

شلنگ انداختن şeleng endâhten: geniş adım atmak.

شلنگ تخته انداختن şeleng tehte endâhten: sekmek.

شلوار şelvâr: **1.**şalvar. **2.**pantalon. ‖ * ~ râ herâb kerden شلوار را خراب کردن altına etmek, altını kirletmek, donuna etmek. ‖ * ~ -i kâboyî شلوار کابویی blucin pantolon.

شلواربند şelvârbend: [şelvâr+besten> bend] **1.**uçkur. **2.**kemer, pantolon kemeri.

شلوار زیر şelvârzîr: [şelvâr+zîr] külot, don.

شلوغ şulûg: 1.kalabalık, izdiham. 2.gürültü patırtı. 3.geveze.

شلوغ پلوغ شدن şulûg pulûg şoden: her ağızdan bir ses çıkmak.

شلوغ شدن şulûg şoden: 1.gürültü patırtı çıkmak. 2.kalabalıklaşmak.

شلوغ کاری şulûgkârî: [şulûg+kâr+î] 1.izdiham. 2.işleri karıştırma.

شلوغ کردن şulûg kerden: 1.gürültü patırtı çıkarmak. 2.izdiham yaratmak.

شلوغی şulûgî: [şulûg+î] 1.izdiham. 2.gürültü patırtı. 3.kavgacı.

شل و گل şil u gil: çamur.

شل و ول şol o vil: 1.gevşek. 2.perişan.

شله şele: kısasa kısas.

شله şelle: çöplük.

شله şole, şolle: pirinç çorbası.

شله کردن şele kerden: kısas yapmak.

شلیاق şelyâk: (A.) Lyra burcu.

شلیته şelîte: fistan.

شلیدن şelîden: 1.aksamak, topallamak. 2.girişmek, el atmak, teşebbüs etmek.

شلیک şillîk: 1.yaylım ateşi. 2.kurşun sesi. 3.yüksek sesle gülme.

شلیک شدن şillîk şoden: 1.ateş edilmek. 2.patlamak, parlamak.

شلیک کردن şillîk kerden: ateş açmak, ateş etmek, sıkmak, ateşlemek. ‖ * ser-i hevâî ~ سر هوائی شلیک کردن havaya ateş açmak.

شلیل şelîl: 1.zırh altına giyilen elbise. 2.(bot.) tüysüz şeftali.

شلینگ şiling: (İng.) şiling.

شم şem: 1.tırnak. 2.ürkme.

شم şemm: (A.) 1.koku alma, koklama. 2.koku. 3.anlayış, idrak.

شما şomâ: (Peh.) 1.siz. 2.sen. ‖ * ~ ? شما؟ siz kimsiniz? ‖ * ~ râ behodâ شما را بخدا Allah aşkına. ‖ * bâ ~ hestem با شما هستم size diyorum!, ses verin!

شمائل şemâ'il: (A.) 1.resim, tasvir, portre. 2.huylar, ahlâklar. ‖ * ~ -i şerîfe شمائل شریفه Hz. Muhammed'in üstün vasıfları.

شمائم şemâ'im: (A.) kokular.

شماتت şemâtet: (A.) 1.sitem, serzeniş. 2.düşmanlık. 3.düşmanın üzüntüsüne sevinme. 4.şamata, gürültü patırtı.

شماته şemâte: (A.) şamata, gürültü patırtı.

شمار şomâr: [şomârden>şomâr] 1.hesap. 2.sayı. 3.numara. 4.ölçü, had. 5.sayma, sayım. 6.sayan, sayıcı. ‖ * be ~ âmeden به شمار آمدن sayılmak, kabul edilmek. ‖ * be ~ âverden به شمار آوردن saymak, kabul etmek. ‖ * be ~ ber âmeden به شمار بر آمدن sayılmak. ‖ * be ~ reften به شمار رفتن sayılmak, kabul edilmek. ‖ * der ~ -i در شمار zümresinde. ‖ * der ~ âverden در شمار آوردن saymak, kabul etmek.

شمار باریک کردن şomâr bârîk kerden: münakaşa etmek.

شماردن şomârden: saymak, hesaplamak.

شمارش şomâriş: [şomârden>şomâr+iş] sayım, sayma, hesaplama.

شمار کردن şomâr kerden: saymak.

شمارنده şomârende: (F.) [şomorden> şomâr+ende] 1.sayan. 2.hesaplayan.

شماره şomâre: [şomârden>şomâr>e] 1.sayı. 2.numara. 3.not.

شماره زدن şomâre zeden: numara vermek, numaralandırmak.

شماره زن şomârezen: [şomâre+zeden> zen] numaratör, numara makinesi.

شماریخ şemârîh: (A.) 1.salkımlar. 2.dağ dorukları.

شماس şemmâs: (A.) 1.kilise kandilcisi. 2.başının tepesi tıraşlı olan papaz. 3.ateşkede hizmetçisi.

شماطه şemmâte: (A.) ses, gürültü, şamata.

شمال şimâl: (A.) 1.(coğ.) kuzey, şimal. 2.(coğ.) kuzey rüzgârı, poyraz. 3.sol taraf. ‖ * eshâbuş~ اصحاب الشمال cehennemlikler.

شمالاً şimâlen: (A.) 1.kuzeyden, kuzeyde. 2.soldan.

شمالگانی şimâlgânî: (A.-F.) [şimâl+gân+î] (coğ.) tundra.

شماله şemâle: 1.mum. 2.bir tür pirinç.

شمالی şimâlî: (A.) 1.kuzey ile ilgili. 2.kuzeydeki. ‖ * kutb-i ~ قطب شمالی Kuzey Kutbu.

شمالیه şimâliyye: (A.) 1.kuzey ile ilgili. 2.kuzeydeki.

شمامات şemmâmât: (A.) şamama kavunları.

شمامه şemmâme, şemâme: (A.) (bot.) kırlangıç kavunu, şamama.

شمانیدن şemânîden: 1.kükremek. 2.korkutmak. 3.perişan etmek. 4.bayıltmak.

شمایل şemâyil: (A.) 1.huylar. 2.yüz. 3.resim, tasvir, portre. 4.dal.

شمایل ساز şemâyilsâz: (A.-F.) [şemâyil+ sâhten>sâz] portre ressamı.

شمپانزه şempanze: (Fr.) (zool.) şempanze.

شمت şemmet: (A.) 1.koklama. 2.hafif koku. 3.çok az, azıcık.

شمخال şemhâl: (ask.) eskiden kullanılan bir tür çakmaklı tüfek.

شمد şemed: 1.pike. 2.yatak çarşafı.

شمر şimr: (A.) Hz. Hüseyin'i öldürüp başını kesen katil.

شمراخ şimrâh: (A.) 1.üzüm salkımı. 2.hurma salkımı. 3.dağ tepesi, dağ doruğu.

شمراخیه şimrâhiyye: (A.) tarihte Hz. Ali'ye muhalefeti ile tanınan bir zümre.

شمردن şomorden, şimorden: (Peh.) 1.saymak, hesaplamak. 2.numaralamak. 3.addetmek, kabul etmek, saymak.

شمرده şomorde, şimorde: [şomorden> şomord+e] 1.sayılı, hesaplı. 2.açık seçik.

شمرده شمرده şomorde şomorde: 1.tane tane, kelime kelime, açık seçik. 2.ağır ağır, yavaş yavaş.

شمس şems: (A.) 1.güneş. 2.klasik Türk musikîsinde bir makam. 3.Şems-i Tebrizî. ‖ * azheru mineş~ اظهر من الشمس güneşten daha parlak.

شمس آباد şemsâbâd: (A.-F.) [şems+âbâd] güneş ışığı alan yer.

شمسا şemsâ: ışık, aydınlık.

شمس الحقایق şemsulhakâyık: (A.) 1.gerçekler güneşi. 2.Mevlana Celaleddin'in Dîvân-i Kebîr adlı eseri.

شمس الدین şemseddîn: (A.) [<şemsuddîn] 1.dinin güneşi. 2.erkek adı.

شمس الضحی şemsuzzuhâ: (A.) kuşluk güneşi.

شمس پاره şemspâre: (A.-F.) [şems+pâre<pâre-i şems] 1.Güneş parçası. 2.pırıl pırıl, çok parlak.

شمس سپر şemssiper: (A.-F.) [şems+siper <siper-i şems] 1.güneş başlığı. 2.şapka siperi.

شمسه şemse: (A.) 1.şemse. 2.put. 3.oymalı ve işlemeli güneş şeklindeki pafta. 4.limon. 5.halı ortasındaki güneşi andıran motif.

شمسی şemsî: (A.) 1.şemsî, güneşe ait. 2.güneş desenli.

شمسیه şemsiyye: (A.) 1.şemsiye. 2.güneşlik. 3.güneş ile ilgili. 4.güneş takvimi ile ilgili. 5.günsüler. ‖ * hurûf-i ~ حروق شمسیه şemsî harfler. ‖ * manzûme-i ~ منظومهء شمسیه Güneş Sistemi.

شمش şimş: külçe. ‖ * ~ -i nokre شمش نقره külçe gümüş. ‖ * ~ -i telâ شمش طلا külçe altın.

شمشاد şimşâd, şemşâd: (Peh.) (bot.) 1.şimşir. 2.şimşir ağacı. 3.uzun boylu sevgili.

شمشاد قد şimşâdkad: (F.-A.) [şimşâd+kadd] şimşir boylu, uzun boylu.

شمشه şimşe: mastar, mistar.

شمشیر şemşîr: (Peh.) kılıç. ‖ * ~ hevâle-i kesî kerden شمشیر حوالهء کسی کردن boynunu vurmak.

شمشیر باز şemşîrbâz: [şemşîr+bâhten> bâz] (sp.) eskrimci.

شمشیر بازی şemşîrbâzî: [şemşîr+bâhten> bâz+î] (sp.)

eskrim.

شمشیر بدست şemşîrbedest: (F.) [şemşîr+ be+dest] eli kılıçlı, eli kılıç tutan.

شمشیر زبان şemşîrzebân: (F.) [şemşîr+ zebân] kılıç dilli, sert konuşan.

شمشیر زدن şemşîr zeden: **1.**kılıç vurmak. **2.**kılıçla dövüşmek.

شمشیرزن şemşîrzen: (F.) [şemşîr+ zeden>zen] kılıç vuran, kılıç sallayan.

شمشیر کشیدن şemşîr keşîden: kılıç çekmek.

شمشیرگر şemşîrger: (F.) [şemşîr+ger] kılıççı, kılıç ustası.

شمشیر ماهی şemşîrmâhî: [şemşîr+mâhî] (zool.) kılıç balığı.

شمع şem: (A.) **1.**mum. **2.**balmumu. **3.**çerağ. **4.**kandil. **5.**yıldızlar. **6.**payanda.**7.**buji. **8.**(tas.) nûr-i ilahî. Sâlikin ve şuhud sahibinin gönlünü aydınlatan irfan nuru. **9.**(tas.) huzûr makamı. **10.**(tas.) irfan. **11.**(tas.) tecelli. **12.**sevgili. **13.**sevgilinin yüzü ve yanağı. **14.**sevgilinin yüzünün parlaklığı. ‖ * ~ -i kulbe-i ehzân شمع کلبهء احزان **1.**hüzünler kulübesinin mumu. **2.**Hz. Yusuf.

شمع افروختن şem efrûhten: mum yakmak.

شمعدان şem'dân: (A.-F.) [şem'+dân] **1.**şamdan. **2.**kandil.

شمعدانی şem'dânî: (A.-F.) [şem'+dân+î] **1.**(bot.) sardunya çiçeği. **2.**şamdancı.

شمع وار şem'vâr: (A.-F.) [şem'+vâr] mum gibi.

شمع وش şem'veş: (A.-F.) [şem'+veş] mum gibi.

شمعه şem'a: (A.) fitil, mumlu fitil.

شمعی şem'î: (A.) **1.**mum ile ilgili. **2.**mum ışığı ile ilgili. **3.**erkek adı.

شملات şemelât: (A.) **1.**sarıklar. **2.**kıl örtüler.

شمن şemen: (Peh.) **1.**şaman. **2.**putperest.

شموس şumûs: (A.) güneşler.

شموع şumû': (A.) **1.**mumlar. **2.**balmumları.

شمول şumûl: (A.) **1.**kapsama. **2.**kapsam.

شمولی şumûlî: (A.) kapsamlı.

شمولیت şumûliyyet: (A.) kapsamlılık.

شمه şemme: (A.) **1.**koklama. **2.**güzel koku. **3.**biraz.

شمه ای şemme'î: (A.-F.) [şemme+î] çok az, biraz, bir miktar.

شمیدن şemîden: **1.**korkmak, ürkmek. **2.**bayılmak. **3.**susuzluk ve açlıktan yakınmak.

شمیران şemîrân: (coğ.) Şemiran, Tahran'ın kuzeyinde bir semt.

شمیز şomiz: (Fr.) şömiz.

شمیم şemîm: (A.) **1.**hoş koku. **2.**yüksek, yüce, ulu. **3.**güzel kokulu.

شمیمه şemîme: (A.) **1.**güzel koku. **2.**güzel kokulu.

شمل şeml: (A.) **1.**örtme, sarma, kavrama. **2.**topluluk, insan topluluğu.

شمله şemle: (A.) **1.**Arap kadın örtüsü. **2.**sarık.

شمه şemme: (A.) **1.**az şey, bir az, bir miktar. **2.**koklama. ‖ * yek ~ یک شمه biraz.

شمه ای şemmeî: (A.-F.) [şemme+î] biraz, birazcık.

شمی şemmî: (A.) **1.**koklama ile ilgili. **2.**koku alan.

شن şin: kum, çakıl. ‖ * be ~ nişesten به شن نشستن karaya oturmak.

شن şen: (F.) **1.**naz, çalım. **2.**hoş görünüm. **3.**sevinçli, şâd. **4.**bayındır. **5.**kendir.

شن şenn: (A.) şaraba su katma.

شنا şinâ (sp.) yüzme.

شناخت şinâht: [şinâhten>şinâht] **1.**tanıma, aşinalık. **2.**anlama, idrak. **3.**bilim.

شناخت داشتن şinâht dâşten: bilgisi olmak, tanımak.

شناختن şinâhten: (Peh.) **1.**tanımak. **2.**bilmek. **3.**ayırdetmek. **4.**itiraf etmek. **5.**teşhis etmek, tanı koymak. ‖ * be resmiyyet ~ به

رسمیت شناختن resmen tanımak.

شناخته şinâhte: [şinâhten>şinâht+e] **1.**tanımış. **2.**tanınmış, ünlü, meşhur, bilinen.

شنار şenâr: (A.) **1.**ar, utanç. **2.**rezillik. **3.**kötülük. **4.**ayıp, çirkin.

شنار şinâr: yüzme.

شناس şinâs: [şinâhten>şinâs] **1.**tanıma. **2.**bilme. **3.**tanıyan. **4.**bilen, uzman.

شناسا şinâsâ: [şinâhten>şinâs+â] tanıdık, aşina.

شناسائی şinâsâ'î: [şinâhten>şinâs+â+î] **1.**tanışıklık, aşinalık, tanıma. **2.**bilgi. **3.**saptama, saptanma, tespit.

شناسائی شدن şinâsâ'î şoden: saptanmak, tespit edilmek, belirtilmek.

شناساندن şinâsânden: tanıtmak, tanıştırmak.

شناسانیدن şinâsânîden: tanıtmak, tanıştırmak.

شناسایی şinâsâyî: [şinâhten>şinâs+â+y+î] **1.**tanışıklık, aşinalık, tanıma. **2.**bilgi. **3.**saptama, saptanma, tespit.

شناسایی شدن şinâsâyî şoden: saptanmak, tespit edilmek, belirtilmek.

شناسایی کردن şinâsâyî kerden: tespitetmek, saptamak, belirtmek.

شناس نامه şinâsnâme: [şinâhten>şinâs+ nâme] nüfus cüzdanı, kimlik kartı, hüviyet.

شناسی şinâsî: (F.) [şinâhten>şinâs+î] **1.**tanımak ile ilgili. **2.**tanıma, bilme, bilim. **3.**erkek adı.

شناعت şenâ'et: (A.) **1.**çirkinlik, kötülük. **2.**suçlama. **3.**kınama, ayıplama.

شناعت کردن şenâ'et kerden: kınamak, ayıplamak, çirkin bulmak.

شناعت نهاد şenâ'atnihâd: (A.-F.) iğrenç tabiatlı.

شنا کردن şinâ kerden: yüzmek.

شناگر şinâger: [şinâ+ger] (sp.) yüzücü.

شناگران şinâgerân: [şinâ+ger+ân] **1.**(sp.) yüzücüler. **2.**(zool.) balinagiller.

شناگری şinâgerî: [şinâ+ger+î] yüzücülük.

شناور şinâver: [şinâ+ver] **1.**(sp.) yüzücü. **2.**yüzen. **3.**gemi. **4.**plankton. ‖ * ~ mîngozâr شناور مین گذار (ask.) mayın gemisi.

شناوران şinâverân: [şinâver+ân] **1.**yüzenler. **2.**plankton, planktonlar.

شناوری şinâverî: [şinâ+ver+î] **1.**yüzme. **2.**yüzücülük.

شناوری کردن şinâverî kerden: yüzmek.

شناه şinâh: (F.) yüzme.

شنایع şenâyi': (A.) çirkinlikler, kötülükler, fitneler, hatalar.

شنبلیله şenbelîle (bot.) boyotu, çemen.

شنبه şenbe: **1.**cumartesi. **2.**gün.

شنجرف şencerf: (kim.) zincifre, sülügen, sürür.

شندرغاز şendergâz: az para, üç kuruş.

شنزار şinzâr: [şin+zâr] (coğ.) kum çölü.

شنشنه şenşene: (A.) töre, âdet, yöntem, usül.

شنعت şon'et: (A.) **1.**çirkinlik, kötülük. **2.**suçlama. **3.**ayıplama, kınama, serzeniş.

شنعت کردن şon'et kerden: ayıplamak, kınamak, serzenişte bulunmak.

شنغرت şengaret: (A.) ahlaksızlık, kötü huyluluk.

شنغره şengare: (A.) ahlaksızlık, kötü huyluluk.

شنفتن şinuften: (Peh.) **1.**işitmek, dinlemek. **2.**koklamak.

شن کش şinkeş: [şin+keşîden>keş] satıh düzeltme aleti. ‖ * keştî-i ~ کشتی شن کش kum çıkarma gemisi.

شنگ şeng: **1.**zarif, güzel. **2.**sevinçli. **3.**hırsız, haydut. **4.**hilekâr.

شنگ şing (bot.) yemlik otu.

شنگرف şengerf: (kim.) zincifre, sürür.

شنگ کشی şingkeşî: [şing+keşîden>keş+î] yemlik otu nakliyesi.

شنگل و منگل şengul u mengul: hırsız,

harami, eşkiya.

شنگول şengûl: **1.**şuh, neşeli. **2.**zarif, güzel. **3.**çakırkeyif, sarhoş. ‖ * ~ u ser-i hâl şoden شنگول و سر حال شدن neşesi yerine gelmek.

شنگی şengî: [şeng+î] cilveli olma.

شنگیدن şengîden: cilve yapmak.

شنل şinil: pardesü.

شنو şinev: (F.) [şenîden>şinev] işiten, duyan.

شنوا şinevâ: [şenîden>şinev+â] işiten, dinleyen, duyan.

شنواندن şinevânden: işittirmek, dinlettirmek, duyurmak.

شنوایی şinevâyî: [şinevâ+y+î] işitme duyusu.

شنوایی سنج şinevâyîsenc: [şinevâyî+ sencîden>senc] (tıb.) odyometre.

شنود şunûd: [şunûden>şunûd] işitme, duyma.

شنودن şunûden: işitmek, duymak, dinlemek.

شنوندگان şinevendegân: [şenîden>şinev+ ende+g+ân] dinleyiciler, dinleyenler.

شنونده şinevende: [şenîden>şinev+ende] dinleyen, dinleyici.

شنید şenîd: (F.) [şenîden>şenîd] **1.**işitti. **2.**işitme.

شنیدن şenîden, şinîden: (Peh.) **1.**işitmek, duymak. **2.**dinlemek, kulak vermek. **3.**farketmek, anlamak. **4.**itaat etmek.

شنیدنی şenîdenî: [şenîden+î] dinlemeye değer, duymaya değer.

شنیده şenîde: (F.) [şenîden>şenîd+e] **1.**işitilmiş, duyulmuş. **2.**işitilmiş.

شنیع şenî': (A.) çirkin, kötü, ayıp.

شنیعه şenî'a: (A.) çirkin, kötü.

شو şû: [şosten>şû] yıkama.

شو şev, şov: gece.

شو şev, şov: [şoden>şev, şov] ol.

شوائب şevâ'ib: (A.) **1.**şaibeler, lekeler. **2.**izler, eserler. **3.**kuşkular.

شوائع şevâ'i': (A.) yayılanlar, söylentiler.

شواذ şevâzz: (A.) kural dışı olanlar.

شوارب şevârib: (A.) bıyıklar.

شوارد şevârid: (A.) dağınık şeyler.

شوارع şevâri': (A.) **1.**caddeler, yollar. **2.**yasa koyucular.

شوارق şevârık: (A.) aydınlıklar.

شواطی şevâtî: (A.) kıyılar.

شواطی şevâzî: (A.) dik yamaçlar.

شواظ şivâz: (A.) **1.**dumansız ateş. **2.**susama.

شواظ şuvâz: (A.) **1.**dumansız ateş. **2.**susama.

شواعر şevâ'ir: (A.) şaireler, kadın şairler.

شواعل şevâ'il: (A.) alevler, şuleler.

شواغل şevâgil: (A.) uğraşılar.

شواکل şevâkil: (A.) **1.**yaratılışlar. **2.**yollar, tarzlar. **3.**meslekler. **4.**mezhepler.

شوال şevâl: pantolon.

شوال şevvâl: (A.) Şevval ayı, kamerî ayların onuncusu.

شوامخ şevâmih: (A.) yükseklikler, doruklar.

شوامل şevâmil: (A.) kapsayanlar, içine alanlar.

شوان şevân: çoban.

شواهد şevâhid: (A.) **1.**şahitler, tanıklar. **2.**örnek cümleler veya beyitler.

شواهد نما şevâhidnumâ: (A.-F.) [şevâhid+ numûden>numâ] örnek gösteren.

شواهق şevâhik: (A.) yükseklikler, doruklar, şahikalar.

شواهین şevâhîn: (F.>A.) şahinler.

شوایب şevâyib: (A.) kusurlar, lekeler, şaibeler, şüpheler.

شوب şevb, şovb: (A.) karıştırma.

شوت şut: (İng.) (sp.) şut.

شوت کردن şut kerden (Sp.) şut çekmek.

شوخ şûh: **1.**utanmaz, küstah, arsız. **2.**sevinçli, neşeli. **3.**sevgili, güzel. **4.**neşeli sevgili. **5.**hırsız. **6.**hayasız kadın.

شوخانه şûhâne: (F.) [şûh+âne] şuhça.

شوخ چشم şûhçeşm: [şûh+çeşm] arsız, yüzsüz, utanmaz, küstah.

شوخ رو şûhrû: [şûh+rû] cesur.

شوخگین şûhgîn: pis, kirli.

شوخ دیده şûhdîde: [şûh+dîde] şuh bakışlı.

شوخ مشرب şûhmeşreb: (F.-A.) [şûh+meşreb] şen şakrak, neşeli tavırları olan.

شوخی şûhî: [şûh+î] **1.**şaka.**2.**mizah. **3.**utanmazlık, arsızlık, küstahlık. ‖ * ~ -i herekî شوخی ء خرکی eşek şakası. ‖ * ~ -i kesî giriften شوخیء کسی گرفتن şakacılığı tutmak, şaka yapacağı tutmak. ‖ * ~ ki nîst شوخی که نیست dile kolay, kolay değil, şakası yok.

شوخی کردن şûhî kerden: **1.**şaka yapmak. **2.**utanmazlık etmek, küstahlık etmek.

شود şivid (bot.) dereotu.

شودر şevder, şovder: **1.**çadır. **2.**yorgan.

شودی şividî (bot.) kuşkonmaz.

شور şevr, şovr: (A.) meşveret, danışma. ‖ * ~ î ez hodâ kerden شوری از خدا کردن Allah'tan ağız tadı istemek.

شور şûr: **1.**coşku, heyecan. **2.**ızdırap. **3.**feryat. **4.**(müz.) İran musikîsinde bir makam. ‖ * ~ -i çîzî râ der âverden شور چیزی را در آوردن azıtmak, tadını kaçırmak, ifrat derecesine vardırmak.

شور şûr: **1.**(coğ.) tuzlu, çorak arazi. **2.**acı. **3.**tuzlu.

شورا şûrâ: (A.) **1.**meclis, şûra, danışma toplantısı. **2.**danışma toplantısı salonu.

شوراب şûrâb: [şûr+âb] **1.**tuzlu su. **2.**tuzlu maden suyu. **3.**acı su. **4.**gözyaşı.

شورابه şûrâbe: (F.) [şûr+âb+e] **1.**tuzlu su. **2.**acı su. **3.**gözyaşı.

شورافگن şûrefgen: (F.) [şûr+efgenden> efgen] kargaşa çıkaran, şamata çıkaran.

شوراندن şûrânden: **1.**kışkırtmak, ayaklandırmak. **2.**dalgalandırmak. **3.**delirtmek, çıldırtmak. **4.**coşturmak.

شور انگیز şûrengîz: [şûr+engîhten> engîz] **1.**heyecanlı, heyecan verici. **2.**tahrik edici, kargaşa çıkaran, şamata çıkaran.

شوربا şûrbâ: çorba, pirinç çorbası.

شوربخت şûrbaht: [şûr+baht] bedbaht, talihsiz, bahtıkara.

شوربختی şûrbahtî: [şûr+baht+î] bedbahtlık.

شورت şort: (İng.) şort, don.

شورچشم şûrçeşm: [şûr+çeşm] kötü gözlü, kıskanç.

شورستان şûristan: [şûr+istân] **1.**(coğ.) tuzla. **2.**çorak arazi.

شورش şûriş: [şûrîden>şûr+iş] **1.**karışıklık, kargaşa, karmaşa, galeyan. **2.**isyan, ayaklanma, başkaldırı. **3.**heyecan, coşku. **4.**perişanlık.

شورش انگیز şûrişengîz: (F.) [şûriş+engîhten>engîz] coşturucu, galeyana getirici.

شورشکار şûrişkâr: (F.) [şûriş+kâr] kavgacı, kargaşa çıkaran.

شورش کردن şûriş kerden: isyan çıkarmak.

شورشگاه şûrişgâh: (F.) [şûriş+gâh] kargaşa yeri, karmaşa yeri, kavga yeri.

شور کردن şûr kerden: tuzlandırmak.

شور کردن şûr kerden: danışmak, meşveret etmek.

شورگاه şûrgâh: (F.) [şûr+gâh] şamata yeri, kargaşa yeri.

شور گردانیدن şûr gerdânîden: **1.**karışıklık çıkarmak. **2.**tuzlandırmak.

شورلت şevrolet: (İng.) şevrole, Chevrolet.

شورم şurm: dağ.

شورمزه şûrmeze: [şûr+meze] tuzluca, biraz tuzlu.

شور و مور şûr u mûr: **1.**zayıf, hakir. **2.**karışıklık.

شوروی şûrevî: (A.) **1.**müşevereli, danışmalı. **2.**Rusya, eski Sovyetler Birliği.

شوره şûre: [şûr+e] **1.**utanma. **2.**(coğ.) tuzla. **3.**(coğ.) çorak arazi. **4.**(kim.) güherçile, potasyum azotat. ‖ * tohm der ~ efkenden تخم در شوره

افكندن boşa kürek çekmek.

شوره بستن şûre besten: tuz lekesi olmak.

شوره زار şûrezâr: [şûre+zâr] (coğ.) çorak arazi.

شورى şûrâ: (A.) **1.**danışma, şura. **2.**meclis.

شورى şûrî: [şûr+î] **1.**tuzlu. **2.**tuzluluk. **3.**klasik Türk musikîsinde bir makam.

شوريدگى şûrîdegî: [şûrîden>şûrîd+e+g+î] **1.**dağınıklık, karışıklık. **2.**karasevda. **3.**delilik.

شوريدن şûrîden: **1.**perişan olmak. **2.**heyecanlanmak, coşmak. **3.**ayaklanmak.

شوريدن şûrîden: yıkamak.

شوريده şûrîde: [şûrîden>şûrîd+e] **1.**perişan. **2.**aşık, tutkun. **3.**deli. **4.**coşkun, heyecanlı. **5.**âşık, sevdalı, karasevdalı.

شوريده بخت şûrîdebaht: [şûrîde+baht] talihsiz, bedbaht.

شوريده حال şûrîdehâl: (F.-A.) [şûrîde+hâl] **1.**parişan, aşık. **2.**mecnun.

شوريده خاطر şûrîdehâtir: (F.-A.) [şûrîde+ hâtir] perişan, üzgün, melul.

شوريده راه şûrîderâh: [şûrîde+râh] sapık, gümrah.

شوريده سر şûrîdeser: [şûrîde+ser] **1.**perişan. **2.**kararsız. **3.**kalender.

شوريده شعور şûrîdeşu'ûr: (F.-A.) [şûrîde+şu'ûr] şuuru karışık.

شوسه şosse: (Fr.) şose, karayolu.

شوشتر şuşter: (coğ.) Şuşter.

شوشترى şuşterî: [şuşter+î] Şuşterli.

شوشك şûşek: (müz.) dört telli rebab.

شوشه şûşe: **1.**külçe. **2.**oluktan sarkan buz. **3.**sırt, tepe, yükselti.

شوط şavt: (A.) Hacer-i Esved'de başlayıp yine orada biten hac ibadeti.

شوغا şevgâ, şovgâ: ağıl.

شوفاژ şofaj: (Fr.) **1.**kalorifer. **2.**ısıtma sistemi.

شوفر şofor: (Fr.) şoför, sürücü.

شوق şevk, şovk: (A.) **1.**şevk, güçlü arzu. **2.**şavk, ışık yansıması. **3.**neşe, keyif, sevinç.

شوق آلود şevkâlûd: (A.-F.) [şevk+âlûden>âlûd] şevkli, neşeli.

شوق آمدن şovk âmeden: şevklenmek, şevke gelmek.

شوق آور şevkâver: (A.-F.) [şevk+âverden>âver] **1.**coşturan, şevklendiren. **2.**klasik Türk musikîsinde bir makam.

شوق افزا şevkefzâ: (A.-F.) [şevk+efzûden>efzâ] **1.**şevke getiren, coşturan, coşkuyu artıran. **2.**klasik Türk musikîsinde bir makam.

شوق انگيز şovkengîz: (A.-F.) [şovk+engîhten>engîz] **1.**neşelendiren, şevke getiren. **2.**klasik Türk musikîsinde bir makam.

شوق بخش şevkbahş: (A.-F.) [şevk+bahşîden>bahş] **1.**şevk veren, neşelendiren. **2.**bir lale cinsi.

شوق زده şovkzede: (A.-F.) [şovk+zeden> zed+e] keyifli, neşeli.

شوقى şevkî, şovkî: (A.) **1.**şevk ile ilgili. **2.**şevkli. **3.**erkek adı.

شوك şevk, şovk: (A.) **1.**diken. **2.**sivri uç.

شوك şok: (Fr.) şok.

شوكا şuka (zool.) karaca, geyik.

شوكت şevket, şovket: (A.) görkem, büyüklük, şevket.

شوكت پناه şevketpenâh: (A.-F.) [şevket+ penâhîden> penâh] ulu padişah, şevket sahibi padişah.

شوكت پناهى şevketpenâhî: (A.-F.) [şevket+penâ-hîden> penâh+î] yüce padişaha mensup.

شوكت سراى şevketserây: (A.-F.) [şevket+serây] ululuk sarayı.

شوكت سمات şevketsimât: (A.) [şevket+simât] ulu padişah, azametli padişah.

شوكت مآب şevketme'âb: (A.) [şevket+me'âb] yüce padişah.

شوكت مآبى şevketme'âbî: (A.-F.) [şevket+me'âb+î] ulu padişahlık.

شوكت مصير şevketmasîr: (A.) [şevket+ masîr] ulu padişah.

شوكت مقرون şevketmakrûn: (A.) [şevket+makrûn] yüce padişah, şevketli padişah.

شوكران şevkeran, şovkeran (bot.) zehir ağacı, büyük baldıran, ağu otu.

شوكستان şevkistân: (A.-F.) [şevk+istân] dikenlik.

شوكه şevke: (A.) deve dikeni.

شوكة البعير şevketulba'îr: (A.) devedikeni.

شوكة اليهود şevketulyehûd: (A.) salepgillere ait bir çiçek, ayıpençesi çiçeği.

شوكه شدن şoke şoden: şok geçirmek, şok olmak.

شوكه كردن şoke kerden: şok geçirtmek, şok etmek.

شوكى şevkî: (A.) diken ile ilgili.

شوكيه şevkiyye: (A.) diken ile ilgili.

شول şevl: (A.) **1.**ıssız ve geniş arazi. **2.**vazo dibindeki su kalıntısı.

شولت şevlet: (A.) **1.**akrep kuyruğunun yukarı kısmı. **2.**ay yörüngesindeki duraklardan biri.

شولك şûlek: çevik at.

شوليدن şûlîden: **1.**karışmak. **2.**bitkin olmak. **3.**hayran olmak.

شوم şûm: uğursuz, şom.

شوم اختر şûmehter: [şûm+ehter] talihsiz, şanssız.

شومن şovmen: (İng.) şovmen.

شومى şûmî: [şûm+î] uğursuzluk, şomluk.

شوميزيدن şûmîzîden: **1.**tarla sürmek. **2.**tarım yapmak.

شونه şevne: (A.) ambar.

شوهر şevher, şovher: koca, bey, eş, zevc. || * be ~ dâden به شوهر دادن kocaya vermek.

شوهر خواهر şovherhâher: [şovher+hâher] enişte.

شوهر دادن şovher dâden: **1.**kocaya vermek, evlendirmek. **2.**bir şeyi elinden yitirmek.

شوهردار şovherdâr: [şovher+dâşten>dâr] evli kadın.

شوهر كردن şovher kerden: evlenmek (kız ve kadın için).

شوهر كرده şovher kerde: [şovher+kerden> kerd+e] evli kadın.

شوهرى şovherî: [şovher+î] kocalık.

شوى şevî: **1.**gömlek. **2.**kebap.

شوى şûy: koca, eş.

شوى şuveyy: (A.) yavaş, ağır, usul.

شوى şûy: (F.) [şosten>şûy] **1.**yıkama. **2.**yıkayan.

شويد şivîd (bot.) dereotu.

شوى دادن şûy dâden: evlendirmek, evermek, kocaya vermek.

شوى كردن şûy kerden: kocaya vermek, evlendirmek, evermek.

شوييدن şûyîden: yıkamak, yumak.

شوييده şûyîde: (F.) [şûyîden>şûyîd+e] yıkanmış.

شه şeh: **1.**şah, padişah. **2.**büyük, ana.

شه şoh: nefret bildiren kelime.

شها şehâ: (F.) [şeh+â] ey şah.

شهاب şihâb: (A.) **1.**alev, şule. **2.**yıldız, parlak yıldız, akan yıldız. **3.**kıvılcım.

شهال الدين şihâbuddîn: (A.) **1.**dinin kıvılcımı. **2.**erkek adı: Şehabettin.

شهاب سنگ şihâbseng: (A.-F.) [şihâb+seng] meteorit, gök taşı.

شهادت şehâdet: (A.) **1.**tanıklık, şahitlik. **2.**şehitlik. **3.**işaret. **4.**"eşhedu enlâ ilâhe illallâh" cümlesini söyleme, şehadet getirme.

شهادت آوردن şehâdet âverden: kelime-i şehadet getirmek.

شهادت دادن şehâdet dâden: tanıklık etmek, şahitlik etmek.

شهادت گرفتن şehâdet giriften: şahitlik istemek, tanıklık istemek.

شهادت نامه şehâdetnâme: (A.-F.) [şehâdet+nâme] sertifika, diploma, belge.

شهادتين şehâdeteyn: (A.) kelime-i şehadet ve kelime-i tevhid.

شهامت şehâmet: (A.) **1.**korkusuzluk, yüreklilik, cesurluk. **2.**zeyreklik. **3.**İran şahlarına verilen ünvan.

شهامت پرور şehâmetperver: (A.-F.) [şehâmet+ perverden> perver] şehametli, zekî ve yiğit.

شهامت پرورا şehâmetperverâ: (A.-F.) [şehâmet+ perverden> perver+â] ey şehametli padişah.

شهان şehân: (F.) [şeh+ân] şahlar, padişahlar.

شهانشاه şehânşâh: [şeh+ân+şâh] şehinşah, şahlar şahı.

شهب şuhub: (A.) **1.**kıvılcımlar. **2.**akan yıldızlar.

شهباء şehbâ': (A.) **1.**kırçıl. **2.**kır at. **3.**Halep.

شهباز şehbâz: [şeh+bâz] (zool.) şahbaz, iri ak doğan, balaban.

شهبال şehbâl: (F.) [şeh+bâl] **1.**kanattaki en uzun tüy. **2.**büyük kanat.

شهبان şihbân: (A.) **1.**kıvılcımlar. **2.**akan yıldızlar.

شهبانو şehbânû: [şeh+bânû] melike, kraliçe, şahbânu.

شهبندر şehbender: [şeh+bender] **1.**liman başkanı, liman reisi. **2.**serbest liman. **3.**esnaf başkanı. **4.**konsolos.

شهبندر خانه şehbenderhâne: (F.) [şehbender+hâne <hâne-i şehbender] konsolosluk, konsolosluk binası.

شه بيت şehbeyt: (F.-A.) [şeh+beyt<beyt-i şeh] şahbeyit.

شهپر şehper: [şeh+per] **1.**büyük kanat, kanattaki en uzun tüy. **2.**manevra kanadı.

شهپر گشادن şehper goşâden: kanat açmak.

شهپور şehpûr: (F.) [şeh+pûr] şah çocuğu, şehzade.

شهتره şehtere: (F.) [şâh+tere] şahtere.

شهد şehd: (A.) **1.**bal. **2.**bal özü, kömeç balı.

شهد آميز şehdâmîz: (A.-F.) [şehd+ âmîhten>âmîz] **1.**ballı, bal ile karışık. **2.**bal gibi tatlı.

شهداء şuhedâ': (A.) şehitler.

شهداب şehdâb: (A.-F.) [şehd+âb<âb-i şehd] bal şerbeti.

شهدابه şehdâbe: (A.-F.) [şehd+âb+e] bal şerbeti.

شهدانج şehdânec: (F.>A.) kenevir tohumu.

شهدانه şehdâne: (F.) [şeh+dâne] **1.**kenevir tohumu. **2.**büyük inci tanesi.

شهد خوان şehdhân: (A.-F.) [şehd+hân <hân-i şehd] bal sofrası.

شه رگ şehreg: (F.) [şeh+reg] anadamar, büyük atardamar, şah damarı.

شهد كام şehdkâm: (A.-F.) [şehd+kâm] tadı damağında.

شهد گفتار şehdgoftâr: (A.-F.) tatlı dilli.

شه لوندان şehlevend: (F.) [şeh+levend <şeh-i levendân] uzun boylu, yakışıklı genç.

شهد مقال şehdmakâl: (A.) [şehd+makâl] tatlı dilli.

شهر şehr: (Peh.) **1.**kent, şehir. **2.**ülke, memleket, diyar.

شهر şehr: (A.) **1.**ay. **2.**hilal, yeni ay.

شهر آرا şehrârâ: [şehr+ârâsten>ârâ] **1.**güzel. **2.**şehir süsleyen.

شهر آشوب şehrâşûb: [şehr+âşoften>âşûb] **1.**şehre fitne salan. **2.**güzelliğiyle şehri karıştıran. **3.**(müz.) İran musikîsinde bir makam.

شهرآشوبى şehrâşûbî: [şehr+âşuften> âşûb+î] şehri birbirine düşürme.

شهرآيين şehrâyîn: (F.) [şehr+âyîn<âyîn-i şehr] **1.**şehir donanması, şehrin süslenmesi. **2.**şenlik.

شهرانگيز şehrengîz: (F.) [şehr+engîhten> engîz] **1.**şehir karıştıran. **2.**bir yörenin özelliklerini konu edinen şiir.

شهراه şehrâh: (F.) [şeh+râh] anayol.

شهربان şehrbân: [şehr+bân] **1.**şehir bekçisi. **2.**şehir emniyet âmiri.

شهربانو şehrbânû: (F.) [şehr+bânû] melike, kraliçe, hanım sultan.

شهربانى şehrbânî: [şehr+bân+î] emniyet müdürlüğü. ‖ * ~ -i kull-i kişver شهربانىء كل كشور emniyet genel müdürlüğü. ‖ * reîs-i kull-i ~

رئیس کل شهربانی emniyet müdürü.

شهربند şehrbend: [şehr+besten>bend] **1.**şehir suru, şehir hisarı. **2.**zindan. **3.**tutuklu.

شهرت şohret: (A.) şöhret, ün.

شهرتاش şehrtâş: (F.-T.) [şehr+taş] hemşehri.

شهرت پرست şohretperest: (A.-F.) [şohret+perestîden>perest] şöhret düşkünü.

شهرت پرستی şohretperestî: (A.-F.) [şohret+perestîden>perest+î] şöhret düşkünlüğü.

شهرت داشتن şohret dâşten: ünlü olmak, meşhur olmak.

شهرت شعار şohretşi'âr: (A.) [şohret+şi'âr] ünlü, meşhur.

شهرتگیر şohretgîr: (A.-F.) [şohret+giriften>gîr] ünlü, meşhur.

شهرت یافتن şohret yâften: meşhur olmak, tanınmak, ün yapmak.

شهرجنگی şehrcengî: [şehr+ceng+î] (ask.) iç savaş.

شهردار şehrdâr: [şehr+dâşten>dâr] belediye başkanı.

شهرداری şehrdârî: [şehr+dâşten>dâr+î] **1.**belediye. **2.**belediye başkanlığı.

شهر راندن şehr rânden: ülke yönetmek.

شهرسازی şehrsâzî: [şehr+sâhten>sâz+î] şehircilik.

شهرستان şehristân: (Peh.) [şehr+istân] **1.**il, büyük şehir. **2.**sur içindeki şehir.

شهرک şehrek: [şehr+ek] **1.**kampüs. **2.**kasaba. **3.**uydu kent.

شهرگرد şehrgerd: [şehr+geşten>gerd] avare, aylak.

شهرگردی şehrgerdî: [şehr+geşten>gerd+î] avarelik, aylaklık.

شهروا şehrevâ: değersiz para.

شهرود şehrûd: [şeh+rûd] **1.**(coğ.) büyük nehir. **2.**(müz.) eskiden İran'da kullanılan bir saz.

شهروند şehrvend: [şehr+vend] hemşehri.

شهروندی şehrvendî: [şehr+vend+î] hemşehrilik.

شهره şohre: (A.) ünlü, meşhur. ‖ * ~ -i âfâk sâhten شهرهء آفاق ساختن dünyaca meşhur etmek, üne kavuşturmak. ‖ * ~ -i âfâk şoden شهرهء آفاق شدن dünyaca meşhur olmak, üne kavuşmak.

شه ره şehreh: [şeh+reh] anayol.

شهره ساختن şohre sâhten: meşhur etmek, üne kavuşturmak.

شهری şehrî: [şehr+î] **1.**şehirli, kentli. **2.**sivil. **3.**tanıdık. **4.**nazik, kibar. **5.**İstanbullu.

شهری şehrî: (A.) **1.**aylık. **2.**ay ile ilgili.

شهریار şehriyâr, şehryâr: (Peh.) **1.**şah, hükümdar. **2.**belediye başkanı.

شهریاران şehriyârân: (F.) [şehr+yâr+ân] hükümdarlar.

شهریارانه şehryârâne: (F.) [şehr+yâr+âne] hükümdarca.

شهریاری şehryârî, şehriyârî: [şehriyâr+î] **1.**hükümdarlık. **2.**hükümdar ile ilgili.

شهریده şehrîde: dağınık, perişan.

شهریور şehrîver: (Peh.) Şehriver ayı, İran güneş takviminin altıncı ayı (21 Eylül-20 Ekim).

شهریه şehriyye: (A.) **1.**aylık. **2.**ay ile ilgili.

شهزاد şehzâd: (F.) [şeh+zâden>zâd] şehzade.

شهزادگان şehzâdegân: (F.) [şehzâde+g+ân] şehzadeler.

شهزاده şehzâde: [şeh+zâden>zâd+e] şehzade, prens.

شهسوار şehsevâr: [şeh+sevâr] usta binici, yürekli süvari, şehsüvar.

شهسواری şehsevârî: [şeh+sevâr+î] usta binicilik, şehsüvarlık.

شهقه şehka: (A.) hıçkırık.

شهکار şehkâr: (F.) [şeh+kâr] şaheser, başyapıt.

شهلاء şehlâ': (A.) siyaha çalan mavi gözlü kadın, şehla.

شهلانگاه şehlânigâh: (A.-F.) [şehlâ+nigâh] şehla bakışlı, şehla gözlü.

شهله şihle: gerdan (öküz vs.).

شهم şehm: çevik, kıvrak.

شه مات şehmât: (F.) [şeh+mât] şahmat.

شه مار şehmâr: (F.) [şeh+mâr<şeh-i mârân] yılanlar şahı, şahmaran.

شهناز şehnâz: [şeh+nâzîden>nâz] **1.**(müz.) İran musikîsinde bir makam. **3.**klasik Türk musikîsinde bir makam. **4.**çok nazlanan. **5.**bayan adı.

شهنامه şehnâme: (F.) [şeh+nâme] **1.**Şahname, şahlar için yazılan manzum veya mensur eser. 2.Firdevsî'nin ünlü manzum kahramanlık destanı.

شهنامه خوان şehnâmehân: (F.) [şeh+ nâme+hânden> hân] Şahname okuyan.

شهنامه نویس şehnâmenuvîs: (F.) [şeh+ nâme+nuvişten> nuvîs] şahname yazarı.

شهنای şehnây: [şeh+nây] (müz.) şahney.

شهنشاه şehenşâh: [<şeh+ân+şâh<şâh-i şehân] şahinşah, büyük padişah, imparator.

شهنشاهی şehenşâhî: [şehenşâh+î] şehinşahlık, imparatorluk.

شهنشه şehenşeh: (F.) [<şeh+ân+şeh <şeh-i şehân] şahinşah, büyük padişah, imparator.

شهنشین şehnişîn: (F.) [şeh+nişesten> nişîn] şahnişin, cumba.

شه نگار şehnigâr: [şeh+nigâr] büyük hile.

شهوات şehevât: (A.) şehvetler.

شهوار şehvâr: (F.) [şeh+vâr] şahlara yaraşır.

شهوانی şehevânî: (A.) **1.**şehvet ile ilgili. **2.**şehvet düşkünü, şehvet delisi.

شهوانیه şehvâniyye: (A.) şehvet ile ilgili.

شهوت şehvet: (A.) **1.**şehvet, cinsel istek. **2.**nefis.

شهوت آلوده şehvetâlûde: (A.-F.) [şehvet+ âlûden>âlûd+e] şehvetli.

شهوت انگیز şehvetengîz: [şehvet+ engîhten>engîz] şehvet verici, şehvetli.

شهوت بار şehvetbâr: [şehvet+ bârîden>bâr] şehvetli.

شهوت پرست şehvetperest: [şehvet+ perestîden>perest] şehvet düşkünü.

شهوت پرستی şehvetperestî: [şehvet+ perestîden>perest+î] şehvet düşkünlüğü.

شهوت ران şehvetrân: (A.-F.) [şehvet+ rânden>rân] şehvet düşkünü, şehvetli.

شهوت رانی şehvetrânî: (A.-F.) [şehvet+ rânden>rân+î] şehvet düşkünlüğü, şehvetlilik.

شهوتی şehvetî: (A.-F.) [şehvet+î] **1.**şehvetli. **2.**şehvetle ilgili.

شهود şuhûd: (A.) **1.**tanıklar. **2.**görünme, ortaya çıkma. **3.**görme. **4.**Tanrı'yı Tanrıda görmek.

شهودی şuhûdî: (A.) **1.**şahitler ile ilgili. **2.**görünme ile ilgili. **3.**görme ile ilgili.

شهور şuhûr: (A.) aylar. ‖ * ~ -i selâse شهور ثلاثه üç aylar: Receb, Şaban, Ramazan.

شهوی şehevî: (A.) şehvetle ilgili, şehevî.

شهی şehî: [şeh+î] şahlık, padişahlık.

شهی şehî: (A.) **1.**şehvetli. **2.**iştahlı. **3.**matlup.

شهید şehîd: (A.) **1.**şehit. **2.**tanık. 3.Fars edebiyatının klasik dönem şairlerinden biri, Şehîd-i Belhî. ‖ * ~ -i kerbelâ شهید کربلا Kerbela şehidi, Hz. Hüseyin.

شهیدان şehîdân: (A.-F.) [şehîd+ân] şehitler.

شهید شدن şehîd şoden: şehit olmak.

شهید کردن şehîd kerden: şehit etmek.

شهیده şehîde: (A.) şehit bayan.

شهیر şehîr: (A.) ünlü, meşhur, tanınmış.

شهیره şehîre: (A.) ünlü.

شهیق şehîk: (A.) **1.**hıçkırık. **2.**soluk alma. **3.**iç geçirme.

شهیم şehîm: (A.) akıllı ve kurnaz yiğit.

شهیمه şehîme: (A.) akıllı ve kurnaz olan yiğit kadın.

شهین şehîn: [şeh+în] şaha mensup.

شهيه şehiyye: (A.) **1.**şehvet uyandıran. **2.**istek uyandıran.

شى şey: (A.) şey.

شىء şey': (A.) nesne, şey.

شىء لله şeylillâh: (A.) Allah rızası için, sadaka.

شيئى şey'î: (A.) nesnel, objektif.

شيئيت şey'iyyet: (A.) nesnellik, objektiflik.

شيئيه şey'iyye: (A.) nesnellik, objektivitelik.

شياد şeyyâd: (A.) **1.**sıvacı. **2.**hilekâr, düzenbaz, dolandırıcı. **3.**riyakâr, yağcı. **4.**kendini tüketen, kendini helak eden.

شيادى şeyyâdî: (A.-F.) [şeyyâd+î] **1.**sıvacılık. **2.**hilekârlık, düzenbazlık. **3.**riyakârlık, yağcılık.

شيار şiyâr: **1.**yarık. **2.**yiv. **3.**yol. **4.**saban izi, sabanın açtığı yarık. **5.**tarım.

شيار انداختن şiyâr endâhten: **1.**yol açmak. **2.**yiv açmak, oluk açmak.

شيار كردن şiyâr kerden: **1.**saban sürmek. **2.**oluk açmak, yiv açmak. **3.**yarmak, açmak.

شياريدن şiyârîden: **1.**saban sürmek, tarla sürmek. **2.**oluk açmak, yiv açmak. **3.**yarmak, açmak.

شياطين şeyâtîn: (A.) şeytanlar.

شياع şiyâ': (A.) **1.**yayılma. **2.**izleme. ‖ * emrî be merhale-i ~ resîden امرى به مرحلهء شياع رسيدن çoğunluk tarafından idrak edilmek.

شياف şiyâf: (A.) (tıb.) fitil.

شيان şiyân: ödül, mükâfat.

شيب şeyb: (A.) **1.**saç ağarması. **2.**yaşlılık, ihtiyarlık.

شيب şîb: (Peh.) **1.**iniş, meyil. **2.**engebe, iniş çıkış.

شيب şîb: **1.**karışım. **2.**titreme. **3.**sallanma, kıpırdanma. **4.**perişan.

شيبا şeybâ, şiybâ: (Peh.) **1.**(zool.) engerek yılanı. **2.**perişan. **3.**deli.

شيبان şîbân: **1.**perişan, dağınık, karışık. **2.**titrek.

شيبانيدن şîbânîden: **1.**karıştırmak, yoğurmak. **2.**titretmek. **3.**aldatmak.

شيب و تيب şîb u tîb: şaşkın, perişan.

شيبيدن şîbîden: **1.**karıştırılmak. **2.**aldatılmak. **3.**titremek, kıpırdamak. **4.**aşık olmak.

شيبيه şeybiyye: (A.) likenler.

شيپور şeypûr, şiypûr: (müz.) boru, şîpur, borazan.

شيپورچى şeypûrçi, şiypûrçi: (F.-T.) [şeypûr+çi] (müz.) borazancı, boru çalan.

شيپور زدن şeypûr zeden, şiypûr zeden: (müz.) boru çalmak, borazan çalmak.

شيپورى şeypûrî, şiypûrî: [şeypûr+î] **1.**boru şeklinde. **2.**(bot.) boru çiçeği.

شيخ şeyh, şiyh: (A.) **1.**yaşlı, ihtiyar. **2.**(tas.) şeyh, mürşid. **3.**büyük insan. **4.**bilgin. **5.**arap kabile reisi. **6.**emir. ‖ * ~ u şâb شيخ و شاب yaşlısı genci.

شيخا şeyhâ: (A.-F.) [şeyh+â] ey şeyh.

شيخ الاسلام şeyhulislâm: (A.) Osmanlı döneminde din işlerinden sorumlu kişi.

شيخ الاكبر şeyhulekber: (A.) **1.**en büyük şeyh. **2.**Muhyiddin Arabî.

شيخ العرفا şeyhulurefâ: (A.) ârifler şeyhi.

شيخ الحرم şeyhulharem: (A.) Harem-i Şerif idare heyeti başkanı.

شيخ الميدان şeyhulmeydân: (A.) Osmanlı döneminde okçular tekkesinin sorumlusu.

شيخان şeyhân: (A.) **1.**iki şeyh. **2.**Ebû Hanîfe ve İmâm Ebû Yûsuf.

شيخ نشين şeyhnişîn: (A.-F.) [şeyh+ nişesten>nişîn] şeyhlik, emirlik.

شيخوخت şeyhûhet: (A.) **1.**yaşlılık, ihtiyarlık. **2.**(tas.) şeyhlik.

شيخوخيت şeyhûhiyyet: (A.) yaşlılık, ihtiyarlık.

شيخى şeyhî: (A.-F.) [şeyh+î] **1.**şeyhlik. **2.**şeyh ile ilgili. **3.**ünlü Türk şairi.

شيد şeyd, şiyd: (A.) **1.**sıvama. **2.**hile, düzen, tezvir, aldatma. ‖ * ~ u zerk شيد و زرق hile hurda.

شيد şîd: (F.) **1.**ışık, aydınlık. **2.**Güneş.

شيد آوردن şeyd âverden: hile yapmak.

شيدا şeydâ, şiydâ: **1.**karasevdalı, aşık, mecnun. **2.**perişan. **3.**deli.

شيدائى şeydâ'î: (F.) [şeydâ+î] aşk mecnunluğu, delicesine sevme.

شيدا شدن şeydâ şoden: karasevdaya yakalanmak, mecnun olmak.

شيدايى şeydâyî: [şeydâ+y+î] **1.**karasevda, mecnunluk, aşıklık. **2.**perişanlık. **3.**delilik.

شير şîr: (Peh.) süt. ‖ * ~ -i hâm horden شير خام خوردن **1.**çiğ süt emmek. **2.**gaflet etmek. ‖ * ~ -i mâder شير مادر ana sütü. ‖ * ~ -i pâk horde شير پاک خورده helal süt emmiş, temiz süt emmiş. ‖ * be ~ u şeker ber âmeden به شير و شكر بر آمدن yağla balla beslenmek. ‖ * ez ~ bâz kerden از شير باز كردن sütten kesmek. ‖ * ez mâh ~ dûşîden از ماه شير دوشيدن büyü yapmak.

شير şîr: (Peh.) (zool.) arslan. ‖ * ~ -i bîdom u serv-i eşkem شير بى دم و سرو اشكم imkânsız iş, olmayacak şey. ‖ * ~ -i hakk شير حق Tanrı'nın arslanı, Hz. Ali. ‖ * ~ -i hodâ شير خدا **1.**Tanrı'nın arslanı. **2.**Hz. Ali. ‖ * ~ -i jiyân شير ژيان kükreyen arslan. ‖ * ~ -i şerze شير شرزه kızgın arslan. ‖ * ~ u hurşîd شير و خورشيد **1.**arslan ve güneş. **2.**İran devlet nişanı. ‖ * ~ -i yezdân شير يزدان **1.**Tanrı'nın arslanı. **2.**Hz. Ali.

شير şîr: musluk, çeşme.

شير آب şîrâb: [şîr+âb] sebil.

شيرابه şîrâbe: [şîr+âb+e] **1.**salgı, bitki salgısı. **2.**haşhaş salgısı.

شيراز şîrâz: **1.**(coğ.) İran'da halıları ve vaktiyle gezinti yerleri ile ünlü bir kent. **2.**klasik Türk musikîsinde bir makam.

شيرازه şîrâze: **1.**kitap cildini tutan ibrişim bez. **2.**kispet paçası. **3.**düzen. **4.**bağ. **5.**örgü. ‖ * ~ -i çîzî ez hem gosîhten شيرازهء چيزى از هم گسيختن bir iş şirazesinden çıkmak.

شيرازه افكن şîrâzeefken: [şîrâze+efkenden> efken] cesur, yürekli, kuvvetli.

شيرازه بند şîrâzebend: (F.) [şîrâze+besten>bend] **1.**şiraze bağlayan. **2.**çekidüzen veren, yoluna koyan.

شيرازه بندى şîrâzebendî: [şîrâze+besten> bend+î] ciltleme.

شيرازه كش şîrâzekeş: (F.) [şîrâze+keşîden>keş] şiraze çeken, şiraze bağlayan.

شيرازى şîrâzî: [şîrâz+î] **1.**Şirazlı. **2.**Şiraz malı, Şiraz yapımı.

شيرافكن şîrefken: [şîr+efkenden>efken] cesur, pehlivan.

شيرانه şîrâne: (F.) [şîr+âne] arslan gibi.

شيربان şîrbân: [şîr+bân] arslan bakıcısı, arslan eğiticisi.

شيربرنج şîrbirinc: [şîr+birinc] sütlaç.

شيربرنجى şîrbirincî: [şîr+birinc+î] beyaz, sütlaç rengi.

شيربند şîrbend: [şîr+besten>bend] sütçü, yoğurtçu.

شيربندى şîrbendî: [şîr+besten>bend+î] sütçülük, yoğurtçuluk.

شيربها şîrbehâ: [şîr+behâ] süt parası.

شيرپنجه şîrpençe: (F.) [şîr+pençe<pençe-i şîr] **1.**arslan pençesi. **2.**ölümcül olabilen ve sırrta çıkan bir tür çıban.

شيرپنير şîrpenîr: [şîr+penîr] (bot.) yoğurt otu.

شيرجنگ şîrceng: (F.) [şîr+ceng<ceng-i şîr] **1.**arslan savaşı. **2.**arslan gibi dövüşen.

شيرجه şîrceh: [şîr+cesten>ceh] balıklama atlama.

شيرخانه şîrhâne: [şîr+hâne] hayvanat bahçesi.

شيرخشت şîrhişt: [şîr+hişt] bir bitkiden elde edilen ve müshil olarak kullanılan madde.

شيرخوار şîrhâr: [şîr+horden>hor>hâr] **1.**süt çocuğu. **2.**acemiliğe alınmayan esir.

شيرخوارگاه şîrhârgâh: [şîrhâr+gâh] kreş.

شیرخوارگی şîrhâregî: [şîrhâr+e+g+î] süt çocukluğu.

شیرخواره şîrhâre: [şîr+horden>hor>hâr+ e+g+î] süt çocuğu.

شیر خوردن şîr horden: **1.**süt emmek, emzikte olmak. **2.**süt içmek.

شیرخوری şîrhorî: [şîr+horden>hor+î] **1.**süt emme. **2.**süt içme. **3.**süt şişesi.

شیر دادن şîr dâden: **1.**süt emzirmek. **2.**süt vermek.

شیردان şîrdân: [şîr+dân] kuzu, oğlak veya koyun işkembesi, şirden.

شیر در زنجیر şîrderzencîr: (F.) [şîr+der+ zencîr] zincire vurulmuş arslan.

شیردل şîrdil: [şîr+dil] arslan yürekli, cesur, korkusuz.

شیردلیر şîrdilîr: (F.) [şîr+dilîr] arslan gibi cesur.

شیردوش şîrdûş: [şîr+dûşîden>dûş] süt sağan.

شیرده şîrdih: [şîr+dâden>dih] süt veren anne veya hayvan.

شیرزن şîrzen: [şîr+zen] cesur kadın.

شیرزنه şîrzene: [şîr+zeden>zen+e] yayık.

شیرزهره şîrzehre: [şîr+zehre] yürekli, yılmaz, cesur.

شیر شدن şîr şoden: arslan kesilmek, cesur olmak.

شیرشکار şîrşikâr: [şîr+şikâr] **1.**arslan avcısı. **2.**cesur, yürekli.

شیر شکری şîrşekerî: [şîr+şeker+î] açık krem rengi.

شیرفروش şîrfurûş: [şîr+furûhten>furûş] sütçü, süt satan.

شیر فهم کردن şîr fehm kerden: zorla anlatmak.

شیرقهوه şîrkahve: [şîr+kahve] sütlü kahve.

شیرک şîrek: [şîr+ek] **1.**özsuyu, salgı, usare. **2.**şarap. **3.**haşhay salgısı.

شیرک şîrek: [şîr+ek] cesur, yürekli.

شیرک خانه şîrekhâne: [şîrek+hâne] **1.**meyhane. **2.**haşhaş salgısı içilen yer.

شیرک شدن şîrek şoden: cesur olmak, arslan kesilmek.

شیرک کردن şîrek kerden: cesaret vermek, yüreklendirmek.

شیرگرم şîrgerm: [şîr+germ] ılık.

شیرگون şîrgûn: [şîr+gûn] sütbeyaz, bembeyaz, süt rengi.

شیرگیر şîrgîr: (F.) [şîr+giriften>gîr] **1.**arslan yürekli, cesur. **2.**arslan tutan, arslan yakalayan. **3.**çakırkeyif.

شیرمال şîrmâl: [şîr+mâlîden>mâl] bir tür sütlü ekmek.

شیرمرد şîrmerd: [şîr+merd] cesur, yürekli, korkusuz, arslan yürekli.

شیرمست şîrmest: [şîr+mest] çok sütemmiş koyun, keçi veya ceylan yavrusu.

شیرمگس şîrmeges: [şîr+meges] (zool.) örümcek.

شیروان şîrvân: (coğ.) Şirvan.

شیروانی şîrvânî: [şîrvân+î] **1.**Şirvanlı. **2.**çatı. **3.**bir tür dört köşe çadır.

شیر و خورشید şîr u horşîd: Kızılay.

شیر و شکر şîr u şeker: **1.**şekerli süt. **2.**bir tür ipekli kumaş.

شیره şîre: [şîr+e] **1.**şıra. **2.**meyva suyu. **3.**pekmez. ‖ * ~ be ~ kerden شیره به شیره کردن bir çocuğu sütten kesmeden bir çocuk daha doğurmak.

شیره خانه şîrehâne: [şîre+hâne] **1.**şırahane. **2.**meyhane.

شیره قند şîrekand: [şîre+kand] ağda.

شیره کش şîrekeş: [şîre+keşîden>keş] **1.**şıracı. **2.**meyva suyu çıkaran.

شیری şîrî: [şîr+î] **1.**sütten. **2.**beyaz. **3.**süt çocuğu. ‖ * dendân-i ~ دندان شیری süt dişi.

شیر یا خط şîryâhet: [şîr+yâ+het] yazı-tura, para-tura.

شیری رنگ şîrîreng: [şîr+î+reng] beyaz.

شیرین şîrîn: **1.**tatlı, şekerli. **2.**şirin, güzel. **3.**tam. **4.**revaç. **5.**Ferhad ile Şirin hikayesinin kadın kahramanı. **6.**şirin, sevimli. **7.**klasik Türk musikîsinde bir usül. **8.**bayan adı.

شیرین ادا şîrînedâ: (F.) [şîrîn+edâ] hoş tavırlı, hoşa giden hareketleri olan.

شیرین اطوار şîrînetvâr: (F.-A.) [şîrîn+ etvâr] hoş tavırlı.

شیرین بیان şîrînbeyân: (F.-A.) [şîrîn+ beyân] **1.**(bot.) meyan kökü. **2.**tatlı sözlü, tatlı dilli, güzel ifadeli.

شیرین جمال şîrîncemâl: (F.-A.) [şîrîn+ cemâl] yüzü sevimli.

شیرین حرکات şîrînharekât: (F.-A.) hareketleri göz okşayan.

شیرین دهن şîrîndehen: [şîrîn+dehen] tatlı ağızlı, tatlı dilli, tatlı dudaklı.

شیرین دهنان şîrîndehenân: (F.) [şîrîn+ dehen+ân] tatlı ağızlılar, tatlı dilliler, tatlı dudaklılar.

شیرین رو şîrînrû: [şîrîn+rû] güzel yüzlü, şirin yüzlü.

شیرین زبان şîrînzebân: [şîrîn+zebân] tatlı dilli.

شیرین سخن şîrînsohen: [şîrîn+sohen] **1.**şirin sözlü, tatlı sözlü. **2.**şakacı.

شیرین شدن şîrîn şoden: pahalanmak.

شیرین طعم şîrîntu'm: (F.-A.) tadı hoş, lezzetli.

شیرین قیافه şîrînkıyâfe: (F.-A.) [şîrîn+ kıyâfe] **1.**yakışıklı. **2.**şık. **3.**güzel yüzlü.

شیرین کار şîrînkâr: [şîrîn+kâr] **1.**iyi davranışlı, cilveli. **2.**şakacı. **3.**tatlı dilli.

شیرین کاری şîrînkârî: [şîrîn+ kâşten>kâr+î] **1.**hüner gösterme. **2.**güzel söz söyleme.

شیرین کاشتن şîrîn kâşten: bir işi iyi yapmak.

شیرین کام şîrînkâm: (F.) [şîrîn+kâm] tadı damağında.

شیرین گوار şîrînguvâr: (F.) [şîrîn+ guvârîden>guvâr] tadı hoş, leziz.

شیرین مقال şîrînmakâl: (F.-A.) [şîrîn+ makâl] tatlı sözlü.

شیرین نظر şîrînnazar: (F.-A.) [şîrîn+ nazar] güzel bakışlı, hoş bakışlı.

شیرینی şîrînî: [şîrîn+î] **1.**tatlı. **2.**pasta. **3.**helva. **4.**tatlılık. **5.**şirinlik.

شیرینی پز şîrînîpez: [şîrînî+pohten>pez] tatlıcı, pastacı, şekerci.

شیرینی پزی şîrînîpezî: [şîrînî+pohten> pez+î] tatlıcılık, pastacılık, şekercilik.

شیرینی خوران şîrînîhorân: [şîrînî+ horden>hor+ân] nikâhtan önce damat tarafından gelin evine gönderilen tatlı ve pasta ile yapılan tören.

شیرینی خوری şîrînîhorî: [şîrînî+horden> hor+î] nişan töreni.

شیرینی ساز şîrînîsâz: [şîrînî+sâhten>sâz] şekerci, tatlıcı, pastacı.

شیرینی سازی şîrînîsâzî: [şîrînî+sâhten> sâz+î] şekercilik, tatlıcılık, pastacılık.

شیرینی فروش şîrînîfurûş: [şîrînî+ furûhten> furûş] pastacı, tatlıcı.

شیرینی فروشی şîrînîfurûşî: [şîrînî+ furûhten>furûş+î] pastane, tatlıcı dükkânı, şekerci dükkânı.

شیزوفرنی şizofreni: (Fr.) (tıb.) şizofreni.

شیشک şîşek (zool.) bir yıllık kuzu.

شیشکی şîşekî: **1.**(argo) cart çekme. **2.**palavra.

شیشکی انداختن şîşekî endâhten: **1.**(argo) cart çekmek. **2.**palavra sıkmak.

شیشکی بستن şîşekî besten: (argo) cart çekmek.

شیشکی زدن şîşekî zeden: cart çekmek.

شیشلیک şişlik: (T.) şiş kebabı.

شیشم şişom: (müz.) bir tür saz.

شیشه şîşe: (Peh.) **1.**cam. **2.**şişe. **3.**vitrin. ‖ * ~ -i sehbâ شیشهء صهبا şarap şişesi.

شیشه باز şîşebâz: [şîşe+bâhten>bâz] **1.**hilekâr, düzenbaz, hokkabaz. **2.**güneş.

شیشه بازی şîşebâzî: (F.) [şîşe+bâhten> bâz+î] hokkabazlık.

شیشه بر şîşebor: [şîşe+borîden>bor] camcı.

شیشه ساز şîşesâz: [şîşe+sâhten>sâz] camcı, şişeci.

شیشه کشیدن şîşe keşîden: cam açmak (taşıtta).

شیشه گر şîşeger: [şîşe+ger] camcı.

شیشه گرخانه şîşegerhâne: [şîşe+ger+

hâne] cam fabrikası.

شیشه گری şîşegerî: [şîşe+ger+î] camcılık.

شیطان şeytân: (A.) **1.**şeytan. **2.**yaramaz, haylaz, itaatsiz. ‖ * ~ tu pûst-i kesî reften شیطان تو پوست کسی رفتن şeytana uymak. ‖ * ez har-i ~ pâyîn âmeden از خر شیطان پایین آمدن inadı bırakmak. ‖ * ez har-i ~ pâyîn âverden از خر شیطان پایین آوردن vazgeçirmek, inadından vazgeçirmek.

شیطان پسند şeytânpesend: (A.-F.) [şeytân+ pesendîden> pesend] şeytanın beğendiği, şeytanca.

شیطان پسندانه şeytânpesendâne: (A.-F.) [şeytân+ pesendîden>pesend+âne] şeytanın beğeneceği, şeytanca.

شیطانکارانه şeytankârâne: (A.-F.) [şeytân+kâr+âne] şeytanca.

شیطانی şeytânî: (A.-F.) [şeytân+î] **1.**şeytanlık. **2.**haylazlık, yaramazlık. **3.**isyankârlık. **4.**şeytanca, şeytanî.

شیطرجیه şeytaraciyye: (A.) dişotugiller.

شیطنت şeytenet: (A.) **1.**şeytanlık. **2.**haylazlık, yaramazlık. **3.**muziplik.

شیطنت آمیز şeytenetâmîz: (A.-F.) [şeytenet+âmîhten>âmîz] şeytanca, haylazca.

شیطنتکارانه şeytanetkârâne: (A.-F.) [şeytanet+kâr+ âne] şeytanca, şeytanlık ederek.

شیطنت کردن şeytenet kerden: haylazlık etmek, yaramazlık yapmak.

شیع şiye': ('Ar.) **1.**şîîler. **2.**dostlar.

شیعه şî'e: (A.) **1.**şî'a, şiîlik. **2.**dostlar.

شیعی şî'î: (A.) şî'î.

شیعی المذهب şî'îyyulmezheb: (A.) şi'î mezhebinde olan.

شیفت şift: (İng.) vardiya.

شیفتگی şîftegî: [şîften>şîft+e+g+î] **1.**hayranlık, tutkunluk, âşıklık. **2.**şaşkınlık.

شیفتن şîften: (Peh.) **1.**hayran olmak, aşık olmak, tutulmak. **2.**şaşırmak.

شیفته şîfte: [şîften>şîft+e] hayran, aşık, tutkun.

شیفته دل şîftedil: (F.) [şîfte+dil] aşık, sevdalı, tutkun.

شیفته شدن şîfte şoden: aşık olmak, hayran olmak, tutulmak.

شیفته کردن şîfte kerden: hayran etmek, aşık etmek.

شیفر şifr: (Fr.) şifre.

شیک şik: (Fr.) şık.

شیک پوش şikpûş: (F.-Fr.) [şik+pûşîden> pûş] şık, güzel giyimli.

شیکی şikî: (Fr.-F.) [şik+î] şıklık.

شیل şil: balık avı.

شیلان şîlân: **1.**üzüm. **2.**unnap. **3.**büyük sofra.

شیلان کشیدن şîlân keşîden: **1.**sofra yaymak, sofra kurmak. **2.**(kin.) yararlanmak, istifade etmek.

شیله و پیله şîle vu pîle: hile, düzen.

شیلینگ şiling: (İng.) şilin.

شیم şiyem: (A.) huylar.

شیمشیر şimşîr: kılıç.

شیمه şîme: (A.) huy, tabiat, âdet.

شیمی şîmî: (Fr.) kimya. ‖ * ~ -i zîstî شیمیء زیستی biyokimya.

شیمیایی şimiyâyî: (Fr.-F.) [şimyâ+y+î] kimyasal, kimyevî. ‖ * mevâdd-i ~ مواد شیمیایی kimyasal maddeler.

شیمیدان şîmîdân: (Fr.-F.) [şîmî+ dânisten> dân] kimyacı, kimyager.

شیمیست şimist: (Fr.) kimyager, kimyacı.

شین şeyn: (A.) **1.**kusur. **2.**ayıp.

شیوا şîvâ: (Peh.) fasih, beliğ, olgun.

شیوا şiva (Hind.) Şiva.

شیوازبان şîvâzebân: [şîvâ+zebân] fasih dilli.

شیوانیدن şîvânîden: **1.**karıştırmak. **2.**yoğurmak. **3.**titretmek.

شیوخ şuyûh: (A.) **1.**şeyhler. **2.**yaşlılar, ihtiyarlar.

شیوع şuyû': (A.) **1.**dağılma, yayılma. **2.**duyulma.

شیوع دادن şuyû' dâden: yaymak, dağıtmak, duyurmak.

شیوع یافتن şuyû' yâften: **1.**yayılmak, dağılmak, duyulmak. **2.**meşhur olmak.

شیوگی şîvegî: (F.) [şîve+g+î] işveli.

شیون şîven: (Peh.) **1.**feryat, çığlık, figan. **2.**ağıt. **3.**inilti. **4.**yas, matem.

شیون کردن şîven kerden: **1.**feryat etmek, çığlık atmak, yaygara çıkarmak, inlemek. **2.**ağıt tutmak.

شیونگاه şîvengâh: (F.) [şîven+gâh] yas evi, matem evi.

شیونگه şîvengeh: (F.) [şîven+geh] yas evi, matem evi.

شیوه şîve: **1.**şive. **2.**tarz, stil, yöntem. **3.**davranış, cilve, âdet, huy. **4.**hile. ‖ * bedin ~ بدین شیوه böylece, böylelikle, bu şekilde.

شیوه باز şîvebâz: (F.) [şîve+bâhten>bâz] işveli, cilveli.

شیوه بازی şîvebâzî: (F.) [şîve+bâhten> bâz+î] işve, cilve.

شیوه دار şîvedâr: (F.) [şîve+dâşten>dâr] işveli, cilveli.

شیوه کار şîvekâr: (F.) [şîve+kâr] işveli, cilveli.

شیوه گر şîveger: [şîve+ger] **1.**yolluyordamlı. **2.**işveli. **3.**hilekâr.

شیوه گری şîvegerî: [şîve+ger+î] **1.**naz, işve. **2.**hilekârlık.

شیوه نما şîvenumâ: (F.) [şîve+numûden> numâ] **1.**işveli, cilveli, nazlı. **2.**klasik Türk musikîsinde bir makam.

شیویدن şîvîden: karışmak.

شیهه şeyhe, şiyhe: kişneme, kişneyiş.

شیهه زدن şeyhe zeden: kişnemek.

شیهه کشیدن şeyhe keşîden: kişnemek.

ص

ص sad: **1.**"S, s" Farsça alfabenin on yedinci harfi. **2.**ebced sistemine göre sayısal değeri: 90. **3.**"sahîfe"(sayfa) kelimesinin kısaltılmış şekli. **4.**"sallallâhu aleyh"in kısaltılmış şekli.

صائب sâ'ib: (A.) **1.**isabetli. **2.**hata yapmayan. **3.**hedefe uygun. **4.**erkek adı.

صائب التدبير sâ'ibuttedbîr: (A.) isabetli önlemler alan.

صائبه sâ'ibe: (A.) isabetli.

صائبى sâ'ibî: (A.) yıldıza tapan.

صائبيون sâibiyyûn: (A.) yıldızlara tapanlar.

صائت sâ'it: (A.) **1.**sesli. **2.**ses çıkaran. **3.**sesli harf.

صائته sâ'ite: (A.) **1.**sesli. **2.**ses çıkaran. **3.**sesli harf.

صائل sâ'il: (A.) saldırgan, saldıran.

صائم sâ'im: (A.) oruçlu, oruç tutan.

صائمون sâ'imûn: (A.) oruçlular, oruç tutanlar.

صائمه sâ'ime: (A.) **1.**oruçlu. **2.**bayan adı.

صائمين sâ'imîn: (A.) oruçlular, oruç tutanlar.

صابئى sâbi'î: (A.) **1.**yıldıza tapan, sâbi'î. **2.**putperest.

صابئين sâbi'în: (A.) yıldıza tapanlar.

صابر sâbir: (A.) **1.**sabırlı. **2.**Tanrı'nın sıfatlarından biri. **3.**erkek adı.

صابر شدن sâbir şoden: sabırlı olmak.

صابره sâbire: (A.) **1.**sabırlı, sabreden. **2.**bayan adı.

صابرى sâbirî: (A.-F.) [sâbir+î] sabır.

صابرين sâbirîn: (A.) sabırlılar, sabredenler.

صابون sâbûn: (Yun.-A.) sabun.

صابون پز sâbûnpez: (Yun.-A.-F.) [sâbûn+ pohten>pez] sabuncu, sabun imalatçısı.

صابون پزى sâbûnpezî: (Yun.-A.-F.) [sâbûn+ pohten>pez+î] sabunculuk, sabun imalatı.

صابون زدن sâbûn zeden: sabunlamak, sabunla yıkamak. ‖ * ~ be dil صابون زدن به دل ümit taşımak, umutlu olmak.

صابون ساز sâbûnsâz: (Yun.-A.-F.) [sâbûn+ sâhten>sâz] sabuncu, sabun imalatçısı.

صابون سازى sâbûnsâzî: (Yun.-A.-F.) [sâbûn+ sâhten>sâz+î] sabunculuk, sabun imalatı.

صابون فروش sâbûnfurûş: (Yun.-A.-F.) [sâbûn+ furûhten>furûş] sabun satıcısı, sabuncu.

صابونى sâbûnî: (Yun.-A.-F.) [sâbûn+î] **1.**sabun ile ilgili. **2.**sabuncu. **3.**temiz, yıkanmış, sabunlanmış. **4.**bir tür zümrüt. **5.**(bot.) çöğen, sabun otu.

صابونيه sâbûniyye: (A.) **1.**sabuncu. **2.**sabunlu. **3.**bir tür nişasta helvası.

صابىء sâbi': (A.) yıldıza tapan.

صاحب sâhib: (A.) **1.**sahip, malik. **2.**yol arkadaşı. **3.**mister, bay. **4.**vezir.

صاحبات sâhibât (A.) bayan sahipler, sahibeler.

صاحب احتشام sâhibihtişâm: (A.-F.) [<sâhib-i ihtişâm] haşmetli.

صاحب احتكار sâhibihtikâr: (A.-F.) [<sâhib-i ihtikâr] vurguncu.

صاحب اختيار sâhibihtiyâr: (A.-F.) [sâhib+ihtiyâr] muhtar.

صاحب اقتدار sâhibiktidâr: (A.-F.) [sâhib+ iktidâr] iktidar sahibi, muktedir, güçlü.

صاحب البيت sâhibulbeyt: (A.) ev sahibi.

صاحب الخيرات sâhibulhayrât: (A.) hayır sahibi.

صاحب السلم sâhibusselem: (A.) "selem" işleminde para veren müşteri.

/sa:d/

صاحب المعراج sâhibulmi'râc: (A.) miraca çıkan Hz. Muhammed.

صاحب المقاسم sâhibulmekâsim: (A.) ganimet dağıtım görevlisi.

صاحب تجمل sâhibtecemmul: (A.-F.) [<sâhib-i tecemmul] gösteriş sahibi, debdebeli hayat süren.

صاحب تقدم sâhibtekaddum: (A.-F.) [sâhib+ tekaddum< sahib-i tekaddum] öncelik sahibi.

صاحب امتياز sâhibimtiyâz: (A.-F.) [sâhib+ imtiyâz] imtiyaz sahibi.

صاحب تجربه sâhibtecri(u)be: (A.-F.) [sâhib+ tecri(u) be] deneyimli, tecrübeli.

صاحب جاه sâhibcâh: (A.-F.) [sâhib+câh] **1.**mevki sahibi, makam sahibi. **2.**değerli.

صاحب جمال sâhibcemâl: (A.-F.) [sâhib+cemâl] güzel, alımlı, yakışıklı.

صاحب چيز sâhibçîz: (A.-F.) [sâhib+çîz] varlıklı, zengin.

صاحب خاطر sâhibhâtir: (A.-F.) [sâhib+ hâtir] **1.**şair. **2.**güzel huylu, iyi huylu.

صاحب خانه sâhibhâne: (A.-F.) [sâhib+ hâne] ev sahibi.

صاحب خبر sâhibheber: (A.-F.) [sâhib+ heber] **1.**habirli, bilgili. **2.**elçi, sefir. **3.**kapıcı.

صاحب خروج sâhibhurûc: (A.-F.) [sâhib+hurûc<sâhib-i hurûc] isyancıbaşı.

صاحب خير sâhibheyr: (A.-F.) [sâhib+heyr] hayır sahibi, iyilik sahibi.

صاحب دل sâhibdil: (A.-F.) [sâhib+dil] **1.**gönül ehli, halden anlayan, arif. **2.**yürekli, cesur. **3.**derviş.

صاحب ديوان sâhibdîvân: (A.-F.) [sâhib+ dîvân] **1.**vezir, divan reisi. **2.**maliye bakanı. **3.**(ed.) divan sahibi şair.

صاحب رقم sâhibrakam: (A.) [sâhib+ rakam<sâhib-i rakam] yazan.

صاحب سخن sâhibsohen: (A.-F.) [<sâhib-i suhan] söz sahibi, şair.

صاحب شدن sâhib şoden: sahip olmak.

صاحب ظهور sâhibzuhûr: (A.-F.) [sâhîb+ zuhûr<sâhib-i zuhûr] başkaldıran, ayaklanan.

صاحب عزم sahib'azm: (A.-F.) [<sâhib+ azm<sâhib-i azm] azimli, azim sahibi.

صاحب عيار sâhib'ayâr: (A.-F.) ayarlı.

صاحب فراش sâhibfirâş: (A.-F.) [sâhib+ firâş<sâhib-i firâş] yatağa düşmüş hasta, yatalak hasta.

صاحب قدم sâhibkadem: (A.-F.) [<sâhib-i kadem] ayağı uğurlu.

صاحب قران sâhibkırân: (A.-F.) [sâhib+ kırân] **1.**ulu padişah. **2.**yüce insan. **3.**uğurlu.

صاحب كرامت sâhibkerâmet (A.-F.) [<sâhib+kerâmet <sâhib-i kerâmet] keramet sahibi.

صاحب كفايت sâhibkifâyet (A.-F.) [sâhib+ kifâyet <sâhib-i kifâyet] yeterlilik sahibi, kifayetli kişi.

صاحب كلاه sâhibkulâh (A.-F.) [<sâhib-i kulâh] hükümdar, padişah.

صاحب كمال sâhibkemâl (A.-F.) [sâhib+ kemâl<sâhib-i kemâl] olgun kişi, kemale ermiş kişi.

صاحب لاف sâhiblâf (A.-F.) [sâhib+lâf <sâhib-i lâf] laf sahibi, şair.

صاحب محضر sâhibmehzer: (A.-F.) [sâhib+ mehzer] noter.

صاحب مذاق sâhibmezâk (A.) [sâhib+ mezâk<sâhib-i mezâk] zevk sahibi.

صاحب مرده sâhibmorde: [sâhib+ morden> mord+e] sahipsiz mal.

صاحب مسند sâhibmesned (A.) [sâhib+ mesned<sâhib-i mesned] kürsü sahibi.

صاحب مكرمت sâhibmekrumet (A.-F.) [sahib+mekrumet <sâhib-i mekrumet] cömertlik sahibi, kerem sahibi.

صاحب ملک sâhibmilk, sâhibmolk: (A.-F.) [sâhib+mi(o) lk] mülk sahibi.

صاحب منصب sâhibmensib: (A.-F.) [sâhib+mensib] **1.**makam sahibi. **2.**yüksek dereceli memur. **3.**subay.

صاحب نظر sâhibnezer: (A.-F.) [sâhib+ nezer] **1.**görüş sahibi, fikir sahibi, otorite. **2.**arif. **3.**dindar. **4.**bakmayı bilen.

صاحب وجود sâhibvucûd: (A.-F.) [sâhib+ vucûd<sâhib-i vucûd] hatırı sayılan, sözü geçen.

صاحب وقار sâhibvakâr: (A.-F.) [<sâhib-i vekâr] ağırbaşlı.

صاحب ولايت sâhibvilâyet: (A.-F.) [sâhib-i velâyet] velî.

صاحبه sâhibe: (A.) **1.**bayan sahip. **2.**bayan adı.

صاحبة البيت sâhibetulbeyt: (A.) ev sahibesi.

صاحبة الخيرات sâhibetulhayrât: (A.) hayır sahibi bayan.

صاحب هنر sâhibhoner: (A.-F.) [sâhib+ honer] hünerli, hüner sahibi, sanatkâr.

صادر sâdir: (A.) olan, çıkan, meydana gelen, yüz gösteren.

صادرات sâdirât: (A.) dışsatım, ihracat.

صادراتى sâdirâtî: (A.-F.) [sâdirât+î] ihracatla ilgili. ‖ * kâlâ-yi ~ كالاى صادراتى ihraç malı.

صادر شدن sâdir şoden: **1.**çıkmak, sadır olmak, kaynaklanmak. **2.**ihraç edilmek, gönderilmek. **3.**ilan edilmek.

صادر كردن sâdir kerden: **1.**ihraç etmek. **2.**çıkarmak.

صادر كننده sâdir konende: [sâdir+ kerden> kon+ende] ihracatçı.

صادره sâdire: (A.) **1.**çıkan. **2.**imzadan çıkan.

صادق sâdik: (A.) **1.**dürüst, doğru. **2.**bağlı, yürekten bağlı. **3.**açık. **4.**erkek adı.

صادق البيان sâdıkulbeyân: (A.) doğru beyanda bulunan.

صادق القول sâdikulkovl: (A.) doğru sözlü, sözünde duran, sözünün eri.

صادق الكلام sâdıkulkelâm: (A.) doğru sözlü.

صادق الوعد sâdıkulva'd: (A.) sözünde duran.

صادقانه sâdikâne: (A.-F.) [sâdik+âne] dürüstçe, dosdoğru, doğru olarak.

صادقه sâdike: (A.) **1.**dürüst, doğru. **2.**yürekten bağlı.

صارف sârif: (A.) **1.**harcayan. **2.**değiştiren. **3.**tüketen.

صارفه sârife: (A.) değişme.

صارم sârim: (A.) **1.**kesici, keskin. **2.**cesur.

صارمه sârime: (A.) keskin, kesici.

صاع sâ': (A.) **1.**bir ağırlık birimi: dört batman. **2.**bin dirhemlik tahıl ölçeği.

صاعد sâ'id: (A.) yükselen, yukarı çıkan, kalkan, yüksek.

صاعقه sâ'ika: (A.) yıldırım.

صاعقه آسا sâikaâsâ: (A.-F.) [sâ'ika+âsâ] yıldırım gibi.

صاعقه بازو sâikabâzû: (A.-F.) [sâ'ika+ bâzû] yıldırım kollu.

صاعقه زده sâikazede: (A.-F.) [sâ'ika+ zeden>zed+e] yıldırım çarpmış.

صاعقه وارى sâikavârî: (A.-F.) [sâ'ika+ vârî] yıldırım gibi.

صاغ sağ: (T.) sağ, salim.

صاغرى sâğeri: (T.) sağrı.

صاف sâf: (A.) **1.**saf. **2.**temiz. **3.**açık. **4.**pürüzsüz, düz, dümdüz. **5.**dosdoğru. ‖ * ~ u pûst kende صاف و پوست كنده açık açık, dobra dobra.

صافات sâffât: (A.) **1.**sıraya girenler. **2.**sıra sıra olmuş melekler.

صاف درون sâfderûn: (A.-F.) [sâf+derûn] **1.**temiz kalpli. **2.**saf, kolay aldatılan.

صاف درونانه safderûnâne: (A.-F.) [sâf+ derûn+âne] saf saf, safça.

صاف دل sâfdil: (A.-F.) [sâf+dil] **1.**temiz kalpli. **2.**saf, kolay aldatılan.

صافدلانه sâfdilâne: (A.-F.) [sâf+dil+âne] **1.**temiz kalplilikle. **2.**saf saf, safça, saflıkla.

صافدلى sâfdilî: (A.-F.) [sâf+dil+î] **1.**temiz kalplilik. **2.**saflık, kolay aldatılma.

صاف سينه sâfsîne: (A.-F.) [sâf+sîne] temiz kalpli, yüreği temiz.

صاف شدن sâf şoden: **1.**açılmak. **2.**berraklaşmak. **3.**tıraşlanmak, pürüzsüz olmak.

صاف ضمير sâfzamîr: (A.) [sâf+zamîr] yüreği temiz, temiz kalpli.

صاف كردن sâf kerden: **1.**süzmek, arıtmak, tasfiye etmek. **2.**tıraşlamak, düzletmek. **3.**yüzü tıraş etmek. **4.**düzeltmek. **5.**dümdüz etmek, yamyassı etmek.

صافن sâfin: (A.) soylu at, iyi cins at.

صافنات sâfinât: (A.) soylu atlar, iyi cins atlar.

صاف ناز sâfinâz: (A.T.) [sâf+nâz] **1.**hep naz eden. **2.**bayan adı.

صاف و صوف كردن sâf u sûf kerden: telafi etmek.

صافى sâfî: (A.-F.) [sâf+î] **1.**saflık. **2.**temizlik. **3.**halis, saf, net. **4.**süzgeç, filtre.

صافيانه sâfiyâne: (A.-F.) [sâf+î+y+âne] safça.

صافيت sâfiyyet: (A.) **1.**saflık, temizlik, **2.**temiz kalplilik. **3.**safdillik.

صافى درون sâfîderûn: (A.-F.) [sâfî+ derûn] temiz kalpli, safdil.

صافى شدن sâfî şoden: **1.**temizlenmek. **2.**süzülmek. **3.**tasfiye edilmek, arıtılmak. **4.**saflaşmak.

صافى كردن sâfî kerden: **1.**temizlemek. **2.**süzmek. **3.**tasfiye etmek, arıtmak.

صافى مشرب sâfîmeşreb: (A.) [sâfi+ meşreb] temiz huylu, temiz meşrepli.

صالح sâlih: (A.) **1.**uygun, elverişli. **2.**yararlı. **3.**yetkili. **4.**din kurallarına uyan. **5.**erkek adı.

صالحات sâlihât: (A.) **1.**din kurallarına uygun işler, dince makbul olan şeyler. **2.**hayır sahibi kadınlar.

صالحون sâlihûn: (A.) salih kişiler, temiz müslümanlar, din kurallarına göre hareket eden müslümanlar.

صالحه sâlihe: (A.) **1.**temiz kadın. **2.**uygun, elverişli. **3.**yararlı. **4.**yetkili. **5.**din kurallarına uyan. **6.**bayan adı.

صامت sâmit: (A.) **1.**sessiz, suskun. **2.**cansız. **3.**(gr.) sessiz harf, konson.

صامتانه sâmitâne: (A.-F.) [sâmit+âne] suskun suskun, çıtı çıkmadan, sessizce.

صامى sâmî: (A.) **1.**katılık, sertlik. **2.**kuruluk.

صانع sâni': (A.) **1.**yapan. **2.**yaratan. **3.**Tanrı.**4.**sanatkâr.

صاويه sâviye: (A.) halvetîlik tarikatının bir kolu.

صاهل sâhil: (A.) kişneyen.

صاهور sâhûr: (A.) ay tutulması sırasında dünyanın ay üzerine düşen gölgesi.

صايب sâyib: (A.) isabetli, doğru, dürüst.

صايحه sâyihe: (A.) **1.**bağıran. **2.**matem, ağlayış.

صايم sâyim: (A.) oruçlu.

صب sebb: (A.) **1.**dökme (sıvı). **2.**bela gelmek.

صبا sebâ: (A.) **1.**saba rüzgârı, seher yeli. **2.**(müz.) sabâ makamı.

صباء sabâ': (A.) çocuklaşma, çocukluğa özenme.

صبابت sabâbet: (A.) sevgi, aşk.

صبا برابر sabâberâber (A.-F.) [sabâ+ berâber] sabâ rüzgârı gibi hoş ve hafif.

صباح sebâh: (A.) sabah.

صباح الخير sabâhulhayr: (A.) **1.**iyi sabahlar, günaydın. **2.**atların alnındaki be-yaz leke.

صباحت sebâhet: (A.) güzel yüzlülük, güzellik, yüz güzelliği.

صباح كردن sebâh kerden: iyi sabahlar dilemek.

صباحگاه sabâhgâh: (A.-F.) [sabâh+gâh] sabah vakti.

صباخيز sabâhîz: (A.-F.) [sabâ+hâsten> hîz] sabah rüzgârıyla birlikte kalkan.

صبار sebbâr: (A.) **1.**çok sabırlı. **2.**Tanrı'nın sıfatlarından biri.

صبارا subârâ: (A.) (tıb.) malihülya, melankoli.

صبارت sabâret: (A.) kefalet.

صبارفتار sabâreftâr: (A.-F.) [sabâ+reftâr] rüzgâr gibi hızlı giden at.

صباريه sabbâriyye: (A.) atlasçiçeğigiller.

صباغ sebbâg: (A.) **1.**boyacı, iplik boyacısı. **2.**deri altındaki boya hücreleri.

صباغ sibâg: (A.) **1.**boya. **2.**yaratılış.

صباغات sibâgât: (A.) boyalar.

صباغى sebbâgî: (A.-F.) [sebbâg+î] boyacılık, iplik ve kumaş boyacılığı.

صبامثال sabâmisâl: (A.) [sabâ+misâl] sabâ rüzgârına benzeyen, sabah meltemi gibi.

صباوت sebâvet: (A.) çocukluk.

صبايا sebâyâ: (A.) kızlar, kız çocukları.

صبح sobh: (A.) **1.**sabah. **2.**sabahki. ‖ * ~ be hayr صبح به خير günaydın, iyi sabahlar. ‖ * ~ u mesâ صبح و مساء sabah akşam. ‖ * ~ -i kâzib صبح كاذب yalancı sabah, fecir vaktinden önceki geçici tan ağartısı. ‖ * ~ -i sâdik صبح صادق tan ağartısı. ‖ * ~ -i şomâ be hayr صبح شما به خير günaydın, iyi sabahlar.

صبحانه sobhâne: (A.-F.) [sobh+âne] kahvaltı, sabah kahvaltısı. ‖ * ~ râ âmâde kerden صبحانه را آماده كردن kahvaltı hazırlamak.

صبحانه خوردن sobhâne horden: kahvaltı etmek.

صبح خوان sobhhân: (A.-F.) [sobh+ hânden> hân] **1.**sabah öten kuş. **2.**bülbül.

صبح دل sobhdil: (A.-F.) [sobh+dil] **1.**temiz kalpli. **2.**perhizkâr.

صبح دم sobhdem: (A.-F.) [sobh+dem] sabah vakti, sabahleyin.

صبح دميدن sobh demîden: sabah olmak.

صبح رو sobhrov: (A.-F.) [sobh+reften> rev> rov] **1.**sabah yola çıkan, sabah giden. **2.**yolcu.

صبح شدن sobh şoden: sabah olmak.

صبح كردن sobh kerden: sabahlamak, sabahı çıkarmak, sabahı etmek.

صبحگاه sobhgâh: (A.-F.) [sobh+gâh] sabahleyin, sabah vakti.

صبحگاهى sobhgâhî: (A.-F.) [sobh+ gâh+î] sabahleyin, sabah vakti.

صبح وش subhveş (A.-F.) [subh+veş] sabah gibi.

صبحه subha: (A.) heyûla, güneş ışığında görülebilen ince toz.

صبر sebr: (A.) **1.**sabır. **2.**aksırma, hapşırma. ‖ * ~ i kesî lebrîz şoden صبر كسى لبريز شدن sabrı taşmak. ‖ * ~ -i kesî temâm şoden صبر كسى تمام شدن sabrı tükenmek. ‖ * ~ -i zerd صبر زرد (bot.) sarısabır. ‖ * bâ ~ kûre helvâ mîşeved با صبر قوره حلوا ميشود sabırla koruk helva olur. ‖ * kâse-i ~ -i kesî lebrîz şoden كاسهء صبر كسى لبريز شدن sabrı taşmak, sabrı tükenmek. ‖ * seng-i ~ berdil besten سنگ صبر بر دل بستن dişini sıkmak, sabretmek.

صبر آوردن sebr âverden: sabretmek.

صبر داشتن sebr dâşten: sabırlı olmak, sabretmek.

صبر فرمودن sebr fermûden: beklemek.

صبر كردن sebr kerden: **1.**sabretmek. **2.**beklemek. **3.**aksırmak, hapşırmak.

صبر گزيدن sebr gozîden: sabretmek.

صبره subre: (A.) birikinti, yığın, öbek.

صبغ sabg: (A.) **1.**boyama. **2.**boyanma. **3.**ispirto, eter ve kimi bitki kökleriyle yapılan ilaç.

صبغ sibg: (A.) **1.**boya. **2.**vaftiz. **3.**din. **4.**mezhep. **5.**ispirto ve lokman ruhu içinde eritilen boya maddeleri.

صبغة الله sibgatullâh: (A.) Tanrı'nın yaratıcı gücü.

صبغه sibga: (A.) **1.**boya. **2.**vaftiz. **3.**din. **4.**mezhep. **5.**ispirto ve lokman ruhu içinde eritilen boya maddeleri.

صبوان sibvân: (A.) çocuklar.

صبوح sebûh: (A.) **1.**sabah içilen şarap, sabuh. **2.**sabah sağılan süt. **3.**mahmurluğu kaldıran içki. **4.**sürahi, matara.

صبوح كردن sebûh kerden: sabah şarabı içmek, sabuh içmek.

صبوحى sebûhî: (A.-F.) [sebûh+î]

1.sabah içilen şarap, sabuh. **2.**sabah şarabı içme.

صبوحی دادن sebûhî dâden: sabah şarabı içirtmek, sabah şarabı sunmak.

صبوحی زدن sebûhî zeden: sabah şarabı içmek, sabuh içmek.

صبوحی ساختن sebûhî sâhten: sabah şarabı içmek, sabuh içmek.

صبوحی کردن sebûhî kerden: sabah şarabı içmek, sabuh içmek.

صبور sebûr: (A.) **1.**sabırlı. **2.**Tanrı'nın sıfatlarından biri.

صبورانه sabûrâne (A.-F.) [sabûr+âne] sabrederek, sabırla.

صبوری sebûrî: (A.-F.) [sebûr+î] sabır, sabırlılık.

صبی sebî: (A.) çocuk, küçük çocuk, sabi.

صبیان sibyân: (A.) çocuklar, küçük çocuklar, sabîler.

صبیح sabîh: (A.) güzel yüzlü, güzel, latif, hoş, şirin.

صبیح الوجه sabîhulvech: (A.) güzel yüzlü.

صبیحه sabîha: (A.) **1.**şirin, hoş, güzel. **2.**bayan adı.

صبیر subeyr: (A.) (bot.) kaktüs.

صبیه sebiyye: (A.) kız çocuğu.

صبیه sabye: (A.) küçük erkek çocukları, oğlanlar.

صبیه sibye: (A.) çocuklar.

صبیه subye: (A.) çocuklar.

صح sahh: (A.) "doğru, yanlışı yok" anlamına gelen kısaltma.

صحائف sehâ'if: (A.) sayfalar.

صحاب sihâb: (A.) **1.**dostlar. **2.**ashab.

صحابت sehâbet: (A.) **1.**arkadaşlık, dostluk. **2.**yoldaşlık, yol arkadaşlığı. **3.**koruma, arka çıkma, destek.

صحابتکار sahâbetkâr: (A.-F.) [sahâbet+ kâr] sahip çıkan, koruyan.

صحابه sehâbe: (A.) **1.**dostlar, arkadaşlar. **2.**Hz. Muhammed'in görüp konuşan müminler, sahabîler.

صحابی sehâbî: (A.) Hz. Muhammed'i görüp onunla konuşan mümin.

صحابیه sehâbiyye: (A.) Hz. Muhammed'i görüp onunla konuşan mümin kadın.

صحاح sehâh: (A.) **1.**sağlık. **2.**sağlam, kusursuz.

صحاح sîhah: (A.) **1.**doğrular. **2.**gerçekler.

صحاری sehârâ: (A.) **1.**kırlar, sahralar. **2.**çöller.

صحاری sehârî: (A.) **1.**(coğ.) kırlar, sahralar. **2.**çöller.

صحا عافیت sahhan âfiyet: (A.) afiyet olsun, yarasın.

صحاف sehhâf: (A.) ciltçi, kitapçı.

صحاف sihâf: (A.) geniş kaplar, düz kap-lar.

صحافی sehhâfî: (A.-F.) [sehhâf+î] **1.**ciltçi dükkânı. **2.**ciltçilik. **3.**ciltlenme. **4.**ciltleme.

صحافی شدن sehhâfî şoden: ciltlenmek.

صحافی کردن sehhâfî kerden: ciltlemek.

صحب sahb: (A.) **1.**sahipler. **2.**samimi dostlar.

صحبت sohbet: (A.) **1.**konuşma. **2.**söyleşi, sohbet. **3.**arkadaşlık. **4.**birleşme. **3.**söz, laf. ‖ * ~ be miyân âverden صحبت به میان آوردن söz etmek, bahsetmek. ‖ * ~ ez çîzî be miyân âmeden صحبت از چیزی به میان آمدن söz açılmak, söz edilmek, konu edilmek. ‖ * ~ ez çîzî pîş âmeden صحبت از چیزی پیش آمدن söz açılmak, söz edilmek, konu edilmek. ‖ * ~ râ idâme dâden سخن را ادامه دادن söze devam etmek. ‖ * ~ râ tagyîr dâden صحبت را تغییر دادن konuyu değiştirmek, sözü değiştirmek. ‖ * ~ -i çîzî ra pîş âverden صحبت چیزی را پیش آوردن konuyu açmak, meseleyi açmak. ‖ * ser-i ~ râ bâz kerden سر صحبت را باز کردن söz açmak.

صحبت آراستن sohbet ârâsten: sohbet etmek, konuşmak.

صحبت داشتن sohbet dâşten: sohbet etmek, konuşmak.

صحبت در گرفتن sohbet der giriften: sohbet başlamak, konuşma başlamak.

صحبت کردن sohbet kerden: **1.**konuşmak, sohbet etmek. **2.**bahsetmek.

صحبتگاه sohbetgâh (A.-F.) sohbet yeri.

صحبتی sohbetî: (A.-F.) [sohbet+î] sohbet arkadaşı.

صحت sıhhet: (A.) **1.**sağlık, sıhhat. **2.**doğruluk, güvenilirlik. **3.**sözdeki doğruluk. ‖ * ~ -i âb-i germ صحت آب گرم sıhhatler olsun, sağlık suların olsun. ‖ * adem-i ~ عدم صحت isabetsizlik.

صحت پذیرفتن sıhhet pezîroften: şifa bulmak, iyileşmek, sağlığına kavuşmak.

صحت خانه sıhhethâne: (A.-F.) [sıhhet+ hâne] hastane.

صحت داشتن sıhhet dâşten: doğru olmak.

صحت یافتن sıhhet yâften: iyileşmek, sağlığına kavuşmak.

صحراء sehrâ': (A.) **1.**(coğ.) sahra, kır, ova. **2.**(coğ.) çöl. ‖ * an sereş ~ est ان سرش صحرا است çok geniştir, alabildiğine geniştir. ‖ * ez ~ âverden از صحرا آوردن sokakta bulmak, bedava bulmak. ‖ * be ~ oftâden به صحرا افتادن ortaya çıkmak. ‖ * ser be ~ nihâden سر به صحرا نهادن **1.**kaçmak. **2.**çıldırmak, delirmek, çöllere düşmek.

صحرائی sehrâ'î: (A.) kır ile ilgili, ova ile ilgili, çöl ile ilgili.

صحرا رو sehrârov: (A.-F.) [sehrâ+ reften> rev>rov] çölde dolaşan.

صحراگزین sehrâgüzîn: (A.-F.) [sehra+ guzîden> guzîn] kıra yerleşmiş.

صحرانشین sehrânişîn: (A.-F.) [sehrâ+ nişesten>nişîn] **1.**göçebe. **2.**bedevî, çöl arabı.

صحرانشینی sehrânişînî: (A.-F.) [sehrâ+ nişesten>nişîn+î] **1.**göçebelik. **2.**bedevîlik.

صحرانورد sehrâneverd: (A.-F.) [sehrâ+ neverdîden> neverd] çöl aşan, ova aşan, çöllerde dolaşan.

صحروات sehravât: (A.) **1.**ovalar, kırlar. **2.**çöller.

صحرایی sehrâyî: (A.-F.) [sehrâ+y+î] **1.**kırsal, sahraya ait. **2.**çöle ait.

صحف suhuf: (A.) **1.**sayfalar. **2.**levhalar. **3.**kitaplar. **4.**kutsal kitapçıklar. ‖ * ~ -i âdem صحف آدم Tanrı'nın Cebrail vasıtasıyla Âdem peygambere gönderdiği 10 emir. ‖ * ~ -i ibrâhîm صحف ابراهیم Tanrı'nın Cebrail vasıtasıyla İbrahim peygambere gönderdiği 10 emir. ‖ * ~ -i idrîs صحف ادریس Tanrı'nın Cebrail vasıtasıyla İdris peygambere gönderdiği 30 emir. ‖ * ~ -i şît صحف شیث Tanrı'nın Cebrail vasıtasıyla Şît peygambere gönderdiği 50 emir.

صحل sahl: (A.) ses kısıklığı.

صحن sahn: (A.) **1.**avlu. **2.**orta boşluk, orta meydan. **3.**büyük kâse. **4.**saha. **5.**sahne. **6.**zil. **7.**üstü kubbeli alan.

صحنان sahnân: (A.) çifte zil.

صحنه sahne: (A.) **1.**sahne. **2.**taşlık tepelerin üstündeki düzlük. ‖ * der ~ zâhir şoden در صحنه ظاهر شدن sahneye çıkmak. ‖ * rûy-i ~ gozâşten روی صحنه گذاشتن sahnelemek, sahneye koymak.

صحنه ساز sahnesâz: (A.-F.) [sahne+ sâhten>sâz] sahne düzenleyici, sahne sorumlusu.

صحنه گردان sahnegerdân: (A.-F.) [sahne+ gerdânden>gerdân] rejisör.

صحنه گردانی sahnegerdânî: (A.-F.) [sahne+ gerdânden>gerdân+î] rejisörlük.

صحنین sahneyn: (A.) çifte zil.

صحو sahv: (A.) **1.**ayıkma, kendine gelme. **2.**iyileşme, hastalıktan kurtulma. **3.**trans halinden normale dönme.

صحون suhûn: (A.) sahneler.

صحوه sahve: (A.) ayıklık, uyanıklık.

صحه sihhe: (A.) onay, tasdik.

صحه sihha: (A.) sağlık. ‖ * hifz-i ~ حفظ صحه (tıb.) sağlık koruma.

صحه گذاشتن sıhhe gozâşten: onaylamak.

صحى sıhhî: (A.) **1.**sağlıkla ilgili, hekimliğe ait. **2.**sağlıklı.

صحيح sehîh: (A.) **1.**doğru, sağlam. **2.**sağlıklı, sağ, salim. **3.**doğru, haklısınız, evet. **4.**eksiksiz, kusursuz. **5.**kelimenin aslî harfleri. **6.**sahi, gerçekten. ‖ * ~ u sâlim صحيح و سالم sağ salim.

صحيحا sahîhan: (A.) gerçekten, sahiden.

صحيحه sahîhe: (A.) **1.**doğru. **2.**sağlıklı. ‖ * evrâk-i ~ اوراق صحيحه değerli kağıt, damgalı kağıt.

صحيفه sehîfe: (A.) **1.**sayfa. **2.**kitap. **3.**mektup. **4.**yeryüzü.

صحيون sıhhiyyûn: (A.) sağlıkçılar, hijyenistler.

صحيه sıhhiyye: (A.) **1.**sağlık ile ilgili. **2.**sağlık işleri dairesi. **3.**Ankara'da bir semt.

صخر sahar: (A.) kayalar.

صخرات saharât: (A.) kayalar.

صخرت sahret: (A.) **1.**kaya. **2.**kayaç.

صخره sehre: (A.) **1.**kaya. **2.**kayaç.

صخرة الله sahretullâh: (A.) **1.**Tanrı kayası. **2.**Beytülmukaddes'de yahudilerin ibadet ettikleri ve Hz. Muhammed'in miraca çıktığı kaya.

صخره زار sehrezâr: (A.-F.) [sehre+zâr] (coğ.) kayalık arazi.

صخره سنگ sehreseng: (A.-F.) [sehre+seng] (coğ.) kaya.

صخره ناک sehrenâk: (A.-F.) [sehre+nâk] (coğ.) kayalıklı.

صخرى saharî: (A.) **1.**kaya gibi. **2.**kaya ile ilgili.

صخم saham: (A.) güneşlenme, güneşte yanma.

صخور suhûr (A.) **1.**kayalar. **2.**maden kütleleri.

صد sed: (Peh.) (mat.) yüz (100). ‖ * ~ der ~ صد در صد **1.**yüzde yüz. **2.**mutlaka, kesinlikle. ‖ * ~ hezâr صد هزار yüz bin. ‖ * çend der ~ در چند در صد yüzde kaç. ‖ * der ~ در صد yüzde. ‖ * fî ~ فی صد yüzde.

صدا sedâ: (A.) **1.**ses, seda. **2.**radyo yayını. **3.**yankı. ‖ * ~ -yi ez dedenî râ be âsmân resânden صدای از ددنی را به آسمان رساندن ses ayyuka çıkmak, eğlence sesi göklere yükselmek. ‖ * ~ -yi kesî bâlâ âmeden صدای کسی بالا آمدن sesi çıkmak. ‖ * ~ -yi kesî bolend şoden صدای کسی بلند شدن sesi çıkmak. ‖ * ~ -yi kesî der âmeden صدای کسی در آمدن sesi çıkmak. ‖ * ~ -yi kesî girifte bûden صدای کسی گرفته بودن sesi kısık olmak. ‖ * ~ yi kesî giriften صدای کسی گرفتن sesi kısılmak. ‖ * ~ -yi kesî nişesten صدای کسی نشستن sesi kısılmak, boğazı oturmak. ‖ * ~ -yi kesî râ evezî giriften صدای کسی را عوضی گرفتن sesini çıkartamamak, sesini tanıyamamak, sesini alamamak. ‖ * ~ -yi kesî zeng peydâ kerden صدای کسی زنگ پیدا کردن ses tonu değişmek, sesi çatallanmak. ‖ * ~ -yi neherâşîde صدای نخراشیده terbiye edilmemiş ses. ‖ * ~ yî der neyâmeden صدایی در نیامدن çıt çıkmamak. ‖ * be ~ der âmeden به صدا در آمدن ses vermeye başlamak. ‖ * yek dest ~ nedâred یک دست صدا ندارد bir elin nesi var, ikielin sesi var.

صدابردار sedâberdâr: (A.-F.) [sedâ+berdâşten>berdâr] ses kayıt cihazı, teyp.

صدا پيچيدن sedâ pîçîden: ses yankılanmak.

صدا دادن sedâ dâden: ses vermek, seslenmek.

صدادار sedâdâr: (A.-F.) [sedâ+dâşten> dâr] (gr.) sesli.

صدا در آمدن sedâ der âmeden: ses çıkmak.

صدا در آوردن sedâ der âverden: ses çıkarmak.

صدارت sedâret: (A.) **1.**sadaret, başvezirlik, sadrazamlık. **2.**bakanlık. **3.**baş köşe. **4.**başkanlık.

5.başlama. 6.başta bulunma. 7.Anadolu ve Rumeli kazaskerliği.

صدارت پناه sadâretpenâh: (A.-F.) [sadâret+ penâhîden> penâh] sadrazam.

صدارت پناهی sadâretpenâhî: (A.-F.) [sadâret+ penâhîden> penâh+î] sadrazam ile ilgili.

صدا زدن sedâ zeden: 1.seslenmek. 2.çağırmak.

صداع sodâ': (A.) 1.(tıb.) baş ağrısı. 2.rahatsız etme.

صداع رسیدن sodâ' resîden: başı ağrımak.

صداع کردن sudâ' kerden: baş ağrıtmak, baş şişirmek, gürültü etmek.

صداق sedâk, sıdâk: (A.) mehir, nikâh akçesi, başlık parası.

صداقت sedâket: (A.) 1.doğruluk, dürüstlük. 2.bağlılık, sadıklık.

صداقت پیما sedâketpeymâ: (A.-F.) [sedâket+ peymûden> peymâ] sadık, sadakat gösteren.

صداقتکار sedâketkâr: (A.-F.) [sedâket+ kâr] sadık, dürüst.

صداق نامه sedâknâme: (A.-F.) [sedâk+ nâme] nikâh, akitname.

صدا کردن sedâ kerden: 1.seslenmek. 2.çağırmak. 3.yankılanmak. 4.ses çıkarmak.

صداگذاری sedâgozârî: (A.-F.) [sedâ+ gozâşten>gozâr+î] seslendirme.

صداگذاری شدن sedâgozârî şoden: seslendirilmek.

صداگذاری کردن sedâgozârî kerden: seslendirmek.

صداگرفتگی sedâgiriftegî: (A.-F.) [sedâ+ giriften>girift+e+g+î] (tıb.) ses kısıklığı.

صدانویس sedânuvîs: (A.-F.) [sedâ+ nuvişten> nuvîs] 1.teyp. 2.gramofon. 3.plak.

صدبار sadbâr: [sad+bâr] yüz kez, yüz defa.

صدبرگ sadberg: [sad+berg] 1.yüz yapraklı. 2.bayan adı.

صد پا sadpâ: [sad+pâ] yüz ayaklı.

صد پاره sadpâre: [sad+pâre] yüz parça.

صدپر sedper: [sed+per] (bot.) katmerli gül.

صدد saded: (A.) 1.kasıt, saded, niyet, maksat. 2.yüzyüze. 3.asıl konu. 4.civar. ‖ * hâric ez ~ خارج از صدد konu dışı. ‖ * der ~ -i çîzî ber âmeden در صدد چیزی بر آمدن bir şeye niyetlenmek, bir şeye kalkışmak.

صدد پرور sadedperver: (A.-F.) [saded+ perverden> perver] işin aslını konuşan.

صدر sedr: (A.) 1.göğüs. 2.yukarı, üst. 3.baş köşe. 4.başkan, reis. 5.vezir. 6.mektup başlangıcı. 7.yürek. 8.sadrazam kelimesinin kısaltılmış şekli. 9.önce, ilk, başlangıç.

صدرا sadrâ (A.-F.) [sadr+â] ey sadrazam.

صدرگاه sadrgâh (A.-F.) [sadr+gâh] 1.en önemli yer, baş köşe. 2.tam orta yer.

صدرنشین sedrnişîn: (A.-F.) [sedr+ nişesten>nişîn] 1.yukarıda oturan, baş köşede oturan. 2.önder, lider, ileri gelen. 3.vezir. 4.hakim, yargıç.

صدره sodre: (A.) 1.göğüs üstü. 2.sütyen.

صدری sedrî: (A.-F.) [sedr+î] sadra ait, göğüs ile ilgili.

صدرین sadreyn (A.) Anadolu ve Rumeli kazaskerlikleri.

صدریه sadriyye (A.) 1.göğüs ile ilgili. 2.yürek ile ilgili. 3.çocuğun anneye olan nispeti.

صدسال sedsâl: yüzyıl, asır.

صد شاخ شدن sedşâh şoden: paramparça olmak, parçalanmak.

صد شاخ کردن sed şâh kerden: paramparça etmek, parçalamak.

صدع sed': (A.) 1.yarma. 2.emri yerine getirme. 3.doğruyu ayırdetme. 4.doğru hüküm verme.

صدغ sudg: (A.) 1.şakak. 2.kakül.

صدغی sudgî: (A.) şakak ile ilgili.

صدف sadef: (A.) 1.(zool.) sedef, midye, istiridye. 2.(zool.)

yumuşakçalar.

صدف تميز كردن sadef temîz kerden: midye ayıklamak.

صدفچه sadefçe: (A.-F.) [sadef+çe] küçük sedef, küçük istiridye.

صدف چى sadefçi: (A.-T.) [sadef+çi] midyeci.

صدفكار sadefkâr: (A.-F.) [sadef+kâr] sedef ustası, sedef işçisi.

صدفكارى sadefkârî: (A.-F.) [sadef+ kâr+î] sedef ustalığı, sedef işçiliği.

صدف نشان sadefnişân: (A.-F.) [sadef+ nişânden>nişân] sedef kakmalı, sedefli.

صدفه sedefe: (A.) **1.**sedef kabuğu. **2.**kulak kepçesi.

صدفه sudfe: (A.) rastlantı, tesadüf.

صدفى sadefî: (A.-F.) [sadef+î] **1.**sedefli. **2.**sedeften, sedeften yapılmış. **3.**sedef rengi.

صدق sıdk: (A.) doğruluk, dürüstlük, kalp temizliği, sadakat.

صدق آميز sıdkâmîz: (A.-F.) [sıdk+ âmîhten] doğruya yakın.

صدقاء sudekâ': (A.) sadık kişiler, gerçek dostlar.

صدقات sedekât: (A.) sadakalar.

صدقان sudkân: (A.) gerçek dostlar.

صدق كردن sıdk kerden: **1.**doğru olmak. **2.**doğrulamak.

صدقه sedeke: (A.) **1.**sadaka, yoksula verilen para vs. **2.**zekat. ‖ * ~ -i kesî reften صدقهء كسى رفتن birine kurban olmak, birinin kurbanı olmak.

صدقه خواستن sedeke hâsten: sadaka istemek, dilenmek.

صدقه دادن sedeke dâden: sadaka vermek.

صدگونه sadgûne: [sad+gûne] yüz türlü.

صدم sedm: (A.) **1.**ezme. **2.**yapılması güç bir iş çıkmak.

صدمات sedemât: (A.) **1.**darbeler, sadmeler, vuruşlar. **2.**anî belalar. **3.**patlamalar.

صدمه sedme: (A.) **1.**sadme, çarpma, darbe. **2.**zarar, ziyan. **3.**anî bela. **4.**patlama.

صدمه خوار sadmehâr: (A.-F.) [sadme+ horden>hor> hâr] darbe yiyen, sadme gören.

صدمه خوردن sedme horden: **1.**darbe yemek. **2.**zarar görmek.

صدمه ديدن sedme dîden: zarar görmek, zedelenmek.

صدمه زدن sedme zeden: **1.**zarar vermek. **2.**darbe indirmek.

صدمه كشيدن sedme keşîden: **1.**zarar görmek. **2.**güçlüğe katlanmak.

صدور sudûr: (A.) **1.**vezirler, sadrazamlar. **2.**ileri gelenler, büyükler. **3.**ihraç. **4.**sadır olma, hasıl olma, çıkma. ‖ * bender-i ~ بندهء صدور ihraç limanı.

صدوق sedûk: (A.) **1.**doğru söyleyen, doğrucu **2.**dost.

صده sede: [sed+e] **1.**yüzyıl, asır. **2.**yüzüncü yıl dönümü.

صد هزار sed hezâr: **1.**yüz bin. **2.**çok fazla.

صد هزاران sadhezârân: [sad+hezâr+ân] yüz binlerce.

صدى sedî: [sed+î] **1.**yüzlük. **2.**yüzde.

صديد sadîd: (A.) iltihap, irin.

صديق sedîk: (A.) **1.**doğu sözlü. **2.**gerçek dost. **3.**erkek adı.

صديق sıddîk: (A.) **1.**çok dürüst, güvenilir insan. **2.**Hz. Ebûbekir'in lakabı. **3.**erkek adı.

صديقه sıddîka: (A.) **1.**çok dürüst kadın. **2.**Hz. Aişe. **3.**Hz. Meryem. **4.**bayan adı.

صديقيت sıddîkıyyet: (A.) doğruluk, dürüstlük.

صد يک sedyek: [sed+yek] yüzde bir.

صرائح serâ'ih: (A.) safkan arap atları.

صراح serâh: (A.) katışıksız, halis.

صراحت serâhet: (A.) **1.**açıklık, sarahat. **2.**katışıksızlık. **3.**aydınlık.

صراحةً serâheten: (A.) açıkça, sarahaten.

صراحى surâhî: (A.) sürahi.

صراحى كشيدن surâhî keşîden: içki içmek

صراحى وش surâhîveş (A.-F.) [surâhî+ veş] sürahi gibi.

صراصر sarâsır: (A.) firtınalar.

صراط sirât: (A.) **1.**sırat. **2.**yol. **3.**sırat köprüsü.
صراف serrâf: (A.) **1.**harcayan, tüketen. **2.**sarraf.
صرافت sirâfet: (A.) sarraflık. ‖ * ez ~ -i çîzî oftâden از صرافت چیزی افتادن vazgeçmek.
صرافی serrâfî: (A.-F.) [serrâf+î] sarraflık.
صرافیه sarrâfiyye (A.) **1.**sarraflık ücreti. **2.**sarraflık ile ilgili.
صرامت serâmet: (A.) **1.**keskinlik. **2.**cesurluk, yiğitlik.
صرح serh: (A.) **1.**köşk. **2.**felek.
صرحاء surehâ': (A.) saf ırklar.
صرد serd: soğuk.
صردان suredân: (A.) dil altındaki iki toplardamar.
صرر surer: (A.) para keseleri.
صرصر serser: (A.) **1.**şiddetli soğuk. **2.**fırtına. **3.**hızlı binek hayvanı.
صرصرپو sarsarpû: (A.-F.) [sarsar+ pûyîden>pû] fırtına gibi hızlı.
صرع ser': (A.) **1.**(tıb.) sara hastalığı, epilepsi. **2.**atma. **3.**düşme.
صرعه sar'a: (A.) sara hastalığı, tutarak hastalığı, epilepsi.
صرعه sir'a: (A.) güreşte yerdeki rakibi ters çevirme.
صرعوی الشکل sar'aviyuşşekl: (A.) sar'a biçimli.
صرعی sar'î: (A.) sar'a hastalığı ile ilgili, epilepsi ile ilgili.
صرف serf: (A.) **1.**harcama, kullanma. **2.**döndürme, çevirme. **3.**peşin para. **4.**(gr.) sarf, gramer. **5.**gider. **6.**para bozma. ‖ * ~ -i nazar şoden صرف نظر شدن vazgeçilmek. ‖ * ~ -i nazar kerden صرف نظر کردن **1.**vazgeçmek. **2.**ayrılmak.
صرف sirf: (A.) **1.**sadece, yalnız, ancak. **2.**tamamen, bütün. ‖ * ~ nemîkoned صرف نمی کند (argo) kurtarmaz. ‖ * be ~ -i inki به صرف اینکه diye, -diği halde.
صرفاً sirfen: (A.) **1.**sadece, sırf, salt. **2.**halis.
صرف شدن serf şoden: **1.**harcanmak, sarfedilmek. **2.**(gr.) fiil çekilmek. **3.**kullanılmak. **4.**geçilmek. **5.**yenilmek. **6.**içilmek.
صرف کردن serf kerden: **1.**harcamak, sarfetmek. **2.**(gr.) fiil çekmek. **3.**kullanmak. **4.**geçmek. **5.**azletmek. **6.**yemek. **7.**içmek. **8.**hasretmek.
صرفه serfe: (A.) **1.**fazlalık, safra. **2.**kâr, kazanç, fayda. **3.**boncuk. **4.**ayın yörüngesindeki üzerindeki menzillerden biri.
صرفه بر serfeber: (A.-F.) [serfe+ borden> ber] **1.**kazanç sağlayan. **2.**sarraf.
صرفه بردن serfe borden: **1.**kazanç sağlamak, kâr etmek. **2.**ileri geçmek.
صرفه جو serfecû: (A.-F.) [serfe+costen> cû] tutumlu, iktisatlı.
صرفه جویی serfecûyî: (A.-F.) [serfe+ costen>cû+y+î] iktisat, tutum, tasarruf.
صرفه جویی کردن serfecûyî kerden: tutumlu davranmak, tasarruf etmek, kazanmak.
صرفه داشتن serfe dâşten: faydası olmak, kazancı olmak.
صرفه کار serfekâr: (A.-F.) [serfe+kâr] tutumlu, iktisatlı.
صرفه کاری serfekârî: (A.-F.) [serfe+ kâr+î] **1.**tutumluluk, iktisat. **2.**tasarruf.
صرفی sarfî: (A.) **1.**harcama ile ilgili. **2.**dilbilgisi ile ilgili, kelime yapısı ile ilgili. **3.**gramerci.
صرفیات sarfiyyât: (A.) **1.**harcamalar, giderler. **2.**tüketim. **3.**salgılar.
صرفیون sarfiyyûn: (A.) gramerciler.
صرم serm: (A.) **1.**kesme, kesicilik. **2.**bekleyiş.
صروف surûf: (A.) hadiseler, olaylar.
صره sorre: (A.) **1.**papa kesesi. **2.**Osmanlı hükümdarları tarafından her yıl hac zamanı Mekke ve Medine kentlerine gönderilen para ve hediyelik eşya.
صروح surûh: (A.) kasırlar, köşkler.

صروف surûf: (A.) saf kitapları, gramer kitapları.

صريح serîh: (A.) **1.**açık, sarih. **2.**saf, halis. **3.**safkan arap atı.

صريحاً serîhen: (A.) açıkça, apaçık.

صرير serîr: (A.) **1.**bağırma. **2.**kalem sesi. **3.**cızırtı, gıcırtı, parazit.

صرير القلب sarîrulbâb: (A.) kapı gıcırtısı.

صريع sarî': (A.) sar'alı, sar'a nöbeti geçiren.

صعا sı'â: (A.) kuyruksallayan kuşları.

صعاب sı'âb: (A.) güç şeyler.

صعالک sa'âlik: (A.) **1.**dilenciler. **2.**serseriler. **3.**kalenderler. **4.**dervişler.

صعب se'b: (A.) **1.**güç, çetin, zor. **2.**kuvvetli. **3.**ağırbaşlı. **4.**sarp.

صعب الحصول sa'bulhusûl: (A.) güç gerçekleşen.

صعب العبور se'bulubûr: (A.) geçit vermeyen.

صعب الفهم sa'bulfehm: (A.) güç anlaşılır.

صعب المآل sa'bulme'âl: (A.) güç anlaşılır.

صعب المرور sa'bulmurûr: (A.) geçit vermez, güç geçilir.

صعبناک sa'bnâk: (A.-F.) [sa'b+nâk] çetin, zorlu.

صعبه sa'be: (A.) **1.**güç, çetin. **2.**güçlü.

صعقه sa'ke: (A.) **1.**bayılma, baygınlık. **2.**yıldırım.

صعلوک su'lûk: (A.) **1.**yoksul. **2.**dilenci. **3.**serseri.

صعوات sa'vât: (A.) kuyruksallayan kuşları.

صعوبت su'ûbet: (A.) **1.**güçlük, zorluk, sertlik, çetinlik. **2.**acizlik.

صعود su'ûd: (A.) **1.**yükseliş, yükselme. **2.**ölme.

صعود کردن su'ûd kerden: yükselmek, yukarı çıkmak.

صعوه sa've: (A.) kuyruksallayan kuşu.

صعيد sa'îd: (A.) **1.**yüksek. **2.**yükselen, yukarı çıkan.

صعيده sa'îde: (A.) **1.**yüksek. **2.**yükselen.

صغائر sagâ'ir: (A.) **1.**küçükler. **2.**küçük günahlar.

صغار sigâr: (A.) **1.**küçükler. **2.**çocuklar.

صغارت segâret: (A.) **1.**küçüklük. **2.**hakirlik. **3.**çocukluk.

صغر sıgar: (A.) **1.**küçüklük. **2.**hakirlik. **3.**çocukluk. ‖ * ~ -i sinn giriften صغر سن گرفتن yaşını küçültmek.

صغرى sugrâ: (A.) **1.**küçük. **2.**küçük kadın. **3.**küçük önerme. **4.**kadın adı.

صغير segîr: (A.) **1.**küçük. **2.**bülûğa ermemiş. **3.**yetim.

صغير السن sagîrussinn: (A.) küçük yaşlı.

صغيره sagîre: (A.) **1.**küçük. **2.**küçük günah, küçük suç.

صف sef: (A.) **1.**saf, sıra, dizi. **2.**savaş..

صف آرا saffârâ (A.-F.) [saff+ârâsten> ârâ] · saf kuran, saf dizen.

صف آرای safârây: (A.-F.) [saf+ ârâsten>ârây] ·saf kuran, saf dizen.

صف آراستن sef ârâsten: **1.**saf kurmak. **2.**sınıflandırmak.

صف آرایی sefârâyî: (A.-F.) [sef+ ârâsten> ârâ+y+î] **1.**saf kurma, sıra olma. **2.**sınıflandırma.

صف آوردن sef âverden: savaşmak.

صف آور sefâver: (A.-F.) [sef+âverden> âver] savaşçı.

صفاء sefâ': (A.) **1.**safa. **2.**temizlik, saflık, arılık. **3.**samimiyet. **4.**seyir, temaşa. **5.**erkek adı. **6.**Mekke'de bir semt. ‖ * ez ~ oftâden از صفا افتادن revaçtan düşmek.

صفا آوردن sefâ âverden: safa getirmek.

صفا انجام sefâencâm [sefâ+encâm] sonu safalı.

صفائح safâ'ih: (A.) **1.**madenî levhalar. **2.**düz nesneler.

صفا اوصاف sefaevsâf (A.) [sefâ+evsâf] safa özelliklerini taşıyan, safalı.

صفابخش sefâbahş (A.-F.) [sefâ+ bahşîden>bahş] safa veren, rahatlatan, eğlendiren.

صفا بخشا sefâbahşâ (A.-F.) [sefâ+ bahşîden>bahşâ] safa veren, rahatlatan, eğlendiren.

صفاپرور safâperver: (A.-F.) [safâ+ perverden> perver] safa veren, gönül şenelten.

صفات sifât: (A.) sıfatlar.

صفاتی sifâtî: (A.-F.) [sifât+î] sıfatlarla ilgili.

صفاجو sefâcû (A.-F.) [sefâ+costen>cû] safa arayan, eğlenmek isteyen, gönül şenliği isteyen.

صفا دادن sefâ dâden: safa vermek, canlılık vermek.

صفا داشتن sefâ dâşten: **1.**safalı olmak. **2.**dost olmak. **3.**içi temiz olmak.

صفار sifâr: (A.) **1.**kene. **2.**sarı.

صفار seffâr: (A.) bakırcı.

صفاری seffârî: (A.-F.) [seffâr+î] bakırcılık.

صفاف seffâf: (A.) istifçi, depocu.

صفاق sifâk: (A.) kas zarları.

صفاکاری sefâkârî: (A.-F.) [sefâ+kâr+î] **1.**safa verme. **2.**cilalama.

صفا کردن sefâ kerden: **1.**anlaşmak. **2.**sevindirmek. **3.**işret içinde yaşamak. **4.**ölmek.

صف بر کشیدن sef ber keşîden: saf dizmek, sıra olmak.

صفاگزین sefâguzîn (A.-F.) [sefâ+ guzîden>guzîn] safayı seçen, eğlenceyi seçen.

صفاهان sifâhân: Isfahan.

صفا یاب safâyâb: (A.-F.) [safâ+yâften> yâb] safa süren, safa bulan.

صف بستن sef besten: sıra olmak, sıraya girmek, saf kurmak.

صف بسته safbeste: (A.-F.) [saff+ besten>best+e] saf kuran, sıra olan, saf bağlayan, saf kurmuş sıra olmuş, saf bağlamış.

صف بندی sefbendî: (A.-F.) [sef+besten> bend+î] saf olma, sıraya girme, saf kurma.

صفت saffet: (A.) **1.**saflık, temizlik. **2.**erkek adı.

صفت sifet: (A.) **1.**sıfat, özellik, vasıf. **2.**(gr.) sıfat. **3.**meslek. **4.**mana. **5.**şekil. **6.**yol. **7.**vefadarlık. **8.**huy, haslet. **9.**nişan, işaret, alamet.

صفت دادن sifet dâden: tavsif etmek.

صفت ساز sifetsâz: (A.-F.) [sifet+sâhten> sâz] (gr.) sıfat yapan.

صفت شکن sifetşiken: (A.) [sifet+ şikesten> şiken] (tas.) sıfatların izlerini kendinde yok eden kişi.

صفت کردن sifet kerden: **1.**vasfetmek, tavsif etmek, sıfatlandırmak. **2.**övmek.

صفح safh: (A.) **1.**yüz çevirme. **2.**bağışlama, affetme.

صفحات sefehât: (A.) **1.**sayfalar. **2.**safhalar, aşamalar.

صفحه sefhe: (A.) **1.**sayfa. **2.**safha, aşama. **3.**satıh, yüzey. **4.**plak. **5.**plaka. **6.**kıyı. **7.**yüz. ‖ * ~ -i televizyun صفحهٔ تلویزیون televizyon ekranı.

صفحه آرا sefheârâ: (A.-F.) [sefhe+ ârâsten> ârâ] sayfa düzenleyen.

صفحه آراستن sefhe ârâsten: sayfa düzeni yapmak.

صفحه آرایی sefheârâyî: (A.-F.) [sefhe+ ârâsten>ârâ+y+î] **1.**sayfa düzenleme. **2.**sayfa düzeni.

صفحه بستن sefhe besten: sayfa bağlamak.

صفحه بند sefhebend: (A.-F.) [sefhe+ besten>bend] sayfa bağlayan.

صفحه بندی sefhebendî: (A.-F.) [sefhe+ besten>bend+î] sayfa bağlama.

صفحه حساب sefhehisâb: (A.-F.) [sefhe+ hisâb] sayfa hesabı (telif ücreti).

صفدر sefder: (A.-F.) [sef+derîden>der] **1.**saf bozan, saf yaran, cesur. **2.**Hz.Ali'nin lakabı.

صفدرا safderâ (A.-F.) [saf+derîden> der+â] ey düşman saflarını yaran.

صفدرانه saffderâne: (A.-F.) [saff+ derîden>de+ âne] düşman saflarını yararak.

صف در صف sefdersef: (A.-F.) [sef+ der+sef] sıra sıra, saf saf, dizi dizi.

صفدری safderî (A.-F.) [saff+ derîden> der+î] düşman safını yarma, saf yarma.

صفر safer: (A.) Safer ayı, kamerî takvimin ikinci ayı.

صفر sifr: (A.) sıfır. ‖ * ez nazar-i mâlî be ~ resîden از نظر مالی به صفر رسیدن 1.sıfırı tüketmek. 2.boş. 3.hiç. 4.Zühre yıldızı.

صفر sufr: (A.) 1.pirinç. 2.bakır. 3.tunç.

صفراء sefrâ': (A.) 1.sarı. 2.(tıb.) safra, öd. 3.öfke. 4.heves. ‖ * ~ ber ser-i kesî zeden صفرا بر سر کسی زدن sinirlenmek. ‖ * kîse-i ~ کیسهء صفرا (tıb.) safra kesesi.

صفرا بر sefrâbor: (A.-F.) [sefrâ+ borîden> bor] safrayı kesen ilaç.

صفرا جنبیدن sefrâ conbîden: öfkelenmek.

صفرا شکستن sefrâ şikesten: nefsini körletmek, az bir yemek yemek.

صفرا کردن sefrâ kerden: 1.kusmak. 2.öfkelenmek.

صفر المظفر saferulmuzaffer: (A.) zafer dolu safer ayı.

صفر الید sifrulyed (A.) eli boş, züğürt, mahrum.

صفرایی sefrâyî: (A.-F.) [sefrâ+y+î] safra ile ilgili.

صفرت sufret: (A.) 1.sarılık. 2.beniz sarılığı, yüz solgunluğu.

صفر و سرگردان sefr u sergerdân: şaşkın, başı dönmüş.

صفروی safravî: (A.) 1.öd ile ilgili, safra ile ilgili. 2.eskiden hekimlikte cılız, esmer ve hırçın tabiatlılar için kullanılan sıfat.

صف زدن sef zeden: 1.sıraya girmek, kuyruğa girmek. 2.saf olmak.

صف زن safzen: (A.-F.) [saff+zeden> zen] saf vuran, safa saldıran, saf yaran.

صف شکاف safşikâf: (A.-F.) [saff+ şikâften>şikâf] saf yaran, düşman saflarını yaran.

صف شکستن sef şikesten: düşman safını yarmak.

صف شکن ·safşiken: (A.-F.) [saff+ şikesten>şiken] saf yaran, düşman saflarını yaran.

صفصاف sefsâf: (A.) (bot.) söğüt.

صفصافیت safsâfiyyet: (A.) ·salisilat.

صفصافین · safsâfîn: (A.) söğüt ağacından elde edilen bir ilaç.

صفصافیه · safsâfiyye: (A.) söğütgiller.

صف صف sef sef: (A.) saf saf, sıra sıra.

صفف sufef: (A.) sofalar.

صفقه safka: (A.) 1.alışverişte tokalaşma, pazarlık tokalaşması. 2.satış.

صف کشیدن sef keşîden: sıra olmak, sıraya girmek, dizilmek.

صف گرفتن sef giriften: sıra olmak, sıraya girmek.

صفو sefv: (A.) 1.aydınlık. 2.özellik. 3.halis. 4.seçkin.

صفوت sefvet: (A.) 1.halislik, saflık, temizlik. 2.seçkinlik.

صفوف sufûf: (A.) saflar, sıralar.

صفوی sefevî: (A.) 1.Safiyyüddin Erdebîlî'ye ait. 2.Safevî hanedanına mensup, Safevî.

صفویان sefeviyân: (A.-F.) [sefevî+y+ân] Safevîler.

صفویه safeviyye: (A.) 1.Safevîler. 2.Safevîlik tarikatı.

صفه suffe: (A.) sofa.

صفوة الله safvetullâh: (A.) Hz. Muhammed.

صفی sefî: (A.) 1.samimî dost. 2.seçkin. 3.hâlis. 4.erkek adı.

صفی الدین safiyyuddîn: (A.) 1.dini temiz. 2.erkek adı.

صفی القلب safiyyulkalb: (A.) temiz kalpli.

صفی الله safiyyullâh: (A.) Hz. Âdem.

صفیح safîh: (A.) 1.gökyüzü. 2.düz nesne.

صفیحه sefîhe: (A.) 1.pala, geniş kılıç. 2.geniş yüz. 3.iri kaya. 4.deri.

5.kafatası kemiği. 6.plaka, madenî levha.

صفيحه sufeyha: (A.) küçük levha, küçük plaka.

صفيحى safîhî: (A.) plaka şeklinde.

صفيحى المنقار safîhiyyulminkâr: (A.) süzgeç gagalılar.

صفيحيه safîhiyye: (A.) plaka şeklinde.

صفير safîr: (A.) 1.ıslık. 2.çığlık. 3.safir.

صفير بر آوردن safîr ber âverden: ıslık çalmak.

صفير زدن safîr zeden: ıslık çalmak.

صفير كشيدن safîr keşîden: 1.ıslık çalmak. 2.vızıldamak, vızılamak. 3.(kin.) rezil etmek.

صفيره safîre (A.) 1.ıslık. 2.ince ve güzel ses. 3.ıslığımsı ses.

صفيرى safîrî (A.) ıslık gibi, ıslığımsı.

صفيريه safirîyye (A.) ıslık gibi, ıslığımsı.

صفين sıffîn: (A.) Sıffin savaşının yapıldığı yer, Rıkka civarında bir yer.

صفين saffeyn: (A.) 1.iki sıra, iki saf. 2.savaşan iki taraf.

صفيه safiyye: (A.) 1.saf, temiz, yüreği temiz. 2.bayan adı: Safiye.

صقا sakkâ: (A.) saka, su dağıtıcısı.

صقار sikâr: (A.) tepelidoğanlar.

صقالبه sakâlibe: (A.) Slavlar.

صقر sakr: (A.) avcı kuş, tepeli doğan.

صقع sak': (A.) 1.dövme, tekmeleme. 2.yıldırım çarpmak.

صقع sok': (A.) kıyı, kenar, köşe.

صقل sakl: (A.) 1.törpüleme, eğeleme. 2.cilalama, parlatma.

صقلاب sıklâb: (A.) Slav, İslav.

صقور sukûr: (A.) tepeli doğanlar.

صقيع sakî': (A.) kırağı, çiy.

صقيل sekîl: (A.) 1.cilalanmış, parlak. 2.parlak kılıç.

صک sek: 1.çek, berat. 2.mektup.

صک sakk: (A.) 1.vesikalar. 2.şer'î mahkeme terminolojisi.

صكاک sakkâk: (A.) şerîat mahkemesi katibi.

صكاک sikâk: (A.) eskiden şer'î mahkemelerin verdiği hüccet, îlam ve beratlar.

صكوک sukûk: (A.) şeriat mahkemesinden çıkan kararlar ve bunlarla ilgili terimler.

صلا selâ: (A.) 1.davet, çağrı, seslenme, cuma namazına veya cenaze namazına çağırma, bunun için minareden okunan dua. 2.meydan okuma. 3.mahalle çocukları arsındaki taş kavgası. 4.haydi.

صلابت selâbet: (A.) 1.sertlik, sağlamlık. 2.temkin. 3.kabalık. 4.heybet. 5.dayanıklılık, güçlü moral. 6.madenî direnç.

صلابه sollâbe: (A.) darağacı.

صلات selât: (A.) 1.namaz. 2.yakarış. 3.Tanrı'nın rahmeti.

صلات silât: (A.) 1.sılalar. 2.bahşişler, armağanlar, hediyeler.

صلاح selâh: (A.) 1.barış. 2.sağlık. 3.iyilik. 4.yaraşma, uygunluk. 5.din bağlılığı. 6.doğru yol. 7.direktif. ‖ * ~ u meşveret kerden صلاح و مشورت كردن danışmak, görüşmek. ‖ * be ~ bâz âmeden به صلاح باز آمدن 1.barışmak. 2.iyileşmek.

صلاح انديش selâhendîş: (A.-F.) [selâh+ endîşîden>endîş] iyi düşünceli.

صلاح انديشيدن selâh endîşîden: iyilik düşünmek.

صلاح بودن selâh bûden: doğru olmak, uygun olmak.

صلاح پذيرفتن selâh pezîroften: düzelmek, düzene girmek.

صلاح ديد selâhdîd: (A.-F.) [selâh+ dîden>dîd] uygun görme, tasvip.

صلاح ديدن selâh dîden: uygun görmek, tasvip etmek.

صلاح يافتن selâh yâften: salih amel sahibi olmak.

صلاحيت selâhiyet: (A.) 1.yetki. 2.yetkinlik. 3.bir davaya bakma yetkinliği.

صلاحيت دار selâhiyetdâr: (A.-F.) [selâhiyet+dâşten>dâr] yetkili.

صلاحيه salâhiyye: (A.) halvetîlik tarikatının bir şubesi.

صلاخوان salâhân: (A.-F.) [salâ+ hânden>hân] **1.**selâ okumak, selâ vermek. **2.**meydan okumak. **3.**selâ veren, selâ okuyan.

صلا دادن selâ dâden: seslenmek, davet etmek, çağırmak.

صلا گفتن selâ goften: davet etmek, çağırmak.

صلايه selâye: arduvaz, kayagantaş.

صلايه كردن selâye kerden: ilaç dövmek.

صلب selb: (A.) sabır.

صلب salb: (A.) **1.**asma, darağacına çekme. **2.**asılma, darağacına çekilme. **3.**çarmıha germe. **4.**çarmıha gerilme.

صلب sulb: (A.) **1.**zürriyet, sülb. **2.**belkemiği, omurga kemiği. **3.**sağlam, dayanıklı. **4.**kaba. **5.**kuvvetli. **6.**döl. **7.**katı.

صلباً salben: (A.) **1.**asarak, idam ederek. **2.**asılarak, idam edilerek.

صلبه sulbe: (A.) **1.**bel kemiği. **2.**zürriyet. **3.**döl. **4.**katı.

صلبى sulbî: (A.) birinin zürriyetinden gelme, birinin çocuğu olma.

صلبيت sulbiyyet: (A.) **1.**birinin zürriyetinden gelme. **2.**katılık. **3.**duygusuzluk, soğukluk.

صلبيه sulbiyye: (A.) birinin zürriyetinden gelme, birinin soyundan gelme.

صلح sulh: (A.) **1.**barış. **2.**rahatlık, huzur. **3.**uzlaşı.

صلحاء sulehâ': (A.) günahtan sakınan, iyiliksever müminler.

صلحاً sulhen (A.) barışarak, uzlaşarak.

صلح آميز sulhâmîz (A.-F.) [sulh+ âmîhten>âmîz] barışçıl.

صلح افتادن sulh uftâden: barışmak.

صلح پرور sulhperver (A.-F.) [sulh+ perverden> perver] barışçı, barış yanlısı.

صلح پرورانه sulhperverâne (A.-F.) [sulh+ perverden> perver+âne] barışçıl, barış yanlısı olarak.

صلح جو sulhcû: (A.-F.) [sulh+costen> cû] barışçıl, barış yanlısı.

صلح طلبيدن sulh telebîden: barış dilemek.

صلح كردن sulh kerden: barış yapmak.

صلح نامه sulhnâme (A.-F.) [sulh+nâme <nâme-i sulh] barış belgesi, barış metni.

صلحى sulhî (A.) **1.**barış ile ilgili. **2.**erkek adı.

صلحيه sulhiyye (A.) **1.**barış ile ilgili. **2.**barış şiiri, barış kasidesi. **3.**bayan adı.

صلصال selsâl: (A.) **1.**kuru çiçek. **2.**kumlu çamur. **3.**lüleci çamuru, çömlekçi çamuru.

صلصالى salsâlî: (A.) **1.**kumlu çamur ile ilgili. **2.**lüleci çamuru ile ilgili. **3.**lüleci çamuru gibi.

صلصل sulsul: (A.) (zool.) tahtalı güvercin.

صلع sel': (A.) **1.**saç dökülmesi. **2.**dazlak.

صلعم sel'em: (A.) "sallallâhu aleyhi vesellem": (Tanrı'nın salat ve selâmı onun üzerine olsun) cümlesinin kısaltılmış şekli.

صلعه sul'a: (A.) başın saçsız bölümü.

صلوات selevât: (A.) **1.**salavat, Hz. Muhammed'e göndeilen selam ve edilen dualar. **2.**namazlar.

صلوات فرستادن selevât firistâden: salavat göndermek.

صلوله salvele: (A.) "Vessalâtu vesselâmu alâ seyyidinâ Muhammedin ve alâ âlihi ve sahbihi ecma'în" duasının adı. Hz. Muhammed'e selâm gönderme.

صله sile: (A.) **1.**ödül, mükâfat, şaire methiye karşılığında verilen ödül. **2.**akrabalık, bağlılık. **3.**ulaşma. **4.**memleketine gitme, yakınlarına kavuşma. **3.**bağfiil, ulaç. ‖ * ~ -i rahm صلهء رحم yakınlarını ziyaret ederek özlem giderme.

صله بخشیدن sile bahşîden: ödül vermek.
صله پذیرفتن sile pezîroften: **1.**ödül almak. **2.**bağış almak.
صله خواستن sile hâsten: **1.**ödül istemek. **2.**bağış istemek.
صله خوردن sile horden: ödül almak.
صله دادن sile dâden: ödül vermek.
صله گرفتن sile giriften: ödül almak.
صله یافتن sile yâften: ödül almak.
صلی sallâ: (A.) selam olsun.
صلی الله تعالی sallallâhu te'âlâ: (A.) Tanrı onun şanını yüceltsin.
صلیب salîb: (A.) haç. ‖ * ~ -i ahmer صلیبِ احمر kızılhaç. ‖ * ehl-i ~ اهل صلیب haçlılar.
صلیب وار salîbvâr: (A.-F.) [salîb+vâr] haç şeklinde, haç gibi.
صلیبی salîbî: (A.) **1.**haç ile ilgili. **2.**put il ilgili. **3.**haç biçimli. **4.**Hıristiyan. **5.**Haçlı. ‖ * cenghâ-yi ~ جنگ های صلیبی Haçlı Savaşları.
صلیبیون salîbiyyûn: (A.) **1.**Haçlılar. **2.**Hıristiyanlar.
صلیبیه salîbiyye: (A.) **1.**turpgiller. **2.**haç ile ilgili. **3.**put ile ilgili. **4.**haç biçimli. **5.**Hıristiyan. **6.**Haçlı.
صلیح salîh: (A.) **1.**yetkili. **2.**din kurallarına uyan.
صم summ: (A.) sağırlar.
صما sammâ: (A.) **1.**sağır ve dilsiz. **2.**sesi çıkmayan, çıtı çıkmayan. **3.**sert kaya bloku. **4.**oniki parmak bağırsağı.
صماء semmâ': (A.) sert, katı, sağlam.
صماخ simâh: (A.) **1.**kulak. **2.**kulak deliği.
صماد sımâd: (A.) tıpa, tıkaç.
صمام sımâm: (A.) tıpa, tıkaç.
صمامه sımâme: (A.) kan pıhtısı, damarda tıkanıklığa yol açan pıhtı.
صمان summân: (A.) sağırlar.
صمت somt, semt: (A.) sessizlik, suskunluk.
صمد semed: (A.) **1.**muhtaç olmayan. **2.**Tanrı'nın sıfatlarından biri. **3.**çok yüce.
صمدانی samedânî: (A.) ilahî, Tanrı ile ilgili.
صمدانیت samedâniyyet: (A.) Tanrılık.
صمدانیه samedâniyye: (A.) ilahî, Tanrı ile ilgili.
صمصام semsâm: (A.) keskin kılıç.
صمصامه samsâme: (A.) arap tarihinde Amr'ın kılıcı.
صمغ samg: (A.) zamk.
صمغی samgî: (A.) zamk gibi, zamk halinde.
صمل saml: (A.) **1.**katılık, sertlik. **2.**kuruluk.
صملاخ samlâh: (A.) **1.**kulak deliği. **2.**kulak kiri.
صملاخ simlâh: (A.) **1.**kulak deliği. **2.**kulak kiri.
صمم samem: (A.) sağırlık.
صمو samû: (A.) iyilik, esenlik, afiyet.
صموت samût: (A.) **1.**susan, somurtarak susan. **2.**az konuşan, ağzından kerpetenle laf alınan.
صموت sumût: (A.) **1.**suskunluk. **2.**somurtma.
صموتی samûtî: (A.) suskun.
صموغ sumûg: (A.) zamklar.
صمول sumûl: (A.) **1.**katılık, sertlik, kaskatı kesilme. **2.**kuruluk.
صمیم semîm: (A.) **1.**halis, saf. **2.**öz, hülasa. **3.**asıl. **4.**orta, merkez. **5.**samimi. ‖ * ez ~ -i kalb از صمیم قلب yürekten, can ü gönülden, içtenlikle. ‖ * an ~ ilkalb عن صمیم القلب yürekten, içten, samimî olarak.
صمیماً samîmen: (A.) içtenlikle.
صمیم القلب samîmulkalb: (A.) gönlün içi, kalbin içi.
صمیمانه semîmâne: (A.-F.) [semîm+âne] samimiyetle, yürekten, can ü gönülden, içten, içtenlikle.
صمیمی semîmî: (A.-F) [semîm+î] içten, candan, samimi.
صمیمیت semîmiyyet: (A.) samimilik, içtenlik, candanlık, sıcaklık.
صنائع senâ'i': (A.) **1.**sanayi. **2.**hileler, oyunlar.
صناب sınâb: (A.) hardal.
صنادید senâdîd: (A.) **1.**liderler,

başkanlar. **2.**ileri gelenler.

صنادیق senâdîk: (A.) sandıklar.

صنار sinâr (bot.) çınar.

صناع sunnâ': (A.) sanatkârlar.

صناعات sinâ'ât: (A.) sanatlar, ustalıklar, beceriler.

صناعت sinâ'et: (A.) **1.**sanayi. **2.**meslek, sanat, hüner, ustalık.

صناعتی sinâ'etî: (A.-F.) [sinâ'et+î] sanatsal.

صناعی sinâ'î: (A.) **1.**sınâî, sanayi ile ilgili. **2.**yapay, insan yapısı.

صناعیات sınâ'iyyât: (A.) **1.**yapay olan şeyler, insan yapısı olan şeyler. **2.**sanat ile ilgili şeyler.

صناعیه sınâ'iyye: (A.) **1.**yapay, insan yapısı. **2.**sanat ile ilgili.

صنایع senâyi': (A.) **1.**sanatlar. **2.**sanayi.

صنج senc: **1.**pençe. **2.**zil.

صند sand: (A.) sandal ağacı, Hindistan'da yetişen, hoş kokulu ve sert odunlu bir ağaç.

صندل sandal: **1.**(bot.) sandal ağacı, Hindistan'da yetişen hoş kokulu ve sert odunlu bir ağaç. **2.**sandal, kayık.

صندل sendel: (Fr.) sandalet.

صندلی sendelî: (A.) **1.**iskemle, sandalye. **2.**sandal ağacından yapılmış. **3.**kürsü.

صندوق sendûk: (A.) **1.**sandık. **2.**sanduka, tabut. **3.**gişe, vezne. **4.**kasa. || * ~ -i elektronik صندلی الکترونیک yazar kasa.

صندوقچه sendûkçe: (A.-F.) [sendûk+çe] küçük sandık, çekmece.

صندوقخانه sendûkhâne: (A.-F.) [sendûk+ hâne] sandık odası.

صندوقدار sendûkdâr: (A.-F.) [sendûk+ dâşten>dâr] veznedar, vezneci.

صندوقداری sendûkdârî: (A.-F.) [sendûk+ dâşten>dâr+î] veznedarlık, veznecilik.

صندوق ساز sendûksâz: (A.-F.) [sendûk+ sâhten>sâz] sandıkçı, sandık imalatçısı.

صندوق سازی sendûksâzî: (A.-F.) [sendûk+ sâhten>sâz+î] sandıkçılık, sandık imalatı.

صندوقکار sandûkkâr: (A.-F.) [sandûk+ kâr] **1.**veznedar. **2.**karagöz sanatçısının yardımcısı.

صندوقه sendûke: (A.) **1.**sanduka, mermer veya ağaçtan yapılmış mezar üstü. **2.**sandık.

صندید sindîd: (A.) **1.**reis, büyük, önder. **2.**cesur. **3.**şiddetli soğuk, karakış.

صنع sun': (A.) **1.**yaratma, var etme, yapma. **2.**iyilik, ihsan. **3.**yaratık. **4.**güç, kudret.

صنعات san'ât: (A.) sanatlar.

صنع الله sun'ullâh (A.) **1.**Tanrı'nın gücü, Tanrı'nın yaratma gücü. **2.**erkek adı.

صنعان sen'ân: (A.) (coğ.) San'a.

صنعانی sen'ânî: (A.-F.) [sen'ân+î] San'alı.

صنعت sen'et: (A.) **1.**sanat. **2.**iş, meslek. **3.**hile, düzen. **4.**sanayi. **5.**caka.

صنعت افزون san'atefzûn (A.-F.) [sen'et+efzûden> efzûn] sanatı artan, sanatı gelişen, çok sanatlı.

صنعت پرور sen'etperver (A.-F.) [sen'et+ perverden> perver] sanatsever.

صنعت ساختن sen'et sâhten: hile yapmak.

صنعتکار sen'etkâr: (A.-F.) [sen'et+kâr] sanatkâr, sanatçı.

صنعتکارانه sen'etkârâne (A.-F.) [sen'et+ kâr+âne] sanatkârca, sanatçıya yakışır şekilde.

صنعت کردن sen'et kerden: **1.**hile yapmak. **2.**oyun oynamak. **3.**caka satmak.

صنعتگاه sanatgâh (A.-F.) [san'at+gâh] sanat yeri.

صنعتگر sen'etger: (A.-F.) [sen'et+ger] **1.**sanatkâr, sanatçı. **2.**sanayici.

صنعتگری sen'etgerî: (A.-F.) [sen'et+ger+î] **1.**sanatkârlık, sanatçılık. **2.**sanayicilik.

صنعتی sen'etî: (A.-F.) [sen'et+î] **1.**sanatsıl. **2.**sanayi ile ilgili.

صنعتى شدن sen'etî şoden: sanayileşmek.

صنعتى كردن sen'etî kerden: sanayileştirmek.

صنعى sun'î: (A.) yapay, yapma.

صنعيه sun'iyye: (A.) yapay, yapma.

صنف sinf: (A.) **1.**sınıf. **2.**tür, nevi, grup. **3.**esnaf. **4.**tabaka, katman.

صنم sanem: (A.) **1.**put. **2.**sevgili. **3.**güzel, güzel yüzlü.

صنما sanemâ (A.-F.) [sanem+â] ey but gibi güzel olan sevgili.

صنم پرست sanemperest: (A.-F.) [sanem+ perestîden>perest] putperest.

صنم پرستى sanemperestî: (A.-F.) [sanem+ perestîden>perest+î] putperestlik.

صنم پرستيدن sanem perestîden: puta tapmak.

صنم خانه sanemhâne: (A.-F.) [sanem+ hâne] puthane.

صنم شكل senemşekl: (A.) [<sanem+şekl] put şeklinde, put kadar güzel.

صنو sınv: (A.) dal, budak.

صنوبر sanevber: (A.) **1.**çam ağacı, çam fıstığı ağacı. **2.**kozalak, çam kozalağı. **3.**sevgilinin endamı.

صنوبرى sanevberî (A.) **1.**çam ile ilgili. **2.**kozalak biçimli, konik.

صنوبريه sanevberiyye (A.) kozalaklılar.

صنوف sunûf: (A.) sınıflar, neviler, türler.

صنيع senî': (A.) **1.**yapay, yapma. **2.**yaratan. **3.**sanat, iş, meslek. **4.**temiz giysi. **5.**yemek. **6.**iyilik.

صنيعات sanî'ât: (A.) düzmeceler, sahteler, uydurmalar.

صنيعه senî'e: (A.) **1.**hüner, meslek, iş. **2.**ihsan, iyilik. **3.**besleme. **4.**düzmece, sahte, uydurma.

صواب sevâb: (A.) **1.**doğru, dürüst, uygun. **2.**sevap.**3.**uygun, yaraşır, münasip. **4.**dürüstlük, doğruluk.

صواب انديش sevâbendîş: (A.-F.) [sevâb+endîşîden> endîş] doğru düşünen, sağlıklı düşünen.

صواب جستن sevâb costen: doğruyu aramak.

صواب داشتن sevâb dâşten: doğru sanmak, doğru olduğunu bilmek, doğru bulmak.

صواب دانستن sevâb dânisten: uygun görmek, doğru bulmak.

صواب ديد sevâbdîd: (A.-F.) [sevâb+ dîden>dîd] **1.**uygun görme, onay, tasvip. **2.**meşveret.

صواب ديدن sevâb dîden: uygun görmek, doğru bulmak.

صواب ديده sevâbdîde: (A.-F.) [sevâb+ dîden>dîd+e] uygun bulunmuş, doğru bulunmuş, onaylanmış, beğenilmiş.

صوابكار sevâbkâr: (A.-F.) [sevâb+kâr] iyi amelli, sevap sahibi.

صواب نما sevâbnumâ: (A.-F.) [sevâb+ numûden> numâ] doğruyu gösteren, doğru gösteren.

صوارف sevârif: (A.) değişmeler, değişimler, değişiklikler, dönüşler.

صوارم savârım: (A.) keskin kılıçlar.

صواعق sevâ'ik: (A.) yıldırımlar.

صواغ savvâg: (A.) kuyumcu.

صوافى sevâfî: (A.) **1.**peygamber ve imamın hissesine düşen ganimet. **2.**halis emlak.

صوالج sevâlic: (A.) **1.**cirit sopaları. **2.**çevgenler.

صوام suvvâm: (A.) oruçlular, oruç tutanlar.

صوامع sevâmi': (A.) **1.**manastırlar, kiliseler, mabetler. **2.**derviş zaviyeleri.

صوب sovb, savb: (A.) **1.**taraf, yön, cihet. **2.**bölge, nahiye. **3.**doğru, dürüst.

صوبه sovbe, sevbe: (A.) **1.**yığın, küme, öbek. **2.**ülke, memleket.

صوبه دار sovbedâr: (A.-F.) [sovbe+ dâşten> dâr] hakim, vali.

صوت sovt, savt: (A.) **1.**ses, seda. **2.**nağme, melodi, şarkı.

صوت بر sovtber: (A.-F.) [sovt+borden> ber] (müz.) portamento.

صوتی savtî: (A.) **1.**ses ile ilgili. **2.**sesli harf.

صوتیات savtiyyât: (A.) fonetik, sesbilim.

صوتیه savtiyye: (A.) **1.**ses ile ilgili. **2.**sesli.

صور suver: (A.) **1.**yüzler, suratlar. **2.**şekiller, suretler, biçimler. **3.**türler, neviler.

صور sûr: (A.) **1.**boynuz boru. **2.**kıyamet günü İsrafil'in üfleyeceği boru. ‖ * ~ -i isrâfîl صور اسرافیل **1.**kıyamet günü İsrafil'in üfleyeceği boru. **2.**Kaçarlar döneminde yayınlanan Farsça mizah ve hiciv gazetesi. ‖ * ~ -i safîr صور صفیر ıslık sesi.

صورت sûret: (A.) **1.**yüz, surat, çehre. **2.**şekil, biçim. **3.**kıyafet, görünüş. **4.**tür. **5.**keyfiyet, durum. **6.**(mat.) bölen. **7.**tarz, yöntem. **8.**çare. **9.**yazı kopyası. **10.**resim. **11.**somurtma, surat asma. **12.**pay. ‖ * ~ be ~ صورت به صورت oysa. ‖ * ~ be hod giriften صورت به خود گرفتن kılığa girmek, şekle bürünmek. ‖ * ~ râ islâh kerden صورت را اصلاح کردن sakal tıraşı olmak. ‖ * ~ râ terâşîden صورت را تراشیدن sakal tıraşı olmak. ‖ * ~ -i hâl صورت حال durum. ‖ * ~ -i hall صورت حل çözüm şekli. ‖ * ~ -i husûl صورت حصول gerçekleşme yolu. ‖ * ~ -i kesî dâg şoden صورت کسی داغ شدن yüzünü ateş basmak. ‖ * ~ -i kesî gulgûn şoden صورت کسی گلگون شدن yüzü kızarmak. ‖ * ~ -i kesî reng-i nîl giriften صورت کسی رنگ نیل گرفتن yüzü mosmor olmak. ‖ * ~ -i kesî telh u kebûd şoden صورت کسی تلخ و کبود شدن yüzü allak bullak olmak. ‖ * ez reh-i ~ از ره صورت görünüşte. ‖ * be ~ بصورت görünüşte, görünüşe bakılırsa. ‖ * be ~ -i به صورتِ şeklinde, halinde, durumunda. ‖ * be hemin ~ به همین صورت bu şekilde, aynı şekilde. ‖ * be her ~ به هر صورت her halükârda. ‖ * be hîç ~ به هیچ وجه asla, hiçbir şekilde. ‖ * der ~ -i در صورتِ halinde, durumunda. ‖ * der ~ î ki در صورتی که oysa, halbuki. ‖ * der an ~ در آن صورت öyleyse. ‖ * der in ~ در این صورت bu durumda, bu takdirde. ‖ * terâş-i ~ تراش صورت sakal tıraşı. ‖ * terâş-i ~ kerden تراش صورت کردن sakal tıraşı olmak.

صورت آرا sûretârâ: (A.-F.) [sûret+ ârâsten>ârâ] ressam.

صورت آرایی sûretârâyî: (A.-F.) [sûret+ ârâsten>ârây+î] ressamlık.

صورت آفرین sûretâferîn: (A.-F.) [sûret+ âferîden> âferîn] **1.**ressam. **2.**yaratan, yaratıcı.

صورتاً sûreten: (A.) görünüşte, görünüşe bakılırsa.

صورت انگیختن sûret engîhten: **1.**portre yapmak. **2.**var etmek, yaratmak.

صورت برداشتن sûret berdâşten: **1.**suret çıkarmak, istinsah etmek. **2.**fotoğraf çekmek.

صورت بر کشیدن sûret ber keşîden: **1.**nakşetmek. **2.**görünmek. **3.**mümkün olmak.

صورت بستن sûret besten: **1.**nakşetmek. **2.**tasavvur edilmek. **3.**olmak. **4.**gerçekleşmek. **5.**görünmek.

صورت بند sûretbend: (A.-F.) [sûret+ besten>bend] ressam.

صورت بندی sûretbendî: (A.-F.) [sûret+ besten>bend+î] ressamlık.

صورت پذیر sûretpezîr: (A.-F.) [sûret+ pezîroften>pezîr] gerçekleşen, mümkün olan.

صورت پذیرفتن sûret pezîroften: mümkün olmak, meydana gelmek, gerçekleşmek.

صورت پیدا کردن sûret peydâ kerden: şekle girmek, şekle bürünmek, olmak.

صورت تراشیدن sûret terâşîden: sakal tıraşı olmak.

صورت حساب sûrethisâb: (A.-F.) [sûret+ hisâb] fatura.

صورت دادن sûret dâden: **1.**icra etmek,

gerçekleştirmek. **2.**ayarlamak.

صورت ساز sûretsâz: (A.-F.) [sûret+ sâhten> sâz] portre ressamı.

صورت سازى sûretsâzî: (A.-F.) [sûret+ sâhten>sâz+î] **1.**portre ressamlığı. **2.**portre.

صورت كردن sûret kerden: resim yapmak, portre yapmak.

صورت كش sûretkeş: (A.-F.) [sûret+ keşîden> keş] portre ressamı, ressam.

صورت كشى sûretkeşî: (A.-F.) [sûret+ keşîden>keş+î] portre ressamlığı, ressamlık.

صورت كشيدن sûret keşîden: **1.**resim yapmak, portre yapmak. **2.**fotoğraf çekmek.

صورتگر sûretger: (A.-F.) [sûret+ger] **1.**portre ressamı. **2.**heykeltıraş.

صورت گرفتن sûret giriften: meydana gelmek, gerçekleşmek, olmak.

صورت گرى sûretgerî: (A.-F.) [sûret+ ger+î] **1.**portre ressamlığı. **2.**heykeltıraşlık.

صورت مجلس sûretmeclis: (A.-F.) [sûret+ meclis] tutanak, zabıt.

صورت نمودن sûret numûden: **1.**nakşetmek. **2.**tasavvur etmek.

صورتى sûretî: (A.-F.) [sûret+î] **1.**pembe. **2.**zahirî.

صورت ياب sûretyâb: (A.-F.) [sûret+ yâften>yâb] gerçekleşen, meydana gelen.

صورتى رنگ sûretîreng: (A.-F.) [sûret+î+ reng] pembe.

صورةً sûreten: (A.) görünüşte, görünüş bakımından.

صورى sûrî: (A.) **1.**sathî, yüzeysel, şeklî. **2.**görünüşte, zahirî, göstermelik, gösterişe dayanan.

صورى suverî: (A.) **1.**soyut. **2.**görünüşte. **3.**görsel.

صوف sûf: (A.) **1.** yün, yapağı. **2.**yünlü dokuma.

صوفى sûfî: (A.) **1.**(tas.) sûfî, mutasavvıf.

صوفيا sûfiyâ (A.-F.) [sûfî+y+â] ey sûfî.

صوفيان sûfiyân (A.-F.) [sûf+î+y+ân] sûfîler, mutasavvıflar.

صوفيانه sûfiyâne: (A.-F.) [sûfî+yâne] tasavvufî, mistik.

صوفى خانه sûfîhâne: (A.-F.) [sûfî+hâne] (tas.) hankah, tekke.

صوفى گرى sûfigerî: (A.-F.) [sûfî+ger+î] sûfîlik, tasavvuf.

صوفى نامه sûfînâme: (A.-F.) [sûfî+nâme] (tas.) tasavvuf kitabı.

صوفى وار sûfîvâr: (A.-F.) [sûfî+vâr] sûfî gibi.

صوفيه sûfiyye: (A.) sûfîler, mutasavvıflar.

صوفيون sûfiyyûn (A.) mutasavvıflar, sûfîler, tasavvuf ile uğraşanlar.

صول savl: (A.) atılma, hamle, saldırı.

صولت sovlet, savlat: (A.) **1.**hamle, hücum, atılım. **2.**heybet. **3.**öfke.

صولتكار savletkâr: (A.-F.) [savlet+kâr] saldıran, akın eden.

صولجان sovlecân, sevlecân: **1.**çevgen, polo sopası. **2.**baston, asâ.

صوم sovm, savm: (A.) oruç.

صوم suvvem: (A.) oruçlular, oruç tutanlar.

صومعه sovme'e, savme'e: (A.) **1.**manastır. **2.**hankah. **3.**mabet, ibadethane.

صومعه دار sovme'edâr: (A.-F.) [sovme'e+dâşten>dâr] tekkede oturan, tekke sofusu.

صومعه نشين sovme'enişîn: (A.-F.) [sovme'ea+nişesten> nişîn] **1.**ibadethanede oturan. **2.**manastırda yaşayan.

صون savn: (A.) koruma.

صهباء sehbâ': (A.) **1.**kırmızı, kızıl. **2.**şarap, kırmızı şarap.

صهر sıhr: (A.) **1.**evlilikten doğan akrabalık. **2.**kız alıp vermekle doğan akrabalık. **3.**damat.

صهرا suharâ: (A.) akrabalıklar.

صهرنج sahrınc: (A.) sarnıç.

صهرى sıhrî: (A.) evlilikten doğan akrabalık.

صهريت sıhriyyet: (A.) evlilik yoluyla doğan akrabalık, kan bağı.

صهريج sahrîc: (A.) sarnıç.

صهيب suheyb: Suheyb, İslâm tarihinde din kurallarına bağlılığı ile ünlenmiş biri.

صهيل sahîl: (A.) kişneme.

صهيون sehyûn: (A.) (coğ.) Kudüs.

صهيونى sehyûnî: (A.) yahudi.

صهيونيسم sehyûnism: (A.-Fr.) siyonizm.

صيائف sayâif: (A.) **1.**kurnaz kişiler. **2.**sarraflar.

صياح sıyâh: (A.) haykırışlar, bağırışlar.

صياد seyyâd: (A.) avcı.

صيادى seyyâdî: (A.-F.) [seyyâd+î] avcılık.

صياديه sayyâdiyye (A.) Rufâilik tarikatının bir kolu.

صياص sıyâs: (A.) **1.**kaleler. **2.**köşkler. **3.**sığınacak yerler.

صياصى sıyâsî: (A.) **1.**kaleler. **2.**köşkler. **3.**sığınacak yerler.

صياغ sayyâg (A.) kuyumcu.

صياغت siyâget: (A.) **1.**dökümcülük. **2.**kuyumculuk.

صياقله sayâkile: (A.) **1.**cilacılar, parlatıcılar. **2.**cila aletleri.

صيال siyâl: (A.) atılma, sıçrama, hamle, saldırı.

صيالت siyâlet: (A.) atılma, hamle, saldırı.

صيام siyâm: (A.) oruç tutma, oruç.

صيانت siyânet: (A.) koruma, kollama.

صيانت شدن siyânet şoden: korunmak, kollanmak.

صيانتكار siyânetkâr: (A.-F.) [sıyânet+kâr] koruyucu.

صيانت كردن siyânet kerden: korumak, kollamak.

صيانةً siyâneten: (A.) koruyarak.

صيت sît: (A.) **1.**(gr.) ses, ün. **2.**şöhret. **3.**gürültü. patırtı.

صيحه seyhe, siyhe: (A.) nara, feryat, haykırış, bağırma.

صيحه زدن seyhe zeden: bağırmak, haykırmak, nara atmak.

صيد seyd, siyd: (A.) **1.**av. **2.**avlama. **3.**avlanma. **4.**av hayvanı.

صيد شدن seyd şoden: avlanmak.

صيد كردن seyd kerden: avlamak.

صيدگاه seydgâh: (A.-F.) avlak, av yeri.

صيدگر saydger: (A.-F.) [sayd+ger] avcı.

صيدگه saydgeh: (A.-F.) [sayd+geh] avlak, avlanma yeri.

صيدلانى seydelânî: (A.) **1.**Saydeleli. **2.**botanikçi. **3.**eczacı.

صيدله seydele: (A.) **1.**eczacılık. **2.**attarlık.**3.**botanik.

صيدليه seydeliyye: (A.) eczane.

صيرف sayref: (A.) **1.**işbilir. **2.**kurnaz. **3.**sarraf.

صيرفى sayrefî: (A.) **1.**işbilir. **2.**kurnaz. **3.**sarraf.

صيرورت sayrûret: (A.) **1.**kılınma, yapılma, edilme. **2.**bir halden bir hale geçme, başkalaşım. **3.**olma.

صيصه sıysa: (A.) **1.**kale. **2.**köşk. **3.**sığınacak yer.

صيغ sıyag: (A.) kipler, sigalar.

صيغه sîge: (A.) **1.**şekil. **2.**yaratılış. **3.**(gr.) siga, kip. **4.**sîga, geçici nikâh, müt'a.

صيغه جارى كردن sîge cârî kerden: siga yapmak, geçici evlilik yapmak.

صيغه خواندن sîge hânden: siga yapmak, geçici evlilik yapmak.

صيغه رفتن sîge reften: siga yapmak, geçici evlilik yapmak.

صيغه رو sîgerov: (A.-F.) [sîge+reften> rev>rov] siga yapan kadın.

صيغه ساختن sîge sâhten: (gr.) kelimeyi gramer kurallarına göre çeşitli şekillere sokmak.

صيغه شدن sîge şoden: sigaya girmek.

صيغه كردن sîge kerden: siga yapmak.

صيغه گرفتن sîge giriften: siga yaparak kadın almak, kadınla siga evliliği yapmak.

صيف sayf: (A.) yaz.

صيفى sayfî: (A.) **1.**yazlık. **2.**bostan.

صيفى كارى sayfîkârî: (A.-F.) [sayfî+kâşten> kâr+î] bostancılık.

صيفيه sayfiyye: (A.) yazlık, yazlık ev.

صيقل saykal: (A.) **1.**cila. **2.**cilalama

aleti.

صيقل دادن saykal dâden: cila yapmak, cilalamak.

صيقل زده saykalzede: (A.-F.) [saykal+zede] cilalı, cilalanmış, parlatılmış, yaldızlanmış.

صيقل زن saykalzen: (A.-F.) [saykal+zeden>zen] **1.**cilacı, parlatıcı. **2.**yaldızcı.

صيقل زنى saykalzenî: (A.-F.) [saykal+zeden>zen+î] **1.**cilacılık, parlatıcılık. **2.**yaldızcılık.

صيقلكار saykalkâr: (A.-F.) [saykal+kâr] **1.**cilacı, parlatıcı. **2.**yaldızcı.

صيقل كارى seykalkârî: (A.-F.) [saykal+ kâr+î] **1.**cilacılık, parlatıcılık. **2.**yaldızcılık.

صيقل گر saykalger: (A.-F.) [saykal+ger] cilacı.

صيقل گرى saykalgerî: (A.-F.) [saykal+ger+î] cilacılık.

صيقلى saykalî: (A.-F.) [saykal+î] **1.**cila ile ilgili. **2.**cilalı.

صين sîn: (A.) Çin.

صينى sînî: (A.-F.) [sîn+î] **1.**Çinli. **2.**Çin yapısı, Çin malı.

صينى sînî: sini.

صيوان sayvân: (F.>A.) [<sâyebân] **1.**şemsiye, güneşlik, gölgelik. **2.**pervaz, kırma.

صيوان الاذين sayvânuluzeyn: (A.) kalp kulakçığı.

صيوانيه sayvâniyye: (A.) maydanozgiller.

صيوف suyûf: (A.) yazlar, yaz mevsimleri.

ض

ض z: **1.**Farsça alfabenin **18.** harfi. **2.**ebced sistemine göre sayısal değeri: 600.

ضائع zâ'i': (A.) yayılmış, dağılmış.

ضابط zâbit: (A.) **1.**zapteden. **2.**hakim, vali, iktidar sahibi. **3.**mübaşir. **4.**subay. **5.**becerikli, işbilir.

ضابطان zâbitân: (A.-F.) [zâbit+ân] **1.**subaylar. **2.**Osmanlı ordusunda mülâzim ile yüzbaşı rütbelerinin bulunduğu grubun genel adı.

ضابطه zâbite: (A.) **1.**tüzük, düstur, kaide. **2.**güvenlik görevlisi, polis. **3.**bağ. **4.**belediye denetim görevlisi.

ضاجر zâcir: (A.) kederli, muzdarip.

ضاحک zâhik: (A.) gülen.

ضار zâr: (A.) zararlı, zarar veren.

ضارب zârib: (A.) **1.**vuran. **2.**döven. **3.**darbe indiren. **4.**çarpan.

ضاغط zâgit: (A.) basan, sıkıştıran.

ضافی zâfî: (A.) tam.

ضال zâl: (A.) sapık, yoldan çıkmış, dalalete düşmüş.

ضاله zâlle: (A.) **1.**yoldan çıkmış, gümrah olmuş, sapkın. **2.**günahkâr.

ضالین zâllîn: (A.) yoldan çıkmış, sapıtmış.

ضامر zâmir: (A.) **1.**ince boylu. **2.**latif.

ضامن zâmin: (A.) kefil.

ضامن دادن zâmin dâden: kefil yapmak, kefil etmek.

ضامن شدن zâmin şoden: kefil olmak, tekeffül etmek.

ضامن گرفتن zâmin giriften: kefil tutmak.

ضایر zâyir: (A.) zararlı, zarar veren.

ضایع zâyi': (A.) **1.**kayıp, zayi. **2.**yararsız, boşuna. **3.**işsiz.

ضایعات zâyi'ât: (A.) kayıplar, zayiat.

ضایع شدن zâyi' şoden: zayi olmak, kaybolmak, harcanmak, tükenmek.

ضایع کردن zâyi' kerden: **1.**kaybetmek, yitirmek, zayi etmek. **2.**tüketmek.

ضایع گذاشتن zâyi' gozâşten: ihmal etmek.

ضایع گشتن zâyi geşten: zayi olmak, kaybolmak, harcanmak, tükenmek.

ضایع ماندن zâyi' mânden: kaybolmak.

ضایعه zâyi'e: (A.) kayıp, yitik, zayiat.

ضب zabb: (A.) kertenkele.

ضباب zabâb: (A.) pus, sis.

ضباب zibâb: (A.) kertenkeleler.

ضبابیه zibâbiyye: (A.) kertenkelegiller.

ضباط zebbât: (A.) arşiv memuru, evrak memuru.

ضباط zubbât: (A.) subaylar, zabitler.

ضباع zibâ': (A.) sırtlanlar.

ضبان zubbân: (A.) kertenkeleler.

ضبط zabt: (A.) **1.**tutma. **2.**ele geçirme. **3.**kavrama, anlama. **4.**kayıt, kaydetme, zabıt. **‖** * der ~ âverden در ضبط آوردن zaptetmek, hıfzetmek.

ضبط شدن zabt şoden: **1.**el konulmak. **2.**kayıt yapılmak (ses, görüntü vs.). **3.**zaptedilmek. **4.**korunmak.

ضبط کردن zabt kerden: **1.**el koymak. **2.**kayıt yapmak (ses, görüntü vs.). **3.**zaptetmek. **4.**korumak.

ضبط نامه zabtnâme: (A.-F.) [zabt+ nâme<nâme-i zabt] tutanak.

ضبطیه zabtiyye: (A.) **1.**zaptiye, polis, jandarma. **2.**emniyet teşkilatı.

ضبع zabu', zab': (A.) sırtlan.

ضجر zecer: (A.) **1.**eziyet. **2.**kararsızlık, ızdırap, sıkıntı.

ضجر zecir: (A.) **1.**kararsız, sıkıntılı, tedirgin. **2.**dar mekân.

ضجرت zocret, zecret: (A.) tedirginlik, sıkıntı, yürek sıkıntısı, iç daralması.

ضجرت آور zucretâver: (A.-F.) [zucret+ âverden> âver] sıkıntı getiren, yürek daraltan.

ضجرت فزا zucretfezâ: (A.-F.) [zucret+ fezûden>fezâ] sıkıntıyı artıran, sıkıntı üstüne sıkıntı veren, yürek daraltan.

ضجرت ور zucretver: (A.-F.) [zucret+ ver] sıkıntılı, sıkıntı verici.

ضجه zecce: (A.) çığlık, feryat.

ضحاک zehhâk: (A.) çok gülen.

ضحام zıhâm: (A.) kaba şiyler, iri şeyler.

ضحايا zehâyâ: (A.) kuşluk vakti kesilen koyunlar.

ضحک zihk, zehk: (A.) gülüş, gülme.

ضحک آور zıhkâver: (A.-F.) [zıhk+ âverden>âver] güldürücü, gülünç.

ضحى zuhâ: (A.) **1.** kuşluk vakti. **2.**Kur'ân'da bir sûre. ‖ * salât-i ~ صلات ضحى sabah namazı.

ضحيه zuhye: (A.) kuşluk vakti kesilen kurban.

ضخام zuhâm: (A.) iri cüsseli, iriyarı.

ضخامت zehâmet: (A.) **1.**irilik, kalınlık. **2.**semizlik.

ضخم zehm, zehem, zehm: (A.) iriyarı, semiz, şişman.

ضخم العظام zahmul'izâm: (A.) iri kemikli.

ضخيم zehîm: (A.) **1.**iri, iriyarı. **2.**yoğun. **3.**kalın, kaba.

ضد zid: (A.) **1.**zıt, aykırı, karşıt, muhalif. **2.**düşman. **3.**karşı. ‖ * ~ -i sem ضد سم (tıb.) panzehir. ‖ * ~ -i ufûnî konende ضد عفونى كننده (tıb.) antiseptik, dezenfektan, mikrop öldürücü. ‖ * ~ yeh ضد يخ antifriz.

ضدان ziddân: (A.) iki karşıt, iki zıt.

ضديت ziddiyet: (A.) **1.**zıtlık, zıttiyet. **2.**muhalefet, düşmanlık.

ضدين ziddeyn: (A.) iki zıt, iki karşıt.

ضر zerr, zorr: (A.) **1.**zarar, ziyan. **2.**sıkıntı.

ضراء zerrâ': (A.) **1.**zarar, hasar. **2.**sıkıntı, darlık. **3.**kıtlık. **4.**belâ, felaket. **5.**şiddet.

ضرائر zerâ'ir: (A.) kumalar.

ضرابخانه zerrâbhâne: (A.-F.) [zerrâb+ hane] darphane.

ضراح zurâh: (A.) Kâbe'nin tam üzerinde ve gökyüzünde bulunduğuna inanılan Beyt-i ma'mûr.

ضرار zirâr: (A.) zarar verme, zararı dokunma.

ضرارت zerâret: (A.) körlük.

ضراعت zerâ'et: (A.) **1.**alçalma, küçülme. **2.**miskinlik. **3.**alçakgönüllülük, tevazu.

ضراعت نامه zarâ'atnâme: (A.-F.) [darâ'at+nâme] çirkin ifadelerle yazılmış mektup.

ضراغم zerâgim: (A.) arslanlar.

ضرب zerb: (A.) **1.**vurma, darbe, çarpma. **2.**(mat.) çarpı. **3.**(mat.) çarpım. **4.**yılan sokması. **5.**(müz.) ritm. **6.**para basma, para basımı. **7.**gibi, benzeri. **8.**dövme. **9.**darbımesel, atasözü. ‖ * cedvel-i ~ جدول ضرب (mat.) çarpım cetveli, çarpım tablosu.

ضرباً zarben: (A.) **1.**vurarak. **2.**darbe indirerek. **3.**çarparak. **4.**döverek.

ضربات zerebât: (A.) **1.**çarpıntılar, kalp çarpıntıları, kalp atışları. **2.**vuruşlar, vurmalar.

ضرب المثل zerbulmesel: (A.) darbımesel, atasözü.

ضربان zerebân: (A.) **1.**çarpıntı, kalp çarpıntısı, kalp atışı. **2.**vuruş, vurma, çarpma.

ضربت zerbet: (A.) **1.**vuruş, darbe. **2.**çarpış, atış.

ضرب خانه zarbhâne: (A.-F.) [zarb+hâne <hâne-i darb] para basımevi, darphane.

ضربت خوردن zerbet horden: **1.**darbe yemek. **2.**zedelenmek.

ضربت زدن zerbet zeden: yaralamak, zedelemek, darbe indirmek.

ضرب زن zarbzen: (A.-F.) [zarb+ zeden>zen] **1.**kale duven. **2.**metal levha işleme ustası, metal levha nakkaşı.

ضرب خوردن zerb horden: zarar görmek, zedelenmek.

ضرب ديدن zerb dîden: zarar görmek, zedelenmek.

ضرب کردن zerb kerden: **1.**(mat.) çarpmak. **2.**yarmak, yıkmak, darbe indirmek.

ضرب گرفتن zerb giriften: tempo tutmak, ritm tutmak.

ضربه zerbe: (A.) **1.**darbe, vuruş, çarpış. **2.**zarar, hasar.

ضربه فرود آمدن zerbe furûd âmeden: darbe inmek.

ضربه فرود آوردن zerbe furûd âverden: darbe indirmek.

ضربه کردن zerbe kerden (Sp.) güreşte darbe ile rakibe üstün gelmek.

ضربه نهادن zerbe nihâden: satrançta darbe yapmak.

ضربی zarbî: (A.) **1.**darbe ile ilgili. **2.**vuruş ile ilgili. **3.**çarpış ile ilgili.

ضرر zerer: (A.) **1.**zarar. **2.**uyumsuzluk. **3.**bozulma, hasar görme. ‖ * ~ be vâris zeden ضرر به وارث زدن har vurup harman savurmak, savurganlık yapmak.

ضرر بین zererbîn: (A.-F.) [zerer+ dîden>bîn] zarar gören.

ضرر خوردن zerer horden: zarar görmek.

ضرر دیدن zerer dîden: zarar görmek.

ضرر دیده zererdîde: (A.-F.) [zerer+ dîden>dîd+e] zarar görmüş, zarara uğramış.

ضرر زدن zerer zeden: zarar vermek.

ضرر کشیدن zerer keşîden: zarar görmek.

ضرس zirs: (A.) azı dişi, diş.

ضرسی zırsî: (A.) azı dişi ile ilgili.

ضرسیه zırsiyye: (A.) azı dişi ile ilgili.

ضرع zer': (A.) **1.**hayvan memesi. **2.**sağım. **3.**inleme. **4.**tevazu. **5.**hakaret.

ضرغام zirgâm, zergâm: (A.) **1.**arslan. **2.**yiğit, cesur.

ضرغام انتقام zırgâmintikâm: (A.) [zırgâm+intikâm] arslan gibi intikam duygusu taşıyan.

ضرغامه zırgâme: (A.) arslan.

ضرغم zirgam: (A.) arslan.

ضروب zurûb: (A.) **1.**vurmalar. **2.**çarpmalar. **3.**dövmeler. **4.**neviler, türler.

ضرورات zerûrât: (A.) **1.**sıkıntılar, güçlükler. **2.**yoksulluklar, fakirlikler.

ضرورت zerûret: (A.) **1.**zorunluluk, zaruret. **2.**gereksinim, ihtiyaç. **3.**zorlama. **4.**yoksulluk, fakirlik, darlık.

ضروری zerûrî: (A.) **1.**zorunlu, zorunlu olarak, ister istemez. **2.**açık seçik. **3.**tuvalet, hela.

ضروریات zerûriyyât: (A.) **1.**zorunluluklar. **2.**gereksinimler, ihtiyaçlar, levazım.

ضروریه zerûriyye: (A.) zorunlu.

ضروع zurû': (A.) süt hayvanı memeleri.

ضره zarre: (A.) zarar veren, zarara yol açan.

ضره zarre: (A.) kuma.

ضری zarî: (A.) sürekli kan akan damar.

ضریب zerîb: (A.) **1.**vurucu. **2.**şekil. **3.**(mat.) katsayı. **4.**emsal.

ضریبه zarîbe: (A.) **1.**kişinin ödemesi gereken vergi. **2.**kölenin kazanmak zorunda olduğu kazanç.

ضریح zerîh: (A.) sanduka, mezar, zarih.

ضریر zerîr: (A.) **1.**doğuştan kör. **2.**hasta, hastalıklı. **3.**cılız. **4.**On dördüncü yüzyıl Türk şairi Mustafa Darir.

ضریروار zerîrvâr: (A.-F.) [zerîr+vâr] **1.**kör gibi. **2.**şair Mustafa Darîr gibi.

ضریع zerî': (A.) **1.**ilik. **2.**iri memeli.

ضعف ze'f: (A.) **1.**zayıflık, zaaf, gevşeklik. **2.**(tıb.) zafiyet, halsizlik.**3.**zaaf, aşırı ilgi, düşkünlük.

ضعف zi'f: (A.) iki katı, iki misli.

ضعفاء zu'efâ: (A.) zayıflar.

ضعف رفتن ze'f reften: bayılmak. ‖ * dil-i kesî ~ دل کسی ضعف رفتن şiddetli açlık duymak.

ضعف کردن ze'f kerden: bayılmak.

ضعف نشان دادن ze'f nişân dâden: zaaf göstermek.

ضعفی za'fî: (A.) zayıflık ile ilgili, zafiyet ile ilgili.

ضعفیت za'fiyyet: (A.) zayıflık, dermansızlık.

ضعه zı'a: (A.) tarla, ekilebilir tarla.

ضعیف ze'îf: (A.) **1.**zayıf, güçsüz, cılız, hasta. **2.**gevşek. **3.**tembel. ‖ * in ~ این ضعیف ben, bendeniz, kulunuz.

ضعیف الاحتمال zaîfulihtimâl: (A.) zayıf olasılık.

ضعیف دل ze'îfdil: (A.-F.) [ze'îf+dil] korkak.

ضعیف رای zaîfrây: (A.) [zaîf+rây] idraksiz, kıt fikirli.

ضعیف شدن ze'îf şoden: zayıflamak.

ضعیف کردن ze'îf kerden: zayıflatmak.

ضعیفه ze'îfe: (A.) güçsüz kadın, zayıf kadın.

ضغائن zegâ'in: (A.) kinler.

ضغث zigs, zegs: (A.) **1.**sarmaşık. **2.**karman çorman, karmakarışık.

ضغط zegt: (A.) baskı, ezme, zorlama, daraltma, zorla sokma. ‖ * ~ -i ayn ضغط عین (tıb.) göz tansiyonu.

ضغطه zogte: (A.) **1.**baskı, basınç. **2.**darlık. **3.**sıkıntı. **4.**tiksinme.

ضغینه zegîne: (A.) kin, nefret.

ضفائر zefâ'ir: (A.) örgülü saçlar.

ضفادع zefâdi': (A.) kurbağalar.

ضفایر zefâyir: (A.) örgülü saçlar.

ضفدع zıfda': (A.) kurbağa.

ضفدعیه zıfda'iyye: (A.) kurbağagiller.

ضفیدع zufayda': (A.) iribaş.

ضفیر zafîr: (A.) sinir demeti.

ضلال zelâl: (A.) **1.**yoldan çıkma. **2.**sapınç.

ضلالت zelâlet: (A.) sapma, sapıklık, yoldan çıkma, yolunu şaşırma, dalalet.

ضلالت غرق zelâletgark: (A.) [dalâlet+gark] yoldan çıkmış, dalalete düşmüş.

ضلع zil': (A.) **1.**kenar, yan. **2.**böğür. **3.**kaburga kemiği.

ضلوع zulû': (A.) kenarlar.

ضلیل zalîl: (A.) yoldan çıkmış, sapkın.

ضم zemm: (A.) **1.**toplama, katma, ekleme. **2.**(gr.) ötreli okuma, ötre işareti.

ضمائر zemâ'ir: (A.) **1.**(gr.) zamirler. **2.**iç yüzler, gönüller.

ضمائم zemâ'im: (A.) ekler, ilaveler.

ضماد zimâd: (A.) **1.**yara sarma. **2.**yara sargısı. **3.**merhem.

ضمار zimâr: (A.) gizli, saklı.

ضمان zemân, zimân: (A.) **1.**kefillik. **2.**garanti. **3.**tazminat. **4.**taahhüt, teminat.

ضمانت zemânet: (A.) **1.**taahhüt. **2.**tazminat. **3.**teminat. **4.**kefillik.

ضمانت دادن zemânet dâden: **1.**tazminat vermek. **2.**taahhüt etmek, teminat vermek.

ضمانت نامه zemânetnâme: (A.-F.) [zemânet+nâme] **1.**taahhütname, teminat mektubu. **2.**garanti belgesi. ‖ * ~ -i bankî ضمانت نامهء بانکی banka teminatı.

ضمان شدن zimân şoden: kefilolmak.

ضمتان zammetân: (A.) iki ötre.

ضمتین zammeteyn: (A.) iki ötre.

ضمغ zamg: (A.) zamk.

ضمن zemen: (A.) **1.**yerinde kalma. **2.**acizlik.

ضمن zimn: (A.) **1.**iç, içinde, ara, orta. **2.**iken, esnasında, zımnında. **3.**gizli maksat. ‖ * ~ -i inki ضمن اینکه iken, esnasında, sırasında. ‖ * der hemin ~ در همین ضمن bu arada, bu esnada. ‖ * der in ~ در این ضمن bu arada, bu esnada.

ضمناً zimnen: (A.) **1.**dolayısıyla. **2.**bu arada, zımnen.

ضمنی zimnî: (A.) dolaylı olarak, üstü örtülü olarak, üstü kapalı.

ضمور zumûr: (A.) organların hastalık nedeniyle zayıflaması.

ضمه zemme: (A.) (gr.) ötre, zamme.

ضمیر zemîr: (A.) **1.**(gr.) zamir, adıl. **2.**iç, içyüz. **3.**vicdan, gönül. **4.**sır. **5.**kalp, yürek.

ضمیرشناس zamîrşinâs: (A.-F.) [zamîr+ şinâhten> şinâs] halden anlayan, gönülbilir.

ضمیم zemîm: (A.) yoldaş, arkadaş.

ضمیمه zemîme: (A.) ilişik, ek, ilave.

‖ * be ~ به ضميمه ilişikte. ‖ * be ~ -i به ضميمهء ilavesiyle.

ضميمةً zamîmeten: (A.) ek olarak.

ضِميمه ساختن zemîme sâhten: katmak, eklemek, iliştirmek, ilave etmek.

ضميمه شدن zemîme şoden: **1.**eklenmek, ilave edilmek, dahil edilmek, katılmak. **2.**bağlanmak.

ضميمه كردن zemîme kerden: **1.**katmak, eklemek, ilave etmek, dahil etmek. **2.**iliştirmek.

ضمين zemîn: (A.) kefil.

ضنت zinnet: (A.) cimrilik.

ضنک zank: (A.) **1.**darlık, sıkıntı. **2.**dar mekân.

ضوء zev': (A.) aydınlık, nur, ışık.

ضوابط zevâbit: (A.) kurallar, usûller.

ضوارب zevârib: (A.) atardamarlar, nabız damarları.

ضوضاء zevzâ, zovzâ: (A.) gürültü patırtı, bağırıp çağırma.

ضياء ziyâ': (A.) **1.**ışık. **2.**aydınlık. **3.**erkek adı.

ضيائى ziyâ'î: (A.) ışık ile ilgili, ışıksal.

ضيائيه ziyâ'iyye: (A.) ışık ile ilgili, ışıksal.

ضيا افشان ziyâefşân: (A.-F.) [ziyâ+ efşânden>efşân] ışık saçan.

ضيابار ziyâbâr: (A.-F.) [ziyâ+bârîden> bâr] ışık saçan, ışıklı.

ضيابخش ziyâbahş: (A.-F.) [ziyâ+ bahşîden>bahş] ışık saçan, ışık veren.

ضياپاش ziyâpâş: (A.-F.) [ziyâ+pâşîden> pâş] ışık veren, ışık saçan.

ضياپوش ziyâpûş: (A.-F.) [ziyâ+ pûşîden>pûş] ışık ile örten.

ضيادار ziyâdâr: (A.-F.) [ziyâ+dâşten> dâr] ışıklı, aydınlık, parlak.

ضياريز ziyârîz: (A.-F.) [ziyâ+rîhten>rîz] ışık döken, ışık saçan.

ضياع ziyâ': (A.) **1.**çiftlikler. **2.**tarlalar.

ضياع ziyâ': (A.) **1.**istekler. **2.**kaybolma, bozulma. **3.**emlak, ayniyat, eşya.

ضيافت ziyâfet: (A.) ziyafet, ağırlama.

ضيافت خانه ziyâfethâne: (A.-F.) [ziyâfet+ hâne] **1.**ziyafet salonu. **2.**kabul salonu.

ضيافت كردن ziyâfet kerden: misafir ağırlamak, ziyafet vermek.

ضيافتگاه ziyâfetgâh: (A.-F.) [ziyâfet+ gâh] ziyafet verilen yeri, şölen yeri.

ضيافشان ziyâfeşân: (A.-F.) [ziyâ+ feşânden>feşân] ışık saçan.

ضيا گستر ziyâgoster: (A.-F.) [ziyâ+ gosterden>goster] ışık veren, parlak.

ضيانثار ziyânisâr: (A.) [ziyâ+nisâr] ışık saçan.

ضيع ziya': (A.) **1.**çiftlikler. **2.**tarlalar.

ضيعت zay'at: (A.) **1.**kaybedilme, kaybolma. **2.**kaybetme.

ضيعه zay'a: (A.) **1.**çiftlik. **2.**tarla. **3.**arsa. **4.**akar, geliri olan bina.

ضيغم zeygem: (A.) arslan.

ضيف zeyf, ziyf: (A.) konuk, misafir.

ضيق zîk, zeyk: (A.) **1.**darlık. **2.**elisıkılık, cimrilik. **3.**sıkıntı.

ضيق zayyık: (A.) çok dar, dar daraşık.

ضيق النفس zîkunnefes: (A.) (tıb.) astım, nefes darlığı.

ضيمران zeymerân, zeymurân: (A.) (bot.) reyhan, fesleğen.

ضيوف zuyûf: (A.) konuklar, misafirler.

ضيون zayven: (A.) **1.**yaban kedisi. **2.**erkek kedi. **3.**hırçın insan.

ط

ط tâ: **1.**"t, T", Farsça alfabenin on dokuzuncu harfi. **2.**Ebced sistemine göre sayısal değeri: 9.

طائر tâ'ir: (A.) **1.**kuş. **2.**uçan, uçucu.

طائف tâ'if: (A.) **1.**tavaf eden, dönen. **2.**gece bekçisi.

طائفه tâ'ife: (A.) bölük, taife, kabile.

طائل tâ'il: (A.) fayda.

طائی tâ'î: (A.) Tayy kabilesine mensup.

طاب tâb: (A.) helal olsun, iyi ve temiz olsun.

طاباق tâbâk: büyük kerpiç.

طابع tâbi': (A.) basıcı, tâbi, tab'eden. **2.**mühürcü. **3.**baskıcı.

طابق tâbek: **1.**sac, ekmek sacı. **2.**büyük kerpiç.

طابور tabur: (T.) sıra, saf.

طاحنه tâhine: (A.) azı dişi.

طاحون tâhûn: (A.) değirmen.

طاحونه tâhûne: (A.) değirmen.

طار târ: (A.) tef.

طارف târif: (A.) yeni mal.

طارق târik: (A.) **1.**gece yürüyen. **2.**hırsız. **3.**falcı. **4.**sabah yıldızı, çulpan, Venüs.

طارم târem: **1.**çardak. **2.**kubbe. **3.**gökyüzü. **4.**dam.

طارمی târemî: [târem+î] **1.**korkuluk, parmaklık. **2.**siper.

طاری târî: (A.) ansızın çıkan, beklenmedik.

طاری شدن târî şoden: çıkagelmek.

طاس tâs: (Peh.) **1.**tas, bakır tas. **2.**oyun zarı, zar. **3.**kadeh. ‖ * ser-i ~ nişânden سر طاس نشاندن oyuna getirmek, hile ile sırrını söyletmek. ‖ * gom şoden-i ~ گم شدن طاس söylenti çıkmak.

طاس tâs: dazlak.

طاسباز tâsbâz: [tâs+bâhten>bâz] hilekâr.

طاس کباب taskebâb: (F.-T.) [tâs+kebâb] tas kebap.

طاس گرفتن tâs giriften: zar tutmak.

طاسی tâsî: [tâs+î] dazlaklık.

طاعات tâ'ât: (A.) ibadetler.

طاعت tâ'et: **1.**ibadet. **2.**itaat. **3.**zühd, takva.

طاعتخانه tâ'ethâne: (A.-F.) [tâ'et+hâne] ibadethane.

طاعتدار tâ'etdâr: (A.-F.) [tâ'et+dâşten>dâr] itaatli.

طاعت داشتن tâ'et dâşten: itaat etmek.

طاعتگاه tâ'atgâh: (A.-F.) [tâ'at+gâh] ibadethane, ibadet edilen yer.

طاعن tâ'in: (A.) sitem eden, serzenişte bulunan, kınayan.

طاعون tâ'ûn: (A.) (tıb.) veba, taun.

طاعون زده tâ'ûnzede: (A.-F.) [tâ'ûn+zeden>zed+e] (tıb.) vebalı.

طاعونی tâ'ûnî: (A.-F.) [tâ'ûn+î] vebalı.

طاغ طاغ tag tag: nal sesi, çekiç sesi, tak tak.

طاغوت tâgût: (A.) **1.**put. **2.**sihirbaz. **3.**batıl. **4.**serkeş.

طاغی tâgî: (A.) azgın, isyankâr, itaatsiz.

طافح tâfih: (A.) zilzurna sarhoş.

طاق tâk: (Peh.) **1.**tak, revak, eyvan. **2.**gökyüzü. **3.**kemer.**4.**bir tür giysi. **5.**takım (elbise). ‖ * ~ -i ebrû goşâden طاق ابرو گشادن gülmek. ‖ * ~ -i ebrû numûden طاق ابرو نمودن cilve yapmak. ‖ * ez ~ -i dil oftâden از طاق دل افتادن itibarını yitirmek. ‖ * ser-i kesî râ be ~ kûbîden سر کسی را به طاق کوبیدن aldatıp baştan savmak.

طاق tâk: tek. ‖ * ~ est ya coft? طاق است یا جفت tek mi çift mi?

طاق باز tâkbâz: [tâk+bâz] sırtüstü.

طاق باز خوابیدن tâkbâz hâbîden: sırtüstü yatmak.

طاق بستن tâk besten: tak kurmak.

طاق بندی tâkbendî: [tâk+besten>bend+î] tak kurma.

طاقت tâket: (A.) takat, güç, kudret. ‖ * ~ -i kesî resîden طاقت کسی رسیدن gücü tükenmek. ‖ * ~ -i kesî ~ oftâden طاقت کسی طاق افتادن takatsiz bırakmak. ‖ * ~ -i kesî ~ şoden طاق کسی طاق شدن canına tak demek, takati tükenmek, takati kesilmek.

طاقت آوردن tâket âverden: dayanmak, gücü yetmek.

طاقت بردن tâket borden: sabrı tükenmek.

طاقت داشتن tâket dâşten: gücü olmak, takati olmak.

طاقت فرسا tâketfersâ: (A.-F.) [tâket+ fersûden>fersâ] takat tüketici, dayanılmaz.

طاقت کردن tâket kerden: dayanmak, sabretmek.

طاقت ماندن tâket mânden: takati olmak, sabrı olmak.

طاقت یافتن tâket yâften: gücü olmak, takati olmak, sabrı olmak.

طاق شدن tâk şoden: uzak kalmak.

طاقچه tâkçe: [tâk+çe] raf. ‖ * dileş ~ nedâred دلش طاقچه ندارد ağzında bakla ıslanmaz, sır tutamaz.

طاقدار tâkdâr: [tâk+dâşten>dâr] 1.taklı, kemerli. 2.muhafız.

طاقدیس tâkdîs: 1.eyvan. 2.tak gibi.

طاق زدن tâk zeden: tak kurmak.

طاق طاق tâk tâk: kılıç şakırtısı.

طاق نما tâknemâ, tâknomâ: [tâk+ nomûden> nomâ, nemâ] kemer veya revak şeklinde.

طاق نما بستن tâknemâ besten: tak kurmak.

طاق و طارم tâk u târum: tantana, debdebe.

طاقه tâke: (A.) 1.ip, bir tek ip. 2.bir parça.

طاقه tâke: (A.) takat.

طاقین tâkîn: bir tür şapka.

طالار tâlâr: salon.

طالب tâlib: (A.) 1.istekli, talip. 2.din ilimleri öğrencisi. 3.erkek adı.

طالبه tâlibe: (A.) 1.istekli, isteyen. 2.bayan ağrenci.

طالبی tâlibî: (A.) 1.(bot.) topatan kavunu. 2.alevi. 3.seyyid.

طالح tâlih: (A.) 1.huzursuz insan. 2.kötü insan. 3.yararsız.

طالسان tâlisân: taylesan, bir tür aba.

طالشی tâlişî: [tâliş+î] 1.Tâlişli. 2.Tâliş lehcesi.

طالع tâli': (A.) 1.doğan. 2.talih, ikbal. 3.şans. 4.fal. 5.nişangâh arkasına düşen ok.

طالع بین tâli'bîn: (A.-F.) [tâli'+dîden> bîn] falcı.

طالع بینی tâli'bînî: (A.-F.) [tâli'+dîden> bîn+î] falcılık, fala bakma.

طالع شدن tâli' şoden: 1.doğmak. 2.güneş doğmak.

طالع گو tâli'gû: (A.-F.) [tâli'+goften>gû] falcı.

طالع گویی tâli'gûyî: (A.-F.) [tâli'+goften> gû+y+î] falcılık.

طالع مند tâli'mend: (A.-F.) [tâli'+mend] talihli, şanslı.

طالقان tâlekân: (coğ.) Tâlekân.

طالقانی tâlekânî: [tâlekân+î] Tâlekanlı.

طامات tâmmât: (A.) 1.büyük belalar. 2.saçma sözler.

طامح tâmih: (A.) 1.itaatsiz kadın. 2.oynak kadın, hoppa kadın. 3.yüce.

طامع tâmi': (A.) 1.hırslı, tamahkâr. 2.umutlu.

طاوس tâvus (zool.) tavus kuşu.

طاوس خرام tâvûshırâm: (A.-F.) [tâvus+ horâmîden> horâm] tavus kuşu gibi salınarak yürüyen.

طاووس صفت tâvûssıfat: (A.)[tâvûs+sıfat] tavus kuşu gibi.

طاوس وار tâvûsvâr: (A.-F.) [tâvus+vâr] tavuskuşu gibi.

طاوس وش tâvusveş: (A.-F.) [tâvus+veş] tavus gibi.

طاووس tâvûs (zool.) tavus kuşu.

طاهر tâhir: (A.) 1.temiz, pak. 2.Tanrı'nın sıfatlarından biri.

3.erkek adı.

طاهر السر tâhirussırr: (A.) içi temiz.

طاهر السر و العلانیه tâhirussırr vel'alâniyye: (A.) içi dışı temiz olan.

طاهر الظاهر tâhiruzzâhir: (A.) 1.dışı temiz kişi. 2.Tanrı tarafından günahlardan korunan.

طاهره tâhire: (A.) temiz.

طاهری tahirî: (A.) bir kağıt türü.

طاهریان tâhiriyân: (A.-F.) [tâhir+î+y+ân] Tahirîler.

طاهرین tâhirîn: (A.) temiz kişiler.

طای tây: tay.

طایر tâyir: (A.) 1.uçan, uçucu. 2.kuş.

طایع tâyi': (A.) 1.itaatkâr, muti. 2.rağbetli.

طایف tâyif: (A.) 1.dönen, tavaf eden, dolanan. 2.gece bekçisi.

طایفه tâyife: (A.) taife, kabile, bölük, grup, oymak.

طایل tâyil: (A.) 1.kesici, keskin. 2.meziyet. 3.güç, kudret.

طب tıb: (A.) tıp.

طبابت tibâbet: (A.) hekimlik, tababet.

طبابت کردن tibâbet kerden: hekimlik yapmak, doktorluk yapmak.

طباخ tebbâh: (A.) aşçı.

طباخت tabâhat: (A.) aşçılık.

طباخی tebbâhî: (A.-F.) [tebbâh+î] aşçılık.

طباشیر tebâşîr: (A.) tebeşir.

طباطبایی tebâtebâyî: [tebâtebâ+y+î] Tebâtebâlı.

طباع tibâ': (A.) tabiatler, huylar, yaratılışlar.

طباعت tibâ'at: (A.) basım.

طباق tibâk: (A.) 1.uygunluk, uyum. 2.uygun.

طبال tebbâl: (A.) davulcu.

طبالی tebbâlî: (A.-F.) [tebbâl+î] davulculuk.

طبایع tebâyi': (A.) tabiatler, huylar.

طبایع کردار tebâyi'kirdâr: (A.-F.) dört tabiata benzer.

طبخ tebh: (A.) 1.pişirme. 2.pişkinlik.

طبخ خانه tebhhâne: (A.-F.) [tebh+hâne] mutfak.

طبرخون زدن teberhûn zeden: yok etmek, helak etmek.

طبرزد teberzed: karamel.

طبری teberî: Taberistanlı.

طبع teb': (A.) 1.tabiat, huy, mizaç. 2.tabetme, basma, basım. 3.rağbet. 4.zat. 5.şiir gücü. ‖ * be ~ resîden به طبع رسیدن basılmak, tabedilmek. ‖ * ez ~ der âmeden از طبع در آمدن basılmak.

طبعاً teb'en: (A.) tabiatıyla, zaten.

طبع تیز کردن teb' tîz kerden: hırslandırmak.

طبع خانه teb'hâne: (A.-F.) [teb'+hâne] matbaa, basımevi.

طبع شدن teb' şoden: basılmak, tabedilmek.

طبع کردن teb' kerden: basmak, tabetmek.

طبعه tab'a: (A.) bir kere basılış.

طبعی teb'î: (A.) zatî, fıtrî, yaratılıştan.

طبق tabak: (A.) 1.kap, tabak. 2.tabla. 3.sini. 4.yeryüzü. 5.kat, derece. ‖ * serpûş ez ~ ber dâşten سرپوش از طبق بر داشتن konuyu açmak.

طبق tıbk: (A.) uygun, muvafık, gereğince. ‖ * ~ -i طبق. uyarınca, gereğince, -e göre. ‖ * ~ -i ma'mûl طبق معمول her zamanki gibi. ‖ * ber ~ -i بر طبق. uyarınca, gereğince, -e göre.

طبقات tabakât: (A.) 1.tabakalar, dereceler. 2.katlar, katmanlar.

طبقات الارض tabakâtularz: (A.) 1.yer katmanları. 2.jeoloji.

طبقات الشعرا tabakâtuşşu'arâ: (A.) şairlerin biyografilerinden bahseden eser.

طبقات الفقها tabakâtulfukehâ: (A.) İslâm fıkıhçılarının biyografilerine ilişkin eserler.

طبق زدن tabak zeden: iki kadının cinsel organlarını birbirine sürtmesi.

طبقه tabaka: (A.) 1.tabaka, kat. 2.katman. 3.derece, mertebe. 4.sınıf. 5.saf.

طبقه بندی tabakabendî: (A.-F.) [tabaka+ besten>bend+î] sınıflandırma, sıralama, sistematik.

طبقه بندی شدن tabakabendî şoden: sınıflandırılmak, sıralanmak.

طبقه بندی کردن tabakabendî kerden: sınıflandırmak, sıralamak.

طبل tebl: (A.) **1.**davul. **2.**kulak zarı. ‖ * ~ be gilîm zeden طبل به گلیم زدن açık olan bir şeyi gizlemeye çalışmak. ‖ * ~ -i emân zeden طبل امان زدن aman dilemek. ‖ * ~ -i kesî derîde şoden طبل کسی دریده شدن rezil olmak.

طبل باز teblbâz: (A.-F.) [tabl+bâhten> bâz] davulcu.

طبل چی teblçi: (A.-T.) [tebl+çi] davulcu.

طبل خانه teblhâne: (A.-F.) [tabl+hâne> hâne-i tabl] büyük davul.

طبل خوردن tebl horden: ürkmek, irkilmek, kenara çekilmek.

طبل زدن tebl zeden: **1.**davul çalmak. **2.**övünmek, şişinmek.

طبل زن teblzen: (A.-F.) [tebl+zeden> zen] davulcu.

طبل زنی teblzenî: (A.-F.) [tebl+zeden> zen+î] davulculuk.

طبل فرو کوفتن tebl furû kûften: davul çalmak.

طبلک teblek: (A.-F.) [tebl+ek] küçük davul.

طبله teble: (A.) **1.**küçük sandık. **2.**kokuluk. **3.**tabla. ‖ * şikem ~ kerden شکم طبله کردن **1.**karnı davul gibi şişirmek, çok yemek yemek. **2.**parazit olmak.

طبله کار teblekâr: (A.-F.) [table+kâr] yassı ve başa tamamen geçen fes.

طبلی teblî: (A.) **1.**davul ile ilgili. **2.**kulak zarı ile ilgili.

طبی tıbbî: (A.) tıbbî.

طبیب tebîb: (A.) tabip, doktor, hekim.

طبیبا tabîbâ: (A.-F.) [tabîb+â] ey hekim, ey doktor.

طبیب القلوب tabîbulkulûb: (A.) kalplerin doktoru, Hz. Muhammed.

طبیبان tabîbân: (A.-F.) [tabîb+ân] doktorlar.

طبیبه tebîbe: (A.) bayan doktor.

طبیبی tebîbi: (A.-F.) [tebîb+î] tabiplik, doktorluk, hekimlik.

طبیعت tebî'et: (A.) **1.**doğa. **2.**huy, yaratılış. **3.**evren, kainat. **4.**tuvalete çıkma zorluğu veya kolaylığı.

طبیعت شناس tebî'etşinâs: (A.-F.) [tebî'et+ şinâhten>şinâs] **1.**tabiatçı, botanikçi. **2.**maharetli hekim.

طبیعت کردن tebî'et kerden: gülmek (süt çocuğu).

طبیعت گرا tebî'etgerâ: (A.-F.) [tebî'et+ gerâyîden>gerâ] doğacı.

طبیعت گرایی tebî'etgerâyî: (A.-F.) [tebî'et+gerâyîden>gerây+î] doğacılık.

طبیعةً tebî'eten: (A.) tabiatıyla, doğal olarak, haliyle.

طبیعی tebî'î: (A.) doğal, tabiî. ‖ * betovr-i ~ بطور طبیعی doğal olarak, tabiî olarak. ‖ * ulûm-i ~ علوم طبیعی tabiî bilimler.

طبیعیات tebî'iyyât: (A.) tabiat bilgileri.

طبیعی الصدور tabî'iyyussudûr: (A.) doğal, doğal çıkışlı, doğal kaynaklı.

طبیعیون tebî'iyyûn: (A.) tabiatçılar, tabiat olaylarına inananlar, tabiîyyûn.

طبیعیه tabî'iyye: (A.) **1.**tabiat bilgisi. **2.**natüralizm.

طپانچه tepançe: (T.) tokat.

طپانچه خوردن tepânçe horden: tokat yemek.

طپانچه زدن tepânçe zeden: tokat atmak.

طپانچه کردن tepânçe kerden: tokat atmak.

طپاندن tepânden: tıkmak, tıkıştırmak, sokup doldurmak, tıkamak.

طپاندن tepânden: tıkmak, tıkıştırmak, sokup doldurmak, tıkamak.

طپش tepiş: [tepîden>tep+iş] atış, vuruş, çarpış, çarpıntı.

طپیدن tepîden: **1.**atmak, çarpmak, vurmak. **2.**çırpınmak.

طحال tehâl: (A.) (tıb.) dalak.

طراح terrâh: (A.) tasarımcı, proje ressamı.

طراحی terrâhî: (A.-F.) [terrâh+î] tasarım, proje ressamlığı.

طراحی کردن terrâhî kerden: tasarım

yapmak, proje çizmek, plan çizmek.

طراد tirâd: (A.) kısa mızrak.

طرار terrâr: (A.) **1.**yankesici, hırsız. **2.**uyanık. **3.**konuşkan.

طراری terrârî: (A.-F.) [terrâr+î] hırsızlık, yankesicilik, dolandırıcılık.

طراری کردن terrârî kerden: **1.**dolandırıcılık etmek. **2.**talan etmek, yerden yere çalmak.

طراز terâz: suyun bölündüğü yer, su ayrımı.

طراز tirâz: **1.**kenar, kenar süsü. **2.**saç, ziynet.

طراز tirâz: (A.) **1.**tarz, kaide, kanun. **2.**tür, kısım. ‖ * ez in ~ از این طراز bu yolla, böylelikle, böylece.

طرازخانه tirâzhâne: [tirâz+hâne] dokuma evi, atelye.

طراز کردن tirâz kerden: **1.**düzeltmek, düzgünleştirmek, tesviye etmek. **2.**ipek dokumak.

طرازیدن terâzîden: **1.**süslemek. **2.**düzeltmek, tertiplemek. **3.**ipek dokuma.

طرافت terâfet: (A.) yeni olmak, yenileşmek.

طراوت terâvet: (A.) taravet, canlılık, güzellik, tazelik.

طراوتدار tarâvetdâr: (A.-F.) [tarâvet+ dâşten>dâr] taptaze, tazecik, taravetli.

طرایف terâyif: (A.) **1.**güzel şeyler. **2.**nadide eşyalar.

طرب tereb: (A.) sevinç, neşe.

طرب آشیان tarabâşiyân: (A.-F.) [tarab+ âşiyân] neşelenme yeri.

طرب آموز tarabâmûz: (A.-F.) [tarab+ âmûhten> âmûz] neşelenmeyi öğreten, eğlenceyi öğreten.

طربال tirbâl: (A.) **1.**yüksek bina. **2.**yüksek duvar. **3.**kilise.

طرب افزا terebefzâ: (A.-F.) [tereb+ efzûden>efzâ] neşe verici.

طرب انگیز terebengîz: [tereb+engîhten> engîz] neşe verici.

طربخانه tarabhâne: (A.-F.) [tarab+hâne] neşe yurdu.

طرب خواستن tereb hâsten: eğlenmek istemek.

طرب ساز tarabsâz: (A.-F.) [tarab+ sâhten>sâz] **1.**neşelendiren, neşe veren. **2.**ezgi hazırlayan.

طرب سرا tarabserâ: (A.-F.) [tarab+serâ] neşelenme yeri, neşe yurdu.

طرب فزا tarabfezâ: (A.-F.) [tarab+ fezûden>fezâ] neşelendiren, neşeyi artıran.

طرب کردن tereb kerden: **1.**neşelenmek, eğlenmek. **2.**sevinmek.

طربگاه tarabgâh: (A.-F.) [tarab+gâh] neşelenme yeri, coşku yeri.

طربناک terebnâk: (A.-F.) [tereb+nâk] neşeli, sevinçli.

طربناک شدن terebnâk şoden: sevinmek, keyfi yerine gelmek.

طربنامه tarabnâme: (A.-F.) [tarab+ nâme] neşe mektubu.

طربیه tarabiyye: (A.) **1.**neşelenme yeri, Tarabya. **2.**İstanbul'da bir semt.

طرح terh: (A.) **1.**plan, tasarım, proje. **2.**yol, iz. **3.**atma, uzaklaştırma. **4.**açma, yayma. **5.**portre. **6.**(ask.) ihtiyat. **7.**temel. **8.**çıkarma. ‖ * ~ -i dûstî rîhten طرح دوستی ریختن dostluk kurmak, ilişki kurmak. ‖ * ~ -i tenâsubî طرح تناسبی iskonto. ‖ * ~ -i kesî bâ kesî bâhem oftâden طرح کسی با کسی باهم افتادن biriyle anlaşmak. ‖ * ~ -i murâfakat rîhten طرح مرافقت ریختن dostluk kurmak, arkadaş olmak. ‖ * be ~ dâden به طرح دادن zorla satmak.

طرح افکندن terh efkenden: temel atmak.

طرح افگن tarhefgen: (A.-F.) [tarh+ efgenden>efgen] **1.**temel atan. **2.**bina yapan. **3.**düzenleyen, tertip eden.

طرح انداز tarhendâz: (A.-F.) [tarh+ endâhten>endâz] **1.**temel atan. **2.**bina yapan. **3.**düzenleyen, tertip eden.

طرح بستن terh besten: plan yapmak, proje hazırlamak.

طرح بند terhbend: (A.-F.) [terh+besten> bend] tasarımcı.

طرح بندی terhbendî: (A.-F.) [terh+ besten>bend+î] **1.**tasarım, planlama. **2.**düzenleme.

طرخون tarhûn: (A.) tuzlaotu.

طرح دار terhdâr: (A.-F.) [terh+dâşten> dâr] desenli.

طرح ریختن terh rîhten: **1.**tasarım yapmak. **2.**temel atmak.

طرح ریزی terhrîzî: (A.-F.) [terh+rîhten> rîz+î] **1.**tasarım, planlama. **2.**temel atma.

طرح ریزی شدن terhrîzî şoden: **1.**tasarımı yapılmak, tasarımlanmak, projelendirilmek. **2.**temeli atılmak.

طرح ریزی کردن terhrîzî kerden: **1.**tasarım yapmak, tasarımlamak, projelendirmek. **2.**temel atmak.

طرح کردن terh kerden: **1.**atmak. **2.**zorla vermek. **3.**müzakere etmek, ele almak.

طرح کش terhkeş: (A.-F.) [terh+keşîden> keş] **1.**tasarımcı, proje ressamı, ressam. **2.**yenik.

طرح کشی terhkeşî: (A.-F.) [terh+ keşîden> keş+î] tasarımcılık, tasarım.

طرخان terhân: (T.) **1.**reis, başkan, lider. **2.**asil.

طرخون terhûn (bot.) tarhun otu.

طرد terd: (A.) kovma, uzaklaştırma, tard, sürgün, atma.

طرد شدن terd şoden: kovulmak, sürülmek, uzaklaştırılmak, tardedilmek, atılmak.

طرد کردن terd kerden: kovmak, sürmek, uzaklaştırmak, tardetmek, atmak.

طردیه tardiyye: (A.) beşinci mısraıilk bendin dört dizesiyle kafiyeli olmayan muhammes.

طرر torer: (A.) **1.**kaküller. **2.**giysi nakışları. **3.**saçaklar.

طرز terz: (A.) tarz, biçim, üslup.

طرسوس tersûs: (coğ.) Tarsus.

طرسوسی tersûsî: [tersûs+î] Tarsuslu.

طرسوسی کردن tersûsî kerden: yağma etmek, yağmalamak.

طرطوس tertûş: (coğ.) Tartuş.

طرطوشی tertûşî: [tertûş+î] Tartuşlu.

طرغان بستن tergan besten: ordu toplamak.

طرف teref: (A.) **1.**taraf, yer. **2.**kıyı, kenar. **3.**üzeri, -e doğru. **4.**yön. **5.**muhatap. ‖ * ~ -i çîzî şoden طرف چیزی شدن sebep olmak. ‖ * be ~ -i به طرف -e doğru. ‖ * be ~ şoden بر طرف شدن bertaraf olmak, giderilmek, çözümlenmek. ‖ * ber ~ kerden بر طرف کردن bertaraf etmek, gidermek, çözümlemek.

طرف terf: (A.) **1.**göz ucu. **2.**son. **3.**yengeç burcu. **4.**kazanç.

طرف toref: (A.) yeni şeyler.

طرفاطرف terfâterf: (A.-F.) [terf+â+terf] uzak, kıyı, kenar.

طرف بر بستن terf ber besten: kazanç sağlamak, yararlanmak.

طرف بر داشتن terf ber dâşten: kazanç sağlamak, yararlanmak.

طرف بستن terf besten: kazanç sağlamak.

طرفدار terefdâr: (A.-F.) [teref+dâşten> dâr] taraftar, yandaş.

طرفداری terefdârî: (A.-F.) [teref+ dâşten> dâr+î] taraftarlık, yandaşlık.

طرفداری کردن terefdârî kerden: taraf tutmak, yan tutmak, birinden yana olmak.

طرف شدن teref şoden: **1.**karşıt olmak, rakip olmak. **2.**muhatap olmak.

طرف گرفتن teref giriften: **1.**himaye etmek. **2.**sınır kollamak. **3.**taraf tutmak.

طرفگیر terefgîr: (A.-F.) [teref+giriften> gîr] taraftar, yanlı.

طرفگیرانه tarafgîrâne: (A.-F.) [taraf+ giriften>gîr+ âne] taraf tutarak.

طرفگیری terefgîrî: (A.-F.) [teref+ giriften> gîr+î] taraftarlık, yandaşlık.

طرفه terfe: (A.) göz kırpma, göz açıp tapama.

طرفه torfe: (A.) **1.**yeni şey, yeni mal, turfanda. **2.**acayip şey, ilginç. **3.**(mec.) sevgili.

طرفة العين terfetulayn: (A.) göz açıp kapama. ‖ * der yek ~ در یک طرفة العين göz açıp kapayana kadar.

طرفيت terefiyyet: (A.) **1.**karşılaşma. **2.**taraf tutma.

طرفين terefeyn: (A.) **1.**iki taraf, taraflar. **2.**iki yön.

طرق terek: (A.) **1.**su toplanan yer. **2.**durgun sudan içme.

طرق turuk: (A.) **1.**yollar. **2.**tarzlar. **3.**tarikatler.

طرقه terekke: (A.) **1.**barut. **2.**bir çocuk oyuncağı.

طروق terûk: (A.) (tas.) sâlik.

طره torre: (A.) **1.**kenar, kıyı. **2.**kakül. **3.**saçak.

طره بازی torrebâzî: (A.-F.) [torre+ bâhten> bâz+î] bir çocuk oyunu.

طره شكستن torre şikesten: saçı katlayıp kırmak.

طريد terîd: (A.) tardedilmiş, kovulmuş, sürgün.

طريدن terîden: çalmak.

طريق tarîk: (A.) **1.**yol. **2.**tarz, yöntem. **3.**âdet. **4.**meslek. ‖ * ~ -i âhar طريق آخر bir başka yol. ‖ * bedin ~ بدين طريق böylece, bu şekilde, bu yolla. ‖ * ez ~ -i از طريق yoluyla.

طريقت tarîket: (A.) **1.**yol. **2.**(tas.) tarikat.

طريق گرفتن tarîk giriften: yol tutmak, yola girmek.

طريقه tarîke: (A.) **1.**yol. **2.**(tas.) tarikat. **3.**tarz.

طشت teşt: leğen. ‖ * ~ -i kesî ez bâm oftâden طشت كسى از بام افتادن sırrı açığa çıkmak, rezil olmak. ‖ * ~ -i rahtşûyî طشت رختشويى çamaşır leğeni.

طشتدار teştdâr: [teşt+dâşten>dâr] leğenci.

طشتک teştek: [teşt+ek] küçük leğen.

طعام te'âm: (A.) yemek, yiyecek, taam.

طعام خانه ta'âmhâne: (A.-F.) [ta'âm+ hâne<hâne-i ta'âm] **1.**yemekhane. **2.**yemek salonu.

طعام دادن te'âm dâden: yemek vermek.

طعام كشيدن te'âm keşîden: hazır yemek getirmek.

طعاميه ta'âmiyye: (A.) **1.**yemek parası. **2.**tekkelere bağlanan yemeklik.

طعم te'm: (A.) tat, meze.

طعم دادن te'm dâden: tad vermek.

طعم داشتن te'm dâşten: tadı olmak.

طعمه to'me: (A.) **1.**yem. **2.**yemek, yiyecek, rızık. ‖ * ~ -i hod sâhten طعمهء خود ساختن kendine yem yapmak.

طعمه زدن to'me zeden: yem takmak (oltaya).

طعمه فروش to'mefurûş: (A.-F.) [to'me+ furûhten>furûş] yemci.

طعن ta'n: (A.) **1.**kınama, yerme. **2.**mızraklama.

طعن زدن ta'n zeden: kınamak, yermek, suçlamak.

طعن كردن ta'n kerden: kınamak, yermek, suçlamak.

طعنه ta'ne: (A.) kınama, yerme, sitem, kinayeli söz.

طعنه زدن ta'ne zeden: kınamak, yermek, sitem etmek, kinayeli konuşmak, verip veriştirmek.

طعنه زن ta'nezen: (A.-F.) [ta'ne+ zeden>zen] ayıplayan, kınayan, kötü söz söyleyen.

طغراء tugrâ': (A.) tuğra, tura.

طغراكش tugrâkeş: (A.-F.) [tugrâ+ keşîden>keş] tuğra çeken, tuğra yazan.

طغرل tugrul, tugril: (T.) (zool.) bozdoğan.

طغيان tugyân: (A.) taşkınlık, azgınlık, itaatsizlik.

طغيان كردن tugyân kerden: **1.**taşkınlık etmek, azmak, baş kaldırmak, isyan etmek. **2.**taşmak.

طف teff: (A.) **1.**taraf, kenar. **2.**sırt. **3.**yöre.

طفره tefre: (A.) **1.**tafra. **2.**atlama,

sıçrama.

طفره رفتن tefre reften: **1.**tafra satmak. **2.**oyalamak, atlatmak.

طفره زدن tefre zeden: **1.**oyalamak, atlatmak. **2.**üstesinden gelmek.

طفل tifl: (A.) çocuk. ‖ * ~ -i şîrhâr طفل شيرخوار süt çocuğu, bebek.

طفلانه tiflâne: (A.-F.) [tifl+âne] çocukça.

طفلک tiflek: (A.-F.) [tifl+ek] çocukcağız, yavrucağız.

طفوليت tufûliyet: (A.) çocukluk.

طفيل tufeyl: (A.) **1.**davetsiz misafir. **2.**parazit.

طفيلى tufeylî: (A.) parazit, asalak, tufeyli.

طل tell: (A.) çisenti, hafif yağmur.

طلا telâ, tilâ: (A.) altın. ‖ * ~-yi sefîd طلاى سفيد platin, beyaz altın. ‖ * ~ -yi siyâh طلاى سياه petrol.

طلائى telâ'î: (A.-F.) [telâ+'î] altın rengi.

طلائى رنگ telâ'î reng: (A.-F.) [telâ+'î+ reng] altın rengi.

طلاب tullâb: (A.) öğrenciler.

طلادوز telâdûz: (A.-F.) [telâ+dûhten> dûz] altın işlemeli, sırmalı.

طلاساز telâsâz: (A.-F.) [telâ+sâhten>sâz] simyacı.

طلاق telâk: (A.) **1.**boşanma. **2.**boşama. ‖ * ~ -i selâse طلاق ثلاثه eskiden kocanın eşine "üçten dokuza boş ol" diyerek boşaması.

طلاق افتادن telâk uftâden: ayrılık söz konusu olmak.

طلاقت telâket: (A.) **1.**dildeki akıcılık ve düzgünlük. **2.**güleryüzlülük.

طلاق دادن telâk dâden: boşamak.

طلاق گرفتن telâk giriften: boşanmak, ayrılmak.

طلاق گفتن telâk goften: boşamak.

طلاقنامه telâknâme: (A.-F.) [telâk+nâme] (huk.) boşanma ilamı.

طلاكار telâkâr: (A.-F.) [telâ+kâr] yaldızcı, altın işlemecisi.

طلاكارى telâkârî: (A.-F.) [telâ+kâr+î] yaldızcılık, altın işlemeciliği.

طلا كردن telâ kerden: **1.**yaldızlamak. **2.**sürmek. **3.**altına çevirmek.

طلا گرفتن telâ giriften: altın kaplama yaptırmak.

طلال tilâl: (A.) çisentiler, ince yağmurlar.

طلاوت tilâvet, telâvet: (A.) güzellik, sevinç.

طلايع telâyi': (A.) öncü.

طلايه telâye: (A.) (ask.) öncü, keşif kolu.

طلايه دار telâyedâr: (A.-F.) [telâye+ dâşten>dâr] öncü komutanı.

طلايه كردن telâye kerden: (ask.) öncülük yapmak, ileri karakol vazifesi yapmak.

طلايى telâyî, tilâyî: (A.) [telâ+y+î] altından, altın rengi.

طلايى رنگ telâyîreng: (A.-F.) [telâ+y+î+ reng] altın rengi.

طلب taleb: (A.) **1.**isteme, dileme. **2.**istek, dilek, istem. **3.**arama. **4.**alacak.

طلب tolb: (A.) **1.**istekliler topluluğu. **2.**güruh.

طلبدار talebdâr: (A.-F.) [taleb+dâşten> dâr] alacaklı.

طلبكار talebkâr: (A.-F.) [taleb+kâr] **1.**istekli. **2.**alacaklı. **3.**görücü, kız isteyen.

طلبكارى talebkârî: (A.-F.) [taleb+kâr+î] **1.**alacaklılık. **2.**görücülük, kız isteme.

طلبكارى آمدن talebkârî âmeden: kız istemeye gelmek, görücülüğe gelmek.

طلب كردن taleb kerden: **1.**istemek, talep etmek. **2.**alacağını talep etmek. **3.**aramak. **4.**çağırmak.

طلبنامه talebnâme: (A.-F.) [taleb+nâme <nâme-i taleb] istek mektubu, istek yazısı.

طلبه talebe: (A.) **1.**öğrenci. **2.**istekliler.

طلبيدن talebîden: **1.**istemek, talep etmek. **2.**çağırmak. **3.**alacağını istemek.

طلح telh: (A.) (bot.) arap zamkı ağacı.

طلسم tilism: tılsım, büyü.

طلسم افتادن tilism oftâden: tılsım bozulmak. ‖ * ~ ber kârî طلسم افتادن بر کاری iş düğümlenmek, iş çıkmaza girmek.

طلسم گشادن tilism goşâden: büyüyü bozmak, tılsımı bozmak.

طلعت tal'at: (A.) **1.**parlak yüz, sima. **2.**doğuş (yıldız). **3.**görme.

طلعت افروز tal'atefrûz: (A.-F.) [tal'at+ efrûhten> efrûz] **1.**parıldatan. **2.**yüz aydınlatan.

طلعت فروز tal'atfirûz: (A.-F.) [tal'at+ ferûhten>ferûz] **1.**parıldatan. **2.**yüz aydınlatan.

طلق telk: talk.

طلق telk: (A.) **1.**boşanma. **2.**dert.

طلق tilk: (A.) **1.**helal, reva. **2.**halis. **3.**özgü.

طلل telel: (A.) harabe, yıkıntı, virane.

طلوع tulû': (A.) doğuş, doğma.

طلوع کردن tulû' kerden: **1.**doğmak. **2.**güneş doğmak.

طلیع telî': (A.) (ask.) gözcü.

طلیعه telî'e: (A.) **1.**öncü. **2.**başlangıç.

طلیق telîk: (A.) **1.**güleryüzlü. **2.**serbest.

طماع temmâ': (A.) hırslı, tamahkâr.

طمأنینه tome'nîne: (A.) **1.**sakinlik. **2.**ağırbaşlılık, vakar.

طمث tems: (A.) **1.**bekâreti giderme. **2.**regl olma, aybaşı olma. **3.**âdet kanı, regl kanı. **4.**fesat.

طمس tems: (A.) **1.**yok etme, helak etme. **2.**uzaklaşma.

طمطراق tumturak: (A.) tumturak, görkem, gösteriş.

طمع tam': (A.) tamahkâr.

طمع teme': (A.) tamah, açgözlülük. ‖ * çeşm-i ~ dûhten چشم طمع دوختن göz dikmek, tamahlanmak.

طمع آمدن teme' âmeden: tamahlanmak.

طمعا tama'en: (A.) tamah ederek, tamahlanarak.

طمع افتادن teme' oftâden: tamahlanmak.

طمع افکندن teme' efkenden: tamah etmek, tamahlanmak.

طمع برداشتن teme' berdâşten: tamahtan vazgeçmek.

طمع بردن teme' borden: tamahlanmak, tamah etmek.

طمع بریدن teme' borîden: **1.**tamahtan vazgeçmek. **2.**umut yitirmek, umut kesmek.

طمع بستن teme' besten: tamahlanmak, tamah etmek.

طمع داشتن teme' dâşten: **1.**tamah etmek. **2.**umutlu olmak. **3.**ummak.

طمع در بستن teme' der besten: tamah etmek, tamahlanmak.

طمعکار teme'kâr: (A.-F.) [teme'+kâr] **1.**tamahkâr, açgözlü. **2.**pinti, cimri.

طمعکاری teme'kârî: (A.-F.) [teme'+ kâr+î] tamahkârlık.

طمع کردن teme' kerden: **1.**tamah etmek, tamahlanmak. **2.**umutlanmak, umut bağlamak.

طمع ورزی teme'verzî: (A.-F.) [teme'+ verzîden>verz+î] gözü olma, tamah etme.

طمع ورزیدن teme' verzîden: tamah etmek, gözü olmak.

طم و رم timm u rimm: **1.**su ve toprak. **2.**kuru yaş. **3.**az çok.

طناب tenâb: (A.) ip, halat, sicim.

طناب انداختن tenâb endâhten: **1.**kement atmak. **2.**iple boğmak.

طناب باز tenâbbâz: (A.-F.) [tenâb+ bâhten> bâz] cambaz.

طناب بازی tenâbbâzî: (A.-F.) [tenâb+ bâhten>bâz+î] **1.**cambazlık. **2.**ip atlama.

طناب بازی کردن tenâbbâzî kerden: ip atlamak.

طناب پیچ کردن tenâb pîç kerden: ip bağlamak.

طناب خور tenâbhor: (A.-F.) [tenâb+ horden>hor] derinlik, çukur.

طناب در طناب tenâb der tenâb: bitişik.

طناب زدن tenâb zeden: ölçmek, ölçümlemek.

طناب نهادن tenâb nihâden: ölçmek.

طناز tennâz: (A.) **1.**şuh, cilveli, nazlı. **2.**şarkıcı. **3.**alaycı, eğlenen.

طنازانه tannâzâne: (A.-F.) [tannâz+âne] alaycılıkla, eğlenerek.

طنازی tennâzî: (A.-F.) [tennâz+î]

cilveli.

طنان tannân: (A.) tınlayan, çınlayan.

طنانه tannâne: (A.) **1.**senfoni. **2.**tınlayan, çınlayan.

طنانيت tannâniyyet: (A.) tını.

طنب tonob: (A.) **1.**halat. **2.**çivi. **3.**kök. **4.**sinirler.

طنبور tenbûr, tonbûr: (müz.) tambur, tambura.

طنبورانى tenbûrânî: (A.) tamburî, tambur çalan.

طنبور زدن tenbûr zeden: (müz.) tambur çalmak.

طنبور زن tenbûrzen: [tenbûr+zeden> zen] (müz.) tamburî.

طنبور وش tenbûrveş: (A.-F.) [tenbûr+ veş] tambur gibi.

طنبوره tenbûre: (müz.) tambura.

طنبورى tenbûrî: [tenbûr+î] (müz.) tamburî.

طنز tenz: (A.) **1.**mizah. **2.**alay. **3.**şaka. **4.**istihza.

طنز آميز tenzâmîz: (A.-F.) [tenz+ âmîhten>âmîz] alaylı.

طنز كردن tenz kerden: **1.**alay etmek. **2.**serzenişte bulunmak.

طنطنه tentene: (A.) tantana.

طنين tenîn: (A.) **1.**tınlama, çınlama, yankılanma. **2.**yankılı. **3.**uğuldama.

طنين انداختن tenîn endâhten: çınlamak.

طنين انداز tenînendâz: [tenîn+endâhten> endâz] çınlayan.

طنين انداز شدن tenînendâz şoden: çınlamak.

طنين اندازى tenînendâzî: (A.-F.) [tenîn+ endâhten>endâz+î] çınlama, çıngırdama.

طنين داشتن tenîn dâşten: **1.**çınlamak. **2.**yankılanmak.

طو tû: (T.) ziyafet, tören.

طوائف tevâ'if: (A.) **1.**taifeler, kabileler. **2.**derebeylikler.

طواحن tevâhin: (A.) azı dişleri.

طواف tevâf: (A.) tavaf, dolaşma.

طواف tevvâf: (A.) **1.**çok tavaf eden. **2.**işportacı. **3.**seyyar satıcı.

طواف زدن tevâf zeden: tavaf etmek.

طواف كردن tevâf kerden: tavaf etmek.

طوال tevvâl: (A.) çok uzun.

طوالع tevâli': (A.) talihler.

طوايف tevâyif: (A.) taifeler, kabileler, topluluklar.

طوبى tûbâ: (A.) **1.**tûba, cennet ağacı. **2.**temiz, tertemiz. **3.**hayır, saadet. **4.**cennet.

طوپوز topoz: (T.) topuz.

طوج tûc: tunç.

طور tovr, tavr: (A.) **1.**tavır, tarz, biçim. **2.**nevi, tür. ‖ * ~ î طورى öylesine, öyle. ‖ * ~ î-i kesî nebûden طورى كسى نبودن bir şeyi olmamak. ‖ * ~ î ki طورى كه -cek şekilde, öyle ki. ‖ * ~ î neşoden طورى نشدن isteyerek olmamak. ‖ * be ~ -i به طور olarak. ‖ * be ~ î ki به طورى كه öyle ki, -cek şekilde, - dığı şekilde. ‖ * in ~ اين طور böyle.

طورانى tûrânî: (A.) vahşî.

طوس tûs: (coğ.) Tûs.

طوسى tûsî: [tûs+î] **1.**Tuslu. **2.**kül rengi, koyu gri.

طوطى tûtî (zool.) papağan, dudu kuşu.

طوطى سخن tûtîsohen: [tûtî+sohen] tatlı dilli.

طوع tev', tov': (A.) itaat, boyun eğme. ‖ * be ~ بطوع canla başla, kendi isteğiyle. ‖ * be ~ u ragbet به طوع و رغبت kendi isteğiyle.

طوعاً tov'en: (A.) isteyerek, kendi rızasıyla. ‖ * ~ ve kerhen طوعاً و كرهاً ister istemez.

طوعى tov'î: (A.) içinden gelerek, isteyerek, kendiliğinden.

طوف tavf: (A.) çevresini dolaşma, tavaf.

طوفان tûfân: (coğ.) fırtına. ‖ * ~ furû nişesten طوفان فرو نشستن fırtına dinmek.

طوفان tavefân: (A.) çevresini dolaşma, tavaf etme.

طوفان كردن tûfân kerden: büyük bir iş becermek, dağları devirmek.

طوفانى tûfânî: [tûfân+î] fırtınalı.

طوف كردن tovf kerden: dolaşmak.

طوق tovk, tavk: (A.) **1.**kolye, gerdanlık. **2.**halka. **3.**tasma. **4.**kimi kuşların boynundaki halka biçimli tüy deseni. **5.**güç, kudret. ‖ * ~ -i la'net be gerden-i kesî oftâden طوق لعنت به گردن کسی افتادن **1.**günaha girmek. **2.**kadın almak.

طوق انداختن tovk endâhten: gözü morarmak, mosmor olmak.

طوق بردن tovk borden: halka kapmak.

طوقه tovke, tevke: (A.) **1.**çember, halka. **2.**gerdanlık, kolye.

طول tûl, tovl, tevl: (A.) **1.**uzunluk. **2.**boy. **3.**fazlalık. **4.**(coğ.) boylam. **5.**güçlülük. ‖ * ~ nekeşîd ki طول نکشید که çok geçmeden. ‖ * ~ î nekeşîd ki طولی نکشید که çok geçmeden. ‖ * ~ î nekeşîde طولی نکشیده çok geçmeden. ‖ * be ~ به طول uzunlamasına, boylamasına. ‖ * be ~ encâmîden به طول انجامیدن sürmek, devam etmek. ‖ * ez ~ از طول uzunlamasına, boylamasına.

طولانی tûlânî: (A.) uzun, uzun boylu.

طولانی کردن tûlânî kerden: uzatmak.

طولاً tûlen: (A.) uzunluğu, uzunluk itibarıyla.

طول دادن tûl dâden: **1.**uzatmak. **2.**savsaklatmak.

طول داشتن tûl dâşten: uzamak, uzun sürmek.

طول کشیدن tûl keşîden: **1.**uzamak, uzun sürmek. **2.**sürmek, devam etmek.

طوله tûlih: omur.

طولی tûlî: (A.-F.) [tûl+î] uzunluk.

طومار tûmâr: **1.**tomar. **2.**mektup. **3.**kitap. **4.**defter. ‖ * misl-i ~ derhem pîçîden مثل طومار درهم پیچیدن kaçmak, sıvışmak. ‖ * yek ~ goften یک طومار گفتن (kin.) sözü uzatmak, bir araba laf etmek.

طوی toy: (T.) tören, ziyafet, ağırlama.

طویت teviyyet: (A.) **1.**gönül. **2.**endişe. **3.**niyet. **4.**kasıt. **5.**sır.

طویل tevîl: (A.) **1.**uzun. **2.**boylu. **3.**yüksek. **4.**(ed.) aruz bahirlerinden biri, tavîl.

طویل المدت tevîlulmuddet: (A.) uzun vadeli.

طویله tevîle: (A.) **1.**tavla. **2.**kervan. **3.**uzun boylu kadın. **4.**dizi.

طویله بستن tevîle besten: çadır kurmak.

طهارت tehâret: (A.) **1.**temizlik, arınma. **2.**abdest.

طهارت جا tehâretcâ: (A.-F.) [tehâret+câ] tuvalet, hela.

طهارت کردن tehâret kerden: **1.**yıkanmak, temizlenmek. **2.**abdest almak.

طهارت گرفتن tehâret giriften: **1.**yıkanmak, temizlenmek. **2.**abdest almak.

طهر tohr: (A.) **1.**temizlik, paklık. **2.**regIden temizlenme.

طهران tehrân: (coğ.) Tahran.

طهرانی tehrânî: [tehrân+î] (coğ.) Tahranlı.

طهور tehûr: (A.) temizleyici.

طی teyy: (A.) **1.**katetme, yol alma, geride bırakma. **2.**yapma, icra etme, uygulama. **3.**gizleme. **4.**kat, kıvrım. ‖ * ~ -i mekân طی مکان bir mekândan bir başka mekâna göz açıp kapayana kadar geçme. ‖ * der ~ -i در طی süresinde, zarfında, içinde.

طیار teyyâr: (A.) **1.**uçan. **2.**çevik, kıvrak. **3.**gaz haline gelip uçan. **4.**çevik at. **5.**terazi dili. **6.**hazır. **7.**bir tür gemi. **8.**erkek adı.

طیارات teyyârât: (A.) **1.**uçaklar. **2.**havadan gelen paralar.

طیاره teyyâre: (A.) **1.**uçak, tayyare. **2.**doğru terazi. **3.**hızlı koşan at. **4.**mancınık.

طیب teyyib: (A.) **1.**güzel, iyi. **2.**helal, reva. **3.**temiz. **4.**güzel kokulu. **5.**erkek adı.

طیب tîb: (A.) **1.**temiz, pak. **2.**helal. **3.**güzel kokulu.

طیبات teyyibât: (A.) güzel davranışlar, iyi işler.

طیبت tîbet: (A.) **1.**iyi huy. **2.**helal, reva. **3.**net, halis.

طیبه tayyibe: (A.) **1.**güzel, iyi, hoş. **2.**güzel davranış, iyi hareket. **3.**Hz.

Muhammed'in annesi Âmine. **4.**bayan adı.

طيبين tayyibîn: (A.) [tayyib+în] güzel kişiler, güzel insanlar.

طيت tiyyet, teyyet: (A.) **1.**istek, hacet. **2.**niyet, kasıt.

طير teyr: (A.) **1.**uçma, uçuş. **2.**kuş.

طيران teyerân: (A.) uçuş, uçma.

طيره tîre, teyre: (A.) **1.**utanma, utanç. **2.**incinme, gücenme. **3.**öfkeli. **4.**küskün. **5.**kötü fal.

طيره شدن teyre şoden: öfkelenmek, kızmak, sinirlenmek.

طيره كردن teyre kerden: öfkelendirmek, kızdırmak, sinirlendirmek.

طيره گرفتن teyre giriften: öfkelenmek, kızmak, sinirlenmek.

طيش teyş, tiyş: (A.) **1.**hafiflik, hoppalık. **2.**ızdırap. **3.**öfke. **4.**akılsızlık.

طى شدن tey şoden: **1.**katedilmek, geride bırakılmak. **2.**uygulanmak, yapılmak, edilmek. **3.**katlanmak, dürülmek.

طيف teyf, tiyf: (A.) **1.**tayf. **2.**rüya. **3.**toplanma. **4.**öfke. **5.**cinnet. **6.**vesvese.**7.**hayal. **8.**karanlıkta korkudan dolayı görülen hayalet.

طيف بين tayfbîn: (A.-F.) [tayf+dîden> bîn] spektroskop.

طيفور teyfûr: (A.) **1.**uçan. **2.**zıplayan. **3.**(zool.) bir tür küçük kuş. **4.**erkek adı.

طيفوريه tayfûriyye: (A.) Tayfûrîlik tarikatı.

طى كردن tey kerden: **1.**yol almak, katetmek. **2.**ölmek. **3.**sürmek. **4.**icra etmek, uygulamak.

طيلسان teylesân, tiylesân: önü açık bir tür giysi, taylesan.

طين tîn: (A.) çamur, balçık.

طينت tînet: (A.) **1.**karakter, tıynet. **2.**madde.

طيور tuyûr: (A.) kuşlar.

ظ

ظ zâ: **1.**"z"Farsça alfabenin yirminci harfi. **2.**ebced alfabesine göre sayısal değeri: 900. ‖ * ~ -i mu'ceme ظاء معجمه noktalı zı.

ظافر zâfir: (A.) muzaffer, zafer kazanan.

ظالع zâli': (A.) **1.**topal hayvan. **2.**töhmet altında bulunan.

ظالم zâlim: (A.) zulüm eden, haksızlık eden.

ظالمانه zâlimâne: (A.-F.) [zâlim+âne] zalimce.

ظالم نهاد zâlimnihâd: (A.-F.) [zâlim+ nihâd] **1.**zalim yaratılışlı, sadist. **2.**ahlâksız.

ظالمون zâlimûn: (A.) zalimler.

ظالمه zâlime: (A.) zulüm eden, haksızlık eden.

ظالمين zâlimîn: (A.) zalimler.

ظان zânn: (A.) sanan, zanneden.

ظاهر zâhir: (A.) **1.**açık, aşikâr, belli. **2.**dış yüz, dış, görünüş. ‖ * be ~ به ظاهر açıkça. ‖ * ber hasb-i ~ بر حسب ظاهر görünüşe göre.

ظاهرا zâhiren: (A.) görünüşte, görünüşe bakılırsa, belki, muhtemelen.

ظاهر الذنب zâhiruzzeneb: (A.) kuyruklular.

ظاهر بين zâhirbîn: (A.-F.) [zâhir+dîden> bîn] görünüşe bakan.

ظاهربينانه zâhirbînâne: (A.-F.) [zâhir+ dîden>bîn+ âne] dış görünüşe bakarak.

ظاهر بينى zâhirbînî: (A.-F.) [zâhir+ dîden>bîn+î] görünüşe bakma.

ظاهر پرست zâhirperest: (A.-F.) [zâhir+ perestîden>perest] görünüşe bakan.

ظاهر پرستى zâhirperestî: (A.-F.) [zâhir+ perestîden>perest+î] görünüşe bakma.

ظاهرپرور zâhirperver: (A.-F.) [zâhir+ perverden> perver] dış görünüşe bakan.

ظاهر ساختن zâhir sâhten: göstermek, ortaya çıkarmak.

ظاهر ساز zâhirsâz: (A.-F.) [zâhir+ sâhten>sâz] gösterişçi.

ظاهر سازى zâhirsâzî: (A.-F.) [zâhir+ sâhten>sâz+î] gösteriş, riyakârlık.

ظاهر شدن zâhir şoden: **1.**ortaya çıkmak, görünmek, belirmek. **2.**meydana gelmek.

ظاهر كردن zâhir kerden: ortaya çıkarmak, göstermek.

ظاهر گرديدن zâhir gerdîden: **1.**ortaya çıkmak, görünmek, belirmek. **2.**meydana gelmek.

ظاهر گشتن zâhir geşten: **1.**ortaya çıkmak, görünmek, belirmek. **2.**meydana gelmek.

ظاهره zâhire: (A.) pürtlek göz, yuvasından fırlamış göz.

ظاهرى zâhirî: (A.) **1.**görünüşte, dışta. **2.**kabuk. **3.**görünüşe bakan.

ظاهريات zâhiriyyât: (A.) dış görünüşler.

ظئر zi'r: (A.) **1.**dadı, sütanne. **2.**şefkatli.

ظبى zaby: (A.) ceylan, karaca, geyik cinsi av hayvanları.

ظرائف zerâ'if: (A.) **1.**zariflikler. **2.**latifeler.

ظرافت zerâfet: (A.) **1.**zariflik, zarafet. **2.**zeyreklik. **3.**şaka. **4.**şıklık.

ظرافت پرور zerâfetperver: (A.-F.) [zerâfet+ perverden> perver] ince düşünceli, zarif.

ظرافت كردن zerâfet kerden: zarif davranmak.

ظربان zerbân: (A.) kertenkele yiyen bir hayvan.

ظرطه zerta: (A.) yel, gaz, osuruk.

ظرف zerf: (A.) **1.**kap. **2.**kılıf, mahfaza. **3.**(gr.) zarf, fiilleri, isimleri ve sıfatları yer, zaman, nicelik ve nitelik bakımından açıklayan kelime. **4.**bulaşık kabı. ‖ * ~ -i kesî lebrîz şoden ظرف کسی لبریز شدن sabrı tükenmek. ‖ * der ~ -i در ظرف. zarfında, içinde, sürecinde.

ظروف zuruf: (A.) zarifler.

ظرفاء zurefâ: (A.) **1.**zarif kişiler, nazik ve nüktedan insanlar. **2.**sevici kadınlar.

ظرف در رفته zerfderrefte: (A.-F.) [zerf+ der+reften>reft+e] net, halis, darasız.

ظرف شستن zerf şosten: bulaşık yıkamak.

ظرف شویی zerfşûyî: (A.-F.) [zerf+ şosten> şûy+î] bulaşık yıkama. ‖ * maşin-i ~ ماشین ظرف شویی bulaşık makinesi.

ظرفیت zerfiyyet: (A.) **1.**kapasite, istiap, taşıma haddi. **2.**kabiliyet. **3.**hacim. **4.**zarflık hali.

ظرفیت داشتن zerfiyyet dâşten: **1.**kapasitesi olmak. **2.**kabiliyeti olmak. **3.**hacmi olmak.

ظروف zurûf: (A.) **1.**kaplar. **2.**zarflar.

ظریف zerîf: (A.) **1.**ince, nazik, şık. **2.**nüktedan, incelik sahibi.

ظریفات zarîfât: (A.) zarif şeyler.

ظریفانه zerîfâne: (A.-F.) [zerîf+âne] zarifçe, şık bir biçimde, incelikle.

ظریف منظر zerîfmenzer: (A.-F.) [zerîf+ menzer] zarif, hoş görünüşlü, şık.

ظریفه zerîfe: (A.) **1.**şaka, nükte. **2.**zarif şey.

ظفر zafer: (A.) **1.**düşmana karşı üstünlük sağlama, düşmanı yenme, zafer. **2.**başarı.

ظفر zifr: (A.) **1.**tırnak. **2.**pençe. **3.**çengel.

ظفر zufr: (A.) tırnak.

ظفر آثار zaferâsâr: (A.) [zafer+âsâr] geriye zafer bırakan, eserleri zafer olan.

ظفر آیات zaferâyât: (A.) [zafer+âyât] kanıtları zafer olan.

ظفر انگیز zaferengîz: (A.-F.) [zafer+ engîhten>engîz] zafer verici.

ظفرپیما zaferpeymâ: (A.-F.) [zafer+ peymûden> peymâ] zaferden zafere koşan.

ظفرتوأم zafertev'em: (A.) [zafer+tev'em] zaferle iç içe.

ظفر دادن zafer dâden: muzaffer etmek.

ظفرطراز zafertirâz: (A.) [zafer+tırâz] zafer armalı.

ظفرطمائم zafertamâ'im: (A.) [zafer+ tamâ'im] zafer giysili.

ظفر علم zafer'alem: (A.) [zafer+alem] alemi zafer olan.

ظفر فحاوی zaferfehâvî: (A.) [zafer+ fehâvî] zafer manası taşıyan.

ظفرفیح zaferfeyh: (A.) [zafer+feyh] zafer kokulu, zafer vaat eden.

ظفر کردن zafer kerden: zafer kazanmak.

ظفرکوش zaferkûş: (A.-F.) [zafer+ kûşîden>kûş] zafer kazanmaya çalışan.

ظفرمأنوس zaferme'nûs: (A.) [zafer+ me'nûs] zafer kazanmaya alışık.

ظفرمند zafermend: (A.-F.) [zafer+mend] muzaffer, galip.

ظفرموسوم zafermevsûm: (A.) [zafer+ mevsûm] zafer ile adlandırılmış, muzaffer.

ظفرنامه zafernâme: (A.-F.) [zafer+ nâme<nâme-i zafer] **1.**zafer kasidesi. **2.**zaferi konu alan eser.

ظفری zufrî: (A.) **1.**tırnak ile ilgili. **2.**tırnak şeklini alan.

ظفریاب zaferyâb: (A.-F.) [zafer+yâften> yâb] muzaffer, üstün olan, zafer kazanan.

ظفر یافتن zafer yâften: zafer kazanmak, muzaffer olmak.

ظفیر zafir: (A.) muzaffer, zafer kazanan.

ظل zill: (A.) **1.**gölge. **2.**karanlık. **3.**rahat. **4.**nimet. **5.**kazanç. ‖ * ~ -i âlî mustedâm ظل عالی مستدام yüce gölgen kalıcı olsun, himayen eksik olmasın.

ظل آلود zıllâlûd: (A.-F.) [zıll+âlûden> âlûd] gölgeli.

ظل الشباب zılluşşebâb: (A.) ilk gençlik çağları.

ظلال zilâl: (A.) gölgeler.

ظل الله zillullâh: (A.) 1.Tanrı'nın gölgesi. 2.padişah. ‖ * ~ fil'âlem ظل الله فى العالم Tanrı'nın âlemdeki gölgesi, padişah, hükümdar, halife. ‖ * ~ fil'arz ظل الله فى الارض Tanrı'nın yeryüzündeki gölgesi, padişah, hükümdar, halife.

ظلاع zulâ': (A.) binek hayvanların ayaklarında çıkan ve yürümelerini aksatacak kadar acı veren bir hastalık.

ظلال zalâl: (A.) gölge salan, gölge eden.

ظلال zilâl: (A.) gölgeler.

ظلال آلود zilâlâlûd: (A.) [zılâl+âlûden> âlûd] gölgeli.

ظلاله zılâle: (A.) gölgelik.

ظلام zelâm (A.) 1.karanlık. 2.haksızlık.

ظلام zellâm: (A.) 1.karanlık. 2.hava kararması.

ظلام zallâm: (A.) çok zalim.

ظلام zullâm: (A.) zalimler.

ظلام آور zalâmâver: (A.-F.) [zalâm+ âverden>âver] karanlık getiren, karartan.

ظلامه zulâme: (A.) mazlumun hakkı.

ظلف zılf: (A.) çatal toynak.

ظلم zalm: (A.) 1.kar. 2.diş beyazlığı.

ظلم zulem: (A.) karanlıklar.

ظلم zulm: (A.) zulüm, haksızlık.

ظلماء zelmâ': (A.) karanlık.

ظلمات zulemât: (A.) karanlıklar.

ظلمانى zulmânî: (A.) 1.karanlık. 2.karanlığa ait.

ظلم پيشه zulmpîşe: (A.-F.) [zulm+pîşe] zalim.

ظلمت zulmet: (A.) karanlık.

ظلمت آباد zulmetâbâd: (A.-F.) [zulmet+ âbâd] 1.karanlıklar ülkesi. 2.(kin.) yokluk alemi.

ظلماً zulmen: (A.) zulüm ederek.

ظلما zalmâ: (A.) 1.karanlık. 2.koyuluk.

ظلمات zulemât: (A.) karanlıklar.

ظلمات zulmât: (A.) karanlıklar.

ظلمانى zulmânî: (A.) karanlık ile ilgili, karanlığa ait.

ظلمت zulmet: (A.) karanlık.

ظلمت آباد zulmetâbâd: (A.-F.) [zulmet+ âbâd] karanlık yer, karanlıklar ülkesi.

ظلمت افزا zulmetefzâ: (A.-F.) [zulmet+ efzûden> efzâ] karanlığı arttıran.

ظلمت خانه zulmethâne: (A.-F.) [zulmet+ hâne<hâne-i zulmet] karanlık yer, karanlık ev.

ظلمت رسان zulmetresân: (A.-F.) [zulmet+resânden> resân] karanlık veren, karartan.

ظلمت زار zulmetzâr: (A.-F.) [zulmet+ zâr] karanlık yer.

ظلمت زداى zulmetzidây: (A.-F.) [zulmet+zidûden> zidây] karanlığı kaldıran, aydınlatan.

ظلمت سرا zulmetserâ: (A.-F.) [zulmet+ serâ] karanlık yer.

ظلمت سوز zulmetsûz: (A.-F.) [zulmet+ sûhten>sûz] karanlıkları yakan, karanlıkları aydınlatan.

ظلمت فزا zulmetfezâ: (A.-F.) [zulmet+ fezûden> fezâ] karanlığı arttıran.

ظلمتكده zulmetkede: (A.-F.) [zulmet+ kede] 1.zulüm yeri. 2.(kin.) dünya.

ظلمتى نهاد zulmetînihâd: (A.-F.) [zulmet+î+nihâd] karanlık tabiatlı, kötü kalpli, cahil.

ظلم ديده zulmdîde: (A.-F.) [zulm+ dîden>dîd+e] zulüm görmüş, mazlum.

ظلم كردن zulm kerden: zulmetmek.

ظلمه zeleme: (A.) zalimler.

ظلمى zulmî: (A.) zulüm ile ilgili.

ظلميه zulmiyye: (A.) zulüm ile ilgili.

ظلوف zulûf: (A.) çatal toynaklar.

ظلول zulûl: (A.) gölgeler.

ظلوم zelûm: (A.) çok zalim.

ظلى zıllî: (A.) gölge ile ilgili.

ظليف zalîf: (A.) horlanan insan.

ظليل zelîl: (A.) gölgeli.

ظليم zelîm: (A.) 1.çok zalim. 2.mazlum.

ظماء zemâ': (A.) susama, susuzluk.

ظميان zemyân: (A.) Güney Amerika'da yetişen bir tür hurma.

ظن zenn: (A.) **1.**zan. **2.**kuşku.

ظن بردن zen borden: zannetmek, sanmak.

ظن کردن zen kerden: zannetmek, sanmak.

ظنون zanûn: (A.) kıt fikirli.

ظنون zunûn: (A.) zanlar.

ظنی zannî: (A.) zan ile ilgili, zanna da-yalı.

ظنيات zanniyyât: (A.) zanlar, sanılar, asılsız kuşkular.

ظنين zenîn: (A.) **1.**zanlı, sanık. **2.**şüpheci.

ظنين شدن zenîn şoden: kuşkulanmak.

ظواهر zevâhir: (A.) **1.**dış yüzler. **2.**görünüş. **3.**yüksek yerler.

ظهار zihâr: (A.) erkeğin karısına "Sen annemsin gibi bana haramsın" demesi.

ظهار zıhâr: (A.) birbirine destek verme, yardımlaşma.

ظهاره zıhâre: (A.) dış yüz.

ظهاريه zuhâriyye: (A.) güreşte sarma oyunu.

ظهر zehr: (A.) **1.**sırt, arka. **2.**arka yüz.

ظهر zohr: (A.) öğle, öğle vakti, öğleyin. ‖ * ba'd ez ~ بعد از ظهر öğleden sonra. ‖ * hengâm-i ~ هنگام ظهر öğle vakti. ‖ * kabl ez ~ قبل از ظهر öğleden önce. ‖ * nezdîk-i ~ نزدیک ظهر öğleye doğru, öğle üstü. ‖ * pes ez ~ پس از ظهر öğleden sonra. ‖ * piş ez ~ پیش از ظهر öğleden önce. ‖ * salât-i ~ صلات ظهر öğle namazı. ‖ * ser-i ~ سر ظهر öğle üstü. ‖ * taraf-i ~ طرف ظهر öğle üstü, öğleye doğru. ‖ * vakt-i ~ وقت ظهر öğle vakti.

ظهر الاسد zahrulesed: (A.) Arslan burcu içindeki yıldızlardan biri.

ظهر الجبار zahrulcebbâr: (A.) Orion takımyıldızının en parlak olanı.

ظهر الدب اكبر zahruddubb-i ekber: (A.-F.) Büyükayı takımyıldızı içinde bulunan bir yıldız.

ظهر شدن zohr şoden: öğle olmak.

ظهر نویسی zehrnevîsî: (A.-F.) [zehr+ nevişten>nevîs+î] ciro.

ظهر نویسی شدن zehrnevîsî şoden: ciro edilmek.

ظهر نویسی کردن zehrnevîsî kerden: ciro etmek.

ظهری zahrî: (A.) sırt ile ilgili, arka ile ilgili, geri ile ilgili.

ظهری zohrî: (A.-F.) [zohr+î] **1.**öğleyin, öğle üstü. **2.**öğle ile ilgili.

ظهريه zahriyye: (A.) kağıdın arka yüzüne yazılan şerh.

ظهور zuhûr: (A.) **1.**ortaya çıkma, meydana gelme, belirme, türeme. **2.**fotoğraf tabetme. **3.**görünürde olanlar. ‖ * be ~ âmeden به ظهور آمدن zuhur etmek. ‖ * be ~ âverden به ظهور آوردن **1.**meydana çıkarmak. **2.**icra etmek, uygulamak. ‖ * be ~ resîden به ظهور رسيدن zuhur etmek.

ظهورات zuhûrât: (A.) beklenmedik olaylar, hesapta olmayan şeyler.

ظهور کردن zuhûr kerden: zuhur etmek.

ظهوری zuhûrî: (A.) **1.**orta oyunundaki komik kişi. **2.**erkek adı.

ظهير zehîr: (A.) **1.**yardımcı, destekleyen, arka çıkan. **2.**yaver. **3.**ünlü Fars şairi.

ظيان zeyyân: (A.) (bot.) çöl yasemini.

ع

ع eyn: **1.**a, e, o, u, i. Farsçsa alfabenin yirmi birinci harfi. **2.**ebced alfabesine göre sayısal değeri 70.

عائد â'id: (A.) **1.**ait. **2.**gelir. **3.**menfaat, çıkar. **4.**hasta ziyaretinde bulunan.

عائده â'ide: (A.) **1.**gelir, kazanç. **2.**ait.

عائديت âidiyyet: (A.) aitlik.

عائش âiş: (A.) **1.**gününü gün eden. **2.**yaşayan.

عائض âiz: (A.) **1.**karşılık, bedel. **2.**karşılık veren, bedel ödeyen.

عائق âik: (A.) engel.

عائقه âika: (A.) engel.

عائل âil: (A.) **1.**aile geçindiren. **2.**kalabalık aileli. **3.**yoksul. **4.**dengesiz bozuk.

عائلات âilât: (A.) aileler.

عائله â'ile: (A.) aile.

عائله پرور âileperver: (A.-F.) [âile+ perverden> perver] evcimen.

عائلوى âilevî: (A.) aile ile ilgili.

عائلى âilî: (A.) aile ile ilgili.

عابث âbis: saygısız.

عابد âbid: (A.) **1.**ibadet eden, tapan. **2.**dindar. **3.**erkek adı.

عابدانه âbidâne: (A.-F.) âbitçe, ibadet edenlere yakışır şekilde.

عابدفريب âbidfirîb: (A.-F.) [âbid+ firîften>firîb] **1.**kul aldatan. **2.**çok güzel.

عابر âbir: (A.) yaya, yoldan geçen.

عابرين âbirîn: (A.) yayalar, yoldan geçenler.

عابيه âbiye: güzel kız.

عابيه âbiye: utancından yüzünü örten kadın.

عاج âc: (A.) fildişi.

عاج âcc: (A.) kalabalık, izdiham.

عاج السن âcussinn: (A.) fildişi.

عاجز âciz: (A.) **1.**aciz. **2.**kör.

عاجز آمدن âciz âmeden: **1.**aciz kalmak. **2.**yorgun düşmek.

عاجزانه âcizâne: (A.-F.) [âciz+âne] acizce, acizane.

عاجز شدن âciz şoden: **1.**aciz kalmak. **2.**bitkin düşmek, yorgun düşmek. **3.**hasta olmak.

عاجز كردن âciz kerden: **1.**aciz bırakmak. **2.**bitkin düşürmek, zayıf düşürmek.

عاجز گرديدن âciz gerdîden: **1.**aciz olmak, aciz kalmak. **2.**bitkin düşmek.

عاجز ماندن âciz mânden: âciz kalmak.

عاجزه âcize: (A.) âciz durumda kalmış bayan.

عاجزى âcizî: (A.-F.) [âciz+î] **1.**acizlik. **2.**bitkinlik. **3.**hastalık.

عاجزيت âciziyyet: (A.) **1.**acizlik, beceriksizlik. **2.**alçakgönüllülük.

عاجل âcil: (A.) **1.**acil. **2.**aceleci, acele eden.

عاجلانه âcilâne: (A.-F.) [âcil+âne] acilen, aceleyle.

عاجلاً âcilen: (A.) acilen, acil olarak.

عاجى âcî: (A.) **1.** fildişi, fildişinden yapılmış. **2.**fildişi satıcısı. **3.**fildişi işçisi.

عاد âd: (A.) âdetler.

عاد âd; (A.) Âd kavmi.

عادات âdât: (A.) **1.**gelenekler, adetler. **2.**huylar.

عادت âdet: (A.) **1.**adet, alışkanlık. **2.**gelenek, töre. **3.**(tıb.) regl, âdet. **4.**mütedavil, yaygın. ‖ * ~ -i kesî şoden عادت كسى شدن alışmak. ‖ * terk-i ~ kerden ترك عادت كردن alışkanlığı bırakmak.

عادت برداشتن âdet berdâşte alışkanlığı bırakmak, ad terketmek.

عادت پيدا كردن âdet peydâ kerden: **1.**huy edinmek. **2.**alışmak.

عادت دادن âdet dâden: alıştırmak.

عادت داشتن âdet dâşten: alışkın olmak, adeti olmak.
عادت شدن âdet şoden: **1.**alışkanlık haline gelmek, adet haline gelmek. **2.**(tıb.) regl olmak.
عادت كردن âdet kerden: alışmak, âdet edinmek.
عادت گرفتن âdet giriften: alışmak, alışkanlık kazanmak.
عادت كننده âdet konende: (A.-F.) [âdet+ kerden>kon+ende] alışkan.
عادل âdil: (A.) **1.**adaletli, âdil. **2.**doğru dürüst.
عادلانه âdilâne: (A.-F.) [âdil+âne] âdilce, adilane, adaletle.
عادله âdile (A.) **1.**adaletli. **2.**doğru, dürüst.
عادلى âdilî: (A.-T.) [âdil+î] âdillik.
عدوان adevân: (A.) koşu, koşma.
عادة âdeten: (A.) gelenek olarak, âdet olarak.
عادى âdî: (A.) **1.**olağan, normal, sıradan. **2.**adi. **3.**Âd kavmine mensup.
عادى شدن düzelmek, normale dönmek, sıradanlaşmak.
عادى مزاج âdîmizâc: (A.-F.) [âdî+mizâc] ılımlı, mutedil.
عار âr: (A.) ar, utanç.
عاربه âribe: (A.) halis şarap.
عار داشتن âr dâşten: ar duymak, arlanmak.
عارض âriz: (A.) **1.**arzeden. **2.**şikâyetçi. **3.**yüz, yanak. **4.**ordu komutanı. **5.**ittifak.
عارضاً ârızan: (A.) tesadüfen.
عارض افروختن âriz efrûhten (kin.) öfkelenmek.
عارض شدن âriz şoden: **1.**yüz göstermek, meydana gelmek. **2.**şikâyet etmek, şikâyetçi olmak.
عارضه ârize: (A.) **1.**arıza. **2.**kaza, afet, bela. **3.**dilek. **4.**hastalık.
عارضى ârizî: (A.) yüzeysel, arızî.
عارف ârif: (A.) **1.**arif, bilen. **2.**(tas.) şuhûd mertebesine eren kişi, Tanrı eri.
عارف بالله ârifbillâh: (A.) velî.
عارفت ârifet: (A.) iyilik.

عارى ârî: (A.) **1.**çıplak. **2.**eğreti, ödünç. **3.**arındırılmış. **4.**yoksun, uzak. **5.**boz.
عاريت âriyet: (A.) eğreti, ödünç.
عاريت خواستن âriyet hâsten: ödünç istemek.
عاريت دادن âriyet dâden: ödünç vermek.
عاريتى âriyetî: (A.-F.) [âriyet+î] **1.**eğreti. **2.**ödünç.
عاريه âriye: (A.) **1.**eğreti. **2.**ödünç.
عاريه خواستن âriye hâsten: ödünç istemek.
عاريه دادن âriye dâden: ödünç vermek.
عاريه گرفتن âriye giriften: ödünç almak.
عازم âzim: (A.) **1.**niyetli, kararlı. **2.**yola çıkan, giden. **3.**azimli, çalışkan.
عازم شدن âzim şoden: **1.**niyet etmek. **2.**yola çıkmak, hareket etmek. **3.**gitmek.
عاشر âşir: (A.) (mat.) onuncu.
عاشق âşık: (A.) aşık.
عاشقانه âşıkâne: (A.-F.) [âşık+âne] romantik, aşıkane.
عاشق پرانى âşıkperânî: (A.-F.) [âşık+ perânden>perân+î] şıpsevdi.
عاشق پيشه âşıkpîşe: (A.-F.) [âşık+pîşe] şıpsevdi.
عاشق شدن âşık şoden: aşık olmak.
عاشق كردن âşık kerden: aşık etmek.
عاشق كش âşıkkoş: [âşık+koşten>koş] aşık öldüren sevgili.
عاشق كشى (A.-F.) [âşık+koşten>kuş+î] عاشق كشى âşık öldürme.
عاشق وش âşıkveş: (A.-F.) [âşık+veş] aşık gibi.
عاشقى âşıkî: (A.-F.) [âşık+î] aşıklık.
عاشورا âşûrâ: (A.) Muharrem ayının onuncu günü.
عاصر âsir: (A.) basan, basınç yapan.
عاصف âsif: (A.) **1.**bükük, eğik. **2.**sert, çetin, şiddetli. **3.**fırtına.
عاصفه âsife: (A.) fırtına.
عاصم âsim: (A.) **1.**koruyucu. **2.**engel. **3.**namuslu, ismet sahibi.

عاصمه âsime: (A.) başkent.

عاصی âsî: (A.) asi.

عاصی شدن âsî şoden: asi olmak, isyan etmek.

عاطر âtir: (A.) ıtırlı, hoş kokulu.

عاطس âtıs: (A.) **1.**hapşıran, aksıran. **2.**şafak.

عاطف âtif: (A.) **1.**yönelen, meyleden. **2.**lütfeden, lütufkâr.

عاطفت âtıfet: (A.) karşılıksız sevgi, gözetme.

عاطفت شعار âtıfetşi'âr: (A.) [âtıfet+şi'âr] karşılıksız sevgi gösteren, gözeten, kollayan.

عاطفتكار âtıfetkâr: (A.-F.) [âtıfet+kâr] karşılıksız sevgi gösteren, gözeten, kollayan.

عاطفتكارانه âtıfetkârâne: (A.-F.) [âtıfet+ kâr+âne] karşılıksız sevgi göstererek, gözeterek, gözetici, kollayıcı.

عاطفه âtife: (A.) karşılıksız sevgi, iyilikseverlik.

عاطفى âtifî: (A.-F.) [âtif+î] ruhsal, ruhî.

عاطل âtil: (A.) **1.**atıl, boş. **2.**işsiz. **3.**tembel. ‖ * ~ u bâtil mânden عاطل و باطل ماندن âtıl kalmak, işe yaramaz olmak.

عاطله âtıla: (A.) **1.**boş, verimsiz, faydasız. **2.**tembel.

عاطم âtım: (A.) mahvolan, ölen.

عافى âfî: (A.) affedici.

عافيت âfiyet: (A.) **1.**afiyet, sağlık. **2.**iffet. **3.**dindarlık. ‖ * ~ bâd عافيت باد çok yaşa. ‖ * ~ bâşed عافيت باشد çok yaşa.

عافيت بخش âfiyetbahş (A.-F.) [âfiyet+ bahşîden> bahş] · hafiyet veren.

عافيت سوز âfiyetsûz: (A.-F.) [âfiyet+ sûhten>sûz] dirlik düzeni yok eden.

عاق âkk: (A.) ana baba inciten.

عاقب âkib: (A.) takipçi, peşinden giden.

عاقبت âkibet: (A.) **1.**son, akibet. **2.**sonunda, nihayet. **3.**sonuç, netice.

عاقبت الامر âkibetulemr: (A.) işin sonunda, nihayet.

عاقبة الظلم وخيم âkıbetüzzulmi vahîmün: (A.) Zulmün sonu zarar getirir.

عاقبت انديش âkibetendîş: (A.-F.) [âkibet+ endîşîden>endîş] ileri görüşlü, ileriyi düşünen.

عاقبت بخير âkibetbeheyr: (A.-F.) [âkibet+ be-heyr] iyi sonlu.

عاقبت بين âkıbetbîn: (A.-F.) [âkıbet+ dîden>bîn] ileri görüşlü.

عاقبت بينى âkıbetbînî: (A.-F.) [âkıbet+ dîden>bîn+î] ileri görüşlülük.

عاقبت نگر âkibetniger: (A.-F.) [âkibet+ nigerîsten>niger] ileri görüşlü.

عاقد âkid: (A.) **1.**akdeden. **2.**antlaşma imzalayan. **3.**nikâh memuru.

عاقر âkir: (A.) **1.**kısır. **2.**çorak toprak. **3.**çocuk doğuramamış kadın.

عاقره âkıre: (A.) kısır bayan.

عاقس âkis: (A.) pis kokan.

عاق كردن âk kerden: birini reddetmek.

عاقل âkil: (A.) akıllı, aklı başında.

عاقلات âkılât: (A.) akıllı kadınlar.

عاقل العقلا âkılülukalâ: (A.) akıllıların akıllısı, en akıllı.

عاقلان âkilân: (A.-F.) [âkil+ân] akıllılar, akıl sahipleri.

عاقل شدن âkil şoden: akıllanmak.

عاقلانه âkilâne: (A.-F.) [âkil+âne] akla uygun, akıllıca.

عاقل مرد âkilmerd: (A.-F.) [âkil+merd] erişkin, yaşını başını almış adam.

عاقله âkile: (A.) **1.**akıllı kadın. **2.**gelin süsleyen, meşşate. **3.**idrak gücü. **4.**katilin yakınları.

عاقلى âkilî: (A.-F.) [âkil+î] akıllılık.

عاقم âkım: (A.) **1.**kısır. **2.**verimsiz, üretken olmayan.

عاقول âkûl: (A.) (bot.) deve dikeni.

عاقى âkî: (A.) isyancı, itaatsiz.

عاكس âkis: (A.) yansıyan, akseden, vuran.

عاكسه âkise: (A.) yansıtıcı, aksettirici, reflektör.

عاكف âkif: (A.) **1.**inzivaya çekilen. **2.**sebatlı. **3.**ibadet eden. **4.**erkek adı.

عالم âlem: (A.) **1.**alem. **2.**dünya. **3.**yaratıklar.

عالم âlim: (A.) bilgin, alim.

عالم آرا âlemârâ: (A.-F.) [âlem+ârâsten> ârâ] dünyayı süsleyen.

عالم آرای âlemârây: (A.-F.) [âlem+ ârâsten>ârây] dünyayı süsleyen.

عالم افروز âlemefrûz: (A.-F.) [âlem+ efrûhten>efrûz] dünyayı parlatan, dünyaya ışık saçan.

عالمانه âlemâne: (A.-F.) [âlem+âne] dünya ile ilgili.

عالمانه âlimâne: (A.-F.) alimce, alimane, bilgince.

عالم پسند âlempesend: (A.-F.) [âlem+ pesendîden> pesend] herkesin beğendiği.

عالم پناه âlempenâh: (A.-F.) [âlem+ penâhîden> penâh] **1.**tüm âlemin sığınacağı. **2.**büyük padişah.

عالم پیرا âlempîrâ: (A.-F.) [âlem+ pîrâsten>pîrâ] alemi süsleyen, alemi donatan.

عالم پیما âlempeymâ: (A.-T.) [âlem+ peymûden> peymâ] dünyaya yayılan, dünyaya dağılan.

عالم تاب âlemtâb: (A.-F.) [âlem+tâften> tâb] dünyayı aydınlatan.

عالم زیب âlemzîb: (A.-F.) [âlem+zîb] dünyayı süsleyen.

عالم سوز âlemsûz: (A.-F.) [âlem+ sûhten> sûz] **1.**dünyayı yakan. **2.**şehir yakan padişah.

عالم شمول âlemşumûl: (A.) evrensel, âlemi kapsayan.

عالمگیر âlemgîr: (A.-F.) [âlem+ giriften>gîr] **1.**dünyayı fetheden. **2.**dünyayı kapsayan, evrensel.

عالم نما âlemnümâ: (A.-F.) [âlem+ numûden> numâ] **1.**dünyayı gösteren. **2.**dünya atlası.

عالمون âlemûn: (A.) âlemler, dünyalar.

عالمین âlemeyn: (A.) dünya ve ahiret, iki âlem.

عالمی âlemî: (A.) insan.

عالمی âlimî: (A.-F.) [âlim+î] alimlik.

عالمیان âlemiyân: (A.-F.) [âlemî+y+ân] insanlar.

عالمین âlemîn: (A.) âlemler, dünyalar.

عالمیان âlemiyân: (A.-F.) [âlem+î+y+ân] insanlar.

عالی âlî: (A.) **1.**yüce, ulu. **2.**değerli, çok kıymetli. **3.**kaliteli. **4.**çok güzel. **5.**Tanrı'nın sıfatlarından biri.

عالی اثر âlîeser: (A.-F.) [âlî+eser] yüce.

عالی بخت âlîbaht: (A.-F.) [âlî+baht] talihli, bahtıaçık.

عالی بها âlîbehâ: (A.-F.) [âlî+behâ] çok değerli.

عالی تبار âlîtebâr: (A.-F.) [âlî+tebâr] soylu.

عالی جاه âlîcâh: (A.-F.) [âlî+câh] yüksek dereceli, yüksek mevki sahibi.

عالی جناب âlîcenâb: (A.) **1.**centilmen, âlicenap. **2.**eliaçık, cömert.

عالی حضرت âlîhazret: (A.-F.) [âlî+ hazret] yüce, alicenap, ekselans.

عالی رتبه âlîrutbe: (A.-F.) [âlî+rutbe] yüksek dereceli.

عالی شأن âlîşe'n: [âlî+şe'n] yüksek dereceli, değerli.

عالی شرف âlîşeref: (A.-F.) [âlî+şeref] şerefli.

عالی فطرت âlîfıtrat: (A.) yüksek karak-terli, iyi yaratılışlı.

عالی قدر âlîkadr: (A.) değerli, saygıdeğer.

عالی گهر âlîguher: (A.-F.) [âlî+güher] **1.**yüksek karakterli, temiz yaratılışlı. **2.**değerli mücevher, değerli inci.

عالی مرتبت âlîmertebet: (A.-F.) [âlî+ mertebet] yüksek dereceli, yüksek mertebeli.

عالی مرد âlîmerd: (A.-F.) [âlî+merd] **1.**(tas.) Tanrı adamı, Tanrı eri. **2.**süpermen.

عالی مشرب (A.)[âlî+meşreb] yüksek karakterli.

عالی مشربی âlîmeşrebî (A.-F.) [âlî+ meşreb+î] عالی مشربی yüksek karakterlilik.

عالی مقام (A.) [âlî+makâm] yüksek makamlı.

عالی مکان âlîmekân: (A.) [âlî+mekân] yüce makamlı, yüksek dereceli.

عالی منزلت âlîmenzilet: (A.) [âlî+menzilet] değeri yüce.

عالی نژاد âlînejâd: (A.-F.) [âlî+nejâd] soylu, asil.

عالی نسب âlîneseb: (A.-F.) [âlî+neseb] soylu, asil.

عالی نظر âlînazar: (A.) [âlî+nazar] yüksek görüşlü.

عالیه âliye: (A.) **1.**yüce, ulu. **2.**bayan adı.

عالی همت âlîhimmet: (A.) yüksek himmetli, gayretli.

عام âmm: (A.) **1.**kamu, genel, umumi, elâlem. **2.**yaygın. **3.**ümmi.

عام âmm: (A.) yıl, sene.

عامداً âmiden: (A.) kasıtlı olarak, kasten, bile bile, taammüden.

عامر âmir: (A.) **1.**imar eden. **2.**çok yaşayan. **3.**bayındır, mamur.

عامل âmil: (A.) **1.**işçi; el işçisi. **2.**mümessillik, acenta. **3.**devlet memuru. **4.**vali. **5.**etken, faktör, âmil. **6.**uygulayıcı.

عامه âmme: (A.) kamu, amme, genel.

عامی âmmî: (A.) **1.**halkla ilgili. **2.**cahil. **3.**avam.

عامیانه âmiyâne: (A.-F.) [âmi+yâne] avama ait, avamca.

عامیانه نویسی âmiyânenevîsî: (A.-F.) [âmi+y+âne+ nevişten>nevîs+î] halk ağzıyla yazma.

عامیانه نویسی کردن âmiyânenevîsî kerden: halk ağzıyla yazmak.

عاند ânid: (A.) inatçı, inat eden.

عاهه âhe: (A.) **1.**afet. **2.**fesat.

عاید âyid: (A.) **1.**gelir, kazanç. **2.**maaş. **3.**ait. ‖ * ~ -i kesî şoden عاید کسی شدن geliri olmak.

عایدات âyidât: (A.) gelir, gelirler.

عاید شدن âyid şoden: **1.**ait olmak. **2.**nasip olmak.

عاید کردن âyid kerden: kazandırmak.

عایده âyide: (A.) gelir, kazanç.

عایق âyik: (A.) **1.**engel, mani. **2.**(fiz.) izolatör.

عایق شدن âyik şoden: **1.**yalıtılmak. **2.**engel olmak.

عایق کردن âyik kerden: yalıtmak.

عایل âyil: (A.) fakir, yoksul.

عباء ebâ': (A.) aba.

عباب ubâb: (A.) **1.**taşkın. **2.**taşan sel suyu.

عباد ibâd: (A.) **1.**kullar. **2.**ibadet edenler. **3.**bereketli, bol.

عباد ubbâd: (A.) ibadet edenler.

عبادات ibâdât: (A.) ibadetler.

عباداللّه ibâdullâh: (A.) **1.**Tanrı'nın kulları. **2.**çok, bolca.

عبادت ibâdet: (A.) **1.**kulluk. **2.**tapma, tapınma.

عبادتخانه ibâdethâne: (A.-F.) [ibâdet+ hâne] **1.**ibadethane, mabet. **2.**tapınak.

عبادتکار ibâdetkâr (A.-F.) [ibâdet+kâr] ibadet eden.

عبادت کردن ibâdet kerden: ibadet etmek, tapınmak.

عبادتگاه ibâdetgâh: (A.-F.) [ibâdet+gâh] **1.**ibadet yeri, mabet. **2.**tapınak.

عبارات ibârat: (A.) **1.**cümleler. **2.**paragraflar. **3.**metin parçaları.

عبارت ibâret: (A.) **1.**deyiş. **2.**ibare, cümle. **3.**tabir, yorum. **4.**ibaret. ‖ * be ~ î بعبارتی bir deyişle. ‖ * be ~ -i dîger به عبارت دیگر bir başka deyişle. ‖ * ender ~ âmeden اندر عبارت آمدن kelimelere dökülmek.

عبارت کردن ibâret kerden: **1.**tabir etmek, yorumlamak. **2.**kinayeli söz söylemek.

عباره ibâre: (A.) **1.**cümle. **2.**paragraf. **3.**metin parçası.

عباره سنج ibâresenc (A.-F.) [ibâre+ sencîden>senc] düzgün konuşan, lafını tartarak konuşan.

عباس ebbâs: (A.) **1.**asık suratlı. **2.**(zool.) arslan. **3.**erkek adı. **4.**Hz. Muhammed'in amcası.

عباسی ebbâsî: (A.) **1.**Abbasî. **2.**Şah Abbas zamanında İran'da kullanılan bir para birimi. **3.**siyah.

عباسی وش ebbâsîveş: (A.-F.) [ebbâsî+ veş] **1.**Abbasî gibi.

2.siyah köle gibi.

عباسيان ebbâsiyân: (A.-F.) [ebbâsî+y+ân] Abbasîler.

عباسيون ebbâsiyyûn: (A.) Abbasîler.

عبث abes: (A.) saçma, gereksiz, abes.

عبث گو abesgû: (A.-F.) [abes+goften> gû] abesle iştigal eden, boş boş konuşan, zırvalayan.

عبثيات abesiyyât: (A.) saçmalıklar, abesle uğraşmalar.

عبد abd: (A.) kul.

عبد السلام abdusselâm: (A.) **1.**safne, insankökü bitkisi, aba, keneotu. **2.**erkek adı.

عبدالله abdullâh: (A.) **1.**Tanrı kulu. **2.**erkek adı.

عبده abede: (A.) kullar.

عبدى abdî: (A.) **1.**kul ile ilgili. **2.**Abd-i Kays ailesine mensup.

عبديت abdiyyet: (A.) kulluk.

عبر ebr: (A.) **1.**geçiş, geçme. **2.**ölüm. **3.**rüya tabiri.

عبر iber: (A.) ibretler, ibret dersleri.

عبرات aberât: (A.) göz yaşları.

عبرانى ibrânî: (A.) **1.**ibranî. **2.**ibranice.

عبرت ibret: (A.) **1.**ibret, çıkarılan ders. **2.**kısım. **3.**haraç. **4.**hayret. ‖ * ~ -i dîgerân gerdânîden عبرت ديگران گردانيدن başkalarına ibret etmek. ‖ * ders-i ~ giriften (ez) درس عبرت گرفتن (از) ibret almak, ders almak.

عبرت آميز ibretâmîz: (A.-F.) [ibret+âmîhten>âmîz] ibretli, ibret verici.

عبرت انگيز ibretengîz (A.-F.) [ibret+engîhten>engîz] ibret verici.

عبرت بخش ibretbahş (A.-F.) [ibret+bahşîden>bahş] ibret verici.

عبرت بين ibretbîn (A.-F.) [ibret+dîden>bîn] ibret alan, ders çıkaran.

عبرت پذيرفتن ibret pezîroften: ibret almak, ders almak.

عبرتكده ibretkede (A.-F.) [ibret+kede] ibret alınan yer.

عبرت گرفتن ibret giriften: ibret almak, ders almak.

عبرت نثار ibretnisâr (A.-F.) [ibret+nisâr <nisâr-i ibret] ibret veren.

عبرت نما ibretnumâ, ibretnemâ: (A.-F.) [ibret+numûden>numâ, nemâ] ibret verici, ders verici.

عبرت نمون ibretnumûn (A.-F.) [ibret+numûden> numûn] ibret veren, ders olan.

عبره ebre: (A.) **1.**geçme, geçiş. **2.**göz yaşı.

عبرةً ibreten: (A.) ibret olsun diye. ‖ * ~ lissâirîn عبرةً لالسائرين başkalarına ders olsun diye.

عبرى ibrî: (A.) **1.**İbranî, Yahudi. **2.**ibranice.

عبريون ibriyyûn: (A.) İbraniler, Yahudiler.

عبس abes: (A.) surat ekşitme, surat asma.

عبط abt: (A.) **1.**yalan. **2.**kuşkulu davranış.

عبعاب eb'âb: (A.) vantrolog, karnından konuşan.

عبعابيت eb'âbiyyet: (A.) vantrologluk, karnından konuşma.

عبودت ubûdet: (A.) kulluk, ibadet.

عبوديت ubûdiyyet: (A.) **1.**kulluk. **2.**kölelik. **3.**aşırı derecede bağlılık.

عبوديت نامه ubûdiyyetnâme (A.-F.) [ubûdiyyet+ nâme] kulluk bildiren mektup.

عبور ubûr: (A.) **1.**karşıya geçme. **2.**suyun karşı yakasına atlama. **3.**gökyüzünde parlak bir yıldız, şi'râ-yı yemânî.

عبور دادن ubûr dâden: geçit vermek, geçirtmek.

عبور كردن ubûr kerden: geçmek, karşıdan karşıya geçmek.

عبوس abûs: (A.) somurtkan, abus, suratsız, sıkıcı.

عبوس ubûs: (A.) somurtkanlık, abusluk.

عبوس الوجه abûsulvech: (A.) asık suratlı, somurtkan.

عبوست ubûset: (A.) somurtkanlık, abusluk.

عبوسى abûsî: (A.-F.) [abûs+î]

abusluk, somurtkanlık, suratsızlık.

عبوسی کردن abûsî kerden: somurtmak, surat asmak, suratı beş karış olmak.

عبهر ebher: (A.) **1.**(bot.) nergis. **2.**(ed.) göz.

عبهری ebherî: (A.) beyaz, nazik beden.

عبيد abîd: (A.) **1.**kullar. **2.**köleler.

عبيد ubeyd: (A.) **1.**kulcuk, küçük kul. **2.**erkek adı.

عبيدانه ubeydâne (A.-F.) [ubeyd+âne] küçük bir kul gibi.

عبير abîr: (A.) **1.**amber. **2.**koku.

عبيرافشان (A.-F.) [abîr+efşânden>efşân] misk kokuları saçan.

عبيرسای abîrsây: (A.-F.) [abîr+sûden> sây] amber süren.

عتائق etâ'ik: (A.) antikalar, eski eserler.

عتاب itâb: (A.) **1.**azarlama, paylama, çıkışma, tersleme. **2.**nazlanma, naz yapma.

عتاب کردن itâb kerden: azarlamak, paylamak, çıkışmak, terslemek.

عتات itât: (A.) düşmanlık.

عتات utât: (A.) asîler.

عتبات atebât: (A.) **1.**eşikler. **2.**şiîlerin kutsal ziyaret yerleri. **3.**eşiği öpülen kutsal yerler.

عتبه atebe: (A.) **1.**ziyaretgâh. **2.**eşik. **3.**taş döşeli sofa.

عتبه بوس atebebûs: (A.-F.) [atebe+ bûsîden>bûs] eşik öpen.

عتر iter: (A.) soylar, kuşaklar.

عترت itret: (A.) **1.**soy, zürriyet, nesil. **2.**akrabalar.

عتق itk: (A.) âzâd etme, köleye veya câriyeye özgürlüğünü tanıma.

عتقا utekâ: (A.) **1.**âzâd edilmiş köleler. **2.**âzâd edilmiş cariyeler.

عتق النسمه itkunneseme: (A.) âzâd edilmek üzere alınan kölenin özgürlüğünü tanıma.

عتق نامه itknâme (A.-F.) [itk+nâme] âzâdlık belgesi, özgürlük belgesi.

عتم atm: (A.) zeytin.

عتم utm: (A.) yabanî zeytin ağacı.

عتم utum: (A.) yabanî zeytin ağacı.

عتمه utme: (A.) zeytin cinsi meyva.

عتو utuvv: (A.) **1.**isyan, ayaklanma. **2.**kibir dolu dikbaşlılık.

عته ateh: (A.) bunama.

عتيد atîd: (A.) **1.**hazır. **2.**iriyarı.

عتيق atîk: (A.) **1.**eski, kadim, antik. **2.**seçkin. **3.**serbest.

عتيقه atîke: (A.) antika.

عتيقه ساز atîkesâz: (A.-F.) [atîke+ sâhten> sâz] antika eşyalar yapan.

عتيقه سازی atîkesâzî: (A.-F.) [atîke+ sâhten>sâz+î] antika yapımı.

عتيقه فروش atîkafurûş: (A.-F.) [atîka+ furûhten>furûş] antikacı.

عتيقه فروشی atîkefurûşî: (A.-F.) [atîke+ furûhten>furûş+î] **1.**antikacı. **2.**antikacılık.

عثار isâr: (A.) tökezleme, tökezleyerek yere kapanma.

عثمان osmân: (A.) **1.**yılan. **2.**yılan yavrusu. **3.**halife Hz. Osman. **4.**ejderha yavrusu. **5.**toy kuşu yavrusu. **6.**erkek adı.

عثمانی osmânî: (A.-F.) [osmân+î] Osmanlı.

عثمانيان osmâniyân (A.-F.) [osmân+î+ y+ân] Osmanlılar.

عثمانيه osmâniyye: (A.) Osmanlı.

عج acc: (A.) bağırtı, bağırma.

عجائب ecâ'ib: (A.) acayip, tuhaf. ‖ * ~ -i seb'a-yı âlem عجائب سبعهء عالم dünyanın yedi harikası.

عجائبات ecâibât: (A.) **1.** acayip olan şeyler. **2.**garip varlıklar. **3.** garip varlıkları inceleyen bilim dalı.

عجائب ديده acâ'ibdîde: (A.-F.) [acâ'ib+ dîden>dîd+e] görmüş geçirmiş.

عجائب نشان acâ'ibnişân: (A.-F.) [acâ'ib+ nişân] ilginç, tuhaf.

عجائز acâiz: (A.) kocakarılar.

عجاب ucâb: (A.) acayip şey, tuhaf şey.

عجاب uccâb: (A.) acayip şey, tuhaf şey.

عجاج acâc: (A.) **1.**bulut. **2.**duman.

عجاج accâc: (A.) **1.**gürültülü. **2.**soylu at. **3.**aşırı rüzgârlı.

عجاز icâz: (A.) baş örtüsü.

عجازاثر icâzeser: (A.) [i'câz+eser] ا mucizevî etki bırakan.

عجافت acâfet: (A.) çelimsizlik, cılızlık.

عجالت icâlet: (A.) **1.**acele iş. **2.**el kitabı.

عجالةً icâleten: (A.) aceleyle, hemen, şimdi.

عجام ucâm: (A.) çekirdek.

عجان icân: (A.) **1.**boyun. **2.**apış arası.

عجايب ecâyib: (A.) acayip.

عجايبى ecâyibî: (A.-F.) [ecâyib+î] acayiplik.

عجب aceb: (A.) **1.**hayret, şaşırma. **2.**şaşılacak şey!, tuhaf!, ama da!, vay be!, yaa!, ne kadar. **3.**şaşkınlık.

عجب ucb: (A.) böbürlenme, kibirlenme kendini beğenmişlik.

عجب آمدن aceb âmeden: hayret etmek, şaşmak.

عجبا acebâ: (A.) hayret!, şaşılacak şey!

عجب داشتن aceb dâşten: hayret etmek, şaşmak.

عجب ماندن aceb mânden: hayretler içinde kalmak, şaşıp kalmak.

عجبه ucbe: (A.) acayip şey, tuhaf şey, şaşılacak şey.

عجر ucer: (A.) **1.**ayıp, kusur. **2.**hüzün.

عجز acz: (A.) acizlik.

عجز ecuz: (A.) **1.**devamı. **2.**pislik.

عجزه aceze: (A.) **1.**acizler. **2.**düşkünler, güçsüzler.

عجزه پرور acezeperver: (A.-F.) [aceze+ perverden> perver] düşkünleri koruyan.

عجزه پرورانه acezeperverâne: (A.-F.) [aceze+ perverden> perver+âne] düşkünleri koruyarak, düşkünlerin elinden tutan.

عجل icl: (A.) (zool.) dana.

عجله acele: (A.) acele.

عجله icle: (A.) düve, dişi buzağı.

عجله ucle: (A.) alelacele.

عجله كردن acele kerden: **1.**acele etmek. **2.**koşmak.

عجم acem: (A.) **1.**Arap olmayan. **2.**İranlı, acem.

عجم ucm: (A.) kekemeler, peltekler.

عجمت ucmet: (A.) **1.**dil tutukluğu. **2.**ibham.

عجمه ucme: (A.) pelteklik, dil tutukluğu, kekemelik.

عجمى acemî: (A.) **1.**bilgisiz. **2.**İranlı. **3.**gafil, habersiz.

عجمى acmiyy: (A.) ince düşünceli.

عجمى نژاد acemînejâd: (A.-F.) [acemî+ nejâd] **1.**Arap olmayan. **2.**İranlı.

عجن acn: (A.) yoğurma, hamurlaştırma.

عجوز acûz: (A.) kocakarı, acuze.

عجوزه acûze: (A.) **1.**kocakarı. **2.**cadı. **3.**esir edilmiş kadın.

عجول acûl: (A.) aceleci, sabırsız.

عجولانه acûlâne: (A.-F.) [acûl+âne] aceleyle.

عجيب acîb: (A.) **1.**acayip, tuhaf, şaşırtıcı, enteresan, garip. **2.**tuhaf!, ilginç!, şaşılacak şey!

عجيبه acîbe: (A.) acayip, tuhaf, şaşılacak şey.

عجيب القيافه acîbulkıyâfe (A.) tuhaf giyimli, anormal giyimli.

عجيب المآل acîbulmeâl: (A.) yorumu bile tuhaf.

عجيب الاسلوب acîbuluslûb: ilginç üsluplu.

عجين acîn: (A.) **1.**yoğurulmuş. **2.**hamur.

عجين شدن acîn şoden: yoğurulmak.

عجين كردن acîn kerden: yoğurmak.

عجينى acînî: (A.-F.) [acîn+î] hamur gibi, hamur kıvamında, hamurumsu.

عجينيت acîniyyet: (A.) hamur halinde olma.

عد add: (A.) sayma, addetme. ‖ * der hadd u ~ âmeden در حد و عد آمدن sayılmak.

عداد idâd: (A.) sayı, sıra, numara. ‖ * der ~ -i در عداد sırasında, zümresinde, kategorisinde.

عدالت edâlet: (A.) adalet.

عدالت آيين adâletâyîn: (A.-F.) [adâlet+ âyîn] adaletli olmayı prensip edinmiş.

عدالت پناه adâletpenâh: (A.-F.) [adâlet+ penâhîden> penâh] adaletli, âdil.

عدالتخانه edâlethâne: (A.-F.) [edâlet+ hâne] adliye.

عدالتكار adâletkâr: (A.- F.) [adâlet+kâr] adaletli, âdil.

عدالت كردن edâlet kerden: adaletle davranmak.

عدامت adâmet: (A.) akılsızlık.

عداوت edâvet: (A.) düşmanlık.

عداوت آميز edâvetâmîz: (A.-F.) [edâvet+ âmîhten>âmîz] düşmanca.

عداوت داشتن edâvet dâşten: düşmanlık gütmek, düşmanlık beslemek.

عدت iddet: (A.) kocası ölen veya kocasından başının kadın yeniden evlenebilmek için beklemesi gereken süre.

عدت uddet: (A.) **1.**ihtiyaç. **2.**(ask.) savaş levazımatı.

عدد aded: (A.) sayı.

عدد uded: (A.) askerî teçhizat.

عدداً adeden: (A.) sayıca.

عددى adedî: (A.-F.) [aded+î] sayısal.

عدديات adediyyât: (A.) sayısal şeyler.

عدديه adediyye: (A.) sayısal.

عدس ades: (A.) (bot.) mercimek. ‖ * ~ -i telhe عدس تلخه (bot.) korunga, evliyaotu, eşekotu.

عدسه adese: (A.) (fiz.) **1.**mercek. **2.**mercimek.

عدسى adesî: (A.) **1.**mercek. **2.**mercimek yemeği. **3.**(tıb.) göz merceği. **4.**(fiz.) objektif. **5.**mercimeğimsi, mercimek şeklinde.

عدل adl: (A.) **1.**adalet. **2.**denk, balya.

العدل اساس الملك el'adlu esâsulmulk: (A.) adalet mülkün temelidir.

عدل آيين adlâyîn: (A.-F.) [adl+âyîn] adaletli, âdil.

عدل پناه adlpenâh (A.-F.) [adl+ penâhîden> penâh] adalete sığınan.

عدل پيمايى adlpeymâyî (A.-F.) [adl+ peymûden> peymâ+y+î] adaleti uygulama.

عدل گستر adlgoster: (A.-F.) [adl+ gosterden>goster] adaletli, âdil.

عدله adele: (A.) âdiller.

عدلى adlî: (A.) adaletle ilgili.

عدليه adliyye: (A.) adliye.

عدم adem: (A.) yokluk. ‖ * ~ -i basîret عدم بصيرت basiretsizlik, ileriyi görememe. ‖ * ~ -i dikkat عدم دقت dikkatsizlik. ‖ * ~ -i emniyyet عدم امنيت güvensizlik, emniyetsizlik. ‖ * ~ -i iktidar عدم اقتدار iktidarsızlık. ‖ * ~ - imkân عدم امكان imkânsızlık. ‖ * ~ -i imtizâc عدم امتزاج uyuşmazlık, geçimsizlik. ‖ * ~ -i istikrâr عدم استقرار istikrarsızlık. ‖ * ~ -i iştihâ عدم اشتها (tıb.) iştahsızlık. ‖ * ~ -i i'tilâf عدم ائتلاف· uzlaşmazlık. ‖ * ~ -i i'timâd عدم اعتماد güvensizlik, itimatsızlık. ‖ * ~ -i kâbiliyyet عدم قابليت yeteneksizlik, kabiliyetsizlik. ‖ * ~ -i mes'ûliyyet عدم مسؤليت sorumsuzluk. ‖ * ~ -i mevcûdiyyet عدم موجوديت yokluk. ‖ * ~ -i musâvât عدم مساوات eşitsizlik. ‖ * ~ -i mutâbakât عدم مطابقت uyuşmazlık, uymazlık. ‖ * ~ -i muvâzenet عدم موازنت dengesizlik. ‖ * ~ -i riâyet عدم رعايت uymama, saygı göstermeme, saygısızlık. ‖ * ~ -i tenâzur عدم تناظر simetrisizlik, bakışımsızlık. ‖ * ~ -i tesâvî عدم تساوى eşitsizlik. ‖ * be ~ bâz dâden به عدم باز دادن yok etmek. ‖ * be ~ reften به عدم رفتن **1.**yok olup gitmek. **2.**ölmek.

عدم آباد ademâbâd (A.-F.) [adem+âbâd] **1.**yokluk ülkesi, yokluk şehri. **2.**ölüm.

عدم زده ademzede (A.-F.) [adem+ zeden>zed+e] yokluk vurgunu, fânî, ölümlü.

عدمى ademî: (A.-F.) [adem+î] yokluk.

عدميه ademiyye (A.) yoklukla ilgili.

عدن adn: (A.) ikamet etme.

عدن aden: (A.) **1.**cennet. **2.**incileriyle meşhur deniz ülkesi.

عدنی adenî: (A.-F.) [aden+î] Nişabur'da dokunan bir tür kumaş.

عدو eduvv: (A.) düşman.

عدوان udvân: (A.) **1.**düşmanlık. **2.**zulüm.

عدوبند adûbend (A.-F.) [adû+besten> bend] düşmanı bağlayan.

عدول udûl: (A.) **1.**sapma, yoldan çıkma. **2.**vazgeçme. **3.**âdiller.

عدول کردن udûl kerden: **1.**sapmak, dönmek. **2.**vazgeçmek.

عدول ورزیدن udûl verzîden: **1.**sapmak, dönmek. **2.**vazgeçmek.

عدوی edvâ: (A.) **1.**tecavüz. **2.**sirayet.

عده idde: (A.) **1.**sayı. **2.**miktar. **3.**birkaç, birtakım, biraz. **4.**regl günleri.

عده udde: (A.) tertip, düzen, yapı.

عدید adîd: (A.) **1.**sayılı. **2.**sayı.

عدیده adîde: (A.) **1.**sayılı. **2.**çok fazla.

عدیل adîl: (A.) benzer, denk, gibi, eş, eşit.

عدیم adîm: (A.) yok, mevcut olmayan.

عدیم الاستطاعه adîmulistitâ'a: (A.) güçsüz, düşkün.

عدیم الامکان adîmulimkân: (A.) imkânsız, gerçekleşmesi mümkün değil.

عدیم النظیر adîmunnazîr: (A.) benzersiz, eşsiz.

عدیمة الجناح adîmetulcenâh: (A.) apteriks

عدیمة الارجل adîmetulercul: (A.) ayaksızlar.

عدیمة التویج adîmetuttuveyc: (A.) taçsızlar.

عذاب ezâb: (A.) azap, işkence.

عذاب آور ezâbâver: (A.-F.) [ezâb+ âverden>âver] azap verici.

عذاب بردن ezâb borden: azap çekmek.

عذاب دادن ezâb dâden: azap vermek.

عذاب کردن ezâb kerden: azap vermek.

عذاب کشیدن ezâb keşîden: azap çekmek.

عذابی azâbî: (A.-F.) [azâb+î] azap çeken.

عذار izâr: (A.) yanak, yüz.

عذب azb: (A.) tatlı, lezzetli.

عذبی azbî: (A.) tatlı, lezzetli.

عذر ozr: (A.) **1.**özür, mazeret. **2.**regl. **3.**bahane. **4.**suçun bağışlanması. **5.**engel, mani. **6.**eksiklik. ‖ * ~ berter ez gunâh عذر برتر از گناه özrü kabahatinden büyük. ‖ * ~ -i çîzî râ hâsten عذر چیزی را خواستن terketmek. ‖ * ~ -i taksîr hâsten عذر تقصیر خواستن özür dilemek. ‖ * be ~ -i inki به عذر اینکه nedeniyle, sebebiyle.

عذر آوردن ozr âvorden: özür dilemek.

عذرا ezrâ: (A.) **1.**delinmemiş inci. **2.**bakire, kız oğlan kız. **3.**kadın adı.

عذرت ozret: (A.) **1.**bekâret. **2.**kakül, perçem.

عذر خواستن ozr hâsten: özür dilemek.

عذرخواه ozrhâh: (A.-F.) [ozr+hâsten> hâh] özür dileyen.

عذرخواهانه ozrhâhâne: (A.-F.) [ozr+ hâsten>hâh+âne] özür dilercesine.

عذرخواهی ozrhâhî: (A.-F.) [ozr+hâsten> hâh+î] özür dileme.

عذر داشتن ozr dâşten: **1.**bahanesi olmak. **2.**özrü olmak, mazereti olmak. **3.**regl olmak.

عذر کردن ozr kerden: **1.**bahane bulmak. **2.**ısrar etmek.

عذر گفتن ozr goften: özür dilemek.

عذر نهادن ozr nihâden: hoş görmek.

عذره azire: (A.) **1.**kir, pislik. **2.**harabe, virane.

عذوبت uzûbet: (A.) **1.**tatlılık. **2.**şirinlik.

عرائض erâ'iz: (A.) dilekçeler.

عرابه errâbe: (A.) araba.

عرات urât: (A.) çıplaklar.

عراده errâde: (A.) **1.**mancınık. **2.**zemberek. **3.**(ask.) top arabası. **4.**(ask.) top sayısı.

عراص irâs: (A.) arsalar.

عراضه urâze: (A.) **1.**hediye. **2.**misafir yemeği.

عراف errâf: (A.) büyücü, sihirbaz.

عرافت irâfet: (A.) falcılık, kehanet.

عراق irâk: (A.) **1.**(coğ.) Irak. **2.**nehir kıyısı. **3.**İran ve Türk mûsikîlerinde bir makam. ‖ * ~ -i acem عراق عجم **1.**(coğ.) Irak-i Acem, Dicle'den İran'ın batıdaki dağlık bölgelerine kadar uzanan bölge. **2.**klasik Türk mûsikîsinde bir makam. ‖ * ~ -i arab عراق عرب (coğ.) Irâk-i Arap, Fırat ve Dicle arasında Bağdat'ın kuzeyine kadar uzanan bölge.

عراقى irâkî: (A.-F.) [irâk+î] **1.**Iraklı. **2.**(müz.) bir makam adı.

عراقيه ırâkiyye: (A.) Irak ile ilgili.

عراما erâmâ: (A.) çeyrek dirhemlik bir ağırlık ölçüsü.

عرايض erâyiz: (A.) dilekçeler.

عرب arab: (A.) arap. ‖ * ez bîh ~ bûden از بيخ عرب بودن zırcahil olmak.

عربان urbân: (A.) Araplar, çöl Arapları.

عربده arbede: (A.) **1.**nara. **2.**huysuzluk. **3.**kavga, arbede.

عربده جو arbedecû: (A.-F.) [arbede+ costen>cû] **1.**kavgacı. **2.**nara atan, naracı. **3.**hokkabaz. **4.**içki içip dağıtan.

عربده جوى arbedecûy: (A.-F.) [arbede+ costen>cûy] **1.**kavgacı. **2.**nara atan, naracı. **3.**hokkabaz. **4.**içki içip dağıtan.

عربده سازى arbedesâzî: (A.-F.) [arbede+ sâten>sâz+î] kavgacılık, çıngar çıkarma.

عربده كردن arbede kerden: **1.**nara atmak. **2.**kavga çıkarmak, arbede çıkarmak, didişmek.

عربده كشيدن arbede keşîden: nara atmak.

عربستان arabistân: (A.-F.) [arab+istân] Arabistan, Arapların yaşadığı yer.

عربكارى arabkârî: (A.-F.) [arab+kâr+î] arabesk.

عربون urbûn: (A.) pey akçesi.

عربه arebe: (A.) araba.

عربى arabî: (A.) arapça.

عربيات arabiyyât: (A.) arap dili ve edebiyatı, araboloji.

عربى العباره arabîyyülibâre: (A.) Arapça yazılmış.

عربيت arabiyyet: (A.) **1.**araplıkla ilgili. **2.**arapça ile ilgili. **3.**Arap edebiyatı.

عربيه arabiyye: (A.) **1.**Araplar ile ilgili. **2.**Arapça.

عرت urret: (A.) uyuz.

عرج arec: (A.) topallık.

عرجان urcân: (A.) topallar.

عرجون urcûn: (A.) **1.**kuru hurma dalı. **2.**akot bitkisi.

عر زدن ar zeden: nara atmak.

عرس irs: (A.) eş, çiftlerden her biri, karı kocadan her biri.

عرس ors: (A.) **1.**nikâh, evlenme. **2.**düğün yemeği, düğün ziyafeti.

عرس urus: (A.) düğün yemeği.

عرس aras: (A.) yorgunluk.

عرسات urusât: (A.) düğün yemekleri.

عرش arş: (A.) **1.**arş. **2.**taht. **3.**çadır. **4.**gölgelik.

عرش الثريا arşussureyyâ: (A.) Süreyya yıldızının bulunduğu takımyıldız.

عرش الله arşullah: (A.) Tanrı'nın arşı.

عرش پايه arşpâye: (A.-F.) [arş+pâye] temeli arş tabakasında olan, en yüksekteki.

عرش فرسا arşfersâ: (A.-F.) [arş+ fersûden>fersâ] **1.**gökyüzünü yıpratan. **2.**arştan üstün.

عرش گزين arşguzîn: (A.-F.) [arş+ guzîden>guzîn] kendine yer olarak arş tabakasını seçen, arşta oturan.

عرشه arşe: (A.) güverte.

عرشيان arşiyân: (A.-F.) [arş+i+y+ân] gökyüzündeki melekler.

عرصات aresât: (A.) mahşer meydanı, arasat.

عرصه arse: (A.) **1.**meydan, arsa. **2.**avlu. ‖ * be ~ -i zuhûr resîden به عرصهء ظهور رسيدن doğmak. ‖ * pâ be ~ -i zuhûr nihâden پا به عرصهء ظهور نهادن doğmak.

عرض arz: (A.) **1.**arz, sunuş. **2.**genişlik, en. **3.**(coğ.) enlem. ‖ *

~ -i cemâl عرض جمال yüzünü gösterme. ‖ * ~ -i cocrafyâyî عرض جغرافیایی (coğ.) konum, coğrafî durum. ‖ * ~ -i dîdâr عرض دیدار yüzünü gösterme. ‖ * ~ -i endâm عرض اندام boyunu gösterme. ‖ * ~ -i hâcet عرض حاجت dileğini söyleme. ‖ * ~ -i hâl عرض حال dilekçe, arzuhal. ‖ * ~ -i mâfizzamîr عرض ما فی الضمیر içindekileri söyleme, gönlündekini söyleme. ‖ * be ~ resânîden به عرض رسانیدن söylemek, arzetmek, sunmak. ‖ * der ~ -i در عرض . içinde, zarfından, sürecinde.

عرض araz: (A.) **1.**mal, meta. **2.**belirti, araz. **3.**hastalık.

عرض irz: (A.) **1.**namus, şeref. **2.**iffet. **3.**perde.

عرض orz: (A.) **1.**taraf, yön. **2.**beytülmal.

عرضاً arazan: (A.) tesadüfen.

عرض افتادن arz oftâden: **1.**arzedilmek. **2.**teklif edilmek. **3.**gösterilmek.

عرض داشتن arz dâşten: **1.**arzetmek. **2.**göstermek. **3.**rica etmek.

عرض کردن arz kerden: **1.**arzetmek, sunmak. **2.**açıklamak, söylemek, bildirmek. **3.**tartmak.

عرضه arze: (A.) **1.**sunma, sunuş. **2.**gösterme. **3.**hediye. ‖ * ~ vu tekâzâ عرضه و تقاضا arz-talep.

عرضه orze: (A.) **1.**liyakat. **2.**güç, kudret. **3.**hedef.

عرضه داشتن arze dâşten: **1.**beyan etmek, açıklamak, arzetmek. **2.**göstermek.

عرضه داشتن orze dâşten: **1.**liyakati olmak, kabiliyeti olmak. **2.**cesareti olmak.

عرضه کردن arze kerden: göstermek, sergilemek, gözler önüne sermek.

عرضه گشتن arze geşten: sunulmak, arzedilmek.

عرضی arazî: (A.) **1.**arazî. **2.**yerel.

عرعر ar'ar: anırma.

عرعر ar'ar (bot.) dağ servisi.

عرعرخرام ar'arhırâm: (A.-F.) [ar'ar+ hurâmîden> hurâm] servi gibi salınan.

عرعر کردن ar'ar kerden: anırmak.

عرف orf: (A.) **1.**tanınmışlık. **2.**gelenek, örf. **3.**bir tür kavuk.

عرفا urefâ: (A.) ârifler.

عرفاً orfen: (A.) gelenek bakımından, örf bakımından.

عرفات arafât: (A.) Mekke'deki bir dağ.

عرفان irfân: (A.) **1.**tasavvuf. **2.**Tanrı'yı bilme. **3.**bilme. **4.**bilgi. **5.**evrenin sırlarını bilme gücü. **6.**kültür.

عرفاناً irfânen: (A.) bilgice.

عرفان پرور irfânperver (A.-F.) [irfân+ perverden> perver] kültürlü.

عرفان پیرا irfânpîrâ (A.-F.) [irfân+ pîrâsten>pîrâ] irfansever.

عرفانی irfânî: (A.-F.) [irfân+î] **1.**tasavvufî. **2.**bilmeye dayalı. **3.**kültür ile ilgili.

عرفانیه irfâniyye: (A.) **1.**bilme ile ilgili. **2.**gnostisizm.

عرفه arefe: (A.) arife.

عرفی orfî: (A.) örfî, geleneksel.

عرفیات orfiyyât: (A.) · gelenek ile ilgili bilgiler.

عرفیه · orfiyye: (A.) örf ile ilgili, gelenek ile ilgili.

عرق arak: (A.) **1.**ter. **2.**votka. ‖ * ~ ez bend bend-i kesî cûşîden عرق از بند بند کسی جوشیدن ter içinde kalmak. ‖ * ~ ez çihâr sutûn-i ten-i kesî cûşîden عرق از چهار ستون تن کسی جوشیدن kan ter içinde kalmak. ‖ * ~ ez heft bend-i kesî cûşîden عرق از هفت بند کسی جوشیدن ter içinde kalmak, suların içine batmak. ‖ * ~ -i gûgerd عرق گوگرد (kim.) sülfürik asit. ‖ * ~ -i kesî râ âverden عرق کسی را آوردن utandırmak. ‖ * gark-i ~ geşten غرق عرق گشتن ter dökmek, ter içinde kalmak.

عرق ırk: (A.) **1.**sinir. **2.**asıl, kök. **3.**soy. **4.**damar.

عرق آلود arakâlûd: (A.-F.) [arak+ âlûden>âlûd] terli.

عرقا ırken: (A.) ırkça, ırk bakımından.

عرق الذهب ırkuzzeheb: (A.) altınkökü bitkisi.

عرق السوس ırkussûs: (A.) meyan kökü.

عرق النساء ırkunnesâ': (A.) [<arakunnesâ] (tıb.) siyatik siniri.

عرقچین arakçîn: (A.-F.) [arak+çîden> çîn] takke.

عرقخور arakhor: (A.-F.) [arak+horden> hor] içkici, ayyaş.

عرقدار arakdâr: (A.-F.) [arak+dâşten> dâr] terli.

عرق داشتن arak dâşten: terli olmak.

عرق ریختن arak rîhten: ter dökmek.

عرق ریز arakrîz: (A.-F.) [arak+rîhten> rîz] ter döken, terleyen.

عرقسوز araksûz: (A.-F.) [arak+sûhten> sûz] (tıb.) isilik.

عرق فروش arakfurûş: (A.-F.) [arak+ furûhten>furûş] meyhaneci.

عرق کردن arak kerden: **1.**terlemek. **2.**tiksinerek para ve mal ödemek. **3.**rüşvet vermek. **4.**utanmak.

عرق گز arakgez: (A.-F.) [arak+gez] (tıb.) isilik.

عرق گیر arakgîr: (A.-F.) [arak+giriften> gîr] **1.**özsuyu çıkaran. **2.**utangaç. **3.**fanila, atlet. **4.**mendil.

عرق گیری arakgîrî: (A.-F.) [arak+ giriften>gîr+î] belleme (atçılıkta).

عرقناک araknâk: (A.-F.) [arak+nâk] terli, ter içinde.

عرق نشستن arak nişesten: ter basmak.

عرق نوش araknûş: (A.-F.) [arak+ nûşîden>nûş] rakı içen.

عرقوب urkûb: (A.) ökçe siniri.

عرقی arakî: (A.) ter ile ilgili.

عرقی ırkî: (A.) ırk ile ilgili.

عرقیات ırkiyyât: (A.) ırkbilim, etnoloji.

عرقیه arakiyye: (A.) yün külah, derviş külahı, kavuğun ve fesin altına giyilen takke.

عرقیه arakiyye: (A.) zina yapan kadın.

عرقیه ırkiyye: (A.) ırk ile ilgili.

عرم arim: (A.) **1.**setler, bentler. **2.**şiddetli yağmurlar.

عرمرم aremrem: (A.) **1.**ordu. **2.**haşin, şiddetli, coşkun.

عرنه urne: (A.) bıcılgan, at toynaklarında çıkan bir hastalık.

عرواء urvâ: (A.) sıtma nöbeti.

عروج urûc: (A.) **1.**yükselme, yücelme. **2.**topallama.

عروج کردن urûc kerden: yükselmek.

عروس arûs: **1.**gelin. **2.**(kin.) güzel olan her şey. **3.**çok utangaç.

عروسان arûsân: (A.-F.) [arûs+ân] gelinler.

عروسانه arûsâne: (A.-F.) [arûs+âne] gelin gibi.

عروس خانه arûshâne: [arûs+hâne] düğün evi.

عروس شدن arûs şoden: gelin olmak.

عروسک arûsek: [arûs+ek] **1.**oyuncak bebek. **2.**küçük mancınık. ‖ * ~ -i geçî عروسک گچی taş bebek. ‖ * ~ -i pilastîkî عروسک پلاستیکی plastik bebek.

عروسک بازی arûsekbâzî: [arûsek+ bâhten> bâz+î] evcilik oyunu.

عروسی arûsî: [arûs+î] **1.**düğün. **2.**gelinlik.

عروسی بر پا کردن arûsî ber pâ kerden: düğün yapmak.

عروسی رفتن arûsî reften: düğüne gitmek.

عروسی کردن arûsî kerden: evlenmek.

عروش urûş: (A.) **1.**arşlar, gökler. **2.**tavanlar.

عروص urûs: (A.) mahsül zekâtı.

عروض arûz: (A.) (ed.) aruz.

عروض urûz: (A.) **1.**bildirmeler, arz etmeler. **2.**meydana gelme.

عروق urûk: (A.) **1.**damarlar. **2.**kökler. **3.**ırklar.

عروه urve: (A.) **1.**kulp. **2.**bahane. **3.**güvenilir. **4.**kaliteli mal.

عروة الوثقی urvetulvuskâ: (A.) **1.**sağlam kulp. **2.**müslümanlık.

عری urâ: (A.) çıplaklık.

عری ury: (A.) çıplaklık.

عریان uryân: (A.) **1.**çıplak. **2.**anadan

doğma çıplak.

عريان البذور uryânulbuzûr: (A.) açık tohumlular.

عريانى uryânî (A.-F.) [uryân+î] **1.**çıplaklık. **2.**bir cins erik.

عريش arîş: (A.) **1.**kulübe. **2.**mahfel. **3.**çadır.

عريض arîz: (A.) **1.**geniş. **2.**enli. **3.**genişlemesine, eni konu.

عريض الجسم arîzulcism: (A.) yassısolungaçlılar.

عريض الرأس arîzurre's: (A.) geniş kafalı.

عريضه arîze: (A.) dilekçe, arzuhal.

عريف arîf: (A.) ârif.

عريكه arîke: (A.) **1.**huy, adet. **2.**yaratılış, tabiat.

عرين arîn: (A.) **1.**yığın. **2.**sazlık, kamışlık.

عز izz: (A.) **1.**değer. **2.**yücelik. **3.**güçlülük. ‖ * ~ -i vusûl bahşîden عز وصول بخشيدن (mektup) gelmek.

عزا ezâ: (A.) matem, yas. ‖ * ~ -yi umûmî عزاى عمومى genel yas.

عزائم ezâ'im: (A.) dualar, afsunlar, nefesler.

عزاخانه ezâhâne: (A.-F.) [ezâ+hâne] matemhane, yas evi.

عزادار ezâdâr: (A.-F.) [ezâ+dâşten>dâr] yaslı, matemli.

عزادارى ezâdârî: (A.-F.) [ezâ+dâşten> dâr+î] yas, matem.

عزادارى كردن ezâdârî kerden: yas tutmak, matem tutmak.

عزا داشتن ezâ dâşten: yaslı olmak, matemli olmak.

عزال uzzâl: (A.) klasik Türk musikîsinde bir makam.

عز الدوله izzuddevle: (A.) devletin değeri, devletin onuru.

عز الدين izzuddîn: (A.) **1.**dinin onuru. **2.**erkek adı: İzzettin.

عزا گرفتن ezâ giriften: **1.**yas tutmak. **2.**sinirli olmak.

عزايم ezâyim: (A.) afsunlar, sihirler, dualar.

عزب azeb: (A.) bekâr.

عزبت uzbet: (A.) bekârlık.

عزت izzet: (A.) **1.**değer. **2.**yücelik. **3.**erkek adı. ‖ * be ~ bûden به عزت بودن saygıda kusur etmemek.

عزت جستن izzet costen: şeref istemek.

عزت طلب izzettaleb: (A.-F.) [izzet+ talebîden>taleb] mevki düşkünü.

عزتمند izzetmend: (A.-F.) [izzet+mend] izzetli, şerefli.

عزت ياب izzetyâb: (A.) [izzet+ yâften>yâb] değer verilen, yüceltilen.

عزرائيل ezrâ'îl: (A.) Azrail.

عزل azl: (A.) azil.

عزلت ozlet: (A.) bir köşeye çekilme.

عزلتگاه uzletgâh (A.-F.) [uzlet+gâh] uzlete çekilme yeri, uzlet köşesi.

عزلت گزيدن ozlet gozîden: bir köşeye çekilmek, inzivaya çekilmek.

عزلت گزين ozletgozîn: (A.-F.) [ozlet+ gozîden>gozîn] bir köşeye çekilen, münzevî.

عزلتگه uzletgeh (A.-F.) [uzlet+geh] uzlete çekilme yeri, uzlet köşesi.

عزل كردن azl kerden: azletmek.

عزلت نشين uzletnişîn (A.-F.) [uzlet+ nişesten>nişîn] köşesine çekilen, inziva hayatı süren.

عزم azm: (A.) azim. ‖ * ~ -i sefer kerden عزم سفر كردن yolculuğa niyetlenmek. ‖ * be ~ -i به عزم niyetiyle.

عزم كردن azm kerden: **1.**azmetmek. **2.**niyet etmek. **3.**gitmek.

عزمه uzme: (A.) **1.**akraba. **2.**aşiret. **3.**aile.

عزوبت uzûbet: (A.) bekârlık.

عز و چز كردن izz u çiz kerden: yalvarmak.

عزى izzî: (A.) sabırlı.

عزيز azîz: (A.) **1.**aziz, değerli, kıymetli. **2.**sevgili. **3.**can. **4.**sayın. **5.**eski Mısır'da başvezir, aziz. **6.**değerli insan. **7.**aziz, yüce din adamı.

عزيز داشتن azîz dâşten: değer vermek, aziz tutmak, saygı duymak.

عزيزه azîze: (A.) **1.**değerli, saygıdeğer. **2.**sevgili. .

عزيزى azîzî: (A.-F.) [azîz+î]

1.azizlik. **2.**hürmet.

عزیزیات azîziyyât: (A.) azizlerle ilgili bilgiler, azîz kültürü.

عزیزیه azîziyye: (A.) **1.**Aziz ile ilgili. **2.**Sultan Abdülaziz ile ilgili. **3.**bir fes biçimi.

عزیمت azîmet: (A.) **1.**gitme, hareket etme, yola çıkma. **2.**niyet etme.

عزیمت کردن azîmet kerden: **1.**niyet etmek. **2.**hareket etmek, yola çıkmak. **3.**göç etmek.

عزیمه azîme: (A.) **1.**dua. **2.**afsun.

عساکر esâkir: (A.) (ask.) askerler.

عسجد asced: (A.) **1.**altın. **2.**mücevher. **3.**(coğ.) Asced.

عسجدی ascedî: (A.-F.) [asced+î] **1.**Ascedli. **2.**altından. **3.**bir yazı türü.

عسر osr: (A.) **1.**güçlük. **2.**darlık. **3.**yoksulluk, elidarlık.

عسر البول usrulbevl: (A.) sidik zoru.

عسر النفس usrunnefes: (A.) nefes darlığı.

عسرت osret: (A.) **1.**zorluk, güçlük. **2.**kıtlık, darlık. **3.**sıkıntı.

عسس ases: (A.) gece bekçisi.

عسس باشی asesbaşi: (A.-T.) [ases+başi] bekçibaşı.

عسفاء usefâ': (A.) ameleler, işçiler, emekçiler.

عسکر asker: (A.) **1.**(ask.) asker. **2.**ordu. **3.**erkek adı.

عسکرزاده askerzâde: (A.-F.) [asker+zâden>zâd+e] asker çocğu.

عسکرگاه askergâh: (A.-F.) [asker+gâh] ordugah, kışla.

عسکری askerî: (A.-F.) [asker+î] **1.**askerlik. **2.**(bot.) bir tür ince kabuklu üzüm.

عسل asel: (A.) **1.**bal. **2.**cennetteki dört ırmaktan biri.

عسل وار aselvâr: (A.-F.) [asel+vâr] bal gibi.

عسلوج uslûc: (A.) budak.

عسلی aselî: (A.-F.) [asel+î] **1.**bal gibi. **2.**ballı. **3.**bal rengi. **4.**küçük sehpa.**5** .yahudilerin omuzlarına attıkları ve böylece ayırt edilmeyi amaçladıkları sarı kumaş. ‖ * mîz-i ~ **میز عسلی** küçük sehpa, zigon.

عسیر asîr: (A.) güç, müşkül.

عسیله useyle: (A.) **1.**cinsel ilişki, çiftleşme. **2.**tatlı ve küçük olan nesne.

عش uşş: (A.) kuş yuvası.

عشاء eşâ': (A.) akşam yemeği.

عشاء işâ': (A.) **1.**yatsı. **2.**akşam ile yatsı ezanları arası. ‖ * nemâz-i ~ **نماز عشاء** yatsı namazı.

عشا آن işâ'ân: (A.) akşam ile yatsı.

عشائین işâ'eyn: (A.) akşam ve yatsı namazları.

عشاق uşşâk: (A.) **1.**aşıklar. **2.**klasik Türk musikîsinde bir makam.

عشاقیه uşşâkiyye: (A.) Halvetîlik tarikatının bir kolu, Uşşâkîlik.

عشاوت eşâvet: (A.) gece körlüğü.

عشایا işâyâ: (A.) akşam ile yatsı ezanları arasındaki vakitler.

عشایر eşâyir: (A.) aşiretler.

عشب uşb: (A.) **1.**(bot.) vahşi yonca. **2.**ot, yeşillik.

عشر aşr: (A.) **1.**(mat.) on. **2.**aşır, on âyet.

عشر oşr: (A.) **1.**(mat.) onda bir. **2.**zekâtın onda biri. **3.**onda birlik vergi, onda bir oranında kesilen vergi, öşür.

عشرات aşerât: (A.) (mat.) onlar, onlar basamağı, onlar hanesi.

عشرت işret: (A.) **1.**eğlence, sohbet, işret, gününü gün etme, safa sürme. **2.**karışma.

عشرت آباد işretâbâd (A.-F.) [işret+âbâd] içkili eğlence sofrası.

عشرت آلودی işretâlûdî (A.-F.) [işret+âlûden>âlûd+î] işrete bulanma.

عشرت خانه işrethâne: (A.-F.) [işret+hâne] içkili eğlence meclisi, meyhane.

عشرت ساز işretsâz (A.-F.) [işret+sâhten>sâz] işret düşkünü, eğlence düşkünü.

عشرت کده işretkede: (A.-F.) [işret+kede] **1.**randevu evi. **2.**içkili eğlence meclisi, meyhane.

عشرت کردن işret kerden: işret etmek, eğlenmek.

عشرتگاه işretgâh (A.-F.) [işret+gâh] eğlence yeri, içki meclisi.

عشرتگده işretgede (A.-F.) [işret+gede] eğlence yeri, içki meclisi.

عشرتگه işretgeh (A.-F.) [işret+gâh] eğlence yeri, içki meclisi.

عشرون işrûn: (A.) (mat.) yirmi.

عشره aşere: (A.) (mat.) on.

عشری oşrî: (A.) **1.**(mat.) onluk. **2.**öşürlü.

عشرین işrîn: (A.) (mat.) yirmi.

عشریه oşriyye: (A.) **1.**öşür. **2.**onda bir.

عشق aşk: (A.) **1.**aşk. **2.**tutku. **3.**(tas.) ilahî aşk. ‖ * ~ em nîst عشقم نیست canım istemiyor. ‖ * ~ -i kesî debe kerden عشق کسی دبه کردن tekrar istekte bulunmak. ‖ * nerd-i ~ bâhten نرد عشق باختن sevişmek.

عشق آوردن aşk âvorden: aşık olmak.

عشق باختن aşk bâhten: **1.**aşık olmak. **2.**sevişmek, muaşaka etmek.

عشقباز aşkbâz: (A.-F.) [aşk+bâhten>bâz] aşık.

عشقبازی aşkbâzî: (A.-F.) [aşk+bâhten> bâz+î] sevişme, muaşaka.

عشق داشتن aşk dâşten: **1.**sevgi duymak, sevgi beslemek, tutkusu olmak. **2.**aşık olmak.

عشقناک aşknâk: (A.-F.) [aşk+nâk] aşık.

عشقنامه aşknâme: (A.-F.) [aşk+nâme] aşk mektubu.

عشق ورزی aşkverzî: (A.-F.) [aşk+ verzîden>verz+î] aşk oyunu, sevişme, muaşaka.

عشق ورزیدن aşk verzîden: **1.**sevişmek, muaşaka etmek. **2.**aşık olmak, aşk beslemek.

عشقه aşeke: (A.) bot.) sarmaşık.

عشقه işke: (A.) sarmaşık.

عشقی aşkî: (A.-F.) [aşk+î] **1.**aşk ileilgili, aşkî. **2.**başına buyruk.

عشوا eşvâ: (A.) **1.**gece körü. **2.**zayıf gören göz.

عشور oşûr: (A.) (mat.) onlar.

عشوه işve: (A.) çalım, işve, naz.

عشوه uşve: (A.) geceleri uzaktan görünen ateş.

عشوه باز işvebâz (A.-F.) [işve+bâhten> bâz] **1.**işveli. **2.**bir lale türü.

عشوه بازانه işvebâzâne (A.-F.) [işve+ bâhten>bâz+ âne] işvelice, işve ederek.

عشوه پرداز işveperdâz: (A.-F.) [işve+ perdâhten>perdâz] işveli, cilveli.

عشوه خریدن işve harîden: görüntüye kanmak.

عشوه دادن işve dâden: işaret etmek, bildirmek.

عشوه زر işvezer (A.-F.) [işve+zer] işveli.

عشوه زن işvezen: (A.-F.) [işve+zeden> zen] işveli, cilveli.

عشوه ساز işvesâz: (A.-F.) [işve+sâhten> sâz] işveli, cilveli.

عشوه فروختن işve furûhten: çalım satmak.

عشوه کار işvekâr (A.-F.) [işve+kâr] işveli, edalı.

عشوه کاری işvekârî (A.-F.) [işve+kâr+î] işve yapma, işveli olma.

عشوه کردن işve kerden: işve yapmak, cilve yapmak.

عشوه گر işveger: (A.-F.) [işve+ger] işveli, cilveli.

عشوه نما işvenumâ (A.-F.) [işve+ numûden>numâ] işveli.

عشیر aşîr: (A.) **1.**(mat.) onda bir. **2.**kendi. **3.**dost. **4.**koca.

عشیر uşîr: (A.) taze ot.

عشیران aşîrân: (A.-F.) [aşîr+ân] (müz.) aşîran makamı.

عشیره aşîre: (A.) aşiret.

عصا esâ: (A.) **1.**baston, asâ. **2.**(mec.) penis. ‖ * ~ gurt dâden عصا غورت دادن baston yutmak, baston yutmuş gibi yürümek.

عصابه isâbe: (A.) **1.**sarık. **2.**takım, grup. **3.**yılkı. **4.**sargı bezi.

عصات usât: (A.) **1.**asiler. **2.**günahkârlar.

عصاچوب esâçûb: (A.-F.) [esâ+çûb] baston.

عصار essâr: (A.) yağcı, yağ çıkaran.

عصارخانه essârhâne: (A.-F.) [essâr+hâne] yağ imalathanesi.

عصاره usâre: (A.) **1.**usare, özsuyu. **2.**salgı. **3.**besisuyu, bitkilerin beslenme suyu.

عصارى essârî: (A.-F.) [essâr+î] **1.**yağcılık. **2.**yağ dükkânı, yağcı.

عصا زدن esâ zeden: baston vurmak.

عصاف isâf: (A.) Cahiliye döneminde Mekke'deki putlardan biri.

عصافير esâfîr: (A.) serçeler.

عصام isâm: (A.) göz sürmesi.

عصب aseb: (A.) (tıb.) sinir.

عصبات asabât: (A.) **1.**sinirler. **2.**baba tarafından akrabalar. **3.**miras düşmeyen akrabalar. **4.**aveneler.

عصبانى esebânî: (A.) **1.**sinirli, kızgın. **2.**asabî mizaçlı.

عصبانيت esebâniyyet: (A.) sinirlilik, kızgınlık, hışım, öfke.

عصبانى شدن esebânî şoden: kızmak, sinirlenmek.

عصبانى كردن esebânî kerden: kızdırmak, sinirlendirmek.

عصبه asabe: (A.) **1.**sinir. **2.**baba tarafından akraba. **3.**miras düşmeyen akraba. **4.**avene.

عصبى asebî: (A.) **1.**sinirli, asabî. **2.**(tıb.) sinirsel.

عصبى الجناح asabiyyülcenâh: (A.) sinirkanatlılar.

عصبى المزاج asabiyyülmizâc: (A.) sinirli, yaratılıştan sinirli.

عصبى شدن asebî şoden: sinirlenmek, asabileşmek.

عصبى كردن asebî kerden: sinirlendirmek, asabileştirmek.

عصبى مزاج asebîmizâc: (A.-F.) [asebî+ mizâc] asabî mizaçlı.

عصبيت asebiyyet: (A.) **1.**sinirlilik, asabîlik, asabiyet. **2.**taassup. **3.**kendi değerlerini kayırma. ‖ * ~ -i kavmiyye عصبيت قوميه şövenistlik, ırkçılık.

عصبيه asabiyye: (A.) **1.**sinir hastalıkları. **2.**sinir hastalıkları bölümü.

عصر asr: (A.) **1.**asır, yüzyıl. **2.**ikindi. **3.**ikindi namazı. **4.**zaman, devir, çağ. ‖ * ~ -i âhen عصر آهن demir çağı. ‖ * ~ -i atom عصر اتم atom çağı. ‖ * ~ -i evvel عصر اول ikindi namazı vakti. ‖ * ~ -i hâzir عصر حاضر içinde bulunduğumuz yüzyıl. ‖ * ~ -i mefrag عصر مفرغ bronz çağı, tunç çağı. ‖ * ~ -i sânî عصر ثانى ikindi namazı vakti. ‖ * ~ -i seâdet عصر سعادت **1.**Hz. Muhammed'in yaşadığı devir. **2.**mutluluk çağı. ‖ * ~ -i teng عصر تنگ dar vakit. ‖ * ~ -i ulûm عصر علوم bilgi çağı. ‖ * ~ -i yehbendan عصر يخبندان buzul çağı.

عصرانه asrâne: (A.-F.) [asr+âne] ikindi kahvaltısı.

عصرى asrî: (A.-F.) [asr+î] **1.**ikindi. **2.**akşama. **3.**modern, asrî.

عصرى ساختن asrî sâhten: modernleştirmek.

عصعص os'os: (A.) (tıb.) kuyruk kemiği, kuyruksokumu.

عصفر usfur: (A.) kızıl.

عصفور usfûr: (A.) (zool.) serçe.

عصمت ismet: (A.) **1.**masumluk. **2.**haramdan uzak durma ve iffetine dikkat etme. **3.**ismet, günahtan sakınma, iffet, namus.

عصمت پناه ismetpenâh (A.-F.) [ismet+ penâhîden> penâh] ismetli, ismetlü.

عصمت مآب ismetme'âb: (A.) [ismet+ me'âb] ismetli, ismetlü.

عصور usûr: (A.) asırlar, yüzyıllar.

عصيان isyân: (A.) **1.**ayaklanma. **2.**itaatsizlik etme, başkaldırı.

عصيانكار isyânkâr (A.-F.) [isyân+kâr] isyancı, dikbaşlı.

عصيان كردن isyân kerden: isyan etmek.

عصيان گر isyânger: (A.-F.) [isyân+ger] isyancı.

عصيب useyb: (A.) damarcık, küçük damar, alantoit.

عصيبات useybât: (A.) damarcıklar, küçük damarlar.

عصيبه useybe: (A.) damarcık, yaprak damarcığı.

عصير asîr: (A.) **1.**meyva suyu. **2.**şıra. **3.**üzüm şarabı.

عصيه useyye: (A.) küçük sopa, çomak.

عضاده izâde: (A.) **1.**taraf, bucak. **2.**yardımcı, muavin. **3.**kolbağı, pazıbent.

عضال uzâl: (A.) kötü hastalık, çaresiz hastalık, müzmin.

عضد azud: (A.) **1.**kol, pazı. **2.**yardımcı.

عضلات ezelât: (A.) (tıb.) kaslar.

عضله ezele: (A.) **1.**(tıb.) kas, adale. **2.**(tıb.) kas zarı.

عضو uzv: (A.) **1.**organ, uzuv. **2.**üye.

عضوانيه uzvâniyye: (A.) organizm.

عضوگيرى uzvgîrî: (A.-F.) [uzv+giriften> gîr+î] üye kabulü.

عضوى uzvî: (A.) **1.**uzuvla ilgili, uzvî. **2.**organik.

عضويت uzviyyet: (A.) **1.**organiklik, canlılık. **2.**canlı. **3.**organizma. **4.**üyelik.

عضويت يافتن uzviyyet yâften: **1.**üye olmak. **2.**memur olmak.

عضويه uzviyye: (A.) canlı, organik.

عضيوات uzeyvât: (A.) küçük organlar.

عطا etâ: (A.) bağış.

عطابخش etâbahş: (A.-F.) [etâ+bahşîden> bahş] bağışta bulunan.

عطار ettâr: (A.) **1.**attar, baharatçı. **2.**bakkal.

عطارت itâret: (A.) attarlık.

عطارخانه ettârhâne: (A.-F.) [ettâr+hâne] baharatçı.

عطارد utarid: (A.) (coğ.) Utarit, Merkür.

عطار صفت ettârsıfat: (A.) [ettâr+sıfat] attar özeliklerini taşıyan.

عطارى ettârî: (A.-F.) [ettâr+î] **1.**attarlık, baharatçılık. **2.**bakkal dükkânı.

عطاس attâs: (A.) çok hapşıran, sürekli aksıran.

عطاش attâş: (A.) dili damağına yapışmış, çok susamış.

عطاش itâş: (A.) susamışlar, susuzlar.

عطا كردن etâ kerden: bağışlamak, bağışta bulunmak.

عطالت etâlet: (A.) **1.**durgunluk, atalet. **2.**işsizlik.

عطايا etâyâ: (A.) bağışlar.

عطب ateb: (A.) yok olma, helak.

عطر itr: (A.) **1.**ıtır, koku, esans. **2.**ıtır çiçeği.

عطر آميز itrâmîz: (A.-F.) [itr+âmîhten> âmîz] ıtırlı, hoş kokulu, esanslı.

عطرپاش itrpâş: (A.-F.) [itr+pâşîden>pâş] **1.**friksiyon. **2.**parfüm spreyi.

عطرپاشى itrpâşî: (A.-F.) [itr+pâşîden> pâş+î] parfüm sıkma, sprey sıkma.

عطر پاشيدن itr pâşîden: parfüm sıkmak, koku sıkmak.

عطرسا itrsâ (A.-F.) [itr+sâîden>sâ] koku süren.

عطرسازى itrsâzî: (A.-F.) [itr+sâhten> sâz+î] parfümcülük.

عطرفروشى itrfurûşî: (A.-F.) [itr+furûhten>furûş+î] parfümeri mağazası.

عطرناك itrnâk (A.-F.) [itr+nâk] güzel kokulu, ıtırlı.

عطرى itrî: (A.) **1.**güzel koku ile ilgili. **2.**güzel kokulu, ıtırlı. **3.**Türk bestecisi.

عطريات itriyyât: (A.) parfümler, ıtriyat, güzel kokular.

عطريه itriyye: (A.) **1.**güzel koku ile ilgili. **2.**güzel kokulu, ıtırlı.

عطس ats: (A.) **1.**hapşırma, aksırma, aksırık. **2.**şafak sökmesi.

عطسه atse: (A.) hapşırma, aksırma.

عطسه دادن atse dâden: hapşırmak, aksırmak.

عطسه زدن atse zeden: hapşırmak, aksırmak.

عطسه كردن atse kerden: hapşırmak, aksırmak.

عطش eteş: (A.) susuzluk, susama.

عطشان etşân: (A.) **1.**susuz, susamış.

2.arzulu, istekli.

عطشانی etşânî: (A.-F.) [etşân+î] susuzluk.

عطف atf: (A.) **1.**yönelme. **2.**(gr.) bağ, atıf. **3.**muhabbet.

عطفه itfe: (A.) **1.**odun, ağaç. **2.**dayak, sopa.

عطل etl, etel: (A.) **1.**malsızlık. **2.**işsizlik. **3.**edepsizlik.

عطلت utlet: (A.) **1.**süssüz olma. **2.**işsizlik. ‖ * der ~ mânden در عطلت ماندن işsiz kalmak.

عطوف atûf: (A.) sevecen, şefkatli.

عطوفت utûfet: (A.) **1.**şefkat. **2.**naziklik, incelik.

عطيت atiyyet: (A.) bağış, ihsan.

عطيه atiyye: (A.) bağış, ihsan.

عظام izâm: (A.) **1.**büyükler. **2.**büyüklük, irilik. **3.**boyluluk.

عظام izâm: (A.) (tıb.) kemikler.

عظم azm: (A.) (tıb.) kemik.

عظم izem: (A.) büyüklük, ululuk.

عظم uzm: (A.) böbürlenme, şişinme, kibirlenme.

عظما uzemâ: (A.) büyük insanlar, büyükler, ileri gelenler.

عظمت azamet: (A.) **1.**büyüklük, azamet. **2.**kibirlenme.

عظمت فروختن azamet furûhten: şişinmek, böbürlenmek.

عظمی uzmâ: (A.) en büyük.

عظه ize: (A.) öğüt, nasihat.

عظيم azîm: (A.) büyük, ulu.

عظيم uzeym: (A.) kemikçik, küçük kemik.

عفارت afâret: (A.) ifritlik, melunluk.

عفاريت afârît: (A.) **1.**ifritler, şeytanlar. **2.**kurnazlar, kötü insanlar, düzenbazlar.

عفاف efâf: (A.) iffet.

عفت iffet: (A.) **1.**namus, namus temizliği. **2.**bayan adı.

عفت فروش iffetfurûş (A.-F.) [iffet+ furûhten>furûş] namusluluk taslayan.

عفريت ifrît: (A.) **1.**ifrit, gulyabani. **2.**şeytan. **3.**fitneci insan.

عفص afis: (A.) **1.**lezzetsiz. **2.**(tıb.) kabız.

عفن afin: (A.) kokuşmuş.

عفن شدن afin şoden: ufûnetlenmek.

عفو afv: (A.) af. ‖ * fermân-i ~ -i umûmî der âmeden فرمان عفو عمومی در آمدن af çıkmak, genel af çıkmak.

عفو در آمدن afv der âmeden: af çıkmak.

عفو شدن afv şoden: affedilmek.

عفوصت ufûset: (A.) kekremsilik, kekrelik.

عفو كردن afv kerden: affetmek.

عفونت ufûnet: (A.) **1.**kokuşma. **2.**(tıb.) enfeksiyon, yangı, iltihap. ‖ * ref'-i ~ kerden رفع عفونت كردن (tıb.) dezenfekte etmek.

عفونی ufûnî: (A.) (tıb.) bulaşıcı, intanî.

عفونی شدن ufûnî şoden: intanîleşmek.

عفی الله afallâh: **1.**Allah affetsin. **2.**Allah selamet versin.

عفی الله عنه afallâhuanh: (A.) Allah onu affetsin.

عفی الله الملک الغفار afâllâhulmelikilgaffâr: (A.) çok affedici melik olan Allah onu affetsin.

عفيف afîf: (A.) iffetli.

عفيفه afîfe: (A.) **1.**iffetli kadın. **2.**kadın adı.

عق uk: öğürtü. ‖ * ~ u puk râh endâhten عق و پق راه انداختن öğürmek.

عق آور ukâver: [uk+âvorden>âver] öğürtücü.

عقائد ekâ'id: (A.) akideler, inançlar.

عقائق akâik: (A.) doğan çocuk için kesilen adak kurbanlar.

عقائم akâim: (A.) **1.**kısırlar. **2.**sonuç vermeyenler.

عقاب ikâb: (A.) ceza, cezalandırma, azap, eziyet.

عقاب ukâb: (A.) **1.**(zool.) kartal. **2.**Kartal takım yıldızı. **3.**Hz. Muhammed'in kullandığı sancaklardan biri. **4.**tavşancıl kuşu.

عقاب كردن ikâb kerden: cezalandırmak, azap vermek, işkence etmek.

عقابین ukâbeyn: (A.) falaka. ‖ * der ~ keşîden در عقابین کشیدن falakaya yatırmak.

عقار ekâr: (A.) mal, mülk, eşya, akar.

عقار ekkâr: (A.) **1.**tedavide kullanılan ot. **2.**ağaç.

عقار ukâr: (A.) **1.**ev eşyası, lüks mobilya. **2.**kuru ot. **3.**şarap.

عقارات akârât: (A.) gelir getiren mülkler, akarlar.

عقارب ekârib: (A.) **1.**akrepler. **2.**güçlükler. **3.**çekişmeler.

عقارت akâret: (A.) kısırlık.

عقال ikâl: (A.) **1.**bağ. **2.**köstek, ayak bağı, pranga, deve köstegi. **3.**arapların başlarına bağladıkları sarık.

عقام akâm: (A.) **1.**kısır. **2.**dermansız hastalık.

عقام ikâm: (A.) kısırlar.

عقام ukâm: (A.) çok sert, çok şiddetli.

عقامت akâmet: (A.) **1.**sonuçsuz kalma, verimsizlik. **2.**kısırlık.

عقاید ekâyid: (A.) akideler, inançlar.

عقب akab, akib: (A.) **1.**geri, arka, peş, ard. **2.**topuk. **3.**nesil. ‖ * ~ -i çîzî geşten عقب چیزی گشتن bir şey aramak. ‖ * be ~ endâhten به عقب انداختن geciktirmek. ‖ * be ~ bergeşten به عقب برگشتن geriye dönmek.

عقب افتادن akab oftâden: geri kalmak.

عقب افتاده akab oftâde: (A.-F.) [akab+ oftâden>oftâd+e] geri kalmış.

عقبان ikbân: (A.) **1.**karakuşlar. **2.**kartallar.

عقب انداختن akab endâhten: ertelemek.

عقبدار akabdâr: (A.-F.) [akab+dâşten> dâr] (ask.) artçı.

عقب رفتن akab reften: geri geri gitmek.

عقبرو akabrev: (A.-F.) [akab+reften> rev] ardından giden, peşine düşen.

عقب کشیدن akab keşîden: çekmek, geri çekmek.

عقب گرد akabgerd: (A.-F.) [akab+ geşten>gerd] **1.**(ask.) geriye dön! **2.**(ask.) geriye dönüş.

عقبگیر akabgîr: (A.-F.) [akab+ giriften>gîr] artçı, ardına düşen, peşinden giden.

عقب ماندگی akabmândegî: (A.-F.) [akab+ mânden>mând+e+g+î] geri kalmışlık.

عقب ماندن akab mânden: geri kalmak, geride kalmak.

عقب مانده akabmânde: (A.-F.) [akab+ mânden>mând+e] geri kalmış.

عقب نشینی akabnişînî: (A.-F.) [akab+ nişesten>nişîn+î] (ask.) geri çekilme.

عقب نشینی کردن akabnişînî kerden: (ask.) geri çekilmek.

عقبه akabe: (A.) **1.**(coğ.) zorlu geçit. **2.**tepe, yokuş.

عقبی akabî: (A.-F.) [akab+î] önceki, önceye ait, arkadaki.

عقبی ukbâ, ukbî: (A.) **1.**ahiret.**2.**ceza.

عقد akd: (A.) **1.**bağlama. **2.**düğümleme. **3.**akit. **4.**nikah kıyma. **5.**ok atılırken parmakların bükülmesi.

عقد akd: (A.) katılaşma, kıvama gelme.

عقد ikd: (A.) **1.**kolye, gerdanlık. **2.**inci gerdanlık ipliği. **3.**inci dizisi. **4.**hurma salkımı.

عقد ikd: (A.) düğüm, boğum yeri.

عقد ukad: (A.) **1.**düğümler. **2.**bezler, bezeler. **3.**Tanrı.

عقدات ukadât: (A.) **1.**düğümler. **2.**boğumlar.

عقد بستن akd besten: **1.**nikâh kıymak. **2.**nikâhlanmak.

عقدتان ukdetân: (A.) **1.**iki düğüm. **2.**bir gezegen yörüngesinin Zodyak üstündeki iki ucu.

عقدتین ukdetenyn: (A.) **1.**iki düğüm. **2.**bir gezegen yörüngesinin Zodyak üstündeki iki ucu.

عقد کردن akd kerden: **1.**nikâh kıymak. **2.**evlenmek, nikâhlanmak.

عقدکنان akdkonân: (A.-F.) [akd+kerden> kon+ân] nikâh.

عقد منعقد گشتن akd mun'akid geşten: nikâh kıyılmak.

عقدنامه akdnâme: (A.-F.) [akd+nâme]

evlenme cüzdanı, nikâh cüzdanı.

عقده ukde: (A.) **1.**düğüm. **2.**güç iş, sorun. **3.**aşağılık duygusu, kompleks. **4.**bez, beze. **5.**bir gezegen yörüngesinin zodyak üstündeki uçları. **6.**gönül üzüntüsü. ‖ * ~ eş râ ser-i kesî hâlî kerden عقده اش را سر کسی خالی کردن acısını çıkarmak, birinden hıncını almak. ‖ * ~ -i hod râ furû rîhten عقدهء خود را فرو ریختن içini dökmek, içini boşaltmak. ‖ * ~ -i hod râ hâlî kerden عقدهء خود را خالی کردن içini dökmek.

عقده بر عقده ukdeberukde (A.-F.) [ukde+ ber+ukde] düğüm düğüm.

عقده داشتن ukde dâşten: kompleksli olmak.

عقده ساز ukdesâz (A.-F.) [ukde+sâhten> sâz] sorunla karşılaşan.

عقده گداز ukdegudâz (A.-F.) [ukde+ gudâhten> gudâz] düğüm çözen.

عقده گشا ukdeguşâ (A.-F.) [ukde+ guşâden>guşâ] **1.**düğüm çözen. **2.**sorunları halleden, problem çözen.

عقده گشایی ukdegoşâyî: (A.-F.) [ukde+ guşûden>guşây+î] **1.**düğüm çözme. **2.**sorun çözme, problem çözme.

عقده گشودن ukde guşûden: **1.**düğüm çözmek. **2.**sorun çözmek.

عقده گیر ukdegîr (A.-F.) [ukde+giriften> gîr] **1.**düğümlü. **2.**zor, güç, sorunlu. **3.**kuşkulu.

عقدوی ukdevî: (A.) **1.**düğümlü. **2.**düğüm ile ilgili.

عقدویه ukdeviyye: (A.) **1.**düğümlü. **2.**düğüm ile ilgili.

عقدی akdî: (A.) akit ile ilgili.

عقدی ukdî: (A.) **1.**düğüm ile ilgili. **2.**beze ile ilgili, boğum ile ilgili.

عقدی الشکل ukdiyyuşşekl: (A.) beze biçimli.

عقدیه akdiyye: (A.) eklem düğümü.

عقدیه ukdiyye: (A.) **1.**düğüm ile ilgili. **2.**beze ile ilgili, boğum ile ilgili.

عقر ukr: (A.) **1.**kısırlık. **2.**sonuçsuz kalma. **3.**bir şiirdeki en parlak beyit.

عقرب akreb: (A.) (zool.) akrep.

عقربا akrebâ: (A.) **1.**dişi akrep. **2.**gösterge. **3.**ayağına çabuk akıllı cariye. **4.**kazan askısı. **5.**ayakkabı bağı.

عقربک akrebek: (A.-F.) [akreb+ek] **1.**saat göstergesi, ibre. **2.**akrepçik, küçük akrep.

عقربه akrebe: (A.) ibre, gösterge.

عقربی akrebî: (A.) **1.**akrep şeklinde. **2.**akrep ile ilgili.

عقربیه akrebiyye: (A.) akrepler, akrepgiller.

عقرت akret: (A.) kısırlık.

عقره ukre: (A.) kısır dişi.

عق شدن ak şoden: midesi bulanmak, öğürmek.

عق گرفتن ak giriften: midesi bulanmak, öğürmek.

عقل akl: (A.) **1.**akıl. **2.**ilim. ‖ * ~ eş kad nemîdehed عقلش قد نمی دهد (hlk.) aklı ermez, anlamaz. ‖ * ~ eş gird est عقلش گرد است (hlk.) aptaltır, salaktır. ‖ * ~ -i kesî be câyî resîden عقل کسی به جایی رسیدن akıl erdirmek. ‖ * ~ -i kesî pâreseng berdâşten عقل کسی پاره سنگ برداشتن akılsız olmak, bir tahtası eksik olmak. ‖ * ~ -i kesî perîden عقل کسی پریدن aklı çıkmak. ‖ * ~ -i kesî râ dozdîden عقل کسی را دزدیدن aklını çelmek. ‖ * ~ -i kesî resîden عقل کسی رسیدن aklı ermek. ‖ * ~ -i kull عقل کل **1.**büyük akıl, aklıkül. **2.**Cebrail. ‖ * ~ -i selîm عقل سلیم sağduyu.

عقل akl: (A.) ayağı bağlama.

عقلا aklen: (A.) akılca, akıl yolu ile.

عقلا ukelâ: (A.) **1.**akıl sahipleri. **2.**akıllı geçinen.

عقلانی aklânî: (A.-F.) [akl+ânî] aklî, akla uygun, makul.

عقلائی ukelâ'î: (A.-F.) [ukelâ+'î] akıllıca.

عقل رمیده aklremîde: (A.-F.) [akl+ remîden>remîd+e] aklı başından gitmiş.

عقل گرا aklgerâ: (A.-F.) [akl+gerâyîden> gerâ] akılcı.

عقل گرایی aklgerâyî: (A.-F.) [akl+ gerâyîden>gerây+î] akılcılık.

عقلی aklî: (A.) aklî, akla uygun, makul.

عقلیات akliyyât: (A.) akıl ile ilgili hususlar, akıl ile bulunabilecek şeyler.

عقلیون akliyyûn: (A.) akılcılar, rasyonalistler.

عقلیه akliyye: (A.) **1.**akıl ile ilgili. **2.**akılcılık, nasyonalizm.

عقم akm: (A.) kısırlık.

عقم ukm: (A.) **1.**kısırlık. **2.**verimsizlik, üretkensizlik.

عقماء ukamâ': (A.) kısırlar.

عقمی akmî: (A.) **1.**eski. **2.**anlaşılmaz hale gelmiş.

عقوبات ukûbât: (A.) **1.**cezalar. **2.**işkenceler, azaplar.

عقوبت ukûbet: (A.) **1.**cezalandırma. **2.**karşılık. **3.**işkence, azap.

عقوبت کردن ukûbet kerden: **1.**işkence etmek. **2.**cezalandırmak.

عقود ukûd: (A.) **1.**düğümler. **2.**nikâhlar. **3.**akitler. **4.**gerdanlıklar, kolyeler.

عقود الجواهر ukûdulcevâhir: (A.) inci dizileri, mücevher dizileri.

عقور akûr: (A.) kuduz, kuduruk, azgın.

عقورانه akûrâne: (A.-F.) [akûr+âne] kudurmuş gibi, kuduzca, kudurmuşçasına.

عقوق akûk: (A.) **1.**ana babaya isyankâr. **2.**gebe hayvan.

عقوق ukûk: (A.) anneye babaya karşı âsilik.

عقول ukûl: (A.) akıllar.

عقیب akîb: (A.) devamında.

عقید ukeyd: (A.) düğümcük, boğumcuk.

عقیدت akîdet: (A.) akide, inanç.

عقیدوی akidevî: (A.) inanç ile ilgili.

عقیده akîde: (A.) **1.**akide, inanç. **2.**kanı, görüş.

عقیده داشتن akîde dâşten: kanısında olmak, görüşünde olmak, inancında olmak.

عقیده فروش ·akîdefurûş: (A.-F.) [akîde+ furûhten> furûş] inanç tüccarı.

عقیر akîr: (A.) **1.**kısır, çocuksuz. **2.**çorak, verimsiz.

عقیق akîk: (A.) akik taşı.

عقیق رنگ akîkreng: (A.-F.) [akîk+reng] akik kırmızısı, akik rengi.

عقیقه akîka: (A.) çocuğun doğumu üzerine kesilen adak kurban.

عقیل akîl: (A.) akıllı.

عقیم akîm: (A.) **1.**kısır. **2.**meyvasız. **3.**batı rüzgârı, yağmur getirmeyen rüzgâr.

عقیم کردن akîm kerden: **1.**hadım etmek, kısırlaştırmak. **2.**meyvasız bırakmak. **3.**dezenfekte etmek.

عکاب ukâb: (A.) toz, duman.

عکاز ukkâz: (A.) çoban asâsı.

عکاس ekkâs: (A.) **1.**fotoğrafçı, foto. **2.**foto muhabiri.

عکاسخانه ekkâshâne: (A.-F.) [ekkâs+ hâne] fotoğraf stüdyosu.

عکاسه akkâse: (A.) ortası ve kenarları ayrı renkli kağıttan hazırlanmış defter.

عکاسی ekkâsî: (A.-F.) [ekkâs+î] fotoğrafçılık.

عکاظ ukâz: (A.) Cahiliye dönemi Araplarının Mekke'de kurdukları panayır.

عکاف ukâf: (A.) semer.

عکام akkâm: (A.) **1.**deveci. **2.**sürre alayındaki hizmetçi. **3.**çadır mehteri.

عکس aks: (A.) **1.**çevirme, burma. **2.**zıt, ters, aksi. **3.**resim, fotoğraf. **4.**(fiz.) yansıma, akis. **5.**akis sanatı, beyitte kelimeleri anlam verecek şekilde tersten sıralama sanatı.

عکس افتادن aks oftâden: yansımak, akis düşmek.

عکس العمل aksulamel: (A.) tepki.

عکس العمل نشان دادن aksulamel nişan dâden: tepki göstermek.

عکس انداختن aks endâhten: **1.**fotoğraf

çekmek, resim çektirmek. 2.yansımak. 3.yansıtmak.

عکس بردار aksberdâr: (A.-F.) [aks+ berdâşten>berdâr] fotoğrafçı.

عکس برداری aksberdârî: (A.-F.) [aks+ berdâşten>berdâr+î] resim çekme, fotoğraf çekme. 2.(tıb.) röntgen çekme.

عکس برداشتن aks berdâşten: 1.fotoğraf çekmek. 2.resim çekmek.

عکس پذیرفتن aks pezîroften: yansıtmak.

عکس گرفتن aks giriften: fotoğraf çekmek, resim çekmek.

عکسی aksî: (A.-F.) [aks+î] 1.resimli. 2.akisli.

عکوس ukûs: (A.) akisler.

عکوف ukûf: (A.) gelecek vaat etme.

علاء elâ': (A.) yükseklik, yücelik.

علائف alâ'if: (A.) ulûfeler.

علائق alâik: (A.) alakalar, ilgiler.

علائم elâ'im: (A.) belirtiler, alametler, işaretler.

علائم السما alâimüssemâ: (A.) gökkuşağı.

علاج ilâc: (A.) 1.çare, derman, şifa. 2.tedavi. 3.ilaç.

علاج پذیر ilâcpezîr: (A.-F.) [ilâc+ pezîroften>pezîr] 1.tedavi edilebilir. 2.çaresi bulunan.

علاج ناپذیر ilâcnâpezîr: (A.-F.) 'ilâc+nâ+ pezîroften>pezîr] tedavi edilemez, çaresiz.

علاج دادن ilâc dâden: tedavi etmek, şifa vermek.

علاج شدن ilâc şoden: şifa bulmak.

علاج کردن ilâc kerden: 1.derman vermek, şifa vermek. 2.fayda etmek. 3.tedbir almak.

علاج گیر ilâcgîr: (A.-F.) [ilâc+giriften> gîr] 1.doktor, tabip. 2.afsuncu, büyücü.

علاج نشدنی ilâcneşodenî: (A.-F.) [ilâc+ ne+şoden+î] dermansız, onulmaz.

علاف ellâf: (A.) 1.oduncu. 2.pirinççi. 3.yemci, hayvan yemi satıcısı.

علافی ellâfi: (A.-F.) [ellâf+î] 1.odunculuk. 2.yemcilik.

علاقمند elâkemend: (A.-F.) [elâke+ mend] ilgili.

علاقمند بودن elâkemend bûden: ilgi duymak.

علاقه elâke: (A.) 1.ilgi, alaka, bağ. 2.düşkünlük. 3.mal. 4.dostluk. ‖ * ibrâz-i ~ kerden ابراز علاقه رکدن ilgi göstermek, ilgi duymak. ‖ * kat'-i ~ kerden قطع علاقه کردن ilgiyi kesmek.

علاقه بخش elâkebahş: (A.-F.) [elâke+ bahşîden>bahş] ilgili, ilgilendiren, alakalı.

علاقه بند elâkebend: (A.-F.) [elâke+ besten>bend] tuhafiyeci.

علاقه بندی elâkebendî: (A.-F.) [elâke+ besten>bend+î] 1.tuhafiyecilik. 2.tuhafiyeci.

علاقه پیدا کردن elâke peydâ kerden: ilgi duymak, merak sarmak.

علاقه دار elâkedâr: (A.-F.) [elâke+ dâşten> dâr] ilgili, alakalı.

علاقه داشتن elâke dâşten: ilgi duymak.

علاقه مند elâkemend: (A.-F.) [elâke+ mend] 1.ilgili, alakalı. 2.istekli.

علاقه مند شدن elâkemend şoden: ilgi duymak.

علام ellâm: (A.) çok bile, bilgin.

علامات elâmât: (A.) alametler, işaretler.

علام الغیوب ellâmulguyûb: (A.) gayp aleminde olanları bilen, Tanrı.

علامت elâmet: (A.) 1.alamet, işaret. 2.dağ.

علامت دادن elâmet dâden: işaret vermek.

علامه ellâme: (A.) bilgin, allame.

علان ilân: (A.) ortaya çıkarma, açığa vurma.

علانیت alâniyet: (A.) 1.alenîlik, açıklık. 2.ün.

علانیة alâniyeten: (A.) açıkça, herkesin gözü önünde.

علانیه کردن ilâniye kerden: açıklık getirmek, açıklık kazandırmak.

علاوات ilâvât: (A.) ekler, ilaveler.

علاوه ilâve: (A.) 1.ek. 2.ekleme. 3.arttırma. ‖ * ~ ber علاوه بر

yanısıra, ek olarak. ‖ * ~ ber an علاوه بر آن üstelik, bundan başka. ‖ * ~ ber anki علاوه بر آنکه ek olarak, yanısıra. ‖ * ~ ber in علاوه بر این üstelik, bunun yanısıra. ‖ * ~ ber inki علاوه بر اینکه yanısıra, ek olarak, ilaveten. ‖ * be ~ به علاوه birlikte, ek olarak, yanısıra.

علاوةً ilâveten: (A.) ek olarak, yanı sıra.

علاوه شدن ilâve şoden: eklenmek, ilave edilmek.

علاوه کردن ilâve kerden: **1.**ilave etmek, eklemek. **2.**toplamak.

علایق elâyik: (A.) ilgiler, alakalar, bağlar.

علایم elâyim: (A.) alametler, işaretler.

علبه ulbe: (A.) **1.**sandık. **2.**kutu. **3.**fıçı.

علت illet: (A.) **1.**hastalık, rahatsızlık. **2.**neden, sebep. **3.**felaket. **4.**kusur, özür. **5.**sinir edici. ‖ * be ~ -i به علت. nedeniyle, sebebiyle. ‖ * be ~ -i inki به علت اینکه nedeniyle, sebebiyle. ‖ * be her ~ î به هر علتی ne hikmetse.

علت آوردن illet âvorden: özür dilemek.

علت شدن illet şoden: neden olmak, sebep olmak.

علتناک illetnâk: (A.-F.) [illet+nâk] illetli, hastalıklı.

علتی illetî: (A.-F.) [illet+î] **1.**illetli. **2.**illetli, hastalıklı.

علف alef: (A.) (bot.) ot. ‖ * ez ~ mânden از علف ماندن **1.**hayvan otsuz kalmak. **2.**yok olmak, tebah olmak.

علف uluf: (A.) **1.**ulûfeler, Yeniçeri aylıkları. **2.**yemler.

علف بر alefbor: (A.-F.) [alef+borîden> bor] ot kesme bıçağı.

علف چین alefçîn: (A.-F.) [alef+çîden> çîn] ot kesme bıçağı.

علف چیدن alef çîden: ot toplamak, ot kesmek.

علف خانه alefhâne: (A.-F.) [alef+hâne] **1.**ot ambarı. **2.**(kin.) dünya.

علفخوار alefhâr: (A.-F.) [alef+horden> hor>hâr] otobur, ot yiyen.

علفخواری alefhârî: (A.-F.) [alef+horden> hor>hâr+î] otoburluk.

علف خوردن alef horden: **1.**ot yemek. **2.**yemek yemek.

علف زار alefzâr: (A.-F.) [alef+zâr] otlak, çayır, yeşillik.

علق alak: (A.) **1.**kan pıhtısı, embriyo. **2.**sülük.

علق خاییدن ilk hâyîden: **1.**zamk sürmek. **2.**saçmalamak.

علقم alkam: (A.) (bot.) acızeytin.

علقوی alakavî: (A.) sempatik.

علقه alaka: (A.) kan pıhtısı.

علق ilk: (A.) (bot.) ağaç sakızı, reçine, akındırık.

علقی alakî: (A.) **1.**pıhtımsı. **2.**sülük cinsinden.

علقیه alakiyye: (A.) sülükgiller.

علل ilel: (A.) **1.**nedenle, sebepler. **2.**illetler, hastalıklar. ‖ * be ~ -i gûnâgûn به علل گوناگون çeşitli nedenlerle.

علم alem: (A.) **1.**işaret. **2.**sancak, bayrak. **3.**alem. **4.**sınır işareti. **5.**ulu dağ. **6.**minarenin tepesindeki işaret. **7.**dudak çatlağı. **8.**özel isim. ‖ * ~ ber bâm zeden علم بر بام زدن bir işi açığa vurmak. ‖ * zîr-i ~-i kesî sîne zeden زیر علم کسی سینه زدن himaye etmek.

علم ilm: (A.) **1.**bilme. **2.**bilgi. **3.**bilim. ‖ * ~ -i arz علم ارض jeoloji. ‖ * ~ -i bedâyi' علم بدایع estetik. ‖ * ~ -i cevv علم جو meteoroloji. ‖ * ~ -i edvâr علم ادوار müzik bilgisi, müzikoloji. ‖ * ~ -i ehcâr علم احجار taş bilimi. ‖ * ~ -i ehvâl-i cevv علم احوال جو meteoroloji. ‖ * ~ -i emrâz علم امراض patoloji. ‖ * ~ -i ensâc علم انساج dokubilim. ‖ * ~ -i hey'et علم هیئت astronomi. ‖ * ~ -i heyvânât علم حیوانات zooloji. ‖ * ~ -i mehâsin علم محاسن estetik. ‖ * ~ -i mustehâsât علم

مستحاثات paleontoloji. ‖ * ~ -i nebâtât علم نباتات botanik. ‖ * ~ -i nucûm علم نجوم yıldızbilim, astroloji. ‖ * ~ -i rûh علم روح psikoloji. ‖ * ~ -i rûh-i etfâl علم روح اطفال çocuk psikolojisi. ‖ * ~ -i savt علم صوت akustik. ‖ * ~ -i secâyâ علم سجايا etoloji, karakteroloji. ‖ * ~ -i tekvîn علم تكوين kozmogoni, yaratılışbilim. ‖ * ~ -i terbiye علم تربيه eğitimbilim. ‖ * ~ -i terbiye-i etfâl علم تربيهء اطفال · eğitimbilim, pedagoji. ‖ * ~ -i verâset علم وراثت genetik. ‖ * ~ -i vezâ'if علم وظائف deontoloji.

علما ulemâ: (A.) alimler, bilginler.

علم آموختن ilm âmûhten: 1.öğrenmek. 2.öğretmek.

علم افكندن alem efkenden (kin.) yenilmek.

علم الابدان ilmulebdân: (A.) hekimlik bilgisi.

علم الارض ilmularz: (A.) yerbilim, jeoloji.

علم الاسماك ilmulesmâk: (A.) balık bilimi.

علم الامراض ilmulemrâz: (A.) patoloji.

علم الانساب ilmulensâb: (A.) jeneoloji.

علم الانساج ilmulensâc: (A.) dokubilim, histoloji.

علم انداختن alem endâhten: 1.yenilmek. 2.gafil olmak.

علم باز alembâz: (A.-F.) [alem+bâhten> bâz] sancaktar.

علم بخش alembahş: (A.-F.) [alem+ bahşîden>bahş] sancak veren.

علم برداشتن alem berdâşten: 1.sancak taşımak. 2.yas tutmak.

علم بردن alem borden: sancak taşımak.

علم بستن alem besten: sancak dikmek.

علمدار alemdâr: (A.-F.) [alem+dâşten> dâr] sancaktar, alemdar.

علم زدن alem zeden: sancak dikmek.

علم شدن alem şoden: 1.ünlü olmak. 2.ortaya çıkmak.

علم شنگه alemşenge: kalabalık, kargaşa, gürültü patırtı.

علم كردن alem kerden: 1.hazırlamak. 2.bayrak çekmek. 3.meşhur etmek. 4.ayarlamak.

علم كشيدن alem keşîden: 1.bayrak çekmek, bayrak dikmek. 2.kınından çekmek.

علمى ilmî: (A.) ilmî, bilimsel.

علميات ilmiyyât: (A.) bilgi teorisi, epistemoloji.

علميه ilmiyye: (A.) 1.bilimsel, ilmî. 2.şeriat ve İslâm hukuku işleriyle ilgilenen sarıklı hocalar, din bilginleri.

علناً alenen: (A.) açıkça, alenen.

علنى alenî: (A.) açık, alenî, açıkça.

علنى شدن alenî şoden: ortaya çıkmak.

علنى كردن alenî kerden: ortaya çıkarmak.

علو ilv: (A.) 1.zirve, üst. 2.en iyisi.

علو uluv: (A.) 1.yücelik, büyüklük, üstünlük. 2.yenme.

علوان ulvân: (A.) 1.başlık, yazı başlığı. 2.övünme.

علوفه ulûfe: (A.) 1.yem, hayvan yemi. 2.maaş, ulufe, Yeniçeri aylığı.

علوفه جيان ulûfeciyân (A.-T.-F.) [ulûfe+ ci+y+ân] ulûfeciler, ulûfe alanlar, Kapıkulu süvarileri.

علوفه خوار · ulûfehâr (A.-F.) [ulûfe+ horden>hor>hâr] ulûfe alan, aylık alan, ulûfeci..

علوفه خواران ulûfehârân (A.-F.) [ulûfe+ horden>hor> hâr+ân] ulûfe alanlar, aylık alanlar, ulufeciler.

علوم ulûm: (A.) ilimler, bilimler.

علوى alevî: (A.) alevi.

علوى ulvî: (A.) 1.yüce, ulvî. 2.yukarıdaki, üstteki. 3.gök ile ilgili. 4.manevî âlem ile ilgili. 5.büyük gezegen. 6.erkek adı.

علويات ulviyyât: (A.) yücelikler, üstünlükler.

علويان ulviyyân: (A.) 1.büyük melekler. 2.büyük gezegenler (Jüpiter, Satürn vs.).

علويت ulviyyet: (A.) yücelik.

علويت سمات ulviyyetsimât: (A.) [ulviyyet+simât] yüceliklerle dolu.

علويه aleviyye: (A.) **1.**yüce, yüksek. **2.**kadın adı.

علويه ulviyye: (A.) **1.**yüce. **2.**gök ile ilgili. **3.**manevî âlem ile ilgili. **4.**büyük gezegen. **5.**bayan adı.

على alâ: (A.) üst, üstü, üzeri.

على alî: (A.) **1.**yüksek, yüce. **2.**değerli, onurlu. **3.**erkek adı.

على illî: (A.) sebep ile ilgili, nedensel.

على ulâ: (A.) büyüklük, ululuk, yücelik.

عليا ulyâ: (A.) **1.**daha yüce. **2.**üst taraf, üstteki.

على اكبر خوانى alîkberhânî: (A.-F.) [alî+ekber+hânden>hân+î] taziye merasimi.

على الاتصال alelittisâl: (A.) durmadan, sürekli, devamlı.

على الاجماع alelicmâ': (A.) tamamen.

على الاجمال alelicmâl: (A.) derli toplu olarak, topluca.

على الاستمرار alelistimrâr: (A.) sürekli, aralıksız.

على الاشتراك aleliştirâk: birlikte, ortaklaşa.

على الاصول alelusûl: (A.) genelde, alelusul.

على الاطلاق alelitlâk: (A.) **1.**genellikle. **2.**rastgele. **3.**kesinlikle, mutlaka.

على الاعلى aliyyüla'lâ: (A.) en iyisi.

على الاكثر alelekser: (A.) çoğu zaman, çok kere.

على الانفراد alelinfirâd: birer birer, teker teker, ayrı ayrı.

على التحقيق alettahkîk: (A.) kesin olarak, kuşkusuz, besbelli.

على التحمين alettahmîn: (A.) tahminen, aşağı yukarı, hemen hemen.

على التخصيص alettahsîs: (A.) hele hele, özellikle.

على الترتيب alettertîb: (A.) sırasıyla.

على التفصيل alettafsîl: (A.) ayrıntılı olarak.

على التوالى alettevâlî: (A.) sürekli, kesintisiz.

على الحادثه alelhâdise: (A.) gölge olay, epifenomen.

على الحادثيه alelhâdisiyye: (A.) gölge olaycılık, epifenomenizm.

على الحساب alelhisâb: (A.) hesaba katarak, dahil ederek.

على الخصوص alelhusûs: hele hele, özellikle.

على الدرجات aledderecât: (A.) sırasına göre, derecesine göre.

على الدوام aleddevâm: (A.) sürekli.

على الرأس alerre's: (A.) başüstüne.

على الرأس و العين alerre'sivel'ayn: (A.) başım gözüm üstüne.

على الرغم alerrağm: (A.) rağmen.

على السحر alesseher: (A.) şafak sökmeden, tan vakti.

على السويه alesseviyye: (A.) **1.**eşit olarak. **2.**bir boy.

على الصباح alessabâh: (A.) sabah erkenden.

على الظاهر alezzâhir: (A.) görünüşe göre, sanılan.

على العاده alelâde: **1.**sıradan. **2.**âdet olduğu üzere.

على العجائب alelacâib: (A.) acayip şey, tuhaf şey.

على العجله alelacele: (A.) aceleyle.

على العميا alelamyâ: (A.) körü körüne.

على العموم alelumûm: (A.) genellikle, umumiyetle.

على الغفله alelgafle: (A.) dalgınlıkla.

على الفور alelfevr: (A.) derhal, hemen.

على القاعده alelkâ'ide: (A.) kurala göre.

على الكفايه alelkifâye: yetecek kadar, yeterince.

على اى حال alâeyyihâl: (A.) her halde.

على پرست alîperest: (A.-F.) [alî+ perestîden>perest] Hz. Ali'yi taparcasına seven, Hz.Ali düşkünü.

عليت illiyyet: (A.) nedensellik.

على تلك النعم alâtilkenniam: (A.) bu nimetlere karşılık olarak.

على جرى العاده alâceryil'âde: (A.) alışıldığı gibi, âdet olduğu üzere.

على جناح الاستعجال alâcenâhilisti'câl: (A.) alelacele, çarçabuk.

على حاله alâhâlihi: (A.) olduğu gibi.

على حده alâhide: (A.) başlı başına, bir başına, ayrıca.

على رغم alâragmi: (A.) karşın, rağmen. ‖ * ~ heme çîz على رغم همه چيز her şeye rağmen. ‖ * ~ inki على رغم اينكه -mesine rağmen, rağmen.

على رواية alârivâyetin: (A.) bir söylentiye göre, bir rivayete göre, rivayete bakılırsa.

على سيرت alîsîret: (A.) [alî+sîret] Hz. Ali gibi iyi huylu.

على شاه alîşâh: (A.-F.) [alî+şâh] **1.**(hlk.) arabacı. **2.**özel isim.

على طريق alâtarîki: (A.) yoluyla.

على طريق الاجمال alâtarîkilicmâl: (A.) özetle, kısaca.

على طريق الاستشهاد alâtarîkilistişhâd: (A.) şahit getirerek, kanıt göstererek.

على طريق الشهاده alâtarîkişşahâde: (A.) tanıklık ederek, şahitlik yoluyla.

على طريق القياس alâtarîkilkıyâs: (A.) kıyas yoluyla, karşılaştırma yaparak.

على طريق المناوبه alâtarîkilmünâvebe: (A.) dönüşümlü olarak, nöbetleşe.

على طريق الهزل alâtarîkilhezl: (A.) şaka yollu.

عليق ulleyk: (A.) çit sarmaşığı, kahkaha çiçeği.

على قدر الاستطاعه alâkadrilistitâ'a: (A.) güç yettiğince, elden geldikçe.

على قدر الامكان alâkadrilimkân: (A.) mümkün olduğu kadar, elverdikçe, imkânlar ölçüsünde, olabildiğince.

على قدر الطاقه alâkadrittâka: (A.) güç yettiğince.

على قول alâkavli: (A.) dediğine bakılırsa, dediğine göre, -e göre.

عليك aleyke: (A.) senin üzerine.

عليك عون الله aleyke avnullah: (A.) Allah yardımcın olsun, Allah'ın yardımı üstüne olsun.

على كلا التقديرين alâkilettakdîreyn: (A.) iki değerlendirmeden birine göre.

على كل حال alâkullihâl: (A.) her halükârda, her halde, her şeye rağmen.

على كل شىء قدير alâkullişey'inkadîr: (A.) her şeye gücü yeter, Tanrı.

عليل alîl: (A.) hasta, hastalıklı, illetli.

عليلى alîlî: (A.-F.) [alîl+î] **1.**zayıflık. **2.**hasta olma.

عليم alîm: (A.) çok bilen Tanrı.

على ما فرض الله · alâmâfarazallâh: (A.) Tanrı'nın farzettiği gibi.

عليم الله alîmallâh: (A.) en iyi Allah bilir.

على مراتبيهم alâmerâtibihim: (A.) sırasıyla, derecesine göre.

على ملاء الناس alâmele'innâs: (A.) göz göre göre, herkesin gözü önünde.

علينا aleynâ: (A.) bizim üzerimize.

على واضعه افضل السلام alâvâzı'ihi efdalusselâm: (A.) En üstün selam onun kurucusuna olsun.

على وجه alâvechi: (A.) gibi, üzere.

على وجه الاجمال alâvechilicmâl: (A.) kısaca, özetle.

على وجه الاحاطه alâvechilihâta: (A.) kapsamak üzere, içine almak üzere.

على وجه الاختصار alâvechilihtisâr: (A.) kısaltılmış şekilde, kısa kısa.

على وجه الاستعجال alâvechilisti'câl: (A.) alelacele, aceleyle.

على وجه التجويد alâvechittecvîd: (A.) tecvid kurallarına uygun olarak.

على وجه التفصيل alâvechittafsîl: (A.) ayrıntılı olarak, ayrıntısıyla.

على وفق alâvefki: (A.) uygun olarak.

على وفق المراد alâvefkilmurâd: (A.) istenilene uygun olarak.

على وفق المطلوب · alâvefkilmatlûb: (A.) istenildiği gibi.

عليون illiyyûn: (A.) gökyüzünün en yüce ve en kutsal tabakası.

عليه aleyhi: (A.) aleyhinde, aleyhine.

عليه السلام aleyhisselâm: (A.) selam onun üzerine olsun, esenlikler ona.

عليه اللعنه aleyhilla'ne: (A.) lanet olsun, lanet olası.

عليهدار aleyhdâr: (A.-F.) [aleyh+dâşten>dâr] karşıt, aleyhtar.

عليهدارانه aleyhdârâne: (A.-F.) [aleyh+ dâşten>dâr+ âne] aleyhtarca.

عليهم aleyhim: (A.) onların üzerine.

عليهم aleyhum: (A.) onların üzerine.

عليهما aleyhumâ: (A.) ikisinin üzerine.

عليين illiyyîn: (A.) gökyüzünün en yüce ve en kutsal tabakası.

عليين آشيان illiyyînâşiyân (A.-F.) [illiyyîn+âşiyân] yuvası cennetin en yüksek tabakası olan.

عليين نظر illiyyînnazar: (A.) [illiyyîn+ nazar] yüce bakışlı.

عم amm: (A.) amca.

عماد imâd: (A.) **1.**direk, sütun. **2.**yüksek bina. **3.**yaslanacak yer. **4.**erkek ismi.

عمادالدين imâduddîn: (A.) **1.**dinin direği. **2.**erkek adı.

عمار emmâr: (A.) **1.**imansız adam. **2.**sabit, sağlam. **3.**erkek ismi.

عمارات imârât: (A.) imaretler, aşevleri.

عمارت imâret: (A.) **1.**imaret, yapı, bina. **2.**ev, malikane. **3.**bayındırlık. **4.**yoksullara yiyecek dağıtılmak üzere hazırlanmış ev. **5.**onarılma.

عمارت خانه imârethâne (A.-F.) [imâret+ hâne] yoksullara yardım amaçlı hayır kurumu.

عمارت كردن imâret kerden: mamur etmek, bin ayapmak.

عمارى emârî: (A.) **1.**tahtırevan. **2.**sedye. **3.**cenaze arabası.

عمال ummâl: (A.) **1.**işçiler. **2.**görevliler. **3.**temsilciler, mümessiller. **4.**devlet görevlileri, memurlar. **5.**valiler.

عمامه imâme: (A.) **1.**sarık. **2.**tespih başlığı. **3.**sanat tarihinde imame biçimli motif. **4.**çubuğa takılan ağızlık.

عمان ummân: (A.) **1.**(coğ.) Umman. **2.**okyanus, büyük deniz.

عمانى ummânî: (A.) Ummanlı.

عمايت emâyet: (A.) sapıklık.

عمايم emâyim: (A.) sarıklar, destarlar.

عمد amd: (A.) kasıt, niyet. ‖ * be ~ به عمد kasıtlı olarak, kasten, taammüden.

عمدا amden: (A.) kasten, kasıtlı olarak, taammüden.

عمده umde: (A.) **1.**yaslanma yeri, dayanak, destek. **2.**asıl, esas, başlıca. **3.**ilke, prensip. **4.**güvenilir kişi.

عمدة الاسلام umdetulislâm: (A.) Gazzâlî.

عمدة المعنوى umdetulma'nevî: (A.) gökyüzü tabakalarını yüksek tutan şey.

عمده فروش umdefurûş: (A.-F.) [umde+ furûhten>furûş] toptancı.

عمده فروشى umdefurûşî: (A.-F.) [umde+ furûhten>furûş+î] **1.**toptancılık. **2.**toptancı mağazası.

عمدى amdî: (A.) kasten, kasıtlı olarak, taammüden.

عمر omer: (A.) [<umar] **1.**halife Ömer. **2.**erkek adı.

عمر omr: (A.) ömür. ‖ * ~ eş râ be şomâ dâd عمرش را به شما داد sizlere ömür. ‖ * ~ bermezîd عمر بر مزيد çok yaşa.

عمرات umurât: (A.) umreler.

عمران imrân: (A.) Hz. Meryem (Meryem Ana)'in babası.

عمران umrân: (A.) **1.**bayındırlık, ümran, kalkınma. **2.**uygarlık. **3.**bayan adı, Ümran.

عمرانى umrânî: (A.-F.) [umrân+î] bayındırlıkla ilgili, bayındırlık işleri.

عمرانيت umrâniyyet: (A.) bayındırlık.

عمرانيه umrâniyye: (A.) bayındırlık ile ilgili.

عمر داشتن omr dâşten: ömrü olmak.

عمر رفتن omr reften: ömür geçmek.

عمر طى كردن omr tay kerden: yaşamak, ömür sürmek, ömür geçirmek.

عمر عدل omer'adl: (A.) [umar+adl] Hz. Ömer gibi adaletli.

عمر فرسا omrfersâ: (A.-F.) [omr+ fersûden> fersâ] ömür törpüsü, ömür tüketen.

عمر فرسایی omrfersâyî: (A.-F.) [omr+ fersûden>fersây+î] ömür tüketme.

عمرکاه omrkâh: (A.-F.) [omr+kâsten> kâh] ömür törpüsü.

عمر کردن omr kerden: yaşamak, ömür sürmek.

عمر گذاشتن omr gozâşten: yaşamak.

عمر گذراندن omr gozerânden: yaşamak, ömür geçirmek.

عمر گذرانیدن omr gozerânîden: ömür geçirmek, yaşamak.

عمره umre: (A.) hac zamanı dışında Mekke ve Medine kentlerini ziyaret.

عمری شدن omrî şoden: gazaplanmak.

عمرین omereyn: (A.) **1.**iki Ömer. **2.**halife Ömer ile Ömer b. Abdülazîz. **3.**halife Ömer ve halife Ebubekir.

عمق umk: (A.) **1.**derinlik. **2.**dip.

عمقاً umken: (A.) **1.**derinlik bakımından. **2.**derinlemesine, derinliğine.

عمقزی emkizî: (A.-T.) [em+kizî] amca kızı.

عمقی umkî: (A.) **1.**derinlik ile ilgili. **2.**derinlemesine.

عمقیت umkiyyet: (A.) derinlik.

عمل amel: (A.) **1.**iş, amel. **2.**hareket. **3.**işleyiş. **4.**(tıb.) ameliyat, operasyon. **5.**işlem. ‖ * ~ -i cerrâhî عمل جراحی (tıb.) ameliyat. ‖ * ~ -i cerrâhî şoden عمل جراحی شدن (tıb.) ameliyat olmak. ‖ * ~ -i cerrâhî kerden عمل جراحی کردن (tıb.) ameliyat yapmak. ‖ * be ~ âmeden به عمل آمدن yapılmak, icra edilmek, uygulanmak, gerçekleşmek. ‖ * be ~ âverden به عمل آوردن yapmak, icra etmek, uygulamak, gerçekleştirmek. ‖ * be ~ ber âmeden به عمل بر آمدن icra edilmek, yapılmak, gerçekleşmek. ‖ * be ~ der âmeden به عمل در آمدن **1.**kullanılmak, yapılmak, icra edilmek, gerçekleşmek. **2.**eksiksiz olmak. **3.**tesirsiz olmak. ‖ * câme-i ~ pûşânden جامهء عمل پوشاندن gerçekleştirmek. ‖ * câmei ~ pûşîden جامهء عمل پوشیدن gerçekleşmek. ‖ * vârid-i ~ şoden وارد عمل شدن işe başlamak.

عملاً amelen: (A.) **1.**bilfiil. **2.**gerçekten de.

عملجات amelecât: (A.-F.) [amele+c+ât] işçiler, inşaat işçileri, ameleler.

عمل خانه amelhâne: (A.-F.) [amel+hâne] iş yeri.

عمل دادن amel dâden: mahallî hükümet vermek.

عمل شدن amel şoden: ameliyat olmak.

عملدار ameldâr: (A.-F.) [amel+dâşten> dâr] mahallî hakim.

عملکرد amelkerd: (A.-F.) [amel+ kerden> kerd] **1.**uygulama. **2.**kazanç.

عمل کردن amel kerden: **1.**davranmak, yapmak, uygulamak. **2.**ameliyat etmek. **3.**ameliyat olmak.

عملگی amelegî: (A.-F.) [amele+g+î] amelelik, ırgatlık, inşaat işçiliği.

عمله amele: (A.) **1.**amele, ırgat, inşaat işçisi. **2.**işçiler.

عملی amelî: (A.) **1.**pratik, uygulamalı. **2.**yapay, yapma.

عملیات ameliyyât: (A.) **1.**çalışmalar. **2.**işlemler, uygulamalar.

عملی ساختن amelî sâhten: uygulamak, gerçekleştirmek.

عملی شدن amelî şoden: gerçekleşmek, uygulanmak.

عملی کردن amelî kerden: gerçekleştirmek, uygulamak.

عمل مانده amelmânde: (A.-F.) [ez+amel+ mânde> amel+ mânden>mând+e] **1.**çalışamaz durumda, elden ayaktan kesilmiş. **2.**yeniçeri emeklisi. **3.**yeniçeri emekli maaşı.

عملیه ameliyye: (A.) **1.**işlem, uygulama. **2.**uygulamalı, pratik.

عمو emû: (A.) amca.

عمود amûd: (A.) **1.**sütun, direk. **2.**çadır direği. **3.**kavim reisi, kabile reisi. **4.**dik. **5.**dik çizgi. **6.**(mec.)

penis.

عمودى amûdî: (A.) dikey, dik.

عموم umûm: (A.) **1.**bütün, genel, tüm. **2.**herkes. **3.**halk.

عموماً umûmen: (A.) genellikle.

عمومت umûmet: (A.) amcalık.

عموم خانه umûmhâne (A.-F.) ['umûm+ hâne<hâne-i umûm] genelev. (Bu kelime Türkçe'de kullanılır.)

عمومى umûmî: (A.) genel, kamusal, umumî. ‖ * betovr-i ~ بطور عمومى genel olarak, genellikle.

عموميات umûmiyyât: (A.) genel konular.

عموميت umûmiyyet: (A.) genellik.

عموميه umûmiyye: (A.) genel.

عموهت umûhet: (A.) ikirciklenme, duraksama, tereddüt.

عمه amme: (A.) hala.

عمى emâ: (A.) körlük.

عمياء emyâ': (A.) **1.**körlük. **2.**kör kadın.

عميان umyân: (A.) körler, görme özürlüler.

عميق amîk: (A.) **1.**derin. **2.**kapsamlı.

عميق شدن amîk şoden: derinleşmek.

عميق كردن amîk kerden: derinleştirmek.

عميم amîm: (A.) tam, tamam, kâmil.

عميه umye: (A.) yoldan çıkmış, sapkın, azgın.

عن an: (A.) -den, -dan. ‖ * ~ asl عن اصل aslından, aslında, aslen. ‖ * ~ cehlin عن جهل bilmeden, bilmeyerek. ‖ * ~ cemâatin عن جماعة toplu olarak. ‖ * ~ ekall عن اقل en azından, hiç olmazsa. ‖ * ~ karîb عن قريب yakında. ‖ * ~ kasdin عن قصد kasıtlı olarak. ‖ * ~ samîmilkalb عن صميم القلب içtenlikle, yürekten.

عناء enâ': (A.) zahmet, meşakkat, sıkıntı, keder.

عناب ennâb: (A.) üzümcü.

عناب unnâb: (A.) (bot.) hünnap, unnab.

عنابى unnâbî: (A.) **1.**hünnap ile ilgili. **2.**hünnaplı. **3.**hünnap rengi.

عنابيه unnâbiyye: (A.) **1.**hünnap ile ilgili. **2.**hünnapgiller.

عنات unât: (A.) **1.**tutsaklar. **2.**aşağılık kişiler.

عناد inâd: (A.) **1.**inat. **2.**başkaldırı.

عناداً inâden: (A.) inadına.

عناد ورزيدن inâd verzîden: **1.**mücadele etmek. **2.**serkeşlik etmek, diklenmek.

عناديه inâdiyye: (A.) gerçekleri reddetmek üsteleyen bir felsefî zümre.

عناصر enâsir: (A.) unsurlar, elemanlar, elementler.

عناق inâk: (A.) sarmaş dolaş olma, boynuna sarılma.

عن الغياب anilgıyâb: (A.) gıyabında.

عنان inân: (A.) **1.**dizgin. **2.**hareket.

عنان باز كشيدن inân bâz keşîden: **1.**işi bırakmak. **2.**durmak, kalmak.

عنان برگرداندن inân bergerdânden: dizgin çevirmek.

عنان تاب inântâb (A.-F.) [inân+ tâbîden>tâb] dizgini çeviren, geri dönen.

عنان بر تافتن inân ber tâften: geri dönmek.

عنان تافتن inân tâften: **1.**geri dönmek. **2.**yüz çevirmek. **3.**güçsüz kalmak.

عنان دادن inân dâden: dizginlemek.

عنان ربودن inân rubûden: dizgin almak.

عنان رها كردن inân rehâ kerden: **1.**aceleyle gitmek. **2.**saldırmak.

عنان ريز inânrîz (A.-F.) [inân+ rîhten> rîz] dizginleri bırakan, atı koşturan.

عنان ريز تاختن inân rîz tâhten: doludizgin koşmak.

عنان ريز كردن inân rîz kerden: dizgini gevşetmek.

عنان زدن inân zeden: dizginlemek.

عنان زنان inânzenân: (A.-F.) [inân+ zeden>zen>ân] aceleyle, alelacele.

عنان سبک شدن inân sebuk şoden: hızlı sürmek, doludizgin gitmek.

عنان سبک كردن inân sebuk kerden: doludizgin koşturmak.

عنان فرو گرفتن inân furû giriften:

1.yavaşlamak. 2.bir işte ihtiyatlı davranmak.

عنان كش inânkeş (A.-F.) [inân+ keşîden>keş] 1.dizgin çeken. 2.kontrollü hareket eden, kendine hakim olan.

عنان كشيدن inân keşîden: dizgin çekmek.

عنان گران كردن inân giran kerden: geri dönmek.

عنان گردان inângerdân (A.-F.) [inân+ gerdânden> gerdân] dizgin çeviren, atın yönünü değiştiren.

عناوين enâvîn: (A.) 1.ünvanlar. 2.başlıklar. ‖ * be ~ -i muhtelif به عناوين مختلف çeşitli yollarla.

عنايات inâyât: (A.) iyilikler, lütuflar.

عنايت inâyet: (A.) 1.iyilik, lütuf, ihsan. 2.koruma. 3.niyet, kasıt. 4.özen gösterme. 5.Tanrı'nın inayeti.

عنايت شدن inâyet şoden: hediye edilmek.

عنايتكار inâyetkâr (A.-F.) [inâyet+kâr] iyilik eden, yardım eden.

عنايتكارانه inâyetkârâne (A.-F.) [inâyet+ kâr+âne] iyilik ederek, yardımcı olarak.

عنايت كردن inâyet kerden: 1.hediye etmek. 2.yönelmek.

عنايت نامه inâyetnâme: (A.-F.) [inâyet+ nâme] 1.takdirname. 2.sipariş mektubu.

عنايت نويد inâyetnuvîd (A.-F.) [inâyet+nuvîd] iyilik müjdesi veren.

عناية inâyeten: (A.) iyilik için, yardım için, iyilik ederek.

عنب ineb: (A.) 1.(bot.) üzüm. 2.asma ağacı.

عنب الافرنج inebulefrenc: (A.) firenk üzümü.

عنب الثعلب inebussa'leb: (A.) tilki üzümü.

عنب الدب inebuddub: (A.) kocayemiş.

عنبر anber: (A.) amber.

عنبر آلود anberâlûd: (A.-F.) [anber+ âlûden>âlûd] amberli, amber gibi kokan.

عنبر آلوده anberâlûde: (A.-F.) [anber+ âlûden>âlûd+e] amberli.

عنبر آميز anberâmîz: (A.-F.) [anber+ âmîhten> âmîz] amberli.

عنبرافشان anberefşân: (A.-F.) [anber+ efşânden> efşân] 1.amber saçan. 2.amber gibi kokan. 3.klasik Türk musikîsinde bir makam.

عنبربار anberbâr: (A.-F.) [ber+bârîden> bâr] 1.amber yağdıran. 2.güzel kokan, amber gibi kokan. 3.güzel kokan saç.

عنبربو anberbû: (A.-F.) [anber+ bûyîden> bû] 1.amber kokusu. 2.amber kokulu. 3.Hint pirinci.

عنبرسرشت anbersirişt: (A.-F.) [anber+ sirişten> sirişt] amber gibi kokan.

عنبرشميم anberşemîm: (A.-F.) [anber+ şemîm] amber kokulu.

عنبرفام anberfâm: (A.-F.) [anber+fâm] amber rengi.

عنبرفشان (A.-F.) [anber+feşânden> feşân] 1.amber saçan. 2.amber gibi kokan.

عنبرماهى anbermâhî: (A.-F.) [anber+ mâhî] (zool.) kaşalot.

عنبرنثار anbernisâr: (A.) 1.amber saçan. 2.amber gibi güzel kokan.

عنبرى anberî: (A.-F.) [anber+î] 1.amberli. 2.amber gibi kokan.

عنبرين anberîn: (A.-F.) [anber+în] 1.amberli. 2.amber gibi kokan.

عنبرين گيسو anberîngîsû: (A.-F.) [anber+ în+gîsû] saçı amber gibi güzel kokan.

عنبريه anberiyye: (A.) 1.yayla çiçeği. 2.rakı. 3.güzel kokulu bir ilaç.

عنبه inebe: (A.) üzüm tanesi.

عنبى inebî: (A.) 1.üzüm biçimli. 2.üzüm ile ilgili.

عنت enet: (A.) 1.meşakkat. 2.yokluk.

عنتر anter: (A.) 1.berber maymunu. 2.mor renkli iri sinek.

عنتره antara: (A.) Antara (özel isim).

عند ind: (A.) yanında, katında.

عند الاجازه indelicâze: (A.) izin verildiği takdirde, izin verilince.

عند الاقتضا indeliktizâ: (A.) gerektiğinde.

عند الايجاب indelîcâb: (A.) gerektiği zaman.

عند البعض indelba'z: (A.) kimilerine göre.

عند التحقيق indettahkîk: (A.) araştırma ile, tahkikat yapıldığında, incelendiğinde.

عند التحقيقات indettahkîkât: (A.) araştırma sırasında.

عندالحاجه indelhâce: (A.) gerektiğinde, ihtiyaç duyulduğu zaman.

عند الحساب indelhisâb: (A.) hesaplandığı zaman.

عند اللزوم indelluzûm: (A.) gerektiğinde, lâzım olduğu zaman.

عندالله indallâh: (A.) Tanrı katında.

عندليب andelîb: (A.) (zool.) bülbül.

عندم andem: (A.) kan durdurucu reçine.

عنده anede: (A.) inatçılar.

عندى indî: (A.) kendince, kişisel.

عنديات indiyyât: (A.) kişisel görüşler, kişisel sözler.

عنديه indiyye: (A.) kendi görüşüne inanma.

عنصر unsur: (A.) **1.**eleman, element. **2.**asıl, esas, kök. **3.**kısım, bölüm. **3.**topluluk, zümre.

عنصرى unsurî: (A.-F.) [unsur+î] **1.**unsur ile ilgili, elemansal, ögesel. **2.**zümreye dayalı.

عنصل unsul: (A.) (bot.) yaban soğanı, ada soğanı.

عنف unf: (A.) şiddet, zor kullanma, sertlik, kabalık.

عنفاً unfen: (A.) şiddetle, sertlikle, zorbalıkla.

عنفوان unfuvân: (A.) **1.**ilk gençlik, delikanlılık. **2.**her şeyin başlangıcı. **3.**körpelik zamanı. **4.**tazelik, parlaklık.

عنفى unfî: (A.) şiddetli, sert.

عنفيه unfiyye: (A.) şiddetli, sert.

عنق unk: (A.) boyun.

عنقا ankâ: (A.) **1.**uzun boylu kadın. **2.**zümrütü anka, anka kuşu. **3.**(müz.) bir müzik makamı. **4.**(müz.) bir tür saz.

عنق الحيه unkulhayye: (A.) **1.**yılan boynu. **2.**gökyüzünde yirmi beş yıldızdan oluşan ve yılanı andıran takım yıldızın en parlak olanı.

عنقريب ankarîb: (A.) pek yakında.

عنقود unkûd: (A.) üzüm salkımı.

عنقودى unkûdî: (A.) **1.**salkım ile ilgili. **2.**salkımsı.

عنكبوت ankebût: (A.) (zool.) örümcek.

عنكبوت آسا ankebûtâsâ: (A.-F.) [ankebût+âsâ] örümcek gibi.

عنكبوتى ankebûtî: (A.-F.) [ankebût+î] **1.**örümcek ağı şeklinde. **2.**örümcek gibi.

عنكبوتيه ankebûtiyye: (A.) örümcekgiller.

عنكوت ankût: (A.) örümcek.

عن نقد annakdin: (A.) peşin olarak, parasıyla.

عنوان unvân: **1.**ad. **2.**başlık. **3.**ünvan, rütbe. **4.**adres. ‖ * be ~ -i به عنوان **1.**olarak. **2.**sıfatıyla.

عنوانات unvânât: (A.) **1.**ünvanlar. **2.**adlar. **3.**başlıklar. **4.**adresler.

عنوان دادن unvân dâden: ünvan vermek.

عنوان شدن unvân şoden: açıklanmak.

عنوان كردن unvân kerden: açıklamak.

عنود anûd: (A.) **1.**inatçı. **2.**yoldan dönen.

عنوه unve: (A.) kaba güç kullanma, zor kullanma.

عنوةً unveten: (A.) zorla, kaba güç kullanarak.

عنيد anîd: (A.) **1.**inatçı. **2.**serkeş, dik kafalı.

عنيف anîf: (A.) **1.**kaba. **2.**haşin, sert.

عنيق anîk: (A.) ense.

عنيق unayk: (A.) **1.**boyuncuk. **2.**diş tacı ile kökü arasındaki bölüm.

عنين innîn: (A.) iktidarsız erkek, kısır.

العوا elavvâ: (A.) sığırtmaç yıldız kümesi.

عوائد evâ'id: (A.) gelirler, kazançlar.

عوائق avâik: (A.) engeller, güçlükler, sorunlar.

عواد ivâd: (A.) dönüş.

عوار evâr, uvâr: (A.) **1.**kusur, ayıp, noksan. **2.**eski püskü, eprimiş, yırtık.

عوار uvvâr: (A.) **1.**dağ kırlangıcı. **2.**korkak, ödlek.

عوارض evâriz: (A.) **1.**olaylar. **2.**belediye vergileri. **3.**özel vergiler.

عورف evârif: (A.) iyilikler.

عواطف evâtif: (A.) **1.**duygular. **2.**şefkatler, merhametler.

عواقب evâkib: (A.) akibetler, sonlar.

عواقد avâkıd: (A.) akit yapanlar.

عواقر avâkır: (A.) **1.**kısırlar, verimsiz olanlar. **2.**yoksullar. **3.**kuduruklar.

عوالم evâlim: (A.) **1.**alemler. **2.**haller.

عوام evâm: (A.) avam, halk, umum.

عوامانه evâmâne: (A.-F.) [evâm+âne] avamca, avama özgü, halk dili.

عوام پسند evâmpesend: (A.-F.) [evâm+ pesendîden> pesend] halkın beğeneceği, halk tarafından beğenilen.

عوام پسندانه evâmpesendâne: (A.-F.) [evâm+pesendîden >pesend+âne] cahil halkın beğeneceği tarzda, avamca.

عوام فریب evâmfirîb: (A.-F.) [evâm+ firîften>firîb] **1.**halkı aldatan. **2.**demagog.

عوام فهم evâmfehm: (A.-F.) [evâm+ fehmîden>fehm] halkın anlayabileceği.

عوامل evâmil: (A.) **1.**etkenler, faktörler. **2.**işçiler.

عوان evân: (A.) **1.**orta yaşlı. **2.**bekçi.

عواید evâyid: (A.) gelirler, kazançlar.

عوج ivec: (A.) eğrilik.

عود avd, uvd: (A.) **1.**geri dönüş. **2.**nüksetme.

عود ûd: (A.) **1.**(bot.) öd ağacı. **2.**ûd, tütsü. **3.**(müz.) ud.

عود القرح ûdulkarh: (A.) bir tür yara.

عودت avdet, ovdet: (A.) geri dönüş.

عودت کردن avdet/ovdet kerden: geri dönmek.

عود زدن ûd zeden: (müz.) ud çalmak.

عودزن ûdzen: (A.-F.) [ûd+zeden>zen] ûdi.

عودسوز ûdsûz (A.-F.) [ûd+sûhten>sûz] öd yakan.

عود صفت ûdsifat: (A.) [ûd+sifat] ûd gibi.

عود کردن avd/uvd kerden: nüksetmek.

عود کننده avd/uvd konende: (A.-F.) [avd+ kerden>kon+ende] nükseden, nüksedici.

عودی ûdî: (A.-F.) [ûd+î] öd ağacı renginde.

عودی ûdî: (A.) **1.**ud sanatçısı. **2.**ud yapraklı bitkiler.

عور aver: (A.) tek gözlülük.

عور ûr: (A.) **1.**çıplak, soyunmuş. **2.**tek gözlüler. **3.**silahsız.

عورات ovrât: (A.) kadınlar, avratlar.

عورت avret/ovret: (A.) **1.**örtünme yeri, avret yeri. **2.**kadın, avrat.

عوض ivez, evez: (A.) **1.**bedel, karşılık. **2.**ödül. **3.**yerine. ‖ * ~ -i inki عوض اینکه yerine, -ceği yerde, -cek yerde. ‖ * be ~ به عوض yerine, -cek yerde. ‖ * be ~ -i anki به عوض آنکه yerine, -cek yerde. ‖ * be ~ -i inki به عوض اینکه yerine, -cek yerde. ‖ * der ~ در عوض karşılığında, buna karşın.

عوضاً ivezen: (A.) karşılığında, karşılık olarak, bedel olarak.

عوض دادن ivez/evez dâden: mükâfat vermek, ödül vermek.

عوض شدن ivez/evez şoden: değişmek, dönüşmek.

عوض کردن ivez/evez kerden: değiş tokuş yapmak, değiştirmek, takas yapmak. ‖ * ~ -i kohne (novzâd) (عوض کردن کهنه (هوزاد) (bebeğin) altını değiştirmek.

عوضی ivezî/evezî: (A.-F.) [ivez+î] **1.**değişiklik. **2.**karıştırma, yanılma, benzetme, yanlış, yanlışlıkla. **3.**yanlış numara çevirme.

عوضی گرفتن ivezî/evezî giriften: **1.**karıştırmak, yanılmak, benzetmek. **2.**yanlış numara çevirmek.

عوعو av av, ov ov: havlama.

عوعو كردن av av /ov ov kerden: havlamak.

عون avn, ovn: (A.) 1.yardım. 2.yardımcı, yardım eden. 3.yardakçı, avene takımından olan. 4.kafadar.

عونك الله avnukallâh: (A.) Allah yardım edicin olsun.

عونى avnî: (A.) 1.yardıma ilişkin. 2.erkek adı. 3.Fatih Sultan Mehmet'in şiirlerinde kullandığı mahlas.

عونيه avniye: (A.) yağmurluk, yeniçeri yağmurluğu.

عهد ahd: (A.) 1.ahit, söz verme, yemin. 2.çağ, zaman, devir. 3.antlaşma. 4.koruma. ‖ * ~ -i elest عهد الست elest vaktinde verilen söz, ruhlar yaratılırken verilmiş söz. ‖ * be ~ -i hod vefâ kerden به عهد خود وفا كردن ahdinde durmak, sözünde durmak.

عهد بستن ahd besten: 1.ant vermek, ahdetmek. 2.antlaşma yapmak.

عهد شكستن ahd şikesten: ahdi bozmak, antlaşmayı bozmak.

عهدشكن ahdşiken: (A.-F.) [ahd+şikesten>şiken] ahdini bozan, antlaşmayı bozan.

عهد كردن ahd kerden: ahdetmek, antlaşma yapmak.

عهدنامه ahdnâme: (A.-F.) [ahd+nâme] ahitname, antlaşma.

عهده uhde: (A.) 1.sorumluluk. 2.üstlenme, üzerine alma. 3.söz verme. 4.yapma, yerine getirme. ‖ * be ~ dâşten به عهده داشتن sorumlu olmak, uhdesinde olmak. ‖ * ez ~ -i çîzî ber âmeden از عهدهء چيزى بر آمدن üstesinden gelmek.

عهده دار uhdedâr: (A.-F.) [uhde+dâşten> dâr] sorumlu.

عهده دارى uhdedârî: (A.-F.) [uhde+dâşten> dâr+î] sorumluluk.

عهن ihn: (A.) boyalı kumaş.

عهود uhûd: (A.) 1.ahitler, sözler, yeminler. 2.antlaşmalar.

عياد iyâd: (A.) bir Arap kabilesi.

عيادت iyâdet: (A.) hasta ziyareti.

عيادةً iyâdeten: (A.) hastayı ziyaret ederek, hastanın hatırını sorarak.

عياذ iyâz: (A.) sığınma, iltica.

العياذ بالله el'iyâzubillâh: (A.) Allah'a sığınırım.

عياذاً بالله iyâzenbillâh: (A.) Tanrı'ya sığınırım, Tanrı'ya sığınarak.

عيار iyâr: 1.ayar, ölçü. 2.deneme, sınama. 3.mihenk taşı.

عيار eyyâr: (A.) 1.çok dolaşan. 2.aylak, başıboş, avare. 3.hilekâr, üçkâğıtçı, düzenbaz. 4.çevik. 5.delikanlı. 6.kurnaz.

عياردان iyârdân (A.-F.) [iyâr+dânisten> dân] ölçü bilir, ayar bilir, ölçülü, dengeli.

عيار گرفتن eyâr giriften: ayar görmek, ayarlanmak.

عياره eyyâre: (A.) düzenbaz, dolandırıcı.

عيارى eyyârî: (A.-F.) [eyyâr+î] 1.hilekârlık, üçkâğıtçılık, düzenbazlık. 2.aylaklık, avarelik, başıboşluk. 3.delikanlılık.

عيارى كردن eyyârî kerden: kafasına göre takılmak, gezip tozmak, avare avare dolaşmak.

عيار پيشه eyyârpîşe: (A.-F.) [eyyâr+pîşe] 1.hilekâr, üçkâğıtçı, düzenbaz, dolandırıcı. 2.delikanlı.

عياش eyyâş: (A.) 1.içki düşkünü. 2.zevk ve safa alemi düşkünü.

عيافه iyâfe: (A.) kuş ile fala bakma.

عيال iyâl: (A.) 1.aile. 2.eş, hanım, karı. 3.bir kimsenin geçindirmek zorunda olduğu kişiler.

عيالمند iyâlmend: (A.-F.) [iyâl+mend] aileli, çoluk çocuk sahibi.

عيان iyân: (A.) 1.gözle görme. 2.açık, aşikar, belli, besbelli, ayanbeyan.

عيان ديدن iyân dîden: açıkça görmek, ayan beyan görmek.

عيان شدن iyân şoden: açıkça gözükmek, ortaya çıkmak, belirmek.

عيب eyb: (A.) 1.kusur, eksiklik, noksan. 2.günah. 3.ayıp. 4.kötülük.

عيب پوش eybpûş: (A.-F.) [eyb+pûşîden> pûş] görmezden gelen, kusur görmeyen.

عيب جو eybcû: (A.-F.) [eyb+costen>cû] ayıp arayan, kusur arayan.

عيب جويى eybcûyî: (A.-F.) [eyb+costen> cûy+î] ayıp arama, kusur arama.

عيب جويى كردن eybcûyî kerden: ayıp aramak, kusur aramak.

عيب كردن eyb kerden: kusur aramak, ayıp aramak, zemmetmek, ayıplamak.

عيب گستردن eyb gosterden: hatasını açığa vurmak.

عيبناك eybnâk: (A.-F.) [eyb+nâk] kusurlu, hatalı, eksik, ayıplı, özürlü.

عيبه eybe: **1.**deri kese. **2.**zembil. **3.**elbise sandığı.

عيث eys: (A.) **1.**zarar, ziyan. **2.**mahvolma.

عيد îd: (A.) bayram.

عيدان îdân: (A.) udlar.

عيدى îdî: (A.-F.) [îd+î] **1.**bayramlık. **2.**bayram hediyesi. **3.**bayram harçlığı.

عيدگاه îdgâh (A.-F.) [îd+gâh] bayram yeri.

عيدگه îdgeh (A.-F.) [îd+geh] bayram yeri.

عيدى îdî: (A.) **1.**bayram ile ilgili. **2.**bayramlık.

عيدين iydeyn: (A.) iki bayram.

عيديه îdiyye: (A.) **1.**bayram ile ilgili. **2.**bayramlık, bayram parası, bayram bahşişi.

عيسا îsâ: (A.) İsa peygamber.

عيسوى îsevî: (A.) Hıristiyan, Mesîhî.

عيسويت îseviyyet: (A.) hıristiyanlık.

عيسويه îseviyye: (A.) İsevîlik tarikatı, Kadirilik tarikatının bir kolu.

عيسى îsâ, îsî: (A.) **1.**İsa. **2.**İsa peygamber.

عيسى دم îsîdem: (A.-F.) [îsî+demîden> dem] İsa nefesli.

عيسى نفس îsînefes: (A.-F) [îsî+nefes] **1.**nefesiyle insanları dirilten. **2.**(tas.) kâmil veli.

عيش eyş, iyş: (A.) **1.**yaşama. **2.**eğlence, zevk ve sefa sürme, gününü gün etme. **3.**ekmek

عيش پرور eyşperver: (A.-F.) [eyş+ perverden>perver] naz içinde büyümüş.

عين eyn: (A.) **1.**göz. **2.**pınar, kaynak. **3.**asıl. **4.**altın. **5.**sadece. **6.**ayın harfi. ebced sistemine göre sayısal değeri: 70. ‖ * be ~ -i rizâ به عين رضا hoşnut olarak.

عين iyn: (A.) iri ve güzel gözlüler.

عيناً eynen: (A.) **1.**aynen. **2.**tıpkı, aynı.

عين البقر aynulbakar: (A.) öküzgözü çi-çeği.

عين الثور aynussevr: (A.) **1.**boğa gözü. **2.**boğa burcunun en parlak yıldızı.

عين الحيات aynulhayât: (A.) hayattaki en kıymetli şey.

عين الشمس aynuşşems: (A.) değerli bir taş.

عين الفعل aynulfi'l: (A.)·Arapçada fiil kökünün ikinci maddesi.

عين اليقين eynulyakîn: (A.) (tas.) **1.** kesin bilgi. **2.**kendi gözüyle görme.

عينک eynek: (A.-F.) [eyn+ek] gözlük. ‖ * ~ râ be çeşm gozâşten عينک را به چشم گذاشتن gözlük takmak. ‖ * ~ -i dûdî عينک دودى güneş gözlüğü. ‖ * ~ -i şâhî عينک شاخى kalın gözlük. ‖ * ~ -i zerrebînî عينک ذره بينى numaralı gözlük, kalın camlı gözlük.

عينک الله aynekallâh: (A.) Allah'ın karası akından yaygın yarattığı göz. Allah'ın fidan haline getirdiği.

عينک زدن eynek zeden: gözlük takmak, gözlük kullanmak.

عينک ساز eyneksâz: (A.-F.) [eynek+ sâhten>sâz] gözlükçü, gözlük tamircisi.

عينک سازى eyneksâzî: (A.-F.) [eynek+ sâhten>sâz+î] gözlükçülük.

عينک فروشى eynekfurûşî: (A.-F.)

[eynek+furûhten>furûş+î] gözlükçü.

عینکی eynekî: (A.-F.) [eynek+î] gözlüklü.

عینه eynuhu: (A.) tıpkı, aynı, ta kendisi.

عینی eynî: (A.-F.) [eyn+î] **1.**görsel. **2.**haricî.

عینی aynî: (A.) **1.**aynı, tıpkısı. **2.**eşya veya mal olarak verilen.

عینیات ayniyyât: (A.) ayniyat, kullanılabilir araç ve gereç.

عینیت ayniyyet: (A.) aynılık.

عینین eyneyn: (A.) iki göz.

عینیه ayniyye: (A.) **1.**göz ile ilgili. **2.**kullanılabilir araç ve gereç.

عیوب uyûb: (A.) **1.**kusurlar. **2.**ayıplar.

عیوق eyyûk: (A.) **1.**ayyuk, gökyüzünün en yüksek yeri. **2.**gökyüzünün kuzey yarımküresinde yer alan Auriga burcunun en parlak yıldızı.

عیون uyûn: (A.) **1.**gözler. **2.**pınarlar.

عیون البقر uyûnulbakar: (A.) **1.**inek gözü. **2.**bir cins üzüm, öküzgözü üzümü.

غ

غ gayn: **1.**ğ, g. Fars alfabesinin yirmiikinci harfi. **2.**ebced sistemine göre sayısal değeri 1000.

غائب gâ'ib: (A.) **1.**görünmeyen, bulunma-yan. **2.**kayıp. **3.**üçüncü şahıs. ‖ * emr-i ~ امر غائب üçüncü şahsa verilen emir.

غائبانه gâ'ibâne: (A.-F.) [gâib+âne] **1.**görünmeden, gizliden gizliye. **2.**tanımadığı halde.

غائط gâ'it: (A.) gaita, dışkı.

غائله gâ'ile: (A.) **1.**dert, sıkıntı. **2.**felaket. **3.**sıkıntı veren ve uğraştıran iş, sorun. **4.**savaş.

غائی gâ'î: (A.) son, nihaî.

غائیت gâ'iyyet: (A.) sonuca varma, hedefe varma.

غائیه gâ'iyye: (A.) sonuç ile ilgili. ‖ * illet-i ~ علت غائیه sonuca götürecek sebep, sonuç ile ilgili neden.

غاب gâb: (A.) **1.**saçma söz, zırva. **2.**koru, ormanlık. **3.**bozuk et.

غابر gâbir: (A.) **1.**kalıcı. **2.**geçmiş.

غاب کردن gâb kerden: harap etmek.

غابه gâbe: (A.) **1.**alçak zemin. **2.**güruh, topluluk. **3.**uzun mızrak. **4.**koruluk.

غابن gâbin: (A.) **1.**aldatan, kazıklayan, alışverişte hile yapan. **2.**tembel.

غابه gâbe: (A.) gür ağaçlıklı orman.

غابی gâbî: (A.) ahmaklık.

غات شدن gât şoden: tavlada pulların kapı yapması.

غاتی gâtî: karışık.

غاتی شدن gâtî şoden: karışmak.

غادر gâdir: (A.) haksızlık eden, kötülük eden.

غادیه gâdiye: (A.) **1.**sabah bulutu. **2.**sabah yağmuru. **3.**sabah.

غار gâr (bot.) defne, taftan ağacı.

غار gâr: bir tür kadeh.

غار gâr: **1.**(coğ.) mağara. **2.**kovuk, in.

غارات gârât: (A.) yağmalar, talanlar.

غارب gârib: (A.) batan, gurûb eden.

غارب شدن gârib şoden: batmak, gurûb etmek.

غارت gâret: (A.) yağma, talan. ‖ * be ~ dâden به غارت دادن yağmalamak.

غارت زدن gâret zeden: yağmalamak, talan etmek.

غارت شدن gâret şoden: yağmalanmak, talan edilmek.

غارت کردن gâret kerden: yağmalamak, talan etmek.

غارتگر gâretger: (A.-F.) [gâret+ger] yağmacı, çapulcu, haydut.

غارتگری gâretgerî: (A.-F.) [gâret+ger+î] yağmacılık, çapulculuk, haydutluk.

غارتیدن gâretîden: yağmalamak, talan etmek.

غار غار gâr gâr: gaklama, gak gak.

غار غار کردن gâr gâr kerden: **1.**gaklamak. **2.**seslenmek.

غارنشین gârnişîn: [gâr+nişesten>nişîn] mağara adamı, mağarada oturan.

غار و غور gâr u gûr: **1.**bağırsak gurultusu. **2.**karışıklık, fitne.

غاریقون garîkûn (bot.) çayır mantarı.

غاریه gâriyye: (A.) defnegiller.

غاز gâz: **1.**yarık. **2.**yırtık, parçalanmış. **3.**ihtiyaç, hacet, gereksinim.

غاز gâz: (T.) (zool.) kaz.

غاز gâz: **1.**diken. **2.**küçük para birimi.

غاز gâz: (Fr.) gaz.

غازات gazât: (Fr.-A.) [gaz+ât] gazlar.

غاز کردن gâz kerden: pamu tohumunu ayırmak.

غازمه بستن gâzme besten: deri nasır tutmak, deri kalınlaşmak.

غازه gâze: allık, düzgün, kırmızılık.

غازی gâzî: (A.) **1.**din savaşı yapan, gazâ eden. **2.**savaşan, savaşçı. **3.**sağ ve galip olarak savaştan dönen. **4.**Gazi Mustafa Kemal Atatürk. **5.** İkinci Mahmut döneminde basılan hatıra altını.

غازی gâzî: **1.**büyük lokma. **2.**kavgacı.

غازیان gâziyân: (A.-F.) [gâzî+y+ân] gaziler.

غازیه gâziyye: (A.) Şâzeliyye tarikatının bir kolu.

غاسق gâsik: (A.) **1.**karanlık. **2.**karanlık gece. **3.**ay.

غاش gâş: **1.**aşık. **2.**(bot.) tohumluk hıyar. **3.**koruk. **4.**hilekâr.

غاشم gâşim: (A.) zalim, azılı.

غاشیه gâşiye: **1.**zar. **2.**perde. **3.**kıyamet. **4.**eyer altı örtüsü. ‖ * ~ zîr-i bagal keşîden غاشیه زیر بغل کشیدن itaat etmek.

غاشیه دار gâşiyedâr: (A.-F.) [gâşiye+ dâşten>dâr] seyis, at uşağı.

غاص gâs: (A.) **1.**dolu. **2.**kalabalık.

غاصب gâsib: (A.) gaspeden, gasıp.

غاصبانه gâsibâne: (A.-F.) [gâsib+âne] gasp edercesine.

غاغا gâgâ: (çocuk dilinde) tatlı.

غافر gâfir: (A.) **1.**günahları örten. **2.**Tanrı'nın sıfatlarından biri.

غافرالذنب gâfiruzzenb: (A.) günahları affeden, suçları bağışlayan, Tanrı.

غافل gâfil: (A.) **1.**durumdan habersiz, ileri görüşsüz, dikkatsiz, gaflet içinde. **2.**akılsız.

غافلاً gâfilen: (A.) gaflet içinde, gafil olarak.

غافلان gâfilân: (A.-F.) [gâfil+ân] gafiller, habersizler.

غافلانه gâfilâne: (A.-F.) [gâfil+âne] gafilce, habersizce.

غافل دل gâfildil: (A.-F.) [gâfil+dil] gafil, dünyadan habersiz.

غافل شدن gâfil şoden: gafil olmak, gaflete düşmek.

غافل کردن gâfil kerden: gaflete düşürmek, gafil avlamak.

غافل گرفتن gâfil giriften: gafil avlamak.

غافلگیر gâfilgîr: (A.-F.) [gâfil+giriften> gîr] **1.**gafil avlayan. **2.**gafil avlanan.

غافلگیر شدن gâfilgîr şoden: gafil avlanmak.

غافلگیر کردن gâfilgîr kerden: gafil avlamak.

غافل وار gâfilvâr: (A.-F.) [gâfil+vâr] gafilce.

غافله gâfile: (A.) durumdan habersiz, ileri görüşsüz, dikkatsiz, gaflet içinde.

غافلی gâfilî: (A.-F.) [gâfil+î] gaflet, gafillik.

غافلین gâfilîn: (A.) gafiller.

غاک gâk: **1.**karga sesi: gak. **2.**karışıklık.

غال gâl: **1.**mağara. **2.**in, kovuk. **3.**yuvarlanma. ‖ * ~ -i kârî râ kenden غال کاری را کندن bir işi bitirmek.

غالب gâlib: (A.) **1.**galip, yenen. **2.**çok, ziyade. **3.**çoğu. **4.**üstün gelen, ağır basan. **5.**Şeyh Galib, hint üslûbunun Türk edebiyatındaki en güçlü temsilcisi ve Hüsn ü Aşk adlı şaheserin sahibi. **6.**çoğunlukla, birçok. ‖ * be vech-i ~ بو وجه غالب genel olarak, çoğunlukla, daha ziyade.

غالب آمدن gâlib âmeden: **1.**ağır basmak, üstün gelmek. **2.**galip gelmek.

غالباً gâliben: (A.) çoğunlukla, daha çok, genellikle.

غالبانه gâlibâne: (A.-F.) [gâlib+âne] galipler gibi, galipçe.

غالب شدن gâlib şoden: **1.**ağır basmak, üstün gelmek. **2.**galip olmak, galip gelmek, yenmek.

غالب ظن gâlibzan: (A.-F.) [gâlib+ zan].genel kanı.

غالب کردن gâlib kerden: galip etmek, kazandırmak.

غالب گرداندن gâlib gerdânden: **1.**galip etmek, kazandırmak. **2.**aşikâr etmek.

غالب گشتن gâlib geşten: galip gelmek,

yenmek.

غالبه gâlibe: (A.) **1.**üstün gelen, ağır basan. **2.**yenen, galip.

غالبيت gâlibiyyet: (A.) galibiyet, zafer, yengi.

غال گذاشتن gâl gozâşten: boşuna bekletmek, (Hlk.) ağaç etmek.

غالمغال gâlmegâl: [gâl<kâl+megâl <makâl] kavga, ağız dalaşı.

غالى gâlî: (A.) haddini aşan, haddini bilmez.

غالى gâlî: **1.**halı. **2.**değerli. **3.**pahalı nesne. **4.**kaynayan. **5.**coşan.

غاليا gâliyâ: (A.) misk ve amber karıştı-rılmış siyah saç boyası, gâliye.

غالياسا gâliyâsâ: (A.-F.) [gâliyâ+ sâyîden>sâ] attar, parfümerici.

غاليدن gâlîden: yuvarlanmak.

غاليه gâliye: (A.) **1.**pahalı. **2.**abartılı, mübalağalı. **3.**eskiden yapılan, misk ve amber karıştırılmış siyah saç boyası, gâliye.

غاليه بار gâliyebâr: (A.-F.) [gâliye+ bârîden>bâr] güzel kokular saçan, parfüm saçan.

غاليه خط gâliyehat: (A.-F.) [gâliye+hat] siyah bıyıklı.

غاليه دان gâliyedân: (A.-F.) [gâliye+dân] parfüm kutusu, ıtır kutusu.

غاليه سا gâliyesâ: (A.-F.) [gâliye+ sâîden>sâ] galiyeli, miskli, parfümlü.

غاليه ساختن gâliye sâhten: parfüm yapmak.

غاليه فام gâliyefâm: (A.-F.) [gâliye+fâm] siyah, parlak siyah.

غاليه گون gâliyegûn: (A.-F.) [gâliye+ gûn] siyah, parlak siyah.

غاليه مسک gâliyemisk: (A.) kalemis yağı parfümü.

غامر gâmir: (A.) **1.**çorak arazi. **2.**harabe, virane. **3.**ıssız.

غامض gâmiz: (A.) çapraşık, karmaşık, güç anlaşılır, üstü kapalı.

غامضه gâmıza: (A.) **1.**çapraşık, karmaşık, güç anlaşılır, üstü kapalı. **2.**çapraşık durum.

غامق gâmık: (A.) **1.**nemli. **2.**puslu.

غامى gâmî: (A.) zayıf, güçsüz.

غاميش گذاشتن gâmîş gozâşten: rahatsız etmek.

غان gân (bot.) kayın ağacı.

غانغرايا gangeraya (Yun.-A.): (tıb.) kangren.

غانم gânim: (A.) ganimet alan.

غانماً gânimen: (A.) ganimet alarak.

غانمين gânimîn: (A.) ganimet alanlar.

غانيه gâniye: (A.) **1.**güzel kadın. **2.**varlıklı kadın. **3.**namuslu kadın.

غاوش gâveş, gâvoş: **1.**(bot.) tohumluk hıyar. **2.**(bot.) tohumluk üzüm.

غاوون gâvûn: (A.) azgınlar, sapkınlar, yoldan çıkmışlar.

غاوى gâvî: (A.) sapkın, yoldan çıkmış, azgın.

غايات gâyât: (A.) amaçlar, gayeler.

غايب gâyib: (A.) **1.**gıybet eden. **2.**kayıp, yok, saklı. **3.**(gr.) üçüncü tekil şahıs.

غايبانه gâyibâne: (A.-F.) [gâyib+âne] **1.**gizlice. **2.**gıyaben.

غايب باز gâyibbâz: [gâyib+bâhten>bâz] usta satranççı.

غايب شدن gâyib şoden: **1.**gizlenmek, saklanmak, kaybolmak, gözden kaybolmak. **2.**bulunmamak.

غايب كردن gâyib kerden: **1.**gizlemek, saklamak, gözden kaybetmek. **2.**kaybetmek, yitirmek.

غايب گرديدن gâyib gerdîden: **1.**gizlenmek. **2.**hazır bulunmamak.

غايب گشتن gâyib geşten: **1.**gizlenmek. **2.**hazır bulunmamak.

غايبى gâyibî: (A.-F.) [gâyib+î] yokluk, bulunmama, hazır olmama.

غايت gâyet: (A.) **1.**son, gayet, son derece. **2.**gaye, maksat, amaç. **3.**sınır. **4.**sonuç, netice. **5.**çok. ‖ * be ~ به غايت çok, son derece. ‖ * ta be ~ î تا به غايتى -diği kadar, dereceye kadar.

غاية الغايه gâyetulgâye: (A.) son derece.

غايت انديش gâyet endîş: (A.-F.) [gâyet+ endîşîden>endîş] ileri görüşlü.

غاير gâyir: (A.) **1.**inen, alçalan. **2.**çukur.

غايط gâyit: (A.) dışkı, gaita.

غايط كردن gâyit kerden: dışkı bırakmak, pislemek.

غايله gâyile: (A.) **1.**güçlük, sertlik. **2.**felaket, gaile.

غايه gâye: (A.) [Bu kelime Farsça'da bu şekliyle kullanılmaz] amaç, maksat.

غب gibb: (A.) **1.**son. **2.**gün aşırı. **3.**-den sonra.

غباً gıbben: (A.) nadir olarak, arasıra.

غبات gubât: (A.) kalınkafalılar, dangalaklar, bönler.

غبار gubâr: (A.) **1.**toz. **2.**yumuşak şey. **3.**(tıb.) bir göz hastalığı. **4.**bıyık. **5.**ızdırap. **6.**keder, üzüntü. **7.**esrar. **8.**bir yazı stili. **9.** şarap. ‖ * ~ ber dil dâşten غبار بر دل داشتن üzüntülü olmak. ‖ * ~ ber dil nihâden غبار بر دل نهادن incitmek, üzmek.

غبار آسا gubârâsâ: (A.-F.) [gubâr+âsâ] puslu.

غبار آكند gubârâkend: (A.-F.) [gubâr+ âkenden>âkend] puslu.

غبار آلود gubârâlûd: (A.-F.) [gubâr+ âlûden>âlûd] tozlu, toza bulanmış.

غبار آوردن gubâr âverden: gözde beyazlık belirmek.

غبار افشاندن gubâr efşânden: toz kaldırmak.

غبار انگيز gubârengîz: (A.-F.) [gubâr+ engîhten>engîz] **1.**toz koparan, toz kaldıran. **2.**(kin.) üzüntü veren.

غبار بر آمدن gubâr ber âmeden: **1.**tozkalkmak. **2.**(kin.) revaçsız olmak.

غبار بر آوردن gubâr ber âverden: toz kaldırmak. ‖ * ~ ez غبار بر آوردن از tozunu attırmak, harap etmek, duman etmek.

غبار بر انگيختن gubâr ber engîhten: toz kaldırmak.

غبار روبى gubârrûbî: (A.-F.) [gubâr+ ruften>rûb+î] **1.**silme, toz alma. **2.**silinme.

غبار شدن gubâr şoden: ufalanmak, un ufak olmak.

غبار شستن gubâr şosten: tozlanmak.

غبار كردن gubâr kerden: yumuşatmak.

غبار گرفتن gubâr giriften: **1.**tozlanmak, toz kaplamak, toz bürümek. **2.**gözü kararmak.

غبارناك gubârnâk: (A.-F.) [gubâr+nâk] tozlu.

غبار نشاندن gubâr nişânden: toz bastırmak.

غبار نشستن gubâr nişesten: tozlanmak, toz bürümek, toz kaplamak.

غبارى gubârî: (A.-F.) [gubâr+î] **1.**tozlu. **2.**keder, üzüntü. **3.**bir yazı stili.

غبارى گرفتن gubârî giriften: üzülmek, kederlenmek.

غباغب gabâgib: (A.) gerdanlar, gıdılar.

غب التحقيق gıbbettahkîk: (A.) araştırıldıktan sonra.

غب التصديق gıbbettasdîk: (A.) onaylandıktan sonra.

غب الدعا gıbbedduâ: (A.) duadan sonra.

غب الشهاده gıbbeşşehâde: (A.) tanıklıktan sonra.

غباوت gebâvet: (A.) **1.**ahmaklık, aptallık. **2.**aldanma.

غبراء gebrâ': (A.) yer, yeryüzü.

غبس gabes: (A.) karanlık gece.

غبطه gıbte, gebte: (A.) **1.**gıpta, imrenme. **2.**imrenilir.

غبطه آور gıbtaâver: (A.-F.) [gıbta+ âverden>âver] imrendirici.

غبطه بخش gıbtabahş: (A.-F.) [gıbta+ bahşîden>bahş] imrenen, gıpta eden.

غبطه خوردن gıbte horden: gıpta etmek, imrenmek.

غبطه رس gıbtares: (A.-F.) [gıbta+ resîden>res] imrendiren.

غبطه رسا gıbtaresâ: (A.-F.) [gıbta+ resîden>res+â] imrendiren, gıpta ettiren.

غبطه فرما gıbtafermâ: (A.-F.) [gıbta+ fermûden> fermâ] imrendiren, gıpta ettiren.

غبطه فزا gıbtaefzâ: (A.-F.) [gıbta+ efzûden>efzâ] imrendirici.

غبطه ناک gıbtanâk: (A.-F.) gıpta eden, imrenen.

غبطه کش gıbtakeş: (A.-F.) [gıbta+ keşîden>keş] imrenen, gıpta eden.

غبغب gabgab: (A.) gıdı, gerdan.

غبغب انداختن gabgab endâhten: kasılmak.

غبن gabn: (A.) **1.**aldanış, zarar etme, zarar. **2.**alışverişte hile yapma, kazıklama. **3.**üzülme.

غبن آمدن gabn âmeden: hayıflanmak.

غبنا gabnâ: (A.) ne yazık!, yazıklar olsun!

غبن خوردن gabn horden: hayıflanmak, üzülmek.

غبن داشتن gabn dâşten: zarar etmek.

غبن کشیدن gabn keşîden: zarar etmek.

غبی gabî: (A.) ahmak, zihinsiz, aptal, salak, dangalak, beyinsiz.

غبیرا gubeyrâ: (A.) üvez.

غبین gabîn: (A.) **1.**geri zekâlı, salak. **2.**hayıflanma, üzülme.

غت got, get: cahil, anlayışsız.

غث gess: (A.) **1.**cılız, zayıf. **2.**ince. **3.**incelik. **4.**tatsız, yavan. **5.**zavallı. **6.**boş söz, zırva. ‖ * ~ u semîn kerden غث و سمین کردن seçmek, seçim yapmak.

غثیان geseyân: (A.) **1.**kusma. **2.**bulantı, mide bulantısı.

غجر gacer: (T.) **1.**falcı. **2.**gacı, çingene.

غج غج کردن goç goç kerden: cıvıldaşmak.

غد ged: (A.) **1.**yarın. **2.**kıyamet günü.

غد godd: (A.) **1.**müstebit. **2.**kendini beğenmiş.

غداء gedâ': (A.) **1.**yiyecek, gıda, besin. **2.**sabah kahvaltısı.

غدائر gedâ'ir: (A.) **1.**örülü saçlar. **2.**havuzlar.

غدائی gıdâî: (A.) besin ile ilgili.

غدات gadât: (A.) sabahın erken vakti.

غدار geddâr: (A.) **1.**çok acımasız, merhametsiz, gaddar. **2.**vefasız. **3.**hilekâr. **4.**kazıkçı, pahacı.

غدارانه gaddârâne: (A.-F.) [gaddâr+âne] açımasızca, gaddarca.

غدارنهاد geddârnehâd: (A.-F.) [geddâr+ nehâd] **1.**gaddar. **2.**hilekâr.

غداره gedâre, geddâre: (A.) **1.**kadara, büyük bıçak, palaya benzer bir tür hançer. **2.**küçük tabanca.

غداره کشیدن geddâre keşîden: kadara çekmek, pala çekmek.

غدد goded: (A.): (tıb.) salgı bezleri, guddeler.

غدر gedr: (A.) **1.**haksızlık. **2.**zorbalık, zulüm. **3.**hainlik. **4.**yazık.

غدراء guderâ': (A.) **1.**su birikintileri, durgun sular. **2.**küçük ırmaklar.

غدران gudurân: (A.) su birikintileri, durgun sular. **2.**küçük ırmaklar.

غدرانجام gadrencâm: (A.-F.) [gadr+ encâm] sonu döneklik olan.

غدردیده gadrdîde: (A.-F.) [gadr+dîden> dîd+e] haksızlığa uğramış, mağdur olmuş.

غدر ساختن gedr sâhten: **1.**vefasızlık etmek, gadretmek. **2.**ihanet etmek. **3.**hile yapmak.

غدر کردن gedr kerden: **1.**vefasızlık etmek, gadretmek. **2.**ihanet etmek. **3.**hile yapmak.

غد غد godgod: gıdaklama, god god.

غد غد کردن god god kerden: god godetmek, gıdaklamak.

غدغن gedegen: yasak.

غدغن کردن gedegen kerden: yasaklamak, menetmek.

غدقن gedeken: yasak.

غدقن کردن gedeken kerden: yasaklamak, menetmek.

غدنگ gadeng: **1.**aptal, ahmak. **2.**cahil. **3.**kılıksız, tipsiz.

غدو guduv: (A.) sabahleyin, sabahları.

غدوه gudve: (A.) tan ağartısı ile güneşin doğuşu arasındaki zaman.

غدوى guddevî: (A.) bez ile ilgili, salgı bezi ile ilgili.
غده godde: (A.): (tıb.) beze, gudde.
غدير gadîr: (A.) **1.**durgun su, su birikintisi, gölet. **2.**çay, küçük ırmak.
غديره gadîre: (A.) **1.**ot parçası. **2.**örgülü saç.
غديرى gadîrî: (A.) göl canlıları, göl bitkileri, göl hayvanları.
غديه gadiyye: (A.) sabahın erken saatleri.
غذاء gizâ, gezâ': (A.) gıda, yiyecek, yemek.
غذائى gizâ'î: (A.) besin ile ilgili.
غذا حاضر كردن gizâ hâzir kerden: yemek hazırlamak.
غذا ارد دادن gizâ ord dâden: yemek söylemek.
غذا چيدن gizâ/gezâ çîden: yemek yemek.
غذا خوردن gizâ/gezâ horden: yemek yemek.
غذاخورى gizâhorî, gezâhorî: (A.-F.) [gezâ+ horden>hor+î] yemek yeme. ‖ * kâşuk-i ~ قاشق غذاخورى yemek kaşığı. ‖ * mîz-i ~ ميز غذاخورى yemek masası. ‖ * otâk-i ~ اطاق غذاخورى yemek odası.
غذا درست كردن gizâ dorost kerden: yemek yapmak, yemek hazırlamak.
غذا ساختن gizâ sâhten: yemek yapmak, yemek hazırlamak.
غذا سفارش دادن gizâ sefâriş dâden: yemek söylemek, yemek sipariş vermek.
غذا كردن gizâ kerden: **1.**yemek yemek. **2.**yemek yapmak.
غذا كشيدن gizâ keşîden: servis yapmak, yemek servisi yapmak.
غر ger: **1.**orospu, kahpe. **2.**homoseksüel erkek.
غر ger: ahşap ev.
غر gır: kırıtma.
غر gor: **1.**fıtıklı erkek. **2.**homurdanma.
غراء gerrâ': (A.) **1.**parlak, gösterişli. **2.**alnı beyaz akıtmalı.
غرائب gerâ'ib: (A.) şaşılacak şeyler, garip şeyler. ‖ * ~ -i seb'a-i âlem غرائب سبعهء عالم dünyanın yedi harikası.
غرائبات gerâ'ibât: (A.) garip şeyler, tuhaf şeyler.
غرائب پرور garâ'ibperver: (A.-F.) [garâ'ib+ perverden> perver] tuhaflıklardan hoşlanan.
غرائز gerâ'iz: (A.) içgüdüler, dürtüler.
غراب gorâb: (A.) (zool.) karga.
غراب البين gurâbulbeyn: (A.) alakarga.
غرابت gerâbet: (A.) gariplik, tuhaflık, acayiplik.
غرابت جو gerâbetcû: (A.-F.) [gerâbet+ costen>cû] gariplik arayan, garip şeylere meraklı olan.
غرابت داشتن gerâbet dâşten: garip olmak, tuhaf olmak, acayip olmak.
غرابت نما gerâbetnumâ: (A.-F.) [gerâbet+numûden> numâ] garip görünen, tuhaf görünüşlü.
غرابه gerâbe: (A.) damacana.
غرابى gorâbî: (A.) **1.**bir tür hurma. **2.**kurabiye.
غرابى gurâbî: (A.) karga ile ilgili.
غرابيل garâbîl: (A.) elekler, kalburlar.
غرابين garâbîn: (A.) kargalar.
غرابيه gorâbiyye: (A.) kurabiye.
غراچه gerâçe: **1.**namert, deyyus, pezevenk. **2.**beyinsiz.geri zekâlı, aptal.
غرار gerâr: (A.) aldatma.
غرار gırâr: (A.) harar.
غرارت gerâret: (A.) gafillik, gaflet.
غراره gerâre: (A.) **1.**mazmaza, ağız çalkalama. **2.**gaflet, habersizlik.
غراره garâre, girâre: (A.) harar.
غراره garrâre: (A.) gururlu, kendini beğenmiş.
غراش gerâş: **1.**tahriş, örseleme. **2.**kahır, üzüntü.
غراشيدن gerâşîden: **1.**tahriş etmek, örselemek. **2.**yontmak. **3.**üzülmek, kahırlanmak.
غرام gerâm: (A.) **1.**aşk, sevda. **2.**hırs. **3.**helak olma. **4.**azap.
غرامات garâmât: (A.) **1.**ödemeler. **2.**vergiler.

غرامت gerâmet: (A.) **1.**tazminat. **2.**zarar. **3.**pişmanlık. **4.**azap. **5.**vergi. **6.**borç ödeme. **7.**diyet ödeme.

غرامت ستاندن gerâmet sitanden: tazminat almak.

غرامت كردن gerâmet kerden: tazminat almak.

غرامةً garâmeten: (A.) eşit olarak, bölüşerek.

غرامى garâmî: (A.) lirik, duygusal.

غراميات garâmiyyât: (A.) aşk ve güzellik ile ilgili konular, lirizm.

غران gorrân: [gorrîden>gorr+ân] kükreyen, gürleyen.

غرايب gerâyib: (A.) gariplikler, tuhaflıklar, şaşılacak şeyler.

غراير garâyir: (A.) hararlar.

غرب garb: (A.) **1.**batı, garp. **2.**Avrupa, Batı. **3.**uzaklaşma.

غرباً garben: (A.) batıdan.

غربا gurebâ: (A.) **1.**garipler. **2.**fakirler. **3.**yolcular. **4.**yabancılar.

غربال girbâl, gerbâl: kalbur, elek. ‖ * âb be ~ peymûden آب به غربال پيمودن havanda su dövmek.

غربال بافتن girbâl bâften: kalbur yapmak.

غربال بستن girbâl besten: kalbur yapmak.

غربال بيختن girbâl bîhten: elemek, elek elemek.

غربال زدن girbâl zeden: elemek, kalburdan geçirmek.

غربال كردن girbâl kerden: **1.**elemek. **2.**(kin.) kılı kırk yarmak.

غربالى girbâlî: (A.) kalburumsu, kalbur gibi, delik deşik.

غربالى الشكل girbâliyyuşşekl: (A.) kalbur gibi delik deşik olan.

غربان girbân: (A.) kargalar.

غربت gorbet: (A.) **1.**yabancılık, gariplik. **2.**yabancı topraklar, yâd eller. ‖ * ~ ihtiyâr kerden غربت اختيار كردن gurbete gitmek, gurbetçi olmak.

غربت خانه gurbethâne: (A.-F.) gurbet evi, gurbet yurdu.

غربت ديدن gurbet dîden: gurbete gitmek, gurbet görmek.

غربت زده gurbetzede: (A.-F.) [gurbet+ zeden> zed+e] gurbete düşmüş.

غربت كردن gurbet kerden: gurbete gitmek.

غربت كشيدن gurbet keşîden: gurbete gitmek, gurbet çekmek.

غربتگاه gurbetgâh: (A.-F.) [gurbet+gâh] gurbet eli, yabancı memleket.

غربتگه gurbetgeh: (A.-F.) [gurbet+geh] gurbet eli, yabancı memleket.

غربتى gurbetî: (A.-F.) [gurbet+î] **1.**gurbetçi. **2.**çingene.

غربچه gerbeççe: (argo) orospu çocuğu.

غرب زدگى garbzedegî: (A.-F.) [garb+ zeden>zed+e+g+î] batı hayranlığı.

غرب زده garbzede: (A.-F.) [garb+ zeden> zed+e] batı hayranı.

غرب گرا garbgerâ: (A.-F.) [gab+ gerâyîden> gerâ] batıcı.

غرب گرايى garbgerâyî: (A.-F.) [garb+ gerâyîden>gerây+î] batıcılık.

غربى garbî: (A.-F.) [garb+î] **1.**Batılı, Avrupalı. **2.**Avrupa ile ilgili. **3.**batı ile ilgili. **4.**Aşağı Mısır'ın batısı.

غربيون garbiyyûn: (A.) Batılılar, Avrupalılar.

غربيه garbiyye: (A.) **1.**batı ile ilgili. **2.**Avrupa ile ilgili. **3.**Aşağı Mısır'ın batısı. **4.**Avrupalı, Batılı.

غرت gort: yudum.

غرت زدن gort zeden: yudumlamak.

غرتشن gorteşen: zorba, dayı, külhanbey.

غرچه giriçce: diş gıcırtısı.

غرچه gerçe: **1.**(argo) namert, deyyus, pezevenk. **2.**cahil, hödük.

غرچه gerçe: Gürcü.

غرچى gereçi (kin.) iffetsiz kadın, hoppa, şıllık.

غر دادن gir dâden: kırıtmak.

غردل gerdil: [ger+dil] korkak, ödlek.

غرر gerer: (A.) **1.**yok olma. **2.**aldanma, kanma. **3.**tehlike.

غرر gorer: (A.) **1.**kamerî ayların ilk

geceleri ve ilk günleri. **2.**akıtmalar. **3.**aklıklar. **4.**alınlar. **5.**seçkinler.

غرز garz: (A.) **1.**batırma. **2.**iğne batırma.

غر زدن gor zeden: homurdanmak.

غرزن gerzen: [ger+zeden>zen] **1.**(argo) orospu, kahpe. **2.**(argo) deyyus, kaltaban, pezevenk.

غرس gers, girs: (A.) **1.**ağaç dikme. **2.**öfke.

غرس کردن gers/girs kerden: ağaç dikmek.

غرش gorriş: [gorrîden>gorr+iş] **1.**gürleme, gürültü. **2.**kükreme, kükreyiş. || * be ~ der âmeden به غرش در آمدن **1.**kükremek, gürlemek. **2.**öfkelenmek, köpürmek.

غرش آسا gorrişâsâ: [gorriş+âsâ] gürlercesine.

غر شدن gor şoden: **1.**ses boğulmak. **2.**şişmek.

غرش کردن gorriş kerden: **1.**kükremek. **2.**gürlemek.

غرشیدن gerşîden: öfkelenmek, hiddetlenmek, köpürmek.

غرض garaz: (A.) **1.**garaz, kin, gizli düşmanlık. **2.**maksat, amaç. **3.**dilek. **4.**hedef. || * ~ u maraz dâşten غرض و مرض داشتن **1.**garazı olmak, düşmanlık beslemek, kin gütmek. **2.**zorluk çıkarmak. || * li ~ in لغرض maksatlı olarak, bile bile.

غرض آلود garazâlûd: (A.-F.) [garaz+âlûden>âlûd] maksatlı, garazlı.

غرض آمیز garazâmîz: (A.-F.) [garaz+âmîhten>âmîz] maksatlı, garazlı.

غرضاً garazen: (A.) garazlı olarak, düşmanca.

غرض پیشه garazpîşe: (A.-F.) [garaz+pîşe] maksatlı, garazlı, kin güden.

غرض پیشگان garazpîşegân: (A.-F.) [garaz+pîşe+g+ân] garaz güdenler, maksatlılar, kin güdenler.

غرضدار garazdâr: (A.-F.) [garaz+dâşten>dâr] kasıtlı, maksatlı.

غرضدار شدن garazdâr şoden: kasdetmek.

غرض داشتن garaz dâşten: **1.**maksadı olmak. **2.**kin gütmek, garazı olmak.

غرض راندن garaz rânden: garaz gütmek.

غرضکار garazkâr: (A.-F.) [garaz+kâr] garazlı, kin güden, düşmanlık güden.

غرضکارانه garazkârâne: (A.-F.) [garaz+ kâr+âne] garaz güderek, kin güderek.

غرض کردن garaz kerden: **1.**kasdetmek. **2.**kin gütmek, garazı olmak. **3.**zulmetmek.

غرضمند garazmend: (A.-F.) [garaz+mend] **1.**garazlı. **2.**muhtaç, ihtiyaç sahibi.

غرض ورزیدن garaz verzîden: **1.**kin gütmek. **2.**kasdetmek.

غرغر gerger: makara. || * cân-i kesî be ~ resîden جان کسی به غرغر رسیدن canı burnuna gelmek, bıçak kemiğe dayanmak.

غرغر gorgor: homurtu, homurdanma.

غرغر کردن gorgor kerden: homurdanmak. || * zîr-i leb ~ زیر لب غرغر کردن gevelemek.

غرغره gergere: **1.**gargara. **2.**makara. **3.**çıkrık, kuyu çıkrığı.

غرغره کردن gergere kerden: gargara yapmak.

غرغشه gergeşe: kargaşa.

غرف goref: (A.) **1.**köşkler. **2.**cumbalar. **3.**çardak.

غرفات gurufât: (A.) **1.**köşkler. **2.**cumbalar. **3.**çardaklar.

غرفه gorfe: (A.) **1.**oda, odacık, hücre. **2.**üst kat, dam. **3.**köşk. **4.**cumba. **5.**çardak, bağ köşkü.

غرق gark: (A.) **1.**dalma. **2.**batma. **3.**boğulma.

غرق garik: (A.) boğulmuş.

غرقاب gerkâb: (A.-F.) [gerk+âb] **1.**derin su. **2.**.suya batmış. **3.**suda boğulmuş.

غرق شدن gark şoden: **1.**boğulmak. **2.**batmak. **3.**kaybolmak. **4.**dalmak.

غرق کردن gark kerden: **1.**batırmak. **2.**boğmak. || * tu yek kâşuk âb ~ تو یک قاشق آب غرق کردن bir kaşık suda boğmak.

غرق کشیدن gark keşîden: yay çekmek.

غرق گشتن gark geşten: **1.**boğulmak. **2.**batmak.

غرقه garke: (A.-F.) [gark+e]) **1.**suya batmış. **2.**boğulmuş. **3.**dalmış.

غرقه شدن garke şoden: **1.**boğulmak. **2.**batmak.

غرقه کردن garke kerden: **1.**boğmak. **2.**batırmak.

غرقه گشتن garke geşten: **1.**boğulmak. **2.**batmak.

غر کردن gor kerden: homurdanmak.

غرم gorm: **1.**(zool.) yaban koyunu. **2.**dövüş koçu. **3.**borç ödeme. **4.**vergi.

غرما guremâ: (A.) **1.**borçlular. **2.**talepkârlar, alacaklılar. **3.**düşmanlar. **4.**tan ağartısı.

غرماسنگ germâseng: [germâ+seng] yağda kızartılmış ekmek.

غرما کردن guremâ kerden: borçlunun malını alacaklılara bölüştürmek.

غرناطی gernâtî: (A.) Gırnatalı.

غرنبه goronbe: **1.**gürültü, gürültü patırtı. **2.**hırıltı.

غرنبیدن goronbîden: **1.**gürlemek. **2.**gürültü patırtı etmek. **3.**hırlamak.

غرنگ gareng: **1.**hırıltı. **2.**çığlık.

غرنوق gornûk, gırnûk: (A.) (zool.) turna.

غروب gurûb: (A.) **1.**gurûb, gün batımı. **2.**batılar.

غروب کردن gurûb kerden: gurûb etmek, batmak.

غروبی gurûbî: (A.) gurûb ile ilgili, batıcı, geçici, yok olucu.

غرور garûr: (A.) aldatıcı.

غرور gurûr: (A.) **1.**aldanma. **2.**gurur. **3.**illüzyon. **4.**böbürlenme, kibir.

غرورانگیز gurûrengîz: (A.-F.) [gurûr+ engîhten>engîz] kibir verici.

غرور پدید کردن gurûr pedîd kerden: kibirlenmek, mağrur olmak.

غرور خریدن gurûr herîden: kibirli davranmak, böbürlenmek.

غرور خوردن gurûr horden: aldanmak.

غرور دادن gurûr dâden: aldatmak.

غرور داشتن gurûr dâşten: kibirlenmek, böbürlenmek.

غرور کردن gurûr kerden: kibirlenmek, böbürlenmek.

غروری gurûrî: (A.) **1.**aldanma ile ilgili, gurur ile ilgili. **2.**klasik Türk mûsikîsinde bir makam.

غروش gurûş: (T.) kuruş.

غرو کردن girev kerden: iki dirhem bir çekirdek süslenmek.

غر و لند gorr u lond: homurdanma, homurtu.

غر و لند کردن gorr u lond kerden: homurdanmak.

غروه gurve: (A.) burun ucu kıkırdağı.

غره girre, gerre: (A.) **1.**ümit verme. **2.**aldanma. **3.**aldatma. **4.**mağrur. **5.**gurur, kendini beğenme.

غره gorre: (A.) **1.**hilal. **2.**her kamerî ayın ilk gecesi. **3.**akıtma. **4.**aklık. **5.**baş, başlangıç, ilk devre.

غره gorre: [gorrîden>gorr+e] **1.**gürleme. **2.**yüksek ses. **3.**akıtma. **4.**alın.

غره ساختن girre sâhten: aldatmak.

غره شدن girre şoden: aldanmak.

غره کردن girre kerden: aldatmak.

غره گشتن girre geşten: aldanmak.

غری gerî: [ger+î] kahpelik.

غری gorî: fıtık.

غریب garîb: (A.) **1.**garip. **2.**yabancı. **3.**acayip, tuhaf. **4.**çok kaliteli kumaş. ‖ * ~ -i kesî râ gîr âverden غریب کسی را گیر آوردن birine eziyet etmek.

غریب آمدن garîb âmeden: tuhaf gelmek, garip gelmek, şaşırmak.

غریب الاطوار garîbuletvâr: (A.) tuhaf tavırları olan.

غریب الدیار garîbuddiyâr: (A.) gurbette yaşayan, bir bölgenin yabancısı olan.

غریب المنظر garîbulmanzar: (A.) garip görünüşlü.

غریبان garîbân: (A.-F.) [garîb+ân] garipler.

غریبانه garîbâne: (A.-F.) [garîb+âne] **1.**garipçe. **2.**gariban.

غریب پرور garîbperver: (A.-F.) [garîb+ perverden> perver]

garipleri kollayan, kimsesizleri koruyan.

غریب دوست garîbdûst: (A.-F.) [garîb+ dûst] garip dostu.

غریبستان garîbistân: (A.-F.) [garîb+istân] **1.**garipler evi. **2.**(kin.) mezarlık.

غریب شدن garîb şoden: **1.**garip olmak. **2.**gurbete gitmek.

غریب شمردن garîb şomorden: tuhafgörmek, garip karşılamak.

غریب گشتن garîb geşten: garip olmak.

غریب مرگ garîbmerg: (A.-F.) [garîb+ merg] gurbette ölmek.

غریب مرگ شدن garîbmerg şoden: gurbette ölmek.

غریب نواز garîbnevâz: (A.-F.) [<garîb+ nevâhten> nevâz] gariplerin gönlünü olan, garipleri sevindiren, kimsesizleri koruyan.

غریبه garîbe: (A.) **1.**garip kadın. **2.**yabancı. **3.**az bulunur, nadir. **4.**gariban. **5.**gurbetçi. **6.**tuhaf olay.

غریبی garîbî: (A.-F.) [garîb+î] **1.**gariplik. **2.**gurbet. **3.**yabancılık. **4.**bir tür pirinç.

غریبی کردن garîbî kerden: **1.**seyahate çıkmak. **2.**yabancılık çekmek. **3.**(çocuk) korkmak.

غریبیه garîbiyye: (A.) Kadirîlik tarikatinin Garîbîlik kolu.

غریدن gorrîden: **1.**gürlemek. **2.**kükremek. **3.**homurdanmak.

غریزوی garîzevî: (A.) içgüdüsel.

غریزه garîze: (A.) **1.**içgüdü, dürtü. **2.**yaratılış, tabiat. **3.**kendiliğinden oluşan.

غریزی garîzî: (A.) içgüdüsel.

غریزیه garîziyye: (A.) içgüdüsel.

غریق garîk: (A.) **1.**batık, batmış. **2.**boğulmuş.

غریق شدن garîk şoden: **1.**batmak. **2.**boğulmak.

غریق کردن garîk kerden: **1.**batırmak. **2.**boğmak.

غریم garîm: (A.) **1.**borçlu. **2.**alacaklı. **3.**rakip.

غریو garîv: **1.**feryat, çığlık. **2.**gürültü. **3.**(müz.) bir musikî makamı.

غریوان شدن garîvân şoden: feryat etmek, çığlık atmak.

غریو بر زدن garîv ber zeden: feryat etmek, çığlık atmak.

غریویدن garîvîden, girîvîden: **1.**feryat etmek, çığlık atmak. **2.**inlemek.

غز guz: (T.) Oğuz.

غزا gezâ: (A.) din uğruna yapılan savaş, din savaşı.

غزائم gazâ'im: (A.) [<azâ'im] hastalıktan ve her türlü illetten kurtulmak için okunan Kur'ân âyetleri.

غزات guzât: (A.) gaziler.

غزارت gazâret: (A.) bolluk, çokluk.

غزاز gazzâz: (A.) [<kazzâz] ibrişimci, ibrişim bükücüsü.

غزا کردن gezâ kerden: gaza etmek, savaşmak.

غزال gezâl: (A.) **1.**(zool.) ceylan. **2.**güneş. **3.**güneş ışını. **4.**(kin.) sevgili.

غزال gezzâl: (A.) iplikçi, urgancı.

غزال چشم gezâlçeşm: (A.-F.) [gezâl+ çeşm] ceylan gözlü.

غزالک gezâlek: (A.-F.) [gezâl+ek] **1.**yavru ceylan. **2.**(kin.) güzel yüzlü kadın.

غزاله gazâle: (A.) **1.**dişi geyik. **2.**dişi ceylan.

غزالیه gazâliyye: (A.) gazâlîlik, İmâm Gazâlî'nin kurduğu tarikat.

غزل gazel: (A.): **1.**(ed.) gazel. **2.**hoş, yumuşak, latif. **3.**klasik Türk musikîsinde irticâlen ve saz eşliğinde yapılan taksim. ‖ * ~ -i hodâhâfizî râ hânden غزل خداحافظی را خواندن **1.**ölmek. **2.**gitmeye hazırlanmak, toparlanmak. ‖ * ~ -i muzeyyel غزل مزیل mahlas beytinden sonra ünlü bir kişiden söz edilen gazel.

غزل gazl: (A.) eğirme, bükme.

غزلان gizlân: (A.) yavru ceylan.

غزل باف gazelbâf: (A.-F.) [gazel+ bâften> bâf]: (ed.) gazel şairi.

غزل برداشتن gazel berdâşten: gazel söylemek, gazel okumak.

غزل پرداختن gazel perdâhten: gazel

söylemek.

غزلخوان gazelhân: (A.-F.) [gazel+ hânden> hân] gazelhan, gazel okuyan.

غزل خواندن gazel söylemek:

غزلخوانی gazelhânî: (A.-F.) [gazel+ hânden>hân+î] gazel okuma.

غزلسرا gazelserâ: (A.-F.) [gazel+ serâyîden>serâ]: (ed.) gazel şairi.

غزلسرایی gazelserâyî: (A.-F.) [gazel+ serâyîden>serây+î]: (ed.) gazel şairliği.

غزل سرودن gazel surûden: gazel okumak, gazel söylemek.

غزل طراز gazelterâz: (A.-F.) [gazel+ terâz] gazel şairi.

غزل گفتن gazel goften: **1.**gazel söylemek. **2.**gazel yazmak.

غزل گو gazelgû: (A.-F.) [gazel+goften> gû] gazelhan, gazel okuyan.

غزل نویس gazelnuvîs: (A.-F.) [gazel+ nuvişten> nuvîs] gazel yazan, gazel şairi.

غزلی gazelî: (A.) gazel ile ilgili.

غزلیات gazeliyyât: (A.): (ed.) gazel tarzındaki şiirler, bir şairin divanında bulunan gazeller kısmı.

غزنوی gaznevî: [gazne+v+î] Gazneli.

غزنویان gazneviyân: [gazne+v+i+y+ân] Gazneliler.

غزنه gazne: (coğ.) Gazne.

غزو gazv: (A.) savaş, gazve, din için yapılan savaş.

غزوات gazevât: (A.) gazveler, din savaşları.

غزوات نامه gazevâtnâme: (A.-F.) [gazevât+nâme< nâme-i gazevât] bir komutanın savaşlarını anlatan eser.

غزوه gazve: (A.) gazve, din için yapılan savaş.

غزیر gazîr: (A.) **1.**çok, bol, fazla. **2.**bereketli.

غژ غژ gijgij: gıcır gıcır.

غژ غژ صدا کردن gij gij sedâ kerden: gıcırdamak.

غژ غژ کردن gij gij kerden: gıcırdamak.

غژ کردن gij kerden: mermi vınlamak.

غژگاو gejgâv: [gej+gâv] (zool.) yak, tibet öküzü.

غژیدن gajîden: **1.**sürünmek. **2.**çakışmak. **3.**istiflemek.

غسال gessâl: (A.) gassal, ölü yıkayıcısı.

غسالخانه gessâlhâne: (A.-F.) [gessâl+ hâne] gasilhane, gassalhane, ölü yıkama yeri.

غساله gessâle: (A.) ölü yıkayıcı kadın. ‖ * selâse-i ~ ثلاثهء غساله art arda üçüncü kadehi içme.

غساله gusâle: (A.) banyo suyu, yıkama suyu.

غسق gasek: (A.) kararma, hava kararması, akşam karanlığı.

غسل gasl: (A.) **1.**ölü yıkama. **2.**yıkanma. **3.**yıkama. ‖ * ~ -i meyyit غسل میت **1.**ölüyü yıkama. **2.**ölünün yıkanması.

غسل gosl: (A.) gusül, yıkanma, boy abdesti.

غسل آوردن gosl âverden: gusletmek, yıkanmak.

غسل بر آوردن gosl ber âvorden: banyo yapmak, gusletmek, yıkanmak.

غسلخانه goslhâne: (A.-F.) [gosl+hâne] **1.**banyo, hamam. **2.**hela, tuvalet. **3.**evlerde hem yüklük hem banyo olarak kullanılan mekân.

غسل دادن gosl dâden: gusletmek.

غسل کردن gosl kerden: gusletmek, boy abdesti almak.

غسلگاه goslgâh: (A.-F.) [gosl+gâh] banyo.

غش geş: (A.) **1.**ihanet, hainlik. **2.**aldatma, hile. **3.**paraya değersiz maden karıştırma.

غش geş: baygın, kendinden geçmiş. ‖ * ~ u rîse reften غش و ریسه رفتن ağlayıp sızlanmak.

غش gişş: (A.) **1.**ihanet. **2.**sahtecilik.

غشا guşâ: (A.) guatr.

غشاء gişâ': (A.) **1.**örte, perde. **2.**(tıb.) zar.

غشائی gışâ'î: (A.) **1.**zar ile ilgili. **2.**zarımsı.

غشئی الجناح gışâiyyulcenâh: (A.) zarkanatlılar.

غشاوت gışâvet: (A.) göz perdesi, katarakt.

غشاوه geşâve, gişâve: (A.) **1.**zar. **2.**perde. **3.**örtü.

غش غش خندیدن geş geş handîden: kikir kikir gülmek, bayılıncaya kadar gülmek.

غش کردن geş kerden: ihanet etmek.

غش کردن geş kerden: **1.**bayılmak, kendinden geçmek. **2.**çok sevmek, bayılmak. ‖ * ez hande ~ از خنده غش کردن gülmekten bayılacak gibi olmak.

غشم geşm: (A.) zulüm, sitem.

غشمشم geşemşem: (A.) korkusuz, pervasız.

غشوم gaşûm: (A.) **1.**inatçı. **2.**zalim.

غشه رشه geşe reşe: ayak takımı.

غشه گذاشتن goşe gozâşten: at yarışı yapmak.

غشی geşy: (A.) bayılma, baygınlık, kendinden geçme.

غشی geşî: (A.): (tıb.) saralı.

غشی آور gaşyâver: (A.-F.) [gaşy+ âverden>âver] bayıltıcı, kendinden geçirtici, baygınlık veren.

غشی افتادن geşy oftâden: bayılmak.

غشیان gaşeyân: (A.) kendinden geçme.

غشیت gaşyet: (A.) kendinden geçme.

غصب gasb: (A.) **1.**el koyma, zorla elinden alma. **2.**el konulmuş, zorla elinden alınmış.

غصباً gasben: (A.) gasp ederek, zorla alarak. ‖ * ~ anh غصباً عنه ona rağmen. ‖ * ~ ank غصباً عنک sana rağmen.

غصب کردن gasb kerden: gaspetmek.

غصص gusas: (A.) kederler, tasalar.

غصن gusn: (A.) dal, ağaç dalı.

غصن gusn: (A.) dal.

غصنه gusne: (A.) bir dal.

غصون gusûn: (A.) dallar, ağaç dalları.

غصه gosse: (A.) gam, üzüntü, gussa. ‖ * ~ -i kesî giriften غصهء کسی گرفتن üzülmek.

غصه افزودن gosse efzûden: kederi artmak.

غصه خور gossehor: (A.-F.) [gosse+ horden> hor] üzgün.

غصه خوردن gosse horden: üzülmek.

غصه خوری gossehorî: (A.-F.) [gosse+ horden> hor+î] üzgünlük.

غصه دادن gosse dâden: üzmek.

غصه دار gossedâr: (A.-F.) [gosse+ dâşten> dâr] üzgün, üzüntülü.

غصه دار gossedâr kerden: üzmek.

غصه داشتن gosse dâşten: üzgün olmak, üzüntüsü olmak.

غصه فزا gussefezâ: (A.-F.) [gusse+ fezûden>fezâ] üzen, kederlendiren, üzüntüyü artıran.

غصه کشیدن gosse keşîden: üzülmek, gam çekmek.

غصه مرگ شدن gossemerg şoden: üzüntüsünden ölmek, kederinden ölmek.

غصه مند gossemend: (A.-F.) [gosse+ mend] üzgünü, üzüntülü.

غصه ناک gossenâk: (A.-F.) [gosse+nâk] üzüntülü, kederli, keder verici, acıklı.

غصین guseyn: (A.) dalcık.

غضاریف gadârîf: (A.) kıkırdaklar.

غضب gazab: (A.) öfke, gazap.

غضب آلود gazabâlûd: (A.-F.) [gazab+ âlûden>âlûd] öfkeli.

غضب آمیز gazabâmîz: (A.-F.) [gazab+ âmîhten> âmîz] kızgın, gazaplı, öfkeli.

غضبا gazaben: (A.) gazaplanarak, gazap ile, kızgınlıkla.

غضبان gazbân: (A.) öfkeli, gazaplı.

غضب انگیز gazabengîz: (A.-F.) [gazab+ engîhten>engîz] öfkelendirici.

غضب راندن gazab rânden: öfkelenmek, gazaba gelmek.

غضب کردن gazab kerden: öfkelenmek, gazaba gelmek.

غضبناک gazabnâk: (A.-F.) [gazab+nâk] gazaplı, kızgın.

غضبناک شدن gazabnâk şoden: gazaba gelmek, öfkelenmek.

غضبناک کردن gazabnâk kerden:

gazaba getirmek, öfkelendirmek.

غضروف gozrûf: (A.) kıkırdak.

غضروفى gozrûfî: (A.-F.) [gozrûf+î] 1.kıkırdaksı. 2.kıkırdakla ilgili.

غضروفين gozrûfîn: (A.) 1.kondrin. 2.kabuklaşma, kıkırdaklaşma.

غضنفر gazanfer: (A.) 1.(zool.) arslan. 2.yiğit. 3.Hz. Ali'nin lakabı. 4.erkek adı.

غضنفر آساى gazanferâsây: (A.-F.) [gazanfer+âsây] arslan gibi, arslanca.

غضنفرانه gazanferâne: (A.-F.) [gazanfer+âne] arslan gibi.

غضنفر پنچه gazanferpençe: (A.-F.) [gazanfer+pençe] arslan pençeli.

غضنفر جنگ gazanferceng: (A.-F.) [gazanfer+ceng] arslan gibi dövüşen.

غضنفرفر gazanferfer: (A.-F.) [gazanfer+ fer] arslan gibi gözleri ışıltılı.

غضوب gazûb: (A.) 1.gazaplı, kızgın. 2.kükremiş.

غضوبانه gazûbâne: (A.-F.) [gazûb+âne] gazapla, öfkeyle, hınçla.

غضير gazîr: (A.) yumuşak, uysal.

غضيره gazîre: (A.) yumuşak, uysal.

غطاء gitâ': (A.) 1.örte. 2.perde. 3.zar.

غطارفه gatârife: (A.) 1.soylular. 2.liderler.

غطاريف gatârîf: (A.) 1.soylular. 2.liderler.

غطريف gıtrîf: (A.) 1.soylu. 2.lider.

غطس gats: (A.) 1.batırma. 2.daldırma. 3.batırılma. 4.daldırılma.

غفار gaffâr: (A.) 1.günahları affeden, Tanrı. 2.erkek adı.

غفار الذنوب gaffâruzzunûb: (A.) günahları bağışlayan, Tanrı.

غفرالله له gaferallâhu leh: (A.) Tanrı onu bağışlasın.

غفارى geffârî: (A.-F.) [geffâr+î] bağışlayıcılık.

غفج gofc: 1.su birikintisi. 2.çukur. 3.su verilmiş kılıç. 4.saç destesi. 5.ince ve düzgün dal.

غفر gafr: (A.) 1.örtme. 2.günah bağışlama.

غفران gufrân: (A.) affetme, yarlıgama, merhamet etme.

غفلت gaflet: (A.) durumdan habersiz kalma, dikkat etmeme, ileriyi görmeme, uyanık olmama.

غفلتاً gafleten: (A.) gafil olarak, hissettirmeden, sezdirmeden, ansızın, ani, habersizce.

غفلت داشتن gaflet dâşten: gafil olmak, gaflet içinde bulunmak.

غفلت شمردن gaflet şomorden: yanlış bilmek.

غفلت كردن gaflet kerden: gaflete düşmek, gaflet etmek.

غفلت ورزيدن gaflet verzîden: gaflete düşmek, gafil olmak.

غفلةً gafleten: (A.) gafil olarak, hissettirmeden, sezdirmeden, ansızın, ani, habersizce.

غفلتى gafletî: (A.-F.) [gaflet+î] gaflet, habersizlik.

غفلةً gafleten: (A.) gafletle, dalgınlıkla.

غفور gafûr: (A.) 1.bağışlayıcı, günahları bağışlayan. 2.Tanrı'nın sıfatlarından biri.

غفور الرحيم gafûrurrahîm: (A.) suçları bağışlayan, merhametli Tanrı.

غفول gufûl: (A.) gafletler.

غفير gafîr: (A.) 1.çok, çok fazla. 2.saran, çevreleyen, örten. 3.muhafızlar. ‖ * cemm-i ~ · جم غفير büyük kalabalık.

غل gall: (A.) 1.zincire vurma. 2.elini boynuna bağlama.

غل gill: (A.) kıskançlık, haset, kin, düşmanlık. ‖ * ~ u giş غل و غش 1.kin, düşmanlık. ‖ * ~ u hîle غل و حيله 1.düzen, hile hurda. 2.değerli madene değersiz maden karıştırma.

غل goll: (A.) boyunduruk, boyun zinciri, pranga.

غلاء gelâ': (A.) 1.pahalılık. 2.darlık. ‖ * kaht u ~ قحط و غلاء kıtlık ve pahalılık.

غلات gelât: (A.) pahalı şeyler.

غلات gellât: (A.) **1.**tahıllar. **2.**zahireler. **3.**kira gelirleri. **4.**el emekleri.

غلات gulât: (A.) aşırılar.

غلاظ gilâz: (A.) koyu ve yoğun şeyler.

غلاظ gulâz: (A.) yoğun, kaba, kalın.

غلاف gilâf, gelâf: (A.) kın, kılıf.

غلاف القلب gılâfulkalb: (A.) kalp zarı.

غلاف کردن gilâf kerden: **1.**kınına koymak. **2.**el çekmek, vazgeçmek, bırakmak.

غلال gilâl: (A.) **1.**tahıllar. **2.**gelirler, kira gelirleri.

غلام golâm: (A.) **1.**oğul. **2.**çırak. **3.**hizmetçi. **4.**kul, köle. **5.**öğrenci. **6.**oğlan. **7.**teb'a, raiyet, kul. **8.**tutsak, esir. **9.**bülûğa ermiş çocuk. **10.**Türk gulam, Türk kölemen.

غلامان gulâmân (A.-F.) [gulâm+ân] köleler, kullar, gulamlar.

غلامانه golâmâne: (A.-F.) [golâm+âne] **1.**oğlanca, oğlan gibi. **2.**hizmetkâr gibi.

غلامبارگی golâmbâregî: (A.-F.) [golâm+ bâre+g+î] kulamparalık, oğlancılık.

غلامباره golâmbâre: (A.-F.) [golâm+ bâre] kulampara, oğlancı.

غلام بچه golâmbeççe: (A.-F.) [golâm+ beççe] hizmetçi çocuk, uşak.

غلامچه gulâmçe: (A.-F.) [gulâm+çe] 8-10 yaşları arasındaki çocuk.

غلامخانه golâmhâne: (A.-F.) [golâm+ hâne] **1.**köle evi. **2.**oğlan odası.

غلامی gulâmî: (A.-F.) [golâm+î] kulluk, kölelik.

غلامیه gulâmiyye: (A.) vergi tahsil aidatı.

غلباء gelbâ': (A.) koruluk, ormanlık.

غلبات galebât: (A.) üstünlükler, üstün gelmeler.

غلبه galebe: (A.) **1.**üstünlük, galibiyet, ağır basma, baskın çıkma. **2.**istila. **3.**bolluk. **4.**kalabalık. **5.**azgın. **6.**galipler.

غلبه داشتن galebe dâşten: **1.**bol olmak. **2.**galip olmak, üstün gelmek, ağır basmak, galebe çalmak.

غلبه شدن galebe şoden: bol olmak, çok olmak.

غلبه کردن galebe kerden: ağır basmak, üstün gelmek, galebe çalmak.

غلبه یافتن galebe yâften: galip gelmek, bastırmak, galebe çalmak.

غلت gelt: **1.**yuvarlanma. **2.**(müz.) nota.

غلتاق geltâk: kaltak. ‖ * kohne ~ کهنه غلتاق yaşlı orospu.

غلتان geltân: [geltîden>gelt+ân] **1.**rolant. **2.**yuvarlanan. **3.**yuvarlak.

غلتاندن geltânden: yuvarlamak.

غلتان غلتان geltân geltân: yuvarlana yuvarlana, yuvarlanarak.

غلتانیدن geltânîden: yuvarlamak.

غلتبان geltebân: **1.**yurgu taşı. **2.**(argo.) kaltaban, deyyus.

غلت خوردن gelt horden: **1.**yuvarlanmak. **2.**dönmek.

غلت زدن gelt zeden: **1.**yuvarlanmak. **2.**dönmek.

غلتک geltek: [geltîden>gelt+ek] **1.**yurgu taşı, loğ taşı. **2.**merdane, silindir taşı. **3.**çıkrık. ‖ * rûy-i ~ oftâden روی غلتک افتادن yoluna girmek, tıkırında gitmek.

غلتک زدن geltek zeden: yuvarlamak.

غلتیدن geltîden: **1.**yuvarlanmak. **2.**(mec.) uyum göstermek. **3.**dökülmek. **4.**dönmek. ‖ * ~ ber çîzî غلتک زدن بر چیزی bolluk içinde yaşamak.

غل دادن gol dâden: yuvarlamak.

غل زدن gol zeden: fokurdamak.

غلصمه galsama: (A.) **1.**hançere. **2.**solungaç.

غلط galat: (A.) **1.**yanlış. **2.**yanılma. ‖ * be ~ به غلط yanlışlıkla. ‖ * be ~ endâhten به غلط انداختن yanılgıya düşürmek, hata ettirmek. ‖ * be ~ oftâden به غلط افتادن yanılgıya düşmek, hataya düşmek. ‖ * der ~ bûden در غلط بودن yanılgıda olmak. ‖ * her ~ î mîhâhî bokon هر غلطی می خواهی بکن (Hlk.) ne halin varsa, gör!, ne halt edersen et!

غلط افتادن galat oftâden: yanlış çıkmak, yanlış olmak.

غلط انداز کردن galatendâz kerden: fiyatı şişirmek, fiyatı yüksek göstermek.

غلطاندن geltânden: yuvarlamak.

غلطانیدن geltânîden: yuvarlamak.

غلط باختن galat bâhten: yanılmak, hata yapmak.

غلط خوردن galat horden: yanılmak.

غلط خوردن gelt horden: yuvarlanmak.

غلط دادن galat dâden: yanıltmak, hata ettirmek.

غلط دادن gelt dâden: yuvarlamak.

غلط داشتن galat dâşten: yanlış yapmak, hata yapmak.

غلط دیدن galat dîden: **1.**hata görmek. **2.**yanılmak.

غلط شدن galat şoden: **1.**yanlış çıkmak. **2.**yanılmak.

غلطک geltek: [geltîden>gelt+ek] yurgu taşı, loğ taşı.

غلطکار galatkâr: (A.-F.) [galat+kâr] **1.**yanılan, hata eden, yanlış yapan. **2.**hilekâr.

غلط کردن galat kerden: **1.**hata yapmak, yanılmak. **2.**(hlk.) halt etmek. ‖ * ~ -i râh غلط کردن راه yolu kaybetmek.

غلط گرفتن galat giriften: hata bulmak, birinin hatasını göstermek.

غلط گو galatgû: (A.-F.) [galat+goften> gû] hatalı söyleyen, yanlış söyleyen.

غلط گیری galatgîrî: (A.-F.) [galat+ giriften> gîr+î] tashih, düzelti. ‖ * ~ -i kitâb غلط گیری کتاب tashih, düzelti.

غلط گیری کردن galatgîrî kerden: tashih etmek, düzelti yapmak.

غلطنامه galatnâme: (A.-F.) [galat+nâme] yanlış-doğru cetveli.

غلط نویس galatnuvîs: (A.-F.) [galat+ nuvişten> nuvîs] hatalı yazan, yanlış yazan.

غلطان galtân: [galtîden>galt+ân] **1.**yuvarlanan. **2.**yuvarlanarak.

غلطی galatî: (A.-F.) [galat+î] yanlışlıkla.

غلطیدن galtîden: **1.**yuvarlanmak. **2.**dönmek.

غلطیده galtîde: [galtîden>galtîd+e] yuvarlanmış.

غلظت gilzet: (A.) **1.**yoğunluk. **2.**kalınlık. **3.**kabalık. **4.**pislik.

غلغ galeğ: (A.) huy, tabiat.

غلغل golgol: **1.**lüleli kaptan dökülen su sesi. **2.**gürültü patırtı, şamata. **3.**bülbül şakıması.

غلغل افتادن golgol oftâden: gürültüpatırtı çıkmak, çıngar çıkmak.

غلغل جوشیدن golgol cûşîden: fıkır fıkır kaynamak.

غلغلک galgelek, gılgılek: gıdıklama.

غلغلک golgolek: [golgol+ek] testi.

غلغلک آمدن gılgılek âmeden: gıdıklanmak.

غلغلک دادن gılgılek dâden: gıdıklamak.

غلغل کردن golgol kerden: **1.**fıkırdamak, fıkır fıkır kaynamak. **2.**gürültü patırtı etmek.

غلغله golgole: **1.**lüleli kaptan dökülen su sesi. **2.**gürültü patırtı, şamata.

غلغله افتادن golgole oftâden: gürültü patırtı çıkmak, çıngar çıkmak.

غلغله افکندن golgole efkenden: gürültü patırtı çıkarmak, çıngar çıkarmak.

غلغله خیز golgolehîz: (A.-F.) [golgole+ hâsten>hîz] feryatlar koparan.

غلغلی gılgılî: gıdıklama.

غلف guluf: (A.) kılıflar, kınlar.

غلفت gulfet: (A.) kılıf.

غلفتی gıliftî: **1.**boşuna, saçma. **2.**dayanıksız, derme çatma, entipüften.

غلفتی کردن gıliftî kerden: yorgan yapmak.

غلفه gulfe: (A.) sünnet derisi, penis başını çevreleyen deri.

غلفوی gulfevî: (A.) sünnet derisi ile ilgili.

غلق galik: (A.) karmaşık söz.

غلق galk: (A.) kapı kapama.

غلک gollek: [goll+ek] kumbara.

غل کردن gol kerden: zincire vurmak.

غلل galel: (A.) ormandan gelen çay.

غلمان gılmân: (A.) **1.**yeni yetmeler, gençler, bıyığı yeni terlemiş delikanlılar. **2.**köleler. **3.**uşaklar.

غلمانان gilmânân: (A.-F.) [gilmân+ân] **1.**köleler, oğlanlar. **2.**saray oğlanları.

غلمبه golombe: **1.**kaba söz. **2.**zırva. ‖ * ~ solombe غلمبه سلمبه kaba saba.

غلمت gulmet: (A.) aşırı şehvet.

غلمه gılme: (A.) yeni yetmeler, gençler, bıyığı yeni terlemiş delikanlılar.

غلنبه golonbe: **1.**zırva. **2.**yuvarlak. **3.**çok fazla. ‖ * ~ solonbe غلنبه سلنبه kaba saba.

غلو goluvv: (A.) **1.**taşkınlık, haddini aşma. **2.**abartı. **3.**saldırma.
* ~ -i âmm غلو عام genel isyan.

غلواء golvâ': (A.) **1.**haddini aşma, taşkınlık. **2.**delikanlılık.

غلو داشتن golov dâşten: haddini aşmak, çizmeyi aşmak, taşkınlık etmek.

غلو کردن golov kerden: haddini aşmak, çizmeyi aşmak, taşkınlık etmek.

غلول gulûl: (A.) ihanet, ganimete ihanet etme.

غله gale: ızdırap.

غله galle: (A.) **1.**tahıl, zahire. **2.**kira geliri. **3.**vakıftan elde edilen gelir ve ürün.

غله باز دادن galle bâz dâden: kazanç sağlamak, fayda etmek.

غله دادن galle dâden: **1.**tahıl vermek. **2.**kazanç sağlamak. **3.**kiraya vermek.

غله دان galledân: (A.-F.) [galle+dân] tahıl ambarı.

غله فروش gallefurûş: (A.-F.) [gelle+furûhten>furûş] hububatçı, tahıl satıcısı, zahireci.

غليان galeyân: (A.) **1.**taşkınlık, galeyan. **2.**kaynama. **3.**buharlaşma. **4.**coşma.

غليان gelyân, gilyân: nargile.

غليان کشيدن gelyân keşîden: nargile içmek.

غليج galîç: bel.

غليظ galîz: (A.) **1.**yoğun, galiz. **2.**kaba, ağdalı. **3.**hazmı güç. **4.**koyu. **5.**taş yürekli, katı. **6.**iri.

غليظ شدن galîz şoden: **1.**irileşmek. **2.**ağdalanmak, ağdalaşmak. **3.**yoğunlaşmak. **4.**kabalaşmak.

غليظ کردن galîz kerden: **1.**irileştirmek. **2.**ağdalaştırmak. **3.**yoğunlaştırmak. **4.**kabalaştırmak.

غليظه galîze: (A.) **1.**kaba, edebe aykırı. **2.**yoğun, kalın.

غليظی galîzî: (A.-F.) [galîz+î] yoğunluk.

غليل galîl: (A.) **1.**susuzluk, susamışlık. **2.**iç yangısı, hararet.

غليواج galîvâc (zool.) çaylak.

غم gam: (A.) gam, keder, üzüntü. ‖ * ~ -i eyyâm غم ايام günlerin geçip gitmesinden duyulan kaygı, gelecek tasası. ‖ * ~ -i ferdâ غم فردا yarının tasası. ‖ * ~ -i kesî râ horden غم کسی را خوردن birine üzülmek. ‖ * be ~ efkenden به غم افکندن üzmek. ‖ * çi ~ چه غم umurunda mı?, üzülecek ne var? ‖ * def' -i ~ · دفع غم üzüntüyü atma. ‖ * dil be ~ dâşten دل به غم داشتن gamlı olmak.

غم آباد gamâbâd: (A.-F.) [gam+âbâd] hüzün dolu yer, gam ülkesi.

غم آگين gamâgîn: (A.-F.) [gam+âgîn] gamlı.

غم آلود gamâlûd: (A.-F.) [fam+âlûden> âlûd] gamlı, kederli.

غم آلودگی gamâlûdegî: (A.-F.) [gam+âlûden>âlûd+e+g+î] kederlilik.

غم آور gamâver: (A.-F.) [gam+âverden> âver] üzücü, üzüntü verici.

غمائم gamâ'im: (A.) burunduruk. Isırmasını veya yem yemesini önlemek için hayvanların ağzına takılan torba veya file.

غمار gemâr: **1.**kalabalık. **2.**güçlükler.

غماز gemmâz: (A.) **1.**gammaz. **2.**kaş göz işareti yapan. **3.**heyecan verici.

4.(kin.) sevgilinin gözü.
غمازانه gammâzâne: (A.-F.) [gammâz+ âne] fitnecilikle, arabozarak, koğuculuk yaparak.
غماز شدن gemmâz şoden: laf taşımak, gammazlık etmek.
غمازک gemmâzek: (A.-F.) [gemmâz+ ek] olta iğnesi.
غمازه gammâze: (A.) göz kırparak cilve yapan sevgili.
غمازی gemmâzî: (A.-F.) [gemmâz+î] gammazlık, laf taşıma.
غمازیت gammâziyyet: (A.) gammazlık, fitnecilik, arabozuculuk, koğuculuk.
غمازی کردن gemmâzî kerden: gammazlık etmek, laf taşımak.
غم افزا gamefzâ: (A.-F.) [gam+efzûden> efzâ] üzücü.
غمام gemâm: (A.) bulut, beyaz bulut.
غمامه gemâme: (A.) bulut, beyaz bulut.
غم اندوز gamendûz: (A.-F.) [gam+ endûhten> endûz] gam biriktiren.
غم انگیز gamengîz: (A.-F.) [gam+ engîhten>engîz] üzücü, üzüntü verici.
غمباد gambâd: (A.-F.) [gam+bâd]: (tıb.) guatr.
غمبار gambâr: (A.-F.) [gam+bârîden> bâr] üzüntü verici, üzücü, trajik.
غم بردن gam borden: üzülmek, gamlanmak.
غم پرداز gamperdâz: (A.-F.) [gam+ perdâhten>perdâz] üzücü, üzüntü veren.
غم پردازی gamperdâzî: (A.-F.) [gam+ perdâhten> perdâz+î] gam verme, gamlandırma.
غم پرور gamperver: (A.-F.) [gam+ perverden>perver] gamlı, gam veren, tasalı.
غم پناه gampenâh: (A.-F.) [gam+ penâhîden> penâh] gam dolu yer, hüzün verici yer.
غمخانه gamhâne: (A.-F.) [gam+hâne] **1.**matem evi. **2.**(kin.) gönül. **3.**dünya.
غمخوار gamhâr: (A.-F.) [gam+horden> hor>hâr] **1.**dert ortağı. **2.**üzgün.
غمخوارگی gamhâregî: (A.-F.) [gam+ horden>hor>hâr+e+g+î] dert ortaklığı.
غم خواره gamhâre: (A.-F.) [gam+horden> hor> hâr+e] dert ortağı.
غمخواری gamhârî: (A.-F.) [gam+ horden> hord>hâr+î] dert ortaklığı.
غمخواری کردن gamhârî kerden: teselli etmek.
غم خوردن gam horden: **1.**gamlanmak, üzülmek. **2.**acımak.
غمخورک gamhorek: (A.-F.) [gam+ horden> hor+ek] (zool.) balaban kuşu.
غمد gımd, gamd: (A.) **1.**kın. **2.**kap, mahfaza.
غمد gimd: (A.) **1.**kın. **2.**sebze ve meyva kabuğu.
غمدار gamdâr: (A.-F.) [gam+dâşten> dâr] gamlı.
غم داشتن gam dâşten: gamlı olmak.
غم دیده gamdîde: (A.-F.) [gam+dîden> dîd+e] gamlı, acılı, kederli.
غمر gamr: (A.) **1.**su basma. **2.**derinlik, su derinliği.
غمرات gamerât: (A.) derinlikler.
غمره gamre: (A.) **1.**görgüsüzlük. **2.**kalınkafalılık.
غمری gamrî: (Ar.+î] **1.**tecrübesizlik. **2.**cahillik. **3.**ahmaklık.
غمز gamz: (A.) **1.**göz kırpma, köş göz işareti yapma. **2.**laf taşıma, gammazlık etme.
غمزات gamezât: (A.) kaş göz edişler, göz kırparak yapılan aşk çağrıları.
غم زدا gamzedâ: (A.-F.) [<gam+ zedâyîden> zedâ] gönülden gamı silip süpüren, kederi uzaklaştıran.
غم زدودن gam zudûden: teselli̇̂ etmek.
غمزده gamzede: (A.-F.) [gam+zeden> zed+e] gamlı, yaslı, kederli, acılı.
غمز کردن gamz kerden: **1.**laf taşımak. **2.**bir sırrı ifşa etmek.
غمزه gamze: **1.**göz kırpma. **2.**gamze,

yan bakış, süzgün bakış, gözleri kısarak yan bakış. **3.**yanak ve çene çukuru.

غمزه فگن · gamzefigen: (A.-F.) [gamze+ figenden> figen] aşığına süzgün ve yan yan bakan, gamzeler eden.

غمزه گر gamzeger: (A.-F.) [gamze+ger] gamzeli, süzgün bakışlı.

غمزه کردن gamze kerden: kaş göz işareti yapmak.

غمزی gamzî: (A.) göz kırpan.

غمض gamz: (A.) **1.**göz yumma, görmezden gelme. **2.**kolaylaştırma. ‖ * ~ -i ayn غمض عین göz yumma.

غمغمه gamgame: (A.) **1.**böğürtü. **2.**savaş sesi. **3.**savaşçı.

غم فزا gamfezâ: (A.-F.) [gam+fezûden> fezâ] üzüntüyü artıran.

غم غم کردن gam gam kerden: homurdanmak, söylenmek.

غمق gamak: (A.) **1.**nem. **2.**nemli ve basık hava.

غمکده gamkede: (A.-F.) [gam+kede] **1.**dert evi, üzüntü evi. **2.**dünya.

غم کردن gam kerden: gamlanmak.

غمکش gamkeş: (A.-F.) [gam+keşîden> keş] gamlı, kederli.

غم کشیدن gam keşîden: gam çekmek.

غمگاه gamgâh: (A.-F.) [gam+gâh] gam yeri, üzüntü yeri.

غم گسار gamgusâr: (A.-F.) [gam+ gosârden> gosâr] **1.**dert ortağı. **2.**gerçek dost.

غم گساردن gam gosârden: dert ortaklığı etmek.

غم گساری gamgosârî: (A.-F.) [gam+ gosârden>gosâr+î] dert ortaklığı.

غم گساری کردن gamgosârî kerden: **1.**dert ortaklığı etmek. **2.**dost olmak.

غمگین gamgîn: (A.-F.) [gam+gîn] gamlı, kederli, üzgün.

غمگین داشتن gamgîn dâşten: üzmek, kederlendirmek.

غمگین شدن gamgîn şoden: üzülmek.

غمگین کردن gamgîn kerden: üzmek, kederlendirmek.

غمگین گشتن gamgîn geşten: üzülmek, kederlenmek.

غمگینی gamgînî: (A.-F.) [gam+gîn+î] üzüntü, keder.

غملول شوکی gamlûl-i şevkî (bot.) kender ağacı.

غم معتاد gammu'tâd: (A.-F.) [<mu'tâd-i gam] gamlanmaya alışmış.

غمناک gamnâk: (A.-F.) [gam+nâk] gamlı, üzgün, üzüntülü.

غمناک شدن gamnâk şoden: üzülmek, gamlanmak.

غمناک کردن gamnâk kerden: üzmek, gamlandırmak.

غم نامه gamnâme: (A.-F.) [gam+nâme] trajedi.

غم نثار gamnisâr: (A.-F.) [gam+nisâr< nisâr konende-i gam] keder veren, gam saçan.

غم نشان gamnişân: (A.-F.) [gam+ nişânden>nişân] gamlı, üzgün, kederli.

غمنده gamende: [gamîden>gam+ende] üzgün, gamlı.

غموس gamûs: **1.**güç iş. **2.**yalan yemin.

غموس gumûm: (A.) gamlar, kederler.

غموض gumûz: (A.) çapraşıklık, karmaşıklık.

غموم gumûm: (A.) gamlar, üzüntüler.

غمی gamî: (A.-F.) [gam+î] gamlı, üzgün.

غمی شدن gamî şoden: gamlanmak, üzülmek.

غمی کردن gamî kerden: gamlandırmak, üzmek.

غمی گشتن gamî geşten: gamlanmak, üzülmek.

غمین gamîn: (A.-F.) [gam+în] gamlı, üzgün.

غناء genâ': (A.) zenginlik, varlık.

غناء ginâ': (A.) **1.**zenginlik. **2.**bolluk. **3.**bıkkınlık, usanma. **4.**şarkı, terennüm, melodi.

غنائم genâ'im: (A.) ganimetler.

غنائی ginâî: (A.) aşk şarkılarıyla ilgili, lirik.

غناج gannâc: (A.) somurtkan, ekşi yüzlü.

غناز gannâz: (A.) işveli, cilveli.

غناساز gınâsâz: (A.-F.) [gınâ+sâhten>sâz] şarkı söyleyen.

غنج genc: **1.**çuval. **2.**kalça.

غنج genc: (A.) naz, cilve, işve.

غنج genc (zool.) larva.

غنج gonc: (A.) naz, cilve, zırıtma.

غنجال gencâl: ekşi meyva.

غنج زدن genc zeden: çok arzu etmek, can atmak, içi gitmek.

غنجه gonce, gence: **1.**gonca. **2.**naz, cilve.

غنجه دهان goncedehân: [gonce+dehân] gonca ağızlı, küçük ağızlı.

غنجه دهن goncedehen: [gonce+dehen] gonca ağızlı.

غنجه رخسار gonceruhsâr: [gonce+ruhsâr] yanağı goncaya benzeyen.

غنجه فم goncefem (F.-A.) [gonce+fem] gonca ağızlı.

غنجه کردن gence kerden: naz yapmak, cilve yapmak.

غنجه لب gonceleb: [gonce+leb] gonca dudaklı, dudakları gül goncasını andıran.

غنجه وش gonceveş: [gonce+veş] gonca gibi.

غنچه gonçe: **1.**gonca, tomurcuk. **2.**su kabarcığı. **3.**kümbet. **4.**(kin.) sevgilinin ağzı.

غنچه بستن gonçe besten: gonca vermek, tomurcuklanmak.

غنچه دهان gonçedehân: [gonçe+dehân] **1.**gonca ağızlı. **2.**(kin.) sevgili.

غنچه شدن gonçe şoden: **1.**gonca olmak, tomurcuklanmak. **2.**(kin.) toplanmak, bir araya gelmek. **3.**(kin.) beklemek, düşünmek.

غنچه کردن gonçe kerden: yuvarlamak. ‖ * leb râ ~ لب را غنچه کردن dudak büzmek.

غنچه گشتن gonçe geşten: **1.**toplanmak, bir araya gelmek, büzülmek. **2.**düşünmek.

غنچه لب gonçeleb: [gonçe+leb] **1.**gonca ağızlı. **2.**(kin.) sevgili.

غند gond: **1.**toplanmış, bir araya gelmiş. **2.**güruh.

غند شدن gond şoden: toplanmak, bir araya gelmek.

غند کردن gond kerden: **1.**hazırlamak. **2.**toplamak, bir araya getirmek.

غند گشتن gond geşten: toplanmak, bir araya gelmek.

غند ماش gondmâş: [gond+mâş] (bot.) fasulye.

غنده gonde: [gond+e] **1.**toplanmış, toplu. **2.**hamur topağı. **3.**örümcek.

غنگ غنگ زدن geng geng zeden: inlemek.

غنم ganem: (A.) **1.**(zool.) koyun. **2.**koyun sürüsü.

غنو gunû: [gunûden>gunû] uyku.

غنودن gunûden: **1.**uyumak. **2.**dinlenmek, istirahat etmek. **3.**(kin.) yorulmak. **4.**(kin.) ölmek.

غنوده gunûde: [gunûden>gunûd+e] **1.**uyumuş. **2.**uyuyan.

غنه gonne: genizden gelen ses, hımhımlık.

غنی ganî: (A.) **1.**zengin, varlıklı, gani. **2.**güzel. **3.**Tanrı'nın sıfatlarından biri.

غنی شدن ganî şoden: zenginleşmek, zengin olmak.

غنی کردن ganî kerden: zengin etmek, zenginleştirmek.

غنی گردیدن ganî gerdîden: zengin olmak, zenginleşmek.

غنیم ganîm: (A.) ganimet.

غنیمت ganîmet: (A.) **1.**savaşta düşmandan elde edilen mal. **2.**emeksiz kazanç. **3.**büyük fırsat.

غنیمت آوردن ganîmet âverden: ganimet almak. ‖ * be ~ به غنیمت آوردن ganimet almak.

غنیمت بردن ganîmet borden: ganimet almak.

غنیمت دادن ganîmet dâden: ganimet vermek.

غنیمت داشتن ganîmet dâşten: ganimet bilmek.

غنیمت دانستن ganîmet dânisten: ganimet bilmek.

غنیمت شمردن ganîmet şomorden: ganimet bilmek, ganimet saymak.

غنیمت گرفتن ganîmet giriften: ganimet almak.

غو gû (zool.) kuğu. ‖ * bâliş-i per-i ~ بالش پر غو kuş tüyü yastık.

غوائل gevâ'il: (A.) **1.**sıkıntılı olaylar, felaketler. **2.**dertler, sorunlar.

غوات guvât: (A.) azgınlar, yoldan çıkmışlar.

غواشی gavâşî: (A.) **1.**zarlar. **2.**perdeler. **3.**örtüler.

غواص gevvâs: (A.) dalgıç.

غواصی gevvâsî: (A.-F.) [gevvâs+î] dalgıçlık.

غواصی کردن gevvâsî kerden: **1.**dalış yapmak. **2.**dalgıçlık yapmak. **3.**(kin.) düşünmek.

غوافل gavâfil: (A.) gafiller.

غوالی gavâlî: (A.) hoş kokular.

غوامض gevâmiz: (A.) **1.**düzgün araziler. **2.**deve yavruları, boduklar. **3.**ince anlamlar. **4.**güçlükler, çapraşık şeyler, karmaşık şeyler, güç anlaşılır şeyler. **5.**sırlar.

غوانم gavânım: (A.) ganimet alanlar.

غوانی gevânî: (A.) **1.**güzel kadınlar. **2.**şarkıcı kadınlar. **3.**zenginler.

غوایا gevâyâ: (A.) yoldan çıkanlar, sapıtanlar, sapkınlar, azgınlar.

غوایت gevâyet: (A.) **1.**sapıtma, yoldan çıkma, azgınlık, sapkınlık. **2.**yolunu kaybetme.

غوایل gevâyil: (A.) güçlükler, belalar, gaileler.

غوث gevs, govs: (A.) **1.**yardımlaşma. **2.**sığınak. **3.**(tas.) kutup.

غوچ gûç: (T.) koç.

غور gevr, govr: (A.) **1.**batma, batış. **2.**dikkat etme, derin düşünme. **3.**alçak zemin. **4.**derinlik, dip. **5.**(kin.) asıl. **6.**şer, fesat. ‖ * be ~ -i çîzî resîden به غور چیزی رسیدن bir şeyin aslını öğrenmek, bir şeyin künhüne varmak.

غورباغه gurbâge (zool.) kurbağa.

غورت gurt: yudum.

غورت انداختن gurt endâhten: batıl davaya kalkışmak, olmayacak duaya amin demek.

غور رسی govrresî: (A.-F.) [govr+ resîden> res+î] derinlemesine inceleme, kılı kırk yarma.

غور شدن gor şoden: fıtık olmak.

غور کردن govr kerden: derinlemesine düşünmek, inceleme yapmak, araştırma yapmak.

غورگی gûregî: [gûre+g+î] hamlık, korukluk. ‖ * der ~ mevîz kerden در غورگی مویز کردن **1.**ayak altına almak. **2.**mahrum etmek.

غوره gûre: koruk. ‖ * âb-i ~ giriften آب غوره گرفتن koruk suyu çıkarmak.

غوره افشردن gûre efşurden: **1.**koruk suyu çıkarmak. **2.**(kin.) ağlatmak. **3.**(kin.) ağlamak. **4.**kaybolmak.

غوره چلاندن gûre çelanden: **1.**koruk suyu çıkarmak. **2.**(şaka yollu) ağlamak.

غوری gûrî: [gûr+î] **1.**Gurlu. **2.**demlik, çay demliği.

غوز gûz: kambur.

غوزک gûzek: [gûz+ek] **1.**küçük kambur. **2.**kör topuk, ayak bileği.

غوزه gûze: koza, pamuk kozası. ‖ * ~ -i penbe غوزه پنبه pamuk kozası.

غوشا gûşâ: hayvan gübresi.

غوشت guşt: **1.**anadan doğma çıplak. **2.**kılsız, tüysüz.

غوشنگ govşeng: mahmuz.

غوص gevs, govs: (A.) **1.**suya dalma. **2.**girme. **3.**düşünme.

غوص کردن govs kerden: **1.**suya dalmak. **2.**girmek **3.**bir işte derin düşünmek.

غوط gavt: (A.) **1.**dalma, batma. **2.**derin yer.

غوطه gûte: (A.) **1.**dalış. **2.**çukur. **3.**derinlik, suyun derinliği. **4.**sulak arazi.

غوطه باز gûtebâz: (A.-F.) [gûte+bâhten> bâz] dalgıç.

غوطه بازی gavtabâzî: (A.-F.) [gavta+ bâhten>bâz+î] suya dalma, dalgıçlık.

غوطه خوار gûtehâr: (A.-F.) [gûte+ horden>hor>hâr] **1.**suya dalan. **2.**suya dalma. **3.**boğulma.

غوطه خوردن gûte horden: **1.**dalmak, suyadalmak. **2.**boğulmak.

غوطه خوری gûtehorî: (A.-F.) [gûte+ horden>hor+î] suya dalış.

غوطه دادن gûte dâden: **1.**suya daldırmak. **2.**suda boğmak.

غوطه گاه gûtegâh: (A.-F.) [gûte+gâh] suya dalış yeri, dalma yeri.

غوطه ور gûtever: (A.-F.) [gûte+ver] **1.**dalmış, batmış, suya gömülmüş. **2.**dalgıç. **3.**boğulmuş, suda boğulmuş.

غوطه ور شدن gûtever şoden: **1.**batmak, gömülmek. **2.**dalmak, dalış yapmak. **3.**batarak boğulmak.

غوغا govgâ, gevgâ: (A.) **1.**kalabalık. **2.**kargaşa, karmaşa, hayhuy. **3.**kavga. **4.**ayak takımı. **5.**savaşım, mücadele.

غوغا انگیختن govgâ engîhten: kargaşa çıkarmak, fitne çıkarmak.

غوغا بالا گرفتن govgâ bâlâ giriften: kavga büyümek.

غوغا بپا شدن **1.**huzursuzluk çıkmak. **2.**kavga çıkmak.

غوغا بر آوردن govgâ ber âverden: gürültü patırtı çıkarmak, kargaşa çıkarmak.

غوغا بر افکندن govgâ ber efkenden: gürültü patırtı çıkarmak, kargaşa çıkarmak, kavga çıkarmak.

غوغا پرست gavgâperest: [gavgâ+ perestîden> perest] kavgacı.

غوغا شکستن govgâ şikesten: fitneyi bastırmak, ayaklanmayı bastırmak.

غوغا طلب govgâtaleb: (A.-F.) [govgâ+ talebîden>taleb] fitneci, bozguncu, kavgacı.

غوغا کردن govgâ kerden: kavga çıkarmak, kargaşa çıkarmak, çıngar çıkarmak.

غوغاگر govgâger: (A.-F.) [govgâ+ger] fitneci, bozguncu, kavgacı.

غوک gûk (zool.) kurbağa.

غوک gevek: çukur, derin yer.

غوک چوب gûk çûb: çelik çomak.

غوک چوب باختن gûk çûb bâhten: çelik çomak oynamak.

غول gûl: **1.**ağıl. **2.**boyunduruk. **3.**kulak.

غول gûl: (A.) **1.**gulyabani, dev. **2.**şeytan. ‖ * ~ -i beyâbânî غل بیابانی gulyabani. ‖ * ~ -i bî şâh u dom غول بی شاخ و دم çok iri ve kaba, yontulmamış.

غول gûl: **1.**el kol. **2.**müfreze.

غول آسا gûlâsâ: (A.-F.) [gûl+âsâ] dev gibi, devâsa.

غولانه gûlâne: (A.-F.) [gûl+âne] **1.**gulyabani gibi, dev gibi. **2.**büyük bir çabayla.

غول پیکر gûlpeyker: (A.-F.) [gûl+ peyker] dev gibi, devâsa.

غول سیرت gûlsîret: (A.) [gûl+sîret] gulyabani gibi davranan, gulyabani gibi.

غولین gûlîn: **1.**ağzı geniş testi. **2.**fırlak göz.

غوی gevî: (A.) sapık, temelli yoldan çıkmış, iflah olmayacak derecede azgın.

غیا gayyâ: (A.) cehennemdeki derin bir kuyu.

غیاب giyâb: (A.) **1.**bulunmama, yokluk. **2.**kaybolma. **3.**art, arka. ‖ * an ~ in عن غیاب , ardından, arkasından, gıyâbında.

غیاباً giyâben: (A.) **1.**gıyabında, gıyaben, bulunmazken, yokken, gelmemişken. **2.**dışardan.

غیابه giyâbe: (A.) **1.**derinlik. **2.**dip.

غیابی giyâbî: (A.) gıyâbında, bulunmazken, yokken, gelmemişken.

غیابیه giyâbiyye: (A.) gıyâbında, bulunmazken, yokken, gelmemişken.

غیاث giyâs: (A.) **1.**yardım, imdada koşma. **2.**sığınma isteme. **3.**Tanrı'nın sıfatlarından biri.

غياث الدين gıyâseddîn: (A.) **1.**dinin yardımcısı, dinin yayılmasına yardımcı olan. **2.**erkek adı.

غيار giyâr: (A.) eskiden yahudilerin omuzlarına aldıkları sarı kumaş.

غياهب geyâhib: (A.) gece karanlıkları.

غيب gayb: (A.) **1.**bulunmama. **2.**görünmeyen, gayp, gizli. **3.**gayb âlemi. ‖ * ~ -i kesî zeden غيب كسى زدن kayıplara karışmak, yok olmak, ortalıktan kaybolmak, gözden kaybolmak, sırra kadem basmak. ‖ * ricâl-i ~ رجال غيب insanlar arasında dirlik düzenliği sağlamak için Tanrı tarafından gayb âleminden gönderilmiş kutsal kişiler.

غيب آموز gaybâmûz: (A.-F.) [gayb+âmûhten>âmûz] gaybı öğreten.

غيب بين gaybbîn: (A.-F.) [gayb+dîden> bîn] gaybı gören.

غيبت geybet, gıybet: (A.) **1.**bulunmama, yokluk. **2.**insanların arkasından kötü konuşma, dedikodu, çekiştirme. ‖ * ~ -i efkâr غيبت افكار bunama, bunaklık. ‖ * der ~ -i در غيبت yokluğunda, gıyabında.

غيبت gîbet: (A.) çekiştirme, gıybet, dedikodu.

غيبت كردن geybet kerden: yok olmak.

غيبت كردن gîbet kerden: çekiştirmek, gıybet etmek, dedikodu yapmak.

غيبتگر gîbetger: (A.-F.) [gîbet+ger] dedikoducu, gıybet eden.

غيبت گفتن gîbet goften: gıybet etmek, çekiştirmek, dedikodu yapmak.

غيبت گو gîbetgû: (A.-F.) [gîbet+goften> gû] dedikoducu.

غيبخانه gaybhâne: (A.-F.) [gayb+hâne] gayb âlemi.

غيبدان gaybdân: (A.-F.) [gayb+dân] gayb âleminde olanı biteni bilen, gayb âleminin sırlarını bilen.

غيب دانستن gayb dânisten: gayb alemine ait sırları bilmek.

غيب زدن gayb zeden: yok olmak, ortadan kaybolmak.

غيبستان gaybistân: (A.-F.) [gayb+istân] gayb ülkesi.

غيب شدن gayb şoden: kaybolmak.

غيب گفتن gayb goften: gaipten haber vermek.

غيبگو gaybgû: (A.-F.) [gayb+goften>gû] kahin, falcı, gaipten haber veren.

غيب نما gaybnumâ: (A.-F.) [gayb+numûden>numâ] gayp âleminde olup bitenleri gösteren.

غيبوبت gaybûbet: (A.) **1.**gizlenme, saklanma. **2.**gözden kaybolma, ortadan kaybolma. **3.**bulunmama, yokluk. **4.**ayrılık. **5.**gurûb.

غيبه gaybe: (A.-F.) [gayb+e] okluk.

غيبى gaybî: (A.-F.) [gayb+î] **1.**gizli, gaiple ilgili, gayb âlemi ile ilgili. **2.**ilahî, rabbanî.

غيبيه gaybiyye: (A.) gayb âlemi ile ilgili.

غيث gays: (A.) **1.**yağmur. **2.**bulut.

غير gayr: (A.) **1.**öbürü, diğeri, başkası. **2.**yabancı, ecnebi. **3.**gayri, -den başka. **4.** -siz, olmayan, bulunmayan, değil anlamını verecek şekilde kelimeler veya tamlamalar oluşturan olumsuzluk edatı. ‖ * ~ ez غير از -den başka, dışında. ‖ * ~ -i âdî غير عادى anormal, olağan dışı. ‖ * ~ -i ahlâkî غير اخلاقى ahlakdışı. ‖ * ~ -i âlî غير آلى : (kim.) inorganik. ‖ * ~ -i beşerî غير بشرى insanlık dışı. ‖ * ~ -i ciddî غير جدى ciddi olmayan, güvenilmeyen, uçarı. ‖ * ~ -i dînî غير دينى din dışı, laik. ‖ * ~ -i hâlis غير خالص brüt. ‖ * ~ -i ihtiyârî غير اختيارى elinde olmadan, gayri ihtiyarî. ‖ * ~ -i irâdî غير ارادى irade dışı, istemsiz. ‖ * ~ -i kâbil غير قابل olanaksız, mümkün değil. ‖ * ~ i kabil-i fehm غير قابل فهم · anlaşılmaz. ‖ * ~ -i kâbil-i hall غير قابل حل çözümlenemez. ‖ * ~ -i kâbil-i ilâc غير قابل علاج onulmaz, tedavi edilemez. ‖ * ~ -i kâbil-i inkâr غير قابل انكار

yadsınamaz, inkâr edilemez. ‖ * ~ -i kâbil-i i'tirâz غير قابل اعتراض itiraz edilmez, su götürmez. ‖ * ~ -i kâbil-i kısmet غير قابل قسمت bölünmez. ‖ * ~ -i kâbil-i kıyâs غير قابل قياس kıyaslanmaz. ‖ * ~ i mute'emmil غير متأمل beklenmedik, umulmadık. ‖ * ~ -i kâbil-i nufûz غير قابل نفوذ geçirimsiz. ‖ * ~ i kâbil-i red غير قابل رد geri çevrilemez, reddedilmez. ‖ * ~ -i kâbil-i tahmîn غير قابل تخمين tahmin edilemez, beklenmedik. ‖ * ~ -i kâbil-i ta'rîf غير قابل تعريف tanımlanmaz, anlatılmaz. ‖ * ~ -i kâbil-i tasavvur غير قابل تصور tasavvur edilemez. ‖ * ~ -i kâbil-i tecezzî غيرقابل تجزى bölünmez, parçalanmaz. ‖ * ~ -i kâbil-i tedâvî غير قابل تداوى tedavi edilmez, tedavisi imkânsız. ‖ * ~ -i kâbil-i tefrîk غير قابل تفريق a-yirdedilmez. ‖ * ~ i kâbil-i tehammul غير قابل تحمل dayanılmaz. ‖ * ~ i kâbil-i telâfî غير قابل تلافى telafi edilmez. ‖ * ~ i kâbil-i te'vîl غير قابل تأويل yorumlanmaz, yorum götürmez. ‖ * ~ -i kâfî غير كافى yetersiz. ‖ * ~ -i kânûnî غير قانونى yasa dışı. ‖ * ~ -i mahdûd غير محدود sınırsız. ‖ * ~ -i ma'kûl غير معقول akıl dışı, makul olmayan. ‖ * ~ -i mantıkî غير منطقى mantıksız. ‖ * ~ -i memnûn غير ممنون memnun olmayan, mutsuz. ‖ * ~ -i me'mûl غير مأمول beklenmedik, umulmadık. ‖ * ~ -i menkûl غير منقول taşınmaz, gayrimenkul. ‖ * ~ -i me'nûs غير مأنوس alışılmadık. ‖ * ~ -i mer'î غير مرئى görülmez. ‖ * ~ i mesbûk غير مسبوق görülmemiş. ‖ * ~ -i meşrû' غير مشروع yasadışı, yasal olmayan. ‖ * ~ -i mezhebî غير مذهبى laik. ‖ * ~ -i mumkin غير ممكن olanaksız, imkânsız. ‖ * ~ -i muntezire غير منتظره beklenmedik. ‖ * ~ i mutecânis غير متجانس uyumlu olmayan, bağdaşmaz, uyumsuz, heterojen. ‖ * ~ -i mutenâhî غير متناهى sonsuz, sınırsız. ‖ * ~ -i muterakkib غير مترقب beklenmedik, umulmadık. ‖ * ~ -i nizâmî غير نظامى 1.kuraldışı. 2.sivil. ‖ * ~ -i nizâmî kerden غير نظامى كردن askerden arındırmak. ‖ * ~ -i resmî غير رسمى gayri resmî. ‖ * ~ -i sâfî غير صافى net olmayan, brüt. ‖ * ~ -i tabi'î غير طبيعى yapmacık, gayri tabiî, olağandışı, doğal olmayan. ‖ * ~ -i uzvî غير عضوى inorganik, canlı olmayan, organik olmayan. ‖ * ~ -i vâki'î غير واقعى dayanaksız, temelsiz, asılsız, gerçek dışı. ‖ * be ~ ez بغير از -den başka, yanısıra, hariç, dışında.

غير انديش gayrendîş: (A.-F.) [gayr+ endîşîden> endîş] başkalarını düşünen.

غيرت gayret: (A.) **1.**kıskançlık. **2.**gayret. **3.**hamiyet, namusluluk. **4.**çalışma, çaba. **5.**savunma duygusu.

غيرت آمدن gayret âmeden: **1.**gayrete gelmek. **2.**kıskanmak.

غيرت آوردن gayret âverden: **1.**kıskanmak. **2.**çileden çıkmak.

غيرت خوردن gayret horden: **1.**kıskanmak. **2.**namusunu korumak.

غيرت داشتن gayret dâşten: **1.**kıskanmak. **2.**namusunu korumak.

غيرت شعار gayretşi'âr: (A.-F.) [gayret+ şi'âr] gayretli.

غيرتكش gayretkeş: (A.-F.) [gayret+ keşîden>keş] **1.**gayretli. **2.**kıskanç. **3.**yandaş.

غيرت كشيدن gayret keşîden: taassuba katlanmak.

غيرتمند gayretmend: (A.-F.) [gayret+ mend] **1.**gayretli. **2.**kıskanç. **3.**namuslu.

غيرتمندى gayretmendî: (A.-F.) [gayret+ mend+î] **1.**gayretlilik. **2.**kıskançlık. **3.**namusunu koruma.

غيرتى gayretî: (A.-F.) [gayret+î] 1.gayretli. 2.namusunu koruyan.

غيرزاد gayrzâd: (A.-F.) [gayr+zâden> zâd< zâde] haramzade, onun bunun çocuğu, piç, orospu çocuğu.

غيره gayre: (A.) diğerleri, vesaire.

غيرى gayrî: (A.) 1.diğeri, diğer biri. 2.yabancı, ecnebi.

غيريت gayriyyet: (A.) 1.gayrılık. 2.ikilik.

غيژاندن gîjanden: 1.sürütmek. 2.hareket ettirmek.

غيض gayz: (A.) 1.su azalması. 2.deniz çekilmesi. 3.az, biraz, azıcık.

غيظ gayz: (A.) öfke, hışım.

غيظ آوردن gayz âverden: öfkelenmek, hışımlanmak.

غيظ افشان gayzefşân: (A.-F.) [gayz+ efşânden> efşân] öfke kusan, öfke saçan.

غيظ فشان · gayzfeşân: (A.-F.) [gayz+ feşânden> feşân] öfke kusan, öfke saçan.

غيغاج gîgâc, geygâc: eğri büğrü, yamuk yumuk.

غيلان gîlân: (A.) korkunç hayvanlar, devler, gulyabanîler.

غيله gîle: (A.) 1.hile. 2.ansızın öldürme.

غيلةً gîleten: (A.) ansızın öldürme.

غيم gaym: (A.) 1.yağmur. 2.bulut. 3.susama. 4.kin.

غيمناك gaymnâk: (A.-F.) [gaym+nâk] bulutlu.

غين gayn: (A.) 1.bulut. 2.bulutlanma. 3.şehvetlenme. 4.susuzluk.

غين gayn: (A.) 1.gayın harfi, Osmanlı alfabesinin yirmi ikinci harfi. 3.Ebced sistemine göre sayısal değeri: 1000.

غيو gîv: çığlık, feryat, bağırtı.

غيوب guyûb: (A.) kaybolma, gayblar, bilinmeyenler.

غيوث guyûs: (A.) yağmurlar.

غيور gayûr: (A.) 1.gayretli. 2.kıskanç. 3.(tas.) sâlik. 4.direnç sahibi. 5.savunma duygusu gelişmiş, öz değerlerine sımsıkı sarılmış. 6.Tanrı.

غيورانه gayûrâne: (A.-F.) [gayûr+âne] 1.gayretlice. 2.kıskançça. 3.direnç göstererek. 4.öz değerlerine sımsıkı sarılarak.

غيوم guyûm: (A.) bulutlar.

غيه giye: 1.çığlık, feryat. 2.nara.

غيهب gayheb: (A.) gece karanlığı.

غيه كشيدن giye keşîden: 1.çığlık atmak. 2.nara atmak.

ف

ف F, f: 1.Farsça alfabenin yirmiüçüncü harfi. 2.ebced sistemine göre sayısal değeri: 80.

فا fâ: 1.tarafına, yönüne. 2.ile.

فا fâ: (Fr.) (müz.) fa.

فائح fâih: (A.) koku, çiçek kokusu.

فائده fâ'ide: (A.) 1.yarar, fayda. 2.kazanç, kâr. 3.hayır. ‖ * çi ~ چه فائده neye yarar.

فائده بخش fâidebahş: (A.-F.) [fâide+ bahşîden>bahş] yararlı, faydalı.

فائده مند fâidemend: (A.-F.) [fâide+ mend] yararlı, faydalı.

فائز fâ'iz: (A.) nail, muvaffak.

فائض fâ'iz: (A.) 1.taşan. 2.feyiz veren.

فائق fâ'ik: (A.) 1.faiz, paradan elde edilen kâr. 2.taşma. 3.taşan. 4.üstün.

فائق الاقران fâikulakrân: (A.) akranlarından üstün olan.

فائقه fâ'ike: (A.) üstün. ‖ * bâ ihtirâmât-i ~ با احترامات فائقه en derin saygılarımla.

فائقیت fâikiyyet: (A.) üstünlük.

فابریک fabrik: (Fr.) fabrika.

فاتح fâtih: (A.) 1.fetheden. 2.açan. 3.Osmanlı hükümdarı II. Mehmed'in lakabı.

فاتح الابواب fâtihulebvâb: (A.) 1.kapıları açan. 2.rızık kapılarını açan Tanrı.

فاتحان fâtihân (A-F.) [fâtih+ân] fatihler, fetih yapanlar.

فاتحانه fâtihâne: (A.-F.) [fâtih+âne] fatihçe, fatih bir eda ile.

فاتح شدن fâtih şoden: fethetmek, ele geçirmek.

فاتحه fâtihe: (A.) 1.başlangıç. 2.Kur'ân'ın ilk sûresi, Fâtiha sûresi. ‖ * ~ -i çîzî râ hânden فاتحهء چیزی را خواندن 1.birinin işini bitirmek. 2.tüketmek, bitirmek. ‖ * ~ -i kesî hânde şoden فاتحهء کسی خوانده شدن hesabı görülmek, işi bitirilmek, defteri dürülmek. ‖ * berâyi kesî ~ nehânden برای کسی فاته نخواندن umursamamak, aldırış etmemek, önemsememek.

فاتحة الکتاب fâtihatulkitâb: (A.) önsöz.

فاتحه خوان fâtihehân: (A.-F.) [fâtihe+ hânden>hân] fatiha okuyan, fatihasını okuyan.

فاتحه خواندن fâtihe hânden: fâtiha okumak.

فاتر fâtir: (A.) 1.gevşek. 2.yenilmiş. 3.ılık.

فاترسین fatersin (bot.) hardal.

فاتره fâtire: (A.) 1.donuk bakışlı göz. 2.sıkkın, bıkkın, gevşemiş.

فاترة العینین fâtiretul'ayneyn: (A.) iki gözü de baygın bakan, donuk bakışlı güzel.

فاتق fâtik: (A.) yarıcı.

فاتک fâtik: (A.) seri cinayetler işleyen katil, azılı katil.

فاتکه fâtike: (A.) seri cinayetler işleyen kadın.

فاتن fâtin: (A.) fitneci, bozguncu.

فاتوریدن fâtûrîden: 1.uzaklaşmak. 2.ürkmek.

فاجر fâcir: (A.) 1.günahkâr. 2.zinakâr. 3.kötü insan, baş belası. 4.kadın düşkünü. 5.yalancı.

فاجره fâcire: (A.) 1.günahkâr kadın. 2.zinakâr kadın. 3.erkek düşkünü. 4.yalancı.

فاجره بچه fâcirebeççe: (A.-F.) [fâcire+ beççe] haramzade.

فاجری fâcirî: (A.-F.) [fâcir+î] 1.zina. 2.günahkârlık.

فاجع fâci': (A.) üzücü, acıklı.

فاجعات fâci'ât: (A.) facialar, felaketler.

فاجعه fâci'e: (A.) **1.**facia, felaket. **2.**dram.

فاجعه آمیز fâci'eâmîz: (A.-F.) [fâci'e+ âmîhten>âmîz] feci.

فاجعه انگیز fâci'eengîz: (A.-F.) [fâci'e+ engîhten> engîz] feci, çok acıklı.

فاجعه نویس fâci'enuvîs: (A.-F.) [fâcie+ nuvişten> nuvîs] **1.**trajedi yazarı. **2.**acıklı roman ve hikaye yazarı.

فاحش fâhiş: (A.) **1.**fahiş, aşırı. **2.**çirkin. **3.**küstah. **4.**şerefsiz.

فاحشاً fâhişen: (A.) çok, fazla, aşırı.

فاحشگی fâhişegî: (A.-F.) [fâhişe+g+î] fahişelik.

فاحشه fâhişe: (A.) **1.**hayat kadını, fahişe, orospu. **2.**aşırı. **3.**çirkin. **4.**ayıp.

فاحشه خانه fâhişehâne: (A.-F.) [fâhişe+ hâne] genelev.

فاحشه دوست fâhişedûst: (A.-F.) [fâhişe+ dûst] zinakâr erkek.

فاخته fâhte: (A.) **1.**(zool.) kumru, guguk kuşu, üveyik. **2.**yaban güvercini. **3.**klasik Türk mûsikîsinde bir usûl.

فاخته آسا fâhteâsâ: (F.) [fâhte+âsâ] üveyik gibi, kumru gibi.

فاخته وش fâhteveş: (F.) [fâhte+veş] üveyik gibi, kumru gibi.

فاخر fâhir: (A.) **1.**övünen. **2.**kaliteli, değerli, kıymetli. **3.**çekirdeksiz hurma. **4.**onurlu. **5.**mükemmel. **6.**erkek adı.

فاخره fâhire: (A.) **1.**onurlu. **2.**değerli, kıymetli. **3.**mükemmel. **4.**bayan adı.

فا خواستن fâ hâsten: geri istemek.

فاخور fâhûr: lâyık, uygun, yaraşır.

فاخور آمدن fâhûr âmeden: lâyık olmak, yaraşmak, yakışık almak.

فار fâr: (A.) **1.**fare, sıçan. **2.**kaçan, firar eden.

فار fâr: (Fr.) deniz feneri.

فاراب fârâb: (coğ.) Fârâb.

فارابی fârâbî: [fârâb+î] **1.**Fârablı. **2.**Fârâbî.

فارس fars: **1.**(coğ.) Fars. **2.**İranlı, Fars.

فارس fâris: (A.) **1.**atlı. **2.**binici. **3.**sezgili, ferasetli. **4.**erkek adı. **5.**sınır muhafızı.

فارسه fârise: (A.) **1.**bayan binici. **2.**sezgili bayan. **3.**bayan adı.

فارسی fârsî: [fârs+î] **1.**Farsça. **2.**İranlı. **3.**Zerdüştî.

فارسی زاد fârsîzâd: (A.-F.) [fârsî+zâden> zâd] Fars asıllı.

فارسی زبان fârsîzebân: [fârsî+zebân] Farsça konuşan, ana dili Farsça olan.

فارسیات fârsiyyât: (A.) iranoloji.

فارسی شناس fârsîşinâs: [<fârsî+şinâhten> şinâs] Farsça uzmanı, İranolog.

فارسیه fârisiyye: (A.) Farsça ile ilgili.

فارغ fârig: (A.) **1.**işini bitirmiş. **2.**kurtulmuş. **3.**boş, uzak, âzâde. **4.**rahat, müsterih. **5.**habersiz. **6.**vazgeçen. **7.**mülkü üstündeki hakları bırakan. ‖ * dil-i hod râ ez çîzî ~ dâşten دل خود را از چیزی فارغ داشتن gönlü bir şeyden yana rahat olmak.

فارغ بال fârigulbâl: (A.) huzurlu, başı dinç.

فارغ الحال fârigulhâl: (A.) hali vakti yerinde, varlıklı.

فارغبال fârigbâl: (A.-F.) [fârig+bâl] gönlü rahat, içi rahat, huzurlu.

فارغ بودن fârig bûden: eli boş olmak.

فارغ التحصیل fâriguttahsîl: (A.) mezun, tahsilini tamamlamış.

فارغ التحصیل شدن fâriguttahsîl şoden: mezun olmak.

فارغ ساختن fârig sâhten: **1.**rahatlatmak. **2.**doğurtmak.

فارغ شدن fârig şoden: **1.**kurtulmak. **2.**boş kalmak, işi bitmek. **3.**doğurmak. **4.**dinlenmek. **5.**vazgeçmek. **6.** geri durmak.

فارغ کردن fârig kerden: **1.**rahatlatmak. **2.**doğurtmak. **3.**bitirmek.

فارغ گشتن fârig geşten: **1.**dinlenmek. **2.**kurtulmak. **3.**doğurmak. **4.**boş kalmak.

فارغ ماندن fârig mânden: işsiz kalmak,

boş kalmak, işten uzaklaşmak.

فارق fârik: (A.) 1.ayıran, ayırıcı. 2.belirgin. 3.(bot.) keten.

فارقه fârika: (A.) 1. ayıran. 2.ayırt eden, fark eden. 3.ayırıcı özellik.

فارقين farîkeyn: (A.) 1.iki topluluk, iki fırka. 2.insanlar ve cinler. 3.şiîler ve sünnîler.

فارنهايت fârinhayt (Alm.) (fiz.) fahrenheit derecesi.

فاروق fârûk: (A.) 1.ayırt eden. 2.iyi ile kötüyü, haklı ile haksızı ayırt eden. 3.keskin. 4. erkek adı. 5.dört halifeden biri olan Hz. Ömer'in lakabı.

فاروقانه fârûkâne: (A.-F.) [fârûk+âne] Hz.Ömer gibi adilce.

فاره fâre: (A.) fare, sıçan.

فارياب fâryâb: 1.Belh yakınlarında bir şehir. 2.çay suyu ile sulanan bölge.

فاز faz: (Fr.) 1.faz. 2.ünite. || * berk-i se ~ برق سه فاز trifaze cereyan.

فاژ fâj: esneme.

فاژه fâje: esneme.

فاژيدن fâjîden: esnemek.

فأس fe's: (A.) iki yüzü keskin balta.

فاستونى fastuni (Rus.) şayak.

فاسخ fâsih: (A.) iptal eden, bozan, kaldıran, fesh eden.

فاسد fâsid: (A.) 1.bozuk, çürük, fâsit. 2.batıl. 3.sapık. 4.fahişe.

فاسدالمزاج fâsidulmizâc: (A.) insan bünyesinde anormallik meydana getiren.

فاسد ساختن fâsid sâhten: bozmak, fâsitleştirmek, çürütmek.

فاسد شدن fâsid şoden: bozulmak, fâsitleşmek, çürümek.

فاسد كردن fâsid kerden: bozmak, fâsitleştirmek, çürütmek.

فاسد گشتن fâsid geşten: bozulmak, fâsitleşmek, çürümek.

فاسده fâside: (A.) 1.fesat çıkaran. 2.bozan. 3.bozuk. || * dâire-i ~ دائرهء فاسده kısırdöngü.

فاسق fâsik: (A.) 1.günahkâr. 2.zinakâr erkek. 3.fesat çıkaran.

فاسقى fâsikî: (A.-F.) [fâsik+î] günaha girme, kötülük yapma.

فاش fâş: 1.ortaya çikarma, ifşa etme. 2.ortaya çıkma, ifşâ olma. 3.ortaya çıkmış, ifşa olmuş.

فاش شدن fâş şoden: 1.ifşa olmak, aşikar olmak. 2.rezil olmak.

فاش كردن fâş kerden: ifşa etmek.

فاش گشتن fâş geşten: ifşa olmak.

فاش گفتن fâş goften: açıkça söylemek.

فاشوريدن fâşûrîden: kışkırtmak, tahrik etmek.

فاشيست faşist: (Fr.) faşist.

فاشيسم faşism: (Fr.) faşizm.

فاصل fâsil: (A.) ayıran, bölen.

فاصله fâsile: (A.) 1.mesafe, uzaklık, ara, fasıla. 2.ayırıcı, ayıran. 3.bölme. || * ~ be ~ فاصله به فاصله arada bir. || * ~ -i sinnî فاصلهء سنى yaş farkı. || * bedûn-i ~ بدون فاصله derhal, hemen.

فاصله دادن fâsile dâden: 1.aralık bırakmak, mesafe bırakmak. 2.ara vermek.

فاصله دار fâsiledâr: (A.-F.) [fâsile+ dâşten> dâr] aralıklı, mesafeli, fasılalı.

فاصله داشتن fâsile dâşten: uzakta olmak, uzaklığında olmak.

فاصله سنج fâsilesenc: (A.-F.) [fâsile+ sencîden>senc] uzaklıkölçer.

فاصله سنجيدن fâsile sencîden: uzaklık ölçmek.

فاصله گرفتن fâsile giriften: 1.mesafe bırakmak, aralık bırakmak. 2.uzak durmak. 3.uzaklaşmak, açılmak. 4.uzaklık ölçmek.

فاضل fâzil: (A.) 1.bilgin, faziletli. 2.fazlalık, fazla, artık. 3.iyi. 4.önemli. 5.üstün.

فاضلاب fâzilâb: (A.-F.) [fâzil+âb] atık su, pis su, kanalizasyon suyu.

فاضلانه fâzilâne: (A.-F.) [fâzil+âne] bilgince.

فاضل آمدن fâzil âmeden: 1.fazla gelmek. 2.üstünlük kazanmak, ağır basmak.

فاطر fâtir: (A.) 1.yaratan, yaratıcı. 2.Tanrı'nın sıfatlarından biri.

فاطر السموات fâtırussemâvât: (A.) gökleri yaratan.

فاطره fâtire: (A.) yaratıcı.

فاطمه fâtime: (A.) **1.**bayan adı, Fatma. **2.**Hz. Muhammed'in kızı.

فاطی fâtî: Fatma, Fatik, Fatoş. ‖ * in herfhâ berâyi ~ tonbân nemîşeved این حرف ها برای فاطی تنبان نمی شود inandırıcı değil, bunları külâhıma anlat.

فاطن fâtin: (A.) bilgili, zeki.

فاعل fâ'il: (A.) **1.**yapan, eden, eylemde bulunan, işleyen. **2.**etkili. **3.**özne.

فاعلات fâ'ilât: (A.) (ed.) fâilât.

فاعلاتن fâilâtun: (A.) (ed.) fâilâtün.

فاعلن fâ'ilun: (A.) (ed.) fâ'ilün.

فاعلیت fâ'iliyyet: (A.) **1.**yapıcılık, faillik. **2.**etkili oluş, aktivite.

فاق fâk: (A.) **1.**yarık. **2.**kalem yarığı. **3.**düz çöl. **4.**kızgın zeytin yağı. **5.**ağız açma.

فاقد fâkid: (A.) yitik, yoksun, kayıp.

فاقه fâke: (A.) yoksulluk, ihtiyaç.

فاکتور faktor: (Fr.) faktör, etken.

فاکتور faktur: (Fr.) fatura, hesap pusulası.

فاکولته fakulte: (Fr.) fakülte.

فاکهه fâkihe: (A.) **1.**meyva. **2.**bir tür tatlı.

فاکهة الشتا fâkihetuşşitâ: (A.) kış meyvası.

فال fâl: (A.) **1.**fal. **2.**şans, talih. **3.**uğur. **4.**niyet. ‖ * ~ -i bed فال بد **1.**kötü fal. **2.**kötüye yorma. ‖ * ~ -i hayr فال خیر **1.** iyi fal. **2.**iyiye yorma. ‖ * ~ -i kahve فال قهوه kahve falı. ‖ * ~ -i kesî bed ber âmeden فال کسی بد بر آمدن falı kötü çıkmak. ‖ * ~ -i kesî hûb ber âmeden فال کسی خوب بر آمدن falı iyi çıkmak. ‖ * ~ -i napoleon giriften فال ناپلئون گرفتن Napolyon falı tutmak. ‖ * ~ -i nîkû فال نیکو iyi talih, iyi fal. ‖ * ~ -i seng فال سنگ taş falı. ‖ * ~-i tesbîh فال تسبیه tespih falı. ‖ * be ~ dâşten به فال داشتن iyiye yormak, hayra yormak. ‖ * hem ~ u hem temâşâ هم فال و هم تماشا bir taşta iki kuş, hem ziyaret hem ticaret.

فالا feillâ: (A.) yoksa, aksi takdirde.

فال انداختن fâl endâhten: fal atmak, fala bakmak.

فال انداز fâlendâz: (A.-F.) [fâl+ endâhten> endâz] falcı.

فال اندازی fâlendâzî: (A.-F.) [fâl+ endâhten> endâz+î] falcılık.

فال باز کردن fâl bâz kerden: fal açmak.

فال بین fâlbîn: (A.-F.) [fâl+dîden>bîn] falcı.

فال بینی fâlbînî: (A.-F.) [fâl+dîden> bîn+î] falcılık.

فالج fâlic: (A.) yarım felç, yarım inme.

فالج fâlic: galip.

فالج زده fâliczede: (A.-F.) [fâlic+zeden> zed+e] felçli.

فالح fâlih: (A.) **1.**çiftçi, ekici. **2.**başarılı. **3.**erkek adı.

فال خواندن fâl hânden: niyet okumak, fala bakmak.

فال دیدن fâl dîden: fala bakmak, fal tutmak.

فال زدن fâl zeden: fal atmak, fal tutmak, fala bakmak.

فال شناس fâlşinâs: (A.-F.) [fâl+şinâhten> şinâs] falcı.

فال شناسی fâlşinâsî: (A.-F.) [fâl+ şinâhten>şinâs+î] falcılık.

فال فال fâl fâl: bölük pörçük, parça parça.

فال فال کردن fâl fâl kerden: bölmek, ayrıştırmak, paramparça etmek.

فالق fâlik: (A.) ikiye ayıran, ikiye bölen.

فالق الاصباح fâlikülesbâh: (A.) sabahları ağartan.

فال کردن fâl kerden: fal tutmak.

فال گذاشتن fâl gozâşten: meyveleri üstüste koymak.

فال گرفتن fâl giriften: **1.**fal tutmak, fala bakmak. **2.**kader kısmet çektirmek. ‖ * ~ bâ varak فال گرفتن با ورق iskambil falı tutmak.

فالگو fâlgû: (A.-F.) [fâl+goften>gû] falcı.

فالگویی fâlgûyî: (A.-F.) [fâl+goften>

gûy+î] falcılık.

فالگیر fâlgîr: (A.-F.) [fâl+giriften>gîr] 1.falcı. 2.niyet çekicisi, kader kısmet çekicisi.

فالگیری fâlgîrî: (A.-F.) [fâl+giriften> gîr+î] 1.falcılık. 2.niyet çekiciliği.

فالنامه fâlnâme: (A.-F.) [fâl+nâme] fal kitabı, falname.

فالوده fâlûde: (Peh.) tel kadayıf.

فام fâm: 1.renk. 2.gibi, benzer.

فام fâm: borç.

فاما feemmâ: (A.) 1. gelince. 2.gelgelelim.

فامیل famil: (Fr.) aile. ‖ * ism-i ~ اسم فامیل soyadı. ‖ * nâm-i ~ نام فامیل soyadı.

فامیلدار famildâr: (Fr.-F.) [famil+dâşten> dâr] soylu, tanınmış aileden gelen.

فانتزی fantezi: (Fr.) fantazi, bilimkurgu, hayali.

فانوس fânûs: (Yun.) 1.fener, fânus. 2.kubbemsi cam kapak. 3.hamam kubbelerine konulan şişkin cam. ‖ * ~ -i hiyâl فانوس خیال 1.hayal fanusu. 2.üstünde doğa resimleri bulunan fener.

فانوس کش fânûskeş: (Yun.-F.) [fânûs+ keşîden>keş] fenerci.

فانه fâne: 1.payanda. 2.kazık.

فانی fânî: (A.) 1.ölümlü, yok olucu. 2.geçici. 3.yaşlı.

فانی شدن fânî şoden: yok olmak.

فانی کردن fânî kerden: yok etmek, ortadan kaldırmak.

فانی مشرب fânîmeşreb: (A.) [fânî+ meşreb] fâniliği kendine meşrep edinen, dünyadan el etek çeken.

فانیت fâniyyet: (A.) fanilik, ölümlülük.

فاوا fava: rezil, rüsva.

فاوانیا favaniya (bot.) dam koruğu.

فاهم fâhim: (A.) anlayışlı.

فاهمه · fâhime: (A.) anlayışlı.

فایت شدن fâyit şoden: ortadan kalkmak, elden gitmek.

فایتون faytun (Rus.) fayton.

فایح fâyih: (A.) hoş koku.

فایح شدن fâyih şoden: koku gelmek.

فایحه fâyihe: (A.) 1.hoş koku, çiçek ve meyva kokusu. 2.hoş kokulu.

فایده fâyide: 1.fayda, yarar. 2.kâr, kazanç.

فایده بردن fâyide borden: 1.yararlanmak, çıkar sağlamak, menfaat elde etmek. 2.kazanmak.

فایده دادن fâyide dâden: 1.kazanç sağlamak, çıkar sağlamak. 2.faydası dokunmak. 3.ifade etmek.

فایده داشتن fâyide dâşten: 1.kârı olmak, kazancı olmak. 2.yararı olmak, faydası olmak.

فایده رسیدن fâyide resîden: yarar gelmek, faydası dokunmak.

فایده ستدن fâyide siteden: faydalanmak, yararlanmak, çıkar sağlamak.

فایده کردن fâyide kerden: 1.fayda etmek, kâr etmek. 2.kazanç getirmek.

فایز fâyiz: (A.) 1.kurtulan. 2.erişen, nail olan, muradına eren. 3.galip olan, üstün gelen.

فایز شدن fâyiz şoden: 1.kurtulmak. 2.muradına ermek. 3.üstün gelmek. 4.hüküm çıkarmak.

فایز کردن fâyiz kerden: 1.kurtarmak. 2.muradına erdirmek.

فایض fâyiz: (A.) 1.feyizli, feyiz veren. 2.bol. 3.taşan su.

فایق fâyik: (A.) üstün, galip.

فایق آمدن fâyik âmeden: üstün gelmek.

فایق شدن fâyik şoden: üstün gelmek.

فؤاد fu'âd: (A.) gönül.

فئودال feodal: (Fr.) feodal, derebeyi.

فئودالیسم fe'odalism: (Fr.) feodalizm, derebeylik.

فئوس fu'ûs: (A.) iki yüzlü baltalar, iki yüzü keskin baltalar.

فئه · fi'e: (A.) topluluk.

فبها · febihâ: (A.) ne iyi, ne güzel.

فتا fetâ: (A.) gençlik.

فتاح fettâh: (A.) 1.açan. 2.Tanrı'nın sıfatlarından biri, kulların sorunlarını çözen. 3.erkek ismi.

فتادگان fotâdegân: [<fotâden>fotâd+e+g+ân] · **1.**düşkünler, düşmüşler. **2.**aşıklar, tutkunlar. **3.**zavallılar.

فتادن fotâden: düşmek.

فتاده fotâde: [<fotâden>fotâd+e] **1.**düşmüş, düşkün. **2.**aşık, tutkun. **3.**zavallı.

فتارت fetâret: (A.) zayıflık.

فتاک fettâk: (A.) kanlı katil, azılı katil.

فتاک futtâk: (A.) fırsatını buldu mu cinayet işleyenler.

فتال fetâl, fitâl: **1.**ayrılma, gevşeme. **2.**kırılma.

فتالیدن fetâlîden, fitâlîden: **1.**kökünden sökmek. **2.**dökmek, saçmak, serpmek. **3.**yırtmak. **4.**ayırmak, dağıtmak.

فتان fettân: (A.) **1.**fitne çıkaran, fitneci, fitne koparan. **2.**işveli, oynak kadın. **3.**cazibeli.

فتان fotân: [<fotâden>fot+ân] düşerek, düşen, düşe.

فتانه fettâne: (A.) **1.** fitne çıkaran, fitne koparan. **2.**işveli, oynak kadın. **3.**cazibeli. **4.**mehek taşı.

فتانی fettânî: (A.-F.) [fettân+î] fettanlık, fitne çıkarma.

فتاوا fetâvâ: (A.) fetvalar.

فتاوی fetâvî: (A.) fetvalar.

فتح feth: (A.) **1.**feth etme. **2.**açma. **3.**açılma. **4.**(gr.) fetha işareti, bir harfi üstünlü okuma. **5.**iş açıklığı. **6.**başlama. ‖ * ~ -i meyyit kerden فتح میت کردن (tıb.) otopsi yapmak.

فتح آیات fethâyât: (A.) [feth+âyât] fetih delilleri.

فتحات fetehât: (A.) fethalar, üstünler.

فتحتین fethateyn: (A.) peşpeşe iki harfi de üstünlü okunan kelime.

فتح شدن feth şoden: fethedilmek.

فتح کردن feth kerden: fethetmek.

فتح نامه fethnâme: (A.-F.) [feth+nâme] **1.**(ed.) fetih için yazılan şiir. **2.**fetih için yazılan risale. **3.** fethi ve zaferi resmen bildiren mektup, fetihname.

فتحه fethe: (A.) **1.**(gr.) fetha, üstün. **2.**kalem yarığı.

فتحی fethî: (A.) **1.**fetihle ilgili. **2.**fetih şiiri, fetih kasidesi. **3.**erkek adı.

فتحیه fethiyye: (A.) **1.**fetihle ilgili. **2.**fetih şiiri, fetih kasidesi. **3.**bayan adı.

فتراک fitrâk: (A.) **1.**terki. **2.**terki kayışı, eyer arkasındaki tasma. ‖ * be ~ berbesten به فتراک بربستن terkine bağlamak.

فترت fetret: (A.) **1.**gevşeklik, duraklama, uyuşukluk. **2.**iki padişah arasında geçen padişahsız dönem. **3.**iki peygamber arasında geçen peygambersiz dönem. **4.**iki olay arasındaki zaman. **5.**iki sıtma nöbeti arasındaki zaman aralığı. **6.**(tıb.) ateş nöbetleri arasındaki zaman.

فت فت کردن fit fit kerden: mırıldanmak.

فتق fetk: (A.) **1.**yarma, açma. **2.**(tıb.) fıtık. **3.**giysi dikişlerini sökme. ‖ * ~ u ratk فتق و رتق yoluna koyma.

فتق بند fetkbend: (A.-F.) [fetk+besten> bend] fıtık bağı, fıtık kemeri.

فتن fiten: (A.) fitneler, bozgunculuklar.

فتنه fitne: (A.) **1.**bozgunculuk, nifak, ara bozma. **2.**ihtilal, karışıklık. **3.**dinsizlik. **4.**ceza. **5.**delilik. **6.**güzel göz. **7.**güzel kadın, güzel kız. **8.**fitneci, bozguncu.

فتنه آمیز fitneâmîz: (A.-F.) [fitne+âmîhten>âmîz] fitne karıştıran, fitne sokan.

فتنه افکندن fitne efkenden: fitne salmak, fitne çıkarmak.

فتنه انداختن fitne endâhten: fitne salmak, fitne çıkarmak.

فتنه انگیز fitneengîz: (A.-F.) [fitne+engîhten> engîz] fitne koparan, fitneci, fitne sokan, fitne çıkaran.

فتنه انگیزی fitneengîzî: (A.-F.) [fitne+engîhten>engîz+î] fitne sokma, bölücülük.

فتنه بخش fitnebahş: (A.-F.) [fiten+bahşîden>bahş] fitne salan.

فتنه بر انگیختن fitne ber engîhten: fitne

koparmak.

فتنه پرور fitneperver: (A.-F.) [fitne+ perverden> perver] fitne çıkaran.

فتنه جو fitnecû: (A.-F.) [fitne+costen> cû] fitneci, bölücü, bozguncu.

فتنه جویی fitnecûyî: (A.-F.) [fitne+ costen>cûy+î] fitnecilik, bölücülük.

فتنه جهان fitnecehân: (A.-F.) [fitne+ cehândan> cehân] fitne koparan, fitne sıçratan.

فتنه رفتن fitne reften: ortalık kaynamak, dolap dönmek.

فتنه زاد fitnezâd: (A.-F.) [fitne+zâden> zâr] fitne doğuran, fitne çıkaran.

فتنه شدن fitne şoden: **1.**fitne çıkmak. **2.**faka basmak, aldanmak.

فتنه کار fitnekâr: (A.-F.) [fitne+kâr] fitneci.

فتنه گر fitneger: (A.-F.) [fitne+ger] fitneci, bozguncu, bölücü, fettan.

فتنه گشتن fitne geşten: **1.**aldanmak. **2.**meftun olmak, tutulmak.

فتوا fetvâ: (A.) şer'î hüküm, fetva.

فتواپناه fetvâpenâh: (A.-F.) [fetvâ+ penâhîden> penâh] **1.**fetvaya sığınan. **2.**şeyhülislâm.

فتواخانه fetvâhâne: (A.-F.) [fetvâ+hâne] · müftülük, Şeyhülislâm kapısında bulunan bir fetva kurumu.

فتوت futuvvet: (A.) **1.**gençlik. **2.**cömertlik. **3.**fütüvvet teşkilatı, ahîlik, eskiden Anadolu'da kurulup gelişen esnaf teşkilatı.

فتوتدار futuvvetdâr: (A.-F.) [futuvvet+ dâşten> dâr] fütüvvet ehlinden olan.

فتوتمند · futuvvetmend: (A.-F.) [fütüvvet+ mend] bonkör, cömert, eliaçık.

فتوت نامه futuvvetnâme: (A.-F.) [futuvvet+nâme] (ed.) fütüvvetname, Ahîlik teşkilatı hakkında bilgi veren eser.

فتوح futûh: (A.) **1.**fetihler. **2.**açılmalar. **3.**gönül ferahlamaları.

فتوحات futûhât: (A.) **1.**açmalar. **2.**açılmalar. **3.**fetihler. **4.**gönül ferahlıkları. **5.**üstün gelişler.

فتور futûr: (A.) **1.**gevşeme, gevşeklik, zayıflık. **2.**umutsuzluğa kapılma.

فتور کردن futûr kerden: haddini aşmak, haddini bilmemek.

فت و فراوان fett u ferâvân: **1.**bolca, çokca. **2.**tıkabasa.

فتوی fetvâ, fetvî: (A.) fetva.

فتوی پرسیدن fetvâ porsîden: fetva istemek.

فتوی خواستن fetvâ hâsten: fetva istemek.

فتوی دادن fetvâ dâden: fetva vermek.

فتی fetî, fetâ: (A.) **1.**genç, delikanlı. **2.**yiğit. **3.**cömert. ‖ * lâ ~ illâ Alî لا فتی الا علی Hz. Ali'den başka yiğit yoktur.

فتیان fityân: (A.) **1.**delikanlılar, gençler. **2.**yiğitler. **3.**ahî teşkilatı mensupları, fütüvvet ehli.

فتی شیست fetişist: (Fr.) fetişisit.

فتی شیسم fetişism: (Fr.) fetişizm.

فتیل fetîl: (A.) **1.**fitil, lamba fitili. **2.**yuvarlak yuvarlak dökülen kir. **3.**yara üstüne konulan sargı bezi. **4.**örgü. **5.**sarhoşlukta aşırılığı göstermek için kullanılan sıfat. **6.**kıratın dörtte birine denk ağırlık ölçüsü. **7.**fitilli tüfeklerde kullanılan kükürtlü ip.

فتیله fetîle: (A.) fitil.

فتیله سر fetîleser: (A.-F.) [fetîle+ser] örgülü saçlı.

فتیله سوز fetîlesûz: (A.-F.) [fetîle+ sûhten>sûz] fitil yakan.

فتیله شدن fetîle şoden: **1.**saçları fitil fitil olmak. **2.**eğirilmek, bükülmek.

فتیله کردن fetîle kerden: eğirmek, bükmek.

فج fecc: (A.) iki dağ arasındaki geçit, boğaz.

فجا ficâ: (A.) ansızın.

فجاء fucâ': (A.) ansızın, birdenbire.

فجاءة fucâ'eten: (A.) ansızın, birdenbire.

فجاه fec'e: (A.) **1.**ansızın girme.

2.ansızın gerçekleşme. ‖ * mevt-i ~ موت فجاه ânî ölüm.

فجاةً fec'eten: (A.) ansızın, âni, âniden.

فجأةً fuc'eten: (A.) ansızın, birdenbire.

فجئى fuc'îyy: (A.) anî, ansızın.

فجار fuccâr: (A.) günahkârlar.

فجاعت fecâ'et: (A.) feci durum.

فجايع fecâyi': (A.) facialar, fecaatler.

فجر fecr: (A.) tan ağartısı, fecir, tan vakti. ‖ * ~ -i kâzib فجر كاذب 1.yalancı fecir. 2.tan vakti doğuda görülen geçici aydınlık. ‖ * ~ -i sâdık فجر صادق· gerçek tan ağartısı.

فجره fecere: (A.) 1.günahkârlar. 2.yalancılar. 3.soysuzlar, aşağılıklar. 4.ayyaşlar.

فجل fecl, fecel: (A.) 1.irileşme. 2.yoğunlaşma. 3.(bot.) turp.

فجور fucûr: (A.) 1.günaha sokulma. 2.zina. 3.Tanrı'dan yüz çevirme. 4.sefahat, günaha girme. 5.yakın akraba evliliği.

فجوه fecve: (A.) 1.açıklık. 2.avlu.

فجىء fecî': (A.) ânî, ansızın.

فجيع fecî': (A.) 1.çok kötü, korkunç. 2.acı verici.

فجيعانه fecî'âne: (A.-F.) [fecî'+âne] feci şekilde.

فجيعت fecî'et: (A.) 1.facia. 2.güçlük. 3.bela.

فجيعه fecî'e: (A.) felaket, facia.

فحاش fehhâş: (A.) 1.küfürbaz. 2.kötülerin kötüsü.

فحاشى fehhâşî: (A.-F.) [fehhâş+î] küfürbazlık.

فحال fihâl: (A.) saygın kişiler.

فحام fahhâm: (A.) kömürcü.

فحاوى fehâvî: (A.) içerikler.

فحش fohş: (A.) 1.küfür, sözgü, kötü söz. 2.fuhuş, fahişelik. 3.haddini aşma, ölçüyü kaçırma. ‖ * ~ râ keşîden فحش را كشيدن küfürü basmak. ‖ * ~ -i âb nekeşîde فحش آب نكشيده ağır küfür. ‖ * ~ -i çârvâdâr neşhâr kerden فحش چاروادار نشخوار كردن yakası açılmadık küfürler etmek.

فحشاء fehşâ': (A.) 1.fuhuş. 2.kabul edilemez söz veya eylem. 3.zekâtta gözü olma. ‖ * be ~ gerâîden به فحشا گرائيدن fuhuşa sürüklenmek.

فحش خانه ·fuhşhâne: (A.-F.) [fuhş+hâne <hâne-i fuhş] genelev.

فحش دادن fohş dâden: sövmek, küfretmek.

فحش گفتن fohş goften: sövmek, küfretmek, kötü kötü konuşmak.

فحشيات fuhşiyyât: (A.) fuhuş işleri.

فحص fehs: (A.) inceleme, araştırma.

فحص كردن fehs kerden: 1.incelemek, araştırmak. 2.teftiş etmek.

فحل fehl: (A.) 1.damızlık hayvan, aygır. 2.güçlü. 3.ileri gelen, tanınmış, kalbur üstü. 4.erkek. 5.nâkil, hadislerden, beyitlerden örnekler getiren.

فحم fahm: (A.) kömür.

فحمى fahmî: (A.) 1.kömür ile ilgili. 2.kömürümsü.

فحميت fahmiyyet: (A.) karbonluk, kömürlük.

فحميه fahmiyye: (A.) 1.kömür ile ilgili. 2.kömürümsü.

فحوا fehvâ: (A.) içerik.

فحول fuhûl: (A.) 1.erkekler. 2.güçlüler. 3.ileri gelenler, kalbur üstü olanlar. 4.aygırlar. 5.kıvrak zekalılar. 6.şiirde ve şiir rivayetinde üstün olanlar.

فحوليت fuhûliyyet: (A.) erkeklik.

فحواء fehvâ': (A.) mefhum, anlam.

فحوى fehvâ: (A.) mefhum, anlam, içerik.

فخ fahh: (A.) tuzak, kapan, fak.

فخار fehâr: (A.) nazlanma.

فخار fehhâr: (A.) 1.çok övünen. 2.çanakçı, testici. 3.testi, saksı.

فخارى fehhârî: (A.-F.) [fehhâr+î] testicilik, çömlekçilik.

فخ الفار fahhulfâr: (A.) fare kapanı.

فخام fihâm: (A.) sözü geçenler, ulu kişiler, büyükler.

فخامت fehâmet: (A.) 1.ululuk, büyüklük. 2.doluluk. 3.değer, kıymet.

فخامت پناه fehâmetpenâh: (A.-F.) [fehâmet+ penâhîden> penâh] sığınılacak ulu makam.

فخذ fehz, fihz, fehiz: (A.) bacak, uyluk.

فخذ fehz: (A.) Araplarda batın ile aşiret arasındaki boy.

فخر fahr: (A.) övünme, iftihar.

فخر آور fahrâver: (A.-F.) [fahr+ âverden> âver] övüngen.

فخر آوردن fahr âverden: övünmek.

فخر فروختن (به) fahr furûhten: birine tepeden bakmak, çalım satmak.

فخر كردن fahr kerden: övünmek.

فخم fehm: (A.) **1.**övünme, kıvanma. **2.**kıvanç. **3.**ululuk. **4.**ün. **5.**erdem. **5.**Bektaşi tacı.

فخرى fahrî: (A.) **1.**onursal. **2.**karşılıksız çalışma, ücret almadan, kendi isteğiyle çalışma. **3.**erkek adı.

فخريا fahriyyen: (A.) karşılık beklemeden, fahrî olarak.

فخريات fahriyyât: (A.) fahriyeler, klasik dönem şairlerinin kendilerini övmek için yazdığı şiirler.

فخريت fahriyyet: (A.) fahrîlik, onursallık.

فخريه fahriyye: (A.) **1.**şiirde şairin kendini övdüğü bölüm. **2.**bayan adı.

فخميدن fehmîden: pamuk çekirdeklerini çıkarmak.

فخور fehûr: (A.) övüngen.

فخورانه fehûrâne: (A.-F.) [fahûr+âne] övünerek, övünürcesine.

فخيم fehîm: (A.) yüce, ulu, kudretli.

فخيمانه fehîmâne: (A.-F.) [fehîm+âne] **1.**ulu kişilere yakışır şekilde. **2.**ulu, değeri yüksek.

فخيمه fehîme: (A.) yüce, ulu, kudretli.

فداء fidâ': (A.) **1.**fidye. **2.**feda. **3.**kurban.

فدائى fidâ'î: (A.) fedai, bir şeyin uğruna canını hiçe sayan.

فدائيان fedâiyân: (A.-F.) [fedâî+y+ân] fedailer.

فدا داشتن fidâ dâşten: feda etmek.

فدا شدن fidâ şoden: feda olmak, kurban olmak.

فداكار fidâkâr: (A.-F.) [fidâ+kâr] fedakâr, özverili.

فداكارانه fedâkârâne: (A.-F.) [fedâ+kâr+ âne] fedakârca, özveri ile.

فداكارى fidâkârî: (A.-F.) [fidâ+kâr+î] fedakârlık, özveri.

فداكارى كردن fidâkârî kerden: özveride bulunmak, fedakârlık etmek.

فدا كردن fidâ kerden: feda etmek, kurban etmek.

فدا گرديدن fidâ gerdîden: feda olmak, feda edilmek.

فدان fedân, feddân: (A.) **1.**Mısır'da kullanılan bir alan ölçüsü birimi. **2.**bir çift öküz. **3.**bir çift öküz ile sürülebilen alan, tarla.

فداويه fedâviyye: (A.) Bâtınî fedaileri.

فدايى fidâyî: (A.) **1.**fedai. **2.**aşık. **3.**yağmacı.

فدراسيون fidirasyun: (Fr.) federasyon.

فدرال fidiral: (Fr.) federal, federe.

فدم fedm: (A.) taşkafa, kalın kafalı.

فدوى fedevî: (A.) **1.**fedai. **2.**kul. **3.**kulunuz, bendeniz.

فديه fidye: (A.) **1.**can kurtarma parası. **2.**korsandan kurtulmak için gemiden verilen mal. **3.**bir fakirin günlük yiyeceği. **4.**tutulamayan oruç için ödenecek bedel.

فذالك fezâlik: (A.) öyle ki.

فذلكه fezleke: (A.) **1.**kısa yazı, özet, sadrazamın başkanlık ettiği divanda okunmak üzere çavuşbaşılar tarafından hazırlanan dava özeti. **2.**rapor. **3.**soruşturma belgesinin altındaki özet bilgi.

فر fer: (Peh.) (gr.) ön ek.

فر fer: **1.**parlaklık, ışık, nur. **2.**güç, kuvvet.

فر ferr: (A.) kaçma, kaçış. ‖ * kerr u ~ · كر و فر vurkaç, geri çekilip saldırma.

فر fir: (Fr.) **1.**dağlama demiri. **2.**fırın.

فرا ferâ: **1.**(gr.) ön ek: yan, ile, tarafına, yüksek, yukarıya. **2.**öte, ötesi.

فرا آوا ferââvâ: [ferâ+âvâ] (fiz.) ses ötesi.

فرا آوردن ferâ âverden: **1.**hasıl etmek. **2.**yapmak, etmek.

فرائد ferâ'id: (A.) **1.**değerli mücevherler. **2.**eşsizler, benzersizler.

فرائض ferâ'iz: (A.) **1.**farzlar. **2.**islâm hukukunda miras ilmi. **3.**mirasın hak sahiplerine dağıtılması.

فرا افکندن ferâ efkenden: ortaya koymak.

فرا بردن ferâ borden: ileri çıkarmak.

فرا بریدن ferâ borîden: **1.**sona erdirmek. **2.**konuyu kesmek.

فرابنفش ferâbenefş: [ferâ+benefş] (fiz.) mor ötesi, ultraviyole.

فراپایه ferâpâye: [ferâ+pâye] değerli.

فرا پشت کردن ferâ poşt kerden: omuzuna atmak.

فراپیش ferâpîş: [ferâ+pîş] yanına, önüne.

فرات furât: (A.) **1.**tatlı su. **2.**Fırat nehri.

فراجه ferâce: (A.) samur kürk şehzadelerin babalarının sağlığında saraydan çıkarken giydikleri kürk.

فراخ ferâh: (Peh.) **1.**ferah, geniş. **2.**kapsamlı. **3.**çok, bol. **4.**sevinçli. **5.**rahat. **6.**savurgan. ‖ * pâ ~ nihâden پا فراخ نهادن haddini aşmak.

فراخ آستین ferâhâstîn: [ferâh+âstîn] **1.**yeni geniş. **2.**bonkör, cömert.

فراخ ابرو ferâhebrû: [ferâh+ebrû] güleç, güleryüzlü.

فراخبال ferâhbâl: [ferâh+bâl] **1.**gönlü rahat, içi rahat, huzurlu. **2.**eli açık, cömert.

فراخ چشم ferâhçeşm: [ferâh+çeşm] iri gözlü, koca gözlü.

فراخ حوصلگی ferâhhovselegî: (A.-F.) [ferâh+hovsele+g+î] **1.**keyiflilik. **2.**vakar.

فراخ خو ferâhhû: [ferâh+hû] **1.**iyi huylu. **2.**sabırlı.

فرا خواستن ferâ hâsten: ayağa kalkmak.

فراخ درم ferâhdirem: [ferâh+direm] zengin, paralı, varlıklı.

فراخ دست ferâhdest: [ferâh+dest] **1.**zengin. **2.**eli açık, cömert.

فراخ دستی ferâhdestî: [ferâh+dest+î] eliaçıklık, bonkörlük, cömertlik.

فراخ دل ferâhdil: [ferâh+dil] **1.**yürekli. **2.**obur.

فراخ دهن ferâhdehen: [ferâh+dehen] **1.**koca ağızlı. **2.**geveze, çenesi düşük, çenesiz.

فراخ رو · ferâhrev: [ferâh+reften>rev] geniş adımlar atarak yürüyen.

فراخ فراخ ferâh ferâh: (A.) geniş geniş, bol bol.

فراخ رو ferâhrû: [ferâh+rû] güleç, güleryüzlü.

فراخ سخن ferâhsohen: [ferâh+sohen] geveze, çenesi düşük, çenesiz.

فراخ شدن ferâh şoden: **1.**ferahlamak. **2.**kolaylaşmak.

فراخ گام ferâhgâm: [ferâh+gâm] **1.**adımı geniş. **2.**geniş adım. **3.**mutlu.

فراخ مزاج ferâhmizâc: (A.-F.) [ferâh+ mizâc] şakacı.

فرا خمیدن ferâ hemîden: öne eğilmek.

فراخنا ferâhnâ: [ferâh+nâ] **1.**geniş yer. **2.**genişlik. **3.**bolluk.

فرا خواستن ferâ hâsten: çağırtmak, yanına çağırtmak.

فرا خواندن ferâ hânden: yanına çağırmak.

فراخور ferâhor: [ferâ+horden>hor] lâyık, yaraşır, uygun.

فراخی ferâhî: (Peh.) **1.**ferahlık, açıklık. **2.**genişlik. **3.**bolluk. **4.**ucuzluk. **5.**açıklık. **6.**savurganlık. **7.**asker fesi üzerine dikilen daire şeklindeki sarı tepelik. **8.**askerî inzibat görevlilerinin boyunlarına taktığı, üstünde "kânûn" yazan ay şeklindeki pirinç levha.

فراخیدن ferâhîden: **1.**ayrılmak. **2.**ürpermek, tüyleri diken diken olmak.

فراد firâd: (A.) bireyler, fertler.

فرا دادن ferâ dâden: açıklamak, beyan etmek. ‖ * gûş ~ گوش فرا دادن

kulak kesilmek.
فرا داشتن ferâ dâşten: **1.**yükseltmek. **2.**yöneltmek. **3.**tutmak.
فراده · furâde: (A.) teklik, yalnızlık.
فرادید ferâdîd: [ferâ+dîden>dîd] açık, ortada, belli, aşikâr.
فرادیس ferâdîs: (A.) **1.**cennetler. **2.**bahçeler. **3.**uçmalar.
فرار firâr: (A.) firar, kaçış. ‖ * rûy be ~ nihâden روی به فرار نهادن kaçmaya başlamak. ‖ * muvaffak be ~ şoden موفق به فرار شدن yakayı sıyırmak.
فرا راندن ferâ rânden: sevketmek, ileri sürmek.
فرار دادن firâr dâden: kaçırmak, uzaklaştırmak.
فرا رسیدن ferâ resîden: **1.**yaklaşmak. **2.**gelmek, çıkagelmek, yetişmek. **3.**güçlü olmak. **4.**zamanı gelmek, olmak.
فرا رفتن ferâ reften: **1.**ilerlemek. **2.**şaşırmak. **3.**kaçmak, uzaklaşmak.
فرار کردن firâr kerden: kaçmak, firar etmek.
فرارود ferârûd: [ferâ+rûd] (coğ.) Maveraünnehir.
فرارون ferârûn: (Peh.) **1.**ilerleyen. **2.**doğru, dürüst. **3.**iyi, güzel.
فراروی ferârûy: [ferha+rûy] **1.**karşı. **2.**tanınmış.
فراری firârî: (A.) [firâr+î] kaçak, firari.
فراری دادن firârî dâden: **1.**kaçırmak. **2.**kaçırtmak.
فراری ساختن firârî sâhten: kaçırtmak.
فراری شدن firârî şoden: firar etmek, firari olmak, kaçak olmak.
فراری کردن firârî kerden: kaçırmak.
فراز ferâz: (Peh.) **1.**yükseklik. **2.**tepe, zirve, doruk. **3.**üst, yukarı, yukarıya. **4.**açık. **5.**geri. **6.**fazla. **7.**yokuş yukarı. **8.**yükselten, kaldıran. ‖ * ber ~ -i بر فراز ِ üstünde, üzerinde. ‖ * be ~ şoden بر فراز شدن yukarı çıkmak, üstüne çıkmak.
فراز feraz: (Fr.) (gr.) cümle, tümce.
فراز آمدن ferâz âmeden: **1.**yaklaşmak, varmak, ulaşmak. **2.**bağlanmak, katılmak, girmek.
فراز آوردن ferâz âverden: **1.**getirmek. **2.**bulmak. **3.**hazırlamak. **4.**toplamak. **5.**çekmek. **6.**çıkarmak.
فرازا ferâzâ: [ferâz+â] irtifa, yükseklik.
فراز بردن ferâz borden: yaklaştırmak.
فراز خواندن ferâz hânden: yanına çağırmak.
فراز داشتن ferâz dâşten: **1.**yaklaştırmak. **2.**indirmek. **3.**karşısında tutmak.
فراز رسیدن ferâz resîden: **1.**yaklaşmak. **2.**içeri girmek. **3.**ortaya çıkmak.
فراز شدن ferâz şoden: **1.**yaklaşmak. **2.**kapanmak. **3.**açılmak. **4.**kalkmak. **5.**içeri girmek. **6.**öne çıkmak.
فراز کردن ferâz kerden: **1.**açmak. **2.**kapamak. **3.**yaklaştırmak. **4.**bina etmek.
فراز کشیدن ferâz keşîden: **1.**yanına çekmek. **2.**kınından çekmek.
فراز گردیدن ferâz gerdîden: **1.**kapanmak. **2.**açılmak.
فراز گرفتن ferâz giriften: geri almak.
فراز گشتن ferâz geşten: **1.**kapanmak. **2.**açılmak.
فرازی firâzî: [firâz+î] yükseklik.
فرازیاب ferâzyâb: [ferâz+yâften>yâb] (fiz.) altimetre, yükseklikölçer.
فرازیدن ferâzîden: **1.**kaldırmak, yükseltmek. **2.**süslemek. **3.**açmak. **4.**kapamak. **5.**birleştirmek.
فراست ferâset: (A.) binicilik.
فراست firâset: (A.) **1.**sezgi, seziş, firaset. **2.**zeyreklik.
فراستمند firâsetmend: (A.-F.) [firâset+mend] sezgili, firasetli.
فراسر ferâser: [ferâ+ser] **1.**baş üstü. **2.**baş altı.
فراسیون ferâsiyûn: (Yun.) (bot.) nanelilerden bir tür bitki.
فراش ferâş: (A.) **1.**gazel, hazan. **2.**kelebek.
فراش ferrâş: (A.) **1.**odacı, hizmetçi, uşak, hademe. **2.**memur. **3.**döşemeci. **4.**süpürücü, temizlikçi.

5.Kâbe'yi süpürüp temizlemekle görevli kişi.

فراش firâş: (A.) 1.yaygı. 2.yatak, döşek. 3.eş. 4.halı. ‖ * esîr-i ~ اسير فراش 1.yorgan döşek yatan hasta. 2.yatalak. ‖ * tecdîd-i ~ kerden تجديد فراش كردن yeniden evlenmek.

فراشت ferâşet: (A.) Kâbe'yi temizleme görevi, Kâbe süpürücülüğü.

فراشدن ferâ şoden: 1.girmek, içeri girmek. 2.sinirlenmek. 3.gitmek.

فراشه ferâşe: pervâne (şem'in pervânesi).

فراشيدن ferâşîden: titremekten büzülmek.

فراص firâs: (A.) 1.kaba, iri. 2.kıpkızıl. 3.elbise.

فراصوتى ferâsovtî: (A.-F.) [ferâ+sovt+î] (fiz.) ses ötesi, süpersonik.

فراعنه ferâ'ine: (A.) 1.firavunlar. 2.kendini beğenmişler, kibirliler.

فراعين ferâîn: (A.) firavunlar.

فراغ ferâg: (A.) 1.vazgeçme, bırakma. 2.bitirme. 3.tasarruf hakkını devretme. 4.boş vakti olma, bir iş yapmama. 5.kurtulma.

فراغ ferâg: serin rüzgâr.

فراغ furâg: (A.) meni, döl.

فراغ افتادن ferâg oftâden: serbest kalmak, kurtulmak, işini bitirmek.

فراغبال ferâgbâl: (A.-F.) [ferâğ+bâl] huzurlu, müreffeh, rahat. ‖ * be ~ بفراغبال rahat rahat, gönül huzuruyla.

فراغ بالاستغلال ferâgbilistiglâl: (A.) Mîrî arazi veya vakıf mallarınını kullanan kişinin bunları tekrar kiralamak koşuluyla yeniden yaptığı ferağ işlemi.

فراغ بالوفا ferâgbilvefâ: (A.) bir kişinin vakıf malları üzerindeki kullanma hakkını borcunu ödeyince geri almak koşuluyla alacaklıya vermesi.

فراغت ferâget: (A.) 1.rahatlık, huzur. 2.el çekme. 3.fırsat. 4.mezuniyet, bitirme. 5.zenginlik. ‖ * ovkât-i ~ اوقات فراغت boş vakitler.

فراغت آوردن ferâget âverden: huzur bulmak, rahata ermek.

فراغت دادن ferâget dâden: 1.huzur vermek, rahatlatmak. 2.fırsat vermek.

فراغت داشتن ferâget dâşten: 1.huzurlu olmak, rahat içinde olmak. 2.mecali olmak. 3.unutmak.

فراغ عن الجهات ferâg'anilcihât: (A.) vakıflara ait bir işle görevli olan kişinin görevini bir başkasına devretmesi.

فراغت كردن ferâget kerden: 1.dinlenmek, istirahat etmek. 2.vazgeçmek, bırakmak, elini çekmek.

فراغت يافتن ferâget yâften: 1.raha etmek. 2.sona erdirmek, bitirmek.

فراغ جستن ferâg costen: 1.huzur aramak. 2.huzur bulmak.

فراغ خطى ferâghettî: (A.-F.) [ferâğ+hett+î] kurtuluş, serbestlik.

فراغ داشتن ferâg dâşten: 1.rahat olmak, huzurlu olmak. 2.muhtaç olmamak.

فراق firâk: (A.) ayrılık, firak.

فراق افتادن firâk uftâden: ayrılık girmek.

فراق نامه firâknâme: (A.-F.) [firâk+nâme] ayrılıktan söz eden eser.

فراقيه firâkiyye: (A.) ayrılık şiiri.

فراک ferak: (Fr.) frak.

فراک forâk: 1.sırt. 2.kirli.

فرا كردن ferâ kerden: 1.el uzatmak. 2.öne getirmek. 3.seçmek. 4.tahrik etmek. 5.kapı kapamak.

فراكسيون feraksiyon: (Fr.) fraksiyon.

فرا كندن ferâ kenden: kazmak.

فرا گذاشتن ferâ gozâşten: bırakmak, serbest bırakmak.

فرا گرفتن ferâ giriften: 1.almak. 2.tasarruf etmek. 3.sarmak, kuşatmak. 4.kapsamak, kaplamak. 5.öğrenmek. 6.yayılmak. 7.alışmak.

فراماسون feramason: (Fr.) framason.

فرامش ferâmuş: [<ferâmûş] unutma.

فراموش ferâmûş: (Peh.) unutma. ‖ * ~ -i kesî şoden فراموش کسی شدن unutmak.

فراموشانیدن ferâmûşânîden: unutturmak.

فراموش پیشه ferâmûşpîşe: [ferâmûş+pîşe] unutkan.

فراموش خانه ferâmûşhâne: [ferâmûş+hâne] framasoneri.

فراموش دادن ferâmûş dâden: unutturmak.

فراموش شدن ferâmûş şoden: unutulmak.

فراموشکار ferâmûşkâr: [ferâmûş+kâr] unutkan.

فراموشکاری ferâmûşkârî: [ferâmûş+kâr+î] unutkanlık.

فراموش کردن ferâmûş kerden: unutmak.

فراموش گردیدن ferâmûş gerdîden: unutulmak.

فراموش گشتن ferâmûş geşten: unutulmak.

فراموش نشدنی ferâmûşneşodenî: [ferâmûş+ne+şoden+î] unutulmaz, unutulmayan, unutulamayan.

فراموشی ferâmûşî: [ferâmûş+î] unutulmuşluk. ‖ * be dest-i ~ siporden به دست فراموشی سپردن unutmak.

فراموشیدن ferâmûşîden: unutmak.

فرامین ferâmîn: (A.) fermanlar, emirler, buyruklar, buyrultular.

فرانج ferânec: kâbus.

فرانسوی feransevî: (Fr.-F.) [feranse+v+î] **1.**fransızca. **2.**fransız.

فرانسوی زبان feransevîzebân: (Fr.-F.) [feranse+v+î+zebân] anadili fransızca olan.

فرانسه feranse: (Fr.) (coğ.) Fransa. ‖ * zebân-i ~ زبان فرانسه fransızca.

فرانق furanik: **1.**öncü. **2.**delil.

فرانک ferank: (Fr.) frank.

فرا نمودن ferâ numûden: ortaya çıkarmak, aşikâr etmek.

فرا نهادن ferâ nehâden: **1.**bırakmak. **2.**ortaya koymak.

فراواقع گرا ferâvâki'gerâ: (A.-F.) [ferâ+ vâki'+gerâyîden;gerâ] gerçeküstücü, sürrealist.

فراواقع گرایی ferâvâki'gerâyî: (A.-F.) [ferâ+vâki'+gerâyîden>gerây+î] gerçeküstücülük, sürrealizm.

فراوان ferâvân: bol, çok, pekçok, büyük.

فراوانی ferâvânî: [ferâvân+î] **1.**bolluk, çokluk. **2.**(fiz.) frekans. ‖ * be ~ به فراوانی çokca, bolca, bol bolamadı.

فراهت ferâhet: (A.) şan.

فراهم ferâhem: **1.**bir araya gelme, toplanma. **2.**derli toplu, toplanmış, hazır.

فراهم آمدن ferâhem âmeden: **1.**toplanmak. **2.**hazırlanmak.

فراهم آوردن ferâhem âverden: **1.**toplamak, bir araya getirmek, derlemek. **2.**hazırlamak. **3.**getirmek. **4.**tahsil etmek.

فراهم دیدن ferâhem dîden: hazırlamak.

فراهم ساختن ferâhem sâhten: elde etmek, almak.

فراهیختن ferâhîhten: **1.**kından çekmek. **2.**eğitmek.

فرا یافتن ferâ yâften: **1.**anlamak, idrak etmek. **2.**bulmak.

فرایبورگ frayburg (Alm.) (coğ.) Freiburg.

فراید ferâyid: (A.) **1.**değerli mücevherler, nefis eşyalar. **2.**tekler, tek olanlar.

فرایض ferâyiz: (A.) **1.**farzlar. **2.**İslâm hukukunda miras ilmi.

فربال ferbâl: çardak.

فرباله ferbâle: çardak.

فربود ferbûd: doğru, sağlam.

فربه ferbih: **1.**tombul, toplu, şişman, semiz, semirmiş, etli butlu. **2.**kuvvetli. **3.**mamur. **4.**çok.

فربه انصاف ferbihinsâf: (A.-F.) [ferbih+ insâf] insaflı.

فربه شدن ferbih şoden: semirmek, şişmanlamak.

فربه کردن ferbih kerden: semirtmek, şişmanlatmak.

فربهی ferbihî: [ferbih+î] semizlik, şişmanlık, tombulluk.

فربيون ferbiyûn: (A.) tropik bölgelerde yetişen sütleğengillerden elde edilen reçineli zamk.

فربيونيه ferbiyûniyye: (A.) sütleğengiller.

فرتوت fertût: yaşlı, bunak, moruk.

فرتوتانه fertûtâne: [fertût+âne] bunakça.

فرتوته fertûte:**1.**çok yaşlı, bunak. **2.**esir edilmiş kadın.

فرتوتى fertûtî: [fertût+î] çok yaşlılık, bunaklık.

فرج ferec: (A.) **1.**açılış, kolaylık, rahatlama, üzüntüden kurtulma. **2.**sigara tütünü.

فرج ferc: (A.) **1.**(tıb.) vajina. **2.**yarık. **3.**aralık.

فرج forec: (A.) yarıklar.

فرج ferc: değer, kadir.

فرجاد fercâd: bilgili, erdemli.

فرج البحر ferculbahr: (A.) denizanası.

فرجام fercâm: (Peh.) **1.**son, sonuç, akibet. **2.**(huk.) temyiz. **3.**(huk.) temyiz mahkemesi. **4.**kazanç, yarar.

فرجام خواستن fercâm hâsten (Huk.) temyiz etmek.

فرجامگاه fercâmgâh: [fercâm+gâh] **1.**mezar. **2.**kıyamet günü. **3.**son yer, varılacak son nokta.

فرج بعد الشده ferec ba'deşşidde: (A.) sıkıntıdan sonra gelen rahatlık.

فرجه furce: (A.) **1.**yarık, çatlak, aralık, gedik, delik. **2.**panorama. **3.**fırsat.

فرجه ياب furceyâb: (A.-F.) [furce+ yâften>yâb] fırsat bulan.

فرجى fereci: (A.) [ferec+î] Mevlevî dervişlerinin giydiği önü açık hırka.

فرچه forçe: fırça.

فرح fereh: (A.) sevinç, ferah.

فرح ferih: (A.) sevinçli.

فرح آباد ferahâbâd: (A.-F.) [ferah+âbâd] **1.**sevinç veren yer, ferahlık yeri. **2.**şimdiki Çırağan Sarayı'nın bulunduğu yerde Damat İbrahim Paşa tarafından yaptırılan kasır. **3.**sevinçli, şâd.

فرح آور ferahâver: (A.) sevindirici, ferahlık getiren.

فرح افزا ferahefzâ: (A.-F.) [ferah+ efzûden>efzâ] · ferahlık arttıran, iç açıcı.

فرح افشان ··ferahefşân: (A.-F.) [ferah+ efşânden> efşân] ferahlık veren, ferahlık saçan, neşe veren.

فرح انگيز ferahengîz: (A.-F.) [ferah+ engîhten> engîz] **1.**ferahlık veren. **2.**bir lale cinsi.

فرح بخش ferehbahş: (A.-F.) [fereh+ bahşîden>bahş] ferahlatıcı, sevinç verici; iç açıcı.

فرحت ferhet: (A.) genişlik, ferahlık.

فرحزار ferahzâr: (A.-F.) [ferah+zâr] **1.**ferahlık bulunan yer. **2.**klasik Türk mûsikîsinde bir makam.

فرح شاد ferahşâd: (A.-F.) [ferah+şâd] ferahlık içinde şâd olmuş.

فرح فزا ferahfezâ: (A.-F.) [ferah+ fezûden>fezâ] **1.**ferahlık arttıran, iç açıcı, ferahlık veren. **2.**klasik Türk mûsikîsinde bir makam. **3.**bir lale cinsi.

فرح فشان ·ferahfeşân: (A.-F.) [ferah+ feşânden> feşân] ferahlık veren, ferahlık saçan, neşe veren.

فرحن ferhan: (A.) **1.**sevinçli, neşeli. **2.**mutlu. **3.**erkek adı.

فرحناک ferehnâk: (A.-F.) [fereh+nâk] **1.**sevinçli, ferah içinde. **2.**klasik Türk mûsikîsinde bir makam.

فرح نما ferahnumâ: (A.-F.) [<ferah+ numûden> numâ] **1.**ferahlık gösteren. **2.**klasik Türk mûsikîsinde bir makam.

فرخ ferruh: (Peh.) **1.**kutlu, uğurlu, mübarek. **2.**güzel.

فرخار ferhâr: puthane.

فرخاش ferhâş: **1.**kavga, çekişme. **2.**savaş.

فرخال ferhâl: uzun ve düzgün saç.

فرخ پى ferruhpey: [ferruh+pey] ayağı uğurlu.

فرخ خجسته ferruhhoceste: [ferruh+ hoceste] kutlu, uğurlu, mübarek.

فرخزاد ferruhzâd: [ferruh+zâden>zâd] **1.**kutlu doğan. **2.**hayırlı evlat. **3.**uğurlu, kutlu, mübarek.

فرخشه ferehşe: kadayıf.

فرخ فال ferruhfâl (F.-A.) [ferruh+fâl] **1.**kutlu fal, iyi fal. **2.**falı uğurlu, falı kutlu.

فرخ كيش ferruhkîş: [ferruh+kîş] dini kutlu.

فرخندگى ferhundegî: [ferhunde+g+î] kutluluk, uğur, mutluluk, mübareklik.

فرخنده ferhunde: kutlu, uğurlu, mübarek.

فرخنده اختر ferhundeahter: [ferhunde+ ahter] talihli, bahtı açık.

فرخنده انجام ferhundeencâm: [ferhunde+ encâm] sonu iyi, kutlu sonlu.

فرخنده بخت ferhundebaht: [ferhunde+ baht] talihli, mesut, bahtiyar.

فرخنده پاى ferhundepây: [ferhunde+pây] ayağı uğurlu.

فرخنده پى ferhundepey: [ferhunde+pey] ayağı uğurlu.

فرخنده خصال ferhundehisâl (F.-A.) [ferhunde+hisâl] güzel hasletleri olan, iyi huylu.

فرخنده دم ferhundedem: [ferhunde+dem] kutlu an.

فرخنده راى ferhunderây (F.-A.) [ferhunde+rây] iyi düşünen, görüşü kutlu.

فرخنده سال ferhundesâl: [ferhunde+sâl <sâl-i ferhunde] kutlu yıl, uğurlu yıl.

فرخنده طالع ferhundetâli' (F.-A.) [ferhunde+tâli'] talihli, talihi kutlu, talihi yaver.

فرخنده طلعت ferhundetal'at (F.-A.) [ferhunde+tal'at] güzel yüzlü.

فرخنده فال ferhundefâl: [ferhunde+fâl] **1.**iyi çıkan fal. **2.**falı uğurlu.

فرخنده مياسر ferhundemeyâsir (F.-A.) [ferhunde+ meyâsir] uğurlu örtülere bürünmüş.

فرخنده نويد ferhundenevîd: [ferhunde+ nevîd] kutlu haberler getiren.

فرخويدن ferhevîden: budamak.

فرخى ferruhî: [ferruh+î] kutluluk, uğur.

فرد ferd: (A.) **1.**tek. **2.**birey, fert, kişi. **3.**tek sayı. **4.**tek beyit. **5.**yapayalnız.

فرداً ferden: (A.) tek başına.

فردا ferdâ: **1.**yarın. **2.**ertesi gün. ‖ * ~ -yi an rûz فرداى آن روز **1.**ertesi gün. **2.**o günden sonra. ‖ * tâ be ~ تا به فردا **1.**yarına kadar. **2.**kıyamete kadar.

فردافرد ferdâferd: (A.-F.) [ferd+â+ferd] tek tek, bir bir, birer birer.

فرداً فردا ferdenferdâ: (A.) tek tek, bir bir, birer birer.

فردانى ferdânî: (A.) yegane, benzeri görülmemiş.

فردانيه ferdâniyye: (A.) bireycilik, individualizm.

فردانيت ferdâniyyet: (A.) teklik, bir tanelik.

فرد فرد ferd ferd: bir bir, birer birer.

فردوس firdevs, firdovs: **1.**cennet, firdevs. **2.**bahçe. **3.**kadın adı. ‖ * ~ -i berîn فردوس برين yüksek cennet.

فردوس آسا firdevsâsâ: (A.-F.) [firdevs+ âsâ] cennet gibi.

فردوس آشيان firdevsâşiyân: (A.-F.) [firdevs+âşiyân] **1.**yuvası cennet olan. **2.**cennetlik.

فردوس نشين firdevsnişîn: [firdevs+nişîn] cennette oturan, cennette kalan.

فردوس مكان firdovsmekân: (F.-A.) [firdovs+mekân] cennetlik, cennetmekân.

فردوسى firdevsî: (A.) **1.**cennet ile ilgili. **2.**Şahname'nin sahibi hamâse şairi Firdevsî.

فردوسيه firdevsiyye: (A.) Firdevsîlik, Kübrevîliğin bir kolu.

فردى ferdî: (A.) **1.**fert ile ilgili, birey ile ilgili. **2.**bireysel, kişisel. **3.**erkek adı.

فردى الاصابع ferdiyyulesâbi': (A.) tekparmaklılar.

فرد الفرد ferdulferd: (A.) ikiye bölünemez sayı.

فرديت ferdiyyet: (A.) **1.**bireylik, ferdiyet. **2.**teklik.

فرديه ferdiyye: (A.) **1.**fert ile ilgili, birey ile ilgili. **2.**bireysel. **3.**bayan adı.

فرز ferz: vezir (satrançta).

فرز firz: çabuk, çevik, atik, eli çabuk.

فرزام ferzâm: lâyık, yaraşır.

فرزان ferzân: **1.**bilge, akıllı. **2.**hikmet, bilgelik. **3.**erkek adı.

فرزانگان ferzânegân: [ferzâne+g+ân] bilgeler, akıllılar.

فرزانگى ferzânegî: (Peh.) bilgelik.

فرزانه ferzâne: **1.**bilge, hakîm. **2.**bilgili. **3.**kendini nefsin isteklerinden kurtaran derviş. **4.**satranç oyununda vezir.

فر زدن fır zeden: **1.**mizampli yaptırmak. **2.**makyaj yapmak.

فرزند ferzend: (Peh.) **1.**evlat, çocuk,yavru. **2.**oğul. ‖ * ~ -i kesî der girîbân endâhten فرزند كسى در گريبان انداختن evlatlık edinmek.

فرزندانه ferzendâne: [ferzend+âne] **1.**evlatlara yakışır şekilde. **2.**oğullara yakışır şekilde.

فرزندى ferzendî: [ferzend+î] evlatlık. ‖ * be ~ berdâşten به فرزندى برداشتن evlat edinmek. ‖ * be ~ pezîroften به فرزندى پذيرفتن evlat edinmek.

فرزين ferzîn: satrançta vezir.

فرس feres: (A.) (zool.) at.

فرس furs: **1.**Farsça. **2.**Farslar, İranlılar. **3.**İran, Fars. ‖ * ~ -i kadîm فرس قديم eski İran, antik İran. ‖ * lugat-i ~ لغت فرس Farsça.

فرسا fersâ: [fersûden>fersâ] tüketen, aşındıran, yoran, bitiren.

فرس البحر feresulbahr: (A.) su aygırı.

فرسان fersân: bir cins sansar.

فرسان fursân: (A.) **1.**atlılar. **2.**biniciler.

فرسايش fersâyiş: [fersûden>fersâ+y+iş] (coğ.) aşınma, erozyon.

فرستادن firistâden: göndermek, yollamak.

فرستاده firistâde: [firistâden>firistâd+e] **1.**gönderilmiş, yollanmış. **2.**elçi. **3.**vekil. **4.**ihraç malı. **5.**ulak.

فرستانيدن firistânîden: göndermek.

فرستنده firistende: [firisthaden>firist+ende] gönderici, gönderen.

فرسته firiste: [firistâden>firist+e] elçi.

فرسخ ferseh: Doğu dünyasında kentlere ve bölgelere göre değişen bir uzunluk ölçüsü birimi, fersah, ortalama altı kilometrelik bir uzunluk birimi.

فرس راندن feres rânden: at sürmek, at koşturmak.

فرسک firisk: (Fr.) fresk.

فرس نامه feresnâme: (A.-F.) [feres+nâme] (ed.) atlardan bahseden kitap.

فرسنداج fersendâc: ümmet.

فرسنگ ferseng: (Peh.) Doğu dünyasında kentlere ve bölgelere göre değişen bir uzunluk ölçüsü birimi, fersah.

فرس نهادن feres nihâden: yenilmek, aciz olmak.

فرسود fersûd: [fersûde>fersûd] **1.**yıpranma, eskime, eprime. **2.**pörsüme. **3.**yıpranmış, eskimiş, eprimiş. **4.**pörsümüş.

فرسودگى fersûdegî: [fersûden>fersûd+ e+g+î] **1.**pörsüme, aşınma. **2.**solgunluk, bitkinlik.

فرسودن fersûden: **1.**aşınmak, eskimek, pörsümek. **2.**solmak. **3.**bitkin düşmek. **4.**aciz kalmak. **5.**yok olmak.

فرسوده fersûde: **1.**eski püskü. **2.**sönük. **3.**bitkin.

فرسوده پيشانى fersûdepîşânî: [fersûde+ pîşânî] ar damarı çatlamış kadın.

فرسوده شدن fersûde şoden: **1.**aşınmak, eskimek, pörsümek. **2.**solmak. **3.**bitkin düşmek. **4.**aciz kalmak.

5.yok olmak.

فرسی fursî: (A.) **1.**İranlı. **2.**Farsça ile ilgili.

فرسیات fursiyyât: (A.) İranoloji, Fars dili ve edebiyatı.

فرسیه feresiyye: (A.) atgiller.

فرش ferş: (A.) **1.**döşeme, yayma. **2.**döşetme. **3.**yaygı. **4.**halı. **5.**kır.

فرش forş: kum.

فرش انداختن ferş endâhten: yaygı sermek.

فرشتگان firiştegân: [firişte+g+ân] melekler.

فرشتگی firiştegî: [firişte+g+î] meleklik.

فرشته firişte: **1.**melek. **2.**iyi huylu. **3.**masum.

فرشته خصال firiştehisâl (F.-A.) [firişte+ hisâl] melek huylu.

فرشته خصلت firiştehaslet (F.-A.) [firişte+ haslet] melek tabiatlı, melek gibi.

فرشته خو firiştehû: [firişte+hû] melek huylu, melek gibi.

فرشته سیرت firiştesîret (F.-A.) [firişte+ sîret] melek huylu, melek tabiatlı.

فرشته صفت firiştesifat (F.-A.) [firişte+ sifat] melek huylu.

فرشته نژاد firiştenijâd: [<firişte+nijâd] melek soyundan gelen, melek soylu.

فرش شدن ferş şoden: **1.**yayılmak, serilmek. **2.**dağılmak.

فرش فروش ferşfurûş: (A.-F.) [ferş+ furûhten>furûş] **1.**halıcı. **2.**döşemeci.

فرش کردن ferş kerden: döşemek, tefriş etmek.

فرش کوبی شدن ferşkûbî şoden: döşenmek.

فرشیه ferşiyye: (A.) kaplama ve döşeme masrafı.

فرصاد fırsâd: (A.) karadut.

فرصت forset: (A.) **1.**fırsat. **2.**nöbet.

فرصت پیدا کردن forset peydâ kerden: fırsat bulmak.

فرصت جو forsetcû: (A.-F.) [forset+ costen>cû] fırsatçı, fırsat kollayan.

فرصت جویی forsetcûyî: (A.-F.) [forset+ costen>cûy+î] fırsatçılık.

فرصت دادن forset dâden: fırsat vermek.

فرصت داشتن forset dâşten: fırsatı olmak.

فرصت دانستن forset dânisten: fırsat bilmek.

فرصت دست دادن forset dest dâden: eline fırsat geçmek, fırsat çıkmak.

فرصت شمردن forset şomorden: fırsat bilmek.

فرصت طلب forsettaleb: (A.-F.) [forset+ talebîden>taleb] fırsatçı, fırsat düşkünü.

فرصت طلبی forsettalebî: (A.-F.) [forset+ talebîden>taleb+î] fırsatçılık, fırsat düşkünlüğü.

فرصت کردن forset kerden: fırsatı olmak, fırsat bulmak.

فرصت نگاه داشتن forset nigâh dâşten: fırsat kollamak.

فرصت یاب forsatyâb: (A.-F.) [<forset+ yâften>yâb] fırsatçı, fırsat bulan.

فرصت یافتن forset yâften: fırsat bulmak, fırsat yakalamak.

فرض ferz: (A.) **1.**Tanrı'nın kesin emri. **2.**zorunlu, gerekli. **3.**sayma, tasavvur etme. ‖ * ~ -i ayn فرض عین her kulun yapması gereken ödev. ‖ * ~ -i kat'î فرض قطعی mutlaka yapılması gereken şey. ‖ * ~ -i kifâye فرض کفایه · kimi müslümanların yapması gereken ödev. ‖ * ~ -i muhâl فرض محال imkânsız olan bir şeyi olacakmış gibi ele alma.

فرضاً ferzen: (A.) farzedelim ki, tut ki, diyelim ki, faraza. ‖ * ~ ki فرضاً که farzedelim ki, tut ki, diyelim ki.

فرض کردن ferz kerden: **1.**farzetmek, varsaymak. **2.**sanmak.

فرض نمودن ferz numûden: farzetmek.

فرضی ferzî: (A.) farazî, varsayılı.

فرضیات ferziyyât: (A.) varsayımlar, hipotezler.

فرضیه ferziyye: (A.) varsayım, hipotez, faraziye.

فرط fert: (A.) **1.**aşırı. **2.**çokluk, bolluk. || * ~ -i cesâret فرط جسارت aşırı cesaret. || * ~ -i cunûn فرط جنون aşırı delilik, cinnet geçirme. || * ~ -i zekâ فرط ذکا aşırı zeka, zeka üstünlüğü.

فرع fer': (A.) **1.**yan, ikincil, ikinci derecede. **2.**dal. **3.**tomurcuk. **4.**kol, şube. **5.** okçuluk yarışmasında bir tarafın daha fazla isabet. **6.**sonuç. **7.**nesil. **8.**kâr.

فرعون fir'evn, fir'ovn: (A.) **1.**Mısır firavunu. **2.**kibirli, gururlu. **3.**mendebur.

فرعونی fir'avnî: (A.-F.) [fir'avn+î] **1.**firavunluk. **2.**güzel sanatlarda kullanılan bir kağıt cinsi.

فرعی fer'î: (A.) tâli, fer'î, ikincil, ikinci derecede, yan, ayrıntı, ayrıntılarla ilgili.

فرعیه fer'iyye: (A.) ikinci derecede, ikincil, ekli, tâli.

فرغار fergâr: ıslak.

فرغاریدن fergârîden: ıslatmak.

فرغند fergend: **1.**kirli, pis. **2.**kötü kokulu. **3.**sarmaşık.

فرغول fergûl: **1.**gecikme. **2.**gaflet.

فرغیش fergîş: eski, eski püskü.

فرفار ferfâr: (A.) geveze.

فرفخیه firfahiyye: (A.) semizotugiller.

فرفر ferfer, firfir: aceleyle, hızla.

فرفره ferfere, firfire: **1.**fırıldak, kâğıt fırıldak. **2.**topaç, fırfır. **3.**hoppalık, hafifmeşreplik. **4.**ağzı kalabalık.

فرفری firfirî: **1.**kıvırcık. **2.**mora çalan kırmızı.

فرفیون ferfiyûn: (A.) sütleğen.

فرق ferk: (A.) **1.**fark, ayrılık, ayrıntı. **2.**imtiyaz. **3.**baştepe, baş ardı. **4.**ayırma, ayırt etme. **5.**başın üst kısmında saçın ikiye ayrıldığı çizgi.

فرق firak: (A.) **1.**askerî birlikler. **2.**tümenler. **3.**partiler. **4.**topluluklar, gruplar. **5.**mezhepler. || * ~ -i dâlle فرق ضاله doğru yoldan sapmış mezhepler veya cemaatler. || * ~ -i siyâsiyye فرق سیاسیه siyasal partiler.

فرقان furkân: (A.) **1.**Kur'ân, Furkân. **2.**doğruyu yanlıştan ayıran, iyi ile kötüyü ayıran.

فرقانی furkânî: (A.) Kur'ân ile ilgili.

فرقت firket: (A.) fırka, güruh.

فرقت furket: (A.) ayrılık.

فرقت زده furketzede: (A.-F.) [furket+zeden>zed+e] ayrılığa düşmüş, sevgilisinden ayrı kalmış.

فرقت نما furketnumâ: (A.-F.) [furket+numûden> numâ] ayrılık gösteren.

فرقد ferkad: (A.) **1.**kutup yıldızı, Büyükayı yıldız kümesinde bulunan ve Kuzey Kutbuna yakın iki parlak yıldızdan her biri. **2.**dana.

فرق دادن ferk dâden: ayırmak, teşhis etmek.

فرقدان ferkadân: (A.) Büyükayı yıldız kümesinde bulunan iki parlak yıldız.

فرق داشتن ferk dâşten: farklı olmak, farkı olmak.

فرقدان ferkedân: (A.) **1.**ikili. **2.**iki kutup yıldızı.

فرق کردن ferk kerden: **1.**ayırmak, ayırdetmek, teşhis etmek, farketmek. **2.**değişmek.

فرقه firke: (A.) **1.**fırka, güruh. **2.**tarikat. **3.**parti, fırka. **4.**askerî birlik. **5.**doğru yoldan sapmış mezhep ve cemaat.

فرکانس firikans: (Fr.) (fiz.) frekans.

فرم ferem: gönül darlığı.

فرم form: (Fr.) **1.**form. **2.**forma. || * ~ -i ittilâ'âtî فرم اطلاعاتی bilgi formu.

فرمالیته formalite: (Fr.) formalite.

فرمان fermân: (Peh.) **1.**ferman, buyruk, emir, komut. **2.**direksiyon. **3.**dümen. || * ~ -i afv der âmeden فرمان عفو در آمدن (huk.) af çıkmak.

فرمانبر fermânbor: [fermân+borden> bor] **1.**itaatkâr. **2.**hizmetçi.

فرمانبردار fermânbordâr: [fermhan+borden> bord+âr] itaatkâr, başeğen.

فرمانبرداری fermânbordârî: [fermân+borden>bord+âr+î] itaat, baş eğme.

فرمانبرداری کردن fermânbordârî kerden: itaat etmek, söz dinlemek.

فرمان بردن fermân borden: itaat etmek.

فرمانبری fermânborî: [fermân+borden> bor+î] itaat.

فرمان پذیر fermânpezîr: [fermân+ pezîroften>pezîr] itaatkâr, baş eğen.

فرمان پذیفتن fermân pezîroften: itaat etmek.

فرمان پذیری fermânpezîrî: [fermân+ pezîiroften>pezîr+î] itaat.

فرمان دادن fermân dâden: emretmek, emir vermek, buyurmak, komut vermek.

فرماندار fermândâr: [fermân+dâşten>dâr] **1.**(huk.) hakim. **2.**kaymakam.

فرمان در رسیدن fermân der resîden: ferman gelmek.

فرمانده fermândih: [fermân+dâden>dih] **1.**(ask.) komutan. **2.**emir veren, emir sahibi. ‖ * ~ -i kull فرمانده کل **1.**(ask.) başkomutan. **2.**başbuğ. ‖ * ~ -i kull-i kıvâ فرمانده کل قوا (قوی) (ask.) genelkurmay başkanı, başkomutan.

فرماندهی fermândihî: [fermân+dâden> dih+î] (ask.) komutanlık.

فرمان راندن fermân rânden: **1.**emir vermek. **2.**hükmetmek, hüküm sürmek.

فرمان رانی fermânrânî: [fermân+rânden> rân+î] hükmetme, hüküm sürme.

فرمان رسیدن fermân resîden: **1.**emir gelmek. **2.**ecel gelmek.

فرمانروا fermânrevâ: [fermân+reften> rev+â] **1.**hükümdar. **2.**emir, hakim.

فرمان روایی fermânrevâyî: [fermân+ reften> rev+a+y+î] hükümdarlık.

فرمان روایی کردن fermânrevâyî kerden: hüküm sürmek.

فرمان شدن fermân şoden: emir çıkmak.

فرمان شنو fermânşinev, fermânşinov: [fermân+şenîden>şinev=şinov] emre uyan, itaatkâr.

فرمانفرما fermânfermâ: [fermân+ fermûden>fermâ] **1.**emir veren, emir sahibi. **2.**komutan, padişah. **3.**Tanrı.

فرمانفرمایی fermânfermâyî: [fermân+ fermûden>fermây+î] hakimlik.

فرمان کردن fermân kerden: emri yerine getirmek, itaat etmek, boyun eğmek.

فرمان یافتن fermân yâften: **1.**emir almak. **2.**ölmek.

فرمایش fermâyiş: [fermûden>fermây+iş] **1.**emir, buyruk, hüküm. **2.**ısmarlama, sipariş. ‖ * ~ î dâşten فرمایشی داشتن **1.**buyurmak, emretmek. **2.**söylemek.

فرمایشات fermâyişât: (F.-A.) [fermâyiş+ ât] **1.**emirler, buyruklar. **2.**sözler.

فرمایشی fermâyişî: [fermûden>fermây+ iş+î] **1.**emir içeriği. **2.**değersiz.

فرمگین feremgîn: [ferem+gîn] kederli, üzgün.

فرمند fermend: [fer+mend] **1.**tertemiz. **2.**nurlu, ışıklı. **3.**kutlu kişi, şerefli kişi, yüksek mevki sahibi., mesut, bahtiyar.

فرمودن fermûden: (Peh.) **1.**buyurmak, emretmek, komut vermek, emir vermek. **2.**söylemek. **3.**yapmak, etmek.

فرمودنی fermûdenî: [fermûden+î] **1.**söylenmeye lâyık. **2.**buyurulmaya lâyık.

فرموده fermûde: [fermûden>fermûd+e] **1.**buyurulmuş, emredilmiş. **2.**buyurmuş, emretmiş. **3.**buyruk, emir. **4.**irade, ferman.

فرموشی fermûşî: [fermûş<ferâmûş+î] unutma.

فرمول formul: (Fr.) formül.

فرمولر formuler: (Fr.) formüler.

فرناس fernâs: **1.**gafil. **2.**uykulu. **3.**gaflet. **4.**şaşkın. **5.**şaşkınlık.

فرنج ferenc: büyük dal.

فرنجک ferencek: kâbus.

فرنجمشک ferencmoşk (bot.) oğulotu.

فرندل ferendel (bot.) söğütgillerden bir bitki.

فرنگ fereng: **1.**Firenk, Avrupa. **2.**Fransa.

فرنگستان ferengistân: [fereng+istân] **1.**Avrupa, Firenk ülkesi. **2.**Fransa.

فرنگی ferengî: [fereng+î] **1.**Avrupalı, Batılı. **2.**Batı tarzında, Batı üslubunda. **3.**Rum.

فرنگیس ferengîs: **1.**Venüs, Çoban yıldızı, Çulpan yıldızı, Zühre. **2.**bayan adı.

فرنگی کار ferengîkâr: [fereng+î+kâr] (sp.) grekoromenci.

فرنگی مآب ferengîmeâb: (F.-A.) [fereng+ î+ meâb] **1.**alafranga. **2.**Batı hayranı, Avrupa hayranı.

فرنگی مآبی ferengîmeâbî: (F.-A.) [fereng+î+meâb+î] Batı hayranlığı.

فرنود fernûd: delil, kanıt, burhan.

فرنی firinî: muhallebî.

فرنی پز firinîpez: [firinî+pohten>pez] muhallebici.

فرنی پزی firinipezî: [firini+pohten> pez+î] muhallebici.

فرو furû: (gr.) ön ek: aşağı.

فرو ferv: (A.) deri, post, tilki postu, kürk.

فرو firro: (Fr.) (kim.) ferro.

فرو آمدن furû âmeden: **1.**aşağı inmek. **2.**batmak, gurûb etmek. **3.**suya dalmak. **4.**meyletmek.

فرو آوردن furû âverden: indirmek.

فرو افکندن furû efkenden: aşağı atmak.

فرو بارانیدن furû bârânîden: yağdırmak.

فرو باریدن furû bârîden: yağmak.

فرو بردن furû borden: **1.**batırmak, daldırmak, sokmak. **2.**yutmak. **3.**kakalamak. **4.**girmek. **5.**koymak. **6.**götürmek. ‖ * nîş-i sohenâneş râ der cân-i kesî ~ نیش سخنانش در جان کسی فرو بردن laf dokundurmak, iğnelemek, laf çarpmak.

فروبرده furûborde: [<furû+borden> bord+e] **1.**daldırmış, batırmış. **2.**eğmiş. **3.**eğilmiş.

فرو بستن furû besten: **1.**bağlamak. **2.**kapamak, sed çekmek.

فروپاشی furûpâşî: [furû+pâşîden>pâş+î] dağılma, çözülme.

فرو پاشیدن furû pâşîden: dağılmak, çözülmek.

فرو تابیدن furû tâbîden: aşağıya doğru parlamak.

فروتر furûter: [furû+ter] daha aşağı.

فروتن furûten: [furû+ten] alçakgönüllü, mütevazi.

فروتنی furûtenî: [furû+ten+î] tevazu, alçakgönüllülük.

فروج furûc: (A.) **1.**yarıklar, gedikler. **2.**vajinalar.

فرو جستن furû cesten: **1.**atlamak. **2.**sıçramak.

فرو چکیدن furû çekîden: **1.**damlamak. **2.**dökülmek.

فرو خواندن furû hânden: anlatmak.

فروخت furûht: [furûhten>furûht] satış, satım. ‖ * harîd u ~ kerden خرید و فروخت کردن alışveriş yapmak.

فروختار furûhtâr: [furûhten>furûht+âr] **1.**satıcı, bâyi. **2.**satış.

فروختن furûhten: (Peh.) **1.**satmak. **2.**çalım satmak. **3.**değişmek.

فروختن ferûhten: yakmak.

فروختنی furûhtenî: [furûhten+î] satılık.

فروخته furûhte: [furûhten>furûht+e] satılmış.

فرو خواندن furû hânden: okumak.

فرو خوردن furû horden: **1.**yutmak. **2.**(mec.) tahammül etmek, katlanmak.

فرود furûd: (Peh.) **1.**(gr.) aşağı, aşağıya, alt. **2.**iniş. **3.**iç. ‖ * ~ ez فرود از -den başka, gayrı, dışında. ‖ * derhâst-i ~ kerden درخواست فرود کردن iniş izni istemek.

فرود آمدن furûd âmeden: **1.**inmek. **2.**inişe geçmek. **3.**konmak. **4.**saplanmak, girmek. **5.**eğilmek. **6.**yağmak.

فرود آوردن furûd âverden: indirmek.

فرود افکندن furûd efkenden: aşağı

atmak.

فرود دادن furûd dâden: **1.**içine çekmek. **2.**yutmak.

فرود داشتن furûd dâşten: **1.**aşağıda tutmak. **2.**bitirmek. **3.**muhafaza etmek.

فرودست furûdest: [furû+dest] **1.**alt, alttaki. **2.**düşkün, güçsüz. **3.**küçük, rütbesiz.. **4.**koro halinde söylenen şarkı.

فرودگاه furûdgâh: [furûd+gâh] **1.**hava alanı, hava meydanı, hava limanı. ‖ * ~ -i nizâmî فرودگاه نظامی (ask.) askerî havaalanı.

فرو دوشیدن furû dûşîden: **1.**sağmak. **2.**çıkarmak, çekip çıkarmak.

فروده furûde: [furûd+e] **1.**alçaklık. **2.**alçak. **3.**kavruk.

فرودی furûdî: [furûd+î] **1.**iniş. **2.**çöküş.

فروردین ferverdîn: (Peh.) **1.**Ferverdin ayı, 21 Mart-20 Nisan, İran güneş takviminin ilk ayı. **2.**ateşperest meleği.

فرو رفتگی furûreftegî: [furû+reften>reft> e+g+î] çukur, çöküntü.

فرورفتگی پیدا کردن furûreftegî peydâ kerden: çukurlaşmak.

فرو رفتن furû reften: **1.**saplanmak. **2.**batmak. **3.**gömülmek. **4.**çökmek. **5.**dalmak. **6.**nüfuz etmek, içeri girmek. 7.ölmek. ‖ * tu hod ~ تو خود فرو رفتن içine kapanmak. ‖ * der hod ~ در خود فرو رفتن içine kapanmak.

فرورفته furû refte: [furû+reften>reft+e] **1.**oyuk. **2.**batmış.

فرو ریختن furû rîhten: **1.**dökülmek. **2.**akmak. **3.**yağmak. **4.**yıkılmak. **5.**dökmek. **6.**boşaltmak. **7.**boşalmak. **8.**dökmek.

فروز furûz: [ferûhten>furûz] **1.**parlaklık, parıltı. **2.**parlatan, ışık veren, aydınlatan. **3.**yakan.

فروزان furûzân: [ferûhten>furûz+ân] **1.**parlatan, ışık veren, aydınlatan. **2.**yakan. **3.** yanan. **4.**bayan adı. **5.**erkek adı.

فروزندگی furûzendegî: [ferûhten>furûz+ ende+g+î] parlaklık, parıltı.

فروزنده furûzende: [ferûhten>ferûz> furûz+ ende] **1.**parlatan, ışık veren, aydınlatan. **2.**yakan, yakıcı.

فروسرخ furûsorh: [furû+sorh] (fiz.) kızılötesi.

فروسی furûsî: (A.) usta binici.

فروسیت furûsiyyet: (A.) **1.**usta binicilik. **2.**atçılık, at yetiştirme.

فروش furûş: [furûhten>furûş] **1.**satma, satım. **2.**satan, satıcı. ‖ * ~ -i aksâtî فروش اقساطی taksitli satış. ‖ * be ~ reften به فروش رفتن satılmak.

فروش ·furûş: (A.) **1.**yaygılar, döşemeler. **2.**halılar.

فروشدگی furûşodegî: [furû+şoden>şod+ e+g+î] **1.**girinti. **2.**nüfuz.

فرو شستن furû şosten: yıkamak.

فرو شدن furû şoden: **1.**aşağı inmek, inmek. **2.**batmak, gurûb etmek. **3.**dalmak. **4.**çökmek. **5.**yok olmak.

فروشگاه furûşgâh: [furûhten>furûş+gâh] mağaza, satış yeri, market.

فروشنده furûşende: [furûhten>furûş+ ende] satıcı, satan.

فروشی furûşî: [furûhten>furûş+î] satılık.

فروشیدن furûşîden: satmak.

فروصوتی furûsovtî: (F.-A.) [furû+sovt< savt+î] ses ötesi, süpersonik.

فروض · furûz: (A.) farzlar.

فروع furû': (A.) **1.**ayrıntı, teferruat. **2.**ikinciller. **3.**dallar. **4.**şubeler. **5.**tomurcuklar.

فروعات furû'ât: (A.) **1.**ayrıntılar, teferruat. **2.**ikinci derecedekiler. **3.**dallar. **4.**şubeler.

فروغ furûg: (A.) **1.**ışık, parlaklık. **2.**kadın adı.

فروغ آمایی furûgâmâyî: [furûg+ âmâyîden> âmây+î] (fiz.) fotosentez.

فروغ افشان furûgefşân: [furûg+efşânden> efşân] · ışık saçan.
فروغمند furûgmend: (A.-F.) [furûğ+ mend] parlak, ışıltılı, nurani.
فرو فرستادن furû firistâden: indirmek, aşağı göndermek.
فروق furûk: (A.) farklar, ayrılıklar.
فرو كردن furû kerden: 1.sokmak. 2.atmak. 3.boşaltmak. 4.söndürmek. 5.saplamak, batırmak.
فرو كشتن furû koşten: 1.söndürmek. 2.fitneyi bastırmak.
فروكش شدن furûkeş şoden: ikamet etmek.
فروكش كردن furûkeş kerden: 1.yerleşmek. 2.hafiflemek, azalmak, düşmek. 3.direnmek, inatla mücadeleyi sürdürmek.
فرو كشيدن furû keşîden: 1.ikamet etmek. 2.dizgin çekmek.
فرو كوفتن furû kûften: 1.çakmak. 2.vurmak.
فروگذار furûgozâr: [furû+gozârden> gozâr] esirgeme.
فروگذاردن furû gozârden: 1.esirgemek. 2.yitirmek, elden kaçırmak.
فروگذارى furûgozârî: [furû+gozârden> gozâr+î] esirgeme.
فروگذاشت furûgozâşt: [furû+gozâşten> gozâşt] 1.gaflet. 2.esirgeme. 3.affetme.
فروگذاشتن furû gozâşten: 1.esirgemek. 2.ihmal etmek. 3.vazgeçmek. 4.terketmek. 5.izin vermek. 6.bırakmak. 7.asmak, sallandırmak.
فرو ماليدن furû mâlîden: 1.sürmek. 2.(kin.) sıkmak. 3.(kin.) cezalandırmak.
فروماندگى furûmândegî: [furû+mânden> mând+e+g+î] 1.bekleyiş. 2.acizlik, çaresizlik. 3.zavallılık. 4.üzüntü. 5.geride kalmışlık. 6.bitkinlik, yorgunluk.
فرو ماندن furû mânden: 1.beklemek. 2.kaçınmak. 3.yorgun düşmek. 4.aciz kalmak. 5.muhtaç olmak. 6.azledilmek.
فرومانده furûmânde: 1.yorgun, bitkin. 2.aciz. 3.düşkün. 4.geride kalmış.
فرومايگى furûmâyegî: [furû+mâye+g+î] alçaklık, adilik, rezillik, mayası bozukluk, soysuzluk,
فرومايه furûmâye: [furû+mâye] 1.aşağılık, adi, alçak, şerefsiz. 2.müflis. 3.beceriksiz. 4.cimri.
فرومردن furû morden: sönmek.
فرونت front: (Fr.) (ask.) cephe.
فرونهاده · furûnihâde: [furû+nihâden> nihâd+e] indirilmiş, düşürülmüş.
فروند fervend: 1.gemi dümeni. 2.yelken. 3.tane, adet (uçak ve gemi çin).
فرو نشاندن furû nişânden: 1.çökeltmek. 2.söndürmek. 3.ısıyı düşürmek. 4.yatıştırmak.
فرو نشستن furû nişesten: 1.çökelmek. 2.ısı düşmek. 3.sönmek. 4.yatışmak, dinmek, kesilmek. 5.geri durmak.
فرونگر furûniger: [furû+nigerîsten> niger] 1.aşağı bakan. 2.alçak.
فرو نهادن furû nihâden: 1.indirmek. 2.aşağı koymak, yere bırakmak. 3.azletmek.
فروهر ferveher: (Peh.) 1.Zerdüşt sembolü. 2.cevher, öz.
فرو هشتن furû hişten: 1.yere koymak, yere bırakmak. 2.asmak. 3.salmak. 4.düşmek. 5.asılmak.
فرويش fervîş: 1.ihmalci, gafil. 2.ihmal, gaflet.
فروه ferve: kürk, kürklü giysi. ‖ * ~ - i semmûr فروهء سمور samur kürk.
فرو هشتن furû hişten: örtmek, asmak, takmak.
فره firih, fereh: (Peh.) 1.çok, bol. 2.güzel, beğenilir.
فرهاد ferhâd: (A.) Doğu edebiyatlarında sık işlenen Ferhat ile Şirin hikayelerinin erkek kahramanı.
فرهادوش ferhâdveş: [ferhâd+veş] Ferhat gibi.

فرهانج ferhânec: **1.**büyük dal. **2.**asma dalı. **3.**ağız çevresi. **4.**kâbus.

فرهست ferhest: (Peh.) **1.**çok fazla. **2.**sihir, büyü.

فره مند ferremend: [ferre+mend] görkemli, azametli.

فرهمند ferehmend: [fereh+mend] akıllı.

فرهنجيدن ferhencîden: **1.**eğitmek, terbiye etmek. **2.**öğretmek.

فرهنگ ferheng: (Peh.) **1.**kültür. **2.**sözlük, lugat. **3.**eğitim. **4.**ilim, marifet. **5.**milli eğitim müdürlüğü. **6.**akıl. **7.**temkin. ‖ * vizâret-i ~ وزارت فرهنگ kültür bakanlığı. ‖ * vezîr-i ~ وزير فرهنگ kültür bakanı.

فرهنگستان ferhengistân: (Peh.) [ferheng+ istân] akademi, dil akademisi.

فرهنگ سرا ferhengserâ: [ferheng+serâ] kültür merkezi, kültür evi.

فرهنگ نويس ferhengnevîs: [ferheng+ nevişten>nevîs] sözlük yazarı, sözlükçü.

فرهنگى ferhengî: [ferheng+î] **1.**kültürel. **2.**eğitimsel. ‖ * idâre-i kull-i mîrâs-i ~ اداره كل ميراث فرهنگى kültür müdürlüğü.

فرهومند ferhûmend: talihli.

فرهى ferrehî: görkem, şevket, yücelik.

فرهيختن ferhîhten: **1.**eğitmek, terbiye etmek. **2.**öğretmek.

فرى ferî: yaşa!, aferin!, bravo!

فرياد feryâd: (Peh.) **1.**feryat, çığlık, bağırtı. **2.**imdat dileme. **3.**eyvahlar olsun, vah vah. **4.**yakınma, sızlanma, şikayet. **5.**gürültü patırtı, yaygara. ‖ * be ~ -i kesî resîden به فرياد كسى رسيدن imdadına koşmak, imdadına yetişmek.

فرياد بخشا feryâdbahşâ: [feryâd+ bahşîden> bahş+â] sızlandıran, feryat ettiren.

فرياد بر آوردن feryâd berâverden: feryat etmek, çığlık atmak.

فرياد بر داشتن feryâd berdâşten: feryat etmek, bağırmak, çığlık atmak.

فرياد خواستن feryâd hâsten: yardım istemek.

فريادخوان feryâdhân: [feryâd+ hânden>hân] mazlum, imdat dileyen, yardım dileyen.

فريادرس feryâdres: [feryâd+resîden>res] **1.**imdada koşan, imdada yetişen. **2.**yardımcı. **3.**âdil.

فرياد رسيدن feryâd resîden: **1.**imdada koşmak, imdada yetişmek. **2.**yardım etmek. **3.**adil olmak, adalet etmek.

فرياد زدن feryâd zeden: bağırmak, çığlık atmak.

فريادزن feryâdzen: [feryâd+zeden>zen] feryat eden.

فرياد كردن feryâd kerden: **1.**bağırmak, çığlık atmak, feryat etmek. **2.**imdat dilemek.

فرياد كشيدن feryâd keşîden: bağırmak, feryat etmek, çığlık atmak.

فريب firîb: (Peh.) **1.**aldatma, aldatmaca, hile, düzen. **2.**gözbağı, tılsım. **3.**aldatan. **4.**hile.

فريبا firîbâ: [firîften>firîb+â] **1.**aldatıcı. **2.**güzel.

فريب خوردن firîb horden: aldanmak, kanmak.

فريب دادن firîb dâden: aldatmak, kandırmak.

فريبش firîbiş: [firîften>firîb+iş] aldatma, kandırma.

فريبكار firîbkâr: [firîb+kâr] hilekâr, düzenbaz, aldatıcı.

فريبگاه firîbgâh: [firîften>firîb+gâh] **1.**aldatma yeri. **2.**tılsım bağlanan yer.

فريبنده firîbende: [firîften>firîb+ende] aldatıcı, aldatan.

فريح ferîh: (A.) ferahlık içinde geçen.

فريد ferîd: (A.) **1.**tek, benzersiz. **2.**erkek adı. **3.**dizili inci. **4.**tek başına, bir tek.

فريد ferîd: **1.**avcı kuş. **2.**donuk, katı.

فريد الدهر · ferîduddehr: (A.) benzersiz, eşsiz.

فرید الزمان ferîduzzamân: (A.) zamanında bir benzeri olmayan.

فرید العصر ferîdulasr: (A.) kendi çağında bir benzeri olmayan.

فریدون ferîdûn: **1.**İran mitolojisinde Dahhâk'i öldüren padişah. **2.**gökyüzünün sekizinci katı. **3.**erkek adı.

فریدون غلام ferîdûngulâm (F.-A.) [ferîdûn+gulâm] Feridun'un bile köle olduğu.

فریده ferîde: (A.) **1.**tek, benzersiz. **2.**bayan adı. **3.**dizili inci. **4.**başına buyruk.

فریس ferîs: (A.) **1.**baş bağı. **2.**yırtık. **3.**maktül.

فریسی ferîsî: **1.**ikiyüzlülük, müraililik. **2.**kendini beğenmişlik.

فریش ferîş: aferin!, bravo!, yaşa!

فریش firîş: (A.) yaygı, döşeme.

فریضه ferîze: (A.) **1.**Tanrı'nın emri. **2.**yapılması zorunlu olan şey, görev. **3.**borç. **4.**şer'î miras payı.

فریفتن firîften: (Peh.) **1.**aldatmak, kandırmak. **2.**aldanmak, kanmak.

فریفته firîfte: [firîften>firîft+e] **1.**kanmış, aldanmış. **2.**aşık, tutkun, sevdalı.

فریفته دل firîftedil: [firîfte+dil] gönlü aldanmış.

فریفته شدن firîfte şoden: aldanmak.

فریفته کردن firîfte kerden: aldatmak.

فریق ferîk: (A.) **1.**kolordu komutanı, korgeneral. **2.**topluluk, insan topluluğu.

فریقان ferîkân: (A.-F.) [ferîk+ân] tüm veya korgeneraller.

فریقین ferîkeyn: (A.) iki ayrı askerî güç.

فریک ferîk: (A.) olgunlaşmış buğday tanesi.

فریور ferîver: dürüst, dindar.

فریه ferye, ferih: lanet.

فریه کردن ferye/ferîh kerden: lanet okumak, lanet etmek.

فزا fezâ: [fezûden>fezâ] arttıran, çoğaltan.

فزایشته fezâyişte: çok, fazla.

فزرت fizirt: güç, kudret.

فزع feze': (A.) **1.**korku, ürküntü. **2.**inilti. **3.**umutsuzluğa kapılma. **4.**yakınma, sızlanma.

فزود fuzûd: [<fezûden>fezûd] **1.**artmış. **2.**arttıran.

فزودن fuzûden: artmak.

فزون fuzûn: fazla, çok, ziyade.

فزونتر fuzûnter: [<fezûn+ter] daha fazla, daha çok.

فزون شدن fuzûn şoden: artmak, çoğalmak.

فزون کردن fuzûn kerden: artırmak, çoğaltmak.

فزونی fuzûnî: [fuzûn+î] fazlalık, çokluk, artış.

فزونی گرفتن fuzûnî giriften: artmak, çoğalmak.

فزونی یافتن fuzûnî yâften: artmak, çoğalmak.

فزوییدن fuzûyîden: artmak, çoğalmak.

فزه feze: kirli, pis, çirkin.

فژاک fejâk: kirli, çirkin, pis.

فژاگین fejâgîn: [fejâg+în] kirli, çirkin, pis.

فژه fije: kirli, çirkin, pis.

فس fes [<fas] fes.

فساد fesâd: (A.) **1.**bozulma, bozukluk, fesat. **2.**hastalık. **3.**kin. **4.**kötü yol. **5.**zulüm. **6.**bozgunculuk, fesat, arabozanlık. **7.**kötülük. ‖ * ~ -i dimâg فساد دماغ aklî denge bozukluğu, delilik. ‖ * ~ -i te'lîf· فساد تألیف cümle bozukluğu, cümle düşüklüğü.

فساد fussâd: (A.) bozucular, fasitler.

فساد آلود fesâdâlûd: (A.-F.) [fesâd+ âlûden>âlûd] fesada bulaşmış.

فساد آمیز fesâdâmîz: (A.-F.) [fesâd+ âmîhten>âmîz] fesat sokan, fitne sokan.

فسادات fesâdât: (A.) fesatlar, fitneler, arabozmalar.

فسادانگیز · fesâdengîz: (A.-F.) [fesâd+ engîhten> engîz] fesat sokan, fesat karıştıran.

فسار fesâr: yular.

فساقی fesâkî: (A.) **1.**fıskiyeler. **2.**su püskürtmeli oyuncaklar.

فسان fesân: [fesûden>fes+ân] bileyi taşı.

فسان fesân: efsane, masal.

فسانوى fesânevî: efsanemsi.

فسانه fesâne: efsane, masal.

فسانه پرداز fesâneperdâz: [fesâne+ perdâhten> perdâz] **1.**masalcı. **2.**uydurmacı.

فسانه خواندن fesâne hânden: masal okumak, martaval okumak.

فسبحان الله fesubhânallâh: (A.) [fe+ subhânallâh] **1.**Tanrı'yı tenzih ederim **2.**şaşkınlık ifadesi.

فستق fostok (bot.) fıstık.

فستقى fostokî: [fostok+î] fıstık yeşili, fıstık rengi.

فستيوال fistival: (Fr.) festival.

فسحت foshet: (A.) **1.**genişlik. **2.**açıklık. **3.**kapasite. ‖ * ~ -i hayâl فسحت خيال hayal genişliği.

فسحت سراى foshetserây: (A.-F.) [foshet+ serây] **1.**geniş ev. **2.**geniş alan.

فسحتزار foshetzâr: (A.-F.) [foshet+zâr] geniş alan.

فسحتكده foshetkede: (A.-F.) [foshet+ kede] geniş alan, geniş arazi, geniş meydan.

فسخ fesh: (A.) **1.**bozma, dağıtma, kaldırma. **2.**bozulma, dağıtılma, kaldırılma. ‖ * ~ -i mukâvele فسخ مقاوله **1.**sözleşmeyi bozma. **2.**sözleşmenin bozulması.

فسخ شدن fesh şoden: feshedilmek.

فسخ كردن fesh kerden: feshetmek.

فسده fesede: (A.) **1.**fesat çıkaranlar. **2.**bozucular, bozanlar.

فسرانيدن fusurânîden: donuklaştırmak.

فسردن fosorden: **1.**donmak, katılaşmak. **2.**solmak, büzüşmek.

فسرده fosorde: [fosorden>fosord+e] **1.**donuk, katı. **2.**soluk.

فسرده بيان fosordebeyân: (F.-A.) [fosorde+ beyân] dili zayıf, ifadesi zayıf.

فسرده پستان fosordepistân: [fosorde+ pistân] gevşek memeli.

فسرده دل fosordedil: [<fosorde+dil] **1.**kalbi katılaşmış. **2.**duygusuz, hissiz.

فسطاط fustât, fistât: (A.) **1.**çadır. **2.**(coğ.) Fustat.

فسفات fosfat: (Fr.) (kim.) fosfat.

فسفر fosfor: (Fr.) (kim.) fosfor.

فس فس fisfis: oyalanma.

فس فس كردن fisfis kerden: oyalanmak, (hlk.) sallanmak.

فسق fisk: (A.) **1.**günaha girme, doğru yoldan sapma. **2.**zina. **3.**hainlik etme. **4.**sefihlik etme. **5.**ahlaksızlık.

فسقه feseka: (A.) günah işleyenler, kötülük yapanlar.

فسقيه fiskiyye: (A.) **1.**fıskiye. **2.**su püskürtmeli oyuncak.

فسكل fiskil: (A.) **1.**yarışta nal toplayan at, yarışta arkada kalan at. **2.**(kin.) aşağılık.

فسل fesl: (A.) daldırma yoluyla ağaç dikimi.

فسنجان fisincân: çerkez tavuğuna benzer bir tür İran yemeği.

فسوس füsûs: **1.**zulüm. **2.**vah vah, yazık, eyvahlar olsun. ‖ * ez ser-i ~ از سر فسوس hayıflanarak.

فسوسيدن fusûsîden: **1.**üzülmek, hayıflanmak. **2.**doğru yoldan çıkmak.

فسوق fusûk: (A.) **1.**sefihlikler, günaha girmeler. **2.**dinsizlikler. **3.**doğru yoldan çıkma.

فسون fusûn: afsun, büyü.

فسون پرور fusûnperver: [fusûn+ perverden> perver] · büyüleyici, afsunlayıcı.

فسون ساز fusûnsâz: [fusûn+sâhten>sâz] **1.**büyüleyici. **2.**büyücü, afsuncu.

فسون شدن fusûn şoden: afsunlanmak, büyülenmek.

فسونكار fusûnkâr: [fusûn+kâr] **1.**büyüleyici. **2.**büyücü, afsuncu.

فسون كردن fusûn kerden: afsunlamak, büyülemek.

فسونگر fusûnger: [fusûn+ger] **1.**afsuncu, büyücü. **2.**büyüleyen, büyüleyici.

فسيح fesîh: (A.) geniş, açık.

فسيفسا fuseyfisâ: (A.) değerli taş, cam ve boncuklarla döşeli yüzey.

فسيل fosîl: (Fr.) fosil.

فسيله fesîle: yılkı.

فش feş: yele.

فشار feşâr, fişâr: **1.**sıkma, bastırma. **2.**(fiz.) basınç, tazyik. **3.**güç. **4.**sertlik. **5.**baskı. **6.**sıkışma.**7.**iteleme. **8.**sıkan, sıkıcı. ‖ * ~ -i hevâ فشار هوا hava basıncı. ‖ * ~ -i hûn فشار خون (tıb.) kan basıncı, tansiyon. ‖ * ~ -i hûn giriften فشار خون گرفتن (tıb.) tansiyona bakmak, tansiyon ölçmek. ‖ * ~ -i hûnsenc فشار خون سنج (tıb.) tansiyon aleti. ‖ * ~ senc فشارسنج manometre, basınçölçer. ‖ * taht-i ~ gozâşten تحت فشار گذاشتن baskı yapmak. ‖ * taht-i ~ karâr dâden تحت فشار قرار دادن baskı yapmak. ‖ * taht-i ~ karâr giriften تحت فشار قرار گرفتن baskı altında kalmak.

فشار آوردن feşâr âverden: baskı yapmak.

فشار دادن feşâr dâden: **1.**itmek. **2.**sıkmak. **3.**bastırmak, basmak. **4.**dayanmak. **5.**tutunmak. **6.**direnmek.

فشاردن fişârden: sıkmak, bastırmak.

فشارسنج feşârsenc: [feşâr+sencîden> senc] (fiz.) manometre, basınçölçer. ‖ * ~ -i hevâ فشارسنج هوا (fiz.) barometre.

فشارنگار هوا feşârnigâr-i hevâ: (fiz.) barograf.

فشار وارد آوردن fişâr vârid âverden: baskı yapmak.

فشافش ·feşâfeş: (A.) **1.**ok sesi. **2.**fışırtı, hışırtı.

فشان feşân, fişân: **1.**saçan. **2.**serpen.

فشاندن feşânden: saçmak, fışkırtmak, atmak.

فشردن feşorden, fişorden: **1.**sıkmak. **2.**bastırmak.

فشرده feşorde, fişorde: [fişorden> fişord+e] **1.**sıkılmış, sıkılı, sıkı. **2.**suyu çıkmış. **3.**ısrarcı, direnen.

فشرده شدن feşorde şoden: **1.**daralmak, sıkışmak. **2.**sıkıştırılmak, bastırılmak.

فشرده قدم feşordekadem (F.-A.) [<feşurde+kadem] direten, ayak direyen.

فشست fişşist: yılan ıslığı.

فش فش كردن fiş fiş kerden: tıslamak.

فشفشه fişfişe: maytap, füze.

فشل feşl: (A.) korkak, ürkek, ödlek, yüreksiz.

فشنگ feşeng, fişeng: fişek, kurşun.

فشنگدان fişengdân: [fişeng+dân] (ask.) fişeklik.

فشنگ ساز fişengsâz: [fişeng+sâhten> sâz] fişekçi, kurşuncu.

فشنگ سازی fişengsâzî: [fişeng+sâhten> sâz+î] fişekçilik.

فص fass: (A.) **1.** yüzük taşı. **2.**çekirdek içi. **3.**mafsal. **4.**gözbebeği.

فصاحت fesâhet: (A.) fasihlik, dilde düzgünlük.

فصاحت پرداز fesâhatperdâz: (A.-F.) [fesâhat+ perdâhten> perdâz] fasih konuşan, güzel konuşan.

فصاد fessâd: (A.) kan alan, hacamatçı.

فصاد fısâd: (A.) kan alma, hacamat.

فصال fassâl: (A.) dedikoducu, çekiştirici.

فصال fisâl: (A.) **1.**ayırma. **2.**sütten kesme.

فصح fish: (A.) bir musevî bayramı.

فصحاء fusehâ': (A.) fasihler, güzel konuşanlar.

فصد fesd: (A.) kan alma, hacamat, damar kesme.

فصد كردن fesd kerden: kan almak, hacamat yapmak, damar kesmek.

فصل fesl: (A.) **1.**mevsim. **2.**bölüm, kısım. **3.**engel. **4.**aynı makamda bestelenmiş iki beste. **5.**çözümleme, halletme. **6.**çekiştirme, dedikodu. **7.**kesinti. **8.**ayırma. **9.**ayrılma. **10.**klasik Türk mûsikîsinde bir veya birkaç grupta ve peşpeşe söylenen şarkılar programı. **11.**eklemler. **12.**sezon. ‖

* ~ be ~ فصل به فصل zaman zaman. ‖ * ~ -i behâr فصل بهار ilkbahar mevsimi. ‖ * ~ -i hazân فصل خزان sonbahar, hazan mevsimi, güz.

فصل الجسد faslulcesed: (A.) vücut eklemleri.

فصل الخطاب faslulhitâb: (A.) konuya giriş kısmı, sadede giriş kısmı, ammâ ba'd kısmı.

فصل بندى feslbendî: (A.-F.) [fesl+ besten>bend+î] bölümlendirme.

فصل بندى شدن feslbendî şoden: bölümlendirilmek.

فصل بندى كردن feslbendî kerden: 2.bölümlendirmek.

فصله fasle: (A.) **1.**hurma fidanı. **2.**absis.

فصلى feslî: (A.-F.) [fesl+î] **1.**mevsimle ilgili; mevsimlik. **2.**bölümlük, fasıllık, kısımlık.

فصوص fusûs: (A.) **1.**yüzük taşları. **2.**yemiş içleri.

فصول fusûl: (A.) **1.**mevsimler. **2.**fasıllar, bölümler, kısımlar. ‖ * ~ -i erba'a فصول اربعه dört mevsim.

فصوليه fesûliye: (A.) (bot.) fasulye.

فصيح fesîh: (A.) **1.**fasih, güzel konuşan. **2.**açık seçik, net.

فصيح الكلام fasîhulkelâm: (A.) fesahat sahibi, açık ve düzgün konuşan.

فصيح اللسان fasîhullisân: (A.) uz dilli, fesahat sahibi.

فصيحانه fasîhâne: (A.-F.) [fasîh+âne] fesahatle, açık ve düzgün sözle.

فصيح لسان fasîhlisân: (A.) [fasîh+lisân] uz dilli, dili fasih olan, fesahat sahibi.

فصيص fuseys: (A.) kulak memesi.

فصيل fasîl: (A.) duvar, siper, metris.

فصيله fasîle: (A.) **1.**aile. **2.**bitki ailesi.

فضاء fezâ': (A.) **1.**feza, uzay. **2.**hava. **3.**boşluk, alan. **4.**ortam.

فضائح fezâ'ih: (A.) edepsizlik, rezillik, alçaklık.

فضائل fezâ'il: (A.) faziletler, erdemler.

فضائل سماط fezâilsimât: (A.) [fezâil+ simât] erdemler dizisi.

فضائى fezâ'î: (A.) uzay ile ilgili.

فضاحت fezâhet: (A.) rezillik, skandal, rüsvalık.

فضاشناس fezâşinâs: (A.-F.) [fezâ+ şinâhten>şinâs] uzay bilimci.

فضاشناسى fezâşinâsî: (A.-F.) [fezâ+ şinâhten>şinâs+î] uzay bilimi.

فضاظت fezâzet: (A.) ağzı bozukluk, kabalık.

فضانورد fezâneverd: (A.-F.) [fezâ+ neverdîden>neverd] astronot, uzayda yürüyen.

فضانوردى fezâneverdî: (A.-F.) [fezâ+ neverdîden>neverd+î] astronotluk, uzay yürüyüşü.

فضايح fezâyih: (A.) rezaletler, skandallar.

فضايل fezâyil: (A.) faziletler, erdemler.

فضايل خوان fezâyilhân: (A.-F.) [fezâyil+ hânden>hân] halife övgücüsü.

فضل fezl: (A.) **1.**fazilet, erdem. **2.**üstünlük. **3.**fazlalık. **4.**ihsan, ihsan bolluğu. **5.**erkek adı. **6.**iki sayı arasındaki fark.

فضلاً fazlen: (A.) erdemce, faziletçe.

فضلا fuzelâ: (A.) **1.**erdemliler, faziletliler. **2.**bilginler.

فضلات fazelât: (A.) **1.**dışkılar. **2.**pislikler, çirkinlikler.

فضل فروش fezlfurûş: (A.-F.) [fezl+ furûhten>furûş] bilgiç.

فضل فروشى fezlfurûşî: (A.-F.) [fezl+ furûhten>furûş+î] bilgiçlik taslama.

فضل فروشى كردن fezlfurûşî kerden: bilgiçlik taslamak.

فضله fezle: (A.) **1.**artık. **2.**dışkı, gaita. **3.**çok, ziyade. **4.**ileri. **5.**gereksiz.

فضله fodla: (A.) [<fadla] yassı pide şeklinde yapılan bir ekmek.

فضليه · fazliyye: (A.) Rufâîliğin bir kolu.

فضوح fuzûh: (A.) rezillik.

فضول fuzûl: (A.) **1.**atık. **2.**pislik. **3.**saçmalama. **4.**boşboğaz, densiz. **5.**gereksiz, fazla.

فضولا fuzûlen: (A.) **1.**boş yere, gereksizce. **2.**zorla, zorbalıkla.

فضولات fuzûlât: (A.) **1.**atıklar. **2.**gübreler.

فضول الغنائم fuzûlulganâim: (A.) paylaştırılması mümkün olmayan ganimet malları.

فضولی fuzûlî: (A.) **1.**boş yere, fuzuli., gereksiz, boşuna. **2.**boşboğaz, zevzek. **3.**her işe burnunu sokan. **4.**Türk şairi Fuzûlî. ‖ * ~ mevkûf فضولی موقوف laübaliliği kes!, laübalilik yok!

فضولی کردن fuzûlî kerden: her işe burnunu sokmak, boş boş konuşmak.

فضه fizze: (A.) (kim.) gümüş.

فضیح fazîh: (A.) **1.**rezil. **2.**çirkin, kötü.

فضیحت fezîhet: (A.) rezalet, skandal.

فضیحه fezîha: (A.) çirkinlik, rezillik, rezalet.

فضیلت fezîlet: (A.) **1.**üstünlük. **2.**fazilet, erdem. **3.**güzel vasıflar. **4.**bayan adı.

فضیلت پرست fazîletperest: (A.-F.) [fazîlet+perestîden> perest] erdem yanlısı, erdem düşkünü.

فضیلت پرور fazîletperver: (A.-F.) [fazîlet+perverden> perver] erdemli, üstün vasıflı.

فضیلت پناه fazîletpenâh: (A.-F.) [fazîlet+ penâhîden> penâh] erdeme değer veren.

فضیلتکار faziletkâr: (A.) [fazîlet+kâr] erdemli.

فضیلت گستر fezîletgoster: (A.-F.) [fezîlet+gosterden>goster] **1.**faziletli. **2.**bilgin. **3.**bilgiçlik taslayan.

فضیلت محاسن fazîletmehâsin: (A.) [fazîlet+mehâsin] erdemle donanmış.

فضیلتمند ·fazîletmend: (A.-F.) [fazîlet+ mend] erdemli.

فضیلةً fazîleten: (A.) erdemce.

فطام fitâm: (A.) **1.**sütten kesme. **2.**sütten kesilme zamanı.

فطانت fitânet, fetânet: (A.) zihin açıklığı, kavrama gücü.

فطر fatr: (A.) **1.**çatlak, yarık. **2.**mantar.

فطر fitr: (A.) oruç açma, oruç bozma. ‖ * iyd-i ~ عید فطر şeker bayramı, ramazan bayramı.

فطر futr, futur (bot.) donbolan, zehirli mantar.

فطرت fitret: (A.) **1.**yaratılış, fıtrat, mizaç. **2.**icat.

فطره fıtra: (A.) fitre.

فطرةً fitreten: (A.) yaratılıştan, fıtraten.

فطری fitrî: (A.) yaratılıştan gelen, fıtrî.

فطریه fitriyye: (A.) **1.**fitre. **2.**doğuştancılık akımı, nativitizm.

فطن fetin: (A.) **1.**akıllı, zeyrek, kıvrak zekâlı, uyanık. **2.**bilgili.

فطن fiten: (A.) yaratılış.

فطنت fitnet: (A.) **1.**zeyreklik, akıllılık, zekâ kıvraklığı. **2.**kadın adı.

فطور fatûr: (A.) oruç bozan şey.

فطیر fetîr: (A.) **1.**anlaşılır. **2.**bazlama. **3.**olgunlaşmamış, kemale ermemiş. ‖ * nân-i ~ نان فطیر mayasız ekmek.

فطیرخواران fetîrhârân: (A.-F.) [fetîr+ horden>hor>hâr+ân] musevîlerde yedi gün boyunca hamur işi yenmemesi.

فطیم fatîm: (A.) sütten kesilmiş çocuk.

فطین fatîn: (A.) **1.**kıvrak zekalı. **2.**erkek adı.

فطینه fatîne: (A.) **1.**kıvrak zekalı. **2.**bayan adı.

فظ · fazz: (A.) ağzı bozuk, kaba.

فظاظت fezâzet: (A.) **1.**kabalık. **2.**huysuzluk.

فظاعت fezâ'et: (A.) **1.**haddini aşma. **2.**kötülük.

فعال fe'âl: (A.) **1.**çok hareketli. **2.**çok işlek. **3.**çalışkan. **4.**etkin.

فعال fi'âl: (A.) **1.**işler. **2.**eylemler, hareketler.

فعالانه fe'âlâne: (A.-F.) [fe'âl+âne] çalışkanca, faal bir şekilde.

فعالیت fe'âliyyet: (A.) **1.**faaliyet,

çalışma, gayret. **2.**etkinlik.

فعالیت داشتن fe'âliyyet dâşten: çaba göstermek, faaliyet göstermek.

فعالیت کردن fe'âliyyet kerden: çalışmak, faaliyet göstermek.

فعل fa'ele: (A.) yapanlar, edenler, işleyenler.

فعل fi'l: (A.) **1.**(gr.) fiil. **2.**eylem, fiil. ‖ * be ~ âmeden به فعل آمدن eyleme dönüşmek. ‖ * be ~ âverden به فعل آوردن eyleme dönüştürmek. ‖ * be ~ bûden به فعل بودن çalışır olmak, faal olmak. ‖ * ibâret-i ~ î عبارت فعلی (gr.) deyimfiil.

فعلا fu'elâ: (A.) **1.**failler, yapanlar, işleyenler. **2.**özneler.

فعلاً fi'len: (A.) **1.**şimdi, şimdilik, şu anda, hele, hele bir, halen. **2.**bilfiil, uygulamalı.

فعلات fe'elât: (A.) eylemler, fiiller.

فعل الله fi'lullâh: (A.) Allah'ın fiili.

فعل پذیر fi'lpezîr: (A.-F.) [fi'l+ pezîroften>pezîr] işleyebilir.

فعل ساز fi'lsâz: (A.-F.) [fi'l+sâhten>sâz] (gr.) fiil yapan, fiil oluşturan.

فعلگی fe'elegî: (A.-F.) [fe'ele+g+î] **1.**işçilik, amelelik, ırgatlık. **2.**bedava çalışma, angarya.

فعله fe'ele: (A.) amele, ırgat.

فعلی fi'lî: (A.) **1.**eylemsel, fi'lî. **2.**şimdiki, şimdilik.

فعلیات fi'liyyât: (A.) fiile dökülen hareketler, eylemler, eyleme dökülen işler.

فعلیه fi'liyye: (A.) **1.**eylemsel. **2.**etkinlik, faaliyet, aktivite.

فغ feg: **1.**put. **2.**sevgili. **3.**güzelyüzlü genç.

فغان fegân: **1.**inilti, figan, feryat. **2.**vah vah, eyvahlar olsun. **3.**elaman, aman.

فغان پرور figânperver: [figân+ perverden> perver] bağırtan.

فغان کردن fegân kerden: inlemek, feryat etmek, figan etmek.

فغان که figân ki: ah ah, eyvahlar olsun, vah vah, tüh tüh.

فغستان fegistân: [feg+istân] **1.**puthane. **2.**haremlik. **3.**sevgili.

فغفور fagfûr: **1.**Çin imparatoru. **2.**Çin işi kapkacak, Çin'de yapılan porselen eşya. ‖ * ~ -i çîn فغفور چین **1.**Çin imparatoru, Çin fağfuru. **2.**Çin işi.

فغفوری fagfûrî: [fagfûr+î] **1.**Çin imparatoru ile ilgili. **2.**çini. **3.**Çin'de yapılan porselen eşya.

فغواره fegvâre: [feg+vâre] durgun, suskun.

فقار fekâr: (A.) (tıb.) omurlar.

فقاع fukkâ': (A.) bira.

فقاع گشودن fukkâ guşûden: **1.**bira açmak. **2.**(kin.) küçük, önemsiz bir iş yapmak. **3.**geğirmek. **4.**övünmek. **5.**hikâye etmek, anlatmak.

فقاهت fekâhet: (A.) fakihlik, fıkıhçılık, islâm hukukçuluğu.

فقحه fakha: (A.) **1.**anüs. **2.**Büyükayı yıldız kümesinde bulunan bir yıldız. **3.**bir çiçek (andropogon muricatus).

فقد fekd: (A.) yoksunluk, bulunmama, yokluk. ‖ * ~ -i nakd فقد نقد para yokluğu, parasızlık.

فقدان fekdân, fikdân: (A.) **1.**yokluk, bulunmama. **2.**kıtlık.

فقر fakr: (A.) **1.**fakirlik, yoksulluk. **2.**(tas.) sadece Tanrı ile yetinen. **3.**dünya malından uzaklaşmak. ‖ * ~ u zarûret فقر و ضرورت fakirlik ve sıkıntı.

فقراء fukerâ': (A.) **1.**fakirler, yoksullar. **2.**(tas.) dervişler.

فقرات fikerât, fikrât: (A.) **1.**fıkralar, paragraflar. **2.**(tıb.) omurlar. **3.**bölümler. ‖ * sutûn-i ~ ستون فقرات omurga.

فقر الدم fakruddem: (A.) kansızlık.

فقره fıkre, fekere: (A.) **1.**(tıb.) omur. **2.**fıkra. **3.**kısa hikaye. **4.**bölüm. **5.**kısa haber. **6.**günlük yazı.

فقره خوان fıkrahân: (A.-F.) [fıkra+ hânden>hân] **1.**fıkra okuyan. **2.**fıkra anlatan.

فقره گو fıkragû: (A.-F.) [fıkra+goften> gû] fıkracı, fıkra anlatan.

فقری fekarî: (A.) omur ile ilgili. ‖ * amûd-i ~ عمود فقری omurga.

فقریه fekariyye: (A.) **1.**omurga ile ilgili. **2.**omurgalılar.

فقط fekat: (A.) **1.**yalnız, sadece. **2.**fakat. ‖ * ~ ve ~ فقط و فقط sadece. ‖ * ne ~ ... belki نه فقط... بلکه yalnız değil, belki; yalnız değil, hatta; yalnız değil, aynı zamanda.

فقه fıkh: (A.) **1.**fıkıh, din hukuku. **2.**aslını arayıp öğrenme.

فقهاء fukehâ': (A.) fıkıhçılar, fakihler.

فقید fakîd: (A.) **1.**yitik, kayıp. **2.**yoksun. **3.**merhum, ölmüş. **4.**az bulunur, eşine az rastlanır.

فقید الشرق fakîduşşark: (A.) Doğu'da eşine az rastlanır.

فقیر fakîr: (A.) **1.**fakir, yoksul. **2.**zavallı. **3.**bendeniz, ben. **4.**dilenci. **5.**Hint fakiri. **6.**derviş.

فقیرانه fakîrâne: (A.-F.) [fakîr+âne] **1.**fakirce, fakirler gibi. **2.**zavallıca. **3.**bendeniz.

فقیرخانه fakîrhâne: (A.-F.) [fakîr+hâne] benim evim, bendenizin evi.

فقیر سیرت fakîrsîret: (A.) [fakîr+sîret] fakir gibi yaşayan, fakir huylu.

فقیری fakîrî: (A.-F.) [fakîr+î] fakirlik, yoksulluk.

فقیه fakîh: (A.) **1.**fıkıhçı, İslâm fıkıhçısı. **2.**zeki, kavrayışlı.

فک fekk: (A.) **1.**(tıb.) çene kemiği. **2.**ayırma, ayrılış, açıklık. **3.**bozma, iptal etme. **4.**koparma. ‖ * ~ u famil فک و فامیل akraba.

فک fok: (Lat.) (zool.) fok.

فکاهات fukâhât: (A.) mizahlar.

فکاهت fekâhet: (A.) şakacılık, mizah, hoşsohbet olma.

فکاهی fikâhî: (A.) (ed.) mizahî.

فکاهیات fikâhiyyât: (A.) (ed.) mizah edebiyatı.

فکچه fekçe: (A.-F.) [<fekk+çe] çene.

فکر fikr: (A.) **1.**düşünce, fikir. **2.**zihin, akıl. **3.**anlayış, kavrayış. **4.**görüş. **5.**oy. **6.**niyet. ‖ * ~ be hâtir-i kesî hutûr kerden فکر به خاطر کسی خطور کردن aklına fikir gelmek. ‖ * ~ be hâtir-i kesî resîden فکر به خاطر کسی رسیدن aklına bir fikir gelmek. ‖ * ~ be akl-i kesî resîden فکر به عقل کسی رسیدن aklına bir fikir gelmek. ‖ * ~ u hiyâl kerden فکر و خیال کردن düşünmek. ‖ * ~ -i kesî cây-i dîger bûden فکر کسی جای دیگر بودن aklı başka yerde olmak. ‖ * ~ -i kesî hâbîden فکر کسی خوابیدن kafası durmak. ‖ * ~ -i kesî kâr nekerden فکر کسی کار نکردن başı almamak, başı götürmemek. ‖ * ~ -i kesî râ munherif kerden فکر کسی را منحرف کردن aklını çelmek, düşüncesini değiştirmek. ‖ * be ~ furû reften به فکر فرو رفتن düşünceye dalmak. ‖ * be ~ -i hod bûden به فکر خود بودن kendini düşünmek. ‖ * be ~ -i kesî âmeden بفکر کسی آمدن aklına gelmek. ‖ * be ~ -i kesî resîden به فکر کسی رسیدن aklına gelmek, akıl etmek. ‖ * be ~ oftâden به فکر افتادن düşünceye kapılmak, düşünmeye başlamak. ‖ * be ~ reften به فکر رفتن düşünceye dalmak. ‖ * ber haseb-i ~ بر حسب فکر kendince, fikrince, kendine göre.

فکراً fikren: (A.) düşünce yolu ile, düşünerek, düşünce bakımından.

فکرت fikret: (A.) **1.**düşünme. **2.**düşünce. **3.**erkek adı. **4.**bayan adı.

فکر کردن fikr kerden: düşünmek.

فکری fikrî: (A.) **1.**fikrî, düşünce ile ilgili. **2.**mütefekkir.

فکریاً fikriyyen: (A.) düşünce bakımından.

فکریات fikriyyât: (A.) düşünce ile ilgili şeyler, düşünce sahası.

فکریه fikriyye: (A.) **1.**düşünce ile ilgili, düşünsel. **2.**bayan adı.

فکسنی fekesnî: külüstür.

فکل fokol: (Fr.) takma yaka.

فكلى fokolî: (Fr.-F.) [fokol+î] 1.kravatlı. 2.(kin.) medeni, uygar.
فكندن fikenden: atmak.
فكور fekûr: (A.) düşünür, mütefekkir.
فكى fekkî: (A.) çene ile ilgili.
فكيف fekeyfe: (A.) nasıl ki, nerede kaldı ki.
فكين fekkeyn: (A.) iki çene, alt ve üst çene.
فكيه · fekkiyye: (A.) çene ile ilgili.
فگار fegâr: 1.yaralı. 2.yara.
فگانه fegâne: düşük cenin.
فگن figen: [figenden>figen] atan, yıkan, yere çalan, düşüren.
فگنده figende: [figenden>figend+e] 1.atmış, yıkmış, yere çalmış, düşürmüş. 2.atılmış, yıkılmış, yere çalınmış, düşürülmüş.
فل fol (bot.) nilüfer.
فلا felâ: (A.) öyleyse, o zaman.
فلات felât: 1.(coğ.) plato, yayla. 2.dokuma ipi. 3.kıraç. 4.çöl. ‖ * ~-i kârre فلات قاره (coğ.) kıta sahanlığı.
فلاته filâte, folâte: bir tür helva.
فلاجرم felâcerem: (A.) kuşkusuz.
فلاح felâh: (A.) 1.kurtuluş. 2.rahatlık. 3.mutluluk.
فلاح fellâh: (A.) 1.çiftçi. 2.zenci. 3.arap.
فلاحت felâhet: (A.) çiftçilik, tarım.
فلاح ياب felâhyâb: (A.-F.) [felâh+ yâften>yâb] 1.kurtulan. 2.rahata eren. 3.mutluluğa kavuşan.
فلاخان felâhân: sapan.
فلاخن felâhen: sapan.
فلاده felâde: faydasız, boşuna, yararsız, saçma, zırva.
فلاربها filârbehâ [filâr+behâ] saraylılara ödenen ayakkabı bedeli.
فلاسفه felâsife: (A.) 1.filozoflar. 2.vurdumduymazca yaşayanlar. 3.dinsizler, zındıklar. 4.çeşitli baharatlardan macun halinde elde edilen bir ilaç.
فلاش filaş: (İng.) flaş.
فلاطون · felâtûn (Yun.>A.) Eflâtun, Platon.
فلاكت felâket: (A.) 1.felaket, musibet. 2.zelillik. 3.talihsizlik.
فلاكت بار felâketbâr: (A.-F.) [felâket+ bârîden>bâr] felaket yağdıran, korkunç, feci.
فلاكت ديدگان felâketdîdegân: (A.-F.) [felâket+dîde+g+ ân] felaketzedeler, felaket görmüşler.
فلاكت ديده felâketdîde: (A.-F.) [felâket+ dîden> dîd+e] felaketzede, felaket görmüş.
فلاكت زدگان · felâketzedegân: (A.-F.) [felâket+zede+g+ ân] felakete uğramışlar.
فلاكت زده · felâketzede: (A.-F.) [felâket+ zeden> zed+e] felakete uğramış.
فلاكت گير felâketgîr: (A.-F.) [felâket+ giriften>gîr] felakete uğramış, felaketli.
فلان fulân: (A.) falan, filan.
فلانچا fulâncâ: (A.-F.) [fulân+câ] fila yer, filan yere.
فلانه fulâne: (A.) filan kadın.
فلانى fulânî: (A.) filan, filanca, falanca.
فلج felc: kapı zinciri.
فلج felec: (A.) (tıb.) felç, inme, nüzul.
فلج شدن felec şoden: 1.felç olmak, kötürüm olmak. 2.donakalmak.
فلج كردن felec kerden: felç etmek, felce uğratmak.
فلخ felah: başlangıç.
فلخودن felhûden: çırçır yapmak, pamuğu çekirdeğinden ayırmak.
فلذلك felizâlike: (A.) şunun için, bunun için.
فلز filiz: (A.) 1.külçe, maden külçesi. 2.erimiş bakır.
فلزات filizzât: (A.) külçeler, maden külçeleri.
فلزى filizzî: (A.) metalik, madensel.
فلس fels: (A.) bozuk para, sikke.
فلس fuls: (A.) akçe, para, sikke. ‖ * ~-i ahmer فلس احمر bakır sikke.
فلسفه felsefe: (Yun.-A.) 1.filozofi. 2.hikmet ve marifet. 3.bir ilmin veya ilim adamının prensipleri. 4.tarz, algılama tarzı. 5.kötü

olaylara karşı dayanıklı olma ve Tanrı'ya tevekkül etme. ‖ * ~ -i ûlâ فلسفهٔ اولی ilkçağ felsefesi.

فلسفه بافتن felsefe bâften: felsefe yapmak.

فلسفی felsefî: (A.) felsefî.

فلسفیات felsefiyyât: (A.) felsefe ile ilgili bilgi ve düşünceler.

فلسفیه felsefiyye: (A.) felsefe ile ilgili, filozofik.

فلشک filişk: süslü oyuncak testi.

فلفل filfil (Sansk.) (bot.) biber. ‖ * ~ -i İslâmbûlî فلفل اسلامبولی taze biber, sivri biber. ‖ * ~ der âteş efkenden فلفل در آتش افکندن aşkta kararsız bırakmak, aşk ateşiyle yakmak. ‖ * ~ -i kırmız فلفل قرمز kırmızı biber. ‖ * ~ -i sebz فلفل سبز taze biber. ‖ * ~ -i siyâh فلفل سیاه kara biber. ‖ * ~ -i tavîl · فلفل طویل sivri biber. ‖ * ~ -i torşî فلفل ترشی taze biber.

فلفل folfol: (A.) biber.

فلفل پاشیدن filfil pâşîden: biberlemek, biber serpmek.

فلفل نمکی folfolnemekî: (A.-F.) [folfol+ nemek+î] gri, demirkırı, kırçıl.

فلق felk: (A.) **1.**yarma. **2.**yarık.

فلق felak: (A.) **1.**yarık. **2.**vadi. **3.**şafak vakti, tan vakti, tan ağartısı. **4.**falaka. **5.**tomruk.

فلقه falaka: (A.) **1.**falaka, ayaklara sopa vurmak için hazırlanmış özel işkence düzeneği. **2.**iki ucu bir noktaya bağlı halat. **3.**iki atlı arabalarda atların arasında bulunan 2,5-3 metrelik ağaç. **4.**palanga ağacı.

فلقه filka: (A.) tohumun cücük kısmını çevreleyen etli kısım.

فلک felek: (A.) **1.**gök, acun, felek. **2.**kader. **3.**falaka. **4.**talih. **5.**askerî bando takımında yer alan zilli bir musikî aleti. **6.**her gezegene ait gök katmanı. **7.**kızak. **8.**yuvarlak kütük. ‖ * ~ râ sakf şikâften فلک را سقف شکافتن felekten gün çalmak.

فلک folk: (A.) **1.**gemi. **2.**büyük kayık. ‖ * ~ -i nûh فلک نوح Nuh'un gemisi.

فلک آسا felekâsâ: (A.-F.) [felek+âsâ] çok yüksek.

فلک آشیان felekâşyân: (A.-F.) [felek+ âşiyân] yuvası felekte olan.

فلک آوازه felekâvâze: (A.-F.) [felek+ âvâze] çok ünlü, şöhreti her tarafa yayılmış.

فلکات felekât: (A.) felekler, gök katmanları.

فلک ارتفاع felekirtifâ: (A.) [felek+irtifâ'] ·çok yüksek, gökyüzü kadar yüksek.

فلک الافلاک felekuleflâk: (A.) dokuzuncu gök kubbesi.

فلک اندازه کردن felek endâze kerden (kin.) mevki sahibi olmak.

فلک بخت felekbaht: (A.-F.) [felek+baht] talihli, kutlu.

فلک بسطت felekbestat: (A.) [felek+ bestat] çok geniş, engin.

فلک پیما felekpeymâ: (A.-F.) [felek+ peymûden> peymâ] gökyüzünü kateden.

فلک جاه felekcâh: (A.-F.) [felek+câh] yüksek makamlı, yüksek dereceli.

فلک رفتار felekreftâr: (A.-F.) [felek+ reftâr] gökyüzü gibi hızlı dönen, çok hızlı.

فلک زده felekzede: (A.-F.) [felek+ zeden> zed+e] **1.**felek vurgunu, talihsiz, bedbaht. **2.**yoksul, gariban.

فلک زیب felekzîb: (A.-F.) [felek+zîb] gökyüzünü süsleyen.

فلک سیر felekseyr: (A.-F.) [felek+seyr] **1.**hızlı yürüyen, kıvrak. **2.**(kin.) yüksek dereceli, yüksek makamlı.

فلک شکوه felekşukûh: (A.-F.) [felek+ şukûh] gökyüzü gibi haşmetli.

فلک طباق felektıbâk: (A.) [felek+tıbâk] gökyüzü kadar yüksek ve geniş.

فلک عنوان felekunvân: (A.) [felek+ unvân] gökyüzü kadar yüce ünvanlı.

فلک قدر · felekkadr: (A.) [felek+kadr] yüce, değerli.

فلک کردن felek kerden: falakaya yatırmak.

فلک مرتبه felekmertebe: (A.) [felek+ mertebe] derecesi gökyüzü kadar yüksek olan.

فلک مسند felekmesned: (A.) [felek+ mesned] oturduğu yer gökyüzü olan.

فلک مشرب felekmeşreb: (A.) vefasız, sözüne güvenilmez, ne yapacağı kestirilemez, sözünde durmaz, dönek.

فلک مقام felekmakâm: (A.) [felek+ makâm] makamı gökyüzü kadar yüce olan.

فلک مماس felekmumâs: (A.) [felek+ mumâs] çok yüksek, gökyüzüne değen.

فلک منزلت felekmenzilet: (A.) [felek+ menzilet] ·makamı gökyüzü olan.

فلکه feleke: (A.) **1.**falaka. **2.**meydan.

فلکه felke: (A.) **1.**tuğ, püskül. **2.**kayık.

فلکه fulke: (A.) **1.**gemi. **2.**kayık, sandal.

فلکه وش · fulkeveş: (A.-F.) [fulke+veş] gemi gibi, sandal gibi.

فلکی felekî: (A.) **1.**astrolog, müneccim. **2.**gök ile ilgili. **3.**astronom, gökbilimci.

فلکیات felekiyyât: (A.) astronomi.

فلکیون felekiyyûn: (A.) gökbilimciler, astronomlar.

فلکیه felekiyye: (A.) **1.**gökyüzü ile ilgili. **2.**astronomi ile ilgili.

فلمنک filmenk: Hollandalı.

فلنجیدن felencîden: biriktirmek, toplamak.

فلنگ filenk: [<filing] ağır eşyayı taşımak üzere ray vazifesi gören uzun ve yuvarlak sırık.

فلنگ filing: kaçış. ‖ * ~ râ besten فلنگ را بستن kaçmak, firar etmek, kirişi kırmak.

فلوات felevât: (A.) çöller.

فلوئور fuluor: (Fr.) (kim.) flor.

فلوت fulut: (Fr.) (müz.) flüt.

فلوت folot: (Fr.) filo, deniz filosu.

فلوتچی fulutçi: (Fr.-T.) (müz.) flütçü, flüt çalan.

فلوت زدن fulut zeden: (müz.) flüt çalmak.

فلورن foloren: (Fr.) florin.

فلوس fulûs: (A.) **1.**bozuk paralar. **2.**akçeler, paralar, sikkeler. **3.**Mısır darphanesinde basılan bakır para. **4.**(tıb.) bir çeşit müshil.

فله fele, felle, fole, folle: ilk süt, ağız.

فلهذا felihâzâ: (A.) şunun için, bunun için.

فم fem: (A.) **1.**ağız. **2.**giriş, menfez.

فم الحوت femulhût: (A.) balık burcunun en parlak yıldızı, Güney Kutbu civarındaki yıldız kümesi.

فمی femî: (A.) ağız ile ilgili.

فمینیست feminist: (Fr.) feminist.

فمینیسم feminism: (Fr.) feminizm.

فن fenn: (A.) **1.**fen, teknik. **2.**hal. **3.**dal. **4.**hile, düzen. **5.**nağme. **6.**yol, tarz, yöntem.

فن fan: (İng.) fan.

فناء fenâ': (A.) **1.**yokluk. **2.**yok olma, yok oluş, mahvolma. **3.**kötü.

فنا fenâ (bot.) it üzümü.

فنا finâ: (A.) **1.**avlu. **2.**ev önü. **3.**şehir önü, çevre.

فناً fennen: (A.) teknik bakımdan, fennî olarak.

فنائی fenâ'î: (A.) fâni, yok olucu, gelip geçici.

فنائیه fenâiyye: (A.) Celvetîlik tarikatının Fenâîlik kolu.

فنا اندر فنا · fenâ ender fenâ: (A.-F.) [fenâ+ender+ fenâ) yokluk içinde yok olmuş.

فناپذیر fenâpezîr: (A.-F.) [fenâ+ pezîroften>pezîr] fani, yok olucu, ölümlü.

فناتیسم fenatism: (Fr.) fanatism.

فناتیک fenatik: (Fr.) fanatik, mutaassıp.

فنادق fenâdik: (A.) fındıklar.

فنار fenâr: (Yun.>T.) · فنار fener.

فنارسیده fenâresîde: (A.-F.) [fenâ+ resîden> resîd+e] yokluk gelmiş.

فناریه · fenâriyye (Yun.>A.) Rufâîliğin Fenârîlik kolu.

فنا فى الله fenâfillâh: (A.) Tanrı'da yok oluş.

فنا فى الپير fenâfilpîr: (A.) müridin tüm benliğiyle mürşide bağlanması.

فنا فى الرسول fenâfirresûl: (A.) müslümanın tüm benliğiyle Hz. Muhammed'e bağlanması.

فنا فى الشيخ fenâfişşeyh: (A.) bütün benliği ile şeyhine bağlanma.

فنا فى العشق fenâfil'aşk: (A.) aşk içinde yok oluş.

فنا كردن fenâ kerden: yok etmek.

فناگاه fenâgâh: (A.-F.) [fenâ+gâh] **1.**yokluk yeri. **2.**yok oluş yeri. **3.**dünya.

فناناپذير fenânâpezîr: (A.-F.) [fenâ+nâ+ pezîroften>pezîr] ölümsüz, ebedî.

فناياب fenâyâb: (A.-F.) [fenâ+yâften>yâb] yok olucu, yok olan, fâni.

فنج fenc, fonc: **1.**fıtıklı. **2.**fıtık.

فنجان fincân: **1.**fincan. **2.**kahve fincanı.

فنجى fencî: büyüklük.

فند fend: (A.) ulu dağ.

فند fend: hile, fend, düzen.

فند fened: (A.) **1.**yalan. **2.**acizlik. **3.**nankörlük.

فندباز fendbâz: [fend+bâhten>bâz] hilekâr, düzenbaz.

فندق fındık: (A.) tüfek kurşunu.

فندق fendok, fondok: **1.**(bot.) fındık. **2.**(kin.) sevgilinin dudağı. **3.**otel. **4.**han. **5.**misafirhane.

فندق fondok: (A.) **1.**kervansaray. **2.**otel.

فندق بستن fendok besten: kına yakmak.

فندق زدن fendok zeden: parmak şaklatmak.

فندق شكستن fendok şikesten: **1.**öpücük vermek. **2.**öpücük almak.

فندک fendek: çakmak.

فنر fener: (T.) yay, makas, otomobil makası.

فنرى fenerî: (T.-F.) [fener+î] yaylı, makaslı.

فن فروش fenfurûş: (A.-F.) [fen+ furûhten> furûş] hilekâr, düzenbaz.

فنک fenek (zool.) bir tür tilki.

فنگ feng: ebûcehil karpuzu.

فنل finol: (Fr.) (kim.) fenol.

فنودن funûden: aldanmak, kanmak, oyuna gelmek.

فن و فن كردن finn u fin kerden: burnu tıkalı iken seslenmek, burnundan konuşmak.

فنون funûn: (A.) **1.**fenler, teknikler. **2.**bilimler.

فنى fennî: (A.) teknik, fennî. ‖ * dânişgâh-i ~ دانشگاه فنى teknik üniversite.

فنيات fenniyyât: (A.) teknoloji.

فنيه fenniyye: (A.) teknik, fen ile ilgili.

فوائح fevâ'ih: (A.) çiçek kokuları, meyva kokuları.

فوائد fevâ'id: (A.) **1.**faydalar, yararlar. **2.**kazançlar, kârlar.

فوائض fevâ'iz: (A.) **1.**faizler. **2.**taşanlar. **3.**bolluklar.

فؤاق fu'âk: (A.) **1.**hıçkırık. **2.**can çekişme. **3.**mide kasılması.

فؤاد fu'âd: (A.) **1.**yürek, kalb. **2.**erkek adı.

فؤادى fuâdî: (A.) yürek ile ilgili, kalb ile ilgili.

فوات fevât: (A.) **1.**ölüm. **2.**iş vaktinin geçmesi.

فواتح fevâtih: (A.) fatihalar.

فواجع fevâci': (A.) üzen şeyler, acı veren şeyler.

فواحش fevâhiş: (A.) **1.**fahişeler, orospular. **2.**kötü işler.

فواخر fevâhir: (A.) **1.**onurlular. **2.**değerliler, kıymetliler.

فوارس fevâris: (A.) atlılar.

فواره fevvâre: (A.) **1.**fıskiye. **2.**kaynayan.

فواره زدن fevvâre zeden: fışkırmak.

فواصل fevâsil: (A.) aralıklar, fasılalar, uzaklıklar, mesafeler.

فواضل fevâzil: (A.) **1.**erdemliler. **2.**büyük insanlar, bilginler.

فواق fuvâk: (A.) (tıb.) hıçkırık.

فواكه fevâkih: (A.) meyveler.

فوانيس fevânîs: (A.) fenerler, fanuslar.

فوايح fevâyih: (A.) **1.**çiçek kokuları. **2.**meyva kokuları.

فوايد fevâyid: **1.**faydalar, yararlar. **2.**kazançlar, kârlar.

فوب fûb: üfürük.

فوت fevt, fovt: (A.) **1.**ölüm. **2.**geçip gitme.

فوت fût: püf.

فوت fût: (İng.) fut, ayak, **30. 48** cm.

فوتبال futbal: (İng.) (sp.) futbol.

فوتبال بازى كردن futbal bâzî kerden (Sp.) futbol oynamak.

فوتباليست futbalist: (İng.) (sp.) futbolcu.

فوت شدن fovt şoden: **1.**ölmek. **2.**ortadan kalkmak, geçmek, geçip gitmek.

فوت كردن fovt kerden: **1.**ölmek. **2.**geçmek, geçip gitmek.

فوت كردن fût kerden: **1.**üflemek. **2.**yudumlamak, içmek.

فوته fûte: **1.**peştemal. **2.**sarık, destar. **2.**bir cins kumaş. **3.**önlük. **4.**hayli uzun ve ince kayık.

فوتى fevtî, fovtî: (A.-F.) [fevt+î] âcil, acele.

فوتيدن fevtîden, fovtîden: ölmek.

فوج fevc, fovc: (A.) **1.**bölük, takım, cemaat. **2.**(ask.) alay. **3.**grup.

فوجافوج fevcâfevc: (A.-F.-A.) [fevc+â+ fevc] bölük bölük, grup grup, öbek öbek, takım takım.

فوجدار fevcdâr, fovcdâr: (A.-F.) [fevc+ dâşten>dâr] (ask.) alay komutanı.

فوج فوج fevc fevc, fovc fovc: bölük bölük, küme küme, öbek öbek.

فوح fevh: (A.) hoş koku.

فوحات fevehât: (A.) hoş kokular.

فوحان fevehân: (A.) hoş kokular.

فوحه fevha: (A.) hoş koku.

فور fevr, fovr: (A.) hızlı, hemen, çabuk, âni, derhal. ‖ * ber ~ بر فور hemen, derhal. ‖ * fil ~ فى الفور hemen, derhal, o anda.

فور fûr: açık kırmızı.

فورا fevren, fovren: (A.) hemen, derhal, birden, o anda.

فوران feverân: (A.) **1.**kaynama, fokurdama, coşma. **2.**fışkırma. **3.**damar atması, damar vurması. **4.**gazaplanma, küplere binme.

فوران زدن feverân zeden: fışkırmak.

فورى fevrî, fovrî: (A.) **1.**hemen, derhal, süratle, acilen. **2.**acil, ani.

فوريت fevriyyet: (A.) **1.**acelecilik. **2.**sürat, anilik.

فوريه fevriyye: (A.) ânî, düşünmeden.

فوريه fevriye: (Fr.) Şubat.

فوز fevz, fovz: (A.) **1.**zafer, fetih. **2.**kurtuluş.

فوز fûz: **1.**ağız çevresi. **2.**cinsel birleşme sesi.

فوزيه fevziyye: (A.) **1.**zafer ile ilgili. **2.**İkinci Mahmut döneminde odalar mevkii, Yeniçeri ocağının kaldırılmasından sonra eski odaların bulunduğu yere verilen ad. **3.**bayan adı.

فوضا fevzâ: (A.) **1.**kargaşa. **2.**anarşi, hercümerç.

فوضائى fevzâî: (A.) **1.**kargaşa ile ilgili. **2.**anarşist.

فوضاويت fevzâviyyet: (A.) kargaşalık, anarşi.

فوق fevk, fovk: (A.) **1.**üst, üstünde, üzeri. **2.**üstün, yüksek.

فوق الاعتياد fevkali'tiyâd: (A.) alışılmışın ötesinde, olağanüstü.

فوق الانسان fevkalinsân: (A.) insanüstü.

فوق البحر fevkalbahr: (A.) deniz üstü.

فوق البشر fevkalbeşer: (A.) insanüstü.

فوق الحد fevkalhadd: (A.) haddinden fazla, aşırı derecede.

فوق الحس fevkalhiss: (A.) duygu ötesi, duyguların üstünde olan.

فوق الخيال fevkalhiyâl: (A.) hayal ötesi.

فوق الطبيعه fevkattabî'a: (A.) doğaüstü, metafizik.

فوق الطبيعيه fevkattabîiyye: (A.) doğaüstü, metafizik.

فوق العاده fevkelâde, fovkelâde: (A.)

olağanüstü, harikulade, fevkalade.

فوق الغايه fevkalgâye: (A.) son derecede.

فوق الفرد fevkalferd: (A.) birey üstü.

فوق المأمول · fevkalme'mûl: (A.) umulanın dışında, umulandan çok.

فوق المعتاد fevkalmu'tâd: (A.) alışılmışın ötesinde, alışılmadık.

فوقانى fevkânî, fovkânî: (A.) **1.**üst, üstteki, yukarı, yukardaki. **2.**üstü noktalı harf.

فوقس fukos: (Yun.-A.) (bot.) tulumlu su yosunu.

فوكستروت fokstorot: (İng.) fokstrot.

فوكوس fokus: (İng.) fokus.

فوكوس كردن fokus kerden: fokus yapmak.

فول fûl: (A.) bakla.

فولاد fûlâd: çelik.

فولادساز fûlâdsâz: [fûlâd+sâhten>sâz] çelik ustası, çelikçi.

فولادسازى fûlâdsâzî: [fûlâd+sâhten> sâz+î] çelik yapımı, çelik imalatı. ‖ * kârhâne-i ~ كارخانهء فولادسازى demir çelik fabrikası.

فولادى fûlâdî: [fûlâd+î] çelikten, çelik.

فولادين fûlâdîn: [fûlâd+în] çelikten, çelik.

فولكلور folklor: (Fr.) folklor.

فوم fûm: (A.) (bot.) sarmısak.

فوه fuvve: (A.) kökboya, kızılkök.

فه feh, fih: kürek, gemi küreği.

فهارس fehâris: (A.) **1.**fihristler. **2.**kataloglar.

فهام fehhâm: (A.) çok anlayışlı.

فهامت fehâmet: (A.) anlayış, idrak.

فهامه fehhâme: (A.) çok anlayışlı.

فهد fehd: (A.) (zool.) vaşak.

فهرس fihris: (A.) **1.**fihrist. **2.**katalog. **3.**dizin, indeks.

فهرست fihrist: (Peh.) **1.**fihrist, içindekiler. **2.**indeks, dizin. **3.**inşaat masraflarını gösteren liste. ‖ * ~ -i emâkin فهرست اماكن yer indeksi, yer dizini. ‖ * ~ -i eşhâs فهرست اشخاص kişi adları dizini. ‖ * ~ -i kutub فهرست كتب kitap adları dizini. ‖ * ~ -i nushehâ-yi hattî فهرست نسخه هاى خطى yazma eserler kataloğu. ‖ * ~ -i ricâl فهرست رجال kişi adları dizini. ‖ * ~ -i umûmî فهرست عمومى genel indeks.

فهل fehl: (A.) **1.**ferah, açık. **2.**gevşek.

فهم fehm: (A.) anlayış, idrak, kavrama. ‖ * gird âverden-i ~ گرد آوردن فهم meşveret etmek. ‖ * sor'et-i ~ سرعت فهم kavrama gücü.

فهماندن fehmânden: anlatmak.

فهمانيدن fehmânîden: anlatmak.

فهم كردن fehm kerden: anlamak, kavramak.

فهمى fehmî: (A.) **1.**anlayış ile ilgili. **2.**erkek adı.

فهميدن fehmîden: anlamak, kavramak.

فهميده fehmîde: [fehmîden>fehm+îde] **1.**anlaşılan. **2.**haberli. **3.**bilgin.

فهميده شدن fehmîde şoden: anlaşılmak.

فهيم fehîm: (A.) **1.**anlayışlı. **2.**bilgili. **3.**erkek adı.

فهيهات feheyhât: (A.) ne kadar uzak!, ne yanlış tutum!, ne yanlış görüş!

فى fey: (A.) gölge.

فى fî: (A.) **1.**içinde. **2.**tarihinde. ‖ * ~ emânillâh فى امان الله Allah'a emanet, Allah kerim. ‖ * ~ hâl فى حال derhal. ‖ * ~ mâba'd فى ما بعد bundan böyle. ‖ * ~ nefsil'emr فى نفس الامر gerçekte, işin aslında. ‖ * ~ sene-i فى سنهء yılında. ‖ * ~ zemâninâ فى زماننا zamanımızda, günümüzde.

فى fî: (A.) fiyat, değer, kıymet.

فيآت fi'ât: (A.) fiyatlar.

فيار fiyâr: iş, uğraş, meslek.

فياض feyyâz: (A.) **1.**bereketli. **2.**Tanrı. **3.**yüreği temiz ve cömert kişi. **4.**erkek adı.

فياضانه · feyyâzâne: (A.-F.) [feyyâz+âne] bereketli.

فيافى feyâfî: (A.) çöller; bozkırlar.

فيال feyyâl: (A.) fil bakıcısı.

فى الاصل fil'asl: (A.) aslında.

فى الجمله filcumle: (A.) **1.**kısacası, sözün kısası. **2.**sonunda, nihayet.

فى الحال filhâl: (A.) derhal, hemen, şimdi, şu anda.

فى الحقيقه filhakîke: (A.) gerçekte, aslında, hakikatte, filhakika.

فى الخير filhayr: (A.) hayırlı iş.

فى الظلمات fizzulumât: (A.) karanlıklarda.

فى الفور filfovr: (A.) derhal, hemen.

فى الله fillâh: (A.) Allah yolunda.

فى المثال filmisâl: (A.) meselâ, diyelim ki.

فى المثل filmesel: (A.) örneğin, mesela, âdeta.

فى الواقع filvâki: (A.) gerçekten, gerçekte, aslında.

فى امان الله · fîemânillâh: (A.) Allah'a emanet, Allah kerim.

فيايح feyâyih: (A.) düzlükler, genişlikler.

فيبر fibr: (Fr.) fiber, nesiç.

فيحاء feyhâ': (A.) geniş alan.

فير fîr: **1.**yazık. **2.**hayıflanma, teessüf.

فيرنده fîrende: [fîrîden>fîr+ende] **1.**salınan. **2.**alaycı. **3.**kibirli.

فيروز fîrûz: **1.**muzaffer, galip. **2.**uğurlu, kutlu, talihli. **3.**erkek adı.

فيروزبخت fîrûzbaht: (A.-F.) [fîrûz+baht] talihi açık, talihli, bahtıaçık.

فيروزمند fîrûzmend: (A.-F.) [fîrûz+mend] **1.**muzaffer. **2.**bahtı açık.

فيروزمندى fîrûzmendî: (A.-F.) [fîrûz+mend+î] **1.**zafer kazanma, zafer. **2.**bahtı açıklık.

فيروزنده fîrûzende: [fîrûzîden>fîrûz+ende] bir cins lale.

فيروزه fîrûze: **1.** firuze taşı, turkuaz renkli taş. **2.**firuze renkli, turkuvaz rengi.

فيروزه دريا fîrûzederyâ: [fîrûze+deryâ] (kin.) gökyüzü.

فيروزه رواق fîrûzerivâk: (A.) [fîrûze+rivâk] **1.**açık mavi renkli revak. **2.**gökyüzü.

فيروزه فام fîrûzefâm: (A.-F.) [fîrûze+fâm] firûze renkli, açık mavi, gök mavisi.

فيروزه فروز fîrûzefurûz: [fîrûze+furûhten>furûz] firuze gibi parlayan.

فيروزه مرقد fîrûzemerkad: (F.-A.) [fîrûze+merkad] (kin.) dünya.

فيروزى fîrûzî: zafer.

فيريدن fîrîden: **1.**nazla salınmak. **2.**alay etmek. **3.**zengin olmak, zenginleşmek.

فى زماننا fîzemâninâ: (A.) zamanımızda, günümüzde.

فيزيك fizik: (Fr.) fizik. ‖ * ~ -i hesteî فيزيك هسته اى (fiz.) nükleer fizik. ‖ * ~ -i zerrât-i bunyâdî فيزيك ذرات بنيادى (fiz.) atom fiziği.

فيزيك دان fizikdân: (Fr.-F.) [fizik+dânisten>dân] fizikçi.

فيزيكى fizîkî (Latince>Fr.+A.) fiziksel.

فيزيولوژى fizyoloji: (Fr.) fizyoloji.

فيس fîs: gurur, çalım satma, gösteriş, hava atma, poz kesme. ‖ * ~ u ifâde فيس و افاده afur tafur.

فى سبيل الله fîsebîlillâh: (A.) **1.**Allah rızası için, Tanrı yolunda. **2.**karşılıksız, karşılık beklemeden.

فيس دادن fîs dâden: kibirlenmek, gösteriş yapmak, şişinmek, hava atmak.

فيس كردن fîs kerden: gösteriş yapmak, şişinmek, hava atmak.

فيش fiş: (Fr.) fiş. ‖ * ~ -i bankî فيش بانكى banka makbuzu, banka dekontu.

فيش بردارى fişberdârî: (Fr.-F.) [fiş+berdâşten>berdâr+î] **1.**fişleme. **2.**fişlenme.

فيش بردارى شدن fişberdârî şoden: fişlenmek.

فيش بردارى كردن fişberdârî kerden: fişlemek.

فيش فيش كردن fiş fiş kerden: tislâmak.

فيصد fîsad: (A.-F.) [fî+sad] yüzde.

فيصل feysel: (A.) **1.**hakim, kadı. **2.**hakimlik. **3.**keskin kılıç. **4.**kesin karar.

فيصل پذير feyselpezîr: (A.-F.) [feysel+pezîruften> pezîr] sonuçlanan, çözümlenen.

فیصل دادن feysel dâden: **1.**halletmek. **2.**bitirmek.

فیصل یافتن feysel yâften: **1.**halledilmek, çözümlenmek. **2.**bitmek.

فیصله feysele: (A.) **1.**plan. **2.**çözüm. ‖ * ~ râ te'yîd kerden فیصله را تأیید کردن planı uygulamak.

فیصله دادن feysele dâden: halletmek, çözümlemek.

فیصله کردن feysele kerden: değerlendirmek.

فیض feyz: (A.) **1.**feyiz, bereket. **2.**su kabarması, su taşkını. **3.**dökülme, taşma. **4.**ihsan. **5.**ilim, irfan.

فیض آثار feyzâsâr: (A.) [feyz+âsâr] · xxfeyizli, bereketli.

فیض آور feyzâver: (A.-F.) [feyz+ âverden>âver] bolluk getiren, bereket getiren.

فیض افزا feyzefzâ: (A.-F.) [feyz+ efzûden>efzâ] bereketi arttıran, bolluk veren.

فیضافیض feyzâfeyz: (A.-F.-A.) [feyz+â+ feyz] bolluklarla dolu, çok bereketli.

فیضان feyezân: (A.) **1.**taşma, taşkın. **2.**bolluk, çokluk.

فیض بخش feyzbahş: (A.-F.) [feyz+ bahşîden>bahş] **1.**verimli, bereket veren, bereketli. **2.**feyiz veren.

فیض بخشی feyzbahşî: (A.-F.) [feyz+ bahşîden>bahş+î] **1.**verimlilik, bereket. **2.**feyiz verme.

فیضدار feyzdâr: (A.-F.) [feyz+dâşten> dâr] · bereketli, feyizli.

فیض رسان feyzresân: (A.-F.) [feyz+ resânden>resân] bolluk getiren, bereket getiren.

فیضناک feyznâk: (A.-F.) [feyz+nâk] bereketli, feyizli.

فیض یاب feyzyâb: (A.-F.) [feyz+yâften> yâb] bereket gören, bolluk gören.

فیف fif: **1.**tislâma. **2.**tıs, fif.

فیفاء feyfâ': (A.) geniş düzlük, bozkır, step, çöl.

فیفانورد feyfâneverd: (A.-F.) [feyfâ+ neverdîden> neverd] bozkırlarda yürüyen, çöllerde yürüyen.

فیل feyyil: (A.) zayıf karar, zayıf hüküm.

فیل fîl (zool.) fil. ‖ * kâr-i hazret-i ~ est کار حضرت فیل است çok zor iş.

فیلبان fîlbân: [fîl+bân] fil bakıcısı, fil sahibi.

فیلتر filtr: (Fr.) filtre, süzgeç.

فیلتر نصب کردن filtr nasb kerden: filtre takmak.

فیلسوف feylesûf: (Yun.-A.) **1.**filozof, felsefeci. **2.**dervişmeşrep, kalender. **3.**dinsiz.

فیلسوفانه feylesûfâne: (A.-F.) [feylesûf+ âne] filozofça.

فیلسوف مآب feylesûfme'âb: (A.) filozof gibi, filozofça.

فیلسوفی feylesûfî: (Yun.-A.) filozofi.

فیلم film: (Fr.) film. ‖ * ~ -i teheyyulî-yi fennî فیلم تخیلی فنی bilimkurgu film. ‖ * ~ -i televizyûnî فیلم تلویزیونی televizyon filmi. ‖ * ~ -i sâmit فیلم صامت sessiz film.

فیلم بردار filmberdâr: (Fr.-F.) [film+ berdâşten>berdâr] film çeken.

فیلم برداری filmberdârî: (Fr.-F.) [film+ berdâşten>berdâr+î] film çekimi.

فیلم برداری filmberdârî kerden: film çekmek.

فیلم برداشتن film berdâşten: film çekmek, çekim yapmak.

فیلم ساختن film sâhten: film yapmak, film çekmek.

فیلم ساز filmsâz: (Fr.-F.) [film+sâhten> sâz] film yapımcısı.

فیلم نامه filmnâme: (Fr.-F.) [film+nâme] senaryo.

فیلم نامه نویس filmnâmenevîs: (Fr.-F.) [film+nâme+nevişten>nevîs] senarist, senaryo yazarı.

فیلی fîlî: [fîl+î] fil rengi, açık gri.

فی ما بعد fîmâba'd: (A.) [fî+mâ+ba'd] bundan sonra, bundan böyle.

فی ما بین fîmâbeyn: (A.) ikisinin arasında, taraflar arasındaki, iki taraf arasındaki.

فین fîn: sümük. ‖ * ~ u hılt فین و خلط balgam.

فینال final: (Fr.) final. ‖ * be ~ resîden به فینال رسیدن (sp.) finale kalmak.

فی نفس الامر fînefsilemr [fî+nefs+el'emr] aslında, gerçekte.

فین فین کردن fin fin kerden: sümkürmek.

فین کردن fîn kerden: sümkürmek.

فینه fîne: fes.

فیوض fuyûz: (A.) **1.**bereketler, feyizler. **2.**kabaran sular, taşan sular, taşkınlar.

فیوضات fuyûzât: (A.) feyizler.

فی یومنا fîyevminâ: (A.) zamanımızda, günümüzde.

فیول fuyûl: (A.) filler.

فیه fîh: (A.) içinde. ‖ * mâ nahnu ~ ما نحن فیه konuştuğumuz, ele aldığımız.

ق

ق kaf: 1."K, k", Farsça alfabenin yirmi dördüncü harfi. 2.Ebced sistemine göre sayısal değeri: 100. 3.kur'a kelimesinin kısa yazılış şekli. Osmanlı döneminde üstünde kaf yazılı kağıdı çeken askere giderdi. 4."kamerî" kelimesinin kası yazılış şekli.

قآن kâan: (T.) kağan, hükümdar.

قآنى ka'ânî: Kaçarlar döneminin ünlü şairi ve Sadi taklitçisi.

قائد kâ'id: (A.) kurucu, önder, lider.

قائد الجبل kâidulcebel: (A.) dağ burnu.

قائد الجيش kâ'idulceyş: (A.) ordu komutanı.

قائل kâ'il: (A.) 1.söyleyen. 2.inanan. 3.sahip. 4.razı olan, boyun eğen.

قائم kâ'im: (A.) 1.ayakta duran. 2.kalıcı, baki. 3.sağlam. 4.yerine geçen. 5.namaz kılan, namaza duran. 6.dik. 7.dayanan, sebat eden.

قائماً kâ'imen: (A.) 1.ayakta durarak, dikilerek. 2.birinin yerinde bulunarak.

قائم مقام kâ'immekâm: (A.) 1.reis vekili, vekil. 2.kaymakam. 3.birinin yerine geçen. 4.yarbay.

قائمه kâ'ime: (A.) 1.dik açı. 2.dik. 3.duran. 4.kabza. 5.banknot, kağıt para. 6.kitap yaprağı. 7.fermân.

قاب kâb: (A.) ölçü, miktar.

قاب kâb: (T.) 1.tap, kapkacak. 2.tabak. 3.çerçeve.

قاب kâb: (tıb.) aşık kemiği.

قاب انداز kâbendâz: [kâb+endâhten> endâz] 1.aşık atan. 2.kumarbaz.

قاب باز kâbbâz: [kâb+bâhten>bâz] 1.aşık atan. 2.kumarbaz.

قاب بازى kâbbâzî: [kâb+bâhten>bâz+î] 1.aşık oyunu, aşık atma. 2.kumarbazlık.

قابتورقاى kabturkay: (T.) 1.küçük sandık. 2.mektup kesesi.

قابخانه kâbhâne: [kâb+hâne] kumarhane.

قاب زدن kâb zeden: kapmak.

قابس kâbis: (A.) yakıcı, parlak.

قاب ساز kâbsâz: (T.-F.) [kâb+sâhten> sâz] çerçeveci, çerçeve yapan.

قاب سازى kâbsâzî: (T.-F.) [kâb+sâhten> sâz+î] çerçevecilik, çerçeve yapımı.

قابض kâbiz: (A.) 1.elde tutan. 2.alan, tutan. 3.(tıb.) ishal kesen ilaç. 4.tahsildar. ‖ * ~ -i ervâh قابض ارواح ruhları alan, Azrail.

قابضه kâbize: (A.) 1.alan, alıcı. 2.büken.

قاب قوسين kâbekavseyn: (A.) 1.iki yay arasındaki mesafe. 2.Miraç gecesinde Hz. Muhammed'in Tanrı'ya olan yakınlık derecesi.

قاب كردن kâb kerden: koymak, yerleştirmek.

قابل kâbil: (A.) 1.yaraşır, lâyık, mümkün. 2.gelecek. 3.kabiliyetli. 4.kabul eden. mümkün olan, mümkün, olabilir, gerçekleşebilir. ‖ * ~ î nedâred قابلى ندارد ne zahmet! ‖ * ~ -i dermân قابل درمان derman bulunur, tedavi edilir. ‖ * ~ -i ekl قابل أكل yenilebilir. ‖ * ~ -i ihtirâk قابل احتراق yanıcı, yanabilir. ‖ * ~ -i iştiâl قابل اشتعال parlayıcı, tutuşucu. ‖ * ~ -i i'timâd قابل اعتماد güvenilir. ‖ * ~ -i i'tirâz قابل اعتراض itiraz edilebilir, söz götürür. ‖ * ~ -i mukâyese قابل مقايسه karşılaştırılabilir. ‖ * ~ -i te'vîl قابل تأويل yorumlanabilir, yoruma açık.

قابل بودن kâbil bûden: 1.lâyık olmak. 2.mümkün olmak.

قابلگى kâbilegî: (A.-F.) [kâbile+g+î] ebelik.

قابلمه kâbleme: (T.) **1.**tencere, kapaklı tencere. **2.**kaplama.

قابلمه کاری kâblemekârî: (T.-F.) [kâbleme+ kâr+î] **1.**kaplamacılık. **2.**(kin.) çalışma, çaba.

قابله kâbile: (A.) **1.**ebe. **2.**dadı.

قابلیات kâbiliyyât: (A.) kabiliyetler, yetenekler.

قابلیت kâbiliyyet: (A.) kabiliyet, yetenek.

قابلیت داشتن kâbiliyyet dâşten: lâyık olmak, yaraşmak, istidadı olmak.

قابلی داشتن kâbilî dâşten: önemi olmak.

قابوس kâbûs: **1.**güzel yüzlü adam. **2.**güzel renkli. **3.**erkek adı.

قابیل kâbîl: (A.) Âdem Peygamber'in büyük oğlu ve kardeşi Hâbîl'i öldüren kişi.

قاپ kâp: aşık kemiği, aşık.

قاپ زدن kâp zeden: kapmak.

قاپو kâpu: (T.) kapı.

قاپوچی kâpuçi: (T.) kapıcı.

قاپودان kâpudân: (Fr.) (ask.) kaptan.

قاپوق kapuk: (T.) **1.**kabuk. **2.**darağacı.

قاپی kâpi: (T.) kapı.

قاپیدن kâpîden: kapmak. [Türkçe kapmak fiilinin kökü olan "kap" kelimesine Farsça "îden" masdar ekinin getirilmesiyle türetilmiş bir fiildir.]

قاتق kâtik: (T.) **1.**katık. **2.**çeşni. **3.**yoğurt.

قاتق کردن kâtik kerden: katık etmek.

قاتل kâtil: (A.) **1.**katil. **2.**öldürücü.

قاتمه kâtme: (T.) **1.**at kuyruğu kılı. **2.**kıl iplik.

قاتی kâtî: karışık.

قاتی پاتی kâti pâtî: karışık, karmakarışık, karman çorman.

قاتی پاتی شدن kâtî pâtî şoden: karışmak.

قاتی پاتی کردن kâtî pâtî kerden: karıştırmak.

قاتی زدن kâtî zeden: karıştırmak.

قاتی شدن kâtî şoden: karışmak.

قاتی کردن kâtî kerden: karıştırmak.

قاج kâc: (T.) **1.**dilim. **2.**bir tür ok.

قاجار kâcâr: **1.**Kacar, Kaçar, bir Türk boyu. **2.**İran'da hüküm sürmüş bir Türk hanedanı.

قاجاری kacârî: (T.-F.) [kâcâr+î] Kaçarlı, Kaçar hanedanına mensup.

قاجاریه kâcârîyye: (T.-A.) [kâcâr+iyye] Kaçar hanedanı.

قاچ kâç: (T.) dilim.

قاچاق kâçâk: (T.) **1.**kaçak. **2.**kaçak mal.

قاچاقچی kâçâkçi: (T.) kaçakçı.

قاچاق شدن kâçâk şoden: **1.**kaçak mal girmek. **2.**işten kırmak.

قاچاق کالا kâçâkkâlâ: (T.-F.) [kâçâk+ kâlâ] kaçak mal.

قاچاق کردن kâçâk kerden: kaçak mal sokmak, kaçırmak.

قاچاقی kâçâkî: (T.-F.) [kâçâk+î] **1.**kaçakçı. **2.**gizlice, kaçak olarak.

قاچاقی گری kâçâkîgerî: (T.-F.) [kâçâk+î+ gerî] kaçakçılık.

قاچ خوردن kâç horden: dilimlenmek.

قاچ دادن kâç dâden: dilimlemek.

قاچ کردن kâç kerden: dilimlemek.

قادح kâdih: (A.) suçlayıcı, kınayıcı.

قادحه kâdihe: (A.) kötüleyen, yeren, çekiştiren.

قادر kâdir: (A.) **1.**kudretli, güçlü, kadir. **2.**Tanrı. **3.**ezici. **4.**lâyık. || * ~-i mutlak قادر مطلق Yüce Tanrı.

قادرانداز kâdirendâz: (A.-F.) [kâdir+ endâhten>endâz] keskin nişancı, iyi atıcı.

قادر شدن kâdir şoden: güçlü olmak, muktedir olmak.

قادر کردن kâdir kerden: güçlü kılmak.

قادری kâdirî: (A.-F.) [kâdir+î] **1.**kudret. **2.**bir tür dar elbise. **3.**(tas.) kâdirî, Kadirîlik tarikatına mensup olan.

قادری خانه kâdirîhâne (A.-F.) [kâdirî+ hâne] Kadirîlik tarikatının Tophâne'deki ikinci hankahı.

قادریه kâdiriyye: (A.) (tas.) Kadiriye tarikatı.

قادم kâdim: (A.) **1.**gelen, ayak basan. **2.**önder.

قادمه kâdime: (A.) **1.**gelen. **2.**ileri karakol. **3.**kanat teleği.

قاذورات kâzûrât: (A.) **1.**pislik. **2.**insan dışkısı.

قاذوره kâzûre: (A.) **1.**pislik, dışkı. **2.**zina. **3.**alkollü içki.

قار kâr: (A.) **1.**zift. **2.**siyah. **3.**koyu duman.

قار kâr: (T.) **1.**kar. **2.**beyaz, ak.

قارئات kâri'ât: (A.) okuyucu bayanlar, okuyan bayanlar.

قارئه kâri'e: (A.) okuyan bayan, okuyucu bayan.

قارئين kâri'în: (A.) okuyucular.

قاراتاج karatac: (T.) (bot.) karataç ağacı.

قاراشميش karaşmiş: (T.) karışık, karmakarış, karışmış.

قارپوز karpuz: (T.) (bot.) karpuz.

قارت و قورت kart u kurt: gürültü patırtı, zart zurt.

قارچ karç (bot.) mantar. ‖ * çun ~ ez zemîn ser ber âverden چون قارچ از زمين سر بر آوردن mantar gibi bitmek.

قارچ شناسى karçşinâsî: [karç+şinâhten> şinâs+î] mikoloji, mantarbilim.

قارح kârih: (A.) yaralayıcı.

قارض kâriz: (A.) kemirgen.

قارع kâri': (A.) **1.**döven. **2.**kur'a çeken.

قارعه kâri'a: (A.) **1.**fırtına. **2.**kıyamet. **3.**anî gelen musibet. **4.**Kur'ân'da bir sûre.

قار قار كردن kâr kâr kerden: gaklamak.

قاروره kârûre: (A.) **1.**(tıb.) idrar şişesi; **2.**barut kabı. **3.**şişe. **4.**sidik, idrar. **5.**sırça kap. **6.**göz bebeği.

قار و قور kâr u kûr: **1.**gurultu, mide gurultusu. **2.**gargara.

قارون kârûn: (A.) **1.**zengin. **2.**Hz. Musa'nın amcasının oğlu. İlkin Musa'ya iman etti. Musa'nın yol göstermesiyle kimyacılığa atıldı ve bu yolla büyük bir servetin sahibi oldu. Musa, onca servetine rağmen pinti olan Kârun'a malının zekatını vermesini ikaz etti. Kârun bunu kabul etmediği gibi, Musa'yı zinakârlıkla suçladı. Hz. Musa'nın lanetinden sonra büyük bir deprem oldu ve Kârûn 40 oda dolusu hazineleriyle birlikte toprağa gömüldü. **2.**çok zengin kişi.

قارّه kârre: (A.) (coğ.) kara, kıta.

قارى kârî: (A.) okuyucu, okuyan. **2.**hafız. **3.**Kur'ân okuyan.

قارى kârî: (A.) köylü.

قاز kâz: (T.) (zool.) kaz.

قازاياغى kazayaği: (T.) (bot.) kaz ayağı.

قاسر kâsır: (A.) zorla işleten.

قاسم kâsim: (A.) **1.**bölen. **2.** ayıran.

قاسمه kâsime: (A.) bölen, diskriminan.

قاسى kâsî: (A.) katı yürekli, acımasız, duygusuz.

قاسيه kâsiye: (A.) katı yürekli, acımasız, duygusuz.

قاسر kâsir: (A.) **1.**engel. **2.**zorba.

قاسط kâsit: (A.) **1.**zorba, zalim. **2.**adil.

قاسم kâsim: **1.**bölen. **2.**bağışlayan.

قاسى kâsî: (A.) taş yürekli, katı yürekli.

قاش kaş: (T.) **1.**kaş. **2.**dilim.

قاشانى kâşânî: [kâşân+î] Kâşânlı.

قاشق kâşok: (T.) kaşık. ‖ * ~ -i gezâhorî قاشق غذاخورى yemek kaşığı.

قاش قاش kâş kâş: (T.) parça.

قاشق زدن kâşok zeden: kaşık çalmak.

قاشق ساز kâşoksâz: (T.-F.) [kâşok+ sâhten>sâz] kaşıkçı.

قاشقک kâşokek: (T.-F.) [kâşok+ek] **1.**küçük kaşık. **2.**oyun kaşığı.

قاشقى kâşokî: (T.-F.) [kâşok+î] **1.**kaşıkla ilgili. **2.**turşuluk hıyar.

قاص kâs: (T.) kaş.

قاص kâs: (A.) masalcı.

قاصد kâsid: (A.) **1.**kasteden. **2.**ulak, haberci. **3.**kıskanç.

قاصداً kâsiden: (A.) kasıtlı olarak, kasten.

قاصر kâsir: (A.) **1.**kusurlu, eksikli. **2.**güçsüz. **3.**kıt. **4.**kısa.

قاصر آمدن kâsir âmeden: aciz kalmak.

قاصر اليد kâsırulyed: (A.) beceriksiz.

قاصرانه kâsırâne (A.-F.) [kâsır+âne] kusurlu olarak, beceriksizce.

قاصرة الطرف kâsiretuttarf: (A.) · iffetli kadın.

قاصف kâsif: (A.) gürleyen.

قاصم kâsim: (A.) kırıcı, ezici.

قاصی kâsî: (A.) **1.**uzaklaşan. **2.**uzak.

قاضم kâzim: (A.) kemirgen.

قاضمه kâzime: (A.) kemirgen.

قاضی kâzî: (A.) **1.**kadı, yargıç, hakim. **2.**yapan, yerine getiren.

قاضی الحاجات kâzilhâcât: (A.) dilekleri kabul eden.

قاضی السظهر kâzilsipihr (A.-F.) **1.**gök kadısı. **2.**Jüpiter, Müşteri.

قاضی القضات kâzilkuzât: (A.) başkadı.

قاضی عسکر kâzî'asker (A.-F.) [<kâdî-i asker] kazasker.

قاطبه kâtibe: (A.) tüm, bütün, hepsi.

قاطبةً kâtıbeten: (A.) **1.**tümüyle. **2.**asla, hiçbir zaman. ‖ * kat'en ve ~ قطعاً و قاطبةً asla, kesinlikle.

قاطر kâtir: **1.**(zool.) katır. **2.**kısır.

قاطربان kâtirbân: [kâtir+bân] katırcı.

قاطرچی kâtirçi: (F.-T.) [kâtir+çi] katırcı.

قاطع kâti': (A.) **1.**kesen, kesici. **2.**keski. **3.**kiriş. **4.**kesin. **5.**keskin kılıç. **6.**sekant.

قاطعانه kâti'âne: (A.-F.) [kâti'+âne] kesinlikle.

قاطع شدن kâti' şoden: emin olmak.

قاطعه kâti'e: (A.) **1.**kesen, kesici. **2.**keskin kılıç. **3.**kağıt oymacılık ürünü.

قاطعیت kâti'iyyet: (A.) kesinlik.

قاطن kâtin: (A.) yerli.

قاطی kâtî: karışık.

قاطی پاطی kâtî pâtî: karışık, karman çorman, karmakarışık.

قاطی شدن kâtî şoden: karışmak.

قاطی کردن kâtî kerden: karıştırmak.

قاع kâ': (A.) ova, düz arazi.

قاعد kâ'id: (A.) **1.**oturan. **2.**lider. **3.**bir tür inci.

قاعداً kâ'iden: (A.) oturarak.

قاعدتاً kâ'ideten: (A.) genel olarak.

قاعدگی kâ'idegî: (A.-F.) [kâ'ide+g+î] (tıb.) regl, âdet görme.

قاعدوی kâidevî: (A.) **1.**kural ile ilgili. **2.**taban ile ilgili. **3.**ayaklık ile ilgili.

قاعده kâ'ide: (A.) **1.**kural, kaide. **2.**yasa, kanun. **3.**temel, kaide. **4.**başkent. **5.**(tıb.) regl, hayız. **6.**doğurmayan kadın. **7.**usül. **8.**taban. **9.**ayaklık.

قاعدةً kâ'ideten: (A.) genel olarak, aslında, esasen.

قاعده شدن kâ'ide şoden: (tıb.) regl olmak.

قاعده شکن kâideşiken (A.-F.) [kâ'ide+ şikesten> şiken] kural bozan, kural çiğneyen.

قاعده شکنانه kâideşikenâne (A.-F.) [kâ'ide+ şikesten> şiken+âne] kural bozarak, kuralları çiğneyerek.

قاف kâf: (A.) kaf dağı.

قافله kâfile: (A.) **1.**kervan. **2.**birlikte yolculuk eden topluluk. **3.**grup, cemaat, kesim.

قافله دار kâfiledâr: (A.-F.) [kâfile+ dâşten> dâr] kafile reisi, kervan başı.

قافله سالار kâfilesâlâr (A.-F.) [kâfile+ sâlâr] kervanbaşı, kâfile başı.

قافله گاه kâfilegâh (A.-F.) [kâfile+gâh] kervan konak yeri.

قاف و دال kâf u dâl: **1.**gevezelik, boşboğazlık. **2.**zırva, abuk sabuk sözler. **3.**"kavil" ve "delil" sözcüklerinin kısaltılmış şekli.

قافیه kâfiye: (A.) (ed.) kafiye, beyit sonunda aynı sesi veren harflerin tekrarlanması. ‖ * ~ ber kesî teng şoden قافیه بر کسی تنگ شدن sıkıntıya düşmek.

قافیه پرداز kâfiyeperdâz (A.-F.) [kâfiye+ perdâhten> perdâz] **1.**kafiye yapan. **2.**şair.

قافیه دار · kâfiyedâr (A.-F.) [kâfiye+ dâşten>dâr] kafiyeli.

قافیه سنج kâfiyesenc: (A.-F.) [kâfiye+ sencîden>senc] **1.**(ed.) şiir eleştirmeni. **2.**şair.

قاق kâk: **1.**karga sesi, gak. **2.**geğirme sesi: gark. **3.**kak, kurutulmuş meyva. **4.**nal toplayan at.

قاقا kâkâ: (çocuk dilinde) tatlı.

قاق بودن kâk bûden: mahrum olmak.

قاق شدن kâk şoden: **1.**(at) nal toplamak. **2.**ütülmek.

قاقله kâkule: (A.) kakule, tropik bölgelerde yetişen bir bitki.

قاقم kâkom: (A.) **1.**(zool.) kakım, kakum, as. **2.**(kin.) gün. **3.**kakum postundan yapılan kürk.

قاقم آوردن kâkom âverden (kin.) günü etmek, sabahı sabah etmek.

قال kâl: (A.) **1.**pota. **2.**tepe. ‖ * ez ~ bîrûn âmeden از قال بیرون آمدن potadan çıkmak.

قال kâl: (A.) söz, deyiş. ‖ * ~ u kîl قال و قیل **1.**dedikodu. **2.**gürültü, yaygara.

قالاً kâlen: (A.) sözlü olarak, söyleyerek. ‖ * ~ ve kalemen قالاً و قلماً sözlü ve yazılı olarak, sözle ve yazı ile.

قالب kâlib: (A.-Yun.) **1.**kalıp. **2.**ölçü. **3.**ayakkabı kalıbı. **4.**beden, kalıp. ‖ * bâhem refik-i cân der yek ~ bûden باهم رفیق جان در یک قالب بودن içtikleni su ayrı gitmemek. ‖ * der ~-i در قالب bünyesinde. ‖ * ez ~ bîrûn âmeden از قالب بیرون آمدن hazırlanmak.

قالب تهی کردن kâlib tohî kerden: **1.**kalıptan çıkarmak. **2.**(kin.) bayılmak. **3.**(kin.) ölmek.

قالبدار kâlibdâr: (A.-F.) [kâlib+dâşten> dâr] **1.**kalıpçı. **2.**kerpiççi, kerpiç kalıpçısı.

قالب زدن kâlib zeden: **1.**kalıba sokmak, kalıba dökmek. **2.**yalan uydurmak.

قالب زنی kâlibzenî: (A.-F.) [kâlib+zeden> zen+î] **1.**kalıpçılık. **2.**yalancılık. **3.**mühürleme.

قالب ساختن kâlib sâhten: kalıp yapmak.

قالب ساز kâlibsâz: (A.-F.) [kâlib+sâhten> sâz] kalıpçı.

قالب سازی kâlibsâzî: (A.-F.) [kâlib+sâhten>sâz+î] kalıpçılık.

قالبکار kâlibkâr: (A.-F.) [kâlib+kâr] inşaat kalıpçısı.

قالبکاری kâlibkârî: (A.-F.) [kâlib+kâr+î] inşaat kalıpçılığı.

قالب کردن kâlib kerden: **1.**kalıba sokmak, kalıba koymak. **2.**(kin.) kazıklamak.

قالب گرفتن kâlib giriften: **1.**kalıp çıkarmak. **2.**ölçü almak.

قالب گیر kâlibgîr: (A.-F.) [kâlib+giriften>gîr] kalıpçı.

قالب گیری kâlibgîrî: (A.-F.) (kâlib+giriften>gîr+î] kalıpçılık, kalıp çıkarma.

قالب گیری کردن kâlibgîrî kerden: kalıp çıkarmak, kalıpçılık yapmak.

قالبی kâlibî: (A.-F.) [kâlib+î] kalıp gibi.

قالپاق kalpak: (T.) **1.**kalpak. **2.**jant kapağı.

قالپاقچی kalpakçi: (T.) kalpakçı.

قالپاق دزد kalpakdozd: (T.-F.) [kalpak+ dozdîden>dozd] oto hırsızı.

قالت kâlet: (A.) söz.

قال چاق شدن kâl çâk şoden: kavga çıkmak, çıngar çıkmak.

قال چاق کردن kâl çâk kerden: kavga çıkarmak, çıngar çıkarmak.

قالع kâli': (A.) kökünden söken, koparan.

قال کردن kâl kerden: **1.**konuşmak, söyleşmek, lakırdı etmek. **2.**çıngar çıkarmak. **3.**şarkı söylemek.

قال گذاشتن kâl gozâşten: randevusuna gelmemek, (hlk.) birini ağaç etmek.

قال مقال kâlmekâl: (A.-F.) [kâl+mekâl] **1.**dedikodu, laf, söylenti. **2.**yaygara, gürültü patırtı, ağız dalaşı.

قال مقال کردن kâl mekâl kerden: ağız dalaşı yapmak, gürültü etmek, yaygara koparmak.

قالوا بلی kâlûbelâ: (A.) ezel, ruhların yaratıldığı zaman.

قالوسی kâlûsî: (müz.) eski İran musikîsinde bir makam.

قالی kâlî: halı.

قالی باف kâlîbâf: [kâlî+bâften>bâf] halı dokuyan, halıcı.

قالی بافی kâlîbâfî: [kâlî+bâften>bâf+î] halı dokuma, halıcılık.

قاليچه kâlîçe: [kâlî+çe] seccade, küçük halı.

قالى شو kâlîşû: [kâlî+şosten>şû] halı yıkayan.

قالى شويى kâlîşûyî: [kâlî+şosten>şûy+î] halı yıkama.

قالى فروش kâlîfurûş: [kâlî+furûhten> furûş] halıcı, halı satıcısı.

قالى فروشى kâlîfurûşî: [kâlî+furûhten> furûş+î] 1.halıcılık. 2.halı mağazası.

قالى فشاندن kâlî feşânden: halı çırpmak, halı dövmek.

قامت نما kâmetnumâ (A.-F.) [kâmet+ numûden> numâ] boy gösteren.

قام kam: (Moğ.) 1.Moğol keşişi. 2.sihirbaz, büyücü.

قامت kâmet: (A.) 1.boy, boybos. 2.ezandan sonraki hafif sesle okunan ezan.

قامت بستن kâmet besten: namaza durmak.

قامت زدن kâmet zeden: namaza durmak.

قامت كردن kâmet kerden: namaza durmak.

قامت گفتن kâmet goften: namaza durmak.

قامع kâmi': (A.) 1.keskin, kesici. 2.kırıcı, vurucu.

قاموس kâmûs: (A.) 1.deniz ortası. 2.deniz, derya. 3.sözlük, lugat kitabı. 4.sırdaş.

قامه kâme: (T.) kama.

قاميش kâmîş: (T.) 1.kamış, ney. 2.sazlık.

قاميش گذاشتن kâmîş gozâşten: rahatsız etmek.

قانت kânit: (A.) 1.itaatkâr. 2.duacı. 3.dindar.

قانط kânit: (A.) ümitsiz, meyus, üzgün.

قانع kâni': (A.) 1.yetinen, kanaat eden. 2.ikna olmuş, inanmış.

قانع شدن kâni' şoden: 1.kanaat etmek, yetinmek. 2.ikna olmak.

قانع ساختن kâni' sâhten: ikna etmek.

قانع كردن kâni' kerden: ikna etmek.

قانقاريا kankareya: (tıb.) kangren.

قانقرايا kankeraya: (tıb.) kangren.

قانون kânûn: (A.-Yun.) 1.kanun, yasa. 2.kural. 3.İbn-i Sînâ'nın tıbba ilişkin eseri. 4.yasa kitabı. 5.âdet, yol yordam, töre. 6.bilimde değişmez prensipler. 7.kanun (çalgı).

قانون kânûn: (A.-Yun.) (müz.) kanun.

قانوناً kânûnen: (A.) yasal olarak, kanunen.

قانون دان kânûndân: (A.-F.) [kânûn+ dânisten>dân] (huk.) hukukçu.

قانون زن kânûnzen: (A.-F.) [kânûn+ zeden>zen] (müz.) kanunî, kanun çalan.

قانون شناس kânûnşinâs (A.-F.) [kânûn+ şinâhten> şinâs] yasa uzmanı, kanun koyucu.

قانون كردن kânûn kerden (Huk.) kanun yapmak, yasa çıkarmak.

قانون گذار kânûngozâr: (A.-F.) [kânûn+ gozârden>gozâr] (huk.) kanun koyucu, yasa koyucu.

قانون گذارى kânûngozârî: (A.-F.) [kânûn+ gozârden>gozâr+î] (huk.) yasama.

قانونمند kânûnmend: (A.-F.) [kânûn+ mend] yasal, kanunî.

قانون نامه kânûnnâme: (A.-F.) [kânûn+ nâme] yasa kitabı, kanun kitabı.

قانونى kânûnî: (A.) 1.(huk.) yasal, kanuni. 2.kanun çalan. 3.Kanuni Sultan Süleyman. 4.yasa koyan, kanun yapan.

قانونيت kânûniyyet: (A.) yasallaşma.

قانى kânî: (A.) kıpkızıl.

قاورد kâverd: bir tür tatlı.

قاووت kâvût: kavut.

قاهر kâhir: (A.) 1.kahredici. 2.yok edici. 3.ezici.

قاهر الاشرار kâhiruleşrâr: (A.) kötüleri yok eden.

قاهر السموم kâhirussumûm: (A.) panzehir.

قاهره kâhire: 1.kahredici, ezici. 2.(coğ.) Kahire.

قاه قاه kâh kâh: kah kah.

قاه قاه خنديدن kâh kâh handîden: kah

kah gülmek, kahkahalarla gülmek.

قاید kâyid: (A.) önder, lider, komutan.

قایق kâyik: (T.) kayık, sandal. ‖ * ~ -i bâdbânî قایق بادبانی yelkenli kayık. ‖ * ~ -i motorî قایق موتوری motorlu kayık. ‖ * mîle vu kenâre-i ~ میله و کناره‌ء قایق küpeşte.

قایق چی kâyikçi: (T.) kayıkçı.

قایق ران kâyikrân: (T.-F.) [kâyik+ rânden> rân] kayıkçı.

قایق رانی kâyikrânî: (T.-F.) [kâyik+ rânden> rân+î] kayıkçılık.

قایل kâyil: (A.) **1.**söyleyen, sözcü. **2.**inanan.

قایم kâyim: (A.) **1.**ayakta. **2.**tellak. **3.**daimi, kalıcı. **4.**hayvan ayağı. **5.**kılıç kabzası. **6.**gizli. **7.**sağlam. **8.**yüksek ses. **9.**dik.

قایم انداز kâyimendâz: (A.-F.) [kâyim+ endâhten>endâz] **1.**usta satranççı. **2.**usta tavlacı.

قایم شدن kâyim şoden: **1.**sabitleşmek. **2.**gizlenmek, saklanmak.

قایم شدنک kâyimşodenek: (A.-F.) [kâyim+ şoden+ek] saklambaç oyunu.

قایم کردن kâyim kerden: **1.**takmak, tutturmak, iliştirmek. **2.**sağlamlaştırmak. **3.**gizlemek, saklamak.

قایم گشتن kâyim geşten: ayağa kalkmak.

قایم ماندن kâyim mânden: sabit kalmak.

قایم مقام kâyimmekâm: (A.) **1.**vekil, reis vekili. **2.**Kaçarlar döneminin ünlü sadrazamı.

قایم موشک kâyimmûşek: (A.-F.) [kâyim+ mûş+ek] saklambaç oyunu.

قایم موشک بازی kâyimmûşekbâzî: (A.-F.) [kâyim+mûş+ek+bâzî] saklambaç oyunu.

قایم موشک بازی کردن kâyimmûşekbâzî kerden: saklambaç oynamak.

قایمه kâyime: (A.) **1.**dik. **2.**dik açı.

قاین kâyin: (T.-Moğ.) kayın, kayınbirader, kayınço.

قباء kabâ': (A.) .**1**cübbe, aba, üstlük, kaftan. **2.**giysi. ‖ * teng âmeden-i ~ تنگ آمدن قبا **1.**iş sarpa sarmak. **2.**geçim darlığına düşmek.

قبائح kabâ'ih: (A.) kabahatler, suçlar.

قبائل kabâ'il: (A.) kabileler.

قباب kıbâb: (A.) kubbeler.

قباب الاقطاب kıbâbulaktâb: (A.) kutup olan insanların kubbeleri, Mevlânâ Celâleddin-i Rûmî'nin türbesi.

قبا بستن kabâ besten: **1.**cübbe giymek. **2.**(kin.) hazırlanmak.

قبا تنگ آمدن kabâ teng âmeden: yakışmamak.

قباچه kabâçe (A.-F.) [kabâ+çe] **1.**entari. **2.**hafif giysi.

قباح kıbâh: (A.) çirkinler.

قباحت kabâhet: (A.) **1.**kabahat. **2.**rezillik, çirkin işler, skandal.

قباحت داشتن kabâhet dâşten: **1.**rezalet çıkarmak. **2.**çirkin olmak.

قباد kobâd: **1.**(zool.) Basra Körfezi'nde yaşayan bir balık türü. **2.**eski İran hükümdarlarından biri. **3.**erkek adı.

قبا زره کردن kabâ zirih kerden: göğsünü parçalamak.

قباطی kabâtî: (A.) kıptîler, çingeneler.

قباق kabâk: (T.) atla oynanan halka oyunu.

قباق افکندن kabâk efkenden: **1.**halkaya geçirmek. **2.**hedefi vurmak.

قبا کندن kabâ kenden: **1.**cübbe çıkarmak. **2.**hazırlanmak.

قبا گرداندن kabâ gerdânden: elbise değişmek, üstünü değişmek.

قبال kibâl: (A.) **1.**karşılık, mukabil. **2.**karşılaştırma, mukabele etme. ‖ * der ~ -i در قبال karşılığında, mukabilinde, karşısında.

قبالات kabâlât: (A.) tapular.

قباله kebâle: (A.) **1.**senet. **2.**tapu. **3.**nikâh senedi. **4.**kadılar tarafından verilen hüccet. **5.**kabala iş, götürü iş. **6.**Yahudilerin kendi cemaatleri için ödedikleri vergi.

قباله kibâle: (A.) ebelik.

قباله درست کردن kebâle dorost kerden: tapu çıkartmak.

قباله كردن kebâle kerden: üstüne geçirmek, tapuyu üstüne almak.

قبان kabbân (A.<F.) [<kepân] baskül, kapan.

قبا نو كردن kebâ nov kerden: **1.**yeni elbise giymek. **2.**(kin.) çulu düzmek, devlet sahibi olmak.

قبايح kebâyih: (A.) **1.**kabahatler. **2.**çirkin şeyler, çirkinlikler.

قبايل kebâyil: (A.) kabileler.

قبب kubeb: (A.) kubbeler.

قبچور kobçûr: (Moğ.) vergi, haraç.

قبح kobh: (A.) çirkinlik, iğrençlik, rezillik.

قبحيات kubhiyyât: (A.) çirkinlikler, çirkin şeyler.

قبر kabr: (A.) kabir, mezar.

قبراق kıbrak: (T.) kıvrak.

قبرس kıbris: (coğ.) Kıbrıs. ‖ * cumhûrî-i turkî-i ~ -i şimâlî جمهورى ء تركى قبرس شمالى Kuzey Kıbrıs Türk Cumhuriyeti.

قبرستان kabristân: (A.-F.) [kabr+istân] kabristan, mezarlık.

قبرسى kıbrisî: [kıbris+î] Kıbrıslı.

قبرغه kaburge: (Moğ.) **1.**kaburga. **2.**orta.

قبركن kabrken: (A.-F.) [kabr+kenden> ken] mezarcı.

قبر كندن kabr kenden: mezar kazmak.

قبرگاه kabrgâh (A.-F.) [kabr+gâh] mezarlık.

قبس kabes: (A.) şule, ateş parçası, kor halindeki köz.

قبض kabz: (A.) **1.**ele alma, tutma. **2.**sahip olma. **3.**zulüm. **4.**acı, keder. **5.**makbuz. **6.**kabız. **7.**Azrail'in can alması. ‖ * ~ u bast قبض و بسط kapanıp açılma. ‖ * ~ -i rûh kerden قبض روح كردن can almak.

قبض شدن kabz şoden: **1.**kabız olmak. **2.**canı sıkılmak.

قبضه kabze: (A.) **1.**kabza. **2.**bir uzunluk birimi. **3.**tasarruf, mülk. **4.**iktidar, kudret. **5.**pençe. **6.**avuç dolusu.

قبضه كردن kabze kerden: **1.**ele geçirmek. **2.**ele almak, tutmak. **3.**celbetmek. **3.**işini yürütmek, işini evirip çevirmek.

قبط kıbt: (A.) Kıptî, eski Mısırlılar.

قبطى kıbtî, kobtî: (A.) **1.**Kıptî, eski Mısırlı, çingene. **2.**Kıptîlerle ilgili.

قبطيان kıbtiyân (A.-F.) [kıbti+y+ân] Kıptîler, çingeneler.

قبقبه kabkaba: (A.) **1.**kükreme. **2.**böğürme.

قبل kabl: (A.) **1.**önce, evvel. **2.**önceki, evvelki. ‖ * ~ ez قبل از -den önce. ‖ * ~ ez an قبل از آن ondan önce. ‖ * ~ ez anki قبل از آنكه -meden önce. ‖ * ~ ez in قبل از اين bundan önce. ‖ * ~ ez inki قبل از اينكه -meden önce. ‖ * ~ ez zohr قبل از ظهر öğleden önce.

قبل kıbel: (A.) yan, ön. ‖ * ez ~ -i از قبل، tarafından. ‖ * ez in ~ از اين قبل bu nedenle, bu yüzden. ‖ * min ~ -i من قبل، tarafından. ‖ * min ~ irrahmân من قبل الرحمن Tanrı tarafından.

قبل kubel: (A.) öpücükler, öpüşler.

قبل kobol: (A.) ön, karşı taraf, yüz yüze.

قبلاً kablen: (A.) önceleri, önceden.

قبل التاريخ kablettârîh: (A.) tarihten önce, tarih öncesi.

قبل التجربه kablettecribe: (A.) deneyim öncesi, denemeden önce.

قبل التلاقى kablettelâkî: (A.) buluşmadan önce.

قبل الحدوث kablelhudûs: (A.) olmadan önce, meydana gelmeden önce.

قبل الزوال kablezzevâl: (A.) öğleden önce.

قبل الطعام kabletta'âm: (A.) yemekten önce.

قبل الطلوع kablettulû': (A.) **1.**doğuştan önce. **2.**güneşin doğuşundan önce.

قبل الطوفان kablettûfân: (A.) **1.**tufandan önce. **2.**fırtınadan önce.

قبل العثمانى kablelosmânî: (A.) Osmanlı öncesi.

قبل الفتح مكنوز kablelfeth meknûz: (A.) İslâm toprağı olmadan önce gömülmüş hazine.

قبل المطالعه kablelmütâla'a: (A.) okumadan önce, incelemeden önce.

قبل المقابله kablelmukâbele: (A.) karşılaşmadan önce, görüşmeden önce.

قبل المنطق kablelmantık: (A.) mantık ötesi.

قبل الميلاد kablelmîlâd: (A.) milattan önce, İsa'dan önce.

قبل الوجود kablelvucûd: (A.) var olmadan önce, gelmeden önce.

قبل الوقوع kablelvukû': (A.) olmadan önce, gerçekleşmeden önce. ‖ * hiss-i ~ حس قبل الوقوع önsezi.

قبلالتاريخى kablettârîhî: (A.) tarih öncesi.

قبلة الحاجات kıbletulhâcât: (A.) dileklerin gerçekleşmesi için yönelinen makam.

قبلتان kıbletân: (A.) **1.**iki kıble. **2.**Kâbe ve Beytülmukaddes.

قبلتين kıbleteyn: (A.) **1.**iki kıble. **2.**Kâbe ve Beytülmukaddes.

قبل كردن kabel kerden: kuşatmak.

قبل منقل kobolmenkel: (A.-F.) [kobol+ menkel] yük, eşya.

قبله kıble: (A.) **1.**kıble, Kâbe'nin olduğu taraf. **2.**Kâbe. **3.**yön. **4.**mabed. **5.**tarz. **6.**yüz yüze. **7.**güney. **8.**güney rüzgârı, kıble. **9.**darlıkta başvurulan kapı.

قبله koble: (A.) öpücükü, bûse.

قبله پرست kıbleperest: (A.-F.) [kıble+ perestîden>perest] Müslüman.

قبله گاه kıblegâh: (A.-F.) [kıble+gâh] kıble tarafı, Kâbe tarafı.

قبله گه kıblegeh (A.-F.) [kıble+geh] kıble yeri, kıbleye dönülen yer.

قبله نما kıblenumâ: (A.-F.) [kıble+ numûden>numâ] pusula.

قبلى kablî: (A.) **1.**önceki. **2.**önsel, akıl yordamıyla.

قبلى kıblî: (A.) **1.**kıble ile ilgili. **2.**güney.

قبور kubûr: (A.) kabirler, mezarlar.

قبوض kubûz: (A.) makbuzlar.

قبول kabûl: (A.) **1.**kabul. **2.**makbul. **3.**güzel. **4.**sabâ rüzgârı, doğu rüzgârı. **5.**âmenna. ‖ * muvrid-i ~ bûden مورد قبول بودن kabul edilebilir olmak. ‖ * muvrid-i ~ karâr giriften مورد قبول قرار گرفتن kabul edilmek.

قبول آمدن kabûl âmeden: kabul edilmek.

قبولاندن kabûlânden: kabul ettirmek, kabullendirmek.

قبولانيدن kabûlânîden: kabul ettirmek, kabullendirmek.

قبول داشتن kabûl dâşten: kabul etmek.

قبول شدن kabûl şoden: **1.**kabul olmak, kabul edilmek. **2.**sınavı kazanmak. **3.**işe alınmak.

قبول كردن kabûl kerden: **1.**kabul etmek. **2.**sınavı kazandırmak. **3.**işe almak. **4.**beğenmek.

قبولگاه kabûlgâh (A.-F.) [kabûl+gâh] kabul yeri.

قبولى kabûlî: (A.) **1.**kabul. **2.**sınavı kazanma. **3.**itiraflı.

قبوليت kabûliyyet: (A.) **1.**kabul. **2.**rıza. **3.**alış. **4.**itiraf, ikrar.

قبه kobbe: (A.) **1.**kümbet veya yarım küre şeklinde dam. **2.**gökyüzü. ‖ * ~-i hazrâ قبهء حضرا **1.**yeşil kubbe. **2.**Mevlana Celaleddin'in mezarının üstündeki yeşil, on sekiz dilimli, Selçuklu yapımı kubbe. **3.**Hz. Muhammed'in türbesinin kubbesi.

قبة الارض kubbetularz: (A.) insanların yaşadığı kara parçalarının merkezi.

قبة الاسلام kubbetulislâm: (A.) Basra.

قبة الحنك kubbetulhanek: (A.) damak kemeri.

قبه دار kobbedâr: (A.-F.) [kobbe+ dâşten> dâr] kubbeli.

قبه نشين kubbenişîn (A.-F.) [kubbe+ nişesten> nişîn] **1.**kubbede oturan. **2.**Kubbealtı veziri.

قبيح kabîh: (A.) **1.**çirkin, yakışıksız. **2.**çirkin iş, kötü eylem.

قبيحه kabîhe: (A.) **1.**çirkin. **2.**çirkin iş, kötü eylem.

قبيل kabîl: (A.) **1.**gibi, denli, kabil. **2.**güruh, cemaat. **3.**soy. **4.**az önce. ‖ * ez ~ -i از قبيل gibi, benzeri, kabilinden. ‖ * her ~ هر قبيل her çeşit.

قبيله kabîle: (A.) boy, kabile.

قپان kepan, keppan: kantar, baskül.

قپان دار kepandâr: [kepân+dâşten>dâr] kantarcı.

قپوز kopoz: (T.) (müz.) kopuz.

قپى آمدن kopî âmeden: **1.**oyun oynamak, oyuna getirmek. **2.**saçmalamak, zırvalamak. ‖ * ~ be râh-i kesî قپى آمدن به راه كسى atlatmak.

قتال kettâl: (A.) çok öldüren, azılı katil.

قتال kıtâl: (A.) **1.**birbirini öldürme. **2.**savaş. **3.**toplukıyım.

قتال kuttâl: (A.) katiller.

قتام katâm: (A.) siyah toz, toz bulutu.

قتسز kutsuz: (T.) kutsuz, talihsiz, bedbaht.

قتل katl: (A.) öldürme, katil. ‖ * ~-i âm قتل عام toplukıyım, katliam. ‖ * ~ -i amd قتل عمد kasıtlı öldürme. ‖ * be ~ resânden به قتل رساندن katletmek, öldürmek. ‖ * be ~ resânîden به قتل رسانيدن katletmek, öldürmek. ‖ * be ~ resîden به قتل رسيدن katledilmek, öldürülmek.

قتلا katlâ: (A.) maktüller, öldürülenler.

قتلاء kutelâ': (A.) öldürülenler, maktüller.

قتلگاه katlgâh (A.-F.) [katl+gâh] öldürme yeri.

قتل كردن katl kerden: öldürmek, katletmek.

قتله katele: (A.) katiller.

قتم katem: (A.) (bot.) şimşir.

قتم katam: (A.) siyah toz.

قتيل katîl: (A.) maktül, öldürülen.

قثاء kıssâ': (A.) hıyar.

قثاء الحمار kıssâulhimâr: (A.) eşek hıyarı.

قثد kased: (A.) (bot.) hıyar.

قچاق koçak: (Moğ.) **1.**şişman. **2.**koçak. **3.**ğüçlü.

قح koh: (A.) **1.**halis, sade. **2.**huysuz.

قحبگى kahbegî: (A.-F.) [kahbe+g+î] kahpelik, orospuluk.

قحبه kahbe: (A.) **1.**kahpe, orospu, fahişe. **2.**kalleş insan, alçak, namussuz.

قحبه خانه kahbehâne: (A.-F.) [kahbe+hâne] genelev, umumhane.

قحط kaht: (A.) **1.**kıtlık. **2.**nadir bulunma. **3.**kuraklık. ‖ * ~ der alefhâne oftâden قحط در علفخانه افتادن (kin.) ömrü sona ermek, ölmek.

قحط آباد kahtâbâd: (A.-F.) [kaht+âbâd] kurak yer.

قحط الرجال kahturricâl: (A.) adam kıtlığı.

قحط شدن kaht şoden: **1.**kuraklık zıkmak. **2.**nadir bulunmak.

قحطى kahtî: (A.-F.) [kaht+î] 1, kıtlık. **2.**nadir bulunma.

قحف kıhf: (A.) kafatası.

قحوف kuhûf: (A.) kafatasları.

قحيط kahît: (A.) şiddetli kışlık yılı.

قد kadd: (A.) **1.**boy, endam, boybos. **2.**ölçü, uzunluk.

قد kod: kibirli, mağrur.

قداح kaddâh: (A.) **1.**kötüleyen, yeren. **2.**kadeh yapan.

قداح kıdâh: (A.) **1.**kadehler. **2.**oklar, kumar okları. **3.**nasipler.

قداحه kaddâhe: (A.) çakmak taşı.

قداره kedâre: (A.) pala.

قداس kudâs: (A.) kilisede yapılan bir Hıristiyan töreni, Hz. İsa'nın havarileriyle birlikte son yemeğin anısına, kiliselerde icra edilen, ekmek ve şarabın takdis edildiği tören.

قدام kodâm: (A.) ön.

قدامى kodâmî: (A.) öndeki, ön.

قدح kadeh: (A.) **1.**kadeh, bardak. **2.**(tas.) vakit. ‖ * ~ ber ser-i kesî şikesten قدح بر سر كسى شكستن birini rezil etmek, ipliğini pazara çıkmak.

قدح kıdh: (A.) kumar oku.

قدح kadh: (A.) suçlama, kötüleme, zemmetme, yerme.

قدح آشام kadehâşâm (A.-F.) [kadeh+âşâmîden> âşâm] içki içen, şarap içen.

قدح پرداز kadehperdâz (A.-F.) [kadeh+ perdâhten> perdâz] kadeh deviren, kadeh kaldıran, içki içen.

قدح پیما kadehpeymâ (A.-F.) [kadeh+ peymûden> peymâ] içki içen, kadeh kaldıran, şarap içen.

قدح سرشار kadehserşâr (A.-F.) [kadeh+ serşâr] kadehi dolu.

قدح شکن kadehşiken (A.-F.) [kadeh+ şikesten> şiken] **1.**kadeh kıran. **2.**kadeh kıracak kadar sarhoş olan.

قدحکار kadehkâr (A.-F.) [kadeh+kâr] **1.**içki arkadaşı. **2.**sâki, içku sunan.

قدح کردن kadh kerden: yermek, suçlamak, kınamak, ayıplamak.

قدح گردان kadehgerdân (A.-F.) [kadeh+ gerdânden> gerdân] kadeh çeviren, kadeh döndüren.

قدح نوش kadehnûş (A.-F.) [kadeh+ nûşîden>nûş] içki içen.

قد هم زدن kad hem zeden: eğilmek.

قد دادن kad dâden: **1.**boyunda olmak. **2.**ulaşmak, idrak etmek. **3.**elvermek, yaraşmak. ‖ * akl-i kesî ~ عقل کسی قد دادن aklı ermek.

قدر kadr: (A.) **1.**ölçü, miktar. **2.**kadar. **3.**değer, itibar, kadir. **4.**ululuk, yücelik. **5.**takat. **6.**derece, rütbe, kadar. **7.**yıldızların parlaklığını ölçmede kullanılan derece. ‖ * ~ oftâden-i çeng قدر افتادن چنگ (sp.) güreşte berabere kalmak. ‖ * be ~ -i به قدر ölçüsünde. ‖ * be ~ î به قدری o kadar. ‖ * be ~ î ki بقدری که öyle ki, o kadar ki, -cek kadar. ‖ * leyle-i ~ لیلهء قدر Kadir gecesi. ‖ * şeb-i ~ شب قدر kadir gecesi. ‖ * sûretul~ سورة القدر Kadir sûresi.

قدر kader: (A.) **1.**yazgı, kader, ilahî takdir. **2.**ferman, hüküm. **3.**talih. **4.**güç, kudret.

قدر kıdr: (A.) çömlek.

قدر آشنا kadrâşnâ (A.-F.) [kadr+âşnâ]

قد راست کردن kad rast kerden: ayağa kalkmak, doğrulmak.

قدرالله kaderullâh: (A.) Allah'ın takdiri.

قدرت kodret: (A.) **1.**güç, kudret. **2.**Tanrı'nın ezelî gücü. **3.**yetenek, kabiliyet. **4.**erkek adı. ‖ * ~ î ez hod nişân dâden قدرتی از خود نشان دادن varlık göstermek. ‖ * be ~ resîden به قدرت رسیدن iktidara * el ~u velbekâu lillâh القدرة والبقاء لله Kudret ve kalıcılık sadece Tanrı'ya aittir. ‖ * ez ~ kenâregîrî kerden از قدرت کناره گیری کردن iktidardan çekilmek.

قدرت داشتن kodret dâşten: gücü olmak, güçlü olmak.

قدرت کردن kodret kerden: güç göstermek.

قدرتمدار kodretmedâr: (A.-F.) [kodret+ medâr] güç sahibi, güçlü, kudretli.

قدرتمند kodretmend: (A.-F.) [kodret+ mend] güçlü, muktedir.

قدرتمند شدن kodretmend şoden: güçlenmek.

قدرت نمایی kodretnumâyî: (A.-F.) [kodret+numûden>numây+î] gövde gösterisi.

قدرت نمایی کردن kodretnumâyî kerden: gövde gösterisi yapmak.

قدرت نمودن kodret numûden: güç göstermek.

قدر توان kadertuvân (A.-F.) [kader+ tuvânisten> tuvân] kader kadar güçlü.

قدرت یاب kudretyâb (A.-F.) [kudret+ yâften>yâb] **1.**güçlenen, kudret kazanan. **2.**güçlü, kudretli.

قدر داشتن kadr dâşten: kadri olmak, itibarı olmak.

قدر دان kadrdân: (A.-F.) [kadr+dânisten> dân] kadirbilir, kadirşinas, değerbilir.

قدر دانستن kadr dânisten: kadir bilmek, değer bilmek.

قدر دانی kadrdânî: (A.-F.) [kadr+ dânisten>dân+î] kadirbilirlik, kadirşinaslık, değerbilirlik.

قدردانی کردن kadrdânî kerden: takdir etmek.

قدر شناختن kadr şinâhten: değer vermek, önemsemek, kadir bilmek.

قدرشناس kadrşinâs: (A.-F.) [kadr+ şinâhten>şinâs] kadirşinas, kadirbilir, değerbilir.

قدرشناسی kadrşinâsî: (A.-F.) [kadr+

şinâhten>şinâs+î] kadirşinaslık, kadirbilirlik, değerbilirlik.

قدرقدرت kaderkudret: (A.) [kader+ kudret] ilahî takdir kadar kudret sahibi.

قدرناشناس kadrnâşinâs (A.-F.) [kadr+ nâ+şinâhten> şinâs] kadir kıymet bilmez.

قدرناشناسی kadrnâşinâsî (A.-F.) [kadr+ nâ+ şinâhten> şinâs+î] kadir kıymet bilmezlik.

قدرنشناس kadrneşnâs: (A.-F.) [kadr+ şinâhten>şinâs>neşinâs>neşnâs] nankör, kadirbilmez.

قدرنشناسی kadrneşnâsî: (A.-F.) [kadr+ şinâhten>şinâs>neşinâs>neşnâs+î] nankörlük, kadirbilmezlik.

قدرنفاد kadernefâd: (A.) [kader+nefâd] kader gibi varıp erişen, kaçınılmaz.

قدره kıdre: (A.) çömlek.

قدری kadrî: (A.-F.) [kadr+î] biraz, az. **2.**bir kısmı, bazısı.

قدری kaderî: (A.) **1.**kader ile ilgili. **2.**kaderiyye inancında olan, insanların kendi kaderlerini kendilerinin yarattığına inanan.

قدریه kaderiyye: (A.) kaderiyye inancı. insanların kendi kaderlerini kendilerinin yarattığına inandıkları inanç yolu.

قدری هم kadrî hem: (A.-F.) [kadr+î+ hem] biraz daha.

قدس kaddese: (A.) mübarek olsun, kutlu olsun. ‖ * ~ sirruhu قدس سره Allah onun sırlarını mübarek eylesin.

قدس kuddise: (A.) mübarek olsun. ‖ * ~ esrâruhuşşerîfe قدس اسراره الشريفه onun yüce iç düyâsı aziz kılınsın. ‖ * ~ sirruhu قدس سره sırrı mübarek olsun, Allah sırrını mübarek etsin. ‖ * ~ sirruhulkavî قدس سره القوى Allah onun sağlam iç dünyasını zenginleştirsin.

قدس kods: (A.) **1.**kutsallık. **2.**temizlik. **3.**cennet. **4.**Cebrail. **5.**(coğ.) Kudüs. **6.**bir yazı türü.

قدس آشيان kudsâşiyân (A.-F.) [kuds+ âşiyân] kutsal yuvalı.

قدس الله kaddesallâh: (A.) Allah mübarek etsin.

قدسی kodsî: (A.) **1.**kutsal. **2.**Tanrı ile ilgili. **3.**erkek adı.

قدسيات kudsiyyât: (A.) ilâhî âlemle ilgili olan şeyler.

قدسيان kudsiyân (A.-F.) [kudsî+y+ân] melekler.

قدسی پرتو kudsîpertev (A.-F.) [kudsî+ pertev] kutsal ışıklı.

قدسيت kudsiyyet: (A.) **1.**kutsallık. **2.**temizlik, arılık.

قدسيت پناهی kudsiyyetpenâhî (A.-F.) [kudsiyyet+ penâhîden>penâh] kutsal, kutlu.

قدسيت شكن kudsiyyetşiken (A.-F.) [kudsiyyet+ şikesten>şiken] kutsal değerlere saldıran, kutsal değerlere zarar veren.

قدسی مآب kodsîmeâb: (A.-F.) [kodsî+ meâb] kutsal.

قدسيه kudsiyye: (A.) **1.**kutsal. **2.**Tanrı ile ilgili.

قد علم كردن kad alem kerden: **1.**ayaklanmak. **2.**boy göstermek.

قدغن kadağan: (T.) yasak.

قدغن شدن kadağan şoden: yasaklanmak.

قدغن كردن kadağan kerden: yasaklamak.

قدقد kodkod: gıdaklama.

قدقدک kodkodek (bot.) yalancı sinameki.

قد قد كردن kod kod kerden: gıdaklamak.

قدک kadek: **1.**renkli bez. **2.**tel.

قد كشيدن kad keşîden: boy atmak, boyu uzamak.

قدكشيده kadkeşîde (A.-F.) [kad+keşîden> keşîd+ e] uzun boylu, boylu poslu, boy atmış.

قدم kadem: (A.) **1.**ayak. **2.**adım. **3.**iz. **4.**direnç. **5.**yarım arşınlık uzunluk ölçüsü birimi, ayak. **6.**uğur. ‖ * ~ bâz pes keşîden قدم باز پس كشيدن geri çekilmek. ‖ * ~ be ~ قدم به قدم adım adım. ‖ * ~ ber âteş dâşten

قدم بر آتش داشتن acelesi olmak. ‖ * ~ der miyân gozâşten قدم در میان گذاشتن araya girmek. ‖ * ~ ez cân ber âverden قدم از جان بر آوردن (kin.) ölmek. ‖ * ~ şomorde nihâden قدم شمرده نهادن ihtiyatlı yürümek. ‖ * ~ -i kesî bed bûden قدم کسی بد بودن kademsiz olmak, uğursuz olmak. ‖ * cân der ~ -i kesî kerden جان در قدم کسی کردن canını yoluna feda etmek.

قدم kıdem: (A.) **1.**eskilik. **2.**görev bakımından eskilik. **3.**başlangıcı olma-yan eskilik (Tanrı söz konusu olduğunda kullanılır).

قدم kadem: (A.) öncelik.

قدماء kudemâ': (A.) eskiler, daha önce yaşamış olanlar.

قدماً kıdemen: (A.) kıdemce.

قدم افشردن kadem efşurden: **1.**sabit kalmak. **2.**direnmek, mukavemet etmek.

قدم برداشتن kadem berdâşten: yürümek, adım atmak.

قدم بر گرفتن kadem ber giriften: yola koyulmak, yola düşmek.

قدم بریدن kadem borîden: ayağını kesmek.

قدم بوس kadembûs (A.-F.) [kadem+ bûsîden>bûs] ayak öpen.

قدم بوسی kadembûsî (A.-F.) [kadem+ bûsîden> bûs+î] **1.**ayak öpme. **2.**ayak öpme töreni.

قدم بیرون نهادن kadem bîrûn nihâden: sapmak, çıkmak.

قدم پیش نهادن kadem pîş nihâden: adım atmak, yürümek, ayak basmak.

قدم پیما kadempeymâ (A.-F.) adım atan, yürüyen.

قدمت kıdmet: (A.) **1.**eskilik, kıdem. **2.**öncelik.

قدم جفت کردن kadem coft kerden: hizmete hazırlanmak.

قدم داشتن kadem dâşten (kin.) sabit olmak.

قدم در نهادن kadem der nihâden: **1.**adım atmak. **2.**teşebbüs etmek, girişimde bulunmak.

قدم رنجاندن kadem rencânden: yürümek.

قدم رنجه کردن kadem rence kerden: yürümek, gitmek.

قدم ران kademrân (A.-F.) [kadem+ rânden>rân] adım atan, yürüyen, ilerleyen.

قدم رنجه kademrence (A.-F.) [kadem+ rence] **1.**gitme, zahmet edip gitme. **2.**lütfen kabul etme.

قدمرو رفتن kademrov reften: yürümek.

قدم زدن kadem zeden: **1.**yürümek. **2.**adımlamak. **3.**gezinmek.

قدم کش kademkeş (A.-F.) [kadem+ keşîden>keş] ayağını çeken, uzak duran.

قدم کشیدن kadem keşîden: **1.**yürümek. **2.**durmak.

قدمگاه kademgâh: (A.-F.) [kadem+gâh] **1.**ayak basılacak yer. **2.**hela, ayak yolu.

قدم گذاردن kadem gozârden: **1.**ayak basmak. **2.**yürümek.

قدم گذاشتن kadem gozâşten: **1.**ayak basmak, girmek, uğramak. **2.**yürümek, adım atmak.

قدم نهادن kadem nihâden: **1.**ayak basmak. **2.**girmek.

قدمه kademe: (A.) **1.**basamak. **2.**merdiven basamağı. **3.**derece, aşama.

قدمی kıdemî: (A.) kıdem ile ilgili.

قدمی kademî: (A.) ayak ile ilgili.

قدمیه kademiyye: (A.) **1.**ayak bastı parası. **2.**hükümetçe gönderilen memura verilen ücret.

قدنما kadnemâ, kadnomâ: (A.-F.) [kad+numûden>numâ>nemâ] boy aynası, ayna. ‖ * âyine-i ~ آینهء قدنما boy aynası.

قدم نه kademnih (A.-F.) [kadem+ nihâden>nih] ayak basan.

قدم نهادن kadem nihâden: **1.**ayak basmak, girmek, yürümek. **2.**gelmek.

قدم نهاده kademnihâde (A.-F.) [kadem+ nihâden> nihâd +e] ayak basmış, gelmiş.

قدور kudûr: (A.) çömlekler.

قدوس kuddûs: (A.) **1.**kutlu, mübarek. **2.**arınmış.

قدوسى kuddûsî: (A.) **1.**Tanrı'nın kuddüs sıfatı ile ilgili. **2.**erkek adı.

قدوم kudûm: (A.) **1.**gelme, geliş. **2.**(müz.) kudüm.

قدوم زن kudûmzen (A.-F.) [kudûm+ zeden>zen] kudüm sanatçısı, kudüm çalan.

قدومهء كوهى kuddûme-i kûhî (bot.) çoban dağarcığı, kuş ekmeği.

قدومى kudûmî: (A.) **1.**kudüm ile ilgili. **2.**kudüm sanatçısı.

قدوميه kudûmiyye: (A.) **1.**uzaktan gelen hatırlı bi kimse için hazırlanan armağan. **2.**uzaktan gelen hatırlı bir kimse için yazılan kaside.

قدوه kudve, kıdve: (A.) önder, lider.

قدوة الامرا kıdvetulumerâ': (A.) emîrlerin önderi, beylerin önderi.

قدوة الحكماء kıdvetulhukemâ': (A.) bilgelerin önderi, hakîmlerin önderi.

قدوة العلماء kıdvetululemâ': (A.) bilginlerin önderi.

قدى kodî: **1.**kibir. **2.**tekdüzelik.

قديح kudeyh: (A.) küçük kadeh.

قديد kadîd: (A.) **1.**kurutulmuş et. **2.**bir deri bir kemik, kadit. **3.**iskelet. **4.**pastırma.

قدير kadîr: (A.) **1.**güçlü, kudretli. **2.**Tanrı'nın sıfatlarından biri. **3.**erkek adı.

قديس kıddîs: (A.) **1.**temiz, münezzeh. **2.**mümin, dindar.

قديم kadîm: (A.) **1.**eski, kadim. **2.**Tanrı'nın sıfatlarından biri. **3.**köhne. **4.**öncesi bilinmeyen, öncesiz. **5.**geçmiş zaman. **6.**eskiden beri mevcut olan. ‖ * ez ~ از قديم eskiden beri. ‖ * ez ~ u nedîm از قديم و نديم eskiden beri. ‖ * hakk-i ~ حق قديم eski hak hukuk. ‖ * kelâm-i ~ كلام قديم Kur'ân. ‖ * minel ~ من القديم eskiden beri, öteden beri.

قديماً kadîmen: (A.) **1.**eskiden, eski zamanlarda. **2.**eskiden beri.

قديم الايام kadîmuleyyâm: (A.) eski.

قديمانه kadîmâne: (A.-F.) [kadîm+âne] eskiden.

قديم سرباز kadîmserbâz: (A.-F.) [kadîm+ serbâz] **1.**eski asker, tecrübeli asker. **2.**tecrübeli kişi, eski kurt.

قديمه kadîme: (A.) eski.

قديم ها kadîmhâ: (A.-F.) [kadîm+hâ] eskiden.

قديمى kadîmî: (A.) **1.**eski. **2.**ihtiyar. **3.**daimî.

قديمى ها kadîmîhâ: (A.-F.) [kadîmî+hâ] eskiler.

قذافه kazzâfe: (A.) sapan.

قذر kazar: (A.) kirlenme.

قذر kazir: (A.) pis, çirkin.

قذف kazf: (A.) **1.**taş atma. **2.**küfretme. **3.**kötüleme. **4.**kusma. **5.**atma, atış. **6.**kadını zina ile suçlama.

قر karr: (A.) **1.**karar. **2.**soğuk geçmesi.

قر kor: batık, batmış.

قر العين karrul'ayn: (A.) **1.**göz aydını olan şey. **2.**su teresi.

قرآن kur'ân: (A.) Kur'ân.

قرآن خوان kur'ânhân: (A.-F.) [kur'ân+ hânden>hân] Kur'ân okuyan.

قرآن خواندن kur'ân hânden: Kur'ân okumak.

قرآن فرو خوردن kur'ân furû horden: Kur'ân'a el basmak, Kur'ân üzerine yemin etmek.

قرآنى kur'ânî: (A.) Kur'ân ile ilgili.

قرآنيه kur'âniyye: (A.) Kur'ân ile ilgili.

قراء kerrâ': (A.) **1.**güzel okuyan. **2.**hafız.

قراء kurrâ': (A.) **1.**okuyucular, kâriler. **2.**Kur'ân okuyucuları.

قرا kurâ: (A.) köyler.

قراآت kırâ'ât: (A.) okumalar.

قرائت kırâ'et: (A.) **1.**okuma. **2.**kıraat ilmi. **3.**namazda Kur'ân'dan parçalar okuma. ‖ * ~ -i seb'a قرائت سبعه Kur'ân'ın yedi usülde okunması.

قرائتخانه kırâ'ethâne: (A.-F.) [kırâ'et+hâne] okuma odası, kıraat evi, okuma salonu.

قرائت خانه kirâ'athâne (A.-F.) [kırâ'at+hâne<hâne-i kırâ'at] **1.**kahvehâne. **2.**okuma salonu.

قرائت شدن kırâ'et şoden: okunmak.

قرائت کردن kırâ'et kerden: okumak.

قرائح karâ'ih: (A.) zihinsel güçler, karihalar.

قرائن karâ'in: (A.) belirtiler, karîneler, ipuçları.

قرائون karrâ'ûn: (A.) güzel okuyanlar.

قراب kırâb: (A.) kın.

قرابادين karâbadin: ilaç hazırlama kitabı.

قرابت karâbet: (A.) **1.**yakınlık. **2.**akrabalık.

قرابت داری karâbetdârî: (A.-F.) [karâbet+ dâşten>dâr+î] akrabalık.

قرابتی karâbetî: (A.-F.) [karâbet+î] akraba ile ilgili.

قرابه kerrâbe: (A.) **1.**sürahi. **2.**damacana. **3.**büyük şarap şişesi.

قرابين karâbîn: (A.) kurbanlar.

قرابين karabin: (Fr.) (ask.) karabina.

قراچور karaçur: (T.) kılıç, uzun kılıç.

قراد korâd: (A.) (zool.) kene.

قرار karâr: (A.) **1.**karar. **2.**yatışma, istikrar. **3.**sebat. **4.**huzur. **5.**sonuç, huzur. **6.**antlaşma. **7.**ölçülü olma. **8.**istenilen miktar. **9.**doğu müziğinde ana makama dönüş. **10.**sonuca bağlama. **11.**devamlılık. ‖ * ~ est قرار است kararlaştırıldı, -cek, -cak. ‖ * ~ bûd قرار بود -cekti, -caktı. ‖ * ~ u ârâm negiriften قرار و آرام نگرفتن durup dinlenmemek. ‖ * ~ u hâb قرار و خواب uyku durak. ‖ * ~ -i cân قرار جان ruha huzur veren, sevgili. ‖ * ez in ~ از این قرار buna göre. ‖ * ez ~ î ki از قراری که -dığına göre.

قرار بستن karâr besten: **1.**antlaşma yapmak. **2.**karara varmak.

قرارداد karârdâd: (A.-F.) [karâr+dâden> dâd] **1.**antlaşma. **2.**(huk.) kontrat, sözleşme. ‖ * ~ -i destecem'î-i fi'lî قرارداد دستجمعی فعلی toplu iş sözleşmesi. ‖ * ~ -i siyâsî قرارداد سیاسی (huk.) siyasî antlaşma.

قرارداد بستن karârdâd besten: antlaşma yapmak.

قرار دادن karâr dâden: **1.**yerleştirmek, koymak. **2.**sabitleştirmek, sağlamlaştırmak. **3.**hedef almak. **4.**sebat etmek. **5.**yapmak, etmek.

قرارداده karârdâde (A.-F.) [karâr+dâden> dâd+e] kararlaştırılmış.

قراردادی karârdâdî: (A.-F.) [karâr+dâden> dâd+î] sözleşmeli.

قرار داشتن karâr dâşten: bulunmak, yer almak.

قرار زدن karâr zeden: tayin etmek.

قرار شدن karâr şoden: kararlaştırılmak, karar verilmek.

قرار دادن karâr kerden: **1.**yer almak. **2.**oturmak. **3.**yatışmak. **4.**tamamlamak. **5.**kasdetmek. **6.**ahdetmek.

قرار کردن karâr kerden: karar kılmak.

قرارگاه karârgâh: (A.-F.) [karâr+gâh] **1.**yer, bulunulan yer. **2.**(ask.) karargâh. **3.**ordu kurmay merkezi.

قرار گذاشتن karâr gozâşten: karar vermek, kararlaştırmak.

قرار گرفتن karâr giriften: **1.**yatışmak, karar bulmak, rahat etmek. **2.**sağlamlaşmak. **3.**sönmek. **4.**bulunmak, yer almak. **5.**kalmak. **6.**gerçekleşmek.**7.**durmak. **8.**çıkmak.

قرارگیر karârgîr (A.-F.) [karâr+giriften> gîr] kararlaştırılmış.

قرارگیری karârgîrî: (A.-F.) [karâr+giriften>gîr+î] **1.**sakinlik. **2.**istirahat, rahatlık.

قرارنامه karârnâme: (A.-F.) [karâr+nâme] **1.**kararname, ahitname, şartname. **2.**bakanlar kurulu yazılı emirleri. **3.**atama yazısı.

قرار و آرام گرفتن karâr u ârâm giriften: durmak, kalmak.

قرار و مدار karâr u medâr: (A.-F.) [karâr+ u+medâr] antlaşma, şart, ahit.

قراره karâre: (A.) düzlük.

قراریاب karâryâb (A.-F.) [karâr+yâften> yâb] karar bulmuş, durmuş, oturmuş.

قرار یافتن karâr yâften: sakinleşmek.

قراسنقر karasunkur: (T.) **1.**(zool.) karasungur. **2.**(kin.) gece.

قراصه kırâse: gross, on iki düzine.

قراضه korâze: (A.) **1.**yonga, talaş. **2.**döküntü, kırıntı. **3.**altın ve gümüş kırıntısı. **4.**kumaş parçası. **5.**külüstür, işe yaramaz.

قراط kırât: (A.) 1/24 miskallik bir ağırlık birimi, karat.

قراطاوخ karatavuh: (T.) (zool.) karatavuk.

قراطغان karatogan: (T.) (zool.) karadoğan.

قراطیس karâtîs: (A.) kağıtlar, sayfalar.

قراقر karâkır: karın gurultusu.

قراقروت karakurut: (T.) kurutulmuş yoğurt.

قراقوش karakuş: (T.) (zool.) karasungur.

قرامطه karâmite: (A.) Karmatîler.

قران kırân: (A.) **1.**yakınlık. **2.**yaklaşma. **3.**bir riyallik para birimi. **4.**iki şeyin birleşmesi. **5.**iki gezegenin bir burçta birleşmesi. **6.**zirve, tepe noktası.

قران کردن kırân kerden: iki yıldız aynı burçta bir hizaya gelmek.

قران گذرانیدن kırân gozerânîden: sıkıntıdan kurtulmak.

قرانیا karâniyâ: (A.) kızılcık.

قراول karâvul: (T.) **1.**bekçi. **2.**(ask.) nöbetçi. **3.**(eskiden) öncü asker.

قراول خانه karâvulhâne: (T.-F.) nöbetçi odası.

قراول رفتن karâvul reften: pusuya yatmak.

قراین karâyin: (A.) karineler, belirtiler. ‖ * be ~ به قراین karine yolu ile, belirtilere bakarak.

قرب kurb: (A.) **1.**yakınlık. **2.**akrabalık. **3.**mertebe. **4.**(tas.) sülûk konaklarından biri. **5.**yakın. ‖ * ~ u bu'd قرب و بعد yakınlık ve uzaklık.

قربات kurubât: (A.) kırbalar.

قربان kurbân: (A.) **1.**yaklaşma. **2.**kurban. **3.**sadaka. **4.**efendim. **5.**yay kutusu. **6.**kurbanlık hayvan. **7.**bir amaç uğruna canını feda etme. **8.**kurban bayramı. ‖ * ~ et berem (berevem) (قربانت برم (بوم) kurban olayım. ‖ * ~ et gerdem قربانت گردم kurban(ın) olayım. ‖ * iyd-i ~ عید قربان kurban bayramı.

قربان رفتن kurbân reften: kurban olmak. ‖ * ~ kesî râ قربان رفتن کسی را feda olmak, kurban olmak.

قربان شدن kurbân şoden: kurban olmak.

قربان کردن kurbân kerden: kurban etmek, kurban kesmek.

قربانگاه kurbângâh: (A.-F.) [kurbân+gâh] kurban kesim yeri.

قربانی kurbânî: (A.-F.) [kurbân+î] **1.**kurban, kurbanlık. **2.**sadaka.

قربانی دادن kurbânî dâden: sadaka vermek, başının gözünün sadakasını vermek.

قربانی شدن kurbânî şoden: kurban vermek.

قربت kurbet: (A.) **1.**yakınlık. **2.**akrabalık. **3.**Tanrı'ya yakınlık.

قربگاه kurbgâh (A.-F.) [kurb+gâh] **1.**yakın yer. **2.**yakın olan.

قربوی الشکل kırbaviyyuşşekl: (A.) tulumlular.

قربه kırbe: (A.) **1.**saka tulumu, deriden yapılmış su kabı, kırba. **2.**karın şişkinliği (çocuklarda).

قربیت kurbiyyet: (A.) yakınlık.

قرت kart: (argo) deyyus, kaltaban.

قرت kort: (T.) yudum.

قرت دادن kort dâden: yudumlamak.

قرتی kırtî: jigolo.

قرتی بازی kırtîbâzî: [kırtî+bâhten>bâz+î] jigololuk.

قرتیه kurretiyye: (A.) Bâbîliğin bir kolu.

قرح karh: (A.) **1.**yara, çıban. **2.**silah

yarası. **3.**yaralama. **4.**yaralanma.

قرحه karhe, korhe: (A.) **1.**yara. **2.**ülser.

قرد kırd: (A.) (zool.) maymun.

قرد kırede: (A.) primatlar, bütün maymun cinsleri.

قرزام kırzâm: (A.) **1.**zırvalayan. **2.**kaldırım şairi.

قر زدن kor zeden: homurdanmak. ‖ * ~ zîr-i leb قر زدن زير لب homurdanmak, söylenmek.

قرسنه karsene: yara kabuğu.

قرشى koreşî: (A.) Kureyşli.

قرص kurs: **1.**yuvarlak ve yassı. **2.**(tıb.) hap, tablet. **3.**sağlam. **4.**bir gezegenin görünen yüzü.

قرص بلعيدن kors bel'îden: hap yutmak.

قرض karz: (A.) **1.**kesme. **2.**ödüllendirme. **3.**şiir söyleme.

قرض karz: (A.) **1.**borç. **2.**ödünçe verme, borç verme. **3.**borç alma. ‖ * ~ u kûle kerden قرض و قوله كردن borç harç etmek. ‖ * tâ hirhire der ~ bûden تا خرخره در قرض بودن boğazına kadar borç içinde olmak, gırtlağına kadar borca batmış olmak.

قرضاً karzen: (A.) borç olarak, ödünç olarak.

قرض خواه karzhâh: (A.-F.) [karz+ hâsten>hâh] borç isteyen.

قرض دادن karz dâden: borç vermek.

قرضدار karzdâr: (A.-F.) [karz+dâşten> dâr] borçlu.

قرض كردن karz kerden: borçlanmak, borç etmek, borç almak.

قرض گرفتن karz giriften: borç almak.

قرضه karze: (A.) borç senedi.

قرط kort: (A.) **1.**ateş şulesi. **2.**meme. **3.**küpe.

قرطاس kırtâs: (A.) **1.**kâğıt, kırtasiye. **2.**mektup. **3.**kağıtçı.

قرطاس بازى kırtâsbâzî: (A.-F.) [kırtâs+ bâhten>bâz+î] kırtasiyecilik.

قرطاسى kırtâsî: (A.) kağıt ile ilgili.

قرطاسيه kırtâsiyye: (A.) **1.**kağıt ile ilgili. **2.**kağıt işleri.

قرطه kurta: (A.) küpe. ‖ * ~ -i gûş قرطهء گوش kulak küpesi.

قرع kar': (A.) **1.**dövme. **2.**vurma. **3.**çakma. **4.**ezme. **5.**kellik. **6.**su kabağı. **7.**doktorların parmakla herhangi bir organı vurarak kontrol etmesi.

قرع kura': (A.) kur'alar.

قرعه kor'e: (A.) kur'a, ad çekme.

قرعه افتادن kor'e oftâden: kur'a çıkmak.

قرعه افكندن kor'e efkenden: kur'a çekmek.

قرعه انداختن kor'e endâhten: kur'a çekmek.

قرعه زدن kor'e zeden: kur'a çekmek.

قرعه كشيدن kor'e keşîden: kur'a çekmek.

قرق korok: (T.) **1.**önleme. **2.**özel alan. **3.**özel park.

قرق korok, korek: (T.) kurak, kuru.

قرق korok: şah ve emirlere ait yeşil alan.

قرقار karkâr: deve sesi.

قرقاول karkâvul (zool.) sülün.

قرقر korkor: homurtu, homurdanma, söylenme.

قرقر زدن korkor zeden: homurdanmak.

قرقره kırkıre: (A.) makara.

قرق كردن korok kerden: **1.**yabancıya girişi yasaklamak. **2.**kavurmak.

قرقى kırkî: (T.) **1.**(zool.) şahin. **2.**(zool.) atmaca.

قرلى kırillî: (A.) (zool.) serçegillerden bir kuş.

قرم karm: (A.) değerli insan.

قرمز kırmız: (A.) **1.**kırmızı, al. **2.**kırmız böceğinden çıkarılan boya.

قرمزدانه kırmızdâne: (A.-F.) [kırmız+ dâne] (zool.) kırmızı böceği.

قرمزرنگ kırmızreng: (A.-F.) [kırmız+ reng] kırmızı, al.

قرمز شدن kırmız şoden: kızarmak, kırmızılaşmak.

قرمزى kırmızî: (A.) kırmızılık, allık.

قرمساق koromsâk: (T.) (argo) pezevenk, deyyus.

قرمطى karmetî: (A.) Karmatî.
قرمه korme: (T.) kavurma.
قرمه سبزى kormesebzî: (T.-F.) [korme< kavurma+ sebz+î] sebze kavurmasıyla yapılan bir İran yemeği.
قرن karn: (A.) **1.**yüzyıl, asır. **2.**çağ, devran.
قرن karn: (A.) **1.**boynuz. **2.**kabile reisi, kavim reisi. **3.**saç. **4.**saç ucu.
قرن kırn: (A.) benzeri, gibi.
قرناء kurenâ': (A.) yakınlar.
قرنابيت karnâbît: (A.) karnıbahar.
قرناق kornâk, kırnâk: (T.) hizmetçi, hizmetkâr, uşak.
قرنباد koronbâd (bot.) karaman kimyonu.
قرنتين kurneteyn: (A.) **1.**iki kurna. **2.**bir kez yıkanmalık su.
قرنطين karantîn: (A.) karantina.
قرنفل karanful (bot.) karanfil.
قرنفليه karanfuliyye: (A.) karanfilgiller.
قرنفيل karanfîl: (A.) karanfil.
قرنه kurne: (A.) **1.**hamam kurnası. **2.**sivri ve tümsek olan nesne.
قرنيز karnîz: (Fr.) korniş.
قرنين karneyn: (A.) çatal boynuz, iki boynuz.
قرنيه karniyye: (A.) (tıb.) kornea.
قروت korût: (T.) kaynatıldıktan sonra kurutulmuş yoğurt.
قروح kurûh: (A.) yaralar.
قرود kurûd: (A.) maymunlar, maymun cinsleri.
قروض kurûz: (A.) borçlar.
قر و غمزه kır u gamze âmeden: **1.**çalım satmak, paz yapmak. **2.**zorluk çıkarmak.
قر و قر كردن korr o kor kerden: homurdanmak, söylenmek.
قروم kurûm: (A.) değerli insanlar.
قرون kurûn: (A.) **1.**yüzyıllar. **2.**çağlar, devirler. **3.**boynuzlar. ‖ * ~ -i ahîre قرون اخيره **1.**son yüzyıllar. **2.**İstanbul'un fethinden bu yana geçen asırlar. ‖ * ~ -i evvelî قرون اولى İlkçağ. ‖ * ~ -i kadîme قرون قديمه antik çağlar. ‖ * ~ -i mâziye قرون ماضيه geçmiş yüzyıllar. ‖ * ~ -i muteaddide قرون متعدده birçok asırlar, yüzyıllarca. ‖ * ~ -i sâlife · قرون سالفه geçmiş yüzyıllar. ‖ * ~ -i uhrâ قرون اخرى Sonçağ. ‖ * ~ -i ûlâ قرون اولى İlkçağ. ‖ * ~ -i vustâ قرون وسطى Ortaçağ.
قروى kurevî: (A.) köylü.
قرويه kureviyye: (A.) köylü ile ilgili.
قره kare: (T.) kara, siyah.
قره korre: **1.**serinlik, soğuk. **2.**tazelik. **3.**aydınlık, nur, parlaklık.
قرة العين kurretulayn: (A.) **1.**göz nuru, göz bebeği. **2.**su teresi. **3.**parlak, ışıklı.
قره باغ karabâg: (T.-F.) [kara+bâg] (coğ.) Karabağ.
قره طاق karekat: (T.) (bot.) yaban mersini.
قره نى kareney: (T.-F.) [kare+ney] (müz.) klarnet.
قره يراق kareyerâk: (T.) mühimmat taşıyan.
قرى kurâ: (A.) köyler.
قريب karîb: (A.) **1.**yakın. **2.**akraba. **3.**yaklaşık, civarında, dolayında. **4.**kadar. ‖ * be ~ به قريب yaklaşık. ‖ * be ihtimâl-i ~ be yakîn به احتمال قريب به يقين büyük bir olasılıkla. ‖ * an ~ عن قريب yakında, pek yakında.
قريب العهد karîbulahd: (A.) yakında, pek yakında, çok geçmeden.
قريب الوقوع karîbulvukû': (A.) yakında gerçekleşecek olan.
قريبه kureybe: (A.) tulumcuk.
قريح karîh: (A.) **1.**yaralı. **2.**çıbanlı.
قريحه karîhe: (A.) **1.**zihin gücü, düşünce gücü, kariha. **2.**kavrayış. **3.**tabiat.
قريحه زاد karîhazâd (A.-F.) [karîha+ zâden>zâd] düşünce gücünden doğan.
قرير karîr: (A.) sevinçli.
قرير karîr: (A.) soğuk, serin.
قرير العين karîrul'ayn: (A.) gözü aydın.

قریش kureyş: (A.) Kureyş Arap kabilesi.

قریشی kureyşî: (A.) **1.**Kureyş kabilesi ile ilgili. **2.**Kureyşli.

قرین karîn: (A.) **1.**yakın. **2.**dost. **3.**gibi, benzeri. **4.**elde eden, kavuşan, ulaşan. **5.**padişah mâbeyincisi.

قرین شدن karîn şoden: **1.**yakın olmak. **2.**dost olmak. **3.**benzer olmak.

قرینه karîne: (A.) **1.**belirti, karine, ip ucu. **2.**alamet. **3.**benzeri. ‖ * be ~ به قرینه karine yolu ile, belirtilere dayanarak.

قریه karye: (A.) **1.**köy. **2.**belde.

قرية الانصار karyetulensâr: (A.) Medine.

قرية النحل karyetunnahl: (A.) arı kovanı.

قرية النمل karyetunneml: (A.) karınca yuvası.

قز kez: (Peh.) ibrişim, ipek.

قزاز kazzâz: (A.) ipekçi.

قزاق kezzâk (Rus.) Kazak.

قزاقی رقصیدن kezzâkî raksîden: kazaska oynamak.

قزاونه kazâvine: (A.) Kazvinliler.

قزح kuzeh: (A.) **1.**renk renk çizgi. **2.**bulutlarla ilgilenen bir melek. **3.**şeytan adı. ‖ * kavs-i ~ قوس قزح gök kuşağı, ebem kuşağı.

قزحی kuzahî: (A.) renk renk çizgiler ile ilgili.

قزحیه kuzahiyye: (A.) renk renk çizgilerle ilgili.

قزغان kazgan: (T.) kazan.

قزل kızıl, kızel: (T.) kızıl.

قزل الا kızılala: (T.) (zool.) alabalık.

قزلباش kızılbaş: (T.) kızılbaş.

قزلجه kızılce: (T.) **1.**allık. **2.**(tıb.) kızılcık.

قزن قفلی kazenkoflî: çengelli iğne.

قزوین kazvîn: (coğ.) Kazvin.

قزوینی kazvînî: [kazvîn+î] **1.**Kazvinli. **2.**Allâme Muhammed-i Kazvînî.

قس kas: **1.**Hıristiyan din adamı. **2.**kahin.

قس kıs: (A.) kıyasla, ölç. ‖ * ve ~ alâ hâzâ وقس على هذا gerisini sen düşün, gerisini sen kıyas et. ‖ * ve ~ aleyhilbevâkî وقس عليه البواقى gerisini sen kıyas et.

قسام kasâm: (A.) şehitlik için yemin etme.

قسام kassâm: (A.) **1.**bölen, bölüştüren, kısım kısım veren. **2.**mirası bölüştüren devlet görevlisi.

قسامه kasâme: (A.) öldürülen kişinin bulunduğu yer halkından elli kişiye yemin ettirme.

قسامه kusâme: (A.) bölüştürenin kendi payı.

قساوت kasâvet: (A.) **1.**katı yüreklilik. **2.**zulüm, kasavet. **3.**sertlik. **4.**üzüntü, keder.

قسب kasb: (A.) **1.**çirkin. **2.**(zool.) bir tür sarı hurma.

قسر kasr: (A.) zorlama, zora koşma, zor kullanma.

قسراق kesrâk: (T.) (zool.) kısrak.

قسر جستن kasr cesten: paçayı kurtarmak.

قسری kasrî: (A.) zoraki, zorla.

قسریت kasriyyet: (A.) zorlama, zorakilik.

قسط kıst: (A.-Yun.) **1.**taksit. **2.**nasip, hisse. **3.**adalet. **4.**borç. **5.**doğru tartma, doğru paylaştırma.

قسط kost: (A.) (bot.) hekimlikte kullanılan bir bitki kökü.

قسطاس kıstâs, kostâs: (A.) **1.**büyük terazi. **2.**ölçü. **3.**ölçüt, kriteriyum.

قسطال kastâl: (A.) şeker tozu.

قسط اليوم kıstulyevm: (A.) **1.**çalışılmayan günler için yapılan kesinti. **2.**aylık maaşın bir günlük kısmı.

قسط پرداختن kıst perdâhten: taksit ödemek.

قسطی kıstî: (A.) taksitli, taksitle.

قسطی خریدن kistî harîden: taksitle almak, taksitle satın almak.

قسطی گرفتن kıstî giriften: taksitle almak.

قسطین kısteyn: (A.) **1.**iki pay. **2.**iki taksit. **3.**iki ölçü.

قسم kasem: (A.) yemin. ‖ * ~ -i

durûg horden قسم دروغ خوردن yalan yere yemin etmek. ‖ * ma'al ~ مع القسم yemin ederek.

قسم kısm: (A.) **1.**kısım, bölüm. **2.**nasip. **3.**sınıf, tür. ‖ * be ~ î ki به قسمی که öyle ki.

قسماً kısmen: (A.) bir kısmı, bir parçası, bir bölümü.

قسمت kısmet: (A.) **1.**bölüm. **2.**kısmet. **3.**pay. **4.**yazgı. **5.**evlenilecek aday.

قسمت بندی kısmetbendî: (A.-F.) [kısmet+besten>bend+î] bölme, bölüştürme, paylaştırma.

قسمت بندی شدن kısmetbendî şoden: bölüştürülmek, paylaştırılmak.

قسمت بندی کردن kısmetbendî kerden: bölmek, bölüştürmek, paylaştırmak.

قسمت پذیر kısmetpezîr: (A.-F.) [kısmet+ pezîroften>pezîr] bölünebilir.

قسمت رفتن kısmet reften: kısmet edilmek, nasip verilmek, yazgı yazılmak.

قسمت فرمودن kısmet fermûden: bölmek, paylaştırmak, taksim etmek.

قسمت کردن kısmet kerden: bölmek, bölüştürmek, taksim etmek. **2.**nasip etmek.

قسم خوردن kasem horden: yemin etmek, yemin vermek.

قسم دادن kasem dâden: **1.**yemin ettirmek. **2.**yemin etmek.

قسم نامه kasemnâme: (A.-F.) [kasem+ nâme] yemin mektubu.

قسمی kısmî: (A.) bir kısım, bir parça.

قسوت kasvet: (A.) **1.**sertlik, katılık. **2.**acımasızlık. **3.**yürek daralması, sıkıntı.

قسوت افزا kasvetefzâ (A.-F.) [kasvet+ efzûden> efzâ] sıkıntı veren, iç daraltıcı.

قسوت انگیز kasvetengîz (A.-F.) [kasvet+ engîhten> engîz] sıkıntı veren, iç daraltıcı.

قسوت بخش kasvetbahş (A.-F.) [kasvet+ bahşîden> bahş] sıkıntı veren, iç daraltıcı.

قسوتناک kasvetnâk (A.-F.) [kasvet+nâk] kasvet verici, iç daraltıcı.

قسومات kasûmât: (A.) Suriye'de hazineye geçen arazî geliri.

قسی kasî: (A.) taş yürekli, acımasız.

قسی القلب kasîyyulkalb: (A.) taş yürekli, katı yürekli, acımasız.

قسیس kıssîs: (A.) keşiş, papaz, rahip

قسیم kasîm: (A.) **1.**dağıtan, bölen. **2.**ortak. **3.**nasip. **4.**güzel. **5.**gülen.

قشر kaşr: (A.) kabuk soyma.

قشر kışr: (A.) **1.**kabuk. **2.**üst deri. **3.**örtü. **4.**tabaka.

قشری kışrî: (A.) **1.**kabukla ilgili. **2.**sınıfsal.

قشریه kışriyye: (A.) kabuk ile ilgili.

قشعریره kaşa'rîre: (A.) ürperme.

قشعریره kuşa'rîre: (A.) **1.**titreme. **2.**kabartılarla ortaya çıkan bir cilt hastalığı.

قشقرق kışkırık: (T.) yaygara, gürültü patırtı.

قشقرق بر پا کردن kışkırık ber pâ kerden: gürültü patırtı etmek.

قش قش kış kış: kikir kikir.

قشلاق kışlak: (T.) kışlak.

قشلامیشی kışlamişi: (T.) kışlağa gitme, kışlama.

قیشلامیشی کردن kışlamişi kerden: kışlağa gitmek, kışlamak.

قشم kaşm: (A.) çok yeme.

قشم kışm: (A.) **1.**su yolu, ark. **2.**yaratılış, tabiat. **3.**iç yağı.

قشنگ kaşeng: güzel.

قشنگی kaşengî: [kaşeng+î] güzellik.

قشو kaşev, kaşov: (T.) kaşağı.

قشور kuşûr: (A.) kabuklar.

قشو شدن kaşov şoden: kaşağılanmak.

قشو کردن kaşov kerden: kaşağılamak.

قشون koşun: (T.) (ask.) ordu.

قص kas: (A.) (tıb.) göğüs kemiği.

قصائد kasâ'id: (A.) (ed.) kasideler.

قصاب kassâb: (A.) **1.**kasap; **2.**neyzen.

قصابخانه kassâbhâne: (A.-F.) [kassâb+ hâne] **1.**mezbaha. **2.**büyük kasap dükkanı.

قصابیه kassâbiyye: (A.) kasaplık ücreti, kesim ücreti.

قصابت kısâbet: (A.) kasaplık.

قصابى kassâbî: (A.-F.) [kassâb+î] kasaplık.

قصار kassâr: (A.) çamaşırcı, çırpıcı, yıkayıcı.

قصار kısâr: (A.) **1.**kısa. **2.**kısa boylular, bodurlar. **3.**Kur'ân'daki kısa sûreler.

قصارت kasâret: (A.) kısalık.

قصارت kısâret: (A.) **1.**çırpıcılık, çamaşırcılık. **2.**leke temizleme.

قصارت كردن kısâret kerden: yıkamak, çamaşır yıkamak, çamaşırcılık yapmak.

قصاره kusâre: (A.) **1.**özel hücre. **2.**yarım güverte.

قصاريه kassâriyye: (A.) Kassârîlik, ilk dönem melamîliği.

قصاص kassâs: (A.) kıssa söyleyen, kıssa anlatan.

قصاص kısâs: (A.) suç işleyene aynı eylemle karşılık verme, kısas yapma, dişe diş, göze göz cezası verme.

قصاصاً kısâsen: (A.) kısas yapılarak, kısasa kısas yapılarak.

قصايد kasâyid: (A.) (ed.) kasideler.

قصب kaseb: (A.) **1.**ney, kamış. **2.**(tıb.) kaval kemiği. **3.**(müz.) kaval. **4.**(bot.) şeker kamışı. **5.**parmak kemiği. **6.**nefes borusu, soluk borusu. **5.**ince dokumalı keten.

قصبات kasebât: (A.) **1.**soluk boruları, bronşlar. **2.**kasabalar.

قصبات الرئه kasabâturri'e: (A.) soluk boruları.

قصب السبق kasabussabak: (A.) ödül.

قصب الهند kasabulhind: (A.) hint kumaşı.

قصبه kasebe: (A.) **1.**kasaba. **2.**soluk borusu, bronş. **3.**köy.

قصبى kasabî: (A.) sazımsı, kamışımsı.

قصد kasd: (A.) **1.**kasıt, niyet. **2.**bilerek yapma. **3.**bilerek zarar verme. **4.**saldırma. ‖ * ~ -i cân-i hod kerden قصد جان خود كردن canına kıymak. ‖ * ~ -i cân kerden قصد جان كردن cana kastetmek. ‖ * an ~ in عن قصد kasıtlı olarak, bile bile. ‖ * be ~ به قصد kasıtlı olarak, kasten. ‖ * be ~ -i anki به قصد آنكه maksadıyla, amacıyla.

قصداً kasden: (A.) kasten, bile bile, kasıtlı olarak.

قصد داشتن kasd dâşten: kastı olmak, kastetmek.

قصد كردن kasd kerden: kastetmek. ‖ * kesî râ ~ كسى را قصد كردن birinin canına kastetmek.

قصدى kasdî: (A.) kasıtlı, bile bile.

قصر kasr: (A.) **1.**kısma. **2.**eksiklik. **3.**aruzda tef'ilenin son harfinin düşürülmesi.

قصر kasr: (A.) köşk, kasır.

قصر kıser: (A.) kısalık.

قصر البصر kasrulbasar: (A.) miyopluk.

قصر العقل kasrul'akl: (A.) kıt akıllı.

قصره kasara: (A.) yüksek güverte.

قصص kasas: (A.) **1.**anlatma, hikaye etme. **2.**iz sürme.

قصص kısas: (A.) **1.**kıssalar, hikâyeler. **2.**masallar. **3.**rivayetler. ‖ * ~ -i enbiyâ قصص انبيا peygamberler tarihi.

قصعه kas'a: (A.) **1.**çanak. **2.**tabak.

قصعه ليس kas'alîs (A.-F.) [kas'a+lîsîden> lîs] çanak yalayıcı.

قصم kasım: (A.) **1.**kırılgan. **2.**ince, zarif.

قصوا kasvâ: (A.) uzak. ‖ * derece-i ~ -yi kemâl درجهء قصواى كمال olgunluğun son derecesi.

قصوديه kusûdiyye: (A.) Tanrı'nın iradesinde yok olma düşüncesi.

قصور kusûr: (A.) kasırlar, köşkler.

قصور kusûr: (A.) **1.**eksiklik. **2.**ayıp, özür. **3.**suç, kabahat. **4.**ihmal. **5.**kasırlar, köşkler.

قصوى kusvâ: (A.) son, son derece, son nokta. ‖ * derece-i ~ درجهء قصوى son derece. ‖ * hadd-i ~ حد قصوى son sınır. ‖ * mertebe-i ~ مرتبهء قصوى son mertebe.

قصه kısse: (A.) **1.**(ed.) öykü, kıssa, hikâye. **2.**dava. **3.**(ed.) masal.

4.rivayet. 5.olay. 6.zırva, maval. ‖ * ~ râ kûtâh kerden قصه را کوتاه کردن lafı uzatmamak. ‖ * ~ -i kûdek قصهء کودک 1.(ed.) çocuk masalı. 2.(ed.) çocuk öyküsü. ‖ * ~ -i kûtâh قصهء کوتاه (ed.) kısa öykü. ‖ * ~ muhtasar قصه مختصر kısaca, sözün kısası. ‖ * el~ القصه sözün kısası, kısacası.

قصه پرداختن kısse perdâhten: 1.masal anlatmak. 2.masal yazmak, çocuk öyküsü yazmak.

قصه پرداز kısseperdâz: (A.-F.) [kısse+ perdâhten>perdâz] 1.masal anlatan, çocuk öyküsü anlatan. 2.masal yazarı, çocuk öyküsü yazarı.

قصه پردازی kısseperdâzî: (A.-F.) [kısse+ perdâhten>perdâz+î] masal yazarlığı, çocuk öyküsü yazarlığı.

قصه خوان kıssehân (A.-F.) [kısse+ hânden>hân] masal okuyan, masal anlatan, hikaye okuyan, hikaye anlatan.

قصه خواندن kıssa hânden: hikâye anlatmak.

قصه دادن kısse dâden: hikâye anlatmak, hikâye nakletmek.

قصه کردن kısse kerden: açıklamak.

قصه گزار kıssegozâr (A.-F.) [kısse+ gozârden> gozâr] masal anlatan, hikaye anlatan.

قصه گفتن kısse goften: masal anlatmak, öykü anlatmak.

قصه گو kıssegû: (A.-F.) [kısse+goften> gû] masal anlatan, öykü anlatan, masalcı.

قصه نوشتن kısse nevişten: masal yazmak, öykü yazmak.

قصه نویس kıssenevîs: (A.-F.) [kısse+ nevişten>nevîs] masal yazarı, öykü yazarı, masalcı, öykücü.

قصه نویسی kıssenevîsî: (A.-F.) [kısse+ nevişiten>nevîs+î] masalcılık, öykücülük.

قصی kasiy: (A.) 1.uzaklaşan. 2.uzak, ırak.

قصی kassî: (A.) göğüs ile ilgili.

قصیبه kuseybe: (A.) bronşçuk.

قصید kasîd: (A.) kaside.

قصیده kasîde: (A.) (ed.) kaside, en az on beş beyitlik, aa, ba, ca.. şeklinde kafiyeli övgü şiiri. ‖ * ~ -i burde قصیدهء برده Kâ'b b. Zübeyr'in Hz. Muhammed'i öven ünlü kasidesi. Hz. Muhammed bu kaside üzerine hırka (bürde) sını ona vermişti. ‖ * ~ râ kûtâh kerden قصیده کوتاه کردن sözü kısa kesmek, lafı uzatmamak.

قصیده پرداز kasîdeperdâz (A.-F.) [kasîde+perdâhten> perdâz] kaside şairi.

قصیده سرا kasîdeserâ: (A.-F.) [kasîde+ surûden>serâ] (ed.) kaside şairi, kasideci.

قصیده سرایی kasîdeserâyî: (A.-F.) [kasîde+surûden>ser+y+î] (ed.) kaside şairliği, kaside söyleme, kasidecilik.

قصیده گو kasîdegû (A.-F.)[kasîde+ goften>gû] kaside şairi, kaside söyleyen, kasideci.

قصیده گویی kasîdegûyî (A.-F.) [kasîde+ goften> gûy+î] kaside şairliği, kasidecilik.

قصیر kasîr: (A.) 1.kısa. 2.kısa boylu, boysuz.

قصیر البصر kasîrulbasar: (A.) miyop.

قصیر الرأس kasîrurre's: (A.) brakisefal, kısa kafalı.

قصیرالعقل kasîrulakl: (A.) kıt akıllı, aklı kısa.

قصیر القامه kasîrulkâme: (A.) kısa boylu, bodur.

قصیر النسب kasîrunneseb: (A.) babası ünlü olan kişi.

قصیر الهمه kasîrulhimme: (A.) az himmetli.

قصیره kasîre: (A.) eve hapsedilmiş kadın.

قصیری kuseyrâ: (A.) yumuşak kaburga kemiği.

قصیل kasîl: (A.) 1.taze ot. 2.cemaat, topluluk.

قضاء kazâ': (A.) 1.kaza. 2.ölüm. 3.yazgı, kader. 4.yürütme, icra etme. 5.yargı. 6.kadılık. 7.kadının yönetiminde bulunan yer. 8.istenmeden yapılan kötü iş.

9.vakti kaçırılan namazın sonradan kılınması. 10.ilçe. ‖ * ~ râ قضا را tesadüfen, rastlantı eseri. ‖ * ~ -yi âsumân قضای آسمان ilahî takdir. ‖ * ~ -i hâcet reften قضاء حاجت رفتن tuvalete gitmek. ‖ * ez ~ از قضا tesadüfen, ezkaza, rastlantı eseri.

قضاء kazâ'en: (A.) kaza eseri, istemeyerek.

قضائی kazâ'î: (A.) 1.(huk.) adlî, yargı ile ilgili. 2.kaza ile ilgili.

قضات kuzât: (A.) (huk.) yargıçlar, kadılar, hakimler.

قضاجریان kazâcereyân: (A.) [kazâ+cereyân] ilahî takdir gibi gerçekleşen.

قضا را kazârâ (A.-F.) [kazâ+râ] 1.tesadüfen, rastlantı eseri. 2.istemeyerek, kaza eseri, yanlışlıkla.

قضا رسیدن kazâ resîden: olmak, meydana gelmek.

قضا زده kazâzede (A.-F.) [kazâ+zeden> zed+e] kazaya uğramış.

قضا کردن kazâ kerden: kaza etmek.

قضا مضی kazâmuzî: (A.) [kazâ+muzî] alın yazısı gibi kaçınılmaz, alınyazısı gibi hızla gelip çatıcı.

قضاوت kazâvet: (A.) 1.(huk.) yargıçlık, kadılık, hakimlik. 2.(huk.) yargı. 3.hüküm verme, yargılama.

قضاوت کردن kazâvet kerden: hüküm yürütmek.

قضایا kazâyâ: (A.) 1.olaylar, havadis. 2.meseleler, sorunlar, problemler. 3.önermeler. 4.yadımcı teoremler. 5.davalar.

قضب kazb: (A.) 1.kesme. 2.kamçılama. 3.(bot.) yonca.

قضبان kızbân, kuzbân: (A.) 1.ince dallar. 2.ince çubuklar. 3.penisler.

قضیب kazîb: (A.) 1.dal, dal budak. 2.kamçı. 3.penis. 4.eşeğin cinsel organı.

قضیه kaziyye: (A.) 1.(huk.) dava. 2.olay. 3.konu, mesele, problem. 4.macera. 5.önerme. 6yardımcı teorem. 7.cümlecik.

قضیه کشف شدن kaziyye keşf şoden: iş anlaşılmak, mesele anlaşılmak.

قط katt: (A.) 1.yontma, enlemesine kesme. 2.tahıl fiyatlarındaki yükseklik.

قط kıtt: (A.) kedi.

قطائف katâ'if: (A.) 1.kadayıf. 2.saçaklı havlular.

قطاب kıtâb: (A.) 1.karışıklık. 2.karışım. 3.yaka.

قطاب kuttâb: (A.) 1.kadayıf. 2.bir tür kurabiye.

قطار kıtâr, katâr: (A.) 1.tren, katar. 2.kafile, kervan. 3.sıra, saf. 4.fişeklik. ‖ * yek ~ یک قطار bir dizi.

قطار اندر قطار kıtârenderkıtâr (A.-F.) [kıtâr+ender+ kıtâr] katar katar.

قطاع kattâ': (A.) 1.kesici, keskin, kesen. 2.kağıt oyma sanatçısı. ‖ * ~ -i tarîk قطاع طریق yolkesen, haydut, eşkiya.

قطاع kıtâ': (A.) 1.kesme. 2.kesit.

قطاع kuttâ': (A.) kesenler, kesiciler. ‖ * ~ -i tarîk قطاع طریق yol kesenler, eşkıya.

قطاع الطریق kattâ'uttarîk: (A.) yol kesen, eşkıya.

قطاع الطریق kuttâ'uttarîk: (A.) yol kesenler, eşkıya.

قطاع دایره kutâ-i dâyire: daire dilimi.

قطاع kuttâ': (A.) kesiciler.

قطاف katâf, kıtâf: (A.) derim zamanı, meyva toplama zamanı.

قطان kattân: (A.) pamuk tüccarı.

قطان kuttân: (A.) yerliler.

قطایف katâyif: (A.) kadayıf.

قطب kutb: (A.) 1.kutup. 2.pozitif veya negatif elektriksel kutup. 3.manyetik kutup. 4.tarikat önderi. 5.konu uzmanı. 6.önder, lider. 7.değirmen taşının üstünde döndüğü mil. ‖ * ~ -i cenûbî قطب جنوبی güney kutbu. ‖ * ~ -i mıknatîsî قطب مقنطیسی manyetik kutup. ‖ * ~ -i şimâlî قطب شمالی kuzey kutbu.

قطب الاقطاب kutbulaktâb: (A.) kutupların kutbu, büyük şeyh.

قطب نما kutbnumâ: (A.-F.) [kutb+ numûden>numâ] (fiz.) pusula.

قطبى kutbî: (A.-F.) [kutb+î] kutupla ilgili.

قطبيت kutbiyyet: (A.) **1.**pusula ibresinin kutuba dönme özelliği. **2.**kutup derecesine yükselme özelliği, kutupluk.

قطبين kutbeyn: (A.) **1.**iki kutup. Kuzey ve Güney kutupları. **2.**Hz. Muhammed'in torunları Hasan ve Hüseyin.

قطبيه kutbiyye: (A.) kutup ile ilgili.

قطر kater: (A.) damlalar.

قطر katr: (A.) **1.**yağmur. **2.**damla.

قطر kutr: (A.) **1.**(mat.) çap, kutur. **2.**yöre, bölge, nahiye. **3.**taraf, yan. ‖ * bâ ~ -i با قطر (mat.) çapında. ‖ * be ~ -i به قطر (mat.) çapında.

قطراً kutren: (A.) çap bakımından.

قطرات katarât: (A.) damlalar, katreler.

قطران katrân: (A.) **1.**(kim.) katran. **2.**Tebrizli klasik dönem Fars şairi.

قطرب kutrub: (A.) (tıb.) kora hastalığı.

قطره katre: (A.) damla, katre.

قطره افشان katre'efşân (A.-F.) [katre+ efşânden> efşân] damla saçan.

قطره جو katrecû (A.-F.) [katre+ costen>cû] damla arayan, bir damla su arayan.

قطره چكان katreçekân: (A.-F.) [katre+ çekânden>çekân] damlalık.

قطره چكاندن katre çekânden: damlatmak.

قطره دزد katredozd: (A.-F.) [katre+ dozdîden>dozd] **1.**bulut. **2.**güneş.

قطره فشان katrefeşân (A.-F.) [katre+ feşânden> feşân] damla saçan.

قطره فشاندن katre feşânden: **1.**damlatmak. **2.**(kin.) tereddüt etmek.

قطره قطره katre katre: damla damla. ‖ * ~ cem' gerded vangehî deryâ şeved قطره قطره جمع گردد وانگهى دريا شود damlaya damlaya göl olur.

قطره كردن katre kerden: **1.**tereddüt etmek. **2.**dolaşmak.

قط زدن kat zeden: enlemesine kesmek.

قطع kat': (A.) **1.**kesme. **2.**kesilme. **3.**bitirme, yapma. **4.**geride bırakma. **5.**kağıt oymacılığı. **6.**kesilme. ‖ * ~ -i elâke kerden قطع علاقه كردن ilgiyi kesmek. ‖ * ~ -i merâhil قطع مراحل aşamaları geride bırakma. ‖ * ~ -i mesâfe قطع مسافه yol alma, ilerleme. ‖ * ~ -i tarîk قطع طريق yol kesme, eşkıyalık. ‖ * ~ -i umîd قطع اميد umut kesme.

قطعا kat'â: (A.) asla, kesinlikle, hiç.

قطعاً kat'en: (A.) kesinlikle, kesin olarak, mutlaka, muhakkak, katiyetle. ‖ * ~ ve kâtibeten قطعاً و قاطبةً asla, kesinlikle.

قطعات kıte'ât: (A.) **1.**kıtalar. **2.**ülkeler. **3.**askerî birlikler. **4.**parçalar. **5.**kıtalar (şiirler)

قطع شدن kat' şoden: **1.**kesilmek. **2.**dinmek.

قطع كردن kat' kerden: **1.**kesmek. **2.**kırpmak. **3.**hazfetmek.

قطعنامه kat'nâme: (A.-F.) [kat'+nâme] demeç, bildiri, karar, tasvipname, resmî tebliğ.

قطعه kıt'e: (A.) **1.**kıta, parça. **2.**adet (fotoğraf) **3.**(ed.) kıt'a, en az iki beyitten oluşan ve 1. ile 3. mısraları kafiyeli şiir. ‖ * ~ -i zemînî قطعهء زمينى arsa.

قطعه قطعه شدن kıt'e kıt'e şoden: paramparça olmak.

قطعه قطعه كردن kıt'e kıt'e kerden: paramparça etmek.

قطعى kat'î: (A.) **1.**kesin. **2.**çok. ‖ * betovr-i ~ بطور قطعى kesin olarak, kesinlikle.

قطعياً kat'iyyen: (A.) **1.**kesin olarak, kesinlikle. **2.**asla, hiçbir zaman.

قطعيت kat'iyyet: (A.) kesinlik.

قطعيت بخشيدن kat'iyyet bahşîden: kesinlik kazandırmak.

قطف katf: (A.) **1.**derim, derme, devşirme. **2.**tıraşlama. **3.**kazıma. **4.**bağ bozumu.

قطمير kıtmîr: (A.) 1.hurma kabuğundaki beyaz nokta. 2.(kin.) çok az şey. 3.Eshâb-i Kehf (mağara arkadaşları)'in köpeği.

قطن katan: (A.) bel bölgesi.

قطن kotn: (Lat.-A.) (bot.) pamuk.

قطنانيه katnâniyye: (A.) Katnânîlik, Rufâlik tarikatının bir kolu.

قطنه kutne: (A.) şirden.

قطنى katanî: (A.) bel bölgesi ile ilgili.

قطنى kutnî: (A.) 1.pamuklu. 2.pamuk ile ilgili. 3.ipek ve pamuk karışımlı entarilik.

قطنيه kutniyye: (A.) 1.pamuk ile ilgili. 2.ipek ve pamuk karışımlı entarilik.

قطوب kutûb: (A.) kutuplar.

قطور katûr: (A.) kalın, kuturlu.

قطوع kutû': (A.) 1.göç. 2.geçme, geride bırakma.

قطوع kutû': (A.) kesintiler.

قطيره kutayre: (A.) damlacık.

قطيع katî': (A.) koyun sürüsü.

قطيعه katî'a: (A.) 1.kesme. 2.vergi. 3.arazi.

قطيفه katîfe: (A.) 1.bornoz, hamam havlusu. 2.kadife. 3.kadife çiçeği.

قعارت ka'âret: (A.) derinlik.

قعب ka'b: (A.) büyük kadeh.

قعده ka'de: (A.) oturuş, oturma, oturum.

قعر ka'r: (A.) 1.derinlik. 2.dip.

قعقعه ka'ka'a: (A.) kılıç şakırtısı, süngü şakırtısı.

قعود ku'ûd: (A.) 1.oturma. 2.oturum. 3.namazda oturulan bölüm.

قعور ka'ûr: (A.) 1.çok derin. 2.kumul.

قعور ku'ûr: (A.) 1.derinlikler. 2.dipler. 3.sonlar.

قعير ka'îr: (A.) çok derin.

قفا kafâ: (A.) 1.kafa, başın arka kısmı, ense. 2.sırt. 3.peş, art, geri. 4.zekâ.

قفا خاريدن kafâ hârîden: 1.başını kaşımak. 2.(kin.) utanmak.

قفا خوردن kafâ horden: ense tokatı yemek.

قفادار kafâdâr (A.-F.) [kafâ+dâşten>dâr] 1.kafa dengi arkadaş. 2.geriden destek veren.

قفا دريدن kafâ derîden: 1.(kin.) arkadan cinsel ilişkide bulunmak. 2.namusunu lekelemek.

قفار kufâr: (A.) çöller.

قفار · kıfâr: (A.) çöller, çorak araziler.

قفا زدن kafâ zeden: enseye vurmak.

قفا كردن kafâ kerden: sırt çevirmek.

قفال · kaffâl: (A.) çilingir.

قفاوى kafâvî: (A.) kafa ile ilgili.

قفر kafr: (A.) ıssız çöl.

قفس kafes: (A.-Yun.) 1.kafes. 2.bir cins Osmanlı külahı. 3.pencere kafesi. ‖ * tûy-i ~ endâhten توى قفس انداختن kafese koymak.

قفس بند kafesbend (A.-F.) [kafes+besten>bend] kafese kapatılmış.

قفس خالى شدن kafes hâlî şoden: ölmek.

قفس ساز kafessâz: (A.-F.) [kafes+sâhten>sâz] kafesçi.

قفس نشين ·kafesnişîn (A.-F.) [kafes+nişesten> nişîn] 1.kafeste oturan. 2.işsiz güçsüz, boş oturan.

قفسه kafese: (A.) 1.raf. 2.şerefe.

قفسه بندى kafesebendî: (A.-F.) [kafese+ besten>bend+î] raf yapma.

قفسى kafesî (A.-F.) [kafes+î] destar katları kafes şeklinde atılmış sarık, cüneydî sarık.

قفص kafas: (A.) kafes.

قفقاز kafkâz: (coğ.) Kafkasya.

قفقازى kafkâzî: [kafkâz+î] Kafkasyalı, Kafkas.

قفل kofl: (A.) 1.kilit. 2.asma kilit. 3.kilitli. ‖ * ~ ber dehân u dest-i kesî zeden قفل بر دهان و دست كسى زدن birini susturmak. ‖ * ~ ber der-i âsmân zeden قفل بر در آسمان زدن namazı terketmek. ‖ * ~ ber leb nihâden قفل بر لب نهادن susmak. ‖ * ~ der râh bûden قفل در راه بودن yol kapalı olmak. ‖ * ~ -i ebced قفل ابجد şifreli kilit.

قفل ساز koflsâz: (A.-F.) [kofl+sâhten> sâz] çilingir.

قفل کردن kofl kerden: kilitlemek.

قفل نمودن kofl numûden: kilitlemek.

قفول kufûl: (A.) kilitler.

قفول kufûl: (A.) yolculuktan dönme, geri dönme.

قفیز kafîz: bir ölçek. ‖ * ~ -i kesî por âmeden قفیز کسی پر آمدن ömrü sona ermek, ölmek.

ققنس kaknus: kuknüs kuşu, rüzgârın esişiyle gagasından birçok ses çıkarabilen efsanevî bir kuş.

ققنوس kaknûs: kuknüs kuşu, rüzgârın esişiyle gagasından bir çok ses çıkarabilen efsanevî bir kuş.

ققوزه kakûze: (A.) boş maşraba.

قل kul: (T.) kul.

قلی kuli: (T.) kulu.

قلائد kalâ'id: (A.) gerdanlıklar, kolyeler.

قلائل kalâ'il: (A.) az şeyler.

قلاب kallâb: (A.) 1.kalpazan. 2.düzenbaz.

قلاب kollâb: (A.) 1.çengel, kanca. 2.olta. 3.kroşe. ‖ * giriftâr-i ~ şoden گرفتار قلاب شدن oltaya takılmak, oltaya vurmak.

قلاب انداز kollâbendâz: (A.-F.) [kollâb+ endâhten>endâz] oltacı.

قلاب دوز kollâbdûz: (A.-F.) [kollâb+ dûhten>dûz] nakışçı, kroşeci.

قلاب دوزی kollâbdûzî: (A.-F.) [kollâb+ dûhten>dûz+î] nakışçılık, kroşecilik.

قلاب فروش kollâbfurûş: (A.-F.) [kollâb+ furûhten>furûş] oltacı.

قلاب کردن kollâb kerden: kancalamak, takmak.

قلاب گرفتن kollâb giriften: takılmak, kancalanmak. ‖ * bâ dest ~ با دست قلاب گرفتن ellerini kenetlemek.

قلابی kollâbî: (A.-F.) [kollâb+î] sahte, uyduruk, kalp, uydurma.

قلاتا kalatâ Galata.

قلاج kalâc (zool.) karga.

قلاج kollac: (T.) kulaç.

قلاده kılâde: (A.) 1.gerdanlık, kolye. 2.akarsu.

قلاش kallâş: (T.) 1.kalleş. 2.hayırsız. 3.hilekâr. 4.müflis. 5.ayyaş. 6.dünyayı umursamaz inşan.

قلاش کردن kallâş kerden: 1.ayyaş olmak. 2.ayyar olmak.

قلاشی kallâşî: (T.-F.) [kallâş+î] 1.ayyarlık. 2.ayyaşlık.

قلاع kılâ': (A.) kaleler.

قلاغ kelâğ: taklit. ‖ * ~ -i çîzî râ giriften قلاغ چیزی را گرفتن taklit etmek, tavır takınmak.

قلاعه kılâ'a: (A.) yelken.

قلافات kalâfât: kalafat.

قلافت kılâfet: (A.) kalafatlama, gemi ziftleme.

قلافه kulâfe: (A.) 1.kılıf. 2.kabuk.

قلالیب kalâlîb: (A.) kancalar, çengeller.

قلامتین kulâmeteyn: (A.) parantez.

قلامه kulâme: (A.) 1.kesinti. 2.tırnak kesintisi.

قلانس kalânis: (A.) takkeler, sivri külahlar.

قلاوز kalâvuz: (T.) 1.kılavuz. 2.öncü. 3.casus, ajan.

قلاوزی kalâvuzî: (T.-F.) [kalâvuz+î] 1.kılavuzluk. 2.öncülük. 3.casusluk, ajanlık.

قلاویز kalâvîz: kılavuz (somun için)

قل احمدی kulahmedî: (T.-A.-F.) [kul+ ahmed+î] (hlk.) çakmak, yumruk atmak.

قلب kalb: (A.) 1.yürek, kalp. 2.gönül. 3.orta nokta, can evi. 3.değiştirme. 4.ters çevirme. 5.sahte. ‖ * ~ u dagal kerden قلب و دغل کردن yalan yanlış iş yapmak, hileli işler çevirmek. ‖ * ~ -i kesî be derd âmeden قلب کسی به درد آمدن yüreği sızlamak. ‖ * ~ -i kesî giriften قلب کسی گرفتن 1.üzülmek, canı sıkılmak. 2.kalbi sıkışmak. ‖ * ~ -i kesî râ dîden قلب کسی را دیدن kalbini dinlemek. ‖ * ~ -i kesî râ tesâhub kerden قلب کسی را تصاحب کردن birinin kalbini kazanmak. ‖ * ~ -i kesî zeden قلب کسی زدن yüreği çarpmak, kalbi çarpmak. ‖ * ez samîm-i ~ از صمیم قلب yürekten, canü gönülden. ‖ * herâb-i ~ şoden خراب قلب شدن

yüreği tükenmek. ‖ * der ~ -i در قلب ortasında.

قلب kalb: (A.) **1.**değiştirme, tebdil. **2.**sahte, kalp.

قلباً kalben: (A.) yürekten, gönülden, içten.

قلب الاسد kalbulesed: (A.) Regulus yıldızı.

قلب العقرب kalbulakreb: (A.) Antares yıldızı.

قلب زدن kalb zeden: kalp para basmak.

قلب زن kalbzen: (A.-F.) [kalb+zeden> zen] **1.**kalpazan. **2.**düzenbaz, yalancı.

قلب زنی kalbzenî: (A.-F.) [kalb+zeden> zen+î] kalpazanlık.

قلب شناس kalbşinâs: (A.-F.) [kalb+ şinâhten>şinâs] kalpten anlayan.

قلب شناسی kalbşinâsî: (A.-F.) [kalb+ şinâhten>şinâs+î] kalpten anlama.

قلبگاه kalbgâh (A.-F.) [kalb+gâh] **1.**can evi, merkez. **2.**ordunun merkezi.

قلبه kolbe: **1.**saban. **2.**böbrek.

قلبی kalbî: (A.) **1.**kalp ile ilgili. **2.**gönülden, yürekten gelen.

قلبیه kalbiyye: (A.) kalp ile ilgili, gönül ile ilgili.

قلپاق kalpak: (T.) kalpak.

قلپاق دوز kalpakdûz: (T.-F.) [kalpâk+ dûhten>dûz] kalpakçı.

قلت kıllet: (A.) **1.**azlık. **2.**kıtlık. ‖ * ~ -i dem قلت دم (tıb.) kansızlık. ‖ * ~ -i nukûd قلت نقود para azlığı, para darlığı.

قلتاق kaltak: (T.) kaltak, utanmaz.

قلتبان kaltebân: **1.**yurgu taşı. **2.**kaltaban, deyyus, pezevenk. **3.**düzenci, hilekâr.

قلج kalc: (T.) kılıç.

قلچماق kolçomak: (T.) eli sopalı, zorba, Ali kıran baş kesen.

قلچماقی kolçomakî: (T.-F.) [kolçomak+î] zorbalık.

قل خوردن kıl horden: yuvarlanmak.

قل دادن kıl dâden: yuvarlamak.

قلدر kuldur: (T.) haydut, zorba.

قلزم kulzum: (A.) **1.**büyük ırmak. **2.**deniz. **3.**Kızıldeniz. ‖ * deryâ-yi ~ دریای قلزم (coğ.) Kızıldeniz.

قلع kal': (A.) **1.**koparma, kökünden sökme. **2.**yok olma. **3.**(kim.) kalay. ‖ * ~ u kama' قلع و قمع yok etme.

قلع اندود kal'endûd: (A.-F.) [kal'+ endûden>endûd] kalaylı.

قلع اندود شدن kal'endûd şoden: kalaylanmak.

قلع اندود کردن kal'endûd kerden: kalaylamak.

قلعه kal'e: (A.) **1.**kale. **2.**askerlerin kare oluşturacak şekilde dört saf olması.

قلعه بند kal'abend (A.-F.) [kal'a+besten> bend] kaleye hapsedilmiş, kalede zincire vurulmuş.

قلعه دار kal'adâr (A.-F.) [kal'a+dâşten> dâr] kale komutanı.

قلعه کوب kal'akûb (A.-F.) [kal'a+ kûbîden>kûb] kale döven.

قلعه گشا kal'aguşâ: (A.) [kal'a+guşâden> guşâ] kale alan, kale fetheden.

قلعه گیر kal'agîr (A.-F.) [kal'a+giriften> gîr] kale alan.

قلعه نشین kal'anişîn (A.-F.) [kal'a+ nişesten>nişîn] kalede oturan.

قلعی kal'î: (A.) **1.**kalaylı. **2.**bir tür kılıç.

قلق kalak: (A.) huzursuzluk, ızdırap, gönül darlığı.

قلق kalık: (T.) huy.

قلقاسیه kulkâsiyye: (A.) yılanyastığıgiller.

قلقل kolkol: **1.**tezcanlı. **2.**hareket sesi. **3.**testiden suyun boşalma sesi, fıkırdama, kaynama.

قلقلک kılkılek: gıdıklama.

قلقلک دادن kılkılek dâden: gıdıklamak.

قلقله kalkale: (A.) **1.**hareket ettirme. **2.**seslenme.

قلقله kolkole: yaygara, şamata, gürültü patırtı.

قلک kulk: kumbara.

قلل kolel: (A.) **1.**kuleler. **2.**zirveler, doruklar.

قلم kalem: (A.-Yun.) **1.**kalem. **2.**ayak kemiği. **3.**çelik kalem, keski. **4.**ince kumaş fırçası. **5.**yazı çeşiti. **6.**aşılık dal. **7.**yazı. **8.**büro. **9.**listelerde bulunan her madde. **10.**tür, cins. ‖ * ~ ber dâşten ez kesî قلم برداشتن از کسی birini muaf tutmak. ‖ * ~ ca'd kerden قلم جعد کردن (kin.) yazmak. ‖ * ~ der hâriş âverden قلم در خارش آوردن yazmak. ‖ * ~ dest قلم دست kol kemiği. ‖ * ~ tîz kerden قلم تیز کردن enlemesine kesmek. ‖ * be ~ âb horden به قلم آب خوردن (kin.) çok az su içmek. ‖ * be ~ dâden به قلم دادن kaleme almak. ‖ * be ~ giriften به قلم گرفتن kaleme almak. ‖ * bezîr-i ~ dâşten بزیر قلم داشتن muti etmek, itaat ettirmek, baş eğdirmek. ‖ * ceffel ~ جف القلم çalakalem. ‖ * ehl-i ~ اهل قلم kalem erbabı, yazarlar, eli kalem tutanlar. ‖ * ez ~ oftaden از قلم افتادن gözden kaçmak.

قلما kalemen: (A.) **1.**kalem ile. **2.**sayıca. **3.** yazı ile, yazarak, kalemiyle. ‖ * lisânen ve ~ لساناً و قلماً diliyle ve kalemiyle.

قلماش kalmaş: (T.) saçmalık, herze.

قلم بندی kalembendî: (A.-F.) [kalem+ besten>bend+î] fırça yapımı.

قلم تراش kalemterâş: (A.-F.) [kalem+ terâşîden>terâş] **1.**kamış kalem bıçağı. **2.**kalem açacağı, kalemtıraş.

قلم خوردگی kalemhordegî: (A.-F.) [kalem+horden>hord+e+g+î] kalem oynatılma, çizilip düzeltilme, karalanma.

قلمداد kalemdâd: (A.-F.) [kalem+dâden> dâd] gösterme, sayma.

قلمداد شدن kalemdâd şoden: sayılmak, gösterilmek.

قلمداد کردن kalemdâd kerden: göstermek, saymak, mahsup etmek.

قلم دادن kalem dâden: **1.**göstermek. **2.**kalem vermek.

قلمدان kalemdân: (A.-F.) [kalem+dân] kalemlik, kalem kutusu.

قلم دست kalemdest: (A.-F.) [kalem+dest] hattat, ressam.

قلمدوش kalemdûş: (A.-F.) [kalem+dûş] omuzuna alma, omuzlama.

قلمدوش کردن kalemdûş kerden: omuza almak.

قلم دیده kalemdîde: (A.-F.) [kalem+ dîden>dîd+e] **1.**yazılmış. **2.**(kin.) müptezel.

قلم راندن kalem rânden: kalem oynatmak, yazmak.

قلمرو kalemrov, kalemrev: (A.-F.) [kalem+ reften>rev>rov] ülke, toprak, hükümet sahası.

قلم زدن kalem zeden: **1.**yazmak, kaleme almak. **2.**metal üstüne yazmak.

قلم زده kalemzede: (A.-F.) [kalem+ zeden> zed+e] **1.**yazı, mektup. **2.**nakışlı.

قلم زن kalemzen: (A.-F.) [kalem+zeden> zen] **1.**yazar. **2.**hattat. **3.**ressam.

قلم زنی kalemzenî: (A.-F.) [kalem+ zeden> zen+î] **1.**yazarlık. **2.**ressamlık. **3.**metal üstüne resim yapma.

قلم سر کردن kalem ser kerden: **1.**kalem açmak, kalem yontmak. **2.**yazmaya başlamak.

قلم شدن kalem şoden: kesilmek.

قلم شکستن kalem şikesten: kalem kırmak. ‖ * ber ser-i kesî ~ بر سر کسی قلم شکستن **1.**(kin.) havale etmek. **2.**kalemi birine vermek.

قلمشور kalemşûr (A.- F.) [kalem+şûr] usta yazar, yazı ustası.

قلم فرسایی kalemfersâyî: (A.-F.) [kalem+ fersûden>fersâ+y+î] yazı yazma.

قلم فرسایی کردن kalemfersâyî kerden: **1.**döktürmek. **2.**ballandırmak.

قلمکار kalemkâr: (A.-F.) [kalem+kâr] ince kalemle çalışan nakkaş.

قلمکار ساز kalemkârsâz: (A.-F.) [kalem+ kâr+sâhten>sâz] yazmacı.

قلمکاری kalemkârî: (A.-F.) [kalem+ kâr+î] **1.**kalem nakışçılığı. **2.**kalem nakışçısı, kalemkâr. **3.**kalem işi.

قلم کردن kalem kerden: **1.**kalem yapmak. **2.**budamak.

قلمکش kalemkeş (A.-F.) [kalem+ keşîden>keş] **1.**yazar. **2.**yazılı belge üzerinde oynayan, belge üzerinde silinti yapan.

قلم کشیدن kalem keşîden: kalem çekmek, çizgi çekmek.

قلم گرفتن kalem giriften: silmek, çizmek, kalem çekmek.

قلمگیر kalemgîr (A.-F.) [kalem+ giriften>gîr] kalemin kağıt üzerinde kayması.

قلم مو kalemmû: (A.-F.) [kalem+mû] **1.**fırça, yağlıboya fırçası, boya fırçası. **2.**tüy kalem.

قلمه kaleme: (A.-F.) [kalem+e] kalem fidan.

قلمی kalemî: (A.-F.) [kalem+î] el yazısı.

قلمی شدن kalemî şoden: yazılmak, kaleme alınmak.

قلمی کردن kalemî kerden: **1.**yazmak, kaleme almak. **2.**not almak.

قلمیه kalemiyye: (A.) **1.**kalem ile ilgili. **2.**yazdırma ücreti.

قلنبک kalenbek: tespih yapımında kullanılar bir ağaç.

قلنبه kolonbe: **1.**kabarık. **2.**kaba, haşin. **3.**çetrefil söz.

قلندر kalender: (A.) **1.**dünyayı umursamaz derviş. **2.**dünyadan elini eteğini çeken hoşgörülü kişi. **3.**tek direkli çadır.

قلندران kalenderân: [kalender+ân] kalenderler, dünyadan el etek çekenler, dünyayı umursamayanlar.

قلندرانه kalenderâne: (A.-F.) [kalender+ âne] kalenderce.

قلندرخانه kalenderhâne: (A.-F.) [kalender+ hâne] kalenderhane, kalenderlerin kaldığı yer, kalender tekkesi.

قلندروار kalendervâr (A.-F.)[kalender+ vâr] kalender gibi.

قلندری kalenderî: (A.) **1.**kalenderlik. **2.**dervişlik. **3.**aylaklık, avarelik. **4.**sazla çalınıp okunan tasavvufî gazel. **5.**kalenderî dervişi.

قلندری المشرب kalenderiyyulmeşreb: (A.) kalendermeşrep.

قلندریه kalenderiyye (F.-A.) kalenderlik.

قلنسوه kalensuve: (A.) **1.**sivri külah. **2.**takke. **3.**yüksük.

قلوب kulûb: (A.) kalpler, yürekler.

قلوه kolve: (tıb.) böbrek.

قلویات kaleviyyât: (A.) alkaliler.

قله kolle: **1.**rengi sarıya çalan at. **2.**büyük testi.

قله kolle: (A.) **1.**doruk, zirve. **2.**kule. **3.**motorlu gemi topu.

قلیا kolyâ, kalyâ: (A.) (kim.) alkali, kalevi, deniz bitkileri yakılarak elde edilen tuz.

قلیان kalyân: nargile.

قلیان چاک کردن kalyân çâk kerden: nargile hazırlamak.

قلیان کشیدن kalyân keşîden: nargile içmek.

قلیل kalîl: (A.) az.

قلیلاً kalîlen: (A.) az olarak, az miktarda.

قلیه kalye: **1.**deniz bitkileri yakılarak elde edilen tuz. **2.**kızartma.

قلیه kolye: (A.) **1.**et parçası. **2.**kızarmış et.

قم kum: (A.) kalk.

قمار kumâr, kımâr: (A.) kumar.

قمارباز kumârbâz: (A.-F.) [kumâr+ bâhten>bâz] kumarbaz.

قماربازی kumârbâzî: (A.-F.) [kumâr+ bâhten>bâz+î] kumarbazlık.

قمار بازی کردن kumâr bâzî kerden: kumar oynamak.

قمارخانه kumârhâne: (A.-F.) [kumâr+ hâne) kumarhane.

قماردوست kumârdûst: (A.-F.) [kumâr+ dûst] kumarbaz.

قمار زدن kumâr zeden: kumar oynamak.

قماری kamârî: (A.) kumrular.

قماری kumârî: (A.) Hindistan'da Kumar burnundan çıkarılan öd.

قماش kumâş: (A.) **1.**kumaş. **2.**ev eşyası. **3.**dokuma.

قماط kımât: (A.) **1.**kundak. **2.**sargı, sargı bezi.

قماقم kamâkım: (A.) testi.

قمامه kamâme: (A.) süprüntülük, mezbelelik.

قمامه kumâme: (A.) hıristiyanlara göre Kudüs'te Hz. İsa'nın mezarının bulunduğu mabed.

قمبل kombol: but, kaba et, kıç.

قمپز kompoz: blöf.

قمپز در كردن kompoz der kerden: blöf yapmak.

قمچى kamçi: (T.) kamçı, kırbaç.

قمح kamh: (A.) (bot.) buğday.

قمحدوه komehdove: (tıb.) art kafa.

قمر kamer: (A.) 1.ay. 2.ay yüzlü sevgili.

قمرجبين kamercebîn: (A.) [kamer+cebîn] ay gibi parlak alınlı.

قمرچهره kamerçihre (A.-F.) [kamer+ çihre] ay yüzlü.

قمر رخ kamerruh (A.-F.) [kamer+ruh] ay gibi beyaz yanaklı.

قمر رخسار kamerruhsâr (A.-F.) [kamer+ ruhsâr] beyaz yanaklı.

قمروش kamerveş (A.-F.) [kamer+veş] ay gibi.

قمره kamre: (A.) kumarhane.

قمرى kamerî: (A.) 1.kamerî, ay takvimi ile ilgili. 2.ay ile ilgili.

قمرى kumrî (zool.) kumru.

قمريه kameriyye: (A.) 1.ay ile ilgili. 2.çardak. 3.üstü kubbeli çardak.

قمريه kumriyye: (A.) kumru.

قمسيون komsiyon: (Fr.) komisyon.

قمسور kamsûr: harap, viran.

قمطره kımetre: (A.) ıtriyat kokusu.

قمطرير kamterîr: (A.) sert, şiddetli.

قمع kam': (A.) 1.ele geçirme. 2.baş ezme, baskı.

قمعى kam'î: (A.) huni biçimli çiçek.

قمقمه komkome: (A.) 1.matara. 2.termus. 3.küçük testi.

قمل kaml: (A.) bit.

قمله kamle: (A.) bit.

قمم kımem: (A.) zirveler, tepeler.

قمه kame, kamme: (ask.) kama.

قمه kımme: (A.) 1.kömeç. 2.çiçek demeti. 3.zirve.

قمة الرأس kımmeturre's: (A.) bregma.

قمه زدن kamme zeden: kama çekmek, kamalamak.

قمى komî: Komlu.

قميز kamîz: (T.-Moğ.) 1.kımız. 2.kadeh.

قميص kamîs: (A.) 1.gömlek. 2.rahim zarı. 3.bitki zarı.

قناء kannâ': (A.) kehrizci.

قنات kanât: (A.) 1.kehriz, yer altı su yolu. 2.kanal.

قنات كشيدن kanât keşîden: kehriz açmak.

قناد kannâd: (A.) 1.şekerci. 2.tatlıcı, pastacı.

قنادخانه kannâdhâne: (A.-F.) [kannâd+ hâne] tatlıcı dükkânı, şekerci dükkânı.

قنادى kannâdî: (A.-F.) [kannâd+î] tatlıcı dükkânı, şekerci dükkânı.

قناديل kanâdîl: (A.) kandiller.

قناره kanâre: kanara, mezbaha.

قنارى kanârî (zool.) kanarya.

قنازع kanâzi': (A.) 1.uzamış saç. 2.çocuk perçemi. 3.tıraş esnasında bırakılan seç.

قناص kannâs: (A.) avcı.

قناص kınâs: (A.) eğri büğrü, biçimsiz.

قناطر kanâtir: (A.) taş köprüler.

قناطير kanâtîr: (A.) kantarlar.

قناع kınâ': (A.) 1.baş örtüsü. 2.peçe.

قناعت kanâ'et: (A.) 1.yetinme. 2.kanma. 3.tahmin, görüş.

قناعت بخش kanâ'atbahş (A.-F.) [kanâ'at+ bahşîden> bahş] ikna edici, kanaat verici.

قناعتكار kanâ'atkâr (A.-F.) [kanâ'at+kâr] kanaatli, yetinen, yetinmesini bilen.

قناعتكارانه kanâ'atkârâne (A.-F.) [kanâ'at+kâr+âne] yetinerek, kanaatlice.

قناعت كردن kanâ'et kerden: yetinmek, kanaat etmek.

قنافذ kanâfiz: (A.) 1.kirpiler. 2.dağ fareleri.

قناويز kanâvîz: (A.) bir tür ipekli kumaş.

قنب kınnab: (A.) kınap, ince sicim.

قنب kunneb: (A.) kendir, kenevir.

قنبر kanber: (A.) **1.**Hz. Ali'nin kölesi. **2.**evin eski hizmetkârı. **3.**erkek adı.

قند kand: **1.**(Sans.) şeker. **2.**kesmeşeker. **3.**dudak. ‖ * ~ der dil-i kesî âb şoden قند در دل كسى آب شدن ağzının suyu akmak, çok zevklenmek, zevkten dört köşe olmak.

قنداب kandâb (Sans.-F.) [kand+âb] kant, şekerli su.

قنداغ kandâg: [kand-i dâg>kandâg] sıcak suda eritilmiş şeker, kestirme.

قنداق kundâk: (T.) **1.**kundak. **2.**(ask.) tüfek kundağı.

قندپرست kandperest (Sans.-F.) [kand+ perestîden>perest] şeker düşkünü.

قنددان kanddân: [kand+dân] şekerlik, şeker kutusu.

قندران kanderân: bitki sütü.

قندز kunduz: (T.) (zool.) kunduz.

قندشكن kandşiken: [kand+şikesten> şiken] şeker çekici, şeker pensesi.

قندى kandî: [kand+î] **1.**şekerli, tatlı. **2.**şekerden yapılmış.

قنديل kındîl, kandîl: (Yun.-A.) kandil.

قنزعه kunzu'a: (A.) **1.**saç filesi. **2.**çakıl taşı. **3.**baştaki bir tutam saç.

قنسطنطنيه konstantiniyye (Yunanca-A.) İstanbul.

قنسول konsûl: (Fr.) konsolos.

قنوسل خانه konsulhâne: (Fr.-F.) [konsul+ hâne] konsolosluk.

قنسولگرى konsulgerî: (Fr.-F.) [konsul+ ger+î] konsolosluk.

قنص kans: (A.) av.

قنص kanas: (A.) avlak.

قنصه kanse: (A.) **1.**kuş kursağı. **2.**kuş katısı.

قنطار kantâr, kıntâr: (A.-Yun.) **1.**kantar. **2.**kırk dört okkalık (56,452 kg.lık) ağırlık birimi.

قنطاريه kantâriyye: (A.) kantar ücreti, tartı ücreti.

قنطر kınter: (A.) bela.

قنطره kantere: (A.) taş köprü.

قنفذ kunfuz: (A.) (zool.) kirpi.

قنفسه kanfese: (A.) tespih böceği.

قنوات kunuvât, kanevât: (A.) **1.**yer altı su yolları, kehrizler. **2.**kanallar.

قنوت kunût: (A.) **1.**itaat. **2.**namaza durma. **3.**yatsı namazından sonra kılınan üç rekâtlık namaz.

قنوط kunût: (A.) umutsuzluk, umut yitirme.

قنوع kanû': (A.) kanaatkâr.

قنوع kunû': (A.) yetinme, kanaat etme.

قنوى konevî (T.-A.) Konyalı.

قنينه kınîne: (A.) sürahi.

قنيوه kuneyve: (A.) kanalcık.

قو kû (zool.) kuğu.

قوا kuvâ: (A.) kuvvetler, güçler. ‖ * bâ temâm-i ~ با تمام قوا var gücüyle.

قوائم kavâ'im: (A.) **1.**hayvanların el ve ayakları. **2.**kâimeler, kağıt paralar.

قوابل kavâbil: (A.) **1.**ebeler. **2.**kabiliyetliler, yetenekliler.

قوا جمع كردن kuvâ cem' kerden: gücünü toplamak.

قوّاد kavvâd: (A.) pezevenk, kavat.

قواد kuvvâd: (A.) komutanlar.

قوادح kavâdih: (A.) kötüleyiciler, çekiştiriciler.

قوادم kavâdim: (A.) **1.**ileri karakollar. **2.**kuş telekleri.

قوادى kavvâdî: (A.-F.) [kavvâd+î] kavatlık.

قواديه kuvâdiyye: (A.) sıçangiller.

قوارع kavâri': (A.) **1.**fırtınalar. **2.**anî gelen musibetler. **3.**kıyametler. **4.**musibetten kurtulmak için okunun dualar.

قواره kavâre, kovâre: (A.) **1.**kılık, biçim, tip, şekil. **2.**bir tür kumaş.

قوارير kavârîr: (A.) **1.**şişeler. **2.**sidikler. **3.**barut hokkaları. **4.**idrar kapları, ördekler. **5.**gözbebekleri. **6.**sırça kaplar.

قواس kavvâs: (A.) **1.**oklu asker. **2.**ok yapımcısı. **3.**kapıcı, bekçi.

قواصف kavâsıf: (A.) · fırtınalar.

قواصم kavâsım: (A.) kırıcı şeyler.

قواطع kavâtı': (A.) **1.**kesici dişler. **2.**göçmen kuşlar.

قواعد kavâ'id: (A.) **1.**kurallar, kaideler. **2.**gramer.

قوافل kavâfil: (A.) **1.**kâfileler. **2.**sıra sıra gönderilenler.

قوافی kavâfî: (A.) (ed.) kafiyeler.

قواقیز kavâkiz: (A.) boş maşrabalar.

قوال kavvâl: (A.) **1.**geveze, boşboğaz. **2.**laf ebesi. **3.**çalgıcı.

قوالب kavâlib: (A.) kalıplar.

قوام kavâm: (A.) **1.**asıl. **2.**itidal. **3.**adalet. **4.**doğruluk. **1.**durma, dikilme.

قوام kıvâm: (A.) **1.**direk, sütun. **2.**nizam, intizam, düzen. **3.**yoğunluk derecesi. **4.**tav. **5.**uygun zaman, ölçü. ‖ * ber ~ -i kâr bûden بر قوام كار بودن işine bakmak, işiyle ilgilenmek.

قوام الدين kıvâmuddîn: (A.) **1.**dinin direği. **2.**erkek adı.

قوانی kuvvânî: (A.) dinamik.

قوانیت kuvvâniyyet: (A.) dinamizm.

قوانین kavânîn: (A.) **1.**kanunlar, yasalar. **2.**(müz.) kanunlar.

قوباء kûbâ': (A.) tuzlu balgam.

قوبائی kûbâ'î: (A.) tuzlu balgamla ilgili.

قوت kuvvet: (A.) **1.**güç, kuvvet. **2.**askerî güç. **3.**matematiksel kuvvet. ‖ * ~ -i yâddâşt قوت یادداشت hafıza gücü, bellek. ‖ * be ~ -i hod bâkî bûden به قوت خود باقی بودن geçerliliğini sürdürmek.

قوت kût: (A.) **1.**azık. **2.**yiyecek.

قوت كردن kuvvet kerden: zorlamak.

قوت گرفتن kuvvet giriften: güçlenmek, kuvvetlenmek.

قوچ kûç: (T.) koç.

قور kur: (T.) (ask.) mühimmat.

قورباغه kurbâge: (T.) (zool.) kurbağa.

قورت kurt: **1.**yudum. **2.**yudumlama.

قورت انداختن kurt endâhten: övünmek, şişinmek.

قورت دادن kurt dâden: yutmak. ‖ * tofeş râ ~ تفش را قورت دادن yutkunmak.

قورت كردن kurt kerden: yutmak.

قورچی kurçi: (T.) (ask.) silah yapımcısı.

قورخانه kurhâne: (T.-F.) [kur+hâne] (ask.) cephanelik, teçhizat deposu.

قورق korok: (T.) yasak bölge.

قورمه سبزی kormesebzî: (T.-F.) [korme+ sebzî] bir tür kıymalı yemek.

قوری kûrî: **1.**çaydanlık. **2.**demlik.

قوریلتای kuriltay: (Moğ.) kurultay.

قوز kûz: kambur.

قوزپشت kûzpoşt: [kûz+poşt] kambur.

قوزدار kûzdâr: [kûz+dâşten>dâr] **1.**kamburlu. **2.**engebeli.

قوز در آوردن kûz der âverden: kamburu çıkmak, kamburlaşmak.

قوزک kûzek: [kûz+ek] topuk.

قوز كردن kûz kerden: bükülmek, kamburunu çıkarmak.

قوزی kûzî: [kûz+î] kamburluk.

قوس kavs, kovs: (A.) **1.**yay, kavis, eğri. **2.**yay burcu. ‖ * ~ -i kuzeh قوس قزح gökkuşağı, ebem kuşağı.

قوس ابرو kavsebrû (A.-F.) [kavs+ebrû] yay kaşlı, kaşları yayı andıran.

قوس پاره kavspâre (A.-F.) [kavs+pâre] **1.**küçük yay. **2.**yay parçası.

قوس نامه kavisnâme (A.-F.) [kavs+ nâme] okçuluk kitabı.

قوسی kavsî: (A.) **1.**yay ile ilgili. **2.**yay biçiminde.

قوسین kavseyn: (A.) iki yay. ‖ * kâbe ~ قاب قوسین iki yay miktarı, Miraç gecesi Hz. Muhammed'in Tanrı'ya yakınlığından kinaye.

قوش kuş: (T.) şahin, doğan, atmaca.

قوشچی kuşçi: (T.) kuşçu.

قوصره kavsara: (A.) sele, sepet örmekte kullanılan ince dallar.

قوطی kûtî: (T.) kutu. ‖ * ~ -i sîgâr قوطیء سیگار **1.**sigara kutusu, sigara paketi. **2.**tabaka. ‖ * ~ -i kibrit قوطیء كبریت kibrit kutusu.

قوقعه kavka'a: (A.) kavkı, midyem türü deniz hayvanları kabuğu.

قول kovl, kavl: (A.) **1.**söz, kavil. **2.**itikad. **3.**şarkı. **4.**sözleşme, antlaşma. ‖ * ~ -i Hodâ قول خدا âyet, Kur'ân âyeti. ‖ * ~ -i nebî قول نبی hadis, peygamber sözü. ‖ * ~ -i şeref dâden قول شرف دادن

şeref sözü vermek. ‖ * be ~ pâybend mânden بقول پایبند ماندن sözünde durmak. ‖ * ber ser-i ~ u karâr mânden بر سر قول و قرار ماندن sözünde durmak. ‖ * nakl-i ~ kerden ez نقل قول کردن از birinin sözünü nakletmek. ‖ * zîr-i ~ -i hod zeden زیر قول خود زدن caymak, sözünden dönmek.

قولاً kavlen: (A.) söz ile, sözlü olarak.

قول kol: (T.) (ask.) kol.

قول دادن kovl dâden: **1.**söz vermek. **2.**kararlaştırmak.

قولدور kuldur: (T.) zorba, kavgacı.

قول گرفتن kovl giriften: söz almak.

قولنامه kovlnâme: (A.-F.) [kovl+nâme] sözleşme, kontrat.

قولنج kûlenc: (tıb.) kulunç, bağırsak buruntusu.

قول و قرار kovl u karâr: antlaşma, sözleşme.

قول و قرار دادن kovl u karâr dâden: antlaşmak, sözleşmek.

قولون kûlûn: (tıb.) kalın bağırsak.

قولی kavlî: (A.) söz ile ilgili.

قولیات kavliyyât: (A.) kuru sözler, boş lakırdılar.

قوم kovm, kavm: (A.) **1.**kavim, insan topluluğu. **2.**kendisine peygamber gönderilen topluluk. ‖ * ~ u hîş قوم و خویش akraba, hısım akraba. ‖ * ~ u hîş şoden قوم و خویش شدن akraba olmak. ‖ * ~ u karîb قوم و قریب eş dost, yakın, akraba.

قومی kavmî: (A.) kavim ile ilgili, etnik, kavme dayalı.

قومیات kavmiyyât: (A.) etnografi.

قومیت kovmiyyet, kavmiyyet: (A.) kavimlik.

قومیت گرا kovmiyyetgerâ: (A.-F.) [kovmiyyet+gerâyîden>gerâ] milliyetçi, nasyonalist.

قومیت گرایی kovmiyyetgerâyî: (A.-F.) [kovmiyyet+gerâyîden>gerây+î] milliyetçilik, nasyonalizm.

قومیه kavmiyye: (A.) kavim ile ilgili, etnik.

قونسول konsûl: (Fr.) konsolos.

قونسول گری konsûlgerî: (Fr.-F.) [konsûl+ ger+î] konsolosluk.

قونوی konevî: (T.-A.) [koniye+v+î> konevî] Konyalı.

قونیه koniye: (coğ.) Konya.

قوه kuvve: (A.) **1.**güç, kuvvet. **2.**düşünce, niyet. **3.**yetki. **4.**özellik. **5.**duygu, duyu. **6.**kabiliyet. **7.**enerji. ‖ * ~ -i anilmerkeziyye قوهء عن المرکزیه merkezkaç kuvvet. ‖ * ~ -i bâsire قوهء باصره görme yetisi. ‖ * ~ -i câzibe قوهء جاذبه çekim gücü. ‖ * ~ -i hâfize قوهء حافظه bellek gücü, hafıza gücü. ‖ * ~ -i horşîd قوهء خورشید güneş enerjisi. ‖ * ~ -i sâmi'a قوهء سامیه duyma yetisi, işitme yetisi. ‖ * ~ -i şâmme قوهء شامیه koku alma yetisi. ‖ * ~ -i zâ'ika قوهء ذائقه tad alma yetisi.

قوة الظهر kuvvetuzzahr: (A.) **1.**destek gücü. **2.**sırt verilecek yer veya kişi.

قوه داشتن kuvve dâşten: gücü olmak.

قوی kavî: (A.) **1.**güçlü, kuvvetli. **2.**sağlam, dayanıklı.

قوی kuvâ: (A.) kuvvetler, güçler.

قوی kuvvî: (A.) gerçekte olan.

قویاً kaviyyen: (A.) kuvvetle.

قوی الاقتدار kaviyyuliktidâr: (A.) iktidarı güçlü iktidarlı.

قوی البنیه kaviyyulbunye: (A.) sağlam yapılı.

قوی بخت kavîbaht (A.-F.) [kavî+baht] talihli.

قویت kuvviyyet: (A.) gerçekte olma hali.

قوی دل kavîdil: (A.-F.) [kavî+dil] yürekli.

قوی ساختن kavî sâhten: kuvvetlendirmek.

قوی شدن kavî şoden: güçlenmek.

قوی گردانیدن kavî gerdânîden: güçlendirmek.

قویم kavîm: (A.) **1.**doğru dürüst, kıvamında. **2.**sağlam, dayanıklı, ayakta.

قوی وجود kavîvucûd: (A.) [kavî+vucûd] sağlam yapılı.

قهار kahhâr: (A.) **1.**kahr edici. **2.**yok edici. **3.**Tanrı'nın sıfatlarından biri.

قهارانه kahhârâne (A.-F.) [kahhâr+âne] kahredercesine, kahirce.

قهاری kahhârî: (A.-F.) [kahhâr+î] **1.**ezicilik, kahredicilik. **2.**intikam.

قهر kahr: (A.) **1.**üstünlük. **2.**intikam. **3.**yok etme, öldürme, helak etme. **4.**öldürme. **5.**zorla iş yaptırma. **5.**çok üzülme, dert, sıkıntı.

قهراً kahren: (A.) **1.**ister istemez, çaresiz. **2.**zorla, kahırla. **3.**ezerek. ‖ * ~ ve rav'an قهراً و روعاً ezerek ve boyun eğdirerek.

قهرانه kahrâne: (A.-F.) [kahr+âne] ister istemez.

قهر بودن kahr bûden: küs durmak.

قهر شدن kahr şoden: kızmak.

قهر کردن kahr kerden: **1.**kahretmek. **2.**galip gelmek. **3.**küsmek. **4.**darılmak.

قهر گرفتن kahr giriften: kahırlanmak.

قهرمان kahrmân, kahremân: (Peh.) **1.**kahraman, yiğit. **2.**(sp.) şampiyon. **3.**hakim. **4.**işveren. **5.**İran mitolojisine göre Rüstem pehlivanın yendiği ve Kahramân-i kâtil lakabıyla tanınan kişi. **6.**hüküm sahibi.

قهرمانانه kahramânâne: [kahramân+âne] yiğitçe, kahramanca.

قهرمان شدن kahremân şoden: **1.**kahraman olmak. **2.**(sp.) şampiyon olmak.

قهرمان کردن kahremân kerden: **1.**kahraman etmek. **2.**(sp.) şampiyon etmek. **3.**hakim kılmak. **4.**gözcü dikmek.

قهرمانی kahremânî: [kahremân+î] **1.**kahramanlık, yiğitlik. **2.**(sp.) şampiyonluk. **3.**gözcülük. ‖ * ~ -i câm-i cihânî قهرمانیء جام جهانی (sp.) dünya kupası şampiyonluğu. ‖ * ~ -i olempik قهرمانیء المپیک (sp.) olimpiyat şampiyonluğu. ‖ * mekâm-i ~ râ kesb kerden مقام قهرمانی را کسب کردن (sp.) şampiyon olmak.

قهرناک kahrnâk: (A.-F.) [kahr+nâk] öfkeli, kahırlı.

قهرو kahrû: (A.-F.) [kahr+û] küseğen.

قهریات kahriyyât: (A.) zorlamalar.

قهقرا kahkarâ: (A.) geri geri gitme, gerisin geri gitme. ‖ * be ~ reften به قهقرا رفتن gerileme kaydetmek, gerilemek, geri gitmek.

قهقرایی kahkarâyî: (A.-F.) [kahkarâ+y+î] gerileme. ‖ * seyr-i ~ peymûden سیر قهقرایی پیمودن gerilemek, gerileme kaydetmek.

قهقری kahkarî: (A.) **1.**gerisin geri gidiş. **2.**aniden geri dönüş.

قهقهاء kahkahâ': (A.) bir tür zehirli yılan.

قهقه زدن kahkah zeden: kahkaha atmak.

قه قه خندیدن kah kah handîden: kahkah gülmek.

قهقهه زدن kahkahe zeden: kahkaha atmak.

قهقهه kahkahe: (A.) **1.**yüksek sesli gülüş. **2.**çit sarmaşığı, gündüz sefası.

قهقهه زن kahkahazen (A.-F.) [kahkaha+ zeden> zen] kahkaha atan.

قهقهه فرما kahkahafermâ (A.-F.) [kahkaha+ fermûden> fermâ] kahkaha attıran.

قهوه kahve: (A.) **1.**(bot.) kahve. **2.**kahvehane, kıraathane. **3.**saf süt. **4.**kırmızı şarap. ‖ * ~ -i bîşîr قهوهء بی شیر sade kahve. ‖ * ~ -i sâde قهوهء ساده sade kahve. ‖ * ~ -i siyâh قهوهء سیاه sade kahve. ‖ * fâl-i ~ فال قهوه kahve falı.

قهوه ای kahve'î: (A.-F.) [kahve+î] kahverengi.

قهوه دان kahvedân (A.-F.) [kahve+dân] kahve kutusu, kahve kabı.

قهوه ای رنگ kahve'îreng: (A.-F.) [kahve+ 'î+reng] kahverengi.

قهوه جوش kahvecûş: (A.-F.) [kahve+ cûşîden>cûş] cezve.

قهوه چی kahveçi: (A.-T.) [kahve+çi] kahveci.

قهوه چی گری kahveçigerî: (A.-T.-F.) [kahve+çi+ger+î] kahvecilik.

قهوه خانه kahvehâne: (A.-F.) [kahve+hâne] kahvehane, kıraathane.

قهوه خانه چی kahvehâneçi: (A.-F.-T.) [kahve+hâne+çi] kahveci, çaycı.

قهوه خوری kahvehorî: (A.-F.) [kahve+ horden>hor+î] kahve fincanı.

قهوه یی kahveyî: (A.-F.) [kahve+y+î] kahverengi.

قی kay, kıy: (A.) kusma, istifrağ.

قیادت kıyâdet: (A.) **1.**rehberlik, kılavuzluk, önderlik. **2.**komutanlık, komuta, kumanda. **3.**pezevenklik, muhabbet tellallığı.

قیاس kıyâs: (A.) **1.**karşılaştırma, mukayese yapma. **2.**genel kurallara uyma. **3.**tasım. ‖ * ber in ~ بر این قیاس bu durumda, buna kıyasla.

قیاساً kıyâsen: (A.) **1.**kıyas yoluyla, mukayese yaparak, karşılaştırarak. **2.**benzeterek. **3.**kuralı uygulayarak.

قیاسات kıyâsât: (A.) kıyaslar, karşılaştırmalar.

قیاس کردن kıyâs kerden: kıyaslamak, karşılaştırmak, mukayese etmek.

قیاسی kıyâsî: (A.) **1.**karşılaştırmalı, mukayeseli, kıyasî. **2.**genel kurallara uygun olan. **3.**uygulama veya benzetme yoluyla olan.

قیاسیات kıyâsiyyât: (A.) **1.**genel kurala uygun olanlar. **2.**uygulama veya benzetme yoluyla olanlar.

قیاسیه kıyâsiyye: (A.) **1.**genel kurallara uygun olan. **2.**uygulama veya benzetme yoluyla olan.

قیاصره kayâsere: (A.) kayserler, Roma ve Bizans imparatorları.

قیافت kıyâfet: (A.) **1.**kılık, görünüm. **2.**biçim, şekil.

قیافت نامه kıyâfetnâme (A.-F.) [kıyâfet+ nâme] kıyafet kitabı.

قیافه kıyâfe: (A.) **1.**kıyafet, görünüş, kılık, görünüm. **2.**yüz, sima, çehre. ‖ * ~ -i ciddî be hod giriften قیافهء جدی به خود گرفتن ciddîleşmek, tavır takınmak. ‖ * ~ -i çîzî be vucûd âverden قیافهء چیزی به وجود آوردن şekle bürünmek, şekle girmek. ‖ * ~ -i kesî derhem reften قیافهء کسی درهم رفتن keyfi kaçmak. ‖ * ~ -i kesî ez hem bâz şoden قیافهء کسی از هم باز شدن hali iyileşmek, kendine gelmek, düzelmek. ‖ * ~ -i kesî râ giriften قیافهء کسی را گرفتن birinin tavrını takınmak.

قیافه پیدا کردن kıyâfe peydâ kerden: hale düşmek, hal almak, kılığa girmek.

قیافه گرفتن kıyâfe giriften: surat yapmak.

قیام kıyâm: (A.) **1.**ayağa kalkma. **2.**namazdaki ayakta durulan bölüm. **3.**ayaklanma, isyan. **4.**ölümden sonra diriliş.

قیامت kıyâmet: (A.) **1.**kıyamet bütün ölenlerin dirilerek mahşerde toplanacağı zaman. **2.**kalkış. **3.**kavga. **3.**yaygara. **4.**çok güzel. ‖ * ~ ber pâ şoden قیامت بر پا شدن kıyamet kopmak. ‖ * ~ ber pâ kerden قیامت بر پا کردن kıyameti koparmak.

قیامت زمان kıyâmetzemân: (A.) [kıyâmet+zemân] **1.**kıyamet zamanı. **2.**kıyamet zamanı gibi hareketli.

قیامت شدن kıyâmet şoden: kıyamet kopmak.

قیامت قد kıyâmetkad: (A.) [kıyâmet+ kadd] güzel ve düzgün boylu.

قیامت کردن kıyâmet kerden: kıyameti koparmak.

قیامت نمون kıyâmetnumûn (A.-F.) [kıyâmet+ numûden> numûn] kıyamet kopan, kıyamet kalkan.

قیام کردن kıyâm kerden: **1.**kalkmak. **2.**ayaklanmak, başkaldırmak. **3.**icra etmek. **4.**meşgul olmak, ilgilenmek. **5.**kalkışmak, girişmek. **6.**hareket etmek, yola çıkmak. ‖ * ~ ber zidd-i kesî قیام کردن بر ضد کسی birine karşı cephe almak.

قیپ kîp: dolu.

قیچی keyçi, kıyçi: (T.) makas.

قیچی زدن keyçi zeden, kıyçi zeden: makasla kesmek, makas atmak.

قیچی کردن kıyçi kerden: kesmek, makasla kesmek, makaslamak.

قیح kayh: (A.) irin.

قیح kîh: (A.) irin, cerahat.

قید kayd: (A.) **1.**pranga. **2.**bukağı. **3.**bağ, zincir. **4.**bağlama, zincirleme. **5.**bağlanma, zincirlenme. **6.**deftere kayıt düşürme, kayıt yapma. **7.**belirleme, sınırlama. **8.**yazma. **9.**yazılma. **10.**kaygı. **11.**zarf. **12.**zikretme, belirtme. **13.**heves. **14.**yazılı bilgi. **15.**şiir. ‖ * be ~ âverden به قید آوردن zincire vurmak. ‖ * be ~ -i kesî mânden به قید کسی ماندن **1.**birinin tutsağı olmak. **2.**birine aşık olmak.

قیدبند kaydbend: (A.-F.) [kayd+besten> bend] kale, hisar.

قیدخانه kaydhâne: (A.-F.) [kayd+hâne] hapishane, zindan.

قید زدن kayd zeden: bağlamak, bir işi halletmek.

قیدساز kaydsâz: (A.-F.) [kayd+sâhten> sâz] (gr.) zarf yapan.

قیر kîr: (Yun.) **1.**(kim.) katran. **2.**zifiri siyah.

قیر آسا kîrâsâ: (Yun.-F.) [kîr+âsâ] katran gibi, katranımsı, simsiyah.

قیراط kîrât: (Yun.) kırat, 1/24 miskallik bir ağırlık birimi, karat.

قیراندود kîrendûd: (Yun.-F.) [kîr+ endûden> endûd] katranlı.

قیراندود شدن kîrendûd şoden: ziftlenmek, katranlanmak.

قیراندود کردن kîrendûd kerden: ziftlemek, katranlamak.

قیر ریختن kîr rîhten: ziftlemek, katran dökmek.

قیرفام kîrfâm (A.-F.) [kîr+fâm] katran rengi, simsiyah.

قیرگون kîrgûn: (Yun.-F.) [kîr+gûn] zifiri, zifiri siyah, katranımsı, kapkara.

قیروان kayrevân: **1.**(coğ.) Kayrevan. **2.**batı. **3.**kervan. ‖ * ~ tâ be ~ قیروان تا به قیروان doğudan batıya kadar.

قیروانیه kayrevâniyye: (A.) Kayrevan okulu, Kirene okulu.

قیس kays: (A.) **1.** erkek adı. **2.**Leyla ile Mecnun hikayesinde Mecnun'un adı.

قیسی kaysî: **1.**(bot.) kayısı. **2.**kayısı kurusu.

قیش kayş, kıyş: (T.) **1.**kayış. **2.**ustura kayışı.

قیشلاغ kışlağ: (T.-Moğ.) kışlak.

قیشلامیشی kışlamişi: (T.) kışlağa gitme.

قیشلامیشی رفتن kışlamişi reften: kışlağa gitmek.

قیشور kayşûr: (A.-Yun.) ponza taşı.

قیصر kayser: (A.-Yun.) Roma ve Bizans imparatorlarına verilen ad, sezar.

قیصری kayserî: (A.-Yun.-F.) [kayser+î] kayserlik, sezarlık.

قیصریه kayseriyye: (A.-Yun.) **1.**(coğ.) kayser ile ilgili, sezar ile ilgili. **2.**Kayseri. ‖ * ameliyyât-i ~ عملیات قیصریه sezariyen ameliyat.

قیصوم kaysûm: (A.) (bot.) karapelin otu.

قیطان kaytân: (A.) **1.**ince burmalı bıyık. **2.**ince burma ip. ‖ * sibîl-i ~ سبیل قیطان kaytan bıyık.

قیطان دوزی kaytândûzî: (A.-F.) [kaytân+ dûhten>dûz+î] kaytancılık.

قیطس kaytus: (A.) yıldız kümesi.

قیطس kıytas: (A.) balina balığı.

قیطسیه kıytasiyye: (A.) balinagiller.

قیف kîf: huni.

قیفی kîfî: [kîf+î] (mat.) konik.

قیق kayk: (A.) **1.**gıdaklama. **2.**çığlık.

قیقاج kaykâc: (T.) **1.**kaygan. **2.**meyilli, eğimli.

قیق کردن kayk kerden: **1.**gıdaklamak. **2.**horoz ötmek.

قی کردن kay kerden: kusmak.

قیل kîl: (A.) söz.

قیل و قال kîl u kâl: **1.**dedikodu. **2.**gürültü patırtı, kargaşa, yaygara, hengame.

قیل و قال کردن kîl u kâl kerden: dedikodu etmek, ağız kavgası

yapmak.

قيلوله kaylûle: **1.**şekerleme, öğle uykusu. **2.**kestirme, şekerli sıcak su.

(قيلى ويلى رفتن (دل كسى kîlî vîlî reften (dil-i kesî) çok sevinmek.

قيم kayyim: (A.) **1.**doğru. **2.**kayyim, mütevelli. **3.**cami hizmetçisi.

قيم kıyem: (A.) kıymetler, değerler.

قيماق kaymak: (T.-Moğ.) kaymak.

قيمت kıymet: (A.) **1.**kıymet, değer. **2.**fiyat, ederi. **3.**onur, saygınlık. **4.**bayan adı. ‖ * ta'dîl-i ~ hâ تعديل قيمت ها fiyat ayarlaması. ‖ * tesbît-i ~ hâ تثبيت قيمت ها fiyatların dondurulması.

قيمت آگاه kıymetâgâh (A.-F.) [kıymet+ âgâh] değerbilir.

قيمت بيان kıymetbeyân: (A.) [kıymet+ beyân] değerli, kıymetli.

قيمت تخمين زدن kıymet tahmîn zeden: **1.**değer biçmek. **2.**fiyat vermek.

قيمتدار kıymetdâr (A.-F.) [kıymet+ dâşten>dâr] değerli, kıymetli.

قيمت سنج kıymetsenc: (A.-F.) [kıymet+ sencîden>senc] kıymet biçen, ekspert.

قيمت شناس kıymetşinâs (A.-F.) [kıymet+ şinâhten> şinâs] değerbilir, kıymetbilir.

قيمتمند kıymetmend: (A.-F.) [kıymet+ mend] değerli, kıymetli.

قيمت ناشناس kıymetnâşinâs (A.-F.) [kıymet+nâ+ şinâhten >şinâs] değer bilmez, kıymet bilmez.

قيمتى kıymetî: (A.-F.) [kıymet+î] değerli, kıymetli.

قيمومت kaymûmet: (A.) manda idaresi.

قيمه kayme: (T.-Moğ.) kıyma. ‖ * ~ vu kurme kerden قيمه و قرمه كردن canına kasdetmek.

قيمه پلو kaymepolov: (T.-Moğ.-F.) kıymalı pilav.

قيمه قيمه كردن kayme kayme kerden: **1.**küçük küçük kesmek, doğramak. **2.**çok yaralamak, delik deşik etmek.

قيمه كردن kayme kerden: doğramak.

قيمى kıyemî: (A.) az bulunur değerli nesne, kıymetli nesne.

قيميات kıyemiyyât: (A.) değerli olan şeyler.

قين kayn: (T.) işkence, azap.

قيوح kuyûh: (A.) irinler.

قيود kuyûd: (A.) **1.**kayıtlar. **2.**bağlar. **3.**(gr.) zarflar. **4.**deftere geçirmeler.

قيودات kuyûdât: (A.) **1.**kayıtlar. **2.**resmî kayıt defteri, resmî yazışma defteri.

قيوم kayyûm: (A.) **1.**zâtı ile kâim. **2.**mütevelli. **3.**cami hizmetçisi. **4.**Tanrı'nın sıfatlarından biri.

قيومى kayyûmî: (A.-F.) [kayyûm+î] kayyumluk.

قيوميت kayyûmiyyet: (A.) **1.**kayyumluk. **2.**zatı ile kâim olma. **3.**özdenlik, aseite.

قيه kıyye: (A.) [<ûkiyye, vukye] okka.

قيه كشيدن kıye keşîden: çığlık atmak.

ک

ک kâf: **1.**K, k. Farsça alfabenin yirmi beşinci harfi. **2.**Ebced sistemine göre sayısal değeri: yirmi. **3.**Farsçada küçültme bildiren son ek. ‖ * ~ -i arabî · کاف عربی Arap alfabesindeki kef harfi. ‖ * ~ -i fârsî · کاف فارسی Farsçadaki gâf harfi. ‖ * ~ -i levlâk کاف لولاک Hz. Muhammed.

ک ek: **1.**(gr.) küçültme eki: -cak, -cağız. **2.**(gr.) hakaret bildiren son ek.

ک ke: (A.) gibi. ‖ * ~ levvel كالأول önceki gibi. ‖ * ~ mâ fissâbık كما فى السابق eski-den olduğu gibi, önceki gibi. ‖ * ~ enne كأن sanki. ‖ * ~ ennehu كأنه sanki.

کآخر kiâhir: (F.-A.) [ki+âhir] sonunda.

کا kâ: eski Mısırlılarda ebedî ruh.

کائن kâ'in: (A.) **1.**bulunan, yer alan. **2.**mevcut.

کائنات kâ'inât: (A.) evren, kâinat.

کائنات افروز kâinâtefrûz (A.-F.) [kâ'inât+ efrûhten> efrûz] **1.**evreni parlatan. **2.**güneş.

کائوچوک kauçuk: (Fr.) kauçuk.

کائولن kaolen: (Fr.) kaolen.

کاباره kabare: (Fr.) **1.**kabare, meyhane. **2.**gazino.

کابر kâbir: (A.) ulu, yüce, büyük.

کابراً عن کابر kâbiren an kâbir: (A.) büyükten büyüğe.

کابل kabl: (Fr.) kablo.

کابل kâbol: (coğ.) Kâbil, Afganistan'ın başkenti.

کابلی kâbolî: [kâbol+î] Kâbilli.

کابن kâbin: mehir, damat tarafından geline verilen ağırlık.

کابوس kâbûs: (Lat.) karabasan, kâbus. ‖ * por ez ~ kerden پر از کابوس کردن karabasan boğmak, kâbusla doldurmak.

کابوک kâbûk: **1.**kuş yuvası. **2.**güvercinlik.

کابول kâbul: (coğ.) Kâbil.

کابولی kâbûlî: [kâbûl+î] Kâbilli.

کابولی kâbûlî: helîle meyvesi.

كابة kâbet: (A.) ızdırap.

کابیدن kâbîden: kazımak, yontmak, tıraşlamak.

کابیله kâbîle: **1.**havan. **2.**taş havan.

کابین kabin: (Fr.) kabin, kamara. ‖ * ~ -i hevâpeymâ کابین هواپیما uçak kabini, kokpit.

کابین kâbin: mehir, nikâh akçesi, damat tarafından geline verilen ağırlık.

کابین خواستن kâbin hâsten: mehir istemek.

کابین دادن kâbin dâden: mehir vermek.

کابین کردن kâbin kerden: nikâh kıymak.

کابینه kabine: (Fr.) **1.**kabine, bakanlar kurulu. **2.**çalışma odası. **3.**özel kalem.

کاپ kap: (İng.) **1.**fincan. **2.**(sp.) kupa.

کاپوت kaput: (Fr.) **1.**karoseri. **2.**prezervatif, kaput.

کاپیتال kapital: (Fr.) kapital.

کاپیتالیست kapitalist: (Fr.) kapitalist.

کاپیتالیسم kapitalism: (Fr.) kapitalizm.

کاپیتان kapitan: (Fr.) **1.**kaptan. **2.**(sp.) takım kaptanı.

کاپیتولاسیون kapitulasyon: (Fr.) kapitülasyon.

کات kât: (kim.) zaç.

کاتالگ katalog: (Fr.) katalog.

کاتالوگ katalog: (Fr.) katalog.

کاتب kâtib: (A.) **1.**yazıcı, kâtip.

2.müstensih. ‖ * ~ -i adl كاتب عدل noter. ‖ * ~ -i umûmî كاتب عمومی genel sekreter, genel yazman.

كاتب الحروف kâtibulhurûf: (A.) bu satırların yazarı, bu eserin yazarı.

كاتبانه kâtibâne (A.-F.) [kâtib+âne] katip gibi, yazı kurallarına göre.

كاتبی kâtibî: (A.-F.) [kâtib+î] 1.kâtiplik, 2.yazıcılık. 3.Fars edebiyatında ün salmış bir şair. 4.Osmanlı askerlerinin giydikleri külah ve kavuk çeşitlerinden biri.

كاتد katod: (Fr.) (fiz.) katod.

كاتم kâtim: (A.) 1.sır saklayan. 2.örtülü.

كاتوره kâtûre: şaşkın.

كاتوزی kâtûzî: dindar.

كاتوليک katolik: (Fr.) katolik. ‖ * ~ ter ez pap şoden كاتوليک تر از پاپ شدن kraldan çok kralcı olmak.

كاثر kâsir: (A.) 1.bol, çok. 2.çok olan, çoğalan.

كاج kâc: keşke.

كاج kâc (bot.) çam.

كاج خوردن kâc horden: tokat yemek, sille yemek.

كاجستان kâcistân: [kâc+istân] çamlık.

كاجيره kâcîre (bot.) yalancı safran.

كاچ kâç: keşke.

كاچار kâçâr: ev aletleri, avadanlık.

كاچک kâçek: çene.

كاچول كردن kâçûl kerden: kıç oynatmak.

كاچه kâçe: 1.çene. 2.neşe, hoşluk.

كاچی kâçî: [kâç+î] bir tür un helvası.

كاخ kâh: 1.kasır, köşk. 2.yağmur. 3.saray. 4.tek göz dam. 5.yüksek bina.

كاخ نشين kâhnişîn: [kâh+nişesten>nişîn] 1.şah, emir, padişah. 2.kasırda oturan.

كاد kâd: (A.) mahzunluk.

كاد kâd: hırs.

كادر kadr: (Fr.) kadro.

كادو kado: (Fr.) hediye.

كادی kâdî: (A.) (bot.) tek çenekliler ailesine mensup bir bitki.

كاذب kâzib: (A.) 1.yalancı, aldatıcı. 2.yalan, uydurma.

كاذبه kâzibe: (A.) yalancı kadın.

كار kâr (Sans.-Peh.) 1.iş. 2.sanat, hüner. 3.ibadet. 4.tavır. 5.çalışma. 6.kötü olay. 7.savaş. 8.hacet. 9.geçim. 10.doku. 11.zina. 12.(sp.) güreş. 13.kazanç. 14.etki etme, işleme. 15.musikî formû, kâr. 16.alışveriş, ilgi. ‖ * ~ be cân âmeden كار به جان آمدن canına yetmek, bıçak kemiğe dayanmak. ‖ * ~ be cân-i kesî resîden كار به جان كسی رسيدن canına yetmek, bıkmak usanmak. ‖ * ~ be hodâ oftâden كار به خدا افتادن iş Allah'a kalmak. ‖ * ~ be gûşe çîden كار به گوشه چيدن unutmak. ‖ * ~ be nevbet كاربنوبت iş zamanı, iş sırası. ‖ * ~ ber hem zeden كار برهم زدن işi bozmak. ‖ * ~ ber ser-i kesî âsân kerden كار بر سر كسی آسان كردن birinin işini kolaylaştırmak. ‖ * ~ ber ser-i kesî teng kerden كار بر سر كسی تنگ كردن birinin işini zorlaştırmak. ‖ * ~ ez ~ gozeşten كار از كار گذشتن iş işten geçmek. ‖ * ~ ez dest-i kesî ber âmeden كار از دست كسی بر آمدن elinden işgelmek. ‖ * ~ hâbîden كار خوابيدن işler kesat gitmek, pazar kesat olmak. ‖ * ~ î be çîzî dâşten كاری به چيزی داشتن ilgisi olmak. ‖ * ~ î ez ~ gozeşte كاری از كار گذشته iş işten geçmiş. ‖ * ~ î ez kesî sâhte bûden كاری از كسی ساخته بودن elinden bir şey gelmek. ‖ * ~ î râ pîş borden كاری را پيش بردن bir işi yoluna koymak, bir işi halletmek. ‖ * ~ î râ temâm kerden كاری را تمام كردن bir işi bitirmek. ‖ * ~ râ be zemîn gozâşten كار را بزمين گذاشتن işi olduğu gibi bırakmak, işi yüz üstü bırakmak. ‖ * ~ râ çâk kerden كار را چاق كردن işi yoluna koymak. ‖ * ~ râ muhkem kerden كار را محكم كردن bir işi sağlama almak. ‖ * ~ râ sâhten كار را ساختن işi ayarlamak. ‖ * ~ râ vâpes efkenden كار را واپس افكندن bir işi sallamak, bir işi geciktirmek. ‖ * ~ râ vâpes endâhten کار را واپس انداختن bir işi sallamak, bir işi geciktirmek. ‖ * ~ resîden kesî râ کار رسیدن کسی را bir iş birine lâyık olmak. ‖ * ~ u bâr کار و بار iş güç. ‖ * ~ u kâsibî کار و کاسبی iş güç, uğraşı, meslek. ‖ * ~ u kesb کار و کسب çalışıp çabalama, iş güç. ‖ * ~ -i âb u gil کار آب و گل onarım. ‖ * ~ -i beste کار بسته olmayacak şey. ‖ * ~ -i abes کار عبث anlamsız iş, saçma sapan iş. ‖ * ~ -i âkil کار عاقل akıllı insan işi. ‖ * ~ -i âkilâne کار عاقلانه akıllıca iş. ‖ * ~ -i akl کار عقل akıl işi, akla uygun, makul. ‖ * ~ -i destî کار دستی el işi, el sanatı. ‖ * ~ -i ez sâz refte کار از ساز رفته düzensiz. ‖ * ~ -i furûbeste کار فروبسته olmayacak şey, tıkanıp kalmış iş. ‖ * ~ -i hod râ kerden کار خود را کردن yapacağını yapmak. ‖ * ~ -i hîş râ kerden کار خویش را کردن yapacağını yapmak. ‖ * ~ -i kesî bâlâ giriften کار کسی بالا گرفتن işi yoluna girmek, işi canlılık kazanmak. ‖ * ~ -i kesî be câyî oftâden کار کسی بجایی افتادن işi bir şeye kalmak, işi bir yere düşmek. ‖ * ~ -i kesî be nevâ şoden کار کسی به نوا شدن işi yoluna girmek. ‖ * ~ -i kesî be ser reften کار کسی بسر رفتن işi bitmek, işi sona ermek. ‖ * ~ -i kesî giriften کار کسی گرفتن işi yaver gitmek. ‖ * ~ -i kesî teng giriften کار کسی تنگ گرفتن işi sıkışmak. ‖ * ~ -i kesî râ temâm sâhten کار کسی را تمام ساختن birinin işini bitirmek. ‖ * ~ -i kesî râst ber âmeden کار کسی راست بر آمدن birinin işi yolunda gitmek, birinin işi rast gitmek. ‖ * ~ -i kesî reften کار کسی رفتن işi rast gitmek, işi yolunda olmak. ‖ * ~ -i kesî zâr bûden کار کسی زار بودن birinin işi iş olmak, birinin başı belada olmak. ‖ * ~ -i mâ bâ hodâst کار ما با خداست işimiz Allah'a kalmış. ‖ * ~ -i nâhemvâr کار ناهموار uygunsuz iş, uygunsuz meslek. ‖ * be akab-i ~ -i hod reften به عقب کار خود رفتن işine gitmek. ‖ * be ~ âmede به کار آمده deneyimli, tecrübeli. ‖ * be ~ âmeden به کار آمدن işe yaramak. ‖ * be ~ âverden به کار آوردن kullanmak. ‖ * be ~ besten به کار بستن **1.**kullanmak. **2.**uygulamak, gerçekleştirmek. ‖ * be ~ borden به کار بردن kullanmak. ‖ * be ~ bûden به کار بودن **1.**lâzım olmak, zorunlu olmak. **2.**işe yaramak. ‖ * be ~ dâden به کار دادن iş vermek. ‖ * be ~ dâşten به کار داشتن kullanmak. ‖ * be ~ endâhten به کار انداختن çalıştırmak, kullanmak, işe koşmak. ‖ * be ~ giriften به کار گرفتن kullanmak. ‖ * be ~ gomârde şoden به کار گمارده شدن işe alınmak. ‖ * be ~ gomâşten به کار گماشتن işe koymak, işe yerleştirmek. ‖ * be ~ horden به کار خوردن işe yaramak. ‖ * be ~ -i kesî der bûden به کار کسی در بودن birine çalışmak. ‖ * be ~ keşîden به کار کشیدن işe koşmak. ‖ * be ~ oftâden به کار افتادن **1.**kullanılmak. **2.**çalışmak. ‖ * be ~ reften به کار رفتن kullanılmak. ‖ * be ~ resîden به کار رسیدن işe bakmak, işle ilgilenmek. ‖ * be ~ zeden به کار زدن kullanmak. ‖ * be sâz-i ~ î kûşîden به ساز کاری کوشیدن bir işe hazırlanmak. ‖ * ber ~ bûden بر کار بودن işe yaramak. ‖ * ber ser-i ~ âverden بر سر کار آوردن **1.**teşvik etmek. **2.**iş başına getirmek. ‖ * berg-i ~ î râ sâhten برگ کاری را ساختن bir işi için hazırlanmak, bir işe soyunmak. ‖ * der ~ kerden در کار کردن gerçekleştirmek, ortaya koymak. ‖ * der ~ -i kesî bûden در کار کسی بودن birinin işiyle uğraşmak. ‖ * der ~ keşîden در کار کشیدن uygulamak, uygulamaya sokmak. ‖ * dest be ~ î zeden دست به کاری زدن bir işe el atmak. ‖

* ez ~ bâz mânden از کار باز ماندن yorulmak, tükenmek. ‖ * ez ~ beder âmeden از کار بدر آمدن bir işin üstesinden gelmek. ‖ * ez ~ ber kenâr kerden از کار برکنار کردن görevden almak. ‖ * ez ~ ber kenâr şoden از کار بر کنار شدن görevden alınmak. ‖ * ez ~ borden از کار بردن işsiz bırakmak. ‖ * ez ~ oftâde از کار افتاده zayıf, halsiz. ‖ * ez ~ oftâden از کار افتادن çalışamaz duruma gelmek, çaptan düşmek, işe yaramaz hale gelmek, halsiz düşmek, halsiz kalmak. ‖ * ez ~ reften از کار رفتن pörsümek. ‖ * ez zîr-i ~ der reften از زیر کار رفتن işten kaçmak. ‖ * pey-i ~ î giriften پی کار گرفتن iş üstünde yakalamak, cürmü meşhud yapmak. ‖ * pey-i ~ reften پی کار رفتن işine gitmek. ‖ * ser-i ~ reften سر کار رفتن **1.**işe gitmek. **2.**kendi işiyle ilgilenmek. ‖ * vezîr-i ~ وزیر کار çalışma bakanı. ‖ * vizâret-i ~ وزارت کار çalışma bakanlığı.

کار آراستن kâr ârâsten: hazırlamak.

کارآزما kârâzmâ: [kâr+âzmûden>âzmâ] deneyimli, iş deneyimi olan.

کار آزمایی kârâzmâyî: [kâr+âzmûden> âzmây+î] deneyim, tecrübe.

کارآزمودگی kârâzmûdegî: [kâr+ âzmûden> âzmûd+e+ g+î] **1.**deneyim, iş tecrübesi. **2.**beceri.

کار آزموده kârâzmûde: [kâr+âzmûden> âzmûd+e] **1.**deneyimli, tecrübeli. **2.**becerikli.

کارآشنا kârâşnâ: [kâr+âşnâ] işbilir, uzman, işin ehli.

کارآشنایان kârâşnâyân: [kâr+âşnâ+y+ân] işbilirler, uzmanlar, işin ehli olanlar.

کارآشنایی kârâşnâyî: [kâr+âşnâ+y+î] işbilirlik, uzmanlık.

کار آفرین kârâferîn: [kâr+âferîden> âferîn] **1.**iş çıkaran. **2.**Tanrı.

کار آگاه kârâgâh: [kâr+âgâh] **1.**işbilir. **2.**dedektif. **3.**casus. **4.**sarraf. ‖ * ~ - i cinâî کار آگاه جنائی cinayet masası dedektifi.

کار آمد kârâmed: [kâr+âmeden>âmed] **1.**haberli. **2.**casus. **3.**becerikli. **4.**faal. **5.**işe yarar.

کار آموز kârâmûz: [kâr+âmûhten>âmûz] stajiyer.

کار آموزی kârâmûzî: [kâr+âmûhten> âmûz+î] stajiyerlik.

کار آیی kârâyî: [kâr+âmeden>ây+î] **1.**geçerlilik. **2.**verim.

کارائی kârâ'î: [kâr+âmeden>â+'î] **1.**geçerlilik. **2.**verim.

کارابین karabin: (Fr.) (ask.) karabina.

کاراته karate: (Jap.) (sp.) karate.

کاراته باز karatebâz: (Jap.-F.) [karate+ bâhten>bâz] (sp.) karateci.

کار افتادگی kâroftâdegî: [kâr+oftâden> oftâd+e+g+î] olay çıkması, sorun çıkması.

کار افتادن kâr oftâden: sorun çıkmak, birinin başına iş gelmek.

کار افتاده kâroftâde: [kâr+oftâden> oftâd+e] deneyimli, tecrübeli, görmüş geçirmiş.

کار افزایی kârefzâyî: [kâr+efzûden> efzây+î] iş çıkarma, sorun çıkarma.

کار افزایی کردن kârefzâyî kerden: **1.**borun çıkarmak, iş çıkarmak, birinin işini güçleştirmek. **2.**bahane bulmak.

کارامل karamel: (Fr.) karamel.

کارانیدن kârânîden: **1.**iş vermek. **2.**çalıştırmak.

کاربان kârbân: kervan.

کاربان سرای kârbânserây: [kârbân+serây] kervansaray.

کاربر kârbor: [kâr+borden>bor] işbitiren, iş halleden.

کار بر آراستن kâr ber ârâsten: işleri düzene koymak.

کار بر آمدن kâr ber âmeden: hasıl olmak, bir iş yoluna girmek.

کار بر آوردن kâr ber âverden: iş bitirmek.

کاربرد kârbord: [kâr+borden>bord] **1.**uygulama. **2.**kullanış, kullanılış, kullanım.

کار بردن kâr borden: **1.**kullanmak.

2.düzene koymak. ‖ * be ~ به کار بردن kullanmak.

کاربردی kârbordî: [kâr+borden>bord+î] uygulamalı.

کار بر گزاردن kâr ber gozârden: iş bitirmek, bir işi düzene sokmak.

کار بستن kâr besten: **1.**kullanmak. **2.**iş bitirmek, bir işi düzene sokmak.

کاربن karbon: (Fr.) (kim.) karbon.

کاربنات karbonat: (Fr.) (kim.) karbonat.

کاربند kârbend: [kâr+besten>bend] **1.**uygulayan. **2.**kullanan. **3.**işçi. **4.**itaatli.

کاربوراتور karburator: (Fr.) karbüratör.

کاربین kârbîn: [kâr+dîden>bîn] iş bilir, uzman.

کار پختن kâr pohten: hazır olmak, hazır hale gelmek.

کارپذیر kârpezîr: [kâr+pezîroften>pezîr] **1.**etkilenen. **2.**iş alan.

کارپرداز kârperdâz: [kâr+perdâhten> perdâz] **1.**konsolos. **2.**işletme müdürü, genel hizmetler müdürü.

کارپردازخانه kârperdâzhâne: [kâr+ perdâhten>perdâz+hâne] işletme müdürlüğü, genel hizmetler müdürlüğü.

کارپردازی kârperdâzî: [kâr+perdâhten> perdâz+î] genel hizmetler müdürlüğü.

کارپرورد kârperverd: [kâr+perverden> perverd] iş yapan, çalışan, becerikli.

کار پیدا کردن kâr peydâ kerden: iş bulmak.

کارت kart: (Fr.) **1.**kart. **2.**kartvizit. **3.**iskambil kartı. **4.**belge. ‖ * ~ postal کارت پستال kartpostal. ‖ * ~ -i da'vet کارت دعوت davetiye. ‖ * ~ -i da'vet-i ıkd کارت دعوت عقد nikâh davetiyesi. ‖ * ~ -i garanti کارت گارانتی garanti belgesi. ‖ * ~ -i habernigârî کارت خبرنگاری basın kartı. ‖ * ~ -i tebrîk کارت تبریک tebrik kartı. ‖ * ~ -i uzviyyet کارت عضویت üyelik kartı.

کار تراشیدن kâr terâşîden: iş bulmak.

کارتل kartil: (Fr.-İng.) kartel.

کارتن karton: (Fr.) karton, mukavva. ‖ * film-i ~ فیلم کارتن çizgi film.

کار جستن kâr costen: iş aramak.

کارجو kârcû: [kâr+costen>cû] **1.**iş arayan. **2.**muhabir.

کار چاق کن kârçâkkon: [kâr+çâk+ kerden> kon] tellal.

کار چاق کنی kârçâkkonî: [kâr+çâk+ kerden>kon+î] tellallık.

کارخانجات kârhânecât: (F.-A.) [kârhâne+ c+ât] fabrikalar.

کارخانه kârhâne: [kâr+hâne] **1.**fabrika. **2.**atölye, işlik. **3.**büyük mutfak. **4.**resim atölyesi. **5.**(mec.) dünya. **6.**meyhane. **7.**süt fabrikası. **8.**genelev, kerhâne. (Türk dilinde) ‖ * ~ -i âbşîrînkonî کارخانهء آب شیرین کنی su arıtma tesisi.

کارخانه چی kârhâneçi: (F.-T.) [kârhâne+ çi] **1.**fabrikatör. **2.**fabrika müdürü.

کارخانه دار kârhânedâr: [kârhâne+ dâşten> dâr] fabrikatör.

کارد kârd: (Peh.) bıçak, çakı. ‖ * ~ be ustuhân resîden کارد به استخوان رسیدن bıçak kemiğe dayanmak. ‖ * ~ tu çeşmhâyem behored کارد تو چشمهایم بخورد iki gözüm önüme aksın! ‖ * ~ -i cerrâh کارد جراح (tıb.) neşter, bisturi. ‖ * ~ -i kalem کارد قلم kalemtıraş. ‖ * ~ -i kassâbî کارد قصابی satır. ‖ * be ~ resânden به کارد رساندن kesmek.

کار دادن kâr dâden: iş vermek.

کاردار kârdâr: [târ+dâşten>dâr] **1.**vali. **2.**vekil. **3.**maslahatgüzar, sefir vekili.

کارداری kârdârî: [kâr+dâşten>dâr+î] **1.**vekillik. **2.**maslahatgüzarlık.

کار داشتن kâr dâşten: **1.**işi olmak. **2.**meşgul olmak. **3.**birini istemek, biriyle görüşmek istemek. ‖ * ~ bâ kesî کار داشتن با کسی biriyle görüşmek istemek, birini aramak.

کاردان kârdân: [kâr+dânisten>dân] **1.**iş bilir, işinin ehli. **2.**hizmetçi.

3.vezir.

کاردانی kârdânî: [kâr+dânisten>dân+î] 1.iş bilirlik, işinin ehli olma. 2.hizmetçilik. 3.vezirlik.

کارد بر کشیدن kârd ber keşîden: bıçak çekmek.

کارد تیز کردن kârd tîz kerden: bıçak bilemek.

کارد تیزکن kârdtîzkon: [kârd+tîz+kerden>kon] masat.

کارد خوردن kârd horden: bıçaklanmak.

کارد زدن kard zeden: bıçaklamak.

کارد کشیدن kârd keşîden: bıçak çekmek.

کاردگر kârdger: [kârd+ger] bıçakçı.

کاردو kârdu: 1.(bot.) hurma çiçeği. 2.yün kırkma.

کاردیدگی kârdîdegî: [kâr+dîden>dîde+g+î] deneyim, tecrübe.

کاردیده kârdîde: [kâr+dîden>dîd+e] deneyimli, tecrübeli.

کاردینال kardinal: (Fr.) kardinal.

کاردینالی kardinalî: (Fr.-F.) [kardinal+î] kardinallik.

کارران kârrân: [kâr+rânden>rân] 1.vekil. 2.tellal. 3.iş bilir.

کار رفتن kâr reften: uygulanmak. ‖ * be ~ به کار رفتن kullanılmak.

کار روا kârrevâ: [kâr+revâ] 1.lâyık. 2.yararlı.

کارزار kârzâr: (Peh.) [kâr+zâr] 1.savaş. 2.savaş meydanı.

کارزار افتاده kârzâroftâde: [kârzâr+oftâden>oftâd+e] savaş tecrübesi olan.

کارزارجای kârzârcây: [kârzâr+cây] savaş meydanı.

کارزار رفتن kârzâr reften: 1.savaş çıkmak. 2.savaşa gitmek.

کارزار شکستن kârzâr şikesten: zafer kazanmak.

کارزار کردن kârzâr kerden: savaşmak.

کارزارگاه kârzârgâh: [kârzâr+gâh] savaş meydanı.

کارزاری kârzârî: [kârzâr+î] savaşçı, dövüşken.

کار زدن kâr zeden: kullanmak.

کارساخت kârsâht: [kâr+sâhten>sâht] iş hazırlığı.

کار ساختن kâr sâhten: 1.ön hazırlık yapmak. 2.öldürmek.

کارساز kârsâz: [kâr+sâhten>sâz] 1.iş yapan. 2.etken. 3.işlerine yoluna koyan. 4.vekil. 5.uygun.

کارساز آمدن kârsâz âmeden: işi yoluna girmek.

کارسازی kârsâzî: 1.iş yapma. 2.hazırlama. 3.hile. 4.işleri yoluna koyma.

کارسازی کردن kârsâzî kerden: borç ödemek.

کارستان kâristân: [kâr+istân] 1.iş yeri. 2.hikâye, serüven.

کار سراغ داشتن kâr sorâğ dâşten: işi olmak.

کارشکن kârşiken: [kâr+şikesten>şiken] 1.baltalayan. 2.dedikodu yapan, laf taşıyan.

کارشکنی kârşikenî: [kâr+şikesten>şiken+î] 1.baltalama, sabotaj.2.laf taşıma, dedikodu.

کارشکنی کردن kârşikenî kerden: baltalamak, sabote etmek.

کارشناس kârşinâs: [kâr+şinâhten>şinâs] 1.uzman. 2.akıllı. 3.müneccim.

کارشناسی kârşinâsî: [kâr+şinâhten>şinâs+î] 1.uzmanlık. 2.lisans. ‖ * ~-i erşed کارشناسی ارشد yüksek lisans. ‖ * dovre-i ~ دوره‌ٔ کارشناسی lisans programı.

کارطلب kârtaleb: [kâr+talebîden>taleb] 1.iş arayan. 2.(kin.) savaşçı, yiğit, bahadır.

کارطلبی kârtalebî: [kâr+talebîden>taleb+î] 1.iş arama. 2.(kin.) savaşçılık, yiğitlik, bahadırlık.

کارفرما kârfermâ: [kâr+fermûden>fermâ] 1.işveren. 2.ev eşyası.

کارفرمایی kârfermâyî: [kâr+fermûden>fermây+î] işverenlik.

کار فرمودن kâr fermûden: 1.iş vermek. 2.kullanmak. 3.angarya vermek.

کارکرد kârkerd: [kâr+kerden>kerd] 1.iş. 2.fonksiyon. 3.verim, randıman.

کار کردن kâr kerden: 1.çalışmak,

işlemek, iş yapmak. **2.**savaşmak. **3.**uğraşmak. **4.**etkilemek, tesir etmek.

كاركرده kârkerde: [kâr+kerden>kerd+e] **1.**çalışmış. **2.**iş yapmış. **3.**savaşmış. **4.**kullanılmış, köhne, eski.

كاركشته kârkoşte: [kâr+koşten>koşt+e] deneyimli, tecrübeli. **2.**usta.

كاركن kârkon: [kâr+kerden>kon] **1.**çalışan, personel. **2.**çalışkan. **3.**etkin, faal. **4.**(tıb.) müshil.

كاركنش kârkoniş: [kâr+kerden>kon+iş] **1.**çalışan. **2.**etkin, faal. **3.**çalışma.

كاركننده kârkonende: [kâr+kerden>kon+ ende] **1.**çalışan. **2.**âmil, etken, faktör.

كاركيا kârkiyâ: [kâr+kiyâ] **1.**padişah. **2.**işveren.

كاركيايى kârkiyâyî: [kâr+kiyâ+y+î] **1.**padişahlık. **2.**işverenlik.

كارگاه kârgâh: [kâr+gâh] **1.**işlik, atölye, iş yeri. **2.**resim atölyesi. **3.**köşk.

كارگاه درست كردن kârgâh dorost kerden: atölye açmak, iş kurmak.

كارگداز kârgodâz: [kâr+godâhten>godâz] iflas etmiş, müflis.

كارگذار kârgozâr: [kâr+gozârden>gozâr] iş bilir.

كار گذاردن kâr gozârden: iş yapmak.

كارگذارى kârgozârî: [kâr+gozârden> gozâr+î] işbilirlik, beceriklilik, elinden iş gelme.

كارگر kârger: [kâr+ger] **1.**işçi. **2.**etkili, işleyen, nüfuz eden. ‖ * ~ -i sâde كارگر ساده vasıfsız işçi.

كارگر آمدن kârger âmeden: tesir etmek, işlemek, etkilemek.

كارگر بودن kârger bûden: .işlemek, tesir etmek, etkili olmak. **2.**sonuç vermek.

كارگردان kârgerdân: [kâr+gerdânden> gerdân] **1.**rejisör. **2.**işletme müdürü.

كارگردانى kârgerdânî: [kâr+gerdânden> gerdân+î] **1.**rejisörlük. **2.**işletme müdürlüğü.

كارگر شدن kârger şoden: işlemek, etkilemek, tesir etmek.

كارگزار kârgozâr: [kâr+gozârden>gozâr] acenta, temsilci, mümessil.

كارگزارى kârgozârî: [kâr+gozârden> gozâr+î] **1.**acentalık, temsilcilik, mümessillik. **2.**komisyonculuk.

كارگزينى kârgozînî: [kâr+gozîden> gozîn+î] **1.**zat işi, özlük işi. **2.**işçi bulma kurumu.

كارگشا kârguşâ: [kâr+guşâden>guşâ] **1.**iş bitiren. **2.**tellal. **3.**komisyoncu.

كارگشايى كردن kârguşâyî kerden: **1.**komisyonculuk yapmak. **2.**tellallık yapmak.

كارگه kârgeh: [kâr+geh] işlik, iş yeri, çalışma yeri, atölye, resim atölyesi.

كارگير kârgîr: [kâr+giriften>gîr] **1.**iş tutan. **2.**mağara. **4.**kümbet.

كارگيرى kârgîrî: [kâr+giriften>gîr+î] **1.**kullanma. **2.**iş tutma.

كارمزد kârmozd: [kâr+mozd] **1.**ücret, el emeği. **2.**komisyon, muamele parası.

كارمند kârmend: [kâr+mend] **1.**çalışan, memur, işçi. **2.**üye, âza. ‖ * ~ -i dovletî كارمند دولتى devlet memuru.

كارمندى kârmendî: [kâr+mend+î] **1.**memurluk. **2.**üyelik.

كار نا آزموده kârnââzmûde: [kâr+nâ+ âzmûden>âzmûd+e] deneyimsiz, tecrübesiz.

كارناديده kârnâdîde: [kâr+nâ+dîden> dîd+e] deneyimsiz, tecrübesiz.

كارنامه kârnâme: [kâr+nâme] **1.**karne, okul karnesi. **2.**kişisel dosya, sicil dosyası. **3.**ilan. **4.**cevaz. **5.**irade. **6.**model, plan.

كارناوال karnaval: (Fr.) karnaval.

كارناوال راه انداختن karnaval râh endâhten: karnaval düzenlemek.

كارنگ kâreng: **1.**dalkavuk, yağcı. **2.**fasih.

کارنما kârnumâ: [kâr+numûden>numâ] 1.iş veren, iş buyuran. 2.ustalık çalışması.

کار نمودن kâr numûden: 1.iş göstermek. 2.iş yapmak, çalışmak.

کار نهادن kâr nihâden: iş vermek.

کاروان kârvân: (Peh.) 1.kervan. 2.vekil.

کاروانخانه kârvânhâne: [kârvân+hâne] kervansaray.

کاروان رو kârvânrov: [kârvân+reften> rev>rov] kervan yolu.

کاروان زدن kârvân zeden: kervan basmak, kervan vurmak.

کاروان زنی kârvânzenî: [kârvân+zeden> zen+î] kervan basma.

کاروان سالار kârvânsâlâr: [kârvân+sâlâr] kervancı, kervan başı.

کاروان سرا kârvânserâ: [kârvân+serâ] kervansaray, han.

کاروان سرای kârvânserây: [kârvân+ serây] kervansaray.

کاروان شکن kârvânşiken: [kârvân+ şikesten>şiken] kervan hırsızı.

کاروان کش kârvânkeş: [kârvân+keşîden> keş] kervancı.

کاروبار kârubâr: [kâr+u+bâr] iş güç, uğraşı.

کاروباری kârubârî: [kâr+u+bâr+î] tüccar.

کارورز kârverz: [kâr+verzîden>verz] 1.stajiyer. 2.çalışan, iş yapan.

کار وکیا kârukiyâ: [kâr+u+kiyâ] 1.iş. 2.padişahlık. 3.şan.

کاره kâre: [kâr+e] 1.iş sahibi. 2.odun yükü. 3.örümcek ağı. ‖ * çi ~ est? چه کاره است؟ ne iş yapar, mesleği nedir?

کاری kârî: (Peh.) [kâr+î] 1.çalışkan. 2.tesirli, etkili. 3.savaşçı, mücadeleci. 4.çevik.

کاریدن kârîden: çalışmak.

کاریدن kârîden: ekmek, dikmek.

کاریز kârîz: (Peh.) 1.kehriz, yer altında açılan su yolu. 2.yaprak dökümü. 3.su künkü.

کاریز کندن kârîz kenden: kehriz açmak.

کاریز کنی kârîzkenî: [kârîz+kenden> ken+î] kehriz açma.

کاریکاتور karikatur: (Fr.) karikatür.

کاریکاتوریست karikaturist: (Fr.) karikatürist, karikatürcü.

کاریکلماتور karikelimatur: (Fr.-A.) kelimelerle karikatür çizme.

کاریگر kârîger: [kâr+î+ger] 1.sanatkar. 2.işçi. 3.etkili.

کاز kâz: makas.

کازابلانکا kazablanka: (coğ.) Kazablanka.

کازرون kâzerûn: (coğ.) Kâzerun.

کازرونی kâzerûnî: [kâzerûn+î] Kâzerunlu.

کازه kâze: 1.sazlık ev. 2.ev. 3.kilise.

کازینو kazino: (Fr.) gazino.

کاژ kâj: 1.(bot.) çam ağacı. 2.şaşı. 3.eğri.

کاژی kâjî: [kâj+î] şaşılık.

کاس kâs: domuz.

کاس kâs: (müz.) kös.

کاس kâs: 1.kâse. 2.kadeh.

کاس kas: (Fr.) harf kasası.

کأس ke's: (A.) 1.çanak, kâse. 2.kadeh, içki kadehi. 3.çanak yaprak.

کاسات kâsât: (A.) çanaklar.

کاسانیه kâsâniyye: (A.) Kasânîlik tarikatı, Nakşibendîliğni bir kolu.

کاسب kâsib: (A.) 1.çalışan. 2.esnaf. 3.kazanan. ‖ * el ~ u habîbullah الکاسبحبیب الله çalışanı Tanrı sever.

کاسب کار kâsibkâr: (A.-F.) [kâsib+kâr] esnaf.

کاسبی kâsibî: (A.-F.) [kâsib+î] kazanç, alışveriş. ‖ * kâru ~ کار و کاسبی meslek.

کاست kâst: [kâsten>kâst] eksiklik, noksan. ‖ * bî kem u ~ بی کم و کاست tamı tamına, eksiksiz.

کاستار kâstâr: [kâsten>kâst+âr] 1.eksilten. 2.yalancı.

کاست کار kâstkâr: [kâst+kâr] yalancı.

کاست کردن kâst kerden: eksiltmek, azaltmak.

کاست گرفتن kâst giriften: 1.zayıflamak. 2.eksilmek, azalmak.

کاستگی kâstegî: [kâsten>kâst+e+g+î] 1.eksiklik, noksanlık. 2.kesatlık.

کاستن kâsten: (Peh.) 1.eksiltmek, azaltmak. 2.kısmak. 3.hesaptan düşmek. 4.(mat.) çıkarmak, çıkarma yapmak.

کاستنی kâstenî: [kâsten+î] 1.azalıcı. 2.azalabilir.

کاسته kâste: [kâsten>kâst+e] 1.eksik, noksan. 2.çıkarılmış.

کاسته شدن kâste şoden: 1.eksilmek, azalmak. 2.(mat.) çıkarılmak. 3.zarar görmek.

کاستی kâstî: [kâsten>kâst+î] 1.azlık, eksiklik, noksanlık. 2.zarar, ziyan. 3.eğrilik, sapma.

کاستیک سودا kastiksoda: (Fr.) (kim.) sudkostik.

کاسج kâsoc, kâsic (zool.) oklu kirpi.

کاسد kâsid: (A.) sürümsüz, geçersiz, kesat, durgun.

کاسر kâsir: (A.) kıran, kesen.

کاسر الاصنام kâsirulesnâm: (A.) putları kıran.

کاسر الحجر kâsirulhacer: (A.) 1. taş kıran. 2.kaya koruğu.

کاسک kâsek: [kâse+k] küçük kase.

کاسک kask: (Fr.) miğfer, kask.

کاسکت kaskit: (Fr.) kasket, şapka.

کاس کردن kâs kerden: bıktırmak, bezdirmek.

کاسل kâsil: (A.) tembel.

کاسنی kâsni (bot.) hindiba otu.

کاسه kâse: (A.) 1.kâse, kap, çanak. 2.kafatası. 3.kadeh, peymane. ‖ * ~ endâhten-i esb کاسه انداختن اسب eşinmek. ‖ * ~ ber kef dâşten کاسه بر کف داشتن dilenmek. ‖ * ~ der zîr-i nîm ~ bûden کاسه در زیر نیم کاسه بودن işin içinde iş olmak. ‖ * ~ hâ behem horden کاسه ها بهم خوردن kargaşa çıkmak, arbede çıkmak. ‖ * ~ vu kûze کاسه و کوزه ev eşyası. ‖ * ~ vu kûze ser-i kesî şikeste şoden کاسه و کوزه سر کسی شکسته شدن kabak başında patlamak. ‖ * ~ -i çeşm کاسهٔ چشم (tıb.) göz çukuru, göz evi. ‖ * ~ -i sabr-i kesî lebrîz şoden کاسهٔ صبر کسی لبریز شدن sabrı taşmak. ‖ * ~ -i ser کاسهٔ سر (tıp.) kafatası. ‖ * ~ -i zânû کاسهٔ زانو (tıb.) diz kapağı. ‖ * be ~ -i ser âb dâden به کاسهٔ سر آب دادن mahvetmek, telef etmek. ‖ * ez ~ bîrûn âmeden از کاسه بیرون آمدن pörtlemek.

کاسه باز kâsebâz: (A.-F.) [kâse+bâhten> bâz] 1.hilekâr, hokkabaz, düzenbaz. 2.parmak uçlarında kâse döndüren sanatçı.

کاسه بشقاب kâseboşkâb: (A.-T.) [kâse+ boşkâb] tabak.

کاسه بند kâsebend: [kâse+besten>bend] kırık çanakları tamir eden.

کاسه بند کردن kâse bend kerden: çanak yalamak, dalkavukluk yapmak.

کاسه پرداز kâseperdâz: (A.-F.) [kâse+ perdâhten>perdâz] obur.

کاسه پشت kâsepoşt: (A.-F.) [kâse+poşt] 1.(zool.) kaplumbağa. 2.(kin.) gökyüzü.

کاسه زدن kâse zeden (kin.) şarap içmek.

کاسه سیاه kâsesiyâh: (A.-F.) [kâse+ siyâh] cimri.

کاسه شدن kâse şoden: 1.kamburlaşmak. 2.(kin.) çabalamak.

کاسه کشیدن kâse keşîden: şarap içmek.

کاسه گر kâseger: [kâse+ger] çanakçı, kâseci.

کاسه گردان kâsegerdân: [kâse+ gerdânden> gerdân] kâse dolaştıran, içki kâsesi dolaştıran.

کاسه گرفتن kâse giriften: 1.şarap içmek. 2.tempo tutmak.

کاسه گیری kâsegîrî: [kâse+giriften> gîr+î] tempo tutma.

کاسه لیس kâselîs: [kâse+lîsîden>lîs] 1.dalkavuk, çanak yalayan, yardakçı, yalaka. 2.obur. 3.asalak.

کاسه لیسانه kâselîsâne: [kâse+lîsîden> lîs+âne] çanak yalayarak, dalkavukça.

کاسه لیسی kâselîsî: [kâse+lîsîden>lîs+î] çanak yalama, dalkavukluk.

کاسه نوشیدن kâse nûşîden: şarap içmek.

کاسی ke'sî: (A.) **1.**çanakla ilgili, kase ile ilgili. **2.**kadeh ile ilgili. **3.**çanaksı.

کاسیا kâsiya (bot.) acı ağaç.

کاش kâş: keşke.

کاشا kâşâ: keşke.

کاشالو kaşalo: (Fr.) (zool.) kaşalot.

کاشالوت kaşalot: (Fr.) (zool.) kaşalot.

کاشان kâşân: **1.**yuva. **2.**(coğ.) Kâşân.

کاشانه kâşâne: **1.**ev. **2.**köşk, malikane. **3.**yuva. **4.**yazlık ev. **5.**çatı odası. **6.**revak.

کاشانی kâşânî: [kâşân+î] Kâşânlı.

کاشت kâşt: [kâşten>kâşt] ekim, ekme, dikme, tarım, ziraat.

کاشتن kâşten: **1.**ekin ekmek, tohum saçmak. **2.**dikmek, ağaç vs. dikmek. ‖ * tohm-i edâvet ~ تخم عداوت کاشتن düşmanlık tohumu ekmek, düşmanlık yaratmak. ‖ * kesî râ der câyî ~ کسی را در جایی کاشتن (hlk.) birini ağaç etmek, birini bir yerde bekletmek.

کاشته kâşte: [kâşten>kâşt+e] **1.**ekili. **2.**dikili.

کاشف kâşif: (A.) kaşif, keşfeden. ‖ * ~ be amel âmeden کاشف به عمل آمدن çözülmek, halledilmek.

کاشک kâşk: keşke.

کاشکه keşke: [<kâş+ki] keşke.

کاشکی kâşki: keşke.

کاشن kâşin: (A.) (bot.) bir tür kokulu ot.

کاشی kâşî: [kâş<kâşân+î] **1.**Kâşanlı. **2.**Kâşan işi. **3.**çini, fayans, Çin'de yapılan âdi porselen eşya.

کاشی kâşî: keşke.

کاشی پز kâşîpez: [kâşî+pohten>pez] çinici.

کاشی پزی kâşîpezî: [kâşî+pohten>pez+î] çinicilik.

کاشی کاری kâşîkârî: [kâşî+kâşten>kâr+î] çinicilik, çini işi, çini sanatı.

کاشیگر kâşîger: [kâşî+ger] çinici.

کاظم kâzim: (A.) sabırlı, öfkesini yenen, hırsını yenen.

کاظمه kâzime: (A.) büyük şehir.

کاظمین kâzimîn: (A.) öfkesini yenenler.

کاظمین الغیظ kâzimînelgayz: (A.) öfkesini yenenler, kendine hakim olanlar.

کاعب kâ'ib: (A.) tomurcuk memeli.

کاغ kâg: karga sesi, gak.

کاغذ kâğez: **1.**kâğıt. **2.**mektup. **3.**evrak, belge. ‖ * ~ i aluminyum کاغذ آلومینیوم folyo kâğıdı. ‖ * ~ -i durûgekî کاغذ دروغکی sahte evrak. ‖ * ~ -i durûğekî sâhten کاغذ دروغکی ساختن sahte evrak düzenlemek. ‖ * ~ -i misr کاغذ مصر papirüs. ‖ * ~ -i neşâf کاغذ نشاف kurutma kâğıdı.

کاغذخانه kâgezhâne: [kâgez+hâne] kâğıt fabrikası, kâğıt imalathânesi, kâğıthâne.

کاغذسازی kâgezsâzî: [kâgez+sâhten> sâz+î] kâğıt imalatı.

کاغذ نوشتن kâgez nevişten: mektup yazmak.

کاغذی kâgezî: [kâgez+î] **1.**kâğıttan yapılmış, kâğıt. **2.**kâğıtçı.

کاغذین kâgezîn: [kâgez+în] kâğıttan yapılmış.

کاغ کردن kâg kerden: **1.**gaklamak (karga) **2.**bağırmak, feryat etmek.

کاف kâf: [kâfîden>kâf]·yaran, yarıcı. ‖ * ~ -i rân کاف ران (hlk.) vajina. ‖ * ~ -i kûfî کاف کوفی **1.**kâf. **2.**(hlk.) penis. ‖ * ~ -i musetteh کاف مسطح (hlk.) vajina.

کافئین kafein: (Fr.) kafein.

کافتن kâften: (Peh.) **1.**yarmak. **2.**kazmak. **3.**delmek. **4.**araştırmak. **5.**bahsetmek.

کافتیدن kâftîden: **1.**yarılmak. **2.**yarmak.

کافر kâfir, kâfer: (A.) **1.**kâfir, gavur. **2.**dinsiz. **3.**zalim.

کافرانه · kâfirâne (A.-F.) [kâfir+âne] kafirce.

کافرخو kâfirhû: (A.-F.) [kâfir+hû]

1.ahlâksız. 2.zalim.

كافردل kâfirdil: (A.-F.) [kâfir+dil] kâfir kalpli.

كافرستان kâfiristân: (A.-F.) [kâfir+istân] 1.müslümanların yaşamadığı topraklar. 2.Kâbil civarında bir bölge. 3.Güney Afrika'nın doğu kıyıları.

كافركيش kâfirkîş: (A.-F.) [kâfir+kîş] kâfir, dini bozuk, nankör.

كافرون kâfirûn: (A.)·kafirler.

كافرى kâfirî: (A.-F.) [kâfir+î] kâfirlik.

كافرى محراب kâfirîmihrâb (A.-F.) [kâfir+ î+mihrâb] kilise mihrabı gibi kavisli.

كافل kâfil: (A.) kefil, kefil olan.

كافور kâfûr: (Peh.) 1.(tıb.) kâfûr, beyaz ve yarı saydam renkli olup, mum yapımında kullanılan kokulu bir madde. 2.(mec.) kar.

كافور باريدن kâfûr bârîden (kin.) kar yağmak.

كافور پيكر kâfûrpeyker: [kâfûr+peyker] beyaz tenli.

كافور خوردن kâfûr horden: 1.kâfur içmek. 2.(kin.) iktidarsız kalmak.

كافور دادن kâfûr dâden: 1.kâfur içirtmek. 2.(kin.) iktidarsız bırakmak.

كافوردان kâfûrdân: [kâfûr+dân] kâfurluk, kâfur kabı.

كافورگون kâfûrgûn: [kâfûr+gûn] beyaz, kâfur rengi, kâfurî.

كافورمو kâfûrmû: [kâfûr+mû] ak saçlı, kır saçlı.

كافوروش kâfûrveş (A.-F.) [kâfûr+ veş]·kâfur gibi, bembeyaz.

كافورى kâfûrî: [kâfûr+î] 1.kâfur rengi. 2.saf, halis.

كاف و نون kâf u nun (kin.) "ol!".

كافه kâffe: (A.) hepsi, tümü, kâffesi. ‖ * ~ -i efrâd·· كافهء افراد bütün bireyler.

كافةً kâffeten: (A.) tümüyle, kâffesi.

كافه kafe: (Fr.) kafe, cafe, kafeterya.

كافه چى kafeçi: (Fr.-T.) [kafe+çi] kahveci.

كافه رستوران kaferistoran: (Fr.) kaferestoran, kafeterya.

كافى kâfî: (A.) yeterli, kâfi, yeter. ‖ * be endâze-i ~ به اندازهء كافى yeterince, yeteri kadar.

كافى بودن kâfî bûden: yeterli olmak, yetmek.

كافيدن kâfîden: 1.yarmak. 2.kazmak. 3.araştırmak.

كافى دانستن kâfî dânisten: yeterli bulmak, yeterli görmek.

كاك kâk: 1.adam, erkek. 2.göz bebeği. 3.dil ucu.

كاك kâk: 1.kak, kurutulmuş meyva. 2.kof. 3.cılız, zayıf.

كاكا kâkâ: 1.ağabey. 2.erkek kardeş. 3.kak, meyva kakı. 4.lala.

كاكائو kakao (İsp.) (bot.) kakao.

كاكاسياه kâkâsiyâh: [kâkâ+siyâh] 1.zenci. 2.zenci köle.

كاكاو kâkâv: bir oyun.

كاكتوس kaktus: (Fr.) (bot.) kaktüs.

كاكل kakil: (Fr.) (bot.) firenk inciri.

كاكل kâkol: kakül. ‖ * ~ -i kesî râ şikesten كاكل كسى را شكستن birini bir işe teşvik etmek.

كاكله kâkole: kakule.

كاكلى kâkolî: [kâkol+î] 1.(zool.) ibikli kuş, tarla kuşu. 2.kaküllü.

كاكنج kâkenc: kanbel otu.

كاكو kâkû: dayı.

كاكوتى kâkûtî (bot.) yabani kekik otu.

كاكى kâkî: 1.hala. 2.somun ekmek.

كال kâl: 1.eğik. 2.yarık zemin. 3.yer, makam.

كال kâl: ham, olgunlaşmamış.

كالا kâlâ: 1.ev eşyası. 2.giysi, elbise. 3.mal, ticarî mal. 4.kumaş. 5.sermaye. ‖ * ~ -yi sâdirâtî كالاى صادراتى ihraç malı. ‖ * ~ -yi vâridâtî كالاى وارداتى ithal malı.

كالائى kalâ'î (T.-F.) bir kavuk cinsi.

كالار kâlâr: selden açılmış büyük gedik.

كالاشكن kâlâşiken: [kâlâ+şikesten>şiken] bir tür helva.

كالاشوئى kâlâşû'î: [kâlâ+şosten>şû+'î] çamaşırcılık, çamaşır yıkama.

كالا شوئى كردن kâlâşû'î kerden: çamaşır yıkamak, çamaşırcılık yapmak.

كالأول kelevvel: (A.) önceki gibi, eskisi gibi.

كالاوى kalâvî (T.-F.) bir tür kavuk.

كالباس kâlbas (Rus.) salam.

كالباس فروش kâlbasfurûş (Rus.-F.) [kâlbes+furûhten>furûş] salamcı.

كالبد kâlbod, kâlbed: (Peh.) **1.**kalıp. **2.**kerpiç kalıbı. **3.**beden, vücut. **4.**ceset, naaş. **5.**örnek, numune. **6.**biçim, şekil. **7.**görünüm.

كالبدشكافى kâlbodşikâfî: [kâlbod+ şikâften>şikâf+î] **1.**(tıb.) anatomi. **2.**otopsi.

كالبدشناس kâlbodşinâs: [kâlbod+ şinâhten> şinâs] anatomist.

كالبدشناسى kâlbodşinâsî: [kâlbod+ şinâhten>şinâs] (tıb.) anatomi.

كالبدگشايى kâlbodguşâyî: [kâlbod+ guşâden>guşây+î] (tıb.) otopsi.

كالجوش kâlcûş: bir tür yiyecek.

كالرى kalori: (Fr.) (fiz.) kalori.

كالسكه kâliske (Rus.) fayton, kupa.

كالسكه چى kâliskeçi (Rus.-T.) [kâliske+ çi] faytoncu, arabacı.

كالسكه ران kâliskerân (Rus.-F.) [kâliske+ rânden>rân] faytoncu, arabacı.

كالسكه رو kâliskerov (Rus.-F.) [kâliske+ reften>rev>rov] fayton yolu, araba yolu.

كالسگه kâlisge (Rus.) fayton, kupa, at arabası.

كالشمس فى اوقات الهواجر keşşemsi fî evkâtilhevâcir: (A.) öğle vaktindeki güneş gibi.

كالعدم kel'adem: (A.) yokmuş gibi.

كالفتن kâloften: **1.**perişan olmak. **2.**aşık olmak.

كالفته شدن kâlofte şoden: **1.**perişan olmak. **2.**aşık olmak.

كالک kâlek: **1.**kelek. **2.**ham meyva.

كالم kâlom: dul kadın.

كالو kâlû: **1.**beden, vücut. **2.**biçim, şekil.

كالوج kâlûc: **1.**serçe parmağı, küçük parmak. **2.**(zool.) güvercin.

كالورى kalori: (Fr.) (fiz.) kalori.

كالورى داشتن kalori dâşten: kalorisi olmak.

كالوس kâlûs: bilgisiz, cahil, sersem.

كالوسانه kâlûsâne: [kâlûs+âne] dangalakça, beyinsizce, eblehçe.

كالوشه kâlûşe: **1.**tencere. **2.**çömlek.

كاله kâle: [kâl+e] **1.**mal. **2.**kelek. **3.**kabak.

كاله kâle: **1.**kumaş. **2.**kelek.

كالى kâlî: [kâl+î] **1.**hamlık, keleklik. **2.**koruyucu. **3.**ödünç.

كاليبر kalibr: (Fr.) kalibre.

كاليدن kâlîden: **1.**perişan olmak, dağılmak. **2.**kaçmak. **3.**yenilmek. **4.**toz kalkmak.

كاليدونى kalidoni: (coğ.) Kaledonya. ‖ * ~ -i cedîd كاليدونىء جديد Yeni Kaledonya.

كاليو kâlîv: **1.**ebleh, cahil. **2.**şaşkın. **3.**sağır.

كاليو كردن kâlîv kerden: şaşkın bırakmak, şaşkına çevirmek.

كاليوى kâlîvî: [kâlîv+î] **1.**şaşkınlık. **2.**saçmalama.

كام kâm: murat, arzu. ‖ * ~ şikesten der كام شكستن در isteği olmamak, isteksiz olmak. ‖ * ~ -i dil dâden كام دل دادن gönül muradını vermek. ‖ * ~ -i dil ender ~ şikesten كام دل اندر كام شكستن muradından vazgeçmek. ‖ * ~ -i dil hâsten كام دل خواستن gönlünün muradını istemek. ‖ * ~ -i dil guşûden كام دل گشودن gönül muradını vermek. ‖ * ~ -i dil yâften كام دل يافتن muradına ermek. ‖ * ~ -i kesî ber âmeden كام كسى بر آمدن muradına ermek, muradı yerine gelmek. ‖ * ~ -i kesî râ ber âverden كام كسى را بر آوردن birini muradına erdirmek. ‖ * ~ -i revâ bûden كام كسى روا بودن muradı yerinegelmek. ‖ * be ~ -i dil resîden به كام دل رسيدن muradına ermek.

كام kâm: **1.**damak. **2.**ağız içi, ağız. ‖ * ~ -i kesî por şeker şoden كام كسى پر شكر شدن ağzı tatlanmak. ‖ * be ~ keşîden به كام كشيدن ağzına götürmek.

كام افتادن kâm oftâden (kin.) ölmek.

کامبخش kâmbahş: [kâm+bahşîden>bahş] dilekleri yerine getiren, murada erdiren.

کامبین kâmbîn: [kâm+dîden>bîn] mutlu.

کامبینی kâmbînî: [kâm+dîden>bîn+î] mutluluk.

کام پرور kâmperver: [kâm+perverden> perver] emel besleyen, istekleri olan.

کام پروری kâmperverî: [kâm+perverden> perver+î] emel besleme, isteği olma.

کام جستن kâm costen: mutluluk aramak.

کامجو kâmcû: [kâm+costen>cû] muradına ermek isteyen, isteklerine kavuşma peşinde olan.

کامجوی kâmcûy: [kâm+costen>cûy] murat arayan, muradına ermek isteyen.

کامجویی kâmcûyî: [kâm+costen>cûy+î] mutluluk arayışı, mutluluk arama.

کام دادن kâm dâden: muradını vermek.

کامران kâmrân: [kâm+rânden>rân] mutlu, mesut, bahtiyar, gönlünce yaşayan.

کام راندن kâm rânden: gönlünce yaşamak, hoşça vakit geçirmek, mutlu olmak.

کامران کردن kâmrân kerden: muradına erdirmek, mutlu etmek.

کامرانه kâmrâne: [kâm+rânden>rân+e] mutluca, muradına ermişçe.

کامرانی kâmrânî: [kâm+rânden>rân+î] mutluluk, saadet, bahtiyarlık.

کامروا kâmrevâ: [kâm+revâ] mutlu, mesut, hoşça vakit geçiren, gönlünce yaşayan.

کامروا شدن kâmrevâ şoden: mutlu olmak, muradına ermek.

کامروا گشتن kâmrevâ geşten: mutlu olmak, muradına ermek.

کامروایی kâmrevâyî: [kâm+revâ+y+î] mutluluk, bahtiyarlık, saadet.

کامکار kâmkâr: (Peh.) **1.**mutlu, bahtiyar. **2.**başarılı, muvaffak.

کامکارا kâmkârâ: [kâm+kâr+â] ey mutlu insan, ey mutlu padişah.

کامکارانه kâmkârâne: [kâm+kâr+âne] mutluca, mutlulukia.

کامکاری kâmkârî: [kâmkâr+î] **1.**mutluluk. **2.**başarı.

کام کشیدن kâm keşîden: muradına ermek, muradınca yaşamak.

کامگار kâmgâr (A.-F.) [<kâm+kâr] mutlu, muradına ermiş.

کامگارا kâmgârâ: [kâmgâr+â] ey muradına ermiş kişi.

کامگذار kâmgozâr: [kâm+gozârden> gozâr] muradına eren, istediğini elde eden.

کام گرفتن kâm giriften: **1.**kâm almak, muradınca yaşamak. **2.**tecavüz etmek.

کامل kâmil: (A.) **1.**tam, mükemmel. **2.**olgun, kâmil. **3.**kusursuz. **4.**yaşlı. **5.**bilgin. **6.**bir aruz bahri. ‖ * be tovr-i ~ به طور کامل tam olarak.

کاملاً kâmilen: tamamen, tümüyle, iyice.

کامل العیار kâmilulayâr: (A.) tam ayarlı, mükemmel, dört dörtlük.

کامل شدن kâmil şoden: **1.**tam olmak. **2.**olgunlaşmak, kemale ermek.

کامل عیار kâmil'iyâr: (A.-F.) tam ayar.

کامل گردیدن kâmil gerdîden: tam olmak, eksiksiz olmak.

کاملیا kamilya: (Fr.) (bot.) kamelya.

کاملیه kâmiliyye: (A.) Kâmililik tarikatı.

کامن kâmin: (A.) **1.**gizli. **2.**potansiyel. **3.**pusuda, pusuya yatmış.

کام ناکام kâmnâkâm: [kâm+nâ+kâm] ister istemez.

کامور kâmver: [kâm+ver] **1.**mutlu, bahtiyar. **2.**başarılı, muvaffak.

کاموری kâmverî: [kâm+ver+î] **1.**mutluluk. **2.**başarı.

کامه kâme: (Peh.) [kâm+e] arzu, murat.

کامی kâmî: [kâm+î] mutluluk.

کامیاب kâmyâb: [kâm+yâften>yâb] **1.**mutlu, bahtiyar. **2.**başarılı.

کامیابی kâmyâbî: [kâm+yâften>yâb+î] 1.mutluluk, bahtiyarlık. 2.başarılı.

کام یافتن kâm yâften: muradına ermek.

کامیون kamyon: (Fr.) kamyon. ‖ * ~ -i kompresî کامیون کمپرسی damperli kamyon, kompresörlü kamyon. ‖ * ~ -i nîmesengîn کامیون نیمه سنگین kamyonet. ‖ * ~ -i sebuk کامیون سبک kamyonet.

کامیونت kamyonet: (Fr.) kamyonet.

کان kân: (Peh.) maden, maden ocağı, ocak.

کان kan: [ki+ân] ki o.

کان kâne: (A.) oldu.

کأن ke'enne: (A.) sanki.

کانا kânâ: 1.cahil. 2.idraksiz. 3.ahmak.

کأن لم یکن ke'en lem yekun: (A.) hiç olmamış gibi, olmamışçasına.

کانا kânâ: cahil, aptal, ahmak.

کاناپه kanape: (Fr.) kanape.

کانادا kanada: (coğ.) Kanada.

کانال kanal: (Fr.) kanal.

کانال سازی kanalsâzî: (Fr.-F.) [kanal+ sâhten> sâz+î] kanalizasyon.

کانجا kancâ:[ki+an+câ] ki orada.

کانچنان kançunan: [ki+an+çonân] ki öyle, ki o kadar.

کاندر kender: [ki+ender>kender] ki.. içinde, ki.. içine.

کاندرین kenderin: [ki+ender+in] ki bunda.

کاندید kandid: (Fr.) aday, namzet.

کاندیدات kandidat: (Fr.) aday, kandidat.

کانس kânis: (A.) yatacak yer, barınak.

کان شناس kânşinâs: [kân+şinâhten> şinâs] madenci, mineralojist.

کان شناسی kânşinâsî: [kân+şinâhten> şinâs+î] madencilik, mineraloji.

کانکس kankes: [ki+ân+kes] ki o kimse.

کانکن kânken: [kân+kenden>ken] madenci.

کانکه kanki: [ki+an+ki] o kimse ki.

کانگورو kanguru: (Fr.) (zool.) kanguru.

کانوا kanva: (Fr.) ipek iplik.

کان کن kânken: [kân+kenden>ken] madenci, maden işçisi.

کانون kânûn: (A.) 1.ocak, ateş ocağı. 2.soba. 3.mangal. 4.Aralık ve Ocak ayları.

کانی kânî: [kân+î] 1.madensel. 2.maden, cevher, mineral.

کانی kânî: (A.) kinayeli konuşan.

کان یسار kânyesâr: (A.) zengin, varlıklı.

کانی شناس kânîşinâs: [kânî+şinâhten> şinâs] madenci, mineralojist.

کانی شناسی kânîşinâsî: [kânî+şinâhten> şinâs+î] madencilik, mineraloji.

کاو kav: (Fr.) kav.

کاوالیه kavalye: (Fr.) kavalye.

کاوس kâvus: eski İran hükümdarı.

کاوستن kâvisten: takati olmak.

کاوش kâviş: [kâvîden>kâv+iş] 1.kazı, hafriyat. 2.arama, araştırma, inceleme.

کاوش کردن kâviş kerden: 1.kazı yapmak. 2.hafriyat yapmak.

کاوشگر kâvişger: [kâviş+ger] kazıcı.

کاوش گرفتن kâviş giriften: kazı yapmak.

کاوکاو kâvkâv: 1.kazı. 2.arama, araştırma.

کاونده kâvende: [kâvîden>kâv+ende] kazan, kazıcı, hafriyatçı.

کاوه kâve: zâlim İran hükümdarı Dahhâk'e karşı halkı ayaklandıran demirci Kâve.

کاوی kâvî: (A.) yakan.

کاویان kâviyân: saltanat, padişahlık.

کاویانی kâviyânî: [kâviyân+î] Demirci Kâvev ile ilgili. ‖ * direfş-i ~ · درفش کاویانی zâlim İran hükümdarı Dahhâk'e karşı halkı ayaklandıran demirci Kâve'nin bayrak olarak kullandığı önlük.

کاویت kâviyyet: (A.) yakıcılık, dağlayıcılık.

کاویدن kâvîden: 1.kazı yapmak, hafriyat yapmak. 2.aramak, araştırmak. 3.bahsetmek.

کاوین kâvîn: mehir.

کاه kâh: (Peh.) saman. ‖ * ~ -i pârîne be bâd dâden کاه پارینه به باد دادن

geçmişiyle övünmek. ‖ * ~ der dehen giriften کاه در دهن گرفتن aman dilemek. ‖ * âb zîr-i ~ آب زیر کاه sinsi, saman altından su yürüten.

کاه kâh: [kâsten>kâh] eksiltme.

کاهاندن kâhânden: eksiltmek.

کاهانیدن kâhânîden: eksiltmek.

کاهبان kâhbân: [kâh+bân] saman bekçisi.

کاهدان kâhdân: [kâh+dân] samanlık.

کاه دزد kâhdozd: [kâh+dozdîden>dozd] değersiz şeyler çalan.

کاه دود کردن kâh dûd kerden: saman yakmak.

کاهربا kâhrubâ: (Peh.) [kâh+rubûden> rubâ] kehribar.

کاهریز kâhrîz: [kâh+rîhten>rîz] yer altı su kanalı, kehriz.

کاهش kâhiş: [kâsten>kâh+iş] eksilme, eksiklik, noksan, azalma.

کاهش دادن kâhiş dâden: azaltmak, eksiltmek, kırpmak, düşürmek.

کاهش داشتن kâhiş dâşten: azalmak, eksilmek, düşmek, düşüş kaydetmek.

کاهش نشان دادن kâhiş nişân dâden: azalmak, eksilmek, düşmek, düşüş göstermek, düşüş kaydetmek.

کاهش یافتن kâhiş yâften: azalmak, eksilmek, düşmek, düşüş göstermek.

کاه صفت kâhsifat (F.-A.) [kâh+sifat] saman gibi.

کاه فروش kâhfurûş: [kâh+furûhten> furûş] samancı.

کاهکشان kâhkeşân: [kâh+keşîden> keş+ân] samanyolu, kehkeşan.

کاهگل kâhgil: [kâh+gil] harç, sıva, samanlı sıva çamuru.

کاهل kâhil: (A.) **1.**tembel, gevşek. **2.**güçsüz. **3.**ense. **4.**olgun, orta yaşlı, erişkin.

کاهلانه kâhilâne (A.-F.) [kâhil+âne] tembelce, tembel tembel.

کاهلی kâhilî: (A.-F.) [kâhil+î] **1.**tembellik. **2.**gevşeklik.

کاهلی کردن kâhilî kerden: **1.**tembellik etmek. **2.**gevşek davranmak.

کاهن kâhin: (A.) **1.**kehânette bulunan, falcı. **2.**eski Mısır ve Hind reisi.

کاهنانه kâhinâne (A.-F.) [kâhin+âne] kâhin gibi.

کاهنه kâhine: (A.) bayan kâhin.

کاهو kâhû (bot.) kıvırcık salata, marul.

کاهی kâhî: [kâh+î] **1.**samanlı. **2.**saman. **3.**bir tür simit. **4.**üç köşeli çarşı böreği. ‖ * zerd-i ~ زرد کاهی saman sarısı.

کاهیدن kâhîden: **1.**eksilmek, azalmak. **2.**cılızlaşmak.

کاهیده شدن kâhîde şoden: eksilmek, azalmak.

کای key: [ki+ey>key] ey, ki ey.

کاید kâyid: (A.) hilekâr, düzenbaz.

کاینات kâyinât: (A.) evren, kainat.

کئوس ku'ûs: (A.) **1.**kaseler, taslar, çanaklar. **2.**kadehler, içki kadehleri. **3.**şarap dolu kadehler. **4.**çanaklar.

کئول ku'ûl: (A.) **1.**alkol. **2.**ispirto.

کئولی ku'ûlî: (A.) **1.**alkol ile ilgili. **2.**alkol gibi.

کئولیه ku'ûliyye: (A.) **1.**alkol ile ilgili. **2.**alkol gibi. ‖ * meşrûbât-i ~ مشروبات کئولیه alkollü içkiler. ‖ * mevâdd-i ~ مواد کئولیه alkollü maddeler.

کب kob: ağız içi.

کبائر kebâ'ir: (A.) büyük günahlar.

کبائس kebâ'is: (A.) artık yıllar.

کباب kebâb: kebap. ‖ * ~ -i çîzî bûden کباب چیزی بودن (kin.) çok arzulu olmak, bir şey için yanıp tutuşmak. ‖ * ~ -i kûbîde کباب کوبیده Adana kebap. ‖ * ~ -i seng کباب سنگ tas kebabı. ‖ * ~ -i sîh کباب سیخ şiş kebap.

کباب افکندن kebâb efkenden: kebap yapmak.

کباب پز kebâbpez: [kebâb+pohten>pez] kebapçı.

کباب پزی kebâbpezî: [kebâb+pohten> pez+î] **1.**kebapçılık. **2.**kebapçı dükkânı, kebap lokantası.

کباب شدن kebâb şoden: kebap olmak.

کباب کردن kebâb kerden: kebap

yapmak, pişirmek. ‖ * kesî râ ~ کسی را کباب کردن birinin canını yakmak, birine çok eziyet etmek.

کبابه kebâbe: (Lat.) (bot.) kebebe, kuyruklu biber, hint biberi tohumu.

کبابی kebâbî: [kebâb+î] kebapçı.

کباد kebâd: (A.) iri limon.

کباد kebbâd: (A.) tatlı limon.

کباد kubâd: (A.) karaciğer iltihabı.

کباد kubbâd: (A.) bir limon cinsi.

کباده kebâde, kebbâde: **1.**gevşek yay, ok taliminde kullanılan yay. **2.**(sp.) bir tür zincirli spor aleti.

کباده کش kebâdekeş: [kebâde+keşîden> keş] okçuluk öğrenen, talim yayı çeken.

کباده کشی kebâdekeşî: [kebâde+keşîden> keş+î] okçuluk öğrenme, talim yayı çekme.

کباده کشیدن kebâde keşîden: **1.**(sp.) yay çekmek. **2.**(kin.) beklemek.

کبار kibâr: (A.) büyükler, ileri gelenler.

کبار kubbâr: (A.) büyükler.

کبارزاده kibârzâde (A.-F.) [kibâr+zâden> zâd+e] eşraf çocuğu.

کباریه kibâriyye: (A.) gebreotugiller.

کباش kibâş: (A.) koçlar.

کبالت kobalt: (Fr.) (kim.) kobalt.

کبایر kebâyir: (A.) büyük günahlar.

کبان kebbân (A.<F.) [<kepân] kapan, büyük terazi.

کبت kebt, kibt (zool.) bal arısı.

کبت خانه kebthâne: [kebt+hâne] kovan, arı kovanı.

کبد kebid, kebd, kebed: (A.) (tıb.) karaciğer.

کبد البحر kebedulbahr: (A.) denizin açıkları.

کبد القوس kebedulkavs: (A.) yayın ortası.

کبدی kebedî: (A.) karaciğerle ilgili.

کبدیه kebediyye: (A.) karaciğerle ilgili.

کبر keber: (A.) (bot.) gebre otu.

کبر kiber: (A.) yaşlılık, ihtiyarlık.

کبر kibr: (A.) **1.**büyüklük, ululuk. **2.**kibir, kendini beğenmişlik.

کبر kubr: (A.) büyüklük.

کبرا kobra: (Fr.) (zool.) kobra.

کبرا kubrâ: (A.) büyük.

کبراء kuberâ': (A.) büyükler, ulular.

کبرویه kibreviyye: (A.) Kibrevîlik tarikatı.

کبره kebere: (A.) (bot.) gebre otu, kedi tırnağı.

کبره kebre, kebere: yara kabuğu.

کبره بستن kebre besten: kabuk bağlamak.

کبری kubrâ: (A.) **1.**daha büyük. **2.**büyük önerme. **3.**bayan adı.

کبریاء kibriyâ': (A.) **1.**yücelik, ululuk, büyüklük. **2.**Yüce Tanrı. ‖ * habîb-i ~ حبیب کبریا Hz. Muhammed. ‖ * resûl-i ~ رسول کبریا Hz. Muhammed.

کبریائی kibriyâ'î: (A.) Tanrısal, ilahî.

کبریت kibrît: (A.) **1.**kibrit. **2.**som altın. **3.**kükürt. **4.**kırmızı yakut. ‖ * ~ -i ahmer کبریت احمر **1.**kırmızı kükürt. **2.**mürşid, pîr. **3.**simyada toprağı altın yapmaya yarayan anamadde.

کبریت زدن kibrît zeden: kibrit yakmak, kibrit çakmak.

کبریت سازی kibrîtsâzî: (A.-F.) [kibrît+ sâhten>sâz+î] **1.**kibrit fabrikası. **2.**kibrit imalatı.

کبریت فروش kibrîtfurûş: (A.-F.) [kibrît+ furûhten>furûş] kibritçi.

کبریت کشیدن kibrît keşîden: kibrit çakmak.

کبریتی kibrîtî: (A.) **1.**kibrit ile ilgili. **2.**kükürt ile ilgili. **3.**açık sarı, kükürt rengi.

کبریتیت kibrîtiyyet: (A.) kükürtlük.

کبریتیه kibrîtiyye: (A.) haşhaşlı bitkiler ailesi.

کبس kebs: (A.) **1.**toprakla doldurma, çukuru doldurup düzleme.**2.**oburluk.

کبست kebest: (Peh.) (bot.) ebucehil karpuzu, acı kavun.

کبسون kebsûn (bot.) pirinç.

کبسه kebese (bot.) ebucehil karpuzu, acı kavun.

کبش kebş: (A.) acı kavun.

كبش kebş: (A.) koç. ‖ * ~ -i ismâ'îl كبش اسماعيل Hz. İs-mail'in yerine kurban edilen koç.

كبک kebk (Sans.) (zool.) keklik. ‖ * ~ -i kesî hurûs hânden كبک كسى خروس خواندن işi tıkırında olmak, keyfine diyecek olmamak, keyfi yerinde olmak.

كبكب kebkeb: (A.) püskül.

كبک خرام kebkhurâm (Kebk+ horâmîden>horâm] keklik gibi salınan.

كبک شكستن kebk şikesten (kin.) izini kaybettirmek, kayıplara karışmak.

كبک وش kebkveş: [kebk+veş] keklik gibi.

كبگ kebg: keklik.

كبله kebele: ‖ * ~ çitovr şod كبله چطور شد nasıl oldu da , hangi dağda kurt öldü?

كبوتر kebûter: (Peh.) (zool.) güvercin. ‖ * ~ -i nâmeber كبوتر نامه بر posta güvercini.

كبوترباز kebûterbâz: [kebûter+bâhten> bâz] güvercinci.

كبوترخانه kebûterhâne: [kebûter+hâne] güvercinlik.

كبود kebûd: mor, lacivert, mavi. ‖ * câme-i ~ pûşîden جامه كبود پوشيدن yas tutmak, karalar bağlamak.

كبود kubûd: (A.) karaciğerler.

كبود زدن kebûd zeden: morarmak.

كبود شدن kebûd şoden: morarmak, mosmor kesilmek.

كبود فام kebûdfâm: [kebûd+fâm]·mavi.

كبود كردن kebûd kerden: morartmak.

كبود گشتن kebûd geşten: morarmak, mosmor kesilmek.

كبودى kebûdî: [kebûd+î] **1.**morluk. **2.**ben. **3.**mavi, mor.

كبه زدن kebe zeden: ustura çekmek.

كبير kebîr: (A.) **1.**büyük. **2.**yaşlı. **3.**delikanlı, ergin.

كبير kebîr: (coğ.) kıraç arazi, çöl.

كبيره kebîre: (A.) **1.**büyük. **2.**büyük günah.

كبيسه kebîse: (A.) artık yıl. ‖ * sâl-i ~ سال كبيسه artık yıl.

كپ kop: **1.**ağız içi. **2.**ağız. **3.**damacana.

كپ kep: (İng.) kep.

كپ آمدن kep âmeden: yumurtlamaya hazırlanmak.

كپاده kepâde: talim yayı, kepaze.

كپاده كش kepâdekeş: [kepâde+keşîden> keş] okçuluk eğitimi gören, ok talimi yapan.

كپان kepân: kapan, büyük terazi.

كپچه kepçe: (Peh.) [<kef+çe] kepçe, spatül.

كپسول kepsul: (Fr.) (ask.) kapsül.

كپک kepek: küf.

كپک زدن kepek zeden: küflenmek.

كپک زده kepekzede: [kepek+zeden> zed+e] küflü.

كپل kepel: kalça.

كپنک kepenek: kepenek, çoban giysisi.

كپه keppe: kefe, terazi kefesi.

كپه koppe: yığın, küme.

كپه گذاشتن koppe gozâşten: **1.**(hlk.) zıbarmak. **2.**(argo) sıçmak.

!كپه مرگتو بزار zıbar!

كپى kopi: (İng.) **1.**kopya. **2.**fotokopi.

كپى kepî: (İng.+F.) [kep+î] kep.

كپيدن kepîden: **1.**(hlk.) zıbarmak. **2.**(hlk.) araklamak.

كپى كردن kopi kerden: fotokopi çekmek.

كپيه kopye: (Fr.) kopya.

كت ket: **1.**taht. **2.**omuz, kol.

كت kot: (Fr.) ceket. ‖ * ~ u şelvâr كت و شلوار takım elbise. ‖ * ~ -i tâbistânî كت تابستانى yazlık ceket.

كت ket: [ki+et<to, torâ] ki sen, ki sana, ki seni.

كتائب ketâ'ib: (A.) askerî birlikler.

كتاب kitâb: (A.) **1.**kitap. **2.**Kur'ân.

كتاب kuttâb: (A.) kâtipler, yazıcılar.

كتاباً kitâben: (A.) yazılı olarak.

كتاب آسا kitâbâsâ (A.-F.) [kitâb+âsâ] kitap gibi.

كتاب الجلوه kitâbulcilve: (A.) Yezîdîlerin kutsal kitaplarından biri.

كتاب الله kitâbullâh: (A.) Kur'ân-i Kerîm.

كتابت kitâbet: (A.) **1.**yazma, kaleme alma. **2.**katiplik, raportörlük. **3.**(eskiden) efendi ile köle arasında yapılan yazılı akit.

كتابت شدن kitâbet şoden: yazılmak, kaleme alınmak.

كتابت كردن kitâbet kerden: yazmak, kaleme almak.

كتابچه kitâbçe: (A.-F.) [kitâb+çe] **1.**küçük kitap. **2.**vergi defteri. **3.**defter.

كتابخانه kitâbhâne: (A.-F.) [kitâb+hâne] kütüphane, kitaplık. ‖ * ~ -i millî كتابخانهء ملى millî kütüphane.

كتابخوان kitâbhân: (A.-F.) [kitâb+ hânden> hân] kitap okuyan, okuyucu.

كتابدار kitâbdâr: (A.-F.) [kitâb+dâşten> dâr] kitaplık memuru, kütüphane memuru, kütüphaneci.

كتابدارى kitâbdârî: (A.-F.) [kitâb+ dâşten> dâr+î] kitaplık memurluğu, kütüphanecilik.

كتاب ساختن kitâb sâhten: kitap yazmak.

كتاب شناس kitâbşinâs: (A.-F.) [kitâb+ şinâhten>şinâs] bibliyograf.

كتاب شناسى kitâbşinâsî: (A.-F.) [kitâb+ şinâhten>şinâs+î] bibliyografi.

كتاب فروش kitâbfurûş: (A.-F.) [kitâb+ furûhten>furûş] kitapçı.

كتاب فروشى kitâbfurûşî: (A.-F.) [kitâb+ furûhten>furûş+î] **1.**kitapçı, kitabevi. **2.**kitapçılık.

كتابه kitâbe: (A.) **1.**yazıt. **2.**mezar taşı yazısı. **3.**binaların herhangi bir cephesinde bulunan yazılı kayıt.)

كتابى kitâbî: (A.) **1.**kitap sahibi. **2.**kitabî, fasih. **3.**kitap ile ilgili. **4.**kitap diliyle. **5.**dört kutsal kitaptan birine inanan. **6.**kitap görevlisi. **7.**bir cins Hint ve Şam kumaşı. **8.**kitaba bağlı kalan. ‖ * zebân-i ~ زبان كتابى yazışma dili, kitap dili, fasih dil.

كتابيات kitabiyyât: (A.) kitaplarla ilgili bilgiler, bibliyografya.

كتابيه kitâbiyye: (A.) kağıt yapımında kullanılan ağaç iç kabuğu.

كتاره ketâre (Sans.) kısa kılıç, ketâre.

كتاره kitâre: saz.

كتان ketân, kettân: (A.) **1.**(bot.) keten. **2.**keten kumaş.

كتانژانت kotanjant: (Fr.) (mat.) kotanjant.

كتانى kettânî: (A.) keten ile ilgili.

كتانيه kettâniyye: (A.) ketengiller.

كتايب ketâyib: (A.) **1.**kitabeler. **2.**askerler.

كتب ketb: (A.) yazma.

كتب kutub: (A.) kitaplar. ‖ * ~ -i çâpî كتب چاپى basılı kitaplar, matbu kitaplar.

كتبا ketben: (A.) yazılı olarak, yazarak.

كتبخانه kutubhâne: (A.-F.) [kutub+hâne] kütüphane. ‖ * ~ -i umûmî كتبخانهء عمومى genel kitaplık.

كت بستن ket besten: ellerini bağlamak.

كتبه ketebe: (A.) katipler. ‖ * kayd-i ~ قيد كتبه ketebe kaydı, yazılış kaydı.

كتبه ketebehu: (A.) **1.**"yazdı" kaydı. **2.**hattatlık diploması, hattatlık icazeti.

كتبى ketbî: (A.) yazılı. ‖ * imtihân-i ~ امتحان كتبى yazılı sınav. ‖ * muzâyede-i ~ مزايدهء كتبى kapalı zarf usûlü müzayede.

كتره ketre: **1.**parça parça, yırtık pırtık. **2.**saçma, anlamsız.

كتره كردن ketre kerden: parçalamak.

كتره يى ketreyî: [ketre+y+î] dayanaksız, saçma, anlamsız.

كترى kitrî: **1.**madenî kap. **2.**madenî çaydanlık.

كت شلوار kotşelvâr: (İng.-F.) [kot+ şelvâr] takım elbise.

كتف ketif, kitf: (A.) omuz.

كتف ساره kitfsâre: (A.-F.) [kitf+sâre] omuz başı.

كتفه kitefe: (A.) omuzlar.

كتفين kitfeyn: (A.) **1.**iki omuz. **2.**iki omuz kemiği, iki kürek kemiği.

كتفيه ketfiyye: (A.) Arapların omuzlara kadar inen başlıkları.

كتک kotek: (T.) dayak, kötek. ‖ * ~ nûş-i cân kerden كتک نوش جان كردن dayak yemek. ‖ * be bâd-i ~ giriften به باد كتک گرفتن dayaktan geçirmek.

كتكار ketkâr: [ket+kâr] marangoz.

كتكار kotkâr: (İng.-F.) [kot+kâr] ceketçi.

كتک خور kotekhor: (T.-F.) [kotek+ horden> hor] dayak yiyen. ‖ * ~ -i hûb nedâşten كتک خور خوب نداشتن dayak delisi olmak.

كتک خوردن kotek horden: dayak yemek, sopa yemek.

كتک زدن kotek zeden: dayak atmak, sopa çekmek, kötek atmak.

كتک كارى kotekkârî: (T.-F.) [kotek+ kâr+î] dövüşme, kavga.

كتک كارى كردن kotekkârî kerden: **1.**dövüşmek, kavga etmek. **2.**boğuşmak, dalaşmak.

كتل kotel: (coğ.) sırt, yüksek tepe.

كتلت kotlet: (Fr.) köfte.

كتله kutle: (A.) kütle, yığın.

كتم ketm: (A.) **1.**sır tutma. **2.**gizleme, göstermeme. ‖ * ~ -i adem كتم عدم Tanrı'nın ruh ve cisim âlemlerini yaratmak istediğinde bütün yaratılmışların ilki olan cevher-i ahzarın çıktığı yer. ‖ * ~ -i esrâr كتم اسرار sır saklama, sır tutma.

كتم ketm (bot.) şimşir.

كتمان kitmân, ketmân: (A.) gizleme, saklama. ‖ * ~ -i sir كتمان سر sır saklama.

كتمان كردن kitmân kerden: gizlemek, saklamak.

كتنبل ketenbel: tembel ve obur.

كت و مت kot o mot: aynen, tıpatıp, hık demiş burnundan düşmüş.

كتوم ketûm: (A.) ağzı sıkı, sır saklayan.

كتومانه ketûmâne (A.-F.) [ketûm+âne] ketumca.

كتوميت ketûmiyyet: (A.) ketumluk, ağzı sıkılık.

كته kete: lapa.

كتيبه ketîbe: (A.) **1.**kitabe, yazıt. **2.**askerî birlik, kâfile. **3.**yılkı.

كتيبه پرور ketîbeperver (A.-F.) [ketîbe+ perverden> perver] asker yetiştiren.

كتيره ketîre: kitre zamkı.

كثافت kesâfet: (A.) **1.**yoğunluk. **2.**koyuluk. **3.**saydam olmama. **4.**pislik, kirlilik. **5.**çokluk. Nüfus kesafeti, ümran, medeniyet, servet... her şey buradaydı. ‖ * ~ -i çeşm كثافت چشم çapak, göz çapağı. ‖ * ~ -i hevâ كثافت هوا hava kirliliği. ‖ * ~ -i izâfiyye · كثافت اضافيه · özgül ağırlık. ‖ * ~ -i muhît-i zîst كثافت محيط زيست çevre kirliliği. ‖ * ~ -i mutlaka · كثافت مطلقه salt yoğunluk. ‖ * ~ -i nufûs كثافت نفوس· nüfus yoğunluğu. ‖ * be ~ keşîden به كثافت كشيدن pislemek.

كثافتكارى kesâfetkârî: (A.-F.) [kesâfet+ kâr+î] **1.**pislik yapma. **2.**(mec.) cinsel birleşme.

كثافتكارى كردن kesâfetkârî kerden: **1.**pisletmek. **2.**kaka yapmak.

كثرت kesret: (A.) **1.**çokluk. **2.**bolluk. **3.**yoğunluk. **4.**kalabalık. **5.**çoğul.

كثرتگاه kesretgâh (A.-F.) [kesret+gâh] dünya.

كثرتگه kesretgeh (A.-F.) dünya.

كثرتيه kesretiyye: (A.) çokçuluk, pluralizm.

كثير kesîr: (A.) çok, bol, fazla.

كثير الاحباب kesîrulahbâb: (A.) eşi dostu çok olan, geniş çevreli.

كثير الازهار kesîrulezhâr: (A.) çok çiçekli.

كثير الاستعمال kesîrulisti'mâl: (A.) çok kullanılan, sık kullanılan.

كثير الاشكال kesîruleşkâl: (A.) çok şekilli.

كثيرالاضلاع kesîrulizlâ': (A.) (mat.) poligon, çokgen.

كثير الانتشار kesîrulintişâr: (A.) yüksek tirajlı.

كثير الاولاد kesîrulevlâd: (A.) çok çocuklu.

كثير الحجره kesîrulhucre: (A.) çok hücreli.

كثير العيال kesîruliyâl: (A.) ailesi kalabalık olan.

كثير الفيض kesîrulfeyz: (A.) feyzi bol.

كثير المال kesîrulmâl: (A.) malı mülkü çok olan.

كثير الوجوه kesîrulvucûh: (A.) çok yüzlü.

كثير الوقوع kesîrulvukû': (A.) sık sık meydana gelen, çok olan.

كثيف kesîf: (A.) **1.**kirli, pis. **2.**yoğun. **3.**mat, saydam olmayan. **4.**koyu. **5.**kalabalık.

كثيف شدن kesîf şoden: **1.**kirlenmek. **2.**yoğunlaşmak.

كثيف كردن kesîf kerden: **1.**kirletmek. **2.**yoğunlaştırmak.

كج kec: **1.**eğik, eğri. **2.**kıvrık. **3.**eğimli, meyilli. **4.**şaşı. **5.**çarpık. ‖ * ~ u mec كج و مج eğri büğrü, çarpık. ‖ * ~ mu'vec كج و معوج kargacık burgacık, çarpık, çarpık çurpuk.

كج kec: ham ipek.

كجا kocâ: **1.**nere, neresi. **2.**nerede. **3.**nasıl. **4.**nereye. ‖ * ehl-i ~ اهل كجا nereli? ‖ * ez ~ از كجا nereden. ‖ * ez ~ î از كجائى nerelisin? ‖ * ez ~ma'lûm از كجا معلوم ne malum, nereden biliyorsun? ‖ * ez ~ tâ ~ از كجا تا كجا nereden nereye. ‖ * her ~ هر كجا her nerede, nerede. ‖ * her an ~ هر آن كجا her yer, her neresi.

كجابه kecâbe: kecave, tahtırevan, mahfe.

كجاوه kecâve: kecave, tahtırevan, mahfe.

كجايى kocâyî: [kocâ+y+î] **1.**nereli. **2.**yerleşik.

كج افتادن kec oftâden: ters düşmek.

كج افتادن **1.**biriyle zıtlaşmak. **2.**birine eziyeti aklına koymak.

كج باختن kec bâhten: hata yapmak.

كجباز kecbâz: [kec+bâhten>bâz] **1.**kötü davranışlı. **2.**müfsit, bozguncu. **3.**oyunda hile yapan.

كج بصيرت kecbasîret: (F.-A.) [kec+basîret] basiretsiz.

كج بيل kecbîl: [kec+bîl] bahçe çapası.

كج بين kecbîn: [kec+dîden>bîn] **1.**şaşı. **2.**kusur bulan, hata bulan. **3.**olaylara yanlış taraftan bakan.

كج بينى kecbînî: [kec+dîden>bîn+î] **1.**şaşılık. **2.**kusur bulma, hata bulma.

كج پرور kecperver: [kec+perverden> perver] aksi.

كج پرورى kecperverî: [kec+perverden> perver+î] aksilik.

كج تافتن kec tâften: **1.**sapmak. **2.**baş kaldırmak.

كج خلق kechulk: (F.-A.) [kec+hulk] geçimsiz, huysuz, aksi, inatçı.

كج خلقى kechulkî: (F.-A.) [kec+hulk+î] geçimsizlik, huysuzluk, aksilik, inatçılık.

كج داشتن kec dâşten: **1.**eğmek, eğriltmek. **2.**geciktirmek, savsaklamak.

كج دست kecdest: [kec+dest] eli uzun.

كج دل kecdil: [kec+dil] zevksiz.

كج دهان kecdehân: [kec+dehân] ağzı eğri.

كج دهن kecdehen: [kec+dehen] ağzı eğri.

كج راهى kecrâhî: [kec+râh+î] sapma.

كج رأى kecre'y (F.-A.) [kec+re'y] sakat düşünceli, yanlış düşünceli.

كج رفتار kecreftâr: [kec+reften>reft+âr] uygunsuz insan, yoldan çıkmış, yanlış yolda giden.

كجرو kecrev: [kec+reften>rev] uygunsuz insan, yoldan çıkmış, yanlış yolda giden, yan yan giden.

كج سليقه kecselîke: (F.-A.) [kec+selîke] **1.**zevksiz. **2.**münasebetsiz.

كج شدن kec şoden: **1.**eğilmek. **2.**kıvrılmak. **3.**yatmak, yan yatmak.

كج طبع kectab' (F.-A.) [kec+tab'] karaktersiz, bozuk mizaçlı.

کج فهم kecfehm (F.-A.) [kec+fehm]·ters anlayan, yanlış anlayan.

کجک kecek: [kec+ek] yamuk.

کج کردن kec kerden: 1.eğmek. 2.kıvırmak. ‖ * gerden ~ گردن کج کردن boynunu bükmek.

کج کلاه keckulâh: [kec+kulâh] 1.eğri külâhlı. 2.(kin.) mağrur.

کج کله keckuleh: [kec+kuleh] eğri külahlı.

کچکول keçkûl: keşkül, dilenci çanağı.

کج گردن kecgerden: [kec+gerden] boynu eğri.

کج مج kecmec: [kec+mec] eğri büğrü, yamuk yumuk.

کج مزاج kecmizâc (F.-A.) [kec+mizâc] ters mizaçlı.

کج نظر kecnazar (F.-A.) [kec+nazar] 1.kıskanç. 2.eğri bakan.

کج نگاه kecnigâh: [kec+nigâh] 1.şaşı. 2.eğri bakışlı.

کج نهاد kecnihâd: [kec+nihâd] 1.karaktersiz. 2.aksi, huysuz.

کج نهادن kec nihâden: yan yatırmak.

کجه kece: [kec+e] kaşsız yüzük.

کجی kecî: [kec+î] 1.eğiklik. 2.yamukluk.

کجینه kecîne: [kec+îne] eski giysi.

کجینه فروش kecînefurûş: [kecîne+furûhten>furûş] eskici.

کچاری keçârî: karakol.

کچل keçel: kel.

کچل koçel: ezik.

کچلک بازی keçelekbâzî: [keçelek+bâhten> bâz+î] yaygara koparma.

کچلی keçelî: [keçel+î] kellik.

کحائل kehâ'il: (A.) sürme çekilmiş gözler, sürmeli gözler.

کحال kehhâl: (A.) 1.sürmeci. 2.(tıb.) (eskiden) göz doktoru.

کحالت kihâlet: (A.) 1.göz hekimliği. 2.sürmecilik.

کحل kehl: (A.) sürme çekme, sürmeleme.

کحل kohl: (A.) 1.sürme, göz sürmesi. 2.göz ilacı. ‖ * ~ -i basar کحل بصر göz sürmesi.

کحل آسا kuhlâsâ (A.-F.) [kuhl+âsâ] sürme gibi.

کحلا kehlâ: (A.) sürmeliler.

کحل الجواهر kuhlulcevâhir: (A.) göz sürmesi, ilaç olarak göze sürülen sürme.

کحلان kohlân: (A.) 1.yuvarlak çiçekli bir bitki.

کحلی kohlî: (A.) 1.sürmeli. 2.sürme rengi, siyah.

کحیل kehîl: (A.) sürmeli.

کحیلا kehîlâ: (A.) doğuştan gözleri sürmeli kadın.

کحیلان kuheylân: (A.) sürme gözlü Arap atı.

کحیلة الماقین kehîletulmâkayn: (A.) göz pınarları yağlı, göz pınarları sürmeli.

کحیله kehîle: (A.) sürmeli göz.

کحیلی kuheylî: (A.) sürme gözlü arap atı.

کخ keh, koh: cadı.

کخ koh: böcek, haşere.

کخ کخ kih kih: kikirdeme, gülüş.

کد ked: (Peh.) ev.

کد kedd: (A.) gayret, çaba, emek. ‖ * ~ -i yemîn کد یمین el emeği.

کد kod: (Fr.) kod. ‖ * ~ -i postî کد پستی posta kodu.

کداس kudâs: (A.) hayvan aksırığı.

کدام kodâm: (Peh.) 1.hangi, hangisi. 2.kim. ‖ * ~ yek کدام یک hangisi. ‖ * ~ yek ez şomâ کدام یک از شما hanginiz. ‖ * ~ ez mâ کدام از ما hangimiz. ‖ * her ~ هر کدام her biri. ‖ * her ~ ez şomâ هر کدام از شما her biriniz.

کدامین kudâmîn: [kudâm+în] hangi.

کدئین kodein: (Fr.) (kim.) kodein.

کدبانو kedbânû: [ked+bânû] 1.ev hanımı. 2.hanım, eş. 3.hamarat hanım. 4.kahya kadın.

کدخدا kedhodâ: 1.kethüda. 2.köy muhtarı. 3.köy ağası. 4.muhtar. 5.kâhya. 6.vezir. 7.koca. 8.damat. 9.reis.

کدخدا کردن kedhodâ kerden: 1.kethüda yapmak. 2.damat etmek.

کدخدایی kedhodâyî: [kedhodâ+y+î]

1.kethüdalık. 2.köy ağalığı. 3.muhtarlık. 4.saltanat. 5.vezirlik. 6.damatlık. 7.reislik.

كدر keder: (A.) 1.bulanıklık. 2.tasa, kaygı, üzüntü.

كدر kedr: (A.) 1.durgun. 2.koyu.

كدرافزا kederefzâ (A.-F.) [keder+ efzûden>efzâ] üzüntüyü arttıran, üzücü.

كدر انگيز kederengîz (A.-F.) [keder+ engîhten> engîz] üzücü, kederlendirici.

كدر كردن kedr kerden: bulandırmak, bozmak.

كدرناك kedernâk (A.-F.) [keder+nâk] kederli, üzgün.

كد كد كردن kud kud kerden: gıdaklamak.

كدم kedm: (A.) ısırma.

كدمه kedme: (A.) yara izi.

كدو kedû (bot.) 1.kabak. 2.şarab kabı. 3.kafatası. ‖ * ~ -yi helvâyî كدوى حلوايى (bot.) bal kabağı. ‖ * ~ -yi islâmbûlî كدوى اسلامبولى (bot.) bal kabağı. ‖ * ~ -yi sefîd كدوى سفيد (bot.) dolmalık kabak. ‖ * ~ -yi kalyânî كدوى قليانى balkabağı.

كدور kudûr: (A.) kederler.

كدورات kudûrât: (A.) kederler.

كدورت kudûret: (A.) 1.kırgınlık. 2.bulanıklık. 3.karanlık. 4.sıkıntı.

كدورت آميز kudûretâmîz (A.-F.) [kudûret+âmîhten> âmîz] kederli, kaygılı.

كدورت انگيز kudûretengîz: (A.-F.) [kudûret+engîhten>engîz] 1.iç karartıcı. 2.kırgınlık verici.

كدورت كشيدن kudûret keşîden: canı sıkılmak.

كده kede: (Peh.) ev, saray.

كده kede: yer bildiren kelimeler türetmeye yarayan son ek.

كديور kedîver: (Peh.) 1.ev sahibi. 2.kahya. 3.kabile reisi, oymak başı. 4.çiftçi.

كذا kezâ: (A.) öyle, aynı şekilde, keza.

كذائى kezâ'î: (A.-F.) [kezâ+'î] malum.

كذاب kezzâb: (A.) 1.çok yalancı. 2.kezzap, nitrik asit.

كذب kizb: (A.) 1.yalan. 2.yalan söyleme.

كذر kezer: ahmak, ebleh, cahil.

كذلك kezâlik: (A.) 1.yine, aynı şekilde. 2.aynı eser; aynı yer.

كذوب kezûb: (A.) çok yalancı.

كذوبى kezûbî (A.-F.) [kezûb+î] çok yalancı.

كر ker: (Peh.) 1.(tıb.) sağır. 2.hizmetçi.

كر ker: (A.) 1.görkem, azamet, debdebe, ihtişam. 2.amaç, maksat. 3.kuvvet. ‖ * ~ u fer كر و فر görkem, azamet.

كر kerr: (A.) 1.hamle. 2.vazgeçip tekrar geri dönme. ‖ * ~ u ferr كر و فر geri çekilip tekrar saldırıya geçme.

كر kor: (A.) 1.üç buçuk karışlık su hacmi. 2. 1200 ratıllık ağırlık birimi.

كر kor: (Fr.) (müz.) koro.

كرا kirâ: [ki+râ] 1.kime, kimin. 2.kimi.

كراء kirâ': (A.) kira.

كرائم kerâ'im: (A.) kız çocukları.

كرائه kerâ'ih: (A.) iğrençlikler, tiksinilecek şeyler.

كرابيس kerâbîs: (A.) kumaşlar, bezler.

كرات kerrât: (A.) 1.kereler, defalar. 2.hamleler. ‖ * be ~ به كرات defalarca, tekrar tekrar.

كرات korât: (A.) küreler.

كراتن keraten: örümcek.

كراث kurrâs: (A.) pırasa.

كراد kerâd: eski elbise, yırtık pırtık elbise.

كراده kerâde: eski elbise, yırtık pırtık elbise.

كرار kerrâr: (A.) 1.tekrar hamle eden, saldırgan. 2.Hz. Ali'nin lakabı. ‖ * hayder-i ~ حيدر كرار 1.döne döne saldıran arslan. 2.Hz. Ali.

كرار kirâr: (A.) tekrar tekrar.

كرارآسا kerrârâsâ (A.-F.) [kerrâr+âsâ] savaşta döne döne saldıran Hz. Ali gibi.

كراراً kirâren: (A.) tekrar tekrar. ‖ *

~mirâr کرارا مرار birçok kez.

کراریس kerârîs: (A.) sekiz sayfalık yazma formaları.

کراسته kerâste: kereste.

کراسه korrâse, kurâse: (Peh.) fasikül, defter, cüz, sekiz sayfalık elyazması kitap forması.

کراسی kurâsî: (A.) kürsüler.

کراش kerâş: 1.kırmızıya çalan yeşil renkli bir kuş. 2.perişanlık.

کراشیدن kerâşîden: 1.perişan olmak. 2.yok olmak.

کراکر kerâker: 1.karga. 2.kuzgun.

کرا کردن kirâ kerden: 1.kiralamak. 2.(mec.) lâyık olmak.

کراکی kerâkiy: (A.) turna kuşu.

کرا گرفتن kirâ giriften: kiralamak.

کرام kirâm: (A.) 1.cömertler. 2.kerem sahipleri, yüce insanlar.

کرامات kerâmât: (A.) 1.kerametler. 2.cömertlikler. 3.harikulade şeyler.

کرامت kerâmet: (A.) 1.keramet. 2.cömertlik. 3.ululuk, asalet, kerimlik. 4.bağış. 5.ikram. 6.ermişçe yapılan bir iş veya söylenen söz.

کرامت افاده kerâmetifâde: (A.) [kerâmet+ ifâde] keramet ifadeli, ifadesi kerametli.

کرامت فرمودن kerâmet fermûden: 1.büyüklük göstermek. 2.keramet göstermek.

کرامت کردن kerâmet kerden: 1.büyüklük göstermek. 2.keramet göstermek.

کرامت معتاد kerâmetmu'tâd: (A.) [kerâmet+mu'tâd] cömert, eliaçık.

کرامند kerâmend: uygun, layık.

کران kerân: (Peh.) 1.sınır, hudut, kenar. 2.son. 3.sahil. 4.köşe. ‖ * ez ~ be ~ از کران به کران ufuklardan ufuklara. ‖ * ~ tâ ~ کران تا کران bir baştan bir başa, bir uçtan bir uca. ‖ * be ~ âmeden به کران آمدن sona ermek. ‖ * be ~ âverden به کران آوردن sona erdirmek.

کران kirân: 1.(müz.) rebap. 2.(müz.) çeng.

کران kurân: al at.

کران جستن kerân costen: köşeye çekilmek.

کرانه kerâne: (Peh.) 1.kenar, yan. 2.sahil, kıyı. 3.sınır, hudut. ‖ * ~ -i şinî کرانهء شنی kumsal.

کرانه کردن kerâne kerden: 1.el çekmek, uzaklaşmak. 2.uzlete çekilmek, köşesine çekilmek.

کراوات kiravat: (Fr.) kravat.

کراوات زدن kiravat zeden: kravat takmak.

کراوات گره زدن kiravat girih zeden: kravat bağlamak.

کراویا kerâviya (bot.) kimyon, karaman kimyonu.

کراهت kerâhet: (A.) 1.iğrenme, tiksinme. 2.istemeyerek yapma. 3.dolaylı olarak yasaklanma, mekruh sayılma. ‖ * ~ der sem' کراهت در سمع kulak tırmalama.

کراهت آور kerâhetâver: (A. -F.) [kerâhet+ âverden>âver] iğrenç, tiksindirici.

کراهت کردن kerâhet kerden: iğrenmek, tiksinmek, ikrah etmek.

کراهیت kerâhiyyet: (A.) 1.iğrenme, tiksinme. 2.istemeyerek yapma. 3.dolaylı olarak yasaklama, mekruh sayma.

کرایه kirâye: (A.) 1.kira. 2.kiralık. 3.dolmuş.

کرایه دادن kirâye dâden: kiraya vermek.

کرایه کردن kirâye kerden: kiralamak, tutmak.

کرایه گرفتن kirâye giriften: kiralamak, tutmak.

کرایه نشین kirâyenişîn: (A. -F.) [kirâye+ nişesten>nişîn] kiracı.

کرایه نشینی kirâyenişînî: (A. -F.) [kirâye+ nişesten>nişîn] kiracılık.

کراب kerb: (A.) keder, üzüntü, gam.

کرباس kerbâs: bez, pamuklu kumaş, patiska. ‖ * ser u teh-i yek ~ bûden سر و ته یک کرباس بودن altı üstü bir olmak.

کرباس بافی kerbâsbâfî: [kerbâs+bâften> bâf+î] pamuklu dokumacılık.

کرباس محله kerbâsmahelle: (F. -A.) [kerbâs+mahelle] (kin.) mezarlık.

کربت korbet: (A.) kaygı, tasa.

کربق korbek: 1.kulübe. 2.hücre. 3.dükkân.

کربلا kerbelâ: (coğ.) Irak'ta bir kent ve Hz. Muhammed'in şehit edilen torunu Hz. Hüseyin'in türbesinin bulunduğu yer.

کربلایی kerbelâyî: [kerbelâ+y+î] 1.Kerbelâlı. 2.taşralı, dışarlıklı, köylü. 3.bir tür kumaş.

کربن karbon: (Fr.) (kim.) karbon.

کربنات karbonat: (Fr.) (kim.) karbonat.

کربن گیری karbongîrî: (Fr. -F.) [karbon+ giriften>gîr+î] (kim.) fotosentez.

کربه kurbe: dükkan.

کرپ kirip: (Fr.) krep.

کرپاس kirpâs: dîvanhâne, dergah.

کرپی kerpî, kirpî (zool.) kirpi.

کرپی korpi: (T.) köprü.

کرت kert: ark.

کرت kerret: (A.) kere, defa.

کرتان kerretân: (A.) 1.iki kez. 2.sabah ve akşam.

کرته korte: gömlek.

کرج kerc: 1.yaka. 2.karpuz dilimi. 3.parça.

کرج kerec: (coğ.) Kerec.

کرجی kerecî: [kerec+î] 1.Kerecli. 2.kayık. ‖ * ~ -i bârî کرجیء باری mavna.

کرجی بان kerecîbân: [kerec+î+bân] kayıkçı.

کرچ korç: kuluçka, gurk.

کرچ خوابیدن korç hâbîden: kuluçkaya yatmak, gurka yatmak.

کرچ شدن korç şoden: kuluçkaya yatmak, gurka yatmak.

کرچک kerçek (bot.) hint yağı bitkisi.

کرچ کرچ kerç kerç: parça parça.

کرخ kereh: uyuşuk, hissiz.

کرخ شدن kereh şoden: uyuşmak, hissizleşmek.

کرخ کردن kereh kerden: uyuşturmak, hissizleştirmek.

کرخی kerehî: [kereh+î] uyuşma, hissizlik.

کرد kerd: [kerden>kerd] 1.uygulama, yapma, etme, amel, davranış. 2.budanmış dal. 3.tarh. 4.tarla, tarım yapılan arazi.

کرد kord: Kürt.

کردار kirdâr: (Peh.) 1.iş, davranış, eylem. 2.tarz, kural, kaide. 3.sanat. ‖ * be ~ -i به کردار şeklinde, gibi, benzeri. ‖ * ber ~ -i بر کردار şeklinde, gibi, benzeri.

کردار کردن kirdâr kerden: davranmak.

کردستان kordistân: [kord+istân] (coğ.) Kürdistan.

کردستانی kurdistânî: [kurd+istân+î] Kürdistanlı.

کردکار kerdkâr: [kerden>kerd+kâr] etken, âmil, faktör.

کردگار kirdgâr, kirdigâr: 1.yaratan, yaratıcı. 2.Tanrı. 3.faal.

کردمه kerdeme (bot.) tereotu.

کردن kerden: (Peh.) 1.yapmak, etmek, eylemek. 2.yazmak. 3.vakit geçirmek. 4.cinsel ilişkide bulunmak.

کردو kerdû: 1.bahçe tarhı. 2.budanmış dal.

کردوکار kerdukâr: [kerden>kerd+u+kâr] eylem, hareket, davranış.

کرده kerde: [kerden>kerd+e] 1.yapmış, etmiş. 2.amel.

کرده داشتن kerde dâşten: uygulamak, yapmak, eylemek.

کرده کار kerdekâr: [kerden>kerd+e+kâr] deneyimli, tecrübeli.

کردی kordî: [kord+î] 1.Kürtçe. 2.(müz.) musikî makamı. 3.kürtlük. 4.klasik Türk mûsikîsinde bir makam.

کرس kurs: kırışık, buruşuk.

کرست korset: (Fr.) korse.

کرسی korsî: (A.) 1.taht. 2.kürsü. 3.iskemle, sandalye. 4.bölge merkezi. 5.(tıb.) azı dişleri. 6.tağar, altında mangal, üstünde yorgan veya kalın örtünün bulunduğu ve ayakların yorgan altına sokularak ısınmanın sağlandığı sistem. **7**.makam. **8**.başkent. **9**.kaide, ayaklık. **10**.anabilim dalı. **11**.levh-i mahfuzun bulunduğu yer.

کرسی داشتن korsî dâşten: tekdüze olmak, monoton olmak.

کرسیدن kersîden: **1**.aldatmak, kandırmak. **2**.tevazu göstermek.

کرسی نشین korsînişîn (A.-F.) [korsî+ nişesten> nişîn] **1**.kürsüde oturan. **2**.hükümdar, padişah. **3**.vali. **4**.vaiz.

کرش keriş: (A.) işkembe.

کرشته kirişte: toz toprak.

کر شدن ker şoden: sağırlaşmak, sağır olmak.

کرشمه kirişme, kereşme: **1**.göz kırpışı, işveli göz kırpış. **2**.kırıtma, cilvelenme.

کرشمه باز kirişmebâz: [kirişme+bâhten> bâz] cilveli.

کرشمه کردن kirişme kerden: göz kırpmak, kaş göz işareti yapmak.

کرشیدن kereşîden: **1**.aldatmak, kandırmak. **2**.dalkavukluk etmek.

کرفت kirift: çirkin, pis, kirli.

کرفس kerefs (bot.) su kerevizi.

کرفوس kerefûs: [<kerefs] kereviz.

کرفکه kerefeke: (T.) zırh.

کرفه kerfe: (Peh.) sevap.

کرک kerek (zool.) bıldırcın.

کرک korek: **1**.dazlak. **2**.kel.

کرک kork: **1**.gurk. **2**.hav. **3**.tüy.

کرک kuruk: boduk, deve yavrusu.

کرکر kirkir (bot.) bakla.

کرکر kirkir: kikir kikir.

کرکر خندیدن kirkir handîden: kikir kikir gülmek.

کر کردن ker kerden: sağırlaştırmak, sağır etmek.

کر کردن kor kerden: çok çocuk doğurmak.

کرکر کردن kirkir kerden: kikirdemek.

کرکره kirkire: **1**.jaluzi. **2**.kepenk.

کرکره کشیدن kirkire keşîden: kepenk kapatmak.

کرکری خندیدن korkorî hânden: **1**.uygunsuz cevap vermek, terslemek. **2**.laubali olmak, kayıtsız olmak.

کرکز kerkoz: **1**.yol işareti. **2**.rehber, kılavuz.

کرکس kerkes: (Peh.) **1**.(zool.) akbaba. **2**.(mec.) ok.

کرک شدن kork şoden: gurka yatmak, kuluçkaya yatmak.

کرکم kerkem: gökkuşağı.

کرکی korki: pazen.

کرگدن kergeden (zool.) gergedan.

کرم kerem: (A.) **1**.cömertlik, asalet, bağış. **2**.soyluluk.

کرم kerm: (A.) **1**.(bot.) asma, üzüm asması. **2**.asmalık.

کرم kirm: (Peh.) (zool.) kurt, böcek. ‖ * ~ -i ebrîşem کرم ابریشم (zool.) ipek böceği. ‖ * ~ -i hâkî کرم خاکی (zool.) toprak kurdu. ‖ * ~ -i kârî bûden کرم کاری بودن bir işin kurdu olmak. ‖ * ~ -i pelâs-i kesî bûden کرم پلاس کسی بودن birinin ayıbını aramak. ‖ * ~ -i penîr کرم پنیر (zool.) peynir kurdu. ‖ * ~ -i rûde کرم روده (zool.) bağırsak kurdu. ‖ * ~ -i şebefrûz کرم شب افروز ateş böceği. ‖ * ~ -i şebtâb کرم شبتاب ateş böceği. ‖ * ~ -i şebtâz کرم شب تاز (zool.) ateş. ‖ * dendân-i kesî ~ horden دندان کسی کرم خوردن (tıb.) dişi çürümek.

کرم krem: (Fr.) **1**.krem. **2**.krema. **3**.krem rengi.

کرم الله وجهه kerremallâhu vecheh: (A.) Allah onun zatını yüceltsin, Allah varlığını şerefli kılsın.

کرما kuremâ: (A.) **1**.cömertler. **2**.ulular, yüceler.

کرمان kirmân: (coğ.) Kirman.

کرمانشاه kirmânşâh: (coğ.) Kirmanşah.

کرمانشاهی kirmânşâhî: [kirmânşâh+î] Kirmânşâhî.

کرمانی kirmânî: [kirmân+î] (coğ.) Kirman.

کرم پرور keremperver (A.-F.) [kerem+ perverden> perver] cömert, kerem sahibi.

کرم پرورانه keremperverâne (A.-F.) [kerem+ perverden> perver+âne] cömertçe.

کرم پروری keremperverî (A.-F.) [kerem+ perverden> perver+î] cömertlik, kerem sahipliği.

کرم پیشه kerempîşe: (A. -F.) [kerem+ pîşe] cömert, kerim.

کرم خانه keremhâne (A.-F.) [kerem+hâne <hâne-i kerem] cömertlik evi.

کرم خوردن kirm horden: çürümek (diş).

کرم دانه kirmdâne: [kirm+dâne] (bot.) yakı ağacı.

کرمک داشتن kirmek dâşten: **1.**eziyet etmek. **2.**şehvetli olmak.

کرمکار keremkâr (A.-F.) [kerem+kâr] cömert, kerem sahibi.

کرمکارانه keremkârâne (A.-F.) [kerem+ kâr+âne] cömertçe.

کرمکاری keremkârî (A.-F.) [kerem+kâr+ î] cömertlik, kerem sahipliği.

کرمک شب فروز kirmek-i şebfurûz (zool.) ateş böceği.

کرم کشتن kirm koşten: **1.**kurt öldürmek. **2.**kurt dökmek. **3.**(kin.) oynaşmak, tatmin olmak, şehvet gidermek.

کرم کشی کردن kirmkoşî kerden: kurt dökmek.

کرم گستر keremgoster (A.-F.) [kerem+ gosterden> goster] cömert, kerem sahibi.

کرم گسترانه keremgosterâne (A.-F.) [kerem+ gosterden> goster+âne] cömertçe.

کرم گستردن kerem gosterden: cömert davranmak, bağışlamak.

کرم گستری keremgosterî (A.-F.) [kerem+ gosterden> goster+î] cömertlik, kerem sahipliği.

کرم نمودن kerem numûden: kerem etmek, kerem göstermek, kerem kılmak.

کرمو kirmû: [kirm+û] kurtlu.

کرمیه kermiyye: (A.) asmagiller.

کرنا kernâ, kerrinâ: **1.**(müz.) borazan. **2.**(müz.) klarnet.

کرنای kerenây: [<kernâ, kerrinâ] **1.**borazan. **2.**klarnet.

کرنج korenc (bot.) pirinç.

کرند kurend: al at.

کرنش korniş: (T.) tevazu, eğilme, baş eğme, saygıyla eğilme.

کرنش کردن korniş kerden: eğilmek.

کرنگ koreng: **1.**hipodrom. **2.**saf yeri. **3.**al at.

کرو kerev: örümcek.

کروان kerevân: (A.) (zool.) kalınbacaklı kuş.

کروان kervân: [kervân<kârvân] kervan.

کروب kurûb: (A.) kaygılar, tasalar.

کروبی kerûbî: (A.) ulu melek.

کروبیان kerûbiyân (A.-F.) [kerûbî+y+ân] büyük melekler.

کروبیون kerûbiyûn: (A.) büyük melekler.

کروت korût: şişman, semiz.

کروتنه kerûtene (zool.) örümcek.

کرور kurûr (Hind.) **1.**beş yüz bin. **2.**on milyon.

کرور kurûr: (A.) tekrarlanma.

کروش kurûş: (A.) işkembeler.

کروشه koroşe: (Fr.) köşeli parantez.

کروک korûk: körük, fayton körüğü.

کر وکر کردن kirr u kir kerden: yavaş yavaş çalışmak.

کرو کیری kirokirî: yargıçlık.

کروکی kroki: (İng.) kroki.

کروم kurûm: (A.) asma kütükleri.

کرومیه kurûmiyye: (A.) asma kütükleri ile ilgili.

کرونومتر kronometr: (Fr.) koronometre.

کروه kerve: delik diş.

کروی korevî: (A.) **1.**küresel. **2.**yuvarlak.

کروی الشکل kureviyyuşşekl: (A.) küre şeklinde.

کره kere: **1.**tereyağı, sadeyağ. **2.**küf.

کره kerre: (A.) kez, kere, defa.

کره kerh: (A.) **1.**iğrenme, tiksinme. **2.**zorlama.

کره kure: (A.) **1.**küre. **2.**toparlak. **3.**dünya. ‖ * ~ -i arz کرهٔ ارض yerküre. ‖ * ~ -i ayn کرهٔ عین göz yuvarı. ‖ * ~ -i hacerî کرهٔ حجری litosfer. ‖ * ~ -i hâk کرهٔ

خاک yerküre, dünya. ‖ * ~ -i hevâ کرهء هوا atmosfer, havaküre. ‖ * ~ -i levniyye کرهء لونيه kromosfer. ‖ * ~ -i mâ'iyye کرهء مائيه suküre, hidrosfer. ‖ * ~ -i nâriyye کرهء ناريه ateşküre, pirosfer. ‖ * ~ -i zemîn کرهء زمين yerküre, dünya. ‖ * ~ -i ziyâ کرهء ضيا ışıkküre, fotosfer.

کره korre: **1.**(zool.) tay. **2.**(zool.) sıpa. ‖ * ~ -i her کرهء خر sıpa.

کره korh: (A.) tiksinme, iğrenme.

کره korre: pazı, adale.

کرهاً kerhen: (A.) **1.**iğrenerek, tiksinerek. **2.**istemeyerek, istemeye istemeye. ‖ * tav'an ve ~ طوعاً و کرهاً ister istemez, mecburen.

کره اسب korreesb: [korre+esb) (zool.) tay.

کره خر korreher: [korre+her] (zool.) sıpa.

کری kerî: [ker+î] sağırlık.

کری kerî: (A.) kazma.

کرياس kiryâs: (A.) **1.**sarayın iç avlusu. **2.**saray. **3.**eşik.

کريبه kureybe: (A.) tulumcuk.

کريچ kerîç: küçük ev, kulübe.

کريدور koridor: (Fr.) koridor.

کريز kurîz: hizmetkâr.

کريزی kurîzî: iki büklüm ihtiyar.

کريس kirîs: **1.**aldatma. **2.**yaltaklanma.

کريستال kiristal: (Fr.) kristal.

کريشک kirîşek: savaşçı.

کريم kerîm: (A.) **1.**cömert, kerem sahibi. **2.**yüce, ulu. **3.**erkek adı.

کريما kerîmâ (A.-F.) [kerîm+â] ey cömert olan, ey kerem sahibi olan.

کريم الخصال kerîmulhisâl: (A.) cömert tabiatlı, iyiliksever.

کريم الشان kerîmuşşân: (A.) cömert, kerem sahibi, şanlı.

کريم الطبع kerîmuttab': (A.) cömert tabiatlı, iyiliksever.

کريمانه kerîmâne (A.-F.) [kerîm+âne] cömertçe, kerem sahibine yakışacak şekilde.

کريمه kerîme: (A.) **1.**cömert kadın. **2.**kız çocuğu. **3.**âyet. **4.**ulu, yüce. **5.**beğenilmiş.

کريوات kureyvât: (A.) kürecikler, yuvarlar.

کريوه kureyve: (A.) kürecik, yuvar.

کريوی kureyvî: (A.) kürecik biçimli.

کريوين kureyvîn: (A.) yuvarcıklar.

کريه kerîh: (A.) iğrenç, pis.

کريه المنظر kerîhulmanzar: (A.) çirkin, iğrenç görünümlü.

کريه النفس kerîhunnefes: (A.) nefesi kötü kokan, ağzı kötü kokan.

کريه منظر kerîhmanzar: (A. -F.) [kerîh+ manzar] çirkin, iğrenç görünüşlü.

کريهه kerîhe: (A.) iğrenç.

کز kiz: **1.**darlık. **2.**büzülme. **3.**kısa adım.

کز kez: [ki+ez>kez] ki. den, ki. denberi.

کزابر kezâbir: (A.) küçük asmalar.

کزاز kuzâz: (A.) (tıb.) tetanos.

کزان kezan: [ki+ez+ân] ki ondan.

کزبره kuzbere: (A.) asmacık, küçük asma.

کزبرة البئر kuzberetulbi'r: (A.) tere.

کزبرة القنات kuzberetulkanât: (A.) baldırıkara.

کز دادن kiz dâden: (tavuk) ütülemek.

کز کردن kiz kerden: **1.**büzmek, daraltmak. **2.**büzülmek, büzüşmek. **3.**sinmek.

کزو kezû: [ki+ez+û] ki ondan.

کزين kezin: [ki+ez+in] ki bundan.

کژ kej: **1.**eğri. **2.**ham ipek. **3.**değersiz ipek.

کژ باختن kej bâhten: **1.**kötü oyun oynamak (tavla) **2.**kötü davranmak.

کژ بين kejbîn: [kej+dîden>bîn] **1.**şaşı. **2.**namert, soysuz, nabekâr.

کژ بينی kejbînî: [kej+dîden>bîn+î] **1.**şaşılık. **2.**namertlik, soysuzluk.

کژ چشم kejçeşm: [kej+çeşm] **1.**şaşı. eğri bakışlı.

کژدم kejdom: (Peh.) [kej+dom] **1.**(zool.) akrep. **2.**akrep burcu. ‖ * ~ -i bahrî کژدم بحری deniz akrebi, iskorpit.

کژدم kejdom: [kej+dom] **1.**akrep. **2.**eğri kuyruklu.

کژدمه kejdome: [kej+dom+e] etyaran hastalığı.

کژدمی kejdomî: [kej+dom+î] 1.akreple ilgili. 2.akreplik.

کژرو kejrev: [kej+reften>rev] eğri eğri giden, yampiri yampiri giden, yanlış yolda giden.

کژ شدن kej şoden: çarpılmak, eğrilmek, yamulmak, kıvrılmak, bükülmek.

کژطبع kejtab' (F.-A.) [kej+tab'] karaktersiz, tabiatı bozuk.

کژگو kejgû: [kej+goften>gû] kötü sözlü.

کژ مژ زبان kejmejzebân: [kej+mej+ zebân] yeni konuşmaya başlayan çocuk.

کس kes: 1.kişi, kimse, şahıs. 2.biri, herhangi bir. 3.akraba. 4.mert. 5.hiç kimse. ‖ * ~ u kâr کس و کار yakınlar, akraba. ‖ * be ~ dâşten به کس داشتن adam yerine koymak, adamdan saymak.

کس kos: (tıb.) vajina; (argo) am. ‖ * ~ -i gorbe کس گربه (zool.) yumuşakça.

کساء kisâ': (A.) 1.yün giysi, aba. 2.seccade. 3.halı.

کساحت kusâhat: (A.) sıskalık.

کساد kesâd: (A.) 1.kesat, sürümsüzlük, pazar durgunluğu. 2.yokluk, kıtlık. ‖ * ~ -i bâzâr کساد بازار sürümsüzlük, durgunluk.

کساد ساختن kesâd sâhten: kesat bırakmak.

کساد شدن kesâd şoden: kesatlaşmak.

کسادی kesâdî: [kesâd+î] kesatlık, durgunluk.

کسافت kesâfet: (A.) tutulma.

کسالت kesâlet: (A.) halsizlik, hastalık, uyuşukluk, gevşeklik, tembellik.

کسالت داشتن kesâlet dâşten: rahatsız olmak.

کسان kesân: [kes+ân] 1.kişiler, insanlar. 2.yakınlar, akrabalar.

کسانه kesâne: [kes+âne] insanca.

کسانی kesânî: [kes+ân+î] birtakım kimseler, kimileri.

کسانی که kesânî ki: [kes+ân+î+ki] o kimseler ki, -enler.

کسب kesb, kisb: (A.) 1.çalışarak kazanma. 2.elde etme. 3.meslek, iş, sanat. ‖ * ~ u kâr کسب و کار iş, iş güç, çalışma. ‖ * ~ -i ilm kerden کسب علم کردن ilim öğrenmek, öğrenim görmek, okumak.

کسبره kusbere: (A.) 1. karakimyon. 2.kişniş.

کسب کردن kesb kerden: 1.kazanmak, elde etmek, ele geçirmek. 2.ekmek parası kazanmak. 3.çalışmak.

کسبه kesebe: (A.) esnaf.

کسبه kusbe: (A.) küspe.

کسبی kesbî, kisbî: (A.) çalışarak elde edilen.

کسپرج kesperec: inci.

کستج kestec: (Peh.) Sâsânî dönemine ait yazılardan biri.

کستل kustel: bok böceği, mayıs böceği.

کستن kosten: ezmek.

کستی kostî: (Peh.) Zerdüştî kemeri.

کستی کردن kostî kerden: güreşmek, güreş tutmak.

کس ده kosdih: [kos+dâden>dih] (argo) fahişe, orospu.

کسر kesr: (A.) 1.kırma. 2.kırık. 3.yarık. 4.(mat.) kesir. 5.(mat.) çıkarma. 6.az gelme, eksik gelme. 7.(gr.) kesre. ‖ * ~-i âdî کسر عادی bayağı kesir. ‖ * ~ -i a'şârî کسر اعشاری ondalık kesir. ‖ * ~ -i basît کسر بسیط bayağı kesir. ‖ * ~ -i şân-i kesî şoden کسر شان کسی شدن şanına yakışmamak.

کسر شدن kesr şoden: kesilmek, düşülmek.

کسر کردن kesr kerden: kesmek, düşmek.

کسروی kisrevî: (A.) 1.husrevlik, saltanat, padişahlık, kisrâlık. 2.İranlı ünlü reformcu ve dilci Seyyid Ahmed-i Kesrevî.

کسره kesre: (A.) (gr.) esre, kesre.

کسری kesrî: (A. -F.) [kesr+î] 1.eksiklik, noksan. 2.(mat.) kesirli.

کسری kisrâ, kisrî: (A.) 1.padişah, kisrâ, İran hükümdarı. 2.eski İran padişahı Âdil Enûrşirvan. **3.**İran padişahı.

کس شعر گفتن kos-i şi'r goften: (argo) martaval atmak, zırvalamak.

کسف kesf: (A.) **1.**tutulma. **2.**ay tutulması, güneş tutulması. **3.**gözden kaybolma, görünmez olma.

کسف kisef: (A.) parçalar, kısımlar.

کس فراخ kosferâh: [kos+ferâh] (hlk.) geniş vajinalı.

کسفه kisfe: (A.) parça, kısım.

کس کش koskeş: [kos+keşîden>keş] (argo) pezevenk, muhabbet tellalı.

کس کشی koskeşî: [kos+keşîden>keş+î] (argo) pezevenklik, muhabbet tellallığı.

کس کن koskon: [kos+kerden>kon] (argo) zampara.

کسل kesil: (A.) **1.**halsiz, keyifsiz, uyuşuk. **2.**tembel.

کسل kesl, kesel: (A.) **1.**halsizlik, keyifsizlik, uyuşukluk, gevşeklik. **2.**tembellik.

کسلان keslân: (A.) gevşek, tembel, mıymıntı, uyuşuk.

کسلانی keslânî: (A.) halsizlik, keyifsizlik, uyuşukluk.

کسمه kesme: (T.) kakül.

کسمه شکستن kesme şikesten: kâkül koymak.

کسندر kesender: [kes+ender] **1.**bir başkası. **2.**namert, soysuz.

کسوب kesûb: (A.) çok kazanan.

کسوت kisvet: (A.) **1.**giysi. **2.**kılık kıyafet. **3.**kisbet, yağlı güreş yapanların giydiği deri pantalon. ‖ * ~ -i cân dâden کسوت جان دادن (kin.) diriltmek, hayat vermek, can vermek.

کسوت گری kisvetgerî: (A. -F.) [kisvet+ ger+î] **1.**giydirme. **2.**çeviri, tercüme.

کسوت گری کردن kisvetgerî kerden: tercüme etmek, çevirmek.

کسود kusûd: (A.) kesat.

کسور kusûr: (A.) **1.**noksanlar, eksiklikler. **2.**parçalar. **3.**kesirler. **4.**küsur, artık, arta kalan.

کسورات kusûrât: (A.) artıklar, küsurlar, arta kalanlar.

کسوف kusûf: (A.) **1.**güneş tutulması. **2.**tutulma. ‖ * ~ -i cuz'î کسوف جزئی kısmî güneş tutulması. ‖ * ~ -i halkavî کسوف حلقوی halkalı güneş tutulması. ‖ * ~ -i kullî کسوف کلی tam güneş tutulması.

کس و کار kesukâr: [kes+u+kâr] akraba, yakınlar, eş dost.

کس و کوی kesukûy: [kes+u+kûy] akraba, yakınlar, eş dost.

کسول kusûl: (A.) üşengeç, tembel.

کسوه kisve: (A.) **1.**giysi. **2.**kılık kıyafet.

کسی kesî: [kes+î] **1.**biri, birisi. **2.**hiç kimse, kimsecikler. **3.**o kişi, o kimse.

کسی kusâ: (A.) giysiler.

کسید kesîd: (A.) sürümsüz.

کسیر kesîr: (A.) kırık.

کسیس kesîs: (A.) hurma şarabı.

کیسنوس kosinus: (Lat.) (mat.) kosinüs.

کش keş: (Peh.) **1.**köşe. **2.**göğüs. **3.**koltuk atı. **4.**kasık. ‖ * der ~ giriften در کش گرفتن kucaklamak. ‖ * dest ber ~ nihâden دست بر کش نهادن göğsüne vurmak.

کش keş: hoş, güzel.

کش keş: [keşîden>keş] **1.**çekme, çekiş. **2.**çeken. **3.**çek. ‖ * ~ u kovs borden کش و قوس بردن çekiştirmek. ‖ * ~ u vâkeş âmeden کش و واکش آمدن gerinmek. ‖ * der ~ u kovs bûden در کش و قوس بودن doğum sancısı çekmek.

کش keş: [ki+eş>keş] ki o, ki ona, ki onu, ki onun.

کش kiş: defa, kez, kere.

کش kiş: satrançta bir taşı zorlama.

کش koş: [<koşten>koş] öldüren.

کش آمدن keş âmeden: **1.**uzamak, sünmek. **2.**güzel göstermek.

کشاجم keşâcim: katip, şair ve müneccim kelimelerinin kısaltması.

کشاف keşşâf: (A.) **1.**keşfeden, açıklayan. **2.**indeks. **2.**çözen. **3.**izci. **4.**keşif kolu.

کشاکش keşâkeş: [keşîden>keş+ +keş] 1.çekişme, keşmekeş, kargaşa. 2.emir ve yasaklama. 3.iyilik ve kötülük.

کشاله kişâle: uzama. ‖ * ~ -i rân کشالهء ران (tıb.) kasık.

کشاله رفتن kişâle reften: sürünerek gitmek, sürünmek.

کشان keşân: [keşîden>keş+ân] çeke çeke, çekerek. ‖ * ~ ber ~ کشان بر کشان çeke çeke, sürükleye sürükleye, çekiştire çekiştire.

کشاندن keşânden: çekmek, sürüklemek, götürmek, çektirmek.

کشان کشان keşân keşân: çeke çeke, çekiştire çekiştire, sürükleye sürükleye.

کشانیدن keşânîden: çekmek, sürüklemek, götürmek, çektirmek.

کشاورز kişâverz: çiftçi, ekinci.

کشاورزی kişâverzî: [kişâverz+î] tarım, ziraat, çiftçilik, ekincilik. ‖ * vezîr-i ~ وزیر کشاورز tarım bakanı. ‖ * vizâret-i ~ وزارت کشاورزی tarım bakanlığı.

کشاورزی کردن kişâverzî kerden: çiftçilik yapmak, ziraatle uğraşmak.

کش پیدا کردن keş peydâ kerden: uzamak, sünmek, esnemek.

کشت kişt: [kişten>kişt] 1.ekin. 2.tarım, ziraat. 3.ürün, mahsul. 4.tarla.

کشتار koştâr: (Peh.) 1.öldürme, katletme, kıyım. 2.kesilmiş hayvan.

کشتارگاه koştârgâh: [koştâr+gâh] 1.mezbaha. 2.öldürme yeri, kıyım yeri. 3.hayvan kesimi.

کشتره koştere: [<koşt+erre] marangozların kullandığı uzun rende.

کشتزار kiştzâr: [kişten>kişt+zâr] tarla, ekin tarlası.

کشتکار kiştkâr: [kişten>kişt+kâr] çitçi, ekinci.

کشت کردن kişt kerden: ekin ekmek, ekmek, tarım yapmak.

کشتگان koştegân: [koşten>koşt+e+g+ân] öldürülenler.

کشتگر kiştger: [kişten>kişt+ger] çiftçi, ekinci.

کشتن kişten: ekmek, dikmek, tarım yapmak.

کشتن koşten: (Peh.) 1.öldürmek. 2.kesmek. 3.söndürmek. ‖ * be ~ دâden به کشتن دادن öldürtmek.

کشتن کردن koşten kerden: 1.öldürmek. 2.dövüşmek, kıyasıya dövüşmek.

کشتوک keştûk (zool.) kaplumbağa.

کشته kişte: [kişten>kişt+e] ekili, dikili.

کشته koşte: [koşten>koşt+e] 1.ölü. 2.maktül, öldürülmüş. 3.sönük. 4.çelik çomak oyununda yanan. 5.arzulu, bayılan, can atan.

کشته شدن koşte şoden: 1.ölmek. 2.öldürülmek.

کشتی keştî: (Peh.) gemi, vapur. ‖ * ~ -i bâd کشتیء باد yelkenli gemi. ‖ * ~ -i bârî کشتیء باری şilep. ‖ * ~ -i buhâr(î) (کشتیء بخار(ی) buharlı gemi. ‖ * ~ -i cengî کشتیء جنگی (ask.) savaş gemisi. ‖ * ~ -i hevâyî کشتیء هوایی (ask.) zeplin. ‖ * ~ -i mâhîgîrî کشتیء ماهیگیری balıkçı gemisi. ‖ * ~ -i musâfirberî کشتیء مسافربری yolcu gemisi, yolcu vapuru. ‖ * ~ -i neftkeş کشتیء نفت کش tanker. ‖ * ~ -i nigehbân کشتیء نگهبان (ask.) kurtarma gemisi. ‖ * ~ -i nûh کشتیء نوح Nuh'un gemisi. ‖ * ~ -i otomobil کشتی ء اتومبیل arabalı vapur. ‖ * ~ -i poştîbânî کشتیء پشتیبانی (ask.) destek gemisi. ‖ * ~ -i şinkeş کشتیء شن کش kum çıkarma kemisi. ‖ * ~ -i yedekkeş کشتیء یدک کش römorkör.

کشتی koştî (sp.) güreş. ‖ * ~ der miyân bûden کشتی در میان بودن (sp.) güreş ortada bitmek. ‖ * ~ girih şoden کشتی گره شدن (sp.) güreş ortada bitmek. ‖ * ~ -i meydânî کشتیء میدانی (sp.)

meydan güreşi. ‖ * toşek-i ~ تشک کشتی (sp.) güreş minderi.

کشتیار koştiyâr: ısrar. ‖ * ~ -i kesî şoden کشتیار کسی شدن razı etmeye çalışmak, üstelemek, ısrar etmek.

کشتیبان keştîbân: [keştî+bân] kaptan, **1.**gemici. **2.**gemi kaptanı.

کشتیبانی keştîbânî: [keştî+bân+î] **1.**gemicilik. **2.**gemi kaptanlığı.

کشتی ران keştîrân: [keştî+rânden>rân] kaptan.

کشتی راندن keştî rânden: gemi kullanmak.

کشتی رانی keştîrânî: [keştî+rânden> rân+î] gemicilik, denizcilik.

کشتی سازی keştîsâzî: [keştî+sâhten> sâz+î] gemi yapımı, gemi inşası.

کشتی شکسته keştîşikeste: [keştî+ şikesten> şikest+e] gemisi parçalanmış.

کشتی شدن keştî şoden (kin.) yüzerken çırpınmak.

کشتی گاه keştîgâh: [keştî+gâh] rıhtım, liman.

کشتیگر keştîger: [keştî+ger] gemi ustası, gemi yapımcısı.

کشتی گرفتن koştî giriften (Sp.) güreş tutmak, güreşmek.

کشتی گیر koştîgîr: [koştî+giriften>gîr] (sp.) güreşçi, pehlivan. ‖ * ~ -i cihân کشتی گیر جهان dünya pehlivanı, cihan pehlivanı.

کشتی گیری koştîgîrî: [koştî+giriften> gîr+î] (sp.) güreşçilik, pehlivanlık, güreş tutma.

کشتی نشین keştînişîn: [keştî+nişesten> nişîn] gemi yolcusu, gemide bulunan.

کشتی نشینان keştînişînân: [keştî+ nişesten> nişîn+ ân] gemi yolcuları, gemide bulunanlar.

کشخان keşhân: (A.) deyyus.

کش دادن kiş dâden: uzatmak. ‖ * ten râ ~ تن را کش دادن gerinmek.

کش داشتن kiş dâşten: esnemek, esnek olmak.

کش دار kişdâr: [kiş+dâşten>dâr] **1.**esnek, elastikî. **2.**lastikli.

کش رفتن (را) kiş reften: aşırmak, çalmak.

کش زدن keş zeden: **1.**elense çekmek. **2.**şarap içmek.

کشش keşiş: [keşîden>keş+iş] **1.**çekme, çekiş, cazibe. **2.**çaba.

کشش koşiş: [koşten>koş+iş] öldürme.

کشش داشتن keşiş dâşten: ilgisi olmak.

کشف keşef: **1.**(zool.) kaplumbağa. **2.**yengeç burcu.

کشف keşf: (A.) **1.**keşif, ortaya çıkarma. **2.**açma. **3.**öğrenme. **4.**önceden anlama. **5.**Tanrı tarafından ilham edilme. **6.**harcamanın önceden hesaplanması.

کشفتگی keşoftegî: [keşofte+g+î] pejmürdelik.

کشفتن keşoften: **1.**yarmak. **2.**açmak.

کشف شدن keşf şoden: keşfedilmek, bulunmak.

کشف کردن keşf kerden: **1.**keşfetmek, bulmak. **2.**bertaraf etmek.

کشفی keşfî: (A.) keşifle ilgili, keşfî.

کشفیات keşfiyyât: (A.) keşifler.

کشفیه keşfiyye: (A.) keşifle ilgili.

کشک keşk: **1.**kurut, kurutulmuş yoğurt. **2.**boş, boşuna.

کش کردن keş kerden: çekmek.

کشکرک keşkerek (zool.) saksağan.

کش کشان keşkeşân: [keşîden>keş+keşân] ağır ağır çekme.

کشکول keşkûl: **1.**dilenci çanağı. **2.**keşkül (tatlı). ‖ * ~ -i fukarâ کشکول فقرا dilenci çanağı, yoksul çanağı.

کشکویه kuşkûye: klasik Türk mûsikîsinde bir makam.

کشکی keşkî: **1.**boş, saçma, zırva, anlamsız. **2.**bedava, beleş.

کشگک keşgek: (tıb.) diz kapağı.

کشمان kişmân: tarla, ekili arazi.

کشمش kişmiş (bot.) kişniş.

کشمکش keşmekeş: [keşîden>keş+me+ keş] **1.**karmaşa, çekişme, kargaşa. **2.**kararsızlık.

کشمکش کردن keşmekeş kerden: çekişmek, mücadele etmek.

كشمير keşmîr: (coğ.) Keşmir.

كشميرى keşmîrî: [keşmîr+î] 1.Keşmirli. 2.Keşmir işi, Keşmir malı.

كشند keşend: [keşîden>keş+end] (coğ.) med cezir, gel git.

كشنده keşende: [keşîden>keş+ende] 1.çeken, çekici. 2.dayanıklı.

كشنده koşende: [koşten>koş+ende] öldüren, öldürücü, katil.

كشنش kişniş: 1.kişniş. 2.karakimyon.

كشنى keşnî: 1.koruluk. 2.orman.

كشنيز kişnîz: kişniş.

كشو keşev, kişov: [keşîden>keş+ev] çekmece, çekme, göz.

كشور kişver: (Peh.) 1.ülke. 2.vilayet. 3.diyar. ‖ * ~ hâ-yi muşterekulmenâfi' كشورهاى مشترك المنافع Avrupa Topluluğu ülkeleri.

كشور بكشور kişverbekişver: [kişver+be+ kişver] ülke ülke.

كشورخدا kişverhodâ: [kişver+hodâ< hodâ-yi kişver] padişah, hükümdar.

كشورگشا kişverguşâ: [kişver+guşûden>guşâ] ülke fetheden, fatih hükümdar.

كشورگشاى kişverguşây: [kişver+ guşûden> guşây] ülkeler fetheden, fatih hükümdar.

كشورگشايى kişverguşâyî: [kişver+ guşûden> guşây+î] fatih hükümdarlık.

كشورگير kişvergîr: [kişver+giriften>gîr] ülkeler fetheden büyük padişah.

كشورگيرانه kişvergîrâne: [kişver+ giriften>gîr+ âne] fatih padişahlar gibi.

كشورگيرى kişvergîrî: [kişver+giriften> gîr+î] fatih padişahlık.

كش و فش keşşufeş: [keşş+u+feş] görkem.

كش و قوس kişu kovs: (F. -A.) [keşîden> keş>kiş+u+kavs>kovs] 1.kırışma, buruşma. 2.yaylanma. 3.gerinme.

كش و قوس بردن keş u kovs borden: çekiştirmek.

كش و قوس رفتن kiş u kovs reften: 1.yaylanmak. 2.gerinmek.

كش و قوس كردن kiş u kovs kerden: 1.yaylanmak. 2.gerinmek.

كشيدن keşîden: (Peh.) 1.çekmek. 2.çizmek, çiziktirmek. 3.tartmak. 4.içmek. 5.germek. 6.örtmek. 7.uzadıkça uzamak. 8.uzatmak. 9.cezbetmek. 10.sigara içmek. 11.hareket ettirmek. 12.uzanmak. 13.derde katlanmak, acı çekmek.

كشيده keşîde: [keşîden>keşîd+e] 1.çekik, çekilmiş. 2.çizili, çizilmiş. 3.haddeden geçmiş. 4.sille, tokat. 5.gerilmiş, gerili. 6.çekiliş. 7.yazılmış. 8.bazı arap harflerinin çanağa benzer kısımlarının uzatılarak yazılması. 9.dizilmiş, sıralanmış. 10.tartılmış. 11.çekilme. *19*

كشيده چشم keşîdeçeşm: [keşîden>keş+ îde+çeşm] çekik gözlü.

كشيده رو keşîderû: [keşîde+rû] uzun yüzlü, at kafalı.

كشيده روى keşîderûy: [keşîde+rûy] uzun yüzlü, at kafalı.

كشيده زدن keşîde zeden: tokat vurmak, tokat aşketmek.

كشيده شدن keşîde şoden: 1.çekilmek. 2.çizilmek, resmedilmek. 3.tartılmak. 4.gerilmek. 5.cezbedilmek. 6.örtülmek. 7.sürtünmek.

كشيده قامت keşîdekâmet (F.-A.) [keşîde+ kâmet] uzun boylu.

كشيش keşîş: keşiş.

كشيشانه keşîşâne: [keşîş+âne] keşiş gibi.

كشيش خانه keşîşhâne: [keşîş+hâne] 1.manastır. 2.kilise.

كشيك keşik, kişik: (T.) nöbet. ‖ * der ~ bûden در كشيك بودن nöbette olmak.

كشيكچى keşikçi: (T.) nöbetçi.

كشيك دادن keşîk dâden: nöbet tutmak. ‖ * bâlâ-yi ser-i kesî ~ بالاى سر كسى كشيك دادن birinin başını beklemek.

کشیک داشتن keşîk dâşten: nöbet tutmak.

کشیک کشیدن keşik keşîden: nöbet tutmak.

کصود kusûd: (A.) geri çekilme.

کظاظ kezâz: (A.) aşırı derecede mide şişkinliği.

کظاظت kezâzet: (A.) aşırı derecede mide şişkinliği.

کظم kezm: (A.) öfkeyi yenme, öfkeyi bastırma.

کظیم kezîm: (A.) öfkesini yenen, öfkesini bastıran.

کعب ka'b: (A.) **1.**topuk, kör topuk. **2.**tavla zarı. **3.**(mat.) küp, küpkök. **4.**topuk kemiği. **5.**aşık kemiği. **6.**erişkin kız memesinin arşaklanması. **7.**kapasite.

کعب ابن زهیر Ka'b ibni Zuheyr: Kasîde-i Bürde sahibi.

کعبتین ka'beteyn: (A.) **1.**tavla zarları. **2.**İki Kâbe. **3.**Kâbe ve Mescid-i Aksâ. ‖ * ~ râst bûden کعبتین راست بودن hilesiz tavla oynamak. ‖ * ~ -i kej der miyân âverden کعبتین کژ در میان آوردن zar tutmak.

کعبره ku'bere: (A.) küçük bilek kemiği.

کعبه ka'be: (A.) (coğ.) Kâbe, müslümanların namaz kılarken yöneldikleri ve hac zamanı etrafında tavaf ettikleri dört köşe bina.

کعبة الآمال kâ'betulâmâl: (A.) emeller Kâbesi.

کعبة العشاق kâ'betuluşşâk: (A.) **1.**aşıklar Kâbesi. **2.**Mevlânâ Celaleddin-i Rûmî'nin türbesi.

کعبة الله ka'betullâh: (A.) Allah'ın Kabesi.

کعوب ku'ûb: (A.) meme ucunun büyümesi.

کعوبت ku'ûbet: (A.) meme ucunun büyümesi.

کف kef: (Peh.) köpük, salya. ‖ * ~ ber leb âverden کف بر لب آوردن ağzı köpürmek, kudurmak, öfkelenmek, çileden çıkmak.

کف keff: (A.) **1.**aya, el ayası, avuç. **2.**yer, taban, zemin. **3.**el. **4.**ayak ayası. **5.**el çekme, vazgeçme. ‖ * ~ -i dest کف دست el ayası, avuç. ‖ * ~ -i desteş râ bû kerden کف دستش را بو کردن **1.**avucunu koklamak, tahmin etmek. **2.**bilgisi olmak, haberi olmak. ‖ * ~ -i desteş mû nedâred کف دستش مو ندارد elinden bir şey gelmez. ‖ * ~ -i pâ کف پا ayak ayası, taban. ‖ * ~ -i zemîn کف زمین taban, yer, zemin. ‖ * be ~ âverden به کف آوردن ele geçirmek, elde etmek. ‖ * der ~ dâşten در کف داشتن elinde tutmak. ‖ * ez ~ nihâden از کف نهادن elinden bırakmak.

کف kef: (A.) engel olma, alıkoyma.

کف آلود kefâlûd: [kef+âlûden>âlûd] köpüklü.

کفا kefâ: mihnet, sıkıntı.

کفائت kifâ'et: (A.)·yeterlik, kifayet.

کفات kifât: (A.)·**1.**denkler. **2.**akranlar, arkadaşlar.

کفات kufât: (A.)·yeterliler.

کفاح kifâh: (A.)·savaş.

کفار kuffâr: (A.) kâfirler, küffar.

کفارت keffâret: (A.) kefâre, bir suç veya günaha karşı yapılan şey.

کفارت دادن keffâret dâden: kefâre vermek.

کفاره keffâre: (A.) kefâre.

کفاره دادن keffâre dâden: kefâre vermek.

کفاش keffâş: kunduracı, ayakkabıcı.

کفاشی keffâşî: (A. -F.) [keffâş+î] **1.**kunduracılık. **2.**ayakkabı mağazası.

کفاف kefâf: (A.) **1.**yaşayacak kadar. **2.**yetinme. ‖ * ~ -i meâş-i kesî ra dâden کفاف معاش کسی را دادن birini geçindirmek. ‖ * ~ -i nefs کفاف نفس · ölmeyecek kadar yiyecek.

کفاف دادن kefâf dâden: yeterli olmak, yetmek.

کف افشان kefefşân: [kef+efşândan> efşân]·köpük köpük köpüren.

کف افکندن kef efkenden: **1.**ağzı köpürmek, salya çıkarmak. **2.**kudurmak, öfkesinden deliye dönmek.

كفال kifal (Rus.) (zool.) kefal balığı.

كف الاسد keffulesed: (A.) arslanpençesi otu.

كفالت kefâlet: (A.) kefalet, kefillik.

كفالت نامه kefâletnâme: (A. -F.) [kefâlet+ nâme] (huk.) kefaletname.

كفالةً kefâleten: (A.) kefil olarak.

كف انگيختن kef engîhten: köpürtmek.

كف انگيز kefengîz: [kef+engîhten> engîz] köpürten.

كفانيدن kefânîden: yarmak.

كفايت kifâyet: (A.) **1.**yetinme, kifâyet, kâfilik. **2.**yeterlik, liyakat, kabiliyet.

كفايت داشتن kifâyet dâşten: yaraşmak, lâyık olmak, kifayetli olmak.

كفايت كردن kifâyet kerden: **1.**kafi olmak, kifayet etmek. **2.**birinin üstesinden gelmek.

كفء kof', kef': (A.) gibi, benzeri, misli.

كف بينى kefbînî: [kef+dîden>bîn+î] el falı, avuç falı.

كفتار keftâr (zool.) sırtlan.

كفتر kefter (zool.) güvercin.

كفترباز kefterbâz: [kefter+bâhten>bâz] güvercinci.

كفتن keften: **1.**yarmak, ayırmak. **2.**yarılmak, ayrılmak.

كفترباز kefterbâz: [kefter+bâhten> bâz]·güvercinci.

كفتين keffeteyn: (A.)·terazinin iki kefesi.

كفج kefc: köpük.

كفچه kefçe: (Peh.) [kef+çe] **1.**kepçe. **2.**spatula. **3.**darphânede bir bölüm.

كفر kefr: (A.)·**1.**köy. **2.**örtme.

كفر kofr: (A.) **1.**küfür. **2.**kâfirlik. **2.**dinsizlik. **3.**nankörlük. **4.**örtme, gizleme. ‖ * ~ -i kesî der âmeden كفر كسى در آمدن tepesi atmak, çileden çıkmak. ‖ * ~ -i kesî râ der âverden كفر كسى را در آوردن birini kızdırmak, birinin tepesini attırmak.

كفران kofrân: (A.) kâfirlik, nankörlük, küfran.

كفران ورزيدن kofrân verzîden: nankörlük etmek.

كفرباز kufrbâz (A.-F.) [kufr+bâhten> bâz] küfürbaz, ağzıbozuk.

كفربازى kufrbâzî: [kufr+bâhten>bâz+î] küfürbazlık.

كف رفتن kef reften (kin.) aşırmak, araklamak, çalmak.

كفره kefere: (A.) kefere, kâfirler.

كفريات kufriyyât: (A.)·**1.**kâfirliğe yol açan sözler. **2.**hicviyeler, taşlamalar.

كف زدن kef zeden: alkışlamak.

كفش kefş: (Peh.) ayakkabı, pabuç, kundura. ‖ * ~ be pâ kerden كفش به پا كردن ayakkabısını giymek. ‖ * ~ ez destâr nedânisten كفش از دستار ندانستن gözünü budaktan esirgememek, bir amaç için var gücünü kullanmak. ‖ * ~ ez pâ kenden كفش از پا كندن ayakkabısını çıkarmak. ‖ * ~ pîş-i pây-i û nemîtevâned gozâşt كفش پيش پاى او نمى تواند گذاشت tırnağı bile olamaz. ‖ * ~ râ kenden كفش را كندن ayakkabısını çıkarmak. ‖ * ~ -i râhetî كفش راحتى terlik. ‖ * pâ der yek ~ kerden پا در يک كفش كردن inat etmek, ısrar etmek, üstelemek.

كفش خواستن kefş hâsten: yola çıkmak, hareket etmek.

گدايانه gedâyâne [gedâ+y+âne] dilenci gibi, dilenircesine.

گدايى gedâyî: [gedây+î] **1.**dilencilik. **2.**yoksulluk, fakirlik. ‖ * be ~ oftâden به گدايى افتادن yoksullaşmak, el açmak.

گدايى كردن gedâyî kerden: dilenmek, dilencilik yapmak.

گدبه gedbe **1.**dilenci. **2.**dilencilik.

گد كردن ged kerden: dilenmek, dilencilik yapmak.

گذار gozâr: [gozârden>gozâr] [gozeşten= geçmek fiili ses yakınlığı dolayısıyla gozârden=ödemek; yapmak, yerine getirmek, yürütmek; yorumlamak fiili ve gozâşten=bırakmak,

كفش دار kefşdâr: [kefş + dâşten > dâr] ayakkabılara bakan görevli.

كفش دوختن kefş dûhten: ayakkabı dikmek, ayakkabı imal etmek.

كفش دوز kefşdûz: [kefş + dûhten > dûz] **1.**kunduracı, ayakkabıcı. **2.**(zool.) hanım böceği, gelin böceği.

كفش ربا kefşrubâ: [kefş + rubûden > rubâ] ayakkabı hırsızı.

كفش فروش kefşfurûş: [kefş + furûhten > furûş] ayakkabıcı, ayakkabı satan.

كفش فروشى kefşfurûşî: [kefş + furûhten > furûş + î] **1.**ayakkabıcılık. **2.**ayakkabı mağazası, ayakkabıcı.

كفشكن kefşken: [kefş + kenden > ken] pabuçluk, antre, ayakkabılık, ayakkabı çıkarılan yer.

كفش گر kefşger: [kefş + ger] kunduracı, ayakkabıcı.

كفش گردان kefşgerdân: [kefş + gerdânden > gerdân]·ayakkabı çeviren, ayakkabıları çevirmekle görevli kişi.

كفش گرى kefşgerî: [kefş + ger + î] kunduracılık, ayakkabıcılık.

كفف kefef: (A.)·kefeler, terazi kefeleri.

كف كردن kef kerden: köpüklenmek, köpürmek.

كفگير kefgîr: [kef + giriften > gîr] **1.**kevgir. **2.**delikli kepçe.

كفگيرك kefgîrek: [kef + giriften > gîr + ek] **1.**küçük kevgir. **2.**(tıb.) şirpençe, kızılyara.

كفل kefel: (A.) **1.**sağrı, kalça.

كفل kifl: (A.)·hisse, nasip.

كفل گرد كردن kefel gird kerden: semirmek, şişmanlamak, kilo almak.

كفن kefen: (A.) kefen, ölü sarılan bez.

كفن kefn: (A.) kefenleme.

كفن بافتن kefen bâften: kefen hazırlamak.

كفن بدوش kefenbedûş (A.-F.) [kefen + be + dûş] rind.

كفن بردوش kefenberdûş (A.-F.) [kefen + ber + dûş]·rind.

كفن بريدن kefen borîden: kefen kesmek.

كفن پاره كردن kefen pâre kerden: **1.**kefeni yırtmak. **2.**büyük bir tehlikeden kurtulmak.

كفن پوش kefenpûş (A.-F.) [kefen + pûşîden > pûş] kefen giymiş, kefenlenmiş.

كفن دزد kefendozd: (A. -F.) [kefen + dozdîden > dozd] kefen hırsızı.

كفن دوز kefendûz: (A. -F.) [kefen + dûhten > dûz] kefenci.

كفو kufv: (A.) **1.**gibi, benzeri, eşi. **2.**eş, denk.

كفور kefûr: (A.) **1.**kâfir. **2.**nankör.

كفور kufûr: (A.) inkâr.

كفوف kufûf: (A.)·el ayaları, avuçlar.

كفوى kufvî: (A.) denk.

كفه keffe: (A.) [keff + e] **1.**kefe. **2.**(müz.) def, dayire. **3.**buğday ve arpa başağı.

كفه kufe: küfe.

كفة الدف keffetuddef: (A.)·daire kasnağı.

كفيدن kefîden: **1.**yarılmak, ayrılmak. **2.**yarmak, ayırmak.

كفيل kefîl: (A.) **1.**(huk.) kefil,

ödemediği takdirde borçlunun borcunu ödemeyi taahhüt eden. **2.**vekil.

كفيه keffiyye: (A.)· Arap erkeklerinin omuzlara kadar inen başlığı.

كفيه kufye: (A.)·geçinecek kadar yiyecek.

كک kek: (zool.) pire.

كک kok: (Fr.) kok kömürü.

كک مک kekmek: çil, benek.

كک و مک kek u mek: çil, benek.

كل kel: kel.

كل kell: (A.) **1.**ağırlık. **2.**güçlük. **3.**hayırsız adam.

☞ * ~ -i kesî şoden كل كسى شدن birine asalak olmak.

كل kele: **1.**(zool.) kele, erkek hayvan. **2.**(zool.) antilop.

كل kol: (Yun.) **1.**eğri, eğik. **2.**eğiklik.

كل kol: köy.

كل kol: **1.**kısa. **2.**eksik. **3.**ağır.

كل koll: (A.) **1.**bütün, hep, genel, umum. **2.**her. **3.**hiçbir.

كلا kelâ: (A.) yeşil ot, yemlik ot.

كلا kellâ: (A.) hiç, asla, hayır hayır.

كلا kilâ: (A.) her ikisi.

كلا kola: (Lat.): (bot.) kola ağacı.

كلاً kollen: (A.) **1.**tamamıyla, tümüyle, hepten, tamamen, külliyen. **2.**her birini.

كلا kullâ: (A.) her biri.

كلاب kelâb: (A.) **1.**kuduz. **2.**kudurma. **3.**su fobisi, sudan korkma, hidrofobi.

كلاب kilâb: (A.) köpekler.

كلاب kullâb: (A.) kanca, çengel.

كلاب الجنين kullâbulcenîn: (A.) tıpta kullanılan lavta.

كلابى kullâbî: (A.) akıl hastanesi hademesi.

كلات kelât: (A.) **1.**hisar, kale. **2.**küçük köy.

كلاته kelâte: (A.) **1.**hisar, kale. **2.**küçük köy. **3.**küçük ev, kulübe. **4.**küçük tarla.

كلاجو kelâcû: kadeh.

كلاچ kilaç: (İng.) debriyaj.

كلار kilâr: kiler.

كلارينت kilarinet: (Fr.) (müz.) klarnet.

كلاژه kelâje: (zool.) saksağan.

كلاس kelâs: sınıf, derslik, dershane.

كلاس بندى kelâsbendî: [kelâs + besten > bend + î] sınıflandırma.

كلاس بندى شدن kelâsbendî şoden: sınıflandırılmak.

كلاس بندى كردن kelâsbendî kerden: sınıflandırmak.

كلاسمان kilasman: (Fr.) sınıflandırma.

كلاسنگ kelâseng: sapan.

كلاسور kilasor: (Fr.) klasör.

كلاسيک kilasik: (Fr.) klasik.

كلاش kellâş: (zool.) örümcek.

كلاش kellâş: kalleş.

كلاغ kelâg: (Peh.) (zool.) karga, kara karga, kuzgun.

كلاغ زدن kelâg zeden: (kin.) gırgır geçmek, alaya almak, işletmek.

كلاغک kelâgek: [kelâg + ek]: (bot.) titrek çiçek.

كلاغ گرفتن kelâg giriften: **1.**karga yakalamak. **2.**alaya almak, gırgır geçmek, işletmek.

كلاف kelâf: **1.**yumak. **2.**muamma.

كلافه kelâfe: **1.**yumak, çile.

2.bunalmış, sersemlemiş.

کلافه شدن kelâfe şoden: 1.şaşırıp kalmak, apışıp kalmak, afallamak, ne yapacağını bilememek. 2.bunalmak, rahatsız olmak, keyfi kaçmak.

کلافه کردن kelâfe kerden: 1.serseme çevirmek, afallatmak. 2.bunaltmak, allak bullak etmek.

کلاک kolâk: 1.(coğ.) step, bozkır. 2.saç çizgisi.

کلاک شدن kolâk şoden: koflaşmak.

کلاکموش kelâkmûş: [kelâk + mûş] (zool.) tarla faresi.

کلال kelâl: (A.) 1.yorgunluk, bitkinlik, uyuşukluk. 2.bezginlik, bıkkınlık. 2.uzak akraba.

کلال آور kelâlâver (A.-F.) [kelâl + âverden > âver] bıkkınlık verici.

کلال بخش kelâlbahş (A.-F.) [kelâl + bahşîden > bahş] bıkkınlık verici, bezdirici.

کلالت kelâlet: (A.) yorgunluk, gevşeklik.

کلالة kelâle: (A.) babasız ve çocuksuz kimse.

کلاله kolâle: 1.kıvır kıvır saç. 2.kâkül. 3.buket, çiçek demeti. 4.(bot.) tepecik, dişicik başı.

کلالیب kelâlîb: (A.) çengeller, kancalar.

کلام kelâm: (A.) 1.söz. 2.Tanrı'nın varlığından bahseden ilim. 3.Kur'ân. 4.dil. 5.söyleyiş, konuşma.

کلام الله kelâmullâh: (A.) Allah'ın kelâmı, Kur'ân.

کلامی kelâmî: (A.) 1.söz ile ilgili. 2.kelâm ilmi ile ilgili. 3.kelâmcı.

کلامیون kelâmiyyûn: (A.) kelâmcılar.

کلامیه kelâmiyye: (A.) kelâmcıların izlediği yol.

کلان kelân: 1.büyük. 2.iri yarı. 3.ileri gelen.

کلانتر kelânter: 1.kabile reisi, aşiret reisi. 2.komiser. 3.iri yarı.

کلانتری kelânterî: [kelânter + î] 1.komiserlik. 2.karakol, polis karakolu.

کلان سال kelânsâl: [kelân + sâl] yaşlı.

کلاویسن kilavisen: (Fr.) (müz.) klavsen.

کلاه kolâh: (Peh.) 1.şapka, külâh, fotör. 2.börk. 3.kep. 4.taç.

کلاه انداختن kolâh endâhten: çok sevinmek, sevincinden şapkasını havaya fırlatmak.

کلاه بافتن kolâh bâften: şapka dikmek, külâh dikmek.

کلاه بر انداختن kolâh ber endâhten: külâhını havaya atmak.

کلاه بردار kolâhberdâr: [kolâh + berdâşten > berdâr] düzenbaz, dolandırıcı, üçkâğıtçı.

کلاه برداری kolâhberdârî: [kolâh + berdâşten > berdâr + î] düzenbazlık, dolandırıcılık, üçkâğıtçılık.

کلاه بستن kolâh besten: şapka yapmak.

کلاهخود kolâhhûd: (ask.) miğfer.

کلاهدار kolâhdâr: [kolâh + dâşten > dâr] 1.şapkalı, külâhlı. 2.(kin.) padişah, taç sahibi, iktidar sahibi.

کلاهداری kulâhdârî: [kolâh + dâşten > dâr + î] 1.şapkalı olma. 2.padişahlık. 3.yöneticilik, liderlik.

کلاه دوختن kolâh dûhten: şapka

yapmak, külâh dikmek.

كلاه دوز kolâhdûz: [kolâh + dûhten > dûz] şapkacı.

كلاه شكستن kolâh şikesten: **1.**şapkayı yatırmak. **2.**kibirlenmek, şişinmek.

كلاهک kolâhek: [kolâh + ek] **1.**başlık. **2.**hotoz.

كلاه گذار kolâhgozâr: [kolâh + gozârden > gozâr] (kin.) düzenbaz, üçkâğıtçı, dolandırıcı, yaramaz insan.

كلاه گذاردن kolâh gozârden: **1.**şapka giymek. **2.**düzenbazlık yapmak, üçkâğıtçılık etmek.

كلاه گذاری kolâhgozârî: [kolâh + gozârden > gozâr + î] **1.**şapka giyme. **2.**(kin.) düzenbazlık, üçkâğıtçılık.

كلاه گذاشتن kolâh gozâşten: şapka giymek.

كلاه گيس kolâhgîs: [kolâh + gîs] peruk, takma saç.

كلاه گيس گذاشتن kolâhgîs gozâşten: peruk takmak.

كلاه نهادن kolâh nihâden: **1.**şapkasını koymak, şapkasını bırakmak. **2.**(kin.) âcizlik göstermek.

كلب kelb: (A.) (zool.) köpek.

كلب الاصغر kelbulasgar: (A.) bir yıldız kümesi.

كلب الاكبر kelbulekber: (A.) bir yıldız kümesi.

كلب الماء kalbulmâ': (A.) **1.**köpek balığı. **2.**kunduz.

كلبتان kelbetân: (A.) kerpeten.

كلبتين kelbeteyn: (A.) kerpeten.

كلبه kolbe: (Peh.) **1.**kulübe. **2.**hücre. **3.**köşe. **4.**şarapçı dükkânı.

كلبى kelbî: (A.) köpek ile ilgili.

كلبيون kelbiyyûn: (A.) sinizm inancında olanlar, insanın erdem ve mutluluğa, hiçbir değere bağlı olmadan erişebileceğine inananlar.

كلبيه kelbiyye: (A.) **1.**köpekgiller. **2.**sinizm, insanın erdem ve mutluluğa, hiçbir değere bağlı olmadan erişebilceğinin savunan öğreti.

كلپتره kelpetre: zırva.

كلته kilte: (A.) deste, demet.

كلج kolc: kırışık.

كل حين kulle hînin: (A.) her zaman.

كلدانى keldânî: (A.) Keldeli, Kaldeli, Keldânî.

كلر kolor: (Fr.) (kim.) klor.

كلرا kolira: (Fr.) (tıb.) kolera.

كلس kils: (A.) kireç, kireç taşı.

كلسترول kolesterol: (Fr.) kolesterol.

كلسى kilsî: (A.) **1.**kireçtaşı ile ilgili. **2.**kireçtaşlı.

كلسيوم kelsyum: (Lat.) (kim.) kalsiyum, kireç.

كلسيوم دار kelsyumdâr: (Lat. -F.) [kelsyum + dâşten > dâr] kireçli, kalsiyumlu.

كلسيوم دار شدن kelsyumdâr şoden: kireçleşmek.

كل شىء kullu şey': (A.) her şey.

كلف kelef: **1.**gaga. **2.**çil, güneş lekesi. **2.**aşırı sevgi.

كلف kulef: (A.) **1.**külfetler, zahmetler. **2.**törenler, merasimler.

كلفت koloft: **1.**kalın. **2.**kaba. **3.**iri. **4.**zengin.

كلفت kolfet: (A.) **1.**külfet, sıkıntı. **2.**kadın hizmetçi. **3.**aile. **4.**tören, merasim.

كلفت كردن koloft kerden: kalınlaştırmak.

كلفت گفتن koloft goften: ileri geri

konuşmak.

کلک kelek: **1.**neşter. **2.**mangal. **3.**sandal. **4.**kele.

کلک kelek: **1.**kelek. **2.**hile, düzen.

کلک kelk: koltuk, koltuk altı.

کلک kilk: **1.**ney, kamış. **2.**kamış kalem.

کلک kilik: serçe parmağı.

کلک باز kelekbâz: [kelek + bâhten > bâz] düzenbaz, hilekâr, üçkâğıtçı.

کلک بازی kelekbâzî: [kelek + bâhten > bâz + î] düzenbazlık, hilekârlık, üçkâğıtçılık.

کلک زدن kelek zeden: hile yapmak, (argo) kelek yapmak, keleğe getirmek.

کلکسیون kolleksiyon: (Fr.) koleksiyon.

کلکل کردن kelkel kerden: baş şişirmek, baş ağrıtmak, (hlk.) kafa ütülemek.

کلکم kelkem, kolkom: mancınık.

کلکم kullukum: (A.) tümünüz, hepiniz.

کلکی kelekî: tuğ.

کلکی kelekî: [kelek + î] hileli.

کلم kelem: (bot.) lahana.

کلم kilem: (A.) **1.**kelimeler. **2.**sözler.

کلمات kelimât: (A.) sözcükler, kelimeler.

کلمات الله kelimâtullâh: (A.) Allah'ın sözleri.

کلم الناس علی قدر عقولهم kelliminnâse alâ kaderi ukûlihim: (A.) İnsanlarla akılları ölçüsünde konuşunuz.

کلم پلو kelempolov: [kelem + polov] lahana sarması.

کلمح البرق kelemhilberk: (A.) şimşek çakması gibi.

کلم دلمه kelemdolme: (F. -T.) [kelem + dolme] lahana dolması.

کلمه kelime: (A.) **1.**sözcük, kelime. **2.**söz, konuşma.

کلمة الله kelimetullâh: (A.) **1.**Allah'ın kelâmı. **2.**Hz. İsa.

کلنج kelenc: serçe parmağı.

کلنجار kilincâr: (zool.) yengeç.

کلند kolend: kazma.

کلندر kilindir: şarap ölçeği.

کل نفس kullu nefsin: (A.) herkes.

کلنگ keling: şaşı.

کلنگ koleng: (Peh.) (zool.) turna.

کلنگ koleng, kolong: kazma.

کلنل kolonel: (Fr.) (ask.) albay.

کلنی koloni: (Fr.) koloni.

کلو kolû: **1.**muhtar. **2.**esnaf başkanı.

کل واحد منهما kullu vâhidin minhumâ: (A.) ikisinden her biri.

کل واحدة kullu vâhidetin: (A.) her biri.

کلوب kulub: (Fr.) kulüp.

کلوچه kolûçe: **1.**un kurabiyesi, tatlı çörek. **2.**büyük yağlı ekmek.

کلوخ kolûh: **1.**kesek. **2.**sıva parçası. **3.**(hlk.) yontulmamış, kalas, odun, hırt.

کلوخه kolûhe: kesek.

کلوس kolûs: beyaz akıtmalı at.

کلوک kelûk: **1.**çocuk. **2.**oğlan. **3.**edepsiz, hayasız.

کلون kolun: tahta kapı sürgüsü, kolon.

کلون انداختن kolun endâhten: kapıyı sürgülemek.

کلویید koloyîd: (Fr.) (kim.) koloit.

کله kele: **1.**yüz. **2.**dikiş. **3.**sokup çıkarma. **4.**ocak.

كله kelle: **1.**baş, kelle, kafa. **2.**başak. **3.**baş büyüklüğünde yuvarlak olan her nesne.

كله kille: (A.) **1.**çadır. **2.**gelin odası. **3.**cibinlik. **4.**çatı, dam.

كله kole: **1.**kısa. **2.**eksik. **3.**penis.

كله kole (tıb.) kangren.

كله kulle: **1.**kâkül. **2.**topuk.

كله koleh: şapka, külâh/ şapka.

كله kulluhu: (A.) bütün, tümü.

كله انداختن koleh endâhten: çok sevinmek, sevincinden şapkasını havaya fırlatmak, sevinçten uçmak.

كله بستن kille besten: çadır kurmak, çadır dikmek.

كله پا شدن kellepâ şoden: ansızın hastalanmak.

كله پاچه kellepâçe: **1.**kelle paça. **2.**paça yemeği. **3.**sersem, muzdarip.

كله پاچه شدن kelle pâçe şoden: muzdarip olmak, sersemleşmek.

كله پز kellepez: [kelle + pohten > pez] kelleci, paçacı.

كله پزى kellepezî: [kelle + pohten > pez + î] kele paça dükkânı, işkembeci.

كله پوش kellepûş: [kelle + pûşîden > pûş] baş örtüsü.

كله پوک kellepûk: [kelle + pûk] andavallı.

كله خر kelleher: [kelle + her] (argo) eşek kafalı, hıyar ağası, salak, ahmak.

كله خراب kelleherâb: (F. -A.) [kelle + herâb] **1.**(hlk.) beyinsiz, gerzek, andavallı. **2.**sinirli, asabî.

كله خشک kellehoşk: [kelle + hoşk] **1.**sabit fikirli, dangalak. **2.**tiryaki. **3.**sert huylu, asabi.

كله شق kelleşak: (F. -A.) [kelle + şak] sabit fikirli.

كله قند kellekand: [kelle + kand] kelle şekeri.

كله گنده kellegonde: [kelle + gonde] **1.**koca kafalı. **2.**(kin.) nüfuz sahibi, nüfuzlu.

كله گوشه kolehgûşe: [koleh + gûşe< gûşe-i koleh] külahın köşesi, fesin köşesi.

كلهم اجمعون kulluhum ecma'ûne: (A.) bütün, tüm, hepsi.

كله مارى kellemârî: [kelle + mâr + î] küçük kafalı, küçük başlı.

كلى kelî: [kel + î] kellik.

كلى kolî: [kol + î] **1.**köylü. **2.**(müz.) dayire. **3.**(tıb.) kangren.

كلى koli: (Fr.) koli.

كلى kollî: (A.) **1.**genel, küllî. **2.**hepsi. **3.**hayli, çok. **4.**tamamen.

كليا kolliyyen: (A.) tümüyle, tamamen.

كليات kolliyyât: (A.) **1.**(ed.) külliyat, bir yazarın veya şairin eserlerinin tümü. **2.**genel işler.

كلياوه kelyâve: **1.**cahil, ahmak, sersem. **2.**şaşkın. **3.**sağır.

كلياوه كردن kelyâve kerden: serseme çevirmek, sersemleştirmek.

كليب kelîb: (A.) kudurmuş.

كلى باسيل koli basil: (Fr.) (tıb.) koli basili.

كليت kolliyyet: (A.) tamlık, bütünlük, külliyet.

كليتين kilyeteyn: (A.) iki böbrek.

كليچ kolîç: büyük yağlı ekmek.

كليچه kolîçe: [kolîç + e] **1.**kurabiye. **2.**pamuklu giysi. **3.**külçe.

كليد kilîd: (Yun.) **1.**anahtar. **2.**düğme.

كليد البحر kilîdulbahr: (A.) Kilitbahir, Çanakkale Boğazı'nda bir bölge.

كليددار kilîddâr: (Yun. -F.) [kilîd + dâşten > dâr] kapıcı.

كليد زدن kilîd zeden: anahtar çevirmek, kurmak.

كليد شدن kilîd şoden: kilitlenmek.

كليز kelîz: arı.

كليسا kilîsa: (Peh.) kilise.

كليشه kilişe: (Fr.) klişe.

كليشه ساختن kilişe sâhten: klişe çıkarmak.

كليشه ساز kilişesâz: (Fr. -F.) [kilişe + sâhten > sâz] klişeci.

كليک kilik: serçe parmağı.

كليل kelîl: (A.) **1.**kör, körleşmiş. **2.**gözü zayıf, gözleri iyi seçmeyen.

كليم kelîm: (A.) **1.**konuşan, söyleyen. **2.**sohbet arkadaşı. **3.**Hz. Musa'nın lakabı.

كليماس kilimas: doruk.

كليم الله kelîmullâh: (A.) Hz. Musa'nın lakabı.

كليم دست kelîmdest (A.-F.) [kelîm + dest] olgun kişi.

كليمى kelîmî: (A.) musevî, yahudi.

كلينيک kilinik: (Fr.) klinik.

كليوى kolyevî, kilyevî: (A.) **1.**(tıb.) böbrekle ilgili. **2.**böbrek biçiminde.

كليه kolye, kilye: (A.) (tıb.) böbrek.

كليه kolye: (Fr.) kolye, gerdanlık.

كليه kolliyye: (A.) **1.**bütün, genel. **2.**çok. **3.**tümel. **4.**genellik. **5.**çokluk. **6.**üniversite.

كليةً kolliyyeten: (A.) hepsi, tümü.

كم kem: (Peh.) **1.**az. **2.**eksik, noksan. **3.**küçük. **4.**kötü.

كم kem: (A.) **1.**ne kadar. **2.**nice.

كم kemm: (A.) nicelik, sayı, miktar, çokluk.

كم kimm: (A.) çiçek tomurcuğu, çiçek kapçığı.

كم kumm: (A.) çiçek çanağı, tomurcuk.

كم آزارى kemâzârî: [kem + âzurden > âzâr + î] kalp kırmama, incitmeme.

كم آمدن kem âmeden: eksik gelmek, az gelmek, eksik çıkmak.

كم آوردن kem âverden: yenmek, alt etmek, galip gelmek.

كمئه kem'e: (A.) domalan.

كما kemâ: (A.) gibi, -dığı gibi.

كمائن kemâ'in: (A.) pusuya yatanlar.

كمابيش kemâbîş: [kem + â + bîş] az çok, hemen hemen.

كمات kumât: (A.) yiğitler.

كماج komâc: pirinç unundan yapılan bir tür tatlı ekmek.

كماجدان komâcdân: [komâc + dân] bakır tencere.

كماد kimâd: (A.) (tıb.) karın ağrısı.

كم اشتها kemiştihâ: (F. -A.) [kem + iştihâ] iştahsız.

كم اشتهائى kemiştihâ'î: (F. -A.) [kem + iştihâ + 'î] iştahsızlık.

كم اصل kem'asl (F.-A.) [kem + asl] **1.**aslı bozuk. **2.**soysuz.

كماكان kemâkâne: (A.) olduğu gibi, her zaman olduğu gibi, eskiden olduğu gibi.

كمال kemâl: (A.) **1.**tam, mükemmel, büyük. **2.**mükemmellik, olgunluk, gelişme. **3.**değer. **4.**tamlama ile kullanıldığında "büyük bir, son derece" anlamlarını verir. **5.**bilgi. **6.**erkek adı. **7.**ünlü İran şairleri Kemâl-i Hocendî ve Kemâl-i Isfahânî.

كمالات kemâlât: (A.) olgunluklar, mükemmellikler.

كمالات پرور kemâlâtperver (A.-F.) [kemâlât + perverden > perver] olgun insan.

كماله komâle: eğri, eğik.

كماليه kemâliyye: (A.) Kemâlîlik, Halvetîlik tarikatının bir kolu.

كمال يافتن kemâl yâften: gelişmek, olgunlaşmak, kemale ermek, terakki etmek, mükemmelleşmek.

كماليت kemâliyyet: (A.) olgunluk.

كمام kimâm: (A.) **1.**burunduruk, hayvan ağızlığı. **2.**tomurcuklar.

كمان kemân: (Peh.) **1.**yay. **2.**(mat.) kavis, yay. **3.**yay burcu.

كمان ابرو kemânebrû: [kemân + ebrû] yay kaşlı, keman kaşlı.

كمان بها kemânbehâ: [kemân + behâ < behâ-yi kemân] yay parası, yeniçerilere verilen ek ulûfe.

كمان پشت kemânpoşt: [kemân + poşt] kambur.

كمانچه kemânçe: [kemân + çe] **1.**(müz.) kemençe. **2.**kemançe. **3.**küçük yay.

كمانچه زدن kemânçe zeden (müz.) kemençe çalmak.

كمانخانه kemânhâne: [kemân + hâne] yay evi.

كماندار kemândâr: [kemân + dâşten > dâr] okçu.

كماندان komandan: (Fr.) (ask.) komutan, kumandan.

كماندو komando: (Fr.) (ask.) komando.

كمانكش kemânkeş: [kemân + keşîden > keş] **1.**yay çeken, okçu. **2.**keman sanatçısı.

كمانكشى kemânkeşî: [kemân + keşîden > keş + î] okçuluk, yay çekme.

كمان كشيدن kemân keşîden: yay çekmek.

كمانگر kemânger: [kemân + ger] yay ustası.

كمان گير kemângîr: [kemân + giriften > gîr] usta okçu.

كماندار kemândâr: [kemân + dâşten > dâr] **1.**yay tutan, yaylı. **2.**yay sahibi.

كماندان kemândân: [kemân + dân] **1.**yay kutusu. **2.**keman kutusu.

كمانه kemâne: [kemân + e] **1.**yay. **2.**(müz.) mızrap. **3.**lağımcı. **4.**kuyu. **5.**güreşte bir oyun.

كمانى kemânî: [kemân + î] **1.**keman sanatçısı. **2.**yay ile ilgili.

كماهه kumâhe: nazarlık.

كماهى kemâhî: (A.) olduğu gibi.

كم بازده kembâzdih: [kem + bâz dâden > bâzdih] az verimli, düşük randımanlı.

كم بضاعه kembizâ'a (F.-A.) [kem + bizâ'a] **1.**az sermayeli. **2.**az tahsilli.

كمبود kembûd: **1.**azlık, noksan, eksiklik. **2.**boşluk.

كم بودن kem bûden: az olmak, eksik olmak.

كم بها kembehâ: [kem + behâ] değersiz, değeri düşük.

كم بيش kembîş: [kem + bîş] az çok.

كمپانى kompani: (Fr.) kumpanya, şirket.

کم پایه kempâye: [kem + pây + e] düşük rütbeli, düşük dereceli.

کمپرس kompres: (Fr.) baskı, sıkıştırma.

کمپسور kompressor: (Fr.) kompresör.

کم پشت kempoşt: [kem + poşt] seyrek.

کم پشت شدن kempoşt şoden: seyrekleşmek.

کمپوت komput: (Fr.) komposto.

کم تجربگی kemtecrubegî: (F. -A.) [kem + tecrube + g + î] deneyimsizlik, tecrübesizlik.

کم تجربه kemtecrube: (F. -A.) [kem + tecrube] deneyimsiz, tecrübesiz.

کمتر kemter: [kem + ter] **1.**daha az. **2.**değersiz, daha değersiz. **3.**daha âciz. **4.**eksik. **5.**rütbesiz.

کمترانه kemterâne: [kem + ter + âne] bendeniz haddim olmayarak.

کمترین kemterîn: [kem + terîn] کمترین **1.**en az. **2.**en değersiz. **3.**çok zavallı, en âciz.

کم توان ذهنی kemtevân-i zihnî: zihin özürlü.

کم تیراژ kemtiraj: (F. -Fr.) [kem + tiraj] düşük tirajlı, az tirajlı.

کم حرف kemharf: (F. -A.) [kem + harf] az konuşan.

کم حوصله kemhavsala (F.-A.) [kem + havsala] tahammülsüz, sabırsız.

کمخا kemhâ: **1.**ipek kumaş. **2.**havsız kadife.

کمخاباف kemhâbâf: [kemhâ + bâften > bâf] kemha dokumacısı, ipekli kumaş dokumacısı.

کمخاخانه kemhâhâne: [kemhâ + hâne] kemha dokuma atölyesi, ipekli kumaş dokuma atölyesi.

کمخته komohte: kir kabuğu.

کمخته بستن komohte besten: kirden nasırlaşmak.

کمخته بسته komohtebeste: [komohte + besten > best + e] kirden nasırlaşmış.

کم خواب kemhâb: [kem + hâb] uykusuz.

کم خواب شدن kemhâb şoden: az uyur olmak.

کم خوابی kemhâbî: [kem + hâb + î] uykusuzluk.

کم خوراکی kemhûrâkî: [kem + hûrâk + î] az yeme.

کمد kommod: (Fr.) dolap, komodin, konsol, gardrop.

کم داشتن kem dâşten: eksik olmak.

کمدت kumdet: (A.) renk değiştirme.

کم در آمد kemderâmed: [kem + derâmed] dar gelirli, az gelirli.

کم دل kemdil: [kem + dil] korkak, yüreksiz.

کمدی komedi: (Fr.) komedi.

کمدین komediyen: (Fr.) komedyen.

کمر kemer: (Peh.) **1.**bel. **2.**orta. **3.**kemer, kayış, bel kayışı.

کمر kemer: (Peh.): (coğ.) dağ yamacı.

کمرا kemrâ: ağıl.

کمر باختن kemer bâhten: yüke katlanamamak.

کمر بر بستن kemer ber besten: niyetlenmek.

کمربرکمر kemerberkemer: [kemer + ber + kemer] kemer kemer, kemer kemer üstüne.

کمر بستن kemer besten: **1.**hazırlanmak. **2.**savaşa

hazırlanmak. **3.**kemer kuşanmak.

کمربسته kemerbeste: [kemer + besten > best + e] **1.**bel kayışı bağlamış, kuşak bağlamış. **2.**bir işe hazır. **3.**kul, asker.

کمربند kemerbend: [kemer + besten > bend] **1.**kemer, kayış, bel kayışı. **2.**hizmetçi. **3.**(kin.) sevgili. **4.**derviş. **5.**bir işe hazır.

کمرچین kemerçîn: [kemer + çîden > çîn] pileli etek.

کم رخت kemraht: [kem + raht] yoksul, zavallı.

کمردار kemerdâr: [kemer + dâşten > dâr] hizmetçi, hizmetkâr.

کمردرد kemerderd: [kemer + derd] (tıb.) bel ağrısı.

کمر راست کردن kemer râst kerden: doğrulmak.

کمر زدن kemer zeden: yapmak, kılmak.

کمر شکستن kemer şikesten: bel kırmak.

کمر شکن kemerşiken: [kemer + şikesten > şiken] bel büken, takat kesici.

کمرفروش kemerfurûş: [kemer + furûhten > furûş] kemerci.

کمرکش kemerkeş: [kemer + keşîden > keş] orta çizgi.

کمرگاه kemergâh: [kemer + gâh] **1.**yarı beli. **2.**(coğ.) yamaç.

کمرگسسته kemergusiste: [kemer + gusisten > gusist + e] **1.**kemer çözmüş. **2.**çıplak.

کمر گشادن kemer goşâden: **1.**kemer çözmek. **2.**teslim olmak.

کمرنگ kemreng: [kem + reng] **1.**açık, açık renkli. **2.**soluk, mat.

کمرنگ شدن kemreng şoden: **1.**açık renkli olmak. **2.**örtbas edilmek.

کمرنگ کردن kemreng kerden: **1.**rengini açmak. **2.**örtbas etmek.

کمرو kemrû: [kem + rû] **1.**sade. **2.**utangaç, çekingen, yüze duramayan. **3.**çirkin. **4.**cüretsiz.

کمرویی kemrûyî: [kem + rûy + î] **1.**sadelik. **2.**çekingenlik, sıkılganlık, utangaçlık. **3.**çirkinlik.

کم زبان kemzebân: [kem + zebân] az konuşan.

کم زدن kem zeden: **1.**tevazu göstermek. **2.**kötü söylemek.

کم زده kemzede: [kem + zeden > zed + e] talihsiz, şanssız.

کم زن kemzen: [kem + zeden > zen] talihsiz, şanssız.

کم سال kemsâl: [kem + sâl] yaşı küçük.

کمست kemest: bir cins yakut.

کم سخن kemsohen: [kem + sohen] az konuşan, ağzından kerpetenle laf alınan.

کمسو kemsû: [kem + sû] loş, az ışıklı.

کم شدن kem şoden: eksilmek, azalmak.

کم شنیدن kem şenîden: **1.**az işitmek. **2.**duymazdan gelmek.

کم ظرف kemzarf: (F. -A.) [kem + zarf] **1.**kapasitesiz. **2.**sabırsız, tahammülsüz.

کم عقل kem'akl (F.-A.) [kem + akl] kıt akıllı.

کم عمر kem'omr: (F. -A.) [kem + 'omr] **1.**kısa ömürlü. **2.**yaşı küçük.

کم عمق kem'umk: (F. -A.) [kem + 'umk] sığ.

کم عیار kem'iyâr: (F. -A.) [kem + iyâr] ayarı düşük, ayarı bozuk.

کم فروش kemfurûş: [kem + furûhten > furûş] eksik tartan.

کم فهم kemfehm (F.-A.) [kem + fehm] kıt anlayışlı.

کم قائم kemkâ'im (F.-A.) [kem + kâ'im] anlayışsız.

کم قدر kemkadr (F.-A.) [kem + kadr] değeri düşük, değersiz.

کم قیمت kemkıymet (F.-A.) [kem + kıymet] değeri düşük, değersiz.

کمک komek: (T.) **1.**yardım, destek. **2.**imdat. **3.**kredi.

کم کار kemkâr: [kem + kâr] **1.**tecrübesiz. **2.**az çalışan. **3.**işi az. **4.**işi kesat.

کم کاست kemkâst: [kem + kâsten > kâst] eksiltme, kısma.

کم کاست کردن kemkâst kerden: eksiltmek, kısmak.

کم کاسه kemkâse: [kem + kâse] cimri, eli sıkı.

کمک خواستن komek hâsten: yardım istemek.

کمک دادن komek dâden: yardım etmek.

کم کردن kem kerden: **1.**eksiltmek, azaltmak. **2.**(mat.) çıkarmak.

کمک رسیدن komek resîden: yardım gelmek.

کمک فرستادن komek firistâden: yardım göndermek.

کمک فنر komekfener: [T. -F.) [komek + fener] amortisör.

کمک کار komekkâr: [komek + kâr] yardımcı.

کمک کردن komek kerden: yardım etmek, desteklemek.

کمک گرفتن komek giriften: faydalanmak, yardım almak.

کم کم kem kem: az az, yavaş yavaş, ağır ağır.

کم کمک kemkemek: [kem + kem + ek] ağır ağır, usul usul, yavaş yavaş.

کمک نمودن komek numûden: yardım etmek.

کمکی kemekî: [kem + ek + î] azıcık, birazcık.

کم کیف kemkeyf (F.-A.) [kem + keyf] fazla keyif vermeyen.

کم گرفتن kem giriften: **1.**terketmek, bırakmak. **2.**değer vermemek, değersiz bulmak.

کم گشتن kem geşten: azalmak, eksilmek.

کم گفتار kemgoftâr: [< kem + goften > goft + âr] az konuşan, ağzından kerpetenle laf çıkan.

کم گو kemgû: [kem + goften > gû] **1.**az konuşan, ağzı sıkı. **2.**kötü sözlü, ağzı bozuk.

کم گویی kemgûyî: [kem + goften > gûy + î] **1.**az konuşma, ağzı sıkılık. **2.**kötü sözlülük, ağzı bozukluk.

کمل kummel: (A.) olgunlar.

کم لطف kemlutf: (F. -A.) [kem + lutf] ilgisiz.

کم لطفی kemlutfî: (F. -A.) [kem + lutf + î] ilgisizlik.

کملین kummelîn: (A.) olgunlar.

کم مایه kemmâye: [kem + mâye] mayası bozuk, karaktersiz.

کم محلی kemmahallî: (F. -A.) [kem + mahall + î] önemsememe, hesaba almama.

کم محلی کردن kemmahallî kerden: önemsememek, hesaba almamak.

کم محلی نشان دادن kemmahallî nişân dâden: yüz vermemek, itibar etmemek.

کم معاشرت kemmuâşeret: (F.-A.)

[kem + muâşeret] yabanî, insanlarla kaynaşmayan.

كم نام kemnâm: [kem + nâm] (Bu kelime birinci anlamıyla ve yazılışı bakımından Farsça'dan Türkçe'ye geçen "gümnâm" kelimesiyle benzerlik gösterse de, ikinci anlamı dikkate alındığında farklılık gösterir ve türeyiş şekli de başkadır.) **1.**adı sanı belli olmayan, tanınmamış. **2.**adı kötüye çıkmış.

كمند kemend: **1.** ucu ilmekli uzun ip. **2.** idamda kullanılan yağlı kayış. **3.**yular. **4.**saç.

كمند انداختن kemend endâhten: kement atmak.

كمند انداز kemendendâz: [kemend + endâhten > endâz] kement atan.

كمند حلقه كردن kemend halka kerden: kement hazırlamak.

كم نظر kemnazar (F.-A.) [kem + nazar< nazar-i kem] kötü göz.

كم نظير kemnazîr: (F. -A.) [kem + nazîr] **1.**eşine az rastlanır. **2.**eşsiz, benzersiz.

كمنه kemne: (A.) karasu hastalığı.

كم و بيش kem u bîş: az çok.

كم و بيش آمدن kem u bîş âmeden: farklı gelmek.

كم و كاست kemukâst: [kem + u + kâsten > kâst] **1.**eksiklik, noksan. **2.**kusur.

كمون kemmûn: (A.) kimyon.

كمون komûn: (A.) **1.**gizlenme, pusuya yatma. **2.**iç, bâtın.

كمون kemmûn: (A.) kimyon.

كمى kemî: [kem + î] **1.**azlık, eksiklik, noksan. **2.**biraz, bir süre.

كمى kemî: (A.) **1.**yiğit. **2.**savaşçı.

كمى kemmî: (A.) **1.**nicelikçe, sayıca. **2.**cesur, yiğit. **3.**silahlı.

كمى kummî: (A.) konik.

كمياب kemyâb: [kem + yâften > yâb] **1.**nadir, az bulunur, eşine az rastlanır. **2.**bulunmaz. **3.**mevcudu yok.

كميات kemmiyyât: (A.) nicelikler, kemmiyetler.

كمى بعد kemîba'd: (F. -A.) [kem + î + ba'd] kısa bir süre sonra, az sonra.

كمى بيش kemî bîş: [kem + î + bîş] az çok.

كميت kemmiyyet: (A.) **1.**nicelik, kemiyet. **2.**sayı. **3.**(gr.) teklik veya çokluk hali.

كميت kumeyt: (A.) **1.**doru at. **2.**kırmızı şarap.

كميته komite: (Fr.) komite.

كميسر komiser: (Fr.) komiser.

كميسيون komisyon: (Fr.) komisyon.

كميک komik: (Fr.) **1.**komik. **2.**komedyen.

كمين kemîn: [kem + în] **1.**çok az. **2.**en değersiz. **3.**zavallı.

كمين kemîn: (A.) **1.**pusu, tuzak. **2.**pusuya yatmış olan.

كمين ساز kemînsâz: [kemîn + sâhten > sâz] pusu kuran.

كمين كردن kemîn kerden: pusu kurmak, pusuya yatmak, tuzak kurmak.

كمينگاه kemîngâh: (A. -F.) [kemîn + gâh] pusu, tuzak.

كمين گشا kemînguşâ (A.-F.) [kemîn + guşâden > guşâ] pusu kuran, pusuya yatan, tuzak kuran.

كمينگه kemîngeh: [kemîn + geh] pusu yeri.

كمينه kemîne: [kem + îne] **1.**az, en

az, minimum. **2.**değersiz, hakir, alçak. **3.**bendeniz.

كن ken: [kenden > ken] **1.**kazı. **2.**kazan, kazıcı. **3.**söken. **4.**koparan.

كن kon: [kerden > kon] **1.**yap, et, eyle. **2.**yapan, eden.

كن kon: kalça, (argo) göt.

كن kun: (A.) ol.

كنا kunâ: çevrili tarla.

كنائس kenâ'is: (A.) kiliseler.

كنائن kenâ'in: (A.) ok kuburları, terkeşler, sadaklar.

كنات kunât: (A.) kinayeciler.

كنار kenâr, kinâr: **1.**kenar, yan. **2.**kıyı, sahil. **3.**kucak, kucaklama, koyun. **4.**köşe. **5.**ayrı. **6.**baş. **7.**kucaklama. **8.**pervaz. **9.**çember, kuşak. **10.**elde edilme. **11.**son.

كنار konâr: (bot.) sedir ağacı.

كنار بردن kenâr borden: kaçırmak, uzaklaştırmak.

كنار رفتن kenâr reften: çekilmek, kenara çekilmek.

كنار زدن kenâr zeden: kenara itmek.

كنار كشيدن kenâr keşîden: **1.**kenara çekmek. **2.**kenara çekilmek. **3.**kaçmak.

كنار گذاشتن kenâr gozâşten: **1.**ayırmak. **2.**bırakmak. **3.**terketmek.

كنار گرفتن kenâr giriften: uzaklaşmak, bir kenara çekilmek.

كنارگير kenârgîr: [kenâr + giriften > gîr] **1.**kuşak, çember. **2.**fıçı çemberi.

كنارنگ kenâreng: (Peh.) **1.**savunma bakanı. **2.**sınır askeri. **3.**hakim. **4.**polis.

كناره kenâre: (Peh.) **1.**taraf. **2.**yan. **3.**sahil, kıyı. **4.**kucak. **5.**kanara, kasap çergeli. **6.**son.

كناره جستن kenâre costen: **1.**kenara çekilmek. **2.**işten el çekmek, işten ayrılmak. **3.**inzivaya çekilmek.

كناره جو kenârecû: [kenâre + costen > cû] münzevi, uzlete çekilen, inzivaya çekilen.

كناره جويى kenârecûyî: [kenâre + costen > cûy + î] **1.**uzaklaşma, kenara çekilme. **2.**inzivaya çekilme, köşesine çekilme. **3.**istifa.

كناره جويى كردن kenârecûyî kerden: **1.**uzaklaşmak, kenara çekilmek. **2.**köşesine çekilmek, inzivaya çekilmek. **3.**istifa etmek, görevden ayrılmak.

كناره گرفتن kenâre giriften: **1.**uzakta kalmak, çekilmek. **2.**istifa etmek.

كناره گيرى kenâregîrî: [kenâre + giriften > gîr + î] **1.**istifa, görevden ayrılma. **2.**çekilme.

كناره گيرى كردن kenâregîrî kerden: **1.**istifa etmek. **2.**çekilmek.

كنار هم kenâr-i hem: [kenâr + -i + hem] yanyana.

كناره نشين kenârenişîn: [kenâre + nişesten > nişîn] **1.**kıyıda oturan. **2.**kenarda oturan, alt köşede oturan.

كناس kennâs: (A.) **1.**çöpçü, süpürücü. **2.**lağımcı. **3.**tekke temizlikçisi.

كناسات kunâsât: (A.) süprüntüler.

كناسه kunâse: (A.) süprüntü.

كناشه kunnâşe: (A.) kök.

كناک kenâk: buruntu, karın ağrısı.

كنام kunâm: **1.**dinlenme yeri. **2.**kuş yuvası. **3.**in.

كنان kunân: [< kerden > kun + ân] yaparak, ederek.

كنانه kenâne: eski, köhne.

كنانه kinâne: (A.) okluk, ok kuburu.

كنايات kinâyât: (A.) (ed.) kinayeler.

كنايت kinâyet: (A.) kinaye.

كنايس kenâyis: (A.) havralar, sinagoglar.

كنايه kinâye: (A.) (ed.) kinaye, üstü kapalı söz. **2.**gerçek anlamı yanında mecaz anlamı kullanılan söz.

كنايه آميز kinâyeâmîz: (A. -F.) [kinâye + âmîhten > âmîz] kinayeli.

كنايه زدن kinâye zeden: kinayeli konuşmak.

كنبور kenbûr: hile, yalan dolan.

كنبوره kenbûre: [kenbûre] hile, yalan dolan.

كنتر kontor: (Fr.) **1.**su saati, su sayacı. **2.**elektrik saati, elektrik sayacı. **3.**sayaç.

كنترات kontrat: (Fr.) kontrat, sözleşme.

كنترات بستن kontrat besten: kontrat yapmak, sözleşme yapmak.

كنترات كردن kontrat kerden: kontrat yapmak.

كنترباس kontrbas: (Fr.) (müz.) kontrbas.

كنترل kontrol: (Fr.) kontrol.

كنترل كردن kontrol kerden: kontrol etmek.

كنت كنزاً kuntu kenzen: (A.) ben gizli bir hazineydim.

كنتور kontor: (Fr.) **1.**su saati, su sayacı. **2.**elektrik saati, elektirk sayacı. **3.**sayaç.

كنج konc: **1.**köşe, bucak. **2.**kırışık. **3.**kambur. **4.**bodrum kat.

كنجاله koncâle: **1.**küspe. **2.**susam küspesi.

كنجد koncid, konced: (bot.) susam.

كنجر kincer: büyük fil.

كنجكاو konckâv: meraklı, mütecessis.

كنجكاو شدن konckâv şoden: merak etmek.

كنجكاوى konckâvî: [konckâv + î] merak, tecessüs.

كنجه konce: **1.**kuyruğu kesik eşek. **2.**bir tür tatlı.

كنخت keneht: cevher.

كند kend: yara, cerahat.

كند kend: geniş arazi, geniş toprak parçası.

كند kond: **1.**cesur. **2.**ayak bağı. **3.**ağır, yavaş. **4.**kör (bıçak) **5.**geri (saat) **6.**kalın (çizgi) **7.**bukağı. **8.**küt. **9.**anlayışsız. **10.**ağır.

كندا kondâ: (Peh.) **1.**büyücü; sıhirbaz. **2.**cesaret.

كنداور kondâver: [kondâ + ver] cesur, yürekli.

كندايى kondâyî: [kondâ + y + î] sihir, büyücülük.

كندر kender: [ki + ender] ki –de, ki –da.

كندر kondor (Sans.) buhur, kokulu tütsü, günlük.

كند رفتن kond reften: ağır gitmek.

كندرو kondrov: [kond + reften > rev > rov] ağır giden.

كندش kondiş: hallaç topu.

كند شدن kond şoden: **1.**ağırlaşmak, yavaşlamak. **2.**körelmek (bıçak) **3.**geri kalmak (saat)

كند كردن kond kerden: **1.**ağırlaştırmak. **2.**köreltmek. **3.**gevşetmek. **4.**geri almak (saat)

کندگوش kondgûş: [kond + gûş] 1.kulağı ağır işiten. 2.sağır.

کندمند kendmend: [kend + mend] dağınık, perişan, bitik, harap.

کندن kenden: (Peh.) 1.kazmak. 2.kazımak. 3.açmak. 4.koparmak. 5.yolmak. 6.soymak. 7.kökünden sökmek. 8.harap etmek. 9.açmak.

کند kend, kond: 1.kovan, arı kovanı. 2.hububat kabı.

کندنه kendene: pırasa.

کندواله kondvâle: 1.iri yarı, azman. 2.iri yarı oğlan.

کندوره kendûre: 1.büyük deri sofra. 2.peşkir.

کندوری kendûrî: 1.büyük deri sofra. 2.peşkir.

کندوکاو kendukâv: [kenden > kend + u + kâvîden > kâv] 1.araştırma, arama. 2.merak. 3.uğraş.

کندوکو kendukov, kondukov: araştırma, karıştırma, yoklama.

کند و کو کردن kendukov kerden: 1.merak etmek. 2.araştırmak, yoklamak, karıştırmak. 3.çabalamak, uğraşmak.

کنده kende: (Peh.) [kenden > kend + e] 1.kazılı. 2.hendek. 3.oğlan. 4.yolunmuş. 5.sökülmüş, koparılmış.

کنده konde: 1.odun, kütük, tomruk. 2.çotuk. 3.(sp.) künde. 4.ağaç pranga. 5.iriyarı ve çirkin genç.

کنده بالا کشیدن konde bâlâ keşîden (Sp.) kündeye getirmek.

کنده خایه kendehâye: [kende + hâye] 1.hadım edilmiş, iğdiş edilmiş. 2.hadım ağası.

کنده شدن kende şoden: 1.yolunmak. 2.kazılmak. 3.kopmak. 4.sökülmek.

کنده کار kendekâr: [kende + kâr] kakmacı, kalem işçisi, kalemkâr.

کنده کار kundekâr: [kunde + kâr] marangoz, ağaç işçisi.

کنده کاری kendekârî: [kenden > kend + e + kâr + î] 1.işleme. 2.kakmacılık.

کنده کاری kundekârî: [kunde + kâr + î] marangozluk, ağaç işçiliği.

کنده کاری شدن kendekârî şoden: işleme yapılmak, işlenmek.

کنده کاری کردن kendekârî kerden: işleme yapmak, işlemek, kakma yapmak.

کنده کردن konde kerden (Sp.) künde çekmek.

کنده کشیدن konde keşîden (Sp.) künde çekmek.

کندی kondî: [kond + î] yavaşlık, ağırlık.

☞ * be ~ به کندی ihtiyatla, ihtiyatlı.

کندیدن kendîden: 1.sökmek. 2.yolmak.

کندیر kendîr: (A.) kendir.

کندیریه kendîriyye: (A.) kendirgiller.

کنز kenz: (A.) 1.hazine. 2.gömü, define.

کنس kinis: cimri, pinti.

کنسرت konsert: (Fr.) (müz.) konser.

کنسرت دادن konsert dâden: konser vermek.

کنسرو konserv: (Fr.) konserve.

کنسرواتوار konservatuvar: (Fr.) konservatuvar.

کنسول konsul: (Fr.) 1.konsolos. 2.konsül.

کنسول گری konsulgerî: (Fr. -F.)

[konsul + gerî] konsolosluk.

کنسول یار konsulyâr: (Fr. -F.) [konsul + yâr] viskonsül.

کنش koniş: (Peh.) [kerden > kon + iş] **1.**davranış, eylem, amel. **2.**töre, âdet.

کنشت kinişt, konişt: (Peh.) **1.**manastır, kilise, mabet. **2.**havra, sinagog.

کنعان ken'ân: (A.) **1.**Ken'an toprakları, Filistin, Yakup ve Yusuf Peygamberlerin Filistin topraklarındaki yurdu. **2.**erkek adı.

کنف kenef: (bot.) kenevir.

کنف kenef: (A.) **1.**himaye, sığınma. **2.**taraf, yöre. **3.**gölge. **4.**sığınma yeri, sığınak.

کنف konf: (A.) helalar.

کنفت kinift: pis, kirli, bozuk.

کنفت شدن kinift şoden: **1.**sararıp solmak. **2.**kirlenip buruşmak.

کنفت کردن kinift kerden: sarartıp soldurmak.

کنفدراسیون konfidirasyon: (Fr.) konfederasyon.

کنفرانس konfirans: (Fr.) konferans.

کنفرانس دادن konfirans dâden: konferans vermek.

کنفس واحده kenefsin vâhide: (A.) bir nefes gibi.

کنفه الله kenefehullâh: (A.) Allah onu himayesine alsın.

کن فیکون kunfeyekûn: (A.) ol dedi mi olur.

کن فیکون شدن kunfeyekûn şoden: yerle bir olmak, alt üst olmak.

کنک kenek, kinik: cimri, pinti.

کنکاش kenkâş: (Moğ. -T.) danışma, müşavere.

کنکاش کردن kenkâş kerden: danışmak, müşavere etmek.

کنکور konkur: (Fr.) üniversite giriş sınavı, giriş sınavı.

کنگ kong, king: **1.**iri yarı. **2.**iri yarı oğlan.

کنگر kenger: (Yun.): (bot.) kenger otu.

☞ * ~ -i ferengî کنگر فرنگی : (bot.) enginar.

کنگر kongor: **1.**dilenci. **2.**arsız, hayasız.

کنگر kongor: (zool.) baykuş.

کنگر زدن kenger zeden: (kin.) angarya iş yapmak.

کنگره kongure: **1.**şerefe. **2.**hisar şerefesi. **3.**kubbenin ucu. **4.**burç.

کنگره kongre: (Fr.) kongre.

کنگلک kongelek: (Moğ.) gömlek.

کنگو kongo: (coğ.) Kongo.

کنند kenend: pulluk.

کننده konende: [kerden > kon + ende] yapan, eden.

کنود kenûd: (A.) **1.**nankör, alçak yaratılışlı. **2.** asi. **3.**pinti.

کنود kunûd: (A.) nankörlük.

کنور kenûr: **1.**hububat kabı. **2.**hile.

کنور konur: yıldırım.

کنوریدن kenûrîden: kandırmak, aldatmak.

کنوز kunûz: (A.) **1.**hazineler. **2.**servetler.

کنون kunûn: şimdi.

کنون kunûn: (A.) gizleme, gizli tutma.

کنونی kunûnî: [kunûn + î] şimdiki, bugünkü, günümüzdeki.

کنه kene: (zool.) kene, sakırga.

کنه konne: lamba fitili.

کنه konh: (A.) **1.**son. **2.**asıl, öz.

کنیا kenya: (coğ.) Kenya.

کنیاک konyak: (Fr.) konyak.

کنیت konyet: (A.) künye.

کنیز kenîz: (Peh.) **1.**kadın. **2.**cariye, halâyık.

کنیزک kenîzek: (Peh.) **1.**kızcağız. **2.**cariye, halâyık.

کنیسا kenîsâ: (A.) kilise.

کنیسه kenîse: havra, sinagog.

کنیف kenîf: (A.) **1.**örtü, perde. **2.**siper. **3.**hela, kenef, tuvalet.

کنین kenîn: (A.) gizli, örtülü.

کنیه konye: (A.) künye, kişisel bilgiler.

کو kû: (Peh.) **1.**nerede, neresi, nereye, hani. **2.**kumru sesi: kû

کو kû: [ki + > k] ki o.

کو kû: mahalle.

کو kû: kumru sesi: ku.

کوابس kevâbis: (A.) artık yıllar.

کواده kivâde: eşik.

کوارتز kuartz: (Fr.) kuartz.

کواره kivâre: (A.) petek.

کواره kuvâre: (A.) petek.

کواعب kevâ'ib: (A.) tomurcuk memeli kızlar.

کواکب kevâkib: (A.) yıldızlar.

کواکب حشم kevâkibhaşem: (A.) [kevâkib + haşem] yıldızlar gibi görkemli.

کواکب شناس kevâkibşinâs: (A. - F.) [kevâkib + şinâhten > şinâs] astrolog, yıldızbilimci, müneccim.

کواهل kevâhil: (A.) **1.**olgun insanlar, erişkinler. **2.**tembeller, uyuşuklar.

کوب kûb: [kûften > kûb] **1.**dövme. **2.**ezme. **3.**vurma, çalma. **4.**vuran, ezen, döven, çalan. **5.**felaket.

کوبان kûbân: [kûften > kûb + ân] **1.**vuranlar, ezenler, dövenler. **2.**vurarak, ezerek, döverek.

کوب خوردن kûb horden: **1.**ezilmek. **2.**dövülmek. **3.**dayak yemek.

کوبکاری kûbkârî: [kûften > kûb + kâr + î] cezalandırma.

کوبکو kûbekû: [kû + be + kû] yer yer.

کوبه kûbe: [kûften > kûb + e] **1.**tokmak. **2.**tokaç.

کوبیدن kûbîden: **1.**ezmek. **2.**dövmek. **3.**vurmak, çalmak. **4.**çakmak.

کوبیده kûbîde: [kûbîden > kûb + îd + e] **1.**ezilmiş. **2.**dövülmüş. **3.**vurulmuş, çalınmış. **4.**çakılmış.

کوبیده شدن kûbîde şoden: **1.**vurulmak, çalınmak. **2.**ezilmek. **3.**dövülmek. **4.**çakılmak.

کوپال kûpal: **1.**gürz, topuz. **2.**geniş omuz.

کوپله kûpele: **1.**bahar çiçeği. **2.**kakül.

کوپن kupon: (Fr.) kupon, karne.

کوپنی kuponî: (Fr. -F.) [kupon + î] kuponlu, karneye bağlanmış.

کوپنی شدن kuponî şoden: karneye bağlanmak.

کوپنی کردن kuponî kerden: karneye bağlamak.

کوپه kûpe: yığın, istif edilmiş.

کوپه کردن kûpe kerden: istif etmek, yığmak.

کوت kût: **1.**yığın. **2.**kale, hisar.

کوتاه kûtâh: (Peh.) **1.**kısa. **2.**sığ. **3.**alçak, düşük. **4.**basık.

کوتاه آستین kûtâhâstîn: [kûtâh + âstîn] iyi görünmeye çalışan kötü kişi.

کوتاه آمدن kûtâh âmeden: **1.**kısalmak. **2.**vazgeçmek, yüzgeri etmek.

کوتاه بین kûtâhbîn: [kûtâh + dîden >

bîn] dar görüşlü, kıt fikirli, basiretsiz.

كوتاه بينى kûtâhbînî: [kûtâh + dîden > bîn + î] dar görüşlülük, kıt fikirlilik.

كوتاه دست kûtâhdest: [kûtâh + dest] muradına erememiş, muratsız.

كوتاه دستى kûtâhdestî: [kûtâh + dest + î] muratsızlık, muradına erememe.

كوتاه ساختن kûtâh sâhten: **1.**kısaltmak. **2.**kesmek. **3.**kısa kesmek.

كوتاه شدن kûtâh şoden: **1.**kısalmak. **2.**kesilmek.

كوتاه كردن kûtâh kerden: **1.**kısaltmak, eksiltmek. **2.**kesmek.

كوتاه نظر kûtâhnazar: (F. -A.) [kûtâh + nazar] **1.**kıt görüşlü, dar görüşlü. **2.**gafil. **3.**cimri.

كوتاهى kûtâhî: [kûtâh + î] **1.**kısalık. **2.**kusur, taksir. **3.**esirgeme.

كوتاهى كردن kûtâhî kerden: **1.**kusur etmek. **2.**esirgemek.

كوتک kûtek: (T.) **1.**dayak, kötek. **2.**sopa. **3.**havan kolu.

كوتک خوردن kûtek horden: sopa yemek, dayak yemek, kötek yemek.

كوتک كارى kûtekkârî: (T. -F.) [kûtek + kâr + î] kavga, dövüşme.

كوتل kûtel: (T. -Moğ.) at binme. **2.**yedek at. **3.**tepe, sırt.

كوتوال kutvâl (Hind.) **1.**vali. **2.**kale komutanı. **3.**kale muhafızı.

كوتله kûtle: **1.**kısa, bücür. **2.**cüce.

كوته kûteh: (A.) kısa.

كوته آستين kûtehâstîn: [kûteh + âstîn] **1.**kısa etekli. **2.**sûfi.

كوته آمدن kûteh âmeden: **1.**kısalmak. **2.**vazgeçmek, yüz geri etmek.

كوته انديش kûtehendîş: [kûteh + endîşîden > endîş] kıtfikirli.

كوته بال kûtehbâl: [kûteh + bâl] **1.**kanadı kısa. **2.**kısa boylu.

كوته بين kûtehbîn: [kûteh + dîden > bîn] dar görüşlü, kıt fikirli.

كوته دست kûtehdest: [kûteh + dest] **1.**eli kısa. **2.**pinti, cimri.

كوته فكر kûtehfikr: (F. -A.) [kûteh + fikr] kıt fikirli, dör görüşlü.

كوته فكرى kûtehfikrî: (F. -A.) [kûteh + fikr + î] kıt fikirlilik, dar görüşlülük.

كوته كردن kûten kerden: kısa tutmak, uzatmamak.

كوته نظر kûtehnazar: (F. -A.) [kûteh + nazar] dar görüşlü, kıt fikirli.

كوتهى kûtehî: [kûteh + î] kısalık.

كوثر kevser, kovser: (A.) **1.**Cennet'te bir havuz ve bu havuzun suyu. **2.**Kur'ân'da bir sûre. **3.**kalabalık nesil. **4.**maddî ve manevî çokluk. **5.**şarap. **6.**bayan adı.

كوج kûc: (T. -Moğ.) göç.

كوج كردن kûc kerden: göçmek, göç etmek.

كوچ kûç: (T. -Moğ.) **1.**göç. **2.**yol kesen, haydut. **3.**baykuş. **4.**şaşı.

كوچاندن kûçânden: göç ettirmek.

كوچانيدن kûçânîden: göç ettirmek.

كوچ دادن kûç dâden: göç ettirmek.

كوچک kûçek, kûçik: **1.**küçük, ufak. **2.**çocuk. **3.**az, az buz. **4.**kul, bende.

كوچک دهان kûçekdehân (T.-F.) [kûçek + dehân] küçük ağızlı.

كوچ كردن kûç kerden: **1.**göçmek, göç

etmek. **2.**(mec.) ölmek, göçmek, yürümek. **3.**taşınmak.

کوچک شدن kûçek şoden: küçülmek, ufalmak.

کوچ کشی kûçkeşî: (T. -F.) [kûç + keşîden > keş] taşınma, göç.

کوچ کشی کردن kûçkeşî kerden: göçmek, taşınmak.

کوچک کردن kûçek kerden: **1.**küçültmek. **2.**küçük düşürmek.

کوچک گشتن kûçek geşten: ufalmak, küçülmek.

کوچکی kûçekî, kûçikî: [kûçek + î] **1.**küçüklük. **2.**küçük çocuk. **3.**azlık. **4.**kulluk, bendelik.

کوچ نشین kûçnişîn: (T. -F.) [kûç + nişesten > nişîn] **1.**göçebe. **2.**göç merkezi.

کوچ نشینی kûçnişînî: (T. -F.) [kûç + nişesten > nişîn + î] göçebelik.

کوچولو kuçulu: **1.**küçük, küçücük, minik. **2.**çocuk.

کوچه kûçe: **1.**sokak.

کوچه دادن kûçe dâden: yol vermek.

کوچه گرد kûçegerd: [kûçe + geşten > gerd] başıboş, aylak, avare.

کوچیدن kûçîden: göç etmek, taşınmak, göçmek.

کود kûd (Sans.) **1.**gübre. **2.**hormon.

کودتا kûdetâ: (Fr.) darbe, devrim, ihtilal.

کودک kûdek: (Peh.) **1.**çocuk, küçük çocuk. **2.**genç.

کودکانه kûdekâne: [kûdek + âne] çocukça, çocukçasına, çocuksu.

کودکستان kûdekistân: [kûdek + istân] ana okulu.

کودک سرشت kûdeksirişt: [kûdek + sirişten > sirişt] çocuksu, çocukça, çocuk tabiatlı.

کودک منش kûdekmeniş: [kûdek + meniş] çocuk tabiatlı.

کودکی kûdekî: [kûdek + î] çocukluk.

کودن kovden, kevden: (A.) geri zekâlı, salak, ahmak, aptal.

کور kevr: (A.) **1.**sarık sarma. **2.**çokluk, bolluk.

کور kûr: (Peh.) kör, görmez.

کور kur: (Fr.) **1.**kurs. **2.**öğrenim dönemi.

کوراب kûrâb: [kûr + âb< âb-i kûr] serap.

کورابه kûrâbe: kubbeli mezar, türbe.

کوران kuran: (Fr.) **1.**koronder, hava cereyanı. **2.**elektrik akımı.

کورانه kûrâne: [kûr + âne] kör gibi, körcesine.

کوربخت kûrbaht: [kûr + baht] **1.**kör talih. **2.**talihsiz, bedbaht.

کور خواندن kûr hânden: **1.**yanlış okumak. **2.**yanlış anlamak.

کوردل kûrdil: [kûr + dil] gönül közü kör.

کوردیپلماتیک kordiplomatik: (Fr.) bir ülkenin başkentinde bulunan yabancı elçilik mensuplarının tümü.

کورس kurs: kıvır kıvır saç.

کورس kurs: (Fr.) **1.**(sp.) at yarışı. **2.**(sp.) koşu. **3.**kurs.

کورسو زدن kûrsû zeden: ışıldamak.

کور شدن kûr şoden: **1.**kör olmak, körleşmek. **2.**sönmek (ateş)

کورک kûrek (tıb.) sivilce.

کور کردن kûr kerden: kör etmek.

کور کور kûrkûr: **1.**çaylak. **2.**hepyek (tavlada)

کورکورانه kûrkûrâne: [kûr + kûr + âne] körü körüne, rastgele.

کورمال kûrmâl: [kûr + mâlîden > mâl] el yordamı.

کورمالی kûrmâlî: [kûr + mâlîden > mâl + î] el yordamı ile, el yordamı ile yürüme.

کورمالی کردن kûrmâlî kerden: el yordamı ile yürümek.

کورنش kurniş, korniş: (T.) secde.

کورنش کردن korniş kerden: eğilmek, yere kapanmak, secde etmek.

کورنگ kûreng: al at.

کوره kûre: **1.**batak, bataklık. **2.**ilçe.

کوره kûre: (Peh.) **1.**ocak, ateş ocağı, fırın. **2.**pota.

کوره پز kûrepez: [kûre + pohten > pez] kireç ocağı işleten, kireççi, kiremitçi.

کوره پزخانه kûrepezhâne: [kûre + pohten > pez + hâne] **1.**kireç ocağı. **2.**kiremit ocağı.

کوره ده kûredih: [kûre + dih] küçük köy.

کوره راه kûrerâh: [kûre + râh] patika, keçi yolu.

کوری kûrî: (Peh.) [kûr + î] (tıb.) körlük.

کوری küri: (Fr.) küri.

کوز kûz: kambur.

کوز kûz: (A.) **1.**bardak. **2.**tas, kâse, çanak.

کوز پشت kûzpoşt: [kûz + poşt] kambur.

کوزه kûze: testi, su testisi.

کوزه باز kûzebâz: [kûze + bâhten > bâz] testileri başında tutarak oynayan sanatçı.

کوزه خر kûzeher: [kûze + herîden > her] testi alan, çömlek alan.

کوزه فروش kûzefurûş: [kûze + furûhten > furûş] testi satan, testici, çömlekçi.

کوزه گر kûzeger: [kûze + ger] testici, çömlekçi.

کوزه گری kûzegerî: [kûze + ger + î] testicilik, çömlekçilik.

کوژ kûj: kambur, bükük.

کوژ kûj: alıç.

کوژ پشت kûjpoşt: [kûj + poşt] kambur.

کوس kûs: **1.**davul, kös, savaş davulu. **2.**sadme.

کوسان kûsân: musikişinas, müzisyen.

کوس بر کشیدن kûs ber keşîden: **1.**kös çalmak. **2.**(kin.) göç etmek.

کوسج kûsec (A.< F.) köse.

کوس فرو کوفتن kûs furû kûften: kös çalmak, savaş davulu çalmak.

کوسل kevsel: (A.) geminin kıç tarafı.

کوسه kûse: **1.**köse. **2.**(zool.) köpek balığı.

کوسه برنشین kûsebernişîn: [kse + ber + nişesten > nişîn] bir İran şenliği.

کوسه ماهی kûsemâhî: [kûse + mâhî] (zool.) köpek balığı.

کوش kûş: [kûşîden > kûş] çaba, çalışma.

کوشا kûşâ: [kûşîden > kûş + â] çalışkan, çalışan, gayretli.

کوشش kûşiş: [kûşîden > kûş + iş] **1.**çalışma, çaba, gayret. **2.**özen. **3.**savaş.

کوشش داشتن kûşiş dâşten: **1.**çalışmak. **2.**çalışkan olmak.

کوشش شدن kûşiş şoden: çalışılmak, çaba gösterilmek.

کوشش کردن kûşiş kerden: çalışmak,

çabalamak, gayret etmek.

كوششى kûşişî: [kşiş + î] çalışkan.

كوشك kuşk: (Peh.) köşk, kasır.

كوشه kûşe: köşk, kasır.

كوشيدن kûşîden: (Peh.) **1.**çalışmak, çaba göstermek, gayret etmek. **2.**gücünü denemek. **3.**savaşmak.

كوف kûf: ·baykuş.

كوفت kûft: [kûften > kûft] **1.**zarar, sadme. **2.**(tıb.) firengi. **4.**ezme, dövme, vurma, çalma.

كوفت كردن kûft kerden: zıkkımlanmak.

كوفتگى kûftegî: [kûften > kûft + e + g + î] **1.**eziklik. **2.**(tıb.) kırıklık, kırgınlık, halsizlik.

كوفتن kûften: (Peh.) **1.**ezmek. **2.**dövmek. **3.**vurmak. **4.**çakmak. **5.**övütmek. **6.**davul çalmak. **7.**çalmak.

كوفته kûfte: [kûften > kûft + e] **1.**ezik. **2.**övütülmüş. **3.**yorgun, bitkin. **4.**köfte.

كوفته بريان kûftebiryân: [kûfte + biryân] köfte, kızartma köfte.

كوفته حال kûftehâl: (F. -A.) ezik, halsiz, vücudu kırılan.

كوفته حالى kûftehâlî: (F. -A.) [kûfte + hâl + î] eziklik, kırıklık, halsizlik.

كوفته خوار kûftehâr: [kûfte + horden > hor > hâr] **1.**köfte yiyen. **2.**köftehor, şarlatan. **3.**geveze. **4.**çapkın.

كوفته خور köftehor: [kûften > kûft + e + horden > hor]· **1.**köfte yiyen. **2.**sevgi ile karışık azarlama.

كوفه kûfe: (coğ.) Kûfe.

كوفه kûfe: küfe.

كوفى kûfî: (A.) **1.**Kûfeli. **2.**(ed.) kûfî yazı. **3.**Kûfe malı. **4.**Kûfe ile ilgili. **5.**Kûfe dil ekolüne bağlı olan dilci.

كوفيون kûfiyyûn: (A.)·Kûfe ekolüne bağlı dilciler.

كوك kûk: **1.**yüksek ses. **2.**ayar. **3.**(müz.) akord. **4.**(müz.) akordlu. **5.**teyel.

كوك kûk: (T.) **1.**gök. **2.**mavi.

كوكائين kokain: (Fr.) (tıb.) kokain.

كوكب kevkeb, kovkeb: (A.) **1.**yıldız. **2.**(bot.) yıldız çiçeği, dalya. **3.**bayan adı.

كوكب الحديد kevkebulhadîd: (A.) demir ışıltısı.

كوكب شناس kevkebşinâs, kovkebşinâs: (A. -F.) [kevkeb + şinâhten > şinâs] yıldızbilimci.

كوكبه kevkebe: (A.) **1.**süvarı alayı. **2.**yıldız.

كوكبه پيرا kevkebepîrâ (A.-F.) [kevkebe + pîrâsten > pîrâ] yıldızları süsleyen.

كوكبى kevkebî: (A.) yıldızla ilgili.

كوكتيل koktîl: (İng.) kokteyl.

كوك زدن kûk zeden: teyellemek.

كوك شدن kûk şoden: **1.**akord edilmek, ayarlanmak. **2.**kurulmak. **3.**doldurulmak, dolduruşa gelmek.

كوك كردن kûk kerden: **1.**akord etmek. **2.**kurmak. **3.**doldurmak, dolduruşa getirmek.

كوكنار kûknâr: **1.**(bot.) köknar. **2.**(bot.) haşhaş.

كوكو kûkû: **1.**guguk kuşu. **2.**bol sebzeli omlet.

كول kûl: **1.**omuz. **2.**tepe, sırt. **3.**havuz.

كولاب kûlâb: **1.**havuz. **2.**su birikintisi. **3.**göl. **4.**büyük dalga.

كولاك kûlâk: **1.**büyük dalga, dev dalga. **2.**tipi. **3.**deniz fırtınası.

کولاک کردن kûlâk kerden: 1.dalgalanmak. 2.büyük bir iş yapmak.

کولاه kûlâh: şapka.

کولر kûler: (İng.) klima, havalandırma.

کول کردن kûl kerden: omuza almak, omuzlamak.

کولنگ kûleng: oğlan, homoseksüel erkek.

کوله kovle: eğik, eğri.

کوله kûle: [kl + e] 1.yük, bir omuzluk yük. 2.havuz.

کوله بار kûlebâr: [kûl + e + bâr] bir omuzluk yük, çıkın.

کوله پشتی kûlepostî: [kle + poşt + î] 1.hamal semeri, sırtlık, arkalık. 2.sırt çantası.

کولی kovlî: 1.fahişe. 2.çingene.

کولیت kolit: (Fr.) (tıb.) kolit.

کولی دادن kûlî/kovlî dâden: omuzlamak, omuza almak.

کولیدن kûlîden: 1.kazmak. 2.kökünden sökmek.

کولی گری kovlîgerî: [kovlî + ger + î] çingenelik.

کوم kûm: yaka.

کومه kûme: 1.oda. 2.kulübe. 3.küme.

کون kevn, kovn: (A.) 1.varlık, var oluş. 2.âlem.

کون kûn: 1.makat, kıç, (argo) göt. 2.oğlan.

کون پارگی kûnpâregî: [kûn + pâre + g + î] 1.(argo) oğlanlık, homoseksüellik. 2.rezillik.

کون پاره kûnpâre: [kn + pâre] 1.(argo) ibne, oğlan. 2.rezil.

کون پرست kûnperest: [kûn + perestîden > perest] (argo) oğlancı, kulampara.

کون پرستی kûnperestî: [kûn + perestîden > perest + î] (argo) oğlancılık.

کون جنباندن kûn conbânden: kıç oynatmak.

کون خاریدن kûn hârîden: 1.kıç kaşımak. 2.(kin.) pişman olmak.

کون دادن kûn dâden: (argo) göt vermek, oğlan olmak.

کون دریده kûnderîde: [kûn + derîden > derîd + e] 1.(argo) ibne, oğlan. 2.kıçı parçalanmış. 3.(kin.) hayasız.

کون ده kûndih: [kûn + dâden > dih] (argo) götveren, ibne, oğlan.

کونسته kûneste: 1.kalça kemiği. 2.kıç.

کونسرو konserv: (Fr.) korserve.

کون سوخته kûnsûhte: [kûn + sûhten > sûht + e] 1.rezil, rüsva. 2.oyuna gelmiş.

کون کردن kûn kerden: (argo) göt sikmek.

کون کن kûnkon: [kûn + kerden > kon] (argo) oğlancı.

کون گشاد kûngoşâd: [kûn + goşâden > goşâd] 1.(argo) ibne, oğlan. 2.(kin.) tembel.

کون لخت kûnloht: [kûn + loht] (argo) götü çıplak.

کون لیس kûnlîs: [kûn + lîsîden > lîs] kıç yalayan, kıç yalayıcı.

کونه kûne: [kûn + e] 1.kıç. 2.dip, kök.

کونه پا kûnepâ: [kûne + pâ] topuk.

کونی kûnî: [kûn + î] (argo) götveren, ibne.

کونی kevnî: (A.) âlemle ilgili, varlıkla ilgili, kozmik.

کونیات kevniyyât: (A.) evrenbilim, kozmoloji.

کونین kevneyn, kovneyn: (A.) 1.iki

dünya, iki âlem, dünya ve ahiret, cismânî ve rûhânî âlem.

كوه kûh: (Peh.) **1.**(coğ.) dağ. **2.**doruk, zirve.

كوهامون kûhâmûn: [< kûh-i hâmûn] üstü düzlük olan dağ.

كوهاموى kûhâmûy: harmanbiç, bir çocuk oyunu.

كوهان kûhân: **1.**hörgüç. **2.**kambur. **3.**at eyeri.

كوهاندار kûhândâr: [kûhân + dâşten > dâr] hörgüçlü.

كوه بدن kûhbeden (F.-A.) [kûh + beden] çam yarması, iri yarı, insan azmanı.

كوه پاره kûhpâre: [kûh + pâre] **1.**dağ parçası. **2.**güçlü at.

كوه پايه kûhpâye: [kûh + pây + e] **1.**(coğ.) dağ eteği. **2.**dağlık bölge.

كوه پشت kûhpoşt: [kûh + poşt] kambur.

كوه پيكر kûhpeyker: [kûh + peyker] dev, dağ gibi, iri yarı, devâsa.

كوه جگر kûhciger: [kûh + ciger] (kin.) yürekli, cesur.

كوه در كوه kûhderkûh: [kûh + der + kûh] dağ dağ, o dağ senin bu dağ benim.

كوهسار kûhsâr: [kûh + sâr]: (coğ.) dağlık, dağlık bölge.

كوهستان kûhistân: [kûh + istân]: (coğ.) dağlık, dağlık bölge.

كوه سنب kûhsonb: [kûh + sonbîden > sonb] dağ delen.

كوه شكوه kûhşukûh: [kûh + şukûh] dağ gibi görkemli.

كوه فرساى kûhfersây: [kûh + fersûden > fersây] dağ yıpratan, dağ eskiten.

كوه كن kûhken: [kûh + kenden > ken] **1.**dağ kazan, dağ delen. **2.**Ferhad.

كوه كوب kûhkûb: [kûh + kûbîden > kûb] **1.**dağları döven top. **2.**dağ delen Ferhat. **3.**dağlık araziye alışkın at veya katır.

كوه نمون kûhnümûn: [kûh + numûden > numûn] heybetli, iri yarı, devasa.

كوه نورد kûhneverd: [kûh + neverdîden > neverd] (sp.) dağcı.

كوه نوردى kûhneverdî: [kûh + neverdîden > neverd + î] (sp.) dağcılık.

كوهه kûhe: [kh + e] **1.**(coğ.) tepe, sırt. **2.**zirve, doruk. **3.**hörgüç. **4.**dalga. **5.**hamle. **6.**at eyeri. **7.**kamburlu. **8.**saldırı.

كوهى kûhî: (Peh.) [kh + î] **1.**dağ ile ilgili. **2.**dağlı. **4.**taşralı. **5.**yaban.

كوهيانه kûhiyâne: [kûh + i + y + âne] dağlı gibi, yabanice.

كوى kûy: (Peh.) **1.**sokak. **2.**mahalle. **3.**geçit. **4.**site. **5.**köy. **6.**sokak. **7.**sevgilinin mekânı, sevgilinin bulunduğu yer.

كوير kevîr: (coğ.) bozkır, çöl.

كويس kuveys: (A.) kesecik, kadehçik, kasecik, çanakçık.

كوى يافت · kûyyâft: [kûy + yâften > yâft] sokakta bulunan bebek.

كه keh: saman.

كه kih: **1.**küçük. **2.**genç.

كه ki, ke: **1.**kim. **2.**ki. **3.**-si için, diye. **4.**-ince, -diğinde, -diği zaman. **5.**-den, -dan. **6.**yoksa, aksi takdirde. **7.**. se. di. **8.** da. **9.**-e, -a. **10.**işte. **11.**çünkü. **12.** yor ki, yordu ki ? **13.**diye, -dığını. **14.**mademki. **15.**belki, bakarsın.

كه kuh: (coğ.) dağ.

كها kehâ: utangaç.

کهال kihâl: (A.) erişkinler, olgun kişiler (30-50 yaş arası).

کهالت kehâlet: (A.) tembellik, gevşeklik.

کهان kihân: [kih + ân] küçükler.

☞ * ~ u mihân کهان و مهان küçükler ve büyükler.

کهان kohhân: (A.) kâhinler, falcılar.

کهانت kihânet: (A.) kehanet, kâhinlik.

کهانت فروش ·kehânetfurûş (A.-F.) [kehânet + furûhten > furûş] kâhinlik taslayan.

کهانت فروشی kehânetfurûşî (A.-F.) [kehânet + furûhten > furûş + î] · kâhinlik taslama.

کهبد kohbed, kohbod: [koh + bed/bod] **1.**dağ sahibi. **2.**dağlı. **3.**(tas.) dağa çekilmiş zahit.

کهتر kihter: [kih + ter] daha küçük.

☞ * berâder-i ~ برادر کهتر küçük erkek kardeş.

کهتری kihterî: [kih + ter + î] küçüklük.

کهترین kihterîn: [kih + terîn] en küçük.

کهدان kehdân: [keh + dân] samanlık.

کهر keher: doru at.

کهربا kehrubâ: [keh + rubden > rubâ] kehribar.

کهربائی kehrubâ'î: [keh + rubûden > rubâ + î] **1.**kehribarla ilgili. **2.**kehribar rengi.

کهربارنگ kehrubâreng: [kehrubâ + reng] kehribar rengi, sarı.

کهربایی kehrubâyî: [keh + rubden > rubâ + y + î] **1.**kehribar rengi, kehribar sarısı. **2.**miknatıslı.

کهسار kuhsâr: [kuh + sâr]: (coğ.) dağlık, dağlık bölge.

کهستان kuhistân: [< kûh + istân] dağlık arazi, dağlık bölge.

کهف kehf: (A.) **1.**mağara. **2.**sığınak. **3.**kabile reisi. **4.**vücuttaki oyuk.

کهف الفقرا kehfulfukarâ: (A.) yoksulların sığınağı.

کهکشان kehkeşân: galaksi, samanyolu.

کهکشان ساکن kehkeşânsâkin (F.-A.) [kehkeşân + sâkin] samanyolunda oturan.

کهکشان شمار kehkeşânşomâr: [kehkeşân + şomorden > şomâr] samanyolu yıldızlarını sayan.

کهگل kehgil: [keh + gil] saman harcı.

کهل kehl: (A.) **1.**orta yaşlı, erişkin kişi. **2.**yetişkinlik.

کهن kohen: (Peh.) **1.**eski. **2.**köhne. **3.**yaşlı. **4.**kullanılmış. **5.**mazi, geçmişte kalmış.

کهن پیر kuhenpîr: [kohen + pîr< pîr-i kohen] çok yaşlı ihtiyar.

کهن سال kohensâl: [kohen + sâl] **1.**yaşlı. **2.**eski, çok eski.

کهن سالی kohensâlî: [kohen + sâl + î] yaşlılık, ihtiyarlık.

کهن سرا kuhenserâ: [kuhen + serâ] **1.**eski saray. **2.**dünya.

کهنگی kohnegî: [kohne + g + î] eskilik.

کهنگی پذیر kohnegîpezîr: [kohnegî + pezîroften > pezîr] eskiyebilir.

کهنه kehene: (A.) kâhinler, falcılar.

که نگو kinegû: [ki + goften > gû > negû] ki deme gitsin.

کهنه kohne: **1.**eski. **2.**köhne. **3.**yaşlı, ihtiyar. **4.**müzmin. **5.**kullanılmış. **6.**yıkık dökük. **7.**çamaşır. **8.**eski bez, paçavra.

كهنه kehene: (A.) kâhinler.

كهنه پرست kohneperest: [kohne + perestîden > perest] **1.**gerici. **2.**eski kafalı.

كهنه خر kohneher: [kohne + herîden > her] eskici.

كهنه سال kohnesâl: [kohne + sâl] yaşlı.

كهنه سرباز kohneserbâz: [kohne + serbâz] tecrübeli asker.

كهنه شدن kohne şoden: **1.**eskimek. **2.**köhneleşmek.

كهنه شوريدن kohne şûrîden: çamaşır yıkamak.

كهنه فروش kohnefurûş: [kohne + furûhten > furûş] eskici.

كهنه فروشى kohnefurûşî: [kohne + furûhten > furûş + î] eskicilik.

كهنه كار kohnekâr: [kohne + kâr] **1.**deneyimli, tecrübeli. **2.**eski.

كهنى kohenî: [kohen + î] **1.**eskilik. **2.**köhnelik.

كهوف kuhûf: (A.) mağaralar.

كهول kuhûl: (A.) erişkinler, olgun kişiler (30-50 yaş arası).

كهولت kuhûlet: (A.) **1.**ihtiyarlama. **2.**olgunluk çağı. **3.**üşenme.

كهير kehîr (tıb.) kurdeşen.

كهين kihîn: [kih + în] en küçük.

كى k'iy: (ki + ey) ey.

كى key: **1.**ne zaman, ne vakit. **2.**nasıl.

كى key: **1.**büyük padişah. **2.**İkinci derecede bulunan Fars hükümdarı. **3.**önder, lider. **4.**halis, temiz.

كى keyy: (A.) dağlama.

كى ki: kim.

كيا kiyâ: **1.**padişah. **2.**vali, hakim. **3.**önder, lider. **4.**sahip, efendi.

كيابيا kiyâbiyâ: ev hanımı.

كياست kiyâset: (A.) uyanıklık, zeyreklik, kıvrakzekâlılık.

كيال keyyâl: (A.) kile ile ölçen, kileci.

كياليه keyyâliyye: (A.) **1.**kileci ücreti. **2.**Keyyâlîlik tarikatı, Rufaîliğin bir kolu.

كيان keyân: **1.**padişah. **2.**önderler, liderler.

كيان kiyân: [ki + y + ân] kimler.

كيان kiyân: **1.**yıldız. **2.**merkez.

كيانوس kiyânûs: siyanür.

كيانى keyânî: **1.**Keyânî. **2.**şahlık. **3.**saltanat. **4.**kozmogonik.

كيانيات kiyâniyyât: (A.) kozmogoni.

كيانيان keyâniyân: Keyânîler, Ahamenitler.

كيبيدن kîbîden: bir kenara çekilmek, sapmak.

كيپ kîp: **1.**yapışık. **2.**dar. **3.**yığılı, dolu. **4.**sağlam.

كيپ تاون keyptavn: (coğ.) Capetown.

كيپ كردن kip kerden: kapatmak.

كيچ kîç: **1.**dağınık. **2.**az. **3.**ufak, küçük. **4.**göz çapağı.

كيخسرو keyhusrev: [key + husrev] **1.**eski İran hükümdarı. **2.**İran mitoloisinde Siyavuş'un oğlu ve Keykâvus'un torunu. **3.**Anadolu Selçuklu hükümdarı.

كيد keyd: (A.) **1.**hile, aldatma, düzen. **2.**tuzak.

كير kîr (tıb.) penis, (argo) sik.

كيرتوكيرى kîrtukîrî: (argo) kimin siki kimin götünde belli değil.

كيرخوار kîrhâr: [kîr + horden > hor > hâr] (argo) ibne, oğlan.

كير خوردن kîr horden: (argo) yarağa

yan basmak, kazığı yemek, tufaya gelmek.

كيس keys: (A.) kavrayış, zekîlik.

كيس keyyis: (A.) **1.**kavrayışlı, zeki. **2.**zarif.

كيس kîs: (A.) **1.**para kesesi. **2.**buruşuk, kırışık. **3.**kese. **4.**döl yatağı. **5.**beze.

كيس الراعى kîsurrâî: (A.) (bot.) çoban çantası.

كيسانيه kiysâniyye: (A.) Kiysânîlik, Şîliğin bir kolu.

كيست kîst: kim o, kimdir o? , kim var?

كيست kist: (Fr.) (tıb.) kist.

كيس خوردن kîs horden: buruşmak, kırışmak (kumaş)

كيسه kîse: **1.**kese, torba. **2.**çuval. **3.**para kesesi. **4.**parasal güç. **5.**bez çanta.

كيسه بر kîsebor: [kîse + borîden > bor] yankesici, cepçi.

كيسه بر دوختن kîse ber dûhten: (kin.) çok beklemek.

كيسه برى kîseborî: [kîse + borîden > bor + î] yankesicilik, cepçilik.

كيسه برى كردن kîseborî kerden: yankesicilik yapmak.

كيسه بستن kîse besten: kist bağlamak.

كيسه پرداز kîseperdâz: [kâse + perdâhten > perdâz] para kesesini açan.

كيسه دار kîsedâr: [kîse + dâşten > dâr] **1.**keseli, torbalı. **2.**ihtikârcı. **3.**vekilharç.

كيسه دوختن kîse dûhten: torba dikmek, kese dikmek.

كيسه كردن kîse kerden: **1.**keselemek. **2.**(mec.) kınamak.

كيسه كش kîsekeş: [kîse + keşîden > keş] dellak, keseci, natır.

كيسه كشى kîsekeşî: [kîse + keşîden > keş + î] kesecilik, dellaklık, natırlık.

كيسه كشيدن kîse keşîden: keselemek, kese çekmek.

كيسيه keysiyye: (A.) keseliler.

كيسيه kîsiyye: (A.) keseliler.

كيش kîş: **1.**okluk. **2.**din. **3.**kuş kanadı, kuş teleği. **4.**derisinden post yapılan hayvan. **5.**şimşir.

كيغ kîğ: çapak, göz çapağı.

كيف keyf: (A.) **1.**sağlık, esenlik. **2.**keyif.

3.istek. **4.**mizaç, tabiat.

كيف keyfe: (A.) nasıl.

كيف kîf: **1.**çanta, kadın çantası. **2.**cüzdan.

كيفا keyfen: (A.) nitelik bakımından.

كيف اصبحت keyfe esbahte: (A.) nasıl sabahladın?

كيف الحال keyfelhâl: (A.) nasılsın?

كيف بردن keyf borden: keyiflenmek, zevk duymak.

كيف حالك keyfe hâluk: (A.) nasılsın?

كيف دادن keyf dâden: keyif vermek.

كيف داشتن keyf dâşten: keyifli olmak.

كيفر keyfer: **1.**karşılık. **2.**ceza. **3.**ödül. **4.**süt ve yoğurt kabı.

كيفر بردن keyfer borden: ettiğini bulmak.

كيفر خواست keyferhâst: [keyfer + hâsten > hâst] (huk.) iddianame.

كيفر دادن keyfer dâden: cezalandırmak.

كيف داشتن keyf dâşten: keyifli olmak.

کیفری keyferî: [keyfer + î] **1.**(huk.) cezaî. **2.**cezalı.

کیف کردن keyf kerden: keyiflenmek, zevk almak, tad almak.

کیفما keyfemâ: (A.)·her nasıl.

کیف ما اتفق keyfemettefak: (A.) nasıl olursa.

کیف ناک keyfnâk: (A. -F.) [keyf + nâk] keyifli, keyif verici.

کیفی keyfî: (A.)·**1.**isteğe bağlı. **2.**istek ile ilgili.

کیفیات keyfiyyât: (A.)·**1.**nitelikler, keyfiyetler. **2.**erillik veya dişillik durumları. **3.**meseleler, konular.

کیفیت keyfiyyet: (A.) **1.**nitelik, keyfiyet. **2.**erillik veya dişillik durumu. **3.**mesele, konu. **4.**durum.

کیفیه keyfiyye: (A.)·**1.**isteğe bağlı. **2.**istek ile ilgili.

کیقباد keykubâd: [key + kubâd] İran hükümdarı.

کیک keyk: (zool.) pire.

کیک keyk: göz bebeği.

کیک keyk, kiyk: (İng.) kek.

کیکاوس keykâvus: [key + kâvus] **1.**İran mitolojisinde Keykubad'ın torunu. **2.**Anadolu Selçuklu hükümdarı. **3.**bir yıldız kümesi.

کیل keyl: (A.) **1.**tartma, ölçme. **2.**ölçü, ölçek. **3.**kile. **4.**ölçme. **5.**zahire.

کیل بعیر keylu ba'îr: (A.) deve yükü.

کیلو kilu: (Fr.) kilo.

کیلوس kîlus (Yun. > A.) besinlerin bağırsaktaki ezilmiş hali.

کیلوگرم kilugirem: (Fr.) kilogram.

کیلومتر kilumetr: (Fr.) kilometre.

کیلومتر مربع kilumetrmururabba: (Fr. - Ar. -F.) [kilumetr + murabba] kilometrekare.

کیلومترشمار kilumetrşomâr: (Fr. -F.) [kilumetr + şomârden > şomâr] kilometre saati.

کیلووات kiluvat: (Fr.) kilovat.

کیله keyle, kiyle: (A.) kile, ölçek.

کیلی keylî: (A.) **1.**kile ile ilgili. **2.**kile ile ölçülen.

کیمخت kîmoht: sahtiyan, deri, at derisi.

کیمخت بستن kîmoht besten: deriye bürünmek.

کیموس kîmûs: (Yun.) kimüs, midedeki hazmedilmiş besin.

کیمیا kîmiya: (A. -Yun.) **1.**kimya. **2.**iksir, simya. **3.**hile. **4.**aşk. **5.**(tas.) şeyhin nazarı. **6.** marifet, hüner. **7.**çok değerli şey.

کیمیاساز kîmiyâsâz: [kimiyâ + sâhten > sâz] kimyager, kimyacı.

کیمیا کردن kîmyâ kerden: altına dönüştürmek.

کیمیاگر kimiyâger: [kimiyâ + ger] kimyacı, kimyager.

کیمیاگری kimiyâgerî: [kimiyâ + ger + î] **1.**kimyacılık, kimyagerlik. **2.**simyacılık.

کیمیانظر kimyânazar: (A.) [kimyâ + nazar] bakışı kimya gibi etkili.

کیمیایی kimiyâyî: [kimiyâ + y + î] kimyasal, kimyevî.

کیمیوی kimyevî: (A.) kimyasal.

کین kîn: **1.**kin, düşmanlık, nefret. **2.**öc, intikam, hınç.

کین kin: [ki + in > kin] ki bu, çünkü bu.

کین بستن kîn besten: kin gütmek.

کین توختن kîn tûhten: kin gütmek.

کینچنین kinçonin: [ki + in + çonîn] ki böyle bir.

کیندار kîndâr: [kîn + dâşten > dâr] kinci, kin güden.

کیندارانه kîndârâne: [kîn + dâşten > dâr + âne] kin güdercesine, kin güderek.

کین کشیدن kîn keşîden: öc almak, hıncını almak, intikam almak.

کین گر kînger: [kîn + ger] kinci, intikamcı.

کین ورزیدن kîn verzîden: kin gütmek.

کینونت keynûnet: (A.) varlık.

کینه kîne: kin, öc, intikam.

کینه ای kîneî: [kîne + î] kinci.

کینه توز kînetûz: [kîne + tûhten > tûz] kinci.

کینه جو kînecû: [kîne + costen > cû] kinci.

کینه خواه kînehâh: [kîne + hâsten > hâh] kin güden, kinci.

کینه دار kînedâr: [kîne + dâşten > dâr] kinci, kinli, hınçlı.

کینه داشتن kîne dâşten: hıncı olmak, kin gütmek.

کینه کش kînekeş: [kîne + keşîden > keş] öc alan.

کینه گاه kînegâh: [kîne + gâh] savaş meydanı.

کینه گه kînegeh: [kîne + geh] savaş meydanı.

کینه مشحون kînemeşhûn (F.-A.) [kîne + meşhûn < meşhûn ez kîne] kin dolu.

کینه ور kînever: [kîne + ver] kin güden, kinci.

کینه یی kîneyî: [kîne + y + î] kinli, hınçlı.

کینین kinin: (Fr.) (tıb.) kinin.

کیوان keyvân: Zühal, Satürn.

کیوسک kiyusk: (İng.) gazete bayii, gazete planktonluğu, kantin.

کیهان keyhân: dünya, cihan.

کیهان زایی keyhânzâyî: [keyhân + zâden > zây + î] kozmogoni.

کیهان شناخت keyhânşinâht: [keyhân + şinâhten > şinâht] kozmoloji.

کیهان شناسی keyhânşinâsî: [keyhân + şinâhten > şinâs + î] kozmoloji.

کیهه keyhe: (bot.) ahududu, ağaç çileği.

کیی kiyî: [ki + y + î] kimlik, hüviyet.

گ

گ gâf: **1.**G, g. Farsça alfabenin 26.harfi. **2.**ebced sistemine göre sayısal değeri: 20.

گاباردین gabardin (Fr.) gabardin kumaş.

گاجر gacer: (bot.) havuç.

گادن gâden: cinsel ilişkide bulunmak, (argo) sikmek.

گار gâr: kelime sonlarına gelen yapım eki.

گار gar (Fr.) gar.

گاراژ garaj (Fr.) garaj.

گاراژداری garajdârî (Fr. -F.) [garaj + dâşten > dâr + î] **1.**garaj işletmesi. **2.**garajcılık.

گاراژ زدن garaj zeden: garaja çekmek.

گارد gard (Fr.) **1.**(ask.) muhafız alayı.

Sevârân fekat hengâm-i ceng ihzâr mîşodend ve gard-i saltanatî râteşkîl mîdâdend

"Süvariler sadece savaş zamanı çağırılıyor ve kraliyet muhafiz alayını teşkil ediyorlardı."

سواران فقط هنگام جنگ احضار می شدند و گارد سلطنتی را تشکیل می دادند (تاریخ سیاسی)

2.sınır nöbetçisi.

گارسون garson (Fr.) garson.

گارمون garmon (Rus.) (müz.) akordeon.

گاری gârî: sebatsız, kararsız.

گاری gâri (Hind.) at arabası, araba, fayton.

گاری چی gâriçi (Hind. -T.) [gâri + çi] arabacı.

گاری خانه gârihâne (Hind. -F.) at arabası garajı.

گاز gâz: **1.**ağız. **2.**ısırma, dişleme, dişini geçirme. **3.**köpek dişi. **4.**kerpeten. **5.**demir kazık. **6.**ot. **7.**diş.

☞ * be ~ kerden به گاز کردن dişlemek, ısırmak, dişlerini geçirmek.

گاز gaz (Fr.) **1.**gaz. **2.**gaz pedalı.

☞ * ~ -i mâyi' گاز مایع likid gaz, sıvılaştırılmış petrol gazı.

☞ * çerâg-i ~ چراغ گاز gaz lambası.

گاز gâz (Fr.) tül.

گاز انبر gâzenbor: [gâz + enbor] **1.**kerpeten. **2.**makas.

گاز انبری gâzenborî: [gâz + enbor + î] kerpeten şeklinde, çapraz.

☞ * hareket-i ~ حرکت گاز انبری (ask.) çapraz kuşatma.

☞ * muhâsara-i ~ محاصره گاز انبری (ask.) çapraz kuşatma.

گاز خوردن gâz horden: salıncakta sallanmak.

گازدار gâzdâr (Fr. -F.) [gaz + dâşten > dâr] gazlı.

گازر gâzor, gâzer: çamaşırcı kadın, çırpıcı.

☞ * morg-i ~ مرغ گازر (zool.) kuyruksallayan kuşu.

گازرستان gâzoristân: [gâzor + istân] çamaşırhane.

گازرشست gâzorşost: [gâzor + şosten > şost] **1.**tertemiz. **2.**kolalı.

گازرگری gâzorgerî: [gâzor + gerî] çamaşırcılık, çırpıcılık.

گاز زدن gâz zeden: gazlamak, gaza basmak.

گاز زدن gâz zeden: **1.**dişlemek, ısırmak. **2.**tekmelemek.

گاز کاربنیک gazkarbonik (Fr.) (kim.) karbondioksit.

گاز گرفتن gâz giriften: dişlemek, ısırmak.

Rûyeş perîdem ve gerdeneş râ gâz giriftem

"Üstüne atlayıp boynunu ısırdım."

رویش پریدم و گردنش را گاز گرفتم (پری از دیو می ترسد)

Eger desthâşan râ asel konend ve tu dehânem begozârend, gâz mîgîrem

"Ellerini bala bulayıp ağzıma soksalar, ısırırım."

اگر دستهاشان را عسل کنند و تو دهانم بگذارند ، گاز می گیرم (ادبیات دوره‌ء بیداری و معاصر)

گازوئیل gazoil: (İng.) mazot, motorin.

گازه gâze: salıncak, çocuk salıncağı.

گاس gâs: (Peh.) **1.**taht. **2.**yer, makam.

گاس gâs: belki.

گاشتن gâşten: yuvarlamak.

گاکی gâkî: [gâk + î] (zool.) martı.

گال gâl: **1.**uzaklaşma, kenara çekilme. **2.**uzak. **3.**(zool.) çakal. **4.**yüksek ses. **5.**yuvarlanma.

گال دادن gâl dâden: aldatmak, oyun oynamak.

گالری galeri (Fr.) **1.**galeri. **2.**resim sergisi.

گال زدن gâl zeden: çığlık etmek, feryat etmek.

گالش galoş: kaloş, mest lastiği.

گالن galon (Fr.) galon.

گاله gâle: büyük çuval.

گاله gâle: uzak.

گالیپولیا galipoliya: (coğ.) Gelibolu.

گالیدن gâlîden: **1.**feryat etmek, çığlık atmak. **2.**yuvarlanmak.

گام gâm: (Peh.) **1.**adım. **2.**ağır ağır yürüme. **3.**ayak. **4.**köy.

☞ * ~ -i bulend گام بلند geniş adım.

Û âheste gâmhâ-yi bulend ber mîdâşt

"O ağır ağır uzun adımlar atıyordu."

او آهسته گام های بلند بر می داشت (گرداب)

* ~ be ~ گام به گام adım adım.

گام gam (Fr.) (müz.) gam.

☞ * ~ -i bozorg گام بزرگ (müz.) majör.

☞ * ~ -i kûçek گام کوچک (müz.) minor.

گاما gama, gamma: (Yun.) (fiz.) gama.

گام بر داشتن gâm ber dâşten: **1.**adım atmak, yürümek.

Bîânki begozârem multefit-i vucûd-i men der donbâl-i hod beşeved, siyâhî be siyâhiyeş gâm ber hâhem dâşt

Peşinde olduğumu anlamasına izin vermeden, peşi sıra yürüyeceğim.

بی آنکه بگذارم ملتفت وجود من در دنبال خود بشود ، سیاهی به سیاهیش گام بر خواهم داشت (شوهر آهو خانم ، ص 84)

Sipes ârâm ârâm be sûy-i âsyâ gâm ber dâşt

"Sonra ağır ağır değirmene doğru yürüdü."

سپس آرام آرام به سوی آسیا گام بر داشت (نثر دری افغانستان)

2.uygulamak.

گام بر گرفتن gâm ber giriften: adımatmak, yürümek.

گام بیرون نهادن gâm bîrûn nihâden: haddini aşmak, çizgiden çıkmak.

گام تند کردن gâm tond kerden: adımını sıklaştırmak.

Ebbâs alî gâmhâ râ tondter kerd, colov zed

"Abbasali adımlarını sıklaştırdı. Öne geçti."

عباس علی گام ها را تندتر کرد ، جلو زد (ستار خان)

گام در گذاشتن gâm der gozâşten: ayak basmak.

گام رفتن gâm reften: hızlı hızlı yürümek.

گام زدن gâm zeden: hızlı hızlı yürümek.

گام سپردن gâm siporden: yol almak, yol katetmek.

گام فراتر نهادن gâm ferâter nihâden: öteye gitmek.

گام گام gâm gâm: aheste beste, yavaş yavaş, usul usul.

گام گذاردن gâm gozârden: ayak basmak.

گام نهادن gâm nihâden: **1.**ayak basmak. **2.**adım atmak.

Mâ bedan maksad-i âlî netevânîm resîd/ Hem meger pîş nihed lutf-i şomâ gâmî çend

Biz o yüce maksada erişemeyiz. Erişmemiz için senin lutfedip birkaç adım atman gerek. (Hâfız)

ما بدان مقصد عالی نتوانیم رسید/ هم مگر پیش نهد لطف شما گامی چند

گاموس gâmûs: manda, camız.

گامیدن gâmîden: **1.**adımlamak. **2.**yürümek. **3.**seyahat etmek.

گامیش gâmîş: (zool.) camız, manda.

گان gân: sonunda "e" sesi bulunan kelimeleri çoğul yapan ek. "e" sesinden "a" sesine doğrudan doğruya geçiş olmadığı için iki sesli arasındaki "g" harfi kaynaştırma için kullanılır. Örneğin: dîde + g + ân.

گانگستر gangster: (İng.) gangster.

گانه gâne: sıfat yapan yapım eki. du + gâne= ikili, iki yanlı, iki taneli.

گاو gâv: (Peh.) **1.**(zool.) inek. **2.**sığır. **3.**inek şeklindeki sürahi. **4.** 9000 gezlik bir uzunluk ölçüsü. **5.**(kin.) ahmak, zırcahil, bön. **6.**iriyarı. **7.**(zool.) boğa. **8.**boğa burcu. **9.**pehlivan. **10.**öküz.

Gâvîst ber âsmân, karîn-i pervîn;/ Gâvîst diger; nihofte der zîr-i zemîn;/ Ger bînâ'î, çeşm-i hakîkat bogşâ./ Zîr u zeber-i do gâv moştî her bîn.

Gökte var bir öküz, Ülker'in benzeri./ Var bir öküz daha, dünyanın altıdır yeri./ Değilsen kör, aç hakikat gözünü./ Gör iki öküzün arasında bir avuç eşeği! (Hayyâm)

گاویست بر آسمان، قرین پروین/ گاویست دگر، نهفته در زیر زمین/ گر بینائی، چشم حقیقت بگشا/ زیر و زبر دو گاو مشتی خر بین

Şehvetbâzî kâr-i her u gâv buved/ Hod râ der bâz, aşkbâzî înest

Şehvet oyunu eşekle boğanın işi. Kendini kaybet; aşıklık bu işte.

شهوت بازی کار خر و گاو بود/ خود را در باز ، عشق بازی اینست (اوحد)

☞ * ~ der hermen-i kesî kerden گاو در خرمن کسی کردن zorluk çıkarmak.

☞ * ~ lûzîne çi dâned گاو لوزینه چه داند؟ eşek hoşaftan ne anlar?

☞ * ~ u her râ beyek çûb rânden گاو و خر را بیک چوب راندن hepsine şöyle bir bakmak.

☞ * ~ -i arz گاو ارض eski inanışa göre dünya-yi boynuzları üstünde taşıyan öküz.

☞ * ~ -i âsmân گاو آسمان Süreyya.

☞ * ~ -i bîşâh u dom گاو بی شاخ و دم zırcahil.

☞ * ~ -i cengî گاو جنگی boğa.

☞ * ~ -i deştî گاو دشتی (zool.) antilop, yabani sığır.

☞ * ~ -i felek · گاو فلک Süreyya. Gâv-i felek oldı gâv-i anber/ Doldurdı cihâna anber-i ter (Fuzûlî)

☞ * ~ -i hitâyî گاو ختایی (zool.) bizon öküzü.

☞ * ~ -i kesî zâyîden گاو کسی زاییدن talih yüzüne gülmek.

☞ * ~ -i kûhândâr گاو کوهان دار pamir öküzü.

☞ * ~ -i mâde گاو ماده inek.

☞ * ~ -i ner گاو نر (zool.) boğa.

☞ * ~ -i ner dûşîden گاو نر دوشیدن boşa kürek çekmek.

☞ * ~ -i pîşânî sefîd گاو پیشانی سفید çok ünlü.

☞ * ~ -i tohmî گاو تخمی (zool.) boğa.

☞ * ~ -i vahşî گاو وحشی (zool.) antilop, karaca.

☞ * ~ -i zemîn گاو زمین eski inanışa göre dünyayı boynuzları üstünde taşıyan öküz.

☞ * dom-i ~ bedesteş oftâde دم گاو بدستش افتاده ipin ucunu ele almış, ipler elinde.

☞ * raht ber ~ nihâden رخت بر گاو نهادن gitmek.

☞ * zemîn râ ~ kerden زمین را گاو کردن tarla sürmek.

☞ * zîn ber ~ nihâden زین بر گاو نهادن göç etmek.

گاو آهن gâvâhen: [gâv + âhen] saban.

گاواره gâvâre: sığır sürüsü.

گاواره gâvâre: (Peh.) beşik.

گاوباز gâvbâz: [gâv + bâhten > bâz] (sp.) matador, boğa güreşçisi.

گاوبان gâvbân: [gâv + bân] sığır çobanı, sığırtmaç.

گاوبند gâvbend: ortaya çıkarma.

گاو پرست gâvperest: [gâv + perestîden > perest] ineğe tapan.

گاوتاز gâvtâz: [gâv + tâhten > tâz] sığır çobanı.

گاوتکیه gâvtikye: [gâv + tikye] sırt yastığı.

گاودار gâvdâr: [gâv + dâşten > dâr] sığır besicisi.

گاوداری gâvdârî: [gâv + dâşten > dâr + î] sığır besiciliği.

گاودانه gâvdâne: [gâv + dâne]: (bot.) yarpuz otu.

گاودل gâvdil: [gâv + dil] cahil, ahmak.

گاو راندن gâv rânden: **1.**sığır gütmek. **2.**tarla sürmek.

گاوزبان gâvzebân: [gâv + zebân]: (bot.) sığır dili.

گاوساله gâvsâle: [< gâv-i sâle] buzağı.

گاوشنگ gâvşeng: [gâv + şeng] modul, dürtlengeç.

گاوشیر gâvşîr: [gâv + şîr]: (bot.) çavşır.

گاو صندوق gâvsandûk: [gâv + sandûk] kasa, çelik kasa.

گاوکون gâvkûn: [gâv + kûn] ebleh, salak, ahmak.

گاوکون کردن gâvkûn kerden: (argo) sıçmak.

گاو گون شدن gâvgûn şoden: ağarıp kararmak.

گاومرگی gâvmergî: [gâv + merg + î] (tıb.) sığır vebası.

گاو مشرب gâvmeşreb: (F.-A.) [gâv + meşreb] öküz huylu, öküz gibi davranan.

گاومیش gâvmîş: [gâv + mîş] (zool.) manda, camız.

گاو خو کردن gâv hû kerden: sığır gütmek, sığır çobanlığı yapmak.

گاوه gâve: İran mitolojisinde zulme karşı halkı ayaklandıran demirci Kâve.

گاوی gâvî: **1.**inek gibi, öküz gibi. **2.**öküzlük.

گاه gâh: (Peh.) **1.**taht. **2.**kürsü. **3.**yer, mekân. **4.**tavla hanesi.

گاه gâh: **1.**zaman, vakit.

Hâk-i vucûd-i mâ râ ez âb-i dîde gil kun/ Vîrânserây-i dil râ gâh-i imâret âmed

Beden toprağımızdan göz yaşlarıyla çamur yoğur. Çünkü yıkık gönül evinin onarılması zamanı geldi. (Hâfız)

خاک وجود ما را از آب دیده گل کن/ ویران سرای دل را گاه عمارت آمد

2.kâh.

Derhâlî ki çeşmâneş ez fart-i şâdî mîdirahşîd, gâh be yâver ve gâh be medîne mî nigerîst

"Gözleri sevinçten parlarken kâh Yaver'e kâh Medine'ye bakıyordu."

در حالی که چشمانش از فرط شادی می درخشید ، گاه به یاور و گاه به مدینه می نگریست (آذرستان)

Gofteî: La'l-i lebem hem derd bahşed hem devâ/ Gâh pîş-i derd u geh pîş-i mudâvâ mîremet

"Lâl dudağım hem dert verir, hem derman" demişsin. Kâh derdine, kâh dermanına ölürüm senin. (Hâfız)

گفته ای لعل لبم هم درد بخشد هم دوا/ گاه پیش درد و گه پیش مداوا میرمت

3.devir, asır, çağ. **4.**arada bir, kâh, zaman zaman, kimi zaman, zaman olur.

☞ * ~ be ~ گاه به گاه zaman zaman.

☞ * ~ ez ~ گاه از گاه kimi zaman, bazen, arasıra.

☞ * ~ u bî ~ گاه و بی گاه **1.**zaman zaman, kimi zaman. **2.**vakitli vakitsiz, olmadık vakit.

☞ * ~ u nâgâh گاه و ناگاه vakitli vakitsiz.

☞ * gehî .. ~ گهی kâh, kâh.

Gehî vuslatda âşık gâh mehcûr/ Bu dünyâdur gehî mâtem gehî sûr (Bâkî)

گاه gâh: (Peh.) ses.

گاه بگاه gâhbegâh (F.) [gâh + be + gâh] zaman zaman, kimi zaman, arasıra.

Efendim lutf edüb gâhbegâh rakîme-i dilfirîble bizi mesrûr ve şâdkâm buyurasız. (İnşa)

گاه گاه gâh gâh: zaman zaman, arasıra, bazen, kimi zaman.

Men an nigîn-i suleymân behîç nestânem/ Ki gâh gâh ber û dest-i ehrimen bâşed

Bazı bazı ifritin eline geçen Süleyman mührü yok mu? On paraya almam! (Hâfız)

من آن نگین سلیمان بهیچ نستانم/ که گاه گاه بر او دست اهرمن باشد

Bende-i pîr-i harâbâtem ki lutfeş dâim est/ Verne lutf-i şeyh u zâhid gâh mest u gâh nîst

Ben lutfu dâim olan harabat pîrinin kulu kölesiyim; bazen mest bazen ayık şeyhle, zâhitle işim yok. (Hâfız)

بندهء پیر خراباتم که لطفش دائم است/

ورنه لطف شیخ و زاهد گاه مست و گاه نیست

Fürkatinden gözlerim geh yaş akıdır gâh kan/ Yoluna îsâr için dürr ile mercân yağdırır (Necati Bey)

گاهگاهی gâhgâhî: zaman zaman, bazen, kimi zaman, arasıra, ara ara.

Gâhgâhî gûşe-i çeşmünle kılmazsan nigâh/ Bâkî-i bîçârenün ahvâli dîgergûn olur (Bâkî)

گاهنامه gâhnâme: [gâh + nâme] **1.**takvim. **2.**ajanda.

گاهنبار gâhenbâr: (Peh.) eski İran bayramlarından altısı.

گاهنما gâhnemâ, gâhnumâ: [gâh + numden > numâ] **1.**takvim. **2.**saat.

گاهواره gâhvâre: (Peh.) beşik.

گاهواره جنبان gâhvâreconbân: [gâhvâre + conbânden > conbân] beşik sallayan.

گاهی gâhî: [gâh + î] **1.**bazen, arasıra, kimi zaman, ara ara, zaman zaman.

Hodâ hâfiz, gâhî merâ be hâtir biyâvered

"Allahaısmarladık. Arasıra beni hatırlayın."

خدا حافظ ، گاهی مرا بخاطر بیاورید (رودین)

Gerdişhâî ki bâ dûstâneş ser-i kabr-i sa'dî ve bâbâ kûhî kerde bûd beyâd âverd. Gâhî lebhand mîzed, zemânî ehm mîkerd

Dostlarıyla birlikte Sadî'nin, Baba Kûhî'nin mezarlarını ziyaret ettiğini hatırladı. Bazen gülüyor, bazen somurtuyordu.

گردشهائی که با دوستانش سر قبر سعدی و بابا کوهی کرده بود بیاد آورد ، گاهی لبخند می زد ، زمانیاخم می کرد (سه قطره خون ، ص 82)

Vâkıa görmez melekler de firâş-i nâzını/ Gönlüm amma kim girer rü'yâda gâhî koynuna (Namık Kemal)

2.bir keresinde, vaktiyle. **3.**asla, hiçbir zaman.

☞ * ~ ovkât گاهی اوقات kimi zaman, zaman zaman.

☞ * ~ ki گاهی که -dığı zaman, -ince.

☞ * ~ vakthâ گاهی وقت ها kimi zaman.

Men gâhî vakthâ nisfehâ-yi şeb ez kahvehâne be menzilem ber mî geştem

"Ben kimi zaman gece yarıları kahveden evime dönüyordum."

من گاهی وقت ها نصفه های شب از قهوه خانه به منزلم بر می گشتم (تلخون)

گاییدن gâyîden: cinsel ilişkide bulunmak, (argo) sikmek.

☞ * hâher-i kesî râ ~ خواهر کسی را گاییدن (argo) anasını bellemek.

گبت gibt: balarısı.

گبر gebr: **1.**ateşperest, zerdüştî.

Ger men zi mey-i mugâne mestem, hestem./ Ger kâfir u gebr u botperestem, hestem./ Her tâyife'î bemen gomânî dâred./ Men zân-i hodem; çonanki hestem, hestem.

Şarapla olmuşsam ben sarhoş, öyleyim. Kâfir, ateşperest, putperestsem, öyleyim. Herkesin bir zannı var hakkımda benim. Ben kendime aitim; nasılsam, öyleyim. (Hayyâm)

گر من ز می مغانه مستم، هستم/ گر کافر و گبر و بت پرستم، هستم/ هر طایفه ای بمن

گمانی دارد/ من زان خودم، چنانکه هستم ، هستم

Bâz â bâz â, her an çi hestî, bâz â/ Ger kâfir u gebr u butperestî, bâz â/ İn dergeh-i mâ dergeh-i novmîdî nîst/ Sad bâr eger tovbe şikestî, bâz â

Yine gel, yine gel; ne olursan ol, yine gel. Kâfir, ateşperest, putperest olsan da, yine gel. Dergâhımız umutsuzluk dergâhı değil. Lüz kere tövbeni bozmuş olsan da yine gel. (Ebû Sâîd Ebulhayr)

باز آ باز آ ، هر آنچه هستی ، باز آ/ گر کافر و گبر و بت پرستی ، باز آ/ این درگه ما درگه نومیدی نیست/ صد بار اگر توبه شکستی ، باز آ

Çıkardı çün neftun duhânı çün ebr/ Şeker yağdururdı guzât üzre gebr (Tursun Bey)

2.kâfir.

☞ * ~ u tersâ گبر و ترسا ateşperest ve hıristiyan.

Hep cemâl-i bâkemâl-i Hakk'ı ru'yet gayreti/ Nûr-i îmândan çerâğ-i gebr ü tersâdan garaz (Âsaf)

گبرک gebrek: [gebr + ek] kâfir, gavur.

گبری gebrî: [gebr + î] **1.**ateşperestlik, zerdüştîlik. **2.**kâfirlik, gavurluk.

گپ gep: **1.**söz, laf. **2.**iri yarı, kaba.

گپ زدن gep zeden: konuşmak.

Pîrmerd gepî zed ve ârâm be sûy-i û dîd

"İhtiyar bir şey demedi ve yavaşça ona baktı."

پیرمرد گپی زد و آرام به سوی او دید (نثر دری افغانستان)

گته gete, gote: büyük, iri.

گتی gotî: Got. **2.**gotik.

گچ gec **1.**kireç. **2.**kireç harcı, sıva harcı.

☞ * ~ u âhek گچ و آهک harç ve kireç.

گچباز gecbâz: [< kec + bâz] hileci, oyunda hile yapan.

گجسته goceste: (Peh.) melun, lanetlik, habis.

گچ geç: (Peh.) **1.**kireç. **2.**alçı. **3.**kireç.

☞ * ~ -i kâşân گچ کاشان (kim.) kalsiyum sülfat.

گچ اندود geçendûd: [geç + endûden > endûd] kireçli.

گچ اندوده geçendûde: [geç + endûden > endûd + e] kireçli.

گچ اندوده کردن geçendûde kerden: kireçlemek.

گچ بر geçbor: [geç + borîden > bor] alçıcı.

گچ بری geçborî: [geç + borîden > bor + î] alçıcılık, alçı nakışçılığı.

گچ پز geçpez: [geç + pohten > pez] kireççi.

گچ کار geçkâr: [geç + kâr] alçıcı, kireççi.

گچ کاری geçkârî: [geç + kâr + î] alçıcılık.

گچ کوب geçkûb: [geç + kûbîden > kûb] alçı çekici.

گچ گرفتن geç giriften (tıb.) alçıya almak, alçılamak.

Pâyeş râ geç girifte bûdend

"Ayağını alçıya almışlardı."

پایش را گچ گرفته بودند (کوچه ای بنام بهشت رویان)

گچ گرفته شدن geç girifte şoden: alçıya alınmak, alçılanmak.

گچ گون geçgûn: [geç + gûn] kireç rengi.

گد ged: dilenci.

گدا gedâ, gidâ: **1.**dilenci.

Veger gûyed nemîhâhem çu Hâfız âşık-i muflis/ Begûîdeş ki sultânî gedâî hemnişîn dâred

"Hâfız gibi iflâs etmiş bir âşık istemiyorum" derse, söyleyin ona; sultanlar yoksullarla düşer kalkarlar. (Hâfız)

وگر گوید نمی خواهم چو حافظ عاشق مفلس/ بگوئیدش که سلطانی گدائی همنشین دارد

Felek sermâye-i bârânı cezb etmektedir yerden/ Kibârın bahşiş ü ihsânı emvâl-i gedâdandır (Namık Kemal)

2.yoksul, fakir.

Ey pâdişâh-i husn, hodâ râ, besûhtîm/ Âher suâl kun ki gedâ râ çi hâcetest

Ey güzellik padişahı, yandık vallahi! Ne olur, şu yoksulun hâcetini bir de sen sor. (Hâfız)

ای پادشاه حسن ، خدا را ، بسوختیم/ آخر سؤال کن که گدا را چه حاجتست

☞ * ~ -yi âsitân گدای آستان kapı eşiğinde bekleyen dilenci.

Gedâ-yi âsitânun âsmâna serfür kılmaz/ Begenmez hâsılı kemter kulun eyvân-i Keyvânı (Bâkî)

☞ * ~ -yi aşk گدای عشق aşk yoksulu.

Mebîn hakîr gedâyân-i aşk râ k'in kovm/ Şehân-i bîkemer u husrevân-i bîkulehend

Aşk yoksullarını aman küçümseme. Çünkü bunlar kemersiz şah, taçsız hükümdarlardır. (Hâfız)

مبین حقیر گدایان عشق را کاین قوم/ شهان بی کمر و خسروان بی کلهند

☞ * ~ -yi hânikeh گدای خانقه tekke yoksulu.

Ey gedâ-yi hânikeh ber ceh ki der deyr-i mugân/ Mîdehend âbî ki dilhâ râ tevânger mîkonend

Tekke yoksulu, fırla haydi. Meyhanede öyle bir su veriliyor ki içenin gönlü zengin oluyor. (Hâfız)

ای گدای خانقه بر جه که در دیر مغان/ می دهند آبی که دل ها را توانگر می کنند

☞ * ~ -yi herâbât گدای خرابات meyhane yoksulu.

Ey gedâyân-i herâbât, hodâ yâr-i şomâst/ Çeşm-i in'âm medârîd zi en'âmî çend

Meyhane yoksulları, Allah yardımcınızdır. Üç beş dangalaktan bahşiş ummayın. (Hâfız)

ای گدایان خرابات ، خدا یار شماست/ چشم انعام مدارید ز انعامی چند

☞ * ~ -yi der-i yâr گدای در یار sevgilinin kapısındaki dilenci.

Bâkiyâ bana gedâ-yi der-i yâr olmakdur/ Mâye-i izz u şeref, pâye-i baht u ikbâl (Bâkî)

☞ * ~ -yi rehnişîn گدای رهنشین yol üstünde oturan yoksul.

Be hârî menger ey mun'im zaîfân u nahîfân râ/ Ki sadr-i meclis-i işret gedâ-yi rehnişîn dâred

Ey zengin; zayıflara, düşkünlere hor bakma. Çünkü içki meclisinin baş köşesinde, yollarda oturan yoksul insan vardır. (Hâfız)

بخواری منگر ای منعم ضعیفان و نحیفان را/ که صدر مجلس عشرت گدای رهنشین دارد

☞ * ~ -yi ser-i kûy-i dilber گدای سر کوی دلبر sevgilinin sokağı başında dolaşan yoksul.

Maksûdun ise baş açuk beğlik eylemek/ Yalın ayak gedâ-yi ser-i kûy-i dilber ol (Hayâlî)

☞ * ~ -yi sifleperver گدای سفله پرور düşkünleri koruyan yoksul.

Bezm-i âlemde fenâ câmın mukarrerdir içer/ Ger gedâ-yi sifleperver ger emîr-i kâmyâb (Hayâlî)

☞ * ~ -yi şehr گدای شهر şehir garibanı,< şehir yoksulu.

Be sadr-i mastabaem mînişâned eknûn dûst/ Gedâ-yi şeh nigeh kun ki mîr-i meclis şud

Sevgili beni meyhanedeki meclisin baş köşesine oturttu. Şu şehir garibanına bakın bir; meclisin emiri oldu. (Hâfız)

بصدر مصطبه ام می نشاند اکنون دوست/ گدای شهر نگه کن که میر مجلس شد

☞ * ~ -yi şerâb گدای شراب şarap dilencisi.

Başumda gerd-i mezellet, elümde köhne sifâl/ Kanı benüm gibi devr içre bir gedâ-yi şarâb (Avnî)

☞ * bây u ~ بای و گدا zengin ile yoksul.

Birdir ey dervîş ecel çengâline bay ü gedâ/ Kim berâberdir suya döymekde şekkerle nemek (Necati Bey)

☞ * emvâl-i ~ اموال گدا yoksulların malları.

Felek sermâye-i bârânı cezb etmektedir yerden/ Kibârın bahşiş ü ihsânı emvâl-i gedâdandır (Namık Kemal)

☞ * şâh u ~ شاه و گدا padişah ile dilenci.

گدائی gedâ'î: [gedâ + 'î] **1.**dilencilik, dilenme.

Dirîg u derd ki der cust u cûy-i genc-i huzûr/ Besî şudem be gedâî ber-i kirâm u neşud

Tüh tüh tüh! Huzur hazinesini arayacağım diye cömert insanlara dilenmeye gittim; yine de olmadı gitti. (Hâfız)

دریغ و درد که در جست و جوی گنج حضور/ بسی شدم بگدائی بر کرام و نشد

Terk eyle varı, dost yoluna gedâlıg et/ Âlem içinde başı açık pâdişâlıg et (Necâti Bey)

2.yoksulluk.

Gerçi bîsâmân numâyed kâr-i mâ sehleş mebîn/ K'enderin kişver gedâî reşk-i sultânî buved

İşimiz sana tertipten düzenden uzak görünüyor; bunu hafife alma. Bu ülkede yoksulluk sultanlar tarafından bile kıskanılır. (Hâfız)

گرچه بی سامان نماید کار ما سهلش مبین/ کاندرین کشور گدائی رسک سلطانی بود

☞ * ~ -i der-i cânân گدائیء در جانان sevgilinin kapısında dilencilik.

Gedâî-yi der-i cânân be saltanat mefurûş/ Kesî zi sâye-i in der be âfitâb reved?

Sevgilinin kapısındaki dilenciliği saltanat uğruna satarım deme. Böyle biri gölgeden ayrılıp güneşe çıkacak; olacak şey mi? (Hâfız)

گدائیء در جانان بسلطنت مفروش/ کسی ز سایهء این در به آفتاب رود؟

گدائی کردن gedâ'î kerden: dilenmek, dilencilik yapmak.

Hâzir bûd gûşe-i kûçe gedâî bekoned ve be ancâ nereved

"Sokak köşesinde dilenip oraya gitmemeye hazırdı."

حاضر بود گوشهء کوچه گدائی بکند و به

(آنجا نرود (سایه روشن

گداپیشه gedâpîşe: [gedâ + pîşe] dilenci.

گداچشم gedâçeşm [gedâ + çeşm] açgözlü.

گداچشمانه gedâçeşmâne [gedâ + çeşm + âne] açgözlüce, açgözlülükle.

گداختن godâhten: (Peh.) **1.**eritmek. **2.**(mec.) zayıflatmak. **3.**erimek.

Dîdegâneş çun ebr mîgirîst ve dileş çun şem' mîgudâht

"Gözleri bulut gibi ağlıyor, yüreği mum gibi eriyordu."

دیدگانش چون ابر می گریست و دلش چون شمع می گداخت (داستان های دل انگیز)

Gudâht cân ki şeved kâr-i dil temâm u neşud/ Besûhtîm derin ârizû-yi hâm u neşud

Gönül işimiz ha oldu ha olacak diye yüreğimiz eridi, ama olmadı gitti. Bu ham hevesle yandık tutuştuk, yine de olmadı gitti. (Hâfız)

گداخت جان که شود کار دل تمام و نشد/ بسوختیم در این آرزوی خام و نشد

گداخته godâhte: [godâhten > godâht + e] **1.**eriyik. **2.**erimiş.

گداخته شدن godâhte şoden: erimek.

گدار godâr: **1.**geçit. **2.**nehir geçiti, bataklık geçiti. **3.**çöl geçiti.

☞ * bî ~ be âb zeden بی گدار به آب زدن dereyi görmeden paçaları sıvamak.

گداز godâz: [godâhten > godâz] **1.**eritme. **2.**eriyik. **3.**eriten. **4.**(kim.) çözelti. **5.**doğum sancısı. **6.**zayıflama.

☞ * der ~ âverden در گداز آوردن eritmek.

Dilî aceb nebuved ger besûht z'âteş-i aşk/ Çi cây-i mûm ki pûlâd der godâz âred

Aşk ateşiyle bir gönül yanarsa, şaşılmaz buna. Mum şöyle dursun, çeliği bile eritir

دلی عجب نبود که بسوخت ز آتش عشق/ چه جای موم که پولاد در گداز آرد (غزلهای سعدی ، ص 221)

گدازان godâzân: [godâhten > godâz + ân] eriyen.

Vucûdî dârem ez mihret godâzân/ Vucûdem reft u mihret hemçonân hest

Senin sevginle yanıp eriyen bir vücudum var. Vücudum eridi gitti ama senin sevgin olduğu gibi duruyor.

وجودی دارم از مهرت گدازان/ وجودم رفت و مهرت همچنان هست (غزلهای سعدی ، ص 145)

گداز دادن godâz dâden: **1.**eritmek. **2.**(mec.) zayıflatmak.

گداز کردن godâz kerden: eritmek.

گدازش godâziş: [godâhten > godâz + iş] **1.**eritme. **2.**zayıflatma. **3.**zayıflatma, tüketme, bitirme.

گدازشگر godâzişger: [godâz + iş + ger] **1.**eritici. **2.**dökümcü.

گدازنده godâzende: [godâhten > godâz + ende] **1.**eriten, eritici. **2.**tüketen, yok eden, bitiren.

گدازه godâze: [godâhten > godâz + e] lav.

گداصفت gedâsıfet (F. -A.) [gedâ + sıfet] dilenci tabiatlı.

گداصفتی gedâsıfatî: (F.-A.) [gedâ + sıfet + î] dilenci tabiatlılık.

Gulâm-i himmet-i an rind-i âfiyetsûzem/ Ki der gedâsifatî kîmiyâgerî dâned

Dirlik düzenini bir kalemde silip atan rinde hayranım. Böyle biri yoksulken bile simya bilir de simyacılık eder. (Hâfiz)

غلام همت آن رند عافیت سوزم/ که در گداصفتی کیمیاگری داند

گداطبع gedâtab' (F.-A.) [gedâ + tab'] dilenci tabiatlı.

Her gedâtab' anlamaz âyîn-i Cemdür bezm-i mey/ Bunda bir şâhâne tavr u özge âlem vardur (Bâkî)

گدای gedây: **1.**dilenci. **2.**yoksul, fakir.

Der kârgeh-i kûzegerî kerdem rây,/ Ber pille-i çerh dîdem ustâd be pây;/ Mîkerd delîr kûze râ deste vu ser./ Ez kelle-yi pâdişâh u ez dest-i gedây.

Uğradım bir testicinin dükkanına; Usta-yi gördüm, geçmiş çarkın başına. Yapıyordu pervasızca padişah başından kulp. Dilencinin elinden baş, testiye. (Hayyâm)

در کارگه کوزه گری کردم رای/ بر پلهء چرخ دیدم استاد بپای/ میکرد دلیر کوزه را دسته و سر/ از کلهء پادشاه و از دست گدای

گدایان gedâyân [gedâ + y + ân] **1.**dilenciler. **2.**yoksullar, fakirler.

koymak, terketmek fiili ile karıştırılagelmiştir.] **1.**geçiş. **2.**geçit. ‖ * ~ -i kesî oftâden گذار کسی افتادن yolu düşmek.

گذار آمدن gozâr âmeden: **1.**geçmek. **2.**silah tesirli olmak.

گذاردن gozârden: (Peh.) **1.**geçmek, katetmek, geride bırakmak. **2.**geçit vermek. **3.**geçirmek. **4.**hazmetmek. **5.**bırakmak, koymak, yerleştirmek. **6.**affetmek. **7.**terketmek.

گذارش gozâriş: [gozârden>gozâr+iş] **1.**geçiş. **2.**geçit verme.

گذار کردن gozâr kerden: geçmek, uğramak.

گذارنده gozârende: [gozâşten>gozâr+ende] bırakan, koyan, tekeden.

گذاره gozâre: [gozârden>gozâr+e] **1.**geçiş. **2.**geçit. **3.**geçen. **4.**zilzurna sarhoş. **5.**(ed.) cümlenin haber kısmı.

گذاره بردن gozâre borden: geçirtmek, geçit vermek.

گذاشتن gozâşten: koymak, bırakmak, yerleştirmek. **2.**izin vermek. **3.**aşmak. **4.**seyirci kalmak. **5.**geçirtmek. **6.**geçmek. **7.**teslim etmek. **8.**terketmek. **9.**âdet koymak. **10.**takmak. ‖ * ez hod bâkî ~ از خود باقی گذاشتن geriye bırakmak. ‖ * mete be heşhâş ~ مته به خشخاش گذاشتن çok dikkat etmek. ‖ * rû be sûy-i çîzî ~ رو به سوی چیزی گذاشتن yönelmek. ‖ * ser be ser-i kesî ~ سر به سر کسی گذاشتن takılmak, alaya almak.

گذاشته gozâşte: [gozâşten>gozâşt+e] **1.**geçmiş. **2.**konulmuş. **3.**izinli. **4.**baki, kalan. **5.**bırakmış. **6.**bırakılmış. **7.**terketmiş. **8.**terkedilmiş.

گذر gozer: [gozeşten>gozer] **1.**geçiş, uğrama. **2.**geçit. **3.**çare. **4.**(müz.) pasaj. **5.**merkez. **6.**yol. ‖ * ~ -i kesî be câyî oftâden گذر کسی به جایی افتادن yolu düşmek.

گذر آمدن gozer âmeden: geçmek.

گذران gozerân: [gozeşten>gozer+ân] **1.**geçici, gelip geçici. **2.**fani, ölümlü. **3.**geçim, dirlik. **4.**fazla, aşan.

گذراندن gozerânden: **1.**geçirmek. **2.**geçit vermek. **3.**ağdırmak. **4.**katetmek, yol almak, geride bırakmak. **5.**tecavüz etmek, haddini aşmak. ‖ * ez had ~ از حد گذراندن ölçüyü kaçırmak, çizgiyi geçmek, haddini aşmak.

گذران کردن gozerân kerden: geçinmek, yaşamak.

گذراندن gozerânden: geçirmek.

گذرانیدن gozerânîden: geçirmek.

گذر دادن gozer dâden: geçiş izni vermek, yol vermek.

گذر داشتن gozer dâşten: geçmek.

گذر کردن gozer kerden: **1.**geçmek. **2.**yolu düşmek. **3.**delip geçmek. **4.**üstün gelmek. **5.**karşıya geçmek.

گذرگاه gozergâh: [gozeşten>gozer+gâh] **1.**geçit. **2.**geçiş yolu, gidilecek yol.

گذر گرفتن gozer giriften: yol kesmek, yol tutmak.

گذرگه gozergeh: [gozeşten>gozer+geh] **1.**geçit. **2.**geçiş yolu, gidilecek yol.

گذرنامه gozernâme: [gozeşten>gozer+nâme] pasaport, geçiş belgesi.

گذر یافتن gozer yâften: **1.**geçiş fırsatı bulmak, geçecek yol bulmak. **2.**tecavüz etmek. **3.**kurtulmak.

گذشت gozeşt: [gozeşten>gozeşt] **1.**geçme, geçiş. **2.**hoşgörü, müsamaha. **3.**bağışlama, af. **4.**cömertlik. **5.**güzergah. **6.**o taraf, öbür taraf, öte yaka. **7.**geçmiş.

گذشتاندن gozeştânden: **1.**geçirmek. **2.**vermek.

گذشت داشتن gozeşt dâşten: affetmek, bağışlamak.

گذشت کردن gozeşt kerden: bağışlamak, affetmek.

گذشتگان gozeştegân: [gozeşte+g+ân] **1.**geçenler. **2.**ölenler. **3.**atalar.

گذشتگی gozeştegî: [gozeşten>gozeşt+e+g+î] **1.**geçme. **2.**geçmiş.

گذشتن gozeşten: (Peh.) **1.**geçmek. **2.**vazgeçmek. **3.**yol almak, katetmek. **4.**son bulmak, gelip geçmek. **5.**nakledilmek, zikredilmek. **6.**tecavüz etmek. **7.**aşmak, geçmek. **8.**olup bitmek, meydana gelmek. **9.**ölmek. **10.**uğramak. **11.**bir yana bırakmak. ‖ * ber kesî ~ بر کسی گذشتن başından geçmek.

گذشته gozeşte: [gozeşten>gozeşt+e] **1.**geçmiş, gitmiş, geçen. **2.**mazi. **3.**(ed.) geçmiş zaman. **4.**eski, köhne. **5.**tercihli. **6.**önceki, sâbık. **7.**işlemiş faiz. **8.**ölmüş. **9.**ata, ced. ‖ * ~ ez گذشته از üstelik, ilaveten, yanı sıra. ‖ * ~ ez an گذشته از آن üstelik, bunun yanı sıra. ‖ * ~ ez inki گذشته از اینکه olduğu kadar, yanı sıra. ‖ * def'a-i ~ دفعهء گذشته geçen sefer. ‖ * der ~ در گذشته eskiden. ‖ * ez gûşe-i magz-i kesî ~ از گوشهء مغز کسی گذشتن aklının köşesinden geçmek. ‖ * ez in ~ از این گذشته üstelik, bundan başka, bunun yanı sıra, buna ilaveten, bu yetmiyormuş gibi. ‖ * sâl-i ~ سال گذشته geçen yıl.

گذشته شدن gozeşte şoden: **1.**ölmek. **2.**geçmiş olmak.

گر ger: [ger<eger] eğer. ‖ * ~... ver گر ور eğer.. ve eğer.

گر ger: kelime sonuna gelerek yeni kelimeler türeten yapım eki.

گر ger: kel.

گر gor: **1.**(tıb.) uyuz. **2.**dağ.

گرا gerrâ: kul, köle.

گرائیدن gerâ'îden: meyletmek, yüz tutmak.

گراته girâte: müşkül, engel.

گراد gırad (Fr.) kırat.

گرادیان gıradyan: meyil.

گراز gorâz: (Peh.) **1.**(zool.) yaban domuzu. **2.**(kin.) cesur. **3.** azgın erkek domuz. **4.**salınma.

گرازه کشیدن gorâze keşîden: alevlenmek, yalazlanmak.

گرازیدن gorâzîden: naz ve gururla yürümek.

گراشتن gerâşten: ‖ * pûst ~ پوست گراشتن sepilemek, tabaklamak.

گرافیت girafit (Fr.) grafit.

گرام girâm, gerâm: değerli, aziz.

گرامافون giramafon (Fr.) (müz.) gramafon, pikap.

گرامی girâmî, gerâmî: [girâm+î] **1.**değerli, aziz, kıymetli. **2.**saygıdeğer, muhterem.

گرامی داشتن girâmî dâşten: ağırlamak, ikram etmek.

گرامی شدن girâmî şoden: sevilmek, sayılmak.

گرامی شمردن girâmî şomorden: saymak, saygı göstermek.

گرامی کردن girâmî kerden: saymak, saygı göstermek, hürmet etmek.

گران girân: (Peh.) **1.**ağır. **2.**şiddetli. **3.**pahalı. **4.**büyük. **5.**çok, bol. **6.**yoğun. **7.**güç. **8.**(kin.) istenmeyen kişi. **9.**kötü koku, ağır koku. ‖ * dil ~ dâşten دل گران داشتن canı sıkkın olmak, kırgın olmak. ‖ * hâb-i ~ خواب گران ağır uyku, derin uyku. ‖ * rûy ~ dâşten روی گران داشتن surat asmak, somurtmak.

گران آمدن girân âmeden: **1.**ağır gelmek. **2.**güç gelmek. **3.**dayanılmaz olmak.

گران اندام girânendâm: [girân+endâm] **1.**şişman. **2.**kırık.

گرانبار girânbâr: [girân+bâr] **1.**hamile. **2.**yükü ağır. **3.**çok meyvalı. **4.**zengin.

گرانبار شدن girânbâr şoden: **1.**hamile olmak, gebe olmak. **2.**meyvalanmak. **3.**ağırlaşmak.

گرانباری girânbârî: [girân+bâr+î] ağırlık.

گرانباری کردن girânbârî kerden: ağırlık etmek, ağırlık vermek.

گرانبها girânbehâ: [girân+behâ] pahalı, kıymetli, değerli.

گران پایه girânpâye: [girân+pâye] (kin.) yüksek rütbeli.

گران پشت girânpoşt: [girân+poşt] sırtı sağlam.

گران جان girâncân: [girân+cân] **1.**dokuz canlı. **2.**hafif meşrep. **3.**çok tembel, aır canlı. **4.**tembel. **5.**hasis. **6.**hödük.

گران جانی girâncânî: [girân+cân+î] 1.ağır canlılık, tembellik. 2.dokuz canlılık. 3.can sıkıcılık. 4.hödüklük.

گران خاطر girânhâtir: (F.-A.) [girân+hâtir] gönül koymuş, gücenmiş, kalbi kırık.

گران خواب girânhâb: [girân+hâb] uykusu derin, derin uykulu.

گران خوابی girânhâbî: [girân+hâb+î] uykusu derinlik, derin uyuma.

گران خوار girânhâr: [girân+horden> hor>hâr] obur, çok yiyen, doymak bil-meyen.

گران خواری girânhârî: [girân+horden> hor>hâr+î] oburluk, çok yeme, doymak bilmeme.

گران خوی girânhûy: [girân+hûy] kötü huylu, huysuz.

گران دست girândest: [girân+dest] eli ağır, yavaş iş gören, uyuşuk.

گران دست مایه girândestmâye: [girân+dest+mâye] 1.varlıklı, zengin. 2.hünerli.

گران دستی girândestî: [girân+dest+î] eli ağırlık, yavaşlık, uyuşukluk.

گران دود girândûd: [girân+dûd] 1.kara bulut. 2.koyu duman. 3.koyu sis.

گران رکاب girânrikâb: (F.-A.) [girân+rikâb] 1.savaşta atılgan. 2.ağırbaşlı.

گران رکابانه girânrikâbâne: (F.-A.-F.) [girân+rikâb+ âne] 1.savaşta ileri atılarak 2.ağırbaşlıca.

گران سایگی girânsâyegî: [girân+sâye+g+î] 1.gölgesi büyük olma. 2.yüksek mevki sahibi olma. 3.ordu komutanlığı.

گران سایه girânsâye: [girân+sâye] 1.gölgesi büyük. 2.yüksek mevki sahibi. 3.ordu komutanı.

گران سخن girânsohen: [girân+sohen] toksözlü.

گران سر girânser: [girân+ser] 1.(kin.) kibirli, burnu büyük. 2.(ask.) ordu komutanı. 3.öfkeli.

گران سرانه girânserâne: [girân+ser+âne] 1.kibirle, kendini beğenerek. 2.öfkeyle.

گران سرشت girânsirişt: [girân+sirişten> sirişt] 1.tembel, uyuşuk, ağırcanlı. 2.kibirli. 3.ağırbaşlı, vakarlı.

گران سرشتانه girânsiriştâne: [girân+sirişt+âne] tembelce, tembellikle, uyuşukça.

گران سرشتی girânsirişti: [girân+sirişt+î] tembellik, uyuşukluk, ağırcanlılık.

گران سری girânserî: [girân+ser+î] 1.kendini beğenme, kibir. 2.ordu komutanlığı. 3.öfke.

گران سنگ girânseng: [girân+seng] 1.ağırbaşlı. 2.sabırlı.

گران سیر girânseyr: (F.-A.) [girân+seyr] ağır hareketli.

گرانش girâniş: [girân+iş] (fiz.) yer çekimi.

گران شدن girân şoden: 1.ağırlaşmak. 2.pahalanmak.

گران فروش girânfurûş: [girân+furûhten> furûş] pahacı, kazıkçı.

گران فروشی girânfurûşî: [girân+furûhten> furûş+î] pahacılık.

گران قدر girânkadr (F. -A.) [girân+kadr] değerli, saygın, muhterem.

گران قیمت girânkıymet (F. -A.) [girân+ kıymet] 1.değerli, kıymetli. 2.pahalı.

گران کردن girân kerden: 1.ağırlaştırmak. 2.güçleştirmek. 3.fiyat yükseltmek, zam yapmak.

گران کیسه girânkîse: [girân+kîse] cimri, pinti.

گران گردیدن girân gerdîden: 1.ağırlaşmak. 2.pahalanmak, zamlanmak.

گران گوش girângûş: [girân+gûş] 1.kulağı ağır, az işitir. 2.sağır.

گران گوشانه girângûşâne: [girân+gûş+âne] 1.ağır işitircesine. 2.sağır gibi.

گران گوشی girângûşî: [girân+gûş+î] 1.ağır işitme. 2.sağırlık.

گران مایه girânmâye: [girân+mâye] 1.kıymetli, değerli. 2.saygın, aziz. 3.bol, çok.

گرانی girânî: [girân+î] 1.pahalılık.

2.ağırlık. 3.kıymetlilik. 4.güçlük. 5.tahammül edilemez. 6.bolluk. ‖ * ~ -i gûş گرانیء گوش ağır işitme.

گرانی بردن girânî borden: zorluğu ortadan kaldırmak.

گرانیت giranit (Fr.) granit.

گرانی کردن girânî kerden: 1.ağırlaştırmak. 2.zorluk çıkarmak. 3.ağırlık etmek. 4.kibirlenmek. 5.başı ağır çekmek.

گرانیگاه girânîgâh: [girân+î+gâh] (fiz.) ağırlık merkezi.

گراور giravur (Fr.) 1.klişe. 2.gravür.

گراور ساختن giravur sâhten: klişe çıkarmak.

گراورساز giravursâz (Fr. -F.) [giravur+ sâhten>sâz] 1.klişeci. 2.gravürcü.

گراورسازی giravursâzî (Fr. -F.) [giravur+sâhten>sâz+î] 1.klişecilik. 2.gravürcülük.

گراور کردن giravur kerden: 1.klişe çıkarmak. 2.gravür yapmak.

گراهیدن girâhîden, gerâhîden: 1.meyletmek. 2.benzer olmak, benzemek.

گرای girây, gerây: [girâhîden>girây] 1.meyil, eğim. 2.benzeyiş.

گرایش girâyiş, gerâyiş: [girâyîden> girây+ iş] 1.eğilim, meyil. 2.istek, kasıt. 3.fraksiyon. 4.başkaldırı, itaatsizlik.

گرایش داشتن girâyiş dâşten: eğilimi olmak, isteği olmak, alakası olmak.

گرایش کردن girâyiş kerden: 1.meyletmek, eğilim göstermek, temayül etmek. 2.kasdetmek. 3.baş kaldırmak, itaatsizlik etmek.

گراینده girâyende: [girâyîden>girây+ ende] 1.meyleden, temayül gösteren. 2.istekli. 3.inanan, mümin. 4.(mec.) ağır.

گرایی girâyî: [girâhîden>girây+î] meyil, eğilim.

گراییدن girâyîden, gerâyîden: 1.meyilli olmak, eğilimli olmak, istekli olmak, meyletmek, yönelmek. 2.kasdetmek. 3.baş kaldırmak. 4.denemek. 5.inanmak.

گربز gorboz, gorbiz: 1.yiğit. 2.akıllı. 3.tuttuğunu koparan, atak, atılgan. 4.hilekâr. 5.erkek ve bayan adı.

گربه gorbe: (Peh.) (zool.) kedi. ‖ * ~ be şâne kerden گربه به شانه کردن (kin.) hile yapmak. ‖ * ~ der bagal dâşten گربه در بغل داشتن hile yapmak. ‖ * ~ der enbân dâşten گربه در انبان داشتن (kin.) hile yapmak. ‖ * ~ der şelvâr u tenbân kerden گربه در شلوار و تنبان کردن (kin.) rezil etmek. ‖ * ~ der zindân kerden گربه در زندان کردن (kin.) eli sıkı olmak. ‖ * ~ ez bagal efkenden گربه از بغل افکندن (kin.) hileyi bırakmak. ‖ * ~ -i ankara گربهء آنقره (zool.) Ankara kedisi. ‖ * ~ -i deştî گربهء دشتی yaban kedisi. ‖ * ~ -i ehlî گربهء اهلی ev kedisi. ‖ * ~ -i hânegî گربهء خانگی ev kedisi. ‖ * ~ -i kesî be enbân furû şoden گربهء کسی به انبان فرو شدن (kin.) aşığı cık oturmak. ‖ * ~ -i murtezâ alî گربهء مرتضی علی (kin.) gününü gün eden kimse. ‖ * ~ -i vahşî گربهء وحشی (zool.) yaban kedisi.

گربه رقصاندن gorbe raksânden: engel çıkartmak.

گربه رقصانی کردن gorbe raksânî kerden: kedi oynatmak.

گربه شاندن gorbe şânden: 1.hile yapmak. 2.kendini aldatmak. 3.aldanmak. 4.yağ çekmek.

گربه شانه کردن gorbe şâne kerden: hile yapmak.

گربه شوی کردن gorbeşûy kerden: üstünkörü yıkanmak, yalandan su dökünmek.

گرته برداری gerteberdârî: [gerte+ber+ dâşten>dâr+î] lafzen tercüme, yabancı kelime ve terkipleri lafzen tercüme etme.

گرج girec: [<gerç] 1.kireç. 2.alçı, tebeşir.

گرجستان gurcistân: [gur+istân] (coğ.) Gürcistan.

گرجی gurcî: 1.Gürcü. 2.Gürcistanlı. 3.Gürcüce.

گرچ gerç: [gerç<ger+çi] her ne kadar, ise de.

گرچ gerç: alçı, tebeşir.

گرچه gerçi: [ger+çi] gerçi, her ne kadar, ise de.

گرد gerd: [geşten>gerd] **1.**dönüş, dönme. **2.**gökyüzü.

گرد gerd: **1.**toz, toprak. **2.**gam, keder. **3.**kâr, kazanç, yarar, fayda. **4.**güzel koku. **5.**pudra. **6.**toz halindeki uyuşturucu madde. ‖ * ~ u hâk گرد و خاک toz toprak. ‖ * be ~ -i pây-i kesî neresîden به گرد پای کسی نرسیدن tozuna yetişememek. ‖ * be ~ -i kesî neresîden به گرد کسی نرسیدن birinin tozuna bile yetişememek. ‖ * ez ~ -i râh resîden از گرد راه رسیدن ayağının tozuyla gelmek, seyahatten yeni dönmek.

گرد gird: (Peh.) **1.**yuvarlak, dairesel. **2.**etraf, çevre, yöre. ‖ * ~ ber ~ گرد بر گرد her taraf, çepeçevre. ‖ * ~ -i çîzî ber âmeden گرد چیزی بر آمدن etrafını sarmak, dolaşmak, kuşatmak. ‖ * ~ -i çîzî der âmeden گرد چیزی در آمدن etrafını sarmak, dolaşmak, kuşatmak. ‖ * ~ -i kesî râ giriften گرد کسی را گرفتن çevrelemek, çevresini almak, sarmak. ‖ * ~ u kolonbe şoden گرد و قلنبه شدن tostoparlak olmak.

گرد gord: (Peh.) **1.**pehlivan. **2.**cesur, yürekli.

گرد آسا gerdâsâ: [gerd+âsâ] puslu.

گرد آلود gerdâlûd: [gerd+âlûden>âlûd] tozlu, toz toprak içinde.

گرد آلوده gerdâlûde: [gerd+âlûden> âlûd+e] **1.**tozlu, toz toprak içinde. **2.**varlıklı.

گرد آمدن gird âmeden: **1.**toplanmak, bir araya gelmek. **2.**cinsel ilişkide bulunmak.

گرد آور girdâver: [gird+âverden>âver] derleyen, toplayan.

گرد آوردن gird âverden: **1.**derlemek, toplamak, bir araya getirmek. **2.**telif etmek.

گرد آوری girdâverî: [gird+âverden> âver+î] derleme, toplama.

گرد آوری شدن girdâverî şoden: derlenmek, toplanmak.

گرد آوری کردن girdâverî kerden: derlemek, toplamak.

گرداب girdâb: [gird+âb] **1.**girdap, burgaç, anafor. **2.**hortum. **3.**tehlikeli yer.

گردابه girdâbe: [gird+âb+e] **1.**girdap. **2.**hortum.

گرداس gurdâs: zalim.

گر داشتن ger dâşten: **1.**uyuz olmak. **2.**kaşınmak.

گرد افشاندن gerd efşânden: **1.**tozunu almak, silmek, temizlemek, cilalalamak. **2.**silkelemek.

گرد افکن gordefken: [gord+efkenden> efken] pehlivan, cesur, yiğit.

گرداگرد gerdâgerd: [gerd+ +gerd] dönen.

گرداگرد girdâgird: [gird+ +gird] **1.**etraf, çevre, yöre. **2.**çepeçevre, fırdolayı.

گردان gerdân: [geşten>gerd+ân] **1.**dönen, dolaşan. **2.**akan. **3.**değişken. **4.**şiş kebap. **5.**felek, gökyüzü. ‖ * zebân-i kesî ~ bûden زبان کسی گردان بودن dili dönmek.

گردان gordân: (ask.) tabur.

گرداندن gerdânden: **1.**döndürmek, çevirmek. **2.**değiştirmek, dönüştürmek. **3.**tercüme etmek. **4.**yansıtmak. **5.**çalıştırmak.

گردان شدن gerdân şoden: hareketli olmak, (iş) yürümek.

گردان کردن gerdân kerden: hareket ettirmek, döndürmek, çevirmek, dolaştırmak.

گرداننده gerdânende: [gerdânden> gerdân+ ende] **1.**yönetici. **2.**çeviren, döndüren.

گردانه gerdâne: [geşten>gerd+ân+e] çember.

گردانیه gerdâniyye: (F.-A.) [gerdân+ iyye] klasik Türk mûsikîsinde bir makam.

گردباد girdbâd: [<gird+bâd<bâd-i

gird<bâd-i gerdende] **1.**girdap. **2.**hortum, kasırga. **3.**kum fırtınası.

گردبان girdebân: [<girde+bân<gird+bân] gözcü, çevreyi kollayan.

گردبر girdbor: [gird+borîden>bor] **1.**matkap, marangoz matkabı. **2.**biz.

گرد بر آمدن gerd ber âmeden: toz kalkmak.

گرد بر آوردن gerd ber âverden: toz kaldırmak.

گرد بر انگیختن gerd ber engîhten: toz kaldırmak.

گرد برخاستن gerd berhâsten: **1.**toz kalkmak. **2.**üzüntüsü belli olmak.

گردبرگرد girdbergird: [gird+ber+gird] çepeçevre.

گرد پا girdpâ: [gird+pâ] oturulacak yer.

گرد پا نشستن girdpâ nişesten: bağdaş kurmak.

گرد پیچ کردن gird pîç kerden: **1.**toplamak. **2.**kuşatmak.

گرد خوردن gerd horden: tozlanmak.

گردش gerdiş: [geşten>gerd+iş] **1.**gezme, dolaşma, gezinti. **2.**devir, dönüş, dönme, tur. **3.**hareket. **4.**değişim. **5.**dönüşüm. ‖ * be ~ oftâden به گردش افتادن dönmeye başlamak. ‖ * be ~ der âverden به گردش در آوردن **1.**harekete geçirmek. **2.**döndürmeye başlamak. ‖ * der ~ âmeden در گردش آمدن **1.**harekete geçmek. **2.**dönmeye başlamak.

گردش دادن gerdiş dâden: döndürmek.

گرد شدن gird şoden: **1.**yuvarlaklaşmak. **2.**toparlanmak, tostoparlak olmak.

گردش رفتن gerdiş reften: gezintiye çıkmak, dolaşmaya çıkmak.

گردش کردن gerdiş kerden: gezinti yapmak, gezinmek, gezmek, dolaşmak, dönmek.

گردشگاه gerdişgâh: [gerdiş+gâh] gezinti yeri, seyir yeri, meşire.

گرد فشاندن gerd feşânden: **1.**toz saçmak, toz kaldırmak. **2.**tozunu silkmek.

گردک girdek: [gird+ek] **1.**küçük çadır. **2.**gerdek.

گردکان girdukân: **1.**(bot.) ceviz. **2.**(bot.) ceviz ağacı.

گرد کردن gerd kerden: **1.**toz kaldırmak, toz çıkarmak. **2.**engel yaratmak. **3.**yarar sağlamak. **4.**iyi bir iş yapmak.

گرد کردن gird kerden: **1.**yuvarlamak. **2.**toplamak. **3.**ele geçirmek. **4.**tombullaştırmak. **5.**tur atmak.

گردگان girdgân: ceviz.

گردگاه girdgâh: [gird+gâh] bel.

گرد گرفتن gerd giriften: **1.**toz almak. **2.**tozlanmak, toz tutmak.

گرد گرفتن gird giriften: kuşatmak, sarmak, çevrelemek.

گرد گشتن gird geşten: **1.**dönmek, dolaşmak. **2.**toplanmak.

گردگیری gerdgîrî: [gerd+giriften>gîr+î] toz alma.

گردگیری کردن gerdgîrî kerden: toz almak.

گردگین gerdgîn: [gerd+gîn] tozlu, toz içinde.

گردماه girdmâh: [gird+mâh] **1.**dolunay. **2.**(kin.) yüz, ay gibi parlak ve yuvarlak güzel yüz.

گردن gerden: (Peh.) **1.**(tıb.) boyun. **2.**gerdan. **3.**önder, lider. **4.**asi. ‖ * ~ -i bârîk dâşten گردن باریک داشتن (kin.) boynu kıldan ince olmak. ‖ * be ~ giriften به گردن گرفتن üstlenmek, sorumluluk almak. ‖ * be ~ -i kesî endâhten به گردن کسی انداختن birinin üstüne atmak, birinin üstüne yıkmak. ‖ * be ~ -i kesî mânden به گردن کسی ماندن birinin üzerine kalmak, birine yıkılmak. ‖ * der ~ -i kesî kerden در گردن کسی کردن bir işi birine yıkmak, birini sorumlu kılmak. ‖ * ez ~ bîrûn kerden از گردن بیرون کردن sorumluluk almak, üstünden atmak. ‖ * ez ~ efkenden از گردن افکندن üstünden atmak, boynundan atmak.

گردنا gerdenâ: **1.**şiş. **2.**topaç, fırıldak.

3.kuzu çevirme. 4.yürüteç. 5.boya toprağı.

گردنا girdnâ: [gird+nâ] 1.diz kapağı. 2.döndürme.

گردن اسير gerdenesîr: (F.-A.) [gerden+ esîr] boynu bağlı.

گردن افراختن gerden efrâhten: 1.isyan etmek, diklenmek. 2.gösteriş yapmak, çalım satmak.

گردن افراز gerdenefrâz: [gerden+ efrâhten>efrâz] 1.çalımlı, gururlu, kendini beğenmiş. 2.diklenen, asi. 3.güçlü, zorlu.

گردن افكندن gerden efkenden: itaatli olmak, boyun eğmek.

گردناك gerdnâk: [gerd+nâk] tozlu.

گردن بسته gerdenbeste [gerden+ besten>best+e] 1.boynu bağlı. 2.itaatli.

گردن بطوق gerdenbetavk (F.-A.) [gerden+be+tavk] boynu kolyeli.

گردن بند gerdenbend: [gerden+besten> bend] 1.gerdanlık, kolye. 2.boyun bağı.

گردن خاريدن gerden hârîden: 1.ense kaşımak. 2.(kin.) bahane bulmak. 3.tahrik etmek.

گردن خرد gerdenhord: [gerden+hord] (argo) boynu altında kalası!

گردن خم كردن gerden ham kerden: 1.boyun eğmek, boynunu bükmek. 2.aciz kalmak, çaresiz kalmak.

گردن دادن gerden dâden: teslim olmak, pes etmek, itaat etmek.

گردن داده gerdendâde [gerden+ dâden>dâd+e] itaatli, boyun eğmiş.

گردن دراز gerdendirâz: [gerden+dirâz] 1.boynu uzun. 2.haddini aşan, diklenen. 3.yüce, onurlu.

گردن درازى gerdendirâzî: [gerden+ dirâz+î] 1.haddini aşma, diklenme. 2.yücelik, onur.

گردن زدن gerden zeden: boyun vurmak, öldürmek.

گردن زن gerdenzen: [gerden+zeden> zen] cellat.

گردن زنى gerdenzenî: [gerden+zeden> zen+î] cellatlık.

گرد نشستن gerd nişesten: 1.tozlanmak, toz tutmak. 2.zarar gelmek. 3.kirlenmek.

گردن شكستن gerden şikesten: 1.boynunu kırmak. 2.boynu kırılmak.

گردن شكن gerdenşiken: [gerden+ şikesten> şiken] boyun kıran.

گردن فراز gerdenferâz: [gerden+ efrâhten>efrâz>ferâz] 1.çalımlı, gururlu, kendini beğenmiş. 2.diklenen, asi. 3.güçlü, zorlu.

گردن كج كردن gerden kec kerden: 1.boyun eğmek, boyun bükmek. 2.tevazu göstermek.

گردنكش gerdenkeş: [gerden+keşîden> keş] 1.asi, başkaldıran, serkeş. 2.kibirli. 3.meşhur.

گردنكشى gerdenkeşî: [gerden+keşîden> keş+î] 1.başkaldırı, isyan, serkeşlik. 2.gösteriş.

گردن كشيدن gerden keşîden: 1.boynunu uzatmak. 2.baş kaldırmak, isyan etmek.

گردنكشى كردن gerdenkeşî kerden: 1.başkaldırmak, isyan etmek. 2.gösteriş yapmak. 3.kahramanlık göstermek.

گردن كلفت gerdenkoloft: [gerden+ koloft] 1.zorba, kabadayı, külhanbey. 2.kalantor, ensesi kalın. 3.güçlü.

گردن كلفتى gerdenkoloftî: [gerden+ koloft+î) 1.zorbalık, dayılık, kabadayılık. 2.kalantorluk.

گردن كلفتى كردن gerdenkoloftî kerden: dayılanmak, dayılık yapmak, kabadayılık etmek.

گردن گذاشتن gerden gozâşten: boyun eğmek.

گردن گرفتن gerden giriften: 1.üzerine almak, üstlenmek. 2.itiraf etmek.

گردنگير شدن gerdengîr şoden: kabul etmek zorunda olmak, itirafa mecbur olmak.

گردن نرم داشتن gerden nerm dâşten: boyun eğmek, itaat etmek, boynu kıldan ince olmak.

گردن نرم کردن gerden nerm kerden: boyun eğdirmek, itaat ettirmek.

گردن نهادن gerden nihâden: itaat etmek, boyun eğmek.

گردنه gerdene: [gerden+e] **1.**oklava. **2.**(coğ.) sarp dağ geçiti. **3.**sarp yamaç.

گردنه بر gerdenebor: [gerdene+borîden> bor] eşkıya, yol kesen, haydut.

گردنی gerdenî: [gerden+î] boyun ile ilgili, boyuna ait.

گردو girdû: (Peh.) **1.**(bot.) ceviz. **2.**(bot.) ceviz ağacı. ‖ * bâ domeş ~ şikesten با دمش گردو شکستن sevincinden uçmak.

گرد و خاک کردن gerd u hâk kerden: **1.**toz kaldırmak, tozu dumana katmak. **2.**(mec.) hop oturup hop kalkmak, çok öfkelenmek.

گرد و خاک گرفتن gerd u hâk giriften: toz almak.

گرد و غبار بلند شدن gerd u gubâr bolend şoden: koz kalkmak.

گرد و غبار بلند کردن gerd u gubâr bolend kerden: toz kaldırmak.

گردوفروش girdûfurûş: [girdû+furûhten> furûş] cevizci, ceviz satan.

گردون gerdûn: (Peh.) **1.**dönen. **2.**felek, gökyüzü. **3.**araba. **4.**dünya.

گردون اشتباه gerdûniştibâh: (F.-A.) [gerdûn+iştibâh] gökyüzünü andıran.

گردون اقتدار gerdûniktidâr: (F.-A.) [gerdûn+iktidâr] gökyüzü gibi güçlü, felek gibi güçlü.

گردون حشمت gerdûnhaşmet: (F.-A.) [gerdûn+haşmet] gökyüzü gibi görkemli.

گردون خرام gerdûnhırâm: [gerdûn+ horâmîden> horâm] felek gibi salınan.

گردون رواق gerdûnrivâk: (F.-A.) [gerdûn+rivâk] gökyüzü gibi yüksek revaklı.

گردون سرشت gerdûnsirişt: [gerdûn+ sirişten>sirişt] **1.**felek tabiatlı, kendini beğenmiş, kibirli. **2.**kan dökücü. **3.**tembel.

گردون شناس gerdûnşinâs: [gerdûn+ şinâhten>şinâs] müneccim, astronom.

گردون مآثر gerdûnme'âsir: (F.-A.) [gerdûn+me'âsir] gökyüzünü hatırlatan, gökyüzü gibi görkemli.

گردون مثال gerdûnmisâl: (F.-A.) [gerdûn+misâl] gökyüzüne benzeyen.

گردون مینا gerdûnmînâ: [<gerdûn-i mînâ] mine renkli gökyüzü, lacivert gökyüzü.

گردون نظیر gerdûnnazîr: (F.-A.) [gerdûn+nazîr] gökyüzünü andıran.

گردونه gerdûne: [gerdûn+e] **1.**araba, at arabası. **2.**(ask) top arabası.

گردونه ران gerdûnerân: [gerdûne+ rânden>rân] arabacı.

گرده gerde: [gerd+e] (bot.) polen.

گرده girde: (Peh.) [gird+e] yuvarlak. **2.**somun, ekmek yuvarlağı. **3.**disk. **4.**adi pirinç. **5.**yuvarlak yastık. **6.**eskiden mûsevîlerin alâmet-i fârika olarak omuzlarına diktikleri yuvarlak bez parçası. **7.**tümü, hepsi.

گرده gorde: (Peh.) **1.**(tıb.) böbrek. **2.**omuz kemiklerinin arası.

گرد هم gird-i hem: bir arada.

گرد هم آمدن gird-i hem âmeden: bir araya gelmek, toplanmak.

گرد هم آیی gird-i hem âyî: [gird+ - i+hem+ âmeden>ây+î] bir araya gelme, toplantı.

گردی gerdî: [gerd+î] **1.**tozlu. **2.**ince kumaş.

گردی gordî: [gord+î] pehlivanlık, yiğitlik.

گردیدگی gerdîdegî: [gerdîden>gerdîd+e+ g+î] dönme, dolaşma.

گردیدن gerdîden: (Peh.) **1.**dönmek, dolaşmak, tur atmak, devretmek. **2.**yol almak, gitmek. **3.**gezmek. **4.**olmak. **5.**değişmek. **6.**bozulmak. **7.**aramak. **8.**bölünmek. **9.**kaymak. **10.**yönelmek. **11.**mücadele etmek.

‖ * dovr-i hodeş ~ دور خودش گردیدن spin atmak, kendi etrafında dönmek.

گردیده gerdîde: [gerdîden>gerdîd+e] dönmüş, dolaşmış, hali değişmiş, halden hale girmiş.

گرز gorz: (Peh.) **1.**(ask.) gürz, topuz. **2.**havan kolu.

گرزباز gurzbâz: [gurz+bâhten>bâz] **1.**gürz kaldıran. **2.**ağırlık kaldırarak hünerini gösteren.

گرزبان gorzbân: [gorz+bân] gürz tutan.

گرزدار gorzdâr: [gorz+dâşten>dâr] gürzlü, topuzlu.

گرزش gerziş: zulümden yakınma, sızlanma.

گرزمان gerzmân, gerozmân: **1.**felek. **2.**Tanrı'nın arşı.

گرزن gerzen: **1.**kakmalı taç. **2.**(bot.) talkım.

گرزه gerze: **1.**(zool.) bir tür zehirli yılan. **2.**(zool.) fare.

گرزه gurze: topuz.

گرس gors: (Peh.) **1.**açlık. **2.**kıvrık saç.

گرستن giristen: ağlamak.

گرسنگی gorisnegî, gorsenegî: [gorisne+ g+î] açlık.

گرسنگی کشیدن gorisnegî keşîden: açlık çekmek.

گرسنه gorisne, gorsene: (Peh.) aç. ‖ * ~ -i kesî şoden گرسنهء کسی شدن acıkmak.

گرسنه چشم gorisneçeşm: [gorisne+çeşm] **1.**aç gözlü, gözü doymaz. **2.**cimri. **3.**(kin.) yoksul.

گرسنه چشمانه gorisneçeşmâne: [gurisne+ çeşm+ âne] açgözlüce.

گرسنه چشمی gorisneçeşmî: [gorisne+ çeşm+î] açgözlülük, gözüdoymazlık.

گرسنه شدن gorisne şoden: acıkmak.

گرسنه کردن gorisne kerden: acıktırmak.

گرشاسب gerşâsb: (Peh.>F.) güştasp, İran mitolojsinde pehlivan Neriman'ın babası.

گرفت girift: [giriften>girift] **1.**alma, alım. **2.**tenkit, eleştiri. **3.**güneş tutulması. **4.**cürüm. **5.**dolaşık, çapraşık, karmaşık. **6.**süsleme sanatında bir tarz, arabesk. **7.**klasik Türk mûsikîsinde bir tür nefesli saz, kısa ney. **8.**yazı harfleri iç içe geçmiş yazı.

گرفتار giriftâr: [giriften>girift+âr] **1.**tutulmuş, yakalanmış. **2.**müptela, tutkun. **3.**tutsak, esir. **4.**bağlı. **5.**aşık. **6.**av. **7.**meşgul. **8.**aşık.

گرفتار آمدن giriftâr âmeden: uğramak, düçar olmak, yakalanmak.

گرفتارانه giriftârâne: [giriftâr+âne] **1.**yakalanmışça, tutulmuşça. **2.**tutsak gibi, esir gibi. **3.**aşık gibi, tutkun gibi.

گرفتار بودن giriftâr bûden: uğramak.

گرفتار دزد شدن giriftâr-i dozd şoden: soyulmak.

گرفتار شدن giriftâr şoden: **1.**müptela olmak, uğramak, tutulmak, maruz kalmak. **2.**esir olmak, tutsak düşmek. **3.**aşık olmak.

گرفتار کردن giriftâr kerden: **1.**müptela etmek, uğratmak, maruz bırakmak. **2.**tutsak etmek, esir almak. **3.**aşık etmek.

گرفتار گشتن giriftâr geşten: müptela olmak, ttulmak, yakalanmak.

گرفتارماندن giriftâr mânden: tutulup kalmak, yakalanıp kalmak.

گرفتاری giriftârî: [giriftâr+î] **1.**iptila, tutkunluk. **2.**tutsaklık, esaret. **3.**meşguliyet, uğraşı. **4.**sorun, güçlük, problem.

گرفت زن giriftzen: [girift+zeden>zen] girift denilen kısa neyi üfleyen.

گرفت کردن girift kerden: (müz.) sazı titretmek.

گرفت گرفتن girift giriften: tenkit etmek, eleştirmek.

گرفتگی giriftegî: [giriften>girift+e+g+î] **1.**tıkanıklık. **2.**tutulma. **3.**kederlilik. **4.**karanlık. **5.**sıkıntı. **6.**aşık olma, tutkunluk. ‖ * ~ -i azulâtî گرفتگیء عضلاتی (tıb.) adale tutulması.

گرفتن giriften: (Peh.) **1.**almak.

2.tutmak. 3.tutuklamak. 4.kaplamak, sarmak. 5.kısılmak. 6.kabul etmek. 7.seçmek. 8.isim almak. 9.tesir etmek. 10.evlenmek, kız almak. 11.farzetmek. 12.fethetmek. 13.çalmak. 14.yakalamak. 15.avlamak. 16.buz tutmak, donmak. 17.kaynaşmak. 18.yemek. 19.yüz göstermek. 20. tutulmak. 21.kavramak. 22.çevirmek (bir şeyi) 23.isabet etmek. 24.takılmak. 25.indirgemek. 26.başlamak. 27.kapmak. 28.ilgi görmek, tutmak. 29.sarmak, istila etmek. 30. koparmak. 31.düzeltmek. ‖ * be ber ~ an ac şcokm üstlenmek, üstüne almak. ‖ * çîzî râ be çizî ne ~ چیزی را به چیزی نگرفتن dinlememek. ‖ * der hîn-i irtikâb muç-i kesi râ ~ در حین ارتکاب مچ کسی را گرفتن suçüstü yapmak. ‖ * ez ser ~ از سر گرفتن baştan almak. ‖ * sedâ-yi kesî ~ صدای کسی گرفتن sesi kısılmak.

گرفت و گیر girift u gîr: sorgulama.

گرفت و گیر کردن girift u gîr kerden: sorgulamak, sorguya çekmek.

گرفته girifte: [giriften>girift+e] 1.alınmış. 2.tutulmuş. 3.boğuk, kısık. 4.üzgün, kederli. 5.asık. 6.sıkıcı. 7.aşık, tutkun.

گرفته خاطر giriftehâtir: (F.-A.) [girifte+ hâtir] kalbi kırık, gönlü yaralı, gücenik.

گرفته دل giriftedil: [girifte+dil] üzgün, sıkıntılı.

گرفته دم giriftedem: [girifte+dem] · nefesi kesilmiş, soluğu kesilmiş.

گرفته زبان giriftezebân [girifte+zebân] 1.dili tutuk, kekeme, konuşamayan. 2.dilsiz hayvan.

گرفته زدن girifte zeden: 1.suçlamak. 2.kınamak. 3.saçmalamak.

گرفته سر girifteser: [girifte+ser] · aklı karışık, hiçbir şey düşünemeyen.

گرفته شدن girifte şoden: 1.sıkışmak. 2.alınmak. 3.yakalanmak.

گرفته لب girifteleb: [girifte+leb] · suskun, sessiz.

گرفته لبانه giriftelebâne: [girifte+leb+âne] · suskunca, sessizce, konuşmadan.

گرگ gorg: (Peh.) 1.(zool.) kurt. 2.kurnaz. ‖ * ~ -i bârândîde گرگ باران دیده feleğin çemberinden geçmiş, çok deneyimli, hayat tecrübesi çok olan, feleğin çemberinden geçmiş. ‖ * ~ -i pîr گرگ پیر 1.yaşlı kurt. 2.kurnaz ve tecrübeli ihtiyar. ‖ * hevâ ~ u mîş şoden هوا گرگ و میش شدن alacakaranlık basmak.

گرگان gorgân: (coğ.) Gorgan, İran'da bir şehir.

گرگانی gorgânî: [gorgân+î] Gorganlı.

گرگ بند gorgbend: [gorg+besten>bend] 1.(kin.) tutsak, esir. 2.korkak. 3.zebun.

گرگ پا gorgpâ: [gorg+pâ] (bot.) kibrit otu.

گر گر ger ger ister ister.

گرگر gerger: taht.

گر گرفتن gor giriften: 1.alevlenmek. 2.(tıb.) uyuz olmak. 3.sıcaktan bitkin düşmek.

گرگ زاده gorgzâde: [gorg+zâden>zâd+e] kurt yavrusu, kurttan doğan. ‖ * ~ gorg şeved گرگ زاده گرگ شود 1.kurttan doğan kurt olur. 2.kötü nesilden gelen kötü huylu olur.

گرگ سگ gorgseg: [gorg+seg] (zool.) kurt köpeği.

گرگم بهوا gorgembehevâ: [gorg+em+ be+hevâ] bir tür çocuk oyunu.

گرگ میشی gorgmîşî: [gorg+mîş+î] münafıklık.

گرگن gergen: çorak.

گرگ و میش gorg u mîş: alacakaranlık.

گرگی gorgî: [gorg+î] 1.kurtluk. 2.yırtıcılık.

گرم germ: (Peh.) 1.sıcak. 2.ılık. 3.güç. 4.sert tabiatlı. 5.aceleyle, alelacele. 6.alışma, ısınma, samimiyet, kaynaşma. 7.kesin. 8.içten, yürekten, gönülden. 9.canlı, hareketli.

گرم gerem: [ger+e+m] eğer bana,

eğer beni.

گرم gorm: keder, gam.

گرم girem, gerem (Fr.) gram.

گرما germâ: (Peh.) [germ+] sıcaklık, ısı, hararet.

گرمابان germâbân: [germ+âb> +bân] hamamcı.

گرمابه germâbe: [germ+âb+e] **1.**kaynarca, kaplıca, ılıca. **2.**hamam.

گرمابه بها germâbebehâ: [germâbe+behâ] **1.**hamam parası. **2.**bahşiş.

گرمابه زدن germâbe zeden: hamama gitmek.

گرماپیما germâpeymâ: [germâ+ peymûden>peymâ] (fiz.) termometre.

گرما خوردن germâ horden: sıcak çarpmak.

گرمازدگی germâzedegî: [germâ+zeden> zed+e+g+î] (tıb.) sıcak çarpması.

گرماسنج germâsenc: [germâ+sencîden> senc] **1.**(fiz.) termometre. **2.**(fiz.) kalorimetre.

گرماگرم germâgerm: [germ+â+germ] **1.**sıcak sıcak, sıcağı sıcağına. **2.**çok sıcak, kızgın, kızışmış.

گرماگرمی germâgermî: [germ+â+ germ+î] ısınma, kızışma.

گرمایی germâyî: [germâ+y+î] **1.**sıcak çarpması. **2.**sıcak ile ilgili.

گرم افتادن germ oftâden: ciddiyetle meşgul olmak.

گرم الفت germulfet: (F.-A.) [germ+ulfet] sıkı fıkı, pek yakın.

گرماهسته ای germâheste'î: [germâ+ heste+'î] (fiz.) termonükleer.

گرم ایستادن germ îstâden: sıcak çökmek, sıcak bastırmak.

گرم باد germbâd: [germ+bâd] **1.**sıcak rüzgâr. **2.**sam yeli.

گرم بودن germ bûden: meşgul olmak.

گرمبیدن gorombîden: gümbürdemek.

گرم خانه germhâne: [germ+hâne] **1.**sera. **2.**sıcak oda. **3.**ilaç kurutma odası.

گرم خون germhûn: [germ+hûn] sıcak kanlı.

گرم خیز germhîz: [germ+hâsten>hîz] **1.**(kin.) çevik, kıvrak. **2.**gece namazı.

گرم دشت germdeşt: [germ+deşt] (coğ.) savana.

گرم دل germdil: yüreği ısınmış, âşık.

گرم ران germrân: [germ+rânden>rân] hızlı at süren, çok at koşturan.

گرم رو germrû [germ+rû] **1.**sıcak yüzlü. **2.**güleryüzlü. **3.**hızla giden, at koşturan.

گرم ساختن germ sâhten: ısıtmak.

گرم سیر germsîr: [germ+sîr] **1.**(coğ.) sıcak bölge, sıcak yer. **2.**(coğ.) tropik bölge.

گرمش germiş: [germ+iş] **1.**sıcaklık, ısı, hararet. **2.**(tıb.) ateş.

گرم شدن germ şoden: **1.**ısınmak. **2.**(kin.) kışkırtılmak, doldurulmak. **3.**(kin.) öfkelenmek. **4.**kızışmak.

گرم شکم germşikem: [germ+şikem] **1.**obur. **2.**hırslı.

گرم شکمی germşikemî: [germ+şikem+î] **1.**oburluk. **2.**hırs.

گرم شهوت germşehvet (F. -A.) [germ+ şehvet] şehvet dolu, şehvetli.

گرمک germek: [germ+ek] (bot.) topatan kavunu.

گرم کردن germ kerden: **1.**ısıtmak. **2.**tahrik etmek, tansiyonu yükseltmek. **3.**acele etmek. **4.**hızlı sürmek. ‖ * âbî ~ ba kesî آبی گرم کردن با کسی cinsel ilişkide bulunmak, mercimeği fırına vermek. ‖ * kelle râ ~ کله را گرم کردن kafayı çekmek.

گرمگاه germgâh: [germ+gâh] sıvak vakit.

گرم گرفتن (با) germ giriften: kanı ısınmak, yakınlaşmak, dostluk kurmak.

گرم گرم germ germ: sımsıcak.

گرم گشتن germ geşten: **1.**ısınmak. **2.**meşgul olmak.

گرم ماندن germ mânden: sıcak kalmak.

گرم مزاج germmizâc (F. -A.) [germ+

mizâc] sinirli, asabi.

گرم مند germmend: [germ+mend] aceleci.

گرمی germî: [germ+î] **1.**sıcaklık, ısı, hararet. **2.**(mec.) sertlik, şiddet. **3.**(mec.) azar, paylama. **4.**çeviklik, kıvraklık. **5.**hız, sürat.

گرمیخ gormîh: [gur+mîh] **1.**iri çivi. **2.**hayvan kazığı.

گرمی کردن germî kerden: **1.**sıcak başına vurmak. **2.**(kin.) ilgi duymak.

گرنگ goreng: **1.**ordugah. **2.**savaş meydanı.

گرو girov, girev: **1.**rehin, ipotek. **2.**ipotekli. ‖ * be ~ bûden به گرو بودن rehinli olmak, ipotekli olmak. ‖ * be ~ sitânden به گرو ستاندن rehin almak. ‖ * ez ~ der âmeden از گرو در آمدن rehinden kurtarmak, ipoteği çözmek.

گرو باختن girov bâhten: **1.**rehin bırakmak. **2.**kumar oynamak.

گرو باز ستدن girov bâz siteden: rehinden kurtarmak, ipoteği çözmek.

گرو برداشتن girov berdâşten: rehin almak, ipotek almak.

گرو بردن girov borden: **1.**rehin almak. **2.**geçmek.

گرو بستن girov besten: rehin koymak.

گرو دادن girov dâden: **1.**rehin vermek. **2.**tazminat ödemek. **3.**söz vermek.

گروش gireviş: [girevîden>girev+iş] **1.**inanış, inanma, iman. **2.**meyil.

گروش guruş (T.) kuruş.

گروش کردن gireviş kerden: inanmak, iman etmek.

گرو کردن girov kerden: rehin bırakmak, ipotek etmek.

گروگان girovgân: [girov+gân] **1.**rehinli. **2.**rehin. **3.**mahpus. **4.**kul, köle.

گروگان gorugân: penis.

گروگان بردن girovgân borden: rehin almak.

گروگان کردن girovgân kerden: rehin bırakmak.

گرو گذاشتن girov gozâşten: ipotek etmek, rehin bırakmak.

گروگر gerûger: mabud.

گرو گرفتن girov giriften: rehin almak.

گرو نهادن girov nihâden: rehin koymak, rehin bırakmak.

گرو ور داشتن girov ver dâşten: rehin almak, ipotek almak.

گروه gurûh: (Peh.) **1.**topluluk, cemaat. **2.**takım. **3.**grup. **4.**(ask.) bölük. **5.**kabile, tayife. **6.**bölüm (üniversite) **7.**kalabalık, güruh, ahali. **8.**derece, kadro derecesi. ‖ * be ~ irtikâ yâften به گروه ارتقا یافتن kadro derecesi yükselmek.

گروه آمدن gurûh âmeden: toplanmak.

گروها گروه gurûhâgürûh: [gurûh+â+gurûh] bölük bölük, güruhlar halinde.

گروهان gurûhân: [gurûh+ân] **1.**gruplar. **2.**topluluklar. **3.**(ask.) takım.

گروهبان gurûhbân: [gurûh+bân] (ask.) çavuş.

گروه بندی gurûhbendî: [gurh+besten> bend+î] gruplandırma, sınıflandırma.

گروه بندی شدن gurûhbendî şoden: gruplandırılmak.

گروه بندی کردن gurûhbendî kerden: gruplandırmak.

گروه شدن gurûh şoden: gruplanmak, toplanmak.

گروه گروه gürûh gürûh bölük bölük, takım takım.

گروه گشتن gurûh geşten: gruplanmak, toplanmak.

گرویدن girevîden: (Peh.) inanmak, iman etmek, kabul etmek.

گره girih: (Peh.) **1.**düğüm. **2.**boğum. **3.**(bot.) budak. **4.**(tıb.) mafsal. **5.**kilit. **6.**kırışık. **7.**müşkül. **8.**sorun, mesele, problem. **9.**dil tutukluğu. **10.**eski bir uzunluk ölçüsü (6, 5 cm.) ‖ * ~ be bend-i kabâ besten گره به بند قبا بستن parmağına ip bağlamak. ‖ * ~ be kâr endâhten گره به کار انداختن güçlük çıkartmak. ‖ * ~ ber âb besten گره بر آب بستن güç bir işi gerçekleştirmek, imkânsızı başarmak. ‖ * ~ ber cebîn zeden گره بر جبین زدن surat asmak, kaş çatmak. ‖ * ~ ber ebrû kerden گره بر ابرو کردن öfkelenmek. ‖ * ~ ber gûş zeden گره بر گوش زدن kulak asmamak. ‖ * ~ der ebrû zeden گره در ابرو زدن kaş çatmak, kızmak, öfkelenmek. ‖ * ~ der gelû şikesten گره در گلو شکستن korkudan nefesi kesilmek. ‖ * ~ der gelû zeden گره در گلو زدن boğazını sıkmak. ‖ * ~ der kâr horden گره در کار خوردن sorun çıkmak. ‖ * ~ der kâr oftâden گره در کار افتادن iş çıkmaza girmek, iş düğümlenmek. ‖ * ~ der kâr-i kesî bûden گره در کار کسی بودن sorunu bulunmak, problemi olmak. ‖ * ~ ez pîşânî guşûden گره از پیشانی گشودن güleryüz göstermek. ‖ * ~ -i kûr گره کور kördüğüm.

گره افکندن girih efkenden: **1.**düğüm atmak. **2.**sorun çıkartmak.

گره باز کردن girih bâz kerden: düğüm çözmek.

گره بر girihbor: [<girih+borîden>bor] **1.**düğüm kesen. **2.**yankesici.

گره بر گره girihbergirih: [girih+ber+ girih] **1.** düğüm düğüm üstüne, çok düğümlü. **2.**çok boğumlu. **3.**çok budaklı.

گره بستن girih besten: **1.**düğümlemek. **2.**sağlamlaştırmak.

گره بند girihbend: [girih+besten>bend] **1.**düğümlü. **2.**uçkur. **3.**düğüm atan, düğümleyen.

گره چه girihçe: [girih+çe] küçük düğüm.

گره در گره girihendergirih: [girih+der+ girih] düğüm düğüm, boğum oğum.

گره خوردن girih horden: **1.**düğümlenmek. **2.**yumulmak. ‖ * çîzî tûy-i gelû-yi kesî ~ چیزیتوی گلوی کسی گره خوردن boğazına tıkanmak.

گره خورده girih horde: [girih+horden> hord+e] **1.**düğümlü. **2.**yumuk.

گره دادن girih dâden: düğüm atmak, düğümlemek.

گره زدن girih zeden: düğüm atmak, düğümlemek.

گره شدن girih şoden: **1.**düğümlenmek. **2.**iliklenmek. ‖ * der hulk-i kesî ~ در حلق کسی گره شدن boğazında düğümlenmek.

گره کردن girih kerden: **1.**düğümlemek. **2.**iliklemek. **3.**sağlamlaştırmak.

گره گره girih girih düğüm düğüm, boğum boğum.

گره گشا girihguşâ: [girih+guşâden> guşâ] **1.**düğüm çözen. **2.**sorun çözen, problem çözen.

گره گشادن girih guşâden: **1.**düğüm çözmek. **2.**sorun çözmek, problem çözmek.

گره گشودن girih guşûden: düğüm çözmek.

گرهگیر girihgîr: [girih+giriften>gîr] düğümlenmiş, düğümlü, dolaşık.

گره ناک girihnâk: [girih+nâk] düğümlü.

گرهیچ gerhîç: [ger<eger+hîç] eğer tesadüfen.

گری gorî: [gor+î] uyuzluk.

گریان giryân: [girîsten>girî+ân] **1.**ağlayan, ağlayarak. **2.**ağlamaklı.

گریاندن giryânden: ağlatmak.

گریان شدن giryân şoden: ağlamak.

گریان کردن giryân kerden: ağlatmak.

گریان گشتن giryân geşten: ağlamak.

گریانی giryânî: [giryân+î] ağlama, ağlayıcılık.

گریبان girîbân: (Peh.) yaka. ‖ * ~ -i kesî râ vil nekerden گریبان کسی را ول نکردن yakasını bırakmamak. ‖ * çâk-i ~ چاک گریبان **1.**yaka yırtma. **2.**üzüntüsünden yakasını yırtma. **3.**yaka yırtığı. ‖ * dest ez ~ -i kesî berdâşten دست از گریبان کسی برداشتن birinin yakasını bırakmak. ‖ * dest u ~ bûden دست و گریبان بودن yaka paça olmak. ‖ * ser der ~ furû borden سر در گریبان فرو بردن düşünceye dalmak. ‖ * ser der ~ -i teng mânden سر در گریبان تنگ ماندن

rezil olmak.

گریبان چاک girîbânçâk: [girîbân+çâk] 1.yakası yırtık. 2.yakasını yırtmış. 3.çok üzgün.

گریبان چاکی girîbânçâkî: [girîbân+çâk-î] 1.yaka yırtma. 2.yaka yırtığı.

گریبان دریدن girîbân derîden: 1.yakasını yırtmak. 2.birine aşkından yanıp tutuşmak.

گریبانگیر girîbângîr: [girîbân+giriften+ gîr] müptela, tutkun, yakasına sarılan, yakasını tutan. ‖ * ~ -i kesî şoden گریبانگیر کسی شدن başına gelmek.

گریبانگیر شدن girîbângîr şoden: müptela olmak, tutulmak.

گریبانگیر کردن girîbângîr kerden: müptela etmek.

گریبانی girîbânî: [girîbânî] 1.yakalı. 2.bir cins gömlek.

گریپ grip (Fr.) (tıb.) grip.

گریپ شدن grip şoden (tıb.) grip olmak.

گریچ goriç: 1.yer altı. 2.zindan kuyusu. 3.küçük ev. 4.köşe.

گریختن gorîhten: (Peh.) kaçmak, sıvışmak.

گریخته gorîhte: [gorîhten>gorîht+e] kaçmış.

گریخته خواب gorîhtehâb: [gorîhten> gorîht+e+hâb] uykusu kaçmış, uykusuz.

گریز gorîz: [gorîhten>gorîz] 1.kaçma, kaçış, firar. 2.kaçan. 3.(ed.) girizgah beyti.

گریزان gorîzân: [gorîhten>gorîz+ân] 1.kaçan. 2.kaçarak.

گریزاندن gorîzânden: kaçırtmak.

گریزان شدن gorîzân şoden: kaçmak, firar etmek.

گریزانیدن gorîzânîden: kaçırtmak.

گریز پای gorîzpây: [gorîhten>gorîz+pây] kaçan, kaçıcı.

گریز جستن gorîz costen: kaçmak, firar etmek.

گریزگاه gorîzgâh: [gorîhten>gorîz+gâh] 1.kaçış yeri. 2.girizgâh, her kasidede konuya girmeden önce söylenen beyit.

گریزناپذیر gorîznâpezîr: [gorîz+nâ+ pezîroften>pezîr] kaçınılmaz.

گریزنده gorîzende: [gorîhten>gorîz+ ende] kaçan, kaçak, kaçıcı.

گریز نماندن gorîz nemânden: kaçma fırsatı kalmamak.

گریزه gorîze: [gorîhten>gorîz+e] 1.kaçak. 2.kaçamak.

گریس girîs hile, oyun, düzen.

گریس gris: (İng.) gres yağı.

گریستن girîsten: (Peh.) ağlamak.

گریسکار griskâr: (İng. -F.) [gris+kâr] 1.gresçi. 2.(kin.) oğlancı, kulampara.

گریسنگ goriseng: bülbül sesi.

گریسه girîse hile, oyun, düzen.

گرینده giryende: [girîsten>girî+ende] ağlayan.

گریغ gorîg: (Peh.) 1.kaçış, firar. 2.hezimet.

گریم کردن grim kerden (Tiyatroda) makyaj yapmak.

گریو gırîv: bağırma, haykırma, çığlık atma.

گریو girîv: [girîsten>girî>girîv] ağlama.

گریوه gerîve: (Peh.) 1.sırt, tepe. 2.dağ geçiti, tehlikeli geçit. 3.yokuş. 4.güç yol. 5.çıkmaz sokak. 6.çözümlenemez sorun. 7.uçurum.

گریه girye: [girîsten>grî+y+e] 1.ağlama, ağlayış. 2.gözyaşı. ‖ * ~ der gelû dâşten گریه در گلو داشتن boğazı düğümlenmek, ağlamaklı olmak. ‖ * ~ râ horden گریه را خوردن ağlamayı kesmek. ‖ * ~ râ ser dâden گریه را سر دادن ağlamaya başlamak. ‖ * ~ vu zârî kerden گریه و زاری کردن ağlayıp inlemek. ‖ * ~ -i kesî âmeden گریهء کسی آمدن ağlamak, ağlamaya başlamak. ‖ * ~ -i kesî giriften گریهء کسی گرفتن ağlaması tutmak, ağlamaya başlamak. ‖ * be ~ der âmeden به گریه در آمدن ağlamaya başlamak. ‖ * be ~ endâhten به گریه انداختن ağlatmak. ‖ * be ~

oftâden به گریه افتادن ağlamaya başlamak. ‖ * zîr-i ~ zeden زیر گریه زدن boşanmak, ağlamaya başlamak.

گریه انداختن girye endâhten: ağlatmak.

گریه انگیز giryeengîz: [girye+engîhten> engîz] ağlatıcı.

گریه بار giryebâr: [girye+bârîden>bâr] ağlayan.

گریه پاش giryepâş: [girye+pâşîden>pâş] gözyaşı saçan, hüngür hüngür ağlayan.

گریه در بستن girye der besten: ağlamaya başlamak.

گریه پرورد giryeperverd: [girye+ perverden> perverd] ağlatıcı.

گریه خیز giryehîz: [girye+hâsten>hîz] ağlatan.

گریه دار giryedâr: [girye+dâşten>dâr] ağlayan, ağlamış.

گریه ریز giryerîz: [girye+rîhten>rîz] gözyaşı döken, ağlayan.

گریه زار giryezâr: [girye+zâr] ağlama yeri.

گریه زدن girye zeden: ağlamak.

گریه فزا giryefezâ: [girye+fezûden>fezâ] çok ağlatan.

گریه فشان giryefeşân: [girye+feşânden> feşân] gözyaşı saçan, ağlayan.

گریه کردن girye kerden: ağlamak.

گریه کنان giryekonân: [<girye+kerden> kon+ ân] ağlayarak, ağlaya ağlaya.

گریه گرفتن girye giriften: ağlamak, ağlamaya başlamak.

گریه مشحون giryemeşhûn: (F.-A.) [girye+ meşhûn< meşhûn ez girye] gözyaşı dolu.

گریه ناک giryenâk: [girye+nâk] ağlamaklı, ağlayan.

گریه نقاب giryenikâb: (F.-A.) [girye+ nikâb< nikâb-i girye] **1.**gözyaşı örtüsü. **2.**gözyaşı ile örtülmüş.

گریه نما giryenumâ: [girye+numûden> numâ] ağlar görünen, ağlar suratlı.

گریه نمود giryenumûd: [girye+numûden> numûd] ağlar görünen, ağlar suratlı.

گرییدن giryîden: ağlamak.

گز gez: **1.**arşın, 104 cm. lik bir uzunluk birimi. **2.**yeleksiz, kısa talim oku. **3.**diş. **4.**bir tür kumaş. **5.**ılgın ağacı. **6.**hedef, nişan tahtası.

گز gez: **1.**kudret helvası. **2.**bir tür tatlı. **3.**ılgın.

گزا gezâ: [gezîden>gez+â] ısıran, ısırıcı.

گزار gozâr: [gozârden>gozâr] **1.**ödeyen. **2.**yapan, yerine getiren, yürüten. **3.**yorumlayan, yoran. **4.**bırakma. **5.**yerine getirme, eda etme. **6.**nakış. **7.**kan alma neşteri.

گزاردن gozârden: (Peh.) **1.**bırakmak, koymak. **2.**yerine getirmek, eda etmek. **3.**tebliğ etmek, beyan etmek. **4.**yorumlamak. **5.**tercüme etmek. **6.**harcamak.

گزارده آمدن gozârde âmeden: **1.**bitirilmek. **2.**eda edilmek, yerine getirilmek. **3.**bildirilmek.

گزارش gozâriş: [gozârden>gozâr+iş] **1.**yorum. **2.**tercüme. **3.**rapor. **4.**ödeme. ‖ * ~ be istihzâr resânden گزارش به استحضار رساندن bilgi vermek. ‖ * ~be ittilâ'-i kesî resânden گزارش به اطلاع کسی رساندن bilgi vermek.

گزارش دادن gozâriş dâden: rapor vermek.

گزارش کردن gozâriş kerden: **1.**açıklamak, yorumlamak. **2.**araştırmak. ‖ * hâb ~ خواب گزارش کردن rüya yorumlamak.

گزارشگر gozârişger: [gozârden>gozâr+ iş+ger] yorumcu, müfessir, raportör.

گزارش نامه gozârişnâme: [gozâriş+nâme <nâme-i gozâriş] yorum kitabı, tabir kitabı.

گزارش نویس gozârişnevîs: [gozâriş+ nevişten>nevîs] ropörtaj yazarı, yorumcu.

گزارنده gozârende: [gozârden>gozâr+ ende] **1.**ödeyen. **2.**yapan, yerine getiren, yürüten. 3.yorumlayan, yoran.

گزاره gozâre: [gozârden>gozâr+e] 1.icra, yürütme. 2.ödeme. 3.yorum. 4.(gr.) haber, müpteda hakkında bilgiveren cümle parçası. 5.plan.

گزاریدن gozârîden: yorumlamak.

گزاف gozâf, gizâf: (Peh.) 1.saçmalık, zırva, boş, anlamsız. 2.çok, aşırı, hesapsız. 3.gereksiz.

گزافکاری gozâfkârî: [gozâf+kâr+î] 1.saçmalama. 2.israf etme.

گزاف کردن gozâf kerden: saçmalamak, zırvalamak, boş konuşmak.

گزاف گفتن gozâf goften: saçmalamak, zırvalamak, boş konuşmak.

گزاف گو gozâfgû: [gozâf+goften>gû] 1.saçmalayan, boş konuşan. 2.geveze, çalçene.

گزاف گویی gozâfgûyî: [gozâf+goften> gû+y+î] 1.saçmalama, zırvalama. 2.gevezelik.

گزاف گویی کردن gozâfgûyî kerden: saçmalamak.

گزافه gozâfe, gizâfe: [gozâf+e] beyhude, boş, saçma, zırva.

گزانگبین gezengobîn, gezengebîn (bot.) gezengebin, tatlı özsulu bir bitki.

گزاونگان gezâvengân: alelacele, hızla, koşarak.

گزایش gezâyiş: zarar.

گزایش کردن gezâyiş kerden: zarar vermek.

گزاییدن gezâyîden: zarar vermek.

گزر gezer (bot.) havuç.

گزر gozir: çare, tedavi.

گزردن gozirden: tedavi etmek.

گزک gezek: 1.meze. 2.sıra. 3.kez, defa. 4.fırsat.

گز کردن gez kerden: arşınlamak.

گز گز کردن gez gez kerden: 1.sızlamak. 2.karıncalanmak.

گزلک gezlik, gizlik (T.) 1.çakı. 2.bir tür kalemtıraş.

گزمه gezme (T.) gece bekçisi.

گزند gezend: (Peh.) 1.afet, felaket, musibet. 2.zarar, ziyan. 3.göz değmesi, nazar. 4.hastalık.

گزند آمدن gezend âmeden: zarar görmek.

گزند آوردن gezend âverden: zarar vermek.

گزند خوردن gezend horden: zarar görmek.

گزند دیدن gezend dîden: zarar görmek.

گزند رساندن gezend resânden: zarar vermek.

گزند رسیدن gezend resîden: zarar gelmek, zarar görmek.

گزند کردن gezend kerden: zarar vermek.

گزند وارد ساختن gezend vârid sâhten: zarar vermek.

گزنده gezende: [gezîden>gez+ende] ısırıcı.

گزنه gezne: [gezîden>gez+ende>ne] (bot.) ısırgan otu.

گزی gezî: [gez+î] 1.bir arşın. 2.arşınlık. 3.arşınlık enli kumaş, sert ve hareli bir tür ipekli kumaş.

گزیت gezyet: cizye.

گزیدگان gozîdegân: [gozîde+g+ân] seçkinler, seçilmişler.

گزیدن gezîden: (Peh.) 1.ısırmak. 2.sokmak. 3.dişlemek. 4.zarar vermek. ‖ * çeşm ~ چشم گزیدن göz değmek, nazar değmek. ‖ * dest râ be dendân ~ دست را به دندان گزیدن üzüntüsünden elini ısırmak. ‖ * leb ~ لب گزیدن üzülmek, dudağını ısırmak.

گزیدن gozîden: (Peh.) 1.seçmek. 2.tercih etmek. ‖ * ~ ber گزیدن بر tercih etmek, yeğlemek, yeğ tutmak. ‖ * ~-i çîzî ez çîzî گزیدن چیزی از چیزی ayırdetmek.

گزیده gozîde: [gozîden>gozîd+e] 1.seçkin, seçilmiş, güzide. 2.ölçülü, tartılı.

گزیده gezîde: [gezîden>gezîd+e] 1.sırmış. 2.ısırılmış.

گزیده بیان guzîdebeyân: (F.-A.) [guzîde+ beyân] beyanı güzel, ifadesi güzel.

گزیده سخن guzîdesuhen: [guzîde+sohen] kelimeleri seçerek konuşan.

گزیده شدن gozîde şoden: 1.seçilmek. 2.ayırdedilmek.

گزیده شدن gezîde şoden: sokulmak, ısırılmak.

گزیده کردن gozîde kerden: 1.seçmek. 2.ayırdetmek.

گزیر gozîr: 1.çare, çıkış yolu, çözüm yolu. 2.tedavi.

گزیردن gozîrden: 1.çare bulmak, faydası olmak. 2.tedavi etmek.

گزیرش gozîriş: [gozîrden>gozîr+iş] 1.yorum, tefsir. 2.çare bulma. 3.tedavi.

گزین gozîn: [gozîden>gozîn] 1.seçkin, seçilmiş. 2.seçen. ‖ * çihâr yâr-i ~ چهار یار گزین 1.seçkin dört dost. 2.İslâm halifeleri Hz. Ebûbekir, Ömer, Osman ve Alî.

گزینش gozîniş: [gozîden>gozîn+iş] 1.seçkinlik. 2.seçim. 3.dirayet.

گزین شدن gozîn şoden: 1.seçilmek. 2.tercih edilmek.

گزین کردن gozîn kerden: seçmek. ‖ * ~ -i çîzî ber çîzî گزین کردن چیزی بر چیزی tercih etmek, yeğlemek, yeğ tutmak.

گزینه gezîne: 1.kalın elbise. 2.balyoz.

گس ges: buruk.

گسار gosâr: [gosârden>gosâr] içen.

گساردن gosârden: 1.içki içmek. 2.mahvetmek. 3.bertaraf olmak, giderilmek. 4.hasmedilmek. 5.koymak. 6.yol almak. 7.içki vermek. 8.ateş düşmek.

گست gest: 1.çirkin. 2.utanç verici.

گستاخ gostâh: (Peh.) 1.korkusuz, cesur. 2.küstah, edepsiz, saygısız.

گستاخ آمدن gostâh âmeden: cesur olmak.

گستاخانه gostâhâne: [gostâh+âne] 1.cesurca, korkusuzca. 2.küstahça, edepsizce.

گستاخ بینی gostâhbînî: [gostâh+dîden> bîn+î] cesaret, pervasızlık.

گستاخ شدن gostâh şoden: 1.cesur olmak, cesaretlenmek. 2.küstahlaşmak.

گستاخ کردن gostâh kerden: cesur kılmak, küstahlaştırmak.

گستاخ گردیدن gostâh gerdîden: 1.cesur olmak, cesaretlenmek. 2.küstahlaşmak.

گستاخی gostâhî: 1.cesaret. 2.küstahlık, saygısızlık.

گستاخی داشتن gostâhî dâşten: 1.cesaretli olmak, cesur olmak. 2.küstah olmak.

گستاخی کردن gostâhî kerden: 1.cesaret etmek. 2.küstahlık etmek.

گستر goster: [gosterden>goster] 1.yayan, dağıtan. 2.döşeyen. 3.yaym, dağıtma.

گستراندن gosterânden: 1.yaymak, neşretmek. 2.genişletmek. 3.sermek.

گسترانیدن gosterânîden: 1.yaymak. 2.genişletmek. 3.sermek.

گستردن gosterden: (Peh.) 1.yaymak. 2.sermek. 3.şayi olmak.

گسترده gosterde: [gosterden>gosterd+e] 1.geniş. 2.yaygın. 3.yayılmış.

گسترده شدن gosterde şoden: 1.yayılmak. 2.genişlemek. 3.serilmek.

گسترده کردن gosterde kerden: 1.yaymak. 2.genişletmek. 3.sermek.

گسترش gosteriş: [gosterden>goster+iş] 1.yayma. 2.geliştirme. 3.genişletme. 4.(ask.) yayılma. 5.geliştirilme. 6.genişleme. 7.giyim.

گسترش بخشیدن gosteriş bahşîden: 1.yaygınlaştırmak. 2.geliştirmek.

گسترش دادن gosteriş dâden: 1.yaymak. 2.geliştirmek. 3.genişletmek.

گستره gostere: [gosterden>goster+e] zemin, platform.

گسته geste: 1.çirkin, pis. 2.hayvan dışkısı.

گستی gestî: [gest+î] çirkinlik.

گسستگی gosestegî: [gosesten>gosest+ e+g+î] 1.kesilme. 2.çözülme. 3.dağınıklık. 4.ayrılma, kopma.

5.yarık.

گسستن gosesten: (Peh.) **1**.çözülmek. **2**.dağılmak, ayrılmak. **3**.kopmak. **4**.gevşemek. **5**.çözmek. **6**.koparmak.

گسسته goseste: [gosesten>gosest+e] **1**.çözülmüş. **2**.dağılmış, ayrılmış, dağınık. **3**.kopuk, kopmuş. **4**.gevşek. **5**.ayrı, kesik. **6**.bitkin.

گسسته بنیاد gosestebonyâd: [goseste+ bonyâd] temeli gevşek, dayanıksız.

گسسته ریسمان gosesterîsmân: [gosesten> gosest+e+ rîsmân] ipi gevşemiş.

گسسته شدن goseste şoden: **1**.çözülmek. **2**.ayrılmak, dağılmak. **3**.kopmak. **4**.gevşemek. **5**.bitkin düşmek. **6**.yok olmak. **7**.açılmak.

گسسته عنان gosesteinân (F. -A.) [goseste+inân] **1**.kayıtsız. **2**.dizgini gevşek.

گسسته مهار gosestemehâr: [gusiste+ mehâr] **1**.yuları gevşek. **2**.avare.

گسسته کمر gosestekemer: [gusiste+ kemer] **1**.kemeri gevşek. **2**.derbeder.

گسلاندن gosilânden: **1**.parçalamak. **2**.ayırmak.

گسل کردن gosil kerden: göndermek, yollamak.

گسلیدن gosilîden: **1**.ayrılmak. **2**.parçalanmak. ‖ * râh ~ راه گسلیدن yol almak.

گسن gosn açlık.

گسنه gosne: **1**.aç. **2**.açlık.

گسیختن gosîhten: **1**.ayrılmak. **2**.kopmak. **3**.ayırmak. **4**.koparmak. **5**.feshetmek. **6**.nakzetmek. **7**.çözmek.

گسی کردن gosî kerden: göndermek, yollamak.

گسیل gosîl: [gosîhten>gosîl] gönderme, yollama.

گسیل داشتن gosîl dâşten: göndermek, yollamak.

گسیل کردن gosîl kerden: göndermek, yollamak.

گش geş: **1**.nazlı, çalımlı, havalı, alımlı. **2**.hoş, güzel. **3**.salınma.

گش geş: suyuk, hılt.

گش giş **1**.kalp, yürek. **2**.kişeleme, kiş kiş diyerek kovma. **3**.kovma (Satrançta).

گشا goşâ: [goşâden>goşâ] **1**.açan. **2**.fetheden. **3**.çözen, halleden.

گشاد goşâd: [goşâden>goşâd] **1**.açılma. **2**.fetih. **3**.açma. **4**.enli. **5**.açık. **6**.bol, ferah. **7**.en. **8**.görüş sahası. **9**.siftah. **10**.serbestlik. **11**.hoşluk. **12**.(tavlada) açmaz. **13**.(eskiden) bir ok atış tarzı.

گشاد بازی goşâdbâzî: [goşâd+bâzî] **1**.israf, savurganlık. **2**.tavlada açık oynama.

گشادگی goşâdegî: [goşâden>goşâd+ e+g+î] **1**.açıklık, ferahlık. **2**.genişlik. **3**.bolluk. **4**.temizlik.

گشادن goşâden: (Peh.) **1**.açmak. **2**.fethetmek. **3**.kurtarmak. **4**.akıtmak. **5**.ayırmak. **6**.çözümlemek, halletmek. **7**.çözmek. **8**.ok atmak. **9**.ilgiyi kesmek. **10**.kaldırmak, çekmek.

گشاد شدن goşâd şoden: açılmak.

گشادنامه goşâdnâme: [goşâden>goşâd+ nâme] **1**.ferman. **2**.fetihname. **3**.boşanma belgesi.

گشاده goşâde: [goşâden>goşâd+e] **1**.açık. **2**.fethedilmiş. **3**.ayrı. **4**.çözümlenmiş, halledilmiş. **5**.geniş. **6**.ferahlamış.

گشاده ابرو goşâdeebrû: [guşâde+ebrû) güleryüzlü, güleç.

گشاده پیشانی goşâdepîşânî: [goşâde+ pîşânî] **1**.güler yüzlü. **2**.nur yüzlü. **3**.alnı geniş. **4**.alnıaçık.

گشاده خاطر goşâdehâtır: (F.-A.) [guşâde+ hâtır] gönlü ferah, içi rahat.

گشاده خواندن goşâde hânden: fasih okumak, anlaşılır biçimde okumak.

گشاده دست goşâdedest: [goşâde+dest] **1**.eli açık, cömert. **2**.nüfuz sahibi.

گشاده دستی goşâdedestî: [goşâde+ dest+î] **1**.eli açıklık, cömertlik. **2**.nüfuz.

گشاده دل goşâdedil: [goşâde+dil] **1**.cömert. **2**.güleryüzlü. **3**.gönlü ferah, gönlü şen.

گشاده دلی goşâdedilî: [goşâde+dil+î] **1.**cömertlik. **2.**güleryüzlülük. **3.**gönül ferahlığı.

گشاده رخ goşâderoh: [goşâde+roh] neşeli, güleryüzlü.

گشاده رو goşâderû: [goşâde+rû] **1.**güzel. **2.**güleryüzlü. **3.**yüzü açık.

گشاده رویی goşâderûyî: [goşâde+rûy+î] **1.**güleryüzlülük. **2.**güzellik.

گشاده زبان goşâdezebân: [goşâde+zebân] fasih dilli, fasih konuşan, düzgün konuşan

گشاده زبانی goşâdezebânî: [goşâde+zebân+î] fesahat.

گشاده سخن goşâdesohen: [goşâde+sohen] fasih.

گشاده سخنی goşâdesohenî: [goşâde+sohen+î] fesahat.

گشاده شدن goşâde şoden: **1.**açılmak. **2.**fethedilmek. **3.**bertaraf olmak, giderilmek. **4.**çözülmek. **5.**serbest kalmak. **6.**kolaylaşmak.

گشادی goşâdî: [goşâd+î] **1.**genişlik, en. **2.**ferahlık, açıklık.

گشاسب guşâsb: İran mitolojisindeki hükümdarlardan biri, Goştasb, Güştasp.

گشایش goşâyiş: [goşâden>goşây+iş] **1.**açılma. **2.**fetih. **3.**gelişme, ilerleme. **4.**çözümlenme. **5.**işlerin açılması, her şeyin yoluna girmesi. **6.**baht açıklığı.

گشایش بخش goşâyişbahş: [goşâyiş+bahşîden>bahş] rahatlık veren, açıklık getiren.

گشایش دادن goşâyiş dâden: **1.**genişletmek. **2.**müreffeh kılmak, refaha kavuşturmak.

گشایش یافتن goşâyiş yâften: **1.**genişlemek. **2.**refaha ermek. **3.**serbest kalmak. **4.**açılmak.

گشاینده goşâyende: [goşâden>goşây+ende] **1.**açan. **2.**fetheden.

گشت geşt: [geşten>geşt] **1.**dolaşma, gezme, gezinti, seyir. **2.**değişim. **3.**geçme.

گشتا guştâ: cennet.

گشتاسب guştâsb İran mitolojisindeki hükümdarlardan biri, Goştasb, Güştasp.

گشتاندن geştânden: döndürmek, çevirmek.

گشتاور geştâver: [geşt+âverden>âver] (fiz.) moment.

گشت بر گشت geşt ber geşt: **1.**sarmaşık. **2.**kıvrım kıvrım.

گشت زدن geşt zeden: dolaşmak, gezmek, dolanmak.

گشت کردن geşt kerden: **1.**dolaşmak, gezmek, seyretmek. **2.**mahvetmek.

گشتگه geştgeh: [geşten>geşt+geh] gezinti yeri.

گشتن geşten: (Peh.) **1.**dönmek. **2.**olmak. **3.**aramak. **4.**dolanmak. **5.**gezmek, dolaşmak. **6.**geri dönmek. **7.**dönüşmek. **8.**yansımak. **9.**savaşmak. **10.**ulaşmak. **11.**gurûb etmek. **12.**ısırmak, sokmak.

گشته geşte: [geşten>geşt+e] **1.**dönmüş, dolaşmış. **2.**gezmiş. **3.**olmuş.

گشته شدن geşte şoden: **1.**yüz çevirmek. **2.**ortadan kalkmak. **3.**değişmek. **4.**yol almak.

گشتی geştî: [geşten>geşt+î] **1.**gece bekçisi. **2.**(ask.) kol gezme. **3.**dolaşma, dolanma.

گشتی زدن geştî zeden: dolaşmak, dolanmak, gezmek.

گشن geşn, goşn: (Peh.) **1.**eril, erkek. **2.**erkek düşkünü. **3.**kalabalık.

گشن کردن goşn kerden: çiftleşmek, birleşmek.

گشنگی goşnegî: [goşne+g+î] açlık.

گشنه goşne: aç.

گشنیز gişnîz: (Peh.) **1.**(bot.) kişniş otu. **2.**kişniş. **3.**sinek (iskambilde)

گشنی کردن goşnî kerden: çiftleşmek, birleşmek.

گشود guşûd: [guşûden>guşûd] **1.**açtı. **2.**açık.

گشودن goşûden: **1.**açmak. **2.**çözmek. **3.**fethetmek.

گشوده goşûde: [goşûden>goşûd+e] **1.**açık, açılmış. **2.**çözülmüş. **3.**fethedilmiş.

گشوده شدن goşûde şoden: **1.**açılmak. **2.**çözülmek. **3.**fethedilmek.

گشی کردن geşî kerden: **1.**salınmak, salınarak yürümek.

گفت goft: [goften>goft] **1.**söyleme. **2.**söz.

گفتار goftâr: [goften>goft+âr] **1.**söz. **2.**konuşma, söyleşi. **3.**bölüm, bab, fasıl. **4.**sözlü, söyleyen.

گفتار سنج goftârsenc: [goftâr+sencîden> senc] ·**1.**ölçülü konuşan. **2.**söz ustası, söz bilen.

گفتار کردن goftâr kerden: konuşmak, sohbet etmek.

گفتگو goftugû, goftigû, goftgû: [goften> goft+i+goften>gû] **1.**sohbet, konuşma. **2.**ropörtaj, söyleşi. **3.**haber. **4.**şöhret.

گفتگو کردن goftugû kerden: konuşmak, sohbet etmek. ‖ * be poçpoçe ~ به پچ پچه گفتگو کردن fısır fısır konuşmak.

گفتن goften: **1.**söylemek, demek, konuşmak. **2.**şiir nazmetmek. **3.**şarkı okumak. **4.**adlandırmak. **5.**tasavvur etmek. **6.**haber vermek. **7.**denilmek. **8.**yazmak, bildirmek. ‖ * bâ hîş ~ با خویش گفتن kendi kendine konuşmak. ‖ * bâ hîşten ~ با خویشتن گفتن kendi kendine konuşmak. ‖ * bâ hod ~ با خود گفتن kendi kendine konuşmak. ‖ * ber ~ بر گفتن beyan etmek, açıklamak, ifade etmek. ‖ * ez kesî bedhâ ~ از کسی بدها گفتن arkasından kötü kötü konuşmak. ‖ * tu rûy-i kesî ~ تو روی کسی گفتن yüzüne karşı söylemek.

گفت و شنود goft u şunûd: [goften>goft+ u+şunûden>şunûd] **1.**konuşma, sohbet, söyleşi. **2.**dırdır.

گفت و شنود کردن goft u şunûd kerden: konuşmak, sohbet etmek.

گفت و گو goftugû: [goften>goft+u+ goften>gû] sohbet, konuşma, söyleşi. ‖ * be ~ nişesten به گفت و گو نشستن görüşmek, görüşme yapmak, görüşmeye oturmak.

گفت و گوی goftugûy: [goften>goft+u+ gûy] **1.**söz. **2.**dedikodu.

گفته gofte: [goft+e] **1.**söz. **2.**söylenmiş. **3.**söylemiş.

گفته شدن gofte şoden: söylenmek, beyan edilmek, belirtilmek.

گفته کار goftekâr: [<goften>goft+e+kâr] **1.**güfteci. **2.**metal üstüne yazı işleyen. **3.**yazılı halı dokuyan.

گفته کاری goftekârî: [<goften>goft+e+ kâr+î] **1.**güftecilik. **2.**metal üstüne yazı işleme. **3.**yazılı halı dokuma.

گفتی goftî: [goften>goft+î] sanki, adeta.

گل gil: (Peh.) **1.**çamur, balçık. **2.**kil. **3.**toprak. **4.**yaratılış, tıynet. **5.**beden, vücut, ten. **6.**kil. ‖ * be ~horşîd endûden به حورشید گل اندودن güneşi balçıkla sıvamak. ‖ * der ~ mânden در گل ماندن **1.**ayağı çamura saplanmak. **2.**çaresiz kalmak, aciz kalmak. ‖ * pây der ~ mânden پای در گل ماندن çaresiz kalmak, aciz kalmak.

گل gol: (Peh.) **1.**çiçek. **2.**(bot.) gül. **3.**kırmızı. **4.**yanık. **5.**karpuz göbeği. **6.**hatır. **7.**yarar. **8.**parça. **9.** kulak. ‖ * ~ -i âftâbperest گل آفتاب پرست (bot.) güne yönelen, ay çiçeği, güne doğrulan. ‖ * ~ -i âhâr گل آهار (bot.) zinya çiçeği. ‖ * ~ -i atlas گل اطلس (bot.) şebboy. ‖ * ~ -i behmen گل بهمن (bot.) kardelen. ‖ * ~ -i ca'ferî گل جعفری (bot.) hint gülü, hint karanfili. ‖ * ~ -i cennet گل جنت cennet çiçeği. ‖ * ~ -i çâh گل چاه (bot.) sökü otu. ‖ * ~ -i dâvudî گل داودی (bot.) margarit papatya, büyük papatya. ‖ * ~ -i ef'î گل افعی (bot.) engerek otu. ‖ * ~ -i feramûşem mekun گل فراموشم مکن (bot.) unutmabeni çiçeği. ‖ * ~ -i firişte گل فرشته (bot.) melek otu. ‖ * ~ -i enguştâne گل انگشتانه (bot.) yüksük otu. ‖ * ~ -i gendum گل گندم (bot.) peygamber çiçeği. ‖ * ~ -i gûşvâre گل گوشواره (bot.)

küpe çiçeği. ‖ * ~ -i hasret گل حسرت (bot.) çiğdem. ‖ * ~ -i henâ گل حنا (bot.) kına çiçeği. ‖ * ~ -i hercâyî گل هرجایی hercayi gül. ‖ * ~ -i hiyâr گل خیار (bot.) kır yasemini. ‖ * ~ -i idrîsî گل ادریسی (bot.) ortanca. ‖ * ~ -i istekânî گل استکانی (bot.) çan çiçeği, boru çiçeği. ‖ * ~ -i kâsid گل قاصد (bot.) hindiba. ‖ * ~ -i ketânî گل کتانی (bot.) aslan ağzı, nevruz otu. ‖ * ~ -i ketânî-i çengî گل کتانیء چنگی (bot.) zil çiçeği, zil otu. ‖ * ~ -i kovkeb گل کوکب (bot.) yıldız çiçeği. ‖ * ~ -i mâhûr گل ماهور (bot.) sığır kuyruğu. ‖ * ~ -i meymûn گل میمون (bot.) aslan ağzı. ‖ * ~ -i mînâ گل مینا (bot.) mine çiçeği. ‖ * ~ -i nâz گل ناز (bot.) dam koruğu. ‖ * ~ -i novrûz گل نوروز (bot.) çuha çiçeği. ‖ * ~ -i nigûnsâr گل نگونسار (bot.) tavşan kulağı, buhurumeryem, sıklamen. ‖ * ~ -i pîrter گل پیرتر (bot.) nezle otu. ‖ * ~ -i por lâle گل پر لاله (bot.) katmer gül. ‖ * ~ -i sadberg گل صدبرگ katmerli gül. ‖ * ~ -i sitâre گل ستاره (bot.) yıldız çiçeği. ‖ * ~ -i seng گل سنگ (bot.) liken. ‖ * ~ -i sernigûn گل سرنگون (bot.) şah tuğu. ‖ * ~ -i şem'dânî گل شمعدانی (bot.) sardunya çiçeği. ‖ * ~ -i şîpûr گل شیپور (bot.) yılan yastığı. ‖ * ~ -i taftûnî گل تافتونی (bot.) frenk inciri. ‖ * ~ -i vahşî گل وحشی (bot.) yaban gülü. ‖ * ez ~ bâlâter be kesî negoften از گل بالاتر به کسی نگفتن konuşurken edebini muhafaza etmek. ‖ * deste ~ be âb dâden دسته گل به آب دادن çam devirmek, pot kırmak, gaf yapmak.

گل gol: (İng.) (sp.) gol.

گل آراستن gol ârâsten: çiçek süslemek.

گل آرایی golârâyî: [gol+ârâsten>ârây+î] çiçek süsleme sanatı.

گل آذین golâzîn: [gol+âzîn] çiçekli.

گل آلود gilâlûd: [gil+âlûden>âlûd] bulanık, çamurlu.

گل آلود کردن gilâlûd kerden: bulandırmak. ‖ * âb râ ~ u mâhî giriften آب را گل آلود کردن و ماهی گرفتن (kin.) düşmanlık yaratıp fırsattan yararlanmak, dumanlı hava yaratmak.

گلاب golâb: [gol+âb] gül suyu.

گلاب افشان · gulâbefşân: [gul+âb+efşânden>efşân] gülsuyu saçan, gülsuyu serpen.

گلاب افشاندن golâb efşânden: **1.**gül suyu serpmek. **2.**(kin.) ağlamak, göz yaşı dökmek.

گلاب پاش golâbpâş: [gol+âb+pâşîden> pâş] gülüptan.

گلابتون golâbtûn: **1.**altın veya sim tel. **2.**klaptan, sırma ipliği.

گلابتون دوختن golâbtûn dûhten: sırma işlemek.

گلابتون دوزی golâbtûndûzî: [golâbtûn+ dûhten>dûz+î] sırma işlemeli, klaptan işlemeli.

گلابدان golâbdân: [gol+âb+dân] gülüptan, gülsuyu şişesi, gülsuyu kabı.

گلاب کشیدن golâb keşîden: gülsuyu çıkarmak.

گلابی golâbî: [gol+âb+î] **1.**(bot.) armut. **2.**(bot.) armut ağacı. **3.**gülsuyu çıkaran. **4.**gülsuyu şişesi.

گلاج golâc: **1.**ince ekmek. **2.**güllaç. **3.**içine acı toz ilaç konulan kapsül, ilaç kapsülü.

گلادیاتور gıladiyator (Fr.) gladyatör.

گل افشان ·gulefşân: [gul+efşân] gül saçan.

گل افکندن gol efkenden: yanakları al al olmak.

گلاله golâle: **1.**kıvrık kakül. **2.**gömlek.

گل انداختن gol endâhten: çiçek atmak. ‖ * gûne-i kesî ~ گونهء کسی گل انداختن yanağı al al olmak.

گل اندام gulendâm : (gul+endâm] **1.**narin yapılı, boyu bosu güle benzeyen, gülbeden.

گل انگبین gulengubîn: [gul+engubîn] ballı gül tatlısı.

گلاویز gilâvîz, gelâvîz: yaka paça

olma, yakasına sarılma, boğuşma.

گلاویز بودن gilâvîz bûden: boğuşmak, cedelleşmek.

گلاویز شدن gilâvîz şoden: boğuşmak, cedelleşmek, yaka paça olmak.

گلاه gelâh: siyah.

گلایول gelayol, gilayol (Fr.) glayöl.

گلباغ gulbâğ: [gul+bâğ<bâğ-i gul] gül bahçesi, güllük.

گل باقالی golbakali: [gol+bakali] alacalı.

گلبام gulbâm koro halinde söylenen ilahî veya dua.

گلبانگ golbang: [gol+bang] **1.**gülbank, koro halinde söylenen ilahî veya dua. **2.**bülbül sesi. ‖ * ~ ber kadem zeden گلبانگ بر قدم زدن (kin.) hızlı gitmek, pergelleri açmak.

گل بدن golbeden (F. -A.) [gol+beden] **1.**sevgili. **2.**vücudu gül gibi kokan.

گل برگ golberg: [gol+berg] **1.**(bot.) çiçek yaprağı. **2.**gül yaprağı. **3.**(kin.) yüz. **4.**(kin.) sevgili.

گل بستر gulbister: [gul+bister<bister-i gul] **1.**gül yatağı. **2.**güllü yatak.

گل بشکر gulbeşeker: [gul+be+şeker <gul+bâ+ şeker] gül tatlısı.

گلبن golbon: [gol+bon] **1.**gül ağacı, gül fidanı. **2.**gül dibi. **3.**bayan adı.

گلبن تراز gulbuntırâz: [gulbun+ tırâzîden>tırâz] gül fidanı yetiştiren.

گل بوسه gulbûse: [gul+bûse] gül öpüşlü, kokusu ve yumuşaklığı ile öptüğünde gül hissi uyandıran.

گلبیز gulbîz: [gul+bîhten>bîz] **1.**gül döken, gül serpen, gül yaprağı yağdıran. **2.**bayan adı.

گلپر golper: [gol+per] (bot.) mercanköşk.

گل پوش gulpûş: [gul+pûşîden>pûş] **1.**yüzü gülle örtülü. **2.**gül yüzlü, pembe yüzlü.

گل پیرهن gulpîrehen: [gul+pîrehen] gülden gömleği olan.

گل تر کردن gil ter kerden: çamur hazırlamak, sıva hazırlamak.

گلتن gulten: [gul+ten] **1.**vücudu gül gibi zarif ve güzel kokan. **2.**bayan adı.

گل جمال gulcemâl: (F.-A.) [gul+cemâl] gül yüzlü, güzel yüzlü.

گلچه gülçe: [gul+çe] **1.**küçük gül, gülcük. **2.**işleme ve kakmacılık sanatlarında kullanılan gül motifi.

گل چهره gulçihre: [<gul+çihre] **1.**gül yüzlü, gül çehreli. **2.**bayan adı.

گل چیدن gol çîden: **1.**çiçek koparmak. **2.**gül dermek. **3.**seyretmek.

گل چین golçîn: [gol+çîden>çîn] **1.**çiçek koparan. **2.**gül deren. **3.**bahçıvan. **4.**seçilmiş, seçkin.

گل چین کردن golçîn kerden: seçmek.

گلخانه golhâne: [gol+hâne] sera, çiçek serası, gülhane.

گلخن golhen: [gol+hen] **1.**ocak. **2.**hamam ocağı, külhan.

گلخنی golhenî: [golhen+î] külhancı.

گلخیز gulhîz: [gul+hâsten>hîz] gül biten, gül yetişen, gül bahçesi.

گلدار goldâr: [gol+dâşten>dâr] çiçek desenli, nakışlı.

گلدان goldân: [gol+dân] **1.**vazo. **2.**saksı.

گل در چمن golderçemen: [gol+der+ çemen] bir tür helva.

گلدسته goldeste: [gol+deste] **1.**buket. **2.**çelenk. **3.**minare. **4.**çiçek demeti. **5.**klasik Türk mûsikîsinde bir makam.

گلدوز goldûz: [gol+dûhten>dûz] nakışçı.

گلدوزی goldûzî: [gol+dûhten>dûz+î] nakış, nakış işleme.

گلدوزی شدن goldûzî şoden: nakış işlenmek.

گلدوزی کردن goldûzî kerden: nakış işlemek.

گل دهان guldehân: [gul+dehân] gonca ağızlı, ağzı gül goncası gibi derli toplu ve güzel olan.

گل دهن guldehen: [gul+dehen] gonca ağızlı, ağzı gül goncası gibi derli toplu ve güzel olan.

گلرخ golruh: [gol+ruh) **1.**gül yanaklı, güzel yüzlü. **2.**klasik Türk mûsikîsinde bir makam.

گل رخسار gulruhsâr: [gul+ruhsâr] gül yanaklı, pembe yanaklı güzel.

گل رنگ golreng: [gol+reng] **1.**gül rengi, pembe. **2.**kırmızı.

گلرو gulrû: [gul+rû] gül yüzlü, pembe yüzlü güzel.

گلروی gulrûy: [gul+rûy] gül yüzlü, pembe yüzlü güzel.

گلریز golrîz: [gol+rîhten>rîz] **1.**gül saçan, gül döken. **2.**bir cins lale. **3.**bayan adı.

گلزار gilzâr: [gil+zâr] çamurluk, bataklık.

گلزار golzâr: [gol+zâr] **1.**gül bahçesi, güllük. **2.**çiçek bahçesi. **3.**klasik Türk mûsikîsinde bir makam.

گل زدن gol zeden (Sp.) gol atmak.

گل زدن gol zeden: **1.**nakış işlemek. **2.**küflenmek.

گل زمین gulzemîn: [<zemîn-i gul] **1.**çiçekli yer. **2.**içkili eğlence yeri.

گل ساز golsâz: [gol+sâhten>sâz] yapma çiçekçi.

گلستان golistân, golsitân: [gol+sitân] **1.**gül bahçesi, gülistan. **2.**çiçek bahçesi. **3.**klasik Türk mûsikîsinde bir makam. **4.**Sad'î-i Şîrâzî'nin bu addaki eseri.

گل سرخی gol-i sorhî: kırmızı, gül kırmızısı.

گل سرشتن gil sirişten: çamur karmak, çamur yoğurmak.

گلشاه gilşâh: [<şâh-i gil] **1.**insan. **2.**İran mitolojisinde Keyûmers.

گل شدن gil şoden: **1.**bulanmak. **2.**çamurlaşmak.

گل شکر gulşeker: [gul+şeker] gül tatlısı.

گل شکفتن gol şikoften: **1.**çiçek açmak. **2.**gül açmak. **3.**garip bir olay olmak.

گلشن golşen: [gol+şen] **1.**gül bahçesi. **2.**çiçek bahçesi. **3.**süslü ev.

گلشن آباد gulşenâbâd: [gulşen+âbâd] **1.**gül bahçeleriyle mamur olmuş. **2.**İstanbul'un Beşiktaş semtinde bir Osmanlı sarayı.

گلشن آرا gulşenârâ: [gulşen+ârâsten>ârâ] gül bahçesini süsleyen, gül bahçesini donatan.

گلشن سرای gulşenserây: [gulşen+serây] gül bahçeleri içine yapılmış saray.

گلشنگاه gulşengâh: [gulşen+gâh] gül bahçesi: (-şen ve -gâh, yer bildiren kelimeler türetmekte kullanılan iki yapım ekidir. Farsça'da bu iki ek yan yana gelemez. Hatalı ve uydurma bir sözcüktür).

گلشنیه gulşeniyye: (F.-A.) [gulşen+iyye] Halvetîlik tarikatinin Gülşenîlik kolu.

گل عذار gol'izâr (F. -A.) [gol+'izâr] **1.**gül yanaklı. **2.**klasik Türk mûsikîsinde bir makam. **3.**bayan adı.

گل غنچه golgonçe: [gol+gonçe] **1.**gül goncası. **2.**allık.

گلف golf: (İng.) (sp.) golf.

گلفام golfâm: [gol+fâm] **1.**gül rengi, pembe. **2.**gül yüzlü, güzel yüzlü.

گل فرستادن gol firistâden: çiçek göndermek.

گل فروش golfurûş: [gol+furûhten>furûş] çiçekçi, çiçek satan.

گل فروشی golfurûşî: [gol+furûhten> furûş+î] **1.**çiçekçilik. **2.**çiçekçi dükkânı.

گل فشان gulfeşân: [gul+feşânden>feşân] gül saçan.

گل فم golfem (F. -A.) [gol+fem] **1.**gül ağızlı, gonca ağızlı, ağzı gül goncası gibi derli toplu ve güzel olan. **2.**bayan adı.

گلك golek: [gol+ek] iğneli söz.

گلکاری golkârî: [gol+kâşten>kâr+î] çiçekçilik.

گل کردن gil kerden: **1.**çamur karmak, çamur yoğurmak. **2.**bulandırmak.

گل کردن gul kerden: **1.**zahir olmak, ortaya çıkmak. **2.**söndürmek. **3.**sükse yapmak.

گل کردن gol kerden (Sp.) gol atmak.

گلگشت gulgeşt: [gul+geşten>geşt] gül bahçesinde gezinti, gülleri seyretme, gül safası.

گلگون golgûn: [gol+gûn] **1.**gül renkli, kırmızı. **2.**gül yanaklı.

گلگون قبا gulgûnkabâ: (F.-A.) abası gül renkli olan.

گلگونه gulgûne: [gul+gûne] **1.**gül yanaklı, pembe yanaklı. **2.**gül renkli. **3.**pembe allık.

گلگونه وش gulgûneveş: [gul+gûne+veş] gül yanaklı gibi.

گلگونی gulgûnî: [gul+gûnî] gül yanak.

گلگیر gilgîr: [gil+giriften>gîr] çamurluk.

گلگیرساز gilgîrsâz: [gil+giriften>gîr+sâhten>sâz] çamurlukçu, kaportacı.

گلمر golmer: **1.**(bot.) güzel kokulu bir çiçek. **2.**bir tür ok temreni.

گل مژه golmoje: [gol-i moje>gol+moje] (tıb.) arpacık.

گل میخ golmîh: [gol-i mîh>gol+mîh] **1.**iri başlı çivi, çivi. **2.**kabara.

گلنار golnâr: [gol+nâr] **1.**(bot.) nar çiçeği. **2.**nar çiçeği renkli.

گلناک gulnâk: [gul+nâk] **1.**güllü. **2.**kat kat hisarlı kale.

گل نخل gulnahl: (F.-A.) [gul+nahl] gül ağacı.

گل نشاندن gol nişânden: çiçek dikmek.

گل نفس gulnefes: (F.-A.) [gul+nefes] **1.**nefesi gül gibi kokan, güzel nefesli. **2.**güzel sözlü, tatlı dilli.

گل نفسی gulnefesî: (F.-A.) [gul+nefes+î] **1.**güzel nefeslilik. **2.**tatlı dillilik.

گل نقاب gulnikâb: (F.-A.) [gul+nikâb] **1.**yüzü gülle kaplı. **2.**pembe ve güzel yüzlü.

گلن گدن gelen giden (T.) (ask.) tüfek mekânizması.

گل نهال gulnihâl: [gul+nihâl<nihâl-i gul] **1.**gül fidanı. **2.**bayan adı.

گل نوش gulnûş: [gul+nûşîden>nûş] **1.**gül içen, gül suyu içen. **2.**bayan adı.

گلو gelû, golû: (Peh.) (tıb.) boğaz, gırtlak. ‖ * ~ -yi kesî giriften گلوی کسی گرفتن **1.**sesi kısılmak. **2.**boğazı düğümlenmek. ‖ * ~ -yi kesî hem âmeden گلوی کسی هم آمدن boğazı düğümlenmek. ‖ * âb-i hoş be ~ -yi kesî furû nereften آب خوش به گلوی کسی فرو نرفتن bir an bile rahat olamamak, içtiği su boğazından geçmemek. ‖ * çîzî ez ~ -yi kesî pâyîn nereften چیزی از گلوی کسی پایین نرفتن boğazından geçmemek. ‖ * tâ ~ karz dâşten تا گلو قرض داشتن gırtlağına kadar borçlu olmak.

گلوبر gelûbor: [gelû+borîden>bor] boğazlayan, boğaz kesen.

گلوبسته gelûbeste: [gelû+besten>best+e] sessiz, suskun.

گلوبند gelûbend: [gelû+besten>bend] **1.**gerdanlık, kolye. **2.**boğaz bağlayan. **3.**boğaza sarılan şal, sargı vs.

گل و بوته gol u bûte: çiçek deseni.

گلو تازه کردن gelû tâze kerden: **1.**boğazını ıslatmak. **2.**sulu meyva yemek.

گلو تر کردن gelû ter kerden: boğazını ıslatmak.

گلودرد gelûderd: [gelû+derd] (tıb.) anjin, boğaz ağrısı.

گلو صاف کردن gelû sâf kerden: boğazını temizlemek.

گلوکز glukoz (Fr.) glikoz.

گلوگاه gelûgâh: [gelû+gâh] boğaz, yutak.

گلو گرفتن gelû giriften: boğazını sıkmak.

گل و گشاد gol u guşâd: açık.

گلوگیر gelûgîr: [gelû+giriften>gîr] **1.**boğaz tıkayan. **2.**büyük lokma. **3.**nefes kesici. **4.**ahlat armudu.

گلوگیر شدن gelûgîr şoden: **1.**boğazı tıkanmak. **2.**aşık olmak.

گلوله golûle: **1.**gülle. **2.**top, topak. **3.**(ask.) mermi, kurşun, fişek. **4.**(ask.) top mermisi. ‖ * bârân-i ~ be ser-i kesî rîhten باران گلوله به سر کسی ریختن kurşun yağmuruna tutmak. ‖ * be ~ besten به گلوله

بستن kurşunlamak, kurşun yağmuruna tutmak.

گلوله باران golûlebârân: [bârân-i golûle>golûle+bârân] (ask.) kurşun yağmuru, tarama.

گلوله باران کردن golûlebârân kerden: (ask.) kurşun yağmuruna tutmak, taramak.

گلوله خوردن golûle horden: vurulmak, kurşunlanmak.

گلوله ریختن golûle rîhten: (ask.) kurşun dökmek.

گلوله ریزی golûlerîzî: [golûle+rîhten> rîz+î] kurşun dökümü.

گلوله کردن golûle kerden: tor top etmek.

گلوند gulvend: [gul+vend] ceviz, fındık ve incir dizilerek hazırlanan hediye.

گلوه gulve: [<gelûv+e] baca, fırın bacası.

گله gele, gelle: **1.**sürü. **2.**davar.

گله gile: (Peh.) **1.**yakınma, sızlanma, yanıp yakılma, şikayet, sitem. **2.**üzüm tanesi. **3.**iki dağ arasındaki geçit.

گله gile: üzüm tanesi.

گله gole: yığın, öbek. ‖ * ~ be ~ گله به گله **1.**öbek öbek. **2.**yumak yumak.

گله gole: kıvır kıvır saç, bükülü haliyle gül yaprağını andıran zülüf.

گله gülle: [<gulûle] top şeklinde mermi.

گله آمیز gileâmîz: [gile+âmîhten>âmîz] yakınmalı, sitemli.

گله بان gelebân, gellebân: [gele+bân] çoban.

گله چران geleçerân, gelleçerân: [gele+ çerânden>çerân] çoban.

گله دار geledâr, gelledâr: [gelle+dâşten> dâr] besici, sürü sahibi.

گله داری gelledârî: [gelle+dâşten>dâr+î] besicilik, hayvancılık.

گله داشتن gile dâşten: **1.**yakınmak, sızlanmak, şikâyet etmek, dert yanmak, sitem etmek. **2.**nefret etmek.

گله کردن gile kerden: yakınmak, sızlanmak, şikâyet etmek, sitem etmek.

گله گذار gilegozâr: [gile+gozârden> gozâr] şikâyetçi.

گله گذاردن gile gozârden: yakınmak, şikâyet etmek, sızlanmak.

گله گذاری gilegozârî: [gile+gozârden> gozâr+î] yanıp yakılma, şikâyet, sitem, dert yanma.

گله گزار gilegozâr: [gile+gozârden> gozâr] şikâyetçi.

گله گزاردن gile gozârden: **1.**yakınmak, şikâyet etmek, sızlanmak. **2.**sitem etmek.

گله گزاری gilegozârî: [gile+gozârden> gozâr+î] dert yanma, sızlanma, yakınma, şikâyet.

گله گزاری کردن gilegozârî kerden: dert yanmak, yakınmak, sızlanmak, şikâyet etmek.

گله گله gole gole: **1.**öbek öbek. **2.**yumak yumak.

گله مند gilemend: [gile+mend] yakınan, dert yanan, sızlanan, şikâyetçi.

گله مندانه gilemendâne: [gile+mend+ âne] bezgince, dert yanarak.

گله مند شدن gilemend şoden: **1.**şikâyetçi olmak, yakınmak, dert yanmak, sızlanmak. **2.**kızmak.

گله مندی gilemendî: [gile+mend+î] yakınma, sızlanma, şikayet.

گلی gilî: [gil+î] **1.**çamurlu. **2.**çamurdan yapılmış. **3.**kerpiçten yapılmış.

گلی golî: [gol+î] **1.**gül renkli. **2.**gülden. **3.**güllü.

گلیسرل gilisirol (Fr.) (kim.) gliserin.

گلی گر gilîger: [gilî+ger] **1.**sıvacı. **2.**çamurcu. **3.**duvarcı ustası.

گلیز gelîz salya.

گلیم gilîm: kilim. ‖ * ~ -i hod râ ez âb ber âverden گلیم خود را از آب بر آوردن başının çaresine bakmak, tehlikeden kurtulmak. ‖ * ~ -i hod râ ez âb bîrûn âverden گلیم خود را از

آب بیرون آوردن başının çaresine bakmak, tehlikeden kurtulmak. ‖ * ~ -i hod râ ez âb keşîden گلیم خود را از آب کشیدن kıt kanaat geçinmek, geçimini temin edebilmek.

گلیم باف gilîmbâf: [gilîm+bâften>bâf] kilimci, kilim dokuyan.

گلیم بافتن gilîm bâften: kilim dokumak.

گلیم بافی gilîmbâfî: [gilîm+bâften>bâf+î] kilim dokumacılığı, kilimcilik.

گلیم فروش gilîmfurûş: [gilîm+furûhten> furûş] kilim satan, kilimci.

گلین gelin (T.) gelin.

گلین gilîn: [gil+în] çamurdan, çamurlu.

گلین golîn: [gol+în] 1.gülden yapılmış. 2.bayan adı.

گلین گوی gilîngûy: [gil+în+gûy] dünya, yerküre.

گم gom: 1.kayıp. 2.sapık, gümrah, azgın.

گمار gomâr: [gomâşten>gomâr] görev veren.

گمار gomâr: 1.kepçe. 2.büyük kevgir.

گماردن gomârden: 1.görevlendirmek, görev vermek. 2.çiçek açmak.

گماریدن gomârîden: görevlendirmek.

گماشتن gomâşten: görevlendirmek, görev vermek.

گماشته gomâşte: [gomâşten>gomâşt+e] 1.görevli, memur. 2.hizmetçi. 3.vezir.

گماشته شدن gomâşte şoden: görevlendirilmek.

گمان gomân: (Peh.) 1.zan, şüphe, kuşku. 2.tahmin. 3.düş, hayal. ‖ * ~ -i bed گمان بد kötü zan, önyargı. ‖ * bâ/be ~ oftâden با / به گمان افتادن şüpheye düşmek, kuşkulanmak, şüphelenmek. ‖ * der ~ efkenden در گمان افکندن şüpheye düşürmek, kuşkulandırmak, şüphelendirmek.

گمان افتادن gomân oftâden: kuşkuya düşmek, şüphelenmek.

گمان انگیز gomânengîz: [gomân+engîhten>engîz] kuşku verici, şüphe verici.

گمان بردن gomân borden: 1.sanmak, zannetmek. 2.vehimlenmek.

گمان داشتن gomân dâşten: 1.sanmak, zannetmek. 2.kötü zanlı olmak. 3.bir şeyde gözü olmak.

گمان رفتن gomân reften: sanılmak.

گمان کردن gomân kerden: sanmak, zannetmek.

گمانه gomâne: [gomân+e] 1.sondaj borusu, iskândil. 2.zan, şüphe.

گمانه بردن gomâne borden: tasavvur etmek, sanmak.

گمانه زدن gomâne zeden: sondaj yapmak.

گمانه کردن gomâne kerden: tasavvur etmek.

گم بودگی gombûdegî: [gom+bûden>bûd+ e+g+î] 1.kayıplık. 2.şaşkınlık.

گمراه gomrâh: [gom+râh] 1.yoldan çıkmış, azgın, sapık, gümrah. 2.yolunu kaybetmiş.

گمراه شدن gomrâh şoden: 1.kaybolmak, yolunu kaybetmek. 2.doğru yoldan çıkmak, sapıtmak.

گمراه کردن gomrâh kerden: doğru yoldan çıkarmak, saptırmak.

گمراهی gomrâhî: [gom+râh+î] 1.yolunu kaybetme, kaybolma. 2.yoldan çıkma, çizgiden çıkma, sapma, sapıklık, gümrahlık.

گمرک gomruk: gümrük.

گمرک چی gomrukçi (F. -T.) [gomruk+çi] gümrükçü, gümrük görevlisi.

گمرک خانه gomrukhâne: [gomruk+hâne] gümrük, gümrük binası.

گمره gomreh: [gom+reh<reh gom kerde] yoldan çıkmış, sapkın, sapıtmış.

گم زدن gom zeden: 1.gizlenmek. 2.sapmak, çizgiden çıkmak.

گم زده gomzede: [gom+zeden>zed+e] 1.gizli. 2.sapık.

گم ساختن gom sâhten: kaybetmek, yok etmek.

گم شدن gom şoden: 1.kaybolmak.

2.yoldan çıkmak. 3.yok olmak.

گم شده gomşode: [gom+şoden>şod+e] kaybolmuş, yitmiş, kayıplara karışmış.

گم کردن gom kerden: 1.kaybetmek, yitirmek, zayi etmek. 2.terketmek. 3.yoldan çıkarmak, saptırmak. ‖ * ez çeşm ~ از چشم گم کردن gözden kaybetmek. ‖ * dest u pây-i hod râ ~ دست و پای خود را گم کردن pusulayı şaşırmak, ne yapacağını şaşırmak, telâşa kapılmak, eli ayağın+a dolaşmak.

گم کرده gomkerde: [gom+kerden> kerd+e] kaybetmiş, yitirmiş.

گم کرده پی gomkerdepey: [<pey+gom+ kerden> kerd+e] izini kaybettirmiş, kayıplara karışmış.

گم گشت gomgeşt: [gom+geşten>geşt] kayıp, kaybolmuş.

گم گشتگی gomgeştegî: kayıplık, yitiklik.

گم گشتن gom geşten: kaybolmak, zayi olmak, yitmek.

گم گشته gümgeşte: [gom+geşten>geşt+e] 1.kaybolmuş, yolunu kaybetmiş. 2.kendinden geçmiş.

گمنام gomnâm: [gom+nâm] adsız, isimsiz, tanınmamış, meçhul.

گمنامی gomnâmî: [gom+nâm+î] tanınmamışlık, meçhullük.

گم نشان gomnişân: [gom+nişân] izsiz, tanınmayan, meçhul.

گم و گور gom u gûr: kayıp.

گم و گور شدن gom u gûr şoden: kaybolmak, ortadan kalkmak.

گمیختن gomîhten: (Peh.) 1.işemek, idrar yapmak. 2.karıştırmak.

گمیز gomîz: (Peh.) idrar, sidik, işek.

گمیزاندن gomîzânden: işetmek, idrar yaptırmak.

گمیزانیدن gomîzânîden: işetmek, idrar yaptırmak.

گمیز کردن gomîz kerden: işemek, idrar yapmak.

گمیزیدن gomîzîden: işemek, idrar yapmak.

گن gon: husye.

گناه gonâh: (Peh.) 1.hata. 2.suç, kabahat. 3.günah. 4.cefa. ‖ * ~ be gerden-i kesî endâhten گناه به گردن کسی انداختن suçu birine yıkmak, suçu birine atmak. ‖ * ~ -i kesî râ şosten گناه کسی را شستن birini çekiştirmek. ‖ * murtekib-i ~ şoden مرتکب گناه شدن 1.günaha girmek. 2.suç işlemek.

گناه آمرز gonâhâmorz: [gonâh+ âmorzîden>âmorz] günah bağışlayan, Tanrı.

گناه بخشیدن gonâh bahşîden: 1.günah bağışlamak. 2.suç affetmek.

گناه پیشه gonâhpîşe: [gonâh+pîşe] 1.suçlu, suç işlemeyi alışkanlık edinmiş. 2.günahkâr, sık sık günah işleyen.

گناه داشتن gonâh dâşten: 1.suçu olmak, kabahati olmak. 2.günahı olmak.

گناه زدن gonâh zeden: günahı boynuna almak. ‖ * ber hod ~ بر خود گناه زدن başkasının suçunu üstlenmek.

گناهکار gonâhkâr: [gonâh+kâr] 1.suçlu. 2.günaha girmiş, günahkâr.

گناهکارانه günâhkârâne: [gunâh+kâr+ âne] 1.suçlu gibi. 2.günahkâr gibi, günahkârca.

گناهکاری gonâhkârî: [gonâh+kâr+î] 1.suçluluk. 2.günahkârlık.

گناه کردن gonâh kerden: 1.suç işlemek. 2.günaha girmek, günah işlemek.

گنبد gonbed: (Peh.) 1.kubbe, kümbet. 2.çiçek demeti. 3.zafer takı. 4.(kin.) gökyüzü. 5.dünya. 6.çadır. 7.kadeh. 8.toslama. ‖ * girdekân ber ~ bûden گردکان بر گنبد بودن imkânsız olmak. ‖ * gûz-i kesî ber ~ âmeden گوز کسی بر گنبد آمدن yapamayacağı bir işle karşılaşmak.

گنج genc: (Peh.) 1.hazine. 2.gömü, define. 3.sayılamayacak kadar çok mal varlığı. 4.amaç, maksat. 5.ticarethane. ‖ * ser-i ~ nişesten سر گنج نشستن 1.zengin olmak. 2.hazine sahibi olmak.

گنج gonc: [goncîden>gonc] kapasite, hacim, istidat.

گنجاندن goncânden: sığdırmak, yerleştirmek.

گنجانیدن goncânîden: sığdırmak, yerleştirmek.

گنجایش goncâyiş: [goncâyîden>goncây+ iş] 1.kapasite, hacim, istiap. 2.kabiliyet, istidat.

گنجایش داشتن goncâyiş dâşten: 1.kapasitesi olmak, istiabı olmak. 2.hacmi olmak. 3.geniş olmak.

گنجایی goncâyî: [goncâyîden>goncây+î] 1.kapasite, istiap. 2.hacim.

گنج بخش gencbahş: [genc+bahşîden> bahş] 1.hazine bağışlayan. 2.cömert, eli açık, bonkör.

گنج پژوه gencpejûh: [genc+pejûhîden> pejûh] hazine arayan, hazine avcısı.

گنج خانه genchâne: [genc+hâne] hazine odası.

گنجدار gencdâr: [genc+dâşten>dâr] hazinedar.

گنجشک goncişk: 1.(zool.) serçe. 2.küçük kuş. ‖ * ~ -i kûhî گنجشک کوهی (zool.) ispinoz. ‖ * magz-i ~ horden مغز گنجشک خوردن geveze olmak, çenesi düşük olmak.

گنجشک دل goncişkdil: [goncişk+dil] (kin.) ürkek, ödlek.

گنجفه gencefe: 1.iskambil. 2.bir tür iskambil oyunu.

گنجفه بازی gencefebâzî: [gencefe+ bâhten>bâz+î] iskambil oyunu.

گنجفه بازی کردن gencefe bâzî kerden: iskambil oynamak.

گنجفه زدن gencefe zeden: iskambil oynamak.

گنجله کردن gencele kerden: buruşturmak.

گنج نامه gencnâme: [genc+nâme] define haritası.

گنج نگار goncnigâr: [gonc+nigâşten> nigâr] hacimölçer.

گنجور gencûr: [genc+ûr] hazinedar, hazine bekçisi.

گنجور gencver: [genc+ver] zengin, varlıklı, para babası.

گنجوی gencevî: [gence+v+î] Genceli.

گنجه gence: 1.dolap. 2.gardrop. 3.(coğ.) Gence.

گنجه ای gence'î: [gence+'î] Genceli.

گنجه یی genceyî: [gence+y+î] Genceli.

گنجیدن goncîden: 1.sığmak, içine almak. 2.doğrulamak.

گنجیده güncîde: [goncîden>goncîd+e] sığmış, içine almış.

گنجینه gencîne: [genc+îne] 1.hazine. 2.çok miktarda mal. 3.müze. 4.kitaplık. 5.haraç.

گنجینه جمال gencînecemâl (F.-A.) [gencîne+cemâl] hazine gibi ışıl ışıl yüzlü.

گنجینه سنج gencînesenc: [gencîne+ sencîden>senc] hazinedar.

گنجینه گشا gencîneguşâ [gencîne+ guşâden> guşâ] hazine kapılarını açan.

گند gend: (Peh.) kötü koku, pis koku. ‖ * ~ -i çîzî bâlâ âmeden گند چیزی بالا آمدن kokusu çıkmak, ortaya çıkmak. ‖ * ~ -i çîzî râ bâlâ âverden گند چیزی را بالا آوردن bir şeyin cılkını çıkarmak, bir şeyin tadını kaçırmak. ‖ * ~ -i kâr der âmeden گند کار در آمدن işin kokusu çıkmak.

گند gend: düğüm.

گند gond: (Peh.) ordu.

گندا gendâ: [gendîden>gend+â] kötü kokulu, kötü kokan.

گنداندن gendânden: kokutmak, kötü koku vermek.

گندای gendây: [gendîden>gend+ây] kötü kokulu, kötü kokan.

گند برخاستن gend berhâsten: kötü koku çıkmak, kötü koku yayılmak.

گندپیر gendpîr: [gend+pîr] ihtiyar, moruk.

گندزار gendzâr: [gend+zâr] pislik.

گندزدا gendzedâ: [gend+zodûden>zedâ] dezenfekte edici, dezenfektan.

گند زدودن gend zodûden: dezenfekte

etmek.

گندک gendek: [gend+ek] 1.kükürt. 2.barut.

گندگی gondegî: [gonde+g+î] 1.irilik, kabalık, hantallık. 2.çirkinlik.

گندم gendom: (Peh.) (bot.) buğday. ‖ * misl-i ~ -i birişte مثل گندم برشته çok üzgün, karalar bağlamış.

گندم سیاه gendomsiyâh: [gendom+siyâh] (bot.) karabuğday.

گندم رنگ gendomreng: [gendom+reng] buğday rengi.

گندم فروش gendomfurûş: [gendom+ furûhten>furûş] buğday tüccarı.

گندم گون gendomgûn: [gendom+gûn] 1.buğday rengi. 2.buğday benizli, buğday tenli.

گندم نما gendumnumâ [gendum+ numûden> numâ] 1.buğday gösteren. 2.hilekâr.

گندم نمایی کردن gendomnumâyî kerden: gösteriş yapmak.

گندمه gendome, gendeme: [gendom+e] (tıb.) siğil.

گندمیان gendomiyân: [gendom+î+y+ân] (bot.) buğdaygiller.

گندنا gendnâ (bot.) pırasa.

گنده gende: [gend+e] kötü kokulu.

گنده gonde: (Peh.) 1.iri. 2.hamur topu. 3.siğil. 4.yuvarlak. 5.hantal.

گنده آروغ gendeârûg: [gende+ârûg] (tıb.) hazımsızlık, mide kaynaması.

گنده بهار gendebehâr: [gende+behâr] kış yağmuru.

گنده پیر gendepîr: [gende+pîr] 1.yaşlı kadın. 2.(kin.) dünya.

گنده خایه gendehâye: [gende+hâye] bozuk yumurta.

گنده خوی gendehoy: [gende+hoy] kötü ter kokan.

گنده دماغ gendedimâğ: [gende+dimâğ] 1.burnu kötü kokan. 2.(kin.) alıngan. 3.(kin.) huysuz. 4.(kin.) burnu büyük.

گنده دهان gendedehân: [gende+dehân] ağzı kötü kokan.

گنده مغز gendemağz: [gende+mağz] 1.kibirli. 2.saçmalayan, zırvalayan.

گنده مغزی کردن gendemağzî kerden: 1.kibirlenmek. 2.saçmalamak, zırvalamak.

گندیدن gendîden: kötü kokmak, kokuşmak, bozulmak.

گندیده gendîde: [gendîden>gendîd+e] kokuşmuş, kötü kokmuş, taaffün etmiş.

گنگ geng: 1.kambur. 2.iri yarı oğlan. 3.ada. 4.iyi, güzel. 5.bir çeşit rüzgâr.

گنگ gong: (Peh.) 1.dilsiz. 2.tutuk. 3.müphem, belirsiz.

گنگبار gengbâr: [geng+bâr] 1.ada sahili. 2.adalar topluluğu.

گنگ شدن gong şoden: 1.dilsiz olmak. 2.tutulmak.

گنگ کردن gong kerden: dilsiz bırakmak.

گنگل gengel: şaka.

گنگل زدن gengel zeden: şaka yapmak.

گنگی gongî: [gong+î] 1.dilsizlik. 2.dil tutukluğu. 3.fasih konuşamama.

گنه goneh: 1.günah. 2.suç. 3.kuruntu.

گنه بخشیدن guneh bahşîden: günah bağışlamak.

گنه پیشه gonehpîşe: [goneh+pîşe] 1.suçlu, suç işlemeyi alışkanlık edinmiş. 2.günahkâr, sık sık günah işleyen.

گنه کار gonehkâr: [goneh+kâr] 1.suçlu, kabahatli. 2.günah işleyen, günah sahibi.

گنهکاری gonehkârî: [guneh+kâr+î] 1.suçluluk. 2.günahkârlık.

گنه گنه genegene: (Lat.) (bot.) kınakına.

گو gev, gov: 1.inek. 2.boğa. 3.yiğit, bahadır, savaşçı. 4.muhteşem.

گو gû: dışkı, pislik.

گو gû: [goften>gû] 1.söyle. 2.söyleyen. 3.(gr.) emr-i gaip oluşturan yardımcı fiil klişesi. ‖ * ~ inki گو اینکه 1.sanki, -miş gibi. 2.gerçi, her ne kadar.

گوا guvâ: tanık, şahit.

گواتر guatr (Fr.) (tıb.) guatr.

گوار guvâr: 1.lezzetli. 2.hazmı kolay.

گوارا guvârâ: (Peh.) 1.lezzetli, leziz.

2.hazmı kolay. ‖ * ~ bâd گوارا باد afiyet olsun. ‖ * ~ -yi vucûd گوارای وجود afiyet olsun.

گوارا شدن guvârâ şoden: **1.**hazmı kolay olmak. **2.**lezzetlenmek.

گوارا کردن guvârâ kerden: lezzet vermek.

گواران guvârân: [guvârân] **1.**lezzetli. **2.**hazmı kolay.

گوارانیدن guvârânîden: **1.**lezzet vermek. **2.**hazmı kolay olmak.

گوارش guvâriş: [guvârîden>guvâr+iş] hazım, sindirim. ‖ * destgâh-i ~ دستگاه گوارش (tıb.) sindirim sistemi.

گوارندگی guvârendegî: [guvârîden> guvâr+ ende+g+ î] hazım kolaylığı.

گوارنده guvârende: [guvârîden>guvâr+ ende] kolay hazmedilen.

گوازه guvâze: rafadan yumurta.

گواژه govâje: [govâjîden>govâj+e] **1.**suçlama. **2.**kınama.

گواژه زدن govâje zeden: suçlamak.

گواژیدن govâjîden: **1.**suçlamak. **2.**kınamak.

گواش guvâş: **1.**renk. **2.**boya.

گواشه guvâşe: **1.**renk. **2.**boya.

گوال govâl, gevâl: (Peh.) **1.**çuval. **2.**övünme. **3.**biriktirme, toplama.

گوالش govâliş: [govâlîden>govâl+iş] **1.**fazlalık. **2.**bolluk, bereket. **3.**gelişim, serpilme.

گوالیدن govâlîden: **1.**gelişmek, serpilmek. **2.**biriktirmek, toplamak.

گوان gevân: [gev+ân] yiğitler, kahramanlar.

گو اینکه gû inki: [goften>gû+in+ki] **1.**gerçi, her ne kadar, ise de. **2.**sanki, adeta, -miş gibi.

گواه govâh, gevâh: (Peh.) **1.**tanık, şahit. **2.**delil, kanıt.

گواه آمدن govâh âmeden: tanık olmak, şahit olmak, şahitlik etmek.

گواه آوردن govâh âverden: tanık getirmek, şahit getirmek.

گواه خواستن govâh hâsten: tanık istemek, şahit istemek.

گواه داشتن govâh dâşten: tanığı olmak.

گواه کردن govâh kerden: şahit yapmak.

گواه گرفتن govâh giriften: şahit tutmak.

گواهی govâhî: [govâh+î] **1.**tanıklık, şahitlik. **2.**rapor. **3.**tasdik.

گواهی دادن govâhî dâden: tanıklık etmek, şahitlik etmek.

گواهی کردن govâhî kerden: tasdik etmek, onaylamak.

گواهی نامه govâhînâme: [govâh+î+ nâme] **1.**sertifika. **2.**şehadetname. **3.**ehliyet, sürücü ehliyeti.

گواهی نامه گرفتن govâhînâme giriften: ehliyet almak.

گوئی gû'î: [goften>gû+'î] **1.**sanki. **2.**dersin, söylersin.

گوئی که gûî ki: sanki.

گوئیا gû'iyâ: [goften>g+i+y+â] sanki, adeta.

گوباره gûbâre: [gû+bâre] **1.**sığır sürüsü. **2.**mandıra.

گو بردن gû borden: top sürmek, top kapmak.

گوبروت gû borût: ahmak.

گوت govt, gevt (T.) kalça, kıç, (argo) göt.

گوترو gotru (T.) götürü, kabala.

گوتیک gotik (Fr.) gotik.

گوجه govce, gevce (bot.) erik. ‖ * ~ ferengî گوجه فرنگی (bot.) domates. ‖ * ~ -i vahşî گوجهء وحشی (bot.) yaban eriği.

گوچ gevç ağaç zamkı.

گوچاه gevçâh: [gev+çâh] derin olmayan kuyu.

گود govd, gevd: **1.**çukur. **2.**derin.

گود goved: söyler.

گود افتادن govd oftâden: **1.**çukurlaşmak. **2.**çökmek.

گود افتاده govd oftâde: [govd+oftâden> oftâd+e] çukura batmış, çukurlaşmış.

گودال govdâl: **1.**çukur, derin yer. **2.**mezar.

گود انداختن govd endâhten: **1.**çukurlaştırmak, derinleştirmek. **2.**gözleri çökmek, gözleri çukura batmak.

گود برداشتن govd berdâşten: çukur kazmak, çukur açmak.

گودر gevder 1.buzağı. 2.buzağı derisi, güderi.

گودره govdere: 1.güderi, buzağı derisi. 2.buzağı. 3.(zool.) bir tür ördek.

گود شدن govd şoden: çukurlaşmak, derinleşmek.

گود کردن govd kerden: çukurlaştırmak, derinleştirmek.

گودن gevden salak, ahmak, bön.

گوده gevde, govde (T.) gövde.

گوده حرام govdeherâm (T. -A.) [govde+ herâm] tembel.

گودی govdî, gevdî: [govd+î] 1.derinlik. 2.çukur. ‖ * be ~ nişesten به گودی نشستن çukurlaşmak, çukura batmak.

گور gûr: mezar, kabir. ‖ * ~ -i hod râ gom kerden گور خود را گم کردن 1.defolup gitmek, cehennem olup gitmek. 2.gebermek, zıbarmak. ‖ * ârizû be ~ borden آرزو به گور بردن muradına eremeden ölmek. ‖ * be ~ kerden به گور کردن gömmek, defnetmek. ‖ * be pây-i hod be ~ âmeden به پای خود به گور آمدن kazdığı çukura düşmek, kazdığı kuyuya düşmek. ‖ * zinde be ~ زنده به گور 1.diri gömülen. 2.Sâdık Hidayet'in yapıtı. ‖ * zinde be ~ kerden زهده به گور کردن diri diri gömmek.

گور gûr: 1.çöl, sahra, bozkır. 2.yaban eşeği. 3.İran mitolojisinde Rüstem'in lakabı. ‖ * ~ -i her گور خر (zool.) yaban eşeği.

گوراب gûrâb: [<gûr-i âb] serap.

گورابه gûrâbe kümbetli türbe.

گوراندن gûrânden: karıştırmak, dolaştırmak (ip)

گور اسب gûresb: [gr+esb] (zool.) zebra.

گوربگور gûrbegûr: [gûr+be+gûr] ölü için söylenen bir küfür: mezarında hortlayası!

گوربگور افتادن gûrbegûr oftâden: ölmek.

گورچشم gûrçeşm: [gûr+çeşm] iri gözlü.

گورخانه gûrhâne: [gûr+hâne] 1.mezar. 2.türbe.

گورخر gûrher: [gûr+her] (zool.) yaban eşeği.

گوردین gûrdîn: 1.kilim. 2.aba.

گورستان gûristân: [gûr+istân] mezarlık.

گورکان gurkân (T.) [<gurekân] Timur'un lakabı.

گور کردن gûr kerden: gömmek, defnetmek.

گورکن gûrken: [gûr+kenden>ken] 1.mezarcı. 2.(zool.) porsuk.

گور کندن gûr kenden: mezar kazmak.

گورگه زدن gevorge zeden: kös çalmak.

گوریدن gûrîden: karıştırmak.

گوریل goril (Fr.) (zool) goril.

گوز govz, gevz: (Peh.) (bot.) ceviz. ‖ * ~ -i pûde şikesten گوز پوده شکستن (kin.) pot kırmak.

گوز باختن govz bâhten: ceviz oyunu oynamak.

گوز معلق شدن gûz-mu'ellek şoden: 1.(çocuk) tepetakla düşmek. 2.kaymak, sendelemek.

گوز مغز govzmegz: [govz+megz] iç ceviz.

گوزن gevezn: (Peh.) (zool.) geyik. ‖ * ~ -i kutbî گوزن قطبی (zool.) ren geyiği.

گوزه gûze: koza.

گوزیدن gûzîden: (argo) osurmak, yellenmek.

گوزینه govzîne, gevzîne: [govz+îne] iç cevizden yapılan bir tatlı, ceviz tatlısı.

گوژ gûj: 1.kambur. 2.tümsek. 3.yellenme. 4.(argo) osuruk.

گوژپشت gûjpoşt: [gj+poşt] 1.kambur. 2.(kin.) gökyüzü.

گوژ شدن gûj şoden: kamburlaşmak, tümsekleşmek.

گوژ کردن gûj kerden: kamburlaştırmak, tümsekleştirmek.

گوسالگی gûsâlegî: [gûsâle+g+î]

danalık.

گوساله gûsâle: [<gâv-i sâle] **1.**(zool.) dana. **2.**(zool.) buzağı. **3.**(kin.) akılsız genç. **4.**kösele. ‖ *~ î râ ki ez gelle codâ şeved gorg mîhored گوساله ای را که از گله جدا شود گرگ می خورد sürüden ayrılan kuzuyu kurt kapar.

گوسپند gûspend (zool.) koyun.

گوسپندکشان gûspendkoşân: [gûspend+ koşten> koş+ ân<iyd-i gûspendkoşân] kurban bayramı.

گوسفند gûsfend (zool.) koyun.

گوش gûş: (Peh.) **1.**(tıb.) kulak. **2.**dinleme, işitme. **3.**eskiden yolcu gemilerinin dış gövdelerine halatlarla sarkıtılan seyyar tuvalet. ‖ * ~ hâ râ tîz kerden گوش ها را تیز کردن kulak kabartmak. ‖ * ~ hâ-yi kesî zûze keşîden گوش های کسی زوزه کشیدن kulakları çınlamak. ‖ * ~ -i kesî bedehkâr bûden گوش کسی بدهکار بودن aldırmak, oralı olmak. ‖ * ~ -i kesî girifte bûden گوش کسی گرفته بودن kulağı tıkanmak. ‖ * ~ -i kesî keşîde şoden گوش کسی کشیده شدن kulağına üflenmek. ‖ * ~ -i kesî por şoden گوش کسی پر شدن kulağı dolmak. ‖ * ~ -i kesî râ âzurden گوش کسی را آزردن kulağını tırmalamak. ‖ * ~ -i kesî râ por kerden-i çîzî گوش کسی را پر کردن چیزی kulağı alışmak. ‖ * ~ -i kesî râ zeden گوش کسی را زدن kulağını tırmalamak, kulağını rahatsız etmek. ‖ * ~ -i kesî sengîn şoden گوش کسی سنگین شدن kulağı ağır işitmek, kulağı ağırlaşmak. ‖ * ~ -i kesî tîz şoden گوش کسی تیز شدن kulak kabartmak, kulak kesilmek. ‖ * ~ -i kesî tu sereş sedâ kerden گوش کسی تو سرش صدا کردن kulağı çınlamak. ‖ * ~ -i kesî zeng zeden گوش کسی زنگ زدن kulağı çınlamak. ‖ * ~ -i kesî zûzîden گوش کسی زوزیدن kulağı çınlamak, kulağı uğuldamak. ‖ * ~ -i şeytân ker گوش شیطان کر Şeytan kulağına kurşun! ‖ * âb der ~ -i kesî kerden آب در گوش کسی کردن kazık atmak, kazıklamak, hile yapmak. ‖ * âvîze-i ~ kerden آویزه گوش کردن kulağına küpe yapmak. ‖ * be ~ âmeden به گوش آمدن duyulmak, kulağa gelmek, işitilmek. ‖ * ~ be kesî siporden گوش به کسی سپردن kulak vermek. ‖ * ~ be pâ kerden گوش به پا کردن kulak kesilmek. ‖ * ~ be zeng گوش به زنگ **1.**eli kulağında. **2.**tetikte. ‖ * ~ be zeng bûden گوش به زنگ بودن **1.**eli kulağında olmak. **2.**tetikte olmak. ‖ * ~ -i her گوش خر **1.**eşek kulağı. **2.**işitmeyen kulak, sağır kulak. **3.**işe yaramaz. **4.**(kin.) penis. ‖ * ~ pehn goşâden گوش پهن گشادن kulağını açmak. ‖ * be ~ âverden به گوش آوردن kabul etmek, dinlemek. ‖ * be ~ goften به گوش گفتن kulağına fısıldamak. ‖ * be ~ horden به گوش خوردن kulağa gelmek, duyulmak. ‖ * be ~ -i kesî hânden به گوش کسی خواندن kulağına fısıldamak. ‖ * be ~ îstâden به گوش ایستادن kulak kesilmek. ‖ * be ~ kerden به گوش کردن dinlemek, kulak asmak. ‖ * be ~ nişesten به گوش نشستن kulakta yer etmek. ‖ * be ~ resânden به گوش رساندن duyurmak. ‖ * be ~ resîden به گوش رسیدن duyulmak, işitilmek, kulağa gelmek. ‖ * dem-i ~ harf zeden دم گوش حرف زدن fısıldaşmak. ‖ * der ~ -i kesî zeng zeden در گوش کسی زنگ زدن kulağında çınlamak. ‖ * dervâze-i ~ دروازه گوش kulak deliği. ‖ * ez bon-i ~ از بن گوش canu gönülden, seve seve. ‖ * ez nerme-i ~ از نرمه گوش can u gönülden. ‖ * halka be ~ حلقه به گوش **1.**küpeli. **2.**itaatkâr. **3.**köle. **4.**hizmetçi, uşak. ‖ * penbe ez ~ -i kesî ber âverden پنبه از گوش کسی بر آوردن birinin kulağını bükmek. ‖ * perde-i ~ -i kesî giriften پرده گوش کسی گرفتن kulağı tıkanmak. ‖ * poşt-i ~

endâhten پشت گوش انداختن kulak ardı etmek, kulak asmamak, göz ardı etmek. ‖ * poşt-i ~ endâz پشت گوش انداز umursamaz. ‖ * poşt-i ~ ferâh پشت گوش فراخ laf dinlemez, umursamaz. ‖ * sengînî-i ~ سنگینیء گوش (tıb.) ağır işitme. ‖ * ser u ~ âb dâden سر و گوش آب دادن yoklamak. ‖ * tûy-i ~ î goften توی گوشی گفتن kulağına fısıldamak.

گوشاب gûşâb: pekmez.

گوشاسب gûşâsb: **1.**düşazma. **2.**rüya. **3.**yanak tüyleri çıkmamış genç.

گوش باز کردن gûş bâz kerden: kulağını açmak.

گوش بدر gûşbeder: [gûş+be+der] kulağı kirişte, bekleyen.

گوش بر gûşbor: [gûş+borîden>bor] **1.**kulak kesen. **2.**yankesici.

گوش برگوش gûşbergûş: [gûş+ber+gûş] kulak kulağa.

گوش بری gûşborî: [gûş+borîden>bor+î] **1.**kulak kesme. **2.**yankesicilik.

گوش بریدن gûş borîden: **1.**kulak kesmek. **2.**yankesicilik yapmak, çarpmak.

گوش بری کردن gûşborî kerden: yankesicilik yapmak, çarpmak.

گوش بزنگ gûşbezeng: [gûş+be+zeng] kulağı kirişte, tetikte.

گوش پیچ gûşpîç: [gûş+pîçîden>pîç] **1.**kulak büken, cezalandıran. **2.**azarlama, kulak bükme. **3.**kulağı bükülmüş, cezalandırılmış.

گوش پیچ دادن gûş pîç dâden: kulak bükmek.

گوش پیچیدن gûş pîçîden: kulak bükmek.

گوش پیچیده gûşpîçîde: [gûş+pîçîden> pîçîd+e] kulağı bükülmüş, cezalandırılmış.

گوشت guşt: (Peh.) **1.**et. **2.**meyvanın etli kısmı. ‖ * ~ -i hod râ telh kerden گوشت خود را تلخ کردن sinirlenmek. ‖ * ~ -i kesî âb şoden گوشت کسی آب شدن erimek. ‖ * ~ -i ten-i kesî rîhten گوشت تن کسی ریختن zayıflamak, erimek, cılızlaşmak. ‖ * ~ -i zâyid-i cefen گوشت زاید جفن (tıb.) trahom. ‖ * ~ rûy-i ~ -i kesî âmeden گوشت روی گوشت کسی آمدن semirmek, biti kanlanmak.

گوشت govişt: [goften>go+v+işt] söz.

گوشت geveşt: [<guvişt] **1.**söz. **2.**klasik Türk mûsikîsinde bir makam.

گوشت آوردن şişmanlamak, toplamak, semirmek.

گوش تابی gûştâbî: [gûş+tâbîden>tâb+î] kulak bükmek, paylama, azarlama.

گوش تابیدن gûş tâbîden: kulak bükmek, paylamak, azarlamak.

گوشتالو guştâlû: [guşt+âlûden>âlû] **1.**semiz. **2.**etli.

گوشت آلود gûştâlûd: [gûşt+âlûden>âlûd] **1.**semiz. **2.**etli, tombul.

گوشت تلخ gûşttelh: [guşt+telh] **1.**huysuz, geçimsiz, kırıcı.

گوشت تلخی gûşttelhî: [gûşt+telh+î] huysuzluk, geçimsizlik, kırıcılık.

گوشت تلخی کردن gûşttelhî kerden: huysuzluk etmek, kırıcı olmak.

گوشت خوار gûşthâr: [gûşt+horden>hor> hâr] etobur, et yiyen.

گوشت خواره gûşthâre: [gûşt+horden> hor>hâr+e] etobur.

گوشت دار gûştdâr: [gûşt+dâşten>dâr] **1.**etli, tombul. **2.**etli kısım.

گوشت رفتن gûşt reften: zayıflamak, cılızlaşmak, kilo vermek.

گوشت فروش gûştfurûş: [guşt+furûhten> furûş] kasap.

گوشت کوب gûştkûb: [gûşt+kûbîden>kb] **1.**et tokmağı. **2.**pişmiş eti döven alet.

گوشتمند gûştmend: [gûşt+mend] **1.**etli, tombul, şişman. **2.**iri yapılı, iri yarı.

گوشتناک gûştnâk: [gûşt+nâk] **1.**etli, tombul, şişman. **2.**iri yapılı, iri yarı.

گوشتی gûştî: [gûşt+î] **1.**et ile ilgili. **2.**etli.

گوش تیز ساختن gûş tîz sâhten: kulak

kabartmak.

گوش تیز کردن gûş tîz kerden: kulak kabartmak, kulak kesilmek.

گوشتین gûştîn: [gûşt+în] etten, etten yapılmış.

گوش چسباندن gûş çesbânden: kulak dayamak.

گوشچی gûşçi (F. -T.) [gûş+çi] **1.**dinleyici. **2.**casus. **3.**muhafız.

گوش خر gûşher: [gûş+her] (bot.) nergisgillerden bir Amerikan bitkisi.

گوش خوردن gûş horden: zarar görmek.

گوش خورده gûşhorde: [gûş+horden> hord+e] kulağı bükülmüş, azarlanmış.

گوش دادن gûş dâden: kulak vermek, dinlemek.

گوشدار gûşdâr: [gûş+dâşten>dâr] **1.**kulaklı. **2.**dinleyen, kulak veren. **3.**gözleyici, korucu.

گوشداری gûşdârî: [gûş+dâşten>dâr+î] dinleme, kulak misafiri olma.

گوشداری کردن gûşdârî kerden: **1.**dinlemek. **2.**kulak misafiri olmak. **3.**gözlemek.

گوش داشتن gûş dâşten: **1.**kulağı olmak. **2.**kulak vermek. **3.**kulak misafiri olmak. **4.**gözlemek. **5.**bakmak. **6.**korumak. **7.**himaye etmek. **8.**beklemek.

گوش درد gûşderd: [gûş+derd] (tıb.) kulak ağrısı.

گوش دریده gûşderîde: [gûş+derîden> der+derîd+e] **1.**kulağı delik. **2.**(müz.) küçük davul.

گوشزد gûşzed: [gûş+zeden>zed] **1.**kulağa koyma, hatırlatma. **2.**işitilme. **3.**kulağa gelen, işitilen

گوشزد ساختن gûşzed sâhten: duyurmak.

گوشزد شدن gûşzed şoden: duyulmak, kulağına gitmek.

گوشزد کردن gûşzed kerden: **1.**duyurmak. **2.**hatırlatmak.

گوش سپردن gûş siporden: dinlemek.

گوش سنب gûşsonb: [gûş+sonbîden> sonb] **1.**kulak delici. **2.**(zool.) kırkayak.

گوش شوی gûşşûy: [gûş+şosten>şûy] kulak yıkama aleti.

گوش فرا دادن gûş ferâ dâden: kulak vermek.

گوش فیل gûşfîl: [gûş+fîl] **1.**(bot.) fil kulağı. **2.**bir tür tatlı.

گوش فیلی gûşfîlî: [gûş+fîl+î] **1.**fil kulağı şeklinde. **2.**(bot.) kaktüsgillerden bir bitki.

گوش کردن gûş kerden: **1.**işitmek, duymak, dinlemek, kulak vermek. **2.**kulak misafiri olmak. **3.**beklemek. **4.**kollamak. **5.**taklit etmek.

گوش گذار gûşgozâr: [gûş+gozârden> gozâr] **1.**hatırlatan. **2.**hatırlatma.

گوش گذاری کردن gûşguzârî kerden:kulağına fısıldamak.

گوش گرفتن gûş giriften: kulak tıkamak.

گوش گل gûşgel: [gûş+gel] venüs kemeri, venüs sepeti.

گوش گیر gûşgîr: [gûş+giriften>gîr] **1.**dinleyen. **2.**eziyet eden, üzen.

گوشمال gûşmâl: [gûş+mâlîden>mâl] **1.**kulak bükme. **2.**cezalandırma, tembih.

گوشمال خوردن gûşmâl horden: **1.**kulağı bükülmek. **2.**cezalandırılmak.

گوشمال دادن gûşmâl dâden: **1.**kulağını bükmek. **2.**cezalandırmak. **3.**saz telini titretmek.

گوشمال دیدن gûşmâl dîden: **1.**kulağı bükülmek. **2.**cezalandırılmak.

گوشمالی gûşmâlî: [gûş+mâlîden>mâl+î] **1.**kulak bükme. **2.**cezalandırma, tembih.

گوشمالی دادن gûşmâlî dâden: **1.**kulak bükmek. **2.**cezalandırmak, tembih etmek.

گوشمالی کردن gûşmâlî kerden: cezalandırmak.

گوش ماهی gûşmâhî: [gûş+mâhî] **1.**(zool.) istiridye. **2.**(zool.) yassısolungaçlılar. **3.**sedef kadeh.

گوش موش gûşmûş: [gûş+mûş] (bot.) yapışkan otu.

گوش نمودن gûş numûden: **1.**kulak vermek, dinlemek. **2.**dikkatli olmak.

گوش نواز gûşnevâz: [gûş+nevâhten> nevâz] kulağa hoş gelen.

گوش نهادن gûş nihâden: **1.**kulak vermek. **2.**kulak misafiri olmak. **3.**yönelmek.

گوشوار gûşvâr: (Peh.) [gûş+vâr] **1.**küpe. **2.**üst oda. ‖ * sohen ~ bûden سخن گوشوار بودن söz kulağa küpe olmak.

گوشواره gûşvâre: [gûş+vâr+e] **1.**küpe. **2.**(ed.) ikinci matla. **3.**hesap özeti. **4.**büyük inci. **5.**sırma işlemeli kumaş.

گوش وا ستادن gûş vâsitâden: kulak misafiri olmak.

گوشوان gûşvân: [gûş+vân] muhafız, gözcü.

گوشه gûşe: [gûş+e] **1.**köşe. **2.**kenar, bucak. **3.**taraf, yön. **4.**yöre, nahiye. **5.**dar mekân, der yer. **6.**halka. **7.**kinaye. **8.**(müz.) makamın bir kısmı. ‖ * ~ vu kenâr گوشه و کنار kuytu. ‖ * ~ vu kinâye zeden گوشه و کنایه زدن iğneli sözler söylemek, kinayeli konuşmak, dokundurmak. ‖ * ~ -i ciger گوشهٔ جگر ciğer köşe, evlat. ‖ * ~ -i çeşm گوشهٔ چشم göz ucu. ‖ * ~ -i çeşm be kesî kerden گوشهٔ چشم به کسی کردن (kin.) iltifat etmek, yönelmek. ‖ * ~ -i çîzî râ şikesten گوشهٔ چیزی را شکستن ucunu eğmek. ‖ * ~ -i ebrû bulend şoden گوشهٔ ابرو بلند شدن (kin.) sabırsız olmak. ‖ * ~ -i ebrû conbânîden گوشهٔ ابرو جنبانیدن (kin.) göz ucuyla işaret etmek. ‖ * ~ -i ebrû torş kerden گوشهٔ ابرو ترش کردن (kin.) öfkelenmek, surat asmak. ‖ * be ~ -i çeşm nigerîsten به گوشهٔ چشم نگریستن **1.**göz ucuyla bakmak. **2.**(kin.) iltifat etmemek, yüz vermemek. ‖ * ez ~ vu kenâr از گوشه و کنار şuradan buradan, sağdan soldan.

گوشه بند gûşebend: [gûşe+besten>bent] **1.**köşebent. **2.**kitap kapağı köşebenti.

گوشه به گوشه gûşebegûşe: [gûşe+be+gûşe] kıyı bucak, her köşede.

گوشه دار gûşedâr: [gûşe+dâşten>dâr] **1.**köşeli. **2.**iğneli söz, kinayeli söz. **3.**münzevi.

گوشه داری gûşedârî: [gûşe+dâşten> dâr+î] inziva.

گوشه زدن gûşe zeden: kinayeli söz söylemek, iğneli söz söylemek.

گوشه کردن gûşe kerden: köşe yapmak.

گوشه کنار gûşekenâr: [gûşe+kenâr] kıyı bucak, o yan bu yan.

گوشه کنایه gûşekinâye (F. -A.) [gûşe+ kinâye] kinayeli, iğneli.

گوشه کنایه زدن gûşe kinâye zeden: iğneli söz söylemek.

گوشه گرفتن gûşe giriften: inzivaya çekilmek, köşesine çekilmek.

گوشه گزیدن gûşe gozîden: inzivaya çekilmek, köşesine çekilmek.

گوشه گوشه gûşe gûşe köşe bucak, her taraf.

گوشه گیر gûşegîr: [gûşe+giriften>gîr] münzevi, insanlardan kaçan, köşeye çekilen, kendi köşesine çekilen.

گوشه گیری gûşegîrî: [gûşe+giriften> gîr+î] inziva.

گوشه گیری کردن gûşegîrî kerden: inzivaya çekilmek, köşesine çekilmek.

گوشه نشستن gûşe nişesten: inzivaya çekilmek, köşesine çekilmek.

گوشه نشین gûşenişîn: [gûşe+nişesten> nişîn] münzevi, köşesine çekilen.

گوشه نشین شدن gûşenişîn şoden: inzivaya çekilmek, köşesine çekilmek.

گوشه نشینی gûşenişînî: [gûşe+nişesten> nişîn+î] inziva, yalnız yaşama.

گوشی gûşî: [gûş+î] **1.**kulaklık. **2.**kulağa ait, kulak ile ilgili. **3.**kulak tıkacı. **4.**ahize. **5.**(tıb.) stetoskop. ‖ * ~ râ âvîzân kerden گوشی را آویزان کردن telefonu kapamak. ‖ * ~

dest-i kesî bûden گوشی دست کسی بودن ipleri elinde tutmak.

گوش بازی کردن gûşyâzî kerden: kulak kesilmek.

گوشیدن gûşîden: kulak vermek, dinlemek.

گوک gok (T.) -Moğ.) **1.**gök, gökyüzü. **2.**mavi.

گوگرد gûgerd: (Peh.) (kim.) kükürt.

گوگردی gûgerdî: [gûgerd+î] **1.**kükürtlü. **2.**kükürt rengi.

گوگل gevgel, govgel: sığır sürüsü.

گول gûl: **1.**ebleh, ahmak, salak, bön. **2.**cahil. **3.**hile.

گول gol (T.) **1.**havuz. **2.**gölet.

گولخور gûlhor: [gûl+horden>hor] kanan, aldanan.

گول خوردن gûl horden: aldanmak, kanmak.

گول خوری gûlhorî: [gûl+horden>hor+î] aldanma, kanma.

گول زدن gûl zeden: aldatmak, kandırmak.

گول شمردن gûl şomorden: ahmak saymak, salak bilmek.

گول کردن gûl kerden: aldatmak, kandırmak.

گول گردیدن gûl gerdîden: aptallaşmak, şaşalamak.

گول گرفتن gûl giriften: ahmak saymak, salak bilmek.

گولنداز gûlendâz: [gûl+endâhten>endâz] **1.**mermi atan. **2.**topçu.

گوله gûle: [gûl+e] **1.**mermi. **2.**kirpi. **3.**pamuk.

گومبل gûmbel: şişman, tombul, iriyarı.

گون gûn: (Peh.) **1.**renk. **2.**yüz. **3.**nevi. **4.**kısım. **5.**yöntem, tarz, metod. **6.**şekil.

گون geven (bot.) geven, kitre ağacı.

گونا gûnâ: [gûn+â] **1.**renk. **2.**yöntem, tarz, şekil.

گوناگون gûnâgûn: [gûn+ +gûn] (Peh.) **1.**rengarenk, alaca. **2.**türlü, çeşitli, muhtelif, çeşit çeşit.

گوناگون شدن gûnâgûn şoden: **1.**rengarenk olmak. **2.**çeşitli olmak, çeşit çeşit olmak.

گوناگون کردن gûnâgûn kerden: **1.**rengarenk yapmak. **2.**çeşit çeşit yapmak.

گونه gûne: (Peh.) **1.**renk. **2.**yüz. **3.**yanak. **4.**nevi, cins, tür. **5.**yöntem, tarz, metod. **6.**şekil. **7.**parça, kısım. ‖ * be ~ î ki به گونه ای که öyle ki, -cek şekilde. ‖ * bedin ~ بدین گونه böylece, böylelikle. ‖ * rûy-i kesî ~ şoden روی کسی گونه شدن beti benzi atmak. ‖ * ustuhân-i ~ استخوان گونه (tıb.) aşık kemiği.

گونه بگشته gûnebegeşte: [gûne+be+geşten>geşt+e] yüzünün rengi değişmiş, rengi dönmüş.

گونه دادن gûne dâden: renk vermek.

گونه گون gûnegûn: [gûne+gûn] türlü, çeşitli.

گونه گونه gûne gûne türlü türlü, çeşit çeşit.

گونی gûnî: çuval.

گونیا gunya: (Yun.) gönye.

گونیا شدن gunya şoden: gönyelenmek.

گونیا کردن gunya kerden: **1.**gönyelemek. **2.**çekül ile ölçmek, düzlemek. **3.**eşitlemek.

گونی باف gûnîbâf: [gûnî+bâften>bâf] çuvalcı, çuval dokuyan.

گوه geve: tahta takoz.

گوه gûh dışkı, bok.

گوهر govher: (Peh.) **1.**cevher, mücevher. **2.**inci. **3.**cansız, katı. **4.**asıl, esas, öz. **5.**ebced hesabında noktalı harflerin hesaplanması. **6.**bayan adı. **7.**küpe. ‖ * ~ be deryâ borden گوهر به دریا بردن boşuna uğraşmak, boşuna kürek çekmek, havanda su dövmek. ‖ * kân be ~ resîden کان به گوهر رسیدن (kin.) muradına ermek.

گوهر آموده govherâmûde: [govher+âmden>âmd+e] kakmalı, mücevher işlemeli, murassa.

گوهر افشان govherefşân: [govher+efşânden>efşân] **1.**mücevher saçan, inci saçan. **2.**(kin.) fasih ve beliğ.

گوهر انداز کردن govherendâz kerden: 1.mücevher saçmak, inci saçmak. 2.(kin.) göz yaşı dökmek, ağlamak.

گوهربار govherbâr: [govher+bârîden> bâr] 1.inci yağdıran. 2.mücevher yağdıran.

گوهر باریدن govher bârîden: 1.mücevher saçmak. 2.cömert davranmak. 3.(kin.) ağlamak.

گوهر بخش gevherbahş: [gevher+ bahşîden> bahş] 1.inci bağışlayan. 2.eliaçık, cömert.

گوهربین govherbîn: [govher+dîden>bîn] 1.mücevher gören. 2.mücevher uzmanı. 3.(mec.) iyiyi kötüden ayıran.

گوهرپاش govherpâş: [govher+pâşîden> pâş] 1.inci saçan. 2.düzgün konuşan, özlü sözler söyleyen.

گوهرتاب govhertâb: [govher+tâbîden> tâb] 1.inci gibi parlayan. 2.bir tür yazlık kadın giysisi. 3.inci işlemeli başörtüsü.

گوهردار govherdâr: [govher+dâşten> dâr] 1.mücevherli. 2.soylu, asil.

گوهرریز govherrîz: [govher+rîhten>rîz] 1.inci döken. 2.güzel konuşan, özlü sözler söyleyen.

گوهر شکستن govher şikesten: 1.mücevher parçalamak. 2.(kin.) gülmek. 3.mevkiini yitirmek.

گوهرشناس govherşinâs: [govher+ şinâhten>şinâs] 1.mücevher uzmanı. 2.sarraf.

گوهرشناسی govherşinâsî: [govher+ şinâhten>şinâs+î] 1.mücevher uzmanlığı. 2.sarraflık.

گوهر فروش govherfurûş: [govher+ furûhten>furûş] mücevher satan, mücevheratçı.

گوهرفروشی govherfurûşî: [govher+ furûhten>furûş+î] mücevheratçılık.

گوهرکش govherkeş: [govher+keşîden> keş] inci düzen, mücevher dizen.

گوهرگداز govhergodâz: [govher+ godâhten>godâz] 1.mücevher eriten. 2.camcı.

گوهرگستر govhergoster: [govher+ gosterden>goster] 1.mücevher saçan. 2.(kin.) eli açık, bonkör, cömert. 3.fasih ve beliğ. 4.hatip, vaiz. 5.yağmur.

گوهرنثار govhernisâr: (F.-A.) [govher+ nisâr<nisâr konende] 1.inci saçan. 2.mücevher saçan. 2.düzgün konuşan, özlü sözler söyleyen.

گوهرنژاد govhernijâd: [govher+nijâd] soylu, asil.

گوهرنژاد govhernişân: [govher+ nişânden>nişân] mücevher kakmalı, mücevher işlemeli, murassa.

گوهرنشان govhernişân: [govher+ nişânden> nişân < nişânde] mücevherli, incili.

گوهر نشاندن govher nişânden: mücevher işlemek, mücevher oturtmak.

گوهرنشین govhernişîn: [<govher+nişân] mücevherli, incili.

گوهر نگین govhernigîn: [govher+nigîn] yüzük kaşında inci olan.

گوهری govherî, gevherî: [govher+î] 1.mücevherli. 2.murassa, mücevher işlemeli. 3.mücevheratçı. 4.soylu, asil. 5.eli açık, cömert, bonkör. 6.tabiî. 7.zâtî.

گوهری شدن govherî şoden: 1.mücevherli olmak. 2.asil olmak.

گوهرین govherîn: [govher+în] 1.mücevherli. 2.mücevherden yapılmış. 3.ebced hesabına göre yalnız noktalı harflerin hesaplanması.

گوی gûy: 1.top. 2.çevgen topu. 3.düğme. 4.yumak. 5.yerküre. 6.su kabarcığı. 7.insan ve hayvan dışkısı. 8.gülle. ‖ * ~ der meydân efkenden گوی در میدان افکندن 1.çevgen oynamak. 2.yarışmak. ‖ * ~ ez âb berdâşten گوی از آب بر داشتن (kin.) savaşta kılıç kullanmada çok usta olmak. ‖ * ~

u çevgân گوی و چوگان 1.(sp.) çevgen oyunu, polo oyunu. 2.bu oyunda kullanılan top ve ucu eğri sopa. 3.münazara tarzında yazılmış bu isimdeki eserlerin genel adı. ‖ * ~ -i tenhâyî zeden گوی تنهایی زدن (kin.) inzivaya çekilmek, köşesine çekilmek.

گوی gûy: [goften>gûy] 1.söyleyen. 2.söyleme, deme. 3. (emir) söyle. 4.söz. ‖ * goft u ~ گفت و گوی· 1.dedikodu. 2.konuşma.

گویا gûyâ: [goften>gûy+â] 1.söyleyen, konuşan, dile getiren. 2.konuşkan. 3.sanki, sözüm ona, sözde, sanırım. 4.dile gelen.

گویا شدن gûyâ şoden: konuşmak, dile gelmek.

گویا که gûyâ ki: [goften>gûy+â+ki] sanki, adeta.

گویان gûyân: [goften>gûy+ân] söyleyen, konuşan.

گویاندن gûyânden: 1.söyletmek. 2.adlandırmak.

گویانیدن gûyânîden: 1.söyletmek. 2.adlandırmak.

گویایی gûyâyî: [goften>gûy+ +yâ+î] 1.söyleme, konuşma. 2.fesahat.

گوی باختن gûy bâhten: çevgen oynamak.

گوی باز gûybâz: [gûy+bâhten>bâz] çevgen oyuncusu.

گوی بازی gûybâzî: [gy+bâhten>bâz+î] çevgen oyunu.

گوی بازی کردن gûybâzî kerden: çevgen oynamak.

گوی بردن gûy borden: üstün gelmek, öne geçmek.

گوی در افکندن gûy der efkenden: 1.meydana çevgen topu atmak. 2.mücadele etmek.

گوی ربودن gûy rubûden: galip gelmek, üstün gelmek, öne geçmek.

گوی زدن gûy zeden: 1.topa vurmak. 2.çevgen oynamak. 3.öne geçmek, üstün gelmek.

گویش gûyiş: [goften>gûy+iş] 1.söz, söyleyiş, deyiş. 2.lehçe, dialekt.

گوی شدن gûy şoden: 1.bükülmek, iki kat olmak. 2.başını dizine dayayıp düşünceye dalmak.

گویک gûyek: [gûy+ek] 1.küçük çevgen topu. 2.yaka düğmesi. 3.rahim.

گویندگی gûyendegî: [goften>gûy+ende+ g+î] 1.spikerlik. 2.sözcülük. 3.şarkıcılık.

گویندگی کردن gûyendegî kerden: 1.spikerlik yapmak. 2.şarkıcılık yapmak, şarkı okumak.

گوینده gûyende: [goften>gûy+ende] 1.spiker. 2.sözcü. 3.şarkıcı. 4.masalcı. 5.insan. 6.dil, lisan. 7.ahenkli.

گویی gûyî: [goften>gûy+î] 1.sanki, adeta, sanırsın. 2.dersin. 3.söyleme, deme, söyleyiş.

گوییا gûyiyâ: [goften>gûy+î+y+â] sanki, adeta, sanırsın.

گه geh: 1.bazen, kimi zaman, kâh. 2.yer ve zaman bildiren yapım eki.

گه goh: (Peh.) gaita, dışkı, (argo) bok. ‖ * ber ~ keşîden بر گه کشیدن (argo) sıçıp sıvamak.

گه آلود gohâlûd: [goh+âlûden>âlûd] (argo) boklu, boka bulanmış.

گهبد gehbed, gehbod: [geh+bed] 1.makam sahibi. 2.haznedar.

گه خوردن goh horden: 1.(argo) bok yemek. 2.saçmalamak, halt etmek.

گهر goher: [govher>goher> guher] 1.mücevher. 2.inci.

گهربار goherbâr: [goher+bârîden>bâr] 1.mücevher saçan, inci saçan. 2.yararlı.

گهرپاره goherpâre: [goher+pâre] 1.inci parçası. 2.mücevher parçası.

گهرپاش goherpâş: [goher+pâşîden>pâş] 1.inci saçan, inci serpen. 2.mücevher saçan, mücevher serpen.

گهرچین goherçîn: [goher+çîden>çîn] inci toplayan.

گهرریز goherrîz: [goher+rîhten>rîz] 1.inciler döken. 2.mücevherler döken.

گهرفروش goherfurûş: [goher+furûhten> furûş] ·**1.**inci satan. **2.**mücevher satan, kuyumcu.

گهرفشان ·goherfeşân: [goher+feşânden> feşân] **1.**inci saçan. **2.**mücevher saçan.

گه زدن goh zeden: **1.**(argo) bir işi bok etmek, yüzüne gözüne bulaştırmak. **2.**pislik sürmek.

گه زن gehzen: [geh+zeden>zen] bir tür ayakkabı dikme aleti.

گه گاه gehgâh: [geh+gâh] zaman zaman, kimi zaman, arasıra.

گه گاهی gehgâhî: [geh+gâh+î] zaman zaman, kimi zaman, arasıra.

گه گه gehgeh: [geh+geh] zaman zaman, kimi zaman, arasıra.

گه گیجه gohgîce: [goh+gîce] şaşkınlık, hayret.

گه گیر gehgîr: [geh+giriften>gîr] **1.**huysuz, esirikli, sağı solu belli olmayan. **2.**huysuz at.

گه گیر شدن gehgîr şoden: birden hali değişmek, gelenler gelmek, heyheyleri gelmek.

گه مال کردن gohmâl kerden: **1.**pisliğe bulamak. **2.**iyi yıkamamak.

گهواره gehvâre: **1.**beşik. **2.**(kin.) dünya. ‖ * taht-i ~ tâşov تخت گهوارهء تاشو portatif beşik.

گهواره پوش gehvârepûş: [gehvâre+ pûşîden>pûş] cibinlik.

گهواره گر gehvâreger [gehvâre+ger] beşikçi.

گهواره نشین gehvârenişîn [gehvâre+ nişesten> nişîn] beşik çocuğu.

گه و بیگاه gehubîgâh: [geh+u+bî+gâh] zamanlı zamansız, arada sırada.

گهی gehî: [geh+î] bazen, zaman zaman, kimi zaman, arasıra.

گهی gohî: [goh+î] (argo) boklu.

گیا giyâ: bitki, ot.

گیاخاک giyâhâk: [giyâ<giyâh+hâk] humus.

گیازار giyâzâr: [giyâ+zâr] çimenlik, yeşillik.

گیاه خوار giyâhhâr: [giyâh+horden>hor> hâr] otobur, vejetaryen.

گیتی ستان gîtîsitân: [gîtî+sitânden>sitân] dünyayı ele geçiren, dünya padişahı, imparator.

گیان geyân: (Peh.) çadır.

گیاه giyâh: (Peh.) bitki, nebat, ot. ‖ * ~ -i akreb گیاه عقرب (bot.) güne yönelen, güne doğrulan. ‖ * ~ -i nemnâk گیاه نمناک semizotu. ‖ * ~ -i şotor گیاه شتر deve dikeni.

گیاه بسته giyâhbeste: [giyâh+besten> best+e] ot bürümüş.

گیاه چریدن giyâh çerîden: otlamak.

گیاه خوار giyâhhâr: [giyâh+horden> hor>hâr] **1.**otobur, vejetaryen. **2.**otlak.

گیاه خواری giyâhhârî: [giyâh+horden> hor>hâr+î] otoburluk, vejetaryenlik.

گیاه خوردن giyâh horden: ot yemek.

گیاه شناس giyâhşinâs: [giyâh+şinâhten> şinâs] botanist.

گیاه شناسی giyâhşinâsî: [giyâh+ şinâhten>şinâs+î] botanik.

گیاه کاشتن giyâh kâşten: tarım yapmak.

گیاهی giyâhî: [giyâh+î] bitkisel. ‖ * rûpûş-i ~ روپوش گیاهی (coğ.) bitki örtüsü.

گیتار gitar (Fr.) (müz.) gitar, İspanyol gitar.

گیتی gîtî: (Peh.) **1.**dünya, cihan. **2.**âlem. **3.**(tas.) süflî âlem. **4.**(kin.) dünyanın durumu.

گیتی آرا gîtîârâ: [gîtî+ârâsten>ârâ] **1.**dünya-yi süsleyen. **2.**sadberk gülü.

گیتی آرای gîtîârây: [gîtî+ârâsten>ârây] **1.**dünya-yi süsleyen. **2.**sad-berk gülü.

گیتی بان gîtîbân: [gîtî+bân] **1.**dünya-yi koruyan. **2.**büyük padişah, imparator.

گیتی خوردن gîtî horden: dünya nimetlerinden yararlanmak.

گیتی داشتن gîtî dâşten: padişahlık yapmak.

گیتی فروز gîtîfurûz: [gîtî+ferûhten> furûz] dünya-yi aydınlatan.

گیتی گشا gîtîgoşâ:

[gîtî+goşâden>goşâ] dünya fatihi, büyük hükümdar, cihangir.

گیتی گشایی gîtîgoşâyî: [gîtî+goşâden> goşây+î] cihangirlik.

گیتی نما gîtînumâ: [gîtî+numûden>numâ] dünyayı gösteren.

گیتی نورد gîtîneverd: [gîtî+neverdîden> neverd] **1.**gezgin, turist. **2.**dünya padişahı. **3.**(kin.) güneş. **4.**hızlı giden binit.

گیج gîc: **1.**afallamış, sersem. **2.**ahmak, aptal, salak. **3.**övüngen. ‖ * ser-i kesî ~ horden سر کسی گیج خوردن başı dönmek. ‖ * ser-i kesî ~ reften سر کسی گیج رفتن başı dönmek.

گیج شدن gîc şoden: **1.**sersemleşmek. **2.**başı dönmek. **3.**şaşırmak, afallamak.

گیج کردن gîc kerden: **1.**şaşırtmak, afallatmak. **2.**bayıltmak.

گیجگاه gîcgâh: [gîc+gâh] şakak.

گیج گیج خوردن gîc gîc horden: **1.**sendelemek, yalpalamak. **2.**yarım yamalak iş yapmak.

گیج گیج شدن gîc gîc şoden: başı dönmek.

گیجه gîce: [gîc+e] sersemlik, afallama.

گیجی gîcî: [gîc+î] sersemlik, afallama.

گیدی gîdî: **1.**deyyus, pezevenk. **2.**ödlek, cesaretsiz.

گیر gîr: [giriften>gîr] **1.**tutma. **2.**tutan. **3.**yakalayan. **4.**alan. **5.**fetheden, ele geçiren. **6.**yayılan, dağılan. **7.**dövüş, kavga. **8.**savaş.**9.**engel. **10.**takılma. **11.**güç. ‖ * be ~ âmeden به گیر آمدن yakalanmak. ‖ * be ~ âverden به گیر آوردن yakalamak, ele geçirmek. ‖ * be ~ oftâden به گیر افتادن yakalanmak, ele geçmek. ‖ * be ~ -i kesî âmeden به گیر کسی آمدن eline düşmek.

گیر آمدن gîr âmeden: **1.**bulunmak. **2.**yakalanmak, ele geçmek.

گیر آوردن gîr âverden: **1.**ele geçirmek, elde etmek, bulmak, edinmek, sahip olmak. **2.**esir almak, tutsak etmek.

گیرا gîrâ: [giriften>gîr+] **1.**tutan, tutucu. **2.**cezbedici, cazip, alıcı, alımlı. **3.**avlayan. **4.**öksürük. **5.**tutsak. **6.**etkili.

گیر افتادن gîr oftâden: **1.**yakalanmak. **2.**sıkışıp kalmak, sıkışmak. **3.**tutsak düşmek.

گیراگیر gîrâgîr: [giriften>gîr+ â+gîr] **1.**sıkı tutma. **2.**kargaşa, gürültü, kavga.

گیراگیر کردن gîrâgîr kerden: ele geçirmek, sıkı tutmak.

گیرانداختن gîr endâhten: yakalamak. ‖ * kesî râ ~ کسی را گیر انداختن birini yakalatmak.

گیراندن gîrânden: **1.**yakalatmak. **2.**tutuşturmak.

گیرانه gîrâne: [giriften>gîr+âne] çıra.

گیرانیدن gîrânîden: **1.**yakalatmak. **2.**tutuşturmak.

گیرایی gîrâyî: [giriften>gîr+â+y+î] **1.**tutuculuk, tutma gücü. **2.**albeni, cazibe, alımlılık. **3.**avlama, yakalama, tutma. **4.**tesir, nüfuz. **5.**esirlik.

گیر دادن gîr dâden: **1.**yakalatmak. **2.**gammazlamak.

گیردار gîrdâr: [giriften>gîr+dâşten>dâr] tutucu, engeli olan.

گیرش gîriş: [giriften>gîr+iş] **1.**tutma, yakalama, alma. **2.**ele geçirme. **3.**kınama, ayıplama. **4.**suç.

گیرشگاه gîrişgâh: [giriften>gîr+iş+gâh] **1.**yakalama yeri. **2.**tutacak yer.

گیر کردن gîr kerden: **1.**takılmak. **2.**kalmak, yolda kalmak. **3.**engele rastlamak, zorlukla karşılaşmak. **4.**(kin.) aşık olmak. **5.**sıkışıp kalmak.

گیرم gîrem: [giriften>gîr+em] **1.**diyelim ki, tut ki, say ki. **2.**tutarım, alırım.

گیرنده gîrende: [giriften>gîr+ende] **1.**alıcı. **2.**çekici, cazibeli. **3.**etkili.

4.tutuşucu, parlayıcı. 5.duası kabul olan. 6.ısırıcı. 7.yaralayıcı.

گیرودار gîrûdâr: [giriften>gîr+u+dâşten> dâr] 1.kargaşa. 2.savaş. 3.hüküm sürme. ‖ * ~ -i maîşet گیرودار معیشت geçim kavgası.

گیره gîre: [giriften>gîr+e] 1.mengene. 2.çıra, tutuşturucu. 3.ataş. 4.küçük sepet. 5.kerpeten. 6.kıskaç. 7.mandal. 8.pens. 9.toka. 10.kol.

گیریافتادن gîrî oftâden: yakalanmak, ele geçmek.

گیس gîs: (Peh.) saç, uzun saç, zülüf.

گیس سفید gîssefîd: [gîs+sefîd] 1.ak saçlı (hanım) 2.ak saç, ağarmış saç. 3.yaşlı.

گیس سفیدی gîssefîdî: [gîs+sefîd+î] 1.aksaçlılık. 2.yaşlılık, ihtiyarlık.

گیس کندن gîs kenden: saçını yolmak, saçını başını yolmak.

گیسو gîsû: (Peh.) saç, uzun saç, zülüf, omuzlara kadar inen saç.

گیسوان gîsuvân: saçlar.

گیسو بریده gîsûborîde: [gîsû+borîden> borîd+e] 1.saçı kesilmiş (kadın) 2.(kin.) iffetsiz kadın. 3.kadınlara hitaben edilen bir küfür.

گیسوبند gîsûbend: [gîsû+besten>bend] 1.saç bağı. 2.bayan tarağı.

گیسودار gîsûdâr: [gîsû+dâşten>dâr] 1.uzun saçlı. 2.(kin.) yüce, ulu. ‖ * necm-i ~ نجم گیسودار kuyruklu yıldız.

گیشه gişe (Fr.) gişe.

گیلاس gilâs: 1.(bot.) kiraz. 2.(bot.) kiraz ağacı. 3.su bardağı, bardak. 4.kadeh. 5.(tıb.) böbrekteki havuzcuk.

گیلاس بهم زدن gîlâs behem zeden: kadeh tokuşturmak.

گیلان gîlân: (coğ.) Gîlân, İran'da bir yer.

گیلانشاه gîlânşâh: [gîlân+şâh] 1.(zool.) kervan çulluğu. 2.Gîlanşah.

گیلانی gîlânî: [gîlân+î] Gîlanlı.

گیلک gîlek: 1.Gîlanlı. 2.köylü.

گیلکی gîlekî: [gîlek+î] Gîlekçe.

گیلی gîlî: [gîl+î] 1.Gîlanlı. 2.Gîlekçe. 3.bir tür Gîlan atı. 4.tepe, sırt.

گیلی گیلی خوردن gîlî gîlî horden: 1.yalpalayarak gitmek, yalpalamak. 2.yuvarlanmak.

گین gîn "bulanmış, bulaşmış, dolu" anlamında kelimeler türetmeye yarayan yapım eki.

گیو gîv: İran mitolojisinde Rüstem'in üvey oğlu olan yiğit, Gîv.

گیوتین giyotin (Fr.) giyotin.

گیوه gîve: çarık.

گیوه دوز gîvedûz: [gîve+dûhten>dûz] çarıkçı, çarık diken.

گیه giyeh: bitki, ot.

گیهان geyhân: (Peh.) 1.dünya. 2.âlem.

ل

ل lâm: l, L, **1.**Fars alfabesinin 27.harfi. **2.**sayısal değeri 30. **3.**Şevval aynının kısaltılmış şekli.

لآلی le'âlî: (A.) inciler.

لا lâ: **1.**iç, ara. **2.**orta. **3.**tane, adet. **4.**kat. **5.**kırışık. **6.**makas. **7.**büklüm.

لا lâ: (A.) hayır, değil.

لائح lâ'ih: (A.) **1.**parlak. **2.**aşikâr, ortada, açık.

لائحه lâ'ihe: (A.) tasarı, layiha.

لائم lâ'im: (A.) kınayıcı.

لائمه lâ'ime: (A.) kınayıcı (kadın)

لا ابالی lâubâlî: (A.) kayıtsız, gamsız, laubali, düşüncesiz.

لا اقل lâekal: (A.) en azından, bari, hiç olmazsa.

لاب lâb: (T.) tamamen.

لابد lâbud: (A.) kuşkusuz, çaresiz, mutlaka, gerçekten.

لابراتوار laboratuar: (Fr.) laboratuvar.

لابرلا lâberlâ: [lâ+ber+lâ] **1.**iç içe, kat kat. **2.**bir tür tatlı ekmek.

لابس lâbis: (A.) giyinen, giyimli.

لابلا lâbelâ: [lâ+be+lâ] ara, orta, arası, içi.

لابه lâbe: **1.**yakarış, yalvarış, yalvarma. **2.**dalkavukluk. **3.**hile, düzen. **4.**ızdırap. **5.**sadaka. ‖ * be ~ dom conbânden به لابه دم جنباندن (kin.) yağ çekmek, dalkavukluk etmek.

لابه ساختن lâbe sâhten: **1.**yalvarmak, yakarmak, dil dökmek. **2.**yağ çekmek. **3.**aldatmak.

لابه کردن lâbe kerden: **1.**yalvarmak, yakarmak, dil dökmek. **2.**yağ çekmek. **3.**aldatmak.

لابه گر lâbeger: [lâbe+ger] **1.**yakaran, yalvaran, dil döken. **2.**yağcı, dalkavuk. **3.**aldatıcı.

لابه گری lâbegerî: [lâbe+ger+î] **1.**yalvarma, yakarma, dil dökme. **2.**yağcılık, dalkavukluk. **3.**aldatma.

لابه گری کردن lâbegerî kerden: **1.**yalvarmak, yakarmak, dil dökmek. **2.**yağ çekmek, dalkavukluk etmek. **3.**aldatmak.

لابلا lâbelâ: [lâ+be+lâ] ara, orta.

لابیدن lâbîden: dilemek, rica etmek.

لابیرنت labirent: (Fr.) labirent.

لاپ lâp: **1.**laf. **2.**sözünden dönme, cayma. **3.**tamamen.

لاپ آمدن lâp âmeden: **1.**saçmalamak, zırvalamak. **2.**mızıkçılık etmek. **3.**sahip çıkmak.

لات lât: **1.**bıçkın. **2.**züğürt, fakir. **3.**avare, başıboş. **4.**(coğ.) alüvyon.

لات lât: (A.) Lat, Cahiliyye devrindeki bir put.

لاتار latar: (Fr.) piyango.

لاتاری latari: (Fr.) piyango.

لاتن lâtin: (Lat.) latin.

لاتو lâtû: merdiven.

لات و پات lât u pât: **1.**fakir, züğürt. **2.**ardına kadar açık.

لاتی lâtî: [lât+î] yoksul, fakir, züğürt.

لاتین latin: (Fr.) Latin.

لاتینی latinî: (Fr. -F.) [latin+î] **1.**Latin. **2.**Latince.

لاج lâc: **1.**dişi köpek. **2.**çıplak, üryan. **3.**rüşvet.

لاجرعه lâcor'e: (A.) bir dikişte.

لاجرعه کشیدن lâ cor'e keşîden: bir dikişte içmek.

لاجرم lâcerem: (A.) kuşkusuz, çaresiz.

لاجورد lâcverd, lâceverd: **1.**lacivert. **2.**çivit. **3.**siyah.

لاجوردی lâcverdî: [lâcverd+î] **1.**lacivert. **2.**çivit rengi.

لاچ lâç: aldatma, hile.

لاحد lâhid: (A.) mezarcı.

لاحق lâhik: (A.) **1.**ulaşan, kavuşan, katılan. **2.**gelecek.

لاحق شدن lâhik şoden: katılmak, kavuşmak, ulaşmak.

لاحقه lâhike: (A.) ek, fazlalık.

لاحول lâhavle: (A.) lâhavle.

لاخ lâh: **1.**yer. **2.**uzun ve ince olan şeylerin bir tanesi.

لاخشته lâheşte: **1.**bir tür aş. **2.**kaygan yer.

لاخشه lâheşe: **1.**bir tür aş. **2.**kaygan yer.

لاخه lâhe: parça, kumaş parçası.

لاخه دوز lâhedûz: [lâhe+dûhten>dûz] eskici.

لاد lâd: duvar, toprak duvar. ‖ * ~ ez ~ efkenden لاد از لاف افکندن taş taş üstünde bırakmamak, yerle bir etmek. ‖ * bon-i ~ بن لاد **1.**duvar dibi. **2.**asıl, kök.

لادن lâdin: (Lat.) (bot.) lavanta çiçeği, lâden çiçeği.

لاده lâde: **1.**aptal, ahmak, salak. **2.**dişi köpek, kancık.

لارد lard: (İng.) lord.

لارو larv: (Fr.) larva.

لاروب lârûb: [lâ+ruften>rûb] çamur tarayıcı. ‖ * keştî-i ~ کشتیء لاروب çamur temizleme gemisi, çamur tarama gemisi.

لاروبی lârûbî: [lâ+ruften>rûb+î] çamur temizleme.

لاری lârî (zool.) bir cins dövüş horozu.

لازم lâzim: (A.) **1.**lâzım, gerekli, zorunlu. **2.**(gr.) geçişsiz, lâzım. ‖ * fi'l-i ~ فعل لازم (gr.) geçişsiz fiil.

لازم آمدن lâzim âmeden: gerekmek, lâzım olmak, gereksinim duymak.

لازم داشتن lâzim dâşten: ihtiyacı olmak, gereksinim duymak.

لازم شدن lâzim şoden: gerekmek, lâzım olmak.

لازم شمردن lâzim şomorden: gerekli görmek.

لازم کردن lâzim kerden: zorunlu kılmak.

لازم گرفتن lâzim giriften: daima bir şeyle birlikte olmak.

لازمه lâzime: (A.) **1.**gerekli, lâzım. **2.**birlikte, beraber.

لاژورد lâjverd: lacivert.

لاس lâs: **1.**(zool.) dişi hayvan. **2.**(teknolojide) dişi diş. **3.**oynaşma. **4.**kaba ipek. **5.**köylerdeki su kuyusu. **6.**flört.

لاسبیلی در کردن lâsibîlî der kerden: karşı tarafın suçlamalarına cevap vermemek, umursamamak, tınmamak.

لاستیک lastik: (Fr.) **1.**lastik. **2.**oto lastiği.

لاس زدن lâs zeden: **1.**oynaşmak. **2.**flört etmek. **3.**yanağını okşamak.

لاسیدن lâsîden: oynaşmak.

لاسیما lâsiyyemâ: (A.) özellikle.

لاش lâş: **1.**leş, murdar. **2.**değersiz, itibarsız. **3.**az bir şey. **4.**yağma, talan. ‖ * be ~ به لاش sebepsiz yere, durduk yerde. ‖ * be ~ şoden به لاش شدن yağmalanmak, talan edilmek.

لاشخوار lâşhâr: [lâş+horden>hor>hâr] **1.**(zool.) leş yiyen. **2.**kartal. **3.**(mec.) leş kargası. **4.**zorba.

لاشخور lâşhor: [lâş+horden>hor] **1.**leş yiyen. **2.**kartal.

لاش کردن lâş kerden: **1.**yok etmek. **2.**rezil etmek. **3.**yağmalamak, talan etmek. **4.**üzüm dermek.

لاش گذاشتن lâş gozâşten: ilavelerde bulunmak.

لاش ماش lâş-mâş: bâtıl, boşuna, saçma.

لاشمرده lâşmorde: [lâş+morden> mord+e] leş.

لاشه lâşe: **1.**leş. **2.**ihtiyar ve düşkün. **3.**eşek. **4.**dip koçanı.

لاشه دار lâşedâr: [lâşe+dâşten>dâr] ağır, gülle gibi.

لاشی lâşî: [lâş+î] değersiz, önemsiz, nâçiz.

لاشیدن lâşîden: yağmalamak, talan etmek.

لاط lât: züğürt.

لاطائل lâtâ'il: (A.) boş, faydasız, zırva. ‖ * ~ behem bâften لاطائل بهم بافتن zırvalamak, saçmalamak.

لاطی lâtî: [lât+î] oğlancı, kulampara.

لاعب lâ'ib: (A.) oyuncu, oynayan.

لاعلاج lâ'ilâc: (A.) çaresiz, mecbur, zorunlu, ister istemez.

لاعن lâin: (A.) lanet eden, küfreden.

لاغ lâğ: **1.**alay, şaka. **2.**hile. **3.**demet. **4.**dal.

لاغر lâger: **1.**zayıf, cılız, çelimsiz. **2.**narin.

لاغر شدن lâger şoden: zayıflamak, cılızlaşmak.

لاغر کردن lâger kerden: zayıflatmak, cılızlaştırmak. ‖ * hod râ ~ خود را لاغر کردن kilo vermek.

لاغر گشتن lâger geşten: zayıflamak.

لاغرمیان lâgermiyân: [lâger+miyân] ince belli.

لاغیه lâgiye: (A.) saçma, zırva, batıl.

لاغیه lâgiye (bot.) sütlü bir tür bitki.

لاف lâf: (Peh.) **1.**boş söz, palavra, laf. **2.**iddia. ‖ * ~ u guzâf لاف و گزاف şişinme, böbürlenme, palavra, boş söz, saçma, zırva. ‖ * ~ -i durûg لاف دروغ palavra.

لاف آوردن lâf âverden: şişinmek, palavra atmak.

لاف پیمودن lâf peymûden: palavra atmak, şişinmek.

لاف زدن lâf zeden: **1.**palavra atmak, şişinmek, böbürlenmek. **2.**konuşmak.

لاف زن lâfzen: [lâf+zeden>zen] lafazan, palavracı.

لافیدن lâfîden: şişinmek, böbürlenmek, palavra atmak.

لاق lâk: yaraşır, lâyık.

لاقید lâkayd: (A.) kayıtsız, laubali, tasasız, umursamaz.

لاک lâk: **1.**mühür mumu. **2.**tahta kap. **3.**bağa. **4.**(zool.) kaplumbağa. **5.**alçak. ‖ * ~ -i nâhun لاک ناخن oje, tırnak cilası.

لاک پشت lâkpoşt: [lâk+poşt] (zool.) kaplumbağa, tosbağa.

لاکتوز laktoz: (Fr.) (kim.) laktoz.

لاکردار lâkerdâr: (A. -F.) [lâ+kerden> kerd+ âr] (argo) dandik.

لاکلام lâkelâm: (A.) konuşmadan.

لاکی lâkî: [lâk+î] lak rengi, koyu kırmızı.

لال lâl: **1.**dilsiz. **2.**lal taşı. **3.**lal rengi, kırmızı. ‖ * ~ petî لال پتی peltek, kekeme.

لالا lâlâ: **1.**lala. **2.**hizmetkâr. **3.**parlak, parlayan. **4.**ninni.

لالاء lâlâ': (A.) **1.**sevinç. **2.**lamba aydınlığı.

لالائی lâlâ'î: [lâlâ+'î] ninni.

لالا کردن lâlâ kerden: (çocuk dilinde) yatmak, uyumak.

لالایی lâlâyî: [lâlâ+y+î] **1.**lalalık. **2.**ninni.

لالایی گفتن lâlâyî goften: ninni söylemek.

لال بازی در آوردن lâlbâzî der âverden: dilsiz gibi görünmek.

لال شدن lâl şoden: dilsiz olmak.

لالک lâlek: pabuç, kundura.

لالکا lâlekâ: **1.**pabuç, ayakkabı, kundura. **2.**taç.

لالک دوز lâlekdûz: [lâlek+dûhten>dûz] kunduracı, ayakkabıcı.

لال کردن lâl kerden: **1.**dilsiz yapmak. **2.**susturmak.

لالکی lâlekî (bot.) dikenli dalları bulunan bir tür bitki.

لالنگ lâleng: **1.**fakir insanın kuru ekmeği. **2.**fakir insanların davetlerden yanlarında götürdükleri yemek.

لاله lâle: **1.**(bot.) lale. **2.**(mec.) sevgilinin yanağı. **3.**(mec.) yüz. **4.**(mec.) sevgilinin dudağı. **5.**kristal şamdan. **6.**lala. ‖ * ~ -i ebbâsî لاله‌ء عباسی (bot.) gece safası.

لاله جبین lâlecebîn: [lâle+cebîn] güzel yüzlü.

لاله رخ lâleroh: [lâle+roh] al yanaklı, lale yüzlü.

لاله رنگ lâlereng: [lâle+reng] lale rengi, kırmızı.

لاله رنگ شدن lâlereng şoden: kırmızıya boyanmak, kırmızılaşmak.

لاله زار lâlezâr: [lâle+zâr] lale bahçesi.

لاله شدن lâle şoden (Mec.) kızarmak.

لاله عذار lâle'izâr: (F.-A.) [lâle+izâr] pembe yanaklı, lale yanaklı.

لاله گشتن lâle geşten (Mec.) kızarmak.

لاله گون lâlegûn: [lâle+gûn] lale rengi, kırmızı.

لاله لاله lâle lâle: çok, pek çok, bol.

لاله وشان lâleveşân: [lâle+veş+ân] bedenleri laleye benzeyen deniz canlıları.

لالی lâlî: [lâl+î] dilsizlik.

لام lâm: **1.**kemer. **2.**süs, ziynet. **3.**şişinme, böbürlenme. **4.**diken. **5.**şahıs. **6.**zırh. **7.**lamba. ‖ * ~ tâ kâm لام تا کام tek bir söz, en küçük bir şey.

لام lâm: (Fr.) lame.

لام آوردن lâm âverden: hile yapmak.

لاما lama: (Fr.) (zool.) lama.

لامان lâmân: aldatma, yalan, hile.

لامانی lâmânî: [lâmân+î] **1.**yalan, aldatma, boş söz, alay. **2.**dalkavuk.

لامپ lamp: (Fr.) lamba. ‖ * ~ râ zeden لامپ را زدن lambayı yakmak, elektriği yakmak, ışığı açmak.

لامپا lampa (Rus.) lamba.

لامح lâmih: (A.) parlak.

لامحاله lâmehâle: (A.) mecburen, hiç olmazsa, en azından.

لامذهب lâmezheb: (A.) **1.**dinsiz. **2.**mendebur.

لامسه lâmise: (A.) dokunma. ‖ * hiss-i ~ حس لامسه dokunma duyusu.

لامع lâmi': (A.) parlak, parlayan.

لامعه lâmi'e: (A.) **1.**parlak, parlayan. **2.**bayan adı.

لامک lâmek: sarık.

لامکان lâmekân: (A.) yersiz, mekânsız.

لام کردن lâm kerden: eğilmek, rük etmek.

لامه lâme: sarık.

لامی lâmî (Hind.) Hindistan'da yetişen bir ağaçtan elde edilen hoş kokulu ve sarı bir zamk.

لان lân: **1.**vefasızlık. **2.**çukur. **3.**(gr.) yer eki.

لانجین lâncîn: büyük kâse, büyük kap.

لاندن lânden: hareket ettirmek, kıpırdatmak.

لانه lâne: **1.**yuva. **2.**kuş yuvası. **3.**gayretsiz. **4.**tembel.

لانه ساختن lâne sâhten: yuva yapmak.

لانه کردن lâne kerden: yuva yapmak, yuvalanmak.

لانیدن lânîden: hareket ettirmek, kıpırdatmak.

لاو lâv: beyaz kireç.

لاوشیر lâvşîr: kötü kokulu bir zamk.

لاوک lâvek: **1.**tahta dağar. **2.**tahta leğen.

لاوه lâve: (Peh.) **1.**yağcılık, dalkavukluk. **2.**yakarış, yakarma. ‖ * ~ vu lâmânî لاوه و لامانی **1.**dalkavukluk, yağcılık. **2.**yakarış. **3.**aldatma.

لاوه گر lâveger: [lâve+ger] yağcı, dalkavuk.

لاهوت lâhût: (A.) (tas.) mana âlemi, gayb âlemi, lâhûtî âlem. ‖ * ilm-i ~ علم لاهوت Tanrı'yı tanımaktan bahseden ilim.

لاهوتی lâhûtî: (A.) ilahî, tanrısal.

لاهوره lâhûre: kavun, karpuz dilimi.

لاهی lâhî: (A.) oyuncu.

لاهیجی lâhîcî: [lâhîc<lâhîcân+î] **1.**Lâhîcanlı. **2.**Lâhîcan'a ait.

لای lây: **1.**balçık. **2.**(coğ.) alüvyon. **3.**tortu. **4.**sel yatağı.

لای lây: **1.**ara, orta, aralık. **2.**kat, tabaka. **3.**bir tür ipek kumaş.

لا یتجزا lâyetecezzâ: bölünmez, bütün, ayrılmaz, parçalanmaz.

لایتغیر lâyetegayyer: (A.) değişmez, sabit.

لایتناهی lâyetenâhî: (A.) sonsuz, engin, bitmez tükenmez.

لایجوز lâyecûz: (A.) doğru olmayan, uygun olmayan.

لایح lâyih: aşikâr, zahir.

لایح شدن lâyih şoden: **1.**aşikâr olmak, ortaya çıkmak, zahir olmak. **2.**parlamak.

لایحصی lâyuhsâ: (A.) sayısız.

لایحه lâyihe: (A.) **1.**tasarı, kanun tasarısı. **2.**yazılı savunma. **3.**taslak. **4.**mektup.

لایدرک lâyudrik: (A.) anlaşılmaz, kavranılmaz, idrak edilmez.

لایزال lâyezâl: (A.) **1.**yok olmaz, ebedî, ölümsüz. **2.**Tanrı'nın sıfatlarından biri.

لايشعر lâyeş'ur: (A.) bilinçsiz, şuursuz.

لا يضر ولا ينفع lâyezurru lâ yenfa': (A.) ne zararlı ne yararlı.

لايعد lâyu'ad: (A.) sayısız.

لا يعقل lâya'kil: (A.) akıl edemez, ne yaptığını bilmez.

لايعلم lâya'lem: cahil, bilgisiz.

لايعنى lâya'nâ: anlamsız, saçma.

لايق lâyik: (A.) lâyık.

لايقرء lâyukra': (A.) okunmaz.

لايق دانستن lâyik dânisten: lâyık görmek.

لايق شدن lâyik şoden: lâyık olmak, yaraşmak.

لايق شناختن lâyik şinâhten: lâyık görmek.

لايق يافتن lâyik yâften: lâyık görmek.

لايموت lâyemût: (A.) ölümsüz.

لاينحل lâyenhel: (A.) çözülmez, hallolmaz.

لاينقطع lâyenkati': (A.) kesintisiz, aralıksız.

لايوصف lâyûsef: (A.) anlatılmaz, vasfedilmez.

لايه lâye: [lây+e] **1.**duvar sırası. **2.**(coğ.) katman, yer tabakası. **3.**iç astar.

لايى lâyî: [lây+î] **1.**müflon, iç astar. **2.**aradaki, ortadaki.

لاييدن lâyîden: **1.**inlemek. **2.**ürümek, ulumak. **3.**saçmalamak, zırvalamak.

لئالى le'âlî: (A.) inciler.

لئام li'âm: (A.) **1.**aşağılıklar, adiler. **2.**pintiler.

لئامت le'âmet: (A.) **1.**alçaklık, aşağılık. **2.**pintilik, cimrilik.

لؤلؤ lu'lu': (A.) **1.**inci. **2.**(kin.) yağmur. **3.**(kin.) beyaz diş, inci gibi diş. ‖ * ~ -i şâhvâr لؤلؤ شاهوار büyük inci, şahlara yaraşan inci.

لئيم le'îm: (A.) **1.**alçak, aşağılık, adi. **2.**pinti.

لب leb: (Peh.) **1.**dudak. **2.**sahil, kenar. **3.**(tas.) sevgilinin sözü. ‖ * ~ âşinâ kerden لب آشنا كردن kısaca söylemek. ‖ * ~ be dendân zeden لب به دندان زدن dudağını ısırmak. ‖ * ~ ber ~ nihâden لب بر لب نهادن ölüme hazırlanmak. ‖ * ~ berhem hâbânîden لب برهم خوابانيدن susmak. ‖ * ~ ez ~ ber nedâşten لب از لب برنداشتن ağzını açmamak. ‖ * ~ ez ~ eş bâz neşoden لب از لبش باز نشدن ağzını bıçak açmamak. ‖ * ~ ez şîr-i mâder şosten لب از شير مادر شستن sütten kesilmek. ‖ * ~ râ tu gozâşten لب را تو گذاشتن sözünü kesmek, lafını ağzında bırakmak. ‖ * ~ teh-i dendân keşîden لب ته دندان كشيدن susmak. ‖ * ~ u lûçe لب و لوچه **1.**ağız ve etrafı. **2.**dudak. ‖ * ~ -i âb لب آب su kenarı. ‖ * ~ -i bâlâ لب بالا üst dudak. ‖ * ~ -i cû لب جو su kenarı. ‖ * ~ -i deryâ لب دريا deniz kıyısı, lebiderya. ‖ * ~ -i kalveî لب قلوه اى kalın dudaklı. ‖ * ~ -i kesî bâhem neyâmeden لب كسى باهم نيامدن sürekli gülmek. ‖ * ~ -i kesî râ giriften üa yie ct şcokm susturmak, ağzını açtırmamak. ‖ * ~ -i kesî râ por âb kerden لب كسى را پر آب كردن birinin ağzını sulandırmak. ‖ * ~ -i la'l لب لعل lâl renkli dudak. ‖ * ~ -i pâyîn لب پايين alt dudak. ‖ * ~ -i şîrîn لب شيرين **1.**tatlı dudak. **2.**Ferhad ile Şirin hikayesindeki Şirin'in dudakları. ‖ * bâ ~ reften با لب رفتن yavaş konuşmak. ‖ * cân-i kesî be ~ âmeden جان كسى به لب آمدن **1.**canı burnuna gelmek, canına yetmek. **2.**eceli yaklaşmak. ‖ * ez ~ -i kesî şenîden از لب كسى شنيدن ağzından duymak. ‖ * tâ ~ -i gûr تا لب گور ölene dek. ‖ * zîr-i ~ handîden زير لب خنديدن gülümsemek, tebessüm etmek.

لب lubb: (A.) **1.**öz, halis. **2.**iç. **3.**çekirdek. **4.**gönül, kalp.

لب آراستن leb ârâsten: konuşmaya başlamak.

لبا lebe': ağız, hayvanın ilk sütü.

لباب lubâb: (A.) öz, seçilmiş, süzülmüş.

لباچه lebâçe: cübbe, aba.

لباد lebbâd: (A.) keçeci.

لباد lubâd: boyunduruk.

لباده lebâde, lebbâde: 1.hırka. 2.keçe.

لباس libâs: (A.) giysi, elbise, giyecek, esvap, giyim kuşam, kıyafet. ‖ * ~ u nev nevâr kerden لباس نو نوار کردن giydirip kuşandırmak. ‖ * ~ -i çirk لباس چرک kirli çamaşır. ‖ * ~ -i ezâ لباس عزا matem elbisesi. ‖ * ~ -i germ لباس گرم kışlık elbise. ‖ * ~ -i hâb لباس خواب gecelik. ‖ * ~ -i iyd لباس عید bayramlık. ‖ * ~ -i resmî لباس رسمی üniforma, resmî giysi. ‖ * ~ -i şeb لباس شب gecelik.

لباس پوشاندن libâs pûşânden: giydirmek.

لباس پوشیدن libâs pûşîden: giyinmek.

لباس در آوردن libâs der âverden: soyunmak, giysisini çıkarmak.

لباس دوز libâsdûz: (A. -F.) [libâs+ dûhten> dûz] terzi.

لباس شستن libâs şosten: yıkamak, çamaşır yıkamak, esvap yıkamak.

لباس شویی libâsşûyî: (A. -F.) [libâs+ şosten>şûy+î] 1.çamaşır yıkama. 2.çamaşır makinesi. 3.kuru temizleme dükkânı.

لباس فروشی libâsfurûşî: (A. -F.) [libâs+ furûhten>furûş+î] giyim mağazası, butik.

لباس کندن libâs kenden: soyunmak, giysi çıkarmak.

لباس گردانیدن libâs gerdânîden: giysi değiştirmek, üst değiştirmek.

لباقت lebâket: (A.) 1.akıllılık, ustalık, zeyreklik. 2.dalkavukluk. 3.güzellik.

لبالب lebâleb: [leb+ +leb] ağzına kadar dolu.

لبالب شدن lebâleb şoden: dolmak, ağzına kadar dolmak.

لبالب کردن lebâleb kerden: ağzına kadar doldurmak.

لبان libân: (A.) süt verme.

لبب lebeb: meme ucu, göğüs başı.

لب بر چیدن leb ber çîden: ağlamadan önce dudaklarını büzmek.

لب بردن leb borden: dudağını dayamak, dudağını değdirmek.

لب برگشته leb bergeşte: [leb+bergeşten> bergeşt+e] kenarı dönmüş, ucu kalkmış.

لب بستن leb besten: susmak.

لب بلب lebbeleb: [leb+be+leb] dolu, lebâleb.

لب تخت lebtaht: [leb+taht] düz tabak.

لب ترکاندن leb terkânden: konuşmak.

لب تشنه lebteşne: [leb+teşne] susuz, susamış.

لبث lebs: (A.) çekinme, duraklama.

لب جنباندن leb conbânden: dudağını hareket ettirmek, dudağını kıpırdatmak. 2.konuşmak.

لب چش کردن (از) leb çeş kerden: tadına bakmak.

لبخ lebeh: (A.) (bot.) çınara benzeyen ve Mısır'da yetişen bir ağaç. Küçük meyvaları olgunlaştıktan sonra tatlanır.

لب خاییدن leb hâyîden: üzüntüden dudağını ısırmak, dudağını çiğnemek.

لب خرگوش lebhergûş: [leb+hergûş] tavşan dudaklı.

لبخند lebhand: [leb+handîden>hand] gülümseme, tebessüm, gülücük. ‖ * ~ be leb dâşten لبخند به لب داشتن gülümsemek.

لبخند زدن lebhand zeden: gülümsemek, tebessüm etmek.

لبد libd: (A.) keçe.

لب دادن leb dâden: dudak vermek, bûse vermek, öpücük vermek.

لب داشتن leb dâşten: lâyık olmak, yaraşmak.

لب دزدیدن leb dozdîden: dudak büzmek.

لب دوختن leb dûhten: 1.susmak. 2.dudaklarını birleştirmek.

لبدیسان lebdîsân (bot.) iki çenekliler.

لبریز lebrîz: [leb+rîhten>rîz] dolu, dopdolu.

لبریز شدن lebrîz şoden: 1.dolmak. 2.taşmak.

لبریز کردن lebrîz kerden: 1.doldurmak. 2.taşırmak.

لب زدن leb zeden: 1.tadına bakmak.

2.konuşmak. **3.**ağzını sürmek, ağzına koymak.

لبس lebs: (A.) gizleme.

لب سنگ lebseng: [leb+seng] suskun.

لب سپید lebsepîd: [leb+sepîd] gülümseyen.

لب سپید کردن leb sepîd kerden: gülümsemek.

لب شتری lebşotorî: [leb+şotor+î] kalın dudaklı.

لب شکر lebşeker: [leb+şeker] yarık dudaklı.

لب شکری lebşekerî: [leb+şeker+î] yarık dudaklı, tavşan dudaklı.

لب شکسته lebşikeste: [leb+şikesten>şikest+e] yarık dudaklı.

لب شیرین کردن leb şîrîn kerden: gülümsemek.

لب غنچه کردن leb gonçe kerden: dudağını büzmek.

لبق lebik: (A.) **1.**mahir, usta, zeyrek. **2.**ustaca. **3.**tatlı dilli.

لب کلفت lebkoloft: [leb+koloft] **1.**kalın dudaklı. **2.**üzgün, umutsuz.

لب گردان lebgerdân: [leb+gerdânden>gerdân] kenarlı kap.

لب گرفتن leb giriften: dudağını öpmek.

لب گزه lebgeze: [leb+gezîden>gez+e] pişmanlıktan dudağını ısırma.

لب گزه رفتن leb geze reften: sus işareti yapmak.

لب گزیدن leb gezîden: **1.**dudağını ısırmak. **2.**sevgiliyi dudağından öpmek. **3.**üzüntüsünden dudağını ısırmak.

لب گشادن leb goşâden: konuşmaya başlamak.

لب گشودن leb guşûden: ağzını açmak, konuşmaya başlamak.

لبلاب leblâb, liblâb: (A.) (bot.) boru çiçeği, tarla sarmaşığı.

لبلبو leblebû (bot.) pancar.

لبن leben: (A.) **1.**süt. **2.**(kin.) cıva.

لبن الاتان lebenuletân: (A.) eşek sütü.

لبن الرماک lebenurrimâk: kısrak sütü.

لبن اللقاح lebenullikâh: (A.) deve sütü.

لبن المعز lebenulma'az: (A.) keçi sütü.

لبنگ lebeng (zool.) tahta kurdu.

لبنیات lebeniyyât: (A.) süt mamulleri.

لبنیات فروش lebeniyyâtfurûş: (A. -F.) [lebeniyyât+furûhten>furûş] süt ürünleri satan.

لبنیات فروشی lebeniyyâtfurûşî: (A. -F.) [lebeniyyât+furûhten>furûş+î] süt ürünleri satılan dükkân.

لبو lebû: **1.**haşlanmış pancar. **2.**pancar.

لبوس lubûs: (A.) giysiler.

لبوفروش lebûfurûş: [lebû+furûhten>furûş] pancarcı, pancar satan.

لبوفروشی lebûfurûşî: [lebû+furûhten>furûş+î] **1.**pancarcı dükkânı. **2.**pancar satıcılığı.

لبون lebûn: (A.) sütlü, süt veren.

لبوه lebve: (A.) (zool.) dişi arslan.

لبه lebe: [leb+e] **1.**kenar, yan. **2.**kesici yan, ağız. **3.**dudak gibi, dudağımsı.

لبه پهن lebepehn: [lebe+pehn] geniş kenarlı.

لبیب lebîb: (A.) akıllı.

لبیدن lebîden: zırvalamak, martaval söylemek.

لبیس lebîs: (A.) **1.**gibi, benzeri, eşi. **2.**eskimiş elbise.

لبیش lebîş: at nallanırken ağzının bağlandığı ip.

لبیک lebbeyk: (A.) kabul ediyorum, itaat ediyorum.

لبینا lebînâ: (müz.) bir msikî makamı.

لپ lop: **1.**yanak, avurt. **2.**lop, lüp.

لپان lipân: parlak.

لپر leper: dalgalanıp sıçrama.

لپر زدن leper zeden: dalgalanıp sıçramak.

لپ لپ lep lep: şapır şupur.

لپه leppe: [leppe<lebbe<lebe<leb+e] **1.**(bot.) çenek. **2.**nohut, fasulye ve baklanın yarısı.

لت let: tokat, sille.

لت let: **1.**parça. **2.**bir varak, bir yaprak. **3.**bir mısra, bir dize. **4.**karın. **5.**çomak, gürz.

لت انبار letenbâr: [let+enbâr] obur.

لت انبان letenbân: [let+enbân] **1.**obur. **2.**korunmasız.

لت خوردن let horden: **1.**tokat yemek.

2.zayıflamak. 3.zebunlaşmak, düşkünleşmek. 4.solmak.

لتر leter: 1. otuz miskallik bir ağırlık birimi. 2.damacana, şarap damacanası.

لترتمه letirtme: (T.) banma.

لترتمه کردن letirtme kerden: banmak.

لتره letre: yırtık, parçalanmış.

لتره lotre: kuş dili.

لت زدن let zeden: tokat atmak.

لت کردن let kerden: 1.tokat atmak. 2.dövmek. 3.tavlada pul vurmak.

لتکو letku (Hind.) (bot.) daha çok Bengal'de yetişen, salkım şeklinde meyva veren, her salkımından yedi veya on tane beyaz meyvası bulunan bir ağaç.

لتکه letke: kayık, sandal.

لتکهٔ کوچک letke-i kûçek: sandal.

لت لت let let: parça parça.

لتنبر letenber: obur.

لاو loto: (Fr.) loto.

لت و پار let u pâr: paramparça, parça parça, dağınık.

لت و پار شدن let u pâr şoden: 1.paramparça olmak. 2.dağılmak.

لت و پار کردن let u pâr kerden: 1.paramparça etmek. 2.dağıtmak. 3.eşek sudan gelene kadar dövmek.

لته lete, lette: 1.paçavra, çaput, eski bez parçası. 2.kapı kanadı. 3.bostan tarlası.

لته چین leteçîn: [lete+çîden>çîn] sokaklardan paçavra toplayan.

لته لته lete lete: paramparça, darmadağın.

لثام lisâm: (A.) 1.ağzı örten bez. 2.peçe.

لثم lesm: (A.) 1.burnunu yumruklama. 2.ağzını örtme. 3.öpücük verme.

لثه lise, lese: (A.) (tıb.) diş eti.

لج lec: 1.topal, aksak. 2.tekme.

لج lec: (A.) inat, zıtlaşma. ‖ * ~ -i kesî giriften لج کسی گرفتن 1.inadı tutmak. 2.rahatsız olmak. ‖ * ser-i ~ oftâden سر لج افتادن inat etmek, inadı tutmak.

لجاج lecâc: (A.) 1.inat. 2.inatçılık, zıtlaşma.

لجاجت lecâcet: (A.) inat, ısrar, inatçılık, diretme, karşı koyma, zıt gitme. ‖ * ~ be harc dâden لجاجت به خرج دادن diretmek, karşı koymak.

لجاجت کردن lecâcet kerden: inat etmek.

لجاج کردن lecâc kerden: inat etmek, diretmek, karşı koymak.

لج افتادن lec oftâden: zıt gitmek, zıtlaşmak, inatlaşmak.

لجالو lecâlû (Hind.) (bot.) su kenarlarında yetişen, boyu bir metreye kadar varan, dokunulduğunda yapraklarını kapatan ince dal ve yapraklı bir bitki.

لجام licâm: dizgin.

لجام زدن licâm zeden: dizginlemek.

لجام کردن licâm kerden: dizginlemek.

لجام گسیخته licâmgosîhte: [licâm+gosîhten>gosîht+e] 1.dizginlerinden kurtulmuş, ipini koparmış. 2.başıboş.

لجباز lecbâz: [lec+bâhten>bâz] 1.inatçı, zıtlaşan, zıt giden. 2.sabit fikirli.

لجبازی lecbâzî: [lec+bâhten>bâz+î] 1.inatçılık, zıtlaşma. 2.sabitfikirlilik.

لجبازی کردن lecbâzî kerden: 1.inat etmek, zıtlaşmak. 2.sabit fikirli olmak.

لجج lucec: (A.) 1.engin denizler. 2.kalabalıklar.

لجستیک locistik: (İng.) lojistik.

لجستیکی locistikî: (İng. -F.) [locistik+î] 1.lojistik kuvvet. 2.harp okulu.

لج کردن lec kerden: 1.inat etmek. 2.zıtlaşmak.

لجلاج leclâc: (A.) 1.tutuk konuşan. 2.kumarda varını yoğunu kaybeden meşhur bir kumarbaz.

لجن lecen: (Peh.) 1.bataklık. 2.balçık. ‖ * be ~ keşîden به لجن کشیدن rezil etmek.

لجن زار lecenzâr: [lecen+zâr]

bataklık.

لجن مال lecenmâl: [lecen+mâlîden>mâl] **1.**çamura bulanmış. **2.**(kin.) çamur atılmış.

لجن مال شدن lecenmâl şoden: **1.**çamura bulanmak. **2.**(kin.) çamur atılmak, adı kötülenmek.

لجن مال كردن lecenmâl kerden: **1.**çamura bulamak. **2.**çamur atmak.

لجن مالى lecenmâlî: [lecen+mâlîden> mâl+î] **1.**çamura bulama. **2.**çamur atma.

لجن مالى شدن lecenmâlî şoden: **1.**çamura bulanmak. **2.**çamur atılmak.

لجن مالى كردن lecenmâlî kerden: **1.**çamura bulamak. **2.**çamur atmak.

لجنه locne: komite, heyet.

لجوج lecûc: (A.) inatçı, sabit fikirli.

لجوجانه lecûcâne: (A. -F.) [lecc+âne] inatla.

لجه locce: (A.) **1.**denizin ortası, denizin en derin yeri. **2.**büyük kalabalık.

لجين loceyn: (A.) gümüş.

لج leç: **1.**tekme. **2.**yüz.

لج luç: **1.**çıplak, üryan. **2.**dudak.

لج افتادن liç oftâden: yaradan irin akmak.

لچر leçer: **1.**kınama, kınayıcı söz. **2.**saçmalama, zırvalama. **3.**pasaklı, kirli.

لچرى leçerî: [leçer+î] **1.**cimrilik. **2.**alçaklık. **3.**saçmalama, zırvalama. **4.**çirkefe bulaşma.

لچک leçek: (T.) **1.**üçgen başörtüsü. **2.**halı deseni.

لچک بسر leçekbeser: [leçek+be+ser] **1.**kadın. **2.**eksik etek, zaife.

لچکى leçekî: [leçek+î] üç köşeli, üçgen şeklinde.

لحاظ lihâz: (A.) **1.**bakış, görüş, açı. **2.**göz ucuyla bakma. ‖ * ez ~ -i از لحاظ bakımından, açısından. ‖ * be ~ -i به لحاظ bakımından, açısından.

لحاف lihâf: (A.) **1.**yorgan. **2.**örtü.

لحاف دوز lihâfdûz: (A. -F.) [lihâf+ dûhten> dûz] yorgancı.

لحاف دوزى lihâfdûzî: (A. -F.) [lihâf+ dûhten>dûz+î] yorgancılık.

لحام lehhâm: (A.) kasap.

لحام lihâm: (A.) **1.**lehimlenme. **2.**lehim.

لحام پذيرفتن lihâm pezîroften: lehimlenmek, birleşmek, kaynaşmak.

لحد lehd: (A.) lahit, taş mezar.

لحظ lehz: (A.) **1.**göz ucuyla bakma. **2.**göz.

لحظات lehezât: (A.) anlar, lahzalar.

لحظه lehze: (A.) an, lahza. ‖ * ~ be ~ لحظه به لحظه anbean, her an, gitgide. ‖ * ~ î ki لحظه اى كه -dığı anda. ‖ * der an ~ در آن لحظه o anda. ‖ * der in ~ در اين لحظه bu anda. ‖ * yek ~ يک لحظه bir an.

لحق lehk: (A.) ulaşma, katılma.

له له زدن leh leh zeden: (köpek) susuzluktan dilini çıkarıp solumak.

لحم lehm: (A.) et. ‖ * ~ -i acîn لحم عجين lahmacun.

لحمى lehmî: (A. -F.) [lehm+î] **1.**etli. **2.**bir tür yakut.

لحن lehn: (A.) **1.**ahenk, uyum. **2.**tarz, ifade, tavır, eda. **3.**(gr.) kelime îrâbında hata yapma. **4.**ses, nağme. **5.**söz. **6.**(gr.) telaffuz hatası.

لحن ساختن lehn sâhten: (müz.) makam yapmak.

لحن ساز lehnsâz: (A. -F.) [lehn+sâhten> sâz] (müz.) makam yapan, bestekâr.

لحوق lohûk: (A.) **1.**katılma, bağlanma. **2.**ince belli olma.

لحوم luhûm: (A.) etler.

لحون lohûn: (A.) sesler. ‖ * ilm-i ~ علم لحون (müz.) müzikoloji, mûsikî.

لحيان lihyân: (A.) **1.**az su. **2.**sel çukuru.

لحيان lehyân: (A.) uzun sakallı.

لحيانى lihyânî: (A.) uzun sakallı.

لحيم lehîm: (A.) **1.**etli. **2.**lehim.

لحيم كار lehîmkâr: (A. -F.) [lehîm+kâr] lehimci.

لحيم كارى lehîmkârî: (A. -F.) [lehîm+ kâr+î] lehimcilik.

لحیم کردن lehîm kerden: lehimlemek, lehim yapmak.

لحیم گر lehîmger: (A. -F.) [lehîm+ger] lehimci.

لحیم گری lehîmgerî: (A. -F.) [lehîm+ger+î] lehimcilik.

لحیه lihye: (A.) sakal.

لخ loh (bot.) su bitkisi, su otu.

لخت leht: **1.**parça. **2.**gürz. **3.**pay, hisse, kısım. **4.**kapı kanadı. **5.**bitkin, halsiz. **6.**tembel. **7.**pıhtı. **8.**ayakkabı. ‖ * ~ u şol oftâden لخت و شل افتادن bitkin düşmek.

لخت loht: **1.**çıplak, üryan. **2.**çorak. ‖ * ~ u petî لخت و پتی çırılçıplak.

لخت دوز lehtdûz: [leht+dûhten>dûz] eskici, kunduracı.

لخت شدن leht şoden: **1.**halsiz düşmek. **2.**çözülmek, gevşemek.

لخت شدن loht şoden: **1.**soyunmak. **2.**çıplaklaşmak, çoraklaşmak.

لخت کردن loht kerden: **1.**soymak. **2.**çalmak. **3.**çıplaklaştırmak, çoraklaştırmak.

لخت لخت leht leht: parça parça, az az.

لخته lehte: [leht+e] **1.**kan pıhtısı. **2.**parça.

لخته شدن lehte şoden: pıhtılaşmak.

لخته کردن lehte kerden: **1.**pıhtılaştırmak. **2.**parçalamak.

لخته لخته lehte lehte: parça parça.

لختی lehtî: [leht+î] gevşeklik, halsizlik.

لختی lehtî: [leht+î] **1.**azıcık, birazcık. **2.**bir kısmı, bazısı. **3.**birkaç.

لختی lohtî: [loht+î] **1.**çıplaklık. **2.**çoraklık.

لختی lohtî: [loht+î] avare, başıboş.

لخج lehc: (kim.) siyah zaç, kalya.

لخچه lehçe: kor.

لخشان lehşân: [lehşîden>lehş+ân] kaygan.

لخشاندن lehşânden: kaydırmak.

لخشک lehşek: [lehşîden>lehş+ek] **1.**hamurdan yapılan bir tür çorba. **2.**bir tür tatlı. **3.**(coğ.) heyelan. **4.**kaygan buz.

لخشه lehşe: **1.**ateş ve kıvılcım. **2.**titreyiş. **3.**sarsılma.

لخشیدن lehşîden: **1.**kaymak. **2.**parlamak.

لخلخ lehleh: zayıf, cılız.

لخلخه lehlehe: parfüm.

لخم lohm: kemiksiz, yağsız et.

لخنیس lehnîs: (Yun.) (bot.) bir tür hıyar.

لد ledd: (A.) **1.**zorlu düşman. **2.**cevval.

لدغ ledeğ: (A.) sokma, dişiyle sokma.

لدغه ledge: (A.) haşere sokması.

لدن ledun: (A.) **1.**yan. **2.**ledünnî.

لدنی ledunnî: (A.) (tas.) fıtrî, ilahî, ledünnî.

لدود ledûd: (A.) zorlu düşman.

لدی ledâ: (A.) yanında, katında.

لدی الاقتضا ledeliktizâ: (A.) münasip zamanda, gerektiğinde.

لدی الورود ledelvurûd: (A.) girdiği sırada.

لدیغ ledîğ: (A.) sokulmuş, yılan tarafından sokulmuş.

لذا lizâ: (A.) onun için, bunun için.

لذات lezzât: (A.) lezzetler, zevkler.

لذاذ lizâz: (A.) lezzetler.

لذت lezzet: (A.) **1.**lezzet, zevk. **2.**eğlence.

لذت بخش lezzetbahş: (A. -F.) [lezzet+bahşîden>bahş] **1.**zevkli. **2.**lezzetli.

لذت بخشیدن lezzet bahşîden: **1.**zevk vermek. **2.**lezzet vermek.

لذت بردن lezzet borden: tadını çıkarmak, zevk almak, zevk duymak.

لذت دادن lezzet dâden: **1.**zevk vermek. **2.**tat vermek, lezzet vermek.

لذت داشتن lezzet dâşten: **1.**zevki olmak. **2.**tadı olmak, lezzeti olmak.

لذع lez': (A.) **1.**yakma. **2.**dili yanma.

لذیذ lezîz: (A.) **1.**lezzetli, leziz. **2.**zevkli.

لر ler: **1.**ırmak. **2.**koltuk. **3.**koltuk altı.

لر lor: **1.**Lor kabilesi, Lor. **2.**safdil. **3.**murat, istek.

لرت lirt: tortu.

لرت افکندن lirt efkenden: şarabın tortusu dibe çökmek.

لرد lerd: **1.**sahra, kır. **2.**dış, dışarısı.

3.hipodrom.

لرد lord: (İng.) lord.

لرد lird: tortu.

لرز lerz: (Peh.) [lerzîden>lerz] titreyiş, titreme. ‖ * teb ~ تب لرز (tıb.) ateş nöbeti.

لرزان lerzân: [lerzîden>lerz+ân] titrek, titreyen.

لرزاندن lerzânden: titretmek.

لرزانک lerzânek: [lerzîden>lerz+ân+ek] jöle.

لرزانیدن lerzânîden: titretmek.

لرزش lerziş: [lerzîden>lerz+iş] 1.titreme. 2.titreşim. ‖ * be ~ oftâden به لرزش افتادن titremek, titremeye başlamak. ‖ * be ~ der oftâden به لرزش در افتادن titremek, titremeye başlamak.

لرز کردن lerz kerden: titremek.

لرز لرزان lerzlerzân: [lerzîden>lerz+ân] titreyerek, tir tir, titreye titreye.

لرزنده lerzende: [lerzîden>lerz+ende] titrek, titreyen.

لرزه lerze: [lerzîden>lerz+e] titreyiş, titreme. ‖ * ~ ber endâm oftâden لرزه بر اندام افتادن titremek, tir tir titremek, titremeye başlamak, ürpermek, zangırdamak. ‖ * be ~ der âmeden به لرزه در آمدن titremek, titremeye başlamak. ‖ * be ~ der âverden به لرزه در آوردن titretmek. ‖ * be ~ efkenden به لرزه افکندن titretmek.

لرزه نگار lerzenigâr: [lerze+nigâşten> nigâr] sismograf.

لرزه نگاری lerzenigârî: [lerze+nigâşten> nigâr+î] sismografi.

لرزیدن lerzîden: 1.titremek, zangırdamak. 2.sarsılmak. ‖ * misl-i berg-i bîd ~ مثل برگ بید لرزیدن zangır zangır titremek, kavak gibi titremek, tir tir titremek. ‖ * ten-i kesî ~ تن کسی لرزیدن içi ürpermek.

لرستان loristân: [lor+istân] (coğ.) Loristan.

لرستانی loristânî: [loristân+î] Loristanlı.

لری lorî: [lor+î] 1.Lorluk. 2.safdillik. 3.taşralılık. ‖ * ~ eş râ goften لری اش را گفتن açıkça söylemek, dobra dobra söylemek. ‖ * ez ~ bîrûn âmeden از لری بیرون آمدن taşralılıktan çıkmak.

لزاق lizâk: (A.) 1.zamk. 2.cinsel birleşme.

لزاقت lizâket: (A.) yapışkanlık.

لزب lezib: (A.) az.

لزج lezic: (A.) 1.kaygan. 2.yapışkan.

لزج شدن lezic şoden: kayganlaşmak, kaygan olmak.

لزگی lezgi: lezginka oyunu.

لزگی رقصیدن lezgi raksîden: lezginka oynamak.

لزجت luzcet: (A.) 1.yapışkanlık. 2.akışkanlık.

لزوم luzûm: (A.) gereklilik, lüzum. ‖ * der hâl-i ~ در حال لزوم gerektiğinde. ‖ * der movki'-i ~ در موقع لزوم gerektiğinde, ihtiyaç zamanında.

لزوماً luzûmen: (A.) zorunlu olarak.

لزوم داشتن luzûm dâşten: gerekmek, lâzım olmak.

لزیر lezîr: akıllı, bilgili.

لژ loj: (Fr.) [Loge] loca.

لژم lejem: balçık.

لژن lejen: balçık.

لژیون lejyon: (Fr.) [Lgion] lejyon.

لژیون دنور lejyondenor: (Fr.) Fransız onur nişanlarından biri.

لژیونر lejyoner: (Fr.) [Lgionnair] 1.(ask.) lejyoner. 2.lejyon nişanı sahibi.

لس les: 1.felçli, gevşek, halsiz. 2.tembel.

لسان lisân: (A.) 1.dil, lisan. 2.lugat. 3.söz. 4.terazi dili.

لساناً lisânen: (A.) anlatarak, şifahen.

لسان الثور lisânussevr: (A.) (bot.) sığırdili.

لسان الغیب lisânulgayb: (A.) 1.gaybın dili. 2.Hâfız-ı Şîrâzî.

لست lest: sağlam, kuvvetli.

لست lest: (A.) yokluk.

لست شدن lest şoden: 1.felç olmak.

2.duygusuzlaşmak.

لسع les': (A.) 1.haşere sokması. 2.dille eziyet.

لسک lisk: kırağı.

لسین lesîn: (A.) fasih.

لش leş: 1.leş, murdar. 2.(kin.) çok tembel. 3.arsız. 4.durgun.

لش leşş: (A.) (bot.) sumak.

لش loş: balçık, çamur.

لشاب loşâb: [loş+âb] bataklık.

لشبازی leşbâzî: [leş+bâhten>bâz+î] 1.saçmalık. 2.arsızlık.

لشتن lişten: yalamak.

لشخوار leşhâr: [leş+horden>hor>hâr] 1.leş yiyen. 2.kartal.

لشک leşk: 1.kırağı. 2.parça.

لشکر leşker: 1.(ask.) ordu. 2.(ask.) asker.

لشکر آرا leşkerârâ: [leşker+ârâsten>ârâ] ordu komutanı.

لشکر انگیختن leşker engîhten: (ask.) ordu sevketmek.

لشکر پژوه leşkerpijûh: [leşker+pijûhîden> pijûh] (ask.) ordu casusu.

لشکرجا leşkercâ: [leşker+câ] (ask.) ordugâh.

لشکر جمع کردن leşker cem' kerden: (ask.) ordu kurmak.

لشکردار leşkerdâr: [leşker+dâşten>dâr] (ask.) ordu komutanı.

لشکرستان leşkeristân: [leşker+istân] (ask.) ordu.

لشکر شکستن leşker şikesten: (ask.) bir orduyu yenmek.

لشکر شکوف leşkerşukûf: [leşker+şukûf] yiğit, cesur.

لشکر شناس leşkerşinâs: [leşker+şinâhten>şinâs] (ask.) ordu uzmanı, askerî uzman.

لشکر عرض کردن leşker arz kerden: (ask.) ordu kurmak.

لشکر کردن leşker kerden: (ask.) ordu kurmak.

لشکرکش leşkerkeş: [leşker+keşîden> keş] (ask.) ordu sevkeden komutan.

لشکرکشی leşkerkeşî: [leşker+keşîden> keş+î] (ask.) ordu sevketme, harekât, askerî operasyon. ‖ * fenn-i ~ فن لشکرکشی (ask.) askerî strateji.

لشکر کشیدن leşker keşîden: (ask.) ordu sevketmek, askerî harekât yapmak.

لشکرکشی کردن leşkerkeşî kerden: (ask.) ordu sevketmek, askerî harekât yapmak, askerî operasyon yapmak.

لشکرگاه leşkergâh: [leşker+gâh] (ask.) ordugâh.

لشکرگذار leşkergozâr: [leşker+gozârden> gozâr] (ask.) ordu sevkeden.

لشکرگذاری leşkergozârî: [leşker+gozârden>gozâr+î] (ask.) ordu sevketme, askerî harekât.

لشکرگرایی leşkergirâyî: [leşker+girâyîden>girây+î] (ask.) ordu sevketme, askerî harekât.

لشکرگشا leşkergoşâ: [leşker+goşâden> goşâ] (ask.) fatih.

لشکرگه leşkergeh: [leşker+geh] (ask.) ordugâh.

لشکرنشین leşkernişîn: [leşker+nişesten> nişîn] (ask.) ordugâh.

لشکرنویس leşkernevîs: [leşker+nevişten> nevîs] (ask.) askere alma görevlisi.

لشکرنویسی leşkernevîsî: [leşker+nevişten>nevîs+î] (ask.) askere alma.

لشکری leşkerî: [leşker+î] 1.(ask.) askerî. 2.asker.

لشکری پیشه leşkerîpîşe: [leşker+î+pîşe] (ask.) ordu mensubu, asker.

لشکری کردن leşkerî kerden: (ask.) askerlik yapmak, asker olmak.

لشکه لشکه leşke leşke: parça parça.

لشگر leşger: 1.(ask.) ordu. 2.asker.

لشگرگاه leşgergâh: [leşger+gâh] (ask.) ordugâh.

لشگرگه leşgergeh: [leşger+geh] (ak.) ordugâh.

لشن leşen: yumuşak, düz, sade.

لش و لوش leş u lûş: arsız, gayretsiz.

لص lus, les, lis: (A.) hırsız.

لصوص lusûs: (A.) hırsızlar.

لطائف letâ'if: (A.) latifeler, fıkralar.

لطافت letâfet: (A.) güzellik, hoşluk, incelik, letafet, yumuşaklık.

لطام litâm: (A.) tokat atma.

لطايف letâyif: (A.) latifeler, fıkralar.

لطايف الحيل letâyifulhiyel: (A.) **1.**çeşitli hileler. **2.**iyi tedbirler.

لطف lotf: (A.) **1.**lütuf, incelik. **2.**kerem. **3.**çekicilik. **4.**yumuşaklık. ‖ * ~ -i tab' لطف طبع **1.**iyi huyluluk, yumuşak yaratılış. **2.**şiirden anlama.

لطف letef: (A.) iyilik, yumuşaklık.

لطفاً lotfen: (A.) lütfen.

لطف داشتن lotf dâşten: **1.**lütfetmek. **2.**iltifat etmek. **3.**iyi olmak. **4.**latif olmak. **5.**yakınlık duymak.

لطف كردن lotf kerden: **1.**lütfetmek. **2.**şefkat göstermek.

لطف نمودن lutf numûden: lutfetmek.

لطم letm: (A.) **1.**zarar verme. **2.**tokat atma. **3.**zarar görme.

لطمات letemât: (A.) tokatlar.

لطمه letme: (A.) **1.**zarar, ziyan. **2.**tokat, sille.

لطمه خوردن letme horden: tokat yemek.

لطمه زدن letme zeden: zedelemek, darbe vurmak.

لطيف letîf: (A.) **1.**latif, yumuşak, hoş, güzel. **2.**zarif kimse.

لطيف اندام letîfendâm: (A. -F.) [letîf+endâm] endamlı.

لطيفه letîfe: (A.) latife, fıkra.

لطيفه گفتن letîfe goften: **1.**latife etmek. **2.**fıkra anlatmak.

لطيفه گو letîfegû: (A. -F.) [letîfe+goften> gû] latife eden, hoş sözlü.

لطيفه گويى letîfegûyî: (A. -F.) [letîfe+goften>gûy+î] latife etme, hoş sözlülük, şakacılık.

لعاب le'âb: (A.) oyuncu.

لعاب lo'âb: (A.) **1.**emaye. **2.**mine, helme. **3.**salya. **4.**tükürük. **5.**pelte. **6.**pelteleşmiş sıvı. **7.**(kin.) kar.

لعاب الحيه lu'âbulhiye: (A.) yılan zehiri.

لعاب النحل lu'âbunnahl: (A.) bal.

لعاب تنيدن lo'âb tenîden: **1.**ağ örmek. **2.**(kin.) ağ yaymak.

لعاب دادن lo'âb dâden: emaye yapmak.

لعاب دار lo'âbdâr: (A. -F.) [lo'âb+dâşten> dâr] **1.**emayeli. **2.**mineli, helmeli.

لعابى lo'âbî: (A.) emaye.

لعان li'ân: (A.) lanetleme.

لعان li'ân: (A.) lanetler.

لعب le'ib: (A.) **1.**oyun. **2.**şaka, mizah. ‖ * lehv u ~ لهو و لعب oyun.

لعبت lo'bet: (A.) **1.**oyuncak bebek. **2.**kukla. **3.**oyun. **4.**sevgili. **5.**put.

لعبت باختن lo'bet bâhten: **1.**evcilik oynamak. **2.**kukla oynatmak.

لعبت باز lo'betbâz: (A.-F.) [lo'bet+bâhten>bâz] kuklacı.

لعبت بازى lo'betbâzî: (A. -F.) [lo'bet+bâhten>bâz+î] **1.**evcilik oyunu. **2.**kukla oyunu. **3.**hokkabazlık.

لعبت خانه lo'bethâne: (A. -F.) [lo'bet+hâne] puthane.

لعبت ساز lo'betsâz: (A. -F.) [lo'bet+sâhten>sâz] **1.**oyuncakçı. **2.**kukla yapımcısı, kuklacı. **3.**put yapan.

لعبتك lo'betek: (A. -F.) [lo'bet+ek] oyuncak.

لعبه lo'be: (A.) **1.**oyun. **2.**oyun sırası. **3.**oyun aracı. **4.**timsal. **5.**salak.

لعل la'l: **1.**lâl, yakut. **2.**(zool.) sokarsinek. **3.**(kin.) sevgilinin dudağı. **4.**şarap, bade. **5.**lâl rengi, kırmızı, kızıl. ‖ * ~ ez seng dâden لعل از سنگ دادن (kin.) zorlukla elde edilen bir şeyi birine vermek. ‖ * ~ ez seng zâden لعل از سنگ زادن (kin.) zorlukla bir şeyi elde etmek, akla karayı seçmek.

لعل le'all: (A.) keşke.

لعل رخ la'lroh: [la'l+roh] kızıl yüzlü.

لعل شدن la'l şoden: kızarmak, kırmızılaşmak.

لعل فام la'lfâm: [la'l+fâm] lâl rengi, kırmızı.

لعل گرفتن la'l giriften: kızarmak, al al olmak, kırmızılaşmak.

لعن la'n: (A.) lanet, beddua. ‖ * ~ u nefrîn kerden لعن و نفرین کردن beddua etmek.

لعنت la'net: (A.) lanet. ‖ * be ~ -i şeytân nemî erzed به لعنت شیطان نمی ارزد değersizdir, beş para etmez. ‖ * ~ ber لعنت بر lanet olsun!, lanet olası!

لعنت کردن la'net kerden: lanet etmek, beddua etmek.

لعنت گفتن la'net goften: lanet etmek, beddua etmek, kötü söylemek.

لعنتی la'netî: (A. -F.) [la'net+î] **1.**lanet olası!, lanetlik. **2.**mel'un, lanetli.

لعن کردن la'n kerden: lanet etmek, lanet okumak.

لعیب la'îb: (A.) **1.**oyun arkadaşı. **2.**oyuncu.

لعین la'în: (A.) melun, lanetlenmiş.

لغ leğ: sallanan, sağ olmayan, gevşek. ‖ * dehân ~ دهان لغ ağzı gevşek, sır tutamayan.

لغ leğ: **1.**dazlak. **2.**kıraç arazi.

لغ liğ: çıplak, üryan.

لغات lugât: (A.) kelimeler, sözcükler, lügatlar.

لغاز lugâz: **1.**duvar saçağı. **2.**ayıp, kusur. **3.**kinayeli söz, taşlama.

لغاز خواندن lugâz hânden: **1.**kusur bulmak, ayıplamak. **2.**taş atmak, taşlamak, kinayeli konuşmak.

لغام legâm: dizgin.

لغایت ligâyeti: (A.) bitimine kadar, sonuna kadar.

لغت lugat: (A.) **1.**kelime, sözcük, lügat. **2.**sözlük. **3.**dil. ‖ * be donbâl-i ~ geşten به دنبال لغت گشتن laf salatası yapmak.

لغت شناس lugatşinâs: (A. -F.) [lugat+ şinâhten>şinâs] filolog, dil uzmanı, dilbilimci.

لغت شناسی lugatşinâsî: (A. -F.) [lugat+ şinâhten>şinâs+î] filoloji, dilbilim.

لغت نامه lugatnâme: (A. -F.) [lugat+ nâme] **1.**sözlük, lügat. **2.**İranlı sözlük uzmanı Ali Ekber-i Dihhodâ'nın Farsça'dan Farsça'ya büyük ansiklopedik sözlüğü.

لغت نویس lugatnevîs: (A. -F.) [lugat+ nevişten>nevîs] sözlük yazarı.

لغت نویسی lugatnevîsî: (A. -F.) [lugat+ nevişten>nevîs+î] sözlük yazarlığı, sözlük yazımı.

لغز lağz: [lagzîden>lagz] kayma.

لغز lugaz: (A.) **1.**tarla faresi deliği. **2.**dolambaçlı yol, labirent. **3.**bilmece, bulmaca. **4.**laf oyunu.

لغزان lagzân: [lagzîden>lagz+ân] **1.**kaygan. **2.**saf ve düz. **3.**kayan. ‖ * cadde-i ~ جادهء لغزان kaygan yol.

لغزاندن lagzânden: kaydırmak.

لغزانیدن lagzânîden: kaydırmak.

لغزش lagziş: [lagzîden>lagz+iş] **1.**kayma. **2.**sürçme. **3.**hata.

لغزشگاه lagzişgâh: [lagziş+gâh] kayak yeri, kayak pisti.

لغزنده lagzende: [lagzîden>lagz+ende] **1.**kayan. **2.**kaygan. ‖ * cadde-i ~ جادهء لغزنده kaygan yol.

لغزیدگی lagzîdegî: [lagzîden>lagzîd+e+ g+î] kayganlık.

لغزیدن lagzîden: kaymak.

لغسر legser: [leg+ser] kel, dazlak.

لغو lagv: (A.) **1.**boş, saçma. **2.**saçmalama. **3.**hata yapma.

لغوب legûb, logûb: (A.) bitkinlik, acizlik.

لغو شدن lagv şoden: lağvedilmek, lağvolmak.

لغو کردن lagv kerden: lağvetmek.

لغونه lugûne: süs, ziynet.

لغوی lugavî: (A.) **1.**lügatçı, sözlükçü. **2.**lügat bakımından, dil bakımından.

لغیدن laggîden: yerinde sallanmak, kımıldamak.

لف leff: (A.) **1.**derme, katma, dürme, sarma. **2.**katetme. ‖ * der ~ -i در لف içinde, arasında.

لفاً leffen: (A.) ilişikte, ek olarak.

لفاظ leffâz: (A.) **1.**lafazan. **2.**dile hakim.

لفاظی leffâzî: (A. -F.) [leffâz+î]

lafazanlık. **2.**dile hakimiyet.

لفاف lifâf, leffâf: (A.) kefen. **2.**ambalaj.

لفاف کردن lifâf kerden: ambalajlamak, sarmak.

لفافه lifâfe, leffâfe: (A.) **1.**sargı. **2.**kefen. **3.**ambalaj malzemesi.

لفت lift: **1.**(bot.) şalgam. **2.**yarım. **3.**inek.

لفت دادن lift dâden: **1.**alt üst etmek. **2.**uzatmak. **3.**önemsememek. **4.**süsleyip püslemek, ballandırmak.

لفتره leftere: aşağılık, alçak, adi.

لفت و لعاب دادن lift u lu'âb dâden: **1.**sözü uzatmak. **2.**alt üst etmek.

لفت و لیس کردن lift u lîs kerden: **1.**parazit hayat sürmek. **2.**çıkar sağlamak. **3.**aşırmak, iç etmek.

لفتی liftî: **1.**şalgam aşı. **2.**şalgamlı.

لفج lefc: dudak, deve dudağı gibi sarkık dudak.

لفجن lefcen: büyük ve sarkık dudaklı.

لفچ lefç: dudak, deve dudağı gibi sarkık dudak.

لفچان lefçân: büyük ve kalın dudaklı.

لفچ فرو هشتن lefç furû hişten: **1.**dudağı sarkmak. **2.**at sinirli olmak.

لفچن lefçen: büyük ve sarkık dudaklı.

لفچه lefçe: **1.**kalın dudak. **2.**kemiksiz et.

لفظ lafz: (A.) lafız, kelime, söz. ‖ * be ~ -i kalem sohbet kerden به لفظ قلم صحبت کردن kitabî konuşmak, fasih konuşmak. ‖ * der ~ âmeden در لفظ آمدن konuşmak, konuşmaya başlamak.

لفظاً lafzen: (A.) telaffuz ederek, sözle, konuşarak.

لفظی lafzî: (A.) lafız ile ilgili.

لف و نشر leff u neşr: (A.) **1.**sarmak ve dağıtmak. **2.**(ed.) leffüneşr sanatı. Şair bir mısra veya beyitte birkaç isim veya kelime verir ve bunu takip eden mısra veya beyitte bunlara birer sıfat getirir. Bunlardan birincilerine leff, ikincilerine neşr denilir. ‖ * ~ -i ma'kûs لف و نشر معکوس isim ve sıfatların çapraz olması hali. ‖ * ~ -i muretteb لف و نشر مرتب isim ve sıfatların bir sırayı takip etmesi hali. ‖ * ~ -i muşevveş لف و نشر مشوش isim ve sıfatlarda herhangi bir sıra gözetilmemesi hali.

لفیف lefîf: (A.) **1.**dağınık halk yığını. **2.**karışık. **3.**(gr.) lefîg grubu fiil.

لق lak: sallanan, gevşek, sağlam olmayan. ‖ * ~ u ~ لق و لق dayanıksız, gevşek.

لقاء likâ': (A.) **1.**görüşme, buluşma. **2.**yüz, çehre.

لقاح lekâh: (A.) **1.**hamile kalma. **2.**dölleme, spermayı döl yatağına bırakma.

لقاح likâh: (A.) **1.**meni, döl. **2.**at ve deve dölü.

لقا نمودن likâ numûden: yüzünü göstermek.

لقب lakab: (A.) lakap.

لقب دادن lakab dâden: lakaplandırmak, lakap vermek.

لقب داشتن lakab dâşten: lakabı olmak.

لقب کردن lakab kerden: lakaplandırmak, lakap vermek.

لقب نهادن lakab nihâden: lakap vermek, lakaplandırmak.

لقب یافتن lakab yâften: lakap almak.

لق شدن lak şoden: **1.**sallanmak, gevşemek. **2.**çakşamak. ‖ * çâne-i kesî ~ چانهٔ کسی لق شدن çenesi düşmek.

لق کردن lak kerden: **1.**gevşetmek, sallandırmak. **2.**çakşatmak.

لقلاق laklâk: (A.) **1.**leylek. **2.**bağırtı.

لقلق laklak: (A.) leylek.

لقلقه laklake: (A.) leylek sesi. ‖ * ~ -i lisân لقلقهٔ لسان **1.**dil tutukluğu. **2.**saçmalama, zırvalama.

لقم lukam: (A.) lokmalar.

لقمه lokme: (A.) **1.**lokma. **2.**yiyecek. ‖ * ~ râ dovr-i ser çerhânden ve ba'd be dehân borden لقمه را دور سر چرخاندن و بعد به دهان بردن kulağını öbür taraftan göstermek. ‖ * ~ -i herâm لقمهٔ حرام **1.**haramzade. **2.**haram lokma.

لقمة الصباح lokmetussebâh: (A.) sabah

kahvaltısı.

لقمه زدن lokme zeden: büyük lokma almak.

لقمه شمار lokmeşomâr: (A. -F.) [lokme+ şomorden>şomâr] 1.davetsiz misafir. 2.pinti, cimri.

لقمه گرفتن lokme giriften: 1.lokma hazırlamak. 2.(kin.) haberi yokken biri hakkında bir iş düşünmek.

لقمه لقمه lokme lokme: (A. -F.) 1.lokma lokma. 2.az az, gıdım gıdım. 3.paramparça.

لقمه لقمه شدن lokme lokme şoden: paramparça olmak.

لقمه لقمه کردن lokme lokme kerden: paramparça etmek.

لقوه lakve: (A.) (tıb.) yüz felci.

لقیدن lakkîden: sallanmak, gevşemek.

لقیط lekît: (A.) 1.sokağa bırakılan çocuk. 2.haramzade.

لقیط کردن lekît kerden: bebeği sokağa bırakmak, bebeği terketmek.

لقیه lukye: (A.) görme, görüşme.

لک lek: 1.leke. 2.(tıb.) göz lekesi. 3.damla. 4.regl kanı, hayız kanı. 5.alamet, işaret. 6.(kin.) iftira.

لک lek: paçavra, çaput. 2.köylü giysisi.

لک lek: saçma söz, zırva.

لک lek: 1.aptal, ahmak, salak. 2.pinti, cimri.

لک lok: 1.(zool.) bir cins deve. 2.iriyarı, kaba. 3.çolak.

لک lek (Hind.) yüz bin.

لک lek: (A.) on milyon.

لکا lekâ: 1.sahtiyan. 2.çarık. 3.ayakkabı. 4.kırmızı gül. 5.bağa. 6.kızıl.

لکات lekât: 1.iskambilde "kız" kâğıdı. 2.aşağılık, adi, pespaye.

لکاته lekâte: 1.(argo) orospu. 2.(argo) şıllık, şırfıntı.

لکالک کردن lekâlek kerden: pazarlık yapmak.

لکام lokâm: 1.utanmaz, hayasız. 2.iriyarı homoseksüel erkek.

لکامه lekâme: erkeğin cinsel organı.

لکانه lekâne: 1.içine kızartılmış et doldurulan bağırsak. 2.erkeğin cinsel organı.

لک دیدن lek dîden: 1.leke görmek. 2.regl olmak, aybaşı olmak. 3.(meyva) çürümek.

لک زدن lek zeden: meyva çürümek, meyva bozulmak. ‖ * dil-i kesî ~ دل کسی لک زدن can atmak, çok arzulu olmak.

لک شدن lek şoden: lekelenmek, leke olmak.

لک کردن lek kerden: lekelemek, leke yapmak.

لک گذاشتن lek gozâşten: leke sürmek.

لکلک leklek (zool.) leylek.

لکلک loklok: (A.) kısa, tıknaz, bodur.

لکلک loklok: at veya devenin üstündeki yolcuyu sarsacak şekilde yürümesi.

لک لک کردن lik lik kerden: savsaklatmak, işi yavaşlatmak.

لکن lâkin: (A.) ancak, lakin.

لکنت loknet: (A.) kekemelik, dil tutukluğu. ‖ * ~ -i zebân لکنت زبان dil tutukluğu. ‖ * bâ ~ -i zebân با لکنت زبان kekeleyerek.

لک و پک lek u pek: 1.ev eşyası, ev döşemesi. 2.az sermaye. 3.acele.

لک و پک lok u pok: kaba, yontulmamış.

لک و پک کردن lek u pek kerden: acele etmek.

لک و لک likk u lik: 1.ayakkabı sesi. 2.oyalanma.

لک و لک کردن likk u lik kerden: 1.oyalanmak. 2.çile çekmek, ömrünü sıkıntı ile geçirmek.

لکوموتیو lokomotiv: (İng.) lokomotif.

لکه lekke: 1.leke. 2.damla. 3.nokta.

لکه دار lekkedâr: [lekke+dâşten>dâr] 1.lekeli. 2.adı çıkmış.

لکه دار شدن lekkedâr şoden: 1.lekelenmek. 2.(kin.) adı çıkmak, lekelenmek, rezil olmak.

لکه دار کردن lekkedâr kerden: 1.lekelemek. 2.(kin.) adını çıkarmak, adını lekelemek.

لکه زدن lekke zeden: yaya yürümek.

لکه کردن loke kerden: yığmak, toplamak.

لکه گیری lekkegîrî: [lekke+giriften>gîr+î] **1.**leke çıkarma. **2.**kuru temizleme. **3.**kuru temizlemecilik.

لکهن lekhen (Hind.) putperestlerin ve Hindûların tuttuğu oruç.

لکین lukîn: keçe, koyun yününden yapılan keçe.

لگ leg: **1.**sıkıntı, elem, acı. **2.**dayak. **3.**zindan.

لگاریتم logaritm: (Fr.) logaritma.

لگام ligâm, logâm: dizgin.

لگام دادن ligâm dâden: **1.**dizginlemek. **2.**gitmek, yönelmek.

لگام کشیدن ligâm keşîden: **1.**dizgin çekmek. **2.**peşinden sürüklemek.

لگد leged: **1.**tekme. **2.**çifte. **3.**geri tepme.

لگد افکندن leged efkenden: **1.**çifte atmak, çiftelemek. **2.**tekme atmak.

لگد انداختن leged endâhten: **1.**çifte atmak, çiftelemek. **2.**tekme atmak.

لگد اندازی legedendâzî: [leged+endâhten> endâz+î] **1.**çifte atma, çifteleme. **2.**tekme atma, tekmeleme.

لگد پراندن leged perânden: **1.**çifte atmak. **2.**tekme atmak.

لگد خوردن leged horden: **1.**çifte yemek. **2.**tekme yemek.

لگد زدن leged zeden: **1.**çiftelemek, çifte atmak. **2.**tekme atmak.

لگد کردن leged kerden: **1.**çiğnemek, ayak altında ezmek. **2.**tekmelemek.

لگد کوب legedkûb: [leged+kûften>kûb] **1.**tekmeleyen, tekme atan. **2.**çiğneyen, ezen. **3.**tekmelenmiş. **4.**çiğnenmiş, ezilmiş.

لگدکوب شدن legedkûb şoden: **1.**ezilmek, çiğnenmek. **2.**tekmelenmek.

لگدکوب کردن legedkûb kerden: **1.**ezmek, çiğnemek, ayak altına almak. **2.**tekmelemek.

لگد کوفتن leged kûften: tekmelemek.

لگدمال legedmâl: [leged+mâlîden>mâl] **1.**çiğneme, ezme, ayak altına alma. **2.**çiğnenme, ezilme, ayak altına alınma.

لگدمال شدن legedmâl şoden: ezilmek, çiğnenmek, ayak altına alınmak.

لگدمال کردن legedmâl kerden: ezmek, çiğnemek, ayak altına almak.

لگن legen: **1.**leğen. **2.**mangal. **3.**şamdan. **4.**fanus örtüsü. **5.**(tıb.) leğen kemiği. ‖ * ~ -i hâsire لگن خاصره (tıb.) kalça ve leğen kemikleri.

لگور legûr: Herat ve Sistan civarında yaşayan göçebe bir topluluk.

لگوری ligûrî: (argo) kahpe, orospu, alçak.

لله lele: (T.) lala.

لله باشی lelebâşî: (T.) lalabaşı.

لم lem: [lemîden>lem] arkaya yaslanma, dayanma, sırtını verme.

لم lem: (A.) hayır, değil.

لم lim: el çabukluğu, ustalık.

لما lemâ (bot.) tilki üzümü.

لماز lemmâz: dedikoducu.

لمالم lemâlem: dolu, ağzına kadar dolu.

لمباندن lombânden: çiğnemeden yutmak, tıkınmak.

لمبر lembor: **1.**kalça. **2.**sarsıntı, titreşim.

لمتر lemter: şişman, tombul.

لمح lemh: (A.) kaçamak bakış.

لمحه lemhe: (A.) **1.**kısa bir bakış. **2.**göz ucuyla bakış. **3.**kısa bir an. **4.**parıltı, parlaklık.

لم دادن lem dâden: yaslanmak, dayanmak, sırtını vermek, kaykılmak.

لمز lemz: (A.) **1.**kınama, ayıplama. **2.**göz ucuyla işaret.

لمس lems: gevşek, halsiz.

لمس lems: (A.) **1.**dokunma, el sürme. **2.**(tıb.) dokunma duyusu. **3.**cinsel birleşme.

لمس شدن lems şoden: felç olmak.

لمس کردن lems kerden: dokunmak, el sürmek.

لمشک limişk: süzme yoğurt. İçine süt ve tuz katılarak yiyecek yapılır.

لمع lem': (A.) parlama.

لمع lume': (A.) parıltılar.

لمعان leme'ân: (A.) **1.**parlama. **2.**parlaklık, parıltı. **3.**işaret etme.

لمعه lem'e: (A.) parıltı.

لمعه lum'e: (A.) **1.**taze otlar arasındaki kuru ot demetleri. **2.**insan topluluğu. **3.**beyaz leke. **4.**siyah saçlar arasında beyaz saç lekesi. **5.**yaşamın bir kısmı.

لمعه زدن lem'e zeden: parlaklık vermek, parlamak.

لمف lemf: (Fr.) (tıb.) lenf. ‖ * gudde-i ~ غدهء لمف (tıb.) lenf bezi.

لمفی lemfî: (Fr. -F.) (tıb.) lenfle ilgili. ‖ * destgâh-i ~ دستگاه لمفی (tıb.) lenf sistemi.

لمیدن lemîden: yaslanmak, dayanmak, sırtını vermek, kaykılmak.

لم یزرع lem yezre': (A.) kıraç, çorak, tarım yapılamaz.

لم یزل lem yezel: (A.) kalıcı, yok olmayan.

لن len: (A.) asla değil, -meyecek.

لنب lonb: **1.**büyük ve ağır, heyula. **2.**şişman, tombul.

لنبان lenbân: fahişe çalıştıran yaşlı fahişe, kart orospu.

لنبر lenber: **1.**kalça, kıç. **2.**tombul, semiz.

لنبر زدن lenber zeden: dalgalanıp dökülmek.

لنبک lonbek: şişman, tombul, semiz.

لنبوس lonbûs: ağız içi, damak.

لنبه lonbe: şişman, tombul.

لنتر lenter: (Fr.) **1.**ayaklı lamba, lambader. **2.**fener. **3.**minare. **4.**tavana asılan ayaksız petrol lambası.

لن ترانی lenterânî: (A.) beni asla göremezsin.

لنج lenc: **1.**çıkarma, dışarı çekme. **2.**salınma. **3.**bir cins kumaş. **4.**sakat, aksak. **5.**(bot.) sedir. **6.**tekne. ‖ * ~ -i mâhîgîrî لنج ماهیگیری balıkçı teknesi. ‖ * ~ -i seyyâdî لنج صیادی balıkçı teknesi.

لنج lonc: **1.**dudak, kalın dudak. **2.**ağız çevresi.

لنج linc: taneleri yenilmiş veya soyulmuş üzüm sapı.

لنجه lence: salınma, cilve.

لنجه lonce: ağız ve çevresi.

لنجه زدن lence zeden: mızıkçılık etmek.

لنجه کردن lence kerden: pazarlık etmek.

لنجیدن lencîden: **1.**çıkarmak, çekmek. **2.**kökünden sökmek.

لند lend (Sans.) **1.**penis. **2.**oğul.

لند lond: **1.**homurdanma. **2.**sızlanma.

لندروور lendrover: (İng.) Landrower cip.

لندره lendere: **1.**bir tür kumaş. **2.**bir tür giysi.

لند لند lond lond: homurdanarak.

لند لند کردن lond lond kerden: homurdanmak.

لندن lenden: (İng.) (coğ.) Londra.

لندوق lendûk: civciv.

لنده londe: [londîden>lond+e] homurdanma.

لنده زدن londe zeden: homurdanmak.

لندهور lendehûr: iriyarı insan, insan azmanı.

لندیدن londîden: homurdanmak.

لنف lenf: (Fr.) [Lymphe] (tıb.) lenf.

لنفاتیک lenfatik: (Fr.) [Lymphatique] (tıb.) lenfatik.

لنکن lenken: putperest ve hind orucu.

لنگ leng: **1.**aksak, topal. **2.**kanat (kapı, pencere vs.) **3.**duraksama.

لنگ leng (Sans.) penis.

لنگ ling: **1.**ayak. **2.**hayvan ayağı. **3.**tek.

لنگ ling: zaman, vakit.

لنگ long: şal.

لنگان lengân: [lengîden>leng+ân] **1.**aksak. **2.**aksayarak, topallayarak.

لنگ انداختن long endâhten: **1.**şal atmak. **2.**havlu atmak. **3.**(kin.) teslim olmak, pes etmek. **4.**aracı olmak.

لنگ انداختن (پیش کسی) ling endâhten (Birine) vızgelmek.

لنگر lenger: **1.**gemi demiri, çapa, çipo. **2.**aşevi, aşhane. **3.**(tas.) hankah. **4.**(kin.) sarkaç. **5.**vakar, ağırbaşlılık, temkin. **6.**dilenci. ‖ *

~ be hod giriften لنگر به خود گرفتن sebat etmek. ‖ * ~ ez kef dâden لنگر از کف دادن muzdarip olmak.

لنگر گرفتن lenger efkenden: demir atmak.

لنگر انداختن lenger endâhten: **1.**demir atmak. **2.**postu sermek, yerleşmek.

لنگر بر داشتن lenger berdâşten: demir almak.

لنگر خانه lengerhâne: [lenger+hâne] aşevi.

لنگر فرو هشتن lenger furû hişten: demir atmak.

لنگرگاه lengergâh: [lenger+gâh] rıhtım.

لنگر گرفتن lenger giriften: demir almak.

لنگر نگاهداشتن lenger nigâhdâşten (kin.) itidalini korumak.

لنگری lengerî: [lenger+î] **1.**demirli, demir atmış. **2.**büyük tencere. **3.**ikamet etme. **4.**durdurma.

لنگ شدن leng şoden: aksamak.

لنگ کردن leng kerden: **1.**topal bırakmak. **2.**durmak. **3.**bir yerde bir süre kalmak. **4.**gecikmek. **5.**işi durdurmak, aksatmak.

لنگ لنگان leng lengân: [lengîden>leng+ ân] aksayarak, topallayarak.

لنگ ماندن leng mânden: çaresiz kalmak, zavallı olmak.

لنگوته longûte: avret yerlerini kapamak üzere bele bağlanan bez.

لنگه lenge: [lengîden>leng+e] penis.

لنگه linge: **1.**denk, yükün bir tarafı. **2.**tek. **3.**kanat (kapı, pencere vs.) ‖ * ~ -i kefş لنگهٔ کفش ayakkabı teki.

لنگه داشتن lenge dâşten: benzeri olmak.

لنگی lengî: [leng+î] **1.**aksama, aksaklık. **2.**topallama.

لنگیدن lengîden: aksamak, topallamak.

لو lev, lov: **1.**bir tür tatlı, helva. **2.**yükseklik, yükselti. **3.**safra.

لو lev: (A.) eğer. ‖ * ve ~ ولو her ne kadar, velev.

لو lû: benek.

لوا livâ: (A.) bayrak, sancak.

لواحق levâhik: (A.) **1.**ekler, ilaveler. **2.**yeni olaylar, gelişmeler. **3.**bölge tebası.

لوازم levâzim: (A.) **1.**gereçler, eşyalar. **2.**cihaz, cihazlar. ‖ * ~ -i elektronîkî لوازم الکترونیکی elektronik cihazlar. ‖ * ~ -i şahsî لوازم شخصی özel eşyalar.

لوازم التحریر levâzimuttahrîr: (A.) kırtasiye.

لواش levâş: lavaş ekmeği.

لواش levâş: pestil.

لواشک levâşek: [levâş+ek] **1.**pestil. **2.**erik pestili.

لواط levvât: (A.) oğlancı, kulampara.

لواط livât: (A.) oğlancılık, livata.

لواطه livâte: (A.) oğlancılık, kulamparalık.

لواطه کردن livâte kerden: oğlancılık yapmak, kulamparalık yapmak.

لواف levvâf: (A.) **1.**çadırcı. **2.**çuvalcı. **3.**kilimci.

لواقح levâkih: (A.) **1.**ekler, lahikalar. **2.**hamile ediciler. **3.**hamileler.

لوالو levâlev: haysiyetsiz, rezil, sefil.

لوام levvâm: (A.) çok kınayan.

لوامع levâmi': (A.) parlayanlar.

لوامه levvâme: (A.) çok kınayan.

لوایح levâyih: (A.) önergeler, layihalar.

لو انداختن lov endâhten: gürültü patırtı çıkarmak.

لوبیا lûbiya: (Yun.) (bot.) fasulye. ‖ * ~ -yi deryâyî لوبیای دریایی (bot.) çöğenotu. ‖ * ~ -yi japonî لوبیای ژاپنی (bot.) soya fasulyesi.

لوبیاپلو lûbiyapolov: fasulyeli pilav.

لوبیاگرگی lûbiyagorgî: [lûbiya+gorg+î] (bot.) acı bakla, yahudi baklası.

لوت lût: **1.**oğlan. **2.**lezzetli yemek. **3.**büyük lokma. **4.**çıplak. **5.**kıraç, bozkır. ‖ * ~ u londor لوت و لندر çırılçıplak.

لوت lut: (Fr.) **1.**(müz.) lavta. **2.**(müz.) ud.

لوت خوردن lût horden: leziz yemek

yemek.

لوترا lutera: kuş dili.

لوتو loto: (Fr.) loto, tombala.

لوته lûte: [lût+e] bozkır.

لوتى lûtî (zool.) tatlısu levreği.

لوث levs, lovs: (A.) kir, pislik.

لوث شدن levs şoden: kirlenmek, bulaşmak, karışmak.

لوث كردن levs kerden: bulaştırmak, kirletmek.

لوج lûc: **1.**şaşı. **2.**çıplak.

لوچ lûç: **1.**şaşı. **2.**çıplak.

لوچه levçe, lovçe: dudak, küçük dudak. ‖ * kesî râ ~ pîç kerden كسى را لوچه پيچ كردن birine dudak bükmek.

لوچه پيچكى كردن lovçe pîçekî kerden: yüzünü buruşturmak.

لوح levh, lovh: (A.) **1.**levha. **2.**omuz kemiği, kürek kemiği. **3.**plaka. **4.**yüz, sevgilinin yüzü. ‖ * ~ râ ez ser giriften لوح را از سر گرفتن **1.**yeniden başlamak. **2.**yeniden öğrenmek. ‖ * ~ -i kabr لوح قبر mezar taşı. ‖ * ~ -i sufâlî لوح سفالى tablet.

لوحش الله levaheşallâh: (A.) Allah korkutmasın.

لوحه lovhe, levhe: (A.) **1.**levha. **2.**plaka. **3.**tabela.

لوحه تخته lovhetehte: (A. -F.) [lovhe+ tehte] kereste.

لوخ lûh: **1.**kambur, tümsek, eğik. **2.**(bot.) kamış, saz.

لوخن lohen: ay.

لو دادن lev dâden, lov dâden: **1.**ele vermek, ifşa etmek. **2.**(hlk.) kancıklamak.

لودگى levdegî, lovdegî: [lovde+g+î] **1.**şaklabanlık. **2.**şakacılık.

لوده levde, lovde: **1.**şaklaban. **2.**taklitçi. **3.**hayasız.

لوده levde: büyük sele.

لودى lûdî: yiğit, korkusuz, yürekli.

لور lûr: **1.**sel. **2.**üstünden sel geçmiş arazi. **3.**lor peyniri. **4.**utanmaz. **5.**hallaç yayı.

لورانک lovrânek: yağ kabı.

لو رفتن lov reften: ifşa edilmek, ele verilmek.

لورک lovrek: hallaç yayı.

لوركند lorkend: sel yatağı.

لوره lûre: sel yatağı.

لورى lûrî: [lûr+î] **1.**Lorlu. **2.**çingene. **3.**cüzzam.

لوز levz, lovz: (A.) **1.**(bot.) badem. **2.**badem ezmesi.

لوز المعده lovzulmi'de: (A.) (tıb.) pankreas.

لوزتان levzetân: (A.) (tıb.) bademcikler.

لوزتين levzeteyn, lovzeteyn: (A.) (tıb.) bademcikler.

لوزه levze, lovze: (A.) (tıb.) bademcik. ‖ * verem-i ~ ورم لوزه (tıb.) bademcik yangısı.

لوزى levzî, lovzî: (A.) **1.**eşkenar dörtgen, baklama biçimi, oval. **2.**sakar, akıtma.

لوزينه lovzîne, levzîne: (A. -F.) [lovz+ îne] badem ezmesi.

لوژ luj: (Fr.) kızak.

لوس lûs: **1.**şımarık. **2.**dalkavuk, yağcı. **3.**çeşni, meze.

لوسانه lûsâne: [lûs+âne] **1.**yaltaklanarak. **2.**yaltakçı, dalkavuk. **3.**hile.

لوسانه كردن lûsâne kerden: **1.**yağ çekmek, yaltaklanmak. **2.**aldatmak.

لوس بار آوردن lûs bâr âverden: şımartmak.

لوس بازى lûsbâzî: [lûs+bâhten>bâz+î] yaltaklanma.

لوس بازى كردن lûsbâzî kerden: yaltaklanmak.

لوستر lustr: (Fr.) kristal avize.

لوس شدن lûs şoden: şımarmak.

لوس كردن lûs kerden: şımartmak.

لوسمى losemi: (Fr.) (tıb.) kan kanseri, lösemi.

لوس ولیموس lûs u lîmûs: eğri, yamuk, eğri büğrü.

لوسيدن lûsîden: yaltaklanmak, yağ çekmek, dalkavukluk etmek.

لوسيون losyon: (Fr.) [lotion] **1.**eriyik ilaç sürmek. **2.**losyon.

لوش lûş: balçık, çamur.

لوش lûş: **1.**ağzı eğik. **2.**parça. **3.**şaşı.

لوش لوش lûş lûş: parça parça.

لوشاره lûşâre: sel yatağı.

لوشانه lûşâne: leziz ve tatlı lokma.

لوط levt: (A.) 1.örtü. 2.kıvrak adam. 3.yapışkan. 4.rüşvet.

لوط lût: (A.) Lût peygamber, Hazreti İbrahim'in yeğeni.

لوطی lûtî: 1.kulampara. 2.kabadayı, külhanbey. 3.yaramaz adam.

لوطی بازی lûtîbâzî: [ûltî+bâhten>bâz+î] kabadayılık, külhanbeylik.

لوطی خور کردن lûtî hor kerden: talan etmek, yağmalamak.

لوطی گری lûtîgerî: [lûtî+ger+î] kabadayılık, külhanbeylik.

لوغ lûğ: içme.

لوغیدن lûğîden: 1.içmek. 2.sağmak.

لوف lûf: (A.) (bot.) nemli ve gölgeli yerlerde yetişen, salkım şeklinde meyvaları olan bir bitki.

لوقا luka: İncil.

لوک lûk: 1.çolak. 2.aciz, düşkün. 3.tas. 4.kap. 5.güçlü yük devesi.

لوکس luks: (Fr.) lüks, görkemli.

لوکوموتیو lokomotiv: (Fr.) lokomotif.

لوکه lûke: 1.çardak. 2.buğday veya arpa unu. 3.kavrulmuş un. 4.çekirdeği alınmış pamuk.

لوکه کشیدن lûke keşîden: 1.ciyaklamak. 2.çenilemek.

لوکیدن lûkîden: 1.emeklemek. 2.at veya devenin üstündeki yolcuyu sarsacak şekilde yürümesi.

لول lûl: 1.zilzurna sarhoş. 2.(ask.) namlu. 3.hayasız. 4.yılankavi.

لولا lovlâ, levlâ: 1.menteşe. 2.çaylak.

لولا levlâ: (A.) eğer değilse.

لولاک levlâk: (A.) sen olmasaydın.

لولاگر lovlâger: [lovlâ+ger] menteşeci.

لولب levleb: (A.) civata.

لول خوردن lûl horden: 1.yılankavî olmak. 2.kaynaşmak, dolanmak.

لول شدن lûl şoden: 1.yılankavî olmak. 2.kaynaşmak, dolanmak. 3.gitmek, çekilmek.

لولو lûlû: öcü.

لؤلؤ lu'lu': (A.) inci.

لوله lûle: [lûlîden>lûl+e] 1.boru. 2.deney borusu. 3.(ask.) namlu. ‖ * ~ -i murtebite لولهء مرتبطه (fiz.) bileşik kap.

لوله پاک کن lûlepâkkon: [lûle+pâk+kerden>kon] boru temizleyici.

لوله ساختن lûle sâhten: 1.boru haline getirmek, rulo yapmak. 2.boru yapmak.

لوله ساز lûlesâz: [lûle+sâhten>sâz] borucu.

لوله شدن lûle şoden: dürülmek, boru gibi olmak, kıvrılmak. ‖ * tû-yi hodeş ~ توی خودش لوله شدن büzülmek, kıvrılmak.

لوله کاغذ lûlekâğez: [lle+kâğez] rulo, tomar.

لوله کردن lûle kerden: 1.rulo yapmak, tomar haline getirmek. 2.boru yapmak.

لوله کش lûlekeş: [lûle+keşîden>keş] 1.sıhhî tesisatçı. 2.boru döşeme ustası.

لوله کشی lûlekeşî: [lûle+keşîden>keş] 1.sıhhî tesisatçılık, muslukçuluk. 2.boru döşeme. 3.kanalizasyon.

لوله کشیدن lûle keşîden: boru döşemek.

لوله کشی کردن lûlekeşî kerden: 1.sıhhî tesisatçılık yapmak. 2.boru döşemek.

لولهنگ lûlehing: ıbrık.

لوله هنگ lûleheng: ıbrık.

لولی lûlî: 1.fahişe, orospu. 2.öcü. 3.utanmaz. 4.Lorlu. 5.çingene. 6.yakışıklı ve sarhoş delikanlı. 7.şarkıcı. 8.çalgıcı.

لولی خانه lûlîhâne: [llî+hâne] genelev, umumhane, kerhane.

لولیدن lûlîden: 1.dolanmak, kıvrılmak, kaynaşmak. 2.yavaş yavaş gidip gelmek. 3.gelişmek.

لوم levm: (A.) kınama, ayıplama.

لومیر lumîr: (Fr.) [lumire] aydınlık, ışık, parlaklık.

لون levn, lovn: (A.) 1.renk. 2.boya. 3.cins, tür.

لون بلون levnbelevn: (A. -F.) [levn+be+ levn] rengârenk.

لوند levend: (T.) **1.**orospu, fahişe. **2.**oğlan. **3.**tembel. **4.**oynak kız. **5.**hizmetçi. **6.**zorba.

لور luvr: (Fr.) Louvre müzesi.

لو و لیس زدن lov u lîs zeden: **1.**tadına bakmak. **2.**atıştırmak.

لوی ئیل loyil: (T.) Türk yıllarının beşincisi

لوید levîd: büyük bakır tencere.

لویر levir: sırt, tepe.

لویه lûye: takım (elbise)

له leh: **1.**ezik. **2.**şarap. **3.**koku. ‖ * ~ u lûrde kerden له و لورده کردن ezmek.

له leh: (A.) leh, muvafık.

لهاشم lehâşom: çirkin, kötü ve düşkün.

لهاک lehhâk: **1.**Şahname'de geçen bir özel isim. **2.**sebep, delil.

لهب lehb: (A.) yalaz.

لهب leheb: (A.) yalaz.

لهبان lehebân: (A.) yalazlanma.

لهبله lehbele: aptal, ahmak, cahil.

لهجات lehecât: (A.) lehçeler.

لهجت lehcet: (A.) **1.**lehçe. **2.**dil, lisan.

لهجه lehce: (A.) **1.**lehçe, aksan, dialekt. **2.**dil, lisan.

لهذا lihâzâ: (A.) bunun için.

لهر leher: **1.**meyhane, şaraphane. **2.**genelev.

لهستان lihistân: [lih+istân] (coğ.) Polonya, Lehistan.

لهستانی lihistânî: [lih+istân+î] **1.**Lehce. **2.**Polonyalı, Lehistanlı. **3.**Polonya'ya ait.

له شدن lih şoden: **1.**ezilmek, ufalanmak. **2.**linç edilmek.

له شده lih şode: [lih+şoden>şod+e] ezik.

لهف lehf: (A.) yazık.

له کردن lih kerden: **1.**ezmek, ufalamak. **2.**linç etmek.

له له زدن lih lih zeden: soluk soluğa kalmak, soluğu kesilmek.

لهنج lehenc: çamaşır yıkama taşı.

لهنه lehene: **1.**aptal, ahmak, salak. **2.**taş.

لهو lehv: (A.) **1.**oyun. **2.**alışma. **3.**cinsel birleşme. **4.**oynaşma, gönül eğlendirme. ‖ * ~u laib لهو و لعب oynaşma, gönül eğlendirme.

لهو کردن lehv kerden: oynamak.

لهیب lehîb: (A.) yalaz.

لهیدن lihîden: ezilmek.

لهیده lihîde: [lihîden>lihîd+e] **1.**ezik. **2.**ezik meyva.

لهیف lehîf: (A.) mahzun, gönlü yaralı.

لهی کردن lehî kerden: izin vermek, müsaade etmek.

لیاقت liyâkat: (A.) yeterlik, liyakat, yaraşma.

لیاقت داشتن liyâkat dâşten: yaraşmak, lâyık olmak, yeterli olmak.

لیالی leyâlî: (A.) geceler.

لیان leyân: parlak, parlayan.

لیان leyân: (A.) **1.**rızık bolluğu. **2.**mutluluk.

لیبر libr: (İng.) libre, yaklaşık 500 gramlık ağırlık ölçüsü.

لیبرال liberal: (Fr.) liberal.

لیبرالیسم liberalism: (Fr.) liberallik, liberalizm.

لیتر litr: (Fr.) litre.

لیت شدن lît şoden: **1.**suyu çıkmak. **2.**sebze çok olgunlaşmak.

لیتک litek: zavallı, züğürt, müflis.

لیته lite: **1.**pişkin ve ezik patlıcan. **2.**patlıcan turşusu.

لیته بادنجان lîtebâdencân: [lîte+bâdencân] patlıcan turşusu.

لیث leys: (A.) **1.**arslan. **2.**erkek ismi.

لیچ lîç: ıslak.

لیچار lîçâr: **1.**marmelat, reçel. **2.**uygunsuz söz, kaba söz. **3.**ağız bozma.

لیچار گفتن lîçâr goften: ağzını bozmak.

لیچ انداختن lîç endâhten: sarkmak.

لیچ شدن lîç şoden: ıslanmak.

لیخن lihen: (Fr.) (bot.) liken.

لیدر lidir: (İng.) lider.

لیدن leyden: (coğ.) Leiden.

لیر lîr: **1.**salya. **2.**(müz.) lir.

لیر lir: (İtalyanca) lira.

لیرت liret, lirt: miğfer.

لیره lîre: (İtalyanca) lira. ‖ * ~ -i turk لیره‌ء ترک Türk Lirası.

لیز lîz: [lîzîden>lîz] **1.**kaygan. **2.**yapışkan. **3.**bulaşık, karışık. **4.**kay (emir)

لیزاندن lîzânden: kaydırmak.

لیزانیدن lîzânîden: kaydırmak.

لیز خوردن lîz horden: kaymak.

لیز دادن lîz dâden: kaydırmak.

لیز شدن lîz şoden: kaymak.

لیزم lizum: lüzum.

لیزی lîzî: [lîz+î] **1.**kayganlık. **2.**yapışkanlık.

لیزیدن lîzîden: **1.**kaymak. **2.**karışmak, bulaşmak.

لیس lîs: [lîsîden>lîs] **1.**yalama. **2.**yala (emir.)

لیسانس lisans: (Fr.) [licence] **1.**lisans. **2.**yüksek öğrenim. **3.**lisans diploması. ‖ * ~ -i şîmî لیسانس شیمی kimyager. ‖ * fovk ~ فوق لیسانس yükseklisans.

لیسانسیه lisansiye: (Fr.) [licenci] **1.**lisans sahibi. **2.**üniversite mezunu.

لیسانسیه شدن lisansiye şoden: üniversite bitirmek, lisans almak.

لیست list: (Fr.) [liste] liste. ‖ * ez ~ hâric kerden از لیست خارج کردن **1.**defterden silmek. **2.**listeden çıkarmak. ‖ * ez ~ hâric şoden از لیست خارج شدن **1.**defterden silinmek. **2.**listeden çıkarılmak.

لیسک lîsek: [lîsîden>lîs+ek] (zool.) sümüklü böcek, salyangoz.

لیسه lise: (Fr.) lise.

لیسه lîse: [lîsîden>lîs+e] **1.**cila. **2.**ahmak. **3.**(zool.) meyvalı ağaçlara müptela olan bir tür haşere. ‖ * ~ betâne kerden لیسه بطانه کردن yüzüne pudra sürmek.

لیسیدن lîsîden: **1.**yalamak. **2.**çiğnemek. ‖ * ~ u red şoden لیسیدن و رد شدن sıyırıp geçmek.

لیف lîf: **1.**lif. **2.**hamam lifi, hamam kesesi.

لیف lîf: (A.) hurma ağacı kabuğu.

لیف کشیدن lîf keşîden: **1.**keselemek, kese çekmek. **2.**karpuz, kavun kabuğunu dişlemek.

لیفه lîfe: [lîf+e] **1.**lif, ağaç ve bitki lifi. **2.**uçkur. ‖ * ~ -i kesî râ ver keşîden لیفهء کسی را ور کشیدن biriyle cinsel ilişkide bulunmak, mercimeği fırına vermek.

لیق lîk: (A.) mürekkep hokkası içine konulan iplik.

لیقه lîke: (A.) mürekkep hokkası içine konulan iplik.

لیک lîk: (A.) ancak, lâkin.

لیک lîk: kadeh.

لیکن lîken: (A.) ancak, lakin.

لیکور likor: (Fr.) [liqueur] likör.

لیکورخوری likorhorî: (Fr. -F.) [likor+ horden>hor+î] likör kadehi. ‖ * gîlâs-i ~ گیلاس لیکورخوری likör kadehi.

لیل leyl: (A.) gece. ‖ * ~ u nehâr لیل و نهار gece gündüz. ‖ * miyân-i ~ u nehâr geşne bûden میان لیل و نهار گشنه بودن tecrübeli olmak, görmüş geçirmiş olmak, gün görmüş olmak, edepli olmak.

لیلاً leylen: (A.) geceleyin.

لیلا leylâ: (A.) **1.**gece karanlığı, geceye mensup. **2.**bayan adı.

لیله leyle: (A.) **1.**gece. **2.**arife. ‖ * ~ -i berât لیلهء برات berat gecesi. ‖ * ~ -i isrâ لیلهء اسری miraç gecesi. ‖ * ~ -i kadr لیلهء قدر kadir gecesi.

لیلة القدر leyletulkadr: (A.) kadir gecesi.

لیلی leylî: (A.) **1.**geceye ait. **2.**(müz.) bir mûsikî makamı. **3.**Leyla, bayan adı. **4.**çakırkeyiflik. **5.**Leyla ile Mecnun hikâyesinin bayan kahramanı.

لی لی ley ley, lîlî: sekme. ‖ * ~ be lâlâ-yi kesî gozârden لی لی به لالای کسی گذاردن nazını çekmek, kaprisini çekmek.

لی لی زدن lîlî zeden: sekmek.

لی لی کردن lîlî kerden: sekmek.

لیمو lîmû (bot.) limon.

لیمو ترش lîmûtorş: [lîmû+torş] (bot.) ekşi limon.

لیمو شیرین lîmûşîrîn: [lîmû+şîrîn] (bot.) tatlı limon.

لیمون lîmon (bot.) ekşi limon.

ليموناد limunâd: (Fr.) **1.**gazoz. **2.**limonata.

ليموىى lîmûyî: [lîmû+y+î] **1.**limonla ilgili. **2.**limonlu. **3.**limon rengi, sarı.

ليميا limiya: tılsım ilmi.

لين leyyin: (A.) yumuşak, mülayim.

لين lîn: (A.) **1.**yumuşaklık, mülayimlik. **2.**bağırsak mülayimliği.

لينت lînet: (A.) **1.**yumuşaklık. **2.**gevşeklik.

لين العريكه leyyinularîke: (A.) iyi tabiatlı, yumuşak huylu.

لينت دادن lînet dâden: yumuşatmak.

لينييت linyit: (Fr.) [lignite] linyit.

ليو lîv: güneş.

ليوان lîvân: **1.**bardak, cam bardak. **2.**eyvan. **3.**kral çadırı.

ليوتنان livtenan: (Fr.) [liutenant] yardımcı, nayip.

ليور luyûr: (A.) liralar.

ليوك lîvek: oğlan, iriyarı homoseksüel erkek.

ليولنگ lîvleng: karakurut.

ليوه lîve: **1.**aldatıcı. **2.**tatsız, zevksiz. **3.**saçmalayan.

ليىدن liyîden: çiğnemek.

م

م mim: **1.**M, m. Fars alfabesinin **28.**harfi. **2.**ebced hesabına göre sayısal değeri: kırk. **3.**miladî kelimesinin kısa yazılış şekli. **4.**"bitti" anlamına gelen "temme" kelimesinin kısa yazılış şekli. **5.**"muharrem" ayının kısa yazılış şekli. **6.**"ma'lûm" kelimesinin kısa yazılış şekli. **7.**"mevcûd" kelimesinin kısa yazılış şekli. **8.**sevgilinin küçük ve yuvarlak ağzı.

مآب meâb: (A.) **1.**dönüş. **2.**dönülecek yer. **3.**sığınma yeri.

مآبض me'âbiz (A.) diz kapağı arkası çukurları.

مآت mi'ât: (A.) **1.**yüzler.

مآثر meâsir: (A.) **1.**güzel eserler. **2.**işaretler, izler, belirtiler. **3.**hatırlayıcı şeyler. **4.**anıtlar. **5.**şerefler. **6.**hatıralar.

مآثم me'âsim (A.) **1.**günahlar. **2.**günah işlenecek yerler.

مآخذ meâhiz: (A.) kaynaklar.

مآدب me'âdib (A.) ziyafetler.

مآذن me'âzin (A.) ezan okuma yerleri.

مآرب meârib: (A.) **1.**istekler, dilekler. **2.**hizmetler.

مآزب me'âzib (A.) oluklar.

مآزر me'âzir (A.) **1.**peştemallar. **2.**sığınaklar, sığınma yerleri.

مآزيب me'âzîb (A.) oluklar.

مآكل me'âkil (A.) yiyecekler, yenilecek-şeyler, gıda maddeleri.

مآل meâl: (A.) **1.**dönüş yeri. **2.**sonuç, netice. **3.**anlam, mefhum.

مآلاً meâlen: (A.) **1.**sonuç olarak, sonunda. **2.**meâlen.

مآل انديش meâlendîş: (A. -F.) [meâl+ endîşîden>endîş] **1.**sonunu düşünen. **2.**ileri görüşlü.

مآل انديشى meâlendîşî: (A. -F.) [meâl+ endîşîden>endîş+î] ilerigörüşlülük.

مآل پرور me'âlîperver (A.-F.) [meâl+ perverden> perver] anlamlı.

مآوى meâvî (A.) sığınaklar, barınaklar.

ما mâ: (Peh.) biz.

ماء mâ': (A.) su.

ما mâ (A.) **1.**o şey ki. **2.**değil.

ماء البحر mâ'ulbahr (A.) deniz suyu.

ماء الحيات mâ'ulheyât (A.) hayât suyu, bengi su.

ماء الدمانين mâuddemânîn (A.) bir ilaç.

ماء العنب mâul'ineb (A.) üzüm suyu, şarap.

مائه mi'e: (A.) **1.**(mat.) yüz, 100.

مائده mâ'ide: (A.) **1.**yiyecek, yemek. **2.**sofra. **3.**Kur'ân'daki Mâ'ide sûresi.

مائده سالار mâ'idesâlâr (A.-F.) [mâ'ide+ sâlâr] sofracıbaşı.

مائل mâ'il (A.) **1.**eğik, eğimli. **2.**istekli, eğilimli. **3.**benzer, çalan. **4.**erkek adı.

مائلاً mâ'ilen (A.) **1.**eğik olarak. **2.**eğilim duyarak, istek duyarak.

مائله mâ'ile (A.) aklan.

مائليت mâ'iliyyet (A.) eğiklik, eğim.

مائى mâ'î (A.) **1.**su ile ilgili. **2.**mavi.

مائيت mâ'iyyet (A.) **1.**sıvılık. **2.**hidrat. ‖ * ~ -i karbon مائيت كاربن karbonhidrat.

مائيه mâ'iyye (A.) susallar.

منبر mi'ber: (A.) iğnelik, iğne kutusu, iğne kabı.

منبره mi'bere: (A.) iğnelik, iğne kutusu, iğne kabı.

مابعد mâba'd: (A.) **1.**arkası, gerisi. **2.**arkası gelecek, devamı gelecek.

مأبض me'biz (A.) diz ardı, diz kapağı arka çukuru.

مابضى me'bizî (A.) diz ardı çukuru.

مأبون me'bûn: (A.) **1.**(argo) oğlan, ibne, homoseksüel erkek. **2.**suçlanan.

ماباقى mâbâkî (A.) geriye kalan, arta kalan.

مابعد mâba'd (A.) sonraki, devamı, aşağıdaki, ilerdeki.

مابعد الروحى mâba'durrûhî (A.) metafizik, ruh ötesi.

مابعد الروحيات mâba'derrûhiyyât (A.) metafizik bilgisi.

مابعد الطبيعه mâba'duttabî'a (A.) fizikötesi, metafizik.

مابعد الطبيعيه mâba'duttabî'iyye (A.) fizikötesi, metafizik.

مابقى mâbekî (A.) geriye kalan, arta kalan.

ما به الاستحقاق mâbihilistihkâk (A.) hak etme sebebi.

ما به الاعتماد mâbihili'timâd (A.) güvenç kaynağı, itimat sebebi.

ما به الافتخار mâbihiliftihâr (A.) iftihar kaynağı. övünülecek kişi.

ما به التمدن mâbihittemeddun (A.) uygarlık sebebi, uygarlık kaynağı.

ما به الحيات mâbihilhayât (A.) hayât kaynağı, yaşama sebebi.

مابه القوام mâbihilkıvâm (A.) dayanak.

مابين mâbeyn: (A.) **1.**ara, arasında, orta, ortasında, ortadaki. **2.**harem ile selamlık daireleri arasındaki geçiş odası. **3.**padişah ile devletin ileri gelenlerinin görüşmelerini sağlamakla görevli saray dairesi, mâbeyin. **4.**padişahın bulunduğu saray. **5.**iki kişi arasındaki soğukluk. **6.**klasik Türk mûsikîsinde yarım ses tiz olan âhenk.

مابين هما mâbeyne humâ (A.) arası, arasında, araları, aralarında.

مات mât: satrançta yenilme, mat.

مات mât: donuk, mat.

مات mât: şaşkın, hayran. ‖ * ~ u dermânde şoden مات و درمانده شدن şaşırıp kalmak. ‖ * ~ u mebhût kerden مات و مبهوت كردن hayretler içinde bırakmak, şaşırtmak, hayrete düşürmek, şaşkına çevirmek. ‖ * ~ u mebhût şoden مات و مبهوت شدن hayretler içinde kalmak, şaşırıp kalmak. ‖ * ~ u mutehayyir mânden مات و متحير ماندن şaşırıp kalmak. ‖ * ~ -i kesî borden مات كسى بردن şaşkınlık geçirmek, şaşakalmak.

ماتحت mâtaht: (A.) **1.**alt taraf, altı. **2.**(tıb.) makat.

ماتريال matiryal: (Fr.) materyal.

ماترياليست matiryalist: (Fr.) materyalist, maddeci.

ماترياليسم matiryalism: (Fr.) materyalistlik, materyalizm, maddecilik.

ماترک mâterek: (A.) miras, tereke.

مات زدن mât zeden: bakmak, hayretle bakmak.

مات شدن mât şoden: şaşmak, şaşırmak, şaşakalmak.

مات شدن mat şoden: mat olmak.

ماتقدم mâtekaddem (A.) [mâ+tekaddem] **1.**geçmiş. **2.**geçmiş zaman. **3.**ilkin, önceleri, vaktiyle.

مات كردن mât kerden: şaşırtmak.

مات كردن mât kerden: mat etmek.

ماتم mâtem: (A.) matem, yas.

ماتم افزا mâtemefzâ (A.-F.) [mâtem+ efzûden> efzâ] matem artıran.

ماتم انگيز mâtemengîz (A.-F.) [mâtem+ engîhten> engîz] matem tutturan, yaslandıran.

ماتم پناه mâtempenâh (A.-F.) [mâtem+ penâhîden> penâh] matemli.

ماتم خانه mâtemhâne (A.-F.) [mâtem+ hâne<hâne-i mâtem] **1.**yas evi. **2.**dünya.

ماتم دار mâtemdâr: (A. -F.) [mâtem+ dâşten> dâr] yaslı, matemli.

ماتم دار شدن mâtemdâr şoden: mateme boğulmak.

ماتم دار كردن mâtemdâr kerden: mateme boğmak.

ماتم داشتن mâtem dâşten: yaslı olmak, matemli olmak.

ماتم زا mâtemzâ (A.-F.) [mâtem+zâden> zâ] matem doğuran, matemli.

ماتمزار mâtemzâr (A.-F.) [mâtem+zâr] yas yeri, matem tutulan yer.

ماتم زده mâtemzede: (A. -F.) [mâtem+ zeden>zed+e] yaslı, matemli.

ماتم سرای mâtemsarây (A.-F.) [mâtem+ serây] yas evi, yas tutulan yer.

ماتم سرا mâtemserâ (A.-F.) [mâtem+ serâ] yas evi, yas tutulan yer.

ماتم فزا mâtemfezâ (A.-F.) [mâtem+ fezûden> fezâ] matem artıran.

ماتم كده mâtemkede: (A. -F.) [mâtem+ kede] matemli yer, yas tutulan yer.

ماتم كنان mâtemkunân (A.-F.) [mâtem+ kerden> kun+ ân] **1.**yas tutanlar. **2.**yas tutarak.

ماتم گرفتن mâtem giriften: yas tutmak, matemlenmek.

ماتم گير mâtemgîr (A.-F.) [mâtem+ giriften>gîr] yas tutan.

ماتم گيرانه mâtemgîrâne (A.-F.) [mâtem+ giriften> gîr+ âne] yas tutarcasına.

ماتم نثار mâtemnisâr (A.) [mâtem+nisâr] yas tutan, matem saçan.

ماتم نامه mâtemnâme (A.-F.) [mâtem+ nâme< nâme-i mâtem] matem yazısı.

ماتم نما mâtemnumâ (A.-F.) [mâtem+ numûden> numâ] matem gösteren.

ماتمى mâtemî (A.-F.) [mâtem+î] yaslı, matemli.

مات و حيران شدن mât u heyrân şoden: şaşırıp kalmak, hayretler içinde kalmak.

ماتيک matik: (Fr.) ruj.

ماتيک زدن matik zeden: ruj sürmek.

مأثره me'sere: (A.) güzel eser, güzel işaret.

مأثم me'sem: (A.) **1.**suç. **2.**günah.

مأثور me'sûr: (A.) **1.**etkilenmiş. **2.**nakledilmiş.

مأثوره me'sûre: (A.) rivayet yoluyla öğrenilen haberler. ‖ * ed'iye-i ~ ادعيهء مأثوره Hz. Muhammed ve sahabeler yoluyla öğrenilen dualar.

مأثوم me'sûm: (A.) suçlu, günah sahibi.

ماجد mâcid: (A.) şanlı, şerefli, değerli.

ماجده mâcide: (A.) şanlı, şerefli, değerli.

ماجرا mâcerâ: (A.) **1.**macera, serencam, serüven. **2.**olay. **3.**didişme, çekişme.

ماجراپرست mâcerâperest (A.-F.) [mâcerâ+ perestîden> perest] maceracı, macera düşkünü.

ماجراپرستى mâcerâperestî (A.-F.) [mâcerâ+ perestîden> perest+î] maceracılık.

ماجرا جستن mâcerâ costen: macera aramak.

ماجراجو mâcerâcû: (A. -F.) [mâcerâ+ costen> cû] maceracı, macera arayan.

ماجراجويى mâcerâcûyî: (A. -F.) [mâcerâ+ costen>cûy+î] maceracılık.

ماجرا رفتن mâcerâ reften: macera geçmek.

مأجوج me'cûc: (A.) Ye'cûc ile birlikte kullanılır. Rivayetlere göre Orta Asya'da iki kavimden birinin adı.

مأجور me'cûr: (A.) **1.**ecri verilmiş. **2.**kiraya verilmiş.

ماجن mâcin (A.) hile yapmayı öğreten.

ماچ mâç: öpücük, buse, öpüş. ‖ * ~ u bûse-i mufassal râh endâhten ماچ و بوسهء مفصل راه انداختن şapır şupur öpmek.

ماچ دادن mâç dâden: öpücük vermek.

ماچ كردن mâç kerden: öpmek.

ماچ مالى mâçmâlî: [mâç+mâlîden> mâl+î] şapır şupur öpme.

ماچ مالى كردن mâçmâlî kerden: şapır şupur öpmek.

ماچه mâçe: **1.**dişi. **2.**sıpa.

ماچيدن mâçîden: öpmek.

ماچين mâçîn: (coğ.) Çin Hindi, Maçin.

ماحصل mâhasal: (A.) sonuç, netice. ‖

* ~ -i muddet-i omr-i gozerân ماحصل مدت عمر گذران geçici ömrün sonunda elde edilen.

ماحضر mâhazar: (A.) 1.hazır olan şey. 2.basit yemek, alimünit yemek.

ماحی mâhî: (A.) yok eden, mahvedici.

ماخ mâh: 1.kalp altın ve gümüş, geçmez akçe. 2.aşağılık, alçak. 3.ikiyüzlü.

ماخ mah: (İng.) [mach] meç.

مأخذ me'haz: (A.) 1.kaynak, kaynakça. 2.tarz. 3.esas.

ما خلق الله mâhalakallâh (A.) 1.Tanrı'nın yarattığı her şey. 2.kalabalık.

مأخوذ me'hûz: (A.) 1.alınmış. 2.sorumlu.

مأخوذات me'hûzât: (A.) alınan paranın defterde yazıldığı bölüm.

مأخوذه me'hûze: (A.) 1.alınmış, alınma. 2.yardımcı teorem.

ماخور mâhûr: 1.meyhane. 2.kumarhane. 3.klasik Türk musikîsinde bir makam.

ماخولیا mâhûliyâ: melankoli. ‖ * ~ -yi hâm ماخولیای خام ham hayal.

ماد mâd: ana, anne.

ماد mâd: Med.

مادام madam: (Fr.) madam, bayan.

مادام mâdâm: (A.) 1.-dikçe, -diği sürece. 2.madem ki, değil mi ki. 3.süren, devam eden.

مادام mâdâme (A.) süresince, -dikçe.

ما دام الحیات mâdâmulhayât (A.) yaşadığı sürece, hayât boyunca.

مادام العمر mâdâmul omr: (A.) hayat boyunca, yaşadıkça.

مادام که mâdâm ki (A.-F.) [mâ+dâm+ki] mademki.

مادامی که mâdâmîki: (A. -F.) [mâdâm+î+ ki] -dıkça, -dığı sürece.

مأدبه me'debe: (A.) düğün sofrası.

مأدبه me'dube: (A.) 1.ziyafet. 2.düğün.

مأدبة الختان me'debetulhitân: (A.) sünnet düğünü ziyafeti.

مادح mâdih: (A.) metheden, öven.

مادحه mâdihe (A.) öven, metheden.

مادر mâder: (Peh.) ana, anne. ‖ * ~ -i şîrdih مادر شیرده emzikli.

مادر آور mâderâver: [mâder+âverden> âver] anadan doğma.

مادراندر mâderender: [mâder+ender] analık, üvey anne.

مادرانه mâderâne: [mâder+âne] anne gibi, annece.

مادربخطا mâderbehetâ: (F. -A.) [mâder+ be+hetâ] haramzade, piç, (argo) orospu çocuğu.

مادر بختن mâderbihoten: [mâder+bi+ hoten] (argo) orospu çocuğu.

مادر بزرگ mâderbozorg: [mâder-i bozorg> mâder+bozorg] 1.büyükanne, nine. 2.babaanne. 3.anneanne.

مادر خوانده mâderhânde: [mâder+ hânden> hând+e] 1.analık, üvey anne. 2.sütanne.

مادردار mâderdâr: [mâder+dâşten>dâr] analı, annesi olan.

مادرزاد mâderzâd: [mâder+zâden>zâd] anadan doğma, doğuştan. ‖ * zebân-i ~ زبان مادرزاد ana dili.

مادرزاده mâderzâde: [mâder+zâden> zâd+e] 1.anne bir kardeş. 2.anadan doğam, yaratılıştan, doğuştan.

مادرزادی mâderzâdî: [mâder+zâden> zâd+î] doğuştan, ana dili ile ilgili.

مادرزن mâderzen: [mâder-i zen>mâder+ zen] kayınvalide, kaynana (erkekler için)

مادرشاهی mâderşâhî: [mâder+şâh+î] anaerkil.

مادرشوهر mâderşovher: [mâder-i şovher> mâder+şovher] kayınvalide, kaynana (hanımlar için)

مادرکش mâderkoş: [mâder+koşten>koş] ana katili.

مادرمرده mâdermorde: [mâder+morden> mord+e] annesi ölmüş.

مادرنامی mâdernâmî: [mâder+nâm+î] sanını anneden alan.

مادروطن mâdervatan (F.-A.) [mâder+ vatan< vatan-i mâderî] anavatan.

مادری mâderî: [mâder+î] **1.**annelik, analık. **2.**anne ile ilgili, anne tarafı.

مادریت mâderiyyet (F.-A.) [mâder+ iyyet] annelik, analık.

مادری کردن mâderî kerden: analık etmek.

مادرید madrid: (coğ.) Madrid.

مادگانه mâdegâne: [mâde+gân+e] **1.**dişice. **2.**kadınca.

مادگی mâdegî: [mâde+g+î] **1.**dişilik. **2.**ilik, düğme iliği.

مادلن madlin: (Fr.) Madlen.

مادموازل madmuvazel: (Fr.) matmazel.

مادون mâdûn: (A.) **1.**alt, aşağı. **2.**ast. ‖ * ~ -i savt مادون صوت (fiz.) ses hızının altında.

مادون الشعور mâdûnuşşu'ûr (A.) bilinçaltı.

ماده mâde: (Peh.) **1.**dişi. **2.**dişil.

ماده mâdde: (A.) **1.**madde. **2.**asıl, cevher. **3.**cisim. **4.**konu. **5.**fıkra. **6.**sözlükte açıklaması verilen her kelime. 7.penis. ‖ * ~ be ~ ماده به ماده madde madde, bendbend. ‖ * ~ -i asliyye مادهء اصلیه **1.**ana madde. **2.**köken. ‖ * ~ -i efzûdenî مادهء افزودنی katkı maddesi. ‖ * ~ -i hadr مادهء خضرا klorofil. ‖ * ~ -i ibtidâ'iyye مادهء ابتدائیه hammadde. ‖ * ~ -i muşekkile مادهء مشکله plazma. ‖ * ~ -i târîh مادهء تاریخ tarih düşürme. ‖ * ~ -i târîh nuvişten مادهء تاریخ نوشتن tarih düşürmek. ‖ * ~ -i târîh sâhten مادهء تاریخ ساختن tarih düşürmek. ‖ * ~ -i târîh sâzî مادهء تاریخ سازی tarih düşürme.

مادةً mâddeten (A.) **1.**madde olarak. **2.**gözle görülür ve elle tutulur biçimde. **3.**iş olarak.

مادة الفساد maddetulfesâd (A.) bozulmaya yol açan şey.

ماده گاو mâdegâv: [gâv-i mâde>mâdegâv] (zool.) inek.

ماده گرای mâddegerây: (A. -F.) [mâdde+ gerâyîden>gerây] maddeci, materyalist.

ماده گرایی mâddegerâyî: (A. -F.) [mâdde+ gerâyîden>gerây+î] maddecilik, materyalizm.

مادی mâdî: [mâd+î] Medli.

مادی mâdî: su kanalı.

مادی mâddî: (A.) **1.**madde ile ilgili. **2.**beş duyu ile hissedilen şeyler. **3.**paracı, para canlısı. **4.**parasal. **5.**materyalist, maddeci.

مادیات mâddiyyât: (A.) **1.**maddiyat. **2.**parasal güç.

مادیان mâdiyân (zool.) kısrak.

مادیت mâddiyyet: (A.) maddelik, maddiyet.

مادی گرا mâddîgerâ: (A. -F.) [mâddî+ gerâyîden>gerâ] maddeci, materyalist.

مادی گرایی mâddîgerâyî: (A. -F.) [mâddî+ gerâyîden>gerây+î] maddecilik, materyalizm.

مادینه mâdîne: dişi, dişi hayvan.

مادیون mâddiyyûn: (A.) maddeciler, materyalistler.

مادیه mâddiyye (A.) **1.**madde ile ilgili. **2.**beş duyu ile hissedilen şeyler. **3.**maddecilik, materyalizm.

مأذنه me'zene: (A.) minare, ezan okunan yer.

مأذون me'zûn: (A.) **1.**izinli. **2.**okul bitirmiş. **3.**üniversite bitirmiş, lisans sahibi.

مأذوناً me'zûnen: (A.) izinli olarak.

مأذونه me'zûne: (A.) **1.**izinli. **2.**okul bitirmiş. **3.**üniversite bitirmiş, lisans sahibi.

مأذونیت me'zûniyyet: (A.) **1.**izinli olma. **2.**mezun olma, okul bitirme, üniversite bitirme.

مأذونین me'zûnîn: (A.) mezunlar.

مار mâr: (Peh.) **1.**(zool.) yılan. **2.**(kin.) zalim. ‖ * ~ bedest-i kesî giriften مار بدست کسی گرفتن birine güç bir iş buyurmak. ‖ * ~ u ef'î şoden مار و افعی شدن feleğin çemberinden geçmek. ‖ * ~ -i âbî مار آبی (zool.) su yılanı. ‖ * ~ -i aynekî مار عینکی (zool.) gözlüklü yılan, kobra yılanı. ‖ * ~ -i boa مار بوآ (zool.) boa yılanı. ‖ * ~ -i do zebân مار دو زبان **1.**çatal dilli yılan. **2.**(kin.) münafık. ‖ * ~ -i hambeham مار خم بخم çöreklenmiş yılan. ‖ * ~ mâhî مارماهی (zool.) taşemen balığı, bofa balığı. ‖ * ~ -i şîbâ مار شیبا (zool.) engerek yılanı. ‖ * ~ -i Zehhâk مار ضحاک İran mitolojisine göre Dahhak'in omuzlarından çıkan yılan. ‖ * ~ -i zengî مار زنگی (zool.) çıngıraklı yılan. ‖ * misl-i ~ be hod pîçîden مثل مار به خود پیچیدن ızdırabından kıvranmak.

مار mâr: anne.

مار mâr: [âverden>âr>meyâr>mâr] getirme.

مار mâr: hesap defteri.

مار mârr (A.) geçen.

مار افسا mârefsâ: [mâr+efsâyîden>efsâ] **1.**yılan afsunlayan. **2.**yılan sokmuş kişiyi tedavi eden.

مار البیان mârrulbeyân (A.) yukarda zikri geçen, yukarıda anılan.

مارالذکر mârruzzikr (A.) yukarıda zikri geçen, yukarıda anılan.

ماران mârân: [mâr+ân] yılanlar.

مارپیچ mârpîç: [mâr+pîçîden>pîç] **1.**helezonî, yılankavî. **2.**marpuç, nargile marpucu.

مارپیکر mârpeyker: [mâr+peyker] **1.**yılan şeklinde. **2.**yılan desenli.

مارج mâric **1.**alev. **2.**dumansız barut.

مارچوبه mârçûbe: [mâr+çûb+e] (bot.) kuşkonmaz.

مار خوردن mâr horden: **1.**yılan yemek. **2.**(kin.) üzülmek, sıkılmak, kederlenmek.

مارد mârid: (A.) serkeş, asi, inatçı.

ماردی mardî, mâridî: kırmızı, kızıl.

مارس mars: (T.) mars (tavlada)

مارس mars: (Lat.) Mart ayı.

مارس mars: (Lat.) Mars gezegeni, Merih.

مارستان mâristân: [<bimâr+istân] hastahane.

مارش marş: (Fr.) (ask.) marş.

مارشال marişal: (Fr.) (ask.) mareşal.

مارض mâriz (A.) hasta.

مارک mark: (Fr.) **1.**marka. **2.**alamet, nişan. **3.**bandıra. ‖ * ~ -i çîzî horde مارک چیزی خورده bandıralı.

مارک mark (Alm.) Mark.

مارکردار mârkirdâr: [mâr+kerden> kerdâr> kirdâr] yılan hareketli.

مارکسیست marksist: (Fr.) marksist.

مارکسیسم marksism: (Fr.) marksizm.

مارکی marki: (Fr.) marki.

مارگزیدگی mârgezîdegî: [mâr+gezîden> gezîd+e+g+î] **1.**yılan sokması. **2.**(hlk.) hamilelik.

مارگزیده mârgezîde: [mâr+gezîden> gezîd+e] yılan sokmuş.

مارگیر mârgîr: [mâr+giriften>gîr] **1.**yılan tutan, yılan yakalayan. **2.**şerbetli. **3.**(kin.) hilekâr, düzenbaz.

مارگیسو mârgîsû: [mâr+gîsû] uzun saçları yılan gibi kıvrılan.

مارمالاد marmalad: (Fr.) marmelat.

مارماهی mârmâhî: [mâr+mâhî] (zool.) taşemen balığı, bofa balığı.

مارمولک mârmûlek: **1.**(zool.) kertenkele. **2.**(hlk.) bacaksız. ‖ * ~ -i bâğî مارمولک باغی (zool.) geko, sakangur.

مارن mârin (A.) **1.**kireç taşı. **2.**renkli toprak. **3.**çekiçle dövülebilir.

مارنه mârine (A.) **1.**kireç taşı. **2.**renkli toprak. **3.**çekiçle dövülebilir.

ماروت mârût (A.) büyü yaptığı için Hârût ile birlikte kıyamete kadar Babil'de bir kuyuya hapsedilen melek.

ماره mârre (A.) herkesin gittiği yoldan gidenler.

ماره mâre: **1.**hesap defteri. **2.**mühre.

ماری mârî: [mâr+î] **1.**yılanlık. **2.**öldürme.

ماری کردن mârî kerden: öldürmek.

ماریره mârîre: analık, üvey ana.

مارین mârrîn (A.) geçenler. ‖ * ~ ve âbirîn مارین و عابرین gelip geçenler, yoldan geçenler.

ماریه mâriye (A.) **1.**Mukavkıs tarafından Hz. Muhammed'e hediye edilen Kıptî cariye. **2.**esir edilmiş kadın.

ماز mâz: **1.**kıvrım, pili. **2.**duvar yarığı.

مازاد mâzâd: (A.) kalan, artan.

مازالاق mâzâlak: topaç.

مازج mâzic: (A.) karıştıran, mezceden.

مازندران mâzenderân: (coğ.) Mâzenderan.

مازندرانی mâzenderânî: [mâzenderân+î] Mazenderanlı.

مازو mâzû (Bot.] **1.**mazı. **2.**mazı böceği. **3.**ömür ağacı.

مازوت mazut (Rus. -Fr.) mazot, motorin.

مازه mâze: omurga kemikleri.

ماژور major: (Fr.) (ask.) binbaşı.

ماس mâs: [mâsîden>mâs] **1.**şişme. **2.**şiş.

ماساژ masaj: (Fr.) masaj.

ماساژ دادن masaj dâden: masaj yapmak, ovmak.

ماساندن mâsânden: **1.**yoğurt yapmak. **2.**bir işi hale yola koymak. **3.**bağlamak.

ماسبق mâsebak: (A.) geçmiş olan, geçen.

ماست mâst (Sans.) yoğurt. ‖ * ~ hâ râ kîse kerden ماست ها را کیسه کردن korkudan donakalmak. ‖ * ~ râ hem nemîbored ماست را هم نمی برد çok kör (bıçak, çakı) ‖ * ~ tu dehen-i kesî bûden ماست تو دهن کسی بودن ağzında kilit olmak, söylenmesi gereken sözü zamanında söylememek. ‖ * ez sefîdî-i ~ tâ siyâhî-i zugâl از سفیدی ماست تا سیاهیء زغال A'dan Z'ye kadar, her şey. ‖ * reng-i kesî misl-i ~ perîden رنگ کسی مثل ماست پریدن yüzü kireç gibi olmak.

ماست بستن mâst besten: yoğurt çalmak.

ماست بند mâstbend: [mâst+besten>bend] yoğurt çalan.

ماست بندی mâstbendî: [mâst+besten>bend+î] **1.**yoğurt çalma. **2.**yoğurt imalathanesi.

ماست خوری mâsthorî: [mâst+horden>hor+î] yoğurt kâsesi.

ماستری masterî: (İng.) master, yüksek lisans.

ماست مالی mâstmâlî: [mâst+mâlîden>mâl+î] örtbas etme.

ماست مالی شدن mâstmâlî şoden: örtbas edilmek, geçiştirilmek.

ماست مالی کردن mâstmâlî kerden: örtbas etmek, geçiştirmek.

ماست مایه mâstmâye: [mâst+mâye] yoğurt mayası.

ماستی mâstî: [mâst+î] **1.**yoğurtlu. **2.**yoğurt ile ilgili. **3.**dalkavuk, yağcı. ‖ * ~ be kesî goften ماستی به کسی گفتن birinin zayıf noktasını yüzüne vurmak.

ماسک mâsik (A.) **1.**yapışan, yapışkan. **2.**tutan, elinde tutan.

ماسک mask: (Fr.) **1.**maske. **2.**mask. **3.**dalgıç başlığı. ‖ * ~ be sûret zeden ماسک به صورت زدن maske takmak. ‖ * ~ -i zidd-i gaz ماسک ضد گاز (ask.) gaz maskesi.

ماسک العنان mâsikul'inân (A.) gökyüzünün kuzey yarımküresinde bir yıldız kümesi.

ماسلف mâselef (A.) [mâ+selef] önceki, geçmiş.

ماسور mâsûr: **1.**karışık. **2.**tutuklu, mahpus.

ماسور me'sûr: (A.) **1.**tutsak. **2.**yolu kesilmiş.

ماسوره mâsûre: **1.**masure. **2.**ince, uzun boru. **3.**zayıf, cılız.

ماسونیت masuniyyet: (Fr. -A.) masonluk.

ماسوی mâsivâ (A.) (mâ+sivâ] **1.**Tanrı dışındaki tüm varlıklar. **2.**dünya ve onun ile ilgili her şey.

ماسه mâse: kum.

ماسه تپه mâseteppe: [mâse+teppe] (coğ.) kum tepesi.

ماسه زار mâsezâr: [mâse+zâr] (coğ.)

kumsal.

ماسه زى mâsezî: [mâse+zîsten>zî] (zool.) kumcul, kumda yetişen, kumda yaşayan.

ماسى mâsî korkusuz.

ماسيأتى mâseye'tî (A.) gelecek olan.

ماسيدن mâsîden: **1.**donmak (yağ). **2.**süt yoğurt haline gelmek. **3.**gerçekleşmek. **4.**takılmak. **5.**bulaşmak. ‖ * çîzî berâyi kesî ~ چيزى براى كسى ماسيدن faydası olmak.

ماش mâş (Sans.) **1.**(bot.) burçak. **2.**(kin.) çok az.

* ~ u birinc ماش و برنج kırçıl.

ماشاء الله mâşâ'allâh: (A.) **1.**Tanrı'nın dilediği olur, Tanrı'nın dilediği gibi. **2.**maşallah yazılı nazarlık. **3.**Allah nazardan saklasın. **4.**ne güzel, ne iyi.

ماش دارو mâşdârû: [mâş+dârû] yer çamı, nanegillerden bir bitki türü.

ماشطه mâşite: (A.) gelin süsleyen, bayan makyaj ve tuvaleti yapan, meşşâte.

ماشو mâşû: elek.

ماشوره mâşûre **1.**masura. **2.**oluk. **3.**emzik.

ماشه mâşe: **1.**(ask.) tetik. **2.**maşa.

ماشه تكاندن mâşe tekânden: tetik çekmek.

ماشه چكاندن mâşe çekânden: tetik çekmek.

ماشه فشار دادن mâşe feşâr dâden: tetik çekmek.

ماشى mâşî: [mâş+î] koyu yeşil.

ماشى mâşî: (A.) **1.**yürüyen, giden. **2.**dedikoducu.

ماشيا mâşiyen (A.) yürüyerek, yayan.

ماشين maşin: (Fr.) **1.**makine. **2.**araba. **3.**otomobil. **4.**motorlu araç. **5.**daktilo. ‖ * ~ -i bâfendegî ماشين بافندگى trikotaj makinesi. ‖ * ~ -i cûcekeşî ماشين جوجه كشى kuluçka makinesi. ‖ * ~ -i cûş ماشين جوش kaynak makinesi. ‖ * ~ -i çâp ماشين چاپ baskı makinesi. ‖ * ~ -i çûbborî ماشين چوب برى ağaç hızarı. ‖ * ~ -i heyyâtî ماشين خياطى dikiş makinesi. ‖ * ~ -i libâsşûyî ماشين لباس شويى çamaşır makinesi. ‖ * ~ -i meşdî memmedali ماشين مشدى ممد على (hlk.) külüstür araba. ‖ * ~ -i nessâcî ماشين نساجى dokuma tezgâhı. ‖ * ~ -i rahtşûyî ماشين رخت شويى çamaşır makinesi. ‖ * ~ -i rîşterâşî ماشين ريش تراشى tıraş makinesi. ‖ * ~ -i tahrîr ماشين تحرير daktilo, yazı makinesi. ‖ * ~ -i tîgterâşî ماشين تيغ تراشى tıraş makinesi. ‖ * ~ -i zarfşûyî ماشين ظرف شويى bulaşık makinesi. ‖ * ~ -i zubâle cem'kun ماشين زباله جمع كن çöp arabası. ‖ * misl-i ~ kâr kerden مثل ماشين كار كردن motor gibi çalışmak.

ماشين آلات mâşînâlât: (Fr. -A.) [maşin+ âlât] **1.**makineler. **2.**hırdavat. **3.**makine parçaları. ‖ * ~ -i hafrî ماشين آلات حفرى kazı makineleri.

ماشين بافت maşinbâft: (Fr. -F.) [maşin+ bâften>bâft] makine örgüsü, makine dokuması.

ماشين خانه maşinhâne: (Fr. -F.) [maşin+ hâne] makine dairesi, makine kısmı.

ماشين شدن maşin şoden: makineye vurulmak, makine ile tıraş edilmek.

ماشين كردن maşin kerden: **1.**daktilo etmek. **2.**makineye vurmak, makine ile tıraş etmek.

ماشين نويس maşinnevîs: (Fr. -F.) [maşin-i nevîs>maşin+nevişten>nevîs] daktilograf.

ماشين نويسى maşinnevîsî: (Fr. -F.) [maşin+nevişten>nevîs+i] daktilo etme, daktiloya çekme.

ماشينيست maşinist: (Fr.) makinist.

ماشيه mâşiye (A.) **1.**deve, koyun gibi etinden ve sütünden yararlanılan hayvan. **2.**yürüyen.

ماص mâss (A.) emen, emici, soğurucu.

ماصدق mâsadak (A.) **1.**tasdik edilen. **2.**tıpkı, aynı.

ماصه mâsse (A.) emen, emici, soğurucu.

ماضر mâzır (A.) ekşi.

ماضغ mâzig (A.) **1.**çiğneyen, çiğneyici. **2.**geviş getiren.

ماضغه mâziga (A.) **1.**çiğneyen, çiğneyici. **2.**geviş getiren.

ماضى mâzî: (A.) **1.**geçmiş, mazi. **2.**(gr.) geçmiş zaman. **3.**ölmüş. **4.**kesici. ‖ * ~ -i ba'îd ماضىء بعيد -miş'li geçmiş zamanın hikâyesi. ‖ * ~ -i mutlak ماضىء مطلق -di'li geçmiş zaman. ‖ * ~ -i naklî ماضىء نقلى -miş'li geçmiş zaman. ‖ * el~ lâyuzker ماضىء لايذكر geçmiş şeyler zikredilmez, geçen geçmiştir, eskiye mazi yenmişe kuzu derler.

ماضيه mâziyye (A.) geçmiş. ‖ * ezmine-i ~ ازمنهء ماضيه geçmiş zamanlar, eski zamanlar.

ماطر mâtır (A.) yağan.

ماطر mâtır (A.) yağan.

ماعدا mâ'adâ (A.) -den başka, dışında, bir yana.

ماعون mâ'ûn: (A.) **1.**yardım istenilen. **2.**zekât. **3.**itaat, bağlılık. **4.**mutfak avadanlığı. **5.**yağmur. **6.**su.

ماعونه mâ'ûne (A.) mavna.

ماغ mâg (zool.) bir tür siyah ördek.

ماغ mâg: böğürtü, böğürme.

ماغ mâg: sis.

ماغ كشيدن mâg keşîden: böğürmek.

ماغ گون mâggûn: [mâğ+gûn] koyu, siyah.

مافات mâfât: (A.) geçip giden, elden çıkan, kaybolan.

مافوق mâfovk: (A.) **1.**üst, üzeri, yukarı. **2.**âmir, şef, üst, rütbece yukarı. ‖ * ~ -i savt مافوق صوت (fiz.) sesten hızlı.

مافوق الطبيعه mâfevkuttabî'a (A.) doğaötesi, metafizik.

ما فى الباب mâfilbâb (A.) kapı içinde.

ما فى البال mâfilbâl (A.) yürekteki, gönüldeki.

ما فى الفؤاد mâfilfu'âd (A.) gönüldeki.

مافيش mâfîş (A.) [<mâ+fîh+şey'] yok.

مافى الضمير mâfizzamîr (A.) içteki, yürekteki, gönüldeki.

مافيها mâfîhâ (A.) içindekiler.

ماقبل mâkabl: (A.) önceki, öndeki.

ماقبل التاريخ mâkablettârîh (A.) tarih öncesi.

ماق كشيدن mâk keşîden: böğürmek.

ماقوت mâkût: nişasta ile hazırlanan bir tür tatlı.

ماكارونى makaroni: (Fr. -İt.) makarna.

ماكث mâkis (A.) duraksayan, duralayan.

ماكثه mâkise (A.) duraksayan, duralayan.

ماكر mâkir (A.) hilekâr, düzenbaz.

ماكل makit: (Fr.) maket.

ماكر mâkir: (A.) hilekâr, aldatıcı.

ماكروويو makroviyo: (İng.) mikrodalga fırın.

ماكزيموم makzimum: (Lat. -Fr.) maksimum.

مأكل me'kel: (A.) **1.**arpalık. **2.**yeme yeri.

مأكله me'kele: (A.) yenilecek şey.

ماكو mâkû: mekik.

ماكو mâkû: (coğ.) Maku.

مأكول me'kûl: (A.) **1.**yenilmiş. **2.**yenilecek şey, yiyecek.

مأكولات me'kûlât: (A.) **1.**yiyecekler. **2.**yenilmiş şeyler.

ماكول mâkûl: obur.

ماكيان mâkiyân (zool.) tavuk. ‖ * ~ ber der kerden ماكيان بر در كردن (kin.) son derece cimri olmak, cebinde akrep olmak.

ماگازين magazin: (Fr.) **1.**magazin. **2.**dergi.

ماگنوليا magnoliya: (Lat.) (bot.) manolya.

مال mâl: dolu.

مال mâl: [mâlîden>mâl] **1.**sıvama. **2.**sürme. **3.**süren. **4.**sürülen. **5.**sarılan.

مال mâl: (A.) **1.**mal. **2.**(mat.) bir sayının karesi. **3.**ağaçlık otlak. **4.**mal, sürü. **5.**(gr.) iyelik eki.

مالاريا malarya: (Fr.) (tıb.) sıtma, malarya.

مالاكلام mâlâkelâm (A.) 1.diyecek bir şey yok. 2.tek kelime etmeden.

مال التجاره mâlutticâre: (A.) ticarî mal.

مال الاجاره mâlulicâre: (A.) kiralık mal.

مالامال mâlâmâl: [mâl+ +mâl] dopdolu, çok, bol.

مالاندن mâlânden: 1.kolayca safdışı etmek. 2.iştahla yemek. 3.ovuşturmak.

مال انديش mâlendîş: (A. -F.) [mâl+ endîşîden>endîş] sonunu düşünen.

مالانهايه mâlânihâye (A.) sonsuz, bitmez tükenmez, uçsuz bucaksız.

ما لا يطاق mâlâyutâk: (A.) güç yetmeyen.

مالايعنى mâlâya'nî (A.) anlamsız, zırva, boş.

مالايعنيات mâlâya'niyyât (A.) anlamsız şeyler, zırvalar, boş şeyler.

مال بند mâlbend: (A. -F.) [mâl+besten> bend] araba oku.

مال پرست mâlperest: (A. -F.) [mâl+ perestîden>perest] mal canlısı, mal düştünü.

مال پرستى mâlperestî: (A. -F.) [mâl+ perestîden>perest+î] mal düşkünlüğü.

مالت malt: (Fr.) (tıb.) malta hastalığı.

مالت malt: (coğ.) Malta.

مالح mâlih (A.) tuzlu.

مالدار mâldâr: (A. -F.) [mâl+dâşten>dâr] 1.varlıklı, zengin, mal mülk sahibi. 2.besici, sürü sahibi.

مالدارى mâldârî: (A. -F.) [mâl+dâşten> dâr+î] 1.zenginlik. 2.besicilik, sürü sahipliği.

مال دوست mâldûst: (A. -F.) [mâl+dûst] 1.mal canlısı. 2.cimri.

مال دوستى mâldûstî: (A. -F.) [mâl+ dûst+î] 1.mal canlısı olma. 2.cimrilik.

مال رو mâlrov: (A. -F.) [mâl+reften> rev> rov] patika, keçiyolu.

مالزم mâlezim (A.) gerekli.

مالزمه mâlezime (A.) 1.gerekli. 2.malzeme. 3.yirmi sayfalık broşür.

مالش mâliş: [mâlîden>mâl+iş] 1.sürme, ovma, masaj. 2.sürtünme. 3.azarlama, çıkışma, paylama. 4.eziklik. ‖ * dil-i kesî ~ reften دل كسى مالش رفتن bitkin düşmek. ‖ * dil-i kesî berâyi çîzî ~ reften دل كسى براى چيزى مالش رفتن çok arzu etmek, can atmak.

مالش خوردن mâliş horden: 1.sürülmek. 2.sürtünmek. 3.azarlanmak, uyarılmak.

مالش دادن mâliş dâden: 1.sürmek. 2.sürtmek. 3.azarlamak, uyarmak, çıkışmak. 4.masaj yapmak, ovmak.

مالش رفتن mâliş reften: ezilmek. ‖ * mi'de-i kesî ~ معده كسى مالش رفتن içi ezilmek.

مالشگاه mâlişgâh: [mâliş+gâh] 1.sürme yeri. 2.yüz sürme yeri.

مالشگر mâlişger: [mâliş+ger] 1.tellak, keseci. 2.çapkın, hovarda. 3.masajcı, masör.

مالشگرى mâlişgerî: [mâliş+ger+î] 1.tellaklık, kesecilik. 2.çapkınlık, hovardalık.

مال فروش mâlfurûş: (A. -F.) [mâl+ furûhten>furûş] 1.mal satan. 2.celep.

مال فروشى mâlfurûşî: (A. -F.) [mâl+ furûhten>furûş+î] 1.mal satma. 2.celeplik.

مالشگه mâlişgeh: [mâliş+geh] 1.sürme yeri. 2.yüz sürme yeri.

مالک mâlik: (A.) 1.malik, sahip. 2.erkek adı. ‖ * ~ -i dûzah مالک دوزخ Cehennemin kapıcısı ve Cehennemden sorumlu melek.

مالک الملک mâlikulmulk (A.) Tanrı.

مالكانه mâlikâne (A.-F.) [mâlik+âne] 1.beylik arazi. 3.büyük köşk.

مالكانه mâlkâne: bir tür helva.

مالكى mâlikî: (A. -F.) [mâlik+î] 1.malik olma. 2.Mâlikî mezhebine mensup, Mâlikî.

مالكيت mâlikiyyet: (A.) mülkiyet.

مالميكن mâlemyekun (A.) sözden ibaret, kuru laf.

مالوف me'lûf: (A.) 1.alışılmış. 2.alışmış. 3.huy edinmiş.

مألوفيت me'lûfiyyet: (A.) alışıklık, alışma.

ماله mâle: [mâlîden>mâl+e] mala.

ماله mâle: [mâl+e] dolu, dopdolu.

مالى mâlî: (A.) **1.**mal ve para ile ilgili, malî. **2.**devlet maliyesiyle ilgili. ‖ * kıllet-i ~ قلت مالى para sıkıntısı. ‖ * kıllet-i ~ rûy numûden قلت مالى روى نمودن para sıkıntısına düşmek. ‖ * vaz'-i ~ وضع مالى malî durum, parasal durum. ‖ * vaz'-i ~ râ rûberâh kerden وضع مالى را رو به راه كردن dünyalığı doğrultmak.

مالى mâlî: [mâl+î] **1.**dolan. **2.**dolduran. **3.**çok, bol. **4.**dolu.

ماليا mâliya: (Yun. -A.) siyah.

ماليات mâliyyât: (A.) **1.**vergi. **2.**maliye bilgisi.

ماليات بده mâliyyâtbedih: (A. -F.) [mâliyyât+dâden>dih>bedih] mükellef, vergi mükellefi, vergi ödeyen.

ماليات بگير mâliyyâtbegîr: (A. -F.) [mâliyyât+giriften>gîr>begîr] vergi toplayan, vergi tahsildarı.

ماليات دادن mâliyyât dâden: vergi vermek.

ماليت mâliyyet (A.) mal olma değeri, maliyet.

ماليخوليا mâlîhûliya: (A. –Yun.) (tıb.) **1.**melankoli. **2.**karasevda. **3.**kuruntu.

ماليخوليايى mâlîhûliyâyî: (A. -Yun. -F.) [mâlîhûliyâ+y+î] (tıb.) melankolik.

ماليدن mâlîden: (Peh.) **1.**sürmek. **2.**sıvamak. **3.**ovmak, ovuşturmak. **4.**sürtmek. **5.**cezalandırmak, çıkışmak, paylamak. **6.**çarpışmak.

ماليده mâlîde: [mâlîden>mâlîd+e] sürülmüş.

ماليون mâliyyûn: (A.) maliyeciler.

ماليه mâliyye: (A.) **1.**maliye. **2.**mal ile ilgili.

مام mâm: anne, ana.

ماما mâmâ: **1.**anne, ana. **2.**ebe.

مامان maman: (Fr.) **1.**anne. **2.**güzel, hoş, sevimli.

ماماني mâmânî: güzel mi güzel.

مامضى mâmezâ: (A.) **1.**geçen, geçip giden. **2.**geçmiş zaman.

ماملک mâmelek: (A.) sahip olunan, varı yoğu, nesi varsa, bütün mülk.

مأمن me'men: (A.) sığınak, sınığınacak yer.

ماموت mâmut: (Fr.) (zool.) mamut.

مأمور me'mûr: (A.) memur, görevli.

مأموراً me'mûren: (A.) memur olarak, görevlendirilerek.

مأمور ساختن me'mûr sâhten: atamak, görevlendirmek.

مأمور شدن me'mûr şoden: atanmak, tayin edilmek, görevlendirilmek.

مأمور كردن me'mûr kerden: atamak, tayin etmek, görevlendirmek.

مأموره me'mûre: (A.) **1.**emr edilen. **2.**bayan memur.

مأموريت me'mûriyyet: (A.) memuriyet, görev, memurluk. ‖ * be ~ reften به مأموريت رفتن tayini çıkmak, tayin olmak, göreve gitmek.

مأموريت يافتن me'mûriyyet yâften: tayin edilmek, görev almak.

مأمورين me'mûrîn: (A.) memurlar, görevliler.

مأمول me'mûl: (A.) **1.**umulan, beklenilen. **2.**arzu, dilek, emel.

مأمون me'mûn: (A.) **1.**tehlikesiz, güvenilir. **2.**erkek adı. **3.**Abbasî halifesi Me'mûn.

مأمون العاقبه me'mûnulâkıbe: (A.) sonu güvenilir.

مأمون شدن me'mûn şoden: güvenilir olmak.

مأمونه me'mûne: (A.) tehlikesiz, güvenilir.

مامونيه mâmûniyye: (A.) acıbadem kurabiyesi.

مامى mâmî: anne, ana.

ماميران mâmîrân (bot.) kırlangıç otu.

ماميزه mâmîze: (tıb.) yeni doğan çocuğun ilk dışkısı.

مان mân: (Peh.) **1.**ev. **2.**ev eşyası. **3.**(gr.) bitişik birinci çoğul şahıs zamiri.

منن me'in: (A.) ağlama yeri, inleme yeri.

مانا mânâ: [mânisten>mân+â] **1.**benzer, benzeyen. **2.**galiba, öyle görünüyor ki, görünüşe göre.

مانتو manto: (Fr.) **1.**manto. **2.**pardesü.

مانتیس mantis: (Fr.) mantis.

مانحن فیه mânahnu fîh: (A.) bahsettiğimiz.

مانداب mândâb: [mânden>mânde+âb] durgun su.

ماندگار mandegâr: [mânden>mând+e+gâr] kalıcı.

ماندگار شدن mandegâr şoden: kalıcı olmak, yerleşmek, mekân tutmak, ikamet etmek.

ماندگی mândegî: [mânden>mând+e+gî] yorgunluk, eziklik, bitkinlik.

ماندلین mandolin: (Fr.) (müz.) mandolin.

ماندن mânden: (Peh.) **1.**kalmak. **2.**yerleşmek, ikamet etmek. **3.**geride kalmak, geride bırakmak. **4.**beklemek. **5.**yorulmak. **6.**yaşamak, ömür sürmek. **7.**bırakmak. **8.**geri durmak. ‖ * ber câ ~ بر جا ماندن yerinde kalmak, geriye kalmak.

ماندن mânden: benzemek.

ماندنی mândenî: [mânden+î] kalıcı.

مانده mânde: [mânden>mând+e] **1.**kalmış. **2.**yerleşmiş. **3.**baki. **4.**kalıcı. **5.**bakiye. **6.**bitkin, aciz. **7.**bilanço.

مانده شدن mânde şoden: **1.**aciz olmak, aciz kalmak. **2.**bitkin düşmek, yorulmak.

مانده کردن mânde kerden: **1.**aciz bırakmak. **2.**bitkin düşürmek, yormak, tüketmek.

مانده گردیدن mânde gerdîden: **1.**aciz olmak, aciz kalmak. **2.**bitkin düşmek, yorulmak.

مانده گشتن mânde geşten: **1.**aciz olmak, aciz kalmak. **2.**bitkin düşmek, yorulmak.

مأنس me'nis: (A.) rahat ve huzur bulunan yer.

مانستگی mânistegî: [mânisten>mânist+e+g+î] benzerlik.

مانستن mânisten: benzemek.

مانع mâni': (A.) **1.**engel. **2.**engel olan. **3.**özür. ‖ * ~ be vucûd âverden مانع به وجود آوردن engel çıkartmak.

مانع آمدن mâni' âmeden: engel olmak, mani olmak.

مانع شدن mâni' şoden: engel olmak, mani olmak.

مانعه mâni'a: (A.) **1.**engel. **2.**güçlük, zorluk.

مانکن manoken: (Fr.) **1.**manken. **2.**terzi mankeni.

مانگ mang: ay.

مانند mânend: [mânisten>mân+end] gibi, benzeri, misli. ‖ * ~ -i مانند gibi.

مانند آباد mânendâbâd: [mânend+âbâd] ölümle kıyamet arasındaki zaman dilimi.

مانند شدن mânend şoden: benzemek.

مانند کردن mânend kerden: benzetmek.

مانندگی mânendegî: [mânisten>mân>mânende+g+î] benzerlik, benzeme, benzeyiş.

مانندگی جستن mânendegî costen: benzerlik aramak.

مانده mânende: [mânisten>mân+ende] **1.**benzer, benzeyen, gibi, benzeri. **2.**Orion kümesinde bir yıldız.

مانده شدن mânende şoden: benzemek.

مانده کردن mânende kerden: benzetmek.

مانور manovr: (Fr.) (ask.) manevra, tatbikat.

مأنوس me'nûs: (A.) **1.**uyumlu, alışık. **2.**dost olmuş.

مأنوس شدن me'nûs şoden: içli dışlı olmak.

مأنوسه me'nûse: (A.) **1.**alışık. **2.**alışılmış.

مأنوسیت me'nûsiyyet: (A.) alışılma, alışılmışlık.

مانولیا manuliya (bot.) manolya.

مانوی المذهب mânevilmezheb, manevîyyulmezheb: (A.) Mani dininde olan, Maniheist.

مانویه mâneviyye: (A.) manilik, maniheizm.

مانه mâne: ev eşyası.

مانی mani: (Fr.) **1.**delilik, cinnet. **2.**aşırı ilgi.

مانی mânî: Mani, Mani dinini yayan ve Erteng ve Erjeng adlı eserleriyle tanınan Çinli ressam.

مانیتور manitur: (İng.) monitör.

مانیتیت manyitit: (Fr.) manyetit, demir oksit.

مانیتیسم manyitism: (Fr.) manyetizma, çekicilik.

مانیدن mânîden: benzemek.

مانیدن mânîden: **1.**kalmak, geri bırakmak. **2.**bırakmak.

مانیکور manikur: (Fr.) tırnak cilası, oje.

مانیکور کردن manikur kerden: oje sürmek.

مانیوک maniyok: (Fr.) (bot.) manyok.

مأوا me'vâ: (A.) **1.**mesken, konut, yer. **2.**sığınak.

ماوراء mâverâ': (A.) **1.**öte, ötesi. **2.**âhiret, öbür dünya.

ماوراء الطبیعه mâverâ'uttabî'a (A.) doğa ötesi, fizik ötesi, metafizik.

ماوراء النهر mâverâ'unnehr: (A.) **1.**nehrin öte yakası. **2.**(coğ.) Maverâünnehir. **3.**klasik Türk musikîsinde bir makam.

ماورائی mâverâ'î (A.) **1.**öte taraf ile ilgili. **2.**öbür dünya ile ilgili, âhiret ile ilgili.

مأوف me'ûf: (A.) zarar görmüş.

ماوقع mâvaka'a: (A.) olan, olan biten, cereyan eden.

منونة ، منونت me'ûnet: (A.) **1.**ölmeyecek kadar azık. **2.**sıkıntı, güçlük, zahmet.

مأوی me'vâ: (A.) **1.**mesken, konut, yer. **2.**sığınak.

مائه mi'e: (A.) (mat.) yüz.

ماه mâh: **1.**ay. **2.**uydu. **3.**(kin.) güzel yüzlü sevgili. **4.**güzel yüz. ‖ * ~ be ~ ماه به ماه aydan aya, her ay. ‖ * ~ -i muharrem ماه محرم Muharrem ayı. Tarihte Hz. Hüseyin'in öldürüldüğü ay. ‖ * ~ -i nov ماه نو **1.**hilal. **2.**bayan adı. **3.**derviş. **4.**ince belli güzel. ‖ * ~ -i nov kerden ماه نو کردن hilali görmek. ‖ * ~ -i por ماه پر dolunay. ‖ * ~ -i rûze ماه روزه Ramazan ayı. ‖ * ~ -i temâm ماه تمام **1.**dolunay. **2.**dolunay yüzlü dilber. ‖ * ~ -i yemânî ماه یمانی (kin.) Hz. Muhammed'in yüzü.

ماه آسا mâhâsâ: [mâh+âsâ] ay gibi.

ماهانه mâhâne: [mâh+âne] **1.**aylık, maaş. **2.**ayda bir, her ay.

ماه به ماه mâhbemâh: [mâh+be+mâh] aydan aya.

ماهپاره mâhpâre: [mâh+pâre] **1.**ay parçası. **2.**çok güzel kadın, ay parçası gibi güzel.

ماه پرست mâhperest: [mâh+perestîden> perest] **1.**aya tapan. **2.**ayı seven. **3.**(kin.) aşık.

ماه پرستی mâhperestî: [mâh+perestîden> perest+î] aya tapma.

ماه پرور mâhperver: [mâh+perverden> perver] mehtaplı.

ماه پروین mâhpervîn: [mâh+pervîn] (bot.) karacedvar, zencefilgillerden bir bitki.

ماه پیکر mâhpeyker: [mâh+peyker] **1.**ay vücutlu, teni ay gibi beyaz. **2.**güzel sevgili.

ماهتاب mâhtâb: [mâh-i tâb<mâh-i tâbende] **1.**ay ışığı, mehtap. **2.**ay. **3.**dolunay. **4.**maytap. **5.**bayan adı. ‖ * ~ be gez peymûden ماهتاب به گز پیمودن havanda su dövmek, boşuna uğraşmak.

ماهتاب افسر mâhtâbefser: [mâhtâb+efser] mehtap taçlı.

ماه جبین mâhcebîn: (F.-A.) [mâh+cebîn] alnı ay gibi parlak olan sevgili.

ماهچه mâhçe: [mâh+çe] **1.**küçük ay. **2.**minare, kubbe ve bayrak direklerinin üstündeki küçük ay.

ماه چهره mâhçehre: [<mâh+çihre] ay yüzlü, güzel yüzlü, sevgili.

ماه دیدار mâhdîdâr: [mâh+dîdâr] **1.**ay yüzlü. **2.**güzel yüzlü.

ماهر mâhir: (A.) **1.**maharetli, yetkin. **2.**erkek adı.

ماهرانه mâhirâne: (A. -F.) [mâhir+âne] ustaca, maharetle.

ماهرخ mâhroh: [mâh+roh] **1.**ay yüzlü. **2.**bayan adı.

ماهرو mâhrû: [mâh+rû] **1.**ay yüzlü. **2.**güzel yüzlü.

ماهره mâhire (A.) **1.**becerikli, maharetli. **2.**bayan adı.

ماه سیما mâhsîmâ (F.-A.) [mâh+sîmâ] ay yüzlü, parlak yüzlü.

ماه طلعت mâhtal'at (F.-A.) [mâh+tal'at] ay yüzlü.

ماه گرفتگی mâhgiriftegî: [mâh+giriften> girift+e+g+î] **1.**ay tutulması. **2.**(tıb.) yüz veya bedende beyaz lekeler oluşması.

ماه گرفتن mâh giriften: **1.**ay tutulmak. **2.**(tıb.) yüzde veya bedende beyaz lekeler oluşmak.

ماه لقا mâhlikâ: (F.-A.) [mâh+likâ] ay yüzlü.

ماهنامه mâhnâme: [mâh+nâme] aylık dergi.

ماهوار mâhvâr: [mâh+vâr] **1.**ay gibi. **2.**güzel. **3.**aylık, maaş.

ماهواره mâhvâre: [mâh+vâr+e] **1.**uydu. **2.**aylık, maaş. ‖ * ~ -i câsûsî ماهوارهء جاسوسی casus uydusu.

ماهوالحق mâhuvelhakk: (A.) gerçek olan, hak olan.

ماهوت mâhût: çuha.

ماهوت پاک کن mâhûtpâkkon: [mâhût+ pâk+kerden>kon] elbise fırçası.

ماهودانه mâhûdâne: [mâh+dâne] (bot.) sütleğengillerden bir bitki, kene otu.

ماهور mâhûr: **1.**küçük tepe. **2.**(müz.) mâhur makamı.

ماه وش mâhveş: [mâh+veş] **1.**ay gibi. **2.**ay kadar güzel, çok güzel.

ماهه mâhe: [mâh+e] **1.**aylık. **2.**ayda.

ماهه mâhe: matkap, burgu.

ماهی mâhî: (Peh.) (zool.) balık. ‖ * ~ râ tâ domeş resânden ماهی را تا دمش رساندن yüze yüze kuyruğuna gelmek, işin sonuna gelmek, işin çoğunu bitirmek. ‖ * ~ -i âzâd ماهی آزاد (zool.) som balığı. ‖ * ~ -i berkî ماهی برقی (zool.) elektrikli yılan balığı. ‖ * ~ -i dûdî ماهیء دودی (zool.) tütün balığı. ‖ * ~ -i hâvyâr ماهی خاویار (zool.) havyar balığı. ‖ * ~ -i kefal ماهیء کفال (zool.) kefal balığı. ‖ * ~ -i kızılala ماهیء قزل آلا (zool.) alabalık. ‖ * ~ -i kupûr ماهیء کور (zool.) sazan balığı. ‖ * ~ -i murekkeb ماهیء مرکب (zool.) mürekkep balığı. ‖ * ~ -i orkinus ماهیء اورکینوس (zool.) orkinos balığı, ton balığı. ‖ * ~ -i perende ماهیء پرنده (zool.) uçan balık. ‖ * ~ -i rîşdâr ماهیء ریش دار (zool.) bıyıklı balık. ‖ * ~ -i sîm ماهیء سیم (zool.) çapak balığı. ‖ * ~ -i yûnus ماهیء یونس (zool.) yunus balığı. ‖ * be sayd-i ~ reften به صید ماهی رفتن balığa çıkmak, balık avına çıkmak. ‖ * ejder ~ اژدرماهی (zool.) torpil balığı. ‖ * erre ~ اره ماهی (zool.) testere balığı. ‖ * gâv ~ گاو ماهی (zool.) kayabalığı, akın kayası. ‖ * ordek ~ اردک ماهی (zool.) turna balığı. ‖ * sayd-i ~ صید ماهی balık avı. ‖ * seg ~ سگ ماهی **1.**(zool.) mersin balığı. **2.**köpek balığı. ‖ * sufre ~ سفره ماهی (zool.) kedi balığı. ‖ * şâh ~ شاه ماهی (zool.) barbunya balığı. ‖ * şemşîr ~ شمشیرماهی (zool.) kılıç balığı. ‖ * tâs ~ تاس ماهی (zool.) mersin balığı.

ماهی mâhî: [mâh+î] **1.**bir ay. **2.**ayda, bir ayda, aylık.

ما هی mâhiye: (A.) o şey ki.

ماهیات mâhiyyât (A.) mahiyetler, asıllar.

ماهیانه mâhiyâne: [mâh+i+y+âne] **1.**aylık. **2.**ayda bir verilen görev.

ماهی پشت mâhîpoşt: [mâhî+poşt] balık sırtı.

ماهی پلو mâhîpolov: [mâhî+polov] balıklı pilav.

ماهیت mâhiyyet: (A.) **1.**asıl, iç yüz, temel özellik. **2.**kendilik.

ماهی تابه mâhîtâbe: [mâhî+tâbe] tava.

ماهیت نما mâhiyyetnumâ (A.-F.) [mâhiyyet+ numûden>nûmâ] aslını gösteren, mahiyetini gösteren.

ماهیچه mâhîçe: [mâhî+çe] pazu, adale, kas.

ماهی خوار mâhîhâr: [mâhî+horden>hor> hâr] (zool.) karabatak, balıkçıl.

ماهی دان mâhîdân: [mâhî+dân] **1.**havuz. **2.**balık havuzu. **3.**akvaryum.

ماهی فروش mâhîfurûş: [mâhî+furûhten> furûş] balıkçı, balık satıcısı.

ماهی گرفتن mâhî giriften: balık avlamak.

ماهی گیر mâhîgîr: [mâhî+giriften>gîr] balıkçı.

ماهی گیری mâhîgîrî: [mâhî+giriften> gîr+î] balıkçılık. ‖ * kâyık-i ~ قایق ماهی گیری balıkçı motoru, balıkçı kayığı. ‖ * tûr-i ~ تور ماهی گیری balık ağı.

ماهیه mâhiyye: (F.-A.) [mâh+iyye] aylık.

ماهیه mâhya: (F.-A.) [mâh+iyye] minareler arasına gerilen iplerde ampul veya kandillerle yazı yazma sanatı.

مایتحلل mâyetehallel: (A.) çözümlenebilir, halledilebilir.

مایحتاج mâyehtâc: (A.) ihtiyaç maddeleri.

ما یحتوی mâyehtevî: (A.) içindekiler, muhteviyat.

مایحدث mâyuhdes: (A.) sonradan olma.

مایع mâyi': (A.) sıvı, mayi.

مایعات mâyi'ât: (A.) sıvılar.

مایعرف mâyu'ref: (A.) **1.**bilinebilir. **2.**minder altında saklanan.

مایعرفیت mâyu'refiyyet: (A.) bilinirlik.

مایعقل mâyu'kal: (A.) akledilen, anlaşılan, anlaşılır.

مایعکس mâyu'kes: (A.) **1.**yansıyabilir, aksedebilir. **2.**evrilir.

مایعیت mâyi'iyyet (A.) sıvılık, sıvı olma durumu.

مایفهمیت mâyufhemiyyet: (A.) anlaşılabilirlik, kavranabilirlik.

مایگی mâyegî: [mâye+g+î] maddelik, madde olma.

مایل mâyil: (A.) **1.**eğimli, meyilli, eğik. **2.**istekli. **3.**benzer, çalan. **4.**erkek adı. ‖ * ~ be مایل به çalan, kaçan (renk) , tırak.

مایل آمدن mâyil âmeden: **1.**meyletmek. **2.**rağbet etmek, eğilim duymak. **3.**eğrilmek.

مایلاً mâyilen (A.) **1.**eğik olarak. **2.**eğilim duyarak, istek duyarak.

مایل شدن mâyil şoden: **1.**meyletmek. **2.**rağbet etmek, eğilim duymak. **3.**eğrilmek.

مایل گردانیدن mâyil gerdânîden: **1.**meylettirmek. **2.**rağbet ettirmek.

مایملک mâyemlik: (A.) eşya, mal varlığı.

مایندر mâyender: anneanne, babaanne, büyükanne, nine.

ماینقسمیت mâyenkasemiyyet: (A.) bölünebilirlik, bölünebilme.

مایو mayu: (Fr.) mayo.

مأیوس me'yûs: (A.) ümitsiz, üzgün, meyus.

مأیوسانه me'yûsâne: (A.-F.) [me'yûs+ âne] üzgün üzgün, umutsuzca.

مأیوس شدن me'yûs şoden: ümitsiz olmak, meyus olmak, üzülmek.

مأیوس کردن me'yûs kerden: ümitsiz bırakmak, meyus etmek.

مأیوس ماندن me'yûs mânden: ümitsiz kalmak.

مأیوسه me'yûse: (A.) üzgün, umutsuz.

مأیوسی me'yûsî: (A. -F.) [me'ys+î] ümitsizlik, meyusluk.

مأیوسیت me'yûsiyyet: (A.) umutsuzluk, üzgünlük, üzüntü.

مایه mâye: (Peh.) **1.**asıl, esas. **2.**sebep, neden. **3.**mal, servet. **4.**sermaye. **5.**düzen. **6.**miktar, kadar. **7.**maya. **8.**(müz.) ton. **9.**madde. **10.**(tıb.) aşı. ‖ * ~ -i çîzî şoden مایهء چیزی شدن sebep olmak, neden olmak. ‖ * ~ -i çîzî karâr giriften مایهء چیزی قرار گرفتن esasını teşkil etmek. ‖ * endek ~ اندک مایه biraz, az, çok az, bir miktar.

مایه آمدن mâye âmeden: çekiştirmek, kötülemek, gıybet etmek.

مایه دار mâyedâr: [mâye+dâşten>dâr] **1.**mallı, paralı, varlıklı, zengin. **2.**güçlü. **3.**koyu, koyu renkli. **4.**(ask.) eskiden ordu arkasındaki düzensiz asker.

مایه داشتن mâye dâşten: **1.**sermayesi olmak. **2.**malı mülkü olmak.

مایه زدن mâye zeden: (tıb.) aşı yapmak.

مایه زنی mâyezenî: [mâye+zeden>zen+î] (tıb.) aşı yapma.

مایه کوبی mâyekûbî: [mâye+kûbîden> kûb+î] (tıb.) aşı yapma.

مایه کوبی کردن mâyekûbî kerden: (tıb.) aşı yapmak.

مایه گرفتن mâye giriften: **1.**esinlenmek. **2.**kaynaklanmak, ileri gelmek. ‖ * ~ berâyi kesî مایه گرفتن برای کسی (hlk.) çekiştirmek, arkasından konuşmak, gıybet etmek.

مایی mâyî: [mây+î] Maylı.

مایع mâyî: [mâ+y+î] **1.**bizlik. **2.**kibirlenme.

مباح mubâh: (A.) mübah, caiz, sakıncasız.

مباحات mubâhât: (A.) mübah olan şeyler, sevap veya günah olmayan şeyler.

مباحث mebâhis: (A.) **1.**araştırma konuları. **2.**tartışma konuları. **3.**tartışma yerleri.

مباحث mubâhis: (A.) tartışan, münakaşa eden, tartışmacı.

مباحثات mubâhesât: (A.) **1.**tartışmalar. **2.**konuşmalar, görüşmeler.

مباحثه mubâhese: (A.) tartışma, söyleşi.

مباحثه رفتن mubâhese reften: bahsedilmek.

مباحثه کردن mubâhese kerden: tartışmak, ele almak.

مباحثین mubâhisîn: (A.) tartışanlar, münakaşa edenler, tartışmacılar.

مباح کردن mubâh kerden: helal kılmak, caiz görmek.

مباحیت mubâhiyyet: (A.) mübahlık.

مباد mebâd: [bûden>bû>buvâd> bâd>mebâd] olmasın, olmaya.

مبادا mebâdâ: [bûden>bû>buvâd>bâd> bâdâ>mebâdâ] **1.**olmasın, olmaya. **2.**sakın, aman ha.

مبادات mubâdât: (A.) saldırganlık, düşmanlık.

مبادر mubâdir: (A.) hemen girişimde bulunan, hemen teşebbüs eden.

مبادرت mubâderet: (A.) **1.**girişme, girişim. **2.**acele etme. **3.**öncelik.

مبادرت کردن mubâderet kerden: **1.**acele etmek. **2.**girişimde bulunmak, teşebbüs etmek. **3.**öne geçmek.

مبادره mubâdere: (A.) girişme, girişim, teşebbüs.

مبادل mubâdil: (A.) **1.**bedel tutulmuş. **2.**yerine getirilmiş.

مبادلات mubâdelât: (A.) mübadel eler, değiştirmeler, takaslar, trampalar.

مبادله mubâdele: (A.) değiştirme, takas, mübadele, trampa.

مبادله شدن mubâdele şoden: trampa edilmek, mübadele edilmek.

مبادله کردن mubâdele kerden: trampa etmek, mübadele etmek, değiştirmek.

مبادله گشتن mubâdele geşten: takas edilmek, mübadele edilmek, değiş tokuş yapılmak.

مبادی mebâdî: (A.) **1.**başlangıçlar. **2.**ilkeler, temel kurallar, esaslar.

مبادی mubâdî: (A.) ortaya koyan, ortaya çıkaran.

مبادی النهایات mebâdiyunnihâyât (A.) farz olan ibadetler.

مبار mebâr: (A.) bağışlar, bahşişler.

مبارات mubârât: (A.) **1.**birbirinden bıkma. **2.**eşitlik davasında bulunma. **3.**anlaşarak ayrılma.

4.misilleme.

مبارز mubâriz: (A.) 1.savaşan, dövüşen. 2.tartışan. 3.güreşen.

مبارزات mubârezât: (A.) savaşlar, mücadeleler.

مبارزانه mubârizâne: (A.-F.) [mubâriz+ âne] 1.savaşırcasına, dövüşürcesine. 2.tartışırcasına. 3.güreşircesine.

مبارزت mubârezet: (A.) savaşım, kavga, savaş.

مبارزه mubâreze: (A.) mücadele, savaş.

مبارزه جو mubârezecû: (A. -F.) [mubâreze+ costen>cû] mücadeleci.

مبارزه جوئی mubârezecû'î: (A. -F.) [mubâreze+costen>cû+'î] mücadelecilik.

مبارزه کردن mubâreze kerden: mücadele etmek, savaşım vermek.

مبارزین mubârizîn: (A.) 1.savaşanlar, dövüşenler. 2.tartışanlar. 3.güreşenler.

مبارک mubârek: (A.) 1.mübarek, kutlu. 2.köle. ‖ * îd-i ~ عید مبارک kutlu bayram, kutsal bayram. ‖ * mâh-i ~ ماه مبارک Ramazan ayı. ‖ * şeb-i ~ شب مبارک kutsal gece.

مبارک باد mubârekbâd: [mubârek+ bûden> bâd] 1.kutlu olsun, mübarek olsun. 2.kutlama, tebrik.

مبارک باد گفتن mubârekbâd goften: kutlamak, tebrik etmek.

مبارک پا mubârekpâ: (A. -F.) [mubârek+ pâ] ayağı uğurlu.

مبارک خبر mubârekhaber: (A. -F.) [haber-i mubârek>mubârekhaber] 1.müjde, iyi haber. 2.müjdeci.

مبارکه mubâreke: (A.) 1.kutlu, kutsal. 2.tebrikleşme.

مبارک طالع mubârektâli': (A.) [mubârek+tâli'] talihli, talihi kutlu.

مبارک فال mubârekfâl: (A.-F.) [mubârek+fâl<fâl-i mubârek] uğurlu fal.

مبارکی mubârekî: (A.-F.) [mubârek+î] 1.kutluluk, mübareklik. 2.kutlama, tebrik.

مباسطه mubâsete: (A.) senli benli olma, teklifsiz görüşme.

مباسل mubâsil: (A.) savaşta ileri atılan, yiğitlik gösteren.

مباسله mubâsele: (A.) savaşta ileri atılma, yiğitlik gösterme.

مباشر mubâşir: (A.) 1.şef, nezaretçi, mübaşir. 2.çiftleşen, cinsel ilişki kuran. 3.(müz.) enstrüman çalan. 4.mahkeme memuru.

مباشرت mubâşeret: (A.) 1.girişme, girişimde bulunma. 2.nezaret etme. 3.cinsel ilişkide bulunma.

مباشرتاً mubâşereten: (A.) girişerek, girişimde bulunarak.

مباشرت کردن mubâşeret kerden: 1.girişimde bulunmak, teşebbüs etmek. 2.çiftleşmek, cinsel ilişkide bulunmak. 3.nezaret etmek.

مباشریه mubâşiriyye: (A.) bir işi yapmak üzere devlet tarafından gönderilen memura halktan toplanarak verilen para.

مباصره mubâsara: (A.) görme yarışı yapma.

مباصقه mubâsaka: (A.) tükürme.

مباطشه mubâtaşa: (A.) kucaklaşma.

مباطنه mubâtene: (A.) bir konu üzerinde hararetle tartışma.

مباعدت mubâ'edet: (A.) 1.birbirinden uzaklaşma. 2.uzak durma, iki kişinin birbirinden soğuması.

مباعده mubâ'ade: (A.) 1.birbirinden uzaklaşma. 2.uzak durma, iki kişinin birbirinden soğuması.

مباعله mubâ'ale: (A.) oynaşma, cilveleşme.

مباغات mubâgât: (A.) kanunsuz evlilik, yasa dışı evlilik.

مباغته mubâgate: (A.) sataşma.

مباغمه mubâgame: (A.) tatlı dillilik.

مباغی mubâgî: (A.) ayaklanma, başkaldırı, isyan.

مبال mebâl: (A.) tuvalet, hela.

مبالات mubâlât: (A.) 1.özen gösterme, dikkat etme. 2.iyice düşünme.

مبالاتکار mubâlâtkâr: (A.-F.) [mübâlât+ kâr] dikkatli, özen gösteren.

مبالاتکارانه mubâlâtkârâne: (A.-F.) [mübâlât+kâr+ âne] dikkatlice, özen göstererek.

مبالغ mebâlig: (A.) **1.**tutarlar, meblağlar. **2.**paralar.

مبالغات mubâlagât: (A.) abartılar, abartmalar.

مبالغه mubâlaga: (A.) **1.**abartı, abartma. **2.**büyütme, büyük gösterme.

مبالغه آمیز mubâlagaâmîz: (A. -F.) [mubâlaga+âmîhten>âmîz] abartılı, mübalağalı.

مبالغه شدن mubâlaga şoden: **1.**mübalağa edilmek, abartılmak. **2.**ısrar edilmek.

مبالغه کار mubâlagakâr: (A.-F.) [mubâlaga+kâr] abartılı.

مبالغه کارانه mubalagakârâne: (A.-F.) [mubâlağa+ kâr+âne] abartılı.

مبالغه کردن mubâlaga kerden: **1.**çok çalışmak. **2.**abartmak, mübalağa etmek. **3.**ısrar etmek.

مبانه mubâne: (A.) eski hukuk sistemine göre talâk-i bâin'le boşanmış kadınlar.

مبانی mebânî: (A.) **1.**temeller, esaslar. **2.**mazmunlar. **3.**(kin.) uzuvlar, organlar. **4.**yapılar, binalar.

مبانی نهادن mebânî nihâden: bina etmek.

مباهات mubâhât: (A.) kıvanç, övünme, iftihar.

مباهات کردن mubâhât kerden: kıvanç duymak, övünmek.

مباهله mubâhele: (A.) lanetleşme, lanetleme.

مباهی mubâhî: (A.) övüngeç, övünen.

مبایعت mubâye'ât: (A.) satın almalar, alımlar, alışveriş.

مبایعه mubâye'e: (A.) **1.**alışveriş. **2.**biat.

مباین mubâyin: (A.) **1.**zıt, karşıt. **2.**ayrı, başka. **3.**tutarsız.

مباینت mubâyenet: (A.) **1.**zıtlık. **2.**tutarsızlık. **3.**ayrılık, başkalık.

مباینه mubâyine: (A.) **1.**zıt. **2.**ayrı, başka. **3.**tutarsız.

مبتدا mubtedâ: (A.) **1.**başlangıç. **2.**(gr.) isnad edilen, haberin kaynağı, mübtedâ, nihâd.

مبتدا به mubtedâ bih: (A.) kendisiyle başlanan.

مبتداء mubtedâ': (A.) **1.**başlangıç. **2.**özne.

مبتدئین mubtedi'în: (A.) **1.**başlayanlar. **2.**acemiler. **3.**okula başlayanlar.

مبتدع mubtede': (A.) yepyeni, yeni çıkmış.

مبتدع mubtedi': (A.) **1.**yenilik getiren, yepyeni bir şey ortaya koyan. **2.**bid'at ehli, uygunsuz davranışta bulunan.

مبتدی mubtedî: (A.) **1.**başlayan. **2.**acemi. **3.**okula başlayan.

مبتدیان mubtediyân: (A.-F.) [mubtedî+ y+ân] **1.**başlayanlar. **2.**acemiler. **3.**okula başlayanlar.

مبتدیانه mubtediyâne: (A.-F.) [mubtedî+ y+âne] **1.**yeni başlamış gibi. **2.**acemice.

مبتذل mubtezel: (A.) **1.**ele ayağa düşmüş, müptezel. **2.**kullanılmış. **3.**hor, alçak, rezil. **4.**çok ucuz, bol bulunan.

مبتذله mubtezele: (A.) **1.**ayağa düşmüş, orta malı. **2.**çok ucuz, bol bulunan. **3.**değersiz.

مبتر mubetter: (A.) **1.**kuyruğu kesik. **2.**evlatsız, çocuksuz. **3.**kusurlu, eksik.

مبتسم mubtesim: (A.) gülümseyen, tebessüm eden.

مبتغی mubtegâ: (A.) istenen, arzu edilen.

مبتغیات mubtegiyyât: (A.) istenenler, arzu edilenler.

مبتکر mubtekir: (A.) yeni şey getiren, bir şeyi ilk kez yapan.

مبتل mubettel: (A.) ıslak, ıslanmış.

مبتلا mubtelâ: (A.) **1.**tutkun, aşkın. **2.**kötü şeylere alışmış. **3.**tutulmuş, yakalanmış.

مبتلا شدن mubtelâ şoden: tutulmak, yakalanmak, uğramak, müptela olmak.

مبتلا کردن mubtelâ kerden: uğratmak, yakalatmak, müptela etmek.

مبتلا گشتن mubtelâ geşten: tutulmak, yakalanmak, uğramak, müptela olmak.

مبتلع mubtela': (A.) yutulmuş.

مبتلع mubteli': (A.) yutan.

مبتلی mubtelâ: (A.) **1.**düşkün, tutkun, müptela. **2.**denenmiş. **3.**alışkın.

مبتلی شدن mubtelâ şoden: tutulmak, yakalanmak, uğramak, müptela olmak.

مبتلی کردن mubtelâ kerden: uğratmak, yakalatmak, müptela etmek.

مبتنی mubtenî: (A.) **1.**bina eden. **2.**dayanılan.

مبتوته mebtûte: (A.) talâk-i selâse ile boşanmış kadın.

مبتهج mubtehic: (A.) sevinçli, mutlu.

مبتهج القلب mubtehiculkalb: (A.) sevinçli.

مبتهج شدن mubtehic şoden: sevinç duymak, sevinmek, mutlu olmak.

مبتهل mubtehil: (A.) yalvaran.

مبثوث mebsûs: (A.) dağılmış, saçılmış, yayılmış.

مبجل mubeccel: (A.) **1.**yüce, ulu, saygın. **2.**bayan adı.

مبحث mebhas: (A.) **1.**arama yeri, araştırma yeri. **2.**bölüm, fasıl. **3.**ilim dalı, bilim. **4.**konu.

مبحث الازهار mebhasulezhâr (A.) çiçek bilimi.

مبحث الاشکال mebhasuleşkâl (A.) şekilbilim, morfoloji.

مبحث الاعصاب mebhasula'sâb (A.) sinir bilimi, nevroloji.

مبحث الاوعیه mebhasulev'iyye (A.) damarbilim.

مبحث البشر mebhasulbeşer (A.) antropoloji.

مبحث الحرکات mebhasulharekât (A.) hareketbilim, dinamik.

مبحث العروق mebhasulurûk (A.) ırkbilim.

مبحث العظام mebhasul'izâm (A.) kemikbilim.

مبحث المستحاثات mebhasulmustehâsât (A.) paleontoloji.

مبحث المستحاثات بشریه mebhasulmustehâsât-i beşeriye (A.-F.) insan paleontolojisi.

مبحث المیاه mebhasulmiyâh (A.) subilim, hidroloji.

مبحوث mebhûs (A.) bahsedilen, sözü geçen.

مبحوث عنه mebhûsun'anh (A.) bahsedilen, sözü geçen.

مبحوثه mebhûse (A.) bahsedilen.

مبخر mubahhar: (A.) **1.**buhar olmuş, buharlaşmış. **2.**tütsülenmiş.

مبخل mubahhal: (A.) pinti, cimri.

مبدأ mebde': (A.) **1.**başlangıç. **2.**başlama. **3.**ilke, temel. **4.**çıkış noktası, kaynak. **5.**temel zaman. **6.**ilk unsur. ‖ * ~ -i târih مبدأ تاریخ tarih başlangıcı. ‖ * ~ -i tûl مبدأ طول Greenwich'ten geçtiği farzedilen ilk boylam dairesi.

مبدئیت ، مبدأیت mebde'iyyet (A.) başlangıç olma hali.

مبدد mubedded: (A.) dağınık, ayrık.

مبدع mubdi': (A.) **1.**yaratan, icat eden. **2.**Tanrı'nın zatı. **3.**yeni şeyler söyleyen, yenilik getiren, yeni bir şey bulan. **4.**bid'at taraftarı. **5.**benzersiz şiir söyleyen.

مبدعه mubdi'a: (A.) **1.**yeni şeyler söyleyen, yenilik getiren. **2.**bid'at taraftarı. **3.**benzersiz şiir söyleyen (Bayan).

مبدل mubeddel: (A.) değiştirilmiş, dönüştürülmüş, tebdil edilmiş.

مبدل mubeddil: (A.) değiştiren, dönüştüren, tebdil eden.

مبدل شدن mubeddel şoden: değişmek, dönüşmek, çevrilmek, değiştirilmek, dönüştürülmek.

مبدل کردن mubeddel kerden: değiştirmek, dönüştürmek, çevirmek, tebdil etmek.

مبدله mubeddile: (A.) değiştiren, değiştirici.

مبذر mibzer: (A.) tohum ekme aracı.

مبذر mubezzir: (A.) savurgan, müsrif, har vurup harman savuran.

مبذرین mubezzirîn: (A.) savurganlar, har vurup harman savuranlar.

مبذول mebzûl: (A.) 1.çok, bol. 2.bağışlanmış.

مبذولاً mebzûlen: (A.) bolca, bol bol.

مبذول افتادن mebzûl oftâden: bağışlanmak.

مبذول داشتن mebzûl dâşten: 1.vermek, bağışlamak. 2.uygulamak, bitirmek. 3.kabul etmek.

مبذولى mebzûlî: (A.-F.) [mebzûl+î] bolluk.

مبذوليت mebzûliyyet: (A.) bolluk, çokluk.

مبرود mebrûd: (A.) soğuk.

مبرا muberrâ: (A.) arınmış, aklanmış, beraet etmiş.

مبرات meberrât: (A.) iyilikler, hayırlar, bağışlar, hayrat.

مبرئه mibre'e: (A.) hattat kalemtıraşı.

مبرت meberret: (A.) iyilik, hayır, bağış.

مبرد mibred: (A.) eğe.

مبرد muberred: (A.) soğutulmuş.

مبرد muberrid: (A.) 1.soğutucu, serinletici. 2.(tıb.) hararet düşürücü, ateş düşürücü. 3.(tıb.) cinsel gücü körletici.

مبرد mubrid: (A.) soğutucu.

مبرر muberrer: (A.) yemini onaylanmış.

مبرز mebrez: (A.) 1.tuvalet, hela. 2.fosseptik çukuru, tuvalet çukuru.

مبرز muberrez: (A.) açık, aşikâr, bariz.

مبرز mubrez: (A.) gösterilmiş, ibraz edilmiş.

مبرز mubriz: (A.) gösteren, ibraz eden.

مبرقع muberka': (A.) örtülü, peçeli.

مبرقعه muberka'a: (A.) 1.beyaz başlı dişi kara koyun. 2.klasik Türk mûsikîsinde bir makam.

مبرم mubrem: (A.) 1.sağlam. 2.bol, çok. 3.iki kat dokunmuş kumaş.

مبرم mubrim: (A.) 1.zorlayan, zorlayıcı. 2.can sıkan.

مبرم كردن mubrem kerden: sağlamlaştırmak.

مبرم گرداندن mubrem gerdânden: sağlamlaştırmak.

مبرمه mubreme: (A.) zorunlu, kaçınılmaz.

مبرمه mubrime: (A.) 1.zorlayan, zorla-yıcı. 2.can sıkan.

مبرود mebrûd: (A.) 1.soğumuş, soğuk, serin. 2.soğuk su. 3.ıslatılmış ekmek.

مبرور mebrûr: (A.) 1.iyilik görmüş. 2.ibadeti makbul kişi.

مبروره mebrûre: (A.) 1.hayırlı. 2.beğenilen. 3.bayan adı.

مبروز mebrûz: (A.) 1.gösterilmiş, ibraz edilmiş. 2.açık mektup, açılmış mektup.

مبروص mebrûs: (A.) baras hastası.

مبروك mebrûk: (A.) 1.tebrik edilesi. 2.kutlu.

مبروكه mebrûke: (A.) 1.tebrik edilesi. 2.bayan adı.

مبره meberre: (A.) hayır işi.

مبرهن muberhen: (A.) 1.açık seçik. 2.kanıtlanmış.

مبزر mubezzir: (A.) tohum saçma aleti, mibzer.

مبسم mebsim: (A.) ön diş.

مبسوط mebsût: (A.) 1.yayılmış, açılmış, yaygın, açık. 2.enikonu anlatılmış. 3.bir yazı stili.

مبسوطاً mebsûten: (A.) enikonu, uzun uzadıya.

مبسوط داشتن mebsût dâşten: yaygınlaştırmak, genişletmek.

مبسوطه mebsûta: (A.) 1.yayılmış, açılmış. 2.enikonu anlatılmış.

مبشر mubeşşer: (A.) müjdelenmiş.

مبشر mubeşşir: (A.) müjdeci.

مبشر mubşer: (A.) müjdelenmiş, müjde verilmiş.

مبشر mubşir: (A.) müjdeleyen, müjde veren.

مبشرات mubeşşirât: (A.) müjdeleyici işaretler, hayırlı alametler.

مبشره mubeşşere: (A.) müjdelenmiş, müjde verilmiş. ‖ * aşere-i ~ عشرهء مبشره müjdelenmiş on kişi, Hz. Muhammed tarafından Cennet'e girecekleri müjdelenen on kişi.

مبشره mubeşşire: (A.) müjdeleyen, müjde verici, müjdeci.

مبشوره mebşûre: (A.) boylu boslu kadın.

مبشرين mubeşşirîn: (A.) müjdeleyenler, müjde verenler, müjdeciler.

مبشوش mebşûş: (A.) silik, silinmiş.

مبصر mubsir: (A.) gören, görücü, gözetici, murakıp.

مبصر mubessir: (A.) **1.**görücü, basiretli. **2.**büyücü, falcı. **3.**astrolog. **4.**gözcü, gözetleyici. **5.**okullarda disiplin ve düzenden sorumlu görevli. **6.**gümrük kâtibi.

مبصره mabsara: (A.) apaçık olan husûslar.

مبصرى mubsirî: (A. -F.) [mubsir+î] basiret, ileriyi görme.

مبضع mibza': (A.) neşter.

مبضع mubzi': (A.) kârı kendisinde kalmak şartıyla sermaye veren.

مبطل mubtel: (A.) iptal edilmiş, bozulmuş.

مبطل mubtil: (A.) bozan, iptal eden.

مبطن mubattın: (A.) **1.**kinci, içinden pazarlıklı. **2.**karnı çökük.

مبطون mebtûn: (A.) **1.**karnı ağrıyan. **2.**müzmin ishalli, dizanteri hastası.

مبطى mubtî: (A.) ağırkanlı, ağır hareketli.

مبعث meb'as: (A.) **1.**Muhammed'in İslâm peygamberi olarak gönderildiği gün, bi'set günü. **2.**gönderilme.

مبعد mub'ad: (A.) uzak.

مبعد muba'id: (A.) uzaklaştıran, uzaklaştırıcı.

مبعد mub'id: (A.) uzaklaştıran, uzaklaştırıcı.

مبعده muba'ide: (A.) uzaklaştıran, uzaklaştırıcı.

مبعوث meb'ûs: (A.) **1.**gönderilmiş. **2.**milletvekili. **3.**peygamber olarak gönderilen. **4.**öldükten sonra diriltilen.

مبعوث شدن meb'ûs şoden: **1.**gönderilmek. **2.**peygamber olarak görevlendirilmek.

مبعوث كردن meb'ûs kerden: **1.**göndermek. **2.**peygamber olarak göndermek.

مبعوث گرداندن meb'ûs gerdânden: **1.**göndermek. **2.**peygamber olarak göndermek.

مبعوثيت meb'ûsiyyet: (A.) **1.**gönderilme. **2.**milletvekilliği. **3.**peygamber olarak gönderilme.

مبغض mubgiz: (A.) kinci, düşman.

مبغوض mebgûz: (A.) kin beslenen, düşmanı olan.

مبكى mubekkî: (A.) ağlatan, ağlatıcı.

مبكى mubkî: (A.) ağlatan, ağlatıcı.

مبل mobl: (Fr.) **1.**mobilya. **2.**koltuk.

مبل ساز moblsâz: (Fr. -F.) [mobl+ sâhten>sâz] mobilyacı.

مبل سازى moblsâzî: (Fr. -F.) [mobl+ sâhten>sâz+î] **1.**mobilyacılık. **2.**mobilya mağazası.

مبلع mibla': (A.) obur.

مبلغ meblağ: (A.) **1.**tutar, meblağ. **2.**bedel. ‖ * be ~ -i به مبلغ tutarında.

مبلغ mubelliğ: (A.) **1.**propagandist. **2.**misyoner, tebliğ eden, bildiren. **3.**büyük camilerde imamın sözlerini tekrarlayan din görevlisi.

مبلغ miblag: (A.) kepçe, karıştırıcı, mablak.

مبل فروش moblfurûş: (Fr. -F.) [mobl+ furûhten>furûş] mobilya satıcısı, mobilyacı.

مبل فروشى moblfurûşî: (Fr. -F.) [mobl+ furûhten>furûş+î] **1.**mobilyacılık, mobilya satıcılığı. **2.**mobilya mağazası.

مبلمان mobleman: (Fr.) dayalı döşeli.

مبلمان كردن mobleman kerden: dayayıp döşemek.

مبلوع meblû': (A.) yutulmuş.

مبلوعه meblû'a: (A.) yutulmuş.

مبلول meblûl: (A.) nemli, rutubetli.

مبله moble: (Fr.) dayalı döşeli, möbleli. ‖ * hâne-i icâreî-i ~ î خانهء اجاره اى ء مبله اى dayalı döşeli kiralık ev.

مبنا mebnâ: (A.) temel, esas. ‖ * ber ~ -yi بر مبناى dayanarak, -e göre.

مبنى mebnâ: (A.) **1.**temel, esas. **2.**bina yeri.

مبنى mebnî: (A.) **1.**bina edilmiş. **2.**dayanan. **3.**(gr.) son harfi değişmeyen sabit harekeli kelime. || * ~ alelhikâye مبنى على الحكايه bir hikâyeye dayanan. || * ~ ber مبنى بر dair, hakkında, ilişkin. || * ~ ber inki مبنى بر اينكه dayanan, dayanarak, hakkında, ilişkin.

مبول mibvel: (A.) ördek, sidik kabı.

مبول mubevvil: (A.) idrar veren, işetici, idrar yaptıran, idrar söktürücü.

مبوله mibvele: (A.) ördek, sidik kabı.

مبوله mubevvile: (A.) idrar veren, işetici, idrar yaptırıcı, idrar söktürücü.

مبهج mubehhic: (A.) güzelleştiren.

مبهم mobhem: (A.) belirsiz, müphem, üstü kapalı.

مبهمات mubhemât: (A.) **1.**belirsiz olan şeyler, belirsizlikler. **2.**belgisiz zamirler, belgisiz sıfatlar.

مبهمه mubheme: (A.) belirsiz, üstü kapalı.

مبهميت mubhemiyyet: (A.) belirsizlik, üstü kapalılık.

مبهوت mebhût: (A.) şaşkın, hayret içinde.

مبهور mebhûr: (A.) solugan, soluma hastalığına yakalanan.

مبيت mebît: (A.) geceleme yeri.

مبيت mebyet: (A.) geceleme yeri.

مبيت mubeyyit: (A.) **1.**geceleyin konuşan. **2.**gece baskını. **3.**bir iş için geceleyin karar veren.

مبيح mubîh: (A.) izin veren.

مبيض mebîz: (A.) rahim bezeleri, yumurtalık.

مبيض mubeyyez: (A.) temize çekilmiş.

مبيض mubeyyiz: (A.) **1.**temize çeken. **2.**müsveddeleri temize çeken kalem kâtibi.

مبيضات mubeyyizât: (A.) temize çekilenler.

مبيضه mubeyyeze: (A.) temize çekilmiş.

مبيضه mubeyyize: (A.) beyaz giysi giydikleri için bu adı alan Horasanlı İbni Mukanna'ın taraftarları.

مبيضين mubeyyizîn: (A.) temize çekenler, müsveddeleri temize çeken kalem katipleri.

مبيع mebî': (A.) **1.**satılmış. **2.**satın alınmış.

مبيع mubî': (A.) satılmış.

مبين mubîn: (A.) **1.**açık, aşikâr, ortada, besbelli, apaçık. **2.**açıklayan, açıklayıcı. **3.**iyi ile kötüyü ayıran.

مبين mubeyyen: (A.) açıklanmış, beyan edilmiş, ortaya koyulmuş.

مبين mubeyyin: (A.) açıklayan, aşikâr eden, beyan eden.

مبينه mubîne: (A.) **1.**iyi ile kötüyü ayıran. **2.**açık, aşikâr, ortada, besbelli. **3.**açıklayan, açıklayıcı.

مبينه mubeyyene: (A.) açıklanmış, beyan edilmiş, ortaya koyulmuş.

مبينه mubeyyine: (A.) açıklayan, beyan eden, ortaya koyan.

متبصر mutabassır: (A.) açıkgöz, uyanık.

متابع mutâbi': (A.) izleyen, tabi olan.

متابعت mutâbe'et: (A.) izleme, uyma, tabi olma.

متابعت كردن mutâbe'et kerden: izlemek.

متابعين mutâbi'în: (A.) tabi olanlar, izinden gidenler, uyanlar.

متابوليسم metabolism: (Fr.) (tıb.) metabolizma.

متأثر mute'essir: (A.) **1.**üzgün, müteessir. **2.**etkilenen, etkilenmiş.

متأثرانه mute'essirâne: (A.-F.) [mute'essir+âne] **1.**etkilenerek. **2.**duygulanarak. **3.**üzgün üzgün.

متأثر ساختن mute'essir sâhten: **1.**üzmek. **2.**etkilemek.

متأثر شدن mute'essir şoden: **1.**üzülmek. **2.**etkilenmek.

متأثر كردن mute'essir kerden: **1.**üzmek. **2.**etkilemek.

متأثر گرداندن mute'essir gerdânden: **1.**üzmek. **2.**etkilemek.

متأثر گرديدن mute'essir gerdîden: 1.üzülmek. 2.etkilenmek.

متاجره mutâcere: (A.) birbiriyle ticaret yapma.

متاخر mute'ehhir: (A.) 1.geciken, geri kalan. 2.son devirde yaşayan.

متاخرين mute'ahhirîn: (A.) sonradan gelenler, son zamanlarda yetişenler.

متأدب mute'eddib: (A.) edepli, terbiyeli.

متأدبانه mute'eddibâne: (A.-F.) [mute'edib+âne] arlanarak, haya ederek, utanarak.

متأدبين mute'eddibîn: (A.) arlananlar, haya edenler, utananlar.

متادى mute'eddî: (A.) ödeyen, eda eden.

متادى شدن mute'eddî şoden: 1.ulaşmak, varmak. 2.ulaştırmak.

متأذى mute'ezzî: (A.) mazlum, eziyet çeken.

متأذى شدن mute'ezzî şoden: incinmek, eziyet çekmek.

متارک mutârik: (A.) karşılıklı bırakan, karşılıklı terkeden.

متارکه motâreke: (A.) 1.mütâreke, bırakışma. 2.karısından ilgisini kesme. 3.karşılıklı terketme.

متارکه کردن motâreke kerden: 1.bırakışmak, mütareke yapmak. 2.karısından ilgisini kesmek.

متارکه نامه mutârekenâme: (A.-F.) [mutâreke+nâme] bırakışma belgesi.

متاره metâre: (A.) matara, deri kap.

متأسف mute'essif: (A.) üzgün, kederli.

متأسفانه mute'essifâne: (A. -F.) [mute'essif+âne] 1.maalesef, ne yazık ki! 2.üzgün, esefli.

متاسى mute'essî: (A.) izleyen.

متاع metâ': (A.) 1.mal, eşya. 2.sermâye.

متاع الغرور metâ'ulgurûr: (A.) 1.gurur malı. 2.bâkire olarak evlenmiş kızın gerdek gecesinden çıktıktan sonra beklenen bezi.

متاعب metâ'ib: (A.) yorgunluklar, sıkıntılar.

متافيزيک metafizik: (Fr.) metafizik.

متأکد mute'ekkid: (A.) tekid edilmiş, sağlam, sağlamlaştırılmış.

متألف mute'ellif: (A.) alışık, alışmış, alışkın.

متألم mute'ellim: (A.) elemli, dertli, üzgün.

متألماً mute'ellimen: (A.) üzgün üzgün, acı çekerek.

متألمانه mute'ellimâne: (A.-F.) [mute'ellim+âne] üzgün üzgün, acı çekerek.

متألم ساختن mute'ellim sâhten: üzmek.

متألم شدن mute'ellim şoden: üzülmek.

متألم کردن mute'ellim kerden: üzmek.

متالورژى metalurji: (Fr.) metalurji.

متأله mute'ellih: (A.) Tanrı'nın birliğine inanan.

متألهين mute'ellihîn: (A.) Tanrı'nın birliğine inananlar.

متائمت muütâ'emet: (A.) ikiz doğurma.

متأمر mute'emmir: (A.) amirlik eden.

متأمل mute'emmil: (A.) derin derin düşünen.

متأملانه mute'emmilâne: (A.-F.) [mute'emmil+ âne] derin derin düşünerek.

متأمه mut'eme: (A.) ikiz doğuş, ikiz doğma.

متان mitan: (Fr.) (kim.) metan.

متانت metânet: (A.) metanet, dayanıklılık, sebat.

متانت شعار metânetşi'âr: (A.) [metânet+ şiâr] sağlamlığı ile temayüz eden kale.

متأنى mute'ennî: (A.) ağır kanlı, temkinli.

متأنيانه mute'enniyâne: (A.-F.) [mute'ennî+y+ âne] temkinli davranarak, ağır davranarak.

متأهب mute'ehhib: (A.) kendi kendini yetiştiren.

متأهل mute'ehhil: (A.) evli.

متأهل شدن mute'ehhil şoden: evlenmek.

متأهل کردن muteehhil kerden:

evlendirmek.

متأيد mute'eyyid: (A.) kuvvetlenen, sağlamlaşan.

متبادر mutebâdir: (A.) 1.hatıra gelen. 2.öne geçen.

متبادل mutebâdil: (A.) 1.karşılıklı. 2.birbirinin yerine geçen.

متبارز mutebâriz: (A.) belirgin, ortaya çıkan, aşikâr.

متبارزين mutebârizîn: (A.) belirgin olanlar, ortaya çıkanlar.

متباعد muteba'id: (A.) 1.uzaklaşan. 2.ıraksak.

متباغض mutebâgiz: (A.) birbirine kin güden.

متباقى mutebâkî: (A.) geri kalan, artan.

متباكى mutebâkî: (A.) ağlar gibi yapan, yalandan ağlayan.

متباله mutebâlih: (A.) aptal gibi görünen.

متبالى mutebâlî: (A.) sınayan, yoklayan.

متباهى mutebâhî: (A.) övünen, övüngen.

متباهيانه mutebâhiyâne: (A.-F.) [mutebâhî+y+âne] övünerek.

متبايعان mutebâyi'ân: (A.-F.) [mutebâyi'+ân] alıcı ile satıcı.

متباين mutebâyin: (A.) 1.zıt, uyumsuz, uyuşmaz. 2.ayrı, başka.

متباينه mutebâyine: (A.) zıt, uyumsuz, uyuşmaz.

متبتل mutebettil: (A.) Tanrı'ya yönelen.

متبتلاً mutebettilen: (A.) Tanrı'ya yönelerek.

متبثر mutebessir: (A.) sivilce çıkaran.

متبحر mutebahhir: (A.) derin bilgi sahibi.

متبحرانه mutebahhirâne: (A.-F.) [mutebahhir+ âne] 1.derin bilgi sahibi gibi, derin bilgi sahiplerine yakışacak şekilde. 2.derinlemesine.

متبحرين mutebahhirîn: (A.) derin bilgi sahipleri, bilginler.

متبختر mutebahtır: (A.) şişinerek yürüyen, kibirle yürüyen.

متبخر mutebahhir: (A.) buharlaşan.

متبدد mutebeddid: (A.) 1.hisselere bölen. 2.dağınık.

مبتدع mutebeddi': (A.) bid'at ehli olan.

متبدل mutebeddil: (A.) 1.değişen. 2.bedel alan. 3.kararsız.

متبدل شدن mutebeddil şoden: değişmek, dönüşmek, tebdil olmak.

متبدل كردن mutebeddil kerden: değiştirmek, dönüştürmek, tebdil etmek.

متبرد muteberrid: (A.) soğuyan.

متبرر muteberrir: (A.) Tanrı'ya derin bağlılığı olan.

متبرز muteberriz: (A.) beliren, ortaya çıkan.

متبرع muteberri': (A.) bağış yapan, bağışta bulunan.

متبرقع muteberkı': (A.) 1.peçe takan. 2.maske takan.

متبرك muteberrik: (A.) uğurlu, mübarek, mukaddes.

متبركاً muteberriken: (A.) kutlu sayılarak, uğurlu sayılarak.

متبركه muteberrike: (A.) kutlu sayılan, uğurlu.

متبرم شدن muteberrim şoden: bıkmak, usanmak, canına yetmek.

متبرى muteberrî: (A.) yüz çeviren, uzak duran.

متبسط mutebassit: (A.) yayılmış, serilmiş.

متبسل mutebessil: (A.) yüzünü ekşiten, surat yapan.

متبسم mutebessim: (A.) gülümseyen, tebessüm eden, güleryüzlü.

متبسمانه mutebessimâne: (A.-F.) [mutebessim+ âne] gülümseyerek, tebessüm ederek.

متبشبش mutebeşbiş: (A.) güler yüz gösteren, güleç yüzlü.

متبصبص mutebasbis: (A.) yardakçı, yaltaklanan, dalkavuk.

متبصبصانه mutebasbisâne: (A.-F.) [mutebasbıs+ âne] yaltaklanarak, dalkavukluk ederek.

متبصبصين mutebasbisîn: (A.) yaltaklananlar, yardakçılar, dalkavuklar.

متبصر mutebassir: (A.) basiret sahibi, ileriyi gören.

متبصرانه mutebassirâne: (A.-F.) [mutebassır+âne] ileriyi görerek, basiretle.

متبع muttebe': (A.) izlenen, uyulan.

متبع müttebi': (A.) uyan, tabi olan.

متبغض mütebaggiz: (A.) kin güden, kinlenen.

متبلد mutebellid: (A.) tembel, ağır kanlı.

متبلل mutebellil: (A.) **1.**ıslanan, nemlenen. **2.**altını ıslatan.

متبلور mutebelvir: (A.) **1.**belirgin. **2.**kristalize, billurlaşmış, net.

متبلور شدن mutebelvir şoden: kristalize olmak, kristalleşmek.

مبتنى mutebennî: (A.) evlatlık edinen, oğul edinen.

متبوع metbû': (A.) uyulan, izlenen, tâbi olunan.

متبوعه metbû'a: (A.) uyulan, tâbi olunan.

متبوعيت metbû'iyyet: (A.) tâbilik, uyrukluk.

متبهج mutebehhic: (A.) neşeli, keyifli, şen.

متبول mutebevvil: (A.) idrar yapan, işeyen.

متبكم mutebekkim: (A.) tutulup kalan, dili tutulan, nutku tutulan.

متبكمانه mutebekkimâne: (A.-F.) [mutebekkim+ âne] tutulup kalarak, dili tutularak, nutku tutularak.

متبين mutebeyyin: (A.) anlaşılan, ortaya çıkan.

متبينه mutebeyyine: (A.) anlaşılan, ortaya çıkan.

متتابع mutetâbi': (A.) izleyen, ardarda giden.

متتابع الورود mutetâbi'ulvurûd: (A.) peşpeşe gelen, birbirini izleyen.

متتابعاً mutetâbi'an: (A.) birbirini izleyerek.

متتابعه mutetâbi'a: (A.) peşpeşe gelen, birbirini izleyen.

متتالى mutetâlî: (A.) peşpeşe giden, birbirini izleyen.

متتبع mutetebbi': (A.) araştıran, inceleyen, araştırmacı.

متتوج mutetevvec: (A.) taçlı.

متتوج mutetevvic: (A.) **1.**taç yapraklı. **2.**taçlı.

متثائب mutesâ'ib: (A.) esneyen.

متثاقل mutesâkil: (A.) **1.**üşenen. **2.**savaşa gitmekte ağır davranan.

متثبت mutesebbit: (A.) dayanıklılık gösteren, sebat eden.

متثقب mutesakkib: (A.) delinen.

متثوب mutesevvib: (A.) **1.**sevap kazanan, sevaba giren. **2.**nafile namaz kılan.

متثيب muteseyyib: (A.) dul bayan.

متجادل mutecâdil: (A.) mücadeleci, savaşan.

متجاذب mutecâzib: (A.) çeken, cazibeli.

متجاسر mutecâsir: (A.) **1.**cesaretli. **2.**isyancı, serkeş.

متجاسرانه mutecâsirâne: (A.-F.) [mutecâsir+âne] **1.**cesaret ederek, kalkışarak, yeltenerek. **2.**küstahça.

متجاسرين mutecâsirîn: (A.) **1.**cesaret edenler, kalkışanlar, yeltenenler. **2.**küstahlar.

متجانب mutecânib: (A.) sakınan, çekinen, uzak duran.

متجانس mutecânis: (A.) **1.**benzer, uyumlu, aynı cinsten olan. **2.**homojen. **3.**eşsesli.

متجاوب mutecâvib: (A.) cevaplayan, cevap veren.

متجاور mutecâvir: (A.) **1.**komşu. **2.**aynı yörede bulunan.

متجاوره mutecâvire: (A.) **1.**komşu. **2.**aynı yörede bulunan.

متجاوز mutecâviz: (A.) **1.**aşkın, aşan, geçen. **2.**tecavüzkâr, zalim.

متجاوزانه mutccâvizâne: (A.-F.) [mutecâviz+âne] **1.**aşarak, geçerek. **2.**tecavüz ederek, sarkıntılık ederek.

متجاوزين mutecâvizîn: (A.) **1.**aşanlar, geçenler. **2.**sarkıntılık edenler, tecavüz edenler.

متجاول mutecâvil: (A.) dolaşan, gezinen.

متجاهد mutecâhid: (A.) 1.çabalayan, çaba gösteren. 2.zora karşı direnen.

متجاهر mutecâhir: (A.) kasıtlı olarak yaptığını gösteren.

متجاهل mutecâhil: (A.) bilmezlikten gelen.

متجاهلانه mutecâhilâne: (A.-F.) [mutecâhil+âne] bilmezlikten gelerek.

متجبر mutecebbir: (A.) 1.zor kullanan, zorba. 2.kibirlenen.

متجبرانه mutecebbirâne: (A.-F.) [mutecebbir+âne] zor kullanarak, zorbalıkla.

متجدد muteceddid: (A.) 1.yenilikçi, yenilik yanlısı. 2.yenileşen.

متجددانه muteceddidâne: (A.-F.) [muteceddid+âne] yenilenerek.

متجدده muteceddide: (A.) 1.yenilenen, yenileşen. 2.yenilikçi.

متجددين muteceddidîn: (A.) yenilenenler.

متجر metcer: (A.) 1.ticaret. 2.ticarî mal.

متجرد mutecerrid: (A.) 1.bekâr. 2.tek başına olan. 3.soyunan. 4.inzivaya çekilerek Tanrı'ya yönelen. 5.çıplak kadın.

متجرع mutecerri': (A.) yudumlayan, yudumlayarak içen.

متجزى mutecezzî: (A.) parçalanan, ayrışan. || * gayr-i ~ غير متجزى dağılmaz, bölünmez, parçalanmaz.

متجسد mutecessid: (A.) cesetleşmiş, bedene bürünmüş.

متجسس mutecessis: (A.) 1.araştıran. 2.meraklı, mütecessis. 3.casus.

متجسسانه mutecessisâne: (A.-F.) [mutecessis+âne] 1.merakla, meraklı. 2.gizli şeylerin peşinden giderek.

متجسسين mutecessisîn: (A.) 1.meraklılar. 2.gizli şeylerin peşinden gidenler.

متجسم mutecessim: (A.) 1.cisimleşen. 2.iriyarı. 3.bir işte büyüyen.

متجعد muteca'id: (A.) kıvırcık, kıvır kıvır.

متجعد الاشعار muteca'iduleş'âr: (A.) kıvırcık saçlı.

متجفف muteceffif: (A.) koflaşan, içi boşalan.

متجففه muteceffife: (A.) koflaşan.

متجلب mutecellib: (A.) celbeden, çekici.

متجلد mutecellid: (A.) yiğitlik gösteren, kahramanlık gösteren.

متجلدانه mutecellidâne: (A.-F.) [mutecellid+âne] yiğitlik göstererek, kahramanlık göstererek.

متجلدين mutecellidîn: (A.) yiğitlik gösterenler, kahramanlık gösterenler.

متجلى mutecellî: (A.) 1.görünen, tecelli eden, ortada, meydanda. 2.parlak.

متجمد mutecemmid: (A.) donuk, donmuş.

متجمده mutecemmide: (A.) donuk, donmuş.

متجمع mutecemmi': (A.) toplanan, biriken.

متجمعين mutecemmi'în: (A.) toplananlar, birikenler.

متجمل mutecemmil: (A.) süslü, ziynetli.

متجملانه mutecemmilâne: (A.-F.) [mutecemmil+ âne] süslenerek.

متجملين mutecemmilîn: (A.) süslenenler.

متجنب mutecennib: (A.) uzak duran, kaçınan, çekinen.

متجنده mutecennide: (A.) savaşçı.

متجنن mutecennin: (A.) cinnet geçiren, çıldırmış.

متجننانه mutecenninâne: (A.-F.) [mutecennin+ âne] cinnet geçirircesine, çılgınca.

متجنى mutecennî: (A.) 1.iftira eden. 2.meyva toplayan.

متجوز mutecevviz: (A.) 1.uygun gören. 2.mecazlı konuşan.

متجوزانه mutecevvizâne: (A.-F.) [mutecevviz+âne] 1.uygun görerek. 2.mecazlı konuşarak.

متجوزين mutecevvizîn: (A.) **1.**uygun görenler. **2.**mecazlı konuşanlar.

متجوشن mutecevşin: (A.) zırh giymiş, zırhlı.

متجوف mutecevvif: (A.) koflaşan, içi boşalan.

متجهز mutecehhiz: (A.) donanmış, donanımlı.

متحاب mutehâbb: (A.) birbirini dost gören.

متحابه mutehâbbe: (A.) birbirini dost gören.

متحارب mutehârib: (A.) **1.**savaş çıkaran. **2.**savaşan.

متحاربه mutehâribe: (A.) savaşan.

متحاسد mutehâsid: (A.) birbirini kıskanan, birbirini çekemeyen.

متحاشی mutehâşî: (A.) korkarak çekinen.

متحاشيانه mutehâşiyâne: (A.-F.) [mutehâşî+y+âne] korku ile çekinerek.

متحالف mutehâlif: (A.) iki düşmanın ikisine de yemin veren.

متحامق mutehâmik: (A.) aptal gibi görünen, aptallığa vuran.

متحامقانه mutehâmikâne: (A.-F.) [mutehâmik+âne] aptallığa vurarak, aptal gibi görünerek.

متحامی mutehâmî: (A.) kendini koruyan, sakınan.

متحاميانه mutehâmiyâne: (A.-F.) [mutehâmî+y+ âne] sakınarak.

متحاور mutehâvir: (A.) konuşan.

متحبس mutehabbis: (A.) kendini haps eden, bir yere kapanan.

متحبسانه mutehabbisâne: (A.-F.) [mutehabbis+ âne] kendini hapsederek, bir yere kapanarak.

متحثر mutehassir: (A.) pıhtılaşmış.

متحثره mutehassire: (A.) pıhtılaşmış.

متحجر mutehaccir: (A.) **1.**taşlaşmış. **2.**fosil. **3.**(kin.) yobaz, mutaassıp.

متحجم mutehaccim: (A.) hacimli.

متحد muttehid: (A.) **1.**birleşik, birleşen. **2.**müttefik. **3.**dost, arkadaş.

متحداً muttehiden: (A.) birlik olarak, birlik halinde.

متحد الفكر muttehidulfikr: (A.) fikir birliği içinde.

متحدالمآل muttehidulmeâl: (A.) genelge, sirküler.

متحد المركز muttahidulmerkez: (A.) ortak merkezli, bir merkezli.

متحدب mutehaddib: (A.) tümsekleşen, kamburlaşan.

متحدث mutehaddis: (A.) meydana gelen, ortaya çıkan.

متحدثه mutehaddise: (A.) meydana gelen, ortaya çıkan.

متحدر mutehaddir: (A.) **1.**hızla yokuş aşağı inen. **2.**aşağı yuvarlanan.

متحد شدن muttehid şoden: birleşmek, birlik olmak.

متحده muttehide: (A.) **1.**birleşmiş, birleşik. **2.**birlik, konfederasyon.

متحدی mutehaddî: (A.) çekişen.

متحدين muttehidîn: (A.) birlik olanlar.

متحذر mutehazzir: (A.) çekinen, sakınan, uzak duran.

متحذرانه mutehazzirâne: (A.-F.) [mutehazzir+âne] çekinerek, sakınarak, uzak durarak.

متحرز muteharriz: (A.) sakınan, uzak duran.

متحرک muteharrik: (A.) **1.**oynak, hareketli. **2.**harekeli. **3.**faal.

متحرک بالذات muteharrik bizzât: (A.) **1.**kendi kendine hareket eden, kendi kendine çalışan. **2.**otomobil.

متحرک شدن muteharrik şoden: hareket etmek.

متحرک گرداندن muteharrik gerdânden: harekete geçirmek, kımıldatmak, hareketlendirmek.

متحركيت muteharrikiyyet: (A.) hareketlilik, devingenlik.

متحرم muteharrim: (A.) kaçınan, sakınan.

متحرمانه muteharrimâne: (A.-F.) [muteharrim+âne] kaçınarak, sakınarak.

متحری muteharrî: (A.) **1.**arayan, doğruyu arayan. **2.**kasteden.

متحريانه muteharriyâne: (A.-F.) [muteharrî+y+ âne] araştırarak.

متحزب mutehazzib: (A.) bölük bölük toplanan, öbek öbek toplanan.
متحزن mutehazzin: (A.) hüzünlü.
متحسر mutehessir: (A.) üzgün, üzülen, hasret çeken.
متحسراً mutehassiren: (A.) hasret çekerek, özlem duyarak.
متحسرانه mutehassirâne: (A.-F.) [mutehassir+âne] özlem duyarak, özleyerek.
متحسس mutehassis: (A.) duygulanan.
متحسسانه mutehassisâne: (A.-F.) [mutehassis+âne] duygulanarak.
متحشد mutehaşşid: (A.) yığılmış, birikmiş, toplanmış.
متحشده mutehaşşide: (A.) yığılmış, birikmiş, toplanmış.
متحشدين mutehaşşidîn: (A.) toplananlar, birikenler, yığılanlar.
متحصل mutehassil: (A.) meydana gelen, ortaya çıkan, hasıl olan.
متحصن mutehassin: (A.) sığınan, sığınmacı.
متحصن شدن mutehassin şoden: sığınmak.
متحصنه mutehassine: (A.) sığınan, kaleye sığınan.
متحضر mutehazzir: (A.) huzurda olan, huzura gelen.
متحطم mutehattim: (A.) gerekli.
متحطمه mutehattime: (A.) gerekli.
متحف methaf: (A.) · müze.
متحف muthef: (A.) **1.**ithaf edilmiş. **2.**hediye, armağan.
متحف muthif: (A.) **1.**ithaf eden. **2.**hediye veren.
متحفظ mutehaffiz: (A.) korunan.
متحفظين mutehaffizîn: (A.) korunanlar.
متحقد mutehakkid: (A.) kinci.
متحقق mutehakkik: (A.) **1.**gerçekleşen. **2.**doğruluğu ortaya çıkan.
متحكم mutehakkim: (A.) **1.**zorba. **2.**hakim gibi davranan.
متحكمانه mutehakkimâne: (A.-F.) [mutehakkim+ âne] **1.**zorbaca, zorbalıkla. **2.**hakim gibi görünerek.
متحكمه mutehakkime: (A.) **1.**zorba. **2.**hakim gibi davranan.
متحكمين mutehakkimîn: (A.) **1.**zorbalar. **2.**tahakküm edenler.
متحلحل mutehalhil: (A.) **1.**çözülmüş, parçalara ayrılmış. **2.**kabarık.
متحلل mutehallil: (A.) **1.**hastalanan. **2.**yeminde istisna eden, kefaret ile yeminden dönen. **3.**çözülen.
متحلله mutehallile: (A.) çözülmüş, erimiş.
متحلم mutehallim: (A.) **1.**meme gibi yuvarlaklaşan. **2.**uysalmış gibi görünen.
متحلى mutehallî: (A.) **1.**süslenmiş. **2.**donanmış.
متحلى شدن mutehallî şoden: süslenmek.
متحلى كردن mutehallî kerden: süslemek.
متحمض mutehammiz: (A.) ekşiyen.
متحمق mutehammik: (A.) aptallığa vuran, aptal gibi görünen.
متحمل mutehammil: (A.) **1.**dayanan, katlanan, tahammül eden, ses çıkarmayan. **2.**yüklenen.
متحملانه mutehammilâne: (A.-F.) [mutehammil+ âne] **1.**dayanarak, katlanarak, ses çıkarmayarak, tahammül ederek. **2.**yüklenerek.
متحمل شدن mutehammil şoden: dayanmak, katlanmak, tahammül etmek.
متحملين mutehammilîn: (A.) **1.**dayananlar, katlananlar, ses çıkarmayanlar, tahammül edenler. **2.**yüklenenler.
متحمى mutehammî: (A.) korunan.
متحنى mutehannî: (A.) eğrilen.
متحنى mutehannin: (A.) özleyen.
متحول mutehavvil: (A.) **1.**değişen, değişik. **2.**değişken. ‖ * her dem ~ هر دم متحول sürekli değişen, değişken.
متحول شدن mutehavvil şoden: dönmek, değişmek.
متحير mutehayyir: (A.) şaşkın, hayret içinde.

متحيرانه mutehayyirâne: (A.-F.) [mutehayyir+ âne] hayret ederek, şaşarak, şaşkınca.

متحير شدن mutehayyir şoden: şaşırmak, hayret etmek.

متحير ماندن mutehayyir mânden: şaşırıp kalmak, hayretler içinde kalmak.

متحيرين mutehayyirîn: (A.) hayret edenler, şaşanlar.

متحيز mutehayyiz: (A.) **1.**yer tutan. **2.**saygın, itibarlı, ileri gelen.

متحيزان mutehayyizân: (A.-F.) [mutehayyiz+ân] saygın kişiler, ileri gelenler.

متحيزين mutehayyizîn: (A.) saygın kişiler, ileri gelenler.

متخادع mutehâdı': (A.) aldanmış gibi görünen.

متخارش mutehâriş: (A.) dalaşan.

متخاشع mutehâşi': (A.) derin bir saygı ile eğilen, huşû içinde eğilen.

متخاشعه mutehâşi'a: (A.) derin bir saygı ile eğilen, huşû içinde eğilen.

متخاصم mutehâsim: (A.) **1.**düşmanlık güden, hasımlaşan. **2.**birbirini dava eden.

متخاصمين mutehâsımîn: (A.) **1.**birbirine düşmanlık güdenler. **2.**birbirini dava edenler.

متخاطب mutehâtib: (A.) birbirine hitap eden, birbiriyle konuşan.

متخالف mutehâlif: (A.) birbirine uymayan, birbirine aykırı.

متخبر mutehabbir: (A.) iyi bilen.

متخدر mutehaddir: (A.) bürünen, örtünen.

متخدره mutehaddire: (A.) bürünen, örtünen.

متخدش mutehaddiş: (A.) **1.**tırmalanan. **2.**acı çeken.

متخدع mutehaddi': (A.) bile bile aldanan.

متخذ muttehez: (A.) **1.**alınmış, kabul edilmiş. **2.**yürürlükte olan, izlenen.

متخذ muttehiz: (A.) **1.**alan, kabul eden. **2.**sayan.

متخذه muttehaza: (A.) **1.**alınmış, kabul edilmiş. **2.**yürürlükte olan, izlenen.

متخذه muttehize: (A.) **1.**alan, kabul eden. **2.**sayan.

متخرش muteharriş: (A.) tırmalanan.

متخرشيت muteharrişiyyet: (A.) **1.**tırmalanma. **2.**irkiticilik.

متخرق muteharrik: (A.) yırtılan.

متخشب mutehaşşib: (A.) odunlaşmış.

متخشع mutehaşşi': (A.) derin bir saygı ile eğilen, huşû sahibi, alçak gönüllü.

متخشن mutehaşşin: (A.) haşin davranan, sert davranan.

متخشيانه mutehaşşiyâne: (A.-F.) [mutehaşşî+y+ âne] korku ile çekinerek.

متخصص mutehassis: (A.) uzman, mütehassıs, ihtisas sahibi.

متخضر mutehaddir: (A.) yeşillenen.

متخضر mutehazzir: (A.) yeşillenen.

متخضع mutehazzi': (A.) alçak gönüllü davranan.

متخضعانه mutehazzi'âne: (A.-F.) [mutehazzı'+âne] alçakgönüllülükle, alçakgönüllülük göstererek.

متخطر mutehattir: (A.) hatırlayan, anımsayan.

متخطى mutehattî: (A.) **1.**hata yapan. **2.**atlayarak geçen.

متخفف mutehaffif: (A.) **1.**hafifleyen. **2.**ayağına uzun konçlu ayakkabı giyen.

متخلخل mutehalhil: (A.) gözenekli, mesamatlı.

متخلخل شدن mutehalhil şoden: gözenekli olmak, gözeneklenmek.

متخلد mutehallid: (A.) sürekli kalan, ebedî kalan.

متخلص mutehallis: (A.) **1.**kurtulan. **2.**mahlas alan.

متخلط mutehallit: (A.) karışan.

متخلف mutehallif: (A.) aykırı, karşıt, muhalif.

متخلق mutehallik: (A.) **1.**huy edinen. **2.**geçimli, iyi huylu.

متخلقه mutehallika: (A.) huylanan, huy edinen.

متخلل mutehallil: (A.) 1.bozulan. 2.araya giren.

متخلى mutehallî: (A.) boşalmış, boşalan.

متخمر mutehammir: (A.) mayalanan.

متخوف mutehavvif: (A.) korkuya kapılan, korkak.

متخوفانه mutehavvifâne: (A.-F.) [mutehavvif+âne] korkuya kapılarak, korkarak.

متخوفه mutehavvife: (A.) korkuya kapılan, korkak.

متخيل mutehayyil: (A.) 1.hayalci. 2.kibirli.

متخيلانه mutehayyilâne: (A.-F.) [mutehayyil+ âne] hayal kurarak, hayal ederek.

متخيله mutehayyile: (A.) hayal gücü.

متد metod: (Fr.) metod.

متدائر mutedâ'ir: (A.) ilişkin, hakkında, dair.

متداخل mutedâhil: (A.) 1.birbirine geçmiş, birbirine girmiş, geçmeli. 2.(mat.) bölünebilir sayı. 3.geciken maaş.

متدارك mutedârik: (A.) 1.varan, ulaşan. 2.anlayan, idrak eden. 3.(ed.) aruzda bir bahir, mütedârik.

متداعى mutedâ'î: (A.) çağıran.

متداعى آمدن mutedâ'î âmeden: yanına çağırmak.

متدارك mutedârik: (A.) 1.hazırlayan, tedarik eden. 2.aruzda bir bahir.

متدافع mutedâfi': (A.) 1.itişip kakışan. 2.düşmanı püskürten.

متدافعا mutedâfi'an: (A.) 1.itişip kakışarak. 2.düşmanı püskürterek.

متداول mutedâvil: (A.) tedavülde olan, dolaşımda olan.

متداوله mutedâvile: (A.) dolaşımda, tedavülde.

متداوى mutedâvî: (A.) kendi kendini tedavi eden.

متدبر mutedebbir: (A.) tedbirli.

متدبرانه mutedebbirâne: (A.-F.) [mutedebbir+âne] tedbirli olarak.

متدثر mutedessir: (A.) giyinen.

متدرجاً mutederricen: (A.) azar azar, yavaş yavaş, tedricen, gitgide.

متدرع mutederri': (A.) zırhlanan, zırh giyen.

متدفن mutedeffin: (A.) gömülen.

متدلوژى metodoloji: (Fr.) metodoloji.

متدلى mutedellî: (A.) naza çeken, nazlanan.

متدليانه mutedelliyâne: (A.-F.) [mutedellî+y+âne] naza çekerek, nazlanarak, nazlanırcasına.

متدنس mutedennis: (A.) kirlenen.

متدنى mutedennî: (A.) alçalan, aşağılaşan, gerileyen, geri.

متدهش mutedehhiş: (A.) dehşete kapılmış, yılgın.

متدهن mutedehhin: (A.) yağlanan.

متدهى mutedehhî: (A.) dahice hareket eden.

متدهيانه mutedehhiyâne: (A.-F.) [mutedehhî+y+ âne] dahice.

متدين mutedeyyin: (A.) 1.dindar, dini bütün. 2.borçlu, borç alan. 3.doğru, emin.

متدينه mutedeyyine: (A.) 1.dindar bayan. 2.borçlu.

متذبذب mutezebzib: (A.) 1.kararsız, tereddüt geçiren. 2.karmakarışık.

متذكر mutezekkir: (A.) anan, zikreden, hatırlayan.

متذكر شدن mutezekkir şoden: anmak, zikretmek, hatırlamak, yâd etmek.

متذلل mutezellil: (A.) zillete katlanan, düşkünlüğe katlanan.

متذللانه mutezellilâne: (A.-F.) [mutezellil+âne] zillete katlanarak, düşkünlüğe katlanarak.

متذوق mutezevvik: (A.) 1.zevk safa süren. 2.tadına alan.

متر metr: (Fr.) metre.

متراخى muterâhî: (A.) ağır hareket eden.

مترادف muterâdif: (A.) 1.anlamdaş, eşanlamlı, sinonim. 2.birbirini izleyen.

مترادفه muterâdife: (A.) 1.eşanlamlı, anlamdaş. 2.birbirini izleyen.

متراژ mitraj: (Fr.) metreleme, metraj.

مترASIL muterâsil: (A.) mektuplaşan, yazışan.

متراصف muterâsif: (A.) sıra oluşturmuş.

متراضی muterâzî: (A.) birbirinden memnun olan.

مترافع muterâfi': (A.) duruşmaya giden.

مترافق muterâfık: (A.) 1.bir arada, karışık. 2.eşlik eden, arkadaşlık eden.

مترافقه müterâfika: (A.) 1.bir arada, karışık. 2.eşlik eden, arkadaşlık eden.

متراکب muterâkib: (A.) üstüste binmiş.

متراکم muterâkim: (A.) birikmiş, yığılmış, yığılan, toplanmış.

متراکم شدن muterâkim şoden: birikmek, yığılmak, toplanmak.

متراکمه muterâkime: (A.) biriken, yığılan, toplanan, birikmiş, yığılmış, toplanmış.

متربد muterebbid: (A.) 1.değişken. 2.asık suratlı. 3.bulutlu gökyüzü.

متربص muterabbis: (A.) bekleyen.

متربع muterebbi': (A.) bağdaş kuran.

مترتب muterettib: (A.) 1.yerinde. 2.sıralı, düzenli. 3.netice, sonuç. 3.üstüne düşen, yapılması gereken. 3.dolayı.

مترتب شدن muterettib şoden: sonuç vermek, hasıl olmak.

مترجم mutercem: (A.) çevrilmiş, tercüme edilmiş.

مترجم mutercim: (A.) 1.çevirmen, mütercim, tercüme eden. 2.tercüman.

مترجمه muterceme: (A.) tercüme edilmiş, çevrilmiş.

مترجمین mutercimîn: (A.) çevirmenler, tercüme edenler.

مترجی mutereccî: (A.) 1.uman, umutlanan. 2.yalvaran.

مترحل muterahhil: (A.) göç eden.

مترحله muterahhile: (A.) göç eden.

مترحم muterahhim: (A.) acıyan, merhamet eden.

مترحمانه muterahhimâne: (A.-F.) [muterahhim+ âne] merhamet ederek, acıyarak.

مترخر muterahhir: (A.) dolup taşan.

متردد mutereddid: (A.) 1.gidip gelen. 2.tereddütlü, kuşkulu.

مترددانه mutereddidâne: (A.-F.) [mutereddid+âne] 1.gidip gelerek. 2.kararsızlık geçirerek, tereddüt ederek.

مترددین muütereddidîn: (A.) 1.gidip gelenler. 2.kararsızlık geçirenler, tereddüt edenler.

متردیه mutereddiyye: (A.) soysuzlaşan.

متردی mutereddî: (A.) soysuzlaşan.

مترس meters: [tersîden>ters>meters] 1.korkuluk. 2.kapı sürgüsü, kapı direği, kapının arkasına konulan ağaç. 3.tümsek şeklinde siper.

مترس mitris: (Fr.) sevgili.

مترسب muteressib: (A.) tortulanan, dibe çöken.

مترسک metersek: [tersîden>ters> meters+ ek] korkuluk.

مترسل muteressil: (A.) 1.risale yazarı. 2.katip, sekreter.

مترسم muteressim: (A.) 1.yazı uslünü bilen. 2.resmeden.

مترشح mutereşşih: (A.) 1.sızan, terleyen. 2.işitilen, kulağa gelen.

مترشف mutereşşif: (A.) emerek içen.

مترصد muteressid: (A.) 1.gözleyen, gözetleyen, tarassud eden, gözlemci. 2.bekleyen. 3.pusuda bekleyen.

مترصدانه muteressidâne: (A.-F.) [mutarassıd+âne] gözlem yaparcasına, gözlem yaparak.

مترصدین muterassidîn: (A.) 1.gözlemleyenler, gözleyenler. 2.bekleyenler, kollayanlar.

مترعد mutera'id: (A.) titreyen.

مترفع mutereffi': (A.) 1.yükselen. 2.yücelik gösteren.

مترفعان muterâfi'ân: (A.) duruşmaya katılan davalı ve davacı.

مترفق mutereffik: (A.) yumuşak davranan.

مترفقانه mutereffikâne: (A.-F.) [mutereffik+âne] yumuşak davranarak.

مترفقين mutereffikîn: (A.) yumuşak davrananlar.

مترفه mutereffih: (A.) refah içinde yaşayan.

مترفهانه mutereffihâne: (A.-F.) [mutereffih+âne] refah içinde yaşayarak.

مترفهه mutereffihe: (A.) refah içinde yaşayan.

مترفهين mutereffihîn: (A.) refah içinde yaşayanlar.

مترقب muterakkib: (A.) bekleyen, gözleyen.

مترقبا muterakkiben: (A.) bekleyerek, gözleyerek, umarak.

مترقص muterakkis: (A.) sürekli çıkıp inen.

مترقى muterakkî: (A.) **1.**çoğalan. **2.**yükselen. **3.**ilerleyen, ilerlemiş. **4.**ilerici.

مترقيانه muterakkiyâne: (A.-F.) [müterakkî+y+ âne] ilerleyerek, gelişme göstererek.

مترقيه muterakkiye: (A.) gelişme gösteren, ilerleyen, terakki eden.

متركب muterekkib: (A.) oluşan, meydana gelen.

متركن muterekkin: (A.) **1.**erkândan olan. **2.**manevî kuvvet kazanan.

مترمرم muteremrim: (A.) bir şey söyleyecekmiş gibi yapıp duran.

مترمرمانه muteremrimâne: (A.-F.) [muteremrim+ âne] bir şey söyleyecekmiş gibi yapıp durarak.

مترمرمين muteremrimîn: (A.) bir şey söyleyecekmiş gibi yapıp duranlar.

مترمكعب metremik'ab: (Fr.-A.) [metre+mik'ab] metreküp.

مترنح muterennih: (A.) sarhoşluktan yıkıla yıkıla yürüyen.

مترنحانه muterennihâne: (A.-F.) [muterennih+ âne] sarhoşluktan yıkılarak yürüyen.

مترنم muterennim: (A.) **1.**terennüm eden. **2.**öten güvercin.

مترنمانه muterennimâne: (A.-F.) [muterennim+ âne] terennüm ederek.

مترنم شدن muterennim şoden: terennüm etmek.

مترنمين muterennimîn: (A.) terennüm edenler.

مترو mitro: (Fr.) metro.

متروپل mitropol: (Fr.) metropol.

متروح muterevvih: (A.) kokusunu alan, bir şeyden koku alan.

متروک metrûk: (A.) metruk, terkedilmiş, bırakılmış.

متروکات metrûkât: (A.) **1.**terkedilenler, bırakılanlar. **2.**miraslar.

متروک شدن metrûk şoden: terkedilmek.

متروکه metrûke: (A.) **1.** terkedilmiş, bırakılmış. **2.**boşanmış kadın. **3.**kocası tarafından terkedilmiş kadın.

متروکيت metrûkiyyet: (A.) **1.**terkedilmişlik. **2.**boşanmış olma.

مترهب muterehhib: (A.) **1.**rahip olan. **2.**rahip gibi ibadet eden.

مترهبانه muterehhibâne: (A.-F.) [muterehhib+ âne] rahip gibi ibadet ederek.

مترهبين muterehhibîn: (A.) **1.**rahip olanlar. **2.**rahip gibi ibadet edenler.

مترى mitrî: (Fr. -F.) [mitr+î] metrik.

متزاحف mutezâhif: (A.) savaşta düşman üstüne atılan.

متزاحفانه mutezâhifâne: (A.-F.) [mutezâhif+âne] savaşta düşman üstüne atılarak.

متزاحم mutezâhim: (A.) kalabalıkta sıkışan.

متزاحمين mutezâhimîn: (A.) kalabalıkta sıkışanlar.

متزاور mutezâvir: (A.) ziyaretçi, ziyaret eden.

متزاورين mutezâvirîn: (A.) ziyaretçiler.

متزاول mutezâvil: (A.) **1.**yaklaştıran. **2.**meydana getirmeye çalışan.

متزايد mutezâyid: (A.) artan, çoğalan.

متزبد mutezebbid: (A.) **1.**köpüren, köpüklenen. **2.**kaymak bağlayan.

متزقم mutezakkim: (A.) güçlükle yutan, yutma güçlüğü çeken.

متزقمانه mutezakkimâne: (A.-F.) [mutezakkım+ âne] güçlükle yutarak, yutma güçlüğü çekerek.

متزقمین mutezakkimîn: (A.) güçlükle yutanlar, yutma güçlüğü çekenler.

متزکی mutezekkî: (A.) arınan, temize çıkan.

متزلزل mutezelzil: (A.) **1.**sarsılan, titreyen, sarsıntılı, sallantıda. **2.**ürkek.

متزلزل شدن mutezelzil şoden: sarsılmak, sallanmak.

متزلزل کردن mutezelzil kerden: sarsmak, sallamak.

متزلق mutezellik: (A.) kayan, sürçen. || * pây-i ~ پای متزلق kayan ayak, sürçen ayak.

متزمل mutezemmil: (A.) giyinen, örtünen.

متزنبر mutezenbir: (A.) **1.**caka satan, kasım kasım kasılan. **2.**can sıkıcı tavır takınan.

متزندق mutezendik: (A.) zındıklık eden.

متزوج mutezevvic: (A.) evlenen, evli.

متزوجین mutezevvicîn: (A.) evlenenler, evliler.

متزود mutezevvid: (A.) yanına azık alan.

متزودین mutezevvidîn: (A.) yanına erzak alanlar.

متزهد mutezehhid: (A.) zahit, dinine sımsıkı bağlı.

متزهدانه mutezehhidâne: (A.-F.) [mutezehhid+ âne] zahitçe, dinine sımsıkı bağlı olarak.

متزهدین mutezehhidîn: (A.) zahitler, dinine sımsıkı bağlı olanlar.

متزهر mutezehhir: (A.) **1.**çiçekli, çiçeklenmiş. **2.**parlak, parlayan.

متزین mutezeyyin: (A.) süslü, süslenmiş.

متزین شدن mutezeyyin şoden: süslenmek.

متسائل mutesâ'il: (A.) ilenen, dilenci.

متسابق mutesâbik: (A.) yarışmacı, birbiriyle yarışan.

متساحل mutesâhil: (A.) yumuşak davranan.

متساحلانه mutesâhilâne: (A.-F.) [mutesâhil+âne] yumuşak davranarak.

متساحلین mutesâhilîn: (A.) yumuşak davrananlar.

متسارع mutesâri': (A.) derhal, hemen, çarçabuk, aceleci.

متسارع الفساد mutesâri'ulfesâd: (A.) çabucak bozulan besinler.

متساع mutessâ': (A.) okuzar kıtalık dizelerden oluşan manzume.

متساقطه mutesâkite: (A.) peşpeşe düşen.

متسألانه mutese'ilâne: (A.-F.) [mutese'il+ âne] dilenci gibi, dilenircesine.

متسالف mutesâlif: (A.) birbiriyle bacanak olan.

متسالق mutesâlik: (A.) **1.**tırmanan. **2.**uçan.

متسألین mutese'ilîn: (A.) dilenciler, dilenenler.

متسامح mutesâmih: (A.) hoşgörülü, hoş gören.

متساند mutesânid: (A.) birbirine dayanan.

متساوی mutesâvî: (A.) eşit.

متساوی الارتفاع mutesâvil'irtifâ': (A.) eş yükseklikte, izohips.

متساوی الارجال mutesâvilercâl: (A.) eşit bacaklılar.

متساوی الترفع mutesâvittereffu': (A.) eşit yükselti.

متساوی التضییق mutesâvittazyîk: (A.) eş basınçlı, izobar.

متساوی الحداب mutesâvilahdâb: (A.) terliksi hayvan.

متساوی الزمان mutesâvizzemân: (A.) eşzamanlı.

متساوی السخونه mutesâvissuhûne: (A.) eşsıcak.

متساوی الشکل mutesâvişşekl: (A.) eşbiçimli, eşit şekilli.

متساوی العمق mutesâvil'umk: (A.) eşit derinlikte.

متساوى المطر mutesâvilmatar: (A.) eşit yağış alan.

متساويا mutesâviyen: (A.) eşit olarak.

متساوى شدن mutesâvî şoden: eşit olmak, denk olmak.

متسايف mutesâyif: (A.) kılıç çeken, kılıçla vuan.

متسبب mutesebbib: (A.) sebep olan.

متستر mutesettir: (A.) örtünen, bürünen.

متسجد muteseccid: (A.) secde eden.

متسخن mutesahhin: (A.) kızan, ısınan.

متسدل mutese'il: (A.) dilenci.

متسرع muteserri': (A.) süratlenen, hızlanan, koşan.

متسرى muteserrî: (A.) odalık alan.

متسع muttese': (A.) geni, gerah mekân.

متسع muttesi': (A.) genişleyen.

متسعه muttesi'a: (A.) genişleyen.

متسفل muteseffil: (A.) sefil olan, bayağılaşan.

متسفلانه muteseffilâne: (A.-F.) [muteseffil+âne] sefilleşerek, bayağılaşarak.

متسفلين muteseffilîn: (A.) sefilleşenler, bayağılaşanlar.

متسفه muteseffih: (A.) sefihlik eden, zevk ve eğlence âlemleri içinde gün geçiren.

متسقف mutesakkif: (A.) **1.**tavanlanan. **2.**papaz olan.

متسلب mutesellib: (A.) siyahlara bürünüp matem tutan.

متسلح mutesellih: (A.) silahlanan.

متسلحه mutesellİha: (A.) silahlanan.

متسلحين mutesellihîn: (A.) silahlananlar.

متسلسل muteselsil: (A.) zincirleme.

متسلسلا muteselsilen: (A.) zincirleme olarak, peşpeşe.

متسلسله muteselsile: (A.) zincirleme.

متسلط mutesallit: (A.) musallat olan, başında ekşiyen, peşini bırakmayan.

متسلطانه mutesallitâne: (A.-F.) [mutesallit+âne] musallat olarak, başında ekşiyerek, peşini bırakmayarak.

متسلطين mutesallitîn: (A.) musallat olanlar, başında ekşiyenler, peşini bırakmayanlar.

متسلق mutesallik: (A.) tırmanan, dolana dolana çıkan.

متسلقه mutesallika: (A.) çengel ayaklı kuşlar.

متسلم mutesellim: (A.) **1.**teslim alan. **2.**vergi tahsildarı. **3.**kaymakam.

متسلى mutesellî: (A.) teselli edilmiş, teselli bulan, avunan.

متسليانه muteselliyâne: (A.-F.) [mutesellî+y+ âne] avunarak, avunurcasına, teselli bularak.

متسلى شدن mutesellî şoden: teselli edilmek.

متسم muttesim: (A.) kızgın damga vurulmuş, damgalanmış.

متسمم mutesemmim: (A.) zehirlenen.

متسممه mutesemmime: (A.) zehirlenen.

متسمن mutesemmin: (A.) kilo alan, semiren.

متسمى mutesemmî: (A.) ad alan, adlanan.

متسنه mutesennih: (A.) küflü.

متسهر mutesehhir: (A.) geceleyin uyuyamayan, sabahı sabah eden.

متسهرانه mutesehhirâne: (A.-F.) [mutesehhir+ âne] gece uyuyamayarak, sabahı sabah ederek.

متسهرين mutesehhirîn: (A.) gece uyuyamayanlar, sabahı sabah edenler.

متسوك mutesevvik: (A.) misvak kullanan, misvak ile diş fırçalayan.

متسوى mutesevvî: (A.) düzlenen, düzleşen.

متسكر mutesekkir: (A.) **1.**yatışan, sakinleşen. **2.**yatıştırıcı, teskin edici.

متسيب muteseyyib: (A.) umursamaz.

متسيبانه muteseyyibâne: (A.-F.) [muteseyyib+ âne] umursamazca, umursamayarak.

متسيبين muteseyyibîn: (A.) umursamayanlar, kayıtsızlar.

متسيد muteseyyid: (A.) kendini seyyid olarak tanıtan, seyyidlik taslayan.

متشئم muteşe'im: (A.) uğursuz bulan, uğursuz sayan.

متشابه muteşâbih: (A.) **1.**birbirine benzeyen, benzer. **2.**Kur'ân'da mecâzî yoruma açık âyet.

متشابهاً muteşâbihen: (A.) birbirine benzeyerek.

متشابهات muteşâbihât: (A.) **1.**birbirine benzeyenler. **2.**Kur'ân'da mecazî yoruma açık âyetler.

متشاتم muteşâtim: (A.) küfürleşen, birbirine söven.

متشاتمه muteşâtime: (A.) küfürleşen, birbirine söven.

متشاجر muteşâcir: (A.) birbirini sopa ile döven.

متشاجرانه muteşâcirâne: (A.-F.) [muteşâcir+âne] birbirini sopa ile döverek.

متشاجرين muteşâcirîn: (A.) birbirini sopa ile dövenler.

متشارك muteşârik: (A.) birbiriyle ortak.

متشاعر muteşâ'ir: (A.) şair geçinen, şair bozuntusu, şair müsveddesi.

متشاعرانه muteşâ'irâne: (A.-F.) [muteşâ'ir+âne] şair geçinerek.

متشاعريت muteşâ'iriyyet: (A.) şair geçinme.

متشاعرين muteşâ'irîn: (A.) şair geçinenler.

متشاور muteşâvir: (A.) birbirine danışan.

متشاكل muteşâkil: (A.) **1.**şekilce birbirine benzeyen. **2.**aruzda bir bahir.

متشاكى muteşâkî: (A.) halinden şikayetçi.

متشبث muteşebbis: (A.) girişimci, müteşebbis.

متشبثانه muteşebbisâne: (A.-F.) [muteşebbis+ âne] girişerek, teşebbüs ederek.

متشبثه muteşebbise: (A.) girişimci, girişen, teşebbüs eden.

متشبثين muteşebbisîn: (A.) girişenler, teşebbüs edenler.

متشبه muteşebbih: (A.) benzer.

متشبهانه muteşebbihâne: (A.-F.) [muteşebbih+ âne] andırarak, benzeyerek.

متشبهين muteşebbihîn: (A.) andıranlar, benzeyenler.

متشبك muteşebbek: (A.) birbirine geçmeli, ağ biçimli.

متشبك muteşebbik: (A.) birbirine geçmeli, ağ biçimli.

متشتت muteşettit: (A.) dağılan, paramparça olan, karışık, dağınık.

متشتته muteşettite: (A.) dağılan, paramparça olan.

متشتى muteşettî: (A.) kışı bir yerde geçiren, kışlayan.

متشجر muteşeccir: (A.) büyük çalı, ağaç gibi büyüyen ot.

متشجع muüteşecci': (A.) yürekli görünen.

متشجعانه muteşecci'âne: (A.-F.) [muteşecci'+âne] yiğit görünerek.

متشجعين muteşecci'în: (A.) yiğit görünenler.

متشخص muteşahhis: (A.) **1.**şahsiyetli, kişilik sahibi. **2.**somut, belirgin. **3.**kendini tanıyan.

متشدد muteşeddid: (A.) **1.**şiddet kazanan. **2.**katılaşan. **3.**öfke ile iş yapan.

متشدده muteşeddide: (A.) **1.**şiddet kazanan. **2.**katılaşan. **3.**öfke ile iş yapan.

متشدق muteşaddik: (A.) **1.**konuşurken sık sık deyim ve terim kullanan, lugat paralayan, laf ebesi. **2.**bağırarak konuşan, yüksek sesle konuşan. **3.**geveze.

متشدقانه muteşeddikâne: (A.-F.) [muteşeddik+ âne] laf ebeliği ederek.

متشدقين muteşeddikîn: (A.) laf ebeleri, laf paralayanlar.

متشرع muteşerri': (A.) **1.**dindar. **2.**şeriat bilgini, şeriat işleriyle ilgilenen.

متشرعانه muteşerri'âne: (A.-F.) [muteşerri'+âne] şeriat bilgini gibi.

متشرعين muteşerri'în: (A.) şeriat bilginleri, şeriat ile ilgilenenler.

متشرف muteşerrif: (A.) şereflenen, şeref duyan.

متشعب muteşa'ib: (A.) **1.**dallı, dallı budaklı. **2.**kollara ayrılan.

متشعر muteşa'ir: (A.) **1.**kıllı. **2.**çok saçlı.

متشعشع muteşa'şi': (A.) **1.**gösterişli. **2.**parıltılı.

متشفى muteşeffî: (A.) **1.**şifa bulan, iyileşen. **2.**öc alarak rahatlayan.

متشکر muteşekkir: (A.) teşekkür eden, memnun, müteşekkir.

متشکرانه muteşekkirâne: (A.-F.) [muteşekkir+ âne] teşekkür ederek.

متشکک muteşekkik: (A.) şüphe içinde kalan, kuşkulu.

متشکل muteşekkil: (A.) **1.**şekillenmiş. **2.**oluşan. ‖ * ~ ez متشکل از -den ibaret, -den oluşan.

متشکى muteşekkî: (A.) şikâyetçi.

متشلشل muteşelşil: (A.) şarıldayan, şarıl şarıl akan.

متشمر muteşemmir: (A.) kolları sıvayan, işe soyunan.

متشمس muteşemmis: (A.) güneşlenen, güneş banyosu yapan.

متشمل muteşemmil: (A.) ihrâma giren.

متشمم muteşemmim: (A.) koklayan.

متشنج muteşennic: (A.) **1.**buruşan. **2.**kasılan, spazm yapan, titreyen, sarsılan. **3.**azan (yara).

متشنف muteşennif: (A.) küpeli, küpe takan.

متشوش muteşevviş: (A.) karışık, karman çorman, karmakarışık.

متشوشه muteşevvişe: (A.) karışık, karman çorman, karmakarışık. ‖ * umûr-i ~ امور متشوشه karmakarışık işler.

متشوق muteşevvik: (A.) şevkli, arzulu, istekli.

متشوقانه muteşevvikâne: (A.-F.) [muteşevvik+ âne] şevkli olarak, istekli olarak.

متشوقين muteşevvikîn: (A.) şevkli olanlar, istekli olanlar.

متشهب muteşehhib: (A.) akkor.

متشهد muteşehhid: (A.) namazda "ettehiyyâtü" duasını okuyan.

متشهى muteşehhî: (A.) iştahlı, iştahlanan.

متشيخ muteşeyyih: (A.) şeyh geçinen, sahte şeyh, şeyh bozuntusu.

متشيد muteşeyyid: (A.) **1.**sağlamlaştıran. **2.**yükselten.

متشيده muteşeyyide: (A.) **1.**sağlamlaştıran. **2.**yükselten.

متشيطن muteşeytin: (A.) şeytanca işler eden, şeytanlık eden.

متشيع muteşeyyi': (A.) **1.**şi'î mezhebinde olan. **2.**şi'îlik taslayan.

متشيعين muteşeyyi'în: (A.) **1.**şi'î mezhebinde olanlar. **2.**şi'îlik taslayanlar, şi'î geçinenler.

متصابى mutesâbî: (A.) aşkını açan, sevgisini söyleyen.

متصابيانه mutesâbiyâne: (A.) aşkını ilan ederek.

متصاحب mutesâhib: (A.) sahiplenen, sahip çıkan.

متصاحبين mutesâhibîn: (A.) sahiplenenler, sahip çıkanlar.

متصادف mutesâdif: (A.) rastlayan, tesadüf eden, karşılaşan.

متصادفين mutesâdifîn: (A.) rastlayanlar, tesadüf edenler.

متصادم mutesâdim: (A.) çarpışan.

متصاعد mutesâ'id: (A.) **1.**yükselen. **2.**artış gösteren, yavaş yavaş artan.

متصاعد شدن mutesâ'id şoden: artmak, yükselmek.

متصاعد کردن mutesâ'id kerden: yükseltmek, arttırmak, çıkarmak.

متصاغر mutesâgır: (A.) küçümsenen, küçük görülen.

متصافح mutesâfih: (A.) tokalaşan, el sıkışan.

متصالب mutesâlib: (A.) çapraz, haçımsı.
متصالبه mutesâlibe: (A.) çapraz, haçımsı.
متصالح mutesâlih: (A.) birbiriyle barışan.
متصالخ mutesâlih: (A.) sağırmış gibi yapan.
متصالخين mutesâlihîn: (A.) sağırmış gibi yapanlar.
متصبر mutesabbır: (A.) sabırlı.
متصبى mutesabbî: (A.) çocuklaşan.
متصبيانه mutesabbiyâne: (A.-F.) [mutesabbî+y+ âne] çocuklaşarak.
متصدر mutesaddir: (A.) baş köşeye kurulan, baş köşeye oturan.
متصدرانه mutesaddirâne: (A.-F.) [mutasaddır+âne] baş köşeye kurularak, baş köşeye kurulmuş gibi.
متصدرين mutesaddirîn: (A.) baş köşeye kurulanlar.
متصدع muteseddi': (A.) zahmet veren, baş ağrıtan.
متصدع شدن muteseddi' şoden: zahmet vermek, rahatsız etmek, baş ağrıtmak.
متصدق mutesaddık: (A.) **1.**sadaka veren. **2.**dürüst olduğu anlaşılan.
متصدق عليه mutesaddıkünaleyh: (A.) sadaka alan, sadakayı kabul eden.
متصدقين mutesaddıkîn: (A.) **1.**sadaka verenler. **2.**dürüst olduğu anlaşılan.
متصدى muteseddî: (A.) **1.**şef, nezaretçi. **2.**girişimde bulunan, girişimci, müteşebbis. **3.**saldıran, saldırgan.
متصدى شدن muteseddî şoden: nezaret etmek.
متصرف muteserrif: (A.) **1.**mutasarrıf, bir şeyde eli olan. **2.**hakim, vali. **3.**sancak beyi, sancak yöneticisi.
متصرف شدن muteserrif şoden: **1.**tasarrufu altına almak, el atmak. **2.**cinsel ilişkide bulunmak.
متصرفيت mutesarrıfiyyet: (A.) **1.**kullanma yetkisi, tasarruf yetkisi. **2.**mutasarrıflık, sancak yöneticiliği.
متصرم mutesarrım: (A.) yiğitlik gösteren, kahramanlık gösteren.
متصعب mutesa'ib: (A.) güçleşen.
متصعد mutesa'id: (A.) yükselen, çıkan.
متصف muttesif: (A.) vasıflı, sıfatlı, vasıflanmış, özellik kazanmış.
متصف شدن muttesif şoden: vasıflanmak.
متصفه muttesıfa: (A.) vasıflanmış, özellik kazanmış.
متصفى mutesaffî: (A.) saflaşan, temizleşen, arınan.
متصل muttesil: (A.) **1.**yapışık, bitişik. **2.**sürekli, ardarda, durmaksızın.
متصلا muttesilen: (A.) **1.**sürekli olarak, monoton bir şekilde, kesintisiz, aralıksız. **2.**bitişik olarak.
متصلب mutesallib: (A.) **1.**sağlam, sert, katı. **2.**katılaşan, sertleşen. **3.**din işlerinde çaba gösteren.
متصلب الورق mutesallibulvarak: (A.) sert yapraklı.
متصلبانه mutesallibâne: (A.-F.) [mutasallib+âne] güvenilir insan gibi, tuttuğu koparan insan gibi, güçlü insan gibi.
متصل شدن muttesil şoden: yapışmak, bitişmek.
متصلق mutesellik: (A.) tırmanan.
متصلقه mutesellika: (A.) tırmanıcılar.
متصل كردن muttesil kerden: takmak, yapıştırmak, bağlamak, bitiştirmek.
متصلف mutesallif: (A.) bilgiçlik taslayan.
متصلفانه mutesallifâne: (A.-F.) [mutasallif+âne] bilgiçlik taslarcasına.
متصلفين mutesallifîn: (A.) bilgiçlik taslayanlar.
متصله muttasıla: (A.) **1.**sürekli, aralıksız, durmaksızın. **2.**bitişen, bitişik.
متصنع mutasanni': (A.) yapmacıklı.
متصنعانه mutasanni'âne: (A.-F.) [mutasanni'+âne] yapmacıklı olarak.

متصنعين mutasani'în: (A.) yapmacıklı olanlar.

متصوت mutasavvit: (A.) ses veren, ses çıkaran.

متصور mutasavver: (A.) **1.**söz konusu. **2.**tasarlanmış, tasavvur edilmiş, gözde canlandırılmış. **3.**mümkün, olabilir.

متصور mutasavvir: (A.) tasavvur eden.

متصوره mutesavvere: (A.) **1.**tasarlanmış şeyler. **2.**mümkün, olabilir.

متصوف mutesevvif: (A.) mutasavvıf, sûfî.

متصوفانه mutesavvıfâne: (A.-F.) [mutasavvıf+âne] sûfî gibi, tasavvuf bilgini gibi, sûfice.

متصوفه mutesevvife: (A.) **1.**tasavvuf bilginleri, mutasavvıflar. **2.**sûfîler.

متصوفين mutesevvifîn: (A.) **1.**sûfîler. **2.**tasavvuf bilginleri.

متصيف mutesayyif: (A.) yazlığa giden, yazlıkta yaz geçiren.

متضاحک mutezâhik: (A.) gülüşen.

متضاحکه mutezâhike: (A.) gülüşen.

متضاد muttezâd: (A.) **1.**zıt, aykırı. **2.**çelişkili.

متضاد شدن muttezâd şoden: çelişmek.

متضاد کردن muttezâd kerden: çeliştirmek.

متضاده mutezâdde: (A.) birbirine zıt.

متضارب mutezârib: (A.) birbiriyle vuruşan, birbiriyle çarpışan.

متضاعف muteza'if: (A.) iki kat artan.

متضاعفه muteza'ife: (A.) iki kat artan.

متضايف mutezâyif: (A.) îma eden.

متضجر mutezaccir: (A.) **1.**sıkıntılı. **2.**yüreği sıkılan, yüreğine kasvet basan.

متضجع mutezacci': (A.) üşengeç.

متضح muttezih: (A.) açıklık kazanan, açık olan.

متضرر mutezerrir: (A.) zarar gören, zararlı.

متضرر شدن mutezerrir şoden: zarar görmek.

متضررين mutezerrirîn: (A.) zarar görenler, zarar edenler.

متضرع mutezerri': (A.) **1.**inleyen. **2.**yakaran, yakarışta bulunan. **3.**tevazu gösteren.

متضرعانه mutezerri'âne: (A.-F.) [mutazarrı'+âne] yalvararak, yalvarıp yakararak, yalvarırcasına.

متضمن mutezemmin: (A.) **1.**içinde bulunduran, içine alan, içeren. **2.**kefil olan.

متضوع mutezavvi': (A.) güzel kokusu yayılan.

متضيق mutezayyik: (A.) daralan, darlaşan.

متطابق mutetâbık: (A.) uygun, uyumlu.

متطاول mutetâvil: (A.) **1.**uzayan. **2.**uzanan.

متطبب mutetabbib: (A.) **1.**doktor geçinen, doktor bozuntusu, sahte doktor. **2.**doktor olmadığı halde, veba ve koleradan hasta düşenleri veya ölenleri tanıyabilecek kadar deneyimli kişi.

متطببه mutetabbibe: (A.) doktor olmadığı halde, veba ve koleradan hasta düşcnlcri veya ölenleri tanıyabilecek kadar deneyimli bayan.

متطبع mütetabbi': (A.) huylanan, tabiat edinen.

متطرب mutetarrib: (A.) neşelenen, coşan.

متطربانه mutetarribâne: (A.) [mutetarrib+âne] neşelenerek, coşarak.

متطربين mutetarribîn: (A.) neşelenenler, coşanlar.

متطرف mutetarrif: (A.) bir yana çekilen.

متطرق mutetarrik: (A.) yol bulan.

متطعم muteta'im: (A.) tadına bakan.

متطفل mutetaffil: (A.) **1.**parazit, tufeylî. **2.**izinden giden.

متطوس mutetavvis: (A.) rengârenk giyinen.

متطوع mutetavvi': (A.) nafile namazı kılan.

متطوعه mutetavvi'a: (A.) ordu güçleri yanında Allah rızası için savaşa katılan.

متطوف mutetavvif: (A.) çevresini dolanan, tavaf eden.

متطوق mutetavvık: (A.) kolye takan, gerdanlık takan.

متطهر mutetahhir: (A.) temizlenen, arınan.

متطيب mutetayyib: (A.) güzel kokular sürünen, parfüm kullanan.

متطير mutetayyir: (A.) uğursuz sayan.

متطيرانه mutetayyirâne: (A.-F.) [mutetayyir+âne] uğursuzluk geliyor hissine kapılan.

متطيرين mutetayyirîn: (A.) uğursuzluk geliyor hissine kapılanlar.

متظاهر mutezâhir: (A.) **1.**zahir olan. **2.**gösterişçi. **3.**birine sırt veren, destekleyen.

متظرف mutezarrif: (A.) zarif geçinen.

متظرفانه mutezarrifâne: (A.-F.) [mutazarrıf+âne] zarif geçinerek.

متظرفين mutezarrifîn: (A.) zarif geçinenler.

متظلل mutezallil: (A.) **1.**gölgede oturan. **2.**birinin gölgesinde olan, himaye gören.

متظلم mutezellim: (A.) şikâyetçi, sızlanan.

متظلمانه mutezallimâne: (A.-F.) [mutazallim+âne] sızlanarak, sızlanırcasına.

متظلمين mutezallimîn: (A.) sızlananlar.

متظنن mutezannin: (A.) kuşkuyla bakan, kuşkulu.

متظنى mutezannî: (A.) kuşkuyla bakan.

متظهر mutezahhir: (A.) **1.**desteklenen, destek gören. **2.**eşine nikâhı bozacak söz söyleyen.

متعادل muteâdil: (A.) dengeli.

متعارض muteâriz: (A.) **1.**çatışan, muhalif. **2.**karşıt haber.

متعارف muteârif: (A.) birbirini tanıyan.

متعارف muteâref: (A.) **1.**meşhur, bilinen. **2.**mütedavil, yaygın. **3.**alışılmış.

متعارفه mute'ârife: (A.) aksiyon, gerçekliği ispat gerektirmeyen.

متعاسر mute'âsir: (A.) güçleşen.

متعاشر mute'âşir: (A.) iyi geçinen, birbiriyle iyi anlaşan.

متعاضد mute'âdid: (A.) kol kola dokunan.

متعاضد mute'âzid: (A.) yardım eden, elinden tutan, destek veren.

متعاطف mute'âtıf: (A.) **1.**seven. **2.**kendisine atıf yapılan, kendisine bağlanan.

متعاطى mute'âtî: (A.) birbirine veren.

متعاظم mute'âzım: (A.) büyük görünen, gözde büyüyen.

متعاقب mute'âkib: (A.) izleyen, takip eden. ‖ * ~ -i an متعاقب آن bunun ardından.

متعاقباً muteâkiben: (A.) **1.**izleyerek, takip ederek. **2.**izinde, peşinde.

متعاقبه mute'âkibe: (A.) izleyen, ardısıra gelen.

متعاقد mute'âkid: (A.) akit yapan, antlaşma yapan.

متعاقدين mute'âkideyn: (A.) akit yapan iki taraf.

متعال muteâl: (A.) **1.**yüce. **2.**deney üstü. **3.**Yüce Tanrı. ‖ * hodâvend-i ~ خداوند متعال Yüce Tanrı. ‖ * hodâ-yi ~ خداى متعال Yüce Tanrı.

متعالم mute'âlim: (A.) herkesçe bilinen.

متعالى mute'âlî: (A.) **1.**yüce, yüksek. **2.**deneyüstü, transandantal.

متعامى mute'âmî: (A.) görmezden gelen.

متعاميانه mute'âmiyâne: (A.-F.) [mute'âmî+y+âne] görmezden gelerek.

متعاميه mute'âmiye: (A.) görmezden gelen.

متعانق mute'ânik: (A.) boynuna sarılan, boynuna atılan.

متعاون mute'âvin: (A.) yardımlaşan.

متعاهد muteâhid: (A.) sözleşen, taahhütleşen.

متعب met'eb: (A.) sıkıntı, güçlük.

متعب mut'ib: (A.) yorucu, yoran.

متعبد mute'ebbid: (A.) **1.**kulluk eden, tapan. **2.**çok ibadet eden.

متعبدانه mute'abbidâne: (A.-F.) [mute'abbid+âne] kulluk edercesine.

متعبدين mute'abbidîn: (A.) Tanrı'ya kulluk edenler.

متعبس mute'abbis: (A.) surat asan, somurtan, yüzünü ekşiten.

متعبسانه mute'abbisâne: (A.-F.) [mute'abbis+âne] surat asarak, yüzünü ekşiterek.

متعبسين mute'abbisîn: (A.) surat asanlar, yüzünü ekşitenler.

متعبه met'abe: (A.) yorgunluk.

متعجب muteaccib: (A.) şaşan, hayret eden, şaşkın.

متعجبانه muteaccibâne: (A. -F.) [muteaccib+âne] hayretle.

متعجب ساختن muteaccib sâhten: şaşırtmak.

متعجب شدن muteaccib şoden: şaşırmak.

متعجب كردن muteaccib kerden: şaşırtmak.

متعجل mute'accil: (A.) acele eden, aceleci.

متعجلين mute'accilîn: (A.) acele edenler, aceleciler.

متعجن mute'accin: (A.) hamurlaşan.

متعدد muteaddid: (A.) sayısız, çok, birkaç, muhtelif.

متعدده mute'addide: (A.) çok, birçok, türlü türlü.

متعدى muteaddî: (A.) **1.**zalim, tecavüzkâr. **2.**(gr.) geçişli. **3.**klasik Türk musikîsinde bir makam.

متعذر muteazzir: (A.) **1.**özürlü. **2.**özür dileyen. **3.**güç, zor.

متعربه mute'arribe: (A.) araplaşan, melez arap.

متعرس mute'arris: (A.) karısına sevgisini dile getiren.

متعرض mutearriz: (A.) **1.**eline iş alan. **2.**itirazcı, itiraz eden. **3.**tecavüzkâr. **4.**rahatsız eden. **5.**saldırgan.

متعرض شدن mutearriz şoden: **1.**rahatsız etmek. **2.**saldırmak. **3.**zikretmek.

متعرف mutearrif: (A.) **1.**tanımak için arayan. **2.**kayıp arayan.

متعرق mute'arrik: (A.) terleyen.

متعرى mute'arrî: (A.) **1.**soyunan. **2.**ilgisini kesen.

متعزب mute'azzib: (A.) bekâr.

متعزبانه mute'azzibâne: (A.) [mute'azzib+âne] bekâr gibi.

متعزبين mute'azzibîn: (A.) bekârlar, bekâr kalanlar.

متعزز muteazziz: (A.) **1.**değerli, aziz, kıymetli. **2.**sağlam.

متعزل mute'azzil: (A.) azledilen, işten uzaklaştırılan, işten çıkartılan.

متعسر muteassir: (A.) müşkül, güç, çetin, zorlu, zahmetli.

متعسره mute'assire: (A.) **1.**güçleşen. **2.**güç.

متعسف mute'assif: (A.) doğru yoldan çıkan, yolsuzluk yapan.

متعشق mute'aşşik: (A.) aşık olan, çılgınca seven.

متعصب muteassib: (A.) **1.**mutaassıp, şırı tutucu, fanatik. **2.**yakınlarını koruyup kollayan. **3.**dinde aşırı tutucu, mutaassıp, din yobazı, dinde yeniliğe kapalı olan.

متعصبانه mute'assibâne: (A.-F.) [mute'assib+âne] **1.**fanatikçe, aşırı tutuculukla. **2.**din yobazlığı yaparak, dinde aşırı tutucu davranarak, mutaassıpça.

متعصبين muteassibîn: (A.) **1.**fanatikler, aşırı tutucular. **2.**din yobazları, mutaassıplar.

متعضو mute'azziv: (A.) organlaşmış.

متعضى mute'azzî: (A.) organlaşan, organ haline gelen.

متعطر mute'attir: (A.) **1.**parfüm sürünen, güzsel koku sürünen. **2.**güzel kokusu alınan.

متعطس mute'attis: (A.) aksıran, hapşıran.

متعطف mute'attif: (A.) şefkat gösteren, sevgi besleyen.

متعطفانه mute'attifâne: (A.-F.) [mute'attıf+âne] şefkat göstererek, sevgi besleyerek.

متعطل mute'attil: (A.) işsiz kalan, işsiz güçsüz.

متعظ mutteiz: (A.) nasihat dinleyen.

متعظم mute'azzim: (A.) şişinen, büyüklük taslayan.

متعظمانه mute'azzimâne: (A.-F.) [mute'azzım+âne] şişinerek, büyüklük taslayarak.

متعفف mute'affif: (A.) iffetli, namuslu.

متعففانه mute'affifâne: (A.-F.) [mute'affif+âne] iffetle, namuslulukla.

متعففه mute'affife: (A.) iffetli, namuslu.

متعففين mute'affifîn: (A.) iffetliler, namuslular.

متعفن muteaffin: (A.) kokuşmuş, kötü kokan.

متعقد mute'akkid: (A.) **1.**çapraşık. **2.**düğümlenen. **3.**düzenlenen, toplanılan.

متعقل muteakkil: (A.) **1.**akıllı. **2.**akıl eden.

متعقلانه mute'akkilâne: (A.-F.) [mute'akkil+âne] akıl ederek.

متعقلين mute'akkilîn: (A.) akıl edenler.

متعكس mute'akkis: (A.) ters dönen.

متعلق muteallik: (A.) **1.**asılı, asma. **2.**ilgili. **3.**ait. **4.**bağlı. ‖ * ~ be متعلق به ile ilgili, -e ait, ilişkin.

متعلقات mute'allikât: (A.) **1.**yakınlar, akraba. **2.**cümleyi açıklayıcı kelimeler.

متعلقه mute'allika: (A.) **1.**ilgili, ilişkin. **2.**bağlı.

متعلل mute'allil: (A.) bahane bulunan, özür bularak işi geciktiren.

متعلم muteallim: (A.) **1.**öğrenen. **2.**öğrenci.

متعلمانه mute'allimâne: (A.-F.) [mute'allim+âne] öğrenerek.

متعلمه mute'allime: (A.) bayan öğrenci.

متعلمين mute'allimîn: (A.) **1.**öğrenenler. **2.**öğrenciler.

متعلن mute'allin: (A.) açık, ortada, aşikâr.

متعلى mute'allî: (A.) yücelen, yükselen.

متعمد muteammid: (A.) bilerek yapan, kasıtlı yapan.

متعمداً muteammiden: (A.) kasıtlı olarak.

متعمدانه mute'ammidâne: (A.-F.) [mute'ammid+ âne] bilerek, tasarlayarak, planlayarak.

متعمدين mute'ammidîn: (A.) bilerek yapanlar, tasarlayarak yapanlar.

متعمق mute'ammik: (A.) **1.**derinleşen. **2.**derine dalan.

متعمل muteammil: (A.) **1.**çalışan. **2.**uygulayan.

متعمم mute'ammim: (A.) yaygın, yayılmış.

متعممه mute'ammime: (A.) yaygın, yayılmış.

متعمى mute'ammî: (A.) kör olan.

متعنت mute'annit: (A.) kusur arayan, birinin yanlışını çıkarmaya çalışan.

متعنتانه mute'annitâne: (A.-F.) [mute'annit+âne] kusur arayarak, birinin yanlışını çıkarmaya çalışarak.

متعند muteannid: (A.) inatçı, inat eden, direnen.

متعندانه mute'annidâne: (A.-F.) [mute'annid+âne] inat ederek, inatçılıkla, direnerek.

متعندين mute'annidîn: (A.) inat edenler, direnenler.

متعنى mute'annî: (A.) sıkıntı çeken, güçlüğe katlanan.

متعنيانه mute'anniyâne: (A.-F.) [mute'annî+y+ âne] sıkıntıya katlanarak, güçlüğe katlanarak.

متعوب met'ûb: (A.) gücü tükenmiş, bitkin.

متعوج mute'avvic: (A.) eğrilen.

متعود mute'avvid: (A.) alışılan, âdet haline getirilen.

متعوض mute'avviz: (A.) bedel alan, karşılık alan.

متعوق mute'avvik: (A.) oyalanan, zaman geçiren, geciken.

متعه mut'e: (A.) **1.**müt'a nikâhı, geçici nikâh. **2.**geçici kazanç.

متعهد muteahhid: (A.) ahdeden, taahhüt eden, müteahhit.

متعهد شدن muteahhid şoden: taahhüt etmek.

متعهدين mute'ahhidîn: (A.) **1.**taahhüt edenler, üstüne alanlar. **2.**müteahhitler.

متعيش mute'ayyiş: (A.) geçinen, yaşayan.

متعين mute'eyyin: (A.) **1.**zahir, beliren, ortaya çıkan. **2.**seçkin, belirgin, müşahhas. **3.**muhakkak. **4.**ileri gelen, kalbur üstü. **5.**karar verilmiş.

متعينه mute'ayyine: (A.) **1.**beliren, ortaya çıkan. **2.**karar verilmiş. **3.**ileri gelen.

متغابن mutegâbin: (A.) birbirini aldatan.

متغابى mutegâbî: (A.) aptalmış gibi görünen, aptalmış gibi yapan.

متغابيانه mutegâbiyâne: (A.-F.) [mutegâbi+y+âne] aptalmış gibi yaparak.

متغافل mutegâfil: (A.) bilmezden gelen, gafil gibi davranan.

متغافلانه mutegâfilâne: (A.-F.) [mutegâfil+âne] bilmezden gelerek, gafil gibi davranarak.

متغالب mutegâlib: (A.) sıra ile üstün gelen.

متغامض mutegâmız: (A.) birbirine göz ucu ile işaret eden.

متغامضين mutegâmızîn: (A.) birbirine göz ucu ile işaret edenler.

متغاير mutegâyir: (A.) aykırı, zıt, muhalif, uyumsuz.

متغابن mutegâbin: (A.) **1.**zararlı, aldanan. **2.**üzülen.

متغذى mutegazzî: (A.) beslenen.

متغرب mutegarrib: (A.) gurbete çıkan.

متغربين mutegarribîn: (A.) gurbete çıkanlar.

متغرد mutegarrid: (A.) güzel güzel öten, şakıyan.

متغرده mutegarride: (A.) güzel güzel öten, şakıyan.

متغرر mutegarrir: (A.) gurura kapılan, gurura kapılıp aldanan.

متغزل mutegazzil: (A.) **1.**gazel söyleyen, gazel okuyan. **2.**gazel yazan.

متغسل mutegassil: (A.) **1.**yıkanan. **2.**yıkayan.

متغشى mutegaşşî: (A.) **1.**örtünen, bürünen. **2.**bayılan. **3.**kendinden geçen.

متغضب mutegazzib: (A.) gazaplanan, hiddetinden köpüren.

متغفل mutegaffil: (A.) bilmezden gelen, gafilmiş gibi davranan.

متغلب mutegallib: (A.) **1.**galip gelen, ağır basan, baskın çıkan. **2.**zorba.

متغلبانه mutegallibâne: (A.-F.) [mutegallib+âne] zorbaca.

متغلبه mutegallibe: (A.) zorbalar.

متغلبين mutegallibîn: (A.) zorbalar.

متغلط mutegallit: (A.) yanılan, hata eden.

متغلف mutegallif: (A.) kılıflı, kınlı.

متغلى mutegallî: (A.) misk ve amber sürünen.

متغمد mutegammid: (A.) **1.**kınlı. **2.**örtülü.

متغمدة الجناح mutegammidetulcenâh: (A.) kın kanatlılar.

متغمده mutegammide: (A.) **1.**kınlı. **2.**örtülü. **3.**kın kanatlılar.

متغنج mutegannic: (A.) naza çeken, nazlanan.

متغنى muteganni: (A.) şarkı söyleyen, melodi söyleyen.

متغنيانه muteganniyâne: (A.-F.) [mutegannî+y+ âne] nazlanarak, naza çekerek.

متغور mutegavvir: (A.) derinlere dalan.

متغول mutegavvil: (A.) **1.**uğraşan, didinen. **2.**renge giren.

متغيب mutegayyib: (A.) gözden kaybolan, ortadan kaybolan, sırra kadem basan.

متغیبه mutegayyibe: (A.) gözden kaybolan, ortadan kaybolan, sırra kadem basan.

متغیر mutegeyyir: (A.) **1.**değişen, değişken. **2.**öfkeli, sinirli, kızgın. **3.**bozuk.

متغیر الاحوال mutegayyirulahvâl: (A.) değişken.

متغیرانه mutegayyirâne: (A.-F.) [mutegayyir+âne] **1.**değişerek, başkalaşarak. **2.**bozularak. **3.**öfkelenerek.

متغیر شدن mutegeyyir şoden: **1.**hali değişmek. **2.**sinirlenmek, öfkelenmek, kızmak.

متغیر کردن mutegeyyir kerden: öfkelendirmek, kızdırmak, sinirlendirmek.

متغیر گرداندن mutegeyyir gerdânden: **1.**öfkelendirmek, kızdırmak, sinirlendirmek. **2.**değiştirmek.

متغیظ mutegayyiz: (A.) kızgın, köpürmüş, hiddetli.

متغیم mutegayyim: (A.) bulutlu.

متفاحش mutefâhiş: (A.) küfürbaz, ağzı bozuk.

متفاخر mutefâhir: (A.) kıvanç duyan, şişinen, kurumlanan, kurum satan.

متفاخرانه mutefâhirâne: (A.-F.) [mutefâhir+âne] kurum satarak, şişinerek.

متفاضل mutefâzıl: (A.) **1.**erdem yarışına çıkan. **2.**fazla.

متفأل mutefe'il: (A.) **1.**falcı, fal açan. **2.**iyiye yoran, hayra yoran.

متفألانه mutefe'ilâne: (A.-F.) [mutefe'il+âne] **1.**fal açarak. **2.**iyiye yorarak, hayra yorarak.

متفألین mutefe'ilîn: (A.) **1.**falcılar, fal açanlar. **2.**iyiye yoranlar, hayra yoranlar.

متفاوت mutefâvit: (A.) **1.**ayrı, farklı. **2.**muhtelif.

متفاوته mutefâvite: (A.) farklı.

متفاید mutefâyid: (A.) birbirinden yararlanan.

متفتت mutefettit: (A.) ufalanan, parçalanan.

متفجر mutefeccir: (A.) açılan.

متفجع mutefecci': (A.) dertli, acılı.

متفحص mutefahhis: (A.) araştırıcı, araştırmacı, araştıran.

متفحصانه mutefahhisâne: (A.-F.) [mutefahhıs+âne] araştırarak, araştırırcasına.

متفحص شدن mutefahhis şoden: aramak, araştırmak.

متفخر mutefahhir: (A.) övünen, kıvanç duyan.

متفخرانه mutefahhirâne: (A.-F.) [mutefahhir+âne] övünerek, kıvanç duyarak.

متفرج muteferric: (A.) gezintiye çıkan, gezinen.

متفرجین muteferricîn: (A.) gezintiye çıkanlar, gezinenler.

متفرح muteferrih: (A.) ferahlayan, içi açılan.

متفرد muteferrid: (A.) **1.**kenara çekilen. **2.**yegâne, tek.

متفردانه muteferridâne: (A.-F.) [muteferrid+âne] bir başına kalarak.

متفردین muteferridîn: (A.) **1.**yalnız kalanlar, bir başına kalanlar. **2.**benzersiz olanlar.

متفرز muteferriz: (A.) ayrılmış, ayrılan.

متفرس muteferris: (A.) sezgili.

متفرش muteferriş: (A.) döşenmiş, tefriş edilmiş.

متفرع muteferri': (A.) **1.**dallanan, şubelenen, kollara ayrılan. **2.**hasıl olan.

متفرعات muteferri'ât: (A.) ayrıntılar.

متفرع شدن muteferri' şoden: **1.**kollara ayrılmak, dallanmak, şubelenmek. **2.**sonuçlanmak.

متفرع کردن muteferri' kerden: **1.**kollara ayırmak, dallandırmak, şubelendirmek. **2.**sonuçlandırmak.

متفرعن mutefer'in: (A.) **1.**kibirli, kendini beğenmiş.**2.**firavun kesilen.

متفرغ muteferrig: (A.) vazgeçen.

متفرق muteferrik: (A.) dağınık, ayrı, ayrılmış.

متفرق آمدن muteferrik âmeden: dağılmak, ayrılmak.

متفرق البال muteferrikulbâl: (A.) kolu kanadı dağılmış, disiplinsiz.

متفرق الوريقات تويجيه muteferrikulvureykât-i tuveyciyye: (A.) ayrı taç yapraklılar.

متفرق الوريقات كأسيه muteferrikulvureykât-i ke'siyye: (A.) ayrı çanak yapraklılar.

متفرق شدن muteferrik şoden: dağılmak, ayrılmak.

متفرق كردن muteferrik kerden: dağıtmak, ayırmak.

متفرق گرداندن muteferrik gerdânden: dağıtmak, ayırmak.

متفرق گرديدن muteferrik gerdîden: dağılmak, ayrılmak.

متفرقه muteferrike: (A.) **1.**küçük harcamalar için ayrılmış para. **2.**çeşitli işler yapan. **3.**saray emirberi. **4.**nezaret.

متفسح mutefessih: (A.) genişleyen.

متفسخ mutefessih: (A.) bozulan, bozulmuş, çürümüş, kokuşmuş.

متفصم mutefassim: (A.) **1.**kalbi kırılan, üzülen. **2.**sütten kesilen.

متفضل mutefazzil: (A.) erdem yarışına çıkan.

متفضلانه mutefazzilâne: (A.-F.) [mutefazzıl+âne] erdem yarışı yaparak.

متفضلين mutefazzilîn: (A.) erdem yarışına çıkanlar.

متفطن mutefattin: (A.) kıvrak zekâlı, çabuk kavrayan.

متفق muttefik: (A.) **1.**birleşen, müttefik, birleşmiş, ittifak yapmış. **2.**fikir birliği içinde olan.

متفقاً muttefiken: (A.) ittifakla, toplu olarak, birlikte.

متفق القول muttefikulkavl: (A.) söz birliği eden, ağız birliği eden.

متفق المنفعه muttefikulmenfa'a: (A.) ortak çıkarları olan.

متفق شدن muttefik şoden: birlik olmak, müttefik olmak, ittifak yapmak.

متفق عليه muttefikun aleyh: (A.) ittifak edilen.

متفقد mutefakkid: (A.) araştırıp soran, arayıp soran.

متفقه mutefakkih: (A.) fıkıhçı, fıkıh bilgini.

متفقه muttefika: (A.) **1.**bağlaşan, birleşen, anlaşan. **2.**fikir birliği içinde olan.

متفقهين mutefakkihîn: (A.) fıkıhçılar, fıkıh bilginleri.

متفقين muttefikîn: (A.) müttefikler, İttifak Devletleri.

متفكر mutefekkir: (A.) **1.**düşünür, fikir adamı, mütefekkir. **2.**düşünceli, endişeli.

متفكرانه mutefekkirâne: (A. -F.) [mutefekkir+âne] düşünceli düşünceli, düşünerek.

متفكر شدن mutefekkir şoden: düşünceye dalmak.

متفكره mutefekkire: (A.) **1.**düşünceli. **2.**düşünme gücü.

متفكرين mutefekkirîn: (A.) **1.**düşünceliler. **2.**düşünürler.

متفكك mutefekkik: (A.) dalgın.

متفلس mutefellis: (A.) iflas eden.

متفلسف mutefelsif: (A.) felsefe yapan.

متفلسفانه mutefelsifâne: (A.-F.) [mutefelsif+âne] felsefe yaparcasına, bir filozof gibi.

متفلق mutefellik: (A.) yarılan, açılan.

متفنن mutefennin: (A.) **1.**derin bilgi ve fen sahibi. **2.**fenci, fen adamı, fen bilimleriyle uğraşan.

متفننانه mutefenninâne: (A.-F.) [mutefennin+âne] fenci gibi, fen adamı gibi.

متفهم mutefehhim: (A.) anlayan.

متفوض mutefevviz: (A.) **1.**üstlenen. **2.**gayrimenkulun kullanım hakkını alan.

متفوضين mutefevvizîn: (A.) **1.**üstlenenler. **2.**gayrimenkulün kullanım hakkını alanlar.

متفوق mutefevvik: (A.) üstün gelen, ağır basan, üstün.

متفوقانه mutefevvikâne: (A.-F.) [mutefevvik+ âne] üstün gelerek, baskın çıkarak.

متفوقين mutefevvikîn: (A.) üstün gelenler, baskın çıkanlar.

متفوه mutefevvih: (A.) **1.**dil uzatan. **2.**dile getiren, ağzına alan.

متفيض mutefeyyiz: (A.) feyizli, bereketli.

متقابل mutekâbil: (A.) **1.**karşılıklı, yüz yüze. **2.**karşılaşan.

متقابلا mutekâbilen: (A.) **1.**karşılıklı olarak, karşı karşıya. **2.**aynı şekilde.

متقابل القدم mutekâbilulkadem: (A.) antipot.

متقابلتان mutekâbiletân: (A.) birbirine karşı iki şey.

متقابله mutekâbile: (A.) karşılıklı.

متقابليت mutekâbiliyyet: (A.) karşıtlık, karşılıklılık.

متقاتل mutekâtil: (A.) birbirini öldüren.

متقادم mutekâdim: (A.) eski, geçmiş.

متقارب mutekârib: (A.) **1.**birbirine yaklaşan. **2.**(ed.) aruzda bir bahir, mütekârib. **3.**yakınsak.

متقارب السن mutekâribussin: (A.) yaşça birbirine yakın.

متقاربيت mutekâribiyyet: (A.) **1.**yakınlaşma. **2.**yakınsama.

متقارع mutekâri': (A.) **1.**kur'a çeken. **2.**mızraklaşan.

متقارن mutekârin: (A.) **1.**birbirine yaklaşan, yakınlaşmış. **2.**birbirine bitişmiş.

متقاسم mutekâsım: (A.) **1.**paylaşan, bölüşen. **2.**birlikte yemin eden, birlikte ant içen.

متقاسمين mutekâsımîn: (A.) **1.**paylaşanlar, bölüşenler. **2.**aralarında ant içenler.

متقاصر mutekâsir: (A.) çalışmayan, iş yapmayan, gücünü kullanmak istemeyen.

متقاصرانه mutekâsirâne: (A.-F.) [mutekâsır+âne] çalışmayarak, iş yapmayarak, gücünü göstermeyerek.

متقاصرين mutekâsirîn: (A.) çalışmayanlar, iş yapmayanlar, gücünü göstermek istemeyenler.

متقاضى mutekâzî: (A.) **1.**dileyen, isteyen, rica eden. **2.**borçluyu sıkıştıran.

متقاطر mutekâtir: (A.) damlayan, damla damla dökülen.

متقاطع mutekâti': (A.) **1.**kesişen. **2.**(mat.) kesişen çizgi.

متقاطع شدن mutekâti' şoden: kesişmek.

متقاعد muteka'id: (A.) **1.**emekli. **2.**ikna olmuş.

متقاعد شدن mutekâ'id şoden: **1.**emekli olmak. **2.**ikna olmak.

متقاعدين mutekâ'idîn: (A.) emekliler.

متقامر mutekâmir: (A.) birbiriyle kumar oynayan.

متقبض mutekabbiz: (A.) **1.**somurtkan, asık suratlı. **2.**kasılan adale. **2.**toplanıp çekilen.

متقبل mutekabbil: (A.) kabul eden, bir işi üzerine alan, sorumluluk alan.

متقبل شدن mutekabbil şoden: kabul etmek, üstlenmek, sorumluluk almak.

متقدس mutekaddis: (A.) kutsal olan, kutsanan.

متقدم mutekaddim: (A.) **1.**önde gelen, önde giden, başı çeken. **2.**önceki. **3.**önce, geçmiş. **4.**lider, önder, reis.

متقدمه mutekaddime: (A.) **1.**öne geçen, ileri geçen. **2.**geçmiş, eski. **3.**sunulan.

متقدمين mutekaddimîn: (A.) eskiler, eski insanlar.

متقرب mutekarrib: (A.) yaklaşan.

متقرب الحلول mutekarribulhulûl: (A.) girmesi yakın olan, gelmek üzere olan.

متقربه mutekarribe: (A.) yaklaşan.

متقربين mutekarribîn: (A.) yaklaşanlar, yakın olanlar.

متقرح mutekarrih: (A.) yaralı, cerahatli.

متقرر mutekarrir: (A.) **1.**kararlaşan, karar bulan. **2.**yerleşerek kuvvet alan.

متقرره mutekarrire: (A.) **1.**kararlaşan, karar bulan. **2.**yerleşerek kuvvet alan.

متقشع mutekaşşi': (A.) **1.**balgam söktürücü ilaç. **2.**balgam çıkaran.

متقصى mutekassî: (A.) titizlikle araştıran.

متقطر mutekattır: (A.) damlayan, damla damla akan.

متقطع mutekattı': (A.) **1.**kesik. **2.**kesiklik.

متقلب mutekallib: (A.) **1.**değişen, değişken. **2.**ters dönen, baş aşağı gelen. **3.**sahtekâr, hilekâr, düzenbaz.

متقلد mutekallid: (A.) **1.**boynuna asan. **2.**kuşanan. **3.**üstlenen.

متقلدين mutekallidîn: (A.) **1.**boynuna asanlar. **2.**kuşananlar. **3.**üstlenenler.

متقلص mutekallis: (A.) kasılan, gerilen, gergin.

متقلصه mutekallise: (A.) kasılan, gerilen, gergin.

متقلل mutekallil: (A.) azalan, az.

متقمص mutekammis: (A.) gömlek giyen, gömlekli.

متقن mutken: (A.) sağlam.

متقن muttekin: (A.) kesin olarak bilen.

متقوت mutekavvit: (A.) beslenen, kuvvet alan.

متقوس mutekavvis: (A.) **1.**yay şeklini alan. **2.**eğri, bükülü.

متقول mutekavvil: (A.) ikide bir yalan söyleyen.

متقولانه mutekavvilâne: (A.-F.) [mutekavvil+âne] ikide bir yalan söyleyerek.

متقولين mutekavvilîn: (A.) ikide bir yalan söyleyenler.

متقوم mutekavvem: (A.) toplanmış, biçilmiş.

متقوم mutekavvim: (A.) **1.**doğrulan, düzelen. **2.**değerli, kıymetli. **3.**sağlam. **4.**kurulu. **5.**iyi yönetilen.

متقوى mutekavvî: (A.) kuvvet alan, kuvvetlenen.

متقى muttekî: (A.) dindar, sakınan, takva sahibi.

متقى مشرب muttakîmeşreb: (A.) [muttakî+meşreb] takva sahibi.

متقيح mutekayyih: (A.) cerahatlanan, cerahatlı.

متقيحه mutekayyiha: (A.) cerahatlanan, cerahatlı.

متقيد mutekayyid: (A.) **1.**kayıtlı. **2.**dikkatli davranan.

متقيدانه mutekayyidâne: (A.-F.) [mutekayyid+ âne] dikkatli davranarak.

متقيدين mutekayyidîn: (A.) dikkatli davrananlar.

متكا mutteká: (A.) **1.**yastık. **2.**dayanak. **3.**koltuk değneği, asa.

متكابر mutekâbir: (A.) kendini beğenmiş, şişinen.

متكاثر mutekâsir: (A.) **1.**çoğalan, çok. **2.**yoğunlaşan. **3.**bir aruz bahri.

متكاثره mutekâsire: (A.) **1.**çoğalan. **2.**yoğunlaşan.

متكاثف mutekâsif: (A.) **1.**yoğunlaşan. **2.**yoğun, kalın. **3.**koyulaşan. **4.**sıklaşan.

متكاثف شدن mutekâsif şoden: yoğunlaşmak.

متكاثف كردن mutekâsif kerden: yoğunlaştırmak.

متكاثف گرداندن mutekâsif gerdânden: yoğunlaştırmak.

متكاثف گرديدن mutekâsif gerdîden: yoğunlaşmak.

متكاسل mutekâsil: (A.) üşengeçlik eden, tembellik eden.

متكاسلانه mutekâsilâne: (A.-F.) [mutekâsil+âne] üşengeçlik ederek, tembel tembel.

متكاسلين mutekâsilîn: (A.) üşengeçlik edenler, tembellik edenler.

متكاسليه mutekâsiliyye: (A.) insanların dilenerek can beslemek için dünyaya geldiğine inanan tarikat.

متكافى mutekâfî: (A.) denkleşen, beraberleşen.

متكافيا mutekâfiyyen: (A.) denk olarak, eşit olarak.

متكافيه mutekâfiyye: (A.) denkleşen, beraberleşen.

متكالب mutekâlib: (A.) köpekleşen, köpek gibi saldıran.

متکالبانه mutekâlibâne: (A.-F.) [mutekâlib+âne] köpekleşerek, köpek gibi saldırarak.

متکالبین mutekâlibîn: (A.) köpekleşenler, köpek gibi saldıranlar.

متکامل mutekâmil: (A.) **1.**gelişmiş, mükemmel. **2.**olgun.

متکاملانه mutekâmilâne: (A.-F.) [mütekâmil+âne] olgunca, gelişmiş olarak.

متکاملین mutekâmilîn: (A.) olgun insanlar.

متکاهل mutekâhil: (A.) tembel, üşengeç.

متکاید mutekâyid: (A.) birbirine hile yapan.

متکایدانه mutekâyidâne: (A.-F.) [mutekâyid+âne] birbirine hile yaparak.

متکایدین mutekâyidîn: (A.) birbirine hile yapanlar.

متکبر mutekebbir: (A.) **1.**kendini beğenmiş, kibirli. **2.**serkeş, isyankâr.

متکبرانه mutekebbirâne: (A.-F.) [mutekebbir+ âne] kendini beğenmişçesine, kibirle.

متکبرین mutekebbirîn: (A.) kendini beğenmişler, kibirliler.

متکثر mutekessir: (A.) **1.**çoğalan. **2.**çok, bol.

متکحل mutekehhil: (A.) sürme çeken, sürmeli.

متکحلین mutekehhilîn: (A.) sürme çekenler.

متکدر mutekeddir: (A.) **1.**kederli. **2.**bulanık.

متکدرانه mutekeddirâne: (A.-F.) [mutekeddir+âne] **1.**kederli olarak. **2.**bulanık bir halde, bulanarak.

متکدرین mutekeddirîn: (A.) **1.**kederliler. **2.**bulanmış şeyler.

متکدی mutekeddî: (A.) dilenci.

متکرر mutekerrir: (A.) **1.**tekrarlanan, yinelenen. **2.**ürkek. **3.**tereddütlü. **4.**tekrarlanan mısralar.

متکرره mutekerrire: (A.) tekrarlanan.

متکره mutekerrih: (A.) **1.**iğrenen, tiksinen. **2.**surat asan.

متکرهانه mutekerrihâne: (A.-F.) [mutekerrih+âne] **1.**iğrenerek, tiksinerek. **2.**surat asarak.

متکسر mutekessir: (A.) **1.**kırılgan. **2.**(ed.) bir aruz vezni.

متکشف mutekeşşif: (A.) açılan, ortaya çıkan.

متکفل mutekeffil: (A.) kefil olan, sorumlu.

متکفلانه mutekeffilâne: (A.-F.) [mutekeffil+âne] kefil olarak.

متکفل شدن mutekeffil şoden: kefil olmak, sorumluluk almak, üstlenmek.

متکفلین mutekeffilîn: (A.) kefil olanlar.

متکلس mutekellis: (A.) kireçli, kireçleşmiş.

متکلف mutekellif: (A.) **1.**bir işi üstlenip bitiren. **2.**(ed.) zorlama şiir söyleyen. **3.**külfete katlanan, zorluğa katlanan.

متکلفانه mutekellifâne: (A.-F.) [mutekellif+âne] külfete katlanarak, zora katlanarak.

متکلفین mutekellifîn: (A.) külfete katlananlar, zora katlananlar.

متکلم mutekellim: (A.) **1.**konuşan. **2.**(gr.) birinci tekil şahıs. **3.**Tanrı'nın sıfatlarından biri. **4.**nutuk söyleyen. **5.**kelam bilgini.

متکلمین mutekellimîn: (A.) **1.**kelam bilginleri. **2.**konuşanlar.

متکمل mutekemmil: (A.) olgun, olgunlaşan.

متکملانه mutekemmilâne: (A.-F.) [mutekemmil+ âne] olgunlaşarak, olgunca.

متکملین mutekemmilîn: (A.) olgunlar, olgunlaşanlar.

متکمن mutekemmin: (A.) pusuya yatan, gizlenen.

متکون mutekevvin: (A.) var olan, oluşan, vücuda gelen.

متکهن mutekehhin: (A.) kehanette bulunan.

متكهنانه mutekehhinâne: (A.-F.) [mutekehhin+ âne] kehanette bulunarak, kahinlik ederek.

متكهنين mutekehhinîn: (A.) kehanette bulunanlar, kahinlik edenler.

متكى muttekî: (A.) dayanan, yaslanan, sırtını veren, güvenen.

متكيس mutekeyyis: (A.) akıllıymış gibi davranan, akıllılık taslayan.

متكيسانه mutekeyyisâne: (A.-F.) [mutekeyyis+ âne] akıllılık taslayarak.

متكيسين mutekeyyisîn: (A.) akıllıymış gibi davrananlar, akıllılık taslayanlar.

متكيف mutekeyyif: (A.) nitelik kazanan.

متكيه muttekiyye: (A.) dayanan, yaslanan.

متل metel: **1.**masal. **2.**zırva, saçma sapan söz. **3.**diğerleri gibi.

متلاحظ mutelâhiz: (A.) göz ucu ile bakışan.

متلاحظين mutelâhizîn: (A.) göz ucu ile bakışanlar.

متلاحق mutelâhik: (A.) birbirine katılan, katışan.

متلاحمه mutelâhime: (A.) derin kesilmiş yara.

متلاشى mutelâşî: (A.) **1.**dağılan, dağılmış, darmadağın, yıkılmış. **2.**telâşlı.

متلاشيانه mutelâşiyâne: (A.-F.) [mutelâşi+y+âne] telaşla, telaşlı telaşlı.

متلاشى شدن mutelâşî şoden: dağılmak, çözülmek, darmadağın olmak, parçalanmak.

متلاشى كردن mutelâşî kerden: dağıtmak, çözmek, darmadağın etmek, parçalamak.

متلاصق mutelâsik: (A.) yapışan, bitişen.

متلاصق الفكين mutelâsikulfekkeyn: (A.) yapışık çeneliler.

متلاصق الوريقات كاسيه mutelâsikulvureykât-i ke'siyye(A.) bitişik çanakyapraklılar.

متلاصقه mutelâsika: (A.) yapışan, bitişen.

متلاطف mutelâtif: (A.) yumuşak davranan, iyi davranan.

متلاطم mutelâtim: (A.) **1.**tokatlaşan. **2.**çalkantılı, dalgalı. **3.**fırtınalı.

متلاطمه mutelâtime: (A.) çalkantılı, çalkanan, çırpıntılı.

متلاعب mutelâ'ib: (A.) oyun ile vakit geçiren.

متلاعن mutelâ'in: (A.) lanetleşen.

متلافى mutelâfî: (A.) telafi eden.

متلاقى mutelâkî: (A.) karşılaşmış, buluşmuş.

متلاكم mutelâkim: (A.) yumruklaşan.

متلال mutelâl: (A.) parıldayan, çakan, ışıldayan.

متلألأ mutele'le': (A.) ışıltılı, parlayan.

متلالى mutelâlî: (A.) parıldayan, çakan, ışıldayan.

متلاهى mutelâhî: (A.) oyunla vaktini geçiren.

متلاهيانه mutelâhiyâne: (A.-F.) [mutelâhî+y+âne] oyun ile vakit geçirerek.

متلبس mutelebbis: (A.) **1.**giyinen. **2.**karışan.

متلثم mutelessim: (A.) peçeli, peçe takınan.

متلجج muteleccic: (A.) dava açarak malını geri isteyen.

متلجلج muteleclic: (A.) basık basık konuşan, lafı ağzında ezen.

متلحز mutelahhiz: (A.) ekşi yiyeni görerek ağzı sulanan.

متلذذ mutelezziz: (A.) lezzet alan, haz duyan, zevk alan.

متلذذانه mutelezzizâne: (A.-F.) [mutelezziz+âne] lezzet alarak, tadına vararak.

متلذذه mutelezzize: (A.) lezzet alan, zevk alan, tad alan.

متلزج mutelezzic: (A.) yapışkan.

متلصص mutelassis: (A.) hırsız.

متلطخ mutelattih: (A.) bulaşık, bulaşan, sıvaşan.

متلطف mutelattif: (A.) yumuşak davranan, nazik davranan.

متلطفانه mutelattifâne: (A.-F.) [mutelattıf+âne] yumuşak davranarak, nazik davranarak.

متلظى mutelazzî: (A.) alevlenen, alevli.

متلعب mutela'ib: (A.) oyun oynayan, oyun ile vakit geçiren.

متلعثم mutela'sim: (A.) saçmalayan, cevap verirken kem küm eden.

متلعثمانه mutela'simâne: (A.-F.) [mutela'sim+âne] saçmalayarak, cevap verirken kem küm ederek.

متلعثمين mutela'simîn: (A.) saçmalayanlar, cevap verirken kemküm edenler.

متلف mutlif: (A.) yok edici, telef edici.

متلفت muteleffit: (A.) iltifat eden.

متلفتانه muteleffitâne: (A.-F.) [muteleffit+âne] iltifat ederek.

متلفظ mutelaffiz: (A.) telaffuz eden.

متلفف muteleffif: (A.) sarınıp bürünen.

متلفه mutlife: (A.) yok eden, itlaf eden, öldüren.

متلقب mutelakkib: (A.) lakaplanmış, lakap almış.

متلقبين mutelakkibîn: (A.) lakap alanlar.

متلقط mutelakkit: (A.) deren, devşiren.

متلقم mutelakkim: (A.) lokma yutan, lokma yiyen.

متلقى mutelakkî: (A.) telakki eden, değerlendiren.

متلک metelek: iğneli söz, taşlama, laf atma.

متلک گفتن metelek goften: laf atmak, iğneli söz söylemek, sataşmak.

متل گفتن metel goften: masal anlatmak.

متلمذ mutelemmiz: (A.) öğrenci.

متلمذانه mutelemmizâne: (A.-F.) [mütelemmiz+ âne] öğrenciye yakışır tarzda.

متلمذين mutelemmizîn: (A.) öğrencilik edenler, öğrenciler.

متلمس mutelemmis: (A.) el süren, dokunan.

متلمع mutelemmi': (A.) parlayan, parıldayan.

متلوث mutelevvis: (A.) kirli, pis.

متلون mutelevvin: (A.) **1.**renkli. **2.**boyalı. **3.**yanardöner, gelgeç. **4.** renkten renge giren. **5.**(ed.) iki vezinli şiir.

متلون المزاج mutelevvinulmizâc: (A.) yanardöner, gelgeç.

متلونانه mutelevvinâne: (A.-F.) [mutelevvin+ âne] **1.**renkten renge girer gibi. **2.**yanardönerce, gelgeç gibi.

متلهب mutelehhib: (A.) alevlenen, alevli.

متلهف mutelehhif: (A.) yanıp yakılan, özlem duyan.

متلهفانه mutelehhifâne: (A.-F.) [mutelehhif+âne] özlem duyarak, yanıp yakılarak.

متلهفين mutelehhifîn: (A.) yanıp yakılanlar, özlem duyanlar.

متلهى mutelehhî: (A.) oyun ve eğlence ile vakit geçiren.

متليث muteleyyis: (A.) arslan gibi, arslan yürekli.

متليثانه muteleyyisâne: (A.-F.) [muteleyyis+âne] arslanlar gibi.

متلين muteleyyin: (A.) yumuşak.

متم mutimm: (A.) tamamlayıcı.

متماثل mutemâsil: (A.) **1.**birbirine benzeyen. **2.**homolog.

متماجد mutemâcid: (A.) şerefiyle övünen.

متمادى mutemâdî: (A.) **1.**devamlı, ardarda, sürekli, uzun, mütemadi. **2.**uzayan, süren.

متماديا mutemâdiyen: (A.) sürekli olarak, devamlı.

متماديت mutemâdiyyet: (A.) süreklilik, devamlılık.

متمارض mutemâriz: (A.) hastalık taslayan, hasta görünen.

متمارضانه mutemârizâne: (A.-F.) [mutemâriz+âne] hastaymış gibi yaparak, yalandan hasta olarak.

متمارضين mutemârizîn: (A.) hastaymış gibi yapanlar, yalandan hasta olanlar.

متمازح mutemâzih: (A.) şakalaşan.

متماس mutemâss: (A.) dokunan, temas eden.

متماسك mutemâsik: (A.) **1.**sımsıkı sarılan. **2.**tanık gösteren.

متماشى mutemâşî: (A.) yürüyüşe çıkan.

متمالك mutemâlik: (A.) kendine hakim olan, kendini kontrol eden.

متمايز mutemâyiz: (A.) **1.**belirgin, kendini gösteren, sivrilen. **2.**Osmanlı döneminde albay, sâniye rütbesinin birinci sınıfı.

متمايز ساختن mutemâyiz sâhten: belirginleştirmek, ayırmak.

متمايل mutemâyil: (A.) **1.**istekli. **2.**eğimli, meyilli. **3.**yönelik.

متمايلانه mutemâyilâne: (A.-F.) [mutemâyil+âne] istekli gibi, taraftar gibi, gönlü yatmış gibi, istekle.

متمايل شدن mutemâyil şoden meyletmek, eğilim göstermek.

متمتع mutemetti': (A.) kâr alan, temettü alan, kazanan, faydalanan.

متمثل mutemessel: (A.) benzetilen.

متمثل mutemessil: (A.) **1.**örnek getiren. **2.**taklitçi. **3.**cisimleşerek görünür hale gelen. **4.**bir cismin şeklini alan.

متمجد mutemeccid: (A.) şerefiyle övünen, ululanan.

متمجس mutemeccis: (A.) zerdüştî olan, mecusî olan.

متمحض mutemahhiz: (A.) azim ve inançla çalışan.

متمحل mutemehhil: (A.) **1.**hileci. **2.**birinin hakkını verirken güçlük çıkaran.

متمخط mutemahhit: (A.) sümküren, hımkıran.

متمدح mutemeddih: (A.) övüngen, kendini öven.

متمدحانه mutemeddihâne: (A.-F.) [mutemeddih+ âne] kendini överek, övünerek.

متمدحين mutemeddihîn: (A.) övünenler.

متمدن mutemeddin: (A.) **1.**evcil, ehlî. **2.**uygar, medenî.

متمدنه mutemeddine: (A.) uygar, medenî.

متمرد mutemerrid: (A.) serkeş, dikkafalı, dikbaşlı, âsî.

متمردانه mutemerridâne: (A.-F.) [mutemerrid+âne] dikbaşlılıkla, diklenerek.

متمردين mutemerridîn: (A.) dikkafalılar, dikbaşlılar.

متمرق mutemerrik: (A.) antrenman yapan, alıştırma yapan.

متمركز mutemerkiz: (A.) merkezileşmiş, bir yere toplanmış, bir yerde yoğunlaşmış.

متمركز شدن mutemerkiz şoden: **1.**yerleşmek. **2.**toplanmak.

متمركز كردن mutemerkiz kerden: **1.**yerleştirmek. **2.**toplamak.

متمركز گرديدن mutemerkiz gerdîden: toplanmak.

متمزق mutemezzik: (A.) parçalanan, yırtılan.

متمسح mutemessih: (A.) **1.**el süren, sıvazlayan, mesheden. **2.**sürünen, sürtünen.

متمسخ mutemessih: (A.) çirkinleşen, çirkin kılığa giren.

متمسخر mutemeshir: (A.) eğlenen, maskaralık eden.

متمسخرانه mutemeshirâne: (A.-F.) [mutemeshir+ âne] eğlenerek, maskaralık ederek.

متمسخرين mutemeshirîn: (A.) eğlenenler, maskaralık edenler.

متمسك mutemessik: (A.) **1.**tutunan, yapışan, sımsıkı kavrayan. **2.**müteşebbis. **3.**tanık gösteren.

متمسكن mutemeskin: (A.) miskinlik eden, miskinleşen.

متمشط mutemaşşit: (A.) taranan.

متمشق mutemeşşik: (A.) meşk eden.

متمشى mutemeşşî: (A.) yürüyen, yürüyüş yapan.

متمشى شدن mutemeşşî şoden: yürümek.

متمطر mutemattir: (A.) yağmurda serinlemeye çıkan.

متمكن mutemekkin: (A.) **1.**yerleşik,

yer tutmuş. **2.**varlıklı, zengin, güçlü.

متمکن شدن mutemekkin şoden: **1.**yerleşmek. **2.**zengin olmak.

متمکن کردن mutemekkin kerden: **1.**yerleştirmek. **2.**mal mülk sahibi etmek. **3.**güçlü kılmak.

متمکن ماندن mutemekkin mânden: yerleşmek.

متمکنه mutemekkine: (A.) yerleşik, oturan.

متملق mutemellik: (A.) yaltakçı, yağcı, dalkavuk.

متملقانه mutemellikâne: (A.-F.) [mutemellik+âne] dalkavukça, yaltaklanarak, yağ çekerek.

متملل mutemellil: (A.) **1.**aynı milletten olan. **2.**aynı dinden olan.

متململ mutemelmil: (A.) taşkın.

متملک mutemellik: (A.) mülk edinen.

متملی mutemellî: (A.) rahatlık içinde uzun ömür süren.

متمم mutemmem: (A.) tamamlanmış.

متمم mutemmim: (A.) **1.**tamamlayan, tamamlayıcı. **2.**tümleç. **3.**bütünleştirici.

متممات mutemmimât: (A.) **1.**tamamlayanlar, tamamlayıcılar. **2.**tümleçlerler. **3.**bütünleştiriciler.

متمنی mutemennî: (A.) arzulayan, temenni eden.

متموج mutemevvic: (A.) **1.**dalgalı. **2.**(kin.) sinirli, öfkeli. **3.**bir yerde duramayan, kararsız.

متموجه mutemevvice: (A.) **1.**dalgalı. **2.**kararsız.

متمول mutemevvil: (A.) mal sahibi, zengin, varlıklı.

متمولانه mutemevvilâne: (A.-F.) [mutemevvil+ âne] varlıklı gibi, zengin gibi.

متموله mutemevvile: (A.) varlıklı, zengin.

متمولین mutemevvilîn: (A.) varlıklılar, zenginler.

متمهد mutemehhid: (A.) serilen, serili, yayılan, yayılmış.

متمهدی mutemehdî: (A.) mehdîlik iddiasında bulunan.

متمهدیانه mutemehdiyâne: (A.-F.) [mutemehdi+y+ âne] mehdîlik iddiasında bulunarak.

متمهر mutemehhir: (A.) maharet sahibi, becerili.

متمهرین mutemehhirîn: (A.) maharet sahipleri, beceri sahipleri.

متمیز mutemeyyiz: (A.) ayrı, ayrılmış, temayüz etmiş, seçkin.

متمیز آمدن mutemeyyiz âmeden: ayrılmak, ayırdedilmek.

متمیز شدن mutemeyyiz şoden: ayırdedilmek.

متمیزه mutemeyyize: (A.) **1.**seçkin. **2.**seçik.

متمیزین mutemeyyizîn: (A.) seçkinler, seçkin kişiler.

متمیع mutemeyyi': (A.) sıvılaşan.

متن metn: (A.) **1.**metin. **2.**sırt. **3.**orta.

متناثر mutenâsir: (A.) saçılan.

متناجی mutenâcî: (A.) fısıldaşan.

متناجیانه mutenâciyâne: (A.-F.) [mutenâcî+y+âne] fısıldaşarak, fısıldaşır gibi.

متناد mutenâdd: (A.) birbirinden ürken.

متنادر mutenâdir: (A.) az bulunur.

متنادم mutenâdim: (A.) içki arkadaşlığı eden.

متنادی mutenâdî: (A.) birbirine seslenen, birbirini çağıran.

متنازع mutenâzi': (A.) kavgalı, çekişmeli.

متنازعین mutenâzieyn: (A.) kavga edenler, davacı ile davalı.

متناسب mutenâsib: (A.) **1.**uygun, oranlı, mütenasip. **2.**uyumlu.

متناسبا mutenâsiben: (A.) uygun olarak, orantılı olarak, uyumlu bir şekilde.

متناسب الاعضا mutenâsibula'zâ: (A.) üzgün vücutlu, endamlı.

متناسق mutenâsik: (A.) birbirine benzeyen.

متناسقه mutenâsika: (A.) birbirine benzeyen.

متناسل mutenâsil: (A.) üreyen.

متناشد mutenâşid: (A.) karşılıklı şiir okuyan.

متناصر mutenâsır: (A.) birbirine yardım eden, yardımlaşan.

متناطح mutenâtıh: (A.) toslaşan, boynuzlaşan.

متناظر mutenâzir: (A.) 1.simetrik, bakışık. 2.birbirine bakan. 3.karşılık.

متناظراً mutenâzıren: (A.) simetrik olarak, bakışık olarak, bakışımlı.

متنافر mutenâfir: (A.) birbirinden nefret eden.

متنافس mutenâfis: (A.) birbiriyle didişen, birbiriyle tartışan.

متنافى mutenâfî: (A.) birbirine zıt.

متناقص mutenâkıs: (A.) eksilen, azalan.

متناقض mutenâkiz: (A.) 1.çelişkili, çelişik. 2.iki sözü birbirini tutmayan.

متناكح mutenâkih: (A.) nikâhlanan.

متناكر mutenâkir: (A.) bilmezlikten gelen.

متناوب mutenâvib: (A.) nöbetleşe değişen, nöbetleşe gelen, dönüşümlü.

متناوباً mutenâviben: (A.) dönüşümlü olarak, münavebeli, değişmeli.

متناوبه mutenâvibe: (A.) dönüşümlü, nöbetleşe.

متناول mutenâvil: (A.) alan, yiyen.

متناولين mutenâvilîn: (A.) yiyenler.

متناوم mutenâvim: (A.) uyur gibi yapan, yalandan uyuyan.

متناومانه mutenâvimâne: (A.-F.) [mutenâvim+âne] uyur gibi yaparak, yalandan uyuyarak.

متناومين mutenâvimîn: (A.) uyur gibi yapanlar, yalandan uyuyanlar.

متناهض mutenâhiz: (A.) erişen, ulaşan.

متناهى mutenâhî: (A.) sonlanan, nihayete varan, sonlu, sınırlı.

متناهيت mutenâhiyyet: (A.) sonu olma, sonluluk.

متنبت mutenebbit: (A.) yerden biten.

متنبج mutenebbic: (A.) üfürülerek şişirilmiş.

متنبه mutenebbih: (A.) 1.uyanık. 2.uyanan. 3.akıllı, aklı başında.

متنبه ساختن mutenebbih sâhten: 1.uyandırmak. 2.uyarmak.

متنبه شدن mutenebbih şoden: 1.uyanmak. 2.uyarılmak.

متنبه كردن mutenebbih kerden: uyarmak.

متنبه گرداندن mutenebbih gerdânden: 1.uyarmak. 2.uyandırmak.

متنبى mutenebbî: (A.) 1.yalancı peygamber. 2.ünlü Arap şairi, Mütenebbî.

متنثر mutenessir: (A.) saçılan.

متنحنح mutenahnih: (A.) hırıldayan, hırlayarak ses çıkaran.

متنحنحانه mutenahnihâne: (A.-F.) [mutenahnih+ âne] hırıldayarak, hırıltı ile ses çıkararak.

متنحنحين mutenahnihîn: (A.) hırıldayanlar, hırıltı çıkaranlar.

متنخى mutenahhî: (A.) bir yana çekilen.

متندم muteneddim: (A.) pişmanlık duyan.

متندمانه muteneddimâne: (A.-F.) [muteneddim+ âne] pişmanlık duyarak.

متندمين muteneddimîn: (A.) pişmanlık duyanlar.

متنزل mutenezzil: (A.) 1.alçalan, inen. 2.alçakgönüllü.

متنزلاً mutenezzilen: (A.) alçalarak.

متنزلانه mutenezzilâne: (A.-F.) [mutenezzil+âne] 1.alçalarak. 2.alçakgönüllüce.

متنزلين mutenezzilîn: (A.) 1.alçalanlar, inenler. 2.alçakgönüllüler.

متنزه mutenezzih: (A.) 1.gezintiye çıkan, gezinen. 2.aklanan.

متنزهات mutenezzihât: (A.) 1.gezintiye çıkanlar. 2.aklananlar.

متنزهانه mutenezzihâne: (A.-F.) [mutenezzih+âne] 1.gezintiye çıkarak.

متنزهين mutenezzihîn: (A.) 1.gezintiye çıkanlar. 2.aklananlar.

متنسج mutenessic: (A.) 1.dokunan, örülen. 2.dokuma.

متنسق mutenessik: (A.) monotonlaşan, tekdüze olan.

متنسک mutenessik: (A.) tapan, ibadet eden.

متنسم mutenessim: (A.) rüzgârın kokusunu alan.

متنسمانه mutenessimâne: (A.-F.) [mutenessim+ âne] rüzgârın kokusunu alarak.

متنشب muteneşşib: (A.) bir şeye tutunan.

متنشر muteneşşir: (A.) yayılan, dağılan.

متنشط muteneşşit: (A.) sevinen, neşelenen.

متنصب mutenassib: (A.) ayakta duran, dikilen.

متنصح mutenassih: (A.) söz dinleyen, nasihat dinleyen.

متنصحانه mutenassihâne: (A.-F.) [mutenassıh+ âne] söz dinleyerek, nasihat dinleyerek.

متنصر mutenassir: (A.) Hıristiyan olan, Hıristiyanlaşan.

متنصص mutenassis: (A.) **1.**kanıtlarla kesinleşen. **2.**incelemeden sonra karar verilen.

متنظر mutenazzir: (A.) dikkatli bakıp düşünen.

متنظرانه mutenazzirâne: (A.-F.) [mutenazzır+âne] dikkatle bakıp düşünerek.

متنظف mutenazzif: (A.) temizlenen.

متنظم mutenazzim: (A.) düzgün, düzenli.

متنعم mutena'im: (A.) bolluk içinde yaşayan, müreffeh.

متنعمانه mutena'imâne: (A.-F.) [mutena'im+âne] nimet içinde yetişerek, bolluk içinde büyüyerek.

متنعمه mutena'ime: (A.) nimet içinde yetişen, bolluk içinde büyüyen.

متنعمين mutena'imîn: (A.) nimet içinde yetişenler, bolluk içinde büyüyenler.

متنغم mutenaggim: (A.) şarkı söyleyen.

متنفخ muteneffih: (A.) **1.**şişen, kabaran. **2.**şişkin, kabarık. **3.**armut biçimli kadeh. **4.**övünen, şişinen.

متنفذ muteneffiz: (A.) ileri gelen, nüfuz sahibi.

متنفذين muteneffizîn: (A.) ileri gelenler, nüfuz sahipleri.

متنفر muteneffir: (A.) nefret eden.

متنفرانه muteneffirâne: (A.-F.) [mutneffir+âne] nefret ederek.

متنفر شدن muteneffir şoden: iğrenmek, tiksinmek, nefret etmek.

متنفر كردن muteneffir kerden: nefret ettirmek, iğrendirmek, tiksindirmek.

متنفس muteneffis: (A.) **1.**soluk alan, soluyan, nefes alan. **2.**dinlenen, nefeslenen.

متنفع muteneffi': (A.) kazanç sağlayan.

متنفل muteneffil: (A.) nafile namaz kılan.

متنقد mutenekkıd: (A.) eleştirmen, tenkit eden.

متنقل mutenakkil: (A.) taşınan, göçen, nakleden.

متنكر mutenekkir: (A.) tanınmamış, kılık değiştiren.

متنكرا mutenekkiren: (A.) kılık değiştirerek.

متنكرانه mutenekkirâne: (A.-F.) [mutenekkir+ âne] kılık değiştirerek.

متنكروار mutenekkirvâr: (A. -F.) [mutenekkir+vâr] tanınmamışça.

متنكس mutenekkis: (A.) başaşağı dönen, cambaz.

متنمر mutenemmir: (A.) **1.**sert sözlerle korkutan. **2.**kaplan huylu.

متنمرانه mutenemmirâne: (A.-F.) [mutenemmir+ âne] **1.**sert sözlerle korkutarak. **2.**kaplan huylu kesilerek.

متنمل mutenemmil: (A.) kaynaşan, karınca gibi kaynaşan.

متنوح mutenevvih: (A.) **1.**ağlayan. **2.**bağıran, haykıran.

متنور mutenevvir: (A.) aydınlanmış, nurlu, nurlanmış.

متنوع mutenevvi': (A.) çeşitli, türlü türlü.

متنوعه mutenevvi'e: (A.) çeşitli şeyler.

متنوم mutenevvim: (A.) 1.uyuyan. 2.rüya gören.

متواتر mutevâtir: (A.) 1.ardarda gelen. 2.ağızdan ağıza dolaşan. 3.ardarda, peşpeşe.

متواترا mutevâtiren: (A.) ağızdan ağıza dolaşarak.

متواتر شدن mutevâtir şoden: peşpeşe olmak, peşpeşe gelmek.

متواتره mutevâtire: (A.) 1.herkesçe bilinip onaylanan. 2.ağızdan ağıza dolaşan.

متواثب mutevâsib: (A.) birbirinin üstüne atılan, birbirinin üstüne sıçrayan.

متواثق mutevâsık: (A.) birbirine güvenerek anlaşan.

متواجد mutevâcid: (A.) yalandan coşkuya kapılan, yalandan vecde gelen.

متواجه mutevâcih: (A.) yüzyüze gelen, karşı karşıya gelen.

متواجها mutevâcihen: (A.) yüzyüze gelerek, karşı karşıya gelerek.

متواد mutevâdd: (A.) birbirini seven, sevgisini birbirine gösteren.

متوادع mutevâdi': (A.) birbiriyle barışan.

متوارث mutevâris: (A.) babadan oğula miras olarak kalmış olan.

متوارد mutevârid: (A.) birbirinin ardından gelen, bibirini izleyen.

متوارده mutevâride: (A.) birbirinin ardından gelen, birbirini izleyen.

متوارى mutevârî: (A.) 1.gizlenen. 2.aylak, avare, derbeder. 3.gizli, saklı.

متوارى mutevârî şoden: 1.gizlenmek. 2.derbeder olmak, avare olmak.

متوارى كردن mutevârî kerden: 1.gizlemek. 2.derbeder etmek.

متوازن mutevâzin: (A.) dengeli, denk, mevzun, uyumlu.

متوازنه mutevâzine: (A.) dengeli, uyumlu.

متوازى mutevâzî: (A.) 1.paralel. 2.vezin ve kafiyece birbiriyle secili sözler.

متوازيا mutevâziyen: (A.) paralel olarak.

متوازى الاضلاع mutevâziyulezlâ': (A.) paralelkenar.

متوازى السطوح mutevâzissutûh: (A.) paralelyüz.

متوازى المستطيلات mutevâzilmustatîlat: (A.) dikdörtgenler prizması.

متوازيت mutevâziyet: (A.) paralellik.

متواصل mutevâsil: (A.) 1.birbirine bitişik olan. 2.birbirine kavuşan.

متواصله mutevâsıla: (A.) 1.birbirine bitişik olan. 2.birbirine kavuşan.

متواصى mutevâsî: (A.) 1.birbirine tavsiye eden. 2.birbirine yönelen.

متواضع mutevâzi': (A.) 1.alçakgönüllü. 2.gösterişsiz.

متواضعانه mutevâzi'âne: (A. -F.) 1.alçakgönüllülükle. 2.gösterişsizce.

متواضعين mutevâzı'în: (A.) alçakgönüllüler.

متواطى mutevâtî: (A.) 1.tekanlamlı. 2.birbirine benzeyen.3.uyumlu.

متواعد mutevâ'id: (A.) sözleşen, vaatleşen, randevuleşen.

متواعدين mutevâ'idîn: (A.) vaatleşenler, birbirine randevu verenler.

متوافر mutevâfir: (A.) çoğalan, bollaşan.

متوافره mutevâfire: (A.) çoğalan, bollaşan.

متوافق mutevâfik: (A.) 1.uygun, uyumlu. 2.(mat.) bölünebilir sayı. 3.yöndeş.

متوافقه mutevâfıka: (A.) 1.birbirine uyumlu. 2.yöndeş.

متوالد mutevâlid: (A.) üreyen, çoğalan.

متوالى mutevâlî: (A.) uzun, aralıksız, peşpeşe, ardarda.

متواليا mutevâliyen: (A.) aralıksız, sürekli.

متواليه mutevâliye: (A.) **1.**sürekli, peşpeşe, birbirini izleyen. **2.**aritmetik sıra.

متواكل mutevâkil: (A.) birbirini vekil bırakan.

متوتر mutevettir: (A.) gergin, gerili, gerilmiş.

متوتره mutevettire: (A.) gergin, gerili, gerilmiş.

متوثب mutevessib: (A.) sıçrayan.

متوثق mutevessik: (A.) işe sımsıkı sarılan.

متوثقانه mutevessikâne: (A.-F.) [mütevessik+âne] işe sımsıkı sarılarak.

متوج mutevvec: (A.) taçlı, taç giymiş.

متوجد muteveccid: (A.) coşan, vecde gelen.

متوجع mutevecci': (A.) **1.**ağrı çeken. **2.**acılı, sıkıntılı, dertli.

متوجعانه mutevecci'âne: (A.-F.) [mutevecci'+âne] **1.**ağrı duyarak, ağrı çekerek. **2.**acı çekerek.

متوجه muteveccih: (A.) **1.**yönelik, dönük, yönelmiş, dönmüş, yönelen. **2.**farkeden, anlayan. **3.**birine ilgi duyan, birine sevgi besleyen. **4.**bir yere doğru giden.

متوجهاً muteveccihen: (A.) **1.**dönerek, yönelerek. **2.**niyetlenerek. **3.** -e doğru, bir yere gitmek üzere.

متوجهانه muteveccihâne: (A.-F.) [muteveccih+ âne] dönerek, yönelerek.

متوجه شدن muteveccih şoden: **1.**yönelmek, dönmek. **2.**anlamak, farketmek. **3.**görmek.

متوجهين muteveccihîn: (A.) **1.**dönenler, yönelenler. **2.**birine ilgi duyanlar, birine sevgi besleyenler.

متوحد mutevahhid: (A.) **1.**tek, yegâne. **2.**uzlette oturan.

متوحش mutevehhiş: (A.) **1.**korkak, ürkek. **2.**metruk yer.

متوحشانه mutevahhişâne: (A.-F.) [mutevahhiş+ âne] korkuya kapılarak, ürkerek.

متوحش شدن mutevehhiş şoden: ürkmek, ürpermek, korkmak.

متوحش كردن mutevehhiş kerden: korkutmak, ürkütmek, ürpertmek.

متودد muteveddid: (A.) sevgi gösteren, dostluk gösteren.

متودده muteveddide: (A.) sevgi gösteren, dostluk gösteren.

متورث muteverris: (A.) **1.**babadan oğula geçen. **2.**birinden kendisine miras kalan.

متورد muteverrid: (A.) gül gibi kızaran.

متورط muteverrit: (A.) güçlükle karşılaşan.

متورط شدن muteverrit şoden: dalmak, düşmek.

متورع muteverri': (A.) dindar, takva sahibi, dince yasak olan şeylerden uzak duran, dinin emirlerine itaat eden.

متورعانه muteverri'âne: (A.-F.) [muteverri'+âne] dinine sımsıkı bağlı olarak, dinin emirlerine itaat ederek.

متورق muteverrik: (A.) yapraklı, yapraklanan, yapraklanmış.

متورك muteverrik: (A.) namazda kalçasının bir kısmını sağ ayağı üstüne yerleştirerek oturan.

متورم muteverrim: (A.) **1.**şişen, şişkin, şişmiş. **2.**veremli.

متورماً muteverrimen: (A.) verem olarak.

متورمه muteverrime: (A.) **1.**şiş, şişkin, kabarık. **2.**veremli.

متوزع mutevezza': (A.) **1.**dağıtılmış. **2.**paylaşılıp bölüşülen.

متوزع mutevezzi': (A.) **1.**dağıtıcı, dağıtımcı. **2.**paylaşıp bölüşen.

متوسخ mutevessih: (A.) kirli paslı olan.

متوسد mutevessid: (A.) yastığa yaslanmış olan.

متوسداً mutevessiden: (A.) yastığa yaslanarak.

متوسط mutevessit: (A.) **1.**orta dereceli, ara, orta. **2.**arabulucu. **3.**ılımlı, mutedil.

متوسط القامه mutevessitulkâme: (A.)

orta boylu.

متوسطه mutevessite: (A.) 1.orta. 2.ortaokul. ‖ * medrese-i ~ مدرسه‌متوسطه ortaokul.

متوسطين mutevessitîn: (A.) 1.ortalamalar. 2.aracılar.

متوسع mutevessi': (A.) 1.geniş. 2.genişleyen.

متوسعه mutevessi'a: (A.) 1.geniş. 2.genişleyen.

متوسل mutevessil: (A.) 1.Tanrı katında kabul edilecek işler yapan. 2.girişen, başvuran. 3.sebep tutan.

متوسلاً mutevessilen: (A.) 1.Tanrı katında kabul edilecek işler yaparak. 2.girişerek, başvurarak. 3.sebep tutarak.

متوسل شدن mutevessil şoden: itilmek, yeltenmek, tevessül etmek.

متوسم mutevessim: (A.) çözmeye çalışan, çözüm arayan.

متوسوس mutevesvis: (A.) kuruntulu.

متوشح mutevaşşih: (A.) 1.kılıç kuşanmış olan. 2.süslenen.

متوصل mutevassil: (A.) 1.varan, ulaşan, eren. 2.ilişki kuran.

متوصله mutevassile: (A.) varan, ulaşan, eren.

متوضح mutevazzih: (A.) açıklık kazanan, açık seçik olan.

متوضحه mutevazzihe: (A.) açıklık kazanan.

متوضى mutevazzî: (A.) abdest alan.

متوطن mutevettin: (A.) yurt tutan, vatan edinen, yerleşen.

متوطن شدن mutevettin şoden: yurt tutmak, vatan edinmek, yerleşmek.

متوطنه mutevettine: (A.) yurt tutmuş, vatan edinmiş, yerleşmiş.

متوغل mutevaggil: (A.) çok uğraşan, bir şeyin inceliklerini öğrenen, bıkmadan usanmadan çalışan.

متوغلين mutevaggilîn: (A.) bıkmadan usanmadan çalışanlar, bir şeyin inceliklerini öğrenenler.

متوفات ، متوفاة muteveffât: (A.) vefat eden bayan.

متوفر muteveffir: (A.) 1.hürmet eden. 2.hazır, âmâde. 3.himmetli.

متوفق muteveffik: (A.) başarılı, muvaffak.

متوفى muteveffâ: (A.) vefat etmiş, ölmüş, ölü.

متوقد mutevakkid: (A.) yanan, tutuşup yanan, yanmakta olan.

متوقر mutevakkir: (A.) vakarlı olan, temkinli olan.

متوقرين mutevakkirîn: (A.) vakarlı olanlar, temkinli olanlar.

متوقع mutevakki': (A.) uman, bekleyen.

متوقعانه mutevakkı'âne: (A.-F.) [mutevakkı'+ âne] bekleyerek, umarak.

متوقف mutevakkif: (A.) 1.duran. 2.park eden, park etmiş. 3.tutuklu. 4.bağlı. 5.bekleyen, bir yerde kalan, eğlenen.

متوقف ساختن mutevakkif sâhten: 1.durdurmak. 2.işi tatil etmek. 3.kesmek.

متوقف شدن mutevakkif şoden: 1.durmak. 2.durdurulmak. 3.iş tatil edilmek.

متوقف كردن mutevakkif kerden: 1.durdurmak. 2.işi tatil etmek. 3.kesmek.

متوقى mutevakkî: (A.) kendini kollayan, kendine dikkat eden.

متوكل mutevekkil: (A.) 1.ümit eden. 2.tevekkül eden, işini Tanrı'ya bırakıp başkalarına güvenmeyen, tevekkül eden.

متوكلاً mutevekkilen: (A.) tevekkül ederek, işini Tanrı'ya bırakıp başkalarına güvenmeyerek. ‖ * ~ alâ alâ'i'l-İlâh متوكلاً على علاءالله yegâne olan Allah'ın nimetlerine dayanarak. ‖ * ~ alallâh متوكلاً على الله işini Tanrı'ya bırakıp başkalarına güvenmeyerek, Allah'a tevekkül ederek.

متوكلانه mutevekkilâne: (A.-F.) [mutevekkil+ âne] tevekkül ederek, işini Tanrı'ya bırakıp başkalarına güvenmeyerek.

متولد mutevellid: (A.) 1.doğan, doğumlu. 2.ileri gelen,

kaynaklanan.

متولد شدن mutevellid şoden: doğmak, dünyaya gelmek.

متولد گرديدن mutevellid gerdîden: doğmak.

متوله mutevellih: (A.) aklı başından giderek sersemleşen.

متولهانه mutevellihâne: (A.-F.) [mutevellih+âne] aklı başından gitmiş gibi.

متولول mutevelvil: (A.) şamata eden, gürültü patırtı çıkaran.

متولى mutevellî: (A.) **1.**mütevelli, sorumlu müdür. **2.**vakıf yöneticisi. **3.**birinin yerine geçen.

متون mutûn: (A.) metinler.

متوهم mutevehhim: (A.) kuruntulu, vehimli.

متوهمانه mutevehhimâne: (A.-F.) [mutevehhim+ âne] kuruntuya düşerek, vehimlenerek.

متوهم شدن mutevehhim şoden: **1.**vehimlenmek, kuruntuya düşmek. **2.**korkuya kapılmak. **3.**vehmetmek.

متوهمين mutevehhimîn: (A.) kuruntuya kapılanlar, vehimliler.

متويل muteveyyil: (A.) çığlık atan, feryat eden.

مته mette: matkap, burgu. ‖ * ~ be heşhâş gozâşten مته به خشخاش گذاشتن ince eleyip sık dokumak. ‖ * ~ -i neccârî متهء نجارى el breyzi, marangoz matkabı.

متهاتر mutehâtir: (A.) birbirini yalanlayan.

متهاجم mutehâcim: (A.) saldıran, saldırgan, hücum eden.

متهاجمانه mutehâcimâne: (A.-F.) [mutehâcim+âne] birbirine saldırarak.

متهاجمين mutehâcimîn: (A.) birbirine saldıranlar.

متهاجى mutehâcî: (A.) birbirini yeren.

متهاجيانه mutehâciyâne: (A.-F.) [mutehâci+y+âne] birbirini yererek.

متهارم mutehârim: (A.) ihtiyar gibi davranan, ihtiyarlığa vuran.

متهارمانه mutehârimâne: (A.-F.) [mutehârim+âne] ihtiyarlığa vurarak, ihtiyar gibi davranarak.

متهارمين mutehârimîn: (A.) ihtiyarlığa vuranlar, ihtiyar gibi görünenler.

متهافت mutehâfit: (A.) istekle atılan.

متهافتانه mutehâfitâne: (A.-F.) [mutehâfit+âne] istekle atılarak.

متهالک mutehâlik: (A.) tehlikeye düşecek kadar acele eden.

متهالکانه mutehâlikâne: (A.-F.) [mutehâlik+âne] olanca hızıyla, olanca çabukluğuyla.

متهاون mutehâvin: (A.) hafife alan, küçümseyen, önemsemeyen, savsaklayan, ağırdan alan, kayıtsız kalan.

متهتک mutehettik: (A.) **1.**yırtılan. **2.**yırtık, arsız.

متهجد muteheccid: (A.) gece kalkıp namaz kılan.

متهجى mutehecci: (A.) heceleyen, hece hece söyleyen.

متهدم muteheddî: (A.) **1.**Müslüman olan, İslâm dinini kabul eden. **2.**hediye gönderen.

متهدم muteheddim: (A.) yıkılan.

متهزج mutehezzic: (A.) makamıyla şarkı söyleyen.

متهزجانه mutehezzicâne: (A.-F.) [mutehezzic+âne] makamıyla şarkı söyleyerek.

متهزجين mutehezzicîn: (A.) makamıyla şarkı söyleyenler.

متهزز mutehezziz: (A.) titreyen.

متهكم mutehekkim: (A.) alaycı, alay eden.

متهكمانه mutehekkimâne: (A.-F.) [mutehekkim+ âne] alay ederek, alaycı bir tavırla.

متهلل mutehellil: (A.) sevinçten yüzü gülen.

متهم muttehem: (A.) **1.**(huk.) sanık. **2.**suçlanan, suçlu, zan altında tutularak suçlanan.

متهم داشتن muttehem dâşten: suçlamak, kabahatli olmak, ayıplamak.

متهم دانستن muttehem dânisten (Huk.) suçlu bilmek.

متهم شدن muttehem şoden (Huk.) suçlanmak, itham edilmek, töhmet altında tutulmak.

متهم کردن muttehem kerden (Huk.) suçlamak, itham etmek.

متهم گردیدن muttehem gerdîden: itham edilmek, suçlanmak.

متهمیت muttehemiyyet: (A.) zan altında tutularak suçlanma.

متهنج mutehennic: (A.) anne karnında kıpırdayan çocuk.

متهود mutehevvid: (A.) Yahudi olan.

متهور mutehevvir: (A.) korkusuz, cesur, öfkeli, birden öfkelenen, kızgın.

متهورانه mutehevvirâne: (A.-F.) [mutehevvir+ âne] birden öfkelenerek, öfkeyle.

متهیب muteheyyib: (A.) heybetli.

متهیج muteheyyic: (A.) heyecanlı, coşkulu.

متهیجانه muteheyyicâne: (A.-F.) [muteheyyic+ âne] heyecanla, coşkuyla.

متهیجه muteheyyice: (A.) heyecanlı, coşkulu.

متهیم muteheyyim: (A.) şaşkın, hayret etmiş.

متهیمانه muteheyyimâne: (A.-F.) [muteheyyim+ âne] hayretle.

متهیمین muteheyyimîn: (A.) hayret edenler, şaşanlar.

متهیی muteheyyi': (A.) hazır, hazırlanmış, hazırlanan.

متی metâ: (A.) ne zaman?

متیبس muteyebbis: (A.) kuruyan.

متیسر muteyessir: (A.) kolaylanmış olan, kolay yapılan.

متیقظ muteyakkiz: (A.) **1.**uyanık, tetikte. **2.**gözü açık.

متیقظانه muteyakkizâne: (A.-F.) [muteyakkiz+ âne] uyanık olarak, tetikte bekleyerek, göz açıklığı ile.

متیقظه muteyakkize: (A.) **1.**uyanık, tetikte. **2.**gözü açık.

متیقن muteyakkin: (A.) **1.**kesin bilgili, emin. **2.**araştırıcı.

متیمم muteyemmim: (A.) teyemmüm eden.

متیمما muteyemmimen: (A.) teyemmüm ederek.

متیممانه muteyemmimâne: (A.-F.) [muteyemmim+ âne] teyemmüm ederek, teyemmüm edercesine.

متیمن muteyemmen: (A.) uğurlu, kutlu.

متیمن muteyemmin: (A.) **1.**uğurlu sayan, kutlu sayan. **2.**uğurlu sayılan, kutlu sayılan.

متین metîn: (A.) sağlam, metin.

متینانه metînâne: (A.-F.) [metîn+âne] metince, metanetle, dayanıklılıkla.

مثاب mesâb: (A.) **1.**geri dönülecek yer. **2.**insanların toplandığı yer. **3.**suyun birikme yeri.

مثاب musâb: (A.) **1.**ödüllendirilmiş. **2.**sevap kazanmış.

مثابرت musâberet: (A.) **1.**hemen girişimde bulunma. **2.**sürekli uğraşma.

مثابرت کردن musâberet kerden: **1.**devam etmek. **2.**öne geçmek. **3.**sıkıntıya katlanmak, zahmet çekmek.

مثابه mesâbe: (A.) **1.**ölçü, derece, mesabe. **2.**benzer. ‖ * be ~ -i بمثابهء mesabesinde, yerinde.

مثاقب mesâkıb: (A.) matkaplar.

مثاقیل mesâkîl: (A.) miskaller.

مثال misâl: (A.) **1.**gibi, benzeri. **2.**hüküm, ferman. **3.**örnek, misal. **4.**tasvir. **5.**heykel. **6.**rüya. **6.**düş. **8.**masal. **9.**amblem. **10.**Arapça'da ilk harfi "illetli" kelime. ‖ * ~ -i مثال. gibi, benzeri. ‖ * ~ -i vâvî مثال واوی Arapça'da ilk harfinde "vav" illet harfi bulunan kelime. ‖ * ~ -i yâyî مثال يايى Arapça'da ilk harfinde "yâ" illet harfi bulunan kelime. ‖ * be tovr-i ~ به طور مثال örneğin, örnek olarak. ‖ * be unvân-i ~ به عنوان مثال örneğin, örnek olarak. ‖ * der ~ -i در مثال **1.**benzeri. **2.**mesela.

مثال musâl: (A.) sakal.

مثالب mesâlib: (A.) kusurlar, eksiklikler.
مثالث mesâlis: (A.) üç telli sazlar.
مثال دادن misâl dâden: emir vermek.
مثال زدن misâl zeden: örnek getirmek, örnek vermek.
مثال نهادن misâl nihâden: örnek vermek, örnek getirmek.
مثانه mesâne: (A.) (tıb.) mesane, sidik torbası. ‖ * verem-i ~ ورم مثانه (tıb.) sistit (cystite)
مثانی mesânî: (A.) tekrar edilmiş. ‖ * seb'ul~ سبع المثانی Fâtiha sûresi.
مثانی العود mesâniyul'ûd: (A.) **1.**iki telli saz. **2.**tamburun ikinci teli.
مثاوی mesâvî: (A.) evler, konutlar.
مثبت mosbet: (A.) **1.**olumlu, müspet, pozitif. **2.**kanıtlanmış. **3.**yazılı.
مثبت musbit: (A.) **1.**kanıtlayan. **2.**sabitleştiren.
مثبت musebbet: (A.) tespit edilmiş, sabitleştirilmiş.
مثبت musebbit: (A.) sabitleştirici, tespit edici, devamlı kılan.
مثبت اللون musebbitullevn: (A.) mordan.
مثبتات musebbitât: (A.) **1.**sabitleştiriciler. **2.**uyuşturucu ilaçlar, bayıltıcı ilaçlar.
مثبت توصیف کردن mosbet tovsîf kerden: olumlu bulmak.
مثبت کردن mosbet kerden: **1.**sabitleştirmek. **2.**yazmak.
مثبته musbete: (A.) **1.**olumlu. **2.**pozitif. **3.**kanıtlanmış.
مثبته musbite: (A.) **1.**kanıtlayan. **2.**sabitleştiren.
مثقال miskâl: (A.) bir dirhemlik ağırlık birimi, miskal.
مثقب miskab: (A.) matkap.
مثقب musakkab: (A.) delinmiş, delik.
مثقب musakkib: (A.) delici, delen, delik açan.
مثقل musakkal: (A.) ağırlaştırılmış.
مثقل musakkil: (A.) ağırlaştırıcı.
مثقوب meskûb: (A.) delinmiş, delikli. ‖ * dürr-i ~ در مثقوب delinmiş inci.
مثل mesel: (A.) **1.**atasözü. **2.**ibret, öğüt. **3.**hikâye, masal. **4.**örnek. ‖ * be ~ به مثل meselâ, örneğin. ‖ * darb-i ~ ضرب مثل atasözü.
مثل misl: (A.) gibi, benzeri, misli. ‖ * ~ -i anki مثل آنکه sanki, galiba, -miş gibi. ‖ * ~ -i hemîşe مثل همیشه her zamanki gibi. ‖ * ~ -i in bûd ki مثل این بود که sanki, -miş gibi. ‖ * ~ -i in est ki مثل این است که sanki, galiba, -miş gibi. ‖ * ~ -i inki مثل اینکه sanki, galiba, -miş gibi, sanırım. ‖ * ~ -i kebk ser râ zîr-i berf kerden مثل کبک سر را زیر برف کردن devekuşu gibi başını kuma gömmek. ‖ * ~ -i kene çesbîden مثل کنه چسبیدن kene gibi yapışmak. ‖ * ~ -i muşterek مثل مشترک ortak kat. ‖ * mukâbele be ~ مقابله به مثل misilleme. ‖ * mukâbele be ~ kerden مقابله به مثل کردن misillemede bulunmak. ‖ * mukâbele bil~ مقابله بالمثل misilleme.
مثل mosol: (A.) benzerler, örnekler.
مثل آمیز meselâmîz: (A.-F.) [mesel+ âmîhten> âmîz] atasözleri ile doldurulmuş.
مثل آوردن mesel âverden: hikâye anlatmak, masal anlatmak.
مثلاً meselen: (A.) örneğin, mesela.
مثلبه meslebe: (A.) kusur, eksik, ayıp.
مثلث muselles: (A.) **1.**üçgen, üç köşe. **2.**üçleştirilmiş, üçlü. **3.**üç kere tasfiye edilmiş şarap. **4.**üç mısralı güfte. **5.**bir yazı stili.
مثلثات musellesât: (A.) trigonometri.
مثلث الشکل musellesuşşekl: (A.) üçgen şeklinde.
مثلثه musellese: (A.) bileşiminde oksijen, hidrojen ve karbon bulunan.
مثلثی musellesî: (A.) üçgen biçimli.
مثل راندن mesel rânden: hikâye anlatmak, hikâye etmek.
مثل زدن mesel zeden: hikâye anlatmak, hikâye etmek.
مثل شدن mesel şoden: **1.**atasözü olmak. **2.**ün kazanmak.

مثل گو meselgû: (A.-F.) [mesel+ goften>gû] darbımesel söyleyen, atasözü kullanan.

مثلوث meslûs: (A.) **1.**üç katlı ip. **2.**üçte biri alınmış.

مثله musle: (A.) **1.**işkence. **2.**kulak ve burun kesme. **3.**âfet. **4.**kulağı veya burnu kesik.

مثله کردن musle kerden: **1.**kulak veya burun kesmek. **2.**işkence etmek.

مثلی mislî: (A.) misil ile ilgili.

مثمر musemmir: (A.) meyvalı.

مثمر musmer: (A.) **1.**meyvalı. **2.**neticeli.

مثمر musmir: (A.) **1.**meyva veren. **2.**sonuç veren. **3.**verimli.

مثمره musmire: (A.) **1.**meyva veren. **2.**sonuç veren. **3.**verimli. ‖ * netâyic-i ~ نتایج مثمره olumlu sonuçlar.

مثمریت musmiriyyet: (A.) verimlilik.

مثمن musemmen: (A.) **1.**sekizgen. **2.**sekizli. **3.**değer biçilmiş, kıymet biçilmiş. **4.**sekizer mısraları kıtalardan oluşan manzume.

مثنائی mesnâ'î: (A.) ikizli.

مثنائیت musennâ'iyyet: (A.) ikili oluş, iki bölümlü oluş.

مثنات musennât: (A.) iki noktalı harf.

مثنی musennâ: (A.) **1.**iki kat, iki katlı. **2.**iki bölümlü. **3.**ikil. **4.**iki noktalı harf. **5.**bir yazı stili.

مثول musûl: (A.) saygı ile ayakta durma.

مثنوی mesnevî: (A.) **1.**(ed.) her beyti kendi arasında kafiyeli olup aynı vezinde yazılan uzun manzûme. **2.**Mevlânâ Celaleddin'in yapıtı, Mesnevî-yi Manevî.

مثنویات mesneviyyât: (A.) mesnevî tarzında yazılmış eserler.

مثنوی خوان mesnevîhân: (A. -F.) [mesnevî+hânden>hân] Mesnevi okuyan, mesnevihan.

مثنوی خوانی mesnevîhânî: (A. -F.) [mesnevî+hânden>hân+î] Mesnevi okuyuculuğu, mesnevihanlık.

مثنی mesnâ: (A.) ikişer ikişer.

مثنی musennâ: (A.) **1.**ikili. **2.**iki kat. **3.**iki noktalı harf.

مثوبات mesûbât: (A.) **1.**Tanrı'nın iyiliğe karşı verdiği ödüller. **2.**ibadetlerin kıyametteki karşılığı.

مثوبت mesûbet: (A.) ödül, mükâfat.

مثوبه mesûbe: (A.) **1.**Tanrı'nın iyiliğe karşı verdiği ödül. **2.**ibadetin kıyametteki karşılığı.

مثوی mesvâ: (A.) ev, konut, mesken.

مثیل mesîl: (A.) benzer, benzeri.

مجاب mucâb: (A.) **1.**cevaplandırılmış. **2.**münazarada yenik düşmüş. **3.**kabul edilmiş. **4.**duası kabul edilen. **5.**erkek adı.

مجاب شدن mucâb şoden: **1.**cevaplandırılmak. **2.**münazarada yenik düşmek.

مجاب کردن mucâb kerden: **1.**cevaplamak. **2.**münazarada birini yenmek. ‖ * kesî râ ~ کسی را مجاب کردن inandırmak.

مجادل mecâdil: (A.) köşkler.

مجادل mucâdil: (A.) mücadele eden, savaşan, savaşım veren.

مجادلات mucâdelât: (A.) **1.**savaşmalar, savaşımlar, mücadeleler. **2.**çekişmeler.

مجادله mucâdele: (A.) **1.**mücadele. **2.**düşmanlık.

مجادله کردن mucâdele kerden: **1.**mücadele etmek. **2.**düşmanlık etmek. **3.**tartışmak.

مجادیف mecâdîf: (A.) kayık kürekleri.

مجاذبات mucâzebât: (A.) birbirini çekmeler, birbirini cezbetmeler.

مجاذبه mucâzebe: (A.) birbirini çekme, birbirini cezbetme.

مجاذیب mecâzîb (A.) **1.**meczuplar. **2.**sevgisinden aklını kaçıranlar.

مجارات mucârât: (A.) yürürken yarış yapma.

مجارحه mucârehe: (A.) birbirini yaralama.

مجارزه mucâreze: (A.) **1.**eşek şakası. **2.**belden aşağı sözlerle şakalaşma.

مجاره mucârre: (A.) birinin hakkını sürüncemede bırakma.

مجاری mecârî: (A.) **1.**su yolları, mecralar. **2.**yollar.

مجاز mecâz: (A.) **1.**(ed.) mecaz. **2.**gerçek dışı. **3.**mizaç. ‖ * ~ -i mursel مجاز مرسل (ed.) kelime mecaz olarak kullanılırken ikisinin arasında benzetme yapılması.

مجاز mucâz: (A.) **1.**izinli, ruhsatlı. **2.**uygun, caiz. **3.**diplomalı, icazetli. ‖ * imzâ-yi ~ امضای مجاز geçerli imza, muteber imza.

مجازاً mecâzen: (A.) mecaz yollu.

مجازات mucâzât: (A.) **1.**cezalandırma, ceza verme, ceza. **2.**iyi veya kötü karşılık verme. **3.**ödüllendirme, ödül verme.

مجازاتاً mucâzâten: (A.) ceza olarak, cezalandırılarak.

مجازات شدن mucâzât şoden: cezalandırılmak.

مجازات كردن mucâzât kerden: cezalandırmak, yargılamak.

مجازفات mucâzefât: (A.) **1.**toptan, götürü satış. **2.**götürü satılan mal.

مجازفه mucâzefe: (A.) götürü usülde satış.

مجازى mecâzî: (A.) **1.**(ed.) mecazî. **2.**gerçek olmayan.

مجازستان mecâzistân (A.-F.) [mecâz+ istân] mecaz yeri.

مجاسر mucâsir: (A.) cesaret eden, cesaret bulan.

مجاسرت mucâseret: (A.) cesaret etme, cesaretlenme.

مجاع mecâ': (A.) açlık.

مجاعت mecâ'et: (A.) **1.**açlık. **2.**acıkma.

مجاعه mecâ'e: (A.) **1.**açlık. **2.**acıkma.

مجال mecâl: (A.) **1.**fırsat, mecal. **2.**gezinti yeri. **3.**mühlet, süre. **4.**mümkün. **5.**güç, kuvvet.

مجال دادن mecâl dâden: mühlet vermek, süre tanımak, fırsat vermek, vakit vermek.

مجال داشتن mecâl dâşten: mecali olmak, fırsatı olmak.

مجالس mecâlis: (A.) **1.**meclisler. **2.**toplantı yerleri.

مجالس mucâlis: (A.) birlikte oturan.

مجالست mucâleset: (A.) arkadaşlık, sohbet arkadaşlığı.

مجالسه mucâlese: (A.) birlikte oturma.

مجال يافتن mecâl yâften: fırsat bulmak.

مجامر mecâmir: (A.) tütsü kapları, buhurdanlar.

مجامع mecâmi': (A.) toplantı yerleri, toplantı salonları.

مجامعت mucâme'et: (A.) cinsel ilişki, çiftleşme.

مجامعت كردن mucâme'et kerden: cinsel ilişkide bulunmak, çiftleşmek.

مجامعه mucâme'e: (A.) cinsel ilişkide bulunma.

مجاملت mucâmelet: (A.) **1.**iyi davranma. **2.**tatlı sözler söyleme. **3.**dalkavukluk, yaltaklanma.

مجامله mucâmele: (A.) **1.**iyi davranma. **2.**dalkavukluk, yaltaklanma.

مجامله كار mucâmelekâr: (A. -F.) [mucâmele+kâr] **1.**tatlı dilli. **2.**dalkavuk, yaltakçı.

مجاميع mecâmî': (A.) dergiler, mecmûalar.

مجان meccân: (A.) bedava, parasız.

مجاناً meccânen: bedava, parasız, karşılıksız olarak.

مجانب mucânib: (A.) **1.**uzaklaşan. **2.**asemptot, sunuşmaz.

مجانبت mucânebet: (A.) **1.**birbirinden uzaklaşma. **2.**yanyana bulunma.

مجانس mucânis: (A.) hemcins, homojen.

مجانست mucâneset: (A.) hemcinslik, benzerlik, homojenlik.

مجانق mecânik: (A.) mancınıklar.

مجانى meccânî: (A.) **1.**parasız. **2.**bedavacı.

مجانيت meccâniyyet (A.) parasız olma, bedava olma.

مجانيق mecânîk: (A.) mancınıklar.

مجانين mecânîn: (A.) **1.**mecnunlar. **2.**deliler.

مجاوبت mucâvebet: (A.) cevaplaşma.

مجاوبه mucâvebe: (A.) **1.**cevaplaşma. **2.**mektuplaşma.

مجاودت mucâvedet: (A.) iyilik etme, ihsanda bulunma.

مجاور mucâvir: (A.) **1.**komşu, mücavir, bitişik. **2.**cami veya tekke kenarına çekilerek ibadetle meşgul olan. **3.**Haremeyn'e gidip orada ömrünü ibadetle geçiren.

مجاورت mucâveret: (A.) **1.**komşuluk. **2.**cami veya tekke kenarına çekilerek ibadetle meşgul olma.

مجاوز mucâviz: (A.) **1.**geçen. **2.**geride bırakan. **3.**çok. **4.**sarkıntılık eden.

مجاوزه mucâveze: (A.) **1.**sınırı aşma, haddini aşma. **2.**göz yumma.

مجاهد mucâhid: (A.) **1.**çalışan, çabalayan. **2.**cihat yapan, din uğrunda savaşan.

مجاهدات mucâhedât: (A.) **1.**savaşmalar. **2.**nefsi yenmeye çalışmalar. **3.**cihatlar, din uğruna savaşmalar.

مجاهدانه mucâhidâne: (A.-F.) [mucâhid+âne] cihat yaparcasına, mücahit gibi.

مجاهده mucâhide: (A.) **1.**savaşma, savaşım. **2.**nefsi yenmeye çalışma. **3.**cihat, din uğruna savaş.

مجاهدين mucâhidîn: (A.) **1.**mücahitler, din uğrunda savaşanlar. **2.**savaşçılar.

مجاهدت mucâhedet: (A.) çalışma, çabalama.

مجاهده mucâhede: (A.) çalışma, çabalama.

مجاهرةً mucâhereten: (A.) karşılıklı olarak ortaya çıkararak.

مجاهرت mucâheret: (A.) karşılıklı olarak ortaya çıkarma.

مجاهره mucâhere: (A.) karşılıklı olarak ortaya çıkarma.

مجاهز mucâhiz: (A.) **1.**teçhiz eden, donatan. **2.**zengin tacir. **3.**hazinedar.

مجاهل mecâhîl: (A.) ne idüğü belirsiz kimseler.

مجبر mucber: (A.) zorlanmış, zorlanıl-mış.

مجبر mucbir: (A.) zorlayıcı, mücbir.

مجبر mucebbir: (A.) kırık çıkıkçı.

مجربات mucerrebât: (A.) **1.**tecrübe edilmişler, denenmişler. **2.**görgü.

مجبره mucbire: (A.) zorlayıcı, zorlayan. ‖ * esbâb-i ~ اسباب مجبره zorlayıcı sebepler.

مجبوب mecbûb: (A.) penisi ve hayaları kesik.

مجبور mecbûr: (A.) **1.**zorunlu. **2.**ister istemez.

مجبوراً mecbûren: (A.) zorunlu olarak, ister istemez, zoraki.

مجبور التأديه mecbûrutte'diye: (A.) ödenmesi zorunlu.

مجبور ساختن mecbûr sâhten: mecbur etmek, zorunda bırakmak, zorlamak.

مجبور شدن mecbûr şoden: mecbur olmak, zorunda kalmak.

مجبور كردن mecbûr kerden: mecbur etmek, zorunda bırakmak.

مجبورى mecbûrî: (A.) zorunlu, zorla.

مجبوريت mecbûriyyet: (A.) zorunluluk, mecburluk.

مجبوريه mecbûriyye: (A.) zorunlu, zorla.

مجبول mecbûl: (A.) yaratılmış.

مجبوله mecbûle: (A.) yaratılmış.

مجتاز muctâz: (A.) gelip geçen, yoldan geçen.

مجتبى muctebâ: (A.) **1.**seçkin, seçilmiş. **2.**erkek adı.

مجتث muctes: (A.) **1.**kökünden sökülmüş. **2.**(ed.) bir aruz bahri, müctes.

مجتر mucterr: (A.) geviş getiren.

مجترن mucterin: (A.) mesleğinde uzman olan.

مجتره mucterre: (A.) geviş getiren.

مجترى mucterî: (A.) cüret eden.

مجتلب muctelib: (A.) celbedici, çekici.

مجتمع mucteme': (A.) **1.**toplantı yeri. **2.**kompleks, tesis.

مجتمع muctemi': (A.) toplanan, biriken, toplu, derli toplu.

مجتمعاً muctemi'an: (A.) toplu olarak, bir arada.

مجتمع شدن muctemi' şoden:

toplanmak, bir araya gelmek.

مجتمعه muctemi'a: (A.) toplanan, biriken, toplu.

مجتنب muctenib: (A.) kaçınan, çekinen, içtinab eden.

مجتنب الكلس muctenibulkils: (A.) kireçyeren.

مجتنح muctenih: (A.) **1.**bir yana eğilen. **2.**usûlüne göre secdeye kapanan.

مجتنى muctenâ: (A.) toplanmış, devşirilmiş.

مجتهد muctehed: (A.) içtihat edilmiş.

مجتهد muctehid: (A.) **1.**çalışan, çabalayan. **2.**(huk.) müçtehit, içtihat sahibi, içtihat eden, âyet ve hadislere bakarak din hükümleri çıkaran.

مجتهد فيه muctehidun fîh: (A.) hakkında kesin kanıt bulunmayan mesele.

مجتهد فيها muctehedun fîhâ: (A.) üzerinde içtihat edilen konu.

مجتهدين muctehidîn: (A.) müçtehitler, âyet ve hadislere bakarak din hükümleri çıkaranlar.

مجتهز muctehez: (A.) donatılmış.

مجتور muctevir: (A.) komşu olan.

مجثه micesse: (A.) mum makası, fitil makası.

مجد mucidd: (A.) çalışkan.

مجد mecd: (A.) büyüklük, şan, şeref.

مجد mucidd: (A.) ciddi.

مجدانه muciddâne: (A.-F.) [mucidd+âne] çalışkanca.

مجدار micdâr: (A.) korkuluk, bostan korkuluğu.

مجداف micdâf: (A.) kürek, kayık küreği.

مجدانه muciddâne: (A. -F.) [mucidd+âne] ciddi olarak.

مجدد mucedded: (A.) yenilenmiş, yeni.

مجدد muceddid: (A.) **1.**yenilikçi. **2.**yenileyici, yenileyen. **3.**dinde yenilik getiren.

مجددا muceddeden: (A.) tekrar, yeniden.

مجددانه muceddidâne: (A.-F.) [muceddid+âne] yenilikçi gibi, yenilik getirircesine.

مجدد كردن mucedded kerden: yenilemek, yeniden yapmak.

مجدده muceddede: (A.) yenilenmiş, yepyeni.

مجددين muceddidîn: (A.) **1.**yenilikçiler. **2.**dinde yenilik getirenler.

مجدر mucedder: (A.) **1.**çiçek bozuğu. **2.**çiçek çıkarmış.

مجدر شدن mucedder şoden: çiçek bozuğu olmak.

مجدل micdel: (A.) köşk.

مجدود mecdûd: (A.) **1.**bol rızıklı. **2.**bahtiyar. **3.**erkek adı.

مجدور mecdûr: (A.) çiçek çıkaran, çiçek hastalığına yakalanan.

مجدول mecdûl: (A.) **1.**sağlam. **2.**bükülü, kıvrık.

مجذوب meczûb: (A.) **1.**çekilmiş, cezbedilmiş, tutulmuş. **2.**Tanrı sevgisiyle kendisinden geçen. **3.**deli. ‖ * ~ -i yekdîger bûden مجذوب يكديگر بودن birbirini cezbetmek.

مجذوب شدن meczûb şoden: cezbedilmek.

مجذوب كردن meczûb kerden: cezbetmek.

مجذوبه meczûbe: (A.) **1.**çekilmiş, cezbedilmiş. **2.**deli.

مجذوبيت meczûbiyyet: (A.) **1.**meczupluk, Tanrı sevgisiyle kendini yitirme. **2.**birine gönül akışı, birine gönülden ilgi duyma.

مجذوبين meczûbîn: (A.) **1.**Tanrı sevgisiyle kendini yitirenler. **2.**deliler.

مجذور meczûr: (A.) (mat.) bir sayının karesi, karekökü alınmış.

مجذوم meczûm: (A.) (tıb.) cüzzamlı.

مجرا mecrâ: (A.) **1.**su yolu, su yatağı. **2.**cereyan şekli. **3.**yol, güzergâh. ‖ * ~ -yi bevl مجراى بول idrar yolu.

مجرا mucrâ: (A.) icra edilmiş, yerine getirilmiş.

مجرا شدن mucrâ şoden: uygulanmak.

مجرا کردن mucrâ kerden: uygulamak.

مجرب mucerreb: (A.) **1.**tecrübeli, deneyimli. **2.**denenmiş, sınanmış, tecrübe edilmiş.

مجرب mucerrib: (A.) tecrübe eden, deneyen.

مجربه mucerrebe: (A.) denenmiş, tecrübe edilmiş.

مجربه mucerribe: (A.) tecrübe eden, deneyen.

مجربین mucerribîn: (A.) tecrübe edenler, deneyenler.

مجرح mucerrah: (A.) **1.**yaralı. **2.**(huk.) şahitliği reddedilen.

مجرد micred: (A.) **1.**cerrah bıçağı. **2.**dişçi bıçağı.

مجرد mucerred: (A.) **1.**çıplak. **2.**yalın. **3.**tek, yalnız. **4.**bekâr. **5.**soyut. **6.**halis, saf. **7.**züğürt, parasız pulsuz. **8.**malını mülkünü terk eden. **9.**fakat, ancak. ‖ * be ~ -i به مجرد -. ir. -mez. ‖ * be ~ î ki بمجردی که -. ir. -mez. ‖ * be ~ -i inki به مجرد اینکه -. ir.. -mez. ‖ * bu'd-i ~ بعد مجرد soyut uzaklık.

مجرد mucerrid: (A.) **1.**yalıtkan. **2.**soyutlayan, tecrit eden, ayıran.

مجردات mucerredât: (A.) soyut kavramlar.

مجرد شدن mucerred şoden: **1.**çıplak olmak. **2.**soyutlanmak.

مجرد کردن mucerred kerden: **1.**soymak. **2.**tekleştirmek. **3.**soyutlamak.

مجرده micrede: (A.) divit temizleme bıçağı.

مجرده mucerrede: (A.) **1.**soyut. **2.**yalnız, tek. **3.**çıplak, soyulmuş.

مجردی mucerredî: (A. -F.) [mucerred+î] **1.**çıplaklık. **2.**yalnızlık. **3.**bekârlık. **4.**soyutlanma.

مجرفه micrefe: (A.) **1.**kürek. **2.**tırmık.

مجرگ mecerg: angarya.

مجرگ فرمودن mecerg fermûden: angarya buyurmak.

مجرم mucrim: (A.) (huk.) suçlu, mücrim.

مجرمانه mucrimâne: (A.-F.) [mucrim+ âne] suçlu gibi.

مجرمی mucrimî: (A. -F.) [mucrim+î] (huk.) suçluluk, mücrimlik.

مجرمیت mucrimiyyet: (A.) suçluluk.

مجرمین mucrimîn: (A.) suçlular.

مجروح mecrûh: (A.) **1.**yaralı. **2.**çürütülmüş görüş veya dava.

مجروح شدن mecrûh şoden: yaralanmak.

مجروح کردن mecrûh kerden: yaralamak.

مجروحه mecrûha (A.) **1.**yaralı. **2.**çürütülmüş görüş veya dava.

مجروحین mecrûhîn: (A.) yaralılar.

مجرور mecrûr: (A.) **1.**çekilmiş. **2.**(gr.) esreli, cerli.

مجرورات mecrûrât (A.) cer edatı alanlar.

مجروف mecrûf: (A.) kürekle atılmış, kürünmüş.

مجره mecerre: (A.) samanyolu, saman uğrusu, kehkeşan.

مجری mecrâ: (A.) **1.**su yolu. **2.**mecra. **3.**geçit. **4.**yol.

مجری mucrî: (A.) icracı, şovmen, sunucu.

مجری mecrî: (A.) küçük madenî kutu.

مجری mucrâ: (A.) **1.**icra edilmiş. **2.**akıtılmış.

مجری داشتن mucrâ dâşten: **1.**akıtmak. **2.**uygulamak, icra etmek.

مجری کردن mucrâ kerden: **1.**akıtmak. **2.**uygulamak, icra etmek.

مجزا mucezzâ: (A.) bölünmüş, parçalanmış, ayrılmış.

مجزا شدن mucezzâ şoden: bölünmek, parçalanmak, ayrılmak.

مجزام miczâm: (A.) keskin kılıç.

مجزوم meczûm: (A.) **1.**tayin edilmiş. **2.**(gr.) cezimli, sâkin, cezimli, son harfinde durulan kelime. **3.**kesin karar verilmiş.

مجس meces: (A.) **1.**el sürme yeri. **2.**nabız. **3.**göğüs.

مجستی micestî: (A.) Batlamyus'un geometri kitabı.

مجسطی micestî: (A.) **1.**Batlamyus'un astronomi kitabı. **2.**astronomi ve yıldızlar.

مجسم mucessem: (A.) **1.**şekillenmiş, cisme bürünmüş. **2.**yapılı. **3.**aşikâr olmuş. **4.**üç boyutlu cisim. **5.**büyük.

مجسمات mucessemât: (A.) **1.**cisimler. **2.**üç boyutlu geometrik cisimler.

مجسم ساختن mucessem sâhten: canlandırmak.

مجسم شدن mucessem şoden: **1.**canlanmak, belirmek, aşikâr olmak. **2.**cisimleşmek, cisme bürünmek. **3.**tasvir edilmek.

مجسم كردن mucessem kerden: **1.**canlandırmak, şekillendirmek, cisimleştirmek. **2.**tasvir etmek.

مجسمه mucesseme: (A.) **1.**anıt, heykel, abide, timsal. **2.**cisme bürünmüş, cisimlenmiş. **3.**üç boyutlu cisim. ‖ * ~ -i nîmtene مجسمهٔ نيم تنه büst.

مجسمه mucessime: (A.) insanbiçimlilik, antropomorfizm.

مجسمه ريختن mucesseme rîhten: heykel yapmak.

مجسمه ساز mucessemesâz: (A. -F.) [mucesseme+sâhten>sâz] heykeltıraş.

مجسمه سازى mucessemesâzî: (A. -F.) [mucesseme+sâhten>sâz+î] heykeltıraşlık.

مجعد muce'ed: (A.) kıvır kıvır saç, kıvırcık, kıvrım kıvrım.

مجعول mec'ûl: (A.) yapma, sahte, yapay, uydurma.

مجعوله mec'ûle: (A.) yapılmış, uydurulmuş, uydurma, yapay.

مجف muceff: (A.) kof, içi boş.

مجفف muceffef: (A.) suyu çekilmiş, kurutulmuş.

مجفف muceffif: (A.) suyunu çeken, kurutan.

مجل mecel: (A.) kabarcık.

مجلا mucellâ: (A.) cilalı, parlak.

مجلات mecellât: (A.) dergiler.

مجلجل mucelcel: (A.) çıngıraklı.

مجلد mucelled: (A.) **1.**ciltli. **2.**cilt.

مجلد mucellid: (A.) ciltçi.

مجلدات mucelledât: (A.) ciltli kitaplar.

مجلدخانه mucellidhâne: (A.-F.) [mucellid+hâne <hâne-i mucellid] ciltevi.

مجلدين mucellidîn: (A.) ciltçiler.

مجلس meclis: (A.) **1.**meclis. **2.**toplantı. **3.**kürsü. **4.**idare. **5.**görüşmek veya eğlenmek üzere bir araya gelmiş insan topluluğu. ‖ * ~ -i muessisân مجلس مؤسسان kurucu meclis. ‖ * ~ -i umûmî مجلس عمومى genel meclis, genel kurul.

مجلس آرا meclisârâ (A.-F.) [meclis+ ârâsten>ârâ] meclisi süsleyen, güzel konuşmalarıyla meclise renk katan.

مجلس افروز meclisefrûz: (A. -F.) [meclis+ efrûhten>efrûz] **1.**meclisi süsleyen, meclisi aydınlatan, meclisi şenlendiren. **2.**(kin.) şarap. **3.**(kin.) mum. **4.**(müz.) eski İran musikîsinde bir makam. **5.**klasik Türk musikîsinde bir makam.

مجلس فروز meclisfurûz (A.-F.) [meclis+ferûhten> ferûz] meclis aydınlatan, meclise renk katan.

مجلس گفتن meclis goften: vaaz vermek.

مجلس نويس mevlisnevîs: (A. -F.) [meclis+nevişten>nevîs] tarihçi, vakanüvis.

مجلسى meclisî (A.-F.) [meclis+î] **1.**mecliste bulunan, meclis mensubu. **2.**meclis ile ilgili, toplantı ile ilgili. **3.**Klasik Türk ve Azerî mûsikîlerinde kullanılan bir makam.

مجلسيان meclisiyân (A.-F.) [meclis+î+y+ân] mecliste bulunanlar, meclis mensupları.

مجلل mucellel: (A.) **1.**görkemli, göz alıcı, lüks. **2.**muhterem.

مجلو mecluvv (A.) cilalı, cilalanmış.

مجلوب meclûb (A.) **1.**getirilmiş. **2.**çekilmiş, yandaş edilmiş. **3.**aşık, tutkun.

مجلوبيت meclûbiyyet (A.) **1.**getirilme. **2.**tutkunluk, aşıklık.

مجلوبين meclûbîn (A.) 1.getirilenler. 2.çekilenler, yandaş edilenler. 3.aşıklar, tutkunlar.

مجله mecelle: (A.) dergi, mecmua. ‖ * ~ -i mâhâne مجلهء ماهانه aylık dergi. ‖ * ~ -i heftegî مجلهء هفتگى haftalık dergi.

مجلى meclâ: (A.) 1.ayna. 2.ortaya çıkma yeri, görünme yeri.

مجلى mucellâ: (A.) 1.cilalı, parlatılmış. 2.ortaya çıkarılmış, aşikâr edilmiş.

مجلى mucellî: (A.) 1.cilalayan, cilacı. 2.ortaya çıkaran, aşikâr eden. 3.yarışta önde koşan at.

مجلى muclâ: (A.) sürgün edilmiş, sürgüne gönderilmiş, sürülmüş.

مجليات mucelliyyât: (A.) cildi temizleyen ilaçlar, cilt güzelliği ilaçları.

مجمجه mecmece: (A.) 1.yazıda ecişbücüşlük, yazıdaki karışıklık. 2.söylemek istediği şeyi gizleme.

مجمد mucemmed: (A.) dondurulmuş.

مجمد mucemmid: (A.) 1.donan, buz tutan. 2.solan.

مجمده mecmede: (A.) karlık, buzluk.

مجمر micmer: (A.) 1.buhurdan. 2.ünlü bir İran şairi.

مجمره micmere: (A.) buhurdan, tütsü kabı.

مجمره گردان micmeregerdân: (A.-F.) [micmer+ gerdânden> gerdân] buhurdan dolaştıran.

مجمع mecma': (A.) 1.toplantı yeri, toplanma yeri. 2.merkez, nokta.

مجمع الاضداد mecma'ulezdâd (A.) zıtların bir araya geldiği yer, tam anlamıyla özgürlük.

مجمع البحرين mecma'ulbahreyn (A.) 1.iki denizin kavuştuğu yer. 2.tasavvufta kabekavseyn mertebesi.

مجمع الجزاير mecma'ulcezâyir: (A.) (coğ.) takımada.

مجمع الفواضل · mecma'ulfevâzil (A.) erdemlerin toplandığı yer.

مجمع ساختن mecma' sâhten: cemiyet kurmak, meclis kurmak.

مجمعه mecma'e: (A.) 1.toplantı yeri. 2.çöl. 3.sini.

مجمل mucmel: (A.) 1.özlü, kısa, muhtasar. 2.kısaca. 3.özlü söz. ‖ * betovr-i ~ بطور مجمل kısaca, özetle.

مجملاً mucmelen: (A.) kısaca, özetle.

مجموع mecmû': (A.) 1.toplam, tümü, hepsi, tamamı, topu topu. 2.bir yazı stili.

مجموعاً mecmû'en: (A.) toplam olarak, toplu olarak, tümü, hepsi.

مجموع شدن mecmû' şoden: kendini toplamak.

مجموعه mecmû'e: (A.) 1.toplanmış, bir araya getirilmiş. 2.seçilmiş yazılardan bir araya getirilmiş kitap, mecmûa. 3.dergi. 4.cönk, şiir antolojisi.

مجموعيت mecmû'iyyet: (A.) bir arada bulunma, derli toplu olma, bütünlük, kollektivizm.

مجن mecenn: (A.) 1.çok cinli yer. 2.delilik. 3.siper, kalkan.

مجنب الزيل mucennebuzzeyl: (A.) arap musikîsinde bir makam.

مجنبه mucennebe: (A.) savaşçı.

مجنح mucennah: (A.) kanatlı.

مجند mucenned: (A.) sıra olmuş asker.

مجنوب mecnûb: (A.) güney rüzgârı alan.

مجنون mecnûn: (A.) 1.deli, mecnun. 2.Doğu edebiyatlarında Leyla ile Mecnun hikâyesinin erkek kahramanı. 3.cinli. 4.delicesine seven.

مجنونانه mecnûnâne (A.-F.) [mecnûn+ âne] Mecnunca, delice, çılgınca.

مجنون فطرت mecnûnfıtrat (A.) [mecnûn+fıtrat] Mecnun yaratılışlı.

مجنون وار mecnûnvâr: (A. -F.) [mecnûn+ vâr] deli gibi, çılgınca.

مجنونيت mecnûniyyet (A.) mecnunluk, delilik.

مجنه mecenne: (A.) 1.çok cinli yer. 2.delilik. 3.siper, kalkan.

مجنی علیه mecniyyunaleyh: (A.) cinayete kurban giden.

مجواد micvâd: (A.) güzel şiir söyleyen.

مجوبه mecûbe: (A.) cevap.

مجود mucevvid: (A.) tecvit bilen, Kur'ân'ı usûlüne göre okuyan.

مجور mucevver: (A.) baskı altında tutulmuş.

مجوز mucevvez: (A.) izinli, onaylı.

مجوز mucevviz: (A.) izin veren, onaylayan, caiz gören.

مجوزه mucevveze: (A.) bir tür büyük kavuk.

مجوس mecûs: (A.) **1.**ateşe tapanlar, zerdüştîler. **2.**Zerdüştîlik, mecusîlik.

مجوسی mecûsî: (A.) **1.**ateşperest, zerdüştî, mecusî. **2.**zerdüştîlikle ilgili.

مجوسیان mecûsiyân: (A.-F.) [mecûsî+y+ân] ateşe tapanlar, zerdüştîler.

مجوسیت mecûsiyyet: (A.) zerdüştîlik, mecusîlik, ateşe tapma.

مجوف mucevvef: (A.) içi boş, kof.

مجون mocûn: (A.) **1.**kabalık. **2.**korkusuzluk.

مجوهر mucevher: (A.) **1.**elmas işli, elmaslı. **2.**ebced sistemine göre noktalı harflerle yazılmış be-yit. **3.**geometrik süsleme motifi.

مجوهرات mucevherât: (A.) mücevherler.

مجهار michâr: (A.) yüksek sesle konuşan.

مجهز mucehhez: (A.) donanmış, donanımlı, kuşamlı, mücehhez.

مجهز mucehhiz: (A.) **1.**donatan, teçhiz eden. **2.**armada.

مجهل mechel: (A.) **1.**işaretsiz, alametsiz. **2.**ıssız çöl.

مجهل mucehhel: (A.) meçhul bırakılmış, bilinmez kılınmış.

مجهلا mucehhelen: (A.) bilinmeyerek, meçhul olarak.

مجهله mechele: (A.) cahilliğe yönelten.

مجهود mechûd: (A.) **1.**çalışma, faaliyet. **2.**çalışılmış, gayret gösterilmiş. **3.**güç, kudret.

مجهودات mechûdât: (A.) çalışmalar, çabalamalar, gayret göstermeler.

مجهور mechûr: (A.) açık, aşikâr, alenî.

مجهول mechûl: (A.) **1.**bilinmeyen, meçhul. **2.**(gr.) edilgen.

مجهولات mechûlât: (A.) bilinmeyenler.

مجهول الاحوال mechûlulahvâl: (A.) hakkında bilgi edinilmeyen, ne idüğü belirsiz.

مجهول النسب mechûlunneseb: (A.) soyu sopu bilinmeyen, kimin çocuğu olduğu belirsiz.

مجهوله mechûle: (A.) bilinmeyen.

مجهولیت mechûliyyet: (A.) bilinmezlik, meçhullük.

مجیء mecî': (A.) gelme, geliş.

مجیب mucîb: (A.) **1.**cevap veren. **2.**kabul eden. **3.**erkek adı.

مجیبه mucîbe: (A.) **1.**kabul eden. **2.**cevap veren.

مجید mecîd: (A.) **1.**ulu, şanlı, şerefli. **2.**erkek adı. **3.**Kur'ân'ın sıfatı.

مجیدن mecîden: el sürmek, dokunmak.

مجیدی mecîdî: (A.) **1.**Mecid ile ilgili. **2.**Osmanlı nişanlarından biri.

مجیدیه mecîdiyye: (A.) Sultan Abdülmecid döneminde çıkarılan bir para.

مجیر mucîr: (A.) **1.**koruyan, himaye eden. **2.**erkek adı. **3.**ünlü bir İran şairi.

مجیز mecîz: (A.) dalkavukluk. ‖ * ~ -i kesî râ goften مجیز کسی را گفتن dalkavukluk etmek, yaltaklanmak.

مجیز mucîz: (A.) izin veren, icazet veren.

مچ moç: (tıb.) bilek. ‖ * ~ -i dest مچ دست (tıb.) el bileği. ‖ * ~ -i kesî râ bâz kerden مچ کسی را باز کردن birini ele vermek. ‖ * ~ -i kesî râ giriften مچ کسی را گرفتن suçüstü yapmak. ‖ * ~ -i pâ مچ پا (tıb.) ayak bileği. ‖ * ser-i bezengâh ~ -i kesî râ giriften سر بزنگاه مچ کسی را

گرفتن suçüstü yakalamak, suçüstü yapmak.

مچاله moçâle: avuç içinde sıkıştırılıp buruşturulmuş, buruşuk, kırışık. ‖ * ~ vu mahv şoden مچاله و محو شدن ezilip büzülmek.

مچاله شدن moçâle şoden: 1.buruşmak, büzülmek, kırış kırış olmak. 2.yoğurulmak.

مچاله كردن moçâle kerden: 1.buruşturmak, kırış kırış etmek, büzmek. 2.yoğurmak.

مچ پيچ moçpîç: [moç+pîçîden>pîç] 1.bileklik. 2.tozluk.

مچ زدن moç zeden: tartı esnasında parmağını dokunarak kefelerdin birini ağırlaştırmak.

مچك meçek (bot.) mercimek.

مچل meçel: 1.alay edilen, alaya alınan. 2.meze.

مچل كردن meçel kerden: alaya almak.

مچول moçûl: küçük ve zarif, narin.

مچول meçûl: bön, aptal, salak.

مچيدن meçîden: salınmak, nazla yürümek.

محابا muhâbâ: (A.) 1.ihtiyat. 2.korku. 3.yandaşlık, taraftarlık.

محابات muhâbât: (A.) 1.yardım etme, yardım. 2.yandaşlık, taraftarlık.

محابس mehâbis: (A.) hapishaneler, zindanlar.

محابيب mehâbîb: (A.) sevilenler.

محابيس mehâbîs: (A.) hapsedilenler.

محاجات muhâcât: (A.) bilmece ve bulmaca gibi oyunlarla yarışma.

محاجم mehâcim: (A.) 1.hacamat şişeleri. 2.çekme araçları, emme araçları.

محاجه muhâcce: (A.) 1.kanıt getirme. 2.düşmanlık.

محاجه كردن muhâcce kerden: 1.kanıt getirmek. 2.düşmanlık gütmek.

محادثه muhâdese: (A.) 1.hikaye anlatma. 2.konuşma.

محاذات muhâzât: (A.) 1.bir hizada olma. 2.karşı olma.

محاذره muhâzere: (A.) birbirini korkutma, birbirini çekindirme.

محاذله muhâzele: (A.) aşağılık, küçüklük, hakirlik.

محاذى muhâzî: (A.) 1.karşılaşan, karşı karşıya olan, karşı sırada olan. 2.karşı, mukabil.

محاذير mahâzîr: (A.) sakıncalar, mahzurlar.

محاذى كردن muhâzî kerden: tutmak, dayamak.

محارب muhârib: (A.) (ask.) savaşçı, muharip, harp eden.

محاربات muhârebât: (A.) muharebeler, savaşlar.

محاربت muhârebet: (A.) muharebe, savaşım.

محاربه muhârebe: (A.) (ask.) muharebe, savaşım.

محاربين muhâribeyn: (A.) iki savaşçı.

محارست muhâreset: (A.) bekçilik, kollama, muhafızlık.

محارسه muhârese: (A.) koruma, kollama.

محارشه muhâreşe: (A.) fitne sokma, kışkırtma, provoke etme.

محارم mehârim: (A.) 1.haramlar. 2.mahremler, yakınlar.

محارم الليل mahârimulleyl: (A.) yolculuğun tehlikeli olduğu geceler.

محاره mehâre: (A.) 1.noksan, eksiklik. 2.dönüş yeri. 3.kulak içi. 4.sedef. 5.(kin.) az.

محاريب mahârîb: (A.) mihraplar.

محاريم mahârîm: (A.) muharremler.

محازات muhâzât: (A.) yüzyüze gelme, karşılaşma.

محاسب muhâsib: (A.) muhasebeci.

محاسبات muhâsebât: (A.) hesaplar. ‖ * dîvân-i ~ ديوان محاسبات sayıştay.

محاسبه muhâsebe: (A.) 1.hesaplaşma. 2.hesaplama, muhasebe.

محاسده muhâsede: (A.) birbirini kıskanma.

محاسن mehâsin: (A.) 1.iyilikler, güzellikler. 2.bıyık ve sakal.

محاصر muhâsır: (A.) saran, çeviren, kuşatan.

محاصرون muhâsırûn: (A.) saranlar, çevirenler, kuşatanlar.

محاصره muhâsere: (A.) (ask.) kuşatma, sarma, muhasara. ‖ * be ~ endâhten به محاصره انداختن (ask.) sarmak, kuşatmak. ‖ * be ~ der âverden به محاصره در آوردن (ask.) çevirmek, sarmak, kuşatmak, kuşatma altına almak.

محاصره muhâsıra: (A.) saran, çeviren, kuşatan.

محاصره دادن muhâsere dâden: (ask.) kuşatmak, sarmak, çevirmek.

محاصره شدن muhâsere şoden: (ask.) kuşatılmak, sarılmak, çevirilmek, abluka altına alınmak.

محاصره کردن muhâsere kerden: (ask.) kuşatmak, sarmak, çevirmek, abluka altına almak.

محاصرين muhâsırîn: (A.) saranlar, çevirenler, kuşatanlar.

محاضر mehâzir: (A.) **1.**noterlikler. **2.**noterler. **3.**huzurlar. **4.**dilekçeler.

محاضرات muhâzerât: (A.) **1.**edebî konuşmalar. **2.**hatırda tutulan yararlı bilgiler.

محاضره muhâzere: (A.) **1.**tartışma, münazara. **2.**hatırda tutulan yararlı bilgiler.

محاط muhât: (A.) **1.**çevrili, sarılmış, kuşatılmış. **2.**içinde bulunan.

محافر mahâfir: (A.) **1.**beller. **2.**kazmalar.

محافظ muhâfiz: **1.**(ask.) muhafız, nöbetçi, koruyucu. **2.**bekçi.

محافظت muhâfezet: **1.**koruma, saklama. **2.**muhafızlık, koruyuculuk.

محافظت کردن muhâfezet kerden: korumak.

محافظه muhâfeze: koruma, muhafaza.

محافظه کار muhâfezekâr: (A. -F.) [muhâfeze+kâr] muhafazakâr.

محافظه کارانه muhâfazakârâne: (A.-F.) [muhâfaza+kâr+ âne] muhafazakârca, tutucu gibi.

محافظه کاری muhâfezekârî: (A. -F.) [muhâfeze+kâr+î] muhafazakârlık.

محافظين muhâfizîn: (ask.) muhafızlar.

محافل mehâfil: (A.) **1.**mahfeller, toplantı yerleri. **2.**camilerde bulunan hükümdar ve müezzin bölmeleri.

محاق mehâk, mihâk: (A.) arap aylarının son üç gecesi.

محاق muhâk: (A.) **1.**kaplanmış. **2.**kamerî ayın son üç gecesindeki ayın görülmeyen hali. **3.**kamerî ayın son üç gecesi.

محاکا muhâkâ: (A.) atışma, didişme.

محاکات muhâkât: (A.) hikayeleşme, birbirine hikaye anlatma.

محاکم mehâkim: (A.) (huk.) mahkemeler.

محاکمات muhâkemât: (A.) **1.**(huk.) mahkemeler. **2.**yargılamalar. **3.**muhakemeler, hüküm yürütmeler.

محاکمه muhâkeme: (A.) **1.**(huk.) yargılama. **2.**(huk.) yargılanma, duruşma. **3.**(huk.) mahkemede dava açma. **4.**hüküm yürütme, usa vurma.

محاکمه شدن muhâkeme şoden (Huk.) yargılanmak.

محاکمه کردن muhâkeme kerden (Huk.) yargılamak.

محاکی muhâkî: (A.) benzer, benzeyen.

محال mahâll: (A.) **1.**mahalleler. **2.**yerler.

محال mihâl: (A.) hile.

محال muhâl: (A.) **1.**yok olucu. **2.**olanaksız, imkânsız. **3.**boş, asılsız. **4.**havaleli.

محالات muhâlât: (A.) imkânsız olan şeyler.

محال انديش muhâlendîş: (A.-F.) [muhâl+endîşîden> endîş] imkânsızı düşünen.

محال به muhâlün bih: (A.) havale olunan mal.

محالفه muhâlefe: (A.) yeminleşme, andlaşma.

محال گفتن muhâl goften: saçmalamak, zırvalamak.

محال گو muhâlgû: (A. -F.) [muhâl+ goften>gû] saçmalayan, zırvalayan.

محال گويی muhâlgûyî: (A. -F.) [muhâl+ goften>gûy+î]

saçmalama, zırvalama.

محال له muhâlun leh: (A.) havaleyi alan.

محامات muhâmât: (A.) himaye etme.

محامد mehâmid: (A.) 1.iyilikler, iyi taraflar, iyi davranışlar, iyi huylar. 2.övgüler, şükürler. ‖ * ~ -i kesî râ ber zebân rânden محامد کسی را بر زبان راندن birini övmek. ‖ * der ~ -i در محامد، öven, övücü.

محامد گزار mahâmidgozâr: (A.-F.) [mahâmid+ gozârden>gozâr] övgü yağdıran, övücü.

محامی muhâmî: (A.) 1.himaye eden, koruyan. 2.(huk.) avukat.

محاور mahâvir: (A.) eksenler, mihverler.

محاورات muhâverât: (A.) konuşmalar, söyleşiler.

محاوره muhâvere: (A.) söyleşi, karşılıklı konuşma.

محاوله muhâvele: (A.) 1.hile yapma. 2.kastetme. 3.göz atma, keskin bakış.

محاوی mehâvî: (A.) içerikler, mazmunlar.

محاینه muhâyene: (A.) belirli bir süre için kiralama.

محب muhibb: (A.) 1.seven. 2.dost. 3.tarikat üyesi.

محب الرطوبه muhibburrutûbe: (A.) nemcil, nemi seven.

محب الکلس muhibbulkils: (A.) kireççil.

محب الملح muhibbulmilh: (A.) tuzcul.

محب الیبوسه muhibbulyubûse: (A.) kurakçıl.

محبانه muhibbâne: (A.-F.) [muhibb+âne] 1.dostça. 2.tarikat üyelerine yakışacak şekilde.

محبب mihbeb: (A.) kesme aleti: (tane tane kesmek için).

محبت mehebbet: (A.) dostluk, sevgi, muhabbet. ‖ * ~ râ der hakk-i kesî encâm dâden محبت را در حق کسی انجام دادن birine iyilikte bulunmak.

محبت آرا muhabbetârâ: (A.-F.) [muhabbet+ ârâsten> ârâ] sevgi sahibi, sevgili.

محبت آمیز mehebbetâmîz: (A. -F.) [mehebbet+âmîhten>âmîz] sevgi dolu.

محبت پرور muhabbetperver: (A.-F.) [muhabbet+ perverden>perver] sevgi besleyen, sevgi dolu, sevgili.

محبتکار muhabbetkâr: (A.-F.) [muhabbet+kâr] sevgi sahibi, sevgili.

محبت کردن mehebbet kerden: sevmek, sevgi duymak.

محبت نامه muhabbetnâme: (A.-F.) [muhabbet+ nâme< nâme-i muhabbet] 1.sevgi mektubu. 2.sevgiyi işleyen eser. 3.dostça mektup, dostluk mektubu.

محبت نما mehebbetnomâ: (A. -F.) [mehebbet+nomden>nomâ] sevgi dolu görünen, göstermelik.

محبر mahber: (A.) hokka, divit.

محبر muhabbir: (A.) 1.hattat. 2.yazar.

محبره mahbere: (A.) hokka, divit.

محبس mehbes: (A.) 1.hapishane, zindan, tutukevi, cezaevi. 2.karanlık ve sıkıcı yer.

محبل mehbel: (A.) hamilelik zamanı.

محبوب mahbûb: (A.) 1.sevgili, dost, sevilen. 2.sevecen, sevimli. 3.erkek sevgili.

محبوب القلوب mahbûbulkulûb (A.) gönüllerin sevgilisi.

محبوب بودن mahbûb bûden: sevilmek.

محبوب دوست mahbûbdûst (A.-F.) [mahbûb+dûst] kulampara, oğlancı.

محبوب دوستی mahbûbdûstî (A.-F.) [mahbûb+dûst+î] kulamparalık, oğlancılık.

محبوبه mahbûbe: (A.) 1.sevilen. 2.kız veya kadın sevgili. 3.bir tür değerli çiçek.

محبوبیت mahbûbiyyet: (A.) sevilme.

محبوس mehbûs: (A.) 1.tutuklu, mahpus. 2.hapsedilmiş, kapatılmış. 3.hapishane.

محبوس خانه mahbûshâne (A.-F.) [mahbûs+hâne] cezaevi, hapishane.

محبوس شدن mehbûs şoden: hapsedilmek.

محبوس ساختن mahbûs sâhten:

hapsetmek.

محبوس کردن mehbûs kerden: hapsetmek.

محبوسین mahbûsîn (A.) hapsedilmişler, kapatılmışlar, hükümlüler.

محبه muhibbe: (A.) **1.**sevgili. **2.** seven. **3.**bayan adı.

محبی muhibbî: (A.) **1.**seven ile ilgili. **2.**Kanunî Sultan Süleyman'ın mahlası.

محت meht: (A.) **1.**sıcak gün. **2.**akıllı. **3.**halis. **4.**çetin.

محتاج muhtâc: (A.) **1.**ihtiyaç sahibi. **2.**yoksul, fakir.

محتاج شدن muhtâc şoden: ihtiyacı olmak, muhtaç olmak.

محتاج کردن muhtâc kerden: muhtaç bırakmak.

محتاجیت muhtâciyyet: (A.) **1.**muhtaçlık. **2.**yoksulluk, fakirlik.

محتاجین muhtâcîn: (A.) **1.**ihtiyaç sahipleri. **2.**yoksullar, fakirler.

محتاط muhtât: (A.) ihtiyatlı.

محتاطانه muhtâtâne: (A. -F.) [muhtât+ âne] ihtiyatlı.

محتال muhtâl: (A.) **1.**hileli. **2.**hilekâr.

محتاله muhtâle: (A.) hilekâr (Bayan).

محتبس muhtebes: (A.) hapsedilmiş, tutuklu.

محتبس muhtebis: (A.) hapsolan, kapanıp kalan.

محتبس شدن muhtebes şoden: hapsedilmek, tutuklanmak.

محتجب muhtecib: (A.) **1.**gizlenen. **2.**gizli, örtülü. **3.**münzevi.

محتد mehtid: (A.) asıl, nesep, soy.

محتد muhtedd: (A.) **1.**keskin. **2.**kızgın, öfkeli.

محتذر muhtezir: (A.) kaçınan, sakınan.

محترب muhterib: (A.) savaşan, harp eden.

محتربین muhteribîn: (A.) savaşanlar, harp edenler.

محترز muhteriz: (A.) **1.**kaçınan, çekinen. **2.**kendine hakim olan.

محترزانه muhterizâne: (A. -F.) [muhteriz+ âne] kaçınarak, kaçınırcasına, kaçınan.

محترس muhteris: (A.) muhafız, bekçi, nöbetçi.

محترص muhteris: (A.) **1.**hırslı. **2.**isterik.

محترف muhterif: (A.) meslek sahipleri, esnaf.

محترفه muhterife: (A.) meslek sahipleri, esnaf.

محترق muhterik: (A.) **1.**yanıcı. **2.**yakıcı.

محترق شدن muhterik şoden: **1.**yanıcı olmak. **2.**yakıcı olmak.

محترقه muhterike: (A.) **1.**yanıcı, parlayıcı. **2.**yakıcı.

محترم muhterem: (A.) **1.**saygıdeğer, sayın, muhterem. **2.**itibarlı.

محترماً muhteremen: (A.) saygı ile, hürmetle.

محترمانه muhteremâne: (A. -F.) [muhterem+âne] saygı ile, hürmetle.

محترم داشتن muhterem dâşten: saygı duymak, değer vermek, kıymat bilmek.

محترم شمردن muhterem şomorden: saymak, saygı duymak.

محترمه muhtereme: (A.) saygın, saygıdeğer.

محتزن muhtezin: (A.) üzüntülü, hüzünlü.

محتسب muhtesib: (A.) **1.**şer'î yasak koyan. **2.**bekçi, şehir kolcusu. **3.**sayan, hesap tutan.

محتشد muhteşid: (A.) **1.**cömert. **2.**hazır, âmâde. **3.**yığılan, biriken, toplanan.

محتشد شدن muhteşid şoden: **1.**cömert olmak. **2.**hazırlanmak.

محتشم muhteşem: (A.) görkemli, haşmetli, muhteşem.

محتشم muhteşim: (A.) **1.**ileri gelen. **2.**hizmetçi ve uşak sahibi efendi.

محتشمی muhteşemî: (A.-F.) [muhteşem+ î] ihtişam.

محتصد muhtesid: (A.) hasatçı, hasat eden.

محتضر muhtezer: (A.) **1.**can çekişen. **2.**ölüme hazır.

محتضر muhtezir: (A.) can çekişen.

محتضرانه muhtezirâne: (A.-F.) can çekişircesine.

محتطب muhtetab: (A.) baltalık.

محتقر muhtekir: (A.) aşağılayan, küçümseyen, hor gören.

محتكر muhtekir: (A.) vurguncu, ihtikârcı.

محتكرانه muhtekirâne: (A.-F.) [muhtekir+âne] vurguncu gibi, stokçu gibi.

محتكرين muhtekirîn: (A.) vurguncular, stokçular.

محتلق muhtelik: (A.) tıraş eden, tıraşlayan.

محتلم muhtelim: (A.) **1.**düşazan, ihtilam gören, şeytan aldatan. **2.**rüya gören.

محتمل muhtemel: (A.) olası, muhtemel. || * betovr-i ~ بطور محتمل olasılıkla, muhtemelen.

محتملاً muhtemelen: (A.) olasılıkla, muhtemelen, bir ihtimal.

محتملات muhtemelât: (A.) ihtimal dahilinde olanlar.

محتمل الضدين muhtemeluzziddeyn: (A.) hem övgü hem yergi olarak kullanılabilecek zıt anlamlı sözler.

محتمى muhtemî: (A.) sakınan, perhiz eden.

محتوم mehtûm: (A.) kesin, vacip, lâzım.

محتوى muhtevî: (A.) **1.**içeren, içine alan, ihtiva eden, muhtevi. **2.**kavrayan.

محتوى ، محتوا muhtevâ: (A.) içerik.

محتويات muhteviyyât: (A.) [<muhteveyât] içindekiler.

محجب muhecceb: (A.) **1.**örtülü. **2.**alıkoyulmuş.

محجر mehcir: (A.) **1.**bağ, bahçe. **2.**göz yuvası.

محجر muheccer: (A.) **1.**taşlaşmış. **2.**hale. **3.**taş korkuluk. **4.**yasak.

محجر ساختن muheccer sâhten: yasaklamak.

محجل muhaccel: (A.) **1.**gerdeğe sokulmuş. **2.**beyaz ayaklı at.

محجم mihcem: (A.) **1.**ince, rakik. **2.**hacamat neşteri. **3.**vantuz.

محجمه mihceme: (A.) **1.**vantuz. **2.**hacamat şişesi.

محجن mihcen: (A.) çomak, sopa.

محجوب mehcûb: (A.) **1.**perdeli. **2.**utangaç, mahçup. **3.**örtülü.

محجوبانه mehcûbâne: (A. -F.) [mehcûb+ âne] mahçupça, utanarak.

محجوب شدن mehcûb şoden: **1.**mahçup olmak, utanmak. **2.**örtünmek, gizlenmek, perde arkasına çekilmek.

محجوبه mahcûbe (A.) **1.**utangaç bayan. **2.**kapı arkasına konulan ağaç.

محجوبيت mahcûbiyyet (A.) utangaçlık, sıkılganlık.

محجوج mahcûc (A.) kanıt gösterilmiş.

محجور mehcûr: (A.) hacir altına alınan, kullanılması yasaklanmış.

محجوريت mahcûriyyet (A.) kısıtlanma.

محجوز mahcûz (A.) haczedilmiş, hacizli.

محجه mehecce: (A.) **1.**yol ortası. **2.**yol.

محدب muheddeb: (A.) dışbükey, tümsek, kambur.

محدب الطرفين muhaddebuttarafeyn: (A.) **1.**iki yanı tümsekli. **2.**dürbün camı.

محدث muhaddes: (A.) **1.**haber verilmiş. **2.**teşekkür edilerek bildirilmiş.

محدث muhdes: (A.) ihdas edilmiş, sonradan çıkma.

محدث muhdis: (A.) **1.**ihdas eden. **2.**suçluyu saklayan, yataklık eden, yatakçı.

محدث muheddis: (A.) **1.**hadisçi, hadis bilgini, muhaddis. **2.**söyleyen.

محدثين muhaddisîn: (A.) hadisçiler, hadis bilginleri.

محدد muhaddid: (A.) **1.**sınırlayıcı, sınırlayan. **2.**bileyen, keskinleştiren, bileyici.

محدد muhadded: (A.) sınırlı, sınırlanmış.
محدر muhaddir: (A.) kabartan, kabartıcı, şişiren.
محدره muhaddire: (A.) kabartan, kabartıcı, şişiren.
محدود mehdûd: (A.) **1.**sınırlı. **2.**kısıtlı. **3.**belirli. **4.**sınırları belirli mülk.
محدود داشتن mehdûd dâşten: sınırlı tutmak, sınırlamak.
محدود شدن mehdûd şoden: sınırları çizilmek, sınırlanmak, sınırlandırılmak.
محدود كردن mehdûd kerden: sınırlamak, sınırlandırmak.
محدوديت mehdûdiyyet: (A.) **1.**sınırlılık. **2.**darlık.
محده muhadde: (A.) **1.**sınırlı, sınırlanmış. **2.**bilenmiş.
محذار mihzâr: (A.) boşboğaz, çalçene, çok konuşan.
محذر muhazzir: (A.) sakındıran, çekindiren.
محذور mehzûr: (A.) **1.**sakınca, mahzur. **2.**engel. **3.**meşakkat.
محذورات mahzûrât: (A.) sakıncalar.
محذوره mahzûre: (A.) **1.**sakınca. **2.**sakınılacak şey. **3.**savaş.
محذوف mehzûf: (A.) **1.**kaldırılmış, atılmış. **2.**(gr.) hazfedilmiş. **3.**kuyruğu kesik at. **4.**noktasız harflerle yazılmış eser.
محراب mihrâb: (A.) **1.**mihrap, camide imamın duracağı girintili bölme. **2.**baş köşe. **3.**kıble. **4.**sevgilinin kaşları. **5.**umut bağlanan yer. **6.**halılarda kemer görünüşlü motif.
محرابگاه mihrâbgâh: (A. -F.) [mihrâb+ gâh] **1.**cami, mesçit. **2.**mihrap yeri. **3.**(kin.) dünya.
محرابگه mihrâbgeh: (A. -F.) [mihrâb+ geh] **1.**cami, mesçit. **2.**mihrap yeri. **3.**(kin.) dünya.
محراق mihrâk: (A.) odak, odak noktası.
محراك mihrâk: (A.) çok hareketli.
محرب muhrib: (A.) **1.**harp eden. **2.**hızlı harp gemisi, muhrip.
محرر muherrer: (A.) **1.**yazılı. **2.**âzat edilmiş.
محرر muherrir: (A.) **1.**yazar, muharrir. **2.**katip.
محررات muharrerât: (A.) **1.**yazılmış şeyler, yazışmalar. **2.**mektuplar.
محرر شدن muherrer şoden: yazılmak.
محرره muharrire: (A.) bayan yazar.
محرره muharrere: (A.) yazılmış, yazılı.
محررين muharrirîn: (A.) **1.**yazarlar. **2.**katipler. **3.**yazanlar.
محرز muhrez: (A.) derlenmiş, toplanmış, derli toplu. **2.**ele geçmiş. **3.**kesin. **4.**kazanan, elde eden.
محرز muhriz: (A.) **1.**derleyen. **2.**himaye eden. **3.**sağlamlaştıran.
محرز muherriz: (A.) teşvik eden.
محرص muharris: (A.) hırslandıran, tamahlandıran.
محرصانه muharrisâne: (A.-F.) [muharris+âne] hırslandırırcasına, hırslandırarak.
محرض muharriz: (A.) **1.**teşvik eden. **2.**kışkırtan.
محرف muherref: (A.) **1.**tahrif edilmiş, saptırılmış. **2.**bunaklıkla suçlanmış, bunaklık isnat edilmiş.
محرف muherrif: (A.) saptıran, tahrif eden.
محرفات muharrefât: (A.) tahrif edilmiş şeyler, saptırılmış şeyler.
محرف زدن muherref zeden: **1.**eğmek. **2.**saptırmak.
محرفه muharrefe: (A.) tahrif edilmiş, saptırılmış.
محرق mahrek (A.) yakacak yer.
محرق muhrik: (A.) yakıcı.
محرق muhurrak: (A.) yakılmış.
محرق muherrik: (A.) **1.**ateşte iyi yanan, parlayan, tutuşan, alev alan. **2.**susatıcı. **3.**(tıb.) yakıcı ilaç. **4.**yakan, yakıcı.
محرق دم muhrikdem: (A.-F.) [muhrik+dem] **1.**nefesi yakıcı. **2.**aşık.
محرقه muhrike: (A.) **1.**(tıb.) tifüs. **2.**yakan, yakıcı. **3.**yanık.
محرک mehrek: (A.) ense kökü.

محرک mahrek (A.) yörünge.

محرک muherrik: (A.) 1.harekete geçiren. 2.tahrik eden.

محرم mehrem: (A.) 1.haram. 2.mahrem. 3.(kin.) eş, hanım, karı, İslâm kurallarına göre kadının kendisinden kaçmadığı kişi. 4.akraba, yakın. 5.tanış, aşina. 6.işbilir. 7.nedim. 8.gizli.

محرم muhrim: (A.) 1.haremlikte bulunan. 2.ihrama giren. 3.haram eden, yasaklayan. 4.barış yapan.

محرم muherrem: (A.) 1.haram kılınmış, yasaklanmış. 2.Muharrem ayı. 3.erkek adı.

محرمات muherremât: (A.) yasaklanan şeyler, yasaklar.

محرم الحرام muharremulharâm: (A.) Muharrem ayı.

محرمانه mehremâne: (A. -F.) [mehrem+ âne] 1.gizlice. 2.örtülü olarak.

محرم شدن mehrem şoden: 1.mahrem olmak. 2.vâkıf olmak.

محرمه muherreme: (A.) 1.haram kılınmış. 2.harem kadını. 3.sayılı.

محرمیت mehremiyyet: (A.) mahremlik, mahremiyet, gizlilik.

محرمیه muharremiyye: (A.) 1.yılbaşı bahşişi. 2.yeni yıl kasidesi. 3.Muharrem ayını konu almış şiir.

محرک muharrik: (A.) 1.harekete geçiren, hareket ettiren, kımıldatan. 2.kışkırtan. 3.devitken. 4.karmaç.

محرکه muharrike: (A.) 1.harekete geçiren, hareket ettiren, kımıldatan. 2.kışkırtan. 3.devitken. 4.karmaç.

محروب mahrûb: (A.) mahrum edilmiş.

محرور mehrûr: (A.) ısıtılmış, kızgın, hararetli.

محرورانه mahrûrâne: (A.) [mahrûr+âne] hararetli hararetli.

محرور کردن mehrûr kerden: 1.ısıtmak. 2.sert tabiatlı yapmak.

محروره mahrûre: (A.) kızgın, hararetli.

محروس mehrûs: (A.) korunmuş.

محروسه mehrûse: (A.) 1.korunan, gözetilen. 2.korunan büyük şehir.

محروض mahrûz: (A.) aşağılık, rezil.

محروق mahrûk: (A.) yanık, yanmış.

محروقات mahrûkât: (A.) yakacak.

محروق الفؤاد mahrûkulfu'âd: (A.) · yüreği yanık.

محروم mehrûm: (A.) 1.mahrum. 2.çalışamayan. 3.yasaklı. 4.talihsiz.

محرومانه mahrûmâne: (A.-F.) [mahrûm+ âne] mahrumca, yoksunca.

محروم داشتن mehrûm dâşten: mahrum bırakmak, mahrum etmek.

محروم شدن mehrûm şoden: mahrum olmak, mahrum edilmek, mahrum bırakılmak.

محروم کردن mehrûm kerden: mahrum etmek, mahrum bırakmak.

محروم ماندن mehrûm mânden: mahrum kalmak.

محرومی mehrûmî: (A. -F.) [mehrm+î] mahrumluk, yoksunluk, nasipsizlik.

محرومیت mehrûmiyyet: (A.) mahrumluk, yoksunluk, mahrumiyet.

محری mahrî: (A.) 1.uygun, elverişli. 2.değerli insan.

محری muharrâ: (A.) ısınmış.

محزن muhzin: (A.) hüzün verici, üzücü.

محزون mehzûn: (A.) üzgün, mahzun, hüzünlü.

محزونانه mahzûnâne: (A.-F.) [mahzûn+ âne] hüzünlü olarak, mahzun mahzun.

محزون شدن mahzûn şoden: mahzun olmak, hüzünlenmek.

محزون کردن mahzûn kerden: mahzun etmek, hüzünlendirmek.

محزونیت mahzûniyyet: (A.) mahzunluk.

محس muhiss: (A.) hissettiren.

محساب mihsâb: (A.) hesap tahtası, abaküs.

محسبه mahsebe: (A.) sanı, sanma.

محسر mahser: (A.) huy.

محسر muhasser: (A.) hasret çeken, özlem duyan.

محسن muhessin: (A.) güzelleştiren.

محسن muhsin: (A.) **1.**iyiliksever, iyilik eden. **2.**erkek adı.

محسنات muhassenât: (A.) **1.**hayırlı işler, yararlı işler. **2.**üstünlük sebepleri.

محسنه muhsine: (A.) **1.**bağışlayan, ihsan eden. **2.**bayan adı.

محسوب mehsûb: (A.) **1.**hesaplanmış, hesaba alınmış. **2.**avans kapatma. **3.**önemli bir kişiye mensup.

محسوبا mahsûben: (A.) **1.**haseba dâhil edilerek. **2.**avans olarak.

محسوبات mahsûbât: (A.) hesaplananlar, hesaba dâhil edilenler.

محسوب داشتن mehsûb dâşten: hesaplamak.

محسوب شدن mehsûb şoden: sayılmak, hesaplanmak.

محسوب كردن mehsûb kerden: saymak, hesaplamak.

محسوبيت mahsûbiyyet: (A.) **1.**hesaba dâhil edilme. **2.**avans olarak tutulma.

محسود mehsûd: (A.) kıskanılan.

محسود شدن mehsûd şoden: kıskanılmak.

محسود واقع شدن mehsûd vâki' şoden: kıskanılmak.

محسور mehsûr: (A.) **1.**esirgeyen. **2.**şaşkın. **3.**yorgun, fersiz.

محسوس mehsûs: (A.) **1.**hissedilen, duyulan, algılanan. **2.**ortada, açık, aşikâr. ‖ * betovr-i ~ بطور محسوس hissedilir şekilde.

محسوسات mahsûsât (A.) **1.**gözle görülen şeyler. **2.**hissedilenler, algılananlar.

محسوس شدن mehsûs şoden: hissedilmek, duyulmak.

محسوس كردن mehsûs kerden: hissettirmek, duyurmak.

محشد muhaşşid: (A.) toplayan, biriktiren.

محشر mehşer: (A.) **1.**mahşer. **2.**aşırı kalabalık, izdiham.

محشر آباد mahşerâbâd (A.-F.) [mahşer+ âbâd] mahşer yeri.

محشر خرام mehşerhorâm: (A. -F.) [mehşer+ horâmîden>horâm] **1.**güzel salınan. **2.**(kin.) sevgili.

محشم muhaşşim: (A.) sarhoş eden.

محشن muhaşşin: (A.) kızdıran, öfkelendiren.

محشود mahşûd (A.) toplanmış, yığılmış, kümelenmiş.

محشور mehşûr: (A.) **1.**dost, haşır neşir olunan. **2.**haşrolunan.

محشور شدن mehşûr şoden: **1.**haşır neşir olmak. **2.**haşrolmak.

محشه mahaşşe: (A.) kıç.

محشى muheşşâ: (A.) (ed.) haşiyeli.

محشى muheşşî: (A.) haşiyeci, haşiye yazan.

محشى كردن muheşşâ kerden (Ed.) haşiye yazmak, haşiyelendirmek.

محصد mihsed: (A.) orak.

محصص muhassis: (A.) aşikâr, açık.

محصل muhessel: (A.) **1.**hasıl edilmiş. **2.**kısacası, sözün özü.

محصل muhessil: (A.) **1.**tahsildar. **2.**öğrenci, yurt dışına gönderilen öğrenci.

محصل كردن muhessel kerden: tahsil etmek, ele geçirmek, elde etmek.

محصله muhessele: (A.) **1.**sonuç. **2.**bileşke.

محصلين muhessilîn: (A.) yurt dışına gönderilen öğrenciler.

محصن mihsen: (A.) **1.**kilit. **2.**zembil.

محصن muhessen: (A.) sağlamlaştırılmış.

محصن muhessin: (A.) **1.**yabancıdan saklayan. **2.**sağlamlaştıran, korunaklı kılan.

محصن muhsen: (A.) Osmanlı hukuk sistemine göre erişkin, aklı başında, özgür, müslüman ve nikâhlı kişi, temiz ve namuslu kişi.

محصن muhsin: (A.) **1.**sağlamlaştıran. **2.**yabancıdan saklayan.

محصنات muhsenât: (A.) güzel, temiz ve iffetli kadınlar.

محصنه muhsene: (A.) **1.**evli kadın. **2.**dindar kadın.

محصوب mahsûb: (A.) kızamık çıkarmış.

محصود mahsûd: (A.) **1.**hasat edilmiş. **2.**biçili ekin.

محصور mehsûr: (A.) **1.**çevrilmiş, kuşatılmış, sarılmış. **2.**kabız olan. **3.**yasaklanmış. **4.**sıkıştırılmış.

محصور شدن mehsûr şoden: **1.**sarılmak, kuşatılmak, çevirilmek. **2.**mahsur kalmak.

محصور كردن mehsûr kerden: **1.**sarmak, çevirmek, kuşatmak. **2.**mahsur bırakmak.

محصورين mahsûrîn: (A.) **1.**kuşatılanlar, sarılanlar. **2.**sınırlanmışlar. **3.**yasaklanmışlar.

محصول mehsûl: (A.) **1.**ürün, mahsül. **2.**harman. **3.**toplam. **4.**kâr, kazanç. **5.**haraç. **6.** sonuç.

محصولات mahsûlât (A.) **1.**ürünler. **2.**tarım ürünleri.

محصول بار آوردن mehsûl bâr âverden: ürün vermek, mahsül vermek.

محصولدار mahsûldâr (A.-F.) [mahsûl+ dâşten>dâr] verimli, bereketli.

محصون mahsûn (A.) sağlam, korumalı, kuvvetlendirilmiş.

محصى muhsî: (A.) sayan, istatistik yapan.

محض mehz: (A.) **1.**saf, öz. **2.**salt, sadece, düpedüz. **3.**için, aşkına. ‖ * be ~ به محض sırf, için, diye. ‖ * be ~ -i anki بمحض آنكه . - ir.. - mez. ‖ * be ~ -i inki بمحض اينكه -ir.. -mez. ‖ * abd-i ~ عبد محض sırf kul.

محضا mahzâ (A.) **1.**yalnız, tek, sade. **2.**tam, halis.

محضاً mahzen (A.) sırf, yalnız, tek.

محضر mehzer: (A.) **1.**huzur. **2.**hazır olma. **3.**(huk.) noterlik. **4.**resmî kayıt defteri. **5.**eşik. **6.**dilekçe, toplu dilekçe. **7.**mahkeme sicili. **8.**görünüm, görünüş. ‖ * ~ -i محضرِ huzurunda, gözü önünde.

محضر muhzir: (A.) mahkeme mübaşiri.

محضر دادن mehzer dâden: fetva vermek.

محضردار mehzerdâr: (A. -F.) [mehzer+ dâşten>dâr] (huk.) noter.

محضر كردن mehzer kerden: fetva vermek.

محضريه muhziriyye: (A.) mübaşir ücreti.

محضنه mahzana: (A.) güvercinlik.

محط mehet: (A.) iniş yeri, konak, mola yeri, menzil.

محطب mihtab: (A.) balta, odun kesme aleti.

محطه mehette: (A.) **1.**istasyon. **2.**havaalanı.

محطه mihatta: (A.) hattat cımbızı.

محظور mehzûr: (A.) **1.**yasak. **2.**haram. **3.**sakınca.

محظورات mehzûrât: (A.) yasaklar, yasaklanmış şeyler.

محظوره mehzûre: (A.) yasaklanmış, haram kılınmış.

محظوظ mehzûz: (A.) **1.**haz duymuş. **2.**faydalanmış.

محظوظات mahzûzât: (A.) haz alınacak şeyler, hoşa giden şeyler.

محظوظ شدن mehzûz şoden: **1.**haz duymak. **2.**faydalanmak.

محظوظ كردن mehzûz kerden: faydalandırmak.

محظوظيت mehzûziyyet: (A.) haz alma, hoşlanma.

محفر mihfer: (A.) **1.**kazma. **2.**bel. **3.**hattat yazı kazıma aleti.

محفره mihfere: (A.) **1.**kazma. **2.**bel. **3.**hattat yazı kazıma aleti.

محفظه mehfeze: (A.) kutu, kap, mahfaza.

محفل mehfil: (A.) **1.**toplantı yeri, meclis. **2.**camilerde padişah ve müezzin için düzenlenmiş özel bölüm. **3.**lobi.

محفور mehfûr: (A.) **1.**kazılmış, kazılı. **2.**dişsiz. **3.**bir tür yaygı. **4.**kazılmış mezar.

محفوظ mehfûz: (A.) **1.**korunmuş, mahfuz. **2.**ezberlenilmiş.

محفوظاً mahfûzen (A.) koruma altında olarak, korunarak.

محفوظات mehfûzât: (A.) **1.**korunanlar. **2.**ezberlenilenler. **3.**repertuar.

محفوظ داشتن mehfûz dâşten: korumak.

محفوف mehfûf: (A.) sarılı, bükülü.

مخفوق mahfûk (A.) hafakanlı, hafakan basan.

محفه mehfe, meheffe: (A.) mahfe, tahtırevan.

محق mehk: (A.) **1.**tehir, geciktirme. **2.**mahvetme. **3.**temizleme. **4.**eksiltme. **5.**kulun varlığının Tanrı'nın zâtında yok olması.

محق muhik: (A.) **1.**haklı. **2.**hakkı yerine getiren.

محقانه muhikkâne: (A.-F.) [muhıkk+âne] haklı olarak.

محقر muhakker: (A.) **1.**basit, mütevazi, küçük. **2.**küçük düşürülmüş, hakaret edilmiş.

محقر muhakkir: (A.) küçümseyen, hor gören.

محقرانه muhakkirâne: (A.-F.) [muhakkir+âne] küçük düşürerek, hor görürcesine.

محقريت muhakkariyyet: (A.) hakirlik, ezilmişlik.

محقق muhakkek: (A.) **1.**muhakkak. **2.**doğru dürüst. **3.**gerçekleşmiş, tahakkuk etmiş.

محقق muhakkik: (A.) **1.**araştıran, gerçeği arayan. **2.**bilgin.

محققا muhakkeken: (A.) kesin olarak, kesinlikle.

محققانه muhakkikâne: (A.-F.) [muhakkık+âne] gerçeği araştırıcı tarzda.

محقق ساختن muhakkek sâhten: gerçekleştirmek.

محقق شدن muhakkek şoden: kesinleşmek, gerçekleşmek.

محققه muhakkaka: (A.) doğru, araştırılıp kanıtlanmış.

محققين muhakkikîn: (A.) gerçeği araştıranlar, gerçeği arayanlar.

محقن mihkan: (A.) şırınga, enjeksiyon aleti.

محقنه mihkana: (A.) şırınga, enjeksiyon aleti.

محقود mahkûd: (A.) kıskanılmış, kıskanılan.

محقور mahkûr: (A.) aşağılık, aşağılanmış.

محقوق mahkûk: (A.) düzeltilmiş, doğru yapılmış.

محقون mahkûn: (A.) suçsuz, masum.

محقون الدم mahkûnuddem: (A.) katli gerekmeyen kişi.

محقه muhakka: (A.) çekişme, hak iddia etme.

محقه muhikka: (A.) **1.**haklı. **2.**hakkı yerine getiren.

محک mihek, mehek: (A.) **1.**mehenk taşı, altın ve gümüşün ayarını ölçen taş. **2.**ölçüt, vasıta.

محکک muhekkik: (A.) **1.**kaşındırıcı. **2.**(tıb.) kaşıntı verici ilaç.

محکم muhakkem: (A.) sağlam, sağlamlaştırılmış.

محکم mohkem: (A.) **1.**sağlam, dayanıklı. **2.**sımsıkı, iyice. **3.**sert. **4.**manası açık ayet.

محکم muhkim: (A.) sağlamlaştıran.

محکمات muhkemât: (A.) açık anlamlı ve içinde hüküm bulunan ayetler, kuşkuya yer bırakmayacak kadar kesin olan âyetler.

محکم بستن mohkem besten: sımsıkı bağlamak.

محکم شدن mohkem şoden: sabitleşmek, sağlamlaşmak.

محکم کار mohkemkâr: (A. -F.) [mohkem+ kâr] bir işi sağlam yapan.

محکم کردن mohkem kerden: sabitleştirmek, sağlamlaştırmak.

محکم کمان mohkemkemân: (A. -F.) [mohkem+kemân] **1.**sağlam yaylı. **2.**(kin.) cesur.

محکمه mehkeme: (A.) (huk.) mahkeme.

محکمی mohkemî: (A. -F.) [mohkem+î] sağlamlık, dayanıklılık.

محکوک mehkûk: (A.) **1.**kaşınmış. **2.**hâkkedilmiş, kazınmış. **3.**sürtülmüş.

محکوکات mahkûkât (A.) kazılarak yazılmış yazılar ve yapılmış resimler.

محکوکه mahkûke (A.) kazılarak yazılmış, hâkkedilmiş.

محكوم mehkûm: (A.) **1.**hüküm giymiş, hükümlü. **2.**zorunda olan. **3.**hüküm altında bulunan.

محكوم به mahkûmun bih (A.) hüküm giyen.

محكوم ساختن mehkûm sâhten: mahkum etmek.

محكوم سازى mehkûmsâzî: (A. -F.) [mehkûm+sâhten>sâz+î] mahkum etme.

محكوم شدن mehkûm şoden: **1.**mahkum olmak. **2.**itaat etmek. **3.**tartışmada yenilmek.

محكوم عليه mahkûmun aleyh (A.) davayı kaybeden.

محكوم كردن mehkûm kerden: **1.**mahkum etmek. **2.**itaat ettirmek. **3.**tartışmada yenmek. **4.**davayı kazanmak. ‖ * be zindân به زندان محكوم كردن hapse mahkum etmek.

محكوم له mahkûmun leh (A.) davayı kazanan.

محكومه mahkûme (A.) **1.**bayan hükümlü. **2.**zorunda olan. **3.**hüküm altında bulunan.

محكوميت mehkûmiyyet: (A.) **1.**mahkumluk, mahkumiyet. **2.**yenilgi.

محكومين mahkûmîn (A.) mahkumlar, hükümlüler.

محكى mahkî (A.) hikâye edilmiş.

محل mehell: (A.) **1.**yer, mahal, mekân. **2.**mahalle. **3.**vakit, zaman. **4.**gerek, lüzum. ‖ * ~ -i محل (belgenin) verildiği yer. ‖ * ~ -i ictimâ' محل اجتماع toplantı yeri, toplanma yeri. ‖ * ~ -i siyâset محل سياست idam yeri. ‖ * ~ -i vak'a محل وقعه olay yeri.

محل mehl: (A.) **1.**kuraklık. **2.**hile.

محلاب mihlâb: (A.) pençe, yırtıcı hayvan pençesi.

محلات mehellât: (A.) mahalleler.

محلاتى mehellâtî: (A. -F.) [mehellât+î] mahalleli.

محلب mahleb: (A.) **1.**bal. **2.**idis ağacı.

محلب mihleb: (A.) süt kabı.

محلب mihleb: (A.) pençe, yırtıcı hayvan pençesi.

محلت mehellet: (A.) **1.**yer, mevki. **2.**mahalle. **3.**iniş yeri.

محلحل muhalhil: (A.) **1.**tahlil eden, analiz eden. **2.**eriten, solvent.

محلف muhlif: (A.) yemin ettiren.

محلق mihlak: (A.) **1.**ustura. **2.**kaba kilim.

محلق muhallak: (A.) **1.**tıraş olmuş, tıraşlanmış. **2.**hacıların Mina mevkiinde tıraş oldukları yeri.

محل گذاشتن mehel gozâşten: itina etmek, özen göstermek. ‖ * kesî râ ~ -i seg gozâşten كسى را محل سگ گذاشتن birini köpek yerine koymak.

محلل muhellil: (A.) **1.**helal eden. **2.**hülleci. **3.**düğüm çözen. **4.**eritici, çözümleyici. **5.**analizci. **6.**iltihabı iyileştiren ilaç.

محلل muhellel: (A.) **1.**çözümlenmiş. **2.**helal kılınmış. **3.**kirli su.

محللات muhallilât: (A.) iltihabı iyileştiren ilaçlar.

محلل له muhallunleh: (A.) **1.**hülle dönemi geçtikten sonra karısıyla evlenme hakkını kazanan koca. **2.**kendisine helal kılınan.

محلله muhallile: (A.) hülleci bayan.

محلم muhallim: (A.) sakinleştiren, yavaşlatan.

محل نهادن mehel nihâden: önemsemek, özen göstermek, itina etmek.

محلوب mehlûb: (A.) sağılmış.

محلوج mahlûc: (A.) atılmış, halaçlanmış.

محلوف mahlûf: (A.) yemin etme.

محلوف عليه mahlûfun aleyh: (A.) yemin edilen.

محلوق mahlûk: (A.) tıraşlı, tıraşlanmış.

محلول mahlûl: (A.) **1.**eriyik. **2.**hazineye geçen miras. **3.**çözülmüş, dağılmış.

محلولات mahlûlât: (A.) devlete kalan miras.

محلوله mahlûle: (A.) **1.**eriyik. **2.**çözülmüş, dağılmış. **3.**dul kadın.

محلوليت mahlûliyyet: (A.) eriyiklik çözülmüş olma hali.

محله mehelle: (A.) mahalle.

محلى mehellî: (A.) **1.**yerel, yöresel. **2.**yerli.

محلى muhellâ: (A.) süslenmiş, donatılmış, süslü, donanımlı.

محليه mahalliyye (A.) yerel, yerli.

محمد mohemmed: (A.) **1.**övülmüş, beğenilmiş. **2.**İslâm peygamberi Hz. Muhammed.

محمد پسندانه muhammedpesendâne: (A.-F.) [muhammed+ pesendîden> pesend+ âne] Hz. Muhammed'in beğeneceği.

محمدت mehmedet: (A.) övme, methetme.

محمدت mahmidet (A.) övme.

محمدت ساز mahmidetsâz (A.-F.) [mahmidet+sâhten> sâz] öven.

محمدت كردن mehmedet kerden: övmek, methetmek.

محمدى mohemmedî: (A.) Müslüman, Muhammed'e inanan, Muhammedî.

محمديون muhammediyyûn: (A.) müslümanlar.

محمر muhammer: (A.) **1.**eşeğe benzetilen. **2.**kendisine eşek denilen.

محمر muhemmir: (A.) **1.**kızartan, kızıllaştıran. **2.**Himyerce konuşan. **3.**(tıb.) ısıtıcı ilaç.

محمس muhammes: (A.) ateş üstünde kızdırılarak kurutulmuş.

محمص muhammıs: (A.) **1.**tava. **2.**kurukahveci, patlamış mısır satan.

محمض muhammez: (A.) oksitli, paslı.

محمض muhammiz: (A.) oksitleyen.

محمل mehmil: (A.) **1.**mahmil, mahfe. **2.**(gr.) kelime veya cümlenin anlamı. **3.**Hac kafilesiyle her yıl Haremeyn'e gönderilen hediyeler.

محمل بر بستن mehmil ber besten: **1.**mahmil bağlamak. **2.**(kin.) hareket etmek.

محمل بستن mehmil besten: **1.**mahmil bağlamak. **2.**(kin.) hareket etmek.

محمل كشيدن mehmil keşîden: mahmil götürmek.

محمل گشادن mehmil goşâden: **1.**mahmil çıkarmak. **2.**(kin.) ikamet etmek, yerleşmek.

محمل نشاندن mehmil nişânden: mahmil bağlamak.

محمود mehmûd: (A.) **1.**beğenilmiş, övülmüş. **2.**Hz. Muhammed'in adlarından biri. **3.**erkek adı. **4.**Ebrehe'nin Kâbe'yi yıkmak üzere getirdiği fil. **5.**Gazneli Mahmud.

محمود الخصائل mahmûdulhesâil (A.) iyi ahlaklı.

محمود الخصال mahmûdulhisâl (A.) iyi ahlaklı.

محمود الشيم mahmûduşşiyem (A.) güzel huylu.

محموده mahmûde (A.) **1.**övülmüş. **2.**bingöz otu, sakmunya.

محمودى mahmûdî (A.) **1.** İkinci Mahmut ile ilgili. **2.** İkinci Mahmut zamanında çıkarılan altın para.

محموديه mahmûdiyye (A.) **1.**İkinci Mahmut zamanında yapılan bir kalyon. **2.**Mahmud devrinde basılan para.

محموض mehmûz: (A.) oksitlenmiş.

محمول mehmûl: (A.) **1.**yüklü, yüklenmiş. **2.**yük. **3.**sarılmış. **4.**yorumlanmış. **5.**(gr.) yüklem, haber.

محمولاً mahmûlen (A.) yüklü olarak.

محمول افتادن mehmûl oftâden: tabir edilmek, yorumlanmak.

محمولات mehmûlât: (A.) yükler.

محموله mahmûle (A.) yük.

محموم mehmûm: (A.) **1.**hummalı, ateşli. **2.**zırvalayan. **3.**sayıklayan.

محمومانه mahmûmâne (A.-F.) [mahmûm+âne] **1.**hummalı olarak, ateşler içinde yanarak. **2.**sayıklayarak, sayıklarcasına.

محمى mahmî (A.) **1.**koruyan, himaye eden, hâmi. **2.**korunan.

محمى الجناب mahmiyyulcenâb (A.) kendine dikkat eden, kendini koruyan.

محميه mahmiyye (A.) **1.**koruma, himaye etme. **2.**korunmuş büyük şehir.

محن mihen: (A.) **1.**mihnetler, sıkıntılar, eziyetler. **2.**deneyler.

محنت mihnet: (A.) **1.**sıkıntı, acı, eziyet. **2.**felaket, musibet, bela.

محنت آباد mihnetâbâd: (A. -F.) [mihnet+ âbâd] **1.**sıkıntı ve dert dolu yer. **2.**dünya.

محنت آلود mihnetâlûd: (A. -F.) [mihnet+ âlûden>âlûd] sıkıntılı, mihnetli.

محنت افزا mihnetefzâ: (A.-F.) [mihnet+efzûden> efzâ] sıkıntıları artıran.

محنت بار mihnetbâr: (A. -F.) [mihnet+ bârîden>bâr] meşakkatli, sıkıntılı.

محنت بر mihnetber: (A. -F.) [mihnet+ borden>ber] **1.**sıkıntı gideren, ferahlatan. **2.**mihnet çeken.

محنت خور mihnethor: (A. -F.) [mihnet+ horden>hor] sıkıntı çeken, azap çeken.

محنت دیدگی mihnetdîdegî: (A. -F.) [mihnet+dîden>dîd+e+g+î] mihnet çekme, sıkıntı çekme.

محنت دیدن mihnet dîden: sıkıntı çekmek, acı çekmek.

محنت دیده mihnetdîde: (A. -F.) [mihnet+ dîden>dîd+e] sıkıntılı, acı çekmiş.

محنت زدگی mihnetzedegî: (A. -F.) [mihnet+zeden>zed+e+g+î] sıkıntı çekme, acı çekme.

محنت زده mihnetzede: (A.-F.) [mihnet+ zeden> zed+e] eziyet çekmiş, sıkıntı çekmiş, acılı, dertli.

محنت سرا mihnetserâ: (A.-F.) [mihnet+ serâ] sıkıntı çekilen yer.

محنتکده mihnetkede: (A. -F.) [mihnet+ kede] mihnet yeri, acı çekilen yer, sıkıntı çekilen yer.

محنتکش mihnetkeş: (A.-F.) [mihnet+ keşîden>keş] sıkıntı çeken, dert çeken, acı çeken.

محنت کشانه mihnetkeşâne: (A.-F.) [mihnet+keşîden> keş+âne] dert çekercesine, eziyet çekercesine.

محنت کشی mihnetkeşî: (A.-F.) [mihnet+ keşîden> keş+î] dert çekme, sıkıntı çekme, eziyet çekme.

محنت کشیدن mihnet keşîden: acı çekmek, sıkıntıya katlanmak.

محنتگاه mihnetgâh: (A.-F.) [mihnet+gâh] sıkıntı yeri, dert çekilen yer.

محنط muhannet: (A.) mumyalı, mumyalanmış.

محنط muhannit: (A.) mumya yapan, mumyalayan.

محنط muhnet: (A.) mumyalanmış.

محنط muhnit: (A.) mumyalayan.

محنی muhanna: (A.) **1.**eğri büğrü, yamuk, çarpık. **2.**kınalı.

محو mahv: (A.) **1.**yok olma, mahvolma. **2.**yok etme, mahvetme. **3.**yokluk. **4.**ay lekesi. **5.**temizlenmiş, silinmiş. **6.**ortadan kaldırma. **7.**ortadan kaldırılma. **8.**dağıtma, perişan etme. **9.**dağıtılma, perişan edilme. **10.**insanlıkla ilgili eksikliklerden kurtulma.

محور mihver: (A.) **1.**(fiz.) eksen, mihver. **2.**dingil.

محوری mihverî: (A. -F.) [mihver+î] **1.**eksen ile ilgili. **2.**(tıb.) eksen kemik.

محو شدن mahv şoden: **1.**mahvolmak, yok olmak. **2.**sönmek.

محوضه mahûza: (A.) **1.**saf, halis. **2.**onurlu, şerefli.

محوط muhevvet: (A.) çevrili.

محوط muhevvit: (A.) duvar ören, duvar çeken.

محوطه muhevvete: (A.) **1.**çevrili alan. **2.**saha, bölge, yöre, çevre.

محوطه سازی muhevvetesâzî: (A. -F.) [muhevvete+sâhten>sâz+î] çevre düzenlemesi.

محو کردن mahv kerden: **1.**mahvetmek, yok etmek. **2.**silmek, temizlemek. **3.**söndürmek.

محوکن mahvkon: (A. -F.) [mahv+ kerden> kon] **1.**yok edici. **2.**temizleyici. **3.**kurutma kâğıdı.

محو گرداندن mahv gerdânden: **1.**yok etmek, mahvetmek. **2.**silmek, temizlemek. 3.söndürmek.

محو گردانيدن mahv gerdânîden: 1.yok etmek, mahvetmek. 2.silmek, temizlemek. 3.söndürmek.

محو گرديدن mahv gerdîden: 1.yok olmak, mahvolmak. 2.silinmek, temizlenmek. 3.sönmek.

محو گشتن mahv geşten: 1.yok olmak, mahvolmak. 2.silinmek, temizlenmek. 3.sönmek.

محول muhevvel: (A.) 1.değişmiş, dönüşmüş. 2.değiştirilmiş, dönüştürülmüş. 3.havale edilmiş.

محول muhevvil: (A.) 1.değişen, dönüşen. 2.değiştiren, dönüştüren. 3.havale eden.

محولات muhavvelât: (A.) 1.havaleler. 2.ilgili birimlere bırakılan devlet borç ödemeleri.

محول شدن muhevvel şoden: 1.değişmek, dönüşmek. 2.değiştirilmek, dönüştürülmek. 3.havale edilmek.

محول عليه muhavvelun aleyh: (A.) üzerine havale edilen, havale olunan.

محول گرديدن muhevvel gerdîden: 1.değişmek, dönüşmek. 2.değiştirilmek, dönüştürülmek. 3.havale edilmek.

محوله muhavvile: (A.) 1.dönüştürücü. 2.transformatör.

محوى mahvî: (A.) 1.kapsamlı. 2.içerik, muhteva. 3.alt satıh.

محويت mahviyyet: (A.) alçakgönüllülük.

محيا mehyâ: (A.) yaşam, hayat.

محير muhayyir: (A.) 1.hayret verici, şaşırtıcı. 2.(müz.) bir musikî makamı.

محيرالعقول muhayyirulukûl: (A.) 1.akıllara durgunluk veren. 2.bir tür lale.

محيص mehîs: (A.) 1.cilalı mızrak. 2.kurtuluş. 3.kaçış yeri.

محيض mahîz: (A.) regl durumu, hayız durumu.

محيط muhît: (A.) 1.kapsayan, kuşatan. 2.çevre. 3.ortam, muhit. 4.haberli. 5.(coğ.) okyanus. ‖ * ~ -i zîst محيط زيست çevre. ‖ * ~ -i zîstgerâ محيط زيست گرا çevreci. ‖ * ~ -i zîstgerâyî محيط زيست گرايى çevrecilik. ‖ * ~ -i zîstşinâs محيط زيست شناس çevreci. ‖ * ~ -i zîstşinâsî محيط زيست شناسى çevrecilik.

محيطات muhîtât: (A.) çevreler, ortamlar.

محيط شدن muhît şoden: kapsanmak, kuşatılmak, çevrelenmek.

محيط كردن muhît kerden: kapsamak, kuşatmak, çevrelemek.

محيطى muhîtî: (A.) çevre ile ilgili.

محيطيه muhîtiyye: (A.) çevre ile ilgili, ortam ile ilgili.

محيل muhîl: (A.) 1.hilekâr, aldatıcı. 2.havale eden.

محيلى muhîlî: (A.-F.) [muhîl+î] hilekârlık.

محيى muhyî: (A.) 1.dirilten, yaşatan, hayat veren, ihya eden. 2.erkek adı.

مخ meh: 1.ateş. 2.arı.

مخ moh: 1.gem, ağır gem. 2.(bot.) hurma.

مخ moh: (A.) 1.beyin. 2.orta, asıl. 3.ilik. 4.cevher, madde.

مخائف mahâ'if: (A.) korkunç yerler.

مخابر muhâbir: (A.) 1.haber veren, haberci. 2.gazeteci, gazete muhabiri.

مخابرات muhâberât: (A.) haberleşme.

مخابره muhâbere: (A.) haberleşme, muhabere, iletişim.

مخابره كردن muhâbere kerden: haberleşmek.

مخابز mehâbiz: (A.) ekmek fırınları.

مخاتلت muhâtelet: (A.) aldatma, hile.

مخاتيم mehâtîm: (A.) 1.mühürlü şeyler. 2.kilitli şeyler.

مخاخ mihâh: (A.) 1.ilikler. 2.beyinler.

مخادش muhâdiş: (A.) 1.tırmalayan. 2.sıkıcı, sıkıntı veren.

مخادشه muhâdeşe: (A.) 1.tırmalama. 2.sıkma, sıkıntı verme.

مخادع muhâdi': (A.) hilekâr.

مخادعت muhâda'at: (A.) oyuna getirme, hile yapma, aldatma.

مخادعه muhâde'e: (A.) **1.**birbirini aldatma. **2.**hile.

مخادم mahâdim: (A.) mahdumlar, oğullar.

مخادمه muhâdeme: (A.) barışma.

مخادنت muhâdenet: (A.) dostluk, ahbaplık.

مخادنه muhâdene: (A.) dostluk, ahbaplık.

مخاديم mehâdîm: (A.) komutanlar, büyükler, önderler.

مخاذيل mehâzîl: (A.) ayak takımı, rezil rüsva olanlar.

مخارج mehâric: (A.) **1.**çıkış yerleri. **2.**harcamalar, masraflar.

مخاريط mehârît: (A.) koniler.

مخاريق mehârîk: (A.) **1.**cömertler. **2.**yakışıklı erkekler. **3.**oyuncaklar. **4.**çöl inekleri.

مخازن mehâzin: (A.) mahzenler, depolar.

مخازى mehâzî: (A.) kötü huylar.

مخاصم muhâsim: (A.) düşmanlık güden, husmet eden, düşman.

مخاصمات muhâsemât: (A.) düşmanlıklar, husumetler.

مخاصمه muhâseme: (A.) **1.**birbirine düşmanlık gütme. **2.**savaş.

مخاصمه muhâsime: (A.) birbirine düşman, hasım.

مخاصمين muhâsımîn: (A.) düşmanlar, birbirine düşman olanlar.

مخاض mehâz: (A.) **1.**(tıb.) doğum sancısı. **2.**gebe develer.

مخاط muhât: (A.) **1.**sümük. **2.**(tıb.) sümüksü madde.

مخاطب muhâteb: (A.) **1.**muhatap, karşı taraf. **2.**adına hutbe okunan hükümdar. **3.**azarlanmış. **4.**söz konusu.

مخاطب muhâtib: (A.) **1.**hitap eden. **2.**azarlayan.

مخاطبات muhâtebât: (A.) söyleşiler, konuşmalar.

مخاطب ساختن muhâteb sâhten: muhatap etmek, söz konusu etmek.

مخاطب قرار دادن muhâteb karâr dâden: muhatap etmek, muhatap tutmak.

مخاطبه muhâtebe: (A.) **1.**karşılıklı konuşma. **2.**azarlama.

مخاطبه كردن muhâtebe kerden: konuşma yapmak.

مخاطبين muhâtebîn: (A.) muhataplar.

مخاطرات muhâterât: (A.) **1.**tehlikeler. **2.**korkular. **3.**zararlar.

مخاطره muhâtere: (A.) **1.**tehlikeye atma. **2.**tehlike. **3.**malını rehin tutma. **4.**korku. **5.**zarar.

مخاطره آميز muhâtereâmîz: (A. -F.) [muhâtere+âmîhten>âmîz] tehlikeli.

مخاطله muhâtele: (A.) dolandırma, aldatma.

مخاطى muhâtî: (A.) sümüksü, sümüğümsü.

مخافت mehâfet: (A.) korku, korkma.

مخافته muhâfete: (A.) **1.**yavaş yavaş okuma. **2.**yavaş yavaş söyleme.

مخالب mehâlib: (A.) pençeler.

مخالت mehâlet: (A.) sanma, zannetme.

مخالص muhâlis: (A.) riyasız.

مخالصت muhâleset: (A.) dostça geçinme, birbirine içtenlikle davranma.

مخالطات muhâletât: (A.) **1.**karışmalar. **2.**iyi geçinmeler, iyi anlaşmalar.

مخالطت muhâletet: (A.) **1.**biriyle düşüp kalkma. **2.**cinsel ilişki. **3.**dostluk, iyi geçinme, iyi anlaşma, uzlaşı sağlama.

مخالطت كردن muhâletet kerden: **1.**biriyle düşüp kalkmak. **2.**cinsel ilişki kurmak.

مخالطه muhâlete: (A.) **1.**biriyle düşüp kalkma, beraber yaşama. **2.**cinsel ilişki. **3.**dostluk.

مخالطه كردن muhâlete kerden: **1.**biriyle düşüp kalkmak. **2.**cinsel ilişki kurmak.

مخالعه muhâle'e: (A.) resmen boşanma.

مخالف muhâlif: (A.) **1.**karşıt, muhalif, zıt. **2.**düşman. **3.**aykırı, aksine. **4.**(sp.) bir güreş oyunu.

مخالفت muhâlefet: (A.) **1.**muhalefet, karşıtlık. **2.**düşmanlık. **3.**iktidar partisinin karşısında olma.

مخالفت افتادن muhâlefet oftâden: ihtilaf çıkmak, anlaşmazlık çıkmak.

مخالفت داشتن muhâlefet dâştem: karşı olmak, muhalif olmak.

مخالفة للحوادث muhâlefetun lilhavâdis: (A.) Tanrı'nın yaratılmışların hiçbirine benzememe özelliği.

مخالفت كردن muhâlefet kerden: karşı gelmek, karşı koymak, muhalefet etmek.

مخالف شدن muhâlif şoden: muhalif olmak, karşıt olmak.

مخالفه muhâlife: (A.) 1.aykırı, zıt. 2.karşıt düşünceli.

مخالفين muhâlifîn: (A.) 1.aykırılar, zıtlar. 2.muhalifler, aykırı düşünenler, farklı düşünenler.

مخاوف mehâvif: (A.) 1.korkunç şeyler. 2.korkunç yerler. 3.korkuluklar.

مخايل mehâyil: (A.) 1.alametler. 2.yağmur bulutları. 3.hayal ürünleri.

مخبر mehber: (A.) 1.her şeyin içi. 2.kişinin içi, kişinin iç dünyası.

مخبر muhbir: (A.) 1.haber veren, bildiren, muhbir. 2.gazete muhabiri.

مخبره muhbire: (A.) 1.haber veren. 2.ihbar eden. 2.bayan gazete muhabiri.

مخبرى muhbirî: (A. -F.) [muhbir+î] 1.haber verme. 2.gazete muhabirliği.

مخبرين muhbirîn: (A.) muhabirler.

مخبز mahbez: (A.) ekmek fırını.

مخبط muhebbet: (A.) 1.karışık, perişan. 2.bozuk. 3.kaçık, deli.

مخبط شدن muhebbet şoden: 1.karışmak. 2.bozulmak. 3.aklını kaçırmak, delirmek.

مخبط كردن muhebbet kerden: 1.karıştırmak. 2.delirtmek. 3.bozmak.

مخبون mahbûn: (A.) 1.kıtlıkta saklanan şey. 2.ikinci harfi düşürülmüş vezin.

مخت moht: ümit.

مختار muhtâr: (A.) 1.özerk, muhtar. 2.seçkin, seçilmiş.

مختار شدن muhtâr şoden: 1.özerk olmak, ihtiyar sahibi olmak. 2.seçilmek.

مختار كردن muhtâr kerden: 1.özerk kılmak, ihtiyar sahibi etmek. 2.seçmek.

مختاره muhtâre: (A.) 1.seçkin, seçilmiş. 2.seçme hakkı elinde olan, özerk.

مختاريت muhtâriyyet: (A.) özerklik, muhtarlık.

مختال muhtâl: (A.) kendini beğenmiş, kibirli, burnu büyük.

مختان muhtân: (A.) hain.

مختبر muhteber: (A.) 1.başvuru yeri. 2.el kitabı.

مختبر muhtebir: (A.) yoklayan, deneyen.

مختبرانه muhtebirâne: (A.-F.) [muhtebir+ âne] yoklarcasına, denercesine.

مختت muhtet: (A.) sünnetli.

مختطف muhtatıf: (A.) 1.göz kamaştıran. 2.kapıp götüren.

مختتم muhtetem: (A.) son, son bulmuş.

مختتم شدن muhtetem şoden: sona ermek.

مختتم كردن muhtetem kerden: sona erdirmek, bitirmek, noktalamak.

مختتين muhtetîn: (A.) sünnetliler.

مختدع muhtedi': (A.) düzenbaz, hilekâr.

مختدعانه muhtedi'âne: (A.-F.) [muhtedi'+ âne] düzenbazca, hilekârlıkla.

مخترع muhtera': (A.) 1.icat edilmiş. 2.uydurma.

مخترع muhteri': (A.) 1.icat eden. 2.uydurukçu. 3.iftiracı.

مخترعانه muhteri'âne: (A.-F.) [muhteri'+ âne] 1.icat edercesine. 2.iftira edercesine, iftira ederek.

مختزن muhtezin: (A.) 1.hazineye koyan. 2.ambara koyan.

مختزن muhtezen: (A.) 1.hazineye koyulmuş. 2.ambara koyulmuş.

مختشع muhteşi': (A.) alçakgönüllü.

مختص muhtess: (A.) özgü, mahsus.

مختصاً muhtassan: (A.) özellikle.

مختصر muhteser: (A.) 1.kısa, az, özlü. 2.özet, hülasa. 3.alçak. 4.küçük, önemsiz. ‖ * ~ anki مختصر آنکه sözün kısası, kısacası.

مختصراً muhteseren: özetle, kısaca.

مختصر کردن mohteser kerden: kısaca söylemek, özetlemek.

مختصر گرفتن muhteser giriften: kısa tutmak, kısa kesmek.

مختصره muhtesere: (A.) 1.kısa, kısaltılmış. 2.özetlenmiş, özet.

مختصره muhtesire: (A.) kısaltma.

مختصم muhtesim: (A.) birbirine düşmanlık güden.

مختصه muhtesse: (A.) özgü.

مختصين muhtessîn: (A.) özgü olanlar.

مختضب muhtezib: (A.) boyanan, renklenen.

مختضع muhtezi': (A.) 1.alçakgönüllü. 2.boyun eğen.

مختضعانه muhtezi'âne: (A.-F.) [muhtezi'+âne] 1.alçakgönüllülükle. 2.boyun eğerek.

مختطب muhtetib: (A.) nikâhla isteyen.

مختطب muhtetib: (A.) 1.odun toplayan. 2.bataklık. 3.orman.

مختطفه muhtetife: (A.) göz kamaştıran.

مختفى muhtefi: (A.) 1.gizli, örtülü. 2.gizlenen.

مختل muhtel: (A.) 1.bozulmuş, bozuk. 2.dağınık, perişan. 3.yoksul, muhtaç. 4.karışık, karışmış.

مختل الشعور muhtelluşşu'ûr: (A.) bilinci bozuk.

مختل الصحه muhtellussıhha: (A.) sağlığı bozuk.

مختلب muhtelib: (A.) aldatıcı, hilekâr.

مختلج muhtelic: (A.) çırpınan, sarsılan, titreyen.

مختلس muhtelis: (A.) 1.çalan. 2.zimmetine para veya mal geçiren.

مختلسانه muhtelisâne: (A.-F.) [muhtelis+ âne] devlet malını çalıp çırparcasına.

مختل شدن muhtel şoden: 1.bozulmak. 2.dağılmak. 3.yoksullaşmak.

مختلط muhtelet: (A.) karışık, karmakarışık.

مختلط muhtelit: (A.) karışık, karma.

مختلطه muhtelite: (A.) karışık, karma.

مختلع muhteli': (A.) kocasından boşanan.

مختلف muhtelef: (A.) 1.ihtilaflı. 2.uyuşmamış, uyum sağlamamış.

مختلف muhtelif: (A.) 1.türlü, çeşitli, muhtelif. 2.(kin.) muhtelif. 3.ihtilaf eden. 4.ishalli, ishal olmuş. 5.ayrı, farklı.

مختلف الجنس muhtelifulcins: (A.) çeşitli türlerde.

مختلف المنشاء · muhtelifulmenşe': (A.) çeşitli kaynaklardan gelen, muhtelif kökenli.

مختلف شدن muhtelif şoden: 1.çeşitli olmak, muhtelif olmak. 2.ayrılmak, farklı olmak.

مختلف فيه · muhtelefun fih: (A.) · uzlaşı sağlanmamış, ihtilaflı.

مختلف گفتگو كردن muhtelif goftigû kerden: ondan bundan konuşmak, dereden tepeden konuşmak.

مختلفه muhtelife: (A.) 1.türlü, çeşitli. 2.ihtilaflı.

مختلق muhtelik: (A.) yalancı.

مختمر muhtemir: (A.) 1.mayalanıp kabaran. 2.örtünen.

مختنق muhtenik: (A.) 1.sesi kısık. 2.boğulan. 3.boğuk.

مختوم mahtûm: (A.) 1.mühürlü. 2.kilitli. 3.bağlı. 4.sona ermiş, bitmiş, noktalanmış.

مختوم شدن mahtûm şoden: 1.bitmek, son bulmak, sonlanmak, noktalanmak. 2.mühürlenmek. 3.kilitlenmek.

مختوم كردن mahtûm kerden: 1.bitirmek, sona erdirmek, son noktayı koymak. 2.mühürlemek. 3.kilitlemek.

مختومه mahtûme: (A.) 1.mühürlü. 2.kilitli. 3.bağlı.

مختون mahtûn: (A.) sünnetli.

مخجل muhaccil: (A.) utandıran.

مخجل muhcil: (A.) utandıran.

مخچه mohçe: [moh+çe] (tıb.) beyincik.

مخدد muhedded: (A.) buruşuk etli.

مخدر muhedder: (A.) kapalı, örtülü.

مخدر muheddir: (A.) (tıb.) uyuşturucu.

مخدرات muhadderât: (A.) **1.**örtülü kadınlar. **2.**müslüman kadınları.

مخدرات muhedderât: (A.) (tıb.) uyuşturucu maddeler.

مخدره muheddere: (A.) **1.**örtülü kadın. **2.**müslüman kadını. **3.**bayan adı.

مخدره muhaddire: (A.) uyuşturan, uyuşturucu.

مخدش muhaddiş: (A.) kulak tırmalayan, kulak tırmalayıcı.

مخدع mehde': (A.) sandık odası.

مخدوش mehdûş: (A.) **1.**tıraşlanmış, kazınmış. **2.**vesveseli, kuruntulu.

مخدوم mahdûm: (A.) **1.**efendi, hizmet edilen. **2.**oğul. **3.**çocuk.

مخدومه mahdûme: (A.) kız çocuğu, kız evladı.

مخدومی mahdûmî: (A. -F.) [mahdûm+î] efendilik, liderlik.

مخدومیت mahdûmiyyet: (A.) **1.**oğulluk. **2.**efendilik, ev hanımlığı.

مخذل muhazzil: (A.) alçaltan.

مخذلانه muhazzilâne: (A.-F.) [muhazzil+ âne] alçaltarak, alçaklıkla, bayağıca.

مخده mihedde: (A.) yastık, büyük yastık.

مخذول mahzûl: (A.) **1.**düşkün, hakir. **2.**rezil, rüsva.

مخراش mihrâş: (A.) **1.**eğik başlı sopa. **2.**derici cetveli.

مخراق mihrâk: (A.) **1.**cömert adam. **2.**tezvir, aldatma.

مخرب muharrib: (A.) tahrip edici, yıkıcı.

مخرب muhrib: (A.) tahrip eden, yıkan.

مخربین muharribîn: (A.) tahrip edenler, yıkanlar.

مخربین muhribîn: (A.) tahrip edenler, yıkanlar.

مخرج mahrec: (A.) **1.**çıkış yeri. **2.**(mat.) payda. **3.**(tıb.) hançere.

مخرج muhrec: (A.) **1.**çıkarılmış. **2.**özetlenmiş.

مخرج muhric: (A.) **1.**çıkaran. **2.**haraç veren. mehrak: (A.) **1.**çöl. **2.**yalancılık.

مخرجه muhrice: (A.) çıkrıkçı.

مخرش muharriş: (A.) **1.**tahriş eden, kazıyan, tırmalayan, kulak tırmalayan. **2.**azdıran. **3.**irkilten.

مخرشه muharrişe: (A.) **1.**tahriş eden, kazıyan, tırmalayan. **2.**azdıran. **3.**irkilten.

مخرط muharrit: (A.) ishal yapan, müshil.

مخرف mahref: (A.) yemiş sepeti.

مخرق muherrak: (A.) parçalanmış, yırtılmış.

مخرق شدن muherrak şoden: yırtılmak, parçalanmak.

مخرق کردن muherrak kerden: yırtmak, parçalamak.

مخرقه mahreke: (A.) **1.**utangaçlık. **2.**koyuluk. **3.**yalan. **4.**hile.

مخرم mahrem: (A.) iki dağ arasındaki geçit.

مخروب mahrûb: (A.) harap olmuş, harap edilmiş, yıkılmış, yıkık.

مخروبه mahrûbe: (A.) virane, harabe, harap olmuş, yıkıntı.

مخروط mahrût: (A.) **1.**tıraşlanmış. **2.**koni, mahrut.

مخروطی mahrûtî: (A.) konik, mahrtî.

مخروطیات mahrûtiyyât: (A.) konik nesneler.

مخروطیت mahrûtiyyet: (A.) koniklik.

مخزع muhazzi': (A.) biçme makinesi, biçerdöver.

مخزن mahzen: (A.) **1.**mahzen, depo. **2.**hazine odası. **3.**bodrum. **4.**karanlık ve havasız yer.

مخزن الاسرار mahzenulesrâr (A.) sırlar mahzeni.

مخزوم mahzûm: (A.) **1.**delik, delinmiş. **2.**delik burunlu, burnu delik.

مخزون mahzûn (A.) hazinede saklanılan.

مخزون داشتن mahzûn dâşten: hazineye koymak.

مخزونه mahzûne (A.) hazineye koyulmuş.

مخستان mehistân: [meh+istân] hurmalık.

مخسر muhassir: (A.) zarar veren, zarara uğratan.

مخسرين muhassirîn: (A.) zarar verenler, zarara uğratanlar.

مخسوف · mahsûf: (A.) gölgede kalmış, gölgelenmiş.

مخشع muhaşşi': (A.) burun sürten, kendini beğenmişin burnunu sürten.

مخشم muhaşşem: (A.) sarhoş.

مخشى muhaşşî: (A.) korkutan, korku salan.

مخصص muhasses: (A.) ayrılmış, tahsis edilmiş, özgü.

مخصص muhassis: (A.) tahsis eden, ayıran.

مخصصات muhassesât: (A.) **1.**maaş. **2.**ödenek.

مخصصه muhassese: (A.) tahsis edilmiş, ayrılmış, özgü.

مخصوص mahsûs: (A.) **1.**özel, husûsi, özgü. **2.**lâyık. **3.**bağımsız, müstakil. **4.**özellikle. **5.**isteyerek, bile bile, kasıtlı, bilerek. **6.**şakacıktan, yalandan.

مخصوصاً mahsûsen: (A.) özellikle, bilhassa, hele.

مخصوصات mahsûsât: (A.) mahsuslar.

مخصوص شدن mahsûs şoden: özgü olmak, mahsus olmak, ayrılmak, tahsis edilmek.

مخصوص كردن mahsûs kerden: özgü kılmak, tahsis etmek, ayırmak.

مخصوصه mahsûse: (A.) mahsus, özgü, özel.

مخصوصيت mahsûsiyyet: (A.) husûsilik, özellik.

مخضب muhazzeb: (A.) boyalı, boyanmış.

مخضر muhazzer: (A.) yeşile boyalı.

مخضرمون muhazremûn: (A.) Cahiliye ve İslâm dönemlerini idrak eden Arap şairleri.

مخضرمين muhazremîn: (A.) Cahiliye ve İslâm dönemlerini idrak eden Arap şairleri.

مخضوب mahdûb: (A.) boyalı, boyanmış.

مخضرم muhezrem: (A.) **1.**sünnetsiz adam. **2.**babası beyaz olan zenci. **3.**ömrünün bir kısmını Cahiliye, kalanını İslâm devrinde geçirmiş kişi.

مخضوب mahzûb: (A.) boyalı, boyanmış.

مخضوع mahzû': (A.) gönülden bağlanmış.

مخطاط mihtât: (A.) cetvel tahtası.

مخطر muhtir: (A.) anımsatan, hatırlatan.

مخطره muhtire: (A.) **1.**hatırlatıcı not. **2.**ültimatom.

مخطره نامه muhtirenâme: (A.-F.) [muhtire+nâme] hatırlatma yazısı.

مخطط muhattet: (A.) yazılı, çizilmiş, çizili, resmedilmiş.

مخطط muhettit: (A.) çizen, resimleyen.

مخطوبه mahtûbe: (A.) **1.**hitap edilmiş. **2.**evlenmek için istenile kadın.

مخطور mahtûr: (A.) **1.**tehlikeli, tehlikeye yakın. **2.**düşünce.

مخطوط mahtût: (A.) **1.**çizgili, çizilmiş. **2.**yazılmış, yazılı.

مخطوطات mahtûtât: (A.) yazılı eserler, el yazması eserler.

مخطوطه mahtûte: (A.) **1.**çizgili, çizilmiş. **2.**yazılmış, yazılı.

مخطى muhtî: (A.) **1.**yanıltıcı, hataya düşürücü. **2.**yanılan, hataya düşen.

مخفف muhaffef: (A.) **1.**hafifletilmiş. **2.**kısaltılmış. **3.**(gr.) şeddesiz harf.

مخفف muhaffif: (A.) hafifletici, hafifleten.

مخففاً muhaffefen: (A.) **1.**hafifçe. **2.**(gr.) şeddesiz olarak.

مخففه · muhaffefe: (A.) hafifletilmiş.

مخففه ·· muhaffife: (A.) hafifletici, hafifleten.

مخفوض mahfûz: (A.) alçalmış.

مخفى mahfî: (A.) gizli, saklı, örtülü.

‖ * betovr-i ~ بطور مخفى gizlice, gizli olarak. ‖ * der ~ در مخفى gizlice.

مخفيانه mahfiyâne: (A. -F.) [mahfî+y+âne] gizlice, gizliden gizliye.

مخفيا mahfiyyen: (A.) gizlice, gizli olarak, gizliden gizliye.

مخفى داشتن mahfî dâşten: gizlemek, saklamak, saklı tutmak.

مخفى شدن mahfî şoden: gizlenmek, saklanmak.

مخفى كردن mahfî kerden: gizlemek, saklamak.

مخفى گاه mahfîgâh: (A. -F.) [mahfî+gâh] zula.

مخفى ماندن mahfî mânden: gizli kalmak, saklı kalmak.

مخل muhil: (A.) **1.**bozan, ihlal eden. **2.**sakatlayan.

مخلب mihleb: (A.) **1.**pençe. **2.**yırtıcı hayvan tırnağı.

مخلخل muhalhil: (A.) havayı hafifletici.

مخلد muhalled: (A.) **1.**kalıcı, ebedî. **2.**sürekli.

مخلد muhallid: (A.) ölümsüzleştiren, ebedîleştiren.

مخلدات muhalledât: (A.) **1.**kalıcı şeyler. **2.**şaheserler.

مخلد شدن muhalled şoden: ebedî olmak, kalıcı olmak, ölümsüz olmak.

مخلد كردن muhalled kerden: ebedî kalmak, payidar olmak.

مخلدون muhalledûn: (A.) kalıcı şeyler, ebedî olanlar, ölümsüz olanlar.

مخلدين muhalledîn: (A.) kalıcı şeyler, ebedî olanlar, ölümsüz olanlar.

مخلس muhlis: (A.) saçına kır düşmüş.

مخلص mahlas: (A.) **1.**kurtuluş yeri. **2.**kaçış yolu. **3.**kurtuluş. **4.**kısaca, özetle. **5.**(ed.) mahlas, takma ad.

مخلص muhalles: (A.) kurtarılmış.

مخلص muhallis: (A.) kurtaran, kurtarıcı.

مخلص muhles: (A.) **1.**temizlenmiş. **2.**sığınak, kaçılacak yer.

مخلص muhlis: (A.) **1.**saf, halis, katışıksız. **2.**içten, samimi, açık yürekli. **3.**kurtarıcı. **4.**erkek adı.

مخلصانه muhlisâne: (Ar. +F.) [muhlis+ âne] içtenlikle, iyi niyetle, samimi olarak.

مخلص جستن mahlas costen: kurtulmaya çalışmak.

مخلص خانه mahlashâne: (A.-F.) [mahlas+hâne<hâne-i mahlas] mahlas beyti.

مخلص نامه mahlasnâme: (A.-F.) [mahlas+nâme <nâme-i mahlas] yeni şiire başlamış birine güçlü bir şair tarafından yazılan ve kullanacağı mahlası bildiren şiir.

مخلصه muhlise: (A.) **1.**saf, halis, katışıksız. **2.**içten, samimi, açık yürekli. **3.**kurtarıcı. **4.**bayan adı.

مخلط muhellet: (A.) **1.**karışık. **2.**bozuk.

مخلط muhallit: (A.) karıştıran, karıştırıcı.

مخلع شدن muhalle' şoden: hil'at giymek.

مخلف muhallef: (A.) **1.**geri kalan. **2.**miras malı, tereke. **3.**geride kalan, geride bırakılan.

مخلفات muhallefât: (A.) **1.**miras. **2.**ev eşyası, öteberi.

مخلفه muhallefe: (A.) ölen adamın dul karısı.

مخلوط mahlût: (A.) **1.**karışık. **2.**karışım.

مخلوط شدن mahlût şoden: karışmak.

مخلوط كردن mahlût kerden: karıştırmak.

مخلوطه mahlûta: (A.) **1.**karışık. **2.**karışım. **3.**bulgurlu mercimek çorbası.

مخلوع mehlû': (A.) **1.**azledilmiş, işten uzaklaştırılmış. **2.**tahttan indirilmiş.

مخلوع شدن mehlû' şoden: tahttan indirilmek.

مخلوع كردن mehlû' kerden: tahttan indirmek.

مخلوعه mahlû'a: (A.) tahttan indirilmiş.

مخلوق mehlûk: (A.) yaratık, mahluk, yaratılmış.

مخلوقات mehlûkât: (A.) yaratıklar, mahluklar, yaratılmışlar.
مخلوق شدن mehlûk şoden: yaratılmak, var edilmek.
مخلوق كردن mehlûk kerden: yaratmak, var etmek.
مخلوقه mahlûka: (A.) çalıntı şiir.
مخلى muhellâ: (A.) boşaltılmış.
مخلى muhellâ: (A.) tahliye edilmiş, boşaltılmış.
مخلى muhellî: (A.) boşaltan, tahliye eden.
مخلى شدن muhellâ şoden: boşaltılmak, bırakılmak.
مخلى كردن muhellâ kerden: boşaltmak, bırakmak.
مخلية الهوا muhalliyetulhevâ: (A.) hava tulumbası.
مخليه muhalliye: (A.) boşaltıcı, tahliye aracı, tulumba.
مخمد muhmid: (A.) alev bastıran, alev söndüren.
مخمر muhemmer: (A.) **1.**yoğurulmuş. **2.**gerekli, lâzım. **3.**mayalı, mayalanmış.
مخمر muhemmir: (A.) **1.**mayalayan. **2.**yoğuran, hamurlaştıran. **3.**kaynatıp kıvamını bulduran.
مخمر muhmer: (A.) **1.**mayalanmış. **2.**hamurlaşmış.
مخمر شدن muhemmer şoden: **1.**yoğurulmak, hamurlaşmak. **2.**gerekli görülmek.
مخمر كردن muhemmer kerden: **1.**yoğurmak, hamurlaştırmak. **2.**gerekli görmek.
مخمس muhammes: (A.) **1.**beşli. **2.**beşgen. **3.**(ed.)beş dizelik manzume. **4.**klasik Türk musikîsinde bir usûl.
مخمصه mahmese: (A.) **1.**aşırı açlıktan zayıflama. **2.**çıkmaz. **3.**zahmet, sıkıntı. ‖ * der ~ endâhten در مخمصه انداختن çıkmaza düşürmek, çıkmaza sokmak. ‖ * der ~ giriftâr kerden در مخمصه گرفتار كردن çıkmaza düşürmek, çıkmaza sokmak. ‖ * der ~ giriftâr şoden در مخمصه گرفتار شدن çıkmaza düşmek. ‖ * der ~ oftâden در مخمصه افتادن çıkmaza düşmek, çıkmaza girmek.
مخمل muhmel: (A.) kadife. (Bu kelime halk arasında "mahmel" şeklinde telaffuz edilir.)
مخملك mahmelek: (A. -F.) [mahmel+ ek] (tıb.) kızıl, kızıl hastalığı.
مخمن muhammen: (A.) tahmin edilen.
مخمن muhammin: (A.) **1.**tahmin eden. **2.**eksper, değer biçen.
مخمنه muhammene: (A.) tahmin edilen.
مخمور mahmûr: (A.) **1.**mahmur, içki sersemi, çakırkeyif. **2.**baygın göz.
مخمورانه mahmûrâne (A.-F.) [mahmûr+ âne] mahmurca, baygın baygın.
مخمور شدن mahmûr şoden: mahmurlaşmak.
مخمور كردن mahmûr kerden: mahmurlaştırmak.
مخموره mahmûre (A.) **1.**uyku çökmüş. **2.**baygın göz. **3.**içki sersemi. **4.**bayan adı.
مخمورى mahmûrî: (A. -F.) [mahmûr+î] **1.**mahmurluk. **2.**sarhoşluk.
مخنث muhannes: (A.) **1.**homoseksüel erkek, (argo) oğlan, ibne. **2.**nâmert, kalleş, arkadan vuran.
مخنق muhannik: (A.) boğucu.
مخنق muhnik: (A.) boğucu.
مخنقه muhnike: (A.) boğucu.
مخنوق mahnûk: (A.) boğulmuş, boğuk.
مخنوقاً mahnûkan: (A.) boğularak, boğazı sıkılarak.
مخوف mehûf: (A.) **1.**korkunç. **2.**tehlikeli. **3.**korkunç yer.
مخوف muhavvif: (A.) korkutan, korku salan.
مخوف muhavvef: (A.) korkutulmuş.
مخوله mahûle: (A.) dul kadın.
مخون muhavven: (A.) hainleşen.
مخيب muhayyeb: (A.) yoksun bırakılmış.

مخيب muhayyib: (A.) yoksun bırakan.

مخيبا muhayyeben: (A.) yoksun bırakarak.

مخيبانه muhayyibâne: (A.-F.) [muhayyib+âne] yoksun bırakırcasına.

مخيدن mehîden: 1.hareket etmek, kımıldamak. 2.izlemek. 3.sürünmek.

مخير muheyyer: (A.) 1.seçme hakkı olan, muhayyer. 2.seçmece. 3.klasik Türk mûsikîsinde bir makam.

مخير muhayyir: (A.) seçme şansı veren.

مخيط mihyet: (A.) 1.iğne. 2.geçit.

مخيف muhîf: (A.) korkutan, korkutucu, korkunç.

مخيفه muhîfe: (A.) korkutan, korkutucu, korkunç.

مخيل muheyyel: (A.) hayal edilmiş, hayalî, muhayyel.

مخيل muhayyil: (A.) hayal eden, hayal kuran.

مخيلات muhayyelât: (A.) hayal edilenler, hayaller.

مخيله muhayyele: (A.) hayal edilmiş, hayalî.

مخيله muheyyile: (A.) hayal gücü, muhayyile, imgelem.

مخيله mahîle: (A.) hayal eseri.

مخيله سوز muhayyilesûz: (A.-F.) [muhayyile+ sûhten> sûz] insanın hayal gücünü yakan, akla durgunluk veren.

مخيم muheyyem: (A.) 1.çadırlık alan. 2.ordugâh. 3.kurulu çadır.

مخيمگاه muhayyemgâh: (A.-F.) [muhayyem+gâh] 1.çadır kurulu yer. 2.ordugâh.

مخيه muheyh: (A.) beyincik.

مد med: (A.) 1.çekme, çekiş. 2.(coğ.) med, suların yükselmesi. 3.(gr.) elif harfi üzerindeki çekme işareti. Aslında bu harf elifin üzerine koyulmuş ikinci bir elif harfidir. 4.(kin.) hediye, armağan. ‖ * ~ u cezr مد و جذر gelgit, medcezir. ‖ * ~ -i basar مد بصر presbit, uzağı görüş. ‖ * ~ -i nazar مد نظر olabildiğince uzaklara bakış, bakınma. ‖ * ~ -i nigâh مد نگاه olabildiğince uzaklara bakış. ‖ * der ~ -i nazar bûden در مد نظر بودن göz önünde olmak, gözünde olmak.

مد mod: (A.) bir tartı birimi, mut.

مد mod: (Fr.) 1.moda. 2.yeni âdet.

مدابره mudâbere: (A.) birbirine sırt çevirme.

مداح meddâh: (A.) 1.çök öven. 2.övgü şairi. 3.ortaoyuncusu.

مدائح medâ'ih: (A.) övmeler, övgüler.

مدائن medâ'in: (A.) 1.şehirler, kentler. 2.eskiden Dicle kenarında kurulmuş yedi şehir, Medayin.

مداخل medâhil: (A.) 1.giriş yerleri. 2.gelirler. 3.dallı kına.

مداخل mudâhil: (A.) karışan, müdahale eden.

مداخلات mudâhalât: (A.) müdaheleler, karışmalar.

مداخله mudâhele: (A.) karışma, dehalet etme.

مداخله شدن mudâhele şoden: müdahele edilmek, karışılmak.

مداخله كردن mudâhele kerden: müdahele etmek, karışmak.

مداخلين mudâhilîn: (A.) karışanlar, müdahale edenler.

مداد midâd: (A.) 1.kalem. 2.kurşun kalem. ‖ * ~ -i kopye مداد كپيه sabit kalem. ‖ * ~ -i rengî مداد رنگى boya kalemi.

مداد پاک کن midâdpâkkon: (A. -F.) [midâd+ pâk+kerden>kon] silgi.

مداد تراش midâdterâş: (A. -F.) [midâd+ terâşîden>terâş] kalemtıraş.

مدار medâr: (A.) 1.dönme. 2.yörünge. 2.dönence. 3.araç, vasıta, vesile. 4.yardımcı. ‖ * be ~ resîden به مدار رسيدن yörüngeye girmek. ‖ * der ~ câ giriften در مدار جا گرفتن yörüngeye girmek. ‖ * ez ~ hâric kerden از مدار خارج كردن üretim dışı bırakmak. ‖ * ez ~ hâric şoden ار مدار خارج شدن üretim dışı kalmak.

مدارا modârâ: (A.) geçim, geçinme, dostça geçinme.

مدارات medârât: (A.) 1.dönüşler. 2.yörüngeler.

مدارات mudârât: (A.) dostça geçinmeler, yüze gülmeler.

مدارا کردن modârâ kerden: dostça geçinmek, yumuşak davranmak, dayanmak, katlanmak.

مدار العين medârulayn: (A.) göz çukuru.

مدارج medâric (A.) 1.basamaklar, merdivenler. 2.yollar, meslekler. 3.dereceler, rütbeler. 4.aşamalar.

مدارج النبوه medâricunnubuvve (A.) peygamberliğe çıkan basamaklar.

مدارس medâris: (A.) 1.medreseler. 2.okullar. 3.fakülteler.

مدارسه mudârese: (A.) ders verme.

مدارک medârik: (A.) 1.beş duyu. 2.belgeler.

مداری medârî: (A. -F.) [medâr+î] 1.yörüngesel. 2.tropikal.

مدارين medâreyn (A.) iki dönence (Oğlak ve Yengeç dönenceleri).

مداعبه mudâ'abe: (A.) şakalaşma.

مدافع medâfi': (A.) toplar, askertoplar.

مدافع mudâfi': (A.) (ask.) savunan, savunucu.

مدافعات mudâfa'ât: (A.) savunmalar.

مدافعت mudâfe'et: (A.) savunma, müdafaa.

مدافعه mudâfe'e: (A.) 1.(ask.) savunma, müdafaa. 2.defetme, uzaklaştırma. 3.koruma, korunma.

مدافعةً mudâfa'aten: (A.) savunarak.

مدافعين mudâfi'în: (A.) savunanlar, savunmacılar.

مدافن medâfin: (A.) mezarlar, gömülme yerleri.

مداقه mudâkke: (A.) dikkat etme, ele alma, inceleme. ‖ * muvrid-i ~ karâr dâden مورد مداقه قرار دادن ele almak, incelemek. ‖ * muvrid-i ~ karâr giriften مورد مداقه قرار گرفتن ele alınmak, incelenmek.

مداقه کردن mudâkke kerden: dikkat etmek, ele almak, incelemek.

مداک midâk: (A.) [<medâk] kırmızı boya ezicisi.

مدال medal: (Fr.) madalya, nişan.

مدال آور medalâver: (Fr. -F.) [medal+ âverden>âver] madalya getiren.

مدام modâm: (A.) 1.devamlı, daima, sürekli, durmadan. 2.devamlı yağan yağmur. 3.şarap.

مدامره mudâmere: (A.) geceyi sıkıntı ile geçirme.

مدامع medâmi': (A.) 1.(tıb.) göz yaşı kanalları. 2.göz uçları. 3.göz yaşları.

مدامکاره mudâmkâre: (A.-F.) [mudâm+ kâr+e] durmadan çalışan.

مدامله mudâmele: (A.) yüze gülme.

مدامه mudâme: (A.) şarap.

مدامی mudâmî: (A.) sürekli şarap içen.

مدانی mudânî: (A.) benzer, eş.

مداوا mudâvâ: (A.) tedavi, derman.

مداوات mudâvât: (A.) tedavi etme.

مداوا شدن mudâvâ şoden: tedavi edilmek, iyileşmek.

مداوا کردن mudâvâ kerden: tedavi etmek.

مداوره mudâvere: (A.) çevirme, döndürme.

مداوله mudâvele: (A.) dönme, devam etme, zaman değişmesi.

مداوم mudâvim: (A.) 1.sürekli, devamlı. 2.devam eden. 3.sabit. 4.bir yere sürekli gidip gelen.

مداومت mudâvemet: (A.) 1.devam etme. 2.süreklilik, kalıcılık, devamlılık.

مداومت داشتن mudâvemet dâşten: devam etmek, sürmek.

مداومه mudâvime: (A.) 1.bir yere sürekli gidip gelen. 2.bir yerde sürekli çalışan.

مداومين mudâvimîn: (A.) 1.bir yere sürekli gidip gelenler, müdavimler. 2.bir yerde sürekli çalışanlar.

مداوی mudâvî: (A.) tedavi edici.

مداوی mudâvî: (A.) tedavi eden, iyileştiren.

مداهره mudâhere: (A.) hiç çekinmeden sözleşme yapma.

مداهن mudâhin: (A.) dalkavuk, yağcı.

مداهنانه mudâhinâne: (A.-F.) [mudâhin+ âne] dalkavukça, yağ çekercesine.

مداهنه mudâhene: (A.) 1.dalkavukluk, yardakçılık, yaltaklanma. 2.ikiyüzlülük.

مداهنه كار mudâhenekâr: (A.-F.) [mudâhene+kâr] dalkavuk, yağcı.

مداهنه كارانه mudâhenekârâne: (A.-F.) [mudâhene+ kâr+âne] dalkavukça, dalkavuklukla, yağ çekerek.

مداهنه كردن mudâhene kerden: 1.dalkavukluk etmek, yaltaklanmak, yardakçılık etmek. 2.ikiyüzlülük etmek.

مدايح medâyih: (A.) 1.övgüler, methiyeler. 2.övgüye değer şeyler.

مداين medâyin: (A.) 1.şehirler. 2.(coğ.) İran'da eski bir şehir, Medâyin. 3.eskiden Dicle kenarında kurulmuş yedi şehir.

مداينه mudâyene: (A.) ödünç alıp verme, borç alıp verme.

مدايين medâyîn: (A.) borç batağında yüzenler.

مدبدب mudebdeb: (A.) gösterişli, görkemli, tantanalı, şatafatlı.

مدبر mudbir: (A.) 1.geri giden. 2.asi. 3.talihsiz.

مدبر mudebber: (A.) 1.tedbir alınmış. 2.eğitilmiş. 3.serbest kalması efendisinin ölümüne bağlı köle.

مدبر mudebbir: (A.) 1.tedbirli. 2.müşavir. 3.kölesinin özgür olması kendi ölümüne bağlı olan efendi.

مدبران mudebbirân: (A.-F.) [mudebbir+ân] tedbirliler.

مدبرانه mudebbirâne: (A. -F.) [medubbir+ âne] tedbirlice, tedbir alarak.

مدبره mudebbire: (A.) 1.tedbirli. 2.özgürlüğü efendisinin ölümüne bağlı olan cariye.

مدبرى mudebbîrî: (A. -F.) [mudebbir+î] tedbirlilik, tedbirli olma.

مدبرين mudebbirîn: (A.) tedbirliler, önlem alanlar.

مدبغ mudebbağ: (A.) tabaklanmış, sepilenmiş.

مدبور medbûr: (A.) 1.yaralı. 2.zengin.

مدبوغ medbûğ: (A.) sepilenmiş, tabaklanmış.

مدت muddet: (A.) 1.süre. 2.zaman, vakit. ‖ * ~ -i ma'lûme مدت معلومه belirli süre, bilinen süre. ‖ * ~ -i medîde مدت مديده uzun süre, uzun zaman. ‖ * ~ -i muvakkata مدت موقته geçici süre. ‖ * ~ hâst مدت هاست uzun zamandır, epeydir, ne zamandır, hanidir, nicedir. ‖ * be ~ به مدت zamanla. ‖ * der ~ -i در مدت . 1.boyunca, süresince. 2.zamanı, zamanında.

مدتى muddetî: (A. -F.) [muddet+î] bir süre. ‖ * pes ez ~ پس از مدتى bir süre sonra. ‖ * pes ez endek ~ پس از اندک مدتى kısa bir süre sonra.

مدثر muddessir: (A.) giyimli, elbiseye bürünmüş.

مدجنه mudcine: (A.) arap musikîsinde muganniye.

مدح medh: (A.) 1.övgü. 2.kaside.

مدحت midhat: (A.) 1.övgü, meth. 2.erkek ismi.

مدحتگر midhatger: (A.-F.) [midhat+ger] övgücü, övücü.

مدحتگرى midhatgerî: (A.-F.) [midhat+ger+î] övgücülük, övücülük.

مدح خوان medhhân: (A. -F.) [medh+ hânden>hân] övgü şairi, methiye şairi, kaside şairi.

مدح كردن medh kerden: övmek, methetmek.

مدح گر medhger: (A. -F.) [medh+ger] öven, metheden.

مدح گفتن medh goften: övmek, methetmek.

مدحور medhûr: (A.) kovulmuş, uzaklaştırılmış.

مدحيات medhiyyât: (A.) övgüler, övmeler.

مدحيه medhiyye: (A.) (ed.) övgü,

methiye.

مدخر muddeher: (A.) depolanmış, biriktirilmiş, stoklanmış.

مدخر muddehir: (A.) depolayan, biriktiren, stoklayan.

مدخر mudher: (A.) horlanmış, aşağılanmış.

مدخر mudhir: (A.) horlayan, aşağılayan, küçümseyen.

مدخرات muddeherât: (A.) stoklanmış mallar.

مدخر شدن muddeher şoden: birikmek, depolanmak.

مدخل medhal: (A.) **1.**giriş, giriş yeri. **2.**gelir. **3.**aidat. **4.**ilk bilgiler. **5.**tasarruf. **6.**karışma, bir işte müdahale, bir işte parmağı olma. **7.**başlangıç.

مدخل mudhel: (A.) sokulmuş, girdirilmiş.

مدخل mudhil: (A.) sokan, girdiren, ithal eden.

مدخلدار medhaldâr: (A.) [medhal+ dâşten>dâr] bir işte parmağı olan, müdahalesi olan, karışmış olan.

مدخل زدن medhal zeden: tahmin etmek.

مدخن mudahhan: (A.) dumanlı, tütmüş.

مدخنه midhane: (A.) buhurdan, tütsülük.

مدخول medhûl: (A.) **1.**bir şey girmiş. **2.**kusurlu. **3.**dile düşmüş. **4.**müdahale edilmiş.

مدد meded: (A.) **1.**yardım. **2.**imdat.

مددالدهور mededduhûr: (A.) dünyanın sonuna kadar.

مددالله mededallâh: (A.) aman Allah.

مدد بخش mededbahş: (A.-F.) [meded+ bahşîden> bahş] yardım eden, imdada koşan.

مددبخشا mededbahşâ: (A.-F.) [meded+ bahşiden> bahş+â] yardıma koşan, imdada yetişen.

مدد بخشیدن meded bahşîden: yardım etmek.

مددجو mededcû: (A.-F.) [meded+ costen>cû] yardım isteyen, yardım arayan, imdat dileyen.

مددجویانه mededcûyâne: (A.-F.) [medd+ costen> cûy+ âne] yardım isteyerek, imdat dileyerek.

مددجویی mededcûyî: (A.-F.) [meded+ costen>cûy+ î] yardım isteme, imdat dileme.

مدد خواستن meded hâsten: **1.**yardım istemek. **2.**(ask.) yardımcı kuvvet istemek. **3.**imdat dilemek.

مددخواه mededhâh: (A.-F.) [meded+ hâsten>hâh] **1.**yardım isteyen, imdat dileyen. **2.**sığınan.

مددخواهانه mededhâhâne: (A.-F.) [meded+hâsten> hâh+âne] yardım dileyerek, yardım dilercesine, imdat dilercesine.

مددخواهی mededhâhî: (A.-F.) [meded+ hâsten> hâh+î] yardım dileme, imdat dileme.

مدد دادن meded dâden: **1.**yardım etmek. **2.**(ask.) yardımcı kuvvet vermek.

مدد رس mededres: (A. -F.) [meded+ resîden>res] **1.**yardım eden. **2.**imdada koşan.

مددسان mededresân: (A.-F.) [meded+ resânden> resân] yardım ulaştıran.

مددرسانی mededresânî: (A.-F.) [meded+ resânden> resân +î] yardım ulaştırma.

مددرسی mededresî: (A.-F.) [meded+ resîden>res+ î] yardıma koşma, imdada yetişme.

مدد رسیدن meded resîden: **1.**yardım gelmek. **2.**(ask.) yardımcı kuvvet gelmek.

مدد فرمودن meded fermûden: yardım etmek.

مددکار mededkâr: (A. -F.) [meded+kâr] **1.**yardımcı. **2.**imdada koşan.

مددکارانه mededkârâne: (A.-F.) [meded+ kâr+âne] yardım ederek, yardım edercesine, imdada koşarcasına.

مددکاری mededkârî: (A. -F.) [meded+ kâr+î] **1.**yardım etme. **2.**imdada koşma.

مددکاری کردن mededkârî kerden:

1.yardım etmek. 2.imdada koşmak.

مدد کردن meded kerden: 1.yardım etmek. 2.imdada koşmak.

مددگاه mededgâh: (A. -F.) [meded+gâh] yardım yer, yardım edilen yer.

مدد گرفتن meded giriften: 1.yardım görmek. 2.(ask.) askerî yardım almak.

مددی mededî: (A.-F.) [meded+î] yardım et, yetiş.

مدر meder: (A.) 1.kesek. 2.köy.

مدر meder: (A.) 1.kerpiç. 2.kuru balçık. 3.mahalle. 4.köy.

مدر mudir: (A.) (tıb.) idrar söktüren ilaç.

مدرات mudirrât: (A.) idrar söktürücü ilaçlar.

مدرار midrâr: (A.) çok idrar yapan, çok işeyen.

مدراس midrâs: (A.) okuma yeri, okul.

مدرب muderreb: (A.) 1.alışkın. 2.deneyimli, tecrübeli. 3.müptela.

مدرج medrec: (A.) 1.geçit. 2.tarz, yol, yöntem. 3.merdiven. 4.patika, keçi yolu. 5.aşamalı yol.

مدرج mudrec: (A.) içine koyulmuş, içine yerleştirilmiş.

مدرج muderrec: (A.) dereceli, basamaklı.

مدرج ساختن muderrec sâhten: derecelendirmek, basamaklandırmak.

مدرجه medrece: (A.) 1.basamak, yükselme vasıtası, sıçrama tahtası. 2.yol. 3.merdiven.

مدرجه mudrece: (A.) top, yumak.

مدرجة الخدين mudrecetulhaddeyn: (A.) elma yanaklı, top yanaklı.

مدرر mudrir: (A.) idrar sökücü, idrar yaptırıcı.

مدرس muderris: (A.) 1.ders veren. 2.(eskiden) profesör, medrese müderrisi.

مدرسوی medresevî: (A.) medrese ile ilgili.

مدرسه medrese: (A.) 1.okul. 2.medrese. 3.fakülte. ‖ * ~ -i âlî مدرسهء عالی yüksek okul. ‖ * ~ -i dovletî مدرسهء دولتی devlet okulu. ‖ * ~ -i şebânerûzî مدرسهء شبانه روزی yatılı okul. ‖ * ~ -i millî husûsî مدرسهء ملی ء خصوصی özel okul. ‖ * ~ -i nizâm مدرسهء نظام askerî okul.

مدرسه دیده medresedîde: (A. -F.) [medrese+ dîden>dîd+e] okumuş, tahsilli.

مدرسه رفتن medrese reften: okula gitmek.

مدرسه نشین medresenişîn: (A.) [medrese+nişesten> nişîn] medreseli, medresede oturan.

مدرسین muderrisîn: (A.) 1. ders verenler. 2.medrese hocaları. 3.profesörler.

مدرک medrek: (A.) 1.belge. 2.kanıt, delil. 3.idrak yeri. ‖ * ~ -i tahsîlî مدرک تحصیلی öğrenim belgesi.

مدرک mudrik: (A.) 1.anlayan, idrak eden, aklı eren. 2.Tanrı.

مدرکات mudrikât: (A.) akıllar.

مدرکه mudrike: (A.) 1.kavrayan, idrak eden, aklı eren. 2.anlık. ‖ * kuvve-i ~ قوهء مدرکه idrak gücü, akıl.

مدرن modern: (Fr.) 1.modern. 2.yeni.

مدرن کردن modern kerden: modernize etmek, modernleştirmek.

مدرنیزه modernize: (İng.) modernleştirme.

مدرنیزه شدن modernize şoden: modernleştirilmek, modernize edilmek.

مدرنیزه کردن modernize kerden: modernleştirmek, modernize etmek.

مدرنیست modernist: (İng.) modernist.

مدروس medrûs: (A.) 1.eski, köhne. 2.eski elbise. 3.pörsümüş. 4.deli.

مدروس شدن medrûs şoden: 1.eskimek, köhneleşmek. 2.pörsümek. 3.yok olmak. 4.deli olmak.

مدروس کردن medrûs kerden: 1.eskitmek, köhneleştirmek. 2.pörsütmek. 3.yok etmek. 4.delirtmek.

مدروك medrûk: (A.) anlaşılan, idrâk edilen.

مدره medre kile, mut, matra.

مدرهم muderhem: (A.) para babası, varlıklı, zengin.

مدرى mudrî: (A.) bildiren.

مدساز modsâz: (Fr. -F.) [mod+sâhten> sâz] modacı, modist.

مدسوس medsûs: (A.) **1.**gömülmüş, gizli. **2.**entrikalı.

مدسى mudessî: (A.) yoldan çıkaran, baştan çıkaran, azdıran.

مدعا muddeâ: (A.) **1.**iddia edilen. **2.**sav, tez. **3.**dava konusu olan.

مدعو med'ûv: (A.) davetli, çağırılmış.

مدعوا med'uvven: (A.) davet edilerek, çağırılarak.

مدعوين med'uvîn: (A.) davetliler.

مدعى mudde'â : (A.) **1.**(huk.) davalı. **2.**istek, dilek. **3.**konu, mevzu.

مدعى mudde'î: (A.) (huk.) **1.**davacı. **2.**iddiacı.**3.**rakip. ‖ * ~ -i umûmî مدعى عمومى savcı.

مدعيات mudde'ayât: (A.) iddialar.

مدعى العموم mudde'ilumûm: (A.) (huk.) savcı.

مدعيان muddeiyân: (A.-F.) [muddeî+ y+ân] **1.**davacılar. **2.**iddiacılar.

مدعى به mudde'â bih: (A.) dava konusu.

مدعى شدن muddeâ şoden (Huk.) iddia edilmek.

مدعى شدن muddeî şoden (Huk.) davacı olmak.

مدعى عليه muddeîaleyh: (A.) (huk.) davalı.

مدعى عليه muddeâ aleyh: (A.) aleyhinde dava açılan.

مدعيه mudde'iyye: (A.) **1.**davacı. **2.**iddiacı, inatçı.

مدغره madgare: (A.) şiddetli savaş.

مدغم mudgam: (A.) yanyana gelen iki kelimeden birincisinin son harfi ile ikincisinin baş harfinin aynı olması.

مدفع midfe': (A.) (ask.) top, askerî top.

مدفن medfen: (A.) mezar, kabir, defin yeri.

مدفوع medfû': (A.) **1.**sürülmüş, kovulmuş. **2.**dışkı, gaita. **3.**giderilmiş. **4.**verilmiş, vezneden ödenmiş.

مدفوعات medfû'ât: (A.) **1.**verilen paralar, vezneden çıkan paralar. **2.**vezne ödemesi dökümü, ödeme kolonu.

مدفون medfûn: (A.) **1.**defnedilmiş, gömülmüş. **2.**gömü.

مدفون داشتن medfûn dâşten: gömmek, defnetmek.

مدفون شدن medfûn şoden: gömülmek, defnedilmek.

مدفون كردن medfûn kerden: gömmek, defnetmek.

مدفونين medfûnîn: (A.) gömülenler, defnedilenler.

مدقق mudekkik: (A.) **1.**araştırmacı, araştıran, inceleyen. **2.**nüktedan.

مدققانه mudekkikâne: (A.-F.) [mudekkik+âne] tetkik ederek, inceden inceye araştırarak.

مدققين mudekkikîn: (A.) araştırmacılar.

مدقوق medkûk: (A.) **1.**ezik. **2.**zayıf, cılız. **3.**dövülmüş, toz haline getirilmiş.

مدقه midaka: (A.) havan kolu, havan eli.

مد گردى modgerdî: [mod+geşten> gerd+î] (müz.) makamdan makama geçiş, makamlar arasında gezinti.

مدل mudil: (A.) delalet eden.

مدل model: (Fr.) model.

مدلس mudellis: (A.) sattığı malın kusurunu saklayan.

مدل ساختن model sâhten: model hazırlamak.

مدل ساز modelsâz: (Fr. -F.) [model+ sâhten>sâz] modelist, model hazırlayan.

مدل سازى modelsâzî: (Fr. -F.) [model+ sâhten>sâz+î] modelistlik, model hazırlama.

مدلل mudellel: (A.) kanıtlı, delilli, delil gösterilerek kanıtlanmış.

مدللا mudellelen: (A.) delil ile kanıtlanarak.

مدلول medlûl: (A.) **1.**kanıt gösterilen. **2.**delalet olunan. **3.**anlaşılan anlam, mefhum.

مدلوله medlûle: (A.) **1.**kanıt gösterilen. **2.**delalet olunan. **3.**anlaşılan.

مدلی mudlî: (A.) tanık gösteren, delil getiren.

مدمج mudemmec: (A.) iç içe düzgün yerleştirilmiş yuvarlak kap veya nesneler.

مدمج mudmec: (A.) **1.**kumar oku. **2.**temren. **3.**iç içe sokulmuş.

مدمج mudmic: (A.) içine alan, içine sığdıran.

مدمر mudemmir: (A.) yok eden, mahveden.

مدمر mudemmer: (A.) yok edilmiş, mahvedilmiş.

مدمع medma': (A.) **1.**göz. **2.**gözyaşı.

مدمغ mudemmeg: (A.) **1.**yağlı gıda. **2.**kibirli. **3.**budala, salak.

مدمن mudmin: (A.) idman yapan.

مدموغ medmûğ: (A.) **1.**kafası yarılmış. **2.**(kin.) salak, aptal.

مدن mudun: (A.) şehirler, kentler.

مدنس mudennes: (A.) kirletilmiş.

مدنس mudennis: (A.) kirleten.

مدنک medenk **1.**kapı sürgüsü. **2.**ağaç anahtar. **3.**kilit damağı.

مدنی medenî: (A.) **1.**şehirli, kentli. **2.**Medine ile ilgili. **3.**Medine'de inen Kur'ân sûreleri.

مدنی الطبع medeniyyuttab': (A.) medeni tabiatlı, uygar yaratılışlı.

مدنیت medeniyyet: (A.) **1.**şehir hayatı. **2.**uygarlık, medeniyet.

مدنیه medeniyye: (A.) **1.**şehir ile ilgili. **2.**uygar, görgülü. **3.**şehir, kent.

مدور mudevver: (A.) **1.**yuvarlak, dairemsi. **2.**döndürülmüş. **3.**devreden.

مدور mudevvir: (A.) idareci, yönetici.

مدور الشکل mudevveruşşekl: (A.) yuvarlak, daire biçimli.

مدوره mudevvere: (A.) **1.**yuvarlak. **2.**döndürülmüş. **3.**devreden.

مدوری mudevverî: (A. -F.) [mudevver+ î] yuvarlaklık.

مدوریت mudevveriyyet: (A.) yuvarlaklık.

مدوز meduz: (Fr.) (zool.) medüz, deniz anası.

مدول modul: (Fr.) mödül.

مدون mudevven: (A.) toplanmış, hazırlanmış, kitap haline getirilmiş, tedvin edilmiş.

مدون mudevvin: (A.) **1.**kitap haline getiren. **2.**derleyip toparlayan, çekidüzen veren.

مدونات mudevvenât: (A.) **1.**kitap haline getirilmiş eserler. **2.**derlenip toparlanmış şeyler, çekidüzen verilmiş şeyler.

مدونه mudevvine: (A.) **1.**kitap haline getiren. **2.**derleyip toparlayan, çekidüzen veren.

مده midde: (A.) irin, cerahat.

مده medde: (A.) med işareti, elif harfinin üstündeki uzatma işareti.

مدهامه mudhâmme: (A.) uzaktan yemyeşil görünen bahçe.

مدهش mudehhiş: (A.) müthiş, dehşete düşüren.

مدهش mudhiş: (A.) **1.**dehşete düşüren, korkunç, müthiş, dehşetli. **2.**aşırı.

مدهشه mudhişe: (A.) **1.** dehşet verici, korkunç, müthiş. **2.**aşırı.

مدهن mudehhen: (A.) yağlı.

مدهن muddehin: (A.) güzel kokulu yağ sürünen.

مدهن mudhin: (A.) kokulu yağ sürünen.

مدهن mudhun: (A.) güzel koku kabı.

مدهن شدن mudehhen şoden: yağlanmak.

مدهن کردن mudehhen kerden: yağlamak.

مدهوش medhûş: (A.) **1.**dehşete kapılmış. **2.**şaşkın. **3.**baygın.

مدهوشانه medhûşâne: (A.-F.) [medhûş+ âne] dehşete düşerek, dehşete düşmüşcesine.

مدهوش افتادن medhûş oftâden: **1.**dehşete kapılmak. **2.**bayılmak.

مدهوش در افتادن medhûş der oftâden: 1.dehşete kapılmak. 2.bayılmak.

مدهوش شدن medhûş şoden: 1.dehşete kapılmak, şok geçirmek. 2.bayılmak.

مدهوش كردن medhûş kerden: 1.dehşete düşürmek. 2.bayıltmak.

مدهوش ماندن medhûş mânden: 1.dehşet içinde kalmak, şok geçirmek. 2.baygın kalmak.

مدهون medhûn: (A.) 1.yağlı. 2.tabaklanmış deri.

مدهون شدن medhûn şoden: 1.yağlanmak. 2.deri tabaklanmak.

مدهون كردن medhûn kerden: 1.yağlamak, yağ sürmek. 2.deri tabaklamak.

مدى medâ: (A.) 1.uzaklık. 2.son.

مدى البصر medelbasar: (A.) göz alabildiğince.

مديان midyân: (A.) borç batağında olan.

مديترانه mediterâne: (Fr.) (coğ.) Akdeniz.

مديح medîh: (A.) 1.övgü. 2.övgü şiiri. 3.övülen. 4.övgü konusu.

مديح خوان medîhhân: (A. -F.) [medîh+ hânden>hân] övgü şairi, methiye şairi.

مديحه medîhe: (A.) övgü, methiye.

مديحه سرا medîheserâ: (A. -F.) [medîhe+ surden>serâ] övgü şairi.

مديحه سنج medîhasenc: (A.-F.) [medîha+ sencîden> senc] 1.övgü şiiri yazan. 2.övgü yazısı yazan.

مديحه گو medîhagû: (A.-F.) [medîha+ goften>gû] 1.öven, övücü. 2.övgü şairi.

مديد medîd: (A.) 1.uzun. 2.çekilmiş, uzatılmış, sündürülmüş. 3.uzun süren. ‖ * muddet-i ~ مدت مديد uzun süre. ‖ * muddet-i ~ îst مدت مديدى است uzun bir süredir, ne zamandır, epeydir.

مديد البصر medîdulbasar: (A.) uzakları görebilen.

مديده medîde: (A.) 1.uzun, uzamış. 2.çekilmiş. 3.(ed.) bir aruz vezni.

مدير mudîr: (A.) müdür, idareci, yönetici. 2.idare memuru. 3.direktör. ‖ * ~ -i kull مدير كل genel müdür. ‖ * ~ -i mes'ûl مدير مسئول sorumlu müdür. ‖ * ~ -i umûmî مدير عمومى genel müdür. ‖ * ~ -i umûr مدير امور işleri evirip çeviren, idareci.

مدير الحرم mudîrulharem: (A.) harem ağası.

مديره mudîre: (A.) müdire, müdür hanım.

مديرى mudîrî: (A. -F.) [mudîr+î] müdürlük.

مديريت mudîriyyet: (A.) 1.müdürlük, müdüriyet. 2.işletmecilik, işletme.

مديست modist: (Fr.) modacı, modist.

مدينه medîne: 1.şehir, kent. 2.(coğ.) Medine şehri, Medîne-i Münevvere.

مدينة السلام medînetusselâm: (A.) Bağdat.

مدينة النبى medînetunnebî: (A.) Medine, Yesrib, Peygamber şehri.

مدينه وار medînevâr: (A.-F.) [medîne+ vâr] Medine kenti gibi.

مدينى medînî: (A.) 1.Osmanlılar döneminde Mısır'da basılan bir para. 2.şehre mensup.

مدينيه midyeniyye: (A.) midyenîlik tarikatı.

مديوم midyum: (Fr.) 1.vasıta. 2.medyum.

مديون medyûn: (A.) borçlu. ‖ * ~ -i şukrân مديون شكران teşekkür borçlu, şükran borçlu.

مذاب muzâb: (A.) 1.erimiş. 2.eritilmiş.

مذابح mezâbih: (A.) mezbahalar.

مذارعه muzâra'a: (A.) arşınla satış.

مذاق mezâk: (A.) 1.tatma, tad alma duyusu. 2.tad. 3.zevk. 4.damak. ‖ * der ~ uftâden در مذاق افتادن tadı damağında kalmak.

مذاكرات muzâkerât: (A.) müzakereler, görüşmeler. ‖ * ~ -i sulhiyye مذاكرات صلحيه barış görüşmeleri.

مذاكره muzâkere: (A.) 1.görüşme. 2.ders çalışma. 3.oylaşım, deliberasyon. ‖ * be ~ nişesten به

مذاكره نشستن masaya oturmak, müzakereye başlamak.

مذاكره شدن muzâkere şoden: müzakere edilmek.

مذاكره كردن muzâkere kerden: müzakere etmek, konuşmak, müzakerede bulunmak.

مذال muzâl: (A.) 1.etek. 2.kuyruk. 3.ek.

مذام mezâm: (A.) kötüleme, ayıplama.

مذاهب mezâhib: (A.) 1.yollar. 2.mezhepler. 3.dinler.

مذبح mizbah: (A.) bıçak.

مذبحه mezbehe: (A.) mezbaha.

مذبذب muzebzeb: (A.) 1.beceriksiz, eline yüzüne bulaştıran. 2.karışık, karmakarışık.

مذبذب muzebzib: (A.) 1.tereddütlü. 2.laf taşıyan, ara bozucu. 3.beceriksiz, eline yüzüne bulaştıran. 4.karıştıran, karmakarışık eden.

مذبوب mezbûb: (A.) sinekli yer.

مذبوبه mezbûbe: (A.) sinekli yer.

مذبوح mezbûh: (A.) 1.kesilmiş, boğazlanmış. 2.kurban edilmiş. 3.İsmail peygamber.

مذبوحانه mezbûhâne: (A.-F.) [mezbûh+ âne] 1.boğazlanmış gibi. 2.son bir çırpınışla.

مذبول mezbûl: (A.) sıska, zayıf.

مذبه mizebbe: (A.) sinek kovucu, sineklik, sinek yelpazesi.

مذروع mezrû': (A.) arşınlanmış.

مذروعات mezrû'ât: (A.) arşınlanmışlar, arşınla ölçülmüş şeyler veya yerler.

مذعان miz'ân: (A.) itaatkâr, bağlı.

مذكار mizkâr: (A.) hep erkek doğuran.

مذكر muzekker: (A.) 1.erkek. 2.(gr.) eril, müzekker.

مذكر muzekkir: (A.) 1.vaiz. 2.zikreden, anan. 3.zikir çeken.

مذكره muzekkere: (A.) [<muzekkire] üst makama yazılan resmî yazı.

مذكره muzekkire: (A.) 1.andıran, hatırlatan. 2.üst makama yazılan resmî yazı.

مذكور mezkûr: (A.) anılan, zikredilen, mezkur, adı geçen.

مذكور شدن mezkûr şoden: anılmak, zikredilmek, adı geçmek.

مذكور كردن mezkûr kerden: zikretmek, anmak.

مذكوره mezkûre: (A.) zikredilen, anılan, adı geçen.

مذل muzill: (A.) aşağılatan, küçülten, bayağılaştıran.

مذلت mezellet: (A.) düşkünlük, sefillik, hakirlik.

مذلل muzellil: (A.) zelil eden, yerin dibine sokan, aşağılatan.

مذمت mezemmet: (A.) 1.kötüleme, kınama, ayıplama. 2.kınanacak şey.

مذمت شدن mezemmet şoden: yerilmek, kötülenmek.

مذمت كردن mezemmet kerden: yermek, kötülemek.

مذمم muzemmem: (A.) aşağılık, âdi, küstah.

مذموم mezmûm: (A.) kötü, çirkin, ayıp, beğenilmeyen, yerilmiş, kötülenmiş.

مذمومه mezmûme: (A.) 1.kötülenmiş, ayıplanmış. 2.ayıp, kötü.

مذنب muzenneb: (A.) kuyruklu.

مذنب muznib: (A.) suçlu, günahkâr.

مذنبين muznibîn: (A.) suçlular, günahkârlar.

مذوب muzevveb: (A.) eritilmiş.

مذوب muzevvib: (A.) eriten, eritici.

مذهب mezheb: (A.) 1.yol. 2.mezhep. 3.din. 4.felsefî ekol. 5.meşrep.

مذهب muzehheb: (A.) 1.yaldızlı, yaldızlanmış. 2.altın suyuna batırılmış, tezhipli.

مذهب muzehhib: (A.) 1.yaldızlayan, yaldızcı. 2.tezhipçi, altın suyuna batıran.

مذهبى mezhebî: (A. -F.) [mezheb+î] 1.dinî. 2.mezhep ile ilgili.

مذهبى muzehhibî: (A. -F.) [muzehhib+î] tezhipçilik, müzehhiplik.

مذی mezî: (A.) (tıb.) aşırı cinsel istek duyma halinde penisten gelen sıvı.

مذیل muzeyyel: (A.) **1.**ekli, ilaveli. **2.**Osmanlı döneminde cevabı sayfa altına yazılarak geri gönderilen tezkere.

مذیل muzeyyil: (A.) **1.**zeyil yazan. **2.**etek kaldıran.

مذیلا muzeyyelen: (A.) cevabı kağıdın altına yazılarak.

مذیلات muzeyyelât: (A.) ekler, ilaveler.

مر mer: (Peh.) **1.**sayı. **2.**(mat.) elli.

مر mer: mutlaka, kesinlikle, kuşkusuz.

مر merr: (A.) **1.**geçme. **2.**defa, kez.

مر mur: (A.) acı.

مرء mer': (A.) erkek, adam.

مرآ mer'â: (A.) aynalar.

مرائر merâ'ir: (A.) öd keseleri.

مرآت mir'ât: (A.) **1.**ayna. **2.**bir tür lale.

مرآت الصفا mir'âtussafâ: (A.) safa aynası.

مرآت العین mir'âtul'ayn: (A.) **1.**göz aynası. **2.**dış görünüş.

مرا merâ: [men+râ] bana, beni, benim.

مراء mirâ': (A.) **1.**ikiyüzlülük. **2.**savaşma, mücadele.

مراآت murâ'ât: (A.) riya, ikiyüzlülük.

مرائی murâ'î: (A.) ikiyüzlü, mürai, riyakâr.

مرائی merâ'î: (A.) aynalar.

مرائیانه murâ'iyâne: (A.-F.) [murâ'î+y+âne] ikiyüzlüce, ikiyüzlülükle, riyakârca.

مرابح merâbih: (A.) ticarî kazançlar.

مرابح murâbih: (A.) **1.**faiz alan, kâr alan. **2.**tefeci.

مرابحه murâbehe: (A.) **1.**tefecilik, faizcilik. **2.**faiz hesabı. **3.**malı üstüne kâr koyarak satma.

مرابط merâbit: (A.) hayvan bağlanan yer.

مرابط murâbit: (A.) **1.**ibadetine düşkün. **2.**Fas şeyhi, Fas dervişi.

مرابطه murâbete: (A.) **1.**bağlantılı olma, rabıtalı olma. **2.**ilişki, irtibat. **3.**sınır gözleme, saldıracağı yerde düşmanı bekleme.

مرابطین murâbitîn: (A.) **1.**ibadetine düşkün olanlar. **2.**Fas şeyhleri, Fas dervişleri.

مرابع merâbi': (A.) **1.**bahar yağmurları. **2.**baharda oturulacak yerler, ilkbahar evleri. **3.**kareler.

مرابعه murâba'a: (A.) yazlığa çıkma sözleşmesi yapma.

مرات merrât: (A.) kereler, defalar. ‖ * be ~ به مرات defalarca.

مراتب merâtib: (A.) **1.**dereceler, mertebeler, basamaklar. **2.**yöntemler. ‖ * be ~ به مراتب **1.**defalarca. **2.**tedrîcen, yavaş yavaş. ‖ * silsile-i ~ سلسلهء مراتب hiyerarşi.

مراتع merâti': (A.) otlaklar, meralar.

مراثی merâsî: (A.) (ed.) mersiyeler.

مراجحه murâcaha: (A.) iyilikte üstünlük yarışması.

مراجع merâci': (A.) merciler, başvuru yerleri.

مراجعات murâce'ât: (A.) **1.**geri dönüşler, geri dönmeler. **2.**başvurular.

مراجعت murâce'et: (A.) **1.**geri dönüş, geriye dönme. **2.**başvuru.

مراجعت کردن murâce'et kerden: geri dönmek.

مراجعتگاه murâce'etgâh: (A.-F.) [murâca'at+gâh] başvuru yeri.

مراجعت نمودن murâce'et numûden: geri dönmek.

مراجعه murâce'e: (A.) **1.**geri dönüş, rüc. **2.**başvuru.

مراجعه کردن murâce'e kerden: **1.**geri dönmek, ric'at etmek. **2.**baş vurmak, müracaat etmek.

مراح merâh: (A.) **1.**rahatlama yeri. **2.**yer.

مراحل merâhil: (A.) **1.**aşamalar, merhaleler. **2.**bürokrasi.

مراحل پیما merâhilpeymâ: (A.-F.) [merâhil+ peymûden> peymâ] **1.**yolcu. **2.**gezgin.

مراحل نشین merâhilnişîn: (A. -F.) [merâhil+nişesten>nişîn] **1.**yolcu.

2.yedi gezegenden biri.

مراحم merâhim: (A.) merhametler, lütuflar.

مراحم پرور merâhimperver: (A.-F.) [merâhim+ perverden> perver] merhametli.

مراحم پرورا merâhimpeverâ: (A.-F.) [merâhim+ perverden>perver+â] ey merhametli.

مراحم نمود merâhimnumûd: (A.-F.) [merâhim+ numûden> numûd] merhametli.

مراد merâd: (A.) geçit, kıstak.

مراد murâd: (A.) 1.dilek, murat, istek, hacet. 2.erkek adı. ‖ * ~ -i kesî ez pîş reften مراد کسی از پیش رفتن muradı yerine gelmek. ‖ * be ~ -i dil-i hod resîden به مراد دل خود رسیدن muradına ermek. ‖ * be ~ resîden به مراد رسیدن muradına ermek.

مرادات murâdât: (A.) [murâd+ât] muratlar, dilekler.

مراد برداشتن murâd berdâşten: murat almak.

مرادبخش murâdbahş: (A. -F.) [murâd+ bahşîden>bahş] muradını yerine getiren.

مرادت merâdet: (A.) güçlülük, kuvvetlilik.

مراد طلبیدن murâd talebîden: murat dilemek, dileğini söylemek.

مرادف murâdif: (A.) 1.izleyen. 2.(gr.) eşanlamlı, anlamdaş. 3.arkadaş.

مرادفت murâdefet: (A.) 1.eşanlamlılık. 2.yoldaşlık, yol arkadaşlığı.

مرادفه murâdefe: (A.) 1.eşanlamlılık. 2.yoldaşlık, yol arkadaşlığı.

مراد یافتن murâd yâften: muradına ermek.

مرار mirâr: (A.) defalar, kereler. ‖ * be ~ به مرار defalarca.

مراراً mirâren: (A.) defalarca. ‖ * ~ ve kirâren مراراً و کراراً birçok kez, defalarca.

مرارت merâret: (A.) 1.acılık. 2.(kin.) sertlik, güçlük, çetinlik.

مرارت انگیز merâretengîz: (A.-F.) [merâret+ engîhten> engîz] 1.acılık veren, acılaştıran. 2.tatsızlaştıran.

مراره merâre: (A.) öd kesesi.

مرازبه merâzibe: (A.) 1.sınır muhafızları. 2.serhat beylerbeyleri.

مراس بر بستن mirâs ber besten: tedavi etmek, çare bulmak.

مراسلات murâselât: (A.) 1.yazışmalar. 2.mektuplaşmalar. 3.resmî kadı mektupları.

مراسله murâsele: (A.) 1.yazışma. 2.mektuplaşma. 3.resmî kadı mektubu.

مراسم merâsim: (A.) tören, merasim. ‖ * ~ -i istikbâliyye مراسم استقبالیه karşılama töreni. ‖ * ~ -i pâyân مراسم پایان kapanış töreni, kapanış merasimi. ‖ * ~ -i ikd مراسم عقد nikâh töreni, nikâh merasimi. ‖ * ~ -i teşrîfâtiyye مراسم تشریفاتیه protokol töreni.

مراسی merâsî: (A.) limanlar, rıhtımlar.

مراشد merâşid: (A.) 1.mürşidler. 2.doğru yollar.

مراصد merâsıd: (A.) gözlemevleri, gözlem yerleri.

مراصده murâsade: (A.) gözlemleme.

مراضعه murâze'e: (A.) süt verme, emzirme.

مراعات murâ'ât: (A.) 1.uyma. 2.gözetme, koruma. 3.saklama. 4.göz ucuyla bakma. ‖ * ~ -i nazîr مراعات نظیر anlamca birbirine uygun kelimeleri bir cümle içinde toplama.

مراعات کردن murâ'ât kerden: gözetmek, karşılıklı saygı göstermek.

مراعی merâ'î: (A.) otlaklar, meralar.

مراعی murâ'î: (A.) uyan, riayet eden, saygı gösteren.

مراغب murâgib: (A.) rağbet eden.

مراغبت murâgebet: (A.) rağbet etme.

مراغمت murâgamet: (A.) 1.kızdırma, öfkelendirme. 2.çekişme sonunda isteğinden vazgeçme.

مراغمه murâgame: (A.) **1.**kızdırma, öfkelendirme. **2.**çekişme sonunda isteğinden vazgeçme.

مراغه merâge: (A.) **1.**toprakta yuvarlanma. **2.**(coğ.) İran'da bir şehir, Merâga.

مراغه زن merâgezen: (A. -F.) [merâge+ zeden>zen] yuvarlanan.

مراغه كردن merâge kerden: toprakta yuvarlanmak.

مراغى merâgî: [merâge+î>merâgî] Merâgalı.

مرافع murâfi': (A.) mahkemeye veren, dava açan.

مرافعت murâfe'et: (A.) **1.**(huk.) dava açma, şikâyette bulunma. **2.**duruşma.

مرافعه murâfe'e: (A.) **1.**(huk.) dava açma, şikâyette bulunma. **2.**duruşma.

مرافق merâfık: (A.) **1.**dirsekler. **2.**mutfaklar. **3.**kilerler.

مرافق murâfık: (A.) **1.**yol arkadaşı, yoldaş. **2.**birlikte olan, beraber olan.

مرافقت murâfeket: (A.) **1.**yol arkadaşlığı. **2.**beraberlik, birliktelik. **3.**birkaç olayın bir anda meydana gelmesi. ‖ * tarh-i ~ rîhten طرح مرافقت ريختن dost olmak, arkadaş olmak, dostluk kurmak.

مراق merâk: (A.) **1.**merak, anlama, öğrenme, yapma arzusu. **2.**iç darlığı. **3.**kaygı, endişe. **4.**kuruntu. **5.**karasevda.

مراقب murâkib: (A.) **1.**denetçi, kontrolör. **2.**gözlem altında tutan. **3.**Tanrı'ya bağlı.

مراقبت murâkabet: (A.) gözetme, kollama. ‖ * ~ ez ferzend kerden مراقبت از فرزند كردن çocuğa bakmak.

مراقبت كردن murâkabet kerden: gözetmek, kollamak, ilgilenmek, arkasını aramak.

مراقبوى murâkabevî: (A.) **1.**gözleme dayanan. **2.**iç dünyaya dalışa dayanan.

مراقبه murâkabe: (A.) **1.**denetleme, kontrol. **2.**iç dünyasına dalma. **3.**sansür. **4.**gözlem altında tutma.

مراقبه كردن murâkabe kerden: gözetmek, kollamak, ilgilenmek, arkasını aramak.

مراقد merâkid: (A.) mezarlar.

مراقصت murâkasat: (A.) raksetmeler, dansetmeler, oyunlar.

مراقصه murâkasa: (A.) dans.

مراقم merâkım: (A.) kalemler, yazı gereçleri.

مراقى merâkî: (A.) **1.**kuruntulu, vesveseli. **2.**basamaklar. **3.**dereceler.

مراكب merâkib: (A.) binitler, taşıtlar.

مرا كردن mirâ kerden: **1.**mücadele etmek. **2.**eşitliğini ilan etmek, beraberlik kösü çalmak.

مراكز merâkiz: (A.) merkezler.

مراكش merâkeş: (coğ.) Fas, Merakeş.

مراكشى merâkeşî: [merâkeş+î] Faslı, Merakeşli.

مرال meral, miral: (T.) (zool.) maral, ceylan, ahu.

مرام merâm: (A.) **1.**maksat. **2.**Konya'da bağlarıyla meşhur bir semt.

مرامات murâmât: (A.) birbirine atma, atışma.

مرام بخش merâmbahş: (A.-F.) [merâm+ bahşîden> bahş] birine istediğini veren.

مرام بخشا merâmbahşâ: (A.-F.) [merâm+ bahşîden> bahş+â] birine istediğini ve-ren.

مرانت merânet: (A.) **1.**yumuşaklık. **2.**çekiçle dövülebilirlik.

مرانه murrâne: (A.) süngü.

مراوح merâvih: (A.) yelpazeler.

مراويح merâvîh: (A.) **1.**kırlar, ovalar. **2.**rüzgârlı alanlar.

مراوده murâvede: (A.) **1.**dostluk etme, birbirine gidip gelme. **2.**isteme, talep etme.

مراوده داشتن murâvede dâşten: dostluk etmek, birbirine gidip gelmek.

مراوضه murâveze: (A.) **1.**barış konuşması. **2.**zorla veya hile yaparak ikna etme.

مراوغه murâvega: (A.) güreşme.

مراهق murâhik: (A.) **1.**erginlik çağına gelen erkek çocuk, on iki yaşına gelen erkek çocuk. **2.**vakit sonu namaz kılan.

مراهقه murâhaka: (A.) erginlik çağına gelme.

مراهقه murâhika: (A.) erginlik çağına gelen kız çocuğu, dokuz yaşına gelen kız çocuğu.

مراهم merâhim: (A.) merhemler.

مراهنه murâhene: (A.) **1.**rehin bırakma. **2.**at yarışlarında müşterek bahis oynama.

مرايا merâyâ: (A.) **1.**aynalar. **2.**manzaralar.

مرايات murâyât: (A.) **1.**ikiyüzlülük, riyakârlık. **2.**gösteriş.

مرء mer': (A.) erkek, adam.

مرئوس mer'ûs: (A.) çalışan, memur, kurum elemanı.

مرأه mer'e: (A.) kadın.

مرئى mer'î: (A.) **1.**görülen, görünen. **2.**görülmeye değer.

مرئيات mer'iyyât: (A.) gözle görülen şeyler.

مرئى شدن mer'î şoden: **1.**görülmek. **2.**ortaya çıkmak, zahir olmak.

مرئيه mer'iyye: (A.) gözle görülen.

مربا murebbâ: (A.) **1.**reçel, marmelat. **2.**terbiye edilmiş.

مربب murebbeb: (A.) **1.**erginlik çağına gelinceye kadar beslenmiş. **2.**güzel kokularla kokulandırılmış.

مربب murebbib: (A.) erginlik yaşına gelinceye kadar çocuğu besleyen.

مربط merbat: (A.) **1.**ağıl. **2.**ahır.

مربع merba': (A.) ilkbahar evi, yazlık, bahar köşkü.

مربع murebbe': (A.) **1.**kare. **2.**dörtlü. **3.**dört dizeli şiir. **4.**dört köşeli. **5.**dörtgen. **6.**klasik Türk musikîsinde bir makam. ‖ * ~ -i mustatîl مربع مستطيل dikdörtgen. ‖ * ~ -i mutekerrir مربع متكرر birinci kıtasının son dizesi diğer kıtalarda da tekrarlanan murabba. ‖ * ~ -i muzdevic مربع مزدوج her kıtasının sonu farklı dizelerden oluşan murabba. ‖ * ~ -i tâmm مربع تام tam kare.

مربع التركيب murabba'utterkîb: (A.) dörtlü bileşik.

مربع الشكل murabba'uşşekl: (A.) dörtgen şeklinde.

مربع نشستن murebbe' nişesten: bağdaş kurmak.

مربع نشين murebba'nişîn: (A.-F.) [murebba'+nişesten> nişîn] **1.**yazlıkta oturan, bahar evinde oturan. **2.**bağdaş kuran.

مربوب merbûb: (A.) köle, kul.

مربوط merbût: (A.) **1.**bağlı. **2.**bitişik. **3.**ekli, ilişik. ‖ * be men çi ~ به من چه مربوط bana ne, beni ne ilgilendirir?, beni ilgilendirmez. ‖ * ~ be مربوط به ilişkin, ait.

مربوطاً merbûten: (A.) bağlı olarak, bağlanarak.

مربوطات merbûtât: (A.) bağlı şeyler.

مربوط ساختن merbût sâhten: bağlamak.

مربوط شدن merbût şoden: bağlı olmak, ilişkili olmak.

مربوط كردن merbût kerden: bağlamak, ilişkilendirmek.

مربوطيت merbûtiyyet: (A.) **1.**bağlılık. **2.**düşkünlük, aşırı ilgi.

مربوع merbû': (A.) köle, kul.

مربى murebbî: (A.) **1.**eğitici, eğitimci, mürebbi. **2.**(sp.) antrenör. **3.**besleyen.

مربيات murabbuyât: (A.) reçeller, marmelatlar.

مربيه murebbiye: (A.) **1.**dadı, mürebbiye. **2.**besleyen.

مرت mert hareketli, zinde.

مرتاد murtâdd: (A.) İslâm dininden çıkıp başka dine giren.

مرتاض mirtâz: (A.) takva sahibi, dinî yasaklardan uzak duran.

مرتاض murtâz: (A.) **1.**riyazette bulunan, derviş, zahit. **2.**eğitilmiş hayvan.

مرتاض شدن murtâz şoden: riyazette

bulunmak.

مرتب muretteb: (A.) **1.**derli toplu, düzgün, düzenli. **2.**sürekli, durmadan. **3.**mertebeli. **4.**maaş.

مرتب murettib: (A.) **1.**dizgici. **2.**tertip eden, düzenleyen.

مرتبا muretteben: (A.) **1.**tertiplice, düzenli olarak. **2.**peşpeşe, ardarda, sürekli, durmadan.

مرتبات murettebât: (A.) **1.**gemi personeli. **2.**bir iş veya yer için hazırlanmış kimseler.

مرتبانی mertebânî: (A.) merteban işi çanak çömlek.

مرتبت mertebet: (A.) **1.**mertebe. **2.**defa, kere. **3.**derece, basamak. **4.**rütbe. **5.**miktar.

مرتب داشتن muretteb dâşten: **1.**tertip etmek, düzenlemek. **2.**düzeltmek.

مرتب ساختن muretteb sâhten: **1.**tertip etmek, düzenlemek. **2.**düzeltmek.

مرتب شدن muretteb şoden: **1.**tertip edilmek, düzenlenmek. **2.**düzeltilmek.

مرتبط murtebit: (A.) **1.**bağlantılı, irtibatlı, ilgili. **2.**bağlanan.

مرتبط شدن murtebit şoden: birleşmek.

مرتبط شدن murtebit şoden: birleştirilmek, ilişkilerindirilmek.

مرتبط کردن murtebit kerden: ilişkilendirmek, bağlantı sağlamak.

مرتب کردن muretteb kerden: **1.**tertip etmek, düzenlemek. **2.**düzeltmek.

مرتبه mertebe: (A.) **1.**mertebe, makam, mevki, rütbe. **2.**derece, basamak. **3.**defa, kere. **4.**kat, bina katı. **5.**miktar.

مرتبه murettebe: (A.) **1.**düzgün, tertipli. **2.**dizilmiş. **3.**ayrılmış. **4.**uydurma. **5.**danışıklı. **6.**düzenlenmiş.

مرتبةً mertebeten: (A.) mertebe bakımından, rütbece.

مرتبه دار mertebedâr: (A. -F.) [mertebe+ dâşten>dâr] **1.**rütbeli, dereceli. **2.**katlı.

مرتبین murettibîn: (A.) **1.**dizgiciler. **2.**tertip edenler, düzenleyenler.

مرتث murtes: (A.) savaş alanından çıkarıldıktan sonra ölen İslâm mücahidi.

مرتجع murteci': (A.) **1.**geri dönen. **2.**gerici, mürteci. **3.**esnek, elastikî.

مرتجل murtecel: (A.) düşünülmeden söylenmiş söz veya şiir.

مرتجل murtecil: (A.) fazla düşünmeden söyleyen, irticâlen konuşan.

مرتجلاً murtecilen: (A.) irticâlen, yazılı kâğıda bakmadan.

مرتجلانه murtecilâne: (A.-F.) [murtecil+âne] irticâlen, fazla düşünmeden söyleyerek.

مرتجم murtecim: (A.) istif edilmiş, üst üste dizilmiş.

مرتجی murtecâ: (A.) umulan, ümit edilen.

مرتجی murtecî: (A.) uman, umutlu, ümit eden.

مرتحض murtehiz: (A.) rezil rüsva olan.

مرتحف murtehaf: (A.) hastalığın seyrini değiştiren tedavi.

مرتحل murtehil: (A.) **1.**göç eden. **2.**ölen.

مرتد murted: (A.) **1.**dinden dönen. **2.**İslâm'dan dönen, İslâm dininden çıkan.

مرتد شدن murted şoden: **1.**dinden dönmek. **2.**İslâm dininden çıkmak.

مرتدع murtedi': (A.) yasaklanmış şeylerden uzak duran.

مرتدع شدن murtedi' şoden: bir işten geri durmak.

مرتدف murtedif: (A.) peşine düşen, ardından giden.

مرتزق murtezik: (A.) rızıklanan, rızıklanmış.

مرتزقه murtezika: (A.) **1.**Osmanlı döneminde ulûfe alanlar. **2.**aylıklılar.

مرتسخ murtesih: (A.) sağlam, sabit.

مرتسم murtesem: (A.) **1.**resimli. **2.**işlemeli, altın işlemeli. **3.**izdüşümü.

مرتسم murtesim: (A.) **1.**resimleyen, resmeden. **2.**izdüşüm çıkaran.

مرتسم شدن murtesem şoden: işlenmek, resimlenmek, resmedilmek.

مرتسم كردن murtesem kerden: işlemek, resimlemek, resmetmek.

مرتسمه murteseme: (A.) resmedilmiş, işlenmiş.

مرتشح murteşih: (A.) süzülmüş.

مرتشف murteşif: (A.) yudumlayarak içen.

مرتشى murteşî: (A.) rüşvetçi, rüşvet alan.

مرتضع murtazi': (A.) süt emen.

مرتضوى murtazavî: (A.) Hz. Ali ile ilgili.

مرتضى murtezâ: (A.) **1.**beğenilmiş, seçilmiş, razı olunmuş. **2.**hoşnut olmuş, razı olmuş. **3.**Hz. Ali'nin lakabı. **4.**erkek adı.

مرتع merte': (A.) otlak, mera.

مرتعب murte'ib: (A.) korkak, korkan.

مرتعد murte'id: (A.) korku ile titreyen.

مرتعش murte'iş: (A.) titrek.

مرتعش شدن murte'iş şoden: titremek.

مرتعش كردن murte'iş kerden: titretmek.

مرتعى murte'î: (A.) yayılan, otlayan.

مرتغب murtegib: (A.) rağbetli, istekli.

مرتفد murtefid: (A.) kazanan, elde eden, edinen.

مرتفع murtefi': (A.) **1.**yüksek, irtifalı. **2.**dağ, tepe, sırt, yüksek yer. **3.**yükselen.

مرتفع ساختن murtefe' sâhten: **1.**yükseltmek. **2.**yüksek bina etmek. **3.**gidermek, bertaraf etmek.

مرتفع شدن murtefe' şoden: **1.**yükselmek. **2.**giderilmek, bertaraf edilmek. **3.**yüksek bina edilmek.

مرتفع كردن murtefe' kerden: **1.**yükseltmek. **2.**gidermek, bertaraf etmek. **3.**yüksek bina etmek.

مرتفعه murtefi'a: (A.) **1.**yüksek. **2.**yüce, ulu. **3.**yükselen.

مرتقب murtekib: (A.) bekleyen, göz hapsinde tutan.

مرتقش murtekiş: (A.) savaşta birbirine giren.

مرتقى murtekî: (A.) **1.**yükselen. **2.**ilerleyen.

مرتكب murtekib: (A.) **1.**yireni getiren. **2.**(huk.) suç işleyen. **3.**rüşvetçi, rüşvet alan. ‖ * ~ -i hetâ şoden مرتكب خطا شدن hata yapmak.

مرتكب شدن murtekib şoden (Huk.) suç işlemek, işlemek.

مرتكبين murtekibîn: (A.) **1.**suç işleyenler. **2.**rüşvetçiler, rüşvet alanlar.

مرتكز murtekiz: (A.) **1.**dikili, dikilmiş. **2.**yerinde sağlam duran.

مرتل murettil: (A.) Kur'ân'ı tecvid kurallarına göre okuyan.

مرتمى murtemî: (A.) keşif kolu.

مرتوم mertûm: (A.) kırılmış, parçalanmış, ufalanmış.

مرتوى murtevî: (A.) suya kanmış.

مرتهن murtehen: (A.) rehin edilen, rehinli, ipotekli.

مرتهن murtehin: (A.) rehin alan, ipotek olarak alan.

مرتهن شدن murtehen şoden: rehin edilmek, ipotek edilmek.

مرتهن كردن murtehen kerden: rehin bırakmak, ipotek etmek.

مرثيه mersiye: (A.) (ed.) ağıt, mersiye.

مرثيه خوان mersiyehân: (A. -F.) [mersiye+ hânden>hân] ağıt okuyan, mersiye okuyan, mersiyehan.

مرثيه خوانى mersiyehânî: (A. -F.) [mersiye+hânden>hân+î] mersiye okuma, ağıt okuma, mersiyehanlık.

مرثيه ساختن mersiye sâhten: ağıt yakmak, mersiye söylemek.

مرثيه كار mersiyekâr: (A.-F.) [mersiye+ kâr] ağıtçı, ağıt okuyan.

مرثيه گو mersiyegû: (A.-F.) [mersiye+ goften>gû] mersiye söyleyen, mersiye şairi.

مرج merc: **1.**çayır, çimen. **2.**otlak. **3.**zemin.

مرج merc: (A.) **1.**karıştırma. **2.**fesat çıkarma. ‖ * herc u ~ هرج و مرج karışık, karmakarışık.

مرج merec: (A.) (bot.) bir ebegümeci çeşidi.

مرج merec: (A.) **1.**kararsızlık. **2.**zorunluluk.

مرجان mercân: (A.) mercan.

مرجانه mercâne: (A.) mercan tanesi.

مرجانيه mercâniyye: (A.) mercangiller.

مرجئه murci'e: (A.) ehl-i sünnete aykırı bir dinî zümre.

مرجب murecceb: (A.) kutlu. || * receb-i ~ رجب مرجب kutlu Recep ayı.

مرجح murecceh: (A.) tercih edilmiş, yeğlenen.

مرجح mureccih: (A.) yeğleyen, tercih eden.

مرجحه mureccehe: (A.) yeğlenen, tercih edilen.

مرجحيت mureccehiyyet: (A.) yeğlenme, tercih edilme.

مرجع merci': (A.) **1.**merci, başvuru yeri. **2.**dönülecek yer. **3.**başvurulacak kişi, otorite.

مرجع murci': (A.) **1.**döndüren. **2.**indirgen, redüktör.

مرجعه murci'a: (A.) sevap getiren, çıkar sağlayan, menfaat getiren.

مرجعيت merci'iyyet: (A.) **1.**mercilik, otorite. **2.**mevki.

مرجل mircel: (A.) kazan.

مرجمک mercomek (bot.) mercimek.

مرجو mercû: (A.) **1.**umulan. **2.**rica edilen.

مرجوح mercûh: (A.) **1.**tercih edilen, yeğlenen. **2.**hasmından önce iddiasını kanıtlama yetkisi olmayan.

مرجوح آمدن mercûh âmeden: tartışmada yenilmek.

مرجوحه mercûha: (A.) **1.**tercih edilen, yeğlenen. **2.**hasmından önce iddiasını kanıtlama yetkisi olmayan.

مرجوع mercû': (A.) **1.**geri gönderilen. **2.**rüc edilmiş.

مرجول mercûl: (A.) **1.**kıllı, kıllanmış, saç bitmiş. **2.**kınkanatlı.

مرجول البطن mercûlulbatn: (A.) karından kanatlı.

مرجوم mercûm: (A.) taşlanmış, taşa tutulmuş, recmedilmiş.

مرح merah: (A.) sevinçten havalara uçma.

مرحان merehân: (A.) **1.**sevinç, ferahlık. **2.**zayıflık.

مرحبا merhebâ: (A.) **1.**selamlaşma sözü, merhaba. **2.**rahat olun, rahat oturun. **3.**bravo, aferin.

مرحبا زدن merhebâ zeden: aferin demek, takdir etmek, beğenmek.

مرحبا کردن merhebâ kerden: aferin demek, takdir etmek.

مرحبا گفتن merhebâ goften: aferin demek, takdir etmek.

مرحل murahhil: (A.) göç ettiren.

مرحله merhale: (A.) **1.**konak, menzil. **2.**merhale, aşama, evre, basamak. **3.**iki konak arası uzaklık. **4.**bir günlük yol.

مرحله به مرحله merhalebemerhale: (A.-F.) [merhale+be+ merhale] aşama aşama.

مرحله پيما merhalepeymâ: (A. -F.) [merhale+peymûden>peymâ] konak kateden, menzil geçen.

مرحله نشين merhalenişîn: (A.-F.) [merhale+ nişesten>nişîn] **1.**yolcu. **2.**gezgin.

مرحم murahhim: (A.) rahmetle anan, rahmet okuyan.

مرحمت merhamet: (A.) merhamet, lütuf, verme, nasip etme.

مرحمت بخش merhametbahş: (A.-F.) [merhamet+ bahşîden> bahş] merhametli.

مرحمت پرور merhametperver: (A.-F.) [merhamet+ perverden>perver] merhametli.

مرحمت پرورانه merhametperverâne: (A.-F.) [merhamet+ perverden>perver+âne] merhamet ederek, acıyarak.

مرحمت پرورى merhametperverî: (A.-F.) [merhamet+ perverden> perver+î] merhametlilik, acıma.

مرحمت پناه merhametpenâh: (A.-F.) [merhamet+ penâhîden>penâh] merhametli.

مرحمت شعار merhametşi'âr: (A.) [merhamet+şi'âr] merhametli, acıyan.

مرحمت شعارى merhametşi'ârî: (A.-F.) [merhamet+ şi'âr+î] merhametlilik, acıma.

مرحمتكار merhametkâr: (A.-F.) [merhamet+kâr] merhametli.

مرحمت كردن merhamet kerden: vermek, lütfetmek, bağışlamak, nasip etmek.

مرحمت گستر merhametgoster: (A. -F.) [merhamet+gosterden>goster] lütufkâr, bağışlayıcı, nasip edici, merhametli.

مرحمت گسترى merhametgusterî: (A.-F.) [merhamet+ gusterden>guster+î] acıma, merhamet etme.

مرحمةً merhameten: (A.) acıyarak, merhamet ederek.

مرحوض merhûz: (A.) yıkanmış.

مرحوم merhûm: (A.) **1.**Tanrı'nın rahmetine mazhar olmuş. **2.** rahmetli olmuş, ölmüş.

مرحوم شدن merhûm şoden: ölmek, merhum olmak, rahmetli olmak.

مرحومه merhûme: (A.) **1.**Tanrı'nın rahmetine kavuşmuş. **2.**ölmüş, ölü (bayan için).

مرخص murehhes: (A.) **1.**izinli, ruhsatlı. **2.**serbest. **3.**ucuz. **4.**taburcu olmuş. **5.**terhis olmuş. **6.**delege.

مرخص ساختن murehhes sâhten: **1.**izin vermek. **2.**serbest bırakmak. **3.**taburcu etmek. **4.**terhis etmek.

مرخص شدن murehhes şoden: **1.**izinli olmak. **2.**serbest kalmak. **3.**taburcu olmak. **4.**terhis olmak.

مرخص كردن murehhes kerden: **1.**izin vermek. **2.**serbest bırakmak. **3.**taburcu etmek. **4.**terhis etmek.

مرخصه murahhasa: (A.) Ermeni piskoposu.

مرخصه خانه murahhasahâne: (A.-F.) [murahhasa+ hâne] murahhasa evi, piskoposluk evi.

مرخصى murehhesî: (A. -F.) [murehhes+ î] **1.**izin, ruhsat. **2.**serbestlik.

مرخصيت murehhesiyyet: (A.) delegelik.

مرخصين murehhesîn: (A.) **1.**izinliler. **2.**delegeler.

مرخم murehhem: (A.) **1.**kuyruğu kesik. **2.**(gr.) son harfi veya sondaki harfleri çıkartılmış kelime. **3.**mermer döşemeli. **4.**kısaltma. **5.**kısaltılmış isim.

مرد merd: (Peh.) **1.**erkek, adam. **2.**(kin.) mert, yiğit. **3.**(kin.) cömert. **4.**koca. **5.**görevli, memur, adam. ‖ * ~ -i hîkî مرد خيكى şişko. ‖ * ~ -i hodâ مرد خدا **1.**Allah adamı. **2.**ermiş. ‖ * ~ -i muhannes مرد مخنث nâmert insan. ‖ * kesî râ be ~ nedâşten كسى را به مرد نداشتن adam yerine koymamak.

مرد mord: [morden>mord] **1.**ölüm. **2.**değersiz küçük şey.

مردا muredâ: (A.) müritler.

مرداب mordâb: [morde+âb>mordâb] **1.**bataklık. **2.**gölet, su birikintisi, havuz, su çukuru.

مردابى mordâbî: [mordâb+î] bataklık.

مرداد mordâd: İran güneş takviminin beşinci ayı, (22 Ağustos-21 Eylül)

مردادماه mordâdmâh: [mordâd+mâh] Mordad ayı, İran takviminde beşinci ay.

مردار mordâr: (Peh.) **1.**leş, murdar. **2.**(kin.) dünya malı. **3.**kirli, pis. **4.**İslâm kurallarına göre kesilmemiş hayvan.

مردارخانه mordârhâne: [mordâr+hâne] **1.**tavlada pulun altı kapıya düştüğü yer. **2.**(kin.) zindan. **3.**(kin.) dünya.

مردارخوار mordârhâr: [mordâr+horden> hor>hâr] **1.**leş yiyen. **2.**kartal. **3.**karga. **4.**çaylak.

مرداس mirdâs: (A.) **1.**baş. **2.**kuyu taşı.

مرداسنج murdâsenc: (A.<F.) [<morde+seng] mürdeseng, doğal kurşun oksit.

مردان merdân: [merd+ân] **1.**adamlar. **2.**yiğitler, mertler. **3.**bir tür ney.

مردانگی merdânegî: [mer+âne+g+î] yiğitlik, mertlik.

مردانگی کردن merdânegî kerden: yiğitlik göstermek.

مردانه merdâne: [merd+âne] **1.**erkekçe, erkek gibi, yiğitçe, mertçe. **2.**erkeklere ait. **3.**erkek ayakkabıları.

مردانه زنانه merdânezenâne: [merdâne+ zen+âne] bir tür kadın terliği.

مردانه سرگردان merdânesergerdân: [merdâne+ser+ gerdânden> gerdân] bir tür terlik.

مردانه وار merdânevâr: [merdâne+vâr] mertçe, yiğitçe.

مردبچه merdbeçe: [<beççe-i merd] yiğit oğlu yiğit.

مردد muredded: (A.) kuşkulu, tereddütlü, ikircikli.

مردف mureddef: (A.) **1.**redifli gazel. **2.**sıra düzeninde yürütülmüş.

مردریگ mordrîg: [mord+rîg] miras.

مردف mureddef: (A.) (ed.) redifli.

مردک merdek: [merd+ek] **1.**adamcağız. **2.**herif.

مردکه merdeke: [merd+ek+e] (argo) herif, herifçioğlu.

مرد گزای merdgezây: [merd+gezâyîden> gezây] insana zarar veren.

مردگی mordegî: [morden>mord+e+g+î] ölülük.

مردگیران merdgîrân: [merd+giriften> gîr+ân] eski İran'da bir bayram.

مردم merdom: (Peh.) **1.**insan, beşer, insanoğlu, insanlar. **2.**halk, elalem. **3.**gözbebeği. **4.**her türlü iyi vasıfları üstünde toplayan insan. ‖ * ~ -i çeşm مردم چشم gözbebeği.

مردم آزار merdomâzâr: [merdom+ âzorden>âzâr] insan inciten, zalim.

مردم آزاری merdomâzârî: [merdom+ âzorden>âzâr+î] insan incitme, zulüm.

مردم آمیز merdomâmîz: [merdom+ âmîhten>âmîz] insan arasına karışan, insansever.

مردمان merdomân: [merdom+ân] halk, ahali, insanlar.

مردم پرست merdomperest: [merdom+ perestîden>perest] **1.**insana tapan. **2.**insansever.

مردم پرستی merdomperestî: [merdom+ perestîden>perest+î] **1.**insana tapa. **2.**insanseverlik.

مردم خوار merdumhâr: [merdum+ horden>hor> hâr] **1.**insan yiyen. **2.**yamyam.

مردم دار merdomdâr: [merdom+dâşten> dâr] uysal, insancıl.

مردم داری merdomdârî: [merdom+ dâşten> dâr+î] uysallık, insancıllık.

مردم داشتن merdom dâşten: insana iyi davranmak.

مردم ربا merdumrübâ: [merdum+ rubûden> rubâ] insan kapan.

مردم زاد merdumzâd: [merdum+ zâden>zâd] insanoğlu.

مردم زاده merdomzâde: [merdom+ zâden> zâd+e] insanoğlu.

مردم شکار merdumşikâr: [merdum+ şikâr] insan avcısı.

مردم شناس merdomşinâs: [merdom+ şinâhten>şinâs] **1.**insanları tanıyan. **2.**antropolog.

مردم شناسی merdomşinâsî: [merdom+ şinâhten>şinâs+î] **1.**insan tanıma. **2.**antropoloji.

مردم فریب merdomferîb: [merdom+ ferîften>ferîb] insan aldatan, hilekâr.

مردم فریبی merdomferîbî: [merdom+ ferîften>ferîb+î] insanları aldatma, hilekârlık.

مردمک merdomek: [merdom+ek] (tıb.) gözbebeği.

مردم کش merdomkoş: [merdom+koşten> koş] insan öldüren, cellat.

مردم کشی merdomkoşî: [merdom+ koşten>koş+î] cellatlık.

مردم گریز merdomgorîz: [merdom+ gorîhten>gorîz] insanlardan kaçan, münzevi, merdümgüriz.

مردم گریزی merdomgorîzî: [merdom+ gorîhten>gorîz+î] insanlardan kaçış, münzevilik, inziva, merdümgürizlik.

مردم گزا merdumgezâ: [merdum+ gezîden> gezâ] insanları rahatsız, insanları üzen.

مردم گیا merdumgiyâ: [merdum+ giyâ<giyâh] adamotu, kankurutan otu.

مردم گیاه merdumgiyâh: [merdum+ giyâh] adamotu, kankurutan otu.

مردم گیه merdumgiyeh: [merdum+giyeh <giyâh] adamotu, kankurutan otu.

مردم نژادی merdomnijâdî: [merdom+ nijâd+î] insanlık.

مردمه merdüme: [merdum+e] gözbebeği.

مردمی merdomî: [merdom+î] **1.**insanlık. **2.**mürüvvet, iyi insanlık, iyi insan olma.

مردمی کردن merdumî kerden: insanlık etmek, adamlık etmek.

مردن morden: (Peh.) **1.**ölmek. **2.**bayılmak, çok sevmek. ‖ * berây-i kesî yâ çîzî ~ برای کسی یا چیزی مردن bir şeyi veya birini çok sevmek, bayılmak. ‖ * ez gorisnegî ~ از گرسنگی مردن acından ölmek.

مردنگی merdengî: fanus.

مردنی mordenî: [morden+î] **1.**ölünecek, ölmeye değer. **2.**ölümcül.

مردود merdûd: (A.) **1.**reddedilmiş, kovulmuş. **2.**geri çevrilmiş. **3.**sınavda başarılı olamamış.

مردود شدن merdûd şoden: **1.**reddedilmek, geri çevirilmek. **2.**kovulmak. **3.**sınavda başarılı olmamak, kalmak.

مردود کردن merdûd kerden: **1.**geri çevirmek, reddetmek. **2.**kovmak. **3.**sınavda bırakmak.

مردوده merdûde: (A.) **1.**reddedilmiş, kovulmuş. **2.**geri çevrilmiş.

مردودیت merdûdiyyet: (A.) **1.**reddedilme, kovulma. **2.**geri çevrilme.

مرده morde: [morden>mord+e] **1.**ölü, ölmüş. **2.**hissiz, uyuşuk. **3.**sönük, sönmüş. ‖ * hod râ ~ giriften خود را مرده گرفتن kendini ölü gibi göstermek, ölmüş numarası yapmak. ‖ * hod râ ~ sâhten خود را مرده ساختن kendini ölü gibi göstermek, ölmüş numarası yapmak.

مرده merede: (A.) inatçılar, ayak direyenler.

مرده خوار mordehâr: [morde+horden> hor>hâr] leş yiyen, ölü yiyen.

مرده خواری mordehârî: [morde+horden> hor>hâr+î] leş yeyicilik.

مرده خور mordehor: [morde+horden> hor] leş yiyen, ölü yiyen.

مرده خوری mordehorî: [morde+horden> hor+î] leş yeyicilik.

مرده دل mordedil: [morde+dil] **1.**üzgün, elemli, kederli, yüreği acılı. **2.**duygusuz, katı yürekli. **3.**tasavvuf yolunda hiç ilerlememiş kişi.

مرده ذوق mordezovk: (F. -A.) [morde+ zovk] zevksiz.

مرده ریگ morderîg: [morde+rîg] miras.

مرده سنگ mordeseng: [morde+seng] mürdeseng, doğal kurşun oksit.

مرده شدن morde şoden: ölmek.

مرده شو mordeşû: [morde+şosten>şû] ölü yıkayıcısı, gassal.

مرده شور mordeşûr: [morde+şûrîden> şûr] **1.**ölü yıkayıcısı, gassal. **2.**(hlk.) ölüsü kınalı. **3.**(hlk.) zıkkım olası.

مرده شورخانه mordeşûrhâne: [morde+ şrîden>şûr+hâne] gassalhane, ölü yıkanılan oda.

مرده شوی mordeşûy: [morde+şosten> şûy] ölü yıkayıcısı, gassal.

مرده وار mordevâr: [morde+vâr] ölü gibi.

مردى merdî: [merd+î] **1.**erkeklik. **2.**yiğitlik. **3.**cömertlik.

مردى merdî: [merd+î] biri, bir adam.

مردى كردن merdî kerden: yiğitlik etmek, adam gibi davranmak.

مردينه merdîne: [merd+îne] eril, erkek.

مرذول merzûl: (A.) rezil edilmiş.

مرز merz: (Peh.) **1.**sınır, hudut, serhat. **2.**yer. **3.**ülke, memleket. **4.**tarih. **5.**nehir kıyısı. **6.**bariyer, mania.

مرز morz: **1.**makat. **2.**kıç, kalça.

مرزا mirzâ: (A.) Büyükayı yıldız küme-sinde bir yıldız.

مرزبان merzbân: [merz+bân] **1.**ülke sahibi, toprak sahibi. **2.**(ask.) (eskiden) sınır muhafızı. **3.**serhat valisi.

مرزبانى merzbânî: [merzbân+î] **1.**yer sahipliği, toprak sahipliği, ülke sahipliği. **2.**serhat valiliği. **3.**sınır muhafızlığı.

مرزبوم merzbûm: [merz+bûm] ülke.

مرزدار merzdâr: [merz+dâşten>dâr] sınır askeri, sınır görevlisi.

مرزغه merzaga: (A.) bataklık ile ilgili.

مرزغى merzagî: (A.) bataklık.

مرزگون merzgûn: [merz+gûn] penis.

مرزنجوش merzencûş: (A.<F.) [<merzengûş] mercanköşk otu, sıçankulağı otu.

مرزنگوش merzengûş (bot.) mercanköşk, sıçankulağı otu.

مرزوان merzvân: [merz+vân] **1.**sınır muhafızı. **2.**serhat beyi.

مرزوبوم merzubûm: [merz+u+bûm] **1.**ülke. **2.**toprak, arazi, memleket.

مرزوق merzûk: (A.) **1.**rızıklı, nasiplenen, yararlanan, rızıklandırılmış. **2.**mutlu.

مرزوقه merzûka: (A.) **1.**rızıklanmış, rızkı verilmiş. **2.**mutlu. **3.**bayan adı.

مرزه merze (bot.) kekik.

مرزيدن merzîden, morzîden: (Peh.) cinsel ilişkide bulunmak.

مرس mers: ip, urgan.

مرس meres: **1.**ip, urgan. **2.**köpek ve aslanın boynuna takılan ip.

مرس mors: (Fr.) mors, mors sistemi.

مرسا mersâ: (A.) liman, rıhtım.

مرسات mirsât: (A.) lenger, gemi demiri.

مرسب muressib: (A.) dikkatle ve ağır ağır Kur'ân okuyan.

مرسل muressil: (A.) dikkatli ve kuralına göre okuyan.

مرسل mursel: (A.) **1.**gönderilmiş. **2.**kitap sahibi peygamber, resul. **3.**salıverilmiş saç. **4.**elçi. **5.**bir yazı stili. **6.**erkek adı.

مرسل mursil: (A.) **1.**gönderen. **2.**peygamber gönderen. **3.**elçi gönderen.

مرسلات murselât: (A.) gönderilenler. **2.**melekler. **3.**Kur'ân'da bir sûre.

مرسل اليه murselun ileyh: (A.) kendisine bir şey gönderilen, alıcı.

مرسله mursele: (A.) **1.**gönderilmiş. **2.**gerdanlık. **3.**mektup, pusula, not kağıdı.

مرسله mursile: (A.) **1.**gönderen. **2.**elçi gönderen. **3.**gerdanlık.

مرسلين murselîn: (A.) **1.**gönderilenler. **2.**peygamberler. **3.**elçiler. ‖ * seyyidul~ سيد المرسلين **1.**gönderilenlerin efendisi. **2.**Hz.Muhammed.

مرسم muressem: (A.) **1.**resmedilmiş, resimlenmiş. **2.**çiçekle süslenmiş.

مرسم muressim: (A.) resmeden, resmini yapan, resimleyen.

مرسول mersûl: (A.) gönderilmiş.

مرسولات mersûlât: (A.) gönderilenler.

مرسوم mersûm: (A.) **1.**âdet olmuş, kurallaşmış. **2.**âdet. **3.**vali tarafından gönderilen ferman. **4.**ulfe, maaş. **5.**(gayrimüslimler için) anılan kişi.

مرسوم ساختن mersûm sâhten: âdet haline getirmek, gelenekselleştirmek, gelenek haline getirmek.

مرسوم شدن mersûm şoden: gelenek haline getirilmek,

gelenekselleşmek.

مرسومكردن mersûm kerden: gelenek haline getirmek, gelenekselleştirmek.

مرسى mersi: (Fr.) mersi, teşekkür ederim.

مرش merş: (A.) **1.**kazma, sürtme. **2.**dokunma.

مرشح mirşah: (A.) süzgeç, süzgü.

مرشح mureşşeh: (A.) **1.**damla damla süzdürülmüş. **2.**terbiye edilmiş, eğitilmiş.

مرشحه mirşaha: (A.) süzgeç, süzgü.

مرشد merşed: (A.) maksada ulaştıran doğru yol.

مرشد murşid: (A.) **1.**yol gösteren, irşad eden, mürşid. **2.**(tas.) dervişlere tasavvuf yolunu öğreten şeyh, mürşid. **3.**gafletten uyandıran.

مرشدانه murşidâne: (A.-F.) [murşid+âne] mürşide yakışır şekilde, bir mürşit gibi.

مرشده murşide: (A.) **1.**doğru yolu gösteren. **2.**gafletten uyandıran. **3.**bayan adı.

مرشدى murşidî: (A. -F.) [murşid+î] **1.**rehberlik, yol gösterme, irşad. **2.**(tas.) mürşidlik.

مرشدين murşidîn: (A.) **1.**doğru yolu gösterenler. **2.**şeyhler, tarikat pîrleri.

مرصاد mirsâd, mersâd: (A.) **1.**tuzak yeri. **2.**rasathane, gözlemevi.

مرصد mersad: (A.) gözlemevi, gözlem yeri.

مرصد mirsad: (A.) gözlem yeri, gözlemevi.

مرصص murassas: (A.) **1.**lehimli. **2.**kalay veya kurşun kaplı.

مرصع muresse': (A.) **1.**altın ve mücevher işlemeli, murassa. **2.**iki mısra'ı aynı vezin ve kafiyede beyit. **3.**bir yazı stili. **4.**klasik Türk musikîsinde bir perde.

مرصع زبان muresse'zebân: (A. -F.) [muresse'+zebân] tatlı dilli, hoş sohbet.

مرصع شدن muresse' şoden: mücevher oturtulmak.

مرصع كردن muresse' kerden: mücevher oturtmak, murassalı yapmak.

مرصود mersûd: (A.) **1.**gözlemlenmiş. **2.**hesaplanmış.

مرصوص mersûs: (A.) sağlam, dayanıklı, perçinlenmiş, kurşunla sağlamlaştırılmış.

مرض merez: (A.) **1.**(tıb.) hastalık. **2.**illet, maraz. ‖ * ~ -i asab مرض عصبى sinir hastalığı, nevroz. ‖ * ~ -i kalbî مرض قلبى (tıb.) kalp hastalığı. ‖ * ~ -i kand مرض قند (tıb.) şeker hastalığı. ‖ * ~ -i muhlik-i mustevlî مرض مهلك مستولى kıran. ‖ * ~ -i muzmin مرض مزمن süreğen hastalık, kronik hastalık. ‖ * ~ -i mustevlî مرض مستولى salgın hastalık.

مرضا merzâ: (A.) hastalar.

مرضات merzât: (A.) memnunluk, razılık, hoşnutluk.

مرض داشتن merez dâşten: **1.**hastalığı olmak. **2.**(hlk.) aklından zoru olmak.

مرضع murzi': (A.) süt anne.

مرضعه murzi'a: (A.) sütanne, sütnine.

مرض گرفتن merez giriften: (tıb.) hasta olmak, hastalığa yakalanmak.

مرضى merzâ: (A.) hastalar.

مرضى merzî: (A.) **1.**beğenilmiş, razı olunmuş, hoşnut kalınmış. **2.**razılık, memnunluk.

مرضى merezî: (A.) **1.**hastalıkla ilgili. **2.**hastalıklı.

مرضيات maraziyyât (A.) patoloji, hastalıkları inceleyen bilim.

مرضيه merziyye: (A.) **1.**razılık, beğenilme. **2.**bayan adı. ‖ * gayr-i ~ غير مرضيه beğenilmemiş.

مرطب muretteb: (A.) rutubetli, nemli, ıslak.

مرطوب mertûb: (A.) rutubetli, nemli.

مرطوب شدن mertûb şoden: nemlenmek.

مرطوب كردن mertûb kerden: nemlendirmek.

مرعبه mer'abe: (A.) **1.**korkunç yer. **2.**ansızın korkutma.

مرعش mer'eş, mor'eş: (A.) **1.**uzun mesafeye uçabilen siyah güvercin. **2.**(coğ.) Maraş.

مرعشی mer'eşî: (A.) **1.**Maraşlı. **2.**bir tür beyaz güvercin.

مرعوب mer'ûb: (A.) korkmuş, ürkmüş.

مرعوبا mer'ûben: (A.) korkarak, ürke-rek.

مرعوب کردن mer'ûb kerden: korkutmak.

مرعی mer'â : (A.) otlak, mera.

مرعی mer'î: (A.) **1.**saygı duyulan, riayet edilen. **2.**yürürlükte olan, geçerli.

مرعی الاجرا mer'iyyulicrâ: (A.) uygulanma, yürürlüğe konulma.

مرعی الخاطر mer'iyyulhâtır: (A.) hatırı sayılır, sözü geçer.

مرعیت mer'iyyet: (A.) yürürlük.

مرعی داشتن mer'î dâşten: uymak, riayet etmek.

مرعیه mer'iyye: (A.) **1.**saygı duyulan, riayet edilen. **2.**yürürlükte olan.

مرغ merg: **1.**(bot.) ayrık otu. **2.**çayır, çimen. **3.**sebze, yeşillik.

مرغ morg: (Peh.) **1.**(zool.) kuş. **2.**(zool.) tavuk. ‖ * ~ -i âbî مرغ آبی ördek, su kuşu. ‖ * ~ -i aşk مرغ عشق (zool.) muhabbet kuşu. ‖ * ~ -i âteşhâr مرغ آتش خوار (zool.) devekuşu. ‖ * ~ -i âteşî مرغ آتشی (zool.) flamingo. ‖ * ~ -i bâg مرغ باغ (kin.) bülbül. ‖ * ~ -i bâm مرغ بام **1.**(kin.) bülbül. **2.**(kin.) kumru. ‖ * ~ -i bârânî مرغ بارانی **1.**(zool.) yağmur kuşu. **2.**timsah bekçisi. ‖ * ~ -i bîbâl مرغ بی بال (zool.) kivi. ‖ * ~ -i bismillâh مرغ بسم الله içinde Bismillah yazısı yer alan kuş resmi. ‖ * ~ -i çemen مرغ چمن (kin.) bülbül. ‖ * ~ -i fâtime مرغ فاطمه (zool.) kuyruksallayan kuşu. ‖ * ~ -i fulânî dûst mîhâned مرغ فلانی دوست می خواند (hlk.) değme keyfine, keyfine diyecek yok. ‖ * ~ -i gîlâs مرغ گیلاس (zool.) sarı asma kuşu. ‖ * ~ -i hakk مرغ حق **1.**(zool.) kumru. **2.**(zool.) ishak kuşu. ‖ * ~ -i hânegî مرغ خانگی (zool.) tavuk. ‖ * ~ -i hemsâye tohm-i gâz mîkoned مرغ همسایه تخم گاز میکند (hlk.) komşunun tavuğu komşuya kaz görünür. ‖ * ~ -i humâyûn مرغ همایون devlet kuşu. ‖ * ~ -i ilâhî مرغ الهی (kin.) ruh. ‖ * ~ -i incîrhâr مرغ انجیرخوار (zool.) incir kuşu. ‖ * ~ -i îsî مرغ عیسی (kin.) yarasa. ‖ * ~ -i kesî yek pâ dâred مرغ کسی یک پا دارد (hlk.) Nuh diyor, peygamber demiyor. ‖ * ~ -i meges مرغ مگس (zool.) sinek kuşu. ‖ * ~ -i nâmeber مرغ نامه بر posta güvercini. ‖ * ~ -i nessâc مرغ نساج (zool.) çulha kuşu. ‖ * ~ -i novrûzî مرغ نوروزی (zool.) martı. ‖ * ~ -i seher مرغ سحر **1.**(zool.) bülbül. **2.**(kin.) horoz. **3.**(kin.) kumru. **4.**(tas.) seher vakti ibadete kalkan sâlik. ‖ * ~ -i sekâ مرغ سقا (zool.) pelikan, kaşıkçı kuşu. ‖ * ~ -i şâhdâr مرغ شاخدار (zool.) beç tavuğu. ‖ * ~ -i şebâheng مرغ شباهنگ bülbül. ‖ * ~ -i şebâvîz مرغ شب آویز (zool.) alaca baykuş, ishak kuşu. ‖ * ~ -i şebhân مرغ شب خوان **1.**bülbül. **2.**horoz. ‖ * ~ -i şikârî مرغ شکاری yırtıcı kuş, alıcı kuş, avcı kuş. ‖ * ~ -i tûfân مرغ طوفان (zool.) fırtına kuşu. ‖ * ~ -i zerrîn مرغ زرین sülün.

مرغاب morgâb: [<morg-i âb] **1.**ördek. **2.**su kuşu. **3.**kurbağa.

مرغابی morgâbî: [morg+âb+î<morg-i âbî] **1.**(zool.) ördek. **2.**(zool.) deniz kuşu.

مرغان morgân: [morg+ân] kuşlar.

مرغانه murgâne: [murg+âne] **1.**kuş gibi. **2.**kuş yumurtası.

مرغ باز morgbâz: [morg+bâhten>bâz] kuşçu, kuş yetiştiricisi.

مرغدار morgdâr: [morg+dâşten>dâr] tavukçu.

مرغداری morgdârî: [morg+dâşten>

dâr+î] tavukçuluk.

مرغزار mergzâr: [merg+zâr] çayır, çayırlık, çimenlik.

مرغزار morgzâr: [morg+zâr] kuşu çok olan yer, kuş cenneti.

مرغ زبان morgzebân: [morg+zebân] geveze, boşboğaz.

مرغ زبانی morgzebânî: [morg+zebân+î] gevezelik, boşboğazlık.

مرغزن mergezen: mezarlık.

مرغزی mergezî: [mergez+î] **1.**Mervli. **2.**Mergezli.

مرغ فروش morgfurûş: [morg+furûhten> furûş] tavukçu, tavuk satıcısı.

مرغ فروشی morgfurûşî: [morg+ furûhten> furûş+î] tavukçuluk, tavuk satıcılığı.

مرغک morgek: [morg+ek] **1.**küçük kuş. **2.**kuşcağız.

مرغوازن morgvâ zeden: **1.**fal tutmak. **2.**kötü fal tutmak.

مرغوب mergûb: (A.) **1.**beğenilen, makbul, rağbet edilen. **2.**kaliteli. **3.**sevilen, istenilen, gözde.

مرغوب افتادن mergûb oftâden: makbul olmak, beğenilmek.

مرغوب شدن mergûb şoden: makbul olmak, beğenilmek.

مرغوبه mergûbe: (A.) **1.**rağbet edilen, aranılan. **2.**sevilen, istenilen. **3.**bayan adı.

مرغول mergûl: (A.) **1.**kıvrımlı. **2.**örülü saç. **3.**(müz.) şarkı yazma. **4.**(müz.) çalgıcı sesi. **5.**(müz.) kuş sesi.

مرغوله mergûle: (A.) **1.**bükülmüş, kıvrık kıvrık. **2.**kuş sesi. **3.**ahenkli ses.

مرغوله دار mergûledâr: (A.-F.) [mergûle+dâşten> dâr] büklüm büklüm saçı olan.

مرفد mirfed: (A.) büyük çanak, büyük kâse.

مرفق mirfak: (A.) **1.**(tıb.) dirsek. **2.**mutfak. **3.**kiler. **4.**bir yıldız.

مرفقه mirfaka: (A.) yastık, dirsek yastığı.

مرفود merfûd: (A.) hediye edilmiş nesne.

مرفوع merfû': (A.) **1.**yükseltilmiş. **2.**(gr.) ötreli, merfu. **3.**hükümsüz bırakılmış.

مرفوعات merfû'ât: (A.) **1.**ötreli kelimeler, zammeli kelimeler. **2.**sonradan kullanılmak üzere kaldırılmış eşya.

مرفوع شدن merfû' şoden: **1.**yükselmek. **2.**giderilmek. **3.**zorluk kalkmak, zorluk geçmek.

مرفوعه merfû'a: (A.) yükseltilmiş, kaldırılmış. **2.**hükümsüz bırakılmış. **3.**ötreli, zammeli.

مورفولوژی morfoloji: (Fr.) morfoloji.

مرفه mureffeh: (A.) müreffeh, refah içinde.

مرفه mureffih: (A.) refaha erdiren, refah sağlayan.

مرفهاً mureffehen: (A.) refah içinde.

مرفه الحال mureffehulhâl: (A.) refah içinde olan.

مرفهه mureffehe: (A.) refah içinde yaşayan, refaha ermiş.

مورفین morfin: (Fr.) (tıb.) morfin.

مرق merek: (A.) **1.**aş, çorba. **2.**içme suyu. **3.**(mec.) her şeyin cevheri, özü. **4.**tarla âfeti.

مرق merakk: (A.) **1.**at sağrısı. **2.**Büyükayı yıldız kümesinde bulunan parlak bir yıldız.

مرقات mirkât: (A.) **1.**merdiven. **2.**basamak. **3.**derece.

مرقاق mirkâk: (A.) oklava.

مرقب merkab: (A.) **1.**gözetleme kulesi. **2.**Pegasus burcunda br yıldız, Beta Pegasus.

مرقبه merkabe: (A.) gözetleme kulesi.

مرقد merkad: (A.) **1.**mezar, kabir. **2.**istirahat yeri. **3.**tahtırevan.

مرقد murkid: (A.) uyutucu ilaç.

مرقشیشا merkaşîşa: (kim.) pirit.

مرقع murekka': (A.) **1.**yırtık pırtık giysi. **2.**(tas.) yamalı sûfî giysisi, hırka. **3.**rik'alı. **4.**güzel yazı kitabı.

مرقعات murakka'ât: (A.) güzel yazı örnekleri, meşkler.

مرقع پوش murekka'pûş: (A. -F.) [murekka'+ pûşîden>pûş] (tas.) sûfî, derviş.

مرقعه murakka'a: (A.) güzel yazı örneği, meşk.

مرقق murakkak: (A.) ince, incelmiş.

مرقم murekkam: (A.) **1.**yazılı, yazılmış. **2.**numaralanmış.

مرقم murakkım: (A.) pusula iğnesi.

مرقم mirkam: (A.) kalem.

مرقن murakkan: (A.) bozulmuş, aradan çıkarılmış.

مرقوم merkûm: (A.) **1.**yazılı. **2.**mektup. **3.**adı geçen, anılan. **4.**aşağılık insan.

مرقومان merkûmân: (A.) anılan iki kişi.

مرقومان merkûmân: (A.-F.) [merkûm+ ân] anılanlar, adı geçenler.

مرقوم داشتن merkûm dâşten: yazmak.

مرقوم شدن merkûm şoden: **1.**yazılmak. **2.**imzalanmak.

مرقوم فرمودن merkûm ermûden: imzalamak.

مرقوم كردن merkûm kerden: **1.**yazmak. **2.**imzalanmak.

مرقومون merkûmûn: (A.) adı geçenler.

مرقومه merkûme: (A.) **1.**yazılmış. **2.**adı geçen, anılan (Bayan). **3.**aşağılık insan.

مرقه meraka: (A.) **1.**terbiyeli yemek. **2.**koyu et suyu.

مركب merkeb: (A.) **1.**binit. **2.**at. **3.**eşek.

مركب murekkeb: (A.) **1.**birleşik, mürekkeb. **2.**birleşik madde. **3.**mürekkep, yazı mürekkebi, boya mürekkebi. **4.**baskı mürekkebi.

مركب murekkib: (A.) **1.**oluşturan, meydana getiren. **2.**bileşen.

مركبات murekkebât: (A.) **1.**birleşikler. **2.**üç ana unsur, üç mevâlid. **3.**(bot.) narenciye, turunçgiller.

مركب بودن murekkeb bûden: oluşmak, meydana gelmek, ibaret olmak.

مركب راندن merkeb rânden: binit sürmek, at sürmek.

مركب شدن murekkeb şoden: **1.**ibaret olmak, mürekkep olmak. **2.**terkip edilmek.

مركب كردن murekkeb kerden: terkip etmek.

مركبه murekkebe: (A.) **1.**bileşik. **2.**oluşan, meydana gelen. **3.**bileşikgiller.

مركز merkez: (A.) **1.**merkez. **2.**başkent. **3.**makam. **4.**çemberin orta noktası. **5.**bir yerin en canlı ve işlek yeri. **6.**ana idare yeri. **7.**en yüksek dereceli polis karakolu. **8.**tarz, usül.

مركز murekkez: (A.) dikili, dikilmiş.

مركزشهر merkezşehr: (A. -F.) [merkez+ şehr] anakent, büyükşehir.

مركزى merkezî: (A.) merkezî.

مركزيت merkeziyyet: (A.) merkezde toplanma.

مركزيه merkeziyye: (A.) **1.**merkez ile ilgili. **2.**merkeze yakın.

مركن mirken: (A.) **1.**yalak, büyük tağar. **2.**yemek kabı.

مركوب merkûb: (A.) **1.**binit. **2.**at. **3.**binilmiş. **4.**bindirilmiş. **5.**sarı meşinden yapılmış bir tür ayakkabı.

مركوبه merkûbe: (A.) **1.**binilmiş. **2.**bindirilmiş.

مركور mirkur: (Fr.) (kim.) cıva.

مركوز merkûz: (A.) **1.**dikilmiş, saplanmış. **2.**yaratılışında olan.

مركوز نهادن merkûz nihâden: ortaya yerleştirmek.

مركوزه merkûze: (A.) dikili, dikilmiş, saplanmış.

مركوزيت merkûziyyet: (A.) dikilme, sap-lanma.

مرگ merg: (Peh.) ölüm. ‖ * ~ u mîr مرگ و مير **1.**büyük telefat. **2.**ölüm. ‖ * ~ -i kesî ittifâk oftâden مرگ كسى اتفاق افتادن ölmek. ‖ * ~ -i mufâcât مرگ مفاجات âni ölüm, krizli ölüm. ‖ * be ~ âmeden به مرگ آمدن ölmek. ‖ * çi ~ et est? چه مرگت است؟ (hlk.) derdin ne, zorun ne, ne istiyorsun yine, ne var.

‖ * keppe-i ~ kerden کپهء مرگ کردن zıbarmak.

مرگ morg: sümük.

مرگ آور mergâver: [merg+âverden> âver] öldürücü, ölümcül.

مرگ ارژان mergerjân: (Peh.) **1.**ölüme lâyık. **2.**(mec.) büyük günah.

مرگامرگ mergâmerg: [mer+â+merg] **1.**yaygın ölüm. **2.**veba salgını.

مرگبار mergbâr: [merg+bârîden>bâr] ölümcül, öldürücü, ölüm kusan.

مرگ موش merg-i mûş: **1.**fare zehiri. **2.**(kim.) arsenik.

مرگی mergî: [merg+î] **1.**ölüm. **2.**büyük felaket.

مرمت meremmet: (A.) **1.**onarım, tamir. **2.**üstünkörü tamir.

مرمت شدن meremmet şoden: onarılmak.

مرمت کردن meremmet kerden: onarmak, tamir etmek.

مرمر mermer: (Yun.) mermer. ‖ * ~ -i balgamî مرمر بلغمی ak damarlı yeşil mermer. ‖ * ~ -i kum مرمر قم kaymak taşı.

مرمرشاهی mermerşâhî: (A.-F.) [mermer+şâh< mermer-i şâhî] çok ince dokunmuş pamuklu bez.

مرمری mermerî: (Yun. -F.) [mermer+î] mermerden yapılmış, mermerli.

مرموز mermûz: (A.) **1.**rumuzlu, işaretli. **2.**gizemli, gizli.

مرموزات mermûzât: (A.) remizli şeyler, imalı şeyler. ‖ * ~ -i mısriyye مرموزات مصریه Mısır hiyeroglifi.

مرموک mermûk (bot.) adaçayı.

مرمی mermî: (A.) **1.**atılmış. **2.**kurşun, fişek, mermi.

مرمیات mermiyât: (A.) **1.**atılanlar, atılmışlar. **2.**kurşunlar, fişekler, mermiler.

مرنو mirnov: miyav.

مرنو کشیدن mirnov keşîden (Şehvet ânında) miyavlamak.

مرنو مرنو mirnov mirnov: miyavlama.

مرو merv: (Peh.) **1.**(bot.) yer palamudu. **2.**(coğ.) Merv.

مرو moru: (Fr.) (zool.) morina balığı.

مروا morvâ: (Peh.) iyi fal, uğur.

مروار morvâr (bot.) bir tür kızıl söğüt.

مروارید morvârîd: (Peh.) inci.

مروت muruvvet: (A.) **1.**insanlık. **2.**cömertlik, iyilikseverlik. **3.**bayan adı.

مروةً muruvveten: (A.) insanlıkla, yiğitlikle, cömertlikle.

مروتمند muruvvetmend: (A.-F.) [muruvvet+mend] **1.**insanlık özelliklerine sahip, dört dörtlük insan. **2.**iyiliksever, cömert.

مروج murevvec: (A.) revaç kazandırılmış, sürümlendirilmiş.

مروج murevvic: (A.) **1.**revaç veren. **2.**sürümlendiren, sürüm kazandıran. **3.**bir fikri yayan, tanıtım yapan, propaganda yapan.

مروج murûc: (A.) otlaklar, çayırlar.

مروح murevveh: (A.) kokulandırılmış.

مروح murevvih: (A.) **1.**kokulandıran. **2.**rahatlık veren.

مروحه mervaha: (A.) **1.**kır, ova. **2.**rüzgârlı alan.

مروحه mirvaha: (A.) yelpaze.

مروحه جنبان mirvahaconbân: (A.-F.) [mirvaha+ conbânden> conbân] yelpaze sallayan.

مروحه جنبانی mirvahaconbânî: (A.-F.) [mirvaha+ conbânden>conbân+î] yelpaze sallama.

مرود morûd (bot.) armut.

مرود mirved: (A.) sürme mili.

مرودت murûdet: (A.) asilik, dikbaşlılık.

مرور murûr: (A.) **1.**geçme, geçip gitme, geçiş. **2.**sona erme, bitme. ‖ * be ~ به مرور zamanla. ‖ * be ~ -i eyyâm به مرور ایام zamanla, günlerin akıp geçmesiyle.

مرور کردن murûr kerden: **1.**geçmek, gitmek. **2.**gözden geçirmek, göz atmak.

مروریه murûriyye: (A.) **1.**geçiş ücreti. **2.**kesimlik hayvanların İstanbul'a sevki veya geçit yerlerinden geçişi sırasında alınan vergi.

مروزى mervezî: Mervli.

مروسيدن murûsîden: alışmak.

مروع murevva': (A.) sağlam düşünceli, aklı başında.

مروق murevvak: (A.) süzülmüş.

مروه merve: (A.) Merve, Mekke'de bir semt.

مروى mervî: [merv+î] Mervli.

مروى mervî: (A.) rivayet olunan.

مره merre: (A.) bir kez, bir defa. ‖ * ~-i vâhide مرهء واحده bir kez.

مرةً بعد اخرى merreten ba'de uhrâ: (A.) birbiri ardınca birkaç kez, birçok kez, defalarca.

مرةً بعد مرة merreten ba'de merretin: (A.) tekrar tekrar, defalarca.

مرهب murehheb: (A.) korkutulmuş, gözü yıldırılmış.

مرهب murehhib: (A.) korkutan, gözünü yıldıran.

مرهبانه murehhibâne: (A.-F.) [murehhib+âne] korkuturcasına, gözünü yıldırırcasına.

مرهم merhem: (A.) **1.**(tıb.) merhem, pomad. **2.**acıyı giderecek şey.

مرهم سا merhemsâ: (A.-F.) [merhem+ sâ'îden>sâ] **1.**merhem süren, merhem koyan. **2.**çare bulan, şifa veren.

مرهم ساز merhemsâz: (A.-F.) [merhem+sâhten> sâz] **1.**merhem yapan. **2.**çare bulan, şifa veren.

مرهم سازى merhemsâzî: (A.-F.) [merhem+sâhten> sâz+î] **1.**merhem yapma. **2.**çare bulma, çare buluculuk.

مرهم ساى merhemsây: (A.-F.) [merhem+ sâyîden> sây] **1.**merhem süren, merhem koyan. **2.**çare bulan, şifa veren.

مرهم نهادن merhem nihâden: merhem sürmek, merhem koymak.

مرهوب merhûb: (A.) **1.**arslan. **2.**korkunç.

مرهون merhûn: (A.) **1.**rehin edilmiş, rehinli, rehin bırakılmış, ipotekli. **2.**belirli zamana bağlı. **3.**belirli bir şeye bağlı.

مرهون به merhûnunbih: (A.) rehin edilen malın karşılığı olan hak.

مرهونه merhûne: (A.) **1.**rehin edilmiş, rehin bırakılmış. **2.**belirli zamana bağlı. **3.**belirli bir şeye bağlı.

مرى merî: (A.) **1.**(tıb.) yemek borusu. **2.**lezzetli.

مرى murî: (A.) ikiyüzlü, riyakâr.

مريب murîb: (A.) kuşkuya düşüren.

مريخ mirrîh: (A.) **1.**Merih, Mars. **2.**(kin.) kor.

مريخ انتقام mirrîhintikâm: (A.) [mirrîh+intikâm] Merih gibi intikam alan.

مريخ سلب mirrîhseleb: (A.) [mirrîh+ seleb] kırmızı giysi.

مريخ كرشمه mirrîhkirişme: (A.-F.) [mirrîh+kirişme] Merih gibi göz kırpan.

مريد merîd: (A.) **1.**serkeş. **2.**Tanrı'nın emrine uymayan.

مريد murîd: (A.) **1.**irade eden, emreden. **2.**(tas.) mürit.

مريدان murîdân: (A.-F.) [murîd+ân] **1.**emredenler, irade edenler. **2.**dervişler, bir şeyhe bağlı dervişler.

مريدانه murîdâne: (A.-F.) [murîd+âne] bir mürit gibi, müride yakışacak şekilde.

مريدى murîdî: (A. -F.) [murîd+î] müritlik.

مريزاد merîzâd: aferin, bravo.

مريض merîz: (A.) hasta.

مريضانه marîzâne: (A.-F.) [marîz+âne] **1.**hastalıklı. **2.**hastaca.

مريض خانه merîzhâne: (A. -F.) [merîz+ hâne] hastane.

مريض شدن merîz şoden: hastalanmak, hasta olmak.

مريض كردن merîz kerden: hasta etmek.

مريض وار marîzvâr: (A.-F.) [marîz+vâr] hasta gibi.

مريضه merîze: (A.) hasta kadın.

مريضى merîzî: (A. -F.) [merîz+î] hastalık.

مرى كردن mirî kerden: inatlaşmak,

zıtlaşmak, kavga etmek, çekişmek, mücadele etmek..

مریم meryem: (A.) **1.**Hz. Meryem, Hz. İsa'nın annesi. **2.**kadın adı. **3.**(bot.) sümbülteber.

مریمانه meryemâne: (A.-F.) [meryem+ âne] **1.**Meryem gibi. **2.**Meryem gibi temiz olarak.

مریمیه meryemiyye: (A.) adaçayı.

مرین merîn: [mer+în] bu.

مز mez: (A.) emme.

مزابر mezâbir: (A.) kalemler, kamışkalemler.

مزابل mezâbil: (A.) çöplükler, mezbeleler.

مزاج mizâc: (A.) **1.**mizaç, huy, karakter. **2.**(tıb.) vücut yapısı.

مزاج دان mizâcdân: (A.-F.) [mizâc+ dânisten>dân] insan mizacını tanıyan.

مزاج گیر mizâcgîr: (A.-F.) [mizâc+ giriften>gîr] nabza göre şerbet veren.

مزاج گیرانه mizâcgîrâne: (A.-F.) [mizâc+ giriften> gîr+ âne] nabza göre şerbet vererek.

مزاج گیری mizâcgîrî: (A.-F.) [mizâc+ giriften>gîr+î] nabza göre şerbet verme.

مزاح mizâh: (A.) [<muzâh] **1.**mizah. **2.**şaka.

مزاح آمیز mizâhâmîz: (A.-F.) [mizâh+ âmîhten> âmîz] mîzâhlı, şaka ile karışık, mîzâhî.

مزاح پرور mizâhperver: (A.-F.) [mizâh+perverden> perver] mîzâhsever, mîzâhtan hoşlanan.

مزاح پروران mizâhperverân: (A.-F.) [mizâh+ perverden> perver+ân] mîzâhseverler.

مزاحف muzâhaf: (A.) zihafı olan, şiirin vezninin bozulmaması için bir harfi atılmış veya uzun iken kısa okunmuş sözcük.

مزاح گو mizâhgû: (A. -F.) [mizâh+ goften> gû] **1.**şaka ederek konuşan, mîzâhlı sözler eden, şakacı. **2.**dalkavuk. **3.**mizah şairi, mizah yazarı.

مزاح گوی mizâhgûy: (A.-F.) [mizâh+ goften>gûy] **1.**şaka ederek konuşan, mîzâhlı sözler eden. **2.**dalkavuk. **3.**mizah şairi, mizah yazarı.

مزاح گویانه muzâhgûyâne: (A.-F.) [muzâh+goften> gûy+ âne] mizah şairi gibi, mizah yazarı gibi.

مزاحم mezâhim: (A.) zahmetler, sıkıntılar.

مزاحم muzâhim: (A.) **1.**zahmete sokan, sıkıntıya düşüren, zahmet veren, rahatsız eden. **2.**aykırı.

مزاحم شدن muzâhim şoden: rahatsız etmek.

مزاحم گشتن muzâhim geşten: rahatsız etmek.

مزاحمه muzâheme: (A.) **1.**birbirine güçlük çıkarma, birbirini zahmete sokma. **2.**itiş kalkış, hara güre. **3.**kalabalık.

مزاح نویس mizâhnuvis: (A.-F.) [<muzâh+nuvişten> nuvîs] mîzâh yazarı.

مزاحه muzâhe: (A.) mizah.

مزاحی mizâhî: (A.) **1.**mîzâh ile ilgili. **2.**mîzâhlı.

مزاحیه mizâhiyye: (A.) mîzâh ile ilgili.

مزاد mezâd: (A.) **1.**mezat, artırma. **2.**fazlalık. **3.**bir tür oyun.

مزاد muzâd: (A.) artırılmış, çoğaltılmış.

مزاد شدن mezâd şoden: artırılmak.

مزاد کردن mezâd kerden: artırmak.

مزاده mezâde: (A.) tulum, dağarcık.

مزار mezâr: (A.) mezar, kabir, ziyaretgâh. ‖ * levh-i ~ اوح مزار mezar taşı. ‖ * seng-i ~ سنگ مزار mezar taşı.

مزارات mezârât: (A.) mezarlar.

مزارت mezâret: (A.) kalbin atış şiddeti.

مزارستان mezâristân: (A.-F.) [mezâr+ istân] mezarlık.

مزارع mezâri': (A.) tarlalar.

مزارعه muzâre'e: (A.) **1.**ziraî ortaklık. **2.**tarım, ziraat.

مزارگاه mezârgâh: (A.-F.) [mezâr+gâh] mezar yeri.

مزاريع mezârî': (A.) ekin ekilmiş tarlalar.

مزاريق mezârîk: (A.) mızraklar.

مزالق mezâlik: (A.) kaygan yerler.

مزامير mezâmîr: (A.) **1.**neyler. **2.**(müz.) neyden gelen melodiler.**3.**düdükler. **4.**Zebûr sûreleri. ‖ * ~ -i dâvud مزامير داود Zebûr sûreleri.

مزاوجت muzâvecet: (A.) çiftleşme, evlenme, evlilik.

مزاوجه muzâvece: (A.) **1.**çift olma. **2.**evlilik, evlenme.

مزاوله muzâvele: (A.) **1.**yaklaştırma. **2.**yapmaya çalışma, yaratmaya çalışma.

مزاهر mezâhir: (A.) **1.**utlar. **2.**çiçekli bahçeler.

مزايا mezâyâ: (A.) üstünlükler, meziyetler.

مزايده muzâyede: (A.) **1.**açık artırma, müzayede. **2.**ihale. ‖ * ~ râ borden مزايده را بردن ihaleyi kazanmak. ‖ * be ~ gozâşten به مزايده گذاشتن **1.**ihale açmak. **2.**açık artırmaya koymak. ‖ * berende-i ~ şoden برندهء مزايده شدن ihale kazanmak.

مزايله muzâyele: (A.) birbirinden ayrılma.

مزبح mezbah: (A.) mezbaha, kanara.

مزبحه mezbaha: (A.) hayvan kesim yeri, kanara.

مزبر mizber: (A.) kamış kalem.

مزبق muzebbak: (A.) cıvalı.

مزبله mezbele: (A.) çöplük, mezbele.

مزبور mezbûr: (A.) adı geçen, anılan.

مزبوره mezbûre: (A.) adı geçen, anılan.

مزج mezc: (A.) **1.**karıştırma, katma. **2.**karışım. **3.**öz, bal.

مزجا mezcen: (A.) katarak, karıştırarak.

مزجات muzcât: (A.) değersiz, az, önemsiz.

مزجوج mezcûc: (A.) süngülenmiş.

مزجى mezcî: (A.) katma ile ilgili, karıştırma ile ilgili.

مزحم muzham: (A.) kalabalıklaşmış.

مزخرف muzehref: (A.) **1.**süslü. **2.**altın işlemeli, altın sırmalı. **3.**boş, lüzumsuz, saçma. **4.**pislik, süprüntü. **5.**göz boyayıcı sahte şeylerle süslü.

مزخرفات muzehrefât: (A.) **1.**saçmalıklar. **2.**uydurmalar, yalanlar. **3.**süprüntüler, çerçöp, döküntüler.

مزخرف گفتن muzehref goften: zırvalamak, saçmalamak.

مزخرف گوئى muzehrefgû'î: (A. -F.) [muzehref+goften>gû+î] saçmalama, zırvalama.

مزد mozd: (Peh.) ücret, bedel, karşılık. ‖ * ~ -i dendân مزد دندان diş kirası. ‖ * be ~ giriften به مزد گرفتن ücretli tutmak. ‖ * be şart-i ~ بشرط مزد para karşılığında. ‖ * zen be ~ زن به مزد (hlk.) (argo) pezevenk.

مزداد muzdâd: (A.) **1.**artmış, çoğalmış, ziyadeleşmiş. **2.**bayan adı.

مزد بر mozdber: [mozd+borden>ber] ücretli, işçi.

مزدجر muzdecir: (A.) yasaklara uyan.

مزدجره muzdecire: (A.) yasaklara uyan.

مزدحم muzdeham: (A.) kalabalık.

مزدحم muzdehim: (A.) kalabalık olan yer.

مزدحمگاه muzdehimgâh: (A.-F.) [muzdehim+gâh] kalabalık yer.

مزد دست mozddest: [mozd+dest<mozd-i dest] el emeği.

مزدک mezdek: Mezdek, Sâsânîler döneminde ve Nûşirvan zamanında yeni bir mezhep ortaya çıkaran kişi.

مزدکى mezdekî: [mezdek+î] **1.**Mezdek dinine mensup. **2.**Mezdeklik.

مزدلفه muzdelife: (A.) Kâbe'de ziyaret edilen kutsal mekânlardan biri.

مزدوج muzdevec: (A.) **1.**çiftleşmiş, eşli. **2.**karışmış. **3.**evli.

مزدوج muzdevic: (A.) **1.**evlenen, evlilik yapan, evli. **2.**bir kelimeye kafiye olan.

مزدوجه muzdevice: (A.) **1.**evlenen, evlilik yapan. **2.**kavuşur su yosunları. **3.**eşlenik.

مزدور mozdûr: (Peh.) **1.**ücretli, işçi. **2.**çırak.

مزدور muzdver: [<mozd+ver] ücretli, ücretle çalışan.

مزراق mizrâk: (A.) **1.**küçük mızrak. **2.**kargı.

مزرع mezra': (A.) tarla, tarım arazisi.

مزرع muzerri': (A.) tohum ekme makinesi.

مزرعه mezre'e: (A.) **1.**tarla. **2.**(kin.) mezar.

مزرقه mizraka: (A.) küçük şırınga, küçük enjektör.

مزروع mezrû': (A.) ekili, tarım yapılan.

مزروعات mezrû'ât: (A.) ekinler.

مزعج muz'ic: (A.) rahatsız eden, bıktıran, usandıran.

مزعجانه muz'icâne: (A.-F.) [muz'ic+âne] usandırıcı, bıktırıcı, rahatsız edici.

مزعجه muz'ice: (A.) rahatsız eden, bıktıran, usandıran.

مزعفر muze'fer: (A.) **1.**safranlı. **2.**safranlı yiyecek. **3.**safran rengine boyanmış, sarartılmış.

مزعفر ساختن muze'fer sâhten: safranlamak.

مزغان mizgân: **1.**müzisyen. **2.**mızıka, bando. **3.**musikî.

مزغانچی mizgânçi: (F. -T.) [mizgân+çi] bando komutanı, mızıka reisi.

مزفت muzeffet: (A.) ziftli, ziftlenmiş.

مزق mezk: (A.) yarma, yırtma.

مزکت mezkit: (Peh.) mesçit.

مزکوم mezkûm: (A.) nezleli.

مزکی muzekkî: (A.) **1.**aklayan, arındıran. **2.**cenaze töreninde aklayan. **3.**şahitlerin şahitliklerini onaylayan.

مزکی ، مزکا muzekkâ: (A.) **1.**aklanmış, arınmış, kusursuz. **2.**zekât verilmiş. **3.**Tanrı'nın adıyla kesilen hayvan.

مزکی النفوس muzekkinnufûs: (A.) nefisleri arındıran.

مزکیه muzekkiye: (A.) **1.**aklayan, arındıran. **2.**şahitlerin şahitliklerini onaylayan.

مزگ mezg (bot.) acı badem.

مزگل muzgel yün eğirme iği.

مزگه mizge: kapalı hava.

مزل muzill: (A.) **1.**ayak kaydıran, sürçtüren. **2.**hata ettiren, yanlış yaptıran.

مزلت mezellet: (A.) **1.**kayılan yer. **2.**sürçme, kayma. **3.**kaygan yer. **4.**hata yaptıran şey.

مزلف muzellef: (A.) **1.**zülüflü. **2.**jigolo. **3.**homoseksüel erkek, (hlk.) ibne. **4.**sakalı yeni yeni çıkan.

مزلق muzellak: (A.) ayağı kaymış, ayağı kaydırılmış.

مزلقه mezlaka: (A.) **1.**kaygan yer. **2.**hataya düşüren şey.

مزمار mizmâr: (A.) **1.**(müz.) ney. **2.**(müz.) kaval. **3.**(müz.) neyle çalınan melodi. **4.**Zebûr sûresi. **5.**hançere, nefes borusu.

مزمارزن mizmârzen: (A.-F.) [mizmâr+ zeden>zen] **1.**neyzen. **2.**kaval çalan.

مزمر mizmer: (A.) **1.**(müz.) ney. **2.**(müz.) ud.

مزمزه mezmeze: (A.) tatma, tadına bakma, çimlenme.

مزمزه کردن mezmeze kerden: tadına bakmak, çimlenmek. ‖ * çîzî râ tûy-i dehen ~ چیزی را توی دهن مزمزه کردن bir şey burnunda tütmek.

مزمل muzemmil: (A.) sarılmış sarmalanmış.

مزمل muzzemmel: (A.) giydirilmiş, büründürülmüş, elbiseye sokulan.

مزمل muzzemmil: (A.) **1.**giydiren, büründüren, elbiseye sokan. **2.**Kur'ân-i Kerîm'in 73. sûresi.

مزمله muzemmele: (A.) soğuk su testisi.

مزمن muzmen: (A.) halsiz düşmüş.

مزمن muzmin: (A.) **1.**köhne, eski, müzmin. **2.**(tıb.) kronik, süreğen, müzmin.

مزمنه muzmine: (A.) **1.**süreğen, kronik. **2.**eskimiş.

مزمور mezmûr: (A.) **1.**kavalla söylenen şarkı. **2.**Zebûr sûresi.

مزن mezen: (A.) yol, yöntem, usül, gelenek, örf.

مزن muzn: (A.) **1.**bulut. **2.**yağmur.

مزند muzenned: (A.) **1.**pinti, elisıkı. **2.**dar mekân.

مزند muzennid: (A.) kavlı çakmakla ateş çakan.

مزن هردم mezenherdem: [zeden>zen> mezen+her+dem] zavazingo, zımbırtı, şey, alet.

مزواج mizvâc: (A.) **1.**çok eşli kadın. **2.**çok evlenen kadın.

مزواجه mizvâce: (A.) dişilik ve erkeklik organlarına sahip çiçek.

مزوج muzevvec: (A.) **1.**evlendirilmiş, evli. **2.**çiftleştirilmiş.

مزوجه muzevvece: (A.) **1.**evlendirilmiş. **2.**çiftleştirilmiş.

مزور muzevver: (A.) uydurma, düzmece.

مزور muzevvir: (A.) müzevvir, hilekâr, arabozucu, bozguncu.

مزورانه muzevvirâne: (A.-F.) [muzevvir+âne] arabozuculuk ederek, bozguncu gibi.

مزوره muzevvere: (A.) uydurma, düzmece.

مزورين muzevvirîn: (A.) arabozucular, bozguncular.

مزوق muzevvek: (A.) cıvalanmış, cıva ile yaldızlanmış.

مزونگ mezveng balıkotu.

مزوى muzevvâ: (A.) açılı, köşeli.

مزه meze: (Peh.) [mezîden>mez+e] **1.**tat, çeşni, meze. **2.**kâr, kazanç. **3.**içki mezesi. **4.**(kin.) (hlk.) oğlan, ibne. **5.**eğlence. ‖ * ~ -i çîzî râ çeşânden مزه چیزی را چشاندن ıslatmak, bir şeyin tadını çıkarmak. ‖ * ~ -i çîzî râ çeşîden مزه چیزی را چشیدن ıslatmak, bir şeyin tadını çıkarmak. ‖ * ~ -i çîzî zîr-i dendân-i kesî bûden مزه چیزی زیر دندان کسی بودن tadı damağında olmak. ‖ * ~ -i deheneş râ fehmîden مزه دهنش را فهمیدن ağzının tadını bilmek.

مزه دار mezedâr: [meze+dâşten>dâr] lezzetli, leziz.

مزهر mezher: (A.) çiçeklik, çiçekli yer.

مزهر mizher: (A.) ut.

مزهر muzehher: (A.) **1.**çiçekli. **2.**çiçek açmış. **2.**bayan adı.

مزهره muzehhere: (A.) **1.**çiçekli. **2.**çiçek açmış.

مزهره mezhere: (A.) çiçeklik, çiçekli yer.

مزهره muzhere: (A.) çiçek bahçesi, çiçekli mekân.

مزه کردن meze kerden: lezzet vermek.

مزيات meziyyât: (A.) meziyetler, üstünlükler, üstün özellikler.

مزيت meziyyet: (A.) üstünlük, meziyet, üstün vasıf.

مزيد mezîd: (A.) **1.**artma, çoğalma. **2.**fazlalık. **3.**artmış. **4.**artırılmış fiil. **5.**çok.

مزيد شدن mezîd şoden: çoğaltılmak, arttırılmak.

مزيد فيه mezîdunfih: (A.) artırılmış masdar.

مزيد كردن mezîd kerden: arttırmak, çoğaltmak.

مزيدن mezîden: (Peh.) **1.**tatmak, tadına bakmak. **2.**emmek.

مزيف muzeyyif: (A.) **1.**sahte olduğunu gösteren, çürüğe çıkartan, çürüten. **2.**aşağılayan, eğlenen.

مزيف muzeyyef: (A.) çürük, saçma sapan, temelsiz.

مزيفانه muzeyyifâne: (A.-F.) [muzeyyif+ âne] **1.**sahte olduğunu göstererek, çürüterek. **2.**aşağılayarak, eğlenerek.

مزيفه muzeyyife: (A.) **1.**sahte olduğunu gösteren, çürüğe çıkartan, çürüten. **2.**aşağılayan, eğlenen.

مزيل muzîl: (A.) gideren, yok eden.

مزیل اللون muzîlullevn: (A.) renk gideren.

مزین muzeyyen: (A.) **1.**süslü, bezeli. **2.**bayan adı.

مزین muzeyyin: (A.) süsleyen, süsleyici.

مزینات muzeyyenât: (A.) **1.**süslü şeyler, süslenmiş nesneler. **2.**süsler, mücevherler.

مزین ساختن muzeyyen sâhten: süslemek, bezemek, tezyin etmek.

مزین شدن muzeyyen şoden: süslenmek, bezenmek, tezyin edilmek.

مزین کردن muzeyyen kerden: süslemek, bezemek, tezyin etmek.

مزینه muzeyyene: (A.) süslü.

مژ muj **1.**kirpik. **2.**tozduman.

مژدک mejdek: İran'da Sasaniler döneminde peygamberlik iddiasında bulunan ve din ilan eden biri, Mezdek.

مژدگان mojdegân: [mojde+gân] müjdelik, müjde bahşişi.

مژدگانه mojdegâne: [mojde+gâne] **1.**müjdelik, müjde bahşişi. **2.**klasik Türk musikîsinde bir makam.

مژدگانی mojdegânî: [mojde+gân+î] **1.**ödül, müjdelik, mükâfat. **2.**müjde.

مژدگانی دادن mujdegânî dâden: müjdelik vermek.

مژده mojde: **1.**müjde. **2.**müjdelik, ödül. **3.**sevinç. **4.**bayan adı.

مژده آور mojdeâver: [mojde+âverden> âver] müjde getiren.

مژده دادن mojde dâden: müjde vermek, müjdelemek.

مژده رس mojderes: [mojde+resîden>res] müjde getiren, müjdeci.

مژده رسان mojderesân: [mojde+ resânden> resân] **1.**müjdeci, müjde getiren. **2.**ulak.

مژده رساندن mojde resânden: müjde vermek, müjde getirmek.

مژده رسانی mojderesânî: [mojde+ resânden> resân+î] müjde getirme, müjde verme.

مژده رسیدن mujde resîden: müjde gelmek.

مژده فرما mojdefermâ: [mojde+ fermûden> fermâ] müjde veren, müjde getiren, müjdeci.

مژده فرمودن mujde fermûden: müjdelemek, müjdeli haber vermek.

مژک mojek: [moje+k] tüycük, kirpikçik.

مژک داران mojekdârân: [mojek+dâşten> dâr+ân] (zool.) haşlamlılar.

مژگان mojegân, mijgân: kirpik.

مژنگ mejeng **1.**üzüntü, tasa. **2.**kötü, menfur.

مژنگ mojeng: çirkinlik, nahoşluk.

مژه moje, mije: kirpik.

مژه بر هم زدن moje ber hem zeden: gözünü kırpmak.

مس mes: (Peh.) büyük.

مس mis: (kim.) bakır.

مس mess: (A.) **1.**yapışma, değme, dokunma, el sürme. **2.**meydana gelme.

مساء mesâ': (A.) **1.**akşam. **2.**ikindi.

مساءت mesâ'et: (A.) kötü bir iş yapma, kötülük etme.

مسائل mesâ'il: (A.) **1.**problemler, mesel eler. **2.**konular.

مسابق musâbik: (A.) yarışmacı.

مسابقات musâbekât: (A.) **1.**yarışmalar. **2.**maçlar.

مسابقه musâbeke: (A.) **1.**(sp.) yarışma, yarış, müsabaka, maç. **2.**öne geçme. **3.**(sp.) maç, karşılaşma. ‖ * ~ -i çîzî gozâşten مسابقهء چیزی گذاشتن (sp.) yarışına girmek. ‖ * ~ -i mukaddemâtî مسابقهء مقدماتی (sp.) hazırlık maçı. ‖ * ~ -i otomobilrânî مسابقهء اتومبیل رانی (sp.) otomobil yarışı. ‖ * ez dovr-i ~ kenâr reften از دور مسابقه کنار رفتن (sp.) diskalifiye olmak.

مسابقه دادن musâbeke dâden: yarışmak.

مسابير mesâbîr: (A.) **1.**sondalar. **2.**sargı bezleri.

مساتره musâtere: (A.) **1.**örtünme. **2.**örtme.

مساجد mesâcid: (A.) **1.**mesçitler. **2.**camiler.

مساح messâh: (A.) **1.**ölçücü, ölçen, ölçümcü. **2.**ovuşturan, masaj yapan.

مساحت misâhet: (A.) **1.**ölçme, ölçümleme. **2.**alan, satıh.

مساحت كردن misâhet kerden: ölçmek, ölçüm yapmak.

مساحه mesâha: (A.) ölçüm, ölçme.

مساخن mesâhin: (A.) öteberi ısıtacak şeyler.

مسار mesârr: (A.) sevinçler.

مسارب mesârib: (A.) **1.**otlaklar, çayırlar. **2.**göğüs kılları.

مسارح mesârih: (A.) çayırlar, geniş otlaklar.

مسارع musâri': (A.) koşan, acele eden.

مسارعت musâre'et: (A.) **1.**koşma, acele etme. **2.**hızlı davranma, süratli olma. **3.**girişimde bulunma, girişim.

مسارعت كردن musâre'et kerden: koşmak, acele etmek, koşturmak.

مسارعةً musâra'aten: (A.) süratle, hızla, alelacele.

مساس mesâs: (A.) asıl, kök, esas.

مساس misâs: (A.) dokunma, el sürme.

مساطر mesâtır: (A.) **1.**cetveller. **2.**mastarlar, inşaat mastarları.

مساعد musâ'id: (A.) **1.**uygun, müsait, elverişli. **2.**yardımcı, yardım eden. **3.**izin veren.

مساعدات musâ'edât: (A.) **1.**izinler, müs adeler. **2.**yardımlar.

مساعد آمدن musâid âmeden: uygun düşmek.

مساعدت musâ'edet: (A.) **1.**izin. **2.**yardım. **3.**elverişlilik.

مساعدت كردن musâ'edet kerden: yardım etmek.

مساعده musâ'ede: (A.) **1.**yardım. **2.**avans. **3.**izin. **4.**elverişlilik.

مساعده كار musâ'adekâr: (A.-F.) [musâade+kâr] yardımcı, izin verici.

مساعر mesâ'ir: (A.) ateş karıştıran demirler.

مساعف musâ'if: (A.) uysal davranan.

مساعفه musâ'afe: (A.) hoşgörü, tolerans.

مساعى mesâ'î: (A.) çabalar, çalışmalar.

مساغ mesâg: (A.) **1.**geçit, güzergah. **2.**içkinin boğazda kolay yutulduğu yer. **3.**izin.

مساغ musâg: (A.) kolay yutulan, kolay yutulmuş.

مساف musâf: (A.) uzaklıklar, mesafeler.

مسافات mesâfât: (A.) uzaklıklar, mesafeler.

مسافات musâfât: (A.) **1.**tedavi. **2.**kötü muamele.

مسافت mesâfet: (A.) uzaklık, mesafe. ‖ * bu'd-i ~ بعد مسافت yol uzunluğu, mesafe. ‖ * kat'-i ~ قطع مسافت yol alma, ilerleme.

مسافح musâfih: (A.) zina eden, zinakâr.

مسافحه musâfehe: (A.) zina yapma.

مسافحه كردن musâfehe kerden: zina yapmak.

مسافر musâfir: (A.) yolcu.

مسافربر musâfirber: (A. -F.) [musâfir+ borden>ber] yolcu taşıyan.

مسافربرى musâfirberî: (A. -F.) [musâfir+ borden>ber+î] yolcu taşıma. ‖ * bungâh-i ~ بنگاه مسافربرى seyahat şirketi, turizm şirketi. ‖ * hevâpeymâ-yi ~ هواپيماى مسافربرى yolcu uçağı. ‖ * keştî-i ~ كشتىء مسافربرى yolcu gemisi.

مسافر پردازى musâfirperdâzî: (A. -F.) [musâfir+perdâhten>perdâz+î] yolcu ağırlama.

مسافرپرور musâfirperver: (A.-F.) [musâfir+ perverden> perver] konuksever, misafirsever.

مسافرت musâferet: (A.) yolculuk,

seyahat, gezi. ‖ * be ~ reften به مسافرت رفتن geziye çıkmak.

مسافرت كردن musâferet kerden: seyahat etmek.

مسافرخانه musâfirhâne: (A. -F.) [musâfir+ hâne] **1.**misafirhane, konukevi. **2.**han, kervansaray.

مسافرين musâfirîn: (A.) yolcular.

مسافه mesâfe: (A.) mesafe, uzaklık.

مسافهت musâfehet: (A.) **1.**küfretme. **2.**sefihlik, düşkünlük. **3.**içkide ölçüyü kaçırma.

مسافه گرفتن mesâfe giriften: uzaklaşmak.

مساق mesâk: (A.) sevk yeri, sürme yeri.

مساقات musâkât: (A.) meyvasının bir kısımını almak şartıyla bir bağdan yararlanma hakkını birine verme.

مساقط mesâkit: (A.) düşme yerleri, düşülecek yerler.

مساقطه musâkata: (A.) **1.**peşpeşe düşürme. **2.**düşürme.

مساكن mesâkin: (A.) konutlar, meskenler.

مساكين mesâkîn: (A.) **1.**miskinler, uyu-şuklar. **2.**yoksullar.

مسالبه musâlebe: (A.) talan, yağma.

مسالف musâlif: (A.) **1.**birlikte olan, birlik olan. **2.**yoldaş. **3.**önde bulunan.

مسالفه musâlefe: (A.) **1.**birlik, birleşme. **2.**önde bulunma. **3.**birlikte seyretme. **4.**yoldaşlık.

مسالك mesâlik: (A.) **1.**izlenilen yollar. **2.**doktrinler.

مسالمت musâlemet: (A.) **1.**barış. **2.**iyi davranış. dostça davranış.

مسالمت آميز musâlemetâmîz: (A. -F.) [musâlemet+âmîhten>âmîz] barışçı.

مسالمتكار musâlemetkâr: (A.-F.) [musâlemet+kâr] barışçı, barışçıl, barış yanlısı.

مسالمه musâleme: (A.) barış içinde bulunma, barışıklık.

مسام mesâm: (A.) **1.**delikler. **2.**gözenekler, mesamat.

مسامات mesâmmât: (A.) gözenekler, mesamat.

مسام الجلد mesâmmulcild: (A.) cilt gözenekleri.

مسامح musâmih: (A.) **1.**hoşgörülü. **2.**aldırmayan. **3.**savsaklayan.

مسامحات musâmahât: (A.) **1.**hoşgörüler. **2.**aldırmamalar. **3.**savsaklamalar.

مسامحه musâmehe: (A.) **1.**hoşgörü, müsamaha. **2.**geciktirme, savsaklatma, ihmal.

مسامحةً musâmeheten: (A.) hoşgörü ile, müsamahalı.

مسامحه كار musâmahakâr: (A.-F.) [musâmaha+kâr] **1.**hoşgörülü. **2.**savsaklayan. **3.**aldırmayan.

مسامحه كارانه musâmahakârâne: (A.-F.) [musâmaha+ kâr+ âne] **1.**hoşgörü ile. **2.**aldırmayarak. **3.**savsaklayarak.

مسامحه كردن musâmehe kerden: **1.**hoşgörülü davranmak. **2.**savsaklatmak, ihmal etmek.

مسامر musâmir: (A.) **1.**gece oturan. **2.**masalcı.

مسامرات musâmerât: (A.) **1.**gece eğlenceleri, müsamereler. **2.**okul piyesleri.

مسامره musâmere: (A.) **1.**gece sohbeti. **2.**masal söyleme. **3.**okul piyesi.

مسامع mesâmi': (A.) **1.**işitme cihazları. **2.**kulaklar.

مسامه mesâmme: (A.) cilt gözeneği.

مسامير mesâmîr: (A.) çiviler.

مسانات musânât: (A.) yıllık iş görme.

مسانحه musâneha: (A.) akla gelme, anımsama.

مساند mesânid: (A.) **1.**makamlar, mevkiler. **2.**dereceler. **3.**dayanaklar.

مساندت musânedet: (A.) yardım etme, destek verme, dayanışma.

مسانده musânede: (A.) yardım etme, destek verme, dayanışma.

مسانهه musânehe: (A.) yıllık iş görme.

مساوات musâvât: (A.) eşitlik.

مساواتاً، مساوةً musâvâten: (A.) eşit olarak.

مساوم musâvim: (A.) pazarlık eden.

مساومه musâveme: (A.) pazarlık.

مساوی mesâvî: (A.) kötülükler.

مساوی musâvî: (A.) **1.**eşit, denk, muadil. **2.**beraber. **3.**paralel. ‖ * ~ ist مساوی است (mat.) eşittir.

مساوی الشکل musâvişşekl: (A.) eşit biçimli, eşbiçimli.

مساوی شدن musâvî şoden: eşit olmak, denk olmak.

مساویک mesâvîk: (A.) misvaklar, diş fırçaları.

مساوی کردن musâvî kerden: berabere kalmak.

مساهرت musâheret: (A.) gece birlikte uyanık kalmak.

مساهره musâhere: (A.) geceyi uyanık geçirme.

مساهله musâhele: (A.) **1.**kolaylık gösterme. **2.**uysallık. **3.**kolay sanma.

مساهله کار musâhelekâr: (A.-F.) [musâhele+kâr] **1.**kolaylık gösteren. **2.**uysal. **3.**kolay sanan.

مساهله کارانه musâhelekârâne: (A.-F.) [musâhele+kâr+ âne] **1.**kolaylık göstererek. **2.**uysalca, uysallıkla. **3.**kolay sanarak.

مساهم musâhim: (A.) kur'a çeken.

مساهمه musâheme: (A.) kur'a çekme.

مسایره musâyere: (A.) yol arkadaşlığı, yoldaşlık.

مسایفه musâyefe: (A.) birbirine kılıç çekme.

مسایل mesâyil: (A.) **1.**problemler, mesel eler. **2.**konular.

مسئلت mes'elet: (A.) **1.**soru. **2.**dileme, isteme.

مسئلت داشتن mes'elet dâşten: dilemek, istemek.

مسئله mes'ele: (A.) **1.**problem, sorun, mesele. **2.**konu, bahis. **3.**dilek, istek. **4.**(kin.) penis, âlet, kamış. **5.**önemli iş. **6.**savaş.

مسئله آموز meseleâmûz: (A.-F.) [mes'ele+âmûhten>âmûz] ders vermek.

مسئول mes'ûl: (A.) **1.**sorumlu. **2.**soru sorulmuş. **3.**cezaya çarptırılmış. **4.**istenilen.

مسئول بالمال mes'ûlbilmâl: (A.) para ile sorumlu.

مسئول بالنفس · mes'ûlbinnefs: (A.) bizzat sorumlu, şahsen sorumlu.

مسئوله mes'ûle: (A.) sorumlu.

مسئولیت mes'ûliyyet: (A.) sorumluluk.

مسئولیت داشتن mes'ûliyyet dâşten: sorumlu olmak, sorumluluğu olmak.

مسباح misbâh: (A.) yüzgeç.

مسباحی الرجل misbâhiyyurricl: (A.) yüzgeç ayaklılar.

مسبار misbâr: (A.) **1.**sonda. **2.**yara fitili.

مسبب musebbeb: (A.) sebep olunan.

مسبب musebbib: (A.) **1.**sebep olan, yol açan, sebep, illet. **2.**vergi toplayan.

مسبب الاسباب musebbibulesbâb: (A.) sebepleri yaratan, Tanrı.

مسبت musbit: (A.) halsiz düşen.

مسبح musebbih: (A.) Tanrı'yı tenzih eden, sübhânallâh diyen.

مسبحان musebbihân: (A.-F.) [musebbih+ ân] Tanrı'yı tenzih edenler, sübhânallâh diyenler.

مسبحانه musebbihâne: (A.-F.) [musebbih+âne] Tanrı'yı tenzih ederek, sübhânallâh diyerek.

مسبحه musebbiha: (A.) işaret parmağı, şahâdet parmağı, sağ elin ikinci parmağı.

مسبحین musebbihîn: (A.) Tanrı'yı tenzih edenler, sübhânallâh diyenler.

مسبع musebba': (A.) **1.**yedili, yedi parçalı, yedi bölmeli. **2.**yedigen, yedi kenarlı. **3.**her beyte beş mısra eklenmiş şiir. **4.**yedi kişiden oluşan.

مسبعه mesba'a: (A.) vahşi hayvanı bol yer.

مسبعه musebba'a: (A.) **1.**yedili. **2.**yedi kez okunması gereken dua.

مسبغ musbig: (A.) tamamlayan.

مسبکه misbeke: (A.) erimiş madenin döküldüğü kap, döküm kalıbı.

مسبل musebbel: (A.) **1.**uzun bıyıklı. **2.**çirkin ihtiyar. **3.**sebil, Tanrı yolunda verilen.

مسبوق mesbûk: (A.) **1.**geçilmiş. **2.**haberli, vâkıf. **3.**geçmiş. **4.** geride kalmış, yaşanmış. **5.**geride bırakılmış. **6.**önde bulunan.

مسبوق الامثال mesbûkulemsâl: (A.) benzeri görülmüş.

مسبوق الخدمه mesbûkulhidme: (A.) hizmeti geçmiş, emeği geçmiş.

مسبوق الذكر mesbûkuzzikr: (A.) adı geçen.

مسبوقه mes[illegible] (A.) **1.**geçmiş. **2.**geride [illegible] **3.**geride bırakılmış.

مسبوک mes[illegible] (A.) kalıba dökülmüş.

مسبوکه mesbûke: (A.) kalıba dökülmüş.

مست mest: (Peh.) **1.**sarhoş, mest. **2.**(kin.) mal mülk gururuna kapılan. **3.**baygın. **4.**öfkeli. **5.**şehvetli. **6.**mahmur. **7.**(kin.) sevgilinin gözü. ‖ * ~ u pâtîl şoden مست و پاتیل شدن zil zurna sarhoş olmak, fitil gibi sarhoş olmak, bulut gibi sarhoş olmak, körkütük sarhoş olmak. ‖ * ~ u herâb مست و خراب küfelik sarhoş. ‖ * ~ -i elest مست الست ezel sarhoşu, ilahaşk şarabı ile sarhoş olan. ‖ * ~-i herâb مست خراب körkütük sarhoş, bulut gibi sarhoş, küfelik sarhoş. ‖ * ~ -i lâya'kil مست لایعقل zil zurna sarhoş, fitil gibi sarhoş. ‖ * ~ -i lâya'kil şoden مست لا یعقل شدن zil zurna sarhoş olmak, fitil gibi sarhoş olmak, bulut gibi sarhoş olmak, körkütük sarhoş olmak, küfelik olmak.

مست most: (Peh.) **1.**şikâyet, sızlanma. **2.**gam, keder.

مستاثر muste'sir: (A.) **1.**seçici. **2.**özgü, mahsus. **3.**üzgün.

مستأجر muste'cer: (A.) kiralanan.

مستأجر muste'cir: (A.) **1.**kiracı. **2.**kiralayan, kira ile tutan. **3.**hizmetçi.

مستأجرا muste'ciren: (A.) **1.**kiracı olarak. **2.**kira ile tutarak.

مستأجر فيه muste'cerun fîh: (A.) kiralama amacı.

مستأجرين muste'cirîn: (A.) **1.**kira ile tutanlar, kiralayanlar. **2.**kiracılar.

مستأجل muste'cel: (A.) geciktirilen, ertelenen.

مستأخر muste'hir: (A.) geciken.

مستأخره muste'hire: (A.) geciken.

مستأدب muste'dib: (A.) edep öğrenen.

مستأدى muste'dî: (A.) **1.**yardım isteyen. **2.**korunma isteyen. **3.**birinin malını zorla alan.

مستأذن muste'zen: (A.) izin istenmiş.

مستأذن muste'zin: (A.) izin isteyen.

مستأرب muste'rib: (A.) borçlu.

مستأصل muste'sel: (A.) **1.**yoksul, muhtaç. **2.**badbaht, talihsiz. **3.**mecbur. **4.**kökü kazınmış, kökten sökülmüş.

مستأصل muste'sil: (A.) kökünden söken, kökünden koparan.

مستأصل ساختن muste'sel sâhten: **1.**kökünü kazımak. **2.**yoksullaştırmak. **3.**perişan etmek. **4.**mecbur etmek, mecbur bırakmak.

مستأصل شدن muste'sel şoden: **1.**kökü kazınmak. **2.**yoksullaşmak. **3.**perişan olmak, bedbaht olmak. **4.**mecbur olmak, mecbur bırakılmak.

مستأمن muste'men: (A.) **1.**aman verilen. **2.**yabancı uyruklu.

مستأمن muste'min: (A.) **1.**aman dileyen. **2.**yabancı uyruklular. **3.**sığınmacı.

مستان mestân: sarhoş.

مستأنس muste'nis: (A.) alışan, yabaniliği giden.

مستأنف muste'nif: (A.) **1.**yeniden başlayan. **2.**bir üst mahkemeye başvuran.

مستأنف عليه muste'nefün aleyh: (A.) istînâf yolu ile aleyhinde dava çılan.

مستانه mestâne: [mest+âne] sarhoşça.

مستانه بين mestânebîn: [mest+âne+ dîden>bîn] sarhoşça bakan.

مستانف muste'nif: (A.) **1.**yeniden başlayan. **2.**(huk.) istînaf hakkı isteyen.

مستانه mestâne: [mest+âne] sarhoşça, mestane.

مست بازى mestbâzî: [mest+bâhten> bâz+î] sarhoşluk, sarhoşluğa vurma.

مست بازى در آوردن mestbâzî der âverden: **1.**sarhoş taklidi yapmak. **2.**sarhoşluğa vurmak.

مستبان mustebân: (A.) anlaşılan, açık, aşikâr.

مستبحر mustebhir: (A.) engin görüşlü.

مستبد mustebid: (A.) zorba, müstebid.

مستبدانه mustebiddâne: (A.-F.) [mustebidd+âne] despotça, baskı yaparak.

مستبدع mustebdi': (A.) benzeri az bulunur sanan.

مستبدعانه mustebdi'âne: (A.-F.) [mustebdi'+âne] eşi az bulunur sanarak.

مستبدل mustebdel: (A.) değiştirilmiş.

مستبدل mustebdil: (A.) değiştiren.

مستبدله mustebdele: (A.) değiştirilmiş.

مستبرى mustebrî: (A.) idrardan sonra penisini temizleyen.

مستبشر mustebşir: (A.) **1.**müjde veren. **2.**müjde ile sevinen.

مستبشر شدن mustebşir şoden: sevinmek.

مستبشره mustebşire: (A.) **1.**müjde veren. **2.**müjde ile sevinen.

مستبضع mustebdi': (A.) kazancı kendine ait olmak şartıyla sermaye veren.

مستبطن mustebtin: (A.) iç yüzünü bilen.

مستبعد musteb'id: (A.) uzak gören.

مستبعد musteb'ad: (A.) uzak görülmüş, ihtimal verilmeyen.

مستبغى mustebgî: (A.) bir işin gerçekleşmesi için yardım eden.

مستبق mustebik: (A.) yarışa kalkışan.

مستبقى mustebkî: (A.) kalıcı olmasını dileyen.

مستبى mustebî: (A.) esir een.

مستبين mustebîn: (A.) açık, aşikâr, ortada.

مستتر mustetir: (A.) örtülü, gizli, saklı.

مستتر شدن mustetir şoden: örtülmek, saklanmak, gizlenmek.

مستتم mustetim: (A.) tamamlanmasını isteyen.

مستثقل musteskal: (A.) **1.**ağırlaşmış. **2.**kötü muamelede bulunan, kovarca davranılan.

مستثقل musteskil: (A.) kötü muamelede bulunan, kovarcasına davranan.

مستثقلانه musteskilâne: (A.-F.) [musteskil+âne] kötü muamelede bulunarak, kovar gibi davranarak.

مستثنى mustesnâ: (A.) **1.**çizgi dışı, kural dışı, seçkin, müstesna, bambaşka. **2.**üstün vasıflı, benzerlerinden üstün.

مستثنيات mustesneyât: (A.) **1.**ayrı tutulanlar, sıra dışı olanlar. **2.**üstün vasıflılar, benzerlerinden üstün olanlar.

مستجاب mustecâb: (A.) kabul edilmiş, makbul.

مستجاب الدعوه mustecâbudda've: (A.) duası kabul edilen.

مستجاب شدن mustecâb şoden: kabul edilmek, makbul olmak.

مستجاب گشتن mustecâb geşten: kabul olmak.

مستجلب musteclib: (A.) kendine çeken.

مستجمع mustecmi': (A.) **1.**toplayan. **2.**toplayan.

مستجمع المجد والشرف mustecmi'ulmecd veşşeref: (A.) şan ve şeref sahibi.

مستجهل mustechil: (A.) cahil gören, cahil sayan.

مستجهلانه mustechilâne: (A.-F.) [mustechil+âne] cahil görerek, cahil sayarak.

مستجوب mustecvib: (A.) cevap isteyen, cevap bekleyen.

مستجيب mustecîb: (A.) **1.**kabul eden. **2.**kabulünü talep eden.

مستجير mustecîr: (A.) himaye isteyen, aman dileyen.

مستجيرانه mustecîrâne: (A.-F.) [mustecîr+âne] himaye isteyerek, aman dileyerek.

مستحاث mustehâs: (A.) fosil, taşıl.

مستحاثات mustehâsât: (A.) fosiller, taşıllar.

مستحاثه mustehâse: (A.) fosil, taşıl.

مستحاضه mustehâza: (A.) regl olan kadın, âdet gören kadın.

مستحب mustehab: (A.) **1.**sevilen, iyi, beğenilen. **2.**sevap kazandıran.

مستحجر mustahcer: (A.) taşlaşmış.

مستحدث mustahdes: (A.) yeni ortaya atılmış, yeni ihdas edilmiş.

مستحدث mustahdis: (A.) **1.**ihdas eden. **2.**yeni bir şey bulan.

مستحسر mustahsir: (A.) yorgunluktan bitkin düşen.

مستحسن mustehsen: (A.) beğenilen, övülen.

مستحسن داشتن mustehsen dâşten: beğenmek, övmek.

مستحسنه mustahsene: (A.) güzel görülmüş, beğenilmiş.

مستحصل mustahsel: (A.) elde edilmiş, üretilmiş.

مستحصل mustahsil: (A.) üretici.

مستحصلين mustahsilîn: (A.) üreticiler.

مستحضر mustehzer: (A.) **1.**hazır, hasıl olmuş, hazırlanmış. **2.**bilgili, haberli. **3.**çağırılmış, huzura getirilmiş. **4.**zihinde tutulan.

مستحضر mustehzir: (A.) hazırlayıcı, hazırlayan.

مستحضرات mustehzerât: (A.) **1.**hazırlanmış şeyler. **2.**ürünler, imal edilmiş maddeler. **3.**zihinde tutulan bilgiler.

مستحضر شدن mustehzer şoden: haberdar olmak, haberi olmak, bilgilendirilmek.

مستحضر كردن mustehzer kerden: **1.**bilgilendirmek. **2.**hazır etmek.

مستحفظ mustehfaz: (A.) korunan, korunmuş.

مستحفظ mustehfiz: (A.) **1.**bekçi, muhafız, koruyucu. **2.**nizâmiyye ve redîf aşamalarından sonra son aşamaya gelmiş asker. **3.**Tanzimat döneminde kırk yaşını aştıktan sonra askerlik yapan.

مستحفظين mustahfezîn: (A.) korunanlar, korunmuşlar.

مستحفظين mustehfizîn: (A.) **1.**koruyanlar, koruyucular. **2.**Tanzimat döneminde kırk yaşından sonra askerlik yapanlar.

مستحق mustehak: (A.) lâyık, yaraşır, müstehak, hak etmiş.

مستحق mustehikk: (A.) hak eden, hak kazanan.

مستحقر mustehkar: (A.) hakarete uğrayan, küçümsenen.

مستحقر mustehkir: (A.) küçük gören, küçümseyen, hakir gören.

مستحق شدن mustehak şoden: lâyık olmak, yaraşmak, müstehak olmak.

مستحقين mustehikkîn: (A.) hak edenler, hak kazananlar.

مستحكم mustahkem: (A.) sağlamlaştırılmış, sağlam.

مستحكم mustehkim: (A.) **1.**sağlam, dayanıklı, müstahkem. **2.**sağlamlaştıran, güvenlik çemberine alan.

مستحكم ساختن mustehkim sâhten: sağlamlaştırmak.

مستحكم شدن mustehkim şoden: sağlamlaştırılmak.

مستحكمه mustahkeme: (A.) sağlamlaştırılmış, sağlam.

مستحل mustehill: (A.) **1.**helallık isteyen. **2.**helallaşan.

مستحلب mustehleb: (A.) süt kıvamına getirilmiş beyaz ilaç, sübye, emülsiyon..

مستحلب mustehlib: (A.) sağıcı, sağan.

مستحمل mustahmil: (A.) yüklenen, yük alan.

مستحيل mustehîl: (A.) **1.**imkânsız, olanaksız. **2.**değişen. **3.**anlamsız, boş.

مستحیلات mustehîlât: (A.) 1.imkânsız şeyler. 2.anlamsız şeyler, boş şeyler.

مستحیل شدن mustehîl şoden: 1.değişmek, tebdil edilmek. 2.imkânsız görünmek.

مستحیله mustehîle: (A.) 1.imkânsız. 2.anlamsız, saçma.

مستحیی mustehyî: (A.) utanan, haya eden, utangaç.

مستخبر mustahber: (A.) haber alınmış.

مستخبر mustahbir: (A.) 1.haber alan. 2.istihbaratçı.

مستخبرات mustahberât: (A.) alınan haberler, istihbarat.

مستخدم mustahdem: (A.) hizmetçi, hizmetli, müstahdem, istihdam edilen.

مستخدم mustahdim: (A.) istihdam eden, hizmet için çalıştıran.

مستخدمه mustahdime: (A.) istihdam eden, hizmet için çalıştıran.

مستخدمین mustahdemîn: (A.) hizmetçiler, hizmetliler, müstahdemler.

مستخرج mustehric: (A.) 1.işkenceci. 2.çıkaran. 3.kitaptan alan.

مستخرج mustehrec: (A.) 1.çıkarılmış. 2.kitaptan alınmış.

مستخرجات mustehrecât: (A.) alıntı.

مستخرجات آوردن mustehrecât âverden: alıntı yapmak.

مستخرجه mustahrece: (A.) 1.çıkarılmış. 2.kitaptan alınmış.

مستخرجه mustahrice: (A.) 1.çıkaran. 2.kitaptan alan.

مستخف mustehef: (A.) zelil, düşkün, küçümsenmiş, hafife alınmış.

مستخف mustehiff: (A.) hafife alan.

مستخلب mustehlib: (A.) tırmalayıcı, tırmalayan

مستخلص mustehles: (A.) 1.seçici. 2.kurtuluş arayan. 3.kurtarılmış.

مستخلص mustehlis: (A.) kurtarıcı, kurtaran.

مستخلص شدن mustehles şoden: 1.kurtulmak. 2.tasarrufuna alınmak. 3.fethedilmek.

مستخلص کردن mustehles kerden: 1.kurtarmak. 2.tasarrufuna almak. 3.fethetmek.

مستخلف mustahlef: (A.) 1.kendi yerine geçirilmiş. 2.bir başkasının yerine oturtulmuş.

مستخلف mustahlif: (A.) halef bırakan, kendi yerine bir başkasını yerleştiren.

مستخیه mustahiyye: (A.) küstümotugiller.

مست داشتن mest dâşten: sarhoş etmek.

مستدام mustedâm: (A.) 1.devamı istenen. 2.devamlı, kalıcı, sürekli, payidar.

مستدبر mustedbir: (A.) yüz çeviren.

مستدرک mustedrek: (A.) 1.tedarik olunmuş, temin edilmiş. 2.telafi edilmiş. 3.zeyil. 4.(ed.) aruzda bir bahir.

مستدرک mustedrik: (A.) anlamak isteyen.

مستدعی ، مستدعا musted'â: (A.) 1.dilekçe ile istenen. 2.istenen.

مستدعی musted'î: (A.) 1.rica eden, dileyen. 2.dilekçe veren.

مستدعیات musted'eyât: (A.) 1.istenen şeyler. 2.dilekçede istenen şeyler.

مستدعی شدن musted'î şoden: rica etmek, dilemek.

مستدعی علیه musted'â aleyh: (A.) dava edilen, şikayet edilen.

مستدقه mustedikka: (A.) inceleyen, inceleyici.

مستدل mustedel: (A.) kanıtlı, delilli.

مستدل mustedill: (A.) delil göstererek kanıtlayan.

مستدیر mustedîr: (A.) 1.devreden. 2.yuvarlak.

مستدیم mustedîm: (A.) 1.devamını isteyen. 2.devamlı, sürekli.

مستدین mustedîn: (A.) borç eden, borç alan.

مستذل mustezill: (A.) aşağılayan, hor gören.

مستذکر mustezkir: (A.) hatırlayan.

مستر musetter: (A.) örtülü, gizli.

مستراح musterâh: (A.) 1.tuvalet, hela. 2.rahatlama yeri.

مسترجع musterci': (A.) "innâlillâhi ve innâ ileyhi râci'ûn": (Tanrı'dan geldik, O'na döneceğiz" diyen.

مسترجى mustercâ: (A.) **1.**rica edilen. **2.**umulan, beklenilen.

مسترحم musterham: (A.) **1.**istirham edilen, yalvarılan. **2.**merhameti istenilen.

مسترحم musterhim: (A.) **1.**merhamet isteyen. **2.**yalvaran, istirham eden.

مسترحمانه musterhimâne: (A.-F.) [musterhim+âne] **1.**merhamet isteyerek. **2.**yalvararak, istirham ederek.

مسترخص musterhis: (A.) ucuz sayan.

مسترخى musterhî: (A.) gevşeyen, yumuşayan, rehavet gelen.

مسترد mustered: (A.) geri verilmiş, geri çevrilmiş, geri alınmış.

مسترد دشاتن mustered dâşten: geri vermek, geri çevirmek.

مسترد شدن mustered şoden: geri verilmek, iade edilmek, geri çevrilmek.

مسترد كردن mustered kerden: geri vermek, iade etmek, geri çevirmek.

مسترذل musterzil: (A.) rezil eden, rezil bulan.

مسترشد musterşid: (A.) irşâd edilmek isteyen, doğru yola yönlendirilmek isteyen.

مسترشدانه musterşidâne: (A.-F.) [musterşid+âne] irşad edilmek isteyerek.

مسترشدين musterşidîn: (A.) doğru yola yönlendirilmek isteyenler.

مسترشى musterşî: (A.) rüşvetçi, rüşvet isteyen.

مسترشيانه musterşiyâne: (A.-F.) [musterşî+y+âne] rüşvet istercesine, rüşvet isteyerek.

مسترضع musterzi': (A.) para ile sütanne tutan.

مسترعى muster'î: (A.) bir şeyin korunmasını isteyen.

مسترفه musterfih: (A.) refah isteyen.

مسترق musterak: (A.) çalınmış, çalıntı.

مسترقع musterki': (A.) yamanması gereken.

مسترقه musteraka: (A.) çalınmış, çalıntı.

مستروح mustervih: (A.) dinlenen.

مسترهب musterhib: (A.) korkutan.

مسترهن musterhin: (A.) rehin alan, rehin isteyen, ipotek isteyen.

مستريح musterîh: (A.) **1.**huzurlu, müsterih. **2.**huzur arayan, huzur isteyen.

مستريح البال musterîhulbâl: (A.) içi rahat, gönlü rahat.

مستريحانه musterîhâne: (A.-F.) [musterîh+âne] gönül rahatlığı ile, içi rahat olarak.

مستريحه musterîha: (A.) gönlü rahat, rahata ermiş.

مستزاد mustezâd: (A.) **1.**fazlalaştırılmış, arttırılmış, çoğaltılmış. **2.**(ed.) bir şiir türü, müstezat, hezec bahrinde söylenmiş mısralara "mef'ûlü feûlün" vezninde mısra ekleyerek oluşturulan manzume.

مستسبع mustesbe': (A.) ürkme, korkma.

مستسبع شدن mustesbe' şoden: ürkmek, korkmak.

مستسخر musteshir: (A.) alay eden, alaycı.

مستسعد mustes'ad: (A.) uğurlu sayılan, kutlu sayılan.

مستسعد mustes'id: (A.) **1.**talihli, mutlu. **2.**uğurlu gören, kutlu sayan.

مستسعد شدن mustes'id şoden: mutlu olmak, mesut olmak.

مستسقى musteskî: (A.) **1.**su isteyen. **2.**(tıb.) siroz hastası, karnı su toplamış.

مستسلم musteslim: (A.) **1.**boyun eğmiş. **2.**İslâm dinini kabul etmiş.

مستسلمين musteslimîn: (A.) **1.**boyun eğenler. **2.**İslâm dinini kabul edenler.

مستسن mustesinn: (A.) yaşlanan.

مستسهل musteshil: (A.) kolay gören.

مستسهلانه musteshilâne: (A.-F.) [musteshil+âne] kolay görerek.

مستشار musteşâr: (A.) **1.**danışılan, danışman. **2.**bakandan bir derece aşağıda bulunan devlet görevlisi.

مستشارى musteşârî: (A. -F.) [musteşâr+î] danışmanlık, müşavirlik, müsteşarlık.

مست شدن mest şoden: **1.**sarhoş olmak, mest olmak. **2.**duygulanarak kendinden geçmek.

مستشرق musteşrik: (A.) doğubilimci, oryantalist, müsteşrik.

مستشرقين musteşrikîn: (A.) doğubilimciler, oryantalistler, müsteşrikler.

مستشعر musteş'ar: (A.) haberli, bilgisi olan.

مستشعر musteş'ir: (A.) yazı ile bildirilmesini isteyen.

مستشفع musteşfi': (A.) şefaat isteyen, birinin bağışlanmasını isteyen.

مستشفعانه musteşfi'âne: (A.-F.) [musteşfi'+âne] şefaat isteyerek, şefaat istercesine.

مستشفى musteşfâ: (A.) hastane, şifahane.

مستشفى musteşfî: (A.) **1.**şifa arayan, şifa isteyen. **2.**kendisine baktıran.

مستشهد musteşhed: (A.) tanık gösterilen.

مستشهد musteşhid: (A.) tanık gösteren.

مستشهدات musteşhedât: (A.) tanık gösterilenler.

مستصحب musteshab: (A.) arkadaş olarak bulundurulan, yanında bulundurulan.

مستصحب musteshib: (A.) yanında götüren, yanına alan.

مستصحباً musteshiben: (A.) yanında götürerek, yanına alarak, birlikte.

مستصعب mustes'ib: (A.) güç gören.

مستضعف mustez'ef: (A.) **1.**zayıf sayılan. **2.**zayıf nefisli. **3.**zayıf düşürülmüş.

مستصغر mustesgir: (A.) küçük gören.

مستصغرانه mustesgirâne: (A.-F.) [mustasgir+âne] küçük görerek, küçümseyerek.

مستصفى mustasfî: (A.) saf olanını isteyen, saf olanını alan.

مستصوب mustasveb: (A.) tasvip edilmiş, doğru görülmüş, onaylanmış.

مستصوب mustasvib: (A.) tasvip eden, doğru gören, onaylayan.

مستضى mustezî: (A.) **1.**ışıklı. **2.**iyi, beğenilir.

مستطاب mustetâb: (A.) **1.**temizlenmiş, temiz, pak. **2.**ulu, yüce.

مستطب mustatibb: (A.) çare arayan, tedavi yolu arayan.

مستطرب mustatrib: (A.) neşelenmek isteyen, eğlenmek isteyen.

مستطربانه mustatribâne: (A.-F.) [mustatrib+âne] neşelenmek isteyerek, eğlenmek isteyerek.

مستطرف mustatref: (A.) yepyeni bir şey olarak görülmüş.

مستطرف mustatrif: (A.) yepyeni bir şey olarak gören.

مستطيع mustetî': (A.) **1.**güçlü, kudretli. **2.**zengin.

مستطيل mustetîl: (A.) **1.**dörtgen. **2.**uzun, uzayan.

مستطيل الشكل mustutîluşşekl: (A.) dörtgen şeklinde.

مستطيل الرأس mustutîlurre's: (A.) uzun kafalı, dolikosefal.

مستظرف mustazref: (A.) **1.**içine alan, içinde bulunduran. **2.**kaba koyulmuş. **3.**etrafı kuşatılmış. **4.**zariflik.

مستظرف mustazrif: (A.) **1.**içine alan. **2.**etrafını saran.

مستظل mustazill: (A.) **1.**gölgede oturan. **2.**birinin gölgesinde bulunan, birinin himayesinde bulunan. **3.**gölgeli, gölgelenmiş.

مستظهر mustezher: (A.) dayanılan, güvenilen.

مستظهر mustazhir: (A.) dayanan.

مستظهراً mustazhiren: (A.) dayanarak.

مستعار muste'âr: (A.) eğreti, ödünç.

مستعار له musteârun leh: (A.) istiârede benzetilen.

مستعار منه müste'ârun minh: (A.) kendisinden eğreti bir şey alınan.

مستعارک muste'ârek: (A.-F.) [müste'âr+ ek] klasik Türk musikîsinde bir makam.

مستعاری musteârî: (A.) eğreti, ödünç.

مستعان muste'ân: (A.) **1.**yardım istenen. **2.**Tanrı'nın sıfatlarından biri.

مستعبد muste'bid: (A.) kul edinen.

مستعبر müsta'bir: (A.) rüya yorumu yaptıran.

مستعبرين musta'birîn: (A.) rüya yorumu yaptıranlar.

مستعجب musta'ceb: (A.) şaşılacak şey.

مستعجب müsta'cib: (A.) şaşkın, şaşan.

مستعجباً musta'ciben: (A.) şaşarak, şaşkınca.

مستعجل muste'cel: (A.) acil.

مستعجل muste'cil: (A.) **1.**acele eden, acelesi olan. **2.**acele giden.

مستعجلاً muste'celen: (A.) alelacele, çarçabuk.

مستعجله muste'cele: (A.) acele iş.

مستعجله muste'cile: (A.) **1.**acele eden, acelesi olan. **2.**acele giden.

مستعد musteid: (A.) **1.**hazır, istekli. **2.**istidatlı, yetenekli. **3.**kıvrak zekalı, anlayışlı.

مستعدانه muste'iddâne: (A.-F.) [musta'idd+âne] istidatlı biri gibi, yeteneğini göstererek.

مستعدين muste'iddîn: (A.) yetenekliler, istidatlılar.

مستعذب muste'zeb: (A.) **1.**lezzetli. **2.**beğenilen.

مستعرب muste'rib: (A.) **1.**araplaşmış. **2.**arap taklitçisi.

مستعربه muste'ribe: (A.) araplaşmış.

مستعرض musta'raz: (A.) enlemesine, enine.

مستعرض الراس musta'razurre's: (A.) yassı kafalı, brakisefal.

مستعرق musta'rik: (A.) terlemek için yatan.

مستعصم muste'sim: (A.) sığınan, sığınmacı.

مستعطف musta'tif: (A.) sevgi isteyen, şefkat bekleyen.

مستعطفانه musta'tifâne: (A.-F.) [musta'tıf+âne] sevgi isteyerek, şefkat bekleyerek.

مستعطى musta'tî: (A.) bahşiş isteyen, bahşiş bekleyen.

مستعظم musta'zim: (A.) **1.**büyük gören. **2.**kibirli, kendini beğenmiş.

مستعفى muste'fî: (A.) **1.**istifa eden, mustâfi. **2.**bağışlanma isteyen, af dileyen.

مستعفى شدن muste'fî şoden: istifa etmek.

مستعقب musta'kib: (A.) takip eden.

مستعلم musta'lîm: (A.) **1.**ilim arayan. **2.**bilgi isteyen.

مستعلى musta'lî: (A.) yükselen, yücelen, üste çıkan.

مستعليه musta'liye: (A.) yükselen, yücelen, üste çıkan.

مستعمر musta'mer: (A.) koloni.

مستعمر musta'mir: (A.) sömürgeci, kolonileştiren.

مستعمرات musta'merât: (A.) sömürgeler, koloniler.

مستعمره musta'mere: (A.) sömürge, koloni.

مستعمل musta'mel: (A.) **1.**kullanılmış, eski, müstamel. **2.**yaygın, mütedavil, kullanılan.

مستعمل musta'mil: (A.) kullanıcı, kullanan.

مستعمل داشتن musta'mel dâşten: kullanmak.

مستعمل شدن musta'mel şoden: kullanılmak.

مستعمله musta'mele: (A.) **1.**kullanılmış. **2.**eski.

مستعمله musta'mile: (A.) kullanıcı, kullanan.

مستعير muste'îr: (A.) ödünç alan.

مستعين muste'în: (A.) yardım isteyen.

مستعيناً muste'înen: (A.) yardım dileyerek.

مستغاث mustegâs: (A.) **1.**kendisinden yardım istenen. **2.**Tanrı.

مستغرب mustagreb: (A.) garipsenmiş, tuhaf karşılanmış.

مستغرب mustagrib: (A.) garipseyen, şaşan.

مستغربانه mustagribâne: (A.-F.) [mustagrib+âne] garipseyerek, şaşarak.

مستغربين mustagribîn: (A.) garipseyenler, şaşanlar.

مستغربه mustagrebe: (A.) garipsenmiş, tuhaf karşılanmış.

مستغرق mustegrak: (A.) **1.**dalmış. **2.**batmış. **3.**boğulmuş. **4.**bulanmış.

مستغرق mustagrik: (A.) **1.**dalmış. **2.**batmış. **3.**boğulmuş. **4.**dalgın.

مستغزر mustagzir: (A.) fırsatı değerlendiren, kaz gelecek yerden tavuğu esirgemeyen.

مستغشى mustagşî: (A.) örtünen, bürünen.

مستغفر mustagfir: (A.) tövbe eden, tövbekâr, yarlığanma dileyen.

مستغل mustegel: (A.) **1.**verimli arazi, mahsullü arazi. **2.**kiralık konut.

مستغلات mustegellât: (A.) akar, gelir getiren mülk(ler)

مستغنى mustagnî: (A.) **1.**ihtiyacı olmayan, eyvallah etmeyen, müstağni. **2.**zengin.

مستغنيا عنها mustagni'en anhâ: (A.) bunlar bir yana.

مستغنيانه mustagniyâne: (A.-F.) [mustağnî+y+âne] **1.**ihtiyaç duymayarak. **2.**doygun olarak. **3.**çekingen davranarak. **4.**gerek görmeyerek.

مستغيث mustegîs: (A.) yardım isteyen.

مستغيثين mustegîsîn: (A.) yardım dileyenler.

مستفاد mustefâd: (A.) **1.**kazanılmış. **2.**anlaşılmış, anlaşılan. **3.**yararlanılan.

مستفاد شدن mustefâd şoden: anlaşılmak.

مستفاض mustefâz: (A.) dağılıp yayılan.

مستفتح musteftih: (A.) **1.**açan. **2.**başlayan.

مستفتى musteftî: (A.) **1.**fetva isteyen. **2.**sorununun çözülmesini isteyen.

مستفتيه musteftiyye: (A.) **1.**fetva isteyen. **2.**sorunun çözülmesini isteyen.

مستفرشه mustefreşe: (A.) odalık, cariye.

مستفرغ mustefrig: (A.) **1.**kusan. **2.**kusturan, kusturucu.

مستفسر mustefsir: (A.) **1.**açıklama isteyen, yorum isteyen. **2.**soruşturan.

مستفسره mustefsire: (A.) yorum isteyen.

مستفسرين muüstefsirîn: (A.) yorum isteyenler.

مستفضل mustefzil: (A.) geri kalan, arta kalan.

مستفهم mustefhem: (A.) anlaşılmış, anlaşılan.

مستفهم mustefhim: (A.) anlamak isteyen.

مستفيد mustefîd: (A.) yararlanan, kazanç sağlayan, istifade eden.

مستفيدانه mustefîdâne: (A.-F.) [mustefîd+âne] yararlanarak.

مستفيض mustefîz: (A.) feyiz alan, bereketlenen, aydınlanan.

مستفيضانه mustefîzâne: (A.-F.) [mustefîz+âne] feyiz alarak.

مستفيض شدن mustefîz şoden: feyiz almak, aydınlanmak.

مستفيض كردن mustefîz kerden: aydınlatmak, feyiz vermek, feyizlendirmek.

مستقبح mustakbeh: (A.) iğrenilen, tiksinilen, iğrenç bulunan.

مستقبح mustakbih: (A.) iğrenen, tiksinen.

مستقبحه mustakbehe: (A.) iğrenilen, tiksinilen, iğrenç bulunan.

مستقبل mustakbel: (A.) **1.**(gr.) gelecek zaman. **2.**gelecek, istikbalde, ileride. **3.**portre. **4.**karşılanan.

مستقبل mustakbil: (A.) **1.**yönelen, karşılayıcı, karşılamacı. **2.**kıbleye yönelen.

مستقبلات mustakbelât: (A.) **1.**gelecektekiler. **2.**karşılananlar. **3.**gelecek zamanlar.

مستقبله mustakbele: (A.) gelecekteki.
مستقبلين mustakbilîn: (A.) **1.**karşılayanlar. **2.**kıbleye yönelenler.
مستقتل mustaktil: (A.) ölüme karşı göğüs geren.
مستقدم mustakdim: (A.) **1.**önde olan, önceliği olan. **2.**çok ayaklı.
مستقر mustekarr: (A.) **1.**yerleşim yeri, durma yeri. **2.**karargah. **3.**istikrarlı.
مستقر mustakir: (A.) **1.**yerleşik, yerleşmiş. **2.**durmuş, karar bulmuş.
مستقراً mustekarren: (A.) yerleşim yeri olarak, karargah olarak.
مستقرب mustakrib: (A.) yaklaştıran.
مستقر شدن mustakir şoden: yer almak, yerleşmek.
مستقر كردن mustakir kerden: yerleştirmek.
مستقرض mustekraz: (A.) borç alınmış, borç edinilmiş.
مستقرض mustakriz: (A.) borç alan, borçlanan.
مستقرضه mustekraza: (A.) borç alınmış, borç edinilmiş.
مستقرضين mustakrizîn: (A.) borç alanlar, borçlananlar.
مستقره mustakirre: (A.) **1.**yerleşik, yerleşmiş. **2.**durmuş, karar bulmuş.
مستقسم mustaksim: (A.) **1.**bölüşen. **2.**yemin isteyen.
مستقص mustakiss: (A.) kısas yapılmasını isteyen.
مستقصى musteksâ: (A.) incelenmiş, araştırılmış.
مستقصى musteksî: (A.) **1.**eni konu araştıran. **2.**sona varmak isteyen.
مستقطب mustakteb: (A.) polarılmış, polarize.
مستقطب mustaktib: (A.) polarizör.
مستقطر mustaktir: (A.) damlatan.
مستقل mustakil: (A.) **1.**bağımsız, müstakil. **2.**kalıcı, payidar. **3.**kendi başına. ‖ * betovr-i ~ بطور مستقل **1.**doğrudan doğruya. **2.**bağımsız olarak, özgürce, bağımsızca.
مستقلاً mustakillen: (A.) **1.**bağımsızca, bağımsız olarak, özgürce. **2.**doğrudan doğruya. **3.**ancak, yalnız.
مستقله mustakille: (A.) bağımsız.
مستقيل mustakîl: (A.) pazarlığın bozulmasını isteyen.
مستقيم mustakîm: (A.) **1.**doğru, düz. **2.**yerinde. **3.**kalıcı. **4.**güvenilir, namuslu, dürüst. **5.**mutedil, ılımlı. ‖ * betovr-i ~ بطور مستقيم dosdoğru. ‖ * sırât-i ~ صراط مستقيم doğru yol.
مستقيماً mustakîmen: (A.) dosdoğru.
مستقيم الجناح mustakîmulcenâh: (A.) düzkanatlılar.
مستقيمانه mustakîmâne: (A.-F.) [mustakîm+âne] dürüstçe, namusluca.
مستقيمه mustakîme: (A.) **1.**doğru, düz. **2.**dik. **3.**dürüst, namuslu.
مستكبر mustekbir: (A.) kibirli, kendini beğenmiş.
مستكتب mustektib: (A.) yazdıran, dikte eden.
مستكثر musteksir: (A.) çok bulan, çok gören.
مستكرا mustekrâ: (A.) kiralık eşya.
مست كردن mest kerden: sarhoş etmek, mest etmek.
مستكره mustekreh: (A.) iğrenilen, iğrenç, tiksinilen, ikrah edilen.
مستكره mustekrih: (A.) iğrenen, tiksinen.
مستكرهات mustekrehât: (A.) iğrenç şeyler, tiksinti veren şeyler.
مستكرى mustekrî: (A.) kiralayan, kira ile tutan.
مستكشف musteksif: (A.) keşfe çalışan, bulmaya çalışan.
مستكف mustekif: (A.) **1.**dilenmek için el açan. **2.**elini siper eden.
مستكفى mustekfî: (A.) yetecek kadar isteyen.
مستكمل mustekmil: (A.) eksiksiz yapan, tamamlayan.
مستكمن mustekmin: (A.) gizlenen, saklanan.
مستكن mustekinn: (A.) gizlenen, saklanan.
مستكنه mustekinne: (A.) hınç.

مستكنه musteknih: (A.) aslını anlamak isteyen.
مستكين mustekîn: (A.) alçakgönüllü.
مستلذ mustelezz: (A.) tadına varan, lezzetini alan.
مستلذ mustelizz: (A.) lezzet alan, tadına varan.
مستلذات mustelezzât: (A.) lezzet alınan şeyler.
مستلزم mustelzim: (A.) **1.**gerektiren. **2.**gereken, lâzım, gerekli.
مستلزم شدن mustelzim şoden: lâzım olmak, gerekmek, icap ettirmek.
مستلقى mustelkî: (A.) sırt üstü yatan.
مستليم mustelîm: (A.) kötü iş yapan, beğenilmeyecek iş yapan.
مستمال كردن mustemâl kerden: razı etmek, ikna etmek.
مستمتع mustemti': (A.) yararlanan.
مستمد mustemedd: (A.) yardım edilen.
مستمد mustemidd: (A.) yardım isteyen.
مستمدانه mustemiddâne: (A.-F.) [mustemidd+âne] yardım isteyerek.
مستمر mustemir: (A.) **1.**uzayan, uzayıp giden. **2.**sürekli.
مستمراً mustemirren: (A.) sürekli olarak, aralıksız.
مستمرانه mustemirrâne: (A.-F.) [mustemirr+ân] sürekli olarak.
مستمرة الجريان mustemirretulcereyân: (A.) sürekli akan.
مستمرى mustemirrî: (A.) aylık gelir, sürekli gelir.
مستمزج mustemzic: (A.) düşüncesini soran, ağzını yoklayan.
مستمسك mustemsek: (A.) **1.**vesile, delil. **2.**bahane.
مستمسك mustemsik: (A.) sımsıkı tutan.
مستمع mustemi': (A.) **1.**dinleyici, dinleyen. **2.**dinleyici öğrenci.
مستمعاً mustemi'an: (A.) **1.**dinleyerek, işiterek. **2.**dinleyici olarak.
مستمعين mustemi'în: (A.) dinleyiciler, dinleyenler.

مستملك mustemlek: (A.) **1.**satın alınan mülk. **2.**koloni, sömürge.
مستملكات mustemlekât: (A.) koloniler, sömürgeler.
مستملكه mustemleke: (A.) koloni, sömürge.
مستمند mustemend: (A.) **1.**şikâyetçi. **2.**üzgün. **3.**yoksul, ihtiyaç sahibi.
مستمندانه mustemendâne: [<mustmendâne] **1.**zavallıca. **2.**hüzünlenerek.
مستمندى mustemendî: (A. -F.) [mustemend+î] **1.**şikâyet. **2.**üzüntü. **3.**yoksulluk.
مستمهل mustemhil: (A.) süre isteyen, mühlet isteyen.
مستميت mustemît: (A.) ölümü hiçe sayarak savaşan.
مستنبط mustenbet: (A.) anlaşılmış, dolayısıyla anlaşılmış, hükmüne varılmış, akıl yürüterek anlaşılan.
مستنبىء mustenbi': (A.) haber alan, istihbarat yapan.
مستنتج mustentic: (A.) sonuç çıkaran.
مستنجز mustenciz: (A.) verilen sözün yerine getirilmesini isteyen.
مستند mustened: (A.) delil, dayanak.
مستند mustenid: (A.) **1.**dayanan. **2.**tanık gösteren.
مستنداً musteniden: (A.) **1.**dayanarak. **2.**tanık göstererek.
مستندات mustenidât: (A.) **1.**dayananlar. **2.**tanık gösterenler.
مستنسخ mustensah: (A.) istinsah edilmiş, kopyası çıkarılmış, kopya edilmiş.
مستنسخ mustensih: (A.) **1.**kopya çıkaran, istinsah eden. **2.**teksir makinesi.
مستنسخه mustenseha: (A.) istinsah edilmiş, kopyası çıkarılmış, kopya edilmiş.
مستنشد mustenşid: (A.) birinin şiir okumasını isteyen.
مستنشق mustenşikk: (A.) burnuna su çeken.
مستنصر mustensir: (A.) yardım dileyen.

مستنطق mustentak: (A.) sorguya çekilmiş.

مستنطق mustentik: (A.) **1.**(huk.) sorgu yargıcı. **2.**soruşturmacı.

مستنفر mustenfir: (A.) ürkerek kaçan.

مستنفق mustenfik: (A.) elindekini avucundakini başkalarını doyurmak için harcayan.

مستنقص mustenkis: (A.) fiyat düşürmek isteyen.

مستنكر mustenker: (A.) çirkin, hoş olmayan.

مستنكر mustenkir: (A.) yadsıyan, inkâr eden.

مستنكف mustenkif: (A.) çekimser.

مستنكه mustenkih: (A.) **1.**araştıran. **2.**ağız koklayan.

مستنهج müstenhic: (A.) mesleğe giren.

مستنهر müstenhir: (A.) nehir oluşturan.

مستنير mustenîr: (A.) ışık alan.

مستنيم mustenîm: (A.) uyur gibi yapan.

مستوثق mustevsik: (A.) belge alan, vesika alan.

مستوجب mustevcib: (A.) **1.**lâyık, yaraşır. **2.**gereken.

مستوجب بودن mustevcib bûden: gerekmek.

مستودع mustevda': (A.) **1.**emanet bırakılmış. **2.**emanetçi, emanet kabul eden.

مستودع mustevdi': (A.) **1.**emanet bırakan. **2.**emanet bırakma yeri.

مستور mestûr: (A.) **1.**örtülü, gizli. **2.**örtülü kadın. **3.**iffetli. **4.**kapalı. **5.**sakınan.

مستور البذور mestûrulbuzûr: (A.) kapalı tohumlar.

مستور المقدار mestûrulmikdâr: (A.) miktarı yazılmış olan.

مستوره mestûre: (A.) **1.**örtülü. **2.**kapalı. **3.**gizli. **4.**örtülü kadın. ‖ * tahsîsât-i ~ تخصيصات مستوره örtülü ödenek.

مستوری mestûrî: (A.-F.) [mestûr+î] **1.**örtülü olma. **2.**dindarlık, perhizkârlık, sakınma. **3.**ayıklık. **4.**gözlerden uzak kalma.

مستوزع mustevzi': (A.) Tanrı'dan ilham isteyen.

مستوسع mustevsi': (A.) genişleyen.

مستوصله mustavsile: (A.) peruk kullanan.

مستوضح mustevzih: (A.) açıklama isteyen.

مستوضع mustevzi': (A.) pazarlık eden.

مستوطن mustavtin: (A.) yerleşik, yurt tutmuş, vatan edinmiş.

مستوعب mustev'ib: (A.) içine alan, kapsayan.

مستوفر mustevfir: (A.) borçludan alacağının tümünü alan.

مستوفق mustevfik: (A.) Tanrı'dan yardım isteyen.

مستوفى mustevfâ: (A.) **1.**tam, kamil. **2.**kapsamış. **3.**yeterli, yeterince. **4.**dolgun.

مستوفى mustevfî: (A.) **1.**tüm hakkını alan. **2.**defterdar. **3.**(eskiden) maliye bakanı.

مستوقد mustevkid: (A.) **1.**alevlenen. **2.**alevlendiren.

مستوقع mustevki': (A.) **1.**olmasını bekleyen. **2.**olacak diye kaygılanan.

مستولى mustevlî: (A.) **1.**istilacı, istila eden. **2.** saran, yayılan, kapsayan, kuşatan. **3.**salgın.

مستولى شدن mustevlî şoden: **1.**istila etmek. **2.**kaplamak, armak, musallat olmak.

مستوليه mustevliye: (A.) **1.**istila eden. **2.**saran, yayılan. **3.**salgın. ‖ * maraz-i ~ مرض مستوليه salgın hastalık.

مستوهب mustevhib: (A.) bahşiş isteyen.

مستوكر mustevker: (A.) yuva yeri.

مستوى mustevâ: (A.) eril ve dişili içine alan.

مستوى mustevî: (A.) **1.**düz. **2.**eşit. **3.**düzlem. **4.**eril ve dişil özelliğini bir arada taşayan.

مستهام mustehâm: (A.) şaşkın, şaşırmış.

مستهان mustehân: (A.) âdî, bayağı, alçak.

مستهان داشتن mustehân dâşten: hafife almak.

مستهجن mustehcen: (A.) çirkin, ahlâk dışı, müstehcen, pornografik.

مستهجن mustehcin: (A.) edep dışı gören.

مستهجنه mustehcene: (A.) açık saçık, edep dışı, pornografik.

مستهدف mustehdif: (A.) hedef alan, hedefleyen.

مستهدی mustehdî: (A.) doğru yola girmek isteyen, hidayete ermek isteyen.

مستهزء mustehzi': (A.) alaycı, müstehzi.

مستهزیانه mustehziyâne: (A.-F.) [mustehzî+y+âne] alay ederek, alay yollu.

مستهلک mustehlek: (A.) **1.**yok olan, tüketilen. **2.**yavaş yavaş ödenmiş.

مستهلک mustehlik: (A.) tüketici.

مستهلک شدن mustehlek şoden: **1.**yok olmak. **2.**tüketilmek. **3.**ödenmek.

مستهلکه mustehleke: (A.) tüketilmiş, harcanmış.

مستهلکه mustehlike: (A.) tüketici.

مستهوی mustehvî: (A.) aklını başından alan, hayran bırakan.

مستی mestî: [mest+î] sarhoşluk, mestlik.

مستی mostî: şikâyet.

مستی آور mestîâver: [mest+î+âverden> âver] sarhoş edici.

مستی بخش mestîbahş: [mestî+bahşîden> bahş] sarhoş edici, sarhoşluk veren.

مستیثر musteysir: (A.) kendine ayıran.

مستیسر musteysir: (A.) kolaylaştırılmış.

مستیقظ musteykiz: (A.) uyanan.

مستیقن musteykan: (A.) kesin olarak bilinen.

مستیقن musteykin: (A.) kesin olarak bilen.

مستیمن musteymin: (A.) **1.**aman dileyen. **2.**birinin yemin etmesini isteyen. **3.**kutlu sayan, uğurlu sayan.

مسجد mescid: (A.<F.) **1.**mesçit. **2.**secde edilen yer. ‖ * ~ -i câmi' مسجد جامع büyük cami. ‖ * ~ -i cum'e مسجد جمعه büyük cami.

مسجد الحرام mescidulharâm: (A.) içinde Kâbe'nin bulunduğu cami.

مسجد ساختن mescid sâhten: cami yapmak.

مسجع musecce': (A.) (ed.) secili, içten kafiyeli, cümle sonları kafiyeli. ‖ * nesr-i ~ نثر مسجع (ed.) sanatlı nesir, müsecca nesir.

مسجعه musecca'a: (A.) secili, içten kafi-yeli, cümle sonları kafiyeli.

مسجل museccel: (A.) **1.**tescil edilmiş, sicil defterine geçirilmiş. **2.**mahkeme defterine geçirilmiş.

مسجل museccil: (A.) **1.**tescil eden, sicil defterine geçiren. **2.**mahkeme defterine geçiren.

مسجله museccele: (A.) **1.**tescil edilmiş, sicil defterine geçirilmiş. **2.**mahkeme defterine geçirilmiş.

مسجن mescen: (A.) hapishane.

مسجود mescûd: (A.) **1.**secde edilen, secde edilmiş. **2.**Tanrı.

مسجور mescûr: (A.) **1.**deniz. **2.**kızgın fırın. **3.**bol alevli ateş.

مسجوم mescûm: (A.) dökülmüş, saçılmış.

مسجون mescûn: (A.) hapishaneye koyulmuş, zindana atılmış.

مسح mesh: (A.) **1.**silme, sıvama. **2.**el ile sıvama. **2.**abdest alırken el ile sıvama, mesh etme.

مسحاء meshâ': (A.) düzlük.

مسح کردن mesh kerden: meshetmek, el sürmek.

مسحل mishal: (A.) **1.**yontma aleti. **2.**iyi Kur'ân okuyan.

مسحور meshûr: (A.) **1.**büyülenmiş, büyülü, sihirli. **2.**aldanmış.

مسحور شدن meshûr şoden:

1.büyülenmek. **2.**(mec.) aldanmak.

مسحور كردن meshûr kerden: **1.**büyülemek. **2.**aldatmak.

مسحور كننده meshûr konende: (A. -F.) [meshûr+kerden>kon+ende] büyüleyici.

مسحوره meshûre: (A.) büyülü.

مسحوق meshûk: (A.) **1.**ezilmiş, övütülmüş. **2.**sürtülmüş.

مسخ mesh: (A.) **1.**çirkinleştirme. **2.**hatalı yazma. **3.**insan ruhunun bedenden ayrılarak bir hayvan bedenine girmesi.

مسخانه meshâne: (A.) ısıtma aracı.

مسخر musehher: (A.) **1.**fethedilmiş, ele geçirilmiş. **2.**itaatkâr. **3.**büyülü.

مسخر musehhir: (A.) **1.** fetheden, ele geçiren. **2.**boyun eğdiren.

مسخر ساختن musehher sâhten: **1.**ele geçirmek, fethetmek. **2.**yenmek, mağlup etmek.

مسخر شدن musehher şoden: **1.**fethetmek, ele geçirmek. **2.**yenilmek, mağlup edilmek.

مسخر كردن musehher kerden: **1.**ele geçirmek, fethetmek. **2.**yenmek, mağlup etmek.

مسخرگى mesheregî: (A. -F.) [meshere+ g+î] **1.**alay. **2.**maskaralık, soytarılık.

مسخرگى كردن mesheregî kerden: maskaralık yapmak, soytarılık etmek.

مسخره meshere: (A.) **1.**alay edilen. **2.**taklitçi. **3.**soytarı. **4.**matrak. **5.**gülünç.

مسخره بار mesherebâr: (A. -F.) [meshere+ bârîden>bâr] alaycı.

مسخره بازى mesherebâzî: (A. -F.) [meshere+bâhten>bâz+î] maskaralık.

مسخره بازى در آوردن mesherebâzî der âverden: soytarılık yapmak, maskaralık yapmak.

مسخره كردن meshere kerden: dalga geçmek, alay etmek.

مسخ شدن mesh şoden: **1.**çirkin bir şekle girmek. **2.**şekli değişmek. **3.**insan ruhu hayvan bedenine geçmek.

مسخ كردن mesh kerden: **1.**çirkin bir şekle sokmak, çirkinleştirmek. **2.**insan ruhunu hayvan bedenine geçirmek. **3.**şeklini değiştirmek.

مسخن musehhan: (A.) ısıtılmış.

مسخن musehhin: (A.) ısıtan, ısıtıcı.

مسخوط meshût: (A.) hoşa gitmeyen, beğenilmeyen.

مسخون meshûn: (A.) ısıtılmış.

مسد mesed: (A.) bükülü ip.

مسدد musedded: (A.) **1.**sağlam. **2.**dürüst insan. **3.**doğru dürüst iş.

مسدد museddid: (A.) **1.**doğrultan. **2.**doğru yola yönlendiren. **3.**set çeken, tıkayan. **4.**set çekilmiş, tıkanmış.

مسدس museddes: (A.) **1.**altıgen, altı köşe. **2.**(ed.) müseddes. **3.**her kıt'asında altı mısra bulunan şiir.

مسدود mesdûd: (A.) **1.**kapalı, set çekili. **2.**sağlam. **3.**kapalı, kapanmış. **4.**tıkalı.

مسدود شدن mesdûd şoden: **1.**set çekilmek. **2.**kapatılmak (kuyu vs.) **3.**örülmek.

مسدود كردن mesdûd kerden: **1.**örmek. **2.**set çekmek. **3.**kapatmak (kuyu vs.)

مسدوده mesdûde: (A.) **1.**set çekilmiş. **2.**kapalı, kapanmış. **3.**tıkalı.

مسر meser **1.**buz. **2.**soğuk.

مسرات meserrât: (A.) sevinçler.

مسربه mesrebe: (A.) **1.**otlak, çayırlık. **2.**göğsün kıllı bölgesi.

مسرت meserret: (A.) **1.**sevinç. **2.**şenlik.

مسرت آور meserretâver: (A.-F.) [meserret+âverden> âver] sevindirici, sevinç verici.

مسرت افزا meserretefzâ: (A.-F.) [meserret+efzûden> efzâ] sevinç verici, sevinç artıran.

مسرت انگيز meserretengîz: (A.-F.) [meserret+ engîhten> engîz] sevinç verici, sevindirici, sevinç uyandıran.

مسرت بخشا meserretbahşâ: (A.-F.) [meserret+ bahşîden> bahş+â] sevindirici, sevinç verici.

مسرت فرجام meserretfercâm: (A.-F.) [meserret+ fercâm] ·sonu sevinçli olan.

مسرتگاه meserretgâh: (A.-F.) [meserret+ gâh] sevinç yeri.

مسرت یاب meserretyâb: (A.-F.) [meserret+yâften> yâb] sevinen.

مسرج muserrec: (A.) eyerlenmiş.

مسرجه mesrece: (A.) kandil kabı.

مسرح mesreh: (A.) **1.**otlak. **2.**seyir yeri.

مسرد misred: (A.) **1.**biz. **2.**tığ.

مسرر muserrer: (A.) göbekli bitki.

مسرع muserri': (A.) hızlandıran.

مسرع musri': (A.) hızlandıran.

مسرف musrif: (A.) savurgan, müsrif.

مسرفانه musrifâne: (A.-F.) [musrif+âne] savurganca.

مسرود mesrûd büyü, sihir.

مسرود mesrûd: (A.) dile getirilmiş, söy-lenmiş.

مسرودات mesrûdât: (A.) söylenenler, anlatılanlar.

مسروده mesrûde: (A.) anlatılan.

مسرور mesrûr: (A.) sevinçli.

مسرور البال mesrûrulbâl: (A.) sevinçli.

مسرور الفؤاد mesrûrulfu'âd: (A.) sevinçli.

مسرورانه mesrûrâne: (A. -F.) [mesrûr+ âne] sevinçle.

مسروره mesrûre: (A.) **1.**sevinçli. **2.**bayan adı.

مسروریت mesrûriyyet: (A.) sevinçlilik, sevinme, sevinç.

مسروق mesrûk: (A.) çalıntı, çalınmış.

مسروقه mesrûke: (A.) çalınmış, çalıntı.

مسری mesrâ: (A.) gece yola çıkış.

مسری musrî: (A.) bulaşıcı, sirayet edici.

مسطار mustâr: (A.) keskin şarap.

مسطح musetteh: (A.) düz, düzgün, düzeltilmiş.

مسطحه musettehe: (A.) düzeltilmiş, düzlenmiş.

مسطر mester: (A.) **1.**cetvel. **2.**mastar.

مسطر mistar: (A.) **1.**mastar, sıvacı mastarı, sıva düzeltmekte kullanılan düzleme tahtası. **2.**satırları doğru göstermek amacıyla yapılmış gereç.

مسطر musetter: (A.) yazılmış.

مسطر کشیدن mester keşîden: mastar çekmek.

مسطره mestere: (A.) yazı cetveli.

مسطور mestûr: (A.) yazılı, yazılmış, çizilmiş, satırlandırılmış. ‖ * bervech-i ~ بروجه مسطور yazıldığı gibi.

مسطور شدن mestûr şoden: yazılmak, yazıya dökülmek.

مسطوره mestûre: (A.) **1.**yazılı, yazılmış. **2.**yazılar. **3.**mal örnekleri.

مسعار mis'âr: (A.) ateş karıştırma demiri.

مسعد mus'ad: (A.) **1.**mutlu. **2.**mutlu edilmiş.

مسعد mus'id: (A.) mutlu eden.

مسعدت mes'adet: (A.) mutluluk, bahtiyarlık.

مسعر mis'er: (A.) ateş karıştırma demiri.

مسعط mus'ut: (A.) enfiye kutusu.

مسعل mes'al: (A.) gırtlak.

مسعود mes'ûd: (A.) **1.**mutlu, bahtiyar. **2.**kutlu. **3.**erkek adı.

مسعودانه mes'ûdâne: (A.-F.) [mes'ûd+ âne] mesutça, bahtiyarca.

مسعوده mes'ûde: (A.) **1.**mutlu, bahtiyar, kutlu. **2.**bayan adı.

مسعودیت mes'ûdiyyet: (A.) mesutluk, bahtiyarlık.

مسعودیه mesûdiyye: (A.) [<mes'ûdiyye] bir Osmanlı gemisi.

مسفوح mesfûh: (A.) **1.**dökülmüş, akıtılmış. **2.**dağ eteği.

مسفور mesfûr: (A.) yazılan, adı geçen.

مسفوع mesfû': (A.) göz değmiş, nazar değmiş.

مسفوع العین mesfû'ul'ayn: (A.) gözleri çukura batmış.

مسفوک mesfûk: (A.) dökülmüş, akıtılmış.

مسقات mıskât: (A.) su kovası.

مسقام miskâm: (A.) hastalıklı, illetli.
مسقط maskıt: (A.) doğum yeri.
مسقط muskit: (A.) düşüren, hükümsüz kılan.
مسقطات muskitât: (A.) düşürenler, hükümsüz kılanlar.
مسقط meskat: (A.) **1.**düşüş yeri. **2.**doğum yeri. ‖ * ~ -i re's مسقط رأس doğum yeri.
مسقط muskit: (A.) **1.**düşüren. **2.**çocuk düşürücü ilaç.
مسقطات muskitât: (A.) **1.**düşürenler. **2.**çocuk düşürücü ilaçlar.
مسقط الرأس meskaturre's: (A.) doğum yeri.
مسقط الطائر maskatuttâ'ir: (A.) kuş kanadı.
مسقطه miskata: (A.) ateş düşürücü ilaç.
مسقطى meskatî: (A.) bir tür tatlı.
مسقف musekkaf: (A.) tavanlı, damlı, dam örtülmüş.
مسقفات musekkafât: (A.) damlı yerler, damı olan binalar.
مسقوم meskûm: (A.) yoksul ve hasta.
مسقى musekkâ: (A.) **1.**sulanmış. **2.**musakka yemeği.
مسک misk: (A.) mis, Ota Asya'da yaşayan bir ceylanın göbek derisinden çıkarılan kokulu madde.
مسک missik: (A.) pinti, cimri.
مسک آسا miskâsâ: (A.-F.) [misk+âsâ] misk gibi.
مسکت musekkit: (A.) susturucu.
مسکت muskit: (A.) susturucu, susturan.
مسکتانه muskitâne: (A.-F.) [muskit+âne] sustururcasına.
مسکته muskite: (A.) susturucu, susturan.
مسکر muskir: (A.) **1.**sarhoşluk veren. **2.**(tıb.) uyuşturucu.
مسکرات muskirât: (A.) sarhoş edici şeyler, sarhoşluk veren şeyler.
مسکن mesken: (A.) konut, mesken.
مسکن musekkin: (A.) (tıb.) teskin eden, yatıştıran, müsekkin.
مسکنت meskenet: (A.) **1.**yoksulluk. **2.**miskinlik, bitiklik. **3.**beceriksizlik.
مسکنت فکن · meskenetfiken: (A.-F.) [meskenet+ fikenden> fiken] yoksulluğu gideren.
مسکن دادن mesken dâden: iskân etmek, yerleştirmek.
مسکن داشتن mesken dâşten: yerleşik olmak, konutu bulunmak, bulunmak.
مسکن کردن mesken kerden: mesken edinmek, yerleşmek.
مسکنه musekkine: (A.) sakinleştirici, yatıştırıcı. ‖ * edviye-i ~ ادویهء مسکنه sakinleştirici ilaçlar.
مسکوت meskût: (A.) **1.**söylenmemiş. **2.**suskun kalınmış.
مسکوته meskûte: (A.) **1.**söylenmemiş. **2.**suskun kalınmış.
مسکور meskûr: (A.) sarhoş.
مسکوک meskûk: (A.) sikke, damgalı para, madenî para.
مسکوکات meskûkât: (A.) sikkeler, madeni paralar.
مسکوکه meskûke: (A.) damgalı para, basılmış para.
مسکون meskûn: (A.) **1.**yerleşim yeri. **2.**ev. **3.** yerleşilmiş, iskân edilmiş, yerleşik. ‖ * rub'-i ~ ربع مسکون karalar, kıtalar. ‖ * gayr-i ~ غیر مسکون oturulmayan, içinde insan bulunmayan, ıssız.
مسکون شدن meskûn şoden: yerleşik olmak, meskun olmak, yerleştirilmek.
مسکون کردن meskûn kerden: iskân etmek, yerleştirmek.
مسکونه meskûne: (A.) yerleşilmiş, iskân edilmiş.
مسکه meske: tereyağı.
مسکى miskî: (A.-F.) [misk+î] **1.**miskli. **2.**misk ile ilgili.
مسکى الختام miskiyyulhitâm: (A.) iyi sonuçlanma.
مسکین miskîn: (A.) **1.**yoksul, fakir. **2.**zavallı. **3.**uyuşuk. **4.**cüzzamlı. **5.**mütevazi.
مسکین miskîn: (A.-F.) [misk+în] miskli, misten.

مسكينانه miskînâne: (A.-F.) [miskîn+âne] miskince, miskin miskin.

مسكين خانه miskînhâne: (A. -F.) [miskîn+ hâne] **1.**düşkünler evi. **2.**cüzzam hastanesi, lepra hastanesi.

مسكيه miskiyye: (A.) misliler.

مسكية النشر miskiyyetunneşr: (A.) mis kokulu.

مسگر misger: [mis+ger] bakırcı.

مسگرى misgerî: [mis+ger+î] bakırcılık.

مسلاق mislâk: (A.) fasih konuşan, güzel konuşan.

مسلح musellah: (A.) (ask.) silahlı, silahlanmış.

مسلحا musellahan: (A.) silahlı olarak.

مسلح شدن musellah şoden: (ask.) silahlanmak.

مسلح كردن musellah kerden: (ask.) silahlandırmak.

مسلحه meslaha: (A.) sınır kalesi.

مسلحه musellaha: (A.) silahlı, silahlanmış. ‖ * kuvâ-yi ~ قواى مسلحه silahlı kuvvetler.

مسلخ meslah: (A.) **1.**mezbaha, kesim yeri, kanara. **2.**İstanbul'da bir semt.

مسلسل muselsel: (A.) **1.**zincirleme, peşpeşe, art arda. **2.**örgülü saç. **3.**boyuna çizgili elbise. **4.**(ask.) makineli tüfek. **5.**bütün mısraları kafiyeli manzume. **6.**bir yazı stili.

مسلسلا muselselen: (A.) zincirleme.

مسلسل ساز muselselsâz: (A. -F.) [muselsel+sâhten>sâz] (ask.) makineli tüfek yapan.

مسلسله muselsele: (A.) zincirleme.

مسلط musellet: (A.) **1.**musallat. **2.**ele geçiren, galip. **3.**sataşma, ilişme.

مسلط musellit: (A.) musallat eden, birin başına yıkan, birine sataştıran.

مسلط شدن musellet şoden: **1.**musallat olmak. **2.**ele geçirmek, galip olmak.

مسلك meslek: (A.) **1.**yol. **2.**tarz, gidiş, yöntem, metod. **3.**tarikat. **4.**uğraşı alanı. **5.**iş güç, çalışmak için tutulan yol.

مسلكى meslekî: (A.) meslek ile ilgili.

مسلكيه meslekiyye: (A.) meslek ile ilgili.

مسلم musellem: (A.) **1.**sabit, kesin, tartışılmaz. **2.**güvenilir. **3.**uygun, reva. **4.**teslim edilmiş. **5.**doğruluğu kabul edilmiş. **6.**Osmanlı ordusunda hizmet eden bir asker sınıfı. **7.**mutlaka, kesinlikle.

مسلم musellim: (A.) **1.**teslim eden. **2.**nahiye müdürü, bucak müdürü, mülkiye kaymakamı.

مسلم muslim: (A.) Müslüman.

مسلما musellemen: (A.) kesinlikle, mutlaka, kuşkusuz.

مسلمات musellemât: (A.) herkesçe doğruluğu kabul edilen şeyler, herkesçe bilinen konular.

مسلمات muslimât: (A.) müslüman bayanlar.

مسلمان muselmân: (A.) Müslüman.

مسلمانان muselmânân: (A.-F.) [muselmân+ân] Müslümanlar.

مسلمان شدن muselmân şoden: Müslüman olmak.

مسلمان كردن muselmân kerden: Müslüman etmek.

مسلمانى muselmânî: (A. -F.) [muselmân+ î] Müslümanlık.

مسلم داشتن musellem dâşten: **1.**inanmak. **2.**kabul etmek. **3.**birini huccet kabul etmek. **4.**vermek, teslim etmek.

مسلم شدن musellem şoden: **1.**kesin olmak, kesinleşmek. **2.**özgü olmak.

مسلم ماندن musellem mânden: **1.**sabit olmak. **2.**kesin olmak. **3.**korunmuş olmak.

مسلمه muslime: (A.) Müslüman kadın.

مسلمه musellеme: (A.) **1.**teslim edilmiş. **2.**doğruluğu kabul edilmiş. **3.**yardımcı teorem.

مسلمون muslimûn: (A.) müslümanlar.

مسلمى musellemî: (A. -F.) [musellem+î] kesinlik.

مسلمين muslimîn: (A.) Müslümanlar.

مسلوب meslûb: (A.) **1.**alınmış,

çalınmış. **2.**soyulmuş. **3.**giderilmiş.

مسلوب الشعور meslûbuşşu'ûr: (A.) bilinçsiz, şuursuz.

مسلوب العقل meslûbul'akl: (A.) aklı başından alınmış.

مسلوج meslûc: (A.) yutulmuş.

مسلوخ meslûh: (A.) derisi yüzülmüş.

مسلوط meslût: (A.) **1.**yenik, yenilmiş. **2.**zayıf, cılız.

مسلوط اللحيه meslûtullihye: (A.) kısa sakallı.

مسلوع meslû': (A.) vücudu urlu.

مسلوک meslûk: (A.) **1.**uygulanmış. **2.**kaynamış, haşlanmış. **3.**haşlama et.

مسلوک داشتن meslûk dâşten: uygulamak, yerine getirmek.

مسلوکه meslûke: (A.) **1.**kaynamış, haşlanmış. **2.**haşlama et.

مسلول meslûl: (A.) **1.**kınından çıkarılmış. **2.**verem. **3.**(tıb.) veremli. **4.**din kahramanı.

مسم mesemm: (A.) cilt gözeneği.

مسما musemmâ: (A.) **1.**adlandırılmış, adlı, adı olan. **2.**bir tür et yemeği. **3.**belirli.

مسمار mismâr: (A.) **1.**çivi. **2.**kazık.

مسمار كردن mismâr kerden: harap etmek, tahrip etmek.

مسمارى mismârî: (A.) **1.**çivi ile ilgili. **2.**kazık ile ilgili. **3.**çivi biçimli. **4.**kazık biçimli. || * hatt-i ~ خط مسمارى çivi yazısı.

مس مس mismis (Hlk.) yavaşlık, ağırlık, uyuşukluk.

مس مس كردن mismis kerden: yavaş yavaş yapmak, ağırdan almak, uyuşukça yapmak.

مسمط musemmet: (A.) **1.**dizilmiş. **2.**(ed.) musammat, en az dört bendden oluşan kafiyeli şiir.

مسمع misma': (A.) **1.**kulak. **2.**stetoskop, kulaklık.

مسمعه misma'a: (A.) stetoskop.

مسمم musemmim: (A.) zehirleyici, zehirli.

مسمن musemmen: (A.) **1.**şişman. **2.**yağlı. **3.**bir tür yağlı yemek.

مسمن musmin: (A.) **1.**semiz, şişman. **2.**şişmanlatıcı.

مسمور mesmûr: (A.) sinirleri kuvvetli insan.

مسموع mesmû': (A.) işitilen, duyulan, kulağa gelen.

مسموعات mesmû'ât: (A.) işitilenler, duyulanlar.

مسموع افتادن mesmû' oftâden: **1.**işitilmek, duyulmak. **2.**kabul edilmek.

مسموع داشتن mesmû' dâşten: dinlemek, kaale almak.

مسموع شدن mesmû' şoden: **1.**duyulmak, işitilmek, kulağa gelmek. **2.**kabul edilmek.

مسموعه mesmû'a: (A.) işitilen, duyulan.

مسموم mesmûm: (A.) **1.**zehirli, ağılı. **2.**zehirlenmiş.

مسموما mesmûmen: (A.) zehirlenerek.

مسموم شدن mesmûm şoden: zehirlenmek.

مسموم كردن mesmûm kerden: zehirlemek.

مسموميت mesmûmiyyet: (A.) zehirlilik.

مسمه mesemme: (A.) **1.**cilk gözeneği. **2.**gözenek, küçük delik.

مسمى musemmâ: (A.) **1.**adlandırılmış, ad verilmiş, adlı. **2.**formalite. **3.**bir tür et yemeği.

مسمى بالنقيض musemmâ binnakîz: (A.) adıyla davranışları birbirini tutmayan.

مسن musin: (A.) yaşlı, yaşlı başlı, yaşlanmış, ihtiyar.

مسن misenn: (A.) bileyi taşı.

مسنات musennât: (A.) ark kenarı.

مسند mesned: (A.) **1.**dayanak. **2.**büyük sırt yastığı. **3.**değerli yaygı. **4.**ahlâksız. **5.**tembel. **6.**taht.

مسند musned: (A.) **1.**isnat edilen, dayanılan, sığınılan. **2.**(gr.) yüklem.

مسند musnid: (A.) **1.**isnat olunan söz. **2.**zaman. **3.**isnad eden.

مسند آرا mesnedârâ: (A.-F.) [mesned+ ârâsten>ârâ] bulunduğu mevkiyi süsleyen.

مسند اليه musnedun ileyh: (A.) **1.**özne. **2.**dayanılan.

مسند نشين mesnednişîn: (A.-F.) [mesned+ nişesten> nişîn] makamda oturan, makam sahibi.

مسنده musennede: (A.) sırt yastığı.

مسنديت mesnediyyet: (A.) mevkide bulunma, makamda bulunma.

مسن شدن musin şoden: yaşlanmak.

مسن كردن musin kerden: ihtiyarlatmak.

مسنم musennem: (A.) **1.**çatı şeklinde. **2.**kabartmalı.

مسنن musennin: (A.) diş hekimi.

مسنون mesnûn: (A.) **1.**bilenmiş. **2.**sünnetli. **3.**alışılmış. **4.**yıllanmış.

مسنه musinne: (A.) yaşlı.

مسنيات musenneyât: (A.) ark kenarları.

مسواك misvâk: (A.) misvak, diş fırçası, erâk ağacından yapılan diş fırçası.

مسواك زدن misvâk zeden: diş ovmak, diş fırçalamak.

مسواك كردن misvâk kerden: diş fırçalamak.

مسود musevvid: (A.) taslak yazan, müsvedde yazan, taslak yapan.

مسودات musevvedât: (A.) müsveddeler, karalamalar.

مسودات musveddât: (A.) müsveddeler, karalamalar, taslaklar.

مسوده musevvede: (A.) müsvedde, karalama.

مسوده musvedde: (A.) müsvedde, taslak.

مسودين musevvidîn: (A.) taslak yazanlar, müsvedde yazanlar, taslak yapanlar.

مسور musevver: (A.) sur çekilmiş.

مسوره musevvere: (A.) sur çekilmiş.

مسوغ musevveg: (A.) razı olunmuş, izin verilmiş.

مسوغات musevvegât: (A.) razı olunmuş şeyler, izin verilmiş şeyler.

مسوف musevvif: (A.) savsaklayan, ihmal eden, bugünün işini yarına bırakan.

مسوفون musevvifûn: (A.) savsaklayanlar, ihmal edenler.

مسوفين musevvifîn: (A.) savsaklayanlar, ihmal edenler.

مسوم musevvem: (A.) **1.**süslü. **2.**nişan ile süslenmiş, nişanlı.

مسه mosse: kuyumcu çekici.

مسهد كردن musehhed kerden: uyandırmak.

مسهل mushil: (A.) **1.**(tıb) müshil, ishal eden. **2.**kolaylaştıran, kolaylaştırıcı.

مسهلات mushilât: (A.) ishal yapıcı ilaçlar.

مسهل الامور mushilulumûr: (A.) işleri kolaylaştıran Tanrı.

مسهوف meshûf: (A.) susamış.

مسى misî: [mis+î] **1.**bakırdan. **2.**bakır eşya.

مسى musî: (A.) kötülük eden, çekiştiren.

مسيب museyyeb: (A.) üşengeç, ihmalci.

مسيح mesîh: (A.) **1.**yağlanmış, yağ sürülmüş.**2.** İsa Peygamber.

مسيحا mesîhâ: (A.) **1.**İsa'ya ait, Mesih'e ait. **2.**Ey İsa, Ey Mesih. **3.**İsa, Mesih.

مسيحادم mesîhâdem: (A.) Hz. İsa nefesli, nefesi şifa veren.

مسيحانفس · mesîhânefes: (A.) Hz. İsa nefesli, nefesi şifa veren.

مسيح نفس · mesîhnefes: (A.) [mesîh+ nefes] İsa nefesli, nefesi İsa gibi şifa veren.

مسيح وار mesîhvâr: (A.-F.) [mesîh+vâr] Mesih gibi, İsa peygamber gibi.

مسيحى mesîhî: (A.) **1.**Hz. İsa ile ilgili. **2.**Hıristiyan.

مسيحيت mesîhiyyet: (A.) Hıristiyanlık.

مسیحیون mesîhiyyûn: (A.) Hıristiyanlar.

مسیحیه mesîhiyye: (A.) 1.Hz. İsa ile ilgili. 2. Hıristiyan.

مسیخ mesîh: (A.) 1.hayvan şekline sokulmuş. 2.acayip şey, tuhaf yaratık.

مسیر mesîr: (A.) 1.seyir, gidiş. 2.güzergah, rota. 3.seyir süresi. ‖ * ~ -i çîzî râ tagyîr kerden مسیر چیزی را تغییر کردن bir şeyin seyrini değiştirmek. ‖ * ~ -i çîzî tagyîr yâften مسیر چیزی تغییر یافتن bir şeyin seyri değişmek. ‖ * ~ -i hod râ tey kerden مسیر خود را طی کردن seyrinde gitmek. ‖ * ~ -i râh مسیر راه yol üstü, güzergah.

مسیره mesîre: (A.) gezinti yeri.

مسیره گاه mesîregâh: (A.-F.) [mesîre+ gâh] gezinti yeri, mesire yeri.

مسیک mesîk: (A.) pinti.

مسیل mesîl: (A.) (coğ.) sel yatağı.

مسیل musîl: (A.) akıtan, akıtıcı.

مسیلمه museyleme: (A.) Hz. Muhammed'in ömrünün son yıllarında peygamberlik iddiasında bulundu ve Yemâme halkından kimileri ona inandı. Ebûbekir'in halifeliği döneminde İslâm askerleri tarafından öldürüldü. Halk arasında "kezzâb" (Yalancı) lakabıyla tanındı.

مسیو mosyo: (Fr.) mösyö.

مشاآت muşâ'ât: (A.) 1.ileri geçme. 2.yarışma.

مشابه muşâbih: (A.) benzer, benzeyen.

مشابهت muşâbehet: (A.) benzerlik, benzeyiş, benzeme.

مشابهت داشتن muşâbehet dâşten: benzerlik taşımak.

مشابه شدن muşâbih şoden: benzemek.

مشابهه muşâbihe: (A.) benzer, benzeyen.

مشات muşşât: (A.) ayak üstü yürüyen.

مشاتمه muşâteme: (A.) küfürleşme, sövüşme.

مشاتی meşâtî: (A.) kışlık evler.

مشاجر meşâcir: (A.) ağaçlık(lar), koruluk.

مشاجرات muşâcerât: (A.) kavgalar, ağız kavgaları.

مشاجره muşâcere: (A.) 1.çekişme, kavga, ağız kavgası, ağız dalaşı, tartışma. 2.birbirine sopa çekme.

مشاجره کردن muşâcere kerden: kavga etmek, tartışmak, münakaşa etmek, atışmak.

مشاجه muşâcce: (A.) çekişme, dövüşme.

مشار muşâr: (A.) işaret edilen, gösterilen, adı geçen.

مشار الیه muşârunileyh: (A.) adı geçen, anılan, değinilen, temas edilen.

مشار الیها muşârun ileyhâ: (A.) anılan bayan, adı geçen bayan.

مشار الیهما muşârun ileyhumâ: (A.) anılanlar, adı geçenler.

مشار بالانامل müşârun bilenâmil: (A.) parmakla gösterilen.

مشارب meşârib: (A.) 1.meşrepler. 2.huylar.

مشار بالبنان muşârunbilbenân: (A.) parmakla gösterilen.

مشاربه muşârebe: (A.) birlikte içme.

مشارز muşâriz: (A.) geçimsiz, huysuz.

مشارزه muşâreze: (A.) huysuzluk, geçimsizlik.

مشارطه muşârete: (A.) şartlaşma.

مشارع meşâri': (A.) 1.caddeler, geniş yollar. 2.oluklar.

مشارفه muşârefe: (A.) 1.yükseğe çıkma. 2.şerefiyle övünme.

مشارق meşârik: (A.) doğular, maşrıklar.

مشارک muşârik: (A.) ortak olan, katılan, katılımcı.

مشارکت muşâreket: (A.) 1.işbirliği, ortaklık, katılma. 2.işteşlik.

مشارکت دادن muşâreket dâden: ortak olmak, katılmak.

مشارک شدن muşârik şoden: katılmak, ortak olmak, işbirliği yapmak.

مشارک کردن muşârik kerden: ortak etmek, ortak yapmak.

مشاره meşâre: (A.) 1.tarla. 2.bostan.

مشاريط meşârit: (A.) 1.keskin bıçaklar. 2.neşterler.

مشاط meşşât: (A.) tarakçı.

مشاط mişât: (A.) taraklar.

مشاطرت muşâteret: (A.) yarı yarıya bölüşme, kardeş payı yapma, ikiye ayırma.

مشاطره muşâtere: (A.) yarı yarıya bölüşme, kardeş payı yapma, ikiye ayırma.

مشاطه meşşâte: (A.) 1.tarayıcı, saç tarayan. 2.gelin süsleyen. 3.(eskiden) bayan kuaförü.

مشاطه muşâta: (A.) taranırken düşen saç teli ve sakal kılı.

مشاع meşâ': (A.) 1.duyulan. 2.müşterek ama bütün olan.

مشاع muşâ': (A.) 1.bölünmemiş ortak mülk, müşterek mülk. 2.yayılmış, yaygın.

مشاعاً muşâ'en: (A.) ortaklaşa.

مشاعبه muşâ'ebe: (A.) uzaklaşma.

مشاعر meşâ'ir: (A.) 1.duyular. 2.kurban kesme yerleri, hacı olmadan önce durulması gereken yerler.

مشاعره muşâ'ere: (A.) 1.şiirleşme, birbirine şiir söyleme. 2.şiir yarışması yapma.

مشاعره كردن muşâ'ere kerden: 1.şiir yarışması yapmak. 2.karşılıklı şiir okumak.

مشاعل meşâ'il: (A.) meşaleler.

مشاغبه muşâgabe: (A.) birbirine kötülük etme, birbirine şer bulaştırma.

مشاغره muşâgere: (A.) mehir vermemek amacıyla iki kişinin birbirinin yakınlarından kız alması.

مشاغل meşâgil: (A.) uğraşılar, işler, meşgaleler.

مشافر meşâfir: (A.) sarkık dudaklar, sarkık hayvan dudakları.

مشافهات muşâfehât: (A.) yüz yüze konuşmalar.

مشافهه muşâfehe: (A.) yüz yüze konuşma.

مشافهه كردن muşâfehe kerden: yüz yüze konuşmak.

مشاق meşâk: (A.) meşakkatler, güçlükler, sıkıntılar.

مشاق meşşâk: (A.) 1.meşk veren, yazı öğretmeni. 2.simyacı.

مشاقات muşâkât: (A.) sıkıntıya katlanma yolunda birbiriyle yarışma.

مشاقت muşâkat: (A.) 1.düşmanlık. 2.karşıtlık, aykırılık.

مشاكل meşâkil: (A.) problemler, sorunlar, güçlükler, müşküller.

مشاكل muşâkil: (A.) şekil bakımından birbirine benzeyen.

مشاكلت muşâkelet: (A.) 1.benzeşme. 2.uzlaşma, uyum.

مشاكله muşâkele: (A.) 1.şekil bakımından birbirine benzeme. 2.birinin söylediği bir söze bir başkasının zıt anlamda bir şey söylemesi, bir fiilin birleşik fiil oluşturarak ve tekrarlanarak hem olumlu hem olmuszuz anlamda aynı cümlede kullanılması.

مشاكى meşâkî: (A.) duvardaki kandil oyukları.

مشام meşâm: (A.) 1.burunlar. 2.(tıb.) koklama duyusu, koku alma duyusu. 3.burun. ‖ * bûy be ~ resîden بوى بمشام رسيدن koku almak, koku gelmek.

مشاوب meşâvib: (A.) şişe kılıfı.

مشاور muşâvir: (A.) danışman, müşavir.

مشاورت muşâveret: (A.) danışma, müşavere.

مشاوره muşâvere: (A.) danışma, müşavere.

مشاوره muşâvire: (A.) danışılan, danışman.

مشاوره كردن muşâvere kerden: danışmak, müşavere etmek.

مشاورين muşâvirîn: (A.) danışmanlar.

مشاويذ meşâvîz: (A.) sarıklar.

مشاهد meşâhid: (A.) 1.şehitlikler. 2.hazır olunulan yerler.

مشاهد muşâhed: (A.) görülen, gözlemlenen.

مشاهد muşâhid: (A.) gözleyen,

gözlemci, müşahede eden.

مشاهدات muşâhedât: (A.) **1.**gözlemler. **2.**görülenler.

مشاهده muşâhede: (A.) **1.**gözlem, müşahede. **2.**biriyle bir yerde bulunma. **3.**tasavvuf âlemine dalarak Tanrı sırlarını görme.

مشاهده شدن muşâhede şoden: görülmek, gözlemlenmek, müşahede edilmek.

مشاهده کردن muşâhede kerden: görmek, gözlemlemek, müşahede etmek.

مشاهدین muşâhidîn: (A.) **1.**gözlemleyenler. **2.**görenler.

مشاهر meşâhir: (A.) teşhir yerleri, sergi-ler, teşhir alanları.

مشاهرةً muşâhereten: (A.) aylıklı olarak.

مشاهره muşâhere: (A.) aylıkla tutma.

مشاهره خوار muşâherehâr: (A.-F.) [muşâhere+horden> hor>hâr] aylıkla tutulmuş, aylıklı, aylıkçı.

مشاهره خواران muşâherehârân: (A.-F.) [muşâhere+ horden> hor>hâr+ân] aylıkla tutulmuş olanlar, aylıklılar, aylıkçılar.

مشاهیر meşâhîr: (A.) ünlüler, meşhurlar.

مشایخ meşâyih: (A.) **1.**şeyhler. **2.**ulu kişiler, ileri gelenler. **3.**din bilginleri.

مشایع muşâyi': (A.) **1.**uğurlayan. **2.**cenazeye katılan. **3.**izleyen, izinden giden.

مشایعت muşâye'et: (A.) **1.**uğurlama, yolcu etme. **2.**izinden gitme. **3.**cenaze kaldırma.

مشایعت کردن muşâye'et kerden: **1.**uğurlamak, yolcu etmek. **2.**izinden gitmek. **3.**cenazeyi kaldırmak.

مشایعه muşâya'a: (A.) **1.**dostluk. **2.**birine uyma.

مشایعین muşâyi'în: (A.) **1.**cenazeye katılanlar. **2.**izinden gidenler, izleyenler.

مشایم meşâyim: (A.) döl yatakları.

مشاء meşâ': (A.) müshil.

مشائت meşâ'et: (A.) dileme.

مشائم meşâ'im: (A.) döl yatakları.

مشائن meşâ'in: (A.) kusurlar, lekeler, ayıplar.

مشائیم meşâ'îm: (A.) uğursuzlar.

مشائیه meşâ'iyye: (A.) gezimcilik, meşâîlik.

مشائیون meşşâ'iyyûn: (A.) Aristocular, Meşşâîler.

مشأمت meş'emet: (A.) uğursuzluk.

مشئوم meş'ûm: (A.) uğursuz, şom.

مشئومه meş'ûme: (A.) uğursuz, şom.

مشبع muşbe': (A.) **1.**doyurulmuş, doygun. **2.**ayrıntılı, tafsilatlı.

مشبع muşbi': (A.) doyuran, doyurucu.

مشبع muşebba': (A.) doymuş, tok.

مشبع muşebbi': (A.) doyuran.

مشبک muşebbek: (A.) **1.**delik delik. **2.**delik deşik. **3.**ağ gibi. **4.**oymalı pano

مشبک شدن muşebbek şoden: delik deşik olmak.

مشبکه muşebbeke: (A.) ağ biçimli.

مشبوب meşbûb: (A.) **1.**iki ayağı ak at. **2.**güzel.

مشبوع meşbû': (A.) **1.**doygun, tok, doymuş. **2.**dolu, ağzına kadar dolu.

مشبه muşebbeh: (A.) **1.**benzetilen. **2.**antropomorf, insan biçimli, insanımsı.

مشبه به muşebbehun bih: (A.) benzetilen.

مشبهه muşebbehe: (A.) benzetilen, benzer.

مشبهه muşebbihe: (A.) **1.**insanbiçimcilik. **2.**Tanrı'yı insan şeklinde tasavvur edenler.

مشت meşt: **1.**yığın. **2.**çok, bol, fazla.

مشت moşt: (Peh.) **1.**avuç. **2.**yumruk. ‖ * ~ der târîkî endâhten مشت در تاریکی انداختن boşa kürek çekmek. ‖ * ~ -i kesî râ bâz kerden مشت کسی را باز کردن birini ele vermek. ‖ * be ~ âverden به مشت آوردن avucuna geçirmek, eline geçirmek.

مشتات meştât: (A.) kışlak.

مشتاق muştâk: (A.) **1.**istekli, arzulu, müştak, hevesli. **2.**aşık.

مشتاقانه muştâkâne: (A.-F.) [muştâk+âne] özleyerek, arzu ederek, büyük bir istekle.

مشتاق شدن muştâk şoden: **1.**istekli olmak, istemek. **2.**aşık olmak.

مشتاق کردن muştâk kerden: aşık etmek.

مشتاقی muştâkî: (A. -F.) [muştâk+î] **1.**arzu, özlem, iştiyak. **2.**aşıklık.

مشت باز moştbâz: [moşt+bâhten>bâz] (sp.) boksör.

مشت بازی moştbâzî: [moşt+bâhten>bâz+î] **1.**(sp.) boks. **2.**(sp.) boksörlük.

مشت بازی کردن moştbâzî kerden (Sp.) boks yapmak, boks maçı yapmak.

مشتبک muştebik: (A.) **1.**ağ biçimli, örgülü. **2.**karışık.

مشتبه muştebeh: (A.) karmaşık.

مشتبه muştebih: (A.) **1.**şüpheli, kuşkulu. **2.**kuşkucu, şüpheci.

مشتبه شدن muştebih şoden: **1.**yanlış olmak. **2.**benzemek.

مشت بیضه کردن moşt beyze kerden: yumruğunu sıkmak.

مشت پراندن moşt perânden: yumruk savurmak, yumruk atmak.

مشتد muştedd: (A.) şiddetlenen.

مشترک muşterek: (A.) **1.**ortak. **2.**ortaklaşa.

مشترک muşterik: (A.) kendi kendine söylenen.

مشترکاً muştereken: (A.) ortaklaşa, müşterek olarak.

مشترک الحیات muşterekulheyât: (A.) ortakyaşar.

مشترک المقیاس muşterekulmikyâs: (A.) ortak ölçülü.

مشترک المنفعه muşterekulmenfa'a: (A.) ortak çıkarlı, ortaklaşa yararlanma.

مشترکین muşterikîn: (A.) ortaklar.

مشت رند moştrend: [moşt+rendîden>rend] marangoz rendesi, el rendesi.

مشتری muşterâ: (A.) satın alınmış.

مشتری muşterî: (A.) **1.**satın alan, alıcı. **2.**istekli. **3.**Jüpiter, Erendiz.

مشتری سیما muşterîsîmâ: (A.) [muşterî+ sîmâ] Erendiz yüzlü.

مشتری شدن muşterî şoden: alıcı olmak.

مشت زدن moşt zeden: **1.**yumruk vurmak, yumruk atmak, yumruklamak. **2.**(sp.) boks yapmak.

مشت زن moştzen: [moşt+zeden>zen] **1.**(sp.) boksör. **2.**yumruk atan, yumruklayan. **3.**kuvvetli, güçlü.

مشت زنی moştzenî: [moşt+zeden>zen+î] **1.**(sp.) boks. **2.**(sp.) boksörlük. **3.**yumruk atma, yumruklama.

مشت سنگ moştseng: [moşt+seng] sapan taşı.

مشتعل muşte'il: (A.) alevli, alevlenmiş, alev alan, tutuşan, parlayan.

مشتعل شدن muşte'il şoden: alevlenmek, parlamak.

مشتعل کردن muşte'il kerden: parlatmak, alevlendirmek.

مشتغل muştegil: (A.) **1.**meşgul olan, uğraşan, bir işle ilgilenen, bir işte çalışan. **2.**yüz çeviren.

مشتق muştak: (A.) **1.**yarılmış. **2.**türev. **3.**(gr.) türetilmiş.

مشتقات muştakkât: (A.) türemiş kelimeler.

مشتق منه muştakkun minh: (A.) kendisinden kelime türeyen.

مشت کوفتن moşt kûften: yumruk vurmak, yumruklamak.

مشتکی ، مشتکا muştekâ: (A.) **1.**şikayet edilen. **2.**şikayet.

مشتکی muştekî: (A.) şikâyetçi, müşteki.

مشتکی شدن muştekî şoden: şikâyetçi olmak.

مشتکی عنه muştekâ anh: (A.) kendisinden şikayetçi olunan.

مشتکیانه muştekiyâne: (A.-F.) [muştekî+y+âne] şikayetçi olarak, şikayet edercesine.

مشت گره کردن moşt girih kerden: yumruğunu sıkmak.

مشتلق moştolok: (T.) müjdelik, muştuluk.

مشت مال moştmâl:

[moşt+mâlîden>mâl] **1.**masaj, ovuşturma. **2.**uyarma, azarlama. **3.**okşama.

مشت مال چی moştmâlçi: [moşt+mâlîden> mâl+çi] masajcı.

مشت مال دادن moştmâl dâden: **1.**masaj yapmak, ovuşturmak. **2.**cezalandırmak. **3.**hile ile yatıştırmak. **4.**okşamak.

مشت مال کردن moştmâl kerden: **1.**masaj yapmak, ovuşturmak. **2.**cezalandırmak. **3.**hile ile yatıştırmak. **4.**okşamak.

مشت مالی moştmâlî: [moşt+mâlîden> mâl+î] masaj.

مشت مالی کردن moştmâlî kerden: **1.**masaj yapmak, ovuşturmak. **2.**okşamak.

مشتمل muştemel: (A.) bir bütünün içinde bulunan.

مشتمل muştemil: (A.) kapsayan, içeren. ‖ * ~ ber مشتمل بر kapsayan, içeren, oluşan.

مشتملات muştemelât: (A.) bir bütünün içinde bulunan parçalar, bütüne bağlı parçalar.

مشتملات muştemilât: (A.) [<muştemelât] eklentiler, ek yapılar.

مشتوک moştuk (Rus.) ağızlık.

مشتوم meştûm: (A.) küfredilmiş, sövülmüş.

مشت و مال moştumâl: [moşt+u+mâlîden> mâl] **1.**okşama. **2.**ovuşturma, masaj.

مشت و مال دادن moştumâl dâden: **1.**okşamak. **2.**ovuşturmak, masaj yapmak.

مشته muşta: [muşt+e] **1.**parmaklara geçirilerek darbenin etkisini artıran metal silah, muşta. **2.**yumruk. **3.**kunduracı tokmağı.

مشتهات muştehât: (A.) şehvet uyandıran kız.

مشتهر muştehir: (A.) meşhur, tanınmış.

مشتهی muştehî: (A.) **1.**rağbet eden. **2.**şehvetli. **3.**iştahlı.

مشتهیات muştehiyyât: (A.) lezzetli yiyecekler, iştah açıcılar.

مشتی meştâ: (A.) kışlak, kışlık ev.

مشتی moştî: [moşt+î] **1.**bir avuç. **2.**bir tutam. **3.**bir avuç dolusu.

مشتیات meştiyât: (A.) kışlak, kışlık ev.

مشجر meşcer: (A.) ağaçlık, koru.

مشجر muşeccer: (A.) **1.**ağaçlandırılmış. **2.**dallı budaklı. **3.**dal budak desenli.

مشجر شدن muşeccer şoden: ağaçlandırılmak.

مشجر کردن muşeccer kerden: ağaçlandırmak.

مشجره meşcere, meşcire: (A.) ağaçlık, koru.

مشجوج meşcûc: (A.) yüzü yaralı.

مشجوع meşcû': (A.) cesaretçe yenik.

مشحط mişhat: (A.) manivela.

مشحون meşhûn: (A.) yığılı, dolu.

مشحون شدن meşhûn şoden: yığılmak, doldurulmak.

مشحون کردن meşhûn kerden: yığmak, doldurmak.

مشخ meşh: (A.) meşk.

مشخص muşehhes: (A.) **1.**somut, belirgin, müşahhas. **2.**şahsiyetli. **3.**teşhis edilmiş. **4.**şahıslaştırılmış.

مشخص müşahhis: (A.) tanımlayan, teşhis eden.

مشخصات muşehhesât: (A.) özellikler, nitelikler, somut bilgiler, tanılar.

مشخص شدن muşehhes şoden: belirginleşmek, somutlaşmak.

مشخص کردن muşehhes kerden: belirginleştirmek, somutlaştırmak.

مشخصه müşehhese: (A.) **1.**somut. **2.**belirgin. **3.**teşhis edilmiş. **4.**şahıslaştırılmış.

مشدد muşedded: (A.) **1.**sağlamlaştırılmış. **2.**(gr.) şeddeli. **3.**şiddetlendirilmiş.

مشدد muşeddid: (A.) şiddetlendiren, şiddetini artıran.

مشدد شدن muşedded şoden: **1.**sağlamlaştırılmak. **2.**(gr.) şeddelendirilmek.

مشدد کردن muşedded kerden: **1.**sağlamlaştırmak. **2.**(gr.)

şeddelendirmek.

مشدده muşeddede: (A.) **1.**şeddeli. **2.**şiddetlendirilmiş.

مشدده muşeddide: (A.) **1.**şiddetlendiren, şiddetini artıran. **2.**yükselteç, amplifikatör.

مشدود meşdûd: (A.) **1.**şeddeli. **2.**sımsıkı bağlı.

مشدوه meşdûh: (A.) **1.**şaşkın, şaşırmış. **2.**korkmuş.

مشراط mişrât: (A.) **1.**neşter. **2.**keskin bıçak.

مشراق mişrâk: (A.) çok güneş alan yer.

مشرب meşreb: (A.) **1.**su içilen yer. **2.**meşrepyaratılış, huy, karakter, tabiat, yaşama tarzı. **3.**felsefî ve dinî yol.

مشربه meşrebe: (A.) [<meşrebe< mişrebe] **1.**maşrapa, su kabı. **2.**otlak. **3.**bir avuç su.

مشرح muşerrah: (A.) açılmış.

مشرح muşerrih: (A.) **1.**anatomi uzmanı. **2.**açıklayan, şerheden. **3.**cerrah, operatör.

مشرز muşerrez: (A.) şirazeli.

مشرط mişret: (A.) **1.**neşter. **2.**keskin bıçak.

مشرع meşra': (A.) **1.**yol. **2.**oluk.

مشرف muşref: (A.) yüksek yer.

مشرف muşrif: (A.) **1.**yükselen, yüksek. **2.**ölümü yaklaşan. **3.**bir yere bakan, bir tarafa yönelik olan, tepeden bakan. **4.**yüz tutan. **5.**vakıf malını koruyan. ‖ * ~ be مشرف به bakan, dönük, yönelik. ‖ * ~ be çîzî bûden مشرف به چیزی بودن bir tarafa bakmak, bir tarafa dönük olmak.

مشرف muşerref: (A.) şerefli, şereflendirilmiş.

مشرف شدن muşerref şoden: müşerref olmak, şereflenmek, şerefyâb olmak.

مشرف کردن muşerref kerden: şeref vermek, şereflendirmek.

مشرفه muşerrefe: (A.) şerefli, şereflendirilmiş.

مشرق meşrik: (A.) **1.**doğu, maşrık. **2.**(coğ.) Horasan.

مشرق بمشرق maşrıkbemaşrık (A.-F.) [maşrık+be+ maşrık] doğudan doğuya.

مشرق زمین meşrikzemîn: (A. -F.) [meşrik+ zemîn] **1.**Doğu. **2.**(coğ.) Doğu yarımküresi.

مشرق طراز maşrıktırâz (A.) [maşrık+ tırâz] doğuyu süsleyen.

مشرقی meşrikî: (A. -F.) [meşrik+î] **1.**Doğu ile ilgili. **2.**Doğulu.

مشرک muşrik: (A.) müşrik, Tanrı'ya ortak koşan.

مشرکین muşrikîn: (A.) müşrikler, Tanrı'ya ortak koşanlar.

مشروب meşrûb: (A.) **1.**içki, alkollü içki. **2.**içilecek şey. **3.**sulanmış.

مشروبات meşrûbât: (A.) içilecek şeyler, meşrubat. ‖ * ~ -i ku'ûliyye مشروبات کئولیه alkollü içkiler.

مشروب خوردن meşrûb horden: içki içmek, alkollü içki içmek.

مشروب ساختن meşrûb sâhten: sulamak.

مشروب شدن meşrûb şoden: sulanmak.

مشروب کردن meşrûb kerden: sulamak.

مشروح meşrûh: (A.) açıklanmış, şerhedilmiş, ayrıntılı, tafsilatlı. ‖ * bervech-i ~ بروجه مشروح açıklandığı gibi, ayrıntılı olarak anlatıldığı gibi.

مشروحاً meşrûhen: (A.) açıklanan, ayrıntılı olarak.

مشروحات meşrûhât: (A.) açıklamalar, şerhler.

مشروح الحال meşrûhulhâl: (A.) durumu açıklanan.

مشروح شدن meşrûh şoden: açıklanmak, şerhedilmek.

مشروح کردن meşrûh kerden: açıklamak, şerhetmek.

مشروحه meşrûha: (A.) **1.**açıklanmış, şerh edilmiş. **2.**eni konu anlatılan.

مشروط meşrût: (A.) şartlı, koşullu. ‖ * ~ ber inki مشروط بر اینکه koşuluyla, şartıyla.

مشروطاً meşrûten: (A.) koşullu olarak, şartlı olarak.

مشروطه meşrûte: (A.) **1.**meşrutiyetle

yönetilen. 2.meşrutiyet. ‖ * idâre-i ~ اداره مشروطه meşrûtiyet rejimi.

مشروطه خواه meşrûtehâh: (A. -F.) [meşrûte+hâsten>hâh] meşrutiyetçi.

مشروطه خواهی meşrûtehâhî: (A. -F.) [meşrûte+hâsten>hâh+î] meşrutiyetçilik.

مشروطه طلب meşrûtetaleb: (A. -F.) [meşrûte+talebîden>taleb] meşrutiyetçi.

مشروطه طلبی meşrûtetalebî: (A. -F.) [meşrûte+talebîden>taleb+î] meşrutiyetçilik, meşrutiyet isteme.

مشروطی meşrûtî: (A.) bir hükümdarın yönetimindeki parlamento rejimi.

مشروطیت meşrûtiyyet: (A.) meşrutiyet.

مشروع meşrû': (A.) 1.yasal. 2.dince uygun.

مشروعه meşrû'e: (A.) 1.yasal. 2.dince uygun. ‖ * hukûmet-i ~ حكومت مشروعه şeriat hükümeti, dine dayalı hükümet. ‖ * ma'zeret-i ~ معذرت مشروعه akla uygun özür, kabûl edilebilir mazeret, meşrû mazeret. ‖ * vesâit-i ~ وسائط مشروعه yasal yollar.

مشروعیت meşrû'iyyet: (A.) yasallık, meşrûluk.

مشروف meşrûf: (A.) şerefli.

مشروم meşrûm: (A.) yarılmış.

مشط meşt, mişt, muşt: (A.) tarak.

مشط القدم muştulkadem: (A.) ayak tarağı.

مشط اليد muştulyed: (A.) el tarağı.

مشطر muşattar: (A.) araya başka mısralar sokulmuş şiir. ‖ * ~ -i muhammes مشطر مخمس araya üç mısra eklenmiş gazel veya kaside. ‖ * ~ -i murabba' مشطر مربع araya iki mısra eklenmiş gazel veya kaside. ‖ * ~ -i museddes مشطر مسدس araya dört mısra eklenmiş gazel veya kaside.

مشطه muşta: (A.) tarak, saç tarağı.

مشطیه muştiyye: (A.) tarakotugiller.

مشعاب miş'âb: (A.) çayırlık, otlak.

مشعبد muşa'bid: (A.) hokkabaz.

مشعبذ muşa'biz: (A.) hokkabaz.

مشعر meş'ar: (A.) 1.gölgeli ağaç. 2.ibadet yeri. 3.kurban yeri. 4.hac ibadetlerinin yapıldığı yer. 5.idrak, duyu, hassa.

مشعر meş'ar: (A.) 1.duyu. 2.hacı olmadan önce durulması gereken yerlerden her biri.

مشعر muş'ir: (A.) bildiren, belirten, gösteren, yazı ile bildiren.

مشعر الحرام meş'arulharâm: (A.) hacı olmadan önce Kâbe'de ziyaret edilecek yer.

مشعره muş'ire: (A.) gösterge.

مشعشع muşe'şe': (A.) parlak, gösterişli, şaşaalı.

مشعل meş'al: (A.) 1.meşale. 2.kandil.

مشعل افروختن meş'al efrûhten: meşale yakmak.

مشعل افروز شدن meş'alefrûz şoden: meşale yakmak.

مشعل کش meş'alkeş: (A.-F.) [meş'al+ keşîden>keş] meşaleci.

مشعله meş'ale: (A.) 1.aydınlatma aleti. 2.meşale.

مشعله دار meş'aledâr: (A. -F.) [meş'ale+ dâşten>dâr] meşale tutan.

مشعله کش meş'alekeş: (A.-F.) [meş'ale+ keşîden> keş] meşaleci, meşale taşıyan.

مشعور meş'ûr: (A.) bilinç haline geçmiş, bilinçli.

مشعورات meş'ûrât: (A.) bilinç haline geçen şeyler.

مشعوف meş'ûf: (A.) 1.memnun, sevinçli. 2.aşık, tutkun.

مشعوف شدن meş'ûf şoden: sevinmek, memnun olmak.

مشعوف کردن meş'ûf kerden: memnun etmek, sevindirmek.

مشعون meş'ûn: (A.) dağınık.

مشغله meşgale: (A.) 1.uğraşı, meşgale, iş. 2.gürültü patırtı, hengame.

مشغله کردن meşgale kerden: izdiham yaratmak, gürültü patırtı etmek.

مشغوف meşgûf: (A.) delicesine aşık, tutkun, karasevdalı.

مشغوفه meşgûfe: (A.) delicesine aşık, tutkun, karasevdalı.

مشغول meşgûl: (A.) 1.meşgul. 2.işgâl edilmiş, tutulmuş. 3.dalgın. ‖ * ~ -i kâr şoden مشغول کار شدن işe başlamak.

مشغول داشتن meşgûl dâşten: meşgul etmek.

مشغول ساختن meşgûl sâhten: 1.meşgul etmek. 2.alıkoymak.

مشغول شدن meşgûl şoden: 1.meşgul olmak. 2.çalışmak. ‖ * be kesî ~ به کسی مشغول شدن biriyle uğraşmak.

مشغول کردن meşgûl kerden: 1.meşgul etmek. 2.alıkoymak.

مشغولیت meşgûliyyet: (A.) uğraşı, meşguliyet.

مشفر meşfer: (A.) sarkmış hayvan dudağı.

مشفر mişfer: (A.) ·1.sarkık duvak. 2.devenin sarkık dudağı.

مشفق muşfik: (A.) şefkatli, müşfik.

مشفقانه muşfikâne: (A.-F.) [müşfik+âne] şefkatle, müşfikçe.

مشفقه muşfika: (A.) 1.şefkatli. 2.bayan adı.

مشفوع meşfû': (A.) ortak sınırlı taşınmaz mal.

مشفوع به meşfû'unbih: (A.) ortak sınırlı taşınmaz mal.

مشق meşk: (A.) 1.ödev, çalışma. 2.meşk, temrin. 3.yazı örneği.

مشقات meşekkât: (A.) güçlükler, sıkıntılar, meşakkatler.

مشقت meşekkat: (A.) güçlük, sıkıntı, meşakkat.

مشق خانه meşkhâne: (A.-F.) [meşk+hâne <hâne-i meşk] meşk evi, müzik evi.

مشق دادن meşk dâden: meşk etirmek, çalıştırmak.

مشق کردن meşk kerden: meşk etmek, çalışmak.

مشقوق maşkûk: (A.) yarilmış, yarık.

مشقوق الرجل maşkûkurricl: (A.) yarık ayaklılar.

مشقوقه meşkûka: (A.) yarılmış, yarık.

مشک meşk: (Peh.) 1.koyun postu, posteki. 2.su kırbası, su tulumu. ‖ * ~ be çîn bâz borden مشک به چین باز بردن 1.posteki saydırmak. 2.alışverişte güçlük çıkarmak.

مشک moşk, mişk (Sans.) 1.mis, misk. 2.(kin.) sevgilinin siyah zülfü.

مشک آسا muşkâsâ: [<muşg+âsâ] misk gibi.

مشکات mişkât: (A.) 1.fanus, lambalık. 2.duvarda açılmış kandil hücresi. 3.kandil.

مشکبار muşkbâr: [muşk+bârîden>bâr] mis yağdıran.

مشک طرامشیر moşk teramşîr (bot.) geyik otu.

مشک فشان muşkfeşân: [muşk+feşânden> feşân] misk saçan.

مشکک muşkek: [muşk+ek] küçük misk.

مشکک muşekkek: (A.) şüpheli, kuşkulanılmış.

مشکل muşekkel: (A.) 1.şekil verilmiş, şekillendirilmiş, biçimli. 2.gösterişli, kalıbı yerinde.

مشکل muşkil: (A.) 1.güç, müşkül, zor. 2.sorun, problem, güçlük. 3.kıvrımlı.4.güçlükle. ‖ * ~ î berâyi kesî pîş âmeden مشکلی برای کسی پیش آمدن başı sıkışmak, başı derde girmek.

مشکلات muşkilât: (A.) 1.güçlükler. 2.sorunlar, problemler.

مشکل برانداز انه muşkilberendâzâne: (A.-F.) [muşkil+ berendâhten> berendâz+âne] güçlükleri ortadan kaldıran.

مشکل پسند muşkilpesend: (A. -F.) [muşkil+pesendîden>pesend] güç beğenen, müşkülpesent.

مشکل پسندانه muşkilpesendâne: (A.-F.) [muşkil+ pesendîden>pesend+âne] güç beğenerek.

مشکل پسندی muşkilpesendî: (A. -F.) [muşkil+pesendîden>pesend] güç beğenme, müşkülpesentlik.

مشکل تر muşkilter: (A.-F.) [muşkil+ter] daha güç, daha zor.

مشکل تراشیدن muşkil terâşîden: güçlük çıkarmak.

مشکل کردن müşkil kerden: güçleştirmek, zorlaştırmak.

مشکل گشا muşkilguşâ: (A. -F.) [muşkil+ guşden>guşâ] **1.**sorunları göçen, sıkıntıları kaldıran. **2.**Tanrı için söylenen sıfatlardan biri.

مشکل گشایی muşkilguşâyî: (A. -F.) [muşkil+guşden>guşây+î] sorunları çözme, sıkıntıları kaldırma.

مشکله muşekkele: (A.) **1.**şekil verilmiş, şekillendirilmiş. **2.**gösterişli, kalıbı yerinde.

مشکله muşkile: (A.) güç, zor.

مشکو meşkuvv: (A.) kendisinden şikayet edilen.

مشکور meşkûr: (A.) **1.**teşekkür edilen. **2.**beğenilen, takdir toplayan.

مشکوره meşkûre: (A.) **1.**övülmüş, teşekkür edilmiş. **2.**teşekküre değer. **3.**bayan adı.

مشکوک meşkûk: (A.) şüphe götürür, şüpheli.

مشکوک الاحوال meşkûkulahvâl: (A.) halinden şüphelenilen, ne idüğü belirsiz.

مشکوکه meşkûke: (A.) kuşkulu, şüpheli.

مشکوکیت meşkûkiyyet: (A.) kuşku götürme.

مشکول meşkûl: (A.) üç ayağı beyaz at.

مشکوی meşkûy: **1.**padişah haremi. **2.**köşk. **3.**(müz.) eski İran musikîsinde bir makam.

مشکی mişkî: [mişk+î] **1.**miskli. **2.**mis kokulu. **3.**siyah. **4.**siyah renkli bir tür at.

مشکین mişkîn: [mişk+în] **1.**mis kokulu, mis gibi. **2.**miskli.

مشکین خامه muşkînhâme: [muşg+în+ hâme] misk gibi kokan kalem.

مشگ moşg: mis, misk.

مشگ meşg: tulum, kırba.

مشگ آسا muşgâsâ: [muşg+âsâ] misk gibi.

مشگ آلود muşgâlûd: [muşg+âlûden> âlûd] miskli, miske bulanmış.

مشگ افشان muşgefşân: [muşg+ efşânden>efşân] misk saçan.

مشگ بار muşgbâr: [muşg+bârîden>bâr] misk yağdıran, miskli.

مشگ بو muşgbû: [muşg+bû] misk kokulu, mis gibi kokan.

مشگ بید muşgbîd: [muşg+bîd<bîd-i muşg] acem söğüdü, sultanî söğüt.

مشگ سا muşgsâ: [muşg+sâ] misk gibi.

مشگفام muşgfâm: [muşg+fâm] misk renkli, siyah.

مشگ فروش muşgfurûş: [muşg+ furûhten>furûş] misk satan.

مشگ فشان muşgfeşân: [muşg+feşânden> feşân] misk saçan.

مشگل meşgel haydut.

مشگین muşgîn: [muşg+în] **1.**misk kokulu. **2.**miskli. **3.**siyah.

مشگین تر muşgînter: [muşg+în+ter] mis gibi kokan, mis sürülmüş.

مشگین چاه muşgînçâh: [muşg+în+çâh] sevgilinin yanağındaki siyah ben.

مشگین چه muşgînçeh: [muşg+în+çeh] sevgilinin yanağındaki siyah ben.

مشگین سنان muşgînsinân: (F.-A.) [muşg+în+sinân] sevgilinin uzun ve siyah kirpikleri.

مشگین طره muşgînturre: (F.-A.) [muşgîn+turre] kâkülü mis kokan.

مشگین کلاه muşgînkulâh: [muşg+în+ kulâh] sevgilinin mis gibi kokan siyah saçları.

مشگین کله muşgînkuleh: [muşg+în+ kuleh] sevgilinin mis gibi kokan siyah saçları.

مشگین نسیم muşgînnesîm: (F.-A.) [muşg+în+nesîm] mis gibi kokan bahar yeli.

مشلح meşlah: (A.) bir tür kolsuz giysi, maşlah.

مشلل muşellel: (A.) lekeli.

مشمئز muşme'iz: (A.) iğrenen, tiksinen, nefret eden.

مشمئز شدن muşme'iz şoden: iğrenmek, iğrenmek.

مشمئز كردن muşme'iz kerden: iğrendirmek.

مشمت muşemmet: (A.) iyilikle yâd edilen.

مشمس muşemmes: (A.) **1.**çok güneş alan. **2.**güneş görmüş.

مشمش mişmiş: (A.) **1.**zerdali. **2.**kayısı. **3.**erik.

مشمشه mişmişe: (A.) (tıb.) sarıca hastalığı, ruam.

مشمع muşemme': (A.) **1.**mumlu. **2.**muşamba.

مشمعه mişma'a: (A.) şamdan, mumluk.

مشمله meşmele: (A.) (bot.) gülgillerden küçük bir ağaç.

مشمول meşmûl: (A.) **1.**kapsamına giren. **2.**kaplı, çevrili. **3.**askerlik yaşına gelen kimse.

مشمولات meşmûlât: (A.) **1.**içinde bulunanlar. **2.**kaplanmışlar, sarılmışlar.

مشموله meşmûle: (A.) şarap.

مشموم meşmûm: (A.) **1.**kokusu duyulan. **2.**ıtır, hoş kokulu.

مشنف muşennef: (A.) küpe takmış, küpe takılmış.

مشنگ meşeng: **1.**hırsız. **2.**haydut, eşkiya, yol kesen. **3.**aptal, salak.

مشواذ mişvâz: (A.) sarık.

مشوار mişvâr: (A.) **1.**tarz, tavır. **2.**petek sağım aleti.

مشوارگاه mişvârgâh: (A.-F.) [mişvâr+gâh] at pazarı.

مشواره mişvâre: (A.) **1.**çömlek. **2.**testi.

مشوب meşûb: (A.) **1.**karışık. **2.**bulaşık.

مشوب شدن meşûb şoden: **1.**karışmak. **2.**bulaşmak. **3.**(mec.) saptırılmak.

مشوب كردن meşûb kerden: **1.**karıştırmak. **2.**bulaştırmak. **3.**(mec.) saptırmak.

مشورت meşveret: (A.) danışma, meşveret, tartışma.

مشورت كردن meşveret kerden: danışmak, meşveret etmek, tartışmak.

مشورگه mişvergeh: (A.-F.) [<mişvâr+geh] at pazarı.

مشوره meşvere: (A.) danışma, tartışma, meşveret.

مشوره خواستن meşvere hâsten: danışmak, fikrini almak.

مشوره كردن meşvere kerden: danışmak, meşveret etmek, tartışmak.

مشوش muşevveş: (A.) karışık, dağınık, perişan.

مشوش داشتن muşevveş dâşten: karıştırmak, dağıtmak, perişan etmek.

مشوش شدن muşevveş şoden: karışmak, dağılmak, perişan olmak.

مشوش كردن muşevveş kerden: karıştırmak, dağıtmak, perişan etmek, bulandırmak.

مشوشه muşevveşe: (A.) karışık, karmakarışık.

مشوشيت muşevveşiyyet: (A.) karışıklık hali.

مشوق muşevvik: (A.) **1.**teşvik eden. **2.**heveslendiren, arzulandıran.

مشوقين muşevvikîn: (A.) teşvik edenler.

مشوک muşevvek: (A.) diken biçimli, dikenli.

مشوكه muşvike: (A.) dikenli ağaç.

مشول mişvel: (A.) orak.

مشوم meşûm: (A.) **1.**benli adam. **2.**şom, uğursuz.

مشوه كردن muşevveh kerden: çirkinleştirmek.

مشهد meşhed: (A.) **1.**şehitlik. **2.**şehit olunan yer. **3.**hazır olunulan yer. **4.**(coğ.) Meşhed.

مشهد muşhid: (A.) tanık getiren, şahit gösteren.

مشهدى meşhedî: (A.) [meşhed+î] Meşhedli.

مشهر meşher: (A.) sergi, teşhir yeri.

مشهود meşhûd: (A.) gözlenen, görülen.

مشهودات meşhûdât: (A.) görülenler,

gözlemlenenler.

مشهود به meşhûdunbih: (A.) şahitlikle kazanılacak şey.

مشهود شدن meşhûd şoden: gözlenmek, görülmek, şahit olunmak.

مشهود عليه meşhûdunaleyh: (A.) aleyhinde tanıklık istenilen.

مشهود له meşhûdunleh: (A.) kendi lehine tanıklık yapılan.

مشهوده meşhûde: (A.) görülen, görülmüş.

مشهور meşhûr: (A.) ünlü, meşhur, tanınmış.

مشهورات meşhûrât: (A.) ünlüler, meşhurlar.

مشهور القويل meşhûrulkavîl: (A.) gökyüzünün kuzey yarımküresinde parlak bir yıldız.

مشهور شدن meşhûr şoden: meşhur olmak, tanınmak, ünlü olmak.

مشهور كردن meşhûr kerden: meşhur etmek.

مشهوره meşhûre: (A.) 1.ünlü. 2.bayan adı.

مشهوم meşhûm: (A.) yürekli, cesur.

مشي meşy: (A.) yürüyüş, yürüme.

مشياً meşyen: (A.) yürüyerek, yayan.

مشياع mişyâ': (A.) boşboğaz, çenesi düşük.

مشيب meşîb: (A.) 1.yaşlanma. 2.yaşlılık, ihtiyarlık.

مشيت meşiyyet: (A.) 1.irade, istek. 2.(tas.) Tanrı'nın iradesi. 3.yürüme.

مشيخت meşîhet, meşyehet: (A.) 1.yaşlılık, ihtiyarlık. 2.(tas.) şeyhlik. 3.şeyhülislâmlık payesi.

مشيد meşîd: (A.) harçlı bina.

مشيد muşeyyed: (A.) 1.yüksek. 2.sağlam, dayanıklı. 3.sağlam yapı.

مشيد muşeyyid: (A.) sağlam bina yapan.

مشيده muşeyyede: (A.) sağlam yapı.

مشير muşîr: (A.) 1.işaret eden, gösteren. 2.danışan, meşveret eden. 3.müşavir, danışman. 4.mareşal.

مشيرانه muşîrâne: (A.-F.) [muşîr+âne] mareşal gibi, mareşalce.

مشيرى muşîrî: (A.-F.) [muşîr+î] mareşallik.

مشيريت muşîriyyet: (A.) 1.mareşallik. 2.mareşallik makamı.

مشى كردن meşy kerden: 1.yürümek, gitmek. 3.kendi yolunda gitmek.

مشيمه meşîme: (A.) döl yatağı.

مشيمى meşîmî: (A.) etenliler.

مشيوم meşyûm: (A.) benli.

مشية الله meşiyyetullâh: (A.) Tanrı'nın iradesi.

مص mass: (A.) emme, soğurma.

مصائب mesâ'ib: (A.) musibetler, belalar, felaketler. 2.uğursuzlar, mendeburlar.

مصائب پناه mesâibpenâh: (A.F.) [mesâ'ib+ penâhîden> penâh] felaket yatağı, musibet yatağı.

مصائد mesâ'id: (A.) avlaklar, av yerleri.

مصائف mesâ'if: (A.)·yazlıklar, sayfiye evleri.

مصاب musâb: (A.) 1.belâya uğramış, yakalanmak, hastalık kapmak. 2.sevap olmuş. 3.hedefini bulmuş, isabet etmiş. 4.doğru dürüst.

مصابرت musâberet: (A.) sabretme, dayanma.

مصابرت كردن musâberet kerden: sabretmek, dayanmak.

مصابره musâbere: (A.) sabretme.

مصابيت musâbiyyet: (A.) felakete uğrama, kötü bir şeye uğrama.

مصابين musâbîn: (A.) 1.isabet edenler. 2.felakete uğrayanlar.

مصابيح mesâbîh: (A.) 1.lambalar. 2.kandiller. 3.ışıklar.

مصاحب musâhib: (A.) 1.dost, arkadaş. 2.büyük bir kişiyle sohbet eden. 3.padişahların özel işlerine bakanlar.

مصاحبات musâhebât: (A.) 1.söyleşiler, konuşmalar. 2.röportajlar.

مصاحبت musâhebet: (A.) 1.dostluk. 2.sohbet arkadaşlığı.

مصاحبت كردن musâhebet kerden: 1.dostluk etmek. 2.sohbet arkadaşlığı etmek.

مصاحبه musâhebe: (A.) 1.dostluk.

2.söyleşi, röportaj. 3.konuşma, söyleşi.

مصاحبه musâhibe: (A.) 1.bayan sohbet arkadaşı. 2.nedime.

مصاحبه كردن musâhebe kerden: söyleşide bulunmak, röportaj yapmak.

مصاحف mesâhif: (A.) 1.kitaplar. 2.mushaflar, Kur'anlar. 3.İslâmî yazı şekillerinden biri.

مصاحى musâhî: (A.) seçilmiş.

مصاد masâd: (A.) 1.sarp kıyı. 2.sarp yamaç.

مصادات musâdât: (A.) iyi geçim.

مصادر mesâdir: (A.) 1.reisler. 2.(gr.) masdarlar. 3.erkân.

مصادره musâdere: (A.) 1.müsadere, el koyma. 2.mal ile kan satın alma. 3.zaptetme. 4.ceza alma.

مصادره شدن musâdere şoden: 1.müsadere edilmek, el konulmak. 2.cezalandırmak.

مصادره كردن musâdere kerden: 1.müsadere etmek, el koymak. 2.cezalandırmak.

مصادف musâdif: (A.) rastlayan, tesadüf eden.

مصادفت musâdefet: (A.) rastlaşma.

مصادف شدن musâdif şoden: rastlamak, karşılaşmak, tesadüf etmek.

مصادفه musâdefe: (A.) rastlaşma.

مصادقت musâdakat: (A.) karşılıklı dostluk.

مصادقه musâdaka: (A.) karşılıklı dostluk.

مصادم musâdim: (A.) çarpan.

مصادمات musâdemât: (A.) 1.çarpışmalar. 2.çatışmalar.

مصادمه musâdeme: (A.) 1.çarpışma. 2.çatışma.

مصارحةً musârahatan: (A.) açıkça, açık seçik.

مصارحه musâraha: (A.) her hangi bir işi açıkça yapma.

مصارع mesâri': (A.) 1.mısralar, dizeler. 2.güreş meydanları, er meydanları.

مصارع musâri': (A.) güreş tutan, güreşçi, pehlivan.

مصارعت musâre'et: (A.) (sp.) güreş.

مصارعت كردن musâre'et kerden (Sp.) güreşmek.

مصارعه musâre'e: (A.) (sp.) güreşme, güreş tutma.

مصارعه كردن musâre'e kerden (Sp.) güreşmek, güreş tutmak.

مصارف mesârif: (A.) harcamalar, masraflar.

مصارفات mesârifât: (A.) harcamalar, giderler.

مصاريع mesârî': (A.) (ed.) mısralar, dizeler.

مصاريف · masârîf: (A.) harcananlar, harcamalar.

مصارين masârîn: (A.) bağırsaklar.

مصاص musâs: (A.) 1.sır. 2.halis.

مصاطب masâtıb: (A.) 1.sedirler. 2.meyhaneler. 3.meyhane peykeleri.

مصاع mesâ': (A.) kuyumcu eşyası.

مصاعب mesâ'ib: (A.) güçlükler, zorluklar.

مصاعد mesâ'id: (A.) çıkış yerleri, yükseliş yerleri.

مصاعره musâ'are: (A.) şişinerek birinden yüz çevirme.

مصاغ musâg: (A.) kalıba dökülmüş.

مصاف mesâf: (A.) 1.saf yerleri. 2.savaş alanı, savaş meydanı. 3.savaş. 4.meydan.

مصافات musâfât: (A.) gerçek dostluk, candan dostluk.

مصاف افتادن mesâf oftâden: savaş yapılmak.

مصاف پيوستن mesâf peyvesten: savaş yapılmak.

مصاف جا mesâfcâ: (A. -F.) [mesâf+câ] savaş meydanı.

مصافح musâfih: (A.) tokalaşan.

مصافحه musâfaha: (A.) tokalaşma.

مصاف دادن mesâf dâden: savaşmak.

مصاف رفتن mesâf reften: savaş olmak, savaş yapılmak.

مصاف زدن mesâf zeden: saf düzmek.

مصاف شكستن mesâf şikesten: yenmek, galip gelmek.

مصافعه musâfa'a: (A.) **1.**birbirinin boynuna sarılma. **2.**her uzaklığı görebilme.

مصاف كردن mesâf kerden: savaşmak.

مصافحه musâfehe: (A.) tokalaşma, el sıkışma.

مصافحه كردن musâfehe kerden: el sıkışmak, tokalaşmak.

مصاق masâk: (A.) darlık.

مصاقل mesâkıl: (A.) **1.**cilalama aletleri. **2.**zarif hatipler.

مصالح mesâlih: (A.) **1.**çıkarlar. **2.**gerekli işler, gerekli şeyler. **3.**yararlı işler.

مصالح musâlih: (A.) barış yapan, barışan.

مصالحات musâlehât: (A.) barış görüşmeleri, barışlar.

مصالح عليه musâlehun aleyh: (A.) barış bedeli.

مصالح عنه musâlehun anh: (A.) istenen, iddia ile istenen.

مصالحه musâlehe: (A.) (ask.) barış, uzlaşma.

مصالحه كردن musâlehe kerden: (ask.) barış yapmak, sulh yapmak.

مصالحه نامه musâlehenâme: (A. -F.) [musâlehe+nâme] barış belgesi.

مصاله mesâle: (A.) sızıntı.

مصام mesâm: (A.) duracak yer.

مصامت mesâmet: (A.) duracak yer.

مصان mesân: (A.) depo, eşya saklama yeri.

مصانع mesâni': (A.) sarnıçlar.

مصاهرت musâheret: (A.) **1.**damatlık. **2.**sıhriyet, evlilikten doğan akrabalık.

مصاهرت كردن musâheret kerden: **1.**damat olmak. **2.**akrabalık kurmak, akraba olmak.

مصاهره musâhere: (A.) evlilikten doğan akrabalık.

مصاوله musâvele: (A.) üstüne atılma.

مصايب mesâyib: (A.) musibetler.

مصايحه musâyaha: (A.) bağırışma, haykırışma, birbirine bağırma.

مصايفه musâyefe: (A.) yazlık konut için kira pazarlığı yapma.

مصب mesab: (A.) (coğ.) ırmağın denize kavuşma yeri, ağız, mansap.

مصباح misbâh: (A.) **1.**lamba. **2.**kandil. **3.**ışık. **4.**sabûh şarabı içilen kadeh.

مصباح السرور misbâhussurûr: (A.) şarap.

مصباح المسحور misbâhulmeshûr: (A.) sabahlayan, sabahlamış.

مصبح masbah: (A.) **1.**doğma yeri, doğuş yeri. **2.**doğuş zamanı.

مصبغ musebbeg: (A.) boyalı, boyanmış.

مصبورة ، مصبورت masbûret: (A.) hapse sebep olan yemin.

مصبوع masbû': (A.) kendini beğenmiş.

مصبوغ masbûg: (A.) boyalı, boyanmış.

مصحح musehheh: (A.) düzeltilmiş, tashih edilmiş.

مصحح musehhih: (A.) düzeltmen, musahhih.

مصححه musehhehe: (A.) düzeltilmiş, tashih edilmiş.

مصححين musehhihîn: (A.) düzeltmenler, düzelticiler, tashih ediciler.

مصحرج musehrec: (A.) sarnıç.

مصحف musehhef: (A.) yanlışlıkla değiştirilmiş.

مصحف mushef: (A.) **1.**kitap. **2.**mecmua. **3.**Kur'ân, Mushaf. **4.**ilahî kitap.

مصحف musehhif: (A.) hatalı okuyan veya hatalı yazan.

مصحوب mashûb: (A.) **1.**sahiplenilmiş, birlikte götürülmüş. **2.**kucaklanmış.

مصحوبا mashûben: (A.) sahiplenerek, birlikte, beraberinde.

مصداق misdâk: (A.) **1.**tanık, şahit. **2.**kanıt, delil. **3.**ölçüt, kriter.

مصداقيات misdâkiyyât: (A.) ölçü bilimi, ölçme bilgisi.

مصدر mesder: (A.) **1.**kaynak, asıl. **2.**(gr.) masdar, isimfiil.

مصدر musedder: (A.) çıkmış.

مصدر ساختن mesder sâhten: önde tutmak, başta tutmak.

مصدری masdarî: (A.) masdar ile ilgili.

مصدریت masdariyyet: (A.) masdarlık.

مصدریه masdariyye: (A.) **1.**masdar ile ilgili. **2.**masdarlık. **3.**Tanzimattan önce alınan içki vergisi.

مصدع masda': (A.) taşlık alan arasındaki düz yol.

مصدع musedda': (A.) başı ağrıtılmış, başı şişirilmiş.

مصدع museddi': (A.) baş ağrıtan, rahatsız eden.

مصدع شدن museddi' şoden: başını ağrıtmak, rahatsız etmek.

مصدغه misdaga: (A.) yastık, baş yastığı.

مصدق museddak: (A.) **1.**doğru sözlü. **2.**onaylı, tasdikli.

مصدق museddik: (A.) **1.**tasdik eden, onaylayan. **2.**inanan.

مصدق ساختن museddak dâşten: **1.**tasdik etmek, onaylamak. **2.**inanmak.

مصدور masdûr: (A.) **1.**gönderilmiş, çıkarılmış. **2.**göğüs ağrısı çeken.

مصدوع masdû': (A.) başı ağrıyan.

مصدوق masdûk: (A.) doğrulanmış.

مصدوقه masdûka: (A.) doğrulanmış, gerçek.

مصدوم mesdûm: (A.) **1.**darbeye maruz kalmış, sadme görmüş, vurulmuş, çarpılmış. **2.**yaralı.

مصدوم شدن mesdûm şoden: çarpılmak, yaralanmak.

مصر misr: (A.) **1.**ülke. **2.**şehir, kent. **3.**Kahire. **4.**Mısır. ‖ * ~ -i suflâ مصر سفلی Aşağı Mısır. ‖ * ~ -i ulyâ مصر علیا Yukarı Mısır.

مصر musirr: (A.) ısrarlı, ısrar eden.

مصراً musirren: (A.) ısrarla, ısrar ederek.

مصراع misrâ': (A.) **1.**(ed.) dize, mısra. **2.**kapı kanadı. ‖ * ~ -i âzâde مصراع آزاده tam anlam ifade eden dize. ‖ * ~ -i berceste مصراع برجسته seçilmiş mısra, en güzel dize.

مصران misrân: (A.) Kûfe ve Basra.

مصرانه musirrâne: (A. -F.) [musirr+âne] ısrarla, ısrar ederek.

مصرح muserrah: (A.) tasrih edilmiş, kesin, açık.

مصرحاً muserrahan: (A.) açıkça, açık seçik olarak.

مصرحه muserraha: (A.) açıkça belirtilmiş, apaçık, açık seçik, aşikâr.

مصرع masra': (A.) güreş meydanı, er meydanı.

مصرع muserra': (A.) iki mısraı kafiyeli beyit.

مصرف mesrif, mesref: (A.) **1.**harcama yeri. **2.**harcama, masraf. **3.**tüketim, kullanım. ‖ * ~ -i dâhilî مصرف داخلی iç tüketim. ‖ * be ~ resânden به مصرف رساندن kullanmak, harcamak, tüketmek. ‖ * be ~ resîden به مصرف رسیدن kullanılmak, harcanmak, tüketilmek.

مصرف musrif: (A.) yakı.

مصرف شدن mesref şoden: harcanmak, tüketilmek, kullanılmak.

مصرف کردن mesref kerden: harcamak, tüketmek, kullanmak.

مصروع mesrû': (A.) (tıb.) saralı.

مصروعاً masrû'en: (A.) saralı olarak.

مصروف mesrûf: (A.) **1.**harcanmış. **2.**çevrilmiş. **3.**döndürülmüş.

مصروف داشتن mesrûf dâşten: **1.**harcamak, sarfetmek, tüketmek, kullanmak. **2.**uzaklaştırmak. **3.**hasretmek, ayırmak.

مصروف شدن mesrûf şoden: harcanmak, tüketilmek, kullanılmak.

مصروف کردن mesrûf kerden: harcamak, tüketmek, kullanmak.

مصروفه masrûfe: (A.) **1.**harcanmış. **2.**çevrilmiş. **3.**döndürülmüş.

مصروفی masrûfî: (A.) harcanmışlık.

مصروفیت masrûfiyyet: (A.) harcanmışlık.

مصره musirre: (A.) ısrarlı, ısrar eden, ısrarcı.

مصری mısrî: (A.) **1.**Mısırlı. **2.**Mısır ile ilgili.

مصريه mısriyye: (A.) **1.**Mısırlı. **2.**Mısır ile ilgili.

مصطبر mustabir: (A.) sabırlı, sabreden.

مصطبه mastebe: (A.) **1.**seki, tezgâh, sedir, peyke. **2.**toplantı yeri. **3.**meyhane.

مصطبه نشين mistabanişîn: (A.-F.) [mıstaba+ nişesten> nişîn] sedirde oturan.

مصطرف mustarif: (A.) çıkarı uğruna her yolu deneyen.

مصطف mustaf: (A.) sıra olmuş, saf kurmuş.

مصطفوى mustafavî: (A.) **1.**Mustafa ile ilgili. **2.**İslâm peygamberi Muhammed Musafa'ya mensup.

مصطفويه mustafaviyye: (A.) İslâm peygamberi Hz. Muhammed Mustafa ile ilgili.

مصطفى mustefâ: (A.) **1.**seçilmiş, seçkin. **2.**saflaştırılmış. **3.**İslâm peygamberi Muhammed'in adlarından biri. **4.**erkek adı.

مصطكى mastekî: (A. -Yun.) (bot.) sakız, reçine, mastika.

مصطلح musteleh: (A.) deyimli, ıstılahlı.

مصطلح mustelih: (A.) çok deyim ve terim kullanan.

مصطلحات mustelahât: (A.) deyim ve terim haline gelmiş kelime ve ibareler.

مصطلح شدن musteleh şoden: deyim haline gelmek.

مصطلحى mustelahî: (A.) çok deyim ve terim kullanan.

مصطنع musteni': (A.) **1.**yediren içiren, ziyafet çeken. **2.**yetiştiren, adam eden.

مصطوب mastûb: (A.) damarlardan fışkıran kan.

مصعاد mıs'âd: (A.) **1.**yükselme yeri. **2.**merdiven. **3.**asansör.

مصعد mas'ad: (A.) çıkış yeri, yükseliş yeri.

مصعد muse'ad: (A.) **1.**buharlaşmış. **2.**kaynatılmış şarap.

مصعد شدن muse'ad şoden: buharlaşmak.

مصعد كردن muse'ad kerden: buharlaştırmak.

مصغر museggar: (A.) küçültülmüş.

مصف · masaff: (A.) askerin saf kurduğu yer.

مصفا museffâ: (A.) saf, halis, temiz, saflaştırılmış.

مصفات misfât: (A.) süzgeç.

مصفاح misfâh: (A.) sac merdanesi.

مصفر musaffir: (A.) ıslık çalan.

مصفف musaffef: (A.) saf olmuş, sıra olmuş.

مصفوف· masfûf: (A.) sıralanmış, saf kurmuş, sıra olmuş.

مصفوفه· masfûfe: (A.) sıralanmış, saf kurmuş, sıra olmuş.

مصفى museffâ: (A.) saf, halis, temiz, saflaştırılmış, tasfiye edilmiş.

مصفى museffî: (A.) arıtan, süzen, tasfiye eden.

مصقل miskal: (A.) **1.**cilalama aleti, parlatıcı. **2.**usta hatip.

مصقله miskale: (A.) parlatıcı, parlatma aleti, cila aleti.

مصقله شدن miskale şoden: cilalanmak, temizlenmek.

مصقله كردن miskale kerden: cilalamak, temizlemek.

مصقول maskûl: (A.) cilalı, cilalanmış.

مصل masl: (A.) kanda ve yoğurtta bulunan su.

مصلا musellâ: (A.) namaz kılınan yer, musalla.

مصلاق maslâk: (A.) **1.**su yalağı. **2.**su borusu. **3.**su deposu.

مصل الدم masluddem: (A.) serum, kan serumu.

مصلب musalleb: (A.) katılaştırılmış.

مصلح muslih: (A.) **1.**ıslah eden. **2.**barıştıran. **3.**güzel davranışlı. **4.**erkek adı.

مصلحانه muslihâne: (A.-F.) [muslih+ âne] **1.**arabulucuk yaparak, barıştırarak. **2.**iyileştirerek.

مصلحت meslehet: (A.) **1.**uygun görme, uygun bulma, iyi düşünme. **2.**en iyisi, doğrusu. **3.**durum, husûs. **4.**iş. **5.**barış, huzur, dirlik düzenlik.

5.penis. ‖ * berhaseb-i ~ بر حسب مصلحت duruma göre. ‖ * bikader-i ~ بقدر مصلحت gerektiği şekilde, gereken ölçüde.

مصلحت آميز meslehetâmîz: (A. -F.) [meslehet+âmîhten>âmîz] **1.**iyi dilekli. **2.**işbilir, işten anlar.

مصلحت بينى meslehetbînî: (A. -F.) [meslehet+dîden>bîn+î] görüş alma.

مصلحت بينى كردن meslehetbînî kerden: birinin görüşünü almak.

مصلحت ديد maslahatdîd: (A.-F.) [maslahat+dîden>dîd] uygun, makul olan, münasip olan.

مصلحت ديدن meslehet dîden: uygun görmek, doğru bulmak.

مصلحت شناس maslahatşinâs (A.-F.) [maslahat+ şinâhten> şinâs] işten anlar, işbilir.

مصلحت گذار meslehetgozâr: (A. -F.) [meslehet+gozârden>gozâr] **1.**iyi düşünen, işbilir, işten anlar. **2.**maslahatgüzar, büyükelçi adına işleri yürüten devlet görevlisi. **3.**mübaşir.

مصلحت گذارى meslehetgozârî: (A. -F.) [meslehet+gozârden>gozâr+î] **1.**iyi düşünme. **2.**maslahatgüzarlık. **3.**mübaşirlik.

مصلح شدن muslih şoden: **1.**ıslah etmek. **2.**barıştırmak.

مصلحه muslihe: (A.) **1.**ıslah eden, iyileştiren. **2.**barıştıran, ara bulan.

مصلحون muslihûn: (A.) **1.**iyileştirenler, düzeltenler, ıslah edenler. **2.**barıştıranlar, arabulucuk yapanlar.

مصلحين muslihîn: (A.) **1.**iyileştirenler, düzeltenler, ıslah edenler. **2.**barıştıranlar, arabulucuk yapanlar.

مصلحيه muslihiyye: (A.) Muslihîlik, Halvetilîk tarikatının bir kolu.

مصلوب maslûb: (A.) **1.**asılmış. **2.**asılarak idam edilmiş.

مصلوبا maslûben: (A.) **1.**asarak, asılarak. **2.**asma yoluyla idam ederek.

مصلوب شدن maslûb şoden: idam edilmek, asılmak.

مصلوب كردن maslûb kerden: idam etmek, asmak.

مصلوبيت maslûbiyyet: (A.) asılmışlık.

مصلى maslî: (A.) serum ile ilgili.

مصلى musellâ: (A.) **1.**namazlık, namaz kılma yeri. **2.**cenaze namazı kılınan yer. **3.**eskiden Şiraz'da bir mesire yeri, Gülgeşt-i Musallâ. ‖ * seng-i ~ سنگ مصلا musalla taşı, cenaze namazı kılınmak üzere cenazenin üstüne konulduğu taşı.

مصلى musellî: (A.) namaz kılan.

مصليه masliyye: (A.) **1.**kanda ve yoğurtta bulunan su ile ilgili. **2.**serum ile ilgili.

مصمت musemmet: (A.) **1.**suskun, sessiz. **2.**dolu, kof olmayan.

مصمت musmet: (A.) içi dolu, kof olma-yan.

مصمم musammem: (A.) kesin karar verilmiş, kararlaştırılmış.

مصمم musammim: (A.) kararlı.

مصمم شدن musammim şoden: karar vermek.

مصمم گشتن musammim geşten: karar vermek.

مصنع masna': (A.) sarnıç, su sarnıcı.

مصنعه masna'a: (A.) sarnıç, su sarnıcı.

مصنع musenna': (A.) **1.**sanatlı, süslü, gösterişli, tumturaklı. **2.**uydurulmuş. **3.**usta elinden çıkmış.

مصنعه musenna'a: (A.) **1.**sanatlı, süslü, gösterişli, tumturaklı. **2.**uydurulmuş. **3.**usta elinden çıkmış.

مصنف musannef: (A.) **1.**yazılmış, telif edilmiş. **2.**sıralanmış, tasnif edilmiş.

مصنف musannif: (A.) **1.**yazar. **2.**derleyen, tasnif eden. **3.**(müz.) bestekâr.

مصنفات musannefât: (A.) yazılmış kitaplar, telif eserler.

مصنفک musannifek: (A.-F.) [musannif+ ek] küçük yazar, yazarcık.

مصنفه musannife: (A.) bayan yazar.

مصنفین musannifîn: (A.) kitap yazarları.

مصنوع masnû': (A.) **1.**yapma, uydurma, düzmece. **2.**yapılmış, sanat ürünü, mamul.

مصنوعات masnû'ât: (A.) **1.**yapma şeyler, uydurma şeyler, düzmeceler. **2.**yapılmış şeyler, sanat ürünleri, imalat.

مصنوعی masnû'î: (A.) **1.**yapay, sun'î. **2.**yapmacık, sahte.

مصوات masvât: (A.) **1.**çok bağıran. **2.**ses şiddeti.

مصوب musavveb: (A.) onaylı, tasdikli.

مصوب شدن musavveb şoden: tasvip edilmek.

مصوبه musavvebe: (A.) önerge.

مصوبه masûbe: (A.) isabet eden.

مصوت musevvit: (A.) **1.**sesli. **2.**seslenen, ses çıkaran, ses veren.

مصور musavver: (A.) **1.**resimli, şekilli. **2.**tasavvur olunmuş, tasarlanmış.

مصور musavvir: (A.) ressam, resim yapan, resmeden, tasvir eden.

مصورانه musavvirâne: (A.-F.) [musavvir+âne] resim yaparcasına, tasvir edercesine, bir ressam gibi.

مصور شدن musavver şoden: tasvir edilmek, resmedilmek.

مصوره musavvere: (A.) **1.**resimli. **2.**tasarlanmış.

مصوره musavvire: (A.) **1.**bayan ressam. **2.**resmeden, tasarlayan. ‖ * madde-i ~ مادهٔ مصوره protoplazma.

مصوری musavvirî: (A. -F.) [musavvir+ î] ressamlık.

مصورین musavvirîn: (A.) ressamlar, resim yapanlar, resmedenler, tasvir edenler.

مصوغ masûg: (A.) **1.**kalıba dökülmüş. **2.**düz. **3.**örneğe uygun.

مصون mesûn: (A.) **1.**korunmuş, saklanmış. **2.**sağlam.

مصون شدن mesûn şoden: korunmak.

مصون ماندن mesûn mânden: korunmak, korunmuş olmak, masun kalmak.

مصونیت mesûniyyet: (A.) **1.**masun olma, korunmuşluk.**3.**dokunulmazlık. **4.**(tıb.) bağışıklık. **5.**sağlamlık. ‖ * ~ -i şahsiyye مصونیت شخصیه kişisel dokunmazlık.

مصونیت کسب کردن mesûniyyet kesb kerden: bağışıklık kazanmak.

مصیب musîb: (A.) **1.**isabetli. **2.**dürüst, doğru sözlü. **3.**rastgelen.

مصیبت musîbet: (A.) **1.**bela, musibet. **2.**keder. **3.**uğursuz, baş belası.

مصیبت دیده musîbetdîde: (A. -F.) [musîbet+dîden>dîd+e] **1.**felaketzede, musibete uğramış. **2.**yakını ölen.

مصیبت رسیدن musîbet resîden: **1.**bela gelmek, musibet gelmek. **2.**matemli olmak, yaslı olmak.

مصیبت زده musîbetzede: (A.-F.) [musîbet+zeden> zede] felakete uğramış, felaketzede.

مصیبه musîbe: (A.) **1.**isabet eden. **2.**rastgelen. **3.**isabetli.

مصید misyed: (A.) av aracı.

مصیده misyede: (A.) av aracı.

مصیر masîr: (A.) **1.**karargah. **2.**su yolu, su mecrası. **3.**süregiden.

مصیف masîf: (A.) yazlık, sayfiye yeri.

مصیقل musaykal: (A.) cilalı, parlatılmış, parlak.

مضاء mezâ': (A.) **1.**kesme. **2.**geçme. **3.**nüfuz. **4.**çözüm. **5.**geçti.

مضابط mazâbıt: (A.) tutanaklar, mazbatalar.

مضاجر mazâcir: (A.) kasvet verici yerler.

مضاجع mezâci': (A.) **1.**mezarlar. **2.**istirahat yerleri.

مضاحک mezâhik: (A.) komiklikler, latifeler, fıkralar.

مضاد muzâdd: (A.) zıt.

مضار mezârr: (A.) **1.**zararlar.

2.eziyetler.

مضارب mezârib: (A.) 1.(müz.) mızraplar. 2.dövülecek yerler.

مضارب muzârib: (A.) 1.dövüşen. 2.kurulan şirkete sermayesiyle katılan.

مضاربات muzârebât: (A.) vurdu kırdılar, dövüşler.

مضارب الامثال mezâribulemsâl: (A.) atasözü söylenecek yerler.

مضاربه muzârebe: (A.) 1.vurdukırdı, dövüş. 2.sermaye ve emekle kurulmuş şirket.

مضارع muzâri': (A.) 1.benzer. 2.(gr.) geniş zaman. 3.(ed.) aruzda bir bahir. 4.arkadaş. ‖ * ~ -i iltizâmî مضارع التزامى (gr.) istek kipi geniş zaman.

مضارعات muzâri'ât: (A.) 1.geniş zamanlar. 2.ortaklar. 3.arkadaşlar.

مضارعت muzâre'et: (A.) benzeme, benzeyiş, benzerlik.

مضارعه muzâre'e: (A.) arşınlayarak satış.

مضاريب mezârîb: (A.) mızraplar.

مضاعف muzâ'ef: (A.) 1.iki kat, katlanmış. 2.Arapçada üçlü kökünde ikinci ve üçüncü harfleri aynı olan kelime.

مضاعف شدن muzâ'ef şoden: iki kat olmak.

مضاعف كردن muzâ'ef kerden: iki kat yapmak.

مضاف muzâf: (A.) 1.fazla, eklenmiş. 2.nisbetli. 3.(gr.) tamlanan, belirtilen.

مضافاً muzâfen: (A.) üstelik, ilave olarak.

مضافات muzâfât: (A.) 1.ekler, ilaveler. 2.merkeze bağlı yerler.

مضاف اليه muzâfun ileyh: (A.) belirteç.

مضاف عليه muzâfunaleyh: (A.) (gr.) tamlayan, belirten.

مضاق mezâk: (A.) darlık, sıkıntı.

مضامير mezâmîr: (A.) at meydanları, koşu meydanları.

مضامين mezâmîn: (A.) 1.mazmunlar, sembolik sözler, anlamlı sözler, kavramlar. 2.ödenmesi gereken şeyler. 3.incelikler. 4.semboller.

مضاهات muzâhât: (A.) benzeme.

مضاهى muzâhî: (A.) benzeyen.

مضايق mezâyik: (A.) 1.kasvet verici yerler, dar yerler. 2.zorluklar, güçlükler.

مضايقه muzâyeke: (A.) 1.esirgeme. 2.sıklaştırma. 3.sıkıntı. 4.parasızlık, geçim sıkıntısı.

مضايقه كردن muzâyeke kerden: esirgemek.

مضبطه mazbata: (A.) tutanak.

مضبوط mazbût: (A.) 1.mazbut, korunmuş. 2.sağlam. 3.doğru. 4.arşivlenmiş, arşive koyulmuş. 5.zaptedilmiş, ele geçirilmiş. 6.yazılmış, yazıya geçirilmiş. 7.hatırda tutulmuş. 8.derli toplu. 9.belli.

مضبوطات mazbûtât: (A.) 1.kayda geçirilenler, yazılanlar. 2.korunanlar, saklananlar. 3.hatırda saklananlar.

مضبوط داشتن mazbût dâşten: 1.korumak. 2.sağlamlaştırmak. 3.tashih etmek.

مضبوط كردن mazbût kerden: 1.korumak. 2.sağlamlaştırmak. 3.tashih etmek.

مضبوطه mazbûte: (A.) 1.zaptedilmiş, ele geçirilmiş. 2.yazılmış, yazıya geçirilmiş. 3.derli toplu. 4.hatırda tutulmuş. 5.korunmuş. 6.belli. 7.sağlam.

مضجر mazcer: (A.) kasvet verici yer.

مضجر muzcer: (A.) sıkıntılı, acı çeken.

مضجر muzcir: (A.) sıkıntı veren, acı çektiren.

مضجع mezce': (A.) 1.istirahat yeri. 2.mezar, kabir.

مضحک mezhek: (A.) 1.gülünecek şey. 2.komik.

مضحک muzhek: (A.) soytarı.

مضحک muzhik: (A.) gülünç, komik.

مضحكات muzhikât: (A.) gülünçlükler, komediler.

مضحكه mezheke: (A.) 1.komedi.

2.komedyen.

مضحكه muzhike: (A.) gülünçlük, komedi.

مضر muzirr: (A.) zararlı, muzur.

مضراب mizrâb: (A.) (müz.) mızrap. ‖ * kebûter der ~ rânden كبوتر در مضراب راندن boşuna uğraşmak, havanda su dövmek. ‖ * tek-i ~ râ şurû' kerden تك مضراب را شروع كردن sazı eline almak, konuşmaya başlamak.

مضرابى mizrâbî: (A.) (müz.) mızraplı sazlar.

مضرات mezerrât: (A.) 1.zararlar. 2.felaketler.

مزراق mızrâk: (A.) kargı.

مضرب mezreb: (A.) 1.kılıç. 2.kılıç keskinliği.

مضرب mezrib: (A.) 1.çadır kurulan alan. 2.(mat.) ortak kat, çarpan. 3.çarpacak yer. 4.çarpma yeri, çakma yeri.

مضرب mizreb: (A.) 1.mızrap. 2.otağ, büyük çadır.

مضربه mezribe: (A.) kılıç ağzı.

مضربه muzrebe: (A.) dövüşme, vuruşma. 2.para ve emekle ortaklık kurma.

مضرت mezerret: (A.) 1.zarar, ziyan. 2.felaket. 3.zarar verme.

مضرت رساندن mezerret resânden: zarar vermek.

مضرس muzerres: (A.) 1.dişli. 2.flakete uğramış. 3.tecrübeli.

مضروب mazrûb: (A.) 1.dayak yemiş, dövülmüş, tartaklanmış. 2.basılı, darbedilmiş. 3.(mat.) çarpılan. 4.damgalı, damgalanmış. ‖ * ~ fîh مضروب فيه (mat.) çarpan.

مضروبات mazrûbât: (A.) 1.dövülenler. 2.vurulanlar. 3.çarpılanlar. 4.basılanlar, damgalananlar.

مضروب فيه mazrûbun fîh: (A.) çarpan.

مضروبين mazrûbeyn: (A.) birbiriyle çarpılan sayılardan her biri, çarpılan sayı.

مضرور mazrûr: (A.) zararlı, zarar görmüş.

مضروس mazrûs: (A.) örülü, örülmüş.

مضره muzirre: (A.) zararlı, zarar veren, muzur.

مضض mazaz: (A.) 1.kederlenme, hüzün, tasa. 2.felaket acısı. 3.ağrı, sızı.

مضطبه maztaba: (A.) tutanak, zabıtname.

مضطجع muzteci': (A.) yana yatan.

مضطجعا muzteci'an: (A.) yana yatarak.

مضطر muzter: (A.) 1.zararlı. 2.yoksul, biçare, zavallı. 3.zorlanmış, zorunda kalmış, mecbur olmuş, güçlük çekerek.

مضطرب muzterib: (A.) 1.muzdarip, ızdıraplı. 2.titreyen.

مضطرب البال muztaribulbâl: (A.) huzursuz, ızdıraplı.

مضطربانه muzteribâne: (A. -F.) [muzterib+ âne] ızdırapla, sıkıntı içinde, acı çekerek, rahatsızca.

مضطرب حال muztaribhâl: (A.) [muztarib+hâl] perperişan.

مضطرب شدن muzterib şoden: muzdarip olmak, perişan olmak.

مضطرب كردن muzterib kerden: ızdırap vermek.

مضطر شدن muzter şoden: aciz kalmak, muhtaç olmak.

مضطرم muzterim: (A.) alevlenen.

مضعف muza'af: (A.) katlanmış, iki kat olmuş, bir kat daha artmış.

مضعف muz'if: (A.) 1.zayıflatan. 2.iki kat eden.

مضعوف maz'ûf: (A.) zayıf, zayıflamış.

مضغ mezg: (A.) ağızda çiğneme.

مضغ كردن mezğ kerden: çiğnemek, gevmek.

مضغوط mazgût: (A.) sıkılmış, sıkılı.

مضغه muzga: (A.) et parçası.

مضل muzil: (A.) saptıran, baştan çıkaran, dalalete düşüren, azdıran.

مضلع muzella': (A.) çokgen.

مضله mazalle: (A.) yolun kaybolduğu yer.

مضله muzille: (A.) azdıran, yoldan çıkaran.

مضمار mizmâr: (A.) 1.hipodrom, at meydanı, koşu sahası. 2.finiş noktası.

مضمحل muzmahill: (A.) dağılmış, çökmüş, yok olmuş.

مضمر muzmer: (A.) 1.saklı, gizli. gizli düşünce. 2.gönül, gönüldeki sır.

مضمر muzmir: (A.) saklayan, gizleyen, içinde saklayan.

مضمرات muzmerât: (A.) saklı tutulanlar, gizli şeyler.

مضمضه mazmaza: (A.) ağız çalkalama, gargara.

مضمحل muzmehil: (A.) yok olan.

مضمحل شدن muzmehil şoden: yok olmak.

مضمحل کردن muzmehil kerden: yok etmek.

مضمر muzmer: (A.) saklı, gizli, örtülü.

مضمضه mezmeze: (A.) gargara.

مضمضه کردن mezmeze kerden: gargara yapmak.

مضموم mezmûm: (A.) 1.(gr.) ötreli, zammeli, mazmum. 2.derlenmiş, toplanmış. 3.eklenmiş.

مضمون mezmûn: (A.) 1.içerik. 2.(ed.) tema. 3.gizli anlamlı söz, sembolik söz. 4.ödenmesi gereken.

مضمون بستن mezmûn besten (Ed.) mazmun kullanmak.

مضمون پرداز mazmûnperdâz: (A.-F.) [mazmûn+ perdâhten> perdâz] mazmun yaratan.

مضمون تراز mazmûntırâz: (A.-F.) [mazmûn+ terâzîden> terâz] mazmun yaratan, mazmun söyleyen.

مضمون کوک کردن mezmûn kûk kerden: iğneli söz söylemek.

مضنوک maznûk: (A.) nezleli.

مضوفه mazûfe: (A.) izâfe edilmiş, eklenmiş.

مضی mezâ: (A.) geçti. ‖ * ~ mâ ~ مضی ما مضی olan oldu, geçen geçti, oldu bir kere.

مضی muzî: (A.) geçme.

مضیء muzî': (A.) parlak, aydınlık.

مضیئه muzî'e: (A.) ışık veren, parlak.

مضیاع mızyâ': (A.) sürekli eşyasını kaybeden.

مضیر mazîr: (A.) ekşi.

مضیض mazîz: (A.) felaket acısı çeken.

مضیع muzeyyi': (A.) 1.ihmalkâr. 2.kaybeden.

مضیع muzî': (A.) yitiren, kaybeden.

مضیف mezîf: (A.) 1.misafirhane. 2.ziyafet evi. 3.sofrası herkese açık olan ev.

مضیف muzîf: (A.) ev sahibi.

مضیفه mazîfe: (A.) 1.izâfe edilmiş. 2.üzüntü.

مضیفه mazyefe: (A.) keder.

مضیق mezîk: (A.) 1.dar yer. 2.güç iş, sorun.

مضیق muzîk: (A.) daraltan, sıkan, sıkıştıran.

مضیقه mezîke: (A.) 1.dar yer. 2.darlık. 3.güç iş. ‖ * der ~ gozârden در مضیقه گذاردن sıkıntıya düşürmek, güç durumda bırakmak.

مضیم mazîm: (A.) mazlum.

مطائب metâ'ib: (A.) seçkin şeyler, güzel şeyler.

مطائف metâ'if: (A.) tavaf edilen yerler, çevresinde dönülen yerler.

مطائن metâ'in: (A.) çamur sıvalı yerler.

مطابخ metâbih: (A.) mutfaklar.

مطابع metâbi': (A.) matbaalar, basımevleri.

مطابق mutâbik: (A.) uygun, mutabık. ‖ * ~ -i مطابق -e göre, uygun olarak. ‖ * ~ -i ma'mûl مطابق معمول her zamanki gibi.

مطابقت mutâbakat: (A.) mutabakat, uzlaşma, uzlaşı, uyum sağlama.

مطابقت کردن mutâbakat kerden: 1.mutabakata varmak, uzlaşmak. 2.karşılaştırmak.

مطابقه mutâbaka: (A.) 1.mutabakat, uzlaşma, uyum sağlama. 2.karşılaştırma.

مطابقه کردن mutâbaka kerden: 1.birleşmek, mutabakata varmak, uzlaşmak. 2.karşılaştırmak.

مطابيخ matâbîh: (A.) pişirilmiş şeyler.

مطار metâr: (A.) 1.uçma, uçuş. 2.geniş ağızlı çukur.

مطارح metârih: (A.) 1.tarh yapma yerleri. 2.atma yerleri. 3.görüşme yerleri.

مطارحه mutârehe: (A.) karşılıklı konuşma.

مطارد metârid: (A.) 1.mızraklar. 2.zıpkınlar.

مطاردات mutâredât: (A.) vuruşmalar, çarpışmalar.

مطاردت mutâredet: (A.) karşılıklı saldırı.

مطارده mutârede: (A.) vuruşma, çarpışma.

مطارق metârik: (A.) 1.demirci çekiçleri. 2.tokmaklar. 3.değnekler, sopalar.

مطاره metâre: (A.) kuşluk, kuşu çok olan yer.

مطاع mutâ': (A.) itaat edilen, uyulan.

مطاعم metâ'im: (A.) 1.yemekhaneler. 2.yemek salonları, yemek odaları.

مطاعمه mutâ'ame: (A.) güvercin öpüşmesi.

مطاعن metâ'in: (A.) kınanma yerleri, sövme yerleri.

مطاعه mutâ'e: (A.) itaat edilen, boyun eğilen.

مطاعيم metâ'îm: (A.) 1.oburlar. 2.beslemeler, yemek yedirmeler.

مطاعين metâ'în: (A.) mızrakla yaralayan.

مطاف metâf: (A.) tavaf edilen yer, çevresinde dönülen yer.

مطاف mutâf: (A.) tavaf edilecek yer.

مطال mettâl: (A.) borcunu ödemeyi geciktiren.

مطالب metâlib: (A.) 1.konular. 2.istekler, talepler.

مطالبات mutâlebât: (A.) istekler, talepler.

مطالبت mutâlebet: (A.) hakkını isteme.

مطالبه mutâlebe: (A.) 1.hakkını isteme. 2.geri isteme. 3.dava.

مطالبه کردن mutâlebe kerden: 1.hakkını istemek. 2.geri istemek. 3.istemek.

مطالبه گر mutâlebeger: (Ar. F.) [mutâlebe+ ger] talib, istekli.

مطالع metâli': (A.) 1.doğuş yerleri. 2.(ed.) matlalar.

مطالع mutâli': (A.) okuyan, inceleyen, kitap okuyan.

مطالعات mutâle'ât: (A.) 1.okumalar. 2.incelemeler. 3.görüşler, düşünceler.

مطالعه mutâle'e: (A.) 1.okuma. 2.inceleme. 3.görüş, düşünce.

مطالعه خانه mutâle'ehâne: (A.-F.) [mutâla'a+hâne< hâne-i mütâla'a] okumaevi.

مطالعه رفتن mutâle'e reften: mütalaa edilmek, üstünde düşünülmek.

مطالعه شدن mutâle'e şoden: mütalaa edilmek, incelenmek, okunmak.

مطالعه کردن mutâle'e kerden: mütalaa etmek, incelemek, okumak.

مطالعه نامه mutâle'enâme: (A.-F.) [mutâla'a+nâme] görüş.

مطالعين mutâli'în: (A.) okuyanlar, inceleyenler, kitap okuyanlar.

مطاله mettâle: (A.) borcunu ödemeyi geciktiren.

مطاليل metâlîl: (A.) ıslak nesneler.

مطامح metâmih: (A.) tamah edilen şeyler, göz konulan şeyler.

مطامع metâmi: (A.) tamahlar.

مطامير metâmîr: (A.) 1.yer altı odaları. 2.mezarlar.

مطاوع mutâvi': (A.) itaatkâr, uyumlu, boyun eğen.

مطاوعت mutâve'et: itaat etme, boyun eğme, uyum gösterme.

مطاوعتکارى mutâva'atkârî: (A.-F.) [mutâva'at+kâr+î] itaat etme, boyun eğme.

مطاوله mutâvele: (A.) sürüncemede bırakma.

مطاوى metâvî: (A.) 1.bükülmüş şeyler, dürülmüş şeyler. 2.kıvrımlar.

مطاويع metâvî': (A.) itaatliler.

مطاهر metâhir: (A.) **1.**yıkanma yerleri. **2.**su kapları, mataralar.

مطاهر mutâher: (A.) temizlenmiş, arıtılmış.

مطاهر mutâhir: (A.) temizleyen.

مطاهره mutâhere: (A.) temizleme.

مطايا metâyâ: (A.) binek hayvanları.

مطايب mutâyib: (A.) şakacı.

مطايبات mutâyebât: (A.) fıkralar, şakalar, eğlendirici hikayeler.

مطايبه mutâyebe: (A.) **1.**şakalaşma. **2.**şaka.

مطايبه آميز mutâyebeâmîz: (A. -F.) [mutâyebe+âmîhten>âmîz] şakalı, mizahî.

مطب meteb: (A.) (tıb.) muayenehane.

مطبخ metbeh: (A.) mutfak.

مطبعه metbe'e: (A.) matbaa, basımevi.

مطبق mutebbak: (A.) **1.**tabakalı, katlı. **2.**kapaklı. **3.**bir tür kumaş. **4.**kapak gibi kapanmış. **5.**uygulanmış, tatbik edilmiş.

مطبق mutbik: (A.) **1.**örten, saran, bürüyen. **2.**tam, tüm, bütün.

مطبقه mutbike: (A.) **1.**(tıb.) ateşli hastalık. **2.**örten, saran, bürüyen. **3.**tüm, tam, bütün.

مطبوخ metbûh: (A.) **1.**pişirilmiş. **2.**şurup. **3.**kaynatılmış.

مطبوخات matbûhât: (A.) **1.**pişirilmiş yemekler. **2.**kaynatılmış ilaçlar.

مطبوع metbû': (A.) **1.**beğenilen, nefis, enfes, hoş. **2.**basılı, matbu. ‖ * ~ -i kesî vâki' şoden مطبوع كسى واقع شدن beğenmek, hoşuna gitmek. ‖ * suhen-i ~ سخن مطبوع güzel söz, hoşa giden söz.

مطبوعات metbû'ât: (A.) **1.**basılı eserler. **2.**basın.

مطبوعه metbû'e: (A.) **1.**basılı, matba. **2.**beğenilen, hoş, nefis.

مطحن mıthan: (A.) değirmen.

مطحنه mıthana: (A.) değirmen.

مطحوم mathûm: (A.) dolu.

مطحون mathûn: (A.) övütülmüş.

مطر matar: (A.) yağmur.

مطرا muterrâ: (A.) terütaze.

مطراب mıtrâb: (A.) neşeli.

مطرا شدن muterrâ şoden: **1.**terütaze olmak. **2.**yenilenmek. **3.**temizlenmek. **4.**ihya olmak.

مطراق matrâk: (A.) **1.**sopa. **2.**çekiç. **3.**tokmak.

مطرا كردن muterrâ kerden: **1.**yenilemek. **2.**temizlemek. **3.**ihya etmek.

مطران metrân: (A. -Yun.) taçlı piskopos.

مطرب mutrib: (A.) **1.**neşelendirici. **2.**(müz.) çalgıcı, mutrip. **3.**dansöz, rakkase. **4.**şarkıcı.

مطربا mutribâ: (A.-F.) [mutrib+â] ey çalgıcı, ey şarkıcı.

مطربانه mutribâne: (A.-F.) [mutrib+âne] **1.**çalgıcı gibi. **2.**şarkıcı gibi. **3.**klasik Türk musikîsinde bir makam.

مطربه mutribe: (A.) **1.**dansöz. **2.**bayan çalgıcı, şarkıcı.

مطربى mutribî: (A. -F.) [mutrib+î] **1.**çalgıcılık. **2.**dansözlük.

مطرح metreh: (A.) **1.**ortaya koyma, ele alma, söz konusu etme, söz konusu olma. **2.**av torbası. **3.**yaygı. **4.**düzenlenecek şey, bölünecek şey, işlenecek şey. **5.**vergiye esas tutulan gelir.

مطرح muterrah: (A.) çıkarılmış, tarh edilmiş.

مطرح ساختن metreh sâhten: açmak, gündeme koymak, söz konusu etmek, ele almak, işlemek.

مطرح شدن metreh şoden: ele alınmak, işlenmek, söz konusu olmak.

مطرح كردن metreh kerden: ele almak, işlemek, söz konusu etmek, ortaya koymak, incelemek.

مطرد mitred: (A.) **1.**kısa mızrak. **2.**sancak. **3.**ipek.

مطرد muterred: (A.) **1.**uzaklaştırılmış, tardedilmiş, kovulmuş. **2.**uzun. **3.**mufassal.

مطرد muterrid: (A.) sürekli, biteviye.

مطرد muttarid: (A.) sürekli, bir düziye.

مطردا mutarriden: (A.) sürekli, biteviye.

مطردا muttariden: (A.) sürekli olarak, biteviye, monoton.

مطرده mutteride: (A.) sürekli, biteviye.

مطرز muterrez: (A.) süslü, işlemeli, tezyinatlı.

مطرز شدن muterrez şoden: süslenmek, desenlenmek, işlenmek.

مطرز كردن muterrez kerden: süslemek, desenlemek, işlemek.

مطرف muterref: (A.) bir gazeli murabba haline dönüştürmek amacıyla her beyte iki mısra ekleme.

مطرف muterrif: (A.) anormal, aşırı derecede.

مطرف mutrif: (A.) yeni mal.

مطرق mitrak: (A.) **1.**çekiç. **2.**balyoz. **3.**matrak. **4.**sopa. **5.**mızrak. **6.**tokmak.

مطرقه mıtraka: (A.) **1.**çekiç, demirci çekici. **2.**tokmak. **3.**sopa.

مطروار matarvâr: (A.-F.) [matar+vâr] yağmur gibi.

مطروح metrûh: (A.) **1.**atılmış. **2.**uzaklaştırılmış. **3.**söz konusu edilmiş, ele alınmış. **4.**uzak yer. **5.**çıkarılmış. **6.**temeli atılmış. **7.**koyulmuş, belirtilmiş, tayin edilmiş.

مطرود metrûd: (A.) kovulmuş, sürülmüş.

مطروديت matrûdiyyet: (A.) kovulmuşluk.

مطرودين matrûdîn: (A.) kovulmuşlar, uzaklaştırılmışlar.

مطروش matrûş: (A.) tıraşlanmış, tıraş edilmiş.

مطروق matrûk: (A.) **1.**gevşek, pörsümüş. **2.**yağmurla güzel kokan toprak.

مطره matara: (A.) üstte taşınan küçük su kabı.

مطرى muterrâ: (A.) taze, tazeliği üstünde.

مطريت matariyyet: (A.) yağmurlu oluş, yağmurluluk.

مطريس metrîs: (A.) **1.**istihkamlar. **2.**caraskal, vinç.

مطعام mit'âm: (A.) **1.**obur. **2.**bol yemekli.

مطعان mit'ân: (A.) **1.**jokey. **2.**at süren.

مطعم met'am: (A.) **1.**yemekhane. **2.**yiyecek.

مطعم mut'im: (A.) yemek veren, doyuran.

مطعم mut'am: (A.) yiyecek içecek sahibi.

مطعن mat'an: (A.) kınama yeri, sövme yeri.

مطعوم met'ûm: (A.) **1.**tadılmış, yenilmiş. **2.**yiyecek.

مطعومات mat'ûmât: (A.) yiyecekler.

مطعون met'ûn: (A.) **1.**kınanmış. **2.**mızraklanmış. **3.**vebalı, vebaya yakalanmış.

مطعونا mat'ûnen: (A.) vebaya yakalanarak.

مطعون شدن met'ûn şoden: **1.**kınanmak. **2.**mızraklanmak.

مطعون كردن met'ûn kerden: **1.**kınamak. **2.**mızraklamak.

مطفف mutaffif: (A.) eksik mal veren.

مطفو matfû: (A.) **1.**söndürülmüş. **2.**vezneden ödenen para hesabı.

مطفوآت matfû'ât: (A.) vezneden ödenen para hesapları.

مطفى matfî: (A.) söndürülmüş.

مطفى mutfî: (A.) söndürücü, söndüren.

مطفى الجمر mutfiyyulcemr: (A.) kocakarı soğuklarının altıncı günü.

مطقب matkab: (A.) [<maskab] matkap.

مطل matl: (A.) **1.**atlatma, geçirme. **2.**çekme.

مطلا mutellâ: (A.) altın kaplama.

مطلا شدن mutellâ şoden: altın kaplama yapılmak, altınla kaplanmak.

مطلاق mitlâk: (A.) sık sık kadın boşayan.

مطلاكار mutellâkâr: (A. -F.) [mutellâ+ kâr] altın kaplamacı.

مطلا كارى mutellâkârî: (A. -F.) [mutellâ+ kâr+î] altın kaplamacılık, altın kaplama işi.

مطلب metleb: (A.) **1.**konu, mesele.

2.maksat. 3.istek.

مطلبه metlebe: (A.) istek.

مطلسم mutelsem: (A.) tılsımlı, büyülü.

مطلسم mutelsim: (A.) tılsım yapan, büyü yapan.

مطلع metle': (A.) 1.doğuş yeri. 2.(ed.) söz başlangıcı. 3.(ed.) kaside ve gazelin ilk beyti. ‖ * husn-i ~ حسن مطلع gazelde ikinci beyit.

مطلع mutteli': (A.) bilgili, haberdar.

مطلع الاسرار matlaulesrâr (A.) sırların doğduğu yer.

مطلع الانوار matla'ulenvâr (A.) nurların doğduğu yer.

مطلع شدن mutteli' şoden: 1.bilgilenmek, haberdar olmak. 2.varmak.

مطلع كردن mutteli' kerden: haberdar etmek, bilgilendirmek.

مطلق mutlak: (A.) 1.kesin, mutlak, kayıtsız şartsız. 2.serbest, özgür. 3.hepsi, tümü. 4.koyu. 5.salt, yalnız.

مطلقاً mutlakan: (A.) kesinlikle, ne olursa olsun, ille de.

مطلقا mutlekâ: (A.) mutlaka, kesinlikle.

مطلق العنان mutlakul'inân: (A.) başıboş, salıverilmiş.

مطلقه mutelleke: (A.) 1.boşanmış kadın. 2.bırakılmış. 3.kesinlikle. 4.salt, yalnız. ‖ * hukûmet-i ~ حكومت مطلقه monarşik hükümet. ‖ * idâre-i ~ اداره مطلقه mutlakiyet yönetimi, monarşi.

مطلقيت mutlakıyyet: (A.) monarşi, bir hükümdarın yönetimindeki idarî sistem. ‖ * idâre-i ~ اداره مطلقيت mutlakiyet rejimi, monarşik rejim.

مطلوب metlûb: (A.) 1.istenilen, arzu edilen, ideal. 2.beğenilen. 3.sevgili. 4.(tas.) Tanrı. 5.alacak. 6.klasik Türk musikîsinde bir makam.

مطلوبات metlûbât: (A.) 1.istenen şeyler, aranan şeyler. 2.alacaklar.

مطلوبک metlûbek: (A.-F.) [matlûb+ek] klasik Türk musikîsinde bir makam.

مطلول matlûl: (A.) ıslak, yaş.

مطلى mutellâ: (A.) 1.altın kaplamalı, altın işlemeli. 2.süslü. 3.yağlı.

مطمار mitmâr: (A.) mimarların kullandığı çırpı ipi.

مطمئن mutme'in: (A.) 1.tatmin olmuş, doyumlu. 2.emin, huzurlu, rahat.

مطمئن خاطر mutme'inhâtir: (A. -F.) [mutme'in+hâtir] huzurlu, içi rahat.

مطمئن خاطر شدن mutme'inhâtir şoden: huzurlu olmak, gönlü rahat olmak.

مطمئن شدن mutme'in şoden: 1.tatmin olmak. 2.huzurlu olmak. 3.emin olmak.

مطمئن كردن mutme'in kerden: 1.tatmin etmek. 2.huzur vermek. 3.emin etmek.

مطمئن گشتن mutme'in geşten: emin olmak.

مطمث mutemmis: (A.) regl düzenleyici ilaç.

مطمح metmah: (A.) 1.göz koyulan yer. 2.göz konulan şey.

مطمع matma': (A.) tamah edilen, istenen.

مطمعه matma'a: (A.) tamah edilen, istenen.

مطمور matmûr: (A.) gömülmüş, toprak altına gizlenmiş.

مطموره metmûre: (A.) 1.kiler, mahzen. 2.toprağa gömülü. 3.zindan. 4.mezar.

مطموس metmûs: (A.) 1.kayıp, yok olmuş, görülmeyen. 2.sonradan kör olmuş kişi.

مطموع matmû': (A.) tamah edilen.

مطنطن mutenten: (A.) 1.gösterişli, tantanalı. 2.parlak.

مطنن mutannen: (A.) tınılı.

مطواع mitvâ': (A.) itaatli, baş eğen.

مطوس mutavves: (A.) renkli, rengârenk.

مطوع mutavvi': (A.) itaat eden, boyun eğen.

مطوق mutavvek: (A.) 1.kolye takmış, gerdanlık takmış. 2.boynu halkalı. 3.boynu zincirli.

مطوقه mutavveka: (A.) boynu halka desenli güvercin.

مطول mutevvel: (A.) 1.uzun. 2.uzatılmış. 3.ayrıntılı. 4.eskiden medreselerde okutulan Arap edebiyatı tarihi.

مطولات mutevvelât: (A.) 1.uzatılmış. 2.ayrıntıya girilmiş.

مطوله mutevvele: (A.) 1.uzatılmış. 2.ayrıntıya girilmiş, kapsamlı.

مطوى matvî: (A.) 1.dürülü, bükülü. 2.kıvrım.

مطوياً matviyyen: (A.) dürerek, sararak.

مطوى داشتن metvî dâşten: 1.kıvırmak. 2.örtmek.

مطوى شدن metvî şoden: 1.kıvrılmak. 2.örtülmek.

مطوى كردن metvî kerden: 1.kıvırmak. 2.örtmek.

مطهر mutehher: (A.) 1.temiz, pak. 2.temizlenmiş, arınmış. 3.mübarek. 4.Hz. Muhammed.

مطهر mutehhir: (A.) temizleyen, arındıran.

مطهره methere, mithere: (A.) 1.ıbrık. 2.temizlenilen yer, temizlenme yeri, banyo. 3.matara.

مطهره mutehhere: (A.) 1.temizlenmiş, temiz. 2.mübarek. ‖ * ravza-i ~ روضهء مطهره 1.temiz bahçe. 2.kutsal türbe. 3.Haz. Muhammed'in türbesinin bulunduğu yer.

مطهرى mutehherî: (A. -F.) [mutehher+î] temizlik.

مطيب muteyyib: (A.) 1.güzel koku sürünen. 2.sevindirilmiş, gönlü alınmış.

مطيباً muteyyiben: (A.) 1.güzel koku sürünerek. 2.sevindirilerek, gönlü alınarak.

مطيبون muteyyibûn: (A.) 1.güzel koku sürünenler. 2.sevindirilenler, gönlü alınanlar.

مطيبين muteyyibîn: (A.) 1.güzel koku sürünenler. 2.sevindirilenler, gönlü alınanlar.

مطيع mutî': (A.) 1.itaatli, boyun eğen. 2.bağlı. 3.rahat. 4.erkek adı.

مطيع شدن mutî' şoden: itaat etmek, baş eğmek, boyun eğmek.

مطيع كردن mutî' kerden: itaat ettirmek, baş eğdirmek, boyun eğdirmek.

مطيعه mutî'e: (A.) 1.itaatli, boyun eğen. 2.bağlı. 3.rahat. 4.bayan adı.

مطيه matiyye: (A.) binek hayvanı.

مطيه ران matiyyerân: (A.-F.) [matiyye+ rânden> rân] binek hayvanı süren.

مظائن mezâ'in: (A.) 1.ermişler. 2.kuşku götüren şeyler.

مظال mezâll: (A.) gölgelikler.

مظالم mezâlim: (A.) 1.zulümler. 2.adalet dairesi.

مظان mezânn: (A.) kuşkuya yol açan işaretler.

مظاهر mezâhir: (A.) 1.görünme yerleri, ortaya çıkma yerleri, mazharlar. 2.şereflenmeler, mazhar olmalar.

مظاهر muzâhir: (A.) 1.himaye eden, destek veren, yardımcı. 2.erkek adı.

مظاهرت muzâheret: (A.) destek, himaye, kollama.

مظاهرت كردن muzâheret kerden: destek vermek, desteklemek, himaye etmek.

مظروف mezrûf: (A.) 1.kap. 2.kaba koyulmuş, kaba konulan. 3.kılıflı. 4.zarflı kağıt.

مظروفاً mazrûfen: (A.) zarflı olarak, kap içinde.

مظروفات mazrûfât: (A.) 1.kaba koyulmuş şeyler. 2.zarflı şeyler.

مظفار mizfâr: (A.) 1.muzaffer, zafer kazanan. 2.asma çubuğuna sarılmış filiz.

مظفر muzaffer: (A.) 1.zafer kazanmış. 2.erkek adı. 3.bayan adı.

مظفراً muzafferen: (A.) zafer kazanmış olarak.

مظفرانه muzafferâne: (Ar. +F.) [muzaffer+ âne] muzafferce, zafer kazanmış halde.

مظفر شدن muzaffer şoden: yenmek, zafer kazanmak, muzaffer olmak.

مظفرفر muzafferfer: (A.-F.) [muzaffer+ fer] yüzünde zafer

parıltısı olan padişah.

مظفریات muzafferiyyât: (A.) zafer kazanmalar, üstün gelmeler.

مظفریت muzafferiyyet: (A.) zafer kazanma, muzaffer olma, üstün gelme, üstünlük.

مظل muzil: (A.) gölgeli.

مظلفه muzallefe: (A.) toynaklılar.

مظلل muzallel: (A.) gölgeli, gölgelenmiş, gölge altında.

مظلم muzlim: (A.) **1.**karanlık. **2.**bilinmez, şüpheli. **3.**uğursuz.

مظلمانه muzlimâne: (A.-F.) [muzlim+âne] karanlık olarak, karanlık gibi.

مظلم دهان muzlimdehân: (A.-F.) [muzlim+dehân] ağzı karanlık.

مظلمه mezlime: (A.) **1.**şikâyet, sızlanma. **2.**kan dökme, zulüm, haksızlık.

مظلمه muzlime: (A.) **1.**karanlık. **2.**bilinmez, şüpheli. **3.**bayan adı.

مظلمه بردن mezlime borden: şikâyet etmek.

مظلمیت muzlimiyyet: (A.) karanlık durum.

مظلوم mezlûm: (A.) **1.**zulüm görmüş, zulme uğramış, mazlum. **2.**erkek adı.

مظلومانه mazlûmâne: (A.-F.) [mazlûm+ âne] **1.**mazlumca. **2.**sessizce, sakince.

مظلومه mezlûme: (A.) **1.**zulüm görmüş bayan. **2.**bayan adı.

مظلومی mezlûmî: (Ar. +F.) [mezlûm+î] mazlumluk.

مظلومیت mazlûmiyyet: (A.) **1.**mazlumluk, haksızlığa uğramışlık. **2.**sessizlik, sakinlik.

مظلومین mazlûmîn: (A.) zulüm görmüşler, haksızlığa uğramışlar, mazlumlar.

مظله mezelle, mizelle: (A.) **1.**gölgelik. **2.**büyük çadır. **3.**şemsiye.

مظله mazille: (A.) büyük kıl çadır.

مظله نشین mezellenişîn: (A.-F.) [mazalle+nişesten> nişîn] gölgede oturan, gölgelikte oturan.

مظنون meznûn: (A.) **1.**sanık, zanlı. **2.**bilinmeyen. **3.**sanılan, zannedilen.

مظنونین meznûnîn: (A.) sanıklar, zan altında bulunanlar.

مظنه mezenne, mezinne: (A.) **1.**şüpheli yerler. **2.**kötü zan. **3.**sanırım. **4.**narh, fiyat. **5.**ermiş sanılan.

مظهر mezher: **1.**ortaya çıkış yeri, görünme yeri. **2.**nail olma, şereflenme, uğrama, karşı karşıya kalma. **3.**dervişlerin oturarak uyurken düşmemek için dayandığı sopa. **4.**sopa. **5.**erkek adı.

مظهریت mazhariyyet (A.) mazhar olma, kavuşma, nail olma, şereflenme.

مع me'a: (A.) ile, birlikte.

معاً ma'an: (A.) birlikte, beraber.

معاء mi'â': (A.) (tıb.) bağırsak. ‖ * ~-i a'ver معاء اعور körbağırsak. ‖ * ~-i galîz معاء غلیظ kalın bağırsak. ‖ * ~-i isnâ'aşer معاء اثناعشر on iki parmak bağırsağı. ‖ * ~-i mustakîm معاء مستقیم kalın bağırsak. ‖ * ~-i rakîk معاء رقیق ince bağırsak.

معائش me'â'iş: (A.) geçimler.

معائی miâ'î: (A.) bağırsak ile ilgili.

معاب ma'âb (A.) **1.**ayıp. **2.**ayıp yeri.

معابد me'âbid: (A.) mabetler, tapınaklar.

معابر me'âbir: (A.) **1.**geçitler. **2.**yollar.

معاتب mu'âteb: (A.) azarlanan, tekdir edilen, çıkışılan, paylanan.

معاتب mu'âtib: (A.) azarlayan, tekdir eden, çıkışan, paylayan.

معاتبه mu'âtebe: (A.) azarlama, tekdir, çıkışma, paylama.

معاجین me'âcîn (A.) macunlar, hamurlar.

معاد me'âd: (A.) **1.**dönüş. **2.**dönüş yeri. **3.**(tas.) ahiret. ‖ * âlem-i ~ عالم معاد âhiret, öbür dünya. ‖ * yevm-i ~ یوم معاد kıyamet günü.

معاد mu'âd: (A.) iade edilen, geri verilen, geri çevrilen.

معادات mu'âdât: (A.) karşılıklı

düşmanlık, birbirine düşmanlık gütme.

معادل mu'âdil: (A.) denk, eşit.

معادلات mu'âdelât: (A.) **1.**denklikler, eşitlikler. **2.**denklemler.

معادلت mu'âdelet: (A.) **1.**denklik. **2.**eşdeğerlik.

معادل ساختن mu'âdil sâhten: karşılık bulmak.

معادل سازی mu'âdilsâzî: (A. -F.) [mu'âdil+ sâhten>sâz+î] karşılık bulma.

معادلت mu'âdelet: (A.) eşitleme.

معادله mu'âdele: (A.) **1.**eşitleme. **2.**eşitlik, denklik. **3.**(mat.) denklem.

معادن me'âdin: (A.) **1.**madenler. **2.**asıllar.

معادیات me'âdiyyât (A.) insanların sonunda dönecekleri yer hakkındaki bilgiler, eskatoloji.

معاذ me'âz: (A.) **1.**sığınma. **2.**sığınak.

معاذ الله me'âzallâh: (A.) Allah'a sığınırım, Allah esirgesin, Allah saklasın.

معاذره mu'âzere: (A.) özür dileme.

معاذیر me'âzîr: (A.) mazeretler, özürler.

معاذیر me'âzîr: (A.) perdeler.

معار me'âr: (A.) utanma ve arlanma nedenleri.

معار mu'âr: (A.) ödünç, ödünç alınan.

معارج me'âric: (A.) basamaklar, merdivenler.

معارج النبوه me'âricunnubuvve: (A.) peygamberliğe çıkan basamaklar.

معارض mu'âriz: (A.) **1.**karşıt, muhalif. **2.**söz kesen. **3.**düşman.

معارضه mu'âreze: (A.) **1.**karşılaşma, muhalif olma. **2.**söz kesme. **3.**kavga, mücadele, çatışma, çatışkı.

معارضین mu'ârizîn: (A.) karşıtlar, itiraz edenler, muhalifler.

معارف me'ârif: (A.) **1.**bilgiler, bilimler. **2.**kültür. **3.**Milli Eğitim Bakanlığı.

معارف آشنا me'ârifâşinâ (A.-F.) [me'ârif+âşnâ] maarifi seven, bilgili.

معارف پرور me'ârifperver (A.-F.) [me'ârif+ perverden> perver] maarifi destekleyen, maarifi seven.

معارف پروری me'ârifperverî (A.-F.) [me'ârif+ perverden> perver+î] maarif sevgisi.

معارفمند me'ârifmend (A.-F.) [me'ârif+mend] bilgi sahibi, bilgili.

معارفمندان me'ârifmendân (A.-F.) [me'ârif+mend+ ân] bilgi sahipleri.

معارفه mu'ârefe: (A.) tanışma.

معارک me'ârik (A.) savaş meydanları.

معارکات mu'ârekât: (A.) **1.**savaşlar. **2.**kavgalar, vurdu kırdılar.

معارکه mu'âreke: (A.) **1.**savaş. **2.**kavga, vurdu kırdı.

معاری me'ârî (A.) çıplak organlar.

معاریج me'âric (A.) merdivenler.

معاریض me'ârîz (A.) kapalı sözler.

معاریف me'ârîf: (A.) ünlüler.

معازیف me'âzîf: (A.) musikî aletleri.

معاسره mu'âsere: (A.) **1.**güçlük. **2.**fakirlik.

معاش me'âş: (A.) **1.**geçim, yaşantı. **2.**yaşam yeri. **3.**aylık, maaş. ‖ * imrâr-i ~ kerden امرار معاش کردن geçinmek. ‖ * meded-i ~ giriften مدد معاش گرفتن geçim yardımı almak. ‖ * telâş-i ~ تلاش معاش geçim telaşı. ‖ * teng ~ تنگ معاش geçim sıkıntısı çeken.

معاشات me'âşât (A.) aylıklar, maaşlar.

معاش کردن me'âş kerden: geçinmek, yaşamak.

معاشر me'âşir (A.) topluluklar.

معاشر mu'âşir: (A.) dost, arkadaş.

معاشرت mu'âşeret: (A.) dostluk, arkadaşlık, içli dışlı olma. ‖ * âdâb-i ~ آداب معاشرت görgü kuralları. ‖ * husn-i ~ حسن معاشرت iyi geçinme.

معاشرت داشتن mu'âşeret dâşten: içli dışlı olmak, haşır neşir olmak.

معاشرت کردن mu'âşeret kerden: içli dışlı olmak, haşır neşir olmak.

معاشق mu'âşik: (A.) seven, aşık olan.

معاشقه mu'âşeke: (A.) sevişme.

معاشقه داشتن mu'âşeke dâşten: sevişmek.

معاشقه کردن mu'âşeke kerden: sevişmek.

معاصات mu'âsât: (A.) itaatsizlik, isyan etme.

معاصر mu'âsir: çağdaş, muasır.

معاصر me'âsır (A.) özsuyu çıkarma yerleri.

معاصرت mu'aseret: (A.) çağdaşlık.

معاصره mu'âsere: (A.) çağdaşlık.

معاصره mu'âsire: (A.) çağdaş.

معاصرین mu'âsirîn: (A.) çağdaşlar.

معاصی me'âsî: (A.) **1.**günahlar. **2.**isyanlar, itaatsizlikler.

معاصی mu'âsî: (A.) isyancı, asi, itaatsiz.

معاضد mu'âzid: (A.) yardımcı.

معاضدت mu'âzedet: (A.) yardım, destek.

معاطات mu'âtât: (A.) verme.

معاطات رفتن mu'âtât reften: el ele vermek.

معاطف me'âtif: (A.) **1.**boyunlar. **2.**aralar. **3.**paltolar. **4.**bakılacak yerler.

معاطفه mu'âtefe: (A.) şefkat gösterme.

معاطیر me'âtîr: (A.) güzel koku sürünenler.

معاظله mu'âzele: (A.) bir beyitteki anlamın başka beyitte tamamlanması.

معاظم me'âzım: (A.) en büyük kısımlar.

معاف mu'âf: (A.) **1.**affedilmiş. **2.**ayrı tutulmuş, müstesna tutulmuş. **3.**serbest. **4.**bağışık, bağışıklık kazanmış.

معاف خواستن mu'âf hâsten: istifasını istemek.

معاف داشتن mu'âf dâşten: **1.**bağışlamak, affetmek. **2.**serbest bırakmak.

معاف شدن mu'âf şoden: **1.**affedilmek. **2.**serbest bırakılmak. **3.**muaf olmak.

معاف کردن mu'âf kerden: **1.**affetmek. **2.**serbest bırakmak.

معاف نامه mu'âfnâme: (A.-F.) [mu'âf+nâme<nâme-i mu'âf <nâme-i mu'âfiyyet] **1.**muaflık belgesi. **2.**af yazısı.

معافیت mu'âfiyyet: (A.) **1.**bağışıklık. **2.**affedilme. **3.**muaf tutulma.

معافیت کسب کردن mu'âfiyyet kesb kerden: bağışıklık kazanmak.

معاقب mu'âkeb: (A.) cezalandırılan.

معاقب mu'âkib: (A.) cezalandıran.

معاقب شدن mu'âkeb şoden: cezalandırılmak.

معاقب کردن mu'âkeb kerden: cezalandırmak.

معاقبه mu'âkabe: (A.) cezalandırma.

معاقد me'âkid: (A.) akit yapılacak yerler.

معاقد mu'âkad: (A.) akdedilmiş, akit yapılmış.

معاقد mu'âkid: (A.) antlaşma yapan, akit yapan.

معاقدت mu'âkedet: (A.) antlaşma yapma, akit yapma.

معاقده mu'âkede: (A.) akitleşme, sözleşme.

معاقدین mu'âkidîn: (A.) antlaşma yapanlar, akit yapanlar.

معاقل me'âkil: (A.) **1.**sığınaklar, sığınma yerleri. **2.**yüksek dağlar. **3.**diyetler, kan pahaları.

معاقمه mu'âkama: (A.) didişme, çekişme.

معاک me'âk: (A.) **1.**sığınacak yer. **2.**meslek.

معاکیس me'âkîs: (A.) ters olan şeyler.

مع الأسف ma'alesef (A.) üzülerek, ne yazık ki.

مع الافتخار ma'aliftihâr (A.) övünerek, kıvanç duyarak.

مع التأسف ma'atte'essuf: (A.) üzülerek, ne yazık ki.

مع التحلیف ma'attahlîf: (A.) ·yemin ettirilerek.

مع التقدیر ma'attakdîr: (A.) takdir ederek.

معالج mu'âlic: (A.) tedavi eden, çare bulan.

معالجات mu'âlecât: (A.) tedaviler.

مع الجماعه ma'alcemâ'a (A.) toplu olarak, cemaat ile birlikte.

معالجه mu'âlece: (A.) (tıb.) tedavi, ilaçlı tedavi.

معالجه شدن mu'âlece şoden: tedavi olmak. ‖ * ser-i pâî ~ سر پائی معالجه شدن ayakta tedavi görmek.

معالجه كردن mu'âlece kerden: tedavi etmek, iyileştirmek

مع الشكران ma'aşşukrân: (A.) teşekkür ederek.

معالف me'âlif (A.) samanlıklar, yemlikler.

مع القسم ma'alkasem: (A.) yemin vererek.

مع الكراهه ma'alkerâhe: (A.) iğrenerek, istemeyerek, tiksinerek.

معالم me'âlim: (A.) **1.**işaretler. **2.**yol işaretleri.

مع المجبوريه ma'almecbûriyye: (A.) zorunlu olarak, ister istemez.

مع الممنونيه ma'almemnûniyye: (A.) seve seve, memnunlukla.

معالى me'âlî: (A.) **1.**konaklar. **2.**seçkin hasletler. **3.**yüksek düşünceler. **4.**yücelikler, şerefler. **5.**yükseklere çıkma.

معالى نژاد meâlînijâd (A.-F.) [me'âlî+ nijâd] soylu.

معامع me'âmi': (A.) ateş çıtırtıları.

معامل mu'âmil: (A.) **1.**alışveriş yapan. **2.**(kin.) arzulu. **3.**sarraf.

معاملات mu'âmelât: (A.) **1.**işlemler, muâmeleler. **2.**davranışlar.

معامله mu'âmele: (A.) **1.**işlem, muamele. **2.**alışveriş. **3.**davranma, davranış. **4.**yol, yöntem. **5.**karşılaşma.

معامله شدن mu'âmele şoden: **1.**(para) işlem görmek. **2.**davranılmak.

معامله كردن mu'âmele kerden: **1.**davranmak, muamele etmek. **2.**alışveriş yapmak, pazar eylemek.

معان ma'ân (A.) mekân.

معانات mu'ânât: (A.) **1.**zahmet çekme. **2.**gözü üstünde olma.

معاند mu'ânid: (A.) **1.**inatçı. **2.**mücadeleci.

معاندت mu'ânedet: (A.) **1.**inatçılık. **2.**düşmanlık. **3.**mücadele.

معانده mu'ânede: (A.) inatlaşma, inatçılık.

معانق mu'ânik: (A.) kucaklaşan, sarmaş dolaş olan.

معانقه mu'âneke: (A.) kucaklaşma, sarmaş dolaş olma.

معانقه كردن mu'âneke kerden: kucaklaşmak.

معانى me'ânî: (A.) anlamlar, manalar.

معانى پرور me'ânîperver (A.-F.) [meânî+ perverden> perver] anlamlar yaratan.

معاود mu'âvid: (A.) **1.**geri dönen. **2.**âdetinde olan, alışkanlığı olan.

معاودت mu'âvedet: (A.) **1.**geri dönüş. **2.**âdet edinme, huy edinme, alışkanlık edinme.

معاودت كردن mu'âvedet kerden: geri dönmek.

معاوضه mu'âveze: (A.) değiştirme, takas, değiş tokuş.

معاوضةً mu'âvezeten: (A.) **1.**değiş tokuş yoluyla, trampa ile, takas ile. **2.**danışıklı dövüşlü.

معاوضه شدن mu'âveze şoden: takas yapılmak, değiş tokuş yapılmak.

معاوضه كردن mu'âveze kerden: takas yapmak, değiş tokuş yapmak.

معاول me'âvil: (A.) kazmalar.

معاومه mu'âveme: (A.) **1.**bir yıllığına tutma. **2.**ağacın bir yıl arayla meyva vermesi.

معاون me'âvin: (A.) **1.**yardımlar. **2.**yol azıkları.

معاون mu'âvin: (A.) yardımcı, muavin.

معاونات mu'âvenât: (A.) yardımlar, yardım etmeler.

معاونت mu'âvenet: (A.) yardımlaşma, yardım.

معاونت كردن mu'âvenet kerden: yardımlaşmak.

معاونه mu'âvine: (A.) yardımcı.

معاويه mu'âviye: (A.) Emevî devletinin ilk hükümdarı.

معاهات mu'âhât: (A.) kardeşlik edinme.

معاهد me'âhid: (A.) 1.antlaşma yerleri. 2.dönüş yerleri. 3.meclisler.

معاهد mu'âhid: (A.) 1.antlaşma yapan. 2.İslâm hükümetlerine göre para ödemek suretiyle kendini güvenceye alan gayrimüslim.

معاهدات mu'âhedât: (A.) antlaşmalar, muahedeler.

معاهده mu'âhede: (A.) antlaşma, muahede. ‖ * ~ -i sulhiyye معاهدهء صلحیه barış antlaşması.

معاهده بستن mu'âhede besten: antlaşma yapmak.

معاهده بسته شدن mu'âhede beste şoden: antlaşma yapılmak.

معاهده کردن mu'âhede kerden: antlaşma yapmak.

معاهده نامه mu'âhedenâme: (A.-F.) [mu'âhede+ nâme< nâme-i mu'âhede] 1.antlaşma metni. 2.antlaşma.

معایب me'âyib: (A.) kusurlar, ayıplar.

معایده mu'âyede: (A.) bayramlaşma.

معایره mu'âyere: (A.) ayarlama.

معایش me'âyiş: (A.) geçimler, maişetler.

معاین mu'âyin: (A.) 1.görülen. 2.kesin olarak belli olan.

معاینه mu'âyene: (A.) 1.kontrol, yoklama. 2.görüntü, akis. 3.aynen, tıpkı.

معاینه خانه mu'âyenehâne: (A.-F.) [mu'âyene+hâne< hâne-i mu'âyene] muayene edilen yer, doktorların hasta kabul yeri.

معاینه شدن mu'âyene şoden: muayene olmak.

معاینه کردن mu'âyene kerden: 1.muayene etmek. 2.kontrol etmek.

معاییر me'âyîr: (A.) ayarlar, ölçüler.

معبد ma'bed: (A.) ibadet yeri, mabet, tapınak.

معبد mu'abbid: (A.) ibadet eden.

معبر mi'ber: (A.) 1.geçit. 2.güzergâh.

معبر ma'ber (A.) geçit, derbent, boğaz.

معبر mu'abber: (A.) yorumlanmış, tabir edilmiş.

معبر mu'ebbir: (A.) rüya tabircisi, yorumcu.

معبری mu'ebbirî: (A. -F.) [mu'ebbir+î] rüya tabirciliği, yorumculuk.

معبرین mu'ebbirîn: (A.) yorumcular, tabirciler, rüya tabircileri.

معبود ma'bûd: (A.) 1.Tanrı. 2.tapılan, mabut.

معبوده ma'bûde (A.) tanrıça.

معتاد mu'tâd: (A.) 1.alışkın. 2.alışılmış, âdet haline gelmiş.

معتاداً mu'tâden: (A.) alışıldığı gibi, alışıldığı üzere, her zamanki gibi.

معتاد شدن mu'tâd şoden: alışmak.

معتاده mu'tâde: (A.) alışılmış, âdet haline gelmiş.

معتادی mu'tâdî: (A.-F.) [mu'tâd+î] alışılmışlık, alışılma.

معتادیه mu'tâdiyye: (A.) alışılmışlık, alışılma.

معتبر mu'teber: (A.) 1.itibarlı, saygın, hatırı sayılır. 2.güvenilir. 3.yürürlükte.

معتبرات mu'teberât: (A.) 1.itibarlı olanlar. 2.güvenilir olanlar, geçerli olanlar.

معتبران mu'teberân: (A.-F.) [mu'teber+ ân] 1.itibarlılar, hatırı sayılır kişiler. 2.güvenilir olanlar.

معتبر muteber şoden: itibar sahibi olmak.

معتبره mu'tebere: (A.) 1.itibarlı, saygın, hatırı sayılır. 2.güvenilir. 3.yürürlükte.

معتبریت mu'teberiyyet: (A.) 1.saygınlık, hatır sayılması. 2.güvenilirlik. 3.geçerlik.

معتد mu'ted: (A.) 1.sayılı, şayılmış. 2.haddi aşan. 3.tahminli.

معتد به mu'teddun bih: (A.) gerçek değerin üstünde gösterilen.

معتدل mu'tedil: (A.) 1.ılımlı. 2.ılıman. 3.uygun. 4.nötr.

معتدلانه mu'tedilâne: (A.-F.) [mu'tedil+âne] ılımlı olarak.

معتدله mu'tedile: (A.) 1.ılımlı. 2.ılıman. 3.uygun. 4.nötr.

معتذر mu'tezir: (A.) özür dileyen.

معتذرانه mu'tezirâne: (A.-F.) [mu'tezir+ âne] özür dilercesine.

معتر mu'terr: (A.) dilenmekten ar eden fakir.

معترض mu'teriz: (A.) **1.**itiraz eden. **2.**borç isteyen.

معترض شدن mu'teriz şoden: itiraz etmek.

معترض فيه mu'terizun fîh: (A.) itiraz edilen karar.

معترضه mu'terize: (A.) **1.**konu dışı. **2.**parantez. ‖ * cumle-i ~ جمله معترضه (gr.) yan cümle.

معترضين mu'terizîn: (A.) itirazcılar, itiraz edenler.

معترف mu'teref: (A.) itiraf edilmiş.

معترف mu'terif: (A.) itiraf eden, itirafta bulunan, itirafçı.

معترف شدن mu'terif şoden: itiraf etmek.

معتزل mu'tezil: (A.) bir köşeye çekilen, uzlete çekilen, münzevi.

معتزلات mu'tezelât: (A.) aşırı sıcak günler.

معتزله mu'tezile: (A.) **1.**Mutezile fırkası, kaderi inkâr eden Mu'tezilîler. **2.**mutezile fırkasına mensup.

معتزم mu'tezim: (A.) giden.

معتزى mu'tezî: (A.) mensupluk iddiasında bulunan.

معتسف mu'tesif: (A.) haksızlık yapan, zulüm yapan, zalim.

معتشى mu'teşî: (A.) akşam üstü yola çıkan.

معتصم mu'tasim: (A.) **1.**sığınan, sımsıkı sarılan. **2.**günahtan sakınan.

معتضب mu'tezib: (A.) yardımcı olan.

معتضد mu'tezid: (A.) **1.**yardımcı. **2.**yardım alan.

معتق mu'tek: (A.) azatlı köle, âzât edilmiş köle.

معتق mu'tik: (A.) köle âzât eden.

معتقد mu'tekid: (A.) **1.**inanan. **2.**itikat sahibi.

معتقدات mu'tekadât: (A.) inanılanlar, inançlar, itikatlar.

معتقد بودن mu'tekid bûden: inanmak, inancında olmak, görüşünde olmak.

معتقد ساختن mu'tekid sâhten: inandırmak.

معتقد شدن mu'tekid şoden: inanmak, itikat etmek.

معتقل mu'tekil: (A.) **1.**devenin dizini bağlayan. **2.**sarma oyunu rakibini yıkan güreşçi. **3.**mızrağını paçası ile üzengi arasına sıkıştıran binici. **4.**süt sağmak için koyunun ayaklarını bacağı arasına sıkıştıran.

معتقل اللسان mu'tekalullisân: (A.) sonradan dili tutulan, sonradan konuşamaz olan.

معتقه mu'teka: (A.) azatlı kadın köle, azatlı kız köle.

معتكس mu'tekis: (A.) tersine çevrilmiş, tersyüz edilmiş.

معتكف mu'tekif: (A.) **1.**ibadethanelerde ibadete çekilen. **2.**köşeye çekilen, münzevi. **3.**Ramazan ayında camide ibadete çekilen.

معتكفين mu'tekifîn: (A.) **1.**ibadethanelerde ibadete çekilenler. **2.**Ramazan ayında camide ibadete çekilenler.

معتل mu'tel: (A.) **1.**hasta, illetli. **2.**(gr.) içinde vav, elif ve ya harfi bulunan kelime.

معتل العين mu'tellul'ayn: (A.) Arapçada fiilin üçlü kökünde orta harfi illetli harf olan kelime.

معتل الفا mu'tellulfâ: (A.) Arapçada fiilin üçlü kökünde ilk harfi illetli olan kelime.

معتل اللام mu'tellullâm: (A.) Arapçada fiilin üçlü kökünde son harfi illetli olan kelime.

معتله mu'telle: (A.) **1.**hasta. **2.**sakat, illetli. **3.**Arapça'da içinde illet harfi bulunan kelime.

معتمد mu'temed: (A.) **1.**güvenilir, itimat edilir. **2.**sayman.

معتمد mu'temid: (A.) güvenen, itimat eden.

معتمد عليه mu'temedunaleyh: (A.) güvenilir kimse.

معتمل mu'temil: (A.) zorluğunu bildiği halde bir işi yapan.

معتنى mu'tenî: (A.) **1.**itina eden, özen gösteren. **2.**önemli.

معتنى mu'tenâ: (A.) itina edilen, özen gösterilen.

معتنق mu'tenik: (A.) boynuna sarılan.

معتوق ma'tûk: (A.) özgürlüğü verilmiş, âzâd edilmiş.

معتوقه ma'tûka: (A.) özgürlüğü verilmiş, âzâd edilmiş (Bayan).

معتوه me'tûh: (A.) bunak.

معتوهانه ma'tûhâne: (A.-F.) [ma'tûh+âne] bunakça.

معتوه شدن me'tûh şoden: bunamak.

معتوهه ma'tûhe: (A.) bunak.

معجب mu'accib: (A.) şaşırtan, hayrete düşüren.

معجب mu'cib: (A.) şaşırtan, hayrete düşürten.

معجب شدن mu'ceb şoden: beğenmek.

معجبه mu'cibe: (A.) şaşılacak şey.

معجر mi'cer: (A.) başörtüsü.

معجر mu'cir: (A.) başörtüsü.

معجز mu'acciz: (A.) **1.**taciz eden, rahatsız eden. **2.**sıkan, sıkıntı veren. **3.**sırnaşık, yapışkan.

معجز mu'ciz: (A.) **1.**aciz edici. **2.**olağanüstü bir şey getiren. **3.**mucize.

معجز آسا mu'cizâsâ: (A. -F.) [mu'cize+ âsâ] mucizemsi, mucize gibi.

معجزات mu'cizât: (A.) mucizeler.

معجز ادا mu'cizedâ: (A.)[mu'ciz+edâ] davranışları mucizevî olan, olağanüstü davranışlar serileyen.

معجز بيان mu'cizbeyân: (A.) olağanüstü ifadesi olan, az sözle çok şey anlatan.

معجز دم mu'cizdem: (A.-F.) [mu'ciz+ dem] nefesi çok etkili olan, nefesi mucizeler yaratan.

معجزطراز mu'ciztırâz: (A.-F.) [mu'ciz+ tırâzîden> tırâz] mucizeler yaratan, mucizeler gösteren.

معجزنوشت mu'ciznuvişt: (A.-F.) [mu'ciz+nuvişten> nuvişt] mucize gibi yazan, mucizeler yazan.

معجزوى mu'cizevî: (A.) **1.**mucize ile ilgili. **2.**mucize gibi.

معجزه mu'accize: (A.) **1.**taciz eden, rahatsız eden. **2.**sıkan, sıkıntı veren. **3.**sırnaşık, yapışkan.

معجزه mu'cize: (A.) mucize, tansık, Peygamberlerin herkesi hayrete düşüren davranış ve halleri.

معجزه گو mu'cizegû: (A.-F.) [mu'cize+ goften>gû] mucize gibi sözler eden, olağanüstü sözler eden.

معجزه گوى mu'cizegûy: (A.-F.) [mu'cize+goften> gûy] mucize gibi sözler, olağanüstü sözler eden.

معجزه نما mu'cizenumâ: (A.-F.) [mu'cize+ numûden> numâ] mucizeler gösteren.

معجل ma'cel: (A.) gidilecek yere götüren yol.

معجل muaccel: (A.) **1.**aceleli. **2.**aceleyle. **3.**peşin. **4.**klasik Türk musikîsinde bir usûl.

معجلاً mu'accelen: (A.) **1.**aceleyle, alelacele. **2.**peşin olarak.

معجلات mu'accelât: (A.) peşin ödemeler.

معجلانه mu'accellâne: (A.-F.) [mu'accel+âne] **1.**acele olarak. **2.**peşin olarak.

معجله mu'accele: (A.) peşinat, evkaf kirasından alınan peşin para.

معجليت mu'acceliyyet: (A.) ivedilik, âcillik.

معجم mu'cem: (A.) **1.**sözlük. **2.**(gr.) noktalı harf. **3.**noktalı harflerle düşürülmüş tarih. **4.**alfabetik dizilmiş.

معجمه mu'ceme: (A.) (gr.) noktalı harf.

معجون ma'cûn: (A.) **1.**yoğurulmuş. **2.**(tıb.) macun. **3.**hamur kıvamında. **4.**hamur kıvamlı ilaç. **5.**cam macunu. **6.**künk yapıştırıcısı.

معد mu'id: (A.) hazırlayan.

معد mu'ed: (A.) hazırlanmış.

معدد mu'addid: (A.) sayaç.

معد شدن mu'ed şoden: hazırlanmak.

معد كردن mu'ed kerden: hazırlamak.

معدل mu'addel: (A.) **1.**doğrulanmış. **2.**ortalama. **3.**ortalanmış. **4.**değiştirilmiş, tadil edilmiş, yeniden düzenlenmiş. ‖ * ~ -i numerât معدل نمرات not ortalaması.

معدل mu'addil: (A.) **1.**yeniden düzenleyen, tadil eden. **2.**denkleştiren, denklik veren.

معدل ma'dil: (A.) sapak.

معد للاستغلال mu'addun lilistiğlâl: (A.) kiraya verilmek üzere hazırlanmış.

معدل النهار mu'addilunnehâr: (A.) günün eşitliği.

معدلت ma'delet, ma'dilet: (A.) adalet.

معدلت پرور ma'deletperver (A.-F.) [ma'delet+ perverden> perver] âdil, adaletli, adalet savunucusu.

معدلت پروری ma'deletperverî (A.-F.) [ma'delet+ perverden> perver+î] âdillik.

معدلت عنوان ma'deletunvân (A.) [ma'delet+unvân] adaleti ile tanınmış, âdil.

معدلتكار ma'deletkâr (A.-F.) [ma'delet+ kâr] adaletli, âdil.

معدلتكارا ma'deletkârâ (A.-F.) [ma'delet+ kâr+â] ey adalet sahibi.

معدلت گستر ma'deletguster (A.-F.) [ma'delet+ gusterden> guster] âdil, adaletli.

معدله mu'addele: (A.) değiştirilmiş, tadil edilmiş, yeniden düzenlenmiş.

معدله mu'addile: (A.) **1.**yeniden düzenleyen, tadil eden. **2.**denkleştiren, denklik veren.

معدم mu'dim: (A.) **1.**yok eden. **2.**öldüren, idam eden.

معدن ma'den: (A.) **1.**maden, metal. **2.**merkez. **3.**maden ocağı.

معدن شناس ma'denşinâs: (A. -F.) [ma'den+ şinâhten>şinâs] madenci.

معدن شناسی ma'denşinâsî: (A. -F.) [ma'den+şinâhten>şinâs+î] **1.**madencilik. **2.**metalurji.

معدنی ma'denî: (A.) madenî, metal.

معدنیات ma'deniyyât (A.) **1.**madenî eşyalar. **2.**maden bilimi, metalurji. **3.**madenler.

معدود ma'dûd: (A.) **1.**sayılı, birkaç. **2.**birkaç kişi. **3.**sayılan, addedilen.

معدودات ma'dûdât (A.) sayılabilen şeyler.

معدوده ma'dûde (A.) **1.**sayılı, sayılmış. **2.**belirli.

معدول ma'dûl: (A.) **1.**bükülü. **2.**açılan. **3.**Farsça'da yazıldığı halde okunmayan harfler.

معدوله ma'dûle: (A.) (gr.) ses diğişikliği olan harf.

معدوم ma'dûm: (A.) **1.**yok olmuş. **2.**yok olan.

معدوم الارجل ma'dûmulercul (A.) ayaksızlar.

معدوم الجسم ma'dûmulcism (A.) cismi yok, cisimsiz.

معدوم الجناح ma'dûmulcenâh (A.) kanatsızlar.

معدوم الزهره ma'dûmuzzuhre (A.) çiçeksiz.

معدوم شدن ma'dûm şoden: yok olmak, ortadan kalkmak.

معدوم كردن ma'dûm kerden: yok etmek, ortadan kaldırmak.

معدومیت ma'dûmiyyet (A.) **1.**yokluk, yok oluşluk. **2.**kıtlık.

معدوی mi'devî: (A.) **1.**mide ile ilgili. **2.**mideye yarayan.

معدویه mi'deviyye: (A.) **1.**mide ile ilgili. **2.**mideye yarayan.

معده mi'de: (A.) (tıb.) mide.

معده muidde: (A.) hazırlayan.

معده انبار mi'de enbâr: (A. -F.) [mi'de+ enbâşten>enbâr] (kin.) obur.

معده تنگ كردن mi'de teng kerden (kin.) midesini şişirmek, midesini tıka basa doldurmak.

معدی mi'dî: (A.) mide ile ilgili.

معذار mi'zâr: (A.) perde.

معذب mu'azzeb: (A.) azaplı, dertli, acı çekmiş, işkence görmüş.

معذب mu'azzib: (A.) **1.**azap veren, acı çektiren. **2.**muzip.

معذب mu'zib: (A.) **1.**azap veren. **2.**muzip, insanlara takılan.

معذب داشتن mu'azzeb dâşten: azap vermek.

معذب كردن mu'azzeb kerden: azap vermek, acı vermek.

معذبه mu'azzebe: (A.) azap çeken, sıkıntı çeken, acı çeken.

معذر mu'azzir: (A.) sahte özür beyân eden.

معذرت ma'ziret, ma'zeret: (A.) özür, mazeret.

معذرت خواستن ma'zeret hâsten: özür dilemek.

معذرت خواه ma'zerethâh: (A.-F.) [ma'zeret+hâsten> hâh] özür dileyen.

معذرت خواهى ma'zerethâhî: (A. -F.) [ma'zeret+hâsten>hâh+î] özür dileme.

معذرت كردن ma'zeret kerden: özür dilemek.

معذرتمند ma'zeretmend: (A.-F.) [ma'zeret+mend] özürlü, mazûr.

معذرتمندانه ma'zeretmendâne: (A.-F.) [ma'zeret+ mend+ âne] özürlü olarak.

معذرتمندى ma'zeretmendî: (A.-F.) [ma'zeret+ mend+î] özürlülük.

معذل mu'azzel: (A.) **1.**ay planmış. **2.**azarlanmış.

معذلك ma'azâlik: (A.) bununla birlikte.

معذور ma'zûr: (A.) **1.**özürlü, mazûr. **2.**mazeret.

معذور داشتن ma'zûr dâşten: mazur görmek, muaf tutmak.

معذوريت ma'zûriyyet (A.) özürlülük, mazûrluk.

معراج mi'râc: (A.) **1.**merdiven. **2.**basamak. **3.**miraç, göğe çıkma, göğe ağma.

معراج النبى mi'râcunnebiyy: (A.) Hz. Muhammed'in miraca çıkması, Hz. muhammed'in göğe ağması.

معراجنامه mi'râcnâme: (A.-F.) [mi'râc+ nâme<nâme-i mi'râc] Hz. Muhammed'in miraca çıkışını konu edinen manzum eser.

معراجيه mi'râciyye: (A.) **1.**Hz. Muham-med'in miraca çıkışını konu edinen manzum eser. **2.**Türk tasavvuf mûsikîsinde bir form.

معراض mi'râz: (A.) sözdeki gizli anlam.

معرب mu'reb: (A.) **1.**açıklanmış. **2.**açık, aşikâr. **3.**(gr.) iraplı.

معرب mu'arreb: (A.) **1.**(gr.) arapçalaştırılmış. **2.**araplaşmış.

معرت ma'arret: (A.) **1.**kötülük, çirkinlik. **2.**sıkıntı. **3.**işkence. **4.**günah.

معرج ma'rec: (A.) merdiven.

معرس mu'arres: (A.) yazlık çatılı ev.

معرض ma'rez: (A.) **1.**sergi, teşhir salonu. **2.**içi, ortası, yeri. **3.**görünme yeri, ortaya çıkma yeri. ‖ * be ~ numâyiş gozâşten به معرض نمايش گذاشتن **1.**sergilemek. **2.**sahnelemek. ‖ * der ~ karâr dâden در معرض قرار دادن konu etmek, söz konusu etmek. ‖ * der ~ karâr giriften در معرض قرار گرفتن konu edilmek.

معرض mu'arrız: (A.) **1.**sünnetçi. **2.**iğneli söz söyleyen, taş atan.

معرض mu'riz: (A.) **1.**yüz çeviren. **2.**laf dokunduran, taş atan.

معرف ma'ref: (A.) yüzün açık kalan kısmı.

معرف mu'arref: (A.) **1.**tanımlanmış, tarif edilmiş. **2.**tanınan, bilinen. **3.**artikelli, harfitarifli. **4.**tanımlı. **5.**sınırlı.

معرف mu'arrif: (A.) **1.**sunucu. **2.**tanıtıcı, bildiren. **3.**cami veya tekkelerde hayır sahiplerinin adını ilan eden.

معرف باللام mu'arrefun billâm: (A.) harfitarif almış kelime, artikelli kelime.

معرفت ma'rifet: (A.) **1.**bilgi, biliş, bilme. **2.**beceri, ustalık. **3.**uygunsuz davranış. **4.**aracı, vasıta.

معرفت پرور ma'rifetperver: (A.-F.) [ma'rifet+ perverden> perver] bilgili, marifetli.

معرفت پرورى ma'rifetperverî: (A.-F.) [ma'rifet+ perverden> perver+î] bilgili oluş, marifetli oluş.

معرفه ma'refe: (A.) (gr.) malum isim, marife, harfitarif.

معرفه mu'arrefe: (A.) **1.**tanımlanmış. **2.**bilinen. **3.**sınırlı.

معرفی mu'arrifî: (A. -F.) [mu'arrif+î] **1.**tanıştırma. **2.**tanıştırılma, tanıtılma.

معرفی شدن mu'arrifî şoden: **1.**tanınmak. **2.**tanıştırılmak. **3.**teşhir edilmek.

معرفی کردن mu'arrifî kerden: **1.**tanıtmak, takdim etmek. **2.**tanıştırmak. **3.**teşhir etmek.

معرق mu'arrik: (A.) **1.**(tıb.) terletici. **2.**terletici ilaç.

معرک ma'rek: (A.) savaş meydanı.

معرکه ma'reke: (A.) **1.**savaş meydanı. **2.**gösteri yeri. **3.**izdiham, kalabalık. **4.**önemli iş. **5.**iş bitiren, tuttuğunu koparan. **6.**önemli iş yapan. **7.**kavga.

معرکه آرا marekeârâ: (A.-F.) [ma'reke+ ârâsten>ârâ] savaş meydanını süsleyen.

معرکه کردن ma'reke kerden: önemli iş yapmak.

معرکه گرفتن ma'reke giriften: **1.**gösteri yapmak; gösteri hazırlamak. **2.**kavga etmek.

معرکه گیر ma'rekegîr: (A. -F.) [ma'reke+ giriften>gîr] **1.**gösteri hazırlayan. **2.**madrabaz. **3.**kavgacı.

معرکه گیری ma'rekegîrî: (A. -F.) [ma'reke+ giriften>gîr+î] **1.**gösteri hazırlama. **2.**madrabazlık. **3.**kavgacılık.

معروش ma'rûş: (A.) üstü çardak şeklinde yapılmış bina.

معروض ma'rûz: (A.) **1.**sunulmuş, arz edilmiş. **2.**etki altında olan. **3.**yüz yüze olan. **4.**serilmiş, yayılmış. **5.**anlatılmış, söylenilmiş.

معروضات ma'rûzât: (A.) **1.**sunulanlar, anlatılanlar. **2.**ricalar.

معروض داشتن ma'rûz dâşten: arzetmek, sunmak.

معروضه ma'rûza: (A.) **1.**sunulmuş, arz edilmiş. **2.**etki altında olan. **3.**yüz yüze olan. **4.**serilmiş, yayılmış. **5.**anlatılmış, söylenilmiş.

معروف ma'rûf: (A.) **1.**bilinen, belli. **2.**meşhur, tanınmış, ünlü. **3.**şeriatın emrettiği.

معروفات ma'rûfât: (A.) **1.**bilinen şeyler. **2.**şeriatça uyulması gereken şeyler.

معروف شدن ma'rûf şoden: tanınmak, ün salmak.

معروفیت ma'rûfiyyet: (A.) bilinme, tanınma, ünlülük.

معروفیت یافتن ma'rûfiyyet yâften: tanınmak.

معری ma'râ: (A.) genellikle vücudun çıplak kalan yerleri.

معری mu'errâ: (A.) **1.**çıplak, soyunmuş. **2.**arınmış.

معریه mu'arriye: (A.) neşter.

معز ma'z: (A.) (zool.) **1.**keçi. **2.**karaca.

معز mu'iz: (A.) **1.**aziz yapan, değerli kılan. **2.**Tanrı.

معزز mu'azzez: (A.) **1.**aziz, değerli, saygıdeğer. **2.**şerefli. **3.**değer verilen, saygı gösterilen. **4.**bayan adı.

معززاً mu'azzezen: (A.) ikram edilerek, değer verilerek, ağırlanarak.

معززه mu'azzeze: (A.) **1.**aziz, değerli. **2.**şerefli. **3.**değer verilen, saygı gösterilen.

معزف mi'zef: (A.) **1.**(müz.) telli saz. **2.**(müz.) arp.

معزم mu'azzim: (A.) **1.**büyücü. **2.**yılan oynatan.

معزول ma'zûl: (A.) **1.**görevden alınmış, azledilmiş. **2.**ayrılmış.

معزولاً ma'zûlen: (A.) görevden alınarak, azledilerek.

معزولان ma'zûlân: (A.-F.) [ma'zûl+ân] görevden alınanlar, azledilenler.

معزول شدن ma'zûl şoden: azledilmek, görevden alınmak.

معزول کردن ma'zûl kerden: azletmek, görevden almak.

معزولی ma'zûlî: (A.-F.) [ma'zûl+î] görevden alınmışlık, azledilmişlik, mazûllük.

معزولیت ma'zûliyyet: (A.) görevden alınmışlık, azledilmişlik, mazûllük.

معزولين ma'zûlîn: (A.) görevden alınanlar, azledilenler.

مع زيادة ma'aziyâdetin: (A.) fazlasıyla, bolca, bol bol.

معسر mu'sir: (A.) züğürt, yoksul.

معسر mu'assir: (A.) zorlaştıran, güçleştiren.

معسرت ma'seret: (A.) güçlük, zorluk.

معسره ma'sere: (A.) güçlük, zorluk.

معسكر mu'asker: (A.) **1.**(ask.) ordugâh. **2.**kurmay karargâhı.

معسل mu'assel: (A.) ballı.

معسله mi'sele: (A.) arı kovanı.

معسور ma'sûr: (A.) güç, zor, çetin.

معشار mi'şâr: (A.) onda bir.

معشر ma'şer: (A.) **1.**topluluk, cemaat. **2.**yakınlar.

معشر mu'aşşer: (A.) **1.**onlu, onluk. **2.**on kenarlı. **3.**on dizelik şiir.

معشر mu'aşşir: (A.) öşür memuru.

معشرى ma'şerî: (A.) toplumsal, toplumla ilgili, ortaklaşa, kollektif.

معشريت ma'şeriyyet: (A.) ortaklaşma, ortaklaşacılık, collektivite.

معشوش ma'şûş: (A.) cılız adam, sıska adam.

معشوق ma'şûk: (A.) sevgili, maşuk.

معشوقه ma'şûke: (A.) sevgili, sevdalı, maşuka.

معشوقه گرفتن ma'şûke giriften: sevgili bulmak, sevgili edinmek.

معشوقيت ma'şûkiyyet (A.) maşukluk, sevilme, sevgili olma.

معص ma's: (A.) kramp.

معصار mi'sâr: (A.) mengene.

معصال mi'sâl: (A.) uzun dallı ağaç.

معصر ma'sar: (A.) usare çıkarma yeri.

معصر mi'ser: (A.) mengene.

معصره ma'sara: (A.) usare çıkarma yeri.

معصره mi'sara: (A.) mengene.

معصره mu'assire: (A.) büzgen.

معصفر mu'asfer: (A.) **1.**sararmış. **2.**kızarmış.

معصم mi'sem: (A.) **1.**kelepçe. **2.**bilek.

معصم اليد mi'samulyed: (A.) el bileği.

معصوم ma'sûm: (A.) **1.**korunmuş. **2.**günahsız, masum. **3.**(şiîlikte) Hz. peygamber ve imamlar. **4.**küçük çocuk.

معصوم الدم ma'sûmüddem: (A.) kısasa kısas yapılacak cinayet suçu işlememiş kişi.

معصومانه ma'sûmâne: (A. -F.) [ma'sm+ âne] masumca, masumane.

معصومه ma'sûme: (A.) **1.**masum. **2.**bayan adı.

معصومى ma'sûmî: (A. -F.) [ma'sm+î] masumluk.

معصوميت ma'sûmiyyet: (A.) **1.**masumluk, masumiyet. **2.**mazlumluk.

معصيت ma'siyet: (A.) **1.**itaatsizlik, isyankârlık. **2.**günah.

معضاد mi'zâd: (A.) **1.**budama bıçağı. **2.**kolçak.

معضد mi'zed: (A.) **1.**budama bıçağı. **2.**kolçak.

معضل mu'zil: (A.) güç, zor, müşkül.

معضله mu'zile: (A.) güç, zor.

معطار mı'târ: (A.) güzel koku sürünen.

معطر mu'atter: (A.) **1.**kokulu, hoş kokulu, ıtırlı, parfümlü. **2.**bir tür lale. **3.**bayan adı.

معطرساز mu'ettersâz: (A.-F.) [mu'etter+ sâhten> sâz] güzel koku veren, hoş kokulandıran.

معطس mu'attis: (A.) aksırtıcı, aksırtan.

معطش mu'attiş: (A.) susatıcı.

معطف ma'tif: (A.) **1.**boyun. **2.**bir tür aba.

معطل mu'attel: (A.) **1.**işsiz, boş. **2.**bekletilmiş. **3.**âtıl bırakılmış, battal, kullanılmaz.

معطل شدن mu'attel şoden: **1.**işsiz kalmak. **2.**beklemek, oyalanmak. **3.**beklemede kalmak. **4.**gecikmek.

معطل كردن mu'attel kerden: **1.**işsiz bırakmak. **2.**geciktirmek. **3.**oyalamak, bekletmek. **4.**ihmal etmek.

معطل ماندن mu'attel mânden: **1.**gecikmek. **2.**boş kalmak, metruk kalmak.

معطلى mu'attelî: (A. -F.) [mu'attel+î]

1.bekleme. 2.oyalanma. 3.gecikme. ‖ * bedûni ~ بدون معطلی gecikmeden, oyalanmadan, durmadan.

معطوف ma'tûf: (A.) çevrilmiş, yöneltilmiş, döndürülmüş, matuf.

معطوف شدن ma'tûf şoden: çevrilmek, yöneltilmek, yönlendirilmek.

معطوف علیه ma'tûfunaleyh: (A.) bağlaçlı kelime.

معطوف کردن ma'tûf kerden: çevirmek, yönlendirmek.

معطی mu'tâ: (A.) 1.verilmiş. 2.veri.

معطی mu'tî: (A.) bağışlayan, veren.

معطیات mu'teyât: (A.) veriler.

معطیات mu'tiyât: (A.) veriler.

معظم mu'zem: (A.) 1.büyük, ulu, azametli. 2.daha çoğu. 3.büyütülmüş.

معظم mu'azzam: (A.) 1.azametli. 2.büyük, muazzam. 4.ağır, önemli.

معظمات mu'azzemât: (A.) önemli işler, ağır işler.

معظمات mu'zemât: (A.) 1.büyütülmüş şeyler. 2.büyük işler.

معظم داشتن mu'azzam dâşten: ululamak.

معظمه mu'azzama: (A.) 1.büyük, ulu. 2.azametli. 3.ağır, önemli.

معفن mu'affin: (A.) 1.kötü kokan. 2.ilaç deposuna koyulmuş.

معفو me'fuv: (A.) 1.affedilmiş. bağışlanmış. 2.istisna edilmiş, ayrı tutulmuş.

معفون ma'fûn: (A.) 1.ufunetlenmiş, çürümüş, bozulmuş. 2.kokuşmuş.

معقب mu'akkeb: (A.) peşinden gidilmiş, peşine düşülmüş, izlenilmiş, takip edilmiş.

معقب mu'akkib: (A.) 1.geriden gelen, takip eden, takipçi, izleyen. 2.geriye atan.

معقبات mu'akkibât: (A.) 1.gece ve gündüz melekleri. 2.namazdan sonra çekilen tespih.

معقبین mu'akkibîn: (A.) izleyenler, takip edenler, takipçiler, izinden gidenler.

معقد ma'kad: (A.) akit yapılan yer.

معقد ma'kid: (A.) 1.akit yapma yeri, sözleşme yeri. 2.düğüm yeri.

معقد mu'kad: (A.) yoğun, galiz.

معقد mu'akkad: (A.) 1.düğümlü, düğüm atılmış, düğümlenmiş, çetrefil. 2.çetrefil şiir, kolay anlaşılmayan şiir.

معقد mu'akkid: (A.) 1.düğümlü. 2.(ed.) güç anlaşılır söz. 3.yoğun.

معقرب mu'akreb: (A.) eğik, meyilli, eğri.

معقرب الاصداغ mu'akrebulesdâg: (A.) şakakları meyilli, dolgun şakaklı.

معقل ma'kıl: (A.) sığınak, sığınma yeri.

معقلی ma'kılî: (A.) bir yazı stili.

معقم mu'akkam: (A.) 1.kısırlaştırılmış. 2.akim bırakılmış, akamete uğratılmış.

معقود ma'kûd: (A.) 1.bağlanmış, düğümlenmiş. 2.akdedilmiş.

معقود علیه ma'kûdunaleyh: (A.) yapılan bir aktin getirileri.

معقول ma'kûl: (A.) akla uygun, makul, akla yakın.

معقولات ma'kûlât: (A.) 1.akla uygun olanlar, akledilebilenler, aklî bilgiler2.kategoriler. 3.takımlar. 4.sözler.

معقوله ma'kûle (A.) akla uygun, akla yatkın.

معقولیت ma'kûliyyet: (A.) 1.makullük. 2.edepli olma.

معقه ma'akka: (A.) ana babaya itaatsizlik.

معقوم ma'kûm (A.) kapalı, akim kalmış.

معکس ma'kes: (A.) yansıma yeri, akis yeri.

معکوس ma'kûs: (A.) 1.ters çevrilmiş, ters yüz edilmiş, baş aşağı getirilmiş. 2.ters, zıt. 3.uğursuz. 4.yansıyan, akseden.

معکوسا ma'kûsen: (A.) baş aşağı vaziyette, tersten, ters.

معکوسیت ma'kûsiyyet (A.) terslik.

معل mu'ill: (A.) hasta eden.

معلا mu'ellâ: (A.) yüce, yüksek.

معلات ma'lât: (A.) **1.**yüksek düşünce. **2.**yücelik, şeref.

معلف ma'lef: (A.) yemlik, samanlık.

معلق mu'ellak: (A.) **1.**asılı, muallak. **2.**bağlı. **3.**takla, perende. **4.**sürüncemede kalmış. **5.**bir yazı stili. ‖ * pol-i ~ پل معلق asma köprü.

معلقات mu'allakât: (A.) **1.**asılmışlar. **2.**Muallaka şairlerinin kasideleri. ‖ * ~ -i seb'a معلقات سبعه Yedi Askı, Muallaka şairlerinin yedi kasidesi.

معلق زدن mu'ellak zeden: takla atmak, perende atmak.

معلق شدن mu'ellak şoden: **1.**asılı olmak. **2.**askıya alınmak.

معلق كردن mu'ellak kerden: asmak, askıya almak.

معلقه mu'allaka: (A.) **1.**asılmış, askıda kalmış. **2.**Muallaka şairlerinin kasideleri.

معلقيت mu'allakiyyet: (A.) asılı olma, muallaklık, hükümsüz olma.

معلل mu'allel: (A.) **1.**illetli. **2.**sebepli.

معلل mu'allil: (A.) sebep ileri süren, sebep gösteren.

معلم ma'lem: (A.) iz, nişan.

معلم mu'allem: (A.) talimli, eğitimli.

معلم mu'allim: (A.) öğretmen, muallim. ‖ * ~ -i evvel معلم اول **1.**ilk öğretmen, baş öğretmen. **2.**Aristo. ‖ * ~ -i sânî معلم ثانى **1.**ikinci öğretmen. **2.**Fârâbî. ‖ * ~ -i ser-i hâne معلم سرخانه özel öğretmen, özel hoca.

معلم mu'lem: (A.) belirtilmiş.

معلمات muallimât: (A.) bayan öğretmenler.

معلم خانه mu'allimhâne: (A. -F.) [ma'allim+ hâne] **1.**okul. **2.**öğretmen evi. **3.**(eskiden Türkiye'de) öğretmen okulu.

معلمه mu'allime: (A.) bayan öğretmen.

معلمى mu'allimî: (A. -F.) [mu'allim+î] öğretmenlik.

معلمين mu'allimîn: (A.) öğretmenler.

معلن mu'lin: (A.) ilan eden, duyuran.

معلول ma'lûl: (A.) **1.**illetli, hastalıklı. **2.**sakat. **3.**(gr.) Arapça'da salim olmayan harf.

معلولاً ma'lûlen: (A.) illetli olarak, sakat olarak.

معلوليت ma'lûliyyet: (A.) malûllük, sakatlık.

معلولين ma'lûlîn: (A.) sakatlar, malûller, illetliler.

معلوم ma'lûm: (A.) **1.**belli, bilinen, malum. **2.**(kin.) para; mal. ‖ * ~ est ki معلوم است كه besbelli, belli ki. ‖ * ~ bûd ki معلوم بود كه besbelli, belli ki.

معلومات ma'lûmât: (A.) bilgiler, malumat.

معلومات فروش ma'lûmâtfurûş (A.-F.) [ma'lûmât+ furûhten> furûş] bilgiç.

معلوم داشتن ma'lûm dâşten: tanıtmak, belirlemek, malum etmek, açıklık getirmek.

معلوم ساختن ma'lûm sâhten: malum etmek, belirlemek, açıklık getirmek.

معلوم شدن ma'lûm şoden: bilinmek, tanınmak, açıklığa kavuşmak, anlaşılmak, belli olmak.

معلوم كردن ma'lûm kerden: tanıtmak, açıklığa kavuşturmak, belirtmek, malum etmek.

معلومه ma'lûme (A.) bilinen, belli.

معلوميت ma'lûmiyyet (A.) bilinme, belli olma.

معلوميه ma'lûmiyye (A.) **1.**bilinen. **2.**Mekke ve Medine halkına dağıtılmak üzere sürre alayında gönderilen mal ve para.

معلى mu'ellâ: (A.) **1.**yüce, yüksek. **2.**yüksek rütbeli. **3.**bir yazı stili. **4.**bayan adı.

معلى mu'allî: (A.) yücelten, yükselten.

معمى mu'emmâ: (A.) **1.**anlaşılmaz iş. **2.**bilmece. **3.**bir yazı stili.

معمائى muammâ'î: (A.) **1.**muammalı. **2.**muamma şairi.

معمار mi'mâr: (A.) **1.**mimar. **2.**tamir eden.

معمارى mi'mârî: (A. -F.) [mi'mâr+î] mimarlık, mimari.

معماريه mi'mâriyye: (A.) **1.**mimarlıkla ilgili. **2.**mimarlık ücreti.

مع مافيه · mâmâfih: (A.) [ma'a+ mâ+fîh] bununla birlikte, ne varki, ancak.

معما گفتن mu'emmâ goften: bilmece sormak.

معمر mu'ammer: (A.) yaşlı, uzun ömürlü.

معمر mu'emmer: (A.) mamur, bayındır.

معمرين mu'ammerîn: (A.) ömürlüler, yaşayanlar.

معمم mu'ammem: (A.) sarıklı.

معمور ma'mûr: (A.) bayındır, mamur. ‖ * beyt-i ~ بيت معمور Kâbe.

معمور الجوانب mamûrulcevânib (A.) dört bir yanı mamur.

معمور ساختن ma'mûr sâhten: mamur etmek, bayındırlaştırmak.

معمور شدن ma'mûr şoden: mamur olmak, bayındırlaşmak.

معمور كردن ma'mûr kerden: mamur etmek, bayındırlaştırmak.

معموره ma'mûre: (A.) **1.**mamur yer. **2.**mamur, bayındır.

معمورة العزيز ma'mûretul'azîz (A.) Harput, Elazığ.

معموريت ma'mûriyyet (A.) bayındırlık, mamurluk.

معمول ma'mûl: (A.) **1.**yapılmış, mamul. **2.**mütedavil, rayiç, her zamanki.

معمولاً ma'mûlen: (A.) genellikle.

معمولات ma'mûlât (A.) yapılanlar, üretilenler, imal edilenler, ürünler.

معمول به ma'mûlun bih (A.) yürürlükte olan, uygulanan.

معمول داشتن ma'mûl dâşten: icra etmek, uygulamak.

معمول شدن ma'mûl şoden: **1.**uygulanmak. **2.**rayiç olmak, yaygın olmak.

معمول كردن ma'mûl kerden: **1.**uygulamak, uygulama safhasına koymak. **2.**rayiç kılmak, yaygınlaştırmak. **3.**bakmak, beslemek.

معمولى ma'mûlî: (A. -F.) [ma'mûl+î] sıradan, rayiç, yaygın, adi, her zamanki, alışılagelmiş.

معمى mu'emmâ: (A.) bilmece, muamma.

معميات mu'ammeyât: (A.) **1.**muammalar, bilmeceler. **2.**anlaşılmaz işler.

معن ma'n: (A.) **1.**uzun. **2.**kısa. **3.**az. **4.**çok. **5.**kolay. **6.**zengin.

معناً ma'nen (A.) **1.**manaca, anlamca. **2.**ruhça. **3.**gönülden.

معنبر mu'anber: **1.**amberli. **2.**hoş kokulu.

معنبر شدن mu'anber şoden: **1.**ambere bulanmak. **2.**kokulandırılmak.

معنبر كردن mu'anber kerden: **1.**ambere bulamak, amberlemek. **2.**kokulandırmak.

معند mu'annid: (A.) inatçı, inatlaşan.

معندانه muannidâne: (A.-F.) [mu'annid+ âne] inatlaşarak.

معنف mu'annif: (A.) azarlayan, yerin dibine sokan.

معنون mu'anven: **1.**ünvan verilmiş. **2.**adlandırılmış, başlıklandırılmış. **3.**şatafatlı, görkemli.

معنون شدن mu'anven şoden: **1.**ünvan verilmek. **2.**adlandırılmak, başlıklandırılmak.

معنون كردن mu'anven kerden: **1.**ünvan vermek. **2.**adlandırmak, başlıklandırmak.

معنوى ma'nevî: (A.) **1.**manevî. **2.**(tas.) arif. **3.**mana ile ilgili. **4.**ruh ile ilgili.

معنويات ma'neviyyât (A.) manevdeğerler, moral değerler.

معنويت ma'neviyyet (A.) **1.**ruhsal güç. **2.**manevîlik.

معنويون ma'neviyyûn (A.) **1.**maneviyatçılar, manevdeğerlere saygı duyanlar. **2.**Tanrı'ya inananlar.

معنويه ma'neviyye (A.) mana ile ilgili.

معنى ma'nî, ma'nâ: (A.) **1.**anlam, mana. **2.**batın. **3.**rüya. **4.**akla yakın sebep. **5.**konu, husus. ‖ * ~ râ gom kerden معنى را گم كردن anlamını yitirmek.

معنی mu'ennâ: (A.) anlam çıkan.

معنی انگیز mâ'nâengîz (A.-F.) [ma'nâ+ engîhten> engîz] anlamlı.

معنی دادن ma'nî dâden: anlam vermek, anlama gelmek.

معنی دار ma'nîdâr: (A. -F.) [ma'nî+ dâşten>dâr] manalı, anlamlı.

معنی دارانه ma'nîdârâne (A.-F.) [ma'nî+ dâşten>dâr+ âne] manalı bir halde, manidar manidar.

معنی داشتن ma'nî dâşten: manaya gelmek, anlam taşımak.

معوج mu'avvec: (A.) eğik, eğri, kemerli.

معوج mu'vec: (A.) **1.**eğri, eğik, eğri büğrü. **2.**kıvrımlı, yılankavi.

معوج الضلوع mu'avvecuzzulû': (A.) eğri kenarlı.

معوجه mu'avvece: (A.) deveboynu şişe.

معوذ mi'vez: (A.) muska.

معوذ mu'avvez: (A.) muskalık, nazarlık yeri.

معوذتان mu'avvezetân: (A.) Felak ve Nâs sûreleri.

معوذتین mu'avvezeteyn: (A.) Felak ve Nâs sûreleri.

معوق mu'avvek: (A.) **1.**asılmış, askıda bırakılmış. **2.**askıya alınmış, ertelenmiş.

معوق mu'avvik: (A.) geciktiren, erteleyen, askıya alan.

معوق ماندن mu'avvek mânden: gecikmek.

معو کردن mi'av kerden: miyavlamak.

معول ma'ûl: (A.) yenik.

معول mi'vel: (A.) kazma.

معول علیه ma'ûlunaleyh: (A.) kendisi için ağlanılan kişi.

معو معو کردن mi'av mi'av kerden: miyavlamak.

معول mu'avvel: (A.) **1.**güvenilmiş, güvenilir, sağlam. **2.**dayanak, yaslanma yeri. **3.**güven.

معول کردن mu'avvel kerden: **1.**güvenmek. **2.**dayanmak, yaslanmak.

معون ma'ûn: (A.) yardım.

معونت ma'ûnet: (A.) **1.**yardım. **2.**yol azığı. **3.**harcamalar, giderler.

معونه ma'ûne: (A.) yardım, yardımlaşma.

معهد me'had: (A.) **1.**karar verme yeri. **2.**dönüş yeri. **3.**meclis. **4.**yurt.

معهد ma'hed: (A.) antlaşma yeri.

معهذا ma'ahâzâ: (A.) bununla birlikte.

معهود ma'hûd: (A.) **1.**ahdedilmiş. **2.**tanınan, bilinen. **3.**her zamanki, mütedavil. **4.**sözü geçen, anılan.

معهوده ma'hûde: (A.) **1.**sözleşilen, ahit yapılan. **2.**sözü geçen, anılan. **3.**bilinen kötü kadın.

معیار mi'yâr: (A.) **1.**ölçü, miyar. **2.**ayar. **3.**terazi. **4.**mihenk taşı. **5.**ayıraç.

معیب me'îb: (A.) kusurlu, sakat.

معیب mu'ayyeb: (A.) ayıplanmış.

معیبات mu'ayyebât: (A.) ayıplanan şeyler, ayıplar.

معیت ma'iyyet: (A.) **1.**maiyet. **1.**birlik, beraberlik, arkadaşlık. **2.**emir altında bulunanlar. **3.**birlikte.

معید mu'îd: (A.) **1.**öğretmen yardımcısı. **2.**müderris yardımcısı.

معیر mu'ayyir: (A.) **1.**ölçen. **2.**ayarlayan, ayar yapan.

معیر mu'îr: (A.) ödünç veren.

معیشت ma'îşet: (A.) **1.**geçim, dirlik. **2.**yaşama, yaşayış. **3.**ilmiye teşkîlatında çalışanlara ayrılan tahsisat.

معیشتگاه ma'îşetgâh (A.) [ma'îşet+gâh] geçim yeri.

معیل mu'îl: (A.) aileli, çoluk çocuk sahibi.

معین me'în: (A.) **1.**akıcı, câri. **2.**eşkenar dörtgen.

معین mu'în: (A.) yardımcı, yardım eden.

معین mu'ayyen: (A.) **1.**belli, belirli, tayin edilmiş, muayyen. **2.**bir tür desenli giysi. **3.**kararlaştırılmış. **4.**bilinen, herkesin bildiği.

معین mu'ayyin: (A.) belirleyen, belirten, tayin eden.

معينات mu'ayyenât: (A.) kamu görevlilerine devlet tarafından verilen erzak.

معين شدن mu'ayyen şoden: belirlenmek, malum olmak, tayin edilmek.

معين كردن mu'ayyen kerden: belirlemek, tayin etmek.

معينه mu'ayyene: (A.) **1.**belirli, belirlenmiş. **2.**kararlaştırılmış.

معينه mu'îne: (A.) yardımcı, yardım eden.

معينيت mu'ayyeniyyet: (A.) belirlilik, determinizm.

معيوب ma'yûb: (A.) **1.**kusurlu, özürlü. **2.**defolu.

معيوباً ma'yûben: (A.) **1.**ayıplanarak. **2.**kusur sayılarak.

معيوبات ma'yûbât: (A.) **1.**ayıplanan şeyler. **2.**kusurlar.

معيوب شدن ma'yûb şoden: **1.**kusuru olmak. **2.**ayıplanmak.

معيوب كردن ma'yûb kerden: **1.**kusurlu yapmak, kusurlandırmak. **2.**ayıplamak, kusur bulmak.

معيوبه ma'yûbe: (A.) esir edilmiş kadın.

مغ meg: (Peh.) **1.**derin. **2.**çukur.

مغ mug, meg: (Peh.) **1.**muğ, ateşperest. **2.**Zerdüşt rahibi. **3.**meyhaneci.

مغابن magâbin: (A.) kasıklar, oyluk kemikleri.

مغابنه mugâbene: (A.) birbirini aldatma, birbirini kandırma.

مغادرت mugâderet: (A.) geri bırakma, yerinde bırakma.

مغارات megârât: (A.) mağaralar.

مغارب megârib: (A.) **1.**batılar. **2.**akşamlar.

مغارس magâris: (A.) fidanlıklar.

مغارم magârim: (A.) **1.**borçlar. **2.**diyetler.

مغاره megâre: (A.) mağara.

مغازل megâzil: (A.) iğler.

مغازله mugâzele: (A.) sevişme, aşk oyunu oynama.

مغازه megâze: (Fr.) mağaza, dükkân.

مغازه دار megâzedâr: (Fr. -F.) [megâze+ dâşten>dâr] mağaza sahibi, dükkân sahibi.

مغازى megâzî: (A.) **1.**savaşlar, gazalar. **2.**savaş meydanları.

مغاسل magâsil: (A.) gasilhaneler.

مغاضبه mugâzebe: (A.) kızdırma, öfkelendirme, köpürtme, gazaplandırma.

مغافر megâfir: (A.) miğferler.

مغافصه mugâfese: (A.) **1.**ansızın tutma, yakalama, tutuverme. **2.**ansızın, apansız.

مغافر · magâfir: (A.) miğferler.

مغاك megâk: **1.**çukur, derin yer. **2.**kabir, mezar.

مغاكچه megâkçe: [megâk+çe] küçük çukur.

مغالات mugâlât: (A.) **1.**pahalı satma. **2.**sınırı aşma.

مغالب megâlib: (A.) galip gelmeye çalışan.

مغالبه mugâlebe: (A.) **1.**üstün gelmeye çalışmaya, yenmeye çalışma. **2.**üstünlük.

مغالطات mugâletât: (A.) yanıltmacalar, laf salataları.

مغالطه mugâlete: (A.) **1.**yanıltma. **2.**laf salatası yapma.

مغالطه كردن mugâlete kerden: **1.**yanıltmak, yanılgıya düşürmek. **2.**laf salatası yapmak.

مغالظه mugâleze: (A.) düşmanlık.

مغاليق megâlîk: (A.) kilitler.

مغامره mugâmere: (A.) nefsini güç işlere zorlama.

مغامزه mugâmeze: (A.) kaş göz işaretiyle kötüleme.

مغامض magâmiz: (A.) **1.**çukur ve karanlık yerler. **2.**mezarlar.

مغان mugân, megân: ateşperestler, mecusiler, muglar.

مغانم magânim: (A.) ganimetler.

مغانه mugâne: (F.>A.) [mug+ân+e] ateşperest ayini, zerdüştî ayini.

مغانى megânî: (A.) **1.**menziller, konaklar. **2.**çareler. **3.**şarkıcı kadınlar. **4.**evler.

مغاوره mugâvere: (A.) talan, yağma.

مغاول megâvil: (A.) hançerler.

مغايبه mugâyebe: (A.) **1.**kaybolma, gözden kaybolma, kayıplara karışma. **2.**çekiştirme, birinin arkasından konuşma.

مغاير mugâyir: (A.) aykırı, zıt, çelişkili.

مغايرت mugâyeret: (A.) **1.**aykırılık, zıtlık. **2.**çelişki.

مغايرت داشتن mugâyeret dâşten: **1.**aykırı olmak, ters düşmek. **2.**çelişmek, çelişkili olmak.

مغ بچه mugbeççe: [mug+beççe] **1.**mecusi çocuğu, ateşperest çocuğu. **2.**(ed.) meyhaneci çırağı.

مغبر mugebber: (A.) **1.**tozlu. **2.**koyu. **3.**(kin.) kırgın, gücenik.

مغبر mugber(r): (A.) **1.**gücenmiş, darılmış, kırgın, küskün. **2.**tozlu, tozlanmış.

مغبر الخاطر mugberulhâtır: (A.) gönlü kırılmış, gücenik, dargın.

مغبط magbat: (A.) gıbta edilecek yer.

مغبوط megbût: (A.) **1.**gıpta edilen, imrenilmiş. **2.**talihli. **3.**güzel.

مغبون magbûn: (A.) **1.**aldatılmış. **2.**(mec.) kazıklanmış. **3.**şaşkın.

مغبون شدن magbûn şoden: **1.**aldatılmak. **2.**(mec.) kazıklamak.

مغبون شده magbûnşode: (A.-F.) [magbûn+şoden> şod+e] aldatılmış, alışverişte zarara uğratılmış.

مغبون كردن magbûn kerden: **1.**aldatmak. **2.**(mec.) kazıklamak.

مغبونيت magbûniyyet: (A.) **1.**alışverişte aldanma, kazıklanma. **2.**şaşkınlık.

مغبه megabbe: (A.) son, işin sonu.

مغتاريت mugtâriyyet: (A.) **1.**yararlanma. **2.**zahire edinme, erzak edinme, heteronomi.

مغتدى mugtedî: (A.) beslenen, gıda alan.

مغتذى mugtezî: (A.) beslenen, gıda alan.

مغترب mugterib: (A.) **1.**batan, gurûb eden. **2.**gurbete çıkan. **3.**gurûb, batış.

مغترف mugterif: (A.) avucuna su alan.

مغترق mugterik: (A.) suya batan, suda boğulan.

مغتسل mugtesil: (A.) yıkanan, banyo yapan.

مغتصب mugtasib: (A.) gasp eden, zorla alan.

مغتمز mugtemiz: (A.) ispiyoncu, gammazlayan.

مغتنم mugtenem: (A.) **1.**ganimet alınmış. **2.**ganimet bilinmiş. **3.**kolay elde edilir şey.

مغتنم mugtenim: (A.) **1.**ganimet alan. **2.**ganimet bilen.

مغتنم شمردن mugtenem şomorden: ganimet bilmek.

مغدور magdûr: (A.) haksızlığa uğramış, mağdur.

مغدور شدن magdûr şoden: mağdur olmak, haksızlığa uğramak.

مغدور كردن magdûr kerden: mağdur etmek, haksızlığa uğratmak.

مغدوره magdûre: (A.) haksızlığa uğramış bayan, mağdur olmuş bayan.

مغدوريت magdûriyyet: (A.) mağdurluk.

مغدى mugeaddî: (A.) besleyici.

مغديه mugeddiye: (A.) besleyici.

مغذى mugezzî: (A.) gıdalı, besleyici.

مغرب magrib: (A.) **1.**batı, mağrip. **2.**Batı, Garp. **3.**gurûb zamanı. **4.**Kuzeybatı Afrika. **5.**Fas.

مغرب زمين mağribzemîn: (A. -F.) [mağrib+ zemîn] Batı ülkeleri, Batı.

مغرب گزين magribguzîn (A.-F.) [magrib+guzîden> guzîn] **1.**batıya yerleşmiş. **2.**gurûb eden.

مغربل mugerbel: (A.) **1.**alçak, sefil. **2.**şişmiş ölü.

مغربى magribî: (A.) **1.**Batılı. **2.**Mağripli, Faslı, kuzeybatı Afrikalı.

مغرد mugarrid: (A.) **1.**rahatlatıcı şarkılar söyleyen. **2.**güzel öten kuş.

مغرز magriz (A.) **1.**dip. **2.**Büyükayı takımyıldızı içinde bir yıldız.

مغرس magris (A.) fidanlık.
مغرض muğriz: (A.) garazlı, maksatlı.
مغرق mugerrak: (A.) **1.**batırılmış, daldırılmış, gark edilmiş. **2.**gümüş süslü.
مغرق mugrak: (A.) batırılmış, batmış.
مغرم magrem: (A.) **1.**aşık. **2.**borçlu. **3.**borç.
مغرم mugrem: (A.) **1.**borçlu. **2.**sevgiye tutulmuş.
مغرور magrûr: (A.) **1.**aldanmış. **2.**mağrur, gururlu. **4.**bir şeye güvenen. **5.**böbürlenen.
مغرورا magrûren (A.) **1.**mağrur olarak. **2.**güvenerek. **3.**aldanarak.
مغرورانه magrûrâne: (A. -F.) [magrûr+ âne] **1.**mağrurca. **2.**böbürlenerek. **3.**gururlanarak.
مغرور شدن magrûr şoden: **1.**aldanmak. **2.**mağrur olmak.
مغرور کردن magrûr kerden: **1.**aldatmak. **2.**mağrur etmek.
مغروره magrûre (A.) **1.**gururla. **2.**aldanmış. **3.**güvenen.
مغروری magrûrî: (A. -F.) [magrûr+î] **1.**aldanma. **2.**mağrurluk.
مغروریت magrûriyyet (A.) **1.**gururluluk, mağrurluk. **2.**aldanma. **3.**böbürlenme.
مغروس magrûs: (A.) **1.**ekili. **2.**fidan.
مغروض magrûz (A.) taze.
مغروق magrûk (A.) **1.**batık, batmış. **2.**boğulmuş.
مغروقه magrûka (A.) **1.**batık, batmış. **2.**boğulmuş.
مغروقین magrûkîn (A.) **1.**batıklar, batmışlar. **2.**boğulmuşlar, boğulanlar.
مغز magz: (Peh.) **1.**(tıb.) beyin. **2.**iç, öz. **3.**çekirdek. **4.**burun. **5.**cevher. ‖ * ~ râ be kâr endâhten مغز را به کار انداختن kafayı çalıştırmak, aklını kullanmak. ‖ * ~ -i ser مغز سر beyin. ‖ * ~ -i bâdâm مغز بادام badem içi. ‖ * ~ -i kesî tekân horden مغز کسی تکان خوردن aklını oynatmak. ‖ * ~ -i kesî râ dâgân kerden مغز کسی را داغان کردن beynini dağıtmak. ‖ * ~ -i Kur'ân مغز قرآن Mesnevî. ‖ * ~ -i ustuhân مغز استخوان (tıb.) ilik, kemik iliği. ‖ * der ~ sebt kerden در مغز ثبت کردن aklında tutmak. ‖ * do ~ der yek pûst bûden دو مغز در یک پوست بودن (kin.) samimi olmak, aralarından su sızmamak, içtikleri ayrı gitmemek.
مغز آشام magzâşâm: [magz+âşâmîden> âşâm] beyin yiyen.
مغز بردن magz borden: kafa şişirmek, kafa ütülemek.
مغز تر کردن magz ter kerden: sohbet etmek.
مغز زدایی magzzidâyî: [magz+zidden> zidây+î] beyin yıkama.
مغز زدایی شدن magzzidâyî şoden: beyni yıkanmak.
مغز زدایی کردن magzzidâyî kerden: beyin yıkamak.
مغز شناس magzşinâs: [magz+şinâhten> şinâs] frenolog, kafatasbilimci.
مغز شناسی magzşinâsî: [magz+şinâhten> şinâs+î] (tıb.) frenoloji, kafatası bilimi.
مغز شویی magzşûyî: [magz+şosten> şûy+î] beyin yıkama.
مغزشویی شدن magzşûyî şoden: beyni yıkanmak.
مغز شویی کردن magzşûyî kerden: beyin yıkamak.
مغزل migzel: (A.) iğ.
مغزلی migzelî: (A.) iğ ile ilgili.
مغزی megzâ: (A.) **1.**savaş, gaza. **2.**savaş meydanı.
مغزی magzî: [magz+î] **1.**beyin ile ilgili. **2.**iç ile ilgili, öze ait.
مغزینه magzîne: [magz+îne] **1.**iç, öz. **2.**ilik.
مغسل megsel: (A.) gasil yeri, gassalhane.
مغسل migsel: (A.) yıkanma aracı, ibrik, tas vs.
مغسل magsil (A.) gasilhane.
مغسول magsûl (A.) gusledilmiş, yıkanmış.

مغسوله magsûle (A.) gusledilmiş, yıkanmış.

مغشوش magşûş (A.) karışık, saf olmayan.

مغشوشات magşûşât (A.) karışık şeyler, karışık maddeler.

مغشوشه magşûşe (A.) karışık.

مغشى magşî (A.) kendinden geçmiş, baygın.

مغشى mugaşşî: (A.) bayıltıcı.

مغشى mugşâ: (A.) örtülmüş, kapanmış, bürünmüş.

مغشى mugşî: (A.) **1.**baygın, bayılmış. **2.**örtülmüş, kapanmış, bürünmüş.

مغشياً magşiyyen (A.) baygın halde.

مغشيانه magşiyâne, mugşiyâne: (A.-F.) [magşî+y+ âne] kendinden geçmişçesine, baygınca.

مغشيه mugşiye: (A.) **1.**baygın, bayılmış. **2.**örtülmüş, kapanmış, bürünmüş.

مغضب mugzib: (A.) kızdıran, gazaplandıran.

مغصوب magsûb: (A.) gasp edilmiş, zorla alınmış, el koyulmuş.

مغصوب منه magsûbun minh (A.) izni olmadan malı gasp edilen.

مغصوبه magsûbe (A.) gasp edilmiş, zorla alınmış, el koyulmuş.

مغضبه magzebe (A.) **1.**öfkelendiren, gazaplandıran. **2.**öfkelenme, gazaplanma.

مغضوب magzûb: (A.) gazaba uğramış.

مغضوباً magzûben (A.) gazaplanarak, öfke ile.

مغضوب عليه magzûbun aleyh (A.) Tanrı'nın gazabına uğramış.

مغضوبين magzûbîn (A.) gazaba uğramışlar.

مغطس migtas: (A.) göz çanağı.

مغطوس magtûs (A.) hava, gaz veya suya batırılmış.

مغطى mugattî: (A.) üstü örtülü, örtülmüş.

مغفر migfer: (A.) (ask.) miğfer, başlık, çelik başlık.

مغفرت magfiret: (A.) bağışlama, yarlıgama, mağfiret.

مغفرت پناه magfiretpenâh: (A.-F.) [magfiret+ penâhîden> penâh] mağfirete sığınan, mağfirete sığınanları kollayan.

مغفرى migferî: (A.) **1.**miğfer ile ilgili. **2.**miğfer biçimli.

مغفل mugeffel: (A.) **1.**gafil. **2.**safdil.

مغفل · mugfel: (A.) aldatılmış, iğfal edilmiş.

مغفل mugfil: (A.) aldatan, iğfâl eden.

مغفله mugfele: (A.) aldatılmış, iğfal edilmiş.

مغفله mugfile: (A.) aldatan, iğfal eden.

مغفور magfûr: (A.) Tanrı tarafından yarlıganmış, Tanrı tarafından günahları affedilmiş.

مغفور له magfûrunleh: (A.) Tanrı tarafından günahları bağışlanmış.

مغفير migfîr: (A.) Tanrı'nın affetmesi için dua edilen ölü.

مغكده mugkede: [muğ+kede] **1.**ateşkede. **2.**ateşperestlerin toplantığı yer. **3.**meyhane.

مغلاق miglâk: (A.) **1.**kilit. 2 kapı mandalı.

مغلط mugallat: (A.) yanlış söylenmiş, hatalı telaffuz edilmiş.

مغلطه maglete: (A.) **1.**demagoji, yanılgıya düşürme, yanıltma, laf salatası, yanıltıcı söz. **2.**yanıltan yer.

مغلطه mugallata: (A.) yanlış söylenmiş, yanlış telaffuz edilmiş.

مغلطه پرداز maglataperdâz: (A.-F.) [maglata+ perdâhten> perdâz] şaşırtıcı sözler eden, yanıltıcı konuşmalar yapan, laf salatası yapan.

مغلطه پردازانه maglataperdâzâne: (A.-F.) [maglata+ perdâhten> perdâz+âne] yanılgıya düşürerek, yanıltacak şekilde.

مغلطه پردازى maglataperdâzî: (A.-F.) [maglata+ perdâhten>perdâz+î] yanılgıya düşürme, yanıltıcı sözler etme.

مغلطه راه انداختن maglete râh endâhten: demagoji yapmak,

geçiştirmek, boğuntuya getirmek.

مغلطه كردن maglete kerden: laf salatası yapmak.

مغلظه mugallaza: (A.) kuvvetli, şiddetli, ağır.

مغلق maglak: (A.) kilitleme yeri.

مغلق muglak: (A.) **1.**kapalı. **2.**karmaşık, güç, müşkül, muğlak.

مغلقات muglakât: (A.) çapraşık sözler, anlaşılması güç sözler.

مغلقه muglaka: (A.) karmaşık, çapraşık.

مغلقيت muglakiyyet: (A.) **1.**karmaşıklık, çapraşıklık. **2.**kilitlilik.

مغلم muglim: (A.) kulampara, oğlancı, genç erkek çocuklarla cinsel ilişkiye girmeyi seven.

مغلوب maglûb: (A.) yenik, mağlup.

مغلوب آمدن maglûb âmeden: mağlup olmak, yenilmek.

مغلوبانه maglûbâne: (A.-F.) [maglûb+ âne] yenilmişçesine, yenilmiş gibi.

مغلوب شدن maglûb şoden: yenilmek, mağlup olmak.

مغلوب كردن maglûb kerden: yenmek, mağlup etmek.

مغلوبيت maglûbiyyet: (A.) yenilgi, mağlubiyet.

مغلوط maglût: (A.) hatalı, yanlış dolu.

مغلوق maglûk: (A.) **1.**kilitli, kilitlenmiş. **2.**kapalı.

مغلول maglûl: (A.) **1.**zincirli, boyunduruklu. **2.**çok susamış, su sıkıntısı çeken.

مغلول اليد maglûlulyed: (A.) eli bağlı, eli zincirli.

مغلى mugallî: (A.) **1.**kaynatılmış. **2.**şifalı bitki çayı.

مغلى mugliyy: (A.) şifalı çiçek çayı.

مغمد mugammed: (A.) kılıflı, kınına sokulmuş, üstü örtülmüş.

مغمد mugmed: (A.) kınına sokulmuş, üstü örtülmüş, kılıfına geçirilmiş.

مغمد الجناح mugammedulcenâh: (A.) kınkanatlılar.

مغمز mugammiz: (A.) tellak.

مغمود magmûd: (A.) kınına sokulmuş.

مغمور magmûr: (A.) **1.**yıkık, harap. **2.**adı sanı silik.

مغموريت magmûriyyet: (A.) **1.**yıkıklık, haraplık. **2.**adının sanının kaybolması.

مغموز magmûz: (A.) suçlu.

مغموم magmûm: (A.) **1.**kederli, gamlı. **2.**bulutlu.

مغمومانه magmûmâne: (A.-F.) [magmûm+âne] gamlı olarak, gam çekerek.

مغموم شدن magmûm şoden: gamlanmak, üzülmek.

مغموم كردن magmûm kerden: üzmek, gamlandırmak.

مغموميت magmûmiyyet: (A.) **1.**gamlı olma, üzgün olma. **2.**havanın kapalı olması.

مغناطيس mignâtis: (A. -Yun.) miknatıs.

مغند moğond: (A.) **1.**mermi, gülle. **2.**gudde. **3.**karışık şey.

مغنى mugnâ: (A.) bir şeye ihtiyacı olmayan.

مغنى mugnî: (A.) **1.**zenginleştiren, zengin eden. **2.**doyurucu, göz doyurucu. **3.**kanunu andıran bir çalgı.

مغنى mugannî: (A.) **1.**şarkıcı. **2.**çalgıcı. **3.**(müz.) bir tür telli saz. **4.**güzel öten kuş.

مغنيه muganniyye: (A.) bayan şarkıcı.

مغنيسا magnisa: (T.) Manisa.

مغول migvel: (A.) hançer.

مغول چين mogolçîn: (T.) [mogol+çîn] Moğol-Çin soyundan.

مغول چينى mogolçînî: (T.-F.) [mogol+ çîn+î] Moğol-Çin soyundan.

مغى megî: derin, çukur.

مغيب megîb: (A.) **1.**gizlenme. **2.**uzaklaşma.

مغيب mugayyeb: (A.) kayıp, kaybedilmiş.

مغيبات mugayyebât: (A.) **1.**kayıp şeyler. **2.**gizli şeyler, gözle görünmez şeyler.

مغيبه mugayyebe: (A.) kayıp, gizli, gözle görülmez.

مغيث mugîs: (A.) yardımcı, yardıma koşan, yardım eden.

مغير mugayyer: (A.) 1.değiştirilmiş. 2.değişen.

مغير mugîr: (A.) yağmacı.

مغيلان mugîlân, mugeylân: (A.) (bot.) deve dikeni.

مغيلانزار mugîylânzâr: (A.-F.) [mugîlân+zâr] 1.deve dikeni bol olan yer, dikenlik. 2.dünya.

مغيلانستان mugîlânsitân: (A.-F.) [mugîlân+ sitân] 1.deve dikeni bol olan yer, dikenlik. 2.dünya.

مغيلانگاه mugîlângâh: (A.-F.) [mugîlân+gâh] 1.deve dikeni bol olan yer, dikenlik. 2.dünya.

مف mof: sümük.

مفاتيح mefâtîh: (A.) anahtarlar.

مفاتير mefâtîr: (A.) iftar edenler.

مفاجات mufâcât: (A.) 1.baskın, ani saldırı. 2.apansiz, ansızın. ‖ * be ~ به مفاجات ansızın, apansız, aniden.

مفاجه mufâce: (A.) ansızın, apansız.

مفاحص mefâhis: (A.) kuş yuvaları.

مفاخر mefâhir: (A.) övünülecek şeyler.

مفاخر mufâhir: (A.) övünen.

مفاخرت mufâheret: (A.) övünme.

مفاخرت كردن mufâheret kerden: övünmek.

مفاخره mufâhare: (A.) karşılıklı övünme.

مفاد mufâd: (A.) 1.çıkar, menfaat. 2.mana, mefhum.

مفادات mufâdât: (A.) fidye vermeyi kabullenme.

مفارزه mufâreze: (A.) kesilerek ayrılma.

مفارغ mefârig: (A.) dökme yerleri.

مفارق mefârik: (A.) 1.farklar. 2.başın üst kısımları.

مفارق mufârık: (A.) ayrılan, ayrılmış. ‖ * lâzım-i gayr-i ~ لازم غير مفارق ayrılmaz, olmazsa olmaz.

مفارقت mufâreket: (A.) 1.ayrılık, uzaklık. 2.ayırma; ayrılma. 3.terketme.

مفارقت كردن mufâreket kerden: ayrılmak.

مفازه mefâze: (A.) çöl.

مفاسد mefâsid: (A.) fesatlıklar, bozgunculuklar.

مفاصاحساب mufâsâhisâb: (A.) ibra makbuzu.

مفاصل mefâsil: (A.) 1.eklemler, mafsallar. 2.köylülerin vergiye tabi ürünlerinin yazıldığı defter.

مفاصله mufâsala: (A.) ayrılma.

مفاض mufâz: (A.) 1.bol. 2.taşmış, taşkın. 3.bereketli.

مفاض البطن mufâzulbatn: (A.) göğsü ile karnı aynı seviyede olan.

مفاضله mufâzele: (A.) erdemce birbiriyle yarışma.

مفاعله mufâ'ele: (A.) 1.birlikte çalışma. 2.(gr.) Arapça'da bir kalıp.

مفاعيل mefâ'îl: (A.) 1.yapılanlar. 2.aruz veznine ait parçalardan biri.

مفاغمه mufâgame: (A.) 1.öpme. 2.ağız ağıza gelme.

مفاكهه mufâkehe: (A.) 1.şakalaşma. 2.hoşsohbetlik.

مفاليج mefâlîc: (A.) felç olmuşlar.

مفاليس mefâlîs: (A.) müflisler, iflas edenler.

مفاوز mefâviz: (A.) çöller.

مفاوض mufâvız: (A.) ortak, işbirliği yapan.

مفاوضات mufâvizât: (A.) konuşmalar, sohbetler.

مفاوضه mufâveze: (A.) 1.sohbet, söyleşi. 2.katılma.

مفاوضةً mufâvezeten: (A.) 1.eşit olarak. 2.işbirliği yaparak.

مفاهمه mufâheme: (A.) anlaşma, birbirini anlama.

مفاهيم mefâhîm: (A.) kavramlar, mefhumlar.

مفت moft: bedava, beleş.

مفتاح miftâh: (A.) 1.anahtar. 2.şifre cetveli. 3.çözümlü kitap.

مفتت mufettit: (A.) kıran, parçalayan, un ufak eden.

مفتتات mufettitât: (A.) kırıcılar, parçalayıcılar, un ufak ediciler.

مفتح meftah: (A.) hazine.

مفتتح muftetah: (A.) açılma.

مفتح mufettah: (A.) **1.**açılmış. **2.**bir yazı stili.

مفتح mufettih: (A.) **1.**fetheden. **2.**açan, açıcı. **3.**tıkanıklık gideren. **4.**geğirtici, geğirten.

مفتح mufteh: (A.) hazine.

مفتح الابواب mufettihulebvâb: (A.) kuluna kapılar açan Tanrı.

مفتتن شدن mufteten şoden: **1.**meftun olmak. **2.**fitneye düşmek.

مفتخر muftehir: (A.) **1**,.ıvançlı, övünen, iftihar eden. **2.**şerefli. **3**.parasız çalışan, fahrî çalışan.

مفتخرانه mutehirâne: (A.-F.) [muftehir+âne] övünerek, iftihar ederek.

مفتخر شدن muftehir şoden: kıvanç duymak, iftihar etmek.

مفتخره muftehire: (A.) **1.**kıvanç duyan, iftihar eden. **2.**şerefli. **3.**fahrî çalışan.

مفتخوار mofthâr: [moft+horden>hor> hâr] beleşçi, bedavacı.

مفتخواری mofthârî: [moft+horden>hor> hâr+î] bedavacılık, beleşçilik.

مفتخور mofthor: [moft+horden>hor] bedavacı, beleşçi.

مفتخوری mofthorî: [moft+horden>hor+î] bedavacılık, beleşçilik.

مفتدی muftedî: (A.) bedel verilerek tutsaklıktan kurtarılan.

مفترح mufterih: (A.) ferahlık bulmuş, keyifli.

مفترس mufteris: (A.) yırtıcı, parçalayıcı.

مفترسه mufterise: (A.) yırtıcı, parçalayıcı.

مفترش mufteriş: (A.) secde ettiğinde dirsekleri yere dayanan.

مفترص mufteris: (A.) fırsatçı, fırsat bilen.

مفترق mufterik: (A.) **1.**ayrılan. **2.**ayrı, dağınık.

مفتری mufterî: (A.) iftiracı, müfteri, kara çalıcı.

مفتری علیه mufterâ aleyh: (A.) iftiraya uğrayan, kara çalınan.

مفتریات muftereyât: (A.) iftiralar, kara çalmalar.

مفتریانه mufteriyâne: (A.-F.) [mufterî+ +âne] iftira edercesine, kara çalarak.

مفت زدن moft zeden: bedava bulmak.

مفتش mufettiş: (A.) müfettiş.

مفتصد muftasi: (A.) kan alan, hacamatçı.

مفتضح muftezih, muftezeh: (A.) rezil, kepaze.

مفتضحانه muftezihâne: (A. -F.) [muftezih+ âne] rezilce.

مفتضح شدن muftezih şoden: rezil olmak.

مفتضح کردن muftezih kerden: rezil etmek.

مفتعل mufteal: (A.) uydurma, sahte.

مفتقد muftekad: (A.) kayıp.

مفتقر muftekir: (A.) **1.**züğürt, beş parasız. **2.**muhtaç.

مفتکی moftekî: [moft+ek+î] bedava, beleş, havadan.

مفتل mufettel: (A.) bükülmüş, fitil haline getirilmiş, örülmüş.

مفتل mufettil: (A.) büken, bükücü, örücü.

مفتلت muftelit: (A.) hazırcevap.

مفتله miftele: (A.) **1.**öreke ağacı. **2.**yün eğirme değneği.

مفتن mufetten: (A.) fitneci.

مفتن mufettin: (A.) **1.**fitne sokan, fitneci. **2.**meftûn eden, hayran bırakan.

مفتوت meftût: (A.) paramparça edilmiş, ufalanmış.

مفتوح meftûh: (A.) **1.**açık. **2.**açılmış. **3.**fethedilmiş. **4.**(gr.) fethalı, üstünlü.

مفتوحه meftûha: (A.) **1.**açılmış. **2.**fethedilmiş. **3.**fethalı, üstünlü.

مفتوحیت meftûhiyyet: (A.) **1.**açılma. **2.**fethedilme. **3.**üstünlü olma hali.

مفتور meftûr: (A.) umutsuz, bezgin, bitkin.

مفتورانه meftûrâne: (A.-F.) [meftûr+âne] umutsuzca, bezgince, bitkince.

مفتوریت meftûriyyet: (A.) umutsuzluk, bezginlik, bitkinlik.

مفتوق •meftûk: (A.) fıtıklı.

مفتول meftûl: (A.) **1.**kalın tel. **2.**ince tel. **3.**bükülmüş, bükülü.

مفتون meftûn: (A.) **1.**fitneye kapılmış. **2.**gönlünü kaptırmış, tutkun. **3.** hayran.

مفتونانه meftûnâne: (A.-F.) [meftûn+âne] **1.**fitneye kapılmış gibi. **2.**tutkunca. **3.**şaşkınca, hayranca.

مفتون شدن meftûn şoden: **1.**meftun olmak, aşık olmak, tutulmak. **2.**fitneye düşmek.

مفتون كردن meftûn kerden: **1.**meftun etmek. **2.**fitneye düşürmek.

مفتونيت meftûniyyet: (A.) **1.**fitneye kapılma. **2.**tutkunluk. **3.**şaşkınlık, hayranlık.

مفتى muftî: (A.) müftü.

مفتى الانام muftil'enâm: (A.) şeyhülislâm.

مفتى المسلمين muftilmuslimîn: (A.) müslümanların müftüsü.

مفجر mifcer: (A.) sargı bezi.

مفجر mufcir: (A.) kaynayıp akıtan.

مفجع mufecci': (A.) üzen, acıtan, dertlendiren.

مفحش mufhiş: (A.) ağzı bozuk, küfürbaz.

مفحص mefhas: (A.) kuş yuvası.

مفحم mufahham: (A.) kömürleşmiş.

مفحم mufham: (A.) yıldırılmış, susturulmuş.

مفحم mufhim: (A.) yıldıran, susturan.

مفحوم mefhûm: (A.) kömürleşmiş.

مفخر mefhar: (A.) **1.**övünme, kıvanç duyma. **2.**övünülecek şey, kıvanç duyulacak şey. ‖ * ~ -i kâ'inât مفخر كائنات evrenin kıvanç duyacağı kişi, Hz. Muhammed. ‖ * ~ -i mevcûdât مفخر موجودات varlıkların kıvanç duyacağı kişi, Hz. Muhammed.

مفخرت mefharet: (A.) **1.**kıvanç duyma, övünme.

مفخره mefhare, mefhore: (A.) **1.**övünme. **2.**övünme sebebi.

مفخم mufehham: (A.) saygıdeğer, yüce, itibarlı, kerem sahibi.

مفر mefer, mefir, mifer: (A.) **1.**kaçma, kaçış. **2.**kaçış yeri, kaçılacak yer.

مفر الكلبيه meferrulkelbiyye: (A.) zakkumgiller.

مفرج muferrec: (A.) **1.**geniş. **2.**iç açıcı, rahatlık veren.

مفرج muferric: (A.) rahatlık veren, iç açıcı.

مفرح muferrih: (A.) **1.**ferahlatıcı. **2.**kalbi güçlendiren ve aynı zamanda neşe veren ilaç.

مفرحات muferrihât: (A.) rahatlık verici şeyler, iç açıcı şeyler.

مفرح القلوب muferrihulkulûb: (A.) kalplere ferahlık veren.

مفرح شدن muferrih şoden: **1.**sevinç vermek. **2.**(ilaç) kuvvet vermek. **3.**sevinmek.

مفرح نامه muferrihnâme: (A.-F.) [muferrih+nâme] okunduğu zaman insanların neşelendirip rahatlatan eser.

مفرد mefred: (A.) iri, büyük.

مفرد mufred: (A.) **1.**tek. **2.**saf, karışımsız. **3.**(gr.) tekil. **4.**cesur. **5.**tek beyit.

مفرد muferrid: (A.) bir köşeye çekilip kendini ibadete veren.

مفرد mufrid: (A.) **1.**yalnız bırakan, birbaşına bırakan. **2.**izolatör.

مفردات mufredât: (A.) **1.**tek olanlar. **2.**basit şeyler. **3.**tek beyitler.

مفردى mufredî: (A.) Memlkler zamanında önemli kişiler.

مفرز mifrez: (A.) hattat kalemtıraşı.

مفرز mufrez: (A.) ayrılmış.

مفرز mufriz: (A.) **1.**ayıran. **2.**virgül.

مفرزات mufrizât: (A.) **1.**ayıranlar. **2.**virgüller.

مفرزات العرقيه mufrizâtul'arakıyye: (A.) ter bezi.

مفرز القلم mufrezulkalem: (A.) kalemi ayrılmış.

مفرزه mufreze: (A.) **1.**ayrılmış. **2.**küçük askerî kol, küçük birlik.

مفرس muferres: (A.) (gr.) farsçalaşmış, farsçalaştırılmış.

مفرش mefreş: (A.) **1.**yaygı. **1.**eşya taşımakta kullanılan, meşinden veya çadır bezinden yapılan büyük çuval. **2.**yaygı serilen yer. **3.**halı.

مفرش muferreş: (A.) dayalı döşeli, döşenmiş, tefriş edilmiş.

مفرشه mifreşe: (A.) kalemdan örtüsü.

مفرط mefrat: (A.) çok büyük.

مفرط mufret: (A.) terkedilmiş, unutulmuş.

مفرط mufrit: (A.) aşırı, müfrit.

مفرط muferrit: (A.) **1.**ifrat eden, aşırıya kaçan. **2.**kusurlu, eksik iş yapan.

مفرطانه mufritâne: (A.-F.) [mufrit+âne] aşırı derecede, aşırıya kaçarak.

مفرطه mufrite: (A.) aşırı, sınırı aşan.

مفرع muferri': (A.) dal budak salan, kollara ayrılan.

مفرغ mifreg, mefreg: (A.) **1.**(kim.) bronz, tunç. **2.**dökme yeri.

مفرغ mufrag: (A.) dökülmüş.

مفرغ mufrig: (A.) döken, dökücü, boşaltıcı.

مفرغ muferrag: (A.) dökülmüş, kalıba dökülmüş.

مفرغ muferrig: (A.) boşaltan.

مفرغه mufriga: (A.) döken, dökücü, söktürücü.

مفرق mefrak: (A.) başın üst kısmı.

مفرق mefrik: (A.) başın üst kısmı.

مفرق muferrak: (A.) ayrılmış, ayırt edilmiş.

مفرق muferrik: (A.) **1.**ayıran, ayırt eden. **2.**kısaltan, eksilten.

مفروز mefrûz: (A.) ayrılmış, bölünmüş, parselli.

مفروز شدن mefrûz şoden: **1.**ayrılmak. **2.**parsellenmek.

مفروز كردن mefrûz kerden: **1.**ayırmak. **2.**parsellemek.

مفروزه mefrûze: (A.) bölünmüş, ayrılmış.

مفروش mefrûş: döşeli, döşenmiş.

مفروشات mefrûşât: (A.) döşemelik eşya, döşeme.

مفروش شدن mefrûş şoden: döşenmek.

مفروش كردن mefrûş kerden: döşemek.

مفروشه ·mefrûşe: (A.) odalık, cariye.

مفروض mefrûz: (A.) **1.**farzolunmuş, tasavvur edilmiş. **2.**farz kılınmış. **3.**boynunun borcu olmuş.

مفروضه mefrûze: (A.) **1.**varsayılmış. **2.**boynunun borcu olmuş.

مفروغ mefrûg: (A.) feragat edilmiş.

مفروغ به mefrûgunbih: (A.) bir kimseye bırakılan şey.

مفروغ له mefrûgunleh: (A.) tasarrufu kendisine bırakılan.

مفروق mefrûk: (A.) **1.**ayrılmış. **2.**dağılmış. **3.**(mat.) çıkarılan sayı.

مفروك mefrûk: (A.) **1.**ovulmuş. **2.**safranla boyanmış.

مفزع mefze': (A.) sığınak, sığınılacak yer.

مفزع mufezzi': (A.) hayretle baktıran.

مفسخ mefsah: (A.) **1.**feshetme yeri. **2.**feshetme, bozma.

مفسد mufsid: (A.) fesat çıkaran, bozguncu, müfsit.

مفسدانه mufsidâne: (A.-F.) [mufsid+âne] fesat sokarak, ara bozarak, bozgunculuk yaparak.

مفسدت mefsedet: (A.) bozgunculuk, fesatlık.

مفسدتكار mefsedetkâr: (A.-F.) [mefsedet+kâr] fesat çıkaran.

مفسدتكارانه mefsedetkârâne: (A.-F.) [mefsedet+kâr+ âne] fesat çıkarıcı.

مفسده mefsede: (A.) **1.**fesat, fenalık. **2.**fesat sebebi.

مفسده mufside: (A.) **1.**bozan. **2.**bozguncu, fesat sokan.

مفسدين mufsidîn: (A.) arabozanlar, bozguncular, fesat çıkaranlar.

مفسر mufesser: (A.) tefsir edilmiş, yorumlanmış.

مفسر mufessir: (A.) **1.**tefsir eden, müfessir, Kur'ân müfessiri.

2.yorumcu.

مفسره mufessere: (A.) yorumlanmış.

مفسره mufessire: (A.) yorumlayan, tefsir eden.

مفسرى mufessirî: (A. -F.) [mufessir+î] 1.müfessirlik, yorumculuk. 2.yorum.

مفسرين mufessirîn: (A.) 1.yorumcular. 2.Kur'ân müfessirleri.

مفسقه mefsaka: (A.) günah işleme yeri.

مفسوخ mefsûh: (A.) 1.feshedilmiş, yürürlükten kaldırılmış. 2.iptal edilmiş.

مفسوخه mefsûha: (A.) 1.feshedilmiş, yürürlükten kaldırılmış. 2.iptal edilmiş.

مفسوخيت mefsûhiyyet: (A.) 1.fesh edilmiş olma. 2.iptal edilmiş olma.

مفشوء mefşû': (A.) açıklanmış, ifşa edilmiş.

مفصح mufsih: (A.) fasih konuşan, düzgün konuşan.

مفصد mifsad: (A.) neşter, kan alma bıçağı, hacamat bıçağı.

مفصل mefsil: (A.) (tıb.) mafsal, eklem.

مفصل mufassal: (A.) 1.ayrıntılı, uzun uzadıya, enikonu. 2.ayet sonu.

مفصل mufassil: (A.) enikonu anlatan, uzun uzadıya anlatan.

مفصلاً mufassalan: (A.) ayrıntılı olarak.

مفصلات mufassalât: (A.) ayrıntılar.

مفصلدار mefsildâr: (A. -F.) [mefsil+ dâşten>dâr] mafsallı, eklemli.

مفصله mufassala: (A.) kapsamlı, ayrıntılı.

مفصلى mafsalî (A.) eklem ile ilgili, mafsal ile ilgili.

مفصود mefsûd: (A.) kan alınmış, hacamat yapılmış.

مفضال mifzâl: (A.) erdemli.

مفضح mufazzih: (A.) rezil rüsva eden, yerin dibine batıran.

مفضحه mefzehe: (A.) rezillik, skandal, rezalet, kepazelik.

مفضض mufazzaz: (A.) gümüş kaplamalı, gümüşlü.

مفضل mifzal: (A.) iş elbisesi.

مفضل mufazzal: (A.) üstün tutulmuş.

مفضل mufzil: (A.) 1.çoğaltan. 2.iyilik yapan, erdemli, faziletli.

مفضل شدن mufzil şoden: üstün olmak, faziletli olmak.

مفضول mefzûl: (A.) 1.fazla gelen. 2.üstün gelen. 3.üstün tutulan.

مفضى mufzî: (A.) yetiştiren, ulaştıran.

مفطر muftir: (A.) iftar eden, oruç açan.

مفطور meftûr: (A.) 1.yaratılmış. 2.doğal, tabiî.

مفطوم meftûm: (A.) sütten kesilmiş çocuk.

مفعم muf'am: (A.) kabarmış su, yükselmiş su.

مفعول mef'ûl: (A.) 1.yapılmış, yapılan. 2.homoseksüel erkek, oğlan. 3.(gr.) edilgen ortaç, nesne.

مفعول اليه mef'ûlunileyh: (A.) ismin -e hali.

مفعول به mef'ûlunbih: (A.) ismin -i hali.

مفعول صريح mef'ûlun sarîh: (A.) nesne.

مفعول غير صريح mef'ûlungayr-i sarîh: (A.) tümleç, dolaylı tümleç.

مفعول فيه mef'ûlunfîh: (A.) ismin -de hali.

مفعول له mef'ûlunleh: (A.) için.

مفعول مع mef'ûlun ma'a: (A.) ismin ile hali.

مفعوله mef'ûle: (A.) yapılmış.

مفعولى mef'ûlî: (A. -F.) [mef'ûl+î] oğlanlık, homoseksüel erkeklik.

مفقد mefkad: (A.) kaybolma yeri.

مفقر mufakkar: (A.) bir tür çentikli kılıç.

مفقر mufkir: (A.) fakirleştiren.

مفقرت mefkaret: (A.) yoksunluk, fakirlik, ihtiyaç.

مفقود mefkûd: (A.) 1.kayıp. 2.kayıp kişi. 3.yok olmuş.

مفقود الاثر شدن mefkûduleser şoden: ortadan kaybolmak, izi kaybolmak, kayıplara karışmak.

مفقود شدن mefkûd şoden: **1.**kaybolmak, yitmek, kayıplara karışmak. **2.**yok olmak, ortadan kalkmak.

مفقود كردن mefkûd kerden: **1.**kaybetmek, yitirmek. **2.**yok etmek, ortadan kaldırmak.

مفقوديت mefkûdiyyet: (A.) kayıplık.

مفقور mefkûr: (A.) omurgası kırık.

مفكر mufekkir: (A.) **1.**düşünür. **2.**düşündüren.

مفكره mufekkire: (A.) düşünme gücü.

مفكوروى mefkûrevî: (A.) ülkü ile ilgili.

مفكوره mefkûre: (A.) ülkü, ideal, mefûkre.

مفكوك mefkûk: (A.) ayrı, ayrılmış, çıkarılmış, sökülmüş.

مفكوك شدن mefkûk şoden: ayrılmak, ayrı kalmak.

مفكوك كردن mefkûk kerden: ayırmak.

مفلاق miflâk: (A.) alçak, rezil.

مفلاك miflâk: (A.) yoksul, fakir.

مفلج muflic: (A.) felçli.

مفلح muflih: (A.) **1.**kurtulan. **2.**galip olan.

مفلحانه muflihâne: (A.-F.) [muflih+âne] esenlik bulmuşçasına, selamete çıkmış gibi.

مفلحون muflihûn: (A.) esenlik bulanlar, felaha erenler, selamete çıkanlar.

مفلحين muflihîn: (A.) esenlik bulanlar, felaha erenler, selamete çıkanlar.

مفلس mufelles: (A.) iflasına karar verilmiş.

مفلس muflis: (A.) **1.**iflas eden, iflas etmiş. **2.**yoksul, züğürt.

مفلساً muflisen: (A.) iflas ederek.

مفلسان muflisân: (A.-F.) [muflis+ân] **1.**iflas edenler, iflas etmişler. **2.**yoksullar, züğürtler.

مفلسين muflisîn: (A.) **1.**iflas edenler, iflas etmişler. **2.**yoksullar, züğürtler.

مفلسى muflisî: (A. -F.) [muflis+î] **1.**iflas. **2.**müflislik. **3.**yoksulluk.

مفلفل mufelfel: (A.) biberli.

مفلق muflik: (A.) iyi şair, birinci sınıf şair.

مفلوج meflûc: (A.) inmeli, kötürüm, felçli.

مفلوجاً meflûcen: (A.) felçi olarak.

مفلوج شدن meflûc şoden: felç olmak, kötürüm olmak.

مفلوج كردن meflûc kerden: felç etmek.

مفلوجيت meflûciyyet: (A.) **1.**felçlilik. **2.**kıpırdayamama.

مفلوك meflûk: (A.) talihsiz, yoksul, zavallı, perişan.

مفلول meflûl: (A.) **1.**kilitli. **2.**kınında duran.

مفنگى mofengî: **1.**sümüklü. **2.**sümsük. **3.**hastalığa yatkın.

مفنى mufnî: (A.) yok eden.

مفوض mufevvez: (A.) havale edilme, bırakılmış, sipariş edilmiş.

مفوض mufevviz: (A.) sipariş veren, ihale eden, bırakan.

مفوض شدن mufevvez şoden: havale edilmek, bırakılmak.

مفوض كردن mufevvez kerden: havale etmek, bırakmak.

مفوضه mufevveze: (A.) mehri tayin edilmeden evlendirilen kız.

مفوضه mufevvize: (A.) mehri tayin edilmeden evlendirilen kız.

مفهم mufehhim: (A.) anlatan.

مفهوم mefhûm: (A.) **1.**kavram, mefhum. **2.**anlaşılmış.

مفهوم شدن mefhûm şoden: anlaşılmak.

مفهوميت mefhûmiyyet: (A.) mefhumluk.

مفهوميه mefhûmiyye: (A.) kavramsal.

مفيد mufîd: (A.) **1.**yararlı, faydalı. **2.**anlatan, ifade eden, belirten. **3.**erkek adı.

مفيد افتادن mufîd oftâden: faydalı olmak.

مفيده mufîde: (A.) **1.**yararlı, faydalı. **2.**anlatan, ifade eden, belirten. **3.**bereketlendiren. **4.**bayan adı.

مفيض mufîz: (A.) **1.**feyiz veren.

2.akan. 3.bağışlayan.

مفيق mufîk: (A.) 1.iyileşen. 2.uyanan.

مقابح mekâbih: (A.) çirkin davranışlar.

مقابر mekâbir: (A.) kabirler, mezarlar.

مقابل mukâbil: (A.) 1.yüz yüze, karşı karşıya. 2.karşı, karşısı, karşısına, karşısında, karşıda bulunan. 3.zıt, muhalif. 4.katı, misli. 5.karşılık. 6.karşılığında. 7.karşı. ‖ * der ~ -i در مقابل karşılığında, mukabilinde.

مقابل شدن mukâbil şoden: 1.karşılaşmak, yüz yüze gelmek. 2.denkleşmek. 3.katı olmak, misli olmak.

مقابل كردن mukâbil kerden: 1.karşılaştırmak. 2.denkleştirmek, eşitlemek. 3.mukabele etmek.

مقابلت mukâbelet: (A.) mukabele.

مقابله mukâbele: (A.) 1.karşılık, karşılık verme. 2.karşılama, karşılaşma. 3.karşılaştırma. 4.camide halka Kur'ân okuma. 5.mevlevî semâı. 6. karşı. 7.yüzleştirme. ‖ * ~ -i bilmisl مقابله بالمثل misilleme. ‖ * der ~ در مقابله karşılığında, mukabilinde.

مقابلة mukâbeleten: (A.) karşılığında, karşılık olarak.

مقابله بالمثل mukâbelebilmisl: (A.) misilleme.

مقابله كردن mukâbele kerden: mukabele etmek, karşılaştırmak.

مقاتل mekâtil: (A.) öldürme yerleri, öldürülme yerleri, makteller.

مقاتل mukâtil: (A.) 1.birbirini öldüren. 2.vuruşan. 3.savaşan.

مقاتلات mukâtelât: (A.) 1.birbirini öldürmeler. 2.vuruşmalar. 3.savaşlar.

مقاتله mukâtele: (A.) 1.birbirini öldürme. 2.vuruşma. 3.savaş.

مقاتلون mukâtilûn: (A.) 1.birbirini öldürenler. 2.vuruşanlar. 3.savaşanlar.

مقاتله كردن mukâtele kerden: savaşmak, vuruşmak, birbirini öldürmek.

مقادر mekâdir: (A.) 1.güçler, kudretler. 2.miktarlar, kısımlar.

مقادم mekâdim: (A.) gelişler, gelmeler.

مقادير mekâdîr: (A.) miktarlar.

مقاذف mekâzif: (A.) kürekler.

مقارب mukârib: (A.) 1.yaklaşan. 2.iyi konuşan. 3.yakın, birbirine yakın.

مقاربت mukârebet: (A.) 1.yaklaşma. 2.yakınlık. 3.akrabalık.

مقاربتى mukârebetî: (A. -F.) [mukharebet+ î] yaklaşma ile ilgili. ‖ * emrâz-i ~ امراض مقاربتى (tıb.) zührevî hastalıklar.

مقاربه mukârebe: (A.) 1.yaklaşma. 2.cinsel ilişki. 3.yakınlık.

مقاربه كردن mukârebe kerden: 1.yaklaşmak. 2.cinsel ilişkide bulunmak.

مقارعه mukâra'a: (A.) kazanca ortak olmak ve zararı sermayeden karşılanmak üzere verilen sermaye.

مقارن mukârin: (A.) 1.dost, arkadaş, yakın. 2.bitişik. 3.çağdaş. 4.birbirine yaklaşmış.

مقارنت mukârenet: (A.) 1.yakınlık. 2.yaklaşma. 3.bitişme, kavuşma. 4.uygunluk.

مقارنه mukârene: (A.) 1.yaklaşma. 2.cinsel ilişki. 3.yakınlık.

مقاريض makârîz: (A.) makaslar.

مقاسات mukâsât: (A.) zahmet çekme, sıkıntıya katlanma, acıya katlanma.

مقاسم mukâsım: (A.) paylaşan, bölüşen.

مقاسمه mukâseme: (A.) 1.paylaşma, bölüşme. 2.yeminleşme.

مقاص mekâss: (A.) makaslar.

مقاصد mekâsid: (A.) maksatlar, amaçlar.

مقاصير mekâsîr (A.) 1.evin mahrem yerleri. 2.camilerde bulunan parmaklıklı mekânlar.

مقاطع mekâti': (A.) 1.kesme yerleri. 2.kavşaklar, kesişme yerleri. 3.sonlar. 4.Kur'ân'da durma yerleri. 5.basamaklar.

مقاطعات mukâta'ât: (A.) **1.**arazilerin kiraya verilmesi. **2.**arazi vergileri.

مقاطع الانهار makâti'ulenhâr: (A.) nehirlerin geçitleri.

مقاطع الاوديه makâti'ulevdiye: (A.) suların dağılım yeri.

مقاطعه mukâte'e: (A.) **1.**kesişme. **2.**yazışmayı kesme. **3.**inşaat taahhüdü. **4.**arazinin kiraya verilmesi. **5.**arazi vergisi.

مقاطعه كار mukâte'ekâr: (A. -F.) [mukâte'e+ kâr] **1.**inşaat müteahhiti. **2.**müteahhit.

مقاطعه كارى mukâte'ekârî: (A. -F.) [mukâte'e+kâr+î] müteahhitlik.

مقاطعه كردن mukâte'e kerden: inşaat taahhüdünde bulunmak, inşaat işi almak.

مقاعد mekâ'id: (A.) makatlar, kıçlar.

مقال mekâl: (A.) **1.**söz, laf. **2.**konuşma. **3.**söyleyiş, söyleme.

مقالات mekâlât: (A.) **1.**makaleler. **2.**sözler.

مقال كردن mekâl kerden: konuşmak.

مقالم mekâlim: (A.) ucu yontulmuş cisimler, kalemler.

مقاله mekâle: (A.) **1.**makale. **2.**söz. **3.**konuşma. **4.**tebliğ, bildiri. **5.**kitap faslı. **6.**nutuk.

مقاله نويس mekâlenevîs: (A. -F.) [mekâle+ nevîs] makale yazarı, makaleci.

مقاله نويسى mekâlenevîsî: (A. -F.) [mekâle+nevişten>nevîs+î] makale yazarlığı, makalecilik.

مقاليد mekâlîd: (A.) **1.**kilitler. **2.**hazineler.

مقام mekâm: (A.) **1.**makam. **2.**yer. **3.**rütbe. **4.**görev yeri. **5.**musikî makamı. **6.**velilerden birinin mezarı sanılan yer. **7.**manevî yer. **8.**tasavvufta sülûk derecelerinin her biri.

مقام mukâm: (A.) **1.**ikamet etmiş. **2.**ikamet yeri. **3.**ikamet.

مقامات mekâmât: (A.) **1.**makamlar. **2.**(ed.) makâme. **3.**meclisler. **4.**nutuk tarzında söylenen sözler. **5.**musikî makamları. **6.**kutsal yerler.

مقامر mukâmir: (A.) kumarbaz.

مقامره mukâmere: (A.) kumar oynama.

مقامع makâmi' (A.) kancalar.

مقام كردن mukâm kerden: ikamet etmek.

مقامه mekâme: (A.) **1.**meclis. **2.**hutbe. **3.**(ed.) makame. **4.**edebî makale.

مقانع makâni' (A.) başörtüleri.

مقاود mekâvid: (A.) dizginler.

مقاولات mukâvelât: (A.) sözleşmeler, mukaveleler.

مقاوله mukâvele: (A.) mukavele, sözleşme, kontrat.

مقاوله نامه mukâvelenâme: (A. -F.) [mukâvele+nâme] kontrat, sözleşme, mukavelename.

مقاوم mukâvim: (A.) dayanıklı, mukavim, dirençli.

مقاومت mukâvemet: (A.) dayanma, direnme, direniş, direnç, karşı koyma.

مقاومت سوز mukâvemetsûz: (A.-F.) [mukâvemet+ sûhten> sûz] direnç kıran, direnilmez, karşı konulmaz.

مقاومت شكن mukâvemetşiken: (A.-F.) [mukâvemet+ şikesten>şiken] direnç kıran, direnilmez, karşı konulmaz.

مقاومت كردن mukâvemet kerden: karşı koymak, direnmek.

مقاوم شدن mukâvim şoden: dayanıklı olmak.

مقاومين mukâvimîn: (A.) dirençliler, direnenler, karşı koyanlar.

مقاويل makâvîl: (A.) diller.

مقايسات mukâyesât: (A.) karşılaştırmalar, kıyaslamalar, ölçümlemeler.

مقايسه mukâyese: (A.) karşılaştırma, kıyaslama, mukayese. ‖ * be ~ der âmeden به مقايسه در آمدن karşılaştırılmak, kıyaslanmak, mukayese edilmek. ‖ * be ~ der âverden به مقايسه در آوردن karşılaştırmak, kıyaslamak, mukayese etmek. ‖ * der ~ bâ در

مقایسه با nazaran, kıyasla.

مقایسه شدن mukâyese şoden: mukayese edilmek, kıyaslanmak, karşılaştırılmak.

مقایسه کردن mukâyese kerden: mukayese etmek, karşılaştırmak, kıyaslamak.

مقایضه mukâyezae: (A.) takas, değiş tokuş, trampa.

مقبب mukabbeb: (A.) kubbeli.

مقبحه makbehe: (A.) çirkin davranış, yakışık almayan hareket.

مقبر makber (A.) **1.**mezar. **2.**mezarlık.

مقبرگزین makberguzîn (A.-F.) [makber+ guzîden> guzîn] ölen mezara gömülen.

مقبره makbere: (A.) **1.**mezar. **2.**türbe.

مقبض mukabbiz: (A.) sıkan, daraltan.

مقبضه makbaza: (A.) cımbız, cerrah cımbızı.

مقبل mukabbel: (A.) öpülmüş.

مقبل mukabbil: (A.) öpen.

مقبل mukbel: (A.) **1.**yönelik. **2.**talihli.

مقبل mukbil: (A.) **1.**yönelen. **2.**talihli.

مقبله mukbile: (A.) **1.**ikbal sahibi, kutlu. **2.**bayan adı.

مقبلین mukabbilîn: (A.) öpenler.

مقبلین mukbilîn: (A.) ikbal sahipleri, kutlular, mutlular.

مقبوح makbûh: (A.) çirkin, ayıp sayılan.

مقبوحه makbûha: (A.) çirkin, ayıp sayılan.

مقبور makbûr: (A.) gömülmüş, mezara koyulmuş.

مقبوض makbûz: (A.) **1.**alınmış. **2.**alındı belgesi. **3.**sıkılmış, daraltılmış.

مقبوضات makbûzât: (A.) **1.**makbuzlar. **2.**alınan paralar, hasılat.

مقبول makbûl: (A.) **1.**makbul, beğenilmiş. **2.**güzel. ‖ * ~-i nazar-i kesî âmeden مقبول نظر کسی آمدن gözüne girmek.

مقبول آمدن makbûl âmeden: beğenilmek, makbul olmak, kabul edilmek.

مقبول افتادن makbûl oftâden: makbul olmak, beğenilmek, kabul edilmek.

مقبول الشهاده makbûluşşehâde (A.) tanıklığı geçerli olan.

مقبول شدن makbûl şoden: kabul edilmek, makbul olmak.

مقبول کردن makbûl kerden: kabul ettirmek, beğendirmek.

مقبوله makbûle: (A.) **1.**kabûl edilmiş. **2.**alınmış. **3.**beğenilen, hoşa giden.

مقبولی makbûlî: (A. -F.) [makbûl+î] **1.**güzellik. **2.**beğenilme.

مقبولیت makbûliyyet (A.) makbullük, beğenilme.

مقت makt: (A.) **1.**kin. **2.**öfke.

مقتبس muktebes: (A.) **1.**alınmış, aktarılmış, iktibas edilmiş. **2.**aydınlanmış. **3.**ateşlenmiş.

مقتبس muktebis: (A.) alıntı yapan, aktaran.

مقتبسات muktebesât: (A.) alıntılar.

مقتبسین muktebisîn: (A.) alıntı yapanlar, aktaranlar.

مقتحم muktehim: (A.) göğüs geren.

مقتدا muktedâ: (A.) **1.**uyulan. **2.**önder, lider. **3.**örnek alınan.

مقتدا به muktedâ bih: (A.) **1.**uyulan. **2.**önder, lider. **3.**örnek alınan.

مقتدر muktedir: (A.) güçlü, kudretli, iktidar sahibi, muktedir.

مقتدرین muktedirîn: (A.) iktidar sahipleri, güçlüler.

مقتدی muktedâ: (A.) önder, lider.

مقتدی muktedî: (A.) uyan, izinden giden, peşinden giden.

مقتر muktir: (A.) nafaka bakımından kocasına baskı yapan.

مقترب mukterib: (A.) yaklaşan yakın olan.

مقترح mukterih: (A.) **1.**düşünmeden şiir söyleyen. **2.**yeni bir şey getiren.

مقترض mukteriz: (A.) borçlanan, borç eden.

مقترفات mukterefât: (A.) yakınlarda satın alınmış şeyler.

مقترن mukterin: (A.) **1.**dost, yakın. **2.**yaklaşan, yakına gelen.

مقترن شدن mukterin şoden: **1.**yaklaşmak. **2.**dost olmak.

مقترن كردن mukterin kerden: 1.yaklaştırmak. 2.dost etmek.

مقتصد muktesid: (A.) tutumlu, iktisatlı.

مقتصدانه muktesidâne: (A.-F.) [muktesid+âne] iktisatlı olarak, tutumlu davranarak.

مقتصر muktasir: (A.) kısa kesen, kısa tutan.

مقتضى mukteza: (A.) 1.gerekli, gereken. 2.istenmiş. 3.anlaşılmış. 4.gerekçeli yazı.

مقتضى muktezî: (A.) 1.gereken. 2.gerektiren.

مقتضيات muktezeyât: (A.) 1.gerekenler, gerekler. 2.gerektirenler.

مقتضى دانستن muktezî dânisten: gerekli görmek.

مقتضيه mukteziyye: (A.) 1.gereken. 2.gerektiren.

مقتطف muktataf: (A.) derilmiş, devşirilmiş, derme, derleme.

مقتطف muktatıf: (A.) derleyen, deren, devşiren.

مقتطفات muktatafât: (A.) 1.dermeler. 2.derlemeler, antoloji.

مقتفى ، مقتفا muktefâ: (A.) 1.peşinden gidilen, izinden gidilen. 2.örnek alınan.

مقتفى · muktefî: (A.) 1.peşinden giden, izinden giden. 2.örnek alan.

مقتل maktel: (A.) 1.öldürme yeri. 2.ölüm yeri, öldürülme yeri. 3.(ed.) maktel, Kerbelâ olayından bahseden edebî eser. ‖ * ~ -i huseyn مقتل حسين Hz. Muhammed'in şehit edilen torunu Hüseyin için yazılan matem şiirleri.

مقتلع muktela': (A.) kökünden sökülmüş.

مقتلع mukteli': (A.) kökünden söken.

مقتنى muktenâ: (A.) ele geçmiş, kazanılmış.

مقتول maktûl: (A.) maktül, öldürülmüş.

مقتولاً maktûlen (A.) öldürülerek, katledilerek.

مقتول شدن maktûl şoden: öldürülmek, katledilmek.

مقتول كردن maktûl kerden: katletmek, öldürmek.

مقتوله maktûle (A.) öldürülmüş bayan, katledilmiş bayan.

مقتولين maktûlîn (A.) öldürülenler, maktüller, katledilenler.

مقحم mukhem: (A.) cümle içindeki gereksiz kelime.

مقدار mikdâr: (A.) 1.miktar. 2.parça. 3.değer, kıymet. 4.düze. 5.derece. ‖ * be ~ -i به مقدار kadar, tutarında.

مقدام mikdâm: (A.) 1.gayretli, çaba gösteren. 2.kıdemli. 3.çok ayaklı.

مقدح mikdah: (A.) çakmak demiri.

مقدحه mikdaha: (A.) çakmak demiri.

مقدر mukadder: (A.) 1.takdir edilmiş, mukadder. 2.yazgı, alın yazısı. 3.sözün gelişinden anlaşılan.

مقدر mukaddir: (A.) 1.takdir eden, değer biçen. 2.kadir kıymet bilen. 3.Tanrı'nın sıfatlarından biri.

مقدرات mukadderât: (A.) 1.yazgı, alın yazısı, kader. 2.ölçülebilen şeyler.

مقدرانه mukaddirâne: (A.-F.) [mukaddir+ âne] kadir kıymet bilerek.

مقدرت makderet: (A.) güç, kuvvet.

مقدرت makdiret: (A.) güç, kuvvet.

مقدرين mukaddirîn: (A.) 1.takdir edenler, değer biçenler. 2.kadir kıymet bilenler.

مقدس mukaddes: (A.) 1.kutsal, kutlu, mukaddes. 2.dindar.

مقدسات mukaddesât: (A.) kutsal şeyler, mukaddesat.

مقدسه mukaddese: (A.) kutsal.

مقدسيه makdisiyye: (A.) Makdisîlik, Kadirîlik tarikatının bir kolu.

مقدم makdem: (A.) 1.seyahatten dönüş. 2.geliş zamanı. 3.ayak basma yeri.

مقدم mukaddem: (A.) 1.ilerleyen, öncü. 2.önder. 3.önce. 4.sunulan. 5.önde, önde giden. 6.üstün. 7.önerti. 8.redif askerinin ayrıldığı iki kısımdan ilki. ‖ * ~ ber مقدم بر -den önce.

مقدم mukaddim: (A.) 1.sunan, takdim eden. 2.öne geçiren.

مقدم mukdim: (A.) girişen, teşebbüs eden, girişken, atılgan.

مقدما mukaddemâ: (A.) eskiden, vaktiyle.

مقدمات mukaddemât: (A.) 1.ilk bilgiler, giriş bilgileri. 2.yapılacak ilk işler. 3.öncüler, öncü askerler. 4.öncüller.

مقدمانه mukdimâne: (A.-F.) [mukdim+ âne] iyi çalışarak, gayretle çalışarak.

مقدم داشتن mukaddem dâşten: 1.önde tutmak, yeğlemek, tercih etmek. 2.öncü çıkarmak.

مقدم شدن mukaddem şoden: 1.öne çıkmak. 2.önder olmak.

مقدم كردن mukaddem kerden: önde tutmak, öne çıkarmak.

مقدمه mukaddeme: (A.) 1.(ed.) giriş, önsöz, mukaddime. 2.(ask.) öncü. 3.başlangıç.

مقدمه mukaddime: (A.) 1.giriş, önsöz, mukaddime. 2.(ask.) öncü. 3.alın tüyü. 4.alın. 5.bundan önce.

مقدمة الادب mukaddimetuledeb: (A.) 1.edebiyata giriş. 2.Arap edebiyatı ile ilgili bir kaynak eser.

مقدمة الجيش mukaddimetulceyş: (A.) ordu öncüsü, öncü asker.

مقدمه چيدن mukaddime çîden: söze giriş yapmak.

مقدمه چينى mukaddimeçînî: (A. -F.) [mukaddime+çîden>çîn+î] giriş yapma.

مقدمه چينى كردن mukaddimeçînî kerden: giriş yapmak.

مقدوح makdûh: (A.) çirkin bulunmuş, kınanmış.

مقدوحه makdûhe: (A.) çirkin şeyler, kınanan şeyler.

مقدور makdûr: (A.) 1.takdir edilmiş. 2.elden gelen. 3.mümkün. 4.güç, kuvvet.

مقدورات makdûrât (A.) 1.mümkün olan şeyler. 2.güçler, kuvvetler. 3.elden gelenler.

مقدور الاستعفا makdûrulisti'fâ (A.)· istifası mümkün.

مقدور التسليم makdûrutteslîm (A.) ele geçirilmesi mümkün.

مقذاف mıkzâf: (A.) kürek, kayık küreği.

مقذوف · makzûf: (A.) atılmış.

مقر makar: (A.) 1.dinlenme yeri. 2.ikametgâh. 3.başkent, payitaht. 4.karargâh. 5.oturma yeri. 6.merkez.

مقر mukarr: (A.) ikrar edilmiş, tasdik edilmiş.

مقر mukir: (A.) 1.ikrar eden, itiraf eden. 2.birinin kendisinde haklı olduğunu bildiren kişi.

مقر آمدن mukir âmeden: itiraf etmek.

مقراص mikrâs: (A.) makas.

مقراض mikrâz: (A.) 1.makas. 2.bahçe makası.

مقراض كردن mikrâz kerden: makasla kesmek, makaslamak.

مقرب mukarreb: (A.) yakın, yakınlaştırılmış.

مقرب mukarrib: (A.) yaklaştıran, yakınlaştıran.

مقرب شدن mukarrib şoden: yaklaşmak.

مقرب كردن mukarreb kerden: yaklaştırmak.

مقربون mukarrebûn: (A.) Tanrı'ya yakın melekler.

مقربه makrebe: (A.) yakınlık.

مقربين mukarrebîn: (A.) yakınlar.

مقرح mukarrih: (A.) yara açıcı ilaç.

مقرحات mukarrihât: (A.) yara açıcı ilaçlar.

مقرر mukarrer: (A.) 1.kararlaşmış, kararlaştırılmış. 2.sağlam, kesin, kuşku götürmeyen. 3.anlatılmış. 4.sabit, değişmez.

مقرر mukarrir: (A.) 1.sabitleştiren, yerleştiren. 2.anlatan. 3.ders tekrarlayan müderris yardımcısı. 4.Ramazan ayında padişahın huzurunda ders veren hoca, huzur hocası.

مقررات mukarrerât: (A.) 1.kurallar. 2.kararlar.

مقرراتی mukarrerâtî: (A. -F.) [mukarrerât+î] **1.**kurallara uyan. **2.**kurallarla ilgili.

مقرر داشتن mukarrer dâşten: tayin etmek, kararlaştırmak.

مقرر شدن mukarrer şoden: kararlaştırılmak.

مقرر فرمودن mukarrer fermûden: emretmek.

مقرر کردن mukarrer kerden: kararlaştırmak, tayin etmek.

مقرره mukarrere: (A.) kararlaştırılmış.

مقررين mukarririn: (A.) **1.**huzur hocaları. **2.**yerleştirenler. **3.**anlatanlar. **4.**ders tekrarlayan müderris yardımcıları.

مقرض mukarrız: (A.) **1.**ödünç veren, borç veren. **2.**takdir yazısı yazan.

مقرض mukarriz: (A.) öven, takdir yazısı yazan.

مقرض mukraz: (A.) borç verilmiş, ödünç verilmiş.

مقرض mukriz: (A.) borç veren, ödünç veren.

مقرضين mukarrizîn: (A.) borç verenler, ödünç verenler.

مقرض mukarriz: (A.) borç veren, ödünç veren.

مقرظ mukarriz: (A.) takdir yazısı yazan.

مقرظين mukarrizîn: (A.) takdir yazısı yazanlar.

مقرع mukarri': (A.) **1.**çıkışan, paylayan, azarlayan. **2.**başa kakan.

مقرع mıkra': (A.) stetoskop.

مقرعه زدن mikra'a zeden: **1.**kamçılamak. **2.**(müz.) vuruşlu saz çalmak.

مقر به mukarrun bih: (A.) başkasına ait olduğu açıklanan hak.

مقر له mukarrun leh: (A.) hakkı açıklanan tüzel kişilik.

مقر له بالنسب mukarrun leh binneseb: (A.) nesep bakımından miras hakkı olduğu açıklanan kişi.

مقر له بالنسب على الغير mukarrun leh binnesebi alelgayr: (A.) bir başkasıyla akraba olduğu ve bu yüzden mirasa hak kazandığı bildirilen kişi.

مقرمه makreme, mikreme: (A.) **1.**sofra havlusu. **2.**el bezi. **3.**nakışlı baş örtüsü. **4.**peştemal. **5.**makreme, örgülü kumaş.

مقرن mukarrin: (A.) yanında bulunduran, birlikte bulunduran.

مقرنس mukarnes: (A.) **1.**mukarnas tavan, basamaklı çatma usülüyle yapılmış tavan. **2.**kubbe biçimli. **3.**bir tür serpuş.

مقروء makrû': (A.) okunma, okunmuş.

مقروح makrûh: (A.) yaralanmış.

مقروض makrûz: (A.) borçlu, borç verilmiş.

مقروع makrû': (A.) **1.**ezilmiş, ezik. **2.**lider. **3.**deve tarafından ısırılmış.

مقرون makrûn: (A.) **1.**yakın. **2.**bitişik. **3.**ulaşmış, kavuşmuş. **4.**bağlı.

مقرون شدن makrûn şoden: **1.**yaklaşmak. **2.**bitişmek.

مقرون کردن makrûn kerden: **1.**yaklaştırmak. **2.**bitiştirmek.

مقرونيت makrûniyyet: (A.) yakınlık, yakınlaşma.

مقره makarre: (A.) **1.**küçük havuz. **2.**küçük testi. **3.**makara.

مقرى mukrî: (A.) **1.**kıraat öğretmeni. **2.**Kur'ân okuyan.

مقزره makzere: (A.) dışkılık.

مقسط muksit: (A.) **1.**doğru iş yapan. **2.**Tanrı.

مقسط mukassat: (A.) taksitli.

مقسطاً mukassatan: (A.) taksitle, taksitli olarak.

مقسم maksem, maksim: (A.) savak, su savağı.

مقسم miksem: (A.) nasip, hisse.

مقسم mukassem: (A.) bölünmüş, taksim edilmiş.

مقسم mukassim: (A.) **1.**bölen, paylaştıran, taksim eden, dağıtan. **2.**ikilem.

مقسم muksem: (A.) yemin edilmiş.

مقسم muksim: (A.) **1.**yemin eden. **2.**yemin etme yeri. **3.**dağıtan, bölüştüren.

مقسم به muksemun bih: (A.) üzerine yemin edilen.

مقسوم maksûm: (A.) **1.**bölünmüş, ayrılmış, taksim edilmiş. **2.**(mat.) bölünen. ‖ * rızk-i ~ رزق مقسوم kısmet, Tanrı tarafından tayin edilen rızık.

مقسوم عليه maksûm aleyh: (A.) (mat.) bölen.

مقسومه maksûme: (A.) bölünmüş, ayrılmış, taksim edilmiş.

مقشر mukaşşer: (A.) kabuksuz, kabuğu soyulmuş.

مقشعر mukşa'irr: (A.) tüyleri diken diken olan, ürperen, tüyleri ürperen.

مقشور makşûr: (A.) soyulmuş.

مقص makass: (A.) makas.

مقصبه maksebe: (A.) sazlık, kamışlık.

مقصد maksad: (A.) **1.**hedef. **2.**maksat, amaç. **3.**gidilecek yer, varılacak yer. ‖ * be ~ -i به مقصد -e doğru.

مقصر mukassir: (A.) **1.**kusurlu. **2.**suçlu. **3.**günahkâr, günah işleyen. **4.**gücü yetmeyen.

مقصر muksir: (A.) suçlu, kusurlu.

مقصود maksûd: (A.) **1.**istenen, amaçlanan, maksat, istek. **2.**gidilen yer.

مقصوده maksûde (A.) maksat, amaç.

مقصور maksûr: (A.) **1.**kısaltılmış. **2.**alıkoyulmuş. **3.**kimi Arapça kelimelerin sonunda bulunan ve "y" yazılıp "elif" olarak okunan harf.

مقصور شدن maksûr şoden: kısaltılmak.

مقصور كردن maksûr kerden: kısaltmak.

مقصوره maksûre: (A.) **1.**kısaltılmış, kısa. **2.**ev hanımı. **3.**hisarlı saray. **4.**küçük ev. **5.**kimi Arapça kelimelerin sonunda bulunan ve "y" yazılıp "elif" olarak okunan harf. **6.**camilerde bulunan parmaklıklı yüksek yer.

مقصوص maksûs (A.) kesilmiş, kırpılmış.

مقصى mukassî: (A.) kasvet verici, iç karartıcı, sıkıcı.

مقصى muksâ: (A.) uzaklaştırılmış, uzak düşürülmüş.

مقضى makzî: (A.) **1.**yerine getirilmiş. **2.**tamamlanmış. **3.**olmuş. **4.**erişmiş. **5.**ödenmiş.

مقضى mukzî: (A.) **1.**hüküm verilmiş. **2.**gerekli görülmüş. **3.**bitirilmiş, tamamlanmış.

مقضى المرام makziyulmerâm: (A.) muradına ermiş, dileği yerine gelmiş.

مقضى عليه makziyyunaleh: (A.) davayı kaybeden.

مقط mikatt: (A.) kesim tahtası, üzerinde kalem vs. yontulan gereç.

مقطب mukattib: (A.) buruşturucu.

مقطر mukattar: (A.) damıtık. ‖ * âb-i ~ آب مقطر damıtık su.

مقطرات mukattarât: (A.) damıtılmış sıvılar.

مقطره mukattara: (A.) damıtılmış, damıtık.

مقطع makta': (A.) **1.**kesme yeri. **2.**ayrılma yeri. **3.**(ed.) gazel ve kasidenin son beyti. **4.**kesit. ‖ * ~ -i vezn behem horden مقطع وزن بهم خوردن (ed.) vezin bozulmak.

مقطع mıkta': (A.) kesim tahtası, üzerinde kalem vs. yontulan gereç.

مقطع mukta': (A.) **1.**garip. **2.**iktalı.

مقطع mukatta': (A.) **1.**kesik, ayrı. **2.**parçalanmış. **3.**kat' edilmiş, gerid bırakılmış. ‖ * ber ~ بر مقطع taksitle.

مقطعات mukatta'ât: (A.) **1.**kesikler. **2.**kesikler, kesilmişler. **3.**geride bırakılmışlar, kat'edilmişler. **4.**kısaltmalar. **5.**seçme beyitler.

مقطعه makta'a (A.) kamış kalem kesme altlığı.

مقطعه mukatta'a: (A.) kesik. ‖ * hurûf-i ~ حروف مقطعه · ayrı yazılan arap harfleri.

مقطور maktûr: (A.) katranlı.

مقطوع maktû': (A.) **1.**kesilmiş. **2.**sabit, kesin. **3.**tek fiyat, pazarlıksız fiyat. **4.**götürü.

مقطوعاً maktû'an: (A.) toptan, götürü olarak.

مقطوعه maktû'a: (A.) **1.**kesik, kesilmiş. **2.**tek fiyat, pazarlıksız fiyat. **3.**götürü.

مقطه mıkatta: (A.) kesim tahtası, üzerinde kalem vs. yontulan gereç.

مقعد mak'ad: (A.) **1.**oturulacak yer. **2.**makat, (hlk.) kıç.

مقعد muk'ad: (A.) yatalak, kötürüm.

مقعر muka'ar: (A.) **1.**çukur. **2.**(fiz.) içbükey.

مقعريت muka'ariyyet: (A.) içbükeylik, çukurluk.

مقفل mukaffel: (A.) kilitli, kilitlenmiş.

مقفا mukaffâ: (A.) (ed.) kafiyeli. ‖ * ~ ve musecca' مقفا و مسجع (ed.) hem kafiyeli hem secili.

مقفع mukaffa': (A.) **1.**başı eğik. **2.**eli titrek. **3.**çarpık parmaklı.

مقفل mukeffel: (A.) **1.**kilitli. **2.**kapalı.

مقفى mukaffâ: (A.) kafiyeli.

مقل mukil: (A.) **1.**azaltan, eksilten. **2.**yoksul.

مقل mukel: (A.) göz yuvarı.

مقلاد mıklâd: (A.) **1.**anahtar. **2.**kilit dili. **3.**hazine.

مقلب makleb: (A.) **1.**ters yüz etme. **2.**dönüşme yeri, değişme yeri, çevirme yeri.

مقلب mikleb: (A.) miklab, cilt kapağı, cilt kulağı.

مقلب mukallib: (A.) değiştiren, çeviren, dönüştüren, şekilden şekile sokan.

مقلد mukalled: (A.) **1.**taklit edilen. **2.**müçtehit.

مقلد mukallid: (A.) **1.**taklitçi, mukallit. **2.**gerdanlıklı. **3.**müçtehide uyan. **4.**dalkavuk. **5.**boynuna takan.

مقلدانه mukallidâne: (A.-F.) [mukallid+ âne] taklitçi gibi, taklit edercesine.

مقلد پيشه mukallidpîşe: (A. -F.) [mukallid+ pîşe] taklitçi.

مقلدى mukallidî: (A. -F.) [mukallid+î] taklitçilik.

مقلدين mukallidîn: (A.) **1.**talitçiler, taklit edenler. **2.**boynuna takanlar.

مقلف mukallef: (A.) kalafatlanmış.

مقلقل mukalkal: (A.) **1.**şarap. **2.**kararsız.

مقلقله mukalkale: (A.) **1.**şişe. **2.**sürahi.

مقلمه mikleme: (A.) kalemlik, kalemdan.

مقلوب maklûb: (A.) **1.**ters yüz edilmiş, çevrilmiş. **2.**tersinden okunduğunda da anlam veren kelime.

مقلوبيت maklûbiyyet: (A.) ters yüz edilmişlik, ters çevrilmişlik.

مقلوع maklû': (A.) **1.**kökü kazınmış. **2.**azledilmiş. **3.**sökülmüş, koparılmış.

مقلوعاً maklû'an: (A.) sökülerek.

مقلوم maklûm: (A.) yontulmuş.

مقلوم الظفر maklûmuzzufr: (A.) tırnağı kesilmiş.

مقلومه maklûme: (A.) yontulmuş.

مقله mukle: (A.) **1.**(tıb.) göz yuvarı. **2.**göz siyahlığı veya beyazlığı.

مقله mukle: (A.) Yemen'de bir ağaçtan elde edilen zamk.

مقلى muklî: (A.) **1.**göz yuvarı ile ilgili. **2.**bir tür yazı kalemi.

مقمر mukammer: (A.) aylı, mehtaplı.

مقمر mukmir: (A.) içinde ay parlayan, mehtaplı.

مقمره mukmire: (A.) mehtaplı.

مقناطيس miknatîs: (A. -Yun.) miknatıs. ‖ * ~ -i elektrîkî مقناطيس الكتريكى elektromiknatıs.

مقناطيسى mıknâtîsî: (A.) manyetik, miknatıs ile ilgili.

مقناطيسيت mıknâtisiyyet: (A.) miknatıslık, manyetiklik, çekim gücü.

مقناطيسيه mıknâtîsiyye: (A.) manyetik, miknatıs ile ilgili.

مقند mukanned: (A.) şekerlenmiş, şekerle terbiye edilmiş.

مقنطر mukantar: (A.) **1.**mükemmel.

2.tam bina edilmiş. 3.taklı, kemerli. 4.köprü.

مقنطرات mukantarât: (A.) 1.kemerli yapılar. 2.köprüler.

مقنطره mukantara: (A.) 1.kemerli. 2.köprü.

مقنع mikna': (A.) baş örtüsü.

مقنع mukni': (A.) inandırıcı, ikna edici.

مقنعه mikna'a: (A.) baş örtüsü.

مقنن mukannin: (A.) kanun koyucu.

مقنع mukanna': (A.) peçeli.

مقنعه mukni'a: (A.) 1.ikna edici, inandırıcı. 2.kurbağaların yumurtadan çıktıkları hal.

مقنفذ mukanfez: (A.) kirpi.

مقنفذ الجلد mukanfezulcild: (A.) derisi dikenliler.

مقنن mukannen: (A.) kesin, şaşmaz.

مقنن mukannin: (A.) kanun koyucu, kanun yapıcı.

مقننات mukannenât: (A.) değişmez ödenek.

مقننی mukannî: (A.) kanal ve kuyu açan.

مقوا mukevvâ: (A.) 1.mukavva, karton. 2.kuvvetlendirilmiş, sağlamlaştırılmış.

مقوال mikvâl: (A.) ağzı kalabalık, çok konuşan.

مقود mikved: (A.) dizgin.

مقور mukavver: (A.) 1.yuvarlak kesilmiş. 2.katranlı, ziftli, zift kaplanmış. 3.bir tür arap yazı şekli.

مقور ساختن mukavver sâhten: (A.) yuvarlak kesmek.

مقوس mukavves: (A.) 1.yay gibi eğri. 2.bükülmüş, kemerli.

مقوس حواجب mukavveshevâcib: (A.) keman kaşlı.

مقول mikvel: (A.) dil.

مقول makûl: (A.) 1.söylenilmiş. 2.söz.

مقوله makûle: (A.) 1.söz. 2.kategori. 3.hakkında. 4.konu.

مقولی makûlî (A.) kategorik.

مقوم mukavvim: (A.) 1.düzelten. 2.değer biçen. 3.takvim hazırlayan. 4.kıvamına getiren.

مقوی mukevvâ: (A.) 1.mukavva, karton. 2.takviyeli.

مقوی mukavvî: (A.) 1.kuvvet veren, kuvvetlendiren. 2.kuvvet ilacı, kuvvet şurubu.

مقویه mukavviyye: (A.) 1.kuvvet veren, kuvvetlendiren. 2.kuvvet ilacı, kuvvet şurubu.

مقهر mukahhir: (A.) kahreden, yok eden.

مقهور makhûr: (A.) 1.kahrolmuş. 2.yenilmiş. 3.ilahî gazaba uğramış.

مقهورا makhûren (A.) 1.kahrolarak, yenilerek. 2.ilahî gazaba uğrayarak.

مقهورانه makhûrâne (A.-F.) [makhûr+ âne] kahrolmuşçasına.

مقهور ساختن makhûr sâhten: 1.yenmek, mağlup etmek. 2.kahretmek.

مقهور شدن makhûr şoden: 1.yenilmek, mağlup olmak. 2.kahrolmak.

مقهور كردن makhûr kerden: 1.yenmek, mağlup etmek. 2.kahretmek.

مقهوری makhûrî: (A. -F.) [makhûr+î] yenilgi.

مقهوريت makhûriyyet (A.) 1.kahrolma. 2.ilahî gazaba uğrama. 3.tükenmişlik.

مقيأ makye': (A.) durma yeri.

مقيئات mukayyi'ât: (A.) kusturucu ilaçlar.

مقياس mikyâs: (A.) 1.ölçek, ölçüm aleti. 2.uzunluk ölçeği. 3.ölçü. ‖ * der ~ -i در مقياس ـ ölçüde, ölçüsünde. ‖ * der ~ -i vesî'ter در مقياس وسيع تر geniş ölçüde.

مقياس الحراره mikyâsulharâre: (A.) ısıölçer, termometre.

مقياس الرياح mikyâsurriyâh: (A.) rüzgârölçer.

مقياس الگازات mikyâsulgazât: (A.) gazölçer, manometre.

مقياس اللون mikyâsullevn: (A.) renkölçer, kolorimetre.

مقياس المايعات mikyâsulmâyi'ât: (A.) yoğunlukölçer, sıvıölçer.

مقياس المطر mikyâsulmatar: (A.) yağmurölçer.

مقياس الهوا mikyâsulhevâ: (A.) rüzgârölçer.

مقیء mukeyyi': (A.) (tıb.) kusturucu.

مقيت makît: (A.) nefret edilmiş.

مقيد mukayyed: (A.) **1.**bağlı. **2.**zincirli. **3.**(gr.) sakin harf. **4.**ilgili. **5.**kayıtlı. **6.**dile getiren, yazılı, geçen.

مقيد mukayyid: (A.) kayıt yapan, kaydeden, kayıt memuru.

مقيدات mukayyedât: (A.) **1.**kayıtlar, kaydedilenler. **2.**zincire vurulmuşlar.

مقيده mukayyede: (A.) **1.**bağlı. **2.**kayıtlı. **3.**prangalı, zincire vurulmuş. **3.**yazılı, geçen.

مقيد ساختن mukayyed sâhten: bağlamak.

مقيد شدن mukayyed şoden: **1.**bağlanmak. **2.**ilgi duymak.

مقيد كردن mukayyed kerden: **1.**bağlamak. **2.**ilgi duyurmak.

مقيد گردانيدن mukayyed gerdânîden: bağlamak.

مقيدين mukayyidîn: (A.) kayıt yapanlar, kaydedenler, kayıt memurları.

مقيىء mukayyi': (A.) kusturucu.

مقير mukayyer: (A.) katranlı, ziftli.

مقيس makîs: (A.) kıyaslanabilir.

مقيل makîl: (A.) **1.**istirahat yeri. **2.**yatak odası. **3.**mezar. **4.**söz. **5.**öğle uykusu. **6.**öğle uykusuna yatılacak yer.

مقيم mukîm: (A.) **1.**ikamete den, oturan, yerleşik. **2.**sürekli, daima.

مقيم شدن mukîm şoden: yerleşmek.

مقيم گشتن mukîm geşten: yerleşmek, ikamet etmek.

مک mek: [mekîden>mek] emme, emiş.

مک mok: doğru, dosdoğru, hilesiz.

مكائد mekâ'id: (A.) düzenler, hileler, oyunlar.

مكابر mukâbir: (A.) çekişen.

مكابره mukâbere: (A.) **1.**çekişme, mücadele, savaşma. **2.**şişinme, kendini büyük görme. **3.**laf kalabalığına getirme, karambole getirme.

مكابره كردن mukâbere kerden: çekişmek, mücadele etmek, savaşmak.

مكابله mukâbele: (A.) satılan komşu evini hukukî yollarla müşteriden satın alma.

مكاتب mekâtib: (A.) okullar, mektepler.

مكاتب mukâteb: (A.) bedelini ödeyecek şekilde tamamladıktan sonra özgürlüğü tanınacak köle.

مكاتب mukâtib: (A.) **1.**yazışan, mektup-laşan. **2.**kölesinin özgürlüğünün şartını koşmuş efendi.

مكاتبات mukâtebât: (A.) yazışmalar.

مكاتبه mukâtebe: (A.) yazışma.

مكاتمه mukâteme: (A.) karşılıklı gizleme.

مكاتيب mekâtîb: (A.) **1.**mektuplar. **2.**yazılar.

مكاحل mekâhil: (A.) **1.**sürmelikler. **2.**sürme milleri.

مكاذبه mukâzebe: (A.) karşılıklı yalan söyleme.

مكار mekkâr: (A.) **1.**düzenbaz, hilekâr. **2.**aşıklarına oyun oynayan sevgili.

مكارات mukârât: (A.) kiralama.

مكارب mekârib: (A.) sabanlar.

مكارم mekârim: (A.) **1.**cömertlikler. **2.**iyi ahlaklar. ‖ * ~ -i ehlâk مكارم اخلاق güzel ahlak.

مكارم پرور mekârimperver: (A.-F.) [mekârim+ perverden> perver] cömert, eli açık.

مكارم پناه mekârimpenâh: (A.-F.) [mekârim+ penâhîden> penâh] cömert, eli açık.

مكارم خصلت mekârimhaslet: (A.) [mekârim+haslet] cömert, kerem sahibi.

مكارم كار mekârimkâr: (A.-F.) [mekârim+kâr] cömert, eli açık.

مكارمه mukâreme: (A.) cömertlikte yarışma.

مكاره mekkâre: (A.) hilekâr, düzenbaz.

مكاره mekâre: (A.) [<mukârî] mekkâre, kiralık yük hayvanı.

مكاره mekkâre: (A.) panayır, fuar.

مكاره mekârih: (A.) 1.tiksinilen şeyler. iğrenç şeyler, mekruhlar. 2.güçlükler.

مكارهه mukârehe: (A.) tiksinme, iğrenme.

مكارى mekârî: (A.) [<mukârî] mekkâre, kiralık yük hayvanı.

مكارى mekkârî: (A.) [mekârî<mukârî] kiralık yük hayvanı.

مكارى mekkârî: (A.-F.) [mekkâr+î] düzenbazlık, hilekârlık.

مكارى mukârî: (A.) 1.eşekçi, mekkârici, binek hayvanı kiralayacısı. 2.yük hayvanı, kiralık yük hayvanı.

مكاريص mekârîs: (A.) makaslar.

مكاريض mekârîz: (A.) makaslar.

مكاس mekkâs: (A.) 1.haraççı. 2.yol gösteren. 3.gümrükçü.

مكاس mekkâs: (A.) vergi memuru, gümrükçü.

مكاسب mekâsib: (A.) 1.meslekler. 2.alışverişler. 3.kazançlar, kazanç vasıtaları.

مكاس كردن mikâs kerden: pazarlık yapmak.

مكاشف mukâşif: (A.) 1.Tanrı'nın nurlarını gören. 2.ortaya çıkaran.

مكاشفه mukâşefe: (A.) 1.keşfetme, ortaya çıkarma. 2.açıkça düşmanlık gütme. 3.keşif.

مكاشفه كردن mukâşefe kerden: 1.ortaya çıkarmak, keşfetmek. 2.açıkça düşmanlık gütmek.

مكافات mukâfât: (A.) 1.ödül, mükâfat. 2.karşılık. 3.ceza.

مكافاةً mukâfâten: (A.) ödül olarak.

مكافحت mukâfehet: (A.) 1.düşmanla karşı karşıya gelme. 2.kendini savunma.

مكافحه mukâfehe: (A.) 1.karşılaşma. 2.çarpışma.

مكافل mukâfil: (A.) birbirine kefil olan.

مكافله mukâfele: (A.) birbirine kefil olma.

مكافى mukâfî: (A.) eşit, beraber.

مكالبه mukâlebe: (A.) dalaşma.

مكالمات mukâlemât: (A.) konuşmalar.

مكالمه mukâleme: (A.) 1.konuşma. 2.devletlerarası antlaşma.

مكالمه كردن mukâleme kerden: konuşmak.

مكالمه نامه mukâlemenâme: (A.-F.) [mukâleme+ nâme< nâme-i mukâleme] yabancı dil konuşma kitabı.

مكامن mekâmin: (A.) pusular, tuzaklar.

مكان mekân: (A.) 1.yer, mekân. 2.makam. rütbe, mevki. 3.uzay. 4.varlık.

مكاناً mekânen: (A.) yer bakımından.

مكانت mekânet: (A.) 1.güç, kudret. 2.ağırbaşlılık.

مكانت يافتن mekânet yâften: mevkie gelmek, makama yükselmek.

مكانس mekânis: (A.) süpürgeler.

مكانگاه mekângâh: (A. -F.) [mekân+gâh] yer, mekân.

مكانيزم mekânizm: (Fr.) mekânizma.

مكانيزه mekânize: (Fr.) mekânize.

مكانيزه شدن mekânize şoden: mekânize olmak, makineleştirilmek.

مكانيزه كردن mekânize kerden: mekânize etmek, makinalaştırmak.

مكانيسين mekânisiyen: (Fr.) 1.tekniker. 2.makinist.

مكانيک mikanik: (Fr.) mekânik.

مكانيكى mikanikî: (Fr. -F.) [mikanik+î] mekânik.

مكاوحه mukâvehe: (A.) savaşta üstün gelme.

مكايد mekâyid: (A.) hileler, düzenler, oyunlar, tuzaklar.

مكايده mukâyede: (A.) karşılıklı hile yapma.

مكايسه mukâyese: (A.) akılca ve zariflikte üstünlük iddia etme.

مكايل mekâyîl: (A.) kileler, tahıl ölçekleri.

مكايله mukâyele: (A.) sözle veya işle karşılık verme.

مكب mukib: (A.) **1.**yüzüne düşmüş. **2.**baş aşağı olmuş. **3.**başı öne düşmüş. **4.**bir şey üstünde çalışan.

مكبر mukebbir: (A.) tekbir getiren.

مكبر mekbir: (A.) yaşlanma, kocalma.

مكبره mukebbire: (A.) büyük camilerde son cemaat yerinde bulunan balkon.

مكبه mikebbe: (A.) serpuş.

مكتب mekteb: (A.) **1.**okul, mektep. **2.**ilkokul. **3.**sekreterlik. **4.**ekol.

مكتب خانه mektebhâne: (A. -F.) [mekteb+ hâne] okul, mektep.

مكتبدار mektebdâr: (A. -F.) [mekteb+ dâşten>dâr] okul yöneticisi.

مكتب رفتن mekteb reften: okula gitmek.

مكتبى mektebî: (A. -F.) [mekteb+î] okullu, mektepli.

مكتتم muktetem: (A.) gizli, gizlenmiş.

مكتحل muktehil: (A.) **1.**sürmeli. **2.**sıkıntıya düşmüş.

مكتحل شدن muktehil şoden: **1.**sürme çekmek. **2.**sıkıntıya düşmek.

مكترا mukterâ: (A.) kiralık eşya, kiraya verilen eşya.

مكترب mukterib: (A.) kaygılı.

مكترى mukterî: (A.) kiracı, kiralayan.

مكتسب mukteseb: (A.) kazanılmış, müktesep.

مكتسب muktesib: (A.) kazanan, elde eden.

مكتسبات muktesebât: (A.) birikim, bilgi birikimi, edinilmiş bilgi ve deneyim.

مكتسبه muktesebe: (A.) kazanılmış.

مكتسبه muktesibe: (A.) kazanan, elde eden.

مكتسى شدن muktesî şoden: giyinmek, elbise giymek.

مكتشف mukteşif: (A.) **1.**keşfeden. **2.**açan.

مكتفى muktefî: (A.) yetinen, iktifa eden.

مكتم mukettem: (A.) örtülü, gizli.

مكتن muktinn: (A.) gizlenen, saklanan.

مكتوب mektûb: (A.) **1.**yazılı, yazılmış. **2.**mektup.

مكتوبات mektûbât: (A.) **1.**yazılar. **2.**mektuplar.

مكتوبه mektûbe: (A.) yazılmış, yazılı.

مكتوبى mektûbî: (A.) mektupçu, kalem müdürü.

مكتوف mektûf: (A.) iki eli arkasına bağlı.

مكتوم mektûm: (A.) örtülmüş, gizli, saklı.

مكتومات mektûmât: (A.) devletten kaçı-rılan şeyler.

مكتومه mektûme: (A.) gizli, saklı, gizlenmiş.

مكتوميت mektûmiyyet: (A.) gizlilik.

مكث meks: (A.) durma, duraklama, bekleme.

مكثار miksâr: (A.) **1.**geveze, çalçene, çok konuşan. **2.**çoğaltıcı.

مكثر mukessir: (A.) çoğalan.

مكثر muksir: (A.) **1.**çoğaltan, artıran. **2.**mal varlığı çok olan.

مكثره mukessire: (A.) çoğalan.

مكثف mukessif: (A.) yoğunlaştıran, koyulaştıran.

مكثف muksif: (A.) **1.**yoğunlaştırıcı, kalınlaştırıcı, koyulaştırıcı. **2.**tortu çöktüren.

مكثفه · miksefe: (A.) kondansatör.

مكثفه mukessife: (A.) **1.**meksefe, kondansatör. **2.**yoğunlaştıran, koyulaştıran.

مكث كردن meks kerden: duraklamak, durmak, duralamak.

مكثير miksîr: (A.) **1.**geveze, çalçene, çok konuşan. **2.**çoğaltıcı.

مكحال mikhâl: (A.) sürmelik.

مكحل mukehhel: (A.) sürmeli, sürmeli göz.

مكحل mikhel: (A.) sürmelik.

مكحل شدن mukehhel şoden: sürme çekilmek.

مكحل كشيدن mikhel keşîden: sürme çekmek.

مكحله mukhule: (A.) sürme kutusu, sürmelik.

مكحول mekhûl: (A.) sürmeli, sürme çekilmiş.

مكد mukid: (A.) zoru bilerek çalışan.

مكدر mukedder: **1.**koyu. **2.**bulanık. **3.**kederli, üzgün.

مكدر mukeddir: (A.) **1.**kederlendiren, üzen. **2.**bulandıran, bulandırıcı. **3.**tekdir eden, azarlayan.

مكدرانه mukedderâne: (A.-F.) [mukedder+âne] üzgün üzgün.

مكدر ساختن mukedder sâhten: **1.**koyultmak. **2.**bulanıklaştırmak. **3.**kederlendirmek, üzmek.

مكدر شدن mukedder şoden: **1.**koyulaşmak. **2.**bulanıklaşmak. **3.**kederlenmek, üzülmek.

مكدر كردن mukedder kerden: **1.**koyultmak. **2.**bulanıklaştırmak. **3.**kederlendirmek, üzmek.

مكذب mukezzib: (A.) yalanlayan, tekzip eden.

مكذبه mekzebe: (A.) yalan, palavra.

مكذبه mukezzibe: (A.) yalanlayan.

مكذوبه mekzûbe: (A.) yalan, palavra.

مكر mekr: (A.) hile, düzen, aldatma.

مكر miker: (A.) **1.**savaşta şiddetli saldıran. **2.**şiddetli.

مكر آميز mekrâmîz: (A. -F.) [mekr+ âmîhten>âmîz] hile.

مكرا mukrâ: (A.) kiralık eşya, kiraya verilmiş eşya.

مكرام mikrâm: (A.) cömert, kerem sahibi.

مكرب mikreb: (A.) saban.

مكرر mukerrer: **1.**tekrarlanmış, mükerrer. **2.**defalarca. ‖ * ~ der ~ مكرر در مكرر tekrar tekrar. ‖ * be ~ به مكرر birçok defa, tekrar tekrar.

مكرر mukerrir: (A.) **1.**tekrarlayan, tekrar eden. **2.**çok suç işleyen.

مكرراً mukerreren: (A.) tekrar tekrar, defalarca.

مكررات mukerrerât: (A.) tekrar edilenler.

مكرر شدن mukerrer şoden: tekrarlanmak.

مكرر كردن mukerrer kerden: tekrarlamak.

مكرره mukerrire: (A.) tekrarlayan, tekrar eden.

مكر ساختن mekr sâhten: hile yapmak.

مكر كردن mekr kerden: hile yapmak, oyun oynamak.

مكرگر mekrger: (A. -F.) [mekr+ger] hileci.

مكرم mekrum: (A.) cömertlik.

مكرم mukrem: (A.) ağırlanmış, ikram edilmiş.

مكرم mukrim: (A.) **1.**ikram eden, kerem sahibi. **2.**saygı duyan. **3.**ihsan eden.

مكرم mukerrem: (A.) saygıdeğer.

مكرماً mukerremen: (A.) saygıyla.

مكرمانه mukrimâne: (A.-F.) [mükrim+ âne] ikram ederek, ağırlayarak, konukseverlikle.

مكرمت mekrumet: (A.) cömertlik, kerem sahipliği, yücelik, büyüklük.

مكرمت گستر mekremetguster: (A.-F.) [mekremet+ gusterden> guster] cömert, ihsanı bol.

مكرمه mekrume: (A.) cömertlik, kerem sahipliği, yücelik, büyüklük.

مكرمه mukrime: (A.) **1.**ikram eden, ağırlayan. **2.**konuksever. **3.**bayan adı.

مكرمه mukreme: (A.) ağırlanmış, ikram edilmiş.

مكرمه mukerreme: (A.) saygı gösterilen. ‖ * mekke-i ~ مكهء مكرمه Mekke kenti.

مكروب mekrûb: (A.) üzüntülü, üzgün, tasalı.

مكروبيت mekrûbiyyet: (A.) üzgün olma, tasalı olma.

مكروه mekrûh: (A.) **1.**iğrenç, tiksinti verici, mekruh. **2.**bela, afet. **3.**şeriat bakımından yapılması uygun olmayan.

مكروهات mekrûhât: (A.) **1.**tiksinti veren şeyler. **2.**şeriat bakımından yapılması uygun olmayan şeyler.

مكروه رساندن mekrûh resânden: zarar vermek, belâ açmak.

مكروهه mekrûha: (A.) sıkıntı, keder.

مکروهیت mekrûhiyyet: (A.) iğrençlik, mekruhluk.
مکره mukreh: (A.) istemeyerek bir işe zorlanan.
مکره mukrih: (A.) tiksindirici, ikrah ettiren.
مکره علیه mukrehun aleyh: (A.) zorla yaptırılan iş.
مکری mukrî: (A.) katırcı, hayvan kiraya veren.
مک زدن mik zeden: emmek.
مکزیک mekzik: (coğ.) Meksika.
مکس meks: (A.) **1.**satışta teşvik etme. **2.**mal toplama. **3.**haraç alma. **4.**zarar verme.
مکسب mekseb: (A.) **1.**kazanç vasıtası, kazanç yeri. **2.**kazanç.
مکسب meksib: (A.) kazanç yeri, kazanç vasıtası.
مکسب mukessib: (A.) kazandıran.
مکسبه meksebe: (A.) **1.**kazanç vasıtası, kazanç yeri. **2.**kazanç.
مکسحه miksaha: (A.) süpürge.
مکسر mukesser: (A.) kırık, kırılmış.
مکسر mukessir: (A.) kırıcı.
مکسوب meksûb: (A.) **1.**kazanılmış, elde edilmiş. **2.**öğrenilmiş.
مکسوبه meksûbe: (A.) **1.**kazanılmış, elde edilmiş. **2.**öğrenilmiş.
مکسور meksûr: (A.) **1.**kırık. **2.**(gr.) kesreli.
مکسور شدن meksûr şoden: **1.**kırılmak. **2.**(gr.) kesreli olmak, kesre almak.
مکسوره meksûre: (A.) **1.**kırık, kırılmış. **2.**esreli.
مکسوف meksûf: (A.) **1.**tutulmuş güneş. **2.**ışığı kesilmiş.
مکشط mikşat: (A.) hattat kalemtıraşı.
مکشوف mekşûf: (A.) **1.**keşfedilmiş. **2.**çıplak. **3.**aşikâr, ortada.
مکشوف الرأس mekşûfurre's: (A.) başı açık.
مکشوف العوره mekşûful'avre: (A.) örtülü olması gereken yeri açık olan kimse.
مکشوف تن mekşûften: (A. -F.) [mekşûf+ten] çıplak, üryan.
مکشوف شدن mekşûf şoden: **1.**keşfedilmek. **2.**soyunmak, çıplaklaşmak.
مکشوف کردن mekşûf kerden: **1.**keşfetmek, ortaya çıkarmak. **2.**soymak, çıplaklaştırmak.
مکشوفه mekşûfe: (A.) **1.**keşfedilmiş. **2.**açık, aşikâr, belli.
مکظوم mekzûm: (A.) kaygılı, tasalı.
مکعب muke'eb: (A.) **1.**(mat.) küp. **2.**küp. **3.**dört köşeli.
مکعب mik'ab: (A.) küp.
مکعبی mik'abî: (A.) kübik.
مکفر mukeffer: (A.) **1.**kâfirlikle suçlanmış. **2.**nankörlük edilen.
مکفره mekfere: (A.) örtecek yer.
مکفن mukeffen: (A.) kefenlenmiş.
مکفوف mekfûf: (A.) **1.**yasaklanmış, menedilmiş, alıkonmuş. **2.**kör.
مکفوف العین mekfûfulayn: (A.) kör.
مکفوف داشتن mekfûf dâşten: **1.**yasaklamak, alıkoymak, menetmek. **2.**kör etmek.
مکفوف شدن mekfûf şoden: **1.**yasaklanmak, menedilmek. **2.**kör edilmek.
مکفوف کردن mekfûf kerden: **1.**yasaklamak, alıkoymak, menetmek. **2.**kör etmek.
مکفول mekfûl: (A.) kefil olmuş, kefil olunmuş.
مکفول به mekfûlun bih: (A.) kefil olunan.
مکفول عنه mekfûlun anh: (A.) kefillik edilen.
مکفول له mekfûlun leh: (A.) kefaletle alacağı garantilenmiş alacaklı.
مکفهر mukfehirr: (A.) **1.**somurtkan, asık suratlı. **2.**birikmiş kara bulutlar.
مکفی mekfî: (A.) yeterli, kafi.
مکفی mukfî: (A.) yeterli, kafi.
مکفی شدن mekfî şoden: **1.**yeterli olmak, kafi gelmek, yetmek. **2.**ortadan kalkmak.
مکلاء mukellâ': (A.) kıyı, sahil.
مکلب mukelleb: (A.) ayağı bağlı, bukağı vurulmuş.
مکلس mukelles: (A.) kireçli.
مکلف mukellef: (A.) **1.**görevli,

mükellef. 2.sıkıntıya düşmüş. 3.büluğa ermiş çocuk.

مكلف mukellif: (A.) 1.zahmete sokan, sıkıntıya düşüren. 2.görev tayin eden.

مكلفيت mukellefiyyet: (A.) mükelleflik, bir görevi yerine getirme sorumluluğu.

مكلفين mukellefîn: (A.) 1.kefil olanlar. 2.yapmak zorunda olan.

مكلل mukellel: (A.) 1.taçlı. 2.süslü.

مكلوم meklûm: (A.) yaralı.

مكمل mukemmel: (A.) 1.mükemmel, olgunlaşmış, kemale ermiş. 2.tam.

مكمل mukemmil: (A.) tamamlayan, olgunlaştıran, kemale erdiren.

مكمل mukmil: (A.) olgunlaştıran, tamamlayan, mükemmel kılan.

مكملاً mukemmelen: (A.) mükemmel olarak, en iyi şekilde.

مكمله mukemmele: (A.) olgun, tam, eksiksiz, kusursuz.

مكمليت mukemmeliyyet: (A.) mükemmellik, olgunluk.

مكمن mekmen: (A.) pusu.

مكمنه mekmene: (A.) 1.pusu. 2.define.

مكموره mekmûre: (A.) cinsel ilişkiye girilmiş kadın.

مكمون mekmûn: (A.) 1.gizli, saklı. 2.dizili.

مكناء mukenâ': (A.) 1.yerleşik olanlar, oturanlar. 2.iktidar sahipleri.

مكنت muknet, miknet: (A.) 1.kudret, güç. 2.servet. 3.istek.

مكنده mekende: [mekîden>mek+ende] emen, emici.

مكنسه miknese: (A.) süpürge.

مكنف mukennef: (A.) çevrili, kaplı.

مكنو meknev, meknov: Zerdüştî kadınlarına ait bir tür başörtüsü.

مكنوز meknûz: (A.) 1.yere gömülmüş. 2.hazineye gizlenmiş.

مكنوزه meknûze: (A.) 1.yere gömülmüş. 2.hazineye gizlenmiş.

مكنوس meknûs: (A.) süpürülmüş.

مكنون meknûn: (A.) 1.dizilmiş. 2.örtülü, saklı, gizli.

مكنونات meknûnât: (A.) 1.dizilmiş şeyler. 2.gizli şeyler, örtülü şeyler.

مكنى meknî: (A.) gizli, saklı.

مكنى mukennâ: (A.) künyeli.

مكور mukevver: (A.) sarılı, sarık.

مكور mukûr: (A.) hileler, oyunlar, düzenler.

مكوس mukûs: (A.) vergiler.

مكوك mekûk: 1.mekik. 2.su tası.

مكوكب mukevkeb: (A.) yıldızlı.

مكوكن mukevken: (A.) yaratılmış, meydana getirilmiş.

مكون mukevven: (A.) vücut bulmuş, var olmuş, yaratılmış.

مكون mukevvin: (A.) var eden, yaratan.

مكونات mukevvenât: (A.) mevcudat, varlık alemi.

مكونه mukevvine: (A.) yaratan, meydana getiren.

مكه mikke: [mekîden=mikîden> mik+k+e] emzik.

مكه mekke: (A.) (coğ.) Mekke. ‖ * ~ -i muazzama مكهء معظمه (coğ.) Mekke, Mekke-i Muazzama. ‖ * ~ -i mukerreme مكهء مكرمه Mekke şehri.

مكه يى mekkeyî: (A. -F.) [mekke+y+î] 1.Mekkeli. 2.zengin. 3.hac farizası için sorumlu.

مكه يى شدن mekkeyî şoden: 1.hac farizası için sorumlu olmak. 2.zengin olmak.

مكى mekkî: (A.) 1.Mekkeli. 2.Kur'ân'ın Mekke'de nazil olan sreleri.

مكياز mikyâz: oğlan, dönme, homoseksüel erkek.

مكيال mikyâl: (A.) tahıl ölçeği.

مكيث mekîs: (A.) 1.duraklayan. 2.ağırbaşlı, vakarlı.

مكيدت mekîdet: (A.) 1.hile yapma. 2.hilekârlık.

مكيدن mekîden: emmek.

مكيده mekîde: [mekîden>mekîd+e] 1.emilmiş. 2.süzülmüş (yüz)

مكيده mekîde: (A.) hile, düzen, oyun.

مكيس mukeyyes: (A.) keselenmiş, torbalara koyulmuş.

مکیف mukeyyef: (A.) **1.**keyifli. **2.**keyfiyetli.

مکیف mukeyyif: (A.) **1.**keyif verici. **2.**sarhoşluk verici.

مکیفه mukeyyife: (A.) keyif veren.

مکیل mekîl: (A.) **1.**ölçme. **2.**kile ile ölçme.

مکیلات mekîlât: (A.) kile ile ölçülen aletler.

مکین mekîn: (A.) **1.**yerleşik, oturan, sağlam. **2.**ağırbaşlı, temkinli. **3.**sözü geçen.

مکینت mekînet: (A.) **1.**vakar, ağırlık. **2.**mevki.

مکیول mekyûl: (A.) kile ile ölçülmüş.

مگر meger: (Peh.) **1.**yoksa. **2.**ancak. **3.**meğer. **4.**her nasılsa. **5.**acaba. **6.**belki. **7.**olur da. **8.**yani. **9.**-den başka. **10.**sadece, yalnız. **11.**peki. ‖ * ~ inki مگر اینکه ancak, den başka. ‖ * ~ ne مگرنه böyle değil mi? ‖ * ~ ne çunîn (est, bûd) ki مگر نه چنین (است ، بود) که değil mi ki.

مگس meges: (A.) (zool.) sinek, karasinek.

مگس پران megesperrân: [meges+ perrânden>perrân] boş gezenin boş kalfası, aylak, işsiz.

مگس پراندن meges per(r) ânden: **1.**sinek kovmak. **2.**aylak aylak dolaşmak. **3.**sinek avlamak.

مگس پرانی megesperrânî: [meges+ perrânden>perrân+î] **1.**aylaklık. **2.**sinek avlama.

مگس خوار megeshâr: [meges+horden> hor>hâr] **1.**sinek yiyen. **2.**(zool.) incir kuşu.

مگس ران megesrân: [meges+rânden> rân] **1.**yelpaze. **2.**sineklik.

مگس ران کردن megesrân kerden (Hlk.) ineklik yapmak.

مگسک megesek: [meges+ek] **1.**küçük sinek. **2.**sineğimsi. **3.**(ask.) gez.

مگس گیر megesgîr: [meges+giriften> gîr] **1.**sinek tutan. **2.**örümcek. **3.**(bot.) sinek kapan.

مگس وار megesvâr: [meges+vâr] sinek gibi.

مگل megel: kurbağa.

مل mil: saç. ‖ * ~ u mordenî مل و مردنی zayıf, sıska, cılız.

مل mul: şarap, kırmızı şarap.

مل mol: **1.**armut. **2.**boyun. **3.**hörgüç.

ملا melâ: (A.) **1.**kalabalık, insan kalabalığı. **2.**topluluk. **3.**peri. ‖ * ber ~ بر ملا açıkça. ‖ * ber ~ şoden بر ملا شدن faş olmak, ifşa olmak. ‖ * der ~ در ملا insanlar arasında.

ملا mollâ: (A.) [<mevlânâ>movlânâ> monlâ> mollâ] **1.**molla, hoca. **2.**din hocası. **3.**kadı. **4.**büyük bilgin. **5.**medrese öğrencisi.

ملا melâ: (A.) kır, ova.

ملاء mele': (A.) **1.**insan kalabalığı. **2.**eşraf. ‖ * ~ -i e'lâ ملاء اعلی melekler alemi. ‖ * ~ -i illiyyîn ملأ علیین büyük meleklerin toplandığı yer.

ملائق melâ'ik: (A.) kaşıklar, tahta kaşıklar.

ملائک melâ'ik: (A.) melekler.

ملائک پی melâ'ikpey: (A.-F.) [melâ'ik+ pey] ayağı uğurlu.

ملائک صفت melâ'iksıfat: (A.-F.) [melâ'ik+ sıfat] melek huylu, melek gibi.

ملائکه melâ'ike: (A.) melekler.

ملائم mulâ'im: (A.) mülayim, yumuşak.

ملائم طبیعت mulâ'imtabîat: (A. -F.) [mulâ'im+tabîat] yumuşak huylu.

ملابس melâbis: (A.) giysiler, elbiseler.

ملابس mulâbis: (A.) **1.**karışan. **2.**ilişki kuran. **3.**yakınlık gösteren.

ملابسه mulâbese: (A.) **1.**karışma, karıştırma, benzeşme. **2.**üstüne alma.

ملات melât: harç.

ملاج melâc: bıngıldak.

ملاجی melâcî: (A.) sığınma yerleri, iltica yerleri.

ملاح mellâh: (A.) **1.**denizci, gemici. **2.**tayfa. **3.**kaptan.

ملاح milâh: (A.) tuzlar.
ملاحت melâhet: (A.) 1.tuzluluk. 2.şirinlik, hoşluk, güzellik, yüz güzelliği. 3.(tas.) ilahî kemalin sonsuzluğu.
ملاحت milâhet: (A.) 1.gemicilik, denizcilik. 2.kaptanlık.
ملاحد mulâhid: (A.) doğru dinden yanlış dine geçen, ilhad eden.
ملاحده melâhide: (A.) 1.dinsizler, mülhitler. 2.Hasan Sabbah'a bağlı olanlar.
ملاحظات mulâhezât: (A.) görüşler, mülahazalar.
ملاحظه mulâheze: (A.) 1.görüş, düşünce, mülahaza. 2.dinleme. . 3.dikkatle bakış.
ملاحظه شدن mulâheze şoden: görülmek, mülahaza edilmek, gözlemlenmek.
ملاحظه فرمودن mulâheze fermûden: 1.dinlemek. 2.takdir etmek.
ملاحظه كار mulâhezekâr: (A. -F.) [mulâheze+ kâr] 1.görüş sahibi, düşünceli, nazik. 2.çekingen.
ملاحظه كارى mulâhezekârî: (A. -F.) [mulâheze+kâr+î] çekingenlik.
ملاحظه كارى كردن mulâhezekârî kerden: çekinmek.
ملاحظه كردن mulâheze kerden: görmek, mülahaza etmek, üstünde durmak, düşünmek.
ملاحف · melâhif: (A.) yorganlar.
ملاحق mulâhık: (A.) bitişik, yapışık.
ملاحم melâhim: (A.) kanlı savaşlar.
ملاحه mellâhe: (A.) tuzla.
ملاحون mellâhûn: (A.) 1.gemiciler, denizciler. 2.kaptanlar.
ملاحى mellâhî: (A. -F.) [mellâh+î] denizcilik, gemicilik.
ملاحين mellâhîn: (A.) 1.gemiciler, denizciler. 2.kaptanlar.
ملاخانه mollâhâne: (A. -F.) [molla+hâne] okul.
ملاخور mollâhor: (A. -F.) [mollâ+ horden> hor] 1.sûi istimal, kötüye kullanma. 2.çürük meyvanın ucuz satılması.
ملاخور شدن mollâhor şoden: 1.kötüye kullanmak, si istimal etmek. 2.çürük meyva ucuz satılmak.
ملاذ melâz: (A.) 1.sığınak, sığınacak yer. 2.kale.
ملاذق mulâzık: (A.) yapışık, yapışmış.
ملاذه melâze: (A.) küçük dil.
ملاز melâz: (tıb.) küçük dil.
ملازم mulâzim: (A.) 1.görevli. 2.hizmetçi, uşak. 3.muhafız. 4.maiyette bulunan. 5.bağlı, bir yerden ayrılmayan, bağlı kalan.
ملازمان mulâzımân: (A.-F.) [mülâzım+ ân] 1.teğmenler. 2.stajiyerler. 3.bağlılar, bir yerden ayrılmayanlar. 4.sultanın yakınında bulunan görevliler.
ملازمت mulâzemet: (A.) 1.görev. 2.muhafızlık. 3.sıkı bağlılık. 4.bir yere gidip gelme
ملازم شدن mulâzim şoden: 1.birinin yanında bulunmak. birlikte olmak. 2.görevli olmak. 3.muhafız olmak. 4.hizmetçi olmak.
ملازم كردن mulâzim kerden: 1.yanında tutmak. 2.bir yerde bulundurmak. 3.görevlendirmek. 4.hizmetçi yapmak. 5.muhafız yapmak.
ملازمه mulâzeme: (A.) 1.görev. 2.muhafızlık. 3.birinin yanında bulunma. 4.bağlantı. 5.gereklilik.
ملازمةً mulâzemeten: (A.) stajiyer olarak, aylıksız çalışarak.
ملازمين mulâzimîn: (A.) 1.görevliler. 2.muhafızlar.
ملازه melâze: (tıb.) küçük dil.
ملازيب melâzîb: (A.) aşırı derecede pintiler.
ملاس milas: (Fr.) melas.
ملاست melâset: (A.) 1.yumuşaklık. 2.düzgünlük.
ملاسه mellâse: (A.) yer düzeltme aleti.
ملاصق mulâsik: (A.) yapışık, bitişik.
ملاصقه mulâsaka: (A.) 1.yapışma, bitişme. 2.yanaşma.
ملاط milât, melât: (A.) sıva, harç.
ملاطف mulâtıf: (A.) şaklaşan, latife eden.

ملاطفات mulâtefât: (A.) 1.şakalaşmalar. 2.lûtfetmeler.

ملاطفت mulâtefet: (A.) 1.iyilik, lutfetme. 2.avutma.

ملاطفت كردن mulâtefet kerden: avutmak.

ملاطفه mulâtefe: (A.) 1.iyilik etme, lutfetme. 2.kısa mektup. 3.şakalaşma.

ملاطمه mulâtama: (A.) tokatlaşma., birbirine tokat atma.

ملاطيه melâtiyye: (A.) Malatya, Doğu Anadolu'da bir kent.

ملاعب melâ'ib: (A.) 1.oyun yerleri. 2.oyunlar. 3.oyuncaklar.

ملاعب mulâ'ib: (A.) oynaşan.

ملاعبه mulâ'ebe: 1.oynaşma. 2.şakalaşma.

ملاعبه كردن mulâ'ebe kerden: 1.oynaşmak. 2.şakalaşmak.

ملاعن melâ'in: (A.) melanetler, lanetlik işler.

ملاعين melâ'în: melunlar.

ملاغم melâgım: (A.) ağız çevresi.

ملاغه melâge: 1.kepçe. 2.büyük kaşık.

ملافه melâfe: (A.) çarşaf, yatak çarşafı.

ملافيح melâfîh: (A.) anne karnındaki erkek çocuklar.

ملاق melâk: (A.) mala.

ملاقات mulâkât: (A.) 1.buluşma, görüşme. 2.uygunluk.

ملاقات كردن mulâkât kerden: buluşmak, görüşmek, mülakat etmek, karşılaşmak.

ملاقى mulâkî: (A.) 1.buluşan, görüşen. 2.kavuşan.

ملاك melâk: (A.) melek.

ملاك milâk: (A.) 1.asıl. 2.ayar. 3.belge, delil, senet.

ملاك mellâk: (A.) mülk sahibi.

ملاك mullâk: (A.) sahipler, malikler, malik olanlar.

ملاكين mellâkîn: (A.) mülk sahipleri.

ملال melâl: (A.) üzüntü, keder, sıkıntı, hüzün, solgunluk.

ملال آور melâlâver: (A. -F.) [melâl+ âverden>âver] sıkıntılı, sıkıntı verici.

ملال انجام melâlencâm: (A.-F.) [melâl+ encâm] sonu sıkıntı olan.

ملال انگيز melâlengîz: (A. -F.) [melâl+ engîhten>engîz] üzücü, hüzün verici.

ملالت melâlet: (A.) hüzün, sıkıntı, usanç.

ملالت آميز melâletâmîz: (A. -F.] [melâlet+ âmîhten>âmîz] üzücü, sıkıntı verici, usandırıcı.

ملالت انگيز melâletengîz: (A. -F.) [melâlet+engîhten>engîz] üzücü, hüzün verici, sıkıcı, usandırıcı.

ملال گرفتن melâl giriften: 1.bezmek, usanmak, sıkılmak, hafakanlar basmak. 2.üzülmek.

ملام melâm: (A.) kötülenmiş, çekiştirilmiş, kınanmış.

ملام mulâm: (A.) azarlama, çıkışma.

ملامت melâmet: (A.) kınama, azarlama, paylama, çıkışma.

ملامت پيشه melâmetpîşe: (A.-F.) [melâmet+pîşe] kınanmayı, azarlanmayı, horlanmayı kendine meslek edinen kişi.

ملامت زده melâmetzede: (A.-F.) [melâmet+zeden> zed+e] kınanmış, paylanmış, azarlanmış.

ملامت كردن melâmet kerden: kınamak, azarlamak, paylamak, çıkışmak.

ملامت كش melâmetkeş: (A.-F.) [melâmet+keşîden> keş] 1.kınanan, paylanan. 2.rezilliğin verdiği sıkıntıya katlanan.

ملامت كشيدن melâmet keşîden: kınanmaya katlanmak, azarı sineye çekmek.

ملامت گر melâmetger: (A. -F.) [melâmet+ ger] kınayan, azarlayan.

ملامت گرى melâmetgerî: (A. -F.) [melâmet+ger+î] kınayıcılık.

ملامتى melâmetî: (A.) 1.kınama ile ilgili. 2.(tas.) Melâmî.

ملامتى گرى melâmetîgerî: (A. -F.) [melâmetî+ger+î] (tas.) Melâmîlik.

ملامتيه melâmetiyye: (A.) melâmilik.

ملامح melâmih: (A.) **1.**bir anlık bakışlar. **2.**güzellik veya çirkinlik izleri. **3.**benzeme noktaları.

ملامسه mulâmese: (A.) **1.**birbirine dokunma. **2.**el sürme, dokunma, el ile yoklama.

ملامع melâmi': (A.) parıltılar.

ملامی melâmî: (A.) Melâmî.

ملامی سیرت melâmîsîret: (A.) [melâmî+ sîret] melâmîler gibi yaşayan, başkaları tarafından tahkir edilerek nefsine boyun eğdirmeyi âdet edinen.

ملامیون melâmiyyûn: (A.) melâmîler, melâmilik tarikatı mensupları.

ملامیه melâmiyye: (A.) melâmîlik.

ملآن mel'ân: (A.) dolu, taşkın.

ملانقطی mollânukatî: (A. -F.) [Mollâ+ nukat+î] **1.**(kin.) geri kafalı, eski kafalı. **2.**gerici.

ملانکولی milankoli: (Fr.) (tıb.) melankoli.

ملاومه mulâveme: (A.) çekiştirme, dedikodu, birbirinin arkasından konuşma.

ملاهی melâhî: (A.) **1.**oyuncaklar. **2.**eğlenceler, oyunlar.

ملایانه mollâyâne: (A.-F.) [molla+y+âne] mollaca, molla gibi.

ملایزغل mollâyezgil: (A. -F.) [mollâ+ yezgil] pasaklı zengin, kirli çıkı.

ملایک melâyik: (A.) melekler.

ملایک صورت melâyiksûret: (A. -F.) [melâyik+sûret] melek yüzlü, güzel yüzlü.

ملایکه melâyike: (A.) melekler.

ملایم mulâyim: (A.) **1.**mülayim, yumuşak. **2.**uygun. **3.**iyi huylu.

ملایم آرام mulâyimârâm: (A. -F.) [mulâyim+ ârâmîden>ârâm] yumuşak huylu.

ملایم آمدن mulâyim âmeden: uygun olmak, münasip olmak.

ملایمت mulâyemet: (A.) **1.**yumuşaklık. **2.**uygunluk. **3.**peklik çekmeme.

ملایم طبیعت mulâyimtabî'at: (A. -F.) [mulâyim+tabî'at] yumuşak huylu.

ملایی mollâyî: (A. -F.) [mollâ+y+î] mollalık, din hocalığı.

ملبس melbes: (A.) giysi, giyecek.

ملبس mulebbes: (A.) **1.**giyimli, kuşamlı. **2.**donanmış, bürünmüş. **3.**karışık, karmaşık.

ملبس شدن mulebbes şoden: **1.**giyinmek. **2.**bürünmek.

ملبوس melbûs: (A.) **1.**giyilmiş. **2.**giyecek, giysi, giyim. **3.**giyimli.

ملبوسات melbûsât: (A.) giysiler, giyecekler.

ملت mellet: (A.) ateş koru.

ملت millet: (A.) **1.**din, şeriat. **2.**ümmet. **3.**ulus, millet. **4.**topluluk. **5.**kategori, sınıf.

ملتئم multe'im: (A.) iyileşen, iyiye giden.

ملتئم کردن multe'im kerden: **1.**şifa vermek. **2.**birleşmek.

ملتئمه multe'ime: (A.) iyileşen, iyiye giden.

ملتبس multebis: (A.) ayırt edilemeyecek kadar benzeyen.

ملتثم multesem: (A.) öpülür.

ملتثم multesim: (A.) yaşmaklı.

ملتجا multecâ: (A.) sığınılacak yer, sığınak, iltica edilecek yer.

ملتجی multecî: (A.) sığınmacı, mülteci, sığınan.

ملتحف multehif: (A.) bürünen, sarınan.

ملتحق multehik: (A.) katılan, iltihak eden, katılmış.

ملتحم multehim: (A.) **1.**lehimli. **2.**(tıb.) iyileşmiş yara, kapanmış yara.

ملتحمه multehime: (A.) (tıb.) doku.

ملتحی multehî: (A.) sakalı çıkmış genç.

ملتزم multezem: (A.) **1.**gerek görülen, gerekli. **2.**kayırılan.

ملتزم multezim: (A.) **1.**üzerine alan. **2.**maiyette bulunan. **3.**taraftar, yandaş. **4.**Osmanlı döneminde vergi tahsildarı, vergi memuru.

ملتزمانه multezimâne: (A.-F.) [multezim+âne] yan tutarcasına, taraftar gibi.

ملتزم شدن multezim şoden: üzerine

almak, üstlenmek, taahhüt etmek.

ملتزمه multezime: (A.) taraftar, yandaş.

ملتزمين multezimîn: (A.) 1.maiyettekiler. 2.taraftarlar, yandaşlar. 3.vergi memurları.

ملتصق multesik: (A.) 1.yapışık. 2.yapışan.

ملتصق الاصبع multesıkulesba': (A.) iki parmağı bitişik kuşlar.

ملتصق الوريقاء . تويجيه multesıkulvureykâ-i tuveyciye: (A.) bitişik taç yapraklılar.

ملتف multeff: (A.) birbirine karışmış, iç içe geçmiş.

ملتفت multefet: (A.) 1.iltifat edilen. 2.önem verilen.

ملتفت multefit: (A.) 1.yönelen. 2.bilgili, haberli. 3.iltifat eden. 4.güleryüz gösteren, iyi davranan.

ملتفة الاغصان multeffetulagsân: (A.) dalları iç içe geçmiş.

ملتفتانه multefitâne: (A.-F.) [multefit+ âne] iltifat ederek, güleryüz göstererek, önemseyerek.

ملتفت بودن multefit bûden: dikkat etmek, iyi bakmak, farkında olmak.

ملتفت شدن multefit şoden: 1.yönelmek. 2.haberdar olmak, anlamak, farkına varmak, algılamak.

ملتفت كردن multefit kerden: 1.yöneltmek. 2.algılatmak, farkına vardırmak, haberdar etmek.

ملتفه multeffe: (A.) birbirine karışmış, iç içe geçmiş.

ملتقط multekat: (A.) yerden alan, yerden toplayan.

ملتقط multekıt: (A.) yerden alan, yerden toplayan.

ملتقم multekım: (A.) lokma eden, yutan.

ملتقمانه multekımâne: (A.-F.) [multekım+âne] lokma edercesine, yutarcasına.

ملتقى multekâ: (A.) 1.görülmüş. 2.görüşme yeri. 3.kavşak.

ملتقى multekî: (A.) 1.görüşen, buluşan. 2.birleşen, kavuşan.

ملتمس multemes: (A.) istek, hacet, istenilen, rica edilen, yakarılan.

ملتمس multemis: (A.) yalvaran, yakaran, rica eden, isteyen.

ملتمسات multemesât: (A.) kayırılanlar, iltimas edilenler.

ملتمسانه multemisâne: (A. -F.) [multemis+ âne] yalvarırcasına, yakarırcasına.

ملتمسين multemisîn: (A.) kayıranlar, iltimas edenler.

ملتمع multemi': (A.) parlayan, parıldayan.

ملتوى multevî: (A.) 1.bükülen, eğilen. 2.bükülmüş, eğilmiş.

ملتهب multehib: (A.) 1.yalazlanan, alevli. 2.canlı, parlak. 3.iltihaplı.

ملتهب شدن multehib şoden: alevlenmek.

ملتهب كردن multehib kerden: alevlendirmek.

ملتهبه multehibe: (A.) 1.iltihaplı. 2.alevli.

ملتهف multehif: (A.) 1.alevli. 2.çok üzgün.

ملجا melce': (A.) sığınacak yer, sığınak.

ملجا mulce': (A.) mecbur, zorunlu.

ملجم mulcem: (A.) gemli, yularlı, gem vurulmuş.

ملجى mulcî: (A.) zorlayan, zorla yaptıran.

ملج ملج كردن miliç miliç kerden: ağız şapırdatmak.

ملوچ ملوچ كردن muluç muluç kerden: ağız şapırdatmak.

ملح milah: (A.) tuzlar.

ملح milh: (A.) 1.tuz. 2.tuzluluk.

ملحد melhad: (A.) lahid yeri.

ملحد mulhid: (A.) dinsiz, Allahsız, Tanrıtanımaz, mülhit.

ملحدانه mulhidâne: (A.-F.) [mülhid+âne] Tanrı'yı inkâr edercesine, tanrıtanımazca.

ملحدين mulhidîn: (A.) Tanrı'yı inkâr edenler, tanrıtanımazlar.

ملحفه milhafe: (A.) yorgan.

ملحق mulhak: (A.) 1.yapışık, bitişik. 2.katılmış, ilhak edilmiş.

ملحق mulhik: (A.) katılan.

ملحقات mulhakât: (A.) 1.katılmışlar, ekler, katmalar. 2.merkeze bağlı yerler veya birimler.

ملحق شدن mulhak şoden: 1.katılmak, birleşmek. 2.yapışmak, bitişmek.

ملحق كردن mulhak kerden: 1.katmak, birleştirmek, ilhak etmek. 2.yapıştırmak, bitiştirmek.

ملحم mulahham: (A.) tombul, kilolu, etli, semiz.

ملحم mulhem: (A.) 1.dokunmuş. 2.yapışık. 3.bir tür ipekli kumaş.

ملحمه melhame: (A.) kanlı savaş.

ملحود melhûd: (A.) lahit içine koyulmuş, mezara koyulmuş.

ملحوظ melhûz: (A.) 1.görülmüş, göz önüne alınmış, göz önünde tutulmuş. 2.göz ucuyla bakılmış.

ملحوظات melhûzât: (A.) düşünülenler, öngörülenler, ihtimal verilenler.

ملحوظ داشتن melhûz dâşten: bakmak, göz önünde bulundurmak, mülahaza etmek.

ملحوظ شدن melhûz şoden: görülmek, göz önünde bulundurulmak, mülahaza edilmek.

ملحوق melhûk: (A.) katılmış, karışmış, kavuşmuş.

ملحون melhûn: (A.) ahenkli, uyumlu.

ملحه milha: (A.) tuzlar.

ملحی milhî: (A.) 1.tuz ile ilgili. 2.tuzdan, tuzlu.

ملحيت milhiyyet: (A.) tuzluluk.

ملخ meleh: (Peh.) (zool.) çekirge.

ملخص mulehhes: (A.) özetlenmiş, kısaltılmış, hülasa edilmiş.

ملخصا mulahhasen: (A.) özetle, özet olarak, kısaca.

ملخص شدن mulehhes şoden: özetlenmek, hülasa edilmek, kısaca açıklanmak.

ملخص كردن mulehhes kerden: özetlemek, hülasa etmek, kısaca açıklamak.

ملخ ناك meleknâk: [meleh+nâk] çekirgesi bol olan yer.

ملد meled: (A.) 1.tazelik, körpelik. 2.genç fidanın sallanması.

ملدا meldâ: (A.) 1.çok genç, çok körpe, narin. 2.bayan adı.

ملدوغ meldûg: (A.) yılan vb. sokmuş.

ملزاب milzâb: (A.) pinti.

ملزم mulzem: (A.) 1.zorunlu. 2.suçlu, sanık. 3.tartışmada yenilmiş.

ملزم mulzim: (A.) 1.tartışmadan susturan. 2.gerektiren, gerek gören.

ملزمانه mulzimâne: (A.-F.) [mulzim+âne] susturercasına, susturarak.

ملزم شدن mulzem şoden: 1.gerekli olmak, zorunlu olmak, kaçınılmaz olmak. 2.suçlanmak. 3.tartışmada yenilmek.

ملزم كردن mulzem kerden: 1.gerekli kılmak, zorunlu kılmak. 2.suçlamak. 3.tartışmada yenmek.

ملزمه mulzime: (A.) yazı masası üzerinde kağıdın uçmaması için üzerine konulan ağırlık.

ملزوم melzûm: (A.) lüzumlu, gerekli, gerek görülmüş, ayrılmaz, -la beraber.

ملزوميت melzûmiyyet: (A.) gerekli görülme.

ملس meles: (A.) 1.melez. 2.kanı karışık.

ملس meles: mayhoş.

ملساء melsâ': (A.) 1.düz arazi, düz mekân, kıraç ve kaygan düzlük. 2.şarap.

ملسان melsân: (A.) 1.düz arazi, düz mekân. 2.şarap.

ملسن mulessen: (A.) ucu dil biçimli konu.

ملسون melsûn: (A.) 1.yalancı. 2.dili kesik.

ملسون شدن melsûn şoden: 1.yalancı olmak. 2.dili kesik olmak.

ملصق mulsak: (A.) yapışık, yapışmış.

ملصق شدن mulsak şoden: yapışmak.

ملصق كردن mulsak kerden: yapıştırmak.

ملصوق melsûk: (A.) yapıştırılmış, bitiştirilmiş, yapışık, bitişik.

ملصه melassa: (A.) hırsız yuvası, haydut yatağı.

ملطف mulattif: (A.) 1.taltif eden, gönül alan, ödüllendien. 2.yumuşatıcı ilaç.
ملطفات mulattifât: (A.) yumuşatıcı ilaçlar, mülayimleştirici ilaçlar.
ملطفه mulattife: (A.) 1.taltif eden, gönül alan, ödüllendien. 2.yumuşatıcı ilaç.
ملطفه· meltafa: (A.) güzellik yeri.
ملطی malatî: (A.) Malatyalı.
ملطیوی meletiyevî: (A.) Malatyalı.
ملطیه malatiyye: (A.) (coğ.) Malatya.
ملعب mel'ab: (A.) oyun yeri, eğlence yeri.
ملعبه mil'abe: (A.) oyuncak. ‖ * ~ -i dest-i kesî şoden ملعبهء دست کسی شدن birinin elinde oyuncak olmak. ‖ * ~ -i kesî şoden ملعبهء کسی شدن birinin yazboz tahtası olmak, birinin elinde oyuncak olmak. ‖ * ~ -i sibyân ملعبهء صبیان çocuk oyuncağı.
ملعقه mil'ake: (A.) 1.kepçe. 2.büyük kaşık. 3.dört miskallik bir ağırlık birimi.
ملعقه mil'aka: (A.) kaşık, tahta kaşık.
ملعقه تراش mil'akaterâş: (A.-F.) [mil'aka+ terâşîden> terâş] tahta kaşık imalatçısı.
ملعنت mel'anet: (A.) lanetlik, melanet, melunluk, şeytanlık.
ملعنت پیشه mel'anetpîşe: (A.-F.) [<mel'anet+pîşe] melunluğu meslek edinmiş, melun, lanet olası.
ملعنت کارانه mel'anetkârâne: (A.-F.) [mel'anet+kâr+ âne] lanet ettirecek kadar.
ملعنه mel'ane: (A.) melanet, lanet ettirecek iş veya davranış.
ملعوب mel'ûb: (A.) salyalı ağız.
ملعون mel'ûn: (A.) 1.lanetlenmiş. 2.lanet olası. 3.kovulmuş.
ملعون شدن mel'ûn şoden: lanetlenmek.
ملعون کردن mel'ûn kerden: lanetlemek.
ملعونه mel'ûne: (A.) 1.lanetlenmiş. 2.lanet olası. 3.kovulmuş.
ملغم melgam: (A.) 1.(tıb.) merhem. 2.merhemleme.
ملغی mulgâ: (A.) lağvedilmiş, hükümsüz kılınmış, kaldırılmış.
ملغی شدن mulgâ şoden: lağvedilmek.
ملغی کردن mulgâ kerden: lağvetmek.
ملفف muleffef: (A.) 1.sarılmış, dürülmüş. 2.zarf içine koyulmuş.
ملففه muleffaka: (A.) 1.düzmece. 2.parlak söz. 3.seçmeciler.
ملفوحه melfûha: (A.) anne karnındaki erkek çocuk.
ملفوظ melfûz: (A.) 1.telaffuz olunan. 2.söylenen. ‖ * gayr-i ~ غیر ملفوظ· telaffuz olunmamış, söylenmemiş.
ملفوظات melfûzât: (A.) söylenilen sözler.
ملفوظه melfûza: (A.) telaffuz olunmuş, söylenmiş.
ملفوف melfûf: (A.) sarılmış, katlanmış, dürülmüş.
ملفوفاً· melfûfen: (A.) ·1.ilişikte. 2.sarılı olarak ilişikte.
ملفوفات melfûfât: (A.) mektuba iliştirilmiş evrak.
ملق melak: (A.) 1.yalancı dostluk. 2.düz zemin. 3.ince ve yumuşak çim tabakası.
ملقا milkâ: (A.) mürekkep hokkalarına konulan ham iplik.
ملقات milkât: (A.) cerrah maşası.
ملقب mulakkab: (A.) lakap almış, lakaplanmış.
ملقب شدن mulakkab şoden: lakap verilmek, lakaplandırılmak.
ملقب کردن mulakkab kerden: lakap vermek, lakaplandırmak.
ملقب گردیدن mulakkab gerdîden: lakap verilmek, lakaplanmak.
ملقح mulakkah: (A.) döllenmiş.
ملقمه melkame: (A.) (kim.) malgama, cıva alaşımlı.
ملقن mulakkin: (A.) telkin eden.
ملقوط melkût: (A.) 1.yerden alınan. 2.sokakta bulunan. 3.sokağa bırakılmış çocuk, terk edilmiş çocuk.
ملک melek: (A.) 1.Tanrı'nın nurdan yarattığı varlık, melek. 2.iyi huylu, güzel huylu. 3.güzel yüzlü. 4.bayan

adı. ‖ * ~ -i mukarreb ملک مقرب Tanrı'ya yakın melek, Cebrail.

ملک melik: (A.) **1.**hükümdar, melik, padişah. **2.**sahip. **3.**mülk sahibi. **4.**Yüce Tanrı.

ملک milk: **1.**(tıb.) akçılyay. **2.**aycık, küçük ay.

ملک milk: (A.) **1.**mülk, mal. **2.**tarla. **3.**hiddet.

ملک mulk: (A.) **1.**mülk. **2.**ülke, memleket. **3.**büyüklük, azamet. **4.**taht. **5.**(tas.) şahadet alemi. ‖ * ender ~ nişesten اندر ملک نشستن tahta geçmek.

ملک آوازه melikâvâze: (A. -F.) [melik+ âvâz+e] (kin.) meşhur, ünlü.

ملکا muleka: (A.) **1.**mal sahipleri. **2.**hükümdarlar, melikler.

ملکات melekât: (A.) melekeler, yatkınlıklar, yetiler.

ملک السرائر melekusserâ'ir: (A.) sevinç meleği.

ملک الصیانه melekussıyâne: (A.) koruyucu melek.

ملک الموت melekulmevt: (A.) ölüm meleği, Azrail.

ملکانه melekâne: (A.-F.) [melek+âne] melek gibi.

ملکانه melikâne: (A.-F.) [melik+âne] hükümdarca, melikce.

ملک پر melekper: (A.-F.) [melek+per] **1.**melek kanatlı. **2.**bayan adı.

ملکت milket, mulket: (A.) ülke.

ملک چاکر melekçâker: (A.-F.) [melek+ çâker] meleğin kendisine hizmetkâr olduğu.

ملک چهره melekçihre: (A.-F.) [melek+ çihre] melek yüzlü, güzel yüzlü.

ملک خصال melekhisâl: (A.) [melek+ hisâl] melek huylu.

ملک خصلت melekhaslet: (A.) melek huylu, melek karakterli.

ملک خو melekhû: (A.-F.) [melek+hû] melek huylu.

ملک دادن milk dâden: mülk vermek.

ملک دار mulkdâr, milkdâr: (A. -F.) [mulk+ dâşten> dâr] arazi sahibi, toprak sahibi.

ملکدارانه mulkdârâne: (A.-F.) [mulk+ dâşten>dâr+ âne] padişah gibi, padişahca.

ملک داری mulkdârî: (A. -F.) [mulk+ dâşten> dâr+î] arazi sahipliği, mülk sahipliği.

ملک ران mulkrân: (A. -F.) [mulk+ rânden> rân] hükümdar, saltanat süren.

ملک رانی mulkrânî: (A. -F.) [mulk+ rânden>rân+î] saltanat, hükümdarlık.

ملک رو melekrû: (A.-F.) [melek+rû] melek yüzlü, güzel yüzlü.

ملک زاد melekzâd: (A.-F.) [melek+ zâden>zâd] **1.**doğma. **2.**melek gibi güzel.

ملک زاده melikzâde: (A. -F.) [melik+ zâden>zâd+e] şehzade, prens, melik oğlu.

ملک سیرت meleksîret: (A.) [melek+ sîret] melek huylu, iyi huylu.

ملک سیما meleksîmâ: (A.) melek yüzlü.

ملک شعار melekşi'âr: (A.) [melek+şi'âr] melek tabiatlı.

ملک شکل melekşekl: (A.) [melek+şekl] melek şeklinde olan.

ملک صورت meleksûret: (A.) [melek+ sûret] melek yüzlü.

ملک گیر mulkgîr: (A.-F.) [mulk+ giriften>gîr] ülke alan, fatih hükümdar, padişah.

ملک مثال melekmisâl: (A.) [melek+ misâl] melek gibi, melek yüzlü.

ملک مجامع melekmecâmi': (A.) [melek+ mecâmi'] meleklerin toplandığı yer.

ملک منظر melekmanzar: (A.) [melek+ manzar] melek görünüşlü, melek yüzlü.

ملکوت melekût: (A.) **1.**büyüklük, azamet. **2.**(tas.) ilahî azamet, ruhlar ve melekler âlemi. **2.**hükümdarlık.

ملکوتی melekûtî: (A.) ilahî, melekutî.

ملکوک melkûk: (A.) **1.**lekeli. **2.**(kin.) adı kötüye çıkmış.

ملکوک شدن melkûk şoden: 1.lekelenmek. 2.(kin.) adı kötüye çıkmak.

ملکوک کردن melkûk kerden: 1.lekelemek. 2.(kin.) adını kötüye çıkarmak.

ملکه meleke: (A.) 1.meleke, yeti, yatkınlık. 2.kudret.

ملکه melike: (A.) 1.melike, kraliçe. 2.hükümdar karısı, melike. 3.bayan adı. ‖ * ~ -i mâder ملکهء مادر ana kraliçe.

ملکه شدن meleke şoden: meleke haline gelmek.

ملکی melekî: (A.) 1.melek ile ilgili. 2.meleklik.

ملکی melikî: (A. -F.) [melik+î] 1.meliklik, hükümdarlık. 2.bir tür örgülü ayakkabı.

ملکی mulkî: (A.) 1.ülke ile ilgili. 2.ülke yönetimi ile ilgili. 3.bürokrat sınıfı.

ملکیت mulkiyyet: (A.) mülkiyet, mülk sahipliği.

ملکیه melekiyye: (A.) melek ile ilgili.

ملکیه mulkiyye: (A.) bürokratlar.

ملل melel: (A.) bıkkınlık, usanç.

ملل milel: (A.) 1.uluslar, milletler. 2.din mensupları. 3.dinler. ‖ * ~ -i mutemeddine ملل متمدنه uygar milletler. ‖ * ~ -i muttehide ملل متحده Birleşmiş Milletler.

ملمع mulemma': (A.) 1.aydın, aydınlık, parlak. 2.alaca, alacalı. 3.kaplama maden. 4.(ed.) mülemma, iki dilli şiir. 5.sıvanmış, bulaşmış.

ملمعات mulemme'ât: (A.) mülemmalar, en az iki dille söylenmiş manzumeler.

ملمع شدن mulemma' şoden: 1.aydınlanmak, parlamak. 2.rengârenk olmak. 3.kaplama yapılmak.

ملمعکار mulemma'kâr: (A.-F.) [mulemma'+kâr] iki yüzlü, yanardöner.

ململ melmel: mermerşâhî, beyaz ince bez.

ملموس melmûs: dokunulmuş, el sürülmüş. ‖ * mâzî-i ~ ماضیء ملموس (gr.) hissedilen geçmiş zaman. Türkçe'de "mekteydi, maktaydı" kalıbıyla ifade edilir. ‖ * muzâri'-i ~ مضارع ملموس (gr.) hissedilen şimdiki zaman. Türkçe'de "mektedir, maktadır" kalıbıyla ifade edilir.

ملموسات melmûsât: (A.) dokunmalar, el sürmeler.

ملنگ meleng: 1.sarhoş. 2.keyifli. 3.(kin.) baygın. 4.yalınayak başı kabak. 5.hint fakiri. 6.kendini dünyadan soyutlayan ilahî aşk sarhoşu.

ملواح milvâh: (A.) 1.iş aleti. 2.av araç gereci. 3.avcı kuşu. 4.av yemi. 5.cılız ve uzun boylu. 6.çevik kadın.

ملوان melevân: 1.denizci. 2.tayfa.

ملوان melevân: (A.) gece gündüz.

ملوث mulevves: (A.) 1.kirli, pis. 2.karışık, düzensiz.

ملوث ساختن mulevves sâhten: kire bulaştırmak, kirletmek.

ملوث شدن mulevves şoden: kirlenmek, kire bulanmak.

ملوث کردن mulevves kerden: kirletmek.

ملوخیه mulûhiyye: (A.) mülhiye, ebegümecigillerden bir bitki.

ملوخیه mulûhya: (Yunanca>A.) mülhiye, ebegümecigillerden bir bitki.

ملودرام milodram: (Fr.) melodram.

ملودی milodi: (Fr.) (müz.) melodi.

ملودیک milodik: (Fr.) (müz.) melodik.

ملوز mulevvez: (A.) 1.badem şeklinde. 2.badem ve cevizle doldurulmuş hurma.

ملوک mulûk: (A.) 1.melikler, hükümdarlar. 2.(tas.) velîler. 3.bayan adı.

ملوکانه mulûkâne: (A.-F.) [mulûk+âne] meliklere yakışacak şekilde, melikler gibi. ‖ * zât-i ~ ذات ملوکانه padişah.

ملول melûl: (A.) **1.**üzgün. melul. **2.**usanmış, bıkmış.

ملولانه melûlâne: (A.-F.) [melûl+âne] mahzun mahzun, melul melul.

ملول شدن melûl şoden: **1.**üzülmek, melul olmak. **2.**usanmak, bıkmak.

ملول كردن melûl kerden: **1.**üzmek, melul etmek. **2.**usandırmak, bıktırmak.

ملوله melûle: (A.) **1.**üzgün, hüzünlü. **2.**bıkkın, bezgin.

ملوم melûm: (A.) kınanmış, azarlanmış, paylanmış.

ملون mulevven: (A.) **1.**renkli, rengârenk. **2.**(ed.) iki vezinli şiir.

ملون mulevvin: (A.) **1.**boyayan. **2.**renk veren, boya veren, renklendiren.

ملون شدن mulevven şoden: renklenmek, boyanmak, rengârenk olmak.

ملون كردن mulevven kerden: boyamak, renklendirmek, rengârenk yapmak.

ملونه mulevvene: (A.) **1.**boyalı, boyanmış. **2.**rengârenk.

ملونيا melûniya (bot.) uzun kavun.

ملهز milhez: (A.) mürekkep karıştırıcı.

ملهم mulhem: (A.) ilham olunmuş, esinlenmiş.

ملهم mulhim: (A.) **1.**ilham eden. **2.**Yüce Tanrı.

(از) ملهم شدن mulhem şoden: ilham almak, esinlenmek.

ملهمون mulhemûn: (A.) esinler, içe doğanlar, ilham edilenler.

ملهمه mulhime: (A.) ilham eden, ilham veren, esin kaynağı.

ملهوب melhûb: (A.) alevli.

ملهوف melhûf: (A.) **1.**üzgün, gamlı. **2.**mazlum.

ملهوفاً · melhûfan: (A.) tasalı olarak.

ملهوف القلب melhûfulkalb: (A.) üzgün, gönlü detli.

ملهوفان· melhûfân: (A.-F.) [melhûf+ân] üzgünler, tasalılar, yüreği acılı olanlar.

ملهوفين melhûfîn: (A.) ·yüreği acılı kimseler.

ملهى milhâ: (A.) eğlence.

ملى melî: (A.) **1.**zengin. **2.**çevik.

ملى millî: (A.) millî, ulusal.

مليارد milyard: (Fr.) (mat.) milyar.

مليان melyân: (A.) dolu, taşkın.

مليت milliyyet: (A.) milliyet.

مليت پرور milliyyetperver: (A.-F.) [milliyyet+ perverden>perver] milliyetçi, nasyonalist.

مليت پرورانه milliyyetperverâne: (A.-F.) [milliyyet+ perverden>perver+âne] milliyetçi gibi.

مليح melîh: (A.) **1.**tuzlu. **2.**yumuşak. **3.**buğday tenli. **4.**şirin, hoş, alımlı.

مليح الوجه melîhulvech: (A.) güzel yüzlü.

مليحه melîhe: (A.) **1.**güzel yüzlü kadın. **2.**bayan adı.

مليک melîk: (A.) **1.**melik, hükümdar. **2.**sahip, efendi. **3.**mal sahibi.

ملى كردن millî kerden: devletleştirmek.

ملى گرا millîgerâ: (A. -F.) [millî+ gerâyîden>gerâ] milliyetçi.

ملى گرايى millîgerâyî: (A. -F.) [millî+ gerâyîden>gerây+î] milliyetçi.

مليله melîle: sırma.

مليله دوزى melîledûzî: [melîle+dûhten> dûz+î] sırma işi, sırma işleme.

ملين muleyyen: (A.) yumuşatılmış.

ملين muleyyin: (A.) **1.**yumuşatıcı. **2.**yumuşaklık veren ilaç.

مليون milliyyûn: (A.) milliyetçiler.

مليون milyon: (Fr.) (mat.) milyon.

مليه milliyye: (A.) **1.**ulusal. **2.**din ile ilgili.

ممات memât: (A.) **1.**ölüm. **2.**ölüm zamanı.

مماثل mumâsil: (A.) **1.**benzer, andıran. **2.**homotetik.

مماثلت mumâselet: (A.) **1.**benzeme, andırma. **2.**benzeşim, benzerlik. **3.**homoteti.

مماجده mumâcede: (A.) övünme.

مماده mumâdehe: (A.) övülmek için birbiriyle yarışma.

مماذق mumâzik: (A.) yalancı dost, iyi gün dostu.

ممارات mumârât: (A.) mücadele.

ممارته mumârete: (A.) çabalama, uğraşma.

ممارسات mumâresât: (A.) el yatkınlıkları, melekeler.

ممارست mumâreset: (A.) el yatkınlığı, meleke.

ممارست کردن mumâreset kerden: temrin yapmak, eksersiz yapmak, idman yapmak.

ممارسه mumârese: (A.) el yatkınlığı, meleke.

ممازجه mumâzece: (A.) övünme.

ممازحت mumâzehet: (A.) **1.**şakalaşma. **2.**şaka, mizah.

ممازحه mumâzaha: (A.) şakalaşma, birbirine mizah yapma.

ممازقه mumâzaka: (A.) dostuna ikiyüzlü davranma, riyakârlık.

مماس mumâs: (A.) **1.**dokunan, el süren, temas eden. **2.**teğet. **3.**tanjant.

مماسحه mumâsaha: (A.) birbirine hoşgörülü davranma.

مماس شدن mumâs şoden: **1.**sürtülmek. **2.**karşılamak.

مماسه mumâsse: (A.) **1.**değme, temas etme. **2.**teğet geçme.

مماشات mumâşât: (A.) **1.**geçinme, suyuna gitme. **2.**yoldaşlık.

مماشاتکار mumâşâtkâr: (A.-F.) [mumâşât+kâr] **1.**uysal, suyuna giden. **2.**uysalca, suyuna giderek.

مماشاتکارانه mumâşâtkârâne: (A.-F.) [mumâşât+kâr+ âne] uysalca, suyuna giderek.

مماشات کردن mumâşât kerden: **1.**geçinmek. **2.**yoldaşlık etmek.

مماطله mumâtele: (A.) oyalama, savsaklatma, geciktirme.

ممال mumâl: (A.) eğilme, yana yatma, meyillenme.

ممالحت mumâlehet: (A.) **1.**aynı sofrada bulunma. **2.**karşılıklı güven.

ممالطه mumâlata: (A.) iki şairin birbiriyle şiirleşmesi.

ممالقه mumâlaka: (A.) dalkavukluk.

ممالک memâlik: (A.) **1.**ülkeler, memleketler. **2.**bir devletin toprakları.

ممالیک memâlîk: (A.) köleler, kullar, memluklar.

ممانعت mumâne'et: (A.) engel olma, önleme.

ممانعت کردن mumâne'et kerden: engel olmak, önlemek.

ممتاز mumtâz: (A.) **1.**seçkin, mümtaz. **2.**meziyetli. **3.**kurmay subay. ‖ * ostâd-i ~ استاد ممتاز Ordinaryus Profesör.

ممتاز الاماثل mumtâzulemâsil: (A.) akranları arasında seçkin olan.

ممتاز شدن mumtâz şoden: **1.**seçkinleşmek. **2.**üstün olmak, ayrıcalıklı olmak.

ممتاز کردن mumtâz kerden: seçmek, seçkin kılmak, ayrıcalıklı kılmak.

ممتازه mumtâze: (A.) seçkin, ayrıcalık tanınan.

ممتازیت mumtâziyyet: (A.) **1.**seçkinlik, ayrıcalık tanıma. **2.**ifade üstünlüğü.

ممتثل mumtesil: (A.) emre uyan.

ممتحن mumtehan: (A.) sınanmış, denenmiş, imtihan edilmiş.

ممتحن mumtehin: (A.) **1.**deneyen, sınayan. **2.**imtihan eden, sınav yapan.

ممتد mumted: (A.) **1.**uzun. **2.**uzamış, uzanan, çekilmiş. **3.**sürekli.

ممتد القد mumteddulkadd: (A.) uzun boylu.

ممتد شدن mumted şoden: uzanmak, devam etmek, uzayıp gitmek.

ممتده mumtedde: (A.) **1.**uzayan, uzanan. **2.**sürekli.

ممتزج mumtezec: (A.) karışık.

ممتزج mumtezic: (A.) **1.**uyum sağlayan, uzlaşan. **2.**kaynaşan, kaynaşmış.

ممتزجه mumtezice: (A.) **1.**uyum sağlayan, uzlaşan. **2.**kaynaşan, kaynaşmış.

ممتلی mumtelî: (A.) 1.mide şişkinliği çeken. 2.dolu, dolmuş, dolgun.

ممتلی شدن mumtelî şoden: dolmak.

ممتلی کردن mumtelî kerden: doldurmak.

ممتنع mumteni': (A.) 1.kaçınan, çekinen. 2.imkânsız.

ممتنعات mumteni'ât: (A.) 1.imkânsızlar. 2.çekinenler, uzak duranlar.

ممتنع الاقتلاع mumteni'ulıktılâ': (A.) yıkılması zor.

ممتنع التحصیل mumteni'uttahsîl: (A.) elde edilmesi güç, elde edilmesi hemen hemen imkânsız.

ممتنع الحصول mumteni'ulhusûl: (A.) güç gerçekleşir, yapılamaz.

ممتنع الحل mumteni'ulhall: (A.) güç çözülür.

ممثل mumessel: (A.) 1.resimli, tasvirli. 2.misalli. 3.mücessem. 4.basılı, basılmış.

ممثل mumessil: (A.) 1.yuvarlak cisim. 2.temsilci, mümessil. 3.benzeten. 4.kitap bastıran. 5.aktör. 6.besini kana dönüştüren. 7.sınıf temsilcisi.

ممثون memsûn: (A.) mesane hastası.

ممجد mumecced: (A.) övülmüş, methedilmiş, ululanmış.

ممحص mumahhas: (A.) denenmiş, sınanmış.

ممحو memhuvv: (A.) mahvolmuş.

ممحوص memhûs: (A.) 1.cilalı. 2.etine dolgun insan. 3.semiz hayvan.

ممد mumid: (A.) 1.yardım eden, imdada koşan. 2.uzatan, temdit eden.

ممدد mumeddid: (A.) 1.uzatan. 2.açan.

ممدوح memdûh: (A.) 1.övülen, methedilen, övülmüş, methedilmiş. 2.övülecek kişi. 3.erkek adı.

ممدوحات memdûhât: (A.) övülecek şeyler.

ممدوحه memdûha: (A.) 1.övülmüş, methedilmiş. 2.övülecek kişi (Bayan). 3.bayan adı.

ممدوحیت memdûhiyyet: (A.) övülmüşlük, beğenilmişlik, makbullük.

ممدوحیه memdûhiyye: (A.) Sultan Abdülmecid'in tahta çıkması münasebetiyle bastırılmış para.

ممدود memdûd: (A.) 1.uzatılmış, çekilmiş. 2.uzamış. 3.uzatma işaretli, medli.

ممر memer: (A.) 1.geçit, geçiş yeri. 2.köprü. 3.sebep.

ممراض mimrâz: (A.) hastalıklı.

ممرد mumerred: (A.) 1.yüksek. 2.düz ve yüksek duvarlı yapı.

ممرز memrez (bot.) gürgen ağacı.

ممرع mumerra': (A.) 1.sulak ve çayırlı. 2.yeşermiş, yeşillikli.

ممزج mumezzec: (A.) altın işlemeli giysi.

ممزق mumezzek: (A.) yarılmış, parçalanmış.

ممزق شدن mumezzek şoden: yarılmak, parçalanmak.

ممزق کردن mumezzek kerden: yarmak, parçalamak.

ممزوج memzûc: (A.) 1.karışık. 2.sulandırılmış şarap. 3.bir tür arap yazısı.

ممزوجه memzûce: (A.) karıştırılmış, mezc edilmiş.

ممسحه mumsiha: (A.) hattatların kalem silme bezi.

ممسک mumessek: (A.) misk kokulu.

ممسک mumsik: (A.) pinti, elisıkı.

ممسوح memsûh: (A.) 1.el ile sıvanmış mesh edilmiş. 2.tanınmayacak kadar çirkin.

ممسوحه memsûha: (A.) el ile sıvanmış, mesh edilmiş.

ممشوق memşûk: (A.) yazılmış, meşk edilmiş.

ممشی memşâ: (A.) tuvalet, hela.

ممص mumiss: (A.) emen, emici.

ممصوص memsûs: (A.) 1.emilmiş. 2.baldır, incik.

ممضی mumzâ: (A.) imzalı, imzalanmış.

ممضی mumzî: (A.) imzalayan, imza atan.

ممطر mumtir: (A.) yağmur yağdıran, yağmur getiren.

ممطور memtûr: (A.) yağmur yağmış.

ممطول memtûl: (A.) çekiçle dövülerek işlenmiş, çekiçlenmiş.

ممكن mumekken: (A.) yerleşik, sabit.

ممكن mumekkin: (A.) yerleşen.

ممكن mumkin: (A.) mümkün, olası, imkân dahilinde.

ممكنات mumkinât: (A.) mümkün olan şeyler, mevcudat.

ممكن الوجود mumkinulvucûd: (A.) varlığı mümkün olan.

ممكن الوقوع mumkinulvukû': (A.) olağan.

ممكن شدن mumkin şoden: mümkün olmak.

ممكن شدن mumekken şoden: sabit olmak, yerleşik olmak, yerleşmek.

ممكنى mumkinî: (A. -F.) [mumkin+î] imkân.

ممل mumill: (A.) bıktırıcı, usandırıcı. ‖ * ıtnâb-i ~ اطناب ممل bıktıracak kadar lafı uzatma.

مملح mumellah: (A.) tuzlu.

مملحه memlaha: (A.) tuzla.

مملس mumles: (A.) düz.

مملك mumellek: (A.) mülk olarak verilmiş.

مملك mumellik: (A.) mülk olarak veren, temlik eden.

مملكت memleket: (A.) **1.**ülke, memleket. **2.**eyalet, vilayet, şehir. **3.**yöre, diyar.

مملكت راندن memleket rânden: ülke yönetmek.

مملكتين memleketeyn: (A.) **1.**iki ülke, iki memleket. **2.**Eflak ve Boğdan.

مملك له mumellekun leh: (A.) kendisine mülk olarak verilen.

مملو memlû, memlov: (A.) dolu.

مملوح memlûh: (A.) **1.**tuzlu. **2.**tuzlama.

مملوحات memlûhât: (A.) tuzlamalar, tuzlanmış şeyler.

مملوك memlûk: (A.) **1.**köle, kul. **2.**Memlük.

مملوكانه memlûkâne: (A.-F.) [memlûk+âne] **1.**köle gibi, köleye yakışır biçimde. **2.**bendeniz.

مملوكه memlûke: (A.) **1.**bayan köle. **2.**birinin malı olan.

مملوكيت memlûkiyyet: (A.) kölelik, kulluk.

مملول memlûl: (A.) usanılmış, bıkılmış.

ممله mumille: (A.) bıktırıcı, usandırıcı.

ممنوع memnû': (A.) yasak, menedilmiş.

ممنوعات memnû'ât: (A.) yasaklanmış şeyler.

ممنوع العمل memnû'ulamel: (A.) yasaklanmış iş.

ممنوع شدن memnû' şoden: yasaklanmak, menedilmek.

ممنوع كردن memnû' kerden: yasaklamak.

ممنوعه memnû'e: (A.) yasak.

ممنوعيت memnû'iyyet: (A.) yasaklanma, yasaklık.

ممنون memnûn: (A.) **1.**mutlu. **2.**razı. **3.**minnet altında. ‖ * hayli ~ خيلى ممنون çok teşekkür ederim.

ممنوناً memnûnen: (A.) memnun olarak.

ممنون شدن memnûn şoden: memnun olmak.

ممنونه memnûne: (A.) **1.**mutlu. **2.**razı. **3.**minnet altında. **4.**bayan adı.

ممنونيت memnûniyyet: (A.) memnunluk, razılık.

مموش memûş: (A.) jigolo.

ممول mumevvel: (A.) varlıklı, zengin.

مموه mumevveh: (A.) görünüşte haklı.

مموهات mumevvehât: (A.) görünüşte haklı olanlar.

ممه meme: (T.) (çocuk dilinde) meme.

ممهد mumehhed: (A.) **1.**yaygın, serili. **2.**hazır. **3.**düzenlenmiş.

ممهد mumehhid: (A.) **1.**döşeyen, yayan, seren. **2.**düzenleyen.

ممهد شدن mumehhed şoden: 1.yayılmak, serilmek. 2.hazırlanmak.

ممهل mumehhil: (A.) süre tanıyan, mühlet veren.

ممهل mumhil: (A.) süre tanıyan, mühlet veren.

ممهور memhûr: (A.) 1.mühürlü. 2.yeniçeri bordrosu.

ممهوره memhûre: (A.) mihri ödenmiş kadın.

ممکور memkûr: (A.) 1.kızıla boyalı, kızıl. 2.av kanı bulaşmış.

ممکوره memkûre: (A.) yakışıklı, hoş görünümlü.

ممیت mumît: (A.) 1.öldürücü, öldüren. 2.Yüce Tanrı.

ممیز mumeyyez: (A.) seçilmiş, ayırt edilmiş.

ممیز mumeyyiz: (A.) 1.ayırteden, seçen. 2.eksper. 3.(mat.) bölü işareti. 4.sınav yapan öğretmen. 5.kâtip.

ممیزه mumeyyize: (A.) 1.tırnak işareti. 2.sınav yapan bayan öğretmen. 3.seçen, ayıran, ayırt eden.

ممیزی mumeyyizî: (A. -F.) [mumeyyiz+î] 1.temyiz, ayırt etme. 2.eksperlik, değerlendirme.

ممیل memîl: (A.) eğilme, meyletme.

من men: (Peh.) 1.ben. 2.(tas.) mutlak himmet. ‖ * ~ -i fakîr من فقیر fakir olan ben, bendeniz.

من men: (A.) kim ki.

من men (Sans.) batman. Bölgelere göre değişen, 3-6 kg. lık bir ağırlık birimi.

من menn: (A.) 1.kudret helvası. 2.bağışlama. 3.iyiliği başa kakma. 4.batman.

من menn: (A.) minnet.

من min: (A.) 1.-den, -dan. 2. -den beri. ‖ * ~ ilâ من الی -den... e kadar. ‖ * ~ ba'd من بعد bundan sonra, bundan böyle. ‖ * ~ cihetin من جهة bir bakıma, bir yandan. ‖ * ~ kullilcevânib من کل الجوانب her bakımdan.

منائح menâ'ih: (A.) ağıt okuma yerleri.

منائر menâ'ir: (A.) minareler.

مناب menâb: (A.) 1.vekillik, naiplik. 2.vekillik yeri, naiplik yeri.

منابت menâbit: (A.) münbit yerler, otlaklar.

منابر menâbir: (A.) minberler.

منابع menâbi': (A.) kaynaklar, menbalar. ‖ * ~ -i âgâh منابع آگاه güvenilir kaynaklar. ‖ * ~ -i diplomatik منابع دیپلماتیک diplomatik kaynaklar. ‖ * ~ -i istihbâriyye منابع استخباریه haber alma kaynakları. ‖ * ~ -i muvessak منابع موثق güvenilir kaynaklar, iyi haber alan kaynaklar. ‖ * ~ -i tabî'iyye منابع طبیعیه doğal kaynaklar. ‖ * ~ -i tahtezzemîn منابع تحت الزمین yeraltı kaynakları.

منات menât: Menat, Rus parası.

منات menât: (A.) Menat, Cahiliye döneminde Arapların taptığı putlardan biri.

مناج mennâc: (A.) çok bahşiş veren.

مناجات munâcât: (A.) 1.yakarış, münacat. 2.Tanrı'ya yakarma. 3.(ed.) Tanrı'ya yakarışı konu edinen şiir.

مناجات کردن munâcât kerden: 1.yakarmak, sırlaşmak. 2.Tanrı'ya yakarmak.

مناجات نامه munâcâtnâme: (A. -F.) [munâcât+nâme] münacat şiiri.

مناجل menâcil: (A.) oraklar.

مناجم menâcim: (A.) terazi kolları.

مناجیق menâcîk: (A.) mancınıklar.

مناح munâh: (A.) ağıt yakma, nevha okuma.

مناحت menâhit: (A.) yontu aletleri.

مناحر menâhir: (A.) hayvan kesim yerleri, mezbahalar.

مناخر menâhiz: (A.) burun delikleri.

مناحس menâhis: (A.) uğursuz şeyler.

مناحه menâhe: (A.) ağıt okuma yeri.

مناخ menâh: (A.) 1.geniş, bol. 2.dar.

مناخر menâhir: (A.) burun delikleri.

منادات munâdât: (A.) birbirine seslenme, bağırışma, çağırışma.

مناديف · menâdif: (A.) hallaç yayları.

منادم munâdim: (A.) birlikte konuşup eğlenen, meclis arkadaşı, nedim.

منادمت munâdemet: (A.) birlikte konuşup eğlenme.

منادمه munâdeme: (A.) birlikte konuşup eğlenme.

منادمين munâdimîn: (A.) meclis arkadaşları, nedimler.

منادى munâdâ: (A.) 1.seslenilen, çağırılan. 2.başına ünlem edatı gelen sözcük.

منادى munâdî: (A.) 1.çığırtkan, tellal. 2.müezzin.

مناديل menâdîl: (A.) 1.mendiller. 2.peçeteler.

منادى munâdî: (A.) 1.seslenen. 2.çığırtkan, tellal.

منادى دادن munâdâ dâden: tellal çıkartmak.

منادى كردن munâdâ kerden: seslenmek.

منار menâr: (A.) 1.ışıklı yer. 2.minare. 3.deniz feneri. 4.yol işaretleri.

منارات minârât: (A.) [<menârât] minareler.

مناره menâre: (A.) 1.minare. 2.(kin.) penis.

منازع menâzi': (A.) kavga yerleri.

منازع munâzi': (A.) kavgacı, çekişen, ağız kavgası yapan, ağız dalaşı yapan.

منازعات munâza'ât: (A.) çekişmeler, ağız kavgaları, ağız dalaşları.

منازع شدن munâzi' şoden: 1.kavga etmek. 2.itiraz etmek.

منازع فيه munâza'un fîh: (A.) tartışmalı, ihtilaflı, davalı.

منازع فيها munâza' unfîhâ: (A.) tartışmalı.

منازعه munâze'e: (A.) çekişme, ağız kavgası, ağız dalaşı, sert tartışma.

منازعه كردن munâze'e kerden: kavga etmek, tartışmak.

منازل menâzil: (A.) 1.evler. 2.saraylar. 3.konaklar, menziller.

مناسات munâsât: (A.) unutma.

مناسب munâsib: (A.) 1.uygun, münasip. 2.benzer.

مناسبات munâsebât: (A.) 1.ilişkiler, münâsebetler. 2.uygunluklar.

مناسبت munâsebet: (A.) 1.münasebet, ilişki. 2.benzerlik. 3.yakınlık. 4.vesile. ‖ * ~ -i cinsiyye مناسبت جنسيه cinsel ilişki. ‖ * be çi ~ به چه مناسبت neden, ne münasebetle.

مناسبتدار munâsebetdâr: (A.-F.) [munâsebet+ dâşten> dâr] 1.ilişkisi olan, ilgili. 2.uygun. 3.yakınlığı olan.

مناسبه munâsibe: (A.) 1.uygun. 2.yakışık alan.

مناسخه munâsaha: (A.) 1.varisin miras alamadan ölmesi. 2.birini ortadan kaldırarak yerine geçme.

مناسر menâsir: (A.) 1.avcı kuş gagaları. 2.taşçı kalemleri.

مناسک menâsik: (A.) 1.ibadetler. 2.ibadet yerleri. ‖ * ~ -i hacc مناسک حج hac ibadet ve törenleri.

مناسم menâsim: (A.) 1.izler, işaretler. 2.yollar, meslekler.

مناشير menâşîr: (A.) 1.vezirlik ve müşir-lik fermanları. 2.prizmalar. 3.testereler.

مناص menâs: (A.) 1.kaçma, kaçış. 2.sığınak. 3.çare.

مناصب menâsib: (A.) 1.rütbeler, dereceler. 2.mevkiler, makamlar. 3.hizmetler, görevler.

مناصحه munâsaha: (A.) öğüt verme.

مناصره munâsara: (A.) yardımlaşma.

مناصفةً munâsafeten: (A.) iki eşit parçaya bölerek, yarı yarıya paylaşarak, kardeş payı yaparak.

مناصفه munâsafa: (A.) iki eşit parçaya bölme, yarı yarıya paylaşma.

مناضلت munâzelet: (A.) oklaşma.

مناط menât: (A.) 1.asma. 2.asma yeri. 3.delil, kanıt, senet, belge. 4.maksat, konu . 5.askılık, asma yeri.

مناطحه munâtaha: (A.) boynuzlaşma.

مناطق menâtik: (A.) mıntıkalar, bölgeler. ‖ * ~ -i mu'tedile مناطق معتدله ılıman bölgeler. ‖ * ~ -i mutesâvilharâre مناطق متساوى الحراره sıcaklık dağılımı eşit olan bölgeler. ‖ * ~ -i tahtulkutbiyye مناطق تحت القطبيه kutup altı bölgeleri.

مناظر menâzir: (A.) manzaralar.

مناظر munâzır: (A.) tartışan, tartışmacı, münazara eden.

مناظر التصوير menâzıruttasvîr: (A.) stereografi.

مناظر التصويرى menâzıruttasvîrî: (A.) stereografik.

مناظر العوالم menâzırulavâlim: (A.) âlemlerin manzaraları.

مناظره munâzere: (A.) **1.**bilimsel tartışma. **2.**âdâbına göre konuşma.

مناظره كردن munâzere kerden: münazara yapmak, tartışmak.

مناظرى menâzirî: (A.) perspektif.

مناظرين munâzırîn: (A.) tartışmacılar.

مناظم menâzim: (A.) diziler, sıralar.

مناظم الجواهر menâzimulcevâhir: (A.) inci dizileri.

مناع mennâ': (A.) **1.**menedici, yasaklayıcı. **2.**cimri.

مناع الخير mennâ'ulhayr: (A.) iyiliği önleyen, iyilik yapmaya engel olan.

مناعت menâ'et: (A.) **1.**sağlamlaşma. **2.**sağlamlık. **3.**yüksek görüşlülük. **4.**sarplık, geçit vermeme.

مناعف · menâ'if: (A.) dağ dorukları.

مناعمه munâ'ime: (A.) bolluk içinde yetişen, bir dediği iki edilmeden yetişen.

مناعى menâ'î: (A.) ölüm haberleri.

مناف menâf: (A.) Cahiliyye döneminde Arapların taptığı putlardan biri.

منافات munâfât: (A.) **1.**ayrılık. **2.**aykırılık, zıtlık, uyuşmazlık.

منافات داشتن munâfât dâşten: farklı olmak, ihtilaflı olmak.

منافذ menâfiz: (A.) delikler, menfezler.

منافرات munâferât: (A.) birbirinden nefret etmeler, karşılıklı soğukluklar.

منافرت munâferet: (A.) birbirinden nefret etme, karşılıklı soğukluk.

منافره munâfere: (A.) **1.**soy soy davasında bulunma. **2.**nefretleşme.

منافسات munâfesât: (A.) çekememelikler.

منافست munâfeset: (A.) çekememezlik.

منافسه munâfese: (A.) çekememezlik.

منافع menâfi': (A.) menfaatler, çıkarlar, kazançlar, yararlar.

منافع الاعضا menâfiula'zâ: (A.) organların sağladığı yararlar.

منافق munâfik: (A.) ikiyüzlü, münafık.

منافقانه munâfıkâne: (A.-F.) [munâfık+ âne] münafıkça, ikiyüzlüce, nifak sokarcasına.

منافقه munâfaka: (A.) ikiyüzlülük, münafıklık.

منافقى munâfıkî: (A. -F.) [munâfik+î] ikiyüzlülük, münafıklık.

منافقى كردن munâfikî kerden: ikiyüzlü davranmak, münafıklık etmek.

منافقين munâfıkîn: (A.) münafıklar, ikiyüzlüler, nifak sokucular.

منافى munâfî: (A.) **1.**yok edici. **2.**zıt, karşıt, aykırı, muhalif.

منافيخ menâfih: (A.) körükler.

مناقب menâkib: (A.) **1.**övülecek şeyler. **2.**menkıbeler, övgüye değer sözler, aslı şüpheli öyküler.

مناقب العارفين menâkıbulârifîn: (A.) **1.**ariflerin menkıbeleri. **2.**Ahmed Eflâkî'nin bu addaki ünlü eseri.

مناقب نامه menâkibnâme: (A. -F.) [menâkib+nâme] menkıbe kitabı.

مناقشات munâkeşât: (A.) **1.**tartışmalar. **2.**atışmalar, çekişmeler, ağız kavgaları. **3.**irdelemeler.

مناقشه munâkeşe: (A.) **1.**tartışma. **2.**atışma, çekişme, ağız kavgası. **3.**irdeleme. ‖ * gayr-i kâbil-i ~ غير قابل مناقشه tartışılmaz.

مناقصات munâkesât: (A.) açık eksiltmeler.

مناقصه munâkese: (A.) **1.**açık eksiltme, eksiltme, azaltma. **2.**ucuza alma. ‖ * ~ râ borden مناقصه را بردن ihaleyi kazanmak. ‖

* be ~ gozâşten به مناقصه گذاشتن ihale açmak, açık eksiltmeye koymak.

مناقض munâkiz: (A.) çelişen, çelişkili.

مناقضه munâkeze: (A.) çelişki, çelişme, tenakuza düşme.

مناقلات munâkelât: (A.) ulaştırma, ulaşım.

مناقله munâkele: (A.) 1.ulaştırma. 2.taşıma.

مناقير menâkîr: (A.) 1.gagalar, avcı kuş gagaları. 2.taşçı kalemleri.

مناكب menâkib: (A.) omuz başları.

مناكح menâkih: (A.) kadınlar.

مناكحات munâkehât: (A.) 1.nikâhlanmalar. 2.İslâm hukukunda nikâh ile ilgili bahisler.

مناكحت munâkehet: (A.) 1.nikâhlama, nikâhlanma. 2.girişme.

مناكحه munâkehe: (A.) birbiriyle nikâhlanma.

مناكر menâkir: (A.) günah sayılan şeyler, hoş karşılanmayan şeyler.

مناكرت munâkeret: (A.) kavga.

مناكره munâkere: (A.) kavga.

منال menâl: (A.) 1.gelir. 2.kazanç yeri, kazanç kaynağı. 3.sahip olunan, elde edilen. 4.nail olma.

من الازل minelezel: (A.) ezelden beri.

من الاول minelevvel: (A.) öteden beri, başından beri, eskiden beri.

من اول الى آخره minevvel ilâ âhirihi: (A.) başından sonuna kadar.

من الباب الى المحراب minelbâb ilelmihrâb: (A.) 1.kapıdan mihraba kadar. 2.baştan aşağı, tümü.

من الثرى الى الثريا minesserâ ilessureyyâ: (A.) yerden göğe kadar.

من الصبح الى المسا minessubhi ilelmesâ: (A.) sabahtan akşama kadar.

من القديم minelkadîm: (A.) eskiden beri, oldum olası.

من المركز الشمس minelmerkezişşems: (A.) güneş merkezli.

منام menâm: (A.) 1.uyku. 2.uyunacak yer, yatak odası. 2.rüya.

منامه menâme: (A.) yatak.

منان mennân: (A.) 1.iyiliksever. 2.Tanrı'nın sıfatlarından biri.

منانه mennâne: (A.) serveti için evlenilen kadın.

مناوات munâvât: (A.) 1.karşılıklı düşmanlık. 2.karşılıklı övünme.

مناوبت munâvebet: (A.) 1.nöbetleşe, dönüşüm. 2.cezalandırma. 3.ardından gelme. ‖ * be ~ به مناوبت dönüşümlü olarak.

مناوبةً munâvebeten: (A.) dönüşümlü olarak, nöbetleşe.

مناوبه munâvebe: (A.) dönüşüm, nöbetleşme.

مناوحه munâvehe: (A.) hıçkıra hıçkıra ağlama.

مناور menâvir: (A.) minareler.

مناوله munâvele: (A.) birbirine sunma.

مناومه munâveme: (A.) uykuda birbiriyle yarışma.

مناهبه munâhebe: (A.) talan etme, yağmalama.

مناهج menâhic: (A.) geniş ve boş yollar.

مناهل menâhil: (A.) 1.hayvan suvarma yerleri. 2.sulak yerler.

مناهى menâhî: (A.) menedilmiş şeyler, yasaklananlar, dince yasaklanmış şeyler.

مناهيج menâhîc: (A.) geniş ve boş yollar.

مناهى نمودن menâhî numûden: kibirlenmek.

منايا menâyâ: (A.) 1.ölümler. 2.eceller.

منبت menbet: (A.) otlak.

منبت menbit: (A.) 1.bitme yeri. 2.saç kökü. 3.otlak.

منبت munebbet: (A.) 1.yeşertilmiş. 2.ağaç oyma işi, oymacılık.

منبت munbit: (A.) verimli.

منبت كار munebbetkâr: (A.-F.) [munebbet+kâr] ağaç oymacısı.

منبت كارى munebbetkârî: (A.-F.) [munebbet+kâr+î] ağaç oymacılığı.

منبته munbite: (A.) verimli.

منبر minber: (A.) 1.minber, hutbe

kürsüsü. 2.ekmek sehpası.

منبر كردن munber kerden: depolamak.

منبسط munbesit: (A.) 1.açılmış, yaygın. 2.geniş. 3.sevinçli, mutlu.

منبض minbaz: (A.) hallaç tokmağı.

منبع menba': (A.) 1.kaynak, pınar, menba. 2.asıl.

منبع الفواضل و العلوم menbaulfezâilvelulûm: (A.) erdem ve ilim kaynağı.

منبع الصدق menba'ussıdk: (A.) doğruluk kaynağı.

منبعث munbe'is: (A.) 1.kışkırtılmış. 2.kaynaklanan, ileri gelen. 3.gönderilmiş.

منبعد minba'd: (A.) bundan böyle, bundan sonra.

منبغى munbagî: (A.) yaraşan, yakışan, lâyık.

منبل menbel: tembel, aylak.

منبلى munbilî: itikatsızlık, inkâr.

من بنده menbende: bendeniz.

منبوز menbûz: (A.) piç, haramzade.

منبوش menbûş: (A.) soyulmuş.

منبه munebbih: (A.) 1.uyarıcı, uyaran. 2.uyandırıcı.

منبهات munebbihât: (A.) uyarıcı ilaçlar.

منبهه munebbihe: (A.) 1.uyandıran. 2.uyaran.

منت minnet: (A.) 1.minnet, iyiliğe karşı duyulan borçluluk duygusu. 2.iyilik, ihsan. 3.iyilik edene teşekkür etme. 4.yapılan iyiliği başa kakma. 5.şükür, şükran, teşekkür. ‖ * ~ hudây râ منت خداى را Tanrı'ay şükür. ‖ * bâ kemâl-i ~ با كمال منت memnuniyetle, seve seve, hay hay.

منتبه muntebih: (A.) uyanık, akıllı.

منتثر muntesir: (A.) saçılan, dağılan.

منتج muntic: (A.) 1.sonuç veren. 2.yararlı. 3.doğuran. 4.sebep olan, yol açan.

منتحر muntehir: (A.) kendini öldüren, intihar eden.

منتحرانه muntehirâne: (A.-F.) [muntehir+ âne] 1.kendini öldürerek, intihar ederek. 2.intihar edercesine.

منتحره muntehire: (A.) intihar eden.

منتحرين muntehirîn: (A.) kendini öldürenler, intiha edenler.

منتحل muntehil: (A.) eser çalan, yazı çalan, yazı hırsızı, eser hırsızı, başkasının eserini sahiplenen.

منتحلين muntehilîn: (A.) eser çalanlar, yazı çalanlar, yazı hırsızları, eser hırsızları, başkasının eserini sahiplenenler.

منتخب muntehib: (A.) 1.seçici, seçen. 2.seçmen.

منتخب munteheb: (A.) 1.seçilmiş. 2.seçkin.

منتخبات muntehebât: (A.) 1.seçilmişler. 2.(ed.) seçmeler, antoloji.

منتخبه muntehebe: (A.) 1.seçilmiş. 2.seçkin.

منتدار minnetdâr: (A.-F.) [minnet+ dâşten>dâr] minnettar, minnet borcu olan.

منتدارانه minnetdârâne: (A.-F.) [minnet+dâşten> dâr+ âne] minnettarca.

منتدارى minnetdârî: (A.-F.) [minet+ dâşten>dâr+î] minnettarlık, minnet borçluluğu.

منت ديده minnetdîde: (A.-F.) [minnet+ dîden>dîd+ e] iyilik görmüş.

منتر menter: 1.büyü, afsun. 2.alay, dalga geçme. 3.oyalama.

منتر شدن mantar şoden: 1.büyülenmek. 2.alay edilmek, dalga geçilmek.

منتر كردن mantar kerden: 1.büyülemek, sihirlemek. 2.alaya almak, dalga geçmek.

منتزع munteze': (A.) 1.ayrılmış. 2.koparılmış. 3.kazınmış.

منتزع muntezi': (A.) söken, kökünden söken, söküp koparan.

منتسب munteseb: (A.) 1.nispet edilmiş. 2.ilgili. 3.akraba.

منتسب muntesib: (A.) 1.bir yere mensup olan, bir yere kapılanan.

2.ilgili, ilgisi olan.

منتسبين muntesibîn: (A.) 1.mensuplar, intisab edenler, bir yere kapılananlar. 2.ilgililer.

منتسج muntesic: (A.) dokunmuş, dokunma.

منتسخ munteseh: (A.) istinsah edilmiş, kopya edilmiş, kopya, nüsha.

منتسک muntesik: (A.) 1.dizili, dizilmiş. 2.düzenleşik.

منتشر munteşir: (A.) 1.yayınlanmış, basılmış. 2.yaygın, yayılmış, dağılmış. 3.etrafta duyulmuş, herkesin kulağına gitmiş.

منتشر ساختن munteşir sâhten: yayınlamak, neşretmek.

منتشر شدن munteşir şoden: neşredilmek, yayınlanmak.

منتشر كردن munteşir kerden: neşretmek, yayınlamak.

منتشر گرديدن munteşir gerdîden: yayınlanmak, neşredilmek.

منتشره munteşire: (A.) 1.yayınlanmış, basılmış. 2.yayılmış, dağılmış. 3.etrafta duyulmuş, herkesin kulağına gitmiş.

منت شناس minnetşinâs: (A.-F.) [minnet+ şinâhten> şinâs] yapılan iyiliği takdir eden, minnettanır.

منت شناسانه minnetşinâsâne: (A.-F.) [minnet+ şinâhten> şinâs+âne] yapılan iyiliği takdir ederek, minnettanırca.

منت شناسى minnetşinâsî: (A.-F.) [minnet+şinâhten> şinâs+î] yapılan iyiliği takdir etme, minnettanırlık.

منتصب muntesib: (A.) ayakta duran. atanmış.

منتصح muntasih: (A.) öğüt dinleyen.

منتصحانه muntasihâne: (A.-F.) [muntasih+âne] öğüt dinleyerek.

منتصر muntesir: (A.) 1.galip, zafer kazanmış. 2.öc alan, intikam alan.

منتصف muntasif: (A.) 1.yarı, orta. 2.yarılanmış.

منتظر muntazar: (A.) beklenen.

منتظر muntezir: (A.) 1.bekleyen. 2.gözleyen. ‖ * ~ -i hidmet şoden منتظر خدمت شدن açığa alınmak. ‖ * ~ -i hidmet kerden منتظر خدمت كردن geçici olarak işten el çektirmek, açığa almak. ‖ * ~ -i rahmet-i hodâ منتظر رحمت خدا Tanrı'nın merhametini bekleyen.

منتظر بودن muntezir bûden: beklemek.

منتظر شدن muntezir şoden: beklemek.

منتظر كردن muntezir kerden: bekletmek.

منتظر ماندن muntezir mânden: beklemek.

منتظراً muntazıran: (A.) bekleyerek.

منتظرانه muntazırâne: (A.-F.) [muntazır+âne] bekleyerek.

منتظره muntazıra: (A.) bekleyen.

منتظرين muntazırîn: (A.) bekleyenler.

منتظم muntezem: (A.) 1.düzenli, muntazam. 2.düzenli olarak. 3.dizili inci.

منتظماً muntazaman: (A.) 1.düzenli olarak, sürekli. 2.tertipli olarak, derli toplu olarak.

منتظمه muntazama: (A.) düzgün, derli toplu, düzenli.

منتعش munte'iş: (A.) 1.düştükten sonra kalkan. 2.iyileşmiş. 3.sevinçli.

منتف muntif: (A.) kıl döken, saç döken.

منتفخ muntefih: (A.) şişirilmiş, şişkin.

منتفع muntefa': (A.) yararlanılan.

منتفع muntefi': (A.) yararlanan, kazanan, menfaati olan.

منتفع به muntefa'unbih: (A.) kendisinden yararlanılan.

منتفع شدن muntefi' şoden: yararlanmak, kazanmak, menfaat elde etmek.

منتفل muntefil: (A.) nafile namaz kılan.

منتفى muntefî: (A.) 1.yok olan, ortadan kalkan, uzaklaşan. 2.kovulan, çıkarılan.

منتفع شدن muntefi' şoden: ortadan kalkmak, yok olmak. ‖ * movzû' ~ موضوع منطفى شدن konu kapanmak.

منتقد muntekid: (A.) 1.sarraflık eden.

2.eleştirmen.

منتقش muntekaş: (A.) nakışlı.

منتقش muntekiş: (A.) nakışlanan, resimlenen.

منتقض muntekiz: (A.) bozulan.

منتقل muntakil: (A.) 1.geçen, intikal eden. 2.kendisine miras kalmış kişi. 3.ölen, bu hayattan geçip giden. 4.kıvrak zekâlı, yüksek kavrayışlı, gelişinden sözün nereye gideceğini anlayan.

منتقل شدن muntakil şoden: 1.taşınmak, nakledilmek. 2.geçirilmek, iletilmek.3.geçmek.

منتقل گرديدن muntakil kerden: 1.taşımak, nakletmek. 2.geçirmek, iletmek.

منتقله muntakile: (A.) 1.geçen, intikal eden. 2.kendisine miras kalmış kişi. 3.ölen, bu hayattan geçip giden.

منتقم muntakim: (A.) 1.intikamcı, inti-kam alan, öc alan. 2.Tanrı.

منتقمانه muntakimâne: (A.-F.) [muntakim+âne] intikam alırcasına, öc alır gibi.

منتكس muntekis: (A.) baş aşağı gelen, baş aşağı dönen.

منت كش minnetkeş: (A.-F.) [minnet+ keşîden>keş] minnet çeken.

منت كشان minnetkeşân: (A.-F.) [minnet+keşîden> keş+ân] minnet altında kalanlar, minnet çekenler.

منت كشيدن minnet keşîden: minnet çekmek.

منتمس muntemis: (A.) gizli, gizlenmiş, gizlenen.

منتمى muntemî: (A.) ilgi duyan, yakınlık duyan.

منتن munten: (A.) mikrop geçmiş, hastalık bulaşmış.

منتن muntin: (A.) 1.kokuşmuş, kötü kokan. 2.bozulmuş, bozuk.

منتنه muntine: (A.) 1.kokuşmuş, kötü kokan. 2.bozulmuş, bozuk.

منتوى muntevî: (A.) girişim niyetlisi.

منتها muntehâ: (A.) 1.son, nihayet. 2.ancak.

منتها شدن muntehâ şoden: bitmek, sona ermek.

منتهب muntehib: (A.) talan eden, yağmalayan, yağmacı.

منتهر muntehir: (A.) sürekli akan.

منتهز muntehiz: (A.) fırsatı ganimet bilen, fırsat yakalayan, fırsatçı, vaktini kaçarmayan.

منتهك muntehik: (A.) yorgun bırakan, bitkin düşüren.

منتهى muntehâ: (A.) 1.son, encam, nihayet. 2.sonuncu. 3.ancak, şu kadar var ki.

منتهى muntehî: (A.) 1.sona eren, biten. 2.son, en son, son nokta. 3.bitiren, sona erdiren.

منتهى شدن (به) muntehâ şoden: son bulmak, sonlanmak, -ile sonuçlanmak.

منثقب munsakib: (A.) delinmiş, delinen.

منثور mensûr: (A.) 1.düzyazı, mensur. 2.saçılmış. 3.delinmiş inci. 4.dağınık. 5.(bot.) Herat şebboyu.

منج monc: (Peh.) (bot.) acıbadem ağacı.

منج monc: 1.bal arısı. 2.(zool.) sinek;yeşil sinek.

منجا mencâ: (A.) 1.kurtuluş yeri. 2.kurtuluş.

منجات mencât: (A.) kurtuluş, kurtulma.

منجح muncih: (A.) 1.muzafffer, galip. 2.mutlu.

منجذب muncezib: (A.) çekilen, cazibeye kapılan, çekime uğrayan, cezbedilen.

منجذبه muncezibe: (A.) çekilen, cazibeye kapılan, çekime uğrayan, cezbedilen.

منجذر muncezir: (A.) kesilen.

منجر muncer: (A.) 1.sonuçlanan. 2.çekilmiş, sürüklenen.

منجر شدن muncer şoden: 1.sonuçlanmak. 2.çekilmek.

منجز muneccez: (A.) 1.dilei yerine gelmiş. 2.vaatte durulmuş.

منجز muncez: (A.) sözü yerine getirilmiş.

منجز munciz: (A.) 1.vaadinde duran, sözünde duran, sözünü yerine getiren. **2.**dileği yerine getiren. **3.**çevik. **4.**(tıb.) müshil ilaç.

منجس munecces: (A.) kirlenmiş, kirli, pis.

منجل mincel: (A.) **1.**orak. **2.**mızrak. **3.**taş bağlanan, delikli, büyük ok.

منجلاب muncelâb: pis su birikintisi, pislik, pataklık.

منجلی muncelî: (A.) **1.**açık, aşikâr. **2.**aydınlanan. **3.**parlayan, parlak. **4.**cilalı.

منجلی شدن muncelî şoden: aşikâr olmak, görünmek.

منجم mencem, mincem: (A.) terazi kolu.

منجم muneccim: (A.) **1.**yıldız falına bakan. **2.**astrolog.

منجمانه muneccimâne: (A.-F.) [muneccim+âne] **1.**müneccim gibi, yıldız falına bakar gibi. **2.**astrolog gibi.

منجم باشی muneccimbaşî: (A.-T.) [muneccim+başı>başi] müneccimbaşı.

منجمد muncemid: (A.) donmuş, donuk, buz tutmuş, buzlanmış.

منجمد شدن muncemid şoden: donmak.

منجمد کردن muncemid kerden: dondurmak.

منجمده muncemide: (A.) donmuş, donuk, buz tutmuş, buzlanmış.

منجمین muneccimîn: (A.) **1.**yıldız falına bakanlar, müneccimler. **2.**astrologlar.

منجنق mencenik: (A.) mancınık.

منجنیق mencenîk: (A.-Yun.) **1.**mancınık. **2.**büyük sapan. **3.**vinç.

منجوق mencûk, moncûk: **1.**mahçe. **2.**boncuk. **3.**sancak. **4.**sancak alameti. **5.**taç.

منجنیق mencenîk: (A.) mancınık.

منجنیقات mencenîkât: (A.) mancınıklar.

منجود mencûd: (A.) üzgün, tasalı.

منجوق mencûk: (A.) **1.**gönderlerin üstüne takılan hilal. **2.**şemsiye. **3.**sancak.

منجی muncî: (A.) kurtarıcı, kurtaran.

منجی munecci: (A.) kurtarıcı.

منجیه munecciyye: (A.) bayan kurtarıcı.

منچوری mençûrî: (coğ.) Mançurya.

منح menh: (A.) verme.

منحات minhât: (A.) yontu aleti.

منحار minhâr: (A.) konuksever, misafirsever.

منحت minhat: (A.) yontu aleti.

منحدب munhadib: (A.) tümsek, kamburlaşmış.

منحدر munheder: (A.) iniş yeri.

منحدر munhedir: (A.) yüksekten akan, yüksekten inen.

منحر menhar: (A.) mezbaha, hayvan kesim yeri.

منحرف munharif: (A.) **1.**sapmış, sapan. **2.**çarpık. **3.**sağlam olmayan. **4.**yamuk dörtgen.

منحرف المزاج munharifulmizâc: (A.) keyfi bozuk, rahatsız.

منحرفه munharife: (A.) **1.**sapmış, sapan. **2.**sağlam olmayan. **3.**çarpık.

منحرق munharik: (A.) yanmış, yanık.

منحس minhas: (A.) uğursuz.

منحصر munhesir: (A.) **1.**bir yere özgü, bir kişiye özgü. **2.**ayrılmış, tahsis edilmiş, ait. **3.**çeviren, sınırlayan.

منحصراً munhesiren: (A.) sadece, yalnız, sırf, başlıbaşına.

منحط munhet: (A.) **1.**çöken, alçalan. **2.**çukur.

منحل munhel: (A.) **1.**dağılan, çözülen, çözülmüş. **2.**kadrosu açılan, yeri boşalan. **3.**eriyik.

منحلات munhallât: (A.) açık kadrolar, açık yerler.

منحل شدن munhel şoden: **1.**çözülmek, açılmak, kaldırılmak. **2.**tatil edilmek, feshedilmek.

منحل کردن munhel kerden: feshetmek.

منحنی munhanî: (A.) **1.**eğri. **2.**yükselti çizgisi.

منحنیات munhaniyyât: (A.) **1.**eğriler. **2.**yükselti çizgileri.

منحوت menhût: (A.) yontulmuş, tıraşlanmış, kazılmış.

منحوته menhûte: (A.) yontulmuş, tıraşlanmış, kazılmış.

منحور menhûr: (A.) boğazı kesik.

منحوس menhûs: (A.) uğursuz, şom.

منحوسه menhûse: (A.) uğursuz.

من حيث اللفظ ·min haysillafz: (A.) söz bakımından, lafız bakımından.

منخر minher, menhar, menhir: (A.) burun deliği.

منخدع munhadi': (A.) oyuna gelme.

منخرط munharıt: (A.) ipe dizilmiş.

منخرين minhareyn: (A.) burun delikleri.

منخسف munhesif: (A.) **1.**gizlenen, örtülen. **2.**tutulmuş ay. **3.**ışığı azalan, ışığı sönen. **4.**körleşen, kör olan. **5.**yere geçen.

منخشع munhaşi': (A.) burnu sürtülmüş.

منخضع munhazi': (A.) burnu sürtülmüş.

منخفض munhafiz: (A.) alçalan.

منخفضه munhafize: (A.) alçalan.

منخلع munhali': (A.) kökünden sökülmüş, ayrılmış, kopmuş.

منخلع شدن munhali' şoden: kökünden sökülmek, kesilmek, ayrılmak.

منخوس menhûs: (A.) kuyruğu uyuz olmuş deve.

مند mend sahip anlamını veren yapım eki.

منداب mendâb (bot.) kolza.

مندب mendeb: (A.) **1.**tehlike. **2.**ölüm. **3.**ağlama.

مندب mundib: (A.) yara iyileştiren ilaç.

مندب muneddeb: (A.) iyileşmiş, şifa bulmuş, kapanmış yara.

مندبور mendebûr: **1.**bedbaht. **2.**felçli. **3.**züğürt.

من در آوردى menderâverdî: [men+der+ âverden>âverd+î] uyduruk, uydurma.

مندرج munderic: (A.) **1.**girmiş, sığmış. **2.**yazılmış.

مندرجات mundericât: (A.) içindekiler.

مندرجه munderice: (A.) içinde bulunan, yer alan.

مندرس munderis: (A.) **1.**yırtık, köhne, eski. **2.**izi silinmiş, eser kalmamış, harabe.

مندرسات munderisât: (A.) izi silinmiş şeyler, harabeler.

مندرس شدن munderis şoden: eskimek, pörsümek, köhneleşmek.

مندرسه munderise: (A.) izi silinmiş, eser kalmamış, harabe.

مندف mindef: (A.) hallaç yayı.

مندفع mundefi': (A.) **1.**dışarı dökülen. **2.**uzaklaşan. **3.**defedilen, atlatılan, savuşturulan, uzaklaştırılan.

مندفعات mundefi'ât: (A.) yaradan çıkan irin gibi maddeler.

مندق mundak: (A.) dövülerek ufalanmış.

مندك mundekk: (A.) düz, düzleşmiş.

مندك شدن mundek şoden: **1.**viran olmak, harap olmak, yıkılmak. **2.**yenilmek.

مندل mendel: **1.**büyücü dairesi. **2.**(müz.) mendel udu. **3.**(müz.) bir tür davul.

مندل mendel: (A.) **1.**öd ağacı. **2.**afsuncu dairesi.

مندل mindel: (A.) **1.**zorba. **2.**gözü doymaz, açgözlü.

مندل mundell: (A.) rehberlik edilmiş, kılavuzluk edilmiş, yol gösterilmiş.

مندل نواز mendelnevâz: [mendel+ nevâhten>nevâz] (müz.) davulcu.

مندمج mundemic: (A.) içine sokulan, içine yerleştirilen, yer verilen, sığdırılan, toplanan.

مندمه mendeme: (A.) **1.**pişmanlık. **2.**pişmanlık yeri.

مندوب mendûb: (A.) **1.**seçilmiş. **2.**çağırılmış. **3.**şeriatça yapılması uygun olan. **4.**iyilikleri sayılarak arkasından ağlanan ölü.

مندوبات mendûbât: (A.) **1.**şeriatça yapılması uygun olanlar. **2.**iyilikleri sayılarak arkasından ağlanan ölüler.

مندور mendûr: bitkin, bedbaht, kederli.

مندور شدن mendûr şoden: bitkin düşmek, bedbaht olmak, kederlenmek.

مندور كردن mendûr kerden: bitkin düşürmek, bedbaht etmek,

kederlendirmek.

مندوری mendûrî: [mendr+î] bedbahtlık, üzüntü, keder.

مندوف mendûf: (A.) didilmiş, atılmış.

مندهش mundehiş: (A.) dehşet içinde, dehşete kapılmış.

مندیل mindîl, mendîl: (A.) **1.**mendil. **2.**sarık. **3.**peçete, küçük havlu.

منذر munzir: (A.) **1.**korkutan, korkutucu. **2.**İslâm peygamberi Hz. Muhammed'in sıfatlarından biri.

منذرات munzirât: (A.) korkutmalar, kötü sonu söyleyerek korkutmalar.

منذور menzûr: (A.) **1.**korkutulmuş. **2.**nezredilmiş, adanmış.

منزجر munzecir: (A.) **1.**menedilmiş. **2.**rahatsız, usanmış, bezmiş.

منزجر شدن munzecir şoden: **1.**usanmak, bezmek, rahatsız olmak. **2.**direnmek.

منزجر کردن munzecir kerden: bezdirmek, usandırmak, rahatsız etmek.

منزعج شدن munze'ic şoden: huzursuz olmak, perişan olmak.

منزل menzil: (A.) **1.**iniş yeri. **2.**konak. **3.**ev. **4.**aşama, merhale. **5.**bir günlük yol. **6.**uzaklık. **7.**Benâtünna'ş denilen yıldız. **8.**gidilecek yer. **9.**ok veya merminin gidebileceği en uzak mesafe. **10.**yer. ‖ * ~ be ~ منزل به منزل konak konak, merhale merhale.

منزل munzel: (A.) indirilmiş, nazil olmuş.

منزل munzil: (A.) indiren, gökten indiren.

منزل munezzel: (A.) indirilmiş.

منزل munezzil: (A.) indiren.

منزل بودن menzil bûden: evde olmak.

منزلت menzilet: (A.) **1.**derece, rütbe. **2.**konaklama yeri. **3.**ev.

منزل خانه menzilhâne: (A.-F.) [menzil+ hâne] **1.**konaklama yeri. **2.**hayvan değiştirme yeri.

منزل داشتن menzil dâşten: **1.**evi olmak. **2.**oturmak, ikamet etmek.

منزلق munzelik: (A.) kaygan.

منزل کردن menzil kerden: yerleşmek, yurt edinmek.

منزلگاه menzilgâh: (A.-F.) [menzil+gâh] **1.**iniş yeri. **2.**konak, menzil.

منزل گرفتن menzil giriften: yerleşmek.

منزلگه menzilgeh: (A.-F.) [menzil+geh] **1.**konaklama yeri, konak. **2.**mekân.

منزله menzile: (A.) **1.**yer, menzil. **2.**kat. **3.**derece, rütbe. ‖ * be ~ -i به منزلهء derecesinde, mesabesinde, yerine.

منزله munzele: (A.) indirilmiş, gökten indirilmiş.

منزوع menzû': (A.) koparılmış.

منزوف menzûf: (A.) **1.**susuzluktan dili damağına yapışmış. **2.**kan kaybından halsiz düşmüş.

منزول menzûl: (A.) felçli, inmeli.

منزوی munzevî: (A.) **1.**bir köşeye çekilen, münzevi. **2.**örtülü.

منزویانه munzeviyâne: (A.-F.) [munzevî+y+âne] bir köşeye çekilerek, inziva hayatı yaşayarak.

(از) منزوی شدن munzevî şoden: köşesine çekilmek, soyutlanmak.

منزه munezzeh: (A.) **1.**arı tutulmuş, temiz tutulmuş, arı duru, kötü sıfatlardan arındırılmış. **2.**Tanrı. **3.**uzak.

منزهه menzehe: (A.) gezinti yeri.

منزهه munezzehe: (A.) **1.**arı tutulmuş, temiz tutulmuş, kötü sıfatlardan arındırılmış. **2.**uzak.

منساق mensâk: (A.) **1.**akraba, yakın. **2.**izleyen, tabi.

منساق munsâk: (A.) **1.**birine bağlanan ve onu izleyen. **2.**gönderilen.

منسبک munsebik: (A.) kalıba dökülmüş.

منسج mensec: (A.) dokuma atölyesi.

منسج mensic: (A.) dokuma atölyesi.

منسجل munsecil: (A.) tescil edilmiş, sicil defterine geçirilmiş.

منسجم munsecim: (A.) **1.**dökülen su. **2.**düzenli söz.

منسد munsed: (A.) **1.**kapalı, tıkalı, tıkanmış. **2.**açılmayacak şey.

منسدل munsedil: (A.) sarkık, sarkıtılmış.

منسر minser: (A.) **1.**yırtıcı kuş gagası. **2.**taşçı kalemi.

منسرح munserih: (A.) **1.**hızlı giden hayvan. **2.**bir aruz bahri.

منسق munessak: (A.) **1.**dümdüz. **2.**dizilmiş, sıralanmış.

منسك mensik, mensek: (A.) **1.**kurban kesme yeri. **2.**ibadet yeri. **3.**ibadet şekli.

منسكب munsekib: (A.) dökülüp akan.

منسلب munselib: (A.) alınmış, çekilmiş, kaçırılmış, bırakılmamış.

منسلخ munselah: (A.) ayın sonu.

منسلخ munselih: (A.) **1.**soyulmuş, sıyrılmış. **2.**son gününe gelmiş.

منسلك munselik: (A.) **1.**giren, dahil olan. **2.**dizilen. **3.**yola giren. **4.**tarikata giren. **5.**mesleğe başlayan.

منسم munessim: (A.) **1.**Tanrı. **2.**ruh veren. **3.**köle âzât eden. **4.**liyakat sahibine maaş bağlayan.

منسنى munsenî: (A.) eğri, bükük.

منسوب mensûb: (A.) **1.**mensup. **2.**akraba, yakın. **3.**bağlı, ilgili.

منسوبات mensûbât: (A.) mensup olanlar, ilgisi olanlar.

منسوب شدن mensûb şoden: **1.**mensup olmak, nispet edilmek. **2.**suçlanmak.

منسوب كردن mensûb kerden: **1.**nispet etmek, mensup etmek. **2.**suçlamak.

منسوبيت mensûbiyyet: (A.) mensupluk, nispeti olma, ilgisi olma.

منسوبين mensûbîn: (A.) mensuplar, mensup olanlar.

منسوج mensûc: (A.) **1.**dokunmuş. **2.**kumaş.

منسوجات mensûcât: (A.) dokumalar, mensucat.

منسوخ mensûh: (A.) ortadan kalkmış, hükümsüz kalmış, batıl, mensuh.

منسوخات mensûhât: (A.) **1.**hükümsüz bırakılanlar, lağvedilenler. **2.**bazı Osmanlı kurumlarının kaldırılması üzerine hükümete intikal eden timarlar.

منسوخ شدن mensûh şoden: yok olmak, ortadan kalkmak, hükümsüz kalmak, batıl olmak.

منسوخ كردن mensûh kerden: yok etmek, ortadan kaldırmak, hükümsüz kılmak, iptal etmek.

منسوق mensûk: (A.) dizilmiş, sıralanmış.

منسى mensî: (A.) unutulmuş.

منسياً mensiyyen: (A.) unutularak. ‖ * nesyen ~ نسياً منسياً büsbütün unutulmuş, tamamen unutularak.

منسيات mensiyyât: (A.) unutulanlar, unutulmuş şeyler.

منش meniş: (Peh.) **1.**düşünce. **2.**huy, âdet. **3.**şahsiyetli.

منشآت munşeât: (A.) **1.**mektuplar. **2.**düzyazılar. **3.**kaleme alınanlar.

منشار minşâr: (A.) **1.**testere. **2.**(zool.) testere balığı.

منشارى minşârî: (A.) testere ile ilgili, bıçkı ile ilgili.

منشأ menşe': (A.) **1.**menşe, köken, kaynak, çıkış yeri, asıl. **2.**mezun olunun okul.

منشب minşeb: (A.) emici kök.

منشتت munşetit: (A.) dağınık, dağılmış, perişan.

منشد menşed: (A.) isteme, talep.

منشد munşid: (A.) şiir okuyan, şiir söyleyen.

منشر menşer: (A.) dağıtım yeri.

منشرح munşerih: (A.) **1.**açık, açılan, aşikâr. **2.**gönlü ferah, neşeli.

منشرح البال munşerihulbâl: (A.) neşeli, gönlü ferah.

منشرح شدن munşerih şoden: açılmak.

منشعب munşe'ib: (A.) **1.**şubeli, dallı, dallanan, şubelenen, kollara ayrılan, çatallanan. **2.**ayrılan, ayrılmış.

منشعه minşa'a: (A.) çulha mekiği.

منشعل munşe'il: (A.) alevli, alevlenen.

منشف munşif: (A.) kendine çeken, içine çeken, emici.

منشفه munşife: (A.) kendine çeken, içine çeken, emici.

منشفه minşefe: (A.) **1.**silme bezi. **2.**sünger.

منشق munşak: (A.) **1.**yarılmış, yarık. **2.**parça.

منشقه minşakka: (A.) **1.**çukur, oyuk. **2.**yarık.

منش گردا meniş-gerdâ: kusma.

منشل munşell: (A.) çağıldayan, çağlayan.

منشله menşele: (A.) küçük parmakta yüzük takılan boğum.

منشور menşûr: (A.) **1.**yayılmış. **2.**dirilmiş. **3.**vezirlik ve müşirlik fermanı. **4.**bildiri. **5.**prizma.

منشورنويس menşûrnevîs: (A.-F.) [menşûr+ nevişten>nevîs] saray katibi.

منشورى menşûrî: (A.) prizma biçimli, prizmatik.

منشى munşî: (A.) **1.**yaratan. **2.**yazar. **3.**yazıcı, katip, münşi, edebî kurallara göre yazı yazan, güzel üsluplu katip. **4.**sekreter. **5.**sarayda veya devlet büyüklerinin yanında yazışmaları yürüten özel katip.

منشيانه munşiyâne: (A.-F.) [munşî+y+ âne] edipçe, edebî olarak, münşi tarzında.

منشى باشى munşîbaşî: (A.-F.) [munşî+ başı>başi] başkatip, münşibaşı.

منشى گرى munşîgerî: (A.-F.) [munşî+ ger+î] münşilik, yazıcılık.

منصب mensib, menseb: (A.) **1.**rütbe, derece, makam. **2.**resmî iş.

منصب mansab: (A.) akarsuyun dökülme yeri, akarsuyun denize kavuşma yeri.

منصب munassab: (A.) birinin adına düzenlenmiş.

منصب munsabb: (A.) dökülen, karışan.

منصب دار mensibdâr: (A.-F.) [mensib+ dâşten>dâr] yüksek dereceli memur, makam sahibi, mevki sahibi.

منصبغ munsabig (A.) boyanan.

منصرح munsarih: (A.) ortada, açık, aşikâr.

منصرف munserif: (A.) **1.**dönen. **2.**vazgeçen. **3.**yer değiştiren. **4.**(gr.) tenvin ve esre kabul eden.

منصرف شدن munserif şoden: vazgeçmek.

منصرف كردن munserif kerden: vazgeçirmek.

منصرف گرداندن munserif gerdânden: vazgeçirmek.

منصرم munsarim: (A.) kesilmiş, kesilen, kesik.

منصف munassaf: (A.) bölünmüş, ikiye ayrılmış.

منصف munassif: (A.) **1.**ikiye bölen. **2.**açıortay.

منصف · munsaf: (A.) insaflı.

منصف munsif: (A.) **1.**insaflı, vicdan sahibi. **2.**kötülükte ileri gitmeyen.

منصفانه munsifâne: (A.-F.) [munsif+âne] insaflıca, insafla.

منصلح munsalih: (A.) barış halinde olan.

منصلح شدن munselih şoden: ıslah olmak.

منصمى munsamî: (A.) dökülerek akıtılmış.

منصوب mansûb: (A.) **1.**atanmış, tayin edilmiş. **2.**dikilmiş, oturtulmuş. **3.**(gr.) üstün alan, fetha alan, mansup.

منصوب شدن mansûb şoden: **1.**atanmak, tayin edilmek. **2.**dikilmek, oturtulmak.

منصوب كردن mansûb kerden: **1.**atamak, tayin etmek. **2.**dikmek, oturtmak.

منصوبه mansûbe: (A.) **1.**bir tür satranç oyunu. **2.**oyun, tedbir.

منصوبه باز mansûbebâz: (A.-F.) [mansûbe+bâhten> bâz] oyun kuran, hile yapan.

منصوبين mansûbîn: (A.) atanmışlar, memurlar.

منصور mansûr: (A.) **1.**Tanrı'nın yardımıyla üstün gelmiş, muzaffer. **2.**klasik Türk musikîsinde bir ahenk. **3.** Hallâc-i Mansûr,

"Enelhak" sözü yanlış anlaşılarak feci şekilde öldürülen sûfî.

منصوره mansûre (A.) **1.**Tanrı'nın yardımıyla üstün gelmiş, muzaffer. **2.**bir tür ney.

منصوریت mansûriyyet (A.) başarı, başarma.

منصوص mansûs: (A.) **1.**araştırılmış. **2.**Kur'an'da hakkında âyet bulunan. **3.**tayin edilmiş.

منصوصه mansûsa (A.) Kur'ân'da hakkında âyet bulunan.

منصه minesse, mannese: (A.) **1.**gelinin oturduğu iskemle. **2.**zuhur ediş yeri. **3.**çeyiz odası, gelin odası.

منصه پیرا minassapîrâ: (A.-F.) [minassa+ pîrâsten> pîrâ] **1.**gelin iskemlesi süsleyen. **2.**gelin.

منضج munzic: (A.) **1.**pişiren. **2.**(tıb.) balgam söktürücü ilaç. **3.**olgunlaşan. **4.**irinlendiren. **5.**sindirtici, hazmettirici.

منضجر munzecir: (A.) yüreği sıkılmış.

منضم munzam: (A.) **1.**eklenmiş. **2.**bitişik, bağlı.

منضم شدن munzam şoden: eklenmek, ilave edilmek.

منضود manzûd: (A.) **1.**istiflenmiş. **2.**sık bitmiş ağaç.

منطبخ muntabih: (A.) pişmiş, pişen.

منطبع muntebi': (A.) **1.**basılmış, basılı. **2.**damgalı. **3.**yaratılıştan gelen. **4.**zarif, şık, hoş görünen. **5.**kalan, iz bırakan.

منطبق muntebik: (A.) **1.**çakışan, üstüste gelen, örtüşen. **2.**uyum sağlayan. **3.**uygun, denk.

منطبق شدن muntebik şoden: **1.**uyum sağlamak. **2.**çakışmak, örtüşmek. **3.**denkleşmek.

منطبق کردن muntebik kerden: **1.**uyumlu hale sokmak. **2.**çakıştırmak, örtüştürmek. **3.**denkleştirmek.

منطفی muntefî: (A.) **1.**sönen. **2.**sönük.

منطفی شدن muntefî şoden: sönmek.

منطق mentik: (A.) **1.**zihinsel işlemlerle gerçeği arama yolu. **2.**söz. **3.**amaç ve sonuç arasındaki tutarlık.

منطق mıntak: (A.) **1.**kuşak. **2.**coğrafî kuşak.

منطقاً mantıkan (A.) mantık bakımından.

منطق آرا mantıkârâ (A.-F.) [mantık+ ârâsten>ârâ] mantığı süsleyen.

منطق الطیر mantıkuttayr (A.) **1.**kuş mantığı. **2.**Ferîdeddîn-i Attâr'ın Türkçe'ye birçok kez çevirilen ünlü manzum eseri.

منطقوی mıntakavî: (A.) bölgesel.

منطقه mintaka: (A.) **1.**bölge, yöre, mıntıka. **2.**coğrafî kuşak. **3.**kemer. ‖ * ~ -i bâride منطقهٔ بارده soğuk kuşak. ‖ * ~ -i burkâniyye منطقهٔ برکانیه volkanik bölge, yanardağ bölgesi. ‖ * ~ -i burûc منطقهٔ بروج burçlar kuşağı, zodyak. ‖ * ~ -i hârre منطقهٔ حاره sıcak kuşak, tropik kuşak, ekvator kuşağı. ‖ * ~ -i mahrûm منطقهٔ محروم mahrumiyet bölgesi. ‖ * ~ -i memnû'a منطقهٔ ممنوعه yasak kuşak, yasak bölge. ‖ * ~ -i mu'tedile منطقهٔ معتدله ılıman kuşak, ılıman bölge. ‖ * âbhâ-yi ~ آب های منطقه (coğ.) karasuları.

منطقی mantikî: (A.) **1.**mantıklı. **2.**mantıkçı.

منطقیات mantikiyyât (A.) mantık problemleri.

منطقیون mantikiyyûn (A.) mantıkçılar.

منطلق muntalik: (A.) bırakılmış, serbest bırakılmış, salıverilmiş.

منطمس muntemis: (A.) **1.**sönen. **2.**sönen yıldız. **3.**yok olan.

منطوع muntavi': (A.) söz dinler, itaatli.

منطوق mentûk: (A.) **1.**söylenmiş. **2.**söz. **3.**mefhum.

منطوقه mantûka (A.) **1.**söylenilmiş. **2.**söz.

منطوی muntevî: (A.) **1.**sarılmış, derilmiş, devşirilmiş. **2.**kapsayan, ihtiva eden. **3.**bükülen, eğilen, eğri büğrü.

منطیق mıntîk: (A.) çok iyi konuşan, iyi hatip.

منظار mınzâr: (A.) 1.röntgen. 2.ayna.

منظر menzer: (A.) 1.görünme yeri. 2.manzara, görünüm. 3.göz. 4.dış yüz, zâhir. 5.bakılan.

منظر minzar: (A.) 1.röntgen. 2.bakma aleti.

منظر munzar: (A.) geciktirilmiş, ertelenmiş.

منظرانی manzarânî (A.) güzel görünen, gösterişli.

منظره menzere: (A.) 1.manzara, görünüm, panorama. 2.dış görünüş. 3.dış yüz, zâhir. 4.pencere.

منظری manzarî (A.) güzel görünen, gösterişli.

منظف munazzaf: (A.) temizlenmiş, arınmış.

منظف munazzif: (A.) temizleyen, temizleyici.

منظلم munzalim: (A.) zulme boyun eğen.

منظم manzam: (A.) dizi, sıra.

منظم munezzem: (A.) 1.düzenli, derli toplu. 2.dizili inci. 3.art ardına, peşpeşe.

منظم munezzim: (A.) düzenleyen, tanzim eden.

منظم شدن munezzem şoden: düzenlenmek.

منظم کردن munezzem kerden: düzenlemek.

منظور menzûr: (A.) 1.maksat, amaç. 2.makbul, beğenilmiş. 3.görülen, bakılan. 4.amaç edilen. ‖ * be ~ inki به منظور اینکه amacıyla, maksadıyla, için, yolunda.

منظور داشتن menzûr dâşten: 1.göz önüne almak, göz önünde bulundurmak. 2.maksadı olmak.

منظور شدن menzûr şoden: 1.öngörülmek. 2.görülmek. 3.beğenilmek. 4.ilgi duyulmak.

منظور فیه manzûrun fîh (A.) göz önünde bulundurulan, görülen, dikkat çeken.

منظور کردن menzûr kerden: 1.beğenmek. 2.ilgi duymak. 3.öngörmek, dikkate almak.

منظوره manzûre (A.) 1.kusurlu kadın, ayıplanan kadın. 2.bela.

منظوم menzûm: (A.) 1.(ed.) manzum. 2.dizili inci. 3.süslü. 4.düzenli.

منظومات menzûmât: (A.) manzum olanlar.

منظومه menzûme: (A.) 1.(ed.) şiir, nazım bütünü. 2.takım, dizi, sistem. 3.takım.

منع men': (A.) 1.engelleme, önleme, mani olma, izin vermeme, bırakmama, durdurma, alıkoyma. 2.engel olunma, alıkonulma. 3.yasaklanma.

منعاء men'â': (A.) ölüm haberi.

منعام min'âm: (A.) çok bağış yapan, çok bahşiş veren.

منعدل mun'adil: (A.) doğru yoldan çıkan, sapkın.

منعدله mun'adile: (A.) doğru yoldan çıkan, sapkın.

منعدم mun'adim: (A.) yok olan.

منعدم شدن mun'adim şoden: yok olmak.

منعزل mun'azil: (A.) 1.görevden alınan, görevden uzaklaştırılan, azledilen. 2.kenara çekilen, ayrılan.

منعزلاً mun'azilen: (A.) görevinden uzaklaştırılarak, azledilerek.

منعزلین mun'azilîn: (A.) 1.görevden alınanlar, azledilenler. 2.kenara çekilenler, ayrılanlar.

منع شدن men' şoden: menedilmek.

منعطف mun'atif: (A.) yönelen, dönen, sapan, yönelik.

منعف men'af: (A.) dağ doruğu.

منعقد mun'akid: (A.) 1.bağlanan. 2.akdedilen. 3.düzenlenen. 4.dikilen, dikilmiş. 5.(tıb.) pıhtılaşan.

منعقد شدن mun'akid şoden: 1.akdedilmek, imzalanmak. 2.bağlanmak. 3.düzenlenmek, tertip edilmek. 4.(tıb.) pıhtılaşmak.

منعقد کردن mun'akid kerden: 1.akdetmek, imzalamak. 2.bağlamak. 3.düzenlemek, tertip etmek. 4.(tıb.) pıhtılaştırmak.

منعقد كننده mun'akid konende: [mun'akid+ kerden>kon+ende] 1.(tıb.) pıhtılaştırıcı. 2.akdeden, akit yapan. 3.düzenleyici.

منع كردن men' kerden: menetmek, alıkoymak, yasaklamak.

منعكس mun'ekis: (A.) 1.yansımış, yansıyan. 2.ışık saçmış. 3.ters dönmüş. 4.yenik.

منعكس شدن mun'ekis şoden: 1.yansımak, vurmak, aksetmek. 2.ışık saçmak. 3.ters dönmek.

منعكس كردن mun'ekis kerden: 1.yansıtmak, aksettirmek. 2.ışık saçtırmak. 3.ters döndürmek.

منعكسه mun'akise: (A.) 1.yansıyan, akseden. 2.ters dönen, baş aşağı gelen. 3.reflektör.

منعل mune'al: (A.) nallı, nallanmış.

منعل شدن mune'al şoden: nallanmak.

منعل كردن mune'al kerden: nallamak.

منعم muna'am: (A.) nimete kavuşmuş, refaha ermiş.

منعم mun'im: (A.) 1.bağışlayan, nimet veren, nimetlendiren. 2.zengin, varlıklı. 3.nimet veren Tanrı. 4.velînimet.

منعم mun'em: (A.) bağışlanmış, nimet verilmiş.

منعمانه mun'imâne: (A.-F.) [mun'im+âne] velînimet gibi.

منعمد mun'amid: (A.) direğe dayanmış.

منعم گرداندن mun'em gerdânden: bağışlamak, ihsan etmek.

منعه mene'a: (A.) 1.engel olanlar. 2.toplum ve güç.

منعوت men'ût: (A.) övülmüş, iyiliği ve güzelliği övülmüş.

منعوش men'ûş: (A.) 1.tabuta koyulmuş. 2.kaldırılmış. 3.hayır ile anılan ölü. 4.yoksullaştıktan sonra sevindirilen.

منعى men'â: (A.) ölüm haberi.

منغر mengor: mangır.

منغص muneggas: (A.) 1.kederli. 2.karanlık. 3.tatsız. 4.rahatsız, keyfi kaçmış.

منغصاً muneggasan: (A.) üzgün üzgün, keyifsiz bir halde.

منغص شدن muneggas şoden: 1.üzülmek, kederlenmek. 2.rahatsız olmak, keyfi kaçmak.

منغص كردن muneggas kerden: 1.üzmek. 2.rahatsız etmek, keyfini kaçırtmak. 3.karartmak.

منغض mungazz: (A.) sağlığı bozuk, ke-yifsiz.

منغضاً mungazzen: (A.) sağlığı bozulmuş olarak.

من غير حد mingayrihaddin: (A.) haddi olmayarak, edebe aykırı olarak.

من غير قصد mingayrikasdin: (A.) kasıtlı olmayarak, istemeyerek, istemeden.

منفا menfâ: (A.) sürgün yeri, sürgün.

منفاخ minfâh: (A.) körük.

منفاق minfâk: (A.) çok nafaka veren.

منفتح munfetih: (A.) açılmış, açılan.

منفجر munfecir: (A.) 1.yarılmış. 2.patlayan. 3.akarsu, kaynayarak akan. 4.açık yara.

منفجر شدن munfecir şoden: patlamak, infilak etmek.

منفجر كردن munfecir kerden: infilak ettirmek, patlatmak.

منفخ minfah: (A.) körük.

منفدى munfedî: (A.) fidye ile kurtarılan.

منفذ menfez: (A.) 1.delik, menfez. 2.pencere. 3.yarık, nüfuz etme yeri, giriş veya çıkış yolu.

منفر menfer: (A.) nefret edilecek yer.

منفرج munferic: (A.) 1.geniş, açık, aralıklı. 2.uzak, ayrı.

منفرجه munferice: (A.) açık, aralı, geniş aralıklı.

منفرد munferid: (A.) 1.tek, tenha, yalnız. 2.benzersiz. 3.arada bir rastlanan, tektük. 4.tek kişilik hücre. ‖ * nushe-i ~ be ferd نسخهء منفرد به فرد tek nüsha.

منفرداً munferiden: (A.) 1.tek başına, bir başına.. 2.ayrı ayrı, birer birer.

منفرق munferik: (A.) ayrılan.

منفس menfes: (A.) soluk borusu, nefes deliği.

منفسح munfesih: (A.) genişleyen, bollaşan.

منفسخ munfeseh: (A.) feshedilmiş, bozulmuş.

منفسخ munfesih: (A.) hükümsüz bırakılan, feshedilen, iptal edilen.

منفسخه munfesihe: (A.) hükümsüz bırakılan, feshedilen, iptal edilen.

منفصل munfesil: (A.) **1.**ayrılmış, ayrı. **2.**parçalanmış. **3.**işinden ayrılmış. ‖ * zamîr-i ~ ضمير منفصل ayrı zamir.

منفصلاً munfasilan: (A.) ayrı olarak.

منفصم munfasim: (A.) **1.**kırılan. **2.**eksilen.

منفصى munfasî: (A.) çekilip kurtarılan.

منفضح munfazih: (A.) rezil rüsva olmuş, kepaze olmuş.

منفطر munfatir: (A.) yazılan.

منفعت menfe'at: (A.) **1.**kazanç, yarar. **2.**çıkar, menfaat. ‖ * ~ -i şahsiyye منفعت شخصيه kişisel çıkar. ‖ * ~ -i umûmiyye منفعت عموميه kamu yararı.

منفعت بخش menfa'atbahş: (A.-F.) [menfa'at+ bahşîden> bahş] yararlı.

منفعت پرست menfa'atperest: (A.-F.) [menfa'at+ perestîden> perest] çıkar düşkünü, çıkarcı.

منفعت پرستى menfa'atperestî: (A.-F.) [menfa'at+ perestîden> perest+î] çıkarcılık.

منفعت دار menfa'atdâr: (A.-F.) [menfa'at+ dâşten> dâr] çıkar sağlayan, yararlanan.

منفعل munfeil: (A.) **1.**etkilenen. **2.**utangaç, mahcup. **3.**kırılmış, gücenmiş, darılmış, alınmış. **4.**edilgen, pasif. **5.**edingin.

منفعلاً munfe'ilen: (A.) kırılarak, gücenerek, darılarak, alınarak.

منفعلانه munfe'ilâne: (A.-F.) [munfe'il+âne] kırılarak, gücenerek, darılarak, alınarak.

منفعله munfe'ile: (A.) **1.**kırılmış, gücenmiş, darılmış, alınmış. **2.**edingin, pasif.

منفعليت munfe'iliyyet: (A.) **1.**pasiflik. **2.**alınma, gücenme.

منفق munfik: (A.) **1.**nafaka veren, besleyen. **2.**sadaka veren.

منفک munfek: (A.) **1.**ayrılmış. **2.**sökülmüş. **3.**çıkmış.

منفک شدن munfek şoden: **1.**ayrılmak, kopmak. **2.**dallanmak.

منفک کردن munfek kerden: ayırmak, koparmak.

منفلق munfelik: (A.) **1.**patlayan, infilak eden. **2.**açılan, yayılan.

منفلق شدن munfelik şoden: infilak etmek, patlamak.

منفلقه munfelike: (A.) patlayıcı, infilak edici.

منفوخ menfûh: (A.) **1.**üfürülmüş. **2.**karnı büyük, şişgöbek.

منفوخه menfûha: (A.) üfürülmüş.

منفور menfûr: (A.) iğrenç, menfur.

منفوره menfûre: (A.) iğrenç, nefret uyandıran.

منفوش menfûş: (A.) didilmiş, atılmış.

منفوشه menfûşe: (A.) didilmiş, atılmış.

منفهم munfehim: (A.) anlaşılan, kavranılan.

منفى menfâ: (A.) sürgün yeri.

منفى menfî: (A.) **1.**olumsuz, menfi, negatif. **2.**yok olmuş. **3.**sürülmüş, uzaklaşmış. **4.**hep olumsuz düşünen.

منفياً menfiyyen: (A.) sürgün edilerek, sürgün olarak.

منفى باف menfîbâf: (A.-F.) [menfî+ bâften>bâf] olumsuz insan, muhalefet eden.

منفى بافتن menfî bâften: olumsuz tavır takınmak, muhalefet etmek.

منفيه menfiyye: (A.) **1.**olumsuz. **2.**hep olumsuz düşünen. **3.**sürgün edilmiş.

منقاد munkâd: (A.) itaatli, bağımlı, boyun eğen, tâbi.

منقاد شدن munkâd şoden: boyun eğmek, itaat etmek.

منقاد کردن munkâd kerden: itaat ettirmek, boyun eğdirmek.

منقار minkâr: (A.) **1.**gaga. **2.**taşçı

kalemi.

منقاری minkârî: (A.) **1.**gaga ile ilgili. **2.**gaga biçimli.

منقاش minkâş: (A.) **1.**kıl makası, saç makası. **2.**cımbız.

منقب minkab: (A.) **1.**cerrah matkabı. **2.**oluklu kalem.

منقبت menkabet: (A.) **1.**övünülecek şey, menkıbe. **2.**tanınmış kişilerle ilgili hikâyeler veya haberler, menkıbe.

منقبت خوان menkabethân: (A.-F.) [menkabet+ hânden> hân] menkıbe okuyan, tanınmış kişilerle ilgili hikâyeler okuyan.

منقبت گوی menkabetgûy: (A.-F.) [menkabet+ goften> gûy] menkıbe söyleyen.

منقبض munkabiz: (A.) **1.**sıkılmış, çekilmiş. **2.**toplanmış. **3.**sıkıntılı.

من قبل minkıbel-i: (A.) tarafından

منقبه menkabe: (A.) tanınmış kişilerle ilgili hikâyeler veya haberler, menkıbe.

منقح munekkah: (A.) **1.**temizlenmiş. **2.**ıslah edilmiş. **3.**tezhipli. **4.**seçkin, seçilmiş.

منقح munakkih: (A.) **1.**ayıklayan, temizleyen. **2.**soyan.

منقح کرده munakkahkerde: (A.-F.) [munakkah+ kerden> kerd+e] seçilmiş, ayıklanmış.

منقحه munakkaha: (A.) **1.**seçkin, seçilmiş. **2.**ayıklanmış, temizlenmiş. **3.**kısa ve net söz.

منقحیت munakkahiyyet: (A.) **1.**seçilme, seçkinlik. **2.**ayıklanmışlık. **3.**sözde ayrıntıya gitmeme, kısa, açık ve net söz.

منقد mnekkid: (A.) eleştirmen, eleştirici, tenkit eden.

منقدر munkadir: (A.) **1.**Tanrı'nın emri ile gerçekleşen şey. **2.**bir ölçüye göre yapılmış.

منقذ munkiz: (A.) kurtaran, kurtarıcı.

منقرض munkariz: (A.) **1.**çöken, dağılan, yıkılan. **2.**soyu kesilen.

منقرض شدن munkariz şoden: yok olmak, ortadan kalkmak, çökmek.

منقرض کردن munkariz kerden: yok etmek, ortadan kaldırmak, çökertmek.

منقرض گردیدن munkariz gerdîden: yıkılmak, çökmek.

منقسم munkasim: (A.) bölünen, bölünmüş.

منقسم شدن munkesim şoden: bölünmek, taksim edilmek, ayrılmak.

منقش munekkaş: (A.) işlemeli, nakışlı, işlenmiş, resimli, desenli.

منقشر munkaşir: (A.) kabuğu soyulan.

منقص munakkas: (A.) eksiltilmiş.

منقص munakkis: (A.) eksilten.

منقصت menkaset: (A.) **1.**azlık, noksanlık. **2.**kusur.

منقصه menkase: (A.) eksiklik, kusur.

منقضی munkezî: (A.) geçmiş, bitmiş, sona ermiş.

منقضی شدن munkezî şoden: geçmek, bitmek, sona ermek.

منقضیه munkaziyye: (A.) geçip gitmiş, sona ermiş.

منقط munakkat: (A.) noktalı.

منقطع munkati': (A.) **1.**kesik, kesilen, kesilmiş. **2.**sona eren, ardı arkası kesilen. **3.**ayrı, kopuk. **4.**sadece bir kişiye bağlanan. **5.**süreksiz. **6.**kesikli.

منقطع شدن munkati' şoden: kesilmek.

منقطع کردن munkati' kerden: kesmek.

منقط munakkat: (A.) noktalı, noktalanmış.

منقط شدن munakkat şoden: noktalanmak.

منقط کردن munakkat kerden: noktalamak.

منقطه munakkata: (A.) noktalı. ‖ * hurûf-i ~ حروف منقطه noktalı harfler.

منقع minka': (A.) cerrah enjektörü.

منقعه minka'a: (A.) cerrah enjektörü.

منقل mankal: (A.) mangal. ‖ * ~ -i ferengî منقل فرنگی maltız. ‖ * ~ -i nâr منقل نار ateş mangalı.

منقلب munkalib: (A.) **1.**değişen. **2.**değişken. **3.**karışan. **4.**rahatsız, keyifsiz. **5.**ters dönen.

منقلب شدن munkalib şoden: **1.**değişmek. **2.**keyfi kaçmak, rahatsız olmak. **3.**ters dönmek.

منقلب كردن munkalib kerden: **1.**değiştirmek. **2.**keyfini kaçırmak, rahatsız etmek. **3.**ters çevirmek.

منقلع munkali': (A.) **1.**kökünden sökülmüş. **2.**kazınmış.

منقله minkale: (A.) iletki.

منقوب menkûb: (A.) delinmiş, oyulmuş.

منقور menkûr: (A.) **1.**kazınmış. **2.**delinmiş, oyulmuş.

منقوش menkûş: (A.) işlenmiş, nakışlı, çizili, desenli, yazılı.

منقوص menkûs: (A.) eksik.

منقوض menkûz: (A.) hükümsüz bırakılmış, bozulmuş.

منقوط menkût: (A.) **1.**noktalı, noktalanmış. **2.**noktalı harfler dikkate alınarak düşürülmüş tarih. ‖ * harf-i ~ حرف منقوط noktalı harf.

منقوطه menkûta: (A.) noktalı.

منقوع menkû': (A.) haşlanmış, haşlama.

منقوعات menkû'ât: (A.) haşlama suları.

منقوعه menkû'a: (A.) haşlanmış, haşlama.

منقول menkûl: (A.) **1.**nakledilmiş, taşınmış. **2.**anlatılan, rivayet edilen, ağızdan ağıza dolaşan.

منقولات menkûlât: (A.) **1.**taşınmışlar, nakledilmişler. **2.**ağızdan ağıza dolaşan sözler. **3.**hadis ve tefsir bilgileri. **4.**taşınır mallar.

منقوله menkûle: (A.) **1.**nakledilmiş, taşınmış. **2.**ağızdan ağıza dolaşmış.

منقى munekkâ: (A.) **1.**temizlenmiş. **2.**beyni çıkarılmış.

منقى munekkî: (A.) temizleyen, temizleyici.

منقيات munakkayât: (A.) temizlenmiş şeyler.

منكب menkib: (A.) **1.**omuz başı. **2.**omuz.

منكب munekkib: (A.) **1.**kapanan. **2.**kapaklanan, yüz üstü yere düşen.

منكر munekker: (A.) **1.**bilinmez, bilinmeyen. **2.**inançsız, imansız.

منكر munker: (A.) **1.**tanınmamış. **2.**çirkin. **3.**inkâr edilen. **4.**akıllı, zeki. **5.**acaip. ‖ * nehy anil ~ نهى عن المنكر dince yasaklanan şeylerden uzak durma, dinin yasakladığı şeylerden kaçınma.

منكر munkir: (A.) **1.**yadsıyan, inkâr eden, reddeden. **2.**imansız. **3.**mezardaki sorgu meleklerinden biri.

منكرات munkerât: (A.) dince yasaklanan şeyler.

منكرانه munkirâne: (A.-F.) [munkir+âne] inkâr ederek, inkâr edercesine, yadsıyarak.

منكر شدن munkir şoden: inkâr etmek.

منكرى munkirî: (A.-F.) [munkir+î] **1.**münkirlik, inkâr. **2.**cehalet, cahillik.

منكرين munkirîn: (A.) **1.**inkâr edenler, yadsıyanlar. **2.**imansızlar.

منكس munekkes: (A.) baş aşağı çevirilmiş.

منكسر munkesir: (A.) **1.**kırılgan. **2.**kırık, kırılmış, kırılan. **3.**kalbi kırık, dargın. ‖ * hatt-i ~ خط منكسر kırık çizgi.

منكسراً munkesiren: (A.) **1.**kırılarak. **2.**kırk olarak. **3.**kalbi kırılarak, kalbi kırık olduğu.

منكسر القلب munkesirulkalb: (A.) kalbi kırık.

منكسره munkesire: (A.) kırık, kırılmış, kırılan.

منكسف munkesif: (A.) **1.**tutulan ay. **2.**tutulan güneş.

منكسف شدن munkesif şoden (Ay/güneş) tutulmak.

منكشف munkeşif: (A.) **1.**ortaya çıkan. **2.**açık, aşikar. **3.**çıplak. **4.**keşfedilmiş.

منكشفه munkeşife: (A.) **1.**açık, ortada, görünen. **2.**keşfedilmiş.

منكل menkel: (A.) halhal, ayak bileziği.

من كل الجوانب minkullilcevânib: (A.) her bakımdan.

من كل الوجوه minkullilvucûh: (A.) her bakımdan.

منكوب menkûb: (A.) **1.**zorluğa düşmüş, düşkün. **2.**yenik. **3.**talihsiz. **4.**gözden düşmüş.

منكوب شدن menkûb şoden: yenilmek.

منكوب كردن menkûb kerden: yenmek.

منكوبيت menkûbiyyet: (A.) gözden düşme.

منكوح menkûh: (A.) nikâhlı.

منكوحه menkûhe: (A.) nikâhlı kadın, nikahlı eş.

منكور menkûr: (A.) inkâr edilmiş, yadsınmış.

منكوس menkûs: (A.) **1.**baş aşağı dönmüş, baş aşağı çevrilmiş. **2.**aruzda remel bahrinin şekillerinden biri. **3.**nüksetmiş, hastalığı geri gelmiş. **4.**sol ön ayağı beyaz at.

منگ meng: kumar.

منگ meng: **1.**esneme. **2.**salak, ahmak, şaşkın, aptal, sersem. **3.**bunak.

منگ شدن meng şoden: sersemleşmek.

منگ كردن meng kerden: sersemleştirmek.

منگل mengol: **1.**yeraltı su kanalı. **2.**su toplanma yeri.

منگله mengole: ponpon, püskül.

منگ منگ كردن ming ming kerden: **1.**burnundan konuşmak. **2.**ağır ağır konuşmak, mırıldanmak.

منگنز mengeniz: (Fr.) (kim.) manganez.

منگنه mengene: **1.**mengene, işkence. **2.**meyva sıkacağı, meyva presi. ‖ * der ~ karâr dâden در منگنه قرار دادن mengeneye almak, sıkıştırmak. ‖ * der ~ karâr giriften در منگنه قرار گرفتن mengeneye alınmak, sıkıştırılmak.

منگوش mengûş küpe.

منگول mengûl: **1.**güzel çocuk. **2.**sevinçli, neşeli, keyifli.

منگوله mengûle: ponpon, püskül.

منگياگر mengyâger: [mengyâ+ger] kumarbaz.

منگيدن mengîden: mırıldanmak.

من له الاستغلال menlehulistiğlâl: (A.) bir vakfın gelirlerinin kendisine bırakıldığı kişi.

من له الحق menlehulhakk: (A.) hak sahibi.

من له الديه menlehuddiye: (A.) diyeti hak eden.

من له السكنا menlehussuknâ: (A.) bir vakıfta yerleşmeyi hak eden kişi.

من له النفقه menlehulnafaka: (A.) başkasına nafakası lâzım olan kişi.

منمق munammik: (A.) yazıcı, yazan.

من من كردن min min kerden: **1.**ağır ağır konuşmak. **2.**çiğnerken burnundan konuşmak. **3.**kekelemek. **4.**söylenmek.

منمول menmûl: (A.) karıncalanmış, üstüne karıncalar üşüşmüş.

منن minen: (A.) minnetler.

مننژيت minenjit: (Fr.) (tıb.) menenjit.

منو اكسيد mono oksid: (Fr.) (kim.) monoksit.

منو اكسيد كربن mono oksidkarbon: (Fr.) (kim.) karbonmonoksit.

منوال minvâl: (A.) **1.**dokuma tezgâhı. **2.**gidiş, tarz, üslup, minval. ‖ * ber in ~ بر اين منوال bu minval üzere, bu tarzda.

منوپل monopol: (Fr.) tekel.

منوچهر menûçihr: [men+çihr] **1.**cennet yüzlü. **2.**erkek adı.

منور munevver: (A.) **1.**aydınlık, parlak. **2.**aydın, münevver. **3.**erkek adı.

منورانه munevverâne: (A.-F.) [munevver+âne] aydınca, aydın fikirli biri gibi.

منوره munevvere: (A.) **1.**aydın. **2.**ışıklandırılmış, aydınlatılmış.

منوريت munevveriyyet: (A.) **1.**aydınlatılma, ışıklandırılma, nurlandırılma. **2.**aydınlık, münevverlik.

منوط menût: (A.) **1.**bağlı, ilgili. **2.**asılı. ‖ * ~ be منوط به -e bağlı.

منوطيت menûtiyyet: (A.) **1.**bağlılık. **2.**asılı olma.

منوم munevvim: (A.) uyutucu, uyku verici.

من و من کردن min u min kerden: kekelemek.

منون menûn: (A.) **1.**ölüm, ecel. **2.**zaman.

منون munevven: (A.) (gr.) tenvinli.

منوی menvî: (A.) maksat, amaç, niyet.

منه minh: (A.) ondan.

منه minhu: (A.) ondan, bundan.

منها minhâ: (A.) **1.**ondan. **2.**bundan. **3.**(mat.) eksi işareti, eksi, nâkıs. **4.**inşaatta hesaba katılmayan boşluklar. ‖ * anhâ ~ عنها منها şundan bundan.

منهاج minhâc: (A.) doğru ve açık yol.

منهبط munhebit: (A.) **1.**aşağı inen. **2.**düşen.

منهتک munhetik: (A.) **1.**yırtık. **2.**rezil, iffetsiz.

منهج menhec, minhec: (A.) açık ve geniş yol.

منهدل munhedil: (A.) sarkıtılmış, sarkık.

منهدم munhedim: (A.) **1.**harap, viran. **2.**yıkılan, yok olan.

منهدم شدن munhedim şoden: yok olmak, tahrip olmak, tahrip edilmek.

منهدم کردن munhedim kerden: yok etmek, tahrip etmek.

منهدمه munhedime: (A.) yıkılmış, harap olmuş.

منهزم munhezim: (A.) bazguna uğramış.

منهزماً munhezimen: (A.) bozguna uğrayarak, bozgun yiyerek.

منهزم شدن munhezim şoden: bozguna uğramak, hezimete uğramak.

منهزم کردن munhezim kerden: bozguna uğratmak, hezimete uğratmak.

منهزمه munhezime: (A.) bozguna uğramış, bozgun yemiş.

منهزمین munhezimîn: (A.) bozguna uğrayanlar, bozgun yiyenler.

منهضم munhazim: (A.) hazmedilmiş, sindirilmiş.

منهضم شدن munhazim şoden: hazmedilmek.

منهل menhel: (A.) **1.**suvak, hayvan suvarılan yer, yalak. **2.**sulak konak yeri.

منهم minhum: (A.) onlardan, bunlardan.

منهمک munhemik: (A.) çalışan, çabalayan, düşkün.

منهوب menhûb: (A.) yağmalanmış, yağma edilmiş, talan edilmiş.

منهوبه menhûbe: (A.) yağma edilmiş, talan edilmiş.

منهوش menhûş: (A.) zehirli hayvanlar tarafından sokulan.

منهی menhî: (A.) yasaklanmış.

منهی munhâ: (A.) bildirilmiş.

منهی munhî: (A.) **1.**haberci, bildiren. **2.**casus.

منهیات menhiyyât: (A.) dince yasaklananlar.

منهیه menhiyye: (A.) yasaklanmış.

منی menî: [men+î] **1.**benlik. **2.**kibirlenme.

منی menî: (A.) (tıb.) belsuyu, sperma, döl, meni.

منی munâ: (A.) istenilen, arzu edilen.

منیب munîb: (A.) **1.**her türlü kötülükten uzaklaşarak kendini Tanrı'ya adayan. **2.**bol yağışlı bahar. **3.**bereketli yağmur. **4.**erkek adı.

منیبه munîbe: (A.) **1.**her türlü kötülükten uzaklaşarak kendini Tanrı'ya adayan bayan. **2.**bol yağışlı bahar. **3.**bereketli yağmur. **4.**bayan adı.

منیت meniyyet: (A.) ölüm, ecel.

منیت meniyet: (F.-A.) [men+iyet] **1.**benlik. **2.**bencillik.

منیحه menîha: (A.) **1.**bahşiş. **2.**hediye.

منیر munîr: (A.) ışık veren, nurlu, aydınlık.

منیره munîre: (A.) **1.**ışık veren, aydınlatan. **2.**bayan adı.

من یزید menyezîd: (A.) **1.**açık artırma. **2.**Pazar.

منیزیوم menyizyum: (Fr.) (kim.)

magnezyum.

منیژه menîje: bayan adı. ‖ * ~ hânum منیژه خانم **1.**(hlk.) (kin.) bincil, kibirli. **2.**(kin.) bit.

منیع menî': (A.) **1.**sağlam. **2.**yükse, yüce, ulu. **3.**sarp, geçit vermez, aşılmaz.

منیف munîf: (A.) **1.**yüksek ve uzun. **2.**ulu, yüce.

منیفه munîfe: (A.) **1.**ulu, yüce. **2.**bayan adı.

منی کردن menî kerden: şişinmek, benlik davası gütmek.

منین menîn: (A.) toz.

منیه meniyye: (A.) **1.**ölüm. **2.**bir tüfek cinsi.

منیه munye: (A.) istenilen, arzu edilen, temenni edilen.

مو mev, mov (bot.) asma.

مو mev, mov: kedi sesi, miyav.

مو mû: (Peh.) **1.**tüy. **2.**saç. **3.**kıl. ‖ * ~ be ten-i kesî râst îstâden مو به تن کسی راست ایستادن tüyleri diken diken olmak. ‖ * ~ ber ten-i kesî râst şoden مو بر تن کسی راست شدن tüyleri diken diken olmak. ‖ * ~ ez kef ber âmeden مو از کف بر آمدن (kin.) imkânsız olmak. ‖ * ~ ez mâst keşîden مو از ماست کشیدن tereyağından kıl çekmek. ‖ * ~ ez ser-i kesî rubûden مو از سر کسی ربودن son derece çevik olmak, gözden sürmeyi çekmek, gözden sürmeyi çalmak. ‖ * ~ râ be ten-i kesî râst kerden مو را به تن کسی راست کردن tüylerini ürpertmek. ‖ * ~ rûy-i ser nasb kerden مو روی سر نصب کردن (tıb.) saç dikmek, saç ekmek. ‖ * ~ rûy-i ser nasb şoden مو روی سر نصب شدن (tıb.) saç dikilmek, saç ekilmek. ‖ * ~ -yi demâg موی دماغ **1.**burun kılı. **2.**rahatsız eden. ‖ * ~ -yi hod râ der âsyâ sefîd nekerden موی خود را در آسیا سفید نکردن saçını değirmende ağartmamış olmak. ‖ * be ~ bend bûden-i çîzî به مو بند بودن چیزی hassas bir aşamada bulunmak bir ipliğe bağlı olmak. ‖ * ser-i ~ سر مو **1.**kıl ucu. **2.**çok az. ‖ * yek ser-i ~ یک سر مو çok az, azıcık.

موئل mev'il: (A.) **1.**sığınak. **2.**sel sularının biriktiği yer.

موائد mevâ'id: (A.) sofralar.

موات mevât: (A.) **1.**ölüler. **2.**cansız varlıklar. **3.**işlenmemiş toprak, çorak arazi.

موات muvât: (A.) ölüm.

مواتی mevâtî: (A.) **1.**cansız varlıklarla ilgili. **2.**işlenmemiş toprak ile ilgili.

مواثبه muvâsebe: (A.) üstüne atılma.

مواثق mevâsık: (A.) **1.**sözleşmeler, antlaşmalar. **2.**yeminler.

مواثقه muvâsaka: (A.) sözleşme, antlaşma.

مواثیق mevâsîk: (A.) mevsûk olanlar, belgelenmiş olanlar.

مواج mevvâc: (A.) dalgalı, çalkantılı.

مواجب mevâcib: (A.) **1.**görevler. **2.**maaş, aylık.

مواجبات mevâcibât: (A.) maaşlar, aylıklar.

مواجب خوار mevâcibhâr: (A.-F.) [mevâcib+ horden>hor>hâr] maaşlı, aylıkçı.

مواجب مقرر کردن mevâcib mukarrer kerden: maaş bağlamak.

مواجه muvâcih: (A.) **1.**karşılaşan. **2.**yüz yüze, karşı, karşı karşıya.

مواجهات muvâcehât: (A.) yüzleşmeler.

مواجه شدن muvâcih şoden: karşı karşıya kalmak, karşılaşmak, yüz yüze gelmek.

مواجه کردن muvâcih kerden: karşı karşıya bırakmak, yüz yüze getirmek.

مواجه گشتن muvâcih geşten: karşı karşıya gelmek, karşılaşmak.

مواجهه muvâcehe: (A.) **1.**yüzleşme, karşı karşıya gelme. **2.**karşı, ön.

مواجهةً muvâceheten: (A.) yüz yüze, karşı karşıya.

مواخات muvâhât: (A.) kardeşlik, dostluk.

مؤاخذ mu'âhez: (A.) 1.azarlanan, paylanan, çıkışılan. 2.tenkit edilen, eleştirilen.

مؤاخذ mu'âhiz: (A.) 1.paylayan, azarla-yan, çıkışan. 2.tenkit eden.

مؤاخذات mu'âhezât: (A.) 1.azarlamalar, paylamalar, çıkışmalar. 2.tenkitler.

مؤاخذه mu'âheze: (A.) 1.sorgulama. 2.kınama. 3.uyarma.

مؤاخذه شدن mu'âheze şoden: 1.sorgulanmak, sorguya çekilmek. 2.zılgıt çekilmek, uyarılmak.

مؤاخذه كار mu'âhezekâr: (A.-F.) [mu'âheze+ kâr] 1.azarlayıcı, paylayıcı, çıkışıcı. 2.tenkitçi, tenkit edici.

مؤاخذه كردن mu'âheze kerden: 1.sorguya çekmek, sorgulamak. 2.zılgıt çekmek, uyarmak.

مواد mevâd: (A.) 1.maddeler. 2.cisimler. 3.konular, işler. 4.yazılı metin maddeleri.

موادعه muvâda'a: (A.) barışma, barış yapma.

موارات muvârât: (A.) örterek gizleme.

مواربه muvârebe: (A.) 1.birlikte hile yapma. 2.birbirine zarar verme.

موارثه muvârese: (A.) birbirinden miras yeme.

موارد mevârid: (A.) 1.yollar. 2.defalar. 3.konular, hususlar. 4.varılacak yerler. 5.vakitler. 6.durumlar. ‖ * der in ~ در این موارد bu konularda.

مواردات muvâredât: (A.) 1.gelenler, gelen eşyalar. 2.ilhamlar, esinler.

موارده muvârede: (A.) 1.gidiş geliş, gidip gelme. 2.birbirinden haberi olmadığı halde iki şairin aynı şiiri veya beyti söylemesi.

مواريث mevârîs: (A.) miraslar.

موازات muvâzât: (A.) 1.karşılaşma. 2.paralellik. 3.dayanma, direnme. ‖ * be ~ -i به موازات paralel olarak.

موازاتاً muvâzaten: (A.) paralel olarak.

موازاتيه muvâzâtiyye: (A.) paralellik, koşutluk.

موازن muvâzin: (A.) 1.dengeli, ağırlıkça denk. 2.uygun, denk.

موازنت muvâzenet: (A.) 1.denge, statik. 2.denkleşme.

موازنه muvâzene: (A.) 1.denge. 2.gelir gider eşitliği, bütçe dengesi. 3.denklik. 4.ölçü. ‖ * ~ -i mâliyye موازنهء ماليه malî denge, gelir gider dengesi, bütçe dengesi. ‖ * ~ -i umûmiyye موازنهء عموميه genel bütçe dengesi.

موازى muvâzî: (A.) paralel.

موازين mevâzîn: (A.) tartılar, ölçüler, ölçekler, kıstaslar, teraziler.

مواسات muvâsât: (A.) 1.yardım etme, yardımlaşma. 2.dul maaşı bağlama.

مواسم mevâsim: (A.) mevsimler.

مواشى mevâşî: (A.) 1.davar, dört ayaklı hayvanlar, mal. 2.davar vergisi. 3.yayalar.

مواصلت muvâselet: (A.) 1.kavuşma, ulaşma, buluşma. 2.bağlılık.

مواصلت كردن muvâselet kerden: ulaşmak, kavuşmak.

مواصله muvâsala: (A.) ulaşma, varma, yetişme.

مواضع mevâzi': (A.) yerler, mevziler.

مواضعت muvâze'et: (A.) 1.ağız birliği, uyum. 2.kararlaşma.

مواضعةً muvâza'aten: (A.) danışıklı dövüş yoluyla.

مواضعه muvâze'e: (A.) 1.ağız birliği, uyum. 2.kararlaşma. 3.danışıklı dövüş.

مواطات muvâtât: (A.) uygun görme, muvafakat etme.

مواطن mevâtin: (A.) yurt tutulmuş yerler, yurtlar.

مواطن الحرب mevâtınulharb: (A.) savaş alanları.

مواطى mevâtî: (A.) ayak basılan yerler.

مواظب muvâzib: (A.) dikkatli, gözleyen, kollayan, sahip çıkan, gözkulak olan.

مواظبت muvâzebet: (A.) dikkat etme, gözleme, kollama, göz kulak olma.

مواظبت كردن muvâzebet kerden: kollamak, göz kulak olmak. ‖ * misl-i tohm-i çeşm-i hodeş ~ مثل تخم چشم خودش مواظبت كردن gözü gibi bakmak.

مواعد mevâ'id: (A.) vaatler, mühletler, süreler.

مواعده muvâ'ade: (A.) sözleşme, vaatleşme, randevuleşme.

مواعظ mevâ'iz: (A.) vaazler, öğütler, nasihatler.

مواعظه muvâ'aza: (A.) vaaz verme, öğüt verme, nasihat etme.

مواعيد mevâ'îd: (A.) vaat olunmuş yer veya zamanlar, randevu yerleri, randevu zamanları.

موافق muvâfik: (A.) **1.**uygun, muvafık. **2.**hemfikir, kafa dengi. **3.**razı. ‖ * ~ -i dilhâh-i kesî bûden موافق دلخواه كسى بودن istediği gibi olmak. ‖ * ~ -i meyl-i kesî şoden موافق ميل كسى شدن istediği gibi olmak.

موافقت muvâfekat: (A.) **1.**uyum, hemfikir olma, muvafakat, uygunluk. **2.**onay, tasvip, uygun.

موافقت حاصل شدن muvâfekat hâsil şoden: görüş birliği sağlanmak.

موافقت حاصل كردن muvâfekat hâsil kerden: görüş birliği sağlamak.

موافقت كردن muvâfekat kerden: görüş birliğine varmak, muvafakat etmek, razı olmak.

موافقت نامه muvâfekatnâme: (A.-F.) [muvâfekat+nâme] muvafakatname, muvafakat belgesi, razılık belgesi.

مواقت mevâkit: (A.) belirlenmiş vakitler, randevu saatleri.

مواقع mevâki': (A.) durumlar, mevkiler. ‖ * der ~ -i bisyârî در مواقع بسيارى çoğu kez.

مواقعه muvâke'e: (A.) **1.**dövüşme. **2.**savaşma. **3.**çiftleşme, cinsel ilişki kurma.

مواقف mevâkif: (A.) duraklar, durulacak yerler.

مواقيت mevâkît: (A.) **1.**vakitler. **2.**yerler. **3.**belirlenmiş vakitler, randevu saatleri. **4.**ehrâma bürünme yerleri.

مواكب mevâkib: (A.) **1.**alaylar. **2.**topluluklar, gruplar.

مواكبه muvâkebe: (A.) çabalama, gayret etme, sebat gösterme.

مواكره muvâkere: (A.) üründen bir kısmı aldıktan sonra tekrar ekin ekme.

مواكل muvâkil: (A.) yapamadığı işi başkasına veren.

مواكن mevâkin: (A.) kuş yuvaları.

موالات muvâlât: (A.) **1.**dostluk. **2.**tekrarlama, bir şeyi artarda yapma.

موالات گرفتن muvâlât giriften: dostluk kurmak.

مؤالفت mu'âlefet: (A.) dostluk, ülfet.

موالد mevâlid: (A.) doğum yerleri.

مؤالف ساختن mu'âlif sâhten: dost etmek, yakınlaştırmak, ısındırmak.

موالى mevâlî: (A.) **1.**efendiler, önderler. **2.**köleler. **3.**kullar. **4.**dostlar. **5.**Arap olmayan müslüman. **6.**müderrislikten sonraki dereceye ulaşmış bilginler.

مواليد mevâlîd: (A.) **1.**evlatlar, çocuklar. **2.**doğanlar. **3.**mevcutlar.

موانس muvânis: (A.) **1.**alışan, alışkanlık kazanan. **2.**insanlarla birlikte yaşamaya alışan.

موانست muvâneset: (A.) **1.**alışma, alışkanlık kazanma. **2.**insanlara alışma, insanlarla birlikte yaşamaya alışma.

مؤانست mu'âneset: (A.) uzlaşma, alışma, ülfet etme.

موانع mevâni': (A.) **1.**engeller, manialar. **2.**sakıncalar, mahzurlar.

مواهب mevâhib: (A.) bağışlar, ihsanlar.

مواهبه muvâhebe: (A.) bağışlama, hibe etme.

مواهيب mevâhîb: (A.) hibe edilenler.

موايسه muvâyese: (A.) üzüntüye düşürme, üzme.

موبد mûbed, mevbed, mûbid: (Peh.) **1.**Zerdüştî lideri. **2.**Zerdüştî rahibi. **3.**tedbirli ve aklı başında insan.

مؤبد mu'ebbed: (A.) **1.**sonsuz, ebedî. **2.**sonsuza dek.

مؤبداً mu'ebbeden: (A.) sonsuza dek, ebediyyen.

مؤبده mu'ebbede: (A.) sonsuz, ebedî.

موبذ mûbez **1.**Zerdüştî rahibi. **2.**Zerdüştî lideri.

مو بستن mû besten: **1.**saç bağlamak. **2.**(kin.) hazır olmak.

موبق mevbik: (A.) **1.**Cehennemde bir yer. **2.**korkunç yer.

موبقات mevbikât: (A.) korkunç yerler.

مو بمو mûbemû: [mû+be+mû] kılı kırk yararak, dikkatle.

موبند mûbend: [mû+besten>bend] saç bağı.

موبور mûbûr: [mû+bûr] kumral.

موبوری mûbûrî: [mû+bûr+î] kumrallık.

موت mevt, movt: (A.) ölüm.

موت آلود mevtâlûd: (A.-F.) [mevt+ âlûden>âlûd] ölü gibi.

موت آور mevtâver: (A.-F.) [mevt+ âverden>âver] öldürücü, ölüm getiren, ölümcül.

موتا mevtâ, movtâ: (A.) ölüler, ölenler.

موتائی mevtâ'î: (A.) ölü gibi, ölümcül.

موتان mevtân: (A.) **1.**cansız, ölü gibi. **2.**baygın.

مؤتجر mu'tecir: (A.) sadaka veren.

موتر motur: (Fr.) **1.**motor. **2.**araba, otomobil.

مؤتلف شدن mu'telif şoden: birlik olmak, uzlaşmak, müttefik olmak.

مؤتمر mu'temer: (A.) **1.**toplantı yeri. **2.**konferans.

مؤتمن mu'temen: (A.) güvenilir, emin.

موتوا mûtû: (A.) ölünüz.

موتور motor: (Fr.) **1.**motor. **2.**araba, otomobil.

موتوردار motordâr: (Fr.-F.) [motor+ dâşten>dâr] motorlu.

موتوری motorî: (Fr.-F.) [motor+î] **1.**motorlu, motorize. **2.**motor ile ilgili.

موتوسیکلت motosiklet: (Fr.) motosiklet.

موتی mevtâ, movtâ: (A.) ölüler, mevta.

موتی mevtî: (A.) ölüm ile ilgili, ölü ile ilgili.

مؤثر mu'esser: (A.) etkilenen.

مؤثر mu'essir: (A.) etkili, tesirli.

مؤثرات mu'essirât: (A.) etkililer, etkileyiciler, etkinler.

مؤثر افتادن mu'essir oftâden: etkili olmak, tesir etmek, işlemek.

مؤثر شدن mu'essir şoden: etkili olmak, tesir etmek, işlemek.

مؤثر واقع شدن mu'essir vâki' şoden: etkili olmak, tesir etmek, işlemek.

مؤثره mu'essire: (A.) etkili, etkileyici, etkin.

مؤثریت mue'ssiriyyet: (A.) **1.**etkileme gücü, etkililik. **2.**indükleme.

موثق mevsik: (A.) **1.**sözleşme. **2.**yemin.

موثق muvessak: (A.) güvenilir, tevsik edilmiş, belgelendirilmiş.

موثوق mevsûk, movsûk: (A.) güvenilir, mevsuk.

موثوقاً mevsûkan: (A.) belgeli olarak, güvenilir bir şekilde.

موثوق الکلیم mevsûkulkelim: (A.) sözüne güvenilir.

موثوقه mevsûka: (A.) **1.**belgeli. **2.**inanılır, güvenilir.

موثوقة الکلیم mevsûkatulkelim: (A.) sözüne güvenilir.

موثوقیت mevsûkiyyet: (A.) güvenilirlik, belgeye dayanma, sağlamlık.

موج mevc, movc: (A.) **1.**dalga. **2.**çalkantı. ‖ * ~ ber ~ kûbânden موج بر موج کوباندن çalkanmak.

موجات mevcât: (A.) [<mevecât] dalgacıklar.

موج افکندن movc efkenden: dalgalandırmak.

موجاموج mevcâmevc: (A.-F.) [mevc+â+ mevc] dalga dalga, dalgalalarla.

موجب mûceb: (A.) **1.**gerekli. **2.**olumlu. **3.**sonuç. **4.**paraf.

موجب mûcib: (A.) **1.**gerektiren,

gerekçe, sebep. 2.Muharrem ayı. ‖ * be ~ -i به موجب gereğince, uyarınca. ‖ * ber ~ -i بر موجب gereğince, uyarınca.

موجبات mûcibât: (A.) gerekçeler. ‖ * ~ -i çîzî ferâhem âmeden موجبات چیزی فراهم آمدن bir şeyin zemini hazırlanmak.

موجبات mûcebât: (A.) gerekenler.

موجب بودن mûcib bûden: gerektirmek.

موجب شدن mûcib şoden: sebep olmak, yol açmak, gerektirmek.

موجب گردیدن mûcib gerdîden: gerektirmek, sebep olmak.

موجبه mûcibe: (A.) 1.sebep, gerekçe. 2.büyük sevap veya günah. 3.(müz.) motif.

موجبه muveccibe: (A.) talkım.

موج خوردن movc horden: dalgalanmak, çalkanmak.

موج خیز mevchîz: (A.-F.) [mevc+ hâsten>hîz] dalga çıkaran, dalga kaldıran, dalgalı.

موجد mûcid: (A.) 1.mucit, icat eden. 2.yaratan. 3.Tanrı.

موجر mûcer: (A.) kiraya verilen.

موجر mûcir: (A.) kiraya veren.

موجز mûcez: (A.) 1.kısa, özlü, derli toplu. 2.(ed.) özlü söz. 3.bir yazı stili.

موجز mûciz: (A.) 1.kısaltan, derleyip toparlayan. 2.derli toplu, kısa.

موج زدن movc zeden: dalgalanmak, çalkanmak.

موج زن movczen: (A.-F.) [movc+ zeden> zen] dalgalanan, dalgalı, çalkantılı.

موج زن شدن movczen şoden: dalgalanmak, çalkanmak.

موج زن کردن movczen kerden: dalgalandırmak, çalkandırmak.

موجزه mûceze: (A.) derli toplu, özlü.

موج شکن movçşiken: (A.-F.) [movc+ şikesten>şiken] mendirek, dalgakıran.

موجع mûci': (A.) 1.dertli. 2.dert verici, ağrı veren, acıtan.

مؤجل mu'eccel: (A.) ertelenmiş, tecil edilmiş.

مؤجل mu'eccil: (A.) erteleyen.

مؤجلاً mu'eccelen: (A.) ertelenerek, tecil edilerek.

مؤجله mu'eccele: (A.) ertelenmiş, tecil edilmiş.

موج موج movc movc: (A.) dalga dalga.

موجوب mevcûb: (A.) vacip kılınmış.

موجود mevcûd, movcûd: (A.) 1.mevcut, bulunan, hazır olan, var. 2.varlık, yaratık.

موجوداً mevcûden: (A.) mevcut olarak.

موجودات mevcûdât: (A.) varlıklar, mevcudat, yaratıklar.

موجوده mevcûde: (A.) 1.bulunan, hazır olan. 2.topluluktaki fert sayısı. 3.varlık.

موجودی mevcûdî: (A.) kasa veya ambar mevcudu.

موجودیت mevcûdiyyet: (A.) 1.var olma, bulunma. 2.varlık.

موجودین mevcûdîn: (A.) var olanlar, mevcutlar.

موجه muvecceh: (A.) 1.yer ve makam sahibi. 2.makbul, beğenilmiş. 3.kurallı, meşru. 4.apaçık, kuşku götürmez, inkâr edilemez.

موجه muveccih: (A.) doğrultucu, direktör.

موجه mevce: (A.) dalga.

موجة الشباب mevcetuşşebâb: (A.) gençlik çağı.

موجه دار mevcedâr: (A.-F.) [mevce+ dâşten>dâr] dalgalı.

موجه ران mevcerân: (A.-F.) [mevce+ rânden>rân] dalgalı.

موجه نمود mevcenumûd: (A.-F.) [mevce+numûden> numûd] 1.dalga gibi görünen. 2.dalgalı.

موجی mûcî: (A.) ağrı veren, acıtan.

موچ mûç: 1.öpücük. 2.kundura.

موچ کشیدن mûç keşîden: ıslık çalmak.

موچول mûçûl: 1.küçük, minik. 2.kadın ve erkek adı.

موچی mûçî: kunduracı.

موچین mûçîn: [mû+çîden>çîn] cımbız.

موچینه mûçîne: [mû+çîden>çîn+e] cımbız.

موحد muvahhad: (A.) 1. tekleştirilmiş, tek kılınmış, birleştirilmiş. 2.bir noktalı.

موحد muvahhid: (A.) 1.Tanrı'nın birliğine inanan. 2.birleştiren, tekleştiren.

موحدانه muvahhidâne: (A.-F.) [muvahhid+âne] Tanrı'nın birliğine inanarak, muvahhitçe, muvahhit gibi.

موحده muvahhade: (A.) 1.tekleştirilmiş, tek kılınmış, birleştirilmiş. 2.bir noktalı.

موحدین muvahhidîn: (A.) Tanrı'nın birliğine inananlar, muvahhitler.

موحش mûhiş: (A.) korkunç, korku salan.

موحش muvahhiş: (A.) korkutan, ürküten.

موحشه muvahhişe: (A.) korkutan, ürküten.

موحل mevhil: (A.) çamurlu, balçıklı.

موحنایی mûhenâyî: [mû+henâ+y+î] kınalı saçlı.

مؤخر mu'ahher: (A.) 1.sonra, geç dönem, sonraki. 2.(ask.) ihtiyat kuvvet. 3.geç dönem. 4.kıç.

مؤخراً mu'ahharan: (A.) sonradan, daha sonra, sonraları.

مؤخره mu'ahhara: (A.) 1.sonraya bırakılmış, ertelenmiş. 2.sonraki. 3.geç dönem.

موخوره mûhore: [m+horden>hor+e] (tıb.) saçkıran.

مود mûd tavşancıl kuşu.

مو دادن mû dâden (Ed.) sevgiliye saç saç göndermek.

مودار mûdâr: [mû+dâşten>dâr] 1.saçlı. 2.kıllı. 3.çizgili.

مؤدب mu'eddeb: (A.) edepli, terbiyeli.

مؤدب mu'eddib: (A.) eğitici, terbiye eden, edep öğreten.

مؤدباً mu'eddeben: (A.) edeple, terbiyeli olarak.

مؤدبانه mu'eddebâne: (A.-F.) [mu'eddeb+ âne] edeple, terbiyelice, saygıyla.

مؤدبه mu'eddebe: (A.) terbiyeli, edepli.

مؤدبین mu'eddibîn: (A.) terbiye edenler, edep öğretenler.

مودت meveddet: (A.) dostluk, sevgi.

مودراز mûderâz: [m+derâz] uzun saçlı.

مودع mûdâ': (A.) kendisine imanet bırakılmış, emanetçi.

مودع mûdi': (A.) 1.emanet eden, emanet bırakan. 2.bankada hesap açtıran, banka müşterisi.

مودود mevdûd: (A.) sevilmiş, sevgi gösterilmiş.

مودوع mevdû': (A.) 1.ısmarlanan. 2.emanet bırakılan.

مودوعات mevdû'ât: (A.) 1.emanet bırakılan şeyler. 2.yatırım, mevduat.

مودوعه mevdû'a: (A.) emanet edilmiş, bırakılmış.

مؤدی ، مؤدا mu'eddâ: (A.) 1.ödenmiş. 2.yerine getirilmiş. 3.kavram, mefhum, anlam.

مؤدی mu'eddî: (A.) 1.ödeyen, eda eden. 2.yol açan, meydana getiren, sebep olmak.

مؤذن mu'ezzin: (A.) ezan okuyan.

مؤذنین mu'ezzinîn: (A.) ezan okuyanlar, müezzinler.

مؤذی mu'ezzî: (A.) eziyet eden.

موذی mûzî: (A.) 1.eziyet eden. 2.hilekâr.

موذیات mûziyât: (A.) insanı rahatsız eden küçük haşereler.

موذی گری mûzîgerî: (A.-F.) [muzî+ ger+î] namertlik, hilekârlık.

مور mûr: (Peh.) 1.karınca. 2.(kin.) hakir ve zayıf kimse. 3.(mec.) kılıç ve hançer mücevheri. 4.pas.

مورانه mûrâne: [mûr+âne] 1.karınca gibi. 2.acizane.

مورب muverreb: (A.) eğri, eğik, bükülmüş.

مورث muverris: (A.) miras bırakan.

مورث mûris: (A.) 1.miras bırakan.

2.seben, neden. 3.getiren, kazandıran.

مورثه mûrise: (A.) 1.miras bırakan. 2.getiren, kazandıran.

مورچال mûrçâl: (T.) lağım, kale lağımı.

مورچه mûrçe: (Peh.) [mûr+çe] 1.(zool.) karınca. 2.(zool.) kanatlı karınca. 3.kılıç mücevheri. ‖ * rûy-i ~ sevâr bûden روی مورچه سوار بودن çok yavaş gitmek, kaplumbağa hızıyla gitmek.

مورچه خانه mûrçehâne: [mûrçe+hâne] karınca yuvası.

مورچه خوار mûrçehâr: [mûrçe+horden> hor>hâr] (zool.) karıncayiyen.

مور حرص mûrhirs: (F.-A.) [mûr+hirs] hırslı, haris.

مورخ muverreh: (A.) tarihli.

مورخ muverrih: (A.) 1.tarihçi, tarih yazarı. 2.ebced hesabıyla tarih düşüren şair.

مورخا muverrehen: (A.) tarihli olarak, tarihiyle.

مورخه muverrehe: (A.) tarihli.

مورخین muverrihîn: (A.) 1.tarihçiler, tarih yazarları. 2.ebced hesabıyla tarih düşüren şairler.

مورد mûrd mersin ağacı.

مورد mevrid, movrid: (A.) 1.giriş yeri. 2.suya giden yol. 3.konu, sorun. ‖ * ~ -i çîzî karâr dâden مورد چیزی قرار دادن söz konusu etmek, mazhar etmek, uğratmak. ‖ * ~ -i çîzî karâr giriften مورد چیزی قرار گرفتن mazhar olmak, lâyık olmak, söz konusu olmak, uğramak. ‖ * ~ -i tehdîd karâr dâden مورد تهدید قرار دادن tehdit etmek. ‖ * ~ -i teveccuh karâr giriften مورد توجه قرار گرفتن ilgi görmek, ilgiyle karşılanmak.

مورد mûrd: (Peh.) (bot.) mersin ağacı.

مورد muverred: (A.) 1.gül rengi. 2.kırmızı.

مورد الخد muverredulhad: (A.) yuvarlak gül yanaklı.

مورد داشتن mevrid/movrid dâşten: söz konusu olmak.

مورد کردن muverred kerden: kızartmak, kırmızılaştırmak.

مورش mûriş: 1.kolye. 2.dükkân sekisi.

مور مور mûr mûr: 1.karıncalanma. 2.ürperme. ‖ * ~ -i kesî şoden مور مور کسی شدن ürpermek. ‖ * tîre-i poşt-i kesî ~ şoden تیره ء پشت کسی مور مور شدن sırtı ürpermek.

موروار mûrvâr: [mûr+vâr] karınca gibi.

موروث mevrûs: (A.) miras, miras kalan.

موروثات mevrûsât: (A.) miras olarak bırakılanlar.

موروثه mevrûse: (A.) miras kalmış.

موروثی mevrûsî: (A.) miras kalan, miras.

مورود mevrûd: (A.) varmış, gelmiş, gelen.

مورودات mevrûdât: (A.) gelenler.

موروده mevrûde: (A.) gelen.

موریانه mûriyâne: [mûr+iyâne] 1.(zool.) güve. 2.pas, demir pası.

مو ریختن mû rîhten: tüy dökmek. ‖ * ~ ez kesî مو ریختن کسی birinden korkmak.

موز mevz, movz (bot.) muz.

موزائیک mozaik: (Fr.) 1.mozaik. 2.hâtem işi.

موزائیک کار mozaikkâr: (Fr.-F.) [mozaik+ kâr] mozaikçi, mozaik işçisi.

موزائیک کاری mozaikkârî: (Fr.-F.) [mozaik+kâr+î] mozaikçilik, mozaik işçiliği.

مو زدن mû zeden: çok az farklı olmak.

مو نزدن mû nezeden: 1.şaşmamak. 2.farklı olmamak.

موزر mozir, movzir (Alm.) (ask.) mavzer.

موزع muvezzi': (A.) 1.dağıtıcı, dağıtan. 2.postacı, posta dağıtıcısı. 3.gazete dağıtıcısı.

موزعين muvezzi'în: (A.) **1.**dağıtıcı, dağıtan. **2.**postacı, posta dağıtıcısı. **2.**gazete dağıtıcısı.

موزون mevzûn, movzûn: (A.) **1.**tartılı, ölçülü, biçimli. **2.**düzenli, ritmik, vezinli. **3.**denk. **4.**uygun, uyumlu.

موزونات mevzûnât: (A.) vezinli şeyler, tartılı şeyler.

موزونيت mevzûniyyet: (A.) **1.**mevzunluk, düzgünlük, tartılı olma, ölçülü olma. **2.**düzgün, düzenli.

موزه mûze: (Peh.) çizme. ‖ * ~ -i kesî der gil mânden موزهء كسى در گل ماندن aciz kalmak, çaresiz kalmak.

موزه muze: (Fr.) müze.

موزه دوز mûzedûz: [mze+dûhten>dûz] çizmeci.

موزه دوزى mûzedûzî: [mûze+dûhten> dûz+î] çizmecilik, çizme dikimi.

موزيسين muzisiyen: (Fr.) (müz.) müzisyen.

موزيک muzik: (Fr.) müzik.

موزيكال muzikal: (Fr.) (müz.) müzikal.

موزيكان muzikân: **1.**müzik, musikî. **2.**mızıka, bando.

موزيكانچى muzikançi: (Fr.-T.) [muzikan+ çi] (müz.) mızıkacı, bandocu.

موزيكچى muzikçi: (Fr.-T.) [muzik+çi] (müz.) müzisyen.

موژ mûj: keder, gam, üzüntü.

موژ mûj: su birikintisi.

موژه mûje **1.**tasa, kaygı. **2.**felaket, bela.

موس mûs: (A.) bıçak.

موسا mûsâ: [mû+sâ'îden>sâ] ustura.

موسائيه mûsâiyye: (A.) Hz. Musa ile ilgili.

موساوار mûsâvâr: (A.-F.) [mûsâ+vâr] Musa gibi.

موساى mûsây: [mû+sâyîden>sây] ustura.

موسخ muvessah: (A.) kirli, kirletilmiş.

موسخ muvessih: (A.) kirleten, kirletici.

موسر mûsir: (A.) zengin.

مؤسس mu'esses: (A.) kurulmuş, tesis edilmiş, kurulu.

مؤسس mu'essis: (A.) kurucu, kuran, tesis eden.

مؤسسات mu'essesât: (A.) **1.**kuruluşlar, kurumlar, müesseseler. **2.**devlet daireleri.

مؤسسان mu'essisân: (A.-F.) [mu'essis+ ân] kurucular.

مؤسسه mu'essese: (A.) kuruluş, kurum, müessese.

مؤسسين mu'essisîn: (A.) kurucular, kuranlar.

موسع muvesse': (A.) **1.**genişletilmiş. **2.**geniş.

موسع muvessi': (A.) genişleten, genişletici.

مؤسف mu'essif: (A.) üzücü, esef verici.

مؤسفه mu'essife: (A.) üzücü, esef verici.

موسفيد mûsefîd: [m+sefîd] kır saçlı, ak saçlı.

موس كشيدن mûs keşîden: ıslık çalmak.

موسم mevsim, movsim: (A.) **1.**mevsim. **2.**zaman, vakit. **3.**hac vakti.

موس موس mûs mûs: dalkavukluk.

موس موس كردن mûs mûs kerden: dalkavukluk etmek.

موسمى mevsimî: (A.) mevsimlik.

موسوس muvesvis: (A.) kuruntulu, kuruntucu.

موسوس شدن mevsûs şoden: kuruntuya düşmek.

موسوسه muvesvise: (A.) kuruntulu, kuruntucu.

موسوم mevsûm, movsûm: (A.) **1.**işaretli, dağlanmış. **2.**adlandırılmış, isimlendirilmiş. adındaki, adlı.

موسوم شدن mevsûm şoden: **1.**işaretlenmek, dağlanmak. **2.**adlandırılmak, isimlendirilmek. **3.**tanınmak.

موسوم کردن mevsûm kerden: 1.dağlamak, işaretlemek. 2.adlandırmak, isimlendirmek.

موسومه mevsûme: (A.) 1.süslü zırh. 2.yağmur yağmış toprak. 3.adlandırılmış, isimlendirilmiş.

موسوی mûsevî: (A.) musevi, yahudi.

موسوی کلام mûsevîkelâm: (A.) [mûsevî+ kelâm] Hz. Musa gibi mucizeler söyleyen.

موسویه mûseviyye: (A.) Mûsevî bayan.

موسه mûse arı.

موسی mûsâ: (A.) 1.Musa peygamber. 2.erkek adı. ‖ * nâr-i ~ نار موسی Hz. Musâ'nın gördüğü ateş.

موسیر movsîr: 1.(bot.) titrek çiçek. 2.(bot.) arpacık soğanı.

موسیقار mûsîkâr: 1.musikî, müzik. 2.kaval. 3.mizmar düdüğü, flütpan, muskal. 4.rüzgârın esişiyle burun deliklerinden çeşitli sesler çıkaran masalımsı kuş. 5.müzisyen. 6.klasik Türk musikîsinde bir makam.

موسیقال mûsîkâl 1.kaval. 2.derviş sazı.

موسیقی mûsîkî: (A.-Yun.) müzik, musikî.

موسیقی دان mûsikîdân: (A.-F.) [msikî+ dânisten>dân] müzisyen, müzik otoritesi.

موسیقی شناس mûsikîşinâs: (A.-F.) [mûsikî+şinâhten> şinâs] müzisyen, müzikçi.

موسیقیه mûsikiyye: (A.) müzik ile ilgili.

موسیو mosyo: (Fr.) mösyö.

موش mûş (Hind.) 1.(zool.) fare, sıçan. 2.(zool.) firavun faresi. ‖ * ~ -i âb keşîde موش آب کشیده suya düşmüş sıçan. ‖ * ~ -i hurmâ موش خرما hurma sıçanı. ‖ * ~ -i kûr موش کور (zool.) köstebek. ‖ * ~ -i perende موش پرنده (zool.) sincap.

موشح muveşşeh: (A.) 1.süslü, süslenmiş, iki dirhem bir çekirdek giyinmiş. 2.(ed.) akrostişli şiir. 3.yazılı, yazılmış. 4.klasik Arap musikîsinde bir şekil.

موشحا muveşşehan: (A.) 1.iki dirhem bir çekirdek giyinerek. 2.akrostiş yaparak, akrostişli.

موشح شدن muveşşeh şoden: 1.süslenmek. 2.yazılmak.

موش خوار mûşhâr: [mûş+hâr] 1.(zool.) çaylak. 2.fare yiyen.

موشک mûşek: [mûş+ek] 1.(ask.) füze. 2.maytap. 3.küçük fare, farecik. 4.fare yavrusu. ‖ * ~ -i germâyâb موشک گرمایاب (ask.) ısıya yönelen füze. ‖ * ~ -i hevâ be hevâ موشک هوا به هوا (ask.) havadan havaya füze. ‖ * ~ -i kûr موشک کور (zool.) yarasa.

موشکاف mûşikâf: [mû+şikâften>şikâf] kılı kırk yaran, inceleyen.

موشکافانه mûşikâfâne: [mû+şikâften> şikâf+ âne] kılı kırk yararak.

موشکافی mûşikâfî: [mû+şikâften> şikâf+î] kılı kırk yarma.

موشکافی کردن mûşikâfî kerden: kılı kırk yarmak, dikkatle incelemek.

موشک دواندن mûşek devânden: 1.füze fırlatmak. 2.fitneyi körüklemek.

موشک دوانی mûşekdevânî: [mûşek+ devânden>devân+î] 1.füze fırlatma. 2.fitneyi körükleme.

موش گیر mûşgîr: [mûş+giriften>gîr] 1.sıçan tutan, fare yakalayan. 2.çaylak.

موش مرده بازی mûşmordebâzî: [mûş+ morden>mord+e+bâhten>bâz+î] ömüş gibi yapma, ölü numarasına yatma.

موش مرده بازی کردن mûşmorde bâzî kerden: ölmüş numarası yapmak.

موش مرده شدن mûşmorde şoden: süt dökmüş kediye dönmek.

موش موشک mûşmûşek: [mûş+mûş+ek] saklambaç oyunu.

موصل mûsel: (A.) ulaştırılmış, yetiştirilmiş.

موصل mevsil, movsil, mûsil: (A.) 1.bağlama yeri. 2.kavşak. 3.ek yeri. 4.ulaştıran, yetiştiren, götüren, bağlayan. 5.(coğ.) Musul.

موصله mûsile: (A.) **1.**ulaştıran, yetiştiren. **2.**eskiden müderrislere verilen bir derece.

موصله muvassile: (A.) Osmanlı medreselerinde müderrisliğin ikinci derecesi.

موصوف mevsûf, movsûf: (A.) **1.**vasıflanmış, tavsif edilmiş, nitelenmiş. **2.**belirtilen.

موصوفه mevsûfe: (A.) vasıflanmış, tavsif edilmiş, nitelenmiş.

موصول mevsûl: (A.) **1.**birleşmiş, kavuşmuş. **2.**ulaşmış. **2.**bağlaç. ‖ * ism-i ~ اسم موصول bağlaç.

موصول شدن mevsûl şoden: bitişmek, yapışmak, birleşmek.

موصوله mevsûle: (A.) **1.**birleşmiş, kavuşmuş. **2.**ulaşmış.

موصى mûsâ: (A.) **1.**vasiyet edilmiş. **2.**tavsiye edilmiş.

موصى mûsî: (A.) **1.**vasi tayin eden, vasi gösteren. **2.**tavsiyede bulunan. **3.**vasiyet eden.

موصى muvassâ: (A.) tavsiye edilen.

موصى muvassî: (A.) **1.**tavsiye eden. **2.**vasi gösteren.

موصى به mûsâ bih: (A.) vasiyet olunan.

موصى له mûsâ leh: (A.) vasiyet olunan.

موصيه mûsiye: (A.) vasiyet eden bayan.

موضح muvazzih: (A.) açıklayan, açıklamada bulunan.

موضح muvazzah: (A.) açıklanmış.

موضح mûzih: (A.) açıklayan, açıklık getiren.

موضحاً muvazzahan: (A.) açıkça, ayrıntılı olarak.

موضحه muvazzaha: (A.) açıklanmış.

موضع muvazza': (A.) itibarsız, saygınlığı olmayan.

موضع mevzi', movzi': (A.) **1.**mevzi, yer. **2.**köy.

موضع گرفتن mevzi' giriften: bir yeri tutmak, mevzilenmek.

موضع گيرى mevzi'gîrî: (A.-F.) [mevzi'+ giriften>gîr+î] yer tutma, mevzilenme.

موضعى mevzi'î: (A.) yerel, mevzi'î.

موضعيه mevzi'iyye: (A.) yerel, mahallî, lokal.

موضوع mevzû', movzû': (A.) **1.**konu, mevzu. **2.**bırakılmış, koyulmuş. **3.**yapay, uydurma. **4.**uydurma hadis. ‖ * ~ ez... karâr bûd موضوع از قرار بود konu olmak. ‖ * ~ râ ber gerdânden موضوع را برگرداندن konuyu değiştirmek. ‖ * ~ râ matrah kerden موضوع را مطرح كردن konuyu açmak. ‖ * ~ -i bahs موضوع بحث söz konusu. ‖ * ~ -i çîzî şoden موضوع چيزى شدن bir şeye konu olmak.

موضوعات mevzû'ât: (A.) **1.**yasalar, yönetmelikler. **2.**ticarî mal koyulan kaplar.

موطاء mevtâ': (A.) ayak basılan yer.

موطلا mûtelâ: (F.-A.) [mû+telâ] sarı saçlı.

موطن mevtin, movtin: (A.) vatan, yurt.

موطونه mevtû'a: (A.) cinsel ilişkiye girilmiş kadın.

موظف muvezzef: (A.) görevli, vazifeli.

موظف muvezzif: (A.) **1.**görev veren, görevlendiren. **2.**maaşa bağlayan.

موظفاً muvezzefen: (A.) görevli olarak, vazifeli olarak.

موظف شدن muvezzef şoden: görevlendirilmek, vazifelendirilmek.

موظف كردن muvezzef kerden: görevlendirmek, vazifelendirmek.

موظفين muvezzefîn: (A.) **1.**görevliler, vazifeliler. **2.**ilk askerlik görevini yapanlar.

موعد mev'id: (A.) **1.**vade, süre. **2.**buluşma yeri, vaat yeri, randevu yeri.

موعظت mev'izet: (A.) **1.**öğüt, nasihat. **2.**vaaz.

موعظه mev'ize: (A.) **1.**vaaz. **2.**öğüt, nasihat.

موعظه كار mev'izekâr: (A.-F.) [mev'ize+ kâr] öğüt veren, öğütçü.

موعظه كردن mev'ize kerden: vaaz

vermek.

موعود mev'ûd, mov'ûd: (A.) vaat edilmiş, söz verilmiş, beklenen.

موعوده mev'ûde: (A.) **1.**vaat edilmiş. **2.**vadeli.

موفر muveffer: (A.) çoğaltılmış, bollaştırılmış.

موفق muveffak: (A.) **1.**başarılı, muvaffak. **2.**mutlu.

موفق muveffik: (A.) başarı kazandıran.

موفق الامور muveffıkulumûr: (A.) işlerde başarı kazandıran.

موفق شدن muveffak şoden: başarılı olmak, başarmak, muvaffak olmak.

موفق كردن muveffak kerden: muvaffak etmek.

موفقى muveffakî: (A.-F.) [muveffak+î] muvaffaklık.

موفقيات muveffakiyyât: (A.) başarılar.

موفقيت muveffakiyyet: (A.) başarı, muvaffakiyet. ‖ * ~ be dest âverden موفقيت به دست آوردن başarı kazanmak.

موفقيت بخش muveffakiyyetbahş: (A.-F.) [muvaffakiyyet+ bahşîden>bahş] başarılı.

موفقيت پذير muveffakiyyetpezîr: (A.-F.) [muvaffakiyyet+ pezîruften>pezîr] başarılı.

موفقيت پيدا كردن muveffakiyyet peydâ kerden: başarı olmak, başarı kazanmak.

موفور mevfûr, movfûr: (A.) çok, bol, sayısız.

موفوره mevfûre: (A.) bol, çok.

موفى mûfî: (A.) **1.**yerine getiren. **2.**ödeyen.

موق mûk: (A.) göz pınarı.

موقت mevkit: (A.) randevu saati, randevu yeri.

موقت muvekkat: (A.) geçici, muvakkat, eğreti. ‖ * betovr-i ~ بطور موقت geçici olarak.

موقت muvekkit: (A.) **1.**vakit tayin eden. **2.**kronometre.

موقتاً muvekkaten: (A.) geçici olarak, muvakkaten.

موقت خانه muvekkithâne: (A.-F.) [muvakkit+hâne> hâne-i muvakkit] muvakkit odası, cami yanlarında bulunan muvakkit odası.

موقته muvekkate: (A.) **1.**geçici, **2.**eğreti.

موقتى muvekkatî: (A.) geçici, muvakkat.

موقد mûkad: (A.) ağır yüklü.

موقد mûkid: (A.) ateş yakan.

موقد mevkid: (A.) ocak, ateş ocağı.

موقر muvekkar: (A.) **1.**saygıdeğer. **2.**ağırbaşlı.

موقر muvakkir: (A.) ağırlayan, saygı gösteren.

موقر mûkir: (A.) **1.**meyva bolluğundan dalları sarkmış ağaç. **2.**ağırbaşlı.

موقرا muvakkaren: (A.) **1.**ağırbaşlılıkla. **2.**ağırlanarak, saygı gösterilerek.

موقر شدن muvekkar şoden: saygıdeğer olmak, büyük sayılmak.

موقرمز mûkirmiz: [mû+kirmiz] kızıl saçlı.

موقظ mûkiz: (A.) **1.**uyaran, ikaz eden. **2.**uyandıran.

موقع mevki', movki': (A.) **1.**mevki, yer, yöre, mahal. **2.**vakit, zaman. **3.**durum, konum. **4.**makam. ‖ * ~ î be dest âverden موقعى به دست آوردن bir fırsatını bulmak. ‖ * ~ î ki موقعى كه -dığı zaman, -ince. ‖ * be ~ به موقع zamanında, vaktinde. ‖ * der ~ -i در موقعِ zamanı, vakti. ‖ * der ~ î ki در موقعى كه -dığı zaman, -ince. ‖ * der an ~ در آن موقع o sırada, o vakit, o zaman.

موقع muvakka': (A.) tuğralı.

موقع muvakki': (A.) tuğracı, tuğra çeken.

موقع شناس movki'şinâs: (A.-F.) [movki'+ şinâhten>şinâs] fırsatçı, zamanı iyi ayarlayan.

موقعيت mevki'iyyet, movki'iyyet: (A.) durum, pozisyon, mevki, statü. ‖ * ~ -i ictimâî موقعيت اجتماعى sosyal mevki.

موقف mevkif, movkif: (A.) **1.**durak,

durulacak yer. **2.**Hac farîzası esnasında Arafat'ta durulması gereken yer. **3.**mesken. **4.**tavır.

موقف muvakkif: (A.) durduran, alıkoyan.

موقف اختيار كردن mevkif ihtiyâr kerden: tavır koymak, tavır takınmak.

موقن mûkin: (A.) kesin bilgili.

موقوت mevkût, movkût: (A.) **1.**vakti kararlaştırılmış, vakti belli. **2.**süreli.

موقوته mevkûte: (A.) **1.**vakti kararlaştırılmış, vakti belli. **2.**süreli. **3.**süreli yayın. ‖ * risâle-i ~ رساله موقوته dergi, süreli yayın.

موقود mevkûd: (A.) yakılmış, yanık.

موقوف mevkûf, movkûf: (A.) **1.**vakfedilmiş. **2.**vakıf. **3.**yasaklanmış, durdurulmuş. **4.**metruk. **5.**tutuklu. **6.**bağlı, ait.

موقوفا mevkûfen: (A.) **1.**vakıflı olarak. **2.**tutuklu olarak. **3.**tutulmuş olarak.

موقوفات mevkûfât: (A.) belli bir süre için tutulmuş para veya mal.

موقوفاتى mevkûfâtî: (A.) vakıf memuru.

موقوف داشتن mevkûf dâşten: **1.**alıkoymak. **2.**vazgeçmek, terketmek.

موقوف شدن mevkûf şoden: **1.**vakfedilmek. **2.**terkedilmek. **3.**ilgili olmak, bağlı olmak. **4.**ortadan kalkmak, kapatılmak.

موقوف عليه mevkûfunaleyh: (A.) vakıf olanakları şartlı olarak kendisine tanınmış kişi.

موقوف كردن mevkûf kerden: **1.**vakfetmek. **2.**terketmek. **3.**bağlamak. **4.**ortadan kaldırmak, kapatmak.

موقوف له · mevkûfunleh: (A.) vakfeden.

موقوفه mevkûfe: (A.) **1.**vakfedilmiş. **2.**durdurulmuş. **3.**tutuklu.

موقوفيت mevkûfiyyet: (A.) **1.**tutukluluk. **2.**vakfedilme. **3.**aitlik, bağlılık.

موقوفين · mevkûfîn: (A.) tutuklular.

موک mûk (zool.) koyun.

موک mûk: [mû+k<mû+yek] diken.

موكب mevkib, movkib: (A.) **1.**atlı grubu. **2.**maiyet, alay, muhafız alayı.

مؤكد mu'ekked: (A.) pekiştirilmiş, tekit edilmiş, sağlam.

مؤكد mu'ekkid: (A.) pekiştiren, tekit eden, sağlamlaştıran, sağlamlaştırıcı.

مؤكدا mu'ekkeden: (A.) kesinlikle, tekit ederek, pekiştirerek, üstüne basa basa.

مؤكد ساختن mu'ekked sâhten: tekit etmek, pekiştirmek, sağlamlaştırmak.

مؤكد شدن mu'ekked şoden: tekit edilmek, pekiştirilmek, sağlamlaştırılmak.

مؤكد كردن mu'ekked kerden: tekit etmek, pekiştirmek, sağlamlaştırmak.

مؤكده mu'ekkede: (A.) **1.**pekiştirilmiş, sağlamlaştırılmış. **2.**yinelenmiş, tekrar haber verilmiş.

مؤكده mu'ekkide: (A.) **1.**pekiştiren, sağlamlaştıran. **2.**yineleyen, tekrar haber veren.

موكشان mûkeşân: [mû+keşîden>keş+ân] saçlarından sürüye sürüye.

مؤكل mu'ekkel: (A.) yedirilmiş, tattırılmış.

مؤكل mu'ekkil: (A.) vekil bırakan, vekil tayan eden, müvekkil.

موكل muvekkel: (A.) **1.**görevli, vekil bırakılan. **2.**koruyucu melek.

موكل muvekkil: (A.) vekalet veren, müvekkil, vekil bırakan.

موكل به muvekkelun bih: (A.) vekile bildirilen.

موكن mevkin: (A.) kuş yuvası.

مو كندن mû kenden: saç yolmak.

موكول mevkûl, movkûl: (A.) **1.**bırakılmış, havale edilmiş. **2.**bağlı olma.

موكول اليه mevkûlunileyh: (A.) vekil, vekalet verilmiş.

موكول شدن mevkûl şoden: bırakılmak,

havale edilmek.

موكول كردن mevkûl kerden: bırakmak, havale etmek, yüklemek, vermek.

موكوله mevkûle: (A.) bırakılmış, emanet edilmiş.

مول mûl: **1.**metres. **2.**piç, haramzade.

مول mûl: **1.**geciktirme, savsaklatma. **2.**duraklama.

مولا mevlâ, movlâ: (A.) **1.**önder, sahip, efendi, lider. **2.**kul, köle. **3.**Tanrı. **4.**köle âzât eden. **5.**velî. **6.**şerefli. **7.**eğitmen, mürebbi. **8.**yardımcı.

مولا منها mûlâ minhâ: (A.) kocası tarafından bir süre yaklaşmamak üzere yemin edilmiş kadın.

مولامول mûlâmûl: [mûl+â +mûl] art arda gecikme, sürekli gecikme.

مولانا mevlânâ: (A.) **1.**efendimiz. **2.**kimi din adamlarına hitap şekli. **3.**Mevlana Celaleddin-i Rûmî.

مولد mevlid: (A.) **1.**doğum yeri. **2.**doğum zamanı. **3.**Süleyman Çelebi'nin ünlü eseri, mevlüt.

مولد muvelled: (A.) **1.**doğumlu. **2.**(gr.) yapma sözcük. **3.**melez.

مولد muvellid: (A.) **1.**doğuran. **2.**meydana getiren, hasıl eden. **3.**jeneratör.

مولد mûlid: (A.) doğuran kadın.

مولدات muvelledât: (A.) **1.**doğanlar, dünyaya gelenler. **2.**uydurmalar. **3.**uydurma kelimeler.

مولد الاملاح muvellidulemlâh: (A.) tuz üreten, tuz veren.

مولد الحموضه muvellidulhumûza: (A.) oksijen.

مولد الضياء muvelliduzziyâ': (A.) ışık veren.

مولد اللون muvellidullevn: (A.) renk veren.

مولد الماء muvellidulmâ': (A.) hidrojen.

مول داشتن mûl dâşten: kötü kadın olmak.

مولده muvellede: (A.) **1.**doğumlu, doğma. **2.**melez. **3.**yapma, uydurma.

مولده muvellide: (A.) doğurtan, ebe.

مولش mûliş: [mûlîden>mûl+iş] geciktirme, tehir, rötar.

مؤلف mu'ellef: (A.) **1.**telif edilmiş, yazılmış. **2.**kitap. **3.**mürekkep. **4.**eski bir Arap yazısı.

مؤلف mu'ellif: (A.) **1.**yazar, müellif, telif eden, derleyen. **2.**bir araya getiren, uzlaştıran.

مؤلفات mu'ellefât: (A.) telif eserler, kitaplar.

مؤلف شدن mu'ellef şoden: **1.**telif edilmek, yazılmak, kaleme alınmak. **2.**terkip edilmek.

مؤلفه mu'ellefe: (A.) yazılmış, telif edilmiş.

مؤلفين mu'ellifîn: (A.) yazarlar, telif eser sahipleri.

مول كردن mûl kerden: gayri meşru çocuk doğurmak.

مولكول molikul: (Fr.) (kim.) molekül.

مؤلم mu'ellem: (A.) elemli, üzüntülü.

مؤلم mu'ellim: (A.) elem veren, üzücü, acıtan, acı veren.

مول مول زدن mûl mûl zeden: geciktirmek, ağırdan almak, savsaklatmak.

مؤلمه mu'ellime: (A.) elem veren, üzücü, acıtan, acı veren.

مولود mevlûd, movlûd: (A.) **1.**doğmuş, doğan. **2.**meydana gelmiş, hasıl olmuş. ‖ * ~ -i çîzî bûden مولود چيزى بودن bir şeyden doğmak, bir şeyden ileri gelmek.

مولودات mevlûdât: (A.) doğanlar.

مولوى mevlevî, movlevî: (A.) **1.**(tas.) mevlevî. **2.**Mevlana Celaleddin-i Rûmî.

مولويت mevleviyyet: (A.) **1.**Mevlevîlik. **2.**hocalık, mollalık. **3.**müdderrislik-ten bir derece üstteki pâye.

مولوى خانه mevlevîhâne: (A.-F.) [mevlevî+hâne <hâne-i mevlevî] mevlevîlerin bir arada bulundukları bina, mevlevi tekkesi.

مولوى گرى mevlevîgerî: (A.-F.) [mevlevî+ ger+î] mevlevîlik.

مولويه mevleviyye: (A.) mevlevîlik.

مؤلهه mu'ellihe: (A.) Hz. Ali'ye ulûhiyet isnat edenler.

مولى muvellâ: (A.) bir kazadaki çok özel davalara bakmakla görevlendirilen hakim.

مولى mûlî: (A.) bir süre için karısına yaklaşmama yemini eden koca.

مولى الموالى mevlulmevâlî: (A.) kölelerin efendisi.

موليدن mûlîden: **1.**gecikmek. **2.**oyalanmak, beklemek. **3.**sürünmek.

موم mûm: **1.**mum, balmumu, parafin. **2.**yumuşak.

مومسات mûmesât: (A.) genelev.

موم سرشت mûmsirişt: [mûm+sirişten> sirişt] yumuşak huylu, yumuşak tabiatlı.

مؤمن muemmen: (A.) emin kılınmış.

مؤمن mu'min: (A.) **1.**inanan, iman eden. **2.**müslüman.

مؤمنات mu'minât: (A.) mümin kadınlar, iman eden kadınlar.

مؤمنه mu'mine: (A.) **1.**mümin kadın, iman eden kadın. **2.**bayan adı.

مؤمنون mu'minûn: (A.) **1.**inananlar, iman edenler. **2.**müslümanlar.

مؤمنى mu'minî: (A.-F.) [mu'min+î] müminlik, iman etme, inanma.

مؤمنين mu'minîn: (A.) **1.**inananlar, iman edenler. **2.**müslümanlar.

مومو mev-mev: kedi sesi, miyav miyav.

موم وش mûmveş mum gibi.

مو مو كردن mev mev kerden: miyavlamak.

مومول mûmûl: (tıb.) bir göz hastalığı.

مومى mûmî: [mm+î] **1.**mumlu. **2.**mumdan.

موميا mûmiyâ: (Yun.) **1.**mumyalı ölü. **2.**mumya. **3.**her derde iyi geldiği söylenen masalımsı bir ilaç. **4.**canlı cenaze, canlı iskelet, çok sıska insan. **5.**asfalt.

موميائى mûmyâ'î: (Yun.-F.) [mûmyâ+'î] mumyalı, mumyalanmış, mumya.

موميائى شدن mûmiyâ'î şoden: mumyalanmak.

موميائى كردن mûmiyâ'î kerden: mumyalamak.

مومياكار mûmiyâkâr: (Yun.-F.) [mûmiyâ+ kâr] mumyacı.

مومياكارى mûmiyâkârî: (Yun.-F.) [mûmiyâ+ kâr+î] **1.**mumyacılık. **2.**mumyalama.

مومياگر mûmiyâger: (Yun.-F.) [mmiyâ+ ger] mumyacı.

مومى اليه mûmâileyh: (A.) sözü geçen, adı geçen, anılan, mezkur, zikredilen.

مومى اليها mûmâileyhâ: (A.) anılan bayan, adı geçen bayan.

مومى اليهم mûmâileyhum: (A.) anılanlar, adı geçenler.

مومى اليهما mûmâileyhumâ: (A.) anılan bayanlar, adı geçen bayanlar.

مومى اليهن mûmâileyhun: (A.) anılan bayanlar, adı geçen bayanlar.

موميان mûmiyân: [mûm+i+y+ân] ince belli güzeller, ince belli dilberler.

موميايى mûmiyâyî: (Yun.-F.) [mmiyâ+ y+î] mumyalı, mumyalanmış.

مومیایی شدن mûmiyâyî şoden: mumyalanmak.

مومیایی كردن mûmiyâyî kerden: mumyalamak.

مونتاژ montaj: (Fr.) montaj.

مؤنث mu'ennes: (A.) **1.**(gr.) dişil. **2.**dişi.

مونس mûnis: (A.) **1.**yakın dost, can yoldaşı, arkadaş, dost, munis. **2.**alışık. **3.**cana yakın.

مونسه mûnise: (A.) **1.**alışmış. **2.**can dostu, can yoldaşı. **3.**bayan adı.

مونيخ munih (Alm.) (coğ.) Münih, München.

مؤول mu'evvel: (A.) **1.**tevil edilmiş, yorumlanmış. **2.**tevil edilebilir, yorumlanabilir.

مؤول mu'evvil: (A.) **1.**yorumlayan, tevil eden. **2.**rüya tabir eden.

مؤولاً mu'evvelen: (A.) tevil edilerek, tevil yoluyla, kaçamak olarak.

منونت me'ûnet: (A.) **1.**geçimlik.

2.masraf. 3.yük. 4.meşakkat.
موهبت mevhibet: (A.) bağış, vergi.
موهبه mevhibe: (A.) 1.vergi, bağış, ihsan. 2.bayan adı.
موهن mûhin: (A.) küçültücü, aşağılayıcı.
موهوب mevhûb: (A.) bağışlanmış, hibe edilmiş, karşılıksız verilmiş.
موهوبات mevhûbât: (A.) bağışlar.
موهوب له mevhûbunleh: (A.) bağışlanan, hibe edilen, asılsız.
موهوم mevhûm: (A.) kuruntuya dayalı, mevhum, asılsız, belirsiz.
موهومات mevhûmât: (A.) mevhumlar, kuruntuya dayalı şeyler.
موهوم پرست mevhûmperest: (A.-F.) [mevhûm+perestîden>perest] hurafelere inanan, batıl itikatlı.
موهومه mevhûme: (A.) kuruntuya dayalı, vehmedilen.
موهون mevhûn: (A.) sıska, zayıf.
موى mûy: 1.saç, saç teli. 2.kıl. 3.tüy. ‖ * ~ ber beden râst şoden موى بر بدن راست شدن tüyler ürpermek. ‖ * ~ -i jûlîde موى ژوليده dağınık saç. ‖ * ~ -i mukaddes موى مقدس Sakal-i şerîf. ‖ * ~ -i sepîd موى سپيد ak saç. ‖ * ~ -i ser موى سر saç kılı, saç teli.
مويتاب mûytâb: [mûy+tâbîden>tâb] kıl dokumacısı, kıldan eşyalar dokuyan, mutaf.
مويتاف mûytâf: [mûy+tâften>tâft>tâf] kıldan eşya dokuyan, mutaf.
مؤيد mu'eyyed: (A.) 1.teyit edilmiş, sağlamlaştırılmış. 2.doğrulanmış. 3.yardım gören.
مؤيد mu'eyyid: (A.) 1.teyit eden, sağlamlaştıran. 2.doğrulayan. 3.yardım eden.
مؤيده mu'eyyide: (A.) yaptırım.
موى بند mûybend: [mûy+besten>bend] saç bağı.
موى رگ mûyreg: [mûy+reg] (tıb.) kılcaldamar.
مويز mevîz: 1.iri kuru üzüm. 2.bir çeşit üzüm.
مويزج mevîzec dağ üzümü.
مؤيس mu'eyyis: (A.) üzen.
مؤيسانه mu'eyyisâne: (A.-F.) [mu'eyyis+âne] üzerek.
موى سر mûy-i ser: saç.
موى ميان mûymiyân: [mûy+miyân] ince belli.
مويناك mûynâk: [my+nâk] 1.kıllı. 2.tüylü.
مويه mûye: (Peh.) 1.ağıt. 2.inilti, inleme.
مويه كردن mûye kerden: 1.ağıt okumak. 2.inlemek.
مويه گر mûyeger: [mûye+ger] 1.ağıt okuyan. 2.inleyen.
مويى mûyî: [mûy+î] 1.kıllı. 2.kıldan. 3.kürkten.
موييدن mûyîden: 1.ağıt okumak. 2.inlemek. 3.ağlamak.
مويين mûyîn: [mûy+în] 1.kıllı. 2.kılcal. 3.kıldan. 4.kürkten.
موينه mûyîne: [mûy+îne] 1.kıldan. 2.kürk.
موينه دوز mûyînedûz: [mûyîne+dûhten>dûz] kürkçü.
مه mih: (Peh.) büyük. ‖ * kih u ~ كه و مه küçük ve büyük.
مه mih: (coğ.) sis, pus.
مه meh: 1.ay. 2.ay yüzlü sevgili. 3.parlak yüz. ‖ * ~ îd مه عيد bayramda görülen hilal.
مه meh: (Fr.) Mayıs.
مها mehâ: safir.
مهاب mehâbb: (A.) rüzgârlı yerler.
مهاب muhâb: (A.) ürkülen, korkulan.
مه آبشار mihâbşâr: [mih+âbşâr] çavlan, çağlayan.
مه آلود mihâlûd: [mih+âlûden>âlûd] 1.sisli. 2.puslu.
مهابت mehâbet: (A.) 1.görkem, heybet. 2.korku.
مهابت احتوا mehâbetihtivâ: (A.) [mehâbet+ihtivâ] görkemli, heybetli.
مهابط mehâbit: (A.) inilecek yerler.
مهابل mehâbil: (A.) döl yatakları, rahim yolları.
مهاجات muhâcât: (A.) (ed.) hicivleşme.
مهاجات كردن muhâcât kerden:

hicivleşmek.

مهاجت muhâcet: (A.) birbirini yerme, hicivleşme.

مهاجر muhâcir: (A.) göçmen, muhacir.

مهاجرت muhâceret: (A.) göç, hicret, muhaceret.

مهاجرت كردن muhâceret kerden: göç etmek, hicret etmek.

مهاجرين muhâcirîn: (A.) **1.**göçmenler, göç edenler. **2.**Hz. Muhammed ile birlikte Medine'ye göç edenler.

مهاجزه muhâceze: (A.) fısıldama, fısıldaşma.

مهاجم muhâcim: (A.) saldırgan, saldıran, hücum eden.

مهاجمات muhâcemât: (A.) hücumlar, saldırılar.

مهاجم شدن muhâcim şoden: saldırmak, hücum etmek.

مهاجمه muhâceme: (A.) karşılıklı hücum.

مهاجمين muhâcimîn: (A.) saldıranlar, hücum edenler.

مهاد mihâd: (A.) **1.**yatak. **2.**beşik. **3.**alçak zemin.

مهادات muhâdât: (A.) hediyeleşme, birbirine hediye verme.

مهادنت muhâdenet: (A.) barış.

مهادنت طلبيدن muhâdenet talebîden: barış istemek.

مهار mehâr: **1.**yular, dizgin. **2.**tasma. **3.**uçakta kanatları birbirine bağlayan kısım. **4.**deve burunluğu.

مهار mihâr: (A.) taylar.

مهارات muhârât: (A.) birinin sakalıyla alay etme.

مهارب mehârib: (A.) kaçılacak yerler.

مهارت mehâret: (A.) beceri, maharet, ustalık.

مهارت داشتن mehâret dâşten: becerili olmak, maharetli olmak.

مهارت يافتن mehâret yâften: beceri sahibi olmak, beceri kazanmak.

مهار كردن mihâr kerden: boyun eğdirmek, itaat ettirmek.

مهارگسسته mehârgusiste: [mehâr+ gusisten> gusist+ e] yuları gevşek.

مهارشه muhâreşe: (A.) fitne sokma, kışkırtma, provoke etme.

مهارى mehârî: (A.) hecin develeri.

مهال mehâl: (A.) **1.**süre, mehil. **2.**korku yeri.

مهالک mehâlik: (A.) **1.**tehlikeli yerler. **2.**yok olma yerleri. **3.**tehlikeli işler.

مهام mehâmm: (A.) **1.**önemli şeyler. **2.**düşündürücü şeyler. **3.**gerekli şeyler, yapılması gereken işler.

مهامسه muhâmese: (A.) fısıldaşma, fısıltı.

مهام شناس mehâmmşinâs: (A.-F.) [mehâmm+ şinâhten> şinâs] işten anlar, iş bilir.

مهان mehân: (A.) küçümsenmiş.

مهان mihân: [mih+ân] büyükler.

مهان muhân: (A.) **1.**ihanet edilmiş. **2.**ihanet eden, alçak.

مهاناً mehânen: (A.) küçümsenerek.

مهانت mehânet: (A.) küçümsenme.

مهانل mehanol: (kim.) afyon.

مهاوش mehâviş: (A.) kalabalık yerler.

مهايا muhâyâ: (A.) nöbetleşe kullanma.

مهاينه muhâye'e: (A.) nöbetleşe kullanma.

مهب mehebb: (A.) **1.**rüzgâr yönü. **2.**rüzgârlı yer, rüzgârın estiği yer.

مهبط mehbit: **1.**iniş yeri. **2.**düşüş yeri.

مهبل mehbil: (A.) (tıb.) döl yatağı, rahim ağzı, rahim.

مهبلى mehbilî: (A.) döl yatağı ile ilgili.

مهبوط mehbût: (A.) korkudan şaşırmış.

مه پاره mehpâre: [meh+pâre] **1.**ay parçası. **2.**ay parçası gibi güzel yüzlü. **3.**bayan adı.

مه پرست mehperest: [meh+perestîden> perest] **1.**aya tapan, aysar. **2.**ay yüzlü güzel düşkünü. **3.**aşık.

مه پيكر mehpeyker: [meh+peyker] vücudu ay gibi beyaz, güzel vücutlu, güzel.

مهتاب mehtâb: [meh+tâbîden>tâb] ay

ışığı, mehtap.

مهتابی mehtâbî: [mehtâb+î] **1.**mehtaplı. **2.**bir tür ateş oyunu. **3.**açık sarı.

مهتابیه mehtâbiyye [mehtâb+iyye] **1.**mehtap şiiri. **2.**maytap.

مهتجن muhtecin: (A.) küçük yaşta evlendirilen kız.

مهتجی muhtecî: (A.) yeren, hicveden.

مهتدی muhtedî: (A.) **1.**doğru yolu bulan, hidayete eren. **2.**erkek adı.

مهتدیه muhtediye: (A.) İslâm dinini kabul eden bayan.

مهتر mihter: [mih+ter] **1.**daha büyük. **2.**ileri gelen. **3.**peygamber. **4.**Hz. Muhammed. **5.**seyis, tavla eri. **6.**büyük insan.

مهتران mehterân: [<mih+ter+ân] **1.**mızıkacılar. **2.**yüksek rütbeli hizmetkârlar. **3.**seyisler. **4.**kavaslar. **5.**nişan müjdecileri.

مهترخانه mehterhâne: [mehter+hâne <hâne+i mehter] bando takımı.

مهتری mihterî: [mihter+î] **1.**seyislik. **2.**büyüklük, ileri gelenlik. **3.**peygamberlik.

مهتز muhtezz: (A.) **1.**titrek, titreyen. **2.**sevinçten yerinde duramayan, sevincinden oynayan.

مهتلک muhtelik: (A.) kendine tehlikeye atan, gözünü budaktan esirgemeyen.

مهتم muhtem: (A.) **1.**üzgün. **2.**bir işle ilgilenen, himmet eden.

مهتور muhtevir: (A.) öfkeli, kızgın.

مهتوک mehtûk: (A.) **1.**ırzına geçilmiş. **2.**yırtılmış.

مه جبین mehcebîn [meh+cebîn] alnı parlak, ay gibi parlak alınlı.

مه جمال mehcemâl [meh+cemâl] ay yüzlü, yüzü ay gibi parlak sevgili.

مهجو mehcuvv: (A.) yerilmiş, hicvedilmiş.

مهجور mehcûr: (A.) **1.**uzak düşmüş. **2.**metruk, terk edilmiş.

مهجوره mehcûre: (A.) **1.**uzak düşmüş, uzaklaşmış. **2.**terkedilmiş.

مهجوری mehcûrî: (A.-F.) [mehcr+î] **1.**uzaklık, ayrılık. **2.**metruk kalma.

مهجوریت mehcûriyyet: (A.) **1.**uzaklık. **2.**terkedilmişlik, unutulmuşluk.

مهجه muhce: (A.) **1.**ruh. **2.**(ed.) gönül kanı.

مهچه mehçe: [meh+çe<mâh+çe] **1.**kü-çük ay. **2.**kubbe ve bayrakların üstüne konulan hilal.

مه چهره mehçihre: [meh+çihre] ay yüzlü, parlak yüzlü.

مهد mehd: (A.) **1.**beşik. **2.**alçak ve düz arazi. **3.**tahtırevan.

مهد muhud: (A.) yataklar, döşekler.

مهد آرا mehdârâ: (A.-F.) [mehd+ârâsten> ârâ] beşik süsleyen.

مهدب muheddeb: (A.) **1.**kirpikli. **2.**saçaklı.

مهدد muheddid: (A.) tehdit edici.

مهدر muhder: (A.) dökülen, akıtılan, heder edilen.

مهدر muhdir: (A.) döken, akıtan, heder eden.

مهدر الدم muhderuddem: (A.) kanı boşa akıtılmış, diyet gerekmeyecek şekilde öldürülmüş.

مهدی mehdî: (A.) **1.**hidayete ermiş. **2.**(Şiîlikte) son imam Mehdi. **3.**erkek adı.

مهدی muhdâ: (A.) hediye edilmiş.

مهدی muhdî: (A.) hediye eden, hediye veren.

مهدی الیه muhdâ ileyh: (A.) hediye verilen.

مهدیه mehdiyye: (A.) hediye.

مهدوم mehdûm: (A.) yıkılmış, yıkık.

مهدومه mehdûme: (A.) yıkılmış, yıkık.

مهذب muhezzeb: (A.) **1.**temizlenmiş. **2.**süslenmiş, süslü. **3.**eğitilmiş, eğitimli, terbiyeli.

مهذب muhezzib: (A.) düzenleyen, düzelten, yetiştiren.

مهر mehr: (A.) mihir, nikâh bedeli.

مهر mihr (Sans.-Peh.) **1.**sevgi. **2.**güneş. **3.**İran güneş takviminin yedinci ayı, Mihr (23 Eylül-22 Ekim)

مهر mohr: **1.**mühür, damga. **2.**yüzük kaşı. **3.**yüzük. **4.**bekâret zarı.

5.tahta kalıp. **6.**mühürlü kese. **7.**imza. ‖ * ~ be dehen مهر به دهن ağzı mühürlü. ‖ * ~ ber dehân-i kesî zeden مهر بر دهان کسی زدن (kin.) susturmak. ‖ * ~ -i suleymân مهر سلیمان Süleyman'ın mührü, Süleyman Peygamberin yüzüğündeki geçmeli iki üçgen deseni bulunan mühür.

مهراس mihrâs: (A.) boya ezmekte kullanılan bir alet.

مهرب mehreb: (A.) **1.**ürkerek kaçma. **2.**kaçılacak yer.

مهربان mihrbân: [mihr+bân] **1.**sevgili. **2.**sevecen, şefkatli. **3.**bayan adı. **4.**acıma, merhamet.

مهربان کاری mihrbânkârî: [mihrbân+kâr+î] **1.**sevgi. **2.**şefkat. **3.**acıma, merhamet.

مهربانی mihrbânî: [mihr+bân+î] **1.**sevgi, muhabbet. **2.**şefkat. **3.**acıma, merhamet. **4.**bir tür zarif giysi.

مهربانی کردن mihrbânî kerden: şefkat göstermek.

مهربند muhrbend: [muhr+besten>bend] mühürlü.

مهرپرور mihrperver: [mihr+perverden> perver] sevgi besleyen, sevgi dolu.

مهرجان mihrecân: **1.**bayram. **2.**Mihrecan bayramı.

مهرجمال mihrcemâl: (F.-A.) [mihr+cemâl] güneş gibi parlak yüzlü.

مهر خوردن mohr horden: mühürlenmek.

مهردار mohrdâr: [mohr+dâşten>dâr] **1.**mühürlü. **2.**mühürdar, mühür sahibi.

مهردهان mohrdehân: [muhr+dehân] **1.**ağzı kapalı, konuşmayan, suskun. **2.**oruçlu.

مهر زدن mohr zeden: mühürlemek, mühür vurmak.

مهر شدن mohr şoden: mühürlenmek.

مهرک mohrek: [mohr+ek] **1.**yüzük kaşı. **2.**mühür.

مهر کردن mohr kerden: mühürlemek.

مهرکن mohrken: [mohr+kenden>ken] mühürcü, hakkâk.

مهر کندن mohr kenden: mühür yapmak, mühür hazırlamak.

مهرکنی mohrkenî: [mohr+kenden>ken+î] mühürcülük, hakkâklık.

مهرگان mihrgân, mihrigân, mihregân: Mihr ayının 16.-21. günlerinde İran'da yüzyıllardan beri kutlanılagelen bir bayram.

مهرگانی mihrgânî: [mihrgân+î] (müz.) eski İran musikîsinde bir makam.

مهرگسل mihrgosil: [mihr+gosilîden> gosil] vefasız.

مهرگیاه mihrgiyâh: [mihr+giyâh] (bot.) adamotu, kankurutan otu.

مهرماه mihrmâh: [mihr+mâh] Mihr ayı, (23 Eylül-22 Ekim)

مهرناز mihrnâz: [<mihr+nâz<mihr-i nâz] **1.**naz güneşi. **2.**nazlı. **3.**bayan adı.

مهرو mehrû: [meh+rû] **1.**ay yüzlü. **2.**güzel yüzlü sevgili.

مهرورزی mihrverzî: [mihr+verzîden> verz+î] şefkat.

مهر ورزیدن mihr verzîden: sevgi duymak, ilgi duymak, sevmek.

مهره mehere: (A.) hünerliler, maharetliler.

مهره mihre: [<mihr+e] acemi ördek avında kullanılmak üzere su kenarına konulan oyuncak ördek.

مهره mohre: (Peh.) [mohr+e] **1.**boncuk. **2.**bilye. **3.**demirci çekici. **4.**(tıb.) omur, zincir kemiği. ‖ * ~ der şeşder oftâden مهره در ششدر افتادن **1.**tavlada pulu altı kapıda kalmak. **2.**aciz kalmak, çaresiz kalmak. **3.**mahpus olmak. ‖ * ~ -i nerd مهرهٔ نرد tavla pulu. ‖ * ~ -i şatranc مهرهٔ شطرنج satranç taşları.

مهره باختن mohre bâhten: **1.**tavla oynamak. **2.**satranç oynamak. **3.**kumar oynamak. **4.**hokkabazlık yapmak.

مهره باز mohrebâz: [mohre+bâhten>bâz] **1.**hokkabaz, hilekâr. **2.**kumarbaz. **3.**tavla oynayan. **4.**satranç oynayan.

مهره چیدن mohre çîden: **1.**(kin.) bir şeye başlamak, bir işe soyunmak. **2.**tavla veya satrancı açıp pul ve taşları dizmek.

مهره دار muhredâr: [muhre+dâşten>dâr] cilalı.

مهره زدن mohre zeden: kâğıtı parlatmak ile bilye ile çekmek.

مهره زن muhrezen: [muhre+zeden>zen] cilacı.

مهری mehrî: (A.) hecin devesi.

مهری mihrî: [mihr+î] **1.**sevgi ile ilgili. **2.**sevgili. **3.**(müz.) bir tür çeng. **4.**erkek adı.

مهریه mehriyye: (A.) mihir parası.

مهزول mehzûl: (A.) zayıf, sıska, cılız.

مهزوم mehzûm: (A.) yenik ordu, bozguna uğramış, hezimete uğramış.

مهست mehist, mehest: (Peh.) **1.**en büyük. **2.**a'lâhazret, vâlâhazret, ekselansları, zât-i devletlileri. **3.**ağır.

مه ستاره mehsitâre : [meh+sitâre] talihli, yıldızı parlak.

مهستی mehistî: [mehist+î] **1.**zât-i şâhâneye yaraşır. **2.**bayan adı.

مه سیما mehsîmâ: (F.-A.) [meh+sîmâ] ay yüzlü, beyaz yüzlü, güzel yüzlü.

مهشید mehşîd: [meh+şîd] **1.**ay ışığı, mehtap. **2.**bayan adı.

مه فرو نشستن mih furû nişesten: sis çökmek, sis bastırmak.

مهق mehak: (A.) durgun su yeşilliği.

مهک mehk: (A.) **1.**sürtme, törpüleme. **2.**yumuşatma.

مه گرفتن mih giriften: sis kaplamak.

مه گرفته mihgirifte: [mih+giriften> girift+e] sisli, buğulu, puslu.

مهل mehl: (A.) mühlet, süre.

مهل muhl: (A.) **1.**madenler. **2.**ince katran. **3.**zeytinyağı ve tortusu.

مهلاً mehlen: (A.) süre tanıyarak.

مهلت muhlet: (A.) süre, mühlet.

مهلت خواستن muhlet hâsten: süre istemek, mühlet istemek.

مهلت دادن muhlet dâden: **1.**süre tanımak, mühlet tanımak. **2.**fırsat vermek.

مهل دادن mehl dâden: mühlet vermek, süre tanımak.

مه لقا mehlikâ: (F.-A.) [meh+likâ] **1.**ay yüzlü, güzel yüzlü. **2.**bayan adı.

مهلک muhlik: (A.) öldürücü, helak edici.

مهلک muhellik: (A.) yok eden, helak eden.

مهلکه mehleke: (A.) **1.**tehlikeli yer. **2.**tehlike. **3.**tehlikeli iş.

مهلکه muhlike: (A.) yok edici, öldürücü, helak edici.

مهلکه پیدا شدن mehleke peydâ şoden: tehlike çıkmak, tehlike belirmek.

مهلل muhellil: (A.) "lâ ilâhe illallâh" diyen.

مهلهل muhelhel: (A.) **1.**güzel söz, şiir. **2.**şık giysi.

مهلهل muhelhil: (A.) zarif konuşan, güzel konuşan.

مهم muhim(m) : (A.) **1.**önemli, mühim. **2.**önemli iş. **3.**gerekli. **4.**düşündürücü.

مهما mehmâ: (A.) -dığı kadar, -dığınca.

مهما امکن mehmâemken: (A.) olabildiğince, mümkün olabildiği kadar.

مهمات muhimmât: (A.) **1.**(ask.) mühimmat. **2.**önemli işler, zorunlu işler. **3.**gerekli şeyler.

مهماز mihmâz: (A.) mahmuz.

مهمان mihmân: (Peh.) konuk, misafir.

مهمان پرور mihmânperver: [mihmân+ perverden> perver] konuksever, misafir ağırlayan.

مهمان پرورانه mihmânperverâne: [mihmân+ perverden> perver+âne] konukseverce.

مهمان پروری mihmânperverî: [mihmân+ perverden> perver+î] konukseverlik, misafirseverlik.

مهمان خانه mihmânhâne: [mihmân+hâne] **1.**konukevi, misafirhane. **2.**otel.

مهمان خدا mihmânhodâ: [mihmân+hodâ] ev sahibi.

مهماندار mihmândâr:

[mihmân+dâşten> dâr] mihmandar, konuk ağırlayan. || * ~ -i hevâpeymâ مهماندار هواپیما hostes, uçak hostesi.

مهمانداری mihmândârî: [mihmân+ dâşten> dâr+î] konuk ağırlama, mihmandarlık.

مهمان دوست mihmândûst: [mihmân+dûst <dûst dâşten] konuksever, misafirsever, misafirperver.

مهمان دوستی mihmândûstî: [mihmân+ dûst+î] konukseverlik, misafirseverlik, misafirperverlik.

مهمان سرا mihmânserâ: [mihmân+serâ] konukevi, misafirhane.

مهمان سرای mihmânserây: [<mihmân+ serây <serây-i mihmân] **1.**konukevi, misafirhane. **2.**otel.

مهمان کده mihmânkede: [mihmân+kede] konukevi, misafirhane.

مهمان کردن mihmân kerden: konuk etmek, ağırlamak, misafir etmek.

مهمان نواز mihmânnevâz: [mihmân+ nevâhten>nevâz+î] konuksever, misafirsever, misafirperver.

مهمان نوازانه mihmânnevâzâne: [mihmân+ nevâhten> nevâz+âne] konukseverce.

مهمان نوازی mihmânnevâzî: [mihmân+ nevâhten>nevâz+î] konukseverlik, misafirseverlik, misafirperverlik.

مهمانی mihmânî: (Peh.) [mihmân+î] **1.**ziyafet, davet. **2.**misafirlik.

مهمانی بردن mihmânî borden: ziyafet çekmek, ziyafet vermek.

مهمانی ترتیب شدن mihmânî tertîb şoden: ziyafet verilmek.

مهمانی دادن mihmânî dâden: ziyafet vermek.

مهمانی رفتن mihmânî reften: misafirliğe gitmek.

مهمانی ساختن mihmânî sâhten: ziyafet vermek, yemek vermek.

مهمانی کردن mihmânî kerden: davet vermek, ziyafet vermek, yemek vermek.

مه مثال mehmisâl [meh+misâl] ay gibi güzel yüzlü sevgili.

مهمز mihmez: (A.) mahmuz.

مهمزه mihmeze: (A.) üvendire, modul.

مهم ساز muhimsâz: (A.-F.) [muhimm+ sâhten> sâz] önemli işler yapan.

مهم شمردن muhim şomorden: değer vermek, önemsemek.

مهمل muhmel: (A.) **1.**işsiz, avare, aylak. **2.**anlamsız söz, saçma söz. **3.**Arap harfleri içinde noktasız harf.

مهمل muhmil: (A.) ihmal eden, baştan savan, savsaklayan, ihmalci.

مهملات muhmelât: (A.) **1.**ihmaller, baştan savmalar. **2.**anlamsız sözler.

مهملانه muhmelâne: (A.-F.) [muhmel+ âne] ihmal edilerek, baştan savılarak.

مهمل گذاشتن muhmel gozâşten: terketmek, vazgeçmek.

مهمل ماندن muhmel mânden: boş kalmak, terkedilmek.

مهمله muhmele: (A.) **1.**ihmal edilmiş, baştan savılmış. **2.**Arap harfleri içinde noktasız harf. **3.**anlamsız.

مهموز mehmûz: (A.) **1.**(gr.)hemzeli. **2.**ayıplanmış, kınanmış. **3.**mahmuz. **4.**kimi kuşların ayaklarının gerisinde bulunan mahmuzumsu çıkıntı. **5.**gemilerin önlerinde bulunan ve su altında kalan omurga çıkıntısı. **6.**köprülerdeki eşeksırtı duvar.

مهموزه mehmûze: (A.) çavdar mantarı.

مهموس mehmûs: (A.) gizli.

مهموساً mehmûsen: (A.) gizli olarak.

مهموم mehmûm: (A.) kederli, üzgün, kaygılı, düşünceli.

مهمه mehmeh: (A.) **1.**susuz çöl. **2.**kıraç arazi, çorak yer.

مهمه muhimme: (A.) **1.**düşündürücü. **2.**önemli.

مه...مه me.. me: ne ne.

مهمى muhimmî: (A.-F.) [muhimm+î] önemli olma, önemlilik.

مهميز mihmîz: mahmuz.

مهميز زدن mihmîz zeden: mahmuzlamak.

مهنا muhennâ: (A.) **1.**lezzetli, leziz. **2.**zahmetsiz. **3.**kutlanmış.

مهنا گرداندن muhennâ gerdânden: zevkli kılmak, hoş kılmak.

مه نامه mehnâme: [meh+nâme] (ed.) aylık dergi.

مه ناوى mehnâvî: [meh+nâv+î] (ask.) bahriye çavuşu.

مهند muhenned: (A.) hint kılıcı.

مهندس muhendis: (A.) **1.**geometrici. **2.**mühendis.

مهندس خانه muhendishâne: (A.-F.) [muhendis+hâne< hâne-i muhendis] mühendis mektebi.

مهندسى muhendisî: (A.-F.) [muhendis+î] mühendislik.

مهندسين muhendisîn: (A.) mühendisler.

مهندم muhendem: (A.) **1.**zarif ve sağlam. **2.**cilalı.

مه نژاد mehnijâd: [meh+nijâd] ay soyundan gelen, ay gibi parlak ve güzel.

مهو mehv: (A.) aytaşı.

مهوار mehvâr: [meh+vâr] **1.**ay gibi. **2.**aylık, maaş.

مهواره mehvâre: [meh+vâr+e] aylık, maaş.

مهوب mehûb: (A.) **1.**heybetli. **2.**korkunç. **3.**arslan.

مهود muhûd: (A.) beşikler.

مهور muhûr: (A.) mehirler, nikâh bedelleri.

مهوس muhevves: (A.) **1.**hevesli. **2.**aptal.

مهوش mehveş: [meh+veş] **1.**ay gibi. **2.**ay yüzlü, güzel yüzlü. **3.**bayan adı.

مهوش mehveş: (A.) kalabalık yer.

مهوع muhevvi': (A.) (tıb.) kusturucu, bulantı verici.

مهول muhevvil: (A.) korkunç, ürkütücü.

مهول mehûl: (A.) korkunç.

مهوى mehvâ: (A.) uçurum.

مهى mihî: [mih+î] büyüklük, azamet.

مهيا muheyyâ: (A.) **1.**hazır, amade. **2.**istidatlı, yetenekli.

مهيا شدن muheyyâ şoden: hazırlanmak.

مهيا كردن muheyyâ kerden: **1.**hazırlamak. **2.**görevlendirmek.

مهيب mehîb: (A.) **1.**heybetli, görkemli. **2.**korkunç. **3.**arslan.

مهيب muhîb: (A.) **1.**heybetli. **2.**korkunç **3.**tehlikeli.

مهيبه muhîbe: (A.) **1.**heybetli. **2.**korkunç. **3.**tehlikeli. **4.**bayan adı.

مهيج muheyyic: (A.) heyecan verici.

مهير mehîr: ay.

مهيره mehîre: (A.) **1.**mahir, usta. **2.**yüksek mehirli kadın.

مهيكل muheykel: (A.) heykel gibi, heykel şeklini almış, yapılı, iri yarı.

مهيل mehîl: (A.) korkunç yer.

مهيمن muheymin: (A.) **1.**koruyucu, korkudan emin kılan. **2.**Tanrı'nın isimlerinden biri.

مهين mehîn: (A.) **1.**zayıf, gevşek. **2.**düşkün, zelil, zebun.

مهين mihîn: [mih+în] **1.**en büyük. **2.**bayan adı.

مهين muhîn: (A.) **1.**ihanet eden, hain. **2.**aşağılanmış, alçak.

مهينه mihîne: [mih+îne] büyük, yüce, ulu.

مهينه muhîne: (A.) **1.**ihanet eden, hain. **2.**aşağılanmış, alçak.

مهيوم mehyûm: (A.) şaşkın, şaşırmış.

مهيىء muheyyi': (A.) hazırlayan.

مى mey: (Peh.) **1.**içki, şarap, mey. **2.**gül suyu. ‖ * ~ -i nâb مى ناب halis şarap, saf şarap. Derin zemâne refikî ki hâlî ez halel est/ Surâhî-yi mey-i nâb u sefîne-yi gazel est

مى mî: (gr.) ön ek.

مى mi: (Fr.) (müz.) mi.

مى آشام meyâşâm: [mey+âşâmîden> âşâm] şarap içen.

مى آلود meyâlûd: [mey+âlûden>âlûd] meye bulanmış.

می آلوده meyâlûde: [mey+âlûden> âlûd+e] şaraba bulanmış.

میادات muyâdât: (A.) 1.ödül. 2.elden ele verme.

میادین meyâdîn: (A.) alanlar, meydanlar.

میاذیب meyâzîb: (A.) 1.oluklar. 2.su yolları.

میازر meyâzir: (A.) peştemaller.

میاسر meyâsir: (A.) 1.sol kanatlar. 2.zenginlikler.

میاسطو meyâstû: (Yun.) manastır.

میاسیر meyâsîr: (A.) kolaylar, kolaylaştırılmışlar.

میال meyyâl: (A.) 1.eğilimli, istekli, düşkün. 2.eğimli, eğik. 3.üzere.

میامن meyâmin: (A.) uğurlar, bereketler.

میامین meyâmîn: (A.) 1.uğurlular. 2.kutlular.

میان miyân: (Peh.) 1.orta. 2.ara. 3.iç. 4.bel. 5.kemer. 6.içinde, -de, -da. 7.aralık. 8.şarkıların üçüncü dizesi. ‖ * ~ râ çost besten میان را چست بستن bir işe ciddî olarak sarılmak. ‖ * der ~ در میان arada, ortada. ‖ * ez ~ berhâsten از میان برخاستن ortadan kalkmak. ‖ * ez ~ berdâşten از میان بر داشتن ortadan kaldırmak, yok etmek. ‖ * ez ~ borden از میان بردن ortadan kaldırmak, yok etmek. ‖ * ez ~ reften از میان رفتن ortadan kalkmak, yok olmak.

میان بر miyânbor: [miyân+borden>bor] kestirme yol.

میان بر کردن miyân bor kerden: kestirmeden gitmek.

میان بستن miyân besten: 1.bel bağlamak. 2.hazır olmak.

میان بسته miyânbeste: [miyân+besten> best+e] hazır, âmade.

میان بند miyânbend: [miyân+besten> bend] kemer, bel kayışı.

میان پا miyânpâ: [miyân+pâ] 1.ayak ortası. 2.(kin.) penis.

میان تهی miyântohî: [miyân+tohî] kof, içi boş.

میانجی miyâncî: (F.-T.) [miyân+ci] 1.aracı, arabulucu, şefaatçi. 2.ulak. 3.tellal, çığırtkan.

میانجی شدن miyânci şoden: aracı olmak, arabulucu olmak.

میانجی گری miyâncigerî: (F.-T.) [miyân+ ci+ger+î] aracılık, arabuluculuk.

میانجی گری کردن miyâncîgerî kerden: aracılık etmek, arabuluculuk etmek.

میان خالی miyânhâlî: (F.-A.) [miyân+ hâlî] boş, kof, içi boş.

میان خانه miyânhâne: [miyân+hâne> hâne-i miyân] orta ses.

میاندار miyândâr: [miyân+dâşten>dâr] aracı.

میاندارانه miyândârâne: [miyân+ dâşten>dâr+ âne] aracılık yaparak, aracılık yaparcasına.

میانداری miyândârî: [miyân+dâşten>dâr+î] aracılık.

میان ران miyânrân: [miyân+rân] 1.bacak arası. 2.penis. 3.kötü yola düşmüş çocuk.

میان سال miyânsâl: [miyân+sâl] orta yaşlı.

میانسر miyânser: [miyân+ser<miyân-i ser] taç, yarısı değerli taşlarla süslü taç.

میانسرا miyânserâ: [<miyân-i serâ] avlu.

میانگر miyânger: [miyân+ger] 1.aracı. 2.avadanlık.

میان گیر miyângîr: [miyân+giriften>gîr] aracı, arabulucu.

میان گیری miyângîrî: [miyân+giriften> gîr+î] aracılık, arabuluculuk.

میانگین miyânegîn: [miyâne+g+în] ortalama, vasatî.

میانه miyâne: (Peh.) 1.ara, orta, ortadaki. 2.ılımlı. 3.ortalama. 4.kenarortay. 5.kıvam. 6.kolyenin ortasındaki iri inci. 7.salon halısı, ortaya serilen büyük halı. ‖ * ~ râ giriften میانه را گرفتن ara bulmak, aracılık etmek. ‖ * ~ -i do kes behem horden میانهء دو کس بهم خوردن bozuşmak, arası açılmak. ‖ * ~ -i kesî râ behem zeden میانهء کسی را بهم زدن arasını açmak, arasını bozmak. ‖ * bâ kesî ~ -i hûb dâşten با کسی میانهء خوب داشتن biriyle arası iyi olmak.

میانه بالا miyânebâlâ: [miyâne+bâlâ] orta boylu.

میانه رو miyânerev, miyânerov: [miyâne+ reften>rev=rov] ılımlı, mutedil.

میانه روی miyânerevî: [miyâne+reften> rev+î] ılımlılık, itidal.

میانه سال miyânesâl: [miyâne+sâl] orta yaşlı.

میانه کردن miyâne kerden: mesafe bırakmak, aralık bırakmak.

میانی miyânî: [miyân+î] **1.**orta, ara. **2.**vasatî, ortalama. **3.**ortadaki, aradaki.

میانی miyânî: (A.) limanlar.

میانین miyânîn: [miyân+în] **1.**ortalama, vasatî. **2.**(tıb.) apışarası.

مياومه muyâveme: (A.) günlük işlem yapma.

مياه miyâh: (A.) sular.

می پرست meyperest: [mey+perestîden> perest] şarap düşkünü, mey düşkünü, içki düşkünü.

می پرستی meyperestî: [mey+perestîden> perest+î] ayyaşlık, içki düşkünlüğü.

میت meyt: (A.) ölü.

میت meyyit: (A.) ölü, ölmüş. ‖ * nemâz-i ~ hânden نماز میت خواندن cenaze namazı kılmak.

میتانه meyyitâne: (A.-F.) [meyyit+âne] ölmüş gibi, ölü gibi.

میترا mitrâ: **1.**güneş. **2.**aydınlık meleği.

میترالیوز mitralyuz: (Fr.) (ask.) mitralyöz.

میتولوژی mitoloji: (Fr.) mitoloji.

میته meyte, meyyite: (A.) **1.**ölü. **2.**murdar, hayvan leşi.

میته خوار meytehâr: (A.-F.) [meyte+horden>hor> hâr] leş yiyen.

میتین mîtîn: büyük çekiç, külünk.

میتینگ mîting: (İng.) mîting.

میثاق mîsâk: (A.) antlaşma, sözleşme.

میخ mîh: çivi.

میخ mîh: sidik, idrar.

میخ آجین mîhâcîn: [mîh+âcîn] kabaralı.

میخانه meyhâne: [mey+hâne] şarap evi, içki evi, içki satılan yer.

میخانه نشین meyhânenişîn: [meyhâne+ nişesten>nişîn] sürekli meyhanede bulunan, meyhane kuşu.

میخانیکی mihanikî: (Fr.-A.) [mihânik+î] mekânik.

میخچه mîhçe: [mîh+çe] **1.**küçük çivi. **2.**(tıb.) nasır.

میخ شدن mîh şoden: çivilenmek. ‖ * ser-i câ ~ سر جا میخ شدن donup kalmak, donakalmak.

میخ قدم mîhkadem: (F.-A.) [mîh+kadem] ayağı kırık.

میخک mîhek: [mîh+ek] **1.**(bot.) karanfil. **2.**karanfil (bahar) **3.**küçük çivi.

میخ کردن mîh kerden: çivilemek.

میخکوب mîhkûb: [mîh+kûbîden>kûb] **1.**çekiç. **2.**tokmak. **3.**çivileyen. **4.**hareketsiz, sabit.

میخکوب شدن mîhkûb şoden: **1.**yerinde hareketsiz kalmak, donakalmak. **2.**çivilenmek, çakılmak.

میخکوب کردن mîhkûb kerden: **1.**yerinde hareketsiz bırakmak, şaşkın bırakmak. **2.**çivilemek, çakmak.

میخکوبی mîhkûbî: [mîh+kûbîden>kûb+î] çivileme, çakma.

میخوار meyhâr: [mey+horden>hor>hâr] **1.**içki içen, şarap içen. **2.**ayyaş.

میخوارگی meyhâregî: [mey+horden> hor> hâr+e+g+î] alkoliklik, alkol alışkanlığı, ayyaşlık.

میخواره meyhâre: [mey+horden>hor>hâr+e] **1.**içki içen, şarap içen. **2.**ayyaş.

میخور meyhor: [mey+horden>hor] **1.**içki içen, şarap içen. **2.**ayyaş.

می خوردن mey horden: şarap içmek, bade içmek.

میخوش meyhoş: [mey+hoş<mey-i hoş] mayhoş.

میخی mîhî: [mîh+î] **1.**çivi ile ilgili. **2.**çivili. **3.**çivi biçimli. ‖ * hatt-i ~ خط میخی çivi yazısı.

میدان meydân: (Peh.) **1.**meydan, saha, alan. **2.**üçte bir millik mesafe. **3.**yarış alanı. **4.**ortaklık. **5.**fırsat. ‖ * ~ be dest-i kesî oftâden میدان به دست کسی افتادن birine meydan kalmak. ‖ * ~ be ser âmeden میدان به سر آمدن **1.**(kin.) birinin ömrü sona ermek. **2.**(kin.) kıyamet kopmak. ‖ * be ~ âmeden به میدان آمدن meydana çıkmak, ortaya çıkmak. ‖ * ez ~ be der kerden از میدان به در کردن saf dışı etmek. ‖ * ez ~ der reften از میدان در رفتن yenilmek, safdışı kalmak.

میدان دادن meydân dâden: meydan vermek. ‖ * be kesî ~ به کسی میدان دادن birine meydanı boş bırakmak, birini serbest bırakmak.

میداندار meydândâr: [meydân+dâşten> dâr] savaş meydanında saldıran.

میدانداری meydândârî: [meydân+dâşten> dâr+î] **1.**saldırıp savaşma. **2.**fitne, kargaşa.

میدان کشیدن meydân keşîden: saldırı için geri çekilmek.

میدانگاه meydângâh: [meydân+gâh] meydan, alan.

میدان یافتن meydân yâften: meydan bulmak, fırsat bulmak, meydanı boş bulmak.

میده meyde: **1.**iki defa elenmiş un. **2.**saf undan yapılan ekmek. **3.**bir tür helva.

میر meyr: (A.) taam, azık.

میر mîr: (A.) **1.**emir, bey. **2.**seyyid. **3.**vali. **4.**komutan. **5.**lider.

میر mîr: [morden>mîr] **1.**ölüm. **2.**(emir) öl.

میرآخور mîrâhûr: [emîr-i âhûr>mîr-i âhûr> mîrâhûr] **1.**seyis. **2.**imrahor.

میرا mîrâ: [morden>mîr+] ölümlü, fani.

میراب mîrâb: [emîr-i âb>mîrâb] su dağıtım görevlisi.

میراث mîrâs: (A.) miras, ölenin akrabalarına bıraktıkları.

میراث المکاتب mîrâsulmukâteb: (A.) bedelli kölenin mirası.

میراث خوار mîrâshâr: (A.-F.) [mîrâs+horden>hor>hâr] **1.**mirasçı, varis. **2.**mirasyedi.

میراث خور mîrâshor: (A.-F.) [mîrâs+horden>hor] mirasçı, varis.

میراث خوری mîrâshorî: (A.-F.) [mîrâs+ horden>hor+î] mirasçılık, miras alma.

میراث دادن mîrâs dâden: miras bırakmak.

میراثی mîrâsî: (A.-F.) [mîrâs+î] **1.**miras ile ilgili, miraslık. **2.**varis.

میراخور mîrâhûr: [<mîr-i âhûr] imrahor.

میرالای mîralay: (F.-T.) [<mîr-i alay] alaybeyi, albay.

میران mîrân: [mîr+ân] **1.**beyler, emirler. **2.**valiler. **3.**komutanlar. **4.**liderler.

میراندن mîrânden: [morden>mîr+ânden] öldürmek.

میرانیدن mîrânîden: [morden>mîr+ ânîden] öldürmek.

میربحر mîrbahr: (F.-A.) [emîr-i bahr> mîr-i bahr>mîrbahr] (ask.) amiral.

میرپنج mîrpenc: [emîr+i penc>mîr-i penc> mîrpenc] (ask.) yarbay.

میرخواند mîrhând: [emîr-i hânde>emîr-i hând>mîr-i hând>mîrhând] büyük emir.

میرزا mîrzâ: [emîrzâde>mîrzâde> mîrzâd> mîrzâ] **1.**şehzade. **2.**emir çocuğu. **3.**münşi, katip. **4.**okuma yazma bilir.

میرزاد mîrzâd: [emîr+zâde>mîr+zâde> mîrzâd] **1.**şehzade. **2.**emir çocuğu. **3.**seyyid.

میرزاده mîrzâde: [emîr+zâde>mîrzâde] **1.**şehzade. **2.**emir çocuğu. **3.**seyyid.

میرزامنش mîrzâmeniş: [mîrzâ+meniş] **1.**şehzade huylu. **2.**nazik, kibar.

میرسنجق mîrsencak: (F.-T.) [mîr+sencak] sancaklı emir, bey.

میرغضب mîrgazab: (F.-A.) [emîr-i gazab> mîr-i gazab>mîrgazab] cellat.

میرلوا mîrlivâ: (F.-A.) [<mîr-i livâ] **1.**sancak beyi. **2.**tuğgeneral.

میرمیران mîrmîrân: [<mîr-i mîrân] beylerbeyi.

میرنده mîrende: [morden>mîr+ende] fani, ölümlü.

میره mîre: (Peh.) **1.**sevgili. **2.**ev sahibi.

میره mîre: [emîre>mîre] **1.**emir karısı. **2.**kadın emir.

میری mîrî: [mîr+î] **1.**beylik, emirlik. **2.**devlet hazinesi. **3.**devlet hazinesine ait, beylik.

میریه mîriyye: (F.-A.) [mîr+iyye] **1.**devlet hazinesi. **2.**devlet hazinesine ait, beylik.

میز mîz: sidik, idrar.

میز mîz: **1.**masa. **2.**sofra. **3.**konuk, misafir. **4.**temiz. ‖ * ~ -i gezâ میز غذا yemek masası. ‖ * ~ -i gezâhorî میز غذاخوری yemek masası. ‖ * ~ -i gird میز گرد yuvarlak masa. ‖ * ~ -i hitâbe میز خطابه kürsü. ‖ * ~ -i mudevver میز مدور yuvarlak masa. ‖ * ~ -i nehârhorî میز نهارخوری yemek masası. ‖ * ~ -i taâm میز طعام yemek masası. ‖ * ~ -i tahrîr میز تحریر yazı masası, çalışma masası. ‖ * ~ -i tuvalet میز توالت tuvalet masası. ‖ * ~ -i suhenrânî میز سخنرانی kürsü. ‖ * pây-i ~ -i muzâkere âmeden پای میز مذاکره آمدن masaya oturmak.

میزاب mîzâb: **1.**su yolu. **2.**oluk.

میزاد mîzâd: (A.) sevinç, neşe.

میزان mîzân: (A.) **1.**terazi. **2.**ölçü, mikyas. **3.**miktar. **4.**terazi burcu. **5.**ayar. **6.**derece. **7.**problem çözümünü kontrol için yapılan hesap. **8.**mahşer günü, kıyamet günü.

میزان الحراره mîzânulherâre: (A.) termometre.

میزان الرطوبه mîzânurrutûbe: (A.) nemölçer.

میزان الریح mîzânurrîh: (A.) rüzgârölçer.

میزان المطر mîzânulmatar: (A.) yağmurölçer.

میزان الهوا mîzânulhevâ: (A.) barometre.

میزان زدن mîzân zeden: ritm tutmak.

میزان شدن mîzân şoden: **1.**çakırkeyif olmak. **2.**ayarlamak.

میزان کردن mîzân kerden: **1.**ayarlamak. **2.**tasvir etmek.

میزبان mîzbân: [mîz+bân] **1.**ev sahibi. **2.**konuk ağırlayan, konuk sahibi.

میزبانی mîzbânî: [mîz+bân+î] ev sahipliği.

میزد meyezd **1.**içkili eğlence meclisi. **2.**düğün meclisi.

می زدن mey zeden (hlk.) kafayı çekmek.

می زده meyzede: [mey+zeden>zed+e] **1.**kafayı çekmiş. **2.**içki vurmuş, içki çarpmış.

میزر miyzer, meyzer: (A.) **1.**kemer, kuşak. **2.**sarık. **3.**peştemal.

میزک mîzek: [mîz+ek] sidik, idrar.

میزمان mîzmân: [mîz+mân] ev sahibi.

میزه mîze: [mîz+e] sidik, idrar.

میزه شناس mîzeşinâs: [mîze+şinâhten> şinâs] (tıb.) ürolog.

میزه شناسی mîzeşinâsî: [mîze+şinâhten> şinâs+î] (tıb.) üroloji.

میزه نای mîzenây: [mîze+nây] (tıb.) böbrekle mesane arasındaki sidik kanalı.

میزیدن mîzîden: işemek, idrar yapmak.

میساق mîsâk: (A.) sevk etme, sürme.

میستان meyistân: [mey+istân]

meyhane.

میسر meysir: (A.) kumar.

میسر muyesser: (A.) **1.**mümkün, kolay. **2.**hazır.

میسر muyessir: (A.) kolaylıkla yapan.

میسر شدن muyesser şoden: **1.**mümkün olmak, imkân çıkmak. **2.**hazırlanmak, hazır olmak.

میسره meysere: (A.) **1.**sol taraf. **2.**(ask.) sol kanat. **3.**(ask.) sol kanattaki asker. **4.**zenginlik.

میسور meysûr: (A.) **1.**kolay, mümkün. **2.**kolaylanmış.

میسورات meysûrât: (A.) koyaşlanmış şeyler.

میسوره meysûre: (A.) **1.**kolay. **2.**kolaylanmış.

میسیون misyon: (Fr.) misyon, heyet.

میسیونر misyoner: (Fr.) misyoner.

میش mîş: (Peh.) (zool.) koyun.

میش چشم mîşçeşm: [mîş+çeşm] koyun gözlü.

میشن mîşen: meşin.

میشوم meyşûm: (A.) [< meş'ûm] uğursuz.

میشه mîşe: meşe.

میشه زار mîşezâr: [mîşe+zâr] meşelik.

میشی mîşî: [mîş+î] ela. ‖ * çeşm-i ~ چشم میشی ela göz.

میشین mîşîn: [mîş+în] meşin.

میع mey': (A.) eriyerek akma.

میعاد mî'âd: (A.) **1.**vade yeri, randevu yeri. **2.**vaat zamanı, randevu zamanı. **3.**vade. ‖ * yevm-i ~ یوم میعاد mahşer günü, kıyamet günü.

میعاد کردن mî'âd kerden: randevu vermek, vade vermek, vakit tayin etmek.

میعادگاه mî'âdgâh: (A.-F.) [mî'âd+gâh] randevu yeri, vaat yeri.

میعان meye'ân: (A.) mayilik, sıvılık.

میعت mey'at: (A.) **1.**tazelik vakti. **2.**akıp gitme, akışkanlık.

میعه mey'a: (A.) **1.**tazelik vakti. **2.**akıp gitme, akışkanlık.

میغ mîg: (Peh.) **1.**sis. **2.**bulut.

میغ بستن mîg besten: bulutlanmak.

میغناک mîgnâk: [mîğ+nâk] **1.**bulutlu. **2.**sisli. **3.**dumanlı.

می فروش meyfurûş: [mey+furûhten> furûş] meyhaneci.

می فروشی meyfurûşî: [mey+furûhten> furûş+î] meyhanecilik.

میقات mîkât: (A.) **1.**iş zamanı. **2.**buluşma yeri, randevu yeri. **3.**Mekke yolu üzerinde hacıların ihrama girdiği yer.

میقاتی mîkâtî: (A.) hac mevsimini beklemek için Mekke'de kalan.

میک mîk çekirge.

میکا mika: (Fr.) mika.

میکائیل mîkâ'îl: (A.) dört büyük melekten biri rızıkların paylaştırılması ile sorumlu melek.

میکادو mikado: (Fr.-Jap.) mikado, Japon imparatoru.

میکده meykede: [mey+kede] meyhane.

میکرب mikrob: (Fr.) (tıb.) mikrop.

میکرب شناس mikrobşinâs: (Fr.-F.) [mikrob+şinâhten>şinâs] mikrobiyolog, mikrobiyolojist.

میکرب شناسی mikrobşinâsî: (Fr.-F.) [mikrob+şinâhten>şinâs+î] (tıb.) mikrobiyoloji.

میکرب کش mikrobkoş: (Fr.-F.) [mikrob+ koşten>koş] dezenfekte edici, dezenfektan, mikrop öldürücü.

میکرسکوپ mikroskop: (Fr.) mikroskop.

میکرسکپی mikroskopi: (Fr.) mikroskopi.

میکرفن mikrofon: (Fr.) mikrofon.

میکرفون mikrofon: (Fr.) mikrofon.

میکرفیلم mikrofilm: (Fr.) mikrofilm.

میکرمتر mikrometr: (Fr.) mikrometre.

میکرن mikron: (Fr.) mikron.

میکرو ارگانیزم mikro-organizm: (Fr.) mikroorganizma.

میکروب mikrob: (Fr.) (tıb.) mikrop.

میکروب شناس mikrobşinâs: (Fr.-F.) [mikrob+şinâhten>şinâs] (tıb.) mikrobiyolog.

میکروب شناسی mikrobşinâsî: (Fr.-F.)

[mikrob+şinâhten>şinâs+î] (tıb.) mikrobiyoloji.

میکروب کش mikrobkoş: (Fr.-F.) [mikrob+ koşten>koş] dezenfekte edici, mikrop öldürücü, dezenfektan.

میکرو بیولوژی mikrobiyoloji: (Fr.) (tıb.) mikrobiyoloji.

میکروفن mikrofon: (Fr.) mikrofon.

میکروفیلم mikrofilm: (Fr.) mikrofilm.

میک زدن mîk zeden: emmek.

میکسدم miksodem: (Fr.) (tıb.) miksodem hastalığı.

میکش meykeş: [mey+keşîden>keş] mey içen, şarap içen.

می کشیدن mey keşîden: şarap içmek, içki içmek.

میگ meygû: (Peh.) **1.**(zool.) çekirge. **2.**(zool.) çöl çekirgesi.

میگرن migren: (Fr.) (tıb.) migren.

میگسار meygosâr: [mey+gosârden> gosâr] **1.**saki. **2.**şarap içen, içki içen.

میگساری meygosârî: [mey+gosârden> gosâr+î] **1.**sakilik. **2.**şarap içme, içki içme.

میگو meygû (zool.) karides.

میگون meygûn: [mey+gûn] **1.**şarap rengi. **2.**kırmızı.

میل meyl: (A.) **1.**eğilme. **2.**istek, arzu. **3.**sapma. **4.**meyil, eğim. **5.**sevme. **6.**yatkınlık. ‖ * bâ kemâl-i ~ با کمال میل seve seve, hay hay, memnuniyetle.

میل mîl: (A.) **1.**mil, şiş. **2.**örgü şişi. **3.**yol işaret taşı. **4.**çelik kalem. **5.**sivri dağ tepesi. **6.**kara mili, bir uzunluk ölçüsü. **7.**eksen. **8.**ibre. **9.**(mec.) penis. ‖ * ~ der çeşm-i kesî keşîden میل در چشم کسی کشیدن gözüne mil çekmek.

میل mil: (Lat.) mil.

میل mîl: **1.**yol işareti. **2.**direk.

میلاً meylen: (A.) eğilerek, eğilim göstererek.

میلاد mîlâd: (A.) **1.**doğum. **2.**doğum günü. **3.**İsa Peygamberin doğum günü. ‖ * ~ -i mesîh میلاد مسیح Noel. ‖ * ba'd ez ~ بعد از میلاد Milattan sonra. ‖ * kabl ez ~ قبل از میلاد Milattan önce. ‖ * pes ez ~ پس از میلاد Milattan sonra. ‖ * pîş ez ~ پیش از میلاد Milattan önce.

میلادی mîlâdî: (A.) miladî.

میلادیه mîlâdiyye: (A.) milad ile ilgili, İsa Peygamberin doğumu ile ilgili.

میلان meyelân: (A.) **1.**eğilme. **2.**sapma. **3.**rağbet. **4.**meyil. **5.**sevgi.

میلان milan: (coğ.) Milano.

میلان mîlân: (coğ.) Mîlân, İran'da bir yer.

میل داشتن meyl dâşten: **1.**istemek, arzu etmek, dilemek. **2.**meyli olmak, ilgi duymak.

میل زدن mil zeden: mil çekmek.

میل کردن meyl kerden: meyletmek, yönelmek, rağbet etmek, sapmak.

میل کشیدن mil keşîden: mil çekmek.

میل گرفتن mîl giriften (Sp.) mil ile eski İran sporu yapmak.

میل لنگ mîl-leng: krank mili.

میله mîle: **1.**mil, şiş. **2.**çukur, kuyu ve kanal deliği.

میلی mîlî kedi.

میلیات meyliyyât: (A.) eğilimler, istekler.

میلیارد milyard: (Fr.) milyar.

میلیاردر milyardir: (Fr.) **1.**milyarder. **2.**(mec.) çok zengin.

میلیتاریسم militarism: (Fr.) militarizm.

میلی گرم miligirem: (Fr.) miligram.

میلی لیتر mililitr: (Fr.) mililitre.

میلی متر milimetr: (Fr.) milimetre.

میلیون milyon, milyûn: (Fr.) milyon.

میلیونر milyonir: (Fr.) **1.**milyoner. **2.**(mec.) zengin.

میم meym: **1.**(bot.) asma. **2.**saf şarap.

میم mim: (A.) mim harfi.

میمن muyemmen: (A.) uğurlu, bereketli.

میمنت meymenet: (A.) uğur, kutluluk.

میمنت مآل meymenetme'âl: (A.) [meymenet+meâl] uğurlu, mübarek.

میمنه meymene: (A.) **1.**(ask.) sağ kanat. **2.**(ask.) sağ kanattaki askerler.

میمون meymûn: **1.**(zool.) maymun.

2.(hlk.) (bir küfür) maymun suratlı.

میمون meymûn: (A.) uğurlu, kutlu, mübarek.

میمون اختر meymûnahter: (A.-F.) [meymûn+ahter] talihli, kutlu, bahtı açık.

میمونک meymûnek: [meymûn+ek] (ask.) eskiden hedef almada yararlanılan bir top parçası.

میمون میاسر meymûnmeyâsir: (A.) [meymûn+ meyâsir] uğurlu örtülere bürünmüş.

میمونه meymûne: (A.) **1.**uğurlu, bereketli, kutlu. **2.**bayan adı. **3.**Hz. Muhammed'in eşlerinden biri.

میمی mîmî: (A.) **1.**mim harfi ile ilgili. **2.**içinde mim harfi bulunan kelime.

میمیز mîmîz: kuru üzüm.

میمیک mimik: (Fr.) mimik.

مین mîn: (Fr.) (ask.) mayın.

مین meyn: (A.) yalan.

مینا mînâ: **1.**mine. **2.**şarap kadehi. **3.**(bot.) mine çiçeği. **4.**mine tabakası. **5.**(tıb.) diş minesi.

مینارنگ mînâreng: [<mînâ+reng<reng-i mînâ] mine rengi, gök mavisi.

مینافام mînâfâm: [mînâ+fâm] mine rengi, cam mavisi.

میناکار mînâkâr: [mînâ+kâr] mine işçisi.

میناکاری mînâkârî: [mînâ+kâr+î] mine işçiliği, mine işi.

میناگون mînâgûn: [mînâ+gûn] mine rengi, cam mavisi.

مینایی mînâyî: [mînâ+y+î] **1.**mineli. **2.**mine rengi.

مین باشی minbaşi: (T.) (ask.) binbaşı.

مینرالوژی mineraloji: (Fr.) mineraloji.

مین گذاری mîngozârî: (Fr.-F.) [mîn+ gozâşten>gozâr+î] (ask.) mayınlama.

مین گذاری mingozârî: (T.-F.) [min+ gozâşten>gozâr+î] (ask.) tabur yerleştirme.

مین گذاری شدن mîngozârî şoden: (ask.) mayınlanmak, mayın döşenmek.

مین گذاری کردن mîngozârî kerden: (ask.) mayınlamak, mayın döşemek.

مینو mînû: (Peh.) **1.**cennet. **2.**şişe. **3.**zebercet, zümrüt.

مینوت minut: (Fr.) taslak, müsvedde.

مینوچهر mînûçihr: [mînû+çihr] **1.**cennet yüzlü. **2.**güzel yüzlü. **3.**erkek adı. **4.**Şahname'de Feridun'un büyük oğlu, Menuçihr.

می نوش meynûş: [mey+nûşîden>nûş] şarap içen, içki içen.

میناتور minyatur: (Fr.) minyatür.

میناتور ساز minyatursâz: (Fr.-F.) [minyatur+sâhten>sâz] minyatürcü.

مینی بوس minibus: (Fr.) minibüs.

مینیموم minimum: (Lat.) minimum, en az.

میو mîv: **1.**saç. **2.**kıl. **3.**tüy.

میو mîv (bot.) asma.

میو miyev, miyov: miyav.

میوپ miyop: (Fr.) (tıb.) miyop.

میول muyûl: (A.) istekler, eğilimler, meyiller.

میول muyûl: (A.) miller.

میو میو کردن miyov miyov kerden: miyavlamak.

میون muyûn: (A.) yalanlar.

میوه mîve: (Peh.) (bot.) meyva.

میوه خشک meyvehuşk : [<meyve-i huşk] **1.**kuruyemiş. **2.**kuruyemişçi.

میوه بار meyvebâr: [meyve+bârîden>bâr] meyvalı, meyva veren.

میوه جات meyvecât: (F.-A.) [meyve+ c+ât] meyvalar.

میوه دار mîvedâr: [mîve+dâşten>dâr] meyvalı, meyva veren.

میوه دل mîvedil: [mîve+dil<mîve-i dil] **1.**gönül meyvası. **2.**evlat.

میوه فروش mîvefurûş: [mîve+furûhten> furûş] manav, meyva satan.

میوه فروشی mîvefurûşî: [mîve+furûhten> furûş+î] **1.**manavlık. **2.**manav dükkânı.

میوی miyovî: [miyov+î] miyavlama.

میهمان mîhmân: konuk, misafir.

میهمان خانه mîhmânhâne: [mîhmân+ hâne] **1.**konukevi, misafirhane. **2.**otel.

میهمانی mîhmânî: [mîhmân+î] **1.**ziyafet, davet. **2.**misafirlik.

میهمانی دادن mîhmânî dâden: kabul vermek, ziyafet vermek.

میهن mîhen: (Peh.) **1.**yurt, vatan, ülke. **2.**ikamet yeri. **3.**sülâle. **4.**ev halkı.

میهن پرست mîhenperest: [mîhen+ perestîden>perest] yurtsever, vatansever.

میهن پرستی mîhenperestî: [mîhen+ perestîden>perest+î] yurtseverlik, vatanseverlik.

ن

ن nûn: **1.** "n, N". Farsça alfabenin yirmi dokuzuncu harfi. **2.**sayısal değeri: 50 **3.**(gr.) olumsuzluk eki. **4.**"ramazan" ayının kısaltması. **5.**balık. **6.**sevgilinin nun harfine benzeyen kaşı.

نا nâ: **1.**gemi. **2.**gırtlak. **3.**güç, takat.

نا nâ: (gr.) başına geldiği kelimelere ve fiillere olumsuzluk anlamı katan önek.

نا آباد nââbâd: [nâ+âbâd] mamur olmayan, harap, virane.

نا آبادان nââbâdân: [nâ+âbâdân] harap, yıkık, virane.

نا آباد شدن nââbâd şoden: harap olmak.

نا آباد کردن nââbâd kerden: harap etmek.

نا آباد گرداندن nââbâd gerdânden: harap etmek, tahrip etmek, yıkmak.

نا آراسته nâârâste: [nâ+ârâsten>ârâst+e] **1.**süssüz, süslenmemiş. **2.**hazır olmayan, donatılmamış. **3.**düzensiz, bozuk, nizamsız.

نا آرام nâârâm: [nâ+ârâmîden>ârâm] **1.**huzursuz. **2.**dinmemiş, sakinleşmemiş.

نا آرامی nâârâmî: [nâ+ârâmîden>ârâm+î] **1.**huzursuzluk. **2.**sakinleşmeme.

ناآزاد nââzâd: [nâ+âzâd] **1.**özgür olmayan. **2.**alçak, aşağılık.

نا آزمودگی nââzmûdegî: [nâ+âzmûden> âzmûd+e+g+î] deneyimsizlik, tecrübesizlik.

نا آزموده nââzmûde: [nâ+âzmûden> âzmûd+e] **1.**deneyimsiz, tecrübesiz. **2.**denenmemiş, tecrübe edilmemiş.

نا آشنا nââşnâ: [nâ+âşnâ] **1.**yabancı, tanınmamış. **2.**bilgisiz. **3.**uyumsuz.

نا آشنایی nââşnâyî: [nâ+âşnâ+y+î] **1.**yabancılık, tanınmamışlık. **2.**bilgisizlik. **3.**uyumsuzluk.

ناآغاز nââğâz: [nâ+âğâz] başlangıcı olmayan.

نا آگاه nââgâh: [nâ+âgâh] **1.**habersiz. **2.**uyuyan. **3.**deneyimsiz, tecrübesiz.

نا آگاه ماندن nââgâh mânden: habersiz kalmak.

نا آگاهی nââgâhî: [nâ+âgâh+î] **1.**habersiz kalma, habersizli **2.**deneyimsizlik, tecrübesizlik.

نا آمدگان nââmedegân: [nâ+âmeden> âmed+ e+g+ân] gelmemişler.

نا آمده nââmede: [nâ+âmeden>âmed+e] gelmemiş.

نائب nâ'ib: (A.) **1.**vekil. **2.**kadı vekili. **3.**nöbetleşe gelen. **4.**hakim.

نائبات nâ'ibât: (A.) felaketler.

نائب مناب nâibmenâb: (A.) [nâ'ib+ menâb] vekil.

نائبه nâ'ibe: (A.) **1.**felaket, bela. **2.**nöbetleşe gelen.

نائح nâ'ih: (A.) ağıt söyleyen.

نائحه nâ'ihe: (A.) ağıt yakan bayan.

نائره nâ'ire: (A.) **1.**ateş parçası. **2.**alev. **3.**sıcaklık.

نائل nâ'il: (A.) **1.**muradına eren, kavuşan. **2.**erkek adı.

نائل شدن nâ'il şoden: nail olmak, kavuşmak, dileği yerine gelmek.

نائله nâ'ile: (A.) **1.**muradına eren, kavuşan. **2.**bayan adı.

نائلیت nâ'iliyyet: (A.) nâil olma, muradına erme.

نائم nâ'im: (A.) **1.**uyuyan. **2.**durgun, etkisiz, hareketsiz.

نائمین nâ'imîn: (A.) uyuyanlar.

نا ارز nâerz: [nâ+erzîden>erz] değersiz.

نا استوار nâustuvâr: [nâ+ustuvâr] **1.**sağlam olmayan, dayanıksız. **2.**hain. **3.**münasebetsiz.

ناستوارى nâustuvârî: [nâ+ustuvâr+î] 1.dayanıksızlık, sağlam olmama. 2.münasebetsizlik.

نا اصل nâ'asl: (F.-A.) [nâ+asl] 1.soysuz, alçak, namert. 2.hilekâr, düzenbaz.

نا اصلى nâ'aslî: (F.-A.) [nâ+asl+î] 1.soysuzluk, alçaklık, namertlik. 2.hilekârlık, düzenbazlık.

نا اميد nâomîd: [nâ+omîd] 1.ümitsiz. 2.biçare, zavallı. 3.nasipsiz, mahrum.

نا اميدانه nâomîdâne: [nâ+omîd+âne] umutsuzca.

نااميد شدن nâumîd şoden: umutsuzluğa kapılmak.

نااميد كردن nâumîd kerden: umutsuz bırakmak.

نا اميدى nâomîdî: [nâ+omîd+î] 1.ümitsizlik, umutsuzluk. 2.biçarelik. 3.nasipsizlik, mahrumluk.

ناانجام nâencâm: [nâ+encâm] sonu olmayan, geleceği olmayan.

ناندام nâendâm: [nâ+endâm] biçimsiz.

نانديش nâendîş: [nâ+endîşîden>endîş] düşünmeyen.

نانديشيده nâendîşîde: [nâ+endîşîden> endîşîd+ e] 1.düşünmemiş. 2.düşünülmemiş. 3.düşünülmeden.

ناانصاف nâinsâf: (F.-A.) [nâ+insâf] insafsız.

ناأوس nâevs: [nâ+evs] 1.kilise. 2.manastır.

نااوس nâûs: 1.ateşkede. 2.kilise, manastır.

نا اهل nâehl: (F.-A.) [nâ+ehl] 1.beceriksiz, kabiliyetsiz, liyakatsiz, ehliyetsiz. 2.münafık. 3.hayırsız evlat.

نااهلى nâehlî: (F.-A.) [nâ+ehl+î] 1.hayırsız evlat olma. 2.münafıklık. 3.liyakatsizlik.

ناب nâb: (Peh.) 1.halis, saf. 2.sırf. 3.çöküntü. 4.kılıç oluğu. 5.oluk.

ناب nâb: (A.) 1.azı dişi. 2.yaşlı deve.

نابab nâbâb: (F.-A.) [nâ+bâb] 1.modası geçmiş. 2.uygun olmayan, yaraşmayan. 3.beğenilmeyen.

نابak nâbâk: [nâ+bhak] korkusuz, cesur.

نابakى nâbâkî: [nâ+bâk+î] korkusuzluk, cesurluk.

نابالغ nâbâlig: (F.-A.) [nâ+bâlig] ergin olmamış, bülûğa ermemiş.

ناباور nâbâver: [nâ+bâver] inanılmaz.

ناباورى nâbâverî: [nâ+bâver+î] inanmama.

نابايست nâbâyest: [nâ+bâyesten>bâyest] gereksiz, lüzumsuz.

نابت nâbit: (A.) yeşeren, biten.

نابته nâbite: (A.) kabilede doğan çocuk.

نابجا nâbecâ: [nâ+be+câ] 1.yersiz, zamansız, uygunsuz. 2.ek.

نابحق nâbehak: (F.-A.) [nâ+be+hak] haksız, haksız yere.

نابخشودنى nâbahşûdenî: [nâ+bahşûden+î] bağışlanmaz, affedilmez.

نابديد nâbedîd: [<nâ+pedîd] 1.görünmeyen, kayıp, yok. 2.belirsiz.

نابديدار nâbedîdâr: görünmeyen, kayıp, yok.

نابذ nâbiz: (A.) savaşçı.

نابرابر nâberâber: [nâ+berâber] eşit olmayan.

نابرابرى nâberâberî: [nâ+berâber+î] eşitsizlik.

نابرجا nâbercâ: [nâ+ber+câ] yersiz, uygunsuz, yolsuz.

نابردبار nâbordbâr: [nâ+bordbâr] sabırsız.

نابردبارى nâbordbârî: [nâ+bordbâr+î] sabırsızlık.

نابسامان nâbesâmân: [nâ+be+sâmân] 1.tertipsiz, düzensiz, bozuk. 2.huzursuz, sorunlu. 3.lâyık olmayan, yaraşmayan. 4.dindar olmayan.

نابسامانى nâbesâmânî: [nâ+be+sâmân+î] 1.problem, sorun. 2.huzursuzluk. 3.düzensizlik.

نابسود nâbesûd: [nâ+be+sûden>sûd] el değmemiş, el sürülmemiş.

نابسی nâbesî: [nâ+bes+î] azlık, yetersizlik.

نابض nâbiz: (A.) nabzı atan, nabzı vuran.

نابضه nâbize: (A.) nabız damarı.

نابع nâbi': (A.) kaynayan, yerden fışkıran.

نابعه nâbi'a: (A.) kaynayan, yerden fışkıran.

نابغه nâbige: (A.) **1.**dâhi. **2.**yüksek rütbeli, yüksek dereceli. **3.**iyi şair, güçlü şair. **4.**sonradan şair olan. **5.**Câhiliye dönemi Arap şairi.

نابقاعده nâbekâ'ide: (F.-A.) [nâ+be+kâ'ide] kurala uymayan, kuralsız, kurala aykırı.

نابکار nâbekâr: [nâ+be+kâr] **1.**soysuz, aşağılık, alçak, namert, hayırsız. **2.**kötü. **3.**korkunç. **4.**yararsız. **5.**işsiz. **6.**değersiz dost, kötü dost.

نابکاری nâbekârî: [nâ+be+kâr+î] **1.**soysuzluk, alçaklık, namertlik. **2.**kötülük, bozgunculuk. **3.**korkunçluk. **4.**yararsızlık. **5.**işsizlik. **6.**kötü dost olma.

نابگاه nâbegâh: [nâ+be+gâh] **1.**ansızın. **2.**zamansız, olmadık zamanda.

نابلد nâbeled: (F.-A.) [nâ+beled] **1.**yabancı. **2.**yol bilmeyen.

نابمحل nâbemahall: (F.-A.) [nâ+be+mahall] yersiz, uygunsuz, yerinde olmayan.

نابموسم nâbemevsim: (F.-A.) [nâ+be+mevsim] zamansız.

نابود nâbûd: [nâ+bûden>bûd] **1.**yok. **2.**yok olan. **3.**yapılmamış iş. **4.**(mec.) bühtan. **5.**müflis, perişan.

نابود شدن nâbûd şoden: **1.**yok olmak. **2.**gözden kaybolmak.

نابود کردن nâbûd kerden: yok etmek. ‖ * hod râ ~ خود را نابود کردن kendini harap etmek, kendini tüketmek, kendini yiyip bitirmek.

نابودمند nâbûdmend: [nâbûd+mend] yoksul, fakir.

نابوده nâbûde: [nâ+bûden>bûd+e] yok, olmamış, var olmamış.

نابوده شدن nâbûde şoden: yok olmak.

نابودی nâbûdî: [nâ+bûden>bûd+î] yokluk.

نابوقت nâbevakt: (F.-A.) [nâ+be+vakt] **1.**zamansız, vakitsiz. **2.**yersiz.

نابهره nâbehre: [nâ+behre] **1.**rayiç olmayan, revaçta olmayan, sürümsüz. **2.**büyük, ulu. **3.**alçak, sefil.

نابهنجار nâbehencâr: [nâ+be+hencâr] **1.**düzensiz, kuralsız, usülsüz. **2.**uyumsuz, yaraşmayan, uygunsuz.

نابهنگام nâbehengâm: [nâ+be+hengâm] zamansız, vakitsiz.

نابی nâbî: (A.) **1.**haberci. **2.**erkek adı.

نابینا nâbînâ: [nâ+dîden>bîn+â] gözleri görmeyen, âmâ, görme özürlü, kör.

نابینا شدن nâbînâ şoden: kör olmak.

نابینایی nâbînâyî: [nâ+dîden>bîn+â+y+î] körlük, görmezlik.

نابیوس nâbiyûs: [nâ+biyûs] ansızın, apansız, birdenbire.

ناپارسا nâpârsâ: [nâ+pârsâ] **1.**inançsız, itikatsız. **2.**ihtiyatsız.

ناپاک nâpâk: [nâ+pâk] **1.**temiz olmayan, kirli, pis. **2.**kâfir. **3.**münafık. **4.**yoğun. **5.**gaddar. **6.**cenabet.

ناپاک چشم nâpâkçeşm: [nâ+pâk+çeşm] kötü gözlü, namussuz.

ناپاکی nâpâkî: [nâ+pâk+î] **1.**kirlilik, pislik. **2.**kâfirlik. **3.**münafıklık. **4.**yoğunluk. **5.**gaddarlık. **6.**cenabetlik.

ناپایدار nâpâydâr: [nâ+pâydâr] **1.**kalıcı olmayan, geçici. **2.**dayanıksız. **3.**kararsız. **4.**güvenilmez. **5.**gevşek.

ناپایداری nâpâydârî: [nâ+pâydâr+î] **1.**dayanıksızlık. **2.**gevşeklik. **3.**güvenilmezlik. **4.**kararsızlık.

ناپختگی nâpohtegî: [nâ+pohten>pohte+g+î] **1.**hamlık. **2.**vekarsızlık, çiğlik. 3.tecrübesizlik.

ناپخته nâpohte: [nâ+pohten>poht+e] 1.ham, pişmemiş, çiğ. 2.olgunlaşmamış. 3.ham ervah, vekarsız. 4.tecrübesiz, deneyimsiz.

ناپدرام nâpedrâm: [nâ+pedrâm] 1.süssüz. 2.üzgün. 3.uğursuz. 4.devamsız. 5.kaba. 6.doğru olmayan. 7.düzensiz.

ناپدری nâpederî: [nâ+peder+î] babalık, üvey baba.

ناپدید nâpedîd: [nâ+pedîd] 1.gizli, saklı. 2.görülmeyen. 3.örtülü. 4.yok.

ناپدیدار nâpedîdâr: [nâ+pedîdâr] 1.gizli, saklı. 2.görülmeyen. 3.örtülü. 4.yok.

ناپدیدار شدن nâpedîdâr şoden: 1.görünmez olmak, yok olmak. 2.kaybolmak.

ناپدیدار کردن nâpedîdâr kerden: 1.yok etmek. 2.kaybetmek.

ناپدید شدن nâpedîd şoden: 1.gizlenmek, saklanmak. 2.görünmez olmak. 3.kaybolmak. 4.gurûb etmek. 5.garkolmak. 6.yok olmak. 7.örtünmek. 8. kapatılmak.

ناپدید کردن nâpedîd kerden: 1.gizlemek, saklamak. 2.kaybetmek. 3.yok etmek. 4.garketmek. 5.örtmek. 6.ezmek.

ناپدیدی nâpedîdî: [nâ+pedîd+î] 1.yokluk. 2.görünmezlik.

ناپذیر nâpezîr: [nâ+pezîroften>pezîr] 1.kabul etmeyen. 2.kabul edilemez, kabul edilmez.

ناپذیرا nâpezîrâ: [nâ+pezîruften>pezîr+â] 1.kabul etmez. 2.kabul edilmez. 3.mümkün olmayan.

ناپذیرفته nâpezîrofte: [nâ+pezîroften> pezîroft+e] 1.kabul edilmemiş. 2.makbul olmayan. 3.kabul etmeden.

ناپروا nâpervâ: [nâ+pervâ] 1.korkusuz, pervasız. 2.ilgisiz. 3.ızdıraplı.

ناپسری nâpeserî: [nâ+peser+î] üvey oğul.

ناپسند nâpesend: [nâ+pesendîden> pesend] 1.beğenilmeyen, hoşa gitmeyen, çirkin, kötü. 2.usulsüz. 3.laf dinlemez. 4.kötü iş, kötü davranış.

ناپسند آمدن nâpesend âmeden: beğenilmemek, makbul olmamak, çirkin görülmek.

ناپسند داشتن nâpesend dâşten: kötü bulmak, ayıplamak, çirkin saymak.

ناپسند شدن nâpesend şoden: makbul olmamak, beğenilmemek, ayıplanmak.

ناپسندی nâpesendî: [nâ+pesendîden> pesend+î] 1.kabul etmeme, ayıplama, hoş karşılamama. 2.uygun olmayan davranış.

ناپسندیده nâpesendîde: [nâ+pesendîden> pesendîd +e] beğenilmemiş, beğenilmeyen, hoşa gitmeyen.

ناپسوده nâpesûde: [nâ+pesûden> pesûd+e] el sürülmemiş.

ناپل napol: (coğ.) Napoli.

ناپوشیدگی nâpûşîdegî: [nâ+pûşîden> pûşîd+e+g+î] açıklık, yalınlık, çıplaklık, örtülü olmama, gizli kapaklı olmama.

ناپوشیده nâpûşîde: [nâ+pûşîden>pûşîd+e] 1.çıplak, örtülü olmayan. 2.aşikâr, yalın, ortada. 3.kolay.

ناپیدا nâpeydâ: [nâ+peydâ] 1.görünmeyen. 2.açık olmayan, aşikâr olmayan, gizli. 3.mevcut olmayan, nâmevcut, yok. 4.kayıp.

ناپیدا شدن nâpeydâ şoden: 1.yok olmak. 2.gözden kaybolmak.

ناپیدا کردن nâpeydâ kerden: 1.yok etmek. 2.gözden kaybetmek.

ناپیدایی nâpeydâyî: [nâ+peydâ+y+î] 1.kaybolma, gizlenme. 2.bulunmama, mevcut olmama.

ناتام nâtâm: (F.-A.) [nâ+tâm] eksik, tamam olmayan, noksan.

ناتدبیر nâtedbîr: (F.-A.) [nâ+tedbîr] düşüncesiz, tedbirsiz.

ناتراش nâterâş: [nâ+terâşîden>terâş] **1.**tıraşlanmamış. **2.**yontulmamış, kaba saba.

ناتراشیده nâterâşîde: [nâ+terâşîden>terâşîd+e] **1.**yontulmamış. **2.**kaba saba, görgüsüz, edepsiz. **3.**çirkin.

ناتربیت nâterbiyet: (F.-A.) [nâ+terbiyet] görgüsüz, terbiyesiz, edepsiz.

ناترس nâters: [nâ+tersîden>ters] **1.**korkusuz. **2.**acımasız, taş yürekli.

ناتف nâtif: (A.) bademli, cevizli helva.

ناتلنگی nâtilingî: [nâ+tiling+î] vefasızlık, vefa göstermeme.

ناتلنگی کردن nâtilingî kerden: vefa göstermemek, vefasızlık etmek.

ناتمام nâtemâm: (F.-A.) [nâ+temâm] **1.**eksik, tam olmayan, yarım kalmış, bitmemiş. **2.**çiğ, olgunlaşmamış. **3.**kusurlu.

ناتمام عیار nâtemâmiyâr: (F.-A.) [nâ+temâm+iyâr] **1.**ayarsız, ayarı eksik. **2.**doğru dürüst olmayan.

ناتمام گذاشتن nâtemâm gozâşten: yarıda bırakmak.

ناتمامی nâtemâmî: (F.-A.) [nâ+temâm+ î] eksiklik, yarım kalmışlık.

ناتمامیت nâtemâmiyyet: (F.-A.) [nâ+temâmiyyet] eksiklik, yarım kalmışlık.

ناتمیز nâtemîz: [nâ+temîz] temiz olmayan, pis, kirli, bulaşık.

ناتندرست nâtendorost: [nâ+ten+dorost] **1.**sağlıklı olmayan, sağlıksız, hasta. **2.**kusurlu. **3.**tembel.

ناتنی nâtenî: [nâ+ten+î] **1.**üvey. **2.**baba bir erkek veya kız kardeş.

ناتو nâtev, nâtov: [nâ+tev/tov] **1.**uyumsuz, uygunsuz. **2.**hilekâr, düzenbaz, alçak.

ناتوان nâtevân: [nâ+tevânisten>tevân] **1.**güçsüz, kudretsiz. **2.**zayıf. **3.**yoksul, fakir. **4.**namert.

ناتوانا nâtevânâ: [nâ+tevânisten>tevân+â] **1.**güçsüz, kudretsiz. **2.**zayıf. **3.**yoksul, fakir.

ناتوانایی nâtevânâyî: [nâ+tevânisten>tevân+â+y+î] **1.**güçsüzlük, kudretsizlik. **2.**zayıflık. **3.**yoksulluk, fakirlik.

ناتوانی nâtevânî: [nâ+tevânisten>tevân+î] **1.**güçsüzlük, kudretsizlik. **2.**hastalık. **3.**zayıflık, cılızlık. **4.**yoksulluk, fakirlik.

ناتوی nâtevî: [nâ+tev+î] **1.**namertlik. **2.**uyumsuzluk.

ناثر nâsir: (A.) **1.**saçan. **2.**nesir yazan, yazar.

ناجائز nâcâ'iz: (A.) [nâ+câ'iz] uygun olmayan, uygun görülmeyen.

ناجانور nâcânver: [nâ+cân+ver] cansız, canlı olmayan.

ناجای nâcây: [nâ+cây] **1.**yersiz. **2.**yararsız.

ناجایز nâcâyiz: (F.-A.) [nâ+câ'iz>câyiz] caiz olmayan, doğru olmayan, uygun olmayan, uygunsuz, nâmeşru.

ناجح nâcih: (A.) **1.**galip, muzaffer. **2.**kurtulan. **3.**hızlı seyir. **4.**kurtulan.

ناجذ nâciz: (A.) azı dişi.

ناجر nâcir: (A.) yaprak dibi filizi.

ناجز nâciz: (A.) **1.**hazır. **2.**elele, birlikte.

ناجس nâcis: (A.) onulmaz dert.

ناجسپان nâcespân: [<nâ+çesbîden>çesb+ân] uygunsuz, yaraşmaz.

ناجش nâciş: (A.) av hayvanını ürküterek avcıya doğru gönderen kişi.

ناجع nâci': (A.) hazmedilir yiyecek.

ناجل nâcil: (A.) soylu.

ناجم nâcim: (A.) **1.**doğan, parlayan. **2.**zahir, açık. **3.**asi.

ناجنبان nâconbân: [nâ+conbîden>conb+ân] hareketsiz, sakin, sallanmayan, kıpırdamayan.

ناجنس nâcins: (F.-A.) [nâ+cins] **1.**soysuz, aşağılık, adi, karaktersiz. **2.**kalitesiz. **3.**beğenilmeyen.

ناجنسی nâcinsî: (F.-A.) [nâ+cins+î] **1.**soysuzluk, adilik, karaktersizlik. **2.**kalitesizlik.

ناجو nâcû: çam ağacı.

ناجو nâcuv: çam ağacı.

ناجواب nâcevâb: (F.-A.) [nâ+cevâb] cevapsız kalan.

ناجوانمرد nâcevânmerd: [nâ+cevânmerd] namert, soysuz, adi, gayretsiz, himmetsiz.

ناجوانمردانه nâcevanmerdâne: [nâ+cevânmerd+âne] namertçe, soysuzca, adice.

ناجوانمردی nâcevânmerdî: [nâ+cevânmerd+ î] namertlik, soysuzluk, adilik.

ناجود nâcûd: [nâ+cûd] büyük kadeh.

ناجور nâcûr: [nâ+cûr] **1.**uygunsuz, aykırı. **2.**düzensiz.

ناجور شدن nâcûr şoden: **1.**uyumsuz olmak, aykırı olmak. **2.**düzensiz olmak.

ناجویده nâcevîde: [nâ+cevîden>cevîd+e] **1.**çiğnemeden. **2.**çiğnememiş.

ناجی nâcî: (A.) **1.**kurtarıcı. **2.**kurtulan. **3.**cennetlik. **4.**erkek adı.

ناچار nâçâr: [nâ+çâr] **1.**çaresiz, zorunlu, mecburen, ister istemez. **2.**aciz, zavallı. **3.**yoksul.

ناچار شدن nâçâr şoden: zorunda kalmak.

ناچاری nâçârî: [nâ+çâr+î] **1.**çaresizlik, zorunluluk, mecburiyet. **2.**acizlik, zavallılık. **3.**yoksulluk.

ناچاق nâçâk: [nâ+çâk] **1.**şişman olmayan, cılız, zayıf, çelimsiz. **2.**hasta.

ناچخ nâçeh (Sans.) **1.**savaş baltası. **2.**çatal mızrak. **3.**küçük mızrak.

ناچسپان nâçespân: [<nâ+çesbîden> çesb+ân] yaraşmayan, uygun olmayan, liyakatsiz.

ناچیز nâçîz: [nâ+çîz] **1.**değersiz, nâçiz. **2.**yok. **3.**alçak. **4.**az. **5.**boşuna.

ناچیزانه nâçîzâne: [nâ+çîz+âne] değersiz olarak, değersizce, önemsizce.

ناچیز داشتن nâçîz dâşten: önemsememek, değer vermemek.

ناچیز شدن nâçîz şoden: **1.**önemini yitirmek. **2.**zelil olmak. **3.**bâtıl olmak. **4.**yok olmak. **5.**harap olmak.

ناچیز کردن nâçîz kerden: **1.**önemsiz kılmak. **2.**zelil etmek. **3.**bâtıl etmek. **4.**yok etmek. **5.**harap etmek. **6.**yoksul bırakmak.

ناچیزی nâçîzî: [nâ+çîz+î] **1.**değersizlik. **2.**yokluk. **3.**küçüklük. **4.**yoksulluk.

ناحر nâhir: (A.) **1.**ufalanmış kemik, tozlaşmış kemik. **2.**kemikleri ufalayarak çerviş yağı yapan.

ناحس nâhis: (A.) kıtlık yılı.

ناحساب nâhisâb: (F.-A.) [nâ+hisâb] **1.**saçmalayan. **2.**hakkıyla yetinmeyen.

ناحفاظ nâhifâz: (F.-A.) [nâ+hifâz] **1.**iffetsiz, namussuz. **2.**utanmaz. **3.**ihtiyatsız.

ناحفاظی nâhifâzî: (F.-A.) [nâ+hifâz+î] **1.**iffetsizlik. **2.**utanmazlık. **3.**ihtiyatsızlık.

ناحق nâhak: (F.-A.) [nâ+hak] **1.**haksız. **2.**yalan, doğru olmayan. **3.**zalim. **4.**gayrimeşrû.

ناحقی nâhakkî: (F.-A.) [nâ+hakk+î] **1.**haksızlık. **2.**yalancılık. **3.**zulüm. **4.**gayrimeşrûluk.

ناحل nâhil: (A.) zayıf, ince.

ناحله nâhile: (A.) zayıf, ince.

ناحی nâhî: (A.) nahiv bilgini, sentaks bilgini.

ناحیوی nâhiyevî: (A.) bölgesel.

ناحیه nâhiye: (A.) **1.**yöre, bölge, semt. **2.**taraf.

ناخ nâh: göbek.

ناخاست nâhâst: [nâ+hâsten>hâst] ayağa kalkamaz, kötürüm.

ناخالص nâhâlis: (F.-A.) [nâ+hâlis] **1.**brüt. **2.**karışık, saf olmayan.

ناخایف nâhâyif: (F.-A.) [nâ+hâyif] korkusuz.

ناخایفه nâhâyife: (F.-A.) [nâ+hâyife] korkusuz.

ناخدا nâhodâ: [nâ<nâv+hodâ] kaptan, gemi kaptanı.

ناخدا nâhodâ: [nâ+hodâ] Allahsız, dinsiz.

ناخداترس nâhodâters: [nâ+hodâ+tersîden> ters<ez hodâneters]

1.Allah'tan korkmaz. 2.inançsız, itikatsız.

ناخدایی nâhodâyî: [nâ<nav+hodâ+y+î] kaptanlık, gemi kaptanlığı.

ناخدایی nâhodâyî: [nâ+hodâ+y+î] 1.Allahsızlık, dinsizlik. 2.zulüm.

ناخدمتی nâhidmetî: (F.-A.) [nâ+ hidmet+î] hizmette kusur etme.

ناخدمتی کردن nâhidmetî kerden: hizmette kusur etmek.

ناخرسند nâhorsend: [nâ+horsend] 1.ikna olmamış, razı olmamış. 2.mutsuz.

ناخرم nâhorrem: [nâ+horrem] 1.mutsuz, kederli. 2.beğenilmeyen.

ناخستو شدن nâ-hestû şoden: inkâr etmek.

ناخشنود nâhoşnûd: [nâ+hoşnûd] memnun olmayan, razı olmayan.

ناخشنودی nâhoşnûdî: [nâ+hoşnûd+î] hoşnutsuzluk, memnun olmama.

ناخلف nâhalef: (F.-A.) [nâ+halef] 1.hayırsız evlat. 2.alçak, soysuz.

ناخن nâhon: (Peh.) tırnak. ‖ * ~ be dendân giriften ناخن به دندان گرفتن şaşırmak, hayrette kalmak, parmağını ısırmak. ‖ * ~ be seng âmeden ناخن به سنگ آمدن sorun çıkmak. ‖ * ~ ber yekdîger zeden ناخن بر یکدیگر زدن iki kişiyi birbirine düşürmek. ‖ * ~ -i pûst-i kesî râ kenden ناخن پوست کسی را کندن tırnağını sökmek.

ناخن آفتاب nâhunâftâb: [nâhun+âftâb< nâhun-i âftâb] alev, ateş.

ناخن انداختن nâhon endâhten: 1.tırnağını çıkartmak. 2.saz teline tırnakla vurmak.

ناخن بدندان nâhonbedendân: [nâhon+be+ dendân] 1.hayretten parmağını ısıran. 2.üzgün.

ناخن بر nâhonbor: [nâhon+borîden>bor] tırnak makası.

ناخن برا nâhonborâ: [nâhon+borîden> bor+â] tırnak makası.

ناخن بریدن nâhon borîden: tırnak kesmek.

ناخن بند کردن nâhon bend kerden: 1.ısrarla istemek. 2.tesir etmek. 3.birbirine ilgi duymasını sağlamak.

ناخن پال nâhunpâl: [nâhon+pâlîden>pâl] dolama.

ناخن پیرا nâhunpîrâ: [nâhon+pîrâsten> pîrâ] tırnak makası.

ناخن پیراستن nâhon pîrâsten: tırnak kesmek. ‖ * ez çîzî ~ از چیزی ناخن پیراستن bir şeyden el çekmek.

ناخن تراش nâhonterâş: [nâhon+ terâşîden> terâş] 1.tırnak makası. 2.tırnak törpüsü.

ناخن تراشیدن nâhon terâşîden: tırnak kesmek.

ناخن جویدن nâhon cevîden: tırnak yemek.

ناخن خشک nâhonhoşk: [nâhon+hoşk] 1.eli sıkı, pinti. 2.pis. 3.yararı dokunmayan.

ناخن خواره nâhunhâre: [nâhon+horden> hor> hâr+e] dolama.

ناخن زدن nâhon zeden: 1.tırnak atmak. 2.tırmalamak. 3.(kin.) tesir etmek.

ناخن فرو کردن nâhon furû kerden: 1.tırmalamak. 2.(kin.) tesir etmek.

ناخنک nâhonek: [nâhon+ek] 1.küçük tırnak. 2.tırnak kenarı. 3.(bot.) kokulu yonca.

ناخنک زدن nâhonek zeden: çimlenmek.

ناخنک کردن nâhonek kerden: kaşımak.

ناخن کندن nâhon kenden: tırnak sökmek, işkence etmek.

ناخن گرفتن nâhon giriften: tırnak kesmek.

ناخن گیر nâhongîr: [nâhon+giriften>gîr] 1.tırnak makası. 2.yumuşak şey.

ناخنه nâhune: [nâhon+e] 1.tırnak. 2.mızrap.

ناخنی nâhonî: [nâhon+î] tırnak ile ilgili. ‖ * nân-i ~ نان ناخنی tırnaklanmış desenli ekmek.

ناخواست nâhâst: [nâ+hâsten>hâst]

istemeden. ‖ * be ~ به ناخواست istemeyerek.

ناخواسته nâhâste: [nâ+hâsten>hâst+e] 1.istememiş. 2.istenmemiş. 3.istemeden, istenmeden.

ناخوانا nâhânâ: [nâ+hânden>hân+â] 1.okunaksız, okunmayan. 2.okuma yazma bilmeyen.

ناخوانده nâhânde: [nâ+hânden>hând+e] 1.okumadan. 2.okunmamış. 3.okumamış. 4.okuma yazma bilmeyen. 5.davetsiz, çağırılmamış. 6.davetsiz misafir. ‖ * mihmân-i ~ مهمان ناخوانده davetsiz misafir.

ناخواه nâhâh: [nâ+hâsten>hâh] 1.istemeyerek, istemeden. 2.ister istemez.

ناخوب nâhûb: [nâ+hûb] güzel olmayan.

ناخوب کردن nâhûb kerden: iyi etmemek, hata yapmak, yanlış yapmak.

ناخود آگاه nâhodâgâh: [nâ+hod+âgâh] 1.elinde olmadan. 2.kendinden habersiz.

ناخود آگاهانه nâhodâgâhâne: [nâ+hod+âgâh+âne] bilmeyerek.

ناخوش nâhoş: [nâ+hoş] 1.rahatsız, hasta. 2.mutsuz. 3.üzgün, keyifsiz. 4.nahoş, beğenilmeyen, hoş olmayan. 5.lezzetsiz, tatsız. 6.kaba, çirkin.

ناخوش آمدن nâhoş âmeden: hoş olmamak, hoşa gitmemek, hoş kaçmamak, beğenilmemek.

ناخوشایند nâhoşâyend: [nâ+hoş+âmeden> ây+ende>end] beğenilmeyen, makbul olmayan, hoş kaçmayan.

ناخوش داشتن nâhoş dâşten: 1.hoşuna gitmemek, hoşlanmamak, beğenmemek. 2.tatsızlaştırmak. 3.hastaya bakmak.

ناخوش شدن nâhoş şoden: hasta olmak, hastalanmak, rahatsızlanmak.

ناخوش کردن nâhoş kerden: 1.hasta etmek. 2.tatsızlaştırmak, bozmak.

ناخوش گوار nâhoşguvâr: [nâ+hoş+guvâr] tatsız, hoş olmayan.

ناخوش منش nâhoşmeniş: [nâhoş+meniş] 1.huysuz. 2.kusma hali.

ناخوشی nâhoşî: [nâ+hoş+î] 1.hastalık, rahatsızlık. 2.nahoşluk. 3.acılık, tatsızlık. 4.bezginlik.

ناخوشی گرفتن nâhoşî giriften: 1.hasta olmak. 2.(tıb.) sara hastalığına yakalanmak.

ناخون nâhûn: tırnak.

ناخویشتن شناس nâhîştenşinâs: [nâ+hîşten+şinâhten>şinâs] kendini bilmez, küstah, haddini bilmez, saygısız.

ناد nâdd: (A.) azık, rızık.

نادار nâdâr: [nâ+dâşten>dâr] 1.yoksul, fakir. 2.zavallı, biçare.

نداری nâdârî: [nâ+dâşten>dâr+î] 1.yoksulluk, fakirlik. 2.zavallılık, biçarelik.

نداشت nâdâşt: [nâ+dâşten>dâşt] 1.yoksulluk, fakirlik. 2.yoksul, fakir. 3.zavallı, biçare. 4.utanmaz. 5.inançsız, itikatsız. 6.sadaka verilmeyince bir tarafını kesen dilenci.

نداشتی nâdâştî: [nâ+dâşten>dâşt+î] 1.yoksulluk, fakirlik. 2.utanmazlık. 3.ikiyüzlülük, nifak.

نادان nâdân: (Peh.) [nâ+dânisten>dân] 1.bilgisiz, cahil. 2.ahmak, akılsız, sefih, hödük, kaba saba.

نادانست nâdânist: [nâ+dânisten>dânist] cahil, bilgisiz.

نادانسته nâdâniste: [nâ+dânisten>dânist+e] 1.bilmeden, bilgisizce, habersizce. 2.bilgisiz.

نادانی nâdânî: [nâ+dânisten>dân+î] 1.bilgisizlik, cahillik. 2.ahmaklık, akılsızlık, sefihlik, kabalık, hödüklük.

نادانی کردن nâdânî kerden: 1.cahillik etmek. 2.aptallık etmek.

نادب nâdib: (A.) ağıt yakan, nevha okuyan.

نادج nâdic: (A.) **1.**olgun meyva. **2.**pişmiş et.

نادختری nâdohterî: [nâ+dohter+î] üvey kız, kız evlatlık.

نادر nâdir: (A.) **1.**nadir, az bulunur. **2.**benzersiz. **3.**hayret verici, ilginç. **4.**değerli. **5.**erkek adı. **6.**Nadir Şah.

نادراً nâdiren: (A.) az olarak, nadiren, nadir olarak, tek tük.

نادرات nâdirât: (A.) nadir olan şeyler, nadirat.

نادر افتادن nâdir oftâden: **1.**az olmak, az bulunmak. **2.**ilginç olmak.

نادر الوجود nâdirulvucûd: (A.) varlığına az rastlanır, eşi az bulunur.

نادر الوقوع nâdirulvukû': (A.) az rastlanan.

نادرست nâdorost: [nâ+dorost] **1.**eğri. **2.**yalancı, dürüst olmayan. **3.**hasta. **4.**noksan. **5.**batıl. **6.**yanlış. **7.**hain. **8.**hilekâr.

نادرستی nâdorostî: [nâ+dorost+î] **1.**dürüst olmama. **2.**hainlik. **3.**hastalık. **4.**yalancılık. **5.**eğrilik.

نادرستی کردن nâdorostî kerden: hainlik etmek.

نادروا nâdervâ: [nâ+dervâ] **1.**asılı olmayan. **2.**zorunlu, zarurî.

نادره nâdire: (A.) **1.**az, nadir, tek tük, az bulunur. **2.**benzersiz. **3.**ilginç. **4.**tuhaf olay. **5.**şaka, latife.

نادره پرداز nâdireperdâz: (A.-F.) [nâdire+ perdâhten> perdâz] nükteli sözler eden, zarif konuşan.

نادره پرور nâdireperver: (A.-F.) [nâdire+perverden> perver] nadir sözleri olan şair.

نادره دان nâdiredân: (A.-F.) [nâdire+ dânisten>dân] **1.**bilgin, alim. **2.**zarif kişi.

نادره سنج nâdiresenc: (A.-F.) [nâdire+ sencîden> senc] zarif sözler eden, nükteli sözler söyleyen.

نادره سنجان nâdiresencân: (A.-F.) [nâdire+sencîden> senc+ân] nükteli sözler edenler, zarif insanlar.

نادره کار nâdirekâr: (A.-F.) [nâdire+kâr] nadir işler yapan.

نادره گفتار nâdiregoftâr: (A.-F.) [nâdire+goften> goft+âr] az ve öz konuşan.

نادره گو nâdiregû: (A.-F.) [nâdire+ goften>gû] zarif insan, nükteli sözler eden insan.

نادری nâdirî: (A.) Nadir Şah'a mensup.

نادری nâdirî: (A.-F.) [nâdir+î] nadirlik.

نادریده nâderîde: [nâ+derîden>derîd+e] yırtılmamış, parçalanmamış.

نادسترس nâdestres: [nâ+dest+ resîden>res] ele geçmeyen, ele geçmemiş.

نادستور nâdestûr: [nâ+destûr] izinsiz, müsaadesiz.

نادل آگاه nâdilâgâh: [nâ+dil+âgâh] gönlü uyanık olmayan.

نادم nâdim: (A.) **1.**pişman, nadim. **2.**utangaç.

نادمانه nâdimâne: (A.-F.) [nâdim+âne] pişmanlıkla, pişmanlık duyarak.

نادمساز nâdemsâz: [nâ+demsâz] **1.**kafa dengi olmayan. **2.**ahenksiz, uyumsuz.

نادم شدن nâdim şoden: pişman olmak, nadim olmak.

نادم کردن nâdim kerden: pişan etmek.

نادمیت nâdimiyyet: (A.) pişmanlık.

نادی nâdî: (A.) **1.**çağıran, seslenen. **2.**meclis.

نادید nâdîd: [nâ+dîden>dîd] **1.**görülmeyen. **2.**görülmemiş.

نادید شدن nâdîd şoden: gözden kaybolmak, görülmemek.

نادیدگی nâdîdegî: [nâ+dîden>dîd+e+g+î] **1.**yoksulluk. **2.**görmemişlik.

نادیدنی nâdîdenî: [nâ+dîden+î] **1.**görülmez. **2.**görülmezlik. **3.**görmemeye değer.

نادیده nâdîde: [nâ+dîden>dîd+e]

1.görmemiş. **2.**görülmemiş. **3.**görülmez. **4.**rezil. **5.**haris. **6.**bilgisiz. **7.**görmeden. **8.**kör, görmez. **9.**nadir. **10.**değerli.

نادیده ادا nâdîde'edâ: (F.-A.) [nâdîde+edâ] tavrına az rastlanan.

نادیده جنگ nâdîdeceng: [nâdîde+ceng] (ask.) savaş görmemiş, savaş tecrübesi olmayan.

نادیده کردن nâdîde kerden: görmezden gelmek.

نادیده گرفتن nâdîde giriften: görmezden gelmek, gözardı etmek, göz yummak.

نادین nâdîn: (F.-A.) [nâ+dîn] **1.**dinsiz. **2.**dine aykırı.

نار nâr: **1.**(bot.) nar. **2.**meme. **3.**kanlı göz yaşı.

نار nâr: Isfahan'da dört miskallik bir ağırlık birimi.

نار nâr: (A.) **1.**ateş. **2.**cehennem. **3.**Hz. Musa'ya Tûr-i Sînâ dağında uzaktan görünen ateş.

ناراحت nârâhet: (F.-A.) [nâ+râhet] rahatsız, keyifsiz, huzursuz.

ناراحت شدن nârâhet şoden: **1.**rahatsız olmak, keyfi kaçmak. **2.**üzülmek. **3.**sinirlenmek.

ناراحت کردن nârâhet kerden: **1.**rahatsız etmek, keyfini kaçırmak. **2.**üzmek. **3.**sinirlendirmek.

ناراحت کننده nârâhetkonende: [nârâhet+ kerden>kon+ende] **1.**rahatsız edici, tedirgin edici, huzur kaçırtıcı. **2.**sinirlendirici.

ناراحتی nârâhetî: (F.-A.) [nâ+râhet+î] **1.**rahatsızlık, keyifsizlik, tedirginlik. **2.**sinirlilik.

ناراست nârâst: [nâ+râst] **1.**eğri. **2.**saf olmayan. **3.**yalan. **4.**batıl. **5.**hain.

ناراست خو nârâsthû: [nâ+râst+hû] sahtekâr, düzenbaz.

ناراستی nârâstî: [nâ+râst+î] **1.**eğrilik. **2.**yalan. **3.**haksızlık. **4.**hainlik. **5.**düzensizlik.

ناراضی nârâzî: (F.-A.) [nâ+râzî] rızasız.

نارایج nârâyic: (F.-A.) [nâ+râyic] **1.**rayiç olmayan, revaçta olmayan. **2.**kesat pazar.

نار افشاندن nâr efşânden: **1.**kan saçmak. **2.**(kin.) kan ağlamak.

ناربن nârbon: [nâr+bon] (bot.) nar ağacı.

نارپستان nârpistân: [nâr+pistân] nar gibi derli topu memesi olan, nar memeli.

نارجیل nârcîl (bot.) Hindistan cevizi.

نارد nâred: **1.**(zool.) kene. **2.**(zool.) bit.

ناردان nârdân: [nâr+dân] **1.**nar tanesi. **2.**(kin.) **1.**sevgilinin dudağı. **2.**(kin.) meme. **3.**(kin.) kanlı göz yaşı.

ناردان nârdân: (A.-F.) [nâr+dân] ateş kabı, mangal.

ناردانگ nârdâneg: [nâr+dâneg] nar tanesi.

ناردانه nârdâne: [nâr+dâne] **1.**nar tanesi. **2.**(kin.) kanlı göz yaşı.

ناردنک nârdenk: kimi meyvaların suyundan yapılan ekşimsi pekmez.

ناردین nârdîn (bot.) sümbül, sümbül-i rûmî.

نارس nâres: [nâ+resîden>res] **1.**ham meyve. **2.**olgunlaşmamış, ham, çiğ. **3.**uygunsuz.

نارسا nâresâ: [nâ+resîden>res+â] **1.**olgunlaşmamış. **2.**yetersiz. **3.**noksan. **4.**uygun olmayan. **5.**küstah, ham ervah.

نارسایی nâresâyî: [nâ+resîden>res+â+y+î] **1.**hamlık. **2.**yetersizlik, liyakatsizlik. **3.**uyumsuzluk. **4.**problem, sorun. **5.**akılsızlık. **6.**ham ervahlık, küstahlık.

نارستنی nârostenî: [nâ+rosten+î] bitmez, yeşermez.

نارسته nâreste: [nâ+resten>rest+e] kurtulmamış.

نارسی nâresî: [nâ+resîden>res+î] hamlık.

نارسید nâresîd: [nâ+resîden>resîd] ham, olgunlaşmamış.

نارسیده nâresîde: [nâ+resîden>resîd+e] **1.**olgunlaşmamış. **2.**nasipsiz, kısmetsiz. **3.**varmadan. **4.**erginleşmemiş, bülûğa ermemiş.

نارشيد nâreşîd: (F.-A.) [nâ+reşîd] **1.**olgunlaşmamış. **2.**erginleşmemiş, bülûğa ermemiş.

نارضا nârizâ: (F.-A.) [nâ+rizâ] rızasız.

نارضامند nârizâmend: (F.-A.) [nâ+rizâ+ mend] rızasız.

نارضامندی nârizâmendî: (F.-A.) [nâ+ rizâ+ mend+î] rızasızlık, hoşnutsuzluk.

نارضایتی nârizâyetî: (F.-A.) [nâ+rizâyet+ î] rızasızlık, hoşnutsuzluk.

نارضایی nârizâyî: (F.-A.) [nâ+rizâ+y+î] rızasızlık, hoşnutsuzluk.

نارفتنی nâreftenî: [nâ+reften+î] **1.**kalınacak. **2.**yapılmayacak.

نارفته nârefte: [nâ+reften>reft+e] **1.**gitmemiş. **2.**gidilmemiş. **3.**gitmeden.

نارکوتیک narkotik: (Fr.) narkotik.

نارکوک nârkûk: [nâr+kûk] **1.**(bot.) köknar. **2.**afyon, esrar.

نارگله nârgile: **1.**nargile. **2.**hindistan cevizi.

نارگله کش nargilekeş: [nargile+keşîden> keş] nargile içen.

نارگیل nârgîl: (Peh.) **1.**(bot.) Hindistan cevizi. **2.**(bot.) Hindistan cevizi ağacı.

نارگیله nârgîle: **1.**(bot.) Hindistan cevizi. **2.**nargile.

نارنج nârenc: **1.**(bot.) turunç ağacı. **2.**(bot.) mandalina.

نارنجات nârencât: (F.-A.) [nârenc+ât] turunçlar, narenciyeler.

نارنج رخ nârencroh: [nârenc+roh] sarı benizli, yüzü sararmış.

نارنجک nârencek: [nârenc+ek] (ask.) el bombası.

نارنجک افکن nârencekefken: [nârencek+ efkenden>efken] (ask.) el bombası atan kişi veya araç.

نارنجک انداز nârencekendâz: [nârencek+ endâhten>endâz] el bombası atan kişi veya araç.

نارنجی nârencî: [nârenc+i] turuncu.

نارنجیه nârenciyye: (A.) turunçgiller.

نارنگ nâreng (Sans.) (bot.) **1.**turunç. **2.**portakal.

نارنگی nârengî: [nâreng+î] **1.**(bot.) mandalina ağacı. **2.**(bot.) mandalina. **3.**turuncu.

نارو nârev: [nâ+reften>rev] **1.**serkeş binek hayvanı. **2.**hilekâr. **3.**hile, oyun. **4.**kalleş.

ناروا nârevâ: [nâ+revâ] **1.**doğru olmayan, uygunsuz. **2.**liyakatsiz. **3.**kesat. **4.**haram. **5.**kalp, sahte.

نارواجی nârevâcî: (F.-A.) [nâ+revâc+î] **1.**kesatlık. **2.**revaçsızlık.

ناروان nârevân: [nâ+reften>rev+ân] **1.**durgun, durağan, akıcı olmayan. **2.**uygunsuz. **3.**kesat.

ناروان nârvân: [nâr+vân] **1.**(bot.) nar. **2.**(bot.) gülnar.

نارواني nârevânî: [nâ+reften>rev+ân+î] **1.**durgunluk. **2.**kabızlık. **3.**kesat.

ناروايي nârevâyî: [nâ+revâ+y+î] **1.**doğru olmama. **2.**liyakatsizlik. **3.**haram olma. **4.**düzensizlik.

نارو خوردن nârov horden: oyuna getirilmek, kandırılmak, aldatılmak, vefasızlık görmek.

نارور nârver: [nâr+ver] nar gibi derli toplu memesi olan, nar memeli.

نارو زدن nârov zeden: oyuna getirmek, kalleşlik etmek, hak yemek.

نارون nârven: [nâr+ven] **1.**(bot.) nar ağacı. **2.**(bot.) karaağaç.

نارويان nârûyân: [nâ+rûyîden>rûy+ân] (coğ.) çorak arazi, kıraç arazi.

ناره nâre: (A.-F.) [nâr+e] terazi dili.

ناره nâre: [nârîden>nâr+e] inleyiş, nale.

ناری nârî: (A.-F.) [nâr+î] **1.**cehennemlik. **2.**ateşli. **3.**cin, peri. **4.**giysi, elbise.

ناریدن nârîden: inlemek.

نارین nârîn: (Moğ.) **1.**mücevher sandığı. 2.zarif.

ناز nâz: **1.**naz. **2.**cilve, işve.

3.övünme, şişinme. 4.nimet, bolluk. 5.bahane bulma. 6.okşama. 7.riya. 8.güzellik. 9.çam ağacı. 10.güzel. ‖ * be ~ ber âverden به ناز بر آوردن bolluk ve huzur içinde yetiştirmek. ‖ * be ~ dâşten به ناز داشتن saygı duymak. ‖ * be ~ zîsten به ناز زیستن bolluk içinde yaşamak.

ناز آفرین nâzâferîn: [nâz+âferîden> âferîn] 1.nazlı sevgili. 2.bolluk veren. 3.lütuf ve yumuşaklıkla yaratılmış.

ناز آوردن nâz âverden: 1.bolluk getirmek. 2.sevinç getirmek. 3.naza çekmek.

نازا nâzâ: [nâ+zâyîden>zâ] kısır, doğurgan olmayan.

نازاد nâzâd: [nâ+zâden>zâd] 1.doğmamış. 2.olmayacak iş. 3.kısır.

نازاده nâzâde: [nâ+zâden>zâd+e] 1.doğmamış. 2.olmayacak iş.

نازان nâzân: [nâzîden>nâz+ân] 1.nazlı, nazlanan. 2.övünen.

نازایی nâzâyî: [nâ+zâyîden>zây+î] kısırlık.

نازبازی nâzbâzî: [nâz+bâhten>bâz+î] nazlanma.

نازبالش nâzbâliş: [nâz+bâliş<bâliş-i nâz] yumuşak yastık, kuş tüyü yastık.

نازبالین nâzbâlîn: [nâz+bâlîn<bâlîn-i nâz] yastık, yumuşak yastık.

نازبرتاب nâzbertâb: [nâz+bertâften>tâb] naz çeken aşık.

نازبردار nâzberdâr: [nâz+berdâşten> berdâr] naz çeken.

نازپرور nâzperver: [nâz+perverden> perver] 1.nazlı, naz eden. 2.bolluk içinde büyümüş.

نازپرورانه nâzperverâne: [nâz+ perverden> perver+ âne] nazlanarak, naz ederek.

ناز پرورد nâzperverd: [nâz+perverden> perverd] bolluk içinde büyümüş, nazlı.

نازپرورده nâzperverde: [nâz+perverden> perverd+e] bolluk içinde büyümüş, nazlı.

نازپروری nâzperverî: [nâz+perverden> perver+î] nazlanma, naz etme.

ناز خریدن nâz harîden: naz çekmek, kapris çekmek.

نازدار nâzdâr: [nâz+dâşten>dâr] 1.nazlı. 2.bir cins lale.

نازش nâziş: [nâzîden>nâz+iş] 1.naz. 2.cilve, işve. 3.övünme. 4.kibir. 5.refah, bolluk. 6.okşama.

نازش آوردن nâziş âverden: 1.naz yapmak. 2.övünmek.

نازشست دادن nâzşest dâden: birinin başına ödül koymak.

نازش کردن nâziş kerden: 1.naz yapmak. 2.övünmek.

نازک nâzok: (Peh.) 1.ince. 2.zarif, kibar. 3.nazlı, alımlı, çekici. 4.yumuşak. 5.alıngan, hassas. 7.açık renkli.

نازک ادا nâzokedâ: [nâzok+edâ] 1.hoş tavırlı. 2.güzel sesli.

نازک اندام nâzokendâm: [nâzok+endâm] endamlı, zarif vücutlu.

نازک اندیش nâzokendîş: [nâzok+ endîşîden>endîş] ince düşünceli.

نازک اندیشی nâzokendîşî: [nâzok+ endîşîden>endîş+î] ince düşünme, incelik, zariflik.

نازکانه nâzokâne: [nâzok+âne] nazikçe, zarifçe.

نازک بدن nâzukbeden: (F.-A.) [nâzuk+ beden] endamlı, zarif vücutlu.

نازک ترین nâzukterîn: [nâzuk+terîn] en nazik, en zarif.

نازک تن nâzukten: [nâzuk+ten] endamlı, zarif vücutlu.

نازک جگر nâzokciger: [nâzok+ciger] (hlk.) alıngan, hassas.

نازک خلق nâzokholk: (F.-A.) [nâzok+ holk] 1.yumuşak huylu. 2.alıngan, hassas.

نازک خیال nâzokheyâl/hiyâl: (F.-A.) [nâzok+hiyâl] 1.ince düşünceli.

2.(tas.) arif.

نازک دل nâzokdil: [nâzok+dil] 1.şefkatli, yufka yürekli. 2.hassas, alıngan.

ناز کردن nâz kerden: 1.gururlanmak. 2.nazlanmak, naz yapmak. 3.övünmek, caka satmak. 4.işve yapmak, cilve yapmak. 5.okşamak. 6.kaçınmak.

نازکش nâzkeş: [nâz+keşîden>keş] naz çeken.

نازک شدن nâzok şoden: 1.incelmek. 2.et çabuk pişecek hale gelmek.

ناز کشیدن nâz keşîden: naz çekmek.

نازک طبع nâzoktab': (F.-A.) [nâzok+tab'] 1.hassas, alıngan. 2.şairane ruhlu.

نازک عذار nâzuk'izâr: (F.-A.) [nâzuk+izâr] narin yanaklı.

نازک کردن nâzok kerden: inceltmek.

نازک گزین nâzukguzin: [nâzuk+ guzîden>guzîn] zarif, çıtı pıtı.

نازک مزاج nâzukmizâc: (F.-A.) [nâzuk+ mizâc] yumuşak huylu, zarif, kibar.

نازک میان nâzokmiyân: [nâzok+miyân] 1.ince belli. 2.ince bel.

نازک نارنجی nâzoknârencî: [nâzok+ nârenc+î] çıtı pıtı.

نازک نی nâzokney: [nâzok+ney] (tıb.) kaval kemiği, kamış kemiği.

نازک وجود nâzukvucûd: (F.-A.) [nâzuk+ vucûd] endamlı, narin yapılı.

نازکی nâzokî: [nâzok+î] 1.incelik. 2.zariflik. 3.nazla büyümüş olma. 4.önem, hassasiyet. 5.yumuşaklık.

نازگر nâzger: [nâz+ger] nazlı, nazlanan, naz yapan.

نازل nâzil: (A.) 1.inen. 2.konaklayan, konan. 3.alçak, hakir. 4.değersiz.

نازلات nâzilât: (A.) inenler.

نازل شدن nâzil şoden: 1.inmek, nazil olmak. 2.alçalmak. ‖ * behâ ~ بها نازل شدن fiyat düşmek.

نازل کردن nâzil kerden: 1.indirmek. 2.alçaltmak. 3.vahiy göndermek.

نازله nâzile: (A.) 1.inen. 2.bela, dert, sıkıntı 3.inme. 4.nezle.

نازلة العرش nâziletul'arş: (A.) arş tabakasından inen, Kur'ân-ı Kerim.

ناز مست nâzmest: [nâz+mest] 1.kibirli sarhoş. 2.zarif ve şakacı kimse.

نازنده nâzende: [nâzîden>nâz+ende] nazlı, nazlanan.

نازنده آل nâzendeâl: (F.-T.) [nâzende+âl] bir tür lale.

نازنین nâzenîn: 1.nazlı. 2.zarif, ince yapılı, narin. 3.aziz, sevgili, değerli. 4.naz içinde büyümüş.

نازنینان nâzenînân: [nâzenîn+ân] nazlı dilberler.

نازو nâzû: [nâz+û] 1.nazlı. 2.kedi. 3.kumru.

ناز و نوش nâzunûş: [nâz+u+nûşîden> nûş] hoşça vakit geçirme.

نازی nâzî: [nâz+î] 1.nazlı. 2.cilveli, işveli. 3.güzel. 4.bayan adı. 5.kedi. 6.kedilere takılan ad.

نازی nazi (Alm.) Nazi.

نازیبا nâzîbâ: [nâ+zîbâ] 1.güzel olmayan, çirkin, şekilsiz, yakışıksız. 2.beğenilmemiş. 3.yersiz. 4.süssüz.

نازیدن nâzîden: 1.nazlanmak, naz yapmak. 2.salınmak. 3.övünmek. 4.gururlanmak. 5.yalvarmak.

نازیست nazist: (Fr.) Nazist.

ناس nâs: (A.) insanlar, halk.

ناسا nasa: (İng.) NASA.

ناساخته nâsâhte: [nâ+sâhten>sâht+e] 1.bina dilmemiş, yapılmamış. 2.hazırlanmamış. 3.kararsız. 4.süssüz. 5.düzensiz.

ناساز nâsâz: [nâ+âhten>sâz] 1.düzensiz, uyumsuz. 2.huysuz, geçimsiz. 3.yersiz. 4.sağlıksız. 5.yontulmamış. 6.akordsuz.

ناسازگار nâsâzgâr: [nâ+sâhten>sâz+gâr] 1.uyumsuz. 2.geçimsiz. 3.muzır. 4.sağlıksız. 5.liyakatsiz. 6.yetersiz. 7.ikna olmayan.

ناسازگاری nâsâzgârî: [nâ+sâhten>sâz+ gâr+î] 1.uyumsuzluk, geçimsizlik. 2.liyakatsizlik. 3.zıtlık, zıddiyet.

4.ikna olmama.

ناسازی nâsâzî: [nâ+sâhten>sâz+î] 1.zıtlık, zıddiyet. 2.uyumsuzluk, geçimsizlik.

ناسالم nâsâlim: (F.-A.) [nâ+sâlim] 1.kusurlu. 2.güvenilmez. 3.sağlıksız, hasta. 4.muhalif. 5.zararlı. 6.namert.

ناسامان nâsâmân: [nâ+sâmân] 1.düzensiz, karışık. 2.karaktersiz. 3.yersiz, ilgisiz.

ناسامانی nâsâmânî: [nâ+sâmân+î] 1.düzensizlik, karışıklık. 2.namertlik. 3.yersizlik.

ناسپاس nâsipâs: [nâ+sipâs] nankör, hakbilmez, haktanımaz.

ناسپاس شدن nâsipâs şoden: nankörlük etmek, nankör olmak.

ناسپاسی nâsipâsî: [nâ+sipâs+î] nankörlük, haktanımazlık.

ناسپاسی کردن nâsipâsî kerden: 1.nankörlük etmek. 2.aykırı davranmak.

ناستوده nâsutûde: [nâ+sutûden>sutûd+e] 1.beğenilmemiş. 2.alçak, hakir. 3.lâyık olmayan, liyakatsiz. 4.cahil. 5.kötü davranışlı.

ناسج nâsic: (A.) 1.dokuyan. 2.sıralayan.

ناسخ nâsih: (A.) 1.istinsah eden, kopya eden. 2.bozan, batıl kılan, fesheden.

ناسره nâsere: [nâ+ser+e] 1.kötü, çirkin. 2.kusurlu. 3.sahte. 4.ayarı bozuk.

ناسزا nâsezâ: [nâ+sezîden>sez+â] 1.lâyık olmayan, yaraşmayan. 2.küfür, uygunsuz söz. 3.alçak. 4.kötü iş, sıkıntılı durum.

ناسزا گفتن nâsezâ goften: küfretmek.

ناسزاوار nâsezâvâr: [nâ+sezâvâr] 1.lâyık olmayan. 2.alçak. 3.kötü iş. 4.küfür.

ناسزایان nâsezâyân: [nâ+sezîden>sez+ â+ y+ân] 1.lâyık olmayanlar. 2.küfürler, uygunsuz sözler. 3.alçaklar. 4.kötü işler.

ناسفت nâsoft: [nâ+soften>soft] delinmemiş.

ناسفته nâsofte: [nâ+soften>soft+e] delinmemiş.

ناسق nâsik: (A.) düzenleyen.

ناسک nâsik: (A.) dindar, sofu.

ناسل nâsil: (A.) kıl dökücü ilaç.

ناسلامتی nâselâmetî: (F.-A.) [nâ+ selâmet+ î] lanet olası!

ناسنجیده nâsencîde: [nâ+sencîden> sencîd+e] 1.tartılmamış, ölçülmemiş. 2.tartmadan etmeden. 3.iyi düşünülmemiş.

ناسوت nâsût: (A.) insanlık, insanlık ile ilgili şeyler, maddî âlem, dünya.

ناسوتی nâsûtî: (A.) dünya ile ilgili, dünyevî.

ناسوتیان nâsûtiyân: (A.-F.) [nâsûtî+y+ân] insanlar.

ناسوده nâsûde: [<ne+âsûden>âsûd+e] dinlenmemiş, istirahat etmemiş.

ناسوده nâsûde: [nâ+sûden>sûd+e] 1.dokunulmamış. 2.ovulmamış. 3.sürtülmemiş.

ناسور nâsûr: (A.) 1.fistül, basur deliği. 2.iltihap, enfeksiyon. 3.nasır.

ناسور شدن nâsûr şoden: iltihaplanmak.

ناسور کردن nâsûr kerden: yarayı açmak.

ناسی nâsî: (A.) unutkan, unutan.

ناسیونال nasyonal: (Fr.) ulusal, millî.

ناسیونالیست nasyonalist: (Fr.) milliyetçi, nasyonalist.

ناسیونالیسم nasyonalism: (Fr.) milliyetçilik, nasyonalizm.

ناشاد nâşâd: [nâ+şâd] üzgün, mutsuz, muradı olmamış.

ناشادی nâşâdî: [nâ+şâd+î] şâd olmama, üzgünlük, mutsuzluk.

ناشایست nâşâyest: (Peh.) [nâ+şâyesten> şâyest] 1.uygunsuz, yakışıksız. 2.haram. 3.beyhude. 4.fesat. 5.zulüm.

ناشایسته nâşâyeste: [nâ+şâyesten> şâyest+e] 1.uygunsuz, yakışıksız. 2.haram. 3.beyhude. 4.fesat. 5.zulüm.

ناشتا nâştâ: 1.açlık. 2.aç kalma.

ناشتائی nâştâ'î: [nâştâ+'î] sabah kahvaltısı.

ناشتائی خوردن nâştâ'î horden: kahvaltı etmek.

ناشتا شکستن nâştâ şikesten: bir şeyler atıştırmak, çimlenmek.

ناشد nâşid: (A.) **1.**şiir okuyan. **2.**erkek adı.

ناشدنی nâşodenî: [nâ+şoden+î] **1.**olmayacak şey.

ناشده nâşide: (A.) **1.**şiir okuyan. **2.**bayan adı.

ناشر nâşir: (A.) **1.**yayıncı, naşir, yayınlayan. **2.**haberci.

ناشر الحراره nâşirulharâre: (A.) ısı veren, ısı yayan.

ناشره nâşire: (A.) **1.**yayan. **2.**kolu açan kas.

ناشز nâşiz: (A.) **1.**atan damar. **2.**eşine sert davranan koca. **3.**kalbin hızlı hızlı atışı.

ناشزه nâşize: (A.) kocasının itaatsizlikte direnen kadın.

ناشسته nâşüste: [nâ+şosten>şost+e] **1.**yıkamamış. **2.**yıkanmamış.

ناشسته رو nâşosterû: [nâ+şosten>şost+e+ rû] arınmamış, yüzünü yıkamamış.

ناشط nâşit: (A.) şen, neşeli.

ناشکر nâşukr: (F.-A.) [nâ+şukr] nankör, hakbilmez, haktanımaz.

ناشکری کردن nâşukrî kerden: nankörlük etmek.

ناشکفت nâşikift: [nâ+şikiften>şikift] hemen, derhal, gecikmeden.

ناشکفته nâşikufte: [nâ+şikuften>şikuft+e] açılmamış, çiçek açmamış.

ناشکیب nâşekîb: [nâ+şekîb] **1.**sabırsız. **2.**aşık, tutkun.

ناشکیبا nâşekîbâ: [nâ+şekîb+â] **1.**sabırsız. **2.**aşık, tutkun. **3.**acele ile.

ناشکیبائی nâşekîbâ'î: [nâ+şekîb+â+î] sabırsızlık, sabırsızlanma.

ناشکیبی nâşekîbî: [nâ+şekîb+î] **1.**sabırsızlık. **2.**aşıklık, tutkunluk.

ناشمرده nâşomorde: [nâ+şomorden> şomord+e] **1.**sayılmamış. **2.**saymadan. **3.**hesapsız, sayısız.

ناشنا nâşnâ: [nâ+âşnâ>şnâ] **1.**yabancı. **2.**habersiz.

ناشناخته nâşinâhte: [nâ+şinâhten> şinâht+e] **1.**meçhul, tanınmamış. **2.**yabancı, garip. **3.**bilgisiz, habersiz.

ناشناس nâşinâs: [nâ+şinâhten>şinâs] **1.**meçhul, bilinmeyen. **2.**yabancı, garip. **3.**bilgisiz, habersiz.

ناشناسائی nâşinâsâyî: [nâ+şinâhten> şinâs+â+y+î] **1.**meçhullük. **2.**isimsizlik. **3.**bilgisizlik, habersizlik.

ناشناسی nâşinâsî: [nâ+şinâhten>şinâs+î] **1.**meçhullük. **2.**yabancılık, gariplik. **3.**bilgisizlik, habersizlik.

ناشنیده nâşenîde: [nâ+şenîden>şenîd+e] **1.**duymamış, işitmemiş. **2.**duyulmamış, işitilmemiş. **3.**duymadan etmeden.

ناشنیده پند nâşenîdepend: [nâ+şenîde+ pend] öğüt dinlemez.

ناشی nâşî: (A.) **1.**doğan, ileri gelen, kaynaklanan, -den dolayı. **2.**tecrübesiz, acemi.

ناشی شدن nâşî şoden: ileri gelmek, kaynaklanmak.

ناشی گری nâşîgerî: (A.-F.) [nâşî+ger+î] **1.**yabancılık. **2.**acemilik, tecrübesizlik.

ناصاف nâsâf: (F.-A.) [nâ+sâf] **1.**saf olmayan, tasfiye edilmemiş. **2.**kirli. **3.**kaba.

ناصب nâsib: (A.) **1.**diken. **2.**atama yapan, tayin eden. **3.**harfi üstünlü okutan.

ناصح nâsih: (A.) **1.**öğüt veren, nasihat eden. **2.**müşfik.

ناصحا nâsihâ: (A.-F.) [nâsih+â] ey öğüt veren.

ناصح الجیب nâsihulceyb: (A.) kalbi temiz.

ناصحانه nâsihâne: (A.-F.) [nâsih+âne] öğüt vererek, nasihat ederek.

ناصحه nâsihe: (A.) **1.**öğüt veren, nasihat eden. **2.**bayan adı.

ناصر nâsir: (A.) **1.**yardımcı, yardım eden, elden tutan. **2.**erkek adı.

ناصرين nâsırîn: (A.) yardım edenler, elden tutanlar.

ناصف nâsif: (A.) açıortay.

ناصواب nâsevâb: (F.-A.) [nâ+sevâb] **1.**doğru olmayan. **2.**haksız. **3.**beğenilmeyen. **4.**kötü davranış.

ناصواب دانستن nâsevâb dânisten: uygun bulmamak, uygun görmemek.

ناصيه nâsiye: (A.) **1.**alın. **2.**alın tüyü. **3.**yüz, çehre.

ناصيه پيرا nâsiyepîrâ: (A.-F.) [nâsiye+ pîrâsten> pîrâ] alnı süsleyen.

ناصيه سا nâsıyesâ: (A.-F.) [nâsiye+ sâ'îden>sâ] alnını yere süren, alnı yere gelen, secde eden, yere kapanan.

ناصيه ساى nâsiyesây: (A.-F.) [nâsiye+ sâyîden> sây] alnını yere süren, alnı yere gelen, secde eden, yere kapanan.

ناصيه سايى nâsiyesâyî: (A.-F.) [nâsiye+ sâyîden> sây+î] alnını yere sürme, alnı yere gelme, secde, yere kapanma.

ناضج nâzic: (A.) olgun, olgunlaşmış.

ناطح nâtih: (A.) **1.**boynuzlayan, boynuzu ile vuran. **2.**sıkıntı.

ناطر nâtir: (A.) **1.**bahçe bekçi, bağ bekçisi. **2.**hamam hizmetçisi.

ناطس nâtis: (A.) erdemli.

ناطق nâtik: (A.) **1.**konuşan, söyleyen. **2.**canlı, ruhlu. **3.**dört ayaklı hayvan. **4.**peygamber.

ناطقه nâtika: (A.) **1.**nutuk veren. **2.**konuşma yeteneği.

ناطقه پرداز nâtikaperdâz: (A.-F.) [nâtika+ perdâhten> perdâz] düzgün ve tekili konuşan, hatip.

ناطقه پيرا nâtikapîrâ: (A.-F.) [nâtıka+ pîrâsten> pîrâ] düzgün ve etkili konuşan, ha-tip.

ناطقيت nâtikiyyet: (A.) hatiplik, düzgün ve etkili konuşma.

ناطور nâtûr: (A.) **1.**bahçe bekçisi, bağ bekçisi. **2.**hamam hizmetçisi.

ناظر nâzir: (A.) **1.**bakan. **2.**aşık. **3.**mübaşir. **4.**casus. **5.**nezaretçi. **6.**bir tarafa bakan, yönelik. **7.**bekleyen. **8.**bakan, vekil.

ناظر بودن nâzir bûden: seyretmek, görmek.

ناظره nâzire: (A.) **1.**bakan. **2.**göz.

ناظره خوان nâzirehân: (A.-F.) [nâzire+ hânden>hân] bakarak taklit eden.

ناظرى nâzirî: (A.-F.) [nâzir+î] **1.**nezaret, kontrol. **2.**(huk.) nezaret hakkı.

ناظرى خوردن nâzirî horden: emek hakkı almak.

ناظم nâzim: (A.) **1.**düzenleyen, tanzim eden. **2.**nazmeden, manzume yazan. **3.**inci dizen. **4.**süsleyen. **5.**müdür muavini. **6.**regülatör, düzengeç. 7.erkek adı.

ناظمانه nâzimâne: (A.-F.) [nâzim+âne] **1.**düzenleyerek. **2.**nazmederek.

ناظمه nâzime: (A.) **1.**düzenleyen. **2.**nazmeden, manzume yazan. **3.**regülatör. **4.**normal.

ناظمين nâzimîn: (A.) **1.**düzenleyenler. **2.**nazmedenler.

ناعچه nâ'çe: (A.-F.) [nâ'+çe] yumuşak yer, yumuşak zemin.

ناعظ nâ'iz: (A.) **1.**kuvvetlendiren. **2.**kaldıran, diken. **3.**ereksiyon haline getiren.

ناعم nâ'im: (A.) **1.**körpe, taze. **2.**etli sebze. **3.**kemiksiz.

ناعمات nâ'imât: (A.) nazlı yetişen kızlar.

ناعمه nâ'ime: (A.) nazlı yetişen kız. **2.**bayan adı. **3.**yumuşakçalar.

ناعور nâ'ûr: (A.) **1.**kanı kesmeyen damar. **2.**değirmen kanadı.

ناعوره nâ'ûre: (A.) bostan dolabı.

ناعى nâ'î: (A.) kara haber getiren.

ناغض nâgiz: (A.) **1.**sallayan. **2.**şaşırmışçasına baş sallayan.

ناغوش خوردن nâgûş horden: suya dalmak, başını suya sokmak.

ناف nâf: (Peh.) **1.**göbek. **2.**karın. **3.**nafe. **4.**orta, merkez. ‖ * ~ ber zemîn gozâşten ناف بر زمين گذاشتن **1.**(mec.) göbeği düşmak.

2.hayvanın yükü ağır gelmek. ‖ * tu ~ -i kesî pîç oftâden تو نافهء کسی پیچ افتادن karnına ağrı girmek.

ناف افکندن nâf efkenden (kin.) pes etmek, aciz kalmak.

ناف بند nâfbend: [nâf+besten>bend] (tıb.) göbek bağı.

نافج nâfic: (A.) son kaburga kemiği.

نافجه nâfice: (A.) ceylanın misk elde edilen göbeği.

نافخ nâfih: (A.) üfüren, üfleyen, üfleyici.

نافذ nâfiz: (A.) **1.**nüfuz edici, etkileyici. **2.**(kim.) cıva. **3.**delip geçen.

نافذ الامر nâfizulemr: (A.) **1.**emrine uyulan. **2.**sözü geçen.

نافذ الکلمتین nâfizulkelimeteyn: (A.) olumlu veya olumsuz da olsa her sözüne uyulan.

نافذ الکلیم nâfizulkelîm: (A.) sözü geçen.

نافذیت nâfiziyyet: (A.) **1.**işleme, nüfuz etme. **2.**delip geçme. **3.**etkili konuşma, sözü geçme.

نافر nâfir: (A.) **1.**nefret eden. **2.**korkak. **3.**galip.

نافرجام nâfercâm: [nâ+fercâm] **1.**sonsuz. **2.**uğursuz. **3.**bedbaht, talihsiz. **4.**etkisiz, sonuçsuz, boşuna. **5.**serkeş.

نافرجام nâfercâm goften: küfretmek.

نافرجامی nâfercâmî: [nâ+fercâm+î] **1.**sonsuzluk. **2.**uğursuzluk. **3.**bedbahtlık, talihsizlik. **4.**etkisizlik.

نافرمان nâfermân: [nâ+fermân] itaatsiz, serkeş, asi.

نافرمان شدن nâfermân şoden: isyan etmek, başkaldırmak, itaatsizlik etmek.

نافرمانی nâfermânî: [nâ+fermân+î] **1.**itaatsizlik, isyan, başkaldırı, serkeşlik. **2.**günah.

نافرمانی کردن nâfermânî kerden: **1.**isyan etmek, itaatsizlik etmek, başkaldırmak. **2.**suç işlemek, günaha girmek.

ناف زدن nâf zeden: göbek bağını kesmek.

نافع nâfi': (A.) **1.**yararlı, faydalı. **2.**yumuşak huy, iyi huy. **3.**Tanrı'nın isimlerinden biri. **4.**kârlı.

نافع آمدن nâfi' âmeden: **1.**yararlı olmak. **2.**etkili olmak.

نافع شدن nâfi' şoden: **1.**yararlı olmak. **2.**etkili olmak.

نافعه nâfi'e: (A.) **1.**bayındırlık işleri. **2.**Bayındırlık Müdürlüğü. **3.**bayan adı.

نافله nâfile: (A.) **1.**ganimet. **2.**torun. **3.**bağış. **4.**nafile ibadet. **5.**yararsız, boşuna.

نافور nâfûr: (A.) fıskiye.

نافوره nâfûre: (A.) fıskiye.

نافه nâfe: (Peh.) **1.**göbek. **2.**misk ceylanının göbeğinden çıkarılan parfüm. **3.**sevgilinin güzel kokan saçı.

نافه ریز nâferîz: [nâfe+rîhten>rîz] **1.**güzel kokular saçan. **2.**göbek düşüren.

نافه زدن nâfe zeden: göbek bağını kesmek.

نافه گشای nâfeguşây: [nâfe+guşûden> guşây] mis kokusu veren.

نافه گشودن nâfe guşûden: **1.**nafe açmak. **2.**(kin.) koku yaymak, ıtır saçmak.

نافهم nâfehm: (F.-A.) [nâ+fehm] akılsız, anlayışsız, aptal, dangalak.

نافهمی nâfehmî: (F.-A.) [nâ+fehm+î] aptallık.

نافهمی کردن nâfehmî kerden: aptallık etmek.

نافی nâfî: (A.) yok eden, gideren.

ناقابل nâkâbil: (F.-A.) [nâ+kâbil] **1.**kabiliyetsiz. **2.**kabul edilmez. **3.**önemsiz, az, değersiz. **4.**mümkün olmayan, imkânsız.

ناقبول nâkabûl: (F.-A.) [nâ+kabûl] **1.**kabul edilmemiş, reddedilmiş, kabul olunmaz. **2.**beğenilmemiş. **3.**yeteneksiz, istidatsız.

ناقد nâkid: (A.) **1.**kalp para ile gerçek parayı ayıran. **2.**iyi ile kötüyü ayıran. **3.**dirhem.

ناقر nâkir: (A.) isabet eden ok.

ناقش nâkiş: (A.) ressam, nakkaş.

ناقص nâkis: (A.) **1.**eksik, noksan. **2.**(mat.) eksi. **3.**pişmemiş. **4.**kusurlu. **5.**deneyimsiz. **6.**azalan, eksilen. **7.**Arapça'da üçlü kökteki üçüncü harfi illetli olan kelime. **8.**bilgisiz, cahil.

ناقصات nâkisât: (A.) **1.**eksiği olanlar. **2.**kusuru olanlar.

ناقصات العقل nâkisâtul'akl: (A.) **1.**aklı kısalar. **2.**kadınlar.

ناقصة العقل nâkisatul'akl: (A.) **1.**aklı kısa. **2.**kadın.

ناقص العقول nâkısul'ukûl: (A.) kıt akıllı.

ناقص العيار nâkısul'ayâr: (A.) eksik ayarlı, düşük ayarlı.

ناقص شدن nâkis şoden: **1.**kusurlu olmak. **2.**eksilmek. **3.**(mat.) çıkarılmak. **4.**sakatlanmak.

ناقص عقل nâkis'akl: (A.-F.) [nâkis+'akl] akıllı, aklı kıt.

ناقص كردن nâkis kerden: **1.**eksiltmek, azaltmak. **2.**(mat.) çkarmak. **3.**sakatlamak.

ناقص وجود nâkisvucûd: (A.) [nâkıs+ vucûd] iyi yetişmemiş insan, kalitesiz insan.

ناقصه nâkise: (A.) **1.**eksik. **2.**kusurlu.

ناقض nâkiz: (A.) **1.**kırıcı, kıran, bozan, sözünden dönen. **2.**çelişen, çelişkiye düşen.

ناقضه nâkize: (A.) **1.**bozan. **2.**çelişen, nakzeden.

ناقعریاب nâka'ryâb: (F.-A.) [nâ+ka'r+ yâften>yâb] dipsiz, dibi bulunmaz.

ناقل nâkil: (A.) **1.**nakleden. **2.**hadis rivayet eden. **3.**istinsah eden.

ناقلا nâkolâ: uyanık, akıllı, kurnaz.

ناقل مجلس nâkilmeclis: (A.) [<nâkil-i meclis] laf taşıyan.

ناقله nâkile: (A.) **1.**nakleden, taşıyan. **2.**iletken. **3.**çeviren. **4.**anlatan.

ناقليت nâkiliyyet: (A.) **1.**iletkenlik. **2.**geçirme.

ناقور nâkûr: (A.) (müz.) borazan, boru.

ناقوس nâkûs: çan, kilise çanı.

ناقه nâke: (A.) (zool.) dişi deve.

ناقهى nâkihî: (A.) nekahet.

ناقياس nâkiyâs: (F.-A.) [nâ+kiyâs] **1.**sayısız. **2.**çok geniş.

ناک nâk: kelimelerin sonuna gelerek "-li, -lu" anlamını kazanadıran son ek.

ناكار nâkâr: [nâ+kâr] **1.**felaketzede. **2.**yaralı, sakat.

ناكار شدن nâkâr şoden: **1.**yaralanmak, sakat kalmak. **2.**safdışı kalmak.

ناكار كردن nâkâr kerden: **1.**yaralamak, sakat bırakmak. **2.**safdışı bırakmak.

ناكاسته nâkâste: [nâ+kâsten>kâst+e] eksiksiz, eksilmeden.

ناكافى nâkâfî: (F.-A.) [nâ+kâfî] yetersiz.

ناكام nâkâm: [nâ+kâm] **1.**mutsuz, muradına ermemiş, ümitsiz. **2.**zavallı. **3.**mahrum. **4.**zorla, istemeyerek, rızasız.

ناكام شدن nâkâm şoden: **1.**mutsuz olmak, muradına erememek. **2.**mahrum kalmak.

ناكامكار nâkâmkâr: [nâ+kâm+kâr] mutsuz, muradına erememiş.

ناكامكار nâkâmkâr şoden: mutsuz olmak, muradına erememek.

ناكامكار كردن nâkâmkâr kerden: mutsuz etmek, muradına erdirmemek.

ناكام كردن nâkâm kerden: mutsuz etmek, muradına erdirmemek, mahrum bırakmak.

ناكام و ناچار nâkâm u nâçâr: ister istemez, mecburen.

ناكامى nâkâmî: [nâ+kâm+î] **1.**mutsuzluk, umutsuzluk, mahrumluk. **2.**zaruret. ‖ * be ~ به ناكامى zorunlu olarak.

ناكح nâkih: (A.) evlenen, nikâhlanan.

ناكرده nâkerde: [nâ+kerden>kerd+e] **1.**yapılmamış. **2.**yapmadan, etmeden.

ناكس nâkes: [nâ+kes] **1.**alçak, soysuz, karaktersiz, namert, hergele. **2.**düzenbaz. **3.**yüzsüz, şerefsiz.

ناكس nâkis: (A.) başı önde, başı eğik.

ناکسانه nâkesâne: [nâ+kes+âne] 1.pintice, nekesçe. 2.soysuzca, alçakça.

ناکسی nâkesî: [nâ+kes+î] 1.pintilik, nekeslik. 2.soysuzluk, alçaklık.

ناکشیده nâkeşîde: [nâ+keşîden>teşîd+e] 1.çekmemiş. 2.çekilmemiş. 3.içilmemiş.

ناکل nâkil: (A.) 1.dönen. 2.kaçınan, çekinen.

ناکوک nâkûk: [nâ+kûk] 1.keyifsiz. 2.ayarsız. 3.akordsuz.

ناگاه nâgâh: [nâ+gâh] 1.ansızın, apansız, birdenbire, aniden. 2.zamansız, vakitsiz. ‖ * gâh u ~ گاه و ناگاه zamanlı zamansız, vakitli vakitsiz.

ناگاهی nâgâhî: [nâ+gâh+î] ansızın, apansız, birdenbire, aniden.

ناگرفت nâgirift: [nâ+giriften>girift] ansızın, birdenbire.

ناگرفت زدن nâgirift zeden: gafil avlamak.

ناگزر nâgozir: [nâ+gozir] ister istemez, mecburen, zorunlu olarak.

ناگزیر nâgozîr: [nâ+gozîrden>gozîr] 1.zorunlu, lâzım. 2.kesin. 3.zorunlu olarak. 4.ister istemez. ‖ * be ~ به ناگزیر ister istemez, mecburen.

ناگزیر بودن nâgozîr bûden: muhtaç olmak, mecbur olmak.

ناگزیر شدن nâgozîr şoden: mecbur olmak, zorunda kalmak.

ناگسستنی nâgosestenî: [nâ+gosesten+î] çözülmez, kopmaz.

ناگسسته nâgoseste: [nâ+gosesten> gosest+e] 1.çözülmemiş, kopmamış, kesilmemiş. 2.devamlı, sürekli, art arda.

ناگشاده nâguşâde: [nâ+guşâden> guşâd+e] 1.açmamış. 2.açılmamış, kapalı.

ناگشوده nâguşûde: [nâ+guşûden> guşûd+e] 1.açmamış. 2.açılmamış. 3.açılmadan.

ناگفته nâgofte: [nâ+goften>goft+e] söylenmemiş, dile getirilmemiş.

ناگمان nâgomân: [nâ+gomân] 1.kuşkusuz, şüphesiz. 2.beklenmedik.

ناگوار nâgovâr: [nâ+govâr] 1.acı, elim. 2.tatsız. 3.hazmı güç. 4.çetin, zor. 5.canı ağır.

ناگواره nâguvâre: [nâ+guvâr+e] 1.hazımsız. 2.tatsız, lezzetsiz, acı.

ناگه nâgeh: [nâ+geh] 1.ansızın, apansız, birdenbire, aniden. 2.zamansız, vakitsiz.

ناگهان nâgehân: [nâ+geh+ân] ansızın, apansız, birdenbire, aniden.

ناگهان پیدا nâgehânpeydâ: [nâgehân+ peydâ] ansızın ortaya çıkan, apansız beliren.

ناگهانه nâgehâne: [nâ+geh+âne] ansızın, apansız, birdenbire.

ناگهانی nâgehânî: [nâ+geh+ân+î] ani, ansızın, birdenbire. ‖ * betovr-i ~ بطور ناگهانی aniden, ansızın., apansız.

ناگه ظهور nâgehzuhûr: (F.-A.) [nâ+geh+ zuhûr] ansızın olan, ansızın ortaya çıkan.

ناگهی nâgehî: [nâ+geh+î] ansızın, apansız, birdenbire.

نال nâl: 1.ney. 2.kamış kalem. 3.boru. 4.şeker kamışı. 5.kamış düdük. 6.kamış kalem içindeki saz.

نال nâl: [nâlîden>nâl] inilti, inleyiş.

نال nâl: ırmak.

نال nâl: 1.nal. 2.bağış.

نالان nâlân: [nâlîden>nâl+ân] 1.inleyen. 2.sızlanan, şikâyet eden. 3.şarkıcı. 4.hasta.

نالاندن nâlânden: 1.inletmek. 2.hasta etmek.

نالان شدن nâlân şoden: inlemek.

نالانیدن nâlânîden: 1.inletmek. 2.hasta etmek.

نالایق nâlâyik: (F.-A.) [nâ+lâyik] 1.lâyık olmayan, yaraşmayan. 2.değersiz. 3.uygunsuz. 4.makul olmayan.

نالستان nâlistân: [nâl+istân] sazlık, kamışlık.

نالش nâliş: [nâlîden>nâl+iş] 1.inleme, inilti. 2.sızlanma, şikâyet.

نالش زدن nâliş zeden: 1.inlemek.

2.sızlanmak, şikâyet etmek.

نالش زن nâlişzen: [nâliş+zeden>zen] inleyen.

نالشکار nâlişkâr: [nâliş+kâr] inleyen.

نالش کردن nâliş kerden: 1.inlemek. 2.sızlanmak, şikâyet etmek.

نالشگر nâlişger: [nâliş+ger] inleyen.

نالنده nâlende: [nâlîden>nâl+ende] inleyen.

نالنده شدن nâlende şoden: 1.inlemek. 2.hasta olmak.

ناله nâle: [nâlîden>nâl+e] 1.inilti, nale, inleme. 2.nara, çığlık, feryat. 3.uğultu. 4.nağme. 5.(müz.) bir musikî makamı. 6.(tas.) yakarış. 7.çay, küçük ırmak. ‖ * ~ ez gelû bîrûn dâden ناله از گلو بیرون دادن inlemek.

ناله زدن nâle zeden: 1.inlemek. 2.feryat etmek. 3.yakarmak.

ناله زن nâlezen: [nâle+zeden>zen] inleyen.

ناله زنان nâlezenân: [nâle+zeden>zen+ân] inleyerek.

ناله زنی nâlezenî: [nâle+zeden>zen+î] inleme.

ناله سرا nâleserâ: [nâle+surûden>serâ] inleyen.

ناله سنج nâlesenc: [nâle+sencîden>senc] inleyen.

ناله سنجی nâlesencî: [nâle+sencîden>senc+î] inleme.

ناله کار nâlekâr: [nâle+kâr] inleyen.

ناله کردن nâle kerden: 1.inlemek. 2.feryat etmek. 3.yakarmak. 4.şikâyet etmek.

ناله کشیدن nâle keşîden: 1.inlemek. 2.feryat etmek. 3.yakarmak. 4.şikâyet etmek.

ناله کنان nâlekunân: [nâle+kerden>kun+ân] inleyerek, feryat ederek.

ناله وار nâlevâr: [nâle+vâr] iniltili, inlercesine.

نالیدن nâlîden: (Peh.) 1.inlemek. 2.feryat etmek. 3.yakınmak, dert yanmak. 4.hüzünlü şarkı söylemek. 5.coşmak. 6.adalet istemek. 7.kırılmak. 8.hastalanmak.

نام nâm: (Peh.) 1.ad, isim. 2.şöhret, ün, nam. 3.kelime. 4.suret, dış görünüş. 5.zikir, anma. 6.vasıf, sıfat. 7.adres. 8.adında, adlı. ‖ * ~ be ebr ender âverden نام به ابر اندر آوردن dünyaca meşhur olmak. ‖ * ~ ber zebân rânden نام بر زبان راندن ağzına almak, söylemek. ‖ * ~ ber yeh zeden نام بر یخ زدن 1.mahvetmek. 2.unutmak. ‖ * ~ î der kerden نامی در کردن nam salmak. ‖ * ~ î oftâden ber kesî نامی افتادن بر کسی bir şeyle tanınmak. ‖ * ~ -i dîger نام دیگر 1.öbür adıyla. 2.takma ad. ‖ * ~ u neng نام و ننگ ar namus. ‖ * ~ u nişân نام و نشان 1.ad san. 2.eser, iz, belirti. ‖ * ~ u şan نام و شان ad san. ‖ * ~ -i hânevâdegî نام خانوادگی soyadı. ‖ * ~ -i kesî der gil oftâden نام کسی در گل افتادن yıldızı sönmek, ünü kaybolmak, ününü yitirmek. ‖ * ~ -i kûçek نام کوچک ilk isim, asıl isim. ‖ * ~ -i muste'âr نام مستعار takma ad. ‖ * be ~ resîden به نام رسیدن meşhur olmak, ünlü olmak. ‖ * be ~ -i kesî bûden به نام کسی بودن 1.adına olmak. 2.namzet olmak. ‖ * eger ..., ~ e evez mîkonm اگر ... ، نامم عوض می کنم, bana da (Mehmet) demesinler.

نام آور nâmâver: [nâm+âverden>âver] 1.ünlü, meşhur. 2.savaşçı.

نام آوران nâmâverân: [nâm+âvreden>âver+ân] ünlüler, anlı sanlı kişiler.

نام آوردن nâm âverden: meşhur olmak, nam salmak.

نامادری nâmâderî: [nâ+mâder+î] analık, üvey ana, üvey anne.

نامأذون nâme'zûn: (F.-A.) [nâ+me'zûn] izinsiz.

نامأمول nâme'mûl: (F.-A.) [nâ+me'mûl] umulmadık, beklenmedik.

نامأنوس nâme'nûs: (F.-A.) [nâ+me'nûs] 1.tanınmamış, yabancı. 2.alışılmamış.

نامبارک nâmubârek: (F.-A.) [nâ+mubârek] 1.uğursuz, kutsuz.

2.iğrenç. 3.bedbaht.

نام بخشیدن nâm bahşîden: 1.meşhur etmek. 2.yüksek mevkiye ulaştırmak.

نام بر آوردن nâm ber âverden: meşhur olmak, nam salmak, tanınmak.

نامبردار nâmbordâr: [nâm+borden> bord+âr] meşhur, ünlü, namlı.

نامبردار شدن nâmbordâr şoden: 1.meşhur olmak, ünlü olmak. 2.yüksek mevkiye gelmek.

نامبردار کردن nâmbordâr kerden: 1.meşhur etmek. 2.yüksek mevkiye getirmek.

نامبرداری nâmbordârî: [nâm+borden> bord+âr+î] şöhret, ünlülük.

نام بر داشتن nâm ber dâşten: adını silmek.

نام بردن nâm borden: 1.anmak, zikretmek, yâd etmek, bahsetmek, söz etmek. 2.ününü kaldırmak. 3.çağırmak, seslenmek.

نامبرده nâmborde: [nâm+borden> bord+e] 1.meşhur. 2.anılan, zikredilen, adı geçen.

نام برده شدن nâm borde şoden: söz edilmek, bahsedilmek, zikredilmek.

نام بر کردن nâm ber kerden: şöhrete kavuşmak, isim yapmak.

نام پرور nâmperver: [nâm+perverden> perver] ünlü, meşhur, namlı.

نامتأهل nâmute'ehhil: (F.-A.) [nâ+ mute'ehhil] bekâr, evli olmayan.

نامتجانس nâmutecânis: (F.-A.) [nâ+ mutecânis] 1.ayrı cinsten. 2.alışılmamış.

نامتجزی nâmutecezzî: (F.-A.) [nâ+ mutecezzî] bölünmez, parçalanmaz.

نامتصور nâmutesavver: (F.-A.) [nâ+ mutesavver] tasavvur edilmez, akla hayale gelmez, tasavvur olunmaz.

نامتناسب nâmutenâsib: (F.-A.) [nâ+ mutenâsib] uyumsuz, uygunsuz.

نامتناهی nâmutenâhî: (F.-A.) [nâ+ mutenâhî] sonsuz, bitmez tükenmez, uçsuz bucaksız, engin.

نامتناهیت nâmutenâhiyyet: (F.-A.) [nâ+ mutenâhiyyet] sonsuzluk.

نامتناهیه nâmutenâhiyye: (F.-A.) [nâ+ mutenâhiyye] bitmez tükenmez, sonsuz.

نامتوقع nâmutevekka': (F.-A.) [nâ+ mutevekka'] 1.beklemeksizin. 2.beklenmedik.

نامجرب nâmucerreb: (F.-A.) [nâ+ mucerreb] 1.deneyimsiz, tecrübesiz. 2.etkisiz.

نامجو nâmcû: [nâm+costen>cû] 1.şöhret arayan. 2.mevki düşkünü. 3.cesur, yiğit.

نامجوی nâmcûy: [nâm+costen>cûy] 1.yiğit. 2.ün arayan.

نامحال nâmuhâl: (F.-A.) [nâ+muhâl] imkânsız, olanaksız.

نامحدود nâmahdûd: (F.-A.) [nâ+mahdûd] 1.sınırsız, sonsuz. 2.ölçüsüz. 3.sayısız.

نامحرم nâmahrem: (F.-A.) [nâ+mahrem] 1.namahrem. 2.nikâh düşmeyen. 3.yabancı. 4.güvenilmez.

نامحرمیت nâmahremiyyet: (F.-A.) [nâ+ mahremiyyet] 1.nâmahremlik. 2.nikah düşmemesi. 3.yabancılık.

نامحسوس nâmahsûs: (F.-A.) [nâ+ mahsûs] hissedilmeyen, belli belirsiz.

نامحصور nâmahsûr: (F.-A.) [nâ+mahsûr] sonsuz, sınırsız.

نامحکم nâmuhkem: (F.-A.) [nâ+ muhkem] dayanıksız, gevşek, sağlam olmayan.

نام خواه nâmhâh: [nâm+hâsten>hâh] şöhret arayan, şöhret düşkünü.

نام دادن nâm dâden: 1.isim vermek, ad vermek, adlandırmak. 2.adıyla çağırmak. 3.namzet etmek. 4.meşhur etmek.

نامدار nâmdâr: [nâm+dâşten>dâr] 1.isimli. 2.meşhur, namlı, ünlü. 3.nefis, kıymetli.

نامدار شدن nâmdâr şoden: meşhur olmak, ünlü olmak.

نامدار کردن nâmdâr kerden: meşhur etmek, ünlü etmek.

نامدارى nâmdârî: [nâm+dâşten>dâr+î] 1.şöhret, ün. 2.cesurluk, yiğitlik. 3.değer.

نام داشتن nâm dâşten: adı olmak.

نام در آوردن nâm der âverden: meşhur olmak, isim yapmak, ün yapmak.

نامذكور nâmezkûr: (F.-A.) [nâ+mezkûr] zikredilmemiş, belirtilmemiş.

نامراد nâmurâd: (F.-A.) [nâ+murâd] 1.muradı olmamış, isteği yerine gelmemiş, muratsız, mutsuz. 2.rızasız, gönülsüz. 3.ümitsiz.4.klasik Türk musikîsinde bir makam.

نامرادان nâmurâdân: (F.-A.) [nâ+murâd+ ân] muradına ermemişler.

نامرادى nâmurâdî: (F.-A.) [nâ+murâd+î] 1.muratsızlık, mutsuzluk. 2.rızasızlık, gönülsüzlük. 3.aykırılık.

نامرادى بردن nâmurâdî borden: mahrum kalmak, muradına erememek.

نامرئى nâmer'î: (F.-A.) [nâ+mer'î] görülmez, görünmeyen.

نامربوط nâmerbût: (F.-A.) [nâ+merbût] ilgisiz, saçma sapan, münasebetsiz.

نامرتب nâmuretteb: (F.-A.) [nâ+ muretteb] düzensiz, tertipsiz, intizamsız, dağınık.

نامرد nâmerd: [nâ+merd] 1.namert, mürüvvetsiz, hamiyetsiz, şerefsiz. 2.erkek olmayan. 3.korkak.

نامردانه nâmerdâne: [nâ+merd+âne] namertçe, alçakça.

نامردم nâmerdom: [nâ+merdom] 1.alçak, adi, acımasız, taş yürekli. 2.küstah, saygısız.

نامردى nâmerdî: [nâ+merd+î] 1.namertlik, mürüvvetsizlik, şerefsizlik, hamiyetsizlik. 2.korkaklık.

نامرضى nâmerzî: (F.-A.) [nâ+merzî] istenildiği gibi olmayan.

نامرغوب nâmergûb: (F.-A.) [nâ+ mergûb] 1.beğenilmeyen, rağbet edilmeyen, alıcısı olmayan. 2.kalitesiz. 3.değersiz.

نامزاج nâmizâc: (F.-A.) [nâ+mizâc] hasta, keyifsiz.

نامزاجى nâmizâcî: (F.-A.) [nâ+mizâc+î] hastalık, keyifsizlik.

نامزد nâmzed: [nâm+zeden>zed] 1.aday, namzet. 2.zikredilen. 3.nişanlı.

نامزد شدن nâmzed şoden: 1.anılmak. 2.aday olmak, namzet olmak. 3.nişanlanmak. 4.seçilmek.

نامزد كردن nâmzed kerden: 1.anmak. 2.aday yapmak. 3.nişanlamak. 4.seçmek.

نام زدن nâm zeden: 1.anmak, zikretmek. 2.birini unutmak. 3.adını silmek.

نامزده nâmzede: [nâm+zeden>zed+e] adlandırılmış.

نامزده شدن nâmzede şoden: adlandırılmak.

نامزدى nâmzedî: [nâmzed+î] 1.adaylık, namzetlik. 2.nişanlılık. ‖ * ceşn-i ~ جشن نامزدى nişan töreni.

نامزروع nâmezrû': (F.-A.) [nâ+mezrû'] 1.ekilmemiş, ekili olmayan. 2.kıraç arazi.

نامساعد nâmusâ'id: (F.-A.) [nâ+musâ'id] uygun olmayan, uygunsuz.

نامساعدى nâmusâidî: (F.-A.) [nâ+musâid+î] uygunsuzluk.

نامسبوق nâmesbûk: (F.-A.) [nâ+mesbûk] hiç görülmemiş, hiç yaşanmamış, hiç geçmemiş.

نامستحق nâmustehik: (F.-A.) [nâ+ mustehik] hak etmemiş, lâyık olmayan.

نامستعد nâmusta'idd: (F.-A.) [nâ+ musta'idd] yeteneksiz, istidatsız.

نامستور nâmestûr: (F.-A.) [nâ+mestûr] 1.örtülmemiş. 2.açık, ortada.

نامسعود nâmes'ûd: (F.-A.) [nâ+mes'ûd] 1.mutsuz. 2.kutsuz.

نامسكون nâmeskûn: (F.-A.) [nâ+ meskûn] 1.meskun olmayan, yerleşik olmayan. 2.yıkık, harap.

نامسلح nâmuselleh: (F.-A.) [nâ+muselleh] silahsız.

نامسلم nâmuslim: (F.-A.) [nâ+muslim] **1.**Müslüman olmayan, gayri müslim. **2.**kâfir.

نامسلمان nâmuselmân: (F.-A.) [nâ+muselmân] müslüman olmayan, kâfir.

نامسموع nâmesmû': (F.-A.) [nâ+mesmû'] duyulmamış, işitilmemiş, duyulmadk.

نامشخص nâmuşehhas: (F.-A.) [nâ+muşehhas] belirsiz, belirgin olmayan.

نامشهور nâmeşhûr: (F.-A.) [nâ+meşhûr] ünlü olmayan.

نامشروع nâmeşrû': (F.-A.) [nâ+meşrû'] gayri meşru, yasa dışı, kanunsuz.

نام شکستن nâm şikesten: **1.**rezil etmek. **2.**hafife almak, küçümsemek.

نامضبوط nâmezbût: (F.-A.) [nâ+mezbût] dağınık, düzensiz.

نامطبوع nâmetbû': (F.-A.) [nâ+metbû'] **1.**basılmamış. **2.**hoş olmayan, tabiata uygun olmayan.

نام طلب nâmtaleb: [nâm+talebîden> taleb] şöhret düşkünü, nam arayan.

نامطهر nâmutahhar: (F.-A.) [nâ+mutahhar] temiz olmayan, pis, kirli.

نامعتبر nâmu'teber: (F.-A.) [nâ+mu'teber] **1.**itibarsız, değersiz, geçersiz. **2.**esassız, dayanaksız.

نامعتدل nâmu'tedil: (F.-A.) [nâ+mu'tedil] **1.**uygunsuz. **2.**sert, ılımlı olmayan, haşin. **3.**lezzetsiz.

نامعدود nâma'dûd: (F.-A.) [nâ+ma'dûd] sayısız, çok.

نامعروف nâma'rûf: (F.-A.) [nâ+ma'rûf] tanınmayan, bilinmeyen.

نامعقول nâma'kûl: (F.-A.) [nâ+ma'kûl] makul olmayan, akıl dışı, saçma.

نامعقولی nâma'kûlî: (F.-A.) [nâ+ma'kûl+î] saçmalık, akıl dışılık.

نامعلوم nâma'lûm: (F.-A.) [nâ+ma'lûm[belirsiz, bilinmeyen, malum olmayan, meçhul.

نامغلوب nâmaglûb: (F.-A.) [nâ+maglûb] yenilmemiş.

نامفهوم nâmefhûm: (F.-A.) [nâ+mefhûm] anlaşılmaz.

نامفید nâmufîd: (F.-A.) [nâ+mufîd] **1.**yararsız, faydasız. **2.**etkisiz.

نامق nâmik: (A.) **1.**katip, yazıcı. **2.**erkek adı.

نامقبول nâmakbûl: (F.-A.) [nâ+makbûl] beğenilmemiş, kabul edilmemiş, makbul olmayan.

نامقرر nâmukarrer: (F.-A.) [nâ+mukarrer] **1.**kararlaştırılmamış. **2.**dile getirilmemiş, tekrarlanmamış.

نام کردن nâm kerden: **1.**adlandırmak, ad vermek. **2.**aday etmek.

نام کشیدن nâm keşîden: **1.**adlandırmak. **2.**kınamak.

نام گذاری nâmgozârî: [nâm+gozâşten> gozâr+î] **1.**adlandırma. **2.**adlandırılma.

نام گذاری شدن nâmgozârî şoden: adlandırılmak.

نام گذاری کردن nâmgozârî kerden: adlandırmak.

نام گذاشتن nâm gozâşten: adlandırmak, ad vermek, ad koymak.

نام گرفتن nâm giriften: **1.**meşhur olmak. **2.**anmak, söylemek.

نام گستردن nâm gosterden: **1.**ününü yaymak. **2.**tanınmak.

ناملایم nâmulâyim: (F.-A.) [nâ+mulâyim] yumuşak olmayan, sert, katı.

نام مستعار nâmmuste'âr: (F.-A.) [<nâm-i muste'âr] takma ad.

ناممکن nâmumkin: (F.-A.) [nâ+mumkin] imkânsız, olanaksız.

ناممکن ساختن nâmumkin sâhten: imkânsızlaştırmak.

ناممکن شدن nâmumkin şoden: imkânsız olmak, imkânsızlaşmak.

ناممکن کردن nâmumkin kerden: imkânsız kılmak, imkânsızlaştırmak.

نامناسب nâmunâsib: (F.-A.) [nâ+

munâsib] münasip olmayan, yersiz, uygunsuz.

نامنتظر nâmuntezir: (F.-A.) [nâ+muntezir] beklenmedik.

نامنتظره nâmuntezire: (F.-A.) [nâ+muntezire] beklenmedik.

نامنظم nâmunezzem: (F.-A.) [nâ+munezzem] düzensiz, tertipsiz.

نامنظم شدن nâmunezzem şoden: düzensizleşmek.

نامنظم کردن nâmunezzem kerden: düzensizleştirmek.

نام نوشتن nâm nevişten/nuvişten: adını yazmak, kaydetmek.

نام نویسی nâmnevîsî/ nâmnuvîsî: [nâm+nevişten/nuvişten>nevîs+î] kayıt, kaydetme, adını yazma.

نام نویسی کردن nâmnevîsî kerden: kaydolmak, adını yazdırmak, kaydettirmek, yazdırmak.

نام نهادن nâm nihâden: ad vermek, adlandırmak, ad koymak.

ناموافق nâmuvâfik: (F.-A.) [nâ+muvâfik] uygunsuz, uygun olmayan.

ناموجود nâmevcûd: (F.-A.) [nâ+mevcûd] yok, bulunmayan, mevcut olmayan.

ناموجه nâmuvecceh: (F.-A.) [nâ+muvecceh] yönlendirilmemiş, yöneltilmemiş.

نامور nâmver: [nâm+ver] **1.**ünlü, namlı, meşhur. **2.**seçkin.

نامور شدن nâmver şoden: meşhur olmak, ünlü olmak.

ناموری nâmverî: [nâm+ver+î] ünlülük, şöhret.

ناموزون nâmevzûn: (F.-A.) [nâ+mevzûn] **1.**dengesiz, ölçüsüz. **2.**bozuk vezinli.

ناموس nâmûs: (Yun.-A.) **1.**namus, şeref. **2.**iffet. **3.**şeriat. **4.**yasa, kanun, kural. **5.**vahiy. **6.**melek. 7.(kin.) Cebrail. **8.**sır. **9.**riya. **10.**ses. **11.**şöhret. **12.**kibir. **13.**savaş.

ناموس پرست nâmûsperest: [nâmûs+perestîden>perest] namuslu, namus düşkünü.

ناموس پرستی nâmûsperestî: (A.-F.) [nâmûs+perestîden>perest+î] namus düşkünlüğü, namusluluk.

ناموس پرور nâmûsperver: (A.-F.) [nâmûs+perverden> perver] namuslu.

ناموس پرورانه nâmûsperverâne: (A.-F.) [nâmûs+ perverden> perver+âne] **1.**namusluca. **2.**dürüstçe.

ناموس پروری nâmûsperverî: (A.-F.) [nâmûs+ perverden> perver+î] **1.**namusluluk. **2.**dürüstlük.

ناموسکار nâmûskâr: (A.-F.) [nâmûs+kâr] **1.**namuslu. **2.**dürüst.

ناموسکارانه nâmûskârâne: (A.-F.) [nâmûs+kâr+âne] **1.**namusluca. **2.**dürüstçe.

ناموسی کردن nâmûsî kerden: övünmek, şişinmek çalım satmak.

ناموسیه nâmûsiyye: (A.) **1.**cibinlik. **2.**yatak çevresine gerilen perde.

نام و نان nâm u nân: servet, mal mülk.

نام و نشان nâm u nişân: ünvan, ad san.

نام و ننگ آوردن nâm u neng âverden: itibar kazanmak.

نامه nâme: (Peh.) **1.**mektup. **2.**yazı. **3.**kitap. **4.**ameller defteri. **5.**talik yazı. **6.**gazete. **7.**mecmua.

نامه آور nâmeâver: [nâme+âverden> âver] mektup getiren.

نامه بر nâmeber: [nâme+borden>ber] postacı.

نامه پرانی nâmeperânî: [nâme+perânden> perân+î] mektup yağdırma.

نامهذب nâmuhezzeb: (F.-A.) [nâ+muhezzeb] terbiye edilmemiş.

نامهر nâmihr: [nâ+mihr] sevgisiz.

نامهربان nâmihribân: [nâ+mihribân] **1.**sevgisiz. **2.**şefkatsiz. **3.**acımasız.

نامهربانی nâmihribânî: [nâ+mihribân+î] **1.**sevgisizlik. **2.**şefkatsizlik. **3.**acımasızlık.

نامه رس nâmeres: [nâme+resîden>res] ulak, mektup getiren.

نامه رسان nâmeresân: [nâme+resânden> resân] postacı.

نامه رسانی nâmeresânî: [nâme+resânden> resân+î] postacılık, ulaklık.

نامه رسیدن nâme resîden: mektup gelmek.

نامه سفید nâmesefîd: [nâme+sefîd] iyi amelli.

نامه سیاه nâmesiyâh: [nâme+siyâh] kötü amelli, günahkâr.

نامه سیاهی nâmesiyâhî: [nâme+siyâh+î] amel defterinin olumsuz oluşu.

نامه کردن nâme kerden: mektup yazmak.

نامه نوشتن nâme nevişten: mektup yazmak.

نامه نویس nâmenuvîs: [nâme+nuvişten> nuvîs] 1.mektup yazan. 2.Osmanlı döneminde Bâbıâlî'de dîvan memurluklarından biri.

نامه وش nâmeveş: [nâme+veş] mektup gibi.

نامی nâmî: (Peh.) [nâm+î] 1.ünlü, namlı, meşhur. 2.aziz, değerli, sevgili.

نامی nâmî: (A.) yetişen, yeşeren, büyüyen.

نام یافتن nâm yâften: 1.meşhur olmak. 2.var olmak.

نامیدن nâmîden: (Peh.) 1.adlandırmak, ad vermek, demek. 2.namzet etmek. 3.çevirmek.

نامیده شدن nâmîde şoden: ad verilmek, adlandırılmak.

نامیسر nâmuyesser: (F.-A.) [nâ+muyesser] mümkün olmayan, elden gelmeyen.

نامیسور nâmeysûr: (F.-A.) [nâ+meysûr] 1.kolaylanmamış, kolaylaştırılmamış. 2.ele geçmemiş.

نامیمون nâmeymûn: (F.-A.) [nâ+meymûn] uğursuz.

نامیه nâmiye: (A.) yeşerme kuvveti, yerden bitme kuvveti.

نامیه بار nâmiyebâr: (A.-F.) [nâmiye+bârîden>bâr] yeşertici, hayat verici.

نان nân: (Peh.) 1.ekmek. 2.gıda. 3.rızık. 4.mal, servet. ‖ * ~ be ~ neresânîden نان به نان نرسانیدن çok fakir olmak. ‖ * ~ be âb ter kerden نان به آب تر کردن çok pinti olmak. ‖ * ~ be hûn ter kerden نان به خون تر کردن mahrum olmak. ‖ * ~ be rovgen oftâden نان به روغن افتادن dileği yerine gelmek. ‖ * ~ ber dîvâr zeden نان بر دیوار زدن faydasız iş yapmak, havanda su dövmek. ‖ * ~ ber poşt-i şîşe mâlîden نان بر پشت شیشه مالیدن pinti olmak. ‖ * ~ der nemek zeden نان در نمک زدن yemek yemek. ‖ * ~ ez tenûr serd pohten نان از تنور سرد پختن şaşılacak bir iş yapmak. ‖ * ~ -i âş âlûd horden نان آش آلود خوردن bedavacı olmak. ‖ * ~ -i beyât نان بیات bayat ekmek. ‖ * ~ -i birişte نان برشته kızarmış ekmek. ‖ * ~ -i cevîn نان جوین arpa ekmeği. ‖ * ~ -i erzen نان ارزن darı ekmeği. ‖ * ~ -i gulâc نان گلاج ekmek kadayıfı. ‖ * ~ -i hevârî نان حواری beyaz ekmek. ‖ * ~ -i hîş râ der âverden نان خویش را در آوردن ekmeğini kazanmak. ‖ * ~ -i hod râ der âverden نان خود را در آوردن ekmeğini kazanmak, ekmek parasını çıkarmak. ‖ * ~ -i hod râ horden u helîm-i haci ebbas râ hem zeden نان خود را خوردن و هلیم حاجی عباس را هم زدن boşuna başkalarının zahmetini çekmek. ‖ * ~ -i huşk نان خشک kuru ekmek. ‖ * ~ -i kesî tûy-i rovgen oftâden نان کسی توی روغن افتادن birine gün doğmak. ‖ * ~ -i keşkîn نان کشکین buğday dışındaki tahıllardan yapılan ekmek. ‖ * ~ -i râh نان راه yol azığı. ‖ * ~ -i sefîd نان سفید beyaz ekmek. ‖ * ~ -i sûzendâr نان سوزن دار boğazda kalan lokma. ‖ * ~ -i tâbegî نان تابگی tava ekmeği. ‖ * ~ -i tenûrî نان تنوری tandır ekmeği. ‖ * ~ -i tîrî نان تیری sac ekmeği. ‖ * ~ -i yonce نان یونجه yufka ekmeği. ‖ * ~ tûy-i dâmen-i kesî gozâşten نان توی دامن کسی گذاشتن bir işi birine yıkmak. ‖ * ~ tûy-i rovgen bûden نان توی روغن بودن bir eli yağda bir eli balda olmak.

نان آور nânâver: [nân+âverden>âver] eve bakan, aile reisi, para kazanan.

نانای nânây: (çocuk dilinde) dans.

نان بده nânbedih: [nân+dâden>dih> bedih] **1.**başkalarının rızkını temin eden. **2.**cömert.

نان بریدن nân borîden: **1.**ekmek kesmek. **2.**birinin ekmeğiyle oynamak.

نان بستن nân besten: tandıra ekmek yapıştırmak.

نان پاره nânpâre: [nân+pâre] **1.**ekmek parçası. **2.**ikta. **3.**iş.

نان پختن nân pohten: **1.**ekmek pişirmek. **2.**dolap çevirmek, entrika çevirmek.

نان پز nânpez: [nân+pohten>pez] **1.**ekmek pişiren, ekmekçi, fırıncı. **2.**ekmek küreği.

نان جو nâncû: [nân+costen>cû] **1.**ekmek arayan. **2.**dilenci. **3.**dünya düşkünü.

نانجوی nâncûy: [nân+costen>cûy] **1.**ekmek arayan. **2.**dilenci.

نانجیب nânecîb: [nâ+necîb] **1.**soysuz. **2.**iffetsiz.

نان چین nânçîn: [nân+çîden>çhin] ekmek küreği.

نانخوار nânhâr: [nân+horden>hor>hâr] **1.**ekmek yiyen, boğaz, aynı evde yaşayan. **2.**Yeniçeri yetimleri.

نان خواه nânhâh: [nân+hâsten>hâh] **1.**ekmek isteyen. **2.**dilenci.

نان خور nânhor: [nân+horden>hor] **1.**aile bireyi, (hlk.) boğaz. **2.**görevli.

نان خوردن nân horden: **1.**ekmek yemek. **2.**yemek yemek. **3.**rızıklanmak.

نان دادن nân dâden: **1.**ekmek vermek. **2.**doyurmak. **3.**rızık vermek.

نان داشتن nân dâşten: **1.**ekmeği olmak. **2.**(kin.) geçimini temin etmiş olmak. **3.**(kin.) yararlı olmak.

نان دان nândân: [nân+dân] ekmeklik.

نان دهی nândihî: [nân+dâden>dih+î] cömertlik.

نان شکستن nân şikesten: **1.**ekmek kesmek. **2.**dostluğu ve kardeşliği kesmek. **3.**birinin sofrasında yemek yemek.

نان فروش nânfurûş: [nân+furûhten> furûş] ekmekçi, ekmek satan.

نان فروشی nânfurûşî: [nân+furûhten> furûş+ î] **1.**ekmekçi dükkânı. **2.**fırın.

نان کردن nân kerden: yararlanmak, geliri olmak.

نان کور nânkûr: [nân+kûr] **1.**nankör, iyilik bilmez. **2.**pinti, cimri.

نان کوری nânkûrî: [nân+kûr+î] **1.**nankörlük. **2.**pintilik, cimrilik.

نانو nânû: **1.**ninni. **2.**salıncak.

نانوا nânvâ, nânevâ: [nân+vâ] ekmekçi, fırıncı, ekmek fırını sahibi.

نانوایی nânvâyî: [nân+vâ+y+î] **1.**ekmek fırını, ekmekçi dükkânı. **2.**fırıncı.

نان و آب nân u âb: **1.**yiyecek ve su. **2.**gelir, menfaat, kazanç.

نان و پنیر nân u penîr: **1.**peynir ekmek. **2.**az ve sade yiyecek.

نانو زدن nânû zeden: **1.**salıncak kurmak. **2.**ninni söylemek.

نانوشته nânevişte: [nâ+nevişten> nevişt+e] **1.**yazısız, yazılmamış. **2.**yazmadan.

نان و نمک nân u nemek: **1.**tuz ekmek. **2.**yiyecek. **3.**(mec.) nimet.

ناو nâv: **1.**uzun ve ortası boş şey. **2.**oluk. **3.**ırmak, nehir. **4.**vadi. **5.**kayık. **6.**(ask.) savaş gemisi. **7.**sırt çukuru. **8.**kazan. **9.**tava. **10.**nazla salınma. ‖ * ~ -i hevâpeymâber ناو هواپیمابر (ask.) uçak gemisi.

ناوانیدن nâvânîden: **1.**eğmek. **2.**bitkin düşürmek.

ناوبان nâvbân: [nâv+bân] **1.**(ask.) deniz teğmeni. **2.**gemici.

ناوبانی nâvbânî: [nâv+bân+î] **1.**(ask.)

deniz teğmenliği. **2.**gemicilik.

ناوتیپ nâvtîp: [nâv+tîp] (ask.) filo, deniz filosu.

ناوچه nâvçe: [nâv+çe] **1.**(ask.) torpido gemisi. **2.**filika. **3.**kayık. **4.**kuyumcu kalıbı.

ناودار nâvdâr: [nâv+dâşten>dâr] gemici, kaptan.

ناودان nâvdân: [nâv+dân] **1.**oluk. **2.**ırmak.

ناودیس nâvdîs: [nâv+dîs] **1.**yerineç, jeosinklinal. **2.**gemi şeklinde.

ناور nâver: mümkün.

ناوران nâverân: [nâver+ân] mümkün olan şeyler.

ناوران nâvrân: [nâv+rânden>rân] gemici, kaptan.

ناورد nâverd: **1.**savaş, harp. **2.**savaş alanı. **3.**hareket. **4.**kudret. **5.**atın dolaşması.

ناورد بردن nâverd borden: saldırmak, hamle etmek, akın etmek.

ناوردخواه nâverdhâh: [nâverd+hâsten> hâh] savaşçı, savaş isteyen.

ناورد دادن nâverd dâden: **1.**dolaştırmak. **2.**dolaşmak.

ناوردگاه nâverdgâh: [nâverd+gâh] savaş alanı.

ناوزن nâvezn: (F.-A.) [nâ+vezn] vezinsiz, ahenksiz, uyumsuz.

ناوسالار nâvsâlâr: [nâv+sâlâr] (ask.) savaş gemisi komutanı.

ناوسروان nâvservân: [nâv+servân] deniz yüzbaşı.

ناوشکن nâvşiken: [nâv+şikesten>şiken] **1.**(ask.) krüvazör. **2.**(ask.) hücum botu.

ناوقت nâvakt: (F.-A.) [nâ+vakt] vakitsiz, zamansız.

ناوقت شدن nâvakt şoden: vakit geç olmak.

ناوک nâvek: **1.**ok. **2.**oluk. **3.**ortası boş şey.

ناوک انداز nâvekendâz: [nâvek+ endâhten> endâz] okçu, ok atan.

ناوک اندازی nâvekendâzî: [nâvek+ endâhten> endâz+î] okçuluk.

ناوک مژگان nâvekmujgân: [<nâvek-i mujegân] kirpik oku, sevgilinin oka benzeyen ince uzun kirpikleri.

ناوگان nâvgân, nâvegân: [nâv+gân] **1.**(ask.) filolar. **2.**(ask.) filo.

ناوگروه nâvgurûh: [nâv+gurûh] (ask.) **1.**filotilla.

ناووس nâvûs: **1.**mezar. **2.**gayri müslim mezarı. **3.**ateşperest mezarlığı.

ناوه nâve: [nâv+e] **1.**bir tür ok. **2.**sırt oluğu, sırt yarığı. **3.**harç teknesi. **4.**hamur teknesi. **5.**harç.

ناوه کشی nâvekeşî: [nâve+keşîden> keş+î] harç taşıma.

ناوه کشیدن nâve keşîden: harç taşımak.

ناوی nâvî: [nâv+î] **1.**oluklu, içi oyuk. **2.**üç direkli gemi.

ناویدن nâvîden: **1.**yalpalamak. **2.**yorgun düşmek.

ناویژه nâvîje: [nâ+vîje] net olmayan, gayri sâfî, brüt.

ناه nâh: nem kokusu.

ناهار nâhâr: **1.**öğle yemeği. **2.**aç. **3.**açlık. **4.**takatsizlik. **5.**doymayan. **6.**mahrum. **7.**susuz. **8.**atıştırma, çimlenme.

ناهار خوردن nâhâr horden: **1.**öğle yemeği yemek. **2.**sabah kahvaltısı etmek. **3.**iftar etmek.

ناهارخوری nâhârhorî: [nâhâr+horden> hor+î] yemek odası.

ناهار شکستن nâhâr şikesten: **1.**sabah kahvaltısı yapmak. **2.**bir şeyler atıştırmak, çimlenmek.

ناهار کردن nâhâr kerden: öğle yemeği yemek.

ناهار کشیدن nâhâr keşîden: sofra kurmak, yemek hazırlamak.

ناهاری nâhârî: [nâhâr+î] **1.**yiyecek. **2.**öğle yemeği.

ناهب nâhib: (A.) talan eden, yağmacı.

ناهد nâhid: (A.) **1.**memesi çıkmış kadın. **2.**düşmana yönelen. **3.**arslan.

ناهدات nâhidât: (A.) genç kızlar, yeni yetme kızlar.

ناهده nâhide: (A.) **1.**yeni yetme kız. **2.**turunç memeli kız. **2.**bayan adı.

ناهدة الثديين nâhidetussedyeyn: (A.) turunç memeli.

ناهق nâhik: (A.) sesi eşek anırmasını andıran.

ناهقه nâhika: (A.) hayvanların göz pınarı.

ناهل nâhil: (A.) susuz, kıraç.

ناهمال nâhemâl: [nâ+hemâl] **1.**eşsiz, benzersiz. **2.**muhalif, aykırı. **3.**eşit olmayan.

ناهمتا nâhemtâ: [nâ+hemtâ] **1.**eşsiz, benzersiz. **2.**dengi olmayan. **3.**aykırı, zıt.

ناهموار nâhemvâr: [nâ+hemvâr] **1.**engebeli, eğri büğrü, inişli çıkışlı. **2.**düzensiz. **3.**uyumsuz. **4.**başına buyruk. **5.**liyakatsiz.

ناهمواری nâhemvârî: [nâ+hemvâr+î] **1.**engebeli olma, düz olmama. **2.**düzensizlik. **3.**uyumsuzluk. **4.**başına buyrukluk. **5.**liyakatsizlik.

ناهنجار nâhencâr: [nâ+hencâr] **1.**kuralsız. **2.**uyumsuz, uygunsuz. **3.**beğenilmemiş, yakışık almaz. **4.**haşin.

ناهنجاری nâhencârî: [nâ+hencâr+î] **1.**kuralsızlık. **2.**uyumsuzluk. **3.**akla yakın olmama. **4.**kabalık, haşinlik.

ناهنگام nâhengâm: [nâ+hengâm] yersiz, zamansız, vakitsiz.

ناهوشوار nâhûşvâr: [nâ+hûş+vâr] şuursuz, bilinçsiz, ferasetsiz.

ناهی nâhî: (A.) yasaklayan, alıkoyan, önleyen.

ناهید nâhîd: (A.) Venüs, Zühre, ÇobanYıldızı, Çulpan Yıldızı.

ناهید طبع nâhîdtab': (A.) [nâhîd+tab'] Zühre yaratılışlı.

ناهیده nâhîde: (A.) yeni yetme kız, genç kız, turunç memeli kız.

نای nây: (Peh.) **1.**(müz.) ney, nay. **2.**kamış. **3.**boru. **4.**gırtlak. ‖ * ~ -i turkî نای ترکی (müz.) zurna.

نای nây: (A.) uzaklık, ayrılık.

نایاب nâyâb: [nâ+yâften>yâb] **1.**az bulunur, nadir. **2.**mevcudu yok.

نایاب شدن nâyâb şoden: **1.**mevcudu kalmamak, bulunmamak. **2.**az bulunmak, nadir olmak.

نایابی nâyâbî: [nâ+yâften>yâb+î] **1.**mevcudu bulunmama. **2.**az bulunma, nadir olma.

نایافت nâyâft: [nâ+yâften>yâft] **1.**mevcudu yok, bulunmaz. **2.**az bulunur, nadir.

نایافت شدن nâyâft şoden: **1.**mevcudu kalmamak, bulunmamak. **2.**az bulunmak, nadir olmak. **3.**yok olmak.

نایافت کردن nâyâft kerden: yok etmek.

نایب nâyib: (A.) **1.**nayip, vekil. **2.**mübaşir. **3.**reis. **4.**subay. **5.**sekreter, yazman.

نایبان nâybân: [nây+bân] neyzen, ney üfleyen.

نای بر کشیدن nây ber keşîden: **1.**(müz.) ney çalma. **2.**(müz.) borazan çalmak.

نایچه nâyçe: [nây+çe] **1.**(müz.) küçük ney. **2.**bir tür yılan.

نایحه nâyiha: (A.) para karşılığında ölü için ağlayan kadın, sağucu.

نای دمیدن nây demîden: (müz.) ney üflemek, ney çalmak.

نایر nâyir: (A.) ürkek.

نایره nâyire: (A.) sıcaklık, ateş.

نای زدن nây zeden: (müz.) ney üflemek, ney çalmak.

نایزن nâyzen: [nây+zeden>zen] neyzen, ney üfleyen.

نایژک nâyjek: [nây+je+k] (tıb.) bronş.

نایژه nâyje: [nây+je] **1.**(müz.) küçük ney. **2.**mızrak. **3.**başak sapı. **4.**ney düğümü, ney boğumu. **5.**ibrik borusu. **6.**damar. **7.**(tıb.) soluk borusu.

نایسته nâyeste: [<nâ+şâyesten>şâyest+e] layık olmayan.

نایل nâyil: (A.) nail, ulaşmış, kavuşmuş.

نایل آمدن nâyil âmeden: nail olmak, ulaşmak, kavuşmak.

نایل شدن nâyil şoden: nail olmak, ulaşmak, kavuşmak.

نایلون nâylon: (İng.-Fr.) naylon.

نایم nâyim: (A.) uyuyan.

نایوش nâyveş: [nây+veş] ney gibi.

نای و نوش nây u nûş: hoşça vakit geçirme, gününü gün etme.

نایی nâyî: [nây+î] neyzen, ney üfleyen.

نایین nâyîn: [nây+în] sazdan, kamıştan.

نایین nâyîn: (coğ.) Nâyin.

نایینی nâyînî: [nâyîn+î] **1.**Nâyinli. **2.**Nâyin lehçesi. **3.**Nâyin işi. **4.**Nâyin halısı.

نئون nion: (Fr.) neon.

نئونازی neonazi: (İng.) Neonazi.

نبآ nubeâ: (A.) nebîler, peygamberler.

نبا nebâ: (A.) **1.**söz. **2.**haber. **3.**Kur'ân.

نبأ nebe': (A.) **1.**haber. **2.**Kur'ân.

نباء آور nebe'âver: (A.-F.) [nebe'+ âverden>âver] haberci, haber getiren.

نبائر nebâ'ir: (A.) torunlar.

نبائل nebâ'il: (A.) yüksekler.

نبات nebât: (A.) **1.**bitki, nebat. **2.**şeker, nöbet şekeri.

نباتات nebâtât: (A.) **1.**bitkiler, nebatlar. **2.**botanik.

نباتی nebâtî: (A.) **1.**bitkisel. **2.**bitki ile ilgili. **3.**botanikçi.

نباتیون nebâtiyyûn: (A.) botanikçiler.

نباتیه nebâtiyye: (A.) **1.**bitkisel. **2.**bitki ile ilgili.

نباج nebbâc: (A.) sert sesli.

نباح nebbâh: (A.) havlayan.

نباح nibâh: (A.) havlama.

نباح nubâh: (A.) **1.**havlama. **2.**hiciv söyleme, hicvetme. **3.**arslan kükremesi. **4.**bir tür büyük yılan sesi.

نبادا nebâdâ: [ne+bûden>bû> buvâd>bâd+â] sakın, olmaya, aman, Allah göstermesin!

نباش nebbâş: (A.) kefen hırsızı.

نباغت nebâgat: (A.) ortaya çıkma, meydana çıkma.

نبال nebbâl: (A.) okçu, ok satıcısı, ok imalatçısı.

نبال nibâl: (A.) oklar.

نبالت nebâlet: (A.) **1.**soyluluk, asillik. **2.**zekilik. **3.**cömertlik.

نباهت nebâhet: (A.) **1.**asillik. **2.**ululuk. **3.**ünlülük. **4.**şeref.

نبایل nebâyil: (A.) **1.**büyükler, ulular. **2.**büyük işler. **3.**iyilikler.

نبت nebt: (A.) **1.**yeşerme, yerden bitme. **2.**ot.

نبذ nebz: (A.) **1.**ahdini bozma. **2.**şarap yapma. **3.**atma. **4.**az ve kolay şey.

نبذه nebze: (A.) **1.**az, biraz. **2.**artık, fazla.

نبرد neberd: (Peh.) **1.**dövüş. **2.**savaş. **3.**mücadele. **4.**sihir. **5.**müsabaka, yarış.

نبرد آزما neberdâzmâ: [neberd+ âzmûden> âzmâ] deneyimli savaşçı.

نبرد آوردن neberd âverden: **1.**savaşmak. **2.**yarışmak.

نبرد پیشه neberdpîşe: [neberd+pîşe] savaşçı.

نبرد کردن neberd kerden: **1.**savaşmak. **2.**mücadele etmek, çekişmek.

نبردگاه neberdgâh: [neberd+gâh] savaş alanı.

نبرده neberde: [neberdîden>neberd+e] savaşçı.

نبش nebş: **1.**köşe. **2.**eşme, eşeleme. **3.**sırrı ifşa etme. **4.**gömü çıkarma. **5.**mezar açma. **6.**hadis çıkarma.

نبشتن nebeşten: **1.**katlamak. **2.**yol almak, katetmek.

نبشتن nibişten: (Peh.) yazmak.

نبض nabz: (A.) **1.**atardamar. **2.**nabız. **3.**psikolojik durum. ‖ * ~ -i kesî râ dîden نبض کسی را دیدن nabzını tutmak. ‖ * ~ -i kesî râ giriften نبض کسی را گرفتن nabzını tutmak. ‖ * ~ -i kesî tond zeden نبض کسی تند زدن nabzı hızlı atmak. ‖ * ~ -i kesî zeden نبض کسی زدن nabzı atmak.

نبض آشنا nabzâşnâ: (A.-F.) [nabz+âşnâ] insanların suyuna giden, mizaçtan anlayan.

نبضان nebezân: (A.) nabız vuruşu, nabız atışı.

نبض گير nabzgîr: (A.-F.) [nabz+ giriften>gîr] nabza göre şerbet veren.

نبض نگار nabznigâr: (A.-F.) [nabz+ nigâşten>nigâr] tansiyon aleti.

نبضه nabze: (A.) nabız atışı.

نبضى nabzî: (A.) nabız ile ilgili.

نبط nabt: (A.) **1.**kuyudan veya yerden su çıkmak. **2.**kuyudan su çekmek. **3.**bir şeyi göstermek. **4.**ilim yayma.

نبط nabt: (A.) Nabatîler, Kuzey Arap Yarımadası Süryanîleri.

نبطى nabatî: (A.) **1.**Nabatlı. **2.**Nabat yazısı. **3.**(eski tıpta) kendiliğinden yeşeren bitki.

نبطى nabtî: (A.) Nabatîlerle ilgili. Nabt kavmi ile ilgili.

نبع neb': (A.) pınar kaynaması.

نبعان nebe'ân: (A.) su kaynaması, pınar suyunun kaynaması.

نبق nebik: (A.) (bot.) yaban kirazı.

نبق nebk: (A.) (bot.) yaban kirazı.

نبل nebl: (A.) **1.**ok. **2.**ok yapımı.

نبل nubl: (A.) **1.**asillik. **2.**ululuk. **3.**erdem, fazilet. **4.**zekâ.

نبوت nebvet: (A.) nefret, uzak durma.

نبوت nubuvvet: (A.) **1.**peygamberlik. **2.**haber verme.

نبوت پناه nubuvvetpenâh: (A.-F.) [nubuvvet+ penâhîden> penâh] peygamber.

نبوت كردن nubuvvet kerden: **1.**gaipten haber vermek. **2.**peygamberlik yapmak.

نبود nebûd: [bûden>bûd>nebûd] **1.**yoktu. **2.**değildi. **3.**yok, yokluk.

نبوده nebûde: [ne+bûden>bûd+e] olmamış, yokmuş.

نبوغ nubûg: (A.) **1.**aşikar olma. **2.**deha, üstün zekâ.

نبوى nebevî: (A.) **1.**peygamberle ilgili. **2.**peygamberlik.

نبويه nebeviyye: (A.) Peygamber ile ilgili.

نبهره nebehre: (Peh.) [ne+behre] **1.**kalp para. **2.**karışık. **3.**alçak. **4.**gizli.

نبى nebî: (A.) **1.**peygamber, nebî, yalvaç. **2.**Hz.Muhammed. **3.**haberci.

نبى nubî: (A.) Kur'ân.

نبيذ nebîz: (A.) **1.**hurma şarabı. **2.**üzüm şarabı.

نبير nebîr: (A.) erkek torun.

نبيره nebîre: (Peh.) **1.**kız torun. **2.**torun çocuğu.

نبيسه nebîse: torun.

نبيسيدن nibîsîden: yazmak.

نبيل nebîl: (A.) **1.**akıllı, kıvrak zekâlı. **2.**erdemli, faziletli. **3.**ulu, büyük. **4.**asil, soylu.

نبيله nebîle: (A.) **1.**onurlu, üstün meziyetli. **2.**akıllı. **3.**erdemli. **4.**bayan adı.

نبيه nebîh: (A.) **1.**uyanık, akıllı. **2.**şerefli. **3.**meşhur.

نبيهه nebîhe: (A.) **1.**soylu, namlı. **2.**bayan adı.

نپخته nepohte: [ne+pohten>poht+e] **1.**pişmemiş, ham, çiğ. **2.**olgunlaşmamış. **3.**ham ervah. **4.**deneyimsiz, tecrübesiz.

نت not: (Fr.) not.

نتائج netâ'ic: (A.) sonuçlar.

نتاج netâc: (A.) hayvanın doğum yapması.

نتاج nitâc: (A.) **1.**nesil, soy. **2.**dört ayaklı hayvan yavrusu. **3.**doğum zamanı. **4.**yavrulama (davar).

نتايج netâyic: (A.) **1.**sonuçlar, neticeler. **2.**doğanlar.

نتح neth: (A.) ter.

نتحوى nethevî: (A.) vücuttan su sızıntısı ile ilgili.

نتحه nethe: (A.) vücuttan su sızıntısı.

نتراشيده neterâşîde: [ne+terâşîden> terâşîd+e] **1.**tıraşlanmamış. **2.**yontulmamış, kaba saba. ‖ * ~ neherâşîde نتراشيده نخراشيده yontulmamış, kaba saba.

نترس neters: [ne+tersîden>ters] korkusuz, cesur.

نتف netf: (A.) kıl yolma.

نتن netn: (A.) **1.**kötü kokma, kokuşma. **2.**çürüme.

نتو nutuvv: (A.) **1.**çıkıntı. **2.**yumru.

نتوء nutû': (A.) **1.**yumru. **2.**kemik çıkıntısı.

نتیجه netîce: (A.) 1.sonuç, netice. 2.kazanç. 3.ürün. 4.ödül. 5.son, akıbet. 6.evlat. 7.torun. 8.öz, özet. 9.yemiş. 10.sonurgu, konsekuens. ‖ * ~ -i çîzî be bâr nişesten نتیجهء چیزی به بار نشستن meyvasını vermek. ‖ * der ~ در نتیجه sonuç olarak, netice itibarıyla.

نتیجةً netîceten: (A.) sonuç olarak, neticede, netice itibarıyla.

نتیجة الاصطناع netîcetulistinâ': (A.) seçim sonucu.

نتیجه بخش netîcebahş: (A.-F.) [netîce+ bahşîden> bahş] sonuç veren, sonuçlandıran.

نتیجه بخشیدن netîce bahşîden: 1.sonuç vermek. 2.fayda vermek.

نتیجه بردن netîce borden: 1.faydalanmak. 2.amaca ulaşmak, sonuç almak.

نتیجه پذیر netîcepezîr: (A.-F.) [netîce+ pezîruften> pezîr] sonuçlanan, son bulan.

نتیجه دادن netîce dâden: 1.sonuç vermek. 2.fayda vermek, yararlı olmak, fayda etmek.

نتیجه داشتن netîce dâşten: yararlı olmak.

نتیجه عاید شدن netîce âyid şoden: sonuca varmak.

نتیجه گرفتن netîce giriften: 1.sonuca varmak, sonuç almak, sonuç çıkarmak. 2.yararlanmak.

نتیجه گیری netîcegîrî: (A.-F.) [netîce+ giriften>gîr+î] sonuca varma, sonuç çıkarma.

نثار nessâr: (A.) saçan, yayan.

نثار nisâr: (A.) 1.saçma, dağıtma, serpme. 2.saçılma. 3.saçılan para, saçı. 4.saçan, saçıcı. 5.hediye. 6.kurbanlık. ‖ * be ~ efşânden به نثار افشاندن saçmak.

نثار آوردن nisâr âverden: hediye getirmek.

نثار بردن nisâr borden: hediye getirmek.

نثارچین nisârçîn: (A.-F.) [nisâr+çîden> çîn] saçılan paraları toplayan.

نثار شدن nisâr şoden: 1.saçılmak. 2.serpilmek. 3.dağıtılmak. 4.feda edilmek. 5.kurban edilmek.

نثار کردن nisâr kerden: 1.saçmak. 2.serpmek. 3.dağıtmak. 4.feda etmek. 5.kurban etmek. 6.hediye vermek. ‖ * herçi be zebân âmed, ~ هرچه بزبان آمد نثار کردن ağzına geleni söylemek.

نثاره nusâre: (A.) 1.saçıntı. 2.yemek döküntüsü.

نثر nesr: (A.) 1.(ed.) düzyazı, nesir. 2.saçılmış. ‖ * ~ -i fennî نثر فنی (ed.) sanatlı nesir. ‖ * ~ -i mursel نثر مرسل (ed.) edebî sanatsız nesir. ‖ * ~ -i şâirâne نثر شاعرانه romantik nesir, şairane nesir.

نثراً nesren: (A.) nesirle, düzyazı ile.

نثره nesre: (A.) 1.geniz. 2.üst dudağın ortasından buruna kadar uzanan oluk. 3.bir yıldız.

نثیر nesîr: (A.) hayvan aksırığı.

نجائب necâ'ib: (A.) soylular.

نجاب neccâb: (A.) deveci.

نجابت necâbet: (A.) soyluluk, asillik.

نجات necât: (A.) 1.kurtuluş. 2.ölüm.

نجات بخشیدن necât bahşîden: kurtarmak.

نجات پیدا کردن necât peydâ kerden: kurtulmak.

نجات دادن necât dâden: kurtarmak.

نجات نامه necâtnâme: (A.-F.) [necât+ nâme] azatlık beratı.

نجاتی necâtî: (A.) 1.kurtuluş ile ilgili. 2.Dîvân edebiyatının büyük şairlerinden biri. 3.erkek adı.

نجات یافتن necât yâften: kurtulmak, serbest kalmak.

نجاح necâh: (A.) 1.kurtulma. 2.muradına erme. 3.kimi hastalıklar için hazırlanan ilaç. 4.zafer. 5.dileğe kavuşma. 6.işin kolaylaşması.

نجاد neccâd: (A.) yorgancı.

نجاد nicâd: (A.) kılıç bağı.

نجادت necâdet: (A.) yiğitlik, kahramanlık.

نجار neccâr: (A.) marangoz, dülger.

نجارخانه neccârhâne: (A.-F.) [neccâr+

hâne] marangozhane, marangoz atölyesi.

نجارى neccârî: (A.-F.) [neccâr+î] marangozluk, dülgerlik.

نجاست necâset: (A.) **1.**kirlilik, pislik. **2.**dışkı, gaita.

نجاش neccâş: (A.) hayvan süren.

نجاشى necâşî: (A.) Habeş hükümdarı, necaşi.

نجام neccâm: (A.) astronom, astronomi bilgini.

نجاه neccâh: (A.) yorgancı.

نجباء nucebâ': (A.) **1.**asiller, soylular. **2.**insanların yararına çalışan kırk kişi.

نجبازاده nucebâzâde: (A.-F.) [nucebâ+ zâden>zâd+e] asilzade, soylu.

نجد necd: (A.) **1.**(coğ.) yayla, plato, yüksek arazi. **2.**büyük çöl. **3.**yokuş. **4.**(coğ.) necit. **5.**Arap yarımadasının orta kesimi. **6.**yiğitlik. **7.**hüzün.

نجدت necdet: (A.) **1.**yiğitlik, cesurluk. **2.**kuvvet. **3.**savaş. **4.**korku.

نجس neces: (A.) pislik.

نجس necis: (A.) pis, kirli, necis.

نجسى necisî: (A.-F.) [necis+î] **1.**kirlilik, pislik. **2.**insan ve hayvan dışkısı. **3.**(kin.) alkollü içki.

نجسى خوردن necisî horden: alkollü içki içmek.

نجش necş: (A.) avı yatağından çekme.

نجف necef: (A.) **1.**(coğ.) Necef, Irak'ta bir kent. **2.**tepe, sırt.

نجفه necefe: (A.) sırt, tepe.

نجفى necefî: (A.) Necefli.

نجل necl: (A.) **1.**evlat, çocuk. **2.**nesil, soy. **3.**çocuk doğurma.

نجلى neclî: (A.) oğul ile ilgili.

نجليه necliyye: (A.) buğdaygiller.

نجم necm: (A.) **1.**yıldız. **2.**taksit. **3.**defa. **4.**sapsız ot. **5.**Süreyya. **6.**Kur'ân.

نجم البحر necmulbahr: (A.) deniz yıldızı.

نجم الدين necmuddîn: (A.) **1.**dinin yıldızı. **2.**erkek adı.

نجم الكلب necmulkelb: (A.) sirus, Köpek Yıldızı.

نجمى necmî: (A.) **1.**yıldız ile ilgili. **2.**erkek adı.

نجوا necvâ: (A.) **1.**fısıldama, mırıldanma. **2.**(tas.) felaketleri başkalarından gizleme. ‖ * be ~ goften به نجوا گفتن **1.**mırıldanmak. **2.**fısıldamak.

نجوا كردن necvâ kerden: fısıldamak.

نجوم nucûm: (A.) **1.**yıldızlar. **2.**astroloji. **3.**belirme, doğma. **4.**(ot) büyüme, yeşerme. **5.**fitne çıkmak. **6.**taksitle ödeme.

نجوم دان nucûmdân: (A.-F.) [nucûm+ dânisten>dân] astronom, müneccim.

نجومى nucûmî: (A.) **1.**yıldızlarla ilgili. **2.**yıldızbilimci, astrolog.

نجوميه nucûmiyye: (A.) yıldızlarla ilgili.

نجوه necve: (A.) sırt, tepe, tümsek yer.

نجوى necvâ: (A.) fısıldama, fısıltı.

نجى necî: (A.) **1.**sırdaş. **2.**yakın. **3.**muhaddis.

نجيب necîb: (A.) **1.**soylu, asil. **2.**iffetli. **3.**seçkin.

نجيب خانه necîbhâne: (A.-F.) [necîb+ hâne] malikane, köşk.

نجيبه necîbe: (A.) **1.**soylu. **2.**bayan adı.

نجيد necîd: (A.) **1.**yiğit. **2.**arslan.

نجيره necîre: (A.) sundurma.

نجيس necîs: (A.) **1.**pis, kirli. **2.**kanser, onulmaz hastalık.

نجيل necîl: (A.) **1.**soylu, asilzade. **2.**erkek adı.

نجيله necîle: (A.) **1.**soylu, asilzade. **2.**bayan adı.

نجيليه necîliyye: (A.) buğdaygiller.

نچ noç: çık.

نچ نچ كردن noç noç kerden: **1.**çık çık yapmak. **2.**kabul etmemek. **3.**tenkit etmek.

نحات nahhât: (A.) **1.**doğramacı, marangoz, **2.**ağaç işçisi, oymacı.

نحات nuhât: (A.) sentaks bilginleri, nahiv bilginleri, gramerciler.

نحارير nahârîr: (A.) bilgili kişiler, erdemli kişiler.

نحاس nahhâs: (A.) bakırcı.

نحاس nuhâs: (A.) **1.**bakır. **2.**erimiş çinko.

نحاسی nuhâsî: (A.) **1.**bakır ile ilgili. **2.**bakırdan yapılmış.

نحاط nahhât: (A.) kibirli.

نحاط nuhât: (A.) hıçkırma.

نحاف · nihâf: (A.) zayıflar, sıskalar, cılızlar.

نحافت nahâfet: (A.) cılızlık, zayıflık.

نحام nahhâm: (A.) **1.**pinti, cimri. **2.**çok balgam atan.

نحب nahb: (A.) ölüm, ecel.

نحت naht: (A.) **1.**yontma, ağaç oymacılığı. **2.**iki kelimeyi birleştirerek yeni bir kelime oluşturma.

نحر nehr: (A.) **1.**boyun. **2.**deve boğazlama. **3.**kurbanlık.

نحریر nihrîr: (A.) **1.**akıllı, tecrübeli. **2.**bilgili, âlim.

نحز nahz: (A.) **1.**dürtme. **2.**havanda dövme.

نحس nehs: (A.) **1.**uğursuz, şom. **2.**uğursuzluk, şomluk.

نحسی nehsî: (A.-F.) [nehs+î] şomluk, uğursuzluk.

نحض nahz: (A.) **1.**kemiği etten ayırma. **2.**ameliyat sırasında kemiği ortaya çıkarma.

نحل nahl: (A.) (zool.) bal arısı.

نحل nihel: (A.) **1.**bağışlar. **2.**davalar. **3.**dinler.

نحله nahle: (A.) bal arısı.

نحله nihle: (A.) mezhep.

نحله nuhle: (A.) **1.**mezhep. **2.**düğün hediyesi.

نحمه nahme: (A.) göğüsten gelen ses, derinden gelen ses.

نحنحه nahnaha: (A.) **1.**hırıltılı soluma. **2.**öksürük.

نحو nahv: (A.) **1.**yol. **2.**tarz. **3.**üslup. **4.**(gr.) sentaks, sözdizimi, nahiv. **5.**kısım.

نحور nuhûr: (A.) kurbanlar.

نحوست nuhûset: (A.) uğursuzluk.

نحوس خانه nuhûshâne: (A.-F.) [nuhûs+ hâne] uğursuz yer.

نحول nuhûl: (A.) **1.**arılar, bal arıları. **2.**zayıflık, sıskalık.

نحوه nahve: (A.) yıl, tarz, biçim, şekil.

نحوی nahvî: (A.) **1.**(gr.) sentaks ile ilgili. **2.**nahiv bilgini.

نحویون nahviyyûn: (A.) gramerciler, sentaks uzmanları.

نحیب nahîb: (A.) hıçkıra hıçkıra ağlayan.

نحیت nehît: (A.) **1.**tarak. **2.**inilti. **3.**feryat. **4.**cılız deve. **5.**tıraşlanmış. **6.**namert.

نحیته nahîte: (A.) inilti.

نحیر nahîr: (A.) kesilmiş, boğazlanmış.

نحیره nahîre: (A.) **1.**ayın ilk günü. **2.**ayın son gecesi.

نحیس nahîs: (A.) **1.**uğursuz. **2.**kıtlık.

نحیف nahîf: (A.) cılız, zayıf, çelimsiz.

نحیفی nahîfî: (A.-F.) [nahîf+î] cılızlık, çelimsizlik, zayıflık.

نخ neh: (Peh.) **1.**ip, iplik. **2.**pamuk ipliği. **3.**fidan. **4.**bir tür desenli ipek kumaş. **5.**yaygı. **6.**(mec.) az. **7.**ordu safı. ‖ * tu ~ bûden تو نخ بودن dikkat kesilmek, dikkat etmek. ‖ * tu ~ -i çîzî reften تو نخ چیزی رفتن dalmak.

نخ noh: adım adım izleme.

نخاس nehhâs: (A.) **1.**davar ve hayvan tüccarı. **2.**köle tüccarı, esirci. **3.**davar pazarı.

نخاست nehâset: (A.) **1.**cambazlık. **2.**esircilik.

نخاسی nehhâsî: (A.-F.) [nehhâs+î] **1.**davar ve hayvan tüccarlığı. **2.**köle tüccarlığı.

نخاع nuhâ': (A.) (tıb.) omurilik, murdarilik.

نخاله nuhâle: (A.) **1.**kepek. **2.**elekte kalan. **3.**kaba saba. **4.**hinoğluhin.

نخامه nuhâme: (A.) balgam.

نخامی nuhâmî: (A.) balgam ile ilgili.

نخب nahb: (A.) **1.**şerefe kaldırılan kadeh. **2.**çekip çıkarma.

نخبه nuhbe: (A.) **1.**seçkin, seçilmiş. **2.**samimi dost. **3.**içki arkadaşı.

نخبه کردن nuhbe kerden: seçmek.

نخجیر nahcîr: (Peh.) **1.**av hayvanı. **2.**geyik.

نخچیر nahçîr: (Peh.) **1.**av hayvanı. **2.**dağ keçisi. **3.**av.

نخچیر افکندن nahçîr efkenden: avlamak.

نخچیر کردن nahçîr kerden: avlamak.

نخچیرگاه nahçîrgâh: [nahçîr+gâh] avlak, avlanma yeri.

نخچیرگیر nahçîrgîr: [nahçîr+giriften>gîr] avcı.

نخچیروان nahçîrvân: [nahçîr+vân] avcı.

نخراشیده neherâşîde: [ne+herâşîden> herâşîd+e] **1.**düzgün olmayan, pürüzülü. **2.**kaba saba. **3.**yontulmamış.

نخره nuhre: (A.) kemikdokunun çürümesi.

نخری nohrî, nehrî: ilk çocuk.

نخ ریسی nehrîsî: [neh+rîsîden>rîs+î] **1.**ip eğirme. **2.**iplikçi dükkânı.

نخ ریسیدن neh rîsîden: ip eğirmek.

نخس nahs: (A.) zayıflama, cılızlaşma.

نخست nohost, nehost: **1.**ilk, önce. **2.**ilkin, evvela, ilk önce, başlangıçta. **3.**önceden. ‖ * dest-i ~ دست نخست ilk el, birinci el.

نخست زاد nuhustzâd: [nuhust+zâden> zâd] ilk önce doğan.

نخست زاده nuhustzâde: [nuhust+ zâden>zad+e] ilk önce doğan.

نخست وزیر nohostvezîr: [nohost+vezîr] başbakan, başvekil.

نخست وزیری nohostvezîrî: [nohost+ vezîr+î] başbakanlık, başvekillik.

نخستین nohostîn: [nohost+în] **1.**ilk, birinci. **2.**en önce. **3.**önceden. **4.**ilk kez. **5.** -dığı zaman, -ınca.

نخشب nahşeb: (coğ.) Nahşeb.

نخشبی nahşebî: [nahşeb+î] Nahşebli.

نخع nah': (A.) kesme.

نخ کردن neh kerden: iplik geçirmek. ‖ * ~ -i sûzen نخ کردن سوزن iğneye iplik geçirmek.

نخل nahl: (A.) **1.**(bot.) hurma ağacı. **2.**(mec.) ağaç. **3.**büyük tabut. **4.**palmiye. **5.**süs ağacı, gelin odasına konulan gümüşten veya balmumundan yapılmış süs ağacı. ‖ * ~ -i tûr نخل طور Musa Peygamber'in, üstünde Tanrı nurlarının tecellî etmiş olduğunu gördüğü ağaç.

نخل بند nahlbend: (A.-F.) [nahl+besten> bend] **1.**ağaç budayan. **2.**balmumundan süs ağacı yapan.

نخلزار nahlzâr: (A.-F.) [nahl+zâr] **1.**hurmalık. **2.**fidanlık. **3.**ağaçlık.

نخلستان nahlistân: (A.-F.) [nahl+istân] **1.**hurmalık. **2.**fidanlık. **3.**ağaçlık.

نخله nahle: (A.) **1.**fidan. **2.**bir hurma ağacı.

نخلیه nahliyye: (A.) hurmagiller.

نخ نخ nehneh: az az.

نخ نما nehnumâ: [neh+numûden>numâ] epirmiş, iplik iplik olmuş, tiftik tiftik olmuş.

نخ نما شدن nehnumâ şoden: epirmek, iplik iplik olmak, tiftik tiftik olmak.

نخوار nihvâr: kendini beğenmiş.

نخوت nehvet: (A.) kibir, gurur, böbürlenme, şişinme.

نخوت پیشه nahvetpîşe: (A.-F.) [nahvet+ pîşe] böbürlenen, şişinen, caka satan.

نخوت داشتن nehvet dâşten: kibirli olmak.

نخوت فروش ·nahvetfurûş: (A.-F.) [nahvet+furûhten> furûş] böbürlenen, şişinen, caka satan.

نخود nohûd: (Peh.) **1.**(bot.) nohut. **2.**1/14 miskallik ağırlık birimi. 10 nohud=2 gram. ‖ * ~ -i her âş bûden نخود هر آش بودن **1.**her şeye karışmak, her şeye maydanoz olmak, her işe burnunu sokmak. **2.**işi olan her yerde bulunmak. ‖ * ~ râ ez zebân bîrûn âverden نخود را از زبان بیرون آوردن ağzından baklayı çıkarmak.

نخود آب nohûdâb: [nohûd+âb] etli ve nohutlu çorba.

نخودچی nohûdçî: (F.-T.) [nohhud+çi]

leblebi.

نخودفرنگی nohûdferengî: [nohûd+ fereng+î] (bot.) bezelye.

نخودی nohudî: [nohûd+î] nohut rengi.

نخورد nehord: [no+horden>hord] isabetsizlik. 2.tesirsizlik. ‖ * ~ nedâred نخورد ندارد hedefi şaşmaz.

نخوه nahve: (A.) çörekotu.

نخی nehî: [neh+î] 1.iplikli. 2.pamuklu kumaş.

نخیب nahîb: (A.) korkak.

نخیر nehîr: (F.-A.) [ne+heyr>hîr] hayır, değil.

نخیز nehîz: pusu, tuzak.

نخیزگاه nahîzgâh: [nahîz+gâh] pusu kurulan yeri.

نخیف nahîf: (A.) genizden gelen ses.

نخیل nehîl: (A.) 1.(bot.) hurma ağacı. 2.hurmalık.

نخیله nahîle: (A.) huy, yaratılış, tabiat.

ند nidd: (A.) benzer.

نداء nidâ': (A.) 1.çağırma, seslenme. 2.ses, nida. 3.(gr.) ünlem.

ندا آمدن nidâ âmeden: hitap gelmek, nida gelmek.

ندائد nedâ'id: (A.) eşler, akranlar.

نداب neddâb: (A.) ölüye ağlayan, para karşılığı ölüye ağlayan.

ندأت nid'et: (A.) hale, ayla.

ندأت nud'et: (A.) 1.hale, ayla. 2.gökkuşağı, ebemkuşağı. 3.güneşin doğuşu veya batışı esnasında bulutlarda meydana gelen kızıllık.

ندا دادن nidâ dâden: seslenmek.

ندار nedâr: [ne+dâşten>dâr] yoksul, fakir.

ندا رسیدن nidâ resîden: ses gelmek, hitap gelmek.

نداری nedârî: [ne+dâşten>dâr+î] fakirlik, yoksulluk.

نداف neddâf: (A.) hallaç, pamuk atan.

ندالت nedâlet: (A.) 1.kir. 2.çalma.

ندامت nedâmet: (A.) pişmanlık.

ندامتا nedâmetâ: (A.-F.) [nedâmet+â] eyvahlar olsun, yazık, çok yazık, eyvah eyvah.

ندامت خوردن nedâmet horden: pişman olmak.

ندامتکار nedâmetkâr: (A.-F.) [nedâmet+ kâr] pişmanlık duyan, pişman olan.

ندامتکارانه nedâmetkârâne: (A.-F.) [nedâmet+kâr+ âne] pişmanlık duyarak, pişman olarak, pişmanlıkla.

ندامتکاری nedâmetkârî: (A.-F.) [nedâmet+kâr+î] pişmanlık.

ندامت کردن nedâmet kerden: pişman olmak.

ندامت کشیدن nedâmet keşîden: pişmanlık duymak.

ندامتگاه nedâmetgâh: (A.-F.) [nedâmet+ gâh] pişmanlık yeri.

ندانسته nedâniste: [ne+dânisten> dânist+e] 1.bilmeyerek, bilmeden. 2.bilmemiş. ‖ * dâniste vu ~ دانسته و ندانسته bilerek veya bilmeyerek.

ندانم کار nedânemkâr: [dânisten>dân> dânem>nedânem+kâr] işbilmez, bilgisiz, beceriksiz.

نداوت nedâvet: (A.) 1.ıslaklık, nemlilik. 2.tazelik, taravet.

ندب nedb: (A.) ağıt yakma.

ندب ندب nedebnedeb: aşama aşama.

ندبه nedebe: (A.) yara izleri, yara yerleri.

ندبه nudbe: (A.) 1.ağıt. 2.yas, matem.

ندبی nedebî: (A.) yara izi ile ilgili.

ندرت nudret, nedret: (A.) 1.azlık. 2.seyreklik. 3.erkek adı. 4.bayan adı. ‖ * be ~ به ندرت nadir olarak, nadiren.

ندف nedf: (A.) pamuk atma.

ندفی nedfî: (A.) atılmış pamuk.

ندم nedem: (A.) pişmanlık.

ندماء nudemâ': (A.) nedimler, sohbet arkadaşları, büyüklerin yanında bulunan sohbet arkadaşları.

ندمان nedmân: (A.) 1.pişmanlık. 2.içki arkadaşı.

ندوب nudûb: (A.) yara izleri.

ندوه nedve: (A.) görüşme, konuşma.

ندی nediyy: (A.) çağıran, seslenen.

ندی nedâ: (A.) 1.çiy. 2.nem.

ندیب nedîb: (A.) yaralı organ.

ندیبه nedîbe: (A.) yumurtanın tohum kısmı.

ندید nedîd: [ne+dîden>dîd] 1.görmemiş. 2.benzer, eş, emsal.

ندید nedîd: (A.) eş, akran.

ندید بدید nedîdbedîd: [ne+dîden>dîd+be+dîden>dîd] 1.görgüsüz, görmemiş. 2.sonradan görme.

ندیده nedîde: [dîden>dîd>e>nedîde] 1.görmemiş. 2.görülmemiş. 3.görmeden.

ندیده nedîde: (A.) eş, akran.

ندیف nedîf: (A.) atılmış pamuk, atılmış yün.

ندیم nedîm: (A.) 1.nedim, sohbet arkadaşı. 2.içki arkadaşı. 3.büyükleri konuşmalarıyla eğlendiren kişi. 4.erkek adı.

ندیم باشی nedîmbâşi: (A.-T.) [nedîm+başı>başi] nedimbaşı, başnedim.

ندیمه nedîme: (A.) 1.sohbet arkadaşı. 2.tanınmış hanımların sohbet arkadaşı. 3.bayan adı. 4.gelinin yanında bulunan kız.

ندیمی nedîmî: (A.-F.) [nedîm+î] nedimlik.

نذارت nizâret: (A.) doğru yola çekmek için korkutucu sözler etme.

نذر nezr: (A.) 1.nezir, adak. 2.korkutma. 3.ahit.

نذر nuzur: (A.) doğru yola sevketmek için korkutanlar.

نذرا nuzerâ: (A.) doğru yola sevketmek için korkutmalar.

نذر کردن nezr kerden: adamak, nezretmek.

نذور nuzûr: (A.) adaklar, nezirler.

نذورات nuzûrât: (A.) [nuzûr+ât] adaklar.

نذیر nezîr: (A.) 1.korkutma, doğru yola sokmak için korkutma. 2. günahtan ve kötülükten vazgeçirmek için cezâ ile korkutarak öğüt veren. 3.Hz. Muhammed'in adlarından biri. 4.erkek adı.

نذیره nezîre: (A.) 1.adak. 2.bayan adı.

نر ner: (Peh.) 1.erkek, eril. 2.penis. 3.haşin.

نراد nerrâd: (A.) tavlacı, usta tavlacı.

نرجس nercis (A.<F.) nergis.

نرخ nirh: 1.narh, fiyat. 2.revaç. 3.kur.

نرخ بلند رفتن nirh bolend reften: fiyat yükselmek.

نرخ بندی nirhbendî: [nirh+besten>bend+î] 1.fiyat verme, narh koyma.

نرد nerd: (Peh.) 1.tavla. 2.tavla oyunu. ‖ * tahta-i ~ تخته‌ء نرد tavla tahtası. ‖ * muhre-i ~ مهره‌ء نرد tavla pulu.

نردباز nerdbâz: [nerd+bâhten>bâz] tavlacı, tavla oynayan.

نردبازی nerdbâzî: [nerd+bâhten>bâz+î] tavla oyunu.

نرد بازی کردن nerd bâzî kerden: tavla oynamak.

نردبان nerdbân, nerdebân: [nerd+bân] 1.merdiven. 2.kale merdiveni. ‖ * ~ der râh nihâden نردبان در راه نهادن yolda sohbet etmek. ‖ * ~ -i do terefe نردبان دو طرفه ayaklı merdiven, açılır merdiven, portatif merdiven.

نرده nerde: korkuluk, parmaklık.

نرس nors: (İng.) hemşire.

نرکس nerkis: [<nergis] nergis.

نرگس nergis: (Peh.) 1.(bot.)nergis, fulya. 2.(ed.) sevgilinin baygın bakışlı gözü. 3.bir tür kumaş.

نرگس دان nergisdân: [nergis+dân] nergis saksısı.

نرگس مانند nergismânend: [nergis+mânend] nergis gibi.

نرگسی nergisî: [nergis+î] nergis biçimli bir hamur işi.

نرگسی پلو nergisîpolov: [nergis+î+polov] nergis pilavı.

نرگسی زدن nergisî zeden: 1.gözle işaret etmek. 2.destarın ucunu nergis şeklinde tutturmak.

نرگسیه nergisiyye (F.>A.) nergisgiller.

نرم nerm: (Peh.) 1.yumuşak. 2.elenmiş. 3.saf, cilalı. 4.yavaş.

نرم آهن nermâhen: [nerm+âhen<âhen-i nerm] 1.yumuşak demir. 2.gevşek, yumuşak.

نرماده nermâde: [ner+mâde] (tıb.) erdişi, hünsa, eşcinsel.

نرمال normal: (Fr.) normal, adi.

نرم خو nermhû: [nerm+hû] yumuşak başlı, yumuşak huylu.

نرم خویی nermhûyî: [nerm+hûy+î] yumuşak başlılık, yumuşak huyluluk.

نرم داشتن nerm dâşten: bağırsakları yumuşatmak.

نرم دل nermdil: [nerm+dil] yufka yürekli.

نرم دلی nermdilî: [nerm+dil+î] yufka yüreklilik.

نرم ساز nermsâz: [nerm+sâhten>sâz] yumuşak huylu, uysal.

نرمش nermiş: [nerm+iş] **1.**yumuşaklık. **2.**ısınma, alıştırma.

نرم شانه nermşâne: [nerm+şâne] **1.**itaatkâr. **2.**(kin.) güçsüz, kuvvetsiz. **3.**etkilenen. **4.**homoseksüel.

نرم شدن nerm şoden: yumuşamak. ‖ * şikem-i kesî ~ شکم کسی نرم شدن ishal olmak.

نرم کردن nerm kerden: yumuşatmak. ‖ * dest u pençe ~ دست و پنجه نرم کردن pençeleşmek, boğuşmak. ‖ * şikem-i kesî râ ~ شکم کسی را نرم کردن ishal yapmak.

نرم گو nermgû: [nerm+goften>gû] yumuşak sözlü.

نرم لگام nermligâm: [nerm+ligâm] **1.**yumuşak başlı at. **2.**yumuşak huylu, itaatli, uysal.

نرم نرم nermnerm: **1.**yavaş yavaş, usul usul, usuldan, usulca. **2.**inceden.

نرم نرمک nermnermek: [nerm+nerm+ek] **1.**yavaş yavaş, usul usul, usuldan, usulca. **2.**inceden.

نرمه nerme: [nerm+e] yumuşak şey. ‖ * ~ -i gûş نرمهء گوش kulak memesi.

نرمی nermî: [nerm+î] **1.**yumuşaklık. **2.**şefkat.

نرمیت nermiyyet (F.>A.) yumuşaklık.

نرمین nermîn: [nerm+în] yumuşak, yumuşacık.

نره nere, nerre: [ner+e] **1.**erkek, eril. **2.**penis. **3.**iriyarı. **4.**su dalgası.

نره خر nerreher: [nerre+her] **1.**kaba saba. **2.**ızmandut, iriyarı.

نره شیر nerreşîr: [nerre+şîr] erkek arslan.

نری nerî: [ner+î] **1.**erkeklik. **2.**erkeklik organı.

نریدن nerrîden: kükremek, gürlemek.

نریمان nerîmân: **1.**cesur, kahraman. **2.**Şahnâme'de Rüstem'in dedesi Sâm'ın babası. **3.**bayan adı.

نریمانی nerîmânî: [nerîmân+î] yiğitlik, kahramanlık.

نرینه nerîne: [ner+îne] erkek, eril.

نزع nez': (A.) **1.**birbirine düşürme. **2.**bozma.

نزار nizâr, nezâr: (Peh.) **1.**zayıf, cılız, çelimsiz, sıska. **2.**hasta. **3.**yağsız et.

نزار شدن nizâr şoden: **1.**zayıflamak, cılızlaşmak, çelimsizleşmek. **2.**güçsüzleşmek.

نزار کردن nizâr kerden: **1.**zayıflatmak, cılızlaştırmak, çelimsizleştirmek. **2.**güçsüz bırakmak.

نزاع nizâ': (A.) **1.**düşmanlık. **2.**kavga, çekişme, didişme. ‖ * ~ -i lafzî نزاع لفظی · ağız kavgası, ağız dalaşı.

نزاع در گرفتن nizâ' der giriften: sürtüşme çıkmak.

نزاع شدن nizâ' şoden: **1.**düşmanlık çıkmak. **2.**savaş çıkmak.

نزاع کردن nizâ' kerden: kavga etmek.

نزاکت nezâket: (F.-Osmanlı Türkçesi) [<nâzuk] **1.**nezaket, incelik, naziklik. **2.**önem, hassaslık.

نزاکت پرور nezâketperver: (A.-F.) [nezâket+ perverden> perver] nazik, zarif.

نزاکت پروری nezâketperverî: (A.-F.) [nezâket+ perverden>perver+î] naziklik, zariflik.

نزال nizâl: (A.) savaş alanına girme.

نزاهت nezâhet: (A.) **1.**temizlik, arılık, nezihlik. **2.**kötülükten uzak olma.

نزد nezd: **1.**yan, ön, huzur, kat. **2.**yakın. **3.**beraberinde, ütünde. **4.**görüş, göre.

نزدیک nezdîk: (Peh.) **1.**yakın. **2.**yan, huzur, kat. **3.**görüş, inanış. **4.**taraf. **5.** -e doğru. **6.**samimi, yakın. ‖ * ~ be çîzî resîden نزدیک به چیزی رسیدن yaklaşmak.

نزدیک آمدن nezdîk âmeden: yaklaşmak.

نزدیک آوردن nezdîk âverden: yaklaştırmak.

نزدیکان nezdîkân: [nezdîk+ân] **1.**yakınlar, akrabalar, dostlar. **2.**yan.

نزدیک بود nezdîk bûd: -mek üzere olmak.

نزدیک بین nezdîkbîn: [nezdîk+dîden> bîn] **1.**yakını gören. **2.**(tıb.) miyop.

نزدیک بینی nezdîkbînî: [nezdîk+dîden> bîn+î] **1.**yakını görme. **2.**(tıp.) miyopi, miyopluk.

نزدیک رسیدن nezdîk resîden: yaklaşmak.

نزدیک رفتن nezdîk reften: yaklaşmak, yakınına gitmek.

نزدیک شدن nezdîk şoden: **1.**yaklaşmak. **2.**sokulmak.

نزدیک قرار دادن nezdîk karâr dâden: yaklaştırmak.

نزدیک کردن nezdîk kerden: yaklaştırmak. ‖ * be pul ~ به پول نزدیک کردن okutmak, satmak.

نزدیکی nezdîkî: [nezdîk+î] **1.**yakınlık. **2.**yakın, civar. ‖ * behemin ~ بهمین نزدیکی yakında, pek yakında, kısa zamanda. ‖ * der in ~ در این نزدیکی bu civarda.

نزدیکی کردن nezdîkî kerden: yaklaşmak, cinsel ilişkide bulunmak.

نزع nez': (A.) **1.**sökme, koparma. **2.**kaldırma, yok etme. **3.**can çekişmesi. ‖ * hâlet-i ~ حالت نزع can çekişmesi.

نزغ nezg: (A.) **1.**tokat atma. **2.**mızraklama. **3.**kusurunu söyleme. **4.**fesat çıkarma. **5.**vesvese.

نزف nezf: (A.) **1.**kuyudan su çekme. **2.**kan alma.

نزف الانف nezfulenf: (A.) burun kanaması.

نزفی nezfî: (A.) kanama ile ilgili.

نزفیه nezfiyye: (A.) kanama ile ilgili.

نزل nuzl: (A.) **1.**rızık. **2.**yemek. **3.**bolluk, bereket. **4.**temizlik. **5.**hediye. **6.**konaklama yeri.

نزله nezle: (A.) (tıb.) nezle, burun akıntısı. ‖ * ~ -i dendân نزلهٔ دندان (tıb.) diş nezlesi.

نزلی nezlî: (A.) nezle ile ilgili.

نزلی nuzlî: (A.-F.) [nuzl+î] parazit.

نزم nizm: pus.

نزوان nezevân: (A.) sıçrama, atlama.

نزول nuzûl: (A.) **1.**aşağı inme, iniş, **2.**girme, giriş. **3.**girdi. **4.**faiz. **5.**felç gelmesi. ‖ * ~ -i pul dâden نزول پول دادن faiz vermek.

نزول خور nuzûlhor: (A.-F.) [nuzûl+ horden> hor] faizci.

نزول خوری nuzûlhorî: (A.-F.) [nuzûl+ horden>hor+î] faizcilik.

نزول کردن nuzûl kerden: **1.**indirmek. **2.**girmek.

نزه nezih: (A.) **1.**temiz, nezih. **2.**insandan uzak yeşil alan. **3.**kötülükten uzak.

نزها nuzehâ: (A.) nezih insanlar, temiz insanlar.

نزهت nuzhet: (A.) **1.**temizlik, nezihlik. **2.**iffet. **3.**dolaşma, gezinti. **4.**gönül ferahlığı. **5.**tazelik.

نزهت افزا nuzhetefzâ: (A.-F.) [nuzhet+ efzûden> efzâ] ferahlık veren, iç açan.

نزهت بخش nuzhetbahş: (A.-F.) [nuzhet+ bahşîden> bahş] ferahlık veren.

نزهت پذیر nuzhetpezîr: (A.-F.) [nuzhet+ pezîruften> pezîr] neşelenen, keyif alan, safa süren.

نزهت فزا nuzhetfezâ: (A.-F.) [nuzhet+ fezûden> fezâ] ferahlık veren, iç açan.

نزهتگاه nuzhetgâh: (A.-F.) [nuzhet+gâh] gezinti yeri.

نزهتگده nuzhetgede: (A.-F.) [nuzhet+ gede] gezinti yeri.

نزهتگه nuzhetgeh: (A.-F.) [nuzhet+geh] gezinti yeri.

نزهه nuzhe: (A.) kanunu andıran bir çalgı.

نزيف nezîf: (A.) kan kaybından dolayı bitkin düşen.

نزيل nezîl: (A.) konuk.

نزيه nezîh: (A.) **1.**temiz, nezih, arınmış. **2.**iffetli. **3.**zevkli.

نزيهه nezîhe: (A.) **1.**arınmış, temiz. **2.**bayan adı.

نژاد nijâd: **1.**sop, sop. **2.**ırk. **3.**karakter, tabiat.

نژاد پرست nijâdperest: [nijâd+ perestîden> perest] ırkçı.

نژاد پرستی nijâdperestî: [nijâd+ perestîden> perest+î] ırkçılık.

نژادشناس nijâdşinâs: [nijâd+şinâhten> şinâs] etnolog, etnolojist, ırkbilimci.

نژادشناسی nijâdşinâsî: [nijâd+ şinâhten>şinâs+î] etnoloji, ırkbilim.

نژادی nijâdî: [nijâd+î] ırk ile ilgili, ırkî.

نژم nijm: kışın sabahları çöken sis.

نژند nijend, nejend: **1.**üzgün, kederli. **2.**şaşkın. **3.**öfkeli. **4.**alçak.

نژندی nijendî, nejendî: [nijend+î] **1.**üzüntü. **2.**şaşkınlık. **3.**öfke. **4.**alçaklık.

نس nos: ağız çevresi.

نسئه nes'e: (A.) veresiye.

نسئی nesî: (A.) vakti geçirilen haram aylar.

نسأ nes': (A.) haram ayların zamanını geçirme.

نسا nesâ: (Peh.) **1.**leş, murdar. **2.**kokuşmuş.

نسا nesâ: (tıb.) siyatik, kalça kemiğinin ayak parmaklarına kadar uzanan sinir. ‖ * arakun~ عرق النسا siyatik siniri.

نسا nesâ: (coğ.) nese.

نساء nisâ': (A.) kadınlar.

نسائس nesâ'is: (A.) dedikodu fısıldaşmaları.

نسائک nesâ'ik: (A.) kesilmiş kurbanlar.

نسائم nesâ'im: (A.) meltemler, esintiler.

نسائی nisâ'î: (A.) kadınla ilgili.

نسائیه nisâ'iyye: (A.) **1.**kadın ile ilgili. **2.**kadın hastalıkları. **3.**kadın hastalıkları kliniği.

نساب nessâb: (A.) soybilimci, soyağacı çıkaran uzman.

نسابون nessâbûn: (A.) soybilimciler, soyağacı çıkaran uzmanlar.

نساج nessâc: (A.) dokumacı.

نساجت nisâcet: (A.) dokumacılık.

نساجی nessâcî: (A.-F.) [nessâc+î] dokumacılık.

نسار nesâr: **1.**güneş görmeyen taraf, kuzey tarafı. **2.**gölge. **3.**dağ evi.

نسافه nusâfe: (A.) buğdaydan ayrılmış saman.

نسال nusâl: (A.) dökülen hayvan tüyleri.

نساله nusâle: (A.) tiftik.

نسایم nesâyim: (A.) meltemler, esintiler.

نسب neseb: (A.) **1.**soy, nesep. **2.**kadın, eş, hanım, karı.

نسب niseb: (A.) **1.**nisbetler, oranlar. **2.**ilgiler. **3.**ölçüler.

نسباً neseben: (A.) soyca, nesep bakımından.

نسبت nisbet: (A.) **1.**yakınlık. **2.**akrabalık. **3.**bağlantı, bağlılık. **4.**oran, nispet. **5.**ilgili. **6.**ölçü, kıyaslama. **7.**inadına. **8.**oranla. ‖ * ~ be نسبت به -e göre, oranla, -e karşı, nispetle.

نسبتاً nisbeten: (A.) nispeten.

نسبت دادن nisbet dâden: nispet etmek.

نسبت داشتن nisbet dâşten: yakınlığı olmak.

نسبت کردن nisbet kerden: **1.**oran kurmak, ilgi kurmak. **2.**benzetmek. **3.**yüklemek, tahmil etmek.

نسب نامه nesebnâme: (A.-F.) [neseb+ nâme] soyağacı, nesepname.

نسبةً nisbeten: (A.) **1.**nispetle, göre, oranla. **2.**bir dereceye kadar, bir ölçüde.

نسبی nesebî: (A.) soyla ilgili.

نسبی nisbî: (A.) **1.**göreli, göreceli. **2.**birbirine göre.

نسبیت nisbiyyet: nisbîlik, relativite.

نسبیه nesebiyye: (A.) soy ile ilgili.

نسبیه nisbiyye: (A.) **1.**göreli, göreceli. **2.**birbirine göre.

نسپاس nesipâs: [ne+sipâs] nankör.

نسپاسی nesipâsî: [nesipâs+î] nankörlük.

نستر nester: yaban gülü, ağustos gülü.

نسترن nesteren: (Peh.) **1.**(bot.) yabangülü, ağustos gülü, kuşburnu. **2.**(ed.) sevgilinin yanağı.

نسترون nesterûn: yaban gülü, ağustos gülü.

نسترین nesterîn: yaban gülü, ağustos gülü.

نسترین زار nesterînzâr: [nesterîn+zâr] gül bahçesi.

نستعلیق nesta'lîk: (A.) İran'da geliştirilen nesih ve ta'lik kırması yazı stili.

نسج nesc: (A.) **1.**(tıb.) doku. **2.**dokunmuş. **3.**dokuma.

نسجی nescî: (A.) **1.**doku ile ilgili. **2.**dokuma ile ilgili.

نسجیه nesciyye: (A.) **1.**doku ile ilgili. **2.**dokuma ile ilgili.

نسخ nesh: (A.) **1.**hükümsüz bırakma, kaldırma, iptal etme. **2.**Kur'ân'daki bir âyetin daha önceki bir âyetin hükmünü kaldırması. **3.**kopyalama, suret çıkarma. **4.**yüz değiştirme. **5.**ölümden sonra insan ruhunun bir başka cisme geçmesi. **6.**nesih yazısı.

نسخ nuseh: (A.) nüshalar. ‖ * ~ -i hattî نسخ خطی el yazması nüshalar.

نسختین nushateyn: (A.) iki nüsha.

نسخ شدن nesh şoden: **1.**iptal edilmek. **2.**insan ruhu ölümden sonra bir başka cisme geçmek.

نسخ کردن nesh kerden: iptal etmek, bozmak.

نسخه nushe: (A.) **1.**nüsha, kopya. **2.**reçete. **3.**muska. **4.**yazılı belge. **5.**gazete ve dergi sayısı. ‖ * ~ -i yegâne نسخهء یگانه tek nüsha.

نسخه بردار nusheberdâr: (A.-F.) [nushe+ ber+dâşten>dâr] kopya eden, suret çıkaran, müstensih, istinsah eden.

نسخه برداری nusheberdârî: (A.-F.) [nushe+ber+dâşten>dâr+î] istinsah, kopya etme, suret çıkarma.

نسخه برداری کردن nusheberdârî kerden: istinsah etmek, suret çıkarmak, kopya etmek.

نسخه برداشتن nushe ber dâşten: kopya etmek, suret çıkarmak, istinsah etmek.

نسخه بردن nushe borden: istinsah etmek, kopya etmek, suret çıkarmak.

نسخه تجویز کردن nushe tecvîz kerden: ilaç yazmak, reçete yazmak.

نسخه گرفتن nushe giriften: istinsah etmek, suret çıkarmak, kopya etmek.

نسخه نوشتن nushe nevişten: ilaç yazmak, reçete yazmak.

نسخی neshî: (A.) **1.**nesih yazısı. **2.**fesih ile ilgili. **2.**kopya çıkarma ile ilgili.

نسر neser: (A.) **1.**gölgeli. 2, güneş görmeyen taraf, kuzey tarafı.

نسر nesr: (A.) **1.**(zool.) akbaba. **2.**kartal. **3.**Nûh kavminin taptığı putlardan biri.

نسرین nesrîn: **1.**(bot.) fulya çiçeği, yaban gülü. **2.**mısır gülü. **3.**Van gülü. **4.**bayan adı.

نسرین سرین nesrînsurîn: [nesrîn+surîn] nesrin butlu, butları nesrin gülü gibi hoş ve latif.

نسریه nesriyye: (A.) akbabagiller.

نسطوری nestûrî: (A.) Nastûrîlik mezhebinde olan.

نسطوریه nestûriyye: (A.) Nastûrîlik.

نسغ nesg: (A.) ağaçlara su yürümesi.

نسغ nusg: (A.) besi suyu.

نسف nesef: (coğ.) Nesef.

نسف nesf: (A.) temelden yıkma.

نسفی nesefî: [nesef+î] Nesefli.

نسق nesek: (A.) **1.**düzenli. **2.**düzen, tertip, intizam. 3.işkence. ‖ * yek ~ یک نسق monoton, birdüziye.

نسق آرای nesekârây: (A.-F.) [nesek+ ârâsten>ârây] çekidüzen veren, düzenleyen.

نسق چی nesekçi: (A.-T.) [nesek+çi] **1.**düzenleyici. **2.**askerî idareci. **3.**cellat.

نسق خانه nesekhâne: (A.-F.) [nesek+ hâne] nesekçilerin bulunduğu yer, nesekhane.

نسق ساز neseksâz: (A.-F.) [nesek+ sâhten>sâz] çekidüzen veren, düzenleyen.

نسق کردن nesek kerden: **1.**cezalandırmak. **2.**korkutmak.

نسک nesk (bot.) mercimek.

نسک nesk: (Peh.) Avesta cüz'ü, nesk.

نسک nesk, nisk, nusk: (A.) **1.**tapma, ibadet. **2.**yıkama, temizleme.

نسل nesl: (A.) **1.**nesil, kuşak. **2.**evlat, çocuk. ‖ * ~ -i çîzî ez beyn reften نسل چیزی از بین رفتن nesli tükenmek, soyu tükenmek. ‖ * ~ -i çîzî râ ber endâhten نسل چیزی را بر انداختن soyunu kurutmak, soyunu tüketmek.

نسلاً neslen: (A.) soyca, kuşak bakımından.

نسل براندازی neslberendâzî: (A.-F.) [nesl+ber+endâhten>endâz+î] soy kırımı.

نسم nesem: (A.) **1.**soluk alma, soluma. **2.**esinti. **3.**ruh. **4.**nefes.

نسمه nesme: (A.) **1.**soluk. **2.**esinti.

نسناس nesnâs: (A.) **1.**(zool.) goril. **2.**(zool.) orangotan. **3.**laf anlamaz kötü insan. **4.**bedeninin yarısı insan olan efsanevî yaratık.

نسوان nisvân: (A.) kadınlar.

نسور nusûr: (A.) (zool.) akbabalar.

نسوز nesûz: [ne+sûhten>sûz] yanmaz, ateşe dayanıklı.

نسول nusûl: (A.) tüy dökme.

نسون nisûn: (A.) kadınlar.

نسوه nisve: (A.) kadınlar.

نسوی nesevî: (A.) kadınlık, kadın ile ilgili.

نسوی nisvî: (A.) kadınlar ile ilgili.

نسویت neseviyyet: (A.) kadınlık.

نسویت nisviyyet: (A.) kadınlık.

نسویه nisviyye: (A.) kadınlar ile ilgili.

نسویه neseviyye: (A.) kadınlık, kadın ile ilgili.

نسی nesî: (A.) unutkan.

نسی nesy: (A.) **1.**unutma, unutkanlık. **2.**unutulmuş.

نسیئه nesî'e: (A.) veresiye.

نسیاً منسیاً nesyen mensiyyen: (A.) tamamen unutulmuş.

نسیان nisyân: (A.) **1.**unutma, unutkanlık. **2.**unutulma.

نسیان ناپذیر nisyânnâpezîr: (A.-F.) [nisyân+nâ+ pezîruften> pezîr] unutulmaz.

نسیب nesîb: (A.) **1.**lâyık, münasip. **2.**yakın, akraba. **3.**(ed.) kadınlar için söylenen şiir. **4.**(ed.) kasidelerdeki tasvir bölümü.

نسیبه nesîbe: (A.) **1.**soylu. **2.**bayan adı.

نسیج nesîc: (A.) **1.**dokunmuş. **2.**işlemeli ipek kumaş.

نسیجه nesîce: (A.) dokunmuş, dokuma.

نسیس nesîs: (A.) **1.**kurt gibi acıkma. **2.**bedende kalan son güç. **3.**son nefes.

نسیسه nesîse: (A.) dedikodu fısıldaşması.

نسیف nesîf: (A.) iki kişi arasındaki sır.

نسیق nesîk: (A.) **1.**düzenli. **2.**süslü, bezeli.

نسیکه nesîke: (A.) kesilmiş kurban.

نسیم nesîm: (A.) **1.**hafif rüzgâr, esinti, meltem. **2.**erkek veya bayan ismi.

نسیم آسا nesîmâsâ: (A.-F.) [nesîm+âsâ] meltem gibi.

نسیمه nesîme: (A.) **1.**meltem, esinti. **2.**bayan adı.

نسیمی nesîmî: (A.) **1.**meltem ile ilgili, esinti ile ilgili. **2.**erkek adı.

نسیه nesiye: (A.) mühlet, zaman.

نسیه nesye, nisye: (A.) veresiye, ödünç.

نسیه برداشتن nisye berdâşten: ödünç almak.

نسیه بردن nisye borden: ödünç almak, veresiye almak.

نسیه بری nisyeberî: (A.-F.) [nisye+ borden>ber+î] veresiye alım, ödünç alma.

نش neşş: (A.) **1.**karıştırma. **2.**kaynama.

نشأت neş'et: (A.) **1.**meydana gelme, ileri gelme, kaynaklanma. **2.**çıkma, yetişme. **3.**erkek adı.

نشأت گرفتن neş'et giriften: ileri gelmek, kaynaklanmak.

نشئه neş'e: (A.) **1.**sevinç, keyif. **2.**çakırkeyiflik. **3.**yeni-den doğuş. **4.**bayan adı.

نشئه جو neşe'cû: (A.-F.) [neş'e+costen> cû] neşe arayan, neşelenmek isteyen.

نشئه دار neş'edâr: (A.-F.) [neş'e+dâşten> dâr] neşeli.

نشئه داران neş'edârân: (A.-F.) [neş'e+ dâşten>dâr+ ân] neşeliler.

نشئه زا neş'ezâ: (A.-F.) [neş'e+ zâden>zâ] neşe doğuran, neşelendiren.

نشئه فزا neş'efezâ: (A.-F.) [neş'e+ fezûden>fezâ] neşe artıran, neşelendiren.

نشئه گاه neş'egâh: (A.-F.) [neş'e+gâh] neşelenme yeri.

نشئه نثار neş'enisâr: (A.) [neş'e+nisâr] neşe saçan.

نشئه یاب neş'eyâb: (A.-F.) [neş'e+yâften> yâb] neş'e bulan, neşelenen.

نشا nişâ: fidan dikme.

نشا neşâ: (A.) nişasta.

نشا nişâ: nişasta.

نشاء neşâ': (A.) **1.**yaratma. **2.**yaşama. **3.**gelişme, büyüme.

نشائد neşâ'id: (A.) **1.**şiirler. **2.**dilden dile dolaşan ve atasözü hükmünü almış beyitler.

نشاب neşşâb: (A.) okçu.

نشاب nuşâb: (A.) temrenli oklar.

نشابت neşâbet: (A.) okçuluk.

نشابور nişâbûr: (coğ.) Nişabur.

نشابورک nişâbûrek: [nişâbur+ek] (müz.) nişabürek makamı.

نشابه nuşâbe: (A.) temrenli ok.

نشاپور nişâpûr: **1.**(coğ.) Nişabur. **2.**klasik Türk musikîsinde bir makam.

نشأت neş'et: (A.) **1.**doğma. **2.**dirilme, var olma. **3.**beslenme. **4.**dünya.

نشأت گرفتن neş'et giriften: ileri gelmek, kaynaklanmak.

نشاختن nişâhten: **1.**oturtmak. **2.**yerleştirmek.

نشادر nuşâdor: (kim.) nişadır, amonyak tuzu.

نشادری nişâdurî: (A.) nişadır ile ilgili.

نشادور nişâdûr: (A.) nişadır.

نشاره nuşâre: (A.) yonga, talaş.

نشاستج neşâstec (A.<F.) [nişâste> neşâstec] nişasta.

نشاستن nişâsten: (Peh.) **1.**oturtmak, çöktürmek. **2.**ekmek. **3.**dikmek. **4.**tayin etmek, atamak.

نشاسته nişâste: [nişâsten>nişâst+e] **1.**(kim.) nişasta, kola. **2.**tortulanmış, dibe çökmüş. ‖ * ~ -i heyvân نشاستهء حیوان (kim.) glikojen.

نشاط neşât: (A.) **1.**sevinç, neşe. **2.**çeviklik. **3.**erkek adı.

نشاط آور neşâtâver: (A.-F.) [neşât+ âverden>âver] sevindirici, neşelendirici.

نشاط افزا neşâtefzâ: (A.-F.) [neşât+ efzûden>efzâ] neşe veren, sevinç artıran.

نشاط انگیز neşâtengîz: (A.-F.) [neşât+ engîz] sevinç verici, neşelendirici.

نشاط بخش neşâtbahş: (A.-F.) [neşât+ bahşîden>bahş] sevinç veren.

نشاط خانه neşâthâne: (A.-F.) [neşât+ hâne] sevinç evi.

نشاط کردن neşât kerden: heveslenmek, istek duymak, neşe bulmak.

نشاطمند neşâtmend: (A.-F.) [neşât+ mend] sevinçli, neşeli.

نشاف neşşâf: (A.) **1.**soğuran, çok soğuran. **2.**kendine çeken.

نشا کردن nişâ kerden: dikmek.

نشال neşşâl: (A.) pişmemiş yemek yi-yen.

نشان nişân: (Peh.) **1.**alamet, işaret.

2.iz, belirti, alamet. **3.**hedef noktası, hedef. **4.**hisse, nasip. **5.**madalya, nişan. **6.**slogân. **7.**tavır. **8.**benek. **9.**nişanlılık işareti. **10.**nişan töreni. **11.**hatıra taşı. **12.**ferman. **13.**tuğra. **14.**taltif madalyası.

نشان دادن nişân dâden: **1.**göstermek. **2.**açıklamak.

نشان دار nişândâr: [nişân+dâşten>dâr] işaretli, alametli.

نشاندن nişânden: **1.**oturtmak. **2.**tahta geçirmek. **3.**yerleştirmek. **4.**dikmek. **5.**çekmek. **6.**söndürmek. **7.**dinmek. ‖ * ber zemîn ~ بر زمین نشاندن indirmek (uçak vs.)

نشانده nişânde: [nişânden>nişând+e] **1.**oturtulmuş. **2.**hedef olarak dikilmiş.

نشان کردن nişân kerden: **1.**işaretlemek. **2.**mühürlemek. **3.**imzalamak. **4.**nişanlamak, nişan almak. **5.**gözüne kestirmek.

نشانکش nişânkeş: [nişân+keş] marangoz cetveli.

نشانگاه nişângâh: [nişân+gâh] **1.**nişan tahtası, hedef tahtası. **2.**namlu üstünde hedef almaya yarayan parçalar.

نشانگیر nişângîr: [nişân+giriften>gîr] **1.**nişan alan, nişancı. **2.**marangoz cetveli.

نشان ماندن nişân mânden: iz kalmak, eser kalmak.

نشانه nişâne: [nişânden>nişân+e] **1.**işaret, alamet, iz. **2.**hedef. **3.**hisse. **4.**slogan. **5.**nişan, mühür.

نشانه رفتن nişâne reften: nişan almak.

نشانه زدن nişâne zeden: nişan almak.

نشانه زن nişânezen: [nişâne+zeden>zen] nişancı.

نشانه کردن nişâne kerden: hedef yapmak, hedef almak, nişanlamak, nişan almak.

نشانه گذاشتن nişâne gozâşten: işaret koymak.

نشانه گرفتن nişâne giriften: nişanlamak, nişan almak.

نشانه گیری nişânegîrî: [nişâne+giriften> gîr+î] nişanlama, nişan alma.

نشانه گیری کردن nişânegîrî kerden: nişanlamak, nişan almak.

نشانی nişânî: [nişân+î] **1.**işaret, alamet. **2.**adres. **3.**eser. **4.**meşhur.

نشانی دادن nişânî dâden: **1.**göstermek, işaret etmek. **2.**adres vermek. **3.**söz etmek, anlatmak, tarif etmek.

نشانیدن nişânîden: oturtmak.

نشانی شدن nişânî şoden: meşhur olmak.

نشانی گرفتن nişânî giriften: adres almak.

نشب neşb: (A.) batma.

نشبه nuşbe: (A.) sırnaşık, yapışkan.

نشپیل nişpîl: kanca.

نشت neşt: **1.**sızma, sızıntı. **2.**çökelme.

نشتر nişter: [<nîş+ter] ameliyat bıçağı, cerrah bıçağı.

نشت کردن neşt kerden: **1.**sızmak. **2.**çökelmek.

نشخوار noşhâr: [noş+horden>hor>hâr] geviş.

نشخوار کردن noşhâr kerden: geviş getirmek.

نشدت nişdet: (A.) **1.**kayıp arama. **2.**arayıp sorma.

نشد نداشتن neşod nedâşten: kesin olmak.

نشر neşr: (A.) **1.**yayma. **2.**yayılma. **3.**duyurma. **4.**duyurulma. **5.**yayınlama. **6.**yayınlanma. **7.**kıyamette insanların dirilmesi. **8.**güzel koku.

نشراً neşren: (A.) yayınlayarak.

نشر شدن neşr şoden: **1.**neşredilmek, yayınlanmak. **2.**dağıtılmak.

نشر کردن neşr kerden: **1.**neşretmek, yayınlamak. **2.**dağıtmak. **3.**kıyamet günü diriltmek.

نشره nuşre: (A.) **1.**muska. **2.**afsun.

نشری neşrî: (A.) **1.**yayın ile ilgili, neşir ile ilgili. **2.**ünlü Türk tarihçisi.

نشریات neşriyyât: (A.) **1.**yayınlar. **2.**basılıp dağıtılan eserler.

نشریه neşriyye: (A.) **1.**yayın. **2.**dergi.

نشست nişest: [nişesten>nişest] **1.**oturum. **2.**çökelme, durulma.

3.meclis. 4.makat. ‖ * ~ u berhâst kerden نشست و برخاست کردن birlikte oturup kalkmak, düşüp kalkmak.

نشست داشتن nişest dâşten: oturmak, ikamet etmek.

نشست کردن nişest kerden: 1.cülus etmek, oturmak, tahta geçmek. 2.çökmek.

نشستگاه nişestgâh: [nişesten>nişest+gâh] 1.ikamet yeri. 2.başkent.

نشستگه nişestgeh: [nişesten>nişest+geh] oturulacak yer, oturma yeri.

نشستن nişesten, nişisten: (Peh.) 1.oturmak. 2.cülûs etmek, tahta geçmek. 3.binmek. 4.konmak. 5.ikamet etmek. 6.tuvalete çıkmak. 7.kalmak. 8.sekilenmek. 9.saplanmak. 10.toplanmak. 11. başlamak, koyulmak. 12.sönmek. 13.vazgeçmek. ‖ * ez pây ~ از پای نشستن oturmak. ‖ * be çîn ~ به چین نشستن kırışmak, kırış kırış olmak. ‖ * ber zemîn ~ بر زمین نشستن inmek (uçak vb.)

نشسته nişeste: [nişesten>nişest+e] oturmuş.

نشف neşf: (A.) 1.soğurma. 2.sızma.

نشف کردن neşf kerden: buharlaştırmak.

نشق neşak: (A.) buruna su çekme, buruna herhangi bir şey çekme.

نشق neşk: (A.) buruna su çekme, buruna bir şey çekme.

نشکفته neşikufte: [ne+şikuften>şikuft+e] açılmamış, çiçek açılmamış, çiçek açmamış.

نشگرده nişgirde: falçata.

نشگون nişgûn: çimdik.

نشگون گرفتن nişgûn giriften: çimdik atmak, çimdiklemek.

نشلیدن neşlîden: girişmek, el atmak, teşebbüste bulunmak.

نشمه neşme: orospu, aftos.

نشناس neşnâs: [ne+şinâhten>şinâs] yabancı, meçhul, bilinmez.

نشناس شدن neşnâs şoden: meçhul kalmak, tanınmamak.

نشنیده گرفتن neşenîde giriften: duymamış olmak, duymazdan gelmek.

نشو neşv: (A.) 1.çekme. 2.gelişme, büyüme, bitme, gelişim.

نشؤ noşu': (A.) 1.yeniden meydana getirme. 2.büyüme, gelişim. ‖ * ~ u irtikâ' نشؤ و ارتقاء tekamül.

نشوات neşvât: (A.) neşeler, sevinçler.

نشوان neşvân: (A.) sarhoş.

نشوت neşvet: (A.) 1.sarhoşluk. 2.neşe. 3.haberlilik.

نشور neşûr: (A.) çok yayan, çok dağıtan.

نشور nuşûr: (A.) 1.neşirler, dağıtmalar, yaymalar. 2.öldükten sonra dirilmeler. ‖ * yevm-i ~ یوم نشور kıyamet günü.

نشوز nuşûz: (A.) kadının kocadan kaçması.

نشوط nuşût: (A.) tohum baş vermek.

نشوع nuşû': (A.) diş eti hastalığı dolayısıyla diş sarkması.

نشوق nuşûk: (A.) 1.buruna çekme. 2.buruna çekilen madde.

نشوه neşve: (A.) sarhoşluk, çakırkeyflilik.

نشوه بخش neşvebahş: (A.-F.) [neşve+ bahşîden> bahş] neşe veren, neşelendiren.

نشوه بخشا neşvebahşa: (A.-F.) [neşve+ bahşîden> bahş+â] neşe veren.

نشوه دار neşvedâr: (A.-F.) [neşve+ dâşten>dâr] neşeli.

نشوه دارانه neşvedârâne: (A.-F.) [neşve+ dâşten>dâr+ âne] neşe ile, neşelenerek.

نشوه ربا neşverubâ: (A.-F.) [neşve+ rubûden>rubâ] keyif veren, neşelendiren.

نشوه گاه neşvegâh: (A.-F.) [neşve+gâh] neşelenme yeri, eğlence yeri.

نشوه مند neşvemend: (A.-F.) [neşve+ mend] neşeli.

نشوه ياب neşveyâb: (A.-F.) [neşve+ yâften>yâb] neşelenen, neşeli, keyif alan.

نشيب nişîb: (Peh.) **1.**iniş aşağı, eğim, meyil, yokuş aşağı. **2.**alçak zemin.

نشيبگاه nişîbgâh: [neşîb+gâh] inişli yer, çukur yer.

نشيد neşîd: (A.) **1.**ses yükseltme. **2.**karşılıklı okunan şiir. **3.**şarkı. **4.**topluluk huzurunda okunan şiir. **5.**dilden dile dolaşan ve atasözü hükmünü almış beyit.

نشيده neşîde: (A.) **1.**topluluk huzurunda okunan şiir. **2.**dilden dile dolaşan ve atasözü hükmünü almış şiir. **3.**Doğu musikisinde irticalen söylenen güfteli eser.

نشيده خوان neşîdehân: (A.-F.) [neşîde+ hânden>hân] neşide okuyan.

نشيده خوانى neşîdehânî: (A.-F.) [neşîde+ hânden> hân+î] neşide okuma.

نشيط neşît: (A.) sevinçli.

نشيم neşîm: **1.**yer, makam. **2.**yuva.

نشيمن nişîmen, neşîmen: **1.**oturulacak yer. **2.**ev, yuva, ikametgah.

نشيمنگاه neşîmengâh, nişîmengâh: [nişîmen+gâh] **1.**oturma yeri. **2.**taht.

نشيمنگه nişîmengeh: [<neşîmen+geh] **1.**oturma yeri. **2.**taht.

نشيمن نشين nişîmennişîn: [nişîmen+ nişesten> nişîn] tahtta oturan.

نشين nişîn: [nişesten>nişîn] **1.**oturan. **2.**makat. **3.**anüs.

نشيننده nişînende: [nişesten>nişîn+ende] oturan.

نص nass: (A.) **1.**açık söz, açık hüküm, şüphe götürmeyen hüküm. **2.**kesinlik, netlik, açıklık, dogma. **3.**Kur'ân âyetlerinin delili olarak gösterilen. ‖ * ~ -i kâti' نص قاطع Kur'ân'da açık manalı ve delil olarak gösterilen âyet, değişmez hüküm.

نصائب nesâ'ib: (A.) dikili taşlar.

نصائح nesâ'ih: (A.) öğütler, nasihatler.

نصاب nisâb: (A.) **1.**esas, asıl. **2.**istenilen oran, istenilen derece. **3.**sermaye. **4.**bir malın zekat verilecek birikime ulaşması. **5.**pay, hisse. ‖ * ~ -i ruşd نساب رشد ergenlik çağı. ‖ * adem-i huzûr-i hadd-i ~ عدم حضور حد نصاب çoğunluk sağlanamaması.

نصاح nussâh: (A.) öğüt verenler.

نصار nussâr: (A.) yardımcılar.

نصارا nesârâ: (A.) Hıristiyanlar.

نصارى nesârâ: (A.) Hıristiyanlar.

نصاف nisâf: (A.) ortadan ikiye bölme.

نصال nisâl: (A.) temrenler.

نصايح nesâyih: (A.) öğütler, nasihatler.

نصب nasb: (A.) **1.**görevlendirme, atama, tayin. **2.**dikme. **3.**asma. **4.**takma. **5.**Arapça'da harfi üstünlü okuma.

نصب شدن nasb şoden: **1.**takılmak. **2.**monte edilmek. **3.**atanmak, tayin edilmek. **4.**asılmak. **5.**dikilmek.

نصب كردن nasb kerden: **1.**görevlendirmek, atamak, tayin etmek, tutmak. **2.**yerleştirmek, monte etmek. **3.**takmak. **4.**asmak. **5.**dikmek.

نصح nush, nesh: (A.) öğüt, nasihat.

نصحا nusehâ: (A.) öğüt verenler, nasihat edenler.

نصر nasr: (A.) **1.**yardım. **2.**üstünlük. **3.**Kur'ân'da bir sûre.

نصراء nusurâ: (A.) yardımcılar.

نصر الدين nasruddîn: (A.) **1.**dinin yardımcısı. **2.**erkek adı, Nasreddin.

نصرالله nasrullâh: (A.) **1.**Tanrı'nın yardımı. **2.**erkek adı.

نصرانى nesrânî: (A.) Hıristiyan, nasrânî.

نصرانيت nesrâniyyet: (A.) Hıristiyanlık, nasrânîlik.

نصرت nusret: (A.) **1.**yardım. **2.**Tanrı'nın yardımı. **3.**zafer, başarı. **4.**erkek adı. **5.**bayan adı.

نصرت احتوا nusretihtivâ: (A.) [nusret+ ihtivâ] Tanrı yardımını içeren.

نصرت انشا nusretinşâ: (A.) [nusret+inşâ] zafer kazanan, muzaffer.

نصرت قرين nusretkarîn: (A.) [nusret+ karîn] ilahî yardımın yakın olduğu.

نصرت همهمه nusrathemheme: (A.) [nusrat+hemheme] zafer kükreyişli.

نصرت يافتن nusret yâften: muzaffer olmak, zafer kazanmak.

نصره الله الملک العلام nasarahallâhulmelikul'allâm: (A.) Her şeyi en iyi bilen ve dilediği gibi mülke tasarruf eden Allah ona yardım etsin.

نصرى nasrî: (A.) **1.**Tanrı'nın yardımı ile ilgili. **2.**Tanrı'nın yardımı ile fetih yapmaya ait.

نصف nasaf: (A.) hizmetçi, uşak.

نصف nisf: (A.) **1.**yarı, yarım. **2.**buçuk. **3.**bir yazı stili.

نصف الجناح nısfulcenâh: (A.) yarimkânatlılar.

نصف الليل nısfulleyl: (A.) gece yarısı.

نصف النهار nisfunnehâr: (A.) (coğ.) boylam, meridyen, tûl dairesi.

نصفت nesefet: (A.) adalet, insaf, hakkaniyet.

نصف شدن nisf şoden: bölünmek, ikiye bölünmek .

نصف کردن nisf kerden: bölmek, ikiye bölmek, ikiye ayırmak.

نصف کره nısfkure: (A.) [nısf+kure] yarımküre, yarıküre.

نصفه nisfe: (A.-F.) [nisf+e] yarı, yarım.

نصفه جان nisfecân: (A.-F.) [nisfe+cân] yarı canlı.

نصفى الجناح nısfiyyulcenâh: (A.) yarimkânatlılar.

نصفيت nısfiyyet: (A.) yarımlık.

نصفيه nısfiyye: (A.) bir tür kısa ney.

نصفيه زن nısfiyyezen: (A.-F.) [nısfiyye+ zeden> zen] nısfiye denilen kısa ney üfleyen.

نصل nasl: (A.) temren.

نصوح nesûh: (A.) **1.**çok öğüt veren. **2.**temiz, içten. **3.**erkek adı.

نصوحى nasûhî: (A.) **1.**yürekten tövbe eden. **2.**erkek adı.

نصوحيه nasûhiyye: (A.) **1.**yürekten tövbe eden. **2.**Halvetîlik tarikatının bir kolu, Nasûhîlik.

نصوص nusûs: (A.) **1.**açık ve kesin hükümler, kesin deliller. **2.**Kur'ân'ın değişmez hükümleri, naslar. **3.**değişmez metinler.

نصول nusûl: (A.) temrenler.

نصى nassî: (A.) dogmatik.

نصيب nasîb: (A.) **1.**nasip. **2.**talih, ikbal. **3.**Tanrı'nın kula kısmet ettiği.

نصيب بردن nasîb borden: nasip almak.

نصيبدار nasîbdâr: (A.-F.) [nasîb+dâşten> dâr] **1.**nasipli. **2.**hissedar.

نصيب داشتن nasîb dâşten: faydalanmak.

نصيب شدن nasîb şoden: nasip olmak.

نصيب کردن nasîb kerden: nasip etmek.

نصيبه nasîbe: (A.) **1.**dikili taş. **2.**yol işaret taşı. **3.**nasip.

نصيب ياب nasîbyâb: (A.-F.) [nasîb+ yâften>yâb] nasip olan, nasiplenen.

نصيح nasîh: (A.) öğüt veren.

نصيحت nasîhet: (A.) öğüt, nasihat.

نصيحت آميز nasîhetâmîz: (A.-F.) [nasîhet+âmîhten> âmîz] öğüt ile karışık, öğretici, didaktik.

نصيحت پذير nasîhetpezîr: (A.-F.) [nasîhet+ pezîruften> pezîr] öğüt dinler.

نصيحت دادن nasîhet dâden: öğüt vermek, nasihat vermek, nasihat etmek.

نصيحت کردن nasîhet kerden: öğüt vermek, nasihat etmek, salık vermek.

نصيحت گفتن nasîhet goften: öğüt vermek, nasihat etmek.

نصيحت گو nasîhatgû: (A.-F.) [nasîhat+ goften>gû] nasihat eden, öğüt veren.

نصيحت ناپذير nasîhetnâpezîr: (A.-F.) [nasîhet+nâ+ pezîruften> pezîr] öğüt dinlemez.

نصيحتکار nasîhetkâr: (A.-F.) [nasîhet+ kâr] öğüt veren.

نصيحتگر nasîhetger: (A.-F.) [nasîhet+ ger] öğütçü, öğüt veren.

نصير nasîr: (A.) yardımcı, yardım eden.

نصيرى nusayrî: (A.) Nusayrîlik mezhebinde olan.

نصيه nassiyye: (A.) dogmatizm.

نضار nizâr: (A.) altınlar, gümüşler.

نضارت nezâret: (A.) **1.**mutluluk, saadet. **2.**parlaklık, tazelik. **3.**altın.

نضج nazc: (A.) **1.**olgunluk, olgunlaşma. **2.**erginleşme, bülûğa erme.

نضج nuzc: (A.) **1.**olgunluk. **2.**olgunlaşma, yetişme. **3.**nisbî iyileşme.

نضح nezh: (A.) su çekme.

نضر nazar: (A.) **1.**altın. **2.**tazelik.

نضرت nazret: (A.) tazelik, parlaklık.

نضيج nazîc: (A.) olgunlaşmış, pişmiş.

نضيد nazîd: (A.) **1.**derli toplu, yerli yerinde. **2.**yastık, minder gibi ev eşyası.

نضيده nazîde: (A.) **1.**derli toplu, yerli yerinde. **2.**yastık, minde gibi ev eşyası.

نضير nazîr: (A.) **1.**altın. **2.**taze, körpe.

نطاح nitâh: (A.) boynuz vurma, boynuzlama.

نطاست nitâset: (A.) hekimlik, doktorluk.

نطاسى nitâsî: (A.) hekim, doktor.

نطاع nitâ': (A.) deri yatak.

نطاف nitâf: (A.) duru sular.

نطاق nettâk: (A.) güzel konuşan.

نطاق nitâk: (A.) **1.**kemer, kuşak. **2.**peştemal. **3.**bir tür Arap giysisi. **4.**(coğ.) karalar.

نطاق الجوزا nitâkelcevzâ: (A.) halife Ebubekir'in kızı Esma.

نطاقين nitâkeyn: (A.) ikiye bölünmüş kuşak.

نطح nath: (A.) boynuzlama, boynuz ile vurma.

نطرون natrûn: (A.) **1.**güherçile. **2.**boraks.

نطس nats: (A.) nadas.

نطش natş: (A.) bünye sağlamlığı.

نطع net': (A.) **1.**meşin sofra. **2.**satranç tahtası.

نطع nit': (A.) damaktaki pütürlü bölge.

نطف nutuf: (A.) spermalar, döl suları.

نطفه nutfe: (A.) **1.**(tıb.) sperma, meni, belsuyu. **2.**arı su, saf su.

نطق nutk: (A.) **1.**konuşma. **2.**söylev, nutuk. **3.**manzum derviş sözleri. **4.**konuşma gücü.

نطقا nutekâ: (A.) hatipler, konuşmacılar.

نطق ايراد كردن nutk îrâd kerden: konuşma yapmak.

نطق زدن nutk zeden: konuşma yapmak, söylev vermek.

نطق كردن nutk kerden: konuşma yapmak.

نطق كشيدن nutk keşîden: söylev vermek, konuşma yapmak, nutuk çekmek.

نطوح natûh: (A.) çok boynuzlayan, çok boynuz vuran.

نطوع nutû': (A.) **1.**sofra bezleri, sofra örtüleri. **2.**meşin yataklar.

نطوق natûk: (A.) düzgün ve etkili konuşan, hatip.

نطيح natîh: (A.) **1.**çifteli at. **2.**uğursuz, şom.

نطيش natîş: (A.) kuvvet ve hareket.

نظائر nezâir: (A.) nazireler.

نظائف nezâ'if: (A.) temizler, temiz olanlar.

نظار nizâr: (A.) **1.**seziş. **2.**maharet. **3.**görüş.

نظار nuzzâr: (A.) **1.**nezaretçiler, nazırlar. **2.**seyirciler, bakanlar.

نظارت nezâret: (A.) **1.**bakma, seyretme. **2.**gözetme. **3.**başkanlık, yönetme. **4.**bakanlık. **5.**gözaltı.

نظارت nizâret: (A.) **1.**seziş, uyanıklık. **2.**nezaret, gözaltı. **3.**gözletim, nezaret. **4.**bakış, bakma.

نظارت بر nezâretber: (A.-F.) [nezâret+ borden>ber] gözlemci.

نظارت برى nezâretberî: (A.-F.) [nezâret+ borden>ber+î] gözlemcilik.

نظارت خانه nezârethâne: (A.-F.) [nezâret+ hâne] mübaya

müdürlüğü, alım-satım müdürlüğü.

نظاره nezâre: (A.) bakma, seyretme.

نظّاره nezzâre: (A.) **1.**izleyici, seyirci. **2.**gözetme, nezaret etme. **3.**seyretme.

نظاره nizâre: (A.) **1.**seziş, uyanıklık. **2.**bakma, seyir.

نظاره شمار nezzâreşumâr: (A.-F.) [nezzâre+ şumurden> şumâr] bakışları sayan.

نظاره کنان nezzârekunân: (A.-F.) [nezzâre+kerden> kun+ân] bakarak, seyrederek.

نظاره کردن nizâre kerden: **1.**seyretmek, bakmak, temaşa etmek, bakınmak, göz gezdirmek.

نظافت nezâfet: (A.) temizlik.

نظافت کردن nezâfet kerden: temizlemek.

نظّام nezzâm: (A.) düzenleyici, düzene sokan, düzenleyen.

نظام nizâm: (A.) **1.**düzenleme. **2.**düzen, tertip, nizam. **3.**inci dizisi. **4.**tarz. **5.**şiir, nazım. **6.**ordu. **7.**asker. **8.**sistem. **9.**erkek adı. ‖ * ~ -i vazîfe نظام وظیفه **1.**(ask.) asker. **2.**(ask.) askerlik hizmeti, vatanî görev. ‖ * ~ -i zîstî نظام زیستی biyolojik sistem.

نظاماً nizâmen: (A.) kuralına göre, düzene göre.

نظامات nizâmât: (A.) **1.**düzenler, tertipler. **2.**tüzükler. **3.**kurallar.

نظامت nizâmet: (A.) okul müdür yardımcılığı.

نظام دادن nizâm dâden: **1.**düzenlemek. **2.**(ask.) saf dizdirmek.

نظام شاهی nizâmşâhî: (A.-F.) [nizâm+ şâh+î] bir kağıt cinsi.

نظام گرفتن nizâm giriften: **1.**düzene girmek, düzenlenmek. **2.**sıraya girmek.

نظامنامه nizâmnâme: (A.-F.) tüzük, nizamname. ‖ * ~ -i dâhilî نظامنامهء داخلی iç tüzük.

نظامی nizâmî: (A.) **1.**(ask.) asker, askerî. **2.**büyük kerpiç. **3.**kurallı, kuralına göre. **4.**yasa ile ilgili. **5.**erkek adı. **6.**Türk asıllı ünlü Fars şairi, Genceli Nizâmî. ‖ * diktatorî-i ~ دیکتاتوریء نظامی cunta.

نظامیان nizâmiyân: (A.-F.) [nizâmî+yân] askerler.

نظامیه nizâmiyye: (A.) **1.**(ask.) askerlik. **2.**(esk.) Nizamiye medresesi. **3.**ilk askerlik dönemi, muvazzaf askerlik hizmeti. **4.**askerlik dairesi. **5.**kara ordusu.

نظایر nezâyir: (A.) benzerler.

نظر nezer: (A.) **1.**bakma, bakış. **2.**göz. **3.**göz önüne getirme. **4.**nazar. **5.**fal söyleme, fala bakma. **6.**düşünce, görüş. **7.**(ask.) bakış. **8.**kat, itibar. **9.**göre, nazaran. ‖ * ~ ber pîş kerden نظر بر پیش کردن önüne bakmak, başını yere eğmek, başını öne eğmek. ‖ * ~ -i kesî râ ber gerdânden نظر کسی را بر گرداندن aklını çelmek. ‖ * atf-i ~ عطف نظر bakma. ‖ * be ~ -i به نظرِ -e göre. ‖ * be ~ âmeden به نظر آمدن görünmek. ‖ * be ~ resîden به نظر رسیدن **1.**görünmek, görülmek. **2.**gözüne ulaşmak. **3.**sanılmak. ‖ * câlib-i ~ جالب نظر ilginç. ‖ * der ~ âmeden در نظر آمدن görülmek. ‖ * der ~ giriften در نظر گرفتن dikkate almak, göz önüne getirmek. ‖ * der ~ mucessem şoden در نظر مجسم شدن gözünde canlanmak. ‖ * der ~ -i در نظر nazarında, gözünde. ‖ * der ~ -i evvel در نظر اول ilk bakışta. ‖ * der yek ~ در یک نظر bir bakışta. ‖ * ez ~ dûr dâşten از نظر دور داشتن gözden uzak tutmak. ‖ * ez ~ dûr nedâşten از نظر دور نداشتن gözden kaçırmamak, gözden uzak tutmamak. ‖ * ez ~ -i از نظر açısından, bakımından, -e göre. ‖ * ez ~ nâpedîd şoden اط نظر ناپدید شدن gözden kaybolmak. ‖ * isâbet-i ~ اصابت نظر göz değmesi. ‖ * ittifâk-i ~ اتفاق نظر görüş birliği. ‖ * ittifâk-i ~ dâşten اتفاق نظر داشتن görüş birliğinde olmak. ‖ * kat'-i ~ ez قطع نظر از dışında, dikkate alınmadan. ‖ * nokta-i ~ -i muşterekî dâşten نقطهء نظر مشترکی داشتن aynı görüşte olmak, aynı görüşü paylaşmak. ‖ * sarf-i ~ صرف نظر bir yana, şöyle dursun. ‖ * sû-i ~ سوء نظر kötü göz, kötü bakış. ‖ * tebâdul-i ~ تبادل نظر görüş alışverişi. ‖ * tebâdul-i ~ kerden تبادل نظر کردن görüş alışverişinde bulunmak. ‖ * tecdîd-i ~ تجدید نظر gözden geçirme. ‖ * tecdîd-i ~ kerden تجدید نظر کردن gözden geçirmek. ‖ * zîr-i ~ dâşten زیر نظر داشتن gözlemek, izlemek. ‖ * zîr-i ~ giriften kesî râ زیر نظر گرفتن کسی را birini dikizlemek.

نظرا nezeren: (A.) **1.**nazaran, kıyasla, bakılırsa. **2.**teorik olarak.

نظرا nuzerâ: (A.) benzerler.

نظر افکندن nezer efkenden: bakmak, göz atmak, göz gezdirmek.

نظر انداختن nezer endâhten: bakmak, göz atmak, göz gezdirmek.

نظر انداز nezerendâz: (A.-F.) [nezer+ endâhten>endâz] **1.**göz atan, bakan. **2.**manzara.

نظرباز nazarbâz: (A.-F.) [nazar+bâhten> bâz] **1.**şuhça bakan, neşeyle bakan. **2.**güzele bakmayı seven.

نظربازان nazarbâzân: (A.-F.) [nazar+ bâhten> bâz+ân] **1.**şuhça bakanlar, neşeyle bakanlar. **2.**güzele bakmayı sevenler.

نظربازی nazarbâzî: (A.-F.) [nazar+ bâhten>bâz+î] **1.**şuhça bakış, neşe ile bakış. **2.**güzele bakma.

نظر بلند nezerbolend: (A.-F.) [nezer+ bolend] engin görüşlü, yüce görüşlü.

نظربند nezerbend: (A.-F.) [nezer+ besten> bend] **1.**sihirbaz. **2.**nazarlık. **3.**sihirli.

نظرپیرا nazarpîrâ: (A.-F.) [nazar+ pîrâsten> pîrâ] bakış süsleyen, göz süsleyen.

نظرتنگ nezerteng: (A.-F.) [nezer+teng] **1.**dar görüşlü, kıt görüşlü, kıt fikirli. **2.**pinti.

نظرتنگی nezertengî: (A.-F.) [nezer+ teng+ î] **1.**dargörüşlülük, kıtgörüşlülük. **2.**pintilik, cimrilik.

نظر جلب کردن nezer celb kerden: dikkat çekmek.

نظر خواستن nezer hâsten: görüş almak, görüş istemek.

نظرخواه nezerhâh: (A.-F.) [nezer+ hâsten> hâh] görüş isteyen, görüş alan.

نظر خوردن nezer horden: göze gelmek.

نظر دادن nezer dâden: **1.**görüş bildirmek. **2.**mühlet vermek, süre tanımak.

نظر داشتن nezer dâşten: ilgilenmek, ilgi duymak.

نظرربا nazarrubâ: (A.-F.) [nazar+ rubûden>rubâ] göz alıcı, dikkat çeken.

نظرفریب nezerfirîb: (A.-F.) [nezer+ firîften>firîb] göz yanıltıcı, göz aldatan, aldatıcı, göz alıcı.

نظرقربانی nezerkurbânî: (A.-F.) [nezer+ kurbân+î] nazarlık, nazar boncuğu.

نظر کردن nezer kerden: **1.**bakmak. **2.**göz değdirmek, nazarı dokunmak. **3.**nazar etmek, din büyüğü herhangi biriyle ilgilenmek.

نظرگاه nezergâh: (A.-F.) [nezer+gâh] **1.**bakış yeri. **2.**manzara. **3.**peygamber ve din büyüklerinin mezarı. **4.**dergâh, ocak. ‖ * ez ~ -i از نظرگاهِ bakımından, açısından.

نظرگه nazargeh: (A.-F.) [nazar+geh] bakış yeri, seyir yeri.

نظره nezre: (A.) **1.**bakış, seyir. **2.**heyet. **3.**rahmet.

نظره کنان nezrekunân: (A.-F.) [nazar+ kerden>kun+ ân] bakarak.

نظره گاه nezregâh: (A.-F.) [nezre+gâh] bakış yeri.

نظری nezerî: (A.) **1.**bakış ile ilgili. **2.**teorik.

نظریات nezeriyyât: (A.) **1.**teorik bilgiler, nazariyat, nazariyeler. **2.**görüşler.

نظریه nezeriyye: (A.) **1.**teori. **2.**görüş, ilmî görüş.

نظریه پرداز nezeriyyeperdâz: (A.-F.) [nezeriyye+perdâhten>perdâz] teorisyen, nazariyeci.

نظریه پردازی nezeriyyeperdâzî: (A.-F.) [nezeriyye+perdâhten>perdâz+î] teorisyenlik, nazariyecilik.

نظم nezm: (A.) **1.**düzenleme. **2.**süsleme. **3.**tertip, düzen, nazım. **4.**(ed.) vezinli ve kafiyeli söz, şiir. **5.**(ed.) şiir söyleme. **6.**istikrar. **7.**dizi. ‖ * ~ râ berkarâr kerden نظم را بر قرار کردن düzeni sağlamak. ‖ * ~ -i celîl نظم جلیل Kur'ân. ‖ * be ~ âmeden به نظم آمدن nazmedilmek. ‖ * be ~ âverden به نظم آوردن nazmetmek. ‖ * libâs-i ~ pûşânîden لباس نظم پوشانیدن nazmetmek.

نظماً nezmen: (A.) nazmen, şiir yoluyla, manzum olarak.

نظم الجواهر nazmulcevâhir: (A.) mücevher dizisi.

نظم اللآل nazmulle'âl: (A.) inci dizisi.

نظم گوی nezmgûy: (A.-F.) [nezm+goften> gûy] nâzım, şair.

نظمیات nazmiyyât: (A.) manzum yapıtlar.

نظم یافتن nezm yâften: düzene girmek.

نظمیه nezmiyye: (A.) emniyet teşkilatı.

نظیر nezîr: (A.) benzer, gibi, eş.

نظیره nezîre: (A.) **1.**(ed.) bir şairin şiirine başka bir şair tarafından aynı vezin ve kafiyede yazılan şiir. **2.**gibi, benzer. **3.**örnek.

نظیره ساختن nezîre sâhten: (ed.) nazire yapmak.

نظیره ساز nezîresâz: (A.-F.) [nezîre+sâhten>sâz] **1.**(ed.) nazire yapan, nazireci. **2.**adapte eden.

نظیره سازی nezîresâzî: (A.-F.) [nezîre+ sâhten>sâz+î] **1.**(ed.) nazire yapma, nazirecilik. **2.**adapte, adaptasyon.

نظیره سازی شدن nezîresâzî şoden: adapte edilmek.

نظیره سازی کردن nezîresâzî kerden: adapte etmek.

نظیره گو nazîregû: (A.-F.) [nazîre+goften>gû] nazire söyleyen, nazire şairi.

نظیف nezîf: (A.) **1.**temiz. **2.**erkek adı.

نظیفه nazîfe: (A.) **1.**temiz. **2.**bayan adı.

نظیم nazîm: (A.) dizilmiş, dizi dizi, sıra sıra.

نعائم ne'â'im: (A.) devekuşları.

نعاب ne'âb: (A.) **1.**karga yavrusu. **2.**karga ötüşü. **3.**horoz ötüşü.

نعاج ni'âc: (A.) dişi koyunlar.

نعار ne'âr: (A.) kafa tutan, dik başlı, serkeş.

نعاره ne'âre: (A.) fahişe.

نعاس nu'âs: (A.) uyuklama, pinekleme.

نعاسی nu'âsî: (A.) **1.**uyuklama ile ilgili. **2.**hipnagojik.

نعال ni'âl: (A.) **1.**ayakkabılar. **2.**nallar. **3.**ayakkabı çıkarılan yer.

نعال ne'âl: (A.) nalbant.

نعامات ne'âmât: (A.) devekuşları.

نعامه ne'âme: (A.) devekuşu.

نعامه nu'âme: (A.) eksen.

نعامی nu'âmî : (A.) güney rüzgârı.

نعب na'b: (A.) ötüş, karga ötüşü, horoz ötüşü.

نعت na't: (A.) **1.**överek açıklama, överek anlatma. **2.**Hz. Muhammed'i övücü şiir.

نعت خوان na'thân: (A.-F.) [na't+hânden> hân] naat okuyan.

نعت گو na'tgû: (A.-F.) [na't+goften>gû] naat söyleyen, Hz. Muhammed'e için övgü şiiri yazan ve söyleyen.

نعت گویان na'tgûyân: (A.-F.) [na't+goften>gûy+ân] naat söyleyenler, Hz. Muhammed için övgü şiiri okuyanlar.

نعجات na'cât: (A.) dişi koyunlar.

نعجه na'ce: (A.) dişi koyun.

نعره na're: (A.) feryat, haykırış, nara, bağırtı.

نعره nu'ere: (A.) eşek sineği.

نعره انداز na'reendâz: (A.-F.) [na're+ endâhten> endâz] nara atan.

نعره زدن na're zeden: bağırmak, haykırmak, nara atmak.

نعره زن na'razen: (A.-F.) [na'ra+zeden> zen] nara atan.

نعره زنان narezenân şoden: naralar atmak.

نعره کشیدن na're keşîden: bağırmak, haykırmak, nara atmak.

نعس na's: (A.) uyku gelme, uyku çökme.

نعسان na'sân: (A.) uykusu gelen, gözlerinden uyku akan.

نعسه na'se: (A.) uykusu gelme, uyku çökmesi.

نعش na'ş: (A.) **1.**naaş, cenaze. **2.**tabut. **3.**figüran.

نعش کش na'şkeş: (A.-F.) [na'ş+keşîden> keş] **1.**tabut taşıyan. **2.**cenaze arabası.

نعظ na'z: (A.) kalkma, dikilme, ereksiyon.

نعل na'l: (A.) **1.**ayakkabı. **2.**nal. **3.**oturulacak mekânda aşağıda olan kısım. ‖ * ~ der âteş bûden نعل در آتش بودن kararsız olmak, muzdarip olmak. ‖ * gâhî be na'l u gâhî be mîh zeden گاهی به نعل و گاهی به میخ زدن **1.**bir nalına bir mıhına vurmak. **2.**ikili oynamak. ‖ * yekî be ~ u yekî be mîh (zeden) یکی به نعل و یکی به میخ (زدن) bir nalına bir mıhına vurmak.

نعل بر na'lbur: (A.-F.) [na'l+borîden> bor] **1.**nal kesen. **2.**nalbur.

نعلبکی na'lbekî: **1.**çay tabağı, kahve tabağı. **2.**kadeh.

نعلبند na'lbend: (A.-F.) [na'l+besten> bend] nalbant.

نعلبندی na'lbendî: (A.-F.) [na'l+besten> bend+î] nalbantlık.

نعل تراش na'lterâş: (A.-F.) [na'l+ terâşîden>terâş] **1.**nalıncı. **2.**tahta ayakkabı ustası.

نعلچه na'lçe: (A.-F.) [na'l+çe] nalça.

نعلچیگر na'lçiger: (A.-T.-F.) [na'l+çi+ ger] nalcı.

نعل زدن na'l zeden: nallamak, nal çakmak.

نعل کردن na'l kerden: nallamak, nal çakmak.

نعلی na'lî: (A.) nal biçimli, nal şeklinde.

نعلین na'leyn: (A.) **1.**bir çift terlik. **2.**nalın.

نعلین تراش na'leynterâş: (A.-F.) [na'leyn+ terâşîden> terâş] nalıncı.

نعم ni'me: (A.) ne güzel, ne iyi, ne hoş.

نعم ne'am: (A.) **1.**evet. **2.**dört ayaklı hayvan.

نعم ni'em: (A.) nimetler.

نعم nu'm: (A.) **1.**yumuşaklık, incelik. **2.**iyilik, güzellik.

نعماء ne'mâ': (A.) nimet, iyilik, ihsan.

نعمات ni'emât, ni'mât: (A.) nimetler.

نعم البلا ni'melbelâ: (A.) ne iyi belâ.

نعم التصادف ni'mettesâduf: (A.) ne güzel bir rastlantı.

نعم المطلوب ni'melmatlûb: (A.) tam istenilen, tam aranılan.

نعم الوسیله ni'melvesîle: (A.) ne güzel bir vesile.

نعمان nu'mân: (A.) **1.**kan. **2.**erkek adı.

نعمت ni'met: (A.) **1.**nimet, bağış, ihsan, iyilik. **2.**mal. **3.**ekmek, yiyecek. **4.**mutluluk. **5.**erkek adı. **6.**bayan adı.

نعمة اللهی ni'metullâhî: (A.) Şâh Nimetullâh'a intisab eden.

نعمت شناس ni'metşinâs: (A.-F.) [ni'met+ şinâhten> şinâs] iyilikbilir, haktanır.

نعمت ناشناس ni'metnâşinâs: (A.-F.) [ni'met+nâ+ şinâhten>şinâs] nankör, iyilikbilmez, haktanımaz.

نعناع ne'nâ': (A.) (bot.) nane.

نعنع na'na': (A.) nane.

نعوت nu'ût: (A.) **1.**sıfatlar, lakaplar. **2.**naatlar, övgüler. **3.**Hz. Muhammed için yazılan övgü şiirleri.

نعوذ بالله ne'ûzubillâh: (A.) Allah'a sığınırız, neûzübillah.

نعوظ nu'ûz: (A.) penis sertleşmesi, ereksiyon.

نعوظ کردن nu'ûz kerden: ereksiyon

haline geçmek, (penis) sertleşmek.

نعوظيت nu'ûziyyet: (A.) penis sertleşmesi, ereksiyon.

نعومت nu'ûmet: (A.) yumuşaklık, mülayimlik.

نعى na'y: (A.) **1.**ölüm haberi verme. **2.**ölüm haberi, kara haber.

نعيب na'îb: (A.) çirkin sesli ötüş.

نعير na'îr: (A.) nara atan.

نعيف na'îf: (A.) sıska, zayıf.

نعيق na'îk: (A.) **1.**karga sesi. **2.**horoz sesi.

نعيم na'îm: (A.) **1.**nimet, bolluk. **2.**Cennet'te bir yer. **3.**mal. **4.**geçim. **5.**bol. **6.**erkek adı.

نغام گرديدن negâm gerdîden: **1.**kararmak. **2.**çirkinleşmek.

نغز negz: **1.**güzel, hoş. **2.**yumuşak, latif. **3.**yepyeni.

نغز nig zeden: bahane aramak.

نغل negel: (A.) **1.**deri bozulması. **2.**niyet bozulması. **3.**nifak, bölücülük. **4.**dedikodu, laf taşıma. **5.**kin.

نغل negol, negil: (A.) **1.**derin, derin yer, çukur. **2.**ağıl. **3.**zina çocuğu, gayri meşru çocuk.

نغم nagam: (A.) nağmeler, ezgiler.

نغمات nagamât: (A.) nağmeler, ezgiler.

نغم پرور nagamperver: (A.-F.) [nagam+ perverden> perver] **1.**ezgiler söyleyen. **2.**ezgiler yazan.

نغم ساز nagamsâz: (A.-F.) [nagam+ sâhten>sâz] ezgiler söyleyen.

نغمكار nagamkâr: (A.-F.) [nagam+kâr] ezgiler söyleyen, nağmeler söyleyen.

نغمه nagme: (A.) **1.**(müz.) nağme, ezgi, melodi. **2.**güzel ses. **3.**ahenk, uyum.

نغمه بركشيدن nagme berkeşîden: nağme çekmek.

نغمه پرداز nagmeperdâz: (A.-F.) [nagme+ perdâhten>perdâz] (müz.) şarkıcı.

نغمه پردازى nagmeperdâzî: (A.-F.) [nagme+perdâhten>perdâz+î] (müz.) şarkıcılık.

نغمه خوان nagmehân: (A.-F.) [nagme+ hânden>hân] nağmeler okuyan, ezgiler söyleyen, türkücü, şarkıcı.

نغمه خوانى nagmehânî: (A.-F.) [nagme+ hânden> hân+î] nağmeler okuma, ezgi söyleme, türkücülük, şarkıcılık.

نغمه خيز nagmehîz: (A.-F.) [nagme+ hâsten>hîz] ezgi söyleyen, nağme söyleyen, türkücü, şarkıcı.

نغمه زن nagmezen: (A.-F.) [nagme+ zeden>zen] türkü söyleyen, şarkı söyleyen.

نغمه ساز nagmesâz: (A.-F.) [nagme+ sâhten>sâz] ezgi söyleyen, türkücü, şarkıcı.

نغمه سرا nagmeserâ: (A.-F.) [nagme+ serâyîden>serâ] şarkı söyleyen, şarkıcı.

نغمه سرايى nagmeserâyî: (A.-F.) [nagme+ serâyîden>serây+î] (müz.) şarkı söyleme, şarkıcılık.

نغمه سراييدن nagme serâyîden: 1(müz.) şarkı söylemek.

نغمه سنج nagmesenc: (A.-F.) [nagme+ sencîden> senc] ezgiler söyleyen.

نغمه شناس nagmeşinâs: (A.-F.) [nagme+ şinâhten>şinâs] müzikten anlayan.

نغمه كار nagmekâr: (A.-F.) [nagme+kâr] ezgici, ezgiler söyleyen, nağmeler çıkaran.

نغمه كش nagmekeş: (A.-F.) [nagme+ keşîden>keş] ezgi söyleyen, nağme okuyan.

نغمه ناشناس nagmenâşinâs: (A.-F.) [nagme+şinâhten>şinâs>nâşinâs] müzikten anlamaz, müzik bilmez.

نغمه گر nagmeger: (A.-F.) [nagme+ger] ezgici, ezgiler söyleyen.

نغن negn, negen: ekmek.

نغوشاك nigûşâk: (Peh.) **1.**işiten, duyan. **2.**Mani dini mensubu. **3.**Zerdüştî.

نغول neğûl: **1.**derin yer, çukur. **2.**uzak yol. **3.**tam.

نغيل negîl: (A.) **1.**bozuk. **2.**haramzade, piç.

نفائس nefâ'is: (A.) değerli şeyler.

نفائس پرست nefâ'isperest: (A.-F.) [nefâ'is+ perestîden> perest] güzel şeylere düşkün olan, güzellik hayranı.

نفائس پرستی nefâ'isperestî: (A.-F.) [nefâ'is+ perstîden> perest+î] güzel şeylere düşkünlük, güzellik hayranlığı.

نفائس پرور nefâisperver: (A.-F.) [nefâis+ perverden> perver] güzel sanatlara düşkün olan.

نفاث neffâs: (A.) üfürükçü, büyücü.

نفاثات neffâsât: (A.) üfürükçü kadınlar, büyücü kadınlar.

نفاثه neffâse: (A.) üfürükçü kadın, büyücü kadın.

نفاج neffâc: (A.) **1.**kendini beğenmiş. **2.**şişkin.

نفاح neffâh: (A.) ·**1.**iyiliksever, hayırsever. **2.**çok kokulu.

نفاخه nufâha: (A.) su kabarcığı.

نفاد nefâd: (A.) **1.**vakit geçmesi. **2.**yok olma, yokluk, tükenme.

نفاذ nefâz: (A.) **1.**işleme, nüfuz etme. **2.**yürürlükte olma. **3.**sözü geçme. ‖ * be ~ peyvesten به نفاذ پیوستن icra edilmek, uygulanmak.

نفار nifâr: (A.) **1.**ürkme, uzak durma, uzaklaşma, kaçınma. **2.**nefret etme.

نفاس nifâs: (A.) **1.**lohusalık. **2.**lohusalık günleri.

نفاست nefâset: (A.) **1.**nefislik. **2.**değerlilik.

نفاست پرور nefâsetperver: (A.-F.) [nefâset+ perverden> perver] nefis şeylere düşkün olan, güzellik tutkunu.

نفاست پروران nefâsetperverân: (A.-F.) [nefâset+ perverden> perver+ân] nefis şeylere düşkün olan, güzellik tutkunları.

نفاسی nifâsî: (A.) lohusalık ile ilgili.

نفاطه · neffâta: (A.) yağlı paçavra (savaş aracı).

نفاع neffâ': (A.) çok çıkar sağlayan.

نفاع · nifâ': (A.) çıkar, menfaat.

نفاق nifâk: (A.) **1.**ikiyüzlülük. **2.**bozgunculuk, bölücülük, münafıklık.

نفاق آوردن nifâk âverden: ikiyüzlü davranmak.

نفاق افکن nifâkefken: (A.-F.) [nifâk+ efkenden>efken] bölücü, nifak sokan.

نفاق افکندن nifâk efkenden: nifak sokmak, bölücülük yapmak.

نفاق افکنی nifâkefkenî: (A.-F.) [nifâk+ efkenden>efken+î] bölücülük, nifak sokma.

نفاق جو nifâkcû: (A.-F.) [nifâk+costen> cû] bozguncu, münafık.

نفاقی nifâkî: (A.) bozgunculukla ilgili, münafıklıkla ilgili.

نفایس nefâyis: (A.) nefis şeyler, değerli şeyler.

نفت neft: (Peh.) **1.**petrol. **2.**neft yağı.

نفتا neftâ: (kim.) nafta.

نفتالن neftalin: (Fr.) (kim.) naftalin.

نفتالین neftâlin: (Fr.) (kim.) naftalin.

نفت خیز nefthîz: [neft+hâsten>hîz] petrol çıkarma bölgesi.

نفت کش neftkeş: [neft+keşîden>keş] yakıt tankeri, petrol tankeri. ‖ * keştî-i ~ کشتی نفت کش petrol tankeri.

نفتگر neftger: [neft+ger] petrol işçisi.

نفتی neftî: [neft+î] **1.**petrol rengi, petrol yeşili, neftî. **2.**petrolle çalışan. **3.**petrolcü. **4.**bir tür kaliteli üzüm.

نفث nefs: (A.) tükürükle üfleme.

نفث الدم nefsuddem: (A.) kan tükürme.

نفح nefh: (A.) **1.**esinti. **2.**güzel kokunun yayılması.

نفحات nefesât: (A.) **1.**esintiler. **2.**üflemeler, üfürmeler.

نفحات nefehât: (A.) **1.**hoş kokular. **2.**esintiler.

نفحه nefhe: (A.) **1.**esinti. **2.**koku yayılması. **3.**bağış. **4.**güzel koku. **5.**üfleme, üfürme.

نفخة البعث· nefhatulba's: (A.) İsrafil'in suru ikinci kez üfürmesi.

نفحة الفرع nefhatulfer': (A.) İsrâfil'in suru birinci defa üfürmesi.

نفحه بخشا nefhabahşâ: (A.-F.) [nefha+ bahşîden> bahş+â] esinti getiren.

نفخ nefh: (A.) **1.**üfürme, üfleme. **2.**kibirlenme. **3.**esme, esinti. **4.**midenin gaz yapması. ‖ * ~ -i sûr نفخ صور İsrafil'in kıyametin başladığını bildirmek için boru üflemesi, kıyametin kopması.

نفخه nefhe: (A.) bir kez üfleme.

نفخه nufha: (A.) üfürük.

نفد nefed: (A.) tükenme.

نفر nefer: (A.) **1.**insanlar. **2.**topluluk (1-10 kişi arası). **3.**kişi, fert, birey. **4.**hizmetçi, uşak. **5.**asker, er.

نفر nefr: (A.) ürkerek kaçma.

نفرات neferât: (A.) **1.**fertler, kişiler. **2.**askerler, erler.

نفرت nefret: (A.) **1.**tiksinme, iğrenme. **2.**ürkerek kaçma.

نفرت بخش nefretbahş: (A.-F.) [nefret+ bahşîden> bahş] nefret ettirici, nefret verici.

نفرت داشتند nefret dâşten: iğrenmek, tiksinmek, nefret etmek.

نفرت گرفتن nefret giriften: bezmek, nefret etmek.

نفرت نمودن nefret numûden: nefretini göstermek.

نفریدن nefrîden: (Peh.) **1.**lanet etmek, lanetlemek. **2.**kötülemek.

نفرین nefrîn: (Peh.) lanet, beddua, ilenme.

نفرین خوان nefrînhân: [nefrîn+hânden> hân] beddua eden, ilenen, lanet okuyan.

نفرین رفتن nefrîn reften: lanet edilmek, lanetlenmek.

نفرین زن nefrînzen: [nefrîn+zeden>zen] lanet okuyan.

نفرین شدن nefrîn şoden: lanetlenmek.

نفرین کردن nefrîn kerden: lanetlemek, lanet okumak, ilenmek.

نفس nefes: (A.) **1.**nefes, soluk. **2.**esinti. **3.**mühlet, süre. **4.**yudum. **5.**an, zaman. **6.**bir solukluk zaman. **7.**okuyup üfleme. **8.**manzum bektâşî sözleri. ‖ * ~ ez kesî ber âmeden نفس از کسی بر آمدن çıtı çıkmak. ‖ * ~ -i amîk keşîden نفس عمیق کشیدن derin bir nefes almak. ‖ * ~ -i kesî bend âmeden نفس کسی بند آمدن soluğu kesilmek. ‖ * ~ -i kesî ber âmeden نفس کسی بر آمدن ölmek, son nefesini vermek. ‖ * ~ -i kesî der neyâmeden نفس کسی در نیامدن **1.**dinlenmek. **2.**soluğu çıkmamak. ‖ * ~ -i kesî habs şoden نفس کسی حبس شدن nefesi tıkanmak. ‖ * ~ -i kesî kûtâh şoden نفس کسی کوتاه شدن soluğu kesilmek. ‖ * ~ -i kesî pes reften نفس کسی پس رفتن nefesi tıkanmak, soluğu kesilmek. ‖ * ~ -i kesî teng şoden نفس کسی تنگ شدن nefesi daralmak. ‖ * ~ -i kesî tengî kerden نفس کسی تنگی کردن nefesi daralmak, nefesi tıkanmak, soluğu kesilmek. ‖ * ~ -i vâpesîn نفس واپسین son nefes. ‖ * be ~ ~ oftâden به نفس نفس افتادن soluğu taşmak, nefes nefese kalmak. ‖ * ez nâ vu ~ oftâden از نا و نفس افتادن hali kalmamak. ‖ * yek ~ یک نفس bir nefeslik an, kısa bir an. ‖ * zîk-i ~ ضیق نفس nefes darlığı.

نفس nefs: (A.) **1.**kan. **2.**beden, vücut, ten. **3.**şahıs, zat. **4.**asıl. **5.**ruh, can. **6.**nefis. **7.**kendi. ‖ * ~ -i emmâre نفس اماره emredici nefis, insanı kötü yola sürükleyen nefis. ‖ * ~ -i kesî şikeste şoden نفس کسی شکسته شدن nefsi körelmek, nefsi kırılmak.

نفساء nefsâ': (A.) lohusa.

نفساء nufesâ': (A.) lohusa.

نفس الامر nefsulemr: (A.) işin aslı, işin doğrusu.

نفسانی nefsânî: (A.) nefis ile ilgili, nefsanî.

نفسانیت nefsâniyyet: (A.) kin, hınç.

نفسانیه nefsâniyye: (A.) nefis ile ilgili.

نفس بر آمدن nefes ber âmeden: çıt çıkmak.

نفس پرست nefsperest: (A.-F.) [nefs+ perestîden> perest] nefsine düşkün, nefsine tapan, kendini beğenmiş.

نفس تازه کردن nefes tâze kerden: hava almak, soluklanmak.

نفس تنگی nefestengî: (A.-F.) [nefes+ teng+î] (tıb.)nefes darlığı, astım.

نفس درست کردن nefes dorost kerden: biraz nefes almak, soluklanmak.

نفس زدن nefes zeden: **1.**soluk almak, nefes almak. **2.**konuşmak. **3.**(kin.) cüret etmek.

نفس زنان nefeszenân: (A.-F.) [nefes+ zeden>zen+ân] soluk soluğa.

نفس کشیدن nefes keşîden: soluk almak, teneffüs etmek, nefes almak. ‖ * ~ ez yâd-i kesî reften نفس کشیدن از یاد کسی رفتن (kin.) ölmek.

نفس گرفتن nefes giriften: ölmek, nefesi kesilmek.

نفس گیر nefesgîr: (A.-F.) [nefes+ giriften>gîr] boğucu.

نفس نفس زدن nefes nefes zeden: nefes nefese kalmak, soluk soluğa kalmak.

نفسی nefsî: (A.) **1.**nefis ile ilgili. **2.**kişi ile ilgili. **3.**subjektif.

نفسیه nefsiyye: (A.) **1.**nefis ile ilgili. **2.**kişi ile ilgili. **3.**subjektif.

نفض nefz: (A.) saçma, yayma.

نفط neft: petrol.

نفطه nafata: (A.)·**1.**çocuk çiçeği. **2.**sivilce.

نفع nef': (A.) **1.**yarar, fayda. **2.**kâr, kazanç. **3.**menfaat. ‖ * ~ u tenzîl giriften نفع و تنزیل گرفتن faiz almak. ‖ * be ~ -i به نفع. lehine, lehinde.

نفعاً nef'an: (A.) yararına.

نفع جو nef'cû: (A.-F.) [nef'+costen>cû] çıkarcı, menfaatçi.

نفع جویی nef'cûyî: (A.-F.) [nef'+costen> cûy+î] çıkarcılık, menfaatçilik.

نفع داشتن nef' dâşten: faydası olmak, yararı olmak, kazancı olmak.

نفع رساندن nef' resânden: faydası olmak, yararı olmak, faydası dokunmak.

نفع کردن nef' kerden: kazanmak, kazanç sağlamak.

نفعی nef'î: (A.) **1.**çıkar ile ilgili. **2.**çıkarcı. **3.**büyük Türk şairi.

نفعیانه nef'îyâne: (A.-F.) [nef'î+y+âne] şair Nef'î gibi, Nef'î tarzında.

نفعیه nef'iyye: (A.) ·çıkarcılık.

نفقات nafakât: (A.) nafakalar.

نفقه nefeka: (A.) **1.**geçim parası, nafaka. **2.**harcama.

نفقه کردن nefeka kerden: harcamak.

نفل nefel: (A.) **1.**ganimet. **2.**komutanların emrini dinlemeden düşmanla çarpışan.

نفل nefl: (A.) **1.**nafile ibadet. **2.**ganimet. **3.**bağış.

نفله nifle: **1.**telef olmuş, yok olmuş. **2.**zayıf insan.

نفله شدن nifle şoden: **1.**telef olmak, yok olmak. **2.**ölmek. **3.**tükenmek, yenilmek. **4.**harcanmak.

نفله کردن nifle kerden: **1.**harcamak. **2.**tüketmek, yemek. **3.**öldürmek, işini bitirmek, hesabını görmek. **4.**telef etmek, yok etmek.

نفوذ nufûz: (A.) **1.**tesir, nüfuz, işleme. **2.**hedefe varma. **3.**hükmün yürürlükte olması.

نفوذ کردن nufûz kerden: nüfuz etmek, geçmek, işlemek, tesir etmek.

نفوذیت nufûziyyet: (A.) **1.**geçirgenlik. **2.**geçirimlilik.

نفور nefûr: (A.) **1.**ürkek. **2.**herkese iyiliği dokunan.

نفور nufûr: (A.) **1.**ürkme, uzaklaşma. **2.**Mina'dan Mekke'ye gidiş.

نفوس nufûs: (A.) **1.**nefisler, canlar. **2.**insanlar, nüfus.

نفهمی nefehmî: (F.-A.) [ne+fehmîden> fehm+î] bilinçsizlik, şuursuzluk, akılsızlık.

نفی nefy: (A.) **1.**sürgün, sürgün etme, sürgüne gönderme. **2.**yok etme. **3.**iptal etme. **4.**olumsuzluk. ‖ * ~ -i vucûd نفی وجود· varlığı inkâr.

نفیر nefîr: **1.**feryat. **2.**ses. **3.**(müz.)

boru. **4.**(müz.) zurna. **5.**düşman saldırısını şehir halkına bildirme.

نفیری nefirî: (A.) nefir çalan.

نفیس nefîs: (A.) değerli, nefis.

نفیسه nefîse: (A.) **1.**çok güzel. **2.**bayan adı. ‖ * senâyi'-i ~ صنایع نفیسه güzel sanatlar.

نفی شدن nefy şoden: **1.**sürgün edilmek, sürgüne gönderilmek. **2.**yok edilmek. **3.**iptal edilmek.

نفی کردن nefy kerden: **1.**sürgün etmek, sürgün göndermek. **2.**yok etmek. **3.**iptal etmek. **4.**inkâr etmek.

نقاء nakâ': (A.) temizlenme.

نقائص nekâ'is: (A.) **1.**kusurlar. **2.**eksikler, noksanlar.

نقائض nekâ'iz: (A.) zıtlar, birbiriyle çelişenler.

نقاب nakkâb: (A.) delik açıcı, delici.

نقاب nikâb: (A.) **1.**peçe, yüz örtüsü. **2.**maske.

نقاب آلود nikâbâlûd: (A.-F.) [nikâb+ âlûden>âmûd] örtülü, peçeli.

نقاب افکندن nikâb efkenden: peçeyi indirmek, peçeyi kaldırmak.

نقابت nekâbet: (A.) **1.**nakiplik, bir topluluğa nezaret etme. **2.**liderlik, başkanlık.

نقابت nikâbet: (A.) **1.**vekillik. **2.**şeyh vekilliği. **3.**başkanlık, liderlik.

نقاب درکشیدن nikâb der keşîden: peçeyi kaldırmak.

نقاب زدن nikâb zeden: **1.**peçe takmak. **2.**maske takmak.

نقاب زن nakkâbzen: (A.-F.) [nakkâb+ zeden>zen] lağımcı, delici.

نقاب گشادن nikâb guşâden: peçeyi açmak, paçayi kaldırmak.

نقاد nekkâd: (A.) **1.**eleştirmen. **2.**sahte para ile gerçek parayı birbirinden ayıran. **3.**iyi ile kötüyü birbirinden ayıran. **4.**imâm hatip.

نقادی nekkâdî: (A.-F.) [nekkâd+î] **1.**eleştirmenlik. **2.**eleştiri, tenkit.

نقار nakkâr: (A.) **1.**çalgı. **2.**gagalayan. **3.**taş oyma ustası.

نقار nikâr: (A.) **1.**kin, düşmanlık. **2.**kavga, çekişme.

نقارخانه nakkârhâne: (A.-F.) [nakkâr+ hâne<hâne-i nakkâr] çalgıların bulunduğu yer, mehterhane.

نقار داشتن nikâr dâşten: kin gütmek.

نقاره nekkâre, nekâre: (A.) **1.**(müz.) nakkâre, davul. **2.**(müz.) dümbelek, çiftenâra.

نقاره زدن nekkâre zeden: (müz.) nakkare çalmak.

نقاره زن nekkârezen: (A.-F.) [nekkâre+ zeden>zen] nakkare çalan, davul çalan.

نقاریه nekkâriyye: (A.) ağaçkakangiller.

نقاش nekkâş: (A.) **1.**nakışçı, ressam, süsleme ustası. **2.**boyacı. **3.**Tanrı.

نقاش خانه nekkâşhâne: (A.-F.) [nekkâş+ hâne] resim atölyesi.

نقاشی nekkâşî: (A.-F.) [nekkâş+î] **1.**ressamlık. **2.**boyacılık. **3.**resim, tablo.

نقاشی شدن nekkâşî şoden: işlenmek, resmedilmek.

نقاشی کردن nekkâşî kerden: **1.**işlemek, resmetmek, resim yapmak. **2.**ressamlık yapmak. **3.**boyacılık yapmak.

نقاط nikât, nukât: (A.) **1.**noktalar. **2.**hususlar.

نقاعه nukâ'a: (A.) ilaç eritilen su.

نقاف nakkâf: (A.) iyi niyetli.

نقال nekkâl: (A.) **1.**nakleden. **2.**meddah. **3.**masalcı. **4.**hikayeci.

نقاله nekkâle: (A.) iletki, minkale.

نقاوت nekâvet: (A.) **1.**temizlik, halislik. **2.**seçkinlik.

نقاوه nekâve: (A.) **1.**her şeyin iyisi. **2.**temizlik.

نقاوه nukâve: (A.) **1.**iyi, kaliteli. **2.**temizlik.

نقاهت nekâhet: (A.) (tıb.) nekahat, iyileşmeye yüz tutma.

نقاهت خانه nekâhethâne: (A.-F.) [nekâhet+hâne <hâne-i nekâhet] pravantoryum.

نقایص nekâyis: (A.) eksiklikler.

نقایع nekâyi': (A.) ziyafetler.

نقب nakb: (A.) **1.**delme. **2.**yer altı yolu, tünel, lağım.

نقب nukab: (A.) **1.**renkler. **2.**paslar. **3.**paçasız donlar. **4.**yollar. **5.**yırtıklar.

نقباء nukebâ': (A.) önderler, liderler, ileri gelenler.

نقب زن nakbzen: (A.-F.) [nakb+ zeden>zen] lağımcı, delik açıcı.

نقبه nukbe: (A.) **1.**renk. **2.**pas. **3.**paçasız don. **4.**yol. **5.**yırtık.

نقد nakd: (A.) **1.**ayırma, ayırdetme. **2.**tenkit, eleştiri. **3.**peşin, nakit. **4.**para. **5.**madenî para. **6.**hazır.

نقداً nakden: (A.) peşin olarak, nakit olarak, nakten.

نقد كردن nakd kerden: **1.**malı paraya çevirmek. **2.**eleştirmek, tenkit etmek.

نقد گرفتن nakd giriften: peşin olarak almak.

نقد گير nakdgîr: (A.-F.) [nakd+giriften> gîr] **1.**rüşvetçi. **2.**(kin.) dünya düşkünü.

نقدى nakdî: (A.) peşin.

نقدينگى nakdînegî: (A.-F.) [nakd+îne+ g+î] parasal.

نقدينه nakdîne: (A.-F.) [nakd+îne] **1.**para, nakit, peşin para. **2.**kıymetli eşya, kıymetli mal.

نقر nakr: (A.) **1.**oyma, kazma. **2.**parmakla saz çalma. **3.**yem toplama.

نقرات nakarât: (A.) **1.**(müz.) parmakla saz çalma. **2.**(müz.) müzik vuruşları. **3.**güftede tekrar edilen kısım. **4.**bıktıracak kadar tekrarlanan söz.

نقرس nikris: (A.) (tıb.) gut hastalığı.

نقر كردن nakr kerden: **1.**ezmek. **2.**oymak. **3.**gagalamak. **4.**el veya mızrapla enstrüman çalmak.

نقره nokre: **1.**(kim.) gümüş. **2.**halis, som. **3.**ense çukuru.

نقره فام nokrefâm: [nokre+fâm] gümüşî, gümüş rengi.

نقره كوب nokrekûb: [nokre+kûbîden> kûb] gümüş işlemeli, savatlı.

نقره يى nokreyî: [nokre+y+î] **1.**gümüşî, gümüş rengi. **2.**gümüşten, gümüşlü.

نقريس nikrîs: (A.) gut.

نقش nakş: (A.) **1.**resim çizme. **2.**resim. **3.**şekil, desen, nakış. **4.**plan. **5.**yazı. **6.**beste. **7.**rol. **8.**cins, yaratılış. **9.**iz. **10.**önem, ehemmiyet. **11.**ipek veya sırma ile işleme. **12.**hile. **13.**renk. **14.**klasik Türk musikîsinde bir form. * ~ ber âb endâhten نقش بر آب انداختن **1.**boşuna iş yapmak, havanda su dövmek. **2.**mahvetmek.

نقش آوردن nakş âverden: **1.**yardım etmek. **2.**kumarda iyi kâğıt çıkarmak.

نقش انداختن nakş endâhten: nakışlamak.

نقش ايفا كردن nakş îfâ kerden: rol almak, rol oynamak.

نقش باختن nakş bâhten: **1.**hile yapmak. **2.**bir işi yapmak, gerçekleştirmek.

نقش بازى كردن nakşbâzî kerden: rol oynamak.

نقش بر آب شدن nakş ber âb şoden: sonuçsuz kalmak.

نقش بستن nakş besten: **1.**resmedilmek, nakşolmak, işlenmek, tasvir edilmek. **2.**tahayyül etmek, tasavvur etmek. **3.**belirmek.

نقش بسته nakşbeste: (A.-F.) [nakş+ besten>best+e] **1.**işlenmiş, nakşedilmiş. **2.**klasik Türk musikîsinde bir beste şekli.

نقش بند nakşbend: (A.-F.) [nakş+besten> bend] **1.**ressam. **2.**sırmacı. **3.**kuaför, berber. **4.**kumaş desenleme ustası.

نقش بندى nakşbendî: (A.-F.) [nakş+ besten>bend+î] **1.**ressamlık. **2.**sırmacılık, işlemecilik. **3.**Nakşîbendîlik tarikatı mensubu.

نقش پذيرفتن nakş pezîroften: **1.**resimlenmek. **2.**etkilenmek.

نقش پرداز nakşperdâz: (A.-F.) [nakş+ perdâhten> perdâz] **1.**desen ustası, nakışçı. **2.**ressam.

نقش پردازى nakşperdâzî: (A.-F.) [nakş+ perdâhten> perdâz+î]

1.desen ustalığı, nakışçılık. 2.ressamlık.

نقش پرواز nakşpervâz: (A.-F.) [nakş+ pervâz] ressam, nakkaş.

نقش دار nakşdâr: (A.-F.) [nakş+dâşten> dâr] işlemeli, nakışlı, desenli.

نقش داشتن nakş dâşten: 1.rolü olmak. 2.nakışlı olmak, işlemeli olmak.

نقش زدن nakş zeden: resim yapmak.

نقش سماعی nakşsemâ'î: (A.) [nakş+ semâ'î] klasik Türk musikîsinde iki haneli beste ve semaî.

نقش شدن nakş şoden: nakşedilmek, işlenmek.

نقش طراز nakştırâz: (A.-F.) [nakş+ tırâzîden>tırâz] desenci, süslemeci, ressam.

نقش کردن nakş kerden: nakşetmek, işlemek.

نقش کشیدن nakş keşîden: resim çizmek.

نقش گر nakşger: (A.-F.) [nakş+ger] resam.

نقش گرفتن nakş giriften: işlenmek.

نقشه nakşe: (A.) 1.resim. 2.plan, proje. 3.harita. 4.dünya haritası. 5.program. ‖ * ~ -i hevâgozârî نقشهء هواگزاری meteoroloji haritası.

نقشه برداشتن nakşe berdâşten: harita çizmek, harita çıkarmak.

نقش برداری nakşeberdârî: (A.-F.) [nakşe+ berdâşten>berdâr+î] 1.kadastro. 2.harita çizimi.

نقشه چیدن nakşe çîden: plan yapmak.

نقشه کش nakşekeş: (A.-F.) [nakşe+ keşîden>keş] 1.harita ressamı. 2.programcı, plancı. 3.hile yapan, dolap çeviren.

نقشه کشی nakşekeşî: (A.-F.) [nakşe+ keşîden>keş+î] 1.haritacılık. 2.programcılık, plancılık. 3.hile yapma, dolap çevirme.

نقشه کشیدن nakşe keşîden: 1.harita çizmek. 2.plan yapmak, program yapmak. 3.hile yapmak, dolap çevirmek, plan kurmak.

نقوش nukûş: (A.) nakışlar, desenler, işlemeler.

نقص naks: (A.) 1.eksiklik, kusur. 2.arıza. ‖ * ~ -i fennî نقص فنی teknik arıza.

نقصان noksân: (A.) 1.eksiklik. 2.eksilme, azalma. 3.kusurlu. 4. eksik. 5.yokluk, bulunmama.

نقصان آوردن noksân âverden: 1.azalmak. 2.zarar görmek.

نقصان پذیرفتن noksân pezîroften: 1.eksilmek, azalmak. 2.hasar görmek, zarar görmek.

نقصان کردن noksân kerden: 1.azaltmak, eksiltmek. 2.zarar vermek.

نقصان گرفتن noksân giriften: 1.azalmak, eksilmek. 2.zarar görmek, hasar görmek.

نقصانی noksânî: (A.-F.) [noksân+î] 1.eksiklik, azlık. 2.kusur.

نقصان یافتن noksân yâften: 1.azalmak, eksilmek. 2.zarar görmek, hasar görmek.

نقصانیت noksâniyyet: (A.) eksiklik.

نقض nakz: (A.) 1.kırma. 2.yıkma. 3.anlaşmayı bozma. 4.iptal etme. ‖ * ~ -i ahd نقض عهد sözden dönme, yemin bozma. ‖ * ~ -i siyâm نقض صیام oruç bozma.

نقض nikz: (A.) enkaz, bine enkazı, yıkıntı.

نقض nukz: (A.) enkaz, bina enkazı, yıkıntı.

نقضاً nakzen: (A.) bozarak, yok sayarak.

نقط nuket: (A.) noktalar.

نقطتین noktateyn: (A.) iki nokta, üst üste iki nokta.

نقطه nokte: (A.) 1.nokta. 2.yer, mahal. 3.merkez. 4.husus. 5.leke. 6.ben, benek. 7.tek nöbetçilik gözcü yeri. ‖ * ~ -i atfî نقطهء عطفی dönüm noktası. ‖ * ~ -i nazar نقطهء نظر görüş, bakış açısı. ‖ * ~ -i tehavvulî şoden نقطهء تحولی شدن dönüm noktası olmak. ‖ * ez ~ -i nazar-i از نقطهء نظر açısından, görüş açısından, bakımından.

نقطه دار noktedâr: (A.-F.) [nokte+ dâşten> dâr] noktalı.

نقطه گذاری noktegozârî: (A.-F.) [nokte+ gozâşten>gozâr+î] noktalama. ‖ * elâyim-i ~ علایم نقطه گذاری noktalama işaretleri.

نقطه گذاری شدن noktegozârî şoden: noktalanmak, noktalama işaretleri konulmak.

نقطه گذاری کردن noktegozârî kerden: noktalamak, noktalama işaretlerini koymak.

نقع nak': (A.) **1.**ıslanma. **2.**haşlama. **3.**ilaç için çıkarılan su. **3.**ıslatma. **5.**toz.

نقل nakl: (A.) **1.**nakil. **2.**anlatma. **3.**hikâye anlatma. **4.**rivayet. **5.**çeviri, tercüme. **6.**iletme. ‖ * be ~ ez به نقل از -den naklen.

نقل nokl: (A.) **1.**çerez. **2.**meze. **3.**badem ve fıstıklı şeker.

نقلاً naklen: (A.) **1.**nakil yolu ile. **2.**anlatarak, hikaye ederek.

نقل الدم nakluddem: (A.) kan nakli.

نقل بند naklbend: (A.-F.) [nakl+besten> bend] **1.**hikayeci. **2.**masalcı.

نقل داشتن nakl dâşten: **1.**nakletmek. **2.**anlatmak.

نقل شدن nakl şoden: **1.**nakledilmek, taşınmak. **2.**anlatılmak. **3.**rivayet edilmek.

نقل کردن nakl kerden: **1.**nakletmek, taşımak. **2.**anlatmak. **3.**rivayet etmek. **4.**çevirmek.

نقل مکان کردن nakl-i mekân kerden: taşınmak.

نقله nakale: (A.) nakledenler, anlatanlar, rivayet edenler.

نقلی naklî: (A.) nakil yolu ile, naklen.

نقلیات nakliyyât: (A.) **1.**taşımacılık. **2.**taşımacılık şirketi. **3.**anlatılan şeyler.

نقلیه nakliyye: (A.) **1.**taşıma. **2.**taşıma ücreti.

نقم nakam: (A.) **1.**ayıplama. **2.**öc alma.

نقمت nakmet: (A.) **1.**azarlama. **2.**cezalandırma. **3.**intikam.

نقمت nikmet: (A.) intikam.

نق نق زدن nuk nuk zeden: ses çıkarmak.

نقوت nakvet: (A.) seçkin.

نقود nukûd: (A.) paralar, nakitler.

نقوش nukûş: (A.) nakışlar, desenler, resimler.

نقول nukûl: (A.) **1.**nakiller. **2.**rivayetler.

نقی nakî': (A.) kandıran.

نقی nakî: (A.) **1.**temiz. **2.**seçkin. **3.**erkek adı.

نقیب nakîb: (A.) **1.**topluluk reisi, önder, lider. **2.**komiser yardımcısı. **3.**şeyh yardımcısı.

نقیب الاشراف nakîbuleşrâf: (A.) Osmanlı döneminde Hz. Muhammed'in soyundan gelenlerin işlerini görmek üzere hükümetin tayin ettiği devlet görevlisi.

نقیبه nakîbe: (A.) **1.**ruh. **2.**akıl.

نقیر nakîr: (A.) **1.**önemsiz şey, küçük şey. **2.**hurma çekirdeğinin arka yüzündeki be-yaz çukurluk.

نقیص nakîs: (A.) eksik, noksan.

نقیصه nakîse: (A.) **1.**kusur, eksiklik. **2.**ayıp. **3.**kötü huy.

نقیصه دار nakîsedâr: (A.-F.) [nakîse+ dâşten>dâr] kusurlu.

نقیض nakîz: (A.) zıt, aykırı, karşıt, çelişkili.

نقیض سیر nakîzseyr: (A.) [nakîz+seyr] tersine giden.

نقیضه nakîze: (A.) **1.**ters cevap verme. **2.**hicvetme. **3.**zıt, aykırı, karşıt, çelişkili.

نقیضین nakîzeyn: (A.) birbirine karşı iki şey, birbirine zıt iki şey.

نقیع nakî': (A.) **1.**suyu bol kuyu. **2.**durgun su. **3.**soğuk ve tatlı su. **4.**saf süt. **5.**bir tür şarap.

نقیعه nakî'a: (A.) **1.**ziyafet. **2.**gerdek gecesinde damada hazırlanan yemek.

نقیعیه nakî'iyye: (A.) haşlamlılar.

نقیق nakîk: (A.) bazı hayvanlardan çıkan boğuk ses.

نقیمه nakîme: (A.) **1.**aslı, kendisi. **2.**öz, cevher.

نقیه nakîh: (A.) nekahat dönemindeki hasta.

نقيه nakiyye: (A.) **1.**temiz. **2.**bayan adı.

نک nek: **1.**şimdi. **2.**işte.

نک nek: belki.

نک nok: **1.**gaga. **2.**uç. **3.**tepe, zirve, doruk.

نكاب nikâb: (A.) kuşçu eldiveni.

نكابت nikâbet: (A.) rüzgârın ters yönden esişi.

نكابت nekâbet: (A.) vazgeçme, cayma.

نكات nikât, nukât: (A.) **1.** ince sözler, nükteler. **2.**ince meseleler, incelikler.

نكاح nikâh: (A.) nikâh/ yasal evlilik töreni.

نكاد nekkâd: (A.) üzüntülü.

نكاريس nekârîs: (A.) gutlar, nikrisler.

نكاس nukâs: (A.) tepreşme, nüksetme.

نكاف nikâf: (A.) peçe, yüz örtüsü.

نكال nekâl: (A.) azap, işkence.

نكال nikâl: ateşli kömür parçası.

نكال كردن nekâl kerden: **1.**cezalandırmak. **2.**azap vermek.

نكايت nikâyet: (A.) düşmanı kılıçtan geçirme.

نكب nekb: (A.) felakete uğrama, talihsizlikle karşılaşma.

نكبات nekebât: (A.) **1.**talihsizlikler. **2.**düşkünlükler. **3.**felaketler.

نكبت nekbet, nikbet: (A.) **1.**musibet, bela, uğursuzluk, talihsizlik. **2.**güçlük, sıkıntı. **3.**zillet. **4.**düşkünlük, yoksulluk.

نكبت آور nikbetâver: (A.-F.) [<nekbet+ âverden> âver] felaket getiren, talihsizlik getiren.

نكبت بار nikbetbâr: (A.-F.) [nikbet+ bârîden>bâr] belâ yağdıran.

نكبت زده nikbetzede: (A.-F.) [nikbet+ zeden> zed+e] felakete uğrayan, talihsizliğe uğrayan.

نكبتى nikbetî: (A.) **1.**uğursuz. **2.**talihsiz.

نكبه nukbe: (A.) çeç, yığılı harman.

نكت nuket: (A.) nükteler, hususlar, ince sözler, espriler.

نكته nukte: (A.) **1.**husus, konu, nükte. **2.**ince mazmun, ince mesele, espri. **3.**özlü söz. **4.**sır.

نكته آميز nukteâmîz: (A.-F.) [nukte+ âmîhten> âmîz] nükte yapan, espri yapan.

نكته بين nuktebîn: (A.-F.) [nukte+ dîden>bîn] kıvrak zekalı, espriden anlayan.

نكته پرداز nukteperdâz: (A.-F.) [nukte+ perdâhten>perdâz] nüktedan, zevk sahibi.

نكته پيرا nuktepîrâ: (A.-F.) [nukte+ pîrâsten>pîrâ] nüktedan, esprili.

نكته دار nuktedâr: (A.-F.) [nukte+ dâşten>dâr] esprili, nükteli.

نكته دان nuktedân: (A.-F.) [nukte+ dânisten>dân] nüktedân, zevk sahibi, söz inceliklerini bilen.

نكته دانى nuktedânî: (A.-F.) [nukte+ dânisten> dân+î] esprili olma, nüktecilik.

نكته سنج nuktesenc: (A.-F.) [nukte+ sencîden>senc] zevk sahibi, nüktedan.

نكته شناس nukteşinâs: (A.-F.) [nukte+ şinâhten>şinâs] zevk sahibi, nüktedan, iyi ile kötüyü ayıran, yol yordam bilen.

نكته شناسى nukteşinâsî: (A.-F.) [nukte+ şinâhten> şinâs +î] nüktedanlık, esprili oluş.

نكته گرفتن nukte giriften: itiraz etmek, tenkit etmek, eleştirmek.

نكته گو nuktegû: (A.-F.) [nukte+goften> gû] nüktedan, zevk sahibi.

نكته گويى nuktegûyî: (A.-F.) [nukte+ goften>gûy+î] nüktecilik, espri yapma.

نكته گير nuktegîr: (A.-F.) [nukte+ giriften>gîr] itiraz eden, itirazcı.

نكته ور nuktever: (A.-F.) [nukte+ver] nüktedan, esprili.

نكث neks: (A.) **1.**anlaşmayı bozma. **2.**muameleyi feshetme.

نكد neked: (A.) **1.**bela. **2.**sıkıntı.

نكر nukr: (A.) **1.**akıllılık, uyanıklık. **2.**güç iş, problem.

نكر ساختن nukr sâhten: yardımcı

kılmak.

نکره nekire: (A.) **1.**tanınmamış. **2.**(gr.) belirsiz isim. **3.**kaba, iriyarı, ızmandut.

نکره nekre: (A.) **1.**ilginç hikayeler anlatan, fıkracı. **2.**ilginç hikaye, fıkra.

نکره گو nekregû: (A.-F.) [nekre+goften> gû] ilginç hikayeler ve fıkralar anlatan.

نکس nekes: [<nâ+kes] pinti, cimri.

نکس neks: (A.) **1.**baş aşağı çevirme. **2.**nüksetme, tepreşme.

نکس niks: (A.) **1.**zayıf, cılız. **2.**ters doğan çocuk.

نکس nuks: (A.) nüksetme, tepreşme.

نکس کردن nuks kerden: nüksetmek.

نکص neks: (A.) kaçınma, çekinme.

نکظ nekz: (A.) didinme, çırpınma, çalışıp çabalama.

نکل nekl: (A.) **1.**yular, gem. **2.**azap veren.

نکند nekoned: [kerden>kon>koned> nekoned] **1.**aman!, sakın! **2.**etmesin.

نکو nikû: iyi, güzel.

نکوئی nikû'î: [nikû+'î] iyilik, güzellik.

نکوئی کردن nikû'î kerden: iyilik yapmak.

نکوب nukûb: (A.) **1.**talihsizlikler. **2.**felaketler. **3.**azgınlıklar.

نکوکار nikûkâr: [nikû+kâr] iyiliksever, hayırsever, yardımsever.

نکوکاری nikûkârî: [nikû+kâr+î] iyilikseverlik, hayırseverlik, yardımseverlik.

نکوکاری کردن nikûkârî kerden: iyilik etmek.

نکول nukûl: (A.) **1.**yüz çevirme, dönme. **2.**kaçınma.

نک و نال nik unâl: **1.**ağlayıp sızlanma, inleme. **2.**doğum sancısı tuttuğunda feryat etme.

نک و نال داشتن nik u nâl dâşten: şikâyeti olmak, diyeceği olmak.

نک و نال کردن nik unâl kerden: **1.**ağlayıp sızlanmak, inlemek. **2.**doğum sancısı tuttuğunda feryat etmek.

نکوه nikûh: sitem eden, kınayan, ayıplayan, serzenişte bulunan.

نکوهش nikûhiş: [nikûhîden>nikûh+iş] sitem, serzeniş, kınama, ayıplama.

نکوهش کردن nikûhiş kerden: kınamak, ayıplamak, sitem etmek, serzenişte bulunmak.

نکوهیدن nikûhîden: kınamak, ayıplamak, sitem etmek, serzenişte bulunmak.

نکوهیده nikûhîde: [nikûhîden> nikûhîd+e] kınanmış, kötü, ayıplanmış.

نکهت nekhet: (A.) **1.**nefes çekme. **2.**ağız kokusu. **3.**hoş koku.

نکیر nekîr: (A.) **1.**inkâr. **2.**değişme. **3.**güç iş, problem, sorun. **4.**Nekir, ölenleri mezarda sorguya çekecek meleklerden biri.

نگاتیف nigatif: (Fr.) olumsuz, negatif.

نگار nigâr: [nigâşten>nigâr] **1.**sevgili. **2.**resim, desen, nakış. **3.**put. **4.**klasik Türk musikîsinde bir makam. **6.**dilber. **7.**bayan adı.

نگارا nigârâ: [nigâr+â] ey sevgili.

نگارچک nigârçek: [negâr+çe+k] klasik Türk musikîsinde bir makam.

نگارخانه nigârhâne: [nigâr+hâne] **1.**resim ve heykel atölyesi. **2.**puthane. **3.**resimli ev. **4.**güzeli çok olan yer. ‖ * ~ -i Çin نگارخانهء چین Çin resim atölyesi. ‖ * ~ -i mânî نگارستان مانی Mani'nin resim atölyesi.

نگارستان nigâristân: [nigâr+istân] **1.**resimli yer. **2.**resimli köşk. **3.**resim atölyesi. **4.**Türk ve Fars edebiyatlarında bu isimdeki birçok eser.

نگارش nigâriş: [nigâşten>nigâr+iş] **1.**yazma, kompozisyon. **2.**resim yapma, desen çizme.

نگارک nigârek: [nigâr+ek] klasik Türk musikîsinde bir makam.

نگارنده nigârende: [nigâşten>nigâr+ende] resimleyen, desenleyen, çizen, ressam, yazan.
نگاری nigârî: [nigâr+î] resimleyen, desenleyen, çizen, ressam, yazar.
نگاریدن nigârîden: **1.**resmetmek, resim yapmak. **2.**yazmak. **3.**sikke basmak.
نگارین nigârîn: [nigâr+în] **1.**resimli, desenli. **2.**güzel yüzlü sevgili.
نگاشتن nigâşten: **1.**resmetmek, resim yapmak. **2.**yazmak. **3.**yapmak, bina etmek.
نگاشته nigâşte: [nigâşten>nigâşt+e] **1.**resimlenmiş, resmedilmiş. **2.**yazılı, yazılmış.
نگال nigâl: yanan kömür parçası.
نگاه nigâh: (Peh.) **1.**bakış, görüş, bakma. **2.**ilgi, teveccüh. **3.**göz. ‖ * ~ -i bârikabîn نگاه بارقه بين alev alev yanan göz, ışıltılı göz, keskin göz. ‖ * ~ be deverân âverden نگاه به دوران آوردن gözlerini gezdirmek. ‖ * ~ î gozer efkenden (be) نگاهی (گذر افکندن به) göz gezdirmek, göz atmak. ‖ * ~ râ ez ~ -i kesî dozdîden نگاه را از نگاه کسی دزدیدن gözlerini kaçırmak. ‖ * ~ râ be hod keşîden نگاه را به خود کشیدن göz almak. ‖ * ~ -i çepî endâhten (be) نگاه چپی انداختن (به) yan bakmak. ‖ * ~ -i kesî horden نگاه کسی خوردن gözü ilişmek, bakmak. ‖ * ~ -i kesî revâne şoden نگاه کسی روانه شدن gözleri çevrilmek. ‖ * redd-i ~ -i kesî be çîzî mâsîden رد نگاه کسی به چیزی ماسیدن gözü ilişmek.
نگاه افکندن nigâh efkenden: bakmak, göz atmak.
نگاه انداختن nigâh endâhten: bakmak, göz atmak, göz gezdirmek, bakınmak.
نگاهبان nigâhbân: [nigâh+bân] **1.**muhafız, gözcü, bekçi. **2.**(ask.) nöbetçi.
نگاهبانی nigâhbânî: [nigâh+bân+î] **1.**muhafızlık, gözcülük, bekçilik. **2.**(ask.) nöbetçilik.
نگاه بر داشتن nigâh ber dâşten: göz ayırmak.
نگاهدار nigâhdâr: [nigâh+dâşten>dâr] **1.**muhafız, bekçi, gözcü. **2.**kollayıcı.
نگاهداری nigâhdârî: [nigâh+dâşten>dâr+î] **1.**muhafızlık, bekçilik, gözcülük. **2.**kollama.
نگاهداری کردن nigâhdârî kerden: **1.**muhafızlık etmek, gözcülük etmek. **2.**kollamak.
نگاه داشتن nigâh dâşten: **1.**kollamak, korumak, savunmak. **2.**saklamak, saklı tutmak, elinde tutmak. **3.**gözlemek. **4.**alıkoymak. **5.**tutmak. **6.**durdurmak. **7.**sahip çıkmak.
نگاه دوختن nigâh dûhten: gözünü dikmek.
نگاه رد و بدل شدن nigâh redd u bedel şoden: bakışmak.
نگاه کردن nigâh kerden: **1.**bakmak. **2.**görmek. ‖ * çep çep ~ چپ چپ نگاه کردن ters ters bakmak.
نگاه نمودن nigâh numûden: bakmak.
نگاه ول کردن nigâh vil kerden: gözünü çevirmek, bakmak.
نگد neged: soğuk nevale, soğuk ve sevimsiz insan.
نگر niger: örnek.
نگر niger: [nigerîsten>niger] **1.**bak. **2.**bakan.
نگران nigerân: [nigerîsten>niger+ân] **1.**bakan. **2.**bekleyen. **3.**kaygılı, endişeli. **4.**meraklı.
نگران بودن nigerân bûden: **1.**kendini kollamak, dikkatli olmak. **2.**iyice bakmak.
نگران داشتن nigerân dâşten: **1.**beklemek. **2.**dağıtmak, karıştırmak.
نگران ساختن nigerân sâhten: endişelendirmek, kaygılandırmak.
نگران شدن nigerân şoden: **1.**beklemek. **2.**kaygılanmak, endişelenmek, merak etmek. **3.**dikkatle bakmak.
نگران کردن nigerân kerden: endişe vermek, kaygılandırmak, meraklandırmak.

نگران کننده nigerân konende: [nigerân+ kerden>kon+ende] endişe verici.

نگرانی nigerânî: [nigerân+î] **1.**görme. **2.**bekleme. **3.**endişe, kaygı, merak.

نگریستن nigerîsten: bakmak.

نگرش nigeriş: [nigerîsten>niger+iş] **1.**bakış, bakma, görüş. **2.**dikkat. **3.**riayet.

نگرش کردن nigeriş kerden: **1.**bakmak. **2.**riayet etmek. **3.**dikkat etmek.

نگریدن nigerîden: (Peh.) **1.**bakmak. **2.**görmek. **3.**dikkat etmek. **4.**düşünmek.

نگریستن nigerîsten: **1.**bakmak. **2.**bakınmak. **3.**görmek. **4.**dikkat etmek. **5.**düşünmek.

نگفته negofte: [ne+goften>goft+e] **1.**söylememiş. **2.**söylenmemiş.

نگوسار nigûsâr: baş aşağı.

نگوکه negûki: [goften>gû>negû+ki] meğer.

نگون nigûn: (Peh.) **1.**baş aşağı, ters. **2.**eğik. **3.**uğursuz, aksi.

نگون بخت nigûnbaht: [nigûn+baht] talihsiz, bahtıkara, şanssız.

نگونسار nigûnsâr: (Peh.) [nigûn+sâr] **1.**baş aşağı, ters dönmüş, devrik. **2.**eğri.

نگونسار شدن nigûnsâr şoden: **1.**baş aşağı gelmek, ters dönmek, devrilmek. **2.**eğrilmek.

نگونسار کردن nigûnsâr kerden: **1.**baş aşağı getirmek, ters çevirmek, devirmek. **2.**eğmek.

نگون شدن nigûn şoden: **1.**ters dönmek, baş aşağı gelmek. **2.**altüst olmak. **3.**eğilmek.

نگون طشت nigûntaşt: [nigûn+taşt<taşt-i nigûn] **1.**ters dönmüş leğen. **2.**gökyüzü.

نگون کردن nigûn kerden: **1.**ters çevirmek. **2.**alt üst etmek. **3.**eğmek.

نگه nigeh: bakış, **1.**bakış, bakma. **2.**göz.

نگه انداز nigehendâz: [nigeh+endâhten> endâz] bakan, göz atan.

نگهبان nigehbân: [nigeh+bân] **1.**gözcü, muhafız, nöbetçi, koruyucu. **2.**bakan.

نگهبانی nigehbânî: [nigeh+bân+î] gözcülük, muhafızlık, nöbetçilik, koruyuculuk, koruma.

نگهبانی شدن nigehbânî şoden: korunmak, kollanmak.

نگهبانی کردن nigehbânî kerden: korumak, kollamak.

نگهدار nigehdâr: [nigeh+dâşten>dâr] **1.**tutan, saklayan, koruyan. **2.**(emir.) dur.

نگهداری nigehdârî: [nigeh+dâşten> dâr+î] **1.**bakım. **2.**terbiye. **3.**besleme. **4.**durdurma.

نگهداری شدن nigehdârî şoden: **1.**bakılmak. **2.**terbiye edilmek, yetiştirilmek. **3.**beslenmek. **4.**durdurulmak.

نگهداری کردن nigehdârî kerden: **1.**bakmak. **2.**terbiye etmek, yetiştirmek. **3.**beslemek. **4.**durdurmak.

نگهداشتن nigehdâşten: **1.**durdurmak. **2.**saklamak, tutmak. **3.**kollamak, korumak, beklemek. **4.**(hayvan) beslemek. **5.**bırakmamak, tutmak.

نگه فروز nigehfurûz: [nigeh+ferûhten> ferûz] bakışı göz parlatan.

نگه کردن nigeh kerden: bakmak.

نگین nigîn, negîn: **1.**yüzük kaşı. **2.**yüzük. **3.**şah mührü. ‖ * ~ -i suleymân نگین سلیمان Süleyman mührü. ‖ * be zîr-i ~ âverden به زیر نگین آوردن (kin.) boyun eğdirmek, itaat ettirmek.

نگین ساى nigînsây: [nigîn+sâyîden>sây] hakkâk, mühürcü.

نگیندان nigîndân: [nigîn+dân] yüzük kutusu, mücevher kutusu.

نلم nelm: güzel.

نم nem: (Peh.) **1.**nem, rutubet. **2.**damla. **3.**az su. **4.**göz yaşı. **5.**nemli. **6.**çiy.

نم nemm: (A.) laf taşıma, koğuculuk.

نم آلود nemâlûd: [nem+âlûden>âlûd] nemli, rutubetli.

نما nemâ, numâ: [numûden>numâ, nemâ] **1.**gösteriş, görünüş, görünüm. **2.**gösteren. **3.**görünen.

نماء nemâ': (A.) **1.**fazlalaşma. **2.**gelişme. **3.**fazlalık. **4.**faiz.

نمائق nemâ'ik: (A.) mektuplar.

نمائم nemâ'im: (A.) çekiştiriciler, dedikoducular.

نمابر numâbor: [numûden>numâ+borden>ber] faks.

نمادار nemâdâr: (A.-F.) [nemâ+dâşten> dâr] **1.**büyüyen, gelişen. **2.**artan, çoğalan. **3.**faiz getiren, nemalanan.

نمار nimâr: (A.) kaplanlar.

نمارق nemârık: (A.) yastıklar.

نماز nemâz: (Peh.) **1.**namaz, ibadet. **2.**ibadet, yere kapanma. ‖ * ~ -i asr نماز عصر ikindi namazı. ‖ * ~ -i bâmdâd نماز بامداد sabah namazı. ‖ * ~ -i cum'e نماز جمعه cuma namazı. ‖ * ~ -i çâşt نماز چاشت kuşluk namazı. ‖ * ~ -i dîger نماز دیگر ikindi namazı. ‖ * ~ -i eşâ' نماز عشاء yatsı namazı. ‖ * ~ -i hâcet نماز حاجت hacet namazı. ‖ * ~ -i istiskâ' نماز استسقاء yağmur duası namazı. ‖ * ~ -i işrâk نماز اشراق kuşluk namazı. ‖ * ~ -i magrib نماز مغرب akşam namazı. ‖ * ~ -i pencgâne نماز پنجگانه beş vakit namaz. ‖ * ~ -i pîşîn نماز پیشین öğle namazı. ‖ * ~ -i subh نماز صبح sabah namazı. ‖ * ~ -i şâm نماز شام akşam namazı. ‖ * ~ -i teheccud نماز تهجد gece namazı. ‖ * ~ -i zohr نماز ظهر öğle namazı. ‖ * be ~ meşgûl şoden به نماز مشغول شدن namaza durmak.

نماز آوردن nemâz âverden: secde etmek.

نماز بردن nemâz borden: secde etmek, yere kapanmak.

نمازخانه nemâzhâne: [nemâz+hâne] **1.**namazlık, namazhane. **2.**kilisede mihraplı bölüm.

نمازخوان nemâzhân: [nemâz+hânden> hân] namaz kılan.

نماز خواندن nemâz hânden: namaz kılmak.

نمازخوانی nemâzhânî: [nemâz+hânden> hân+î] namaz kılma.

نماز قضا کردن nemâz kazâ kerden: namazın kazasını kılmak.

نماز کردن nemâz kerden: namaz kılmak.

نمازگاه nemâzgâh: [nemâz+gâh] **1.**namazlık, namazgah, namaz kılınan yer, üstü açık namazlık. **2.**kilisede dua okunan yer.

نمازگذار nemazgozâr: [nemâz+gozârden> gozâr] namaz kılan, abdestinde namazında olan.

نماز گذاردن nemâz gozârden: namaz kılmak.

نمازگر nemâzger: [nemâz+ger] namaz kılan.

نمازگزار nemâzgozâr: [nemâz+gozârden> gozâr] namaz kılan.

نماز گزاردن nemâz gozârden: namaz kılmak.

نمازگزاری nemâzgozârî: [nemâz+gozârden>gozâr+î] namaz kılma.

نماز گزاشتن nemâz gozâşten: namaz kılmak.

نمازی nemâzî: [nemâz+î] **1.**namaz kılan. **2.**temiz. **3.**namazlık.

نمازی کردن nemâzî kerden: **1.**temizlemek. **2.**süsü silmek. **3.**namaz kılmak.

نماط nimât: (A.) örtüler.

نمال nimâl: (A.) karıncalar.

نمام nemmâm: (A.) laf taşıyan, arabozucu.

نمامی nemmâmî: (A.-F.) [nemmâm+î] laf taşıma, arabozuculuk.

نمای nemây, numây: [numûden>numây] **1.**gösteren. **2.**görünen. **3.**görünüm, görünüş.

نمایاب nemâyâb: (A.-F.) [nemâ+yâften> yâb] gelişen, büyüyen.

نمایان nemâyân, numâyhan: [numûden> numây+ân] **1.**aşikâr, açık, belli. **2.**görünen.

نمایاندن nemâyânden, numâyânden:

1.göstermek. 2.aşikâr etmek, açığa çıkarmak.

نمایان شدن nemâyân/numâyân şoden: görünmek, zahir olmak, ortaya çıkmak.

نمایانگر nemâyânger, numâyânger: [numûden>numây+ân+ger] gösteren.

نمایش nemâyiş, numâyiş: [numûden> numây+iş] 1.gösterme. 2.gösterim. 3.gösteri. 4.tiyatro. 5.zuhur. 6.görünüm. ‖ * ~ -i erûsekî نمایش عروسکی kukla oyunu. ‖ * be ~ der âmeden به نمایش در آمدن gösterime girmek. ‖ * be ~ der âverden به نمایش در آوردن gösterime sokmak. ‖ * der ma'raz-i ~ gozâşten در معرض نمایش گذاشتن sergilemek, gösterime sokmak. ‖ * der ma'raz-i ~ gozâşte şoden در معرض نمایش گذاشته شدن gösterime sokulmak, sergilenmek.

نمایش دادن numâyiş dâden: gösterime sokmak, göstermek.

نمایش داده شدن numâyiş dâde şoden: gösterilmek.

نمایشکار numâyişkâr: [numûden> numây+iş+ kâr] 1.gösterişli. 2.gösterici.

نمایشکارانه numâyişkârâne: [numâyiş+ kâr+âne] gösteri yaparcasına, gösteriş yaparak.

نمایشگاه nemâyişgâh, numâyişgâh: [numâyiş+gâh] 1.sergi. 2.galeri. 3.gösteri yeri, tiyatro binası.

نمایشگاه راه انداختن numâyişgâh râh endâhten: sergi açmak.

نمایشگه numâyişgeh: [numâyiş+geh] 1.gösteri yeri. 2.sergi. 3.galeri.

نمایش نامه nemâyişnâme, numâyişnâme: [numâyiş+nâme] piyes, oyun, tiyatro eseri. ‖ * ~ -i sinema نمایش نامهء سینما senaryo.

نمایش نامه نویس numâyişnâmenevîs: [numâyiş+nâme+nevişten>nevîs] 1.oyun yazarı, piyes yazarı. 2.senarist.

نمایش نامه نویسی numâyişnâmenevîsî: [nemâyiş+nâme+nevişten>nevîs+î] 1.oyun yazarlığı, piyes yazarlığı. 2.senaristlik.

نمایم nemâyim: (A.) çekiştiriciler, dedikoducular.

نمایندگی numâyendegî: [numûden> numây+ ende+g+î] 1.temsilcilik, mümessillik, acenta. 2.vekalet. 3.ajans.

نماینده nemâyende, numâyende: [numûden> numây+ende] 1.gösteren. 2.vekil. 3.temsilci, mümessil, acenta. 4.milletvekili.

نماییدن nemâyîden, numâyîden: 1.göstermek. 2.işaret etmek.

نمچه nemçe 1.Avusturya. 2.Avustuyalı.

نم خوردن nem horden: nemlenmek.

نم خورده nemhorde: [nem+horden> hord+e] nemli, nem çekmiş, rutubetli.

نمد nemed: (Peh.) 1.keçe. 2.kepenek. ‖ * ~ der âb dâşten نمد در آب داشتن hile düşünmek.

نم دادن nem dâden: az su vermek.

نمد افکندن nemed efkenden: ikamet etmek, postu sermek, yerleşmek.

نمد پاره nemedpâre: [nemed+pâre] keçe parçası.

نمد پوش nemedpûş: [nemed+pûşîden> pûş] 1.keçe giyen, keçeli. 2.derviş. 3.kepenekli.

نمدار nemdâr: [nem+dâşten>dâr] nemli, rutubetli.

نم دیده nemdîde: [nem+dîden>dîd+e] nemli, ıslak.

نمدزین nemedzîn: [<nemed+zîn<nemed-i zîn] eyer altı keçesi, teğelti.

نمدی nemedî: [nemed+î] 1.keçeden yapılmış. 2.keçeli. 3.kepenek.

نمدین nemedîn: [nemed+în] keçeden yapılmış, keçe.

نمر nemir, nimr: (A.) 1.(zool.) kaplan. 2.(zool.) pars.

نمر numur: (A.) kaplanlar.

نمرات numerât: (Fr.-A.) numaralar.

نمرق nemrek, numruk: (A.) yastık.

نمرقه nemreka: (A.) yastık.

نمرقه numruka: (A.) küçük yastık.

نمرود nimrûd, nomrûd: **1.**Hz. İbrahim'i ateşe attıran hükümdar. **2.**aksi, huysuz.

نمره nimre: (A.) dişi kaplan.

نمره nomre: (Lat.-Fr.) **1.**numara, sayı. **2.**not. **3.**okul numarası. **4.**zeki insan. **5.**plaka numarası. ‖ * ~ -i pilâk نمره‌ء پلاک kapı numarası.

نمره برداشتن nomre berdâşten: plaka numarasını almak.

نمره گذاری nomregozârî: (Fr.-F.) [nomre+ gozâşten>gozâr+î] numaralama, numara verme, numaralandırma.

نمره گذاری شدن nomregozârî şoden: numara verilmek, numaralandırılmak.

نمره گذاری کردن nomregozârî kerden: numara vermek, numaralandırmak.

نمره گرفتن nomre giriften: telefon numarası çevirmek.

نمره گیر nomregîr: (Fr.-F.) [nomre+ giriften>gîr] numaratör, telefon numaralığı.

نم زدن nem zeden: nemlendirmek.

نمس nims: (A.) firavun faresi.

نم سنج nemsenc: [nem+sencîden>senc] nemölçer.

نمسه nemse: (coğ.) Almanya-Avusturya, nemse.

نمش nemş: hile, oyun.

نمش nemş: (A.) **1.**yalan söyleme. **2.**laf taşıma.

نمط nemet: (A.) **1.**yöntem, tarz. **2.**örtü. **3.**keçe. **4.**ihram.

نم عرق nem'arak: (F.-A.) [nem+arak] ter.

نمف nemf: (A.) kurtçuk.

نمک nemek: (Peh.) **1.**(kim.) tuz. **2.**sofra tuzu. **3.**(mec.) yumuşaklık, cazibe, alım. ‖ * ~ ber ciger dâşten نمک بر جگر داشتن ciğerine taş basmak, sıkıntı üstüne sıkıntı çekmek. ‖ * ~ der âteş efkenden نمک در آتش افکندن yaygara koparmak.

نمک آب nemekâb: [nemek+âb] tuzlu su.

نمک افشان ·nemekefşân: [nemek+ efşânden> efşân] **1.**tuz serpen. **2.**tat veren, lezzet veren.

نمک انگیزیدن nemek engîzîden (kin.) ağlamak.

نمک بحرام nemekbeherâm: (F.-A.) [nemek+ be+herâm] nankör.

نمک پاش nemekpâş: [nemek+pâş] tuz serpen, tuz eken.

نمک پاشیدن nemek pâşîden: tuzlamak, tuz serpmek.

نمک پرور nemekperver: [nemek+ perverden> perver] vefalı, sadık, haktanır.

نمک پرورده nemekperverde: [nemek+ perverden>perverd+e] biri tarafından beslenmiş.

نمک چش nemekçeş: [nemek+çeşîden> çeş] **1.**tadına bakan. **2.**tada bakma.

نمک حرام nemekharâm: (F.-A.) [nemek+harâm] nankör.

نمک حرامی nemekharâmî: (F.-A.) [nemek+harâm+î] nankörlük.

نمک حلال nemekhelâl: (F.-A.) [nemek+helâl] vefalı, sadık, bağlı, haktanır.

نمک خوردن nemek horden (kin.) yemek yemek.

نمکدان nemekdân: [nemek+dân] **1.**tuzluk, tuz kabı. **2.**(kin.) sevgilinin ağzı. **3.**güzel kimse. **4.**sevimsiz kimse.

نم کردن nem kerden: **1.**nemlendirmek. **2.**yağ çekmek.

نم کرده nemkerde: [nem+kerden> kerd+e] **1.**nemli, rutubetli. **2.**(kin.) sevgili.

نمک زار nemekzâr: [nemek+zâr] **1.**tuzla. **2.**tuz madeni.

نمک زدن nemek zeden: tuzlamak.

نمک سار nemeksâr: [nemek+sâr] tuzla.

نمکستان nemekistân: [nemek+istân] tuzla.

نمکسود nemeksûd: [nemek+sûden>sûd] **1.**salamura, tuzlama. **2.**pastırma.

نمک شناس nemekşinâs: [nemek+ şinâhten> şinâs] vefalı, haktanır, iyilik bilir.
نم کشیدن nem keşîden: nem çekmek, nemlenmek, nem kapmak.
نم کشیده nemkeşîde: [nem+keşîden> keşîd+e] nem çekmiş, nemli.
نمک گیر nemekgîr: [nemek+giriften> gîr] **1.**tuz tadan. **2.**nankör.
نمک ناشناس nemeknâşinâs: [nemek+nâ+ şinâhten>şinâs] nankör, haktanımaz.
نمک ناشناسی nemeknâşinâsî: [nemek+ nâ+şinâhten>şinâs+î] nankörlük, haktanımazlık.
نمکی nemekî: [nemek+î] **1.**tuzlu. **2.**güzel, cazibeli, alımlı.
نمکین nemekîn: [nemek+în] **1.**tuzlu. **2.**cazibeli, alımlı, güzel, tatlı.
نمکینی nemekînî: [nemek+în+î] **1.**tuzluluk. **2.**alımlılık.
نمگین nemgîn: [nem+gîn] nemli, rutubetli.
نمل neml: (A.) **1.**(zool.) karınca. **2.**alerji yapan ot, kaşındıran ot.
نمله nemle: (A.) **1.**karınca. **2.**karıncalanma.
نمليه nemliyye: (A.) karıncagiller, karıncalar.
نمناک nemnâk: [nem+nâk] nemli, rutubetli.
نمناکی nemnâkî: [nem+nâk+î] nemlilik.
نم نم باریدن nemnem bârîden: çiselemek, atıştırmak.
نمنمتین nimnimeteyn: (A.) tırnak işareti.
نمنمه nimnime: (A.) **1.**tırnak üstündeki beyazlık. **2.**birbirine yakın çizgiler.
نمو numuv: (A.) **1.**büyüme, gelişme. **2.**yeşerme.
نمود numûd: [numûden>numûd] **1.**alamet, işaret. **2.**görünüm. ‖ * ez ~ endâhten از نمود انداختن havasını bozmak, gösterişsiz yapmak.
نمودار numûdâr: (Peh.) [numûden> numûd+âr] **1.**açık, aşikâr. **2.**görülen. **3.**meşhur, tanınmış. **4.**örnek. **5.**alamet. **6.**delil. **7.**çizelge, çizge, grafik. **8.**diyagram.
نمودار شدن numûdâr şoden: görünmek.
نمودار کردن numûdâr kerden: göstermek.
نمود داشتن numûd dâşten: ilginç olmak, önemli olmak.
نمود کردن numûd kerden: ilginç olmak, önemli olmak, ilgi çekmek.
نمودن numûden, nimûden: (Peh.) **1.**göstermek. **2.**açıklamak. **3.**bitirmek. **4.**yapmak, etmek. **5.**görünmek, görülmek.
نموده numûde: [numûden>numûd+e] **1.**görünmüş. **2.**gösterilmiş.
نموذج numûzec (F.>A.) örnek.
نمور numûr: (A.) kaplanlar.
نموک nemûk: [nem+û+k] nemli, rutubetli.
نمون numûn: [numûden>numûn] **1.**örnek, misâl. **2.**gibi. **3.**işaret. **5.**gösteren.
نمونه numûne: [numûden>numûn+e] **1.**örnek, numune. **2.**gibi, benzeri. **3.**form. **4.**çirkin. ‖ * ~ -i âzmâyişî نمونهء آزمایشی prototip, misal getirilecek örnek. ‖ * ~ -i pîştovlîd نمونهء پیش تولید prototip.
نمونه خانه numûnehâne: [numûne+hâne <hâne-i numûne] **1.**müze. **2.**örnek olan nesnelerin konulduğu yer.
نمونه شدن numûne şoden: **1.**örnek olmak. **2.**işten kesilmek. **3.**çirkinleşmek.
نمونه کردن numûne kerden: **1.**örnek hale getirmek. **2.**işten eksemk. **3.**çirkinleştirmek.
نمونه نما numûnenumâ: [numûne+ numûden> numâ] örnek gösteren.
نمی nemî: [nem+î] rutubet, nem.
نمی nemî: [ne+mî] (gr.) olumsuzluk bildiren ve şimdiki zaman ile şimdiki zamanın hikâyesinin başına gelen önek.
نمید nomîd: [ne+omîd>mîd>nomîd] ümitsiz, umutsuz.
نمید شدن nomîd şoden: ümitsiz

olmak, umudunu yitirmek.

نمیدن nemîden: 1.meyletmek, ilgi duymak. 2.nem çekmek, nemlenmek.

نمیده nemîde: [nemîden>nemîd+e] 1.istekli, meyilli. 2.nemli, nem çekmiş.

نمیق nemîk: (A.) 1.yazılı. 2.resimli.

نمیقه nemîke: 1.mektup. 2.yazı. 3.resim.

نمیله nemîle: (A.) dedikodu, çekiştirme.

نمیم nemîm: (A.) 1.dedikoducu, çekiştirici, koğucu. 2.fısıltı.

نمیمه nemîme: (A.) dedikoduculuk, çekiştiricilik, koğuculuk.

نمیمه کار nemîmekâr: (A.-F.) [nemîme+ kâr] dedikoducu, çekiştirici, koğucu.

نمین nemîn: [nem+în] nemli.

نمین nemîn: (A.) 1.dedikoducu, çekiştirici. 2.fısıltı.

ننر nonor: şımarık.

ننگ neng: (Peh.) 1.ar, haya, utanma. 2.ayıp. 3.yüzsuyu. 4.şöhret, ün. 5.saygınlık. ‖ * ~ u nâm ننگ و نام 1.ar namus. 2.şan şöhret.

ننگ آور nengâver: [neng+âverden>âver] utanç verici.

ننگ داشتن neng dâşten: 1.ar duymak, arlanmak. 2.utanmak.

ننگ نامی nengnâmî: [neng+nâm+î] kötü ad, kötü şöhret.

ننگین nengîn: [neng+în] 1.utanç vedici, utanılacak, çirkin. 2.rezil, rüsva.

ننو nenû: 1.salıncak. 2.salıncak beşik. 3.hamak.

ننه nene: 1.anne, ana. 2.büyükanne, nine. 3.yaşlı kadın hizmetçi. ‖ * ~ men garîbem der âverden ننه من غریبم در آوردن ağlayıp sızlanmak.

ننه بابا nenebâbâ: [nene+bâbâ] büyükanne, babaanne.

ننی nenî: 1.salıncak. 2.salıncak beşik. 3.hamak.

نو nev, nov: (Peh.) 1.yeni. 2.taze. 3.son zamanlardaki. ‖ * ez ~ از نو yeniden, tekrar, sil baştan.

نو nev, nov: 1.inilti, inleme, inleyiş. 2.hareket. 3.titreme.

نوآباد nevâbâd: [nev+âbâd] yeni yapılmış, yeni mamur olmuş.

نوآمد nevâmed: [nev+âmeden>âmed] 1.yeni gelen. 2.yeni yetme.

نوآمده nevâmede: [nev+âmeden> âmed+e] 1.yeni gelmiş. 2.yeni yetme.

نوآموز nevâmûz: [nev+âmûhten>âmûz] 1.yeni öğrenen, öğrenmeye başlayan. 2.okula başlayan çocuk. 3.müptedi. 4.acemi.

نوآیندگان nevâyendegân: [nev+âmeden> ây+ ende+ g+ân] yeni gelenler.

نوآینده nevâyende: [nev+âmeden> ây+ende] yeni gelen.

نوآیین nevâyîn: [nev+âyîn] 1.yeni tarz, yeni usül. 2.yeni üslup. 3.yeni kurulmuş. 4.süslü.

نوا nevâ: (Peh.) 1.inilti, inleyiş. 2.kuş sesi. 3.(müz.) makam. 4.ses. 5.(müz.) ezgi, melodi, nağme. 6.refah. 74.güç, kudret. 8.zenginlik. 9.nasip. 10.klasik Türk ve İran musikîlerinde bir makam.

نوا nevâ: torun.

نوا nevâ: 1.geçim, maişet. 2.azık, yiyecek. 3.rehin, ipotek. ‖ * be ~ dâşten به نوا داشتن rehin tutmak. ‖ * be ~ şoden به نوا شدن zengin olmak.

نوائب nevâ'ib: olaylar, hadiseler, belalar, felaketler.

نوائح nevâ'ih: (A.) ağıtçı kadınlar, ölü arkasından ağlayan kadınlar.

نوائر nevâ'ir: (A.) alevler, ateşler.

نوائی nevâ'î: [nevâ+î] 1.ses ile ilgili. 2.makam ile ilgili. 3.Ali Şîr Nevâ'î.

نواب nevvâb: 1.şehzade. 2.naip, vekil. 3.raca, Hint emiri.

نواب nuvvâb: vekiller, naipler, kadılar.

نوابت nevâbit: (A.) yerden bitenler.

نوابض nevâbiz: (A.) nabızlar.

نوابغ nevâbig: 1.dâhiler. 2.yüce kişiler. 3.sonradan şair olanlar.

نواپرداز nevâperdâz: [nevâ+perdâhten> perdâz] **1.**şarkıcı. **2.**çalgıcı.

نوات nevât: (A.) **1.**çekirdek. **2.**hurma çekirdeği. **3.**çekirdek biçimli.

نواتى nevâtî: (A.) gemiciler.

نواثر neveser: (F.-A.) [nev+eser<eser-i nev] **1.**yeni iz. **2.**yeni eser. **3.**klasik Türk musikîsinde bir makam. **4.**bayan adı.

نواجذ nevâciz: (A.) yirmi yaş dişleri.

نواح nuvâh: (A.) ağıt yakma.

نواح nevvâh: (A.) **1.**ağıt yakan, ölü ağlayıcısı. **2.**hıçkıra hıçkıra ağlayan.

نواحه nevvâhe: (A.) **1.**ağıtçı kadın, ölü ağlayıcısı olan kadın. **2.**hıçkıra hıçkıra ağlayan.

نواحى nevâhî: yöreler, bölgeler.

نواخانه nevâhâne: [nevâ+hâne] zindan, hapishane.

نواخت nevâht: [nevâhten>nevâht] **1.**okşama. **2.**teselli. **3.**gönül alma. **4.**iyilik. **5.**bağış. **6.**(müz.) çalgı çalma.

نواختن nevâhten: **1.**okşamak. **2.**muradına erdirmek. **3.**(müz.) çalgı çalmak. **4.**(müz.) şarkı söylemek. **5.**yere vurmak.

نواخته nevâhte: [nevâhten>nevâht+e] **1.**okşanmış. **2.**saz çalmış.

نواد nevâd: **1.**mahzen. **2.**zarar. **3.**dil.

نوادا nevedâ: [nev+edâ<edâ-yi nev] **1.**yeni tarz. **2.**yeni tavır. **3.**yeni yeni tavırlar geliştiren. **4.**klasik Türk musikîsinde bir makam.

نوادر nevâdir: (A.) az olan şeyler, nadir olan şeyler.

نوا در آوردن nevâ der âverden: **1.**taklit etmek. **2.**ses çıkarmak.

نواده nevâde: (Peh.) torun.

نوادى nevâdî: (A.) toplantılar.

نوار nevâr, nuvâr: **1.**ip. **2.**şerit, bant. **3.**kordela. **4.**teyp kaseti. **5.**kuşak. **6.**(tıb.) sargı bezi.

نوار nevvâr: (A.) aydınlık, nurlu.

نوار چسپ nevârçesp: [nevâr+çespîden> çesp] bandrol.

نواركاست nevârkaset: (Fr.-İng.) kaset bandı.

نواز nevâz: [nevâhten>nevâz] **1.**okşama. **2.**okşayan.

نوازش nevâziş: [nevâhten>nevâz+iş] **1.**okşama, okşayış, iltifat. **2.**gönül alma. **3.**şefkat. **4.**lütuf, merhamet. **5.**hediye. **6.**(müz.) çalgı çalma.

نوازش دادن nevâziş dâden: okşamak.

نوازشكار nevâzişkâr: [nevâziş+kâr] okşayan, gönül alan, iltifat eden.

نوازشكارانه nevâzişkârâne: [nevâziş+kâr+âne] okşayarak, gönül alarak, iltifat ederek.

نوازش كردن nevâziş kerden: okşamak.

نوازشگر nevâzişger: [nevâziş+ger] **1.**(müz.) çalgıcı, müzisyen. **2.**okşayan.

نوازل nevâzil: (A.) **1.**nezle(ler). **2.**olaylar. **3.**belalar, felaketler.

نوازن nevâzen: [nevâ+zeden>zen] (müz.) akord.

نوازندگى nevâzendegî: [nevâzîden> nevâz+ende+g+î] **1.**(müz.) çalgıcılık, müzisyenlik. **2.**okşama. **3.**lutfetme.

نوازنده nevâzende: [nevâzîden>nevâz+ ende] **1.**(müz.) çalgıcı, müzisyen. **2.**okşayan. **3.**lutfeden.

نوازى nevâzî: [nevâhten>nevâz+î] okşama.

نوازيدن nevâzîden: **1.**okşamak. **2.**(müz.) çalmak, çalgı çalmak.

نواساز nevâsâz: [nevâ+sâhten>sâz] **1.**(müz.) bestekâr. **2.**(müz.) çalgıcı. **3.**okuyucu, hanende.

نواسازى nevâsâzî: [nevâ+âhten>sâz+î] **1.**(müz.) bestekârlık. **2.**(müz.) çalgıcılık. **3.**(müz.) şarkı söyleme.

نواسر nevâsir: (A.) akbabalar.

نواسلمك nevâselmek: [nevâ+selmek] klasik Türk musikîsinde bir makam.

نواسه nevâse: torun.

نواسير nevâsîr: (A.) fistüller, basur delikleri.

نواشهناز nevâşehnâz: [nevâ+şehnâz] klasik Türk musikîsinde bir makam.

نواصب nevâsib: (A.) mansup edici harfler.

نواصى nevâsî: (A.) **1.**alınlar. **2.**yüce kişiler, ileri gelenler.

نواضج nevâzic: (A.) olgunlar, olgunlaşmışlar.

نواطح nevâtih: (A.) boynuz vuranlar, boynuzlayanlar.

نواطير nevâtîr: (A.) **1.**hamam görevlileri, natırlar. **2.**bostan bekçileri.

نواعشيران nevâaşîrân: (F.-A.) [nevâ+ aşîrân] klasik Türk musikîsinde bir makam.

نواعير nevâ'îr: (A.) bostan dolapları.

نوافج nevâfic: (A.) · son kaburga kemikleri.

نوافذ nevâfiz: (A.) nüfuz edici şeyler.

نوافس nevâfis: (A.) lohusalar.

نوافل nevâfil: (A.) **1.**nafileler, nafile namazlar. **2.**anlamsız şeyler.

نواقص nevâkis: (A.) eksiklikler, noksanlar.

نواقل nevâkil: (A.) **1.**taşıtlar, nakliye vasıtaları, ulaşım araçları. **2.**nakledenler.

نواقيس nevâkîs: (A.) çanlar, kilise çanları.

نواكار nevâkâr: [nevâ+kâr] klasik Türk musikîsinde bir makam.

نواكردى nevâkurdî: [nevâ+kurd+î] klasik Türk musikîsinde bir makam.

نواكس nevâkis: (A.) başı önde olanlar.

نواگر nevâger: [nevâ+ger] şarkı okuyan, okuyucu, terennüm eden.

نواگردانيه nevâgerdâniyye: (F.-A.) [nevâ+gerdân+ iyye] klasik Türk musikîsinde bir makam.

نواگوشت nevâgeveşt: [nevâ+geveşt] klasik Türk musikîsinde bir makam.

نوال nevâl: (A.) **1.**nasip. **2.**bağış, hediye.

نواله nevâle, nuvâle: **1.**lokma. **2.**azık, nevale. **3.**nasip, kısmet. **4.**bağış. **5.**hamur topu. **6.**deve hamuru.

نواله چين nevâleçîn: (A.-F.) [nevâle+ çîden>çîn] **1.**azık toplayan. **2.**kısmetini alan.

نوام nuvvâm: (A.) uyuyanlar.

نوامايه nevâmâye: [nevâ+mâye] klasik Türk musikîsinde bir makam.

نوامبر novambr: (Fr.) Kasım.

نواميس nevâmîs: (A.) **1.**namuslar. **2.**yasalar.

نوان nevân: [nevîden>nev+ân] **1.**hareket ederek, kımıldayarak. **2.**salınarak. **3.**titreyerek. **4.**inleyerek. **5.**kambur. **6.**cılız, sıska.

نوان خانه nevânhâne: [nevân+hâne] düşkünler evi, darülaceze.

نوانو nevânev: [nev+â+nev] yepyeni, gıcır gıcır.

نوانوروز nevânevrûz: [nevâ+nevrûz] klasik Türk musikîsinde bir makam.

نوانيدن nevânîden: **1.**hareket ettirmek, kımıldatmak. **2.**sallamak. **3.**titretmek. **4.**inletmek.

نواهد nevâhid: (A.) yuvarlak ve derli toplu memesi olanlar.

نواهق nevâhik: (A.) dudaklı hayvanların göz pınarları.

نواهى nevâhî: (A.) yasaklar, haramlar.

نوايب nevâyib: (A.) naipler.

نوايجاد nevîcâd: (F.-A.) [nev+îcâd] yeni yapılmış, yeni icat edilmiş, yeni bulunmuş.

نوايى nevâyî: [nevâ+y+î] 1.ses ile ilgili, melodi ile ilgili. 2.ünlü Türk şairi ve devlet adamı Alî Şîr Nevâyî.

نواييدن nevâyîden: **1.**seslenmek. **2.**bağırmak.

نونل noel: (Fr.) noel.

نوباوه nevbâve: [nev+bâve] **1.**yeni gelmiş. **2.**yeni olgunlaşmış. **3.**çocuk.

نوباوگان nevbâvegân: [nev+bâve+g+ân] çocuklar.

نوب nuveb: (A.) sıralar, nöbetler.

نوباده nevbâde: [nev+bâde] yeni şarap, taze şarap.

نوباره nevbâre: [nev+bâr+e] turfanda.

نوباوه nevbâve: [nev+bâve] turfanda. hediye.

نوبت nevbet, novbet: (A.) **1.**vakit, zaman. **2.**kez, kere, defa. **3.**devlet, ikbal. **4.**fırsat. **5.**büyük çadır. **6.**nöbet. **7.**(müz.) nakkare. **8.**sıra. **9.**hastalık ateşi. **10.**devir, çağ, zaman. **11.**bando, mızıka. **12.**sıra. ‖ * be ~ به نوبت nöbetleşe, sırayla.

نوبت خانه nevbethâne: [nevbet+hâne< hâne+i nevbet] mızıka evi, mehterhane.

نوبت رسيدن nevbet/novbet resîden: sıra gelmek, sırası gelmek.

نوبت زدن nevbet zeden: (müz.) nakkare çalmak.

نوبت زن nevbetzen: [nevbet+zeden>zen] nöbetin geldiğini bildiren, nöbet saatini çalan.

نوبت شدن novbet şoden: sıra gelmek, sırası gelmek.

نوبتى nevbetî: [nevbet+î] mehter başı, bando subayı.

نوبر nevber: [nev+ber] **1.**yeni yetişmiş meyva. **2.**turfanda. **3.**memeleri yeni çıkmış kız.

نوبر كردن nevber kerden: turfanda yemek.

نوبريده nevborîde: [nev+borîden> borîd+e] yeni kesilmiş.

نوبنو nevbenev: [nev+be+nev] yeni yeni, yeniden yeniye.

نوبنيان nevbunyân: [nev+bunyân] yeni yapılmış, yeni yapılı.

نوبه nevbe, novbe: (A.) **1.**vakit, zaman. **2.**kere, kez, defa. **3.**nöbet. **4.**(sağ.) sıtma nöbeti. **5.**sıra. **6.**(müz.) nakkare.

نوبهار nevbehâr: [nev+behâr] **1.**ilkbahar, bahar başlangıcı. **2.**bahar çiçeği. **3.**klasik Türk musikîsinde bir makam.

نوبهارى nevbahârî: [nev+behâr+î] ilkbahar ile ilgili.

نوبه زدن nevbe zeden: (müz.) nakkare çalmak.

نوپا nevpâ: [nev+pâ] yeni yürüyen, yeni yetme.

نوپيدا nevpeydâ: [nev+peydâ] yeni çıkma, yeni icat olmuş.

نوت not: (Fr.) **1.**(müz.) nota. **2.**kâğıt para, banknot.

نوت خواندن not hânden: (müz.) nota okumak.

نوت خوانى nothânî: (Fr.-F.) [not+ hânden> hân+î] (müz.) nota okuma.

نوترون notron: (Fr.) (kim.) nötron.

نوتى nevtî : (A.) gemici, denizci.

نوتى nûtî: (A.) gemici, denizci.

نوج nevc: (A.) fırtına.

نوجاه nevcâh: [nev+câh] bir makama yeni geçmiş.

نوجوان nevcevân: [nev+cevân] genç, delikanlı.

نوجوانى nevcevânî: [nev+cevân+î] ilk gençlik, delikanlılık.

نوجو nevcû: [nev+costen>cû] yenilik arayışçısı.

نوجويى nevcûyî: [nev+costen>cûy+î] yenilik arayışı.

نوچه nevçe, novçe: [nev+çe] **1.**genç, delikanlı, yeni yetme. **2.**çırak. **3.**(sp.) genç güreşçi.

نوح nevh: (A.) **1.**ağıtçı kadınlar, ağıt yakan kadınlar. **2.**güvercin ötüşü.

نوح nûh: (A.) **1.**Nûh peygamber. **2.**erkek adı. ‖ * keştî-i ~ كشتىء نوح Nuh'un gemisi. ‖ * sefine-i ~ سفينهء نوح Nuh'un gemisi. ‖ * tûfân-ı nûh توفان نوح ، طوفان نوح Nuh tufanı.

نوحات nevhât: (A.) ağıtlar, ölü için ağlamalar.

نوحه nevhe, novhe: (A.) ağıt, ölü ardından ağlama. ‖ * ~ -i mâtem نوحهء ماتم yas ağıtı.

نوحه خوان nevhehân, novhehân: (A.-F.) [novhe+hânden>hân] ağıt okuyan, ağıtçı.

نوحه خواندن novhe hânden: **1.**ağıt

okumak, ağıt yakmak. **2.**mersiye okumak.

نوحه خوانى novhehânî: (A.-F.) [novhe+ hânden>hân+î] ağıt okuma, ağıt yakma.

نوحه سرا nevheserâ, novheserâ: (A.-F.) [novhâ+serâyîden>serâ] ağıt yakan, ağıt okuyan.

نوحه سرايى nevheserâyî, novheserâyî: (A.-F.) [novhe+serâyîden>serây+î] ağıt yakma, ağıt okuma.

نوحه سراييدن novhe serâyîden: ağıt yakmak, ağıt okumak.

نوحه سرايى كردن novheserâyî kerden: ağıt yakmak, ağıt okumak.

نوحه كار novhekâr: (A.-F.) [nevha+kâr] ağıt yakan, ağıtçı.

نوحه كردن novhe kerden: **1.**ağıt yakmak, ağıt okumak. **2.**mersiye okumak.

نوحه گاه novhegâh: (A.-F.) [nevha+gâh] ağıt yakılan yer.

نوحه گر nevheger, novheger: (A.-F.) [novhe+ger] **1.**ağıt okuyan, ağıt yakan. **2.**mersiye okuyan. **3.**ağlatıcı.

نوحه گرى nevhegerî, novhegerî: (A.-F.) [novhe+ger+î] **1.**ağıt okuma, ağıtçılık, ölü ağlayıcılığı. **2.**mersiye okuma.

نوحه گرى كردن nevhegerî kerden: **1.**ağıt okumak, ağıt yakmak. **2.**mersiye okumak.

نوحه گه novhegeh: (A.-F.) [nevha+geh] ağıt yakılan yer.

نوحى nûhî: (A.) **1.**Nuh ile ilgili. **2.**çok eski, Nuh Nebi zamanından kalma.

نوخاست nevhâst: [nev+hâsten>hâst] **1.**yeni kalkmış. **2.**genç hayvan.

نوخاسته nevhâste: [nev+hâsten>hâst+e] yeni açmış, yeni bitmiş.

نوخد nevhad: (F.-A.)[nev+had] bir bıyık şekli.

نوخط nevhatt: (F.-A.) [nev+hatt] sakalları yeni biten genç.

نوخيال nevhiyâl: (F.-A.) [nev+hiyâl< hiyâl-i nev] **1.**yeni hayal **2.**bayan adı.

نوخيز nevhîz: [nev+hâsten>hîz] **1.**yeni kalkmış. **2.**yeni çıkmış. **3.**genç. **4.**yeni boy atmış, yeni yeşermiş. **5.**bayan adı.

نود neved: (Peh.) doksan.

نوورد neverd: [neverdîden>neverd] koşan, giden, yol alan, geride bırakan, geçen, gezen, dolaşan.

نودميده nevdemîde: [nev+demîden> dem+îd+ e] yeni bitmiş, yeni yeşermiş.

نودولت nevdevlet, nevdovlet: (F.-A.) [nev+ dovlet] sonradan görme, yeni zengin olmuş, ne oldum delisi.

نوده nevde, novde: torun.

نور nevr: (A.) **1.**parlaklık. **2.**ağaç çiçeği.

نور nûr: (A.) **1.**ışık, nur. **2.**aydınlık, parlaklık. **3.**Kur'ân'da bir sûre. **4.**Kur'ân. **5.**(fiz.) ışın. ‖ * ~ be pâ kerden نور به پا كردن ışık göndermek. ‖ * ~ u fer نرو و فر ışık, parlaklık, aydınlık. ‖ * ~ -i ayn نور عين göz nuru, çok sevilen. ‖ * ~ -i bînîş نور بينش göz nuru, görüş nuru. ‖ * ~ -i çeşm نور چشم **1.**göz aydını. **2.**göz nuru, evlat. ‖ * ~ -i dîde نور ديده göz nuru, çok sevilen. ‖ * hodâ ~ tûy-i kabreş bebâred خدا نور توى قبرش ببارد Nur içinde yatsın!

نور آور nûrâver: (A.-F.) [nûr+âverden> âver] bir tür pirinç kap.

نورا nevrâ: (A.) **1.**parlaklık. **2.**bayan adı.

نوراستنى norasteni: (Fr.) (tıb.) aşırı sinir zayıflığı, nevrasteni.

نور افتادن nûr oftâden: ışık vurmak.

نور افشان nûrefşân: (A.-F.) [nûr+ efşânden> efşân] ışık saçan.

نور افشانى nûrefşânî: (A.-F.) [nûr+ efşânden>efşân+î] ışık saçma.

نور افشانى كردن nûrefşânî kerden: ışık saçmak, ipileşmek.

نور افكن nûrefken: (A.-F.) [nûr+ efkenden> efken] projektör.

نور السموات والارض 1nûrussemâvâti vel'arz: (A.) .yerin ve göklerin ışığı. **2.**Yüce Tanrı. **3.**Kur'ân.

نور النور nûrunnûr: (A.) nur nur üstüne.

نوران nûrân: (A.-F.) [nûr+ân] **1.**nurlar, ışıklar, aydınlıklar. **2.**bayan adı.

نورانور nûrânûr: (A.-F.) [nûr+â+nûr] nurlu, nur içinde, bol ışıklı.

نورانی nûrânî: (A.) nurlu, ışıklı, aydınlık.

نورانیت nûrâniyyet: (A.) parlaklık, nurluluk.

نوراه nevrâh: [nev+râh] **1.**ilk olarak yolculuğa çıkan. **2.**yeni yol.

نور بخش nûrbahş: (A.-F.) [nûr+ bahşîden> bahş] ışık veren, ışık saçan, aydınlatan.

نوربخشی nûrbahşî: (A.-F.) [nûr+ bahşîden>bahş+î] nur saçma, ışık saçma.

نور بخشیدن nûr bahşîden: ışık saçmak.

نوربخشیه nûrbahşiyye: (A.-F.) [nûr+ bahş+iyye] Kibrevîlik tarikatının bir kolu, Nurbahşîlik.

نورپاش nûrpâş: (A.-F.) [nûr+pâşîden> pâş] ışık saçan.

نورد neverd: [neverdîden>neverd] **1.**kırışık. **2.**silindir, merdane. **3.**beğenilmiş, güzel. **4.**yol alan, kateden.

نوردیدن neverdîden: **1.**katlamak. **2.**bükmek. **3.**yol almak, yol katetmek.

نورزن nûrzen: (A.-F.) [nûr+zeden>zen] **1.**ışık vuran. **2.**bayan adı.

نورس nevres: [nev+resîden>res] **1.**yeni yetişmiş. **2.**taze meyva. **3.**fidan. **4.**delikanlı, yeni yetme. **5.**bebek. **6.**bayan adı.

نورسته nevreste: [<nev+rosten+rost+e] **1.**yeni bitmiş, yeni yetişmiş. **2.**bayan adı.

نورسته nevroste: [nev+rosten>rost+e] **1.**yeni yetişmiş. **2.**genç fidan.

نورسم nevresm: (F.-A.) [nev+resm <resm-i nev] **1.**yeni moda. **2.**bir kaput türü.

نورسید nevresîd: [nev+resîden>resîd] yeni gelmiş, yeni yetişmiş.

نورسیدگان nevresîdegân: [nev+resîdn> resîd+e +g+ ân] **1.**yeni gelenler. **2.**yeni olgunlaşanlar. **3.**gençler.

نورسیده nevresîde: [nev+resîden> resîd+e] **1.**yeni gelen. **2.**yeni biten. **3.**yeni doğan. **4.**genç.

نور سیما nûrsîmâ: (A.) [nûr+sîmâ] nur yüzlü.

نورشناخت nûrşinâht: (A.-F.) [nûr+ şinâhten>şinâht] (fiz.) optik.

نورطلعت nûrtal'at: (A.) [nûr+tal'at] nur yüzlü, parlak yüzlü.

نور علی نور nûrun alânûr: (A.) **1.**nur nur üstüne. **2.**daha iyi, daha güzel.

نورفشان nûrfeşân: (A.-F.) [nûr+ feşânden>feşân] ışık saçan.

نورگان nevregân: ciltçilikte kullanılan bir oyma aleti.

نورمند nûrmend: (A.-F.) [nûr+mend] aydınlık, ışıklı, nurlu.

نوروز nevrûz, novrûz: (Peh.) [nev+rûz] **1.**yeni gün. **2.**Nevruz bayramı. **3.**bahar başlangıcı, ilkbahar. **4.**(müz.) bir musikî makamı. **5.**Celâî takvimine göre yılbaşı. **6.**klasik Türk musikîsinde bir makam.

نوروز nivroz: (Fr.) (tıb.)nevroz.

نوروزنامه nevrûznâme: [nevrûz+nâme] (ed.)nevruz için yazılan manzum eser.

نوروزی nevrûzî, novrûzî: [nev+rûz+î] nevruz ile ilgili.

نوروزیه nevrûziyye: (F.-A.) [nevrûz+ iyye] **1.**nevruz kasidesi. **2.**nevruz macunu.

نورولوژی noroloji: (Fr.) (tıb.) nöroloji.

نورون nivron: (Fr.) (tıb.) ur, tümör.

نوره nûre (bot.) hamamotu, zırnık.

نوره کشیدن nûre keşîden: zırnık sürmek.

نوریه nûriyye: (A.) Rufâilik tarikatının bir kolu.

نوزاد nevzâd, novzâd: [nev+zâden>zâd] **1.**yeni doğan. **2.**bebek. **3.**erkek adı. **4.**bayan adı.

نوزایش nevzâyiş: [nev+zâden>zây+iş] yeniden doğuş.

نوزده nûzdeh (Mat.) on dokuz.

نوزمین nevzemîn: [nev+zemîn<zemîn-i nev] **1.**yeni yer. **2.**yeni tarz.

نوس nevs: (A.) sallanma.

نوس nûs: gökkuşağı.

نوساخت nevsâht: [nev+sâhten>sâht] yeni yapılmış.

نو ساختن nev sâhten: **1.**yeni yapmak. **2.**yenileştirmek, onarmak.

نوساز nevsâz, novsâz: [nev+sâhten>sâz] **1.**yeni yapılmış. **2.**yenileyen.

نوسازی nevsâzî, novsâzî: [nev+sâhten> sâz+î] modernleştirme, modernize.

نوسازی شدن nevsâzî/novsâzî şoden: modernize edilmek, modernleştirilmek.

نوسازی کردن nevsâzî/novsâzî kerden: modernize etmek, modernleştirmek.

نوسال nevsâl: [nev+sâl<sâl-i nev] yeni yıl, yılbaşı.

نوساله nevsâle: [nev+sâl+e] **1.**genç. **2.**yaşı küçük. **3.**taze.

نوسان nevesân: (A.) **1.**sallanma. **2.**inip çıkma. **3.**titreme, hareket, kıpırdama.

نوسان داشتن nevesân dâşten: yerinde sallanmak.

نوسان کردن nevesân kerden: **1.**sallanmak. **2.**inlemek.

نوسفر · nevsefer: (F.-A.) [nev+sefer] yeni yolculuğa çıkan.

نوش nûş: [nûşîden>nûş] **1.**içme. **2.**içen. **3.**afiyet. **4.**ebedî. **5.**leziz. **6.**bal. **7.**içki. ‖ * ~ -i cân نوش جان **1.**can balı. **2.**afiyet olsun. ‖ * ~ -i cân kerden نوش جان کردن içmek.

نوش nûş: panzehir.

نوشاب nûşâb: [nûş+âb] hayat suyu, bengisu.

نوشابه nûşâbe: [nûş+âb+e] **1.**hayat suyu, bengisu. **2.**içki. ‖ * ~ -i alkolî نوشابهء الکلی alkollü içki.

نوشاخ nevşâh: [nev+şâh<şâh-i nev] **1.**yeni çıkan dal. **2.**sürgün. **3.**yeni çıkan boynuz.

نوشادور nûşâdûr: nişadır.

نوشانوش nûşânûş: [nûş+â+nûş] durmadan içerek, kadeh kadeh üstüne içerek, içtikçe içerek.

نوشاندن nûşânden: içirmek, içirtmek.

نوشانیدن nûşânîden: içirmek, içirtmek.

نوشاه nevşâh: [nev+şâh<şâh-i nev] yeni şah olan.

نوش بر نوش nûşbernûş: [nûşîden>nûş+ ber+nûş] durmadan içerek, kadeh kadeh üstüne içerek, içtikçe içerek.

نوشت nivişt, nevişt: [nevişten>nevişt] **1.**yazma.**2.**yazılı, yazılmış.

نوشت افزار nevişteftâr: [nevişt+efzâr] kırtasiye, yazı araç gereci.

نوشتجات nuviştecât: (F.-A.) [nuvişte+c+ ât] **1.**yazılar. **2.**mektuplar.

نوشتن nivişten, nevişten, nuvişten: (Peh.) yazmak, kaleme almak.

نوشته nevişte, nivişte: [nevişten> nevişt+e] **1.**yazı. **2.**mektup. **3.**makale. **4.**kitap.

نوشته شدن nevişte şoden: yazılmak.

نوشخند nûşhand: [nûş+handîden>hand] gülüş, tebessüm, gülümseme.

نوش دارو nûşdârû: (Peh.) [nûş+dârû] **1.**panzehir. **2.**şarap. **3.**macun.

نو شدن nev şoden: yenilenmek, yenileşmek.

نوش کردن nûş kerden: içmek. ‖ * câm ber (be) rûy-i kesî ~ جام بر (به) روی کسی نوش کردن birinin sağlığına içmek, birinin sağlığına kadeh kaldırmak.

نوشکفته nevşikufte: [nev+şikuften> şikuft+e] yeni çiçek açan, yeni açılmış.

نوشگاه nûşgâh: [nûşîden>nûş+gâh] bar.

نوش لب nûşleb: [nûş+leb] tatlı dudaklı.

نوشندگان nûşendegân: [nûşîden>nûş+ende+ g+ân] **1.**içenler. **2.**içki içenler.

نوشنده nûşende: [nûşîden>nûş+ende] **1.**içen. **2.**içki içen.

نوشه nûşe: [nûş+e] **1.**ebedî, kalıcı. **2.**mesut, talihli. **3.**iyi huylu. **4.**lezzetli.

نوشیدن nûşîden: **1.**içmek. **2.**yemek.

نوشیدنی nûşîdenî: [nûşîden+î] içilecek şey, içecek. ‖ * âb-i ~ آب نوشیدنی içme suyu.

نوشیروان nûşirevân: [<nûşîn+revân] Enûşirvan, adaletiyle ünlü Sâsânî hükümdarı.

نوشین nûşîn: (Peh.) tatlı, lezzetli, bal gibi.

نوشین روان nûşînrevân: [nûşîn+revân] **1.**tatlı canlı. **2.**eski İran hükümdarı, Enûrşirvan.

نوشین لب nûşînleb: [nûş+în+leb] tatlı dudaklı.

نوشینه nûşîne: [nûş+îne] tatlı şarap.

نوط nevt : (A.) asma, sallandırma.

نوظهور nevzuhûr: (F.-A.) [nev+zuhûr] yeni ortaya çıkan, yeni çıkma.

نوع nev', nov': (A.) **1.**tür, çeşit, nevi. **2.**sınıf. **3.**biraz, bir derece. ‖ * ~ -i beşer نوع بشر insanoğlu, insanlar.

نوعاً nev'an: (A.) **1.**tür bakımından. **2.**biraz.

نوعاً ما nev'anmâ: (A.) bir bakıma, bir şekilde, âdeta.

نوعروس nev'arûs: [nev+'arûs] yeni gelin, taze gelin.

نوعما nev'umâ: (A.) bir bakıma, bir şekilde.

نوعنان nev'inân: (F.-A.) [nev+inân] bineğe alıştırılan at.

نوعی nev'î: (A.) **1.**tür ile ilgili, cins ile ilgili. **2.**erkek adı.

نوعیت nev'iyyet: (A.) türsellik, özgüllük, spesifiklik.

نوغان nevgân, novgân (zool.) ipek böceği.

نوف nûf: [nûfîden>nûf] **1.**yankı. **2.**gürültü. **3.**havlama.

نوفل nevfel: (A.) **1.**deniz. **2.**erkek adı.

نوفه nûfe: [nûf+e] çığıltı.

نوفیدن nûfîden: **1.**yankılanmak. **2.**gürültü çıkmak. **3.**bağırmak. **4.**kükremek.

نوک nûk: **1.**gaga. **2.**sivri uç. **3.**sivri. **4.**zirve, doruk. **5.**temren. ‖ * ~ -i enguşt نوک انگشت parmak ucu. ‖ * ~ -i kesî râ kîçî kerden نوک کسی را قیچی کردن birini susturmak, birinin gagasını kapattırmak.

نوکار nevkâr: [nev+kâr] işe yeni başlayan, acemi.

نوک بر آمده nûkberâmede: [nûk+ber+ âmeden>âmed+e] burnu kalkmış, burnu dönmüş.

نوکتاب nevkitâb: (F.-A.) [nev+kitâb] yeni kitap sahibi.

نوک تیز nûktîz: [nûk+tîz] sivri uçlu, ucu sivri.

نوکر nevker, novker: **1.**hizmetçi, uşak. **2.**arkadaş. **3.**müşavir. **4.**devlet organı.

نو کردن nev kerden: yenilemek.

نوکیسه nevkîse, novkîse: [nev+kîse] görmemiş, görgüsüz, sonradan görme.

نو گشاده nevguşâde: [nev+guşâden> guşâd+e] yeni açılmış.

نوگشایی شدن novguşâyî şoden: açılmak, hizmete sokulmak.

نوگشایی کردن novguşâyî kerden: açmak, hizmete sokmak.

نول nevl: (A.) **1.**bahşiş, bağış. **2.**navlun. **2.**deniz yolcusu ücreti.

نول nûl: **1.**kuş gagası. **2.**ağız çevresi. **3.**sürahi boğazı.

نول زدن nûl zeden: gagalamak.

نوم nevm, novm: (A.) **1.**uyku. **2.**uyuma. **3.**rüya. ‖ * beynen ~ velyakaza بین النوم و الیقظه uyku ile uyanıklık arasında.

نوم nuvvem: (A.) uyuyanlar.

نوماه nevmâh, novmâh: [nev+mâh] yeni ay, hilal.

نومی nevmî: (A.) uyku ile ilgili.

نومید novmîd: [nâ+omîd>novmîd] ümitsiz, umarsız, meyus, umutsuz.

نومیدانه novmîdâne: [novmîd+âne] ümitsizce.

نومید شدن novmîd şoden: ümitsiz kalmak, umudunu yitirmek.

نومید کردن novmîd kerden: ümitsiz bırakmak.

نومیدی novmîdî: [novmîd+î] umutsuzluk, umarsızlık, ümitsizlik.

نومیه nevmiyye: (A.) uyku ile ilgili.

نون nûn: **1.**nun harfi. **2.**boyu eğri. **3.**(kin.) kaş. **4.**ağaç gövdesi. **5.**balık.

نون nûn: [eknûn>kunûn>nûn] şimdi.

نوند nevend: **1.**hızlı giden. **2.**ulak, haberci, posta tatarı.

نونده nevende: atlı postacı.

نونو nevnev, nov nov: yepyeni, gıcır gıcır.

نونوار nevnevâr: [nev+nev+âr] tiril tiril, gıcır gıcır, temiz pak, tertemiz.

نونهال nevnihâl, nevnehâl: [nev+nihâl] **1.**yeni fidan. **2.**yeni yetme. **3.**fidan boylu sevgili.

نونیاز nevniyâz: [nev+niyâz] **1.**meşke başlayan çocuk. **2.**mevlevîğin ilk aşamasındaki derviş.

نوه neve: torun.

نوه nuve: (A.) çekirdek.

نوه nûh: dokuz.

نوهوس nevheves: (F.-A.) [nev+heves] **1.**hevesli, hevesle başlayan. **2.**maymun iştahlı.

نوی nevey: (A.) çekirdekler.

نوی nevî, novî: [nev+î] **1.**yenilik, tazelik. **2.**daha yeni.

نویات neveyât: (A.) çekirdekler.

نویان noyan: (Moğ.-T.) **1.**emir, Moğol emiri. **2.**komutan.

نویت nuveyt: (A.) çekirdekçik.

نوید novîd: (Peh.) **1.**müjde, iyi haber. **2.**müjdeleme.

نوی دادن nevî dâden: yenilemek, yenilik getirmek.

نوید دادن nuvîd dâden: müjdelemek, müjde vermek.

نویدگری novîdgerî: [novîd+ger+î] **1.**ziyafete çağırma. **2.**müjdecilik.

نویدن nevîden: **1.**hareket etmek, kımıldamak. **2.**titremek.

نویدن novîden: inlemek.

نوید یافتن novîd yâften: müjde almak.

نویره nuveyre: (A.) **1.**küçük parlak şey. **2.**bayan adı.

نویس nuvîs: [nuvişten>nuvîs] yazan.

نویساندن nivîsânden, nevîsânden: yazdırmak.

نویسانیدن nivîsânîden, nevîsânîden: yazdırmak.

نویسندگی nevîsendegî: [nevîsende+g+î] yazarlık.

نویسنده nevîsende: [nevişten>nevîs+ende] **1.**yazar. **2.**katip. **3.**yazan.

نویل novil: (Fr.) (ed.) novel.

نوین nevîn, novîn: [nev+în] **1.**yepyeni, yeni. **2.**bayan adı.

نه ne: **1.**değil. **2.**hayır. **3.**yok. ‖ * ~ inki نه اینکه -dığı gibi, -dığı için. ‖ * ~ ki نه که -den değil; değil mi ki. ‖ * her ~ هرنه herne.

نه nih: [nihâden>nih] **1.**koy. **2.**koyan. **3.**basan.

نه nih: kasaba, küçük şehir.

نه noh: (Peh.) **1.**(mat.) dokuz. **2.**(kin.) dokuz felek. **3.**(kin.) insan vücudundaki dokuz delik.

نهائی nihâ'î: (A.) son, sonuncu, nihâî.

نهائیه nihâ'iyye: (A.) son.

نهاب nehhâb: (A.) çapulcu, yağmacı.

نهاب nihâb: (A.) yağmalar, talanlar.

نهابیر nehâbîr: (A.) kumullar, kum tepeleri.

نهاج nehhâc: (A.) rehber, kılavuz.

نهاد nihâd, nehâd: [nihâden>nihâd] **1.**huy, yaratılış, karakter. **2.**ödeme. **3.**durum. **4.**esas, temel. **5.**tarz. **6.**iç. **7.**gelenek. **8.**anlaşma. **9.**makam. **10.**(gr.) müpteda.

نهادگی nihâdegî: [nihâden>nihâd+e+g+î] bayram giysisi.

نهادن nihâden, nehâden: (Peh.) **1.**koymak. **2.**bırakmak. **3.**takmak. **4.**yerleştirmek. **5.**farzetmek. **6.**sanmak. **7.**takdir etmek. **8.**biriktirmek. **9.**anlaşmak. **10.**var etmek, yaratmak.

نهاده nihâde, nehâde: [nihâden>nihâd+e] **1.**konulmuş. **2.**bırakılmış. **3.**takılmış. **4.**yerleştirilmiş. **5.**farzedilmiş. **6.**sanılmı. 7.takdir edilmiş. **8.**biriktirilmiş. **9.**anlaşılmış.

نهادی nihâdî: [nihâ+î] yaratılış ile ilgili, yaratılıştan gelen.

نهار nehâr: (A.) **1.**gün, gündüz. **2.**öğle yemeği. **3.**bazı yurtıcı kuşların yavruları.

نهار nihâr: (A.) **1.**eksiklik, eksilme. **2.**cılızlık, sıskalık.

نهاراً nehâren: (A.) **1.**gündüz, gündüzün. **2.**açıkça.

نهار خوردن nehâr horden: ögle yemeği yemek.

نهار کردن nehâr kerden: aç kalmak.

نهاری nehârî: (A.) **1.**gündüz ile ilgili. **2.**gündüz okulu, yatılı olmayan okul.

نهاریدن nehârîden: bir şeyler atıştırmak, çimlenmek.

نهاز nihâz: korku.

نهازیدن nihâzîden: korkmak.

نهاق nehâk: (A.) anırtı.

نهاق nuhâk: (A.) anırma, anırtı.

نهال nihâl, nehâl: **1.**fidan. **2.**avcı tuzağı. **3.**av. **4.**yatak, döşek.

نهالستان nihâlistân: [nihâl+istân] fidanlık.

نهال کاشتن nihâl kâşten: fidan dikmek.

نهالگاه nihâlgâh: [nihâl+gâh] **1.**avcı tuzağı. **2.**av yeri, avlak.

نهال نشاندن nihâl nişânden: fidan dikmek.

نهاله nihâle: **1.**fidan. **2.**avcı tuzağı. **3.**av. **4.**tencere altığı. **5.**döşemelik.

نهالی nihâlî: yatak, döşek.

نهالی nihâlî: [nihâl+î] tencere altlığı.

نهان nihân, nehân: (Peh.) **1.**gizli, saklı, örtülü. **2.**gizlice, gizli gizli. **3.**sır. **4.**görünmeyen, gözden uzak. **5.**bayan adı.

نهان بین nihânbîn: [nihân+dîden>bîn] işin iç yüzünü gören.

نهان پیکران nihânpeykerân: [nihân+ peyker+ân] büyük melekler.

نهان خانه nihânhâne: [nihân+hâne] **1.**kiler. **2.**halvethane. **3.**serin bodrum. **4.**mezar.

نهان داشتن nihân dâşten: gizlemek, saklamak, saklı tutmak.

نهان داشته nihândâşte: [nihân+dâşten> dâşt+e] **1.**gizli, saklı. **2.**örtülü kadın.

نهان سو nihânsû: [nihân+sû<sûy-i nihân] **1.**gizli taraf. **2.**yüce âlem, ahiret.

نهان شدن nihân şoden: gizlenmek, saklanmak.

نهان کردن nihân kerden: gizlemek, saklamak.

نهانگاه nihângâh: [nihân+gâh] **1.**zula. **2.**saklanma yeri.

نهان گشتن nihân geşten: gizlenmek, saklanmak.

نهانی nihânî: [nihân+î] **1.**gizlice, saklıca. **2.**gizli, saklı.

نهاوت nehâvet: (A.) ileri görüşlülük.

نهاوند nehâvend: **1.**(müz.) nihavend makamı. **2.**İran'da bir kent.

نهاوندی nihâvendî: [nihâvend+î] **1.**Nihavend'li. **2.**Doğu musikîsinde bir perde.

نهایات nihâyât: (A.) sonlar.

نهایت nihâyet: (A.) **1.**son. **2.**uç. **3.**son derece. **4.**sonunda.

نهایه nihâye: (A.) **1.**son. **2.**uç. **3.**son derece.

نهایة الامر nihâyetulemr: (A.) sonunda, işin sonunda.

نهایة النهایه nihâyetunnihâye: (A.) en sonunda.

نهایی nihâyî: (A.) son, sonuncu, nihaî.

نهب nehb: (A.) **1.**ganimet alma, yağma. **2.**ganimet.

نه بر جا neberçâ: [ne+ber+câ] yersiz.

نهبور nuhbûr: (A.) kumul, kum yığını, kum tepesi.

نهب شدن nehb şoden: yağmalanmak, talan edilmek.

نهب کردن nehb kerden: yağmalamak, talan etmek.

نهبه nuhbe: (A.) akıl, idrak gücü.

نه تنها ne tenhâ: yalnız değil. ‖ * ~ , belki نه تنها ، بلکه yalnız değil, belki, yalnız değil, aynı zamanda; -mediği gibi da. ‖ * ~ nîz نه تنها بلكه نيز yalnız değil, belki, -diği gibi de. ‖ * ~ hettâ نه تنها ، حتى yalnız değil, hatta. ‖ * ~ … niz نه تنها ، نيز yalnız değil, de/da.

نهج nehc: (A.) .yol, yöntem. **2.**düz yol, doğru yol. **3.**kast teşkilatı.

نهر neher: (A.) **1.**ırmak, nehir. **2.**genişlik.

نهر nehr: (A.) (coğ.) nehir, ırmak.

نهراً nehren: (A.) nehir yoluyla.

نه رواق nuhrevâk: (F.-A.) [nuh+revâk] dokuz gök.

نه طباق nuhtibâk: (F.-A.) [nuh+tıbâk] dokuz gök.

نه قباب nuhkıbâb: (F.-A.) [nuh+kıbâb] dokuz gök.

نهرى nehrî: (A.) **1.**nehir ile ilgili.

نهرين nehreyn: (A.) iki nehir.

نهريه nehriyye: (A.) nehir ile ilgili.

نهس nehs: (A.) **1.**yılan sokması. **2.**ön dişiyle ısırır gibi yapma.

نهش nehş: (A.) **1.**yılan sokması. **2.**ön dişiyle ısırır gibi yapma.

نهشه nehşe: (A.) **1.**yılan sokması. **2.**ön dişiyle ısırır gibi yapma.

نهصد nohsed: [noh+sed] (mat.) dokuz yüz.

نهصدم nohsedom: [noh+sed+om] (mat.) dokuz yüzüncü.

نهصدمين nohsedomîn: [noh+sed+omîn] (mat.) dokuz yüzüncü.

نهض nehz: (A.) hareket etme, kalkışma, davranma.

نهضات nehzât: (A.) hareket etme, kalkışma, davranma.

نهضت nehzet, nihzet: (A.) **1.**kalkma. **2.**ayaklanma. **3.**hareket, kımıldayış.

نهضت افتادن nehzet oftâden: hareket etmek.

نهضت كردن nehzet kerden: **1.**ayaklanmak. **2.**hareket etmek.

نهفت nihoft, nohoft: [nihoften>nihoft] **1.**gizli, saklı. **2.**örtülü. **3.**haremlik. **4.**sır. **5.**klasik Türk musikîsinde bir makam.

نهفتگان nihuftegân: [nihuften>nihuft+e+ g+ân] gizlenenler, saklananlar.

نهفتگى nihoftegî: [nihoften>nihoft+ e+g+î] **1.**gizlilik, saklılık. **2.**örtülü olma.

نهفت ماندن nihoft mânden: **1.**gizli kalmak, saklı kalmak. **2.**örtülü kalmak.

نهفتن nihoften, nohoften: (Peh.) **1.**gizlemek, saklamak. **2.**örtmek. **3.**gizlenmek. **4.**örtülü kalmak.

نهفته nihofte: [nihoften>nihoft+e] **1.**gizli, saklı. **2.**örtülü. **3.**gizlice, habersizce.

نهفته پرواز nuhufteperváz: [nuhufte+ pervâz] gizli gizli uçan.

نه فقط ne fakat: (F.-A.) [ne+fakat] yalnız değil. ‖ * ~ belki نه فقط ، بلكه yalnız değil, belki. ‖ * ~ , hettâ نف فقط ، حتى yalnız .değil, hatta. ‖ * ~ , nîz نه فقط ، نيز yalnız ..değil, ..de/da.

نه فلك nohfelek: (F.-A.) [noh+felek] dokuz gezegen.

نهق nehk: (A.) anırtı.

نه كشيدن noh keşîden (kin.) iptal etmek.

نهل nehel: (A.) **1.**susama. **2.**içme. **3.**ilk yudum.

نهم nehem: (A.) **1.**aşırı iştah. **2.**deve homurtusu.

نهم nohom: [noh+om] (mat.) dokuzuncu.

نهمار nehmâr, nihmâr: **1.**çok, sonsuz. **2.**bol. **3.**büyük. **4.**tam, tamamen. **5.**tümü. **6.**güçlükle. **7.**daima.

نهمت nehmet: (A.) **1.**istek, hacet, niyaz. **2.**şiddetli arzu. **3.**yüce himmet.

نهمه nehme: (A.) aşırı iştah.

نهمى nohomî: [noh+omî] (mat.) dokuzuncu.

نهمين nohomîn: [noh+omîn] (mat.) dokuzuncu.

نهنگ neheng: (Peh.] (zool.) timsah, krokodil.

نهنگ آسا nehengâsâ: [neheng+âsâ] timsah gibi.

نهنگ وار nehengvâr: [neheng+vâr] timsah gibi.

ننه nene: anne, ana.

نه نه ne ne: ne .ne.

نه...نه اینکه ne .. ne inki: ne ... ne de.

نه و نو کردن ne vu nû kerden: olumsuz davranmak, muhalefet etmek.

نهور nuhûr: **1.**görüş, bakış. **2.**göz.

نهور nuhûr: (A.) nehirler.

نهوض nuhûz: (A.) hareket.

نه همان nehemân: [ne+hemân] yalnız değil .

نهوض nuhûz: (A.) **1.**kalkma. **2.**hareket etme. **3.**göç.

نهی nehy: (A.) **1.**alıkoyma, menetme, yasaklama. **2.**olumsuzluk. **3.**ket vurma. || * ~ anilmunker نهی عن المنکر şeriat tarafından yasak edilen şeyleri yaptırmamak.

نهی nuhâ: (A.) akıllar.

نهیب nihîb: (Peh.) **1.**korkutma, yıldırma, korku. **2.**heybet. **3.**nara, haykırış. **3.**gözdağı, korkutma. **4.**çıkışma. **5.**çapulcu, yağmacı.

نهیب دادن nihîb dâden: **1.**nara atmak, bağırmak, haykırmak. **2.**çıkışmak. **3.**korkutmak, gözdağı vermek.

نهیب زدن nihîb zeden: **1.**nara atmak, bağırmak, haykırmak. **2.**çıkışmak. **3.**korkutmak, gözdağı vermek.

نهیبه nehîbe: (A.) **1.**çapulcu, yağmacı. **2.**korku.

نهیق nehîk: (A.) anırma.

نهی کردن nehy kerden: alıkoymak, menetmek, yasaklamak.

نهیم nehîm: (A.) **1.**kükreme. **2.**açgözlü. **3.**yırtıcı.

نهیه nuhye: (A.) akıl.

نی ney, niy: (Peh.) **1.**(bot.) kamış, saz. **2.**(bot.) şeker kamışı. **3.**kalem. **4.**(müz.) ney. **5.**marpuç.

نی nî: (Peh.) **1.**değil, hayır, yok. **2.**ne.

نی neyy: (A.) çiğ.

نی nî: değil, yok, hayır, ne.

نی niy: dede, ata.

نیا niyâ: (Peh.) ata, ced.

نیاب niyâb: (A.) **1.**azı dişleri. **2.**yaşlı develer.

نیابت niyâbet: (A.) **1.**naiplik, vekillik. **2.**kadı vekilliği. **3.**teğmenlik.

نیابت داشتن niyâbet dâşten: vekil olmak, naiplik etmek.

نیابتگر niyâbetger: (A.-F.) [niyâbet+ger] vekil, kaymakam.

نیابه niyâbe: (A.) **1.**kere, kez, defa. **2.**sıra. **3.**nöbet.

نیابةً niyâbeten: (A.) vekil olarak, yerine.

نیات niyyât: (A.) niyetler.

نیاح neyyâh: (A.) ağıtçı.

نیاح niyâh: (A.) ölü arkasından ağlama, ağıt.

نیار niyâr: (A.) ateşler.

نیاز niyâz: (Peh.) **1.**istek, hacet. **2.**sevgi gösterme. **3.**adak. **4.**yalvarma. **5.**sevgili. **6.**dua. **7.**manzum veya mensur bektaşi sözleri. **8.**klasik Türk musikîsinde bir makam. || * be ~ resîden به نیاز رسیدن muradına ermek.

نیاز آوردن niyâz âverden: yalvarıp yakarmak.

نیاز داشتن niyâz dâşten: ihtiyacı olmak, muhtaç olmak, gereksinim duymak.

نیازکار niyâzkâr: [niyâz+kâr] **1.**yalvaran. **2.**ihtiyaç sahibi.

نیازکارانه niyâzkârâne: [niyâz+kâr+âne] 1yalvararak. **2.**ihtiyaç içinde.

نیاز کردن niyâz kerden: **1.**nezrini eda etmek. **2.**(tas.) (derviş) hediye vermek.

نیازمند niyâzmend: [niyâz+mend] **1.**muhtaç, ihtiyaç sahibi. **2.**yalvaran.

نیازمندانه niyâzmendâne: [niyâz+mend+ âne] **1.**ihtiyaç içinde. **2.**yalvararak.

نیازمند شدن niyâzmend şoden: muhtaç olmak, ihtiyaç duymak.

نیازمند کردن niyâzmend kerden: muhtaç etmek.

نیازمندی niyâzmendî: [niyâz+mend+î] ihtiyaç, muhtaçlık. || * ~ râ cevâb goften نیازمندی را جواب گفتن ihtiyaca cevap vermek.

نیازی niyâzî: [niyâz+î] **1.**muhtaç.

2.sevgili, dost, aziz, değerli. 3.erkek adı.

نياط niyât: (A.) asmalar. sallandırmalar.

نياكان niyâkân: (Peh.) dedeler, atalar.

نيام niyâm: (Peh.) 1.kın, kılıf. 2.kılıç kını.

نيام niyâm: (A.) uyuyanlar, uykuda olanlar.

نيامگر niyâmger: [niyâm+ger] kın ustası.

نيامگری niyâmgerî: [niyâm+ger+î] kın ustalığı, kın yapımı.

نيايش niyâyiş: (Peh.) 1.ibadet, tapınma. 2.dua.

نيايش كردن niyâyiş kerden: ibadet etmek, tapmak.

نيايش گرفتن niyâyiş giriften: ibadet etmek.

نی پتره neypâre: [ney+pâre] saz parçası, kamış parçası.

نيت niyyet: (A.) 1.niyet. 2.başlama duası. 3.kuş falında kullanılan içi manili pusulalar. ‖ * ~ -i cezm kerden نيت جزم كردن kesin karar vermek.

نيترات nitrat: (Fr.) (kim.) nitrat.

نيتروژن nitrojen: (Fr.) (kim.) azot, nitrojen.

نيت كردن niyyet kerden: niyet etmek, yönelmek, kastetmek.

نيچه neyçe: [ney+çe] (müz.) küçük ney.

نير neyyir: (A.) 1.nurlu. 2.ışıklı, aydınlık, parlak. 3.güneş.

نيران nîrân: (A.) 1.ışıklar. 2.aydınlıklar. 3.cehennem. 4.ateşler.

نيرنج neyrenc (F.>A.) [nîreng> neyreng> neyrenc] tılsım.

نيرنج nîrenc (F.>A.) [nîreng>nîreng] 1.tılsım, afsun. 2.hile, sihir. 3.taslak, resim, müsvedde.

نيرنجات neyrencât: (A.) tılsımlar.

نيرنگ nîreng: (Peh.) 1.dinî ibadet. 2.kısa dua. 3.sihir, tılsım. 4.hilekârlık, hile, düzen. 5.taslak, resim, müsvedde.

نيرنگ nîreng: [nî+reng] 1.taslak. 2.ressam boyası. 3.plan.

نيرنگ باز nîrengbâz: [nîreng+bâhten> bâz] 1.sihirbaz, büyücü. 2.hilekâr, düzenbaz.

نيرنگ كردن nîreng kerden: 1.büyü yapmak, sihir yapmak, afsunlamak. 2.hile yapmak. 3.plan yapmak, tasarlamak.

نيرنگ نامه nîrengnâme: [nîreng+nâme] büyü kitabı.

نيرو nîrû: (Peh.) 1.güç, kuvvet. 2.(fiz.) enerji. 3.(ask.) askerî güç, birlik. ‖ * ~ yi atomî نيروی اتمی atom enerjisi. ‖ * ~ -yi deryâyî نيروی دريايی (ask.) deniz gücü. ‖ * ~ -yi emniyyetî نيروی امنيتی güvenlik gücü. ‖ * ~ -i hevâbord نيروی هوابرد (ask.) hava indirme birliği. ‖ * ~ -yi zarbetî نيروی ضربتی (ask.) vurucu güç.

نيرو بخشيدن nîrû bahşîden: güç vermek.

نيرو داشتن nîrû dâşten: gücü olmak, kuvveti olmak.

نيروز neyrûz: nevruz.

نيرو سنج nîrûsenc: [nîrû+sencîden>senc] (fiz.) dinamometre.

نيرو كردن nîrû kerden: kuvet kullanmak.

نيروگاه nîrûgâh: [nîrû+gâh] enerji santralı. ‖ * ~ -i atomî نيروگاه اتمی nükleer santral.

نيرو گرفتن nîrû giriften: 1.güçlenmek, güç kazanmak, kuvvetlenmek. 2.fazlalaşmak. 3.gelişmek.

نيرومند nîrûmend: [nîrû+mend] güçlü, kuvvetli.

نيرومند شدن nîrûmend şoden: güçlü olmak, güçlenmek.

نيرومند كردن nîrûmend kerden: güçlendirmek, kuvvetlendirmek.

نيرومندی nîrûmendî: [nîrû+mend+î] güçlülük, kudret.

نيره neyyire: (A.) 1.nurlu. 2.ışıklı, aydınlık, parlak. 3.bayan adı.

نيره niyere: (A.) ateşler.

نیریزی nîrîzî: [<ney+rûhten>rîz+î] klasik Türk musikîsinde bir makam.

نیرین neyyireyn: (A.) güneş ve ay.

نیز nîz: (Peh.) **1.**de, dahi, yine de. **2.**aynı şekilde. ‖ * ~ hem نیز هم de, dahi, bile.

نیزار neyzâr: [ney+zâr] sazlık, kamışlık.

نیزک neyzek: [neyze+k] **1.**süngü. **2.**küçük mızrak. **3.**cariye, halayık.

نیزن neyzen: [ney+zeden>zen] ney üfleyen.

نیزنانه neyzenâne: [ney+zeden>zen+âne] neyzen gibi.

نیزه neyze; (Peh.) **1.**kargı, mızrak. **2.**süngü. **3.**zıpkın.

نیزه باز nîzebâz: [nîze+bâhten>bâz] mızrak oyuncusu, cirit oyuncusu.

نیزه دار neyzedâr: [neyze+dâşten>dâr] **1.**mızraklı asker. **2.**zıpkıncı. **3.**nur veren. **4.**süngülü.

نیزه زن nîzezen: [nîze+zeden>zen] **1.**süngüleyen. **2.**mızrakla vuran.

نیزه کشیدن neyze keşîden: **1.**mızrak atmak. **2.**ışık saçmak.

نیزه گذار nîzegozâr: [nîze+gozârden> gozâr] mızrak saplayan, mızraklı asker.

نیزه ماهی neyzemâhî: [neyze+mâhî] (zool.) kılıç balığı.

نیسابورک nîşâbûrek: [nîşâbûr+ek] **1.**küçük Nişabur. **2.**klasik Türk musikîsinde bir makam.

نیسان neysân: (A.-Sür.) Nisan ayı.

نیسان neysân: [ney+sân] ney gibi.

نیست nîst: (Peh.) **1.**yok, yoktur, değil. **2.**yokluk. **3.**öyle değil mi?, değil mi? ‖ * hest u ~ هست و نیست **1.**var yok. **2.**vara yoğa.

نیستان neyistân: [ney+istân] sazlık, kamışlık.

نیستش nîsteş: [nîst+eş] var ya!

نیست شدن nîst şoden: **1.**yok olmak. **2.**görünmez olmak. **3.**ansızın ölmek.

نیست کردن nîst kerden: **1.**yok etmek. **2.**öldürmek.

نیست گرداندن nîst gerdânden: **1.**yok etmek. **2.**öldürmek.

نیستی nîstî: [nîst+î] **1.**yokluk. **2.**yoksulluk. ‖ * hestî vu ~ هستی و نیستی varlık ve yokluk.

نیستی nîstî: [nîst+î] değilsin.

نیش nîş: **1.**sivri uç. **2.**zehirli diş. **3.**iğne. **4.**(hlk.) ağız. **5.**neşter. **6.**iğneli söz. **7.**diken. ‖ * ~ -i kesî bâz şoden نیش کسی باز شدن **1.**sırıtmak, gülmek. **2.**ağzı kulağına varmak.

نیشابور nişâbûr: **1.**İran'da bir kent. **2.**klasik Türk musikîsinde bir makam.

نیشتر nîşter: neşter.

نیشخار nîşhâr: [<hâr-ı nîş] zehirli diken.

نیشخند nîşhand: [nîş+handîden>hand] öfkeli gülüş.

نیش خورده nîşhorde: [nîş+horden> hord+e] zehirli hayvan tarafından sokulmuş.

نیشدار nîşdâr: [nîş+dâşten>dâr] **1.**iğneli. **2.**sivri uçlu. **3.**suçlayıcı.

نیش زدن nîş zeden: **1.**sokmak. **2.**iğnelemek. **3.**saplamak.

نیشکر neyşeker: (Peh.) [ney+şeker] (bot.) şeker kamışı.

نیشگون nîşgûn: [nîş+gûn] çimdik.

نیشگون گرفتن nîşgûn giriften: çimdik atmak, çimdiklemek.

نیشه nîşe: [nîş+e] kaval.

نیطل neytal: (A.) **1.**bela. **2.**kova.

نیفه nîfe: **1.**kemer, bel kayışı. **2.**bohça.

نیک nîk: (Peh.) **1.**iyi, güzel, hoş. **2.**mesut, bahtiyar. **3.**çok. **4.**tam, tamamen. **5.**güzellik, iyilik. **6.**iyice.

نیک آمدن nîk âmeden: **1.**iyi gelmek. **2.**güzel olmak.

نیک اختر nîkahter: [nîk+ahter] **1.**iyi fal. **2.**mesut, talihli.

نیک انجام nîkencâm: [nîk+encâm] iyi sonlu.

نیک اندیش nîkendîş: [nîk+endîşîden> endîş] **1.**iyi düşünceli, hayırsever. **2.**iyi niyetli.

نیک اندیشی nîkendîşî:

[nîk+endîşîden> endîş+î] **1.**iyi düşünme, hayırseverlik. **2.**iyi niyet.

نیکباز nîkbâz: [nîk+bâhten>bâz] iyi davranışlı.

نیک بخت nîkbaht: [nîk+baht] **1.**talihli, bahtı açık. **2.**mutlu, mesut.

نیکبین nîkbîn: [nîk+dîden>bîn] iyimser.

نیکبینی nîkbînî: [nîk+dîden>bîn+î] iyimserlik.

نیک پی nîkpey: [nîk+pey] **1.**ayağı uğurlu. **2.**uğurlu. **3.**mesut, bahtiyar.

نیکتر nîkter: [nîk+ter] daha iyi.

نیکترین nîkterîn: [nîk+terîn] en iyi.

نیک خصال nîkhisâl: (F.-A.) [nîk+hisâl] iyi ahlâklı, iyi huylu.

نیک خصلت nîkhaslet: (F.-A.) [nîk+haslet] iyi huylu, temiz karakterli.

نیک خو nîkhû: [nîk+hû] iyi huylu.

نیک خواه nîkhâh: [nîk+hâsten>hâh] iyiliksever.

نیک داشتن nîk dâşten: iyi korumak, iyi bakmak.

نیک ساختن nîk sâhten: iyi yapmak.

نیک سرشت nîksirişt: [nîk+irişten>sirişt] iyi huylu, temiz yaratılışlı.

نیک سیرت nîksîret: (F.-A.) [nîk+sîret] **1.**iyi huylu. **2.**temiz, dindar.

نیک فال nîkfâl: [nîk+fâl] iyi fal, uğur.

نیک فرجام nîkfercâm: [nîk+fercâm] iyi sonlu.

نیک کردار nîkkirdâr: [nîk+kirdâr] iyi davranışlı.

نیک گفتن nîk goften: **1.**övmek. **2.**iyi söz söylemek.

نیکل nikil: (Fr.) (kim.) nikel.

نیک مرد nîkmerd: [nîk+merd] **1.**iyi insan. **2.**iyi işli.

نیک منظر nîkmenzer: (F.-A.) [nîk+menzer] **1.**güzel, güzel yüzlü. **2.**görünümü güzel.

نیک منظر nîkmanzar: (F.-A.) [nîk+manzar] güzel görünüşlü, şık, güzel.

نیک نام nîknâm: [nîk+nâm] **1.**adı iyilikle anılan. **2.**namuslu.

نیکنامی nîknâmî: [nîk+nâm+î] iyilikle anılma, iyi ünlülük.

نیک نهاد nîknihâd: [nîk+nihâden>nihâd] iyi huylu, temiz yaratılışlı, temiz yürekli.

نیکو nîkû: (Peh.) **1.**iyi. **2.**hoş, güzel. **3.**çok. **4.**değer, lâyık.

نیکو آمدن nîkû âmeden: **1.**iyi gelmek. **2.**sevinmek.

نیکوبخت nîkûbaht: [nîkû+baht] iyi talihli, talihi açık, bahtı açık.

نیکوتین nikotin: (Fr.) (kim.) nikotin.

نیکو حال nikûhâl: (F.-A.) [nîkû+hâl] **1.**dürüst, namuslu, iyi halli. **2.**mesut, bahtiyar.

نیکو خواه nîkûhâh: [nîkû+hâsten>hâh] iyiliksever, iyi düşünceli.

نیکو خواهی nîkûhâhî: [nîkû+hâsten>hâh+î] iyilikseverlik.

نیکو خوی nîkûhûy: [nîkû+hûy] iyi huylu.

نیکوکار nîkûkâr: [nîkû+kâr] iyi işli, iyiliksever, hayırsever.

نیکوکاری nîkûkârî: [nîkû+kâr+î] iyilik, iyilikseverlik, hayırseverlik.

نیکوکاری کردن nîkûkârî kerden: iyilik yapmak.

نیکو گفت nîkûgoft: [nîkû+goften>goft] **1.**övme, beğenme. **2.**güzel konuşma.

نیکوگو nîkûgû: [nîkû+goften>gû] **1.**öven, beğenen. **2.**güzel konuşan.

نیکو نهاد nîkûnihâd: [nîkû+nihâden> nihâd] iyi huylu, temiz yaratılışlı, yüreği temiz.

نیکو نیت nîkûniyyet: (F.-A.) [nîkû+ niyyet] iyi niyetli.

نیکویی nîkûyî: [nîkû+y+î] **1.**iyilik. **2.**güzellik. **3.**bağış, ihsan.

نیکویی کردن nîkûyî kerden: **1.**iyilik yapmak. **2.**ihsan etmek, bağışta bulunmak.

نیکی nîkî: [nîk+î] **1.**iyilik. **2.**güzellik. **3.**sevap. **4.**bağış, ihsan, hayır. **5.**saadet, mutluluk.

نیکی کردن nîkî kerden: **1.**iyilik yapmak. **2.**ihsan etmek, bağışta bulunmak. **3.**hayır işlemek.

نیل neyl, niyl: (A.) **1.**murada erme, nail olma. **2.**bağış, ihsan. **3.**ödül.

نیل nîl (Sans.) **1.**çivit. **2.**çivit rengi. **3.**lacivert. **4.**çivit fidanı. ‖ * hod râ der ~ keşîden خود را در نیل کشیدن matem elbisesi giymek, mateme bürünmek.

نیل nîl: **1.**büyük nehir. **2.**(coğ.) Nil nehri.

نیلان neyelân: (A.) muradına erme, nail olma.

نیلج nîlec (F.>A.) çivit.

نیلفام · nîlfâm: [nîl+fâm] çivit rengi, lacivert.

نیلک nîlek: [nîl+ek] **1.**açık mavi. **2.**morluk, morarma.

نیل کشیدن nîl keşîden: talihli olmak.

نیلگون nîlgûn: [nîl+gûn] **1.**lacivert. **2.**koyu mavi. **3.**yeşil. **4.**bir tür cins at.

نیلوبرگ nîlûberg: [nîl+û+berg] nilüfer.

نیلوپر nîlûper: [nîl+û+per] nilüfer.

نیل وش nîlveş: [nîl+veş] Nil gibi.

نیلوفر nîlûfer: (Peh.) (bot.) nilüfer. ‖ * ~ -i âbî نیلوفر آبی (bot.) su nilüferi. ‖ * ~ -i hindî نیلوفر هندی (bot.) ak nilüfer.

نیلوفری nîlûferî: [nîlûfer+î] **1.**lacivert, nilüfer rengi. **2.**nilüferli.

نیله گاو nîlegâv: [nîle+gâv] (zool.) antilop.

نیله nîle: [nîl+e] çivit.

نیلی nîlî (Sans.) **1.**lacivert, çivit rengi. **2.**mavi. **3.**Nil'e ait.

نیلین nîleyn: (A.) **1.**iki Nil. **2.**Seyhun ve Ceyhun. **3.**Fırat ve Dicle.

نیم nîm: (Peh.) **1.**yarı. **2.**yarım. **3.**buçuk. **4.**orta.

نیم nuyyem: (A.) uyuyanlar.

نیم اوسط nîmevsât: (F.-A.) [nîm+evsat] klasik Türk musikîsinde bir usül.

نیم بدست nîmbedest: [nîm+be+dest] **1.**yarım karış. **2.**küçük yastık.

نیم بسمل nîmbismil: (F.-A.) [nîm+bismil] iyi kesilmemiş hayvan, yarı boğazlanmış hayvan.

نیم پخته nîmpuhte: [nîm+pohten>poht+e] **1.** tam pişmemiş, yarım pişmiş. **2.**yeterince olgunlaşmamış.

نیم ثقیل nîmsakîl: (F.-A.) [nîm+sakîl] klasik Türk musikîsinde bir usül.

نیم تخت nîmtaht: [nîm+taht] **1.**küçük divan. **2.**ayakkabı pençesi. **3.**kanepe.

نیمتن nîmten: [nîm+ten] mintan.

نیم تنه nîmtene: [nîm+ten+e] **1.**ceket. **2.**gocuk. **3.**portre.

نیم ته کردن nîm teh kerden: ikiye bölmek, ikiye ayırmak.

نیم جان nîmcân: [nîm+cân] **1.**yarı canlı. **2.**bitkin, yorgun, tükenmiş.

نیم جاهل nîmcâhil: (F.-A.) [nîm+câhil] yarı cahil.

نیم جاهلی nîmcâhilî: (F.-A.) [nîm+câhil+î] yarı cahil, yarı cahilî.

نیم چنبر nîmçenber: [nîm+çenber <çenber-i nîm] klasik Türk musikîsinde bir usül.

نیمچه nîmçe: [nîm+çe] **1.**yarı. **2.**civci. **3.**kısa kılıç. **4.**kısa tüfek. **5.**tam olgunlaşmamış. **6.**kaba saba.

نیم چهره nîmçehre: [nîm+çihe<çihre-i nîm] masal canavarı, masal devi, nesnâs.

نیم خایه nîmhâye: [nîm+hâye] **1.**yarımküre. **2.**kümbet.

نیم خفیف nîmhafîf: (F.-A.) [nîm+hafîf] klasik Türk musikîsinde bir usül.

نیم خنده nîmhande: [nîm+hande<hande-i nîm] gülümseme, tebessüm.

نیم خواب nîmhâb: [nîm+hâb] yarı uykulu, mahmur.

نیم خیز شدن nîmhîz şoden: doğrulmak.

نیم دور nîmdevir: (F.-A.) [<nîm+devr] klasik Türk musikîsinde bir usül.

نیم دویک nîmdoyek: [nîm+do+yek] klasik Türk musikîsinde bir usül.

نیم رخ nîmroh: [nîm+roh] **1.**profil, yandan görünüş. **2.** yüzün başörtüsü dışında kalan kısmı.

نیم رس nîmres: [nîm+resîden>res] olgunlaşmamış meyva.

نیم رسمی nîmresmî: (F.-A.) [nîm+resmî] yarı resmî.

نیم رغبت nîmragbet: (F.-A.) [nîm+ rağbet] az ilgi, aşırı olmayan rağbet.

نیم رنگ nîmreng: [nîm+reng] **1.**açık renk. **2.**(kin.) eksik.

نیمرو nîmrû: [nîm+rû] omlet.

نمی روز nîmrûz: [nîm+rûz] gün ortası, öğle.

نیم زنجیر nîmzencîr: [nîm+zencîr] klasik Türk musikîsinde bir usûl.

نیم سال nîmsâl: [nîm+sâl] **1.**yarıyıl, sömestre. **2.**orta yaşlı.

نیم سفته nîmsofte: [nîm+soften>soft+e] yarım delinmiş.

نیم سوختگی nîmsûhtegî: [nîm+sûhten> sûht+e+g+î] hafif yanık.

نیم سوز nîmsûz: [nîm+sûhten>sûz] **1.**tamamen yanmamış (odun, kömür). **2.**yanık parçası.

نیم سیر nîmsîr: [nîm+sîr] **1.**tam doymamış. **2.**açık renk.

نیم شب nîmşeb: [nîm+şeb] gece yarısı.

نیم شفاف nîmşeffâf: (F.-A.) [nîm+şeffâf] yarı saydam.

نیم صوفیان · nîmsofyân: (F.-A.) [nîm+ sofyân<sûfiyân] klasik Türk musikîsinde bir usûl.

نیم ظلمت nîmzulmet: (F.-A.) [nîm+ zulmet] loş, yarı karanlık.

نیم قوی nîmkavî: (F.-A.) [nîm+kavî] **1.**yarı kuvvetli. **2.**klasik Türk musikîsinde bir usûl.

نیم کار nîmkâr: [nîm+kâr] gündelikçi, işçi.

نیمکت nîmket: **1.**kanepe, sıra, bank. **2.**divan.

نیم کرده nîmkerde: [nîm+kerden>kerd+e] **1.**ikiye bölünmüş. **2.**yarı dolu.

نیم کره nîmkure: [nîm+kure] yarımküre.

نیم کشته nîmkoşte: [nîm+koşten>koşt+e< koşte-i nîm] yarı ölü.

نیم کوفت nîmkûft: [nîm+kûften>kûft] az ezilmiş, az dövülmüş.

نیم گرد nîmgird: [nîm+gird] yarım daire.

نیم گرم nîmgerm: [nîm+germ] ılık.

نیم لحظه nîmlahza: (F.-A.) [nîm+lahza] **1.**çok kısa bir an. **2.**göz ucuyla bakış.

نیم مدنی nîmmedenî: (F.-A.) [nîm+ medenî] yarı medenî, yarı uygar.

نیم مرده nîmmorde: [nîm+morden> mord+e< morde-i nîm] yarı ölü, yarı canlı.

نیم مست nîmmest: [nîm+mest<mest-i nîm] çakırkeyif.

نیم مظلم nîmmuzlim: (F.-A.) [nîm+ muzlim] loş, yarı karanlık, yarı aydınlık.

نیم منظور nîmmanzûr: [nîm+manzûr] yarım görülen, tam seçilemeyen.

نیم نگاه nîmnigâh: [nîm+nigâh<nigâh-ı nîm] göz ucuyla bakış.

نیم وجبی nîmvecebî: [nîm+veceb+î] bücür, bir karış (boy) .

نیمور nîmûr: penis.

نیمه nîme: (Peh.) [nîm+e] **1.**yarı. **2.**yarım. **3.**buçuk. **4.**peçe. **5.**yarım tuğla veya kerpiç.

نیمه باز nîmebâz: [nîme+bâz] yarı açık, aralık.

نیمه بخش nîmebahş: [nîme+bahş] (sp.) güreşçinin rakibinin ayağını yakalayıp kaldırması.

نیمه پر nîmepor: [nîme+por] yarı dolu.

نیمه تاریک nîmetârîk: [nîme+târîk] loş.

نیمه تنه بلند شدن nîmetene bolend şoden: doğrulmak.

نیمه جان nîmecân: [nîme+cân] yarı canlı.

نیمه راه nîmerâh: [nîme+râh] **1.**yarı yol. **2.**yol ortası.

نیمه راهی nîmerâhî: [nîme+râh+î] yol arkadaşı (bir süre için) .

نیمه روز nîmerûz: [nîme+rûz] gün ortası, öğle üzeri.

نیمه روشن nîmerûşen: [nîme+rûşen]

loş.

نیمه شب nîmeşeb: [nîme+şeb] gece yarısı.

نیمه کاره nîmekâre: [nîme+kâr+e] yarım kalmış, tamamlanmamış.

نیمه کاره ماندن nîmekâre mânden: yarım kalmak.

نیم هلال nîmhilâl: (F.-A.) [nîm+hilâl] **1.**yarım hilal. **2.**(kin.) sevgilinin dudağı. **3.**klasik Türk musikîsinde bir usül. **4.**klasik Türk musikîsinde perde işareti.

نیمه متمدن nîmemutemeddin: (F.-A.) [nîme+mutemeddin] yarı uygar, yarı medenî.

نیمه مستقل nîmemustakil: (F.-A.) [nîme+ mustakil] yarı özgür.

نیمه نیمه nîme nîme: parça parça, yarım yarım.

نینان nînân: (A.) balıklar.

نی نی nînî: gözbebeği.

نی نی nî nî: **1.**bebek, oyuncak bebek. **2.**bebek. **3.**küçük çocuk.

نیو nîv: (Peh.) **1.**yiğit, cesur. **2.**oluk. **3.**gemi.

نیوار nîvâr: feza, boşluk, yer ile gök arası.

نیوب nuyûb: (A.) azı dişleri.

نیور nîver: olaylar, dünya olayları.

نیوش niyûş: [niyûşîden>niyûş] dinle.

نیوشیدن niyûşîden: kulak misafiri olmak, dinlemek, kulak vermek.

نیوکو nîvekû: (Peh.) iyi, güzel.

نیوند nîvend: idrak, anlayış.

نیویورک nîvyork: (coğ.) New York.

نیویورک تایمز nîvyorktaymz: (İng.) New York Times.

نیوه nîve: sızlanma, ağlama.

نیهیلیست nihilist: (Fr.) nihilist.

نیهیلیسم nihilism: (Fr.) nihilizm.

نیین neyîn: [ney+în] kamıştan yapılmış.

و

و v, û, o: 1, Fars alfabesinin otuzuncu harfi, **2.** sayısal değeri: **6.**

و o, ve: (Peh.) **1.**ve. **2.**halbuki, oysa. **3.** -diği halde. **4.**karşı, mukabil. **5.**özellikle. **6.**ama.

وا vâ: **1.**aş. **2.**açık.

وا vâ: (A.) eyvah, vah, vay, yazık.

وا vâ: geride, geri.

وا vâ: birlikte.

وا افتادن vâ oftâden: **1.**düşmek. **2.**uzanmak.

وا اسفا vâesefâ: (A.) [vâ+esef+â] yazık, çok yazık, heyhat. ‖ * ~ ki وا اسفا كه yazık, heyhat, ne yazık.

وا ايستادن vâ istâden: **1.**durmak. **2.**beklemek. **3.**kaçınmak.

وا بخشيدن vâ bahşîden: bölmek, dağıtmak.

وا بردن vâ borden: **1.**yok etmek. **2.**götürmek.

وا بريدن vâ borîden: **1.**kesmek. **2.**kesilmek.

وابستگان vâbestegân: [vâ+beste+g+ân] bağlılar, bağlı olanlar.

وابستگى vâbestegî: [vâ+besten> beste+g+î] bağlılık, irtibat, ilgi.

وابستگى دادن vâbestegî dâden: bağlamak.

وابستن vâbesten: ilgilendirmek.

وابسته vâbeste: [vâ+besten>best+e] **1.**bağlı. **2.**ilgili. **3.**katılmış. **4.** yakın, akraba. **5.**ataşe.

وابل vâbil: (A.) **1.**hızlı ve iri taneli yağmur. **2.**sağanak yağış.

وا بوسيدن vâ bûsîden: **1.** tekrar koklamak. **2.**güreşi bitirmek. **3.**iğrenmek, tiksinmek.

واپادزيستى vâpâdzîstî: [vâ+pâd+zîsten> zîst+î] biyolojik kontrol.

وا پرسيدن vâporsîden: **1.**tekrar sormak. **2.**sormak. **3.**araştırmak.

واپس vâpes: [vâ+pes] **1.**geri, arka. **2.**geride kalmış.

واپس vâpes-i: **1.**-den sonra, ardından, peşisıra.

واپس افتادن vâpes oftâden: geride kalmak.

واپس افكندن vâpes efkenden: **1.**geride bırakmak. **2.**geciktirmek.

واپس باز آمدن vâpes bâz âmeden: geri dönmek.

واپس تافتن vâpes tâften: geriye yönelmek.

واپس دادن vâpes dâden: **1.**geri vermek. **2.**ödemek.

واپس رفتن vâpes reften: geri çekilmek.

واپس رو vâpesrev,vâpesrov: [vâpes+ reften>rev>rov] geri giden, gerileyen.

واپس فرستادن vâpes firistâden: geri göndermek.

واپس گرديدن vâpes gerdîden: geri dönmek.

واپس گرفتن vâpes giriften: geri almak.

واپس ماندن vâpes mânden: geride kalmak.

واپسى vâpesî: [vâ+pes+î] **1.**son, sonuncu. **2.**geride kalmışlık. **3.**talihsizlik.

واپسين vâpesîn: [vâ+pes+în] sonuncu, son.

واپور vapur, vapor: (Lat.>Fr.] **1.**vapur. **2.**buhar.

وات vat: (Fr.) (fiz.) watt, vat.

واتر vâter: [vâ+ter] daha uzak, daha öte.

واتر vater: (İng.) su.

واترپمپ vaterpomp: (İng.) su pompası.

وات سنج vatsenc: (İng.-F.) [vat+ sencîden> senc] vatmetre, wattmetre.

واتگر vâtger: [vât+ger] **1.**sözcü.

2.masal okuyan. 3.şair. 4.derici.

وا توختن vâ tûhten: ödemek.

وا تولیدن vâ tûlîden: budandıktan sonra yeşermek (ağaç) .

واثق vâsik: (A.) 1.güvenilir, emniyetli, sağlam. 2.güvenen.

واثق شدن vâsik şoden: güvenmek, itimat etmek.

واج vâc: (Peh.) 1.kelime. 2.söz. 3.deyiş. 4.zerdüştî duası. 5.şaşkın.

واجار vâcâr: (Peh.) çarşı, pazar.

واجار کردن vâcâr kerden: herkese duyurmak.

واجب vâcib: (A.) 1.lâzım, zorunlu, vacip, önemli, lâyık, yaraşır. 2.hizmetçi aylığı. ‖ * be ~ -i به واجب gerektiği gibi.

واجب آمدن vâcib âmeden: lâzım olmak, gerekli olmak.

واجبات vâcibât: (A.) zorunlu olan şeyler, vacipler.

واجب الاتباع vâcibulittibâ': (A.) izlenilmesi gereken, uyulması gereken.

واجب الاحترام vâcibulihtirâm: (A.) saygın, saygıdeğer.

واجب الاذعان vâcibuliz'ân: (A.) itaat edilmesi gereken.

واجب الایفا vâcibulîfâ: (A.) yapılması gerekli.

واجب التنکیل vâcibuttenkîl: (A.) tepelenmesi gereken.

واجب الرعایه vâciburri'âye: (A.) 1.uyulması gereken. 2.saygı duyulması gereken.

واجب الشکر vâcibuşşukr: (A.) şükredilmesi gereken.

واجب الوجود vâcibulvucûd: (A.) Tanrı.

واجب داشتن vâcib dâşten: 1.gerekli görmek. 2.doğru bilmek. 3.lâyık görmek.

واجب دانستن vâcib dânisten: 1.gerekli görmek. 2.doğru bilmek. 3.lâyık görmek.

واجب دیدن vâcib dîden: gerekli görmek, zorunlu görmek.

واجب ساختن vâcib sâhten: gerekli kılmak.

واجب شدن vâcib şoden: gerekmek, gerekli olmak, vacip olmak.

واجب شمردن vâcib şomorden: gerekli görmek.

واجب کردن vâcib kerden: 1.gerekli kılmak, zorunlu kılmak. 2.lâyık olmak.

واجب گردیدن vâcib gerdîden: gerekmek, gerekli olmak, vacip olmak.

واجبه vâcibe: (A.) gerekli, yapılması gereken.

واجبی vâcibî: (A.-F.) [vâcib+î] 1.vazife. 2.hazine geliri. 3.(bot.) sarı zırnık. 4.(bot.) hamam otu. 5.(gr.) gereklilik kipi.

واجد vâcid: (A.) 1.sahip olap, bulunduran. 2.bulan. 3.zengin. 4.(bot.) sarmaşık. 5.Tanrı'nın sıfatlarından biri.6 .yaratan.

واجده vâcide: (A.) 1.yaratan. 2.zengin. 3.bayan adı.

واجز vâciz: (A.) kısa, özlü.

واجزه vâcize: (A.) kısa, özlü.

واجست vâcost: [vâ+costen>cost] sorgulama, sorguya çekme.

واجستن vâcosten: 1.araştırmak, aramak. 2.incelemek, sorgulamak.

وا چرتیدن vâ çortîden: şaşa kalmak.

وا چیدن vâ çîden: 1.toplamak, dermek. 2.pamuk tohumunu kozadan ayırmak.

واح vâh: (A.) vaha.

واحات vâhât: (A.) vahalar.

واحد vâhid: (A.) 1.(mat.) bir. 2.tek, biricik. 3.fert, birey. 4.yalın, sade. 5.benzer, gibi. 6.birim. 7.kredi, ders kredisi. 8.(ask.) takım, askerî birlik. 9.Tanrı'nın sıfatlarından biri. ‖ * ba'de ~ بعد واحد birer birer.

واحداً vâhiden: (A.) tek olarak, bir başına. ‖ * ~ ba'de vâhidin واحداً بعد واحدٍ birer birer.

واحد الثقبه vâhidussukbe: (A.) tekdelikliler.

واحد الحد vâhidulhadd: (A.) tek terimli.

واحد الرحم vahîdurrahim: (A.) tek yavru doğuran.

واحد الفراش vâhidulfirâş: (A.) ortoklaz.
واحد اللون vâhidullevn: (A.) 1.tek renkli. 2.tek anlamlı.
واحد المسکن vâhidulmesken: (A.) bir evcikli.
واحد المعنی vâhidulma'nâ: (A.) tek anlamlı.
واحده vâhide: (A.) tek, bir.
واحدیت vâhidiyyet: (A.) 1.birlik, teklik. 2.(tas.) zatın sıfatta, sıfatın zatta tecelli ettiği yer.
واحسرتا vâhasretâ: (A.) eyvahlar olsun, yazık, çok yazık.
واحه vâhe: (A.) (coğ.) vaha.
واحیف vâheyf: (A.) eyvahlar olsun, yazık, çok yazık.
واحیفا vâheyfâ: (A.) eyvahlar olsun, yazık, çok yazık.
واخ vâh: 1.vah, vah vah. 2.aferin.
واخچی vahçi: (T.) palanlı at.
واخر vâhir: (A.) 1.diken. 2.iğne.
وا خریدن vâ harîden: 1.geri satın almak. 2.satın almak.
واخ واخ vâhvâh: 1. vah vah. 2.aferin.
واخواست vâhâst: [vâ+hâsten>hâst] 1.itiraz. 2.(huk.) protesto. 3.sorgu.
وا خواستن vâ hâsten: 1.geri istemek. 2.geri almak. 3.sorgulamak.
وا خوان vâhân: [vâ+hânden>hân] 1.tekrar okuma. 2.kitap karşılaştırma.
وا خواندن vâ hânden: 1.tekrar okumak. 2.müsvedde ile aslını karşılaştırmak.
واخوان کردن vâhân kerden: 1.tekrar okumak. 2.müsvedde ile aslını karşılaştırmak.
واخواهی vâhâhî: [vâ+hâsten>hâh+î] itiraz, protesto.
واخود نهادن vâhod nihâden: kendiliğinden uydurmak.
وا خوردن vâ horden: 1.yenilmek. 2.reddedilmek. 3.üzülmek. 4.şaşırmak, hayal kırıklığına uğramak. 5.görüşmek.
واخورده vâhorde: [vâ+horden>hord+e] 1.yenik. 2.reddedilmiş. 3.üzgün. 4.şaşkın. 5.görüşmüş.
واخیدن vâhîden: 1.ayrılmak, çözülmek. 2.(kuş) kanatlarını gagasıyla aralamak. 3.hallaçlık yapmak, pamuk atmak.
واد vâd: oğul.
واداد vâdâd: [vâ+dâden>dâd] 1.geri verme. 2.yasaklama.
واداد کردن vâdâd kerden: 1.geri vermek. 2.menetmek. 3.defetmek.
وا دادن vâ dâden: 1.geri vermek. 2.bırakmak. 3.kendini bırakmak. 4.salmak. 5.dinmek. 6.aldırmamak, aldırış etmemek.
وادادە vâdâde: [vâ+dâden>dâd+e] 1.geri vermiş, geri çevirmiş. 2.geri verilmiş, geri çevirilmiş.
وادار vâdâr: [vâ+dâşten>dâr] 1.tahrik. 2.zorlama, mecbur etmek. 3.yasaklama. ‖ * ~ be teaccub kerden وادار به تعجب کردن şaşırtmak.
وادار شدن vâdâr şoden: 1.mecbur kolmak. 2.menedilmek.
وادار کردن vâdâr kerden: 1.tahrik etmek. 2.mecbur etmek, zorlamak. 3.menetmek.
واداشتن vâdâşten: 1.tahrik etmek. 2.mecbur etmek, zorlamak, zorunda bırakmak. 3.menetmek. 4.durdurmak.
وا دانستن vâ dânisten: teşhis etmek, tanımak, ayırdetmek.
وا در یافتن vâ der yâften: 1.telafi etmek. 2.tekrar bulmak.
وادنگ آوردن vâdeng âverden: kabulden sonra inkâr etmek, mızıkçılık etmek, caymak.
وادە vâde: asıl, madde, bine.
وادی vâdî: (A.) 1.(coğ.) dere. 2.(coğ.) vadi. 3.nehir. 4.kır. 5.çöl. 6.yol, tarz.
وادیج vâdîc: 1.çardak, asma çardağı. 2.tozluk.
وادید vâdîd: [vâ+dîden>dîd] 1.kontrol. 2.ortaya çıkma.
وادید آمدن vâdîd âmeden: ortaya çıkmak, belirmek, zahir olmak.
وادید شدن vâdîd şoden: ortaya

çıkmak, belirmek, zahir olmak.

وا دیدن vâ dîden: **1.**tekrar görmek. **2.**görüş yenilemek. **3.**kontrol etmek, teftiş etmek. **4.**dikkat etmek. **5.**özenmek. **6.**ayırdetmek.

وار vâr: **1.**sevgi, muhabbet. **2.**(gr.) benzer, gibi anlamlarını vererek yeni kelimeler türetir. **3.**(gr.) -li, -lı anlamlarını verecek şekilde yeni kelimeler türetir. **4.**"yaraşır" anlamına gelen son ek. **5.**kere, defa. **6.**sıra. **7.**yük.

وارث vâris: (A.) **1.**miras alan, mirasçı. **2.**Tanrı'nın sıfatlarından biri.

وارث vâris: (A.) varis, mirasçı.

وارث شدن vâris şoden: mirasçı olmak.

وارد vârid: (A.) **1.**giren, gelen. **2.**gelen mal, ithal edilen mal. **3.**yerinde. **4.**bilgili, haberdar. **5.**söz konusu. **6.**konuk.

وارد آمدن vârid âmeden: **1.**girmek, gelmek. **2.**vukubulmak. ‖ * ber kesî ~ بر کسی وارد آمدن birinin başına gelmek.

وارد آوردن vârid âverden: sokmak, ithal etmek.

واردات vâridât: (A.) **1.**girenler, gelenler. **2.**ithalat, dışalım. **3.**gelirler. **4.**olaylar, başa gelenler. **5.**akla gelenler.

وارد ساختن vârid sâhten: **1.**sokmak. **2.**haberdar etmek.

وارد شدن vârid şoden: **1.**girmek, içeri girmek. **2.**katılmak. **3.**bilgili olmak, haberdar olmak.

وارد کردن vârid kerden: **1.**sokturmak. **2.**haberdar etmek. **3.**getirmek. **4.**ithal etmek. **5.**sokmak, almak.

وارد گشتن vârid geşten: girmek, gelmek.

وارده vâride: (A.) **1.**gelen. **2.**akla gelen, hatıra gelen. **3.**gelen evrak.

واردین vâridîn: (A.) gelenler.

وارستگی vârestegî: [vâ+resten>rest+e+g+î] **1.**serbestlik, rahatlık, kurtuluş. **2.**tevazu, alçakgönüllülük. **3.**kurtulmuşluk, bağımsızlık, bağlantısızlık.

وارستن vâresten: **1.**kurtulmak. **2.**özgürlüğüne kavuşmak.

وارسته vâreste: [vâresten>vârest+e] **1.**kurtulmuş. **2.**özgür, hür, serbest. **3.**uzak.

وارسی vâresî: [vâresîden>vâres+î] teftiş, kontrol, inceleme.

وارسیدن vâresîden: **1.**ulaşmak. **2.**teftiş etmek, kontrol etmek. **3.**anlamak, kavramak, idrak etmek. **4.**faydasız olmak.

وارسی شدن vâresî şoden: **1.**kontrol edilmek, teftiş edilmek. **2.**gözden geçirilmek.

وارسی کردن vâresî kerden: **1.**kontrol etmek, teftiş etmek. **2.**gözden geçirmek. **3.**incelemek.

وارغ vârog: geğirme, geğirti.

وارف vârif: (A.) yaygın, geniş.

وارفتگی vâreftegî: [vâreften>vâreft+e+g+î] **1.**erime. **2.**gevşeme, çözülme. **3.**halsizlik, bitkinlik.

وارفتن vâreften: **1.**tekrar gitmek. **2.**geri gitmek, geri dönmek. **3.**bertaraf olmak. **4.**çözülmek, gevşemek. **5.**halsizleşmek, bitkin düşmek. **6.**yıkılmak (kötü bir olay karşısında) .

وارفته vârefte: [vâreften>vâreft+e] **1.**ezik. **2.**gevşek. **3.**halsiz, bitkin. **4.**çökmüş, yıkılmış. **5.**çözülmüş. **6.**geri dönmüş, geri gitmiş.

وارکار vârkâr: [vâr+kâr] bostan.

وارن vârun: **1.**ters. **2.**uğursuz.

وارو vârû: **1.**arka, sırt. **2.**takla. **3.**siğil.

وارو زدن vârû zeden: takla atmak.

وارون vârûn: **1.**ters, baş aşağı, tepetakla. **2.**uğursuz.

وارون زدن vârûn zeden: altüst etmek.

وارون شدن vârûn şoden: **1.**baş aşağı olmak, altüst olmak, ters dönmek. **2.**değişmek.

وارون کردن vârûn kerden: **1.**baş aşağı çevirmek, ters döndürmek. **2.**değiştirmek.

وارونه vârûne: **1.**ters, baş aşağı. **2.**aksine, aykırı. **3.**uğursuz.

وارونه بخت vârûnebaht: [vârûne+baht] talihsiz, talihi dönmüş.

وارونه رای vârûnerây: (F.-A.) [vârûne+ rây] kötü düşünceli.

وارونه زدن vârûne zeden: altüst etmek.

وارونه شدن vârûne şoden: 1.ters dönmek, baş aşağı gelmek, devrilmek. 2.değişmek. 3.tersyüz edilmek.

وارونه کردن vârûne kerden: 1.baş aşağı çevirmek, ters çevirmek. 2.değiştirmek. 3.tersyüz etmek.

وارونه گردیدن vârûne gerdîden: tersine dönmek.

واروني vârûnî: [vârûn+î] 1.terslik, aksilik. 2.talihsizlik.

واره vâre: 1.sıra, kere, defa. 2.(gr.) "gibi, benzer" anlamlarını verecek şekilde kelime türeten son ek. 3."sahip" anlamına gelen son ek. 4."yaraşır" anlamına gelen son ek. 5."kez, kere" anlamına gelen son ek.

وا رهاندن vârehânden: kurtarmak, serbest bırakmak.

وارهيدن vârehîden: kurtulmak, serbest kalmak.

واری vârî: 1.(gr.) "gibi, benzer" anlamlarını verecek şekilde kelime türeten son ek. 2.(gr.) "lik, lık" anlamlarını verecek şekilde kelime türeten son ek.

وارياسيون varyasyon: (Fr.) (müz.) varyasyon.

واريته varyete: (Fr.) çeşitlilik, varyete.

واريختن vârîhten: 1.dökmek. 2.tekrar dökmek. 3.hesap dökümü yapmak.

واريز vârîz: [vârîhten>vârîz] 1.döküm. 2.hesap dökümü, hesap tasfiyesi.

واريز شدن vârîz şoden: hesap dökümü yapılmak.

واريز کردن vârîz kerden: hasap dökümü yapmak.

واريس varis: (Fr.) (tıb.) varis.

واز vâz: 1.açık. 2.ayrı. 3.vergi. 4.bırakma, terk.

واز پيچ vâzpîç: [vâz+pîçîden>pîç] salıncak.

وازدگی vâzedegî: [vâzeden>vâzed+e+g+î] şaşkınlık.

وازدن vâzeden: 1.halaçlık yapmak, pamuk atmak. 2.reddetmek. 3.karıştırmak. 4.ahdini bozmak, sözünden dönmek.

وازر vâzir: (A.) günahkâr.

واز شدن vâz şoden: 1.açılmak. 2.çözülmek.

وازع vâzi': (A.) engel, mani, engel olan.

وازع شدن vâzi' şoden: engel olmak, önlemek.

واز کردن vâz kerden: 1.açmak. 2.çözmek.

وازگون vâzgûn: [vâz+gûn] 1.baş aşağı, ters. 2.uğursuz.

وازگونه vâzgûne: [vâz+gûne] 1.baş aşağı, ters 2.uğursuz.

وازلين vazilin: (Fr.) (kim.) vazelin.

وازنش vâzeniş: [vâzeden>vâzen+iş] tepki, tepme, geri tepme.

واژگون vâjgûn: 1.ters, baş aşağı. 2.devrik. 3.uğursuz. 4.talihsiz.

واژگون ساختن vâjgûn sâhten: 1.tepetakla etmek, altüst etmek. 2.devirmek.

واژگون شدن vâjgûn şoden: 1.ters dönmek. 2.takla atmak, devrilmek (taşıt).

واژگون کردن vâjgûn kerden: 1.ters çevirmek, baş aşağı getirmek. 2.devirmek.

واژگونه vâjgûne: 1.ters, baş aşağı. 2.uğursuz. 3.bedbaht, talihsiz. 4.aksi insan.

واژگونه شدن vâjgûne şoden: 1.ters dönmek. 2.baş aşağı gelmek, devrilmek. 3.takla atmak.

واژگونه کردن vâjgûne kerden: 1.ters çevirmek. 2.baş aşağı getirmek. 3.devirmek.

واژون vâjûn: 1.baş aşağı, ters dönmüş. 2.uğursuz.

واژونه vâjûne: 1.ters, baş aşağı. 2.aksi insan. 3.uğursuz. 4.talihsiz.

واژه vâje: (Peh.) kelime, sözcük.

واژه ساختن vâje sâhten: (gr.) kelime türetmek.

واژه سازی vâjesâzî: [vâje+sâhten>sâz+î] (gr.) kelime türetme, kelime yapımı.
واساختن vâsâhten: 1.yeniden yapmak. 2.birinin dileğini yerine getirmek.
واستاندن vâsitânden: geri almak.
واستدن vâsiteden: geri almak.
واستریوش vâstriyûş: (Peh.) çiftçi.
وا سر شدن vâ ser şoden: ilk haline dönmek.
واسرنگ رفتن vâsereng reften: 1.üstüne çullanmak, üstüne yürümek, saldırmak. 2.azarlamak.
واسط vâsit: (A.) 1.orta, ortada. 2.aracı, vasıta. 3.Irak'ta Kûfe ile Basra arasında bir kent.
واسطه vâsite: (A.) 1.orta. 2.aracı. 3.görücü, kız isteyen. 4.bölge merkezi. 5.vasıta, vesile. 6.sebep. 7.için. 8.terkîb-i bend ve tercî'-i bendlerde bendeleri birbirine bağlayan beyit 9.münasebet. ‖ * be ~-i بواسطهء yüzünden, nedeniyle.
واسطه تراشیدن vâsite terâşîden: bir yolunu bulmak.
واسطه قرار دادن vâsite karâr dâden: aracı yapmak, araya koymak.
واسطی vâsıtî: (A.) 1.Vâsıtlı. 2.bir tür kaliteli kamış kalem.
واسع vâsi': (A.) 1.geniş. 2.enli, bol. 3.Tanrı'nın sıfatlarından biri. 4.yaygın. 5.kapsamlı.
واسع المغفره vâsi'ulmagfire: (A.) çok bağışlayan Tanrı.
واسعه vâsi'e: (A.) 1.geniş. 2.enli, bol.
واسوخت vâsûht: [vâsûhten>vâsûht] 1.yüz çevirme. 2.usanma, bezme, bezginlik.
واسوختگی vâsûhtegî: [vâsûhten>vâsûht+ e+g+î] yanık.
واسوختن vâsûhten: 1.tekrar yakmak. 2.yakmak. 3.yanmak. 4.yüz çevirmek.
واسهء vase-i: [<vâsite-i] için, yüzünden, sebebiyle.
واسهء چی vase-i çi: (A.-F.) [<vâsite-i çi] niçin, neden.
واش vaş: (T.) 1.ot, bitki. 2.hayvanlara verilen ot.
واش vâş: 1.düşman. 2.gammaz.
وا شدن vâşoden: 1.açılmak. 2.(çiçek) açmak: 3.dağılmak, çözülmek, ayrılmak. 4.yok olmak.
واشده vâşode: [vâ+şoden>şod+e] 1.açılmış. 2.geri çekilmiş.
واشر vaşer: (İng.) 1.vana. 2.musluk.
واشرساز vaşersâz: (İng.-F.) [vaşer+ sâhten> sâz] muslukçu, sıhhî tesisatçı.
واشرسازی vaşersâzî: (İng.+F.) [vaşer+ sâhten>sâz+î] 1.muslukçuluk, sıhhî tesisatçılık. 2.sıhhî tesisatçı dükkânı.
واشگونه vâşgûne: tepetakla, baş aşağı.
واشگونه شدن vâşgûne şoden: tepetakla olmak, baş aşağı gelmek.
واشگونه کردن vâşgûne kerden: baş aşağı getirmek.
واشناختن vâşinâhten: ayırmak, ayırdetmek.
واشنگتون vaşington: (İng.) (coğ.) Washington.
واصب vâsib: (A.) 1.kalıcı, yerinde duran. 2.sürekli, devam eden.
واصبه vâsibe: (A.) 1.kalıcı, yerinde duran. 2.sürekli, devam eden.
واصف vâsif: (A.) 1.vasfeden, tavsif eden. 2.öven. 3.anlatan.
واصفه vâsife: (A.) 1.niteleyen, vasfeden. 2.öven. 3.bayan adı.
واصل vâsil: (A.) 1.birleşen. 2.ulaşan, kavuşan. 3.Tanrı'ya kavuşan, Tanrı'ya eren. ‖ * be ~ به واصل nakden, peşin olarak.
واصل خط vâsilhet: (A.-F.) [vâsil+het] alındı makbuzu.
واصل شدن vâsil şoden: 1.ulaşmak, varmak. 2.elmek. 3.(tas.) Hakk'a kavuşmak.
واصل کردن vâsil kerden: 1.ulaştırmak, kavuşturmak. 2.(tas.) Tanrı'ya kavuşturmak.
واصله vâsıla: (A.) 1.ulaşan, kavuşan, varan. 2.dıştan. 3.bir mevlevî giysisi.

واصلين vâsılîn: (A.) **1.**ulaşanlar, kavuşanlar, varanlar. **2.**Tanrı'ya erenler.

واضح vâzih: (A.) açık, açık seçik, aşikar, apaçık.

واضحا vâzihen: (A.) açıkça, açık olarak.

واضحات vâzihât: (A.) açık olan şeyler, şüphe götürmeyen şeyler.

واضح شدن vâzih şoden: **1.**açık olmak. **2.**sabit olmak. **3.**açıklığa kavuşmak.

واضح كردن vâzih kerden: **1.**açıklamak, açıklığa kavuşturmak. **2.**sabitleştirmek.

واضحه vâzihe: (A.) açık, ortada, aşikâr.

واضحة الغرر vâzihetulgurer: (A.) açık alınlı, alınları geniş ve açık.

واضع vâzi': (A.) **1.**koyan, koyucu. **2.**temel atan. **3.**hazırlayan. **4.**kurucu.

واضع اليد vâzı'ulyed: (A.) el koyan.

واضعين vâzi'în: (A.) koyanlar.

واعظ vâ'iz: (A.) **1.**vaaz veren, vaiz. **2.**öğüt veren.

واعظا vâ'izâ: (A.-F.) [vâ'iz+â] ey vaiz.

واعظان vâ'izân: (A.-F.) [vâ'iz+ân] vaizler.

واعظين vâ'izîn: (A.) vaizler.

واعظيه vâ'iziyye: **(A.)** vaizlik ücreti.

واعى vâ'î: (A.) **1.**koruyan. **2.**işiten, dinleyen.

واعيه vâ'iye: (A.) çığlık, feryat.

وافد vâfid: (A.) **1.**elçi. **2.**temsilci.

وافر vâfir: (A.) **1.**bol, çok, pek çok. **2.**noksansız, tam. **3.**(ed.) aruz bahirlerinden biri.

وافرا vâfiren: (A.) **1.**bolca, çokça. **2.**genellikle. **3.**çoğunlukla.

وافره vâfire: (A.) bol, çok.

وافق vâfik: (A.) uygun, kafa dengi, hem fikir.

وافور vâfûr,vâfor: (Lat.-Fr.) **1.**esrar çubuğu. **2.**vapur, buharlı gemi.

وافور كشيدن vâfor keşîden: vâforla esrar içmek, esrar çekmek.

وافورى vâforî: [vâfor+î] esrarkeş, uyuşturucu bağımlısı.

وافى vâfî: (A.) **1.**sözünde duran, vefalı. **2.**yeterli, kâfi. **3.**lâyık. **4.**dolu. **5.**doğru. **6.**tam. ‖ * ~ ve kâfî وافى و كافى bol bol yeter.

وافيه vâfiye: (A.) tam, yeter.

واقد vâkid: (A.) alevli.

واقع vâki': (A.) **1.**olan, meydana gelen. **2.**yer alan, bulunan. **3.**doğru, dürüst. **4.**(tas.) levh-i mahfuz. **5.**geçmiş, geçen. **6.**gerçek. ‖ * ~ der واقع در bulunan, yer alan. ‖ * be ~ به واقع aslında. ‖ * der ~ در واقع aslında. ‖ * gayr-i ~ غير واقع gerçek dışı. ‖ * kemâ huvel ~ كما هو الواقع olduğu gibi, olageldiği şekilde.

واقعا vâki'en: (A.) gerçekten, hakikaten, gerçekten de.

واقعات vâki'ât: (A.) olaylar.

واقع بين vâki'bîn: (A.-F.) [vâki'+dîden> bîn] gerçekçi, realist.

واقع بينى vâki'bînî: (A.-F.) [vâki'+dîden>bîn+î] gerçekçilik, realizm.

واقع شدن vâki' şoden: **1.**vukubulmak, meydana gelmek. **2.**mümkün olmak. **3.**olmak. **4.**yer almak, bulunmak.

واقعه vâki'e: (A.) **1.**olay, vaka, hadise. **2.**olmuş, geçmiş. **3.**bela. **4.**durum. **5.**ölüm. **6.**kıyamet günü. **7.**rüya.

واقعه طلب vâki'etaleb: (A.-F.) [vâki'e+talebîden>taleb] **1.**fitneci, bozguncu. **2.**savaşçı.

واقعى vâki'î: (A.) gerçek, asıl.

واقعيت vâki'iyyet: (A.) **1.**gerçeklik. **2.**hakikat, gerçek. ‖ * be ~ peyvesten به واقعيت پيوستن gerçekleşmek.

واقعيت يافتن vâki'iyyet yâften: gerçekleşmek.

واقف vâkif: (A.) **1.**vâkıf, haberdar, bilgili, vukuf sahibi. **2.**duran. **3.**vakfedici, vakfeden. **4.**Arafat mevkiinde duran hacı.

واقف آمدن vâkif âmeden:vâkıf olmak.

واقفانه vâkifâne: (A.-F.) [vâkif+âne] vâkıf olarak, bir konu hakkında bilgi sahibi olarak.

واقف داشتن vâkif dâşten: haberdar etmek.

واقف شدن vâkif şoden: vakıf olmak, haberdar olmak, anlamak, bilgi sahibi olmak.

واقف کردن vâkif kerden: haberdar etmek.

واقفی vâkifî: (A.-F.) [vâkif+î] haberdar olma, vukuf.

واقلیدن vâ kılîden: vazgeçmek.

واق واق vâkvâk: **1.**havlama. **2.**meyvası insan şeklinde olan efsanevî bir ağaç.

واقول vâkavl (vâgovl) âverden: itiraftan sonra inkâr etmek.

واقی vâkî: (A.) **1.**koruyucu, koruyan. **2.**önleyen, önleyici.

واقیه vâkiye: (A.) **1.**koruyucu, koruyan. **2.**önleyen, önleyici.

وا کردن vâ kerden: **1.**açmak. **2.**çözmek. **3.**kapağını kaldırmak. **4.**ayırmak. **5.**serbest bırakmak. **6.**devşirmek.

واکس vaks (Rus.) ayakkabı boyası.

واکس خوردن vaks horden (Ayakkabı) boyanmak.

واکس زدن vaks zeden: ayakkabı boyamak.

واکس زن vakszen (Rus.-F.) [vaks+ zeden> zen] ayakkabı boyacısı.

واکس زنی vakszenî (Rus.-F.) [vaks+ zeden>zen+î] ayakkabı boyacılığı.

واکس کوبیدن vaks kûbîden: (tıb.) aşı olmak.

واکسن vaksen: (Fr.) **1.**(tıb.) çiçek aşısı. **2.**(tıb.) aşı.

واکسن زدن vaksen zeden: **1.**(tıb.) aşı yapmak. 2(tıb.) çiçek aşısı yapmak)

واکسی vaksî (Rus.-F.) [vaks+î] **1.**ayakkabı boyacısı. **2.**ayakkabı boyanan dükkân.

واکسیل vaksil (Rus.) omuz kordonu.

واکسیل بند vaksilbend (Rus.-F.) [vaksil+ besten>bend] omuz kordonu.

واکسینه vaksine: (Fr.) (tıb.) aşı yapma.

واکسینه شدن vaksine şoden: (tıb.) aşı olmak.

واکسینه کردن vaksine kerden: (tıb.) aşı yapmak.

وا کشیدن vâ keşîden: **1.**tekrar çekmek. **2.**dinlenmek, istirahat etmek. **3.**uzanmak. **4.**dışarı çıkarmak. **5.**zorla elinden almak. **6.**celbetmek.

واکن vâkon: [vâ+kerden>kon] açıcı, açan.

واکنش vâkoniş: [vâ+kerden>kon+iş] tepki, reaksiyon, aksülamel.

واگذار vâgozâr: [vâ+gozârden>gozâr] teslim, bırakma, havale etme.

واگذاردن vâgozârden: **1.**teslim etmek, bırakmak, havale etmek. **2.**terektmek.

واگذار شدن vâgozâr şoden: teslim edilmek, bırakılmak, havale edilmek. **2.**terkedilmek.

واگذار کردن vâgozâr kerden: bırakmak, havale etmek. **2.**terketmek.

واگذاشتن vâgozâşten: **1.**teslim etmek, bırakmak, havale etmek. **2.**terketmek. **3.**dinmek, sakinleşmek.

وا گرفتن vâgiriften: **1.**tekrar almak. **2.**menetmek. **3.**(tıb.) bulaşıcı hastalığa yakalanmak, hastalık kapmak. **4.**ölçü almak. **5.**ayırmak.

و اگرنه ve egerne: [ve+eger+ne] **1.**ancak. **2.**yoksa, aksi takdirde.

واگشتن vâgeşten: geri dönmek.

واگفتن vâgoften: **1.**tekrarlamak, tekrar etmek. **2.**açıklamak, söylemek.

واگن vagon: (Fr.-İng.) vagon. ‖ * ~ -i bârî واگن باری yük vagonu.

واگون vagon: (Fr.-İng.) **1.**vagon. **2.**kompartıman.

واگون لی vagonli: (Fr.-T.) [vagon+li] yataklı vagon.

واگویه vâgûye: [vâ+goften>gûy+e] tekrarlama, tekrar söyleme.

واگیر vâgîr: [vâ+giriften>gîr] **1.**(tıb.) bulaşıcı. **2.**bulaşma, sirayet.

واگیردار vâgîrdâr: [vâ+giriften>gîr+ dâşten>dâr] (tıb.) bulaşıcı.

واگیری vâgîrî: [vâ+giriften>gîr+î] (tıb.) bulaşma, sirayet.

والا vâlâ: 1.yüksek, yüce. 2.asil, şerefli. 3.aziz. 4.meşhur. 5.önder, lider. 6.üstün. 7.boy, boybos. 8.dayanıklı.

والا vâlâ: bayrak.

و الا ve illâ: (A.) 1.yoksa. 2.hiç. 3.ancak. ‖ * ~ felâ والا فلا böyle olmazsa olmaz.

والاجاه vâlâcâh: [vâlâ+câh] yüksek mevki sahibi, yüksek makam sahibi.

والا حضرت vâlâhazret: (F.-A.) [vâlâ+hazret] ekselansları, prens hazretleri.

والاد vâlâd: 1.tavan, çatı. 2.kalıp. 3.duvar katmanı.

والارتبه vâlârutbe: (F.-A.) [vâlâ+rutbe] yüksek dereceli, yüksek rütbeli.

والاشان vâlâşân: (F.-A.) [vâlâ+şân] şanlı, şanı yüce.

والا شدن vâlâ şoden: 1.yükselmek. 2.yücelmek. 3.şerefli olmak. 4.beğenilmek. 5.dayanıklı olmak.

والاقد vâlâkadd: (F.-A.) [vâlâ+kadd] 1.uzun boy. 2.uzun boylu.

والاقدر vâlâkadr: (F.-A.) [vâlâ+kadr] değerli, kıymetli.

والاگوهر vâlâgevher: [vâlâ+gevher] yüksek cevherli, değerli.

والا مقام vâlâmekâm: (F.-A.) [vâlâ+mekâm] yüksek makamlı, yüksek dereceli.

والا منش vâlâmeniş: [vâlâ+meniş] asil.

والانژاد vâlânijâd: [vâlâ+nijâd] soylu, asil.

والاهمت vâlâhimmet: (F.-A.) [vâlâ+himmet] yüksek görüşlü, himmet sahibi.

والایی vâlâyî: [vâlâ+y+î] 1.yükseklik. 2.yücelik. 3.asillik, soyluluk.

والحاصل velhâsil: (A.) kısacası, sonuçta, sonuç olarak.

والد vâlid: (A.) 1.baba. 2.yol açan, doğuran.

والدان vâlidân: (A.-F.) [vâlid+ân] ana baba.

والدعا veddu'â: (A.) mektup altına yazılan ve "dualarımız sizinledir" anlamına gelen klişe söz.

والده vâlide: (A.) 1.anne. 2.doğuran. 3.yaşlı kadınlara hitap şekli.

والديت vâlidiyyet: (A.) analık ve babalık.

والدين vâlideyn: (A.) ana baba.

والس vals: (Fr.) vals.

والسلام vesselâm: (A.) işte o kadar.

والله vallâhi: (A.) [vellâh] vallahi.

وا لميدن vâlemîden: dinlenmek, istirahat etmek.

واله vâle: 1.serap. 2.zorlama, ısrar. 3.inilti, nale. 4.bir tür ipekli kumaş.

واله vâlih: (A.) 1.üzgün. 2.şaşkın. 3.tutkun, aşık. ‖ * ~ u heyrân واله و حيران şaşkın.

والهانه vâlihâne: [vâlih+âne] şaşkınca, şaşırarak.

والهه vâlihe: (A.) şaşkın, hayret içinde.

والى vâlî: (A.) vali.

واليان vâliyân: (A.-F.) [vâlî+y+ân] valiler.

واليبال vâlîbâl: (İng.) (sp.) voleybol.

واليدن vâlîden: 1.gelişmek, büyümek. 2.övünmek.

وام vâm: (Peh.) borç. ‖ * ~ râ edâ kerden وام را ادا كردن borç ödemek. ‖ * be ~ borden به وام بردن borç almak.

وام vâm: 1.dam. 2.renk. 3.benzer, gibi.

و اما ve emmâ: (A.) ancak, şu kadar var ki, -e gelince.

واماندگى vâmândegî: [vâ+mânden> mând+ e+g+î] 1.acizlik, bitkinlik. 2.geri kalmışlık.

واماندن vâmânden: 1.yorulmak, bitkin düşmek. 2.geride kalmak. 3.donakalmak.

وامانده vâmânde: [vâ+mânden>mând+e] 1.yorgun, bitkin. 2.geride kalmış, artık. 3.donakalmış.

وامپير vampir: (Fr.) vampir.

وام خواستن vâm hâsten: borç istemek.

وامخواه vâmhâh: [vâm+hâsten>hâh] **1.**borç isteyen. **2.**alacaklı.

وام دادن vâm dâden: borç vermek.

وامدار vâmdâr: [vâm+dâşten>dâr] borçlu.

وام داشتن vâm dâşten: borçlu olmak.

وام زده vâmzede: [vâm+zeden>zed+e] borçlu, medyun.

وامصیبتا vâmusîbetâ: (F.-A.) [vâ+ musîbet+â] bu ne felaket!

وامق vâmik: (A.) **1.**aşık. **2.**Vâmık u Azrâ hikâyesindeki erkek kahraman.

وامقه vâmike: (A.) **1.**sevdalı, aşık. **2.**bayan adı.

وام کردن vâm kerden: borçlanmak, borç almak.

وامی vâmî: [vâm+î] **1.**borçlu. **2.**(kin.) âciz.

وان : [ve+ân] ve o, öbürü.

وان vân: "koruyucu, sahip" anlamında kelime türetmeye yarayan son ek.

وانت بار vant-i bâr: (İn.-F.) [vant+ -i bâr] kamyonet.

وانچه vançi: [ve+an+çi] ve o şey ki.

واندر vender: [ve+ender] ve içinde, ve hakkında.

واندران venderân: [ve+ender+ân] ve onda, ve içinde.

وانکو vankû: [ve+an+ki+û] ve o kimse ki.

وانگاه vangâh: [v+ân+gâh] **1.**o zaman. **2.**sonra. **3.**üstelik.

وانگه vangeh: [ve+ân+geh] **1.**o zaman. **2.**sonra. **3.**üstelik.

وانگهان vangehân: [ve+ân+geh+ân] üstelik, ilave olarak, bu yetmiyormuş gibi.

وانگهی vangehî: [ve+ân+geh+î] **1.**o zaman. **2.**sonra. **3.**üstelik, ilave olarak. **4.**peki.

وانمود vânumûd: [vâ+numûden>numûd] gösteriş.

وانمود کردن vânumûd kerden: **1.**göstermek. **2.**gösteriş yapmak.

وانمودن vânumûden: **1.**göstermek. **2.**gösteriş yapmak.

وانیل vanil: (Fr.) **1.**vanilya. **2.**(bot.) vanilya sarmaşığı.

واوی vâvî: (A.) **1.**vav harfi ile ilgili. **2.**tilki.

واویل vâveyl: (A.) eyvahlar olsun, yazık, çok yazık.

واویلا vâveylâ: **1.**eyvahlar olsun, yazık, çok yazık. **2.**çığlık, yaygara.

واه vâh: **1.**vah! **2.**aferin.

واهب vâhib: (A.) hibe eden, bağışlayan.

واهب الادراک vâhibulidrâk: (A.) Tanrı.

واهب الآمال vâhibulâmâl: (A.) insanın isteklerini veren Tanrı.

واهب العطایا vâhibul'etâyâ: (A.) bağışta bulunan, Tanrı.

واهب العطیات vâhibulatiyyât: (A.) bol bağışta bulunan Tanrı.

واهبه vâhibe: (A.) **1.**hibe eden bağışlayan. **2.**bayan adı.

واهم vâhim: (A.) kuruntulu.

واهمه vâhime: (A.) kuruntu, vehim, çekinme, korkma, ürkme.

واهمه داشتن vâhime dâşten: çekinmek, korkmak, ürkmek.

واهن vâhin: (A.) zayıf.

واهی vâhî: (A.) **1.**asılsız. **2.**anlamsız. **3.**gevşek. **4.**köhne.

واهیات vâhiyât: (A.) anlamsız şeyler, boş şeyler.

واهی اساس vâhîesâs: (A.-F.) [vâhî+ esâs] **1.**gevşek temelli, zayıf temelli. **2.**asılsız.

واهی کردن vâhî kerden: gevşetmek, zayıflatmak.

وای vây: (Peh.) **1.**vay!, vah!, yazık!. **2.**feryat.

وایست vâyist: **1.**zorunlu, lâzım, zaruri. **2.**istek, hacet.

وایه vâye: kısmet, nasip.

وایه بخش vâyebahş: [vâye+bahşîden> bahş] yarar sağlayan, kazançlı.

وایه دار vâyedâr: [vâye+dâşten>dâr] kısmetli, nasipli.

وایه گیر vâyegîr: [vâye+giriften>gîr] nasipli, kısmetli.

وباء vebâ': (A.) (tıb.) kolera, veba.

وبائی vebâ'î: (A.) veba ile ilgili.

وبائيه vebâ'iyye: (A.) veba ile ilgili.

وبار vibâr: (A.) aktavşanlar, Arabistan tavşanları.

وباره vibâre: (A.) aktavşanlar, Arabistan tavşanları.

وبال vebâl: (A.) **1.**günah, vebal. **2.**sıkıntı, azap. **3.**kötü son.

وبالت vebâlet: (A.) **1.**günah. **2.**ağırlık. **3.**azap, sıkıntı.

وبايى vebâyî: (A.-F.) [vebâ+y+î] (tıb.) koleralı, vebalı.

وبر veber: (A.) **1.**yaprak üstündeki dikencikler. **2.**tüy, hav.

وبر vebr: (A.) aktavşan, Arabistan tavşanı.

وبس vebes: [ve+bes] sadece, o kadar, işte o kadar.

وبعد veba'du: (A.) ondan sonra, şimdi.

وبور vubûr: (A.) aktavşanlar, Arabistan tavşanları.

وبيل vebîl: (A.) zor, güç.

وتائر vetâ'ir: (A.) meslekler.

وتد veted: (A.) **1.**çivi. **2.**kazık. **3.**çadır direği. **4.**üç harften oluşan nazım birimi. **5.**boyun kemiği.

وتدى vetedî: (A.) (tıb.) temel kemiği.

وتر veter: (A.) **1.**kiriş. **2.**yay kirişi. **3.**saz teli. **4.**kas siniri. ‖ * ~ -i kâ'ime وتر قائمه hipotenüs.

وتر vetr, vitr: (A.) **1.**tek, yalnız. **2.**kin.

وتر vitr: (A.) **1.**vitir namazı. **2.**kurban bayramı arifesi. ‖ * salât-i ~ صلات وتر vitir namazı, yatsı namazının ardından kılınan üç rekatlık namaz.

وتو vito: (Lat.-Fr.) veto.

وتو كردن vito kerden: veto etmek.

وتيره vetîre: (A.) **1.**yol. **2.**üslup, yöntem, tarz. **3.**burun deliklerini ayıran zar. **4.**süreç.

وتيره دان vetîredân: (A.-F.) [vetîre+dânisten>dân] yol iz bilen, iş bilen.

وثائق vesâ'ik: (A.) belgeler, vesikalar.

وثاق vesâk, visâk: (A.) **1.**bağ, ilişki. **2.**antlaşma, yeminleşme. **3.**antlaşma yeri, sözleşme yeri.

وثاق visâk: (A.) **1.**ilişki, bağ. **2.**antlaşma, yeminleşme, sözleşme. **3.**karargâh, kamp.

وثاق vosâk, visâk: (T.) **1.**çadır. **2.**oda. **3.**yanyana birkaç çadır. **4.**ordugâh.

وثايق vesâyik: (A.) belgeler, vesikalar.

وثب veseb: (A.) sıçrama, atlama.

وثبان vesebân: (A.) sıçrama, atlama.

وثبه vesbe: (A.) sıçrama, atlama.

وثق vusuk: (A.) **1.**bağlar, ilgiler. **2.**antlaşmalar, sözleşmeler. **3.**antlaşma yerleri, sözleşme yerleri.

وثقى vuskâ: (A.) sağlam.

وثم vesm: (A.) döverek toz haline getirme.

وثن vesen: (A.) put.

وثنى vesenî: (A.) **1.**put ile ilgili. **2.**putperest.

وثنيه veseniyye: (A.) put ile ilgili.

وثنيون veseniyyûn: (A.) putperestler.

وثوب vusûb: (A.) sıçrama, atlama.

وثوق vusûk: (A.) **1.**sağlamlık. **2.**güvenme, inanma, itimat etme.

وثيق vesîk: (A.) çok sağlam, kuvvetli, güvenilir.

وثيقت vesîket: (A.) belge, vesika.

وثيقه vesîke: (A.) **1.**belge. **2.**sağlam kanıt.

وج vec: (A.) (bot.) sarı zambak.

وجاء vecâ': (A.) korku.

وجاء vicâ': (A.) hayvanı iğdiş etme.

وجائب vecâ'ib: (A.) kişinin yapması gereken şeyler, vecibeler.

وجار vecâr: (A.) **1.**hayvan ini. **2.**sel suyu tarafından açılan çukur.

وجار vicâr: (A.) **1.**in. **2.**sel suyu yatağı.

وجازت vecâzet: (A.) sözdeki özlülük.

وجاع vicâ': (A.) ağrılar, sızılar.

وجاه vicâh: (A.) yüzleşme.

وجاهاً vicâhen: (A.) **1.**yüzleşerek. **2.**yüzüne karşı.

وجاهت vecâhet: (A.) **1.**güzellik. **2.**itibar, şan, şeref. **3.**yücelik. **4.**beğenilme.

وجاهى vicâhî: (A.) yüzyüze.

وجاهيه vicâhiyye: (A.) yüzyüze.

وجب veceb: karış.

وجب به وجب veceb be veceb: karış karış.

وجب كردن veceb kerden: karışlamak.

وجب وجب veceb veceb: karış karış.

وجد vecd: (A.) **1.**coşku, vecd, kendinden geçme. **2.**güzellik, hoşluk. ‖ * be ~ âmeden به وجد آمدن vecde gelmek, coşmak, keyiflenmek.

وجد vicd: (A.) zenginlik.

وجد آلود vecdâlûd: (A.-F.) [vecd+ âlûden>âlûd] coşkulu, vecd halinde.

وجد آور vecdâver: (A.-F.) [vecd+ âverden>âver] coşkulu, vecde getiren, heyecan verici.

وجدافزا vecdefzâ: (A.-F.) [vecd+ efzûden>efzâ] coşkulu, vecde getiren, heyecanlandıran.

وجدان vecdân: (A.) coşku, vecd hali, kendinden geçme.

وجدان vicdân: (A.) **1.**iyi ile kötüyü ayırma duygusu. **2.**bulma. **3.**inanç. **4.**vecde dalma. **5.**bayan adı.

وجداناً vicdânen: (A.) vicdan yolu ile, vicdan bakımından.

وجدان سوز vicdânsûz: (A.-F.) [vicdân+ sûhten>sûz] yürek sızlatan, vicdana dokunan.

وجد انگيز vecdengîz: (A.-F.) [vecd+ engîhten>engîz] **1.**coşku verici. **2.**oynak.

وجدانى vicdânî: (A.) **1.**vicdan ile ilgili. **2.**kendinden geçme ile ilgili.

وجدانيت vicdâniyyet: (A.) vicdan ile ilgili özellikler, vicdanlılık.

وجدانيه vicdâniyye: (A.) **1.**vicdan ile ilgili. **2.**kendinden geçme ile ilgili.

وجدت vecdet: (A.) **1.**coşku, vecd hali. **2.**zenginlik.

وجدى vecdî: (A.) **1.**kendinden geçme ile ilgili, aşırı coşku ile ilgili. **2.**erkek adı.

وجر vucur: (A.) **1.**inler. **2.**sel yatakları.

وجر vecr: (A.) mağara.

وجزآن vecuzân: (A.-F.) [ve+cuz+ân] -den başka, ondan başka.

وجز اينها vecuzinhâ: (A.-F.) [ve+cuz+ inhâ] vesaire, ve benzerleri, ve bunun gibi.

وجع vece': (A.) **1.**acı. **2.**ağrı, sızı.

وجل vecel: (A.) korku.

وجن vecen: (A.) yanak.

وجنات vecenât: (A.) **1.**yüz. **2.**yanaklar. **3.**dış görünüşler.

وجنه vecene, vecne: (A.) elmacık, yanak yumrusu.

وجنى vecenî: (A.) yanak ile ilgili.

وجنيه veceniyye: (A.) yanak ile ilgili.

وجوب vucûb: (A.) **1.**(gr.) gereklilik. **2.**Tanrı'nın varlığının zâtîliği. **3.**varlık. **4.**liyakat.

وجوبى vucûbî: (A.) **1.**gereklilik ile ilgili. **2.**olumlu.

وجوبيه vucûbiyye: (A.) gereklilik ile ilgili.

وجود vucûd: (A.) **1.**var olma. **2.**varlık. **3.**vücut, beden. **4.**anlama. **5.**(tas.) insanî sıfatlardan sıyrılma. **6.**zat. **7.**cisim. ‖ * bâ ~ -i in با وجود اين bununla birlikte. ‖ * bâ ~ -i inki با وجود اينكه rağmen, -mekle birlikte. ‖ * bâ ~ î ki با وجودى كه rağmen, -mekle birlikte. ‖ * be ~ âmeden به وجود آمدن **1.**doğmak, var olmak. **2.**meydana gelmek. ‖ * be ~ âverden به وجود آوردن var etmek. ‖ * nefy-i ~ نفى وجود varlığı reddetme. ‖ * vahdet -i ~ وحدت وجود varlık birliği.

وجودپذير vucûdpezîr: (A.-F.) [vucûd+ pezîruften> pezîr] var olan, meydana gelen, gerçekleşen.

وجود داده vucûddâde: (A.-F.) [vucûd+ dâden> dâd+e] yaratan, meydana getiren.

وجود داشتن vucûd dâşten: **1.**var olmak. **2.**bulunmak, mevcut olmak. **3.**vukubulmak.

وجود يافتن vucûd yâften: **1.**var edilmek, yaratılmak. **2.**vukubulmak, meydana gelmek.

وجودى vucûdî: (A.) **1.**varlık ile ilgili. **2.**vücut ile ilgili.

وجوديه vucûdiyye: (A.) **1.**varlık ile ilgili. **2.**vücut ile ilgili. **3.**panteizm, kamutanrıcılık, eşyanın varlığını Tanrı varlığı olarak değerlendirme.

وجور vecûr: (A.) bir hayvan ilacı.

وجوم vucûm: (A.) **1.**iğrenme, tiksinme. **2.**gücenme. **4.**dövünme, göğsünü dövme.

وجوه vucûh: (A.) **1.**yollar. **2.**tarzlar. **3.**şekiller. **4.**(gr.) kipler. **5.**türler. **6.**paralar. **7.**yüzler. **8.**Kur'ân'ın okunuş kuralları. ‖ * be esre-i ~ به اسرع وجوه en süratli şekilde.

وجه vech: (A.) **1.**yüz, surat, çehre. **2.**yol. **3.**tarz. **4.**taraf, yön. **5.**şahıs. **6.**niyet, kasıt. **7.**sayfa. **8.**para. **9.**(gr.) kip, siga. **10.**sebep, neden. **11.**alın. **12.**biçim, üslup. **13.**uygun. ‖ * ân ~ آن وجه o yüzden, o sebeple. ‖ * be ~ -i gâlib به وجه غالب çoğunlukla, daha ziyade. ‖ * behîç ~ بهیچ وجه hiçbir şekilde, asla. ‖ * ber ~ -i بروجه -diği şekilde. ‖ * ber ~ -i muharrer بر وجه محرر yazıldığı gibi, yazıldığı şekilde. ‖ * der ~ -i kesî neşoden در وجه کسی نشدن kabul etmemek, dinlememek, yanaşmamak. ‖ * ez in ~ از این وجه bu yüzden, bu sebeple. ‖ * min ~ in من وجه bir bakıma, bir bakımdan.

وجهاً vechen: (A.) **1.**bir yönüyle, bir yüzüyle. **2.**bir bakıma. ‖ * ~ minelvucûh وجهاً من الوجوه ne şekilde olursa olsun.

وجهاء vucehâ': (A.) liderler, başkanlar, büyükler.

وجه الارض vechul'arz: (A.) yeryüzü.

وجه الحق vechulhakk: (A.) her şeyin gerçeği.

وجه داشتن vech dâşten: delil olmak.

وجهه viche, veche: (A.) **1.**yön, taraf. **2.**yöre. **3.**hedef. **4.**yüz.

وجهین vecheyn: (A.) iki yüz, iki yan.

وجهی vechî: (A.) **1.**yüz ile ilgili. **2.**alın ile ilgili. **3.**erkek adı.

وجهیه vechiyye: (A.) **1.**yüz ile ilgili. **2.**alın ile ilgili.

وجیبه vecîbe: (A.) gereken, vacip, yapılması gereken görev, vecibe.

وجیز vecîz: (A.) **1.**özlü söz, vecize. **2.**özlü, derli toplu, kısa.

وجیزه vecîze: (A.) **1.**özdeyiş, özlü söz. **2.**özlü, derli toplu.

وجیع vecî': (A.) sızlatan, ağrıtan.

وجیعه vecî'a: (A.) sızlatan, ağrıtan.

وجین vicîn: parazit otları ayıklama.

وجیه vecîh: (A.) **1.**mevki sahibi. **2.**başkan, reis. **3.**güzel yüzlü. **4.**saygıdeğer.

وجیهه vecîhe: (A.) **1.**güzel yüzlü kadın. **2.**güzel, hoş. **3.**uygun. **4.**bayan adı.

وجیهی vecîhî: (A.) **1.**lider ile ilgili. **2.**güzel, hoş. **3.**erkek adı.

وچرگر veçerger: [veçer+ger] müftü.

و حال آنکه vehâl anki: (A.-F.) [ve+hâl+ ân+ki] oysa, halbuki, -diği halde.

وحام vihâm: (A.) aşerme.

وحدانی vehdânî: (A.) **1.**Tanrı ile ilgili. **2.**Tanrı'nın birliği ile ilgili. **3.**tek, tek başına, yalnız.

وحدانیت vehdâniyyet: (A.) **1.**teklik, birlik. **2.**Tanrı'nın birliği. **3.**tektanrıcılık.

وحدانیه vahdâniyye: (A.) tektanrıcılık.

وحدت vahdet: (A.) **1.**teklik, birlik. **2.**Tanrı'nın birliği. **3.**bütünlük. **4.**tasavvufta Tanrı'ya kavuşma. **5.**sözdeki birlik. **6.**beraberlik. **7.**erkek adı.

وحدت آرام vahdetârâm: (A.-F.) [vahdet+ ârâmîden> ârâm] huzur yeri, rahatlık veren yer.

وحدت خانه vahdethâne: (A.-F.) [vahdet+ hâne] ibadet yeri.

وحدت زار vahdetzâr: (A.-F.) [vahdet+ zâr] birlik yeri, birleşme yeri, toplanma yeri.

وحدت سرای vahdetserây: (A.-F.) [vahdet+serây] birlik sarayı, bir araya gelinen yer.

وحدتگاه vahdetgâh: (A.-F.) [vahdet+gâh] yalnız kalınacak yer.

وحدت گزین vahdetguzîn: (A.-F.) [vahdet+guzîden> guzîn] yalnız kalmayı yeğleyen, köşesine çekilen.

وحدتی vahdetî: (A.) **1.**birlik ile ilgili, vahdet ile ilgili. **2.**bircilik.

وحدتیه vahdetiyye: (A.) tek Tanrı'ya inanma, bircilik.

وحش vehş: (A.) **1.**vahşi hayvan, yırtıcı hayvan. **2.**ıssız, tenha.

وحشان vehşân: (A.) **1.**yabanî hayvanlar. **2.**ıssız yerler.

وحشت vehşet: (A.) **1.**yalnızlık korkusu. **2.**korku. **3.**sıkıntı. **4.**kötümserlik, bedbinlik. **5.**vahşîlik, yabanîlik. **6.**ıssızlık, tenhalık. **7.**merhametsizlik. ‖ * ~ ber kesî dâşten وحشت بر کسی داشتن korkuya kapılmak. ‖ * kesî râ ~ be dâşten کسی را وحشت بر داشتن korkuya düşmek. ‖ * duçâr-i ~ sâhten دچار وحشت ساختن korkutmak, korkuya düşürmek. ‖ * duçâr-i ~ şoden دچار وحشت شدن korkmak, korkuya kapılmak.

وحشت آباد vahşetâbâd: (A.-F.) [vahşet+âbâd] ıssız ve korkunç yer.

وحشت آگین vahşetâgîn: (A.-F.) [vahşet+ âgîn] ıssız ve korkunç yer.

وحشت آمیز vehşetâmîz: (A.-F.) [vehşet+ âmîhten>âmîz] korkunç, korkutucu.

وحشت آور vehşetâver: (A.-F.) [vehşet+ âverden>âver] korkunç.

وحشت افکندن vehşet efkenden: korku salmak.

وحشت انگیز vehşetengîz: (A.-F.) [vehşet+ engîhten> engîz] korkunç, ürküntü veren.

وحشت داشتن vehşet dâşten: korkmak.

وحشت زا vehşetzâ: (A.-F.) [vehşet+ zâden>zâ] korkunç.

وحشت زار vehşetzâr: (A.-F.) [vehşet+ zâr] korku ve ürküntü veren ıssız yer.

وحشت زدن vehşet zeden: korkmak.

وحشت زده vehşetzede: (A.-F.) [vehşet+ zeden>zed+e] korku ile, korku içinde.

وحشتساز vehşetsâz: (A.-F.) [vehşet+s âhten>sâz] korkuya kapılan, korkak.

وحشت کردن vehşet kerden: korkmak.

وحشتگاه vehşetgâh: (A.-F.) [vehşet+gâh] korku ve ürküntü veren yer.

وحشتناک vehşetnâk: (A.-F.) [vehşet+ nâk] korkunç, ürküntü veren.

وحشی vehşî: (A.) **1.**vahşi. **2.**vahşi hayvan. **3.**yabancı. **4.**yaban. **5.**ürkek. **6.**acımasız.

وحشیانه vehşiyâne: (A.-F.) [vehşî+ y+âne] **1.**yabanice, vahşice. **2.**acımasızca.

وحشی صفت vahşîsıfat: (A.) [vahşî+sifat] vahşi sıfatlı.

وحشی نگاه vehşînigâh: (A.-F.) [vehşî+ nigâh] vahşi bakışlı.

وحشیه vahşiyye: (A.) **1.**yabani. **2.**ürkek. **3.**acımasız.

وحل vehel: (A.) **1.**çamur, balçık. **2.**bataklık.

وحل vahl: (A.) bataklık.

وحلگاه vahalgâh: (A.-F.) [vahal+gâh] bataklık.

وحلگاه vahlgâh: (A.-F.) [vahl+gâh] bataklık.

وحلناک vahalnâk: (A.-F.) [vahal+nâk] çaburluk, balçıklı.

وحم vaham: (A.) aşerme.

وحما vahmâ: (A.) aşeren kadın.

وحوش vuhûş: (A.) **1.**vahşi hayvanlar. **2.**ıssız yerler.

وحوفت vuhûfet: (A.) kıllılık.

وحول vuhûl: (A.) bataklıklar, çamurlu yerler.

وحی vehy: (A.) vahiy.

وحی آمدن vehy âmeden: vahiy gelmek.

وحید vehîd: (A.) **1.**tek, yalnız, biricik. **2.**parmakla gösterilen. **3.**erkek adı.

وحید الجنس vahîdulcins: (A.) ten cinsli.

وحیدالدهر vahîduddehr: (A.) zamanın tek insanı.

وحید الزمان vahîduzzemân: (A.) çağın tek insanı.

وحید العصر vahîdul'asr: (A.) çağın tek insanı.

وحیش vahîş: (A.) yabanî.

وخام vihâm: (A.) vahim olan şeyler.

وخامت vehâmet: (A.) **1.**kötü sonlu

olma, vahimlik, korkunçluk. 2.zorluk, güçlük. 3.hazımsızlık.

وخامى vahâmâ: (A.) tehlikeli durumlar, vahim durumlar.

وخز vahz: (A.) 1.çimdikleme. 2.sivri bir şey batırma. 3.ısırma. 4.sokma.

وخش vehş: (A.) itibarsız insanlar, hakir insanlar.

وخشودن vehşûden: bağışlamak.

وخشور vehşûr: (Peh.) peygamber, resul.

وخيم vehîm: (A.) 1.korku yaratan, çok tehlikeli, ağır sonuçlar doğuran, korkunç. 2.uygunsuz.

ود ved: (Peh.) kötü.

ود vedd, vidd, vudd: (A.) 1.sevgi. 2.dostluk.

وداجى vidâcî: (A.) boyun damarı ile ilgili.

وداد vidâd: (A.) 1.sevgi. 2.dostluk.

وداع vedâ', vidâ': (A.) 1.veda. 2.vedalaşma.

وداع كردن vedâ' kerden: veda etmek, vedalaşmak.

وداع گفتن vedâ' goften: veda etmek, vedalaşmak.

وداع نامه vedâ'nâme: (A.-F.) [vedâ'+ nâme<nâme-i vedâ'] 1.veda mektubu. 2.bulunduğu yabancı ülkeden ayrılacak olan büyükelçinin o ülkenin devlet başkanına sunduğu resmî yazı.

ودايع vedâyi': (A.) 1.emanetler. 2.depozitler.

ودج vedec: (A.) (tıb.) boyun damarı.

ودع veda': (A.) beyaz boncuk.

ودكا vodka (Rus.) votka.

ودود vedûd: (A.) 1.çok şefkatli, sevgi dolu. 2.Tanrı'nın sıfatlarından biri.

ودوق vedûk: (A.) çiftleşme mevsimi gelen hayvan.

ودى vedî: (A.) 1.küçük aptes bitiminden sonra kalan son damla. 2.eskiden Arabis-tan'da alınan bir vergi.

وديد vedîd: (A.) seven.

وديده vedîde: (A.) 1.dost. 2.bayan adı.

وديع vedî': (A.) emanetçi.

وديعت vedî'et: (A.) 1.emanet. 2.depozito.

وديعه vedî'e: (A.) 1.emanet. 2.depozito.

وديعة الله vedî'atullâh: (A.) 1.Tanrı'nın emaneti. 2.ruh, can.

وديعه دادن vedî'e dâden: emanet vermek, emanet bırakmak.

وذائل vezâ'il: (A.) 1.parlak paralar. 2.madenî aynalar.

وذيمه vezîme: (A.) Harem'e gönderilen hediye.

ور ver: (Peh.) 1.göğüs. 2.bel. 3.ön. 4.kıyı, sahil. 5.taraf, yön. 6.rahle. 7.sıcaklık. 8.üzerine.

ور ver: [ve+eger] ve eğer, eğer.

ور آمدن ver âmeden: 1.şişmek. 2.kabarmak. 3.dökülmek. 4.semirmek. 5.sökülmek. 6.kazınmak.

ور آمده verâmede: [ver+âmeden> âmed+e] 1.şişkin. 2.kabarık.

ورا verâ: [<vey+râ] ona, onu, onun.

وراء verâ': (A.) 1.ard, arka, geri. 2.öte. 3.istisna, hariç. 4.başka, gayri. 5.kıç.

وراث vurrâs: (A.) mirasçılar, varisler.

وراثت verâset: (A.) 1.veraset, miras alma. 2.kalıtım.

وراج virrâc: geveze.

وراجى virrâcî: [virrâc+î] gevezelik, çan çan.

وراجى كردن virrâcî kerden: gevezelik etmek, çan çan etmek.

وراد virâd: (A.) güller.

وراط vırât: (A.) 1.uçurumlar, yarlar. 2.sorunlar, tehlikeli işler.

وراع verâ': (A.) haramdan uzak durma, dine bağlı kalma.

وراعت verâ'at: (A.) haramdan uzak durma, dine bağlı kalma.

ور افتادن ver oftâden: 1.modası geçmek, hükmü geçmek. 2.yok olmak.

وزاق virâk: (A.) yapraklar.

وراق verrâk: (A.) 1.kâğıtçı. 2.katip.

وراقى verâkî: (A.) güvercinler.

وراناز كردن verendâz kerden: 1.tahmin etmek, göz kararı yapmak. 2.gözden geçirmek.

3.süzmek, incelemek.

وراندازی verendâzî: [ver+endâhten> endâz+î] 1.tahmin etme, göz kararı yapma. 2.gözden geçirme. 3.süzme, inceleme.

وراوین verâvîn: (coğ.) Verâvin.

وراوینی verâvînî: [verâvîn+î] Verâvinli.

ورایا verâyâ: (A.) insanlar, yaratılmışlar, varlıklar.

ورب verb: (A.) in.

ور پریدن verperîden: ansızın ölmek.

ورثه verese: (A.) varisler, mirasçılar.

ورج verc: (Peh.) mertebe, ululuk, değer.

ورجاوند vercâvend: (Peh.) 1.saygıdeğer. 2.kuvvetli. 3.yüksek mertebeli.

ورجستن vercesten: sıçramak.

ورجلا vercelâ: yaygara.

ورجه ورجه کردن verce verce kerden: sallamak.

ورچیدن verçîden: 1.emmek, yutmak. 2.yem yemek, tanelemek.

ورخچ verehç: 1.çirkin, iğrenç. 2.alçak, rezil. 3.ızdıraplı, rahatsız.

ورد verd: (A.) 1.(bot.) gül. 2.(bot.) nesteren. 3.(bot.) ağaç çileği. 4.arslan.

ورد vird: (A.) 1.günlük iş. 2.su sırası. 3.askerî birlik. 4.ateş. 5.dua, zikir, dua, sık sık okunan Kur'ân cüz'ü. 6.ateş nöbeti.

ورد vurd: (A.) güller.

ور دادن ver dâden: öğretmek, ders vermek.

ور داشتن ver dâşten: 1.almak, kaldırmak. 2.dayanmak, katlanmak. 3.makata veya vajinaya sokmak.

وردانه verdâne (F.>A.) 1.oklava, toplu oklava. 2.iri başlı kertenkele.

ورد خواندن vird hânden: dua okumak, zikretmek.

وردنه verdene: 1.oklava. 2.mihver. 3.dolap oku.

ورده verde: 1.kale burcu. 2.güvercin yuvası. 3.güvercinci çubuğu.

وردی verdî: (A.) gül ile ilgili.

وردیه verdiyye: (A.) 1.gül ile ilgili. 2.gülgiller.

ور رفتن ver reften: 1.ilgilenmek, uğraşmak. 2.kurcalamak. 3.didinmek. 4.oynaşmak.

ورز verz: (Peh.) 1.uygulama. 2.ekme. 3.iş, uğraşı. 4.meslek. 5.tabakçılık. 6.yapan, eden, işleyen, çalışan.

ورزا verzâ: 1.hayvan. 2.öküz.

ور زدن ver zeden: ağlamak, çığlığı basmak.

ورزش verziş: [verz+iş] 1.(sp.) spor, egzersiz, antrenman. 2.iş, uğraşı, çalışma, çaba. 3.uygulama. 4.ziraat.

ورزش خانه verzişhâne: [verziş+hâne] (sp.) spor salonu.

ورزشکار verzişkâr: [verziş+kâr] 1.çalışkan. 2.sporcu.

ورزشکارانه verzişkârâne: [verziş+kâr+âne] çalışkanlık ile, çalışarak.

ورزشکاری verzişkârî: [verziş+kâr+î] 1.çalışkanlık. 2.sporculuk.

ورزش کردن verziş kerden (Sp.) spor yapmak, idman yapmak, egzersiz yapmak.

ورزشگاه verzişgâh: [verziş+gâh] 1.(sp.) spor salonu. 2.(sp.) stadyum.

ورزشی verzişî: [verziş+î] sporla ilgili, sportif.

ورزکار verzkâr: [verz+kâr] 1.çiftçi. 2.emekçi, işçi, çalışan.

ورزگر verzger: [verzîden>verz+ger] çalışan.

ورزه verze: [verzîden>verz+e] 1.çalışma. 2.tarım, ziraat. 3.sanat. 4.meslek.

ورزیدگی verzîdegî: (Peh.) [verzîden> verzîd+e+ g+î] 1.çalışma. 2.işleme. 3.tarım yapma. 4.idman. 5.elde etme.

ورزیدن verzîden: (Peh.) 1.çalışmak. 2.işlemek. 3.tarım yapmak. 4.idman yapmak. 5.elde etmek. 6.ekin ekmek.

ورزیده verzîde: [verzîden>verzîd+e] 1.ekili. 2.tekrarlanmış. 3.idmanlı. 4.elde edilmiş. 5.uygulanmış. 6.işlenmiş.

وزس vers: **1.**(bot.) dağ servisi. **2.**sarı. **3.**bir tür renkli madde. **4.**deve burnuna takılan tahta.

ورشكست verşikest: [verşikesten> verşikest] müflis, iflas eden.

ورشكست شدن verşikest şoden: iflas etmek.

ورشكستگى verşikestegî: [verşikesten> verşikest+e+g+î] iflas.

ورشكستن verşikesten: iflas etmek.

ورشكسته verşikeste: [verşikesten> verşikest+e] iflas etmiş, müflis.

ورشو verşev, verşov: **1.**(coğ.) Varşova. **2.**Alman gümüşü.

ورطه verte: (A.) **1.**alçak zemin. **2.**tehlike. **3.**güç iş, problem. **4.**kuyu. **5.**tehlikeli yer, varta, uçurum. **6.**bataklık.

ورع vere': (A.) haramdan uzak durma, dine bağlı kalma. ‖ * ehl-i ~ اهل ورع haramdan uzak duranlar, dine sımsıkı sarılanlar.

ورعه ver'a: (A.) korkaklık, ödleklik.

ورغ verg: **1.**set, bend. **2.**aydınlık, parlaklık.

وررفان verrefân: şefaat eden.

ورق verek: (A.) **1.**yaprak. **2.**kâğıt yaprağı, varak. **3.**yazılı kağıt. **4.**levha haline getirilmiş maden, plaka. **5.**sac. **6.**ince deri. **7.**iskambil kâğıdı.

ورقاء verkâ': **1.**yaban güvercini, üveyik. **2.**açık gri, açık boz renk. ‖ * ~ -i nâmeber ورقاء نامه بر posta güvercini.

ورق باز verekbâz: (A.-F.) [verek+ bâhten> bâz] iskambil oynayan.

ورق بازى verekbâzî: (A.-F.) [verek+ bâhten>bâz] iskambil oyunu.

ورق بازى كردن verekbâzî kerden: iskambil oynamak.

ورق برگشتن verek bergeşten: iş değişmek.

ورق پاره varakpâre: (A.-F.) [varak+ pâre<pâre-i varak] **1.**kağıt parçası. **2.**yaprak parçası. **3.**kısa not yazılı kağıt, pusula.

ورق زدن verek zeden: sayfa çevirmek, karıştırmak.

ورق گردان varakgerdân: (A.-F.) [varak+ gerdânden> gerdân] boş işlerle uğraşan.

ورقه vereke: (A.) **1.**bir yaprak. **2.**yazılı kağıt, yazılı belge. **3.**mektup. **4.**yumurtalı bir yemek. **5.**Varaka ile Gülşah hikayesinin kahramanı. **6.**Hz. Muhammed devrinde yaşamış bir kâhin.

ورقه ورقه كردن vereke vereke kerden: dilimlemek.

ورقى varakî: (A.) **1.**yaprak ile ilgili. **2.**yaprak biçimli.

ورک verek: (A.) **1.**kalça. **2.**kalça kemiği.

ور كشيدن ver keşîden: kazıklamak (alışverişte).

وركى verekî: (A.) kalça ile ilgili.

ورگذار شدن vergozâr şoden: geçmek, yapılmak.

ورگر verger: [ver+ger] ve eğer.

ورل verel: (A.) (zool.) varan, yırtıcı devkertenkele.

ورم verem: **1.**(tıb.) şişme. **2.**şiş, şişkinlik, yumru. **3.**verem. **4.**verem hastası. ‖ * ~ -i çeşm ورم چشم (tıb.) göz yangısı. ‖ * ~ -i hulkûm ورم حلقوم (tıb.) larenjit.

ورماليدن vermâlîden: **1.**sıvamak. **2.**paça sıvamak. **3.**sıvışmak.

ورم كردن verem kerden: şişmek.

ورموت virmut: (Fr.) vermut.

ورنه verne: [ve+eger+ne] yoksa, aksi takdirde.

ورنى vernî: yoksa.

ورنى virni: (Fr.) **1.**(kim.) vernik, cila. **2.**rugan. ‖ * kefş-i ~ كفش ورنى rugan ayakkabı.

ورنيه virniye: (Fr.) verniye cetveli.

وروت كردن vorut kerden: öfkelenmek, kızmak.

ورود vurûd: (A.) **1.**giriş, girme. **2.**gelme, varma, geliş.

وروديه vurûdiyye: (A.) giriş ücreti.

ور ور كردن vir vir zeden: **1.**ağlamak. **2.**(çocuk) zırlamak.

ورووک vurûk: (A.) yan yatma.

ور و ور virruvir: vır vır, dırdır.

ورى verâ: (A.) 1.evren, kainat. 2.tüm insanlar.

ورید verîd: (A.) (tıb.) toplardamar.

ورید vureyd: (A.) damarcık, kılcal damar.

وریدی verîdî: (A.) toplardamar ile ilgili.

وریدیه verîdiyye: (A.) toplardamar ile ilgili.

وریزه verîze: (A.) mideden ciğere kadar uzanan damar.

وریق verîk: (A.) 1.gür sakallı. 2.çok yapraklı.

وریق vureyk: (A.) yaprakçık.

وریقات vureykât: (A.) yaprakçıklar.

وریقه vureyka: (A.) yaprakçık.

وز vez: [ve+ez] -den, -dan.

وز آن پس vezanpes: [ve+ez+ân+pes] ondan sonra.

وز vez: (A.) ördek.

وزارت vizâret, vezâret: (A.) 1.bakanlık. 2.vezirlik. ‖ * ~ -i âbâdânî ve mesken وزارت آبادانی و مسکن bayındırlık bakanlığı. ‖ * ~ -i âmûziş u perveriş وزارت آموزش و پرورش millî eğitim bakanlığı. ‖ * ~ -i bâzergânî وزارت بازرگانی ticaret bakanlığı. ‖ * ~ -i bihdârî وزارت بهداری sağlık bakanlığı. ‖ * ~ -i ceng وزارت جنگ millî savunma bakanlığı. ‖ * ~ -i dâdgosterî وزارت دادگستری adalet bakanlığı. ‖ * ~ -i dâhile وزارت داخله içişleri bakanlığı. ‖ * ~ -i dârâyî وزارت دارایی maliye bakanlığı. ‖ * ~ -i difâ'-i millî وزارت دفاع ملی milli savunma bakanlığı. ‖ * ~ -i evkâf وزارت اوقاف vakıflar bakanlığı. ‖ * ~ -i ferheng وزارت فرهنگ kültür bakanlığı. ‖ * ~ -i gumruk وزارت گمرک gümrük bakanlığı. ‖ * ~ -i iktisâd وزارت اقتصاد ekonomi bakanlığı. ‖ * ~ -i ittilâ'ât وزارت اطلاعات enformasyon bakanlığı. ‖ * ~ -i kâr وزارت کار çalışma bakanlığı. ‖ * ~ -i kişâverzî وزارت کشاورزی tarım bakanlığı. ‖ * ~ -i kişver وزارت کشور devlet bakanlığı. ‖ * ~ -i mâliye وزارت مالیه maliye bakanlığı. ‖ * ~ -i râh وزارت راه yol bakanlığı, ulaştırma bakanlığı. ‖ * ~ -i sinâet وزارت صناعت sanayi bakanlığı. ‖ * ~ -i ticâret وزارت تجارت ticaret bakanlığı. ‖ * ~ -i umûr-i hârice وزارت امور خارجه dışişleri bakanlığı. ‖ * ~ -i zirâ'et وزارت زراعت tarım bakanlığı.

وزارتخانه vizârethâne: (A.-F.) [vizâret+ hâne] bakanlık, vekalet.

وزان vezân: [vezîden>vez+ân] 1.esen. 2.eserek.

وزان vezan: [ve+ez+ân] ve ondan.

وزان vezzân: (A.) kantarcı, tartıcı.

وزانت vezânet: (A.) 1.isabetlilik. 2.ölçülülük.

وزانی vezânî: [vezîden>vez+ân+î] esinti zamanı.

وزب vezb: (A.) akma.

وزر vizr: (A.) 1.günah, suç. 2.ağırlık. 3.ağır yük. 4.vebal.

وزراء vuzerâ': (A.) 1.bakanlar. 2.vezirler.

وزش veziş: [vezîden>vez+iş] esinti, esiş.

وزغ vezeg: (Peh.) (zool.) kurbağa.

وزغه vezega: (A.) bir cins keler.

وز کردن viz kerden: dağılmak, karışmak.

وز کرده vizkerde: [viz+kerden>kerd+e] dağınık.

وزمه vezme: (A.) kış sonu.

وزن vezn: (A.) 1.ölçme, tartma. 2.tartı, ağırlık. 3.(ed.) vezin, şiir ölçüsü. ‖ * ~ -i arûz وزن عروض (ed.) aruz vezni.

وزن کردن vezn kerden: tartmak.

وزن نهادن vezn nihâden: değerini bilmek, değer vermek, önemsemek.

وزنه vezne: (A.) 1.dereceli kap. 2.ağırlık. 3.(sp.) halter. 4.silahlardaki barut yuvası.

وزنه بردار vezneberdâr: (A.-F.) [vezne+ berdhaşten>berdâr] (sp.) halterci.

وزنه برداری vezneberdârî: (A.-F.) [vezne+ berdâşten>berdâr+î] (sp.)

halter.

وزنه دار veznedâr: (A.-F.) [vezne+ dâşten>dâr] vezne görevlisi.

وزنی veznî: (A.) 1.ağırlık ile ilgili. 2.tartı ile ilgili. 3.tartılan şey.

وزنیات vezniyyât: (A.) tartılan şeyler.

وزنیت vezniyyet: (A.) moment.

وزوب vüzûb: (A.) akma, akış.

وز وز viz viz: vızıltı, vızvız.

وزوز كردن vizviz kerden: 1.vızıldamak. 2.nefes tüketmek, çene yormak.

وزیدن vezîden: (Peh.) 1.esmek. 2.(bitki ve saç) uzamak, büyümek.

وزیر vezîr: (A.) 1.bakan. 2.vezir. ‖ * ~ -i âb u berk وزیر آب و برق enerji ve tabihi kaynaklar bakanı. ‖ * ~ -i âbâdânî ve mesken وزیر آبادانی و مسکن bayındırlık bakanı. ‖ * ~ -i âmûziş u perveriş وزیر آموزش و پرورش millî eğitim bakanı. ‖ * ~ -i a'zam وزیر اعظم başbakan, sadrazam. ‖ * ~ -i bâzergânî وزیر بازرگانی ticaret bakanı. ‖ * ~ i bihdârî وزیر بهداری sağlık bakanı. ‖ * ~ -i ceng وزیر جنگ millî savunma bakanı. ‖ * ~ -i dâdgosterî وزیر دادگستری adalet bakanı. ‖ * ~ -i dârâyî وزیر دارایی maliye bakanı. ‖ * ~ -i difâ-i millî وزیر دفاع ملی millî savunma bakanı. ‖ * ~ -i ferheng وزیر فرهنگ kültür bakanı. ‖ * ~ -i iktisâd وزیر اقتصاد ekonomi bakanı. ‖ * ~ -i ittilâ'ât وزیر اطلاعات enformasyon bakanı. ‖ * ~ -i muhtâr وزیر مختار 1.maslahatgüzar. 2.özel elçi. ‖ * ~ -i sinâet وزیر صناعت sanayi bakanı. ‖ * ~ -i ticâret وزیر تجارت ticaret bakanı. ‖ * ~ -i umûr-i hârice وزیر امور خارجه dışişleri bakanı. ‖ * ~ -i zirâet وزیر زراعت tarım bakanı.

وزیرانه vezîrâne: (A.-F.) [vezîr+âne] vezir gibi, vezirce.

وزیری vezîrî: [vezîr+î] 1.bakanlık. 2.vezirlik.

وزیله vezîle: (A.) 1.parlak para. 2.madeni ayna.

وزین vezîn: (A.) 1.ağır. 2.önemli, değerli.

وژولیدن vojûlîden: kımıldatmak, sarsmak, oynatmak.

وسائد vesâ'id: (A.) 1.yastıklar. 2.şilteler, döşekler.

وسائره vesâ'ire: (A.)ve benzeri, ve diğerleri.

وسائط vesâ'it: (A.) 1.araçlar, taşıtlar. 2.vasıtalar. ‖ * ~ -i nakliyye وسائط نقلیه taşıtlar, ulaşım araçları.

وسائل vesâ'il: (A.) 1.vesileler. 2.aletler. 3.imkânlar.

وساد visâd: (A.) 1.yastık. 2.şilte.

وساده visâde: (A.) 1.yastık. 2.yatak. 3.mesnet.

وساده نشین visâdenişîn: (A.-F.) [visâde+ nişesten> nişîn] tembel, oturmakla gün geçiren.

وساطت vesâtet: (A.) 1.aracılık. 2.şefaat, şefaatçilik.

وساطت كردن vesâtet kerden: 1.aracılık yapmak. 2.şefaatçi olmak.

وسام vesâm: (A.) güzellik.

وسام visâm: (A.) 1.güzel yüzlüler. 2.rastıklılar. 3.dağlanmışlar, damga vurulmuşlar.

وسام visâm: (A.) dağlanmış, damgalanmış.

وسامت vesâmet: (A.) güzellik.

وساوس vesâvis: (A.) kuruntular, vesveseler.

وسایط vesâyit: (A.) 1.araçlar. 2.vasıtalar. ‖ * ~ -i nakliyye وسایط نقلیه ulaşım araçları. ‖ * ~ -i nakliyye-i umûmî وسایط نقلیهء عمومی toplu taşıma araçları.

وسایل vesâyil: (A.) 1.gereçler. 2.vesileler. 3.imkânlar.

وستا vestâ: Zend şerhi.

وستی vestî: 1.şerh. 2.tercüme.

وسخ veseh: (A.) 1.kir. 2.irin.

وسد vusud: (A.) 1.yastıklar. 2.şilteler.

وسط veset: (A.) 1.orta, ara, vasat. 2.merkez. 3.orta dereceli. 4.bel. ‖ * hod râ be ~ endâhten خود را به وسط انداختن müdahele etmek.

وسط الحال vasatulhâl: (A.) orta halli, orta dereceli.

وسط الرأس vasaturre's: (A.) başın ortası.

وسط القامه vasatulkâme: (A.) orta boylu.

وسطى veseti: (A.) **1.**orta, ortalama. **2.**ortadaki. **3.**orta dereceli.

وسطى vustâ: (A.) **1.**orta, ortadaki. **2.**orta parmak.

وسطين veseteyn: (A.) iki orta, ortalar.

وسطيه vesetiyye: (A.) **1.**orta. **2.**ortalama. **3.**orta dereceli.

وسع vus': (A.) **1.**genişlik. **2.**zenginlik. **3.**güçlülük. **4.**kapasite.

وسعت vus'et: (A.) **1.**genişlik, açıklık. **2.**ferahlık. **3.**geniş. **4.**kapasite. **5.**zenginlik. **6.**yüzölçümü. **7.**genlik. **8.**fırsat.

وسم vesm: (A.) **1.**işaret, alamet. **2.**dağ, nişan.

وسما vusemâ: (A.) **1.**güzel yüzlüler. **2.**rastıklılar. **3.**dağlanmışlar, damgalılar.

وسم دادن vesm dâden: **1.**dağlamak. **2.**işaretlemek.

وسمه vesme: (A.) **1.**rastık. **2.**(bot.) çivitotu.

وسمه بستن vesme besten: rastık çekmek.

وسمه دار vesmedâr: (A.-F.) [vesme+ dâşten>dâr] **1.**damgalı. **2.**rastıklı.

وسمه كشيدن vesme keşîden: rastık çekmek.

وسن vesen: (A.) **1.**uyuklama. **2.**uyku ağırlığı. **3.**bulaşık.

وسنان vesnân: (A.) uyuklayan.

وسنه vesene: (A.) uyuklama.

وسنه vesne: (A.) uyuklama.

وسنى vesenî: (A.) uykuya neden olan, uyuklama ile ilgili.

وسنى vesnî: kuma.

وسواس vesvâs: (A.) **1.**kuruntular, vesveseler. **2.**kuşku. **3.**şeytan.

وسواسى vesvâsî: (A.-F.) [vesvâs+î] **1.**kuruntulu, vesveseli. **2.**kuşkulu.

وسوسه vesvese: (A.) kuruntu, vesvese.

وسوسه خيز vesvesehîz: (A.-F.) [vesvese+ hâsten>hîz] kuruntulandıran, kuruntu yaratan.

وسوسه دار vesvesedâr: (A.-F.) [vesvese+ dâşten>dâr] kuruntulu.

وسوسه كردن vesvese kerden: kuruntuya düşürmek, vesvese vermek.

وسوسه مند vesvesemend: [vesvese+ mend] kuruntulu, vesveseli.

وسه vese, vesse: **1.**baston. **2.**(kin.) penis.

وسيج vesîc: (A.) hızlı yürüyen deve.

وسيط vasît: (A.) aracı, hakem.

وسيع vesî': (A.) **1.**geniş, ferah. **2.**engin. **3.**bol.

وسيع شدن vesî' şoden: genişlemek.

وسيع كردن vesî' kerden: genişletmek.

وسيعه vesî'a: (A.) geniş.

وسيله vesîle: **1.**sebep. **2.**vesile, araç. **3.**yöntem. ‖ * be ~ -i به وسيلهء nedeniyle, vesilesiyle, ile. ‖ * bedin ~ بدين وسيله bu nedenle, bu vesile ile, böylece, böylelikle. ‖ * bî ~ بى وسيله sebepsiz yere. ‖ * bilâ ~ بلا وسيله sebepsiz yere.

وسيلة النجات vesîletunnecât: (A.) **1.**kurtuluş vesilesi. **2.**mevlid.

وسيله جو vesîlecû: (A.-F.) [vesîle+ costen>cû] sebep arayan, vesile arayan.

وسيله جويانه vesîlecûyâne: (A.-F.) [vesîle+costen> cûy+ âne] vesile arayarak, bahane arayarak, bahane ararcasına.

وسيله دار vesîledâr: (A.-F.) [vesîle+ dâşten> dâr] ilgili, mensup.

وسيله داشتن vesîle dâşten: imkânı olmak.

وسيله ساز vesîlesâz: (A.-F.) [vesîle+ sâhten>sâz] **1.**sebep olan, sebep yaratan. **2.**Yüce Tanrı.

وسيله شدن vesîle şoden: vesile olmak.

وسيله گشتن vesîle geşten: vesile olmak.

وسيله يافتن vesîle yâften: ortamını bulmak, fırsatını bulmak.

وسيم vesîm: (A.) **1.**güzel yüzlü. **2.**rastıklı. **3.**damgalı. **4.**yakışıklı.

وسيمه vesîme: (A.) **1.**güzel yüzlü. **2.**rastıklı. **3.**damgalı.

وش veş: **1.**güzel. **2.**temizlenmemiş pamuk, pamuk kozası.

وش veş: (gr.) son ek: gibi, benzer anlamını verecek şekilde kelime türetir.

وشات vuşât: (A.) dedikoducular, çekiştiriciler, koğucular.

وشاح vişâh: (A.) **1.**üstü mücevher işlemeli muska. **2.**kadınların boyunlarına doladıkları, kıymetli taşlarla süslenmiş ve enlice dokunmuş bir kumaş.

وشاق voşâk, vişâk: (T.) **1.**uşak, hizmetçi. **2.**güzel yüzlü erkek çocuğu.

وشام vişâm: (A.) dövmeler.

وشت veşt: (Peh.) **1.**askerî birlik. **2.**güzel, iyi. **3.**dans, raks.

وش آمدن veş âmeden: hoş gelmek.

وشتن veşten: dansetmek, raksetmek.

وشق veşak: (T.) (zool.) vaşak.

وش كرده veşkerde: **1.**hazır, çevik. **2.**tecrübeli, işbilir.

وشگون گرفتن vişgûn giriften: çimdik atmak, çimdiklemek.

وشل veşel: (A.) az su.

وشل veşl: (A.) az su.

وشلان veşelân: (A.) suyun akışı.

وشم veşm: (A.) dövme.

وشم voşm, voşom (zool.) bıldırcın.

وشمک veşmek: deri ayakkabı.

وشمگير voşmgîr: [voşm+giriften>gîr] bıldırcın avcısı.

وشنگ veşeng: hallaç sopası, hallaçların pamuk attığı demir çubuk.

وشمه veşme: (A.) yağmur damlası.

وشناب vişnâb: [vişne+âb<âb-i vişne] vişne.

وشنه vişne: vişne.

وشوم vuşûm: (A.) dövmeler.

وشى veşî: kırmızı, kızıl.

وشى veşî: [veş+î] **1.**güzellik. **2.**Veşli. **3.**Veş ipekli kumaşı.

وشى veşy: (A.) **1.**bir tür giysi. **2.**kumaş desen. **3.**gammazlık. **4.**yalan dolan.

وشيجه veşîce: (A.) **1.**ağaç kökü. **2.**lif.

وشيعه veşî'a: (A.) **1.**bobin. **2.**makara.

وشى وار veşîvâr: [veşî+vâr] kırmızı.

وصائف vesâ'if: (A.) hizmetçiler, işçiler.

وصاد vassâd: (A.) örücü, dokuyucu.

وصاف vessâf: (A.) **1.**özelliklerini anlatan, öven. **2.**İranlı edip. **3.**erkek adı.

وصافت vesâfet: (A.) hizmetçilik, işçilik.

وصافى vessâfî: (A.-F.) [vessâf+î] vasfetme, methetme.

وصال visâl: (A.) **1.**kavuşma, birleşme. **2.**görüşme. **3.**hasıl olma. **4.**klasik Türk musikîsinde bir makam.

وصال vessâl: (A.) **1.**örücü, yamacı. **2.**ulaştıran, birleştiren, kavuşturan. **3.**bir üst derebeye bağlı olan Ortaçağ derebeyi. **4.**yapışık sayfaları ayıran.

وصاله vessâle: (A.) kağıt yama ile kitap tamiri.

وصالى vessâlî: (A.-F.) [vessâl+î] örücülük, yamacılık.

وصالى كردن vessâlî kerden: örücülük yapmak, yamacılık yapmak.

وصايا vesâyâ: (A.) **1.**vasiyetler. **2.**öğütler, tavsiyeler.

وصايت vesâyet, visâyet: (A.) **1.**vasiyet. **2.**vasîlik. **3.**tembih. **4.**tavsiye.

وصايت كردن visâyet kerden: vasîlik etmek.

وصب vasab: (A.) **1.**ağrı. **2.**hastalık.

وصب vasib: (A.) hasta.

وصف vasf: (A.) **1.**vasıf, nitelik, sıfat. **2.**övgü. **3.**anlatma, vasfetme, tarif, tanım.

وصفا vusefâ: (A.) hizmetçiler, işçiler, uşaklar.

وصف كردن vasf kerden: **1.**açıklamak, anlatmak, vasfetmek, tarif etmek. **2.**övmek.

وصف ناپذير vasfnâpezîr: (A.-F.) [vasf+ nâpezîr] anlatılmaz.

وصفی vasfî: (A.) **1.**nitelik ile ilgili. **2.**tanımlama ile ilgili. **3.**övgü ile ilgili. **4.**erkek adı.
وصفیه vasfiyye: (A.) **1.**nitelik ile ilgili. **2.**tanımlama ile ilgili. **3.**övgü ile ilgili. **4.**bayan adı.
وصل vasl: (A.) **1.**bağlama, iliştirme, birleştirme, ulama. **2.**kavuşma. ‖ * be ~ -i yâr resîden به وصل یار رسیدن **1.**ölmek. **2.**yârine kavuşmak.
وصل vusl: (A.) kavuşma.
وصلت voslet, veslet: (A.) **1.**kavuşma. Vatan aşıkları kırk ay süren vuslat yollarına düştüler. **2.**varma, ulaşma. **3.**bayan adı.
وصلت کردن voslet kerden: evlenmek.
وصل شدن vasl şoden: bağlanmak.
وصل کردن vasl kerden: **1.**bağlamak. **2.**ağaca bağlamak.
وصله vosle, vesle: (A.) **1.**bağlanacak şey. **2.**yapma saç, peruk. **3.**yama.
وصله چسباندن vosle çesbanden: **1.**yama yapmak. **2.**suçlamak, iftira etmek.
وصله دار vosledâr: (A.-F.) [vosle+ dâşten> dâr] yamalı.
وصله شدن vosle şoden: yamanmak.
وصله کردن vosle kerden: **1.**yamamak. **2.**çimlenmek, atıştırmak.
وصله وصله vesle vesle: (A.) parça parça.
وصلی vaslî: (A.) **1.**kavuşma ile ilgili. **2.**bağlama ile ilgili, ulama ile ilgili.
وصلیه vasliyye: (A.) **1.**kavuşma ile ilgili. **2.**bağlama ile ilgili, ulama ile ilgili.
وصم vasm: (A.) kusur, ayıp, eksiklik.
وصمت vasmet: (A.) **1.**ayıp, eksiklik, kusur. **2.**halsizlik, kırıklık. **3.**çabucak bağlama.
وصمه vasme: (A.) kusur, ayıp, eksiklik.
وصول vusûl: (A.) **1.**ulaşma, kavuşma, varma. **2.**gelme.
وصول شدن vusûl şoden: ele geçmek, alınmak, teslim alınmak.
وصول کردن vusûl kerden: almak, elde etmek, ele geçirmek.
وصول گشتن vusûl geşten: elde edilmek, teslim alınmak, alınmak.
وصوم vusûm: (A.) kusurlar, ayıplar, eksiklikler.
وصی vasî: (A.) **1.**ölen kişinin vasiyetini yerine getiren kişi. **2.**özürlü veya yetim birinin malınını yöneten. **3.**(şiîlikte) Hz. Ali.
وصیت vasiyyet: (A.) **1.**vasiyet. **2.**öğüt, nasihat.
وصیت کردن vasiyyet kerden: **1.**vasiyet etmek. **2.**öğüt vermek.
وصیت نامه vasiyyetnâme: (A.-F.) [vasiyyet+nâme] vasiyet mektubu.
وصیف vasîf: **1.**vasfeden, anlatan. **2.**hizmetçi.
وصی کردن vasî kerden: vasî tayin etmek.
وصید vasîd: (A.) eşik.
وصیف vasîf: (A.) uşak, hizmetçi.
وصیل vasîl: (A.) birinin yanından hiç ayrılmayan.
وضاح vezâh: (A.) beyaz ve güzel yüzlü.
وضاح vezzâh: (A.) apaçık, aşikâr.
وضاحت vezâhat: (A.) açıklık.
وضاع الجبین vezzâhulcebîn: (A.) alnıaçık.
وضاعت vezâ'at: (A.) adilik, alçaklık, bayağılık.
وضع vaz': (A.) **1.**koyma, bırakma. **2.**durum. **3.**konum, mevki. **4.**tarz, şekil, biçim. **5.**azaltma. **6.**icat. **7.**meydana getirme. **8.**durum. **9.**koyulma, bırakılma. ‖ * ~ be hod giriften وضع به خود گرفتن tavır takınmak. ‖ * ~ -i haml kerden وضع حمل کردن (tıb.) doğum yapmak, doğurmak.
وضع vuzi'a: (A.) konuldu, tahsis olundu.
وضعا vaz'en: (A.) **1.**yaratılış itibarıyla. **2.**şekil bakımından.
وضع کردن vaz' kerden: **1.**icat etmek. **2.**koymak, yerleştirmek. ‖ * beyze ~ بیضه وضع کردن yumurtlamak.
وضعی vaz'î: (A.) durumla ilgili.
وضعیت vaz'iyyet: (A.) **1.**durum,

vaziyet. **2.**tarz, biçim.

وضعيه vaz'iyye: (A.) durum ile ilgili.

وضو vuzû: (A.) abdest.

وضو تجديد كردن vuzû tecdîd kerden: abdest tazelemek.

وضوح vuzûh: **1.**açıklık, netlik. **2.**aydınlık. ‖ * be ~ به وضوح açıkça.

وضوحى vuzûhî: (A.-F.) [vuzûh+î] açıklık.

وضو ساختن vuzû sâhten: abdest almak.

وضوع vuzû': (A.) kendini alçaltma, kendini hakir görme.

وضو گرفتن vuzû giriften: abdest almak.

وضيح vazîh: (A.) açık, apaçık, aşikâr.

وضيحه vazîha: (A.) açık, apaçık, aşikâr.

وضيع vazî': (A.) **1.**sıradan, aşağı, adi, alçak. **2.**mütevazi, basit, sıradan.

وضيعه vazî'a: (A.) aşağı, adi, alçak.

وضيعى vazî'î: (A.-F.) [vazî'+î] alçaklık, bayağılık.

وضيمه vazîme: (A.) **1.**topluluk. **2.**cenazeden sonra fakirlere dağıtılan yemek.

وطئت vat'et: (A.) **1.**zorbalık. **2.**şiddet.

وطاء vatâ': (A.) ayakla çiğneme, ezme.

وطاع vitâ': (A.) uygun görme.

وطاويط vetâvît: (A.) **1.**dağ kırlangıçları. **2.**yarasalar. **3.**hem korkak hem geveze olanlar.

وطر vetar: (A.) iş.

وطم vetm: (A.) **1.**ezme, ayakla çiğneme. **2.**perdeyi bırakma.

وطن vatan: (A.) **1.**vatan, yurt. **2.**doğum yeri, memleket.

وطن بردوش vatanberdûş: (A.-F.) [vatan+ ber+dûş] vatansız.

وطن پرست vatanperest: (A.-F.) [vatan+ perestîden>perest] yurtsever, vatansever.

وطن پرستى vatanperestî: (A.-F.) [vatan+ perestîden>perest+î] yurtseverlik, vatanseverlik.

وطن پرور vatanperver: (A.-F.) [vatan+ perverden> perver] yurtsever.

وطن پرورانه vatanperverâne: (A.-F.) [vatan+ perverden> perver+âne] yurtseverce.

وطن پرورى vatanperverî: (A.-F.) [vatan+ perverden> perver+î] yurtseverlik.

وطن جدا vatancodâ: (A.-F.) [<ez+vatan+ codâ] yurdundan uzak düşmüş.

وطن خواه vatanhâh: (A.-F.) [vatan+ hâsten> hâh] yurtsever, vatansever.

وطن خواهى vatanhâhî: (A.-F.) [vatan+ hâsten>hâh+î] yurtseverlik, vatanseverlik.

وطن دوست vatandûst: (A.-F.) [vatan+ dûst] yurtsever, vatansever.

وطن دوستى vatandûstî: (A.-F.) [vatan+ dûst+î] yurtseverlik, vatanseverlik.

وطن ساختن vatan sâhten: vatan edinmek, yurt tutmak, yurt edinmek.

وطن كردن vatan kerden: **1.**yurt tutmak, vatan edinmek. **2.**yerleşmek, ikamet etmek.

وطنگاه vatangâh: (A.-F.) [vatan+gâh] yurt.

وطنى vatanî: (A.) yurt ile ilgili.

وطنى vatnî: (A.) çiğneme, ayak ile ezme.

وطنيه vataniyye: (A.) yurt ile ilgili.

وطواط vetvât: (A.) **1.**(zool.) yarasa. **2.**geveze. **3.**dağ kırlangıcı. **4.**hem korkak hem geveze.

وطوطه vetvete: (A.) gece körlüğü.

وطى vety: (A.) **1.**çiftleşme. **2.**sonradan aşikâr olan. **3.**çiğneme, ayak ile ezme.

وطيد vetîd: (A.) sağlam.

وظائف vezâif: (A.) görevler, vazifeler.

وظايف vezâyif: (A.) görevler, vazifeler.

وظيفه vezîfe: (A.) **1.**görev, vazife, ödev. **2.**dinî görev. **3.**iş, uğraşı. **4.**geçim parası, maaş, ücret. ‖ *

hidmet-i ~ خدمت وظیفه askerlik. ‖ * hidmet-i ~ encâm dâden خدمت وظیفه انجام دادن askerlik yapmak.

وظیفةً vezîfeten: (A.) görevli olarak.

وظیفه خوار vezîfehâr: (A.-F.) [vezîfe+ horden>hor> hâr] maaşlı memur, maaş alan görevli.

وظیفه دار vazîfedâr: (A.-F.) [vazîfe+ dâşten>dâr] **1.**görevli. **2.**memur.

وظیفه داشتن vazîfe dâşten: görevli olmak.

وظیفه شناس vezîfeşinâs: (A.-F.) [vezîfe+ şinâhten>şinâs] görevbilir, görevine düşkün, vazifeşinas.

وظیفه شناسی vezîfeşinâsî: (A.-F.) [vezîfe+şinâhten>şinâs+î] görevbilirlik, vazifeşinaslık, vazife düşkünlüğü.

وع va': (A.) çakal.

وعاء vi'â', vu'â': (A.) **1.**kap, kutu. **2.**(tıb.) damar. ‖ * ~ -i lenfâvî وعاء لنفاوی (tıb.) lenf damarları.

وعاظ vu'âz: (A.) vaizler.

وعائی vi'â'î: (A.) damar ile ilgili.

وعائیت vi'â'iyyet: (A.) kaplık durumu.

وعائیه vi'â'iyye: (A.) damar ile ilgili.

وعد va'd: (A.) **1.**vaat. **2.**müjde. ‖ * ~ u vaîd dâden وعد و وعید دادن vaat vermek, söz vermek.

وعدکار va'dkâr: (A.-F.) [va'd+kâr] vaat veren.

وعده va'de: (A.) **1.**vaat, söz. **2.**müjde. **3.**vade, süre. **4.**randevu. **5.**defa, kere, kez. **6.**ecel.

وعده بستن va'de besten: vade koymak, vade tayin etmek.

وعده بندی va'debendî: (A.-F.) [va'de+ besten>bend+î] vade koyma.

وعده جا va'decâ: (A.-F.) [va'de+câ] **1.**buluşma yeri, randevu yeri. **2.**antlaşma yeri.

وعده دادن va'de dâden: **1.**vaatte bulunmak, söz vermek. **2.**vade vermek.

وعده کردن va'de kerden: **1.**söz vermek, vaatte bulunmak. **2.**vade vermek.

وعده گذاشتن va'de gozâşten: randevuleşmek.

وعده گرفتن va'de giriften: **1.**söz almak. **2.**çağırmak, davet etmek.

وعده نهادن va'de nihâden: söz vermek, vaat vermek.

وعظ va'z: (A.) **1.**öğüt. **2.**vaaz.

وعظ کردن va'z kerden: **1.**öğüt vermek. **2.**vaaz vermek.

وعلیک گرفتن ve'aleyk giriften: selâm almak.

وعود vu'ûd: (A.) vaatler.

وعید va'îd: (A.) **1.**yıldırma, korkutma, gözdağı, ceza ve kötü bir şeyle korkutma, ikaz, tehdit. **2.**vaat.

وغا vegâ: (A.) **1.**savaş. **2.**şamata, gürültü patırtı.

وغادت vegâdet: (A.) **1.**bayağılık. **2.**akılsızlık.

وغب vegb: (A.) **1.**aptal, ahmak, salak. **2.**aşağılık, adi. **3.**zayıf bedenli.

وغد vagd: (A.) **1.**alçak, aşağılık. **2.**hırslı, tamahkâr.

وغست vegest: açık, aşikâr, aleni.

وغل vagl: (A.) aşağılık, alçaklık.

وغ وغ صاحب vag vag sâhib: içi bilyeli ses çıkaran bir oyuncak.

وغیره vegayre, vegayruhu: (A.) vesaire, ve başkaları, daha nicesi.

وغیرها vegayruhâ: (A.) ve diğeri, ve başkası, ondan başka.

وغیرهم vegayruhum: (A.) onlardan başkası, ve diğerleri.

وغیرهما vegayruhumâ: (A.) ikisinden başkası.

وفاء vefâ': (A.) **1.**bağlılık, vefa, sözünde durma. **2.**samimiyet, dostluk. **3.**yeterli olma, kâfi gelme. **4.**ödeme.

وفائیه vefâ'iyye: (A.) Şâzeliyye tarikatının bir kolu, Vefâîlik.

وفابیگانه vefâbîgâne: (A.-F.) [vefâ+ bîgâne <bîgâne-i vefâ] vefasız.

وفاپرور vefâperver: (A.-F.) [vefâ+ perverden> perver] vefalı, sözünde duran, sevgisini sürdüren.

وفاپرورانه vefâperverâne: (A.-F.) [vefâ+ perverden> perver+âne] vefalı davranarak, sözünde durarak, sevgisini sürdürerek.

وفاپیوست vefâpeyvest: (A.-F.) [vefâ+ peyvesten> peyvest] vefalı, sözünde duran.

وفات vefât: (A.) ölüm, vefat. ‖ * ~ -i kesî ittifâk oftâden وفات کسی اتفاق افتادن ölmek, vefat etmek.

وفات کردن vefât kerden: ölmek, vefat etmek.

وفات یافتن vefât yâften: ölmek, vefat etmek.

وفا جستن vefâ costen: vefa ummak, vefa aramak.

وفادار vefâdâr: (A.-F.) [vefâ+dâşten> dâr] vefalı, bağlı, sadık.

وفادارانه vefâdârâne: (A.-F.) [vefâ+ dâşten>dâr+ âne] vefalı davranarak, sözünde durarak.

وفادار ماندن vefâdâr mânden: vefalı kalmak, sadık kalmak.

وفاداری vefâdârî: (A.-F.) [vefâ+dâşten> dâr+î] vefalı olma, vefalılık.

وفاداری کردن vefâdârî kerden: vefalı davranmak.

وفا داشتن vefâ dâşten: vefalı olmak, sadık olmak.

وفادت vifâdet: (A.) elçilik.

وفاشعار vefâşi'âr: (A.-F.) [vefâ+şi'âr] vefalı.

وفاشعاری vefâşi'ârî: (A.-F.) [vefâ+ şi'âr+î] vefalılık.

وفا شکستن vefâ şikesten: ahdini bozmak.

وفاق vifâk: (A.) **1.**uygunluk. **2.**hemfikirlilik. **3.**barış, uzlaşma, uzlaşı.

وفاکار vefâkâr: (A.-F.) [vefâ+kâr] vefalı.

وفاکاری vefâkârî: (A.-F.) [vefâ+kâr+î] vefalılık.

وفا کردن vefâ kerden: **1.**vefa etmek, sözünde durmak. **2.**samimî olmak.

وفاگزین vefâguzîn: (A.-F.) [vefâ+ guzîden>guzîn] vefalı. Ey yâr-i vefâgüzîn-i cânım (Safahat)

وفانما vefânumâ: (A.-F.) [vefâ+ numûden> numâ] vefalı.

وفد vefd: (A.) **1.**elçiler. **2.**temsilciler.

وفد vefd: (A.) **1.**varma, gelme. **2.**iş için birinin yanına gitme. **3.**temsilcilerin toplandığı yer.

وفد vuffed: (A.) elçiler.

وفرت vefret: (A.) bolluk, çokluk.

وفق vefk: (A.) **1.**uygunluk, uyma. **2.**uygun. **3.**tılsımlı dua. ‖ * ber ~ -i بر وفق uyarınca, -e göre. ‖ * ber ~ -i dilhâh بر وفق دلخواه gönlün istediği gibi. ‖ * ber ~ -i merâm بر وفق مرام istenildiği gibi, isteğe uygun şekilde.

وفق دادن vefk dâden: **1.**mutabık hale hale getirmek. **2.**uzlaştırmak.

وفق کردن vefk kerden: **1.**uyuşmak. **2.**uymak, mutabık olmak. **3.**uyumlu kılmak.

وفود vufûd: (A.) elçiler.

وفود vufûd: (A.) geliş, gelme.

وفود vufûd: (A.) resul olma, risalet.

وفور vufûr: (A.) bolluk, çokluk.

وفی vefî: (A.) **1.**vefalı. **2.**mükemmel.

وفیات vefeyât: (A.) ölümler, vefatlar.

وفیر vefîr: (A.) bol, çok.

وفیره vefîre: (A.) bol, çok. ‖ * sinîn -i ~ سنین وفیره yıllarca, uzun yıllar, nice yıllar.

وفیق vefîk: (A.) **1.**kafadengi. **2.**uygun. **3.**erkek adı.

وفیقه vefîka:. (A.) **1.**kafadengi. **2.**uygun. **3.**bayan adı.

وقائع vekâ'i': (A.) olaylar, vakalar.

وقاحت vekâhet: (A.) **1.**çirkinlik, kabalık. **2.**utanmazlık, hayasızlık, küstahlık, arsızlık.

وقاد vekkâd: (A.) **1.**içi aydın. **2.**parlak.

وقار vekâr: (A.) ağırbaşlılık, vakar.

وقاص vekkâs: (A.) **1.**okçu. **2.**savaşçı. **3.**erkek adı.

وقاع vikâ': (A.) **1.**cinsel ilişki. **2.**savaş.

وقایت vikâyet, vekâyet: (A.) koruma, kollama, esirgeme, muhafaza.

وقایع vekâyi': (A.) **1.**olaylar, vakalar. **2.**savaş felaketi.

وقایع نامه vekâyi'nâme: (A.-F.) [vekâyi'+ nâme <nâme-i vakâyi']

günlük olayların kaydedildiği defter.

وقایع نگار vekâyi'nigâr: (A.-F.) [vekâyi'+ nigâşten>nigâr] tarihçi, vakanüvis.

وقایع نگاری vekâyi'nigârî: (A.-F.) [vekâyi'+nigâşten>nigâr+î] **1.**tarihçilik, vakanüvislik. **2.**kronoloji.

وقایع نویس vekâyi'nevîs, vekâyi'nuvîs: (A.-F.) [vekâyi'+nevişten/nuvişten> nevîs/nuvîs] vakanüvis, tarihçi.

وقایه vikâye: (A.) **1.**koruma, esirgeme. **2.**önlem alma.

وقایه کردن vikâye kerden: korumak, kollamak.

وقت vakt: (A.) **1.**vakit. **2.**çağ. **3.**mevsim. **4.**tam zamanı, uygun zaman. **5.**geçim. **6.**fırsat. ‖ * ~ be ~ وقت به وقت zaman zaman, kimi zaman. ‖ * ~ u bîvakt وقت و بی وقت vakitli vakitsiz. ‖ * ~ -i asr وقت عصر ikindi vakti. ‖ * ~ -i fecr وقت فجر fecir vakti, tan ağarması vakti. ‖ * ~ -i gurûb وقت غروب gurûb vakti, güneşin battığı vakit. ‖ * ~ -i hâcet وقت حاجت ihtiyaç zamanı. ‖ * ~ -i kesî râ giriften وقت کسی را گرفتن birinin vaktini almak. ‖ * ~ -i merhûn وقت مرهون beklenen vakit. ‖ * ~ -i mu'ayyen وقت معین belirli vakit, belirlenmiş vakit. ‖ * an ~ آن وقت o zaman. ‖ * be ~ به وقت zamanında, yerinde. ‖ * bedan ~ بدان وقت o zaman. ‖ * der ~ در وقت hemen, derhal. ‖ * ez ~ pîş oftâden از وقت پیش افتادن ileri gitmek. ‖ * ez hayli ~ pîş از خیلی وقت پیش çoktan, çoktandır. ‖ * her ~ هر وقت **1.**ne zaman, her ne zaman. **2.**her zaman. ‖ * ta'yîn-i ~ تعیین وقت randevu.

وقت آمدن vakt âmeden: **1.**eceli gelmek. **2.**vakti gelmek.

وقتاً vakten: (A.) vakit bakımından.

وقت خواستن vakt hâsten: randevu istemek.

وقت دادن vakt dâden: randevu vermek.

وقت شناس vaktşinâs: (A.-F.) [vakt+ şinâhten>şinâs] **1.**yeri ve zamanı bilen. **2.**dakik, randevusuna sadık.

وقت گذراندن vakt gozerânden: vakit geçirmek, vakit öldürmek.

وقت گذشتن vakt gozeşten: vakit geçmek.

وقت گرفتن vakt giriften: vakit almak, zaman almak, sürmek.

وقت ها vakthâ: (A.-F.) [vakt+hâ] uzun süre, çoktandır.

وقتی vaktî: (A.-F.) [vakt+î] **1.**bir zaman, vaktiyle. **2.** -diği zaman, -ince.

وقتی که vaktîki: (A.-F.) [vakt+î+ki] -diği zaman, -ince, vaktâ ki.

وقح vakih: (A.) utanmaz, hayasız.

وقد vakd: (A.) yanma, tutuşma.

وقدان vakdân: (A.) yanma, tutuşma.

وقر vakr: (A.) **1.**ağırlık. **2.**ağırbaşlılık, vakar. **3.**ağır işitme.

وقر vikr: (A.) hayvanlara yüklenen ağır yük.

وق زدن vak zeden: **1.**yaygara koparmak. **2.**anırmak.

وقس علیهذا vekıs 'alâhâzâ: (A.) ve bunun gibi, var kıyas et.

وقع vak': (A.) **1.**iniş. **2.**şeref, itibar. **3.**görkem. **4.**ağırlık. **5.**yükselti, yüksek yer.

وقع نهادن vak' nihâden: değer vermek, önemsemek.

وقعه vak'a: (A.) **1.**olay, vaka. **2.**savaş.

وقعه نویس vak'anuvîs: (A.-F.) [vak'a+nuvişten> nuvîs] tarihçi, tarih yazarı, vakanüvis.

وقعه نویسان vak'anuvîsân: (A.-F.) [vak'a+ nuvîs+ân] tarih yazarları, vakanüvisler.

وقف vakf: (A.) **1.**durma. **2.**yerleşme, ikamet. **3.**vakıf.

وقف بودن vakf bûden: özgü olmak, münhasır olmak.

وقف کردن vakf kerden: **1.**vakfetmek. **2.**adamak.

وقف نامه vakfnâme: (A.-F.) [vakf+nâme] vakıf senedi, vakıf belgesi, vakıfname.

وقف نمودن vakf numûden: vakfetmek.

وقفه vakfe: (A.) **1.**durma, duruş. **2.**(gr.) bir harfte durma. **3.**fırsat. **4.**kapatma. **5.**duraklama. **6.**hacıların Arafat mevkiinde durmaları. ‖ * bedûni ~ بدون وقفه aralıksız, kesintisiz, sürekli. ‖ * bî ~ بی وقفه aralıksız, kesintisiz, sürekli.

وقفه حاصل شدن vakfe hâsil şoden: aksama olmak, duraklama olmak.

وقفه گاه vakfegâh: (A.-F.) [vakfe+gâh] durma yeri, durak.

وقفه گیر vakfegîr: (A.-F.) [vakfe+ giriften>gîr] duraklayan, mola veren, duran.

وقفی vakfî: (A.) vakıf ile ilgili.

وقفیات vakfiyyât: (A.) vakıflar.

وقفیت vakfiyyet: (A.) vakıflık.

وقفیه vakfiyye: (A.) **1.**vakıf ile ilgili. **2.**vakıf senedi. **3.**vakıf binası.

وقواق vakvâk: (A.) insan biçimli meyva veren bir masal ağacı.

وقود vakûd: (A.) yakacak.

وقود vukûd: (A.) yanma, alevlenme.

وقور vakûr: (A.) ağırbaşlı, vakur.

وقورانه vakûrâne: (A.-F.) [vakûr+âne] ağırbaşlıca, ağırbaşlılıkla.

وقوع vukû': (A.) **1.**oluş, meydana geliş. **2.**düşme. ‖ * be ~ peyvesten به وقوع پیوستن gerçekleşmek, meydana gelmek, olmak. ‖ * sûret-i ~ peydâ kerden صورت وقوع پیدا کردن gerçekleşmek.

وقوعات vukû'ât: (A.) **1.**olaylar. **2.**polisiye olaylar.

وقوع داشتن vukû' dâşten: meydana gelmek, vukubulmak.

وقوع یافتن vukû' yâften: meydana gelmek, olmak, vukubulmak.

وقوف vukûf: (A.) **1.**bilgi sahibi olma, haberdar olma. **2.**durma, duruş. **3.**olduğu gibi kalma.

وقوف افتادن vukûf oftâden: bilgisahibi olmak.

وقوفدار vukûfdâr: (A.-F.) [vukûf+ dâşten>dâr] bilgili, vâkıf.

وقوف داشتن vukûf dâşten: vâkıf olmak, bilgi sahibi olmak.

وق وق vakvak: hav hav.

وقوقه vakvaka: (A.) vrak vrak kurbağa sesi.

وقیح vakîh: (A.) yüzsüz, utanmaz, arsız, hayasız, edepsiz.

وقیحانه vakîhâne: (A.-F.) [vakîh+âne] utanmazca, yüzsüzce.

وقید vakîd: (A.) yakacak.

وقیعه vakî'a: (A.) olay.

وقیه vakiyye: (A.) okka (1 okka=400 dirhem).

وک vek: kurbağa.

وکالت vekâlet, vikâlet: (A.) **1.**(huk.) vekillik, vekalet. **2.**bakanlık. **3.**bakanlık binası. **4.**avukatlık.

وکالت پناه vekâletpenâh: (A.-F.) [vekâlet+ penâhîden> penâh] sadrazam.

وکالت پناهی vekâletpenâhî: (A.-F.) [vekâlet+ penâhîden> penâh+î] **1.**sadrazamlık. **2.**sadrazam ile ilgili.

وکالت نامه vekâletnâme: (A.-F.) [vekâlet+ nâme] (huk.) vekaletname.

وکالةً vekâleten: (A.) vekil olarak.

وکان vikân: (A.) semer.

وکب vekeb: (A.) özen gösterme.

وکر vekr: (A.) kuş yuvası.

وکز vekz: (A.) vurma, kakma.

وکلاء vukelâ': (A.) **1.**vekiller. **2.**milletvekilleri. **3.**bakanlar.

وکن vekn: (A.) kuş yuvası.

وکوب vukûb: (A.) yavaş yürüyüş.

وکول vukûl: (A.) işbirliği.

وکون vukûn: (A.) kuş yuvaları.

وکیره vukîre: (A.) yeni ev ile ilgili olarak dostlara verilen yemek.

وکیل vekîl: (A.) **1.**(huk.) vekil. **2.**(huk.) avukat. **3.**milletvekili. **4.**saray nazırı. **5.**mübaşir. ‖ * ~ -i adliyye وکیل عدلیه (huk.) avukat. ‖ * ~ -i da'vâ وکیل دعوا (huk.) avukat. ‖ * ~ -i dâdgosterî وکیل دادگستری (huk.) avukat.

وکیل شدن vekîl şoden: **1.**(huk.) vekil olmak. **2.**milletvekili olmak.

وکیل کردن vekîl kerden: **1.**vekil tayin etmek. **2.**millevekili seçmek.

وگر veger: [ve+ger<eger] eğer, ve eğer.

وگرنه vegerne: [ve+ger<eger+ne] yoksa, aksi takdirde.

وگرنی vegernî: yoksa.

ول vil: **1.**avare, aylak. **2.**terbiyesiz.

ولاء velâ': (A.) **1.**birbirini izleme, peşpeşe gelme. **2.**sevgi, dostluk. ‖ * be ~ -i به ولاء peşinden.

ولائد velâ'id: (A.) cariyeler.

ولائم velâ'im: (A.) **1.**ziyafetler. **2.**düğünler.

ولاپرور vilâperver: (A.-F.) [vilâ+ perverden> perver] dost, dost canlısı.

ولات vulât: (A.) valiler.

ولاد vilâd: (A.) doğurma.

ولادت vilâdet: (A.) doğma, doğum. ‖ * ~ -i kesî ittifâk oftâden ولادت كسى اتفاق افتادن doğmak.

ولادى velâdî: (A.) anadan doğma.

ولادى vilâdî: (A.) **1.**doğum ile ilgili. **2.**anadan doğma.

ولادت يافتن vilâdet yâften: doğmak.

ولاديه vilâdiyye: (A.) **1.**doğum ile ilgili. **2.**anadan doğma.

ولاغير velâgayr: (A.) bundan başka birşey değil.

ولاكار vilâkâr: (A.-F.) [vilâ+kâr] dost.

ولاكارانه velâkârâne: (A.-F.) [velâ+kâr+ âne] dostça.

ولايا velâyâ: (A.) ermiş kadınlar.

ولايات vilâyât: (A.) vilayetler.

ولايت vilâyet: (A.) **1.**hükümet etme. **2.**ülke. **3.**vilayet. **4.**kent. **5.**İran. **6.**memleket, toprak. **7.**köy. **8.**velîlik, ermişlik. **9.**sözünü geçirme, otorite.

ولايت vilâyet: (A.) velîlik.

ولايت بخشيدن vilâyet bahşîden: vilayet vermek.

ولايت پناه velâyetpenâh: (A.-F.) [velâyet+ penâhîden> penâh] velî, mürşit.

ولت volt: (İng.-Fr.) (fiz.) volt.

ولتامتر voltamitr: (Fr.) (fiz.) voltmetre.

ولت سنج voltsenc: (Fr.-İng.-F.) [volt+ sencîden>senc] (fiz.) voltmetre.

ولت متر voltmitr: (Fr.) (fiz.) voltmetre.

ولخرج velharc: (F.-A.) [vel+harc] müsrif, savurgan.

ولخرجى velharcî: (F.-A.) [vel+harc+î] müsriflik, savurganlık.

ولخرجى كردن velharcî kerden: har vurup harman savurmak, savurganlık etmek.

ولد veled: (A.) **1.**çocuk, evlat. **2.**oğul. ‖ * ~ -i mâder behatâ ولد مادربخطا meşru yoldan doğmamış çocuk, piç. ‖ * ~ -i zinâ ولد زنا zina çocuğu, meşru yoldan doğmamış çocuk, piç.

ولد الزنا veleduzzinâ: (A.) piç, gayrimeşru çocuk.

ولدان veledân: (A.-F.) veled+ân] çocuklar.

ولدان vildân: (A.) **1.**yeni doğmuş çocuklar, bebekler. **2.**kullar. **3.**erkek adı. **4.**bayan adı.

ول دادن vil dâden: salmak, bırakmak, serbest bırakmak, koyuvermek.

ولدان vildân: (A.) **1.**çocuklar. **2.**oğullar.

ولده vilde: (A.) çocuklar.

ولرم vilerm: ılık.

ول زبان vilzebân: [vil+zebân] saçma bapan konuşan, saçmalayan, ağzı gevşek.

ولسان velsân: (A.) birbirinin boynuna el atarak yürüme.

ولش vileş: [vil+eş (kon)] göz yum, boşver, vazgeç, aldırma.

ولش دادن vileş dâden: boş vermek, bırakmak, salmak, koyuvermek.

ول شدن vil şoden: **1.**serbest kalmak, kurtulmak. **2.**elden düşmek, elden kurtulmak. **3.**yere düşmek.

ولش كردن vileş kerden: **1.**boş vermek, aldırmamak, umursamamak. **2.**salmak, bırakıvermek, koyuvermek.

ولع vele': (A.) açgözlülük, hırs.

ول كردن vil kerden: **1.**bırakmak, salmak. **2.**terketmek. **3.**boş vermek, aldırmamak.

ولكن velâkin: (A.) ama, lakin.

ولکن بودن velkon bûden: peşini bırakmak.

ولگرد vilgerd: [vil+geşten>gerd] **1.**aylak, avare, başıboş. **2.**sahipsiz. **3.**serseri.

ولگردی vilgerdî: [vil+geşten>gerd+î] **1.**aylaklık, avarelik, başıboşluk. **2.**sahipsizlik. **3.**serserilik.

ول گردیدن vil gerdîden: avare olmak, aylak aylak dolaşmak.

ولگردی کردن vilgerdî kerden: **1.**serserilik yapmak. **2.**aylak aylak dolaşmak.

ول گشتن vil geşten: aylak aylak dolaşmak.

ول گفتن vil goften: saçmalamak, zırvalamak, boş boş konuşmak.

ول گویی vilgûyî: [vil+goften>gûy+î] saçmalama, zırvalama, boş boş konuşma.

ول گویی کردن vilgûyî kerden: saçma sapan konuşmak, zırvalamak, boş boş konuşmak.

ولنگار vilingâr: **1.**serseri. **2.**aylak, avare. **3.**başıboş. **4.**saçmalayan. **5.**laubali.

ولنگاری vilingârî: [vilingâr+î] **1.**serserilik. **2.**aylaklık, avarelik. **3.**başıboşluk. **4.**saçmalama, zırvalama. **5.**laubalilik.

ولنگاری کردن vilingârî kerden: **1.**serserilik etmek. **2.**aylak aylak dolaşmak. **3.**saçmalamak, zırvalamak. **4.**laubalilik etmek.

ولنگ و واز velenguvâz: [veleng+u+vâz] tertipsiz, düzensiz, pasaklı.

ولو vilov: dağınık, saçılmış, serpilmiş.

ولو velev: (A.) olsa da.

ولو آنکه velev anki (A.-F.) [velev+ân+ki] olsa da, olsa bile.

ولوال velvâl: (A.) ağlayıp inleme.

ولو اینکه velev inki: (A.-F.) [velev+in+ki] olsa da.

ولوج vulûc: (A.) yanaşma, sokulma.

ولود velûd: (A.) **1.**doğurgan. **2.**üretken.

ولو سلم velevsullim: (A.) öyle olduğu kabul edilse bile.

ولو شدن vilov şoden: **1.**sağılıvermek, yığılıp kalmak. **2.**dağılmak, saçılmak.

ولوع velû': (A.) **1.**açgözlü, haris. **2.**açgözlülük, hırs.

ولوع vulû': (A.) aşırı istek, düşkünlük.

ولوغ vulûg: (A.) köpeğin su içmesi.

ولو کردن vilov kerden: dağıtmak, saçmak.

ولوکه velevki: (A.-F.) [ve+lev+ki] olsa da, olsa bile.

ولوله velvele: (A.) **1.**yaygara, şamata, gürültü patırtı. **2.**şaşkınlık. **3.**klasik Türk musikîsi usûlünde bir vuruş şekli.

ولوله انداز velvele'endâz: (A.-F.) [velvele+ endâhten> endâz] gürültücü, yaygaracı.

ولوله انگیز velvele'engîz: (A.-F.) [velvele+ engîhten> engîz] velvele koparan, gürültü çıkaran.

ولوله بر پا شدن velvele berpâ şoden: gürültü kopmak, kıyamet kopmak.

ولوله بر پا کردن velvele berpâ kerden: gürültü patırtı etmek, kıyameti koparmak.

ولوله دار velveledâr: (A.-F.) [velvele+ dâşten>dâr] velveleli, gürültülü.

وله veleh: (A.) **1.**üzülme. **2.**şaşkınlık, afallama. **3.**öfke.

وله velehu: (A.) ve onun, bu da ona aittir.

وله رسان velehresân: (A.-F.) [veleh+ resânden> resân] hayrete düşüren, şaşırtan.

وله زا velehzâ: (A.-F.) [veleh+zâîden> zâ] şaşkın, afallamış.

وله زده velehzede: (A.-F.) [veleh+ zeden>zede] aşık, karasevdalı, divane, mecnun.

وله کارانه velehkârâne: (A.-F.) [veleh+ kâr+âne] şaşırmışçasına.

ولهان velhân: (A.) şaşkın.

ولی velâ: (A.) **1.**velayet hakkı, efendinin âzatlı köle ve cariye üzerindeki hak hukuku. **2.**sahiplik. **3.**yakınlık, dostluk.

ولى velî: (A.) **1.**sadık dost. **2.**efendi. **3.**sahip. **4.**velî. **5.**koruyucu, kollayıcı. **6.**Alî b. Ebî Tâlib'in ünvanı. **7.**ayak takımıyla düşüp kalkan.

ولى velî: ama, fakat, ancak, gel gör ki, hoş.

ولى vely: (A.) peşpeşe gelme, birbirini izleme.

ولى الامر veliyyul'emr: (A.) emir sahibi.

ولى الحق veliyyulhakk: (A.) diyet hakkı olan.

ولى الدم veliddem: (A.) diyet hakkı olan.

ولى الدين veliyyuddîn: (A.) **1.**dinine sımsıkı bağlı olan. **2.**erkek adı.

ولى العرفان veliyyulirfân: (A.) irfân sahibi.

ولى القصاص velilkasâs: (A.) diyet hakkı olan, kısas hakkı olan.

ولى الله veliyyullâh: (A.) Tanrı velîsi, ermiş, Tanrı'nın sevgili kulu.

ولى النعم veliyyunni'em: (A.) **1.**şeyhülislâm. **2.**nimet sahibi.

وليد velîd: (A.) **1.**yeni doğmuş çocuk, bebek. **2.**köle, kul.

وليد vuleyd: (A.) küçük çocuk.

ولى داشتن velî dâşten: velisi olmak.

وليده velîde: (A.) cariye.

وليشناس velîşinâs: (A.-F.) [velî+şinâhten>şinâs] kadir kıymet bilen.

وليعهد velî'ahd: (A.) veliaht.

وليعهد كردن velî'ahd kerden: veliaht tayin etmek.

وليعهد گردانيدن velîahd gerdânîden: veliaht tayin etmek.

وليعهدى velî'ahdî: (A.-F.) [velî'ahd+î] veliahtlık.

وليک velîk: (A.) ancak, fakat, ama.

ولى كردن velî kerden: **1.**veli tayin etmek. **2.**veliaht yapmak.

وليكن velîken: (A.) fakat, ama, lakin.

وليمه velîme: (A.) **1.**düğün konukluğu. **2.**düğün ziyafeti, şölen. **3.**düğün parası.

وليمه دادن velîme dâden: ziyafet vermek.

ولى نعمت velîni'met: (A.) yetiştiren, besleyen, büyüten, efendi.

وليه veliyye: (A.) ermiş kadın.

وليک velîk: (A.) ama, fakat, lakin.

ومض vemz: (A.) şimşek çakması, ışıma.

ومق vamk: (A.) sevme, sevgi.

وميض vemîz: (A.) bulut arasından çıkan ışık huzmesi.

وميه vemye: (A.) **1.**güçlük, sorun. **2.**bela..

ونانه venâne: yuvarlak ekmek, somun ekmek.

ونجنک vencnek (bot.) reyhan, fesleğen.

ونگ زدن ving zeden: **1.**ağlamak. **2.**miyavlamak. **3.**fısıldamak. **4.**mırıldanmak.

ونى veny: (A.) savsaklama, gevşeklik.

ونيز venîz: [ve+nîz] ve aynı şekilde, ve dahi.

ونيز veniz: (coğ.) Venedik.

وور و وور vûrr u vûr: ardarda, peşpeşe.

وول خوردن vûl horden: kaynaşmak.

وه veh: **1.**vah!, yazık!. **2.**aferin! **3.**vay, aman. ‖ * ~ ki وه كه vay vay, aman vaman, şaşılacak derecede.

وهاب vehhâb: (A.) **1.**bağışlayıcı. **2.**hibe edici. **3.**Tanrı'nın sıfatlarından biri.

وهابى vehhâbî: (A.) Vehhâbîlik mezhebi mensubu.

وهابيت vehhâbiyyet: **1.**bağışlayıcılık. **2.**Vehhâbîlik.

وهابيون vehhâbiyyûn: (A.) Vehhâbîler.

وهاج vehhâc: **1.**alevli. **2.**pırıl pırıl.

وهاد vihâd: (A.) uçurumlar, alçak ve çukur yerler.

وهام vehhâm: (A.) çok kuruntulu.

وهب vehb: (A.) **1.**bağış. **2.**vergi.

وهبى vehbî: (A.) **1.**Allah vergisi. **2.**erkek adı.

وهبيت vehbiyyet: (A.) doğuştanlık, yaratılıştanlık.

وهبيه vehbiyye: (A.) **1.**Allah vergisi. **2.**bayan adı.
وهج vehc: (A.) alevlenme.
وهجان vehecân: (A.) alevlenme.
وهد vehd: (A.) uçurum, yar.
وهده vehde: (A.) uçurum, yar.
وهشت vehişt: cennet.
وهص vehs: (A.) **1.**çiğneme, ezme. **2.**kırma.
وهف vehf: (A.) **1.**yapraklanma. **2.**çoğalma. **3.**uzama.
وهق vehak: (A.) kement.
وهلت vehlet: (A.) **1.**kere, defa, kez. **2.**aşama.
و هلم جرى vehelummecerâ: (A.) var gerisini kıyas et, öbürlerini de bununla kıyasla.
وهله vehle: **1.**kere, defa, kez. **2.**aşama. **3.**irkilme. ‖ * der ~ -i nohost در وهلهء نخست ilk aşamada, ilk etapta.
وهلة vehleten: (A.) **1.**ilkin. **2.**birdenbire, ansızın.
وهم vehm: (A.) **1.**kuruntu, vehim. **2.**(tıb.) halüsinasyon.
وهم vehem: [ve+hem] hem de.
وهم آلود vehmâlûd: (A.-F.) [vehm+ âlûden>âlûd] kuruntulu, vehimli.
وهم افتادن vehm oftâden: sanmak.
وهم كردن vehm kerden: **1.**sanmak, zannetmek. **2.**kuruntuya kapılmak. **3.**yanlış düşünmek.
وهمناك vehmnâk: (A.-F.) [vehm+nâk] **1.**kuruntulu, vehimli. **2.**kuşkulu.
وهمى vehmî: (A.) **1.**hayalî. **2.**zanlı.
وهميات vehmiyyât: (A.) kuruntular.
وهميه vehmiyye: (A.) kuruntu ile ilgili, kurulan, vehme dayalı.
وهن vehn: (A.) zayıflık, gevşeklik, güçsüzlük.
وهوب vehûb: (A.) çok bağışlayan, çok veren.
وهوب vuhûb: (A.) bağışlayıcı, çok bağışlayan.
وهى vehy: (A.) **1.**gevşeklik, gevşeme. **2.**yırtma.
وهيج vehîc: (A.) ateş sıcaklığı.
وى vey: o.
وى vey: [ve+ey] ey, hey.
وى vey: miktar, ölçü.
وى vey: vay.
ويا veyâ: yahut, veya.
ويا اينكه veyâinki: [veyâ+in+ki] ya da, yahut.
وياخود veyâhod: [veyâ+hod] yahut, veyahut.
ويار viyâr: aşerme.
ويار كردن viyâr kerden: aşermek.
ويتامين vitamin: (Fr.) (tıb.) vitamin.
ويترين vitrin: (Fr.) vitrin.
ويح veyh: (A.) yazık, heyhat.
ويدا vîdâ: az, eksik.
ويدا شدن vîdâ şoden: azalmak, eksilmek.
وير vîr: (Peh.) **1.**anlayış, idrak. **2.**hafıza. **3.**nale, feryat. **4.**aşırı istek.
ويراژ رفتن vîrâj reften: kıvrılmak, savrulmak, manevra yapmak.
ويران vîrân: (Peh.) **1.**yıkık, harap. **2.**yıkıntı, harabe. **3.**perişan, üzgün.
ويرانسراى vîrânserây: [vîrân+serây] harabe.
ويران شدن vîrân şoden: yıkılmak, harap olmak.
ويران كردن vîrân kerden: harap etmek, yıkmak, viran etmek.
ويرانگر vîrânger: [vîrân+ger] yıkıcı.
ويرانه vîrâne: [vîrân+e] yıkıntı, harabe, virane.
ويرانه سراى vîraneserây: [vîrâne+serây< serây-i vîrâne] yıkık saray, dünya mülkü.
ويرانى vîrânî: [vîrân+î] **1.**yıkıklık, haraplık. **2.**perişanlık, üzgünlük.
ويرايش كردن vîrâyîş kerden: nüsha tashihi yapmak, edisyon kritik yapmak.
وير داشتن vîr dâşten: hevesli olmak, can atmak.
وير گرفتن vîr giriften: aşırı derecede heveslenmek, can atmak.
ويرگول vîrgûl: (Fr.) virgül.
ويروس virus: (Lat.-Fr.) (tıb.) virüs.
ويزا viza: (Fr.) vize.
ويزا گرفتن viza giriften: vize almak.
ويزيت vizit: (Fr.) (tıb.) vizit. **2.**vizit ücreti.

ویزیت کردن vizit kerden: **1.**görüşmek. **2.**(tıb.) (doktor) muayene etmek.

ویژگی vîjegî: [vîje+g+î] ilke.

ویژه vîje: (Peh.) **1.**özel. **2.**halis, saf, katışıksız. **3.**nedim. **4.**korunmuş. **5.**net. ‖ * be ~ به ویژه özellikle, bilhassa.

ویژه داشتن vîje dâşten: **1.**halis tutmak. **2.**temiz tutmak. **3.**yakını etmek. **4.**korumak.

ویژه کردن vîje kerden: **1.**halis kılmak. **2.**özgü kılmak. **3.**yakını etmek.

ویژه نامه vîjenâme: [vîje+nâme] özel sayı.

ویس veys: (A.) **1.**Veys-i Karenî. **2.**erkek adı: Veyis.

ویستود شدن vîsutûd şoden: inkâr etmek, inanmamak.

ویسکنسول viskonsul: (Fr.) viskonsul, konsolos yardımcısı.

ویسکی viski: (İng.) viski.

ویل veyl: (A.) **1.**yazık, vah. **2.**cehennemde bir vadi.

ویل veyl: (A.) **1.**şiirin iyisi ile kötüsü anlaşılmak. **2.**dertli gösterme. **3.**güçlük. **4.**zafer.

ویلا villa: (Fr.) villa. ‖ * ~ -yi kûhistânî ویلای کوهستانی dağ evi.

ویلان veylân: başıboş, aylak, avare.

ویلانی vîlânî: [vîlân+î] başıboşluk, aylaklık, avarelik.

ویلون viyelon: (Fr.) (müz.) viyolon, keman.

ویلون نواز viyelonnevâz: (Fr.-F.) [viyelon+ nevâhten>nevâz] (müz.) viyolonist.

ویلونیست viyelonist: (Fr.) (müz.) viyolonist.

ویله vîle: **1.**ses. **2.**inilti. **3.**haykırma, nara.

ویله veyle: (A.) rezillik.

ویله زدن vîle zeden: nara atmak, haykırmak, bağırmak.

ویله کردن vîle kerden: **1.**nara atmak, haykırmak, bağırmak. **2.**inlemek.

وین vin: [ve+in] ve bu.

وین vîn: **1.**renk. **2.**siyah üzüm. **3.**boya.

ویولا viyola: (Fr.) (müz.) keman.

ویولون viyolon: (Fr.) (müz.) viyolon.

ویولون سل viyolonsil: (Fr.) viyolonsel.

ویولونیست viyolonist: (Fr.) (müz.) viyolonist.

وی وی voy voy: vay vay!

ویه ûye: (gr.) son ek. gibi, benzer, -cik ve sahip anlamında kelimeler türetmeye yarar.

ه

ه he: **1.**Farsça alfabenin **31.** harfi. **2.**ebced sistemine göre sayısal değeri: **5. 3.**yapım eki.: isim ve sıfatların sonuna gelerek yeni kelimeler türetmeye yarar.

ها hâ: **1.**evet. **2.**işte, hah. **3.**(gr.) çoğul eki: -ler, -lar.

هاء hâ': (A.) 'H, h" harfi.

هائل hâ'il: (A.) korkunç, dehşetli.

هائم hâ'im: (A.) şaşkın.

هابط hâbit: (A.) **1.**inen, düşen. **2.**kayan yıldız.

هابط آمدن hâbit âmeden: **1.**inmek. **2.**düşmek.

هابط شدن hâbit şoden: **1.**inmek. **2.**düşmek. **3.**eksilmek. **4.**alçakgönüllülük etmek. **5.**yıldız kaymak.

هابط کردن hâbit kerden: **1.**indirmek. **2.**fırlatmak. **3.**atmak. **4.**(mec.) rezil etmek, yerin dibine sokmak.

هاپ هاپ hap hap: hav hav.

هاتف hâtif: (A.) **1.**seslenen. **2.**gaipten seslenen, hatif. **3.**İranlı ünlü bir şair. **4.**erkek adı.

هاج hâc: şaşkın, afallamış.

هاج و واج hâcuvâc: [hâc+u+vâc] şaşkın, şaşkın şaşkın.

هاج و واج شدن hâcuvâc şoden: şaşkına dönmek, sersemleşmek.

هاچه hâçe: dayanak.

هاداران hâdârân: zırva, saçma.

هاداران پاداران hâdârân pâdârân: saçma, zırva, anlamsız söz.

هادم hâdim: (A.) yıkan, tahrip eden.

هادی hâdî: (A.) **1.**doğru yolu gösteren. **2.**rehber, kılavuz. **3.**iletken. **4.**Tanrı'nın isimlerinden biri. **5.**erkek adı.

هار hâr (San.) **1.**inci dizisi. **2.**boyun. **3.**hayvanın boyun omurları.

هار hâr: **1.**(tıb.) kuduz, kudurmuş. **2.**kuduz köpek. **3.**kokuşmuş et. **4.**insan ve hayvan dışkısı.

هاراکیری harakiri: (Jap.) harakiri.

هارب hârib: (A.) kaçan.

هارپ harp: (Fr.) (müz.) harp, arp.

هارت و هورت hart u hurt: afur tafur, zart zurt.

هار شدن hâr şoden: **1.**(tıb.) kudurmak, kuduz olmak. **2.**(kin.) kibirlenmek.

هار کردن hâr kerden: **1.**kudurtmak. **2.**birini mal ve mevki içinde yetiştirmek.

هارمونی harmoni: (Fr.) (müz.) uyum, ahenk, armoni.

هارمونیکا harmonika: (Fr.) (müz.) armonika, ağız armonikası.

هاروت hârût: (A.) Harut.

هارون hârûn: **1.**ulak. **2.**muhafız, nöbetçi.

هاری hârî: (tıb.) kuduz hastalığı.

ها زدن hâ zeden: ard arda vurmak.

هازیدن hâzîden: **1.**bakmak, ilgilenmek. **2.**yönelmek.

هاس hâs: **1.**diğer. **2.**de, dah, dahi. **3.**korku.

هاسر hâsr: (Peh.) eski İran'da bir fersahlık uzunluk birimi.

هاشم hâşim: (A.) **1.**ekmek kesen. **2.**süt sağan. **3.**erkek adı. **4.**kıran, kırıcı.

هاشمی hâşimî: (A.) **1.**Hâşimî. **2.**bir tür helva.

هاضم hâzim: (A.) **1.**hazmeden, sindiren. **2.**hazmettirici.

هاضمه hâzime: (A.) sindirim.

هاک hâk: esneme.

ها کردن hâ kerden: hoflamak.

هاگ hâg (bot.) spor.

هال hâl: **1.**sessizlik, sükun. **2.**sabır.

هالتر haltir: (Fr.) (sp.) halter.

هال داشتن hâl dâşten: sâkin olmak, sessiz olmak.

هالک hâlik: (A.) **1.**yok edici, helak eden. **2.**ölü.

هالک شدن hâlik şoden: ölmek, helak

olmak.

هالوژن halojen: (Fr.) (kim.) halojen.

هاله hâle: **1.**ayla, hale. **2.**denk. **3.**bozguncu.

هاله افتادن hâle oftâden: hale olmak.

هاله بستن hâle besten: halelenmek, hale belirmek.

هاله شدن hâle şoden: halelenmek, hale olmak.

هامال hâmâl: **1.**benzer, eş. **2.**ortak.

هامش hâmiş: (A.) **1.**haşiye, derkenar. **2.**dipnotu. **3.**şerh.

هامون hâmûn: (Peh.) **1.**(coğ.) çöl. **2.**kır. **3.**alçak zemin. **4.**kara. **5.**yerküre. **6.**düzgün. ‖ * be ~ âverden به هامون آوردن yerle bir etmek.

هامون شدن hâmûn şoden: **1.**düzleşmek. **2.**alçalmak, çukurlaşmak. **3.**harap olmak.

هامون کردن hâmûn kerden: **1.**düzlemek. **2.**alçaltmak. **3.**harap etmek, yerle bir etmek.

هامه hâme: **1.**boş. **2.**alın. **3.**kafa ardı. **4.**kavim reisi, lider. **5.**baykuş. **6.**at.

هامی hâmî: şaşkın, hayran, başı dönmüş.

هامی شدن hâmî şoden: afallamak, şaşkınlaşmak.

هان hân: **1.**sakın!, aman!. **2.**hey!. ey. **3.**çabuk, acele et. **4.**ha, tamam.

هان و هان hân u hân: sakın, aman sakın!

هان و هین hân u hîn: sakın!, aman!

هان و هین کردن hânuhîn kerden: uyarmak, haberdar etmek.

هاوائی havai: (coğ.) Havai.

هاون hâven: (Peh.) **1.**havan. **2.**(kin.) vajina.

ها و هو hâvuhû: [hâ+vu+hû] hayhuy, gürültü.

هاویه hâviye: (A.) **1.**cehennem. **2.**derin vadi. **3.**cehennemin dibi.

های hây: **1.**hey, ey. **2.**ah!, vah!

هایل hâyil: (A.) korkak, korkan.

های و هو hâyuhû: [hây+u+hû] gürültü, hayhuy.

های و هو hâyuhû kerden: **1.**gürültü etmek, hayhuy etmek. **2.**inlemek, sızlanmak.

های و هو hâyuhûy: [hây+u+hûy] hayhuy, gürültü.

هباء hebâ': (A.) **1.**toz toprak. **2.**yok olma. **3.**akılsız. **4.**bir ağırlık ölçüsü birimi.

هباب hibâb: (A.) sevinç.

هباب کردن hibâb kerden: hızlı gitmesi için deveyi tahrik etmek.

هبات hibât: (A.) hibeler, bağışlar.

هبا داشتن hebâ dâşten: heba etmek, yok etmek.

هبا شدن hebâ şoden: **1.**heba olmak, yok olmak. **2.**toz olmak, tozlanmak.

هبا کردن hebâ kerden: yok etmek, heba etmek.

هبا گردیدن hebâ gerdîden: yok olmak, heba olmak.

هبت hibet: (A.) hibe, bağış.

هبط hebt: (A.) **1.**indirme. **2.**inme. **3.**getirme. **4.**girme. **5.**zelillik, düşkünlük.

هبوب hubûb: (A.) **1.**esinti. **2.**yıldız doğması.

هبوط hubût: (A.) **1.**iniş, düşüş. **2.**düşkünlük, zelillik. **3.**nakil.

هبوط کردن hubût kerden: **1.**inmek, düşmek. **2.**alçalmak.

هبه hibe: (A.) bağış, hibe.

هبه شدن hibe şoden: bağışlanmak, hibe edilmek.

هبه کردن hibe kerden: bağışlamak, hibe etmek.

هپرو شدن heperû şoden: **1.**yağmalanmak. **2.**çalınmak.

هتاک hettâk: (A.) **1.**perde yırtan. **2.**parçalayan. **3.**rezil, saygısız, utanmaz. **4.**kirli, pasaklı. **5.**namus kirleten.

هتک hetk: (A.) **1.**perde yırtma. **2.**namus kirletme, ırza geçme. ‖ * ~ -i kesî râ pâre kerden هتک کسی را پاره کردن ırzına geçmek, tecavüz etmek.

هتک hetek (Hlk.) kalça, kıç.

هتک hotek: ıslık.

هتک زدن hotek zeden: ıslık çalmak.

هتک کردن hetk kerden: **1.**perde

yırtmak. **2.**namus kirletmek, ırza geçmek, kızlık zarını parçalamak.

هتل hotil: (Fr.) otel.

هتم hetm: (A.) **1.**diş kırma. **2.**diş atma.

هجاء hicâ': (A.) **1.**yerme, hicvetme. **2.**hece. **3.**küfür.

هجائی hicâ'î: (A.) heceli. ‖ * hurûf-i ~ حروف هجائی alfabe harfleri.

هجا کردن hicâ kerden: **1.**yermek, hicvetmek. **2.**hecelemek.

هجا گفتن hicâ goften: yermek, taşlamak, hicvetmek.

هجاگو hicâgû: (A.-F.) [hicâ+goften>gû] **1.**hicveden, yeren, taşlayan. **2.**(ed.) hiciv şairi.

هجاگویی hicâgûyî: (A.-F.) [hicâ+goften> gûy+î] **1.**hicvetme, yerme, taşlama. **2.**(ed.) hiciv şairliği.

هجده hicdeh, hecdeh (Mat.) on sekiz.

هجدهم hecdehum: [hecdeh+um] (mat.) on sekizinci.

هجر hecr, hicr: (A.) ayrılık, hicran, ayrılık acısı.

هجران hicrân: (A.) **1.**ayrılık, uzak düşme. **2.**(tas.) Tanrı'dan başkasına ilgi duyma. **3.**ayrılık derdi.

هجران کشیدن hicrân keşîden: ayrılık çekmek, ayrılık acısı çekmek.

هجرت hicret: (A.) **1.**göç. **2.**Peygamber'in Mekke'den Medine'ye göç etmesi.

هجرت کردن hicret kerden: göç etmek, göçmek.

هجرتگاه hicretgâh: (A.-F.) [hicret+gâh] göç edilen yer, hicret yeri.

هجری hicrî: (A.) hicrete bağlı.

هجن hocen: (A.) kusurlar, ayıplar.

هجو hicv, hecv: (A.) hiciv, taşlama, yerme.

هجو کردن hicv kerden: yermek, taşlamak, hicvetmek.

هجو گفتن hicv goften: yermek, taşlamak, hicvetmek.

هجوگو hicvgû: (A.-F.) [hicv+gogten>gû] hicveden, taşlayan, yeren.

هجوم hucûm: (A.) saldırı, hücum.

هجوم آوردن hucûm âverden: saldırmak, hücum etmek, üşüşmek, dökülmek.

هجوم بردن hucûm borden: hücemetmek, akın etmek, saldırmak, üşüşmek.

هجوم کردن hucûm kerden: saldırmak, hücum etmek, akın etmek.

هجونامه hicvnâme: (A.-F.) [hicv+nâme] (ed.) hicviye, hiciv yazılı manzum ve mensur eser.

هجی hecî: (A.) **1.**hiciv. **2.**hece.

هجی کردن hecî kerden: hecelemek.

هجین hecîn: (A.) **1.**(zool.) iki hörgüçlü deve. **2.**namert. **3.**köle çocuğu. **4.**aslı bozuk hayvan.

هچل heçel: tehlike, kargaşa.

هخامنشی hehâmenişî: Hahamenişî, Ahamenit.

هخامنشیان hahâmenişiyân: Ahamenitler, Hahamenişîler.

هدایا hedâyâ: (A.) hediyeler, armağanlar.

هدایت hidâyet: (A.) doğru yolu gösterme, kılavuzluk.

هدایت کردن hidâyet kerden: **1.**doğru yolu göstermek, hidayet etmek. **2.**götürmek. **3.**gütmek. **4.**sürmek, kullanmak.

هدر heder: (A.) yazık olma, heba olma. ‖ * be ~ dâden به هدر دادن elden kaçırmak, heder etmek. ‖ * be ~ reften به هدر رفتن heder olmak, yok olmak.

هدر دادن heder dâden: heder etmek, yazık etmek.

هدر رفتن heder reften: heder olmak, yok olmak.

هدر ساختن heder sâhten: heder etmek.

هدر شدن heder şoden: heder olmak, yok olmak, yazık olmak.

هدر کردن heder kerden: heder etmek, yok etmek, yazık etmek.

هدف hedef: (A.) **1.**amaç, hedef. **2.**yığın. **3.**nişangah.

هدف داشتن hedef dâşten: hedefi olmak.

هدف قرار دادن hedef karâr dâden:

nişan almak, hedef almak.

هدف قرار گرفتن hedef karâr giriften: hedef olmak.

هدف گیری hedefgîrî: (A.-F.) [hedef+ giriften>gîr+î] 1.nişan alma. 2.(anten) çevirme.

هدف گیری شدن hedefgîrî şoden: 1.nişan alınmak. 2.(anten) çevrilmek.

هدف گیری کردن hedefgîrî kerden: 1.nişan almak. 2.(anten) çevirmek.

هدم hedm: (A.) yıkma, tahrip etme.

هدنه ساختن hodne sâhten: barışmak.

هدهد hudhud: (A.) (zool.) çavuş kuşu, turaç kuşu, hüthüt.

هدی hudâ: (A.) 1.doğru yolu gösterme, kılavuzluk. 2.İslâm dini.

هدیت hediyyet: (A.) armağan, hediye.

هدیه hediyye, hedye: (A.) 1.armağan, hediye. 2.süt parası. 3.yüzgörümlük. 4.Kur'ân satılırken hediye adı altında satılır.

هدیه آوردن hediyye âverden: armağan getirmek, hediye getirmek.

هدیه دادن hediyye dâden: armağan vermek, hediye vermek.

هدیه ساختن hediyye sâhten: hediye hazırlamak.

هدیه فرستادن hediyye firistâden: hediye göndermek.

هدیه گرفتن hediyye giriften: armağan almak, hediye almak.

هذلول hozlûl: (A.) 1.hafif. 2.hafif ölüm, kolay ölüm. 3.iri at. 4.fitne. 5.ince bulut. 6.katana.

هذلولی hozlûlî: (A.) hiperbol.

هذیان hezeyân: (A.) sayıklama.

هذیان گفتن hezeyân goften: sayıklamak.

هر her: (Peh.) her.

هر hir: (kim.) eroin.

هر آوازه herâvâze: [her+âvâze] her halükârda, mutlaka.

هر آینگی herâyinegî: [her+âyine+g+î] zorunluluk, zaruret, zaruri.

هر آینه herâyine: (Peh.) [her+âyine] 1.mutlaka, kesinlikle, kuşkusuz. 2.zorunlu, vacip.

هر آیینه herâyîne: [her+âyîne] 1.mutlaka, kesinlikle, kuşkusuz. 2.zorunlu, vacip.

هرات herât: (coğ.) Herat.

هراتی herâtî: [herât+î] 1.Heratlı. 2.(bot.) bir tür Gîlan pirinci.

هراس herâs, hirâs: 1.korku. 2. ürküntü.

هراس آمدن herâs âmeden: koruya kapılmak, içine korku düşmek.

هراسان herâsân: [herâsîden>herâs+ân] 1.korkarak. 2.korkak.

هراساندن herâsânden: korkutmak.

هراس افتادن herâs oftâden: korkuya kapılmak. || * der kesî ~ در کسی هراس افتادن korkuya kapılmak, içine korku düşmek.

هراس افکندن herâs efkenden: korku salmak.

هراس انگیز herâsengîz: [herâs+engîhten> engîz] korkunç, korku verici.

هراس دادن herâs dâden: korku vermek, korkutmak.

هراس داشتن herâs dâşten: korkmak.

هراسناک herâsnâk: [herâs+nâk] korkunç.

هراسیدن herâsîden: korkmak.

هراش herâş: kusma.

هراش کردن herâş kerden: kusmak.

هرب hereb: (A.) kaçma, kaçış.

هرت hirt: düzensizlik, kargaşa.

هرت کردن hort kerden: höpürdeterek içmek, höpürdetmek.

هرت کشیدن hort keşîden: höpürdeterek içmek, höpürdetmek.

هرت و پرت hirt u pirt: kargaşa, düzensizlik.

هرج herc: (A.) 1.karışıklık, kargaşa. 2.fitne.

هرجا herçâ: [her+câ] 1.her yer. 2.her yerde. 3.her neresi, nerede, nereye.

هرجائی hercâî: [her+câ+î] 1.avare, derbeder. 2.hercayi, şıpsevdi. 3.fahişe.

هرجایی hercâyî: [her+cây+î] 1.avare, derbeder. 2.hercayi, şıpsevdi. 3.fahişe.

هرجور hercûr: [her+cûr<tovr] her

türlü.

هرج و مرج hercumerc: (A.) [herc+u+merc] **1.**kargaşa, karışıklık, düzensizlik. **2.**fitne, fesat.

هرچ herç: [her+ç<çi] her ne kadar, ne kadar, her ne.

هرچند herçend: [her+çend] her ne kadar, ise de, gerçi, ne kadar.

هرچند که herçendki: [her+çend+ki] ise de, her ne kadar, gerçi.

هرچند هم که herçendhemki: [her+çend+ hem+ki] ne kadar ise de.

هرچه herçi: [her+çi] **1.**her şey. **2.**her ne, ne kadar. ‖ * ~ bâd bâd هرچه باد باد ne olursa olsun. ‖ * ~ bâdâ bâd هرچه بادا باد ne olursa olsun. ‖ * ~ bâdâ bâdâ هرچه بادا بادا ne olursa olsun. ‖ * ~ ... ter هرچه ... تر mümkün oldukça. ‖ * ~ bîşter هرچه بیشتر -dikçe. ‖ * ~ temâmter هرچه تمام تر mümkün olduğu kadar tam bir şekilde. ‖ * ~ zûdter هرچه زودتر en kısa zamanda, bir an önce. ‖ * ~ nebâşed هرچه نباشد hepsi bir yana.

هرچیز herçîz: [her+çîz] her şey. ‖ * ~ becây-i hod هرچیز بجای خود her şey yerli yerinde.

هر دست herdest: [her+dest] her sınıf, her kısım.

هردم herdem: [her+dem] her an, her zaman, sürekli, aralıksız. ‖ * ~ u sâet هر دم و ساعت ikide bir.

هر روز herrûz: [her+rûz] her gün.

هرز herz: **1.**saçma, zırva, boş. **2.**bozuk, harap. **3.**kuralsız.

هرز آب herzâb: [herz+âb] **1.**boşa akan su. **2.**kirli su.

هرز دادن herz dâden: **1.**suyu boşa akıtmak. **2.**telef etmek.

هرزگی herzegî: [herze+g+î] **1.**saçmalık. **2.**ayyaşlık. **3.**kötülük. **4.**haylazlık, yaramazlık. **5.**naz, cilve. **6.**(kin.) penis.

هر زمان herzemân: (F.-A.) [her+zemân] her zaman, her vakit.

هرزه herze: (Peh.) **1.**boş, yararsız. **2.**anlamsız, saçma. **3.**yersiz. **4.**avare, derbeder. **5.**sayıklama. **6.**fesat.

هرزه درای herzederây: [herze+derâyîden> derây] boş konuşan, saçmalayan.

هرزه شدن herze şoden: **1.**harap olmak, telef olmak, bozulmak. **2.**ahlâkı bozulmak. **3.**fahişe olmak.

هرزه کار herzekâr: [herze+kâr] faydasız işler yapan.

هرزه گرد herzegerd: [herze+geşten> gerd] avare, derbeder.

هرزه گو herzegû: [herze+goften>gû] **1.**saçmalayan. **2.**(kin.) deli.

هرزه لاییدن herze lâyîden: saçmalamak, zırvalamak.

هرس hers: (A.) ezme, dövme.

هرس heres: **1.**budama. **2.**ağız, ilk süt. ‖ * ~ u resîdegî هرس و رسیدگی bakım.

هرسال hersâl: [her+sâl] her yıl.

هرساله hersâle: [her+sâl+e] **1.**her yıl. **2.**yıl boyunca.

هرس کردن hers kerden: budamak.

هرسو hersû: [her+sû] her taraf.

هر طرف herteref: (F.-A.) [her+teref] her taraf, her yan.

هرطور hertovr: (F.-A.) [her+tovr] **1.**her türlü. **2.**nasıl. ‖ * ~ bûd هر طور بود her şeye rağmen. ‖ * ~ îst هرطوری اَست ne yapıp edip, bir yolunu bulup.

هرقدر که herkadrki: (F.-A.) [her+kadr+ ki] -dikçe.

هر قدر ... همان قدر ne kadar o kadar.

هرک herek: (Peh.) ahmak, akılsız.

هرک herk: [her+k<ki] kim ki, her kimse ki.

هرکاره herkâre: [her+kâr+e] **1.**eli yatkın, elinden her iş gelen. **2.**casus. **3.**ağır tencere.

هر کجا her kocâ: nerede, her nerede.

هرکدام herkodâm: [her+kodâm] **1.**her biri. **2.**hangisi.

هرکس herkes: [her+kes] **1.**herkes. **2.**her kim, kim.

هرکسی herkesî: [her+kes+î] herkes.

هرکو herkû: [her+ki+û] her kim, kim ki.

هرکه herki: [her+ki] her kim, kim.

هرگاه hergâh: [her+gâh] **1.**her zaman. **2.**ne zaman, her ne zaman.

هرگز hergiz: (Peh.) **1.**asla, hiç, hiçbir zaman, katiyen, ömrübillah. **2.**zaman zaman, bazen. **3.**daima. **4.**ne zaman. ‖ * ba'd ez ~ بعد از هرگز uzun bir süre sonra.

هرگونه hergûne: [her+gûne] **1.**her türlü. **2.**nasıl olursa.

هرگه hergeh: [her+geh] ne zaman, her ne zaman.

هرگه که hergehki: [her+geh+ki] ne zaman, her ne zaman, -diği zaman.

هر لحظه herlehze: (F.-A.) [her+lehze] her an.

هرم herem: (A.) yaşlılık, kocama.

هرم horm: hararet.

هرماس hermâs, hormâs: şeytan, iblis.

هرمز hormoz: Hürmüz, Ahuramazda, iyilik tanrısı.

هروئين heroin: (Fr.) (kim.) eroin.

هر و شر horr o şorr: yırtık, paramparça, eski püskü.

هر وقت hervakt: (F.-A.) [her+vakt] **1.**her vakit, her zaman. **2.**ne zaman, her zaman.

هر و هر hirr ohirr: ağır gülüş.

هروی herevî: Heratlı.

هره horre: anüs.

هره here: bahçe duvarı.

هر هر خنديدن hirhir handîden: kah kah gülmek.

هرهر و كركر كردن hirhir u kirkir kerden: gülüşmek.

هرهری مذهب horhorîmezheb: (F.-A.) [horhor+î+mezheb] **1.**inançsız, itikatsız, inancı zayıf. **2.**dinsiz.

هر هفت كردن her heft kerden: iki dirhem bir çekirdek süslenmek.

هزا hezâ: alay konusu.

هزار hezâr, hizâr: (Peh.) **1.**(mat.) bin. **2.**(zool.) bülbül. ‖ * ~ şukr ki هزار شكر كه Allahıma bin şükür.

هزاران hezârân (zool.) bülbül.

هزاران hezârân: [hezâr+ân] binlerce.

هزار برگ hezârberg: [hezâr+berg] (bot.) civanperçemi.

هزارپا hezârpâ: [hezâr+pâ] (zool.) kırkayak.

هزار چشم hezârçeşm: [hezâr+çeşm] (bot.) duvar sarmaşığı.

هزار چشمه hezârçeşme: [hezâr+çeşm+e] (tıb.) kanser.

هزار داستان hezârdâstân: [hezâr+dâstân] (zool.) bülbül.

هزار داستان hezârdâstân: [hezâr+dâstân] (zool.) bülbül.

هزار دل hezârdil: [hezâr+dil] sevgili.

هزار گوشان hezârgûşân: [hezâr+gûş+ân] şeytan şalgamı.

هزار لا hezârlâ: [hezâr+lâ] (tıb.) kırkbayır.

هزار میخی hezârmîhî: [hezâr+mîh+î] çok yamalı derviş hırkası.

هزار نی hezârney: [hezâr+ney] (bot.) suda yetişen bir bitki.

هزاره hezâre: (Peh.) [hezâr+e] **1.**bininci yıl, milenyum. **2.**bin yıl. **3.**(ask.) tabur, bin kişilik askerî birlik. **4.**bininci yıldönümü.

هزال huzâl: (A.) zayıflık, cılızlık.

هزال hezzâl: (A.) şakacı.

هزت hizzet: (A.) **1.**sevinç. **2.**kaynama sesi. **3.**bir tür deve hareketi. **4.**kımıldama.

هزل hezl: (A.) şaka, mizah.

هزل آمیز hezlâmîz: (A.-F.) [hezl+ âmîhten> âmîz] şaka yollu, şaka ile karışık.

هزليات hezliyyât: (A.) **1.**şakalar, latifeler. **2.**(ed.) şaka ve latifeye özgü eserler.

هزوان hozvân: (Peh.) dil, lisan.

هزه hezze: (A.) kımıldatma, oynatma.

هزيل hezil: (A.) zayıf, cılız, sıska.

هزيمت hezîmet: (A.) bozgun.

هزيمت دادن hezîmet dâden: bozguna uğratmak.

هزيمت شدن hezîmet şoden: bozguna uğramak.

هزيمتی hezîmetî: (A.-F.) [hezîmet+î] kaçak, savaş kaçağı.

هزينه hezîne: **1.**masraf. **2.**nafaka. **3.**hazine.

هزينه در بر داشتن hezîne derber dâşten: mal olmak, masraf tutmak.

هزینه کردن hezîne kerden: 1.harcamak, masraf etmek. 2.nafaka vermek.

هژده hijdeh: [hij+deh] (mat.) on sekiz.

هژیر hojîr, hejîr: (Peh.) 1.güzel, iyi. 2.beğenilmiş, makbul. 3.çevik, kıvrak.

هژیری hojîrî: [nojîr+î] 1.iyilik. 2.beğenilme, makbullük. 3.çeviklik, kıvraklık.

هست hest: [hesten>hest] 1.vardır, var, mevcut. 2.varlık. 3.mevcut. ‖ * ~ nîst هست و نیست varı yoğu. ‖ * be ~ u nîst به هست و نیست vara yoğa.

هست آمدن hest âmeden: var olmak, meydana gelmek, yaratılmak.

هست کردن hest kerden: var etmek, meydana getirmek, yaratmak.

هستن hesten: 1.var olmak, mevcut olmak. 2.imek. 3.iyi olmak. 4.bulunmak. 5.demek.

هستو hestû: meyva çekirdeği.

هستو hestû: itirafçı, itiraf eden.

هستو شدن hestû şoden: itiraf etmek.

هسته heste: (Peh.) 1.çekirdek. 2.iç, öz.

هستی hestî: (Peh.) [hest+î] varlık, vücud.

هش huş: akıl.

هش huş: 1.(argo) çüş. 2.kabahat, suç.

هشام hişâm: (A.) bağış, cömertlik.

هشت heşt: (Peh.) (mat.) sekiz. ‖ * ~-i kesî girov-i noh bûden هشت کسی گرو نه بودن iki yakası bir araya gelmemek.

هشتاد heştâd: (Peh.) (mat.) seksen.

هشت پا heştpâ: [heşt+pâ] (zool.) mürekkep balığı.

هشت دهان heştdehân: [heşt+dehân] (bot.) sarısabır.

هشتصد heştsed: [heşt+sed] (mat.) sekiz yüz.

هشت گوشه heştgûşe: [heşt+gûşe] sekizgen, sekiz köşe.

هشت من نه شاهی heşt men noh şâhî: 1.değersiz şey. 2.laf kalabalığı, saçma söz.

هشتن hişten: (Peh.) 1.bırakmak, salmak, koymak. 2.terketmek.

هشت و مشت hoşt u muşt: yumruk yumruğa dövüş.

هشتی heştî: 1.antre, hol. 2.taşlık. 3.dehliz.

هشدار huşdâr: [huş+dâşten>dâr] 1.uyarı, ikaz. 2.nota, ültimatom.

هشدار دادن huşdâr dâden: 1.nota vermek, ültimatom çekmek. 2.uyarmak, ikaz etmek.

هشدر کردن heşder kerden: 1.rezil etmek. 2.dayak atmak. 3.zor işe koşmak.

هشیار huşyâr: [huş+yâr] 1.akıllı. 2.zeki. 3.uyanık. 4.ayık.

هشیاری huşyârî: [huşyâr+î] 1.akıllılık. 2.zekilik. 3.uyanıklık. 4.ayıklık.

هضم hazm: (A.) sindirim, hazım.

هطل hetl: (A.) 1.sürekli hafif yağmur. 2.göz yaşı dökme, ağlama.

هفت heft: (Peh.) (mat.) yedi.

هفتاد heftâd: (Peh.) (mat.) yetmiş.

هفت بند heftbend: [heft+bend] (müz.) yedi boğumlu ney.

هفت بیجار heftbîcâr: [heft+bîcâr] yedi çeşit meyva ve sebzeden yapılan sirketurşusu.

هفت تیر hefttîr: [heft+tîr] tabanca.

هفت سین heftsîn: [heft+sîn] başı "s" harfi ile başlayan yedi çeşit yiyecekten oluşan nevruz sofrası.

هفتصد heftsed: [heft+sed] (mat.) yedi yüz.

هفت قلم heftkalem: (F.-A.) [heft+kalem] 1.yedi kısım. 2.iki dirhem bir çekirdek.

هفت کول heftkûl: [heft+kûl] (bot.) İran'ın kuzeyindeki ormanlarda yetişen bir ağaç.

هفت لو heftlu: (F.-T.) [heft+lu] iskambilde yedili kâğıt.

هفتم heftom: [heft+om] (mat.) yedinci.

هفتمی heftomî: [heft+omî] (mat.) yedinci.

همفتمین heftomîn: [heft+omîn] (mat.) yedinci.

هفته hefte: [heft+e] hafta.

هفته ای hefteî: [hefte+î] **1.**haftalık. **2.**haftada.

هفته نامه heftenâme: [hefte+nâme] haftalık dergi.

هفده hefdeh, hifdeh: [<heft+deh] (mat.) on yedi.

هفصد hefsed: [<heft+sed] (mat.) yedi yüz.

هفوات hefevât: (A.) hatalar, sürçmeler.

هق هق کردن hikhik kerden: hıçkırmak.

هق و هق کردن hikk uhik kerden: hıçkırmak, hık hık ağlamak.

هکتار hektar: (Fr.) (mat.) hektar.

هکتولیتر hektolitr: (Fr.) (mat.) hektolitre.

هکتومتر hektometr: (Fr.) (mat.) hektometre.

هکچه hokçe: hıçkırık.

هل hel: (A.) acaba.

هل hil (bot.) kakule.

هل hil: [hişten>hil] bırak, sal.

هل hol: iteleme.

هلا helâ: ey, hey.

هلاک helâk: (A.) **1.**yok olma, mahvolma. **2.**ölme. **3.**bitik, helak.

هلاکت helâket: (A.) yokluk, ölüm.

هلاک شدن helâk şoden: yok olmak, helak olmak, ölmek.

هلاک کردن helâk kerden: yok etmek, helak etmek, öldürmek.

هلال hilâl: (A.) **1.**ilkay, hilal. **2.**ayça. || * ~ -i ahmer هلال احمر Kızılay.

هلالی hilâlî: (A.) **1.**hilal şeklinde. **2.**daire parçası. **3.**hilalî.

هلالین hilâleyn: (A.) parantez.

هلاهل helâhil (Sans.) **1.**(bot.) boğanotu, öldürücü zehir, helahil. **2.**öldürücü zehiri olan hayalî bir yaratık.

هلپ هلپ holop holop: şapır şupur.

هل دادن hol dâden: itelemek, kakalamak.

هلو holû: (Peh.) **1.**(bot.) şeftali. **2.**(bot.) şeftali ağacı.

هلو holû: salıncak.

هله hele: (Peh.) **1.**sayıklama. **2.**saçma söz, martaval.

هلهله helhele: (A.) **1.**alkış. **2.**sevinç çığlığı.

هلیدن hilîden: (Peh.) bırakmak, salmak, koymak.

هلیس hilis: (Fr.) pervane.

هلیکوپتر helikopter: (Fr.) helikopter. || * ~ -i cengî هلیکوپتر جنگی (ask.) savaş helikopteri.

هلیل hilîl: **1.**hilal. **2.**ayça. **3.**erkek adı.

هلیله helîle (Sans.) helile, tıpta ve sepicilikte kullanılan bir bitki.

هلیم helîm: (A.) **1.**yapışkan. **2.**bir tür yemek.

هلیوم hilyum: (Fr.) (kim.) helyum.

هلیون hilyevn (bot.) kuşkonmaz.

هم hem: (Peh.) **1.**de, da, dahi, bile, üstelik, hem. **2.**birbiri.

هم hemm: (A.) **1.**kasıt, niyet. **2.**keder, üzüntü.

هم آغوش hemâgûş: [hem+âgûş] kucak kucağa.

هم آمدن hem âmeden: bağlanmak, kapanmak, tıkanmak.

هم آواز hemâvâz: [hem+âvâz] uyumlu, ahenkli.

هم آواز گفتن hemâvâz goften: bir ağızdan söylemek.

هم آهنگ hemâheng: [hem+âheng] uyumlu, hemahenk.

هم آهنگ شدن hemâheng şoden: uyum sağlamak.

هم آهنگی hemâhengî: [hem+âheng+î] uyum, harmoni, hemahenklik.

هم آهنگی کردن hemâhengî kerden: uyum sağlamak.

هما homâ: **1.**(Peh.) devlet kuşu. **2.**anka kuşu, zümrütüanka. **3.**bayan adı. **4.**İran Havayolları "hevâpeymâyî-yi millî-yi îrân" tamlamasının ilk harfleri.

همار hemâr: **1.**sayı, hesap. **2.**sayım.

همارا hemârâ: daima, sürekli.

هماره hemâre: daime, sürekli.

هماز hemmâz: (A.) laf taşıyan, dedikoducu.

همال hemâl: (Peh.) **1.**benzer, denk, eş. **2.**karı kocadan her biri, eş. **3.**ortak.

همام hemmâm: (A.) laf taşıyan, dedikoducu.

همام humâm: (A.) 1.ulu padişah. 2.yiğit, cesur. 3.arslan.

همان hemân: (Peh.) 1.o, aynı, tıpkı. 2.aynı şekilde. 3.eşit, denk. 4.hemen. 5.daha.

همانا hemânâ: 1.sanki, gibi, adeta, sanırsın. 2.hayal, zan. 3.hemenhemen. 4.yalnız, sadece.

همان جا hemâncâ: [hemân+câ] oracıkta, orada, aynı yerde.

همانجا كه hemancâki: [heman+câ+ki] -diği yer.

همانجور hemâncûr: [hemân+cûr<tovr] aynı.

همانجورى كه hemâncûrî ki: [hemân+ cûr+î+ki] iken, -diği gibi.

همان دم hemândem: [hemân+dem] hemen, derhal, o anda.

همان روز hemânrûz: [hemân+rûz] o gün, aynı gün.

همان زمان hemânzemân: (F.-A.) [hemân+ zemân] o an, o anda.

همان ساعت hemânsâ'et: (F.-A.) [hemân+ sâ'et] o saat, o an, o anda.

همان سان كه hemansanki: [hemân+ sân+ki] -diği gibi.

همان شب hemanşeb: [hemân+şeb] o gece, aynı gece.

همانطور hemântovr: (F.-A.) [hemân+ tovr] aynı şekilde, öylece.

همانطور كه hemântovrki: (F.-A.) [hemân+ tovr+ki] iken, -diği gibi.

همانطورى كه hemântovrîki: (F.-A.) [hemân+tovr+î+ki] iken, -diği gibi.

همانقدر كه hemankadrki: (F.-A.) [hemân+ kadr+ki] -diği kadar, olduğu kadar.

همانگاه hemângâh: [hemân+gâh] 1.aynı zamanda. 2.hemen, derhal.

همان گونه كه hemangûneki: [hemân+ gûne+ki] -diği gibi.

همانند hemânend: benzeri, gibi, tıpkısı, aynısı.

همانند سازى hemânendsâzî [hemânend+ sâhten>sâz+î] özümseme.

همان وقت hemanvakt: (F.-A.) [hemân+ vakt] o anda.

همان ... همان hemân hemân: bir olmak, -mesiyle -mesi bir olmak.

هماور hemâver: [hem+âverden>âver] rakip.

هماوندى hemâvendî: [hem+âvend+î] bileşim.

هماى homây: (Peh.) 1.devlet kuşu. 2.anka, zümrütüanka. 3.balık kartalı. 4.bayan adı.

همينجا hemincâ: [hem+incâ] burada, buralarda.

همايون humâyûn: 1.kutsal, kutlu, mübarek. 2.(müz.) klasik İran musikîsinde bir makam. 3.erkek adı. 4.şah.

همايونى humâyûnî: [humâyûn+î] şâhane.

همباز hembâz: [hem+bâhten>bâz] 1.ortak. 2.eş, benzer. 3.oyun arkadaşı.

همباز شدن hembâz şoden: ortak olmak.

همباز كردن hembâz kerden: ortak etmek.

همبازى hembâzî: [hembâz+î] 1.ortaklık. 2.benzerlik, eşlik, denklik. 3.oyun arkadaşlığı.

هم بالا hembâlâ: [hem+bâlâ] boydaş, aynı boyda.

همبر hember: [hem+ber] 1.arkadaş. 2.benzer. 3.eşit, denk. 4.yol arkadaşı.

همبرگ hamburg (Alm.) (coğ.) Hamburg.

همبرگر hamburger: (İng.) hamburger.

همبرى hemberî: [hember+î] 1.arkadaşlık. 2.benzerlik. 3.eşitlik, denklik. 4.yol arkadaşlığı.

هم بستر hembister: [hem+bister] yatak arkadaşı, eş, karı kocadan her biri.

هم بند hembend: [hem+besten>bend] hapishane arkadaşı.

هم بندى hembendî: [hembend+î] hapishane arkadaşlığı.

همپا hempâ: [hem+pâ] 1.yol arkadaşı. 2.ayak uyduran. ‖ * همپاى ~ -yi birlikte.

همپا شدن hempâ şoden: **1.**yol arkadaşı olmak. **2.**ayak uydurmak.

هم پایه hempâye: [hem+pâye] aynı rütbede olan, derecesi bir, denk.

هم پشت hempoşt: [hem+poşt] **1.**destek veren, dost, arkadaş. **2.**yardımcı.

هم پشتی hempoştî: [hem+poşt+î] destek verme, destekleme, dayanışma, sırt verme.

هم پشتی کردن hempoştî kerden: dayanışmak, sırt sırta vermek.

هم پهلو hempehlû: [hem+pehlû] **1.**benzer, eş. **2.**komşu. **3.**böğür böğüre.

هم پیاله hempiyâle: [hem+piyâle] içki arkadaşı.

هم پیشه hempîşe: [hem+pîşe] meslektaş.

هم پیمان hempeymân: [hem+peymân] müttefik, ahitleşmiş.

هم پیمانی hempeymânî: [hem+peymân+î] ahitleşme, ittifak yapma.

هم پیمانی hempeymânî kerden: ahitleşmek, ittifak yapmak.

همت himmet: (A.) **1.**istek, niyet, azim. **2.**çaba, uğraşma, ilgilenme. **3.**ideal, ülkü. **4.**iyi fal.

همتا hemtâ: [hem+tâ] **1.**eş, eşit, denk. **2.**benzer. **3.**eşbaşkan. **4.**meslektaş.

همتایی hemtâyî: [hemtâ+y+î] **1.**eşitlik, denklik. **2.**benzerlik. **3.**eşbaşkanlık.

همتایی کردن hemtâyî kerden: eşlik etmek, muvafakat etmek.

همت بستن himmet besten: **1.**azmetmek, himmet etmek. **2.**ilgilenmek, uğraşmak, gayret etmek.

هم ترازو hemterâzû: [hem+terâzû] **1.**eş ağırlıkta. **2.**eşit, denk.

همت کردن himmet kerden: **1.**istemek, azmetmek, himmet etmek. **2.**ilgilenmek, uğraşmak.

همت گماشتن himmet gomâşten: uğraşmak, ilgilenmek.

هم تنگ کردن hem teng kerden: denkleştirmek.

همج hemec: **1.**(zool.) bir tür sinek. **2.**cılız koyun. **3.**ayak takımı, adi insanlar.

همجنس hemcins: (F.-A.) [hem+cins] **1.**aynı cinsten, cinsi bir. **2.**uyumlu.

همجنس باز hemcinsbâz: (F.-A.) [hem+ cins+bâhten>bâz] (tıb.) homoseksüel.

همجنس ابزی hemcinsbâzî: (F.-A.) [hem+ cins+bâhten>bâz+î] (tıb.) homoseksüellik.

همجنسی hemcinsî: (F.-A.) [hem+cins+î] **1.**aynı cinsten olma, hemcinslik. **2.**uyum. **3.**aynı ulustan olma.

هم جوار hemcivâr: (F.-A.) [hem+civâr] **1.**komşu. **2.**mücavir.

هم جواری hemcivârî: (F.-A.) [hem+ civâr+î] **1.**komşuluk. **2.**mücavirlik.

هم چشم hemçeşm: [hem+çeşm] rakip.

هم چشمی hemçeşmî: [hem+çeşm+î] **1.**rekabet. **2.**kıskanma.

هم چشمی کردن hemçeşmî kerden: kıskanmak, çekememek.

همچنان hemçonân, hemçenân: [hem+ çonân/çenân] **1.**öyle, öylece, o şekilde, onun gibi. **2.**aynı şekilde, olduğu gibi, yine.

همچنانکه hemçonânki, hemçenânki: [hem+çonân/çenân+ki] **1.**nitekim, -diği gibi. **2.**iken.

همچنانی hemçonânî: [hem+çonân+î] eşitlik.

همچند hemçend-i: eşit, denk.

همچندان hemçendân: [hem+çendân] aynı ölçüde.

همچنین hemçonîn, hemçenîn: [hem+ çonîn/çenîn] **1.**böylece, bunun gibi, aynı şekilde, bu şekilde. **2.**de, dahi.

همچو hemço: [hem+ço] gibi, benzeri.

همچون hemçon: [hem+çon] gibi, benzeri.

همچه hemçe: [<hem+çu] gibi.

همچین hemçîn: [hem+çîn<çonîn] böyle, gibi, bunun gibi.

هم خانه hemhâne: [hem+hâne] **1.**ev halkı. **2.**eşlerden her biri, karı, koca. **3.**dost, arkadaş.

هم خواب hemhâb: [hem+hâb]

karıkoca.

هم خوابه hemhâbe: [hem+hâb+e] 1.karı koca. 2.dost, arkadaş.

هم خوابه شدن hemhâbe şoden: çiftleşmek.

هم خوراک hemhûrâk: [hem+hûrâk] aynı sofrada bulunan.

هم خون hemhûn: [hem+hûn] kan kardeşi.

هم خون شدن hemhûn şoden: kan kardeşi olmak.

هم داستان hemdâstân: [hem+dâstân] 1.hemfikir, aynı düşüncede. 2.sohbet arkadaşı.

هم داستان شدن hemdâstân şoden: uyum göstermek, muvafakat etmek.

هم داستانی hemdâstânî: (Peh.) [hem+dâstân+î] uyum gösterme, muvafakat.

هم درد hemderd: [hem+derd] dert ortağı.

هم دردی hemderdî: [hem+derd+î] 1.dert ortaklığı. 2.teselli.

هم درس hemders: (F.-A.) [hem+ders] sınıf arkadaşı.

هم دست hemdest: [hem+dest] 1.suç ortağı. 2.avene. 3.sohbet arkadaşı. 4.işbirliğinde bulunan.

هم دست شدن hemdest şoden: 1.suç ortağı olmak. 2.işbirliği yapmak, birlik olmak.

هم دست گردیدن hemdest gerdîden: birlik olmak.

هم دستی hemdestî: [hem+dest+î] 1.suç ortaklığı. 2.işbirliği.

همدگر hemdiger: [hem+diger] birbiri.

هم دم hemdem: [hem+dem] 1.dost, arkadaş. 2.aynı dili konuşan. 3.içki arkadaşı.

همدم شدن hemdem şoden: hemdem olmak.

هم دمی hemdemî: [hem+dem+î] 1.dostluk, arkadaşlık. 2.aynı dili konuşma. 3.içki arkadaşlığı.

هم دوره hemdevre, hemdovre: (F.-A.) [hem+devre] 1.dönem arkadaşı. 2.muasır, çağdaş. 3.okul arkadaşı.

هم دوش hemdûş: [hem+dûş] 1.omuz omuza, birlikte. 2.eşit, denk. 3.dost.

هم دیگر hemdîger: [hem+dîger] birbiri.

هم دین hemdîn: (F.-A.) [hem+dîn] dindaş.

هم راز hemrâz: [hem+râz] sırdaş.

هم رازی hemrâzî: [hem+râz+î] sırdaşlık.

همراه hemrâh: [hem+râh] 1.yoldaş, yol arkadaşı. 2.dost. 3.müttefik. 4.beraberinde, yanında, refakatinde. ‖ * bâ ~ -i با همراه birlikte, beraberinde. ‖ * be ~ -i به همراه birlikte, beraberinde. ‖ * be ~ dâşten به همراه داشتن yanında bulundurmak.

همراه آوردن hemrâh âverden: yanında getirmek, beraberinde getirmek.

همراه بردن hemrâh borden: götürmek, taşımak, yanında götürmek.

همراه شدن hemrâh şoden: 1.yoldaş olmak. 2.müttefik olmak. 3.birlik olmak, bir olmak.

همراه کردن hemrâh kerden: 1.yanında göndermek. 2.birleştirmek, uzlaştırmak.

همراهی hemrâhî: [hem+râh+î] 1.yol arkadaşlığı, yoldaşlık. 2.ittifak. 3.sohbet. 4.yardım. ‖ * be ~ -i به همراهیِ birlikte, beraberinde.

همراهی کردن hemrâhî kerden: 1.birlikte seyahat etmek. 2.eşlik etmek, uymak. 3.uğurlamak, geçirmek.

هم رای hemrây: (F.-A.) [hem+rây] aynı düşüncede, hemfikir.

هم ردیف hemredîf: (F.-A.) [hem+redîf] aynı rütbede, aynı derecede.

همرس hemres: [hem+resîden>res] 1.yöndeş. 2.erekteş.

هم رنگ hemreng: [hem+reng] 1.aynı renkte. 2.uyan, uyum sağlayan.

هم رنگ شدن hemreng şoden: 1.aynı renkte olmak. 2.uymak, uyum sağlamak.

هم رو hemrev: [hem+reften>rev] yol arkadaşı.

همره hemreh: [hem+reh] yoldaş, yol

arkadaşı.

همرهی hemrehî: [hem+reh+î] yoldaşlık.

هم ریش hemrîş: [hem+rîş] 1.bacanak. 2.yaşıt.

هم ریشه hemrîşe: [hem+rîşe] kökteş, aynı kökten.

هم زانویی hemzânûyî: [hem+zânû+y+î] dostluk, sohbet.

هم زبان hemzebân: [hem+zebân] 1.aynı dili konuşan. 2.kafa dengi, arkadaş.

هم زلف hemzolf: [hem+zolf] bacanak.

هم زمان hemzemân: (F.-A.) [hem+zemân] 1.çağdaş, muasır. 2.aynı zamanda, eşzaman. ‖ * ~ bâ هم زمان با aynı zamanda, eşzamanlı olarak, birlikte, aynı zamanda.

هم زمان شدن hemzemân şoden: bir olmak, aynı zamanda olmak.

هم زمانی hemzemânî: (F.-A.) [hem+zemân+ î] 1.çağdaşlık, muasırlık. 2.eşzamanlılık.

همزه hemze: (A.) 1.(gr.) hemze. 2.Ebced alfabesine göre sayısal değeri bir'dir.

هم زیست hemzîst: [hem+zîsten>zîst] ortak yaşayan.

هم زیستی hemzîstî: [hem+zîsten>zîst+î] 1.birlikte yaşama. 2.(bot.) ortakyaşarlık.

هم سازی hemsâzî: [hem+sâhten>sâz+î] intibak.

همسال hemsâl: [hem+sâl] yaşıt.

همسالی hemsâlî: [hem+sâl+î] yaşıtlık.

همسایگی hemsâyegî: [hem+sâye+g+î] 1.komşuluk. 2.bitişik. ‖ * be ~ -i به همسایگیء bitişiğinde.

همسایگی کردن hemsâyegî kerden: komşuluk etmek.

همسایه hemsâye: [hem+sâye] komşu.

هم سخن hemsohen: [hem+sohen] 1.dili bir. 2.müttefik.

همسر hemser: [hem+ser] 1.eş, karı ve koca, çift. 2.aynı rütbeden. 3.benzer.

هم سرشت hemsirişt: [hem+sirişten> sirişt] huyu benzer, yaratılışı aynı.

همسر گزینی hemserguzînî: [hemser+ guzîden>guzîn+î] eş seçimi.

همسری hemserî: [hemser+î] 1.aynı boyda olma. 2.karılık ve kocalık, eşlik. 3.benzerlik. 4.yarışma, mücadele.

همسری کردن hemserî kerden: yarışmak, mücadele etmek.

هم سفر hemsefer: (F.-A.) [hem+sefer] seyahat arkadaşı.

هم سفره hemsofre: [hem+sofre] aynı sofrada bulunan.

هم سن hemsin(n) : (F.-A.) [hem+sin] yaşıt.

هم سنگ hemseng: [hem+seng] 1.aynı ağırlıkta. 2.eşit, aynı.

هم سنگر hemsenger: [hem+senger] 1.(ask.) savaş arkadaşı. 2.aynı siperi paylaşan.

هم سنی hemsinnî: (F.-A.) [hem+sinn+î] yaşıtlık.

هم شاگرد hemşâgird: [hem+şâgird] sınıf arkadaşı.

هم شاگردی hemşâgirdî: [hem+şâgird+î] sınıf arkadaşlığı.

همشهر hemşehr: (F.-A.) [hem+şehr] hemşeri.

همشیر hemşîr: [hem+şîr] süt kardeşi.

همشیرگی hemşîregî: [hem+şîr+e+g+î] 1.süt kardeşliği. 2.kızkardeşlik.

همشیره hemşîre: [hem+şîr+e] 1.kızkardeş. 2.süt kardeşi. 3.akraba. 4.akran. 5.arkadaş.

همشیره شدن hemşîre şoden: uyumlu olmak.

هم صحبت hemsohbet: (F.-A.) [hem+sohbet] dost, arkadaş.

هم صدا hemsedâ: (F.-A.) [hem+sedâ] 1.(müz.) sesibirli, ünübirli. 2.birlik olmuş.

هم صدا شدن hemsedâ şoden: birlik olmak.

هم طراز hemtirâz: (F.-A.) [hem+tirâz] eşit, denk, muadil, eşdeğerli.

هم طرازی hemtirâzî: (F.-A.) [hem+tirâz+î] eşitlik, denklik, eşdeğerlilik.

هم عصر hem'asr: (F.-A.) [hem+'asr] çağdaş, muasır.

هم فکر hemfikr: (F.-A.) [hem+fikr]

aynı düşüncede, hemfikir.

هم قران hemkirân: (F.-A.) [hem+kirân] dost, arkadaş.

هم قطار hemkitâr: (F.-A.) [hem+kitâr] **1.**meslektaş. **2.**aynı rütbede. **3.**hizmetçi. **4.**aynı katarda bulunan hayvan.

همکار hemkâr: [hem+kâr] **1.**meslektaş. **2.**rakip. **3.**(sp.) güreşçinin rakibi.

همکاری hemkârî: [hemkâr+î] **1.**işbirliği. **2.**meslektaşlık. **3.**rakiplik.

همکاری کردن hemkârî kerden: işbirliği yapmak.

هم کاسه hemkâse: (F.-A.) [hem+kâse] **1.**aynı kaptan yiyen. **2.**dost, arkadaş, denk.

هم کشیدن hem keşîden: **1.**toplamak. **2.**kesin karar almak.

هم کلاس hemkelâs: [hem+kelâs] sınıf arkadaşı.

همکنان hemkonân: [hem+kerden>kon+ân] **1.**meslektaş. **2.**aynı seviyeli.

هم کیش hemkîş: [hem+kîş] dindaş.

هم کیشی hemkîşî: [hem+kîş+î] dindaşlık.

همگان hemegân: [heme+g+ân] herkes, umum, kamu.

همگانی hemegânî: [hemegân+î] umumi, genel, toplu.

هم گذاشتن hem gozâşten: **1.**kapamak. **2.**boş bırakmak, boş geçmek.

هم گرایی hemgirâyî: [hem+girâyîden>girây+î] yaklaşma, yöneşme.

همگنان hemgonân: herkes.

هم گوشه hemgûşe: [hem+gûşe] **1.**komşu. **2.**aynı cinsten.

همگون سازی hemgûnsâzî: [hem+gûn+sâhten>sâz+î] özümseme.

همگونه دار hemgûnedâr: [hem+gûne+dâşten>dâr] diğerkâm, başkalarını düşünen.

همگونه داری hemgûnedârî: [hem+gûne+dâşten>dâr+î] diğerkâmlık, başkalarını düşünme.

همگونه گرای hemgûnegirây: [hem+gûne+girâyîden>girây] diğerkâm, başkalarını düşünen.

همگی hemegî: [heme+g+î] **1.**herkes. **2.**tümü, hepsi, hep birden.

همگین hemgîn: hepsi, tümü.

همم himem: (A.) himmetler, çabalar.

هم مانند hemmânend: [hem+mânend-i] benzeri, gibi.

هم مذهب hemmezheb: (F.-A.) [hem+mezheb] dindaş.

هم مسلک hemmeslek: (F.-A.) [hem+meslek] meslektaş.

هم مکتب hemmekteb: (F.-A.) [hem+mekteb] okul arkadaşı.

هم میهن hemmîhen: [hem+mîhen] yurttaş, vatandaş.

همنام hemnâm: [hem+nâm] adaş.

هم نشین hemnişîn: [hem+nişesten>nişîn] birlikte düşüp kalkan, arkadaş.

هم نشینی hemnişînî: [hem+nişesten>nişîn+î] arkadaşlık, birlikte düşüp kalkma.

هم نفس hemnefes: (F.-A.) [hem+nefes] yakın arkadaş.

هم نفسی hemnefesî: (F.-A.) [hem+nefes+î] arkadaşlık.

هم نوع hemnev', hemnov': (F.-A.) hemcins, aynı cinsten.

هم نیز hem nîz: de, dahi, üstelik, aynı zamanda.

هموار hemvâr: (Peh.) **1.**düz, güzgün. **2.**yumuşak. **3.**tekdüze. **4.**daima. **5.**tahammül.

هموار شدن hemvâr şoden: **1.**düzlenmek. **2.**yayılmak.

هموار کردن hemvâr kerden: **1.**düzlemek, düzeltmek. **2.**yaymak. **3.**tahammül etmek.

همواره hemvâre: sürekli, daima.

همواری hemvârî: [hemvâr+î] düzlük.

هموژن homojin: (Fr.) homojen.

هموسکسوآلیسم homosiksualism: (Fr.) (tıb.) homoseksüellik.

هموفیلی himofili: (Fr.) (tıb.) hemofili.

هم وطن hemveten: (F.-A.) [hem+veten] vatandaş.

هم وطنی hemvetenî: (F.-A.) [hem+veten+ î] vatandaşlık.

هموگلوبین himogolobin: (Fr.) (tıb.)

hemoglobin.

هم ولایتی hemvilâyetî: (F.-A.) [hem+ vilâyet+î] hemşehri.

هموم humûm: (A.) üzüntüler, gamlar.

همه heme: (Peh.) **1.**herkes. **2.**tüm, bütünü, tekmil, olanca, hepsi. **3.**her. **4.**hep. ‖ * in ~ این همه bunca. ‖ * bâlâter ez ~ بالاتر ازهمه dahası, dahası var. ‖ * be ~ -i ebvâb به همهء ابواب her bakımdan.

همه اش heme'eş: [heme+eş] hep, daima.

همه پرسی hemeporsî: [heme+porsîden> pors+î] anket.

همه جا hemecâ: [heme+câ] her yer, her bir yan, ortalık.

همه جانب hemecânib: (F.-A.) [heme+ cânib] her yan, her taraf.

همه جانبه hemecânibe: [F.-A.) [heme+ cânibe] çok yönlü.

همه جور hemecûr: [heme+cûr<tovr] her türden, her türlü.

همه چیز hemeçîz: [heme+çîz] her şey.

همه روز hemerûz: [heme+rûz] her gün.

همه روزه hemerûze: [heme+rûz+e] her gün.

همه ساله hemesâle: [heme+sâl+e] her yıl.

همه فهم hemefehm: (F.) [heme+ fehmîden> fehm] anlaşılır, herkesin anlayacağı.

همه کاره hemekâre: [heme+kâr+e] **1.**becerikli, elinden her iş gelen. **2.**her işe burnunu sokan.

همه کس hemekes: [heme+kes] herkes.

همه گیر hemegîr: [heme+giriften>gîr] (tıb.) salgın.

همهمه hemheme: (A.) **1.**fısıltı. **2.**uğultu. **3.**gürültü.

همهمه بر پا کردن hemheme ber pâ kerden: uğultu çıkarmak.

همهمه کردن hemheme kerden: uğultu çıkarmak.

همه وقت hemevakt: (F.-A.) [heme+vakt] her zaman, her vakit, hep.

همی hemî: (gr.) şimdiki zaman ve şimdiki zamanın hikâyesinin çekiminde kullanılan ek.

همی hemî: tamamen.

همیان hemyân: **1.**para kesesi. **2.**heybe.

همیدون hemîdûn: **1.**şimdi, hemen, şu anda. **2.**de, dahi.

همیش hemîş: daima.

همیشک hemîşek (bot.) yaprakları kokulu bir bitki.

همیشگی hemîşegî: [hemîşe+g+î] **1.**süreklilik, ebedîlik. **2.**her zamanki.

همیشه hemîşe: (Peh.) **1.**sürekli, daima, her zaman, hep. **2.**asla, hiçbir vakit. ‖ * ~ -i hodâ همیشهء خدا hep. ‖ * berây-i ~ برای همیشه **1.**kesin olarak, kesinkes. **2.**ebediyyen.

همیشه بهار hemîşebehâr: [hemîşe+behâr] (bot.) aynısafa, kadife çiçeği. ‖ * ~ -i kûhî همیشه بهار کوهی (bot.) öküzgözü.

همیشه جوان hemîşecevân: [hemîşe+ cevân] (bot.) damkoruğu, sarı zırnık.

همیشه همینطور hemîşehemintovr: hep böyle.

همیمال hemîmâl: ortak.

همین hemîn: **1.**ta kendisi, aynısı, tıpkı. **2.**bu, sadece bu, bir bu, işte bu. **3.**işte o kadar, bu kadar. ‖ * ~ u hemân همین و همان bu o, bu da o da.

همین الساعه hemin essâ'e: (F.-A.) [hemîn+ es-sâ'e] hemen şimdi.

همین الآن heminel'ân: (F.-A.) [hemîn+ el'ân] hemen şimdi, derhal.

همینجا hemincâ: [hemîn+câ] burada.

همین جوری hemincûrî: [hemîn+cûr <tovr+î] böyle, bu şekilde.

همین حالا heminhâlâ: (F.-A.) [hemîn+ hâlâ] şimdi.

همین روزها heminrûzhâ: [hemin+rûz+hâ] bu günlerde.

همین ساعت hemînsâ'et: (F.-A.) [hemîn+ sâ'et] şu anda, şimdi, hemen şimdi, derhal.

همین طور hemintovr: (F.-A.) [hemin+

tovr] öyle, böyle, aynı, aynı şekilde, böylece.

همینطور که hemintovrki: (F.-A.) [hemîn+ tovr+ki] -diği halde, iken, -diği gibi, - diği şekilde.

همین قدر heminkadr: (F.-A.) [hemin+ kadr] ancak, şu kadar var ki, şu kadar, bu kadar, sadece.

همین قدر که heminkadrki: (F.-A.) [hemîn+kadr+ki] -ir -irmez.

همینکه heminki: [hemîn+ki] **1.** -ince, -diğinde, vaktaki. **2.** ir mez.

همین و بس hemînubes: [hemîn+u+bes] hepsi bu kadar.

همین یک heminyek: [hemin+yek] yalnız bu, bir bu.

هناسه زدن henâse zeden: **1.**nefes nefese kalmak. **2.**yaygara koparmak.

هنباز henbâz: **1.**ortak. **2.**arkadaş. **3.**benzeri.

هنجار hencâr (Sans.) **1.**yol, cadde. **2.**tarz, biçim, yöntem.

هنجام hencâm: tembel.

هنجیدن hencîden: (Peh.) **1.**dışarı çekmek, çekip çıkarmak. **2.**azmetmek.

هند hind: (coğ.) Hint, Hindistan.

هندبا hindibâ: **1.**(bot.) hindiba. **2.**tarhun.

هندبال hendbal: (İng.) (sp.) hentbol.

هندسه hendese: (Peh.) **1.**ölçü. **2.**ölçüm. **3.**geometri. **4.**mimarlık. ‖ * ~ -i fezâyî هندسهء فضایی uzay geometri. ‖ * ~ -i tersîmî هندسهء ترسیمی tasarı geometri.

هندسه کردن hendese kerden: ölçmek, ölçümlemek, ölçüm yapmak.

هندسی hendesî: [hendese+î>hendesî] geometrik.

هندل hendil: (İng.) **1.**motor çalıştırma kolu, hendel. **2.**(kin.) penis.

هندل زدن hendil zeden: **1.**kol vasıtasıyla motoru çalıştırmak. **2.**(kin.) cinsel ilişkide bulunmak.

هندو hindû: (Peh.) **1.**hindu, hintli. **2.**köle. **3.**uşak. **4.**bekçi. **5.**(mec.) siyah. **6.**(mec.) zülüf. **7.**(mec.) ben, benek. **8.**göçebe.

هندوانه hinduvâne: [hindû+vâne] **1.**hindûlar gibi. **2.**siyah.

هندوانه hindivâne (bot.) karpuz. ‖ * ~ -i ebûcehl هندوانهء ابو جهل (bot.) ebucehil karpuzu.

هندوستان hindûstân: [hindû+stân] (coğ.) hindistan.

هندوستانی hindûstânî: [hindûstân+î] **1.**Hindistanlı. **2.**Hintçe.

هندی hindî: [hind+î] **1.**Hintli. **2.**Hintçe. **3.**Hindistan malı. **4.**Hint yapısı kılıç, hint kılıcı. **5.**yuvarlak ayna. **6.**dürbün.

هندیکاپ hendikap: (İng.) handikap.

هنر honer: (Peh.) **1.**hüner, marifet. **2.**güzel sanatlar, sanat.

هنر آموز honerâmûz: [honer+âmûhten> âmûz] **1.**sanat öğretmeni. **2.**sanat okulu öğrencisi.

هنرپرور honerperver: [honer+ perverden> perver] hünerli, sanatkâr.

هنرپیشگی honerpîşegî: [honer+pîşe+ g+î] **1.**sanatkârlık, sanatçılık. **2.**aktörlük, artistlik.

هنرپیشه honerpîşe: [honer+pîşe] **1.**sanatkâr, sanatçı. **2.**aktör, aktris.

هنرجو honercû: [honer+costen>cû] konservatuvar öğrencisi.

هنرستان honeristân: [honer+istân] sanat okulu, güzel sanatlar okulu.

هنرسرا honerserâ: [honer+serâ] **1.**sanat okulu. **2.**güzel sanatlar lisesi. ‖ * ~ -yi âlî هنرسرای عالی güzel sanatlar akademisi.

هنرمند honermend: (Peh.) [honer+mend] **1.**sanatçı, sanatkâr. **2.**hünerli, marifetli. **3.**akıllı. **4.**hilekâr, kurnaz.

هنرمندی honermendî: [honermend+î] **1.**sanatçılık, sanatkârlık. **2.**hünerlilik. **3.**akıllılık. **4.**kurnazlık. **5.**hilekârlık.

هنرنمایی honernumâyî: [honer+ numûden> numây+î] sanat gösterisi.

هنرنمایی کردن honernumâyî kerden: sanat gösterisi yapmak.

هنرور honerver: [honer+ver]

1.hünerli, marifetli. 2.sanatçı, sanatkâr.

هنزر و پنزر hinzir u pinzir: öteberi, ıvır zıvır.

هنگ heng: (Peh.) 1.kasıt, niyet. 2.akıllılık. 3.dalga.

هنگ heng: 1.(ask.) alay. 2.ordu.

هنگ heng: 1.miktar. 2.ağırbaşlılık.

هنگام hengâm: (Peh.) 1.vakit, zaman. 2.iken, zamanı, vakti, sırasında, esnasında. ‖ * der an ~ در آن هنگام o sırada. ‖ * der in ~ در این هنگام bu sırada.

هنگامه hengâme: 1.topluluk. 2.telâş, hayhuy. 3.kavga. 4.macera.

هنگامه جو hengâmecû: [hengâme+ costen> cû] 1.kavgacı. 2.maceracı.

هنگامه کردن hengâme kerden: 1.ortalığı birbirine katmak, kargaşa çıkarmak. 2.kavga etmek.

هنگامه نهادن hengâme nihâden: ortalığı birbirine katmak.

هنگامی که hengâmîki: [hengâm+î+ki] iken, -diği zaman, -ince.

هنگ داشتن heng dâşten: yönelmek, kastetmek.

هنگفت hingoft: 1.yoğun. 2.kaba. 3.çok, fazla, bol, bol bolamaç. 3.kalın kumaş.

هنگ کنگ hongkong: (coğ.) Hong Kong.

هنوز henûz: şimdiye dek, hâlâ, henüz, o âna kadar. ‖ * ~ ki ~ est هنوز که هنوز است o gün bu gündür. ‖ * ~ hem هنوز هم o gün bu gündür. o zamandan beri, hâlâ.

هنی henî: (A.) 1.lezzetli. 2.sıkıntısız.

هو hev, hov: iltihap, cerahat.

هو hû: (A.) Tanrı, Allah.

هو hû: 1.nefes. 2.ah çekme. 2.yuhalama, yuh çekme.

هوا hevâ: (A.) istek, arzu. ‖ * ~ -yi çîzî râ be ser dâşten هوای چیزی را به سر داشتن özlem duymak, hasret çekmek. ‖ * ~ -yi çîzî râ der ser perverânden هوای چیزی را در سر پروراندن hevesinde bulunmak. ‖ * be ~ -yi به هوای için.

هوا hevâ: (A.) 1.hava. 2.atmosfer. 3.uzay. 4.durum. ‖ * be ~ reften به هوا رفتن uçmak. ‖ * ez ~ furûd âmeden از هوا فرود آمدن alçalmak. ‖ * tu ~ reften تو هوا رفتن havaya uçmak, havada dağılmak.

هوائی شدن hevâ'î şoden: 1.kızmak. 2.tozutmak.

هواپرست hevâperest: (A.-F.) [hevâ+ perestîden>perest] isteklerine düşkün, heves düşkünü.

هوا پس بودن hevâ pes bûden: hava gergin olmak, durum gergin olmak, hava elektrikli olmak.

هواپیما hevâpeymâ: (A.-F.) [hevâ+ peymûden>peymâ] uçak. ‖ * ~ -yi bârî هواپیمای باری kargo uçağı. ‖ * ~ -yi cengî هواپیمای جنگی (ask.) savaş uçağı. ‖ * ~ -yi musâfirberî هواپیمای مسافربری yolcu uçağı. ‖ * ~ -yi poştîbânî هواپیمای پشتیبانی (ask.) destek uçağı. ‖ * ~ -yi rezmî هواپیمای رزمی (ask.) savaş uçağı. ‖ * ~ -yi sempâşî هواپیمای سم پاشی zirâî ilaçlama uçağı. ‖ * ~ -yi tehâcum هواپیمای تهاجم (ask.) avcı uçağı.

هواپیمایی hevâpeymâyî: (A.-F.) [hevâ+ peymây+î] 1.uçuş, uçma. 2.havacılık. ‖ * şirket-i ~ شرکت هواپیمایی havacılık şirketi.

هواجس hevâcis: (A.) nefis istekleri.

هواخواه hevâhâh: (A.-F.) [hevâ+hâsten> hâh] 1.arzulu. istekli. 2.aşık. 3.taraftar. 4.sempatizan.

هواخواهی hevâhâhî: (A.-F.) [hevâ+ hâsten>hâh] 1.arzu, istek. 2.aşk. 3.taraftarlık. 4.sempatizanlık.

هواخوری hevâhorî: [hevâ+horden> hor+î] hava alma.

هوا دادن hevâ dâden: havalandırmak.

هوادار hevâdâr: (A.-F.) [hevâ+dâşten> dâr] 1.isteklerine bağlı. 2.hayran. 3.arzulu. 4.aşık. 5.seven. 6.taraftar. 7.sempatizan.

هوادار hevâdâr: (A.-F.) [hevâ+dâşten> dâr] havalı, havadar.

هواداری hevâdârî:

[hevâ+dâşten>dâr+î] **1.**hayranlık. **2.**taraftarlık. **3.**sempatizanlık. **4.**isteklerine kapılma.

هوا داشتن hevâ dâşten: arzu etmek, canı çekmek.

هوار hevâr: **1.**ağırlık. **2.**gürültü patırtı. **3.**imdat. ‖ * ez ~ reften از هوار رفتن epirmek, iplik iplik olmak.

هوار شدن hevâr şoden: davetsiz misafirliğe gitmek.

هوار کشیدن hevâr keşîden: **1.**imdat istemek. **2.**feryat etmek, çığlık atmak.

هواره زدن hevâre zeden: suçlamak,

هوازدگی hevâzedegî: (F.-A.) [hevâ+zeden>zed+e+g+î] (tıb.) soğuk algınlığı.

هوا زدن hevâ zeden: (müz.) şarkı

هوازی hevâzî: ansızın, birdenbire.

هواسازی hevâsâzî: [hevâ+sâhten>sâz+î] havalandırma.

هواسپهر hevâsipihr: [hevâ+sipihr] havaküre, atmosfer.

هواسنج hevâsenc: (A.-F.) [hevâ+sencîden> senc] (fiz.) barometre.

هواسیدن hevâsîden: (Peh.) (dudak) kurumak.

هواشناسی hevâşinâsî: (A.-F.) [hevâ+şinâhten>şinâs+î] meteoroloji.

هوا کردن hevâ kerden: havalandırmak.

هوا کردن hevâ kerden: heveslenmek, arzu etmek, heves etmek.

هواگیر گشتن hevâgîr geşten: havalanmak.

هوام hevâm: (A.) **1.**zehirli hayvanlar. **2.**haşereler.

هوان hevân: (A.) **1.**yumuşama. **2.**kolaylaşma. **3.**hafiflik. **4.**zillet, düşkünlük.

هوانورد hevâneverd: (A.-F.) [hevâ+neverdîden>neverd] havacı.

هوانوردی hevâneverdî: (A.-F.) [hevâ+neverdîden>neverd+î] havacılık.

هوایی hevâyî: [hevâ+y+î] **1.**hava ile ilgili. **2.**havalı, havadar. **3.**hoş, latif. **4.**değişken. **5.**yararsız. **6.**saçmalama.

هوایی شدن hevâyî şoden: aşık olmak, başında kavak yelleri esmek.

هوبره hûbere (zool.) uzunbacaklılardan bir çöl kuşu.

هوبه hûbe: (Peh.) omuz.

هوتل hotel: (Fr.) otel.

هوچی hevçî, hovçî: **1.**şarlatan, palavracı. **2.**yuhalayan.

هودج hevdec: tahtırevan, mahfe.

هوده hûde: **1.**doğru, gerçek. **2.**kazanç, fayda.

هور hûr: **1.**güneş. **2.**yıldız.

هور hûr (bot.) sütleğengillerden bir ağaç.

هورا hurra: (Fr.) hurra.

هورا کشیدن hurrâ keşîden: hurra çekmek.

هورت کشیدن hurt keşîden: höpürdetmek.

هورمزد hûrmozd: **1.**Hürmüz, iyilik tanrısı. **2.**şemsî ayın ilk günü.

هورمون hormon: (Fr.) (tıb.) hormon.

هوز hûz: çınlama.

هوز hevvez: ebced sıralamasındaki ikinci grup.

هوس heves: (A.) **1.**istek, arzu, heves. **2.**nefis isteği. ‖ * ~ -i hâb ber engîhten هوس خواب بر انگیختن uyku getirmek.

هوس پیشه hevespîşe: (A.-F.) [heves+pîşe] hevesli, arzulu.

هوس دار hevesdâr: (A.-F.) [heves+dâşten>dâr] hevesli, arzulu.

هوس ران hevesrân: (A.-F.) [heves+rânden> rân] **1.**hevesli. **2.**şehvet düşkünü.

هوسکار heveskâr: (A.-F.) [heves+kâr] hevesli.

هوسناک hevesnâk: (A.-F.) [heves+nâk] hevesli.

هوس کردن heves kerden: heves etmek, arzu etmek, canı istemek.

هوش hûş: (Peh.) **1.**akıl. **2.**bilinç, şuur. **3.**idrak. **4.**ruh. **5.**akıllılık. ‖ * ~ ez ser-i kesî reften هوش از سر کسی رفتن aklı durmak, hayretler içinde kalmak. ‖ * ~ -i kesî rubûden هوش کسی ربودن aklını başından almak. ‖ * be ~ âmeden

به هوش آمدن ayıkmak, aklı başına gelmek.

هوش hûş: (Peh.) 1.ölüm. 2.uyku.

هوش داشتن hûş dâşten: aklını başına toplamak.

هو شدن hev şoden: alay edilmek.

هوش كردن hûş kerden: dikkat etmek.

هوشمند hûşmend: [hûş+mend] 1.akıllı. 2.zeki.

هوشيار hûşyâr: (Peh.) 1.akıllı. 2.zeki. 3.uyanık. 4.ayık.

هوشيارى hûşyârî: [hûşyâr+î] 1.akıllılık. 2.zekilik. 3.uyanıklık. 4.ayıklık.

هو كردن hev kerden: alay etmek.

هو كردن hev kerden: ısıtmak, vücudu ısıtmak.

هو كشيدن hû keşîden: hû çekmek.

هول hevl, hovl: acele, telâş.

هول hevl, hovl: (A.) 1.korku. 2.ürkme. 3.korkunç iş. 4.korkak.

هول دادن hovl dâden: itmek, kakalamak.

هول زدن hovl zeden: acele etmek, telâş etmek.

هول شدن hovl şoden: telâşlanmak.

هول كردن hovl kerden: korkuya kapılmak.

هولكى hovlekî: [hovl+ek+î] çabucak, çarçabuk, hemen.

هولناك hovlnâk: (A.-F.) [hovl+nâk] korkunç, dehşetli.

هولناك شدن hovlnâk şoden: korkunçlaşmak.

هولناك كردن hovlnâk kerden: korkunçlaştırmak.

هوله hevle, hovle: (T.) havlu.

هول هولكى hovl hovlekî: yelyepelek, yellemyepelek.

هوم hûm: hım.

هون hevn: 1.sürülmüş kesekli tarla. 2.yavaşlık. 3.kolaylık.

هون hûn: (A.) rezillik, düşkünlük.

هوو hevû: kuma.

هوى hevâ: (A.) istek, arzu, aşk.

هوى hûy: 1.hayhuy. 2.hû!, yahu!

هويت huviyyet: (A.) 1.kimlik, hüviyet. 2.(tas.) Tanrı'nın zatı. 3.varlık.

هويج hevîc (bot.) havuç.

هويدا huveydâ: 1.açık, aşikâr, besbelli. 2.aydınlık.

هويدا شدن huveydâ şoden: aşikâr olmak, belirmek.

هويدا كردن huveydâ kerden: aşikâr etmek, belirginleştirmek.

هه he: ha!

هى hey, hiy: 1.hey!, ey!. 2.habire, durmadan, ha babam de babam.

هيأت ، هيئت hey'et: (A.) 1.şekil. 2.yapı. 3.görünüş. 4.durum. 5.kurul, heyet. 6.astroloji.

هياكل heyâkil: (A.) gövdeler, vücutlar.

هياهو heyâhû: 1.şamata, hayhuy. 2.kargaşa. 3.gürültü, uğultu.

هيبت heybet: (A.) 1.korku. 2.azamet, heybet. ‖ * ~ u şukûh yâften هيبت و شكوه يافتن heybetlenmek.

هيپوفيز hipofiz: (Fr.) (tıb.) hipofiz bezi.

هيتلر hitler (Alm.) Hitler.

هيتلرى hitlerî: [hitler+î] nazi.

هيجا heycâ: (A.) savaş.

هيجان heyecân: (A.) 1.iç çalkantısı, heyecan. 2.öfke, gazap. ‖ * be ~ âmeden به هيجان آمدن heyecanlanmak. ‖ * be ~ âverden به هيجان آوردن heyecanlandırmak.

هيجان آور heyecânâver: (A.-F.) [heyecân+âverden>âver] heyecan verici.

هيجان زده heyecânzede: (A.-F.) [heyecân+ zeden>zed+e] coşkulu, heyecanlı.

هيجان زده شدن heyecân zede şoden: heyecanlanmak.

هيجده hîcdeh (Mat.) on sekiz.

هيجدهم hîcdehom: [hîcdeh+om] (mat.) on sekizinci.

هيجدهمين hîcdehomîn: [hîcdeh+omîn] on sekizinci.

هيچ hîç: 1.hiç, asla. 2.yok. 3.boş, bomboş, anlamsız. ‖ * ~ ber ~ bûden هيچ بر هيچ بودن asılsız olmak. ‖ * ser-i ~ u pûç سر هيچ و پوچ hiç yoktan, yok yere.

هيچ چيز hîççîz: [hîç+çîz] hiçbir şey.

هیچ کدام hîçkodâm: [hîç+kodâm] hiç biri. ‖ * ~ ez şomâ هیچ کدام از شما hiçbiriniz.

هیچکس hîçkes: [hîç+kes] **1.**hiç kimse, kimse, hiçbiri. **2.**değersiz kişi, önemsiz kişi, hiç. ‖ * ~ be ~ nîst هیچکس به هیچکس نیست kim kime dum duma.

هیچگاه hîçgâh: [hîç+gâh] hiçbir vakit, asla.

هیچ گونه hîçgûne: [hîç+gûne] hiçbir şekilde, hiç, asla.

هیچ وقت hîçvakt: (F.-A.) [hîç+vakt] hiçbir vakit, asla.

هیچ یک hîçyek: [hîç+yek] hiçbiri.

هیدرژن hidrojen: (Fr.) (kim.) hidrojen.

هیدروالکتریک hidroelektrik: (Fr.) hidroelektrik.

هیدروفون hidrofon: (Fr.) sonar.

هیدرولوژی hidroloji: (Fr.) hidroloji.

هیربد hîrbed: **1.**öğretmen. **2.**zerdüştî dinî lideri. **3.**ateşkede reisi. **4.**öğrenci.

هیز hîz: **1.**kötü kişi. **2.**oğlan. **3.**fahişe.

هی زدن hey zeden: seslenmek.

هیزم hîzom: (Peh.) odun. ‖ * ~ -i ter be kesî furûhten هیزم تر به کسی فروختن düşmanlık beslemek.

هیزم شکن hîzomşiken: [hîzom+şikesten> şiken] oduncu, odun kıran.

هیزم شکنی hîzomşikenî: [hîzom+şikesten>şiken+î] **1.**odunculuk. **2.**odun kırma.

هیزم شکنی کردن hîzom şikenî kerden: **1.**odun kırmak. **2.**odunculuk yapmak.

هیزم فروش hîzomfurûş: [hîzom+furûhten> furûş] oduncu, odun satan.

هیستری histeri: (Fr.) (tıb.) histeri.

هیستریک histerik: (Fr.) (tıb.) histerik, histeri hastası.

هیستولوژی histoloji: (Fr.) dokubilim, histoloji.

هیشکی hişki: [hiş+ki<hîç+ki] hiç kimse.

هیضه heyze: (A.) **1.**(tıb.) şiddetli ishal, güz vebası.

هیکل heykel: (A.) **1.**cüsse, vücut, beden. **2.**yapı, şekil. **3.**karaltı.

هیکل تراش heykelterâş: (A.-F.) [heykel+ terâşîden>terâş] heykeltıraş.

هیکل تراشی heykelterâşî: (A.-F.) [heykel+ terâşîden>terâş+î] heykeltıraşlık.

هیکل دار heykeldâr: (A.-F.) [heykel+ dâşten>dâr] iriyarı, yapılı.

هیمه hîme: odun.

هیمه دان hîmedân: [hîme+dân] odunluk.

هیمه کشی کردن hîmekeşî kerden: odun taşımak, odun çekmek.

هین hîn: peki.

هیولی heyûlâ: (Yun.-A.) **1.**ilk madde, asıl. **2.**gövde.

هیون heyûn: **1.**deve, iri deve. **2.**iri hayvan. **3.**at.

هیهات heyhât: yazık!, çok yazık!, yazıklar olsun!

هیهات که heyhât ki: vah vah, eyvahlar olsun, yazıklar olsun.

ی

ی ya, ye: **1.**"y" ve "î, i". Farsça alfabenin 32. ve son harfi. **2.**ebced sistemine göre sayısal değeri: **10.** **3.**(gr.) son ek. **4.**(gr.) birlik yası. **5.**(gr.) belirsizlik yası. **6.**(gr.) zamir yası. **7.**(gr.) masdariyet yası. **8.**(gr.) izafet yası. **9.**sevgilinin kaşı.

یا yâ: **1.**ey. **2.**ya, ya da, yahut. ‖ * ~ eyyuhe یا ایها ey. ‖ * ~ eyyuhelihvân یا ایها الخوان dostlar, kardeşler. ‖ * ~ eyyuhessâkî یا ایها الساقی ey saki. ‖ * ~ hay یا حی ya Allah, Tanrım.

یا آنکه yaânki: [yâ+en+ki] ya da, yahut.

یائس yâis(A.) üzgün, ümitsiz.

یائسه yâise: (A.) **1.**üzgün, ümitsiz. **2.**kısır kadın.

یا الله yâ allâh: (A.) **1.**haydi. **2.**buyur. **3.**hoş geldin. **4.**şiîlikte yas tutma meclisinin bitiş ibaresi.

یا اینکه yâinki: [yâ+in+ki] ya da, yahut.

یاب yâb: [yâften>yâb] bulan, bulucu.

یاب yâb: işe yaramaz, boş, saçma.

یابان yâbân: [<beyâbân] kır, sahra, çöl.

یابانی yâbânî: [yâbân+î] yabanıl, vahşi.

یابس yâbis: (A.) kuru. ‖ * ratb u ~ behem bâften رطب و یابس بهم بافتن zırvalamak, saçmalamak.

یابسه yâbise: (A.) kuru.

یابناک yâbnâk: [yâften>yâb+nâk] bulan.

یابنده yâbende: [yâften>yâb+ende] **1.**bulan. **2.**anlayan.

یابو yâbû: **1.**beygir. **2.**cahil.

یابو ور داشتن yâbû ver dâşten: ölçüyü kaçırmak, kendini kaybetmek.

یابیدن yâbîden: bulmak.

یاتاقان yâtakan: (T.) yatağan.

یأجوج ye'cûc: (A.) **1.**kısa boylu kavim. **2.**Çinliler. **3.**Yecuc. ‖ * ~ u me'cûc یأجوج و مأجوج **1.**kısa boylu kavim. **2.**Çinliler.

یاختن yâhten: **1.**el sürmek, dokunmak. **2.**çekmek, kılıç çekmek.

یاخته yâhte: **1.**hücre, oda. **2.**beslenmiş. **3.**benzer, eş, gibi. **4.**küçük küp, küpçük.

یاخته yâhte: [yâhten>yâht+e] çekilmiş, kınından çekilmiş.

یاخود yâhûd: [yâ+hod] yahut, veya.

یاد yâd: **1.**hatırlama, anma, yad. **2.**hatır. **3.**uyanıklık. **4.**düşünce. **5.**öğretme. **6.**hatıra, anı. ‖ * ~ bâd یاد باد kulakları çınlasın, hey gidi günler. ‖ * ~ u hûş یاد و هوش hafıza. ‖ * ~ u tezkâr یاد و تذکار anma, hatırlama, yâd etme. ‖ * ~ -i çîzî oftâden یاد چیزی افتادن hatırlamak, anımamak. ‖ * ~ -i kesî âmeden یاد کسی آمدن aklına gelmek, hatırlamak, anımsamak. ‖ * ~ -i kesî râ be miyân âverden یاد کسی را به میان آوردن birini anı[...] birini yâd etmek. ‖ * ~ -i[...] reften یاد کسی رفتن unutmak. ‖ * ez ~ borden از یاد بردن unutmak. ‖ * ez ~ -i kesî reften از یاد کسی رفتن unutmak, aklından çıkmak. ‖ * bâ ~ âmeden با یاد آمدن aklına gelmek, hatırlamak. ‖ * be ~ âverden به یاد آوردن **1.**anımsatmak, hatırlatmak. **2.**anımsamak, hatırlamak. ‖ * be ~ -i çîzî oftâden به یاد چیزی افتادن hatırlamak, anımsamak. ‖ * be ~ dâşten به یاد داشتن hatırında olmak, aklında olmak. ‖ * be ~ -i kesî âmeden به یاد کسی آمدن hatırlamak. ‖ * be ~ -i kesî dâden به یاد کسی دادن hatırlatmak, anımsatmak.

یاد آمدن yâd âmeden: **1.**hatırlanmak. **2.**anılmak. **3.**hatıra gelmek. ‖ * ~ ez kesî یاد آمدن از کسی birini hatırlamak.

یاد آور yâdâver: [yâd+âverden>âver] hatırlatıcı, anımsatan, hatırlatan. ‖ * ~ -i takdîr ve tebcîl یادآور تقدیر و تبجیل takdir ve ululamayı hatırlatan.

یاو آور بودن yâdâver bûden: andırmak.

یاد آوردن yâd âverden: **1.**hatırlatmak. **2.**anmak.

یاد آور شدن yâdâver şoden: **1.**hatırlatmak. **2.**belirtmek, vurgulamak.

یاد آوری yâdâverî: [yâd+âverden> âver+î] hatırlatma.

یاد آوری کردن yâdâverî kerden: hatırlatmak, anımsatmak.

یادباد yâdbâd: [yâd+bûden>bâd] **1.**anma, hatırlama. **2.**kulakları çınlasın. **3.**hey gidi günler.

یادبود yâdbûd: [yâd+bûden>bûd] **1.**anı, hatıra. **2.**anma. ‖ * meclis-i ~ مجلس یادبود anma toplantısı.

یاد دادن yâd dâden: öğretmek.

یاددار yâddâr: [yâd+dâşten>dâr] hatırda tutan.

یادداشت yâddâşt: [yâd+dâşten>dâşt] **1.**hatırda tutulan, anı. **2.**not. **3.**Nakşibendîlik tarikatının terimlerinden biri. ‖ * ~ -i tefâhum یادداشت تفاهم protokol.

یادداشت برداشتن yâddâşt berdâşten: not almak.

یادداشت کردن yâddâşt kerden: not etmek, not almak.

یاد داشتن yâd dâşten: **1.**hatırında tutmak, hatırlamak, bilmek. **2.**görmek.

یاد رفتن yâd reften: unutmak, hatırından çıkmak.

یادست yâdest: [yâd+est] lâdes.

یاد کرد yâdkerd: [yâd+kerden>kerd] **1.**hatırlama, anma. **2.**Nakşibendîlik tarikatının terimlerinden biri.

یاد کردن yâd kerden: **1.**anmak. **2.**hatırlamak. **3.**hatırlatmak.

یادگار yâdgâr: [yâd+gâr] anı, hatıra, yadigâr. ‖ * be ~ gozâşten به یادگار گذاشتن yadigar bırakmak. ‖ * be ~ mânden به یادگار ماندن yadigâr kalmak.

یادگار گذاشتن yâdgâr gozâşten: yadigâr bırakmak, hatıra bırakmak.

یادگاری yâdgârî: [yâdgâr+î] hatıra eşya.

یاد گرفتن yâd giriften: **1.**öğrenmek. **2.**hatırlamak.

یادنامه yâdnâme: [yâd+nâme] **1.**anı kitabı, hatırat. **2.**hatıra özel sayısı.

یاده yâde: [yâd+e] hatıra, anı.

یار yâr: (Peh.) **1.**sevgili, yâr. **2.**dost, arkadaş. **3.**yardımcı. **4.**yoldaş. ‖ * çihâr ~ چهار یار **1.**dört dost. **2.**Hz. Ebûbekir, Hz. Ömer, Hz. Osman, Hz. Ali.

یارا yârâ: [yâristen>yâr+â] **1.**güç, kudret. **2.**cesaret, cüret. **3.**fırsat. ‖ * ~ -yi çîzî dâşten یارای چیزی داشتن gücü olmak. ‖ * ~ -yi hemserî dâşten یارای همسری داشتن başa çıkmak, baş etmek.

یارا داشتن yârâ dâşten: gücü olmak, hali olmak.

یاران yârân: [yâr+ân] dostlar, arkadaşlar, yaran.

یارانه yârâne: [yâr+âne] dostça.

یارایی yârâyî: [yâr+â+y+î] **1.**başarı. **2.**güç, kudret.

یارب yârab: (A.) [yâ+rabb] Tanrım, Allahım, yarabbi.

یاربی yârabbî: (A.) Allahım, ey Rabbim.

یارد yard: (İng.) yarda.

یاررس yârres: [yâr+resîden>res] yardıma koşan, imdada koşan.

یارستن yâristen: **1.**güçlü olmak, muktedir olmak, yapabilmek. **2.**cüret etmek.

یارش yâriş: [yârîden>yâr+iş] yardım.

یار شدن yâr şoden: dost olmak.

یارک yârek dölyatağı.

یار کردن yâr kerden: **1.**yoldaş etmek. **2.**karıştırmak.

یارگی yâregî: [yâristen>yâr+e+g+î] güç, kudret.

یارگیری yârgîrî: [yâr+giriften>gîr+î]

yandaş edinme, yandaş bulma.

یارمند yârmend: [yâr+mend] **1.**dost. **2.**yardımcı.

یارمندی yârmendî kerden: yardım etmek.

یارنامه yârnâme: [yâr+nâme] **1.**sevgilinin mektubu. **2.**güzel iş. **3.**iyi adlılık.

یارو yârû (Hlk.) herif, adam, herifçioğlu.

یاره yâre: [yâristen>yâr+e] **1.**dayanma gücü. **2.**haraç. **3.**bilezik.

یاری yârî: [yâr+î] **1.**yardım. **2.**himaye. **3.**dostluk.

یاری خواستن yârî hâsten: yardım istemek.

یاری دادن yârî dâden: **1.**yardım etmek. **2.**himaye etmek.

یاریدن yârîden: **1.**yardım etmek. **2.**himaye etmek.

یاری کردن yârî kerden: **1.**yardım etmek. **2.**güç vermek.

یاریگر yârîger: [yârî+ger] **1.**yardımcı. **2.**güç veren.

یاری گرفتن yârî giriften: yardım almak.

یازده yâzdeh (Mat.) on bir.

یازدهم yâzdehom: [yâzdeh+om] on birinci.

یازش yâziş: [yâzîden>yâz+iş] kasıt, yönelme.

یاس yâs (bot.) yasemin.

یأس ye's: (A.) umutsuzluk, üzüntü.

یأس آمیز ye'sâmîz: (A.-F.) [ye's+ âmîhten>âmhiz] **1.**üzüntülü. **2.**üzücü.

یأس آور ye'sâver: (A.-F.) [ye's+ âverden>âver] umutsuzluk veren, üzücü.

یأس افزا ye'sefzâ: (A.-F.) [ye's+ efzûden>efzâ] umutsuzluğu arttıran.

یاسامیشی yasamîşî: (Moğ.) **1.**düzen, tertip. **2.**tedbir.

یأس پوش ye'spûş: (A.-F.) [ye's+ pûşîden>pûş] umutsuzluğa kapılmış, derin bir umutsuzluk ve üzüntüye kapılmış.

یاسر yâsir: (A.) **1.**sol taraf. **2.**kumarbaz. **3.**deve kasabı.

یاسم yâsem yasemin.

یاسمن yâsemen (bot.) yasemin.

یاسمن عارض yâsemenâriz: (F.-A.) [yâsemen+ârız] yanağı yasemin gibi kokan.

یاسمون yâsemûn yasemin.

یاسمین yâsemîn (bot.) yasemin.

یأس انگیز ye'sengîz: (A.-F.) [ye's+ engîhten>engîz] üzücü, umutsuzluğa düşürücü.

یاسین yâsîn: (A.) **1.**Yâsin suresi. **2.**erkek adı. ‖ * ~ be gûş-i her hânden یاسین به گوش خر خواندن boşuna öğüt vermek, duvara öğüt vermek. ‖ * ez halka-i ~ der âmeden از حلقهء یاسین در آمدن üzerine Yâsin suresi yazılmış halka şeklindeki bir bezin içinden geçerek nazara karşı tütsülenmiş olmak.

یاطاقان yatakan: (T.) yatağan.

یا علی yâ Alî: (A.) ey Ali. İki dostun görüşmesi sırasında söylenilir.

یاغو yâgû (zool.) martı.

یاغی yâgî: (T.) **1.**isyancı, asi. **2.**düşman. **3.**azgın.

یاغی شدن yâgî şoden: **1.**azmak. **2.**isyan etmek, itaat etmek, baş kaldırmak. **3.**düşman olmak.

یاغی گری yâgîgerî: (T.-F.) [yâğî+ger+î] **1.**asilik. **2.**azgınlık. **3.**düşmanlık.

یاغی گشتن yâgî geşten: **1.**azmak. **2.**isyan etmek, itaat etmemek, baş kaldırmak.

یافت yâft: [yâften>yâft] **1.**bulma. **2.**elde etme. **3.**bilme, tanıma.

یافت شدن yâft şoden: **1.**bulunmak. **2.**çıkmak.

یافتن yâften: **1.**bulmak. **2.**elde etmek. **3.**tanımak. **4.**görmek. **5.**hissetmek.

یافته yâfte: [yâften>yâft+e] **1.**bulunmuş. **2.**bulmuş. **3.**bulgu. **4.**elde edilmiş.

یافث yâfes: (A.) Nuh peygamberin üçüncü oğlu.

یافر yâfer çengi.

یافر yâfir çengi.

یافعیه yâfi'iyye: (A.) Yâfi'îlik, Kâdirîlik tarikatının kollarından biri.

یافوخ yâfûh: bıngıldak.

یافه yâfe zırva, saçma söz.

یاقوت yâkût: 1.yakut. 2.sevgilinin kırmızı dudağı. 3.kırmızı şarap.

یاقوتهء صحرا yâkûte-i sahr: (A.-F.) nefs-i külliye, bütün nefis, arş-i a'lâ.

یاقوتی yâkûtî: [yâkût+î] 1.yakut rengi. 2.yakuttan yapılmış.

یال yâl: 1.boyun. 2.ense. 3.yele. 4.güç, kudret. ‖ * ~ u bâl یال وبال düzgün endam, düzgün boybos.

یالانچی yalançi: (T.) 1.yalancı. 2.kayıtsız, laubali. 3.cambaz.

یاللا yallâ: (A.) [<yâ allâh] ya Allah.

یالمند yâlmend: [yâl+mend] aile reisi.

یالوانه yâlvâne kırlangıç.

یاله yâle boynuz, sığır boynuzu.

یالیت yâleyte: (A.) keşke.

یا لیلی yâlel: (A.) [yâ+leylî] Arap şarkısı.

یام yâm posta beygiri.

یامان yaman: (T.) bir tür tehlikeli rüzgâr.

یا منهو yâmenhû: (A.) [yâ+men+hû] yahu.

یان yân sayıklama.

یانع yâni': (A.) olgun, pişkin.

یانه yâne havan.

یاور yâver: 1.yardımcı. 2.binbaşı. 3.genç yeniçeri.

یاوری yâverî: [yâver+î] 1.yardımcılık. 2.binbaşılık.

یاوری کردن yâverî kerden: yardım etmek, yardımcı olmak.

یاوه yâve: 1.boş söz, zırva, ipe sapa gelmez söz. 2.kayıp. 3.sahipsiz. 4.sahipsiz hayvan.

یاوه سنج yâvesenc: [yâve+senc] zırvalayan, saçma sapan konuşan.

یاوه سنجان yâvesencân: [yâve+ sencîden>senc+ ân] zırvalayanlar, saçma sapan konuşanlar.

یاوه گفتن yâve goften: zırvalamak, baçmal'amak.

یاوه گو yâvegû: [yâve+goften>gû] zevzek, boş konuşan, saçmalayan.

یاوه گویانه yâvegûyâne: [yâve+ goften>gûy+ âne] zırvalayarak, saçma sapan konuşarak.

یاوه گویی yâvegûyî: [yâvegû+y+î] zevzeklik, zırvalama, saçma sapan konuşma.

یاویدن yâvîden: bulmak.

یاهو yâhû: (A.) [yâ+hû<huve] 1.Allahım. 2.hey. 3.canım, efendim.

یاهی yâhey: (A.) [yâ+hey] ey, hey.

یایی yâyî: (A.) 1.ya harfi ile ilgili. 2.ya'lı, ya harfi bulunan.

یباب yebâb: (A.) yıkık, yıkıntı. ‖ * herâb u ~ خراب و بباب yıkıntı, yıkık dökük.

یبان yebân: yaban, ıssız yer, sahra.

یبانی yebânî: [yebân+î] 1.yabanıl, yabani. 2.sıkılgan, el içine çıkamayan. 3.görgüsüz, kabasaba.

یبروح الصنم yebrûüssanem: (A.) insan kökü bitkisi.

یبس yebs: (A.) kuruma.

یبس yebes: (A.) 1.kuru.

یبس yubs: (A.) 1.kuruluk. 2.kuru. 3.kabız.

یبوست yubûset: (A.) 1.kuruluk. 2.(tıb.) peklik, kabızlık.

یبوست داشتن yubûset dâşten: peklik çekmek, kabızlık çekmek.

یتاق yetak: (T.) muhafızlık, bekçilik, nöbet.

یتامی yetâmâ: (A.) yetimler.

یتیم yetîm: (A.) 1.öksüz, yetim, babası veya hem annesi hem babası ölmüş çocuk. 2.benzersiz, eşsiz. 3.hizmetçi çocuk. ‖ * ~ -i duhter-i imrân یتیم دختر عمران İmran'ın kızının yetimi, Hz. İsa. ‖ * durr-i ~ در یتیم 1.eşi benzeri bulunmaz iri inci. 2.Hz. Muhammed.

یتیم الطرفین yetîmüttarafeyn: (A.) hem annesi hem babası ölmüş çocuk.

یتیمانه yetîmâne: (A.-F.) [yetîm+âne] yetim gibi, yetimce.

یتیمچه yetîmçe: (A.-F.) [yetîm+çe] bir tür patlıcan veya kabak yemeği.

يتيم خانه yetîmhâne: (A.-F.) [yetîm+hâne] yetimhane.

يتيمه yetîme: (A.) **1.**yetim kız. **2.**benzersiz, eşsiz.

يتيمة الدهر yetîmetuddehr: (A.) eşi benzeri bulunmaz iri inci.

يثرب yesrib: (A.) (coğ.) Medine, Yesrib.

يثربى yesribî: (A.) **1.**Medineli. **2.**Medine ile ilgili.

يحاميم yahâmîm: (A.) kara dumanlar.

يحتمل yehtemil: (A.) olabilir, ihtimal dahilinde, belki.

يحمور yahmûr: (A.) yaban eşeği.

يحموم yahmûm: (A.) kara duman.

يخ yeh: **1.**buz. **2.**zevksiz. **3.**soğuk. ‖ * ber ~ nuvişten بر يخ نوشتن hiçe saymak.

يخ آور yahâver: [yah+âverden>âver] **1.**buz getiren. **2.**buzlu su. **3.**buzlu şerbet.

يخ بستن yeh besten: **1.**donmak, buz tutmak, buzlanmak. **2.**buz kesmek.

يخ بسته yehbeste: [yeh+besten>best+e] buz tutmuş, donmuş.

يخبندان yehbendân: [yeh+besten>bend+ân] **1.**don, don yapma, donma. **2.**buzul. **3.**buzul çağı.

يخ پاره yehpâre: [yeh+pâre] buz parçası.

يخ جويدن yeh covîden: **1.**buz çiğnemek. **2.**zevzeklik etmek, abuk sabuk konuşmak.

يخچال yehçâl: **1.**buzdolabı. **2.**buz deposu. **3.**soğuk nevale, soğuk insan. **4.**buz kuyusu.

يخچه yehçe: [yeh+çe] dolu.

يخدان yehdân: [yeh+dân] **1.**buz kabı, buz sandığı. **2.**buzluk. **3.**bavul.

يخ زدن yeh zeden: **1.**donmak, buzlanmak. **2.**buz kesmek.

يخ زده yehzede: [yeh+zeden>zed+e] donuk.

يخ سازى yehsâzî: [yeh+sâhten>sâz+î] buz imalatı.

يخ شكن yehşiken: [yeh+şikesten>şiken] **1.**buzkıran. **2.**buz çekici. **3.**buzkıran gemisi.

يخ فروش yehfurûş: [yeh+furûhten>furûş] buzcu, buz satan.

يخ كردن yeh kerden: **1.**çok soğumak. **2.**donmak. **3.**buz kesmek, buz gibi olmak. **4.**şaşırmak, donakalmak. **5.**rezil olmak.

يخ كوهه yehkûhe: [yeh+kûh+e]: (coğ.) buzdağı.

يخ گرفتن yeh giriften: buz hazırlamak.

يخلا رفتن yohlâ reften: işsiz kalmak.

يخن yehen: yaka.

يخنى yehnî: **1.**yahni. **2.**bir tür pilav. **3.**azık.

يخنى پختن yehnî pohten: yahni yapmak.

يخه yehe: yaka.

يد yed: (A.) **1.**el. **2.**(mec.) kudret, güç. **3.**yardım. **4.**vasıta, araç. **5.**mülk.

يد yod: (kim.) iyot.

يداً بيد yeden biyed(in): (A.) elden ele, vasıtasız, doğrudan doğruya.

يد الدهر yeduddehr: (A.) zamanın uzaması.

يدالريح yedurrîh: (A.) rüzgârın gücü.

يد الطائر yeduttâ'ir: (A.) kuş kanadı.

يدالله yedullâh: (A.) **1.**Allah'ın gücü, Tanrı'nın kudret eli. **2.**erkek adı.

يدبيد yedbeyed: (A.-F.) [yed+be+yed] elden ele, vasıtasız.

يدرك yudreku: (A.) kavranır.

يدك yedek: (T.) **1.**yedek at. **2.**yedek.

يدك كش yedekkeş: (T.-F.) [yedek+keşîden> keş] **1.**yedek çeken. **2.**başkasının işini de gören.

يدكى yedekî: (T.-F.) [yedek+î] stepne, yedek. ‖ * pârçe-i ~ پارچهء يدكى yedek parça.

يدى yedî: (A.-F.) [yed+î] **1.**el işleri. **2.**elle yapılan.

يدى yudî: (A.) eller.

يدين yedeyn: (A.) iki el.

يرابيع yerâbî': (A.) tarla fareleri.

يراع yerâ': (A.) **1.**kalemlik kamışlar. **2.**kamış kalemler. **3.**ateşböcekleri.

يراعه yerâ'a: (A.) **1.**kalemlik kamış. **2.**kamış kalem. **3.**ateşböceği.

يراعه جنبان yerâ'aconbân: (A.-F.) [yer'a+ conbânden> conbân] kalem oynatan, yazı yazan.

يراعه زن yerâ'azen: (A.-F.) [yerâ'a+zeden>zen] kalem oynatan, yazı yazan.

يراغ yerâg: (Moğ.) **1.**silah. **2.**eyer takımı.

يراق yerâk: (Moğ.) **1.**silah, teçhizat. **2.**eyer takımı. **3.**sırma. **4.**dantel işi.

يراق باف yerâkbâf: (Moğ.-F.) [yerâk+bâften>bâf] sırmakeş.

يراق كردن yerâk kerden: teçhizat hazırlamak.

يربوع yerbû': (A.) tarla faresi.

يرتمه yortme: (T.) dört nala.

يرحمك الله yerhamukallâh: (A.) çok yaşa.

يرخوم yerhûm: (A.) erkek kartal.

يرقان yerekân: **1.**(tıb.) sarılık hastalığı. **2.**sam hastalığı: (ekinler için).

يرليغ yerlîg: (Moğ.-T.) ferman.

يز yez çit, dikenli çalı.

يزد yezd: (coğ.) Yezd, İran'da bir kent.

يزدان yezdân: (Peh.) **1.**Tanrı. **2.**melek. **2.**Zerdüştlükte iyilik tanrısı.

يزدان پرست yezdânperest: [yezdân+perestîden> perest] Tanrı'ya tapan.

يزدانى yezdânî: [yezdân+î] **1.**tanrısal. **2.**bir güreş tekniği.

يزدجرد yezdcurd: (F.>A.) Yezdigerd, eski Pers hükümdarı Behrâm-i Gûr'un babası.

يزدگرد yezdgord: [<yezd-i gord] Yezdigerd, eski Pers hükümdarı Behrâm-i Gûr'un babası.

يزدى yezdî: [yezd+î] **1.**Yezdli. **2.**Yezd işi.

يزك yezek: **1.**öncü, ordu öncüsü. **2.**bekçi.

يزيد yezîd: (A.) **1.**Arap tarihinde bir lider, Muaviye'nin oğlu. **2.**kötü insan, başbelası insan. **3.**erkek adı.

يسار yesâr: (A.) **1.**sol. **2.**sol kanat. **3.**uğursuz. **4.**güçlülük. **5.**zenginlik. ‖ * ~ u yemin يسار و يمين sol ve sağ. ‖ * yemîn u ~ يمين و يسار sağ ve sol.

يسارت yesâret: (A.) **1.**kolaylık. **2.**varlık, zenginlik.

يسارى yesârî: (A.) **1.**sol ile ilgili. **2.**bir düzlem içinde bulunmayan. **3.**ünlü Türk hattatı. **4.**erkek adı.

يساغ yesâg: (T.) **1.**yasak. **2.**yasa.

يساق yesâk: (T.-Moğ.) **1.**cezalandırma. **2.**fitne. **3.**tertip.

يساول yesâvul: (T.) **1.**devlet ileri gelenlerinin muhafızı. **2.**aşağı tabaka, avam.

يسر yeser: (A.) **1.**kolaylık. **2.**bükme, eğirme. **3.**sağından gelme. **4.**ok kumarı oynama.

يسر yosr (bot.) süs eriği, acı erik.

يسر yusr, yusur: (A.) **1.**kolaylık. **2.**zenginlik.

يسرالله مايشاء yesserallâhu mâyeşâ': (A.) Allah ona dilediği kolaylığı versin.

يسرت yusret: (A.) kolaylık.

يسرى yusrâ: (A.) **1.**sol taraf. **2.**bayan adı.

يسور yesûr: (A.) kumarbaz.

يسوعى yesû'î: (A.) **1.**Hıristiyan. **2.**Hıristiyanlık ile ilgili.

يسوعيه yesû'iyye: (A.) hıristiyanlık ile ilgili.

يسير yesîr: (A.) **1.**kolay. **2.**az. **3.**kumarbaz.

يشب yeşb: (A.) yeşim, yağmur taşı.

يشك yeşk: köpekdişi.

يشم yeşm: yeşim taşı, yağmur taşı, zebercet.

يشمى yeşmî: [yeşm+î] neftî.

يطاق yetak: (T.) yatak.

يعاسيب ye'âsîb: (A.) **1.**arıbeyleri. **2.**liderler, başkanlar.

يعافير ya'âfîr: (A.) **1.**ceylanlar. **2.**ceylan yavruları.

يعافير ye'âfîr: (A.) **1.**ceylanlar. **2.**ceylan yavruları.

يعاقيب ye'âkîb: (A.) erkek keklikler.

يعاليل ye'âlîl: (A.) **1.**su kabarcıkları. **2.**göller. **3.**beyaz bulutlar. **4.**sahipsiz hayvanlar.

يعسوب ya'sûb: (A.) **1.**arıbeyi. **2.**lider, başkan.

يعسوب المسلمين ya'sûbulmuslimîn: (A.) müslümanların arıbeyi, Hz. Ali.

يعفور ya'fûr: (A.) **1.**ceylan. **2.**ceylan yavrusu. **3.**gecenin bir bölümü. **4.**Hayber Vakası sırasında Hz. Muhammed'in gani-met olarak aldığı eşek.

يعقوب ya'kûb: (A.) **1.**(zool.) erkek keklik. **2.**Hz. Yusuf'un babası. **3.**erkek keklik.

يعقوبى ya'kûbî: (A.) **1.**Hz. Yakub ile ilgili. **2.**Yakub adlı bir papazın kurduğu Hıristiyan mezhebi.

يعلول ya'lûl: (A.) **1.**su kabarcığı. **2.**göl. **3.**beyaz bulut. **4.**iki hörgüçlü deve.

يعمور ya'mûr: (A.) oğlak.

يعنى ya'nî: (A.) **1.**demek. **2.**uzun lafın kısası, kısacası.

يعوق ya'ûk: (A.) Nûh kavminin at başlı putlarından biri.

يغفرالله yagfirullâhu: (A.) Allah yarlıgasın, Allah mağfiret eylesin.

يغما yegmâ: (T.) **1.**talan, çapul, yağma. **2.**bir Türk boyu. ‖ * be ~ reften به يغما رفتن yağmalanmak. ‖ * hân-i ~ خوان يغما **1.**yağma sofrası. **2.**fakirler için kurulan sofra.

يغما زدن yegmâ zeden: yağmalamak.

يغما كردن yegmâ kerden: yağma etmek, yağmalamak.

يغماگر yegmâger: (T.-F.) [yegmâ+ger] yağmacı.

يغماگرانه yegmâgerâne: [yegmâ+ger+âne] yağma ederek, yağmacılıkla.

يغماگرى yegmâgerî: (T.-F.) [yegmâ+ger+î] yağmacılık.

يغمايى yegmâyî: (T.-F.) [yegmâ+y+î] **1.**yağma ile ilgili. **2.**güzel, güzel yüzlü. **3.**yağmacılık.

يغور yegûr: heybetli.

يغوث yagûs: (A.) arslan biçimli eski bir put.

يفاع yefâ': (A.) yüksek yer.

يفن yefen: (A.) bunak.

يقاظت yekâzet: (A.) uyanıklık.

يقاظى yekâzî: (A.) uyanıklar.

يقطين yektîn **1.**sürüngen bitki. **2.**kabak ağacı.

يقظان yekezân: (A.) uyanık.

يقظان yekzân: (A.) **1.**uyanık. **2.**akıllı.

يقظانى yekezânî: (A.) uyanıklık.

يقظه yekze, yekeze: (A.) **1.**uyanıklık. **2.**akıllılık.

يقه yeke: (T.) yaka. ‖ * ~ ez çeng-i kesî rehâ kerden يقه از چنگ كسى رها كردن yakasını kurtarmak, (hlk.) yakayı sıyırmak. ‖ * ~ -i kesî râ giriften يقهء كسى را گرفتن yakasına sarılmak, yakasını tutmak, yakasına yapışmak.

يقين yakîn: (A.) **1.**kuşkusuz, mutlaka. **2.**kesin bilgi. **3.**bilme. **4.**barite. ‖ * be ~ به يقين kesinlikle, kuşkusuz, mutlaka.

يقيناً yakînen: (A.) kesinlikle, kesin olarak.

يقين داشتن yakîn dâşten: bilmek, emin olmak, kuşkusu olmamak.

يقين كردن yakîn kerden: **1.**emin olmak. **2.**kesin olarak kabul etmek.

يقينى yakînî: (A.-F.) [yakîn+î] **1.**kesin. **2.**kesinlik. **3.**kesin bilgi ile ilgili, kesinliği şüphe götürmeyen bilgi ile ilgili.

يقينيات yakîniyyât: (A.) kesin bilgiler, şüphe getürmeyecek kadar kesin olan bilgiler.

يقينيه yakîniyye: (A.) kesin bilgi ile ilgili, kesinliği şüphe götürmeyen bilgi ile ilgili.

يک yek: (Peh.) (Mat.) bir, tek. ‖ * ~ be ~ يک به يک bir bir. ‖ * ~ pehn âbâd hem pes nedâden يک پهن آباد هم پس ندادن bir kuruşunu bile geri vermemek. ‖ * bâ kesî ~ u do kerden با كسى يک و دو كردن çekişmek, birine laf yetiştirmek.

يک آواز yekâvâz: [yek+âvâz] **1.**tek sesli. **2.**monoton, tekdüze. **3.**baştan sona kadar güzelliğini yitirmeyen şiir.

يک آويز yekâvîz: [yek+âvîhten>âvîz] bir tür kısa kılıç, varsak.

یک آهنگ yekâheng: [yek+âheng] 1.uyumlu, bir ahenkli. 2.beyitleri arasında anlam bağı bulunan şiirler.

یک اسبه yekesbe: [yek+esb+e] 1.bir atlı. 2.tek başına.

یکان yekân: [yek+ân] 1.bir bir. 2.tek. 3.(mat.) birler hanesi.

یک انداز yekendâz: [yek+endâhten> endâz] 1.bir tür ok. 2.dere kenarındaki yarlar. 3.düz.

یک اندازه yekendâze: [yek+endâze] aynı derecede.

یک انگشت yekenguşt: [yek+enguşt] 1.bir parmak. 2.tek parmaklı.

یکان یکان yekân yekân: birer birer.

یکایک yekâyek: [yek+â+yek] 1.bir bir, birer birer, tek tek. 2.birdenbire, ansızın.

یک بار yekbâr: [yek+bâr] 1.bir defa, bir kez, birinde, bir keresinde. 2.ansızın, birdenbire. ‖ * ~ -i dîger یک بار دیگر bir daha, bir kez daha.

یک بارگی yekbâregî: [yek+bâr+e+g+î] 1.ansızın. 2.tamamen. 3.bir kez. ‖ * be ~ به یک بارگی 1.birden, ansızın. 2.hep birden.

یکباره yekbâre: [yek+bâr+e] 1.bir kez, bir defa. 2.birdenbire.

یک بر دو yekberdo: [yek+ber+do] iki misli.

یک برگ yekberg: [yek+berg] 1.tek yapraklı. 2.bir yapraklı süsleme motifi.

یک بند yekbend: [yek+besten>bend] durmadan, biteviye, habire.

یک بیک yekbeyek: [yek+be+yek] bir bir, birer birer.

یک پا yekpâ: [yek+pâ] 1.tamamen. 2.tek ayaklı, aksak, topal.

یک پارچگی yekpârçegî: [yek+pârçe+g+î] beraberlik, birlik.

یک پارچه yekpârçe: [yek+pârçe] 1.tek parça. 2.biraz.

یک پاره yekpâre: [yek+pâre] 1.bir parça. 2.bütün, tüm.

یک پف yekpuf: [yek+puf] biraz, bir parça.

یکتا yektâ: [yek+tâ] 1.bir tane, biricik, tek. 2.benzersiz, eşsiz. 3.tek kişi tarafından kullanılan yangın tulumbası. ‖ * durr-i ~ در یکتا biricik inci, eşi benzeri olmayan inci.

یکتاپرست yektâperest: [yektâ+perestîden>perest] tek Tanrı'ya tapan.

یکتاز yektâz: [yek+tâhten>tâz] bir başına saldıran savaşçı.

یکتا شدن yektâ şoden: bir olmak, birleşmek.

یکتای yektây: [yek+tây] 1.biricik, bir tane, eşsiz, benzersiz. 2.bir tür telli saz.

یکتایی yektâyî: [yek+tâ+y+î] birlik, teklik.

یک تربیه yekterbiye: (F.-A.) [yek+terbiye] aynı eğitimi almış, aynı terbiyeyi görmüş.

یک تن yekten: [yek+ten] vücutları birleşmiş, tekvücut.

یک تنه yektene: [yek+ten+e] tek başına, bir başına.

یک ثلث yeksuls: (F.-A.) [yek+suls] (Mat.) üçte bir.

یکجا yekcâ: [yek+câ] 1.birlikte, beraber. 2.hepsi, tümü, tümüyle. 3.birden, ansızın, apansız. 4.bir arada. ‖ * betovr-i ~ بطور یکجا kabala pazarlık, götürü.

یک جانبه yekcânibe: (F.-A.) [yek+cânib+e] tek taraflı, tek yönlü.

یک جلوه yekcilve: (F.-A.) [yek+cilve] bir şekilde görünen.

یک جنس yekcins: (F.-A.) [yek+cins] aynı cinsten, bir cins.

یک جور yekcûr: [yek+cûr<tovr] 1.tekdüze. 2.bir çeşit, bir şekilde, aynı. 3.bir tür.

یک جوری yekcûrî: [yek+cûr<tovr+î] bir şekilde, bir yol ile.

یک جهت yekcihet: (F.-A.) [yek+cihet] 1.uyumlu. 2.tek yön. 3.bir yönlü. 4.hemfikir.

یک جهتی yekcihetî: (F.-A.) [yek+cihet+î] hemfikirlik.

یک چشم yekçeşm: [yek+çeşm] 1.tek gözlü. 2.Güneş. 3.esir edilmiş kadın.

یک چشمی yekçeşmî: [yek+çeşm+î] tek gözlülük.

یک چند yekçend: [yek+çend] **1.**birkaç. **2.**bir süre.

یک چهارم yekçihârom: [yek+çihâr+om] (Mat.) dörtte bir, çeyrek.

یک خرده yekhorde: [yek+horde] biraz.

یک دانه yekdâne: [yek+dâne] **1.**bir tane, bir tanecik, eşsiz. **2.**bir tür kolye.

یک در میان yekdermiyân: [yek+der+miyân] bir atlayarak, ara ile.

یک دست yekdest: [yek+dest] **1.**tekdüze, aynı cinsten. **2.**tek elli. **3.**tümüyle, hepten. **4.**düpedüz. **5.**bir tür rende. **6.**esir edilmiş kadın.

یک دستی yekdestî: [yek+dest+î] tek elle.

یک دستی زدن yekdestî zeden: ağız aramak, yoklamak.

یک دفعه yekdef'e: (F.-A.) [yek+def'e] ansızın, birden, birdenbire.

یکدگر yekdiger: [yek+diger] birbiri.

یک دل yekdil: [yek+dil] **1.**gönlü bir, kafa dengi. **2.**riyasız, samimi, içten.

یکدلانه yekdilâne: [yek+dil+âne] gönlü bir olarak, gönül birliği içinde.

یکدلی yekdilî: [yek+dil+î] gönül birliği, gönüldaşlık.

یک دم yekdem: [yek+dem] bir an, bir ara.

یک دمه yekdeme: [yek+dem+e] **1.**bir anlık. **2.**gelip geçici.

یک دندگی yekdendegî: [yek+dende+g+î] **1.**tekdüzelik, monotonluk. **2.**inatçılık.

یک دنده yekdende: [yek+dende] **1.**tekdüze, monoton, biteviye. **2.**inatçı.

یک دهم yekdehom: [yek+deh+om] (Mat.) onda bir.

یکدیگر yekdîger: [yek+dîger] birbiri.

یک راست yekrâst: [yek+râst] **1.**sürekli, durmaksızın. **2.**dosdoğru, dümdüz.

یک ران yekrân: [yek+rân] **1.**iyi cins at. **2.**al at.

یک راهگی yekrâhegî: [yek+râh+e+g+î] birden, ansızın.

یک راهه yekrâhe: [yek+râh+e] tek yollu.

یک ربع yekrub': (F.-A.) [yek+rub'] (Mat.) çeyrek, dörtte bir.

یک رشته yekrişte: [yek+rişte] **1.**bir dizi. **2.**uygun, yaraşan. **3.**şefkatli.

یک رکابی yekrikâbî: (F.-A.) [yek+rikâb+î] **1.**yedek at. **2.**hazır olma, hazır bulunma.

یک رنگ yekreng: [yek+reng] **1.**tek renkli. **2.**bir, aynı. **3.**samimî, dürüst. **4.**sözünde duran, sözünün eri. **5.**bir tür lale.

یک رنگان yekrengân: [yek+reng+ân] **1.**bir renkte olanlar, renktaş olanlar. **2.**sözünde duranlar, sözünün eri olanlar.

یک رنگ شدن yekreng şoden: **1.**tek renk olmak. **2.**bir olmak, aynı olmak. **3.**samimi olmak.

یک رنگی yekrengî: [yek+reng+î] **1.**tek renkli olma. **2.**aynı olma. **3.**samimilik, dürüstlük.

یک رو yekrû: [yek+rû] **1.**samimî. **2.**tek yüzlü. **3.**samimî, içten, senli benli.

یک روان yekrevân: [yek+revân] bir ruhlu, aynı ruhlu.

یک روز yek rûz: **1.**bir gün. **2.**günün birinde. **3.**bir günlük, gelip geçici.

یک روز در میان yekrûzdermiyân: [yek+ rûz+der+miyân] bir gün ara ile, günaşırı.

یک روزه yekrûze: [yek+rûz+e] **1.**bir günlük, kısa, gelip geçici. **2.**bir günde.

یک روی yekrûy: [yek+rûy] **1.**bir yüzlü. **2.**özü sözü bir, dürüst, güvenilir.

یک رویه yekrûye: [yek+rûy+e] **1.**samimî, özü sözü bir, dürüst, güvenilir. **2.**hilafsız. **3.**müttefik. **4.**açık seçik. **5.**bir yüzlü.

یک رویی yekrûyî: [yek+rûy+î] **1.**bir yüzlülük. **2.**özü sözü bir olma, dürüstlük, riyasızlık.

یک ره yekreh: [yek+reh] **1.**bir kez, bir yol. **2.**dürüst, riyasız.

یک ریز yekrîz: [yek+rîhten>rîz] **1.**ardarda, boyuna, durmadan. **2.**tek tip, aynı şekilde.

یک زبان yekzebân: [yek+zebân] **1.**aynı dili konuşan. **2.**ağız birliği halinde, bir ağızdan. **3.**tek dilli.

یک زبان شدن yekzebân şoden: ağız birliği etmek.

یک زبانی yekzebânî: [yek+zebân+î] **1.**aynı dili konuşma, bir dillilik. **2.**ağız birliği. **3.**tek dilli olma.

یک سال yeksâl: [yek+sâl] **1.**bir yıl. **2.**yılların birinde. **3.**bir yıllık. **4.**bir yaşında.

یک ساله yeksâle: [yek+sâl+e] **1.**bir yıllık. **2.**bir yaşında.

یکسان yeksân: [yek+sân] **1.**benzer. **2.**aynı, farksız, eşit, aynı şekilde, bir. **3.**biteviye, tekdüze.

یکسانی yeksânî: [yek+sân+î] **1.**benzerlik. **2.**aynılık, eşitlik. **3.**tekdüzelik. ‖ * betovr-i ~ بطور یکسانی aynen.

یک سر yekser: [yek+ser] **1.**tümü, hepsi, baştan başa, bir baştan bir başa. **2.**dosdoğru, doğruca. **3.**hemen. **4.**ansızın, birdenbire. ‖ * ~ bâlâter bûden یک سر بالاتر بودن bir adım ileride olmak.

یک سره yeksere: [yek+ser+e] **1.**baştan başa, tamamen, bir baştan bir başa. **2.**dosdoğru, doğruca. **3.**bir başına.

یک سره کردن yeksere kerden: bitirmek, sonlandırmak.

یک سری yekserî: [yek+ser+î] bir dizi.

یک سلاله yeksulâle: (F.-A.) [yek+sulâle] aynı aileden.

یکسو yeksû: [yek+sû] **1.**düz. **2.**eşit, bir. **3.**tekdüze, biteviye.

یک سوار yeksevâr: [<yek+sevâr] **1.**usta binici. **2.**bir başına ata binen. **3.**bir ok cinsi.

یک سواران yeksevârân: [<yek+sevâr+ân] **1.**usta biniciler. **2.**bir başına ata binenler.

یک سواره yeksevâre: [<yek+sevâr+e] **1.**usta binici. **2.**bir başına ata binen. **3.**arkadaşsız.

یک سو شدن yeksû şoden: **1.**bir yöne gitmek. **2.**son bulmak. **3.**tek taraflı olmak.

یک سو کردن yeksû kerden: **1.**son vermek, bitirmek. **2.**tek taraflı yapmak.

یکسون yeksûn: [yek+sûn] **1.**düz. **2.**eşit, bir. **3.**tekdüze, biteviye.

یکسونه yeksûne: [yek+sûn+e] **1.**düz. **2.**eşit, bir. **3.**tekdüze, biteviye.

یک سو نهادن yeksû nihâden: **1.**unutmak. **2.**bir tarafa koymak.

یک سویه yekseviyye: (F.-A.) [yek+seviyye] aynı düzeyde, eşit seviyeli.

یکشاه yekşâh: [yek+şâh] kitap kaplarının altın işlemeli kısımlarına konulan nokta.

یک شاهی yekşâhî: [yek+şâh+î] metelik, mangır, kuruş, beş para, on para.

یک شبه yekşebe: [yek+şeb+e] **1.**bir gecelik. **2.**bir gecede.

یک شمه yekşemme: (F.-A.) [yek+şemme] biraz, bir parça, bir tutam.

یک شنبه yekşenbe: [yek+şenbe] pazar, pazar günü.

یک صدا yekseda: (F.-A.) [yek+sedâ] bir ağızdan.

یک طرف yekteref: (F.-A.) [yek+teref] **1.**bir taraf. **2.**bir taraftan.

یک طرفه yekterefe: (F.-A.) [yek+teref+e] **1.**tek yönlü. **2.**bir taraftan.

یک طرفه شدن yekterefe şoden: **1.**tek yönlü olmak. **2.**bitirilmek.

یک طرفه کردن yekterefe kerden: **1.**tek yönlü yapmak. **2.**bitirmek.

یک طرفی yekterefî: (F.-A.) [yek+teref+î] **1.**bir taraftan. **2.**bir taraflı.

یک طرفی کردن yekterefî kerden: **1.**tek yönlü yapmak. **2.**bitirmek.

یک فوره yekfevre: (F.-A.) [yek+fevre] bir defada fışkıran, bir defada olup biten.

یک قر yek kar: biraz.

یک قلم yekkalem: (F.-A.) [yek+kalem] tümüyle, hepsi, toptan, bir kalemde, bir çırpıda.

یک کدام yekkodâm: [yek+kodâm] bir tek.

یک کدامشان yekkodâmişan: [yek+kodâm+ - i+ şan] hiçbiri.

یک کرور yek kurûr: bir sürü.

یک کلاغ چهل کلاغ کردن yek kelâğ çihil kelâg kerden: pireyi deve yapmak.

یک لا yeklâ: [yek+lâ] **1.**ince. **2.**tek katlı. **3.**tek katlı kumaş.

یک لا قبا yeklâkabâ: (F.-A.) [yek+lâ+kabâ] yoksul, fakir, çulsuz.

یک لحظه yeklehze: (F.-A.) [yek+lehze] bir an.

یک لحظه پیش yeklehzepîş: (F.-A.) [yek+ lehze+pîş] biraz önce, az önce.

یک لخت yekleht: [yek+leht] **1.**tamamen. **2.**birdenbire.

یک لنگه پا yeklengepâ: [yek+leng+e+pâ] tek başına, bir başına.

یک لو yeklu: (F.-T.) [yek+lu] birli, as.

یکم yekom: [yek+om] **1.**(mat.) birinci. **2.**ilk, evvel.

یک مآل yekmeâl: (F.-A.) [yek+meâl] tek anlamlı, tek yorumlu.

یک مرتبه yekmertebe: (F.-A.) [yek+mertebe] **1.**ansızın, birden. **2.**bir kere, bir defa.

یک نسق yeknesak: (F.-A.) [yek+nesak] tekdüze, monoton, biteviye.

یک نسقی yeknesakî: (F.-A.) [yek+nesak+î] tekdüzelik, monotonluk.

یک نشست yeknişest: [yek+nişesten>nişest] beraber, bir defada.

یک نظر yeknazar: (F.-A.) [yek+nazar] **1.**bir bakış, bir görüş. **2.**aynı görüşte.

یک نفخه yeknefha: (F.-A.) [yek+nefha] bir üfürümlük.

یک نفس yeknefes: (F.-A.) [yek+nefes] bir nefeslik an, kısa bir an.

یک نواخت yeknevâht: [yek+nevâhten> nevâht] **1.**tekdüze, monoton. **2.**aynı.

یک نورد yekneverd: [yek+neverdîden>neverd] **1.**bir koşuda, bir çırpıda. **2.**biteviye.

یک وجب yekveceb: [yek+veceb] bir karış.

یک وجبی yekvecebî: [yek+veceb+î] **1.**bir karışlık. **2.**bir karış boyunda. **3.**(mec.) çok kısa. **4.**(mec.) uzun.

یک وجود yekvucûd: (F.-A.) [yek+vucûd] birlik halinde, bir bütün olarak.

یک ور yekver: [yek+ver] **1.**bir taraf. **2.**tekdüze, monoton. **3.**eğri.

یک وری گذاشتن yekverî gozâşten: yana yatırmak.

یک وقت yekvakt: (F.-A.) [yek+vakt] **1.**bir vakit, vaktiyle. **2.**hiçbir zaman. **3.**asla, sakın.

یکون yekûn: (A.) toplam. ‖ * ~ -i umûmî یکون عمومی genel toplam.

یکه yeke, yekke: [yek+e] **1.**tek, yalnız. **2.**benzersiz.

یکه تاز yeketâz: [yeke+tâhten>tâz] tek başına saldıran savaşçı.

یکه خوردن yeke horden: şaşırmak, irkilmek, şaşakalmak, şaşalamak, afallamak, ne yapacağını bilememek.

یکه ران yekkerân: [yekke+rânden>rân] tek başına at koşturan.

یک هزار yekhezâr: **1.**(mat.) bin. **2.**bir riyal.

یکه زیاد گفتن yeke ziyâd goften: sinir bozucu konuşmak.

یک هو yekhev, yekhov: ansızın, birdenbire.

یکی yekî: [yek+î] **1.**bir. **2.**birlik, teklik. **3.**bir zaman. **4.**bir kez. **5.**biri, birisi. **6.**aynı, eşit. ‖ * ~ ez یکی از -den biri. ‖ * ~ pes ez dîgerî یکی پس از دیگری birinin ardısıra.

یکی دیگر yekîdîger: [yekî+dîger] **1.**bir

diğeri, bir başkası. **2.**birbiri.

یکی شدن yekî şoden: birleşmek, bir olmak.

یک یک yekyek: [yek+yek] bir bir, birer birer.

یکی یکی yekî yekî: bir bir, birer birer.

یگان yegân: **1.**bir bir. **2.**birler.

یگانگی yegânegî: [yegâne+g+î] birlik, teklik, benzersizlik.

یگانه yegâne: tek, biricik, benzersiz, eşsiz.

یگانه گو yegânegû: [yegâne+goften>gû] Allah'ın bir olduğunu inanarak söyleyen.

یگانه گوی yegânegûy: [yegâne+goften>gûy] Allah'ın tek olduğunu inanarak söyleyen.

یگانه گویی yegânegûyî: [yegâne+goften>gûy+î] Allah'ın tek olduğunu inanarak söyleme.

یگان یگان yegân yegân: bir bir, birer birer.

یگاه yegâh klasik Türk musikîsinde bir makam.

یل yel: **1.**cesur. **2.**yiğit, usta savaşçı. **3.**yele. **4.**yelek.

یلان yelân: elbise kolu.

یلخی yılhî: (T.) yılkı.

یلدا yeldâ: (A.) en uzun.

یلدوز yulduz: (T.) yıldız.

یللی yelelî, yelellî: **1.**vakit öldürme, gününü gün etme. **2.**tembellik, aylaklık.

یللی خواندن yelellî hânden: gününü gün etmek.

یللی زدن yelellî zeden: aylak aylak dolaşmak.

یلواج yelevâc: (T.) peygamber, yalvaç.

یله yele: **1.**bırakma. **2.**serbest. **3.**boşuna, anlamsız, saçma. **4.**tek. **5.**eğri. **6.**koşucu, hızlı koşan. **7.**otlayan hayvan sürüsü. **8.**kuvvetli ve saldırgan.

یله دادن yele dâden: yaslanmak.

یله شدن yele şoden: **1.**uzanmak. **2.**eğilmek.

یم yemm: (A.) deniz.

یمام yemâm: (A.) **1.**çöl güvercini. **2.**kasıt, niyet.

یمامه yemâme: (A.) evcil güvercin.

یمان yemân: (A.) Yemen.

یمانی yemânî: **1.**Yemen'e ait. **2.**Yemenli.

یمکن yumkin: (A.) mümkündür, olabilir.

یمکن که yumkin ki: (A.-F.) [yumkin+ki] belki, ola ki.

یمن yumn: (A.) **1.**uğur. **2.**bereket, bolluk.

یمن yemen: (coğ.) Yemen.

یمنی yemenî: [yemen+î] **1.**Yemenli. **2.**Yemen işi, Yemen yapısı.

یمنی yumnâ: (A.) sağ taraf.

یمنی yumnî: (A.) **1.**uğur ile ilgili. **2.**uğurlu. **3.**erkek adı.

یمنیه yumniyye: (A.) **1.**uğur ile ilgili. **2.**uğurlu. **3.**bayan adı.

یموم yumûm: (A.) denizler.

یمین yemîn: (A.) **1.**sağ taraf. **2.**yemin, ant. **3.**sağ kanat. ‖ * dest-i ~ دست یمین sağ el. ‖ * kedd-i ~ کد یمین el emeği.

ینابع yenâbî': (A.) **1.**kaynaklar. **2.**pınarlar.

ینبغی yenbagî: (A.) gerekli, gerekir. ‖ * kemâ ~ کماینبغی gerektiği gibi.

ینبوت yenbût (bot.) kelebeğimsilerden zehirli bir bitki.

ینبوع yenbû': (A.) **1.**pınar, kaynak. **2.**çeşme.

ینبوع الحکمه yenbû'ulhikme: (A.) hikmet pınarı.

ینگه yinge: (T.) **1.**yenge. **2.**kadın sağdıç.

ینگه دنیا yingedunyâ: (T.-A.) [yinge+dunyâ]: (coğ.) Amerika.

ینگی دنیا yengidunyâ: (T.-A.) [yengi+dunyâ]: (coğ.) Amerika.

یواش yevâş: (T.) **1.**yavaş. **2.**az.

یواشکی yevâşekî: [yevâş+ek+î] yavaşça, yavaş yavaş.

یواقیت yevâkît: (A.) yakutlar.

یوبه yûbe: [yûbîden>yûb+e] arzu, tamah.

یوبیدن yûbîden: arzu etmek.

یوح yûh: (A.) Güneş.

یوحا yûhâ: (A.) Güneş.

یورت yurt: (T.-Moğ.) **1.**aşiret otlağı. **2.**çadır yeri. **3.**mesken, konut. **4.**yurt.

یورتمه yurtme: (T.) **1.**acele gidiş. **2.**dört nala.

یورد yurd: (T.) oda.

یورش yûriş: (T.) hücum, hamle, akın.

یورش بردن yûriş borden: hücum etmek, akın etmek.

یورغه yurge: (T.) eşkin, rahvan yürüyüş.

یورغه رفتن yurge reften: rahvan gitmek.

یوز yûz: **1.**(zool.) pars. **2.**arama. **3.**arayan. **4.**bir küfür.

یوزباشی yuzbaşî: (T.) **1.**yüzbaşı. **2.**hakaret yollu söylenen bir kelime.

یوز پلنگ yûzpeleng: [yûz+peleng] **1.**(zool.) pars. **2.**(zool.) gepar, yaban kedisi.

یوزه yûze: [yûzîden>yûz+e] dilenci.

یوسف yûsuf: (A.) **1.**Hz. Yakub'un oğlu. Yusuf ile Züleyha hikayesinin güzelliği ile ünlü erkek kahramanı. **2.**erkek adı. ‖ * ~ -i ken'ân یوسف کنعان Kenanlı Yusuf, Hz. Yakub'un oğlu ve Yusuf ile Züleyha kıssasının erkek kahramanı olan Hz. Yusuf.

یوسف جمال yûsufcemâl: (A.) [yûsuf+cemâl] Yusuf gibi güzel yüzlü.

یوسف شیم yûsufşiyem: (A.) [yûsuf+şiyem] Yusuf tabiatlı, Yusuf gibi iyi huylu.

یوسف لقا yûsuflikâ: (A.) [yûsuf+likâ] Yusuf gibi güzel yüzlü.

یوسفی yûsufî: (A.) bir tür başlık.

یوغ yûg: (T.) **1.**boyunduruk. **2.**yurgu taşı, loğ taşı.

یولاف yûlâf (bot.) yulaf.

یوم yevm, yovm: (A.) **1.**gün. **2.**eski Arap tarihindeki olaylar. ‖ * ~ i ahad یوم احد pazar. ‖ * ~ -i cezâ یوم جزا kıyamet günü. ‖ * ~ -i haşr یوم حشر kıyamet günü. ‖ * ~ -i hisâb یوم حساب kıyamet günü. ‖ * ~ -i kebîs یوم کبیس artık gün. ‖ * ~ -i kevkebî یوم کوکبی yıldız günü. ‖ * ~ -i kıyâmet یوم قیامت kıyamet günü. ‖ * ~ -i mezkûr یوم مذکور anılan gün. ‖ * ~ -i mî'âd یوم میعاد kıyamet günü. ‖ * ~ -i su'âl سوم سؤال kıyamet günü. ‖ * ~ -i şekk یوم شک Ramazan ayının şüpheli günü.

یوماً فیوماً yevmen feyevmen: (A.) gittikçe, günden güne, her gün.

یوم الاثنین yevmulisneyn: (A.) pazartesi.

یوم الاربعه yevmulerba'a: (A.) çarşamba.

یوم الثلثه yevmusselâse: (A.) salı.

یوم الجزا yevmulcezâ': (A.) kıyamet günü.

یوم الجمع yevmulcem': (A.) kıyamet günü.

یوم الجمعه yevmulcum'a: (A.) cuma.

یوم الجواب yevmulcevâb: (A.) kıyamet günü.

یوم الحساب yevmulhisâb: (A.) kıyamet günü.

یوم الحشر yevmulhaşr: (A.) kıyamet günü.

یوم الخمیس yevmulhamîs: (A.) perşembe.

یوم الدین yevmuddîn: (A.) kıyamet günü.

یوم السؤال yevmussu'âl: (A.) kıyamet günü.

یوم السبت yevmussebt: (A.) cumartesi.

یوم العواض yevmul'ivâz: (A.) kıyamet günü.

یوم العهد yevmül'ahd: (A.) kıyamet günü.

یوم الفصل yevmulfasl: (A.) kıyamet günü.

یوم الفضائل الاکبر yevmulfezâ'ililekber: (A.) kıyamet günü.

یوم القارعه yevmulkâri'a: (A.) kıyamet günü.

یوم القرار yevmulkarâr: (A.) kıyamet günü.

یوم القیام yevmulkıyâm: (A.) kıyamet günü.

یوم القیامه yevmulkıyâme: (A.) kıyamet günü.

يوم الميثاق yevmulmisâk: (A.) kıyamet günü.

يوم الموعود yevmulmev'ûd: (A.) kıyamet günü.

يوم الميزان yevmulmîzân: (A.) kıyamet günü.

يوم الميعاد yevmulmî'âd: (A.) kıyamet günü.

يوم الواقعه yevmulvâkı'a: (A.) kıyamet günü.

يوم الوعد yevmulva'd: (A.) kıyamet günü.

يوماً من الايام yevmen minel'eyyâm: (A.) günlerden bir gün.

يومى yevmî: (A.) **1.**gün ile ilgili. **2.**günlük, gündelik.

يوميه yevmiyye, yovmiyye: (A.) **1.**gün ile ilgili. **2.**günlük, gündelik. **3.**günlük ücret. **4.**günlük defter.

يون yûn: **1.**küçük para. **2.**keçe.

يونان yûnân: **1.**(coğ.) Yunanistan. **2.**Yunanistanlı.

يونان زمين yunânzemîn: (Yunanca-F.) [yûnân+ zemîn] Yunanistan, Yunan toprakları.

يونانى yûnânî: [yûnân+î] **1.**Yunanlı. **2.**yunanca. **3.**Yunan asıllı.

يونجه yonce (bot.) yonca.

يونجه زار yoncezâr: [yonce+zâr] yoncalık, yonca tarlası.

يونس yûnus: (A.) **1.**Yunus peygamber. **2.**Yunus balığı. **3.**Yunus takımyıldızı, Yunus burcu. **4.**erkek adı.

يونيورسيتى yuniversiti: (İng.) üniversite.

يهود yehûd: (A.) **1.**yahudi. **2.**yahudiler.

يهودا yehûdâ: (A.) Yehuda, Hz. Yakub'un en büyük oğlu.

يهودخانه yehûdhâne: (A.-F.) [yehûd+ hâne<hâne-i yahûd] Yahudi mahallesi.

يهودى yehûdî: (A.) Musevî, Yahudi.

ييلاق yeylâk: (T.) yayla. ‖ * be ~ reften به ييلاق رفتن yaylamak, yaylaya çıkmak.

ييلاق كردن yeylâk kerden: yaylaya çıkmak.

ييلاقى yeylâkî: (T.-F.) [yeylâk+î] **1.**yaylalı. **2.**yaylaya ait.